Patricia
Wagers

le bon usage

GRAMMAIRE FRANÇAISE

Le français normal poursuit son cours.
R. QUENEAU, *Le voyage en Grèce.*

MAURICE GREVISSE

le bon usage

GRAMMAIRE FRANÇAISE

DOUZIÈME ÉDITION REFONDUE PAR

ANDRÉ GOOSSE

2e tirage

DUCULOT
1988

© Éditions DUCULOT, Louvain-la-Neuve, Belgique, 12ᵉ édition (1993).
(*Imprimé en Belgique sur les presses de la Nouvelle Imprimerie Duculot.*)
Dépôt légal : D. 1986.0035.10, 8ᵉ tirage, août 1993.
ISBN 2-8011-0588-0, 12ᵉ édition.

AVANT-PROPOS
de la 12ᵉ édition

Le bon usage, dont nous fêtons cette année (1986) le cinquantième anniversaire, a réussi la gageure (ou la gageüre) d'être accueilli favorablement par le grand public et par les spécialistes, grammairiens et même linguistes. C'est la meilleure grammaire française, a écrit Robert Le Bidois.

L'ouvrage doit sa renommée à la nouveauté de ses principes (observer d'abord) ; à la solidité de son information sur la langue réelle, information enrichie et précisée d'une édition à l'autre ; à la modération de ses jugements normatifs ; à la clarté de la rédaction (et aussi de la présentation typographique, — car, à tous égards, la maison Duculot est associée à la réussite du *Bon usage*).

Le succès ne s'étant pas démenti depuis cinquante ans, à quoi bon une refonte [1] ?

Depuis la première édition, le volume du *Bon usage* a doublé. Maurice Grevisse a introduit quantité d'additions, souvent sous la forme de remarques, de *nota bene*, de notes. Les unes portent sur des faits non encore décrits ; les autres se font l'écho des conceptions nouvelles en matière de linguistique. Mais le plan primitif était resté tel quel, et sa simplicité initiale se trouvait plus ou moins empâtée par ces ajouts multiples, qui se rattachaient d'une manière ingénieuse, mais non toujours parfaitement logique, aux développements où ils étaient insérés.

Ma première tâche a donc été de regrouper tous les faits grammaticaux éparpillés. Certains passages résistaient à mes efforts, je dirais par nature, parce qu'il s'agissait purement de vocabulaire et de sémantique ;

---

1. Pour plus de détails, voir A. GOOSSE, *Réflexions d'un réviseur,* dans le *Bulletin de l'Acad. royale de langue et de littér. franç.* [de Belgique], 1983, pp. 151-161 ; *Le point de vue d'un réviseur,* dans *Enjeux,* été 1985, pp. 98-103 ; *« Le bon usage » de 1936 à 1986,* à paraître dans *Travaux de linguistique* (Gand).

il a bien fallu les sacrifier. Ces problèmes sont d'ailleurs traités par Grevisse dans *Le français correct.*

La théorie linguistique de 1936 ne pouvait pas rester telle quelle. Grevisse, je l'ai dit, y a apporté de nombreuses rectifications dans ses remarques, mais sans aller jusqu'à revoir le plan qu'il mettait ainsi en cause. Cette nouvelle édition applique effectivement les changements dont la nécessité était démontrée par Grevisse lui-même : par exemple, l'article va avec les déterminants, et le conditionnel avec les temps de l'indicatif. D'autres changements étaient nécessaires pour la cohérence des concepts : *donc* rejoint les adverbes ; *oui* les quitte pour le chapitre des mots-phrases ; les degrés de comparaison, qui ne se rattachent à la morphologie de l'adjectif que par révérence envers la grammaire latine, sont traités aussi avec les adverbes ; la place de l'épithète concerne la fonction épithète et non l'adjectif comme tel. Ces regroupements permettent de donner à la phrase interrogative, à la coordination, etc. les exposés d'ensemble qu'elles requièrent.

Le renouvellement paraîtra trop timide à certains linguistes, mais ce n'est pas à eux que *Le bon usage* s'adresse d'abord. Il s'agit de moderniser sans que le livre cesse d'être accessible au lecteur cultivé mais non spécialiste et sans que celui-ci soit privé des réponses qu'il attend. Cela entraîne le corollaire que la terminologie ne sera pas bouleversée. Mais les définitions seront rendues plus rigoureuses.

C'est en pensant au lecteur moins intéressé par la théorie que par l'aspect pratique des choses que j'ai utilisé un signe spécial (°) pour les faits qui paraissent ne pas appartenir à l'usage régulier, au bon usage. Mais qu'est-ce que le bon usage ? Les éditions antérieures ne répondaient pas. Dans celle-ci, des préliminaires plus fournis explicitent nos principes (voir particulièrement les §§ 12-15) ; je dis *nos*, convaincu d'être fidèle à la pensée de Grevisse.

Je me suis efforcé de tenir compte plus systématiquement des niveaux et des registres. L'oral, quoiqu'il ne soit pas le premier objet d'un ouvrage comme celui-ci, a une place accrue. Les faits régionaux aussi, sans que l'on prétende à l'exhaustivité : non seulement ceux de Belgique (déjà bien représentés antérieurement), ceux du Canada ou de Suisse, mais aussi les régionalismes de France, souvent ignorés ou négligés par nos collègues du Sud, à moins que, s'il s'agit de Chateaubriand ou de Flaubert, ils ne rangent cela parmi les originalités stylistiques.

Les exemples ont été en partie renouvelés. Il est peu utile d'illustrer une règle générale par des auteurs tombés dans l'oubli depuis 1936. La douzième édition emprunte notamment des textes à des écrivains que

Grevisse ne citait pas, comme Tocqueville, Gobineau, Lautréamont, Jules Verne pour le XIXᵉ siècle ; comme André Breton, Segalen, Éluard pour le XXᵉ, ainsi que des auteurs plus récents comme René Char, Claude Simon, Jean Genet, Barthes, Foucault, Lacouture, Edgar Faure, François Mitterrand, J.-P. Chevènement, J.-Fr. Revel, — voire San-Antonio ou Cavanna (là où leur témoignage est utile).

Certains de ces noms montrent que la langue écrite non littéraire (dans l'acception la plus étroite de cet adjectif) aura une place accrue, ce à quoi contribuent aussi un musicien comme Berlioz, un peintre comme Cézanne, un folkloriste comme van Gennep, des historiens comme Le Roy Ladurie et Duby, de nombreux linguistes (cités comme *écriveurs* et non comme *penseurs*), etc. Quelques exemples oraux ont été introduits. Sur la place des classiques, voir plus loin au § 10, *e.*

Le nombre des références n'a pas été sensiblement réduit. C'est peut-être un encombrement pour le lecteur pressé (quoique, presque toujours dans cette édition, les exemples soient imprimés dans un corps différent du reste). Mais cela a une double utilité : que de fois n'a-t-on pas reproché à Grevisse de prendre pour l'usage une faute isolée commise par un auteur distrait ! que de fois aussi des linguistes déclarent inexistants des tours très répandus dans la langue écrite ou risquent une explication pour une phrase d'un auteur sans s'aviser que celui-ci ne fait que suivre une tradition !

On trouvera, enfin, dans cette édition, un assez grand nombre d'additions de tout genre. Parmi celles qui ont une portée pratique, j'attirerai l'attention sur le chapitre consacré à l'écriture et à l'ortho-graphe. Un exemple : quand emploie-t-on l'italique ?

La tâche n'est jamais finie, comme le montrent les éditions succes-sives du *Bon usage.* Celle-ci ne fait pas exception : je suis bien conscient que la rénovation n'a pas été menée aussi loin pour toutes les pages.

J'ai pu bénéficier de l'aide de Monique Coppens d'Eeckenbrugge pour la correction des épreuves et de Nathalie Dubois pour l'établisse-ment de l'index. Je leur en suis fort reconnaissant.

J'ai une dette toute particulière envers ma femme, née Grevisse, ma collaboratrice de chaque instant : nous avons discuté ensemble bien des points ; elle m'a fourni beaucoup d'exemples ; elle a relu et en partie dactylographié le texte. Cette édition refondue est notre œuvre com-mune (dont, malheureusement, ma femme n'a pas vu l'achèvement).

En conclusion, j'espère que cet ouvrage sous sa forme nouvelle rendra mieux encore les services qu'on en attend : fournir une description du français moderne aussi complète que possible ; apporter des jugements normatifs fondés sur l'observation de l'usage, des usages ; permettre aux locuteurs et aux scripteurs de choisir le tour qui convient le mieux à l'expression de leur pensée et à la situation de communication dans laquelle ils se trouvent.

André GOOSSE

BIBLIOGRAPHIE

SECTION 1. — BIBLIOGRAPHIE LINGUISTIQUE

Cette liste indique les ouvrages généraux qui ont servi pour la rédaction de ce livre (les désignations abrégées font l'objet d'une liste alphabétique, p. XXVI), mais aussi des ouvrages d'une importance particulière qui ne nous ont pas été directement utiles. — Les études plus spéciales sont mentionnées là où le problème qu'elles concernent est traité. Il va sans dire que nous n'avons pas cherché à être complets ni même systématiques ; cela aurait gonflé démesurément ce volume.

I. — Linguistique générale et linguistique romane

(1)   *Linguistique générale*

BALLY (Ch.), *Le langage et la vie*, 3ᵉ éd. Lille, Giard, et Genève, Droz, 1952. — *Linguistique générale et linguistique française*, 3ᵉ éd. Berne, Francke, 1950.

BENVENISTE (É.), *Problèmes de linguistique générale*. P., Gallimard, 1966-1974, 2 vol.

Bibliographie linguistique, publiée par le Comité international permanent des linguistes. Utrecht-Bruxelles, 1949 suiv.

BLOOMFIELD (L.), *Le langage*, trad. de J. Gazio. P., Payot, 1970.

BUYSSENS (É.), *La communication et l'articulation linguistique*. Bruxelles, Presses Universit. de Bruxelles, et P., P.U.F., 1967.

COHEN (M.), *Le langage*. P., Éditions Sociales, 1950.

COSERIU (E.), *Teoria del lenguaje y lingüística general*. Madrid, Gredos, 1962.

DUBOIS (J.), M. GIACOMO, L. GUESPIN, Chr. et J.-B. MARCELLESI, J.-P. MEVEL, *Dictionnaire de linguistique*. P., Larousse, 1973.

DUCROT (O.) et Tzv. TODOROV, *Dictionnaire encyclopédique des sciences du langage*. P., Seuil, 1972.

GLEASON (H. A.), *Introduction à la linguistique*, trad. de Fr. Dubois-Charlier. P., Larousse, 1969.

HJELMSLEV (L.), *Le langage*, trad. de M. Olsen. P., Éditions de Minuit, 1966.

HÖRMANN (H.), *Introduction à la psycholinguistique*, trad. de Fr. Dubois-Charlier. P., Larousse, 1972.

JAKOBSON (R.), *Essais de linguistique générale*, trad. de N. Ruwet. P., Éditions de Minuit, 1963-1973, 2 vol.

JESPERSEN (O.), *La philosophie de la grammaire*, trad. d'A. M. Léonard. P., Les Éditions de Minuit, 1971.

LEROT (J.), *Abrégé de linguistique générale*. Louvain-la-Neuve, Cabay, 1983.

LEROY (M.), *Les grands courants de la linguistique moderne*, 2e édition. Bruxelles, Presses Universitaires de Bruxelles, et P., P.U.F., 1970.

LYONS (J.), *Linguistique générale*, trad. de Fr. Dubois-Charlier et D. Robinson. P., Larousse, 1970.

MARCELLESI (J.-B.) et B. GARDIN, *Introduction à la sociolinguistique. La linguistique sociale*. P., Larousse, 1974.

MAROUZEAU (J.), *Lexique de la terminologie linguistique*, 3e éd. P., Geuthner, 1951.

MARTINET (A.), *Éléments de linguistique générale*, nouv. éd. P., Colin, 1980. — *Langue et fonction*. P., Denoël, 1970. — *La linguistique synchronique*. P., P.U.F., 1965.

MARTINET (sous la direction d'A.), *Le langage*. P., Gallimard, 1968.

MOUNIN (G.), *Clefs pour la linguistique*. P., Seghers, 1968.

PERROT (J.), *La linguistique*, 8e éd. P., P.U.F., 1969 *(Que sais-je ?)*.

POTTIER (B.), *Linguistique générale. Théorie et description*. P., Klincksieck, 1974.

POHL (J.), *Symboles et langages*. P. et Bruxelles, Sodi, 1968, 2 vol.

RECANATI (Fr.), *Les énoncés performatifs. Contribution à la pragmatique*. P., Éditions de Minuit, 1982.

SAPIR (E.), *Le langage*, trad. de S. M. Guillemin. P., Payot, 1970.

SAUSSURE (F. de), *Cours de linguistique générale*, 5e éd. P., Payot, 1955.

SLANA-CAZACU (T.), *La psycholinguistique*. P., Klincksieck, 1972.

VENDRYES (J.), *Le langage*, 2e éd. P., A. Michel, 1939.

WARTBURG (W. von), *Problèmes et méthodes de la linguistique*, avec la collaboration de St. ULLMANN, trad. de P. Maillard, 3e éd. P., P.U.F., 1969.

(2)   *Linguistique romane*

BAL (W.), *Introduction aux études de linguistique romane, avec considération spéciale de la linguistique française*. P., Didier, 1966.

BAL (W.) et J. GERMAIN, *Guide bibliographique de linguistique romane*. Louvain, Peeters, 1978.

BEC (P.), *Manuel pratique de philologie romane*. P., Picard, 1970-1971, 2 vol.

BOURCIEZ (Éd.), *Éléments de linguistique romane*, 5e éd. P., Klincksieck, 1956.

GRÖBER (sous la direction de G.),

Grundriss der romanischen Philologie, t. I, 2ᵉ éd. Strassburg, Trübner, 1904.

IORDAN (I.) et J. ORR, *Introduzione alla linguistica romanza*, trad. de L. Borghi Cedrini. Torino, Einaudi, 1973.

LAUSBERG (H.), *Romanische Sprachwissenschaft*, éd. revue. Berlin et New York, de Gruyter, 1967-1972, 4 vol.

MEYER-LÜBKE, *Grammaire des langues romanes*, trad. d'E. Rabiet et d'A. et G. Doutrepont. P., Welter, 1890-1906, 4 vol. — *Roma-*

nisches etymologisches Wörterbuch, 3ᵉ éd. Heidelberg, Winter, 1935.

ROHLFS (G.), *Romanische Philologie*. I. Teil : *Allgemeine Romanistik, Französische und provenzalische Philologie*. Heidelberg, Winter, 1950.

TAGLIAVINI (C.), *Le origini delle lingue neolatine*, 6ᵉ éd. Bologna, Pàtron, 1972.

VIDOS (B. E.), *Manual de lingüística románica*, trad. de Fr. de B. Moll. Madrid, Aguilar, 1968.

II. — Linguistique française

(3) *Bibliographies*

Bulletin analytique de linguistique française. Nancy, Centre de recherches pour un Trésor de la langue française, 1969 suiv.

DAUZAT (sous la direction d'A.), *Où en sont les études de français*, nouv. éd. P., d'Artrey, 1949.

KUKENHEIM (L.), *Esquisse historique de la linguistique française et de ses rapports avec la linguistique*

générale, 2ᵉ éd. Leyde, Universitaire Pers, 1966.

MARTIN (R. et É.), *Guide bibliographique de la linguistique française*. P., Klincksieck, 1973.

WAGNER (R.-L.), *Introduction à la linguistique française*. Lille, Giard, et Genève, Droz, 1947. — *Supplément bibliographique (1947-1953)*, 1955.

(4) *Problèmes généraux*

BUYSSENS (É.), *Les catégories grammaticales du français*. Bruxelles, Éditions de l'Université libre de Bruxelles, 1975.

CHERVEL (A.), ... *Et il fallut apprendre à écrire à tous les petits Français. Histoire de la grammaire scolaire*. P., Payot, 1977.

DESSAINTES (M.), *Recherche linguistique et enseignement*. Gembloux, Duculot, 1971.

FREI (H.), *La grammaire des fautes*. P., Geuthner, 1929.

GENOUVRIER (É.) et J. PEYTARD, *Linguistique et enseignement du français*. P., Larousse, 1970.

GUIRAUD (P.), *La grammaire*. P., P.U.F., 1958 *(Que sais-je ?)*.
LEROT (J.) et J.-R. KLEIN, *Terminologie grammaticale. Essai de clarification et d'harmonisation*. Bruxelles, De Boeck, 1984.
MÜLLER (B.), *Das Französische der Gegenwart. Varietäten, Strukturen, Tendenzen*. Heidelberg, Winter, 1975.
RUWET (N.), *Introduction à la grammaire générative*. P., Plon, 1967.

SÖLL (L.), *Gesprochenes und geschriebenes Französisch*, 2ᵉ éd. Berlin, Schmidt, 1980.
WAGNER (R.-L.), *La grammaire française*. P., Société d'édition d'enseignement supérieur, 1968-1973, 2 vol.
ZEMB (J.-M.), *Vergleichende Grammatik Französisch-Deutsch. Comparaison de deux systèmes*. Mannheim-Wien-Zürich, Bibliographisches Institut, 1978.

(5) *Ouvrages généraux : mélanges*

COHEN (M.), *Grammaire et style*. P., Éditions Sociales, 1954. — *Regards sur la langue française*. P., SEDES, 1950. — *Nouveaux regards sur la langue française ; Encore des regards sur la langue française ; Toujours des regards sur la langue française ; Une fois de plus des regards sur la langue française*. P., Éditions Sociales, 1963-1972, 4 vol.
GOUGENHEIM (G.), *Études de grammaire et de vocabulaire français*. P., Picard, 1970.
LERCH (E.), *Hauptprobleme der französischen Sprache*. Braunschweig-Berlin-Hamburg, Westermann, 1930-1931, 2 vol.
MAROUZEAU (J.), *Aspects du français*. P., Masson, 1950. — *Notre langue*, P., Delagrave, 1955.
MARTINET (A.), *Le français sans fard*. P., P.U.F., 1969.
Mélanges de grammaire française offerts à M. Maurice Grevisse pour

le trentième anniversaire du Bon usage. Gembloux, Duculot, 1966.
MOUNIN (G.), *La langue française*. P., Seghers, 1975.
MULLER (Ch.), *Langue française et linguistique quantitative*. Genève, Slatkine, 1979.
NYROP (Kr.), *Études de grammaire française*. Copenhague, Hoest, 7 fascicules, 1919-1929.
POHL (J.), *L'homme et le signifiant*. P., Nathan, et Bruxelles, Labor, 1972.
SPENCE (N.C.W.), *Le français contemporain. Études et discussions*. München, Fink, 1976.
TOBLER (Ad.), *Vermischte Beiträge zur französischen Grammatik*. Leipzig, Hirzel, 1886-1912, 5 vol. [t. I : 3ᵉ éd., 1921 ; t. II : 2ᵉ éd., 1906 ; t. III : 2ᵉ éd., 1908]. — *Mélanges de grammaire française*, trad. de M. Kuttner, avec la collaboration de L. Sudre. P., Picard, 1905.
WAGNER (R.-L.), *Essais de linguistique française*. P., Nathan, 1980.

(6) *Histoire et grammaire historique*

BRUNEAU (Ch.), *Petite histoire de la langue française*. P., Colin, 1955- 1958, 2 vol. ; 4ᵉ éd., revue par M. Parent et G. Moignet, 1966.

BRUNOT (F.), *Histoire de la langue française des origines à nos jours*. P., Colin, 1906-1979, 23 vol. (Les volumes antérieurs à 1953 ont été réédités avec des compléments bibliographiques, 1966-1969.)

BRUNOT (F.) et Ch. BRUNEAU, *Précis de grammaire historique de la langue française*, 4ᵉ éd. P., Masson, 1956.

CHAURAND (J.), *Histoire de la langue française*. P., P.U.F., 1969 *(Que sais-je ?)*.

COHEN (M.), *Histoire d'une langue : le français*, 4ᵉ éd. P., Éditions Sociales, 1973.

DARMESTETER (A.). *Cours de grammaire historique de la langue française*, publié par L. Sudre. P., Delagrave, 1891-1897, 4 vol. ; 14ᵉ éd., revue par P. Laurent, 1934.

DAUZAT (A.). *Histoire de la langue française*. P., Payot, 1930. (Repris sous divers titres ; en dernier lieu : *Précis d'histoire de la langue et du vocabulaire français*. P., Larousse, 1949 ; *Phonétique et grammaire historiques du français*. P., Larousse, 1950.)

FRANÇOIS (Al.), *Histoire de la langue française cultivée des origines à nos jours*. Genève, Jullien, 1959, 2 vol.

KUKENHEIM (L.), *Grammaire historique de la langue française*. Leiden, Universitaire Pers, 1967-1968, 2 vol.

MEYER-LÜBKE (W.), *Historische Grammatik der französischen Sprache*. Heidelberg, Winter, 1908-1921, 2 vol. (1ᵉʳ vol. : 5ᵉ éd., 1934 ; 2ᵉ vol. : 2ᵉ éd. revue par J. M. Piel, 1966).

NYROP (Kr.), *Grammaire historique de la langue française*. Copenhague, Gyldendalske Boghandel, et P., Picard, 1899-1930, 6 vol. (t. I, 4ᵉ éd. rev. par P. Laurent, 1935 ; t. II, 2ᵉ éd., 1924 ; t. III, 2ᵉ éd., 1936).

REGULA (M.), *Historische Grammatik des Französischen*. Heidelberg, Winter, 1955-1966, 3 vol.

TOGEBY (Kn.), *Précis historique de grammaire française*. Copenhague, Akademisk Forlag, 1974.

VOSSLER (K.), *Langue et culture de la France. Histoire du français littéraire des origines à nos jours*, trad. d'A. Juilland. P., Payot, 1953.

WARTBURG (W. von), *Évolution et structure de la langue française*, 10ᵉ éd. Berne, Francke, 1970.

(7) *Descriptions*

AYER (C.), *Grammaire comparée de la langue française*, 4ᵉ éd. P., Fischbacher, 1900.

BESCHERELLE aîné, BESCHERELLE jeune et LITAIS DE GAUX, *Grammaire nationale*, 13ᵉ éd. P., Garnier, 1867.

BONNARD (H.), *Code du français courant ; — Procédés annexes d'expression*. P., Magnard, 1981, 2 vol.

BRUNOT (F.), *La pensée et la langue*, 3ᵉ éd. P., Masson, 1936. — *Observations sur la Grammaire de l'Académie française*, 2ᵉ éd. P., A. Michel, 1946.

CHEVALIER (J.-Cl.), Cl. BLANCHE-BENVENISTE, M. ARRIVÉ et

J. Peytard, *Grammaire Larousse du français contemporain.* P., Larousse, 1964.

Damourette (J.) et Éd. Pichon, *Des mots à la pensée. Essai de grammaire de la langue française.* P., d'Artrey, 1911-1950, 7 vol. + 1 vol. de Compléments, 1971.

Dauzat (A.), *Tableau de la langue française.* P., Payot, 1939. — *Le génie de la langue française,* 2e éd. P., Payot, 1946. — *Grammaire raisonnée de la langue française,* 4e éd. P. et Lyon, I.A.C., 1955.

Dubois (J.), *Grammaire structurale du français.* P., Larousse, 1965-1969, 3 vol.

Dubois (J.) et R. Lagane, *La nouvelle grammaire du français.* P., Larousse, 1973.

Gaiffe (F.), E. Maille, E. Breuil, S. Jahan, L. Wagner, M. Marijon, *Grammaire Larousse du XXe siècle.* P., Larousse, 1936.

Girault-Duvivier (Ch.-P.), *Grammaire des grammaires,* nouv. éd. Bruxelles-Leipzig, Lacroix, Verboeckhoven et Cie, 1863.

Gougenheim (G.), *Système grammatical de la langue française.* P., d'Artrey, 1939.

Grammaire de l'Académie française, P., Firmin-Didot, 1932 ; nouv. éd. revue, 1933.

Grevisse (M.) et A. Goosse, *Nouvelle grammaire française.* Gembloux, Duculot, 1980.

Judge (A.) et F. G. Healey, *A Reference Grammar of Modern French.* London, Arnold, 1983.

Le Galliot (J.), *Description générative et transformationnelle de la langue française.* P., Nathan, 1975.

Mahmoudian (sous la direction de M.), *Pour enseigner le français. Présentation fonctionnelle de la langue.* P., P.U.F., 1976.

Martinet (sous la direction d'A.), *Grammaire fonctionnelle du français.* P., Crédif et Didier, 1979.

Moignet (G.), *Systématique de la langue française.* P., Klincksieck, 1981.

Plattner (Ph.), *Ausführliche Grammatik der französischen Sprache.* Freiburg, Bielefeld, 1899-1908 ; 2e éd., Karlsruhe, Bielefeld, 1927-1929, 9 vol.

Rigault (A.), *La grammaire du français parlé.* P., Hachette, 1971.

Togeby (Kn.), *Grammaire française,* publié[e] par M. Berg, Gh. Merad et E. Spang-Hanssen. Copenhague, Akademisk Forlag, 1982-1985, 5 vol. — *Structure immanente de la langue française,* P., Larousse, 1965.

Weinrich (H.), *Textgrammatik der französischen Sprache.* Stuttgart, Klett, 1982.

(8)   *États anciens de la langue*

Gougenheim (G.), *Grammaire de la langue française du seizième siècle,* nouv. éd. P., Picard, 1974.

Guiraud (P.), *L'ancien français,* 4e éd. ; — *Le moyen français,* 3e éd. P., P.U.F., 1971 et 1972, 2 vol. *(Que sais-je ?).*

Marchello-Nizia (Chr.), *Histoire de la langue française aux XIVe et XVe siècles.* P., Bordas, 1979.

MOIGNET (G.), *Grammaire de l'ancien français. Morphologie, syntaxe.* P., Klincksieck, 1973.

SEGUIN (J.-P.), *La langue française au XVIIIᵉ siècle.* P., Bordas, 1972.

SPILLEBOUT (G.), *Grammaire de la langue française du XVIIᵉ siècle.* P., Picard, 1985.

WAGNER (R.-L.), *L'ancien français.* P., Larousse, 1974.

WOLF (L.) et W. HUPKA, *Altfranzösisch. Entstehung und Charakteristik : eine Einführung.* Darmstadt, Wissenschaftliche Buchgesellschaft, 1981.

(9) *Phonétique, phonologie et orthophonie*

BOURCIEZ (Éd. et J.), *Phonétique française. Étude historique.* P., Klincksieck, 1967.

BRUNEAU (Ch.), *Manuel de phonétique pratique,* 2ᵉ éd. P., Berger-Levrault, s.d. [1931].

CARTON (F.), *Introduction à la phonétique française.* P., Bordas, 1974.

DELATTRE (P.), *Studies in French and Comparative Phonetics.* The Hague, Mouton, 1966.

FOUCHÉ (P.), *Phonétique historique du français,* 2ᵉ éd. P., Klincksieck, 1966, 3 vol. — *Traité de prononciation française,* 2ᵉ éd. P. Klincksieck, 1958.

GRAMMONT (M.), *Traité de phonétique,* 2ᵉ éd. P., Delagrave, 1939. — *Traité pratique de prononciation française,* 10ᵉ éd. P., Delagrave, 1941.

LA CHAUSSÉE (Fr. de), *Initiation à la phonétique historique de l'ancien français.* P., Klincksieck, 1974.

LÉON (P.-R.), *Prononciation du français standard. Aide-mémoire d'orthoépie,* 4ᵉ éd. P., Didier, 1978.

LEROND (A.), *Dictionnaire de la prononciation française.* P., Larousse, 1980.

MALMBERG (B.), *La phonétique,* 11ᵉ éd. P., P.U.F., 1975.

MARTINET (A.), *La prononciation du français contemporain,* 2ᵉ éd. Genève, Droz, 1971.

MARTINET (A.) et H. WALTER, *Dictionnaire de la prononciation française dans son usage réel.* P., France-Expansion, 1973.

MARTINON (Ph.), *Comment on prononce le français.* P., Larousse, 1913.

PIERRET (J.-M.), *Phonétique du français.* Louvain-la-Neuve, Cabay, 1981.

POPE (M. K.), *From Latin to Modern French, with Especial Consideration of Anglo-Norman. Phonology and Morphology,* 2ᵉ éd. Manchester, University Press, 1952 ; réimpression, 1956.

REMACLE (L.), *Orthophonie française. Conseils aux Wallons,* 2ᵉ éd. Liège, Les Lettres belges, 1969.

ROSSET (Th.), *Origines de la prononciation moderne étudiées au XVIIᵉ siècle.* P. Colin, 1911.

THUROT (Ch.), *De la prononciation française depuis le commencement du XVIᵉ siècle d'après les témoignages des grammairiens.* P., Imprimerie nationale, 1881-1883, 2 vol. et un index.

TROUBETZKOY (N.), *Principes de phonologie,* trad. de J. Cantineau. P., Klincksieck, 1949.

WALTER (H.), *La phonologie du français.* P., P.U.F., 1977.

WARNANT (L.), *Dictionnaire de la prononciation française,* 3ᵉ éd. Gembloux, Duculot, 1968.

(10) *Les signes graphiques*

BEAULIEUX (Ch.), *Histoire de l'ortho-graphe française.* P., Champion, 1927, 2 vol.

BLANCHE-BENVENISTE (Cl.) et A. CHERVEL, *L'orthographe.* P., Maspero, 1969.

CATACH (N.), *L'orthographe française à l'époque de la Renaissance (auteurs, imprimeurs, ateliers d'imprimerie).* Genève, Droz, et P., Minard, 1968. — *L'orthographe.* P., P.U.F., 1978 *(Que sais-je ?).* — Avec la collaboration de Cl. GRUAZ et D. DUPREZ, *L'ortho-graphe française. Traité théorique et pratique.* P., Nathan, 1980.

GAK (V. G.), *L'orthographe du fran-çais. Essai de description théorique*

et pratique, édit. franç. établie par l'auteur et I. Vildé-Lot. P., S.E.L.A.F., 1976.

GOURIOU (C.), *Mémento typogra-phique,* nouv. éd. P., Hachette, 1974.

GREVISSE (M.), *Code de l'orthographe française,* 2ᵉ éd. Bruxelles, Baude, 1952.

SÈVE (A.) et J. PERROT. *Ortho vert. Dictionnaire orthographique et grammatical* (3ᵉ degré), nouv. éd. P., Éditions Sociales, 1973.

THIMONNIER (R.), *Le système gra-phique du français.* P., Plon, nouv. éd., 1976. — *Code orthographique et grammatical.* P., Hatier, nouv. éd., 1974.

(11) *Lexicologie*

DARMESTETER (A.), *De la création actuelle de mots nouveaux dans la langue française et des lois qui les régissent.* P., Vieweg, 1877.

GOOSSE (A.), *La néologie française aujourd'hui. Observations et réflexions.* P., Conseil internatio-nal de la langue française, 1975.

GUILBERT (L.), *La créativité lexicale.* P., Larousse, 1975.

HAENSCH (G.) et A. LALLEMAND-RIETKÖTTER, *Wortbildungslehre*

des modernen Französisch. München, Hueber, 1972.

MITTERAND (H.), *Les mots français,* 5ᵉ éd. P., P.U.F., 1976 *(Que sais-je ?).*

PICOCHE (J.), *Précis de lexicologie française.* P., Nathan, 1977.

SAUVAGEOT (A.), *Portrait du vocabu-laire français.* P., Larousse, 1964.

WAGNER (R.-L.), *Les vocabulaires français.* P., Didier, 1967-1970, 2 vol.

(12) *Sémantique*

BRÉAL (M.), *Essai de sémantique,* 7ᵉ éd. P., Hachette, 1930.

DARMESTETER (A.), *La vie des mots considérée dans leurs significations,* 19ᵉ éd. P., Delagrave, 1937.

DUCHÁČEK (O.), *Précis de sémantique française.* Brno, Universita J. E. Purkyně, 1967.

DUCROT (O.), *Dire et ne pas dire. Principes de sémantique linguis-tique.* P., Hermann, 1972.

GUIRAUD (P.), *La sémantique,* 8ᵉ éd. P., P.U.F., 1975 *(Que sais-je ?).*

LYONS (J.) *Éléments de sémantique,* trad. de J. Durand. P., Larousse, 1978. — *Sémantique linguistique,*

trad. de J. DURAND et
D. BOULONNAIS. P., Larousse,
1980.
MOUNIN (G.), *Clefs pour la sémantique.* P., Seghers, 1972.

TUȚESCU (M.), *Précis de sémantique
française.* P., Klincksieck, 1975.
ULLMANN (St.), *Précis de sémantique
française,* 4ᵉ éd. Berne, Francke,
1969.

(13) *Dictionnaires*

BESCHERELLE aîné, *Dictionnaire national ou Dictionnaire universel de la
langue française.* P., Garnier,
1845-1846, 2 vol.
COTGRAVE (R.), *A Dictionarie of the
French and English Tongues,*
reproduced from the first edition,
London, 1611. Columbia, University of South Carolina Press, 1950.
Dictionnaire de l'Académie française,
8ᵉ éd. P., Hachette, 1932-1935, 2
vol. [Éd. antérieures : 1694, 1718,
1740, 1762, 1798, 1835, 1878.]
Dictionnaire universel françois et latin,
vulgairement appellé *Dictionnaire
de Trévoux,* nouv. éd. P., Compagnie des libraires associés, 1752, 7
vol.
DUBOIS (J.), R. LAGANE et A.
LEROND, *Dictionnaire du français
classique.* P., Larousse, 1971.
DUBOIS (J.), R. LAGANE, G. NIOBEY,
D. et J. CASALIS, H. MESCHONNIC,
*Dictionnaire du français contempo-
rain.* P., Larousse, 1966 ; — *Nouveau dictionnaire du français contemporain,* 1980.
FURETIÈRE (A.), *Dictionaire universel
contenant generalement tous les
mots françois tant vieux que modernes.* La Haye-Rotterdam, Arnout
et Reinier Leers, 1690, 2 vol.
GODEFROY (F.), *Dictionnaire de
l'ancienne langue française et de*

*tous ses dialectes du IXᵉ au
XVᵉ siècle.* P., Vieweg (I-IV) et
Bouillon (V-X), 1881-1902, 10 vol.
*Grand dictionnaire encyclopédique
Larousse.* P., Larousse, 1982-1985,
10 vol.
Grand Larousse encyclopédique. P.,
Larousse, 1960-1964, 10 vol. (Sup-
pléments, 1968, 1975.)
Grand Larousse de la langue française.
P., Larousse, 1971-1978, 7 vol.
HUGUET (E.), *Dictionnaire de la lan-
gue française du XVIᵉ siècle.* P.,
Champion, puis Didier, 1925-
1967, 7 vol.
HATZFELD (A.), A. DARMESTETER et
A. THOMAS, *Dictionnaire général
de la langue française.* P., Dela-
grave, 1890-1900, 2 vol.
LA CURNE DE SAINTE-PALAYE, *Dic-
tionnaire historique de l'ancien lan-
gage françois.* Niort, Fabre ; P.,
Champion, 1875-1882, 10 vol.
LAROUSSE (P.), *Grand dictionnaire uni-
versel du XIXᵉ siècle.* P., Larousse,
1866-1876, 15 vol. (Suppléments,
1877 et 1890.)
Larousse du XXᵉ siècle. P., Larousse,
1927-1933, 6 vol.
Lexis. P., Larousse, 1975.
LITTRÉ (É.), *Dictionnaire de la langue
française.* P., Hachette, 1863-1872,
4 vol. (Supplément, 1877.)
NICOT (J.), *Thrésor de la langue fran-*

çoise tant ancienne que moderne. P., Douceur, 1621 (réimpression, P., Picard, 1960).

Nouveau Larousse illustré. P., Larousse, 1897-1904, 7 vol. (Supplément, 1906.)

POITEVIN (P.), *Nouveau dictionnaire universel de la langue française*, nouv. éd. P., Reinwald, 1876, 2 vol.

RICHELET (P.), *Dictionnaire françois.* Genève, Widerholt, 1680, 2 vol. (Nouv. éd., 1706, 1732.)

ROBERT (P.), *Dictionnaire alphabétique et analogique de la langue française.* P., Société du Nouveau Littré, 1953-1964, 6 vol. (Supplément, 1970) ; 2ᵉ éd. revue par

A. Rey, 1985, 9 vol. — même titre, même éditeur, 1967 (en un vol.) ; nouv. éd., 1977 (= petit *Robert*).

Le Robert méthodique. Dictionnaire méthodique du français actuel, sous la direction de J. REY-DEBOVE. P., Le Robert, 1982.

TOBLER-LOMMATZSCH, *Altfranzösisches Wörterbuch.* Berlin, Weidmann ; puis Wiesbaden, Steiner, 1925 suiv.

Trésor de la langue française. Dictionnaire de la langue du XIXᵉ et du XXᵉ siècle. P., Éditions du Centre national de la recherche scientifique, 1971 suiv.

(14)   *Dictionnaires spéciaux et répertoires divers*

Dictionnaire des fréquences. Vocabulaire littéraire des XIXᵉ et XXᵉ siècles. P., Didier, 1971, 7 vol.

GILBERT (P.), *Dictionnaire des mots nouveaux.* P., Hachette-Tchou, 1971. — *Dictionnaire des mots contemporains.* P., Les usuels du Robert, 1980.

Matériaux pour l'histoire du vocabulaire français. Datations et docu-

ments lexicographiques, publiés sous la direction de B. QUEMADA. P., éditeurs divers (aujourd'hui Klincksieck), 1959 suiv.

REY (A.) et S. CHANTREAU, *Dictionnaire des expressions et locutions.* P., Les usuels du Robert, 1979.

RHEIMS (M.), *Dictionnaire des mots sauvages.* P., Larousse, 1969.

(15)   *Dictionnaires étymologiques*

BALDINGER (K.), avec la collaboration de J.-D. GENDRON et G. STRAKA, *Dictionnaire étymologique de l'ancien français.* Québec, Presses de l'Univ. Laval ; Tübingen, Nie-

meyer ; P., Klincksieck, 1974 suiv.

BLOCH (O.) et W. von WARTBURG, *Dictionnaire étymologique de la langue française.* P., P.U.F., 1932 ; 6ᵉ éd., 1975.

DAUZAT (A.), *Dictionnaire étymolo-gique de la langue française.* P., Larousse, 1938 ; 6ᵉ éd., 1954.

DAUZAT (A.), J. DUBOIS, H. MITTE-RAND, *Nouveau dictionnaire étymo-logique et historique.* P., Larousse, 1964 ; 3ᵉ éd., 1974.

GAMILLSCHEG (E.), *Etymologisches Wörterbuch der französischen Sprache.* Heidelberg, Winter, 1927 ; 2ᵉ éd., 1969.

PICOCHE (J.), *Nouveau dictionnaire étymologique du français.* P., Hachette-Tchou, 1971.

WARTBURG (W. von), *Französisches etymologisches Wörterbuch.* Bonn, Klopp ; puis Leipzig et Berlin, Teubner ; puis Basel, Helbing et Lichtenhahn ; puis Basel, Zbinden, 1928 suiv.

(16)   *Morphologie*

LA CHAUSSÉE (Fr. de), *Initiation à la morphologie historique de l'ancien français.* P., Klincksieck, 1977.

PICOCHE (J.), *Précis de morphologie historique du français.* P., Nathan, 1979.

(17)   *Syntaxe. Ouvrages généraux*

BAYLON (Chr.) et P. FABRE, *Gram-maire systématique de la langue française.* P., Nathan, 1973.

BUREAU (C.), *Syntaxe fonctionnelle du français.* Québec, Presses de l'Uni-versité Laval, 1978.

DE BOER (C.), *Syntaxe du français moderne,* 2ᵉ éd. Leiden, Universi-taire Pers, 1954. — *Introduction à l'étude de la syntaxe du français.* Groningen, Erven, et P., Droz, 1933.

DUBOIS (J.) et Fr. DUBOIS-CHARLIER, *Éléments de linguistique française : syntaxe.* P., Larousse, 1970.

ETTMAYER (K.), *Analytische Syntax der französischen Sprache.* Halle, Niemeyer, 1932, 2 vol.

FOULET (L.), *Petite syntaxe de l'ancien français,* 3ᵉ éd. P., Cham-pion, 1930.

GAMILLSCHEG (E.), *Historische fran-zösische Syntax.* Tübingen, Nie-meyer, 1958.

GROOS (M.), *Grammaire transforma-tionnelle du français.* P., Larousse, 1968-1977, 2 vol. — *Méthodes en syntaxe.* P., Herman, 1975.

GUIRAUD (P.), *La syntaxe du français,* nouv. éd. P., P.U.F., 1974 *(Que sais-je ?).*

HAAS (J.), *Neufranzösische Syntax ; — Französische Syntax ; — Abriss der französischen Syntax.* Halle, Niemeyer, 1909, 1916, 1922, 3 vol.

HAASE (A.), *Syntaxe française du XVIIᵉ siècle,* trad. et remaniée par M. Obert, 5ᵉ éd. P., Delagrave, 1965.

JESPERSEN (O.), *La syntaxe analy-tique,* trad. d'A.-M. Léonard. P., Éd. de Minuit, 1971.

LE BIDOIS (G. et R.), *Syntaxe du français moderne*. P., Picard, 1935-1938, 2 vol. ; 2ᵉ éd., 1967.

LERCH (E.), *Historische französische Syntax*. Leipzig, Reisland, 1925-1934, 3 vol.

MARTIN (R.) et M. WILMET, *Syntaxe du moyen français*. Bordeaux, Sobodi, 1980.

MÉNARD (Ph.), *Syntaxe de l'ancien français*, nouv. éd. Bordeaux, Sobodi, 1973.

REMACLE (L.), *Syntaxe du parler wallon de La Gleize*. P., Les Belles Lettres, 1952-1960, 3 vol.

SANDFELD (Kr.), *Syntaxe du français contemporain*. P., Champion, 1928 ; P., Droz, 1936 ; Copenhague, Gyldendalske Boghandel Nordisk Forlag, et P., Droz, 1943,

3 vol. (Réédition : t. I, P., Champion, 1965 ; t. II et III, Genève, Droz, 1965.)

SNEYDERS DE VOGEL (K.), *Syntaxe historique du français*, 2ᵉ éd. Groningue et La Haye, Wolters, 1927.

TESNIÈRE (L.), *Éléments de syntaxe structurale*. P., Klincksieck, 1959.

WAGNER (R.-L.) et J. PINCHON, *Grammaire du français classique et moderne*. P., Hachette, 1962 ; éd. revue et corrigée, 1973.

WARNANT (L.), *Structure syntaxique du français (essai de cinéto-syntaxe)*. P., Les Belles Lettres, 1982.

WARTBURG (W. von) et P. ZUMTHOR, *Précis de syntaxe du français contemporain*. Berne, Francke, 1947 ; 2ᵉ éd., 1958.

(18) *Syntaxe. Études particulières*

BLINKENBERG (A.), *L'ordre des mots en français moderne*, 3ᵉ éd. København, Munksgaard, 1969. — *Le problème de l'accord en français moderne*, 2ᵉ éd. København, 1968.

CORBEIL (J.-Cl.), *Les structures syntaxiques du français moderne*. P., Klincksieck, 1968.

DE BOER (C.), *Essais de syntaxe du français moderne*. Groningen, Noordhoff, 1922.

HENRY (A.), *Études de syntaxe expressive*, 2ᵉ éd. Bruxelles, Éditions de l'Université de Bruxelles, 1977.

HØYBYE (P.), *L'accord en français contemporain*. Copenhague, Høst, 1944.

KAYNE (R. S.), *Syntaxe du français*. P., Le Seuil, 1977.

LE BIDOIS (R.), *L'inversion du sujet dans la prose contemporaine*. P., d'Artrey, 1952.

LOMBARD (A.), *Les constructions nominales dans le français moderne*. Uppsala et Stockholm, Almqvist et Wiksells, 1930.

MOIGNET (G.), *Études de psycho-systématique française*. P., Klincksieck, 1974.

POTTIER (B.), *Systématique des éléments de relation. Étude de morphosyntaxe structurale romane*. P., Klincksieck, 1962.

RUWET (N.), *Théorie syntaxique et syntaxe du français. — Grammaire des insultes et autres études*. P., Le Seuil, 1972-1982, 2 vol.

ZWANENBURG (W.), *Recherches sur la prosodie de la phrase française*. Leiden, Universitaire Pers, 1965.

(19) *Stylistique*

BALLY (Ch.), *Traité de stylistique française.* P., Klincksieck, 1909 ; 3ᵉ éd., Genève, Georg, et P., Klincksieck, 1951.

CATHERINE (R.), *Le style administratif.* P., A. Michel, 1946 ; 8ᵉ éd., 1968.

CRESSOT (M.), *Le style et ses techniques.* P., P.U.F., 1947 ; 8ᵉ éd. mise à jour par L. James, 1974.

DUBOIS (J.), Fr. ÉDELINE, J.-M. KLINKENBERG, Ph. MINGUET, Fr. PIRE, H. TRINON, *Rhétorique générale.* P., Larousse, 1970.

ELWERT (Th.), *Traité de versification française des origines à nos jours.* P., Klincksieck, 1965.

GUIRAUD (P.), *La stylistique,* 7ᵉ éd. P., P.U.F., 1972 *(Que sais-je ?).* — *Le français populaire.* P., P.U.F., 1965 *(id.).*

MALBLANC (A.), *Stylistique comparée du français et de l'allemand,* 4ᵉ éd. P., Didier, 1968.

MAROUZEAU (J.), *Précis de stylistique française,* nouv. éd. P., Masson, 1969.

MORIER (H.), *Dictionnaire de poétique et de rhétorique,* 2ᵉ éd. P., P.U.F., 1975.

SAUVAGEOT (A.), *Les procédés expressifs du français contemporain.* P., Klincksieck, 1957. — *Français écrit, français parlé.* P., Larousse, 1962.

SPITZER (L.), *Stilstudien.* München, Hueber, 1928, 2 vol.

STROHMEYER (F.), *Der Stil der französischen Sprache,* 2ᵉ éd. Berlin, Weidmann, 1924.

VINAY (J.-P.) et J.-L. DARBELNET, *Stylistique comparée du français et de l'anglais,* nouv. éd. P. - Bruxelles, Didier, 1969.

(20) *Ouvrages normatifs*

Bibliographie des chroniques de langage publiées dans la presse française : I, *1950-1965 ;* II, *1966-1970.* P., Didier, 1970-1972, 2 vol.

BOTTEQUIN (A.), *Le français contemporain.* Bruxelles, Office de publicité, 1937. — *Difficultés et finesses de langage.* Gand, Éditions Daphné, 1945. — *Subtilités et délicatesses de langage.* P. et Bruxelles, Baude, s.d. [1946].

COLIN (J.-P.), *Nouveau dictionnaire des difficultés du français.* P., Hachette-Tchou, 1970.

DAUZAT (A.), *Le guide du bon usage.* P., Delagrave, 1954.

DEHARVENG (J.), *Corrigeons-nous !* Bruxelles, Félix (I) et Dewit (II-VI), 1922-1928, 6 vol. — *Corrigeons-nous ! Aide-mémoire et additions.* Bruxelles, Dewit, 1928. — *Scrupules de grammairiens.* Bruxelles, Dewit, 1929.

D'HARVÉ (G.-O.), *Parlons mieux !* Bruxelles, Lebègue, 1922. — *Parlons bien !* Bruxelles, Office de publicité, 1923.

DOPPAGNE (A.), *Trois aspects du français contemporain.* P., Larousse, 1966.

DUPRÉ (P.), *Encyclopédie du bon français dans l'usage contemporain.* P., Éditions de Trévise, 1972, 3 vol.

GEORGIN (R.), *Pour un meilleur français ; — Difficultés et finesses de notre langue ; — La prose d'aujourd'hui ; — Jeux de mots : de l'orthographe au style.* P., Bonne, 1951-1957, 4 vol. — *Le langage de l'administration et des affaires ; — Le code du bon langage ; — Consultations de grammaire, de vocabulaire et de style ; — Problèmes quotidiens du langage ; — Comment s'exprimer en français.* P., Éditions Sociales françaises, 1954-1969, 5 vol.

GIRODET (J.), *Dictionnaire du bon français.* P., Bordas, 1981.

GOOSSE (A.), *Façons de parler.* Gembloux, Duculot, 1971.

GREVISSE (M.), *Le français correct. Guide pratique*, 3ᵉ éd. Gembloux, Duculot, 1982. — *Problèmes de langage.* Gembloux, Duculot, 1961-1970, 5 vol.

HANSE (J.), *Dictionnaire des difficultés grammaticales et lexicologiques.* Bruxelles, Baude, 1949. — *Nouveau dictionnaire des difficultés du français moderne.* Gembloux, Duculot, 1983.

HERMANT (A.), *Xavier ou les entretiens sur la grammaire française.* P., « Le Livre », 1923 ; réédition, Grasset, 1928. — *Lettres à Xavier sur l'art d'écrire.* P., Hachette, 1925. — *Remarques de M. Lancelot pour la défense de la langue française.* P., Flammarion, 1929. — *Nouvelles remarques de M. Lancelot pour la défense de la langue française.* P., Flammarion, 1929. — *Les samedis de Monsieur Lancelot.* P., Flammarion, 1931. — *Ainsi parla Monsieur Lancelot.* P., A. Michel, 1932. — *Chroniques de Lancelot du « Temps ».* P., Larousse, 1936-1938, 2 vol. — *Savoir parler.* P., A. Michel, 1936. — *Lancelot 1937.*

P., Éditions de la Nouvelle Revue critique, 1939.

JORAN (Th.), *Le Péril de la syntaxe et la crise de l'orthographe*, 6ᵉ éd. P., Savaète, 1916. — *Les manquements à la langue française*, 3ᵉ éd. P., Beauchesne, 1928.

LE GAL (Ét.), *Ne confondez pas... ; Ne dites pas... Mais dites... ; — Écrivez... N'écrivez pas... ; — Vous pouvez dire..., Mais dites mieux... ; — Parlons mieux.* P., Delagrave, 1927-1953, 5 vol. — *Cent manières d'accommoder le français.* P., Nouvelle Librairie française, 1932. — *Le parler vivant du XXᵉ siècle. L'usage en face de la règle.* P., Denoël, 1961.

LE BIDOIS (R.), *Les mots trompeurs ou le délire verbal.* P., Hachette, 1970.

MARTINON (Ph.), *Comment on parle en français.* P., Larousse, 1927.

STAPFER (P.), *Récréations grammaticales et littéraires*, 5ᵉ éd. P., Colin, 1927.

STREICHER (J.), *Commentaires sur les Remarques de Vaugelas.* P., Droz, 1936, 2 vol.

THÉRIVE (A.), *Querelles de langage.* P., Stock, 1929-1940, 3 vol. — *Clinique du langage.* P., Grasset, 1956. — *Procès de langage.* P., Stock, 1962.

THOMAS (Ad. V.), *Dictionnaire des difficultés de la langue française.* P., Larousse, 1971.

VAUGELAS (Cl. FAVRE DE), *Remarques sur la langue françoise*, fac-similé de l'éd. originale [1647] publié par J. Streicher. P., Droz, 1934.

VINCENT (Cl.), *Le péril de la langue française*, 3ᵉ édit. P., de Gigord, 1925.

(21) *Français régional*

BAETENS-BEARDSMORE (H.), *Le français régional de Bruxelles.* Bruxelles, Presses universitaires de Bruxelles, 1971.

BAUCHE (H.), *Le langage populaire,* nouv. éd. P., Payot, 1946.

BÉLISLE (L.-A.), *Dictionnaire général de la langue française au Canada.* Québec, Bélisle, 1957.

BERGERON (L.), *Dictionnaire de la langue québécoise.* Montréal, V.L.B., 1980.

BOILLOT (F.), *Le français régional de la Grand'Combe.* P., P.U.F., 1930.

BRUN (A.), *Le français de Marseille.* Marseille, Institut historique de Provence, 1931.

DESMARAIS (N.), *Le français à l'île Maurice.* Port Louis, Coquet, 1969.

DORY (Is.), *Wallonismes,* dans *Bulletin de la Société liégeoise de littérature wallonne,* 2ᵉ série, t. II, 1877, pp. 77-387.

FRANÇOIS (D.), *Français parlé.* P., Société d'études linguistiques et anthropologiques de France, 1974, 2 vol.

Glossaire du parler français au Canada, nouv. éd. Québec, Presses de l'Université Laval, 1968.

Glossaire des patois de la Suisse romande. Genève, Droz, 1925 suiv.

Inventaire des particularités lexicales du français en Afrique noire. P., AUPELF, 1983.

LANLY (A.), *Le français d'Afrique du Nord. Étude linguistique,* 2ᵉ éd. P., Bordas, 1970.

MIEGE (M.), *Le français dialectal de Lyon.* Lyon, Masson, 1937.

PIERREHUMBERT (W.), *Dictionnaire historique du parler neuchatelois et suisse romand.* Neuchâtel, Attinger, 1926.

POHL (J.), *Témoignages sur la syntaxe du verbe dans quelques parlers français de Belgique.* Bruxelles, Palais des Académies, 1962.

RÉZEAU (P.), *Dictionnaire des régionalismes de l'Ouest entre Loire et Gironde.* Les Sables-d'Olonne, Le Cercle d'or, 1984.

SÉGUY (J.), *Le français parlé à Toulouse,* 3ᵉ éd. Toulouse, Privat, 1978.

TUAILLON (G.), *Les régionalismes du français parlé à Vourey, village dauphinois.* P., Klincksieck, 1983.

VALDMAN (sur la direction d'A.), *Le français hors de France.* P., Champion, 1979.

VINCENT (L.), *La langue et le style rustique de George Sand dans les romans champêtres.* P., Champion, 1916.

WISSLER (G.), *Das schweizerische Volksfranzösisch,* dans *Romanische Forschungen,* XXVII, 1910, pp. 690-851.

WOLF (L.), *Le français régional d'Alsace. Étude critique des alsacianismes.* P., Klincksieck, 1983.

(22) *Revues*

Bulletin de la Société de linguistique de Paris. P., Klincksieck, 1865 suiv.

Défense de la langue française. P., 1959 suiv.

Le français dans le monde. P., Hachette et Larousse, 1961 suiv.

Le français moderne. P., d'Artrey, puis Conseil international de la langue française, 1933 suiv.

French Studies. Oxford, Blackwell, 1947 suiv.

L'information grammaticale. P., Baillière, 1979 suiv.

Langage. P., Didier et Larousse, 1966 suiv.

Langue et administration. Bruxelles, C.A.D., 1962-1980.

Langue française. P., Larousse, 1969 suiv.

Larousse mensuel illustré. P., Larousse, 1907-1957.

La linguistique. P., P.U.F., 1965 suiv.

Revue de linguistique romane. P., puis Strasbourg, 1925 suiv.

Revue des langues romanes. Montpellier, 1870 suiv.

Revue de philologie française et de lit-

térature. P., Champion, 1887-1933.

Revue romane, Copenhague, Akademisk Forlag, 1967 suiv.

Romance Philology. Berkeley and Los Angeles, University of California Press, 1947 suiv.

Romania. P., 1872 suiv.

Romanische Forschungen. Frankfurt am Main, Klostermann, 1883 suiv.

Studia neophilologica. Uppsala, Lundequistska Bokhandeln, 1928 suiv.

Travaux de linguistique et de littérature. Strasbourg, 1963 suiv.

Vie et langage. P., Larousse, 1952-1974.

Vox romanica. Bern, Francke, 1936 suiv.

Zeitschrift für französische Sprache und Literatur. Leipzig, puis Wiesbaden, Steiner, 1879 suiv.

Zeitschrift für romanische Philologie. Halle, puis Tübingen, Niemeyer, 1877 suiv.

Désignations abrégées des ouvrages mentionnés ci-dessus

Ac. ou Acad. : (13) (*Dict. de l'Acad.* [8ᵉ éd. sauf mention contraire.]).

Bauche : (21).

Bescherelle : (13).

Blinkenberg, *Accord :* (18).

Blinkenberg, *Ordre des mots :* (18).

Bloch-Wartburg : (15).

Brunot, *Hist. :* (6).

Brunot, *Pensée :* (7).

Brunot-Bruneau : (6).

Colin : (20).

Damourette-Pichon : (7).

Deharveng : (20) [sans indication de tome : *Aide-mémoire*].

Dict. contemp. : (13) [Dubois, Lagane, Niobey, etc.].

Dict. des fréquences : (14).

Dict. gén. : (13) [Hatzfeld-Darmesteter].

Dict. ling. : (1) [Dubois, etc.].

Dory : (21).

Dubois-Lagane-Lerond : (13).

Dupré : (20).

Fouché, *Traité :* (9).

Foulet : (17).

Frei : (4).

Fr. mod. : (22).

Furetière : (13).

Gamillscheg : (17).

Gilbert : (14).

Girault-Duvivier : (7).

Godefroy : (13).

Gougenheim : (8).

Gramm. Lar. contemp. : (7)

[Chevalier, etc.].

Grand dict. enc. Lar. (13).

Grand Lar. enc. : (13).

Grand Lar. langue : (13).

Haase : (17).

Hanse : (20).

Høybye : (18).

Huguet : (13).

Lar. = Larousse (divers ouvrages).

Lar. mensuel : (22).

Lar. XXᵉ s. : (13).

P. Lar. : (13) [P. Larousse].

Le Bidois : (17).

Le Bidois, *Inversion :* (18).

Lerch : (17).

Littré : (13).

Martin-Wilmet : (17).

Martinon : (20).

Matériaux : (14).

Nicot : (13).
Nyrop : (6).
Petit *Robert :* (13) [Robert en un vol.].
Plattner : (7).
Pohl : (21).
Poitevin : (13).
Remacle : (17).
Rey-Chantreau : (14).

Richelet : (13).
Robert : (13).
Robert méthod. : (13).
Sandfeld : (17).
Sneyders de Vogel : (17).
Spillebout : (8).
Thomas : (20).
Tobler, *Verm. :* (5).
Tobler, *Mél. :* (5).

Tobler-Lommatzsch : (13).
Togeby : (7) [*Gramm.*].
Trésor : (13).
Trévoux : (13) [*Dict. univ.*].
Vaugelas : (20).
Wagner-Pinchon : (17).
Wartburg : (15).
Wartburg-Zumthor : (17).

SECTION 2. — SOURCES ÉCRITES

La 11ᵉ édition du *Bon usage* tirait ses exemples de 500 auteurs environ, certains représentés par plus de dix livres. La 12ᵉ ajoute encore d'autres auteurs et d'autres livres. Il aurait été impossible d'énumérer toutes ces sources. La présente liste ne reprend en principe que les titres des collections donnés en abrégé, et les ouvrages qui ne sont pas cités d'après la pagination des éditions ordinaires ou d'après les divisions du texte.

Une difficulté particulière vient du fait que le réviseur n'a pas utilisé nécessairement les mêmes éditions que Maurice Grevisse. Pour les auteurs classiques, la présence ou l'absence de la croix (⁺) devant les exemples suffit à distinguer, dans le corps de l'ouvrage, les éditions corrigeant ou ne corrigeant pas l'orthographe ; nous aurions voulu ne retenir que les dernières, mais cela n'a pas toujours été possible. Dans divers autres cas, il a fallu faire suivre les exemples d'indications sommaires permettant d'identifier l'édition utilisée.

Dans le corps de l'ouvrage, nous avons supprimé les articles définis et indéfinis des titres, nous avons abrégé le nom de quelques auteurs fréquemment cités et le titre des œuvres les plus célèbres.

Les ouvrages cités dans la bibliographie linguistique ci-dessus servent aussi, à l'occasion, de sources écrites. Pour la façon dont ils sont désignés, voir p. XXVI.

Collections

C.F.M.A. = *Classiques français du moyen âge.* P., Champion.
F° = *Folio.* P., Gallimard.
G.E.F. = ⁺*Les grands écrivains de la France.* P., Hachette.
G.-F. = Garnier-Flammarion, collection publiée en commun par ces deux éditeurs, P.
Id. = *Idées.* P., Gallimard.
L.D. = *Le livre de demain.* P., Fayard.

L.M.I. = *Le livre moderne illustré.* P., Ferenczi.
L.P. = *Le livre de poche.* P., éditeurs divers.
M.L.F. = *Les meilleurs livres français.* P., éditeurs divers.
Pl. = *Bibliothèque de la Pléiade.* P., Gallimard.
Q.S. = *Que sais-je ?* P., P.U.F.
S.A.T.F. = Société des anciens textes français. P., éditeurs divers.

Sel. = *Select-Collection.* P., Flammarion.
S.H.F. = Société d'histoire de France. P.,
    éditeurs divers.
S.T.F.M. = Société des textes français
    modernes. P., éditeurs divers (aujour-
    d'hui Nizet).

T.F. = *Les textes français.* P., Les Belles
    Lettres.
T.L.F. = *Textes littéraires français.* P. puis
    Genève, Droz.
10/18 = *Le monde en 10/18.* P., Union
    générale d'éditions.

Indications relatives à certains auteurs cités

ADAM LE BOSSU [XIIIᵉ s.], *Le jeu de la
feuillée,* éd. E. Langlois, C.F.M.A.,
2ᵉ éd., 1923. — *Le jeu de Robin et
Marion,* éd. E. Langlois, C.F.M.A.,
1924.
ADENET LE ROI [XIIIᵉ s.], *Berte aus grans
piés,* éd. U.T. Holmes jr, Chapel Hill,
University of North Carolina, 1946 ;
éd. A. Henry, Bruxelles, Presses univer-
sitaires, 1963. — *Buevon de Conmar-
chis,* éd. A. Henry, Brugge, De Tempel,
1953.
Aiol, chanson de geste, éd. J. Normand et
G. Raynaud, S.A.T.F., 1877.
ALAIN, *Propos d'un Normand,* 1906-1914,
t. I, P., Gallimard, 1952.
ALAIN-FOURNIER, *Le grand Meaulnes,* P.,
Émile-Paul, 1926.
Alexis = Vie de saint Alexis, poème du XIᵉ
s., éd. J.-M. Meunier, P., Droz, 1933.
Aliscans [chanson de geste du XIIIᵉ s.], éd.
E. Wienbeck, W. Hartnacke, P. Rasch,
Halle, Niemeyer, 1903.
Amadas et Ydoine, roman du XIIIᵉ s., éd.
J. R. Reinhard, C.F.M.A., 1926.
AMYOT (Jacques), *Vies des hommes illustres
grecs et romains,* P., Gilles Beys, 1584,
in-fᵒ.
APOLLIN. = APOLLINAIRE (Guillaume),
Œuvres complètes, éd. M. Décaudin, P.,
Balland et Lecat, 1965-1966, 4 vol.
ARAGON (Louis), *Les yeux d'Elsa,* Bruxelles,
Cosmopolis, 1945.
ARLAND (Marcel), *L'ordre,* P., Gallimard,
1929, 3 vol.
AUBIGNÉ (Agrippa d'), *Œuvres complètes,*
éd. E. Réaume et F. de Caussade, P.,
Lemerre, 1873-1892, 6 vol.
Aucassin et Nicolette, chantefable du XIIIᵉ

s., éd. M. Roques, C.F.M.A., 2ᵉ éd.,
nouv. tirage, 1936.
AYMÉ (Marcel), *Les contes du chat perché,*
P., Gallimard, 62ᵉ éd.
BAINVILLE (Jacques), *Le Dix-huit Brumaire,*
« Récits d'autrefois », P., Hachette,
1925.
BALZAC (Honoré de), *César Birotteau ; Le
curé de village ; Les employés ; Le méde-
cin de campagne ; Les paysans ; La peau
de chagrin ; Une ténébreuse affaire ;
Ursule Mirouët,* P., Ollendorff. — *La
cousine Bette ; L'illustre Gaudissart ; La
muse du département,* P., Nelson. — *Le
curé de Tours, Pierrette ; Le lys dans la
vallée ; Le père Goriot,* éd. M. Allem, P.,
Garnier, 1937, 1947, 1950. — *Le colonel
Chabert,* éd. P. Citron, S.T.F.M., 1961.
— *La comédie humaine,* éd. M. Boute-
ron, Pl., 1962-1970.
BARBEY D'AUR. = BARBEY D'AUREVILLY.
Barlaam et Josaphat (Le roman de), version
anonyme française [XIIIᵉ s.], éd.
J. Sonet, Namur, Bibliothèque de la
Fac. de phil. et lettres ; Paris, Vrin,
1950.
BARRÈS (Maurice), *La grande pitié des
églises de France ; Colette Baudoche,* P.,
Émile-Paul, 1914, 1918. — *La colline
inspirée,* éd. définitive, P., Plon, 1924.
— *Les déracinés ; Leurs figures,* P.,
Nelson, s.d.
BARTHES (Roland), *Mythologies,* « Points »,
P., Le Seuil, 1970.
BARTSCH (Karl), *Chrestomathie de l'ancien
français,* Leipzig, Vogel, 12ᵉ éd., 1920.
BAUDEL. = BAUDELAIRE (Charles), *Œuvres,*
éd. Y.-G. Le Dantec, Pl., 1958.
BAZIN (Hervé), *Cri de la chouette,* L.P.

BAZIN (René), *Contes de bonne Perrette*, coll. « Pour tous », Tours, Mame, s.d. — *De toute son âme*, P., Nelson, s.d.

BÉRANGER (P.-J. de), *Œuvres complètes*, Bruxelles, Perichon, 1850.

BERNARD (Jean-Jacques), *Le camp de la mort lente*, Bruxelles, Les Éditions libres, 1945.

BERN. DE SAINT-P. = BERNARDIN DE SAINT-PIERRE, *Paul et Virginie*, éd. M. Souriau, T.F., 1952. — *La vie et les ouvrages de Jean-Jacques Rousseau*, éd. M. Souriau, S.T.F.M., 1907.

BÉROUL, *Le roman de Tristan*, poème du XIIᵉ s., éd. E. Muret, revue par L. M. Defourques, C.F.M.A., 4ᵉ éd., 1947.

Bible (La sainte), trad. A. Crampon, P.-Tournai-Rome, Desclée, 1939 ; — trad. de l'École biblique de Jérusalem, [Bruges], Desclée, 1966 ; — trad. des moines de Maredsous, P. - Turnhout, Brepols, 1969 ; trad. L. Segond, Genève, Société biblique, 1979. — *Nouveau Testament*, trad. E. Osty et J. Trinquet, P., Siloé, 1964 ; trad. J.-Cl. Margot, s.l., Sociétés bibliques, 1973. — *Biblia sacra*, vulgatae editionis, P., Roger et Chernoviz, 1918.

BODEL (Jean), *Le jeu de saint Nicolas* [XIIIᵉ s.], éd. A. Henry, 3ᵉ éd., Bruxelles, Palais des Académies, 1981.

BOIL. = BOILEAU, *Œuvres complètes*, éd. Ch. H. Boudhors, T.F., 1934-1943, 7 vol.

BORDEAUX (Henry), *L'affaire de la rue Lepic ; Les Roquevillard*, L.D. — *La neige sur les pas*, Bibliothèque reliée Plon.

BOSCO (Henri), *L'âne Culotte*, M.L.F., 1950.

BOSS. = BOSSUET, *Discours sur l'histoire universelle*, ⁺éd. A. Gasté, P., Flammarion, 1885, 2 vol. — *Œuvres oratoires*, ⁺éd. J. Lebarq, revue par Ch. Urbain et E. Levesque, P., Desclée-De Brouwer, 1914-1926, 7 vol.

BOURDET (Édouard), *La prisonnière*, P., Fayard, Les Œuvres libres, n° 60, 1926.

BOURGET (Paul), *L'envers du décor*, Sel., 1917.

BOYLESVE (René), *La becquée*, P., Nelson, 1924. — *Souvenirs du jardin détruit*, L.M.I., 1924.

BRETON (André), *Nadja*, L.P., 1964.

BUTOR (Michel), *L'emploi du temps*, 10/18, 1970.

CAILLOIS (Roger), *L'homme et le sacré*, Id., 1950.

CALVIN (Jean), *Institution de la religion chrestienne* (texte de 1560), éd. Baum, Cunitz et Reuss (dans le *Corpus Reformatorum*, vol. 31 et 32), Brunsvic, Schwetscke, 1865-1866.

CAMUS (Albert), *Noces*, éd. nouv., Alger, Charlot, 1945.

CAYROL (Jean), *Le froid du soleil*, F°, 1974.

CÉLINE (Louis-Ferdinand), *Voyage au bout de la nuit*, L.P., 1960.

Cent nouvelles nouvelles [XVᵉ s.], éd. P. Champion, P., Droz, 1928, 2 vol. ; éd. P. Jourda, dans *Conteurs français du XVIᵉ siècle*, Pl., 1965.

CHAMSON (André), *Héritages*, L.M.I., 1934. — *Les hommes de la route*, L.P., 1960.

CHARLES D'ORLÉANS, *Poésies*, éd. P. Champion, C.F.M.A., 1923-1927, 2 vol.

Charroi de Nîmes, chanson de geste du XIIᵉ s., éd. J. L. Perrier, C.F.M.A., 1931.

CHARTIER (Alain), *Le quadrilogue invectif* [1422], éd. E. Droz, C.F.M.A., 1923. — *La belle dame sans mercy* [1424] *et les poésies lyriques*, éd. A. Piaget, T.L.F., 2ᵉ éd., 1949.

Chastelaine de Vergi, poème du XIIIᵉ s., éd. G. Raynaud, revue par L. Foulet, C.F.M.A., 3ᵉ éd., 1921.

CHAT. = CHATEAUBRIAND, *Mémoires d'outre-tombe*, éd. M. Levaillant, P., Flammarion, 2ᵉ éd., 1949-1950, 4 vol. — *Œuvres romanesques* et *Voyages*, éd. M. Regard, Pl., 1969, 2 vol.

CHÂTEAUBRIANT (Alphonse de), *Monsieur des Lourdines ; Les pas ont chanté*, L.M.I., 1924, 1941.

CHÉRAU (Gaston), *La maison de Patrice Perrier*, P., Nelson, 1927.

Chevalerie Ogier de Danemarche, chanson de geste, éd. M. Eusebi, Milano-Varese, Istituto editoriale cisalpino, 1963.

CHRÉT. DE TR. = CHRÉTIEN DE TROYES,

Erec et Enide, éd. W. Foerster, Halle, Niemeyer, 1896 ; éd. M. Roques, C.F.M.A., 1955. — *Lancelot*, éd. W. Foerster, Halle, Niemeyer, 1899. — *Perceval*, éd. A. Hilka, Halle, Niemeyer, 1932 ; éd. W. Roach, T.L.F., 1956.

CLAUDEL (Paul), *Tête d'or, La ville, La jeune fille Violaine, L'échange, Le repos du septième jour, Agamemnon, Vers d'exil*, dans *Théâtre* (1re série), P., Mercure de France, 1944-1946, 4 vol.

COCTEAU (Jean), *Les enfants terribles*, Bruxelles, Édit. du Frêne, 1947.

Codes (Les dix-huit ~ des Français), P., Lebigre, 1837.

COLETTE, *Chambre d'hôtel ; La naissance du jour ; Les vrilles de la vigne*, L.M.I. — *La retraite sentimentale*, Sel., s.d. — *Julie de Carneilhan*, L.D., 1950. — *Le voyage égoïste*, P., Ferenczi, 1928. — Voir WILLY.

COLIN MUSET, *Chansons* [XIIIe s.], éd. J. Bédier, C.F.M.A., 2e éd., 1938.

COMMYNES (Philippe de), *Mémoires*, éd. J. Calmette, P., Champion, 1924-1925, 3 vol.

CONSTANT (Benjamin), *Journal intime*, éd. D. Melegari, P., Ollendorff, 1895.

Continuations of the Old French Perceval of Chrétien de Troyes, éd. W. Roach et R. H. Ivy, Philadelphia, University of Pennsylavania Press, puis The American Philosophical Society, 1949-1983, 5 vol.

CORN. = CORNEILLE (Pierre), *Œuvres*, ⁺éd. Ch. Marty-Laveaux, G.E.F., 1862-1868, 12 vol. — *Le Cid*, éd. originale publiée par M. Cauchie, S.T.F.M., 1946. — ⁺*Clitandre*, éd. du texte de 1632 publiée par R.-L. Wagner, T.L.F., 1949. — *La galerie du palais*, texte de la 1re éd. publié par M. R. Margitić, T.L.F., 1981. — *L'illusion comique*, publiée d'après la 1re éd. par R. Garapon, S.T.F.M., 1957. — *Médée*, éd. A. de Layssac, T.L.F., 1978. — *Mélite*, texte de la 1re éd. publié par M. Roques et M. Lièvre, T.L.F., 1950. — *La place Royalle*, texte de l'édition princeps publié par J.-Cl. Brunon, S.T.F.M., 1962. — *Rodogune*, éd.

J. Scherer, T.L.F., 2e tirage, 1946. — *Sertorius*, éd. J. Streicher, T.L.F., 1959. — *La suivante*, texte de la 1re éd. publié par M. R. Margitić, T.L.F., 1978. — *La veuve*, texte de la 1re éd. publié par M. Roques et M. Lièvre, T.L.F., 1954.

COURIER (Paul-Louis), *Œuvres*, éd. A. Carrel, P., Didot, 1854.

Couronnement de Louis, chanson de geste du XIIe s., éd. E. Langlois, C.F.M.A., 2e éd., 1925.

CYRANO DE BERGERAC, *L'autre monde ou les estats et empires de la lune*, éd. M. Alcover, S.T.F.M., 1977.

DAUDET (Alphonse), *Jack*, 2 vol. ; *Lettres de mon moulin ; Numa Roumestan*, P., Nelson. — *Contes du lundi*, L.P. — *L'immortel*, P., Lemerre, 1888. — *Les rois en exil*, P., Dentu, 1890. — *Trente ans de Paris*, P., Marpon et Flammarion, 1888.

DE COSTER (Charles), *La légende et les aventures héroïques, joyeuses et glorieuses d'Ulenspiegel...*, éd. J. Hanse, Bruxelles, La Renaissance du livre, 2e éd., 1966.

DESCHAMPS (Eustache) [XIVe-XVe s.], *Œuvres complètes*, éd. Queux de Saint-Hilaire et G. Raynaud, S.A.T.F., 1873-1903, 11 vol.

DESPORTES (Philippe), *Œuvres*, éd. A. Michiels, P., Delahays, 1858.

DIDEROT (Denis), *Œuvres*, ⁺éd. A. Billy, Pl., 1957. — *Correspondance*, éd. G. Roth, P., Éditions de Minuit, 1955 suiv. — *Éléments de physiologie*, éd. J. Mayer, S.T.F.M., 1964. — *Le neveu de Rameau*, éd. J. Fabre, T.L.F., 1950. — *Le rêve de d'Alembert*, éd. P. Vernière, S.T.F.M., 1951.

DRIEU LA ROCHELLE (Pierre), *Les chiens de paille*, P., Gallimard, 1980.

DU BELLAY (Joachim), *Œuvres poétiques*, éd. H. Chamard, S.T.F.M., 1908-1931, 7 vol. ; nouv. éd. par Y. Bellenger, 1982 suiv.

DU FOUILLOUX (Jacques), *La vénerie et L'adolescence*, éditées d'après l'éd. princeps de 1561 par G. Tilander, Karlshamn, Johansson, 1967.

DURAS (Marguerite), *L'amante anglaise*, [P.], Théâtre national populaire, 1968. — *Les petits chevaux de Tarquinia*, F°, 1973.

DUVERNOIS (Henri), *Crapotte*, L.D., s.d.

Eneas, roman du XIIᵉ s., éd. J.-J. Salverda de Grave, C.F.M.A., 1925-1929, 2 vol.

ESCHOLIER (Raymond), *Dansons la trompeuse*, L.M.I., 1923.

ESTAUNIÉ (Édouard), *L'infirme aux mains de lumière ; La vie secrète*, L.M.I.

FABRE (Jean-Henri), *Scènes de la vie des insectes*, P., Nelson, 1949.

FÉN. = FÉNELON, *Les aventures de Télémaque*, ⁺éd. A. Cahen, G.E.F., 1920-1927, 2 vol. — ⁺*De l'éducation des filles, Dialogues des morts et opuscules divers, Abrégé des vies des anciens philosophes*, P., Didot, 1848.

FEUILLET (Octave), *Le roman d'un jeune homme pauvre*, Nouvelle collection illustrée Calmann-Lévy.

Figaro litt. = *Le Figaro littéraire* (hebdomadaire).

FLAUB. = FLAUBERT (Gustave), *Bouvard et Pécuchet*, P., Charpentier, 1886 ; P., Lemerre, 1939. — *Correspondance*, P., Charpentier, 1887-1893, 4 vol. [D'autres éd. sont utilisées, avec la date de la lettre.] — *L'éducation sentimentale*, éd. É. Maynial, P., Garnier, 1958. — *La première Éducation sentimentale*, P., Le Seuil, 1963. — *Lettres à sa nièce Caroline*, P., Charpentier, 1906. — *Madame Bovary*, P., Charpentier, 1884 ; éd. Cl. Gothot-Mersch, P., Garnier, 1973. — *Salammbô*, P., Lévy, 1863 ; éd. É. Maynial, P., Garnier, 1961. — *La tentation de saint Antoine*, P., Charpentier, 1874 ; éd. É. Maynial, P., Garnier, 1954. — *Trois contes*, P., Charpentier, 1877 ; éd. É. Maynial, P., Garnier, 1960. — *Voyages*, éd. R. Dumesnil, T.F., 1948, 2 vol.

Floire et Blancheflor [XIIIᵉ s.], éd. M. Pelan, P., Les Belles Lettres, 1937.

FONTENELLE, *Histoire des oracles*, éd. L. Maigron, S.T.F.M., 1908. — *Nouveaux dialogues des morts*, éd. J. Dagen, S.T.F.M., 1971.

FOURASTIÉ (Jean), *Le grand espoir du*

XXᵉ siècle, Id., 1963.

FRANCE (Anatole), *Pierre Nozière*, P., Calmann-Lévy, 1921.

FRAPIÉ (Léon), *L'écolière et autres contes*, P., Nelson.

FROISSART (Jean), *Chroniques*, éd. Kervyn de Lettenhove, Bruxelles, Devaux, puis Closson, 1867-1877, 25 vol. ; éd. S. Luce, G. Raynaud, L. et A. Mirot, S.H.F., 1869 suiv. — *Poésies*, éd. A. Scheler, Bruxelles, Devaux, 1870-1872, 3 vol.

FROMENTIN (Eugène), *Les maîtres d'autrefois*, P., Garnier, s.d.

GACE DE LA BUIGNE [XIVᵉ s.], *Le roman des deduis*, éd. Å. Blomqvist, Karlshamn, Johansson, 1951.

GARY (Romain), *Les racines du ciel*, L.P., 1956.

GASTON PHÉBUS, *Livre de chasse* [1387-1389], éd. G. Tilander, Karlshamn, Johansson, 1971.

GAULLE (Charles de), *Mémoires de guerre*, L.P., 1954-1959, 3 vol. — *La discorde chez l'ennemi ; Le fil de l'épée ; La France et son armée ; Pour l'avenir ; Trois études*, L.P., 1973.

GAUTIER (Théophile), *Le roman de la momie ; Un trio de romans*, P., Nelson, s.d.

GENET (Jean), *Œuvres complètes*, P., Gallimard, 1966.

GENEVOIX (Maurice), *La joie*, L.M.I.

GIDE (André), *Corydon*, P., Gallimard, 1941.

GOBINÉAU (A.-J. de), *Nouvelles asiatiques*, éd. J. Gaulmier, P., Garnier, 1965.

GONC. (E. [et J.] de) = GONCOURT (Edmond [et Jules] de).

GRACQ (Julien), *Un balcon en forêt*, Lausanne, La Guilde du Livre, 1959. — *Le rivage des Syrtes*, P., Corti, 1983.

GREBAN (Arnoul), *Le mystère de la Passion* [XVᵉ s.], éd. O. Jodogne, Bruxelles, Palais des Académies, 1965-1983, 2 vol.

GREEN (Julien), *Le visionnaire*, Monaco, Éd. du Rocher, 1944.

GUÉRIN (Maurice de), *Œuvres complètes*, éd. B. d'Harcourt, T.F., 1947, 2 vol.

HENRY (Albert), *Chrestomathie de la littérature en ancien français*, Bern, Francke, 5ᵉ éd., 1970, 2 vol.

HÉRIAT (Philippe), *La main tendue*, F°.

HERMANT (Abel), *Confession d'un enfant d'hier*, Le roman d'aujourd'hui, P., Flammarion, 1925. — *Trains de luxe*, Les inédits de Modern-Bibliothèque, P., Fayard, 1908.

Histoire des littératures, sous la direction de R. Queneau, Encyclopédie de la Pléiade, P., Gallimard, 1956-1958, 3 vol.

Histoire (L') et ses méthodes, sous la direction de Ch. Samaran, Encyclopédie de la Pléiade, P., Gallimard, 1961.

HUGO (Victor), *Choses vues*, P., Charpentier, 1888. — *Légende des siècles*, P., Hetzel et Quantin, 1883, 4 vol. [éd. citée d'après le tome et la page] ; éd. J. Truchet, Pl., 1967. — *Les misérables*, P., Hetzel et Quantin, 5 vol. ; éd. M.-Fr. Guyard, P., Garnier, 1957, 2 vol. — *Pierres*, textes rassemblés par H. Guillemin, Genève-P.-Montréal, Éd. du Milieu du monde, 1951.

HUON LE ROI, *Le vair palefroi*, fabliau du XIIIᵉ s., éd. A. Långfors, C.F.M.A., 3ᵉ éd., 1927.

HUON LE ROI DE CAMBRAI [XIIIᵉ s.], *Œuvres*, éd. A. Långfors, C.F.M.A., 2ᵉ éd., 1925.

Internelle Consolacion, 1ʳᵉ version française [XVᵉ s.] de l'*Imitation de Jésus-Christ*, éd. L. Moland et Ch. d'Héricault, P., Jannet, 1856.

IONESCO (Eugène), *Théâtre*, Collection Soleil, P., Gallimard, 1963-1970, 4 vol.

JALOUX (Edmond), *Le reste est silence*, Bibliothèque reliée Plon, 1929. — *Sous les oliviers de Bohême*, L.M.I., 1936.

JARRY (Alfred), *Tout Ubu*, L.P., 1968.

JEAN DE STAVELOT [1390-1449], *Chronique*, éd. Ad. Borgnet, Bruxelles, Hayez, 1861.

JEAN D'OUTREMEUSE [1338-1400], *Ly myreur des histors*, éd. Ad. Borgnet et St. Bormans, Bruxelles, Hayez, 1864-1887, 7 vol. ; fragment du second livre, éd. A. Goosse, Bruxelles, Palais des Académies, 1965. — *Trésorier de philosophie naturelle des pierres précieuses*, manuscrit fr. 12326 de la Bibliothèque nationale de Paris.

JEAN RENART, *Galeran de Bretagne*, roman du XIIIᵉ s., éd. L. Foulet, C.F.M.A., 1925.

JOINVILLE (Jean de), *Histoire de saint Louis*, éd. N. de Wailly, P., Hachette, 1881.

JOUHANDEAU (Marcel), *Chaminadour ; Chroniques maritales*, précédé de *Élise*, L.P., 1967 et 1964.

LA BR. = LA BRUYÈRE (Jean de), *Les caractères*, ⁺éd. G. Cayrou, P., Didier ; Toulouse, Privat, 6ᵉ éd., 1929.

LACAN (Jacques), *Écrits*, coll. « Points », P., Le Seuil, 1971, 2 vol.

LACLOS (CHODERLOS DE), ⁺*Œuvres complètes*, éd. Allem, Pl., 1959.

LACRETELLE (Jacques de), *Amour nuptial*, Collection « Succès », P., Gallimard, 1933.

LA F. = LA FONTAINE, *Contes et nouvelles en vers* [abrév. : *C.*], éd. P. Clarac, T.F., 2ᵉ éd., 1961, 2 vol. — *Fables* [abrév. : *F.*], éd. F. Gohin, T.F., 1934, 2 vol. — *Œuvres complètes*, ⁺éd. R. Groos, J. Schiffrin, P. Clarac, Pl., 1968, 2 vol. ; ⁺éd. H. Régnier, G.E.F., 1883-1892, 11 vol.

LAFAYETTE (Mᵐᵉ de), *La princesse de Clèves*, éd. É. Magne, T.L.F., 1950.

LAFORGUE (Jules), *Poésies complètes*, éd. P. Pia, L.P., 1970.

LALOU (René), *Histoire de la littérature française contemporaine*, P., P.U.F., 1946, 2 vol.

LAMART. = LAMARTINE.

LANOUX (Armand), *La nef des fous*, éd. définitive, P., Julliard, 1965.

LANSON (Gustave), *Histoire de la littérature française*, P., Hachette, 11ᵉ éd., 1909.

LA ROCHEF. = LA ROCHEFOUCAULD, *Œuvres*, ⁺éd. D.L. Gilbert et J. Gourdault, G.E.F., 1863-1883, 4 vol.

LA SALE (Antoine de), *Le petit Jehan de Saintré*, éd. P. Champion et F. Desonay, P., Éditions du Trianon, 1926 ; éd. J. Misrahi et Ch. A. Knudson, T.L.F., 1965.

Laurin (Roman de) [XIIIᵉ s.], éd. L. Thorpe, Cambridge, Heffer, s.d.

LAUTRÉAMONT, *Œuvres complètes*, G.-F., 1969.

LA VARENDE (Jean de), *Le sorcier vert*, P., Sorlot, 1938.

LAVEDAN (Henri), *Les beaux dimanches ; Leur cœur ; Le vieux marcheur*, Nouvelle collection illustrée Calmann-Lévy. — *Sire*, Modern-Bibliothèque, P., Fayard.

LEC. DE LISLE = LECONTE DE LISLE.

LEMAIRE DE BELGES (Jean), *La concorde des deux langages ; Les épîtres de l'amant vert*, éd. J. Frappier, T.L.F., 1947, 1948. — *La concorde du genre humain*, éd. P. Jodogne, Bruxelles, Palais des Académies, 1964.

LEMAITRE (Jules), *Les rois*, P., Nelson.

LIGNE (prince de), *Mémoires*, éd. E. Gilbert, P., Champion, 1914.

MADELIN (Louis), *Danton*, « Figures du passé », P., Hachette, 1914.

MAETERLINCK (Maurice), *La vie des abeilles ; La vie des fourmis ; La vie des termites*, Bruxelles, Éd. La Boétie, 1947. — *Morceaux choisis*, P., Nelson, s.d.

MAINTENON (Mme de), *Lettres*, éd. M. Langlois, P., Letouzey, 1935-1939, 4 vol.

MALHERBE (François de), *Œuvres*, +éd. L. Lalanne, G.E.F., 1862-1869, 5 vol. — *Œuvres poétiques*, éd. R. Fromilhague et R. Lebègue, T.F., 1968, 2 vol.

MALRAUX (André), *La tentation de l'Occident, Royaume-Farfelu, Lunes en papier ; La lutte avec l'ange :* 1. *Les noyers de l'Altenburg*, dans *Œuvres complètes*, Genève, Skira, 1945, 2 vol.

MANDEVILLE (Jean de), *Voyages* [1356], dans *Mandeville's Travels*, éd. M. Letts, t. II, London, The Hakluyt Society, 1953.

MARGUERITE DE NAVARRE, *L'heptaméron*, dans *Conteurs français du XVIe siècle*, éd. P. Jourda, Pl., 1965.

MARITAIN (Jacques), *Primauté du spirituel*, P., Plon, éd. revue, 1927.

MARIV. = MARIVAUX, *Journaux et œuvres diverses*, +éd. F. Deloffre et M. Gilot ; *Le paysan parvenu*, +éd. F. Deloffre ; *Théâtre complet*, +éd. F. Deloffre ; *La vie de Marianne*, +éd. F. Deloffre. P., Garnier, 1959-1969, 5 vol.

MAROT (Clément), *Œuvres*, éd. G. Guiffrey, mise au jour par R. Yve-Plessis et J. Plattard, P., Quantin, 1875-1931, 5 vol. — *Psaumes*, éd. S. J. Lenselinck, Assen, Van Gorcum, 1969.

MAUPASS. = MAUPASSANT (Guy de), *Au soleil ; Boule de Suif ; Sur l'eau*, dans les *Œuvres illustrées*, P., Albin Michel. — *Contes et nouvelles* [abrév. : C.], éd. A.-M. Schmidt et G. Delaisement, P., Albin Michel, 1970-1972, 2 vol. ; éd. L. Forestier, Pl., 1974-1979, 2 vol.

MAURIAC (François), *L'enfant chargé de chaînes ; Plongées*, L.M.I. — *Vie de Jésus*, P., Flammarion, 1936.

MAUROIS (André), *Bernard Quesnay*, éd. augmentée, P., Gallimard, 95e éd. — *Histoire d'Angleterre*, P., Fayard, 1937.

MAURRAS (Charles), *Les amants de Venise*, P., de Boccard, 1919. — *Anthinéa*, P., Champion, 1923.

MÉRIMÉE (Prosper), *Correspondance générale*, éd. M. Parturier, P., Le Divan ; Toulouse, Privat, 1941-1964, 17 vol.

MICHEL (Jean), *Le mystère de la Passion* (Angers, 1486), éd. O. Jodogne, Gembloux, Duculot, 1959.

MICHELET (Jules), *Bible de l'humanité*, dans *Œuvres complètes*, P., Calmann-Lévy. — *Histoire de la Révolution française*, éd. G. Walter, Pl., 1970-1971, 2 vol. — *Jeanne d'Arc*, P., Nelson, 1934. — *Le peuple*, éd. L. Refort, S.T.F.M., 1946. — *La sorcière*, éd. L. Refort, S.T.F.M., 1952-1956, 2 vol.

MIOMANDRE (Francis de), *Olympe et ses amis ; Écrit sur de l'eau*, L.M.I. — *L'aventure de Thérèse Beauchamp*, L.D.

Missel dominical de l'assemblée, P., Brepols, 1972.

MISTLER (Jean), *Le bout du monde*, L.P. 1973.

MOL. = MOLIÈRE, *Œuvres complètes*, éd. R. Bray, T.F., 1935-1952, 8 vol.

MONTAIGNE, *Essais*, éd. A. Thibaudet, Pl., 1946 et 1958. — *Journal de voyage en Italie*, éd. Ch. Dédéyan, T.F., 1946.

MONTESQ. = MONTESQUIEU, *De l'esprit des lois*, éd. J. Brethe de la Gressaye, T.F., 1950-1961, 4 vol. — *Histoire véritable*, éd. R. Caillois, T.L.F., 1948. — *Lettres persanes*, éd. H. Barckhausen, S.T.F.M., 2e tirage, 1932 ; éd. A. Adam, T.L.F., 1954. — *Œuvres complètes*, +éd. R. Caillois, Pl., 1956-1958, 2 vol.

MONTHERLANT (Henry de), *Le démon du*

bien ; Les jeunes filles, L.P., 1957, 1956.
— *Les olympiques,* P., Grasset, 1938.
Mort le roi Artu, roman du XIIIe s., éd. J.
Frappier, P., Droz, 1936.
Nativités et moralités liégeoises [XVe s.], éd.
G. Cohen, Bruxelles, Palais des Acadé-
mies, 1953.
NERVAL (Gérard de), *Œuvres,* éd. A. Béguin
et J. Richer, Pl., 1960-1961, 2 vol. —
Faust et le second Faust de Goethe, suivis
d'un choix de ballades et de poésies de
Goethe [...], etc. trad. par G. de N., P.,
Calmann-Lévy, 3e éd., 1883. — *Œuvres
complémentaires,* éd. J. Richer, P.,
Minard, 1959-1967, 6 vol.
NODIER (Charles), *Contes,* P., Garnier, 1961.
Nouv. litt. = Les nouvelles littéraires (heb-
domadaire).
PASCAL (Blaise), *Œuvres complètes,* +éd.
L. Brunschvicg, P. Boutroux et
F. Gazier, G.E.F., 1886-1921, 14 vol. —
Œuvre, +éd. J. Chevalier, Pl., 1941. —
Pensées et opuscules, +éd.
L. Brunschvicg, P., Hachette, 19e éd.
Pathelin = Maistre Pierre Pathelin, farce du
XVe s., éd. R. T. Holbrook, C.F.M.A.,
2e éd., 1937.
PHILIPPE (Charles-Louis), *Le père Perdrix,*
P., Fasquelle, 1948.
Piramus et Tisbé, poème du XIIe s., éd. C. De
Boer, C.F.M.A., 1921.
POURRAT (Henri), *Gaspard des Montagnes.
Le château des sept portes,* nouv. éd., P.,
Albin Michel, 1941.
PRÉVERT (Jacques), *Paroles,* éd. revue et
augmentée, P., Gallimard, 1949.
PRÉVOST (abbé), *Histoire du chevalier des
Grieux et de Manon Lescaut,* éd.
G. Matoré, T.L.F., 1953.
PRÉVOST (Marcel), *Nouvelles lettres à Fran-
çoise,* L.M.I. — *La princesse d'Erminge,*
P., Nouvelle bibliothèque Flammarion.
PROUST (Marcel), *À la recherche du temps
perdu,* éd. P. Clarac et A. Ferré, Pl.,
1960-1961, 3 vol. [On cite aussi l'éd. en
16 vol., P., Gallimard : *Du côté de chez
Swann,* 2 vol. ; *À l'ombre des jeunes filles
en fleurs,* 3 vol. ; *Le côté de Guermantes,*
2 vol. ; *Sodome et Gomorrhe,* 3 vol. ; *La
prisonnière,* 2 vol. ; *Albertine disparue,* 2
vol. ; *Le temps retrouvé,* 2 vol.]. — *Les*

plaisirs et les jours, P., Gallimard, 1924.
— *Pastiches et mélanges,* P., Gallimard,
1925.
Proverbes français antérieurs au XVe siècle,
éd. J. Morawski, C.F.M.A., 1925.
Queste del saint Graal, roman du XIIIe s.,
éd. A. Pauphilet, C.F.M.A., 1923.
RAB. = RABELAIS (François), *Œuvres com-
plètes,* éd. J. Boulenger, revue par
L. Scheler, Pl., 1970. — *Gargantua,* édi-
tion princeps, éd. R. Calder, T.L.F.,
1970. — *Pantagruel,* édition princeps,
éd. V. L. Saulnier, T.L.F., 1946.
RAC. = RACINE (Jean), *Œuvres,* +éd. P.
Mesnard, G.E.F., 1865-1873, 8 vol. ; éd.
G. Truc, T.F., 1930-1953, 7 vol.
Renart = Roman de Renart, éd. E. Martin,
Strasbourg, Trübner ; P., Leroux, 1882-
1887, 3 vol. et un suppl. ; éd. M. Roques,
C.F.M.A., 1948-1963, 6 vol.
Renart le contrefait (Roman de) [XIVe s.], éd.
G. Raynaud et H. Lemaître, P., Cham-
pion, 1914, 2 vol.
RETZ (cardinal de), *Mémoires, La conjura-
tion du comte Jean-Louis de Fiesque,
Pamphlets,* +éd. M. Allem et É. Thomas,
Pl., 1961.
RIMBAUD (Arthur), *Œuvres,* éd. P. Berri-
chon, P., Mercure de France, 1946.
ROBBE-GRILLET (Alain), *Dans le labyrinthe ;
Le voyeur,* F°, 1964, 1973. — *Les
gommes,* 10/18, 1962.
ROBERT DE CLARI, *La conquête de Constan-
tinople,* éd. Ph. Lauer, C.F.M.A., 1924.
Rol. = Chanson de Roland, éd. J. Bédier, P.,
Piazza, 1947 ; éd. G. Moignet, P., Bor-
das, 1969.
ROMAINS (Jules), *La vie unanime,* P., Galli-
mard, 1926.
Roman de Thèbes [XIIe s.], éd. L. Constans,
S.A.T.F., 1890, 2 vol.
Roman de Troie en prose [XIIIe s.], éd. L.
Constans et E. Faral, t. I, C.F.M.A.,
1922.
RONSARD (Pierre de), *Œuvres complètes,* éd.
P. Laumonier, S.T.F.M., 1914-1975, 20
tomes ; éd. H. Vaganay, P., Garnier,
1923-1924, 7 vol.
Rose = Roman de la rose, par GUILLAUME DE
LORRIS et JEAN DE MEUNG, éd. E. Lan-
glois, S.A.T.F., 1914-1924, 5 vol.

ROSTAND (Jean), *Pensées d'un biologiste*, P., Stock, 1954.

ROUSS. (J.-J.) = ROUSSEAU (Jean-Jacques), *Œuvres complètes*, éd. publiée sous la direction de B. Gagnebin et M. Raymond, Pl., 1962 suiv.

ROY (Jules), *La vallée heureuse*, P., Charlot, 1946.

RUTEBEUF, *Œuvres complètes*, éd. A. Jubinal, nouv. éd., P., Delahays, 1874-1875, 3 vol. — *Le miracle de Théophile*, éd. G. Frank, C.F.M.A., 1925.

SADE (marquis de), *Les infortunes de la vertu*, éd. J.-M. Goulemot, G.-F., 1969.

SAINT-AMANT, *Œuvres*, éd. J. Bailbé et J. Lagny, S.T.F.M., 1967-1979, 5 vol.

SAINTE-BEUVE, *Premiers lundis, Portraits littéraires, Portraits de femmes*, éd. M. Leroy, Pl., 1956-1960, 2 vol. — *Mes poisons*, éd. V. Giraud, P., Plon, 1926.

SAINT-JOHN PERSE, *Œuvres complètes*, Pl., 1972.

SAINT-SIMON, *Mémoires*, +éd. M. et J. de Boislisle et L. Lecestre, G.E.F., 1879-1927, 41 vol. ; +éd. G. Truc, Pl., 1953-1965, 7 vol.

SAND (George), *Correspondance*, éd. G. Lubin, P., Garnier, 1964 suiv.

SARRAUTE (Nathalie), *L'ère du soupçon*, Id., 1964.

Satyre Ménippée [1594], éd. Ch. Marcilly, P., Garnier, 1882.

SCARRON (Paul), *Poésies diverses*, éd. M. Cauchie, S.T.F.M., 1947-1961, 2 tomes. — *Le romant comique*, éd. H. Bénac, T.F., 1951, 2 vol.

Secretain moine (Du), fabliau du XIIIᵉ s., éd. V. Väänänen, Helsinki, Annales Academiae scientiarum fennicae, 1949.

Sept sages (Roman des) [XIIIᵉ s.], éd. G. Paris, S.A.T.F., 1876.

SÉV. = SÉVIGNÉ (Mᵐᵉ de), *Lettres*, +éd. Gérard-Gailly, Pl., 1953-1957, 3 vol. — Quelques lettres sont citées d'après les autographes ou d'après l'édition diplomatique d'A. Liétart, mémoire de licence inédit, Louvain, 1982.

SIMENON (Georges), *Maigret à New-York*, P., Presses Pocket, 1972. — *Maigret et l'inspecteur Malgracieux*, P., Presses de la Cité, 1957. — *La vérité sur Bébé*

Donge, Fᵒ, 1975.

SOREL (Albert), *La grande falaise*, Bibliothèque Plon, s.d.

STENDHAL, *L'abbesse de Castro*, Vienne, Manz, s.d. — *La chartreuse de Parme*, P., Crès, 1922, 2 vol. ; éd. H. Martineau, P., Garnier, 1967. — *Correspondance*, éd. H. Martineau, P., Le Divan, 1933-1934, 10 vol. — *Mémoires d'un touriste*, éd. L. Royer, P., Champion, 1932-1933, 3 vol. — *Le rouge et le noir*, éd. J. Marsan, P., Champion, 1923, 2 vol. ; éd. H. Martineau, P., Garnier, 1939. — *Vie de Henri Brulard*, éd. H. Debraye, P., Champion, 1913, 2 vol.

SUARÈS (André), *Sur la vie*, P., Émile-Paul, 1925.

TAINE (Hippolyte), *De l'intelligence*, P., Hachette, 2ᵉ éd., 1870, 2 vol. — *Notes sur l'Angleterre*, P., Hachette, 9ᵉ éd., 1890. — *Les origines de la France contemporaine*, P., Hachette, 1906-1909, 11 vol.

THARAUD (Jérôme et Jean), *Dingley, l'illustre écrivain*, Bibliothèque reliée Plon. — *La randonnée de Samba Diouf*, L.D., 1927.

TOCQUEVILLE (Alexis de), *Souvenirs*, éd. L. Monnier, Fᵒ, 1978.

TURGOT, *Étymologie* [art. de l'*Encyclopédie*], éd. M. Piron, Brugge, De Tempel, 1961.

TURNÈBE (Odet de), *Les contens* [1584], éd. N.B. Spector, S.T.F.M., 1961.

VALÉRY (Paul), *Regards sur le monde actuel et autres essais*, P., Gallimard, 1945. — *Eupalinos, L'âme et la danse, Dialogue de l'arbre*, P., Gallimard, 1944. — *Œuvres*, éd. J. Hytier, Pl., 1962, 2 vol.

Ver del juïse (Li) [XIIᵉ s.], éd. H. von Feilitzen, Upsala, Berling, 1883.

VERL. = VERLAINE.

VEUILLOT (Louis), *Historiettes et fantaisies*, P., Lethielleux, 12ᵉ éd., s.d.

VIAN (Boris), *L'écume des jours*, 10/18, 1969.

Vie de saint Eustache en prose [XIIIᵉ s.], éd. J. Murray, C.F.M.A., 1929.

VILLEHARDOUIN, *La conquête de Constantinople*, éd. E. Faral, P., Les Belles Lettres, 1938-1939, 2 vol.

VILLON, *Œuvres*, éd. A. Longnon, revue par L. Foulet, C.F.M.A., 4ᵉ éd., 1932 ; éd. J. Rychner et A. Henry, T.L.F., 1974-1977, 4 vol.

VOGÜÉ (Eugène-Melchior de), *Jean d'Agrève ; Les morts qui parlent*, P., Nelson.

VOITURE (Vincent), *Poésies*, éd. H. Lafay, S.T.F.M., 1971, 2 vol.

VOLT. = VOLTAIRE, *Lettres philosophiques*, éd. G. Lanson, nouv. tirage revu par A. M. Rousseau, S.T.F.M., 1964. — *Romans et contes*, [+]éd. R. Groos, Pl., 1967 ; *Contes et romans*, éd. Ph. Van Tieghem, T.F., 1930, 4 vol. — *Corres-pondance*, éd. Th. Besterman, Pl., 1964 suiv. [[+]à partir du tome III].

WACE [XIIe s.], *Le roman de Brut*, éd. I. Arnold, S.A.T.F., 1938-1940, 2 vol.

WILLY et COLETTE, *Claudine à l'école ; Claudine à Paris ; Claudine en ménage*, L.P., 1956-1957. — WILLY [et COLETTE], *Claudine s'en va*, P., Ollendorff, 1903.

YOURCENAR (Marguerite), *Mémoires d'Hadrien*, L.P., 1957.

ABRÉVIATIONS ET SYMBOLES

Abréviations (autres que celles qui sont données ci-dessus)

adj. = adjectif
adv. = adverbe
allem. = allemand
anc. fr. = ancien français
angl. = anglais
art. = article
Bull. = *Bulletin*
cf. = *confer*, voyez
cit. = citation
class. = classique
coll. = collection
comp. = comparez
dict. = dictionnaire(s)
EAD. = EADEM, la même [d'un auteur féminin]
éd. = édition
esp. = espagnol
ex. = exemple
fam. = familier
fém. = féminin
fr. ou franç. = français

hist. = histoire ou historique
ib. = *ibidem*, au même endroit, dans la même œuvre
ID. = IDEM, le même auteur
id. = la même chose
impér. = impératif
indic. = indicatif
infin. = infinitif
it. ou ital. = italien
lat. = latin
l.c. = *loco citato*, à l'endroit cité
masc. = masculin
mod. = moderne
ms. = manuscrit
op.cit. = *opus citatum*, ouvrage cité
p. = page

P. = Paris (dans les références bibliogr.)
part. = participe
pers. = personne
plur. = pluriel
pop. = populaire
port. = portugais
pp. = pages
prépos. = préposition
prov. = proverbe ou provençal
qq. ch. = quelque chose
qqn = quelqu'un
rem. = remarque
s. = siècle ou saint
sing. = singulier
subj. = subjonctif
suiv. = et suivant(e)s
s.v. = *sub verbo*, au mot
t. = tome
trad. = traduction
vulg. = vulgaire

Symboles

↓ : mot faisant l'objet d'une information complémentaire dans la suite du paragraphe.
§ : paragraphe.

§§ : paragraphes.
° : mot, tour, etc. n'appartenant pas au français régulier.
+ : édition moderni-

sant l'orthographe ou exemple cité d'après une telle édition.
* : soit étymon reconstitué, soit mot

ou tour inexistants.

[ ] : prononciation en écriture phonétique ; — dans une citation, élément introduit par nous.

/ : dans une citation, marque d'alinéa (vers différent en poésie).

« » : citation ou signification.

= : traduction ou équivalence.

> : évolution phonétique (inversement : <)

→ : transformation (cf. § 4, Note 4).

Alphabet phonétique

VOYELLES

[ʌ]	cf. § 24, Rem.
[a]	dʌte
[ɑ]	pâte
[e]	prÉ
[ɛ]	mÈre
[ə]	grɛdin
[i]	crɪ
[o]	rose
[ɔ]	note
[ø]	liEU
[œ]	pEUr
[u]	trOU
[y]	pUr
[ɑ̃]	mANger

[ɛ̃]	matɪN
[ɔ̃]	saisON
[œ̃]	lUNdi

SEMI-VOYELLES

[j]	Yeux
[w]	OUi
[ɥ]	cUir

CONSONNES

[b]	Bon
[d]	Déjà

[f]	Fier
[g]	Gare
[k]	Car
[l]	Loup
[m]	Main
[n]	Non
[p]	Par
[R]	Rose
[s]	sol
[t]	Tas
[v]	Ver
[z]	Zéro
[ʃ]	CHat
[ʒ]	Jardin
[ɲ]	aGNeau
[ŋ]	smokiNG

Le double point après une voyelle montre qu'elle est longue : *alors* [alɔːR].

Si une lettre est placée entre parenthèses, c'est que le son ainsi désigné peut disparaître ; c'est surtout le cas de l'*e* dit muet [ə] : *fenêtre* [f(ə)nɛːtR].

PRÉLIMINAIRES

I. — Le langage et son étude

1   Parmi les divers moyens dont l'homme se sert pour communiquer avec ses semblables (les gestes, les jeux de physionomie, le
tam-tam, les feux des Indiens, le sémaphore, les panneaux de
signalisation, etc.), le principal est le **langage.**

On appelle **sémiologie** (ou **sémiotique**) l'étude des divers systèmes de signes,
des divers codes par lesquels se fait la communication. L'étude du langage est
donc une partie de la sémiologie. Certains, cependant, inverseraient les termes,
considérant la sémiologie comme une partie de la linguistique. D'autres encore
excluraient le langage de la sémiologie.

Sémiotique, venu de l'anglais, est tantôt un synonyme de *sémiologie* et tantôt en est
distingué, mais de diverses façons.

Remarques. — 1. Le langage a d'autres fonctions que la communication entre les hommes : notamment, il sert d'expression, de support à
la pensée.

D'autre part, dans les réalisations concrètes, le contenu du message,
le **signifié,** est d'habitude prépondérant. Mais parfois c'est la forme, le
signifiant, spécialement dans l'expression littéraire et surtout poétique ;
de là l'hermétisme de certains poètes, dont les textes exigent une exégèse et se prêtent à plusieurs interprétations :

*A la nue accablante tu / Basse de basalte et de laves / A même les échos esclaves / Par
une trompe sans vertu / Quel sépulcral naufrage (tu / Le sais, écume, mais y baves) / Suprême
une entre les épaves / Abolit le mât dévêtu / [...]* (MALLARMÉ, *Poés.*, Autres poëmes et
sonnets, III).

Dans la communication orale, le jeu de mots donne lui aussi plus d'importance au signifiant qu'au signifié.

Parfois aussi, c'est le fait même de communiquer qui justifie la
communication, par exemple dans les échanges quotidiens sur la pluie
et le beau temps.

Selon la politesse populaire, on ne rencontre pas une personne que l'on connaît, sans lui adresser la parole, fût-ce seulement pour exprimer une banalité ou une évidence : *Alors, on fait du feu ?* à quelqu'un qui manifestement fait du feu. Un mot-phrase comme *allô* a même pour fonction essentielle d'établir la communication.

À la suite de Jakobson, on appelle souvent cette fonction la fonction **phatique.**

On constate aussi que, selon les circonstances, le rôle du locuteur et celui de l'interlocuteur varient :

Par la phrase injonctive et par la phrase interrogative, on requiert l'intervention de l'interlocuteur ; dans la phrase exclamative, les sentiments du locuteur prennent une importance particulière, l'interlocuteur ayant un rôle qui peut devenir secondaire, ou même négligeable dans certains mots-phrases, et notamment dans l'interjection, laquelle, à la limite, n'est qu'une sorte de cri involontaire.

2. C'est par extension que l'on parle du langage des animaux, d'une part, et, d'autre part, du langage des peintres, des musiciens, etc. lorsqu'on envisage ce que la peinture, la musique veulent communiquer et les moyens qu'elles emploient.

2   Le langage est constitué essentiellement de **sons** émis par le *locuteur* ou *sujet parlant* à l'intention d'un auditeur ou d'un interlocuteur.

Les sons font partie d'unités chargées de signification, que la tradition identifie avec les **mots,** mais qu'une description plus rigoureuse identifie avec les **monèmes** (appelés aussi, sous l'influence américaine, *morphèmes* [1]).

Aux quatre mots que montre l'écriture dans *On punira le menteur*, correspondent six monèmes : [ɔ̃ pyni ʀa l mãt œʀ].

Les mots ou les monèmes ne se réalisent concrètement que dans un contexte, dans un ensemble que l'on peut identifier avec la **phrase.**

Entre la phrase et le monème prend place le **syntagme** : voir § 5. La phrase, dans la plupart des cas, s'intègre elle-même à un ensemble plus vaste (cf. § 210, Rem. 1).

Si l'on envisage l'acte de communication, la phrase, unité de communication, est composée de monèmes (première articulation), lesquels sont formés de sons (deuxième articulation).

---

1. Ce qui n'est pas sans inconvénient, vu que *morphème* a déjà, dans la terminologie linguistique, un autre sens : cf. § 5.

3   Le langage parlé peut être traduit par l'**écriture,** au moyen de
signes ou caractères appelés **lettres.**

Il faut éviter de confondre les lettres avec les sons, auxquels elles correspondent en français de façon fort approximative. Par ex., dans *eaux* il y a quatre
lettres, mais un seul son, [o]. Les six lettres du mot *oiseau* ne correspondent que
d'une manière tout à fait conventionnelle aux quatre sons qu'elles sont chargées
de représenter : [wazo]. La confusion est pourtant extrêmement fréquente :

> « Lorsque Ponge par exemple prétend que le mot *oiseau* est en français le seul qui
> contienne toutes les voyelles françaises, *a, e, i, o, u,* le seul par conséquent qui rassemble en
> soi toute la légèreté de ces sonorités censément légères que sont les voyelles, il commet une
> erreur singulière de la part d'un poète qui a beaucoup réfléchi au langage. » (Étiemble,
> *Poètes ou faiseurs ?* p. 394.)

C'est l'aspect oral qui définit avant tout le langage : certaines langues
n'ont pas d'expression écrite ; pour les langues qui connaissent les deux
formes, l'oral précède l'écrit, que l'on envisage l'histoire de ces langues
ou l'apprentissage de la langue maternelle par un individu. Mais antériorité ne veut pas dire supériorité.

Le parallélisme entre les deux expressions n'est pas complet : outre le fait que
la phonétique et l'orthographe ne se recouvrent pas exactement, il faut remarquer que le locuteur et l'auditeur participent à la même **situation** concrète (lieu
et temps), ce qui n'est pas le cas d'ordinaire pour le **scripteur,** qui écrit pour un
lecteur que souvent il ne connaît pas et qui se trouve dans un autre lieu et dans
un autre temps :

> *Mettez ça là* est un message qui dans l'oral est complet, mais qui dans l'écrit est
> dépourvu de pertinence s'il n'est pas accompagné d'un **contexte,** s'il n'est pas précédé (ou
> suivi) d'une ou de plusieurs phrases, montrant à qui l'on s'adresse, quels sont l'objet et le
> lieu dont il est question.

On appelle *embrayeurs* les éléments dont le signifié est déterminé par la
situation (*je, tu, ici,* etc.).

Le message oral n'est pas seulement une suite de sons organisée en phrase —
ce que la langue écrite reproduit d'une manière somme toute satisfaisante —, il
comporte aussi des éléments que l'écrit ne peut rendre que par un commentaire
qu'il ajoute : par ex., *dit-il avec force, soupira-t-il, s'écria-t-il,* etc.

> Inversement, tandis que l'écrit isole par des guillemets une citation, l'oral indique le
> début de celle-ci par *Je cite* et la clôt par *Fin de citation.*

Chacun des deux modes de communication a donc ses besoins et ses
procédés propres. Ils s'adressent d'ailleurs à des sens différents : l'ouïe
d'une part, la vue de l'autre (l'écriture Braille, qui s'adresse aux
aveugles, est lue par le toucher).

Le français oral connaît de grandes diversités sociales et régionales, par ex.
en matière de prononciation. L'écrit, diffusé par l'école surtout, présente une
plus grande uniformité, grâce à l'orthographe notamment.

Remarque. — S'il est vrai que le langage écrit a l'oral pour fondement, il n'est pas rare que celui-ci soit influencé par l'écrit.

Des lettres introduites ou maintenues dans l'écriture passent ou rentrent dans la prononciation :

L'ancien verbe *avenir* (dont la forme est conservée dans le dérivé *avenue*) a été, d'après le latin, écrit *advenir*, le *d* étant muet jusqu'au XVIIe s. (cf. Vaugelas, p. 441), puis finissant par se prononcer ; *mœurs* doit se prononcer [mœʀ] comme *murs* se prononce [myʀ], mais on entend souvent [mœʀs].

Il y a aussi des accidents dont l'origine est dans l'écrit : le mot arabe *semt* a été lu *senit*, d'où le fr. *zénith.*

Des mots empruntés au latin par des lettrés ou créés par des écrivains pénètrent dans le lexique général : *imbécile,* emprunté au latin *imbecillus ; gavroche,* nom d'un personnage de Victor Hugo dans les *Misérables.*

Il arrive même que la langue parlée soit influencée par certains des procédés spécifiques de l'écriture :

Permettez-moi, ENTRE PARENTHÈSES, *de vous faire part d'un souvenir personnel* (IONESCO, *Leçon,* p. 79). — *C'est une révolution* ENTRE GUILLEMETS : *une prétendue révolution* (ROBERT, Suppl., s.v. *guillemet*). — *J'ai à vous raconter celle de la comtesse de...* TROIS ÉTOILES. *C'est ainsi, je crois, que vous dites en français quand vous ne voulez pas nommer les gens* (SAND, *Elle et lui,* cit. Robert, s.v. *étoile*) [allusion aux astérisques : cf. § 113]. — *Un frère* TROIS POINTS = un franc-maçon (cf. § 111, *a,* Rem. 4).

L'épellation est utilisée parfois pour porter remède à des ambiguïtés provenant de l'homophonie ou de la paronymie :

Ensuite ce sera la fin... / Vous n'aurez plus rien, / Plus rien que la faim. F.. A.. I.. M..., faim ! (RAMUZ, *Histoire du soldat,* dans l'*Avant-scène, théâtre,* 1er nov. 1975, p. 41.) — *Monsieur Clanegrand, n'est-ce pas ? / — Non, permettez : Chavegrand. C.h.a.v.e.ve...* (G. DUHAMEL, *Tel qu'en lui-même...,* I). — *M'autorisez-vous donc à de nouveau formuler la proposition interrogative qu'il y a quelques instants j'énonça devant vous ? / — J'énonçai, dit l'obscur. / — J'énonçais, dit Trouscaillon. / — J'énonçai sans esse. / — J'énonçai, dit enfin Trouscaillon* (QUENEAU, *Zazie dans le métro,* XVI).

L'épellation peut aussi avoir une fonction euphémique :

Ils me prennent vraiment pour un CÉOÈNE (A. SARRAZIN, *Cavale,* p. 184) [pour éviter le mot trivial *con*]. — Cas analogue : *Vous, répondit-il, je vous dis* CINQ LETTRES (AYMÉ, *Passe-muraille,* L.P., p. 122) [euphémisme pour *merde*].

Dans l'argot des écoles, certains mots sont prononcés en isolant les lettres d'un digramme pour donner à celles-ci leur valeur ordinaire : on emploie couramment dans l'armée française le verbe *crapahuter* « progresser en terrain difficile », qui est un dérivé de *crapaud* prononcé à Saint-Cyr, non pas [kʀapo], mais [kʀapay] en dissociant le digramme *au.*

4   La **linguistique**[2] ou **grammaire** est l'étude systématique des éléments constitutifs et du fonctionnement : soit de la langue en

---

2. L'adjectif *linguistique* signifie soit « qui concerne la langue » : *L'activité* LINGUISTIQUE *étant fonction de l'instinct d'imitation* (M. LEROY, *Grands courants de la ling. moderne,* p. 117), — soit « qui concerne la linguistique » : *Sans qu'il y ait une école* LINGUISTIQUE

général **(linguistique générale)** ; — soit de plusieurs langues, pour montrer tantôt leur parenté **(grammaire comparée),** tantôt leurs différences **(linguistique contrastive)** ; — soit d'une langue en particulier.

Elle a pour objet, non pas ce qu'on appelle depuis F. de Saussure la **parole,** c'est-à-dire les variations individuelles (on distingue aussi le **discours,** c'est-à-dire les réalisations concrètes), mais la **langue,** c'est-à-dire, dans ce cas-ci, ce qu'il y a de commun aux diverses « paroles » des individus formant un groupe social.

Le mot *grammaire* est parfois pris dans un sens plus restreint, comme recouvrant la morphologie et la syntaxe, ce qu'on désigne souvent aujourd'hui par *morpho-syntaxe.*

Il est fréquent que *grammaire,* terme plus ancien que *linguistique,* s'applique plus spécialement à la **grammaire normative,** qui veut enseigner comment on s'exprime correctement. La grammaire normative a été souvent fondée, dans le passé, sur des règles *a priori.* On a essayé, dans ce livre, de la fonder sur l'observation de l'usage, plus spécialement du « bon usage », celui des personnes soucieuses de bien écrire et de bien parler. Dans la mesure où elle est le fruit de l'observation, la grammaire normative peut contribuer à la grammaire *descriptive,* laquelle est indépendante de toute application pratique.

La **linguistique historique** ou **diachronique** étudie la langue dans son développement chronologique, tandis que la linguistique **descriptive** ou **synchronique** décrit un état de langue à un moment donné, notamment pour en découvrir l'organisation.

En effet, un état de langue est généralement considéré aujourd'hui comme constituant un système, une **structure,** c'est-à-dire un ensemble organisé où chaque élément tient sa valeur de ses relations (d'opposition surtout) avec les autres éléments. C'est ce dont s'occupe la **linguistique structurale.**

Celle-ci applique la méthode **distributionnelle,** laquelle classe et caractérise les éléments de la langue d'après leur aptitude à entrer dans des contextes déterminés (c'est ce que l'on appelle la *distribution* [3]) et à se substituer les uns aux autres (ce que l'on appelle *commutation*).

---

française (VENDRYES, cit. Leroy, p. 116). Pour remédier à cette ambiguïté, certains, surtout depuis le milieu du XXe s., emploient *langagier* dans le premier sens : *Il appartient aux signes* LANGAGIERS *de s'adapter d'abord aux besoins communs de tous les usagers* (ÉTIEMBLE, dans les *Temps modernes,* mai 1949, p. 882).

3. Dans le présent ouvrage, nous employons *distribution* dans un autre sens : voir notamment § 252, Rem. 4.

Par ex., une des caractéristiques essentielles de *mon* est qu'il se place devant un nom (qui peut être précédé d'un adjectif épithète) ; d'autre part, dans *Mon crayon est vert, mon* peut être remplacé par *ce, le, chaque,* ce qui montre que *mon, ce, le, chaque* appartiennent à la même catégorie, celle des déterminants.

On dit que la distribution se fait sur l'*axe syntagmatique,* c'est-à-dire selon le déroulement du discours, tandis que la commutation concerne l'*axe paradigmatique.*

Inspirée de la méthode distributionnelle, mais voulant dépasser celle-ci, la grammaire **générative** (dont Noam Chomsky est le fondateur) cherche à établir les règles permettant d'engendrer (ou de « générer ») toutes les phrases grammaticales (c'est-à-dire acceptables par les usagers) d'une langue, et rien que celles-ci. On l'appelle aussi grammaire *transformationnelle* parce que ces règles permettraient de passer des structures profondes ou fondamentales aux structures de surface telles qu'elles se présentent dans le discours [4].

Il faut aussi faire sa place à l'école issue des travaux de Gustave Guillaume : la **psycho-mécanique** distingue la *langue,* où chaque morphème est porteur d'un seul sens, du *discours,* où le système se réalise dans des emplois (ou *effets de sens*) variés ; elle a pour objet la langue, dont elle s'efforce de déterminer les mécanismes psychologiques.

5 À l'intérieur de la linguistique, on distingue plusieurs domaines selon la nature des faits étudiés.

a) Traditionnellement, on envisageait quatre domaines :

1° La **phonétique** étudie les *sons* du langage. Elle se double aujourd'hui de la **phonologie,** qui étudie les *phonèmes,* c'est-à-dire les sons en tant que distinctifs (cf. § 17).

L'**orthophonie** (parfois *orthoépie*) donne les règles de la bonne prononciation.

Pour les procédés graphiques, il n'y a qu'un seul mot, **orthographe,** à la fois pour la façon d'écrire considérée comme correcte et pour n'importe quelle façon d'écrire : *Apprendre l'orthographe. Avoir une mauvaise orthographe. — Chaque clerc* [en anc. fr.] *a sa façon propre d'*ORTHOGRAPHIER, *qui varie souvent dans l'intérieur d'un même texte* (BRUNOT, *Hist.,* t. I, p. 491).

---

4. Nous utilisons le signe → pour marquer, — soit des transformations qui correspondent au développement historique de la langue (autres que les évolutions phonétiques), par ex. la dérivation : *porter → porteur ; —* soit des relations actuelles entre des constructions, relations dont les locuteurs sont eux-mêmes conscients : *Jeanne est bonne → La bonté de Jeanne. La rivière traverse mon jardin → Mon jardin est traversé par la rivière. Cette place est libre → Cette place est-elle libre ? —* Cela ne peut être identifié aux transformations de la grammaire générative.

2° La **lexicologie** est la science des mots (ou des *lexèmes :* cf. § 137). Elle les étudie notamment dans leur origine (**étymologie**) et dans leur histoire, ainsi que dans leurs relations.

La sémantique (cf. *b*, 1°) a d'abord été rattachée à la lexicologie.

On a parfois considéré **lexicographie** comme un synonyme de *lexicologie*. Mais aujourd'hui la lexicographie est uniquement l'ensemble des méthodes appliquées pour faire un dictionnaire.

3° La **morphologie** étudie les *morphèmes* [5] ou éléments variables dans les mots.

On distingue les morphèmes *grammaticaux*, qui sont les désinences ou flexions : marques du genre et du nombre dans les adjectifs ; marques du temps, du mode, de la personne, du nombre, dans les verbes, etc., — et les morphèmes *lexicaux :* préfixes, suffixes, etc.

L'utilisation des morphèmes lexicaux étant fort peu automatique en français (comp. *Parisien, Arrageois, Briviste, Tourangeau, Bordelais, Vitryat...* par rapport à *Paris, Arras, Brive, Tours, Bordeaux, Vitry*), certains considèrent que les morphèmes lexicaux sont d'une autre nature que les morphèmes grammaticaux, auxquels conviendrait seulement l'appellation de *morphèmes*. Dans ce cas, les morphèmes lexicaux sont du ressort de la lexicologie.

Certaines marques grammaticales sont exprimées en français, non par des *désinences* (c'est-à-dire des variations dans la finale), mais par d'autres procédés : le radical peut subir des modifications (*suis, es, est, sommes, êtes, sont ; je, me, moi ;* etc.) ; le pronom personnel oppose *je mange* à *il mange* et joue donc le rôle de morphème ; de même l'article dans *le page* et *la page*. Dans *Pierre aime le chien*, la fonction de *Pierre* et celle de *le chien* sont exprimées par leur place, alors que, si l'on traduisait en latin, des désinences exprimeraient les fonctions (*Can*EM *amat Petr*US). Autrement dit, un procédé syntaxique correspond en français à un procédé morphologique latin. Des linguistes considèrent l'ordre des mots comme un morphème.

La morphologie orale est différente de la morphologie écrite [6] : *mange, manges, mangent* sont homophones [mãʒ] ; de même bien des pluriels et des singuliers : *femme, femmes ;* des masculins et des féminins : *fier, fière* (et *fiers, fières*).

4° La **syntaxe** étudie les relations entre les mots dans la phrase : l'ordre des mots, l'accord sont des phénomènes de syntaxe.

On appelle **syntagme** [7] un groupe de mots formant une unité à l'intérieur de la phrase, un groupe ayant une fonction dans la phrase. Le syntagme se compose d'un élément principal ou *noyau* et d'un ou de plusieurs éléments subordonnés.

---

5. *Morphème* est, comme on l'a vu au § 2, pris parfois dans un autre sens.

6. La phonétique syntactique (cf. §§ 40-42) réduit ces différences : *Mangent-ils* [mãʒtil], etc.

7. Nous définissons *syntagme* d'après l'usage qui en est fait dans ce livre. Il a reçu d'autres définitions et d'autres applications.

Dans la phrase *Les petits ruisseaux font les grandes rivières*, on distingue un syntagme *nominal*, dont le noyau est un nom (*les petits* RUISSEAUX), et un syntagme *verbal*, dont le noyau est un verbe (FONT *les grandes rivières*) ; ce syntagme verbal comprend un verbe (*font*) et un syntagme nominal (*les grandes* RIVIÈRES).

— *Bleu vif* est un syntagme *adjectival* dans *Une robe bleu vif.*

Syntagme prépositionnel désigne un syntagme introduit par une préposition : *Il est resté* À LA MAISON.

Nous avons défini *syntagme* par groupe, mais il est possible de considérer que, dans certains cas, ce groupe se réduit à un seul mot, comme *il*, dans l'ex. qui précède.

b) Selon des tendances plus récentes, on distingue trois domaines qui envisagent la réalité linguistique selon d'autres critères que ci-dessus :

1° La **sémantique** étudie la signification, le contenu du message, le *signifié*.

On distingue parfois la *sémasiologie*, qui part des mots, du signifiant, pour en étudier la signification, — et l'*onomasiologie*, qui part des concepts, des signifiés, pour voir comment la langue les exprime.

Comment désigne-t-on la tête en français ? Cette question ressortit à l'onomasiologie. — Quelle est la signification du mot *tête* ? Cette question ressortit à la sémasiologie.

Ne pas confondre *onomasiologie* et **onomastique**, science des noms propres, qui se subdivise en **toponymie**, étude des noms de lieux, et **anthroponymie**, étude des noms de personnes.

La sémantique a d'abord été considérée surtout à propos des mots et faisait donc partie de la lexicologie.

2° La **stylistique** étudie les faits de langue du point de vue de leur expressivité.

Le locuteur a souvent le choix, pour exprimer une idée, entre plusieurs mots ou procédés qui appartiennent à des registres ou à des niveaux différents (littéraire, courant, familier ; populaire, etc.) ou qui expriment cette pensée avec des modalités variables (de façon neutre, péjorative, favorable, etc.).

La stylistique linguistique, qui a pour objet la langue commune, est à distinguer de la stylistique littéraire, qui s'occupe des choix faits par les écrivains.

Par opposition à la **dénotation**, contenu objectif, neutre, du message, on appelle **connotation** ce que l'expression ajoute à ce contenu objectif : des mots comme *nègre* et *noir* (pour désigner un homme de race noire), *gifle* et *soufflet* (pour désigner un coup sur la joue), ont la même dénotation, mais diffèrent par la connotation.

3° La **pragmatique** étudie les rapports entre l'usage fait de la langue et la situation (y compris le rôle de ceux qui participent à la communication).

En disant : *C'est Jean qui a cassé le carreau,* je présuppose qu'un carreau a été cassé. En prononçant la phrase : *Voudriez-vous fermer la porte ?* je n'attends pas de mon interlocuteur une réponse (quoique la phrase soit de forme interrogative), mais un acte.

c) La langue peut aussi être étudiée

— Par rapport à la société : c'est la **sociolinguistique ;**
— Par rapport à la psychologie des individus : c'est la **psycholinguistique ;**
— Par rapport à d'autres langues : cf. ci-dessus, § 4 ;
— Dans ses variations géographiques : français régionaux et dialectes [8] ; c'est la **géographie linguistique,** fondée par J. Gilliéron.

J. Gilliéron et E. Edmont ont publié l'*Atlas linguistique de la France* (1902-1910). En reportant les faits linguistiques sur des cartes, on peut décrire ces faits avec plus de précision et aussi tirer de là des indications intéressantes sur leur histoire, que l'on restitue un peu comme la géologie permet de refaire l'histoire de la terre.

Aujourd'hui, on fait des atlas par régions : Wallonie, Champagne et Brie, Bretagne romane, Île-de-France + Orléanais + Touraine, Centre, Ouest, Lorraine, Bourgogne, Franche-Comté, Normandie, Picardie. Ces régions correspondent grosso modo aux divisions dialectales (cf. § 11, *a*).

La **dialectologie** étudie les dialectes en particulier.

Remarque. — Selon une tradition encore vivante à Strasbourg, en Suisse et en Belgique, on réunit sous le nom de **philologie** les études portant sur la linguistique et sur la littérature : c'est le sens qu'il faut voir dans le titre de la *Revue belge de philologie et d'histoire.* Mais très souvent en France le mot est pris dans des sens plus restreints, mis en rapport surtout avec l'antiquité et le moyen âge : étude des civilisations anciennes, fondée sur les témoignages écrits, surtout littéraires ; étude des documents écrits du passé, pour les dater, les expliquer, pour établir une édition critique, etc. (Cette dernière étude est parfois appelée, depuis peu, **textologie.**)

II. — Histoire du français

6   **Les familles de langues.** — La grammaire comparée permet de grouper les langues en familles. Les langues de l'Europe (mis à part le basque, dont l'origine est discutée, et le turc) se répartissent en deux familles : la famille **finno-ougrienne** (qui comprend en Europe le finnois,

---

8. Les **dialectes** sont des parlers qui ne servent pas de langue commune et officielle et qui n'ont pas de forme unifiée : ils varient de village à village. Le mot *patois* est à peu près synonyme ; il peut désigner le parler d'une localité particulière (« le *dialecte* lorrain » / « le *patois* de Cumières ») ; il se charge facilement d'une nuance péjorative. — C'est un préjugé sans fondement que de considérer les dialectes et les patois comme des altérations de la langue. Au contraire, la langue est un dialecte qui a acquis un statut particulier ; cf. § 11, *a.* — Les dialectes ne doivent pas être confondus avec les français régionaux ; cf. § 12.

le hongrois, le lapon) et la famille **indo-européenne,** à laquelle appartient le français.

La famille indo-européenne réunit un grand nombre de langues d'Asie et d'Europe. À l'indo-européen d'Asie se rattache le tsigane. Dans l'indo-européen d'Europe, on distingue notamment le groupe hellénique (le grec), le groupe germanique (l'anglais, l'allemand, le néerlandais, le suédois, etc.), le groupe balto-slave (le russe, le polonais, etc.) et le groupe italo-celtique.

Le groupe *italo-celtique* se subdivise en branche celtique et en branche italique. Dans la première se trouvent le gaulois, qui régnait en Gaule avant la conquête romaine, le breton, encore vivant dans l'ouest de la Bretagne, ainsi que des dialectes parlés dans les îles Britanniques (gaélique, gallois, irlandais). La langue la plus importante de la branche italique est le *latin*, d'où sont issues les *langues romanes*, notamment le **français.**

7   Les origines du français.

a) Le français est une langue **romane,** c'est-à-dire que, comme l'italien, l'espagnol, le portugais, le catalan, le roumain, l'occitan (ou provençal), le franco-provençal, le rhéto-roman, le sarde, il est issu de l'évolution du **latin.** Celui-ci, à l'origine langue de Rome, s'est répandu dans tout l'empire romain, du moins dans sa partie occidentale, car, dans la plupart des provinces orientales, le latin n'a pas évincé le grec.

Cette diffusion s'est faite, non pas tellement par les écoles, mais par les relations de personnes, notamment avec les commerçants, les soldats, les fonctionnaires romains. Ce que ceux-ci ont répandu, ce n'était donc pas le latin littéraire, mais ce qu'on appelle le **latin vulgaire** [9], autrement dit la langue parlée, quotidienne, populaire ou familière.

Le latin vulgaire se distinguait du latin classique, d'une façon générale, par sa liberté et son expressivité.

Traits phonétiques principaux : chute de *h,* de *m* final ; *i* et *u* brefs toniques devenus respectivement *é* et *o* fermés ; tendance à l'amuïssement des voyelles non accentuées. — En morphologie : disparition de certaines formes rares (comme le vocatif [10] et comme la 4ᵉ et la

---

9. Le latin vulgaire n'est pas tiré du latin classique ou littéraire, mais il l'a, au contraire, précédé. Les langues romanes découlent, naturellement, du latin vulgaire tel qu'il était parlé à l'époque tardive.

10. À l'exception de *domine,* que l'on retrouve dans la première partie de l'anc. fr. *damedeu* « le seigneur Dieu », qui est peut-être à l'origine de notre interjection *dame !*

5ᵉ déclinaison) ou irrégulières (les déponents ; *esse* devenu **essere ;* etc.) ; simplification de la déclinaison (accusatif employé pour le datif et l'ablatif), préférence pour les formes analytiques (degrés des adjectifs : *magis fortis* au lieu de *fortior ;* futur des verbes : *cantare habeo* au lieu de *cantabo ;* etc.). — Tendances lexicales : cf. § 150.

b) Le latin vulgaire a pris, selon les régions, des formes différentes, qui se sont développées de plus en plus librement au fur et à mesure que diminuait la force centralisatrice de Rome.

Ces différences régionales sont dues surtout au **substrat,** c'est-à-dire aux langues indigènes que le latin a supplantées, mais qui ont laissé sur lui des traces durables. En Gaule, le substrat est constitué surtout par le **gaulois,** qui appartenait à la famille des langues celtiques (cf. § 6).

On attribue au substrat gaulois l'altération de certains sons du latin ([u] devenu [y] : *murum > mur),* quelques mots, surtout du vocabulaire quotidien (§ 151, *a),* le suffixe *-et* et la numération par *vingt (quatre-vingts),* ainsi que beaucoup de noms de lieux.

Dans les noms de lieux et dans le vocabulaire, on trouve aussi quelques restes de langues antérieures au gaulois ou *pré-indo-européennes* (auxquelles se rattache sans doute le basque).

c) Les **invasions germaniques** ont eu d'importantes conséquences linguistiques.

Elles ont détruit l'unité romaine. Elles ont fait disparaître le latin, là où les Germains se sont établis en plus grand nombre (notamment dans la Belgique flamande, en Alsace, dans le nord de la Suisse, en Grande-Bretagne). Dans d'autres régions, les Germains ont été assimilés, mais leur langue a subsisté assez longtemps pour servir de **superstrat,** c'est-à-dire pour influencer le latin qu'on parlait à ces endroits et, par conséquent, les langues romanes qui en sont issues.

En Gaule du nord, les Francs ont constitué une classe dirigeante, et leur langue, le **francique,** a donné au français un assez grand nombre de mots (§ 151, *b),* des noms de lieux, beaucoup de noms de personnes ; il a réintroduit l'*h* dit aspiré. D'autres particularités, phonétiques, morphologiques et syntaxiques, lui ont été attribuées, mais ceci est plus contestable.

Remarque. — On appelle souvent **roman** un état intermédiaire entre le latin et les langues romanes. Ce concept paraît assez flou, et se confond tantôt avec le latin vulgaire, tantôt avec la forme archaïque du français (et des autres langues romanes).

8   L'ancien français. — Vers l'an 800, le latin du nord de la Gaule a pris des caractères assez particuliers pour qu'il ne puisse

plus se confondre avec la latin véritable, que la réforme des
études à l'époque de Charlemagne avait d'ailleurs restitué
comme langue de culture.

En 813, le concile de Tours prescrivit aux prédicateurs de faire leurs homélies
« in rusticam romanam linguam », en langue romane populaire, et non plus en
latin. Les *Serments de Strasbourg* (842) sont les premiers textes utilisant cette
nouvelle langue : Charles le Chauve et Louis le Germanique confirmèrent leur
alliance par des serments, prononcés en « français » par Louis et par les soldats
de Charles et en germanique par Charles et par les soldats de Louis. Ce texte est
suivi de divers autres ; ils se multiplient à partir de 1100.

D'importantes évolutions phonétiques se produisent encore en
ancien français. Elles achèvent de séparer le français des autres langues
romanes.

Du point de vue morphologique, l'ancien français se caractérisait
notamment par une déclinaison à deux cas, le **cas sujet** (pour le sujet et
l'attribut), continuant le nominatif latin, et le **cas régime** (pour tous les
compléments), continuant l'accusatif latin. La plupart des noms masculins étaient déclinés comme suit :

	Sing.	Plur.
Cas sujet	*li murs* (lat. *murus*)	*li mur* (lat. *muri*)
Cas régime	*le mur* (lat. *murum*)	*les murs* (lat. *muros*)

Les noms féminins terminés par *e* avaient la même forme au cas
sujet et au cas régime :

	Sing.	Plur.
Cas sujet et régime	*la fille*	*les filles*

Quelques noms avaient des alternances dans le radical, à la suite de
l'évolution phonétique :

	Sing.	Plur.
Cas sujet	*li enfes*	*li enfant*
Cas régime	*l'enfant*	*les enfanz*

De même : *l'on(s)*, *l'ome* (fr. mod. *homme*) ; *li cuens*, *le conte* (fr. mod.
comte) ; *la suer*, *la serour* (fr. mod. *sœur*).

De même, les verbes présentaient plus souvent qu'aujourd'hui des
radicaux variables, à cause de l'évolution phonétique : voir § 759.

Le système des possessifs, des démonstratifs (§§ 597, Hist. 1 ; 667,
Hist. 2), etc. était différent de ce qu'il est aujourd'hui.

L'ancien français avait gardé dans sa syntaxe une liberté assez
proche de celle de la langue parlée : il préférait la coordination (para-

taxe) à la subordination ; il ne craignait pas les anacoluthes, les pléonasmes, etc. Le vocabulaire pouvait, lui aussi, s'enrichir sans entraves, par la dérivation notamment.

Les textes contenaient souvent des particularités de la région où ils étaient écrits (des picardismes, des wallonismes, etc.). Mais on n'a pas de texte écrit en dialecte [11] avant le XVIe siècle.

La graphie du XIIe siècle était assez proche de la prononciation. Elle ne s'est plus guère adaptée par la suite aux évolutions de la phonétique.

Le rayonnement du français était déjà grand à cette époque : il était utilisé par des auteurs dont il n'était pas la langue maternelle (par ex., l'Italien Brunet Latin). Il s'est implanté en Grande-Bretagne, à la suite de l'expédition de Guillaume de Normandie (1066) et y a donné naissance à une littérature importante, dite *anglo-normande*. Quand il a disparu, il a laissé beaucoup de mots dans l'anglais, sous la forme normande (*car = char*).

9   Le moyen français. — On appelle ainsi la période qui va du milieu du XIVe siècle à la fin du XVIe.

Certains choisissent des dates politiques : de 1328, avènement des Valois, à 1589, celui des Bourbons. D'autres linguistes excluent le XVIe siècle.

La disparition de la déclinaison, plus précisément la disparition du cas sujet, est le phénomène le plus caractéristique du moyen français. On met cela en rapport avec le fait que l'ordre des mots perd progressivement la liberté qu'il avait en ancien français : la place normale du sujet est devant le verbe.

Les radicaux variables de l'ancien français sont souvent réunifiés, dans les noms, dans les verbes, dans les possessifs, et aussi dans les ordinaux, qui sont refaits sur les cardinaux : *troisième, quatrième*, etc. au lieu de *tiers, quart...*

Autres phénomènes : le pronom personnel sujet devient obligatoire ; l'article aussi ; l'article partitif apparaît ; le système moderne du démonstratif s'établit. Il y a aussi quelques changements phonétiques, comme l'amuïssement de [ə].

Un autre fait important de cette période est que le français sert à des usages réservés d'abord au latin :

Dans des écrits scientifiques (traductions d'Aristote au XIVe s.), mais surtout comme langue administrative ; la première charte en langue vulgaire remonte à 1194 [12], mais le latin n'a reculé que lentement ; en 1539, l'ordonnance de

---

11. Sur les rapports entre le français et les dialectes, voir aussi le § 11.
12. Charte-loi de Chièvres (Hainaut) publiée par M. A. Arnould, dans *Hommage au professeur Paul Bonenfant* (1965).

Villers-Cotterêts prescrit que tous les actes de justice soient « prononcez, enregistrez et delivrez aux parties en langaige maternel françois et non autrement ». Les protestants introduisent le français dans le culte, mais l'Église catholique reste fidèle au latin.

Cette introduction du français dans des domaines nouveaux exigeait un enrichissement du vocabulaire : de nombreux mots sont empruntés au latin. Mais on croyait aussi que l'on donnait plus de lustre au français en le rapprochant le plus possible du latin.

On emprunte des mots latins doublant des mots français *(estimer* pour *esmer ; incendie* pour *arsure) ;* on refait l'orthographe en introduisant des lettres prises aux mots latins *(adjoindre* pour *ajoindre ; corps* pour *cors).* Dans le même ordre d'idées, la langue littéraire subit l'influence de la période latine, et la parataxe est en recul. Plus généralement, le développement spontané de l'usage est contrecarré.

Pour le vocabulaire, notons aussi l'influence de l'italien et du grec, surtout au XVIᵉ siècle.

10 Le français moderne (XVIIᵉ-XXᵉ s.).

a) La phonétique et la morphologie n'auront plus dorénavant d'évolution notable, à part le triomphe de la prononciation [wA] dans *roi,* etc. (§ 60), le remplacement de *l* mouillé par yod (§ 33, *b,* Hist.) et quelques faits qui ne concernent pas le français dans son ensemble, comme la distinction de [ɑ] et de [a] (§ 24, Rem.).

b) Le lexique, lui, connaîtra des enrichissements sensibles, notamment à cause de deux mouvements qui naissent au XVIIIᵉ siècle et qui s'accélèrent de façon continue jusqu'à notre époque.

Le premier est le développement des sciences et des techniques, lequel exigera beaucoup de mots nouveaux ; une partie de ces néologismes ne se confineront pas dans le langage des spécialistes, mais pénétreront dans l'usage commun par l'enseignement, peu à peu généralisé, et aussi grâce aux moyens de communication modernes.

Le deuxième est l'influence des pays anglo-saxons : le nombre d'emprunts ira croissant.

L'école romantique ouvrira aussi la langue littéraire aux mots étrangers. Les relations internationales et les moyens de communication modernes permettront aux mots de voyager très rapidement : des événements politiques comme la révolution russe, comme la création de l'État d'Israël ou comme la révolution iranienne auront pour conséquence la pénétration dans nos journaux de mots russes, hébreux ou iraniens.

La Révolution française de 1789 apporte un renouvellement des institutions et, par contrecoup, du vocabulaire (par ex., le système métrique).

c) Le français moderne achève de conquérir les derniers bastions du latin : la philosophie (Descartes), le droit, la science, la théologie.

En 1893 encore, J. Bédier présente sur le trouvère Colin Muset une thèse intitulée *De Nicolao Museto, francogallico carminum scriptore.* Au milieu du XXᵉ s., la liturgie catholique abandonne le latin.

D'autre part, le français, langue d'une minorité, devient au cours du XIXᵉ s. la langue de la majorité, grâce à l'enseignement, aux moyens de communication (presse, etc.), aux brassages sociaux (conscription, guerre de 1914-1918, exode des campagnes vers les villes). Cela entraîne le recul et parfois la disparition des dialectes et des langues locales.

Au XVIIIᵉ s., le prestige international du français est particulièrement grand : c'est la langue des Cours, de la diplomatie, de la haute culture.

d) Au XVIIᵉ s., on prend conscience que le français vaut le latin, et l'on croit qu'il est arrivé à un état de perfection qu'il faut maintenir.

L'Académie française est fondée en 1635 pour « travailler avec tout le soin et toute la diligence possible à donner des règles certaines à notre langue, et à la rendre pure, éloquente et capable de traiter les arts et les sciences ». Les grammairiens obtiennent le droit de régenter la langue, de distinguer ce qui est bien et ce qui est mal. À cela s'ajoute le prestige des grands écrivains classiques : ils sont reconnus comme modèles dans l'art d'écrire.

N'exagérons pas toutefois. Cette autorité ne s'exerce au XVIIᵉ s. que sur les écrivains, et sur les classes en contact avec la Cour ; en province, elle n'a que des effets affaiblis, même sur la bourgeoisie ; le peuple, lui, garde son langage. C'est au XIXᵉ s. que l'école va répandre un français vraiment commun, au moins pour l'écrit.

e) De grands dictionnaires comme celui de Littré et beaucoup de grammaires décrivent cette langue du XVIIᵉ au XIXᵉ ou au XXᵉ s. comme une sorte de bloc uniforme. Cela ne correspond pas à la réalité : comme nous venons de le voir, le vocabulaire a connu après le XVIIᵉ s. un véritable renouvellement ; les efforts des grammairiens ont réussi, plus ou moins, à faire triompher des exigences logiques ou à établir des règles qui n'avaient pas encore été acceptées au XVIIᵉ s. ; l'orthographe a fini par entériner au XVIIIᵉ et au XIXᵉ s. des changements phonétiques bien antérieurs (cf. § 89, *d*), et, pour pouvoir citer côte à côte les classiques et les écrivains du XIXᵉ et du XXᵉ s., on est obligé de rendre les premiers semblables aux autres en modernisant l'orthographe de manière artificielle.

Pour toutes ces raisons, nous avons cru devoir, dans cette 12ᵉ édition du *Bon Usage,* fonder notre description du français contemporain uniquement sur des auteurs des deux derniers siècles. Cependant, l'importance de la langue classique et des écrivains de cette époque est telle que l'on ne peut passer sous silence leurs particularités ; elles seront mentionnées dans les *Historiques.*

III. — Diffusion et variétés du français

11   *a)* Comme langue parlée, le français semble avoir été d'abord le langage de l'**Île-de-France.**

Celui-ci, qu'on appelle aussi le *francien,* était un des dialectes du nord de la Gaule romane. Les autres sont le wallon [wʌlɔ̃] (surtout en Belgique), le lorrain, le champenois, le picard, le normand, le bourguignon, le franc-comtois, le bourbonnais, le berrichon, le tourangeau, l'angevin, le gallo (dans la Bretagne romane ou haute Bretagne), le poitevin et le saintongeais. Tous ces dialectes sont des continuateurs directs du latin vulgaire (et non des altérations du français, comme on le croit trop souvent). Ils forment avec le français la **langue d'oïl** [13], qui s'oppose à la *langue d'oc,* parlée dans le sud de la France, au groupe italien, au groupe espagnol, etc.

b) Le français a servi de langue écrite [14] à tout le **domaine d'oïl** dès le XIIᵉ s., mais il présentait souvent, selon les lieux, des particularités, dues notamment à l'influence des dialectes.

Il n'a cessé d'accroître son rôle. Surtout depuis la Révolution française, il a évincé les dialectes, même dans l'usage parlé familial et quotidien : certains d'entre eux ont disparu entièrement ; d'autres restent vivants, comme le wallon en Belgique (il y a une importante littérature wallonne). Mais là même le français est la langue officielle et aussi la langue commune, nécessaire pour les échanges entre gens venant de provinces différentes.

c) Le français est aussi la langue officielle et la langue commune dans des régions, en France et en Suisse, dont les parlers naturels ne sont pas des dialectes d'oïl :

---

13. Prononcez : [ɔil]. *Oïl* est la forme de *oui* en anc. fr. ; on disait aussi *o je* ou simplement *o,* qui correspond à *oc* du provençal (latin *hoc*) ; cf. § 1052, Hist. Certains linguistes parlent de la *langue d'oui :* cf. § 49, *b.*

14. Une autre thèse a été soutenue : le français écrit ne proviendrait pas du francien, mais se serait constitué à partir de divers dialectes d'oïl, dont on aurait écarté les traits particuliers. Voir notamment M. Delbouille, *Comment naquit la langue française ?* dans *Mélanges G. Straka,* 1970, t. I, pp. 187-199.

Parlers *occitans* ou provençaux (qui forment la *langue d'oc,* qui a été une langue littéraire importante au moyen âge), dans le sud de la France ; — parlers *franco-provençaux* dans l'Est (région de Grenoble et de Lyon, Suisse romande) ; — parlers *italiens* en Corse et dans le Sud-Est (Menton) ; — parlers *catalans* dans le Roussillon.

De même dans des régions où le parler local n'est pas roman : parlers *allemands* en Alsace, *flamands* dans le Nord-Ouest (région de Dunkerque), *bretons* dans l'ouest de la Bretagne (basse Bretagne), *basques* dans le sud-ouest de la France (Pyrénées-Atlantiques).

Dans l'ensemble de la France (sauf en Alsace), le français tend à devenir même la langue parlée usuelle.

d) En Europe, il faut mentionner encore le Val d'Aoste, qui dépend politiquement de l'Italie, mais qui fait partie linguistiquement de la zone franco-provençale, et les îles Anglo-Normandes (Jersey, etc.), qui sont rattachées à la Grande-Bretagne, mais dont le dialecte était normand. Dans ces deux régions, le français comme les parlers locaux reculent au profit de l'italien ou de l'anglais.

Le grand-duché de Luxembourg présente une situation particulière : le parler local est germanique, mais le français, qui est connu de presque tous les habitants, sert de langue officielle, notamment pour les indications routières et pour le droit.

e) La **colonisation** a exporté le français en dehors de l'Europe, dans les anciennes colonies françaises et belges.

Dans certaines, il est langue maternelle de la majorité. C'est le cas au Québec (bloc francophone le plus important après la France) et dans certains îlots au Canada. Dans d'autres régions (Louisiane, Haïti, Martinique, Maurice, Réunion...), le parler populaire est un **créole,** français que les anciens esclaves noirs ont fortement modifié dans sa phonétique et simplifié dans sa syntaxe.

Ailleurs, notamment en Afrique noire, le français est pratiqué seulement par une minorité de la population, mais il sert dans l'administration, dans l'enseignement secondaire et supérieur, etc.

f) Le français joue en outre un **rôle international** important : en tant que langue officielle dans la plupart des organismes internationaux, en tant que langue reconnue dans la recherche scientifique, il est utilisé par les ressortissants d'autres pays que ceux qui ont été mentionnés ci-dessus. Mais l'anglais lui fait une forte concurrence.

12   Le français présente des particularités différant selon les lieux.

Beaucoup, surtout dans le domaine de la prononciation, trouvent leur origine dans les parlers locaux : dialectes dans le domaine d'oïl (§ 11, *b*), dialectes ou langues ailleurs (§ 11, *c-e*). Les innovations nées à Paris ne se répandent pas nécessairement dans toute la francophonie ; il y a donc dans les français régionaux de nombreux archaïsmes : *souper*, par ex., garde le sens de repas du soir dans bien des provinces françaises, en Suisse, en Belgique, au Québec, etc. D'autres particularités sont dues au fait que l'organisation administrative, politique et juridique est, ou a été, différente : l'établissement d'enseignement secondaire qui s'appelle *lycée* en France est un *athénée* en Belgique, un *gymnase* en Suisse. Il y a aussi les influences exercées par des langues du voisinage : le néerlandais en Belgique ; l'allemand au Luxembourg, en Alsace, en Suisse ; l'italien au Val d'Aoste ; l'anglais au Canada, en Louisiane, à l'île Maurice.

Le français canadien présente des traits particulièrement accusés : la domination sociale de l'anglais y contribue notablement, et aussi le fait que le Canada a été coupé des évolutions qui se sont produites sur le vieux continent ; il faut tenir compte également de la provenance des colons, venus surtout de l'ouest de la France.

Remarque. — Certains linguistes, sous l'influence américaine, désignent par le même mot *dialecte* aussi bien les parlers populaires continuant directement le latin (comme le wallon, le picard, etc.) que les formes que prend le français dans les diverses régions (français régional). Cette confusion est regrettable, surtout là où les deux réalités coexistent. Le Wallon est conscient d'avoir deux langages, dont il ne mêle pas les morphologies : le dialecte et le français, qui pour lui n'est pas le français régional, mais le français tout court.

13 Le français ne présente pas seulement des variétés géographiques.

a) Il y a l'opposition entre langue **parlée** et langue **écrite,** que nous avons déjà signalée ci-dessus (§ 3).

Elle doit d'ailleurs être nuancée : un discours de réception à l'Académie a été soigneusement écrit avant d'être lu ; les pièces de théâtre, les dialogues des romans, transcrivent en principe un langage parlé, et certains auteurs cherchent à garder des traits propres à celui-ci, selon le statut social des personnages et la situation où ils se trouvent.

Dans la comédie classique (Molière, Marivaux), les paysans ont un langage spécial, surtout du point de vue phonétique et morphologique. Dans les romans champêtres de George Sand, c'est la syntaxe et surtout le vocabulaire qui se différencient de la langue commune.

D'autre part, ni la langue parlée ni la langue écrite ne sont des monolithes.

La langue parlée comprend divers registres qui seront décrits ci-dessous *(b).*

Sous le concept *langue écrite,* on peut distinguer : la langue *écrite* courante, que l'on trouve dans les écrits scientifiques, dans les journaux ; — la langue *littéraire,* dont l'expression est plus étudiée, qui cherche à être originale ; — la langue *poétique.*

La langue poétique se réalise surtout dans la poésie classique : la forme est particulière, c'est le vers mesuré et rimé ; elle autorise des graphies spéciales dites *licences poétiques (je voi ; encor) ;* le poète tutoie Dieu et le roi, ce qui serait inconvenant en prose ; beaucoup de mots de la langue courante sont exclus. Les romantiques se libéreront de certaines de ces contraintes :

Plus de mot sénateur ! plus de mot roturier ! / [...] / Je nommai le COCHON *par son nom ;* [...] / [...] *dans l'herbe, à l'ombre du hallier, / Je fis fraterniser la* VACHE *et la génisse / [...] / J'ai dit à la narine : Eh mais ! tu n'es qu'un* NEZ *! / J'ai dit au long fruit d'or : Mais tu n'es qu'une* POIRE *! [etc.] (*HUGO, *Contempl.,* I, 7).

b) Il y a ce que l'on appelle les *registres* et les *niveaux,* mots parfois confondus, mais qu'il peut être utile de distinguer :

1° Les **niveaux** de langue correspondraient à la connaissance que les locuteurs ont du français commun, à leur instruction plus ou moins poussée.

On pourrait distinguer le niveau intellectuel, le niveau moyen et le niveau populaire.

Nous appliquons le terme *populaire* aux façons de parler propres aux gens qui ont fait des études peu poussées : °*Je m'ai blessé ;* °*colidor* pour *corridor ;* °*Vous disez* pour *vous dites.*

La langue des petits enfants présente des analogies avec la langue populaire : eux non plus n'ont pas assimilé le fait que l'on dit : *Je me suis blessé.*

Les dictionnaires abusent du mot *populaire* à propos de faits lexicaux : ils taxent de cette façon des mots qu'on entend dans la bouche de grands bourgeois ou d'aristocrates.

Les personnages mis en scène par M. de Saint Pierre dans les *Aristocrates* disent : *en avoir* MARRE (VII) [« pop. », *Dict. contemp.*], *cette* FOUTUE *Jeep* (VIII) [« pop. », petit *Robert*], *bagnole* « automobile » (X) [« pop. », *Grand Lar. langue*]. — Et cela ne date pas d'aujourd'hui ; Hugo rapporte ce dialogue : *Où en sommes-nous, Lamartine ? / — Nous sommes f... !* [= *foutus*] (*Choses vues,* 24 juin 1848.)

2° Les **registres** sont en rapport avec les circonstances de la communication, un même individu utilisant les divers registres selon la situation où il se trouve.

Le registre **familier** est celui de la vie courante. Il est surtout fréquent dans la langue parlée, dans la conversation même des gens les plus distingués. La correspondance familiale ou amicale appartient aussi au registre familier.

Il y a des faits propres à la langue parlée : l'omission de *ne* dans *Tu sais pas*, quoique courante dans le registre familier, est pour ainsi dire exclue dans l'écrit.

Le registre **très familier** suppose la communauté d'âge, de condition sociale, d'intérêt, réalisée particulièrement à l'école, à l'université, à la caserne.

Il inclut notamment un certain nombre de mots jugés **vulgaires** ou **triviaux** (ou *bas*), épithètes qui font intervenir la notion de grossièreté : ils sont souvent en relation avec les parties du corps que la décence ordonne de couvrir et avec leurs fonctions [15] ; ou bien ils rabaissent l'homme au rang des animaux *(crever* pour *mourir).*

À l'opposé, on distingue un registre **soigné** ou **soutenu.** Il se réalise surtout dans la langue écrite, mais il convient aussi à un cours, à une homélie, à un discours.

Par ex., *courtisane* appartient à ce registre. Le *Dict. contemp.* le dit « littéraire », ce qui est conciliable avec l'étiquette « soutenu ».

Le registre **très soutenu** ou *recherché* implique un souci de se distinguer de l'usage ordinaire. Il concerne surtout la langue littéraire (voir *a* ci-dessus).

Affecté ou *précieux* indiquent un excès, soit que la recherche aille jusqu'au mot ou jusqu'à la construction rares, soit qu'elle intervienne dans des circonstances où elle n'est pas de mise, dans la conversation par exemple.

Remarque. — Les notions que nous venons de décrire ne se réalisent pas, concrètement, avec une parfaite netteté. Il faut tenir compte des sentiments individuels :

Le mot *cul,* « populaire » (étiquette discutable, on l'a vu) pour la plupart des dictionnaires actuels, est « très bas » pour l'Académie. *Je m'en fiche* est considéré par celle-ci comme « populaire », et, vers le même temps, comme « familier » par le *Lar. XXᵉ s.*

Il y a aussi des fluctuations selon les époques et selon les régions.

Cul était seulement familier dans l'usage classique. *Marier quelqu'un* pour *épouser* est « populaire » à Paris (Bauche, p. 204) ; en Belgique, il est normal chez les bourgeois, et un romancier normand le met dans la bouche d'un marquis (LA VARENDE, *Cœur pensif...,* p. 13). Tel tour, disparu de la langue commune, est chez tel écrivain un archaïsme très littéraire ; chez tel autre, un reflet de l'usage régional (par ex., *avant que de :* cf. § 991).

c) On distingue aussi des variétés professionnelles : un médecin ne parle pas avec un confrère comme avec un patient. Cela concerne surtout le lexique. Mais une langue comme celle du droit, qui

---

15. Ces réalités ont aussi des désignations non grossières : euphémiques ou scientifiques.

a une longue tradition et qui est fort conservatrice, a des particularités de syntaxe et même de morphologie *(icelui* pour *celui).*

Remarque. — L'**argot** pourrait être rangé ici. C'est le moyen par lequel un groupe social, les étudiants, les militaires, les hommes de certains métiers, etc., se différencie des autres usagers. Quand on parle de l'argot, sans autre précision, il s'agit souvent de celui des malfaiteurs.

L'argot est avant tout un lexique (mots et expressions). Il emprunte sa syntaxe et sa morphologie à la langue commune, surtout populaire.

On se gardera de confondre l'argot avec la langue populaire, quoique celle-ci soit fortement influencée par celui-là.

d) Nous croyons utile de rappeler qu'un certain nombre de faits sont communs à l'ensemble des usagers et à l'ensemble des situations et qu'il serait assez vain de leur chercher une étiquette autre que « langue générale ».

Cela est vrai d'une grande partie de la morphologie.

14   Les variations que nous venons de décrire posent le problème de la **norme : quel français faut-il enseigner ?**

Un ouvrage comme celui-ci, dans ses intentions normatives, n'a pas la prétention de régenter la langue de la conversation amicale ou de la lettre familière. Les jugements qu'il donne sont d'application quand les circonstances demandent que l'on surveille son langage : ils sont donc portés surtout en fonction du niveau soutenu. Ils concernent plus la langue écrite que la langue parlée, quoique nous nous soyons efforcés de faire à celle-ci la place qui lui revient.

Précisons encore qu'il s'agit du langage dans sa fonction principale, qui est de communiquer un message à autrui. Les recherches littéraires et surtout poétiques, où la forme importe éventuellement plus que le contenu, où il est légitime de chercher à être original (au lecteur d'apprécier la réussite !), ont d'autres sources d'inspiration que les grammaires...

Ces limites étant posées, quelles sont les qualités attendues d'une **bonne langue écrite ?**

a) La **clarté** nous paraît être la qualité principale, puisque c'est la condition même pour que le but de la communication soit atteint, pour que le message parvienne au destinataire.

On appelle souvent **jargon** un langage incompréhensible : on parlera du jargon des philosophes, des théologiens. Il ne faut pas oublier les circonstances de la communication : il est normal qu'un théologien s'adressant à un autre théologien ait besoin de mots techniques inconnus des non-spécialistes ; ils sont moins justifiés dans une homélie adressée aux fidèles.

Un passage **amphibologique** est un passage qui peut être interprété de deux façons.

b) La **correction**.

Les critères pour établir qu'une expression est correcte sont variables.

Les grammairiens du passé ont souvent décidé en fonction de la logique, ou d'après l'usage des écrivains classiques, ou *a priori*.

Est illogique l'emploi de la préposition *à* dans *De deux* à *trois personnes* parce que cette formulation suppose un nombre intermédiaire entre deux et trois. — *Malgré que* dans *Il est sorti* MALGRÉ QUE *la nuit fût tombée* n'est pas attesté chez les écrivains du XVIIᵉ s. — Une décision *a priori* est celle qui exclut *deuxième* quand il y a seulement deux êtres ou objets, et *second* quand il y en a plus de deux.

Comme on le verra, le bon usage contemporain désavoue ces condamnations : cf. §§ 584, *b* ; 1091 ; 581, *b*.

On appelle **puristes** ceux qui défendent la pureté de la langue [16] avec une rigueur faisant fi de l'évolution.

Certains linguistes décident d'après leur propre sentiment de locuteurs natifs. Il leur arrive de déclarer ainsi *agrammaticaux*, c'est-à-dire inexistants, des emplois dont on peut prouver, textes à l'appui, qu'ils existent bel et bien dans l'usage. Il leur arrive même parfois de déclarer agrammatical ce que les grammairiens puristes dont nous avons parlé condamnent abusivement.

Le présent livre a préféré partir de l'observation [17].

Telle construction, quoique blâmée par l'Académie ou par d'autres, se trouve *fréquemment* chez les écrivains les plus soigneux, et même chez les académiciens ; tel autre tour est rare dans la langue écrite et n'apparaît que dans les dialogues des romans ; tel autre est propre à des auteurs dont la langue est fort recherchée ; tel autre est un fait régional ; etc.

---

16. Sur les organismes, officiels ou non, puristes ou non, qui se sont donné pour tâche de défendre l'intégrité du français, voir Sv. Bengtsson, *La défense organisée de la langue française*, Uppsala, Almqvist, 1968. — Le plus important de ces organismes et le plus éclairé est le *Conseil international de la langue française*, créé en 1967 et présidé depuis par J. Hanse ; il comprend 75 membres titulaires (qui représentent la France, le Canada, la Belgique, la Suisse, le Luxembourg, Haïti, divers États africains, le Cambodge, le Laos, l'île Maurice, le Vietnam, c'est-à-dire toute la francophonie) — et 16 membres à vie (notamment les membres de la Commission du Dictionnaire de l'Académie française).

17. Il ne néglige pas le témoignage des grammairiens et des lexicographes. Parmi ces derniers, Littré (1863-1872) décrit un usage qui parfois s'éloigne du nôtre, mais il reste une source irremplaçable pour l'histoire de la langue. Nous citons volontiers le Dictionnaire de l'Académie quoiqu'il date, dans sa dernière édition, de cinquante ans (1932-1935), mais il donne une certaine image de la langue soignée, et la caution de ce juge sévère suffit à rendre légitimes des tours que l'on avait critiqués. En revanche, les mises en garde que l'Académie a publiées récemment dans la presse sont souvent d'un purisme mal informé.

Ces appréciations exigent que l'observateur tienne compte des intentions des écrivains ; par ex. du badinage et de la plaisanterie ou encore des effets stylistiques obtenus par le mélange de tons appartenant à des registres différents.

Cherchant à décrire ainsi l'usage dans sa totalité (idéal vers lequel on tend, mais qu'on ne peut évidemment réaliser), le grammairien peut ambitionner de distinguer dans cet usage un bon, un moins bon et un mauvais. Il n'est guère discutable que ce qui est « populaire » (dans le sens précisé au § précédent) ne peut être recommandé à celui qui veut savoir ce qui est le bon français. Il en est de même pour le trivial. Pour ce qui est très familier, ce qui est régional, il suffit sans doute de le signaler comme tel. À bon entendeur salut ! À celui qui cherche un langage distingué ou à celui qui ambitionne d'être apprécié en dehors de sa province de savoir quels choix lui conviennent pour répondre à ses intentions.

Il n'y a pas d'ailleurs un bon français dont les limites peuvent être tracées au cordeau. Bien parler, c'est savoir s'adapter aux circonstances : il y en a où le langage familier est le seul adéquat, et d'autres où il faut un style soutenu.

Remarque. — On parle d'**hypercorrectisme** quand, dans le souci de remédier à une faute réelle, des usagers considèrent comme ressortissant à cette faute un emploi qui, en fait, est irréprochable.

Par ex., au Québec, le désir d'éviter les anglicismes fait que l'on prend pour tels des tours qui ont sans doute leur équivalent en anglais, mais qui sont tout à fait normaux en français.

c) Des qualités supplémentaires, la *variété*, l'*harmonie* et la *concision*, concernent moins la langue et la grammaire que l'art d'écrire et le style. Elles font partie de l'élégance, idéal fort subjectif et fluctuant.

1º Préceptes en rapport avec la **variété** : ne pas construire sur un moule identique les phrases qui se suivent ; ne pas répéter le même mot à un bref intervalle.

Les auteurs les plus rigoureux laissent échapper de ces répétitions :

Il l'écoutait parler [...], observait MÊME du MÊME coup d'œil les raisins noirs de sa capote et les baies des genévriers (FLAUB., Éd. sent., III, 1).

Lorsqu'il s'agit d'un même mot dans un même sens, on y remédie par le recours aux synonymes, par l'ellipse (§§ 216-217) et par la suppléance (§§ 219-220).

Faut-il ranger ici ou dans l'harmonie le désir d'éviter que dans une même phrase plusieurs mots se terminent par le même son (c'est la rime, qui, au contraire, est ou fut recherchée en poésie), — ou qu'il y ait une suite de *de* ou de *que* introduisant des éléments qui dépendent les uns des autres ?

2º L'**harmonie** concerne notamment le rythme et les sonorités.

— Le **rythme,** c'est l'équilibre des parties d'une phrase, tel qu'il se réalise notamment dans la *période* (§ 212, *b*, 1º, Rem. 3).

Une des règles les plus générales est de ne pas terminer une phrase sur un membre beaucoup plus court que les précédents, sauf si le scripteur vise un effet particulier de mise en évidence.

On considère comme un défaut que la prose ait le rythme des vers.

— Les **sonorités,** domaine particulièrement subjectif.

Claudel reprochait à Flaubert le début de *Salammbô :* « On ne me fera jamais admettre qu'il soit beau dans une phrase d'avoir trois homophonies aussi dures et aussi peu agréables que *c'était à Mégara, faubourg de Carthage... dans les jardins d'Hamilc*ar. Les trois *a* sont exactement pareils, et ça produit une impression blessante, n'est-ce pas, contondante » (*Mémoires improvisés,* V). Or on ne peut nier que Flaubert n'ait été sensible et attentif à l'harmonie ; mais peut-être plus au rythme qu'aux sonorités.

L'**hiatus,** ou rencontre de voyelles, était jadis pourchassé, surtout en poésie.

On trouve pourtant des hiatus dans certains mots réputés poétiques : *méandre, idéal, aérien, Héloïse, poésie...*

Pour éviter la succession de voyelles identiques, des auteurs choisissent, pour introduire l'infinitif, une préposition moins usitée : *Elle l'obligea* D'*admettre qu'elle l'avait compris* (HÉRIAT, *Famille Boussardel,* XI). Cf. § 874.

La langue parlée se préoccupe assez peu de l'hiatus. Il est vrai que dans *Il va à Arras,* l'hiatus se résout, par haplologie (§ 19, Rem. 4), en voyelle longue : [VA:RAS].

3° La **concision.** Le défaut le plus généralement condamné de ce point de vue est le pléonasme : voir le § suivant.

15   Le **pléonasme** est le fait d'exprimer plusieurs fois, volontairement ou non, la même information dans la phrase. On dit aussi *tautologie* dans un sens voisin.

Le pléonasme est tout à fait admissible quand il sert à donner à l'expression une force particulière : *Je l'ai vu de mes propres yeux.*

Le pléonasme condamné est le pléonasme *vicieux,* qui n'ajoute rien à la force de l'expression :

°*Un petit nain.* °*Reculer en arrière.* °*Sortir dehors.* °*Une* ADJONCTION *d'eau* SUPPLÉMEN-TAIRE. °*J'ai mal à* MON *ventre.* °*Né natif* (cf. Hist.) : *Je suis bretonne,* NÉE NATIVE *de Josselin, Morbihan* (P.-H. SIMON, *Elsinfor,* p. 236).

Des pléonasmes ont échappé à des auteurs de renom : *Je descendais dans la vallée, je m'élevais sur la montagne, appelant de toute la force de mes désirs l'idéal objet d'une flamme* [= amour] *future ; je l'embrassais dans les vents ; je croyais l'entendre dans les gémissements du fleuve : tout était ce* FANTÔME IMAGINAIRE (CHAT., *René,* Pl., p. 129). — *C'est ce que je demande, s'écria-t-elle, en* SE LEVANT DEBOUT (STENDHAL, *Rouge,* I, 19). — *L'une des* SOMMI-TÉS LES PLUS IMPORTANTES *du monde aristocratique* (BALZAC, *Goriot,* texte des premières éd., corrigé ensuite : cf. éd. A., p. 339). — *Ouverture du puits de l'*INFINI SANS BORNE (HUGO, *Lég.,* XXII, 1). — *Un* PETIT NAIN *difforme* (SAINTE-BEUVE, *Mes poisons,* p. 52). [Voir aussi PERRAULT, *Contes,* Belle au bois dormant ; J.-J. ROUSS., *Conf.,* Pl., p. 141.] — [...] *tant de grains* PAR CHAQUE *plat* (ZOLA, *D' Pascal,* X). — *Il* S'ASSEYAIT SUR SON SÉANT (ARAGON, *Semaine sainte,* L.P., t. II, p. 182). — *C'est pour nous la* POSSIBILITÉ *si désirée de* POUVOIR *mettre nos lecteurs au courant* (M. ROQUES, dans *Romania,* 1948-1949, p. 252).

Par imitation consciente de la langue populaire : *Ce serait tout à fait* PAREIL LA MÊME CHOSE (CLAUDEL, dans le *Figaro litt.*, 7 août 1948).

Marcher (ou *marche*) *à pied* a des répondants tellement célèbres qu'il est fort difficile de traiter sévèrement ce pléonasme (qui ne l'est peut-être plus tout à fait puisqu'on dit : *marcher sur les mains, sur les genoux :* cf. *Grand Lar. langue,* s.v. *marcher,* I, 2, etc.) :

> *Au milieu d'une horde de tout âge et de tout sexe,* MARCHAIENT À PIED *les gardes-du-corps* (CHAT., *Mém.,* I, v, 10). — *Il faisait volontiers de longues* MARCHES À PIED (HUGO, *Misér.,* I, I, 13).

> Autres ex. de *marcher à pied :* [BOSS., *Polit.,* X, II, 5 ; MOL., *D. Juan,* III, 4 ; LA BR., *Disc. sur Théophr. ;* VOLT., *Précis du siècle de Louis XV,* XXV ; J.-J. ROUSS., *Conf.,* VIII ;] STEN-DHAL, *Corresp.,* t. IV, p. 77 ; Th. GAUTIER, *Cap. Fracasse,* VI ; PSICHARI, *Appel des armes,* II, 8 ; TROYAT, *Tant que la terre durera...,* p. 824 ; DUHAMEL, *Cri des profondeurs,* p. 128 ; CHAMSON, *La neige et la fleur,* p. 214 ; CESBRON, *Une sentinelle attend l'aurore,* p. 100 ; S. de BEAUVOIR, *Mandarins,* p. 278.

> *Marche à pied :* DANIEL-ROPS, *Péguy,* p. 55 ; G. FRIEDMANN, dans le *Monde,* 9 mai 1973 ; L. GUILLOUX, *Batailles perdues,* p. 290 ; J. DUTOURD, *Horreurs de l'amour,* p. 235 ; J.-P. CHABROL, *Crève-Cévenne,* p. 197 ; *Grand Lar. enc.,* 2ᵉ suppl., s.v. *piétonnier.*

J. Hanse, juge éclairé, aurait de l'indulgence pour *applaudir des deux mains,* « pléonasme évident, mais courant ».

Pour *au jour d'aujourd'hui,* voir § 966, *b.*

Remarques. — 1. Il n'y a pas un pléonasme véritable quand la valeur primitive d'un mot s'est tout à fait estompée :

> *Comparer* pour l'étymologiste contient le latin *cum* « avec » ; *comparer avec* est pourtant admis par le meilleur usage (§ 277, *b*). De même *saupoudrer de sel,* quoique *sau-* représente *sel.* — Sur *prévenir d'avance,* etc., voir § 172, 7, Rem.

Des grammairiens ont prétendu que c'était une faute de mettre le verbe *pouvoir* avec *peut-être,* ce dernier étant formé d'un temps du verbe *pouvoir* à l'impersonnel et du verbe *être.* La raison n'est pas valable : depuis longtemps, quand on emploie *peut-être,* on n'a plus conscience que l'expression implique le verbe *pouvoir ;* l'un et l'autre ont des sens bien distincts (cf. lat. *posse* et *fortasse ;* allem. *können* et *vielleicht ;* etc.). L'usage admet en tout cas cette association :

> *Usité encore dans le peuple, il* POURRAIT PEUT-ÊTRE *rentrer dans l'usage* (LITTRÉ, s.v. *adens*). — PEUT-ÊTRE *alors* POURRONS-*nous essayer* (A. DAUDET, *Jack,* t. I, p. 19). — PEUT-ÊTRE POURRIONS-*nous faire le tour du parc* (Fr. MAURIAC, *Asmodée,* V, 6). — *Vous* POURRIEZ PEUT-ÊTRE *aussi le convoquer lui-même* (DANIEL-ROPS, *Maladie des sentiments,* p. 51). — *On aurait* PU, PEUT-ÊTRE, *installer un prélart, pour se garantir de la chaleur* (AUDIBERTI, *Maître de Milan,* I).

> [Littré, s.v. *peut-être,* tout en parlant de « négligence de style », admet qu'une telle condamnation n'est pas absolue ; il trouve des justifications à cette phrase de Bossuet : ⁺*Mais* PEUT-ÊTRE [...] *les vastes pensées* POURRONT *nous distinguer du reste des hommes,* ajoutant : « Des cas de ce genre abondent dans les auteurs. »]

Sans doute certains répugnent-ils à écrire : *Je* (ou *tu*) *peux peut-être, il* (ou *on*) *peut peut-être,* à cause de la rencontre des syllabes identiques (cf. § 14, *c,* 2°), mais tout le monde n'a pas une oreille aussi délicate :

Une femme PEUT PEUT-ÊTRE *être surveillée ainsi par une autre femme, jamais par un homme* [dit un personnage] (PROUST, *Rech.*, t. III, p. 706) [il y a en plus la succession des deux *être*]. — Autres ex. : DRUON, *Grandes familles*, III, 4 ; MALLET-JORIS, *Mensonges*, p. 344 ; R. KANTERS, dans le *Figaro litt.*, 18 sept. 1967, p. 20).

2. *Recru de fatigue* ne doit pas, dans l'usage littéraire du XXe siècle, être rangé parmi les pléonasmes, puisque *recru* signifie « excédé », comme le note justement l'Académie, et qu'il accepte d'autres noms compléments que *fatigue :*

De souffrance : R. ROLLAND, *Âme enchantée*, L.P., t. II, p. 469 ; DUHAMEL, *Biographie de mes fantômes*, p. 76. — *De souffrance et de tyrannie :* DE GAULLE, *Mém. de guerre*, t. III, p. 73. — *De cauchemars :* DUHAMEL, *Lieu d'asile*, XVIII. — *De bruit :* ID., *Souvenirs de la vie du paradis*, p. 117. — *De tristesse :* Fr. MAURIAC, *Anges noirs*, p. 74. — *De honte :* ID., dans le *Figaro litt.*, 10 mars 1962. — *De dégoût :* M. TOURNIER, *Vendredi ou les limbes du Pacifique*, Fᵒ, p. 90. — *De dégoût et de désespoir :* J. GUÉHENNO, dans le *Figaro litt.*, 27 déc. 1952. — *De sommeil :* BERNANOS, *Imposture*, p. 212.

En tout cas, *recru de fatigue* a été accueilli par l'Académie en 1935, à juste titre, puisque la formule se trouve chez les meilleurs écrivains (voir aussi Hist.) :

FLAUB., *Tr. contes*, Julien l'Hosp., II ; BARRÈS, *Coll. insp.*, VII ; COLETTE, *Blé en herbe*, V ; GIDE, *Caves du Vat.*, IV, 2 ; Fr. MAURIAC, *Vie de Jésus*, XXIII ; MONTHERLANT, *Démon du bien*, p. 231 ; BERNANOS, *Sous le soleil de Satan*, Pl., p. 165 ; A. CAMUS, *Théâtre, récits, nouvelles*, Pl., p. 2069 ; etc.

Recru « épuisé, las de corps », se trouve aussi : *Simon rentra chez lui* RECRU *comme par un long voyage* (M. YOURCENAR, *Œuvre au noir*, p. 73).

Hist. — *Recru de fatigue* est déjà chez La Bruyère (XI, 35). On aurait pu alors parler de pléonasme, puisque *recru* n'avait plus gardé que le sens « épuisé de fatigue ». Ce sens date du XIIIe siècle, mais le verbe *recroire* était à cette époque dans toute sa vigueur et ne concernait pas seulement la lassitude ; il signifiait « s'avouer vaincu ».

3. Par un mouvement inverse de celui qui a été signalé dans la Rem. 1, *canoniser saint* (employé par HUGO, *N.-D. de Paris*, VI, 2, et par J. GUITTON, *Journal de ma vie*, 28 mars 1951) nous paraît aujourd'hui pléonastique parce que *canoniser* a pris le sens de « mettre au nombre des saints » alors qu'il signifiait « inscrire dans le canon (= liste) », et il y avait plusieurs sortes de canons.

4. Les exemples donnés ci-dessus concernent le pléonasme *lexical :* la même idée est exprimée par des termes dont la fonction grammaticale est différente. Si les termes ont la même fonction, le pléonasme est *grammatical ;* nous en traitons plus loin (§§ 364-368) sous le nom de **redondance.**

Hist. — Le pléonasme était tout à fait courant dans la littérature médiévale, encore proche de la langue parlée, et même au XVIe s. :

Phelippes [...] ISSI [= sortit] HORS *de son pavillon* (FROISS., *Chron.*, S.H.F., t. IX, p. 41). — *Aprochés pres* (J. MICHEL, *Passion*, 5214). — JOIGNONS *doncques ces fleurs de liz* ENSEMBLE (LEMAIRE DE BELGES, *Concorde des deux langages*, p. 45). — *Offrit ses presens ; ilz ne feurent repceuz par* TROP *estre* EXCESSIFZ (RAB., *Garg.*, éd. princeps, XLVIII). — *Voulant* [...] ACCROISTRE *voz passetemps* DAVANTAIGE (ID., *Pant.*, Prol.).

On notera en particulier que l'on coordonnait volontiers, même dans les documents juridiques, des termes synonymes. De là viennent des expressions comme *au fur et à mesure, certificat de bonne vie et mœurs, sain et sauf, les us et coutumes,* etc. *Né natif,* déjà employé par Scarron en 1647 (*Poés. div.*, t. I, p. 280), est une altération de *né et natif.* — La pratique notariale n'a pas abandonné ce procédé, qui est courant aussi dans la langue familière : *sûr et certain, tout feu tout flamme,* etc.

PREMIÈRE PARTIE

Les sons, les signes écrits, les mots

CHAPITRE I

LES SONS

SECTION 1. — GÉNÉRALITÉS

16   Les **sons** du langage sont produits par l'expiration de l'air
venant des poumons. L'ensemble des mouvements qui règlent la
disposition des organes pour la production de chaque son est
l'**articulation**.

Le souffle ou courant d'air expiratoire est chassé des *poumons*, traverse la
trachée-artère et arrive dans le *larynx*, où se trouvent les *cordes vocales*, qui sont
deux paires de replis membraneux bordant une fente appelée *glotte*. Si la glotte
est fermée, le souffle force le passage et fait vibrer les cordes vocales : il produit
alors un son *sonore* (*b. d, g,* etc.) ; si la glotte est ouverte, il passe librement, sans
faire vibrer les cordes vocales ; dans ce cas, il produit un son *sourd* (*p, t, k,* etc.).
La glotte franchie, le souffle débouche dans le *pharynx*, d'où il s'échappe, soit
par la *bouche*, soit par le *nez*, soit par la bouche et par le nez à la fois, suivant
que le *voile du palais* est relevé, abaissé ou maintenu dans une position intermédiaire. La *langue*, les *dents*, les *lèvres* et le *palais* jouent aussi leur rôle dans la
formation des sons.

Les sons se divisent en deux catégories : les **voyelles** (§ 22) et les
consonnes (§ 30), auxquelles se rattachent les *semi-voyelles* (§ 35).

Remarques. — 1. Les sons sont donc produits par le souffle *expiratoire*.
Cependant les sons *inspirés* (appelés aussi *clics*) sont possibles : ils correspondent
seulement à un mouvement de succion.

« Le français a un *t* inspiré pour exprimer le doute ou attirer l'attention ; en inspirant un *t*
alvéolaire on marque l'admiration, la surprise : l'inspiration de *f* exprime tantôt la satisfaction
du gourmet, tantôt la sensation d'un effort ou d'une douleur vive et légère ; le mot *oui*, quand
il s'agit d'un « oui » douteux ou complaisant, est souvent prononcé par inspiration, et de même
le mot *non*, quand il est dit à voix basse et négligemment. » (VENDRYES, *Langage*, p. 39.)

2. On appelle **amuïssement** d'un son le fait qu'il n'est plus prononcé, qu'il
devient *muet* : le [f] de *bœuf* **s'amuït** au pluriel.

17   *a)* La **phonétique** étudie les sons du langage tels qu'ils sont
produits. On distingue notamment la phonétique **articulatoire**

ou physiologique, qui considère la production des sons par les organes, — et la phonétique **acoustique** ou physique, qui étudie la transmission et la réception des sons. — La phonétique **expérimentale** utilise des appareils, ce qui permet d'analyser les phénomènes avec plus de précision que si l'on se fonde sur le témoignage de l'oreille.

Sur la phonétique syntactique, voir § 37. — Sur la phonétique historique, § 51.

b) La **phonologie** étudie les sons du point de vue de leur fonction dans une langue : les sons minimaux qui permettent de distinguer les mots les uns des autres s'appellent **phonèmes.** On considère généralement qu'il y a en français 34 phonèmes : 16 voyelles et 18 consonnes, sans compter [ŋ], qui se trouve surtout dans des mots étrangers comme *parking* (cf. § 32, *b*).

Pour comprendre la différence entre le son et le phonème, prenons comme exemple la lettre *r.* Celle-ci se prononce de plusieurs façons, selon les régions : on distingue notamment l'*r* parisien et l'*r* roulé (§ 33, *b*) ; mais ces variations ne jouent aucun rôle distinctif : il n'y a pas un mot *rien* prononcé avec *r* roulé et un autre prononcé avec *r* parisien. Ces deux sons correspondent à un seul phonème. Au contraire, *rien* s'oppose à *bien, lien, chien, tien, sien, mien, viens,* lesquels s'opposent aussi entre eux ; chacune des consonnes initiales de ces huit mots est donc un phonème.

De même, il y a un seul phonème à l'initiale de *car, corps, qui,* bien que l'influence des voyelles qui suivent modifie la réalisation du [k].

Qu'un locuteur prononce l'initiale de *sien* en appuyant la langue contre les dents, comme pour le *th* anglais, ne facilite peut-être pas la réception du message, mais ne donne pas naissance à un mot nouveau distinct de *sien.* Ce son n'est pas un phonème en français, alors qu'il fait partie de la phonologie de l'anglais.

Dans certaines de leurs réalisations certains phonèmes peuvent se substituer l'un à l'autre sans modifier le message : par ex. [e] et [ɛ] dans l'article pluriel *(les femmes).* Il y a dans ce cas un **archiphonème** [E], qui représente les traits communs à [e] et à [ɛ].

Comme l'opposition [ɑ]/[a] n'est pertinente que dans une partie du domaine français (§ 24, Rem.), nous avons, dans nos représentations phonétiques, utilisé [A] à la fois pour [ɑ] et [a].

Remarques. — 1. *Phonème* s'est employé avec le sens général de « son du langage ». De même, *phonologie* a été synonyme de *phonétique.*
2. Si le français possède une orthographe identique pour tous, il n'en va pas ainsi pour la phonétique, ni même pour la phonologie : voir, par ex., ce qui est dit plus loin de [ɑ] et de [a] (§ 24, Rem.), de [œ̃] et de [ɛ̃] (§ 25, *a,* Rem.). Le nombre des phonèmes n'est donc pas le même pour tous les locuteurs.

Par conséquent, la prononciation que donnent les dictionnaires et les ouvrages d'orthophonie (ainsi que celle que nous donnons dans ce livre) est, dans certains cas, pratiquée seulement par une partie des locuteurs. Elle est généralement fondée sur l'observation des milieux bourgeois de la région parisienne.

Il serait naïf de croire qu'il est possible, ou utile, d'imposer la phonologie parisienne à tous les francophones. Tout au plus peut-on souhaiter que les particularités locales soient atténuées pour que la communication se fasse aisément entre gens de régions différentes.

18   L'écriture du français, comme nous le verrons dans le chapitre suivant, est souvent ambiguë : soit qu'elle représente un phonème par une combinaison de lettres (*ch* = [ʃ] dans *char*), soit qu'elle utilise une seule notation pour des phonèmes distincts (*g* dans *gare, givre ; ch* dans *char, chronique ;* etc.), soit qu'elle représente un même phonème par des notations différentes ([ɛ] dans *peine, tête, fait*).

Aussi est-il nécessaire, pour décrire la langue d'une façon scientifique et même pour indiquer clairement la prononciation, de recourir à une écriture phonétique, dans laquelle chaque lettre correspond à un seul phonème et chaque phonème à une seule lettre.

Nous avons adopté dans ce livre l'alphabet phonétique le plus répandu aujourd'hui, celui de l'**Association phonétique internationale,** où les sons du français sont notés comme suit :

1° CONSONNES :

[p]	*père*	[f]	*feu*	[l]	*lame*
[t]	*table*	[v]	*vite*	[R]	*règle*
[k]	*canard*	[s]	*sol*	[m]	*mère*
[b]	*bal*	[z]	*zèbre*	[n]	*nid*
[d]	*dormir*	[ʃ]	*chèvre*	[ɲ]	*agneau*
[g]	*gomme*	[ʒ]	*jour*	[ŋ]	*smoking*

2° SEMI-VOYELLES :

[j]	*lieu*	[ɥ]	*huile*	[w]	*ouate*

3° VOYELLES :

[i]	i	*image*	[y]	u	*mur*
[e]	é fermé	*église*	[ø]	eu fermé	*peu*
[ɛ]	è ouvert	*père*	[œ]	eu ouvert	*peur*
[a]	a antérieur	*bac*	[ə]	e muet	*fermeté*
[ɑ]	a postérieur	*base*	[ɛ̃]	in	*fin*
[ɔ]	o ouvert	*col*	[ã]	an	*élan*
[o]	o fermé	*repos*	[ɔ̃]	on	*monde*
[u]	ou	*cou*	[œ̃]	un	*brun*

Les deux points après une voyelle signifient que cette voyelle est longue : *Gémir* [ʒemi:R], *alors* [alɔ:R], *monseigneur* [mõsɛɲœ:R].

Un autre système assez répandu, notamment dans les travaux de dialectologie, est l'alphabet Rousselot-Gilliéron. Il a l'avantage d'être plus proche de l'orthographe ordinaire et des signes figurant sur le clavier d'une machine à écrire ; il marque mieux la parenté des voyelles qui ne diffèrent que par le timbre : comparez [é] - [è] à [e] - [ɛ], [ó] - [ò] à [o] - [ɔ].

19   La **syllabe** est un groupe de sons que l'on prononce par une seule émission de souffle.

Elle peut être formée, soit d'un seul son, qui est alors nécessairement une voyelle : A-*mi*, É-*tang*, OU-*bli*, EN-*fant* ; — soit de la combinaison d'une voyelle avec une ou plusieurs consonnes, avec une ou plusieurs semi-voyelles : *traduire* [tRA-dɥiR], *hiatus* [jA-tys], *strict* [stRikt].

Une syllabe est **ouverte** quand elle se termine par une voyelle : BA-*nal*, SEN-*tir* [sã-tiR]. — Elle est **fermée** quand elle se termine par une consonne : FER-*mer*, PIS-*ton*.

Une syllabe est *brève* ou *longue* selon que la voyelle qu'elle contient est brève ou longue (§ 27).

Un mot a autant de syllabes que de voyelles : il peut être constitué d'une seule syllabe ; c'est un **monosyllabe** : *feu, mer*. — Sinon, c'est un **polysyllabe** : *dissyllabe* (deux syllabes), *trisyllabe* (trois), etc.

Dans la phrase, la limite de la syllabe ne coïncide pas nécessairement avec celle du mot tel qu'il est écrit. En effet, une consonne finale prononcée forme syllabe avec le mot suivant quand celui-ci commence par une voyelle (sauf s'il y a une pause) : *Il aime* [i-lɛm] ; c'est le phénomène de l'*enchaînement*. — Il en est de même pour la consonne finale qui n'apparaît que devant voyelle : *Deux hommes* [dø-zɔm] ; c'est le phénomène de la *liaison*. — Il en est de même encore pour la consonne devenue finale à cause de l'amuïssement de l'*e* muet : *Quatre hommes* [kA-tRɔm] ; c'est le phénomène de l'*élision*.

Remarques. — 1. La mesure des vers réguliers est fondée sur le nombre de syllabes ou **pieds**. Les types les plus courants sont l'*octosyllabe* (vers de huit pieds), le *décasyllabe* (de dix) et l'*alexandrin* (de douze).

2. Le nombre de syllabes d'un mot n'est pas nécessairement constant, soit selon les règles de la phonétique, soit à cause de variations régionales, soit à cause des différences de registre Voir §§ 29 (*e* muet) et 35 (semi-voyelles).

3. On appelle **hiatus** la succession de deux syllabes dont la première se termine par une voyelle et la seconde commence par une voyelle : *po-ète, ma-is*. — Sur les jugements portés sur les hiatus, voir § 14, *c*, 2°.

4. L'**haplologie** est le fait que deux syllabes identiques ou ressemblantes se réduisent à une seule. Elle se réalise fréquemment dans le discours oral, surtout familier : [pA] pour *papa* ; autre ex. au § 14, *c*, 2°. Mais elle est parfois enregistrée dans le lexique (§ 166, *b*, 3°) et la syntaxe (§ 218).

20   On doit parfois couper un mot **dans l'écriture,** notamment quand il n'y a pas assez de place au bout d'une ligne pour écrire le mot entier.

Cette division se fait en tenant compte des syllabes. Mais tantôt cela est conforme à la syllabation phonétique, et tantôt non, notamment à cause de l'*e* muet, qui disparaît souvent dans l'oral, alors qu'il constitue une syllabe dans l'écrit : *Dé-te-nir* [det-niʀ] ; — à cause de certaines lettres redoublées, qui ne font qu'un son unique et qui sont réparties en deux syllabes dans l'écrit : *Ap-pel* [ʌ-pɛl] ; — et aussi parce que la syllabe phonétique peut chevaucher sur deux mots graphiques (§ 19).

Voici les **règles principales de la syllabation graphique :**

a) On ne sépare pas deux voyelles : *Oa-sis,* et non °*o-asis ;* *théâ-tre* et non °*thé-âtre.*

Ceci s'impose particulièrement quand une des voyelles représente une semi-voyelle : *espion* [ɛs-pjɔ̃] et non °*espi-on ;* — quand une des voyelles est un *e* purement graphique : °*asseoir,* °*fé-erie ;* — et plus encore quand la voyelle fait partie d'un groupe représentant un son unique : il serait absurde de scinder *ou* dans *bout, eu* dans *neuf, eau* dans *beauté.* De même, aucune coupure n'est possible dans *Caen, paon,* etc.

b) Quand il y a une seule consonne entre deux voyelles, la coupure se place avant la consonne : *Cha-peau, cou-teau, cha-ri-té.*

X et *y* représentant d'ordinaire dans cette position une suite de deux sons au milieu desquels passe la limite des syllabes phonétiques, on ne peut couper un mot dans l'écriture ni avant ni après ces lettres lorsqu'elles sont placées entre voyelles. Aucune coupure n'est donc possible dans des mots comme *taxer* [tʌk-se] ou *tuyau* [tɥi-jo].

On peut couper un mot avant *x* ou *y* quand ces lettres représentent un seul son : *deuxième* [dø-zjɛm], *ba-yer* [bʌ-je]. — On peut couper un mot après *x* ou *y* quand ces lettres précèdent une consonne : *tex-tuel, pay-san.*

c) Quand il y a deux consonnes entre les voyelles, la coupure se fait entre les deux consonnes, même si elles sont semblables : *Fer-mer, espoir, tes-son, al-ler, er-rer* et même dans *tail-leur* [tʌ-jœʀ].

Cependant, la coupure se place devant les deux consonnes :

1° Si elles représentent un seul son *(digrammes :* § 90, *c) : Ra-chat, pa-thos, gra-phie, mi-gnon* (mais *stag-nant* [stʌg-nɑ̃]).

2° Si la deuxième consonne est *r* ou *l* et la première autre que *r* ou *l : Sa-ble, pro-pre.*

d) Quand il y a trois consonnes, on coupe après la deuxième consonne : *Obs-tiné, comp-ter.*

Cependant, on coupe après la première consonne :

1° Pour ne pas séparer un digramme : *Mar-cher, mor-phine ;*

2° Quand la dernière consonne est *r* ou *l : Ar-bre, ap-plaudir.*

e) Quand il y a quatre consonnes, on coupe après la deuxième, à condition de ne pas séparer les digrammes : *Ins-truit.* (Mais : *cam-phré.*)

Remarques. — 1. On admet aussi les coupures qui sont fondées sur l'origine du mot, même quand elles contredisent les règles qui viennent d'être exposées : *In-stable, re-structurer, atmo-sphère.*

2. On ne va pas à la ligne après une apostrophe : *De / l'avertir* ou *de l'a-/vertir,* mais non °*de l'/avertir.* — *Au-/jourd'hui* ou *aujour-/d'hui,* mais non °*aujourd'/hui.*

3. La typographie soignée évite de rejeter au début d'une ligne une syllabe formée par une consonne + *e* muet ou d'isoler à la fin d'une ligne une syllabe constituée par une seule voyelle : °*rapi-/de ;* °*a-/ménité.* Mais il n'est pas toujours possible de respecter cet usage, surtout dans les journaux.

4. Quand on coupe un mot à la fin d'une ligne, la séparation se marque par un trait d'union à cet endroit. On ne met pas de trait d'union au début de la ligne suivante.

21   **Phénomènes divers.** — L'**assimilation** est le phénomène par lequel un son communique une ou plusieurs de ses caractéristiques à un son du voisinage : *cheval* prononcé °[ʒval] ; cf. § 36, *b.*

La **dissimilation** est la différenciation de deux sons qui voisinent : le premier [ʀ] de *corridor* est changé en [l] dans °*colidor.*

La **métathèse** est une permutation de sons : °*infractus* au lieu d'*infarctus.*

N.B. — Une terminologie plus rigoureuse utilise des termes différents, selon que les phénomènes signalés ci-dessus se produisent entre des sons contigus ou non contigus : *dilation,* assimilation à distance ; *différenciation,* dissimilation de sons contigus ; *interversion,* permutation de sons contigus.

SECTION 2. — LES SONS DU FRANÇAIS

I. — Les voyelles

22   On appelle **voyelles** des sons produits par les vibrations des cordes vocales, l'air s'échappant sans avoir été arrêté ou freiné nulle part.

Cette définition ne distingue pas absolument les voyelles de certaines consonnes que l'on prononce avec vibration des cordes vocales et sans arrêt de l'air expiré (par ex., [l]). Certains linguistes préfèrent définir la voyelle en disant qu'elle peut à elle seule constituer une syllabe : *oser* [o-ze]. Cf. § 30.

Les voyelles peuvent aussi constituer à elles seules un mot : *a, à, hait, es, y, ou, œufs* [ø], *on, an, hein,* etc. — Ceci explique pourquoi on désigne les voyelles par un nom qui reproduit leur prononciation : *Un a mal écrit,* tandis que l'on désigne les consonnes par un nom contenant la consonne et une voyelle : *b* [be], *f* [εf]. Cf. § 85.

Le fait que la limite entre voyelles et consonnes ne soit pas absolument nette a pour conséquence qu'une voyelle a pu se transformer en consonne, et inversement, dans le développement phonétique du français. Cela explique aussi les alternances [i]-[j], [y]-[ɥ], [u]-[w] ; cf. § 35.

Le *vocalisme* du français est le système formé par ses voyelles. — *Vocalique* signifie « qui concerne les voyelles ».

Le **timbre** d'une voyelle est sa qualité spécifique, déterminée surtout par le point d'articulation (§ 24) et le degré d'ouverture de la bouche (§ 26).

23   **Tableau des voyelles françaises.**

		ANTÉRIEURES		POSTÉRIEURES		
	Fermées	**Ouvertes**		**Fermées**	**Ouvertes**	
		Orales	Nasales		Orales	Nasales
Non labiales	[i] *si* [e] *dé*	[ε] *mer* [a] *date*	[ɛ̃] *pin*			
Labiales	[y] *vu* [ø] *feu* [ə] *gredin*	[œ] *leur*	[œ̃] *un*	[u] *ou* [o] *ose*	[ɔ] *note* [ɑ] *bas*	[ɔ̃] *on* [ɑ̃] *an*

24   Les voyelles sont **antérieures** ou **postérieures** selon leur point d'articulation, c'est-à-dire la région du palais vers laquelle la langue se soulève.

Les voyelles antérieures sont appelées aussi *palatales* parce que la langue se soulève vers la partie dure du palais (ou *palais* proprement dit, lat. *palatum*), et les postérieures sont appelées *vélaires* parce que la langue se soulève vers la partie molle du palais (ou *voile*, lat. *velum*).

Remarque. — L'opposition entre [a] antérieur *(là)* et [ɑ] postérieur *(las),* qu'on appelle parfois abusivement *a* ouvert et *a* fermé, est relativement récente (cf. Hist.). Elle est généralement ignorée dans le sud, le nord et l'est de la France, ainsi qu'en Belgique ; on n'y utilise qu'une variété de *a,* soit [a], soit [ɑ], soit un son intermédiaire entre [a] et [ɛ], selon les régions. À Paris même, l'opposition est en recul au profit de *a* antérieur ou d'un *a* moyen. Il y a en outre des différences selon les classes sociales. Les mots avec *a* postérieur ne sont pas les mêmes pour tous les sujets qui connaissent les deux variétés. On peut donc estimer qu'il n'est pas indispensable d'enseigner cette distinction à ceux qui ne la pratiquent pas naturellement. C'est pourquoi nous n'en n'avons pas tenu compte dans ce livre et nous avons représenté [a] et [ɑ] par un signe unique, [ᴀ].

Hist. — L'opposition entre [a] et [ɑ] a été notée par les grammairiens au XVIIIᵉ s. ; elle date sans doute du siècle précédent, mais elle se combinait avec une différence dans la longueur de la voyelle. Cette différence de longueur subsiste dans certaines des régions qui ignorent l'opposition de timbre : *patte* [pat] - *pâte* [pɑːt].

25 *a)* Les voyelles sont dites **nasales** quand le souffle s'échappe à la fois par la bouche et par le nez. Les autres voyelles, pour lesquelles l'air s'échappe seulement par la bouche, sont des voyelles **orales**.

Remarque. — Dans une partie importante de la France, notamment dans la région parisienne et dans l'Ouest, [œ̃] a disparu, absorbé par [ɛ̃] :

Maurice. *J'ai toujours été* UN DOUX... / Claude. INDOU ? / Maurice. *Non, un doux !* (S. GUITRY, *Tour au paradis,* I.)

Cela apparaît dans les rimes de certains poètes : P. Fort associe *républicain* et *quelqu'un* (*Ballades franç., Choix,* Chanson du hanneton) ; A. Salmon *faim, lointain* et *parfums* (dans les *Lettres modernes,* mai 1905, p. 13) ; H. Lavedan faisait rimer *lapin* et *un* dès 1892 (cf. Nyrop, t. I, § 227), mais pour imiter le langage populaire.

La confusion ne se confine pas au niveau populaire, puisqu'on l'a observée chez Ch. de Gaulle et V. Giscard d'Estaing (mais non chez G. Pompidou et Fr. Mitterrand). — La voici même traduite dans l'écriture :

Ses gestes EMPRUNTS [= *empreints*] *alors de la lenteur et de la gravité propres à un rituel religieux* (Cl. BRAMI, *Garçon sur la colline,* p. 133).

Il serait abusif de critiquer comme régionale la prononciation [œ̃], qui est celle de la plus grande partie de la France ainsi que de la Belgique et de la Suisse, et de vouloir imposer un appauvrissement phonologique à ceux qui continuent à pratiquer la distinction.

b) Les voyelles sont dites **labiales** ou *labialisées* ou *arrondies* quand on les prononce en arrondissant les lèvres projetées en avant.

26 Pour la prononciation des voyelles, les mâchoires peuvent être plus ou moins écartées, et la langue plus ou moins éloignée du palais. On appelle cela l'*aperture* et on distingue quatre degrés : [i], [y], [u] ; — [e], [ø], [o] ; — [ɛ], [œ], [ɔ] ; — [ɑ], [a]. Les voyelles appartenant aux deux premiers degrés sont dites **fermées**, et celles des deux autres **ouvertes**.

Remarques. — 1. L'opposition entre *o* ouvert [ɔ] et *o* fermé [o] n'existe pas dans le Midi, où l'on ne connaît que [ɔ]. Elle n'existe pas non plus dans le français central (notamment à Paris) pour les voyelles finales : on prononce [po] à la fois dans *peau* et dans *pot*, tandis que l'Est et le Nord (Suisse et Belgique incluses) et une partie de l'Ouest gardent l'ancienne opposition : *peau* [po] et *pot* [pɔ].

En dehors de la syllabe tonique, l'opposition [e]/[ε], [o]/[ɔ] n'est pas phonologique ; elle ne permet pas de distinguer des mots. Le fr. central favorise [e] dans les syllabes ouvertes atones, par ex. dans l'article *(les gens)*. Le Nord et l'Est (Suisse et Belgique incluses) favorisent [ε] ; on y prononce même parfois [ε] dans des mots où l'on a *é* dans l'orthographe *(école)*, ce qui est critiquable.

2. Les voyelles fermées en position finale s'ouvrent, dans bien des cas, si elles viennent à être suivies d'une consonne ; par ex. quand un adjectif ou un nom sont mis au féminin, dans la conjugaison des verbes, etc. : *Sot* [so], *sotte* [sɔt] ; *berger* [-e], *bergère* [-εR] ; *je peux* [pø], *ils peuvent* [pœv] ; *j'ai* [ʒe], *ai-je* [εʒ]. — Inversement : *un œuf* [œf], *des œufs* [ø].

27   D'après leur durée, les voyelles sont **longues** ou **brèves**.

En français central (à Paris notamment), la longueur des voyelles n'a pas de rôle distinctif et n'est donc pas phonologique. Elle est déterminée par la nature de la consonne qui suit ; en particulier les voyelles toniques sont longues devant les consonnes continues sonores [v], [z], [ʒ] et [R] : *sève* [sε:v], *vise* [vi:z], *rouge* [Ru:ʒ], *corps* [kɔ:R]. Les oppositions [a]/[ɑ], [ɔ]/[o], [œ]/[ø] sont des oppositions de timbre, qui peuvent être accompagnées d'une différence de longueur, la deuxième voyelle étant généralement plus longue que la première : *jeune* [ʒœn], *jeûne* [ʒø:n] ; *panne* [pan], *Jeanne* [ʒɑ:n]. — L'opposition [ε]/[ε:] reste cependant pertinente pour certains locuteurs parisiens dans des paires comme *mettre/maître, faite/fête.*

Nous n'avons, dans le cours de cet ouvrage, donné la longueur des voyelles que s'il y avait à cela un intérêt particulier.

Remarques. — 1. Le français du Midi prononce brèves des voyelles qui ailleurs sont longues, particulièrement devant *r* dans *voir, corps*, etc.

2. La longueur des voyelles continue dans certaines régions à jouer un rôle phonologique, notamment à la finale : voir ci-dessous, § 29, *a*, Rem. 1.

28   Le [ə], traditionnellement appelé *e* **muet**, a deux caractéristiques, son timbre (voir ci-dessous) et le fait qu'un certain nombre de *e* muets sont sujets à amuïssement (§ 29).

La qualification de *muet* est peu exacte, puisque cet *e* ne tombe jamais dans des mots comme *grεdin, brεbis, fermεté*. En insistant tantôt sur l'une, tantôt sur l'autre de ses caractéristiques, on a proposé de l'appeler *e caduc* ou *instable, e arrondi, e féminin* (pour son rôle dans la morphologie), *e sourd, e inaccentué*, etc. Aucune de ces désignations n'est pleinement satisfaisante. Aucune n'est entrée dans l'usage général. La plus employée reste *e muet*. Certains linguistes reprennent à la terminologie de l'hébreu le terme *chva* (parfois *chwa*)

Notons que la lettre *e* est absolument muette dans des mots comme *eut* [y], *eusse* [ys], *asseoir* [aswar], *seau* [so], *geai* [ʒɛ], *mangeant* [mãʒã], *geôle* [ʒo:l], *gageure* [gaʒy:r], *douceâtre, Jean, Caen,* etc.

Quand *e* muet se prononce, il n'a pas toujours le même timbre, soit que l'on considère les différentes positions de cette voyelle, soit, surtout, lorsqu'on tient compte des diverses régions. En français parisien, [ə] se rapproche plutôt de [ø], mais avec une articulation moins nette : *moi-le* rime avec *moelleux* dans une chanson de M. Chevalier *(Là-haut), que* avec *qu'eux* dans une chanson de G. Brassens *(La mauvaise réputation).*

Hist. — En anc. fr., *e* était toujours prononcé et, semble-t-il, avec un timbre assez proche de [e] ou de [ɛ]. C'est en moyen fr. qu'il s'amuït après voyelle, et au XVIIᵉ s. après consonne.
— Les linguistes discutent sur le point de savoir si c'est encore un phonème ou non.

29   Quand se prononce *e* muet (devant consonne).

N.B. Nous n'envisageons ici que le *e* muet devant consonne ; devant voyelle il s'élide normalement, selon des modalités étudiées au § 44, *a.*

a) **Derrière voyelle,** *e* est toujours muet.

Ce n'est guère que dans la poésie chantée que *e* est prononcé à la fin du vers quand il porte une note : *Chagrin d'amour dure toute la viE.*

Remarques. — 1. À Paris, la voyelle suivie d'un *e* muet se prononce comme si elle terminait le mot. Dans beaucoup de régions (Wallonie, Lorraine, Bourgogne, Normandie, ainsi que, mais surtout après *i* ou *é*, dans les pays de la Loire et en Berry), elle se prononce longue : *ami* [ami], *amie* [ami:] ; de même *bout* [bu], *boue* [bu:] ; *bu* [by], *bue* [by:] ; *armé* [arme], *armée* [arme:].

Est-ce à ce phénomène que Jean Genet fait allusion ? *Tu diras ce que tu voudras, mon pote...* ([...] *Parler tendrement à une femme, lui parler même au féminin, l'eût à ses yeux ridiculisé*) [...] *mais t'es compliquée (il fléchissait pourtant sur l'« e » des adjectifs et ce fléchissement l'avertissait de la présence de la femme dans le langage)* (*Querelle de Brest,* p. 158). — Voir aussi § 479.

En Belgique, la langue populaire introduit une semi-voyelle : *aimée* [ɛme:j], *rue* [ryw]. Dans un de ses poèmes ardennais (*Alcools,* Marie), Apollinaire fait rimer *Marie* avec *fille* et *sautille.*

2. À l'intérieur des vers, la prosodie stricte n'autorisait pas qu'un groupe voyelle + *e* muet soit suivi d'une consonne. Manière étrange de concilier la règle prosodique selon laquelle les *e* muets comptaient pour la mesure du vers (*b,* 4°, Rem. 2) et la réalité phonétique, selon laquelle *e* ne se prononce pas après une voyelle ! Certains poètes se tiraient d'affaire en modifiant l'orthographe (licence poétique) :

Un vieux pirate grec l'avait TROUVÉ *gentille* (MUSSET, *Prem. poés.,* Namouna, III, 6). — *Qu'on* VOYE *sur leur sein tout gonflé de douleurs /* [...] (ID., *Poés. posth.,* À Madame X***). — *Tu m'*OUBLÎRAS *dans les plaisirs* (HUGO, *Odes et ball.,* Odes, V, 1). — *Et tu le* SUPPLÎRAS*, et tes pleurs seront vains* (LEC. DE LISLE, *Poèmes ant.,* Glaucé, III).

Il n'est pas moins artificiel de faire compter cet *e :*

Faites en sorte / Qu'on vous VOIE. — *Merci, dit l'étranger. La porte / Retomba lentement derrière lui* (MUSSET, *Prem. poés.,* Portia, II). — *Nulle des nymphes, nulle* AMIE, *ne m'attire* (VALÉRY, *Poés.,* Fragm. du Narcisse, I).

Le plus sage est de suivre la prononciation et de tenir pour non fondée l'interdiction traditionnelle :

*Il ne m'*OUBLIERA *point pour la Chambre des lords* (HUGO, *Cromwell,* III, 3). — *Mes rêveuses* PENSÉES *pieds nus vont en soirée* (APOLLINAIRE, *Alcools,* Palais). — [...] / *De la* JOIE *d'exister, plus fraîche que la mer* (ÉLUARD, *Choix de poèmes,* L.P., p. 404).

b) **Derrière consonne.**

1° Lorsque la chute de l'[ə] aurait pour résultat une suite de consonnes difficilement prononçable, il se maintient. Ces consonnes peuvent appartenir à un seul mot ou bien à un syntagme : *Mercr*ᴇ*di, entr*ᴇ*prise ; un risqu*ᴇ *grave, vers l*ᴇ *but.*

Les linguistes ont essayé d'exprimer cela sous forme de loi, la « loi des trois consonnes » : *e* serait nécessaire pour éviter la succession de trois consonnes. Mais les exceptions sont nombreuses ; dans *pas de scrupules,* on a même quatre consonnes : [pʌdskʀypyl]. Fouché propose ceci : [ə] « se conserve lorsqu'il est précédé de deux ou trois consonnes prononcées » (*Traité,* p. 97). Mais ici encore il y a des exceptions : *l'e* peut s'amuïr dans *parc*ᴇ *que, gard*ᴇ-*rie, port*ᴇ*manteau ;* inversement, il se maintient généralement dans *Un ch*ᴇ*vron, un d*ᴇ*gré.*

Remarques. — 1. [ə] se conserve ordinairement devant *r, l, n* ou *m* suivis de yod : *Chanterions, atelier, soutenions, nous semions.* Cf. ci-dessous, 4°, Rem. 3.

2. Il arrive que la langue familière ou populaire introduise un [ə] de soutien qui ne correspond pas à un *e* dans la graphie : *bourgmestre* prononcé [buʀɡə-mᴇstʀ], *arc-boutant* [ʌʀkəbutɑ̃], *ours brun* [uʀsəbʀœ̃], *un tact très délicat* [... tʌktə ...]. Cette prononciation peut être évitée si l'on ménage une légère pause à l'intérieur du mot ou du syntagme.

2° À la finale et à l'intérieur des mots, [ə] tombe, sauf application du 1° ci-dessus : *Tous meur*ᴇ*nt, charr*ᴇ*tier.*

3° Le [ə] qui se trouve dans la première syllabe d'une phrase ou d'un syntagme se maintient plus facilement : *T*ᴇ *souviens-tu de notre rencontre ?*

Cependant, [ə] s'amuït souvent quand il est précédé d'une fricative : *Je t'ai vu* [ʒtevy], *Ce n'est pas vrai* [snᴇpʌvʀᴇ].

Dans les noms de lieux et de personnes, le *e* de la syllabe initiale est généralement articulé, même à l'intérieur d'un syntagme : *J'ai lu cela chez* Rᴇ*nan, Un des* Lᴇ*fèvre est absent. J'ai logé à* Sᴇ*dan.* — Mais [ə] s'amuït souvent dans Gᴇ*nève.* — Sur le *de* nobiliaire, voir § 1004, *b,* Rem. 3.

4° Quand plusieurs syllabes contenant des *e* muets se suivent, on ne garde qu'un *e* muet sur deux : *Je te le recommande* [ʒtəlʀəkɔmɑ̃d] ou [ʒətləʀkɔmɑ̃d].

Remarques. — 1. Les règles données ci-dessus concernent la conversation courante. Le registre soutenu garde plus de [ə] : par ex., *un cours*, *une homélie*, *un discours solennel*.

Même dans l'usage quotidien, [ə] se maintient si l'on insiste, ce que Queneau rend de façon plaisante : *Que ça te plaise ou que ça* NEU TEU PLAISEU *pas, tu entends ? je m'en fous* (*Zazie dans le métro*, II) ; — si l'on crie : *Revenez ! ;* — si l'on répète un mot que l'interlocuteur a mal compris ; — ou encore si l'on utilise un mot plus ou moins rare.

Inversement, un langage rapide ou relâché escamote des *e* muets qui se maintiennent d'habitude.

La langue populaire ou très familière réduit parfois le nombre des consonnes groupées à la suite de l'amuïssement de [ə] : *parce que* prononcé °[pʌskə], *sur le banc* °[sylbɑ̃].

2. Dans la lecture des vers traditionnels, à l'intérieur du vers, tous les *e* muets se prononcent derrière consonne (sauf naturellement lorsqu'ils s'élident devant voyelle) :

CE *toit tranquille, où march*ENT *des colombes, /* EntrE *les pins palpite, entr*E *les tombes ; / Midi l*E *juste y compos*E *d*E *feux / La mer, la mer, toujours r*Ecommencée (VALÉRY, *Poés.*, Cimetière marin).

Dans la poésie chantée, *e* muet à la fin du vers porte souvent une note et se prononce alors nécessairement : *Malbrough s'en va-t-en guerr*E.

3. Il y a des différences notables selon les régions pour le traitement de l'*e* muet. En Belgique, par ex., on le garde dans *Un m*Elon, mais on l'amuït souvent dans *Nous chant*Erions. Dans le Midi, on articule généralement presque tous les *e* muets derrière consonne :

Charr*E*tier. Bonn*E* mèr*E ! — Alors, mon Raimu : « Ta merr' ! ta merr' qu'es aco, ta mèrr'. Tu ne peux pas dire ta merreu ! comme tout le monde ! »* (J.-P. CHABROL, *Rebelles*, p. 342).

4. Des [œ] ou des [ø] s'amuïssent dans la langue familière : MON*sieur* prononcé °[msjø] ; *déj*EU*ner* °[deʒne].

II. — Les consonnes

30   Les **consonnes** sont des bruits de frottement ou d'explosion produits par le souffle qui, portant ou non les vibrations des cordes vocales, rencontre dans la bouche divers obstacles résultant de la fermeture ou du resserrement des organes.

Certains linguistes préfèrent définir la consonne en disant qu'elle ne peut constituer une syllabe à elle seule, au contraire de la voyelle (§ 22).

Une consonne ne peut constituer un mot d'habitude ; c'est pourquoi on désigne les consonnes par un nom qui contient une voyelle : *Un c* [se], *un f* [ɛf]. Certains mots-phrases sont des suites de consonnes sans voyelle : *Pft ! Cht ! Brrr !*

31　　Tableau des consonnes françaises.

			LABIALES	DENTALES	PALATALES	VÉLAIRES
Orales {	Occlusives {	sonores	[b] Bal	[d] Dur		[g] Gare
		sourdes	[p] Pot	[t] Tir		[k] Col
	Fricatives {	sonores	[v] vol	[z] Zut	[ʒ] Jour	
		sourdes	[f] Fer	[s] sol	[ʃ] CHar	
	Liquides			[l] Lac		[R] Rat
	Semi-voyelles {		[w] oui		[j] Yeux	
			[ɥ] nui			
Nasales			[m] Mer	[n] Non	[ɲ] diGNe	[ŋ] riNG

Remarque. — On ne trouve pas dans ce tableau de son qui corresponde à la lettre *h*, dont les diverses valeurs sont décrites au § 94. Il n'y a un son réel, mais non pas un phonème, que dans certains emplois expressifs : un mot comme *hop !* (pour inviter à sauter) peut être prononcé avec une « aspiration » (c'est plutôt une expiration) ; de même des mots comme *honte* ou *hideux* si le locuteur veut mettre une insistance particulière : *C'est une* Honte *! Il est* Hideux *!* Cet effet se produit même parfois quand il n'y a pas d'*h* dans l'écriture ; c'est ce que Flaubert voulait marquer quand il écrivait, dans sa correspondance, *hénaurme* pour *énorme* (t. II, p. 397) ou *Je suis* HHHindigné (*Lettres à Caroline*, p. 450).

Le français de certaines régions (est de la Wallonie, Lorraine, Alsace, Normandie, Bretagne, Gascogne) connaît encore l'*h* aspiré comme phonème. À Liège, par ex., *haine* et *aine* sont nettement distincts.

32　　*a)* Les consonnes sont **sonores** (ou *voisées*) quand le souffle qui les produit comporte des vibrations des cordes vocales. Dans le cas contraire, elles sont **sourdes** (ou *non voisées*).

Dans le tableau du § 31, nous n'avons indiqué ce caractère que pour les consonnes qui s'opposent deux à deux : par ex., [b] et [p]. Les autres consonnes, pour lesquelles l'indication manque, sont sonores.

Les consonnes sourdes sont dites aussi *fortes*, parce qu'elles exigent un effort plus considérable que les consonnes sonores, dites aussi *faibles* ou *douces*.

Remarque. — Les sonores finales ont tendance à s'assourdir dans le Nord et en Belgique, dans l'Est, ainsi qu'en Normandie : on y prononce *trombe* comme *trompe*, *mage* comme *mâche*. Cela supprime fâcheusement des distinctions utiles.

b) Les consonnes sont dites **nasales** quand le souffle s'échappe par le nez ; quand il s'échappe par la bouche, les consonnes sont **orales**.

La consonne [ɲ] est appelée *n mouillé.* Une prononciation soigneuse ne la confond pas avec [nj] : *panier* [pʌnje] et non °[pʌɲe] ; *ignorer* [iɲɔʀe] et non °[injɔʀe].

Parmi les consonnes nasales, nous avons retenu [ŋ], quoiqu'on l'entende surtout dans des mots d'origine étrangère : *smokiNG, RaciNG Club, LaNG, NuciN-GeN, piNG-poNG,* etc. On l'observe aussi dans certaines onomatopées : *diNG-ding-dong,* et dans le français du Midi après des voyelles nasales finales : *Cabanon* °[kabanõŋ], *malin* °[malɛ̃ŋ].

Dans des mots comme *smoking,* la prononciation populaire est °[-in] ou °[iɲ] (ou encore, d'après l'écriture, °[ɛ̃ʒ]). — *Shampooing* est tout à fait francisé : [ʃɑ̃pwɛ̃].

33   Parmi les consonnes orales, selon le **mode d'articulation,** on distingue :

a) Les consonnes **occlusives** (ou *explosives* ou *momentanées*), pour lesquelles il y a fermeture complète, puis ouverture.

Pour les nasales, il y a occlusion en ce qui concerne la bouche, mais le souffle s'échappe librement par le nez.

b) Les consonnes **continues,** pour lesquelles il n'y a pas de ferme-ture, mais resserrement des organes.

— Les **fricatives** (ou *constrictives*) résultent d'un frottement dû au rétrécissement du canal.

Parmi les fricatives, il y a des *sifflantes :* [s], [z], et des *chuintantes :* [ʃ], [ʒ], d'après la nature du bruit qu'elles produisent.

— Pour les **semi-voyelles,** voir § 35.

— On réunit traditionnellement sous le nom de **liquides,** à cause de l'impression qu'elles produisent sur l'oreille : la *latérale* [l], pour laquelle l'air s'échappe par les côtés de la langue ; la *vibrante* [ʀ], qui se caracté-rise par des vibrations.

Il y a plusieurs réalisations différentes de [ʀ] : pour l'*r* roulé, la pointe de la langue vibre contre les alvéoles des dents ; l'*r* grasseyé fait vibrer la luette ; pour l'*r* dit parisien, considéré aujourd'hui comme le plus normal, la vibration est très affaiblie et se réduit même à un simple frottement. L'*r* roulé, qui a été la pro-nonciation normale jusqu'au XVIIᵉ s., subsiste dans diverses provinces, notam-ment en Wallonie, en Bourgogne et dans le Midi ; il est aussi utilisé par des chanteurs, parce qu'il est très sonore.

Hist. — Le français a connu, dans *travailler, sillon,* etc., un *l* mouillé, prononcé en appuyant le dos de la langue sur le palais. Il est devenu [j] en fr. contemporain, malgré les efforts de Littré pour maintenir l'ancienne prononciation. Celle-ci existe encore dans le Midi, en Lorraine et en Wallonie (où on a plutôt [lj] qu'un véritable *l* mouillé).

34   D'après **l'endroit** où l'obstacle se situe, on distingue :

a) Les consonnes **labiales,** que l'on peut diviser en *bilabiales,* pour lesquelles les deux lèvres se joignent : [b], [p], — et les *labio-dentales,* pour lesquelles la lèvre inférieure s'appuie sur les incisives supérieures : [v], [f].

Les semi-voyelles [w] et [ɥ] ont deux points d'articulation : [w] est en même temps bilabial et vélaire ; [ɥ] bilabial et palatal.

b) Les consonnes **dentales,** qui se forment entre la langue et les incisives.

c) Les consonnes **palatales,** qui se produisent entre la langue et la partie dure du palais (ou *palais* proprement dit, lat. *palatum*).

La consonne [ɲ] est appelée *n mouillé.*

d) Les consonnes **vélaires,** qui se produisent entre la langue et la partie molle du palais (ou *voile,* lat. *velum*).

35   Les trois **semi-voyelles** ou *semi-consonnes* (ou parfois *glides*), [j], que l'on appelle *yod* ou *i* consonne, [w] ou *ou* consonne et [ɥ] ou *u* con- sonne, sont en soi des consonnes, mais elles s'articulent au même endroit dans la bouche que, respectivement, les voyelles [i], [u] et [y], et elles alternent souvent avec celles-ci, dans une famille lexicale ou dans la conjugaison par ex. : *Il loue* [lu], *il tue* [ty], *il lie* [li] ; *nous louons* [lwɔ̃], *nous tuons* [tɥɔ̃], *nous lions* [ljɔ̃].

On appelle souvent et improprement *l mouillé* le yod lorsqu'il est écrit *il, ill, ll : œil, veille, fille.* Cette dénomination correspond à une ancienne prononciation (cf. § 33, *b,* Hist.).

On considère généralement que [y] et [ɥ] d'une part, [u] et [w] d'autre part sont des variantes phonétiques d'un seul phonème.

Si *ou, u, i* sont suivis d'une voyelle, il y a **diérèse** quand on les prononce par une voyelle, en dissociant les deux éléments du groupe, en distinguant deux syllabes, en créant un hiatus. Cette prononciation est générale quand *ou, u, i* sont précédés d'une consonne + *r* ou *l : trouer* [tʀu-e], *bluet* [bly-ɛ], *oublier* [ubli-e]. Il y a **synérèse** quand on prononce *ou, u, i* par une semi-voyelle, en réunissant les deux éléments en une syllabe : *allié* [ʌ-lje].

Remarques. — 1. Le choix entre la voyelle et la semi-voyelle donne lieu à des variations régionales : alors qu'à Paris et dans l'Ouest, on prononce ordi- nairement [ljɔ̃], [bɥe], [lwe] pour *lion, buée, louer,* les prononciations [liɔ̃], et surtout [bye], [lue] sont fréquentes dans le Nord, l'Est, le Sud, et même générales en Belgique.

Même pour des régions où la semi-voyelle l'emporte, on a des témoignages contraires : *Pour Françoise la comparaison d'un homme à un lion, qu'elle prononçait li-on, n'avait rien de flatteur* (PROUST, *Rech.*, t. I, p. 89).

2. L'hiatus provoqué par la diérèse entraîne parfois l'introduction d'une semi-voyelle entre les deux voyelles.

Lorsque la diérèse est obligatoire, l'introduction d'un yod est permise par l'usage : [ublie] et [ublije] pour *oublier ;* [pɛi] et [pɛji] pour *pays*. Le yod a même été entériné dans l'orthographe pour *bayer*, variante de l'anc. fr. *baer* (aujourd'hui *béer*).

Par hypercorrectisme, *Nancéien* « habitant de Nancy » est souvent transcrit °*Nancéen* par les auteurs étrangers à la région, sur le modèle d'ethniques comme *Neuilléen* (de Neuilly) : voir par ex. GIDE, *Journal*, 22 juin 1930 ; A. SARRAZIN, *Après-peine*, p. 389.

Un autre accident concerne le nom de famille *Ruwet*, prononcé en Belgique [ʀywɛ] ou [ʀyɛ] et qui devient souvent [ʀyvɛ] à Paris, ce qui revient à transformer un son facultatif en phonème.

3. Les poètes qui pratiquent la poésie régulière usent assez librement de la faculté de compter *i, u, ou* comme une syllabe (c'est-à-dire comme une voyelle) ou non, et pas seulement dans les cas où l'usage ordinaire connaît des hésitations :

L'*i* de *tiède* est un [j] pour Baudelaire (*Fl. du m.*, Paysage) comme pour les locuteurs, mais un [i] pour Valéry (*Album de vers anciens*, Anne). De même, la finale *-ien*, monosyllabique dans la langue parlée, ne l'est pas toujours pour les poètes : *an-ciens* chez Musset (*Poés. nouv.*, À la Malibran, XV) et *bo-hé-mi-ens* chez Rimbaud (*Premiers vers*, Sensation).

Inversement, l'*o* de *poète* [pɔɛt] ou de *poème* est parfois traité comme une semi-voyelle [w] à l'imitation de l'usage classique (cf. LA F., *F.*, VIII, 16) : voir CORBIÈRE, *Amours jaunes*, Paris.

4. Dans le Nord et en Belgique, la langue populaire ignore la semi-voyelle [ɥ] : ou bien on prononce [y] dans les cas qui viennent d'être envisagés, ou bien on la remplace par [w] et on confond *fuir* et *fouir*.

Les dictionnaires admettent les deux graphies *cacahouète* (avec [w]) et *cacahuète* (avec [ɥ]).

5. La plupart des linguistes réservent le nom de **diphtongue** au groupe formé de deux voyelles réunies en une seule syllabe, comme dans l'allemand *Baum* [baum] et dans l'anglais *boy* [bɔi]. Dans ce sens, il n'y a pas de diphtongues en français.

Il vaut donc mieux renoncer à parler de diphtongue à propos d'un groupe voyelle + semi-voyelle ou semi-voyelle + voyelle comme dans *œil* [œj] ou *yeux* [jø] ; — et aussi de **triphtongue** pour un groupe semi-voyelle + voyelle + semi-voyelle, comme dans *piaille* [pjʌj].

Ce qui est tout à fait injustifié, car c'est confondre l'orthographe et la prononciation, c'est d'appeler diphtongues les groupes de deux lettres, ou *digrammes*, qui représentent un son unique, comme *au* pour [o] et *an* pour [ã] dans *autant*. Cet abus n'est pas rare :

C'est à la source de la voix, à l'enfance de la voix, à la naissance des voyelles qu'il faut placer le bonheur de parler, en ajoutant bientôt aux cinq voyelles les diphtongues qui, comme ou, on, in..., *ont une marque de simplicité* (BACHELARD, *Droit de rêver*, p. 153). — *Malraux semble n'employer des mots comme « Trébizonde » ou « bronze » que pour la joie d'en faire sonner la diphtongue nasale* (POIROT-DELPECH, dans le *Monde*, 8 avril 1977).

36   Suites consonantiques.

a) On parle de **géminées** quand il y a succession de deux consonnes identiques.

Dans la prononciation il n'y a pas véritablement deux consonnes : pour les deux *b* de *ro*B*e* B*leue*, il n'y a qu'une seule fermeture et qu'une seule ouverture du canal, mais le délai entre les deux opérations est plus long que pour une consonne ordinaire.

La gémination est un fait général quand la rencontre de deux consonnes est due à la succession de deux mots, ou à la disparition d'un *e* muet ou à l'addition d'une désinence ou d'un suffixe : *Me*R *R*ouge, *là-*D*e*D*ans, cou*RR*ai*.

La gémination est fréquente aussi, dans le niveau soutenu, avec le préfixe *in-* et ses variantes : *illégal, inné, irréel.* La prononciation par une consonne simple est correcte cependant.

Il est plus affecté de recourir à la gémination à l'intérieur de mots savants comme *addition, syllabe, collègue, grammaire, sommité, cannibale, littéraire,* etc.

Il n'y a pas de gémination dans les mots du fonds primitif (§ 150) comme *abbé, donner, classer, attendre,* etc.

Sur la gémination dans *Je* L*'ai vu,* voir § 635, *d*. 1° ; sur la gémination expressive *(C'est* D*égoûtant),* voir § 448.

b) Si deux consonnes qui se suivent sont l'une sourde et l'autre sonore, la première s'assimile à la seconde mais du point de vue de la sonorité seulement ; elle garde sa force articulatoire :

Dans *mé*D*ecin* ou dans *vo*G*ue passagère,* le [d] et le [g] s'assourdissent, c'est-à-dire se prononcent sans vibration des cordes vocales, mais ils restent des consonnes douces (cf. § 32, *a*) ; dans *ane*C*dote* ou dans *rou*T*e droite,* le [k] et le [t] se sonorisent, c'est-à-dire se prononcent avec vibration des cordes vocales, mais ils restent des consonnes fortes.

Une assimilation complète, °[métsɛ̃], °[ʌnɛgdɔt], etc., est considérée comme incorrecte. — Au Québec, *cheval* est parfois prononcé °[ʒwal], ce qui a donné son nom au parler populaire canadien : *le joual*.

L'assimilation de la seconde consonne à la première, *cheval* prononcé °[ʃʃʌl], est tenue aussi pour fautive.

On critique le passage de [s] à [z] devant *m* dans *mécanisme,* etc. ; devant *r* dans *Israël.*

c) La langue populaire, à peu près partout, réduit au premier élément les groupes consonantiques finaux dont le deuxième élément est *r* ou *l* : *quatre* prononcé °[kʌt] ; *souffle* prononcé °[suf].

À l'intérieur d'un syntagme, cela appartient simplement au registre familier : *Votre papa* [vɔt pApA].

Devant voyelle, le groupe reste intact : *Quatre hommes.*

Autres réductions populaires : *-isme, -iste* prononcés °[is] dans *communisme, communiste* par ex. ; — *ex-* prononcé °[ɛs] devant consonne : dans *exclure*, par ex.

SECTION 3. — PHONÉTIQUE SYNTACTIQUE

37 La **phonétique syntactique** (ou *syntaxique*) étudie les faits phonétiques dus à l'environnement et, parfois, au rôle des mots dans la phrase.

Ce que nous avons dit de l'*e* muet (§ 29), des rencontres de consonnes (§ 36) concerne en grande partie la phonétique syntactique. Certains mots ont des prononciations différentes selon leur place ou leur rôle dans la phrase : par ex., les numéraux cardinaux (§ 574, *c*), *tous* (§§ 615 et 736).

Les faits les plus complexes concernent les variations que divers mots connaissent selon qu'ils sont suivis d'une voyelle ou d'une consonne : voir §§ 41-50.

En dehors de l'accent d'insistance (§ 39, *b*), nous traitons ailleurs des procédés phonétiques de la mise en relief : § 448.

Remarque. — Dans un débit rapide ou relâché, les locuteurs réduisent parfois les mots ou les syntagmes. Ce sont des réductions occasionnelles, et les éléments disparus font en quelque sorte partie de la communication ; si on faisait répéter, la phrase prendrait sa forme complète. Des assimilations, des haplologies favorisent ces réductions.

Des beaux céleris, m'ame Cointreau ! (A. FRANCE, *Crainquebille*, VI) [= madame]. — Rosine. *...moi une cigarette allumée...* [= Donne-moi...] (H. BATAILLE, *Poliche*, III, 2). — Villiers. *Bonsoir, madame.* / Fanny. *...soir* (J. SARMENT, *Couronne de carton*, II). — *'tais avec des copains* [= J'étais...] (R. IKOR, *Tourniquet des innocents*, p. 50). — *Chais bien* [= Je sais bien] (Cl. BRÉTÉCHER, *Frustrés*, t. IV, p. 5). — Voir aussi § 233, *d.* — Sur les réductions d'*est-ce que*, voir § 390, *b.* — L'incidente *n'est-ce pas ?* à peu près vidée de sa signification, est souvent réduite elle aussi : *Grouille-toi pour la musique et tout, s'pas ?* (COLETTE, *Vagabonde*, I, 2.)

38 Parmi les faits de phonétique syntactique, il faut faire une place à la **pause,** qui est un arrêt dans le débit.

Les pauses importantes coïncident avec la fin d'une phrase ; elles sont d'ordinaire indiquées par un point dans l'écriture. — Les pauses moyennes marquent les principales articulations d'une phrase un peu longue, détachent certains éléments secondaires, purement explicatifs (par ex. l'épithète détachée, cf. § 326), isolent les éléments incidents ou autres éléments en quelque sorte extérieurs à la phrase (cf. §§ 370-374) ; elles sont exprimées généralement par une virgule dans l'écriture. — Les pauses légères séparent les syntagmes ; elles ne sont pas traduites d'ordinaire dans l'écriture.

Fumer la cigarette, || *se mettre de l'eau sucrée* | *sur les cheveux* | *pour qu'ils frisent,* || *embrasser les filles du Cours Complémentaire* | *dans les chemins* || *et crier* | *« À la cornette ! »* | *derrière la haie* | *pour narguer la religieuse qui passe,* || *c'était la joie de tous les mauvais drôles du pays.* ||| *À vingt ans,* || *d'ailleurs,* || *les mauvais drôles de cette espèce* | *peuvent très bien s'amender* (ALAIN-FOURNIER, *Gr. Meaulnes,* III, 1).

Les pauses sont plus ou moins nombreuses selon la rapidité du débit, selon les intentions du locuteur, selon les circonstances de la communication. Elles jouent un rôle très important dans la compréhension du message.

39   L'accent.

a) Par l'**accent tonique** ou *accent d'intensité,* on articule la dernière syllabe d'un syntagme (appelé aussi *mot phonétique*) avec plus de force que les autres : *Il laissa tom*BER *son cha*PEAU.

Lorsque le sujet est un pronom personnel conjoint, *on* ou *ce,* il forme un groupe avec le verbe : *Il vien*DRA. *Viendra-t-il* ?

Si l'on prend un mot isolément, on met l'accent tonique sur la dernière syllabe : *Ques*TION, *calami*TÉ.

L'accent tonique n'est pas un phénomène conscient, et il ne joue pas un rôle distinctif. Dans la plupart des autres langues, l'accent est plus nettement marqué qu'en français : comparez *sabre, symbole, précision* avec les mots allemands correspondants *Säbel, Symbol, Präzision.* L'accent, dans la plupart des langues, n'occupe pas une place fixe comme en français, et joue souvent un rôle distinctif : comp. italien *áncora* « ancre » et *ancóra* « encore ».

Les syllabes marquées de l'accent tonique sont *toniques* ou *accentuées ;* les autres sont *atones.*

Remarques. — 1. L'*e* muet ne porte pas d'accent tonique même quand il est prononcé, sauf le pronom *le* placé après un impératif : *Donne-*LE, — le pronom *ce* après préposition : *Et sur* CE *il m'a tourné le dos* (Al. DUMAS, *Reine Margot,* VI), — et dans des mots grammaticaux employés comme noms par autonymie (§ 450) : *Vous employez trop de* QUE.

2. Les **proclitiques** sont des mots qui, s'appuyant sur le mot suivant, sont dépourvus d'accent. Tels sont les articles, les déterminants, certaines formes du pronom personnel, les auxiliaires, les prépositions, la plupart des conjonctions : LA *vertu,* MON *livre,* CE *jour.* JE *dis, j'*AI *vu,* VERS *lui, toi* ET *moi.* Les **enclitiques**

sont des mots qui, s'appuyant sur le mot précédent en font, pour la prononciation, réellement partie, et n'ont pas d'accent : *Que vois-*JE ? — *Qu'est-*CE ?

Les proclitiques reçoivent l'accent lorsqu'ils ne sont plus employés comme tels, mais comme noms par autonymie : *Le* t *de* ET *ne se prononce jamais ;* — ou quand l'élément sur lequel ils s'appuient est laissé implicite : *Gabriel a des fiancées. Pas* UNE *mais* DES (Y. Navarre, *Je vis où je m'attache,* p. 105).

3. Comme l'accent porte toujours sur la dernière syllabe à voyelle prononcée, il ne garde pas, dans les dérivés, la place qu'il avait dans le mot primitif. Pour la même raison, la flexion aussi amène souvent un déplacement de l'accent : VaLET, *vale*TAILL*(e) ; cour*TOIS, *courtoi*SIE ; *numé*RO, *numéro*TER ; *tor*RENT, *torrentu*EUX ; *je* PARL*(e), nous par*LONS ; *j'ap*PELL*(e), j'appelle*RAI.

Le déplacement de l'accent résultant de la flexion ou de la dérivation entraîne souvent certaines alternances de voyelles dans les différentes formes dérivées d'un même radical ; ce phénomène porte le nom d'**alternance vocalique** ou d'**apophonie** : ClAIr, *cl*Arté *; sav*Ate, *sav*Etier *; c*ède, *c*Edons *; m*OI, *m*E *; acqui*Ers, *acqu*Erons *;* ŒUvre, OUvrage *; rig*UEUr, *rig*OUreux *; m*EUrs, *m*OUrons *; gl*OIre, *gl*Orieux.

Hist. — L'analogie a rétabli l'identité des voyelles dans un grand nombre de cas où se produisait jadis une apophonie : *Il tr*OUve (au lieu de *il treuve*) comme dans *nous trouvons ;* pOIrier (au lieu de *perier*) comme dans *poire.* Cf. §§ 759 et 166, *b,* 1°, Hist.

4. La versification française classique est fondée sur la **rime**, c'est-à-dire sur le fait que les voyelles toniques et leur suite éventuelle sont identiques à la fin de deux vers ou plus :

La chair est triste, hélas ! et j'ai lu tous les LIVRES. / Fuir ! là-bas fuir ! Je sens que des oiseaux sont IVRES (MALLARMÉ, Poés., Brise marine).

C'est un exemple de rime *suffisante.* Le rime est *pauvre* si l'identité ne porte que sur des voyelles toniques terminant le mot : *Déjà* et *voilà.* Elle est *riche* s'il y a aussi identité d'un ou de plusieurs sons qui précèdent la voyelle tonique : *Sortir* et *mentir.* — Si ce qui suit la voyelle tonique est différent, on a une **assonance** et non une rime : *Trace* et *frappe.*

En prose, les rimes involontaires sont souvent considérées comme des maladresses. — Les slogans publicitaires les utilisent pour frapper l'attention : *Un meuble signé Lévitan est garanti pour longtemps. Qui a bu boira... chicorée Pacha. Giscard à la barre !*

b) **L'accent d'insistance** (ou *emphatique*) consiste à augmenter la force de la voix, la hauteur et la durée d'une syllabe d'un mot, parce qu'on parle avec émotion ou parce qu'on veut attirer l'attention de l'interlocuteur. Il ne supprime pas l'accent tonique.

— Lorsqu'il s'agit d'émotion, l'accent d'insistance se place sur la première syllabe si le mot commence par une consonne, souvent sur la deuxième si le mot commence par une voyelle : *Ah !* le MIsérable ! — *Tu es* aDOrable.

Il se combine souvent avec une gémination de consonnes : cf. § 448.

— Lorsqu'il s'agit simplement d'attirer l'attention, l'accent d'insistance frappe la première syllabe, ou éventuellement la syllabe jugée importante ou même toutes les syllabes d'un mot :

Ce que nous voulons, c'est la LÉgalité. — INformer n'est pas DÉformer. — Vous avez confondu conJEcture avec conJONcture. — Comment dire ? Soulagé et en même temps... (il cherche) ... *épouvanté.* (Avec emphase) É-POU-VAN-TÉ [en capitales dans le texte] (S. BECKETT, *En attendant Godot,* dans *Théâtre,* t. I, p. 12).

Il peut porter sur un mot atone : *Un poète ne poursuit pas la vérité : il poursuit sa vérité* (G. DUHAMEL, *Paul Claudel,* p. 15).

Remarque. — Pour la description du langage, le mot *accent* a d'autres sens encore :

— L'accent de hauteur est le fait que certaines syllabes sont, dans la prononciation, plus aiguës, plus élevées que les autres.

— Les accents sont aussi des signes graphiques : l'accent aigu, l'accent grave, l'accent circonflexe. Voir §§ 102-103.

— Dans la langue courante, *accent* désigne les divers faits de prononciation qui caractérisent les habitants d'une région, d'un pays, etc. ; il se dit parfois aussi d'une particularité individuelle :

L'accent parisien, l'accent bourguignon, l'accent liégeois. L'accent faubourien. Un accent étranger. L'accent allemand. Parler avec un accent nasillard.

40   L'intonation, ce sont les variations de hauteur que l'on observe dans la phrase.

Elle permet de distinguer les différentes espèces de phrases, plus exactement les espèces de messages qu'expriment ces phrases : *Il vient* et *Il vient ?* s'opposent par l'intonation. Voir IIe Partie, chap. VI.

L'intonation permet aussi d'isoler dans la phrase les éléments incidents : *Je partirai,* DIT-IL, *demain matin.* Voir §§ 371-374.

41   La liaison.

Bibl. — H. LANGLARD, *La liaison dans le français.* P., Champion, 1928. — P. DELATTRE, *Studies in French and Comparative Phonetics.* The Hague, Mouton, 1966, pp. 39-62.

La **liaison,** c'est le fait qu'une consonne finale, muette dans un mot pris isolément, s'articule dans un syntagme quand le mot qui suit commence par une voyelle : *Les enfants sont arrivés sans encombre.*

Cette consonne forme syllabe avec le mot qui suit : [le-zã-fã].

Il s'agit d'un phénomène *phonétique :* par conséquent l'*h* muet, qui n'a aucune existence phonétique, n'empêche pas la liaison : *Les hommes. Trois habitants.*

Pour l'*h* aspiré et les autres cas où la liaison ne se fait pas, où il y a *disjonction : Les | Hollandais. Les | onze enfants,* voir §§ 47-50.

Certains linguistes réuniraient la liaison et l'élision, considérant que la forme normale du mot est sa forme longue : [lez] pour *les,* par ex. (comme *le* au singulier). On dirait alors que la consonne disparaît devant consonne : *Les gens* [le ʒɑ̃] comme *e* disparaît devant voyelle : L'*enfant*. Cf. S.A. SCHANE, dans *Langages*, déc. 1967, pp. 37-59.

Remarques. — 1. La consonne qui apparaît ainsi devant voyelle n'est parfois pas représentée dans l'écriture du mot pris isolément. Elle résulte alors de l'analogie. Cette action analogique a été entérinée, phonétiquement et graphiquement, par la grammaire la plus sévère dans les impératifs précédant *y* et *en : Vas-y, Donnes-en* (§ 765, Rem. 1) ; — dans les troisièmes personnes du singulier suivies des pronoms *il, elle, on : Dira-t-il* (§ 766, Rem.).

L'Académie accepte aussi cette analogie phonétiquement, par plaisanterie, dans *entre quatre yeux* [kɑtRə-zjø]. Certains auteurs reproduisent la consonne dans la graphie : *Oh ! que de choses affectueuses, intimes, il m'a dites* ENTRE QUATRE-Z-YEUX [en italiques] *et les portes closes !* (SAINTE-BEUVE, *Mes poisons*, p. 155.) — *Je te dirai quelque chose tout à l'heure* ENTRE QUATRE Z'YEUX (H. BAZIN, *Cri de la chouette*, p. 106). — *Il souhaita une nouvelle rencontre* « ENTRE QUAT' ZYEUX » (VERCORS, *Moi, Aristide Briand*, p. 276). — Mais on écrit normalement *entre quatre yeux :* L. NUCERA, *Chemin de la Lanterne*, p. 207.

Dans les autres cas, ce sont des fautes, appelées familièrement *cuirs* (quand la consonne introduite est un [t]) et *velours* (quand c'est un [z]). Queneau s'en amuse :

Elle commanda-T-une camomille (*Chiendent*, F°, p. 41). — *Bientôt, on frappa-z-à la porte* (*ib.*, p. 166). — *Ils vont à la foire aux puces, dit le type, ou plutôt c'est la foire aux puces qui va-T-à-z-eux* (*Zazie dans le métro*, p. 60).

2. Il faut distinguer la liaison de l'*enchaînement*, phénomène par lequel une consonne finale qui est toujours articulée forme syllabe avec le mot suivant qui commence par une voyelle (sauf s'il y a une pause) : *À cor et à cri* [A-kɔ-Re-A-kRi]. — Cela se produit aussi si la consonne finale est suivie dans l'écriture par un *e* muet (élision) : *Une belle affaire* [bɛ-lA-fɛR].

3. On constate que des hommes politiques français et des présentateurs de la radio prononcent certaines consonnes finales, comme en prévision d'une liaison, qui ne se réalise pas si le mot suivant commence par une consonne : *Les électeurs ont* [ɔt] *répondu à notre appel* (il y a une pause très légère après *ont*).

42 Comment fait-on la liaison ?

a) La consonne de liaison est généralement celle qui est représentée dans l'écriture à la fin du premier mot : *trop aimable, petit homme.*

Toutefois il faut noter les faits suivants :

— Les mots qui se terminent par *s* ou *x* dans l'écriture se lient par [z] : *Pas à pas* [pA-zApA], *Aux hommes* [o-zɔm].

— Les mots qui se terminent par *d* dans l'écriture se lient par [t] : *Grand effort* [gRɑ̃-tɛfɔR], *Quand on voit* [kɑ̃-tɔ̃].

— Les mots qui se terminent par *g* dans l'écriture se lient par [k] dans la langue soignée : *Un long effort* [lɔ̃-kɛfɔʀ], *Suer sang et eau* [sɑ̃-ke] ; — dans la *Marseillaise, sang impur* [sɑ̃-kɛ̃pyʀ].

L'usage ordinaire préfère [g] : [lɔ̃-gɛfɔʀ], ou ne fait pas la liaison : [sɑ̃eo], [sɑ̃ɛ̃pyʀ].

— Dans *respect humain*, la liaison se fait par la première des deux consonnes : [ʀɛspɛ-kymɛ̃].

Dans l'enchaînement, on garde la consonne du mot isolé : *Grande amie, longue aventure, os à moelle, grosse affaire*. — Les numéraux cardinaux sont un cas à part : cf. § 574, *c*.

Hist. — La liaison est le reste d'un usage ancien, selon lequel les consonnes finales se prononçaient toutes. Elle n'est donc que la persistance d'un ancien enchaînement. Des adjectifs comme *grand* et *long* s'écrivaient *grant* et *lonc* conformément à leur prononciation, laquelle s'est donc maintenue dans la liaison.

Remarque. — Quand un mot se termine par un *r* suivi d'une consonne muette, on préfère l'enchaînement à la liaison : *Vers elle* [vɛ-ʀɛl] plutôt que [vɛʀ-zɛl] ; *fort aimable* [fɔ-ʀɛmabl] plutôt que [fɔʀ-tɛmabl] ; *nord-est* [nɔ-ʀɛst] plutôt que [nɔʀ-dɛst]. L'enchaînement s'impose même dans *corps à corps* [kɔ-ʀa-kɔʀ].

Mais si l'*s* est la marque du pluriel, il détermine la liaison : *Leurs enfants* [lœʀ-zɑ̃fɑ̃]. — Autre exception : *porc-épic* [pɔʀ-kepik].

b) Les mots terminés par une voyelle nasale posent des problèmes particuliers :

— Après les adjectifs terminés par *-ain, -ein, -en, -on, -in*, la liaison s'accompagne d'une dénasalisation de la voyelle : *Certain espoir* [sɛʀtɛ-nɛspwaʀ], *plein air* [plɛ-nɛʀ], *moyen âge* [mwajɛ-naʒ], *bon auteur* [bɔ-notœʀ], *divin enfant* [divi-nɑ̃fɑ̃].

— Après *un, aucun, on, rien, bien, en*, la liaison se fait sans dénasalisation de la voyelle : *Un ami* [œ̃-nami], *aucun homme* [okœ̃-nɔm], *d'un commun accord* [kɔmœ̃-nakɔʀ], *on a* [ɔ̃-na], *en avril* [ɑ̃-navʀil].

— Avec *non* et avec les déterminants possessifs l'usage n'est pas bien fixé. Les orthophonistes recommandent généralement de ne pas lier *non* avec le mot suivant : *non | avenu*. Pour les possessifs, on a le choix entre deux prononciations : *Mon ami* [mɔ̃-nami] ou [mɔ-nami].

43   Quand fait-on la liaison ?

La liaison implique un lien grammatical étroit, et elle ne se fait donc pas s'il y a une pause entre les mots ni, dans la lecture, après un signe de ponctuation. Elle se fait à l'intérieur d'un *mot phonétique*, c'est-à-dire d'un ensemble contenant un seul accent tonique.

On entend beaucoup moins de liaisons dans la conversation ordinaire que dans le discours soigné et dans la lecture à voix haute (surtout celle de la poésie). Les Parisiens ont tendance à abandonner des liaisons qui se maintiennent mieux en province et en Belgique. Les orthophonistes ne sont pas toujours d'accord entre eux sur les cas particuliers, selon le milieu qu'ils observent et qu'ils prennent comme modèle.

a) La liaison est généralement considérée comme **obligatoire :**

1° Entre le déterminant ou l'adjectif d'une part, et le nom ou l'adjectif d'autre part : *Les années, aux armes, les autres mots, deux ans, ces arbres, tout âge, certains élèves, grand enfant, grands enfants, deux anciens soldats.*

Pour *deux, trois* suivis du nom du mois, cf. § 574, *c.*

2° Entre le pronom personnel conjoint ou *on* d'une part, et le verbe ou les pronoms *en, y* d'autre part, et inversement : *Nous avons, ils ont, elles arrivent, à vous en croire, ils y sont, il nous entend, on ira ; — dit-il, prend-elle, courons-y, cueilles-en, dirait-on, allez-vous-en.*

3° Après *c'est* et *il est* impersonnel : *C'est évident, c'est à voir, il est impossible, il est à penser que...*

4° Après les adverbes, surtout monosyllabiques, unis étroitement au mot suivant (adverbes de négation ou de degré) : *Pas aujourd'hui, plus ici, ne jamais oublier, tout entier, plus important, moins ardent, bien aise, assez ouvert, trop heureux.*

Pour *non,* voir § 42, *b.*

5° Entre les prépositions monosyllabiques et leur régime : *Dans un cas, sans atout, sous un arbre, en Asie.*

Avant et *devant* se lient souvent avec *eux, elles : Devant eux.* — De même on dit : *Avant-hier.*

6° Dans la plupart des mots composés et des locutions : *De mieux en mieux, de temps en temps, vis-à-vis, mot à mot, Champs-Élysées, États-Unis, Lot-et-Garonne.*

Dans certains des cas envisagés dans *a),* même la langue populaire fait la liaison : *Les années, il nous entend, dit-il, nous avons, vis-à-vis, en Asie.*

b) La liaison est généralement **recommandée :**

1° Entre le verbe et le nom ou l'adjectif attribut : *Je suis homme, il est élève, nous sommes heureux.*

2° Entre les auxiliaires à la 3e personne et le participe passé : *Il est allé, il avait oublié, ils auront enlevé, qu'ils soient entrés.*

3° Après *quand* et *dont : Quand on voit, dont il est.*

c) La liaison **ne se fait pas** (outre les cas où il y a pause ou disjonction) :

1º Après la consonne finale d'un nom au singulier : *Loup | affamé, sujet | intéressant, nez | épaté, poing | énorme, collier | admirable, Paris | est grand, Vincent | ira.*

On distingue *Un savant‿aveugle* (où *aveugle* est nom : a. 1º) et *Un savant | aveugle* (où *aveugle* est adjectif).

2º Après l's intérieur dans le pluriel des locutions nominales (cf. § 181) : *Des moulins | à vent, des pots | à tabac.*

Il y a enchaînement et non liaison dans *Des chars à bancs* [ʃA-RA], *Des arcs-en-ciel* [AR-kɑ̃], *Des vers à soie* [vɛ-RA]. — Il y a liaison, mais par le *t* et non par l's dans : *Des guets-apens* [gɛ-tApɑ̃]. De même : *Des crocs-en-jambe* [kRɔ-kɑ̃ʒɑ̃b].

3º Après la finale *-es* de la 2ᵉ personne du singulier de l'indicatif présent et du subjonctif présent (mais il y a enchaînement) : *Tu portes un fardeau* [pɔR-tœ̃]. *si tu continues ainsi, tu chantes agréablement, que tu restes ici.*

4º Après *et : Une pomme et | un abricot.*

Rappelons que la lecture des vers suit d'autres règles : dans le 3º la liaison est obligatoire et l'*e* est prononcé.

44   **L'élision** est l'amuïssement d'une voyelle finale devant un mot commençant par une voyelle, la consonne qui précède la voyelle élidée formant syllabe avec le début du mot qui suit : *L'ami d'Agnès* [lA-mi-dA-ɲɛs].

Le mot qui subit l'élision peut être un élément constitutif de mot composé : *Presqu'île, s'entr'égorger.*

Un mot qui commence dans l'écriture par un *h* dit muet, commence par une voyelle du point de vue phonétique : *De* L'*homme* [lɔm], ʃ'*honore* [ʒɔ-nɔR]. — Même devant voyelle, l'élision ne se fait pas quand il y a disjonction (*h* aspiré, etc.) : LA *hernie* [lA ɛRni], LE *onzième* [lə ɔ̃zjɛm]. Voir §§ 47-50.

a) La voyelle élidée est un *e* [ə] dans la plupart des cas ; et cette élision est constante, sauf les exceptions envisagées ci-dessous.

Tantôt elle est marquée dans l'écriture par une apostrophe : *De* L'*or. Parlez* D'*abord. Je* M'*aperçois* QU'*il est venu ; —* et tantôt non : *Un honnêtᴇ homme* [ɔnɛ-tɔm]. *Je* passᴇ *avant vous* [pA-sAvɑ̃]. Voir dans le § suivant les règles graphiques.

Exceptions (en dehors des cas de disjonction) :

1° Quand il y a une pause (marquée dans l'écriture par une virgule ou un autre signe de ponctuation : *Il fallait partir, parce* QUE, *a-t-il dit, l'ennemi était proche.*

Dans cet ex. de Gide, on peut penser qu'il y a après *que* une pause équivalant à un double point, quoique l'auteur ne l'ait pas indiqué : *Depuis mon retour je n'ai pu guère* QUE *écrire des lettres, des lettres, des lettres (Journal,* 23 sept. 1917).

Les poètes considèrent qu'il y a élision même s'il y a un signe de ponctuation, même si cela correspond à une pause importante :

Ô vase de tristessE, ô grande taciturne (BAUDEL., *Fl. du m.,* Je t'adore...). — *Mais cette fêtE, amis, n'est pas une pensée* (HUGO, *Chants du crép.,* VI). — *Et c'était le clairon de l'abîmE. Une voix / Un jour en sortira qu'on entendra sept fois* (ID., *Lég.,* LX). — *Le vent se lèvE !... il faut tenter de vivre !* (VALÉRY, *Charmes,* Cimet. marin.)

2° Le pronom personnel *le* qui suit un impératif, sauf s'il précède *en* et *y : Prends*-LE *aussi.* — Mais : *Mets-l'y, retire-l'en.* Voir § 635, *b* et son Hist.

3° Le pronom démonstratif *ce* devant une proposition relative ou quand il n'est pas sujet :

CE *à quoi je pense ne saurait vous concerner* (AC.). — *Sur* CE *il sortit.* — *Il m'a répondu, et* CE *à tout hasard.* — *À* CE *autorisés* (STENDHAL, *Abbesse de Castro,* V).

4° Les monosyllabes pris comme noms par autonymie (§ 450), notamment *e,* nom de lettre, *de, que* (aussi dans *lorsque, puisque, quoique...), le,* etc.

DE *est extrêmement à la mode de nos jours* (BRUNOT, *Pensée,* p. 655). *Un* QUE *irrégulier. Un* E *instable.* LORSQUE *est plus rare que* quand.

Remarques. — 1. Dans la langue courante, il peut y avoir une élision, même quand *e* muet est suivi de -*s* ou de -*nt : Tu chantES encore* [ʃã-tã-kɔʀ], *des pommES et des poires* [pɔ-me]*, les hommES aimENT à rire* [le-ʒɔ-mɛ-mA-ʀiʀ]. Mais on pourrait considérer qu'il y a ici simplement un enchaînement (§ 41, Rem. 2).

Une langue plus soutenue dirait, en amuïssant *e,* mais en faisant, là où elle est possible, la liaison par [z] ou [t] : [pɔm-ze], [le-zɔ-mɛm-tA-ʀiʀ]. — Dans la lecture des vers, on prononcerait ces *e* muets : [ʃã-tə-zã-kɔʀ], [pɔ-mə-ze], [le-zɔ-mə-zɛ-mə-tA-ʀiʀ].

2. *Jusques* (qui existe aussi en prose) et parfois *guères, naguères* sont utilisés par les poètes pour éviter l'élision, au lieu de *jusque, guère, naguère* (comp. § 923) :

Vous qui dans les mortels plongez JUSQUES *aux larmes* (VALÉRY, *Poés.,* Jeune Parque).

À l'inverse, les poètes suppriment parfois des *s* finaux pour obtenir une élision :

Que tu ne PUISSE *encor sur ton levier terrible / Soulever l'univers* (MUSSET, *Prem. poés.,* La coupe et les lèvres, II, 1). — *Et pour* CHARLE *implorant merci* (NERVAL, *Elégies et sat.,* Nos adieux à la Chambre de 1830). — *Oh ! que* VERSAILLE *était superbe /* [...]*!* (HUGO, *Voix int.,* II, 4.) — *Le temps,* CERTE, *obscurcit les yeux de ta beauté* (VERHAEREN, *Heures d'après-midi,* XIV). [Certaines éd. portent *certes.* Autre ex. au § 923.]

Le mélange de pluriels et de singuliers pourrait avoir la même justification dans ce passage : *On verrait, comme un tas d'oiseaux d'une forêt, / Toutes les âmes,* CYGNE, AIGLE, *éperviers, colombes, / Frémissantes, sortir du tremblement des tombes* (HUGO, *Lég.,* LX).

3. Si l'on compare *Donne-le-*MOI à *Donne-*M'*en,* on pourrait penser que l'on a un amuïssement de [WA] dans la deuxième phrase ; de même, dans *Va-*T'*en, mène-*M'*y,* etc. (cf. § 658, *b,* 2°). Mais on a en réalité la forme atone du pronom *(me, te)* puisque l'accent tombe sur *en* et *y.*

Hist. — Quand les pronoms de la 1re et de la 2e personne suivaient le verbe, ils prenaient devant voyelle la forme faible et s'élidaient : *Dunez* M'*un feu* [= donnez-moi un fief] *(Rol.,* 866). — *Laisse* M'*en paix !* (VILLON, *Débat.*) — *Baise* M'*encor* (L. LABÉ, cit. Huguet, s.v. *me*). — Cela disparaît au XVIe s., sauf devant *en* et *y.*

b) La voyelle élidée est un *a* dans *la* article et pronom personnel.

Cette élision est constante (sauf exceptions notées ci-dessous) et se marque toujours dans l'écriture : *À* L'*école. J'ai vu* L'*autre personne. Cette femme, je* L'*aime. Cette femme, je* L'*ai vue souvent.* — *L'encore belle sénatrice du Morbihan* (H. BAZIN, *Vipère au poing,* II).

Exceptions (en dehors des cas de disjonction) :

1° *La* pronom personnel qui suit un impératif, sauf s'il précède *en* et *y* : *Prends-*LA *avec toi.* — Mais : *Cette pomme, mets-*L'*y, tire-*L'*en* (tours rares d'ailleurs : § 658, *b,* 2°).

2° *La* pris comme nom par autonymie (§ 450) : LA *est employé par erreur au lieu de* le.

Remarque. — D'ordinaire, *ça* ne subit pas l'élision : ÇA *arrive.* — Pourtant, on trouve des formes élidées (surtout devant la voyelle *a*), que l'on peut expliquer par l'analogie avec *ce* ou par une haplologie : *Ça ira bien, répondit seulement Napoléon III.* — *Ç'alla bien en effet* (BILLY, dans le *Figaro litt.,* 10 mars 1969). [L'élision a été faite devant *alla,* mais non devant *ira.*] — Cf. § 668, *c.*

Hist. — Les déterminants possessifs *ma, ta, sa* s'élidaient en anc. fr. : M'*espee.* C'est ainsi que s'expliquent *ma mie* et *mamour.* Cf. § 590, Hist., 2.

c) À considérer seulement la structure du français moderne (cf. Hist.), d'autres voyelles que *e* et *a* subissent l'élision :

1° Le *i* de la conjonction de subordination *si* s'élide devant le pronom personnel *il* ou *ils : Je ne sais s'il viendra. S'ils viennent, ils trouveront à qui parler.* (Mais : SI *elle vient,* SI *on vient,* SI *une femme venait.*)

Dans *si* adverbe, *i* ne s'élide jamais : *Il est* SI *adroit !*

La langue populaire connaît la forme °*si il(s)*, que l'on trouve dans des textes
où les auteurs veulent rendre l'usage du peuple :

Tant qu'on ne voit pas les trous c'est comme SI *ils n'y étaient pas* (WILLY et COLETTE,
Claud. à Paris, p. 153). — SI *il en avait eu, on les aurait vus. Parce que* SI *il en avait eu, ils se
seraient montrés* (PÉGUY, *Myst. de la char. de J. d'Arc*, p. 123). — *Ils se relevaient* SI *ils
voulaient* (CÉLINE, *Mort à crédit*, L.P., p. 431). — *Y demande* SI *y doit commencer par l'évier
ou les vatères du couloir* (B. et F. GROULT, *Il était deux fois...*, p. 44). — SI *ils sont deux ils ne
sont pas solitaires* (SAN-ANTONIO, *Meurs pas, on a du monde*, p. 118).

Parfois, cette justification n'est pas présente : *Comme* SI *il ne savait pas dicter un acte*
(STENDHAL, *Corresp.*, 15 mai 1811). — SI *il venait à casser les disques, il devait pouvoir
conserver le texte* (B. VIAN, *Écume des jours*, LIV).

Hist. — La conjonction *si* était ordinairement représentée par *se*, forme qui se fait plus
rare au XVIᵉ s. Cf. § 1024, Hist. Il arrivait qu'elle ne s'élidât pas : SE *il vous failloit aller d'icy
à Cahusac* (RAB., *Garg.*, éd. princeps, XI). Mais le plus souvent elle s'élidait devant voyelle,
et ces formes élidées se sont maintenues plus longtemps que *se* devant consonne, spécialement *s'on, s'elle* (et évidemment *s'il*) :

Priez à Dieu qu'à elle soit propice, / Luy pardonnant s'en *riens oultrepassa* [= si elle pécha
en quelque chose] (RAB., *Pant.*, 1532, III). — *O moy deux fois, voire trois bien-heureux, /*
S'amour *me tue* (RONS., éd. V., t. I, p. 81). — S'elle *entreprend le me faire quitter, / Je le
tiendray* (DU BELLAY, *Regrets*, LVI). — S'on *luy fait au Palais quelque signe de teste, /* S'elle
rit à quelqu'un (M. RÉGNIER, *Elegie zelotipique*).

Au XVIIᵉ s., on a hésité entre *s'il* et *si il* : *Je lui ai demandé* SI *il avoit prétendu vous
donner la juridiction criminelle* (Mᵐᵉ de MAINTENON, *Lettres*, août 1700 [autographe]). —
Vaugelas avait déjà condamné *si il*, tout en reconnaissant qu'on trouvait cette forme chez
des auteurs « qui ont la reputation de bien escrire » (p. 372).

2° Le *i* du pronom relatif sujet *qui* s'élide dans la langue populaire
et, parfois, chez des auteurs qui veulent rendre celle-ci :

M. Vautrin, QU'est *un bon homme tout de même* [...] (BALZAC, *Goriot*, p. 41). — *La petite,*
QU'était *à poil aussi* [...] (MALRAUX, *Espoir*, p. 100). — *Et toi* QU'avais *toujours la trouille*
(SALACROU, *Nuits de la colère*, III). — *Tu connais pas des gens* QU'auraient *besoin d'un
chauffeur, par hasard ?* (CÉLINE, *Voy. au bout de la nuit*, F°, p. 377.) — *Et Margot* QU'était
simple et très sage (G. BRASSENS, dans L. Hantrais, *Vocab. de Brassens*, t. II, p. 255).

Hist. — *Qu'* comme pronom relatif sujet masculin et féminin est ancien ; au XVIIᵉ s.,
Molière le présente comme un trait de la langue paysanne :

L'apostre en jure QU'a *Rome est beneïz* (*Couronn. de Louis*, 2538). — *Toute autre* QU'a
moy s'apareille [= s'égale] (J. MICHEL, *Passion*, 8505). — *Ce sont esté eux* QU'à *la guerre sont
estez les premiers aux assautz* (BRANTÔME, cit. Huguet, s.v. *que*). — *Il y en a un* QU'est *bien
pû* [= plus] *mieux fait que les autres* (MOL., *D. Juan*, II, 1).

La forme pleine est sans doute *que*, qui n'était pas rare dans l'ancienne langue, jusqu'au
XVIᵉ s. : voir les ex. au § 690, *a*, Hist. Notons ce *que* sans élision, du moins graphique : [...]
de toutes les adventures QUE *advenues nous sont* (*Perceforest*, texte de 1528, cité dans *Romania*, 1953, p. 99).

3° L'*u* du pronom personnel *tu* est élidé dans la conversation familière, ce que les auteurs reproduisent à l'occasion dans leurs dialogues :

T'es pas fâchée ?... T'as pas été trop triste ?... (MAETERLINCK, *Oiseau bleu*, VI, 12.) — *T'as
pas besoin d'avoir peur* (SARTRE, *Sursis*, p. 34).

Hist. — Cette élision est pratiquée par les paysans de Molière ; au XVIe s., quoique rare dans les textes, elle ne paraît pas avoir ce caractère populaire ; on la trouve déjà en anc. fr. :

Se T'*as letre* (ADAM LE BOSSU, *Feuillée*, 704). — T'*es trop bon* (*Farce du pasté*, cit. Brunot, *Hist.*, t. I, p. 420). — *Ne combats point, afin que n'estant le plus fort,* / T'*achètes une honte aux despens de la mort* (RONS., *ib.*). — *Est-ce donc comme ça que* T'*escoutes ce qu'il te dit ?* (MOL., *D. Juan*, II, 3.)

L'influence de *je* est possible. — A. Henry (dans *Romania*, 1959, pp. 413-418) estime que l'usage moderne est indépendant de l'usage du XIIIe s., qui est surtout picard, comme la forme pleine *te*. En tout cas, celle-ci, qui se trouve aussi dans des textes wallons, existe encore au XIVe et au XVe s. :

Ta part en as TE *dans ton musel* (FROISS., *Poés.*, t. II, p. 217). — *Se* TE *vuels renoier* [= veux renier] *ton Dieu* (JEAN D'OUTREMEUSE, *Myreur des histors*, ms. Bruxelles, Bibl. roy. 19304, f° 95 v°). — *Quant* TE *seras mort* (*Nativités et moralités liégeoises*, III, 1765). — TE *nous as bien cy refardés* [= trompés] (*Mist. de saint Adrien*, cit. Nyrop, t. II, § 526).

45　　L'élision dans l'écriture.

L'élision peut être marquée dans l'écriture au moyen de l'**apostrophe,** qui prend la place de la voyelle amuïe. Mais cela ne se fait que pour une partie des élisions.

Cette répartition n'est pas due au hasard. Il est indispensable d'indiquer quand *a* et *i* disparaissent ; sinon, l'écriture induirait en erreur sur la prononciation. Dans le cas de *e*, son élision graphique se fait surtout dans des monosyllabes formés d'une consonne + *e*, c'est-à-dire dans des mots où, si on les prend isolément, on articule nécessairement la voyelle, car on ne les identifierait pas sans cela : *Le* [lə]. La plupart des autres mots terminés par *e* dans l'écriture sont prononcés d'ordinaire avec amuïssement de cet *e* : *Une* [yn], et il est superflu de marquer plus spécialement l'amuïssement quand il se produit devant voyelle.

a) L'élision est **toujours** marquée dans l'écriture :

1° Lorsqu'elle concerne les voyelles *a* et *i* (*la* et *si) :*

L'*église.* L'*ancienne église. Cette femme, je* L'*estime.* S'*il pleut, je ne sors pas. Je ne sais* s'*ils partent.*

Pour °*si il(s)*, voir § 44, *c*, 1°.

2° Lorsqu'elle concerne *e* dans les monosyllabes *me, te, se, le, que, de, ne,* et dans *jusque :*

*Donne-*M'*en* (cf. § 44, *a*, Rem. 3). *Tu* T'*es trompé. Il s'aperçoit de son erreur. L'or. Je* L'*ai rencontré hier. La personne* QU'*il a vue. Il dit* QU'*il reviendra.* QU'*il est beau ! Un verre* D'*eau. Je* N'*ai pas fini.* — JUSQU'à *l'aube.* JUSQU'*ici.* (Sur la variante *jusques*, voir § 1015, *a*).

b) L'élision n'est **pas toujours** marquée dans *ce, je, quelque, presque, entre, quoique, lorsque* et *puisque.*

1° Les pronoms sujets *ce* et *je* s'écrivent *j'* et *c'* quand ils précèdent le verbe, mais en entier quand ils le suivent : *J'aime. C'est vrai. — Suis-*JE *arrivé ?* [sɥi-ʒa-ʀi-ve] *— Est-*CE *achevé ?* [ɛ-sa-ʃve].

2° On écrit *quelqu'un* (et *quelqu'une*), *presqu'île,* mais *quelque* et *presque* restent tels quels dans les autres circonstances :

Un ouvrage PRESQUE *achevé* (AC.). *— Un habit* PRESQUE *usé (ib.). — Adressez-vous à* QUELQUE *autre (ib.). — Il y a* QUELQUE *apparence à cela (ib.).*

Il y a de l'hésitation dans l'usage, même chez les spécialistes du français ; on constate des variations d'une édition à l'autre, et cela paraît dépendre surtout de l'attention des typographes :

PRESQU'*immédiatement* (BRUNOT, *Hist.,* t. VI, p. 1217). — QUELQU'*opposés* [...] *que fussent leurs tempéraments* (DAUZAT, *Génie de la langue fr.,* p. 343). — *C'était déjà* PRESQU'*un sourire* (GIDE, *Faux-monn.,* p. 396) [*presque :* L.P., p. 390]. — *Projet* PRESQU'*irréalisable* (R. MARTIN DU GARD, *Thib.,* IV, p. 114) [*presque :* Pl., t. I, p. 1094]. — PRESQU'*un enfant* (Fr. MAURIAC, *Désert de l'amour,* p. 116) [*presque :* Œuvres compl., t. II, p. 75].

3° L'Académie écrit *entr'* dans cinq verbes : *s'*ENTR'*aimer, s'*ENTR'*apercevoir, s'*ENTR'*appeler, s'*ENTR'*avertir, s'*ENTR'*égorger.* — Mais on écrit sans apostrophe : ENTRE *eux,* ENTRE *amis,* ENTRE *autres,* etc.

L'Académie (7e éd., 1878) écrivait *s'*ENTR'*accorder, s'*ENTR'*accuser,* ENTR'*acte, s'*ENTR'*aider,* ENTR'*ouverture,* ENTR'*ouvrir,* mots pour lesquels la 8e édition a supprimé l'apostrophe et soudé les éléments : *s'entraccorder, entracte,* etc. On ne voit pas ce qui justifie les cinq exceptions données ci-dessus.

4° Dans *lorsque, puisque, quoique,* on peut marquer l'élision dans tous les cas :

LORSQU'*en 1637* (AC., Préf.). — QUOIQU'*en octobre* (MICHELET, *Mer,* I, 7). — PUISQU'*en elle* (BAUDEL., *Fl. du m.,* Tout entière). — LORSQU'*Henriette* (ZOLA, *Au Bonheur des Dames,* III). — PUISQU'*à Jules Tellier* (BARRÈS, *Du sang...,* p. 19). — LORSQU'*après une longue absence* (GIDE, *Retour de l'enfant prod.,* p. 198). — LORSQU'*en 1863* (BAINVILLE, *Hist. de deux peuples,* p. 163). — PUISQU'*eux-mêmes* (DE GAULLE, *Discours et messages,* 22 août 1940). — PUISQU'*aucune dénonciation* (DAUZAT, dans le *Fr. mod.,* avril-juillet 1944, p. 81). — QUOIQU'*issu* (THÉRIVE, *Fils du jour,* p. 58). — PUISQU'*ainsi* (TROYAT, *Éléphant blanc,* p. 231). — PUISQU'*eux aussi* (A. CAMUS, *Été,* p. 51). — PUISQU'*afin d'aider* (G. ANTOINE, dans *Travaux de ling. et de litt.,* 1973, p. 445). — QUOIQU'*infime* (BARTHES, *Éléments de sémiologie,* III. 3. 3). — LORSQU'*au printemps 1964* (M. BOEGNER, *Exigence œcuménique,* p. 317).

Nous venons de donner la règle formulée dans la grammaire de l'Académie, p. 7. D'autres grammairiens n'acceptent l'apostrophe que devant *il(s), elle(s), un, on ;* certains ajoutent *ainsi, en.* Ces restrictions ne sont pas justifiées : pourquoi *puisque, lorsque* et *quoique* devraient-ils se distinguer d'*après que, bien que, quoi que,* etc. ? Mais il faut reconnaître qu'elles sont observées par beaucoup d'écrivains, au moins sporadiquement :

LORSQUE *avec ses enfants* (HUGO, *Lég.,* II, 2). — QUOIQUE *indirectes* (HERMANT, *Grands bourgeois,* XIII). — PUISQUE *à ce moment* (Fr. MAURIAC, *Sagouin,* p. 2). — LORSQUE *à la limite* (BERNANOS, *Imposture*, p. 239). — QUOIQUE *austère* (MALRAUX, *Noyers de l'Altenburg*, p. 77). — LORSQUE *aucune impatience* (HÉRIAT, *Enfants gâtés*, II, 2). — LORSQUE *a paru l'essai* (N. SARRAUTE, *Ère du soupçon*, Préf.).

c) Dans les autres mots que ceux qui viennent d'être cités, l'élision n'est **jamais** marquée dans l'écriture : *Un*E *autr*E *épreuve. Prendr*E *à sa charge. Ell*E *arriv*E *à temps. Mêm*E *alors. À tout*E *heure.*

Remarque. — Suivis d'une virgule ou d'un autre signe de ponctuation, les mots s'écrivent nécessairement en entier (même si *e* est réellement élidé : cf. § 44, *a*) :

[...] *parce* QUE, *aussi bien, j'étais curieux de le voir* (A. CAMUS, *Peste*, p. 271).

Mais la virgule attendue d'un point de vue logique disparaît souvent parce qu'il n'y a pas de pause et que le groupe phonétique ne correspond pas à cette logique (cf. § 125, *c*) : *On voit* QU'*ici, même la différence s'inscrit dans un système de ressemblance par contagion* (G. GENETTE, *Figures III*, p. 44).

46   **Autres phénomènes se produisant devant voyelle.**

N.B. — 1. Les mots commençant par *h* muet dans l'écriture commencent par une voyelle du point de vue phonétique.
2. Un *h* aspiré et d'autres *disjonctions* empêchent les phénomènes ici considérés de se produire. Cf. §§ 47-50.

a) Les articles contractés masculins singuliers *au* et *du* sont remplacés par *à l'* et *de l'* devant un mot commençant par une voyelle : À L'*homme,* DE L'*homme. La porte* DE L'*ancien théâtre* (mais : *La porte* DU *théâtre*).

b) Les déterminants possessifs féminins singuliers *ma, ta, sa* sont remplacés par *mon, ton, son* devant un mot commençant par une voyelle : MON *écharpe.* TON *aimable sœur* (mais : TA *sœur*).

c) Le déterminant démonstratif masculin singulier *ce* devient *cet* devant un mot commençant par une voyelle : CET *arbre.* CET *honnête commerçant* (mais : CE *commerçant*).

Hist. — Si l'on envisage les choses du point de vue historique, c'est le *t* qui s'est amuï devant consonne. Cf. § 597, *a*, Hist. 1.

d) Toute adverbe devant un adjectif féminin prend la forme *tout* si cet adjectif commence par une voyelle : *La vérité* TOUT *entière* (mais : *La vérité* TOUTE *nue*).

Ce phénomène est purement graphique au singulier, puisqu'on prononce [tut] aussi bien devant voyelle que devant consonne. — Au pluriel il est aussi phonétique : si l'on écrivait *toutes entières (comme *toutes nues*), cela impliquerait une prononciation *[tut-zɑ̃tjɛʀ]. — Cf. § 955.

e) Les adjectifs masculins singuliers *beau, nouveau, fou, mou, vieux* prennent devant un nom commençant par une voyelle les formes *bel, nouvel, fol, mol* (surtout littéraire), *vieil :*

Un BEL *homme.* Le NOUVEL *élève.* Un FOL *espoir.* Un VIEIL *ami.* — *Ce* MOL *attendrissement* (A. CAMUS, *Essais,* Pl., p. 1023). — *Un* MOL *effort* (M. OLIVIER-LACAMP, *Chemins de Montvézy,* p. 116).

Devant *et,* l'usage ordinaire n'admet *bel* que dans les expressions figées *bel et bien,* locution adverbiale, et *Tout cela est bel et bon,* équivalant plus ou moins à *quoi qu'il en soit : Tout cela est* BEL *et bon, mais c'est enfantin* (GRACQ, *Rivage des Syrtes,* p. 120).

En dehors de cela, on dit, avec Littré : *Ce drap est* BEAU *et bon. Un* NOUVEAU *et rare moyen.* Ex. :

Un VIEUX *et honnête fermier* (MUSSET, *Nouvelles,* Margot, II). — *Le XIXe siècle est un* BEAU *et grand souvenir* (G. DUHAMEL, *Manuel du protestataire,* p. 29). — *Ce qui a été* BEAU *et bon* (ARLAND, *L'eau et le feu,* p. 82). — *Il était plutôt* MOU *et flou* (MONTHERLANT, *Démon du bien,* p. 120).

Alors que l'usage ordinaire dirait : *Un* NOUVEAU *et fâcheux événement,* l'Académie donne cet exemple : *Un* NOUVEL *et fâcheux événement,* où *nouvel* doit sa forme, comme par anticipation, au fait qu'il se rapporte à un nom commençant par une voyelle. La langue littéraire suit parfois cet usage :

BEL *et grand homme* (E. de GONC., *Frères Zemganno,* LIII). — VIEIL *et magnifique hôtel* (COCTEAU, *Thomas l'imposteur,* L.P., p. 8). — *Quel plus* BEL *et juste éloge leur administrer* (ÉTIEMBLE, dans le *Monde,* 10 sept. 1976). — NOUVEL *et terrible orage* (P. LAINÉ, *Si on partait...,* p. 51).

Autres ex. : GOBINEAU, *Nouvelles asiatiques,* p. 96 ; H. BORDEAUX, *Robe de laine,* p. 222 ; LA VARENDE, *Heureux les humbles,* 1947, p. 240 ; G. DUHAMEL, *Mémorial de la guerre blanche,* p. 76 ; É. HENRIOT, dans le *Monde,* 18 avril 1951 ; A. CAMUS, *Peste,* p. 286.

Cas analogue : *C'était un* VIEIL, *un très vieil Indien* (P. BENOIT, *Lac Salé,* p. 297).

Les écrivains emploient aussi souvent *bel,* etc. devant *et* quand cette condition n'est pas remplie :

Gazon MOL *et vert* (CHAT., *Mém.,* I, XII, 4). — VIEIL *et monumental régulateur* (E. de GONC., *Faustin,* XIX). — BEL *et grave [...], il* [= l'été] *a* [...] *ses zones terribles* (COLETTE, *Journal à rebours,* p. 109). — *Mon or, si* BEL *et si clair* (MONTHERLANT, *Malatesta,* IV, 9). — *Flux* MOL *et désordonné* (H. BOSCO, *Malicroix,* p. 198). — NOUVEL *et dernier faux-semblant* (SARTRE, *Idiot de la famille,* t. III, p. 528). — NOUVEL *et immense problème* (M. CLAVEL, *Nous l'avons tous tué,* p. 135). — *L'œil* BEL *et sans malice* (M. TOURNIER, *Roi des aulnes,* p. 96).

Autres ex. : G. DUHAMEL, *Défense des lettres,* p. 42 ; P. BENOIT, *Toison d'or,* p. 179 ; THÉRIVE, *Opinions litt.,* p. 17 ; R. KEMP, dans les *Nouv. litt.,* 7 nov. 1957 ; M. DRUON, dans les *Annales,* nov. 1951, p. 52 ; J. PIATIER, dans le *Monde,* 30 sept. 1977.

Cas semblable avec *ou : Leur amour* MOL *ou violent de la République* (A. FRANCE, *Les dieux ont soif,* p. 200). [Voir pourtant Rem. 2.]

Vieil malgré une virgule, mais dans un roman qui recherche l'archaïsme : *L'autre est par trop* VIEIL, *et la force trahirait son courage* (Th. GAUTIER, *Cap. Fracasse,* IX).

Les cas envisagés ci-dessus mis à part, il est tout à fait rare de trouver *bel* devant voyelle :

Ce qui reste si BEL *à voir* (GIDE, *Journal*, 15 juillet 1905). — *M. Follot a le sens du meuble,* BEL *à voir et confortable à la fois* (APOLLINAIRE, *Chroniques d'art,* 1ᵉʳ oct. 1910). — *Il entra, très* BEL *à voir* (G. DUHAMEL, *Défense des lettres,* p. 227). — *Il est beau, son nom est plus* BEL *encore* (R. KEMP, dans les *Nouv. litt.,* 2 avril 1959).

On dit : *Il est* FOU *à lier. Il est* FOU *amoureux* (cf. § 926, *b,* 8°, note).

Hist. — Le maintien de *bel,* etc. est justifié par la phonétique historique, *l* se vocalise (§ 68) devant consonne et subsiste autrement : lat. *bellum > bel ;* lat. *bellos >* anc. fr. *beaus* (aujourd'hui *beaux*). Il y a eu naturellement beaucoup de confusions. Cf. ci-dessous les Rem. et comp. § 504, Hist.

Pour *beau* et *nouveau,* Vaugelas a donné la règle moderne : *Un* BEL *homme,* mais *Il est* BEAU *en tout temps* (p. 329).

On trouve pourtant *mol* et *vieil* au XVIIᵉ s. devant une voyelle qui n'est pas l'initiale d'un nom :

⁺*Cet usage* MOL *et paisible* (PASCAL, *Pens.,* 205, Pl.). — ⁺*Cœur lâche,* MOL, *abattu* (CORN., *Cinna,* II, 1). — ⁺*Un air* VIEIL *et bizarre* (LA F., *Florentin,* I).

Remarques. — 1. On trouve dans la langue écrite des exemples assez fréquents de *vieux* devant voyelle, soit reflet de la langue familière, soit intention de donner à l'adjectif plus de relief, *vieil* formant souvent avec le nom une espèce de locution :

Les degrés du VIEUX *archevêché* (VIGNY, *Cinq-Mars,* VII). — *Le* VIEUX *André sarclait des plates-bandes* (FROMENTIN, *Dom.,* III). — *Je vous regarderai boire de l'eau qui sent le* VIEUX *œuf* (WILLY et COLETTE, *Claud. s'en va,* p. 72). — *Un* VIEUX *appareil* (GIDE, *Paludes,* p. 152). — *Un* VIEUX *olivier* (LE CLÉZIO, *Voyages de l'autre côté,* p. 104). — *Un* VIEUX *Allemand* (PIEYRE DE MANDIARGUES, *Marge,* p. 134).

En particulier, *vieux homme :* SAND, *Nanon,* XXII ; BAUDEL., *Petits poèmes en pr.,* XXXV ; MAUPASS., *Pierre et Jean,* II ; C. LEMONNIER, *Petit homme de Dieu,* III ; CLAUDEL, *Ann. faite à Marie,* I, 3 ; R. ROLLAND, *Vie de Tolstoï,* p. 54 ; D. BOULANGER, *Nacelle,* p. 100.

Autres ex. : STENDHAL, *Corresp.,* t. V, p. 134 ; HUGO, *Lég.,* LIII ; BARBEY D'AUR., *Diaboliques,* Pl., p. 126 ; VILLIERS DE L'ISLE-ADAM, *Contes cruels,* Demoiselles de Bienfilâtre ; LOTI, *Désenchantées,* II ; BÉRAUD, *Au Capucin gourmand,* p. 52.

Hist. — Vaugelas (pp. 377-8) reconnaissait que l'on disait aussi *un vieux homme,* etc. « mais *vieil,* y est beaucoup meilleur ». On trouve fréquemment *vieux* au XVIIᵉ et au XVIIIᵉ s. :

VIEUX *usurier* (MOL., *Mal. im.,* I, 8). — ⁺VIEUX *évêque* (FÉNELON, lettre citée dans P. Hazard, *Crise de la conscience européenne,* p. 211). — VIEUX *archimage* (VOLT., *Contes et rom.,* Zadig, p. 26). — ⁺VIEUX *homme* (MARIVAUX, *Paysan parvenu,* p. 190). — VIEUX *eunuque* (MONTESQ., *L. pers.,* CL). — VIEUX *ami* (ROUSSEAU, *Rêveries du prom. solit.,* I). — VIEUX *amant* (A. CHÉNIER, *Élégies,* LXXIX).

Brunot, *Hist.,* t. III, p. 281, cite aussi des exemples de *nouveau* devant voyelle.

2. La langue littéraire emploie *mol* et *fol* ailleurs que devant voyelle, *fol* étant parfois, du point de vue sémantique, une forme atténuée de *fou :*

Fol : Le malheureux n'était pas FOL, *mais victime d'une nécessité affreuse* (MICHELET, *Hist. de la Révol. fr.,* t. I, p. 72). — *Je serais aussi* FOL *qu'un vieillard qui veut nier son âge* (BARRÈS, *Appel au soldat,* t. I, p. 27). — *Le plus* FOL *bonheur est d'être fous de confiance* (VERHAEREN, *Heures claires,* XXVII). — FOL *reniement* (R. MARTIN DU GARD, *Thib.,* Pl., t. II, p. 639). —

En avait-il fait, des détours de chien FOL ! (LA VARENDE, *Souverain seigneur*, p. 111.) — *La vieille Périne* [...] *le tenait pour un peu* FOL. *Il était doux, silencieux, poli, même timide* (L. MARTIN-CHAUFFIER, *Épervier*, pp. 38-39).

Autres ex. : B. CONSTANT, lettre citée dans Ch. Du BOS, *Grandeur et misère de B. Constant*, p. 42 ; E. et J. de GONC., Ch. *Demailly*, XVII ; G. DUHAMEL, *Biographie de mes fantômes*, p. 216.

Fols : Dressoirs d'ébène et flacons FOLS / *D'où luit l'alcool* (VERHAEREN, *Villes tentaculaires*, Usines).

Fol(s) comme nom : Elle a erré longtemps entre les enfants et les simples, entre les poètes et les FOLS (MICHELET, *Hist. de la Révol. fr.*, t. I, p. 40). — *Une espèce d'héroïne*, (...) *condamnée à traîner dans son sillage des* FOLS *et des monomanes* (BERNANOS, *Joie*, p. 227). — *Nous vivons* [...] *au milieu d'originaux et de* FOLS *des plus amusants* (É. HENRIOT, dans le *Monde*, 6 avril 1949). — *Enivré par l'air violent qui volait comme un* FOL *sur la rivière, je m'abandonnais au plaisir de boire le vent* (BOSCO, *L'enfant et la rivière*, p. 165).

Mol : La miséricorde n'est pas un don MOL *de la chose qu'on a en trop* (CLAUDEL, *Cinq gr. odes*, V). — *Cet affreux mélange* [...] *du dur avec le* MOL (VALÉRY, *Eupalinos*, p. 121). — MOL *plissement* (GIDE, *Retour du Tchad*, 28 févr. 1926). — *Quand le fruit est un peu* MOL (MONTHERLANT, *Reine morte*, II, 5). — MOL *balancement* (GENEVOIX, *Jeanne Robelin*, p. 119). — *Visage un peu* MOL, *candide et si doux* (G. BAUËR, dans le *Littéraire*, 29 mars 1947). — *Sur le fond* MOL *des eaux* (DRIEU LA ROCHELLE, *Chiens de paille*, p. 39).

Mols : Un des plus MOLS *oreillers du monde* (BARRÈS, *Du sang...*, p. 54). — *De* MOLS *bouquets de graminées* (BEDEL, *Tropiques noirs*, p. 143). — *De* MOLS *éphémères* (J. LAURENT, *Dimanches de Mlle Beaunon*, p. 44).

Hist. — *Fol* (sans la nuance sémantique d'aujourd'hui) et *mol* étaient encore assez courants ailleurs que devant voyelle au XVIIe et au XVIIIe s., ou même au pluriel ; il est vrai que Vaugelas, p. 13, disait qu'ils se prononçaient *fou, mou*. Au XVIIe s., on trouvait aussi *vieil* devant consonne.

^+*Êtes-vous* FOL ? (CORN., *Ment.*, II, 3.) — ^+*Le roi vieux et* FOL *qui* [...] (PASCAL, *Pens.*, 421 a, Pl.). — ^+*De* FOL *tu devins furieux* (BOSS., *Œuvres orat.*, t. III, p. 80). — *Vostre st Évesque* [...] *n'est ni* MOL, *ni relasché* (Mme de MAINTENON, *Lettres*, 18 oct. 1700). — *Ne pourroient-ils pas être aussi sçavants sans être aussi* FOLS ? (MONTESQ., *L. pers.*, éd. B., p. 317.) — *Lache*, MOL, *sans energie* (DIDEROT, *Rêve de d'Alembert*, p. 126). — *Peuples* MOLS (BUFFON, cit. Brunot, *Hist.*, t. VI, p. 1424).

VIEIL *poil* (CYRANO DE BERGERAC, *Autre monde*, p. 37). — ^+VIEIL *Testament* (PASCAL, *Pens.*, 568, Pl.). — *Tout* VIEIL *qu'il est* (CORN., *Suivante*, III, 1). — ^+VIEIL *meuble* (LA BR., *Car.*, XI, 125).

Nous avons gardé *bel* et *vieil* à l'état figé dans des noms propres : *Philippe le Bel* et *Charles le Bel*, personnages du passé ; *Le Vieil-Dampierre*, village de la Marne, *Ainay-le-Vieil*, village du Cher, etc. auxquels il faut ajouter *Cromedeyre-le-Vieil*, village imaginé par J. Romains dans la pièce qui porte ce titre.

Par archaïsme : *Un* VIEIL *savorados* [= os à moelle] (A. FRANCE, *Les dieux ont soif*, p. 72).

La disjonction

47 Nous appelons **disjonction** le fait qu'un mot commençant phonétiquement par une voyelle se comporte par rapport aux mots qui précèdent comme s'il commençait par une consonne.

Cela veut dire que ni l'élision ni la liaison ne peuvent se faire, et que les phénomènes décrits dans le § 46 n'ont pas lieu.

C'est, disent Damourette et Pichon, une « assurance d'hiatus » (§ 198) ; on pourrait parler de consonne fictive, de consonne implicite.

Le cas le plus fréquent est celui de l'*h* dit aspiré (§ 48) ; en outre, la semi-voyelle joue ou non le rôle de consonne de ce point de vue (§ 49) ; d'autres faits sont à signaler (§ 50). Rappelons que la pause dans l'oral et un signe de ponctuation dans l'écrit forment aussi disjonction : cf. § 44, *a*.

Remarque. — Les règles concernant l'amuïssement de *e* muet devant consonne ne s'appliquent pas lorsqu'il y a disjonction. Comparez : *devant* LE *mur* [d(ə)vã l myʀ] à *devant* LE *hangar* [d(ə)vã lə ãgAʀ] ou *avant* LE *oui* [Avã lə wi].

À Liège, où l'*h* est un phonème, *e* s'amuït comme devant une autre consonne : [d(ə)vã l hãgAʀ].

48　　L'*h* aspiré.

L'*h* aspiré, qui n'est pas un son (§ 31, Rem.), forme disjonction : *Les | harengs* [le Aʀã]. LE *hamac* DU *Hollandais. Un* BEAU *héros.* SA *hernie* LE *handicape.*

a) **En dehors des noms propres** *(b),* les principaux mots commençant par *h* aspiré sont les suivants, ainsi que leur famille (sauf celle de *héros* et de *héraut :* cf. Hist.) :

habanera	hallier	haquet	hart
hâbleur	halo	hara-kiri	hasard
hache	halte	harangue	haschich
haddock	hamac [AmʌK]	haras [AʀA]	hase
hagard	hameau	harasser	hâte
haie	hampe	harceler	hauban
haïk	hamster	harde	haubert
haillon	hanap	hardes	haut
haine	hanche	hardi	havane
haïr	hand-ball [-Al]	harem	hâve
haire	handicap	hareng	havre
halbran	hangar	hargne	havresac
hâle	hanneton	haricot	hayon [ɛjɔ̃]
haler	hanse	haridelle	heaume
haleter	hanter	harnais	héler
hall	happening	harpe	henné
halle	happer	harpie	hennir
hallebarde	haquenée	harpon	héraut

hercher	hobby	hotte	hovercraft
hère	hobereau	houblon	hoyau
hérisser	hocher	houe	hublot
hernie	hockey	houille	huche
héron	holding	houle	hucher
héros	hold-up	houlette	huer
herse	homard	houppe	huguenot
hêtre	home	houppelande	hulotte
heurt	hongre	hourd	humer
hibou	honnir	houri	hune
hic	honte	hourque	huppe
hideux	hoquet	hourvari	hure
hie	hoqueton	houseaux	hurler
hile	horde	houspiller	hussard
hippie	horion	housse	hutte
hisser	hors	houx	

La langue populaire ne respecte guère la disjonction devant *h* aspiré, ce que les romanciers relèvent parfois dans leurs dialogues :

Prends tes ZARDES [= hardes] *et va-t'en* (HUGO, *Misér.*, III, I, 8). — *J'ai fait réchauffer* L'*haricot de mouton* [dit une concierge] (BERNANOS, *Imposture*, p. 252). — *Le comptable avait l'air de dire que le père P. M. commençait à lui courir sur* L'*haricot* (GIONO, *Iris de Suse*, p. 59).

D'autres fois, ce sont des lapsus qui ont échappé aux auteurs, même parfois pour des mots qui sont trop sentis comme étrangers pour figurer dans la liste ci-dessus. Nous ne donnons pas ces exemples comme modèles :

Sentiment plus pitoyable QU'*haïssable* (A. DECAUX, *L'Empire, l'amour et l'argent*, 1982, p. 232). — *D'haïssables vieilles dames* (Cl. SIMON, *Géorgiques*, p. 315). — *Rien ne subsiste du* VIEIL *hameau* (ARLAND, *L'eau et le feu*, p. 93). — *D'harassantes jérémiades* (G. PEREC, *Vie mode d'emploi*, p. 339). — *Le lac est en forme* D'*haricot* (M. BERNARD, dans le *Figaro litt.*, 21 juillet 1956). — *L'haridelle du chiffonnier* (J. PERRET, *Ernest le rebelle*, L.P., p. 209). — *En train de s'harnacher* (H. BAZIN, *Chapeau bas*, L.P., p. 23). — *Des doigts* D'*hasard* (M. THIRY, *Toi qui pâlis au nom de Vancouver*, 1975, p. 285). — *Ce qu'il y a* D'*hasardeux* (F. MARCEAU, *Roman en liberté*, p. 96). — *Le* VIEIL *heaume conique* (R. PERNOUD, *Hommes de la Croisade*, 1977, p. 151). — *D'hideuses étroites ouvertures* (LE CLÉZIO, *Livre des fuites*, L.P., p. 36). — *On peut dire* QU'*hors la Cour* [...] (LA VARENDE, *Belles esclaves*, p. 30). — *C'est ce qui ne sera réalisable* QU'*hors de ce monde* (A. ROUSSEAUX, *Monde classique*, t. I, p. 66). — *Un* VIEIL *huguenot* (Al. DUMAS, *Reine Margot*, VII). — *Le fils du* VIEIL *huguenot* (R. MARTIN DU GARD, *Thib.*, Pl., t. II, p. 481). — *J'hume* (P. GRAINVILLE, *Abîme*, p. 35).

CET *happy end* (POIROT-DELPECH, dans le *Monde*, 9 sept. 1977). — *Une Fraternité* D'*happy few* (CURTIS, *Saint au néon*, F°, p. 196).

Handicap et sa famille sont particulièrement menacés ; il suffit d'écouter la radio ou la télévision ou de voir des exemples comme les suivants :

CET *handicapé* : P. VIANSSON-PONTÉ dans L. Schwartzenberg et P. V.-P., *Changer la mort*, p. 246 ; P. GUTH, *Notre drôle d'époque comme si vous y étiez*, p. 267. — *D'handicapés* : dans le *Monde*, 25 févr. 1977, p. 24 ; Fr. MALLET-JORIS, *Allegra*, p. 71 (dans la bouche d'un personnage).

Ex. réguliers : CE *handicap* : Edgar FAURE, *Mémoires*, t. I, p. 394 ; VERCORS, *Moi, Aristide Briand*, p. 23.

Hinterland (mot allemand) aurait dû avoir un *h* aspiré, ce que savent des spécialistes de l'étymologie, mais ce qu'ignorent la plupart des usagers, et les orthophonistes ont donné raison à ceux-ci :

LE *hinterland :* A. THOMAS, *Essais de philologie franç.,* p. VII ; J. FELLER, *Toponymie de la commune de Jalhay,* p. 9. — *L'hinterland :* CENDRARS, *Or,* XVII. — *D'hinterland :* P. GASCAR, *Présage,* p. 33.

Hidalgo (mot espagnol) n'a pas un *h* aspiré non plus, selon l'usage ordinaire et l'avis des orthophonistes. On trouve pourtant parfois la disjonction :

Si QUELQUE *hidalgo montrait sa mine altière* (E. ROSTAND, *Cyr.,* IV, 5). — LE *hidalgo* (J. PERRET, *Ernest le rebelle,* L.P., p. 185). [Mais : CET *hidalgo,* p. 135.]

Hist. — 1. La plupart de ces mots viennent des langues germaniques : francique, allemand, néerlandais, anglais ; quelques-uns d'autres langues connaissant un *h* aspiré comme son : arabe *(harem, henné...),* espagnol *(habanera, hâbleur...)* [exceptions : *hombre ; hidalgo :* voir ci-dessus], japonais *(hara-kiri),* etc.

Les mots d'origine latine ou grecque n'ont pas d'*h* aspiré normalement.

L'*h* n'est pas étymologique et s'explique par des raisons diverses dans *halo, hasard, haut, herse, hic, hors, huguenot, huppe,* etc. Dans *héros,* on l'attribue souvent (voir déjà Vaugelas, p. 3) à la crainte d'une homonymie gênante de °*le͜s héros* avec *les zéros ;* en tout cas, les autres mots de la famille ont un *h* purement graphique : L'*héroïne,* L'*héroïsme,* L'*héroïque résistance,* etc. ; Ch. Muller (*Langue franç. et linguistique quantitative,* p. 88) croit à l'influence de *héraut.*

Celui-ci a, comme mot d'origine germanique, un *h* aspiré, mais non *héraldique, héraldiste :* ceux-ci ne dérivent pas directement de celui-là, et le latin médiéval *heraldus* a servi d'intermédiaire. — *Hanséatique* est emprunté aussi du lat. médiéval *(hanseaticus)* et il avait donc un *h* muet ; pourtant, la plupart des orthophonistes actuels considèrent que l'*h* est maintenant traité comme aspiré sous l'influence de *hanse.*

2. Les hésitations que nous avons signalées dans le fr. d'aujourd'hui se sont évidemment produites aussi dans le passé, surtout depuis que l'*h* aspiré a cessé d'être un phonème (à la fin du moyen âge).

Le mot *hallali* (anc. fr. *hale a li* « cours à lui », cri adressé aux chiens poursuivant le cerf aux abois) avait un *h* aspiré selon la tradition, encore défendue par Littré et par le *Dict. gén.* et parfois attestée jusqu'au XXᵉ s. ; mais l'Académie écrit explicitement *l'hallali* depuis 1878, entérinant l'évolution qui s'était produite au cours du XIXᵉ s.

LE *hallali :* E. BLAZE, *Chasseur au chien courant,* 1838, cit. Tilander, *Nouveaux essais d'étymol. cynégétique,* p. 144 ; MÉRIMÉE, *Chron. du règne de Ch. IX,* X ; A. de CHÂTEAUBRIANT, *Meute,* L.M.I., p. 91 ; S. BECKETT, *Mercier et Camier,* p. 137.

L'*hallaly :* Prince de LIGNE, *Contes immoraux,* VIII [1801]. — *L'hallali :* E. BLAZE, *op. cit.,* dans Tilander, *op. cit.,* p. 145 ; BALZAC, *Birotteau,* VIII ; Fr. MAURIAC, *B. Pascal et sa sœur Jacqueline,* XIV ; LA VARENDE, *Nez de Cuir,* IV, 3 ; ARAGON, *Mise à mort,* p. 331 ; etc.

Remarque. — Certains *h* muets sont pris parfois abusivement pour des *h* aspirés ; c'est assez fréquent pour *hameçon :*

Hameçon : [⁺CE *hameçon* (SAINT-SIMON, *Mém.,* Pl., t. I, p. 215).] — *Cette espèce* DE *hameçon* (MICHELET, *Hist. de la Révol. fr.,* t. I, p. 982). — *La liberté, dans leur bouche, c'est l'appât sous lequel se dissimule* LE *hameçon du pêcheur* (G. THIBON, dans le *Libre Belgique,* 29 juillet 1976). — *Des pochettes* DE *hameçons* (Th. OWEN, *Les maisons suspectes et autres contes fantastiques,* p. 66).

Autres cas : *En dehors* DE *hapax sans portée* (P. IMBS, *Emploi des temps verbaux en fr. mod.*, p. VI). — *Il parvint jusqu'*AU *Hoplite* (LA VARENDE, *Souverain seigneur*, p. 110).

Sur les mots où *h* est suivi d'une semi-voyelle (*hiérarchie, huis clos, hiatus, hyène*, etc.), cf. § 49. — Pour les interjections (*ho, hélas, hosanna*), cf. § 50, *c* et Rem.

b) Dans les **noms propres.**

1° L'*h* aspiré se trouve aussi dans les noms de lieux et de personnes des pays de langue germanique (allemand, anglais, néerlandais, scandinave) et espagnole, des pays arabes et orientaux et d'autres régions encore :

> *Les habitants* DE *Hambourg*, DE *Hanovre*, DE *Harlem*, DE *Hasselt*. LA *Hollande*. LE *Hollandais*. *La philosophie* DE *Heidegger*, DE *Hobbes*. — *La logique* DE *Hegel* (MERLEAU-PONTY, *Aventures de la dialectique*, Id., p. 95). — *Les films* DE *Hitchcock*. *Les tableaux* DE *Hals*. *Les romans* DE *Hamsun*. *Les* | *Habsbourg*. — CE *Hohenzollern* [...] DU *Hohenzollern* (PROUST, *Rech.*, t. II, p. 947). — LA *Havane*. LE *Honduras*. — *La mort* DE *Ho Chi Minh*. *Le règne* DE *Hiro-Hito*. — *La bombe* DE *Hiroshima* (P.-H. SIMON, *Hist. de la littér. fr. au XXe s.*, t. II, p. 145). — LE *Hottentot*. LE *Huron*. LA *Hongrie*. *Les* | *Huns*.

Mais s'il y a des hésitations pour les mots ordinaires, comme nous l'avons vu, il y en a bien davantage encore pour ces noms étrangers. En dehors des plus connus, et même pour ceux-là, la disjonction a du mal à s'imposer :

> *La maison* D'*Habsbourg* (P. CHAMPION, *Le roi Louis XI*, 1978, p. 211). — *Un chœur* D'*Haendel* (M. NOËL, *Cru d'Auxerre*, p. 120). — *La ville* D'*Hambourg* (A. HENRY, *Études de lexicologie fr.*, p. 252). — *Le port* D'*Hambourg* (R. POMEAU, *Europe des lumières*, p. 139). — *D'Hambourg à Venise* (J.-P. CHEVÈNEMENT, *Les socialistes, les communistes et les autres*, p. 336). — CET *Hans Krüdner* (VERCORS, *Chevaux du temps*, p. 89). — *Aux environs* D'*Hasselt* (M. YOURCENAR, *Souvenirs pieux*, p. 15). — *Une symphonie* D'*Haydn* (MAUPASS., *Fort comme la mort*, I, 3). — *L'Université* D'*Heidelberg* (TAINE, *Vie et opinions de Fr.-Th. Graindorge*, II). — *Étudiants* D'*Heidelberg* (VERCORS, *Moi, Aristide Briand*, p. 251). — *C'est* QU'*Heine est un artiste* (E. et J. de GONC., *Ch. Demailly*, XXVIII). — *Le* VIEIL *Hertling* (DE GAULLE, *Discorde chez l'ennemi*, p. 159). — *Le prestige* D'*Hindenburg* (ID., *ib.*, p. 53). — *L'élection* D'*Hindenburg* (S. de BEAUVOIR, *Force de l'âge*, p. 152). — *Quelque chose* D'*hottentot* (J. PERRY, *Mouton noir*, p. 99).

Nous avons noté plus souvent DE *Hitler* que D'*Hitler*, mais l'inverse avec *que* :

> DE *Hitler* : GIDE, *Journal*, 5 avril 1933 ; BAINVILLE, *Allemagne*, t. II, p. 191 ; BERNANOS, *France contre les robots*, p. 165 ; CLAUDEL, *L'œil écoute*, p. 84 ; A. ROUSSEAUX, dans le *Figaro litt.*, 23 août 1947 ; DANIEL-ROPS, *Hist. de l'Église*, Grand siècle des âmes, p. 179 ; J. BOREL, *Retour*, p. 392. — D'*Hitler* : DE GAULLE, *Mém. de guerre*, t. I, p. 191 ; J. ROMAINS, *Lettre ouverte contre une vaste conspiration*, p. 14. — QUE *Hitler* : GIDE, *Journal*, 14 juin 1940. — QU'*Hitler* : MALRAUX, *Espoir*, p. 81 ; TROYAT, *Rencontre*, p. 120 ; J. CABANIS, *Profondes années*, p. 178 ; G. PEREC, *Vie mode d'emploi*, p. 178.

L'*hitlérisme* est la forme prédominante ; Gide a dû s'y résigner, avouait-il dans le *Littéraire* du 29 mars 1947 :

> BERNANOS, *Grands cimetières sous la lune*, Bibl. Plon, p. 89 [mais *le : France contre les robots*, p. 203] ; GIDE, *Journal*, 30 oct. 1939 [mais *le :* 5 avril 1933] ; DRIEU LA ROCHELLE, *Chiens de paille*, p. 109 ; A. ARNOUX, dans le *Figaro litt.*, 15 janv. 1949 ; A. ROUSSEAUX, *ib.*, 31 mars 1951 ; R. GARAUDY, *Marxisme du XXe s.*, 10/18, p. 13 ; J. MISTLER, *Bout du monde*, p. 129 ; P.-H. SIMON, dans le *Monde*, sélection hebdomadaire, 19-25 janv. 1967 ; QUENEAU, *Bâtons, chiffres et lettres*, Id., p. 215.

On dit : *Les contes* D'*Hoffmann* (par ex., MALRAUX, *Antimémoires*, p. 184), *la baie* D'*Hudson, Les | Hébrides.* — Pour **Hamlet,** les orthophonistes sont partagés, mais l'*h* est souvent traité comme muet.

D'*Hamlet :* [VOLT., *Lettres phil.*, XVIII.] — É. FAGUET, *Hist. de la poésie fr.*, t. X, p. 186 ; MAETERLINCK, *La sagesse et la destinée*, XVII ; APOLLINAIRE, *Anecdotiques*, 1er juin 1913 ; R. KANTERS, *Des écrivains et des hommes*, p. 52. — QU'*Hamlet :* J. STAROBINSKI, *Relation critique*, p. 303. — DE *Hamlet :* GIDE, *Journal*, nov. 1943 ; TROYAT, *Étrange destin de Lermontov*, p. 1.

Dans **Haïti,** *h* est aussi ordinairement considéré comme muet ; c'est l'usage local, notamment dans les documents officiels : *République d'Haïti.*

2° L'*h* aspiré existe aussi dans des noms propres appartenant à la langue d'oïl et qui sont d'origine germanique.

En Wallonie, on respecte ordinairement la disjonction, sauf pour des localités peu importantes : LA *Hesbaye. Les | Hesbignons.* LE *Hainaut.* LE *Hennuyer.* LA *Haine.* (Mais : *Bois-*D'*Haine*, village du Hainaut). *La ville* DE *Herve. Le marché* DE *Hannut. Les usines* DE *Herstal. Les grottes* DE *Han.*

Mais les Français ignorent souvent cet usage ; par ex., *Pépin* DE *Herstal*, pour lequel les Belges n'hésitent pas, est souvent, pour les historiens français, *Pépin* D'*Herstal* ou, surtout, D'*Héristal ;* il est plus surprenant de trouver L'*Hennuyer* chez des auteurs belges :

D'*Hesbaye :* *Grand Lar. encycl.*, s.v. *Krains.* — L'*Haine :* *Lar. XXᵉ s.* — *Pépin* D'*Herstal :* L. BERR, dans L. Halphen, *Charlemagne et l'empire carol.*, p. VIII [Halphen lui-même écrit : *de Herstal*, p. 9]. — *Pépin* D'*Héristal :* A. BERTHELOT, dans Lavisse et Rambaud, *Hist. génér.*, t. I, p. 278 ; *Lar. XXᵉ s.*, s.v. *Alpaïde ;* BAINVILLE, *Hist. de Fr.*, II ; DAUZAT, *Noms de famille de Fr.*, p. 35.

L'*Hennuyer Froissart* (L. DUMONT-WILDEN, dans le *Lar. XXᵉ s.*, s.v. *Belgique*). — *Il y a autant d'espèces* D'*Hennuyers qu'il existe de régions hennuyères* (P. VANDROMME, *Hainaut*, p. 5) [mais : LE *Hennuyer*, p. 8].

Pour les noms de lieux de France, *h* est souvent donné comme muet par les orthophonistes, par ex. dans *Harfleur, Hazebrouck, Hesdin, Honfleur*, etc. Mais la disjonction ne serait pas fautive : DE *Honfleur* (HUGO, *Choses vues*, 26 févr. 1848). — La disjonction est générale dans : *La Hague, Le Havre, le Hurepoix.*

Les noms de personnes tout à fait intégrés au système français, comme **Henri, Hubert, Hugues, Hugo,** admettent les deux traitements. On fait la liaison, en Belgique comme en France, dans *saint | Hubert, Saint-Hubert.* Pour *Henriette*, l'*h* est presque toujours *muet* aujourd'hui (cf. Hist.) ; il est toujours aspiré dans *La Henriade*, œuvre de Voltaire.

DE *Henri :* STENDHAL, *Rouge*, II, 11 ; HUGO, *Odes et ball.*, Odes, I, 6 ; Th. GAUTIER, *Cap. Fracasse*, XI ; BARBEY D'AUR., *Diaboliques*, Pl., p. 37 ; COPPÉE, *Souvenirs d'un Parisien*, p. 164 ; A. FRANCE, *Génie latin*, p. 135 ; GIRAUDOUX, *Littérature*, p. 141. — QUE *Henri :* GIDE, *Journal*, 7 mai 1912 ; LACRETELLE, *Sabine*, II.

D'*Henri :* E. et J. de GONC., *Ch. Demailly*, LI ; ZOLA, *Bête humaine*, IX ; BARRÈS, *Leurs figures*, p. 220 ; A. FRANCE, *Génie latin*, p. 38 ; GIDE, *Retour du Tchad*, 6 mars 1926 ; LACRETELLE, *Sabine*, II ; BAINVILLE, *Hist. de France*, p. 182 ; LE ROY LADURIE, *Carnaval de Romans*, p. 107 ; J. LE GOFF, Préf. de : M. Bloch, *Rois thaumaturges*, p. XXI.

DE *Hubert :* GIDE, *Paludes,* L.P., p. 28. — QUE *Hubert :* SAND, *Mauprat,* I.
D'*Hubert :* M. WILMOTTE, *Wallon,* p. 15 ; GIDE, *Paludes,* L.P., p. 38 ; Fr. MAURIAC, *Nœud de vip.,* p. 127 ; G. DUHAMEL, *Suzanne et les jeunes hommes,* p. 197 ; J.-L. CURTIS, *Roseau pensant,* p. 137. — CET *Hubert* (ARAGON, *Beaux quartiers,* I, 15).
DE *Hugues :* Ch. BRUNEAU, *Petite hist. de la langue fr.,* t. 1, p. 37 ; *Grand Lar. encycl.,* S.V. *Hugues Capet.* — *L'inertie* DE *Hugues et de Manfred* (L. HALPHEN, *Charlemagne et l'empire carol.,* p. 262). — *Dans le cas* D'*Hugues et de Manfred* (*ib.,* p. 263). — D'*Hugues :* R. BOSSUAT, *Le moyen âge,* p. 190.
DE *Hugo :* LANSON, *Hist. de la litt. fr.,* p. 945 ; MAUROIS, *Rouen,* p. 125 ; H. GUILLEMIN, Préf. de : Hugo, *Pierres ;* R. BARTHES, *Degré zéro de l'écriture,* II, 1 ; etc. — QUE *Hugo :* THIBAUDET, *Hist. de la litt. fr. de 1789 à nos jours,* p. 278. — LE *Hugo que nous lisons aujourd'hui* (H. JUIN, *Victor Hugo,* t. I, p. 9).
D'*Hugo :* FLAUB., *Corresp.,* t. III, p. 324 ; HUYSMANS, *Cathédrale,* p. 85 ; BRUNETIÈRE, *Évolution de la poésie lyr.,* t. II, p. 76 ; PROUST, *Rech.,* t. II, p. 549 ; LANSON, dans Volt., *Lettres phil.,* t. II, p. 277 ; LÉAUTAUD, *Petit ami,* V ; A. BRETON, *Point du jour,* Id., p. 42 ; ARAGON, *Voyageurs de l'impériale,* III, 23 ; etc. — *Du* VIEIL *Hugo* (BLOY, *Désespéré,* L.P., p. 298). — CET *Hugo que lisait André Gide* (H. JUIN, *Victor Hugo,* t. I, p. 9).
DE *Henriette :* D. ROLIN, *Gâteau des morts,* p. 173.

Pour *Hernani,* il n'est pas étonnant que l'usage soit flottant, puisque Hugo lui-même avait donné dans sa pièce l'exemple de l'incohérence, quoique l'*h* soit toujours traité comme muet dans les indications en prose :

Le chef, LE *Hernani* (III, 2). — CE *Hernani* (*ib.*). — QUE *Hernani* (IV, 4). — *La tête* D'*Hernani vaut mille écus du roi* (III, 1). — *Vous vouliez savoir si je me nomme / Perez ou Diego ?* — *Non, je me* NOMME *Hernani* (III, 3). — *Dans les bras* D'*Hernani* (IV, 4, indication scénique).

Il y a aussi hésitation pour divers noms de familles, la tendance générale étant de considérer l'*h* comme muet, par ex. même devant un nom comme *Heredia* alors que l'écrivain s'appelait *José Maria* DE *Heredia.*

Hist. — Les hésitations que nous venons de décrire sont anciennes ; elles concernaient aussi *Henriette :*

L'anneau D'*Hans Carvel* (LA F., *C.,* titre). — ⁺*À la portée* D'*Heidelberg* (Mme de LA FAYETTE, *Mém. de la cour de Fr.,* Class. Flammarion, p. 329). — *Il faut* QU'*Hervé* [= Harvey] *soit fou* (FONTENELLE, *Nouv. dialogues des morts,* p. 445). — ⁺*Du ministre* DE *Hollande* [...]. *Ce ministre* D'*Hollande* [...]. *L'Hollandois* (SAINT-SIMON, *Mém.,* Pl., t. I, p. 1197). — *L'électorat* D'*Hanovre* (Prince de LIGNE, *Mém.,* p. 147). — DE *Henri VIII* (VOLT., *Lettres phil.,* XII). — D'*Henri III* (ID., *ib.,* VIII). — ⁺*Malheurs* DE *Henriette* (BOSS., *Or. fun.,* Reine d'Angl.) [de là : *Dans l'oraison* DE *Henriette de France* (FAGUET, *XVIIe s.,* p. 431)]. — *Et son cœur est épris des graces* D'*Henriette* (MOL., *F. sav.,* II, 3).

L'Académie a admis jusqu'en 1798 *eau de la reine* D'*Hongrie* (s.v. *eau*) et même, jusqu'en 1878, *toile de Hollande ou* D'*Hollande* (s.v. *toile*). Quand Proust met dans la bouche de M. de Charlus : *La reine* D'*Hongrie* (*Rech.,* t. II, p. 952), c'est pour prêter à son personnage, non un vulgarisme, mais un archaïsme.

Remarque. — Les noms propres latins ou grecs ont un *h* muet :

Les ruines D'*Herculanum. La grammaire* D'*Horace. Est-il sûr* QU'*Homère ait existé ?* — *Elles venaient, ces difficultés, du héros turbulent* D'*Hellade* (VERCORS, *Moi, Aristide Briand,* p. 171).
Pourtant on trouve parfois la disjonction (comp. *a,* Rem., et aussi § 50, *f*) : *L'humide demeure* DE *Hadès* (A. FRANCE, *Pierre Nozière,* III, 5). — LE *Hadès et les Champs Élyséens*

(MALRAUX, *Musée imaginaire*, Id., p. 198). — *Ô collines de* LA *Hellas !* (LEC. DE LISLE, *Derniers poèmes*, Apollonide, III, 1.) — *L'esthétique de* LA *Hellade* (Éd. HERRIOT, *Sanctuaires*, p. 93). — LA *Hellade* (R. SINDOU, dans *Revue intern. d'onomastique*, 1963, p. 67). — *Montaigne raconte* QUE *Héraclite* [...] (MONTHERLANT, *Service inutile*, Pl., p. 721).

49   **Les semi-voyelles et la disjonction.** — La disjonction se produit souvent devant un mot commençant par une semi-voyelle.

Certains locuteurs, dans certains mots, prononcent une semi-voyelle quand il y a disjonction, et une voyelle quand il n'y a pas disjonction : *La ouate* [lA-wAt], *l'ouate* [lu-At] ; cf. § 35. — Mais les semi-voyelles peuvent être prononcées sans disjonction : *L'yeuse* [ljøz], *l'huile* [lɥil] ; on a dans ce cas, au début de la syllabe, un groupe consonne + semi-voyelle.

a) Parmi les mots commençant par [j], il y a disjonction dans : *hiérarchie* et ses dérivés ; — les noms communs (sauf *yeux* et *yeuse*) et les noms propres étrangers (sauf *York*) commençant par *y*, ainsi que *Yourcenar* ; — les noms étrangers commençant par *j* prononcé [j] [1] : *Jahvé* (plus souvent écrit *Yahvé*, etc.) [jAve], *Jung* [juŋ], *Jungfrau* [juŋfRAw].

LA *hiérarchie*. — *De Gaulle était, désormais, sorti de l'échelle des grades et investi d'un devoir qui ne* SE *hiérarchisait pas* (DE GAULLE, *Mém. de guerre*, t. I, p. 144). — LE *yacht*. DU *yaourt. La hausse* DU *yen. En* | *yiddisch. Un* | *yod.* — LE *yogi et le commissaire*, titre d'un livre d'A. Koestler. — *Dans* LA *yole de son navire* (LOTI, *Pêcheur d'Isl.*, V, 2). — MA *yole* (A. DAUDET, *Trente ans de Paris*, p. 288). — LE *Yémen.* LA *Yougoslavie. La conférence* DE *Yalta.* — *C'est que Yahvé a fini par se lasser* (M. TOURNIER, *Gilles et Jeanne*, p. 100). — *La bonté* DE *Yahweh* (*Bible*, Psaumes, XXVII, trad. CRAMPON). — *Les scènes de Rousseau et* DE *Young* (BARRÈS, *Mes cahiers*, t. IV, p. 79). — *J'ai lu des poésies* DE *Yeats* (J. GREEN, *Journal*, 2 mai 1944). — *C'était le sourire* DE *Yorick* (VERCORS, *Le silence de la mer et autres récits*, p. 112). — *Deux cygnes se rencontrant sur* LA *Jungfrau* (HUGO, *Misér.*, IV, VIII, 1) [Hugo écrit *la Yungfrau*, I, III, 2].

Les orthophonistes n'indiquent pas qu'il y a disjonction devant le verbe *iodler* « chanter à la tyrolienne », qui a de nombreuses variantes : *yodler, jodler, iouler*, etc. Il nous semble que l'on ne peut dire : **j'iodle*, **nous jodlons*.

Il n'y a pas de disjonction devant *yeuse, yeux*, et devant les noms propres français commençant par *y*, ainsi que devant *York ;* — devant les mots commençant par *i*, sauf *iodler* (voir ci-dessus) et *Ionesco* (voir ci-dessous), — devant les mots commençant par *h*, sauf *hiérarchie* et *hyène* (voir ci-dessous) :

---

1. S'ils sont prononcés par [ʒ] ou [dʒ], l'initiale est une consonne ordinaire : *Jenny* [ʒɛni], *John* [dʒɔn]. — D'autre part dans *Ypres, ypérite, y* est une voyelle et la disjonction est exclue.

La chrysoprase et L'*hyacinthe* (HUYSMANS, *Cathédrale*, p. 198). — *Ce demain et* CET *hier* (HUGO, *Quatrevingt-tr.*, III, III, 1). — L'*hiérarque*. — L'*hiérophante* (P. LOUŸS, *Aphrodite*, II, 4). — *Les îles* D'*Hyères.* — L'*air* D'*Iago (Grand Lar. encycl.,* s.v. *Othello).* — L'*ïambe (ib.,* s.v. *ïambique).* — *Féderspiel était docteur double de l'Université* D'*Iéna* (LA VARENDE, *Centaure de Dieu,* p. 105). — L'*Ienissei (Grand Lar. encycl.,* s.v. *Sibérie).* — *La teinture* D'*iode.* — L'*iota.* — L'*yeuse bronze les rocs* (H. BOSCO, *Le roseau et la source,* p. 29). — *Les couleurs* D'*yeux ne nous apprennent rien* (J. PERRY, *Rue du Dragon,* p. 74). — L'*île* D'*Yeu.* L'*Yerres,* L'*Yon,* L'*Yonne.* — [...] *du regard dédaigneux* QU'*Yolande avait autrefois laissé tomber sur elle* [...] (Th. GAUTIER, *Cap. Fracasse,* XXII). — *Les gens* D'*Yonville* (FLAUB., *Mme Bov.,* III, 9). — L'*Université* D'*York* (M. TOURNIER, *Vendredi ou les limbes du Pacifique,* F°, p. 45). — *Du jambon* D'*York.*

Des auteurs emploient avec disjonction certains de ces mots, notamment *Yolande,* pour lequel cela correspond à l'usage oral familier :

Thomas Cromwell fut le Narcisse de ce Néron, LE *Iago de cet Othello* (MAUROIS, *Hist. d'Angl.,* p. 315). — *On a parlé* [...] *de* LA *ionosphère* (BACHELARD, *Droit de rêver,* p. 216). — *Le regard* DE *Yolande* (G. BEAUMONT, *Longue nuit,* p. 203). — SA *Yolande* (Fr. MAURIAC, *Sagouin,* p. 55).

Pour *Ionesco,* à l'imitation de l'écrivain lui-même, la disjonction est prédominante :

· *Avez-vous* VU *les pièces* DE *Ionesco ?* (IONESCO, *Rhinocéros,* p. 29.) — DE *Ionesco :* J. LEMAR-CHAND, dans le *Figaro litt.,* 26 janv. 1970 ; P. de BOISDEFFRE, *Écrivains fr. d'aujourd'hui,* p. 115 ; P. ROBERT, *Dict. universel des noms propres,* s.v. *Barrault ;* R. KANTERS, dans l'*Express,* 7 oct. 1983, p. 30. — [...] *où l'on donne* DU *Ionesco* (D. BOULANGER, *Enfant de Bohème,* p. 152).

Défaut majeur D'*Ionesco* (G. PORTAL, cité dans Ionesco, *Le roi se meurt,* éd. B. Gros, p. 67). — *Ménage* D'*Ionesco* (POIROT-DELPECH, dans le *Monde,* 24 janv. 1969).

Les confusions sont particulièrement fréquentes pour des mots commençant par un *h,* sans doute parce qu'on a pris celui-ci pour l'*h* aspiré.

L'*hiatus* reste préférable, mais il faut reconnaître que *le hiatus* et les autres formes avec disjonction, favorisées sans doute par le sens (la rupture impliquée dans le sens est réalisée phonétiquement), deviennent de plus en plus fréquentes, même parmi les linguistes :

CE *hiatus :* BARBEY D'AUR., *Lettres à Trebutien,* t. II, p. 176 ; BARRÈS, *Grands problèmes du Rhin,* p. 218 ; DANIEL-ROPS, *Saint Paul,* p. 222 ; CAMUS, *Essais,* Pl., p. 1402 ; R. IKOR, *Poulains,* p. 213 ; G. MOIGNET, dans le *Fr. mod.,* avril 1960, p. 115. — LE *hiatus :* PÉGUY, *Véronique,* Pl., p. 319 ; TEILHARD DE CHARDIN, *Apparition de l'homme,* p. 154 ; SENGHOR, *Négritude et humanisme,* p. 266 ; Cl. MAURIAC, dans le *Figaro litt.,* 10 mars 1951 ; M. ORAI-SON, *Le hasard et la vie,* p. 12 ; A. CHERVEL, *Et il fallut apprendre à écrire à tous les petits Fr.,* p. 16. — DE *hiatus :* S. de BEAUVOIR, *Tout compte fait,* p. 513 ; J. BOREL, *Adoration,* p. 417 ; D. FRANÇOIS, *Fr. parlé,* p. 188 (mais : L'*hiatus, ib.*). — DU *hiatus :* CLAUDEL, *L'œil écoute,* p. 16. — AU *hiatus :* THÉRIVE, *Libre hist. de la langue fr.,* p. 247. — NOUVEAU *hiatus :* M.-Fr. GUYARD, *Littérature comparée,* p. 114.

Pour l'adverbe *hier,* la disjonction, fréquente dans la langue parlée familière, apparaît parfois par écrit, notamment dans la correspondance :

Une parvenue DE *hier* (B. CONSTANT, lettre citée dans Ch. Du Bos, *Grandeur et misère de B. Constant,* p. 226). — *Je n'ai su* QUE *hier* [...] (STENDHAL, *Corresp.,* t. VIII, p. 283). — *Votre lettre ne m'est arrivée* QUE *hier au soir* (SAINTE-BEUVE, *Corresp.*, 20 juillet 1866). — *Je n'ai eu votre volume* QUE *hier au soir* (FLAUB., *Corresp.*, t. III, p. 284). — *Pas plus demain* QUE *hier* (BARRÈS, dans la *Cocarde*, 10 févr. 1895). — *Une description exacte* DE *hier* (VALÉRY, lettre à Gide, dans *Œuvres*, Pl., t. I, p. 1726). — *Notre usage est sorti de l'usage antérieur* [...]. *Mais il faut se garder de croire* QUE *hier se confond avec aujourd'hui* (BRUNOT, *Pensée*, p. XIII). [Comp. § 50, *c*, Rem.]

° *Le hiéroglyphe* et les autres formes avec disjonction restent rares :

LE *hiéroglyphe :* BUTOR, *Modification*, 10/18, p. 33 ; M. YOURCENAR, *Œuvre au noir*, p. 40. — AU *hiéroglyphe :* A. ROUSSEAUX, dans le *Figaro litt.*, 23 juin 1950. — DE *hiéroglyphes :* NERVAL, *Corresp.*, 2 mai 1843 ; A. CHAMSON, *Suite pathétique*, p. 32.

L'usage est tout à fait partagé pour *hyène ;* *l'hyène* est plus distingué, mais *la hyène* est aussi fréquent et difficile à rejeter :

L'*hyène :* HUGO, *Orient.*, XXVII ; MAUPASS., *Au soleil*, p. 32 ; VERCORS, *Moi, Aristide Briand*, p. 237. — D'*hyène(s) :* VIGNY, *Stello*, XXVIII ; FLAUB., *Sal.*, VI ; BLOY, *Femme pauvre*, p. 159 ; MONTHERLANT, *Solstice de juin*, p. 87 ; N. SARRAUTE, *Portrait d'un inconnu*, F°, p. 32 ; S. SCHWARZ-BART, *Ti Jean L'horizon*, p. 210 ; P. GRAINVILLE, *Forteresses noires*, p. 30.

LA *hyène :* FLAUB., *Corresp.*, t. I, p. 308 ; J. et J. THARAUD, *Randonnée de Samba Diouf*, p. 278 ; R. BENJAMIN, *Valentine*, p. 210 ; GIRAUDOUX, *Menteuse*, p. 40 ; DAUZAT, *Argots*, p. 164 ; CÉLINE, *Voy. au bout de la nuit*, F°, p. 160 ; AUDIBERTI, *Dimanche m'attend*, p. 104 ; P. GRAINVILLE, *Lisière*, p. 296. — LA *hyène enragée* (titre d'un livre de LOTI). — *Les cris* DE *hyène* (BALZAC, *Muse du département*, p. 170).

H. Bosco hésite, comme la langue parlée elle-même, entre *de Hyacinthe* et *d'Hyacinthe*, qui est préférable :

L'arrivée D'*Hyacinthe* (*Hyacinthe*, p. 112). — *L'âne* DE *Hyacinthe* (*L'enfant et la rivière*, p. 123).

Il y a, *il y en*, prononcés [jA], [jã] dans la langue populaire, y donnent parfois lieu à une disjonction : [...] *qui disait à la mère* QUE *y en avait qui voulaient manger de la merde dans ces moments-là* (PERGAUD, *Guerre des boutons*, I, 6). — *Je vous disais* QUE *y avait de l'homme là-dessous* (A. COHEN, *Belle du Seigneur*, p. 444).

Hist. — Les noms donnés ci-dessus comme ayant aujourd'hui la disjonction ont souvent connu un autre usage, notamment au XIX⁽ s., parfois avec des orthographes différentes de celle qui l'a emporté :

Ennemi / D'*Iahvèh* (LEC. DE LISLE, *Poèmes barb.*, Qain). — L'*Iahveh cruel et jaloux de la Bible* (É. BOURGES, *Les oiseaux s'envolent*, Bibl. Plon, t. I, p. 216). — *Des coursiers* D'*Yémen* (A. CHÉNIER, *Élégies*, LXXXIX). — *Dans* L'*Iémen* (Th. GAUTIER, dans Nerval, *Œuvres complètes*, t. I, p. XXIII). — *Du côté de* L'*Yémen* (FLAUB., *Tr. contes*, Her., I). — *Ceux* D'*Yémen* (LEC. DE LISLE, *Poèmes tr.*, Apothéose de Mouça-al-Kébyr). — L'*ïod* (TURGOT, dans l'*Encyclopédie*, s.v. *étymologie*). — L'*yole :* HUGO, *Orient.*, V, 6 ; ZOLA, *Au Bonheur des Dames*, V. — *Le test* D'*Yorick* (Th. GAUTIER, *Cap. Fracasse*, VI). — *À la manière* D'*Yorick* (M. de GUÉRIN, *Corresp.*, 18 juin 1837). — *Les Nuits* D'*Young* (BALZAC, *Ferragus*, Pl., p. 33). — *Ce n'est pas* L'*Iung-Frau* (SAINTE-BEUVE, *Chateaubriand et son groupe litt.*, 1861, t. I, p. 396).

On trouve aussi quelques ex. analogues au XX⁽ s. :

La présence D'*Iaveh* (J. BLANZAT, dans le *Figaro litt.*, 14 avril 1951). — *Le crâne* D'*Yorick :* F. DESONAY, *Villon*, p. 141 ; M. LOBET, dans *Bull. de l'Ac. roy. de langue et de litt. fr.* [de Belg.], 1981, p. 234 (mais : *du nom* DE *Yorick*, p. 229).

b) Parmi les mots commençant par [w], ceux qui commencent par *w* dans l'écriture ² entraînent toujours la disjonction :

Les | *waters. Un* BEAU *week-end. Les amateurs* DE *whist.* LA *Wallonie.* LE *wallon est encore bien vivant.*

Parmi les mots commençant par *ou-,* la disjonction se fait ordinairement devant *oui, ouistiti,* et parfois devant *ouate.*

La disjonction est de règle devant *oui.* Pourtant *que* s'élide parfois, comme dans la langue parlée familière, et quelques érudits parlent de *la langue d'oui* au lieu de *langue d'oïl,* qui est bien plus courant :

Un | *oui énergique.* LE *oui décisif.* — *Il suffit* DE *oui, de non* (HUGO, *Lég.,* t. I, p. 203). — *Il lui semblait* QUE *oui* (STENDHAL, *Chartr. de P.,* IV). — *Je crois bien* QUE *oui* (RAMUZ, *Grande peur dans la montagne,* p. 182). — *Je crois* QUE *oui* (R. VAILLAND, *Drôle de jeu,* III, 5).

Mais c'est QU'*oui !* (VERL., *Jadis et nag.,* Les uns et les autres, VII.) — *Ayant répondu* QU'*oui* (A. FRANCE, *Rôtisserie de la reine Pédauque,* X). — *La langue* D'*oui :* G. PARIS, *Littér. fr. au moyen âge,* 5ᵉ éd., p. 79 ; BRUNOT, *Hist.,* t. I, p. 179 ; BÉDIER, *Chanson de Roland commentée,* p. 243 ; THÉRIVE, *Libre hist. de la langue fr.,* p. 74.

On dit ordinairement *le ouistiti,* mais des ex. sans disjonction se rencontrent encore dans le 1ᵉʳ tiers du XXᵉ s. :

Minois DE *ouistiti* (LOTI, *Mᵐᵉ Chrys.,* III). — *Gambades* DE *ouistitis* (HUYSMANS, *Cathédrale,* p. 223). — *Couple* DE *ouistitis* (R. MARTIN DU GARD, *Taciturne,* II, 5). — *Sortes* DE *ouistitis* (LACRETELLE, *Les maîtres et les amis,* p. 142). — *Pourquoi descendrait-elle* [= notre espèce] DU *ouistiti plutôt que de l'orang* [...]? (R. KEMP, dans les *Nouv. litt.,* 9 oct. 1958.) — LE *ouistiti* (QUENEAU, *Saint Glinglin,* 1981, p. 38).

Un regret D'*ouistiti en cage* (LOTI, *Roman d'un enfant,* XIV). — *Masque noir* D'*ouistiti* (COLETTE, *Vagabonde,* I, 1). — *Sept espèces* D'*ouistitis* [...] ; *la plus commune est* L'*ouistiti à pinceaux (Lar. XXᵉ s.).*

L'ouate, naguère considéré comme vieilli (cf. *Dict. gén.,* etc.), est aujourd'hui plus courant, mais LA *ouate* et surtout DE *ouate* se disent et s'écrivent encore (certains grammairiens exigent L'*ouate* mais DE *ouate,* ce qui est contradictoire) :

LA *ouate :* BALZAC, *Goriot,* p. 8 ; FLAUB., *Éd. sent.,* I, 5 ; BARBEY D'AUR., *Diaboliques,* Pl., p. 49 ; ZOLA, *Œuvre,* IX ; LEMONNIER, *Maison qui dort,* III ; A. GLUCKSMANN, *Cynisme et passion,* p. 148. — *La terre, si timide en* SA *ouate d'azur* (LAFORGUE, *Poésies posthumes,* Fantaisie). — *La brume d'une journée d'octobre étouffait dans* SA *ouate la grande maison claire* (Fr. MAURIAC, *Préséances,* I, 8). — DE *ouate :* SAINTE-BEUVE, *Mes poisons,* p. 2 ; LOTI, *Mᵐᵉ Chrys.,* III ; J. RENARD, *Journal,* 5 sept. 1889 ; CLAUDEL, *La rose et le rosaire,* p. 124 ; R. MARTIN DU GARD, *Thib.,* Pl., t. II, p. 191 ; R. VERCEL, *Capitaine Conan,* p. 110 ; VAN DER MEERSCH, *Corps et âmes,* t. I, p. 35 ; ARAGON, *Blanche ou l'oubli,* F°, p. 63 ; G. PEREC, *Vie mode d'emploi,* p. 91 ; N. SARRAUTE, *Enfance,* p. 27.

---

2. D'autres mots commençant par *w* se prononcent par [v], qui est une consonne ordinaire : *wagon* [vagɔ̃], *Watteau, Wagner* et les noms allemands. — Certains Français ignorent que les noms du Nord et de Belgique ont un [w] : *Wattignies, Watrelos* [watralo], *Wavrin, Wallon, Wallonie, Waremme, Waterloo, Wavre, Woluwe* (qu'on devrait écrire *Woluwé),* etc.

L'ouate : CHAT., *Mém.,* I, VI, 5 ; BARRÈS, *Appel au soldat,* t. II, p. 193 ; CLAUDEL, *Visages radieux,* p. 78 ; MALRAUX, *Noyers de l'Altenburg,* p. 15 ; BEDEL, *Jérôme 60° latitude nord,* VIII ; TROYAT, *Étrangers sur la terre,* p. 551 ; H. BAZIN, *Qui j'ose aimer,* X. — *D'ouate :* A. FRANCE, *Les dieux ont soif,* p. 148 ; BERNANOS, *Journal d'un curé de camp.,* Pl., p. 1142 ; GIRAUDOUX, *Folle de Chaillot,* p. 90 ; R. MARTIN DU GARD, *Thib.,* Pl., t. I, p. 618 ; POURRAT, *Tour du Levant,* p. 225 ; R. VAILLAND, *Mauvais coups,* L.P., p. 141. — SON *ouate :* HÉRIAT, *Famille Boussardel,* XXI.

Les dérivés suivent le même usage : *L'ouatine,* D'*ouatine ;* plus rarement : DE *ouatine ;* etc. — Il n'y a pas de disjonction devant les autres mots en *ou-* : *Les ouailles. L'oued, l'ouest, l'ouïe.* — *Je suis malade* D'*ouïr les paroles bienheureuses* (APOLLINAIRE, *Alcools,* Zone).

Ouï-dire, qui s'emploie d'ordinaire dans la locution figée *par ouï-dire,* sort parfois de son figement ; dans les ex. que nous avons notés, on trouve la disjonction :

Sur la foi DU *ouï-dire* (BALZAC, *Paix du ménage,* Pl., t. I, p. 994). — *Il faut renoncer à connaître [...] par* LE *ouï-dire* (M. FOUCAULT, *Les mots et les choses,* p. 145). — *Rumeur colportée par* LE *ouï-dire* (J. SEMPRUN, *Algarabie,* p. 359). — *Etc.*

Avec les noms propres étrangers en *ou-,* on fait ordinairement la disjonction :

Les jardins DE *Ouardi* (GIDE, *Journal,* t. I, p. 75). — *Des Arabes* DU *Ouadaï* (ID., *Voy. au Congo,* 25 août 1925). — *Le cercle* DE *Ouagadougou (Gr. Lar. encycl.).* — *La préfecture* DU *Ouaddaï (ib.)* [mais : L'*Ouaddaï (ib.)*].

Il n'y a pas de disjonction dans les mots en *oi-, oin-* :

L'oie, L'*oiseau. Les oisifs.* L'*Oise.* — *Jésus-Christ est appelé [...]* L'*Oint du Seigneur* (Ac.). — *Elle se lava le corps,* s'*oignit de la myrrhe la plus fine* (*Bible,* trad. CRAMPON, Judith, X, 3). — De même : L'*hoir* (« l'héritier », vieux). *Avance* D'*hoirie.*

Hist. — QU'*oui* était courant au XVIIe et au XVIIIe s. :

+*Je pense* QU'*oui* (LA BR., *Car.,* XI, 7). Autres ex. : SÉV., 3 juillet 1672 ; MARIVAUX, *Paysan parv.,* p. 158 ; DIDEROT, *Rêve de d'Alembert,* p. 45.

Buffon, qui a introduit le mot, écrivait L'*ouistiti :* cf. Robert.

Ouate n'entraînait pas la disjonction à l'époque classique : *Sur* L'*oüate molle* (BOIL., *Lutrin,* IV). — *Robe* D'*houatte* (Mme de MAINTENON, *Lettres,* 12 avril 1688).

c) **Parmi les mots commençant par [ɥ], seuls connaissent la disjonction la locution *huis clos* et *huit* (qui sera étudié plus loin : § 50, *b*) :** *Le président du tribunal a ordonné* LE *huis clos.*

Les autres mots ne connaissent pas la disjonction, et notamment *huis* (vieilli en dehors de l'expression *huis clos*), *huissier, huisserie :*

Étant venue coller son oreille contre L'*huis [...]* (MAUPASS., *C.,* Prisonniers). — *Il se tourna vers* L'*huis* (SIMENON, *Fiançailles de M. Hire,* V). — *Une portion de plinthe, un bas* D'*huisserie* (H. BAZIN, *Qui j'ose aimer,* XV). — *Envoyer* L'*huissier.* — *L'huile,* L'*huître.* — *N'oubliez pas* D'*huiler votre pédalier.*

Ex. non conforme à l'usage : *De portes craquantes,* DE *huisseries en bougeotte* (P. GRAIN-VILLE, *Lisière,* p. 300).

50 **Divers cas de disjonction.**

a) Devant **uhlan** et souvent devant **ululer** et sa famille.

LE *uhlan. Les* | *uhlans.* — *Un détachement* DE *uhlans* (Ac.). — *Il monte à* LA *uhlane* (LA VARENDE, *Centaure de Dieu,* p. 112). — LE *ululement de la bouée sonore* (DANINOS, *Vacances à tous prix,* p. 282). — *Un* NOUVEAU *ululement* (QUENEAU, *Zazie dans le métro,* VIII).
On a écrit autrefois *hulan* (encore signalé par l'Ac. en 1878) : *Quand Mathias livre Ancône au sabre* DU *hulan* (HUGO, *Lég.,* XXXI, 2) ; — et on écrit encore *hululer,* etc. : *Une sorte* DE *hululement* (Fr. MAURIAC, *Province,* Œuvres compl., p. 465).

Ex. de *(h)ululer,* etc. sans disjonction :

Une espèce D'*ululement* (GONCOURT, *Journal,* cit. Robert). — *L'ululement de la chouette* (BEDEL, dans les *Nouv. litt.,* 26 déc. 1946). — CET *ululement* (R.-V. PILHES, *Imprécateur,* p. 160). — *Vibration* [...] *soulignée* [...] D'*hululations* (BUTOR, *Modification,* I, 1).

Notons aussi dans Loti (*Mariage de Loti,* II, 13) LA *upa-upa* (danse tahitienne), que d'autres écrivent *huppa-huppa* (BOURGET, *Danseur mondain,* I).

Hist. — *Ululer* est un emprunt au lat. *ululare.* Celui-ci a donné par voie populaire *hurler,* qui a reçu un *h* expressif qui entraîne la disjonction. *Hulotte* se rattache aussi à cette famille.

b) Devant les numéraux, dans certains cas.

1° Devant **huit** et ses dérivés :

La messe DE *huit heures. Il n'en faut* QUE *huit.* LA *huitième heure. Un* BEAU *huitain. Il paiera dans* LA *huitaine.*

Exceptions : *Dix-huit* [di-zy̧it], *dix-huitième, vingt-huit, vingt-huitième. Trente-huit* [trã-ty̧it], *quarante-huit,* etc. — Mais : *cent* | *huit.*

Comme *huit* commence par une semi-voyelle, il aurait pu être traité au § 49.

Hist. — Au XVIe s., l'usage n'avait pas encore tranché : *À* L'*huytiesme jour* (COMMYNES, t. I, p. 153). — *Nostre vers* D'*huict* (VAUQUELIN DE LA FRESNAYE, *Art poét.,* cit. Huguet).

2° Devant **onze** et **onzième,** il y a généralement disjonction :

Il reviendra LE *onze. Le rendez-vous* DU *onze.* LE *onze de France* [= l'équipe nationale de football]. AU *onzième siècle.* — *Pour* LA *onzième fois* (HUGO, *Choses vues,* 4 janv. 1847).

Pour *onzième,* voir cependant l'Hist. — Pour *onze,* on admet la liaison dans *Il est onze heures* et l'élision de *que* et de *de* (un même auteur ayant souvent un usage qui varie) :

Qu' : *Est-ce* QU'*onze heures ne vont pas bientôt sonner ?* (WILLY et COLETTE, *Claud. à l'école,* p. 127.) — *Il n'était* QU'*onze heures* (THÉRIVE, *Sans âme,* p. 107 ; HÉRIAT, *Enfants gâtés,* III, 1). — *Il n'est* QU'*onze heures* (B. VIAN, *Écume des jours,* IV).
D' : *La jouissance de dix tableaux de David et* D'*onze de Ingres* (BAUDEL., *Curiosités esthét.,* II). — *Il est près* D'*onze heures* (ZOLA, *Conquête de Plassans,* VII). — *Dès l'âge* D'*onze ans* (A. FRANCE, *Île des Pingouins,* III, 4). — *Le soleil* D'*onze heures* (Fr. MAURIAC, *Pré-séances,* I, 3). — *La demie* D'*onze heures* (J. GREEN, *Autre,* p. 109). — *La durée normale de sa vie est* D'*onze jours* (MONTHERLANT, *Coups de soleil,* p. 160). — *Ils avaient loupé le car* D'*onze heures vingt* (B. PINGET, *Quelqu'un,* p. 208).

Que : Encore qu'il ne soit QUE *onze heures* (JAMMES, *M. le curé d'Ozeron,* p. 97).
De : Il devait être près DE *onze heures* (ZOLA, *Bête humaine,* II). — *Il n'était guère plus* DE
onze heures (A. FRANCE, *Crainquebille,* VIII). — *Petite fille* DE *onze ans* (Fr. MAURIAC, *Robe
prétexte,* I). — *La demie* DE *onze heures* (MONTHERLANT, *Coups de soleil,* p. 59). — *Président*
DE *onze compagnies* (GIRAUDOUX, *Folle de Chaillot,* p. 17). — *Celle* [= la messe] DE *onze
heures* (H. BOSCO, *Oubli moins profond,* p. 329). — *La messe* DE *onze heures* (J. BOREL,
Retour, p. 418). — *La mort* DE *onze heures* (J. CABANIS, *Profondes années,* p. 77).

L'élision est habituelle dans les composés *belle* (ou *dame*)-D'*onze-heures*
(plante) et dans la locution *bouillon* D'*onze heures* (breuvage empoisonné).
Cependant, *bouillon* DE *onze heures* se trouve : B. BECK, *Contes à l'enfant né
coiffé,* p. 205 ; J. ANGLADE, *Tilleul du soir,* p. 15.

Hist. — Au XVIIe et au XVIIIe s., on écrivait LE *onzième* (blâmé par Vaugelas, p. 77) et
L'*onzième :*

[+]LA *onzième lettre* (SÉV., 12 sept. 1656). — LE *onzième jour* (Mme de MAINTENON,
Lettres, 27 sept. 1691). — [+]*Peut-être que* L'*onzième* [entreprise] *est prête d'éclater* (CORN.,
Cinna, II, 1). — *Dès* L'*onzième ou douzième proposition* (VOLT., *Lettres phil.,* t. II, p. 67).

« Quelques-uns disent encore, *l'onzième* », écrivait l'Ac. en 1878 comme en 1835. Voici
des ex. postérieurs, mais ce sont des coquetteries :

L'*onzième livre* (A. FRANCE, *Pierre Nozière,* p. 287). — L'*onzième volume* (THÉRIVE, dans
le *Temps,* 15 avril 1937). — L'*onzième provinciale* (GÉRARD-GAILLY, dans Sév., t. I, p. 966).
— *Natif de Bezons, électeur dans* L'*onzième* [arrondissement] (QUENEAU, *Pierrot mon ami,* I).

3° **La disjonction se produit devant *un* quant il est numéral** : nécessairement s'il est nominalisé ; facultativement et surtout pour insister sur
la quantité, s'il est déterminant :

Un nominalisé : *Le* UN *de telle rue* (AC.). — *Le* UN *de ce nombre est mal fait.* — *La clé*
DU *un* (= de la chambre n° 1). *En scène pour le un* (= premier acte) ! — *Sa photo a paru à la*
UNE [= première page] *des journaux.* — *Vos titres sont le Premier, l'Unique,* LE *Un* [à un
empereur] (CLAUDEL, *Repos du septième jour,* p. 9).

Un déterminant : *Des enfants* DE *un à douze ans* (LITTRÉ, s.v. *un,* 1°). — *Un retard* DE *une
heure 1/2* (STENDHAL, *Corresp.,* t. IX, p. 160). — *Malgré l'état effrayant des finances, le
gouvernement avait décidé qu'une somme* DE *un ou deux millions serait employée pour célébrer
[...] la fête de la Concorde* (TOCQUEVILLE, *Souvenirs,* p. 200). — *La pension n'était même pas*
DE *un franc, mais* DE *une drachme par jour* (LARBAUD, *A.O. Barnabooth,* Journal intime, Pl.,
p. 220). — *Des bonds* DE *un mètre* (JOUHANDEAU, dans le *Figaro litt.,* 13 sept. 1951). —
Quatorze pièces DE *un franc* (DANINOS, *ib.,* 6 oct. 1951). — DE *un mètre soixante-quatre*
(P. GUTH, *ib.,* 19 déc. 1953). — *Monsieur le Censeur recevait dans son cabinet à partir* DE *une
heure* (PAGNOL, *Temps des amours,* p. 265).

Sans disjonction : *Intention de ne rester* QU'*une heure, mais la soirée s'est prolongée
jusqu'à plus* D'*une heure du matin* (GIDE, *Journal,* 5 févr. 1931). — *L'échelle des salaires
allant* D'*un à cinq* (MAULNIER, *Sens des mots,* p. 187). — *Large* D'*un à deux centimètres*
(ROBBE-GRILLET, *Dans le labyrinthe,* p. 85).

Il n'y a pas de disjonction quand *un* est article ou pronom et dans les locutions *ne faire qu'un, c'est tout un : L'achat* D'*une voiture. Ce* QU'*une voiture
consomme. L'un après l'autre, les uns et les autres. Ils ne font* QU'*un.*

On dit *livre un, chapitre un,* sans élider *e :* [livrə-œ̃]. — Il est nécessaire de
détacher *un* dans la formule de l'Évangile : *Qu'ils soient* | *un comme nous sommes*
| *un* (Jean, XVII, 22).

Dans la phrase : *Ils me donnaient des nouvelles* DE *Untel* (J. HOUGRON, *Antijeu*, p. 119), on observe la tendance signalée plus loin *(f)*.

c) La disjonction est facultative devant les **mots** (ou syntagmes) **autonymes** (cités comme mots : § 450), ainsi que devant les **citations** intégrées dans la phrase :

Avec disjonction : *L'on ne dit plus guère* QUE *entretien* (LITTRÉ, s.v. *entretènement*). — *La langue moderne n'a guère formé* QUE *amerrir* (BRUNOT, *Pensée*, p. 214). — *Le remplacement* DE *employer* (FOUCHÉ, *Morphologie, le verbe*, pp. 52-53). — *La flexion* DE *esse* (ERNOUT, *Morphologie hist. du latin*, § 108). — *Cette croyance* QUE *avant est devenu un adverbe* (POTTIER, *Systématique des éléments de relation*, p. 196). — *L'opposition* DE *avoir et* DE *être* (J. DUBOIS, *Gramm. structurale*, Verbe, p. 127). — *Vous avez mis deux | aussi dans cette phrase. Dans | apercevoir, il ne faut qu'un p.*

Le goût est une maladie mortelle. C'est LE *« À quoi bon ! » littéraire* (J. RENARD, *Journal*, 1ᵉʳ juin 1902). — *C'était,* CE *après tout on s'en fiche, un exemplaire entre mille de ce magnifique langage* (PROUST, *Rech.*, t. III, p. 822). — *Le « On vient trop tard » et « Tout est dit » de La Bruyère* (GIDE, *Journal*, 28 oct. 1935).

Sans disjonction : *Le genre* D'ongle *a été longtemps incertain* (LITTRÉ, s.v. *ongle*). — *Un bizarre dédain pour le* C D'*« avec »* (J. Renard, *Journal*, 11 déc. 1901). — *Au sujet* D'amour, *hymne, orgue* (BRUNOT, *Pensée*, p. 92). — *Esteie et estant seraient refaits à partir* D'estre (DAMOURETTE et PICHON, § 810, note). — *Citons Dalidou (Provence),* D'Adélaïde (DAUZAT, *Noms de famille de Fr.*, p. 114). — *Ce ne pourrait plus être* QU'avoir (LE BIDOIS, § 709, note). — *La construction* DE *être est prédicative ; celle* D'avoir, *transitive* (BENVENISTE, *Problèmes de linguist. génér.*, p. 194) [remarquer l'inconséquence]. — *Le Larousse du XXᵉ siècle croit* QU'avoir *affaire avec quelqu'un suppose toujours un différend* (HANSE, 1949, p. 71).

CET *« il faut parce qu'il faut » ne serait que la conscience momentanément prise d'une traction subie* (BERGSON, *Deux sources de la morale et de la rel.*, p. 20). — *Bravo pour* LE Et voilà ! *[...] Il y a des abîmes dans* CET Et voilà ! (MONTHERLANT, *Démon du bien*, p. 82). — *Ce sont les champions de* L'après vous, *je n'en ferai rien* (DANINOS, *Carnets du major Thompson*, p. 83). — *[...] se figer [...] avant un* NOUVEL *« en avant, marche ! »* (M. COURNOT, dans le *Monde*, 2 juillet 1976).

La liaison paraît impossible dans : *Vous avez mis deux | aussi et deux | être dans cette phrase.*

On peut considérer comme des sortes de citations des expressions reprises à des langues étrangères :

L'éléphant représente [pour le Siam] *quelque chose comme* LE *Union Jack* [= drapeau de la Grande-Bretagne] (GIDE, trad. de : Conrad, *Typhon*, p. 28). — *Cette moustache est l'emblème de* LA *Air-Force* [= de l'aviation britannique] (CHARDONNE, *Vivre à Madère*, p. 22). — *Vous nous parlez [...]* DU *irish coffee* (F. MARCEAU, *Réponse au disc. de réc. de M. Déon à l'Acad.*).

Lorsque les mots employés par autonymie sont des mots grammaticaux monosyllabiques ou des morphèmes (préfixes, suffixes, désinences), la disjonction se fait presque toujours. Oralement, cette suite phonique serait incompréhensible sans coupure :

La part DE y *et celle de lui* (BRUNOT, *Pensée*, p. 384). — *La déclinaison* DE *is* (ERNOUT, *Morphol. hist. du latin*, § 108). — *La substitution* DE *-ot à -aud* (DAUZAT, *Noms de famille de*

Fr., p. 114). — *À côté* DE *-ons* (FOUCHÉ, *Morphologie, Verbe,* p. 191). — *L'emploi* DE *est* (LE BIDOIS, § 706). — *Le nom précédé* DE *en* (HANSE, 1949, p. 280).

Sans disjonction cependant : *En prononçant* CET *on, Marat regarda Danton* (HUGO, *Quatrevingt-tr.*, II, II, 2).

Cela s'applique aussi aux interjections, qui sont d'ailleurs souvent écrites avec des *h* expressifs :

> Le dialogue se poursuit ainsi DE ah ! en ah ! (DANINOS, *Carnets du major Thompson,* p. 179). — *Pousser un* | *ouf de soulagement.* — *Pousser* LE *« ouf ! » de l'écolier studieux* (A. ANGLÈS, dans la *Revue d'hist. litt. de la Fr.*, sept.-oct. 1978, p. 811). — *Une nouvelle salve* DE *hurrahs* [aujourd'hui, *hourras*] *monta vers les habiles aéronautes* (J. VERNE, *Robur le conquérant,* XVIII). — *Les* | *ollé ! retentissent dans l'arène.*

Pour *hélas !* la disjonction n'est pas obligatoire :

> Avec disjonction : *Que* DE *hélas ! faisait la pauvre fille* (MAC ORLAN, *Ancre de miséricorde,* p. 246). — [...] *qui, de la même encre, avait biffé* LE *hélas* (H. BAZIN, *Cri de la chouette,* p. 151) [mot autonyme].
> Sans disjonction : CET *hélas m'effraie* (Al. DUMAS, *Reine Margot,* XXVIII). — *Non ! plus* D'*hélas !* (E. ROSTAND, *Aiglon,* II, 9.)

Pour *hosanna,* la disjonction n'est pas indiquée d'ordinaire par les orthophonistes (toutefois, le *Trésor* exclut la liaison au pluriel : *Des* | *hosannas*). Elle se trouve pourtant : CE *hosanna* (PÉGUY, *Ève,* p. 135).

Ut, nom de note, malgré sa brièveté, n'entraîne pas la disjonction : *La clef* D'*ut* (AC.). — CET *ut* (AC.).

Remarque. — Les noms accidentels (autres que les noms autonymes et les citations) sont traités comme des noms ordinaires ; à plus forte raison, quand la nominalisation appartient à l'usage général :

> Le vierge, le vivace et le BEL *aujourd'hui* (MALLARMÉ, *Poés.,* Plusieurs sonnets, II). — *L'assouvissement de* L'*après justifiait les inappétences de* L'*avant* (HUYSMANS, *Là-bas,* cit. *Trésor,* s.v. *avant*). — *Aujourd'hui, j'ai erré dans* CET *autrefois qui m'attire d'autant plus qu'il ne reviendra jamais* (J. GREEN, *Journal,* 7 janv. 1942). — [...] *témoigner de ce que* L'*auparavant surclassait* L'*ensuite* (H. BAZIN, *Cri de la chouette,* p. 196). — CET *hier* (HUGO, cit. § 49, *a*) [mais : QUE *hier* (BRUNOT, *ib.*)].
> Un au revoir. L'*avant,* L'*arrière d'une voiture.* CET *aparté me déplaît.* — *Un long sanglot, tout chargé* D'*adieux* (BAUDEL., *Fl. du m.,* Mort des amants).

Comme nous l'avons dit plus haut, les monosyllabes et les interjections demandent souvent la disjonction :

> Qui ? on ? [...] LE On *qui est dans les ténèbres* (HUGO, *Misér.,* V, VI, 4). — *Mettre* LE *hola.* — Avec un mot anglais : *Dans* LE *off* [= théâtre amateur], *comme ailleurs, chacun veut vivre de son métier* (C. GODARD, dans le *Monde,* 8 août 1983).
> Pour *hallali,* cf. § 48, *a,* Hist. — *Ahan* n'est pas une interjection ou une onomatopée et n'entraîne pas la disjonction d'habitude : *Nageurs morts suivrons-nous* D'*ahan / Ton cours vers d'autres nébuleuses* (APOLLINAIRE, *Alcools,* Chanson du mal-aimé). — *Chaque fois qu'il montait sur un trottoir, il avait une sorte* D'*ahan* (MONTHERLANT, *Célibataires,* Pl., p. 844). — Il devient une onomatopée dans ces ex., ce qui justifie la disjonction : *Hélène a décrit* [...] *ce grognement, pas même :* CE *ahan comme venu des entrailles, qui accompagnait chaque souffle de la folle* (G.-E. CLANCIER, *Éternité plus un jour,* p. 293). — *À chaque tour de vis* [du pressoir à huile], *on entendait un déclic et* LE *ahan des hommes* (J. ORIEUX, *Figues de Berbérie,* p. 87).

d) Pour les **lettres** (les voyelles, ainsi que les consonnes dont le nom commence par une voyelle), qu'elles soient prises comme lettres ou comme représentant des sons, l'usage est particulièrement hésitant :

Avec disjonction : *Prononcez-vous* LE e *avec le timbre* DU eu *de* feu ? (A. MARTINET, *Prononc. du fr. contemp.*, p. 66.) — *Qui ne voit* QUE i *est grammaticalement nécessaire ?* (J. BÉDIER, dans Colin Muset, *Chansons*, p. 54.) — *Suivi* DE i (ERNOUT, *Morphologie hist. du latin*, § 303, A). — *Ce hachis* DE a *et* DE o (M. BEDEL, *Traité du plaisir*, p. 164). — *Le* x *est une consonne complexe* (BOURCIEZ, *Précis de phonét.*, § 112). — *Doublement* DE s (N. CATACH, *Orthogr. fr.*, p. 170). — *Puis elle ajoutait, en faisant rouler* LE ʀ *d'une façon distinguée, entre* LE ʀ *et* LE l, *et en prolongeant* LE a *aux limites des vibrations possibles :* Je l'adore (CHAMSON, *La neige et la fleur*, p. 124). — *Ma femme,* [...] *qui n'oublie jamais de prononcer* LE h *aspiré* (J.-L. CURTIS, *Miroir le long du chemin*, p. 142). — *La distribution* DU h *initial* (Cl. BLANCHE-BENVENISTE et A. CHERVEL, *Orthographe*, p. 62). — *Chevalets en forme* DE X (A. CAMUS, *Étranger*, p. 13).

Sans disjonction : *Un baiser, mais à tout prendre, qu'est-ce ?* [...] *Un point rose qu'on met sur* L'i *du verbe aimer* (E. ROSTAND, *Cyr.*, III, 10). — *Si* L'e *caduc se prononce comme* L'eu *de* feu (A. MARTINET, *Prononc. du fr. contemp.*, p. 64). — *Deux variétés* D'a *accentué* (Ch. BRUNEAU, *Manuel de phonét. pratique*, p. 79). — *Cet* ē (ERNOUT, *Morphologie hist. du latin*, § 221). — *L'*[é] *de* *recêvre (FOUCHÉ, *Morphologie. Verbe*, p. 55). — *L'*h *cessa même d'être écrit* (H. BONNARD, dans *Grand Lar. langue*, p. 271). — *Des avalanches* D'« R » *énormes* (CÉLINE, *Voy. au bout de la nuit*, F°, p. 360). — *Cet* s (N. CATACH, *Orthogr. fr.*, p. 165). — [*En wallon,*] L'sc, *ou le double* ss, *se rend régulièrement aussi par une* h *aspirée* (LITTRÉ, *Hist. de la langue fr.*, t. II, p. 134). — *En forme* D'X (ROBBE-GRILLET, *Projet pour une révolution à New York*, p. 208). — *En forme* D'L (Cl. SIMON, *Géorgiques*, p. 285).

Pour les consonnes, certains des exemples où nous avons vu une disjonction pourraient s'expliquer par l'épellation dite moderne : [fə] pour *f*, [lə] pour *l*, etc. Mais cela est peu vraisemblable, car cette épellation n'a pas eu un grand succès, en dehors de l'enseignement élémentaire. — Brunot distingue L's pour la lettre, à lire [ɛs], et LE s pour le son, à lire sans doute [sə] ou [s] : *Écrire* L's (*Pensée*, p. 102). — LE s *final s'assourdit* (p. 100).

Il semble que les auteurs qui donnent aux noms des consonnes *f*, *h*, etc. le genre féminin n'écrivent jamais LA *f*, LA *h*.

On notera que la liaison se fait sans doute plus facilement que l'élision : *Deux̮ a*. *Un̮ f* ; — et que l'article s'élide plus facilement que *de* ou *que* (et *que* moins facilement que *de*).

Employées comme symboles en mathématiques, les lettres demandent la disjonction, de même que les dérivés ordinaires de *n* et de *x* :

La puissance m DE a [...] *est le produit* DE m *facteurs égaux à a* (*Grand Lar. encycl.*, s.v. *puissance*). — *Pour* LA *énième fois* (G. PEREC, *Vie mode d'emploi*, p. 212). — *Pour* LA *ennième fois* (AYMÉ, *Confort intellectuel*, p. 174).

Ex. isolés : L'X *du problème* (DANIEL-ROPS, cit. Robert). — *À* L'*ennième coup de la partie d'échecs* (VALÉRY, *Variété*, Pl., p. 1199).

On ne fait pas la liaison dans des locutions comme *les rayons* | X, *les vitamines* | A. — Mais on dit toujours *l'X* pour l'École polytechnique.

Pour *X*, *Y* et *N* employés, sous l'influence des mathématiques, comme des espèces d'indéfinis, la disjonction paraît l'emporter :

La femme du jeune notaire D'*X*... (COLETTE, *Maison de Claud.*, XVII). — *Les bons avis du notaire* DE *X* (*ib.*). — *De jolis visages, après les trognes* DE *X*... (MONTHERLANT, *Coups de soleil*, p. 313). — *Selon qu'elles sont la femme* DE *X ou* DE *Y* (M. CARDINAL, *Autrement dit*, p. 44). — *Au bout* DE *X années de guerre* (Rob. ARON, *Léopold III ou le choix impossible*, p. 26).

Remarques. — 1. Les noms des lettres grecques sont traités comme des mots ordinaires : *L'alpha et* L'*oméga*. L'*iota souscrit*.

2. Employés comme noms au figuré pour désigner des objets, les noms de lettres rejettent la disjonction : *Sur* L'*X de hêtre* [pour scier des bûches] (COLETTE, *Maison de Claud.*, XXVI). — À plus forte raison, si le nom est écrit en entier : *À* L'*esse pendait un quartier de bœuf.*

3. Pour les **sigles**, si leur première lettre est une voyelle, il n'y a pas de disjonction : *L'ONU*, L'*URSS* [lyʀs] ou L'*U.R.S.S.* [lyɛʀɛsɛs].

Mais quand leur première lettre est une consonne dont le nom commence par une voyelle, la disjonction paraît l'emporter, pour *H.L.M.* par ex. :

LE *H.L.M.* (Fr. MALLET-JORIS, *Les signes et les prodiges*, p. 231). — AU *H.L.M.* (REZVANI, *Canard du doute*, p. 278). — *Cité* DE *H.L.M.* (M. CARDINAL, *Autrement dit*, p. 169). — *Affaire* D' *H.L.M.* (HÉRIAT, *Temps d'aimer*, p. 262).

Un sigle comme *F.E.W.* (= *Französisches etymologisches Wörterbuch*, de W. von Wartburg) peut se lire en épelant : [ɛfəve] ; — ou comme un mot ordinaire [fɛw], voire (hélas !) °[fju]. En tout cas, on écrit plus souvent LE *F.E.W.* (ou *FEW*) que L'*F.E.W.* :

L' : P. GARDETTE, dans la *Revue de linguist. romane*, 1964, p. 448. — *Le* : G. MATORÉ, *Hist. des dict. fr.*, p. 174 ; A. LEROND, *Habitation en Wallonie malmédienne*, p. 84 ; L. REMACLE, dans les *Dialectes de Wallonie*, 1982, p. 113. — *Du* : P. GARDETTE, dans la *Revue de linguist. romane*, 1964, p. 449 ; G. ROQUES, *ib.*, 1983, p. 188 ; R.-L. WAGNER, *Vocabulaires fr.*, t. I, p. 54 ; J. PICOCHE, *Vocab. picard d'autrefois*, p. XVII.

e) La disjonction est possible devant les **titres** d'ouvrages, de films, mais le plus souvent elle ne se fait pas :

Avec disjonction : *Celle* [= une taverne] [...] *du voyage à Londres* DE À rebours (GIDE, *Journal*, 19 janv. 1912). — *Certains morceaux* DE Un grand homme de province à Paris (G. LANSON, *Hist. de la litt. fr.*, p. 1004). — *C'est sans doute* QUE À la recherche du temps perdu *n'est pas achevé* (J. MADAULE, *Reconnaissances*, p. 142). — *Le très* BEAU Homme du Sud *de Jean Renoir, au Cinéma d'Essai* (Cl. MAURIAC, dans le *Figaro litt.*, 27 mai 1950). — *La lecture* DE En route (BILLY, *ib.*, 3 févr. 1951). — *Les grandes beautés* DE Un royaume de Dieu, DE À [*sic*] l'ombre de la Croix (Fr. MAURIAC, *ib.*, 7 févr. 1953).

Sans disjonction : *Un admirateur* D'À rebours (HUYSMANS, *Lettres inédites à Jules Destrée*, p. 67). — *Mon exemplaire* D'En route (J. RENARD, *Journal*, 2 avril 1895). — *L'En route de Huysmans est chrétien* (THIBAUDET, *Hist. de la litt. fr. de 1789 à nos jours*, p. 337). — *L'auteur* D'En route (Fr. MAURIAC, *D'autres et moi*, p. 180). — *Les premières pages* D'À la recherche du temps perdu (J. MADAULE, *Reconnaissances*, p. 84). — *Plongée dans la lecture* D'Elle (M. BUTOR, *Modification*, 10/18, p. 80). — *Les deux jeunes motocyclistes* D'Easy Rider [c'est un film] (S. de BEAUVOIR, *Tout compte fait*, p. 206). — *Le n° 9* D'Action (J. LACOUTURE, *André Malraux*, p. 26). — *À partir* D'Un amour de Swann (G. GENETTE, *Figures III*, p. 249).

f) Il y a une certaine tendance à faire la disjonction devant les **noms propres** de personnes, surtout après *que,* notamment lorsqu'ils sont courts, lorsqu'ils sont homophones d'autres mots, et aussi lorsqu'ils ont des consonances étrangères :

Il y aurait demain dans un journal QUE *Octave de T... a tué sa maîtresse* (MUSSET, *Conf. d'un enf. du siècle,* V, 6). — *La porte* [...] QUE *Ulph n'avait pas manqué de refermer* (SAND, *Homme de neige,* t. I, p. 58). — *De David et* [...] DE *Ingres* (BAUDEL., *Curiosités esthét.,* II). — *Une assez gentille Vierge* DE *Ottin* (FLAUB., *Voy.,* t. I, p. 290). — *Les lettres* DE *Aziyadé* (LOTI, *Aziyadé,* IV, 12). — *Le livre* DE *Unamuno* (GIDE, *Journal,* t. I, p. 549). — *La somme* QUE *Eugène, le fils aîné, a reçue* (ID., *ib.,* p. 375). — *Aussi pure* QUE *Ève avant le premier péché* (PÉGUY, *Porche du myst. de la deux. vertu,* p. 88). — *L'abbé Corneille disait doucement à Christophe* QUE *Aubert lui rappelait des paysans français* (R. ROLLAND, *Jean-Chr.,* VII, p. 174). — *Mon piano,* — *mon* VIEUX *Érard mélodieux* (CLAUDEL, lettre publiée dans *Europe,* mars 1982, p. 155). — *Tandis* QUE *Arsène, hors de lui* [...] (BERNANOS, *M. Ouine,* p. 58). — *Vous connaissez bien le vieux dicton : Lorsque Adam* [cf. § 45, *b,* 4°] *labourait et* QUE *Ève filait, où était le gentilhomme ?* (ID., *Dialogues des Carmélites,* III, 6.) — *Le moins qu'on puisse dire est* QUE *Ève de Balzac nous y est présentée sans sympathie excessive* (BILLY, dans le *Figaro litt.,* 21 juillet 1966). — *La compagnie* DE *Ange* (F. DESONAY, *Ange,* p. 106). — *Le descendant de François Arago, et le fils* DU *Arago qui a été le chef du « Bloc national »* (E. BERL, *Interrogatoire par Patrick Modiano,* p. 101). — *Le père* DE *Ilse* (J. CABANIS, *Bonheur du jour,* XV). — *Un analyste plus important* QUE *Althusser* (Emm. TODD, *Le fou et le prolétaire,* p. 140). — *La veuve* DU *Yves Le Quellec* [dit un personnage] (J. CHAMPION, *Passion selon Martial Montaurian,* p. 105).

Assez souvent lorsqu'un nom est réduit à l'initiale (comp. *d* ci-dessus) : *On peut ajouter* [...] QUE *A. Meillet disait* [...] (M. COHEN, dans le *Bull. de la Soc. de ling. de Paris,* 1936, p. 15). — *Le chapitre* DE *A. Pézard* (L. BINET, dans le *Figaro litt.,* 21 avril 1951). — DE *A. Artaud* (petit *Robert,* s.v. *ombilic).*

Rarement devant un nom de lieu : *Il a annoncé* QUE *Arras et Amiens étaient prises* (J. CABANIS, *Profondes années,* p. 157).

SECTION 4. — NOTIONS DE PHONÉTIQUE HISTORIQUE

51 Le français, dans son fonds essentiel, est issu du latin populaire, accru de quelques survivances gauloises et de mots germaniques, surtout franciques. Les sons de ces mots dits populaires (par opposition aux mots empruntés par la suite : cf. § 152) ont subi des changements successifs, qui se sont opérés de façon inconsciente et selon des lois constantes (sauf accidents), c'est-à-dire qu'un même son, les conditions (accentuation, voisinage) étant les mêmes, a subi, quel que fût le mot, des modifications identiques.

Par ex., [k] initial (écrit *c* en latin) suivi de *a* aboutit à [ʃ] en français, écrit *ch* : *caballu(m)* [3] > cheval ; — *cantare* > chanter ; — *camisia* (mot sans doute gaulois attesté en latin au IVe s. après J.-C.) > chemise ; — germanique **kampjo* > lat. tardif *campione(m)* > champion.

Les étapes successives de l'évolution phonétique ont été nombreuses ; nous ne mentionnerons, en général, que les deux étapes extrêmes.

Remarque. — Les mots empruntés, au latin ou à d'autres langues, connaissent aussi des modifications phonétiques, mais celles-ci ne peuvent être exprimées sous forme de lois.

I. — Voyelles

52   L'**accent tonique** joue un rôle très important dans l'évolution phonétique du latin au français : l'accent affecte en français la même syllabe qu'en latin, et la voyelle frappée de cet accent, ou *voyelle tonique,* persiste toujours (telle quelle ou modifiée) dans le mot français : *fábula(m)* > fable ; *placére* > plaisir ; *redemptióne(m)* > rançon.

En latin, les mots de deux syllabes avaient l'accent sur l'avant-dernière syllabe (= la *pénultième*) : *spína.* Les mots de plus de deux syllabes l'avaient sur la pénultième si elle était longue : *amáre ;* — sur l'antépénultième si la pénultième était brève : *gubernácŭlum.*

Certains mots latins faisaient corps phonétiquement avec le mot voisin et n'avaient pas d'accent : *aut, nec, et, si, ubi, de, sine, in,* etc. Les uns, dits *proclitiques,* s'appuyaient sur le mot suivant ; d'autres, dits *enclitiques,* s'appuyaient sur le mot précédent.

Il existe aussi en latin un accent secondaire qui frappe la syllabe *initiale* des polysyllabes. La voyelle de cette syllabe, ou *voyelle initiale,* a souvent subsisté en français.

Les autres voyelles sont dites *atones.* On les appelle *protoniques* si elles précèdent la voyelle tonique et *posttoniques* si elles la suivent. Les voyelles atones du latin ont disparu en français ou se sont affaiblies.

Remarque. — Une voyelle est **libre** quand elle termine la syllabe *(syllabe ouverte)* : *m*E, *m*A-*re, in-t*E-*gru(m).* Une voyelle est **entravée** quand elle ne termine pas la syllabe *(syllabe fermée)* : *m*Or-*te(m), cr*ES-*ce-re ;* l'entrave peut remonter au latin ou s'être produite ensuite.

---

3. Comme les noms, les adjectifs ou les pronoms du fr. moderne proviennent, en général, du cas régime (cf. §§ 8-9) de l'ancien fr., et ce cas régime de l'accusatif latin, nous donnons d'ordinaire l'étymon sous la forme de l'accusatif, en mettant entre parenthèses certaines lettres qui ne se prononçaient plus dès l'époque latine, et notamment *m* final.

Dans certains monosyllabes accentués, *cór, mél, trés,* etc., la voyelle suivie d'une seule consonne terminant le mot a été traitée comme libre, parce que cette consonne était rattachée à l'initiale vocalique du mot suivant et faisait syllabe avec celle-ci. Comp. § 41, Rem. 2.

Voyelles atones

53   Dans la **syllabe finale,** *a* devient [ə] : *tábula(m)* > table ; *rósa(m)* > rose. Les voyelles autres que *a* tombent dans les mots accentués sur la pénultième : *náue(m)* > nef ; *púros* > purs ; *dónu(m)* > don.

Toutefois ces voyelles finales autres que *a* se retrouvent sous forme de [ə] : 1° dans les mots accentués sur la pénultième, après certaines suites de consonnes : *fébre(m)* > fièvre ; *sómniu(m)* > songe ; *símiu(m)* > singe ; *(h)órdeu(m)* [ɔʀdju] > orge ; — 2° dans les mots accentués sur l'antépénultième : *téndēre* > tendre ; *púlice(m)* > puce.

54   Dans l'**avant-dernière syllabe,** la voyelle atone qui suit la syllabe accentuée disparaît toujours : *uéndēre* > vendre ; *ásinu(m)* > âne ; *árbore(m)* > arbre.

55   Dans une **syllabe protonique non initiale,** *a* s'affaiblit en [ə] : *ornaméntu(m)* > ornement ; *cantar(e)-hábeo* > chanterai ; *devota-ménte* > dévotement.

Cet [ə] a souvent disparu dans l'orthographe moderne : *armatúra(m)* > armeure > armure ; *paradísu(m)* > parevis > parvis.

Mais les voyelles protoniques autres que *a* tombent : *claritáte(m)* > clarté ; *uerecúndia(m)* > vergogne ; *simuláre* > sembler.

Toutefois elles se sont conservées (sous la forme d'un [ə] quand elles étaient libres) devant ou après certains groupes de consonnes : *merc(u)ridíe* > mercredi ; *gubernáculu(m)* > gouvernail ; — ou encore devant *l* ou *n* mouillés : *papilióne(m)* > pavillon ; *quatrinióne(m)* > carignon, refait en *carillon.*

Voyelles initiales

56   Dans une syllabe initiale, régulièrement la voyelle subsiste (telle quelle ou modifiée) : *nepóte(m)* > neveu ; *ciuitáte(m)* > cité ; *iudicáre* > juger.

Cependant, les voyelles en hiatus ont généralement disparu après l'anc. fr. : *uĭdére* > veoir > voir ; *pauóre(m)* > peeur > peur. Elles sont parfois maintenues dans l'écriture : **(h)abútu(m)* > eu [y] ; *a(u)gústu(m)* > aost > aoust > [u] écrit *août.*

Cas particuliers : *a* s'est combiné avec *i* pour former [ɛ] écrit *ai* dans **fagína* > faïne > [fɛn] écrit *faine ;* introduction d'un yod dans **batare* > baër > bayer [baje] ; la voyelle initiale a imposé son timbre dans *pauóne(m)* > paon [pã].

57   *A,* libre ou entravé, reste généralement intact : *latróne(m)* > larron ; *partíre* > partir.

S'il est libre et précédé d'un *c,* il s'affaiblit en [ə] : *cabállu(m)* > cheval ; *camísia(m)* > chemise.

E fermé (*ĕ, ē, ĭ* du lat. class.) libre s'affaiblit en [ə] : *tĕnére* > tenir ; *dēbére* > devoir ; *pīláre* > peler.

S'il est entravé, il devient [ɛ] : *uĕstīre* > vêtir ; *uĭrtúte(m)* > vertu.

Toutefois *e* fermé libre ou entravé devient souvent *a : mĕrcátu(m)* > marché ; *pīgrítia(m)* > paresse ; *zēlósu(m)* > jaloux.

I (*ī* du lat. classique), libre ou entravé, reste généralement intact : *rīpária(m)* > rivière.

O fermé (*ŏ, ō* et *ŭ* du lat. class.), libre ou entravé, aboutit à [u], écrit *ou : dŏlóre(m)* > douleur ; *tōrnáre* > tourner ; *cŭbáre* > couver.

U (*ū* du lat. class., [u]), libre ou entravé, devient [y], écrit *u : dūráre* > durer.

Au devient *o* généralement ouvert : *aurícula(m)* > oreille ; en hiatus, *o* passe à [u] (écrit *ou*) : *audíre* > oïr > ouïr.

Voyelles toniques

58   *a) A* tonique *libre* devient [ɛ] devant une consonne articulée : *fába(m)* > fève ; — il devient [e] à la finale : *claritáte(m)* > clarté ; *cláue(m)* > [kle] écrit *clef ; fáta(m)* > [fé] écrit *fée*.

Toutefois *a* tonique s'est maintenu dans la désinence des troisièmes personnes du singulier au passé simple des verbes en *-er : cantáuit* > chanta ; — dans *(h)ábes* > as ; *(h)ábet* > a ; *uáde* > va ; *uádis* > vas ; *uádit* > va ; — dans *illac* > là ; *quáre* > car ; *mále* > mal.

b) A tonique *entravé* persiste en français : *árbŏre(m)* > arbre.

59   *a) E* **ouvert** (*ĕ* du lat. class.) tonique *libre* devient [jɛ] devant une consonne articulée : *pĕtra(m)* > pierre ; — il devient [je] à la finale : *pĕde(m)* > [pje] écrit *pied*.

L'ancienne graphie *pié*, qu'on trouve encore en prose au XVIIIᵉ s. (DIDEROT, *Neveu de Rameau*, p. 21), est utilisée plus tard comme licence poétique pour que la rime soit satisfaisante à l'œil : *pié* est associé à *envoyé* par Musset (*Prem. poés.*, Namouna, II, 48).

b) E ouvert *devant une entrave* latine persiste : *hĕrba(m)* > herbe.

60   *a) E* **fermé** (*ē, ĭ* du lat. class.) tonique *libre* devient [ei] puis, par une évolution complexe, [wɛ]. De là, généralement, il aboutit à [wA] écrit *oi : (h)abēre* > aveir > avoir [AVwAR]. Parfois [wɛ] s'est réduit à [ɛ], que l'Académie écrit *ai* depuis 1835 : *crēta(m)* > creie > croie > craie [kʀɛ] ; *(h)abēbat* > aveit > avoit > avait [Avɛ].

La prononciation [wA] est attestée dès le XIVᵉ s., mais elle était encore tenue pour populaire au XVIIᵉ s. : *par fouas* pour *parfois* est mis dans la bouche d'un paysan (MOL., *D. Juan*, II, 1). Elle a triomphé à la Révolution : « En 1814, le Roi, en rentrant, se rendra ridicule, en disant à l'ancienne mode : *Moe, le Roe* » (Brunot, *Hist.*, t. X, p. 96). Mais elle subsiste jusqu'à nos jours dans le fr. populaire de certaines provinces du Centre et de l'Est.

L'évolution [wɛ] > [wA] a entraîné certains mots où [wɛ] avait une autre origine : *medulla(m)* > moelle [mwAl] ; *sud-ouest* écrit *suroît* et prononcé [syRwA] dans les sens « vent du sud-ouest » et « vêtement de marin ». D'autre part, *boîte* s'est écrit *boëte* (par ex., MONTESQ., *L. pers.*, XXV), etc.

La réduction de [wɛ] à [ɛ] date aussi du XIVᵉ s. Elle est admise par Vaugelas « comme plus douce et plus delicate » (p. 98), dans *je faisois, je connois, Anglois*, etc., mais aussi dans des mots où nous avons [wA] aujourd'hui : *froid, croire*, etc. De là les rimes *estre / paroistre* (MOL., *D. Garcie*, I, 1), *laide/frede* (variante : *froide*) (VOITURE, *Poés.*, XCVI). Mais Corneille fait rimer *connoi (= connais)* et *toi* (*Menteur*, II, 3), *parlois (= parlais)* et *lois* (*Illus.*, II, 2). — La répartition actuelle n'était pas encore assurée au XIXᵉ s. : Louis-Philippe disait *les Hongrais*, rapporte Hugo (texte publié par H. Guillemin, dans le *Figaro litt.*, 20 déc. 1952) ; un personnage de Balzac disait *« frait pour froid »*, mais « son langage était celui de la vieille cour » (*Lys dans la vallée*, p. 96). — Il nous reste des doublets : *roide* et *raide, harnois* et *harnais, François* et *Français, Langlois* et *Anglais ;* cf. aussi § 168, 4 *(-aie)*. — Le fr. pop. dit encore [fRɛ] pour *froid* dans l'Ouest et au Canada (où l'on a même un féminin *frette*) : *Quand il fait ben* FRET (HÉMON, *M. Chapdel.*, X).

b) E fermé tonique *entravé* devient [ɛ] : *lĭttera(m)* > lettre ; *crĭsta(m)* > crête.

61   *I* (*ī* du lat. class.) tonique, libre ou entravé, se maintient intact : *uīta(m)* > vie ; *scrīptu(m)* > écrit.

62   *a) O* ouvert (*ŏ* du lat. class.) et *o* fermé (*ō, ŭ,* du lat. class.) *libres* deviennent [œ] (écrit *eu*) devant une consonne articulée : *filiŏlu(m)* > filleul ; *flōre(m)* > fleur ; *gŭla(m)* > gueule ; — ils deviennent [ø] à la finale : *pŏtei* > peut ; *nódu(m)* > nœud.

b) O ouvert *entravé* reste généralement intact : *mŏrte(m)* > mort ; — mais *o* fermé entravé devient [u] écrit *ou : cō(n)stat* > coûte ; *bŭccà(m)* > bouche.

63   *U* long [u] tonique, libre ou entravé, devient [y] (écrit *u*) : *mūru(m)* > mur ; *lūna(m)* > lune ; *fūste(m)* > fût.

64   *Au* tonique, libre ou entravé, devient généralement [ɔ] : *áuru(m)* > or ; *fábrica(m)* > *fáurga(m)* > forge.

Influences du yod, des consonnes nasales, de I vocalisé

65   **Influence du yod** sur les voyelles.

Ce yod peut 1° être un [j] du latin class., écrit *i* selon l'ancienne tradition ressuscitée de nos jours, tandis que, pendant plusieurs siècles (et souvent encore aujourd'hui), on l'a écrit *j* sous l'influence du français : *máior ;* — 2° être un [j] du latin vulgaire, issu d'un *ĭ* ou d'un *ĕ* en hiatus : *córiu(m), naúsea(m) ;* — 3° provenir d'un *c* ou d'un *g* qui se sont transformés en [j] ou qui ont dégagé un [j] : *nócte(m), déce(m).*

L'action du yod peut se faire sur la voyelle qui le précède immédiatement ou sur la voyelle dont il est séparé par certaines consonnes : dans *naúsea(m)*, il y a eu interversion de *s* et de yod.

Le yod moderne, issu de *l* mouillé (§ 33, *b*, Hist.), n'a pas eu d'influence sur les voyelles.

a) Devant un yod pouvant se combiner avec la voyelle :

A devient [ɛ] (écrit *ai*) : *máior* > maire ; *mansióne(m)* > maison.

Dans les suffixes *-ariu(m)*, *-aria(m)*, il devient *-ier* [je], *-ière* : *panáriu(m)* > panier ; *ripária(m)* > rivière. — Entre deux yods, il devient *i* : *iácet* > gît.

E **ouvert** devient *i* : *dĕce(m)* > dix.

E **fermé** et *o* **fermé** toniques, *au,* *e* et *o* initiaux deviennent [wa] (écrit *oi*) : *fēria(m)* > foire ; *rasōriu(m)* > rasoir ; *naúsea(m)* > noise ; *messióne(m)* > moisson ; *otiósu(m)* > oiseux ; *clausióne(m)* > cloison.

O **ouvert** tonique et *u* deviennent *ui* : *cŏriu(m)* > cuir ; *nŏcte(m)* > nuit ; *frŭctu(m)* > fruit ; *lucénte(m)* > luisant.

b) Devant un yod qui se combine avec une autre consonne pour produire une entrave : **a** reste intact : *áliu(m)* > ail ; — *e* **fermé** devient [ɛ] : *consīliu(m)* > conseil ; *pigrĭtia(m)* > paresse ; — *o* **fermé** devant *l* devient [u] (écrit *ou*) : *fenŭc(u)lu(m)* > fenouil.

c) Après un yod ou après une consonne sur laquelle agit un yod : *a* tonique devient [je] (généralement réduit plus tard à [e]) : *basiáre* > baisier > baiser ; *cler(i)cátu(m)* > clergiet > clergé ; *purgáre* > purgier > purger ; *adiutáre* > aidier > aider ; *coag(u)láre* > caillier > cailler ; — *e* **fermé** devient *i* : *cēra(m)* > cire ; *licēre* > loisir ; *pagē(n)se(m)* > pays.

La réduction de *-ier* à *-er* s'est faite par analogie dans des mots où on avait le suffixe *-ier* : berger, boucher, etc. ; cf. § 168, 37.

66　　　**Influence des consonnes nasales** *m* et *n* sur les voyelles.

a) Si la consonne nasale s'articule (devant voyelle ou devant *e* muet) :

1° La voyelle initiale n'en est pas influencée : *amánte(m)* > amant ; *ueníre* > venir ; *sonáre* > sonner (*o* ne passe pas à [u]).

2° Les voyelles toniques subsistent (à la réserve que *u* [u] devient [y] et *au* devient *o*, selon des lois plus générales) sous la forme ouverte : *farīna(m)* > farine ; *plēna(m)* > pleine ; *lūna(m)* > lune ; *persōna(m)* > personne ; *ságma* > lat. vulg. **sáuma* > somme.

Seul *a* fait exception : il devient [ɛ] : *lána(m)* > laine.

Tel est l'aboutissement en fr. moderne, mais antérieurement les voyelles suivies d'une consonne nasale étaient elles-mêmes nasalisées : on prononçait *bone* [bɔ̃n], d'où la graphie *bonne,* que nous avons conservée. Encore au XVIIᵉ s., la servante Martine confondait *grammaire* et *grand-mère* (MOL., *F. sav.,* II, 6).

b) Si la consonne nasale est devenue finale, la voyelle se combine avec cette consonne nasale et se nasalise :

A, e **fermé**, *i* **long** aboutissent à [ɛ̃] (écrit respectivement *ain, aim, — ein, eim, — in*) : *gránu(m)* > grain ; *dámu(m)* > daim ; *plénu(m)* > plein ; *Rēmis* > Reims ; *crīne(m)* > crin.

Lorsque *a* est sous l'influence d'un yod (cf. § 65, *c*), il devient [jɛ̃], écrit *ien : cane(m)* > chien.

E **ouvert** aboutit à [jɛ̃] (écrit *ien*) : *bĕne* > bien.

O (ouvert ou fermé) aboutit à [ɔ̃] (écrit *on, om*) : *dōnu(m)* > don ; *nōmen* > nom ; *bŏnu(m)* > bon.

U long aboutit à [œ̃] écrit *un* : *commūne(m)* > commun. Voir cependant § 25, *a*, Rem.

c) Si la voyelle est entravée par une nasale suivie d'une consonne, elle se combine avec cette consonne nasale et se nasalise :

A, e ouvert, *e* fermé aboutissent à [ã] (écrit respectivement *an, am, — en, em, — en, em*) : *cantáre* > chanter ; *cámpu(m)* > champ ; *uĕntu(m)* > vent ; *tĕmpus* > temps ; *uēndĕre* > vendre ; *sĭm(u)lat* > semble.

I **long** aboutit à [ɛ̃] (écrit *in*) : *prīncipe(m)* > prince.

O (ouvert ou fermé) et *au* aboutissent à [ɔ̃] (écrit *on, om*) : *pŏnte(m)* > pont ; *cóm(i)te(m)* > comte ; **móntare* > monter ; *a(u)únc(u)lu(m)* > oncle.

67   Devant *n* mouillé par un yod :

a) Si *n* mouillé subsiste :

A et *i* **long** restent intacts : *Hispánia(m)* > Espagne ; *līnea(m)* > ligne.

E **ouvert** devient [jɛ] (écrit *ie, iè*) : *uĕnia(m)* > viegne, refait en *vienne ; Compĕn(d)ia* > Compiègne.

E **fermé** devient [ɛ] : *tīnea(m)* > teigne.

O (ouvert ou fermé) reste ou devient [ɔ] : *carōnea(m)* > charogne.

Pour le son [ɲ] on a la graphie *ign* dans *teigne, oignon*, et aussi dans *Montaigne* (qu'on devrait prononcer comme *montagne*, mais cette prononciation a pour ainsi dire disparu).

b) Si *n* mouillé devient final ou est suivi d'une consonne, ces différentes voyelles se combinent avec cet *n* et aboutissent à la voyelle nasale [ɛ̃] (diversement orthographiée) : *bálneu(m)* > bain ; *pláng(e)re* > plaindre ; *ingĕniu(m)* > engin ; *sĭgnu(m)* > seing ; *pĭng(e)re* > peindre ; *scrĭniu(m)* > écrin.

Toutefois **o**, se combinant avec *n* mouillé, produit [wɛ̃] (écrit *oin*) : *testimōniu(m)* > témoin ; *lŏnge* > loin.

68   **Influence de *l* vocalisé.** — La consonne *l* suivie d'une autre consonne s'est vocalisée en [u] après *a, e, o ;* cet [u] s'est combiné avec la voyelle qui le précède, ce qui a donné les résultats suivants :

A + l > [aw] > [o] (écrit *au*) : *álba(m)* > aube ; *pálma(m)* > paume ;

E ouvert *+ l* > [eaw] > [o] (écrit *eau*) : *castéllos* > châteaux ; *pélles* > peaux ;

E fermé *+ l* > [ø] (écrit *eu*) : *capĭllos* > cheveux ;

O (ouvert ou fermé) *+ l* > [u] (écrit *ou*) : *pŏll(i)ce(m)* > pouce ; *sōl(i)dáre* > souder ; *púluerem* > **púl(ue)ra(m)* > poudre.

L vocalisé après *u*, *i*, s'est fondu avec ces voyelles : *púl(i)ce(m)* > puce ; *fil(i)célla(m)* > ficelle. — Le picard a vocalisé *l* aussi après *i*, par ex. dans *fieus*, francien *fiz* (aujourd'hui *fils*) : *A !* FIEUS *a putain* (J. BODEL, *Jeu de s. Nicolas*, 134). Cette forme picarde a souvent été écrite *fieux* par la suite. Cf. § 90, *e*, Hist.

II. — Consonnes

Consonnes initiales
et consonnes intérieures après une consonne

69   Les consonnes initiales et les consonnes intérieures après une consonne et avant une voyelle restent intactes. Toutefois :

1° **[k]** (écrit *c*) devant *e*, *i* devient [s] (écrit *c*) : *céra(m)* > cire ; *cínere(m)* > cendre ; *rúmice(m)* > ronce ; *radicína(m)* > racine. Devant *a*, il devient [ʃ] (écrit *ch*) : *cabállu(m)* > cheval ; *fúrca(m)* > fourche.

2° **[g]** (écrit *g*) devant *a*, *e*, *i* devient [ʒ] (écrit *j*, *g*) : *gálbinu(m)* > jaune ; *geláre* > geler ; *purgáre* > purger ; *argéntu(m)* > argent ; *argílla(m)* > argile.

3° **[j]** (écrit *i* ou, abusivement, *j* : cf. § 65) et **[dj]** (lat. class. *de*, *di* + voyelle) deviennent [ʒ], écrit *j*, *g* : *iúgu(m)* > joug ; *iácet* > gît ; *(h)órdeu(m)* > orge ; *diúrnu(m)* > jour.

Dans le groupe *n* + *d* + [j], le yod mouille l'*n* : *uerecúndia(m)* > vergogne.

4° Dans le groupe **t** + yod, le *t*, précédé d'une consonne, devient [s] (écrit *s*, *ss*, *c*) : *máttea(m)* > masse ; *infántia(m)* > enfance.

5° **[w]** (écrit *u*, selon l'ancienne tradition ressuscitée de nos jours par les érudits, ordinairement *v*, depuis le XVIᵉ s.) est devenu [v] : *uidére* > voir.

[w] se trouvait aussi dans des mots germaniques du fonds primitif ; il est devenu [g] : francique **wáfel* > gaufre. Cette évolution a entraîné des mots latins : *uágina* > gaine. Le [w] d'origine germanique s'est maintenu dans les dialectes du Nord et de l'Est et, par conséquent, dans des noms de lieux et de personnes : *Warneton*, *Wallon*, etc. ; cf. § 49, *b*, note.

6° L'*h* latin avait cessé de se prononcer dès l'époque classique ; il n'a donc pas laissé de traces dans les langues romanes : *(h)ómo* > on ; *(h)abére* > avoir.

On l'a souvent réintroduit dans l'écriture pour imiter l'orthographe latine : *(h)óminem* > anc. fr. ome, écrit ensuite *homme*.
Mais l'aspirée *h* a été connue dans le nord de la Gaule par l'introduction de mots germaniques : francique **háppja* > hache ; francique **hágja* > haie, ce qui a entraîné certains mots d'origine latine : *hinníre* > hennir. Cette aspiration a cessé de se faire sentir en français central vers la fin du moyen âge, mais l'*h* continue à entraîner la disjonction : *le hareng ;* cf. § 48. L'aspiration subsiste dans certaines régions : cf. § 31, Rem.

70   Dans les mots latins où *s* initial était suivi d'une consonne s'est développé un *e prosthétique* (ou *prothétique*), qui facilitait la prononciation ; l'*s* s'est ensuite effacé (§ 73): *spína(m)* > espine > épine ; *stélla(m)* > **stéla(m)* > estoile > étoile ; *scála(m)* > eschiele > échelle.

Toutefois, dans un certain nombre de mots d'emprunt ou qui ont subi une influence savante, l'*s* après *e* prosthétique a été maintenu : *esprit, espace, espèce, espérer,* etc.

D'autre part, dans certains mots savants, l'*e* prosthétique ajouté anciennement ne s'est pas maintenu ; ainsi on a dit autrefois : *escorpion, especial, espatule, esperme, espirituel, estile,* etc. : *Dieu a ce royaume en* ESPECIALLE *recommendation* (COMMYNES, t. II, p. 45). — L'*e* prosthétique a été ajouté aussi à des mots empruntés à l'italien : *escale, escadron.*

Ce même *e* prosthétique, le langage populaire le fait encore entendre volontiers dans des mots savants et dit, par exemple : *espécial, estatue, estation, esquelette, escaphandre* (PAGNOL, *Fanny,* II, 7), etc. En dehors de la langue populaire : ESPÉCIALE *volonté de Dieu* (CLAUDEL, *Cinq gr. odes,* III). Claudel se justifie ainsi : « Je préfère cette forme très française à la forme « spéciale » qui est sèche et scolastique et n'insiste pas assez. L'*e* initial écrase comme un pouce » (dans Claudel et Gide, *Corresp.,* p. 132).

Consonnes intérieures après une voyelle

71 Pour [k], écrit *c,* et [g], écrit *g,* distinguons :

a) **Voyelle + *c, g* + voyelle :**

1° *C* et *g* devant *o* et *u* tombent ; ils tombent aussi dans le cas de *o, u + c, g + a : lucóre(m)* > lueur ; *secúru(m)* > sûr ; *augústum* > lat. vulg. **agústu(m)* > août ; *locáre* > louer ; *lactúca(m)* > laitue ; *sanguisúga(m)* > sangsue.

2° Dans le cas de *a, e, i + c, g + a,* les consonnes *c, g* se résolvent en un yod qui se combine (ou se fond) avec la voyelle précédente : *báca(m)* > baie ; *necáre* > noyer ; *amíca(m)* > amie ; *plága(m)* > plaie ; *regále(m)* > royal ; *castígat* > châtie.

3° Devant *e, i,* la consonne *c* devient [z] (écrit *s*) et s'amuït à la finale (où il s'écrit parfois *x*) : *placére* > plaisir ; *uóce(m)* > voix ; — *g* aboutit le plus souvent à un yod, qui se combine ou se fond avec les sons voisins : **fagína(m)* > faine ; *rége(m)* > roi.

b) **Voyelle + *c, g* + consonne :** *c* et *g* se résolvent en un yod.

1° Devant *l,* le yod mouille celui-ci, *l* mouillé devenant ensuite [j] (§ 33, *b,* Hist.) : *mácula(m)* > maille ; *coag(u)láre* > cailler.

2° Le groupe *gn* [ŋ] aboutit à *n* mouillé, qui disparaît à la finale en nasalisant la voyelle précédente : *agnéllu(m)* > agneau ; *púgnum* > [pwɛ̃], écrit *poing.*

3° Devant une consonne autre que *l* et *n,* le yod se combine avec la voyelle précédente : *nócte(m)* > nuit ; *légit* > lit ; cf. § 65.

72 *a)* *T* et *d* devant une voyelle ou une consonne disparaissent : *natiuu(m)* > naïf ; *sudáre* > suer ; *testimóniu(m)* > témoin ; *mand(u)cáre* > manger.

Les groupes *tr, dr* entre voyelles, se réduisent à [R] (écrit *rr, r*) : *pétra(m)* > pierre ; *claúdere* > clore.

b) Dans le groupe *t* + yod, le *t* devient [z] (écrit *s*) et le yod se combine avec la voyelle précédente : *potióne(m)* > poison ; cf. § 65.

c) Dans le groupe *d* + yod, le *d* tombe et le yod se combine avec la voyelle précédente : *gaúdia* > joie.

73 *S* entre voyelles devient [z] (écrit *s*) : *ausáre* > oser.
Devant une consonne, il tombe : *ásperu(m)* > aspre > âpre ; *tésta(m)* > teste > tête ; *respónsa(m)* > response > réponse.

L'*s* des mots comme *aspre, teste*, etc., qui ne se prononçait plus depuis la fin du XIIᵉ siècle, n'a été supprimé dans l'écriture par l'Académie qu'en 1740. La chute de l'*s* a allongé la voyelle précédente ; cet allongement a été généralement marqué dans l'orthographe moderne par un accent : aigu pour [e] atone *(réponse)*, circonflexe pour les autres voyelles *(âpre)*. — L'orthographe a maintenu l'*s* dans la forme verbale *est* et dans beaucoup de noms propres : *Dufresnoy, Leconte de Lisle, Asnières, Suresnes*. — L'*s* se prononce dans les mots d'emprunt : comp. *bâton* et *bastonnade* (empr. à l'ital.) ; *hôtel* et *hostellerie* (repris à l'anc. fr.).

74 *a)* *P, b,* devant une voyelle ou devant *r,* deviennent *v :* *lúpa(m)* > louve ; *tabérna(m)* > taverne ; *cápra(m)* > chèvre ; *fébre(m)* > fièvre ; — [w] (écrit *u* ou *v :* cf. § 69, 5°) devient *v : leuare* > lever.

Toutefois *b,* et [w] devant *o, u,* tombent : *tabóne(m)* > taon [tã] ; *pauóne(m)* > paon [pã].

b) *P* devant *l* devient *b :* *dúplu(m)* > double ; quant à *b,* devant *l,* il reste intact : *tábula(m)* > table.

c) Dans le groupe *p* + yod, le yod se transforme en [ʃ] (écrit *ch*) et *p* tombe : *sápia(m)* > sache. — Dans les groupes *b* + yod, [w] + yod, le yod se transforme en [ʒ] (écrit *j, g*) et *b,* [w] tombent : *rábia(m)* > rage ; *cáuea(m)* > cage.

d) *P, b,* et [w] devant une consonne autre que *r, l* tombent : *cápsa(m)* > châsse ; *cúb(i)tu(m)* > coude ; *nau(i)gáre* > nager.

75 *a)* *R, l, m, n,* entre voyelles, restent intacts : *cúra(m)* > cure ; *dolóre(m)* > douleur ; *plúma(m)* > plume ; *lána(m)* > laine.
Si *l* est en contact avec un yod, il subit une mouillure, puis devient [j] : *fília(m)* > fille ; *melióre(m)* > meilleur.

b) Devant une consonne, *r* reste intact : *pérdĕre* > perdre ; — *l* se vocalise : cf. § 68 ; — *m* et *n* disparaissent après avoir nasalisé la voyelle précédente : *rúmpĕre* > rompre ; *sentíre* > sentir ; cf. § 66.

76 **Consonnes intercalaires.**

a) Lorsque la chute d'une voyelle met en contact phonétique [z] (écrit *s*) + *r,* *l* + *r, n* + *r, n* mouillé + *r,* un *d* transitoire s'intercale : *cónsuĕre* > **cós(e)re* > cosdre > coudre ; *mól(e)re* > moldre > moudre ; *pón(e)re* > pondre ; *pláng(e)re* > plaindre.

b) Dans les groupes [s] (écrit *ss*) + *r*, c'est un *t* qui s'intercale : *antecéss(o)r* > ancestre > ancêtre.

c) Dans les groupes *m* + *r*, *m* + *l*, c'est un *b* qui s'intercale : *núm(e)ru(m)* > nombre ; *sim(u)láre* > sembler.

Consonne entre consonnes

77   En général, les consonnes placées entre consonnes disparaissent : *uénd(i)ta(m)* > vente ; *mast(i)cáre* > mâcher ; *gálb(i)nu(m)* > jaune ; *(h)osp(i)tále(m)* > ostel > [otɛl], écrit *hôtel ; dórm(i)t* > dort ; *diúrn(o)s* > jours.

Devant *r* ou *l*, la consonne persiste : *circ(u)lum* > cercle ; *úng(u)la(m)* > ongle ; *ásp(e)ru(m)* > âpre ; *mémbru(m)* > membre ; *óstrea(m)* > huître ; *mórd(e)re* > mordre.

Dans le groupe *scl*, le *c* disparaît : *másc(u)lu(m)* > masle > mâle. — Dans les groupes *rcr, rgr, lgr*, le *c* et le *g* sont remplacés par une dentale : *súrg(e)re* > sourdre ; *cárc(e)re(m)* > chartre ; *fúlg(e)re(m)* > foldre > foudre.

Consonnes finales (ou devenues finales)

78   *a)* Nous parlons ici des consonnes devenues finales *avant* l'amuïssement de [ə]. En effet, les consonnes devenues finales par cet amuïssement se maintiennent : *grande* [gRɑ̃d], *perte* [pɛRt].

Sur *quatre* prononcé familièrement [kʌt], voir § 36, *c*. — Sur l'assourdissement des consonnes sonores finales, dans le fr. régional, [gRɑ̃t], voir § 32, *a*, Rem.

b) Les consonnes finales, dans le sens que nous venons de préciser, se sont généralement maintenues en anc. fr., puis elles se sont le plus souvent amuïes par la suite.

Mais les exceptions sont assez nombreuses ; en particulier des consonnes qui n'étaient plus que graphiques s'articulent de nouveau dans des monosyllabes, soumis plus que les autres mots à des homophonies gênantes : *cric* [kRi], *but* [by] et même *mœurs* [mœR] par ex. sont concurrencés aujourd'hui par [kRik], [byt] et [mœRs]. Pour *août*, cf. § 90, *c*, Rem. 2. Les consonnes finales muettes reparaissent dans les liaisons : cf. §§ 41-43.

79   Les consonnes **sonores** devenues finales *g, d*, ainsi que *v* issu de [w] (§ 69, 5°), s'assourdissent en anc. fr. et deviennent respectivement [k] (écrit *c*), [t], [f], puis disparaissent généralement ; dans l'écriture, on a souvent restitué *g* et *d* : *lóngu(m)* > lonc > [lɔ̃], écrit *long ; cál(i)du(m)* > chaut > [ʃo], écrit *chaud ; cláuem* > clé (aussi écrit *clef*). — Mais *uíuu(m)* > vif [vif], *séruu(m)* > serf, souvent prononcé [sɛRf].

B est tombé dès l'anc. fr. : *plúmbu(m)* > plon (réécrit *plomb*).

80   **Après consonne,** les consonnes finales *c* [k], *t, s, p* subsistent en anc. fr., puis disparaissent généralement ensuite, en se maintenant dans l'écriture : *trúncu(m)*

> tronc > [tʀɔ̃] ; *léctu(m)* > lit > [li] ; *cúrsu(m)* > cours > [kuʀ] ; *cámpu(m)* > champ > [ʃɑ̃]. — Mais : *arc* [aʀk], *rut* [ʀyt], *ours* [uʀs], etc.

Après *r*, les consonnes *m* et *n* disparaissent assez tôt : **uérmem* > verm > ver ; *(h)ibérnu(m)* > ivern > iver (réécrit *hiver*).

81   **Après voyelle.** *a)* **T** disparaît très tôt et n'est pas maintenu dans l'écriture : *ciuitate(m)* > cité.

b) **S** disparaît ordinairement, mais subsiste dans l'écriture, parfois écrit *x* ou *z* : *ámas* > aimes > [ɛm] ; *násu(m)* > nés > [ne], écrit *nez ; cabállos* > chevaus > [ʃvo], écrit *chevaux*. — Mais : *óssu(m)* > os [ɔs], etc.

c) **C** [k] disparaît s'il était déjà final en latin, ou, sinon, se résout en un yod, qui se combine avec la voyelle (§ 65) : *uerácem* > lat. vulg. **uerácu(m)* > vrai > [vʀɛ].

Exception : *avec* (lat. *ab hoc*) [avɛk] ; la prononc. [ave], blâmée par Vaugelas (p. 315), subsiste dans le Midi.

d) **M** et *n* disparaissent après avoir nasalisé la voyelle (§ 66), mais restent dans l'écriture pour marquer cette nasalisation : *fáme(m)* > fain > [fɛ̃], écrit *faim ; uínu(m)* > vin > [vɛ̃].

e) **L** se maintient d'ordinaire : *sólu(m)* > seul ; *mílle* > mil. Mais : *cúlum* > cul > [ky], et divers mots en *-il* (*fusil*, etc.).

82   **R** se maintient toujours en anc. fr., et souvent en fr. moderne : *cárru(m)* > char ; *púru(m)* > pur. — Mais *r* est muet aujourd'hui dans les infinitifs en *-er* (lat. *-are*) et dans les adjectifs ou noms en *-ier* ou *-er* [lat. *-ariu(m)*] : *chanter, panier, léger*.

En moyen fr., *r* s'est amuï non seulement dans les deux cas qui viennent d'être cités, mais aussi dans les infinitifs en *-ir* (lat. *-ire*), dans les noms en *-oir* [lat. *-atoriu(m)*] et dans les noms en *-eur* [lat. *-atore(m)*]. Ce dernier suffixe devenait donc homophone du suffixe *-eux* [lat. *-osu(m)*], ce qui a entraîné des confusions (cf. § 168, 31) et aussi le féminin *menteur-menteuse* (§ 489, *a*, Hist.). C'est au XVIIIᵉ s. que *r* a été rétabli dans ces trois finales. Balzac notait encore qu'une femme dont le « langage était celui de la vieille cour » prononçait « *porteux* au lieu de *porteurs* » (*Lys dans la vallée*, p. 96). Ces finales se prononcent encore aujourd'hui sans *r* dans le fr. pop. de diverses provinces et du Canada, ce que les romanciers régionalistes ne manquent pas d'observer : *Je vas la* QU'RI [= *quérir*] (GENEVOIX, *Raboliot*, II, 4).

D'autre part, au XVIIᵉ s., dans les infinitifs en *-er*, on prononçait l'*r* « en certaines Provinces, particulierement en Normandie », mais parfois aussi à Paris, à la fois chez les dames et chez les orateurs de la chaire ou du barreau (cf. Vaugelas, pp. 437-438). Dans une lettre dictée par Mᵐᵉ de Maintenon en 1676, on lit *cererent* au lieu de *serrer* (t. II, p. 158). Le recours aux rimes dites normandes (Malherbe préférait « rimes de Chartres ») était une licence poétique dont il a été fait usage jusqu'au XIXᵉ s., *mer* rimant avec *blasphémer* (HUGO, *Contempl.*, IV, 15) ou avec *aimer* (BAUDEL., *Fl. du m.*, Phares).

CHAPITRE II

LES SIGNES GRAPHIQUES

SECTION 1. — L'ÉCRITURE

83   Beaucoup de langues connaissent, à côté de leur forme orale, qui est la forme primitive, une forme écrite. La communication entre un locuteur et un auditeur se double dans ce cas d'une communication entre un scripteur et un lecteur.

Ordinairement le lecteur déchiffre le message par la vue, mais l'écriture Braille, destinée aux aveugles, se lit par le toucher.

Certaines langues, comme le chinois ou l'ancien égyptien, sont des écritures **idéographiques,** c'est-à-dire composées de signes qui représentent des objets et, de façon indirecte, des concepts ; ces écritures sont indépendantes de la prononciation réelle. Comp. § 112.

Le français, comme toutes les langues européennes, a une écriture **alphabétique** ou *phonétique,* dans laquelle chaque son est, en principe, représenté par un signe graphique, appelé **lettre.** L'ensemble des lettres forme l'**alphabet** (parfois appelé l'*ABC*).

Écriture phonétique est pris dans un sens un peu différent au § 18 : on envisage là une écriture fondée sur un parallélisme rigoureux entre les signes graphiques et les sons. En français, comme nous le verrons ci-dessous, l'écriture ordinaire est loin de cet idéal.

84   Le français utilise l'alphabet dit **latin** (voir Hist.).

Les lettres en français sont au nombre de vingt-six : a, b, c, d, e, f, g, h, i, j, k, l, m, n, o, p, q, r, s, t, u, v, w, x, y, z.

Les unes sont appelées **voyelles,** parce qu'elles servent en principe à représenter les sons-voyelles : *a, e, i, o, u, y.* Les autres sont appelées **consonnes** parce qu'elles représentent en principe les sons-consonnes.

Les lettres-voyelles servent aussi pour les semi-voyelles (§ 35) ; toutefois, *w* correspond souvent à la semi-voyelle [w] ; *j*, parfois à la semi-voyelle [j] (§ 49, *a*). La lettre-consonne *h* n'équivaut plus à un son : cf. § 31, Rem. ; voir aussi § 94. — La lettre-consonne *x* représente souvent une suite de sons : [ks] dans *Alexandre ;* [gz] dans *examen.* C'est aussi le cas de *y* [§ 95). — D'autre part, certains sons sont représentés par une suite de lettres, et un grand nombre de mots contiennent des lettres qui ne correspondent pas à un son : voir § 90, *e.*

Il faut ajouter à ces lettres : les **ligatures** [1] *Œ* et *Æ*, qui combinent *e* et *o, e* et *a* (§ 90, *c*) ; — des **signes auxiliaires,** comme les accents mis sur les voyelles, le tréma, la cédille, l'apostrophe, le trait d'union (cf. §§ 101-109) ; — des **symboles,** comme & (ancienne ligature) pour *et,* § pour *paragraphe,* etc. (cf. § 112) ; — les **signes de ponctuation** (§§ 115-135).

Notons aussi que les mots ne sont pas toujours écrits en entier : *M.* pour *Monsieur ;* voir § 110.

Hist. — 1. L'alphabet français, commun à toutes les langues romanes, aux langues germaniques, etc., procède de l'alphabet latin, lequel est inspiré de l'alphabet grec, lui-même dérivant de l'alphabet phénicien ; les Grecs auraient introduit les lettres-voyelles.

Si notre alphabet remonte au latin, les lettres n'ont pas nécessairement les mêmes valeurs dans les deux systèmes : le *c,* [k] en latin, représente [k] et [s] en fr. ; le *u,* [u] en latin, [y] en fr., etc. — Pour *h,* voir § 94.

2. Notre alphabet n'a compté d'abord que vingt-trois lettres.

Ce n'est que dans la 4ᵉ éd. de son dictionnaire (1762) que l'Acad. a séparé *j* (considéré comme la 10ᵉ lettre de l'alphabet) de *i* (9ᵉ), et *v* (devenu la 22ᵉ lettre de l'alphabet) de *u* (21ᵉ). Jusqu'alors les mots commençant par *j* et par *i* formaient une seule suite ; de même ceux en *u* et *v*, quoique, à l'intérieur des deux suites, les *j* consonnes et les *v* consonnes d'une part, les *i* voyelles et les *u* voyelles d'autre part fussent distingués par des dessins particuliers, selon un usage qui s'est établi dans l'imprimé au XVIᵉ s. Avant cette date, *i* et *j*, comme *u* et *v*, étaient employés indistinctement ; seule la place de la lettre dans le mot avait un certain rôle. L'écriture manuscrite au XVIIᵉ s. suivait encore l'ancien usage.

La dernière venue est le *w*. Cette lettre servait au moyen âge dans les manuscrits picards, wallons et lorrains, ainsi que dans les manuscrits anglo-normands (écrits en Grande-Bretagne). Les premières éditions du dict. de l'Acad. ne citaient aucun mot en *w-*, quoique dans l'usage on eût déjà un double *v* (imprimé souvent au XVIIᵉ s. [2] *Uv*) pour des noms propres, notamment germaniques. En 1798 et en 1835, les quelques mots en *w-* prenaient place à la fin de la section consacrée à *V*. En 1878, les mots en *w-* furent isolés, mais la lettre était définie ainsi : « Lettre consonne qui appartient à l'alphabet de plusieurs peuples du Nord, et

---

1. On appelle *ligature* en typographie la réunion de deux ou plusieurs lettres en un seul bloc. Dans d'autres cas que *Œ* et *Æ*, cela laisse aux lettres leur valeur ordinaire.

2. Ce qui explique certains noms néerlandais apparemment imprononçables comme *Wtterwulghe* où le *w* initial est en réalité un double *u*, représentant [y:].

qu'on emploie en français pour écrire un certain nombre de mots empruntés aux langues de ces peuples, mais sans en faire une lettre de plus dans notre alphabet. » Le texte de 1935 est à peu près semblable, sauf que l'on a supprimé le dernier membre de phrase (« mais sans en faire... ») tout en continuant à ne pas considérer le *w* comme une lettre de l'alphabet français. Ces formules négligent le fait que le *w* sert aussi à transcrire des noms propres appartenant au domaine linguistique français : noms de personnes comme *Watteau, Wace, Wilmotte*, noms de lieux comme *Wavre, Woëvre*, de même que des ethniques comme *Wallon.* — Le dict. de Robert (1964) est le premier à déclarer que le *w* est la 23e lettre de l'alphabet français.

85 Désignation des lettres.

Bibl. — A. DOPPAGNE, *L'ABC*, dans *Mélanges M. Grevisse*, pp. 105-116.

Les lettres sont désignées dans l'usage ordinaire :

a) Soit par le son (ou un des sons) qu'elles représentent :

[A], [ə] ou parfois [e], [i], [o], [y], pour les voyelles *a, e, i, o, u.*

b) Soit par le son (ou un des sons) qu'elles représentent suivi ou précédé d'une voyelle :

— [be], [se], [de], [ʒe], [pe], [te], [ve] pour *b, c, d, g, p, t, v ;* — [ʒi] pour *j ;* — [kA] pour *k ;* — [ky] pour *q.*

— [ɛf], [ɛl], [ɛm], [ɛn], [ɛR], [ɛs] pour *f, l, m, n, r, s ;* — [Aʃ] pour *h ;* — [iks] pour *x* (qui représente d'habitude une suite de sons).

c) Soit par un nom plus particulier :

[zɛd] pour *z ;* [dubləve] pour *w ;* [igRɛk] pour *y.*

Par écrit, les lettres sont désignées au moyen de leur dessin : *Un* I, *un* L, *un* Z. — Toutefois, pour les lettres qui ont un nom particulier, on écrit parfois *zed* ou *zède, double v, i grec :*

La carapace blanchâtre dessinait une sorte d'*i grec* (ROBBE-GRILLET, *Voyeur*, p. 177). — On trouve °*y grec*, qui paraît peu logique, par ex. chez MARTINON, *Comment on prononce le fr.*, p. 190. — Voir au § 3, Rem., un ex. où, par badinage, Queneau emploie *esse* pour *s.*

L'alphabet[3] est parfois appelé *l'ABC* ou *l'abc* [Abese]. — *Esse* et *té* s'emploient au figuré pour désigner des objets en forme d'*S* ou de *T.*

Une autre épellation des consonnes, dite parfois « épellation moderne », a été proposée par la Grammaire de Port-Royal (1660) ; elle est mentionnée par Littré et par la plupart des dictionnaires : [bə], [kə] ou [sə], [də], [fə], [gə] ou [ʒə], [ə] (avec aspiration), [ʒə], [kə], [lə], [mə], [nə], [pə], [Rə], [sə], [tə], [və], [wə], [ksə], [zə]. — Cette épellation n'est pas entrée dans la pratique, sauf dans l'enseignement élémentaire. Elle a l'inconvénient de désigner trois lettres *(c, k, q)* de la même façon ; pour les lettres qui ont deux prononciations, on prévoit deux noms, eux-mêmes homophones avec les noms d'autres lettres.

---

3. Le mot *alphabet* est emprunté du latin tardif *alphabetum*, composé de *alpha* et de *bêta*, noms des deux premières lettres de l'alphabet grec.

Les lettres dont le nom commence par une voyelle sont parfois prononcées avec une disjonction : *Un* BEL *A* ou *Un* BEAU *A ;* voir § 50, *d.* — Certaines posent un problème de genre : cf. § 470.

L'épellation est quelquefois utilisée pour distinguer des homophones ou des paronymes, — et aussi par euphémisme : voir § 3.

Hist. — L'épellation traditionnelle existait déjà au moyen âge (elle remonte même au latin) : dans *Li abecés par ekivoche* de Huon le Roi (XIIIe s.), *B* rime avec *bé,* du verbe *beer* (35-36), *K* avec *k'a* [= *qu'a,* c'est-à-dire « qu'a-t-elle »] (131-132), *M* avec *gemme* (169-170), *Q* avec *vesqu* [= *vécu*] (229-230), etc. Pour *H,* il y avait deux prononciations : *Li uns dist* ACHE, *l'autre* HA (*ib.,* 99). — Cf. : *Une femme, en Smyrne, de son premier mary eut un enfant nommé* ABECÉ [...] *et, de son second mary, eut un filz nommé* EFFEGÉ (RAB., III, 44).

86   Chaque lettre n'a pas un **dessin** unique.

a) Dans l'écriture **manuscrite,** il y a de grandes variétés selon les personnes :

On distingue par exemple une écriture droite, dans laquelle les lettres sont perpendiculaires à la ligne, et l'écriture penchée de droite à gauche ou écriture anglaise. Mais ces différences ne modifient pas le contenu du message.

En revanche, l'opposition entre **majuscules,** lettres plus grandes placées au début de certains mots (voir les règles aux §§ 96-100), et **minuscules** permet de distinguer des messages : *Un français élégant* s'oppose à *Un Français élégant.*

Pour des raisons de clarté, on recommande parfois d'écrire certains mots, spécialement des noms propres, au moyen de capitales empruntées à l'écriture imprimée.

Dans l'écriture manuscrite, on néglige souvent de mettre les accents sur les majuscules, ou même sur les capitales, ce qui est fâcheux : *HERVÉ* doit être distingué de *HERVE.*

Au lieu de *majuscule* et de *minuscule,* on dit parfois dans la langue courante *grand* et *petit* : *Un grand F, une petite f* (AC., s.v. *F*) [la différence de genre est étrange].

b) Dans l'écriture **imprimée,** on distingue aussi plusieurs sortes de caractères :

1° D'après leur **grandeur,** c'est le **corps :** ce § 86 utilise quatre corps différents.

La variation d'un corps dans un texte s'explique par des raisons logiques : titres plus ou moins importants dans un livre ou un journal, différentes parties d'une affiche, etc. Dans la bande dessinée, la grandeur des caractères est proportionnelle à la force avec laquelle les mots sont censés être dits.

Dans un corps donné, on distingue la **minuscule** (ou *lettre du bas de casse* ou simplement *bas de casse*) et les **capitales,** qui se subdivisent en **grande capitale :** PENSÉE, et **petite capitale :** PENSÉE.

Les inscriptions, les affiches sont souvent en capitales. Dans un livre, les grandes capitales servent de majuscules ; les petites capitales sont utilisées pour les titres, mais aussi pour les noms de familles quand on veut les distinguer du reste du texte : Jacques DUBOIS.

On met parfois en capitales des mots qui ont été prononcés avec force (cela est très fréquent dans la bande dessinée) ou sur lesquels on veut attirer l'attention :

Un écrivain qui reçoit un prix, à mes yeux, est déshonoré, DÉSHONORÉ (LÉAUTAUD, *Entretiens avec Robert Mallet,* p. 151). — *Vous tous, Saints et Martyrs de la religion de l'HONNEUR !* (VIGNY, *Serv. et gr. milit.,* Concl.) [Dernière phrase du livre.]

Dans la langue courante, on appelle souvent les capitales *majuscules d'imprimerie* ou *majuscules* tout court : *On les collait sur des feuilles de papier* [...], *en écrivant* [...], *à l'encre rouge, le titre de l'œuvre, en* MAJUSCULES *soulignées deux fois* (G. PEREC, *Vie mode d'emploi,* p. 301).

Comme nous l'avons dit dans le *a,* les accents sur les capitales ne devraient pas être négligés.

Pour l'utilisation des capitales dans les sigles, voir § 189.

2° Dans un corps donné, on distingue aussi, selon le dessin, les caractères **romains** (c'est le caractère ordinaire) et les caractères **italiques,** dans lesquels les lettres sont inclinées *(pensées).* — Sur l'emploi des italiques, voir le § suivant.

3° Selon l'épaisseur des traits : les caractères **gras** s'opposent aux caractères ordinaires ou **maigres.** Les caractères gras servent à mettre en évidence, surtout dans des textes didactiques :

On dit : *se promener* **dans** *l'avenue,* ou **sur** *l'avenue,* mais non **dans** *les boulevards,* ni **sur** *la rue* (BRUNOT, *Pensée,* p. 414). [Nous avons aussi respecté les italiques du texte.]

4° Selon la distance entre les caractères : les caractères e s p a c é s s'opposent aux caractères ordinaires ; ils servent aussi à attirer l'attention du lecteur.

87   Emploi des italiques.

Les caractères italiques [4] servent : soit à indiquer que les mots sont employés avec une valeur différente de leur valeur ordinaire ; — soit à marquer que le scripteur ne les reprend pas à son compte ; — soit à attirer l'attention sur leur importance. En particulier, on emploie l'italique :

---

4. Dans un ensemble en italiques, on imprime en caractères romains les mots qui seraient en italiques dans un texte ordinaire. — Alors que les citations du présent livre sont d'habitude en italiques, nous avons estimé plus clair de les faire imprimer en romains dans ce paragraphe consacré aux italiques, et par conséquent de garder les italiques des textes originaux.

a) Pour les mots employés par **autonymie,** c'est-à-dire pour se désigner eux-mêmes (§ 450) :

Ça n'est pas ancien (BRUNOT, *Pensée,* p. 146). — Deux types d'*a* (A. MARTINET, *Prononc. du fr. contemp.,* p. 71). — Si *avoir l'air* est pris comme un simple synonyme de *sembler, paraître* [...] (WAGNER et PINCHON, § 143). — Faut-il un *S* à *trouvés,* dans la seconde phrase ? (WILLY et COLETTE, *Claudine à l'école,* p. 153.)

Pour les lettres, quand elles sont en capitales, on ne met pas toujours l'italique :

La première S (AC., s.v. *cosinus*). — Que signifie cette initiale ? Un V, qui peut aussi bien être un N (GIDE, *Faux-Monn.,* I, 1).

b) Pour les noms des **notes** de musique, pour les **lettres** minuscules employées comme lettres d'ordre ou bien comme symboles dans un exposé de mathématiques :

Je me souviens de ma surprise en retrouvant, écrite en *ut* dièse, celle [= une fugue] que je croyais jouer en *ré* bémol (GIDE, *Si le grain ne meurt,* I, 9). — Pour exprimer l'aspect, le système verbal offre au parleur : — *a)* Des formes grammaticales [...] ; — *b)* Des formes périphrastiques (*Gramm. Lar. contemp.,* § 464). — Une série s'écrit $a_1 + a_2 + a_3 + a_4 + ... + a_n + ...$ (*Grand Lar. enc.,* s.v. *série*).

Mais les majuscules ne se mettent pas en italiques :

P est le symétrique de M par rapport à la droite d_1 (J. HADAMARD, *Leçons de géométrie élémentaire,* Géom. plane, 13ᵉ éd., p. 266).

Pour les lettres employées comme symboles de mesures (§ 112) ; on ne met pas non plus l'italique.

c) Pour les **titres** d'œuvres littéraires, musicales, artistiques, pour les titres de journaux, de revues, de films, etc. :

La deuxième des *Méditations* [de Lamartine], l'*Épître à lord Byron* (THIBAUDET, *Hist. de la litt. fr. de 1789 à nos jours,* p. 125). — Henri Rouart se permit de reprocher à l'*Apothéose d'Homère* [d'Ingres] sa froideur (VALÉRY, *Degas danse dessin,* Pl., p. 1185). — Vous avez écrit un article dans *le Figaro ?* (PROUST, *Rech.,* t. I, p. 583.) — Ayant vu Jouvet jouer dans *Au grand large* un rôle d'ivrogne (S. de BEAUVOIR, *Mémoires d'une jeune fille rangée,* p. 275).

On n'imprime pas en italiques généralement : le Coran, la Bible (ou l'Écriture) et les noms de ses parties (l'Apocalypse, l'Évangile, etc.), le Code civil, ainsi que les noms de prières très connues, comme le Pater, l'Ave, surtout si on leur donne le pluriel français et, pour *ave,* si on met un accent :

La Bible m'était mise entre les mains (J. GREEN, *Partir avant le jour,* p. 122). — L'Écriture fournit Bossuet de textes impitoyables pour l'accablement des pécheurs (Fr. MAURIAC, *Souffrances et bonheur du chrét.,* Œuvres compl., p. 241). — Dans le chapitre IV de la Genèse (M. TOURNIER, *Vendredi ou les limbes du Pacifique,* F°, p. 27). — Ayant dit ses avés (MUSSET, *Prem. poés.,* Portia, I).

Cet usage n'est pas toujours respecté, surtout pour les noms de prières :

Il en est qui ont pris le *livre d'Enoch* ou l'*Apocalypse* pour modèles (VALÉRY, *Variété,* Pl., p. 595). — Je ne sais pas le *Pater* (COLETTE, *Maison de Claud.,* XXII). — Une interminable série de *Pater* et d'*Ave* (J. BOREL, *Adoration,* p. 24). — Le Moyen Âge était un immense édifice dont les assises étaient le *Pater,* l'*Ave,* le *Credo* et le *Confiteor* (J. GREEN, *Journal,* 30 juillet 1940).

d) Pour le nom propre donné à un **bateau,** à une **maison,** pour les enseignes :

Le *Duncan* est un véritable yacht de course (J. VERNE, *Enfants du capit. Grant,* II, 8). — Le canot l'*Agnès* [...] donna tout ce qu'on pouvait attendre de lui (HÉRIAT, *Temps d'aimer,* p. 44). — Nous nous sommes installés, en 1910, dans la propriété que mes parents avaient dans le Berry [...]. C'est là, au *Verger d'Augy* [...] que j'ai travaillé trois ans de suite (R. MARTIN DU GARD, *Souvenirs,* Pl., p. LVI). — La reine s'avança sur le balcon, ce long balcon de l'*Hôtel des Pyramides* (A. DAUDET, *Rois en exil,* I). — Il devait déjeuner, en tête à tête avec son ami Gontran, au *Café du Casino* (MAUPASS., *Mont-Oriol,* II, 1). — J'entrai au *Rêve,* café de peu de façade (AYMÉ, *Belle image,* L.P., p. 51). — *L'Art industriel* était un établissement hybride, comprenant un journal de peinture et un magasin de tableaux (FLAUB., *Éd. sent.* I, 1).

Cet usage n'est pas toujours respecté, surtout pour les enseignes :

La salle du Petit-Passe-Temps était vide (G. DUHAMEL, *Deux hommes,* V). — La clientèle de la Boule d'Or est bourgeoise et dévote (JOUHANDEAU, *Chaminadour,* p. 188). — Mais je préfère les draps minces du Cheval-Blanc (J. CAYROL, *Froid du soleil,* p. 41).

Lorsque l'enseigne contient un nom commun (comme dans les exemples de Daudet et de Maupassant ci-dessus), on peut aussi mettre la minuscule à ce nom commun, l'élément qui suit pouvant être en italiques ou (le plus souvent) en romains :

Pour acheter l'hôtel des *Deux Chamois* (TROYAT, *Tendre et violente Élisabeth,* p. 10). — À côté du café de Flore (J. DUCHÉ, *Elle et lui,* I). — Elle s'en alla commander un vol-au-vent à l'hôtel de la Poste (COLETTE, *Maison de Claud.,* XVII). [Dans certains cas, le nom commun ne fait pas partie de l'enseigne : *Au Cheval blanc.*]

Remarque. — Les marques (de voitures, etc.), les types (de voitures, d'avions, etc.) s'écrivent par une majuscule (§ 98, *a,* 2°, Rem.), mais non en italiques (parfois entre guillemets : § 133, *b,* Rem.) :

Une longue file de Renault rouge et or (R. SABATIER, *Trois sucettes à la menthe,* p. 56). — Les Leica [= appareils photographiques] allaient bon train autour de lui (R. GARY, *Tête coupable,* p. 35). — Le Concorde a été arrêté au seizième appareil (dans le *Monde* du 10 juin 1977, p. 16).

e) Pour les mots que celui qui écrit considère comme **n'appartenant pas à l'usage ordinaire,** notamment les mots empruntés à d'autres langues (en particulier, la terminologie scientifique de la botanique, de l'entomologie, etc.), les néologismes, les mots populaires ou argotiques, les mots régionaux ou dialectaux :

Mon gendre Saint-Loup connaît maintenant l'argot de tous les braves *tommies,* il sait se faire entendre de ceux des plus lointains *dominions* et [...] fraternise avec le plus humble *private* (PROUST, *Rech.,* t. III, p. 789). — Allait-on s'asseoir [...] sous le grand chêne du Puits-Philippe ? Nous apprenions immédiatement que cet arbre n'était pas de la variété *Quercus robur,* mais bien le *Quercus americana* (H. BAZIN, *Vipère au poing,* XI). — Belle fonction à assumer : celle d'*inquiéteur* (GIDE, *Journal*, 28 mars 1935). — Minette recevait de belles *tripotées* (Éd. PEISSON, *Hans le marin*, VII). — Je suis homme à vous donner, *tant seulement* avec mon *pied de frêne* [= bâton], un bon coup de main (BARBEY D'AUR., *Ensorcelée*, I).

Les mots étrangers vraiment entrés dans l'usage français s'écrivent sans italiques. Mais il y a de l'hésitation pour plus d'un cas, puisqu'il s'agit chaque fois d'une réaction personnelle. Voir par ex. au § 102, *b*, Rem. 1, pour *a priori*.

f) Pour un mot sur lequel on veut **attirer l'attention** à cause de son importance pour le scripteur ou pour rendre dans l'écrit diverses particularités de l'oral :

Il n'y a pas de comique en dehors de ce qui est proprement *humain* (BERGSON, *Rire*, I, 1). — Elle [= une gardienne de musée] m'a répondu avec conviction : « C'est vrai qu'il [= un clocher] n'est pas beau. Mais d'en haut on a une vue *é-pou-van-table* » (S. de BEAUVOIR, *Tout compte fait*, p. 266) [l'italique se justifie par le ton convaincu, qui explique également le détachement des syllabes, mais aussi par le fait que l'adj. est pris ici dans un sens favorable]. — Je ne crois pas beaucoup à la « *hiérarchie !* » des arts [dit Swann] ; [...] quand il parlait de choses sérieuses, quand il employait une expression qui semblait impliquer une opinion sur un sujet important, il avait soin de l'isoler dans une intonation spéciale, machinale et ironique, comme s'il l'avait mise entre guillemets, semblant ne pas vouloir la prendre à son compte, et dire : « la *hiérarchie*, vous savez, comme disent les gens ridicules » (PROUST, *Rech.*, t. I, pp. 97-98). — Les hommes avaient besoin de moi : *pour quoi faire ?* (SARTRE, *Mots*, p. 145.)

g) Pour différencier des éléments, considérés comme **extérieurs au texte** proprement dit, par exemple pour la préface d'un livre, pour les indications scéniques dans une pièce de théâtre, etc. :

LENGLUMÉ, *qui se réveille, dans l'alcôve.*
Qui est-ce qui sonne du cor ?...
JUSTIN
Oh ! j'ai réveillé Monsieur.
Il se sauve vivement par la droite, troisième plan. (LABICHE, *Affaire de la rue de Lourcine*, I.)

Remarque. — Dans un texte manuscrit ou dactylographié, l'équivalent normal de l'italique est le soulignement. On utilise parfois des guillemets, et cela se trouve même dans des textes imprimés (§ 133, *b*), mais ce procédé est moins clair que l'italique.

SECTION 2. — L'ORTHOGRAPHE

88   **L'orthographe** est l'ensemble des fonctions que les scripteurs donnent aux lettres et aux signes écrits ou graphiques. On dit aussi, en insistant sur la possibilité de la faute, que c'est la manière d'écrire correctement les mots d'une langue.

La nuance entre les deux définitions est concrétisée par un ex. comme celui-ci : *Il serait plus juste d'opposer à notre orthographe unique, fixée,* des *orthographes médiévales dont la multiplicité tient à divers facteurs : traditions d'écoles et d'ateliers, nature des ouvrages et du public* (J. CHAURAND, *Hist. de la langue fr.*, p. 30).

Le mot **graphie** désigne une façon d'écrire particulière :

Faulx (§ 90, *e,* Hist.) et *poëte* (§ 104, Hist.) sont des graphies archaïques ; °*ortographe* est une graphie fautive. Dans les écrits du moyen âge, on discerne des graphies lorraines, picardes, etc. : *viclhe* était une graphie wallonne pour *vieille.*

Les spécialistes se servent aussi du mot **graphème :** c'est, dans une suite graphique, la plus petite unité pourvue d'une valeur phonétique ou morphologique.

Cette unité peut être réalisée par une seule lettre (il y a trois graphèmes dans *ami),* par une lettre pourvue d'un signe auxiliaire *(é, ç),* par un digramme *(au)* ou un trigramme *(eau).* Le nom *sens* est formé de trois graphèmes : *s-en-s ;* le verbe *sens* (indic. présent, 1re pers. du sing.) aussi, l'*s* final étant phonétique dans le nom et morphologique dans le verbe.

On distingue l'orthographe **d'usage,** qui a pour objet les mots pris en eux-mêmes, tels que les donne le dictionnaire, sans égard à leur rôle dans la phrase, — et l'orthographe **de règle,** qui concerne les modifications grammaticales des mots, celles qu'ils subissent pour jouer leur rôle dans la phrase.

L'orthographe de règle est exposée dans les grammaires.

Pour l'orthographe d'usage, la norme est traditionnellement fournie par le dictionnaire de l'Académie ; voir cependant ci-dessous, § 89, *e.*

L'orthographe est une convention nécessaire pour la communication écrite. Comme on le verra dans la suite de ce chapitre, l'orthographe française est souvent compliquée. Il est permis d'espérer certaines simplifications et, surtout, la suppression des disparates.

89   **Hist.** — *a)* Quand les clercs commencèrent à écrire la langue vulgaire, ils appliquèrent à celle-ci les lettres latines sans se préoccuper du fait que l'évolution phonétique avait changé la valeur de ces lettres :

u = [y] ou [v], et non plus [u] ou [w] ; *c* = [s] ou [k], seulement [k] en latin ; *qu* = [k], et non plus [kw] ; *gn* = [ɲ] et non [ŋ], etc. — Il est vrai que le latin lui-même était au moyen âge prononcé à la française : un mot comme *dicton* n'est que le latin *dictum* tel qu'il était prononcé alors.

Pour le son nouveau [ʃ] (d'abord [tʃ]), on utilisa un digramme nouveau, *ch.*

Au XIIe s., malgré la polyvalence de certains signes (voir ci-dessus), l'écriture était assez proche de la prononciation. Mais par la suite elle ne suivit plus guère l'évolution phonétique.

C'est ainsi que nous avons gardé de nombreux digrammes *(au, ai, ou, eu, an, en, in, un, on)* ou trigrammes *(eau, ain, ein)* qui représentaient au XIIe s. une suite de deux ou trois sons *(au* [au], etc.), laquelle s'est réduite à un son unique. De même *oi,* qui se prononce [wA] aujourd'hui, était pour [oi] au XII⁰ s. Nous avons conservé aussi à la finale des mots un grand nombre de consonnes devenues muettes depuis : *Porc, gant, les, léger.*

b) Très tôt, il y a eu une tendance à introduire dans les mots français des lettres parasites du point de vue de la prononciation, mais qui se trouvaient dans les mots latins correspondants :

Home (d'après le latin *homo*), déjà dans *Alexis*, au lieu de *ome ; sept, baptoier* (d'après le latin *septem, baptizare*), au lieu de *set, batoier,* etc.

Les mots empruntés au latin hésitent depuis le début entre une graphie francisée *(fisique, filosofe, batiser)* et des graphies plus proches du latin *(phisique, philosophe, baptiser).*

La relatinisation des mots devient systématique, au XIV⁰, au XV⁰ et au XVI⁰ s., en même temps que l'on emprunte force mots au latin, même quand cela n'était pas utile (cf. § 153) :

Introduction de consonnes parasites, soit des consonnes que les lois phonétiques avaient fait disparaître : *aʙsoudre, aᴅvenir, corᴘs, douʙter, tʜresor, seᴘmaine,* etc., au lieu de *assoudre, avenir* (resté comme nom), *cors, douter, tresor, semaine ;* soit des consonnes que les lois phonétiques avaient transformées, et qui se trouvent donc en quelque sorte deux fois : *faicт (i < c), fauʟx* et *couʟpe (u < l), neᴘveu (v < p),* etc., au lieu de *fait, faux, coupe* (lat. *culpa), neveu.* — Remplacement de *o* par *au* dans *pᴀuvre,* de *e* par *ai* dans *ᴀile,* de *t* par *d* dans *granᴅ,* de *c* par *g* dans *lonɢ,* de *ss* par *x* dans *soixante,* etc. — Redoublement des consonnes : *elle, attendre* au lieu de *ele, atendre.* — Réfections diverses : *meneur* → *mineur ; uitovre* → *octobre (octembre* déjà au XII⁰ s.).

Un certain nombre des rapprochements avec le latin sont faux : *poids* doit son *d* à *pondus,* alors qu'il vient de *pensum ; scavoir* est écrit d'après *scire* (son étymon réel est *sapere) ; lais* (qui dérive de *laissier)* est écrit *legs* comme s'il appartenait à la famille du latin *legare* et du fr. *léguer.* Il y a même des rapprochements abusifs avec le grec : *disner* (du latin *disjejunare)* devient parfois *dipner* au XVI⁰ s., parce qu'on le croit issu du grec δεῖπνον.

Il ne faut pas confondre ces erreurs avec les lettres introduites pour éviter de mauvaises lectures : *unɢ* pour *un* afin de distinguer le mot de *VII ; ʜuile* (lat. *oleum)* afin d'éviter la confusion avec *vile* (cf. § 84, Hist.) ; *esbahir* pour *esbair* de peur que *ai* ne fût lu [ε]. Le *p* de *dompter* (pour *donter,* lat. *domitare)* s'explique peut-être par le souci d'empêcher la confusion avec *douter.*

Un certain nombre de ces additions ou modifications graphiques sont passées plus tard dans la prononciation : *adjoindre, absoudre, septembre* (sεptãbʀ] (en Belgique [sεtãbʀ]) à côté de *sept* [sεt] ; ou tendent à y passer : *dompter, legs, cheptel,* etc., prononcés [dɔ̃pte], [lεg], [ʃεptεl] au lieu de [dɔ̃te], [lε], [ʃtεl].

Remarquer aussi que ces introductions de lettres étymologiques ont créé des doublets (§ 145) : *compter* est devenu distinct de *conter,* alors qu'ils ont un seul étymon latin, *computare ; ome,* refait en *homme,* s'est séparé de *on,* qui était son cas sujet (cf. § 8).

c) Au moyen âge, la plus grande variété régnait, parfois à l'intérieur d'un même manuscrit. Au XVI⁰ et au XVII⁰ s., dans l'usage particulier et même dans l'usage typographique, on admet souvent plusieurs manières d'écrire ; cela permet d'ailleurs à certains imprimeurs du XVI⁰ s. d'apporter des modifications très heureuses, comme la distinction de *i* et de *j,* de *u* et de *v* (cf. § 84, Hist.) ou comme l'introduction des signes auxiliaires (§ 101). On voit aussi des grammairiens, des lexicographes et des imprimeurs préférer une orthographe proche de la prononciation tandis que d'autres (comme R. Estienne) adoptent l'orthographe la plus fortement marquée par l'influence du latin. Même débat encore au

XVII⁰ s. : des auteurs comme Corneille, des grammairiens comme Ménage, des lexicographes comme Richelet (1680) d'un côté ; l'Académie de l'autre, dont le dictionnaire (1694) opte délibérément pour « l'ancienne Orthographe receuë parmi tous les gens de lettres, parce qu'elle ayde à faire connoistre l'Origine des mots ».

Pour montrer les différences considérables qui pouvaient exister à cette époque, voici la forme que divers mots ont reçue dans Richelet : *metode, métonimie, mile, nape, noce, ocasion, pâte, tems* (il signale aussi *temps,* mais ne l'emploie pas) — et la forme adoptée par l'Académie : *methode, metonymie, mille, nappe, nopce, occasion, paste, temps.*

On est en droit de regretter que les principes de Richelet n'aient pas triomphé à une époque où la coexistence de divers usages aurait permis de choisir le plus simple. Cela aurait rendu inutiles les très nombreux essais de réforme qui se sont succédé jusqu'à nos jours (et qui ont toujours avorté).

Un des derniers est celui de René Thimonnier, dans son ouvrage *Le système graphique du français* (1967). Il est convaincu que notre orthographe est moins absurde, moins anarchique qu'il n'est de tradition de le dire et qu'elle forme un système assez cohérent pour se prêter à une analyse raisonnée. Seuls échapperaient à cette organisation (en réalité très complexe) 228 mots, dont il faudrait réformer la graphie. Ce projet a été accepté, dans son principe, par l'Académie, sur la proposition du Conseil international de la langue française (qui a apporté quelques amendements) et du ministère de l'Éducation nationale. Quelques points seulement ont d'ores et déjà été adoptés par l'Académie (voir l'article de 1976 cité dans le *d,* ci-dessous).

Une solution radicale a été proposée par Cl. Blanche-Benveniste et A. Chervel (*L'orthographe,* 1969). L'orthographe actuelle étant un « système » et non pas un fatras, il est impossible de l'améliorer ; il faut y substituer un système nouveau, strictement phonologique. Les auteurs ne précisent pas davantage. On peut estimer qu'ils font bon marché des différences phonologiques existant entre les diverses régions de la francophonie. Ils ne parlent que des variations à l'intérieur de la France même, en considérant qu'il serait facile d'uniformiser la prononciation pour permettre l'établissement de la nouvelle écriture : « Diffuser une prononciation standard, c'est l'affaire tout au plus d'une génération » (p. 209). Cela paraît assez utopique et cela revient à subordonner l'oral à l'écrit (principe que les auteurs critiquent à d'autres endroits de leur livre).

d) Il faut signaler que, dans les éditions successives de son Dictionnaire, l'Académie a admis un certain nombre de modifications. Voici les principales.

Dans la 3⁰ édition (1740), sous l'impulsion de l'abbé d'Olivet, elle a modifié l'orthographe de plus de six mille mots, remplaçant *s* devant consonne par un accent circonflexe *(feste, maistre,* etc.), *y* par *i* dans *ayeul,* etc., supprimant les voyelles en hiatus (l'*e* de *deu, creu, beuveur)* et diverses consonnes dont on avait encombré les mots par souci étymologique *(sçavoir, faict).* On peut dire que cette édition « instaure en France l'orthographe moderne qui est devenue la nôtre, avec ses défauts et ses qualités » (N. Catach, *Orthographe,* p. 37).

Dans la 4⁰ édition (1762), les simplifications et les régularisations continuent : beaucoup de lettres grecques sont écartées *(déthrôner, paschal, phanion, phlegmatique) ;* l'accent grave remplace l'accent aigu dans *mére, fiévre,* etc. ; le *z* final, marque du pluriel des noms et des participes passés en *-é,* est remplacé par *s (amitiez, aimez → amitiés, aimés).*

Dans la 6⁰ édition (1835), qui marque parfois un retour en arrière, on notera surtout l'introduction du *t* dans les pluriels comme *enfans* et *parens* et, réforme que Voltaire avait tant réclamée, le remplacement de *oi* par *ai* dans *paroître, anglois, françois...,* dans les indicatifs imparfaits et conditionnels (cf. § 60, *a).*

Dans la 7ᵉ édition (1878), l'Académie retrancha quelques lettres doubles : *consonance* au lieu de *consonnance ;* supprima un des deux *h* dans *phthisie* et *rhythme,* remplaça l'accent aigu par l'accent grave dans *piège,* etc., mit l'accent grave au lieu du tréma dans *poëme, poëte,* etc., supprima le trait d'union après *très* et dans nombre de noms composés : *contrefort, clair-semé,* etc.

Dans la 8ᵉ édition (1932-1935), elle a remplacé l'apostrophe par un trait d'union dans les composés du type *grand'mère* (cf. § 106, Hist.) et soudé un certain nombre de composés (*chienlit, toutou,* des mots formés avec *entre-* et *contre- : entracte,* etc.), mais de façon peu systématique. D'une manière générale, elle se montre attachée à la tradition, la préface le déclare sans ambages :

« La tradition orthographique s'est établie et, en dépit de ses imperfections, s'est imposée à l'usage. C'est d'après elle qu'ont été imprimés des milliers de livres, qui ont répandu dans l'univers entier l'admiration pour les chefs-d'œuvre de notre littérature. La bouleverser serait, pour un bien mince profit, troubler des habitudes séculaires, jeter le désarroi dans les esprits. L'Académie se serait fait un scrupule de substituer à un usage, qui a donné des preuves si éclatantes de sa vitalité, un usage nouveau, qui mécontenterait la plus grande partie du public et ne satisferait certainement pas ceux qui en proclament le pressant besoin. »

En vue de la 9ᵉ édition, l'Académie a adopté en 1975 quelques modifications, plus ou moins inspirées du projet Thimonnier (cf. J. Mistler, dans la *Banque des mots,* nº 12, 1976, pp. 145-148) : 1° consonnes redoublées comme dans les autres mots de la même famille : *bonhoMMie, boursouFFler, cahuTTe, chausse-traPPe, combaTTif, chaRRiot, embaTTre, innoMMé, persiFFler, prudhoMMie, soTTie ;* — 2° consonne simple, pour la même raison, dans *imbéciLité ;* — 3° introduction d'un accent aigu, conformément à la prononciation, dans *asséner, bélître, bésicles, chébec, démiurge, gélinotte, phylloxéra, recéper, séneçon* [on aurait attendu *è :* cf. 4°], *sénescence, sénestre ;* — 4° remplacement d'un accent aigu par un accent grave dans *affèterie, allègement, allègrement, empiètement, évènement, règlementer ;* — 5° addition d'un tréma dans *argüer, gageüre, mangeüre, rongeüre, vergeüre ;* — 6° suppression de *i* dans *ognon, encognure ;* — 7° un seul mot *cuisseau, fond* (qui entraîne *tréfond*), *ventail,* aux dépens de *cuissot, fonds, vantail ;* — 8° un seul pluriel *appâts,* quel que soit le sens ; — 9° *déciller, levreau, relai,* au lieu de *dessiller, levraut, relais ;* — 10° généralisation des terminaisons *-èle, -ète* dans les verbes en *-eler, -eter ;* — 11° le tréma placé sur la voyelle qui se prononce ; ex. donnés : *aigüe, ambigüe, ambigüité, cigüe, exigüe.*

Cette réforme n'est pas du tout entrée dans l'usage. Si limitée qu'elle soit, elle rencontre de l'opposition, même parmi les académiciens dit-on. Elle n'est pas appliquée dans le présent volume, mais elle est signalée chaque fois qu'il y a lieu.

e) Depuis le XVIIIᵉ s., le Dictionnaire de l'Académie donne la norme orthographique aux autres dictionnaires, aux imprimeurs et aux usagers [5]. Pourtant, un auteur comme J.-J. Rousseau continue à écrire jusqu'à la fin de sa vie *tems* à la manière de Richelet.

---

5. Au XVIIᵉ s., un certain nombre de personnes, même du plus haut rang, avaient peu de souci de l'orthographe. Alain Decaux donne, dans son *Histoire des Françaises,* t. I, p. 642, ces quelques échantillons : *J'ai cru que Votre Altesse serèt bien èse de savoir sete istoire* (La Grande Mademoiselle, à son père). — *Il lia sy lontant que je n'ay antandu parler de vous* (Mᵐᵉ de Lauzun). — *Il auroit perdu le sans sil avoit pence à faire reusir les brui qui ont couru... faitte moi lhonneur de me mander quel conduitte vous voulez que jy tienne* (marquise d'Huxelles, à Fouquet).

Ce rôle de l'Académie paraît aujourd'hui contesté. Depuis la dernière édition (1932-1935), un intervalle considérable s'est écoulé, et la publication de la 9ᵉ édition se fait attendre. Or le vocabulaire se renouvelle à un rythme qui s'est accéléré. L'usager est contraint de chercher la norme dans d'autres dictionnaires, plus récents, plus répandus et suivant de plus près l'évolution du lexique.

L'intervention de l'État, qui s'est manifestée dans la lutte contre les anglicismes (cf. § 156), n'a guère joué jusqu'à présent pour l'orthographe. L'arrêté du ministre Leygues (26 févr. 1901) est simplement une liste de « tolérances » : ce sont des cas pour lesquels « il ne sera pas compté de faute aux candidats » dans les divers examens dépendant du ministère de l'Instruction publique. Ce document n'a pas eu, semble-t-il, un très grand succès. Une nouvelle mouture, signée par le ministre René Haby (28 déc. 1976), est reproduite en appendice à la fin du présent volume. Elle a été sévèrement critiquée par J. Hanse, dans le *Bulletin de l'Acad. royale de langue et de littér. françaises* [de Belgique], tome LV, 1977, pp. 1-32 : la rédaction comme l'information de cette liste sont assez peu satisfaisantes, en effet.

90   **Si l'on compare le système phonologique et le système graphique** du français, on constate qu'il y a peu de mots dont l'orthographe reproduise la prononciation avec précision et économie (une lettre par son, et inversement) : *ami, pur, macaroni, parlé...*

Si l'on considère les lettres, il n'y a que le *j*, le *v* et le *k* qui correspondent de façon constante à une prononciation, et à une prononciation unique [6] (mais sans avoir l'exclusivité de cette représentation : *genou, wagon* et *car...*). — Le *b*, s'il n'a qu'une seule prononciation, est muet dans *plomb*.

Cette discordance entre le phonologique et le graphique est en partie inévitable, puisque le nombre de lettres (26) est inférieur au nombre de phonèmes (34 ; 36 si l'on inclut [w] et [ɥ]). Mais d'autres facteurs compliquent la situation.

Le système graphique s'écarte d'une notation rigoureusement phonologique par les points suivants.

a) Une lettre représente des sons différents selon les mots :

Dans *rations*, le *t* vaut [t] s'il s'agit d'une forme du verbe *rater* et [s] s'il s'agit du pluriel du nom *ration*.

Pour certaines lettres, on peut donner des règles : *s* vaut [z] entre voyelles et [s] dans les autres cas : *rose ; servir, astre*, mais il y a des exceptions : *s* se prononce [s] dans *désuet, présupposer*, etc., et il est presque toujours muet à la finale.

Pour les valeurs de *c* et de *g*, voir §§ 92-93.

---

6. À condition de ne pas tenir compte des mots étrangers prononcés avec le son qu'ils ont dans la langue d'origine : *la Jungfrau* [juŋfʀaw].

b) Une lettre représente une suite de sons (ou plusieurs suites, selon les mots) :

x = [ks] dans *taxer ;* [gz] dans *examen ;* — outre [z] dans *dixième,* [s] dans *Bruxelles, Auxerre...*

y = [ij] dans *ennuyer.*

c) Un son est exprimé par une suite de lettres, groupe de deux lettres ou **digramme,** groupe de trois lettres ou **trigramme.**

Tantôt le son indiqué par le digramme ne peut être exprimé par une lettre unique : *ch* [ʃ] ; *gn* [ɲ] ; *ou* [u] ; *eu* [œ] ou [ø] ; *on* [ɔ̃] ; *in* [ɛ̃] ; *an* [ɑ̃] ; *un* [œ̃]. Ex. : *Char, agneau, bout, peur, peu, bon, pin, banc, un.*

Tantôt le son peut aussi être exprimé par une lettre unique. C'est le cas des digrammes *qu* (cf. Rem., 2) [k] *(quand),* qui a comme concurrents *c* et *k ;* — *ph* [f] *(phobie),* qui a comme concurrent *f ;* — *au* [o] *(chaud)* ou parfois [ɔ] *(Paul),* qui a comme concurrent *o ;* — *ai* [ɛ] *(laid)* ou parfois [e] *(quai),* qui a comme concurrents *è, é ;* etc. — De même, les trigrammes *eau* [o] *(beau),* qui a comme concurrent *o ;* — *ill* [j] *(tailler),* qui a comme concurrents *y (bayer), ï (païen).*

Des digrammes se font aussi concurrence entre eux : *en* peut valoir [ɛ̃] comme *in (examen)* ou [ɑ̃] comme *an (lent).* Des trigrammes font concurrence à des digrammes : *œu (cœur)* à *eu ; ain (bain)* et *ein (sein)* à *in.* — Certains digrammes ont plusieurs valeurs : *ch,* [ʃ] dans *chaud,* [k] dans *orchestre (fuchsia* se prononce [fyksjA] et non °[fyʃjA]).

Certaines suites de lettres tantôt sont des digrammes et tantôt ont une autre valeur : *gn* = [ɲ] *(agneau)* ou [gn] *(igné) ; ce* = [s] dans *douceâtre* et [sə] dans le mot *ce ;* — pour *gu, ge,* voir § 93, *b* et *c.*

Mentionnons particulièrement deux digrammes dont les éléments sont soudés *(ligatures : § 84) :* Æ et Œ.

Æ (que nous écrivons en capitales parce que, dans la minuscule italique, cette ligature est presque identique à Œ) apparaît dans des mots empruntés au latin, avec la valeur de [e] : *Philæ, cÆcum* [sekɔm], *et cÆtera* (nous préférons *et cEtera)* [ɛtsetɛʀA]. — L'Académie écrit *Égipan.*

Œ dans des mots d'origine grecque (venus souvent par l'intermédiaire du latin) se prononce [e] : *Fœtus, Œcuménique, Œdème, Œnologie, Œsophage, Œdipe.* — [e] s'ouvre en [ɛ] dans *Œstre,* parce que la syllabe est fermée.

Des prononciations comme °[ødip], °[œstʀ] sont fréquentes, mais ne doivent pas être encouragées.

La ligature œ apparaît aussi dans *œil,* avec le son [œ] : [œj], — ainsi que dans le trigramme *œu,* prononcé [œ] en syllabe fermée, [ø] en syllabe ouverte : *bœuf* [bœf], *bœufs* [bø].

On écrit souvent sans ligature *oe* dans des mots d'origine allemande, avec la prononciation [ø] : *Goethe* ou *Gœthe, Goebbels* ou *Gœbbels, foehn* ou *fœhn* (ou *föhn).*

Sans ligature dans : *moelle, moellon ;* — *a fortiori,* s'il y a un accent ou un tréma : *poète, poêle, goéland, Noël.* — Sans ligature non plus les noms anglais : *D. Defoe* [fo], *E. Poe* [po] ; les noms néerlandais : *les Boers* [buʀ], en France souvent [bɔɛʀ], *van der Goes* [gus].

Remarques. — 1. Sur la dissociation des digrammes dans l'argot scolaire, cf. § 3, Rem.

2. Dans son usage ordinaire, la lettre *q* est associée à *u* dans le digramme *qu* : *moquer.* Toutefois, on trouve le simple *q* à la finale dans *cinq, coq* (aussi dans le pluriel *coqs*). *Qu* n'est pas digramme dans *piqûre* [ky] et dans divers mots d'emprunt : il se prononce [kw] dans *aquarium, quaker, quartz...*, [kɥ] dans *questeur, quidam* (qu'on prononce aussi [kidAm]).

Les érudits se servent de *q* seul pour des noms empruntés aux langues orientales : *Habaquq,* prophète juif *(Bible de Jérus.),* traditionnellement *Habacuc (Grand Lar. enc.)* ; *Qaṭar,* État d'Arabie *(ib.)* ; l'*Iraq* *(ib.),* traditionnellement *Irak* ; *M*me *Jiang Qing,* femme de Mao Zedong (dans le *Monde,* 31 déc. 1980), antérieurement *Kiang Ching.*

d) Un son est représenté par divers procédés :

[s] : *aSSez, Soir, Céder, diX, SCience, opéraTion* ;
[ɛ] : *mEt, mÈtre, lAIsse, ChimAY, pEIne, aimÉ-je, chÊne* ;
[ə] : *prEmier, fAIsant, mONsieur* ;
[ɛ̃] : *SEIN, SAIN, lIN, examEN.*

e) Beaucoup de lettres restent muettes :

s : *Schéma* ;
h : *Homme, tHéorie, gHetto, arrHes, daHlia, cHœur* [sur l'*h* dit aspiré, voir § 48] ;
u : *coqUe, gUerre* ;
c : *sCeau, sCience* ;
e : *sEau, gEai, Eu, étaiEnt, soiE, aboiEment* [sur l'*e* qui tantôt se prononce et tantôt ne se prononce pas, cf. §§ 28-29] ;
o : *taOn, bŒuf* ;
a : *sAoul* (qu'on écrit aussi *soûl*), *Aoû*t (voir Rem.) ;
i : *oIgnon* (l'Acad. accepte maintenant *ognon* : § 89, *d*).

C'est le cas de très nombreuses consonnes finales (certaines pouvant reparaître dans les liaisons : §§ 41-43) : *plomB, croC, laiD, cleF, lonG, fusiL, louP, mangeR, hommeS, plaT, deuX* (cf. Hist.), *neZ* ; — et de consonnes précédant d'autres consonnes (lesquelles peuvent aussi être muettes à la finale) : *aCquérir, fiLs* [fis], *daMner, baPtême, corPs, mangeNt.*

En particulier, beaucoup de consonnes doublées dans l'écriture correspondent à un seul son (§ 36, *a*) : *hoMMe, aTTendre.*

Hist. — Ces lettres muettes peuvent être les restes d'anciennes prononciations (cf. § 89, *a*) ; c'est le cas souvent des lettres finales, de *e* devant voyelle.

D'autres lettres muettes ont été réintroduites, surtout en moyen fr., pour rapprocher le français du latin, parfois de manière erronée : § 89, *b.*

Certains mots d'emprunt présentent des graphies s'expliquant par la langue donneuse : *dahlia,* du nom propre suédois *Dahl.*

Un cas particulier est celui de l'*x* final, qui, lorsqu'il n'a pas été introduit pour marquer l'étymologie (*voix, six, paix,* etc.) ou par analogie *(dix,* d'après *six),* s'explique souvent par une curieuse confusion qui s'est produite en anc. fr. Au moyen âge, le groupe final *-us* se notait souvent par un signe abréviatif qui ressemblait à la lettre *x* et qui finit par se confondre avec celle-ci. Un mot comme *faus* (nom ou adjectif) s'écrivit donc *fax.* Lorsqu'on eut oublié la fonction du signe *x,* on rétablit l'*u* exigé par la prononciation, tout en maintenant l'*x* : *faux.* Cela explique des mots comme *deux, roux, doux, heureux,* etc., des formes verbales comme *veux, peux...,* des pluriels comme *manteaux, choux..., chevaux, soupiraux, aïeux...*

En moyen fr., on introduisit souvent en outre un *l* étymologique ou pseudo-étymologique : *doulx, veulx, chevaulx,* etc. Cette graphie a été abandonnée au XVIIᵉ s., sauf dans *pouls,* dans *aulx,* qui sert encore de pluriel à *ail* (§ 505), et dans le nom féminin *faulx,* encore donné par l'Acad. en 1878 et que l'on trouve parfois ensuite : *Fantassins armés d'arcs, d'épées, de piques, parfois de* FAULX, *de frondes, d'épieux* [au moyen âge] (DE GAULLE, *La France et son armée,* p. 10). — Citons aussi *poult-de-soie* à côté de *pout-de-soie,* mais ce mot, d'origine inconnue, s'écrit aussi *pou-de-soie.* Il y a en outre des noms de lieux et de personnes : *Sault, Renault...* — Dans *moult, poulpe, soulte, l* a fini par être prononcé.

On écrivait traditionnellement *fieux* pour [fjø], forme picarde (§ 68) et normande de *fils,* qui a été empruntée par le peuple d'autres régions, notamment à Paris (Bauche, p. 194), surtout dans l'expression *bon fieu(x)* « brave garçon » : *Et ce dicton Picard à l'entour fut écrit : / Biaux chires leups, n'escoutez mie / Mere tenchent* [=tançant] *chen* FIEUX *qui crie* (LA F., *F.,* IV, 16). C'est la graphie de la plupart des dictionnaires, mais Robert (Suppl.) écrit *fieu* au singulier, qui l'emporte en effet sur *fieux* :

Fieu : MAUPASSANT, *C.,* Père Milon ; C. LEMONNIER, *Mâle,* XXVI ; DORGELÈS, *Croix de bois,* L.P., p. 371 ; CÉLINE, *Voy. au bout de la nuit,* F°, p. 140.

Fieux : BERNANOS, *M. Ouine,* Pl., p. 1393.

Remarques. — 1. Les lettres muettes peuvent être considérées comme faisant partie de digrammes ou de trigrammes : dans *théorie,* on dira soit que l'*h* est muet, soit qu'on a un digramme *th ;* dans *seau,* on dira que l'*e* est muet ou qu'on a le trigramme *eau.*

2. Il y a une certaine tendance à calquer la prononciation sur l'orthographe : dans *admirer,* le *d* a cessé d'être muet ; pour *dompter,* la prononciation [dɔte] reste plus soignée que [dɔpte].

En particulier, les consonnes finales des monosyllabes sont souvent prononcées (cf. § 78, *b*) : la prononciation [by] du nom *but* devient plus rare ; de même, [lɛ] pour *legs,* quoique la prononciation [lɛg] soit d'autant plus déplacée que le *g* résulte d'une étymologie fausse (§ 89, *b*).

Pour *août,* nous avons donné la prononciation habituelle [u] : voir la graphie *oust* chez La Fontaine (*F.,* I, 1). *oût* dans les éd. modernisant l'orthographe (aussi chez Péguy, *Ève,* p. 317). « Quelques personnes prononcent a-ou », notait Littré, et les poètes faisaient la diérèse (HUGO, *Rayons,* II ; MUSSET, *Prem. poés.,* À quoi rêvent les jeunes filles, I, 2) ou non (Th. GAUTIER, *Ém. et cam.,* Lied). Pour Fouché, *Traité de prononc.,* p. 9, [AU] est archaïque ou dialectal, et il en est de même de [ut] et à plus forte raison de [Aut]. Jugement sévère : nous avons entendu le président Pompidou, des acteurs (comme Paul Meurisse), des professeurs d'université (comme Jean Frappier) prononcer [ut]. Les deux autres, [AU] et [Aut], restent plus rares. — Pour le dérivé *aoûtat,* la prononciation [AU] est admise.

f) Un groupe de sons est exprimé par un groupe de lettres sans qu'il y ait correspondance de lettre à son :

oi et *oe* valent [wA] dans *toit, moelle ; oin* représente [wɛ̃] dans *coin.*

g) L'introduction de mots étrangers complique encore le système :

Signes graphiques avec des valeurs variables : *w* = [w] dans *watt,* [v] dans *wagon.*

Signes graphiques avec des valeurs différentes de celles qu'ils ont en français : *ea* et *ee* = [i] dans *leader, week-end.*

Pour beaucoup de ces mots étrangers, plusieurs prononciations sont souvent en concurrence. Lorsque le mot a été francisé du point de vue phonétique, la graphie peut rester tout à fait étrangère : *shampooing* [ʃãpwɛ̃].

91 L'orthographe française n'est pas purement phonologique. Elle est à la fois phonologique, historique, étymologique, morphologique et discriminative.

a) Elle est **phonologique,** puisqu'elle donne un grand nombre de renseignements sur la prononciation.

Elle est phonologique et non pas phonétique, puisque, par exemple, elle n'a qu'un seul signe graphique, *r,* pour des réalisations différentes (cf. § 33).

b) Elle est **historique,** puisqu'elle garde beaucoup de graphies correspondant à des états antérieurs de l'évolution :

Soit à l'état du latin : maintien de *qu (quand)* ; choix entre *c* et *s* : *Céder, sévère* ; etc. — Soit à l'état de l'ancien français : les digrammes *oi, au, an* reflètent des prononciations du moyen âge.

c) Elle est **étymologique,** puisqu'elle contient un grand nombre de lettres qui ont été réintroduites à l'imitation du mot latin : *Cor*P*s, tem*P*s,* H*omme, com*P*ter,* etc. (cf. § 89, *b).*

d) Elle est **morphologique,** car elle donne des indications sur le nombre, le genre, la personne, le mode, le temps : *Dur, dure, durs, dures ; — cours, court, courent, coure, coures ; aima, aimas, aimât.*

Elle assure aussi une certaine permanence du mot dans ses diverses réalisations : *prend, prendre ; enfant, enfants ; œuf, œufs ; petit, petite ; berger, bergère ; un petit garçon, un petit homme ; tient, tient-on.* De même on retrouve le *t* d'*enfant* et de *petit* dans *enfantin* et *petitesse.* Comparez aussi *pain-paner* et *pin-pinède,* alors que *pain* et *pin* sont homophones.

e) Elle est **discriminative,** car elle assure la distinction graphique des homophones :

Ceint, cinq, sain, saint, sein, seing (outre les variantes morphologiques *ceins, ceints, sains, seins, seings*) ; — *poêle, poil* ; — *vair, ver, verre, vers, vert.*

Remarques. — 1. Comme les informations morphologiques, les informations permettant de distinguer les homonymes sont parfois jugées inutiles, puisqu'elles n'apparaissent pas dans l'oral. C'est tenir *a priori* les procédés de l'oral comme supérieurs à ceux de l'écrit. Il n'en est pas toujours ainsi : la vaine discussion portant sur le fait de savoir si Cendrillon avait des pantoufles de *verre* ou de *vair* n'aurait pas eu lieu s'il n'y avait pas eu homophonie ; nous avons vu (§ 3, Rem.) que l'écrit fournit parfois à l'oral le moyen de remédier à des confusions gênantes.

Il ne faut pas non plus refuser de reconnaître à la communication écrite, et son importance sociale et intellectuelle, et ses besoins spécifiques : le scripteur et le lecteur ne sont pas en présence l'un de l'autre ; ils ne participent pas à une situation commune qui résoudrait déjà par elle-même certaines ambiguïtés ; le destinataire n'a pas la possibilité de demander au scripteur des compléments d'information.

2. Le système graphique du français, parce qu'il n'est pas rigoureusement phonologique, a l'avantage de s'accommoder de phonologies différentes : voir aux §§ 24, Rem. ; 25, a, Rem. ; 26, Rem. 1 ; 27, Rem. 2 ; 31, Rem. un certain nombre de ces différences. Une orthographe vraiment phonologique ne le serait que pour ceux dont la phonologie aurait l'honneur d'être prise pour base.

92 La lettre *c.*

a) Cette lettre a deux valeurs principales :

— [k] devant *a, o, u* ou une consonne, ainsi qu'à la finale : CAnif, COuleur, CUré, CRavate, beC.

— [s] devant *e, i, y,* ainsi que devant les ligatures *Æ* et *Œ*, toutes deux prononcées [e] : CEla, CIterne, CYgne ; et cÆtera (*et cetera* étant préférable), cœlacanthe.

Il se prononce [g] dans *zinc* (d'où le dérivé *zingueur*), dans *second* et dans ses dérivés.

En outre, il est assez souvent muet à la finale : *Franc, croc, un broc,* etc., ainsi que dans certaines suites de consonnes : *Sceau, fasciner.*

b) Pour indiquer la valeur [k] devant *e, i :*

1° On utilise le digramme *qu :*

Comp. : *Queue ; Turquie, turque ; bibliothèque ; communiquer ; —* et *caudal, Turc, bibliothécaire, communication.*

Remarques. — 1. Le digramme *qu* est maintenu dans toute la conjugaison des verbes en *-quer : Nous communi*QU*ons. En le provo*QU*ant.*

Mais les adjectifs ou les noms en *-ant* (§ 887, *b*) et *-able* s'écrivent par un *c* quand il existe un dérivé en *-ation :*

D'une part : *Les vases communi*c*ants. Une attitude provo*c*ante. Un fabri*c*ant de chaussettes. Une réaction expli*c*able, inexpli*c*able.* (Cf. *communication, provocation, fabrication, explication.*)

D'autre part : *Remarquable,* ⹁*nmanquable* (puisque **remarcation* et **mancation* n'existent pas). — Exception : *(im)praticable* (quoique **pratication* n'existe pas).

Remarquez aussi la conjugaison de *vaincre, convaincre : Nous vain*QU*ons. En convain*QU*ant.* — Mais l'adjectif est en *-cant : Un argument convain*c*ant.*

2. Le digramme *qu* est fréquemment usité devant *a* et *o* sous l'influence des étymons latins : *Antiquaire, qualité, quand, quoi, quotient, reliquaire, reliquat,* etc.

On le trouve aussi dans des mots d'autre origine : *Carquois, laquais, quai, narquois,* etc.

Il y a d'autres mots où on attendrait un *c : Disquaire, marquoir, moustiquaire, piqûre,*
toquade, etc. Pour le premier, quelques-uns écrivent *discaire,* qui serait meilleur (cf. *bibliothé-*
caire) : É. GILSON, *Société de masse et sa culture,* p. 58 ; SAN-ANTONIO, cit. Gilbert.

3. *Qu* ne pouvant se redoubler, on a la suite *cqu* dans divers mots : *Acquérir,*
becquée, becqueter, grecque ; — ainsi que dans *Jacques, socque,* etc.

Certaines familles manquent de cohérence : *jaquette* à côté de *Jacques ; béquille* à côté de
becquée.

2° On intervertit *e* et *u* du digramme *eu* [œ] dans *cercueil, cueillir* et
sa famille.

Notons en outre *cœur,* où la graphie *œu* pour le son [œ] a été choisie sur le
modèle du latin *cor.*

c) Pour indiquer la valeur [s] devant *a, o, u :*

1° On met une cédille sous le *c.*

Comp. : *Ça ; un cri perçant ; nous perçons ; aperçu ;* — et c*ela, percer, apercevoir.*

2° L'Académie a maintenu une ancienne graphie dans *douc*CE*âtre.*

Hist. — Au moyen âge, on a utilisé *e* pour garder au *c* le son [s], comme pour garder au
g le son [ʒ] (§ 93, *c*) : *Exerceant* (MARGUERITE DE NAVARRE, *Hept.,* LXXII). — L'invention
de la cédille a fait disparaître le digramme *ce* (sauf dans *douceâtre*), alors que *ge* continue
d'être employé. — On a aussi utilisé *cz,* par ex. dans l'éd. princeps du *Garg.* de Rabelais :
enfonczoit, faczon (XXI), etc.

93   La lettre *g.*

a) Cette lettre a deux valeurs principales :

— [g] devant *a, o, u* ou une consonne, ainsi qu'à la finale : G*A*min, G*O*ûter,
*ai*G*U*, *mai*G*R*e, *ai*G*L*e, *gro*G.

— [ʒ] devant *e, i, y* : G*E*ndre, G*I*let, G*Y*mnastique.

Il est parfois muet à la finale : *Long, poing, rang... ;* pour la liaison, cf. § 42, *a.*
Le digramme *gn* représente d'ordinaire le son [ɲ] : *Baigner, éloigner.* — Exceptions : [gn]
dans *igné, stagner, diagnostic, gnose, gnome, gnomon,* outre quelques mots pour lesquels
l'usage est moins net ; — [n] dans *signet,* mais cette prononciation est devenue archaïque.

b) Pour indiquer la valeur [g] devant *e, i, y,* on utilise le digramme
gu :

Longue, longueur. Naviguer à côté de *navigation. Du gui. Guy de Maupassant.*

Remarques. — 1. Le digramme *gu* est maintenu dans toute la conjugaison
des verbes en *-guer : Nous navi*G*U*ons. *En navi*G*U*ant.
Les adjectifs (ou les noms) en *-ant* (§ 887, *b*) et *-able* s'écrivent par *g : Le*
*personnel navi*G*ant. Un voyage fati*G*ant. Un intri*G*ant. Un homme infati*G*able. Un*
*cours d'eau navi*G*able.*

2. Dans *orgueil* et sa famille, l'utilisation du digramme *gu* entraîne la permutation de *e* et de *u* qui constituent le digramme *eu* [œ].

3. Il y a plusieurs cas où on peut se demander si *gu* doit se lire [g] ou bien [gy] ou [gɥ].

Un tréma indique la prononciation correcte dans *aiguë, ambiguë, ambiguïté, ciguë,* etc., que l'Académie a décidé d'écrire *aigüe,* etc. : cf. § 104. — Parmi les dérivés d'*aigu,* on prononce logiquement [egɥij] dans *aiguille* (de même pour *aiguillon*); mais presque plus personne ne dit [egɥize] pour *aiguiser,* [egize] l'a emporté. — On prononce aussi [gɥ] dans *linguiste* et *linguistique,* dans *lapsus linguae,* dans le nom de localité *Guise ;* [gw] dans *guano.* — *Arguer* doit se prononcer [ARgɥe]; l'Académie a décidé de l'écrire *argüer :* cf. § 104.

4. On trouve *gu* [g] devant *a* dans quelques mots :

Baguage « action de baguer » qui se distingue ainsi de *bagage* « ce que l'on emporte en voyage » ; — *aiguade* « lieu où les navires s'approvisionnent en eau » ; — *aiguayer* « tremper dans l'eau » ; — *aiguail* « rosée », mot poitevin adopté par les chasseurs et certains écrivains : C. LEMONNIER, *Mâle,* 1904, p. 6 ; MONTHERLANT, *Songe,* V ; GENEVOIX, *Dernière harde,* II, 5 ; PIEYRE DE MANDIARGUES, *Motocyclette,* F°, p. 157 [d'autres écrivent *aigail :* VERHAEREN, *À la vie qui s'éloigne,* p. 189].

5. *Gh* = [g] dans *ghetto,* ainsi que dans *sorgho, Afghan.* — *G* = [g] dans *geisha, Hegel.*

c) Pour indiquer la valeur [ʒ] devant *a, o, u,* on utilise le digramme *ge : Ven*GE*Ance,* GE*ôle* [ʒol], *nous na*GE*ons, une ga*GE*ure* [gaʒyR].

Pour ce dernier mot, ainsi que pour les mots plus rares *mangeure, rongeure, vergeure,* l'Académie a décidé en 1975 de mettre un tréma sur *u : gageüre,* etc.
Pour le son [ʒ], *ge* est en concurrence avec *j.*

Hist. — Cette utilisation de *ge* remonte au moyen âge : cf. § 92, *c,* Hist. — *Enjôler* a perdu le contact, sémantiquement et graphiquement, avec *geôle.*

94 La lettre *h.*

a) L'*h* dit aspiré assure la disjonction : LE *handicap. La peau* DU *hareng. Les | héros.* Cf. § 48.

Ancien phonème (§ 69, 6°), resté comme tel dans certaines régions et comme son dans certaines circonstances (§ 31, Rem.).

b) L'*h* marque dans certains mots qu'une suite de voyelles n'est pas un digramme : *Ahuri, cahier, cahute* (ou *cahutte :* § 89, *d), cohue, ébahir, envahir, prohiber, tohu-bohu, trahir.*

Hist. — Cette fonction de *h* remonte à l'anc. fr. : on écrivait par ex. *trahir* (lat. *tradere*) et *trahitre* (lat. *traditor*) ; dans ce mot, *ai* est pourtant devenu digramme : *traître,* séparé ainsi de *trahir,* malgré leur parenté étymologique. — Ce rôle de *h* a été rendu inutile par l'invention du tréma. — Dans certains mots énumérés dans le *b), h* avait à l'origine une autre explication : il est, par ex., dû à l'étymologie dans *prohiber,* emprunté du lat. *prohibere.*

c) Joint à *c, p,* parfois à *s, h* forme les digrammes *ch* [ʃ], *ph* [f], *sh* [ʃ] : *Château, phrase, shoot* [ʃut].

Devant *e, i, ch* = [k] fonctionne comme un digramme : *Orchestre, orchidée.* — En occitan, *lh* représente *l* mouillé, qu'on prononce [j] en fr. : *Graulhet* [gʀojɛ], *Milhaud* [mijo], *Paulhan* [pojã], souvent [polã].

d) La lettre *h* étoffe et individualise les interjections monosyllabiques, souvent constituées d'un son unique : *Ah ! Ha ! Oh ! Ho ! Hein ! Hé ! Eh !*

Elles se réalisent parfois avec une « aspiration » : cf. § 31, Rem. — Les grammairiens et les lexicographes ont essayé d'établir des différences, selon que *h* précédait ou suivait la voyelle.

e) Dans beaucoup de mots, la lettre *h* n'a aucune fonction, sinon étymologique ou historique :

Habit, herbe, hiver, hôte... ; hiatus, hippodrome... ; — huit, huile... ; — arrhes, rhinocéros, chaos, théorie... ; — krach, aurochs, dahlia, forsythia, uhlan, whisky...

Hist. — À l'initiale, *h* a été réintroduit souvent à l'imitation du latin (§ 89, *b*) : *hôte* d'après le lat. *hospes,* etc. Il a été réintroduit aussi dans des mots empruntés au latin ou au grec : *hôpital, hippodrome...* Certains ont toujours été écrits avec *h : hésiter, hiatus, hygiène...* — Pour *huit* (lat. *octo*) etc., *h* a eu une fonction graphique au moyen âge : § 89, *b.* — Les groupes *ph* (ci-dessus, *c*), *ch* [k] *(c* et *e), rh* et *th (e)* représentent souvent les lettres grecques φ, χ, ϱ, θ. — La dernière série ci-dessus est constituée de mots empruntés avec leur graphie à des langues modernes. En particulier, *dahlia* et *forsythia* contiennent les noms de personnes *Dahl, Forsyth.* — Certains *h* sont moins faciles à expliquer : *hermine,* lat. *armenia ; heur,* lat. *augurium* (confusion avec *heure,* lat. *hora ?*) ; °*hermite,* fréquent jadis pour *ermite,* lat. *eremita* (d'origine grecque).

95   La lettre *y.*

a) Tantôt *y* représente un son :

1° La voyelle [i], notamment dans des mots d'origine grecque : *Cycle, psychologie... ; —* à la finale de nombreux noms de localités : *Bercy, Noisy... ; —* dans quelques autres mots : le pronom *y, Ypres, pyjama... ;*

2° La semi-voyelle [j] : *Grasseyer, Lyon, yeux, Yonne, Yougoslavie...*

b) Tantôt *y* a une fonction complexe :

1° Il représente la suite phonétique [ij] : *Essuyer... ;*

2° Il représente à la fois la voyelle *i* comme élément de digramme ou de groupe [§ 90, *f*] (comme *i* dans *paix, bois*) et le son [j] : *Noyer* [nwʌje], *payer* [pɛje] ;

3° Il représente à la fois la voyelle *i* comme élément de digramme et le son [i] : *Pays* [pei], *abbaye* [ʌbei].

Quelques-uns lui donnent une triple valeur en prononçant les deux mots précédents : [peji], [ʌbeji].

c) Plus rarement, *y* est simplement l'équivalent de *i* comme élément de digramme : *Saynète, Chimay, lyncher.*

Hist. — L'upsilon grec, qui était prononcé [y] et dont *Y* était une des graphies, était prononcé [i] en latin ; de là le nom d'*i grec.* Cette lettre est passée en fr. avec la même valeur. Elle y a servi en outre à remédier à des ambiguïtés : *y* permettait de distinguer *yeux* de *jeux* (cf. § 84, Hist., 2). Il a remplacé aussi le groupe *ii* ou *ij* qu'on avait par ex. en anc. fr. dans *paiier.* Il servait sans raison particulière au lieu de *i* à la finale de mots comme *may* ou *roy* (où l'Académie a remplacé *y* par *i* seulement en 1740).

Remarques. — 1. La lettre *y* représente le son [j] après *a, o, u* dans certains mots : *Bayer, bayadère, cipaye, cobaye, copayer, fayard* (mot régional pour « hêtre »), *mayonnaise, papayer ; boy, boycotter, boyard, cacaoyer, goyave, oyat, soya* (qu'on écrit aussi *soja* et qu'on prononce alors [sɔʒᴀ]) ; *bruyère, gruyère, thuya.* Cela entraîne souvent de mauvaises prononciations : par ex. °[kɔbɛ] pour *cobaye.* En revanche, l'Académie a renoncé dans la 8ᵉ éd. à °*payen,* °*bayonnette* (malgré *Bayonne,* qui est à l'origine du mot) et privilégié *taïaut.*

2. À l'intérieur d'une famille lexicale, des alternances phonétiques entraînent des alternances graphiques ; on a *y* ou *i* selon que la prononciation contient un [j] ou non : *Raie, rayure ; roi, royal ; soie, soyeux ; ennui, ennuyeux ;* dans la conjugaison, voir § 761, *c.* — Pour un même mot, on peut avoir deux prononciations et, par corollaire, deux orthographes : *paie* [pɛ] ou *paye* [pɛj] à la fois comme nom et comme forme verbale (cf. § 761, *c,* 2°).

Emploi de la majuscule

Bibl. — *De l'emploi des majuscules.* Berne, Fichier français de Berne, 2ᵉ éd., 1973. — A. Doppagne, *Majuscules, abréviations, symboles et sigles.* Gembloux, Duculot, 1979.

96　　La **majuscule** est une lettre plus grande que les autres (appelées *minuscules*) et qui est placée au début (voir Rem.) de certains mots.

Elle apporte des informations : — ou bien sur l'articulation du texte, quels que soient la nature et le sens du mot (§ 97) ; — ou bien sur la catégorie ou le sens du mot ; nous traiterons successivement du nom (§ 98), de l'adjectif (§ 99), puis des autres catégories (§ 100).

Les informations apportées par les majuscules sont utiles et même nécessaires : une dépêche d'agence annonçait que la National Gallery de Londres « venait d'acquérir un onzième poussin » (cité dans la *Libre Belgique* du 28 sept. 1982, p. 1). Il fallait lire *Poussin.*

Remarque. — Selon la tradition française, c'est une anomalie de placer une majuscule à l'intérieur d'un mot. Cela se trouve pourtant dans certaines marques déposées : *CinémaScope (Grand dict. enc. Lar.),* mais cette façon d'écrire est heureusement peu suivie.

Notons aussi certains symboles d'unités (§ 112) : *kW* = *kilowatt ;* — certains usages dans la désignation des langues bantoues : *Le KiSwaheli de la côte orientale* (G. VAN BULCK, dans *Langues du monde,* 1952, p. 849) ; — les noms de familles écossais ou irlandais commençant par *mac* (« fils ») et les noms anglais commençant par *fitz* (de l'anc. fr. *fiz* « fils ») : *MacDonald* (écrit aussi *McDonald*), *FitzGerald* (par ex., dans le *Monde,* 24 nov. 1984, p. 3) ; — les noms de familles flamands du type *t'Serstevens* [*t's* = flam. *des* « du »]. — Certaines familles gardent précieusement dans leur nom d'autres particularités (*le Maire,* etc.), même si elles résultent de purs accidents de copie. — Pour le *de* nobiliaire, voir § 100, *c.*

Hist. — La majuscule existait déjà au moyen âge. Elle marquait, souvent avec ornementation, le début d'un ouvrage, d'un chapitre, d'un vers. Avec l'invention et le développement de l'imprimerie, la majuscule prendra progressivement le rôle qu'elle a aujourd'hui. Voir aussi § 98, Hist.

97   Quelle que soit la nature du mot, on met la majuscule :

a) **Au début d'un texte :**

Longtemps, je me suis couché de bonne heure (PROUST, *Rech.,* t. I, p. 3). — *Qui suis-je ?* (A. BRETON, *Nadja,* p. 9.) — *Avec la mer du Nord pour dernier terrain vague / Et des vagues de dunes pour arrêter les vagues /* [...] (J. BREL, *Plat pays*).

b) **Au début d'un alinéa,** notamment (en dehors du cas où l'alinéa est précédé d'un point : cf. *c*) :

1° Lorsqu'une phrase est subdivisée en alinéas :

On pourrait réunir, pour les examiner d'ensemble, sous le titre commun de Influence de l'esprit de politesse : / 1° Les changements de nombre et de personne : vous *et la 3ᵉ personne ; / 2° L'ordre dans l'énumération des personnes :* Vous et moi *; / 3°* [...] (BRUNOT, *Pensée,* p. 504). — [...] ; */ Mais, attendu que l'ouvrage dont Flaubert est l'auteur est une œuvre qui paraît avoir été longuement et sérieusement travaillée* [...] *; / Attendu que Gustave Flaubert proteste de son respect pour les bonnes mœurs et tout ce qui se rattache à la morale religieuse ;* [...] */ Qu'il a eu le tort seulement de perdre parfois de vue les règles que tout écrivain qui se respecte ne doit jamais franchir* [...] *; / Dans ces circonstances, attendu qu'il n'est pas suffisamment établi que Pichat, Gustave Flaubert et Pillet se soient rendus coupables des délits qui leur sont imputés ; / Le tribunal les acquitte de la prévention portée contre eux* (jugement du Tribunal correctionnel de Paris, dans Flaub., *Mᵐᵉ Bov.,* éd. M., p. 443).

Autres ex. : TEILHARD DE CHARDIN, *Apparition de l'homme,* p. 126 ; J. DUBOIS, *Gramm. struct. du fr.,* Verbe, p. 62 ; R. ESCARPIT, *Sociologie de la litt.,* p. 81 ; BENVENISTE, *Problèmes de linguist. générale,* p. 103.

Il est fréquent aujourd'hui que cet usage ne soit pas appliqué dans les travaux d'érudition ou en littérature. Voir par ex. : SAUSSURE, *Cours de linguist. générale,* p. 20 ; A. MARTINET, *Fr. sans fard,* p. 126 ; J. DUBOIS, *Gramm. struct. du fr.,* Verbe, pp. 136, 210 ; WAGNER-PINCHON, p. 226 ; HANSE, 1983, pp. 39-40 ; etc. — BUTOR, *Modification,* II.

2° Au début d'une lettre, après la formule en apostrophe :

Mon cher Général, / Dans la conversation que j'ai eu l'honneur d'avoir avec vous avant mon départ du Caire, je vous ai dit [...] (DE GAULLE, *Mém. de guerre,* t. I, p. 396).

3° Au début d'une note en bas de page, même si elle continue du point de vue syntaxique la phrase où est placé l'appel de note :

> Grammont (¹) note qu'en passant de o fermé à o ouvert « on avance un peu le point d'articulation » [...] / (1) Dans La prononciation française, Paris, 1930, p. 20 (A. MARTINET, Fr. sans fard, p. 192).

4° Traditionnellement, en poésie, au début de chaque vers ou de chaque verset :

> Les ans ont fui sous mes yeux / Comme à tire d'ailes / D'un bout à l'autre des cieux / Fuient les hirondelles (M. NOËL, Les chansons et les heures, Attente). — Et toi / Comme une algue doucement caressée par le vent / Dans les sables du lit tu remues en rêvant (PRÉVERT, Paroles, Sables mouvants). — Soyez béni, mon Dieu, qui m'avez introduit dans cette terre de mon après-midi, / Comme Vous avez fait passer les Rois Mages à travers l'embûche des tyrans et comme Vous avez introduit Israël dans le désert, / Et comme après la longue et sévère montée un homme ayant trouvé le col redescend par l'autre versant (CLAUDEL, Cinq gr. odes, III).

Depuis la fin du XIXᵉ s., cet usage n'est plus systématique, surtout dans les vers libres :

> Par la nuit qui s'en va et nous fait voir encore / l'églantine qui rit sur le cœur de l'aurore (JAMMES, Clairières dans le ciel, Église habillée de feuilles, XXXV). — Alors vous arrachez tout doucement / une des plumes de l'oiseau / et vous écrivez votre nom dans un coin du tableau (PRÉVERT, Paroles, Pour faire le portrait d'un oiseau).

Beaucoup d'éditeurs de textes médiévaux ne mettent pas non plus de majuscule au début des vers : Le signe est : defaictes ce temple / et par puissance je feray / qu'en troys jours le reedifiray / plus parfaict que jamais ne fut (J. MICHEL, Passion, 5562-5565).

c) Après un point [7] :

> La nuit était noire. Quelques gouttes de pluie tombaient. Elle aspira le vent humide qui lui rafraîchissait les paupières. La musique du bal bourdonnait encore à ses oreilles. (FLAUB., Mᵐᵉ Bov., I, 8.) — La guerre est une maladie. Comme le typhus. (SAINT EXUPÉRY, Pilote de guerre, p. 76.) — Le cabinet d'un homme de lettres. Une porte au fond, une autre à droite. À gauche en pan coupé, une fenêtre praticable. Tableaux, estampes, etc. (COURTELINE, Paix chez soi, Décor.)

Le point d'interrogation, le point d'exclamation, les points de suspension peuvent équivaloir à un point et ils sont alors suivis d'une majuscule :

> Depuis deux semaines qu'on se trouvait là, pourquoi ne marchait-on pas en avant ? Il sentait bien que chaque jour de retard était une irréparable faute, une chance perdue de victoire (ZOLA, Débâcle, I). — Ce sont des villes ! C'est un peuple pour qui se sont montés ces Alleghanys et ces Libans de rêve ! Des chalets de cristal et de bois se meuvent sur des rails et des poulies invisibles (RIMBAUD, Illum., Villes I). — Avidement, Meaulnes lui posait des ques-

---

7. Il s'agit du point comme signe de ponctuation. Le point abréviatif (§ 111, a) a une autre fonction et peut être suivi d'un mot commençant par une minuscule : Un C.R.S. secoua Bernard (J. CAYROL, Froid du soleil, p. 98).

tions... Il nous semblait à tous deux qu'en insistant ardemment auprès de notre nouvel ami, nous lui ferions dire cela même qu'il prétendait ne pas savoir (ALAIN-FOURNIER, *Gr. Meaulnes,* II, 4).

Mais le point d'interrogation, le point d'exclamation, les points de suspension ne sont pas suivis d'une majuscule lorsque ces signes sont utilisés à l'intérieur d'une phrase :

Un soir, t'en souvient-il ? nous voguions en silence (LAMARTINE, *Médit.,* XIII). — *Il opposa un « On ne passe pas ! » péremptoire à l'Empereur (Grand dict. enc. Lar., s.v. Coluche). — Et quand tu t'es levé, une main sur la poitrine, et que tu t'es précipité vers la maison... je n'avais qu'une pensée* (SIMENON, *Vérité sur Bébé Donge,* pp. 243-244).

Il arrive aussi que le point d'interrogation, le point d'exclamation ou parfois les points de suspension soient suivis d'une minuscule alors qu'ils paraissent marquer la fin d'une phrase. C'est que l'auteur leur donne la valeur d'un point-virgule (ou d'un double point), ou même d'une virgule :

Qui vient ? QUI *m'appelle ?* (MUSSET, *Poés. nouv.,* Nuit de mai.) — *Qu'était cela ?* DE *l'amour ?* (MAUPASS., *Fort comme la mort,* I, 1.) — *C'est affreux !* OUI, *je suis né pour être domestique !* JE *le vois !* JE *le sens !* (VALLÈS, *Enfant,* VI.) — *Il y avait, posé sur le banc entre nous ou sur les genoux de l'un d'eux, un gros livre relié...* IL *me semble que c'étaient les* Contes *d'Andersen* (N. SARRAUTE, *Enfance,* p. 64).

d) **Au début d'une phrase** (ou d'une suite de phrases) **citée** ou reproduite après un double point, qu'il y ait ou non des guillemets :

Je lus : « Ci-gît un adolescent qui mourut poitrinaire : vous savez pourquoi. Ne priez pas pour lui. » (LAUTRÉAMONT, *Ch. de Mald.,* p. 51.) — *Là elle me dit : Laisse-moi regarder ta tête* (N. SARRAUTE, *Enfance,* p. 222).

Si la citation est intégrée dans une autre phrase, et surtout si cette citation ne forme pas grammaticalement une phrase, on ne met pas de majuscule :

Il nous emmenait au triste Café de Flore « afin de jouer un bon tour aux Deux Magots », *disait-il en rongeant malignement ses ongles* (S. de BEAUVOIR, *Mémoires d'une jeune fille rangée,* p. 335). — *Il [= O. Pirmez] eût été touché par cet hommage de ce qu'il appelait « la jeunesse heureuse »* (YOURCENAR, *Souvenirs pieux,* p. 207). — *Un vicaire rédige le télégramme pour Rome : « Cardinal X. décédé. » Un autre vicaire voit le texte, le trouve trop bref et met : « pieusement décédé. »* (J. GREEN, *Journal,* 18 févr. 1962.)

En dehors du cas de la citation, on ne met pas de majuscule après un double point :

Le singe : un homme qui n'a pas réussi (J. RENARD, *Journal,* 18 août 1905). — *À ce moment la porte s'ouvre : c'est un jeune homme avec un long manteau* (BUTOR, *Passage de Milan,* 10/18, p. 62). — *C'est un roman qui développe la thèse même de Robinson : l'homme sans autrui sur son île* (G. DELEUZE, Postface de : M. Tournier, *Vendredi ou les limbes du Pacifique,* F°, p. 259).

A. Thérive ne suit pas cet usage, quand ce qui vient après le double point constitue grammaticalement une phrase : *On est presque tenté de s'excuser quand on rappelle des vérités si évidentes : Elles ruinent pourtant des préjugés obscurs (Libre hist. de la langue fr.,* p. 61).

Remarque. — Selon un vieil usage, les définitions commencent par une majuscule dans le dictionnaire de l'Académie, même quand la définition fait partie d'une phrase : *Il se dit, par extension et au figuré, de Ce qui a un caractère prosaïque* (s.v. *prosaïsme*).

98   **Le nom et la majuscule.**

Comme on le verra ci-dessous, il y a quelques règles strictes, et aussi bien des cas mal fixés. D'une façon générale, les majuscules obligatoires sont respectées, mais certains scripteurs ont tendance à mettre des majuscules superflues.

La majuscule apporte une véritable information et est donc nécessaire quand il s'agit d'un vrai nom propre (*a*, 1° et 2°), d'un nom dérivé d'un nom de lieu pour désigner les habitants de ce lieu (*a*, 3°), quand elle joue un rôle nettement distinctif *(b)*.

a) La majuscule est la marque du **nom propre.**

Pour le sens que nous donnons à *nom propre,* voir § 451.

1° **Noms de lieux,** villes, villages, régions, pays, îles, montagnes, cours d'eau, mers, — et aussi étoiles, astres (sauf *lune, soleil* et *terre :* comp. *d,* ci-dessous), etc. :

J'habite à Lourdes, non loin des Pyrénées. La source du Rhône est en Suisse. Visiter les Baléares. Y a-t-il des habitants sur Mars ? (Mais on écrit d'ordinaire : *La voie lactée.*)

On peut y joindre les noms de rues : *L'avenue de la Gare.* — Pour les enseignes, voir § 100, *d,* Rem. 4.

On peut y joindre aussi les noms des **points cardinaux** quand, employés sans complément de lieu, ils désignent une région, un pays, un ensemble de pays ou, par métonymie, leurs habitants :

Cette défense circula non seulement dans le Nord, mais dans le Midi (MICHELET, *Jeanne d'Arc,* p. 65). — *Le Midi royaliste frémit* (A. VANDAL, *Avènement de Bonaparte,* t. II, p. 384). — *Vers l'Orient compliqué, je volais avec des idées simples* (DE GAULLE, *Mém. de guerre,* t. I, p. 181). — *Les plus belles fourrures viennent du Nord* (AC., s.v. *nord*). — *Je ne pense pas que Notre Saint-Père le Pape soit plus rassuré que moi sur l'avenir de l'Occident chrétien* (BERNA-NOS, *Grands cimetières sous la lune,* Pl., p. 462).

Lorsqu'ils sont employés avec un complément qui est lui-même un nom de lieu ou lorsqu'ils ont leur valeur ordinaire de points cardinaux, ils ne prennent pas la majuscule. Mais il faut reconnaître que l'usage est assez flottant :

Avec minuscule : Dans les Pays-Bas et dans le nord de la France (AC., s.v. *kermesse*). — *Dans le midi de la France* (LE ROY LADURIE, *Carnaval de Romans,* p. 327). — *Le pôle nord* (AC., s.v. *nord*). — [...] *ces mosquées qui, du côté de l'orient, restent béantes* (GIDE, *Si le grain ne meurt,* I, 8). — [...] *la chaussée qui le prolonge vers Tournai et le Hainaut à l'est, vers Arras et la Picardie au sud* (G. DUBY, *Dimanche de Bouvines,* p. 43). — *Vous ne perdez pas le nord* (Fr. MAURIAC, *Nœud de vip.,* XVIII).

Avec majuscule : *Faire une tournée dans l'Ouest de la France* (AC., s.v. *ouest*). — *Dans le Sud de la Gaule* (DUBY, *op. cit.*, p. 80). — *Le vent soufflant du Nord* (A. FRANCE, *Pierre Nozière*, p. 203). — *Le vent du Nord-Ouest* (DUHAMEL, *Deux hommes*, I). — *Le vent du Sud brûle l'atmosphère* (Fr. MAURIAC, *Nœud de vip.*, X). — Pôle arctique *ou* boréal, *Celui qui est du côté du Nord* (AC., s.v. *pôle*).

Remarques. — 1. Les noms des **vents** s'écrivent sans majuscule : *Le mistral, le zéphir, le sirocco.*

2. Lorsqu'un nom de lieu désigne un **objet** en rapport avec ce lieu, il perd la majuscule. Mais l'usage est flottant si les scripteurs continuent de sentir le rapport de l'objet et du lieu :

Manger un morceau de BRIE *avec un verre de* BORDEAUX. *Fumer du* MARYLAND, *du* SEMOIS. *Une robe de* CACHEMIRE. — *Lustre en vieux* SAXE (FLAUB., *Éd. sent.*, I, 3). — *Elle fit un exemple avec les services de table. Aux aînés de choisir d'abord ! L'oncle Théodore prit le* SÈVRES, *elle-même prit le* CHINE *et Papa le* LIMOGES ; *Louise, la dernière née, se contenta d'un abominable faux* COPENHAGUE (HÉRIAT, *Enfants gâtés*, VII, 3).

Au milieu de cette collection de SAXES (J. GREEN, *Journal*, 3 déc. 1949). — *Un beau* SAINT-NECTAIRE, *grand comme une roue de brouette, onctueux sous sa croûte terreuse* (J. DUTOURD, *Au Bon Beurre*, p. 93). — Voir d'autres ex. aux §§ 464 et 512.

3. Le nom propre peut suivre (immédiatement ou après une préposition) un nom commun qui exprime aussi le lieu et qui ne prend pas la majuscule :

L'île Maurice. La ville de Montréal. Le département de l'Oise. Le comté de Flandre. Le grand-duché de Luxembourg.

Parfois ce nom commun fait partie intégrante du nom propre : *Val-d'Isère*, commune de la Savoie. — On écrit ordinairement *Le Val d'Aoste :* DE GAULLE, *Mém. de guerre*, t. II, p. 236 ; M. PIRON, *Aspects et profil de la culture romane en Belg.*, p. 29. — En Belgique, on écrit souvent *Le Grand-Duché de Luxembourg :* É. LEGROS, *Frontière des dialectes romans en Belg.*, p. 20 ; W. BAL, *Introd. aux études de linguist. romane*, p. 235 ; etc. On dit même *le Grand-Duché* tout court et, pour ses habitants, *les Grands-Ducaux.* (Le Luxembourg est aussi une province belge.)

2° **Noms de personnes,** c'est-à-dire *noms de familles* et *prénoms* dans notre société occidentale, auxquels il faut adjoindre les *surnoms* (quoique ceux-ci ne participent pas entièrement du caractère particulier du nom propre : cf. § 451) et les *pseudonymes,* — ou noms organisés selon d'autres systèmes, jadis ou ailleurs :

De cette union, rendue indispensable par la pauvreté des Rezeau, devaient naître successivement Ferdinand, que vous nommerez Frédie ou Chiffe, Jean, c'est-à-dire moi-même, que vous appellerez comme vous voudrez, mais qui vous cassera la gueule si vous ressuscitez pour lui le sobriquet de Brasse-Bouillon, enfin Marcel, alias Cropette (H. BAZIN, *Vipère au poing*, II). — *Bossuet a été surnommé l'Aigle de Meaux. — Caton, en lat. Marcus Porcius Cato, surnommé l'Ancien ou le Censeur (Grand dict. enc. Lar.).*

Il faut considérer comme des noms de personnes les noms propres des **êtres surnaturels** des religions et des mythologies :

Dieu (dans les religions monothéistes), Allah, Yahvé, la Divinité (comme synonyme de Dieu), le Tout-Puissant, la Trinité, Jupiter, Vénus, Osiris, Vichnou, l'archange Gabriel, Satan, les fées Carabosse et Mélusine, le nain vert Obéron (cf. VIGNY, Poèmes ant. et mod., Cor), les Parques, les Muses, la nymphe Égérie.

Ne prennent pas la majuscule parce que ce sont des noms désignant des catégories : *Les dieux* (dans les religions polythéistes), *les anges, les archanges, les démons, les faunes, les naïades, les satyres, les fées, les lutins, les elfes...*

Pour *Dieu*, on observe de l'hésitation dans des proverbes où le mot est employé avec déterminant : *Il y a un Dieu* (ou *un dieu*) *pour les ivrognes.*

On traite les **animaux** comme des personnes et on leur donne un nom propre dans les fables et aussi dans la vie courante pour les animaux familiers :

Dans le Roman de Renart, le lion s'appelle Noble, le loup Ysengrin, le goupil Renart, la poule Pinte, etc. — Parmi les chevaux célèbres, il y a celui d'Alexandre, Bucéphale, celui de Persée, Pégase, celui de Don Quichotte, Rossinante. — Rose-qui-a-des-épines-aux-pattes [une chatte angora] [...] *va se mettre sous le lit* (BARRÈS, *Mes cahiers*, t. I, p. 99).

On traite même comme des personnes certains **objets**, les épées dans les chansons de geste *(Durendal)*, les bateaux (le *Nautilus* de Jules Verne), aujourd'hui les voitures. — Pour les maisons, les hôtels, les restaurants, les cafés, cela ressortit plutôt aux noms de lieux : cf. § 100, *d*, Rem. 4.

Par **allégorie**, les choses et les idées sont présentées comme des personnes, notamment chez les poètes :

Sois sage, ô ma Douleur, et tiens-toi plus tranquille (BAUDEL., *Fl. du m.*, Recueillement). — *Soyez béni, mon Dieu, qui m'avez délivré des idoles, / Et qui faites que je n'adore que Vous seul, et non point Isis et Osiris, / Ou la Justice, ou le Progrès, ou la Vérité, ou la Divinité, ou l'Humanité, ou les Lois de la Nature, ou l'Art, ou la Beauté* (CLAUDEL, *Cinq gr. odes*, III).

Remarques. — 1. Lorsqu'un nom, et notamment un sobriquet, est formé de plusieurs mots, ils prennent souvent tous la majuscule :

Brasse-Bouillon (H. BAZIN, cité plus haut) ; *Poil de Carotte* (J. RENARD, *Poil de Car.*, Pl., p. 661) ; *Bougie-Rose* (BARRÈS, *Jardin de Bérénice*, 1891, p. 135).

Mais Maupassant écrit *Boule de suif* (C., Boule de suif). La chatte de Barrès (*Mes cahiers*, cités plus haut) porte un nom qui justifie un traitement graphique particulier.

Pour *de* et l'article dans les noms de familles, voir § 100, *c*.

2. Les noms de personnes sont parfois employés **comme des noms communs**, pour désigner, soit des objets en rapport avec ces personnes, soit d'autres personnes ayant les caractéristiques de ces personnes. Ils perdent la majuscule dans la mesure où le rapport avec la valeur primitive s'est estompé et la gardent dans le cas contraire (par ex. pour les tableaux désignés par le nom du peintre) :

Avec minuscule : *Quel* GAVROCHE ! *Il se promenait avec sa* DULCINÉE. *Une lampe de cent* WATTS. *Jeter dans une* POUBELLE.

Avec majuscule : *On a volé un* RENOIR *au musée d'Aix. — L'affaire Lissenko : des journalistes ou écrivains* [...] *prirent le parti d'une Église cléricale et réactionnaire, celle de Moscou, contre les* GALILÉE *de la biologie génétique* (LE ROY LADURIE, dans le *Point*, 22 août 1983, p. 86).

Il y a de l'hésitation pour certains mots : *Un don juan* ou *un Don Juan.*

Christ a souvent la minuscule quand il désigne une représentation du Christ en croix ; il en est de même pour *madone*, plus rarement pour *Vierge ;* l'usage hésite pour *pietà :*

Il a dans son oratoire un beau christ, une belle tête de christ (AC.) [dans le dernier mot, la majuscule serait assez logique]. — *Le gouvernement fait enlever les madones des coins des rues*

(TAINE, *Voy. en Italie*, 1965, t. I, p. 89). — *Une vierge de pierre qui tient dans sa main l'alérion de Lorraine* (BARRÈS, *Colline insp.*, I, 1). — *Une vierge de procession* (J. CHAMPION, *Passion selon Martial Montaurian*, p. 193). — *Une* pietà *d'Annibal Carrache* (TAINE, *op. cit.*, p. 236) [mais : *Sa tranquille* Pieta, t. II, p. 153].

3. Lorsqu'il s'agit de **marques déposées**, la majuscule est légalement obligatoire, même s'il ne s'agit pas d'un nom propre à l'origine. Mais l'usage ordinaire traite certains de ces mots tout à fait comme des noms communs :

Avec majuscule : *Ce Pernod-là serait plein de miséricorde* (Fr. MAURIAC, *Anges noirs*, p. 65). — *Trois Fords et 21 Chevrolets* (R. FRISON-ROCHE, dans le *Figaro litt.*, 28 août 1948). — *Les Leica allaient bon train* (R. GARY, *Tête coupable*, p. 35). — *Grand sac de toile, de Nylon, de coton* [...] *(Dict. contemp.*, s.v. *sac).*

Avec minuscule : *Il faut aller boire un pernod* (Fr. MAURIAC, *op. cit.*, p. 159). — *Le klaxon de quelque auto perdue* (MALRAUX, *Voie royale*, I, 2). — *Il y a du jambon dans le frigidaire* (SARTRE, *Mur*, L.P., p. 126). — *Il laissa, pour les campari, un pourboire démesuré* (M. DURAS, *Petits chevaux de Tarquinia*, p. 105).

3° Alors que pour les vrais noms propres, de lieux ou de personnes, la majuscule est respectée par l'ensemble des usagers, il n'en est pas de même pour les **noms associés aux noms propres** (cf. § 451, Rem. 1) ; il faut distinguer plusieurs catégories et constater des hésitations dans l'usage.

— Les noms **dérivés** de noms propres de **lieux** pour désigner les **habitants** *(gentilés* ou *ethniques)* prennent la majuscule :

Un Lyonnais « chante » autrement son énoncé qu'un Parisien (A. MARTINET, *Prononciation du fr. contemp.*, p. 15). — *Si les Anglais avaient trouvé un moyen de mettre des enfants au monde sans avoir affaire aux femmes, ils seraient les gens les plus heureux de la terre* (DANINOS, *Carnets du major Thompson*, pp. 120-121).

Mais on constate avec surprise que des auteurs, même parfois grammairiens ou linguistes, laissent échapper des manquements à cette règle : *Ces bons flamands, dit Charle* [§ 29, *a*, Rem. 2], *il faut que cela mange* (HUGO, *Lég.*, X, 3). — [...] *qui a suivi naguère une américaine chez elle* (G. BAUËR, dans le *Lar. mensuel*, avril 1930, p. 388). — [...] *fait dire A. France à une parisienne* (LE BIDOIS, § 1698). — *Pour les romains*, [...] *le chemin aurait été essentiellement un pont* (P. GUIRAUD, *Étymologie*, p. 91). — *L'auteur met parfois sous la même entrée des exemples qu'un français aurait séparés* (Cl. RÉGNIER, dans le *Fr. mod.*, oct. 1975, p. 367). — [...] *le français des « parisiens cultivés »* (D. FRANÇOIS, *Franç. parlé*, p. 38).

Pourtant, la majuscule dans les gentilés est importante parce qu'elle permet de les distinguer des noms de langues, lesquels s'écrivent par la minuscule :

L'orthographe de l'anglais est encore plus difficile que celle du français. La musicalité de l'italien. Le wallon est encore bien vivant. — Voir cependant, § 96, Rem.

Par analogie avec les gentilés dérivés de noms propres, on met la majuscule à des noms qui désignent des groupes humains, par ex. d'après la couleur de leur peau ou d'après l'endroit où ils résident (lequel n'est pas désigné par un vrai nom propre) :

Des Noirs en file indienne (MALRAUX, *Antimémoires*, p. 163). — *Les femmes ne sont pas comme les Noirs d'Amérique, comme les Juifs, une minorité* (S. de BEAUVOIR, *Deuxième sexe*,

t. I, p. 17). — *L'Asie rassemble la plus grande partie des Jaunes de la planète (Grand dict. enc. Lar., s.v. Asie).* — *Ce brassage incessant de Provinciaux et de Parisiens* (H. WALTER, *Phonologie du fr.,* p. 16). — *Un d'entre eux, qui se déclare simplement Auvergnat, a été rangé* [...] *parmi les Méridionaux* (A. MARTINET, *Prononc. du fr. contemp.,* p. 29).

Avec minuscule : *Les deux catégories de méridionaux* (MARTINET, *op. cit.,* p. 27). — *Ce furent plutôt des transalpins* (THÉRIVE, *Procès de littérature,* 1978, p. 127). — *C'est une dame, dit-il au noir* (PIEYRE DE MANDIARGUES, *Motocyclette,* F°, p. 47). — *La traite des blanches* (AC.).

L'usage est partagé pour le nom *Juif :*

Avec majuscule : *Nous étions des étrangers* [...], *mais l'étions-nous parce qu'Allemands ou parce que Juifs ?* (Cl. MALRAUX, *Apprendre à vivre,* p. 189.) — *Nous visitâmes la synagogue où viennent en pèlerinage des Juifs du monde entier* (S. de BEAUVOIR, *Force des choses,* p. 201).

Avec minuscule : *Trois agents français gardaient des juifs prisonniers* (Cl. MAURIAC, *Espaces imaginaires,* p. 237). — *Une juive antisémite* (ÉTIEMBLE, *C'est le bouquet !* p. 282). — *On ne peut définir un juif que par sa religion, ou par celle de ses ancêtres* (A. LWOFF, *Jeux et combats,* p. 151).

— Les **dérivés** des noms propres de **personnes** pour désigner la **descendance,** la dynastie prennent la majuscule :

Les Mérovingiens, les Carolingiens, les Capétiens, les Atrides, les Séleucides, les Omeyyades.

Toutefois, pour *les Néréides,* on met parfois la minuscule si on les considère comme nymphes de la mer et non comme filles de Nérée.

— Pour les noms désignant les membres d'**ordres religieux,** l'usage n'est pas bien fixé, quoique la minuscule soit préférable :

Avec minuscule : *Un couvent de dominicains* (J. GREEN, *Journal,* 14 janv. 1946). — *Est-ce que les jésuites n'avaient pas raison ?* (MONTHERLANT, *Garçons,* p. 257.) — *C'était sans doute* [...] *un cistercien de l'abbaye de Clairvaux* (G. DUBY, *Bataille de Bouvines,* p. 75). — *Nom que prend la Société des jésuites* (AC., s.v. *compagnie*). — *Supérieur général des dominicains* (J. LACOUTURE, *François Mauriac,* p. 330). — *L'expulsion des chartreux* (VERCORS, *Moi, Aristide Briand,* p. 81).

Avec majuscule : *Les Franciscains, les Jésuites* (LITTRÉ, s.v. *enfant*). — *J'ai dû affronter un Jésuite* (H. BOSCO, *Jardin des Trinitaires,* p. 154). — *Il se déshabille, revêt l'habit blanc des Carmes* (M. TOURNIER, *Gilles et Jeanne,* p. 109). — *Il discutait avec des Jésuites sur les mystères de la virginité mariale* (S. de BEAUVOIR, *Force de l'âge,* p. 405). — *Les Clarisses comptaient cinquante-quatre maisons en France en 1955 (Grand Lar. encycl.).* — *Les reliques vénérées chez les Carmes* (YOURCENAR, *Souvenirs pieux,* p. 37). — *Couvent de Carmélites. Couvent de Dominicains* (AC., s.v. *couvent*).

De même, on écrit souvent *les Bollandistes :* HUYSMANS, *Cathédrale,* p. 125 ; AC., s.v. *hagiographe ;* J. HERBILLON, dans le *Bulletin de la Commission royale de toponymie et de dialectologie,* 1953, p. 110.

— Les noms désignant les **adeptes** d'une religion, les partisans d'une doctrine ou d'une personne, prennent la minuscule :

Un chrétien convaincu. — *Ses travaux rédigés en sanskrit ne sont pas reconnus par les bouddhistes du Sud (Grand dict. enc. Lar.,* s.v. *bouddhisme).* — *Les luthériens et les calvinistes.* —. *Les marxistes. Les gaullistes. Un kantien.*

b) La majuscule permet de distinguer une **acception particu-lière** d'un nom, notamment :

> *La Bourse*, comme bâtiment. — *Cour*, « tribunal » : *Un avocat à la Cour d'appel.* — *L'Église*, comme institution, par opposition à *église*, « édifice du culte ». — *État*, pour un pays particulier, pour son gouvernement, etc. : *Un État indépendant. Aux frais de l'État.* — *La Faculté*, comme division d'une université, ou pour la Faculté de médecine, ou pour les médecins en général : *Je ne fume plus, car la Faculté me l'interdit.* — *La Passion* (du Christ). — *Les Pères de l'Église* ou *les Pères*, auteurs anciens faisant autorité dans l'Église catholique. — *La Réforme*, le protestantisme. — *La Résistance*, mouvement qui s'opposait aux occupants allemands pendant la guerre de 1940-1945. — *La Révolution*, la révolution française de 1789. — *Le Tour*, course cycliste organisée : *Le Tour de France.* — *L'Université de France* ou *l'Université*, « ensemble des écoles publiques de France ». — *L'Océan*, « la vaste étendue d'eau qui baigne les continents » ou, en Europe, « l'océan Atlantique », mais, au pluriel, *les océans* et, au singulier, *océan*, pour une partie de l'Océan :

> Une île perdue dans l'immensité de l'Océan (AC.). — Pensez que vous êtes, de l'autre côté de l'Océan, au point symétrique de Nantucket (Ph. SOLLERS, dans l'*Express*, 26 août 1983, p. 66). — Description, étude des océans (AC., s.v. océanographie). — L'océan Pacifique, l'océan Atlantique, l'océan Indien : cf. § 99, a.

On met d'ordinaire la majuscule aux noms désignant le domaine traité par un ministre, un ministère, etc. :

> Sous la direction du ministre de l'Éducation nationale (AC., s.v. université). — René Pleven commissaire aux Colonies, Emmanuel d'Astier à l'Intérieur, René Capitant à l'Éducation nationale [...] (DE GAULLE, Mém. de guerre, t. II, p. 184). — Le président de la République italienne et son ministre des Affaires étrangères (M. JOBERT, Mémoires d'avenir, L.P., p. 290). — Nombre de questions étaient encore du ressort du ministère de la Guerre (MALRAUX, Antimémoires, p. 119). — Je me voyais confier le portefeuille des Finances et des Affaires économiques (Edgar FAURE, Mémoires, t. I, p. 592).
> Avec minuscule : M. Yvon Bourges, ministre de la défense (dans le Monde, 25 juillet 1975, p. 7). — Le ministre français des relations extérieures (ib., 23 sept. 1983, p. 3).

Quand les noms de rues sont employés par métonymie pour désigner une institution qui y siège, la majuscule s'impose :

> Ribbentrop et son ambassadeur en France [...] sont reçus au Quai d'Orsay [= ministère des Affaires étrangères à Paris] (P. SEGHERS, La Résistance et ses poètes, p. 23). — Nous ne savions pas le Quai des Orfèvres [= police judiciaire, à Paris] soucieux à ce point de beau langage (J. CELLARD, dans le Monde, 17 juillet 1972).

Pour les périodes de l'histoire, l'Académie écrit *la Renaissance*, *l'Empire*, mais *le moyen âge* (expression qui n'a pas d'autre sens), *l'antiquité* (où la majuscule, adoptée par la plupart des autres dictionnaires et par l'usage le plus général, serait pourtant logique), ainsi que, évidemment, *le vingtième siècle*.

> On trouve assez souvent le Moyen Âge (avec ou sans trait d'union : § 108, b) : Au Moyen Âge la peinture fut une évidence, non un langage (MALRAUX, Voix du silence, p. 458).

Autres ex.: Fr. MAURIAC, *Mal*, p. 26; J. ROMAINS, *Lettre ouverte contre une vaste conspiration*, p. 52; J. GREEN, *Journal*, 25 nov. 1945; P. FOUCHÉ, dans le *Fr. mod.*, avril 1946, p. 151; YOURCENAR, *Souvenirs pieux*, p. 66; J. LE GOFF, Préf. de: M. Bloch, *Rois thaumaturges*, p. XVIII; etc.

À l'article *ciel*, l'Académie écrit ce mot par une minuscule lorsqu'il désigne la Divinité. Mais ailleurs elle met la majuscule :

Les biens et les maux que Dieu, que le Ciel nous envoie (s.v. envoyer). Le Ciel écouta mes vœux (s.v. écouter).

Certains mettent aussi la majuscule dans des formules comme *les Alliés*, dans une guerre déterminée, *le Parti*, lorsqu'il s'agit d'un parti politique précis, souvent le parti communiste, etc., mais la minuscule est préférable puisque l'article défini a déjà pour fonction d'identifier l'être ou la chose désignés par le nom :

Ce chaos serait désastreux pour les opérations et pour la politique des alliés (DE GAULLE, *Mém. de guerre*, t. II, p. 269). — Louis Aragon [...] sut en tant qu'écrivain officiel du parti s'assurer un public et même une renommée posthume (LE ROY LADURIE, dans le *Point*, 22 août 1983, p. 85). — Ce sont des leçons particulières d'histoire de l'art données au général [= de Gaulle] (P. VIANSSON-PONTÉ, dans le *Monde*, 24 nov. 1976).

Emplois occasionnels de la majuscule pour isoler un sens particulier : *De constants déplacements de la Province vers Paris* (H. WALTER, *Enquête phonologique et variétés régionales du fr.*, p. 54). — *J'ai fini par recueillir l'adresse incertaine d'une « Maison », d'un bobinard clandestin* (CÉLINE, *Voy. au bout de la nuit*, F°, p. 289) [= maison de prostitution ; la majuscule a la même fonction que les guillemets].

Les noms de sociétés, d'associations, etc. prennent la majuscule au premier mot (cf. Rem.) :

Le président du Conseil international de la langue française, de la Société de linguistique romane. — Le Comité de la libération adopte une solution moyenne (DE GAULLE, *Mém. de guerre*, t. II, p. 222). — Les membres de l'Organisation des pays exportateurs de pétrole (dans le *Monde*, 3 juillet 1975, p. 26).

On met la majuscule aussi aux noms désignant des œuvres d'art, des livres, des maisons, etc. :

Le Discobole de Myron, les Glaneuses de Millet. L'Écriture [= la Bible], le Code civil. — Voltaire a séjourné aux Délices.
Mais les noms de livres, de certaines œuvres d'art, comme aussi les noms de certaines maisons, les enseignes, posent parfois des problèmes particuliers : cf. § 100, *d* et Rem.

Remarque. — On observera que, dans les dénominations du type nom + *de* + nom, la majuscule est demandée seulement par le premier nom.

Dans un n° du *Monde* (19 août 1983), on parle du *Mouvement pour la restauration de la démocratie*, de la *Cour des comptes*, de l'*Union islamique des moudjahidin d'Afghanistan*, du *Front uni de libération* tamoul, du *Comité de soutien aux prisonniers politiques en Turquie*, de la *Consulte des comités nationalistes*, de l'*Agence internationale de l'énergie atomique*, du *Syndicat de l'hôtellerie de plein air*, de l'*Association de la jeunesse auxerroise*, etc.

Les majuscules aux autres noms que le premier n'apportent en effet aucune information complémentaire. Certains usagers pourtant multiplient les majuscules, soit qu'ils imitent l'anglais, soit que les sigles (où les majuscules sont fréquentes : cf. § 189) influencent la dénomination complète, soit que l'on croie augmenter, grâce aux majuscules, le prestige de la société ou du parti.

L'Acad. elle-même écrit à propos de l'Angleterre : *Chambre des lords* (s.v. *lord, haut*), *des Lords* (s.v. *bas*) ; *Chambre des communes* (s.v. *chambre*), *des Communes* (s.v. *bas*). Aux articles *chambre* et *haut*, elle oppose la *Chambre des pairs* à propos de l'Angleterre et la *Chambre des Pairs* en France, mais à l'article *pair*, elle signale, pour la France, la *chambre* [*sic*] *des pairs*.

c) La majuscule comme **marque de déférence.**

1° Quand on s'adresse à une personne par écrit, on met ordinairement la majuscule à *Monsieur, Madame, Mademoiselle, Monseigneur, Maître, Docteur, Sire,* souvent aussi à *Papa, Maman* et aux noms de parenté, assez souvent aux noms des dignités, titres, fonctions :

L'auteur était bien jeune lorsqu'il a écrit ce livre ; il le met à vos pieds, Madame, en vous demandant beaucoup, beaucoup d'indulgence (LOTI, *Mariage de Loti,* Dédicace). — *Cher Monsieur, / Si séduisant qu'il puisse paraître, il m'est difficile de partager votre point de vue sur la Peste* (A. CAMUS, lettre à R. Barthes, dans *Théâtre, récits, nouvelles,* Pl., p. 1965). — *Ma lettre précédente, mon cher Monsieur l'Abbé, n'était pas longue* (BERNANOS, lettre à l'abbé Lagrange, dans *Œuvres roman.,* Pl., p. 1731). — *C'est ce que j'ai osé venir vous demander, cher Maître* (VALÉRY, lettre à Mallarmé, dans *Œuvres,* Pl., t. I, p. 1722). — *Mon cher Général, / Les informations que je reçois aujourd'hui de Paris me font penser* [...] (DE GAULLE, lettre à Eisenhower, dans *Mém. de guerre,* t. II, p. 497).

Sans majuscule : *Mon cher papa, / Un mot à la hâte pour t'expliquer ma dernière lettre* (J. RENARD, *Poil de Car.,* Pl., p. 722). — *Je t'expliquerai tout, maman chérie* (R. MARTIN DU GARD., *Thib.,* Pl., t. II, p. 672). — *Ma chère tante, j'aurais dû vous écrire à l'occasion des fiançailles d'Hélène* (BERNANOS, *Mauvais rêve,* I, 1). — *Je vous prie de croire, monsieur le président, à l'assurance de mes sentiments distingués* (Fr. MITTERRAND, lettre au président d'une chaîne de télévision, dans le *Monde,* 6-7 févr. 1977).

Lorsqu'on reproduit par écrit des paroles prononcées, l'usage est assez flottant, mais la minuscule l'emporte :

Avec majuscule : *Il est tard, Monsieur Coûture* (Fr. MAURIAC, *Asmodée,* V, 2). — *Merci, Monsieur* (ROBBE-GRILLET, *Voyeur,* p. 72). — *Madame la Comtesse, cachez vos bras* (JOUHANDEAU, *Chaminadour,* p. 228). — *Comment vas-tu, Père ?* (R. MARTIN DU GARD, *Thib.,* Pl., t. I, p. 1272.) — *Vous n'êtes pas de trop du tout, monsieur l'Abbé* (CÉLINE, *Voy. au bout de la nuit,* F°, p. 434).

Sans majuscule : *Aucune sorte de marchandise, monsieur, dit Rébecca* (PIEYRE DE MANDIARGUES, *Motocyclette,* F°, p. 47). — *Je ne le pense pas, monsieur le chanoine* (BERNANOS, *Journal d'un curé de camp.,* Pl., p. 1172). — *Il y a un autre amour, monsieur de Pradts* (MONTHERLANT, *Ville dont le prince est un enfant,* III, 7). — *Je désirerais, monsieur le directeur, vous demander un conseil* (PAGNOL, *Topaze,* I, 15). — *Très inattendu, monsieur le ministre* (J.-L. CURTIS, *Saint au néon,* F°, p. 195). — *Vous serez satisfait, monsieur Grégoire* (J. CAYROL, *Froid du soleil,* p. 55). — *Mais comment la connaissez-vous, duchesse ? dit M. d'Argencourt* (PROUST, *Rech.,* t. II, p. 223). — *Oui, oncle, fit Lucien* (AYMÉ, *Gustalin,* VIII). — *Non, papa* (H. BAZIN, *Vipère au poing,* XIX). — *Ici même, mon général, vous êtes loin d'être toujours obéi* (H. BEUVE-MÉRY, dans le *Monde,* 5 févr. 1974). — *Regardez, docteur, comme le point de vue est ravissant* (J. ROMAINS, *Knock,* I).

Monsieur, Madame, Mademoiselle, Monseigneur, Maître s'écrivent souvent avec une majuscule à propos de personnes dont on parle, particulièrement quand on croit leur devoir de la déférence et quand ces mots ne sont pas suivis du nom :

La directrice des classes élémentaires, Mademoiselle Fayet (S. de BEAUVOIR, *Mémoires d'une jeune fille rangée*, p. 25). — *Il est entendu que Monsieur et Madame de C. ont des « inférieurs »* (YOURCENAR, *Souvenirs pieux*, p. 31). — *Prenons toujours les hardes de Monsieur pour les brosser* [dit un domestique] (LABICHE, *Affaire de la rue de Lourcine*, I). — *Il m'a conduit chez Monseigneur* (BERNANOS, *Journal d'un curé de camp.*, Pl., p. 1043).

EX. avec minuscule : *M. Sucre et madame Prune, mon propriétaire et sa femme* [...] (LOTI, *Mᵐᵉ Chrysanthème*, XIV). — *Entre madame Rémy, portant des assiettes* (J. ROMAINS, *Knock*, III, 7).

Mêmes hésitations pour les titres anglais *Lord, Lady, Sir, Miss* :

L'esprit de Lord Halifax se peint dans cette lettre (J. GUITTON, *L'Église et l'Évangile*, p. 17). — *Il envoya prévenir Lady Helena* (J. VERNE, *Enfants du capit. Grant*, I, 1). — *Une cliente de l'hôtel, Miss Beryl de Zoebe* (GIDE, *Carnets d'Égypte*, 13 févr. 1939). — *De Miss Mildred K. Pope* (BÉDIER, *Chanson de Roland commentée*, p. III).

Sans majuscule : *Elle s'appelait miss Harriet* (MAUPASS., *C.*, Miss Harriet). — *Nous entrons dans le parc de sir John.....*[...]. *J'ai vu celui de lord Marlborough à Blenheim* (TAINE, *Notes sur l'Anglet.*, p. 188). — *Le mercredi 19 décembre 1787, sir, répondit-il* (M. TOURNIER, *Vendredi ou les limbes du Pacifique*, F°, p. 235).

2° Certains titres honorifiques ont toujours la majuscule : *Sa Sainteté, Sa Majesté, Son Excellence,* etc.

Sans doute, Leurs Excellences espagnoles vont trouver que j'argumente bien lentement (BERNANOS, *Grands cimetières sous la lune*, Pl., p. 476).

3° C'est sans doute par révérence qu'on donnait la majuscule aux fêtes chrétiennes alors qu'on la refusait aux autres fêtes :

Le jour de Pâques, mais *la pâque juive. La Pentecôte. La Toussaint.* (L'Académie écrit *le carême*). — *La Saint-Jean :* voir § 99, *c.* — *Les saturnales se célébraient à Rome au mois de décembre* (AC.).

Mais, par analogie, les fêtes autres que chrétiennes prennent souvent la majuscule aujourd'hui :

Le Jour de l'An (AC., s.v. *an*) [mais : *Le jour de l'an :* AC., s.v. *jour ;* J. RENARD, *Poil de Car.*, Pl., p. 699]. — *C'était la Pâque juive* (LACRETELLE, *Retour de Silbermann*, I).

Pour *la Pâque* juive, autres ex. : MAETERLINCK, *Marie-Magdeleine*, I, 1 ; Fr. MAURIAC, *Vie de Jésus*, p. 210 ; *Bible de Maredsous*, Év. selon s. Jean, VI, 4 ; MAUROIS, *Byron*, XXV ; J. et J. THARAUD, *Ombre de la croix*, p. 175.

Les noms des jours, des mois ne prennent pas la majuscule : *Le deuxième vendredi de décembre.* — On écrit souvent *le Quatorze Juillet* (par ex. petit *Robert*) pour la fête nationale française (minuscules pour l'Acad.). — L'Académie met la majuscule à *Ramadan*, mois de l'année arabe.

On écrit, selon l'Académie, *faire ses pâques* (= communier à Pâques), mais la majuscule, que donnait Littré, se rencontre : GIDE, *Caves du Vat.*, I, 4 ; LA VARENDE, *Centaure de Dieu*, p. 18 ; J. CABANIS, *Profondes années*, p. 127.

4° Certains auteurs emploient des majuscules quand ils parlent du pape, des évêques ou des ecclésiastiques, du chef de l'État, roi ou président, des nobles, etc., mais ce n'est pas l'usage le plus fréquent :

Le Pape semblait aspirer à la domination universelle. Les Rois ne pouvaient que résister (A. MAUROIS, *Hist. d'Angl.,* p. 120). — *J'aime relire une page de mon vieil ami le Cardinal Saliège* (J. GUITTON, *L'Église et l'Évangile,* p. 442). — *Le Curé de R. a bien soixante-dix ans* (JOUHANDEAU, *Chaminadour,* p. 225). — *Benjamin écrit à sa tante la Comtesse de Nassau* (Ch. DU BOS, *Grandeur et misère de B. Constant,* p. 91). — *Le Colonel-Baron Charles Fabvier* (ARAGON, *Semaine sainte,* L.P., t. I, p. 81).

Sans majuscule : *Sur la proposition de M. Yvon Bourges, ministre de la défense* (dans le *Monde,* 25 juillet 1975, p. 7). — *Le pape est mort il y a trois jours* (J. GREEN, *Journal,* 29 sept. 1958). — *Le pape s'élève avec véhémence contre l'art moderne* (CLAUDEL, *Journal,* 19 oct. 1932).

En particulier, *père, mère, frère, sœur,* ainsi que *dom,* titres donnés à des religieux ou à des religieuses, s'écrivent assez souvent par la majuscule :

Avec majuscule : *C'était le Père Paneloux, un jésuite érudit et militant* (A. CAMUS, *Peste,* p. 28). — *Il en est fait une montagne par la Sœur Angélique de Saint-Jean* (MONTHERLANT, *Port-Royal,* Préf.).

Autres ex. de *Père* suivi du nom : SAINTE-BEUVE, *Portraits contemporains,* t. II, p. 287 ; A. DAUDET, *Lettres de mon moulin,* p. 245 ; BARRÈS, *Maîtres,* p. 127 ; J. GREEN, *Journal,* 8 mai 1957 ; S. de BEAUVOIR, *Force des choses,* p. 20 ; etc.

Sans majuscule : *Le père de la Brière était à la Société des Nations l'observateur de la Compagnie* (BERNANOS, *Grands cimetières sous la lune,* Pl., p. 494). — *La vieille dame consulte en cachette les supérieures de sœur Pathou* (JOUHANDEAU, *Chaminadour,* p. 236).

Autres ex. de *père* suivi du nom : STENDHAL, *Chartr. de P.,* VI ; A. FRANCE, *Île des pingouins,* VI, 9 ; GIDE, *Caves du Vat.,* I, 7 ; MALRAUX, *Espoir,* p. 223 ; MAUROIS, *Journal, États-Unis 1946,* p. 155 ; J. LACOUTURE, *François Mauriac,* p. 471 ; J. GUITTON, *Écrire comme on se souvient,* p. 290 ; etc.

Père ou *mère,* pour des laïcs, dans les désignations familières de la langue courante, ne prennent pas la majuscule : *La mère Trépardoux est chez la mère Eugène qui recevra le père Eugène à coups de bâton* (JOUHANDEAU, *Chaminadour,* p. 201). — *J'avais retrouvé [...] le père Janneau et son fils* (VERCORS, *Moi, Aristide Briand,* p. 62).

La majuscule de révérence est fréquente aussi pour les choses de la religion : *Recevoir l'Eucharistie* (AC.).

5° Occasionnellement, la majuscule sert à marquer, souvent avec ironie, l'importance attribuée à certaines choses, comme si leur nom était prononcé avec emphase ; cela peut aller jusqu'à la personnification :

La Haine est un carcan, mais c'est une auréole (E. ROSTAND, *Cyr.,* II, 8). — *Ils habitaient un bel appartement [...] ; il était éclairé au Gaz, la tante faisait la cuisine au Gaz, et elle avait une femme de ménage* (PAGNOL, *Gloire de mon père,* p. 69). — *C'était le quartier précieux, [...] le quartier pour l'or : Manhattan. On n'y entre qu'à pied, comme à l'église. C'est le beau cœur en Banque du monde d'aujourd'hui. [...] / C'est un quartier qu'en est rempli d'or, un vrai miracle, et même qu'on peut l'entendre le miracle à travers les portes avec son bruit de dollars qu'on froisse, lui toujours trop léger le Dollar, un vrai Saint-Esprit, plus précieux que du sang* (CÉLINE, *Voy. au bout de la nuit,* F°, p. 247).

d) Dans la terminologie scientifique, on met souvent la majuscule aux noms des objets étudiés ; par ex., en cosmographie à *Lune, Soleil, Terre ;* en botanique et en zoologie, aux noms d'ordres, de classes, de genres, ainsi qu'aux noms d'espèces lorsqu'ils ont la forme latine officielle ; etc. Cela s'observe parfois dans les sciences humaines.

Il annonça qu'en 1631 la planète Mercure passerait exactement entre la Terre et le Soleil (Grand Lar. encycl., s.v. *Kepler). — On n'hésite pas à classer parmi les végétaux le Drosera, la Dionée, le Pinguicula, qui sont des plantes insectivores. D'autre part, les Champignons* [...] *s'alimentent comme des animaux* (BERGSON, *Évolution créatrice,* p. 108). *— Le plus grand souci du jeune homme était la production des salades.* [...] *Il élevait avec un soin extrême Laitues, Romaines, Chicorées, Barbes de capucin, Royales, toutes les espèces connues de ces feuilles comestibles* (MAUPASS., *Vie,* XI). *— Les Catarrhiniens se subdivisent en Singes à queue (Cercopithèques), et en Singes sans queue (Anthropomorphes, Simiidés) représentés aujourd'hui par quatre genres seulement : le Gorille et le Chimpanzé, d'Afrique, l'Orang et le Gibbon, de Malaisie* (TEILHARD DE CHARDIN, *Apparition de l'Homme,* p. 61). *— La séparation de la Langue et de la Parole constituait l'essentiel de l'analyse linguistique* (R. BARTHES, *Éléments de sémiologie,* I, 2, 2).

Sans majuscule : *La famille des canidés compte, outre le chien domestique, un certain nombre d'espèces, qui ont reçu le nom de chiens, comme le* chien viverrin *d'Extrême-Orient (Grand dict. enc. Lar.,* s.v. *chien).*

e) Dans un document écrit, la majuscule permet aussi de distinguer des unités lexicales constituées d'une seule lettre :

M., P. (ou *R.P.*), *N., E., S., O.,* abréviations de *Monsieur* et de *Père (Révérend Père), nord, est, sud, ouest* [8], outre des abréviations moins courantes comme *S.* (ou *St*) [ou *s.*] = *saint :*

Quand revint M. Res (PIEYRE DE MANDIARGUES, *Motocyclette,* F°, p. 127). *— Ce mot est du P. Eudes* (J. GUITTON, *Vierge Marie,* p. 13). *— Au N. du sillon, des plateaux se succèdent d'E. en O. (Grand dict. enc. Lar.,* s.v. *Belgique). — S. Jean* ou *St Jean* (AC.). *— Je lisais avec passion* [...] *la* Vie des Saints *de Butler : S. François, S. Thérèse, S. Philippe de Neri* (CLAUDEL, *Journal,* 27 nov. 1932).

On met la majuscule aussi à *Mme, Mlle, Mgr, D^r, M^e,* abréviations de *Madame, Mademoiselle, Monseigneur, Docteur, Maître :*

Ils se dirigent tous vers la fenêtre, sauf Mme Bœuf (IONESCO, *Rhinocéros,* p. 59). *— Quand Mlle Hélène était au piano* (ARAGON, *Cloches de Bâle,* II, 4). *— Il expose deux portraits, celui de M. Isidore Leroy et celui du Dr Pozzi* (APOLLINAIRE, *Chroniques d'art,* 28 févr. 1909). *— Et de voir le pouce de Me Boniface pousser la poudre de tabac dans les narines d'où sortaient des poils sombres lui donnait le haut-le-cœur* (SIMENON, *Vérité sur Bébé Donge,* p. 203).

---

8. Pour *ouest,* au lieu de *O.,* on écrit parfois *W.,* ce qui est l'abréviation du mot anglais correspondant. Cette façon de faire n'est pas justifiable quand on s'exprime en français.

Majuscules aussi dans l'abréviation de certaines formules latines : *N.B.* = *nota bene*, notez bien ; *P.S.* = *post scriptum.*

Les lettres de l'alphabet considérées en elles-mêmes ou comme représentant les sons peuvent être sous la forme de la majuscule lorsqu'elles ne sont pas en italiques :

> *Sa langue roulait les R comme un ruisseau roule des graviers* (PAGNOL, *Gloire de mon père*, p. 62). — *Le grand chevalet en forme d'H* (BUTOR, *Passage de Milan*, 10/18, p. 105). — *La voyelle la plus ouverte est l'A* (M. GRAMMONT, *Traité de phonétique*, p. 85). — Voir aussi § 87, *a.*

Certaines lettres à valeur de symboles (§ 112) sont aussi en capitales, notamment lorsque le point de départ est un nom propre :

> *100 F* (= francs). *6 A* (= ampères). *230 V* (= volts). *70 J* (= joules). *Une force de 50 N* (= newtons). — Comp. : *10 g* (= grammes). *10 kW* (= kilo-watts).

Sont souvent aussi en majuscules les lettres utilisées comme symboles en mathématiques ou ailleurs, comme désignation des manuscrits anciens, etc. ; *Si une langue A s'étend sur un domaine où était parlée une langue B* [...] (J. PERROT, *Linguistique*, p. 89). — *À lui seul, le témoignage d'*O *a autant de valeur que celui de tous les autres textes* (BÉDIER, *Chanson de Roland commentée*, p. 86).

Remarque. — Pour les sigles, voir § 189.

Hist. — Au XVIIe s., la majuscule était souvent mise aux noms communs (un peu comme en allemand aujourd'hui) :

> *A-t-elle* [...] / *Cassé quelque Miroir, ou quelque Porcelaine ?* (MOL., *F. sav.*, II, 6.) — *Un tel Himen à des Amours ressemble ; / On est Epoux et Galand tout ensemble* (LA F., *C.,* Courtisanne amoureuse). — *Qu'on les fasse passer dans les longues et tenebreuses Galeries qui sont adossées à ce Sallon et qu'on leur dise d'y aller attendre mes ordres* (BOIL., *Héros de roman*, p. 18).

99   L'adjectif et la majuscule.

a) L'adjectif **suit** le nom.

1° L'adjectif prend la majuscule quand il accompagne, comme terme caractéristique, un nom commun géographique :

> *Le mont Blanc, le lac Majeur, la mer Rouge, la mer Méditerranée, l'océan Pacifique, le golfe Persique, les îles Fortunées, les îles Anglo-Normandes, le cap Bon, la roche Tarpéienne.*
> Par omission du nom commun, ces adjectifs peuvent être nominalisés : *la Méditerranée, le Pacifique*, etc. — mais ce n'est pas possible, lorsque la forme réduite serait ambiguë : **la Rouge*, etc.

On écrit : *Le Pays basque, le Quartier latin*, — et, d'autre part, *l'Asie Mineure, l'Arabie Pétrée*, etc., désignations traditionnelles où l'adjectif ne peut plus guère être compris comme un véritable adjectif ; comp. : *l'Asie antérieure.*

2° Quand il suit le nom, l'adjectif prend la majuscule s'il forme avec le nom une unité qui n'est plus analysée.

Cela se fait notamment lorsqu'il y a un trait d'union : *les États-Unis, la Comédie-Française, les Pays-Bas, les Provinces-Unies, les îles du Cap-Vert, la Charente-Maritime* (département), *la Forêt-Noire* (massif montagneux).

Mais on ne met pas de majuscule dans : *Les Nations unies, l'Académie française, l'Académie royale de Belgique, l'École militaire, l'École normale supérieure, l'École polytechnique, la République démocratique allemande, la République fédérale d'Allemagne, l'Assemblée nationale, l'Université catholique de Louvain, l'Assistance publique.*

Il y a certains flottements : l'Acad. écrit *la Chambre Basse* (s.v. *bas*) et *la Chambre basse* (s.v. *chambre* et *haut*).

3° Il faut une majuscule aux adjectifs qui servent de surnoms : *Charles Quint. A fortiori*, si l'adjectif est nominalisé par l'article : *Charles le Téméraire.*

4° Majuscule de déférence dans : *Son Altesse Royale* (en abrégé, *S.A.R.*), *Votre Altesse Sérénissime.*

b) L'adjectif **précède** le nom.

On met la majuscule à l'adjectif dans :

Le Premier ministre (chef du gouvernement), *la Sublime Porte* (la cour de l'empereur des Turcs), *l'Invincible Armada* (flotte de Philippe II), *la Grande Armée* (l'armée de Napoléon). — Voir aussi § 100, *d*, Rem. 3.

Avec trait d'union : *Le Bas-Empire, les départements du Bas-Rhin et de la Haute-Loire. Le Sacré-Cœur.*

Sans trait d'union et sans majuscule : *La basse Bretagne* et *la haute Bretagne* (d'après l'éloignement de Paris) ; *la basse Loire, le bas Rhin* (partie des fleuves près de l'embouchure) par opposition à *la haute Loire*, etc.

c) Le mot *saint* doit être traité à part.

1° Comme adjectif, il ne prend la majuscule que dans des cas particuliers :

Majuscule et trait d'union dans : *La Sainte-Alliance, le Saint-Empire, le Saint-Esprit* (ou *l'Esprit-Saint :* cf. § 108, *b*), *le Saint-Office, le Saint-Père, le Saint-Siège, la Sainte-Trinité.*

L'Acad. met aussi une majuscule de révérence dans : *Le Saint Sépulcre, la Sainte Vierge*, mais l'usage est moins net : *La sainte Vierge* (LITTRÉ). — Elle ne met pas de majuscule dans d'autres syntagmes comme *les lieux saints, la sainte messe, le saint sacrifice, la sainte table, la Semaine sainte ;* des auteurs religieux usent de la majuscule : *Le prêtre [...] se recueille et s'habille pour le Saint Sacrifice* (CLAUDEL, *Corona benignitatis anni Dei*, Pl., p. 378). — L'Acad. elle-même écrit *la Semaine Sainte* (s.v. *vendredi*) et *la semaine sainte* (s.v. *jeudi*) ; de même, *la Terre Sainte* (s.v. *saint*), *la terre sainte* (s.v. *lieu*).

2° *Saint* placé devant un nom propre de personne ne prend pas la majuscule quand on désigne le saint lui-même : *Le supplice de saint Pierre. Prier saint Antoine.*

Quelques grammairiens (par ex. Thomas) mettent à part *Saint Louis* (= Louis IX, roi de France). C'est un fait que divers auteurs mettent la majuscule à *saint* dans ce cas particulier : MALRAUX, *Antimémoires*, p. 15 ; LE ROY LADURIE, *Carnaval de Romans*, p. 397 ; *Grand Lar. enc.*, s.v. *Joinville ;* etc.

Mais il faut une majuscule et un trait d'union quand cette dénomination est appliquée à une église, à une abbaye, à une rue, à une localité, à une fête, etc. :

> *L'église Saint-Pierre. Aller à la messe à Saint-Sulpice. Habiter rue Saint-Étienne à Saint-Étienne. On payait les loyers à la Saint-Remy.*

On ne met pas de majuscule à *saint-glinglin, sainte-paye, sainte-touche,* fêtes de fantaisie, et non plus aux noms communs *saint-bernard* (chien), *saint-émilion* (vin), *saint-honoré* (gâteau), *saint-nectaire* (fromage), *saint-pierre* (poisson), etc. Voir cependant § 98, *a,* Rem. 2. — On écrit : *une sainte nitouche* (un hypocrite).

100   **Les autres catégories et la majuscule.**

a) La majuscule de majesté ou de **déférence** se met parfois aux **possessifs et** aux **pronoms personnels** (exceptionnellement à d'autres pronoms) :

1° Chez certains auteurs, quand ils se réfèrent à Dieu, au Christ, à la Vierge, rarement à d'autres saints ou à l'Église :

> *Les affections légitimes, celles que Dieu a bénies et voulues, elles ne sont rien sans* LUI (VEUILLOT, *Historiettes et fantaisies,* p. 241). — *Agneau de Dieu qui avez promis* VOTRE *royaume aux violents,* / *Recueillez* VOTRE *serviteur Paul qui* VOUS *apporte dix talents* (CLAUDEL, *Corona benignitatis anni Dei,* S. Paul). — *À La Salette où* ELLE [= la Vierge] *s'est révélée* (HUYSMANS, *Cathédrale,* p. 22). — *En agissant ainsi,* ELLE [= l'Église] *témoignait de sa résolution d'aguerrir ses enfants* (ID., *ib.,* p. 308). — *Je trouve quelque satisfaction [...] à imaginer cette tourbe pourrissant pour produire le Christ... encore que je préférerais autre chose, car tout l'enseignement de* CELUI-CI *n'a servi qu'à enfoncer l'humanité un peu plus avant dans le gâchis* (GIDE, *Faux-monn.,* III, 11).

2° Dans les documents officiels, quand les hautes autorités civiles ou religieuses se désignent elles-mêmes :

> *Le dépôt de la vérité qui* NOUS *est confié d'En-Haut et la très grave obligation qui* NOUS *incombe [...] soumettent également à* NOTRE *autorité suprême [...]* (encyclique *Quadragesimo anno,* dans la *Nouv. revue théologique,* t. 58, p. 622). — *En cas de dissentiment, il sera statué par* NOUS (arrêté royal du 19 août 1920, dans l'*Annuaire de l'Acad. roy. de langue et de littér. fr.* [de Belgique], 1978, p. 140). — *Les qualités qui le distinguent* ME *sont garantes du soin qu'il mettra à s'acquitter de la haute mission qui lui est confiée de façon à obtenir Votre* [cf. 3°] *confiance et mériter ainsi* MON *approbation* (lettre de créance d'un ambassadeur donnée par le président de la République française, dans P. Reuter et A. Gros, *Traités et documents diplomatiques,* 1976, p. 484).

3° *Sa, son, votre,* etc. prennent la majuscule dans les titres *Sa Majesté, Votre Majesté, Son Excellence, Votre Éminence,* etc. :

> *Quelles sont les intentions de* VOTRE *Honneur ?* (J. VERNE, *Enfants du capit. Grant.,* I, 2.) — *Ma présence auprès de* SA *Grandeur* (HUYSMANS, *Cathédrale,* p. 57).

Écrivant aux personnes portant ces titres (plus rarement lorsqu'on ne s'adresse pas à elles), on met aussi la majuscule, spécialement dans les documents officiels, aux possessifs et aux pronoms personnels se rapportant auxdites personnes :

Je prie Votre *Altesse Royale de me permettre de* Lui *écrire une fois encore. Si* Elle *pense que j'ai déjà trop abusé de* Sa *bienveillance,* Elle *n'aura qu'à laisser cette lettre sans réponse* (Bernanos, *Corresp.*, juillet 1939, lettre à la comtesse de Paris). — *Il* Vous *incombera, Sire, de désigner les premiers membres de la future Académie* (J. Destrée, rapport au roi, dans *Annuaire de l'Acad. roy. de langue et de littér. fr.* [de Belgique], 1978, p. 134). — *C'est dans cette conviction que Je* [cf. 2°] Vous *prie, cher et grand ami, de l'accueillir avec* Votre *bienveillance accoutumée* (lettre de créance d'un ambassadeur donnée par le président de la République française, dans Reuter et Gros, *l.c.*).

b) L'**article** fait partie du nom dans les **noms de localités** comme *Le Havre, La Haye, La Rochelle, Les Andelys* (mais il se contracte avec la préposition : *Je vais au Havre ;* cf. § 565, *b*, Rem. 2).

Il ne fait pas partie du nom pour les cours d'eau, les chaînes de montagnes, les îles : *Visiter le Vésuve, les Baléares. Pêcher dans l'Oise.*

Les **numéraux** font partie du nom dans les noms de localités : *Deux-Chaises* (Allier), *Les Deux-Fays* (Jura), *Trois-Monts* (Calvados), etc. — De même : *les Quatre-Temps* (autrefois, périodes de jeûne pour les catholiques).

c) Dans les **noms propres de personnes.**

1° *De,* qui n'est qu'une préposition marquant l'origine, n'est pas considéré comme faisant partie du nom (comp. § 1004, *b*) et il s'écrit sans majuscule : *Henry* de *Montherlant, le duc* d'*Albe* (comme *l'évêque* de *Tarbes), Mme* de *Ségur, Un livre sur* de *Gaulle.*

Dans l'usage actuel, on établit parfois une distinction entre le *de* avec minuscule, qui serait réservé aux familles nobles et le *De* avec majuscule pour les autres (mais celui-ci est presque toujours aggluttiné au nom, et la majuscule dans ce cas va de soi : *Claude Debussy, Frédéric Deloffre).*

Pour les équivalents étrangers du *de,* comme le *van* néerlandais et le *von* allemand, l'usage de France est plutôt pour la minuscule, alors qu'en Belgique la majuscule l'emporte (*van* n'étant qu'exceptionnellement particule nobiliaire) :

Théo Van Rysselberghe (Verhaeren, *Pages belges*, p. 122). — *Son contemporain Van Lerberghe* (Fr. Hellens, *Émile Verhaeren*, p. 20).
Mme Théo van Rysselberghe (J. Schlumberger, *Madeleine et André Gide*, p. 139) [mais *Van* dans le *Journal* de Gide, 20 janv. 1902, etc.]. — *Charles van Lerberghe* (Thibaudet, *Hist. de la litt. fr. de 1789 à nos jours*, p. 497) [mais *Van* p. 491].

Dans les noms néerlandais, *de* est un article et devrait recevoir la majuscule ; mais, en France, le mot est souvent confondu avec la préposition française :

Charles De Coster (G. Doutrepont, *Hist. illustrée de la littér. fr. de Belg.*, p. 137). — *Louis De Potter* (L. de Lichtervelde, *Congrès national*, p. 10).
Edgar de Bruyne (J. Frappier, dans *Cahiers de l'Association internationale des études fr.*, mars 1963, p. 11). — *À l'extérieur, de Witt envoya une flotte (Grand Lar. encycl., s.v.*

Witt). — *Charles de Coster* (A. Viatte, dans *Hist. des littér.*, t. III, p. 1381). — *Pieter de Hoogh et le pouvoir magique d'un rayon de soleil sur un mur* (J. Green, *Journal*, 4 févr. 1965).

L'article néerlandais *de* et ses variantes *der, den* ne prennent pas la majuscule après *van :* Henry *Van de* Velde, Maxence *Van der* Meersch, Joost *Van den* Vondel.

Remarque. — Les règles données au § 97 sont, évidemment, d'application, et on ne peut approuver les auteurs qui croient devoir garder la minuscule même en tête de phrase : *von Wartburg a la parole* (F. Desonay, dans le *Bulletin de la Commission royale de toponymie et de dialectologie*, 1931, p. 138).

2° Dans les noms de familles contenant **l'article,** si celui-ci suit la préposition *de*, il prend souvent la majuscule, mais l'usage est hésitant :

Avec majuscule : *Du chancelier de L'Hospital* (Chat., *Mém.*, I, xi, 3). — *La famille de M. de La Mole* (Stendhal, *Rouge*, II, 1). — *La douceur séduisante de M. de La Rochefoucauld* (Sainte-Beuve, *Caus. du lundi*, t. I, p. 250). — *Le marquis Amélien Hordon de La Bare* (La Varende, *Centaure de Dieu*, p. 9). — *Mme de La Fayette* (Moréas, *Variations sur la vie et les livres*, p. 19). — *Nivelle de La Chaussée* (J. Fabre, dans *Hist. des littér.*, t. III, p. 806.). Avec minuscule : *Madame de la Fayette* (Taine, *Philos. de l'art*, t. II, p. 226). — *M. le comte de la Guithardière* (Hermant, *Grands bourgeois*, IV). — *M. de la Rochefoucauld* (Éd. Herriot, *Dans la forêt normande*, p. 212). — *Nivelle de la Chaussée* (J. Fabre, *op. cit.*, p. 808). — *L'abbé de l'Épée (Grand dict. enc. Lar.*, s.v. *Épée). .*

La minuscule est fréquente à propos de gens du moyen âge ; par ex., *Adam de la Halle :* Foulet, § 456 ; R. Pernoud, dans *Hist. des littér.*, t. III, p. 38 ; A. Henry, *Chrestomathie de la littér. en anc. fr.*, t. I, p. 233 ; etc.

Si ces noms sont employés sans *de*, il y a presque toujours une majuscule : *[...] de personnalités [...] aussi nulles qu'un La Guithardière* (Hermant, *l.c.*). — *Dix ans avant La Chaussée* (J. Fabre, *op. cit.*, p. 688).

Sans majuscule : *[...] tandis que la Faloise* [= Hector de la Faloise] *restait avec son compliment étranglé dans la gorge* (Zola, *Nana*, I).

S'il n'y a pas de *de* et, *a fortiori*, si l'article est agglutiné, la majuscule est constante : *Charles Le Bargy, Madame Le Prince de Beaumont, Raymond Lebègue.*

3° Dans les noms de familles contenant l'**article contracté,** celui-ci prend ordinairement la minuscule, surtout si la famille est noble ; mais on trouve assez souvent la majuscule quand il s'agit de personnes du passé (même si elles sont nobles) :

Avec majuscule : *Manon revenait à Des Grieux* (Proust, *Rech.*, t. III, p. 452). — *Guillaume Du Vair* (Thérive, *Libre hist. de la langue fr.*, p. 135). — *Noël Du Fail* (A.-M. Schmidt, dans *Hist. des littér.*, t. III, p. 204). — *Mme Du Châtelet* (Étiemble, *ib.*, p. 819). — *Le premier libelle de Des Autels* (Brunot, *Hist.*, t. II, p. 106). Avec minuscule : *Mme des Laumes* (Proust, *Rech.*, t. I, p. 329). — *Bonjour, monsieur des Rillettes* (Courteline, *Boulingrin*, I, 3). — *Noël du Fail* (Thérive, *op. cit.*, p. 124). — *Pernette du Guillet* (A.-M. Schmidt, *op. cit.*, p. 205). — *Guillaume des Autels* (Brunot, *Hist.*, t. II, p. 107). — *Mme du Châtelet* (id., *ib.*, t. VI, p. 553). — *La terre de des Lourdines* (A. de Châteaubriant, *Les pas ont chanté*, p. 124). — *Rien ne fut changé aux relations entre les du Maine et leur imprimeur-libraire* (J. Delay, *Avant mémoire*, t. II, p. 251). On met nécessairement la minuscule quand le nom géographique conserve toute sa valeur : *Le duc du Maine.*

d) Dans les **titres de livres,** de revues, de journaux, de films, etc., qui sont normalement imprimés en italiques, on met d'habitude une majuscule au premier mot, de quelque nature qu'il soit [9] :

Le plus retentissant de ses manifestes, *De l'Allemagne* (THIBAUDET, *Hist. de la litt. fr. de 1789 à nos jours,* p. 48). — Je me consacrai [...] à *Tous les hommes sont mortels* (S. de BEAUVOIR, *Force des choses,* p. 24). — Un pastiche scandaleux des « romans noirs » américains, *J'irai cracher sur vos tombes* (ROBERT, *Dict. universel des noms propres,* s.v. *Vian*).

Beaucoup d'auteurs mettent en outre la majuscule au premier nom, ainsi qu'à l'adjectif qui le précède immédiatement :

L'autre [livre] s'appelait *L'Intuition de l'instant* (J. GUITTON, *Écrire comme on se souvient,* p. 177). — *Au Cœur des ténèbres,* c'est le titre d'un livre de Conrad (J. GREEN, *Journal,* 1er juillet 1969). — Toute *La Petite Infante de Castille* (H. CLOUARD, *Hist. de la litt. fr. du symbolisme à nos jours,* 1962, t. II, p. 273).

D'autres mettent des majuscules à tous les mots jugés importants :

Dans *Un singe en Hiver* (M. NADEAU, *Roman fr. depuis la guerre,* p. 146). — Les nombreux recueils actuels comme : *Scènes et Doctrines du Nationalisme, Les diverses Familles spirituelles de la France* (J.-M. DOMENACH, *Barrès par lui-même,* p. 36). — [...] déclare Montherlant dans *Aux Fontaines du Désir* (S. de BEAUVOIR, *Deuxième sexe,* t. I, p. 322).

D'autres encore ne mettent pas la majuscule à l'article défini qui commence le titre :

Les pages qu'il a consacrées à Miro dans *le Surréalisme et la Peinture* (QUENEAU, *Bâtons, chiffres et lettres,* Id., p. 309). — C'est un surprenant récit que *la Gaffe* (Cl. MAURIAC, *Alittérature contemporaine,* p. 255). — Son livre sur *le Style dans le roman français* (G. GENETTE, *Figures III,* p. 41).

Pour éviter l'arbitraire (pourquoi l'article défini est-il traité autrement que l'article indéfini ?) et les discordances, l'usage le plus simple et le plus clair est de mettre la majuscule au premier mot seulement, quel qu'il soit [10] :

BARRÈS, *La grande pitié des égl. de France* (BRUNOT, *Pensée,* p. 634). — Depuis le début de 1939, *Le français moderne* a publié [...] (DAUZAT, dans le *Fr. mod.,* avril 1940, p. 97). — J'ai donné un croche-pied à Ferdinand, qui ne voulait pas me rendre *Le capitaine de quinze ans* (H. BAZIN, *Vipère au poing,* VII). — La formule [= le roman rustique] est reprise dans tout l'Occident : *La petite Fadette* de George Sand [...] (M.-F. GUYARD, *Littér. comparée,* p. 47). — (1) *Les nouvelles littéraires,* 31 janvier 1957 (R. ESCARPIT, *Sociologie de la littér.,* p. 81, note).

Remarques. — 1. L'article qui fait partie du titre est contracté avec les prépositions *à* et *de* qui précèdent : Dans ma préface aux *Fleurs du Mal* (GIDE, *Journal,* 1er févr. 1917). Cf. § 565, *b,* Rem. 3. — Cet article contracté ne se met pas en italiques.

---

9. Dans les ex. de ce *d,* nos citations respectent les caractères romains et les caractères italiques de nos sources, alors qu'ailleurs nos citations sont mises en italiques.

10. C'est l'usage suivi dans ce livre : voir notamment la bibliographie. Dans les références qui suivent les ex., nous avons ordinairement, pour gagner de la place, supprimé les articles (définis et indéfinis) qui commencent les titres.

On imprime : Un article paru dans le *Monde ;* ou : Un article paru dans *Le monde* (ou :
... dans *Le Monde :* cf. ci-dessus), selon que l'on considère *le* comme appartenant à la
formule syntaxique introduisant le titre ou comme appartenant au titre même. La première
solution paraît préférable, comme le montre l'usage appliqué pour des titres en langue
étrangère : Un ami [...] me tendit le *Times* (Fr. MAURIAC, *Cahier noir,* Œuvres compl.,
p. 382). — Il est tout à fait illogique de joindre l'article français à l'article étranger : Interrogé par le *The World* de New York [...] (J. BRUHAT, *Karl Marx, Friedrich Engels,* 10/18,
p. 237).

On dit aussi en supprimant l'article : J'ai acheté une *Énéide,* une *Éducation sentimentale.*

2. Dans les titres que l'on n'écrit pas en italiques (cf. § 87, *c*), on ne considère pas l'article comme faisant partie du titre :

Je lis la Bible. Cela est indiqué par le Code civil. Réciter un Pater et un Ave.

Ces deux noms de prières sont parfois écrits par une minuscule :

Ayant dit ses avés (MUSSET, *Prem. Poés.,* Portia, I). — Savoir une chose comme son
pater *(Lar. du XXe s.).*

3. Pour les **titres de tableaux,** de sculptures, etc., l'article défini (que l'on
remplace éventuellement par un autre déterminant) n'est pas d'ordinaire intégré
au titre, et on met la majuscule au nom, ainsi qu'à l'adjectif qui le précède s'il y
en a un :

Son chef-d'œuvre est le *Discobole (Grand Lar. encycl.,* s.v. *Myron). — L'Embarquement
pour Cythère* ne me semble pas du meilleur Watteau (VALÉRY, *Pièces sur l'art,* Pl., p. 1318).
— Elle peint avec amour [...] une *Jeune Fille à côté d'un piano-forte* (APOLLINAIRE, *Chroniques d'art,* 5 mars 1910).

Quand le titre lui-même commence par un autre mot qu'un article, on met la
majuscule à ce mot ; quand le titre inclut nécessairement un article, par ex. s'il
s'agit d'une phrase, on met aussi la majuscule à l'article :

Théo Van Rysselberghe est très fatigué et énervé par son tableau *(Trois petites filles sur
un canapé)* (GIDE, *Journal,* 20 janv. 1902). — Une toile exaltée et incompréhensible de
M. Van Dongen, *Aux marins, aux voyageurs et aux saltimbanques* (APOLLINAIRE, *Chroniques
d'art,* 1er oct. 1912). — M. Arthur Chaplin intitule *Le Mystère c'est la lumière* un cadre
représentant [...] (ID., *ib.,* 3 mai 1910).

4. Pour les **enseignes** des magasins, des hôtels, des restaurants, etc., on suit
des usages semblables, mais en mettant souvent des majuscules aux noms pour
éviter la confusion avec les mots pris dans leur sens ordinaire (surtout si l'on
n'use pas d'italiques) :

Denise était devant le Bonheur des Dames (ZOLA, *Au Bonheur des Dames,* II). — Où est-
ce que je t'emmène déjeuner ? / Aux Îles Borromées, dit-elle avec décision (S. de BEAUVOIR,
Mandarins, p. 291) [la minuscule à *îles* ferait croire qu'il s'agit des îles elles-mêmes]. — Des
queues de quarante personnes piétinaient quotidiennement devant le *Bon Beurre*
(J. DUTOURD, *Au Bon Beurre,* p. 39).

SECTION 3. — LES SIGNES AUXILIAIRES

101　　Les **signes auxiliaires** ont pour fonction principale de préciser le son que représentent certaines lettres : c'est le cas des *accents,* du *tréma,* de la *cédille ;* l'*apostrophe* concerne l'absence d'un son. Certains servent de signes *diacritiques,* c'est-à-dire qu'ils permettent de distinguer des homographes (§§ 102, *b,* et 103, *b,* 3°). Le *trait d'union* marque des unités lexicales ou syntaxiques.

Certains ouvrages spécialisés et même certains dictionnaires empruntent à des langues étrangères d'autres signes typographiques, surtout pour les noms propres :

Le *Grand dict. enc. Lar.* écrit par ex. : *Afghānistān, Ångström* (physicien suédois), *Capek* (écrivain tchèque), *Moldova Nouă* (ville de Roumanie, s.v. *Banat), Muḥamad, Sa'ūd* (s.v. *Arabie).*

Ces procédés ne peuvent évidemment être introduits dans l'usage commun. Aucun journal ne les a adoptés. Et on regrettera qu'un dictionnaire qui s'adresse en principe à un large public utilise des procédés aussi « élitistes ».

Par contre, le **tilde** (en forme de *s* couché) est d'un emploi plus courant.

Surtout pour des mots espagnols, où il est mis au-dessus de *n* pour indiquer le son [ɲ] : *cañon* « gorge profonde », prononcé [kʌɲɔ̃] en fr., *doña Sol,* héroïne de Hugo dans *Hernani,* [dɔɲʌ]. — Parfois aussi pour des mots portugais pour indiquer que la voyelle est nasalisée : *sertão* « zone semi-aride, au Brésil », [sɛʀtãw]. — Le tilde a été repris par les alphabets phonétiques, notamment pour les voyelles nasales dans le système suivi dans ce livre : *bon* [bɔ̃].

En outre, le tilde sert de symbole : cf. § 112.

Hist. — Les signes auxiliaires étaient pour ainsi dire absents dans les manuscrits du moyen âge. C'est avec l'imprimerie, à l'époque de la Renaissance, qu'ils ont commencé à être utilisés de manière régulière. Ils furent souvent empruntés au grec, mais on leur attribua une valeur différente de celles qu'ils avaient dans cette langue.

102　　L'**accent aigu** et l'**accent grave.**

a) L'accent aigu et l'accent grave se mettent sur la lettre *e* pour indiquer la prononciation : *é* pour [e], *è* pour [ɛ].

1° Pour les voyelles *toniques,* cette opposition est nette : *Blé, allée, prés ; — père, sème, près.*

Il n'y a plus d'exception (cf. Hist.) que pour certaines formes verbales suivies de *je : Aimé-je, puissé-je,* etc. ; cf. § 764, *a,* Rem.

È n'est utilisé que devant un *s* final ou devant une syllabe contenant un *e* muet. — On écrit *poignée, aimée,* etc., car *e,* ne se prononçant jamais dans cette position, ne constitue pas une syllabe.

2° Pour les voyelles *atones,* où l'opposition phonétique est moins nette, on a en principe *è* quand la syllabe suivante est formée d'une consonne et d'un *e* muet, et *é* dans le cas contraire : *Enlèvement, discrètement, il sèmera ; — témoin, léser, téléphone.*

Mais les mots où l'on écrit *é* devant consonne + *e* muet restent (cf. Hist.) assez nombreux :

L'ACAD. écrit *céleri, crémerie, créneler, crépelé, échelon, écheveau, échevin, écrevisse, émeraude, émeri, épeler, éperon, féverole, médecin, sécheresse, sénevé, vénerie,* — outre des mots ayant les préfixes *é-, dé-, pré- : élever, dégeler, prélever,* etc., ainsi que le futur et le conditionnel des verbes qui ont *é* à l'avant-dernière syllabe de l'infinitif : *léserai,* etc. (§ 761, *b*). En 1975, l'Acad. a décidé de remplacer *é* par *è* dans *affèterie, allègement, allègrement, empiètement, évènement* (comme *avènement*), *règlementer* (et ses dérivés). Il y a de l'hésitation aussi pour des mots absents du dict. de l'Acad. : par ex. *abrègement* (petit *Robert, Trésor,* etc.), *abrègement* (*Grand Lar. langue, Grand dict. enc. Lar.,* etc.), qui est préférable et qui est déjà l'usage d'auteurs attentifs : DAUZAT, *Génie de la langue franç.,* p. 63 ; MAROUZEAU, *Lexique de la terminologie linguist. ;* FOUCHÉ, *Phonét. histor. du franç.,* p. 179 ; M. NIEDERMANN, *Phonét. histor. du latin,* § 38 ; A. ERNOUT, *Morphol. histor. du latin,* § 55 ; etc.

Il faut prendre garde aux alternances qu'on observe dans une famille lexicale à la suite des règles données ci-dessus : *Siège, siéger,* etc.

Certains croient devoir écrire °*seizièmiste* pour désigner celui qui s'occupe du seizième siècle. Cet accent grave contredit la règle générale notée ci-dessus. La bonne forme est *seiziémiste :* cf. Robert, *Grand Lar. langue,* etc. ; de même, *quinziémiste,* etc.

Remarque. — Sauf devant *s* final, on ne met pas d'accent aigu ou d'accent grave sur un *e* qui ne termine pas la syllabe graphique (§ 20) : ChEr, fErmer, dEscendre, tErrible, pEste, pErdre, gEmme, Effroi.

Une tendance récente, que l'on peut trouver fâcheuse, laisse son accent au préfixe *dé-* quand il est placé devant un mot commençant par *s* + consonne : *déstructurer, déstalinisation,* etc. (comp. *desceller, destruction, desquamer...*).

On écrit *cèdre, écrire, régner* parce que les voyelles terminent une syllabe : cf. § 20, *c.* On ne met pas d'accent sur l'*e* qui précède *x,* car phonétiquement la syllabe se termine par une consonne (§ 20, *b*) : *Texte, examen, expert.*

Il n'y a pas d'accent sur les déterminants *ces, des, les* (aussi pronom personnel), *mes, ses, tes,* qui, étant des proclitiques (§ 39, *a,* Rem. 2), sont traités comme atones. — Pour la préposition *lès,* cf. § 988. — Pour la finale *-ée,* voir 1°.

Hist. — L'accent aigu, introduit par l'imprimeur Robert Estienne (1530), fut placé d'abord sur [e] final : *severité,* etc. ; au XVIIe s., on s'en servait souvent pour représenter [ɛ] final : *aprés, dés,* etc. — L'accent grave, introduit au XVIe s., fut d'abord d'un emploi restreint et incertain. Sylvius (*In linguam gallicam Isagωge,* 1532) le plaçait sur les *e* sourds : *gracè, vestèment.* C'est P. Corneille qui, le premier, eut l'idée de distinguer par les accents [e] de [ɛ] : *verité, après,* etc. Devant une syllabe contenant un *e* muet, *è* s'est généralisé très lentement à la tonique : c'est seulement depuis 1878 que l'Acad. écrit *sève, piège, siège.* À la protonique, l'unification n'est pas encore faite, comme on l'a vu ; depuis 1878, l'Acad. écrit *avènement*, mais elle gardait *événement* (qu'elle a décidé de corriger en 1975 : voir ci-dessus). On écrit officiellement *Liège* et non plus *Liége*, à la suite d'un arrêté du Régent (17 sept. 1946) approuvant une délibération du conseil communal de la ville (3 juin 1946). Quelques Liégeois restent attachés à l'accent aigu ; voir aussi THÉRIVE, *Libre hist. de la langue fr.*, p. 23 ; YOURCENAR, *Souvenirs pieux*, p. 79.

b) L'accent grave s'emploie comme signe diacritique, c'est-à-dire pour distinguer des homonymes :

1° Sur *a :* dans *à* préposition, distingué de *a* forme verbale ; — *là* adverbe, distingué de *la* article ou pronom personnel ; — *çà* adverbe, distingué de *ça* pronom démonstratif.

Les composés *deçà, delà, holà, voilà* prennent aussi l'accent, mais non *cela*.
On écrit aussi *déjà*, composé du vieux mot *jà*, qui s'écrivait avec accent.

2° Sur *u* dans *où* marquant le lieu, pour le distinguer de *ou* conjonction de coordination.

Remarques. — 1. L'Académie continue (cf. Hist.) à mettre un accent grave sur la préposition latine *a* dans les expressions empruntées du latin *à priori, à posteriori, à minimâ* (pour l'accent circonflexe, voir § 103, *b*, Rem. 3).

Quelques auteurs suivent encore cet usage, mais la plupart (comme les autres dictionnaires du XXᵉ s., sauf le *Trésor*) ont renoncé à ces accents, qu'ils écrivent les locutions en italiques (ce qui est le plus fréquent) ou non :

À priori : S. de BEAUVOIR, *Deuxième sexe*, t. II, p. 537.
À priori : BRUNOT, *Hist.*, t. I, p. 23 ; AYMÉ, *Aller retour*, p. 76 ; J. ROMAINS, *Lettre ouverte contre une vaste conspiration*, p. 164 ; M. PIRON, dans le *Bulletin de l'Acad. roy. de langue et de litt. fr.* [de Belgique], 1968, p. 254 ; A. GLUCKSMANN, *Cynisme et passion*, p. 59.
A priori : RENAN, *Apôtres*, 1866, p. XXVIII ; M. BRÉAL, *Essai de sémantique*, 1904, p. 185 ; M. BOULENGER et A. THÉRIVE, *Soirées du Grammaire-Club*, p. 67 ; DAUZAT, dans le *Fr. mod.*, janv. 1955, p. 73 ; G. MATORÉ, *Hist. des dictionnaires fr.*, p. 268 ; R.-L. WAGNER, *Vocabulaires fr.*, t. I, p. 38 ; Jean DUBOIS, *Vocabulaire politique et social en Fr. de 1869 à 1872*, p. 1 ; M.-Fr. GUYARD, *Littér. comparée*, p. 8.

Hist. — En écrivant *à priori* avec accent, l'Académie ne fait que perpétuer le procédé suivi jadis dans les textes latins (jusqu'au XIXᵉ s.) : *Urbem Romam à principio Reges habuere* (TACITE, cité par Vaugelas, p. 104).
On a écrit aussi en latin *suprà* et *infrà* jusqu'au XIXᵉ s. Il est exceptionnel de trouver ces graphies dans des textes de notre époque : *Cf. suprà* (A.-M. SCHMIDT, *Poésie scientifique en Fr. au XVIᵉ s.*, p. 262). — *Cf. infrà* (ID., *ib.*, p. 371).

2. L'Acad. écrit *alŁa, AllŁluia, AvŁ* (et même *AvŁ Maria*), *fac-similŁ*, mais *à postŁriori, crŁdo, mŁâ-culpâ, rŁfŁrendum.* — Il semble que ces mots soient suffisamment assimilés en français pour recevoir les accents aigus (*rŁfŁrendum* est constant dans l'usage d'aujourd'hui, notamment dans les journaux). On n'en dira pas autant de *Te Deum*.

3. On garde ordinairement l'accent grave de l'italien dans le mot *pietà* (ou *Pietà :* § 98, *a*, 2°, Rem. 2), « représentation de la Vierge tenant sur ses genoux le corps de Jésus détaché de la croix ». (Le mot n'est pas dans le dict. de l'Acad.)

103   L'accent circonflexe, qu'on a parfois appelé *chevron* (usage encore attesté par Littré), se met sur les voyelles *a, e, i, o, u.* C'est une des grosses difficultés de l'orthographe française.

a) Il a surtout une justification historique :

1° Il indique l'amuïssement d'un *s* ancien devant consonne ou d'une voyelle en hiatus :

> *Bâtir,* de *bastir ; tête,* de *teste ; croître, il croît,* de *croistre, croist ; qu'il fût,* de *fust ; vous eûtes,* de *eustes.* — *Âge,* de *eage, aage ; dû* participe passé, de *deü ; crûment,* de *cruement* (§ 931, *b,* Hist.) ; *sûr,* de *seur ; soûl,* de *saoul ; bâiller,* de *baailler.*

On observe des inconséquences : *dû,* de *deü,* mais *vu* de *veü* (cf. cependant *b,* 3°) ; *crûment,* de *cruement,* mais *absolument* de *absoluement* (§ 931, *b*).

L'Académie écrit *dénouement, gaiement, gaieté, remerciement.*

2° L'accent circonflexe est analogique dans certains cas :

> *Voûte :* cf. *croûte ; traître,* d'après *maître ; nous chantâmes, nous vîmes, nous fûmes,* d'après *chantâtes, vîtes, fûtes.*

Depuis 1932, l'Académie écrit *faine* et *gaine.*

3° Il a été introduit pour indiquer la prononciation (cf. *b,* 2°) dans : *Grâce, infâme, pâle, suprême, ô, allô,* — ainsi que dans des mots empruntés au grec, pour rendre ω : *Cône, diplôme,* etc.

Cela ne s'applique pas avec conséquence : *Diplôme,* du grec δίπλωμα, mais *axiome,* du gr. ἀξίωμα.

b) Du point de vue de sa justification actuelle :

1° Dans *piqûre,* l'accent circonflexe montre que l'on n'a pas le digramme *qu* [k], mais deux sons : [ky].

2° Il donne certaines indications sur la prononciation : *ê* (comme *è*) = [ɛ] : *Fête ; — â* = [ɑ] (là où le son existe) : *Pâle ; ô* = [o] : *Rôle.*

3° Il permet de distinguer un certain nombre d'homonymes, notamment :

> *Bohême,* nom propre, et *bohème,* adj. ; — *boîte,* nom, et *boite,* forme verbale ; — *châsse,* « reliquaire », et *chasse,* « action de chasser » ; — *côte,* « os, pente, etc. », et *cote,* « cotisation, valeur, etc. » ; — *dû,* partic. passé de *devoir,* et *du,* article contracté ; — *faîte,* nom, et *faite,* partic. passé fém. ; — *hâler,* « brunir », et *haler,* « tirer » ; — *jeûne,* « action de jeûner », et *jeune,* adj. ; — *mâtin,* « chien », et *matin,* « début du jour » ; — *mûr,* adj., et *mur,* nom ; — *pêcher,* « aller à la pêche », et *pécher,* « commettre une faute » ; — *rôder,* « errer », et *roder,* « user » ; — *sûr,* « certain », et *sur,* « aigre », ainsi que *sur,* prépos. ; — *tâche,* « travail », et *tache,* « souillure, marque » (même opposition pour les verbes).
>
> En outre, *crû,* participe passé de *croître,* et *cru,* partic. passé de *croire* [mais aussi *cru,* nom masc., « vignoble », malgré l'étymologie], ainsi que d'autres formes de ces verbes ; — dans les verbes dont l'infinitif n'est pas en *-er,* la 3ᵉ personne du subjonctif imparfait, *fît, fût,* etc., et la 3ᵉ personne du passé simple, *fit, fut,* etc. ; — les pronoms possessifs *le nôtre, le vôtre,* et les déterminants possessifs *notre, votre ;* — sans parler des homonymes que distinguent d'autres faits graphiques : *Ô, oh,* etc.

Hist. — L'accent circonflexe a été introduit par le médecin Jacobus Sylvius (1532), qui s'en servit pour noter les « diphtongues », comme dans *boîs*. Un certain Montflory (1533), puis l'imprimeur Étienne Dolet (qui publia en 1540 *De la punctuation de la langue françoyse, plus des accents d'ycelle*) l'employèrent notamment pour marquer la chute d'un *e* à l'intérieur d'un mot : *vraiˆment, paiˆra*, etc. Godard (1618) s'en servit le premier pour indiquer la suppression d'un *s : tôt, toûjours*, etc. ; cet emploi a été adopté, avec certaines restrictions toutefois, dans la 3ᵉ éd. du Dict. de l'Acad. (1740). Dans la 4ᵉ éd. (1762), l'Acad. supprima l'accent circonflexe sur l'*u* des participes *vu, reçu*, au lieu de *vû, reçû*, etc. (sauf les exceptions mentionnées ci-dessus).

Remarques. — 1. Dans un certain nombre de dérivés, l'accent circonflexe du mot simple disparaît ou se change en accent aigu parce que la voyelle atone est prononcée autrement que la voyelle tonique (mais il n'y a pas de règle nette) :

Arôme, aromate ; Bohême, bohémien ; cône, conique ; côte, coteau ; diplôme, diplomatie ; drôle, drolatique ; extrême, extrémité ; fantôme, fantomatique ; grâce, gracier, gracieux ; infâme, infamie ; jeûne, jeûner, déjeuner ; mêler, mélange ; pôle, polaire ; sûr, assurer ; symptôme, symptomatique ; tempête, tempétueux.

C'est par étymologie populaire (§ 144, *b*) que sont sentis comme apparentés *râteau* et *ratisser, bêler* et *bélier*.

2. On ne met pas d'accent circonflexe sur un *e* qui ne termine pas la syllabe (comp. § 102, *a*, Rem.), sauf dans quelques mots ayant la finale *-êt : Arrêt, forêt, intérêt*, etc.

De même, pour les autres voyelles, l'accent disparaît quand elles ne terminent pas la syllabe graphique :

Jeûner, mais *à jeun ; traîner*, mais *train*.

Exceptions : *Nous vînmes, vous vîntes, qu'il vînt* (de même pour *tenir*) ; — devant *ss*, dans *châsse* et dans *que je crûsse* et autres formes du verbe *croître*.

3. L'Académie continue (cf. Hist.) à mettre des accents circonflexes sur *a* final dans *à minimâ, meâ-culpâ, sine quâ non* (s.v. *condition*, mais *sine qua non* à sa place alphabétique). Cette graphie, abandonnée par les autres dictionnaires du XXᵉ s., est devenue rare. La plupart du temps, on écrit *mea-culpa* sans accents (et souvent sans trait d'union) :

Et je fais, pour ma part, mon meâ culpâ (DAUZAT, dans le *Fr. mod.*, oct. 1943, p. 249). — *Ces quelques intellectuels qui font aujourd'hui leur* mea culpa (GIDE, *Journal*, 11 juin 1940). — *Dans les* mea culpa *et l'inconséquente contrition de la brochure expiatoire* (J. SCHLUMBERGER, *Madel. et André Gide*, p. 16). — *Je relis bien tardivement* (mea culpa) *les deux importants articles publiés par H. Yvon* (P. GUIRAUD, dans *Romania*, 1980, p. 82). — *On fait son* mea culpa *quand on se reconnaît coupable* (R. GEORGIN, *Comment s'exprimer en franç. ?* p. 78).

Hist. — Jusqu'au XIXᵉ s., on a distingué, en latin même, le *â* de l'ablatif du *a* du nominatif : *Amicitiâ et fœdere conjuncti* (*Trévoux*, 1752, s.v. *confédérer*). On faisait de même dans des contextes français. En 1835, l'Acad. écrivait aussi *vice versâ* (*vice versa* depuis 1878).

104   Le **tréma** se met sur les voyelles *e, i, u*, le plus souvent pour indiquer qu'on n'a pas affaire à un digramme :

Maïs [mᴀis], à comparer à *mais* [mɛ] ; *Saül* [sᴀyl], à comparer à *Saul* [sol] ; *ciguë* [sigy], à comparer à *digue* [dig].

Parfois, pour distinguer [ɔi] de [wA], [ɔɛ̃] de [wɛ̃] : *Héroïsme*, à comparer à *roi ; coïncidence*, à comparer à *coin*.

Le tréma se place sur la deuxième des voyelles qui se suivent ; toutefois l'Académie.continue à écrire *ïambe*, alors que la justification a disparu (cf. Hist.).

L'Académie a décidé en 1975 de placer le tréma sur la voyelle *u* qui doit être prononcée après un *g : aigüe, ambigüe, ambigüité, cigüe, exigüe*, etc. (Cette réforme n'a pas encore été appliquée dans le présent ouvrage.)

D'autre part, elle a décidé d'ajouter un tréma dans les mots suivants pour écarter une mauvaise prononciation : *argüer* [aRgɥe] ; *gageüre, mangeüre, rongeüre, vergeüre* [-ȝyR].

Dans certains noms propres, le tréma se met sur un *e* que la prononciation ne fait pas entendre : *Saint-Saëns, Mme de Staël*. — Dans certains mots étrangers, on a un tréma sur *o* (= [œ]) : *maelström* (tourbillon de la côte norvégienne), *Björnson*.

Hist. — L'usage du tréma a été introduit en 1532 par le médecin Jacobus Sylvius. Ce signe a servi notamment sur *i* et *u* voyelles pour les distinguer de *i* et de *u* consonnes, c'est-à-dire ce que nous écrivons aujourd'hui *j* et *v* (cf. § 84, Hist.) : *On les loüe* (LA F., *C.*, Remois). — Sur *l'oüate molle* (BOIL., *Lutrin*, IV). — *L'ïod* (TURGOT, dans l'*Encyclopédie*, s.v. *étymologie*) [auj. *yod*]. — De là *ïambe*, avec un tréma conservé par l'Acad., mais abandonné à juste titre par d'autres dict., ainsi que certains noms de familles, comme celui de l'ingénieur *Bienvenüe*, que l'on retrouve dans *Montparnasse-Bienvenüe*, station de métro à Paris. En 1878, l'Acad. a remplacé par l'accent grave l'ancien tréma dans *poème, poète* (comp. *Noël*). Certains auteurs restent fidèles au tréma : Claudel a intitulé un livre *Un poëte regarde la croix*, et un autre *Petits poëmes d'après le chinois*.

105   La **cédille** se place sous le *c* devant *a, o, u*, pour indiquer que *c* doit être prononcé [s] : *Aperçu, leçon, avança, gerçure*.

On dit elliptiquement : un *c cédille*.

Remarque. — Il ne faut donc jamais de cédille devant *e* et *i : Merci*. — Il n'en faut pas non plus devant les ligatures Œ et Æ, lorsqu'elles valent [e] (§ 92, *a*) : *Cæcum* [sekɔm], *et cætera* (ou, mieux, *et cetera*) [ɛt seteRA], *cœlacanthe* [selAkɑ̃t].

En revanche, quand on veut reproduire certains amuïssements de la langue parlée, on est amené à utiliser la cédille devant consonne : ÇTE *femme* (BAUCHE, p. 89).

Beaucoup d'auteurs négligent cette cédille, fâcheusement : *A* ÇT'*eure* (BERNANOS, *Dialogues des carmélites*, II, 6). — Autres ex. au § 597, *a*, Rem. 2.

Hist. — Empruntée aux Espagnols (chez qui le mot signifie « petit *z* ») par l'imprimeur Geofroy Tory [auteur de *Champfleury* (1529), traité de calligraphie et de typographie], la cédille, qui n'était autre chose qu'un *z* souscrit, ne s'est répandue que très lentement. Pour donner au *c* la prononciation de l'*s* sourd, on écrivait autrefois *cz* ou *ce : Faczon, il reCEoit*, etc. ; cf. § 92, Hist. — Le *ç* se trouvait parfois devant *e* et *i : Noviçe* et *forçée*, par ex., chez LA FONT., *C.*, Diable en enfer.

106   L'**apostrophe** (') sert à marquer l'élision, c'est-à-dire qu'elle remplace la voyelle amuïe devant une autre voyelle :

Le *mari*, mais : l'*époux*. — *Il* me *bat*, mais : *il* m'*a battu*. — La *femme*, mais : l'*aimable femme*. — Si *tu viens*, mais : s'*il vient*.

Il y a un certain nombre d'élisions qui ne sont pas rendues par l'écriture : Une *autr*e *explication*. Presque *entier*. Elle *ira*. — Voir aux § 44-45 les règles concernant le phénomène phonétique de l'élision et sa traduction graphique.

Les auteurs utilisent parfois l'apostrophe afin de rendre le langage populaire (ou jugé tel) pour d'autres amuïssements de *e* que l'élision ou pour des amuïssements d'autres sons :

Mais j'vais me revenger (J. Genet, *Notre-Dame-des-Fleurs*, p. 169). — *I' s'soule et laisse ses enfants crever d'faim* (Gide, *Souvenirs de la Cour d'assises*, V). — *Des beaux céleris, m'ame* [= madame] *Cointreau* (A. France, *Crainquebille*, VI). — *'tais* [= J'étais] *avec des copains* (R. Ikor, *Tourniquet des innocents*, p. 50).

Parfois dans la poésie et souvent dans la chanson, l'apostrophe indique que l'*e* muet ne forme pas un pied — et ne reçoit pas de note :

Si tous les gars du monde voulaient bien êtr' marins, ils f'raient avec leurs barques un joli pont sur l'onde (P. Fort, *Ballades franç.*, Ronde autour du monde). — *Et dans mon âme il brûle encore / À la manièr' d'un feu de joie* (Brassens, *Chanson pour l'Auvergnat*).

Certains utilisent l'apostrophe pour le phénomène *lexical* de la réduction (§ 187) : *La Maub'* [= la place Maubert] (Sandry et Carrère, *Dict. de l'argot moderne*, s.v. *Maub'*). — *Tous les prof's* (Cl. Simon, *Sacre du printemps*, L.P., p. 23).

L'apostrophe sert parfois aussi à indiquer que la consonne finale se prononce : *Il est rien culottman'* [= culotté, hardi] *ce mec-là* (Sandry et Carrère, *op. cit.*, s.v. *culottman'*). — Dans les noms bretons, elle évite que *ch* soit pris pour le digramme représentant [ʃ] : *Falc'hun*.

Sur les apostrophes comme substitut des guillemets, voir § 133, *d*, Rem.

Hist. — L'apostrophe a été empruntée par le médecin Jacobus Sylvius (1532) aux grammairiens grecs. Auparavant, on agglutinait généralement les éléments que nous séparons par l'apostrophe : Nauons [= nous n'avons] *point* Daccent (G. Tory, dans Beaulieux, *Hist. de l'orth.*, t. II, p. 22), comme encore dans *gendarme, davantage*, des noms de lieux *(Lille)* et de personnes *(Lévêque, Lhéritier)*.

Au XVIᵉ s., et même au XVIIᵉ, l'emploi de l'apostrophe était plus répandu qu'aujourd'hui. On s'en servait pour marquer la chute, réelle ou non, de divers sons :

R'allume (Rons., éd. V., t. I, p. 193). — *Ce tu'-géant* (*ib.*, p. 242). — *Or' plein de doute, ore plein d'espérance* (*ib.*, p. 259). — *A' vous point veu / Cette beauté qui tant me fait la guerre ?* (*ib.*, p. 36) [= avez]. — *R'appelée* (Voiture, *Poés.*, II). — Pour *r'*, variante de *re-*, voir des ex. modernes au § 172, 8, *b*, 1°.

Jusqu'en 1878, l'Académie a écrit *grand'mère, grand'chose*, etc., parce qu'elle y voyait, d'ailleurs à tort (§ 529, Rem. 3, Hist.), des formes de *grande* avec amuïssement de *e ;* en 1932, l'apostrophe a été remplacée par un trait d'union.

L'Acad. écrit *prud'homme, prud'homie*, sans doute parce qu'elle y reconnaît une élision de *prude ;* en réalité *d'* est la préposition (cf. § 336, Hist.), et on aurait dû agglutiner les éléments comme dans *gendarme*. L'Acad. écrit même *prud'hommesque*, alors que cet adj. dérive du nom propre *Prudhomme*, exactement du nom d'un personnage créé par Henri Monnier, Joseph Prudhomme.

Remarque. — Selon le bon usage typographique, on ne termine pas une ligne sur une apostrophe : *Un défaut / d'attention*, et non °*Un défaut d' / attention*.

107 Le **trait d'union,** comme son nom l'indique, est un signe d'unité.

Il ne faut pas le confondre avec le *tiret,* qui est plus long et qui a d'autres fonctions (§ 134).

a) Le trait d'union rétablit l'unité d'un mot que le scripteur a scindé, soit parce que la place lui manque pour écrire ce mot entièrement sur une ligne, soit parce qu'il veut reproduire un débit haché :

[...] *en vociférant : « C'est for-mi-dable ! »* (S. de BEAUVOIR, *Tout compte fait,* p. 95.)

Le trait d'union pour un mot coupé au bout d'une ligne est appelé *division* par les imprimeurs. Les coupures doivent respecter les règles de la syllabation graphique ; elles ont été données au § 20. — Le trait d'union n'est pas répété au début de la ligne où se place la deuxième partie du mot.

b) La fonction principale du trait d'union est de constituer une suite de mots en unité. Nous distinguons les unités lexicales (§ 108) et les unités grammaticales (§ 109).

Hist. — Le trait d'union tel qu'il était employé d'abord dans les textes latins imprimés avait la forme d'un oméga majuscule renversé. On le trouve dès 1530 employé par l'imprimeur Robert Estienne dans un texte français. C'est Olivétan, dans sa traduction de la Bible (1535), qui donna au signe sa forme définitive en s'inspirant de l'hébreu.

108 Le trait d'union comme marque d'**unité lexicale.**

a) Il est généralement présent dans les **composés qui résultent d'un changement de catégorie** (cf. § 179) :

— Noms composés résultant de la nominalisation de syntagmes prépositionnels : *L'après-midi, l'entre-voie, le sans-gêne, un sous-main.*

Les usagers voient d'ordinaire le nom *après-midi* dans des formules comme les suivantes, où *matin* pourrait être substitué à *après-midi : Hier après-midi* (J. GREEN, *Journal,* 3 sept. 1956). *Le lendemain après-midi* (DHÔTEL, *Plateau de Mazagran,* Guilde du Livre, p. 144). *Un mardi après-midi* (SARTRE, *Mur,* L.P., p. 188). — [Mais : *Le lendemain après midi, nous nous mîmes en route* (Cl. SAINTE-SOLINE, *Dimanche des Rameaux,* Guilde du Livre, p. 107).]
Si la substitution de *matin* n'est pas possible, le trait d'union n'a guère de justification : *À trois heures après-midi* (LITTRÉ, s.v. *none*). — *Après-midi, arrivée de Valentine* (GIDE, *Journal,* 11 mars 1916). [Mais : *Jusqu'à quatre heures après midi* (*ib.,* 3 mai 1916).]

— Noms composés formés d'un élément verbal et de son complément : *Le pousse-café, un tire-botte, un porte-bannière* (mais l'Acad. écrit : *porteballe, portefaix, portefeuille, portemanteau*).

— Autres noms composés résultant de la nominalisation d'un syntagme : *Un tête-à-tête. Un laissez-passer.*

— Noms composés résultant d'une métonymie (et souvent d'une ellipse) : *Un terre-neuve. Un pur-sang. Un rouge-gorge. La Haute-Loire* comme département (cf. *b,* ci-dessous).

On sent aujourd'hui une sorte de métonymie dans *L'église Saint-Pierre* et, à plus forte raison, dans *La rue Saint-Pierre, la ville de Saint-Étienne* et dans *le duc de Saint-Simon.*

Certaines familles maintiennent des graphies sans trait d'union : *Michel de Saint Pierre.* — *Antoine de Saint Exupéry :* c'est ainsi que l'auteur se désignait lui-même (*Pilote de guerre*, p. 11, etc.) et qu'il signait ; mais sur la page de titre de ses livres, le trait d'union a fini par l'emporter.

N.B. — Il ne faut pas de trait d'union (ni de majuscule à *saint :* § 99, *c*, 2°) quand il s'agit du saint lui-même : *Il aimait l'humour de saint François de Sales.* — Voir un autre emploi de *saint* dans le *b* ci-dessous.

Remarques. — 1. *Non* et *quasi* exigent le trait d'union quand ils sont suivis d'un nom et le rejettent quand ils sont suivis d'un adjectif ou d'un adverbe :

Non-valeur, non-lieu, non-être, non-recevoir. — *Quasi-contrat, quasi-délit.*

Mais : *Non avenu, non solvable, non seulement.* — *Quasi mort, quasi jamais.*

L'Acad. écrit fâcheusement : *Soldat non-combattant, troupe non-combattante, doctrine non-conformiste,* ainsi que *non-comparant* donné comme nom et adjectif. — Il y a eu agglutination dans *nonchalant, nonobstant,* qui ne sont plus analysables pour le locuteur d'aujourd'hui, mais l'Acad. écrit aussi **nonpareil** *(Sa grâce nonpareille),* avec ce commentaire : « Il est vieux et ne s'emploie plus que dans le style soutenu. » Il est difficile de considérer *non pareil* comme fautif.

Nonpareil : Des choses nonpareilles (APOLLINAIRE, *Alcools*, Palais). — *De gros merisiers à petites merises d'une saveur nonpareille* (POURRAT, *Gaspard des Montagnes*, t. I, 1931, p. 119). *Non pareil : Des pipes d'une beauté non pareille* (A. FRANCE, cit. Robert).

Cet emploi de *non* et de *quasi* avec des noms résulte sans doute d'un phénomène de dérivation : de *non solvable* et de *quasi total* on a tiré par dérivation *la non-solvabilité* et *la quasi-totalité.* Il y a donc d'une certaine manière changement de catégorie. — *Presque* avec un nom doit avoir la même explication, et pourtant le trait d'union est absent d'ordinaire : *La presque certitude* (ZOLA, *Bête humaine*, V). Cf. § 178, *b*, 2°.

2. *Bas-allemand, bas-breton* résultent aussi d'une dérivation (de *basse Allemagne,* etc.), et le trait d'union, que mettait Littré, serait préférable. Mais l'usage n'est pas bien fixé.

b) Le trait d'union permet de **distinguer** certaines suites de mots formant une unité sémantique d'avec des syntagmes homonymes : *Après-demain* = le jour qui suit demain ; — *après demain* = un jour quelconque postérieur à demain.

Adverbes : *Avant-hier, après-demain, sur-le-champ.*

(Mais les formations avec *tout* ne prennent pas le trait d'union [sauf *tout-puissant*] : *Tout à l'heure, tout à coup, tout à fait.*)

Conjonction : *C'est-à-dire.*

Noms : *Beau-père, grand-père, petit-fils, Haute-Loire* comme département (mais *la haute Loire,* le cours supérieur du fleuve : cf. § 99, *b*) ; *fer-blanc, eau-forte, amour-propre, cul-blanc* (sorte d'oiseau)... — *Pot-de-vin, pot-au-feu, cul-de-sac* (mais *cul de bouteille*), *eau-de-vie, œil-de-bœuf, pied-de-biche...*

L'Acad. écrit *moyen âge,* parce qu'il n'y a pas de syntagme homonyme. La graphie *moyen-âge* n'est pas rare cependant : SAINTE-BEUVE, *Caus. du lundi,* t. I, p. 234 ; R. de GOURMONT, *Belgique littéraire,* p. 12 ; BRUNOT, *Pensée,* p. 104 ; R.-L. WAGNER, *Vocabulaires fr.,* t. I, p. 120 ; etc.

Il faut reconnaître que les règles ne sont pas toujours très nettes : pourquoi l'Acad. écrit-elle *coffre-fort* mais *château fort* ?

L'Acad. écrit : *La Sainte-Alliance, le Saint-Empire, le Saint-Esprit, l'Esprit-Saint, le Saint-Office, le Saint-Père, le Saint-Siège, la Sainte-Trinité.* Mais l'usage n'est pas toujours bien fixé ; par ex., *Esprit Saint* et *Sainte Trinité* sont assez fréquents ; inversement, certains mettent le trait d'union là où l'Acad. ne le met pas, par ex., dans *Saint-Sacrement.*

Esprit Saint : HUYSMANS, *Cathédrale,* p. 131 ; Fr. MAURIAC, *Souffrances et bonheur du chrétien,* Œuvres compl., p. 260 ; *Bible,* trad. OSTY-TRINQUET, Ép. aux Rom., V, 5. — *Esprit saint :* PÉGUY, *Mystère de la char. de J. d'Arc,* p. 57. — *Sainte Trinité :* J. GREEN, *Journal,* 4 févr. 1969. — *Saint-Sacrement :* HUYSMANS, *op. cit.,* p. 85 ; Fr. MAURIAC, *Pèlerins de Lourdes,* II ; J. GREEN, *op. cit.,* 13 août 1971.

Remarques. — 1. On met ordinairement un trait d'union entre les éléments des **prénoms doubles** considérés comme la désignation usuelle de la personne :

Jean-Jacques Rousseau, l'impératrice Marie-Louise, le roi Louis-Philippe, le pape Jean-Paul II.

L'usage anglo-saxon, et parfois l'usage canadien, sont différents : *Pierre Elliott Trudeau.*

Le trait d'union permet de distinguer le prénom double de la suite de prénoms qui figurent à l'état civil mais qui ne sont pas usités ordinairement pour désigner la personne. Pour ceux-ci on laisse un blanc entre eux selon l'usage actuel : *Louis Philippe Joseph duc d'Orléans (Grand Lar. enc.,* t. VII, p. 1010). — Naguère, on mettait souvent des traits d'union : *Orléans (Louis-Philippe-Joseph, duc d'), dit Philippe-Égalité* [cf. ci-dessous] *(Lar. XXᵉ s.).*

2. Lorsque le prénom est suivi d'un élément subordonné (épithète, apposition, etc.), on ne met pas de trait d'union :

Charles Quint (= cinquième : § 581, *c,* Hist.), *Sixte Quint, Philippe Égalité, Charles Martel, saint Jean Chrysostome, Frédéric Barberousse, Alexandre le Grand, Charles le Téméraire.*

C'est, en dehors du type avec un article, un usage récent. On a longtemps écrit *Charles-Quint* (encore dans l'Ac.), ce qui n'est pas plus défendable que de mettre un trait d'union dans *Charles V,* ce que l'on ne fait jamais.

La tradition faisait aussi écrire *Jésus-Christ* ([kRi], tandis qu'on prononçait [kRist] dans *le Christ), saint Jean-Baptiste, sainte Marie-Madeleine,* alors que le deuxième élément est une sorte de surnom. Pour essayer de rendre à ces désignations leur valeur première, les auteurs catholiques récents préfèrent *Jésus Christ* (en prononçant parfois [kRist] comme dans l'Église réformée), *Jean Baptiste, Marie Madeleine.*

c) Le trait d'union marque très souvent une **impossibilité** ou une **difficulté d'analyse :**

— *Pêle-mêle, méli-mélo, tohu-bohu, porc-épic, guet-apens, peut-être* ne peuvent être décomposés par le locuteur d'aujourd'hui.

— Nom précédé d'un adjectif ne respectant pas les règles ordinaires de l'accord : *Nu-tête* (§ 311, *a*). *Une demi-bouteille* (§ 547, *a*). *La grand-rue* (§ 529, Rem. 3).

— Composés ne respectant pas les règles ordinaires de la syntaxe :

Noms : *Chef-lieu. Timbre-poste.*

Adverbes : *Là-dedans, là-dessus,* etc. (on écrit souvent : *là contre ;* cf. § 969, *c*) ; *là-haut, là-bas.*

Là encore analysable comme adverbe ne demande pas de trait d'union dans les syntagmes *par là, de là,* etc., mais l'Acad. écrit *jusque-là.*

— Composés contenant des mots figés dans ces emplois :

L'ancien adverbe *ci,* non seulement dans *ci-dessous, ci-dessus, ci-devant, ci-après, ci-contre* (comp. les expressions avec *là* mentionnées plus haut), mais aussi *ci-joint, ci-inclus, ci-annexé, ci-présent, ci-gît ; de-ci, de-là ; par-ci, par-là ; —* l'ancien nom *vis* (= visage) dans *vis-à-vis.*

— *Quatre-vingts,* isolé puisqu'on ne dit plus *trois vingts, six vingts,* etc. (§ 577, *b,* Hist., 1).

— On peut citer ici, à des titres divers, des expressions dont *né* est le second élément :

Aveugle-né, mort-né, nouveau-né, premier-né, dernier-né. — De même au figuré : *Il est le protecteur-né des sciences et des arts* (AC.). — *Sophie-Victoire était une artiste-née* (MAUROIS, *Lélia,* p. 34).

— Composés anglais : *Week-end, basket-ball, boy-scout,* etc. — Mais : *Football, folklore* (quoique l'Acad. écrive encore *folk-lore*) ; *pipeline* l'emporte sur *pipe-line,* surtout avec la prononciation [piplin].

Pour les noms de lieux, beaucoup les écrivent sans trait d'union, par ex. *New York,* mais on ne voit pas pourquoi il est nécessaire de garder sur ce point l'usage de l'anglais :

New York : R. MARTIN DU GARD, *Souvenirs,* Pl., p. LXXVII ; J. GREEN, *Journal,* 8 juillet 1967 (mais *new-yorkais*) ; Ét. GILSON, *Société de masse et sa culture,* p. 44 ; etc. — *New-York : Maigret à New-York,* titre d'un roman de SIMENON ; TROYAT, *Case de l'oncle Sam,* I, 4 ; etc.

— Les composés au moyen des éléments empruntés *ex-, extra-* « très », *néo-, pseudo-, self-, vice-* et d'un mot français :

Son ex-mari. Voyante extra-lucide. Le néo-colonialisme. Une pseudo-constitution. — Cette mathématique dont la self-fécondité ne cesse de provoquer notre émerveillement (J. ONIMUS, *Connaissance poétique,* p. 26). — *Le vice-roi.*

Pour les composés avec *anti-, archi-, auto-* (« de soi-même »), *co-, extra-* (« à l'extérieur de »), *inter-, intra-, para-* (« à côté de »), *sub-, super-, ultra-* (« extrêmement »), la tendance est à l'agglutination :

Le petit *Robert,* par ex., écrit : *Antimissile, archiplein, autocensure, cogestion, extragalactique, intermariage, intraveineux, paramilitaire, subatomique, superchampion, ultramoderne,* mais *ultra-royaliste, ultra-son* ou *ultrason,* etc.
Le trait d'union s'impose quand il y a un risque de confusion avec un digramme : *Intra-utérin.*

Remarques. — 1. Le trait d'union sert, chez certains auteurs, à marquer un retour au sens étymologique (ou pseudo-étymologique) des éléments :

Traité de la CO-NAISSANCE *au monde et de soi-même* (titre d'un essai de CLAUDEL). — *Ainsi cernée* [...] *entre l'engagement et l'*A-THÉISME, *l'écriture sera exposée à la clarté de l'enquête scientifique* (J. KRISTEVA, dans *Tel quel,* automne 1971, p. 37). — *La souveraineté fonde l'État parce qu'elle commande son commencement. Elle le régit de part en part, il* RE-COMMENCE *sans cesse* (A. GLUCKSMANN, *Cynisme et passion,* p. 55. [Voir aussi § 172, 8, *a.*]

2. Il n'est pas facile d'expliquer pourquoi les locutions adverbiales formées avec *au* ou avec *par* ont le trait d'union, alors que celles dont le premier élément est *en* s'en passent :

Au-dessus, au-dedans, au-dehors, au-delà, au-devant. Par-dedans, par-dehors, par-devant, par-delà. — Mais : *En dedans, en dehors, en deçà, en delà, en dessous, en dessus.*

Autres traits d'union mal justifiés : l'Acad. écrit *extra-muros* et *intra-muros*, mais *ad patres, ex cathedra, sine die,* etc. ; — *grosso-modo,* mais *ipso facto, motu proprio,* etc. On ne devrait pas considérer comme une faute d'écrire *extra muros* avec le *Trésor, grosso modo* avec le *Grand Lar. enc.* et de nombreux auteurs (ex. de Perec dans le *Trésor*).

d) Raisons particulières.

1° En France (mais non en Belgique), l'administration des postes met le trait d'union, dans les noms de rues, entre le prénom ou le titre et le nom de famille : *Rue Charles-Nodier, avenue du Maréchal-Lyautey,* afin de maintenir à ces noms une forme constante et de leur donner une place fixe dans l'ordre alphabétique. Cet usage est rarement suivi sur les plaques indicatrices des rues. Mais, quoiqu'il soit « fautif » pour Dauzat (*Gramm. raisonnée,* p. 43), il est devenu fréquent dans la littérature, aussi bien pour des rues que pour des écoles, des fondations, etc. :

Place Adolphe-Max (J. HILLAIRET, *Connaissance du vieux Paris,* 1963, t. I, p. 308). — *Le boulevard Richard-Wallace* (ARAGON, *Voyageurs de l'impériale,* III, 13). — *L'avenue Henri-Martin* (CÉLINE, *Voy. au bout de la nuit,* F°, p. 142). — *Rue Louis-Blanc* (R. SABATIER, *Trois sucettes à la menthe,* p. 59). — *Rue du Général-Foy* (R. MARTIN DU GARD, *Souvenirs,* Pl., p. XLIII). — *Rue de l'Aumônier-Hilaire* (SARTRE, *Nausée,* M.L.F., p. 77). — *Impasse du Docteur-Barthès* (J. DUTOURD, *Au Bon Beurre,* p. 32). — *Professeur au lycée Blaise-Pascal* (BARRÈS, *Union sacrée,* p. 200). — *Au théâtre Sarah-Bernhardt* (DUHAMEL, *Désert de Bièvres,* II). — *Le prix Raymond-Poincaré* (dans le *Monde,* 14 nov. 1975, p. 17).

Sans trait d'union : *Rue Julien Lacroix* (TROYAT, *Amélie,* p. 273).

Le trait d'union s'est introduit en dehors du cas envisagé ci-dessus et en dehors des noms propres de personnes :

Avenue Van-Dyck (HÉRIAT, *Enfants gâtés,* II, 1). — *Rue François-Ier* (MORAND, *Ouvert la nuit,* F°, p. 7). — *Rue de la Montagne-Sainte-Geneviève.* — *Rue du 14-Juillet.*

2° Des auteurs se plaisent parfois à lier par des traits d'union certains mots dont l'ensemble est présenté comme une espèce de formule :

Et c'est ainsi que le bonheur-satisfaction-de-la-vanité entre dans le bonheur-qui-s'obtient-sans-qu'on-y-pense (MONTHERLANT, *Jeunes filles,* p. 140). — *La petite-femme-qui-aime-bien-les-bêtes* (COLETTE, *Paix chez les bêtes,* p. 33).

109 Le trait d'union comme marque d'**unité grammaticale.**

a) Entre le verbe et les pronoms conjoints qui le suivent et qui forment avec lui un seul groupe phonétique.

1° Pronom personnel conjoint sujet, ainsi que *ce* et *on : Dit-il. Dit-on. Est-ce vrai ? Peut-être irai-je le voir.*

S'il y a un *t* final analogique (§ 766, Rem.), il se place lui-même entre traits d'union : *Répliqua-t-il. Chante-t-elle ? Peut-être va-t-on le voir. Vainc-t-il ? Convainc-t-elle ?*

2° Pronom personnel conjoint complément d'un impératif non négatif :

Crois-moi. Dites-lui de venir me voir. Prends-le avec précaution. Prends-en deux. Soyez-en sûr. Allons-y. — De même avec plusieurs pronoms : *Dites-le-moi. Allez-vous-en.* — *Rends-nous-les* (HUGO, *Lég.*, t. IV, p. 153). — *Tiens-le-toi pour dit* (GIDE, *Faux-monn.*, p. 463).

Lorsque l'impératif est suivi d'un infinitif, il faut prendre garde au fait que le pronom peut être rattaché à l'infinitif, ce que l'on voit en comparant avec le tour non impératif :

Il LE *fait faire* → *Fais-*LE *faire.* — Mais : *Il veut* ME *suivre* → *Veuille* ME *suivre.* — *Il ose* LE *dire* → *Ose* LE *dire.*

Il ME LE *fait lire* → *Fais-*LE-MOI *lire.* — Mais : *Il vient* ME LE *raconter* → *Viens* | ME LE *raconter.*

On oppose *Laisse-le-moi lire* à *Laisse-moi le lire.* Cf. § 659, *b*, 1°.

N.B. — Dans *va-t'en*, le *t* n'est pas un *t* analogique (cf. 1°), mais le pronom personnel élidé : § 44, *a*, Rem. 3.

b) On considère aussi comme un seul mot phonétique :

1° Le pronom personnel et l'adjectif *même :*

Moi-même, lui-même, eux-mêmes. — Mais : *Ceux mêmes qui... Ici même. Par là même.*

2° Le pronom démonstratif ou un nom précédé du déterminant démonstratif et les adverbes *ci* et *là :*

Celui-ci, celle-là, cet homme-ci, ces choses-là. — *Cette maudite somme-là* (FLAUB., *Éd. sent.*, II, 3).

Selon Littré (s.v. *là*, 8°), on ne met pas de trait d'union quand un complément s'intercale entre l'adverbe et le nom auquel se rapporte le déterminant démonstratif. *Ce marchand de vin là. Ces preuves de bonté là.* — Cette règle est logique, puisque *là* n'est pas uni étroitement avec le dernier mot. Elle n'est pas toujours respectée cependant :

Ce quart d'heure-là (J. VERNE, *Drame en Livonie*, III). — *Ce genre de réalité-là* (THÉRIVE, dans le *Temps*, 17 févr. 1938). — De même : *À ce suffrage universel-là* (HUGO, *Nap.-le-Petit*, VI, 9).

Hist. — Jusqu'en 1835, l'Acad. faisait suivre *très* d'un trait d'union, qu'elle a supprimé en 1878. Littré (1863-1872) appliquait la règle de 1835 : *Une campagne très-agréable. Cela lui arrive très-rarement.*

c) Le trait d'union est la marque de la coordination sans pause :

Le nord-est. Un enfant sourd-muet. Un sourd-muet. Une porte-fenêtre. Une jupe-culotte. Les romans d'Erckmann-Chatrian [= Émile Erckmann et Alexandre Chatrian]. *Les années 1941-1942.*

En particulier, dans les numéraux composés par addition, entre les éléments qui sont l'un et l'autre inférieurs à cent : *Vingt-deux, trente-neuf, soixante-dix-huit. Trente-neuvième.*

S'il y a *et*, il ne faut pas de trait d'union : *Vingt et un, vingt et unième.*

Si l'un des composés par addition est *cent, mille* (et, *a fortiori, un million*, etc.), il n'y a pas de trait d'union : *Cent un, mille deux, trois mille cent. Un million deux cent mille.* Cf. § 576, *a.*

On met souvent un trait d'union entre deux adjectifs de couleur désignant une teinte qui participe des deux couleurs :

Avec trait d'union : *Habit gris-brun* (AC., s.v. *gris*). — *Chartreuse vert-dorée* (GIDE, *Paludes*, L.P., p. 66). — *Moustaches gris-blond* (Fr. MAURIAC, *Chemins de la mer*, III). — *Yeux gris-jaunes* [11] (Cl. SIMON, *Vent*, p. 224). — *Un toit d'ardoises gris-bleu* (M. PONS, dans les *Temps modernes*, févr. 1973, p. 1356).

Autres ex. : S. de BEAUVOIR, *Belles images*, I ; R. VAILLAND, *Beau Masque*, I, 1 ; CAYROL, *Froid du soleil*, p. 123 ; R. SABATIER, *Trois sucettes à la menthe*, p. 9 ; J. ROY, *Saison des za*, p. 107.

Sans trait d'union : *Jument bai brun* (AC., s.v. *bai*). — *Cheveux châtain roux (*petit *Robert*, s.v. *auburn*). — *Yeux bleu vert* (ROBERT, s.v. *bleu*). — *Carreaux vert jaune* (PIEYRE DE MANDIARGUES, *Marge*, p. 211).

Dans les autres adjectifs de couleur composés, *rouge vif, bleu nuit, gris de lin,* etc., le trait d'union est rare. Pourtant, l'Acad. écrit *étoffe gris-de-lin* s.v. *gris*, mais *ruban gris de lin* s.v. *lin*.

Remarques. — 1. On trouve aussi le trait d'union à la place d'une préposition ; dans cet emploi, le trait d'union est aujourd'hui concurrencé par la barre oblique (§ 135) :

Il explora en 1887-1889 la boucle du Niger (R. BARTHES, dans *Tel quel*, automne 1971, p. 89) [= pendant les années allant de 1887 à 1889].

2. Sauf dans *quatre-vingts* (cf. § 108, *c*), il n'y a pas de trait d'union dans les composés par multiplication : *Deux cents. Le deux centième.*

Cependant, pour les ordinaux, il y a de l'hésitation. L'Acad. écrit à l'article *centième : La deux centième partie*, mais, avec *centième* nominalisé : *Un deux-centième ; —* à l'art. *millième*, avec *millième* nominalisé : *Les cinq millièmes ; —* à l'art. *millionième*, de même : *Trois millionièmes ; —* à l'art. *mètre : la dix-millionième partie.*

---

11. Les ex. de Cl. Simon et de Gide ne respectent pas l'invariabilité qui est de règle dans ce cas : cf. § 541, *a.*

SECTION 4. — L'ABRÉVIATION ET LE SYMBOLE

Bibl. — A. DOPPAGNE, cité avant le § 96.

110   L'**abréviation** est un procédé *graphique* consistant à écrire un mot en n'utilisant qu'une partie de ses lettres : *M.* pour *Monsieur ; n°* pour *numéro.*

Il n'y a pas de prononciation particulière pour la forme abrégée : *M.* et *n°* se prononcent comme *Monsieur* et *numéro.* Il est donc tout à fait gênant d'employer *abréviation* pour un autre phénomène, que nous appelons **réduction** (§ 187), phénomène *lexical,* qui donne naissance à un mot nouveau, ou du moins à un *signifiant* nouveau, aussi bien pour le langage écrit que pour le langage parlé : *métro* [metRo] tiré de *métropolitain ;* le sens, le *signifié,* est le même dans la forme pleine et dans la forme réduite.

Dans le cas des sigles (§ 189), l'abréviation s'est transformée en réduction : *J.O.C.,* prononcé d'abord comme *Jeunesse ouvrière chrétienne,* s'est prononcé [ʒiose] ou [ʒɔk]. — Pour *mons = monsieur,* cf. § 187, Hist.

L'abréviation est à distinguer aussi du *diminutif,* mot nouveau, distinct, à la fois comme signifiant et comme signifié, du mot de base : *fillette,* tiré de *fille.* Cf. § 164, *b.*

Le but principal de l'abréviation est de gagner du temps et de la place.

On a aussi des abréviations euphémiques, pour représenter des mots jugés grossiers ou inconvenants :

Le vulgaire [à l'époque de la Révolution] *avait toujours le mot de f...* [= *foutre*] *à la bouche ou sous la plume* (BRUNOT, *Hist.,* t. X, p. 228). — Avec un procédé graphique exceptionnel : *Je puis certifier* [...] / [...] *que sa femme / (En ne le faisant pas c—) n'eût pas été / Plus fort ni plus souvent battue* [*c— = cocu*] (MUSSET, *Prem. poés.,* Mardoche, IV).

On a aussi des abréviations de discrétion, pour les noms propres et parfois pour les dates :

J'ai achevé avant-hier, avec l'aide de M., l'article sur les Grandes Compagnies (GIDE, *Journal,* 18 août 1927). — *Les officiers du régiment en passage à V... les connaissaient presque tous* (BARBEY D'AUR., *Diaboliques,* Pl., p. 89). — *Pendant le cours de l'année 186., le monde entier fut singulièrement ému par une tentative scientifique sans précédent* (J. VERNE, *Autour de la lune,* Chap. prélim.).

Dans l'abréviation euphémique, le lecteur devine ce qu'il y a sous la graphie. Dans l'abréviation de discrétion, il en est souvent incapable. Chez les romanciers, cette discrétion, ordinairement feinte, veut donner l'illusion du réalisme.

Dans les notes que l'on prend pour soi-même, les abréviations ressortissent à des choix personnels. Mais il y a un certain nombre de formes conventionnelles, que l'on trouve dans l'usage général. Les unes sont employées pour ainsi dire sans réserves dans toutes sortes de situations :

Etc. = *et cetera,* que l'on écrit rarement en entier ; *n°* = *numéro.* — Devant le nom ou le titre (voir Rem.) : *M.* = *monsieur* ; *Mme* = *madame* ; *Mlle* = *mademoiselle* ; *Mgr* = *monseigneur* ; *P.* = *père* ou *R.P.* = *révérend père* (religieux) ; *S^r* = *sœur* (religieuse) ; *D^r* = *docteur* (en médecine) ; *M^e* = *maître* (avocat ou notaire) ; *S.S.* = *Sa Sainteté* (le pape) ; *S.M.* = *Sa Majesté* (le roi) ; *S.A.* = *Son Altesse* (un prince de sang royal) ; *S.E.* ou *S. Exc.* = *Son Excellence* (cf. § 111, *a*, 1°). — *Les 10 p.* [= *pour*] *cent de gaullistes* (DE GAULLE, *Mém. de guerre,* t. II, p. 155). [On préfère aujourd'hui le symbole % : § 112.] — Les prénoms sont souvent réduits à l'initiale devant les noms : *Un exemple d'A. Daudet* (G. GOUGENHEIM, dans le *Fr. mod.,* janv. 1950, p. 6).

D'autres abréviations n'apparaissent pas d'ordinaire dans un texte suivi, dans de véritables phrases :

Dans des références bibliographiques, entre parenthèses ou en note ou dans des listes : *p.* = *page* ; *s.l.n.d.* = *sans lieu ni date* ; *ms.* = *manuscrit* ; *f°* = *folio* ; *v°* = *verso* ; *s.v.* = *sub verbo* (« au mot ») ; *op. cit.* = *opus citatum* (« ouvrage cité ») ; *l.c.* = *loco citato* (« à l'endroit cité ») ; *id.* = *idem* (« le même ») ; *ibid.* ou *ib.* = *ibidem* (« au même endroit ») ; etc. — Dans les dates : *Avant* ou *après J.-C.* = *Jésus-Christ.* — Dans des références géographiques : *N.* = *nord* ; *E.* = *est* ; *S.* = *sud* ; *O.* = *ouest.*

Sur le problème des majuscules, voir § 98, *e.* — Sur le pluriel, voir § 508.

Remarque. — *Monsieur, Madame* et les autres désignations énumérées ci-dessus ne s'abrègent que devant le nom ou le titre des personnes : *M. Dupont, Mme la directrice, Me Garçon,* etc.

On ne les abrège pas pour les personnes à qui on s'adresse par écrit :

À monsieur Henri Bremond / de l'Académie française / hommage respectueux (M. NOËL, *Rosaire des joies,* Dédicace). — *Je vous prie de bien vouloir agréer, Monsieur le Premier Ministre, l'expression de mes sentiments de très haute considération et de très sincère dévouement* (DE GAULLE, lettre à Churchill, dans *Mém. de guerre,* t. II, p. 493).

Lorsqu'on reproduit des paroles par écrit, on n'abrège pas non plus d'ordinaire les titres des personnes auxquelles les paroles s'adressent : *J'ai aussi oublié de dire à* MADAME *la duchesse que Mme la comtesse Molé avait laissé ce matin une carte pour* MADAME *la duchesse* (PROUST, *Rech.,* t. II, p. 589). [Remarquez l'abréviation de *Madame* lorsque le valet parle d'une tierce personne.]

Hist. — Les manuscrits du moyen âge utilisaient un grand nombre d'abréviations. C'est une abréviation qui est à l'origine de l'*x* final de *troupeaux,* etc. : cf. § 90, *e,* Hist.

111   **Les procédés d'abréviation** sont de deux types :

a) Le mot est réduit à son début, et l'abréviation se termine par un point.

1° Le mot est réduit à sa lettre initiale :

M. = monsieur ; p. = page ; J. Dupont = Jean Dupont. — Le XIXe s. [= siècle] *est une période de crises (Grand dict. enc. Lar.,* s.v. *Antilles).*

Pour une locution, on abrège chacun des mots avec autant de points qu'il y a de mots abrégés :

P.S. = post scriptum ; N.B. = nota bene ; w.-c. (ou *W.-C.*) *= water-closet ; c.-à-d. = c'est-à-dire* (pas de point après *à* puisque le mot n'est pas abrégé).

Dans *etc. = et cetera, et* a été considéré comme trop bref pour être abrégé et on l'a agglutiné. — *Son Excellence* s'abrège en *S. Exc.* (cf. 2°) pour un évêque et en *S.E.* pour un ministre ou un ambassadeur.

2° Le mot conserve plusieurs lettres du début.

— Soit pour ne pas couper un digramme : *Ch. = Charles ; Ph. = Philippe.* Exception : *J.-C. = Jésus-Christ.*

— Soit pour des abréviations moins courantes : *Chap. = chapitre ; hab. = habitants ; lat. = latin.*

— Parfois pour des prénoms quand l'initiale est une voyelle : *Ém.* (ou *É.*) *Zola.*

L'usage est de terminer le mot abrégé par une consonne (et avant une voyelle) : *Gramm. = grammaire ; fr.* ou *franç. = français* (et non °*fra.* ou °*fran.*)

Remarques. — 1. Dans quelques abréviations d'origine latine, on ajoute à la lettre initiale une lettre intérieure : *cf.* (ou *cfr,* selon le *b*) *= confer* « comparez » ; *sq. = sequiturque* « et suivant ». C'est ainsi que s'explique *ms. = manuscrit.*

Le *Trésor* remplace *francique* par *frq.,* parce qu'une autre abréviation aurait amené des confusions avec *français.*

2. Pour les sigles, voir §§ 189-190.

3. Quand un nom propre que l'on ne peut ou ne veut pas reproduire est représenté par *X, Y, Z, N,* on a affaire à un symbole et non à une abréviation. La lettre ne devrait pas être suivie d'un point, mais plus d'un auteur met ce point :

Elles-mêmes [= les femmes] *peuvent avoir plusieurs identités, changer selon qu'elles sont la femme de X ou de Y* (M. CARDINAL, *Autrement dit,* p. 44). — *Émerge du tas X, fagotée comme une poupée de chiffon* (H. CIXOUS, dans *Samuel Beckett,* 1976, p. 335).
L'excellent Père X., par exemple (GIDE, *Journal,* 1er juillet 1942). — *La lettre de X. que je t'ai montrée* (J. GREEN, *Journal,* 17 juin 1960).

4. Au lieu du point, on a souvent des points de suspension (§ 130, *d*) dans les abréviations euphémiques ou de discrétion ; un ou des astérisques (§ 113) dans les abréviations de discrétion. — Comme nous l'avons dit, le tiret dans l'ex. de Musset cité au § 110 est un procédé tout à fait exceptionnel. — Sur la barre oblique dans les abréviations commerciales, cf. § 135.

Les francs-maçons utilisent trois points groupés en triangle : *Il* [= un conseiller] *est à ton entière disposition et à celle des F.·.* [= frères] *de ta R.·. L.·.* [= respectable loge] [...]. *Nous te prions de recevoir, Vén∴ M∴ et T∴ C∴ F∴* [= vénérable maître et très cher frère], *l'assurance de nos sentiments les plus frat∴* [= fraternels] (lettre des responsables du Grand Orient de France, dans le *Monde,* 18 nov. 1983, p. 14). — Ce signe est devenu le symbole de la franc-maçonnerie : cf. § 3, Rem.

b) Le mot est réduit à son début et à sa fin, celle-ci étant placée au-dessus de la ligne dans un caractère plus petit :

M^e = *maître* ; Mme = *madame* ; Mlle = *mademoiselle* ; Mgr = *monseigneur* ; D^r = *docteur* ; n^o = *numéro* ; Cie = *Compagnie* ; v^o = *verso* ; r^o = *recto* ; f^o = *folio* (de même *in-f^o*).

Souvent dans l'écriture manuscrite et parfois dans les imprimés, on écrit la fin de l'abréviation sur la même ligne : *Mlle, Mgr, Dr, Mme.* Cela est sans inconvénient quand la suite des lettres est un mot imprononçable. Dans le cas contraire, il faut écrire la fin au-dessus de la ligne : n^o, M^e, Cie, et non °*no,* °*Me,* °*Cie.*

Remarque. — L'usage anglais est assez différent puisqu'il met un point même lorsque l'abréviation reprend la dernière lettre du mot. S'il est assez logique de suivre cet usage lorsqu'il s'agit d'un mot anglais : *Mr.* = *Mister* ; *Mrs.* = *Mistress,* — il n'y a aucune raison de l'adopter lorsqu'il s'agit de mots français et d'écrire par ex. °*Mr.* = *Monsieur.*

112   Le symbole.

Au lieu d'écrire un mot au moyen de lettres, on le représente parfois par un symbole, qui est le même quelle que soit la langue :

& est mis pour *et* dans un texte français, pour *and* dans un texte anglais, pour *und* dans un texte allemand, etc.

Certains symboles concernent la langue courante :

& = *et* (cf. Hist.) ; § = *paragraphe ;* l'astérisque : cf. § 113 ; les chiffres, romains et arabes : cf. § 114. — Le tilde (§ 101) et le tiret (§ 134, *a)* s'emploient dans un dictionnaire ou dans un index pour représenter le mot qui introduit l'article : voir notre index à la fin du volume.

D'autres symboles concernent des langues spéciales ou techniques, mais certains peuvent pénétrer dans un usage plus général :

En linguistique, > = a évolué en ; < = vient de ; la flèche (→) indique une transformation.

En mathématiques : ×, +, −, :, =, π, $\sqrt{}$, etc. Le signe = (en parlant, on dit : *égale)* s'emploie en dehors des mathématiques, surtout dans des notes schématiques ou familières, pour indiquer une équivalence : *Le christianisme = l'opération intérieure* (GIDE, *Journal,* 28 févr. 1912). — Le signe − (en parlant, on dit : *moins)* sert pour la soustraction ou bien pour une quantité négative ; de là aussi pour des températures inférieures à zéro degré, ce qui pénètre dans la langue commune, où le même signe marque parfois, en outre, les dates antérieures à l'ère chrétienne : *Il faisait très froid,* −*15°* (S. de BEAUVOIR, *Force de l'âge,* p. 187). — *Si mal que nous connaissions l'histoire des Tcheou, nous savons que dès* −*771 leur pouvoir s'effondra* (ÉTIEMBLE, *Confucius,* I, 1). — Les symboles des inconnues, *N, X,* etc. s'emploie aussi dans la langue commune : cf. § 220, *b,* 3°.

En économie : £ = *livre sterling ;* $ = *dollar.*

En statistique : % = *pour cent ;* ‰ = *pour mille.*

° = *degré* s'emploie dans des sciences diverses : *10° de latit. N. (Grand dict. enc. Lar.,* s.v. *Antilles).* — *Situées autour de 25° C* [= centigrades ou Celsius] *en moyenne, les températures varient peu (ib.).*
Le signe appelé *minute* (′) désigne l'unité équivalant à la soixantième partie d'un degré comme mesure d'angle (mais *mn* est le symbole reconnu pour l'unité de temps).

En métrologie, comme en chimie, les symboles d'unités sont, à l'origine, des abréviations, mais ils ont perdu cette valeur et s'écrivent sans être suivis d'un point : *200 F = deux cents francs ; 28 mm =* 28 *millimètres.*
Principaux symboles en métrologie :

Longueur : *m = mètre ; km = kilomètre ; dm = décimètre ; cm = centimètre ; mm = milli-mètre.* — Superficie : *a = are ; ha = hectare ; ca = centiare.* — Volume : *l = litre ; hl = hecto-litre ; dl = décilitre,* etc. — Poids : *g = gramme ; kg = kilogramme ; cg = centigramme,* etc. ; *t = tonne.* — Temps : *h = heure ; mn = minute* (cf. ci-dessus) ; *s = seconde.* — Puissance : *W = watt ; kW = kilowatt ; ch = cheval-vapeur.* — Monnaies : *F = franc ; c = centime.*

Remarque. — Les graphies *gr.* = gramme, *m.* = mètre sont devenues désuètes. En même temps est devenue désuète l'habitude de mettre l'indication de l'unité avant les décimales.

Comp. le *Lar. XX* s. (1929) : *Pépin le Bref frappe des deniers d'argent presque pur du poids de 1^{gr}, 10 à 1^{gr},30* (s.v. *denier). Chez les Arabes, la coudée valait de O^m,592 à O^m,444* (s.v. *coudée),* — au *Grand dict. enc. Lar.* (1982) : *Le premier denier d'argent au poids de 1,3 g apparaît sous Pépin le Bref. Chez les Arabes, la coudée valait de 0,444 m à 0,592 m.*
Il est plus rare que la langue courante suive cet ordre quand l'unité est écrite en toutes lettres : *Tu mesurais 1,80 mètre.* (A. Bosquet, *Enfant que tu étais,* p. 148.)

Hist. — &, parfois dit *et commercial,* est une ligature mérovingienne, qui servait d'abré-viation au moyen âge : *faz& = fazet* « fasse » dans le texte écrit des Serments de Strasbourg. Il a parfois été considéré comme une lettre de l'alphabet, appelée *ète :* ... zed, ète, perluète, apprenait-on aux enfants dans les écoles élémentaires, en ajoutant une rime plaisante, ce qui fait qu'on a parfois désigné ce signe par *perluète* (ou *pirlouète* ou *esperluète*). — On l'a aussi appelé *e tranché :* voir p. ex. *Trévoux,* s.v. *et caetera.*

113   L'**astérisque** (*) est un signe en forme de petite étoile [c'est d'ailleurs le premier sens de l'étymon, le grec ἀστερίσκος]. Il remplit certaines fonctions symboliques *(a* et *b)* ou typogra-phiques *(c) :*

a) Il remplace un nom propre qu'on ne veut pas ou qu'on ne peut pas faire connaître ; souvent l'initiale du nom est donnée ; généralement l'astérisque est triple, rarement simple :

À la sœur Louise au couvent de *** (Musset, *On ne badine pas avec l'am.,* III, 2). — *Le docteur* *** *qui me soigne m'a dit de ne jamais me laisser ponctionner* (Jarry, *Les jours et les nuits,* IV, 11). — *Son amie, la comtesse V****** (A. France, *Crainquebille,* Pierre gravée). — *Les trains ne vont pas plus loin que S** (Lacretelle, *Bonifas,* XI).
Cet usage est en recul ; on préfère aujourd'hui les points de suspension : § 130, *d.*

Les astérisques se trouvent même parfois quand les noms propres sont représentés par les symboles *X, Y, Z, N,* qui ne sont pas des initiales :

*Mme X***, elle est mariée ?* (COLETTE, *Maison de Claud.,* XXVIII.) — *Académie des sciences / Géométrie, 6 membres / Henri Cartan, René Garnier, Gaston Julia, Szolem Mandel Brojt, Paul Montel, X*** [siège vacant] (Petit Larousse, 1975, p. 1658).*

b) Dans les ouvrages philologiques ou linguistiques, l'astérisque placé devant un mot indique qu'il s'agit d'une forme non attestée, soit hypothétique, soit inexistante ; devant une phrase, il indique qu'elle est *agrammaticale,* c'est-à-dire inacceptable pour les usagers :

Il représente prob. l'a. b. fcq. [= ancien bas-francique] **hukila** *« tas, monceau, motte » (Trésor,* s.v. *houille).* — *Ce n'est pas par une simple évolution phonétique que* upupa *est devenu* huppe *en français ; il n'aurait pu aboutir qu'à **ouppe (*GRAMMONT, *Traité de phonét.,* p. 401). — **Je ferai Jean lire ce livre* [voir cependant § 873, *b,* 1°] (N. RUWET, *Théorie syntaxique et syntaxe du fr.,* p. 255).

c) Placé après un mot, l'astérisque indique un renvoi (à une note, etc.) :

On lui apporta du lanfois* [...] / * *Le chanvre qu'on met sur la quenouille* (BARBEY D'AUREV., *Prêtre marié,* Pl., p. 1006).

Un astérisque (ou plusieurs) est utilisé aussi pour marquer les divisions d'un texte, par ex. pour séparer les strophes d'un poème.

Remarques. — 1. Le mot *astérisque* est masculin, comme le latin *asteriscus.* À cause de la finale, quelques-uns le font féminin :

MÉRIMÉE, *Corresp.,* 28 juillet 1840 ; TROYAT, *Dostoiewsky,* p. 627 ; *Vocabulaire de l'environnement,* 1976, Avis au lecteur.

2. L'astérisque est parfois appelé *étoile.* C'est pourquoi l'on dit parfois *Monsieur* (etc.) *trois étoiles* pour ce qui est écrit *M. *** :* cf. § 3, Rem.

114   Chiffres arabes et chiffres romains.

a) Les chiffres **arabes** appartiennent au langage mathématique. Lorsqu'il s'agit d'un texte ordinaire destiné à autrui, on ne les utilise que dans des cas particuliers, notamment pour indiquer les dates, les heures (sauf midi et minuit), les numéros de pages, d'immeubles, et aussi pour transcrire des nombres complexes :

Il est mort le **21** *janvier* **1936,** *à* **9** *heures.* — *J'habite rue de l'Observatoire, au numéro* **42.** — *Page* **232.** — *La ville de Montréal compte* **2 800 000** *habitants.*

b) Les chiffres **romains** ont été abandonnés par les mathématiciens. Ils sont fondés sur sept signes :

I = 1 ; V = 5 ; X = 10 ; L = 50 ; C = 100 ; D = 500 ; M = 1 000.

Les autres nombres sont formés par addition et/ou soustraction ; un chiffre placé à la droite d'un chiffre qui lui est égal ou supérieur indique l'addition ; un chiffre placé à la gauche d'un chiffre qui lui est supérieur indique la soustraction :

III = 3 (I + I + I) ; LX = 60 (L + X) ; XL = 40 (L − X) ; XCII = 92 (C − X + I + I).

Les chiffres romains s'emploient notamment pour les divisions des livres, pour la numérotation des siècles, des souverains :

L'acte III de Phèdre. Le chapitre X. Au XXe siècle. François Ier (voir c). *Napoléon III. Louis XIV.*

c) Les numéraux **ordinaux** s'écrivent de la même manière, la finale qui les caractérise étant mise en abrégé au-dessus de la ligne (ou parfois sur la ligne), de la façon suivante :

1er ou *Ier = premier ; 1re* ou *Ire = première ; 1ers* ou *I^{ers} = premiers ; 1res* ou *I^{res} = premières ; 2e* ou *IIe = deuxième ; 2es* ou *IIes = deuxièmes ;* etc. — *1er, Ier...*

On écrit donc *XIXe siècle* et non °*XIXième* ou °*XIXème* ou °*XIXme siècle.* — Mais pour les ordinaux indéfinis, on écrit : *xième* et *n^{ième} ;* écrire le suffixe sur la ligne, comme on le fait parfois, est un procédé regrettable, parce qu'il risque d'entraîner une mauvaise lecture :

Pour la nième fois (H. BAZIN, *Cri de la chouette,* p. 172). — *Une Nème mutation* (R. TROUSSON, *Voyages aux pays de nulle part,* p. 237).

Il ne faut pas confondre les ordinaux avec les mots latins *primo, secundo, tertio,* etc., qu'on écrit *1°, 2°, 3°* (avec le ° qui représente la lettre finale : cf. § 111, *b*). De même pour les formats de livres : *in-4° = in-quarto, in-8° = in-octavo ; —* mais *in-12 = in-douze, in-16 = in-seize ;* de même les formats plus rares *in-32,* etc.

SECTION 5. — LA PONCTUATION

Bibl. — J.-P. COLIGNON, *La ponctuation. Art et finesse.* P., chez l'auteur, 1975. — J. DAMOURETTE, *Traité moderne de ponctuation.* P., Larousse, 1939. — A. DOPPAGNE, *La bonne ponctuation.* Gembloux, Duculot, 1978. — É. LE GAL, *Apprenons à ponctuer.* P., Delagrave, 1933. — H. SENSINE, *La ponctuation en français.* P., Payot, 1930. — *Langue française,* févr. 1980.

115   La **ponctuation** est l'ensemble des signes conventionnels servant à indiquer, dans l'écrit, des faits de la langue orale comme les pauses et l'intonation, ou à marquer certaines coupures et certains liens logiques. C'est un élément essentiel de la communication écrite.

Le texte suivant illustre le rôle de la ponctuation dans ses rapports avec l'intonation, et par là avec le contenu même du message et les intentions du locuteur : « Les adultes, qu'ils

[= les adolescents] dérangent constamment dans leurs compromissions, ne savent que leur dire « à ton âge... » ou « à ton âge ! », l'expression étant à prendre tantôt dans le sens du rabaissement vers l'enfance, ou au contraire pour indiquer que, parvenus à cette étape, tout en n'ayant pas leurs droits, ils ont déjà tous leurs devoirs et devraient s'en souvenir » (Alain MALRAUX, *Marronniers de Boulogne*, p. 125).

Remarques. — 1. Les appels de notes se mettent avant les signes de ponctuation : voir dans cet ouvrage.

2. L'usage laisse une certaine latitude dans l'emploi des signes de ponctuation. Tel écrivain n'use jamais du point-virgule. Une relation peut être marquée au moyen d'une virgule par celui-ci, au moyen d'un point-virgule par un autre, au moyen d'un double point par un troisième. L'abondance des virgules peut s'expliquer tantôt par des raisons purement logiques, tantôt par référence à un rythme oral qui multiplie les pauses.

3. À partir de novembre 1912, Apollinaire a renoncé à ponctuer ses poèmes, peut-être sous l'influence de Marinetti, qui dans le *Manifeste technique de la poésie futuriste* (daté du 11 mai 1912), écrivait :

« Les adjectifs, les adverbes et les locutions conjonctives étant supprimés, la ponctuation s'annule naturellement, dans la continuité variée d'un style vivant qui se crée lui-même, sans les arrêts absurdes des virgules et des points. »

Mais déjà Mallarmé avait réduit à peu de chose, parfois au point final, la ponctuation de ses *Poésies*.

En tout cas, l'exemple d'Apollinaire a été suivi par un grand nombre de poètes, même par des chansonniers.

Aragon se justifie ainsi dans une interview publiée dans les *Nouvelles littéraires*, le 7 mai 1959 : « Je déteste la diction habituelle du vers : on n'entend plus le vers comme unité. Je veux qu'on s'arrête là où il y a une rime ; le poème est d'un seul tenant et il n'y a pas d'autre ponctuation que celle de la rime. »

La suppression de la ponctuation dans les textes en prose est plus tardive et moins fréquente. Elle s'observe surtout chez des adeptes du *nouveau roman* (à partir de 1955). L'exemple de Joyce (*Ulysses,* 1922 ; trad. fr., 1929) a sans doute joué un rôle.

D'autres auteurs, sans supprimer la ponctuation, ont pris avec elle de grandes libertés : par exemple, Céline néglige beaucoup de virgules et multiplie les points de suspension.

Il n'est évidemment pas souhaitable que les recherches littéraires soient imitées dans les écrits qui veulent avant tout communiquer une information.

116   Les **signes de ponctuation** sont : le point (.), le point d'interrogation (?), le point d'exclamation (!), la virgule (,), le point-virgule (;), les deux points (:), les points de suspension (...), les parenthèses ( ), les crochets [ ], les guillemets (« »), le tiret (—) et la barre oblique (/).

Avant d'étudier leurs emplois, nous parlerons des blancs (§ 117).

D'autres signes typographiques pourraient être mentionnés : le *pied-de-mouche* (¶), qui servait à marquer les paragraphes d'un texte ; l'*accolade* ({), qui réunit certaines lignes d'un tableau.

Alcanter de Brahm (1868-1942) a imaginé un *point d'ironie*, qui n'a pas eu de succès.

Hist. — Chez les Grecs, la ponctuation n'était pas usitée à l'époque classique ; souvent même les mots n'étaient pas séparés les uns des autres. C'est Aristophane de Byzance (IIe s. av. J.-C.) qui imagina la première ponctuation précise ; ce grammairien employait trois signes : le point parfait, en haut (˙), le point moyen, au milieu, et le sous-point, en bas (.). Ces trois signes correspondaient respectivement à notre point, à notre point-virgule et à nos deux points. — Les signes de ponctuation enseignés par les pédagogues de l'antiquité n'étaient d'ailleurs pas employés dans la pratique, si ce n'est que le point se plaçait souvent après chaque mot pour le séparer du suivant, comme cela peut se voir dans les inscriptions latines. — C'est au IXe s. que l'on commença de faire usage de la ponctuation ; encore est-elle mise fort irrégulièrement jusqu'au XVIe s. C'est, en effet, après l'invention de l'imprimerie que notre système moderne s'est fixé et développé. À la fin du XVIe s., il comprenait la plupart de nos signes. S'y ajoutèrent, au cours du XVIIe s., le tiret et les points de suspension ; plus tard, les crochets et la barre oblique.

Nous sommes habitués à lire les auteurs du XVIIe s. dans des versions modernisées. En réalité, les signes étaient souvent utilisés autrement qu'aujourd'hui.

117 On doit tenir compte, non seulement des signes écrits ou imprimés, mais aussi des espaces laissés **en blanc.**

a) Les **blancs** permettent de séparer les mots. On laisse aussi des blancs après les signes de ponctuation, mais non avant, sauf devant le point-virgule et le double point.

Les métrologistes recommandent de séparer, dans l'écriture des nombres, non par un point, mais par un petit espace blanc, les tranches de trois chiffres, tant dans la partie décimale que dans la partie entière : *396 147 habitants ; 3 125 428 francs ; 2 743, 127 4 ; 0, 031 487 5.* — Toutefois, dans l'indication des années, on ne sépare pas l'indication en tranches de trois chiffres : *En 1914 ; en l'an 2000.*

P. Claudel a préconisé (et employé dans certains de ses ouvrages) une disposition typographique qu'il appelle *pause* et qui consiste à laisser dans certaines phrases de petits intervalles en blanc. « Les points et les virgules, déclarait-il, ne donnent en effet qu'une articulation de la phrase grossière et purement logique. Sans nécessité grammaticale, il y a dans le discours des pauses et des arrêts qui sont absolument indispensables au sens. » (Dans Claudel et Gide, *Corresp.*, p. 71.)

b) L'**alinéa** est la séparation que l'on établit *en allant à la ligne,* c'est-à-dire en laissant incomplète la ligne en cours, et en commençant la nouvelle par un retrait ; par exemple, ce *b)* comprend cinq alinéas, si l'on néglige les citations.

Selon une mode typographique récente, des imprimeurs suppriment le retrait, ce qui a l'inconvénient de rendre l'alinéa peu visible — ou même invisible si la ligne précédente est remplie en entier et s'il n'y a pas un interligne spécial.

L'alinéa, qui correspond à une pause très marquée, s'emploie surtout quand on passe d'un groupe d'idées à un autre. Il marque aussi, dans les dialogues, les diverses répliques [12] :

> *Elle me dit :*
> — *C'est ma faute.*
> — *Qu'est-ce qui est de ta faute ?*
> — *Ça, dit-elle.* (RAMUZ, *Vie de Samuel Belet*, II, 6.)

Pour rendre claire une énumération complexe, on divise parfois une phrase en alinéas :

> *Ne peuvent se rendre adjudicataires, sous peine de nullité, ni par eux-mêmes, ni par personnes interposées,*
> *Les tuteurs, des biens de ceux dont ils ont la tutelle ;*
> *Les mandataires, des biens qu'ils sont chargés de vendre ;*
> *Les administrateurs, de ceux des communes ou des établissements publics confiés à leurs soins ;*
> *Les officiers publics, des biens nationaux dont les ventes se font par leur ministère.* (*Code civil*, art. 1596.)

On donne aussi le nom d'*alinéa* à chaque passage après lequel on va à la ligne. Dans l'usage courant, on dit parfois *paragraphe*, mais il est préférable de garder ce nom pour les divisions marquées par une numérotation explicite.

Remarque. — Dans la poésie, on va aussi à la ligne après chaque vers, que celui-ci forme une phrase ou non. Ce procédé est appliqué dans le vers régulier classique, dans le vers libre aussi bien que dans le verset (comme chez Claudel) :

> — *Ainsi, toujours poussés vers de nouveaux rivages,*
> *Dans la nuit éternelle emportés sans retour,*
> *Ne pourrons-nous jamais sur l'océan des âges*
>   *Jeter l'ancre un seul jour ?* (LAMART., *Médit.*, XIII.)

> — *À jeun perdue glacée*
> *Toute seule sans un sou*
> *Une fille de seize ans*
> *Immobile debout*
> *Place de la Concorde*
> *À midi le Quinze Août* (PRÉVERT, *Paroles*, Belle saison).

> — *Le pain et le vin sont ces choses que le prêtre avec une profonde gravité*
> *Présente l'une après l'autre à Dieu en lui disant :* Accipe (CLAUDEL, *Messe là-bas*, Offertoire, II).

c) **On peut ménager aussi des blancs plus considérables :**

— Interlignes correspondant à plusieurs lignes, entre les strophes d'un poème ou les paragraphes d'un texte didactique, comme dans le présent ouvrage ; — blancs correspondant au reste de la page, à la fin d'un chapitre, d'un acte (dans une pièce de théâtre), d'un poème, etc. (les typographes appellent cela *commencer en page* le chapitre suivant, etc.) ; — blancs correspondant à une page entière, lorsqu'on veut commencer le chapitre, etc. sur une page de droite *(commencer en belle page)*.

Ces blancs peuvent être occupés par des signes divers : astérisques en triangle (ₐ * ₐ) dans le cours d'un chapitre ; culs-de-lampe (vignettes) à la fin d'un chapitre ; etc.

---

12. Dans ce §, nous respectons les alinéas des auteurs. Ailleurs, pour gagner de la place, nous les indiquons par une barre oblique.

118   Le **point** a pour fonction principale d'indiquer la fin de la phrase :

> *En Jeanne d'Arc se reflète un village lorrain. Il est possible qu'elle soit celtique. Elle est sûrement catholique. Inutile après tout de songer à la femme celtique, il y a la vierge Marie.* (BARRÈS, *Mes cahiers,* t. XII, p. 161.) — *Officiers français, soldats français, marins français, aviateurs français, ingénieurs français, où que vous soyez, efforcez-vous de rejoindre ceux qui veulent combattre encore. Un jour, je vous le promets, nous ferons, ensemble, l'armée française de l'élite, l'armée mécanique terrestre, navale, aérienne, qui, en commun avec nos Alliés, rendra la liberté au monde et la grandeur à la Patrie.* (DE GAULLE, *Discours et messages,* 24 juin 1940.)

Si la phrase se termine par un point d'interrogation, ou par un point d'exclamation, ou par des points de suspension, ces signes tiennent lieu de point ordinaire. — Le point-virgule et le double point peuvent aussi coïncider avec la fin d'une phrase grammaticale, mais en marquant un lien explicite avec la phrase suivante.

Remarques. — 1. Les écrivains contemporains emploient parfois le point (au lieu de la virgule) pour détacher de la phrase un membre auquel ils veulent donner un relief particulier :

> *On avait donné dans le Nord un grand coup de pied dans la fourmilière, et les fourmis s'en allaient. Laborieusement. Sans panique. Sans espoir. Sans désespoir. Comme par devoir.* (SAINT EXUPÉRY, *Pilote de guerre,* p. 111.) — *Elle reste muette devant ce monde de l'inutile qu'il lui découvre. Dont la beauté l'humilie. La trouble.* (BENDA, *Songe d'Éleuthère,* p. 65.) — *Montélimar et surtout Romans ont aussi quelques mots à dire. Et lourds de sens.* (LE ROY LADURIE, *Carnaval de Romans,* p. 94.)

Péguy use de ce procédé systématiquement dans ses écrits poétiques, et souvent en prose : *Elle pleurait, elle pleurait, elle était devenue si laide. / En trois jours. / Elle était devenue affreuse. / Affreuse à voir. / Si laide, si affreuse. / Qu'on se serait moqué d'elle. / Sûrement. / Si elle n'avait pas été la mère du condamné.* (*Myst. de la charité de J. d'Arc,* p. 127.) — *Tout le monde a une métaphysique. Patente, latente. Je l'ai assez dit. Ou alors on n'existe pas.* (*Argent,* Pl., p. 1121.)

Le phénomène qui vient d'être décrit est à distinguer de la phrase averbale, laquelle n'a aucune fonction à l'intérieur de la phrase qui précède (au contraire des syntagmes ci-dessus) :

> *Angers. Cinq minutes d'arrêt. Sa cathédrale Plantagenet. Sa maison d'Adam.* (H. BAZIN, *Vipère au poing,* XIV.) — *Je vais m'allonger et me laisser glisser dans les ténèbres pour toujours. Étrange aliénation.* (M. TOURNIER, *Vendredi ou les limbes du Pacifique,* F°, p. 128.)

2. Sur le point devant une conjonction de coordination, voir § 1032, *b.*

3. Dans les télégrammes, où il n'y a pas de ponctuation, c'est le mot *stop* qui indique la fin d'une phrase.

4. Une autre fonction du point est de marquer qu'un mot est abrégé (si l'abréviation ne reprend pas la dernière lettre du mot) : § 111, *a.*

Lorsqu'une phrase se termine par un mot abrégé accompagné d'un point, celui-ci se confond avec le point qui indique la fin de la phrase ; mais le point d'abréviation peut être suivi d'un autre signe de ponctuation :

Les communistes se sont nécessairement rangés dans le même camp que l'U.R.S.S. (S. de BEAUVOIR, *Tout compte fait*, p. 447.) — *Il accuse René Dumont et Karol d'être des agents de la C.I.A. ! (ib.*, p. 454.)

Il ne convient pas de mettre un point à la suite des symboles : cf. § 112.

5. Les métrologistes recommandent de séparer par un point les nombres indiquant le jour, le mois, l'année, quand on emploie, dans l'indication des dates, les chiffres arabes : *Le 28. 5. 1980.*

En revanche, on ne met plus de point, dans l'écriture des nombres, entre les tranches de trois chiffres, mais on laisse un blanc : § 117, *a.*

6. On appelle *points de conduite,* ou *points conducteurs,* ou *points carrés* les points espacés servant à prolonger une ligne pour la mettre en rapport, soit avec des chiffres en colonne (dans les comptes), soit avec des indications de pages (dans une table des matières), etc.

Une ligne de points peut aussi marquer une suppression importante à l'intérieur d'un texte.

7. Les points de suspension, le double point, le point-virgule, le point d'interrogation et le point d'exclamation sont étudiés plus loin, chacun comme un signe particulier.

Le point fait partie de la lettre *i* et de la lettre *j* quand elles sont en minuscules.

Le point ou les points peuvent servir de symboles : cf. § 112.

119   Le **point d'interrogation** s'emploie à la fin d'une phrase interrogative :

Cette jeune fille [...] m'avait-elle vu au moment où le rayon noir émané de ses yeux m'avait rencontré ? Si elle m'avait vu, qu'avais-je pu lui représenter ? Du sein de quel univers me distinguait-elle ? (PROUST, *Rech.*, t. I, p. 794.)

Remarques. — 1. L'interrogation **indirecte,** n'étant pas une phrase interrogative (cf. § 382), n'appelle pas de point d'interrogation. La phrase a la ponctuation correspondant à sa nature (énonciative, injonctive, exclamative, ou éventuellement interrogative) :

Je me demande s'il reviendra. — Demande-lui s'il reviendra. — Que de fois je me suis demandé s'il reviendrait ! — Lui as-tu demandé s'il reviendrait ?

Il n'est pas rare pourtant que des auteurs, parfois éminents, mettent un point d'interrogation, que l'on doit attribuer à l'inadvertance :

Dites-moi où sont maintenant ces maîtres et ces docteurs que vous avez connus lorsqu'ils vivaient encore et qu'ils fleurissaient dans leur science ? (*Imitation de Jésus-Christ,* trad. de LAMENNAIS, I, 3.) — *On se demandait : « Qu'y a-t-il ? » et pourquoi le suffète ne distribuait pas l'argent ?* (FLAUB., *Sal.*, II.) — *Ce serait une grande et haute tâche que de démêler [...] comment notre langue [...] en était arrivée à partager avec le latin la monarchie universelle, et pour quelles causes elle l'a peu à peu perdue ?* (BRUNOT, *Hist.*, t. I, p. XVI.) — *Je voudrais savoir quand peuvent bien dormir les hippopotames ?* (GIDE, *Retour du Tchad,* 7 mars 1926.)

Voir au § 382, Rem. 2 et 3, des cas où le point d'interrogation est régulier parce que l'interrogation indirecte dépend d'un verbe implicite qui fait partie d'une interrogation directe.

C'est à savoir si est bien une phrase énonciative contenant une interrogation indirecte *(= il faut savoir si..., il reste à savoir si...)* : *Vous me dites qu'ils contribueront tous également à cette affaire, c'est à savoir s'ils le pourront* (AC.). Mais lorsque l'expression se réduit, dans la langue familière, à *Savoir si,* les usagers ne semblent plus conscients de se trouver en présence d'une interrogation indirecte et mettent souvent un point d'interrogation à la fin de la phrase :

C'est très remarquable, comme la diction de Mlle Sagan à son premier livre. Savoir d'ailleurs si Bertrand Poirot-Delpech n'a pas voulu faire du Sagan au masculin ? (É. HENRIOT, dans le *Monde*, 15 oct. 1958.) — *De même Savoir comme :* Héliodore. [...] *Si je pouvais le ramener d'où il est, j'irais tout de suite le chercher. /* Agnès. Ah *! pour ça, pas moi. Savoir comme il nous recevrait ?* (JOUHANDEAU, *Chaminadour*, p. 199.)

2. Si la phrase interrogative est une sous-phrase insérée à l'intérieur d'une autre phrase, le point d'interrogation se trouve à l'intérieur de celle-ci :

Un soir, t'en souvient-il ? nous voguions en silence (LAMART., *Médit.*, XIII).

Si la sous-phrase interrogative est suivie d'une incise (*dit-il*, etc.), on met le point d'interrogation immédiatement après la sous-phrase interrogative :

Sors-tu ce soir ? demanda-t-elle (FLAUB., *Mme Bov.*, II, 9). — *Vous iriez voir mon fils ? me demanda-t-elle d'une voix presque indistincte* (Fr. AMBRIÈRE, *Solitaire de la Cervara*, p. 31). [Dans les deux ex. ci-dessus, le point d'interrogation est suivi d'une minuscule, parce qu'il équivaut à une virgule. Voir aussi § 123, Rem.]

Les exemples suivants ne sont pas conformes à ces règles de bon sens et résultent sans doute de distractions :

Où tu vas, qu'il fait ? (GIONO, *Un de Baumugnes*, IV.) — *Qui a pris le bâton de réglisse, a questionné ma mère ?* (C. DETREZ, *Ludo*, p. 88.) — *Dora, ai-je rêvé, il m'a semblé que les cloches sonnaient à ce moment-là ?* (A. CAMUS, *Justes*, Pl., p. 333.) [Dans ce dernier ex., le doute exprimé par le verbe principal a peut-être eu une influence ; comp. § 121, *b*.]

Quand la phrase interrogative est particulièrement longue, J. Damourette (pp. 77-79) recommanderait de mettre le point d'interrogation à l'intérieur de la phrase, après la partie sur laquelle porte effectivement l'interrogation. Cette façon de faire poserait, semble-t-il, des problèmes extrêmement complexes aux usagers. Elle est rarement suivie par les auteurs :

Que serait-il allé faire sur ce sentier incommode et dépourvu de maisons, qui ne menait à rien ? — excepté à la mer, à des rochers abrupts, une étroite dépression abritée du vent et cinq moutons broutant au piquet, sous la surveillance superflue d'une enfant de treize ans (ROBBE-GRILLET, *Voyeur*, p. 147). [On notera que l'information apportée par la fin de la phrase est importante pour la suite du récit.]

3. Lorsqu'il y a plusieurs interrogations coordonnées avec conjonction, on place d'ordinaire le point d'interrogation à la fin de la dernière ; cela se produit parfois aussi avec des interrogations coordonnées sans conjonction :

M. de Closmesnil a-t-il donné sa démission ou sa révocation lui a-t-elle été notifiée et en a-t-il accepté le motif ? (JOUHANDEAU, *Chaminadour,* p. 125.) — *En quoi ressemble-t-elle à la langue moderne, en quoi en diffère-t-elle ?* (LITTRÉ, Préf., p. XXX.)

Mais on peut aussi considérer chacune des phrases interrogatives comme tout à fait autonome (surtout s'il n'y a pas de conjonction de coordination) et terminer chacune par un point d'interrogation :

Qu'est-ce qu'une physionomie comique ? D'où vient une expression ridicule du visage ? Et qu'est-ce qui distingue ici le comique du laid ? (BERGSON, *Rire,* I, 3.). — *Cette langue à la défense de laquelle on nous convie, est-ce celle des soldats devant qui Louis le Germanique prononça son serment à Strasbourg en l'an 842 ? Est-ce celle des tourneurs de Saint-Denis, celle des mineurs de Lens, celle des paysans du Québec ? Est-ce celle des Précieuses ou celle de Marie-Chantal ?* (A. MARTINET, *Fr. sans fard,* p. 26.) — *Où était-ce ? à quel âge ?* (ARAGON, *Mise à mort,* F°, p. 40.) [Voir la rem. 4.]

4. Comme on l'a vu dans la Rem. 2 le point d'interrogation peut équivaloir à une virgule et être suivi d'une minuscule. Dans un ex. comme le suivant, on peut penser que la minuscule se justifie par le fait que le point d'interrogation équivaut à un point-virgule (cf. § 97, *c*) :

« [...] Pourquoi irais-je là-bas ? je n'ai rien à y faire », disait la duchesse (PROUST, *Rech.,* t. II, p. 476). — Voir aussi l'ex. d'Aragon dans la Rem. 3.

120　　Le **point d'interrogation** est **omis :**

a) Régulièrement, quand la phrase interrogative contient une sous-phrase constituée par une citation ou un discours direct introduits par un double point, surtout si la sous-phrase demande elle-même un point d'exclamation ou un point d'interrogation :

Ne m'arrivait-il pas, dans mes discours mondains, de m'écrire avec conviction : « La propriété, messieurs, c'est le meurtre ! » (CAMUS, *Chute,* pp. 148-149). — *Ai-je seulement commis [...] un de ces rapides chasse-mouches qui m'attiraient toujours cette remarque indignée : / — Mais c'est un* singe de croix *que vous faites là, Brasse-Bouillon !* (H. BAZIN, *Vipère au poing,* II.) — *Comment ai-je pu écrire, hier, cette phrase absurde et pompeuse : / « J'étais seul, mais je marchais comme une troupe qui descend sur une ville. »* (SARTRE, *Nausée,* M.L.F., pp. 83-84.)

Si la sous-phrase n'exige pas un point d'exclamation ou un point d'interrogation, on peut aussi, surtout si elle n'est pas trop longue, mettre le point d'interrogation après les guillemets qui terminent la citation ou le discours direct :

Comment ne pas souscrire au jugement de ma grand-mère : « L'Alsace ne lui vaut rien ; il ne devrait pas y retourner si souvent »? (SARTRE, *Mots,* p. 26.) — *Trouveriez-vous décent qu'une femme vous dise : « Oui, mon frère et mon mari sont revenus saufs de la guerre ; en revanche, j'y ai perdu mes deux fils »?* (GIDE, *Attendu que...,* p. 89.)

Il est rare de trouver juxtaposés un signe concluant la sous-phrase citée et un signe concluant la phrase qui englobe la sous-phrase :

Une femme qui souffre depuis longtemps ne peut-elle pas s'écrier : J'ai bien souffert, va !? (BRUNOT, *Observ. sur la gramm. de l'Acad.,* p. 119.) — *Quels mots restituerait-on pour ramener à un modèle plus organisé l'exclamation suivante : /* La belle robe !? (H. BONNARD, dans le *Grand Lar. langue,* p. 1535.)

b) Après des locutions qui perdent leur valeur interrogative :

— Régulièrement, après *à bouche que veux-tu, le qu'en-dira-t-on, le qui-vive :*

En sacrant à bouche que veux-tu (MAUPASS., *C.,* Mal d'André). — *Ils s'embrassèrent à bouche-que-veux-tu* (MONTHERLANT, *Pitié pour les femmes,* p. 79). — *Son affection pour Mariolle et sa vive prédilection, elle les lui témoignait presque ouvertement, sans souci du qu'en dira-t-on* (MAUPASS., *Notre cœur,* II, 5). — *Nous étions toujours sur le qui-vive et prêts à nous cacher dans les taillis à la première alerte* (LARBAUD, *Fermina Márquez,* III).

Jouhandeau fait sortir de son figement la première de ces formules : *Ainsi [...] purent-ils boire, à « gorge que veux-tu ? » des meilleurs crus* (*Chaminadour,* p. 85).

— Fréquemment, après des sous-phrases incidentes comme *n'est-ce pas, voyez-vous, (que) voulez-vous, que dis-je, comment dirais-je,* etc., surtout si ces incidentes sont prononcées sans la modulation caractéristique de l'interrogation (parfois elles sont prononcées comme des exclamatives) :

Ce dont on ne se lasse jamais, n'est-ce pas, c'est de la culture intensive de la petite fleur bleue (QUENEAU, *Voyage en Grèce,* p. 44). — *Voyez-vous, je ne peux supporter de m'ennuyer* (A. CAMUS, *Chute,* p. 70). — *Alors, que voulez-vous, on tire les paniers de dessous les banquettes et on mange* (GIONO, *Regain,* I, 1). — *Venez chez moi, voulez-vous, vous sonnerez trois fois* (CAMUS, *op. cit.,* p. 136). — *Je suis peiné d'avoir déçu cet homme — que dis-je ! ce duc — [...]* (PROUST, *Rech.,* t. II, p. 581). — *J'ai l'impression — comment vous dire — que quelqu'un nous l'a déjà prise* (Fr. MAURIAC, *Asmodée,* III, 10). — *Je le sépare, est-il besoin de le dire, de tous les empiriques du roman* (A. BRETON, *Nadja,* p. 17).

Avec point d'interr. : *Ah ! c'est bon, n'est-ce pas ? d'être fourbe* (MONTHERLANT, *Reine morte,* II, 2). — *Personne ne peut nous empêcher d'être heureux, n'est-ce pas ?* (IONESCO, *Rhinocéros,* p. 108.) — *Plus un mot là-dessus, voulez-vous ?* (Fr. MAURIAC, *Asmodée,* II, 4.) — *Sortons ensemble, voulez-vous ?* (MALRAUX, *Condition hum.,* p. 40.)

En particulier, on peut considérer le point d'interrogation comme facultatif dans les incidentes *savez-vous, sais-tu* (qui ne sont pas du tout propres aux Belges, comme on le dit souvent) :

Sans point d'interr. : *Je chanterai dans les chœurs, savez-vous !* (MUSSET, *Contes,* Secret de Javotte, IV.) — *Je me sens toute mouillée, sais-tu...* (VALLÈS, *Enfant,* XXI.) — *Ce n'est pas prudent, savez-vous...* (VALÉRY, *Mon Faust,* p. 100.) — *Ma mère se remarie, savez-vous.* (Cl. SIMON, *Sacre du printemps,* L.P., p. 24.)

Autres ex. : GIDE, *Caves du Vat.,* V, 5 ; Ch.-L. PHILIPPE, *Marie Donadieu,* III, 1 ; R. MARTIN DU GARD, *Thib.,* Pl., t. I, p. 896 ; RAMUZ, *Vie de Samuel Belet,* I, 3 ; P. BENOIT, *Ville perdue,* p. 52 ; H. BAZIN, *Mort du petit cheval,* XXXVII ; R. ANDRÉ, *Séducteur,* p. 78.

Avec point d'interr. : *Il est plus de midi, savez-vous ?* (MÉRIMÉE, *Chron. du règne de Charles IX,* XXIII.) — *Tu as l'air sérieux aussi, sais-tu ?* (VALLÈS, *op. cit.,* XXIII.) — *Vous devriez bien m'écrire, savez-vous ?* (SAINT EXUPÉRY, *Lettres à l'amie inventée,* p. 62.) — *Elle a arrangé son petit intérieur avec un goût délicieux, savez-vous, Gilbert ?* (TROYAT, *Les semailles et les moissons,* p. 422.)

Autres ex. : HUGO, *Marie Tudor,* III, II, 1 ; SAND, *Homme de neige,* t. II, p. 283 ; FLAUB., *Éd. sent.,* III, 5 ; E. et J. de GONC., *Ch. Demailly,* VII ; G. DUHAMEL, *Club des Lyonnais,* V.

L'omission du point d'interrogation est plus rare et plus contestable quand l'incidente n'est pas du tout figée : *Dans notre petite ville, est-ce l'effet du climat, tout cela se fait ensemble* (A. CAMUS, *Peste,* p. 14).

c) Après des interrogations fictives (cf. § 381, Rem. 2) :

— Assez régulièrement quand l'interrogation fictive exprime une hypothèse, une éventualité (cf. § 1079, *d*, 3°), et même constamment dans l'expression figée *en veux-tu en voilà :*

> *Un chef veut-il éloigner les importuns de sa maison, il la taboue* (J. VERNE, *Enfants du capit. Grant*, III, 12). — *Essaie-t-on d'atteindre les cadres propres de la pensée, on ne ressaisit que les catégories de la langue* (É. BENVENISTE, *Problèmes de linguistique génér.*, p. 73). — [...] *et des consoles en veux-tu en voilà* (WILLY et COLETTE, *Claudine à Paris*, p. 59).

Le point d'interrogation disparaît nécessairement quand un *que* transforme la seconde sous-phrase en proposition : *Partait-il seul pour Paris qu'elle s'empressait de prévenir Mme Marliani* (A. MAUROIS, *Lélia*, p. 321).

Avec point d'interr. : *Transpose-t-on en familier le solennel ? On a la parodie* (BERGSON, *Rire*, II, II, 2). — *Faisait-il beau ? Notre père, excité par les étoiles, se lançait dans la cosmographie* (H. BAZIN, *Vipère au poing*, XI).

Dans un cas comme le suivant, on n'a pas une interrogation fictive, et le point d'interrogation est nécessaire : [À Lise, qui le soupçonne de mensonge] *Mon nez remuerait-il ? / Il faudrait que ce fût pour un mensonge énorme !* (E. ROSTAND, *Cyr.*, II, 3.)

— D'une façon assez régulière, quand l'interrogation fictive équivaut à une phrase exclamative ou à une phrase injonctive, surtout si l'on termine la phrase par un point d'exclamation ; de façon plus contestable, quand l'interrogation équivaut à une phrase simplement énonciative :

> *Qu'importe à Dieu le prestige, la dignité, la science, si tout cela n'est qu'un suaire de soie sur un cadavre pourri.* (BERNANOS, *Journal d'un curé de camp.*, Pl., p. 1154.) — *Or quoi de pire au monde que de perdre son père.* (SARTRE, *Idiot de la famille*, t. I, p. 234.) — *À quoi bon dans ces conditions être moins royaliste que le roi.* (LE ROY LADURIE, *Carnaval de Romans*, p. 136.) — *Quoi d'étonnant à ce que les esprits soient troublés* [...] *!* (A. CAMUS, *Chute*, p. 156.) — *À quoi bon danser !* (CAYROL, *Froid du soleil*, p. 25.) — Le point d'interr. manque très souvent dans le tour *(Ne) voilà-t-il pas que...* : voir les ex. au § 387.
> *Voulez-vous ouvrir ce placard, s'il vous plaît.* (A. CAMUS, *op. cit.* p. 149.) — *Voulez-vous lâcher cela tout de suite !* (H. BAZIN, *Vipère au poing*, I.) — *Voudriez-vous jeter un coup d'œil, ce n'est pas tapé mais son écriture est très lisible...* (DANINOS, *Vacances à tous prix*, p. 105.)
> *Chez la pauvre fille de cuisine,* [...]*. l'attention n'était-elle pas sans cesse ramenée à son ventre par le poids qui la tirait ;* [...]*.* (PROUST, *Rech.*, t. I, p. 82.) — *Est-il besoin d'ajouter que la plupart des idées exprimées dans ces articles constituent certaines bases essentielles de ce qu'on nomme aujourd'hui le « Nouveau Roman ».* (N. SARRAUTE, *Ère du soupçon*, Préf.)

Des exemples comme les derniers sont plutôt des inadvertances, inadvertances qui ne sont pas rares quand la phrase est particulièrement longue, comme si l'auteur avait oublié qu'il s'agit d'une interrogation ; voir au § 119, Rem. 2, l'avis de Damourette sur la place du point d'interr.

— Parfois, après une interrogation délibérative, à laquelle l'auteur répond lui-même :

> *Me laisser prendre et fouetter, jamais de la vie !* (H. BAZIN, *Vipère au poing*, XVIII.) [Comp. : *La prendre sur le fait ? C'est encore le plus simple* (ID., *ib.*, XXIII).]

121   Autres emplois du point d'interrogation que ceux qui ont été décrits au § 119.

a) Il peut tenir lieu d'une phrase où seraient exprimés le doute, la perplexité.

— Le point d'interrogation est mis entre parenthèses à la suite du mot sur lequel porte le doute :

Ma femme et moi prenions d'ordinaire nos repas au petit restaurant Ranieri (?), près de la place d'Espagne (GIDE, *Ainsi soit-il*, Pl., p. 1179). — *N'y a-t-il pas* [...] *un grand nombre de chrétiens (?) qui servent les « deux maîtres », non pas à la fois, mais successivement ?* (pasteur BOEGNER, *Pour mieux connaître Jésus*, p. 78.) — *Ainsi reviendrait en honneur une démocratie bourgadière qui fut peut-être (?) en usage aux temps médiévaux* (LE ROY LADURIE, *Carnaval de Romans*, p. 321) [le point d'interr. fait double emploi avec *peut-être*].

— Dans un dialogue, le point d'interrogation tient lieu d'une réplique. L'interlocuteur garde le silence, mais un jeu de physionomie exprime un étonnement interrogateur :

En tout cas, c'est un esprit bien placé. / — ?... / — Bien placé dans le monde des esprits (COLETTE, *Sido*, L.P., p. 53).

— Parfois le point d'interrogation est placé à la fin de la phrase sur laquelle porte le doute (cela est assez ambigu) :

Mesdemoiselles, on m'assure que vous êtes au courant de tout ce qui se dit ou se passe dans l'arrondissement ? (J. GIRAUDOUX, *Intermezzo*, I, 5.) [Peut-être le locuteur attend-il une confirmation de son interlocuteur : la phrase telle quelle se doublerait en quelque sorte d'une phrase demandant cette confirmation.]

— Dans des indications schématiques (notices, tableaux, etc.), le point d'interrogation peut tenir la place d'une donnée inconnue ou accompagner une donnée jugée douteuse :

Jean de Liège (Hennequin de la Croix, dit), sculpteur flamand [sic !] *(Liège ? — † 1383)* (*Grand Lar. enc.*, t. VI, p. 342) [= né à une date inconnue]. — *Nicole Oresme (1320 ? — 1378)* (R. BOSSUAT, *Manuel bibliogr. de la littér. fr. du moyen âge*, p. 530) [= né à une date qui n'est pas certaine].

Remarque. — Pour ces diverses valeurs, on utilise parfois plusieurs points d'interrogation, ou on combine ce signe avec le point d'exclamation, qui exprime un autre type de sentiment (la bande dessinée fait grand usage de ces procédés) :

C'est moi, dans cette nuit, ce monde rouge de ferveur contenue ?! (H. CIXOUS, *Souffles*, p. 44.) — *J'entendis un hurlement de joie : / Ce n'est pas vrai ?! / Si* (A. ROUSSIN, *Rideau rouge*, p. 118).

b) Le point d'interrogation tend à s'introduire dans des phrases énonciatives contenant des mots exprimant un doute, comme *peut-être, sans doute, je crois, je suppose*, etc., phrases souvent prononcées avec une modulation semblable à celle de l'interrogation (quand *peut-être* et *sans doute* sont en tête, l'inversion [§ 377] et la reprise [§ 378] rapprochent encore davantage ces phrases des interrogatives [13]) :

---

13. La ressemblance avec l'interrogation amène certains locuteurs à mettre après *peut-être* l'introducteur d'interrogation *est-ce que : Peut-être* EST-CE QUE *cela a franchi les frontières...* (un chansonnier français à la radio belge, 1963, cité par H. Renchon, *Études de synt. descriptive*, t. II, p. 184).

Peut-être qu'il a sommeil ? (M.AUPASS., *C.,* Sœurs Rondoli.) — *Peut-être pourrions-nous faire le tour du parc en nous couvrant bien ?* (Fr. MAURIAC, *Asmodée,* V, 6.) — *Peut-être suivait-il un cours plus avancé ?* (J. GREEN, *Terre lointaine,* p. 163.) — *Ils sont peut-être tous morts à l'heure actuelle ? que je me demandais* (CÉLINE, *Voy. au bout de la nuit,* F°, p. 29). — *Je crois que vous mentez ?* (E. ROSTAND, *Cyr.,* II, 3.) — *Et je suppose [...] que vous avez imaginé [...] un second personnage malin et invisible, celui qui [...] amène un vieux monsieur à s'asseoir dans la tarte aux prunes posée par négligence sur une chaise ?* (GIRAUDOUX, *Intermezzo,* I, 6.) — *J'espère que tu ne doutes pas de l'affection que j'ai pour mes enfants ?* (H. BAZIN, *Vipère au poing,* XIX.)

c) On trouve parfois des points d'interrogation à la fin de phrases injonctives, notamment quand le verbe à l'impératif est *dire* ou un verbe de même sens, c'est-à-dire lorsque l'interlocuteur est amené à répondre par *oui* ou par *non* comme à une interrogation globale :

Dis-le donc que ça me va mal ? Dis-le donc que je suis laid ? (COLETTE, *Chéri,* M.L.F., p. 7.) — *Promets-moi que tu me feras enterrer de première classe ?* (JOUHANDEAU, *Chaminadour,* p. 204.) — *Avouez cependant que vous vous sentez, aujourd'hui, moins content de vous-même que vous ne l'étiez il y a cinq jours ?* (A. CAMUS, *Chute,* p. 163.)

Autre cas : *« Allons, Edmée ? »* ordonna Marie-Laure avec nonchalance (COLETTE, *op. cit.,* p. 23). Le point d'interr. rend sans doute la mollesse de l'injonction, qui équivaut à une interrogation de sens injonctif : *Partons-nous ? Si nous partions ?*

d) Le fait que l'exclamation utilise souvent les mêmes moyens que l'interrogation amène parfois des points d'interrogation à la fin de phrases que l'on rangerait plutôt dans les exclamatives :

Maître Moreau n'en revenait pas : « Quelle drôle de chose ? [...] » (MAUPASS., *C.,* Mal d'André).

e) On met parfois un point d'interrogation quand on reproduit par écrit une phrase averbale interpellative, par ex. après *allô* au début d'une conversation téléphonique :

(Il décroche l'appareil.) Allô ? (Pour toute réponse, des barrissements se font entendre venant de l'écouteur.) (IONESCO, *Rhinocéros,* p. 109.)

122   Le **point d'exclamation** se met à la fin d'une phrase exclamative ; il est aussi employé à la fin d'une phrase optative, — ainsi qu'à la fin d'une phrase injonctive ou même d'une phrase énonciative prononcées avec une force particulière :

Je l'entendais dire tout bas en sanglotant : « Oh ! la canaille ! la canaille ! » (A. DAUDET, *Contes du lundi,* p. 165.) — *Ah ! arrêtez ma bête, Grand Dieu, je vais tomber et être mort !!!* (JARRY, *Ubu roi,* III, 8.) — *Que ma route soit libre enfin, que je puisse enfin être heureux !* (Fr. MAURIAC, *Anges noirs,* Prologue.) — *Elle cria : «Entrez ! »* (MAUPASS., *Mont-Oriol,* I, 7.) — *Je vais à la pêche avec toi ! cria-t-il* (COLETTE, *Blé en herbe,* I).

La phrase exclamative peut ne comporter qu'un mot : *Bravo !*

Les interrogations oratoires équivalant à des exclamatives sont souvent suivies d'un point d'exclamation : *À quoi bon danser !* (CAYROL, *Froid du soleil,* p. 25.) — Cf. § 120, *c.*

Remarques. — 1. L'**exclamation indirecte**, n'étant pas une phrase exclamative (cf. § 392, Rem. 1), n'appelle pas de point d'exclamation. La phrase a la ponctuation correspondant à sa nature (énonciative, injonctive, interrogative, ou éventuellement exclamative) :

Tu sais combien je l'aime. — *Dis-moi combien tu l'aimes.* — *Sais-tu combien je l'aime ?* — *Que de fois je t'ai dit combien je l'aimais !*

2. Si la phrase exclamative est une sous-phrase insérée à l'intérieur d'une autre phrase, le point d'exclamation se trouve à l'intérieur de celle-ci :

Oh ! je ne fais aucun reproche à qui que ce soit (BERNANOS, *Joie,* p. 90). — *Tu gueules toujours contre elle, mais, ma parole ! on dirait que tu ne peux pas t'en passer* (H. BAZIN, *Vipère au poing,* XIV).

Quand une interjection est à l'intérieur d'une phrase, on la fait parfois suivre d'une virgule (mais le point d'exclamation paraît préférable) :

Eh bien, que faites-vous donc ? (AC.). — *Eh bien, soit* (AC.). — *Merde, si j'étais mort !* (CAYROL, *Froid du soleil,* p. 17.) — *Hélas, Ferdinand Brunot représente [...] une étape dès longtemps dépassée* (H. BONNARD, dans le *Fr. mod.,* avril 1960, p. 147). — *L'effronterie et la faconde andalouses à quoi se réduisent fréquemment, hélas, les propos de Picasso [...]* (R. CAILLOIS, dans le *Monde,* 28 nov. 1975). — *« Bah, la chose est faite », pensa-t-il* (H. MICHAUX, *Plume,* 1967, p. 137).

Si la sous-phrase exclamative est suivie d'une incise (*dit-il,* etc.), on met le point d'exclamation immédiatement après la sous-phrase exclamative :

Allons, bon ! ça va recommencer ! cria Fauchery en jetant les bras en l'air (ZOLA, *Nana,* I).

Comme on le constate par les ex. ci-dessus, le point d'exclamation peut être suivi par une minuscule : il équivaut alors à une virgule. Voir aussi § 123, Rem.

Quand la phrase exclamative est particulièrement longue, certains auteurs mettent le point d'exclamation après la partie sur laquelle porte effectivement l'exclamation, mais ce n'est pas l'usage ordinaire (comp. § 119, Rem. 2, pour le point d'interrogation) :

Que ces bandes de pélicans sont belles ! qui, chaque soir, dans le ciel pur, regagnent le banc de sable où ils vont passer la nuit (GIDE, *Retour du Tchad,* 14 mars 1926).

3. Les mots mis en apostrophe ne sont pas d'ordinaire suivis d'un point d'exclamation, quoique cela se trouve parfois, les mots mis en apostrophe pouvant être considérés comme une sous-phrase ou même comme une phrase interpellatives :

Mais ce que j'ai, mon Dieu, je vous le donne (VERL., *Sag.,* II, 1). — *Mon Dieu, mon Dieu, pourquoi m'avez-vous abandonné ?* (Bible, trad. CRAMPON, Marc, XV, 34.) — *Je lui criai tout bas : / « Meaulnes ! tu repars ? »* (ALAIN-FOURNIER, *Gr. Meaulnes,* I, 7.)

Lorsque le mot en apostrophe est précédé de ô, qui introduit surtout des invocations religieuses et poétiques, le point d'exclamation est fréquent, sans être obligatoire :

Ô Muse ! que m'importe ou la mort ou la vie ? (MUSSET, *Poés. nouv.,* Nuit d'août.) — *Vous avez repoussé Ducretot, ô mes frères ! et vous avez bien fait* (FLAUB., *Éd. sent.,* III, 1). —

Ô mon maître ! donnez-moi de ce pain à manger ! (CLAUDEL, *Corona benignitatis anni Dei,* p. 61.)

Ô véritable ami, Votre nom est comme un parfum répandu.! (ID., *ib.*, p. 54.) — *Mais avec mes périls, je suis d'intelligence, / Plus versatile, ô Thyrse, et plus perfide qu'eux* (VALÉRY, *Poésies,* p. 77).

Quand *ô* introduit une exclamation, le point d'exclamation se met, non après *ô*, mais à la fin de l'exclamation :

Madame a une idée ! s'écria la Provençale, l'index pointé. Ô malheur ! (HÉRIAT, *Grilles d'or,* II.) — *Ô le malheureux d'avoir fait une si méchante action !* (AC.)

Ponctuation anormale : *Et prenant son chapeau melon, il le tient tout droit au-dessus de sa tête. Ô, Shakespeare !* (J. GREEN, *Journal,* 21-22 juillet 1951.)

4. Dans les locutions interjectives *eh bien ! eh quoi ! hé bien ! hé quoi !* le point d'exclamation se met après la locution complète, non après le premier élément :

Eh quoi ! n'est-ce donc que cela ! (BAUDEL., *Fl. du m.,* Rêve d'un curieux.) — *Eh bien ! qu'attendez-vous pour me donner votre nom ?* (CAYROL, *Froid du soleil,* p. 87.)

5. Le point d'exclamation peut tenir lieu d'une phrase où seraient exprimés la stupéfaction, la désapprobation ou un autre sentiment. (Comp. ce qui est dit ci-dessus, § 121, *a,* du point d'interrogation.)

— Dans un dialogue, à la place d'une réplique. L'interlocuteur garde le silence, mais un jeu de physionomie exprime son sentiment :

Qu'est-ce que le système métrique, Lebrac ? / — !... (PERGAUD, *Guerre des boutons,* I, 3.) — *Je ne peux pas m'habituer aux questions qu'on pose à cet enfant. / —!!!* (COLETTE, *Maison de Claudine,* XXII.)

— Le point d'exclamation est mis entre parenthèses :

Ce serait un moyen de dire quelques réflexions piquantes (!) sur tel ou tel (BARRÈS, *Départ pour la vie,* 13 déc. 1882).

— Le point d'exclamation termine la phrase, qui, en soi, n'est pas exclamative :

Le même jour, à la suite d'une courte enquête, Violone reçoit son congé ! [Sentiment de triomphe.] (J. RENARD, *Poil de Car.,* Pl., p. 711.)

6. Comme on le voit dans certains des exemples cités, le point d'exclamation est parfois doublé ou triplé. Il peut aussi être joint au point d'interrogation pour exprimer des sentiments complexes : cf. § 121, *a,* Rem.

123   La **virgule** marque une pause de peu de durée à l'intérieur de la phrase.

Nous distinguons trois cas : termes coordonnés (§ 124), termes subordonnés (§ 125) et termes libres (§ 126). Nous verrons aussi (§ 127) un cas où la virgule s'introduit malgré la règle générale.

Remarque. — Lorsqu'une sous-phrase insérée dans une phrase exige un point d'interrogation ou un point d'exclamation, ces signes remplacent la virgule que l'on aurait si la sous-phrase était énonciative : voir §§ 119, Rem. 2, et 122, Rem. 2.

Selon une tendance récente, certains auteurs croient devoir doubler d'une virgule le point d'exclamation et le point d'interrogation, dans la circonstance qui vient d'être décrite :

Il me fit « Chut ! », tandis qu'il lançait ses regards partout (LA VARENDE, *Sorcier vert,* p. 19). — *La course au bonheur qui nous mène tous, n'est-il pas vrai ?, dépendrait de cette superstition de base* (POIROT-DELPECH, dans le *Monde,* 6 août 1976). — *Sartre avait choisi Flaubert, dont il avait dit grand mal dans* Qu'est-ce que la littérature ?, *mais qui l'avait séduit quand il avait lu sa correspondance* (S. de BEAUVOIR, *Cérémonie des adieux,* p. 18). — *Ce fut, hélas !, le mari qui prit les devants* (A. LWOFF, *Jeux et combats,* p. 229).

Sur la virgule accompagnant le tiret, cf. § 134, *c.* — Avec la parenthèse, cela est beaucoup plus rare : cf. § 131, *b,* Rem. 1.

124   **La virgule dans la coordination.**

a) La virgule s'emploie obligatoirement entre les termes coordonnés sans conjonction (mots, syntagmes, propositions) :

Il reprit sa pirogue, s'éloigna, revint, aborda, recommença, énervé, épuisé, sans pouvoir trancher (M. TOURNIER, *Vendredi ou les limbes du Pacifique,* F°, p. 83). — *[...] par des hommes dont c'était le devoir, l'honneur, la raison d'être, de servir et d'obéir* (DE GAULLE, *Discours et messages,* 23 avril 1961). — *Mais si je me laisse distraire, si je rêve, si je te parle, l'auto fait ce qui lui plaît* (G. DUHAMEL, *Querelles de famille,* p. 238).

Il arrive aussi que des phrases doivent être considérées comme coordonnées sans conjonction et deviennent ainsi des sous-phrases englobées dans une phrase. Cela se marque dans l'intonation, qui ne retombe pas après la sous-phrase comme elle retomberait à la fin d'une phrase. La virgule sert à marquer dans l'écrit cette association. Le phénomène apparaît surtout quand des actions sont présentées comme se succédant rapidement, quand les sous-phrases s'appellent l'une l'autre par des termes corrélatifs, quand la coordination est seulement formelle et que la sous-phrase joue le rôle d'une proposition (de condition, etc.) [cf. § 254, *b,* 4°] :

On monte, on descend, on débarque les marchandises (Éd. PEISSON, *Écumeurs,* p. 103). — *Plus on est de fous, plus on rit.* — *Pierre Louis m'eût-il encouragé dans ce sens* [= si P.L. m'avait encouragé], *j'étais perdu* (GIDE, *Si le grain ne meurt,* I, 8).

Certains auteurs mettent des virgules alors que les conditions décrites ci-dessus ne semblent pas réalisées ; une ponctuation plus forte, point-virgule ou double point par ex., servirait mieux la clarté de l'expression :

Le concept de propriété privée ne tient pas devant les anonymes, demain on rentrera [sic] *sans frapper dans votre chambre, on couchera dans votre lit* (E. TRIOLET, *Luna-Park,* L.P., p. 147). — *Mon grand-père maternel, issu d'une famille alsacienne de maîtres-verriers, le capitaine Binger, fut explorateur, il explora en 1887-1889 la boucle du Niger* (R. BARTHES, dans *Tel quel,* automne 1971, p. 89).

Remarques. — 1. On ne sépare pas par la virgule les différentes parties d'une somme :

Une dépense de vingt francs cinquante centimes. L'espace parcouru en deux heures dix minutes trente secondes. — Il s'arrêtera à Dijon et en repartira à onze heures dix-huit (M. BUTOR, *Modification*, 10/18, p. 33).

Dans les nombres écrits en chiffres, la virgule s'emploie uniquement pour séparer de la partie entière la partie décimale : 2 623, 25 ; — 0, 275 42.

2. Une coordination particulière est celle qui unit des mots répétés pour marquer l'insistance (ce qu'on pourrait mentionner au § 126, avec les termes redondants) :

Rien n'arrête leur course, ils vont, ils vont, ils vont ! (HUGO, *Lég.*, XVII, 4.) — *Voyez-le, voyez-le notre Boileau avec sa perruque dessinée par Braque* [aurait dit Léautaud à propos de J. Paulhan] (JOUHANDEAU, *Carnets de l'écrivain*, p. 336). — *Son perpétuel, perpétuel mouvement de tête pour rejeter une mèche en arrière, comme un cheval qui encense* (MONTHERLANT, *Ville dont le prince est un enfant*, Personnages).

b) La virgule se met généralement entre les éléments coordonnés par une autre conjonction que *et, ou, ni* :

Je me suis arrêté de souhaiter franchement cette vie, car j'ai soupçonné qu'elle deviendrait vite une habitude (BARRÈS, *Homme libre*, p. 12). — *Il est riche, mais avare* (AC.). — *Les gens, selon leur standing* [...], *désirent une voiture plus moderne ou une seconde, voire une troisième voiture* (G. FRIEDMANN, *La puissance et la sagesse*, p. 100). — *Ce sont bien là deux systèmes de notation différents, c'est-à-dire deux manières différentes de comprendre l'analyse du réel* (BERGSON, *Énergie spirituelle*, p. 194).

Lorsque les éléments unis par *mais* sont brefs, la virgule peut manquer :

Il a conçu pour elle un sentiment ardent mais honorable (LABICHE, *Grammaire*, VIII). — *Sa faiblesse était immense mais douce* (Fr. MAURIAC, *Genitrix*, p. 28).

Même parfois avec des éléments assez longs, mais ce n'est pas à recommander : *Il verse des redevances non négligeables mais moins lourdes que celles qui frappent les catégories précédentes* (LE ROY LADURIE, *Carnaval de Romans*, p. 45).

Remarques. — 1. *Or* a un statut particulier (§ 1039). Comme il sert à articuler un discours et donc plusieurs phrases, d'une part, il est généralement précédé d'une ponctuation plus forte qu'une virgule ; d'autre part, il peut porter un accent dans l'oral et être suivi d'une virgule dans l'écrit :

Et on ne fait pas ça pour n'importe qui. Or Tremblet aurait pu s'appeler Monsieur N'Importe-Qui ! (SIMENON, *Maigret et l'inspecteur Malgracieux*, p. 151.) — *Cet ordre sacral des signes écrits pose la Littérature comme une institution et tend* [...] *à l'abstraire de l'Histoire* [...] *; or c'est là où l'Histoire est refusée qu'elle agit le plus clairement* (BARTHES, *Degré zéro de l'écriture*, Introd.). — *Il avait réclamé d'elle mille écus. Or, la Maréchale s'était peu souciée de savoir qui payerait* (FLAUB., *Éd. sent.*, II, 4).

2. D'autres conjonctions que *or* peuvent avoir une ponctuation plus forte qu'une virgule, lorsqu'elles unissent des phrases : cf. § 1032, *b*. — Il y a aussi les dislocations que pratiquent certains écrivains : cf. § 118, Rem. 1.

c) La virgule sépare d'habitude les éléments coordonnés quand ils sont au nombre de trois au moins et que la conjonction *et, ou, ni* est utilisée devant plusieurs éléments :

La terre était belle, et riche, et féconde (LAMENNAIS, *Paroles d'un croyant*, III). — *Il arrivait que [...] l'un de ces chiffonniers [...] aperçût une commode, ou une potiche, ou un secrétaire de bois de rose* (G. DUHAMEL, *Cri des profondeurs*, p. 182). — *Ces choses seules sont à soi que l'on a faites, ou prises, ou gagnées* (CLAUDEL, *Annonce faite à Marie*, II, 2). — *Enfin ni toi, ni ton oncle, ni Alissa n'aurez à vous sentir gênés* (GIDE, *Porte étroite*, II).

Règle non absolue : *Une seule et obstinée et rayonnante pensée* (A. de NOAILLES, *Exactitudes*, p. 153). — *Et tout ton corps, à mon côté, se fait lourd et souple et répandu* (COLETTE, *Voyage égoïste*, p. 7). — *Que Duhamel ou Benda ou Alain aient employé* de [...] (J. HANSE, dans *Mélanges Grevisse*, p. 201).

Remarques. — 1. Quand *et* et *ou* ne se trouvent que devant le dernier terme (ce qui est le tour ordinaire), on ne met pas de virgule habituellement, quel que soit le nombre des termes :

Une manière commode de faire la connaissance d'une ville est de chercher comment on y travaille, comment on y aime et comment on y meurt (A. CAMUS, *Peste*, p. 14).

On met ordinairement une virgule devant *etc.* (*et cetera*) : *Il a visité l'Allemagne, la Hollande, l'Angleterre, etc.*

Cependant, la virgule est utilisée si le dernier terme est précédé d'une pause, ce qui arrive notamment : — quand on veut le mettre en évidence ; — pour la clarté, quand les termes coordonnés sont longs et complexes ; — quand leur construction est fort dissemblable (par ex. si ce sont des phrases à sujets différents ou à modes différents) : — quand le dernier élément contient un terme qui lui est propre (et qui, sans la virgule, serait rapporté aussi aux autres éléments) ; — quand il y a plusieurs coordinations distinctes ;

C'était [une barque et des filets] *ce que sur terre / J'avais pour tout trésor, ou pour toute misère* (MUSSET, *Prem. poés.*, Portia, III). — *Elle avait transformé le bas de ce vieil et magnifique hôtel de la rive gauche, et laissé le reste aux malades civils* (COCTEAU, *Thomas l'imposteur*, L.P., p. 8). — *La tempête s'éloigne, et les vents sont calmés* (MUSSET, *op. cit.*, Saule, II). — *Dans le petit bois de chênes verts il y a des oiseaux, des violettes, et des sources sous l'herbe fine* (A. DAUDET, *Lettres de m. m.*, p. 153). — *Il a de vilaines dents parce qu'il est mal nourri et que son estomac souffre, et de beaux yeux parce qu'il a de l'esprit* (HUGO, *Misér.*, III, I, 9).

2. Quand il y a seulement deux termes et que *et*, ou bien *ou*, sont répétés devant chacun, généralement on ne les sépare pas par une virgule :

Nomme-moi donc encore ou ta Sœur ou ton Dieu ! (VIGNY, *Poés.*, Éloa, III.) — *La Révolution a été aussi féconde pour la langue que pour la nation elle-même, et par ses résultats immédiats et par ses lointaines conséquences* (BRUNOT, *Hist.*, t. I, p. XVI).

3. Quand il y a seulement deux termes et que la conjonction *ni* est (selon l'usage ordinaire) répétée devant chacun, ils ne sont pas séparés par une virgule :

Ni Corneille ni Racine n'ont encore été surpassés (SAINTE-BEUVE, *Caus. du lundi*, t. IX, p. 318). — *Son regard ne marquait ni colère ni haine* (MUSSET, *Prem. poés.*, Portia, II).

Mais la règle n'est pas absolue, surtout quand les termes sont longs (voir aussi Rem. 1) : *Ni Alibert, ni moi, n'avions jugé utile de la mettre au fait de cette parenté* (H. BOSCO, *Mas*

Théotime, p. 73). — *Car ni l'Allemagne ne triomphera de nous, ni nous ne triompherons de l'Allemagne* (GIDE, *Journal*, 3 mai 1917). — *Il monte d'un pas ni trop rapide, ni trop ralenti, se demandant comment finira tout ça* (YOURCENAR, *Souvenirs pieux*, p. 286).

4. Il arrive aussi, surtout dans la langue littéraire, que *ni* ne soit utilisé que devant le dernier terme ; dans ce cas aussi, on se passe généralement de virgule :

Le temps ni les soins médicaux n'apportèrent aucun soulagement (LITTRÉ, *Études et glanures*, p. 437). — *Ne reculant devant fourrés ni marécages* (GIDE, *Si le grain ne meurt*, I, 6). — *Avec le roi ni avec le peuple l'artiste ne songeait, autrefois, à jouer au plus fin* (SARTRE, dans le *Monde*, 27 avril 1979). — Autres ex. au § 1033, *b*.

Avec une virgule : *La possession, ni même la certitude de la réciprocité ne l'affaiblissent* (MALRAUX, *Tentation de l'Occident*, p. 55). — *Le conflit n'avait rien d'inexpiable, ni d'irréductible* (LE ROY LADURIE, *Carnaval de Romans*, p. 68).

d) Quand les termes coordonnés ne se suivent pas immédiatement (coordination différée), la virgule est presque toujours présente devant le terme ainsi séparé :

Bernard s'attendrit, et Blum, et Coolus, et ses anciens amis (J. RENARD, *Journal*, 3 déc. 1902). — *Les cassolettes ne doivent pas coûter cher, ni les parfums qu'on y chauffe* (ÉTIEMBLE, dans la *Nouv. revue fr.*, 1ᵉʳ avril 1969, p. 523). — Autres ex. au § 261.

Sans virgule : *La brutalité lui plaît et aussi certaines formes puériles de la singularité* (APOLLINAIRE, *Anecdotiques*, 1ᵉʳ avril 1911). [Cela contredit le rythme de la phrase.]

125   La virgule dans la subordination.

a) On sépare par une virgule tout élément ayant une valeur purement explicative. C'est le cas notamment :

— De l'apposition et de l'épithète détachées :

Saint-Malo, riche cité de pierre, ramassée sur son île entre ses nobles remparts, était vers 1740 une ville prospère, vigoureuse et hardie (MAUROIS, *Chateaubriand*, p. 14).

A fortiori, si l'apposition et l'épithète détachées précèdent le nom :

Tranquilles cependant, Charlemagne et ses preux / Descendaient la montagne et se parlaient entre eux. / À l'horizon déjà, par leurs eaux signalées, / De Luz et d'Argelès se montraient les vallées (VIGNY, *Poèmes ant. et mod.*, Cor). — *Derrière chaque croisée, écluse de velours, des triples rideaux pesaient sur leurs embrasses* (G. CESBRON, *Souveraine*, p. 11).

— De la relative non déterminative (cf. § 1059, *a*, 2°) :

Bérénice, qui attendait son amie de Nîmes, ne tarda pas à nous quitter (BARRÈS, *Jardin de Bérénice*, p. 77). — *Le Conseil constitutionnel comprend neuf membres, dont le mandat dure neuf ans et n'est pas renouvelable* (*Constitution franç.* du 4 oct. 1958, art. 56).

— De certaines propositions adverbiales :

Je le veux bien, puisque vous le voulez (AC., s.v. *puisque*).

Mais, dans des phrases telles que les suivantes, on ne met pas la virgule, parce que la proposition est intimement liée par le sens au verbe principal et qu'aucune pause n'est demandée : *Il est tombé parce que le chemin est glissant. J'irai le voir avant qu'il parte. J'irai vous voir quand je pourrai. Je ne puis parler sans qu'il m'interrompe* (AC., s.v. *parce que, avant, quand, sans*).

Pourtant, la virgule s'introduit facilement devant la proposition adverbiale non essentielle, même lorsque le lien paraît étroit :

Je vous aurais parlé, si je vous eusse trouvé (LITTRÉ, s.v. *avoir*, Rem. 5).

Certains mettent une virgule devant la proposition corrélative (cf. § 1075), mais cet usage paraît vieilli aujourd'hui :

Et elle fut prise d'une nausée si soudaine, qu'elle eut à peine le temps de saisir son mouchoir (FLAUB., *Mme Bov.*, III, 8). — *Le luxe de l'habillement se développa même à ce point, que des lois somptuaires furent édictées* (J. VERNE, *Pays des fourrures*, I, 2).

Remarque. — Quand il y a plusieurs compléments adverbiaux non coordonnés, ils ne sont pas séparés ordinairement par des virgules :

Le capitaine Pieter Van Deyssel se pencha par-dessus son ventre pour poser le jeu de tarot devant Robinson (M. TOURNIER, *Vendredi ou les limbes du Pacifique*, F°, p. 7).

La virgule est nécessaire, dans une lettre ou dans des documents analogues, pour séparer l'indication de la date de l'indication du lieu : *Paris, le 18 janvier ...*

b) Pour des raisons de clarté, la virgule indique qu'un terme ne doit pas être rattaché à celui qui le précède immédiatement :

C'est le symbole unique de l'interrogation, dont la langue française avait besoin (VENDRYES, *Langage*, p. 203). [*Dont* a pour antécédent *le symbole unique* et non *l'interrogation.*]
Dans cet ex., l'absence de la virgule devant *à raison de* est particulièrement fâcheuse : la place du complément introduit par cette locution est critiquable aussi) : *L'insistance est mise en classe terminale sur l'amour, la fidélité, les questions de morale conjugale, la transmission de la vie à raison de dix à quinze heures par an* (dans la *Libre Belgique*, 29 janv. 1974, p. 1).

c) Lorsque le complément adverbial est placé en tête de la phrase ou de la proposition, il est souvent suivi d'une virgule, surtout s'il a la forme d'une proposition :

Dans les champs, c'était une terrible fusillade. À chaque coup, je fermais les yeux (A. DAUDET, *Contes du lundi*, p. 221). — *S'il pensait me mortifier par cette pratique, il y a pleinement réussi* (G. DUHAMEL, *Cri des profondeurs*, p. 31).

Mais cet usage n'est pas toujours suivi :

Au bout de trois mois il avait reconquis son épaulette de lieutenant (GOBINEAU, *Nouvelles asiatiques*, Danseuse de Shamakha). — *Dans le petit bois de chênes verts il y a des oiseaux, des violettes* (A. DAUDET, *Lettres de m. m.*, p. 153). — *Il m'a dit que s'il réussissait dans son affaire il prenait un commerce plus important* (*Dict. contemp.*, s.v. *si*). — *Quand on emploie son* on *le fait rapporter à* chacun (LITTRÉ, s.v. *chacun*, Rem. 1).
Comp. ces deux phrases successives et parallèles : *Sur les questions bien connues, j'ai été très bref* [...]. *Sur les questions de détail j'ai fait de même* (BRUNOT, *Hist.*, t. I, p. XIX).

En particulier, la virgule n'est pas nécessaire si le complément est très court ou s'il y a inversion du sujet (et surtout si ces deux conditions sont réalisées simultanément) :

Alors nous réentendrions la voix qui ne se confond avec aucune autre voix (Fr. MAURIAC, *Vie de Jésus,* p. x). — *Sur une des chaises traînait une robe de chambre usagée* (J. ROMAINS, *Hommes de b. vol.,* t. VII, p. 285). — *Là s'étalait jadis une ménagerie* (BAUDEL., *Fl. du m.,* Cygne).

Avec virgule malgré l'inversion : *Devant l'entrée, gisaient des amas de débris monstrueux* (LOTI, *Galilée,* p. 191). — *Par la fenêtre, entrait un rayon de soleil* (TROYAT, *Étrangers sur la terre,* p. 511).

Le complément précédé d'un pronom relatif, d'une conjonction de subordination ou d'une conjonction de coordination est généralement séparé de ces mots par une virgule :

C'est un grand regret que de ne pouvoir [...] *pleinement saisir tout ce qui, dans un tel univers, va contre l'ordre prévu* (A. BRETON, *Nadja,* p. 14). — *Et si, pour la première fois, elle partait avec son fiancé, tous deux n'étaient pas seuls* (PIEYRE DE MANDIARGUES, *Motocyclette,* F°, p. 84). — *J'étais très contrarié, et, pour la première fois, la solitude à l'Amirauté m'apparut pesante* (J. GRACQ, *Rivage des Syrtes,* p. 75).

Cette virgule disparaît en cas d'élision (§ 45, *c,* Rem. ; comp. § 126) :

Le danger, c'est qu'à travers cette capricieuse profusion, le lecteur ne distingue aucune image claire (S. de BEAUVOIR, *Force des choses,* p. 523).

En principe, on ne met pas de virgule après le complément d'objet indirect ou après le complément du nom lorsqu'ils précèdent le mot auquel ils se rapportent :

À un tel homme comment se fier ? — D'un pareil adversaire les attaques sont redoutables.

d) Le complément absolu est généralement encadré de virgules (sauf lorsqu'il faut un autre signe de ponctuation, par ex. un point) :

Puis le commissaire faisait quelques pas, les mains dans les poches, entrait dans le bureau des inspecteurs (SIMENON, *Maigret et l'inspecteur Malgracieux,* p. 27). — *Meaulnes s'assit à sa place, le haut de ses manches décousu et défroncé.* (ALAIN-FOURNIER, *Gr. Meaulnes,* I, 6.) — *La pêche finie, on aborda parmi les hautes roches grises* (A. DAUDET, *Contes du lundi,* p. 209).

Cependant, quand le complément absolu est attribut, il se rattache directement au verbe copule : *Il était pieds nus.*

126   **La virgule et les termes libres.**

Les termes libres (§§ 370-374) sont généralement encadrés de virgules (sauf s'il y a une autre ponctuation). C'est le cas des mots mis en apostrophe, des éléments incidents (cf., cependant, § 371) et des incises, ainsi que des termes redondants (§§ 364-368) :

Sois sage, ô ma Douleur, et tiens-toi plus tranquille (BAUDEL., *Fl du m.,* Recueillement). — *Cela n'est pas général, bien entendu, mais cela se produit fréquemment* (H. MALOT, *Sans famille,* II, 2). — *Allons, soupira le cochon, je vois bien qu'il n'y a pas moyen d'échapper au saloir* (AYMÉ, *Contes du chat perché,* La buse et le cochon). — *C'était lui, Jasmin, le coq de la classe* (ALAIN-FOURNIER, *Gr. Meaulnes,* I, 6). — *Vos paupières, vous avez du mal à les tenir ouvertes* (BUTOR, *Modification,* 10/18, p. 14).

Si le terme libre commence par une voyelle et s'il est précédé de *que,* l'élision de celui-ci entraîne la disparition de la virgule :

> *J'avais annoncé qu'évidemment, si quelque jour les Yanquis croyaient avoir rattrapé leur* retard [...] (ÉTIEMBLE, *Parlez-vous franglais ?* 1973, p. 232). [Comp. § 125, *c.*]

127   **On ne met pas de virgule,** en principe, — parce qu'il n'y a pas de pause —, entre le sujet et le prédicat, entre le verbe et ses compléments essentiels, entre la copule et l'attribut, entre le nom ou le pronom et leurs compléments nominaux.

Si on intercale un élément qui est séparé de ce qui précède par une virgule (par ex., après le sujet, une relative non déterminative, un complément adverbial), cet élément doit être suivi aussi d'une virgule de façon qu'il soit tout à fait isolé, qu'il constitue une espèce de parenthèse par-delà laquelle le sujet peut être rattaché au verbe, etc. :

> *Cette lettre montre que mon grand-père, dès 1854 ou 1855, n'était pas insensible à l'enlai-dissement du monde* (YOURCENAR, *Souvenirs pieux,* p. 247). Voir aussi au § 125, *a,* les ex. de Maurois et de Barrès.

Toutefois, on peut mettre une virgule entre le sujet et le prédicat :

1° Après le dernier terme d'un sujet formé de plusieurs termes coordonnés sans conjonction :

> *La pluie, la neige, la gelée, le soleil, devinrent ses ennemis ou ses complices* (Fr. MAURIAC, *Destins,* XII). — *Cette échelle des valeurs, cette culture, cette forme d'activité, sont la vérité de l'homme* (SAINT EXUPÉRY, *Terre des hommes,* VIII, 1). — Autres ex. : R. BAZIN, *Terre d'Espagne,* p. 213 ; R. MARTIN DU GARD, *Thib.,* III, 2, p. 138 ; H. BOSCO, *Rameau de la nuit,* pp. 63-64 ; DE GAULLE, *Mém. de guerre,* t. I, p. 40.
>
> Sans virgule : *Les montagnes, le ciel, la mer sont comme des visages* (CAMUS, *Noces,* p. 25). — *Ces paroles, cette menace me déchiraient* (M. ARLAND, *Terre natale,* p. 21). — Autres ex. : DUMAS fils, *Père prodigue,* Préf. ; J. ROMAINS, *Hommes de b. vol.,* t. V, p. 16 ; VERCORS, *Les yeux et la lumière,* p. 231.

Si un des sujets remplace en quelque sorte les autres, ce qui est le cas lorsqu'ils forment une gradation ou lorsqu'ils sont résumés par un mot comme *tout* ou *rien,* l'ensemble n'est pas séparé du verbe par la virgule :

> *Un souffle, une ombre, un rien lui donnait la fièvre. — Et tout de suite, sac, couverture, chassepot, tout disparut* (A. DAUDET, *Contes du lundi,* p. 36).

2° Lorsque le sujet a une certaine longueur, la pause nécessaire dans l'oral est parfois rendue par une virgule dans l'écrit (mais on préfère aujourd'hui une ponctuation plus logique, qui ne sépare pas le sujet et le verbe) :

> *La foudre que le ciel eût lancée contre moi, m'aurait causé moins d'épouvante* (CHAT., *Mém.,* I, II, 8). — *Quand la personne dont nous sommes accompagnés, nous est supérieure par le rang et la qualité* (LITTRÉ, s.v. *accompagné*). — *Les soins à donner aux deux nourrissons qui lui sont confiés par l'Assistance, l'empêchent de garder le lit* (GIDE, *Journal,* 27 janv. 1931). — *Le passé simple et la troisième personne du Roman, ne sont rien d'autre que ce geste fatal par*

lequel l'écrivain montre du doigt le masque qu'il porte (BARTHES, *Degré zéro de l'écriture*, I, 3).
— *La réponse que je donnai à l'enquête par* Voyage en Grèce *(revue touristique de propagande) et que l'on trouvera en tête de la seconde partie de ce recueil, sert donc [...] de charnière entre les deux parties* (QUENEAU, *Voyage en Grèce*, p. 11). — Voir deux ex. dans la lettre de J. Romains citée § 133, *a*, Rem. 1.

3° Après le pronom personnel sujet disjoint (ou tonique) de la 3ᵉ personne, il y a une légère pause, qui est parfois marquée par une virgule :

Lui, était tout pâle et tout tremblant (ZOLA, *Assomm.*, XII). — *Elle fit un pas vers la porte. Lui, bondit* (COURTELINE, cit. Damourette, p. 40).
Ordinairement, sans virgule : *Lui pouvait parler et juger autrui* (HÉRIAT, *Enfants gâtés*, VI, 4). — *Lui approuvait* (A. CAMUS, *Peste*, p. 25). — *Si vous acceptez, eux refuseront* (ROBERT).

Moi et *toi* doivent être nécessairement repris par *je, tu,* sauf s'ils sont suivis de *seul, même ;* ces groupes, ainsi que *lui-même*, etc. ne sont pas suivis de la virgule :

Toi seule sais parler, oses parler de bonheur (G. DUHAMEL, *Vie des martyrs*, p. 238). — *Lui-même avoue quelque part que [...]* (POIROT-DELPECH, dans le *Monde*, 29 nov. 1973).

Elle, elles, nous, vous peuvent être traités comme atones ou comme toniques ; la virgule permet de distinguer la forme tonique :

Il tourne lentement vers elle son œil vague ; / ELLE, laisse traîner sa pâle joue en fleur / Au front de Zeus (RIMBAUD, *Pièces documentaires*, Soleil et chair, III). — *Le prince était ensorcelé.* ELLE, *voyait à travers lui la France et sa capitale* (COCTEAU, *Thomas l'imposteur*, L.P., p. 15).

La virgule est superflue quand les formes disjointes sont coordonnées :

J'espère que ni moi ni mes enfants ne verrons ces temps-là (VIGNY, *Cinq-Mars*, I). — *Maman, mon frère et moi étions assis l'un près de l'autre* (ARLAND, *Terre natale*, p. 168).
Les deux virgules sont de trop dans : *Tu ne te rends pas compte parce que, tes sœurs et toi, avez été très gâtées* (MAUROIS, *Cercle de famille*, III, 7).

S'il y a coordination sans conjonction, la virgule pourrait se trouver, par application du 1° ci-dessus.

4° La légère pause qui marque la non-répétition du verbe dans des phrases (ou des sous-phrases, ou des propositions) successives est parfois rendue par une virgule, surtout si les phrases sont séparées par un point-virgule (si les sous-phrases sont séparées par une virgule, cela fait beaucoup de virgules à fonctions diverses, ce qui obscurcit les relations entre les termes) :

Avec virgule : *J'avais vingt-trois ans ; toi, dix-huit* [cf. 3°] (Fr. MAURIAC, *Nœud de vip.*, I). — *La voix était bien timbrée ; l'élocution, racée ; la robe, impeccablement simple, sans un bijou* (Vl. VOLKOFF, *Humeurs de la mer*, Intersection, p. 353). — *Les grands yeux étaient éteints et mornes, les paupières, striées de rides, les commissures des narines, marquées de plis profonds* (E. JALOUX, *Branche morte*, p. 112).
Ordinairement sans virgule : *Son sourire est tranquille et ses yeux assurés* (BAUDEL., *Fl. du m.*, À une dame créole). — *On ne distinguait qu'un large amas où les chairs humaines faisaient des taches blanches, les morceaux d'airain des plaques grises, le sang des fusées rouges* (FLAUB., *Sal.*, XIV). — *Cet essor peut être excessif, l'espèce se développer démesurément* (PROUST, *Rech.*, t. II, p. 603). — *[...] si on aime Vienne comme Balzac aimait Paris, ou Dickens Londres* (R. KANTERS, dans le *Figaro litt.*, 24 juin 1963).

128 Le **point-virgule** (ou *point et virgule*) marque une pause de moyenne durée.

a) Tantôt, dans une phrase, il joue le rôle d'une virgule, pour séparer des parties d'une certaine étendue, surtout lorsqu'une de ces parties au moins est déjà subdivisée par une ou des virgules :

> *L'acte de décès contiendra les prénoms, nom, âge, profession et domicile de la personne décédée ; les prénoms et nom de l'autre époux, si la personne décédée était mariée ou veuve ; les prénoms, noms, âge, profession et domicile des déclarants ; et, s'ils sont parents, leur degré de parenté (Code civil, art. 79).*

b) Tantôt il unit des phrases grammaticalement complètes, mais logiquement associées :

> *Il n'y a pas de comique en dehors de ce qui est proprement* humain. *Un paysage pourra être beau, gracieux, sublime, insignifiant ou laid ; il ne sera jamais risible* (BERGSON, *Rire*, I, 1).

Il arrive pourtant que la voix ne retombe pas devant le point-virgule comme elle retomberait devant un point.

Les phrases unies par un adverbe de liaison sont séparées par un point-virgule plutôt que par une virgule (alors que les phrases unies par certaines conjonctions de coordination sont souvent séparées par une virgule : cf. § 124, *b*) :

> *La rue Saint-Jacques n'est pas une île déserte ; pourtant je me sentis cruellement seul, en revenant chez moi, le soir de ce jour-là* (G. DUHAMEL, *Pierre d'Horeb*, XI).

Remarque. — Le point-virgule est considéré par certains auteurs comme un signe superflu : voir par ex. M. Tournier, cité dans *Langue fr.*, févr. 1980, p. 90.

129 Les **deux points** (ou *le double point ; le deux-points* en termes d'imprimerie) s'emploient :

a) Pour annoncer la citation d'un texte, la reproduction des paroles ou des pensées de quelqu'un :

> *Montaigne dit quelque part dans ses* Essais : *« N'est rien où la force d'un cheval se connaisse mieux qu'à faire un arrêt rond et net. »* (A. SIEGFRIED, *Savoir parler en public*, p. 183.) — *Hubert suppliait sa sœur : « Mais fais-le taire ! fais-le taire ! On va l'entendre... » d'une voix entrecoupée* (Fr. MAURIAC, *Nœud de vip.*, XVII). — *Tout le monde aussitôt se demandait : « Une visite, qui cela peut-il être ? »* (PROUST, *Rech.*, t. I, p. 14.)

Remarques. — 1. Quand la citation est intégrée à la phrase du point de vue grammatical, est un des termes de celle-ci, généralement on ne met pas les deux points :

> *Louis VI s'était réservé de tenir « dans la main de la couronne de France les forteresses, châteaux et remparts »* (G. DUBY, *Dimanche de Bouvines*, p. 94). — *Viens m'aider à mettre ma cape, au moins... / Il fut choqué de ce que sous-entendait cet « au moins »* (COLETTE, *Chatte*, p. 11).

Usage différent : *Rien ne me subjugue tant que la disparition totale de Lautréamont derrière son œuvre et j'ai toujours présent à l'esprit son inexorable : « Tics, tics et tics. »* (A. BRETON, *Nadja*, p. 19.)

2. Le style indirect lié (§ 409) exclut le double point : *Il m'a dit qu'il viendrait ce soir.*

3. Pour *dire oui, dire merci*, etc., cf. § 1051, *c*.

b) Pour annoncer l'analyse, l'explication, la cause, la conséquence, la synthèse de ce qui précède :

Je finis cependant par découvrir trois documents : deux imprimés, un manuscrit (H. BOSCO, *Rameau de la nuit*, p. 112). — *La signification de ce verset est large et profonde : la restriction ne doit pas être dictée par la loi, mais par l'amour* (GIDE, *Symphonie past.*, M.L.F., p. 120). — *Moi, j'étais ravi : ma triste condition imposait le respect, fondait mon importance* (SARTRE, *Mots*, p. 11). — *J'eus soudain envie de voyager : je sollicitai de la Seigneurie un emploi dans une province éloignée* (J. GRACQ, *Rivage des Syrtes*, p. 9). — *C'était un mari dépensier, coureur, grincheux, jaloux : bref, un être insupportable.*

Remarques. — 1. Pour l'usage de la majuscule après les deux points, cf. § 97, *d*.

2. La présence dans une même phrase de plusieurs doubles points est gênante, car elle disloque cette phrase et rend peu visibles les rapports logiques :

Il prononce surtout ce mot célèbre : La science enfle, mais la charité édifie : mot admirable et d'une vérité frappante : car la science réduite à elle-même divise au lieu d'unir (J. de MAISTRE, *Soirées de Saint-Pétersbourg*, X).

3. Autres usages du double point : en mathématiques, comme symbole de la division (16 : 4 = 4) ; en philologie, pour indiquer que deux mots riment ensemble *(père : opère).*

130   Les points de suspension.

Ils vont par trois ; quand ils terminent la phrase, le point final de celle-ci disparaît. — On les appelle parfois *points suspensifs :* voir, par ex., COURTELINE, *Paix chez soi*, I.

a) Ils indiquent qu'une phrase est laissée inachevée, volontairement ou à la suite d'une interruption due à une cause extérieure :

Mon bracelet-montre, qui étincelle, répond pour moi. Mme Colu me happe le poignet, reste sidérée. / — Il est fou, dit-elle. Ça vaut au moins... / Le chiffre est trop gros pour lui sortir de la bouche (H. BAZIN, *Huile sur le feu*, p. 313). — *Nous parlions de toi justement... quand on parle du loup... !* (A. de CHÂTEAUBRIANT, *Brière*, XI.) [Proverbe connu, que le locuteur trouve superflu de donner en entier.] — *« [...] J'ai au contraire tout à fait évolué ces temps-ci et, au fond, je... » / « Oh, dit-elle avec un mépris écrasant, des changements intellectuels ! [...] »* (SARTRE, *Nausée*, M.L.F., pp. 202-203).

L'interruption peut concerner une énumération : *J'insistai d'abord sur les qualités des objets plutôt que sur la variété de ceux-ci : le chaud, le froid, le tiède, le doux, l'amer, le rude, le souple, le léger... puis les mouvements : écarter* [...] (GIDE, *Symphonie past.*, M.L.F., p. 43).

Les points de suspension sont superflus après *etc.*, qui indique déjà par lui-même que la phrase ou l'énumération sont interrompues :

> *Quant au service à découper, c'est Z... qui, etc.* (GIDE, *Souvenirs de la cour d'assises*, IX).
> — *Le* principal *pour un notaire, c'est le capital de la dette, pour un professeur de collège, le chef de l'établissement, pour un soldat d'administration, l'officier à quatre galons, etc.* (BRUNOT, *Pensée*, p. 54).

On constate pourtant que des auteurs ordinairement attentifs introduisent, plus ou moins occasionnellement, ces points de suspension superflus : par ex., BRUNOT, *Pensée*, p. 783 ; THÉRIVE, *Libre hist. de la langue fr.*, p. 35 ; GIDE, *Journal*, 1er juillet 1910 ; MALRAUX, *Antimémoires*, p. 116 ; G. ANTOINE, dans le *Fr. mod.*, janv. 1958, p. 67 ; etc.

Lorsqu'il s'agit d'une citation qu'on ne veut pas donner en entier, les coupures et, par conséquent, les points de suspension peuvent se trouver à des endroits variés, par ex. au début du texte reproduit :

> *Il se décide pour une chanson grivoise. Là les vocalises ne sont pas nécessaires. / « ... Et c'est à dessein / Que sur tes deux seins / Vient mourir mon regard assassin... »* (L. NUCERA, *Chemin de la Lanterne*, pp. 239-240.)

À l'intérieur de la citation, il est préférable de mettre les points de suspension entre parenthèses ou entre crochets pour éviter la confusion avec les points de suspension dus à l'auteur lui-même : voir ci-dessous le texte de N. Sarraute.

b) Les points de suspension marquent aussi des pauses non grammaticales, par exemple quand on veut reproduire l'hésitation d'un locuteur ou quand on veut détacher un terme et le mettre en valeur :

> *Je tiens quand même à vous dire que je regrette d'avoir soutenu... avec acharnement, avec entêtement... avec colère... oui, bref, bref... j'ai été stupide* (IONESCO, *Rhinocéros*, p. 68). — *L'abbé Martin était curé... de Cucugnan* (A. DAUDET, *Lettres de m. m.*, p. 125).

C'est parfois entre les phrases qu'il y a, dans le débit, des arrêts particuliers :

> *J'ai reçu ce matin une lettre de Bertrand... Je voulais vous la montrer ; il est follement heureux chez vous... Il me parle de votre mère... Cela ne m'étonne pas qu'elle soit bonne et charmante... Tenez, il faut que vous lisiez... Il a déjà monté votre poney... Il est émerveillé !* (Fr. MAURIAC, *Asmodée*, III, 10.)

Les points de suspension sont utilisés aussi pour rendre le cheminement capricieux du monologue intérieur :

> *C'est parfait... une vraie surprise, une chance... une harmonie exquise, ce rideau de velours, un velours très épais, [...] d'un vert profond, sobre et discret... et d'un ton chaud, en même temps, lumineux... Une merveille contre ce mur beige aux reflets dorés... Et ce mur... Quelle réussite... On dirait une peau... Il a la douceur d'une peau de chamois...* (N. SARRAUTE, *Planétarium*, p. 7.)

Les points de suspension sont parfois à mettre en rapport avec le contenu d'un récit : *On musarde. Rue du Marché... Place du Palais... Rue de la Préfecture...* (L. NUCERA, *Chemin de la Lanterne*, p. 216) [les points de suspension évoquent le temps qui s'écoule pendant la flânerie, d'une rue à l'autre].

c) Les points de suspension indiquent parfois une sorte de prolongement inexprimé de la pensée :

J'ai rêvé dans la Grotte où nage la Sirène... (NERVAL, *Chimères*, El desdichado.) — *Le regret de tout ce que j'aurais pu voir, dû voir, tourne au remords. Wadi-Halfa, point terminus de ce voyage, devrait être un point de départ. C'est à partir de Khartoum que je voudrais remonter le Nil...* (GIDE, *Journal*, 31 janv. 1946.)

Cela se produit notamment quand les points de suspension suivent un point d'interrogation ou un point d'exclamation :

Et, sous domination italienne, sur quel restant de liberté peut-on compter ?... (GIDE, *Journal*, 20 mars 1943.) — *Oh ! s'écria-t-elle, tu n'es pas prêt !...* (COLETTE, *Chatte*, p. 43.)

Dans un dialogue, on indique par des points de suspension que l'interlocuteur ne répond pas :

Je m'en irai, moi. / — ... / — Ici, j'ai peur. / — ... / — Je vais habiter Paris (QUENEAU, *Chiendent*, F°, p. 405).

d) Les points de suspension s'emploient à la place d'un mot omis ou réduit à l'initiale parce qu'on ne veut pas le donner en entier, par décence (pour les mots jugés triviaux) ou par discrétion, vraie ou feinte (pour les noms propres) :

Il faut apprendre à ce ...-là [= *bougre* sans doute] *à ne pas faire d'accroc à l'honneur d'un gentilhomme* (MÉRIMÉE, *Chron. du règne de Charles IX*, XVII). — *Marceau* [...] *retournait à ..., lorsqu'il avisa un morceau de fer à cheval sur la route* (GIDE, *Souvenirs de la Cour d'assises*, II). — *J'étais avec R...* (J. GREEN, *Journal*, 27 nov. 1945). — *Je viens de P... en Normandie* (*Maupass.*, C., Main d'écorché). — *Il* [= un dirigeant polonais] [...] *dit qu'il serait « injuste » de les envoyer seulement « d'un coup de pied au c...* [= *cul*] *dans les poubelles de l'histoire »* (dans le *Monde*, 27 juin 1981, p. 6).

Cela se fait aussi pour les dates : *Il arriva chez nous un dimanche de novembre 189...* (ALAIN-FOURNIER, *Gr. Meaulnes*, I, 1).

On préfère aujourd'hui, dans cet emploi, les points de suspension aux astérisques (§ 113, *a*).

X, Y, Z, N, choisis comme lettres arbitraires pour représenter un nom propre, sont parfois suivis de points de suspension, comme les initiales abrégeant un mot réel :

La troupe nous quittait pour planter ses tentes à X..., petite ville voisine (COLETTE, *Maison de Claud.*, XVII).

Les points de suspension peuvent aussi tenir la place de lettres ou d'autres éléments qu'on ne peut lire :

Celui qui est à côté de la fenêtre s'appelle Andrea, mais vous n'avez pas le temps de déchiffrer plus loin [sur les passeports] *; le patronyme de l'autre se termine par ...etti* (BUTOR, *Modification*, 10/18, p. 160).

Remarque. — La fréquence des points de suspension varie selon les auteurs : Céline ou N. Sarraute y recourent d'une manière systématique. Claudel avait, dit-il, « hérité de Mallarmé son horreur pour cette figure typographique. Un point, c'est tout, et trois points, ce n'est pas tout » (*Lettres à Albert Chapon*, 24 nov. 1906).

131   **Les parenthèses.**

Elles vont par deux. La première est dite *ouvrante*, et la seconde *fermante*. Ce qui est mis entre les deux parenthèses s'appelle aussi *parenthèse*.

a) Les parenthèses s'emploient surtout pour intercaler dans un texte quelque indication accessoire ; celle-ci peut, — soit être grammaticalement indépendante et même avoir sa propre ponctuation, — soit avoir une fonction dans la phrase, mais sans influencer les accords en dehors de la parenthèse :

> *Waldeck, qui est un peu artiste (il peint à l'aquarelle), un peu rêveur (il pêche à la ligne), affiche dans toutes ses occupations la nonchalance et, envers tous les hommes, le mépris* (BARRÈS, *Leurs figures*, p. 237). — *Je n'aurais même pas eu* [...] *celle* [= la présence d'esprit] *de fuir. (Ceux qui rient de cette dernière phrase sont des porcs.)* (A. BRETON, *Nadja*, p. 44.) — *Mais il découvre (lentement) que c'est plutôt autrui qui troublait le monde* (G. DELEUZE, dans M. Tournier, *Vendredi ou les limbes du Pacifique*, F°, p. 269). — *Mon frère (et ma belle-sœur) est venu me voir* [comp. avec la coordination différée : § 261].

b) Dans des tableaux schématiques, dans des dictionnaires, mais parfois aussi dans un texte suivi, les parenthèses indiquent la coexistence de deux formes, laissent le choix entre deux formes :

> *Melon n.* m(ə)lɔ̃ (L. WARNANT, *Dict. de la prononc. fr.*) [le mot a deux prononciations]. — *Et le mari se félicite d'avoir une (ou des) femme(s) qui lui rapporte(nt)* (GIDE, *Journal*, 11 févr. 1938).

Remarques. — 1. Si, à l'endroit où se place la parenthèse, la phrase demande un signe de ponctuation, ce signe se met après que l'on a fermé la parenthèse : voir l'ex. de Barrès ci-dessus.

Au contraire des tirets (§ 134, *c*) les parenthèses ne sont pas renforcées par des virgules. L'usage des Le Bidois, sur ce point, n'est pas à imiter : *Aussi donne-t-on le nom de* personnel *au morphème, (pronom, ou représentant, ou nominal), qui le désigne* (§ 221). — Cela se trouve aussi chez J. Romains, par ex. *Hommes de b. vol.*, t. V, p. 71.

2. Depuis le XVIIe s. (cf. Hist.), on emploie *par parenthèse* pour indiquer que l'on interrompt le fil de ce que l'on dit, pour introduire quelque chose qui n'y a pas un rapport direct :

> *C'est de l'empire que date*, PAR PARENTHÈSE, *l'obligation imposée aux tribunaux militaires de ne recueillir les votes qu'en commençant par le grade inférieur* (HUGO, *Quatrevingt-treize*, III, VII, 2). — *Nous sommes remontés vite dans notre compartiment, où*, PAR PARENTHÈSE, *nous n'avons retrouvé personne* (ZOLA, *Bête humaine*, III). — PAR PARENTHÈSE, *les deux premiers exemples nous montrent que le verbe* [...] *n'est pas le seul mot de la phrase qui puisse avoir un complément* (HERMANT, *Xavier*, 1923, p. 157).

Depuis le XIXe s., *par parenthèse* subit la concurrence de *soit dit entre parenthèses*, puis de **entre parenthèses** tout court. Certains grammairiens ont protesté, estimant que cette dernière formule n'était justifiée qu'à propos de ce qui est écrit réellement entre les signes appelés parenthèses. Mais l'Académie elle-même a entériné le nouvel emploi, qui appartient donc au bon usage :

> — *Enfin, dis-je en m'approchant du feu qu'il y avait malgré l'été (bonne coutume à la campagne*, SOIT DIT ENTRE PARENTHÈSES*), enfin, dis-je, à quoi puis-je être bon au Roi ?* (VIGNY, *Stello*, IX.) [1832] [Il s'agit d'une phrase prononcée, mais la transcription utilise réellement des parenthèses.] — *Nous groupons donc toutes les ressources ; ce qui*, SOIT DIT ENTRE PAREN-THÈSES, *nous permettra de subvenir largement aux dépenses des nôtres* (BARRÈS, *Appel au*

soldat, 1900, p. 417). — *C'est ainsi,* SOIT DIT ENTRE PARENTHÈSES, *que pour ne rien trahir et surtout pour ne pas se trahir lui-même, le narrateur a tendu à l'objectivité* (A. CAMUS, *Peste,* p. 200).

— *On eût deviné le gentilhomme, même sans savoir son nom,* — *un des plus anciens du Roussillon,* ENTRE PARENTHÈSES (BOURGET, *Voyageuses,* 1897, p. 215). — *Qu'est-ce que peuvent bien lui faire, à la tante, les vers de Corneille !* — *qui,* ENTRE PARENTHÈSES, *sont de Racine* (GIDE, *Porte étroite,* p. 114). — *Jeu de scène,* ENTRE PARENTHÈSES, *dont Molière a bien tort de rire* (HERMANT, *Xavier,* 1923, p. 17). — *Les deux amis se réunissaient souvent chez Luc* [...]. ENTRE PARENTHÈSES, *le jeune Manuel était parti* (P. J. JOUVE, *Monde désert,* VIII). — *Je me sentais en exil et boudais l'Amérique tout entière, ce qui me priva,* ENTRE PARENTHÈSES, *d'une année de bonheur que je ne retrouvai jamais* (J. GREEN, dans *Revue de Paris,* sept. 1951, p. 19). — ENTRE PARENTHÈSES, *je tiens à signaler que...* (AC.).

Autres ex. : COPPÉE, *Souvenirs d'un Parisien,* p. 89 ; G. DUHAMEL, *Nuit de la Saint-Jean,* p. 38 ; CLAUDEL, *Présence et prophétie,* p. 19 ; G. MARCEL, *Rome n'est plus dans Rome,* p. 34 ; J. MISTLER, *Orgues de Saint-Sauveur,* p. 12 ; M. COHEN, *Hist. de la langue fr.,* 3ᵉ éd., p. 295 ; H. BAZIN, *Huile sur le feu,* p. 41 ; etc.

On trouve parfois *entre parenthèse,* mais cette graphie injustifiée est une pure négligence : *J'appris* [...] *que les Coigny* [...] *avaient prié Valmorel et le bellâtre anarchiste Cyprien Costeau, qui,* ENTRE PARENTHÈSE, *ne vont pas du tout ensemble* (HERMANT, *Discorde,* p. 134). Comme on l'a vu plus haut, on trouve l'*s* dans d'autres livres d'Abel Hermant.

Hist. — Les parenthèses apparaissent vers 1530. Dans ses *Vrais principes de la langue françoise* (1747), l'abbé Girard estimait que ces signes n'étaient plus en usage, « parceque la virgule suffit pour les courtes parentheses ; et que les longues [...] ne sont plus soufertes dans le stile » (t. II, p. 432). Ce n'était qu'une désaffection passagère.

Le grec παρένθεσις et le latin *parenthesis,* emprunté du grec, ont été des termes de rhétorique désignant une phrase insérée dans une autre phrase et restant indépendante de celle-ci. C'est d'abord avec ce sens que *parenthèse* a été emprunté par le français. De là vient l'expression *par parenthèse,* dont il est question dans la Remarque ci-dessus : ⁺*Je vous souhaite une santé durable et meilleure que la mienne, car,* PAR PARENTHÈSE, *je me meurs* (VOLT., *Corresp.,* 15 févr. 1752).

132   Les **crochets** (appelés aussi *crochets droits*), qui vont aussi par deux, servent au même usage que les parenthèses, mais seulement dans des situations particulières :

a) Lorsqu'il y a déjà des parenthèses :

Chateaubriand s'est fait l'apologiste du christianisme (*cf.* Génie du christianisme [*1802*]) — ou ... l'apologiste du christianisme [*cf.* Génie du christianisme *(1802)*].

b) Pour marquer que l'on intervient dans le texte d'autrui, soit pour quelque suppression ou explication, soit, dans une édition critique, pour distinguer les mots rétablis par conjecture :

Pour les suppressions et les explications, voir un ex. au § 131, *a* (Breton). — Dans une édition : ⁺*Il a adopté nos péchés, et nous a* [admis à son] *alliance ; car les vertus lui sont* [propres et les] *péchés étrangers* (PASCAL, *Pens.,* 668).

En outre, dans les ouvrages de linguistique, la prononciation est souvent donnée entre crochets.

133   **Les guillemets.**

Ils vont, normalement (cf. *d*, Rem.), par doubles paires. La première paire, ce sont les guillemets *ouvrants ;* la deuxième paire, à la fin du passage isolé par ces signes, ce sont les guillemets *fermants.*

a) **Les guillemets s'emploient surtout au début et à la fin d'une citation, d'un discours direct (représentant des paroles, des pensées) :**

> *On pense involontairement à la chanson de la tante Boisteilleul : « Un épervier aimait une fauvette... »* (MAUROIS, *Chateaubriand*, p. 137.) — *Un agent s'approchait : « Allez mon commandant, rentrez », dit-il gentiment au cavalier* (Fr. NOURISSIER, *Allemande*, p. 127). — *« Pourvu qu'elle ne me téléphone pas », se dit-il* (J. ROY, *Désert de Retz*, p. 62).

Parfois aussi pour encadrer un discours indirect libre, plus rarement pour un discours indirect lié :

> *Alors Trochut levait au ciel ses mains dodues, et larmoyait : « Il était un pauvre homme. Il avait eu si peur, quand Bourrel avait découvert les lapins, que la tête lui avait tourné [...] »* (GENEVOIX, *Raboliot*, II, 2). [= Je suis...] — *Elle me répondit, d'un air de contentement, que « ça lui avait sans doute porté un coup... »* (Fr. MAURIAC, *Nœud de vip.*, XVII.)

Dans l'ex. suivant, les guillemets encadrent une partie seulement du discours indirect, sans doute pour marquer le caractère textuel de la citation : *Elle répondit avec douceur qu'elle ne comprenait goutte à des « ragots pareils »* (FLAUB., *Éd. sent.*, III, 1).

Dans les dialogues, on peut — soit placer les guillemets ouvrants au début de la première réplique et les guillemets fermants à la fin de la dernière réplique ; — soit se passer de guillemets et n'utiliser que des tirets : voir les ex. au § 134, *a.*

Remarques. — 1. Lorsque le passage guillemeté compte plusieurs alinéas, on répète les guillemets ouvrants au commencement de chaque alinéa. On les répète parfois aussi au début de chaque ligne ou de chaque vers.

> — *« J'ai toujours attaché pour ma part la plus grande importance à la ponctuation [...].*
> *« En particulier, l'usage du tiret ouvrant un paragraphe de dialogue et celui du guillemet* [sic] *interrompant la phrase de dialogue pour laisser introduire une remarque de l'auteur, me sont apparus comme les plus propres à éviter les confusions. [...]*
> *« Votre argument, que des guillemets ne peuvent se fermer s'ils n'ont d'abord été ouverts, est certes de nature à faire impression. [...] J'estime être au contraire un de ceux qui, par la constance et la précision avec lesquelles ils la* [= la ponctuation] *manient, mériteraient d'être félicités. »* (A. BILLY, citant une lettre de J. Romains, dans le *Figaro litt.*, 9 mars 1957.)
> — *[...] ce psaume dont les versets 6, 7 et 8 s'ac-*
> *complissaient en lui, à la lettre, en ce moment*
> *même : « Et moi je suis un ver et non un*
> *« homme, l'opprobre des hommes et le rebut du*
> *« peuple. Tous ceux qui me voient se moquent*
> *« de moi ; ils ouvrent les lèvres et branlent la*
> *« tête en disant : Il a mis sa confiance dans le*
> *« Seigneur, que le Seigneur le sauve puisqu'il*
> *« l'aime ! Ils ont percé mes pieds et mes mains.*
> *« Ils se partagent mes vêtements et tirent au sort*
> *« Ma tunique. »* (Fr. MAURIAC, *Vie de Jésus*, pp. 269-270.) [La mise en page du texte original a été respectée.]

2. Lorsque, dans le texte guillemeté, vient s'insérer un passage de l'auteur qui cite, les guillemets se ferment avant ce passage et se rouvrent après ; on renonce ordinairement à isoler ce passage quand il s'agit d'une brève incise comme *dit-il* :

> *« Ce n'est pas par les résultats mais par les sentiments du cœur »*, écrit saint Bernard, *curieusement d'accord avec Abélard et son effort pour distinguer l'intention de l'acte, « qu'un chrétien juge du péril qu'il a couru dans une guerre et de la victoire qu'il y remporte. [...] »* (G. Duby, *Dimanche de Bouvines*, p. 146). — *« C'est une combe, murmura-t-il, une combe rose... »* (M. Tournier, *Vendredi ou les limbes du Pacifique*, F°, p. 127.) — [Dans le texte cité au § 134, *a*, de Gaulle utilise successivement les deux présentations.]

Certains auteurs isolent davantage ce qu'ils insèrent, en utilisant des parenthèses ou des tirets, même pour des incises (ou encore des crochets : § 132, *b*) : *« Vous pourrez mettre votre cheval en face, — expliqua le commandant, — il y a là un maréchal-ferrant [...]. »* (Aragon, *Semaine sainte*, L.P., t. II, p. 255.)

3. Si le passage guillemeté, considéré isolément, demande après lui un signe de ponctuation (point d'interrogation, point d'exclamation, points de suspension), celui-ci se place avant les derniers guillemets ; si le passage guillemeté ne demande pas de signe propre, la ponctuation se place après les guillemets :

> *Mais quand le bois ne contenait pas de nœuds, il opinait : « On les aura ! »* (G. Duhamel, *Civilisation*, p. 33.) — *« Mission accomplie ? » a-t-il demandé. « Mission accomplie ! » a répondu Ben Saïd* (Robbe-Grillet, *Projet pour une révolution à New York*, p. 167).
>
> *M. Fellaire se donna beaucoup de mal pour échauffer « son cher insulaire, son très honorable gendre ».* (A. France, *Jocaste*, p. 53.) — *« Rébecca », prononce-t-elle, prenant plaisir à se nommer* (Pieyre de Mandiargues, *Motocyclette*, F°, p. 178).

Comme on le voit par l'ex. de Robbe-Grillet, le point d'interrogation ou le point d'exclamation rendent superflue la virgule qui précède d'ordinaire l'incise. Cf. cependant § 123, Rem.

4. Quand on s'adresse à des auditeurs, si l'on vient à citer un texte, souvent on en marque le début par *Je cite*, et on le clôt par *Fin de citation ;* formules correspondant, la première à des guillemets ouvrants, la seconde à des guillemets fermants.

b) Les guillemets s'emploient parfois, au lieu des italiques (cf. § 87), pour un mot se désignant lui-même (autonymie : § 450), pour des mots ou tours considérés comme ne faisant pas partie du langage régulier (néologismes, régionalismes, mots étrangers, mots ou tours populaires, voire simplement familiers), pour des mots que l'on veut mettre en évidence, pour des enseignes, ou même pour un titre de livre, de revue, d'œuvre artistique :

> *En ce sens « avec » signifie « au moyen de »* (G. Duhamel, *Les plaisirs et les jeux*, II, 6). — *Les « quoique » sont toujours des « parce que » méconnus* (Proust, *Rech.*, t. I, p. 438). — *Je suis descendue du haut en bas de la colline en empruntant les « traboules »* [= ruelles, à Lyon] (S. de Beauvoir, *Tout compte fait*, p. 263). — *Les autres grosses villes [...] vont être, à leur tour, « mises dans le bain »* (Le Roy Ladurie, *Carnaval de Romans*, p. 100). — *Je voulais dire qu'elle ne me semblait pas « éminente », ajouta-t-il en détachant cet adjectif* (Proust, *Rech.*, t. I, p. 204). — *Après avoir déjeuné au restaurant de la Cité, ou « chez Chablin »* (S. de Beauvoir,

Mémoires d'une jeune fille rangée, p. 334). — *Il prend un bock au « Rendez-vous des Cheminots »* (SARTRE, *Nausée*, M.L.F., p. 12). — *Il y termine « la Nouvelle Héloïse », publie « Émile » et « le Contrat social »* (*Environs de Paris*, Michelin, 1966, p. 140).

Les emplois enregistrés dans le *b)*, notamment pour les titres, se trouvent surtout dans les écritures où l'italique n'existe pas : écriture manuscrite, dactylographie. Dans un texte imprimé, il est préférable de réserver les guillemets pour l'usage qui leur est propre : encadrer les citations. Même dans un manuscrit ou dans un document dactylographié, on recourra plutôt au soulignement pour rendre l'italique.

Remarque. — Les guillemets sont parfois employés dans des cas où l'usage ordinaire s'en passe, par exemple pour des types de voitures ou d'avions (comp. § 87, *d*, Rem.) :

L'avion-fusée français Sud-Aviation « Trident » (*Gr. Lar. enc.*, s.v. aviation).

D'une façon générale, il semble que les usagers, les journalistes en particulier, aient tendance à abuser des guillemets. Craignant sans doute qu'on leur reproche des emplois trop familiers, ils utilisent ces signes pour des emplois figurés appartenant à l'usage général, par ex. pour *pot-de-vin*, etc.

c) Dans les ouvrages de linguistique, les guillemets sont employés pour les significations :

Oreillon [...] *existe depuis le XIIIᵉ s. au sens de « coup sur l'oreille »* (BLOCH-WARTBURG).

d) Les guillemets s'emploient assez souvent sous chacun des mots d'une ligne qui précède, pour marquer que ces mots sont virtuellement répétés ; ces guillemets peuvent être appelés *guillemets itératifs* :

On ne veut rien faire pour vous.
»   »   »   »   »   contre vous.

Remarque. — Il y a des guillemets de deux sortes : les guillemets français, formés de chevrons (« »), et les guillemets anglais, formé de paires d'apostrophes (ou de virgules), dont l'une présente les apostrophes à l'envers (" "). — On utilise aussi l'apostrophe simple (ainsi que la minute : cf. § 112), notamment quand une citation ou un discours direct sont insérés dans une autre citation :

« [...] Comment peux-tu dire : ' Montre-nous le père *'? [...] »* (*Bible de Jérus.*, Év. selon s. Jean, XIV, 9).

Ce procédé, d'origine anglaise, a pénétré assez récemment dans l'usage typographique français. Auparavant, on utilisait uniquement les guillemets français :

Et voici l'épisode sublime, [...] que Luc seul rapporte : « L'un des malfaiteurs pendus à la croix, l'injuriait, disant : « N'es-tu pas le Christ ? Sauve-toi toi-même et sauve-nous. » Mais l'autre le reprenait, en disant : « Ne crains-tu pas Dieu, toi qui es condamné au même supplice ? Pour nous, c'est justice, car nous recevons ce qu'ont mérité nos crimes ; mais lui, il n'a rien fait de mal. » (Fr. MAURIAC, *Vie de Jésus*, p. 268.) [C'est un enchevêtrement de guillemets, avec la complication supplémentaire que les derniers guillemets concluent à la fois les paroles du larron et la citation de saint Luc.]

Les chevrons simples (> <), V ou lambdas majuscules renversés, indiquent, dans les ouvrages de linguistique, les évolutions phonétiques : *Cantare* > *chanter* ou *Chanter* < *cantare*. — Dans certaines éditions critiques, ils servent là où d'autres mettent les crochets (§ 132, *b*).

Hist. — Les guillemets apparaissent au XVIe s. Leur nom est sans doute un dérivé de *Guillaume*, sans qu'on puisse préciser davantage.

134   Le **tiret** (que les typographes appellent le *moins*).

Il faut le distinguer du *trait d'union*, qui est plus court : cf. § 107.

a) Le tiret marque le *changement d'interlocuteur* dans les dialogues, en combinaison ou non avec les guillemets (§ 133) et avec l'alinéa ; cela fait trois procédés principaux, dont le premier est le plus courant aujourd'hui dans le roman :

> *Marceau lui dit d'une voix aux intonations lasses :*
> — *Tu ne penses pas, toi ?*
> — *Si. Des fois.*
> — *Qu'est-ce que tu penses ?*
> — *Des trucs.* (R. SABATIER, *Trois sucettes à la menthe*, pp. 159-160.)

> *J'ai ajouté [...] :*
> *« Il y a des tas d'installations bizarres, dans cette maison.*
> — *Oui, dit-elle.*
> — *J'ai remarqué beaucoup d'autres détails incompréhensibles.*
> — *Incompréhensibles n'est pas le mot »*, a-t-elle répondu après un instant de réflexion.
> (ROBBE-GRILLET, *Projet pour une révolution à New York*, p. 169.)

> *Comme nous évoquions les multiples affaires que le Gouvernement britannique avait traitées avec moi : « Savez-vous, me dit M. Eden avec bonne humeur, que vous nous avez causé plus de difficultés que tous nos alliés d'Europe ? » — « Je n'en doute pas »*, répondis-je, en souriant, *moi aussi. « La France est une grande puissance. »* (DE GAULLE, *Mém. de guerre*, t. II, p. 125.)

b) Comme les parenthèses (§ 131, *a*), deux tirets servent à isoler de la phrase certains éléments ; mais à la différence des parenthèses, les tirets peuvent mettre en valeur ce qu'ils isolent (par ex. dans le texte de Robbe-Grillet cité plus bas) :

> *Nous montions tout en haut de la — relativement — luxueuse rue du Stade* (S. de BEAU-VOIR, *Force de l'âge*, p. 312). — *Tous les États qui font la guerre — l'Amérique, par exemple — remettent à des généraux le commandement de leurs troupes en campagne* (DE GAULLE, *Mém. de guerre*, t. II, p. 141). — *Il me fallut plusieurs jours de travail — et de travail soigné, utile — pour me faire une raison* (H. BOSCO, *Rameau de la nuit*, p. 106). — *Parce que c'était mardi — ainsi le voulait son emploi du temps —, Robinson ce matin-là glanait [...]* (M. TOURNIER, *Vendredi ou les limbes du Pacifique*, F°, p. 55).

Devant le signe qui termine la phrase (point, etc.) ou la sous-phrase (double point), le second tiret disparaît :

> *Si vous restez sourds aux avertissements des saints, nous écopons avec vous, comme vous, plus que vous — s'il est permis d'employer cette expression familière.* (BERNANOS, *Grands*

cimetières sous la lune, Pl., p. 518.) — *Un autre homme est debout devant la bibliothèque, un peu à l'écart, les mains dans les poches — une espèce de voyou.* (ROBBE-GRILLET, *Gommes*, IV, 3.) — *D'une voix un peu rauque, et avec une rudesse inaccoutumée — la rudesse de quelqu'un qui revient du combat : / « Oui, mais on me l'a abîmée », dit-elle en souriant* (ALAIN-FOURNIER, *Gr. Meaulnes*, III, 12).

Si, à l'endroit où se place la parenthèse encadrée de tirets, le phrase demande une virgule, celle-ci se met, logiquement, après le second tiret : voir ci-dessus l'ex. de Tournier. — Mais il est assez fréquent que la virgule soit mise avant le second tiret ; il est rare qu'elle soit devant le premier tiret :

> *Mon Dieu — mon Dieu que je n'implore jamais que pour des fins incongrues, — faites que je ne devienne pas aveugle avant d'avoir eu cette bouche large* [de contentement] (MONTHERLANT, *Marée du soir*, p. 31). — *En tout cas, parlant d'une époque où le Bascot était capitaine du château de Trigalet, — c'était en 1373, 17 ans après Poitiers — Espan du Leu le décrit à Froissart en 1388 comme étant alors « ung escuier gascon »* (L. FOULET, dans *Romania*, 1951, p. 481).

Utiliser plus de deux tirets dans une phrase risque de la rendre peu claire, vu que, au contraire des parenthèses, rien ne distingue un tiret ouvrant d'un tiret fermant.

c) Le tiret peut suivre n'importe quel signe de ponctuation quand le scripteur veut, pour des raisons de clarté ou d'expressivité, rendre la pause plus nette :

> *Je suis le ténébreux, — le veuf, — l'inconsolé* (NERVAL, *Chimères*, Desdichado). — *Rien de ce qui est beau n'est indispensable à la vie. — On supprimerait les fleurs, le monde n'en souffrirait pas matériellement ; qui voudrait cependant qu'il n'y eût plus de fleurs ? Je renoncerais plutôt aux pommes de terre qu'aux roses* (Th. GAUTIER, Mlle *de Maupin*, Préf.). — *Pourtant son bras s'engourdissait sous le poids de cette tête lourde ; — mais elle était la mère qui, dans les nuits d'hiver, veillait parce que l'enfant ne pouvait dormir qu'en lui tenant la main* (Fr. MAURIAC, *Genitrix*, X).

On constate aussi une certaine tendance à remplacer la virgule ou d'autres signes par un tiret, sans raison particulière, surtout dans les notes rapides que l'on écrit pour soi :

> *Autres retours lassés — retours trop tard — soleil déjà couché — tristesses* (GIDE, *Journal*, t. I, p. 103).

d) Sur le tiret comme symbole en mathématiques et ailleurs (en parlant, on dit : *moins*), voir § 112. — Dans les index, dictionnaires et autres répertoires, le tiret tient parfois la place du mot servant d'entrée ; comp. § 112 (tilde). — Dans les tableaux, il remplace les mots situés juste au-dessus pour qu'on ne doive pas les répéter ; comp. § 133, *d* (guillemets).

135   **La barre oblique.**

Ce signe, qui se rapproche du symbole, s'est introduit au XXe siècle pour remplacer une conjonction de coordination, en particulier dans des expressions elliptiques (comp. avec le trait d'union : § 109, *c* et Rem.) :

La répartition de bu/bue *rappelle beaucoup celle de* roux/roue (A. MARTINET, *Prononc. du fr. contemp.,* p. 99). — *Voilà pour la différence artisan/bourgeois. Quant aux contrastes paysan/citadin* [...] (LE ROY LADURIE, *Carnaval de Romans,* p. 403) [= entre l'artisan et le bourgeois].

Notons en particulier la formule *et/ou* indiquant que ces conjonctions sont justifiées toutes deux (formule traduite de l'anglais et critiquée à ce titre : cf. § 1030, Rem. 1) : *Il y a des phrases pour la compréhension desquelles tout recours au contexte* ET/OU *à la situation est inutile* (G. MOUNIN, *Clefs pour la sémantique,* p. 166).

La barre oblique est l'équivalent de *par* dans des contextes techniques : *Si l'on projette cette copie à 24 images/seconde (Grand dict. enc. Lar.,* s.v. *cinéma). — Un débit total de 700 m³/s (ib.,* s.v. *Colorado). — La région d'Abidjan est densément peuplée (100 hab./km²) (ib.,* s.v. *Côte-d'Ivoire).*

Nous utilisons la barre oblique dans les citations pour indiquer les endroits où l'auteur va à la ligne, notamment dans les vers.

La barre oblique sert aussi dans les fractions : *1/48ᵉ de seconde (Grand dict. enc. Lar.,* s.v. *cinéma).*

s/ ou /s comme symboles de *sur* ou de *sous* conviennent aux notes que l'on prend pour soi-même, mais non à un livre. En voici pourtant un ex. imprimé, qui n'est pas à imiter : *Han s/ Lesse* (Th. BRAUN, *Passion de l'Ardenne,* 1949, p. 55).

Dans la langue commerciale, la barre oblique servait déjà au XIXᵉ siècle dans des expressions abrégées : *c/c* ou *C/C = compte courant ; v/c* ou *V/C = votre compte,* etc., cf. Bescherelle, t. I, p. 502 ; *Nouveau Lar. illustré,* t. II, p. 358. Le catalogue de Manufrance utilise encore concurremment, pour *centimètre* et *millimètre,* $^c/_m$ et *cm,* $^m/_m$ et *mm* (par ex. 1962, p. 532).

CHAPITRE III

LES MOTS

SECTION 1. — DÉFINITION. CLASSIFICATIONS

136   On définit le **mot** comme une suite de sons (ou de lettres, si on envisage la langue écrite) qui a une fonction [1] dans une phrase donnée, et qui ne peut se diviser en unités plus petites répondant à la même définition.

Mon frère est plus âgé que moi est une phrase composée de sept mots. — Le syntagme *mon frère* a lui aussi une fonction dans la phrase citée, mais on peut le diviser en deux unités qui ont une fonction : *mon* est subordonné à *frère*, et *frère* est le noyau du syntagme sujet.

La fonction de certains mots n'est pas *dans* la phrase ; elle est de constituer une phrase : *Merci*.

D'une manière plus abstraite, le mot est une suite de sons (ou de lettres) qui *peut* avoir une fonction dans une phrase.

Il fait, ou pourrait faire, l'objet d'un article dans un dictionnaire. *Tête* est un mot parce qu'il est susceptible de jouer, dans une phrase, le rôle de sujet, de complément d'objet direct, etc.

Dans ce sens plus abstrait, on regarde comme un seul mot des formes considérées comme de simples variantes de ce mot, que l'on désigne par une forme choisie comme représentant :

Le singulier pour les noms : *tête* représente *tête* et *têtes ;* — le masculin singulier pour les adjectifs : *vert* représente *vert, verte, verts* et *vertes ;* — l'infinitif présent pour les verbes : *avoir* représente *ai, as, a, avons, avez, ont, avais, eus, ai eu, avoir,* etc.

Remarques. — 1. Dans la définition du mot, certains feraient intervenir la notion de signification, mais cela entraîne une double difficulté.

D'une part, on distingue dans un mot comme *philanthrope* deux éléments dotés de signification *(phil-* et *-anthrope)* et qui ne sont pas des mots.

---

1. L'inventaire des fonctions dans la phrase est donné dans la deuxième partie de cet ouvrage.

D'autre part, il est difficile de parler de signification à propos de certains mots : par ex. pour *de* dans *Il essaie de dormir.*

Certains établissent d'ailleurs une distinction entre les *mots* **pleins,** dont le rôle est surtout de porter une signification : c'est le cas des noms, des adjectifs, de la plupart des verbes, — et les mots **vides,** dont le rôle est plutôt grammatical : c'est le cas des prépositions, des conjonctions, des verbes auxiliaires.

Mais il faudrait préciser que dans une même catégorie, comme les prépositions, il y a des mots plus ou moins vides : si *de* n'a pas de signification précise dans *Il essaie de dormir,* on ne dira pas la même chose pour *devant* dans *Il s'assied devant la porte.*

2. Il n'est pas toujours facile d'identifier le mot à l'intérieur d'une phrase.

Si on prend la langue écrite, on considère généralement le mot comme caractérisé par la présence d'un blanc (ou par un signe de ponctuation : § 117, *a*) avant et après. Mais la réalité n'est pas toujours aussi simple.

D'une part, à cause de l'apostrophe et du trait d'union.

L'apostrophe doit être considérée comme équivalant à un blanc, sauf dans *presqu'île, quelqu'un, s'entr'aimer,* etc. (§ 45, *b*) : *L'espoir* comprend deux mots ; *Il m'attend* trois mots. — Le trait d'union équivaut à un blanc quand il est marque d'unité grammaticale : *Dis-le, mangeait-il, moi-même,* etc. (cf. § 109), mais non lorsqu'il est marque d'unité lexicale : *pêle-mêle, presse-papier* (§ 108).

D'autre part, à cause des mots composés et des locutions et à cause des formes composées des verbes.

Dans *tout à fait,* les blancs permettent d'isoler trois mots, mais on serait bien en peine d'attribuer une fonction à *tout ;* dans *chemin de fer,* l'analyse grammaticale de *fer* est possible, mais elle ne s'accorderait pas avec la constatation que *fer* a perdu ici sa signification originelle, qu'il n'est plus analysable du point de vue sémantique. — Dans *Pierre* A VENDU *sa voiture, a vendu* doit être considéré comme une forme de *vendre* au même titre que *vendrait* ou *vendit.*

Enfin, les articles contractés, sous leur apparence de mots uniques, exercent deux fonctions, celle des éléments qui les constituent (préposition et article) : *du = de + le* dans *Le chien du jardinier.*

Si on prend la langue parlée, on n'y trouve pas les équivalents des blancs que l'on observe dans l'écrit. Dans une phrase, les sons se groupent, non en mots, mais en syntagmes, unifiés par l'accent tonique ainsi que par la liaison, l'enchaînement et l'élision : *J'ai rencontré mon voisin* [ʒeRãkɔ̃tʀe mɔ̃vwazɛ̃].

3. **Terme** est souvent un synonyme de *mot,* mais il s'emploie plus spécialement pour désigner : — soit chacune des unités lexicales d'une terminologie particulière : *cotylédon* est un terme de botanique ; — soit pour désigner un mot, ou un groupe de mots, en tant qu'exerçant dans une phrase une fonction déterminée : *Pierre dort* ou *Pierre se lave* ou *le chat dort* sont des phrases à deux termes ; *Pierre regarde sa sœur, le chat regarde Paul* sont des phrases à trois termes.

4. Indépendamment de la difficulté d'identifier le mot (Rem. 2), il n'est pas possible de préciser le nombre des mots français : le lexique se renouvelle sans

cesse ; il varie dans l'espace (le français régional est aussi du français) ; d'autre part, les vocabulaires scientifiques et techniques ont leurs propres nomenclatures, qui ne pénètrent que partiellement dans les dictionnaires généraux, même à but encyclopédique. Littré notait déjà que ce champ est « pour ainsi dire sans limite » et il précisait : « Pour ne citer que la botanique et la zoologie, les espèces y sont, dans chacune, au nombre de bien plus de cent mille, toutes pourvues d'un nom spécifique » (Préface, p. VIII). Depuis, la science n'a fait que se développer : le *Dict. fr. de médecine et de biologie*, de A. et L. Manuila, M. Nicole et H. Lambert (4 vol., 1970-1974) définit 150 000 mots. Or le nombre de mots dans le dict. de l'Acad. est d'environ 35 000 ; de 74 000 dans le *Grand Lar. langue.*

Sur le fait que le vocabulaire d'un auteur est riche ou pauvre, il règne bien des idées fausses : on continue à dire que Racine a écrit ses tragédies avec « mille mots triés pour plaire au Roi » (J.-P. Chabrol, dans le *Monde*, 10 janv. 1980). Ch. Muller a rappelé, à ce sujet (dans le *Monde* du 16 juillet 1980), qu'il y a dans les tragédies de Racine 3263 mots différents, que le vocabulaire du *Cid* était plus pauvre que celui de *Phèdre* et surtout que celui d'*Esther*, pièce commandée par le roi.

137   Quoique peu de linguistes renoncent tout à fait à se servir de *mot*, la linguistique structurale a tenté des analyses plus rigoureuses, en distinguant une unité entre le phonème et le syntagme, la plus petite unité porteuse d'information.

Dans l'école d'A. Martinet, cette unité est appelée **monème**. Il y a des monèmes grammaticaux ou **morphèmes,** dont le rôle est plus grammatical que sémantique, et des monèmes lexicaux ou **lexèmes,** dont le rôle est plus sémantique que grammatical.

Nous travaillons comprend trois monèmes : [nu], [tʀavaj] et [ɔ̃], le premier et le troisième étant des morphèmes et le deuxième étant un lexème. Dans *adorable*, on aurait deux lexèmes : [adɔʀ] et [abl].

Plus anciennement, on appelait *sémantème* le monème lexical, mais généralement en ne considérant pas comme tels les suffixes et les préfixes, qui étaient rangés parmi les morphèmes (par ex., *-able*). Cf. § 5, *a*, 3°.

Sous l'influence de la linguistique américaine, **morphème** est souvent pris aujourd'hui dans un autre sens, précisément pour désigner cette unité minimale qu'A. Martinet appelle *monème*. Mais, pour répondre à certaines des difficultés signalées dans le § précédent, on considère le morphème comme une notion abstraite, et le **morphe** comme sa réalisation concrète.

« Aller » (ou « all- ») est un morphème qui se manifeste dans les morphes *all-, ir-, v-.* Le morphème « pluriel », dans les noms, ne se concrétise pas, d'ordinaire, par des morphes particuliers si on envisage le français parlé ; dans le français écrit, il se réalise dans les morphes *-s* et *-x*.

Des linguistes·ressentent le besoin de dénommer l'unité supérieure au morphème et distincte du syntagme. Ils appellent cette unité **lexie :** la lexie simple correspond plus ou moins à ce que la tradition appelle *mot (terre)*, et la lexie composée à ce qu'elle appelle mot composé *(couvre-lit)* ou locution *(en avoir marre)*.

La linguistique quantitative ou statistique, exploitant surtout les documents écrits, reprend *mot* pour désigner l'unité séparée par deux blancs, tandis que *vocable* désigne une unité plus abstraite, regroupant les attestations d'un mot sous ses diverses formes :

L'article 146 du Code civil *Il n'y a pas de mariage lorsqu'il n'y a point de consentement* a 15 mots, mais seulement 10 vocables *(il, ne, y, avoir, pas, de, mariage, lorsque, point, consentement).*

Dans un ouvrage comme celui-ci, qui ne s'adresse pas seulement aux spécialistes, il ne nous a pas paru nécessaire d'introduire une terminologie aussi complexe et, comme on l'a vu, aussi mal fixée. Nous gardons *mot,* en lui donnant la définition signalée au § 136, malgré les difficultés auxquelles il est fait allusion à cet endroit ; les inconvénients sont d'ailleurs réduits par le fait que nous envisageons surtout la langue écrite. Nous donnons à *morphème* le même sens que Martinet, mais nous nous en servons assez peu, à cause de son ambiguïté. Nous n'employons ni *monème*, ni *morphe*, ni *lexème*, ni *lexie*, ni même *vocable*. Nous distinguons, d'après l'écriture, les *mots composés*, qui sont soit agglutinés, soit unis par le trait d'union marquant l'unité lexicale (§ 108), et les *locutions*, dont les éléments sont séparés dans l'écriture, mais qui forment une unité syntaxique et/ou lexicale (cf. § 181). Nous parlons aussi des *formes composées* des verbes *(ai mangé).*

138 L'ensemble des mots d'une langue est le **lexique.** — Les linguistes distinguent souvent le lexique du **vocabulaire,** considéré comme l'ensemble des mots utilisés dans une réalisation orale ou écrite : *Le vocabulaire de Corneille, du Code civil.*

La **lexicologie** est l'étude du lexique. Elle inclut notamment l'*étymologie,* qui s'intéresse à l'origine des mots (voir la section II de ce chapitre). La lexicologie s'intéresse aussi à leur disparition. Elle les étudie quant à leur fréquence, quant à leur signification. Ces diverses recherches ne peuvent guère être menées sur des mots pris isolément. En particulier, la signification d'un mot n'apparaît clairement que par la comparaison avec ceux qui appartiennent au même domaine de la pensée. C'est ainsi qu'on a publié des études intéressantes sur le vocabulaire politique de diverses périodes. On peut prendre aussi comme point de départ le vocabulaire d'un auteur.

Remarques. — 1. La **lexicographie** est l'ensemble des méthodes appliquées pour faire des dictionnaires.

Ces méthodes sont devenues depuis peu l'objet de recherches théoriques. B. Quemada voudrait réserver *lexicographie* à ces recherches, en appelant *dictionnairique* la technique elle-même.

2. *Lexicalisation :* voir § 180.

139 **Le classement des mots.** — On divise les mots en catégories ou classes, qu'on appelle traditionnellement **parties du discours** [2].

---

2. En latin, *partes orationis.* — *Discours* veut dire ici : « assemblage de mots qu'on emploie pour communiquer avec autrui ».

Elles concernent la *nature* du mot, laquelle s'oppose à sa fonction : *Chien* appartient à la classe des noms ; il a la fonction du sujet dans *Le chien dort.*

Un même mot appartient parfois à plusieurs catégories : *Rire* est tantôt verbe, tantôt nom. Cf. §§ 193-198.

Les listes de parties du discours ont beaucoup varié. La tradition utilisait, selon les catégories, des critères sémantiques [3] (pour le nom, l'adjectif et le verbe) ou des critères syntaxiques (pour la préposition et la conjonction notamment). Le procédé le plus sûr et le plus cohérent est de se fonder sur les critères morphologiques et les critères syntaxiques.

a) Le *critère morphologique* est essentiellement la variabilité ou l'invariabilité. Autrement dit, il y a des mots qui ont plusieurs formes et des mots à forme unique.

Cette variabilité concerne la catégorie dans son ensemble. Il y a des mots qui appartiennent à une catégorie de mots variables et qui pourtant ne varient pas, ou ne varient que partiellement :

Confus ne varie pas en nombre, mais c'est un adjectif comme *bon,* qui varie en genre et en nombre. *Nous* ne varie pas d'après la fonction ; il appartient pourtant à la même catégorie que *je (me, moi). Qui* ne varie ni en genre ni en nombre, mais c'est un pronom relatif comme *lequel (laquelle, lesquels, lesquelles).* — On observera d'ailleurs que, s'il ne porte pas extérieurement les marques du genre et du nombre, *qui* les contient implicitement, puisqu'il peut transmettre un genre, un nombre et aussi une personne aux mots qui s'accordent avec lui : *Les femmes qui* SONT VENUES *le voir.* — *Toi qui* PÂLIS *au nom de Vancouver* (titre d'un recueil de poèmes de M. THIRY).

b) Le *critère syntaxique* est la fonction (ou les fonctions) que le mot est susceptible de recevoir dans la phrase.

Selon ces critères, nous avons distingué onze espèces de mots : cinq espèces de mots *variables* (§ 140) et six espèces de mots *invariables* (§ 141).

Remarque. — La variabilité se manifeste ordinairement dans la finale des mots. Cette finale variable est appelée **désinence** et s'oppose au **radical** : par exemple, le verbe *chanter* a le radical *chant-* [ʃɑ̃t] et prend diverses désinences ; certaines sont purement graphiques comme *-ent ;* d'autres, à la fois graphiques et phonétiques, comme *-ons* [ɔ̃].

Dans un certain nombre de mots, que l'on appelle irréguliers, il est difficile de distinguer le radical et la désinence : par exemple, dans *œil* [œj] et *yeux* [jø] ; dans *ai* [e], *a* [A], *avons* [Avɔ̃], *ont* [ɔ̃], *eu* [y], etc.

---

3. Nous mentionnerons dans la troisième partie ces définitions sémantiques. Quoiqu'elles ne soient pas assez pertinentes, elles ne sont pas dépourvues d'intérêt.

Souvent dans l'oral, parfois dans l'écrit, les indications morphologiques ne sont pas portées par le nom, mais par le déterminant : *la femme* [lᴀ fᴀm], *les femmes* [le fᴀm] ; *le prix, les prix.* Celles du verbe sont portées éventuellement par le pronom sujet : *j'aime* [ʒ ɛm], *il aime* [il ɛm].

140   Mots variables :

a) Le **nom** ou **substantif** est porteur d'un genre, varie en nombre (parfois en genre), est susceptible d'être accompagné d'un déterminant ; — il est apte à servir de sujet, de complément d'objet direct ou indirect, d'attribut, etc.

On réunit parfois sous l'appellation de *nom* à la fois le substantif et l'adjectif.

b) L'**adjectif** varie en genre et en nombre (genre et nombre qu'il reçoit du nom auquel il se rapporte) ; — il est apte à servir d'épithète et d'attribut.

La 11ᵉ édition rangeait le déterminant (*c,* ci-dessous) sous l'adjectif, en distinguant l'*adjectif qualificatif* (que nous appelons seulement *adjectif*) et l'adjectif *non qualificatif* ou *déterminatif* (c'est notre *déterminant*). On notera aussi que certains adjectifs présentés comme déterminatifs, ou rangés avec eux, ne sont pas en réalité des déterminants : c'est le cas des numéraux ordinaux (§ 581), de *mien, tien,* etc. (§§ 594-595) et de *même, autre, quelconque* (§§ 621-624), que nous traitons dans le chapitre du déterminant, mais dans des annexes, parce qu'ils ont des rapports avec le déterminant.

c) Le **déterminant** varie en genre et en nombre (genre et nombre qu'il reçoit du nom auquel il se rapporte) ; — il se joint à un nom pour lui permettre de se réaliser dans une phrase.

Le déterminant possessif varie aussi en personne.

Par rapport à la 11ᵉ édition, on notera, outre ce qui est dit ci-dessus *(b),* que l'article est rangé parmi les déterminants, conformément aux observations qui étaient déjà faites dans cette édition (n° 850).

d) Le **pronom** varie en genre et en nombre (les pronoms personnels et possessifs varient aussi en personne ; les pronoms personnels, les relatifs et les interrogatifs varient aussi d'après leur fonction) ; — il est susceptible d'avoir les diverses fonctions du nom.

Par rapport aux noms, les pronoms constituent une catégorie finie, c'est-à-dire que le nombre des pronoms est limité, alors que la catégorie des noms s'accroît sans cesse. D'autre part, les noms ont une véritable définition, ce qui n'est pas le cas des pronoms.

Sur la distinction des pronoms en *nominaux* et en *représentants,* cf. §§ 626-627.

e) Le **verbe** varie en personne, en nombre, en temps, en mode et en voix (au participe, il varie parfois en genre) ; — il est susceptible de servir de prédicat.

Sous la forme du participe, le verbe est susceptible d'avoir les fonctions de l'adjectif. Sous la forme de l'infinitif, il est susceptible d'avoir les fonctions du nom.

141　　**Mots invariables.**

a) L'**adverbe** est apte à servir de complément à un verbe, à un adjectif ou à un autre adverbe.

b) La **préposition** établit un rapport de subordination entre des mots ou des syntagmes.

c) La **conjonction de subordination** établit un rapport de subordination entre un mot et une proposition.

d) La **conjonction de coordination** unit des mots ou d'autres éléments de même fonction.

La 11ᵉ édition (nº 2470) notait déjà — mais sans en tirer toutes les conséquences — qu'il était arbitraire de réunir dans une seule catégorie la conjonction de coordination et la conjonction de subordination. Elle proposait même d'appeler *conjonction* tout court la conjonction de coordination et *subjonction* la conjonction de subordination, ce qu'elle appliquait à divers endroits. Il nous a paru préférable d'utiliser les formules *conjonction de coordination* et *conjonction de subordination*, malgré leur longueur incommode.

La préposition et les deux espèces de conjonction sont des **mots de liaison.**

e) L'**introducteur** sert à introduire un mot, un syntagme ou une phrase.

Cette catégorie est une innovation de la présente édition.

On peut réunir la préposition, les deux espèces de conjonction et l'introducteur sous le nom de **mots-outils.** — L'appellation **mots grammaticaux** rassemble ces mots-outils, les déterminants et les pronoms ou, d'une façon plus générale, tous les mots dont le rôle est plutôt grammatical que lexical (il en va ainsi des verbes auxiliaires et de certains adverbes). — **Particules** est parfois employé pour l'ensemble des mots invariables. Mais on trouve aussi des applications plus restreintes : pour les mots invariables de peu de volume et non pourvus d'un accent tonique *(ne, très, et),* pour certains éléments difficiles à analyser dans des mots composés *(ci* dans *celui-ci ; da* dans *oui-da),* etc.

f) Le **mot-phrase** est apte à former une phrase à lui tout seul.

Cette catégorie est aussi une innovation de la présente édition. Elle ne peut être identifiée que partiellement avec l'interjection, puisqu'elle inclut des mots qui étaient traités parmi les adverbes, quoiqu'ils ne répondent pas à la définition de ceux-ci.

Parmi les parties du discours, le mot-phrase a une place à part, puisqu'il ne se définit pas par sa fonction dans la phrase, mais par le fait qu'il tient lieu d'une phrase.

SECTION 2. — ORIGINE DES MOTS

ART. 1. — GÉNÉRALITÉS

142 **L'étymologie** est la partie de la linguistique qui étudie l'origine des mots.

> *Étymologie* se dit aussi de l'origine d'un mot particulier : *On ignore* L'ÉTYMOLOGIE *de* camion. — L'**étymon** est le mot qui est à l'origine du mot que l'on étudie : *Le fr.* partir *a comme* ÉTYMON *le latin vulgaire* *partire, *lat. class.* partiri. — On distingue par l'astérisque les formes non attestées, reconstituées.

L'étymologie doit tenir compte de la phonétique, de la sémantique et des conditions historiques :

> Le fr. *poids*, anc. fr. *pois*, ne peut venir du latin *pondus* parce que cela serait contraire aux lois de la phonétique. — L'étymologiste doit expliquer comment *tuer* a pu sortir du lat. *tutari* (lat. vulg. **tutare*), qui signifiait « protéger ». — Parmi les faits historiques, citons par ex. l'implantation des Normands ou Vikings en Normandie ; cet événement explique que le parler de cette région contient des mots et des noms de lieux d'origine scandinave.

L'étymologie ne sert pas seulement à connaître le passé de la langue. Elle fonde les relations existant à un moment donné entre les mots d'une même famille ; mais nous verrons au § 144 que ces relations contredisent parfois la véritable étymologie. D'autre part, l'origine des mots détermine assez souvent leur graphie, leur prononciation et leur morphologie, ainsi que, naturellement, leur signification.

> **Hist.** — Le mot *étymologie* est emprunté au lat. *etymologia*, du gr. ἐτυμολογία, qui se rattache lui-même à l'adjectif ἔτυμος « vrai ». C'était, en effet, dans l'Antiquité, une recherche destinée à connaître le vrai sens des mots, parce que l'on croyait que celui-ci était nécessairement reflété par la forme. On se contentait de simples rapprochements ou de découpages du genre : *cadaver* « cadavre » = CA*ro* DA*ta* VER*mibus* « chair donnée aux vers ». — Les rapprochements non fondés historiquement sont encore aujourd'hui à la base de ce qu'on appelle l'*étymologie populaire* : cf. § 144.
>
> L'étymologie comme recherche historique apparaît dès le moyen âge, mais elle est d'abord faussée par la méconnaissance des faits historiques et par le désir de rattacher systématiquement les langues modernes à une langue jugée supérieure, comme l'hébreu ou le grec.
> L'étymologie n'est devenue une science qu'au début du XIXe siècle, quand on a reconnu l'importance des faits historiques (notamment, pour le français, le fait qu'il est issu du latin vulgaire apporté par la conquête romaine) et quand on a dégagé les lois de l'évolution phonétique.

Remarque. — Dans les recherches concernant l'histoire du français, l'étymon est généralement un mot, mais il peut parfois être une racine, c'est-à-dire une suite de sons que l'on considère comme l'élément de base qui est commun à tous les mots d'une famille : par ex. *chatouiller* est rattaché à une racine *k-t-l* qui expliquerait aussi l'anglais *kittle*, etc. Les racines jouent un rôle beaucoup plus important dans les recherches étymologiques mettant en œuvre les diverses langues indo-européennes.

On appelle **base** la forme qu'un mot prend dans les dérivés qui en sont issus : au mot *bœuf* correspond la base *bouv-* dans *bouvier*. — C'est l'équivalent du mot *radical*, mais celui-ci concerne spécialement la morphologie grammaticale (§ 139, Rem.).

143   Du point de vue de l'origine, les mots français peuvent être rangés en trois grandes catégories : le fonds essentiel, appelé **fonds primitif,** est constitué par le latin, auquel il faut joindre quelques survivances de langues antérieures et des mots pris aux Germains après les Invasions (voir ci-dessous, Art. 2) ; — les mots **empruntés** à des langues étrangères depuis le moment où le français est devenu une langue distincte du latin (Art. 3) ; — les **formations indigènes,** c'est-à-dire les mots fabriqués en français même, la plupart du temps à partir des mots appartenant aux deux catégories précédentes (Art. 4).

Il faut ajouter que des mots existants peuvent aussi recevoir des sens nouveaux, ce qui a été traité à part (Section 3, §§ 207-209).

Des spécialistes ont estimé que, chaque année, au moins 4 000 expressions ou termes nouveaux viennent s'agréger au lexique français.

144   Les familles de mots.

a) Les **familles historiques** sont celles qui sont fondées sur l'étymologie réelle, sur le fait qu'elles remontent à un ancêtre commun, mais par des chemins différents :

Du latin *aqua,* étymon ou base (§ 142, Rem.), sont issus notamment : *eau, évier, aiguière, aig(u)ail* (§ 93, *b,* Rem. 4), *eau forte, eau-de-vie, aquatique, aqueux, aquifère, aqueduc, aquarium, aquarelle, aigue-marine, gouache.*

Si l'on remonte au-delà du latin et si l'on prend en considération les relations du mot latin avec les autres langues indo-européennes, on élargit très fort la famille :

Le latin *deus* remonte à une racine indo-européenne **dei-,* à laquelle se rattachent non seulement *dieu, déesse, déifier, Te Deum,* et aussi *divin, devin,* Jupiter, *jovial,* jeudi, joubarbe ; mais encore les mots remontant au lat. *dies :* lundi, dimanche, midi, aujourd'hui, *diane* (nom commun féminin), *quotidien, méridien, méridional, diète* (« assemblée politique »), *jour, bonjour, toujours, ajourner, ajourer, séjourner, journée, diurne,* etc.

b) Les **familles synchroniques** sont celles dont les relations restent perceptibles par les usagers d'aujourd'hui.

Parmi les exemples donnés ci-dessus, on voit que *eau* et *aquatique* ou *aqueux*, que *dieu* et *déesse*, *déifier* ou *divin* continuent d'être sentis comme apparentés ainsi que le montrent les définitions : *Aquatique*, « qui vit dans l'*eau* » ; — ou les transformations opérées pour des besoins morphologiques ou syntaxiques : *Déesse* est le féminin de *dieu* ; *la bonté de* DIEU → *la bonté* DIVINE.

Mais beaucoup d'autres relations ont cessé d'intervenir dans le fonctionnement des mots : par ex., personne ne met spontanément *salade* en rapport avec *sel*, *panier* avec *pain*.

En revanche, des mots qui n'ont pas une origine commune sont sentis comme apparentés à cause de leur ressemblance formelle et sémantique ; c'est ce qu'on appelle l'**étymologie populaire** :

Échec fonctionne comme le nom correspondant au verbe *échouer (Le projet échoue, l'échec du projet) ;* les *forains* fréquentent les *foires ;* les *habits* servent à *habiller*. — Autres ex. au § 163, Rem. 1.

Remarque. — Sans que l'on puisse parler de *famille*, puisqu'il n'y a pas de parenté formelle ni historiquement ni synchroniquement, il faut mentionner le fait, très important dans le fonctionnement du français, qu'un même concept est exprimé par des mots ou par des bases d'origines différentes, ces mots étant malgré cela mis par le locuteur en rapport les uns avec les autres :

Une course de CHEVAUX → *une course* HIPPIQUE ; *une statue représentant un homme à* CHEVAL → *une statue* ÉQUESTRE ; *un* AVEUGLE *est atteint de* CÉCITÉ ; *celui qui habite une* VILLE → *un* CITADIN ; *un collectionneur de* TIMBRES-POSTE → *un* PHILATÉLISTE.

145   **Les doublets.** — On appelle *doublets* des couples de mots issus du même étymon mais qui ont une forme différente.

a) La catégorie principale est constituée par des couples d'origine latine, mais un des deux est un mot dit *populaire*, qui fait partie du fonds primitif et a subi, par conséquent, une évolution phonétique et sémantique qui l'a écarté de son étymon, — tandis que l'autre est un mot dit *savant*, emprunté par la suite et plus proche de l'étymon quant au sens et quant à la forme. Il y a plus de 800 doublets de cette espèce.

LATIN	FORMATION POPULAIRE	FORMATION SAVANTE	LATIN	FORMATION POPULAIRE	FORMATION SAVANTE
auscultáre	écouter	ausculter	*navigáre*	nager	naviguer
délicátum	délié	délicat	*officínam*	usine	officine
exámen	essaim	examen	*potiónem*	poison	potion
factiónem	façon	faction	*praedicatórem*	prêcheur	prédicateur
masticáre	mâcher	mastiquer	*prehensiónem*	prison	préhension
natívum	naïf	natif	*redemptiónem*	rançon	rédemption

(Nous donnons les noms et adjectifs latins à l'accusatif, parce que c'est de là que viennent les formes populaires conservées [comp. *c*, ci-dessous], mais les formes savantes sont souvent tirées du nominatif latin.)

Certains mots latins, selon qu'ils étaient accentués ou non, ont donné deux formes populaires distinctes :

Me tonique > MOI ; atone > ME ; — *meum* tonique > MIEN ; atone > MON.

Des participes présents formés sur des verbes français ont un doublet emprunté au latin : CONCOURANT et CONCURRENT ; DIFFÉRANT et DIFFÉRENT, etc. (§ 887, *b*) ; plus rarement un doublet venant du fonds primitif : SERVANT et SERGENT < *serviéntem*.

b) D'autres doublets résultent de l'introduction de mots étrangers ou dialectaux à côté de leurs congénères français :

Lat. *cápsam* > fr. CHÂSSE, prov. *caissa* → CAISSE. — Lat. *cáput*, lat. vulg. **cápum* > fr. CHEF, prov. *cap* → CAP. — Lat. *nígrum* > fr. NOIR, esp. ou port. *negro* → NÈGRE. — Lat. *scálam* > fr. ÉCHELLE, it. *scala* → ESCALE. — Lat. *dóminam* > fr. DAME, esp. *dueña* → DUÈGNE, it. *donna* (→ *madonna* → MADONE). — Lat. vulg. **exquádra* > fr. *équerre*, it. *squadra* et esp. *escuadra* → ESCADRE. — Lat. vulg. **excappáre* > fr. ÉCHAPPER → RÉCHAPPER, picard *escaper* → *rescaper* → RESCAPÉ.

Un bon nombre de mots de l'anc. fr. (exactement, de l'ancien normand) introduits en anglais sont rentrés dans notre vocabulaire avec une forme et un sens différents :

Tonel, ancienne forme de *tonneau,* → *tunnel ;* — *bougette* « petit sac » → *budget ;* — *entrevue* → *interview ;* — *tenez* → *tennis ;* — *char,* ou plutôt normand *car* → angl. *car ;* — *esquarre,* variante d'*esquerre,* → *square.* (*Équerre, square* et *escadre* sont donc des triplets.)

Certains doublets sont constitués de deux mots d'emprunt :

Lat. *canna* > it. *canna* (→ *cannone* → CANON), esp. *caña* (→ *cañon* → fr. CAÑON). — Le persan *diwan* a donné le turc *diouan* (→ DIVAN) et l'arabe *diouân* (→ anc. it. *doana* → DOUANE). — L'arabe *sifr* a donné *cifra* en lat. du moyen âge (→ it. *cifra* → CHIFFRE) et *zefiro* en ital. (devenu *zero* → ZÉRO).

c) On range aussi parmi les doublets des mots issus de deux formes d'un même mot latin :

— L'une est le nominatif latin et le cas sujet de l'anc. fr. (§ 8), l'autre est l'accusatif latin et le cas régime de l'anc. fr. : *hómo* > ON ; *hóminem* > *ome*, aujourd'hui HOMME ; — *pástor* > PÂTRE ; *pastórem* > PASTEUR (le maintien de l'*s* s'explique par une influence savante du mot latin ; cf. *pâtour* en fr. régional : par ex. chez G. SAND, *Pet. Fadette,* X).

— L'une est le singulier d'un nom neutre latin, l'autre son pluriel, devenu nom féminin singulier en lat. vulg. : *granum* > GRAIN ; *grana* > GRAINE ; — *vascellum* > VAISSEAU ; *vascella* > VAISSELLE. Cf. § 574, *b* (mil, mille).

d) Quelques doublets résultent d'évolutions concurrentes en fr. même :

L'anc. fr. hésitait entre *beer* et *baer,* aujourd'hui BÉER et BAYER.

L'anc. fr. *col* (cas régime sing. ; *cous* au cas régime plur.) a donné à la fois COL et COU. De même MARTEL *(se mettre martel en tête)* coexiste avec MARTEAU ; APPEL avec APPEAU. Pour VIEUX-VIEIL, BEAU-BEL, etc., cf. § 46, *e*.

L'anc. fr. ROIDE est devenu RAIDE (§ 60, *a*), mais l'ancienne forme a subsisté à côté de la nouvelle.

L'anc. participe présent AMANT est resté comme nom ; comme participe, il est devenu AIMANT. De même SAVANT et SACHANT, SÉANT et SEYANT, PUISSANT et POUVANT, avec la réserve que *puissant* avait cessé, dès les plus anciens textes fr., de s'employer comme participe.

PLAISIR devenu nom a été remplacé à l'infinitif par PLAIRE.

Il y a aussi des doublets graphiques : *conter* et *compter* (§ 89, *b*).

146   Le néologisme.

Depuis que le français existe, il n'a cessé d'intégrer à son lexique de nouvelles unités ou de donner des sens nouveaux aux mots déjà en usage. Ces innovations sont des **néologismes.** La tendance elle-même est appelée *néologie.*

Mais le mot *néologisme* fait d'ordinaire appel au sentiment des usagers, qui reconnaissent le mot comme non intégré au lexique. Cela veut dire que des mots même assez récents peuvent cesser d'être ressentis comme tels, lorsqu'ils sont entrés dans l'usage commun. Inversement, un mot relativement ancien, mais peu usité, sera taxé de néologisme :

Par ex., *automobilisable,* employé par Gide en 1927 (*Journal,* t. I, p. 866), est resté sans lendemain et garde sans difficulté l'étiquette de néologisme. — Dans *La résistible ascension d'Arturo Ui,* titre français d'une pièce de B. Brecht, l'adjectif a fait l'effet (et fait encore l'effet) d'un néologisme, alors qu'il est déjà chez Bossuet et dans divers dictionnaires. Il est d'ailleurs vraisemblable que l'auteur de ce titre a recréé le mot d'après *irrésistible* et n'a pas consulté les dictionnaires. — *Coordonnées* « renseignements permettant d'atteindre une personne, un organisme (adresse, numéro de téléphone, etc.) » est apparu vers 1960. Les locuteurs qui ont appris à parler après cette date ne sentent sans doute plus l'emploi comme nouveau, au contraire des gens appartenant aux générations précédentes.

La néologie rencontre souvent de la résistance parmi les usagers, et non seulement parmi les grammairiens. En particulier, la dérivation française n'est pas automatique (cf. § 161), et les usagers préfèrent souvent à une dérivation française un emprunt ou une formation sur une base étrangère : par ex., *kitchenette* (de l'anglais) à *cuisinette, liftier* à *ascensoriste* (à peu près inusité).

147   Pourquoi des néologismes ?

a) Un grand nombre de néologismes, surtout les noms, sont dus à la nécessité de désigner une réalité ou un concept nouveaux : *Hélicoptère, télégraphier, ferroviaire.*

b) Beaucoup d'autres ne concernent pas une réalité ou un concept nouveaux, mais répondent au besoin de désigner des choses déjà connues par un nom jugé plus efficace, et dans ceci il y a des degrés fort divers, comme le montrent les ex. suivants :

La terminologie scientifique ne peut s'accommoder des désignations populaires et leur a substitué des termes formés d'après le latin ou le grec ; cela est assez compréhensible quand la désignation populaire passait pour grossière *(anus, pénis)*, tandis que d'autres substituts n'ont guère comme justification que de donner plus de prestige à la chose et aux personnes qui en parlent *(pédiluve* pour *bain de pieds)*.

Voulant construire une grammaire sur des principes nouveaux, Damourette et Pichon ont estimé qu'ils devaient imaginer pour cela presque toute une terminologie, remplaçant *mode* par *mœuf, temps* (du verbe) par *tiroir*, distinguant la *diaschète* (attribut à valeur nominale) de la *diathète* (attribut à valeur adjectivale), etc.

Le souci de l'euphémisme amène à remplacer les mots jugés déplaisants : *cabinet(s)* a perdu sa valeur euphémique et on préfère *toilette(s)*, etc. — *Œuvres de charité* paraissant aujourd'hui ressortir à un paternalisme désuet, on lui préfère *œuvres caritatives.*

Le domaine de la mode abonde en néologismes : une désignation nouvelle est de nature à convaincre mieux les acheteurs que la chose est nouvelle.

Les utilisateurs de l'argot ont parfois comme but de ne pas être compris des non-initiés, mais il est tout aussi important de se distinguer des usagers ordinaires : l'argot étudiant a sûrement cette fonction, qu'on trouverait également dans d'autres milieux.

c) Il y a des néologismes involontaires.

Les uns sont dus au bilinguisme : un locuteur fait passer un mot ou un sens de l'une à l'autre des langues qui lui sont familières.

D'autres s'expliquent par la tendance à la régularité, à la simplicité :

°*Solutionner* est tiré de *solution*, au lieu de *résoudre* (§ 169, *a*, 1). *Quasiment* (de *quasi*) a reçu la finale qui caractérise la plupart des adverbes de manière (§ 164, Rem.). Des adjectifs en -*able, -ent, -ant* qui ne proviennent pas de verbes donnent naissance aux verbes qui paraissaient manquer : *Urgent* → °*urger* (§ 174). *Boni* reçoit en Belgique un antonyme °*mali*, de formation tout à fait parallèle.

Les néologismes involontaires sont particulièrement fréquents dans le domaine sémantique : cf. § 209.

148　　**Disparition des mots.**

Si des mots nouveaux apparaissent, des mots sont sortis de l'usage tout au long de l'histoire du français.

Il y a là-dessus, dans les *Caractères* de La Bruyère (XIV, 73), un développement célèbre, d'où nous tirons ce passage : « [+]L'usage a préféré [...] dans les verbes, *travailler* à *ouvrer, être accoutumé* à *souloir, convenir* à *duire, faire du bruit* à *bruire, injurier* à *vilainer, piquer* à *poindre, faire ressouvenir* à *ramentevoir...* ; et dans les noms, *pensées* à *pensers*, un si beau mot, et dont le vers se trouvait si bien ! *grandes actions* à *prouesses, louanges* à *los, méchanceté* à *mauvaistié, porte* à *huis, navire* à *nef, armée* à *ost, monastère* à *monstier, prairies* à *prées.* »

Comme le notait déjà La Bruyère, il est souvent difficile de savoir pourquoi tel mot a disparu. On invoque le besoin de mettre fin à une homonymie gênante, à une brièveté excessive, à une surcharge sémantique, la préférence pour un verbe régulier ou pour un mot plus expressif. Mais ces raisons ne sont pas des lois.

Ouvrer « travailler » avait une conjugaison en partie semblable à celle d'*ouvrir*. — *Aé* « âge » devait aboutir à *é. — La surcharge sémantique entraîne moins la disparition totale

que la réduction de sens : ce fut le cas pour *traire* « tirer ». — *Choir,* verbe irrégulier, a cédé
la place à *tomber.* — *Goupil* a été remplacé par *renard,* lequel a été répandu par le *Roman de
Renart,* livre à succès.

Mais *louer* résiste à l'homonymie avec *louer* « vanter » et à une polysémie qui devrait
être gênante : « donner en location » et « prendre en location ». — Les mots très brefs ne
manquent pas en fr. : *eau, haut, haie, hait, août, hie, an...* — Un verbe comme *tirer* a hérité
de la polysémie de *traire.* Etc.

La raison qui reste la plus sûre est la disparition de la réalité désignée : par ex.,
bièvre ; son synonyme *castor,* empr. du latin, est un mot livresque, un terme de zoologie. Cette raison est particulièrement efficace dans le domaine de la civilisation :
par ex., l'adoption du système métrique a rendu désuètes les anciennes mesures.

Une disparition peut ne pas être définitive, mais il est souvent difficile d'expliquer certaines résurgences.

Des mots employés par des auteurs beaucoup lus, Rabelais et les classiques par ex.,
retrouvent parfois leur vitalité : *farfelu* a été repris par Malraux (*Lunes en papier,* p. 170) à
Rabelais. L'intérêt pour le moyen âge depuis l'époque romantique a remis en usage
prouesse, hostellerie, courtois, chevaucher, etc. Mais pourquoi a-t-on ressuscité *clamer* au
XIXe s. (VERL., *Fêtes galantes,* Fantoches) ? Et pourquoi *idoine,* archaïsme littéraire ou
plaisant, est-il rentré récemment dans le lexique général (un délégué des mineurs parlait à la
télévision française le 1er avril 1975 de *mesures* IDOINES) ?

La disparition peut aussi ne pas être totale : c'est le cas des archaïsmes traités
dans le § suivant.

149   L'archaïsme.

Bibl. — *Cahiers de l'Association internationale des études franç.,* n° 19, 1967.

On appelle *archaïsme* le fait d'utiliser un mot, une forme, un
sens, une construction, etc. qui ont cessé d'appartenir à la langue
commune.

a) L'archaïsme proprement dit consiste à ressusciter occasionnellement un mot ou un emploi que l'on peut considérer comme disparus :

PREMIER QUE DE [= avant de] *partir, nous entendrons encore / Tes dix doigts asservir à
l'*AVÈNE [= pipeau, latinisme autant qu'archaïsme] *sonore / Une sylvestre muse* (MUSELLI,
trad. de la 1re églogue de Virgile, cité dans le *Figaro litt.,* 15 janv. 1955). — *La bombe qui l'a
frappé a, du même coup, tué sa mère, tué sa femme et sa fille,* NAVRÉ [= blessé] *deux de ses
garçons* (G. DUHAMEL, *Lieu d'asile,* XV). — *Au moment même qu'il naissait, le feu prit à la
maison. Dans le remue-ménage, on renversa sur l'*ENFANÇON [= petit enfant] *un pot de crème*
(POURRAT, *Gaspard des Montagnes,* t. I, 1931, p. 48). — Archaïsmes graphiques : *faulx*
(§ 90, *e,* Hist.), *poëte* (§ 104, Hist.).

Souvent l'intention est ironique, badine ; c'est le cas de mots restés bien
connus comme *occire* et *moult.* — Lorsque les archaïsmes sont particulièrement
nombreux, on aboutit au pastiche : ainsi, dans les *Contes drolatiques* de Balzac,
où même l'orthographe imite celle du XVIe s.

On mettra à part les *archaïsmes historiques,* c'est-à-dire les mots désignant des réalités de jadis et dont on doit presque nécessairement se servir pour décrire ces époques : par ex. les noms des monnaies *(écu),* des armes *(tromblon),* des vêtements *(haut-de-chausses),* des institutions *(plaid),* etc.

À côté des emplois vraiment disparus, il y a des emplois en voie de disparition, devenus rares, sans qu'il y ait eu à proprement parler une disparition et une résurrection :

Le nom **penser,** que regrettait La Bruyère (cité au § 148), est resté une tradition des poètes : A. Chénier, *Poèmes,* Invention ; Hugo, *Odes et ball.,* Odes, III, 1 ; Nerval, *Élégies et sat.,* Fontainebleau ; Baudel., *Fl. du m.,* Élévation ; Verl., *Jadis et nag.,* Pucelle ; Jammes, *Géorgiques chrét.,* V ; M. Noël, *Œuvre poét.,* p. 139. — On le trouve d'ailleurs parfois en prose : Barrès, *Du sang...,* p. 292 ; Bernanos, *Imposture,* p. 91 ; R. Kanters, *Des écrivains et des hommes,* p. 203.

b) On parle aussi d'archaïsmes à propos d'emplois qui, après avoir appartenu à la langue commune, ne sont plus utilisés que par une partie des usagers.

Tantôt il s'agit de façons de parler devenues régionales : *Horloge* masculin à Rouen (§ 458, Hist.) ; *aller à messe* (pour *à la messe*) en Wallonie et ailleurs (§ 570, 4°, Rem. 2). — Tantôt il s'agit de survivances dans les vocabulaires techniques : comme *espace* féminin chez les imprimeurs (§ 456, *b*), les féminins en *-eresse* (§ 489, *c*) ou le démonstratif *icelui* (§ 668, *e*) chez les juristes. On y joindra les emplois qui subsistent sporadiquement dans la langue littéraire : c'est le cas de *penser* comme nom (cf. *a,* ci-dessus).

c) On parle aussi d'archaïsmes pour des mots, des formes, des constructions, etc. qui s'employaient librement dans une époque antérieure et qui ne subsistent plus que dans des emplois isolés, figés :

Férir dans *sans coup férir* (§ 848, 14) ; *ce* tonique dans *sur ce,* etc. (§ 676, *c*). Autres ex. § 181, Rem. 1.

Certains emplois peuvent appartenir en même temps à plusieurs catégories : *avant que de* reste vivant dans la langue parlée par les campagnards de l'Île-de-France et de l'Orléanais, tandis que des écrivains y recourent à l'imitation des classiques (§ 991) ; les féminins en *-eresse* auraient pu être cités aussi dans le *c).*

ART. 2. — LE FONDS PRIMITIF

150   Le fonds essentiel du français est constitué par le **latin** importé en Gaule à la suite de la conquête romaine (cf. § 7, *a*).

C'est le fonds essentiel parce que ce sont les mots qui existent en français depuis que celui-ci existe, qui n'ont d'autre date de naissance que celle du français même (alors que les mots d'emprunt et les formations indigènes sont apparus dans l'histoire du français à un moment donné).

Le fait que les dictionnaires donnent une date pour les mots du fonds primitif ne doit pas induire en erreur : c'est la première attestation dans un texte et non une date de naissance (il en est d'ailleurs très souvent de même pour les emprunts et pour les formations indigènes).

C'est aussi le fonds essentiel parce que c'est de là que proviennent les mots les plus fréquents, presque tous les mots-outils indispensables et aussi les mots qui désignent les réalités fondamentales de la vie : *naître, vivre, aimer, mourir, manger, dormir, boire...*

Les vingt mots les plus fréquents du lexique français actuel sont tous venus du fonds primitif latin. C'est aussi le cas de 82 des cent mots les plus fréquents, les autres étant pour la plupart (14) formés en français de mots venus du latin (*oui, alors, dans,* articles contractés, etc.) ; restent les trois onomatopées *ah, oh, hein,* et le cas complexe de *petit* (§ 199).

Dans un théorème de géométrie comme LE CARRÉ *construit* SUR L'*hypoténuse* D'UN *triangle rectangle* EST *équivalent* À LA *somme* DES CARRÉS *construits* SUR LES DEUX AUTRES CÔTÉS, les mots étrangers au fonds primitif sont la minorité.

Le latin importé en Gaule est un latin *parlé,* qu'on appelle traditionnellement **latin vulgaire.**

Du point de vue lexical, ce latin avait abandonné un certain nombre de mots de la langue classique et littéraire et il connaissait d'autre part des mots et des sens qu'ignorait le latin littéraire. Ceux-ci se retrouvent en français et dans les autres langues romanes, tandis que les premiers ont disparu. (Naturellement, il ne faut pas confondre le latin vulgaire avec le bas latin ou latin post-classique.)

Mots disparus : *equus,* remplacé par *caballus,* d'où vient *cheval* (cf. Rem.) ; *puer,* remplacé par *infans,* qui en lat. class. signifiait « petit enfant », d'où vient *enfant ; crus* remplacé par *gamba* « patte », d'où vient *jambe* (cf. Rem.) ; *pulcher,* remplacé par les synonymes *formosus* et *bellus,* en lat. class. « joli », d'où vient *beau* ; etc.
Mots propres au lat. vulg. : **amicitas* (d'où *amitié*), lat. class. *amicitia ; pausare* (d'où *poser*) ; *culus* (d'où *cul*) ; **cloppicare* (d'où le verbe *clocher*), dér. de l'adj. *cloppus* « boiteux », lui-même populaire ; etc. — Sens propres au lat. vulg. : *collocare* « placer » a pris le sens qu'on retrouve dans *coucher ; coxa* « hanche » désigne la *cuisse ; spatula* « cuiller » est appliqué par métaphore à l'*épaule ;* etc.
Le lat. vulg. a aussi réduit le nombre des formes irrégulières, substituant par ex. **potére* (d'où *pouvoir*) à *posse ; *éssere* (d'où *être*) à *esse ; *usáre* (d'où *user*) à *uti.*

Ce latin parlé a subi de profondes modifications par l'application des lois phonétiques (§§ 51-82) :

Augústum > lat. vulg. *agosto* (c'est encore la forme de l'ital. et de l'espagnol) > anc. fr. *aost* > fr. [u] écrit *août* (§ 90, *e*, Rem.).

Remarque. — Le lexique latin passé en français par voie populaire n'était pas constitué seulement de mots proprement latins.

Les Latins avaient conservé certains mots des langues existant en Italie avant leur arrivée, notamment de l'étrusque : on a expliqué ainsi les étymons de *fenêtre, personne, puits, taverne,* etc.

Les Latins ont aussi emprunté des mots à diverses langues, parfois difficiles à déterminer (c'est le cas pour *caballus*). Il faut mentionner tout spécialement les mots grecs intégrés au latin parlé et par suite transmis au français : *beurre, chère* (d'abord « visage »), *corde, encre, jambe, moine, perdrix, prêtre,* etc.

Sur les mots gaulois et germaniques, voir le § suivant.

151   Le **substrat** et le **superstrat** (cf. § 7, *b, c*).

a) Tout en adoptant le latin, les habitants de la Gaule ont gardé un certain nombre de mots de leur langue propre, le **gaulois.** Voici quelques-unes de ces survivances passées dans le français : *bassin, bouc, cervoise, dru, jante, lie, marne, tan...*

Quelques mots gaulois avaient été empruntés par le latin commun, ce qui explique leur présence dans l'ensemble des langues romanes : lat. *cambiare,* fr. *changer* ; lat. *carrus,* fr. *char.* — En mettant ensemble tous les restes (directs ou indirects) du gaulois dans le fr. actuel, on n'arrive pas à cent mots.

À travers le gaulois et le latin de Gaule, nous avons aussi conservé quelques mots de la langue parlée avant celles-là : *ajonc, motte, pot, roche...*

b) Les mots que le français a gardés du **francique,** langue des Francs, attestent l'importance de ce peuple en Gaule à l'époque des Invasions. Ils concernent des domaines très variés :

Baron, blé, blesser, danser, étrier, gage, gant, gaufre, haie, haïr, hareng, hêtre, laid, maint, moue...

Un certain nombre de mots d'origine francique ont disparu avec le recul des institutions que les Francs avaient introduites et avec le retour du droit romain notamment.

Il est souvent difficile de distinguer l'apport francique et l'influence germanique que le latin avait subie avant les Invasions et qui résultait notamment de la présence de guerriers germaniques dans l'armée romaine. Du fait que les mots suivants sont attestés dans les autres langues romanes, on les considère comme appartenant à cette première couche . *Banc, blanc, braise, épeautre, frais* (adj.), *garder, guerre, harpe, rôtir...*

Si l'on met ensemble tous les restes du germanique ancien (mots d'origine francique ou emprunts antérieurs aux Invasions) dans le français actuel, on arrive à près de 400 mots.

ART. 3. — LES EMPRUNTS

152 On appelle **emprunts** les éléments qu'une langue, au cours de son histoire, a pris à d'autres langues.

a) Ce que l'on emprunte le plus facilement, ce sont des mots, spécialement des noms, des verbes et des adjectifs. Un mot déjà existant peut aussi recevoir le sens que possède le mot équivalent dans une langue étrangère. Des langues dont le prestige est grand et auxquelles on prend beaucoup de mots donnent aussi d'autres éléments : mots grammaticaux, suffixes et procédés de formation, tours syntaxiques, graphies, plus rarement des sons.

L'italien a fourni au français plusieurs suffixes : § 162, *b.* — Dans l'état de bilinguisme qui régnait après les Invasions, plusieurs mots grammaticaux ont été intégrés au latin de Gaule (par ex. *maint, guère*). C'est alors aussi que l'*h* aspiré a été réintroduit.

Un type particulier d'emprunt est le calque ou traduction littérale : *Surhomme*, de l'allemand *Übermensch ; gratte-ciel* de l'angl. d'Amérique *skyscraper.*
Le prestige de certaines langues est tel que l'on fabrique parfois des mots ayant l'apparence de mots empruntés à ces langues : c'est le cas du latin (§ 153, Rem.) et de l'anglais (§ 156).

b) On distingue les emprunts **savants,** par voie écrite, et les emprunts **populaires,** par voie orale.

Les emprunts savants sont le plus souvent faits au latin et au grec. Les emprunts populaires aux langues modernes.

Mais il y a des emprunts populaires au latin de la liturgie : *lavabo.* Et certains mots ont été empruntés à des langues vivantes par l'écrit : par ex. dans un domaine comme la philosophie.

c) Sur l'**adaptation** des mots d'emprunt, on peut faire les observations suivantes :

— Du point de vue sémantique, on emprunte ordinairement un seul des sens de la langue donneuse, et si le mot y a un sens très général, il est particularisé dans la langue emprunteuse :

Building en anglais désigne un bâtiment quelconque ; en français, un bâtiment à nombreux étages.

— Du point de vue phonétique et graphique, on respecte davantage aujourd'hui la forme étrangère, surtout écrite, mais les sons étrangers sont remplacés par les équivalents français, et l'accent tonique frappe nécessairement la dernière syllabe. Il y a souvent chez les usagers des différences de prononciation ou d'orthographe.

L'it. *macarone*, plur. *macaroni*, a été emprunté deux fois, sous la forme *macaron* au XVIe s., plus tard sous la forme *macaroni*. — L'anglais *shampooing*, dont l'orthographe est respectée, est tout à fait francisé dans la prononciation [ʃɑ̃pwɛ̃]. — *Bifteck*, dont l'orthographe a été simplifiée, a connu un grand nombre de graphies : à côté de la graphie anglaise *beefsteak*, on trouve *beefstake* (SAND, *Corresp.*, mai 1831), *beefsteck* (S. de BEAUVOIR, *Mandarins*, p. 87), *beefteak* (BALZAC, *Physiologie du mariage*, XXIX), etc.

— Du point de vue morphologique, certains mots empruntés gardent des particularités de la langue d'origine, surtout s'ils ne sont pas intégrés à l'usage général : notamment le pluriel (cf. §§ 521-525). — Les verbes adoptent nécessairement la conjugaison française.

d) Certaines langues ont été particulièrement à la mode et ont par conséquent donné beaucoup de mots, notamment des mots dont le besoin ne se faisait pas sentir. C'est le cas du latin (§ 153), de l'italien (§ 155), de l'anglais (§ 156). Sans qu'on puisse parler de mode, le grec mérite une place à part (§ 154). Les langues voisines du domaine français ont eu une influence non négligeable et régulière (§ 157). Quant aux autres langues, les emprunts sont passés ordinairement par l'intermédiaire des langues en contact direct avec le français (§ 158).

153   **Le latin.**

On trouve en français un très grand nombre de mots (dits **savants**) d'origine latine, mais qui n'ont pas suivi l'évolution phonétique des mots (dits **populaires**) qui constituent le fonds primitif (§ 150). Dans les mots savants, en général seule la terminaison est adaptée. Quand un même mot latin est représenté par deux formes, l'une populaire et l'autre savante, on parle de *doublets :* cf. § 145, *a.*

Ces emprunts au latin apparaissent très tôt. Ils étaient d'autant plus faciles que les ressemblances entre le français et le latin restaient très sensibles et que les premiers textes français s'inspirent de sources latines. D'ailleurs, en anc. fr. les emprunts se font au latin médiéval plutôt qu'au latin classique.

Dans la *Vie de saint Alexis* (XIe s.), on a compté une quarantaine de mots savants : *afflictiun, celeste, chancelier, creature, deces, decliner...*

En moyen français (XIVe-XVIe s.), au moment où notre langue concurrence le latin dans des domaines réservés jusqu'alors à celui-ci, les emprunts se font particulièrement nombreux. Ils servent à compléter certaines lacunes du lexique français, notamment du côté de l'expression abstraite. Mais bien des latinismes s'expliquent, non par un besoin objectif, mais par le souci de donner au français les qualités mêmes que l'on attribuait au latin : ces emprunts-ci concurrencent des mots du fonds primitif.

Rabelais se moque des *latiniseurs* quand il fait parler l'*eschollier* limousin (*Pant.*, VI) : *Nous transfrétons la Séquane au dilucule et crépuscule ; nous déambulons par les compites et quadriviez de l'urbe*, etc. = Nous traversons la Seine à l'aube et au *crépuscule ;* nous *déambulons* par les carrefours de la ville. (Comme on voit, deux des mots dont Rabelais se moque sont entrés dans la langue commune.)

C'est pour les mêmes raisons que l'orthographe des mots français est refaite d'après la forme des mots latins : cf. § 89, *b*.

Cette mode passera, mais le latin continuera d'être jusqu'à nos jours un réservoir où l'on puise largement, en particulier pour constituer le vocabulaire moderne des sciences et des techniques.

Par l'intermédiaire des mots d'emprunt, des suffixes et des préfixes sont intégrés au système traditionnel de la dérivation : *-al, -ation, -ateur, in-*, etc., concurrencent et parfois remplacent les formes populaires *-el, -aison, -eur, en-*. — On a aussi fabriqué des dérivés français sur des radicaux latins :

Par ex., *gallicisme* « construction propre au français » est fait sur le latin *gallicus* « gaulois » pris dans le sens de « français ». — Voir aussi § 166, *b*, 2°, et, pour la composition, §§ 182-185.

Remarque. — On a même fait du faux latin, souvent par plaisanterie d'étudiants : *motus* [mɔtys], *rasibus* [ʀazibys].

°*Vulgum pecus* paraît plutôt une maladresse, peut-être par imitation des expressions d'Horace, *servum pecus* (= troupe servile) et *profanum vulgus* (= foule ignorante). Ce solécisme associe deux noms neutres *pecus* et *vulgus*, en donnant à ce dernier la forme d'un adjectif neutre. On peut regretter que ce latin barbare se soit fait une place même dans la langue littéraire : *Assis sur les barres de l'amphithéâtre avec le* VULGUM PECUS (VERCORS, *Bataille du silence*, p. 33).

Autres ex. : COURTELINE, *Linottes*, VII ; CRITICUS, *Style au microscope*, t. IV, p. 43 ; M. de SAINT PIERRE, *Nouveaux prêtres*, p. 133 ; GIONO, *Déserteur*, p. 141 ; LE ROY LADURIE, *Carnaval de Romans*, p. 208.

154   Le grec.

Avant le XVIe s., le grec n'a donné des mots au fr. que de manière indirecte, par l'intermédiaire du latin, que ce soient des mots du fonds primitif (§ 150, Rem.) ou des emprunts savants (§ 153) ; cet apport est important.

À partir du XVIe s., on puisera directement dans le grec. On en tirera des mots : *anagramme, athée, enthousiasme*... au XVIe s. ; plus tard, *dynamique, graphique, hippique*... Mais surtout le grec va fournir des éléments de composition fort nombreux, qui jouent un rôle considérable dans le lexique moderne des sciences et des techniques : voir aux §§ 183-185.

Les éléments répertoriés à cet endroit servent aussi de base à beaucoup de dérivés : *gastrique, graphie, hippisme, thermique*... — Il y a bien d'autres bases, parfois prises dans des sens assez éloignés de leur sens originel : *margarine* de μάργαρον « perle » ; *pyélite* « inflammation du bassinet » de πύελος « baignoire ».

155 L'italien.

Dès le moyen âge, le français a emprunté à l'italien des mots concernant les finances *(banque, million)*, le commerce *(trafic)*, la diplomatie *(ambassade)*, l'armée *(alarme, canon)*, etc.

Mais c'est au XVIe s. que l'italien a eu la plus forte influence, dans les domaines déjà signalés, mais aussi pour tout ce qui concerne la façon de vivre : *caleçon, appartement, parasol, sorbet, carnaval, moustache*, etc., soit plus de 600 mots, d'après B. Wind, *Mots ital. introduits en fr. au XVIe s.* (Deventer, Kluwer, 1928), et les trois quarts auraient subsisté. Cela a entraîné l'emprunt de suffixes (§ 162, *b*).

Henri Estienne s'est moqué des snobs du temps qui farcissaient leurs discours de mots italiens : *J'ay bonnes jambes (de quoy Dieu soit* RINGRATIÉ [= remercié]*), mais j'ay batu la* STRADE [= rue] *desja tout ce matin, et n'estoit cela, il me* BASTERET L'ANIME [= il serait en mon pouvoir] *d'accompagner vostre seigneurie (Dialogues du nouveau langage françois italianizé,* cit. Brunot, *Hist.,* t. II, p. 202).

Par la suite, le français a continué à emprunter à l'italien, en particulier pour la musique : *opéra, piano, solfège, maestro...*

On évalue à plus de 800 les mots français d'origine italienne.

156 L'anglais.

À date très ancienne, le français a pris quelques mots à l'anglo-saxon (ancêtre de l'anglais), surtout en rapport avec la mer : *bateau, mouette,* noms des points cardinaux. Peu d'emprunts au moyen âge. Au XVIIe s., le développement de la marine et du commerce anglais explique l'introduction de *paquebot, tonnage, flanelle, importer,* etc.

Mais c'est à partir du XVIIIe s. que l'admiration pour le régime politique anglais va provoquer une véritable anglophilie. On imite les façons de vivre des Anglais et on leur emprunte leurs mots : *redingote, whisky, rosbif, whist, magazine, spleen, partenaire, sentimental,* etc.

Ce mouvement continuera jusqu'à nos jours en s'amplifiant. Il trouve des justifications nouvelles dans la prospérité économique de l'Angleterre, relayée au XXe s. par les États-Unis. Il trouve aussi un appui considérable dans le fait que l'anglais sert de langue de communication même pour des gens dont ce n'est pas la langue maternelle.

Tous les domaines sont touchés : la marine, le chemin de fer, le commerce, l'industrie, la finance, la politique, la mode, les sports (à partir du XIXe s.), l'armée, l'aviation, la science, etc. Le *Dictionnaire des anglicismes* de J. Rey-Debove et G. Gagnon (P., Robert, 1980) compte plus de 2620 anglicismes, dont 1500 considérés comme vivants. Pourtant, ce répertoire n'est pas sans lacunes.

Une telle invasion ne favorise pas la communication, d'autant que, pour l'usager moyen, beaucoup de mots anglais présentent des difficultés de prononciation et d'orthographe. Beaucoup de ces mots sont aussi d'une utilité contestable, surtout lorsqu'ils concurrencent des mots bien français *(O.K.).*

On comprend que cela rencontre des opposants énergiques, parmi lesquels Étiemble, qui a baptisé *franglais* ce français mâtiné d'anglais. Le *Journal officiel de la République française* (18 janv. 1973) indique, pour près de 500 mots anglais, les expressions françaises qui, selon les ministères, sont imposées ou recommandées comme substituts. Exemples : grande *classe* [grand *standing*], *salle de séjour* [*living room*], *bouldozeur* ou *bouteur* [*bulldozer*], *conteneur* [*container*], *surjeu* [*play-back*], *palmarès* [*hit parade*], voix *hors champ* [voix *off*], *aéroglisseur* [*hovercraft*], etc. — La loi Marc Lauriol et Pierre Bas (31 déc. 1975 ; voir le *Journal officiel* du 5 janv. 1976) rend obligatoire l'emploi de la langue française pour la désignation et la publicité écrite ou orale d'un bien ou d'un service, et spécialement lorsqu'il existe une expression ou un terme approuvés par le décret du 7 janvier 1972, relatif à l'enrichissement de la langue française. Les règles doivent s'appliquer à toutes informations ou programmes de radio et de télévision.
Le remplacement des anglicismes n'est pas toujours facile, surtout lorsque les substituts proposés sont ambigus, polysémiques. Cf. : *Elle se lancerait dans une idée de tours-*PARKINGS. *Subitement soucieux de langage noble, il rectifia : / « Tours-*GARAGES. / — *Personne ne comprendra. Les garages existent surtout pour les réparations* [...] *»* (J. Roy, *Saison des za,* p. 172).

Le voisinage des États-Unis rend le Québec particulièrement perméable à l'introduction de mots anglais, lesquels y sont prononcés ordinairement d'une manière plus fidèle à la prononciation anglaise que sur le vieux continent. On observe en même temps une résistance plus organisée, même contre certains anglicismes bien introduits en Europe *(week-end).*

Le goût de l'anglicisme va jusqu'à faire naître en France des mots qui n'existent pas en Angleterre ou qui n'y ont pas ce sens : *autocoat, footing, shake-hand, wattman...* ; cf. aussi § 186, *b.*

Ceci est à distinguer des mots qui, après avoir été empruntés en français, y ont subi des réductions qui les ont éloignés de l'emploi anglais : *smoking-jacket,* réduit à *smoking,* donne à ce dernier un sens bien différent du sens anglais (« action de fumer »).

Remarques. — 1. Beaucoup de mots empruntés à l'anglais avaient été pris par celui-ci au français ou au normand : cf. § 145, *b.*

2. Des mots français ont reçu des sens nouveaux sous l'influence des équivalents anglais :

Pertes SÉVÈRES, CONTRÔLER *la ballon, armes* CONVENTIONNELLES, *la* PLATE-FORME *électorale d'un parti, l'*ADMINISTRATION (= gouvernement) *Reagan,* DISPOSER *d'un adversaire* (= le vaincre), *avoir l'opportunité de* (= l'occasion), etc.

Ces significations nouvelles sont surtout regrettables lorsqu'elles rompent avec la sémantique du mot français et de sa famille :

°*Montre* DIGITALE (= à affichage numérique), °*un vendeur* AGRESSIF (= entreprenant), °*négocier* « réussir, venir à bout de » : *Tu t'exerces d'abord à l'échelle horizontale, puis à la barre fixe. La corde à nœuds est moins aisée à* NÉGOCIER (A. BOSQUET, *Enfant que tu étais,* p. 240).

D'autres innovations, même si elles se produisent sous l'influence de l'anglais, auraient pu se faire sans cette influence. Ainsi, *réaliser* doit à l'anglais (le premier ex. est traduit de cette langue) le sens « prendre conscience (de) », mais ce n'est en somme qu'une application particulière (« dans son esprit ») du sens fondamental « rendre réel, donner la réalité ». L'usage littéraire a, en tout cas, pleinement admis le nouvel emploi, aussi bien avec une proposition qu'avec un syntagme nominal comme objet :

Il me semblait [...] impossible de RÉALISER *le total de misères que j'avais endurées [...]. On se rappelle bien les incidents, mais non plus les sensations* (BAUDEL., trad. de : Poe, *Aventures d'Arthur Gordon Pym*, XIV, dans le *Moniteur universel*, 21 mars 1857). — *Ce fut seulement en me retrouvant hors de la chambre où j'avais reçu cette tragique confession que j'en* RÉALISAI *la conséquence immédiate* (BOURGET, *Drames de famille*, p. 55). — *Quant à la perte que j'avais faite, comment l'eussé-je* RÉALISÉE ? (GIDE, *Si le grain ne meurt*, I, 3.). [Gide a plaidé plusieurs fois pour cet emploi : « Nous en avons besoin » (*Incidences*, p. 75).] — *Elle fit effort pour* RÉALISER *que [...] rien ne serait différent dans ce décor* (MONTHERLANT, *Songe*, XVII). — *Edward* RÉALISA *[...] son désastre* (Fr. MAURIAC, *La chair et le sang*, VIII). — *Nous* RÉALISONS *que ce monde extérieur et notre monde intérieur, ils correspondent* (CLAUDEL, *L'œil écoute*, p. 192). — *Je n'ai aucune envie. Sauf peut-être [...] de* RÉALISER *en silence toute l'importance de cet événement extraordinaire* (SARTRE, *Nausée*, M.L.F., p. 195). — *Bea B.* RÉALISA *que la question s'adressait à elle* (LE CLÉZIO, *Guerre*, p. 208).

Autres ex. : BLOY, *Femme pauvre*, p. 136 ; BOYLESVE, *Élise*, p. 186 ; SÉGALEN, *René Leys*, 1962, p. 252 ; BORDEAUX, *Déclassés*, p. 48 ; BREMOND, *Âmes religieuses*, p. 101 ; JALOUX, *Alcyone*, IX ; ESTAUNIÉ, *Labyrinthe*, p. 276 ; J. et J. THARAUD, *Marrakech*, p. 63 ; VAUDOYER, *Reine évanouie*, p. 25 ; GREGH, *Âge de fer*, p. 155 ; J. ROMAINS, *Copains*, L.P., p. 141 ; BERNANOS, *Joie*, p. 51 ; CENDRARS, *Or*, XXXVIII ; DAUZAT, *Noms de famille de Fr.*, p. 279 ; ARAGON, *Cloches de Bâle*, II, 6 ; CHAMSON, *Héritages*, II, 2 ; J. SCHLUMBERGER, *Mad. et A. Gide*, p. 106 ; A. SIEGFRIED, dans le *Figaro litt.*, 9 févr. 1952 ; A. FRANÇOIS-PONCET, *ib.*, 22 oct. 1960 ; R. VAILLAND, *Drôle de jeu*, IV, 6 ; S. de BEAUVOIR, *Force de l'âge*, p. 498 ; etc.

Il faut, naturellement, éviter les ambiguïtés. Il paraît que la phrase *L'État-Major français a pleinement* RÉALISÉ *les intentions ennemies*, imprimée pendant la guerre de 1914, a causé un scandale : cf. Nyrop, dans les *Mélanges A. Thomas*, 1927, pp. 319-322.

157 **Les autres langues voisines.**

a) **L'allemand** prend immédiatement le relais du francique. En effet, l'influence exercée par l'allemand s'étend sur toute la durée de l'histoire du français, sans qu'il y ait de période vraiment favorisée. Beaucoup de mots ont rapport avec les choses militaires : *hallebarde, bivouac, halte, havresac, képi...* D'autres concernent la vie courante : *choucroute, quenelle, trinquer, blottir, hase, valse...*

Il faut mentionner aussi le rôle important joué par l'Allemagne, surtout au XIX⁰ s., dans la technologie moderne : *gangue, zinc, potasse...*, — ainsi qu'en philosophie et dans les sciences humaines : *statistique, subjectivité...* Au total, environ 150 mots.

b) **Le néerlandais.** — Jusqu'au XVI⁰ s., c'est par le comté de Flandre, fief bilingue du roi de France, que s'exerce surtout l'influence du néerlandais ou plus exactement du *flamand* (néerlandais du Sud).

Ces mots concernent la mer : *amarrer, cabillaud, dune...* ; la draperie : *nope...* ; les métiers et la vie quotidienne : *brodequin, bière, vilebrequin...*

À partir du XVIIe s., le fournisseur est le néerlandais du Nord et il introduit souvent des mots plus techniques, concernant notamment la marine : *accore, affaler...* ; la diamanterie : *cliver...* ; etc.

Le total de ces mots dépasserait 200, même si on néglige le fait que le français du Nord et de Wallonie connaissent des emprunts qui ne se sont pas répandus dans le fr. commun : *drève* « allée plantée d'arbres », etc.

c) L'**espagnol** a donné un assez grand nombre de mots (environ 300), répartis sur l'histoire du français et qui concernent des domaines variés : *abricot, anchois, caramel, cigare, embarrasser, disparate, fanfaron, romance, sieste...* Il a surtout servi d'intermédiaire pour les mots provenant des régions colonisées par l'Espagne, en Amérique principalement.

d) L'**occitan** (ou *provençal*) a donné des mots assez régulièrement au français. Au moyen âge, la poésie des troubadours explique l'emprunt d'un mot comme *ballade*. Après le déclin de la littérature occitane, les emprunts concernent la vie quotidienne, comme ceux que l'on fait aux dialectes d'oïl : *abeille, auberge, badaud, cadastre, cadenas...*

Au *franco-provençal*, le fr. doit notamment des mots en rapport avec les Alpes et souvent d'origine pré-indo-européenne : *avalanche, chalet, mélèze...*

e) Les **dialectes** ont fourni un petit contingent de mots, ordinairement par l'entremise des français régionaux, par ex. :

Le normand : *s'égailler* [egʌje], *pieuvre, enliser...*, ainsi que des mots scandinaves apportés par les Vikings installés en Normandie : *agrès, cingler, varech...* ;
Le picard : *caboche, badine, rescapé* ;
Le wallon [wʌlɔ̃] : *estaminet, faille, grisou, houille...*

C'est souvent pour des raisons phonétiques que l'on attribue tel ou tel mot à un dialecte : par ex. le maintien de *c* devant *a* dans *bercail, câble, caillou...*

Au breton (dialecte celtique) le français doit une quinzaine de mots : *bijou, cohue, darne, goéland, mine* (« apparence ») ...

f) L'**argot**, langue des malfaiteurs, fournit surtout des mots à la langue populaire de Paris, parfois de France, mais rarement au français populaire au-delà de la frontière politique (le service militaire est sans doute l'agent principal de diffusion). Certains mots pénètrent dans la langue commune, soit avec des sens en rapport avec l'origine : *cambrioleur, pègre* ; — soit sans rapport avec cette origine : *abasourdir, loufoque, maquiller, mégot, narquois, polisson...*

158   Les **autres langues**, puisqu'elles ne touchent pas au territoire français, ont d'ordinaire exercé leur influence par des intermédiaires.

a) L'**arabe**, auquel on attribue plus de 250 mots, nous les a fournis le plus souvent par l'espagnol, l'italien, le provençal ou le latin du moyen âge.

Beaucoup de ces mots sont importants pour l'histoire de la civilisation : *azur, chiffre, coton, douane, hasard, luth, sucre, zénith...* — Les mots arabes passés par l'espagnol ont souvent gardé l'article : ALchimie, ALcool, ALgèbre, ÉLixir...

Avec la conquête de l'Algérie, le français est entré directement en contact avec l'arabe. L'argot militaire servant d'intermédiaire, ces mots appartiennent souvent à un registre très familier : *barda, bled, kif-kif, maboul, matraque, nouba...*

b) **L'hébreu** a surtout une influence par les traductions de la Bible, c'est-à-dire par l'intermédiaire du grec et du latin. Ces mots sont souvent restés dans le domaine religieux : *abbé, alleluia, pâque(s)...* Quelques-uns sont entrés dans la langue tout à fait commune : *chérubin, jubilé, samedi, zizanie...*

D'autres influences sont moins visibles, parce qu'elles ont la forme de calques : *parabole, le démon de midi...* ; un tour superlatif comme *le roi des rois* « le plus grand des rois » (§ 962) ; *Dieu de majesté* (§ 342, *c*, Rem.).

c) La **colonisation** a mis les pays occidentaux en contact avec le monde entier, mais la France et la Belgique n'y ont joué qu'un rôle tardif et assez limité. C'est pourquoi les mots exotiques sont venus d'ordinaire par l'espagnol, par le portugais, plus tard par l'anglais, parfois par le néerlandais. En particulier, la découverte de l'Amérique a révélé beaucoup de produits qui se sont vulgarisés sur le vieux continent sous des noms dont la forme est due à l'intermédiaire espagnol : *cacao, caoutchouc, chocolat, patate, tabac, tomate...*

d) Pour être complet, il faudrait mentionner bien d'autres langues encore, comme les langues slaves et le hongrois, pour lesquels l'allemand a souvent servi d'intermédiaire.

À l'époque toute moderne, les voies de pénétration sont multiples : relations commerciales et politiques entre pays éloignés ; traductions d'ouvrages en toutes langues ; transmission rapide des informations ; etc. Les intermédiaires ne sont plus indispensables.

Le renversement du shah en Iran (1979) a eu pour conséquence de diffuser aussitôt dans le monde entier des mots pour ainsi dire inconnus jusqu'alors, comme *ayatollah.*

ART. 4. — LES FORMATIONS FRANÇAISES

159   Les formations françaises, ce sont des innovations dues aux locuteurs français eux-mêmes, ordinairement à partir des mots préexistants (ou d'une base préexistante : § 166, *b*, 2°), ceux-ci pouvant appartenir au fonds primitif, être des emprunts ou être eux-mêmes des formations françaises.

Ces formations peuvent résulter : — soit de l'*addition d'un élément non autonome,* d'un *affixe,* à un mot ou à une base préexistants ; c'est la

dérivation (§§ 160-175) ; — soit de la *combinaison de mots* préexistants ;
c'est la **composition,** à laquelle nous rattachons la composition au
moyen de mots étrangers (§§ 176-186) ; — soit de la *modification* d'un
mot préexistant, soit dans sa forme (§§ 187-192), soit dans sa nature
(§§ 193-198).

Il faut y joindre les mots tirés d'onomatopées (§ 199) et les rares mots créés
d'une manière tout à fait arbitraire (§ 200).

Le phénomène de l'évolution sémantique est traité dans une autre section :
§§ 207-209.

Remarque. — Lorsqu'il s'agit de mots formés sur des éléments d'origine latine ou
grecque, il est souvent difficile de savoir dans quelle langue occidentale ils sont nés. Seules la
chronologie et/ou l'histoire des choses ainsi désignées permettent de dire que *stylistique*
(1872, en franç. ; 1800, en allem.) et *dynamite* (1870, en franç. ; 1867, en angl. [brevet pris en
Angleterre par le Suédois Nobel]) sont des emprunts.

On pourrait aussi ranger parmi les formations françaises les faux latinismes et les faux
anglicismes dont il a été question aux §§ 153 et 156.

I. — LES DÉRIVÉS

160   La **dérivation** est l'opération par laquelle on crée une nouvelle
unité lexicale en ajoutant à un mot existant un élément non
autonome ou **affixe.**

Si cet élément est placé après le mot existant (ou la *base :*
§ 142, Rem.), il s'appelle **suffixe,** et l'opération *suffixation* (A, ci-
dessous). Si cet élément est placé avant le mot préexistant, il
s'appelle **préfixe,** et l'opération *préfixation* (B, ci-dessous).

À cela s'ajoutent deux formes particulières (C) : la **dérivation parasynthétique,** par laquelle on ajoute simultanément un préfixe et un
suffixe ; — la **dérivation régressive,** par laquelle on supprime un suffixe
ou, plus rarement, un préfixe.

En revanche, nous avons cru devoir écarter de la dérivation ce qu'on appelle souvent
dérivation impropre, c'est-à-dire l'opération par laquelle un mot change de nature, de catégorie grammaticale : par ex., l'infinitif *rire* devenu nom dans *Un rire éclatant.* Il n'y a pas ici de
modification dans la forme du mot, et il nous semble nécessaire de prévoir pour cela une
catégorie tout à fait particulière (§§ 193-198). Cela ne ressortit pas non plus à l'évolution
sémantique, car souvent le sens n'est pas modifié, pour *rire* par ex. : *Pierre* RIT *bruyam-
ment* → *le* RIRE *bruyant de Pierre.*

Remarque. — Le mot préexistant est d'ordinaire un mot français. Mais il y a
des dérivés français faits sur des mots latins ou grecs : cf. § 166, *b,* 2°.

A. — Dérivation suffixale

Bibl. — J. Dubois, *Étude sur la dérivation suffixale en franç. moderne et contemporain.* P., Larousse, 1962. — É. Pichon, *Les principes de la suffixation en français.* P., d'Artrey, 1942. — Th. Debaty, *Essai d'une théorie fonctionnelle de la suffixation,* thèse de doctorat inédite. Liège, 1984.

161   Un **suffixe** est une suite de sons (ou de lettres, si on envisage la langue écrite) qui n'a pas d'existence autonome (voir Rem. 2) et qui s'ajoute à la fin d'un mot existant pour former un mot nouveau.

Comme on le verra plus loin, la suffixation n'est pas en français quelque chose de libre et d'automatique : d'une part, beaucoup de suffixes ont des valeurs très diverses et sont en concurrence pour une même valeur (§ 164) ; d'autre part, la suffixation entraîne souvent une modification plus ou moins grande de la base (§ 166).

Par ces limitations, le français s'oppose à beaucoup d'autres langues. Cela oppose aussi, en français, la morphologie lexicale à la morphologie grammaticale. — En outre, il est fréquent que le dérivé ne reprenne pas la totalité des acceptions du mot de base (comp., par ex., *lever* et *levure*) et il n'est pas rare qu'il finisse pas s'émanciper sémantiquement du mot de base (par ex., *chapelet* par rapport à *chapeau*).

Dans le domaine des flexions grammaticales, il est exceptionnel qu'une flexion soit liée à un sens particulier (voir pourtant un ex. au § 505, *a*). Si *sergent* s'est émancipé sémantiquement de *servir*, il a en même temps cessé d'appartenir à sa conjugaison (où il a été remplacé par *servant*).

On peut classer les suffixes selon leur étymologie (cf. § 162), mais il est préférable, dans une grammaire décrivant la langue d'aujourd'hui, de les inventorier plutôt en rapport avec leur fonctionnement, c'est-à-dire d'après la nature des mots qu'ils servent à former : suffixes formant des noms et/ou des adjectifs (dérivation appelée souvent nominale) [§ 168] ; — suffixes formant des verbes (dérivation verbale) [§ 169] ; — suffixes formant des adverbes (dérivation adverbiale) [§ 170].

Il serait apparemment intéressant de grouper les suffixes selon leurs valeurs, mais, comme nous le verrons plus loin (§ 164), cela est assez difficile. — À l'intérieur de la dérivation nominale, on pourrait subdiviser les suffixes d'après la nature de la base (verbe, adjectif, nom), mais cela obligerait à mentionner certains suffixes à plusieurs endroits, sans que cela soit justifié par des différences d'emploi.

Remarques. — 1. Nous ne rangeons pas parmi les suffixes : — des finales détachées arbitrairement de certains mots (sauf *-ol :* § 168, Rem.) : *quatuor* « quatre » en latin → *septuor, octuor ; -bus* (§ 177, *d*), *-rama* (§ 183, *a*, Rem. 2) ; — des finales ajoutées par latinisation plaisante : *motus* (§ 153, Rem.) ; — les finales arbitraires des altérations argotiques : *ciné* → *cinoche* (§ 191, *d*).

2. Les suffixes ne servent pas de mots. Cependant, les suffixes, comme tout élément linguistique, peuvent être nominalisés par autonymie (§ 450) : -ERIE *est préféré à* -IE. — Un cas assez voisin est celui de *-isme*, occasionnellement nominalisé pour désigner des doctrines dont le nom est en *-isme* ; il reçoit dans ces ex. la marque du pluriel (au contraire des mots autonymes) :

> *Elle attribuait encore quelque réalité aux* -ISMES [en italiques] *de fabrique, dont le cachet distingue les crus politiques* (R. ROLLAND, cit. Nyrop, t. III, § 35). — *La mode étant ce qu'elle est,* [...] *on en a vu des* ISMES *passer sous les ponts* (QUENEAU, *Voyage en Grèce*, p. 12).

Une autre nominalisation est celle du suffixe *-ana,* qui ne sera pas étudié plus loin, car il forme des noms *latins* servant de titres à des ouvrages recueillant les conversations, bons mots, etc. des personnages dont le nom sert de base au dérivé : *Scaligerana* (1666), *Menagiana* (1693), *Voltairiana,* etc. de *Scaliger, Ménage, Voltaire.*

162   Origine des suffixes.

L'origine des suffixes implique un processus qui n'est pas le même que celui que l'on observe pour l'origine des mots. On n'emprunte pas un suffixe, à proprement parler : on le détache d'un ou, ordinairement, de plusieurs mots.

Ayant emprunté à l'italien et au provençal des mots comme *aubade, cavalcade,* etc., le français, reconnaissant dans ces mots une base et un suffixe, a pu détacher ce suffixe et l'appliquer à des bases françaises : *ruade, œillade.*

Certains suffixes résultent d'une analyse inexacte :

-mente, nom à l'ablatif en latin, a été pris pour un suffixe en lat. vulg. ; *-ard* et *-aud* remontent à des éléments lexicaux du francique ; — *-ol* a été détaché arbitrairement de *alcool,* où il faisait partie du radical (arabe *kuhul* + article).

a) La majeure partie des suffixes est d'origine **latine** ; ils ont été tirés de mots appartenant soit au fonds primitif (suffixes populaires), soit aux emprunts (suffixes savants).

Cette opposition apparaît clairement dans les doublets *-aison* (pop.) et *-ation* (sav.), *-ier* et *-aire, -el* et *-al.* Mais certains suffixes sont attestés à la fois dans des mots populaires et dans des mots empruntés : *-er* et *-if* notamment.

Le latin devait lui-même plusieurs de ses suffixes au **grec,** qu'il s'agisse du latin classique ou du latin médiéval. Peu de suffixes ont été tirés de mots venus directement du grec.

Le **latin vulgaire** a connu un suffixe propre (*-mente* formant des adverbes), des suffixes d'origine gauloise (*-ittus, -ottus*) et, en Gaule, des suffixes empruntés au francique (anc. fr. *-enc, -ois ;* fr. *-ard, -aud*).

b) Les suffixes tirés de mots empruntés aux langues modernes sont peu nombreux.

À l'italien, le français doit *-ade* (aussi dans des mots d'origine provençale) et *-esque ;* à l'arabe, *-ol ;* à l'anglais *-ing* et *-er,* mais ceux-ci ne sont pas vraiment productifs (§ 163).

Doublets : *-esque* et *-ois* mentionné dans le *a ; -ade* et *-ée* (< lat. *-ata*).

c) Certains **suffixes combinés** peuvent être considérés comme des formations françaises :

De *drap*, on a tiré un dérivé *drapel* (aujourd'hui *-eau*), d'où on a tiré un second dérivé *drapelet*, qui a pu être interprété comme formé directement sur *drap* avec un suffixe *-elet*. D'où *gant* → *gantelet*. — On peut appeler *-elet* une forme élargie de *-et*. — Voir d'autres ex. au § 168, 1, 19, 28, 34, etc. — Sur *-eresse*, cf. § 489, *c*, Hist.

Remarque. — Dans l'histoire des mots particuliers, on constate souvent qu'un suffixe est substitué à un autre, par confusion :

Friant → *friand* ; *pécuniaire* → °*pécunière* (fém.) → °*pécunier* (§ 168, 6) ; *portal* → *portail* (parce que *-al* et *-ail* avaient le même pluriel *-aux*) ; *jésuiste* → *jésuite* ; *plurel* → *plurier* → *pluriel* ; anc. fr. *nuitantre* (lat. *noctanter*) → *nuitamment*.

Parmi les confusions assez générales, on a celle de *-eur* et de *-eux* (§ 168, 31). — Les suffixes *-enc*, *-erez* (fém. *-erece*) de l'anc. fr. ont été totalement absorbés (§ 163, Hist.). — Les féminins *sacristine*, *copine* sont dus au fait que *-ain* a la même prononciation que *-in*.

163   Vitalité des suffixes.

La vitalité des suffixes est fondée sur deux caractères : la *productivité*, c'est-à-dire l'aptitude à produire des dérivés, et la *motivation*, c'est-à-dire le fait que les usagers perçoivent les dérivés comme contenant une base et un suffixe.

Généralement, productivité et motivation vont ensemble ; c'est le cas des suffixes étudiés dans les §§ 168-170.

Mais il arrive que des suffixes non productifs continuent à être sentis comme suffixes, au moins dans certains mots. C'est le cas des suffixes suivants :

-ail [du lat. *-aculum*], très vivant en anc. fr., a donné des noms désignant des instruments : *épouvantail*, *éventail*, *fermail*, *gouvernail*.

-ain [lat. *-anum*] a donné des noms désignant des personnes, notamment des habitants, et aussi des adjectifs : *Américain*, *diocésain*.

-ain [du lat. *-eni*, avec influence du suffixe précédent] et son féminin *-aine* ont donné des noms collectifs tirés de numéraux : *quatrain*, *dizaine*.

-ange [d'origine obscure] a donné des noms d'action dérivés de verbes : *louange*, *mélange*, *vidange*.

-é [du lat. *-atum*] a donné des noms désignant une dignité et le territoire sur lequel elle s'exerce : *comté*, *duché*, *évêché* [mais ces noms avaient aussi leur équivalent en latin tardif].

-il [du lat. *-ile*] a donné des noms désignant un endroit : *chenil*, *fournil*, *chartil*.

-oyer [du lat. *-izare*, empr. au grec -ίζειν ; forme savante *-iser*, § 169, *a*] a donné des verbes tirés de noms et d'adjectifs : *guerroyer*, *rougeoyer*. — Sur *tutoyer*, *vouvoyer*, etc., voir § 166, *b*, 3°.

Parmi les suffixes peu productifs, on peut citer aussi *-aste* tiré de mots empr. du grec comme *gymnaste* : *cinéaste*, *téléaste* (qui reste rare).

-ing [empr. à l'anglais] est compris comme suffixe dans *parking*, *forcing*, *doping*, *camping*, mais ne semble guère encore s'appliquer à des radicaux purement français. — À plus forte raison, *-er* [empr. aussi à l'angl.], comme équivalent de *-eur* dans les noms *footballer*, *interviewer*, d'ailleurs concurrencés par *footballeur*, *intervieweur*.

Remarques. — 1. Les locuteurs peuvent même être conscients de la dérivation dans des cas où le suffixe n'a jamais été productif en français, mais où le français a emprunté le dérivé, alors qu'il possédait aussi le mot simple, soit comme appartenant au fonds primitif, soit comme emprunté : *juste, justice ; avare, avarice ; offrir, offrande ; terre, terrestre ; alpe, alpestre* (de l'ital.).

Il arrive aussi que les locuteurs sentent comme apparentés des mots qui ne dérivent pas l'un de l'autre : *chien, chiot ; râteau, ratisser.* Cf. § 144, *b.*

2. Un suffixe vivant peut ne pas être motivé, lorsque la base a cessé d'exister comme mot : *corbeau*, anc. fr. *corp* ; — lorsque l'évolution sémantique a fortement écarté le simple et le dérivé : *chapeau, chapelet.* — Le dérivé est alors senti comme mot simple.

3. Si productif qu'il soit, aucun suffixe français ne peut être considéré comme automatique : voir, par ex., pour le suffixe adverbial -*ment* au § 930. Cela ne résulte pas d'un interdit d'origine puriste, mais c'est une réaction spontanée des usagers. Voir aussi §§ 146 et 161.

Hist. — Suffixes appartenant au passé :
Le suffixe -*as* [du lat. -*aceum*] a donné peu de mots. Il est seulement motivé aujourd'hui dans *plâtras* (de *plâtre*).
Le sufixe -*enc* de l'ancien français [du francique -*ing*] ne se trouve plus que sous des formes altérées : *paysan* (de *pays*), *tisserand* (de *tisser*).
Le suffixe -*erez* [du lat. -*aricium*], féminin -*erece*, a produit en anc. fr. des adjectifs et des noms dont la finale, réécrite en -*eret* et -*eresse*, a été confondue avec des suffixes homonymes : *couperet, forteresse, sécheresse.*

164   Rôle des suffixes.

a) Ou bien le suffixe est destiné à changer la catégorie syntaxique du mot de base :

Nom ou adjectif → verbe : *Zigzag* → *zigzaguer ; égal* → *égaler* et *égaliser ; rouge* → *rougeoyer.*
Adjectif → adverbe : *Étrange* → *étrangement.*
Adjectif → nom : *Ample* → *ampleur ; robuste* → *robustesse ; gourmand* → *gourmandise.*
Verbe → nom d'action : *Renverser* → *renversement ;* voir ci-dessous.
Verbe → nom d'agent : *Chercher* → *chercheur.*
Nom → adjectif : *Volcan* → *volcanique ; crasse* → *crasseux ; moustache* → *moustachu.*

Pour la transformation d'un adjectif en adverbe, il n'y a pas de concurrence : -*ment* accapare cette fonction, non qu'elle soit pour cela automatique ; cf. § 930. Pour la transformation en verbe, -*er* est le suffixe le plus important ; voir cependant § 169, *a.* — Mais pour les suffixes transformant en nom ou en adjectif, on observe une concurrence très vive, par ex. dans les noms d'action :

Ruer → *ruade ; fesser* → *fessée ; ramoner* → *ramonage ; assassiner* → *assassinat ; se venger* → *vengeance ; aérer* → *aération ; crever* → *crevaison ; encourager* → *encouragement ; doper* → *doping.*

Le même mot peut avoir deux dérivés synonymes : *dédouaner* → *dédouanage* et *dédouanement ;* — ou deux dérivés spécialisés : *laver* → *lavage* et *lavement.*

Il y a eu, à propos de l'instabilité du cours des monnaies, beaucoup d'hésitations et de discussions, au sujet de *flottement, flottage, flottaison, flottation, fluctuation.* L'Acad. (communiqué du 29 mars 1973) a pris position : selon elle, pour désigner ce phénomène de l'instabilité des monnaies, c'est *flottement* qu'il faut employer, et tous les autres substantifs sont impropres dans ce cas.

Flottaison : Raym. ARON, dans le *Figaro,* 3 sept. 1971 ; R. ESCARPIT, dans le *Monde,* sélection hebdom., 22-28 juin 1972 ; V. GISCARD D'ESTAING, cité dans le *Monde, ib.*
Flottement : J. RUEFF, dans la *Libre Belgique,* 15 mai 1973.

Pour désigner une machine à fabriquer le béton, on a d'abord dit une **bétonnière,** puis, sous l'influence de nombreux autres noms de machines (qui, eux, correspondent à un verbe ; comp. § 168, 30), *bétonneuse.* Celui-ci résiste vigoureusement aux critiques.

Ex. : KESSEL, *Fils de l'impossible,* p. 39 ; CESBRON, *Je suis mal dans ta peau,* p. 268 ; IKOR, *Semeur de vent,* p. 98 ; J. CAU, *Pitié de Dieu,* p. 41 ; F. DESONAY, *Air de Virginie,* p. 44 ; Chr. ROCHEFORT, *Rose pour Morrison,* p. 87 ; Cl. SIMON, *Histoire,* p. 58.

Remarque. — Certains suffixes sont pléonastiques, c'est-à-dire qu'ils ne changent pas la catégorie, mais n'apportent rien non plus du point de vue sémantique. Par analogie, ils intègrent un mot à une catégorie à laquelle il appartient déjà, mais sans en présenter l'apparence ordinaire :

Quasi → *quasiment ; presque* → °*presquement* (au Québec) ; *souvent* → anc. fr. *souventement ;* de même *prématurément* (§ 173, *c,* Rem.). — Anc. fr. *peuple* → *peuplier ;* anc. fr. *ferron* → *ferronnier.*
Autres cas : *honte* → anc. fr. *hontage ;* anc. fr. *aé, eé* → *aage, eage* > *âge.*

b) Ou bien le suffixe ne change pas la catégorie grammaticale du mot de base, mais y ajoute une nuance sémantique ou stylistique :

Féminin : *Comte* → *comtesse.*
Diminution : *Fille* → *fillette ; veine* → *veinule ; dindon* → *dindonneau.*
Fréquence et diminution : *Tousser* → *toussoter.*
Collection : *Pierre* → *pierraille ; hêtre* → *hêtraie.*
Approximation : *Jaune* → *jaunâtre.*
Péjoration : *Riche* → *richard ; rouge* → *rougeaud ; blond* → *blondasse ; rêver* → *rêvasser.*

Beaucoup de suffixes ont des valeurs sémantiques très variables :

Par ex., *-ier : banane* → *bananier ; pigeon* → *pigeonnier ; serrure* → *serrurier ; préface* → *préfacier* (outre *prince* → *princier*).
Les suffixes diminutifs servent de façon affective, soit favorablement : *sœur* → *sœurette ; Jean* → *Jeannette ; Louise* → *Louison ;* — soit péjorativement : *nonne* → *nonnette ; laid* → *laideron.*

D'autre part, les suffixes sont souvent en concurrence, par ex. pour les noms d'habitants :

Paris → *Parisien ; Liège* → *Liégeois ; Montréal* → *Montréalais ; Tulle* → *Tulliste ; Vevey* → *Veveysan ; Vitry-le-François* → *Vitryat ; Bastogne* → *Bastognard ; Pierrelatte* → *Pierrelattin ; Toulouse* → *Toulousain ; Saulxures-sur-Moselotte* → *Saulxuron ; Tende* → *Tendasque ;* etc.

165 **Nature de la base.**

La base est dans la majorité des cas un nom, un adjectif ou un verbe.

Il y a quelques dérivés d'adverbes ou de mots appartenant à d'autres catégories : *quasi → quasiment* (§ 931, *f*) ; *tu → tutoyer* (§ 166, *b*, 3°) ; *fichtre → fichtrement* (§ 931, *f*) ; *bis → bisser* ; etc.

Le suffixe *-ième* transforme le déterminant cardinal en adjectif ordinal : *un → unième,* etc. — Il s'applique aussi à des lettres servant de numéraux indéfinis comme *n, x,* et dans une langue considérée comme peu correcte à l'interrogatif *combien : n^{ième}* ou *énième, xième* ou *ixième,* °*combientième* (§ 581, *a,* Rem. 3). — Autres suffixes s'appliquant aux déterminants cardinaux : *-ain, -aine* (§ 163).

Le nom est parfois un sigle : *JOC* [ʒɔk] (= Jeunesse ouvrière chrétienne) → *jociste ; C.G.T.* [seʒete] (= Confédération générale du travail) → *cégétiste.*

Nous traitons à part (§ 167) du cas où la dérivation se fait sur un nom composé, une locution ou un syntagme.

Certains suffixes s'emploient surtout avec des bases d'une catégorie déterminée : par ex., *-oir, -age, -able, -eur* et *-euse* s'attachent d'ordinaire à un verbe ; mais il y a des exceptions : *bougeoir, pourcentage,* etc. (§ 168, 3), *charitable,* etc. (§ 168, 1), *footballeur,* etc. (§ 168, 30), *bétonneuse* (§ 164, *a*).

166 **Forme de la base.**

a) Il est assez rare que la base s'identifie au mot simple : *Poli →* POLI*ment ; test →* TEST*er.*

Souvent cette identité existe seulement du point de vue graphique : *Fruit →* FRUIT*ier ; courtois →* COURTOIS*ie ; vin →* VIN*asse ;* — ou seulement du point de vue phonétique : *Banane →* BANAN*ier.*

En réalité, la dérivation se fait sur le radical et non sur le mot, ou sur un des radicaux lorsqu'il s'agit de mots à radical variable :

Manger → MANG*eur.* — *Vernir →* VERNISS*age ; boire →* BUV*eur ; sec →* SÉCH*eresse ; veuf →* VEUV*age.*

On a parfois des dérivés sur deux radicaux : *Blanchir →* BLANCHISS*ement* et BLANCHI*ment.*

La dérivation se fait parfois en négligeant la ou les consonnes muettes finales : *Faubourg → faubourien ; printemps → printanier.*

b) Souvent la base n'est pas le radical ou un des radicaux du mot simple actuel.

1° Soit pour des raisons de phonétique historique :

Bœuf → BOUV*ier ; poil →* PEL*age ; pain →* PAN*ier ; sel →* SAL*er ; vassal →* VASSEL*age ; peau →*PELL*etier* (mais *peaussier*) *; jonc →* JONCH*er.*

Hist. — L'analogie a supprimé beaucoup des anciennes alternances : *Poil* → anc. fr. *pelu* → *poilu ; pierre* → anc. fr. *perreries* → *pierreries*.

Remarque. — La différence entre le simple et le dérivé est parfois arbitraire : *Hainaut, hennuyer.* (Le petit *Robert* mentionne seulement °*hannuyer*, qui est pourtant hors d'usage, et *hainuyer*, qui est très rare.)

2° Soit parce que la base prend la forme de l'étymon latin :

Nu, NUDi*sme ; moteur,* MOTORi*ser ; salaire,* SALARIa*l ; répertoire,* RÉPERTORi*er ; bœuf,* BOVi*dé ; sœur,* SORORa*l.*

La cause de cela est que le français a pris au latin une partie de son vocabulaire abstrait, notamment des dérivés : *Mensuel, céleste, pileux,* empruntés au lat. *mensualis, caelestis, pilosus,* servent d'adjectifs à *mois, ciel, poil ; viduité,* du lat. *viduitas,* sert de nom abstrait à *veuf.*

Ces mots empruntés peuvent être d'une autre famille que les mots fr. auxquels ils sont associés par la sémantique et le fonctionnement : mots latins comme *nuptial,* adjectif correspondant au nom *mariage ;* mots grecs comme *hippique,* correspondant à *cheval.*

Sur ce modèle, des dérivés ont été fabriqués en français sur des radicaux latins ou grecs : *ovin,* d'après le lat. *ovis,* « brebis » est un adjectif correspondant à *mouton* (autre ex. § 153) ; *thermique,* d'après le gr. θερμός « chaleur », est un adjectif correspondant à *chaleur.*

3° Lorsque la base se termine par une voyelle prononcée et que le suffixe commence par une voyelle, il y a plusieurs possibilités :

— L'hiatus est maintenu : *Thé* → THÉi*ère ; Ubu* → UBUe*sque.*
— La voyelle finale de la base disparaît : *Canada* → CANADi*en ; moto* → MOTa*rd.* — Avec haplologie (§ 19, Rem. 4) : *Dandy* > DANDY*sme ;* cf. aussi §§ 168, 36 et 47 ; 169, *a,* 3.
— D'anciennes alternances (cf. 1°) sont appliquées : *Cerveau* → CERVELe*t.* — Alternance erronée : *Bureau* → BURALi*ste.*
— On introduit une consonne de liaison. Ordinairement *t* : *Bijou* → *bijou*Ti*er ; chapeau* → *chapeau*Te*r ; tuyau* → *tuyau*Te*rie ; numéro* → *numéro*Te*r.* — Autres consonnes : *Banlieue* → *banlieu*sa*rd ; faisan* → *faisan*De*r ; Congo* → *Congo*La*is.*
La consonne de liaison s'introduit même parfois si le mot simple se termine par une consonne muette : *Tabac* → *taba*Ti*ère ; Marivaux* → *marivau*Da*ge ; chaux* → *chau*Le*r.*

Un cas spécial est celui de ***tutoyer.*** Le pronom *tu* paraît fournir une base trop réduite, **tuer* serait d'ailleurs impossible puisqu'il existe déjà un homonyme. Cette base a donc été étoffée, soit par le début : °*atuer,* verbe wallon et picard attesté dans des dictionnaires du XVIIᵉ siècle (cf. dans le *Fr. mod.,* avril 1940, p. 136) ; soit par la fin : *tutoyer,* que l'on peut considérer comme formé sur *tu + toi + -er* ou sur *tu + t* consonne de liaison + *-oyer.*

Sur *vous,* on a formé dès le moyen âge ***vousoyer*** (*vous + -oyer,* ce qui plaide pour la seconde explication de *tutoyer).* Ce verbe vieillit, concurrencé depuis près de deux siècles par ***voussoyer*** et par ***vouvoyer,*** le plus vivant de tous. Aucun des trois n'est dans le dict. de l'Acad., tandis que Littré, partisan de *voussoyer,* considère *vouvoyer* comme mal formé.

Vousoyer, vousoiement : BRUNOT, *Hist.,* t. I, p. 236 ; GIDE, *Symphonie pastor.,* p. 110 ; Al. FRANÇOIS, dans Brunot, *Hist.,* t. VI, p. 1733 ; PLISNIER, *Beauté des laides,* p. 151 ; J. HAUST, dans le *Bulletin de la Commiss. roy. de dialectologie et de toponymie,* 1938, p. 428 ; L. REMACLE, *Parler de La Gleize,* p. 44 ; P.-H. SIMON, *Somnambule,* p. 147.

Vouss- : GYP, *Petit Bob,* M.L.F., p. 85 (entre guillemets) ; GIDE, *École des femmes,* p. 200 ; E. JALOUX, *Le reste est silence,* VII ; P.-H. SIMON, *Hist. d'un bonheur,* p. 147 ; HÉRIAT, *Famille Boussardel,* XXVII ; J. BOREL, *Adoration,* p. 328 ; Fr. NOURISSIER, *Hist. française,* VII ; A. SARRAZIN, *Astragale,* XII ; R. KANTERS, dans le *Figaro litt.,* 20 mai 1968 ; Y. NAVARRE, *Je vis où je m'attache,* p. 139 ; G. CONCHON, *État sauvage,* p. 35.

Vouv- : RESTIF DE LA BRETONNE, *M. Nicolas,* cité par R. Arveiller, dans *Verba et vocabula,* 1968, p. 33 ; J. AICARD, *Benjamine,* I, 7 ; J. SCHLUMBERGER, dans la *Nouvelle revue franç.,* 1ᵉʳ avril 1912, p. 699 ; BERNANOS, *Crime,* I, 4 ; ARAGON, *Mise à mort,* p. 99 ; DAUZAT, *Noms de famille de Fr.,* p. 362 ; SIMENON, *Vérité sur Bébé Donge,* p. 105 ; HÉRIAT, *Famille Boussardel,* XI ; P. GUTH, dans le *Figaro litt.,* 16 juin 1951 ; DORGELÈS, *Marquis de la Dèche,* p. 76 ; R. VAILLAND, *Bon pied bon œil,* II, 2 ; TROYAT, *Grive,* p. 115 ; CAYROL, *Corps étrangers,* p. 58 ; DRUON, *Bonheur des uns...,* p. 73 ; J.-P. CHABROL, *Bout-galeux,* p. 60 ; D. BOULANGER, *Nacelle,* p. 41 ; CESBRON, *Traduit du vent,* p. 162 ; BARTHES, dans *Tel quel,* automne 1971, p. 11 ; H. BAZIN, *Qui j'ose aimer,* XII ; REMACLE, t. I, p. 242 ; M. de SAINT PIERRE, *Écrivains,* V ; R. IKOR, *Semeur de vent,* p. 161 ; LE ROY LADURIE, *Paris-Montpellier,* p. 11 ; E. CHARLES-ROUX, *Oublier Palerme,* p. 307 ; etc.

Vousement est tout à fait exceptionnel : J.-M. MEUNIER, édition de la *Vie de saint Alexis,* pp. 239 et 259.

On peut aussi employer les périphrases *dire tu, dire vous* : *Si vous me dites encore vous, je me fâcherai* (HUGO, *Angelo,* I, 2). — *Je vous interdis de me dire tu* (Fr. MAURIAC, *Asmodée,* I, 3).

167   La base est un **mot composé,** une **locution** ou un **syntagme.**

Si le composé est agglutiné, il est assimilable à un mot simple, et d'ordinaire la dérivation ne fait pas de difficulté :

Gendarme → *gendarmerie, gendarmer* ; *vinaigre* → *vinaigrier, vinaigrer,* etc. ; *bonhomme* → *bonhomie* ou *bonhommie* (§ 89, *d*) ; *affaire* → *affairé* ; *Montmartre* → *Montmartrois.* — Voir cependant *e,* 3°, ci-dessous.

Si les éléments sont séparés par un trait d'union ou par un blanc, la dérivation ne se fait pas aisément.

a) Quelques mots composés et quelques locutions reçoivent un dérivé conforme à la règle ordinaire de la dérivation.

Sont entrés dans l'usage général, par ex. : *court-circuit* → *court-circuiter* ; *moyen âge* → *moyenâgeux* ; *auto-stop* → *auto-stoppeur* ; *libre-échange* → *libre-échangiste* ; *tire-bouchon* → *tire-bouchonner* ; *pour cent* → *pourcentage* ; *Terre-Neuve* → *Terre-Neuvien.*

Mais d'autres dérivés n'ont pas de succès : *États-Unis* → *États-Unien.*

Cette dérivation est plus facile quand le second élément a déjà donné un dérivé avec ce suffixe : *Grand-duc* → *grand-ducal* ; *Extrême-Orient* → *extrême-oriental* ; *franc-maçon* → *franc-maçonnerie.*

Avec modification de la base : *pot d'étain* → *potstainier* [pɔstɛnje] (à Huy, en Wallonie), forme contractée de *pot-de-stainier* ; pour *potier d'étain,* voir *c,* ci-dessous.

Les deux éléments de la locution adjectivale *tel quel* ont reçu le suffixe *-ment* pour former la locution adverbiale *tellement quellement* (§ 931, *f*).

On range souvent dans la composition (ou dans la dérivation parasynthétique) des formations comme *enterrer, atterrer, atterrir, souterrain,* parce qu'elles contiennent les prépositions *en, à, sous.* Il s'agit en fait d'une dérivation opérée sur les syntagmes *en terre, à terre, sous terre.* Le procédé est resté vivant :

Mon page ENSABOTTÉ [*sic ;* lire : *ensaboté*] (SAND, *Mauprat*, V). [Déjà risqué par Racine,
avec ce commentaire : ⁺*Ce mot doit bien passer puisque* encapuchonné *a passé* (lettre du
15 nov. 1661, cit. *Fr. mod.*, juillet 1951, p. 210).] — *Il* [= un mort] *est là, sur une natte,* [...]
complètement enveloppé, ENLINCEULÉ *d'un boubou bleu, que dépassent un peu les pieds nus*
(GIDE, *Retour du Tchad*, 12 mars 1926). [Ce verbe est déjà employé en 1895 par
E. ROSTAND, *Princesse lointaine*, III, 2, et en 1900 par WILLY et COLETTE, *Claud. à l'école*,
p. 217.] — *Je me suis* ENSAUVAGI (H. BOSCO, *Âne Culotte*, M.L.F., p. 179). [*Ensauvager* est
plus répandu : TAINE, *Notes sur l'Anglet.*, p. 323 ; GENEVOIX, *Raboliot*, II, 3 ; etc.]

De même, sur des syntagmes *à* + adjectif : *avilir, assouplir.* Comp. § 295, *b*, 1°.

Sur *tout jeune*, on a formé *toute jeunesse : Dans la* TOUTE JEUNESSE *il y a quelque chose
d'enivrant* (G. d'HOUVILLE, *Temps d'aimer*, p. 173). Autres ex. : J. COPEAU, dans J. Copeau et
R. Martin du Gard, *Corresp.*, p. 850 ; ARAGON, *Semaine sainte*, L.P., t. II, p. 263.

Remarques. — 1. Un phénomène analogue se produit, sans qu'on puisse
parler de dérivation au sens strict, lorsqu'il s'agit de mots que l'usager considère
comme unis par un lien semblable à celui de la dérivation, tels *enfant* et
enfance : de *petit enfant* on a tiré le nom féminin *petite enfance* [4] ; des formations
occasionnelles comme *toute enfance* et *bonne enfance* s'expliquent par *tout enfant*
et *bon enfant.*

Petite enfance : AC., s.v. *tendre ;* BARRÈS, *Déracinés*, p. 116 ; LOTI, *Mᵐᵉ Chrysanthème*,
XXXII ; HERMANT, *Discorde*, p. 175 ; PROUST, *Rech.*, t. III, p. 880 ; Fr. MAURIAC, *Trois
grands hommes devant Dieu*, p. 95.
Un ton de BONNE ENFANCE (E. et J. de GONCOURT, *Ch. Demailly*, LXXX). — *Depuis sa*
TOUTE ENFANCE (J. de LACRETELLE, *Années d'espérance*, p. 20).

Le même phénomène explique des locutions comme *blessé grave, grand blessé*, tirées de
blessure grave, grande blessure, par substitution de suffixe. Il explique même, sans qu'on
puisse parler strictement de dérivation, des formations comme *école primaire* → *instituteur
primaire ; Flandre française* → °*flamand-français* (non reçu par l'usage régulier) : *Émile van
Heurck m'a dit qu'il y avait vu pas mal de femmes* FLAMANDES-FRANÇAISES (VAN GENNEP,
Folklore de la Flandre et du Hainaut franç., t. I, p. 49).

Dans les divers cas que nous avons envisagés dans le *a)* et dans cette
Remarque (voir aussi *c*, ci-dessous), l'adjectif devient une épithète par transfert,
laquelle est logique seulement dans la locution ou le composé de base (§ 317, *b*).
— D'autre part, l'accord des adjectifs pose des problèmes : *La* FRANC-*maçonnerie*
(§ 542).

Des syntagmes *presque total, quasi total, non belligérant*, on a tiré aussi par
dérivation des locutions nominales : *presque totalité, quasi-totalité, non-belligé-
rance.* Mais ces adverbes s'emploient avec un nom en dehors des cas où il y a eu
dérivation : cf. § 178, *b*, 2°.

2. *En* conserve sa prononciation dans les dérivés issus des syntagmes commençant par cette préposition ; [ã] devant consonne : *entasser* [ãtase] comme *en
tas ;* [ãn] devant voyelle : *enherber* [ãnɛʀbe] comme *en herbe.*

---

4. Cf. cependant *petit jour* « commencement du jour », ainsi que *petit printemps, petite
jeunesse*, qui ne sont pas dans les dict. : *À la fin de l'hiver 1347-1348 ou au cours du* PETIT
PRINTEMPS *suivant* (P. CHAUNU, *Temps des Réformes*, p. 182). — *J'y retrouve l'atmosphère de
ma* PETITE JEUNESSE *dans le Quercy de ma grand-mère* (J. FOURASTIÉ, *Ce que je crois*, p. 97).

Par confusion avec le préfixe *é-* (§ 172, 4) de *énerver,* etc., *en-* est parfois prononcé [en] devant voyelle. L'Acad. accepte même l'orthographe *énamourer ;* cependant celle-ci n'est pas générale, *enamourer* (ainsi que la prononciation correspondante) garde des partisans, dans la mesure où survit ce verbe un peu désuet :

Énamourer : VERL., *Dédicaces,* LXXIII ; HUYSMANS, *Sœurs Vatard,* IV ; APOLLINAIRE, *Alcools,* Ermite ; J. GREEN, *Journal,* 5 août 1957 ; A. COHEN, *Belle du Seigneur,* p. 783 ; P. GRAINVILLE, *Lisière,* p. 180.
Enamourer : Th. GAUTIER, *Cap. Fracasse,* VIII ; DE COSTER, *Ulenspiegel,* IV, 6 ; MAUPASS., *C.,* Passion ; Fr. MAURIAC, *Province,* Œuvres compl., t. IV, p. 463 ; R. IKOR, *Pluie sur la mer,* p. 65 ; J. LACAN, *Écrits II,* p. 96.

3. La dérivation sur des phrases ne se fait que dans le registre plaisant :

Je m'en fiche → *je m'en fichisme ; Je m'en fous* → *je m'en foutisme.* — Plaisant aussi : *Jusqu'au bout* → *jusqu'au-boutiste.* — Formation individuelle : *J'ai trouvé un Jammes très épaissi, très* COQEMPÂTÉ *par le mariage* (GIDE, *Journal,* 25 avril 1909).

b) La dérivation peut se faire sur la base réduite à un seul de ses éléments :

Volley-ball → *volleyeur ; ping-pong* → *pongiste ; seizième siècle* → *seiziémiste ; Saint-Malo* → *Malouin ; Saint-Jean-de-Losne* → *Losnais ; États-Unis d'Amérique* → *Américain.*

c) La dérivation se fait parfois sur le premier élément du mot composé, de la locution ou du syntagme, surtout si ce premier élément a déjà donné un dérivé avec ce suffixe :

Conseil municipal → *conseiller municipal ; pot d'étain* → *potier d'étain ; jardin d'enfants* → *jardinière d'enfants ; résidence secondaire* → *résidencier secondaire.*
Cette dérivation fait perdre à l'adjectif sa justification première : cf. ci-dessus, *a,* Rem. 1.

d) La base subit une inversion, le déterminant étant placé avant le déterminé :

Afrique du Nord → *Nord-Africain ; Corée du Sud* → *Sud-Coréen ; Allemagne de l'Est* → *est-allemand* comme adj. *(le gouvernement est-allemand) ; Amérique latine* → *Latino-Américain* (pour *-o,* voir § 177, *a).*
Formation ancienne : *Valoir plus* → *la plus-value.*

e) Ce qui est très fréquent, surtout au XXᵉ siècle, c'est que la dérivation se fasse sur la forme latine de la base, — parfois même sur une forme latine ou grecque (voire étrangère) qui n'est pas à l'origine des éléments constituant le syntagme ou le composé :

1° Le second élément (ordinairement nominal) reçoit une forme latine :

Sous l'abdomen → *sous-abdominal ; sous la mâchoire* → *sous-maxillaire ; grand-père* → *grand-paternel : Sur un ton d'amitié presque* GRAND-PATERNELLE (S. de BEAUVOIR, *Force des choses,* p. 347) [manque dans les dict.].
Il y a trois éléments : *le bas moyen âge* → *bas-médiéval : Sur leur lancée* BAS-MÉDIÉVALE *et renaissante (*LE ROY LADURIE, *Carnaval de Romans,* p. 60).

2° Le premier élément reçoit une forme latine ou grecque :

Après de Gaulle → le POST-*gaullisme ; plusieurs disciplines →* PLURI*disciplinaire ; nombreux pays →* MULTI*national ; contre les pellicules →* ANTI-*pelliculaire ; le Nouveau Testament →* NÉO-*testamentaire ; la Nouvelle-Zélande →* NÉO-*Zélandais ; la Gaule romaine →* GALLO-*Romains* (sur *-o*, cf. § 177, *a*) ; *autour du pôle →* CIRCUM*polaire* [siʀkɔ-] ; *hors de la patrie →* EX*patrier ; au-dessus de la terre →* SUPRA*terrestre.*

Les exemples sont innombrables : *Une politique pro-américaine* ou *anti-américaine. Un parti polycentrique* (petit *Robert*). *Une commission extra-parlementaire.* — *L'homélie postamoureuse* [= après l'amour] (LA VARENDE, *Nez-de-Cuir,* II, 2). — Voir aussi, pour le cas d'*auto*, le § 185, *b*.

3° Les deux éléments reçoivent une forme non française.

— Les deux éléments reçoivent une forme latine : *Sourd-muet → surdi-mutité ; mort-né → mortinatalité* (sur le *-i-*, voir § 177, *a*) ; *tous les deux mois → bimensuel ; moyen âge → médiéval ; avant le déluge → antédiluvien ; avant le mariage → prénuptial* ou *préconjugal ; entre les feuillets → interfolier ; pour la grossesse → progestatif ; en deçà du Rhin → cisrhénan ; lignes se faisant face → juxtalinéaire ; Charleroi → Carolorégien.* — En outre, des mots techniques absents des dictionnaires ordinaires : *par la bouche → peroral* (lat. *per os* « par la bouche ») ; *en bas de page → infrapaginal* (note *infrapaginale*).

Avec interversion des éléments : *Pont-à-Mousson → Mussipontain ; mots croisés → cruciverbiste.* — Latinisation erronée : *Fontainebleau → Bellifontain* (-*bleau* n'est pas *bellus* !).

— Un élément a une forme latine et l'autre une forme grecque : *Charleville → Carolopolitain ; autour de la naissance → périnatal ; à côté de l'État →* °*parastatal* (en Belgique ; en France : *paraétatique*) ; *toute l'Allemagne → pangermanisme ; deux fois par semaine → bihebdomadaire.*

— Les deux éléments sont empruntés à une langue moderne : *Pays-Bas → Néerlandais* (du néerlandais *Neerland* ou *Nederland* « Pays-Bas ») ; *six-jours → sixdaysman* « coureur de six-jours » (de l'angl.). — Comp. *chemin de fer → ferroviaire* (de l'it. *ferroviario*).

— La base peut être en même temps réduite et latinisée : *Saint-Étienne → Stéphanois ; Saint-Dié → Déodatien.*

Remarque. — Dans les formations décrites plus haut, l'élément suffixé tantôt existe aussi comme mot indépendant (*nuptial, conjugal,* etc.) et tantôt non (**centrique, *éval, *folier, *gestatif, *paginal, *patrier, *statal*).

Ces procédés, qui ont leur origine dans le latin, se sont développés au XXᵉ s., accentuant, parfois sans nécessité, le caractère abstrait du français.

168   Suffixes formant des noms et/ou des adjectifs.

1. *-able* [du lat. *-abilem,* qui a souvent remplacé *-ibilem* en lat. vulg. ; comp. *-ible,* 33] sert surtout aujourd'hui à faire des adjectifs exprimant une possibilité passive (« qui peut être... ») à partir de verbes : *discutable, faisable.*

Il a eu jadis un sens actif : *convenable, périssable, valable.* Ces dérivés formés avec *-able* sur des verbes sont parfois appelés *adjectifs verbaux.* — Il est plus rare que *-able* se joigne à un nom : *corvéable, cyclable, ministrable.* — Sur la concurrence avec *-ible,* voir ci-dessous, 33.

2. **-ade** [du provençal et de l'italien ; forme pop. franç. *-ée*] forme des noms indiquant une action (à partir de verbes), un produit, parfois une collection (à partir de noms) : *bousculade, engueulade* (très fam.), *lapalissade, palissade.*

3. **-age** [du lat. *-aticum ;* forme savante *-atique*, rare en dehors des mots d'emprunt] est resté très vivant pour former des noms indiquant l'action à partir de verbes : *limogeage, parcage.*

Il a servi aussi à indiquer un état ou une collection et il a pu avoir comme base un nom : *veuvage, rouage.* En outre, *pourcentage.*

4. **-aie** [ε] [du lat. *-eta*, plur. de *-etum*] forme des noms désignant une collection, une plantation des végétaux désignés par la base : *chênaie, hêtraie, roseraie.*

Forme élargie *-eraie : pineraie.* — La variante *-oie* [WA] (§ 60, *a*) subsiste dans *charmoie* (vieilli ; cf. cependant J. BOREL, *Retour*, p. 389) et *ormoie* (rare ; var. *ormaie*, rare aussi). — La variante *-ée* [e] est régionale :
°*Hêtrée :* FLAUB., *Mme Bov.*, I, 1 et 7, etc. ; Th. BRAUN, *Passion de l'Ardenne*, p. 16. — °*Saulée :* E. et J. de GONCOURT, *Ch. Demailly*, XVII ; E. PÉROCHON, cité *Rev. de ling. rom.*, 1978, p. 119.

5. **-aille** [Aj] [du lat. *-alia*, neutre plur. de *-alis* (voir *-el*)] forme, sur des bases variées, des noms indiquant une action ou une collection ; il est souvent péjoratif : *trouvaille, ferraille, grisaille, rocaille, tripaille, valetaille.*

6. **-aire** [empr. au lat. *-aris, -arius ;* forme pop. *-ier*] forme des noms et des adjectifs qui ont avec la base des rapports variés : *moustiquaire, humanitaire, milliardaire, moscoutaire.*

Variante *-ataire*, correspondant à des noms en *-ation : protestataire, contestataire.*

L'adj. **pécuniaire** [empr. du lat. *pecuniaris*] a été parfois écrit °*pécunière*, avec un nom féminin, par confusion avec le suffixe pop. *-ier*, et a reçu un masc. °*pécunier.* Ces formes analogiques, attestées dès le XVe s., restent exclues de la plupart des dictionnaires (Ac., *Grand Lar. enc., Dict. contemp.*, petit *Robert*, etc.). [Littré notait cet usage sans le blâmer : « On dit quelquefois pécunier ».]

Indemnités PÉCUNIÈRES (STENDHAL, *Corresp.*, t. IX, p. 194). — *Avantage* PÉCUNIER (RAMUZ, lettre citée dans la *Revue d'hist. litt. de la Fr.*, janv.-fév. 1970, p. 156). — *Dommage* PÉCUNIER (GIONO, *Moulin de Pologne*, p. 183). — *Difficultés* PÉCUNIÈRES (LÉVIS-MIREPOIX, *Aventures d'une famille franç.*, p. 84).

7. **-ais** [ε] et sa variante *-ois* [WA] (cf. § 60, *a*) [du lat. *-ensem*] se joignent à des noms de villes et de pays pour former des noms désignant les habitants ou leur langue, ainsi que des adjectifs : *Marseillais, Namurois.*

-ois a donné aussi quelques autres mots : *villageois, tapinois, putois.* — Ce suffixe a absorbé l'anc. fr. *-ois,* fém. *-esche* [du francique **-isk,* cf. *-esque,* 25] : *anglois, anglesche ; griois* (« grec »), *griesche* (resté dans *pie-grièche*).

8. *-aison* [du lat. *-ationem ;* forme savante *-ation,* voir *-tion,* 54] a donné des noms marquant ordinairement l'action, à partir de verbes : *pendaison, inclinaison, crevaison.* Il ne produit plus guère de mots nouveaux, car on préfère aujourd'hui la forme savante :

Pâmoison conserve une variante ancienne. Une autre variante *-ison* [du lat. *-itionem*] a servi pour faire des dérivés à des verbes en *-ir : garnison, guérison.*

Pendant un certain temps, l'usage a distingué **inclinaison** « état de ce qui est incliné » : *L'inclinaison de ce mur est inquiétante ;* — **inclination** « action d'incliner » : *Une inclination de tête* (encore chez CESBRON, *Souveraine,* p. 111) ; au figuré, *Avoir une inclination pour qqn ou qqch.* — Cette distinction est très menacée, *inclination* étant réservé de plus en plus au sens figuré et *inclinaison* désignant couramment l'action d'incliner, autant que l'état :

L'hôtelier avait répondu à ces questions par de respectueuses INCLINAISONS *de tête* (Th. GAUTIER, *Cap. Fracasse,* XIII). — *[...] Venant faire [...] de grandes* INCLINAISONS *de tête et de corps* (BARRÈS, *Colline insp.,* 1913, p. 237).

Autres ex. : VIGNY, *Cinq-Mars,* VII ; E. ROSTAND, *Aiglon,* I, 8 ; VALLÈS, *Enfant,* XXI ; A. FRANCE, *Orme du mail,* XVI ; PROUST, *Rech.,* t. II, p. 952 ; R. MARTIN DU GARD, *Jean Barois,* p. 241 ; Fr. MAURIAC, *Adolescent d'autrefois,* p. 243 ; J. ROMAINS, *Hommes de b. vol.,* t. VIII, p. 218 ; BILLY, *Madame,* p. 85 ; DORGELÈS, *Tout est à vendre,* p. 41 ; AYMÉ, *Chemin des écoliers,* p. 55 ; H. BOSCO, *Balesta,* p. 193 ; DANIEL-ROPS, *Mort, où est ta victoire ?* p. 154 ; VERCORS, *Silence de la mer,* p. 65 ; AMBRIÈRE, *Solitaire de la Cervara,* p. 179 ; H. BAZIN, *Mort du petit cheval,* p. 63 ; P.-H. SIMON, *Hist. d'un bonheur,* p. 282 ; J.-L. CURTIS, *Roseau pensant,* p. 100 ; R. VAILLAND, *Drôle de jeu,* III, 2 ; ROBBE-GRILLET, *Souvenirs du Triangle d'or,* p. 188 ; G. PEREC, *Vie mode d'emploi,* p. 166 ; R. SABATIER, *Trois sucettes à la menthe,* p. 44 ; etc. [L'ex. de Flaubert cité dans la 11ᵉ éd. du présent ouvrage est douteux : on lit *inclination* dans l'éd. G.-M. de *Mᵐᵉ Bov.,* p. 88.]

-al : voir ci-dessous, 21.

9. *-an* [empr. au lat. *-anum ;* forme pop. *-ain,* § 163, et *-ien,* ci-dessous, 36] se trouve dans quelques dérivés de noms propres : *mosan, mosellan, formosan.*

Sur *-ana,* voir § 161, Rem. 2.

10. *-ance* [du lat. *-antia,* qui a souvent remplacé *-entia* en lat. vulg. ; comp. *-ence,* 23] s'ajoute à des verbes pour former des noms marquant l'action ou son résultat : *souffrance, vengeance, attirance, rouspétance* (fam.).

Ce suffixe a eu un grand succès dans la langue littéraire, spécialement à l'époque symboliste. On trouve par ex. chez Gide : *avisance, bruyance, remémorance, vagabondance,* etc. Cf. A. François. *La désinence « ance » dans le vocabulaire franç.,* Genève-Lille, Droz, 1950.

11. **-ant** [du lat. *-antem*] n'est pas seulement la désinence des participes présents, éventuellement employés comme adjectifs (§ 198, *a*) ou comme noms, mais est aussi un suffixe français formant des adjectifs (parfois des noms) qui ne viennent pas d'une forme verbale (comp. *-isant*, 44) : *abracadabrant, itinérant, migrant.*

12. **-ard** [détaché de noms propres d'origine francique, comme *Bernard, Évrard,* etc.] forme des noms et des adjectifs, souvent avec une nuance péjorative : *montagnard, richard, vantard, chauffard, maquisard.*

13. **-asse** [du lat. *-acea ;* forme savante *-acée,* voir Rem. ci-dessous ; d'abord *-ace,* conservé dans *rosace*] a eu une valeur augmentative : *milliasse* (§ 580, *a*) ; il a pris surtout une valeur péjorative, dans des noms et des adjectifs tirés de bases variées : *lavasse, paperasse, hommasse, fadasse.*

14. **-at** [A] [empr. au lat. *-atum ;* forme pop. *-é*] forme des noms, parfois dérivés de verbes pour indiquer une action ou un produit : *assassinat, crachat ;* mais le plus souvent dérivés de noms pour désigner des fonctions (au sens large), parfois le territoire sur lequel elles s'exercent : *marquisat, syndicat, paysannat, artisanat.*

Très souvent la base se présente sous une forme savante : *professorat, secrétariat.* Par analogie avec des mots comme le dernier cité, on a fabriqué récemment *vedettariat,* de *vedette.*

-atoire : voir *-toire,* 55.

15. **-âtre** [du lat. *-asterum*] a donné surtout des adjectifs exprimant la diminution et l'approximation, souvent avec une nuance péjorative : *verdâtre, douceâtre, follâtre* — et aussi *acariâtre,* de *Acaire,* nom d'un saint invoqué contre la folie.

16. **-aud** [o] [tiré de noms propres d'origine germanique comme *Guiraud, Arnaud* (aussi dans le nom commun *héraut,* venu du francique) ; anciennement *-aut,* resté dans *levraut*] se trouve dans des noms et adjectifs péjoratifs : *lourdaud, noiraud.* Il n'est plus guère productif.

17. **-e** [du lat. *-am,* qui est la désinence habituelle du féminin (§§ 479 et 528)] : *géant, géante ; artisan, artisane.* Il sert aussi à former des noms communs tirés de noms propres : *berline, micheline, vespasienne* (de *Berlin, Michelin, Vespasien*).

Il sert aussi à former des dérivés faisant partie de locutions adverbiales introduites par *à la : Faire l'amour à la hussarde* (Ac.). — *Il monte à la uhlane* (LA VARENDE, *Centaure de Dieu,* p. 112). Cf. § 928, *g,* 1°.

Le suffixe *-e,* en tant que tel, est purement graphique, mais il entraîne souvent des changements phonétiques en ce qui concerne la finale de la base. Cf. §§ 482-485 ; 530-533.

18. *-é* [du lat. *-atum ;* forme sav. *-at*] ne se trouve pas seulement dans des participes passés, éventuellement employés comme adjectifs *(effaré)* ou comme noms *(croisé).* Il forme aussi des adjectifs qui ne viennent pas d'une base verbale : *âgé, ailé, aisé, râblé, vanillé.* Cf. aussi § 163.

19. *-eau* [o] [du lat. *-ellum ;* autrefois *-el*] se joint à des bases nominales ou verbales. La signification diminutive qu'avait le suffixe latin a donné de nombreux dérivés dans l'ancienne langue, mais elle ne s'est guère conservée dans le vocabulaire actuel, où ce suffixe n'est d'ailleurs plus très productif : *chevreau, drapeau, taureau, traîneau, chemineau.*

-iau est une forme dialectale (difficile à séparer de *-iot*) : *fabliau, nobliau, Morvandiau.* — *-elle* est la forme féminine : *dentelle, tourelle, ruelle.* — *-ereau* et *-erelle* sont des formes élargies : *lapereau, tombereau, sauterelle.* — Voir aussi *-elet* ci-dessous, à *-et.*

20. *-ée* [du lat. *-atam ; -ade* est une variante d'origine méridionale] a produit un grand nombre de noms sur des bases verbales et nominales. Il exprime une action ou son résultat ou le lieu où elle se produit, un collectif, un contenu, etc. : *poussée, fessée, couvée, allée, feuillée, bouchée, soirée.*

-ée pour *-aie :* voir ci-dessus, 4.

-éen : voir ci-dessous, 36.

21. *-el* [du lat. *-alem*] et *-al* [sa forme savante] sont tous deux très vivants pour former des adjectifs dérivés de noms : *accidentel, professionnel, culturel ; gouvernemental, pyramidal, caricatural.*

La base peut se présenter sous sa forme savante : *différentiel, doctoral.* — *-iel* et *-uel* se sont détachés de mots où ils étaient justifiés par l'étymologie (comme *ministériel, rituel*) : *vectoriel, caractériel, gestuel.* — *-el* et *-al* ont été souvent en concurrence. Parfois les deux formes subsistent, avec une spécialisation de sens : *originel, original ; partiel, partial ; structurel, structural.*

22. *-ement* [du lat. *-amentum ;* en lat. class., il ne correspondait qu'à des verbes en *-are*] a servi à tirer des verbes de toutes les conjugaisons un nombre considérable de noms exprimant l'action ou son résultat ; il est encore bien vivant : *abaissement, embourgeoisement, avilissement, consentement, abattement, dénigrement.* Quelques mots ont pris un sens concret : *logement, vêtement.*

23. **-ence** [ãs] [empr. au lat. -entia, lequel a été évincé par -antia en lat. vulg., voir -ance, 10] forme des noms qui correspondent — tantôt à la fois à un verbe et à un adjectif en -ent : adhérence ; — tantôt à un verbe seulement : ingérence ; — plus souvent à un adjectif seulement : intermittence, truculence, immanence.

-escence correspond généralement à un adjectif en -escent, comme -ence à un adjectif en -ent : arborescence. Mais des noms en -escence ont été tirés directement de verbes latins en -escere : effervescence. Dans d'autres cas, on a vraiment un suffixe autonome ajouté à un verbe français : dégénérescence, régénérescence, phosphorescence ; ou à un radical latin : luminescence, somnescence.

24. **-ent** [empr. au lat. -entem ; cette désinence du participe présent a été évincée par -antem en lat. vulg., voir -ant, 11] sert parfois à former des adjectifs sur des noms en -ence, par substitution de suffixe : réticent.

De même, -escent semble parfois substitué à -escence : effervescent, luminescent, recrudescent. C'est dans d'autres cas un suffixe autonome appliqué à des radicaux latins : frutescent, iridescent ; ou à des mots français : azurescent, alcalescent, opalescent.

-erie : voir ci-dessous, 34.

25. **-esque** [empr. à l'ital. -esco, d'origine germ. ; comp. -ois ci-dessus, 7] sert à former des adjectifs tirés de noms communs et surtout de noms propres, souvent dans le domaine de la littérature et du spectacle, et souvent avec une nuance dépréciative : simiesque [sur le radical latin], funambulesque, titanesque, rocambolesque, moliéresque.

26. **-esse** [du lat. vulg. -issa, d'origine grecque] et **-eresse,** comme marques du féminin, voir §§ 486 et 489, c.

27. **-esse** et **-ise** [tous deux du lat. -itiam, semble-t-il], dont la vitalité est faible en franç. contemporain, ont surtout donné des noms féminins abstraits, tirés d'adjectifs : richesse, robustesse ; franchise, roublardise (fam.).

28. **-et** [du lat. vulg. -ittum, probablement d'origine celtique], fém. -ette, est le suffixe diminutif par excellence : ballonnet, garçonnet, jardinet ; fillette, mallette, courette. Il peut être affectueux : sœurette ; ou péjoratif : amourette. Cf. aussi § 487.

Les dérivés des verbes signifient « instrument servant à... » : jouet, sifflet, soufflet. — Notons aussi les locutions adverbiales : à l'aveuglette, à la bonne franquette, depuis belle lurette. Cf. § 928, g, 3°. — Forme élargie -elet : bracelet, vaguelette. Cf. encore -eton ci-dessous, 51.

29. **-eur** [du lat. *-orem*], presque éteint aujourd'hui, a produit un grand nombre de noms féminins abstraits dérivés d'adjectifs : *ampleur, blancheur, maigreur.*

30. **-eur** [du lat. *-atorem*], fém. *-euse* (§ 489, *a*), est le suffixe ordinaire des noms d'agent : *chercheur, logeur.* Il sert aussi pour des appareils ; au féminin, plutôt pour des machines : *batteur, batteuse.* Il s'applique ordinairement à des verbes, parfois à des noms : *footballeur, chroniqueur, pisteur, bétonneuse* (§ 164, *a*).

La forme savante *-ateur*, très productive, est ajoutée à des verbes empruntés au latin : *animateur, condensateur ;* souvent, il existe déjà un dérivé en *-ation.* Parfois ce suffixe s'ajoute à des radicaux purement latins : *sécateur, aviateur* [cas exceptionnel, puisqu'il est tiré du nom latin *avis*, oiseau]. *-eur* et *-ateur* sont parfois en concurrence : *programmeur, programmateur.* — Pour la confusion de *-eur* et de *-eux*, voir 31. — Beaucoup de noms en *-eur* et en *-ateur* s'emploient aussi comme adjectifs. Quelques dérivés en *-ateur* sont seulement adjectifs : *évocateur.*

31. **-eux** [lat. *-osum ;* forme savante *-ose*, voir Rem.], fém. *-euse*, a fourni, surtout à partir de noms, de nombreux adjectifs et des noms indiquant une qualité, parfois l'abondance : *courageux, boiteux, miséreux, boueux, moyenâgeux.*

La variante *-ueux* a été détachée de mots comme *défectueux, voluptueux* [empr. du latin] : *respectueux, délictueux, torrentueux, talentueux* (qui a évincé *talenteux*).

Des confusions entre *-eux* et *-eur* se produisent, favorisées par le fait que *r* final était amuï jadis (cf. § 82) et l'est encore dans certains parlers régionaux : *faucheux* (sorte d'araignée), *violoneux.*

Ex. récents : *Le Saint-Père n'a pas été très* LOUANGEUX *à mon égard* (dans le *Monde*, 17 sept. 1976) [article rapportant des paroles de Mᵍʳ Lefebvre]. — *En urinant sur un rail électrique, le courant remonte le jet et foudroie le* PISSEUX (M. TOURNIER, *Vagabond immobile*, p. 93).

32. **-(i)aque** [empr. du lat. *-iacus* ou du grec *-ιακός*] a formé quelques adjectifs, surtout dérivés de noms en *-ie : insomniaque.*

33. **-ible** [empr. au lat. *-ibilis*, qui avait été évincé en latin vulg. par *-abilis*, voir *-able*] forme des adjectifs exprimant une possibilité passive (« qui peut être... ») à partir de verbes latins, soit sur leur infinitif : *amovible, compatible ;* soit sur le radical du participe passé : *répressible, extractible, conductible, transmissible ;* souvent, il existe déjà en français un nom en *-ion*, et en réalité le dérivé en *-ible* est tiré de ce nom par substitution de suffixe.

-ible s'est parfois attaché à des verbes français, rarement à des noms : *lisible, traduisible, nuisible* (le sens est actif : « qui peut nuire »), *pénible*. Il a parfois éliminé des formes en *-able* : *nuisable, lisable.* Inversement, *négligeable* a évincé *négligible* (SAINTE-BEUVE, *Port-Royal,* cit. Littré, Suppl.). On constate encore des concurrences aujourd'hui : au lieu d'*inaccessible* « qui ne peut être atteint », on trouve parfois *inatteignable,* plus rarement °*inattingible :*

> *Inatteignable :* STENDHAL, *Journal,* 18 mars 1813 ; BOURGET, *Voyageuses,* 1897, p. 238 ; GIDE, *Voy. au Congo,* Pl., p. 832 ; É. HENRIOT, dans Fromentin, *Dominique,* Garnier, p. XVI ; ARAGON, *Aurélien,* p. 364 ; R. VAILLAND, *Écrits intimes,* p. 491.
> *Inattingible :* JANKÉLÉVITCH, *Le je-ne-sais-quoi et le presque-rien,* cit. *Trésor ;* J. ONIMUS. *Connaissance poétique,* p. 163.

Soluble est emprunté au latin. — *Susceptible* aussi ; sur le sens et la construction, voir § 357, *d.*

34. *-ie* [du lat. *-iam,* accentué sur le *i,* venu du grec -ία ; le suffixe proprement latin était atone] a formé de nombreux noms : *maladie, mairie.* Il est en recul aujourd'hui comme suffixe populaire, mais il est bien vivant comme suffixe savant : *synchronie* [tiré de *synchronique*], *épigraphie.* On l'emploie aussi pour des noms de pays et de régions : *Wallonie, Yougoslavie.*

-erie, forme élargie de *-ie,* l'a supplanté dans la langue courante. Il donne, en s'ajoutant à des adjectifs, à des noms et à des verbes, un grand nombre de noms indiquant une qualité, une action, le résultat de cette action, le lieu où elle s'exerce, une collection, une industrie : *fourberie, causerie, brasserie, argenterie, biscuiterie.*

> La concurrence de *-ie* et de *-erie* est ancienne : *diablerie, orfèvrerie, factorerie* ont éliminé *diablie, orfèvrie, factorie* (encore dans CÉLINE pourtant : *Voy. au bout de la nuit,* F°, p. 222). Le peuple dit aussi °*pharmacerie* pour *pharmacie.* °*Idolâtrerie* apparaît même dans la langue écrite : A. DAUDET, *Petite paroisse,* cit. *Trésor ;* TEILHARD DE CHARDIN, lettre du 16 mai 1925 publiée dans le *Figaro,* 18 févr. 1972 ; Fr. CHALAIS, dans le *Figaro,* 30 mars 1974. — *Ingénierie* [ɛ̃ʒeniʀi] a été tiré d'*ingénieur* pour traduire l'angl. *engineering,* mais la formation n'est pas particulièrement heureuse.

Pour les noms de plantes, la forme savante *-ia* (cf. Rem.) est souvent préférée à *-ie : forsythie, gardénie* ont disparu devant *forsythia, gardénia.*

35. *-ième* [d'origine discutée] sert à former les adjectifs ordinaux : voir § 581, *a.*

36. *-ien* [jɛ̃] [du lat. *-anum* précédé d'une palatale : cf. § 66, *b ;* comp. *-ain* au § 163 ; *-an* forme savante] est devenu un suffixe autonome marquant l'appartenance. Il se joint à des noms communs et à des noms propres pour former des noms et des adjectifs : *collégien, musicien, faubourien ; cartésien, gaullien ; autrichien, norvégien.*

-éen [eɛ̃] [sans doute croisement entre *-ien* et le lat. *-aeus, -eus*] a servi d'abord à traduire des mots latins en *-aeus, -eus : herculéen, européen, cyclopéen.* Il s'est

ensuite employé dans d'autres cas : *goethéen* (on trouve aussi *goethien*), *nietz-schéen* de *Goethe, Nietzsche ; échiquéen* « qui concerne le jeu d'échecs ». — Lorsque la base se termine par *-é(e), -éen* se réduit par haplologie à *-en* [ɛ̃] : *pyrénéen, lycéen, vendéen. — Nancéien :* § 35, Rem. 2.

37. **-ier** [du lat. *-arium ;* forme savante *-aire*], fém. *-ière,* a fourni un grand nombre de dérivés sur des adjectifs et surtout sur des noms. Il forme des adjectifs exprimant une qualité, un rapport : *fruitier, minier, rancunier ;* et des noms désignant des personnes (qui ont une activité en rapport avec la réalité désignée par le mot de base), des contenants, des arbres, des ustensiles divers : *cabaretier, prisonnier, cuirassier, barbier, vacancier, poudrier, poudrière, sapinière, bananier, gaufrier, jarretière, souricière.*

-ier s'est réduit à *-er* après *ch, g* (§ 65) : *pêcher, archer, lingère.* Après *l* dit mouillé, l'usage est assez contradictoire : *houiller, bétaillère, cornouiller, oreiller, conseiller, poulailler ; groseillier, médaillier, quincaillier, joaillier, quillier, marguillier, vanillier.* Notons aussi *imagier, langagier, pistachier, fichier,* ainsi que *châtaignier.*

Inversement, *-ier* a absorbé le suffixe *-er* de l'anc. franç. [du lat. *-are* et *-arem*] : *écolier, chandelier, régulier,* anc. fr. *escoler, chandeler, reguler.*

38. **-if** [du lat. *-ivum*] forme des adjectifs sur des bases verbales ou nominales : *tardif, maladif, sportif.*

Aujourd'hui, il sert surtout dans des formations savantes, *-if* correspondant à des noms en *-ion (-tion, -sion)* : *expansif, créatif, compétitif, attractif.*

39. **-ille** [ij] [du lat. *-iculam ; -icule* est savant, voir ci-dessous, 57] a formé des diminutifs : *béquille, brindille* (outre des mots venus du latin ou empruntés comme *faucille, cédille, flotille*). Sa vitalité est quasi nulle en franç. contemporain.

40. **-in, -ine** [du lat. *-inum, -inam ;* aussi dans des mots savants] forment des adjectifs et des noms sur des bases nominales et verbales. Dans les adjectifs, le suffixe marque un rapport (ressemblance, matière, origine) : *enfantin, argentin, alpin.* Les noms désignent des objets ou des personnes, parfois avec une nuance diminutive, affectueuse ou péjorative : *rondin, tétine, Colin* (de *Nicolas*), *Jacqueline, blondin, calotin, trottin.*

-ine est fort employé dans la langue de la technique et du commerce : *glycérine, brillantine.*

41. **-ique** [empr. au lat. *-icus* et au grec *-ικός*] est le suffixe le plus employé pour former des adjectifs, notamment dans la terminologie scientifique et technique. La base est souvent latine ou grecque, mais il

y a aussi des dérivés de mots français, de mots empruntés aux langues vivantes et de noms propres : *vocalique, anesthésique, féerique, chimique, volcanique, touristique, marotique, islamique, jurassique, soviétique.*

La variante composée *-istique* s'est détachée de mots comme *caractéristique* (emprunté au grec) ou *touristique : footballistique.* — Autre variante *-atique,* tirée de *problématique,* etc. : *emblématique, initiatique.*

42. *-ique* [empr. au lat. *-ica* et au grec *-ική*] et ses variantes servent à former des noms féminins désignant des sciences, des arts, des techniques : *linguistique, casuistique, patristique, stylistique* (d'abord en all.), *informatique.*

43. *-is* [i] [du lat. *-icium*], ajouté à des noms et surtout à des verbes, sert à former des noms indiquant l'action ou son résultat, ainsi que des collectifs ; la langue littéraire moderne y recourt volontiers : *roulis, éboulis, cailloutis, chuchotis.*

44. *-isant* [terminaison des participes présents des verbes en *-iser*] est devenu un suffixe autonome. Il forme des noms désignant celui qui étudie une langue ou celui qui est proche d'une doctrine sans y adhérer totalement : *hébraïsant, communisant* (distinct de *communiste*).

-ise : voir ci-dessus, 27.

45. *-isme* [ism] [empr. au lat. *-ismus* (qui vient lui-même du grec) et au grec *-ισμός*] est un des suffixes les plus importants de la langue actuelle. Il sert à former sur les bases les plus diverses (rarement des verbes cependant) des noms masculins, indiquant soit une notion abstraite, soit une doctrine, une activité, une attitude morale ou politique, soit une tournure propre à une langue ou à un parler : *héroïsme, chauvinisme, favoritisme, journalisme, communisme, romantisme, défaitisme, féminisme, nudisme, gauchisme, scoutisme, cannibalisme, belgicisme* (parfois *belgisme*).

Lorsque la base se termine par *-y*, il y a superposition de *y* et de *i ;* on écrit généralement *-ysme : dandysme ;* cf. *-iste.*

46. *-issime* [empr. au lat. *-issimus,* mais surtout par l'intermédiaire de l'ital.] forme des adjectifs indiquant un haut degré : § 555.

47. *-iste* [empr. au lat. *-ista* (qui vient lui-même du grec) et au grec *-ιστής*] est plus productif encore que *-isme,* auquel il est souvent lié : *journaliste, communiste, défaitiste, féministe, nudiste, gauchiste.* Ne correspondent pas à des noms en *-isme : congressiste, dentiste, généraliste, gréviste, chimiste, séminariste.* Tous ces noms masculins (ou féminins lorsqu'ils s'appliquent à des femmes) désignent des personnes qui ont une activité, une attitude ou une doctrine en rapport avec la réalité désignée par la base. *-iste* sert aussi à former des adjectifs indiquant simplement une relation : *déflationniste* « qui concerne la déflation ».

Il y a aussi quelques dérivés de noms propres de lieux : *Louvaniste* (de *Louvain*), *Briviste* (de *Brive*-la-Gaillarde). — Dans *analyste* et *psychanalyste*, la finale de la base et l'initiale du suffixe se superposent (haplologie). On écrit parfois °*psychanaliste*.

48. *-itude* [empr. au lat. *-itudo*] a donné quelques noms abstraits tirés d'adjectifs ou de noms : *décrépitude, platitude, négritude*.

49. *-o* s'ajoutant au premier élément d'un mot composé *(anglo-américain)*, voir § 177, *a*.

50. *-oir* [du lat. *-orium ;* forme savante *-toire*], fém. *-oire*, s'attache à des verbes, rarement à des noms, et forme des noms désignant des endroits et des instruments : *abreuvoir, mouchoir, présentoir, bougeoir ; baignoire, balançoire, pataugeoire*.

51. *-on* [du lat. *-onem*] forme surtout des noms de personnes, d'animaux ou de choses, auxquels il donne souvent une valeur diminutive (parfois affective ou péjorative) : *ânon, chaînon, mollasson, souillon, Madelon*.

Le franç. du Midi a ses formations particulières :

°*Charreton* « petite charrette » : A. DAUDET, *Immortel,* II ; A. CHAMSON, *Héritages,* I, 1 ; P. REVERDY, interviewé dans le *Figaro litt.,* 5 mai 1956 ; Cl. SEIGNOLLE, *Folklore de la Provence,* p. 127. — °*Chambron* « petite pièce » : GIONO, *Un de Baumugnes,* IX. — °*Grangeon* « petite grange » : R. VAILLAND, *Beau Masque,* II, 3 (en Savoie). Etc.

-on a aussi une valeur augmentative, surtout dans des noms empruntés de l'italien ou influencés par l'italien : *ballon, million, médaillon ;* mais on avait déjà *perron* en anc. fr. — Formes élargies, *-illon, -eron, -eton, -aillon, -ichon* [d'origine obscure] : *négrillon, aileron, gueuleton, moussaillon, folichon*.

52. *-ot* [o] [du lat. vulg. *-ottum*, de même origine que *-ittum*, voir *-et*], fém. *-otte*, forme des diminutifs, parfois de nuance affective : *billot, pâlot, Pierrot*. Il indique seulement une relation dans *culotte, Solognot*.

53. *-té* [du lat. *-itatem*] a cessé d'être productif sous cette forme, à laquelle nous devons *fierté* et *cherté*. Il subsiste sous la forme élargie *-eté*, qui s'ajoute aux bases françaises, et surtout sous la forme savante *-ité*, la seule vraiment vivante, qui s'ajoute à des mots empruntés ou à des radicaux savants. Les dérivés sont des noms abstraits tirés d'adjectifs : *brièveté, mocheté* (très fam.) ; *totalité, authenticité, actualité, inviolabilité, mondanité, créativité*.

-*ité* a plus d'une fois remplacé -*eté*. L'Académie, en 1878, donnait encore *passiveté* et *passivité ;* en 1935, elle ne garde que le second. Mais elle ne connaît encore que *lasciveté*, alors que *lascivité*, qui est aussi ancien et qui n'a rien d'un barbarisme, le concurrence fortement (les deux formes sont admises par Robert, par le *Grand Lar. langue*) :

Lasciveté : [MARG. DE NAVARRE, *Hept.*, III ; MONTAIGNE, *Essais*, III, 5 ; VOLT., *L. philos.*, XI] ; Ch. DE COSTER, *Légende d'Ulenspiegel*, I, 25 ; FLAUB., *Sal.*, XV ; *Lar. XXᵉ s.*, s.v. *danse ;* F. DESONAY, *Ronsard poète de l'amour*, t. I, p. 59 ; J. POMMIER, *Spectacle intérieur*, p. 247 ; PIEYRE DE MANDIARGUES, *Marge*, p. 227 ; S. LILAR, *Confession anonyme*, 1980, p. 20.

Lascivité : [LEMAIRE DE BELGES, *Concorde des deux langages*, p. 19 ; DU BELLAY, *Deffence*, cit. Huguet] ; JOUHANDEAU, dans le *Figaro litt.*, 10 oct. 1953 ; R. ANDRÉ, *L'amour et la vie d'une femme*, p. 242 ; S. PROU, *Ville sur la mer*, p. 195 ; J.-L. CURTIS, dans l'*Express*, 24 juin 1983, p. 4 ; YOURCENAR, *Anna, soror...*, p. 59.

Au contraire, l'Académie, qui donnait en 1878 *vilité* et *vileté*, ne garde en 1935 que le second, qu'elle reconnaît d'ailleurs peu usité.

54. -*tion* [sjɔ̃]. Sous la forme -*ation* [empr. au lat. -*ationem ;* elle a presque complètement évincé la forme pop. -*aison*, voir ci-dessus], c'est le suffixe nominal le plus productif en français contemporain. Il sert surtout à faire des noms d'action à partir de verbes (notamment de verbes en -*iser*) : *adaptation, recommandation, admonestation, bifurcation, vaccination, unification, dégoûtation* (très fam.), *colonisation, climatisation, uniformisation*.

Aviation [qui a comme radical le lat. *avis*, oiseau], *régulation* [tiré de *régulateur*] et *automation* [empr. à l'angl.] sont de types particuliers. — La variante -*ition* [empr. au lat. -*itionem*], fréquente dans des mots empruntés, n'apparaît que dans peu de mots considérés comme de formation française : *ignition* [dérivé sur le lat. *ignis*, feu], *déglutition*. — -*sion* n'est pas fréquent non plus : *compromission*, dérivé de *compromis* selon Wartburg, est un empr. au lat. médiéval *compromissio* (cf. *Trésor*). — Deux mots en -*ution*, formés sur le participe passé du verbe de base (contrairement à *apparition*) : *comparution* est ancien, et personne ne le conteste ; *parution*, au contraire, rarement attesté avant le XXᵉ s. (cf. Hist.), a été vivement critiqué. Il est pourtant entré dans l'usage, même littéraire, comme l'admettent les bons observateurs (Bruneau, Hanse, etc.) et les dictionnaires récents (Robert, *Grand Lar. langue*, etc.) :

La PARUTION *en librairie du premier volume de ses œuvres* (Ch. DU BOS, *Journal 1921-1923*, p. 152). — *Un livre qui apparaît au lieu de paraître ; au lieu d'une* PARUTION, *une apparition* (COCTEAU, *Poésie critique*, p. 211). — *Un abbé* [...] *à qui j'avais envoyé* La Ville à sa PARUTION (MONTHERLANT, *Tragédie sans masque*, p. 125).

Autres ex. : BERNANOS, *Journal d'un curé de camp.*, p. 364 ; R. ROLLAND, *Journal*, dans la *Table ronde*, déc. 1952, p. 75 ; A. VAN GENNEP, *Manuel de folklore franç. contemporain*, t. III, p. 96 ; DAUZAT, dans le *Franç. mod.*, oct. 1942, p. 319 ; AYMÉ, *Confort intellectuel*, p. 120 ; A. CAMUS, *Homme révolté*, p. 84 ; J. BENDA, dans le *Soir* (Bruxelles), 8 oct. 1948 ; R. MALLET, dans la *Corresp. Claudel-Gide*, Introd. ; R. MARTIN DU GARD, *Souvenirs*, Pl., p. LIX ; M. ARLAND, dans le *Figaro litt.*, 24 mai 1952 ; E. TRIOLET, *Luna-Park*, L.P., p. 99 ; QUENEAU, *Présentation de l'Encyclopédie de la Pléiade*, p. 18 ; LA VARENDE, *Don Bosco*, XV ; F. LECOY, dans *Romania*, 1956, p. 114 ; A. BILLY, dans le *Figaro litt.*, 9 nov. 1957 ;

A. Maurois, *Prométhée*, p. 84 ; A. Martinet, *Langue et fonction*, Préf. ; Butor, *Essais sur le roman*, Id., p. 168 ; J. Madaule, dans le *Monde*, 27 déc. 1969 ; R. Barthes, dans *Tel quel*, automne 1971, p. 98 ; J. Cellard, dans le *Monde*, 31 juillet 1972 ; R. Caillois, dans *Europe*, janv. 1973, p. 83 ; Poirot-Delpech, dans le *Monde*, 8 mars 1973 ; Jouhandeau, *Carnets de l'écrivain*, p. 350 ; etc.

Hist. — *Comparution* date du XVᵉ s. — *Parution* est attesté de façon isolée chez Restif de la Bretonne en 1770 : cf. *Studia neophilologica*, 1964, p. 326. — *Disparution* a concurrencé *disparition*, surtout au XVIIIᵉ s. : il est notamment chez Saint-Simon.

55. *-toire* [empr. au lat. *-torius ;* forme pop. *-oir*] sert à former des adjectifs tirés de verbes, le plus souvent de verbes savants auxquels correspondent des substantifs en *-tion*. La forme la plus fréquente est *-atoire*, sur des verbes en *-er : blasphématoire, diffamatoire, épilatoire, dînatoire*.

-itoire se trouve dans le néologisme *définitoire*, tiré de *définir : Les premiers lexicographes eurent la lourde tâche d'élaborer des énoncés* DÉFINITOIRES (R.-L. Wagner, *Vocabulaires franç.*, t. I, p. 135). — *Résolutoire* est présenté par Wartburg comme un dérivé français, mais ce doit être un emprunt.

56. *-u* [du lat. *-utum*] forme des adjectifs tirés de noms : *barbu, bossu, ventru*.

57. *-ule* [empr. au lat. *-ulus, -ula*] a donné des diminutifs, surtout dans la langue scientifique : *ovule, lobule, ridule*.

-cule, -icule, -uscule sont des formes élargies déjà attestées en latin : *animalcule, canalicule, groupuscule*. — Ces divers suffixes se trouvent aussi dans des dérivés plaisants ou occasionnels : *Des* ARBRICULES *poussiéreux* (Huysmans, *Sœurs Vatard*, XI).

58. *-ure* [du lat. *-aturam*] forme des noms tirés de bases nominales ou verbales. Ils indiquent soit une action subie, soit le résultat concret de l'action, ou un collectif : *brûlure, piqûre, froidure, chevelure, denture*.

La forme savante *-ature* se trouve surtout dans des mots empruntés. On considére pourtant comme de formation française *arcature, filature, ossature, signature*.

Remarque. — Les suffixes énumérés ci-dessus appartiennent à la langue commune. Les vocabulaires scientifiques et techniques donnent à certains d'entre eux des valeurs particulières : par ex., la nomenclature de la chimie à *-eux, -ique, -ure*. Ces vocabulaires scientifiques et techniques ont aussi leurs suffixes propres, lesquels résultent de l'emprunt et s'ajoutent souvent à des radicaux eux-mêmes empruntés. Par ex. :

-acée en botanique [lat. *-acea ;* forme pop. *-asse*] : *cucurbitacée*.

-ème en linguistique [gr. *-ημα*] : *lexème*.

-ia en botanique [lat. *-ia ;* cf. *-ie* ci-dessus, 34], souvent ajouté à des noms de personnes : *fuchsia* [de *Fuchs*] ; c'est un suffixe latin plutôt que français.

-idé en zoologie [d'abord *-ide*, lat. *-ida*, du gr. -ίδης] : *équidé.*

-ite en médecine [lat. *-itis*, du gr. -ῖτις] : *névrite ;* — en minéralogie [lat. *-ites*, du gr. -ίτης] : *lignite.*

-ol en chimie [tiré de *alcool*, empr. à l'arabe *al kuhul*] : *phénol.*

-ose [oz] en chimie [lat. *-osus ;* forme pop. *-eux*] : *cellulose ;* — en médecine [lat. *-osis*, du gr. -ωσις] : *tuberculose.*

169   Suffixes formant des verbes.

a) Suffixes transformant des noms ou des adjectifs en verbes.

On notera que *-er* et *-ir* ne sont pas exactement des suffixes comme les autres : ce sont les désinences de l'infinitif, d'après lequel il est convenu de désigner l'ensemble des formes d'un verbe [5].

1. *-er* [du lat. *-are*, mais aussi du lat. *-ere* par l'intermédiaire de mots d'emprunt] a formé et continue de former de nombreux verbes, sur des mots du fonds primitif, sur des mots empruntés, sur des mots déjà dérivés ou composés, sur des syntagmes (§ 167), sur des radicaux latins : *draper, griser, boxer, interviewer, sprinter, voyager, vinaigrer, entasser, majorer, relater.*

Variante *-ier* [du lat. *-iare*, dans des mots d'emprunt] : *distancier* (à côté de *distancer*).

Il y a une forte tendance à substituer des verbes en *-er* dérivés de noms à des verbes d'autre origine. On attribue cela au désir de simplifier la morphologie : cf. § 801, Hist. Cette raison est vraisemblable, par ex. quand °*solutionner* concurrence *résoudre.* Mais il faut aussi tenir compte du souci de reconstituer les familles lexicales. C'est pourquoi un verbe tout à fait régulier comme *tomber* trouve en *chuter* un rival (voir ci-dessous). *Griller* « munir d'une grille », qui présentait une homonymie gênante, a été évincé par *grillager*, admis par l'Acad.

Pour les verbes tirés de noms en *-tion, -ssion*, on peut faire les observations suivantes : *Contondre* (§ 848, 12) a disparu devant *contusionner*, admis par l'Acad. ainsi que *démissionner* à côté de *se démettre ;* — *réceptionner* « vérifier au moment d'une réception » et *auditionner* « faire subir une séance d'essai à (un artiste) ou « subir cette séance » se sont fait une place distincte à côté de *recevoir* et d'*écouter ;* — *émotionner* trouvait une justification là où il exprimait un sentiment plus superficiel qu'*émouvoir* (ce que notait déjà Littré), mais il n'a pas toujours cette nuance et il est nettement en recul aujourd'hui dans la langue soignée, comme le montre le *Dict. des fréquences ;* — « On a dit » (Littré et Robin, *Dict. de médecine*, s.v. *occlure*) °*occlusionner* pour *occlure* (§ 824) ; le

---

5. On pourrait appliquer ici la distinction (signalée au § 137) entre *morphe* et *morphème*. La transformation de *film* en verbe a pour résultat qu'il acquiert des morphes variés (toutes les désinences d'un verbe de la 1re conjugaison) ; mais on convient de choisir la finale de l'infinitif comme la représentation du morphème coiffant tous les morphes. Comp. *-al* représentant *-al, -ale, -aux, -ales.*

dérivé a en effet disparu des dict. récents ; — °*réfectionner* (un toit, une route, etc.) concurrence indûment en Belgique, depuis des siècles, *refaire* et *réparer ;* — °*solutionner* reste très rare dans la langue soignée : une seule attestation dans le *Dict. des fréquences*.

Réceptionner : Je RÉCEPTIONNE *des avions neufs* (SAINT EXUPÉRY, *Lettres à l'amie inventée*, p. 64) [ce qui est explicité un peu plus bas : *J'ai fait cette après-midi les essais d'une heure d'un avion neuf dans une pluie de déluge*].

Émotionner : Au lieu d'une horreur sérieuse et profonde, il [= Lamartine] *n'a produit par ses descriptions, comme dans un roman, qu'un genre d'impression presque nerveuse. Je me demandais, en voyant cet effet de la lecture des* Girondins *surtout chez les femmes, si c'est là l'effet que doit produire l'histoire. Je ne dirai pas que cet ouvrage des* Girondins *émeut, mais il* ÉMOTIONNE [en italiques] : *mauvais mot, mauvaise chose* (SAINTE-BEUVE, *Caus. du lundi*, t. IV, 3ᵉ éd., pp. 391-392). — *Alors elle tâcha de l'émouvoir, et, s'*ÉMOTIONNANT *elle-même, elle vint à lui conter l'étroitesse de son ménage* (FLAUB., *Mᵐᵉ Bov.*, III, 7). — *Elle resta si* ÉMOTIONNÉE *d'entendre ce garçon inconnu lui adresser la parole, qu'elle ne répondit pas d'abord* (ZOLA, *Au Bonheur des Dames*, II). — *À ce cri toujours* ÉMOTIONNANT [= Terre !]*, le pont du yacht se peupla subitement* (J. VERNE, *Enfants du cap. Grant*, II, 2). — *Il leur* [= aux riches] *faut donc des pauvres pour s'attester à eux-mêmes, au meilleur marché possible, la sensibilité de leurs tendres cœurs, [...] pour s'*ÉMOTIONNER *au champagne sur les agonisants par la faim* (BLOY, *Désespéré*, L.P., p. 241). — *La perspective* ÉMOTIONNANTE *de déjeuner chez Mᵐᵉ Swann* (PROUST, *Rech.*, t. I, p. 526).

Autres ex. : SAND, *Pet. Fadette*, XIX ; BARBEY D'AUR., *Ce qui ne meurt pas*, I, 16 ; E. de GONC., *Faustin*, XLVII ; LOTI, *Mᵐᵉ Chrysanth.*, LI ; APOLLIN., *Critique littéraire*, p. 773 ; LÉAUTAUD, *Petit ami*, VI ; BERNANOS, *Corresp.*, 15 juillet 1946.

°*Solutionner : Nous* SOLUTIONNONS *la question des noms* (E. ROSTAND, *Aiglon*, III, 3). — *Le problème qui fut* SOLUTIONNÉ (BARRÈS, *Amori et dolori sacrum*, 1903, p. 240) [remplacé par *résolu* dans les éd. de 1916, p. 221, et de 1921, p. 230]. — *Il sentit peser sur lui tous les problèmes de l'existence, et pour les* SOLUTIONNER *[...] commença par se dissimuler* (PERGAUD, *De Goupil à Margot*, L.P., p. 48). — *Cette génération [...]* SOLUTIONNERA *ce qu'on est convenu d'appeler le symbolisme* (SAINT-POL-ROUX, cité par M. Décaudin, *Crise des valeurs symbolistes*, p. 501). — Autres ex. : T. TZARA, *Œuvres compl.*, t. I, p. 557 ; H. PARMELIN, *Perroquet manchot*, p. 50 ; TEILHARD DE CHARDIN, lettre à sa cousine, dans le *Figaro litt.*, 23 sept. 1961.

Littré mentionne **chuter** comme très familier, à propos d'une pièce de théâtre mal accueillie ; cf. : *Acteur* CHUTÉ [en italiques] (STENDHAL, *Chartr.*, XXIV). — Dans d'autres applications, le caractère familier du verbe reste souvent sensible ; cela est marqué par des italiques : WILLY et COLETTE, *Claud. à l'école*, p. 131 ; ou cela ressort du contexte : CÉLINE, *Voy. au bout de la nuit*, F°, p. 379 ; QUENEAU, *Pierrot mon ami*, I (*femelle* « femme » dans la même phrase). Mais il n'y a plus rien de familier dans les ex. suivants :

Si cette sensibilité vient à CHUTER *ou à se détendre* (MAINE DE BIRAN, *Journal*, cit. Trésor). — *Car on* CHUTE *plus bas des cimes les plus hautes* (LEC. DE LISLE, *Poèmes trag.*, Hiéronymus). — *Il* [= le gave] *bruine en* CHUTANT (JAMMES, *M. le curé d'Ozeron*, I). — *Guy venait de* CHUTER *au fond de l'angoisse* (LA VARENDE, *Souverain seigneur*, p. 135) [le verbe est fréquent en normand]. — *Il tombait parfois quelqu'un, le plus souvent une femme qui avait moins de force dans les poignets qu'il n'eût fallu pour se maintenir, et* CHUTAIT *sur les rails* (S. PROU, *Ville sur la mer*, p. 24). — *La production industrielle a vu son indice* CHUTER *de dix points en quelques mois* (M. JOBERT, dans le *Monde*, 24 avril 1975). — *Elle est vaincue, nous le savons déjà. L'important est de savoir comment elle* CHUTERA [au moral] (M. DÉON, *Déjeuner de soleil*, p. 176).

Clôturer, rival de *clore* (devenu rare et défectif : § 848, 10), n'est pas dans le dict. de l'Acad., et elle le blâme explicitement dans une mise en garde du 5 nov. 1964. Plus libéral, Littré acceptait *clôturer un compte, un inventaire* et *clôturer les débats.* Les dict. du XXᵉ s. signalent aussi *clôturer* « entourer d'une clôture ». Ces divers emplois paraissent solidement installés dans l'usage, même littéraire :

> *La première partie* [du spectacle] *fut* CLÔTURÉE *par une fort belle passe d'armes entre Jacques Rival et le fameux professeur belge Lebègue* (MAUPASS., cit. *Grand Lar. langue*). — *Eussent-ils* [...] *suivi la retraite pascale qui fut* CLÔTURÉE *par leur archevêque ?* (Fr. MAURIAC, *Journal,* t. V, p. 122.) — *Il* [= un concerto] CLÔTURAIT *sur une note funèbre une manifestation qui* [...] (P.-H. SIMON, *Hist. d'un bonheur,* p. 209). — *L'instruction a été* CLÔTURÉE (M. THIRY, *Nouvelles du Grand Possible,* p. 144).

Mais il n'est pas recommandé de se servir de *clôturer* simplement au sens de *fermer : Il s'aperçut que je le voyais et aussitôt* CLÔTURA *hermétiquement le grillage qu'il avait laissé entr'ouvert* (PROUST, *Rech.,* t. II, p. 339).

Courser, verbe transitif, « courir après, poursuivre », appartient au registre familier. Les écrivains le mettent le plus souvent dans la bouche de leurs personnages : GENEVOIX, *Raboliot,* III, 6 ; BERNANOS, *M. Ouine,* Pl., p. 1428 ; etc. — Mais ce n'est pas toujours le cas :

> *Dans la rue des polissons excités en se* COURSANT *se jettent aux jambes des passants* (BARRÈS, *Mes cahiers,* t. IV, p. 92). — *Museau* [un chien] *se sentait débordant d'allégresse et tellement qu'il* COURSA *les poules de chez Michelet* (AYMÉ, *Gustalin,* p. 92). — *Ô héros de Maupassant qui viviez avec 3.000 francs de rente en vous tournant les pouces et en* COURSANT *de fiacre en fiacre les bourgeoises portées à l'adultère* (QUENEAU, *Bâtons, chiffres et lettres,* Id., p. 197).

Courbatu (§ 818) est aujourd'hui moins fréquent que *courbaturé,* que l'Acad. a retenu en 1970 en vue de la prochaine édition de son dict. (cf. Colin). Le verbe *courbaturer* se trouve parfois en dehors du participe passé.

> *Courbaturé : Je suis un peu* COURBATURÉE [après une longue marche] (SAND, *Corresp.,* 29 mai 1837). — *Ma joue était chaude encore de son baiser, mon corps* COURBATURÉ *par le poids de sa taille* (PROUST, *Rech.,* t. I, p. 5).

> Autres ex. : HUGO, cité par H. Guillemin, dans *Hommes et mondes,* mai 1950, p. 79 ; Th. GAUTIER, *Cap. Fracasse,* V ; TAINE, *Voy. en Italie,* t. I, p. 396 ; ZOLA, *Au Bonheur des Dames,* V ; A. DAUDET, *Immortel,* IX ; GIDE, *Porte étr.,* p. 139 ; COLETTE, *Vagabonde,* I, 1 ; R. ROLLAND, *Jean-Chr.,* t. IV, p. 258 ; J. ROMAINS, *Mort de quelqu'un,* p. 132 ; LARBAUD, *Fermina Márquez,* XVIII ; SARTRE, *Idiot de la famille,* t. II, p. 1924 ; etc.

> *Courbaturer : Se* COURBATURANT *l'esprit pour trouver les paroles* [...] *qu'il fallait* (MAUPASS., *C.,* Yvette, II). — *Ceux que les autres* [hommes] [...] *lassent, ennuient, gênent,* COURBATURENT (ID., *ib.,* Qui sait ?). — *Trotte et sue, papa, éreinte le chien,* COURBATURE-*moi* (J. RENARD, *Poil de Car.,* Pl., p. 743). — *Le choc en retour de ses dépenses nerveuses, et son affaiblissement d'amour, aussi, lui* COURBATURAIENT *tout le corps* (MONTHERLANT, *Songe,* XVII).

2. **-ir** [du lat. *-ire*], très productif au moyen âge, ne donne plus à l'époque moderne que de rares dérivés (voir § 792, *b*) : *maigrir, garantir, surir.*

3. *-iser* [empr. du lat. *-izare*, lui-même empr. au grec -ίζειν ; forme popul. *-oyer*, cf. § 163] a connu un développement considérable en français moderne, sur des noms ou des adjectifs de diverses origines et aussi sur des radicaux empruntés au latin ou au grec : *monopoliser, scolariser, utiliser, américaniser, marginaliser, pasteuriser, neutraliser.* (Cf. *-isant* au § 168, 44.)

-iser remplace parfois *-er*. Balzac corrigea *harmonier* en *harmoniser* [qui présente une haplologie : cf. § 168, 47] (*Lys dans la vallée*, pp. 193 et 359), qui a, en effet, évincé l'autre, que l'on trouve pourtant encore chez J. LAURENT, *Dimanches de Mlle Beaunon*, p. 181. — Au sens de « rendre concret », *concréter* a pour ainsi dire disparu devant **concrétiser,** malgré les efforts de certains puristes :

Concréter : *La courbe inouïe* [des hanches de la femme] *où se* CONCRÈTE *et se symbolise le sens de la vie* (C. LEMONNIER, *Homme en amour*, XXIII). — Autres ex. : HUGO, *Travailleurs de la mer*, 1882, p. 116 ; HUYSMANS, *Cathédrale*, p. 241 ; A. FRANCE, *Crainquebille*, II ; BOURGET, *Divorce*, VII.

Concrétiser : *La théorie préformationniste, qui* CONCRÉTISAIT *de façon naïve l'idée de continuité spécifique* (J. ROSTAND, *Esquisse d'une hist. de la biologie*, Id., p. 35).

Autres ex. : PROUST, *Rech.*, t. I, p. 77 ; A. LOISY, dans le *Larousse mensuel*, avril 1913, p. 690 ; R. MARTIN DU GARD, cit. Robert ; DANIEL-ROPS, *Hist. de l'Égl.*, Grand siècle des âmes, p. 39 ; É. HENRIOT, dans le *Monde*, 19 mars 1952 ; BILLY, dans le *Figaro litt.*, 20 avril 1963 ; Fr. MAURIAC, *ib.*, 30 oct. 1967 ; MONTHERLANT, *Discours de réc. à l'Ac.* ; G. MATORÉ, *Hist. des dictionnaires franç.*, p. 96 ; LE ROY LADURIE, *Paris-Montpellier*, p. 40. — *Concrétisation* : GIDE, *Journal*, 8 mars 1936 ; LA VARENDE, dans les *Nouv. litt.*, 29 mai 1952.

4. *-fier* [empr. au lat. *-ficare*] s'est surtout développé à l'époque moderne : *cocufier, personnifier, russifier, vitrifier, statufier.*

b) Suffixes ajoutés à un verbe pour marquer une nuance diminutive, fréquentative, péjorative, dans la langue familière.

Ce sont plutôt des affixes s'introduisant entre le radical et le suffixe verbal : *voler → vol-et-er.* Ces affixes correspondent généralement à des suffixes nominaux (§ 168), mais l'origine de certains est difficile à expliquer.

-ailler : criailler, écrivailler, traînailler.
-asser : rêvasser, dormasser (MONTHERLANT, *Le chaos et la nuit*, L.P., p. 263).
-iller : mordiller, sautiller. (Aussi sur des noms : *nasiller.*)
-ocher : effilocher, flânocher.
-onner : chantonner, mâchonner.
-oter : neigeoter, siffloter, suçoter, toussoter.
-ouiller : mâchouiller, pendouiller.

170   Suffixes formant des adverbes.

-ment [du lat. *-mente*, ablatif du nom *mens*, « esprit »] s'ajoute à des adjectifs, parfois à d'autres mots, pour former des adverbes : *lentement.* — Voir, pour les détails, § 931.

Il faut mentionner aussi que l'on a des locutions adverbiales, formées avec la préposition *à*, l'article défini féminin et un nom auquel on ajoute souvent le suffixe graphique *-e* (ce qui entraîne phonétiquement l'addition d'une consonne) : *à la hussarde.* — Voir § 928, *g,* 1°.

Hist. — Des locutions adverbiales ont été formées avec le suffixe *-on* ou *-ons* et avec la préposition *à : à tâtons,* etc. Voir § 928, *g,* 2°. — En outre, type *à l'aveuglette :* § 168, 28.

B. — Dérivation préfixale

Bibl. — J. PEYTARD, *Recherches sur la préfixation en français contemporain.* Lille, Atelier de diffusion des thèses, 1975, 3 vol.

171   Un **préfixe** est une suite de sons (ou de lettres, si on envisage la langue écrite) qui n'a pas d'existence autonome et qui s'ajoute devant un mot existant pour former un mot nouveau.

Au contraire de ce qui se passe souvent pour la suffixation, 1° les préfixes ne changent pas la nature des mots auxquels ils sont joints, mais seulement leur signification ; — 2° la préfixation n'entraîne aucune modification formelle de la base.

Certains préfixes présentent des variantes phonétiques et/ou graphiques, soit à cause de la coexistence de la forme savante et de la forme populaire *(ré-, re-),* soit à cause du son qui se trouve à l'initiale de la base *(re-, r- ; in-, im-,* etc. : cf. § 172).

Remarque. — Des formations verbales comme *abaisser, attirer, amener* contiennent, historiquement, la préposition *à* et sont donc des composés, comme *surestimer* et *sous-estimer* (§ 178, *b*). Mais, si l'on considère que *a-* n'est plus perçu comme identique à la préposition, on aurait affaire à un préfixe. — Sur *atterrer,* cf. § 167, *a.*

Des éléments comme ceux que l'on observe dans ARCHI*fou,* HYPER*sensible,* EXTRA*-fort,* SUPER*marché,* ULTRA*-chic* sont assez proches des préfixes, puisqu'ils ne changent pas la nature du mot auquel ils sont joints et qu'ils en renforcent seulement le sens. Mais certains sont aussi des mots en français *(extra, super, ultra)* et tous le sont dans la langue d'origine ; *super* a pu même servir de base au dérivé *supérette.* — Voir § 185, *b* (ainsi que pour *vice-roi, ex-empereur,* etc.).

Hist. — La plupart des préfixes franç. sont d'origine latine, soit qu'ils aient suivi la voie populaire, soit qu'ils résultent de l'emprunt. Aux préfixes cités au § 172, ajoutons *bé-* (ou *bes-*), qui a cessé d'être productif. Il remonte au lat. *bis* « deux fois » et il a souvent pris une valeur péjorative, « mal » : *bévue ;* sous des formes altérées, dans *balourd, barlong ; berlue* vient peut-être d'un lat. vulg. **bisluca.*

Pour *a-* négatif, le modèle peut être latin : *anormal,* empr. au lat. scolastique *anormalis ;* mais le grec a dû aussi avoir une influence directe : c'est ce qu'on appelle l'α *privatif.*

On a attribué à une origine francique *mé-* (§ 172) et *for-* (ou *four-*), qu'on a dans *forfaire, fourbu* (§ 820) et qui n'est plus productif. Mais cela n'est pas incontestable : le rapprochement de *mépriser* et de *méprendre* avec l'espagnol *menospreciar* et l'anc. provençal *mensprendre* est plutôt en faveur de *minus ;* pour *for-,* la préposition *fors* suffit à l'expliquer.

Le préfixe péjoratif *ca-*, qui a cessé d'être productif, a fait l'objet de plusieurs hypothèses ; il pourrait avoir été détaché de mots comme *cahute* (ou *cahutte* : § 89, *d*), lequel résulte d'un croisement (§ 192) entre *hutte* et *cabane*.

172   **Les principaux préfixes.**

1. *A-* [cf. § 171, Hist.], qui appartient surtout à la langue écrite, notamment scientifique, indique la privation, la négation, avec des adjectifs et des noms : *amoral, areligieux, apesanteur.* — Variante *an-* devant voyelle : *anorganique.*

2. *Co-* [empr. au lat. *co-*] se combine avec des noms et des verbes : *codirecteur, coefficient, coexister.*

La var. *con-, com-* [empr. au lat. *con-, com-*] n'a guère donné de dérivés fr. : *concitoyen, consœur,* etc. sont faits sur le modèle du lat. *concivis, consoror,* etc.

3. *Dé-, dis-* [tous deux du lat. *dis-*, le premier par voie populaire, le second par emprunt], marquent la séparation, la privation, la négation, avec des verbes, des noms, des adjectifs : *décharger, dénatalité, déraisonnable ; disparaître, disparité, dissemblable.*

Dé- a une variante *dés-* devant voyelle (et devant *h* muet), *des-* devant *s* + voyelle : *désagréable, désordre, déshabiller ; dessaler.* — Flaubert écrit abusivement °*désouffrir* : cf. ci-dessous.

Certains auteurs créent des verbes où *dé-* exprime la notion de « cesser de », surtout dans des constructions négatives (trait régional ?) :

Je ne DÉFUME pas, j'en ai même l'intérieur du bec avarié (FLAUB., *Corresp.*, cit. *Trésor*, t. VI, p. 740). — Une [figure] des plus comiques est celle de Maxime qui ne croyait pas être malade [...] et m'avait très [sic] recommandé au médecin, tandis que je n'ai rien et que lui ne DÉSOUFFRE presque pas (ID., *ib.*, 7-8 nov. 1849). — Si j'eusse été seul aujourd'hui, il me semble que je n'eusse pas DÉSÉCRIT de tout le jour (GIDE, *Journal*, 22 avril 1905).

Déparler « cesser de parler » est encore admis par l'Acad. Le verbe est devenu rare dans ce sens, mais le fr. pop. de certaines régions l'emploie pour « mal parler, déraisonner » :

« cesser de parler » : — *Durant tout le trajet* [...], *le voyageur n'avait pas* DÉPARLÉ (HÉRIAT, *Temps d'aimer*, p. 216). — Autres ex. : FLAUB., *Corresp.*, 13 févr. 1880 ; LÉAUTAUD, *Amours*, F°, p. 51.

« déraisonner » : — *Tu* DÉPARLES, *tu dis des bêtises !* (PAGNOL, *Fanny*, II, 8.) — *Allait-il devenir fou ? Allait-il se mettre à* DÉPARLER *tout seul, au beau milieu du bois, en pleine nuit ?* (B. CLAVEL, *Voyage du père*, XXIV.) — Autres ex. : GIONO, *Colline*, Pl., p. 138 ; Fr. MAURIAC, *Adolescent d'autrefois*, p. 212. — Au Québec, aussi « avoir de la difficulté à s'exprimer ».

°*Décauser* qqn « en dire du mal » est du franç. de Belgique : *Notre frère le loup, tant* DÉCAUSÉ (dans la *Libre Belgique*, 10 sept. 1973, p. 1).

Dans °*décesser,* qui appartient lui aussi au fr. de diverses régions, *dé-* est pléonastique, puisque le dérivé a le même sens que le simple :

Depuis onze heures jusqu'à neuf heures, sans DÉCESSER (BERN. DE SAINT-PIERRE, *Vie et ouvrages de J.-J. Rousseau,* p. 116). — *Il n'a pas* DÉCESSÉ [en italiques] *de pleuvoir, répète-t-elle* [= la vieille Céline] (GIDE, *Journal,* 21 nov. 1927). — *La pluie n'avait pas* DÉCESSÉ (ARAGON, *Semaine sainte,* p. 16). — *À la maison de la rue des Réservoirs, la foule ne* DÉCESSE (LA VARENDE, *Objet aimé,* p. 19).

On peut considérer que *dé-* est pléonastique aussi, ou intensif, dans *découler, dégoutter, délaisser, délaver,* etc.

Sur °*désagrafer,* pour *dégrafer,* etc., voir § 174, *b.*

Le préfixe d'origine grecque **dys-,** qui exprime l'idée de privation, de difficulté, s'emploie surtout en médecine, avec des bases elles aussi empruntées : *dyslexie.*

Il y a parfois concurrence entre *dis-* et *dys-* : *dissymétrie* (Ac.) ou *dyssymétrie* (Bescherelle, Littré, etc.), parfois même entre *dés-, dis-, dys-* :

Désharmonie : Cette DÉSHARMONIE *entre absence et présence* (Ch. DU BOS, *Grandeur et misère de B. Constant,* p. 233). [Serait déjà chez Napoléon, d'après Bescherelle.] — *Disharmonie :* DISHARMONIES *picturales* (GIDE, *Journal,* 28 févr. 1928). — *Dysharmonie : Style* [...] *riche en dissonances, en* DYSHARMONIES (dans la *Libre Belgique,* 15 nov. 1976, p. 15). [Surtout en médecine, d'après la plupart des dict.]

4. *É-* [du lat. *ex-*] se trouve dans quelques verbes de formation française : *ébahir, ébattre, ébranler, éprouver,* où il a plutôt une valeur de renforcement. — Ordinairement, il sert, dans des formations parasynthétiques, pour exprimer l'idée d'extraction : cf. § 175.

5. *In-* [empr. du lat. *in-* et variantes] et ses variantes s'ajoutent à des noms et à des adjectifs pour exprimer la négation : *insuccès, inégal.* — On le trouve aussi dans des formations parasynthétiques : § 175.

Ce préfixe se prononce [in] devant voyelle, [ɛ̃] devant consonne, sauf devant *l, m, n, r,* où la prononciation est [i], parfois avec redoublement de la consonne : *illisible* [ili-] ou [illi-], *immodéré* [imɔ-] ou [immɔ-], *innombrable* [inɔ̃-] ou [innɔ̃-], *irréel* [iʀeɛl] ou [iʀʀeɛl]. On voit que cela entraîne une modification graphique devant *l, m, r.* La modification est seulement graphique devant *b* et *p* : *imbattable, imperméable.*

Il y a une certaine tendance à garder [ɛ̃] devant *l, m, r.* Pour *m,* cela ne concerne que la prononciation : *immangeable* et *immanquable* sont ordinairement prononcés [ɛ̃mã]. — Devant *l* et *r,* cette tendance détermine aussi la langue écrite. Mais c'est seulement dans *inlassable* (et *inlassablement*) que *in-* et [ɛ̃-] se sont vraiment imposés, malgré l'Acad. (qui ignore aussi bien *inlassable* qu'*illassable*) et les puristes : « Dire *inlassable* est très *inlogique* », déclarait Faguet ; « *inlassable* n'est pas français, je serai *illassable* à le dire » (dans les *Annales polit. et litt.,* 27 avril et 11 mai 1913). En réalité, *illassable* est très rare, et *inlassable* est partout depuis plus de cent ans :

Illassable : PROUST, *Rech.*, t. III, p. 226. — *Illassablement :* A. DORCHAIN, dans Vigny, *Théâtre complet*, Garnier, t. II, p. 337.

Inlassable : J. RENARD, *Lanterne sourde*, Pl., p. 621 ; BARRÈS, *Du sang...*, p. 56 ; BOY-LESVE, *Becquée*, VII ; GIDE, *Prétextes*, p. 220 ; CLEMENCEAU, *Grandeurs et misères d'une victoire*, p. 32 ; BRUNOT, *Hist.*, t. IV, fasc. 1, p. XI ; G. LANSON, dans Volt., *Lettres phil.*, t. I, p. LIII ; COLETTE, *Mes apprentissages*, p. 87 ; R. MARTIN DU GARD, *In memoriam*, Pl., p. 567 ; J. de LACRETELLE, dans le *Figaro litt.*, 10 sept. 1960 ; GIRAUDOUX, *Littérature*, p. 182 ; Fr. MAURIAC, *Vie de Jésus*, p. 90 ; G. DUHAMEL, *Possession du monde*, III, 10 ; BERNANOS, *Joie*, p. 169 ; MALRAUX, *Espoir*, p. 92 ; J. ROSTAND, *Esquisse d'une hist. de la biologie*, Id., p. 200 ; AYMÉ, *Aller retour*, p. 107 ; DANIEL-ROPS, *Hist. de l'Égl.*, Grand siècle des âmes, p. 301 ; DE GAULLE, *Mém. de guerre*, t. I, p. 265 ; GREEN, *Mont-Cinère*, XXII ; A. CAMUS, *Peste*, p. 337 ; H. BAZIN, *Qui j'ose aimer*, XIII ; J. DUTOURD, dans la *Revue d'hist. litt. de la Fr.*, janv.-févr. 1971, p. 8 ; etc. — *Inlassablement :* PÉGUY, *Clio*, Pl., p. 190 ; APOLLIN., *Chroniques d'art*, 1er mai 1914 ; LARBAUD, *Jaune bleu blanc*, Pl., p. 904 ; SAINT EXUPÉRY, *Vol de nuit*, p. 116 ; ARLAND, *Terre natale*, III ; SARTRE, *Qu'est-ce que la littér. ?* Id., p. 133 ; S. de BEAUVOIR, *Deuxième sexe*, t. I, p. 28 ; M. TOURNIER, *Vendredi ou les limbes du Pacifique*, F°, p. 29, etc. — *Inlassé :* THIBAUDET, *Hist. de la litt. fr. de 1789 à nos jours*, p. 528.

Autres cas. ***Inracontable :*** A. DAUDET, *Jack*, t. I, p. 223 ; Fr. MAURIAC, cit. *Trésor* (qui cite aussi Restif de la Bretonne). — *Irracontable :* GIDE, *Journal*, 8 mai 1912 ; THÉRIVE, *Essai sur A. Hermant*, p. 40 ; G. PEREC, *Vie mode d'emploi*, p. 169. — ***Inretrouvable :*** CHAT., *Mém.*, I, VIII, 6 ; É. HENRIOT dans Fromentin, *Dominique*, Garnier, p. XIII ; MALÈGUE, cit. *Trésor*. — *Irretrouvable :* GIDE, *Journal*, nov. 1904 ; PROUST, *Rech.*, t. II, p. 936 ; J. RIVIÈRE, cit. *Trésor*. — ***Inratable :*** BERNANOS, *Imposture*, p. 185. — ***Inlabouré :*** PÉGUY, *Myst. de la char. de J. d'Arc*, p. 192. — ***Inrenvoyable :*** CHAT., *Mém.*, III, II, I, 4.

Hist. — *Inlisible*, déjà chez SÉV., 24 avril 1671, était encore donné comme vivant par l'Acad. en 1835. Il a été éliminé par *illisible*, qui est déjà chez Voltaire. — On a dit aussi *inlisable :* RESTIF DE LA BRETONNE, *Nuits de Paris*, CLXXXXIX, cit. dans le *Figaro litt.*, 21 juin 1962, p. 4 ; S. MERCIER, 1801, dans Wartburg, t. V, p. 243. Encore employé par M. CHAPELAN, dans le *Figaro litt.*, 3 août 1970. — Littré relève aussi *inracinable* (Ol. de SERRES), *inruinable* (VOLT.).

6. *Mé-* [cf. § 171, Hist.], *més-* devant voyelle, a une valeur négative ou péjorative, avec des noms, des adjectifs, des verbes : *mésintelligence, mécontent, mésestimer.*

Ne sont pas dans les dictionnaires : *mélecture* « mauvaise lecture » chez les philologues (par ex. A. BURGER, *Lexique de la langue de Villon*, 1957, p. 21) ; — °*se méconduire*, « se conduire mal », d'où *méconduite*, rares en France, tout à fait courants en Belgique :

Se méconduire : Elle n'avait pas le droit de se MÉCONDUIRE *comme ça, Mariette. C'était mal se conduire !* (P. LAINÉ, *Si on partait...*, p. 85.) — Autres ex. : J. GRACQ, *Balcon en forêt*, p. 48 (*mé* est en italiques) ; *Bible de Maredsous*, Apocal., XVIII, 9. — *Méconduite :* J.-L. CURTIS, *Quarantaine*, p. 204.

Littré donne encore *mécroire* dans le proverbe *Il est dangereux de croire et de* MÉCROIRE ; mais le proverbe est aussi désuet que le verbe lui-même (d'où vient *mécréant*) ; on ne relève plus celui-ci après Voltaire (cité par Littré), et c'était déjà un archaïsme au XVIIe s.

7. *Pré-* [empr. du lat. *prae*] ajoute à des verbes le sens « d'avance », parfois à des noms le sens « anticipé » : *préétablir, préretraite.*

Prae étant une préposition en latin, il se trouve comme premier élément, sous la forme *pré-*, dans des syntagmes latins qui servent de base à des dérivés français : *préconjugal, préconciliaire.* Cf. § 167, *e.*

Remarque. — *Prédire, préparer, pressentir, prévenir, prévoir* sont des emprunts au latin. La valeur originelle de *pré-* y est inégalement sensible. (*Praedicere* signifiait d'ailleurs aussi « notifier, enjoindre ».) Dans le cas de *préparer* et de *prévenir,* il faut ajouter que leur sens et leur construction sont fort éloignés de ceux de *parer* et de *venir.*

Prévenir est devenu synonyme d'*avertir,* et s'emploie couramment pour des faits présents ou passés :

> *Elle le prévint que la succession appartenait à sa nièce* (FLAUB., *Éd. sent.,* III, 5). — *Dès que Rose s'aperçut du larcin, elle courut prévenir Madame* (MAUPASS., *C.,* Pierrot). — *C'est là que la police, aussitôt prévenue par le marin, les arrêta* (GIDE, *Souvenirs de la Cour d'ass.,* VIII).

> Autres ex.: WILLY et COLETTE, *Claudine à Paris,* p. 39 ; J. ROMAINS, *6 oct.,* p. 237 ; VILLIERS DE L'ISLE-ADAM, A. CAMUS, J. GREEN, cit. Robert.

Il est donc difficile de considérer que *prévenir d'avance* est un pléonasme patent. On observera aussi que *préparer le repas* (ou *une potion,* etc.) *d'avance* n'est pas synonyme de *préparer le repas,* la première formule impliquant que la préparation ne se fait pas juste avant le repas.

Alors que presque tous les grammairiens (même M. Cohen, *Nouveaux regards...,* p. 55) critiquent *préparer d'avance,* etc., à peu près aucun (sauf Cohen) ne s'en prend à *annoncer d'avance* (NERVAL, *Voy. en Or.,* Pl., p. 203) ou à *commander à l'avance* (MUSSET, *Contes,* Pierre et Camille, IV), qui présentent une situation analogue ; c'est comme si les grammairiens étaient seulement attentifs au pléonasme formel et étymologique *(pré-* et *avance).*

Dans l'usage, *préparer d'avance* (ou *par avance, à l'avance*) est extrêmement fréquent, et sous les meilleures plumes ; *prévoir d'avance* et *prévenir d'avance* ne sont pas rares ; *prédire d'avance* et *pressentir d'avance* sont plus exceptionnels dans l'écrit :

> *Et puis ce paquet d'habits* PRÉPARÉS D'AVANCE *pour la petite, tout cela était singulier* (HUGO, *Misér.,* II, III, 10). — *Je ne pense pas que don Andrès eût fait* PRÉPARER D'AVANCE *les habits dont il se serait revêtu plus tard* (Th. GAUTIER, *Militona,* VI). — *Tous les jeudis, des habitués venaient faire une partie de boston. Félicité* PRÉPARAIT D'AVANCE *les cartes et les chaufferettes. Ils arrivaient à huit heures bien juste* (FLAUB., *Tr. contes,* Cœur simple, II). — *Coup monté, se dit d'une chose* PRÉPARÉE À L'AVANCE (LITTRÉ, s.v. *monté,* 8°). — *Coup monté, Coup* PRÉPARÉ À L'AVANCE, *prémédité* (AC., 1878 et 1932, s.f. *coup). — Il a été fait justice de cette accusation d'un coup* PRÉPARÉ D'AVANCE (Fr. MAURIAC, dans le *Figaro litt.,* 30 avril 1955). — *Comment* PRÉVOIR À L'AVANCE *que telle découverte ou trouvaille sera importante ou capitale ?* (SAINTE-BEUVE, *Nouv. lundis,* cit. Deharveng, p. 35.) — *André Chénier se proposait probablement de développer ce point, comme s'il* PRÉVOYAIT À L'AVANCE *les théories qu'Ernest Havet allait exposer dans son ouvrage* [1872] *sur l'hellénisme* (FAGUET, *Hist. de la poésie franç.,* t. X, p. 134). — *Je vous* PRÉVIENS D'AVANCE *que...* (AC., 1835, s.v. *avance). — Dans combien de temps va-t-on annoncer ton retour ?* [...] *Fais-moi* PRÉVENIR D'AVANCE, *parce qu'il faut que je prépare mon mari* (PAGNOL et NIVOIX, *Marchands de gloire,* 1964, IV, 4). — *Si les badauds de Paris avaient plus de culture scientifique, ils auraient pu* PRÉDIRE D'AVANCE *(ce n'est pas un pléonasme) ce qui allait arriver* (HERMANT, dans le *Temps,* 21 oct. 1921, cit. d'Harvé, *Parlons bien !* 1923, p. 13) [remarquez la parenthèse]. — *Il* PRESSENTAIT PAR AVANCE *le démenti que celles-ci* [= les contrées du socialisme réel] *apporteraient à ses rêves* (LE ROY LADURIE, *Paris-Montpellier,* p. 57).

Autres ex. avec *préparer :* STENDHAL, *Lamiel,* I ; BALZAC, *Duchesse de Langeais,* Pl., p. 250 ; SAND, *Homme de neige,* t. I, p. 244 ; TOCQUEVILLE, *Démocratie en Amér.,* Introd. ; BAUDEL., trad. de : Poe, *Œuvres en pr.,* Pl., p. 883 ; TAINE, *Notes sur l'Anglet.,* 1890, p. 96 ; MAUPASS., C., Horla ; ZOLA, *Madeleine Férat,* II ; LOTI, *Roman d'un enfant,* XXIX ; BARRÈS, *Mes cahiers,* t. VI, p. 117 ; BLOY, *Désespéré,* L.P., p. 92 ; R. ROLLAND, *Jean-Chr.,* L.P., t. I, p. 154 ; BOURGET, *Eau profonde,* IV ; BERNANOS, *Journal d'un curé de camp.,* Pl., p. 1147 ; LARBAUD, *A. O. Barnabooth,* Journal intime, Pl., p. 87 ; R. MARTIN DU GARD, *Thib.,* Pl., t. II, p. 215 ; ARAGON, *Beaux quartiers,* I, 25 ; VENDRYES, *Langage,* p. 13 ; DE GAULLE, *Mém. de guerre,* t. I, p. 209 ; VAN GENNEP, *Manuel de folklore franç. contempor.,* t. I, p. 3050 ; H. BAZIN, *Qui j'ose aimer,* XII ; DAUZAT, dans *Vie et langage,* août 1954, p. 359 ; PIEYRE DE MANDIARGUES, *Marge,* p. 153 ; S. de BEAUVOIR, *Mandarins,* p. 136 ; Cl. SIMON, *Bataille de Pharsale,* p. 96 ; M. TOURNIER, *Vendredi ou les limbes du Pacifique,* F°, p. 119 ; Raym. ARON, *Spectateur engagé,* p. 154 ; etc. — Avec *prévoir :* VIGNY, cit. d'Harvé ; TOCQUEVILLE, *op. cit.,* I, I, 8 ; FLAUB., *Mme Bov.,* I, 7 ; A. DAUDET, *Port-Tarascon,* I, 4 ; R. MARTIN DU GARD, *Journal,* 11 févr. 1920, cité dans Copeau et Martin du Gard, *Corresp.,* p. 861 ; G. MATORÉ, *Hist. des dict. franç.,* p. 144 ; CAYROL, *Froid du soleil,* p. 95 ; etc. — Avec *prévenir :* BARBEY D'AUR., *Vieille maîtresse,* Pl., p. 275 ; WILLY et COLETTE, *Claudine à Paris,* p. 38 ; DUHAMEL, dans le *Mercure de Fr.,* 16 juillet 1912, cité par M. Décaudin, *Crise des valeurs symbolistes,* p. 447 ; etc.

Si *d'avance (à l'avance, par avance)* est accompagné d'une indication de temps *(deux jours d'avance),* la locution adverbiale est non seulement admise, mais souvent obligatoire :

J'obéis à des idées qui me viennent tout à coup, et que je ne puis prévoir UNE MINUTE à l'avance (STENDHAL, *L. Leuwen,* XX). — Elle est l'histoire abrégée de la Rédemption préparée SI LONGTEMPS à l'avance (HUYSMANS, *Cathédrale,* p. 336). — Prévenez-nous DEUX OU TROIS JOURS à l'avance (J. MISTLER, *Route des étangs,* p. 222).

Hist. — *Préparer d'avance, prévoir par avance* sont déjà attestés au XVIIIe s. :

Les tendres mères se plaisoient à PRÉVOIR PAR AVANCE une union douce et fidèle (MONTESQ., *L. pers.,* XII) [*par avance* a été remplacé par *de loin* en 1758]. — Je consacre mes derniers jours [...] à PRÉPARER D'AVANCE le compte que je ne tarderai pas à rendre de moi (J.-J. ROUSS., *Rêver.,* I).

8. *Re-* et ses variantes (cf. *a*) [du lat. *re-*] et *ré-* [empr. du lat. *re-*] : *retrouver, réélire.*

a) La forme populaire *re-* [R(ə)] se réduit à *r* devant voyelle : *rassurer ;* de même devant *h* muet : *rhabiller.* — L'*h* aspiré impose la disjonction (§ 47) : *rehausser.* — Tout en gardant sa prononciation [R(ə)], le préfixe est écrit *res*-traditionnellement devant *s* pour éviter une prononciation [Rəz] : *ressortir, ressuer,* etc. Dans d'autres dérivés, dont certains sont cependant anciens, l'*s* n'est pas redoublé : *resaler, resalir,* etc. Pour d'autres verbes, l'usage est hésitant. Par ex., *resurgir* l'emporte sur *ressurgir,* quoiqu'on trouve parfois l'un et l'autre chez un même auteur :

Ressurgir : BLOY, *Désespéré,* L.P., p. 439 ; R. ROLLAND, *Âme enchantée,* L.P., t. II, p. 502 ; R. LALOU, *Maurice Barrès,* p. 167 ; J. GREEN, *Mille chemins ouverts,* p. 161 ; BUTOR, *Modification,* III ; Cl. SIMON, *Histoire,* p. 182.
Resurgir : PROUST, *Rech.,* t. I, p. 642 ; MONTHERLANT, *Bestiaires,* L.P., p. 166 ; Fr. MAURIAC, *Orages,* Œuvres compl., t. VI, p. 458 ; AYMÉ, *Gustalin,* VI ; POMPIDOU, *Anthologie de la poésie franç.,* L.P., p. 13 ; HÉRIAT, *Enfants gâtés,* I, 2 ; J. SCHLUMBERGER, *Mad. et A. Gide,* p. 238 ; MALRAUX, *Antimémoires,* p. 217 ; R. VAILLAND, *Loi,* L.P., p. 108 ; P.-A. LESORT, *Vie de Guillaume Périer,* p. 92 ; R. BARTHES, *Mythologies,* Points, p. 7 ;

Cl. Simon, *Corps conducteurs*, p. 120 ; J. Green, *Ce qui reste de jour*, 11 févr. 1971 ; Jean Dubois, *Vocabulaire politique et social en Fr. de 1869 à 1872*, p. 107 ; P. Guiraud, *Argot*, p. 65 ; Fr. Nourissier, *Histoire franç.*, XIV ; R. Sabatier, *Trois sucettes à la menthe*, p. 100 ; A. Rey, *Littré, l'humaniste et les mots*, p. 96 ; G. Duby, *Dimanche de Bouvines*, p. 213 ; etc.

Sur °*je me rentourne*, °*je me renvais*, voir § 656, *b*, Rem.

Pour les verbes qui ne sont pas dans l'usage général, les auteurs séparent parfois le préfixe par un trait d'union, ou par une apostrophe devant voyelle :

Et la poste arrêtée hier remarche, jusqu'au moment où on la RE-ARRÊTERA (Flaub., *Corresp.*, 18 févr. 1871). — *Il faut* RE-PENSER *cela d'un bout à l'autre* (ID., *ib.*, 10 janv. 1854). [*Repenser* était néologique dans cet emploi.] — *Elle se* RÉ-ALLONGEA *sur le divan* (R. Martin du Gard, *Thib.*, Pl., t. II, p. 176). — Voir d'autres ex. dans le *b*, 1°, ci-dessous. — Le trait d'union sert parfois aussi pour rendre au mot sa valeur première (cf. § 108, *c*, Rem. 1) : *Je viens de* RE-ÉCRIRE *à Guy* (Flaub., *Corresp.*, 11 mai 1879).

La langue familière répète parfois le préfixe *re-* pour indiquer une action qui se répète plusieurs fois :

On grimpe, on descend, on regrimpe, on redescend, on REREGRIMPE (Hugo, *Dernière gerbe*, cit. Nyrop, t. III, § 486). — *Il faut bien compter trois mois pour relire, faire copier,* RERECORRIGER *la copie et faire imprimer* (Flaub., *Corresp.*, *ib.*).

Ré- se trouve devant consonne dans des mots empruntés au latin : *réduplication, régénérer*, etc. Comp. *recevoir* (pop.) et *réception* (savant). Mais *re-* se trouve pourtant dans des mots savants : *recrudescence, refluer*. Pour d'autres, il y a de l'hésitation encore aujourd'hui : l'Acad. écrit *refréner* et *reviser*, mais *réfréner* et *réviser* (seule forme dans le petit *Robert*) sont plus fréquents.

Devant voyelle, *ré-* s'est introduit même avec des bases qui ne sont pas savantes : *réouverture* s'oppose ainsi à *rouvrir*. Cela donne lieu à des hésitations multiples :

Hanse, 1983, admet *rapprendre* et *réapprendre, rassortir* et *réassortir, récrire* et *réécrire, rajuster* et *réajuster, ranimer* et *réanimer* (en réservant celui-ci à la langue médicale), *remballer* et *réemballer, remployer* et *réemployer, ressayer* et *réessayer*, etc., mais seulement *réattaquer, rélargir, rétablir, rouvrir*, blâmant °*rattaquer*, °*réélargir*, °*réétablir*, °*réouvrir*. — Sur la distinction entre *repartir* et *répartir*, voir § 811, Rem. 2 et 3.

Hist. — Comme *afraischir, ajovenir* sont rares en anc. fr., *rafraîchir, rajeunir* sont peut-être des parasynthétiques formés avec un préfixe *ra-* tiré de verbes comme *ramoindrir*, qui dérive régulièrement d'*amoindrir*.

b) Re- (et ses variantes) s'emploie surtout avec des verbes (1°), plus rarement avec d'autres mots (2°).

1° Avec des verbes, c'est le préfixe le plus disponible, surtout avec la valeur de répétition : ces dérivés, écrit Guilbert (avec un peu d'exagération : voir ci-dessous) « sont aussi nombreux que les verbes » (dans *Grand Lar. langue*, p. 4818) et ne font l'objet d'un article distinct dans le dictionnaire que s'ils « ont acquis un statut lexical propre ».

Pourtant, certains verbes courts à initiale vocalique répugnent à recevoir le préfixe, en grande partie pour des raisons d'homonymie. On ne dit pas **rôter, *roser, *ruser, *renter.* °*Raimer*, °*raller*, °*rêtre* ne sont pas inconnus dans l'usage populaire de diverses régions ; dans la langue écrite, où ils sont rares et plutôt plaisants, ou régionaux, ou archaïques, leur caractère anormal est souvent dénoncé par la graphie (cf. *a* ci-dessus) :

> *Depuis que papa vous* R'AIME, *maman* (M. PRÉVOST. cit. Nyrop, t. III, § 487, 4°). — *Les Français, qui s'étaient* R'AIMÉS [en italiques], *et même réestimés aux années épiques de 1914-1918, se sont remis ensuite à se haïr* (MAURRAS, *Essais politiques,* p. 358). [Stendhal a employé plusieurs fois *réaimer,* par ex. : *Elle se met à le* RÉAIMER (lettre, citée dans *Rouge,* éd. M., p. 525).] — *Si j'y* REVAIS *jamais* (STENDHAL, *Vie de H. Brulard,* XXIV). — *Puis ils s'en* REVONT *à la maison du Parc* (DE COSTER, *Ulenspiegel,* I, 58). — *Ne t'en* REVA *pas* (ID., *ib.,* IV, 3). — *Je* RE-SUIS *dans* Saint Antoine (FLAUB., *Corresp.,* 7 juillet 1856). — *Puis je* RE-SERAI *d'aplomb !* (ID., *ib.,* 20 juillet 1867). — *D'abord tu voulais faire un roman, puis ç'a été un voyage. Puis ce* R'EST *un roman* (ID., *ib.,* cit. Nyrop).

Le dict. de Littré est le seul grand dict. à faire place à *raller* (avec un ex. de 1719), mais il a essayé plus d'une fois de rendre la vie à des mots anciens (cf. Hist.).

Ravoir n'est admis par l'Acad. qu'à l'infinitif ; la graphie *r'avoir* montre que certains écrivains ont pourtant des scrupules. Selon Robert, le futur et le conditionnel « se rencontrent parfois dans la langue familière par plaisanterie ». Le verbe a une conjugaison complète (comme *avoir*) dans le fr. populaire de diverses régions. Beaucoup d'ex. écrits reflètent, non l'usage des auteurs, mais celui de leurs personnages.

> *Un jeune carbonaro, détenu au fort Saint-Ange, venait de se sauver [...] on espérait le* RAVOIR (STENDHAL, *Chroniques ital.,* Vanina Vanini). — *On peut le* R'AVOIR (J. RIVIÈRE, *Allemand,* p. 116). — *Ces barreaux, une fois que le vernis est parti, c'est impossible à* RAVOIR ! (Tr. BERNARD, *Prince charmant,* I.) — *Tu les* RAURAS [en italiques] *tes hommes* (LA VARENDE, *Centaure de Dieu,* p. 34). — *Une voyante me l'a annoncé, que nous* R'AURIONS *la guerre* (COLETTE, *Julie de Carneilhan,* p. 96). — *Il les* RAVAIT *bien toutes les deux* (J. RENARD, *Lanterne sourde,* Pl., p. 595).

Cette forme en *ré-* paraît propre à Céline : *On* RÉAURA *son plein d'essence* (*Beaux draps,* p. 41).

Hist. — Le préfixe *re-* s'ajoutait jusqu'au XVIᵉ s. à n'importe quelle forme verbale :

> RALA *en son païs* (*Aucassin et Nic.,* XI). — *Ils* REURENT *l'assaut à l'endemain* (FROISS., *Chron.,* cit. dans *Romania,* 1946, p. 148). — *Il* RA *dessoubz la langue un ver* (GACE DE LA BUIGNE, 6158). — *Je m'en* REVOIS [= revais] (MONTAIGNE, *Ess.,* II, 33).

Jusqu'au XVIᵉ s., *re-* pouvait s'attacher à l'auxiliaire : *Des le jour que j'en* REFU *blessé* (RONS., éd. L., t. IV, p. 127).

2° Les noms de la langue courante qui contiennent *re-* correspondent d'ordinaire à des verbes : *remariage, reconstruction.* Exception : *recoin.*

À la langue courante appartiennent aussi *revoici, revoilà, rebonjour, rebonsoir* (MUSSET, *Caprice,* VI). — Dans la langue des jeux : *repic ;* au jeu de belote, celui qui a à la fois le roi et la dame d'atout annonce *Belote !* en posant le roi et *Rebelote !* en posant la dame.

La langue familière forge de façon occasionnelle des dérivés de toute nature :

> *Aujourd'hui je suis* REMALADE [en italiques] *et renfiévrée* (SAND, *Corresp.,* t. IV, p. 644). — *Un an de blé, un an de betteraves. Blé, betteraves.* REBLÉ, REBETTERAVES (CLAUDEL, *Pain dur,* II, 1). — *C'est* REMOI, *tante Josette* (GYP, cit. Nyrop, t. III, § 491). — *Une sorte de* RE-GOETHE *ou de* RE-LÉONARD DE VINCI (L. DAUDET, *Mes idées esthétiques,* p. 148).

c) La fonction principale de *re-* est de marquer la répétition d'une action ; il indique aussi un mouvement rétrograde, le retour à un ancien état :

RÉÉLIRE *un député.* — *Il est* REVENU *dans son village natal. N'oubliez pas de* REBOUCHER *la bouteille.*

Re- peut servir de simple renforcement. Tantôt le verbe simple a disparu : *rapetisser, remercier, renforcer,* — ou presque disparu : *raccourcir, ralentir, rétrécir.*

Alentir, qui n'est plus dans le petit *Robert* ni même dans l'Acad., survit dans certaines régions et reste assez fréquent dans la langue littéraire : *Un rythme qui s'*ALENTISSAIT (MALRAUX, *Temps du mépris,* p. 62). — *Ça qui fait que le cœur tremble de joie, ou s'*ALENTIT, *adoloré* [dit un personnage] (GIONO, *Un de Baumugnes,* II). — *Ces gestes de danse* ALENTIS *par l'étreinte de l'eau* (M. TOURNIER, *Vendredi ou les limbes du Pacifique,* F°, p. 228).

Autres ex. : WILLY et COLETTE, *Claud. s'en va,* p. 226 ; VERHAEREN, *Toute la Flandre,* III, *Amours* ; JAMMES, *M. le curé d'Ozeron,* I ; G. ASCOLI, dans *Hist. de la littér. fr.,* sous la dir. de Bédier et Hazard, t. II, p. 59 ; GENEVOIX, *Raboliot,* I, 4 ; H. BOSCO, *Malicroix,* p. 83. — Voir aussi *Trésor* (Proust, Maeterlinck, Gide, Ch. Du Bos, Sartre).

Tantôt les deux formes sont en concurrence : *remplir, emplir ; rallonger, allonger ; redoubler, doubler.*

Doubler une classe, resté vivant en Belgique, est presque évincé en France par *redoubler.* Notons cependant : *Le collège est très fort, je serai peut-être forcé de* DOUBLER *ma troisième* (RENAN, *Fragments intimes et romanesques,* p. 139). — *M. le Procureur* [...] *l'envoya à Paris pour qu'il* DOUBLÂT *sa rhétorique au collège d'Harcourt* (A. FRANCE, *Génie latin,* p. 218). — *On se demande* [...] *s'il ne lui serait pas bénéfique de* DOUBLER *une classe* (M. BARLOW, *Enseigner le franç. aujourd'hui,* p. 100). — *Il n'apprend pas à lire. Il* DOUBLE. *À la fin de l'année suivante, il ne sait toujours pas lire. Il triple* (dans *Femme pratique,* mai 1984, p. 63).

Le langage soigné évitera de substituer **rentrer** *dans* à *entrer dans* lorsque le sujet désigne une personne et que le sens est simplement « pénétrer dans », « devenir membre de ». Cet emploi, fréquent dans la langue de tous les jours, s'introduit pourtant dans la littérature :

Nous RENTRÂMES *dans une salle terreuse* (GIDE, *Immoraliste,* I, 1). — *Est-il permis de* RENTRER *dans la police et de jouer sur deux tableaux* [...] *?* (A. CAMUS, *Justes,* II.) — *Josette* RENTRE *dans une boutique* (IONESCO, *Présent passé, passé présent,* p. 48). — *Demain on* RENTRERA *sans frapper dans votre chambre, on couchera dans votre lit* (E. TRIOLET, *Luna-Park,* L.P., p. 147).

Autres ex. : Z. OLDENBOURG, *Pierre angulaire,* L.P., p. 101 ; D. BOULANGER, *Nacelle,* p. 25 ; G. PEREC, *Homme qui dort,* p. 86 ; ARAGON, *Semaine sainte,* L.P., t. II, p. 350.

Mais on dit très bien : *Rentrer dans ses droits, rentrer en soi-même, rentrer sous terre.* — Il est tout à fait correct d'employer *rentrer* à propos de choses qui s'emboîtent : *Les tubes de cette lunette d'approche* RENTRENT *les uns dans les autres* (AC.) ; de même, par exagération : *Les jambes me* RENTRENT *dans le corps* (AC.) ; au figuré, *Le second article de la loi* RENTRE *dans le premier* (AC.).

Dans le Nord (Belgique comprise) et dans l'Est, le parler populaire dit °*relaver* la vaisselle pour *laver : Je sais lire et écrire.* [...] *Je peux* RELAVER *la vaisselle* (CLAUDEL, *Soulier de satin,* IV, 11). — Dans le Hainaut, la °*relaverie* est une arrière-cuisine ou une buanderie.

C. — Autres types de dérivation

173   La **dérivation régressive** consiste dans la formation d'un mot nouveau par suppression d'un suffixe ou d'un préfixe.

a) Elle donne surtout naissance à des **déverbaux,** à des noms ou à des adjectifs constitués par le radical du verbe, radical tel quel pour les noms masculins, radicaux allongés d'un *e* dans l'écriture pour les noms féminins et les adjectifs. Ce procédé, extrêmement fécond en anc. fr., s'est beaucoup restreint, sauf pour les noms féminins :

— Noms masculins : *Accorder* → *accord ; galoper* → *galop ; labourer* → *labour ; plier* → *pli ; reporter* → *report ; choisir* → *chois,* écrit plus tard *choix ; combattre* → *combat ;* etc.

— Noms féminins : *Adresser* → *adresse ; attaquer* → *attaque ; nager* → *nage ; neiger* → *neige ; transir* → *transe ; déprimer* → *déprime* (néol. fam.) ; etc.

— Adjectifs (peu nombreux) : *Combler* → *comble ; gauchir* → *gauche ;* etc.

Les adjectifs déverbaux sont plus nombreux dans le fr. de la zone franco-provençale : °*J'ai marché sous la pluie, je suis tout* TREMPE (cité avec d'autres ex. dans la *Revue de ling. rom.,* janv.-juin 1978, p. 157). — *Pattemouille,* avec *patte* « chiffon » et *mouille* « mouillé », vient de cette région.

Dans la formation des noms déverbaux masculins, l'élimination de la terminaison amène parfois des changements phonétiques dans le radical : la voyelle devenue tonique est traitée comme telle : *avouer* → *aveu ;* — la consonne sonore devenue finale s'assourdit : *relever* → *relief ; ch* devient *c : accrocher* → *accroc* [AKRO] ; *n* tombe après *r : retourner* → *retour ;* — les consonnes deviennent généralement muettes, les consonnes nasales nasalisant la voyelle : *refuser* → *refus ; maintenir* → *maintien ; gagner* → *gain.*

b) Elle élimine parfois un suffixe nominal :

Aristocratie → *aristocrate* (de même *démocrate, bureaucrate*) ; *diplomatique* → *diplomate ; litron* → *litre.*

c) Elle élimine parfois un *e* muet final (avec des transformations phonétiques en corollaire) :

Médecine → *médecin ; châtaigne* → *châtain ; violette* → *violet.*

Remarque. — Cas isolé : *prématuré* est tiré de *prématurément,* lui-même dérivé (avec suffixe pléonastique : § 164, *a,* Rem.) de l'adverbe *prématuré,* emprunté du latin *praematuré.*

d) L'élimination d'un préfixe est un phénomène peu fréquent :

Dépouiller [du lat. *despoliare*] a donné dans les dialectes de l'Ouest et du Centre un verbe °*pouiller* « revêtir », parfois attesté dans le fr. rég. : POUILLE-*moi ce tricot de laine, / Chausse-*

moi ces sabots (Th. Botrel, cité par A. Thomas, *Nouv. essais de philologie franç.*, p. 367). —
Un marchand de bœufs, complètement traversé, se changeait dans une petite pièce de l'auberge
[...], pouillant [en italiques] *des habits secs* (La Varende, *Heureux les humbles*, 1947,
p. 122). — Péguy emploie °*repouiller : Ce n'est pas ces grimauds et ces parfaits valets / Qui
nous* repouilleront *notre dépouille morte* (*Ève*, p. 252).

Gide a tiré °*transigeance* d'*intransigeance* : *Corydon*, III, 6 ; *Journal*, 11 août 1929 et
30 oct. 1935. — En fr. d'Afrique, on a formé °*alphabète* comme antonyme d'*analphabète*.

174   Un phénomène voisin est la **substitution de suffixes ou de préfixes.**

a) Substitution de suffixes.

Il ne s'agit pas de la *confusion* de suffixes : cf. § 162, Rem.

Noms tirés de noms : *Marmot → marmaille ; chauffeur → chauffard.*
Adjectifs tirés de noms : *Réticence → réticent ; émotion → émotif.*
Verbes tirés de noms : *Profession → professer ; invention → inventer ; trac-
tion → tracter ; tourniquet → tourniquer.*

En Belgique, *péréquation →* °*péréquater.* Les Français emploient parfois *péréquer*, qui
n'est pas dans les dictionnaires et qui est emprunté au lat. *peraequare : Solon* [...] péréquait
sur l'ensemble de la communauté les dettes dont souffrait le peuple (Le Roy Ladurie, *Carnaval de Romans*, p. 83).

Agresser a été tiré à plusieurs reprises d'*agression :* au XIIIᵉ s. (jusqu'au XVIᵉ ; en
Wallonie jusqu'au XVIIIᵉ s. : cf. *Revue belge de philologie et d'hist.*, 1966, p. 985) ; au XIXᵉ,
chez Barbey d'Aurevilly, qui parle d'une épaule *agressée* par la maladie (*Vieille maîtresse*, II,
1) ; au XXᵉ s., où, malgré les critiques, le verbe est en passe d'entrer dans l'usage le plus
général :
Éd. Peisson, *Hans le marin*, III ; R. Rolland, *Péguy*, t. I, p. 258 ; Montherlant,
Lépreuses, p. 34 (en italiques) ; Genevoix, dans Hanse ; S. de Beauvoir, *Force des choses*,
p. 156 ; Cl. Mauriac, dans le *Figaro litt.*, 25 juin 1971 ; R. Sabatier, *Trois sucettes à la
menthe*, p. 287 ; Cl. Simon, *Sacre du printemps*, L.P., p. 137 ; M. Cardinal, *Mots pour le
dire*, p. 33 ; J. Ricardou, *Problèmes du nouveau roman*, p. 34 ; M. Déon, *Déjeuner de soleil*,
p. 289 ; J.-Fr. Revel, dans le *Point*, 7 mai 1984, p. 34 ; Fr. Parturier, B. Pivot, cit. Le
Bidois, *Mots trompeurs*, p. 58.

Digresser, noté par Littré comme néologisme, reste rare : *Je* digresse *moins qu'on ne
pourrait le croire* (Yourcenar, *Souvenirs pieux*, p. 73). — Autres ex. : Verl., Arnoux, dans
le *Trésor.*

Comme les adjectifs en *-ant, -ent, -able* correspondent le plus souvent
à des verbes, on constate une tendance très forte à créer le verbe là où il
manque.

Verbes admis par l'Acad. : *Somnolent → somnoler ; équivalent → équivaloir ;
arc-boutant* (nom) *→ arc-bouter ;* etc.
Des verbes donnés ci-dessous, il est préférable de s'abstenir dans un texte
soigné, bien que des ex. comme les suivants montrent que ces verbes sont en
train de perdre la nuance familière ou plaisante qu'on leur attribue d'ordinaire :

°*Indifférer* « être indifférent à » : *Je n'aimais pas l'amour,* [...] *mon corps m'*indifférait
(Montherlant, *Jeunes filles*, p. 133). — *Questions dont la réponse l'*indiffère (É. Henriot,

Occasions perdues, p. 22). — *L'art dit chrétien l'* [= Teilhard de Chardin] INDIFFÉRAIT (J. MADAULE, cité dans le *Figaro litt.*, 17 sept. 1960). — Autres ex. : PROUST, *Rech.*, t. III, p. 705 (faisant parler un personnage) ; LA VARENDE, *M. le duc*, p. 237 ; Cl. MAURIAC, dans le *Figaro litt.*, 3 mai 1952 ; S. de BEAUVOIR, *Tout compte fait*, p. 144 ; POIROT-DELPECH, dans le *Monde*, 7 déc. 1979 ; R. KEMP, H. JUIN, cit. Le Bidois, *Mots trompeurs*, p. 54 ; etc. (Comme emploi plaisant, déjà chez VERL., *Odes en son honneur*, XIII.)

°*Insupporter* « être insupportable à » (plus rare) : *Je crois qu'Albertine eût* INSUPPORTÉ *maman* (PROUST, *Rech.*, t. III, p. 14). — *Le pape hait dans l'Académie* [...] *les littérateurs, race qui l'*INSUPPORTE (MONTHERLANT, *Malatesta*, III, 3). — *Ces formalités* INSUPPORTAIENT *Stendhal* (Wl. d'ORMESSON, dans le *Figaro litt.*, 29 déc. 1951). — Autres ex. : E. TRIOLET, *Manigances*, L.P., p. 17 ; R. MALLET, dans P. Léautaud, *Entretiens avec R. Mallet*, p. 298 (Léautaud critique son interlocuteur). — Déjà en 1864 chez les Goncourt : *Germinie l'assommait.* [...] *Il en était las, dégoûté, insupporté* (Germ. *Lacerteux*, XV).

°*Urger* « être urgent » : *La présence du matou n'*URGE *point* (COLETTE, *Chats*, p. 58). — *Lorsqu'il y a doute de droit ou de fait, les pénalités canoniques n'*URGENT *pas* (M. RIQUET, dans le *Figaro litt.*, 7 juillet 1969). — *Rien n'*URGEAIT (É. HENRIOT, *Vie de mon père*, cit. Le Bidois, *Mots trompeurs*, p. 53). [Au sens de « insister », c'est un latinisme indépendant d'*urgent* : *L'on ne doit pas* URGER [...] *sur le symbolisme de l'illumination de la grotte* (F.-M. ABEL, *Bethléem*, p. 10). Autre ex. du même auteur dans H. Vincent et F.-M. Abel, *Jérusalem*, t. II, fasc. 3, p. 574.]

Des phénomènes analogues s'observent avec des pseudo-participes passés : voir §§ 354, Rem., et 847, *f.* — Voir aussi l'origine de *léser* au § 178, *a*, Rem. — De *vermoulu* a été tiré au début du XVIIe s. l'infinitif *vermouler : Du bois qui commence à* SE VERMOULER (LITTRÉ).

Enclin, pur adjectif, a été confondu par R. Vailland avec des participes passés en *-eint* et a donné un verbe **encleindre* (!) : *Leurs injures* [...] *encleignent davantage à la pitié qu'à la rigueur* (Bon pied bon œil, I, 4).

b) Substitution de préfixes ou de pseudo-préfixes.

Atteler [du lat. vulg. **attelare*, lui-même tiré de *protelare*, par substitution de l'élément initial] → *dételer ; amarrer* [empr. du néerl. *aanmarren*] → *démarrer ; approprier* [empr. du lat. *appropriare*] → *exproprier ; empêcher* [du lat. *impedicare*] → *dépêcher ; empêtrer* [du lat. **impastoriare*] → *dépêtrer.*

Remarque. — À la substitution de préfixe, certains préfèrent la préfixation ordinaire.

°*Désagrafer* concurrence *dégrafer : La ceinture* DÉSAGRAFÉE *d'un cran* (CENDRARS, *Bourlinguer*, L.P., p. 290). — Le *Trésor* cite aussi la correspondance de Mérimée et les carnets de Barbey d'Aurevilly.

Gide recourt plus d'une fois à des verbes de ce type : *désembroussailler*, dans *Si le grain ne meurt*, I, 9 ; *désembrouiller : Journal*, 4 nov. 1927 (aussi chez A. Daudet et A. Arnoux, dans le *Trésor*) ; *se déséprendre : ib.*, 30 mai 1930 ; *désemmêler : ib.*, 5 févr. 1902 ; *désembarrasser : Immoraliste*, III.

Désempêtrer (qui est ancien) est mentionné par peu de dictionnaires. Ex. : MÉRIMÉE, *Corresp.*, 10 août 1832 ; A. HERMANT, *Discorde*, p. 19.

175　　　La **formation parasynthétique** consiste à créer un mot nouveau, surtout un verbe ou un adjectif en *-é,* en ajoutant à un mot primitif simultanément un préfixe et un suffixe : *Débarquer* vient directement de *barque*, car ni *débarque, ni *barquer n'existent.

Autres ex. : *Déterrer* de *terre* ; — *éborgner* de *borgne* ; *effronté* de *front* ; *égrener* de *grain* ; *épurer* de *pur* ; *éreinter* de *rein* (comp. § 166, *b*, 3°) ; — *imparable* de *parer* ; *inusable* d'*user* ; — *reculer* de *cul*.

Nous ne considérons pas comme de véritables parasynthétiques : 1° les dérivés faits sur un syntagme (§ 167, *a*) : *En terre* → *enterrer ; à rive* → *arriver ; sous terre* → *souterrain ;* — 2° les dérivés faits sur un syntagme latinisé ou partiellement latinisé (§ 167, *e*) : *Hors mariage* → *extraconjugal*.

II. — LES COMPOSÉS

Bibl. — A. Darmesteter, *Traité de la formation des mots composés dans la langue franç.*, 2ᵉ éd., P., Bouillon, 1894. — J. Marouzeau, *Notre langue*, P., Delagrave, 1955, pp. 75-93. — J. Peytard, cité avant le § 171. — M. Bierbach, *Die Verbindung von Verbal- und Nominalelement im Französischen*, Tübingen, Narr, 1982.

176   On appelle **composition** le procédé par lequel on forme une nouvelle unité lexicale en unissant deux mots existants.

Cette définition s'applique à la composition proprement dite (§ 178). Mais il y a des composés qui résultent de la nominalisation (§ 179) ou du figement (§ 180) d'un syntagme, outre ceux qui résultent de la dérivation sur un syntagme ou un composé (§ 167). Une catégorie particulière est constituée par les mots composés au moyen d'un ou de plusieurs mots étrangers (§§ 182-186) [*composition savante*].

Les composés sont à distinguer des syntagmes. Les premiers (comme les locutions : § 181) sont des unités de lexique, des associations permanentes qui appartiennent à la langue. Le syntagme est une unité dans la phrase, une association occasionnelle, libre.

Dans le cas d'un composé savant comme *philatélie*, les mots préexistants n'appartiennent pas au franç. Mais il est fréquent : 1° qu'un des deux éléments soit un mot franç. (§ 185) : Disco*thèque*, cocaïno*mane ;* — 2° que ces éléments d'origine latine ou grecque deviennent des mots en franç., soit par réduction (§ 187), soit à la suite d'un emprunt plus ou moins indépendant : *Gramme, graphe,* etc. — Dans le cas de la dérivation aussi, le mot préexistant peut être un mot n'appartenant pas au franç. (§ 166, *b*, 2°).

177   **Observations.** — *a)* Quand le premier élément d'un composé revêt une forme savante, il reçoit ordinairement, sur le modèle de composés empruntés au grec, la finale -*o,* sorte de marque de la composition : *Latino-américain* (§ 167, *d*),

Gallo-Romains (§ 167, *e*, 2°), *franco-suisse* (§ 178, *d*), *aérolithe* (§ 183, *a*), *cocaïnomane* (§ 185, *a*).

On trouve aussi *-i* avec des éléments latins : *Surdi-mutité* (§ 167, *e*, 3°), *insecticide* (§ 182).

L'usage hésite entre *cancérigène* et *cancérogène*, que les scientifiques attentifs à la pureté de la langue considèrent comme meilleur (puisque les éléments sont d'origine grecque), mais le premier est plus fréquent.

b) On peut distinguer les composés **endocentriques,** dans lesquels les termes sont dans la même relation qu'un sujet et un prédicat dans la phrase (cf. § 226), et les composés **exocentriques,** qui correspondent au prédicat d'un sujet extérieur au composé :

Une autoroute = une *route* qui est pour les autos ; *un oiseau-mouche* = un *oiseau* qui est comme une mouche ; *un arc-en-ciel* = un *arc* qui est dans le ciel. Ce sont des composés *endocentriques.* — Mais *une entrecôte* = un *morceau* qui est entre les côtes ; *un rouge-gorge* = un *oiseau* qui a la gorge rouge ; *un porteplume* = un *objet* qui porte la plume. Ce sont des composés *exocentriques.*

Cette distinction est importante pour le genre des noms composés : voir § 466.

c) Les formations ressortissant à la composition proprement dite contiennent ordinairement un trait d'union (si les éléments ne sont pas coagulés). Les composés résultant d'une nominalisation s'écrivent souvent aussi par un trait d'union. Pour les syntagmes figés, la question est plus complexe : cf. § 108, *b.*

d) Les composés **par télescopage** (qu'on appelle aussi *mots-valises* ou *mots-portemanteaux*) réunissent la tête d'un mot et la queue d'un autre :

Étiemble appelle *franglais* le FRANÇais mâtiné d'anGLAIS. — *Phalanstère* a été fait par Fourier sur PHALANGe et *mona*STÈRE ; il est entré dans l'usage commun. De même, *autobus :* ← AUTOmobile + *omni*BUS ; ce n'est qu'ultérieurement que *bus* est devenu un nom (§ 187, *a*), qui a pu servir à d'autres composés : *Trolleybus, bibliobus...* — Formation plaisante : *Foultitude* ← FOULE + *mul*TITUDE. — Ces formations sont devenues plus nombreuses depuis le milieu du XXᵉ s., sous l'influence de l'anglais : *Bionique* ← BIOLogie + *électro*NIQUE ; *motel* ← angl. MOTor + *ho*TEL ; *transistor* ← angl. TRANS*fer* + *res*ISTOR.

À distinguer de l'*haplologie*, qui réduit à une seule les syllabes identiques : *Sorbonagre (*← *Sorbonne + onagre),* mot plaisant de Rabelais (*Garg.,* éd. princeps, XX) ; *Clermont-Ferrand* ← *Clermont + Montferrand,* les deux villes étant réunies au XVIIIᵉ s. — Autres haplologies : *Tragi-comédie* pour *tragico-comédie ; idolâtrie,* empr. du lat. ecclésiastique *idololatria.* Comp. § 166, *b,* 3°.

Voir aussi au § 192 le phénomène du croisement.

e) Sur la coordination d'éléments de composition : *Les bi-, tri- et quadricycles* (QUENEAU, *Chiendent,* F°, p. 42). — Voir § 255, *c.*

A. — Éléments français

178   **La composition proprement dite.**

a) Noms formés d'un **verbe + élément nominal** (nom sans déterminant, parfois pronom) :

1° **Verbe + objet direct,** procédé extrêmement fécond :

Abat-jour, cache-sexe, coupe-circuit, coupe-gorge, cure-dent, fait-tout, lave-vaisselle, porte-bagage, pousse-café, prie-Dieu, remonte-pente, tord-boyaux, etc. — Dans des locutions adverbiales : § 928, *d.*

Selon Darmesteter, dont l'interprétation a été acceptée par beaucoup de linguistes, l'élément verbal, dans les composés de l'espèce, serait à l'origine un impératif, alors que le sentiment actuel des locuteurs est qu'on a un indicatif présent à la troisième personne du singulier. J. Marouzeau a combattu avec d'excellents arguments la thèse de Darmesteter et conclut que nous sommes « en présence d'un élément verbal extérieur au paradigme, étranger aux notions de personne, de temps, de mode, ayant pour base la forme la plus réduite du verbe » (ce que sont l'impératif à la 2ᵉ pers. du singulier et l'indicatif présent à la 3ᵉ pers. du singulier).

Si la forme verbale est homonyme d'un nom, on l'interprète souvent comme un nom : de là les graphies *soutien-gorge, appui-tête,* et la règle compliquée du pluriel des mots en *garde-* et en *aide-* (§ 517, Rem. 1). — °*Soutient-gorge,* préconisé par Dauzat (dans le *Monde,* 5 mai 1948) et par Bruneau (dans le *Figaro litt.,* 26 janv. 1952), n'est pas entré dans l'usage. — Au contraire, la plupart des dictionnaires laissent le choix entre *appui-tête* et *appuie-tête,* et il est donc permis de préférer le second (quoique l'Acad. écrive *appui-main*).

Hist. — Les écrivains du XVIᵉ s., notamment les poètes de la Pléiade, employaient volontiers comme épithètes les composés de ce type : *L'*OSTE-SOIF *échanson* (RONS., éd. V., t. IV, p. 68). — *Son troupeau* PORTE-LAINE (*ib.,* t. V, p. 268).

Remarque. — Du latin *crimen laesae maiestatis,* littéralement « crime de majesté blessée », a été décalqué le fr. *crime de lèse-majesté.* Cette expression a été interprétée comme contenant un verbe et son objet : d'une part, on en a tiré le verbe *léser ;* d'autre part, dès le XVIIᵉ s., on a fabriqué des composés, souvent occasionnels et plaisants, sur ce modèle, sans qu'on se préoccupe du genre du nom (éventuellement du pronom) :

Avec des féminins : [*Crime de* LEZE-*Faculté* (MOL., *Mal. imag.,* III, 5). — *Crime de* LEZE-*societé* (DIDEROT, *Rêve de d'Alembert,* p. 157). — *Crime de* LÈSE-*nation* (BEAUMARCHAIS, dans G. von Proschwitz, *Introd. à l'étude du vocab. de Beaum.,* p. 141 ; formule officielle en 1789-1790 : cf. Brunot, *Hist.,* t. IX, p. 637)]. — *Crime de* LÈSE-*religion* (SAINTE-BEUVE, *Port-Royal,* Pl., t. I, p. 328 ; passage traduit d'un pamphlet latin de 1635).

Avec des masculins : [*Dussé-je être coupable de* LÈSE-*majesté ou de* LÈSE-*cavagnole* [= sorte de jeu] (VOLT., *Corresp.,* t. II, p. 1048).] — *Crime de* LÈSE-*tabac* [à propos d'un fumeur qui jette sa pipe à terre] (BALZAC, *Chabert*, p. 72). — *Crime de* LÈSE-*budgétivore* (H. de ROCHE-FORT, dans J. Dubois, *Vocabul. polit. et social de 1869 à 1872*, p. 331). — *Le moindre délit de* LÈSE-*Moi* (LARBAUD, *A.O. Barnabooth*, Journal intime, Pl., p. 223).

2° **Verbe + sujet,** procédé plus rare :

Croque-monsieur, pense-bête, saute-mouton. Assez fréquent dans les noms de lieux : *Chantemerle, Hurlevent, Pissevache* (nom de ruisseau), etc.

Dans l'interprétation de Darmesteter, laquelle paraît plus défendable que pour les ex. du 1°, on aurait un impératif suivi d'un nom en apostrophe : *Croque, monsieur.*

b) **Préposition** (ou adverbe) + **nom ou verbe.**

1° Verbes formés d'une préposition (ou d'un adverbe) et d'un verbe :

À : *Apercevoir, attirer.*

Contre : *Contrebalancer, contremander.*

Entre « à demi, un peu » : *Entrouvrir, entrevoir ;* avec les verbes réfléchis, marque la réciprocité : *S'entraider, s'entre-dévorer.*

Sous (*sou* devant consonne dans les formations anciennes) : *Soumettre, sous-estimer, sous-louer.*

Sur : *Surcharger, surexciter, surnager.*

Outre, par, pour, tré [*très* était une préposition en anc. fr. ; lat. *trans*] ont cessé d'être productifs : *Outrepasser ; parachever, parfaire, parsemer ; pourchasser, pourlécher ; trépasser, tressaillir.*

2° Noms formés d'une préposition (ou d'un adverbe) et d'un nom :

Arrière : *Arrière-boutique, arrière-pensée.*

Avant : *Avant-scène, avant-veille.*

Contre : *Contre-allée, contrordre* (l'Acad. est peu conséquente pour l'orthographe des mots formés avec *contre*).

Sous : *Sous-bail, sous-lieutenant, sous-vêtement.* Avec l'idée d'insuffisance : *Sous-équipement.*

Sur : *Survêtement.* Avec l'idée d'excès : *Surproduction.*

Sous et *sur* s'ajoutent aussi à des adjectifs ou des participes, *sous* marquant l'insuffisance et *sur* le haut degré ou l'excès : *Sous-développé, pays sous-peuplé* (dans l'*Express,* cit. Gilbert) ; *suraigu, surfin, surdéveloppé.*

Dans certains cas, le groupe préposition + nom pourrait être considéré comme un syntagme nominalisé (§ 179, *a*), n'était l'omission de l'article : *Contrepoison, contrevent, soucoupe, sous-tasse.* — Avec *entre,* le fait que le nom soit au singulier montre que le composé est distinct du syntagme : *Entracte, entrecôte, entre-cuisse,* anc. fr. *entreuil* « espace entre les yeux ».

Non, presque et **quasi,** qui sont d'abord et surtout des adverbes, s'ajoutent à des noms, à l'origine soit par un phénomène de dérivation (§ 167, *a,* Rem. 1), soit dans des calques. Ces emplois se sont développés à partir du XIXe s. Pour *quasi,* qui est aussi un mot latin, il pourrait y avoir eu une influence savante.

Non, suivi d'un trait d'union, est d'une grande vitalité (soutenue par l'influence anglaise), malgré la résistance de certains grammairiens, qui trouvent, non sans raison, que ces tours nominaux, parfois « lourds, abstraits, ambigus » (R. Le Bidois, dans le *Monde,* sélect. hebdom., 5-11 mars 1970), concurrencent indûment des tours verbaux plus concrets : *Le* NON-*être* [calque de l'allem.]. *Le* NON-*moi* [*id.*]. NON-*sens* [calque de l'anglais, mais le mot a existé en anc. fr. avec la signification « manque de bon sens »]. *Point de* NON–*retour* [calque de l'anglais]. NON-*violence* [calque du sanscrit]. — *Il y a marque de* NON-*mitoyenneté lorsque la sommité du mur* [...] (*Code civil,* art. 654). — *Cela est clairement déduit* [...] *de la* NON-*apparition de certains résultats* (BAUDEL., trad. de : Poe, *Hist. extraord.,* Lettre volée). — *Tous ont bu des bouillons par ces temps de* NONvente [*sic*] (HUYSMANS, *Lettres inédites à J. Destrée,* p. 142). — *Le* NON-*Amour est un des noms du Père de l'orgueil* [= Satan] (BLOY, *Désespéré,* L.P., p. 178). — *Revenu de la Biennale de Venise blessé par la* NON-*reconnaissance de son espace par les critiques, les amateurs, la mode* (R. VAILLAND, *Écrits intimes,* p. 777). — *Dans le secteur du livre broché de* NON-*fiction* (Cl. ROY, dans le *Monde,* sélect. hebdom., 27 nov. - 3 déc. 1969). — *Il faut des recommandations, des appuis, du piston, bref toutes les formes du* NON-*droit* (F. MARCEAU, *Années courtes,* p. 101). — *Ma messe quotidienne contredisait la* NON-*pratique de mon père* (ID., *ib.,* p. 108).

Presque, ordinairement sans trait d'union (comme s'il était pris pour un adjectif, mais il serait souhaitable de le traiter comme *quasi*) : PRESQU'*île* [calque ancien du lat. *paeninsula*]. — *La* PRESQUE *unanimité :* ex. de 1791 dans Brunot, *Hist.,* t. IX, p. 781 ; MICHELET, *Hist. de la Révol. fr.,* t. I, p. 565. — *Astres,* [...] / [...] *écrasez mon âme par votre* PRESQUE *éternité* (LAMART., *Harmonies,* IV, 9 [cité par Littré, s.v. *presque,* avec la mention « par néologie »]. — *Henri Dauvergne répéta* [...] *la* PRESQUE *certitude où il était d'avoir* [...] *entendu les voix sourdes des deux accusés* (ZOLA, *Bête humaine,* V). — *Vivre dans une* PRESQUE-*intimité* (LOTI, *Vers Ispahan,* p. 250). — *Dans la* PRESQUE *nuit* (M. DONNAY, *Torrent,* III, 8). — *Ces* PRESQUE *hommes* [= les préhominiens] (J. ROSTAND, *Pensées d'un biologiste,* p. 86). — *Il en était arrivé déjà à la* PRESQUE *fin du deuxième tiers du volume* (R. ROLLAND, *Péguy,* t. II, p. 123). — *À ses* PRESQUE *débuts* [d'un acteur] (Cl. ROY, *Somme toute,* p. 328). — *Cette comédie badine, ce* PRESQUE *vaudeville* (J. LEMARCHAND, dans le *Figaro litt.,* 16 juin 1962).

Quasi, suivi d'un trait d'union : *Il y eut un moment de* QUASI-*silence* (HUGO, *N.-D. de Paris,* X, 3). — *M. Jean Reynaud ne se doutait pas* [...] *qu'il serait le surlendemain un quasi-ministre au département de l'Instruction publique* (SAINTE-BEUVE, *Chat. et son groupe littér.,* 1861, t. I, p. 2). — *La* QUASI-*totalité des épîtres* (DANIEL-ROPS, *Saint Paul,* p. 107). — *Dans une* QUASI-*ignorance* (AYMÉ, *Confort intellectuel,* p. 58). — *Une* QUASI-*certitude* (VIAN, *Écume des jours,* I).

c) Nom formé d'un **nom et** d'un **nom complément juxtaposé.**

Ce tour jadis conforme à la syntaxe (*fête-Dieu :* cf. § 348, *a*) est devenu peu productif. Parmi les formations modernes, on trouve des calques de l'anglais : *timbre-poste, malle-poste, wagon-lit ;* — des locutions réduites par la suppression d'une préposition, surtout dans la langue commerciale : *épingle de nourrice →* *épingle nourrice* (AUDIBERTI, *Maître de Milan,* V) ; *culotte de golf → culotte golf* (catalogue de Manufrance, 1956, p. 168) ; — des expressions comme *pause café, une télé couleur,* où il ne s'agit pas d'un complément d'appartenance et où la préposition omise est autre que *de.*

L'absence de trait d'union montre que l'on n'a pas un véritable composé, mais une locution et même, dans la dernière série, une construction syntaxique par juxtaposition (cf. § 348, *b*). — Pour *soutien-gorge, garde-barrière, appui-tête,* voir *a,* 1°, ci-dessus.

L'ordre inverse, complément + nom complété, qui a été productif très anciennement *(chaufour, chiendent)*, se manifeste à notre époque dans deux cas : 1° dans des calques de l'anglais : *Le Nord-Vietnam ;* — 2° dans des composés français dont le premier élément est un mot résultant d'une apocope *(auto ← automobile*, etc. : § 187, *a)* : *Auto-école, autoroute, radio-reporter, ciné-roman, photocopie, télédistribution.*

Ce mot français résultant d'une apocope est antéposé dans la composition française *(auto-école)* comme l'élément latin ou grec qui est son homonyme est antéposé dans la composition latine ou grecque *(automobile :* §§ 182-183). — *Autorail,* où *auto* est le mot complété (= auto sur rails), fait une fâcheuse exception.

Remarque. — Certains composés sont constitués par un verbe, un participe ou un adjectif précédés d'un complément : *Bouleverser, culbuter, saupoudrer* (de *sel)* ; *lieutenant ; clairsemé, court-vêtu, nouveau-né ; terre-plein* (empr. de l'ital.).

d) **Mots coordonnés** sans pause ni conjonction.

— Noms formés de deux noms : *Un sourd-muet. Un bracelet-montre. Une montre-bracelet. Une porte-fenêtre. Un bar-tabac* (cf. § 188). *Un wagon-restaurant. Une canne-parapluie. L'Alsace-Lorraine. Erckmann-Chatrian* (deux auteurs écrivant en collaboration).

Comme le montre le genre de *bracelet-montre* et *montre-bracelet,* il y a toujours un des deux noms qui l'emporte sur l'autre. Il est souvent difficile de distinguer ce cas de la construction nom + nom apposé, solution qui s'impose lorsque le second nom est une métaphore : *Chou-fleur, oiseau-mouche.*

Chef-lieu paraît un calque du latin, et le second nom est un complément : voir *Trésor.*

— Noms formés de deux verbes ou d'un verbe répété (les verbes sont à la même forme que dans les composés du type *couvre-lit :* cf. *a,* 1°, ci-dessus) : *Chantepleure, chausse-trape* (que l'Acad. a décidé d'écrire avec deux *p* dans la prochaine éd. de son dict.) [altération de l'anc. fr. *chauchetrepe,* formé des verbes *chauchier* « fouler aux pieds » et *treper* « frapper du pied »], *virevolte, cache-cache, passe-passe, pousse-pousse.*

Cf. aussi *prêchi-prêcha,* avec un jeu de sons *i-a* fréquent dans les onomatopées (§ 199).

— Adjectifs formés de deux adjectifs : *Aigre-doux, sourd-muet.*

Le premier adjectif reçoit souvent une forme savante terminée par *-o* (cf. § 177, *a) : L'alliance franco-russe, la guerre sino-japonaise, l'empire austro-hongrois (franco = français ; sino = chinois ; austro = autrichien).* — *Combat politico-culturel* (LE ROY LADURIE, *Carnaval de Romans,* p. 401). *Appareil génito-urinaire. Consonne labio-dentale.*

— Verbes formés de deux verbes synonymes (le premier à la même forme que dans les composés du type *couvre-lit :* cf. *a,* 1°, ci-dessus) : *Tournevirer, virevolter.*

179   Composés résultant de la nominalisation d'un syntagme ou d'une phrase.

a) Syntagmes.

— Préposition + nom : *Un aparté, une affaire, un a priori, l'après-midi, l'avant-guerre, un en-cas, un enjeu, l'entre-deux-guerres, un hors-la-loi, un sans-cœur, un sans-culotte, le sous-bois.*

Pour *contrepoison, entracte,* etc., voir § 178, *b,* 2°.

— Syntagmes compléments nominalisés par effacement du mot complété (§ 188) : *Un rouge-gorge, un terre-neuve, un mille-pattes, un trois-mâts, une deux-chevaux.*

— Verbe + complément : *Un faire-part ; un faire-valoir, le savoir-faire, le savoir-vivre.*

On pourrait placer ici les ex. traités dans le § 178, *a,* 1°, mais l'absence d'article empêche de les identifier avec des syntagmes purs et simples. — Cette réserve n'existe pas pour : *Un boute-en-train, un gagne-petit, un meurt-de-faim, un touche-à-tout.*

— Cas divers : *Le plus-que-parfait, un va-et-vient.*

b) Phrases.

À l'impératif : *Un laissez-passer, un rendez-vous. Un suivez-moi-jeune-homme* (ruban flottant sur la nuque), *une marie-couche-toi-là.* — Comp. aussi § 178, *a,* 2°.

Sujet + verbe + compléments éventuels : *Un on-dit, un je ne sais quoi, le sot-l'y-laisse, le qui-vive* (§ 384, *a*). — Avec inversion du sujet : *Le sauve-*QUI-PEUT. *Le qu'en dira-t-*ON (phrase interrogative). — On explique *vasistas* par la phrase allemande *Was ist das ?* littéralement « Qu'est cela ? »

180   Composés résultant du figement d'un syntagme.

— Syntagmes nominaux : *Main-forte, mainmorte, vinaigre ; rond-point, verjus.* — *Arc-en-ciel, croc-en-jambe, pot-de-vin.* — *Monsieur, madame.*

— Syntagmes adjectivaux : *bien-aimé, bienveillant, malveillant.*

— Syntagmes verbaux : *S'enfuir* (cf. § 656, *a*). — En outre : *voici, voilà,* dont la valeur verbale s'est estompée : cf. §§ 1046-1047.

— Syntagmes adverbiaux : *Aujourd'hui, avant-hier, cependant, dorénavant, pourquoi, toujours.*

— Prépositions composées : *Devers, hormis, malgré, parmi.* Certaines remontent au latin : *derrière,* lat. vulg. *de retro.*

— Conjonctions composées : *Lorsque, puisque.*

— Mots-phrases : *Adieu, bonsoir.*

C'est le phénomène de la lexicalisation : une unité grammaticale ou syntagme devient une unité lexicale. Dans le cas des locutions, cette lexicalisation est en cours, mais selon des degrés très variables : voir le § suivant. — Sur le trait d'union, voir § 108, *b.*

181   Une **locution** est une suite de mots qui sont séparés par des blancs dans l'écriture et qui forment pourtant une unité lexicale.

Selon la nature des mots simples avec lesquels la locution peut commuter, on parlera de locution nominale *(chemin de fer, bande dessinée)*, adjectivale *(comme il faut)*, pronominale *(quelque chose)*, verbale *(avoir lieu)*, adverbiale *(tout à fait)*, prépositionnelle *(quant à)*, conjonctive *(bien que)*, interjective (ou locution-phrase : *Par exemple !*).

Le sentiment d'unité est fondé : 1° sur des critères paradigmatiques (§ 4) : une locution peut commuter avec un mot simple : *Il voyage en chemin de fer /... en voiture ;* — 2° sur des critères syntaxiques, c'est-à-dire le fait que la locution ne respecte pas les règles ordinaires de la syntaxe : la règle de la détermination des noms *(avoir lieu)*, de l'accord *(Quelque chose est* ARRIVÉ *; Elle a l'air* FATIGUÉE*)*, de la concordance des temps *(Il rencontra une dame comme il* FAUT*)*, de la construction du gérondif (à *son corps défendant :* cf. § 891, Hist.), de l'ordre des mots *(à* SON CORPS *défendant, sans* COUP *férir) ;* — 3° sur des critères sémantiques, c'est-à-dire sur le fait que le sens de la locution n'équivaut pas à l'addition des sens des constituants : *bande dessinée, moyen âge* (comp. *âge moyen)*, ou le fait que la locution représente une réalité unique et qu'elle équivaut à un mot simple : *Avoir lieu = arriver ; machine à laver = lessiveuse ;* — 4° sur le fait que le locuteur moyen est incapable d'analyser les composantes : *Il y a belle* LURETTE (altération d'*heurette*) ; *le pot* AUX ROSES (dont l'origine est fort discutée) ; *d'*ORES *et déjà (ores* « maintenant » dans l'ancienne langue) ; *fier comme* ARTABAN (personnage de *Cléopâtre* [1647], roman oublié de La Calprenède).

Mais ces critères sont rarement réunis, et cela différencie les locutions des composés qui résultent d'un figement (§ 180). Dans beaucoup de locutions, le figement n'est pas total : 1° du point de vue syntagmatique : au lieu de *fier comme Artaban,* on peut dire *aussi fier qu'Artaban ;* lorsque la situation est claire, *pomme de terre* se réduit souvent à *pomme : Des* POMMES *frites ; avoir peur* ne doit pas être disjoint de *avoir une peur bleue, avoir une peur irraisonnée ;* beaucoup de locutions peuvent être séparées par d'autres mots [6] : *Elle a* TOUJOURS *l'air... A-T-ELLE l'air... ? Il a* TRÈS *faim. Avant* MÊME *de partir ;* — 2° du point de vue morphologique : dans les locutions verbales, le verbe varie comme un verbe ordinaire : *J'ai l'air, elles* ONT *l'air ; maréchal des logis* fait au pluriel MARÉCHAUX *des logis* (mais cela est vrai aussi de *maréchal-ferrant) ; un manteau bon marché, un manteau* MEILLEUR *marché ;* — 3° du point de vue du fonctionnement, les locuteurs sont capables d'analyser les composantes : *avant que* s'oppose, d'une part à *après que,* d'autre part à *avant* et à *avant de (avant mon départ, avant de partir, avant qu'il parte) ; avoir faim* s'oppose à *avoir soif ; machine à laver* s'oppose à *machine à coudre ; moulin à café* peut-il être séparé de *moudre le café ?*

On peut conclure que les locutions méritent leur titre de façons très diverses. Il paraît donc utile de les maintenir distinctes des composés, même si on doit reconnaître qu'elles en sont assez proches et que le critère de l'écriture n'est pas toujours pertinent.

Remarques. — 1. Les locutions contenant des mots sortis de l'usage en dehors de cet emploi ou faisant référence à des situations qui ne sont plus connues de tous sont souvent sujettes à de mauvaises interprétations :

---

6. Pour les locutions nom + préposition + nom, il est difficile d'intercaler une épithète après le premier nom, mais cela vaut aussi pour bien des syntagmes présentant la même configuration : cf. § 322, *b.*

Dans *Il y a péril en la demeure* (« dans le retard »), on voit abusivement *demeure* « habitation ». — *Le vivre et le couvert*, c'est la nourriture et le logement, mais le deuxième nom a été interprété de travers, et l'on dit souvent *le gîte et le couvert*, « le logement et la nourriture », en intervertissant les concepts. — Voir aussi § 848, 14 *(sans coup férir)*.

Le sens premier de **reprendre du poil de la bête** était « chercher son remède dans la chose même qui a causé le mal » (c'est encore le seul sens donné par l'Acad. en 1878) ; on croyait en effet que l'on guérissait une morsure en mettant dessus des poils de la bête qui avait mordu ; cette croyance disparue, l'expression a été comprise « se ressaisir, reprendre le dessus » (seul sens donné par l'Ac. en 1935).

Lever un lièvre, c'est proprement le faire sortir de son gîte, le faire partir ; au figuré, être le premier à proposer, à révéler quelque chose : *Ce fut au début de novembre que l'histoire commença à circuler* [...]. *On aurait sans doute à bon droit soupçonné la vieille Mado d'avoir* LEVÉ CE LIÈVRE (A. DHÔTEL, *Plateau de Mazagran,* Guilde du livre, p. 31). — Voir aussi J. GRACQ, *Rivage des Syrtes,* p. 93 ; etc. — Il vaut mieux ne pas dire °*soulever un lièvre*, quoique cette formulation, venue par confusion avec *soulever une question,* soit assez fréquente : *Sartre a* SOULEVÉ LÀ UN GROS LIÈVRE (COCTEAU, *Difficulté d'être,* p. 116).

Autres ex. : J.-J. GAUTIER, *Hist. d'un fait divers,* p. 101 ; R. ESCARPIT, *Ministricule,* p. 206 ; M. CHAPELAN, dans le *Figaro litt.,* 17 mars 1951 ; CRITICUS, *Style au microscope,* t. III, p. 125 ; M. DROIT, *Clartés du jour,* p. 82.

2. Les **proverbes** sont des espèces de locutions, mais qui constituent une phrase. Ils présentent souvent des constructions anciennes et contiennent parfois des mots rares ou disparus : A BEAU *mentir qui vient de loin* (cf. § 294). *À bon* ENTENDEUR *salut.* OIGNEZ *vilain, il vous* POINDRA.

Cela ne gêne pas le locuteur, car le sens est en quelque sorte global et ne dépend pas des mots pris en particulier.

B. — Éléments étrangers

Bibl. — H. COTTEZ, *Dictionnaire des structures du vocabulaire savant.* P., Robert, 2ᵉ éd., 1982.

182   Les **éléments latins** servant en composition sont moins abondants que les éléments grecs.

Notons surtout des formations nominales ou adjectivales dans lesquelles le complément précède le mot complété. Le premier élément se termine ordinairement par *-i* (cf. § 177, *a*). Servent notamment de second élément :

-cide (lat. *-cida,* de *caedere,* tuer) : *Insecti*CIDE.
-cole (lat. *-cola,* de *colere,* cultiver, adorer, habiter) : *Viti*COLE, *horti*COLE.
-culteur, -culture (lat. *cultor, cultura*) : *Api*CULTEUR, *ostréi*CULTURE.
-fère (lat. *-fer,* de *ferre,* porter) : *Calori*FÈRE, *auri*FÈRE, *pétroli*FÈRE, *carboni*FÈRE, *cruci*FÈRE.
-fique (lat. *-ficus,* de *facere,* faire) : *Frigori*FIQUE, *sopori*FIQUE.
-fuge (lat. *-fuga,* de *fugare,* mettre en fuite, et de *fugere,* fuir) : *Vermi*FUGE, *centri*FUGE.
-vore (lat. *uorare,* manger, dévorer) : *Grani*VORE, *fumi*VORE.

Sont à mentionner aussi des adjectifs formés d'un adjectif et d'un nom : *Longiligne, longicorne,* etc. ; — des adjectifs formés d'un nom auquel se joint l'élément *-forme : Piriforme, cunéiforme, vermiforme,* etc.

Les composés formés d'un élément latin suivi d'un mot français sont plus nombreux : voir § 185. — Sur les syntagmes latins servant de base à la dérivation française, voir § 167, e (*expatrier*, *cisrhénan*, etc.).

183   Les **éléments grecs** sont extrêmement nombreux, surtout dans le domaine des sciences et des techniques ; ils représentent la part la plus importante du grec dans les langues modernes.

Les mots énumérés ci-dessous ne sont pas tous nés en français : le vocabulaire des sciences et des techniques a un caractère international ; cf. § 159, Rem. — Nous nous bornons à citer des éléments parmi les plus communs. Il y en a beaucoup d'autres. On a calculé que l'édition 1960 du *Petit Larousse* contenait 971 mots composés dont le premier élément est d'origine grecque (cf. *Fr. mod.*, avril 1960, p. 101). Cela contribue à donner au langage scientifique et technique un caractère ésotérique et parfois pesant : voir Étiemble, *Le jargon des sciences.* — Les mots entrés dans l'usage courant sont souvent rendus plus efficaces par la réduction : cf. § 187, a.

Ces éléments grecs sont parfois pris dans des sens éloignés de leur sens d'origine (comp. § 154) : dans *philatélie*, on a le grec ἀτέλεια « exemption d'impôt » (parce que le timbre-poste dispense le destinataire de payer le port). [On a d'abord essayé *timbrophilie*.]
Certains de ces éléments peuvent aussi servir de radical : *graphisme*, — voire constituer un mot à eux seuls : *gramme.*

a) Éléments nominaux. La plupart peuvent être soit antéposés, soit postposés ; dans le premier cas, ils reçoivent d'ordinaire la finale *-o* (§ 177, *a*) ; dans le second cas, ils reçoivent un *e* muet ou un suffixe *(-ie, -iste, -isme...).* L'ordre habituel est mot complément + mot complété. Cf. cependant *philatélie* à côté de *xénophilie.*

Aér- (air) : AÉRO*lithe*, AÉRO*phagie.*

Alg- (douleur) : *gastr*ALGIE.

Anthrop- (homme) : ANTHROPO*logie*, ANTHROPO*métrie*, *pithéc*ANTHROPE.

Bar(y-) (pesanteur) : BARO*mètre*, BARY*métrie.*

Bibli- (livre) : BIBLIO*phile.*

Bi- (vie) : BIO*logie*, BIO*graphie*, *aéro*BIE.

Carp- (fruit) : *Gymno*CARPE.

Céphal- (tête) : CÉPHALO*pode*, *dolicho*CÉPHALE.

Chrom- (couleur) : CHROMO*lithographie*, CHROMO*sphère*, *hélio*CHROMIE.

Chron- (temps) : CHRONO*mètre*, *dia*CHRONIE.

Chrys- (or) : CHRYSO*cale.*

Ciném(at)-, cinés-, kinés(i)- (mouvement) : CINÉMATO*graphe*, CINÉMO*mètre*, *caryo*CINÈSE, KINÉSI*thérapie* (empr. de l'angl.).

Cosm- (monde) : COSMO*naute*, *macro*COSME.

Crat- (pouvoir) : *plouto*CRATIE.

Cycl- (cercle) : CYCLO*stome.*

Dactyl- (doigt) : DACTYLO*graphie*, *ptéro*DACTYLE.

Dém- (peuple) : DÉMO*graphie.*

Drom- (course) : *cyno*DROME.

Dynam- (force) : DYNAMO*mètre.*

Gam- (mariage) : *crypto*GAME.

Gast(é)r- (estomac) : GASTR*algie*, GASTÉRO*pode.*

Gé- (terre) : GÉO*logie.*

Gramm- (lettre) : *télé*GRAMME.

Graph- (écriture) : GRAPHO*logie*, *télé*-GRAPHE.

Gyn(éc)- (femme) : GYNÉCO*logie*, *épi*GYNE.

Héli- (soleil) : HÉLIO*thérapie*, *péri*HÉLIE.

Hém(at)- (sang) : HÉMO*philie*, HÉMATO*logie*.

Hipp- (cheval) : HIPPO*phagie*.

Hydr- (eau) : HYDR*avion*, HYDRO*thérapie*, *chlor*HYDRIQUE.

Iatr- (médecin) : IATRO*gène* (cf. *c*), *psy-chi*ATRE.

Id- (aspect) : *odonto*ÏDE.

Lâtr- (culte) : *zoo*LÂTR*ie*.

Lith- (pierre) : LITHO*graphie*, *aéro*LITHE.

Log- (discours) : LOGO*pédie*, *égypto*LOGUE ; voir Rem. 1.

Man- (folie) : *clepto*MANE (ou *klepto-*).

Manci- (divination) : *oniro*MANCIE.

Més- (milieu) : MÉSO*carpe*.

Métr- (mesure) : MÉTRO*nome*, *baro*MÈTRE.

Morph- (forme) : MORPHO*logie*, *anthropo*-MORPHE.

Nécr- (mort) : NÉCRO*logie*.

Neur-, névr- (nerf) : NEURO*logie*, NÉVRO*to-mie*, NÉVR*algie*.

Nom- (règle) : *métro*NOME.

Odont- (dent) : ODONTO*ïde*, ODONTO*logie*, *orth*ODONT*ie*.

Onym- (nom) : *top*ONYM*ie*.

Ophtalm- (œil) : OPHTALMO*logie*.

Or- (montagne) : ORO*graphie*.

Orama (vue) : *pan*ORAMA ; voir Rem. 2.

Path- (douleur, maladie) : PATHO*gène*, *névro*PATH*ie* ; voir Rem. 3.

Péd- (enfant) : PÉDI*iatrie*, PÉDO*logie* (voir Rem. 4), *orth*oPÉD*ie*.

Phil- (ami) : PHIL*harmonique*, PHILO*tech-nique*, *xéno*PHILE.

Phob- (crainte) : *xéno*PHOBE.

Phon- (son, voix) : PHONO*graphe*, *télé*-PHONE.

Phot- (lumière) : PHOTO*mètre*, PHOTO*gra-phie*, *cata*PHOTE.

Pneum(at)- (souffle) : PNEUMO*graphe*, PNEUMATO*logie*.

Pod- (pied) : PODO*logie*, *gastéro*PODE.

Psych- (âme) : PSYCH*iatre*, PSYCHO*logie*.

Ptér- (aile) : PTÉRO*dactyle*, *hélico*PTÈRE.

Pyr- (feu) : PYRO*mane*.

Rhin- (nez) : RHINO*scopie*.

Spher- (sphère) : SPHÉRO*mètre*, *strato*-SPHÈRE.

Stomat- (bouche) : STOMATO*logie*.

Techn- (science, art) : TECHNO*crate*, *pyro*-TECHNIE.

Thanas-, thanat- (mort) : THANATO*logie*. *eu*THANAS*ie*.

Thé- (dieu) : THÉO*dicée*, *mono*THÉISME.

Thèqu- (armoire) : *disco*THÈQUE.

Thérap- (soin) : *hydro*THÉRAPIE.

Therm- (chaleur) : THERMO*mètre*, *iso*-THERME.

Tom- (coupe) : TOMO*graphie*, *gastro*TOMIE.

Top- (lieu) : TOP*onymie*, TOPO*logie*.

Typ- (caractère) : TYPO*graphie*, *photo*TYPIE.

Xén- (étranger) : XÉNO*phobe*.

Xyl- (bois) : XYLO*phone*.

Zo- (animal) : ZOO*lâtrie*, *proto*ZO*aire*.

Remarques. — 1. Aux noms de sciences en *-logie* répondent des noms de personnes spécialisées dont les uns sont en *-logue*, les autres en *-logiste* : *Cardiologie*, *cardio*LOGUE ; *psychologie*, *psycho*LOGUE ; *philologie*, *philo*LOGUE ; — *minéra-logie*, *minéra*LOGISTE ; *zoologie*, *zoo*LOGISTE.

Parfois les deux forme s'emploient concurremment : *gynéco*LOGUE/*gynéco*LO-GISTE ; *dermato*LOGUE/*dermato*LOGISTE ; *météoro*LOGUE/*météoro*LOGISTE ; *radio*-LOGUE/*radio*LOGISTE.

À part : *Théologie, théologien.*

2. *Panorama*, mot créé en 1789 par le peintre écossais Robert Baker, qui inventa de vastes tableaux circulaires représentant des villes, des champs de bataille, etc. Des perfectionnements suivirent : il y eut en 1807 un *cosmorama*, puis, en 1822, un *diorama*. De *-orama* est venu par réduction (on a pris *o* pour la finale du premier élément) l'élément *-rama*, qu'on a par ex. dans *Cinérama*, mot

anglais, marque déposée pour un procédé consistant à projeter un film sur plusieurs écrans juxtaposés (variante disparue : *Cinéorama*).

Chez Balzac, des pensionnaires de Mme Vauquer se font un jeu de « parler en *rama* », accolant la finale à toutes sortes de noms : *Comment va cette petite* SANTÉRAMA ? [...] *Il fait un fameux* FROITORAMA ! (*Goriot*, pp. 55-56.) — Vers 1959, sous l'influence de l'anglais, *-rama* a eu un grand succès dans la langue commerciale pour désigner des magasins, des expositions, des émissions de radio, etc. : *Discorama, musicorama*, etc. Cette mode est aujourd'hui retombée.

3. Par une confusion tout à fait fâcheuse, *-pathe* s'emploie dans certains mots (venus de l'allemand) pour désigner celui qui soigne : *Allopathe, homéopathe*.

4. *Pédologie* « science de la conduite et de l'évolution de l'enfant » a été formé à la fin du XIXe s. sur le grec παῖς, παιδός, enfant. Ce mot entre en collision homonymique avec *pédologie* (gr. πέδον, sol) « science du sol, étude du sol au point de vue de ses constituants chimiques et de sa fertilité » ; le mot date, lui aussi, de la fin du XIXe s. Certains, pour éviter la confusion, ont préconisé d'adopter, quand il s'agit de la science de l'enfant, la graphie °*paidologie ;* mais cette graphie (mentionnée par le *Supplément* du *Lar. XXe s.* à côté de l'autre) fait avec *pédagogie*, au point de vue orthographique, une disparate fâcheuse.

b) Sont ordinairement antéposés :

— Les éléments adjectivaux :

Archéo- (ancien) : ARCHÉOptéryx.
Auto- (même, soi-même) : AUTOgène.
Caco- (mauvais) : CACOgraphie.
Crypto- (caché) : CRYPTOgame.
Hémi- [élément de composition] (demi) : HÉMIptère.
Hom(é)o- (semblable) : HOMÉOpathie, HOMOthétie.
Iso- (égal) : ISOtherme.
Macro- (grand, long) : MACROpode.
Méga(lo)- (grand) : MÉGAlithe, MÉGALOmanie.

Micro- (petit) : MICROscope.
Mono- (seul) : MONOthéisme.
Néo- (nouveau) : NÉOlogisme.
Ortho- (droit) : ORTHOpédie.
Paléo- (ancien) : PALÉOgraphie, PALÉOlithique.
Pan(to)- (tout) : PANophtalmie, PANTOgraphe.
Poly- (plusieurs) : POLYpétale.
Proto- (premier) : PROTOptère.
Pseudo- (faux) : PSEUDOpode.

— Les éléments adverbiaux :

Di(s)- (deux fois) : DIpode, DISsyllabe.
Eu- (bien) : EUgénisme, EUrythmie, EUthanasie.

Télé- (loin) : TÉLÉphone, TÉLÉpathie.

— Les éléments prépositionnels :

Ana- (à rebours) : ANAchronisme.
Cata- (en dessous, contre) : CATAtonie, CATAphote.
Dia- (à travers) : DIAchronie.
Endo- (à l'intérieur) : ENDOgène.
Épi- (sur) : ÉPIgyne.

Hyper- (au-dessus) : HYPERtrophie.
Hypo- (sous) : HYPOgyne.
Méta- (au-delà) : MÉTAphase.
Para- (à côté) : PARAchronisme.
Péri- (autour) : PÉRIhélie.
Pro- (en avant) : PROgnathisme.

c) Les éléments verbaux sont ordinairement postposés :

-gène (engendrer) : *hydro*GÈNE (« qui produit de l'eau »), *iatro*GÈNE (« qui est produit par le médecin ») [formation irrégulière : on a proposé *iatrique* pour la remplacer].
-phage (manger), parfois antéposé : PHAGO*cyte, hippo*PHAGIE.
-scope (regarder) : *spectro*SCOPE.

184   Formations mixtes.

Il est fréquent que l'on forge des composés en mêlant des éléments **latins** et des éléments **grecs,** malgré les objections que l'on a exprimées au sujet de ces hybridations :

Autoclave, automobile, bicéphale, bicyclette, hippomobile, homosexuel, hydravion, monocle, monoplan, ovoïde, planisphère, pluviomètre, polyvalence, radiographie, radiophonie, télévision, etc.

185   Il y a aussi des hybrides dans lesquels un des deux éléments est français ou peut être considéré comme tel.

a) Noms formés d'un nom complément + mot complété. Le premier élément reçoit généralement la finale *-o.* Il est français :

Boulodrome, cocaïnomane, gazomètre... — Formations plaisantes comme *soûlographie* « ivrognerie », de *soûlaud, -aud* étant assimilé à *-o,* comme *-eau* dans *bureaucratie,* où la graphie n'a pas été modifiée. — *Francophone* « qui parle français », *anglophone,* etc., dans lesquels le premier élément a été usité en latin, ont servi de modèles pour *néerlandophone,* etc. ; on a critiqué, non sans raison, la valeur donnée à *-phone* dans ces mots, mais ils sont entrés dans l'usage.

Le second élément est français : *Héliogravure, pyrogravure.*

Il faut mettre à part des éléments comme *auto, ciné, photo, radio, télé* (= télévision), qui sont, par réduction (§ 187, *a*), des mots français. De là *autoroute, radio-reporter,* etc. Cf. § 178, *c.*

Cyclo-, aéro- (d'après *cycle* « vélo » et *aéro* « aéroplane » ?) s'emploient de même pour *bicyclette* ou *vélo* et *avion* : *Cyclotourisme, aérogare.*

b) Un élément grec ou latin est ajouté à un mot français sans en changer la nature. Ces éléments fonctionnent comme des adverbes ou des adjectifs (selon la nature du mot auquel ils sont ajoutés) et sont donc fort proches des préfixes :

Anti- [var. lat. de *ante,* avant] : *Antidater.*
Archi- [du grec] s'emploie librement avec des adjectifs pour marquer un haut degré :

Espérance ARCHI*folle* (STENDHAL, *Chartr.,* XIX). — *Au coucher du soleil, la verdure devient* ARCHI*verte* (FLAUB., *Voy.,* t. II, p. 82). — *Mots* ARCHI*saints* (GIRAUDOUX, *Bella,* I). — *Quel monde, c'est* ARCHI*plein* (CHAMSON, *Héritages,* II, 2).

Auto- [du grec] indique que l'action est réfléchie. Il est assez rare avec des verbes, car ils ont pour cela leurs moyens propres (§ 747) :

*La plupart des automobilistes [...] prétendent être capables de s'*AUTO*contrôler en buvant et en conduisant* (dans le *Monde*, 15 août 1974, cit. Gilbert).

D'ordinaire il s'ajoute à des noms dérivés, qui n'ont pas les mêmes moyens que les verbes pour exprimer la réflexivité :

C'est un AUTO-*confesseur qui s'absout* (BAUDEL., *Art romant.*, XXIII). — *Assia [...] pratiquait l'*AUTO-*analyse, avec cette âpre volupté qui soulève les derniers voiles* (R. ROLLAND, *Âme enchantée*, L.P., t. II, p. 485). — Nous retrouvons ici la dérivation à partir de syntagmes (cf. *e*, ci-dessous) : *s'analyser → auto-analyse.*
Certains noms ne correspondent pas à des verbes : AUTO*biographie*, AUTO*portrait.* — AUTO-*ironie* (BOURGET, *Monique*, cit. *Trésor*). — *Il oublia d'être* AUTO-*psychologue [...] : il vécut sans se regarder vivre* (FARRÈRE, *Civilisés*, XVI).

Parfois avec des adjectifs : *Étiquettes* AUTO*collantes* (ou AUTO-*adhésives*).

Crypto- [du grec] (caché) : CRYPTO*calviniste* (employé au XVIᵉ s., selon Littré). — *On accusait Dubreuilh [...] d'être un* CRYPTO *communiste* [*sic*] (S. de BEAUVOIR, *Mandarins*, pp. 469-470).

Ex- [lat. *ex*, hors de] se place devant n'importe quel nom de profession ou d'état pour indiquer que la personne dont il s'agit a quitté cette profession, cet état ; plus rarement, devant un adjectif :

Ex-député, EX-*ministre*, EX-*mari.* — *Ces* EX-*merciers* (BALZAC, *Pierrette*, V). — *Les greniers de l'édifice* EX-*jésuitique* [= de l'ancien collège des jésuites] (LE ROY LADURIE, *Paris-Montpellier*, p. 195). — *Les écrivains* EX-*engagés* (POIROT-DELPECH, dans le *Monde*, 30 déc. 1983).

Extra- [lat. *extra*, en dehors] sert à marquer un haut degré (comme réduction d'*extraordinaire*) : EXTRA-*fin*, EXTRA-*rapide.* — *Un sourire* EXTRA-*gracieux* (FLAUB., *Éd. sent.*, II, 1).

Hyper- [du grec] (au-dessus) marque un haut degré, ou un degré excessif, avec des noms, surtout dans les vocabulaires techniques, et avec des adjectifs :

HYPER*acidité*, HYPER*marché*, HYPER*sensible.* — *Il pouvait enfin contempler un parfait modèle d'édition* critique. *Les jaloux et les sceptiques qualifièrent même cette édition d'*HY-PER*critique* [en italiques] (Ant. THOMAS, *Essais de philologie fr.*, p. 199).

Hypo- [du grec] (au-dessous) marque un degré faible avec des noms et parfois des adjectifs. Il est propre à la langue scientifique : HYPO*tension.*

Dans l'argot scolaire, l'HYPO*khâgne* est la classe qui précède la *khâgne* (ou *cagne*), laquelle est l'année préparatoire à l'École normale supérieure : *Il avait connu en* HYPO*khâgne Sartre et Nizan* (S. de BEAUVOIR, *Mémoires d'une jeune fille rangée*, p. 312).

Inter- [lat. *inter*, entre], avec des verbes : INTER*classer.*

Juxta- [lat. *juxta*, à côté de], avec des verbes : JUXTA*poser.*

Macro- (grand) et surtout **micro-** (petit) [tous deux du grec], avec des noms : MACRO-*économie* et MICRO-*économie.* MICRO-*onde.* MICRO*fiche.*

Mini- [forme réduite du lat. *minimus*, très petit], avec des noms : MINI*jupe*, MINI*cassette.* — Sert aussi d'adjectif invariable et d'adverbe : *Une robe très* MINI. *S'habiller* MINI.

Mini- a entraîné l'antonyme **maxi-** [du lat. *maximus,* très grand], souvent employé en corrélation avec *mini-* : MAXI*jupe,* MAXI*manteau.*

Néo- [du grec] (nouveau), avec des noms et des adjectifs : *Un mouvement* NÉO-*nazi. Le* NÉO-*colonialisme. — Ces* NÉO-*féodaux* (BARRÈS, *Appel au soldat,* 1900, p. 314).

Poly- [du grec] (nombreux), avec des noms : POLY*copie.* (Comp. ci-dessous, *d.*)

Post- [lat. *post,* après], avec des verbes : POST*dater.*

Pré- [lat. *prae,* en avant, devant], avec des noms et des verbes : PRÉ*avis,* PRÉ*legs,* PRÉ*retraite.* PRÉ*établir.*

Pseudo- (faux) s'emploie librement avec des noms et avec des adjectifs : *Une* PSEUDO-*membrane. — Cela a encombré ma vie de* PSEUDO-*amitiés* (GIDE, *Journal,* 25 nov. 1905). — *Une théorie* PSEUDO-*scientifique.*

Le fait que certains coordonnent un adjectif à *pseudo* montre combien il est proche de l'épithète : *Pourquoi proposer à ce qui est inexplicable* [...] *ces* PSEUDO *et dérisoires justifications anthropomorphiques ?* (Cl. MAURIAC, dans le *Figaro litt.,* 13 janv. 1951.) — Le voici même traité comme un adjectif nominalisé ou du moins employé sans nom explicite : *Tu ne peux pas toucher les* VRAIS, *ils sont hors d'atteinte,* [...] *et les autres, les* PSEUDOS, *les faux, les professionnels de la souffrance des autres, c'est trop triste* (R. GARY, *Chien blanc,* IV).

Semi- [lat. *semi-,* à demi], avec de nombreux adjectifs ou noms : SEMI-*précieux,* SEMI-*rigide ;* SEMI-*conserve,* SEMI-*consonne.*

Simil(i)- [lat. *similis,* semblable], qu'on pourrait assimiler à *pseudo-,* s'emploie avec des noms : SIMIL*or,* SIMILI-*marbre,* SIMILI*gravure. — Ce* SIMILI-*parlement* (BARRÈS, *Déracinés,* p. 314).

Super- [lat. *super,* au-dessus] marque un haut degré avec des noms et des adjectifs : SUPER*marché,* SUPER*fin. — Les survérités et les* SUPER*mensonges* (GIRAUDOUX, *Littérature,* p. 292).

Télé- [du grec] (loin), avec des verbes et des noms : TÉLÉ*guider,* TÉLÉ*pointage.*

Ultra- [lat. *ultra,* outre] marque un haut degré avec des noms et surtout des adjectifs : ULTRA*son,* ULTRA-*violet,* ULTRA-*chic,* ULTRA-*moderne. — Cet* ULTRA-*voleur* (BALZAC, *Birotteau,* XIV). — *Tableaux* ULTRA-*célèbres* (FROMENTIN, *Maîtres d'autrefois,* p. 60).

Vice- [lat. *vice,* à la place de] : VICE-*président,* VICE-*recteur.*

c) L'élément latin ou grec joue le rôle d'une préposition suivie de son régime.

— Ce syntagme prépositionnel est nominalisé (comp. *après-midi,* etc. au § 179, *a*) et forme donc un composé *exocentrique* (§ 177, *b*).

Ce type apparaît déjà dans des mots anciens tirés du latin : POST*communion,* INTER*règne,* INTER*ligne.* Les ex. se multiplient au XXᵉ s. : INTER*classe,* PRÉ*combustion,* POST*cure. — Un état de* PRÉ-*guerre mondiale* (dans l'*Express,* 15 mai 1967, cit. Gilbert). — *Un* ANTI-*héros. —* L'ANTI*paradis. Le mal, la mort* (H. BOSCO, *Âne Culotte,* M.L.F., p. 228). — *La* PARA*littérature. La* PARA*sexualité.*

Ces formations sont parfois ambiguës : la *paralittérature* est soit ce qui n'est pas considéré comme de la littérature, soit une littérature inférieure, parallèle, hors des normes ordinaires.

— Ce syntagme prépositionnel joue le rôle d'un adjectif, mais il peut être nominalisé ensuite. Ce procédé, qui s'est introduit récemment, transmet au latin ou au grec le rôle normalement dévolu aux prépositions françaises :

État-major INTER*armes*. — *Rencontre* INTER*clubs*. — *Lotion* PRÉ-*rasage* (dans le *Monde*, 21 mars 1967, cit. Gilbert). — *Les années* POST-*baccalauréat* (*ib.*, 7 mars 1974, *ib.*). — *Un meeting* PRO-*Marché commun* (dans le *Figaro*, 28 janv. 1967, *ib.*).
Cela est particulièrement fréquent avec *anti-* (contre) : *Leurs jérémiades « ANTIrobot » n'atteindront le public qu'à travers l'imprimatur des « machines » détestées* (AUDIBERTI, *Dimanche m'attend*, p. 24). — *Batteries* ANTI*chars* (DE GAULLE, *Mém. de guerre*, t. I, p. 49). — *Brigade* ANTI*cambriolages* (dans le *Monde*, 9 juillet 1974, cit. Gilbert).

Comme on le voit, le nom faisant partie du composé se met souvent au pluriel si le sens le demande. Lorsqu'il y a nominalisation, le composé varie en nombre comme un nom ordinaire : *Un antimite, des antimites*.

d) L'élément latin *(bi-, tri-, quadri-, multi-, omni-)* ou grec *(mono-, poly-)* joue le rôle d'un adjectif ou d'un déterminant numéraux ; le syntagme, originairement adjectival, se nominalise facilement :

Un MONO*place, un* MONO*plan*. — *Un* BI*place. Un pont* BI*poutre*. — *Un* TRI*plan. Locomotives* TRI*courant. Hélice* TRI*pale*. — *Un* QUADRI*moteur*. — *Une assurance* MULTI*risque. Un canon* MULTI*tube*. — *Il est difficile de prévoir un retour au système* MULTI*parti* [en Hongrie] (Ch. VANHECKE, dans le *Monde*, 13 nov. 1981). — *Une charrue* POLY*soc*. — *Parapluie* POLY*branches* (FLAUB., *Bouv. et Péc.*, éd. L., p. 133). — *Une chapelle* POLY*culte* (dans le *Monde*, 12 janv. 1969, cit. Gilbert). — *Un club* OMNI*sports*.

Sauf mention contraire, tous ces ex. viennent du petit *Robert*. — On observera que le nom est parfois mis au pluriel comme s'il était accompagné d'un déterminant français. Parfois le syntagme s'accorde comme un adjectif : *Des assurances* MULTIRISQUES (petit *Robert*). Il est difficile d'intégrer dans la syntaxe française ces formations hybrides.

e) Rappelons les syntagmes grecs ou latins servant de base à la dérivation française : *Contre les pellicules* → *antipelliculaire* (concurrencé aujourd'hui par *antipellicules* : cf. *c*). — *Aux environs de la naissance* → *périnatal*. — *Hors de la patrie* → *expatrier*. Cf. § 167, *e*.

186   Autres langues.

Comme nous l'avons dit, certains composés décrits dans les §§ 182-183 ont été formés ailleurs qu'en français. Voir par ex. § 183, *a*, Rem. 2. — Nous signalons ici des éléments plus nettement empruntés à des langues vivantes.

a) De l'italien, ont été empruntés *parasol* et *paravent*. Sur ce modèle, le français a formé *parapluie, paragrêle, parachute*, etc.

b) De l'anglais viennent les éléments *self-* et *-man* :

Self (soi-même) est un concurrent d'*auto* (§ 185, *b*). Outre des mots empruntés tels quels comme *self-service*, on trouve sporadiquement des ex. comme les suivants : *Cette mathéma-*

tique dont la SELF-*fécondité ne cesse de provoquer notre émerveillement* (J. ONIMUS, *Connaissance poétique,* p. 26). — SELF-*étreinte* [= amour de soi] (BENDA, *Régulier dans le siècle,* p. 208, cit. L. Deroy, *Emprunt linguistique,* p. 74).

Man (homme) forme la deuxième partie de mots composés empruntés à l'anglais : *policeman,* — ou de mots dont le premier élément est emprunté à l'anglais : *tennisman,* °*tramwayman* (en Belgique), *wattman,* qui sont donc de faux anglicismes (§ 156). On trouve parfois *-man* accolé à des mots plus nettement français : *Bagageman* « régisseur préposé aux bagages dans les tournées théâtrales » (cf. Sandry et Carrère, *Dict. de l'argot moderne*) ; °*taximan* « chauffeur de taxi », courant en Belgique (cf. *taximane* dans QUENEAU, *Zazie dans le métro,* XIV). — Dans Queneau, *op. cit.,* XII, on a aussi *flicmane* « agent de police », qui n'est pas un mot suffixé, mais une altération argotique (§ 191, *d*), comme *culottman* « culotté, hardi » (Sandry et Carrère, *op. cit.*).

III. — AUTRES PROCÉDÉS

Les réductions

187   **Réductions de mots** ou *troncations.*

N.B. Ne pas confondre avec le phénomène *graphique* de l'**abréviation** : cf. § 110 et aussi § 189.

a) Dans le **vocabulaire usuel,** la langue parlée réduit par ablation des syllabes finales **(apocope)** les noms d'une longueur excessive, en particulier les noms composés au moyen d'éléments grecs.

Certaines de ces réductions sont entrées dans l'usage général, au point d'éliminer parfois la forme pleine : *Accu(mulateur), auto(mobile), chromo(lithographie), cinéma(tographe), dactylo(graphe), kilo(gramme), métro(politain), micro(phone), moto(cyclette), photo(graphie), pneu(matique), radio(graphie)* et *radio(phonie), stylo(graphe), taxi(mètre), tram(way), vélo(cipède), water(-closet).*

On observera que les composés d'origine savante sont généralement réduits à leur premier élément. Font exception : *vélo* et *diapo(sitive),* où l'on a terminé la forme réduite sur la voyelle *-o,* prise pour la marque du premier élément des composés. En Belgique, on dit *dia,* qui respecte mieux la structure lexicale. — En revanche, dans *cinéma,* on n'a tenu compte ni de l'*o* ni de cette structure. — D'autre part, *pneumatique* est un dérivé et non un composé ; de même *accu(mulateur). Tramway* et *water-closet* sont d'origine anglaise. — *Ultra* comme nom a été tiré à la fois de *ultraroyaliste* et de *ultrarévolutionnaire,* à l'époque de la Révolution.

Le seul exemple, dans la langue commune, où on a l'ablation des syllabes initiales **(aphérèse)** est *(auto)bus.* — Voir cependant *moniale* au § 490.

b) Dans les **argots,** le phénomène est en partie différent : les réductions sont plus nombreuses ; elles n'affectent uniquement ni des noms ni des mots d'une longueur particulière ; elles recourent à l'aphérèse comme à l'apocope ; elles ne respectent pas la structure du mot com-

posé et terminent souvent la forme réduite sur une consonne ; il ne
s'agit pas tellement d'économie (ce qui était le cas des ex. donnés dans
le *a)* que de déformation (comp. § 191, *d*).

Apocopes : *bac(calauréat), ciné(ma), fac(ulté), manif(estation), math(ématiques), occase* ←
occasion), prof(esseur), récré(ation), sous-off(icier) ; sympa(thique), sensas [sãsas] de *sensation-
nel.* — Avec modification de prononciation : *bénef* [benɛf] de *bénéfice ; colon* [kɔlɔ̃] de
colonel.

Aphérèses : *(ca)piston, (mas)troquet, (garde muni)cipal.*

Apocope et aphérèse à la fois : *margis* de *maréchal des logis.*

Emprunts à l'anglais : *fan* [fʌn] de *fanatic ; pop* de *popular.*

Les verbes sont très ˉarement l'objet d'apocopes : *Pas touche ! = Ne pas toucher !* —
C'est astap = c'est à se tɑpᴅ le derrière par terre (en même temps réduction d'une locution :
cf. § 188).

Certaines de ces formes réduites tendent à pénétrer dans la langue commune : *bac* par ex.

Hist. — Ces réductions de mots se sont développées surtout depuis le XIXᵉ s. — En
dehors du langage de la tendresse et de l'euphémisme, où les réductions ressortissent plutôt
à l'altération (§ 191), on cite peu d'ex. antérieurs : *clavecin* (1611) de *clavicymbale ; chic*
(XVIIᵉ s.) de *chicane* (Wartburg, t. XIII, 2ᵉ partie, pp. 366 et 369) [ce n'est pas le mot *chic*
actuellement en usage] ; *salmis* (1718) de *salmigondis ; piano* (1786) de *piano-forte.*

On explique souvent le nom *franc* (1360) comme issu de l'inscription *Francorum rex*
figurant sur les monnaies. Ce serait une lecture erronée plutôt qu'une réduction véritable.

Mons [mɔ̃s], forme généralement familière et méprisante de *monsieur* (mais les rois s'en
servaient en s'adressant aux évêques et aux archevêques), est la transformation en mot d'une
abréviation graphique. *Mons,* qui date du XVIIᵉ s., était encore usité au début du XIXᵉ s.

⁺*Eh bien ! me dit-il* [= un maître à un domestique], MONS *Jacob, comment se comporte
votre jeune maître ?* (MARIVAUX, *Paysan parvenu,* p. 25.) — *On n'appelait le Roi* [en 1792] *que*
monsieur Veto *ou* MONS Capet (CHAT., *Mém.,* I, IX, 1). — MONS *Philippe* [= Philippe Bridau]
[...] *fut donc présenté* [...] *au dauphin* [de Charles X] (BALZAC, *Rabouilleuse,* III, 4).

188 **Réductions de locutions et de syntagmes.**

Locutions nominales ou syntagmes nominaux réduits au terme subordonné :
*Une ondulation permanente → une permanente ; un bureau de tabac → un tabac ;
un bouton à pression → une* ou *un pression* (§ 467, *c*) ; *un bateau à trois mâts →
un trois-mâts.* — Cela aboutit à des changements de catégorie (§§ 195-197).

Locutions nominales ou syntagmes nominaux réduits au noyau nominal (plus
rarement) : *Une voiture à traction avant → une traction avant → une traction ; la
pilule anticonceptionnelle → la pilule.*

Locutions verbales ou syntagmes verbaux réduits au verbe : *Fixer les yeux sur
(quelqu'un) → fixer (quelqu'un)* (cf. § 275, *d*) ; *encaisser les coups → encaisser :
Un boxeur qui* ENCAISSE *bien.*

Du point de vue historique, on peut parler d'*ellipse :* cf. § 216, *b*.

189 Les **sigles** sont des abréviations qui sont constituées d'initiales, mais qui sont traitées comme des mots, soit qu'on donne

aux lettres leur nom : *Une H.L.M.* [aʃɛlɛm], — soit qu'on leur donne leur valeur habituelle : L'OTAN [ɔtã].

Dans le second cas, on parle d'**acronymes.** Une espèce particulière d'acronymes consiste à garder non seulement l'initiale, mais une ou deux autres lettres, de façon à obtenir une suite prononçable comme un mot ordinaire : *Un radar* = angl. RAdio DEtecting ANd RAnging. — *Le Bénélux* (qu'on écrit souvent, à tort, sans accents) = BElgique, NEderland, LUXembourg.

Le sigle ne tient pas compte, ordinairement, des mots grammaticaux : *Le CÉRES* [seRES] = *Centre (d')études, (de) recherches (et d') éducation socialistes. — La T.V.A.* = *taxe (à la) valeur ajoutée.* — Il y a des exceptions : *Le R.P.R.* = Rassemblement *pour* (la) République ; voir *radar* ci-dessus.

Les sigles servent particulièrement à désigner des sociétés, des partis, des organismes, etc., parfois des pays, — dont la dénomination complète serait trop longue : *U.R.S.S.* = Union des républiques socialistes soviétiques ; *OTAN :* Organisation du traité de l'Atlantique nord. — Mais les sigles peuvent aussi équivaloir à des noms communs : *Un P.-D.G.* = président-directeur général ; *une H.L.M.* = habitation à loyer modéré ; — parfois à des adjectifs : voir *k.-o.*, *vtol* ci-dessous ; — parfois à des phrases : *C.Q.F.D.* = ce qu'il fallait démontrer ; *O.K.* ; *S.O.S.*, voir § 200. — *I.V.G.* (= interruption volontaire de grossesse) sert d'euphémisme à *avortement.* Autre euphémisme : *W.-C.*, voir ci-dessous.

D'ordinaire, les sigles sont constitués de plusieurs lettres, ont comme fondement plusieurs mots. — Mais on a parfois une seule lettre : *Il savait se tirer de tous les pas difficiles grâce au système* D [de *débrouiller* ou *débrouillard*] (A. HERMANT, *Xavier*, 1923, p. 132). — *Monsieur K* à propos de Khrouchtchev.

Les sigles se sont certainement répandus à l'imitation de l'anglais. Plusieurs sont d'ailleurs empruntés à cette langue ou formés sur des mots empruntés à cette langue :

K.o. = *knock-out ; laser* = *light amplification by stimulated emission of radiations ; w.-c.* = *water-closet.* — *Le soutien des U.S.A.* [= *United States of America*] *était acquis à la France* (Edgar FAURE, *Mémoires*, t. I, p. 465). — *L'UNESCO* = *United nations educational, scientific and cultural organization.* — *La hi-fi* [ifi] = *high fidelity*, haute fidélité.

L'épellation à l'anglaise explique des prononciations comme : *Une jeep* [dʒip] = *G.P.* = *general purpose ; O.K.* [ɔke] = *oll korrect.* — *La C.B.* [sibi] = *citizen band*, d'où le dérivé *cibiste.*

Acronymes : *Un radar :* voir ci-dessus ; *vtol* = *vertical take off and landing* donne une suite graphique étrange en français. — L'organisme économique groupant l'U.R.S.S. et ses alliés en Occident porte le nom de *Comecon* [kɔmekɔn] = Council *for* Mutal ECONomic *assistance.* (La *Nouvelle revue internationale*, publiée à Prague en franç., appelle cet organisme le *C.A.E.M.* = *Conseil d'aide économique mutuelle.*)

Des sigles sont empruntés à d'autres langues : *S.S.* = allem. *Schutzstaffel.*

La prolifération des sigles dans la langue contemporaine n'est pas sans poser des problèmes aux usagers. Comme la valeur de ces formations ne peut pas être devinée, le déchiffrement de sigles inconnus du lecteur ou de l'auditeur est impossible. C'est peut-être payer cher l'avantage de la brièveté.

G. Duhamel ironisait déjà ce sujet en 1920 : *Ce n'est pas seulement l'appui du P.D.M. que je vous apporte ; c'est encore celui du J.D.J. et de la M.M.A. Je peux à peu près compter sur la Société des R.C.D.Q.* (*Œuvre des athlètes*, II, 11). — Il n'y a d'ailleurs pas toujours une brièveté bien sensible, par ex. quand on dit aujourd'hui à Bruxelles : *Je vais au T.R.M.* [= théâtre royal de la Monnaie], alors qu'on disait naguère : *Je vais à la Monnaie.*

Les rédacteurs du *Monde* reçoivent cette sage directive : les sigles doivent être expliqués en français au moment où ils apparaissent dans un article.

Remarques. — 1. La réduction ordinaire (§ 187) et la siglaison sont parfois en concurrence : *La télé* ou *la T.V.* ; *les water(s)* ou les *w.-c.* — En Belgique, on préfère souvent le sigle ; la réduction est tenue pour un procédé plutôt populaire.

2. Le sigle *w.-c.* est prononcé en France [vese], alors qu'en Belgique, on dit surtout [dublǝvese] ou [wese]. — *E* se prononce [ǝ] en France ordinairement : *Le T.E.E.* [teǝǝ] (= Trans Europ Express) ; souvent [e] en Belgique : [teee].

3. Sur le genre des sigles, voir § 467, *b.*

190   Forme écrite des sigles.

a) Lorsqu'on donne aux lettres leur nom, on les écrit d'ordinaire en grandes capitales et on les fait suivre d'un point :

Une *H.L.M.* — *Lancer un S.O.S.* — *Le pacte germano-soviétique avait ébranlé* [...] *la sympathie que nous avions pour l'U.R.S.S. et n'incitait pas à faire confiance au P.C.* [= parti communiste] (S. de Beauvoir, *Force de l'âge*, p. 481). — *À la T.V., une fille dit à un garçon* [...] (J. Green, *Journal*, 14 oct. 1969). — *Les brutalités des S.S. pendant la dernière guerre.*

Parfois on met la majuscule seulement à la première lettre : *Le choix du printemps 1983 s'oppose aux doctrines du P.c.* [= parti communiste] *et de la gauche du P.s.* [= parti socialiste] (Raym. Aron, dans l'*Express*, 2 sept. 1983, p. 23).

On écrit parfois en minuscules, s'il s'agit d'un nom commun : *Un Américain, aux w.-c., la porte mal poussée* (Hériat, *Innocent*, 1954, p. 67).

b) Lorsqu'il s'agit d'acronymes, on supprime d'ordinaire les points.

— Si le sigle équivaut à un nom propre, l'usage le plus fréquent est de ne garder la capitale qu'à la première lettre, mais on trouve aussi le sigle imprimé entièrement en grandes capitales :

Quelques grognards du *Céres* râlent (dans l'*Express*, 14 févr. 1981, p. 35). — *Au conseil exécutif de l'Unesco* (dans le *Point*, 9 janv. 1984, p. 25). — *Pour la solidité de l'Otan* (J.-Fr. Revel, *Comment les démocraties finissent*, p. 282). — *L'activité de l'Unesco* (*Grand Lar. enc.*). — *La bureaucratie du Comecon* (H. Carrère d'Encausse, *Grand frère*, p. 304). *Lors des réunions de l'UNESCO* (dans le *Monde*, 30 déc. 1983, p. 5).

— Si le sigle équivaut à un nom commun, on constate une assez forte tendance à le traiter comme tel, c'est-à-dire à user de minuscules :

Le président de la République s'était entretenu avec les six *igames* [= inspecteur général de l'administration en mission extraordinaire ; on dit aujourd'hui préfet de région] *ayant compé-*

tence dans ces départements (dans le *Monde,* 8 mai 1963). — *Étude des ovnis* (petit *Robert,* s.v. *ovniologie*) [*ovni* = objet volant non identifié].

De même *vtol* (qui est plutôt une sorte d'adjectif) : *Les avions « vtol » sont ceux qui peuvent décoller sans roulement (Grand Lar. enc.).*

Remarque. — La description des usages donnée ci-dessus *(a* et *b)* n'est pas absolument complète. Par exemple, des auteurs (ou des imprimeurs) mettent systématiquement des points dans les sigles, tandis que d'autres les suppriment systématiquement :

Louis Périllier [...] *était proche de lui comme I.G.A.M.E. et préfet de son département* (Edgar FAURE, *Mémoires,* t. I, p. 357). — *La radio, la TV* (J. FOURASTIÉ, *Ce que je crois,* p. 28).

Il paraît important que la présence ou l'absence des points informe immédiatement le lecteur sur la prononciation, et d'une façon générale que l'on tâche de mettre un peu d'ordre dans l'anarchie actuelle.

Lorsqu'il s'agit d'acronymes qui ne sont pas composés seulement d'initiales, les points sont exclus : on peut écrire *radar* ou *RADAR*, mais non °*RA.DAR* ni, a fortiori, °*R.A.D.A.R.*

c) Sur le pluriel des sigles, voir § 509, *b.*

Altérations

191 Les **altérations volontaires** ressortissent à quatre domaines principaux :

a) La **plaisanterie** est individuelle et ne concerne pas (sauf exception) la langue commune :

C'est le cas de *ridicoculiser* (E. ROSTAND, *Cyr.,* II, 4), *ridiculiser* un mari en le rendant *cocu.*

b) L'**euphémisme** peut rendre un mot moins choquant en modifiant sa forme de façon plus ou moins arbitraire, par ex. :

— En lui substituant un autre mot existant ou non : *Mince !* au lieu de *Merde !* — *s'emmieller* au lieu de *s'emmerder ;* — *fiche* au lieu de *foutre ;* — *Nom d'un chien !* au lieu de *Nom de Dieu !* — *Sacrebleu !* au lieu de *Sacré Dieu !* — *Diantre !* au lieu de *Diable !* — *Bigre* au lieu de *bougre.*

— En lui donnant une forme réduite : *Jarni !* au lieu de *Je renie Dieu !* — *Tudieu !* au lieu de *Par la vertu de Dieu !*

— En intervertissant les lettres, pour les mots courts : *Luc, noc* (APOLLIN., *Poèmes à Lou,* LXI).

— En donnant aux lettres leur forme d'épellation : cf. § 3, Rem.

c) Le **langage** dit **enfantin** est utilisé par les adultes quand ils parlent aux petits enfants.

Il se caractérise notamment par les mots constitués de syllabes doublées.

Dans le cas de *dodo*, on voit clairement l'origine : le verbe *dormir*. — Mais certaines de ces formations sont très anciennes et ne s'expliquent pas directement par des mots français : *papa*, *maman* se retrouvent dans beaucoup d'autres langues ; *caca* doit être mis en rapport avec le latin *cacare* (d'où vient le verbe trivial *chier*).

Des mots enfantins servent d'euphémismes dans la langue ordinaire des adultes : *pipi*, *zizi*, *tutu* (de *cul*).

Le langage enfantin recourt aussi à l'onomatopée : *teuf-teuf*.

Le langage enfantin est en partie commun avec celui des relations affectueuses et amoureuses, notamment dans le domaine des désignations **hypocoristiques**, c'est-à-dire de tendresse. Cela explique les altérations si variées des prénoms : *Paul → Popol ; Émile → Mimile ; Alexandrine → Sandrine ; Marie-Louise → Marilou ;* etc.

Beaucoup de noms de familles proviennent des formes hypocoristiques des prénoms : dérivés comme *Thomasson ;* apocopes comme *Masson* (de *Thomas*) ; substitutions de finales comme *Michard*, *Michot* (de *Michel*) ; etc.

Étant donné que les diminutifs servent souvent d'hypocoristiques *(Jeannette, Pierrot :* cf. § 164, *b),* on appelle parfois abusivement *diminutifs* tous les hypocoristiques.

d) Les **argots,** qui permettent à un groupe de se différencier du reste des locuteurs et d'éviter d'être compris par ceux-ci, usent abondamment des altérations les plus variées :

Aphérèses et apocopes : cf. § 187, *b.*

Substitution de finales arbitraires : *Allemand → Alboche (→ Boche* par aphérèse) ; *Paris → Paname ; fromage → frometon* ou *fromeji.*

En particulier, une finale *-o* (qui a pour origine le suffixe diminutif *-ot :* § 168, 52) s'introduit souvent, éventuellement combinée avec des apocopes : *Propriétaire → proprio ; apéritif → apéro ; garni → garno ; dictionnaire → dico ;* etc.

Antéposition d'un son, combinée souvent avec des apocopes ou des substitutions de finales : *Italien → Rital.*

On appelle *largonji* le procédé consistant à remplacer la première consonne par *l* et à transposer cette consonne à la fin du mot en la faisant suivre de sons arbitraires : *jargon → largonji ; boucher → loucherbem* [luʃɛbɛm] *; fou → loufoque* et *louftingue.*

192   Les **altérations accidentelles.**

Certaines sont dues aux mauvaises coupures des mots.

Elles se présentent souvent sous la forme de l'agglutination : *S'enfuir*, à côté de *s'en aller* (cf. § 656, *a*) ; *le lendemain* au lieu de l'anc. fr. *l'endemain.* — Cf. aussi §§ 179-180.

Il y a parfois des déglutinations : *La griotte* au lieu de l'anc. fr. *l'agriotte ; ma mie* au lieu de *m'amie* (§ 590, Hist., 2).

Un autre phénomène est celui de l'**attraction paronymique** ou **étymologie populaire :** un mot est altéré sous l'influence d'un autre mot avec lequel il a une certaine analogie de sens.

Les ex. sont très nombreux : l'allemand d'Alsace *sûrkrût* (allem. *Sauerkraut*) est devenu *choucroute* sous l'influence de *chou ; — cordouanier,* qui était de la famille de *Cordoue,* a été refait en *cordonnier* sous l'influence de *cordon ;* etc.

On peut ranger ici certains croisements (qui paraissent accidentels, au contraire des faits examinés dans le § 177, *d*) : *cahute* (ou *cahutte :* 89, *d*) ← *hutte* + cAbane.

D'autres altérations sont dues à de mauvaises lectures : *zénith* (§ 3, Rem.).

Les changements de catégorie

193   Les **changements de catégorie** sont souvent appelés **dérivation impropre** ou *implicite ;* on dit aussi *translation.* Ils consistent à faire changer les mots de catégorie, de classe grammaticale sans que leur forme soit modifiée. Cela n'implique pas nécessairement un changement de signification, par ex. quand le verbe *sourire* devient un nom.

Le changement est parfois total quand la valeur primitive a disparu de l'usage ou quand dans sa valeur nouvelle le mot est senti comme tout à fait distinct de ce qu'il était dans sa valeur ancienne :

Loisir, manoir, plaisir sont des noms et non plus des infinitifs. — *Cependant* est un adverbe, et non plus un complément absolu.
Pendant comme préposition : *Il travaille* PENDANT *la nuit ; pendant* comme participe présent : *Jambon* PENDANT *à un crochet.*

Le changement peut aussi être total du point de vue morphologique et syntaxique :

Loisir, manoir, mais aussi rire, sourire... varient en nombre comme des noms. — *Pourpre, rose* s'accordent avec le nom dans *Des fleurs* POURPRES, *des rubans* ROSES ; ils sont devenus des mots distincts des noms *pourpre* et *rose.* — *Pendant* est invariable comme préposition ; il occupe aussi une place précise. (Mais *durant* garde de son ancienne valeur la faculté de suivre le nom : *Deux heures* DURANT.) — *Tiens !* comme mot-phrase s'emploie même si l'on s'adresse à une personne que l'on vouvoie : TIENS, *il y a longtemps qu'on ne vous a vu !* (FLAUB., *Éd. sent.,* II, 1.)

Mais il est fréquent aussi que la valeur ancienne et la valeur nouvelle coexistent sans que le lien entre les deux soit coupé ou entièrement coupé.

Les noms propres employés comme noms communs restent souvent invariables : *Il y a trois* RENOIR *dans ce musée.* Cf. § 512. — La plupart des noms employés comme adjectifs de couleur restent invariables : *Une robe* MARRON *ou* BORDEAUX. Cf. § 541, *b.* — *Tout* adverbe continue à varier dans certains cas : *Elle est* TOUTE *honteuse.* Cf. § 955. — *Vive* dans VIVE(NT) *les vacances* et *soit* dans SOI(EN)T *deux triangles rectangles* sont tantôt traités comme des verbes, tantôt comme des introducteurs : § 901, *d* et *e.* — *Debout* employé adjectivement reste invariable : *Une femme* DEBOUT.

Même lorsque le lien est coupé, certaines caractéristiques du mot ne s'expliquent que par la valeur primitive.

On ne s'emploie que comme sujet et peut être précédé de l'article, parce que c'est l'ancien cas sujet d'un nom, dont le cas régime était ome, *aujourd'hui* homme.

194   La **nominalisation** (ou *substantivation*) **par autonymie** est tout à fait libre. Pour désigner n'importe quel élément de la langue (de la lettre ou du son à la phrase), on le nominalise, c'est-à-dire qu'on lui donne les fonctions grammaticales du nom et qu'on l'accompagne éventuellement d'un déterminant (voir § 450) :

Il ne faut pas de trait d'union dans TOUT À FAIT. — *Le* RE- *de* REVENIR *n'a pas la même valeur que le* RE- *de* REDIRE. — *Vos* A *sont illisibles.*

195   **La nominalisation des adjectifs et des participes.**

a) Les **adjectifs** se nominalisent souvent, car la catégorie de l'adjectif et celle du substantif sont très proches (certains linguistes les réunissent même dans une catégorie unique qu'ils appellent *nom*).

1° Cela se fait facilement, quand le nom peut être considéré comme implicite, surtout s'il s'agit des êtres humains, mais aussi pour des instruments :

Un AVEUGLE, *un* MALADE. *Les* JEUNES, *les* VIEUX. *Les* BLONDS, *les* ROUX. — *Ne faites pas le* DIFFICILE. — *Il y a des* BONS *et des* MAUVAIS *partout !* (R. SABATIER, *Trois sucettes à la menthe,* p. 184.) — *Auprès de ma* BLONDE *qu'il fait bon dormir !* (Chanson populaire.) — *Un* ASPIRATEUR.

Ceci est à distinguer du fait qu'une épithète est employée sans nom dans *La première année et* LA DEUXIÈME ; le mot *année* reste sous-entendu : on ne le répète pas par économie. Cf. § 217, *d.*

2° Assez facilement, dans la langue intellectuelle, l'adjectif est nominalisé avec la valeur d'un nom abstrait : *Le beau, le vrai.* — *Le* RÉEL *est étroit, le* POSSIBLE *est immense* (LAMART., *Médit.,* II).

3° D'autres nominalisations sont dues à la réduction d'un syntagme nominal, à l'effacement d'un nom : *Une ligne diagonale* → *une diagonale ; un costume complet* → *un complet.*

Remarque. — Le *plein* de la mer est le « moment où la marée est arrivée à sa plus grande hauteur », et *battre son plein* « se dit de la marée qui, arrivée à son plus haut point, reste stationnaire quelque temps avant de redescendre » (Littré). L'expression a passé dans l'usage général avec le sens figuré « être au plus haut point, être complet, entier ».

Ex. au sens propre ou avec référence explicite au sens propre : *La dernière dune que nous montâmes avec lui nous permit de découvrir la mer,* BATTANT SON PLEIN, *brillante et calme, sur une ligne immense* (BARBEY D'AUR., *Chev. des Touches,* IX). — *À cinquante pieds d'élévation, Pécuchet voulut descendre. La mer* BATTANT SON PLEIN, *il se remit à grimper* (FLAUB., *Bouv. et Péc.,* éd. L., p. 140). — *Il semble que chaque minute soit une vague toujours montante de cet océan d'amertume qui* [...] BAT SON PLEIN *vers le soir, qui déchire sa rive et ne l'emporte même pas !* (BARBEY D'AUR., *Œuvres roman. compl.*, Pl., t. II, p. 1461.) [Fragment daté du « 28 ou 29 avril 1835 ».] — Comp. : *Quand Marigny* [...] *regardait dans son âme, il était sûr que son amour n'avait pas baissé ; qu'il y* BATTAIT LE PLEIN [en italiques] *comme cette mer qu'il voyait à ses pieds* BATTRE LE SIEN *sur la grève sonore, dans la face calme de sa toute-puissance* (ID., *Vieille maîtresse*, Pl., p. 417) [var. : *battait* SON *plein*]. — *Le bonheur, comme la mer, arrive à* FAIRE SON PLEIN. *Ce qui est inquiétant pour les parfaitement heureux, c'est que la mer redescend* (HUGO, *Homme qui rit*, II, III, 9).

Ex. au figuré : *Seins éblouissants* BATTANT LEUR PLEIN *majestueux au bord découvert des corsages* (BARBEY D'AUR., *Diabol.*, Pl., p. 63). — *La frénésie californienne, la prostitution et le jobardisme civilisateur* BATTAIENT LEUR PLEIN (BLOY, *Désespéré*, p. 42). — *Ces dimanches de Mme Laudet* BATTAIENT LEUR PLEIN (PROUST, *Jean Santeuil*, t. I, p. 233). — *Les grèves russes* BATTENT LEUR PLEIN (TROYAT, *Tant que la terre durera...*, p. 825). — *Les réceptions du palais Farnèse* BATTAIENT LEUR PLEIN (A. FRANÇOIS-PONCET, dans le *Figaro litt.*, 15 oct. 1960). — *Les travaux* BATTAIENT *déjà* LEUR PLEIN (A. PEYREFITTE, *Mal français*, p. 230). — Plus rarement avec le possessif de la 1re pers. : *En état de transe, je* BATS MON PLEIN (GIDE, *Journal*, 17 janv. 1943).

Certains croient à tort que dans *battre son plein*, *son* est un nom : *Les festivités* [...] BATTENT SON PLEIN (Al. DECAUX, *L'Empire, l'amour et l'argent*, 1982, pp. 73-74).

b) Les **participes présents et passés** (qui s'adjectivent facilement : § 198, *a*) se nominalisent assez souvent :

Un habitant, un écrit. — Dans la langue écrite, *le donné : En réfléchissant sur ce* DONNÉ, *il l'interprète à faux* (J. DANIÉLOU, *Pourquoi l'Église ?* p. 87).

Le participe passé féminin a donné des noms signifiant « action de... » : *Les allées et venues ;* — avec concrétisation : *Une allée ombragée.*

Les dictionnaires ne mentionnent pas la locution *au reçu de* « à la réception de ». Elle est pourtant tout à fait courante : AU REÇU DE *mon rapport, le directeur devait prendre les mesures qu'il jugerait nécessaires* (MAUPASS., C., Épave). — AU REÇU DU *manuscrit,* [...] *Grasset m'écrivit une lettre amicale et sévère* (R. MARTIN DU GARD, *Souvenirs*, Pl., p. LVI).

Autres ex. (avec *lettre, dépêche* et régimes analogues) : MAURRAS, dans Barrès et Maurras, *La république ou le roi*, p. 152 ; HERMANT, *Serge*, XV ; TOULET, *Mon amie Nane*, XIII ; ESTAUNIÉ, *Appel de la route*, p. 185 ; BILLY, *Approbaniste*, X ; MONTHERLANT, *Treizième César*, p. 135 ; J. SCHLUMBERGER, *Mad. et A. Gide*, p. 153 ; HÉRIAT, *Grilles d'or*, L.P., p. 83 ; M. DRUON, *Bonheur des uns...*, p. 220 ; J.-J. GAUTIER, *Homme fait...*, p. 184.

L'expression est rare quand il ne s'agit pas d'un envoi : *La fumée qui monte des toits, grise d'abord, se dore* AU REÇU DU *soleil* (GIDE, *Journal*, 31 déc. 1895).

196   La nominalisation des infinitifs.

Malgré le fait que l'infinitif est la forme nominale du verbe et est apte à exercer les fonctions du nom (§§ 874-883), la langue commune n'a aujourd'hui (voir Hist.) qu'un nombre limité d'infinitifs substantivés, c'est-à-dire construits avec un déterminant [7] et variant en nombre :

---

7. Une autre possibilité de nominalisation est fournie par la formule *le fait de :* § 365, *b*, Rem.

Un aller et retour. Tout son avoir. Le boire et le manger. Un baiser. Le déjeuner, le dîner, le goûter, le souper. Faire son devoir. Au dire des témoins. Un être cher. Le lâcher d'un ballon. Le lever et le coucher du soleil. Un parler archaïque. Tous les pouvoirs. Le repentir. Le rire, le sourire. Un savoir étendu. Les souvenirs. Le toucher. Avoir des vivres en suffisance. Le bon, le mauvais vouloir. — En outre, des infinitifs anciens qui n'existent plus que comme noms : *Loisir, manoir, plaisir.*

L'infinitif est accompagné d'un complément : *Le pis aller. Le laisser-aller. Le savoir-faire. Le savoir-vivre. Un faire-part.*

Sortir ne s'emploie plus comme nom que dans la formule *au sortir de...* servant de complément adverbial : AU SORTIR DE *l'école des Arts et Métiers,* [...] *il avait choisi ce métier de mécanicien* (ZOLA, *Bête humaine,* II). — La langue littéraire construit d'autres infinitifs sur ce modèle : *Au* TINTER *de l'Ave Maria* (CHAT., *Mém.,* IV, II, 16). — *Au* TOUCHER *de mon aile* (MUSSET, *Poés. nouv.,* Nuit de mai). — *Au* CROISER *d'un enterrement* (BARRÈS, *Appel au soldat,* t. I, p. 11). — *Au* TOMBER *du jour* (SUARÈS, *Livre de l'émeraude,* LIV). — *Jusqu'au* VENIR *de l'artillerie* (HERRIOT, *Dans la forêt normande,* p. 177). — Sur *au débarquer,* cf. ci-dessous.

Autres infinitifs nominalisés de la langue littéraire : *Des tableaux d'un sentiment brutal et d'un* FAIRE *obstiné* (A. FRANCE, *Pierre Nozière,* I, 10). — *Un monde en perpétuel* DEVENIR (POMPIDOU, *Nœud gordien,* p. 84). — *Le* BAISSER *du rideau* est un tour fréquent à propos du théâtre : voir, par ex., ZOLA, *Nana,* I ; HERMANT, dans la *Revue de Paris,* 1ᵉʳ mai 1937, p. 87 ; J. SARMENT, *Mᵐᵉ Quinze,* V ; TROYAT, *Grandeur nature,* Nouv. bibl. Plon, p. 173 ; MONTHERLANT, *Port-Royal,* Notes de théâtre, p. 213 ; J. ROY, *Saison des za,* p. 125.

Au fait et au prendre « à l'exécution » est vieilli : *Il en était arrivé* AU FAIT ET AU PRENDRE (BOURGET, *Divorce,* VIII). — L'expression a été altérée parfois en *au* FAIRE *et au prendre :* AU FAIRE ET AU PRENDRE, *elle* [= la première version du *Dict.*] *ne fut qu'un canevas* (LITTRÉ, *Études et glanures,* p. 402). — *Quand il se trouvait* AU FAIRE ET AU PRENDRE *avec les réalités* (L. WEISS, *Sacrifice du chevalier,* pp. 40-41).

Archaïsmes de la langue cynégétique : *La Futale a été sûr qu'il ferait temps de beau* CHASSER (GENEVOIX, *Dernière harde,* p. 201). — *Le* RAIRE *assourdi d'un dix cors* (ID., *ib.,* p. 105). — Autres archaïsmes : *penser,* voir § 149, *a ; nonchaloir,* disparu comme verbe, § 848, 8.

Les médecins emploient *moucher :* cf. G. LAURENS, *Oto-rhino-laryngologie du médecin praticien,* 8ᵉ éd., p. 181.

Certaines nominalisations semblent purement individuelles, quoique des usages régionaux ne soient pas exclus :

Le PASSER *sur les flots, le* DORMIR *sur la mousse* (CHAT., *Mém.,* I, VII, 8). — *Nous étions occupés du* VIVRE *et du* MOURIR (ID., *ib.,* II, II, 4). — *Ce* FLAIRER [en italiques] *qui fait ressentir aux cœurs encore jeunes et généreux la portée de ces actions indifférentes aux yeux de la masse* (BALZAC, *Lys dans la vallée,* p. 263). — *Les affections* [...] *qui ne résistent pas au* LAISSER VOIR *de toutes les heures* (ID., *ib.,* p. 202). — *Une glace dépolie par l'*USER (ID., *Fille aux yeux d'or,* Pl., p. 276). — *Quand l'inévitable* VIEILLIR *ne les a pas trop atteints* (LITTRÉ, cité par J.-Fr. Six, *Littré devant Dieu,* p. 52). — *Pour qu'il ait* [...] / *Le* MOURIR *le plus doux* (E. ROSTAND, *Princesse lointaine,* II, 7). — *Sa figure* [...], *son* MARCHER, *toute sa contenance avaient une dignité naturelle et noble* (É. BOURGES, *Les oiseaux s'envolent...,* Bibl. Plon, t. I, p. 105). — *Un* REVENIR *en de certains lieux* (É. HENRIOT, dans Fromentin, *Domin.,* Garnier, p. XIV). — *Il y a une joie dans le* VIEILLIR (BERNANOS, *Sous le soleil de Satan,* II, 14). — *Le* GÉMIR *des innocents* (GIONO, *Un de Baumugnes,* X). — *Un processus qui n'est rien de moins que le rythme même de son* SENTIR (Ch. DU BOS, *Grandeur et misère de B. Constant,* p. 286). — *Et il serait au* MOURIR, *que je filerais encore* (LA VARENDE, *Roi d'Écosse,* p. 35). — *Ils* *maigrissaient à force de fièvre soutenue par le* MANGER *peu, le* VOMIR *beaucoup, l'énormément de vin, et le* TRAVAILLER *quand même* (CÉLINE, *Voy. au bout de la nuit,* F°, p. 422).

Dormir se lit chez des auteurs variés, outre Chateaubriand, cité plus haut : *Elle se plongeait en l'immense et total vertige du* DORMIR (C. LEMONNIER, *Maison qui dort,* I). — *Je heurte d'un pied mince et froid le* DORMIR *léger de mon ami* (WILLY et COLETTE, *Claud. en ménage,* p. 171). — *C'en était fait du* DORMIR (GIDE, *Retour du Tchad,* 1ᵉʳ mars 1926). — *Entre ces éveils délicats et ce faible* DORMIR (H. BOSCO, *Hyacinthe,* p. 156). [Voir aussi l'Hist.]

Il y a parfois des confusions avec le participe passé (cf. Hist.) : au lieu de *au débarquer* (par ex., BARRÈS, *Mes cahiers,* t. XI, p. 81), on trouve *au débarqué :* PÉGUY, *Ève,* p. 322 ; CHARDONNE, *Vivre à Madère,* p. 44.

Hist. — En anc. et moyen fr., la nominalisation de l'infinitif était un phénomène syntaxique et non lexical, car tous les infinitifs pouvaient être traités de cette façon, en conservant leur construction de verbes, et notamment leurs compléments d'objet, et aussi en prenant la marque de la déclinaison :

Li REBOIVRES *tout la soit* [= reboire ôte la soif] (*Proverbes,* éd. Morawski, 1110). — *Au* PRENDRE *congiet* (FROISS., *Chron.,* S.H.F., t. IX, p. 46). — *Le* SEJOURNER *ycy ne nous est point licite* (J. MICHEL, *Passion,* 9604).

Au XVIᵉ s., du Bellay recommandait au poète : « Uses donques hardiment de l'infinitif pour le nom, comme *l'aller, le chanter, le vivre, le mourir* » (*Défense et illustr.,* II, 9). Le procédé est encore fréquent chez Montaigne : *J'estime le* BAIGNER *salubre* (II, 37). — *L'*ESTRE MORT *ne les fache pas, mais ouy bien le* MOURIR (II, 13). — Il est en recul au XVIIᵉ s., où l'on trouve pourtant encore des ex. comme ceux-ci, auxquels nous ajoutons des ex. du XVIIIᵉ s., ce qui montre une continuité avec les ex. littéraires plus modernes qui ont été donnés ci-dessus :

⁺*Le* VIVRE *et le* VIEILLIR *sont choses* [...] *conjointes* (MALHERBE, t. IV, p. 206). — *Ton* TEMPORISER / *Me fait agoniser* (SCARRON, *Poés.,* t. I, p. 443). — ⁺*La diversité est si ample que tous les tons de voix, tous les* MARCHERS, TOUSSERS, MOUCHERS, ÉTERNUERS... (PASCAL, *Pens.,* 114.) — *Le long* DORMIR *est exclus de ce lieu* (LA F., *C.,* Diable de Papefiguière). — *Cette minaudiere de Dangeville* [...] *prend* [...] *son petit* TROTTER *pour de la grace* (DIDEROT, *Neveu de Rameau,* p. 54). — *Averti par le* BAISSER *du soleil de l'heure de la retraite* (J.-J. ROUSS., *Rêveries,* V).

Brunot (*Pensée,* p. 205) explique le recul de l'infinitif substantivé par l'amuïssement de *r* final et par l'homophonie avec le participe passé. Des confusions se sont produites en tout cas : *par ouï-dire* est l'altération de *par ouïr dire ;* les classiques écrivaient souvent *dîné* pour *dîner,* et Béranger fait encore rimer *dînés* et *donnés (Ventru) ;* en termes de chasse, *le laisser-courre* a été concurrencé par *le laissé-courre* et aussi par *le laissez-courre :* cf. Tilander, *Mélanges d'étymologie cynégét.,* pp. 294-303.

197　　Les **autres nominalisations** sont plus rares :

— Pronoms : *Le* MOI. *Je le considère comme un autre* MOI-MÊME. *Un* RIEN. *Un petit* QUELQUE CHOSE. — Emplois littéraires occasionnels, comme : *Ils* [= les autres] *sont des* MOI-MÊME *assez proches pour me montrer ce que j'aurais pu être* (J. FOURASTIÉ, *Long chemin des hommes,* p. 95).

— Adverbes, prépositions, conjonctions : *Le* POURQUOI *et le* COMMENT. *Le* MIEUX. *Le* POUR *et le* CONTRE. *Prendre les* DEVANTS. *L'*ARRIÈRE, *l'*AVANT. — *Avec un* SI *on mettrait Paris en bouteille* (prov.). — Nominalisations occasionnelles : *Entre le* TROP *et le* PAS-ASSEZ (GIDE, cité ci-dessous) ; autres ex., § 507, *b.*

— Mots-phrases : *Un* OUI, *un* NON. *Les* BRAVOS. *Un* MERCI *chaleureux. Le moment des* ADIEUX. — *Ce n'est qu'un* AU REVOIR.

— Syntagmes (§ 179, *a*) : *Un* TÊTE-À-TÊTE. *L'*APRÈS-MIDI. *Une* DEUX-CHEVAUX. — Cas particulier, *gardénal :* quelqu'un aurait dit qu'il fallait « garder *nal de véronal* ».

— Phrases [8] : voir § 179, *b.* En outre : *Un* TIENS *vaut mieux que deux* TU L'AURAS (prov.). — *Prière d'insérer,* cf. § 469, Rem. 4.

— Suffixes et éléments de composition : *-isme,* cf. § 161, Rem. 2 ; *-ana : La table est couverte de brochures, de livres et d'*ANA *de toutes sortes d'auteurs* (Th. GAUTIER, *Jean et Jeannette,* I) [cf. § 507, *b,* Rem. 4]. — Emploi occasionnel : *Tous les degrés entre la haine et l'amour, entre l'*HYPO *et l'*HYPER, *entre n'importe quel sentiment et son contraire, comme en physiologie entre le trop et le pas-assez* (GIDE, *Journal,* 6 févr. 1932). — De *névralgie, odontalgie,* la langue médicale a tiré le nom *algie* « douleur ». — À distinguer de la réduction : *Les ultras ; une auto,* etc. Cf. § 187, *a.*

198   Autres changements de catégorie.

a) Les participes présents et passés, qui ont dans leur nature de pouvoir s'employer comme épithètes, se confondent souvent avec l'adjectif (cf. § 886, Rem. 1) : *Un spectacle* CHARMANT. *Un appartement* GARNI.

b) Cas divers :

— Noms ou expressions nominales employés adjectivement : *Des rubans* ROSES, MARRON, TÊTE DE NÈGRE. *Un air* BON ENFANT.

— Le nom *matin* s'emploie comme adverbe au sens de « tôt », surtout avec *se lever.*

Il conserve son sens premier dans les expressions *matin et soir, soir et matin* employées comme compléments adverbiaux sans préposition : *Faire sa prière* MATIN ET SOIR (AC.).

— Les adjectifs et les participes prédicats antéposés d'un complément absolu ont tendance à devenir invariables et à se rapprocher des prépositions (cf. § 308, *c*) : HORMIS *le bureau de tabac, il n'y avait pas une seule boutique* (ROBBE-GRILLET, *Voyeur,* p. 53). — DURANT *la nuit.*

— Noms devenus pronoms : *On,* ancien cas sujet de *homme.* — PERSONNE *ne le sait.* — *Rien* (nom fém. en anc. fr.) — De même, des locutions pronominales : QUELQUE CHOSE *s'est produit.*

— Adjectifs employés adverbialement : *Parler* BAS (§ 926).

Vite, adjectif en anc. fr., est devenu adverbe au XVIe s. et a fini par évincer *vitement* (§ 931, *f,* Rem.). L'adjectif, courant chez les classiques, se dit encore, pour l'Acad., « des animaux et de certaines choses dont le mouvement est rapide. *Cheval vite, fort vite, vite comme le vent. Il a le pouls fort vite* ». La langue des sports lui a rendu une certaine vitalité. Ex. littéraires : *Vous est-il défendu de la [= une embarcation de fortune] rendre plus* VITE ? (A. FRANCE, *Île des pingouins,* I, 3.) — *Son parler est de plus en plus* VITE *et indistinct* (GIDE,

_____

8. La formule *le fait que* permet aussi de nominaliser une phrase : § 365, *b,* Rem.

Journal, 2 janv. 1923). — *La seconde balle* [de tennis], *quoique plus* VITE *que la première* [...] (FARRÈRE, *Civilisés*, XV). — *Il* [= un aviateur] *réclame sans cesse des appareils plus* VITES *et plus puissants* (H. BORDEAUX, *Vie héroïque de Guynemer*, III, 5). — *Le plus* VITE *des diablotins ne l'eût pas rattrapé à la course* (POURRAT, *Gaspard des Montagnes*, t. I, 1931, p. 73). — *L'Amérique est le pays le plus* VITE *du monde* (MORAND, *Papiers d'identité*, p. 291). — *Il ne faudrait pas* [...] *décréter que tous les Yankees sont* [...] *congénitalement* VITES (A. ARNOUX, *Poésie du hasard*, p. 129). — *J'ai accepté des fatigues inutiles, comme de poursuivre un homme plus* VITE *que moi* (MONTHERLANT, cit. *Grand Lar. langue*).

Autres ex., appliqués aux chevaux : Al. DUMAS, *Reine Margot*, III ; H. HOUSSAYE, *1815*, t. II, p. 263 ; PESQUIDOUX, *Sur la glèbe*, p. 43 ; — aux chiens : VIALAR, *Grande meute*, I, 7.

— Adverbes employés adjectivement : *Une femme* BIEN ; — comme prépositions : AUSSITÔT *le jour* (LITTRÉ), cf. § 310, Rem.
— Sur les prépositions employées adverbialement ou plutôt sans régime explicite, voir § 992.
— Syntagmes devenus adverbes : *Cependant* (§ 310, Hist.) ; *maintenant*, du lat. *manu tenendo* « en tenant par la main ».
— Des verbes conjugués se vident de leur sens et deviennent des introducteurs, des conjonctions, des mots-phrases : VOICI *votre manteau*. — *Elle prendra* SOIT *le train* SOIT *l'avion*. — SOIT ! *j'accepte votre proposition*.
— Noms, adjectifs, adverbes employés comme mots-phrases : *Attention ! Bon ! Non.*

Onomatopées et créations pures

199   Les **onomatopées** sont des mots censés reproduire des bruits.

Ce caractère approximatif apparaît quand on compare les onomatopées dans diverses langues. Ainsi le cri du canard, comme le note Nyrop (t. III, § 14), est rendu en français par *couin couin (couan couan, cancan)*, en danois par *rap rap*, en allemand par *gack gack (gick gack, pack pack, quack quack)*, en roumain par *mac mac*, en italien par *qua qua*, en russe par *kriak*, en anglais par *quack*, en catalan par *mech mech*. — On observera que pas mal d'onomatopées sont construites avec l'alternance *i-a : Tic-tac ; trictrac ; pif ! paf !*

Les onomatopées servent de mots-phrases : CHUT ! — *Le coq lance «* COCORICO *»* (APOLLIN., *Poèmes à Lou*, XV). — *Un grand bel ange* [...] *écrivait*, CRACRA, *dans un grand livre* (A. DAUDET, *Lettres de m. m.*, p. 128).

Mais elles peuvent aussi être nominalisées pour désigner, soit le bruit lui-même, soit l'animal ou l'objet qui le produisent :

Le TIC-TAC *de l'horloge*. Le GLOUGLOU *de la bouteille*. — *Un* CRICRI. *Un* CRINCRIN. *Coq, matou, cochon, canard* sont d'origine onomatopéique. *Coucou* (du lat. *cuculus*) a été soustrait à son évolution phonétique normale afin que soit maintenu le rapport avec le cri de l'oiseau.

Certaines onomatopées peuvent aussi s'employer comme adverbes : *Aller* CAHIN-CAHA. — D'autres donnent naissance à des verbes : *Caqueter, chuchoter, claquer, craquer, croasser, miauler, ronronner, roucouler...*

À côté des onomatopées proprement dites, il y a des mots expressifs, qui représentent, non plus des sons, mais des mouvements, des formes, etc. :

> Bobine, bouder, boudin, chatouiller (cf. § 142, Rem.), dandiner, dondon, tomber, vite (?), zigzag. — Petit remonterait à « un radical pitt-, du langage enfantin, exprimant la petitesse » (Bloch-Wartburg). — Les interjections sont aussi parfois des sortes de cris traduisant des sensations, des sentiments : Ah ! Oh ! Hein ! Ouille !

> **Hist.** — Les poètes du XVIᵉ s. ont voulu donner un caractère plus suggestif aux verbes en redoublant la première syllabe : La bien heureuse Seine / En floflotant une joie demeine [= montre] (RONSARD, éd. V., t. III, p. 411). — Des ailes il BA-BAT (DU BARTAS, Sepmaine, V).

200 Les **créations pures,** ex nihilo, sont très rares.

On explique par des combinaisons arbitraires de lettres ou de sons : Kodak, perlimpinpin, S.O.S. — Au moment où les juifs ont dû prendre un nom de famille en France, certains, paraît-il, auraient choisi leur nom en tirant des lettres au hasard.

> On peut citer ici certains refrains vides de sens : Tra deri dera ; lon lon laire ; la faridondaine, la faridondon, etc. — Le verbe dorloter dérive du nom dorelot « boucle de cheveux, ruban » en anc. fr. ; ce nom « paraît être un emploi plaisant de l'ancien refrain dorelo » (Bloch-Wartburg).

SECTION 3. — LE SENS DES MOTS

201 Le **sens** [9] ou la **signification** d'un mot n'est pas la réalité qu'il désigne, mais la représentation mentale que l'on se fait de cette réalité, elle-même appelée référent par les linguistes.

Peu de mots sont **monosémiques,** c'est-à-dire pourvus d'un seul sens. La plupart sont **polysémiques,** c'est-à-dire pourvus de plusieurs sens. Chacun de ces sens s'appelle **acception.** [Ne pas confondre avec acceptation.]

Le langage, ne pouvant avoir autant de mots qu'il y a d'objets à désigner ou d'idées à exprimer, doit suppléer à cette insuffisance en donnant à un même mot plusieurs sens. Sur le nombre des mots, voir § 136, Rem. 4.

---

9. Le signifié peut être distingué du sens. Les mots grammaticaux, un suffixe comme -ment, les noms propres, ont un signifié, mais ils n'ont pas proprement un sens, ne peuvent pas faire l'objet d'une définition : par ex., le signifié de -ment est l'appartenance à une classe grammaticale, la classe de l'adverbe.

Littré distingue 24 sens ou emplois différents de *coup*, 67 de *main*, 82 de *faire*. — Mais les lexicographes, depuis le *Dict. général*, ont renoncé à grouper les sens en une chaîne continue. L'article *coup*, dans le petit *Robert*, est divisé en trois parties (I, II, III) ; le I contient quatre sections (de 1° à 4°), le II cinq sections ; le III quatre sections. Cela fait mieux apparaître les relations historiques et logiques entre les acceptions et cela décrit plus exactement le développement sémantique, lequel se fait selon la forme d'un arbre et non selon celle d'une ligne.

202   Les linguistes ont essayé d'établir les composantes d'un sens ou **sèmes** (ou *traits sémantiques*).

L'ex. classique est celui de *chaise*, qui, dans son acception ordinaire, contient les sèmes « avec dossier » + « sur pieds » + « pour une seule personne » + « pour s'asseoir ». — Mais on observera : 1° que certains emplois de *chaise* ne coïncident pas avec cet inventaire (voir *dans une chaise* au § 1001, *b*, 1°) ; — 2° qu'il est plus difficile d'établir la liste des sèmes lorsqu'il s'agit d'un mot qui ne désigne pas une réalité concrète.

On rapprochera de cette analyse la distinction plus ancienne entre **compréhension** « ensemble des éléments qui constituent le sens » et **extension** « ensemble des êtres ou des choses auxquels il s'applique ».

La compréhension et l'extension sont en raison inverse. Plus la compréhension est grande, plus l'extension est restreinte, et vice versa : *passereau* a plus de compréhension et moins d'extension que le mot *oiseau*.

La **définition** idéale est celle qui fournit une liste complète des sèmes de l'acception. Mais, pour des raisons pratiques, les dictionnaires se contentent souvent de donner un ou des équivalents, un ou des synonymes : *Fier-à-bras*, fanfaron ; — ou de renvoyer à un mot de la même famille : *Incapable*, qui n'est pas capable.

203   On appelle **homonymes** deux mots de même prononciation, mais différant par le sens.

Ils sont **homographes** s'ils ont la même forme écrite : *page* nom masculin et *page* nom féminin ; ils sont **homophones** s'ils ont seulement la même prononciation : *maire*, *mer* et *mère*.

Certains homographes ne sont pas homophones, et on ne parle pas d'homonymie dans ce cas : l'adjectif *fier* [fjɛʀ] et le verbe *fier* [fje] ; *rations* nom pluriel [ʀɑsjɔ̃] et *rations* forme verbale [ʀɑtjɔ̃].

Généralement, on réserve la notion d'homonymie aux cas où les mots sont d'origine différente : comme les ex. donnés ci-dessus ; — ou appartiennent à des catégories grammaticales différentes : *sourire* nom et *sourire* verbe ; — ou ont reçu des orthographes différentes : *conter* et *compter* (tous deux du lat. *computare*). Mais l'évolution sémantique a pu écarter si fort les sens d'un même mot que le locuteur est incapable de ressentir encore la parenté originelle, et l'on est fondé dans ce cas à parler d'homonymie : par ex. *voler* « se déplacer dans l'air » et *voler* « dérober » ; *grève* « bord de la mer » et « arrêt de travail ». Les dict. font dans ce cas deux entrées distinctes. — On pourrait aller plus loin et considérer qu'il y a homonymie dès que les acceptions n'ont plus aucun sème commun.

Ex. de confusions homonymiques : *Si Martine Chapuis n'avait pas rougi, M*^me^ *Maigret, elle, piqua un* PHARE [= fard] (SIMENON, *Maigret s'amuse*, p. 95). — *Pour les cheveux, ils étaient extrêmement brillants et d'un noir bleu comme des ailes de* GEAI [confusion avec *jais*] (Th. GAUTIER, *M*^lle^ *de Maupin*, II). — *On entend le grincement des roues, le bruit de clapotis des comportes* [sortes de cuves] *pleines de fruits, qui sursautent au* CHAOS [= cahot] *du chemin* (PESQUIDOUX, cit. *Trésor*). — [...] *s'en alla dans la grange pleurer tout son* COMPTANT [= content] (SAND, *Fr. le champi*, XV). — *Après tout, il aura eu son* COMPTANT *d'existence !* (VALLÈS, *Insurgé*, XIV.) — *Les gens du monde* [...] *mettaient à mille* PICS [= piques] *au-dessus de M. de Charlus des hommes qui lui étaient infiniment inférieurs* (PROUST, *Rech.*, t. III, p. 766). — *En* TEMPS [= tant] *qu'ancien instituteur, j'aime la chose précise, scientifiquement prouvée* (IONESCO, *Rhinocéros*, p. 46).

L'Acad. écrivait en 1878 *Poser* DE CHAMP *des briques* (c'est-à-dire sur leur côté étroit). Elle s'est corrigée en 1932 : *Mettre* DE CHANT *des pierres*, en ajoutant : « On écrit abusivement *champ*. » En effet, l'étymon est le latin *canthus*, auquel sont apparentés aussi *chanteau, canton*.

Plan « dessin d'une contrée, etc. » est une altération de *plant* sous l'influence de *plan* « surface plane ». De même, *laisser qqn en plan* (XIXe s.), tiré de *planter là qqn*, devrait s'écrire [...] *en plant*, comme le note Littré ; quelques auteurs ont suivi son conseil, mais l'usage s'est établi d'écrire *laisser en plan, rester en plan*, comme le fait l'Acad. :

Ex. de *en plant :* [Poèmes] *qu'elle laissait en* PLANT (MARITAIN, *Carnets de notes*, p. 267). — *Joseph* [...] *me laissa en* PLANT (M. BLANCPAIN, *Fiancés d'Olomouc*, p. 183).

Ex. de *en plan :* E. et J. de GONC., *Germ. Lacerteux*, LIII ; ZOLA, *Nana*, I ; VALLÈS, *Enfant*, XXIII ; A. DAUDET, *Jack*, II, 8 ; J. RENARD, *Journal*, 8 mai 1906 ; GIRAUDOUX, adaptation de : M. Kennedy et B. Dean, *Tessa*, I, I, 3 ; LÉAUTAUD, *Petit ami*, VIII ; COCTEAU, *Parents terribles*, III, 8 ; Fr. MAURIAC, *Galigaï*, p. 22 ; MONTHERLANT, *Lépreuses*, p. 110 ; J. GREEN, *Journal*, 24 mai 1941 ; A. CAMUS, adaptation de : D. Buzzati, *Cas intéressant*, VI ; etc.

204   Les **paronymes** sont des mots proches l'un de l'autre par la forme.

Il est sans intérêt de considérer comme des paronymes des mots comme *poire* et *foire*. En réalité, on ne parle de paronymie que s'il s'agit de mots que les usagers risquent de confondre, comme :

Acception, acceptation ; allocation, allocution ; armistice, amnistie ; allusion, illusion ; anoblir, ennoblir ; collision, collusion ; de concert, de conserve ; conjecture, conjoncture ; éminent, imminent ; justesse, justice ; luxure, luxation ; précepteur, percepteur ; recouvrer, recouvrir ; etc. Cf. : *Il lui faut fermer les yeux pour oublier le jardin* LUXURIEUX [= luxuriant] *et surtout un parterre d'agapanthes, la lisière de la forêt* [en Afrique du Nord] (M. DÉON, *Déjeuner de soleil*, p. 258). — *Le saurait-il par hasard qu'il ne lui* ÉCHOUERAIT [= échoirait] *aucune fonction particulière* (Él. BADINTER, *Amour en plus*, pp. 158-159).

205   Les **synonymes** sont des mots qui, appartenant à la même classe grammaticale, ont à peu près la même signification : *Dénué, dépourvu, dépouillé, privé*.

Ces quatre mots expriment, dans leur sens général, l'idée de *manque*, mais chacun d'eux se prend avec une nuance particulière :

Dénué marque un manque absolu de ce qui, en général, est bon ou commode ;

Dépourvu marque l'insuffisance des choses qui seraient nécessaires pour agir, de telle sorte que celui qui est dépourvu est faible ou impuissant ;

Dépouillé indique que la chose manquante a été possédée, et se dit en parlant d'un être auquel on a enlevé ce qui l'ornait ou ce qui était sa propriété ;

Privé présente le sujet comme ne jouissant pas de ce qu'il devait normalement posséder.

Ordinairement, ce n'est que pour une partie de leurs acceptions que les mots sont synonymes : selon les sens, *large* a comme synonymes *ample, généreux*, etc.

206   Les **antonymes** ou *contraires* sont des mots qui, appartenant à la même classe grammaticale, s'opposent directement l'un à l'autre par le sens :

Riche, pauvre ; loin, près. — Naître, mourir ; descendre, monter. — Mâle, femelle ; marié, célibataire. — Acheter, vendre ; mari, femme.

Comme pour la synonymie (§ 205), l'antonymie ne concerne souvent qu'une partie des acceptions des mots :

Si blanc *a ordinairement* noir *comme antonyme,* vin blanc *s'oppose à* vin rouge, arme blanche *à* arme à feu. — Femme *a pour antonymes soit* mari, *soit* homme, *soit* jeune fille *ou* enfant.

N.B. Ne pas confondre *antonyme* et *autonyme* (§ 450).

L'évolution sémantique

207   Le vocabulaire français s'enrichit non seulement de mots nouveaux (par emprunts, par dérivation, par composition), de formes nouvelles (par réduction ou altération), d'emplois nouveaux (changements de catégorie) [sur tout cela, voir la section 2 de ce chapitre], mais aussi de **sens nouveaux.**

Les causes de l'évolution sémantique rejoignent celles du néologisme en général : voir § 147.

208   Les **procédés logiques par lesquels les mots changent de sens** sont les suivants :

a) **Spécialisation** (ou *restriction*), par l'introduction d'un sème supplémentaire :

Pondre [lat. ponere, poser] « déposer » → « déposer *des œufs* ». — *Braire* « crier » → « crier, *en parlant de l'âne* ».

b) **Généralisation** (ou *extension*), par la suppression d'un sème :

Panier [lat. *panarium*, dér. de *panis*, pain] « corbeille à pain » → « corbeille ». — *Panier* a tout à fait perdu le contact avec *pain*. Dans des ex. comme ceux-ci, le lecteur peut être surpris, car le sens premier n'a pas disparu de l'usage : *Un* PAILLASSON, *en fer* (P. MODIANO, *Rue des Boutiques Obscures*, p. 113). — *Pain de mie*, BEURRÉ *de margarine* (ROBBE-GRILLET, *Gommes*, II, 3).

c) **Métonymie,** lorsque la première acception devient un sème de la nouvelle acception :

Bras « partie du corps » → « partie du vêtement qui recouvre *cette partie du corps* » : *En bras de chemise* (discuté par certains, mais admis par l'Acad.). — *Salle* « endroit de réunion » → « les personnes qui se trouvent *à cet endroit* » : *Toute la salle applaudit.*

La métonymie a pour résultat qu'on applique à un objet le nom d'un autre objet uni au premier par un rapport constant comme la cause et l'effet, le contenant et le contenu, etc.

Les glissements sémantiques dans lesquels la partie sert à désigner le tout ou inversement (on les appelle *synecdoques* [mais ce mot a d'autres sens]) pourraient être rangés dans la généralisation et la spécialisation : *voile* « partie du navire » → « navire ».

d) **Analogie,** lorsqu'il y a un remplacement d'un sème :

Gare « endroit où les *bateaux* peuvent se croiser, se garer » → « endroit où les *trains* peuvent se croiser, se garer ».

Par ignorance du sens exact : *mappemonde* [empr. du lat. médiéval *mappa mundi*, littéralement « nappe du monde »] « représentation *plane* du globe terrestre » → représentation *sphérique* du globe terrestre ». Cette altération, regrettable sans doute, et condamnée par l'Acad. dans une mise en garde du 18 févr. 1965, est vraiment fort ancienne et fort courante, aussi au figuré : *La pendule dorée, de style Empire, une* MAPPEMONDE *portée par Atlas agenouillé, semblait mûrir comme un melon d'appartement* (MAUPASS., *Pierre et Jean*, VIII). — *Son énorme* MAPPEMONDE [du soleil couchant] (MICHELET, *Mer*, I, 2). — *Cette bonne dame* [...] *étale bravement deux hémisphères* [= les seins] *qui, s'ils étaient réunis, formeraient une* MAPPEMONDE *d'une grandeur naturelle* [*sic* !] (Th. GAUTIER, *M*^{lle} *de Maupin*, II).

Autres ex. : A. BRETON, *Nadja*, p. 153 ; BERNANOS, *Crépuscule des vieux*, p. 34 ; GENEVOIX, *Jeux de glaces*, p. 23 ; A. BILLY, dans le *Figaro*, 16 juin 1965 ; MALRAUX, *Chênes qu'on abat*, p. 92 ; A. CHAMSON, *La neige et la fleur*, p. 46 ; H. BAZIN, *Tête contre les murs*, p. 246 ; etc.

e) **Métaphore,** lorsqu'il y a passage d'un sens à un autre (qu'on appelle *figuré*) simplement par la présence d'un sème commun :

Tête « partie supérieure *du corps humain* » → « partie supérieure *d'une chose quelconque* » (d'une épingle, etc.). — *Lion* « *animal* courageux » → « *homme* courageux ».

Dans plus d'un cas, le sème commun n'est pas de ceux que les dictionnaires explicitent dans leurs définitions. On pourrait dire que les lexicographes sont plus attentifs à une définition exacte du point de vue scientifique qu'à une définition qui concorde avec le sentiment linguistique de l'usager moyen. Mais il semble que la métaphore parte plutôt d'une qualité secondaire, ressortissant plus à la *connotation* qu'à la *dénotation* (cf. § 5, *b*, 2°). Il y a au départ une simple comparaison. Tout cela différencie la métaphore de l'analogie décrite dans le *d*).

On appelle parfois **catachrèse** les métaphores si bien entrées dans l'usage qu'elles ne sont plus senties comme telles : *Les ailes d'un moulin.* — Mais le mot a d'autres définitions.

209   Il y a aussi des **changements plus arbitraires.**

a) L'**étymologie populaire** ou *attraction paronymique* a pour résultat qu'un mot est influencé par le sens d'un autre mot qui lui ressemble par la forme :

Pylône « portail monumental des temples égyptiens » → « poteau en ciment ou support métallique », sous l'influence de *pilier*. — *Errements* [dér. d'*errer*, du lat. *iterare*, voyager] « manière d'agir » → « habitudes blâmables », sous l'influence d'*erreur* [qui est de la famille du lat. *errare*], glissement critiqué par l'Acad. — *Mièvre* « vif, espiègle » au XVIIᵉ s. → « d'une gentillesse affectée, exagérément délicat », sans doute sous l'influence de *mignon, mignard*. — *Souffreteux* « indigent, nécessiteux » [dérivé de l'anc. fr. *soufraite* « disette », qui se rattache au lat. *suffringere*, rompre] → « maladif, malingre » sous l'infl. de *souffrir*. — *Tabagie* « festin » [d'un mot algonquin] → « lieu où l'on a beaucoup fumé », au Canada « débit de tabac », sous l'infl. de *tabac*.

b) L'**affectivité** amène à employer les mots dans des sens qui ne découlent pas naturellement des sens existants :

— Termes de tendresse ou d'injure : *Chou.* — *Chameau, œuf.* Cf. *e*, ci-dessous.

— Termes employés par hyperbole ou par antiphrase :

Hyperbole : *Formidable* « qui inspire la terreur » → « étonnant, remarquable, considérable » : *Perte de temps* FORMIDABLE (GIDE, *Journal*, 15 sept. 1926). — Autres ex. au § 962.
Antiphrase : *C'est du* PROPRE !

c) Le **contexte** dans lequel ils figurent ordinairement transforme le sens de certains mots :

Rien « chose » [du lat. *rem*] a pris un sens négatif parce qu'il accompagnait souvent la négation *ne :* voir § 982. — *Pourtant* « à cause de cela » → « malgré cela » par l'intermédiaire des phrases négatives : nier qu'une cause ait agi revient à dire que le fait s'est déroulé malgré la cause.

d) Les **réductions de syntagmes** (§ 188) font transférer à la forme réduite ce qui était exprimé par le syntagme global :

Lettre capitale ou *ville capitale* → *capitale.*

e) La **forme** des mots, leur sonorité, semble jouer un certain rôle.

C'est le cas des termes d'affection ou d'injure. Ainsi, *apothicaire* et *catachrèse* en Belgique : *Mais je ne vous insulte pas, espèce de* CATACHRÈSE ! [dit le capitaine Haddock] (HERGÉ, *Bijoux de la Castafiore*, p. 19.) — C'est à sa sonorité sans doute que doit son évolution et son succès un mot comme *tarabiscoter*, dérivé de *tarabiscot*, espèce de moulure. — À rapprocher des onomatopées et des mots expressifs : § 199.

L'adverbe *compendieusement* (vieilli) signifie « en résumé » conformément à son origine [lat. *compendium* « abréviation, résumé »]. Il a été pris parfois dans le sens contraire depuis le XIXe s. : *Argamasilla raconta minutieusement et* COMPENDIEUSEMENT *le résultat de ses recherches* (Th. GAUTIER, *Militona*, VI). La longueur et la lourdeur du mot auraient amené le contresens. Certains linguistes croient que l'on a mal interprété le passage des *Plaideurs* (III, 3) où Racine tire un effet comique du fait qu'un avocat prolixe annonce qu'il va parler *compendieusement*.

DEUXIÈME PARTIE

La phrase

CHAPITRE I

GÉNÉRALITÉS

210   La **phrase** est l'unité de communication linguistique : c'est la suite phonique minimale par laquelle un locuteur adresse un message à un auditeur.

Minimale parce qu'en deçà on n'a plus une phrase. — Le plus souvent, la communication comprend plusieurs phrases. Chacune de celles-ci a son intonation propre et est suivie d'une pause importante. Dans le langage écrit, cette pause importante est généralement représentée par un point.

D'autres signes de ponctuation peuvent marquer la fin d'une phrase : les points de suspension, le point d'interrogation, le point d'exclamation, le point-virgule, le double point, mais ces divers signes peuvent aussi se trouver à l'intérieur d'une phrase : voir ci-dessus les développements consacrés à la ponctuation (§§ 115 et suiv.). La virgule peut même séparer des phrases, que nous appelons *sous-phrases* dans ce cas : cf. § 212, *b*. — Il arrive aussi que le point ne coïncide pas avec la fin d'une phrase, certains auteurs mettant un terme en relief en le séparant par un point de la phrase dont il fait partie (§ 118, Rem. 1) :

> *La guerre est une maladie. Comme le typhus* (SAINT EXUPÉRY, *Pilote de guerre*, X).

La phrase est le plus souvent constituée de plusieurs mots. Ceux-ci doivent être organisés d'une certaine façon : **Terre la du autour soleil tourne* n'est pas une phrase française.

Il y a des phrases constituées d'un seul mot :

> *Entrez. — Sauvé ! — Imbécile ! — Oui. — Adieu. — Bravo ! — Zut !*

Certains de ces mots ont justement la particularité de former une phrase à eux seuls *(oui, adieu, bravo, zut)*. — Dans d'autres cas, ce n'est que de façon occasionnelle que tel mot *(sauvé, imbécile)* constitue une phrase ; il ne le devient que s'il est prononcé d'une certaine manière, avec une modulation qui est représentée dans l'écrit par le point d'exclamation.

Il y a, en effet, un rapport étroit entre l'expression grammaticale de la phrase et l'expressivité (tension émotionnelle quelconque) : si, dans la formule (donnée par G. Guillaume, dans le *Fr. mod.*, juillet 1943, p. 232) « expression grammaticale + expressivité = 1 », on fait tendre l'expressivité vers zéro, l'expression grammaticale tend vers l'entier, c'est-à-dire que la structure de la phrase tend vers la parfaite régularité selon les lois de l'analyse. Mais plus on fait croître l'expressivité, plus l'expression grammaticale se libère de la régularité : à la limite, cette expression grammaticale se réduit à la simple interjection.

Remarques. — 1. Il y a de très nombreuses définitions de la phrase. Certains linguistes réservent le nom de phrase à ce que nous appelons (§ 212, *b*) phrase complexe. D'autres considèrent qu'une phrase se caractérise par son autonomie ou par le fait qu'elle présente un sens complet. Cela est vrai pour des phrases comme :

> *L'eau bout à 100°. — Les petits cadeaux entretiennent l'amitié. — Napoléon est mort à Sainte-Hélène. — Qu'importe le flacon, pourvu qu'on ait l'ivresse ?* (MUSSET, *Prem. poés.*, La coupe et les lèvres, Dédic.)

Mais le plus souvent la communication se fait par une suite de phrases, qui sont en relation les unes avec les autres.

> Soit ce début d'un conte de Marcel Aymé : *Un jour, Delphine et Marinette dirent à leurs parents qu'elles ne voulaient plus mettre de sabots. Voilà ce qui s'était passé. Leur grande cousine Flora, qui avait presque quatorze ans et qui habitait le chef-lieu, venait de faire un séjour d'une semaine à la ferme. Comme elle avait été reçue un mois plus tôt à son certificat d'études, son père et sa mère lui avaient acheté un bracelet-montre, une bague en argent et une paire de souliers à talons hauts. Enfin, elle n'avait pas moins de trois robes rien que pour le dimanche. La première était rose avec une ceinture dorée [...]* (*Contes du chat perché*, Paon). — Chacune de ces phrases, à l'exception de la première, contient des éléments qui trouvent leur justification dans le contexte : *voilà* annonce ce qui va suivre ; *leur, elle, plus tôt, enfin, la première* se réfèrent à ce qui précède. — *Oui* a pour fonction ordinaire de reprendre la phrase prononcée par l'interlocuteur.

En outre, dans la langue parlée, la phrase se réfère souvent à des données qui ne sont pas exprimées par le langage, mais font partie de la situation :

> *Je* renvoie à la personne qui parle, *tu* à celle à qui l'on parle, *ici* et *maintenant* au lieu et au moment où se déroule la communication. On appelle ces éléments des *embrayeurs* (cf. § 3). — L'impératif a comme sujet implicite la personne à qui l'on parle. Les phrases formées d'un seul mot, comme celles qui ont été citées plus haut *(Sauvé ! — Imbécile !)* ne sont compréhensibles que parce qu'elles sont prononcées dans une situation précise par laquelle on sait qui est sauvé et qui est un imbécile.

La présente grammaire est surtout fondée sur la phrase. Mais nous tâchons de ne pas négliger les divers phénomènes dont l'explication résulte du contexte et de la situation.

Cela s'applique notamment à l'ordre des mots : les éléments qui se réfèrent à ce qui précède la phrase sont souvent placés en tête de celle-ci ; cf. par ex. §§ 290, *d* ; 344, *a*, 2°. — Voir aussi plus loin la notion de thème : § 228.

2. Une phrase est une phrase, même si ce qu'elle dit est faux, ou absurde, ou incompréhensible (parce qu'elle contient des mots propres à l'auteur par ex.), du moment qu'elle respecte les règles essentielles de la syntaxe :

> *La Suisse et la Belgique ont une frontière commune. — Le couloir de la cuisine était clair, vitré des deux côtés, et* UN SOLEIL BRILLAIT DE CHAQUE CÔTÉ, *car Colin aimait la lumière* (VIAN, *Écume des jours*, I). — *La terre est bleue comme une orange* (ÉLUARD, *L'amour la poésie*, Premièrement). — *D'incolores idées vertes dorment furieusement* (phrase donnée par

Chomsky comme contraire aux lois de la grammaire, ce qui a été contredit par Jakobson, *Essais de linguist. génér.*, pp. 204-205). — *Il l'emparouille et l'endosque contre terre ; / Il le rague et le roupète jusqu'à son drâle ; / Il le pratèle et le libucque et lui barufle les ouillais ; / Il le tocarde et le marmine, / Le manage rape à ri et ripe à ra. / Enfin il l'écorcobalisse. / L'autre hésite, s'espudrine, se défaisse, se torse et se ruine. / C'en sera bientôt fini de lui* (H. MICHAUX, *Qui je fus,* Grand combat).

Une phrase reste une phrase, même si elle contient des incorrections, à condition que celles-ci ne touchent pas aux structures syntaxiques fondamentales :

*C'était moi qui m'*ÉTAIT *allongée nue sur la table* (M. CARDINAL, *Mots pour le dire,* p. 126). — *Si vous m'*AURIEZ *ennuyée, je vous l'aurais dit* [dit une prostituée] (PROUST, *Rech.,* t. I, p. 373).

3. On appelle d'ordinaire *énoncé* une suite de phrases prononcées par un même locuteur : par ex., le discours d'un orateur, ou, simplement, une réplique dans une conversation. — Certains donnent à *énoncé* le sens que nous donnons à *phrase.*

Espèces de phrases

211   D'après les éléments qu'elles contiennent, on peut distinguer les phrases *simples* et les phrases *complexes* (§ 212), les phrases *verbales* et les phrases *averbales* (§ 213). — D'après la nature de la communication, on distingue notamment les phrases *énonciatives,* les phrases *interrogatives* et les phrases *injonctives* (§ 214). — Nous rappelons aussi les distinctions faites par certains grammairiens et que nous ne croyons pas devoir reprendre (§ 215).

212   **Phrases simples et phrases complexes.**

a) La phrase **simple** est celle qui contient un seul prédicat (§ 226).

— D'ordinaire le noyau du prédicat est un verbe à un mode dit personnel (§ 738, *a*) :

Il PLEUT. — SORTEZ. — *On* A BOULEVERSÉ *la terre avec des mots* (MUSSET, *Prem. poés.,* À quoi rêvent les j. filles, I, 4). — *À la maison, par exemple, tout le monde ne* PRIT *pas notre débâcle aussi gaiement* (A. DAUDET, *Petit Chose,* I, 1).

— L'infinitif sert parfois de noyau au prédicat (cf. § 871) :

Pourquoi DÉPENSER *tant d'argent en armements ?* (S. de BEAUVOIR, *Belles images,* I.)

— On a aussi des phrases simples sans verbe : § 213, — plus exceptionnellement, des phrases simples sans prédicat (§ 404, *b*).

b) Les phrases qui contiennent plusieurs verbes conjugués peuvent être considérées comme résultant de la réunion de plusieurs phrases simples.

1° La fusion est complète, et il n'y a plus qu'une seule phrase. C'est le phénomène de la **subordination** (Chap. IV).

Ainsi, les deux phrases simples *Jeanne est absente* et *Pierre se plaint* ne forment plus qu'une seule phrase dans *Pierre se plaint que Jeanne soit absente*.

Que Jeanne soit absente fait partie de la phrase *Pierre se plaint que Jeanne soit absente* de la même façon que *de l'absence de Jeanne* fait partie de la phrase *Pierre se plaint de l'absence de Jeanne*. Les deux éléments *(que Jeanne soit absente* et *de l'absence de Jeanne)* ont la même fonction, celle de complément, par rapport à *se plaint*. Mais ils diffèrent quant à la nature : *de l'absence de Jean* est un syntagme nominal, tandis que *que Jeanne soit absente* est une *proposition*.

Nous appelons **proposition** un membre de phrase ayant la fonction de sujet ou de complément lorsque ce membre contient un verbe conjugué ou, plus exactement, un prédicat (§ 226) :

Qui DONNE *aux pauvres prête à Dieu* (HUGO, *Feuilles d'aut.*, Pour les pauvres). — *Juger, c'*EST *de toute évidence ne pas comprendre, puisque, si l'on* COMPRENAIT, *on ne* POURRAIT *plus juger* (MALRAUX, *Conquérants*, p. 90).

Dans l'ex. de Hugo, *qui donne aux pauvres* est une proposition sujet. Dans l'ex. de Malraux, *puisque, si l'on comprenait, on ne pourrait plus juger* est une proposition complément, laquelle inclut une autre proposition *(si l'on comprenait)* complément de la première.

Il est préférable de dire que la proposition contient un verbe prédicatif plutôt qu'un verbe conjugué ; en effet, le participe *(Le soir* TOMBÉ, *nous sommes sortis)* et l'infinitif *(Je vois la voisine* PASSER) peuvent servir de prédicats et faire partie de propositions participes (§ 306) et de propositions infinitives (§ 872, *c*).

Nous réservons la dénomination de **phrase complexe** aux phrases contenant une ou plusieurs propositions.

Remarques. — 1. Ce que nous appelons *proposition* correspond à ce que l'on appelle traditionnellement *proposition subordonnée*. Cette formule nous a paru peu utile parce que nous avons renoncé à la notion de *proposition principale*. En effet dans *Qui dort dîne*, il y a une phrase qui a une proposition comme sujet, mais il n'y a pas une proposition principale et une proposition subordonnée. En revanche, *dîne* est le *verbe principal*, prédicat de la phrase, *dort* étant le prédicat de la proposition.

La notion de *proposition indépendante* n'est pas utile non plus : c'est notre phrase simple. Quant à la *proposition incise* et à la *proposition incidente*, nous les appelons *sous-phrase incise* et *sous-phrase incidente*. Voir 2°.

2. On peut avoir une phrase complexe avec un seul verbe conjugué ; il figure alors ordinairement dans la proposition, laquelle fait partie d'une phrase averbale : cf. § suivant.

3. On appelle **période** une phrase particulièrement complexe et qui forme un ensemble logiquement et harmonieusement articulé. Les discours de Bossuet en fournissent des exemples classiques. On trouve encore des périodes chez des auteurs du XXe s. :

Ce campement brusquement poussé au flanc de la ruine ainsi qu'une plante folle était comme une montée de sève inattendue dans ces steppes ; ce qu'il avait de provisoire appelait un avenir, et quand, le dîner fini, nos pas nous portaient malgré nous vers la lande où les fumées rabattues des feux de camp qui rougeoyaient dans le noir se mêlaient au brouillard tôt retombé de la lagune, le bruit des voix joyeuses et fortes qui s'interpellaient autour des tentes invisibles mettait dans l'air une note d'imprévu, de liberté et de sauvagerie, comme celle qui flotte sur une troupe rassemblée ou un navire en partance, et nous sentions tout à coup monter en nous comme une légère griserie d'aventure. (GRACQ, *Rivage des Syrtes*, p. 123.)

Un jugement de tribunal est aussi constitué d'une phrase très complexe, dont les articulations sont manifestées par des alinéas, ainsi que par des conjonctions de subordination répétées *(attendu que)* : voir un ex. au § 97, *b*, 1°.

2° La fusion n'est pas complète et les phrases jointes ou insérées ne changent pas de nature. Ce sont des **sous-phrases** et non pas des propositions au sens donné ci-dessus.

— Phrases, ou plutôt sous-phrases, rattachées simplement l'une à l'autre. C'est le phénomène de la **coordination** (Chap. III).

Jeanne est absente et Pierre se plaint : la coordination est explicite, à cause de la présence d'une conjonction de coordination.

Il est possible aussi de considérer comme sous-phrases des phrases unies par un double point ou par un point-virgule : *La gloire des grands hommes est comme les ombres : elle s'allonge avec leur couchant* (MONTHERLANT, *Reine morte*, III, 1). — Cela s'impose pour les phrases séparées par des virgules : *Je suis venu, j'ai vu, j'ai vaincu.* — *Plus on est de fous, plus on rit.*

— Phrase ou plutôt sous-phrase insérée à l'intérieur d'une autre phrase sans y jouer le rôle de sujet ou de complément. C'est le phénomène de l'**incidence** (§ 372, *a*).

Dans *Un soir,* T'EN SOUVIENT-IL ? *nous voguions en silence* (LAMART., *Méd.*, XIII), *t'en souvient-il ?* n'est ni sujet ni complément ; ce n'est pas non plus une sous-phrase coordonnée, mais une *sous-phrase incidente.*

Une réalisation particulière est la **sous-phrase incise** (§ 374) : *dit-elle* dans *Je reviendrai,* DIT-ELLE, *dès ce soir.*

Nous appelons **sous-phrases** des phrases réunies par coordination ou des phrases insérées dans une autre phrase, sans être dans celles-ci sujets ou compléments.

213 **Phrases averbales et phrases verbales.**

Les phrases **averbales** sont, soit des phrases simples qui ne contiennent pas de verbe prédicatif, soit des phrases complexes qui ont un verbe prédicatif (ou des verbes prédicatifs) uniquement dans la proposition (ou les propositions) :

> *Attention !* — *Ah ! les femmes !...* — *À chacun son métier.* — *Entrée interdite.* — *Oui.*
> *Heureux celui qui peut d'une aile vigoureuse* / *S'élancer vers les champs lumineux et sereins !* (BAUDEL., *Fl. du m.*, Élévation.) — *À droite, la porte d'entrée et une fenêtre dont les volets sont clos* (SARTRE, *Mains sales*, I, Décor).

On appelle phrase **verbale** une phrase dont le prédicat comporte un verbe, qu'elle soit simple ou complexe.

Remarques. — 1. La phrase averbale est souvent appelée phrase *incomplète*. Cette dénomination est acceptable si l'on considère que la forme ordinaire est la phrase contenant un verbe à un mode personnel. Cela ne veut pas dire que ces phrases soient nécessairement elliptiques, c'est-à-dire qu'il y manque un élément que l'esprit doit suppléer. Cf. §§ 402-405.

2. Si l'on considère *voici, soit, vive* comme de nature verbale dans *Voici votre chapeau* ou *Soit un triangle rectangle* ou *Vive le roi !* on a des phrases verbales. Mais il n'est pas interdit de penser que cette nature verbale est fort oblitérée et de considérer ces phrases comme averbales (sur la nature du premier élément, dans cette hypothèse, voir §§ 1043-1047).

3. On peut coordonner une phrase averbale et une phrase verbale (ou plutôt des sous-phrases) :

> *Deux mots de plus, duègne,* || *vous êtes morte !* (HUGO, *Hern.*, I, 1.) — *Répondras-tu ou non ?*

214 D'après la nature de la communication et l'intention du locuteur, on distingue, du point de vue formel, quatre espèces de phrases :

a) La phrase **énonciative** ou *déclarative* ou *assertive,* par laquelle le locuteur (ou le scripteur) communique simplement une information à autrui :

> *J'étais en rhétorique en 1887* (VALÉRY, *Œuvres,* t. I, p. 1134). — *Il n'y a pas de dignité qui ne se fonde sur la douleur* (MALRAUX, *Condition hum.*, p. 399).
> Cette information peut porter sur un acte que le locuteur accomplit en même temps qu'il parle : *Je te baptise : Au nom du Père...*

b) La phrase **exclamative** ou *interjective,* qui est, quant au contenu du message, une phrase énonciative, mais dans laquelle le locuteur (ou le scripteur) exprime ses sentiments avec une force particulière :

> *Comme il fait noir dans la vallée !* (MUSSET, *Poés. nouv.,* Nuit de mai.) — *Quel courage !*
> *Quel esprit indomptable !* (LAUTRÉAMONT, *Ch. de Mald.,* p. 121.) — *Eh bien !... je suis ruinée,*
> *Rodolphe !* (FLAUB., *Mme Bov.,* III, 8.)

c) La phrase **interrogative,** par laquelle on demande une information à l'interlocuteur :

> *Quand viendrez-vous nous voir ? — Vous savez la géographie ?* (VALLÈS, *Enfant,* XIV.) —
> *Qu'est-ce que Dieu fait donc de ce flot d'anathèmes / Qui monte tous les jours vers ses chers*
> *Séraphins ?* (BAUDEL., *Fl. du m.,* Reniement de s. Pierre.)
> *Information* est pris au sens large : *Puis-je entrer ?*

d) La phrase **injonctive** ou *impérative,* par laquelle on demande ou on interdit un acte à autrui, ou à un animal, voire aux choses dans un contexte surnaturel ou avec personnification :

> *Taisez-vous. — Ah ! ne me parlez pas de ma gloire* (MONTHERLANT, *Reine morte,* III, 1).
> — *Dieu dit : « QUE LA LUMIÈRE SOIT ! » Et la lumière fut* (Bible de Maredsous, Genèse, I, 3).
> — *Qui m'aime me suive !*

On y joindra la phrase **optative,** dans laquelle la réalisation de l'acte ne dépend pas de la volonté humaine :

> *Soyez heureux. — Portez-vous bien. — Qu'ils reposent en paix ! — Puissent se réaliser les*
> *espérances que je vous ai laissées* [sic] *concevoir !* (J. VERNE, *Enfants du capit. Grant,* I, 3.)

On y joindra aussi la phrase **interpellative,** par laquelle on établit la communication avec autrui :

> *Allô ! — Psitt ! Venez ici. — Hep !*

Le mot en apostrophe (§ 370) équivaut à une phrase ou plutôt à une sous-phrase interpellative.

Les phrases sont réparties entre ces types d'après un point de vue *formel, syntaxique,* d'après des particularités concernant l'intonation et la ponctuation, l'ordre des mots, l'absence de sujet, le mode du verbe, etc., particularités étudiées plus loin dans le Chapitre VI. — Le point de vue *n'est pas sémantique.*

Un ordre, par ex., peut s'exprimer par une phrase interrogative : *Voulez-vous sortir ?* — De même, une interrogation indirecte *(Je me demande qui est venu)* n'est pas une phrase interrogative, mais une phrase énonciative contenant un verbe de sens interrogatif, verbe qui est suivi d'une *proposition* interrogative. Même chose pour l'exclamation indirecte : *Je sais combien vous êtes susceptible ;* pour l'injonction indirecte : *Je vous dis de sortir.* Cf. Chap. VII.

Remarque. — Ces types de phrases sont exclusifs l'un de l'autre : une phrase ne peut être simultanément interrogative et énonciative (toutefois, la phrase exclamative est une sorte de variante de la phrase énonciative).

La coordination laissant chacune des phrases autonome, il est possible de coordonner des phrases (ou plutôt des sous-phrases) de types différents (cf. § 257, *b*) :

> *Demandez et l'on vous donnera* (*Bible de Jérus.*, Matth., VII, 7).

De même, une sous-phrase incidente peut être d'un autre type que la phrase dans laquelle elle s'insère :

> *La poésie produit parfois des nuages inouïs, sanglants,* QUI SAIT? *heureux* (R. CHAR, *Bâton de rosier*, II).

Il arrive que, par anacoluthe, le locuteur rompe le mouvement prévu et passe, en cours de phrase, de l'énonciation à l'interrogation, par ex. :

> *Ne plus attendre, c'est contribuer à frapper de stérilité l'être dont on n'attend plus rien, c'est donc en quelque manière le priver, lui retirer par avance — quoi exactement, sinon une certaine possibilité d'inventer ou de créer?* (G. MARCEL, *Homo viator*, pp. 66-67.)

215   Selon la forme de la phrase, certains grammairiens distinguent encore :

a) La phrase **affirmative** ou **positive** et la phrase **négative :**

> *La chienne a aboyé.* — *La chienne n'a pas aboyé.*

Nous considérons que cette distinction concerne, non la phrase, mais le verbe, quels que soient son mode et son rôle :

> *Un employé* SACHANT *l'anglais me conviendrait.* — *Un employé* NE SACHANT PAS *l'anglais me conviendrait.* — PARLER *est dangereux,* NE PAS PARLER *est lâche.*

Nous avons étudié la négation dans le chapitre de l'adverbe : §§ 970-983. — Elle peut aussi porter sur un adjectif, sur un syntagme prépositionnel, etc.

b) La phrase **active** et la phrase **passive :**

> *Marie a interrogé le facteur.* — *Le facteur a été interrogé par Marie.*

Cette distinction concerne, non seulement la phrase, mais n'importe quel verbe susceptible d'être employé au passif (cf. §§ 741-742) :

> AYANT INTERROGÉ *le facteur, Marie a constaté que la lettre avait disparu.* — AYANT ÉTÉ INTERROGÉ *par Marie, le facteur a reconnu qu'il n'avait pas retrouvé la lettre.*

c) La phrase **neutre** et la phrase **emphatique,** dans laquelle on met un élément en évidence (cf. Chap. IX) :

> *Pierre travaille. Pierre travaille, lui.* — *Marie a perdu son sac. C'est Marie qui a perdu son sac.*

Phénomènes divers

216   L'ellipse.

D'une manière générale, on appelle *ellipse* l'absence d'un ou
de plusieurs mots qui seraient nécessaires pour la construction
régulière de la phrase ou pour l'expression complète de la pensée.

Nous distinguerons la fausse ellipse, l'ellipse étymologique et l'ellipse proprement dite.

a) Dans la **fausse ellipse,** le message est clair et complet : ni le locuteur ni l'interlocuteur n'ont le sentiment qu'il manque quelque chose
dans la communication. Ce n'est que par comparaison avec la phrase
considérée comme normale, c'est-à-dire la phrase verbale énonciative,
que l'on constate l'absence de certains éléments. Et d'autre part, la
forme complète n'a jamais existé.

C'est le cas de bien des proverbes : *Loin des yeux, loin du cœur. À père avare, fils
prodigue.* — Dans la phrase injonctive, introduire le sujet serait contraire à l'usage : *Venez,*
phrase injonctive, est autre chose que *Vous venez,* phrase énonciative ; en outre, la première
formule n'est pas, historiquement, issue de la deuxième. — Les grammairiens ont souvent
abusé de l'explication par l'ellipse.

On pourrait dire que le sujet dans la phrase injonctive reste **implicite.** De même, nous
parlons de coordination implicite (§ 253, *b*) lorsque les termes coordonnés ne sont pas joints
par une conjonction : cela ne veut pas dire que celle-ci manque ou qu'elle se soit effacée. De
même encore, nous voyons un élément implicite pour expliquer des coordinations comme *Il
est parti, mais sans regret* (§ 259, *c*).

En dehors des cas traités dans le § 217, voir les §§ 232-234 pour les phrases ou propositions sans sujet ; les §§ 402-404 pour les phrases averbales ; le § 1055 pour les propositions
averbales.

b) Dans l'**ellipse étymologique,** il y a eu effectivement une réduction,
un effacement : par économie, on a fait disparaître des éléments qui ne
paraissaient pas indispensables à la communication :

Le 16 janvier est issu de *Le 16ᵉ jour du mois de janvier.* — *Adieu* est sorti d'expressions
comme *Va à Dieu, Soyez à Dieu,* etc. : *Je m'en vois* [= vais], A DIEU DEMOURÉS (J. BODEL,
Jeu de s. Nicolas, 435).

Mais le locuteur d'aujourd'hui ne sent plus *adieu* ou *le 16 janvier* comme incomplets ; il
serait difficile pour lui ou tout à fait artificiel de rétablir la formule complète. — Voir aussi
§§ 187-188 (réductions lexicales).

Si la formule complète et la formule réduite continuent à coexister, les locuteurs peuvent prendre conscience de l'effacement :

Ex. : *Faut* pour *il faut* dans la langue parlée familière : § 234, *c.* — Diverses omissions de
la préposition : §§ 997-999. — La construction sans verbe de certaines propositions :

comme convenu (§ 1085, Rem. 1) ; propositions de cause etc. (§ 1079, *b*). — La réduction de *ne ... pas à pas* (§ 982) peut aussi être mentionnée ici.

Il en est de même de certaines réductions occasionnelles dans un débit rapide ou négligé : *Trez* pour *Entrez.* Cf. § 37, Rem.

Pour Nyrop (t. V, § 20), l'ellipse étymologique est l'ellipse proprement dite ; c'est un point de vue d'historien.

c) Nous considérons comme **ellipse proprement dite** celle qui oblige l'auditeur ou le lecteur à chercher dans le contexte ou la situation les éléments qui manquent et sans lesquels le message serait incompréhensible. Il y a effectivement quelque chose de sous-entendu.

1° Comme exemples de cas où l'on renvoie implicitement à la situation, on peut citer :

> *Enchanté* (= *Je suis* enchanté *de faire votre connaissance),* lorsqu'on présente une personne à une autre ; le mot varie en genre selon le sexe du locuteur. — L'omission du sujet et parfois d'autres éléments dans les télégrammes, les petites annonces, les journaux intimes : § 233, *a* et *b.* — *Deux dont un !* (= Deux *cafés* dont un *café crème)* formule que les garçons de café parisiens utilisent pour transmettre des commandes à la personne qui doit les exécuter : *« Un café noir et un crème »,* commanda Victor [...]. *Le garçon hurla en élevant son plateau : « Versez* DEUX DONT UN ! » (ARAGON, *Cloches de Bâle,* III, 16.)

On pourrait ranger ici, quoique le phénomène appartienne à la langue écrite, le fait qu'un discours direct soit annoncé seulement par le nom du locuteur, sans verbe ou avec un verbe non déclaratif, ou même qu'il ne soit pas annoncé du tout. La présentation typographique permet de reconnaître le discours direct (cf. § 407) :

> *J'ai le malheur de dire* [...]: / — *Tu ne trouves pas que les autres sont insignifiantes ? Céline les domine, les mène.* / MARIE IMPLACABLE : / — *Voilà une enfant qui sera laide* (JOUHANDEAU, *Carnets de l'écrivain,* p. 304). — *Vous avez vu le médecin, demanda Max, que dit-il ?* / MADAME DE PIENNES SECOUA LA TÊTE : / — *Elle n'a plus que bien peu de jours à passer dans ce monde* (MÉRIMÉE, *Arsène Guillot,* II). — *Le chef de rayon eut un bon rire.* / — *Oh ! moi, je ne demande pas mieux... Ça va tripler la vente* (ZOLA, *Au Bonheur des Dames,* II).

2° Pour les cas où l'ellipse consiste à ne pas exprimer des éléments déjà présents dans le contexte, voir le § 217.

Remarques. — 1. Une espèce particulière d'ellipse est la **suspension,** par laquelle le locuteur interrompt volontairement une phrase, par ex. pour laisser dans le vague une menace, un souhait, la conséquence d'une hypothèse, etc., ou encore parce qu'il s'agit d'une formule bien connue (notamment un proverbe) que l'auditeur ou le lecteur peuvent compléter :

> *Si tu continues à m'agacer... ! — Si je ne me retenais pas... ! —* Autres ex. au § 1096, *a,* Rem. 1. — Dans la langue parlée, on emploie *parce que* sans faire suivre la locution d'une proposition ; c'est une manière désinvolte de faire entendre que l'on refuse de donner ses raisons (§ 1083, Rem. 3): *Pourquoi ne veut-il pas ?* / — *Je le lui ai demandé, et il m'a répondu : « Parce que. »* (J. RENARD, *Journal,* 26 mai 1894.)

Le titre du premier article de Jean Elleinstein [...] est aussi celui d'un livre de Henri
Lefebvre et Catherine Régulier récemment paru [...]. Les grands esprits... (dans le *Monde,*
sélection hebdom., 20-26 avril 1978, p. 7) [= ... *se rencontrent*]. — *Il ne faut pas dire :*
Fontaine... [= ... *je ne boirai pas de ton eau*]. — *À bon entendeur...* (E. ROSTAND, *Cyr.,* II, 4)
[= ... *salut* !]. — *Nous parlions de toi justement... quand on parle du loup... !* (A. de CHÂTEAU-
BRIANT, *Brière,* XI.) [= ... *on en voit la queue.*]

Dans l'ex. suivant, le personnage parle pour lui-même et n'a donc pas besoin d'expliciter
sa pensée : *Elle* [= la vache] *ne pouvait détacher son regard d'un fromage et d'un pot de lait,*
qui lui firent murmurer à plusieurs reprises : « Je comprends maintenant, je comprends... »
(AYMÉ, *Contes du chat perché,* Éléphant.)

Il y a des suspensions qui ne se traduisent pas par une phrase grammaticalement
incomplète : cf. § 130, *c.*

2. Le mot **brachylogie** a un sens plus général qu'**ellipse** et désigne le fait
d'employer une formulation plus courte qu'une autre sans que le sens soit
modifié : *Je pense partir demain* par rapport à *Je pense que je partirai demain.*
Mais certains linguistes désignent par *brachylogie* des espèces particulières
d'ellipses. Pour d'autres, c'est une expression trop brève et, par là, obscure ou
irrégulière.

217   Les principaux cas d'ellipse.

L'ellipse se réalise surtout en vertu d'un principe d'économie consistant à ne pas répéter des éléments qui se trouvent dans le contexte,
généralement avant, mais parfois après. Cela apparaît notamment dans
les cas suivants.

a) Dans les **dialogues,** où l'on n'exprime souvent que les indications
nouvelles par rapport à ce que vient de dire l'interlocuteur :

Où est-il ? — Chez sa mère (= *Il est* chez sa mère). — *Il partira demain. — Par le train ?*
(= *Partira-t-il* par le train ?)

Le verbe omis peut ne pas être à la même personne ou au même nombre que
le verbe exprimé auparavant : *Où es-tu ? — Ici* (= *Je suis* ici).

b) Dans les **coordinations,** où l'on supprime d'ordinaire ce qui est
commun aux deux éléments coordonnés (cf. § 260) :

Je partirai avec ou sans votre permission (= ... avec *votre permission* ou sans votre permission), ou : ... *avec votre permission ou sans.* — *Nous avons été, nous sommes, submergés par la*
force mécanique, terrestre et aérienne, de l'ennemi (DE GAULLE, *Discours et messages,* 18 juin
1940). — *L'autre ne retira pas son feutre, ne dit pas un mot, fit seulement une inclination de*
tête (MONTHERLANT, *Bestiaires,* L.P., p. 146).

Certains cas particuliers doivent être signalés :

1° Lorsque des phrases ou des propositions coordonnées ont le
même verbe, celui-ci n'est pas répété :

La plus âgée AVAIT PEUT-ÊTRE *huit ans, la plus jeune six ans* (MAUPASS., *C.*, Châli). — *Le soleil* ÉTAIT *un peu sirupeux, l'herbe crépitante de sauterelles* (SIMENON, *Vérité sur Bébé Donge*, I). — *Cet essor* PEUT *être excessif, l'espèce se développer démesurément* (PROUST, *Rech.*, t. II, p. 603). — *Pour comprendre le monde,* IL FAUT PARFOIS *se détourner ; pour mieux servir les hommes, les tenir un moment à distance* (A. CAMUS, *Été*, p. 13).

Cette ellipse particulière est parfois appelée *zeugma* (ou *zeugme*). Mais ce terme reçoit des acceptions différant selon les grammairiens et nous préférons ne pas nous en servir.

Des grammairiens exigent que le verbe non exprimé ait la même personne et le même nombre que le verbe exprimé. Mais, pas plus que dans le passé (voir Hist.), les auteurs, même les plus scrupuleux, ne tiennent compte de cette restriction :

Tu SERAS *dame, et moi comte* (HUGO, *Lég.*, XV, III, 11). — *La petite* RETOURNERA *chez elle, nous à Paris* (MUSSET, *Il ne faut jurer de rien*, III, 3). — *On ne distinguait qu'un large amas où les chairs humaines* FAISAIENT *des taches blanches,* [...] *le sang des fusées rouges* (FLAUB., *Sal.*, XIV). — *Son sourire* EST *tranquille et ses yeux assurés* (BAUDEL., *Fl. du m.*, À *une dame créole*). — *Les boutiques* ÉTAIENT *closes, la rue muette* (MAUPASS., *C.*, Boule de suif). — *La nuit* ÉTAIT *claire, les étoiles avivées de froid* (A. DAUDET, *Lettres de m. m.*, p. 192). — *Il était déjà singulier que je ne l'*EUSSE *pas cherché, ni lui* [= ni lui moi] (HERMANT, *Discorde*, p. 280). — *J'*AVAIS *vingt-trois ans ; toi, dix-huit* (Fr. MAURIAC, *Nœud de vip.*, I).

Le verbe non exprimé peut être affirmatif alors que le verbe exprimé est négatif : *Je* N'AI PAS *assez d'invention pour imaginer les embûches et trop peu de prudence pour les déceler à temps* (H. BOSCO, *Mas Théotime*, 1947, p. 104). — *L'esprit* N'Y EST *pour rien et la matière pour beaucoup* (A. CAMUS, *Été*, p. 49). — Ceci est tout à fait courant avec *mais : Sa puissance* N'EST PAS *diminuée, mais accrue* (AC., s.v. *mais*).

Lorsque l'attribut n'est pas répété, il peut y avoir discordance en genre et en nombre : *Aucune femme n'est* MÉCONTENTE *d'être regardée, ni aucun homme d'être écouté* (TAINE, *Vie et opinions de M. Fr.-Th. Graindorge*, p. 21). — *Tu as été* CHOQUÉ, *murmure-t-elle, par les pilules de Salomé. Moi aussi* (H. BAZIN, *Cri de la chouette*, p. 105). — *Je suis* VEUF. *Bertille* [= une femme] *aussi* (ID., *ib.*, p. 92).

Hist. — Les classiques s'accommodaient fort bien de ces discordances :

La coupable EST *punie, et vos mains innocentes* (CORN., *Rodog.*, V, 4). — *Nos amis* ONT *grand tort, et tort qui se repose / Sur de tels paresseux* (LA F., *F.*, IV, 22). — *Le cœur* EST *pour Pyrrhus, et les vœux pour Oreste* (RAC., *Andr.*, II, 2). — De même : *Tes cieux* ONT *plus d'éclat, ton sol plus de chaleurs, / Ton soleil* EST *plus pur, plus suaves tes fleurs* (A. CHÉNIER, *Élég.*, LI).

2° Lorsque deux syntagmes nominaux ne diffèrent que par le déterminant, le nom peut n'être exprimé que dans le second syntagme (cf. Rem.) :

Mouvement à deux ou à trois TEMPS (AC., s.v. *valse*). — *Laisser sur la branche que l'on coupe deux, trois* BOUTONS À FRUIT (AC., s.v. *œil*). — *Espace resserré entre deux ou plusieurs* MONTAGNES (AC., s.v. *vallée*). — *Trente et quelques* COLLÈGES *donnaient à ce quartier sa physionomie particulière* (BARRÈS, dans *Paris illustré*, 27 juillet 1889, p. 539). — *C'était un homme de cinquante et des* ANNÉES (ARAGON, *Aurélien*, XXVIII) [cf. § 566. Rem. 2]. — *Nous inviterons mes et tes* AMIES.

Cela se fait même si le nombre des noms est différent et même si le pluriel et le singulier se prononcent différemment ; le pluriel vient toujours en dernier lieu :

Répétition continue d'une ou deux NOTES (AC., S.V. *tremolo*). — *Sur un ou plusieurs* REGISTRES *tenus doubles* (*Code civil*, art. 40). — *Sur un ou plusieurs* PIEDS (LITTRÉ, S.V. *table*, 2° ; AC., même art.). — *Louise ne se dévoua plus qu'à son, puis ses* ENFANTS (A. CAMUS, *L'exil et le royaume*, Pl., p. 1631). — *Quelles différences* [...] *y a-t-il entre ces langues de départ et la ou les* LANGUES *d'arrivée* [...]? (G. MOUNIN, *Langue franç.*, pp. 132-133.)

Traînée par un ou plusieurs CHEVAUX (LITTRÉ, S.V. *chaise*, 3°).

Cela se trouve même parfois si le genre des noms est différent : *Elle avait peine à frapper de langueur un ou une* RIVALE (MALLET-JORIS, *Trois âges de la nuit*, L.P., p. 274). — *Si vous avez un ou une* AMIE. — Cela ne se fait que si 1) le féminin est en dernière position ; 2) si la forme masculine et la forme féminine sont homophones. On ne dirait pas : **Une ou un* RIVAL. **Je cherche un ou une* CHATTE, *un ou une* ÂNESSE.

Si le nom est à initiale vocalique, le déterminant employé sans nom prend la forme qu'il a quand il y a disjonction (§ 47) : *Je cherche* LE *ou les auteurs de cette farce* (et non : **l'*). *Elle voudrait avoir près d'elle* SA *ou ses amies* (et non : **son*).

Remarques. — 1. À côté de *cent et quelques* (ou ... *et des*) *francs* (voir ci-dessus), on entend dans la langue familière : *Deux cents francs* ET QUELQUES (ROBERT, S.V. *quelque*). — *Cette femme qui fait la jeune a cinquante ans* ET DES (ex. forgé par M. Roques, cité dans Nyrop, *Études de gramm. franç.*, n° 29). Cf. §§ 566, Rem. 2 ; 610, *a*.

2. Le cardinal (peut-être parce qu'il sert aussi de pronom) se prête à des ellipses qui ne sont pas permises avec les autres déterminants, par ex. en dehors de la coordination : *Depuis deux* HEURES *jusqu'à trois* (APOLLIN., *Anecdotiques*, 1er mai 1918). — *De quatorze à dix-sept* ANS (ID., *Flâneur des deux rives*, p. 55).

3° Non-répétition du nom accompagné d'une épithète : cf. *d)* ci-dessous.

c) Dans les propositions de manière introduites par *comme* et dans les propositions corrélatives amenées par *autant, autre, plus*, etc. (§§ 1075-1077) :

M. de Norpois n'estimait pas moins le tact du prince que le prince le sien (PROUST, *Rech.*, t. II, p. 261) [= ... *que le prince n'estimait le tact de Norpois*]. — *Étienne réussit mieux que sa sœur* [= ... *que sa sœur ne réussit*]. — *Le malade allait moins bien que la veille* [= *que le malade n'allait* la veille]. — Voir un cas particulier ci-dessous, *e*), 4°.

Le verbe non exprimé peut, dans la meilleure langue, être à une autre personne, à un autre nombre, à un autre mode, à un autre temps que le verbe exprimé ; de même, les participes passés ou les adjectifs peuvent être à un autre nombre et à un autre genre que les participes ou adjectifs exprimés :

Vous ÊTES *ici chez vous plus que moi-même* (HUGO, *Misér.*, I, II, 3). — *J'*AI *plus de souvenirs que si j'avais mille ans* (BAUDEL., *Fl. du m.*, Spleen). — *Au lieu de* S'EN RETOURNER *en même temps qu'eux, il avait été s'adjoindre à la garde nationale* (FLAUB., *Éd. sent.*, III, 1). — *Mon âme* ATTEND *le Seigneur plus que les veilleurs l'aurore* (*Bible*, trad. CRAMPON, Ps., CXXX). — *Des baisers* [...] ENVOLÉS *des lèvres comme des bulles de savon d'un fétu de paille* (J. RENARD, *Sourires pincés*, Ciel de lit., I). — *Mon père, que j'*APPELAIS M. Seurel, comme les autres élèves (ALAIN-FOURNIER, *Gr. Meaulnes*, I, 1). — *Pour que je la* CONSOLE [subjonctif !] *comme un frère aîné une petite sœur sans amant* (LÉAUTAUD, *Petit ami*, IV). — *Elle croyait* *citer textuellement les paroles, tout en ne les* DÉFORMANT *pas moins que Platon celles de Socrate ou saint Jean celles de Jésus* (PROUST, *Rech.,* t. I, p. 697). — *Des passereaux* CRIBLAIENT *le ciel, comme les merlettes un blason* (P. MORAND, *Flèche d'Orient,* p. 126). — *Dieu sait pourtant si je les* CONNAISSAIS, *aussi bien qu'un curé son bréviaire !* (GENEVOIX, *Derrière les collines,* p. 112.) — *Nous* CONNAISSONS *nos signaux mieux qu'un prêtre son bréviaire* (CHAMSON, *Superbe,* p. 27). — *Je n'ignore pas que tout cela est* [...] RONGÉ *par ce qui entre temps s'est amassé en nous comme une pierre* [= ... *comme une pierre est rongée*] *par le lichen ou du métal par la rouille* (YOURCENAR, *Souvenirs pieux,* p. 12).

Remarques. — 1. Une application particulière de ce qui vient d'être dit est fournie par la locution ***ressembler à ... comme deux gouttes d'eau*** = ... comme deux gouttes d'eau *se ressemblent.* La formule est ancienne (cf. Hist.), et elle a résisté à toutes les critiques (voir notamment Littré), mais elle appartient plutôt au langage familier :

J'en ai trouvé une [= une pomme de terre] *gonflée, violette,* [...] *qui ressemble à grand'tante Agnès comme deux gouttes d'eau* (VALLÈS, *Enfant,* II).

Autres ex. : STENDHAL, *Chartr.,* VII ; BALZAC, *Goriot,* p. 55 ; RENAN, *Fragments intimes et romanesques,* p. 203 ; BAINVILLE, *Chroniques,* p. 215 ; J. ROMAINS, *6 oct.,* p. 270 ; L. GOLDMANN, *Pour une sociologie du roman,* Id., p. 65 ; J. DUTOURD, *Paradoxe du critique,* p. 350 ; etc.

Cette forme n'est pas moins illogique : *Tu me ressembles* COMME LA GOUTTE D'EAU (DRIEU LA ROCHELLE, *Chiens de paille,* p. 236). Comp. l'ex. de *Pathelin* dans l'Hist.
Les formules régulières continuent d'être utilisables : *Il arrive que deux mots se ressemblent comme deux gouttes d'eau et n'aient aucune parenté* (HERMANT, *Chron. de Lancelot du Temps,* t. I, p. 10). — *Une démocratie imposée par la force* [...] *ressemble à la dictature comme une goutte d'eau à une goutte d'eau* (Th. MAULNIER, *Sens des mots,* p. 61).

On ne dit pas, avec d'autres noms : **Il me ressemble comme deux frères,* etc.

Hist. — Ex. classiques : *Il luy falut élargir sa ceinture ; / Puis mettre au jour petite creature, / Qui ressembloit comme deux goutes d'eau / [...] à la sœur Jouvenceau* (LA F., *C.,* Lunettes). — De même : MOL., *Mariage forcé,* I (1668), et *Mal. im.,* III, 7 ; SÉV., 5 août 1676 ; Mᵐᵉ de MAINTENON, *Corresp.,* dans Littré ; SAINT-SIMON, Pl., t. I, p. 538 ; MARIVAUX, *Paysan parvenu,* p. 49 ; VOLT., *Corresp.,* 31 déc. 1740 ; DIDEROT, *Est-il bon ? Est-il méchant ?* IV, 7.
On a déjà une formule analogue au XVᵉ s. : *Vous luy resemblez* [= à votre père] *mieulx que goute / D'eaue* (*Pathelin,* 169-170) [= mieux qu'une goutte *ne ressemble à une autre goutte*]. Voir l'ex. de Drieu la Rochelle ci-dessus.

2. La langue familière emploie ***comme si*** sans proposition : *Elle ne s'est aperçue de rien ; je ne puis croire qu'elle ait fait* COMME SI [en italiques] (P.-H. SIMON, *Raisins verts,* p. 184) [= comme si *elle ne s'était aperçue de rien*]. — Comp. *d)* ci-dessous.

Tout comme s'emploie avec cette valeur de *comme si,* surtout après *c'est,* mais parfois après d'autres verbes, parfois aussi sans que la formule dépende d'un verbe :

Il ne s'est pas tué, mais c'est TOUT COMME : *il s'est laissé mourir* (GIDE, *Journal,* 21 nov. 1923). — *Nous n'avons pas d'amant.* [...] *Nous avons des maris successifs. / — C'est* TOUT COMME ; *vous légalisez l'adultère* (M. BEDEL, *Jérôme 60° latitude nord,* VII). — *Il l'avait vu de ses yeux ou c'était* TOUT COMME (Fr. MAURIAC, *Pharisienne,* VI). — [Molière faisait déjà dire au paysan Alain : *C'est justement* TOUT COMME (*Éc. des f.,* II, 3).]

Je doute que beaucoup de gens s'y laissent prendre ; mais ils font TOUT COMME (GIDE,
École des femmes, II). — [...] *les deux charlatans venus d'Arabie sans diplômes,* [...] *qui ne
portaient* [...] *ni le bonnet carré, ni la robe garnie d'hermine, mais agissaient* TOUT COMME *et
usurpaient le sacerdoce médical* (H. GHÉON, *Jambe noire,* p. 106).

    Christian. *Ciel ! / Vous, son frère ?* — Cyrano. *Ou* TOUT COMME : *un cousin fraternel*
(E. ROSTAND, *Cyr.,* II, 10). — *Les agitateurs, religieux ou politiques* TOUT COMME
(G. BELMONT et H. CHABRIER, trad. de : A. Burgess, *Homme de Nazareth,* p. 15).

    De *faire comme si* on rapprochera l'expression synonyme et plus rare *faire
celui qui,* où c'est un pronom relatif qui est construit sans proposition : *Dort-il
vraiment, ou ne ferait-il pas* CELUI QUI ? (MONTHERLANT, *Théâtre,* Notes de 1948
sur *Fils de personne,* Pl., p. 380.)

    3. Dans les propositions elliptiques signalées dans le *c),* l'objet direct est
parfois introduit par la préposition *pour : On se· mit à parler allemand, avec la
même aisance que tout à l'heure* POUR *le français* (LOTI, Mme *Chrysanth.,* II). —
Comp. § 745, *a.*

    d) Un nom accompagné d'une épithète peut ne pas être exprimé s'il
a déjà été mentionné antérieurement avec une autre épithète. L'épithète
sans nom est accompagnée du déterminant [1] que le nom aurait eu. Ce
tour appartient surtout à la langue écrite lorsqu'il s'agit d'épithètes de
relation (§ 317, *a*).

    — Le syntagme complet et le syntagme elliptique sont coordonnés : *Le Cardinal* [...]
faisait le distrait pendant le premier ACTE *et* LE SECOND (VIGNY, *Cinq-Mars,* XXVI). — *Un
second* COUP DE SONNETTE, *puis* UN TROISIÈME, *puis* UN QUATRIÈME *emplirent de vacarme le
petit logement* (MAUPASS., C., *Surprise*). — *Je ne considère ni la* RÉPUBLIQUE *romaine, ni* LA
BATAVE, *ni* L'HELVÉTIQUE, *mais seulement la* FRANÇAISE (A. FRANCE, *Orme du mail,* XIII). —
Les juifs, exclus de la SOCIÉTÉ *féodale et de* LA LÉGISTE *qui ont précédé notre temps* [...]
(BARRÈS, *Ennemi des lois,* 1927, p. 146). — *Entre les* LIGNES *allemandes et* LES FRANÇAISES
(J. ROMAINS, *Hommes de b. vol.,* t. XV, p. 83). — *Les mérites respectifs de la* VIANDE *bouillie
et de* LA RÔTIE (A. BILLY, dans le *Figaro litt.,* 7 janv. 1950). — *Après le huitième* VERS *et après*
LE DERNIER (AC., s.v. *rondeau*).

    — Le syntagme complet et le syntagme elliptique ne sont pas coordonnés : *Waterloo est
une bataille du premier* ORDRE *gagnée par un capitaine* DU SECOND (HUGO, *Misér.,* II, I, 16).
— *Mon premier* SOUVENIR *date donc d'une fessée.* MON SECOND *est plein d'étonnement et de
larmes* (VALLÈS, *Enfant,* I). — *Certaines* CHOSES *que je comprenais, je ne les comprends plus, et
à chaque instant* DE NOUVELLES *m'émeuvent* (J. RENARD, *Journal,* 28 oct. 1896). — *Il faudra*
[...] *inventer un nouveau* CANCAN, L'ANCIEN *ayant été amené* [...] *au rang des danses hiératiques*
(APOLLIN., *Anecdotiques,* 1er avril 1914). — *Madame Léa, après vous ce* CHAPEAU-*là, quand
vous le jetterez ?* [...] *Madame Charlotte, vous vous souvenez,* VOTRE BLEU ? *Il m'a fait deux ans*
(COLETTE, *Chéri,* M.L.F., p. 69). — *Une hypothèse plus sérieuse* [...] *fut celle qui rattachait
notre* LANGUE *à* LA GRECQUE (BRUNOT, *Hist.,* t. I, p. 2). — *Sprat* [...] *voulait aussi l'établissement d'une* ACADÉMIE *Anglaise sur le modèle de* LA FRANÇAISE (LANSON, dans Volt., *Lettres
phil.,* S.T.F.M., t. II, p. 178). — *La grande* LITTÉRATURE *antique* [...], *c'est* LA GRECQUE

---

    1. Certains grammairiens considèrent qu'il ne s'agit plus d'un déterminant, mais d'un
pronom.

(DAUZAT, dans le *Fr. mod.*, janv. 1946, p. 2). — [...] *remarques générales sur la* SOCIÉTÉ — LA RELIGIEUSE *surtout, mais aussi* LA CIVILE (L. HALPHEN, *Charlemagne et l'empire carol.*, 1949, p. 264). — *L'*HYMNE NATIONAL *serbe fut suivi de* L'ITALIEN (QUENEAU, *Rude hiver*, IV). — [...] *créer une* LITTÉRATURE *nationale, égale en dignité à* LA FRANÇAISE (R. POMEAU, *Europe des lumières*, p. 140). — *Elle allait déserter le* RÈGNE *minéral et sauter par-dessus* LE VÉGÉTAL (PIEYRE DE MANDIARGUES, *Motocyclette*, F°, p. 20). — *On avait les* YEUX *presque les uns sur les autres,* SES VERTS *sur* MES NOIRS (M. MOREAU, *Moreaumachie*, p. 130).

Dans les ex. suivants, au lieu d'une épithète, on a un nom complément sans préposition : *M. Léon Daudet* [...] *s'étonnait de le voir prendre au sérieux l'*ACADÉMIE *Française.* [...] *La province* [...] *finira peut-être par avoir la même considération pour* LA GONCOURT (THIBAUDET, *Vie de M. Barrès*, p. 244). — *Des* CHAMBRES *d'amis : la verte,* LA LOUIS XIV (R. SABATIER, *Trois sucettes à la menthe*, p. 32).

Le nom qui n'est pas répété peut n'être exprimé qu'avec la seconde épithète, s'il s'agit d'adjectifs dont la place ordinaire est devant le nom.

— Le syntagme complet et le syntagme elliptique sont coordonnés : LES BONS *et les mauvais* ANGES (CHAT., *Mém.*, II, VII, 2). — *Il définit* LA VRAIE *et la fausse* DÉVOTION (SAINTE-BEUVE, *Port-Royal*, III, 16). — *Quand un complément est joint au sujet de* LA Iᵉ *ou de la* IIᵉ PERSONNE (BRUNOT, *Pensée*, p. 281). — *Entre* LE QUINZIÈME *et le seizième* SIÈCLE (COCTEAU, *Maalesh*, p. 187). — *Quand* LE BON *et le mauvais* PARTI *étaient si difficilement discernables* (Th. MAULNIER, *Jeanne et les juges*, IV). — [...] *qui comprend* [...] L'ANCIEN *et le Nouveau* TESTAMENT *(Dict. contemp.*, s.v. *bible).*

— Le syntagme complet et le syntagme elliptique ne sont pas coordonnés : [...] *qui développa* MES BONNES *et dessécha mes mauvaises* QUALITÉS (BALZAC, *Lys dans la vallée*, p. 39) [les deux syntagmes se trouvent dans des propositions coordonnées]. — *Du* Iᵉʳ *au* IVᵉ SIÈCLE (THÉRIVE, *Libre hist. de la langue fr.*, p. 36). — *De* MA`SEIZIÈME *à ma vingtième* ANNÉE (J. GREEN, *Journal*, 25 mai 1949).

Certains auteurs mettent abusivement le nom au pluriel lorsque les déterminants sont au singulier : cf. § 499, *d.* — Lorsqu'il y a coordination des deux syntagmes, d'autres constructions sont possibles : le déterminant n'est pas repris (§ 561, *b*) : *La sixième et septième leçon ;* — le nom et le déterminant sont au pluriel, et les adjectifs s'accordent d'une manière distributive (§ 331) : *Les sixième et septième* LEÇONS.

Les ellipses décrites ci-dessus peuvent se produire aussi alors que le nom n'a pas de déterminant :

Trente ans de VIE *privée et trois ans de* PUBLIQUE (PÉGUY, *Myst. de la char. de J. d'Arc*, p. 155). — *La confusion entre* RADICAUX *toniques et* ATONES (BRUNOT, *Hist.*, t. II, p. 351). — *Des bribes de souvenirs reçus de* SECONDE *ou de dixième* MAIN (YOURCENAR, *Souvenirs pieux*, p. 12).

Remarques. — 1. Le nom sous-entendu peut être d'un autre nombre que le nom exprimé : *Le XIVᵉ* SIÈCLE *et* LES SUIVANTS.

En particulier, c'est fréquemment le cas quand un superlatif relatif (ainsi que *premier* et *dernier*) est employé sans nom parce que ce nom est exprimé dans le complément qui suit :

Le plus BEAU *de tous les tangos du monde* [= le plus beau tango]. — *Vous êtes la* MEILLEURE *des femmes.* — *Le* DERNIER *des justes* (titre d'un livre d'A. SCHWARZ-BART). — *La* PREMIÈRE *de mes pensées a été pour vous.* — Pour le genre, voir § 329, Rem.

2. Il est assez rare que l'ellipse du nom se produise alors que l'épithète est suivie d'un complément :

C'est Virieu qui fit le tri pour les MÉDITATIONS. *Quand il lui* [= à Lamartine] *fallut un second volume, il le fit* [...] *avec* LES DÉDAIGNÉES PAR VIRIEU (BARRÈS, *Mes cahiers*, t. X, p. 56). — [...] *ces deux classes de* PRODUITS : LE FAIT À LA MAIN, *qui est en principe plus solide* [...], *et le produit fait en série par la machine* (Ét. GILSON, *Société de masse et sa culture*, p. 21).

Malgré l'opposition des puristes, on préfère reprendre le nom par le pronom démonstratif : ... *avec* CELLES *dédaignées par Virieu.* Cf. § 673, *b*.

3. Pour *une heure et demie* (= une heure et *une demi-heure*), etc., voir § 547, *a*. — Sur les locutions *de temps à autre, de part et d'autre*, voir § 712, *b*, 6°.

e) Devant un complément prépositionnel, un nom déjà exprimé peut ne pas être répété, ni remplacé par un pronom démonstratif :

1° Dans la langue littéraire, lorsque le nom (ou le pronom démonstratif) omis aurait été attribut :

Son sourire semblait D'UN ANGE (MUSSET, *Poés. nouv.*, Lucie) [= ... semblait *le sourire* d'un ange, ou : ... semblait *celui* d'un ange]. — *Mes premiers vers sont* D'UN ENFANT, / *Les seconds* D'UN ADOLESCENT, / *Les derniers à peine* D'UN HOMME (ID., *Prem. poés.*, Au lecteur). — *Sa maigreur était* D'UN ASCÈTE (H. BORDEAUX, *Pays sans ombre*, p. 41).

Selon Nyrop (t. V, § 264), la langue contemporaine verrait dans ces exemples un complément d'origine.

2° Dans les phrases averbales (cf. *a*, ci-dessus) de la conversation familière :

Et mes bottines ? / — *Lesquelles ?* / — DE DAIM ! (COLETTE, *Chéri*, M.L.F., pp. 12-13.)

3° Lorsque les deux noms [ou plus] (l'un exprimé, l'autre omis, chacun accompagné d'un complément) sont coordonnés :

Pécuchet [...] *fit sauter* LE COUVERCLE *de la première, puis* DE LA SECONDE, DE LA TROISIÈME (FLAUB., *Bouv. et Péc.*, éd. L., pp. 87-88). — *L'invasion allemande bouleversa* LA FACE *de la France et* DU MONDE (G. DUHAMEL, *Civilisation*, L.D., p. 34). — [...] *en ayant soin de créer pour chaque sorte de valeur un journal distinct ; c'est ainsi qu'on peut rencontrer dans une comptabilité : un* JOURNAL ORIGINAIRE *des achats,* DES VENTES, [...] D'EFFETS À RECEVOIR, D'EFFETS À PAYER, DE CAISSE, D'OPÉRATIONS DIVERSES *(Grand Lar. enc.*, s.v. journal). — *Oran et Alger se rejoignent, luttent et s'injurient sur le* TERRAIN *du sport,* DES STATISTIQUES *et* DES GRANDS TRAVAUX (A. CAMUS, *Été*, p. 38). — *Selon qu'elles sont la* FEMME *de X ou* DE Y (M. CARDINAL, *Autrement dit*, p. 44). — *Une autre partie était gâtée par l'*EAU *de pluie ou* DE MER (M. TOURNIER, *Vendredi ou les limbes du Pacifique*, F°, p. 46). — *Sans doute l'échec n'est-il pas seulement au* NIVEAU *de la forme mais aussi* DE LA THÉORIE (BARTHES, *Degré zéro de l'écriture*, II, 3) [comp. § 995, *b*, Rem. 4].

De même avec des pronoms démonstratifs (l'un exprimé, l'autre omis) : *Le Comité national français ne sépare en rien l'intérêt supérieur de la France de* CELUI *de la guerre et* DES NATIONS-UNIES (DE GAULLE, *Mém. de guerre*, cit. *Trésor*, t. V, p. 370). — *L'amateur de masques a pu porter de temps à autre* CELUI *du joyeux drille,* DU ROUÉ DÉSINVOLTE, *ou, tout simplement,* DU BON BELGE, *faux ne plus factices encore que son loup de jeune prince romantique* (YOURCENAR, *Souvenirs pieux*, p. 192).

Sur les problèmes que pose l'accord du verbe, voir § 436, *a*. — Dans l'ex. de M. Yourcenar, *factices* renvoie en fait à trois *celui*, dont deux ne sont pas exprimés. Pluriel analogue dans cet ex. de Colette : [...] *cette fixité qui rend* REDOUTABLES *l'attention de l'enfant perplexe et du chien incrédule* (*Chéri*, M.L.F., p. 170).

Le tour décrit ci-dessus est parfois ambigu, puisqu'il pourrait se confondre avec le cas où un nom (désignant un seul être ou objet) est accompagné de plusieurs compléments : *Jean est l'ami de Pierre et de Gaston* [2].

Dans l'ex. du *Grand Lar. enc.*, si le contexte ne l'excluait pas explicitement, on pourrait comprendre que les commerçants tiennent un journal concernant à la fois les achats, les ventes, etc.

Certains auteurs mettent le nom au pluriel (un pluriel constitué par la somme des singuliers auxquels correspond chacun des compléments) ; mais l'ambiguïté peut subsister. D'autres ajoutent un numéral cardinal ou un multiplicatif :

LES ROIS *de Naples et de Hollande, Joachim et Louis, doivent également refuser lesdits cierges* (CHAT., *Mém.*, II, I, II, 8). — LES GARES *d'Austerlitz et d'Orsay étaient menacées par l'eau* (dans BRUNOT, *Pensée*, p. 165).

LES TROIS AVIONS POSTAUX *de la Patagonie, du Chili et du Paraguay revenaient du Sud, de l'Ouest et du Nord vers Buenos-Ayres* (SAINT EXUPÉRY, *Vol de nuit*, II). — *Jeune marié, j'ai enduré* LE DOUBLE CAPRICE *de la mode et de ma femme* (COLETTE, *Voyage égoïste*, p. 143).

Remarque. — Contrairement à ce qui se passe avec des épithètes (voir *d*, ci-dessus), il n'est pas correct d'exprimer le déterminant devant le complément ou la relative quand le nom est omis : °*Les robes en soie et* LES *en laine*. Cependant, cette construction est permise avec les numéraux : *Deux robes en soie et* DEUX *en laine*. Cf. § 556, Rem. 2. Sur le tour avec le démonstratif (... *et* CELLES *en laine*), voir § 673, *b*.

4° Dans une proposition de manière introduite par *comme* ou dans une proposition corrélative amenée par *autant, plus,* etc. (§ 1075), à condition que le nom exprimé ait son propre complément (le tour est parfois ambigu) :

Un souverain fera plutôt épouser à son fils LA FILLE *d'un roi détrôné que* D'UN PRÉSIDENT DE LA RÉPUBLIQUE EN FONCTIONS (PROUST, *Rech.*, t. I, p. 704). — *Les séminaires contiennent* [...] *plus de* FILS *de fermiers que* DE GRANDS PROPRIÉTAIRES (YOURCENAR, *Souvenirs pieux*, p. 105) [= ... que de fils de grands propriétaires].

C'est un pronom démonstratif qui n'est pas répété : *La mutation intellectuelle marxiste est donc, dans tous les domaines, dans* CELUI *de l'économie politique comme* DU SOCIALISME RÉVOLUTIONNAIRE [...], *un refoulement* (Emm. TODD, *Le fou et le prolétaire*, p. 158).

Remarques. — 1. On ne dirait plus (cf. Hist., ex. de Corneille et de Montaigne) : **Je n'ai d'autre souci que* DE *votre bonheur*. On a le choix entre *Je n'ai d'autre souci que celui de votre bonheur* (suppléance pour : ... *que le souci de votre bonheur*) ou *Je n'ai d'autre souci que votre bonheur*, où il y a en même temps absence du nom (ou du pronom) et absence du *de* introduisant le complément.

---

2. Dans la langue littéraire, on répète d'ailleurs parfois le nom, alors que la réalité désignée est unique : *Et ce fleuve de sable et ce fleuve de gloire* [= la Loire] / *N'est là que pour baiser votre auguste manteau* (PÉGUY, *Morceaux choisis*, Poésie, p. 94).

Mais est-ce encore un complément ? La dernière expression doit être rapprochée de *Je n'ai d'autre ami que Gaston : Votre bonheur est mon souci* comme *Gaston est mon ami.* Là où ce rapprochement est impossible, l'ellipse du nom est impossible aussi : *Il n'avait d'autre voiture que celle de son père.*

Le *de* reparaît devant un infinitif : *Tu n'as [...] d'autre rôle que* DE *prendre soin d'Andrès* (Fr. MAURIAC, *Anges noirs*, p. 169). — *Si nul ne croit plus que l'autoportrait [...] n'eut d'autre souci que* D'*imiter son modèle* (MALRAUX, *Antimémoires*, p. 15). — Mais il s'agit du *de* qui introduit ordinairement les infinitifs : § 1044, *d*, 2°.

2. Après *même ... que ...,* on a parfois l'ellipse d'un nom accompagné d'une proposition relative, mais cela entraîne aussi la disparition du *que* :

On vous fera LE MÊME *traitement* QU'*on lui a fait* (LITTRÉ, s.v. *même*, 6°) [= ... le même traitement *que le traitement* qu'on...]. — *On posa devant les brocanteurs un petit coffret,* [...] LE MÊME QU'*il avait vu au premier dîner dans la rue de Choiseul,* QUI *ensuite avait été chez Rosanette* (FLAUB., *Éd. sent.*, III, 5). — *On sent que la sève coule dans les arbres, et que les herbes poussent avec* LA MÊME *force et* LE MÊME *rythme* QUE *les pierres s'écaillent et* QUE *les murailles s'affaissent* (ID., *Par les champs et par les grèves*, cit. Brunot, *Pensée*, p. 732). — *Les conditions d'aujourd'hui sont* LES MÊMES QUI *furent toujours proposées,* QUE *le Pape a toujours refusées* (VEUILLOT, *Parfum de Rome*, V, 6). — *Les choses se conservent par* LES MÊMES *conditions* QUI *ont présidé à leur naissance* (BAINVILLE, *Hist. de deux peuples*, p. 231). — *Elle portait* LE MÊME *costume d'azur* QU'*elle avait le jour de notre seconde rencontre* (JALOUX, *Branche morte*, p. 162). — *Un bon déjeuner l'a précédée, et* LA MÊME *sortie* QUE *font les gens bien portants* (PROUST, *Rech.*, t. II, p. 315). — *Je m'en retournai chez moi, par* LE MÊME *chemin* QUE *j'étais venu* (HERMANT, *Confession d'un enfant d'hier*, VI). — [Ex. classiques dans Littré, *l.c.*] — Comp. l'ex. de R. Rolland au § 243, *c.*

Hist. — 1. Les constructions décrites dans le *e)* ci-dessus remontent aux origines de la langue : *Cist colp est* DE BARUN (*Rol.*, 1280) [= Ce coup est de baron] ; etc.

Les cas où le nom déjà exprimé n'était pas repris devant un complément nominal étaient beaucoup plus nombreux jadis : *Si* OIL *resamblent* DE FAUCON (fabliau, dans Tobler, *Mél.*, p. 140) [= Ses yeux ressemblent à *des yeux* de faucon]. — *Desdaignant tout autre* JOUG *que* DE LA VERTU (MONTAIGNE, *Ess.*, I, 25). — Au XVIIe s. encore, on trouve des ex. comme ceux-ci : *Mon pere* [...] / *Quitta tous autres* SOINS *que* DE *sa sepulture* (CORN., *Médée*, III, 3). — *Prenons* [...] / *Vous* LA PLACE *d'Helene, et moy* D'*Agamemnon* (RAC., *Andr.*, IV, 3). — ⁺LA GLOIRE *ou* LE MÉRITE *de certains hommes est de bien écrire ; et* DE *quelques autres, c'est de n'écrire point* (LA BR., I, 59). — On pourrait sans doute relever des tours analogues chez certains auteurs d'aujourd'hui.

En particulier, on écrivait : *En mon nom et de mon père.* Les grammairiens (par ex., Vaugelas, pp. 209-210) ont critiqué cette coordination, qu'on trouve encore au XVIIIe s. : ⁺*Donnez-moi* [...] *de* VOS *nouvelles* [...] ET DE TOUTE VOTRE FAMILLE (J.-J. ROUSS., lettre, cit. Brunot, *Hist.*, t. VI, p. 1641). [Comp. § 261, *b*.]

2. Le nom qui n'était pas répété pouvait en anc. fr. être représenté par l'article défini : *L'*AME *Uterpandragon son pere et* LA *son fil* [= celle de son fils] *et* LA *sa mere* (CHRÉT. DE TROYES, cit. Tobler-Lommatzsch, V, 276).

On trouve déjà, mais assez rarement, le pronom démonstratif : *L'une est la contesse de Blois / Et l'autre est* CELLE *de Soissons* (GAUTIER DE COINCI, dans Tobler-Lommatzsch, II, 90).

On pouvait aussi, naturellement, répéter le nom : *Sun mesfait e* LE MESFAIT *de sun pople* (*Livres des Rois*, cit. Nyrop, t. V, § 264).

f) Après *devoir, pouvoir, vouloir, dire, croire* et autres verbes analogues, on a souvent l'ellipse d'un infinitif ou d'une proposition :

— Dans des propositions relatives : *Je fais tous les efforts que je peux* (= ... que je peux *faire*).
— *Il m'a donné tous les renseignements que j'ai voulu* (= ... que j'ai voulu *qu'il me donnât*).

— Dans les propositions de manière introduites par *comme* et dans les propositions
corrélatives amenées par *autant, autre, plus,* etc. (§ 1075) : *Il est avare, comme chacun sait,*
... *comme vous dites.* — *Il m'a aidé autant qu'il a pu.* — *Il réussira mieux que vous ne pensez.*
— *Il a vécu moins longtemps qu'on n'aurait cru.* — *Il est autre que je ne croyais.* — *On
n'accepte pas de se trouver moins pur qu'on n'espérait* (P. MOINOT, *Chasse royale,* L.P.,
p. 144).

— Dans les propositions temporelles ou conditionnelles, surtout après *pouvoir, vouloir :*
Viens quand tu veux, ... *quand tu peux,* ... *si tu veux.* — En outre, *si j'ose dire.*

— Dans les réponses (comp. *a* ci-dessus) : *Ça serait mieux que tu le voies avant le
spectacle.* / — TU CROIS ? *dit Pierre* (S. de BEAUVOIR, *Invitée,* L.P., p. 137). — *On ne peut
pas dire qu'il vous en veuille.* / — JE SAIS (QUENEAU, *Pierrot mon ami,* Épilogue). — *Vous
nous mènerez au vernissage, Annette et moi ?* / — JE CROIS BIEN (MAUPASS., *Fort comme la
mort,* I, 1). — Le pompier. [...] *Est-ce qu'il y a le feu chez vous ?* / [...] / Mme Smith, confuse.
JE NE SAIS PAS... JE NE CROIS PAS (IONESCO, *Cantatrice chauve,* VIII).

— Autres cas : *Elle m'a écrit que j'étais adorable. Elle* PEUT *bien. Ce sont de beaux
cadeaux* (ARAGON, *Mentir-vrai,* p. 275).

Avec certains verbes, cela se dit surtout quand ils sont accompagnés d'une
négation : *Je ne dis pas. Je ne peux pas. Je n'ose.*
Sauf dans les propositions relatives, l'infinitif et la proposition omis pourraient être représentés par le pronom personnel neutre *le* ou par *cela.* — On
notera que l'infinitif omis correspond à un verbe exprimé généralement à un
autre mode.

Remarque. — Dans les sous-phrases incidentes, il serait impossible d'exprimer une seconde fois la proposition, puisqu'elle fait partie de l'entourage immédiat, mais on pourrait la représenter par *le* ou parfois par *cela :*

Elle est, JE CROIS, *incapable de mentir.* — *Ainsi, pas de danger,* VOUS COMPRENEZ ?
(FLAUB., *Éd. sent.,* II, 3.) — *C'est un sujet qui m'est pénible,* TU SAIS BIEN (ID., *ib.,* I, 5). — *Ce
qui me divertissait le plus,* JE DOIS RECONNAÎTRE, *c'était de parler d'égal à égal avec des
capitaines et des commandants, moi qui étais caporal* (Vl. VOLKOFF, *Rumeurs de la mer,*
Intersection, p. 272). — *Vous voyagerez dans le couloir,* JE CRAINS, *dit Élisabeth* (S. de
BEAUVOIR, *Invitée,* L.P., p. 479). — *Vous me faites bien plaisir,* SAVEZ-VOUS, *si vous croyez
m'atteindre !* (H. BAZIN, *Mort du petit cheval,* XXXVII.) — Autres ex. au § 120, *b.*

Semble-t-il est beaucoup plus fréquent que *ce semble* (§ 676, *a*). — Les incises *dit-il,* etc.
ont eu des variantes *ce dit-il,* etc. : cf. § 374, Hist.

g) Dans les propositions de manière introduites par *comme* et dans
les propositions corrélatives amenées par *autant, plus,* etc. (§ 1075), on a
souvent l'ellipse de l'attribut :

RICHE *comme il est, il devrait être plus généreux.* — *Il n'est pas plus* GRAND *que vous
n'êtes* (HUGO, *Lég.,* t. II, p. 287). — *Yves parut plus* AMER *qu'il n'avait jamais été*
(Fr. MAURIAC, *Mystère Frontenac,* p. 226).

L'adjectif peut aussi être représenté par le pronom neutre *le : Sa vie fut plus* DISSIPÉE
qu'elle ne L'*avait été jusqu'alors* (Fr. MAURIAC, *ib.,* p. 208).

Remarque. — Dans la plupart des cas envisagés dans ce § (voir cependant *f*, Rem.), il est permis de répéter l'élément commun, notamment si l'on veut s'exprimer avec une force ou une clarté particulières (on peut aussi recourir, si cela s'y prête, à la suppléance : § 219) :

En agissant pour LUI *ou contre lui* (Al. DUMAS, *Tr. mousq.*, LI). — *Le ciel est noir, la terre* EST *blanche* (Th. GAUTIER, *Ém. et cam.*, Noël). — *Il suivait du regard le travail de Hutin, qui s'attardait à mettre des soies bleues à côté de* SOIES *grises et de* SOIES *jaunes* (ZOLA, *Au Bonheur des Dames*, II). — *Passent les jours et* PASSENT *les semaines* (APOLLIN., *Alc.*, Pont Mirabeau). — *Devant la confusion des âmes françaises,* DEVANT *la liquéfaction d'un gouvernement tombé sous la servitude ennemie,* DEVANT *l'impossibilité de faire jouer nos institutions, moi, Général de Gaulle, soldat et chef français, j'ai conscience de parler au nom de la France* (DE GAULLE, *Discours et messages*, 19 juin 1940). — *Sa langue roulait les R comme un ruisseau* ROULE *des graviers* (PAGNOL, *Gloire de mon père*, p. 62). — *Que ta main gauche ne sache pas ce que fait ta* MAIN *droite* (*Bible*, trad. CRAMPON, Matth., VI, 3) [trad. SEGOND : ... *ce que fait* TA DROITE].

218   L'**haplologie** est un phénomène qui ressortit à la phonétique (et qui n'est pas sans ressemblance avec l'élision) : elle consiste à n'exprimer qu'une fois des sons ou des groupes de sons identiques (ou partiellement identiques) qui se suivent immédiatement.

Voir §§ 19, Rem. 4 (manifestations occasionnelles) ; 166, *b*, 3° (dans la dérivation) ; 177, *d* (dans la composition). — Applications syntaxiques :

Il écrit dans LE Monde, *pour* *... *dans le* Le monde : § 570, 9°. — *J'*IRAI, *pour* °*J'*Y IRAI ; *Il* Y *a*, *pour* *Il Y Y *a* : § 635, *e*, 2°. — *Il* EN *remplit un*, *pour* *Il EN EN *remplit un* : § 635, *e*, 3°. — *La victoire* D'*ennemis si dangereux*, *pour* °*La victoire* DE DES *ennemis si dangereux* : § 568, *b*, Rem. — *Quant à présent*, *pour* *Quant À À *présent* : § 1044, *d*, 4°, Rem. 1. — *Jusqu'*À *présent*, *pour* **Jusqu'* À À *présent* : § 1015, *b*, Rem. 3. — PLUS TÔT *que plus tard*, *pour* *PLUTÔT PLUS TÔT *que plus tard* : § 927, N.B. — *Je ne demande pas mieux* QU'*il reste*, *pour* °*...* QUE QU'*il reste* : § 1028, *c*.

Dans la langue parlée : °*Je* LUI *dirai*, *pour* *Je* LE LUI *dirai* : § 635, *e*, 1°. — °Y *a* [jA], *pour* IL Y *a* : § 234, *c*.

Archaïque ou régional : *Il* ME *faut lever*, *pour* *Il ME ME *faut lever*. On dit plutôt : *Il* ME *faut* ME *lever.*

Hist. — 1. *Av'ous* s'est dit pour *Avez-vous* : cf. § 635, *d*, 3°, Hist.

2. L'ancienne langue présentait un phénomène curieux dont Tobler (*Mél.*, pp. 174-177) a donné trop d'exemples pour qu'on y voie de simples fautes de copie. L'haplologie y porte sur un syntagme, qui a une double fonction : *Mes si vus plest que jeo vus die /* M'AVENTURE *vus cunterai* (MARIE DE FRANCE) [= Mais s'il vous plaît que je vous dise *mon aventure* vous conterai, où *mon aventure* est à la fois complément de *dise* et de *conterai*]. Cela n'est possible aujourd'hui que par jeu, ainsi quand Jacques Cellard pastiche un livre sans ponctuation ni majuscule (*Paradis* de Ph. Sollers) : [...] *dans le sens des aiguilles d'une* MONTRE-*moi ta plume* (dans le *Monde* du 30 janv. 1981). — Tobler appelle cette construction ἀπὸ κοινοῦ, dénomination que d'autres grammairiens utilisent pour des coordinations comme *Il aime le vin et à rire* (ce qui est assez différent).

219   La **suppléance** (qu'on appelle aussi *remplacement* ou *représentation* ou *substitution*) est une autre application de l'économie linguistique : plutôt que de répéter un élément déjà présent dans le contexte, on le remplace par un autre élément. (D'autres types de suppléance sont présentés dans le § 220.)

Nous distinguons la suppléance de l'*anaphore* (§ 221).

a) Le principal suppléant est le **pronom,** qui fait l'objet du chapitre IV dans la IIIe partie de cet ouvrage. Nous signalerons ici seulement quelques faits :

1° Le pronom peut suppléer autre chose que des noms :

Vous ne considérez pas cette femme comme intelligente ; elle L'*est pourtant (l' = intelligente). — J'ai confiance en vous, vous* LE *savez* ou ... *vous savez* CELA *(le et cela = que j'ai confiance en vous).*

2° Le pronom ne représente pas nécessairement l'antécédent tel quel, mais l'idée contenue dans l'antécédent (§ 629, *c*) :

Elle demeura tout interdite ; je L'*étais beaucoup moi-même* [dit Adolphe] (B. CONSTANT, *Ad.,* II) [*l' = interdit,* et non *interdite*]. — *Cela permet de ne pas punir ce qui ne doit pas l'être* (MONTHERLANT, *Équinoxe de septembre,* p. 265) [*l' = puni,* et non *punir*].

3° Les pronoms personnels *en* et *y* représentent un syntagme prépositionnel, la préposition étant *de* pour *en, à* ou une préposition de lieu pour *y,* ces prépositions n'étant pas toujours présentes avec l'antécédent :

*Pense à ton avenir ; tu n'*Y *penses pas assez. — Votre affaire est compliquée ; parlez-*EN *à un avocat (en = de votre affaire). — Le vase où meurt cette verveine / D'un coup d'éventail fut fêlé ; / [...] / N'*Y *touchez pas, il est brisé* (SULLY PRUDHOMME, *Stances et poèmes,* Vase brisé) [*y = à ce vase*]. — *La table est assez poussiéreuse pour qu'on puisse* Y *écrire son nom avec le doigt (y = sur la table).*

Pour *dont* et *où,* voir §§ 693, *b* et 696.

b) Le **déterminant possessif** a aussi une fonction de suppléance par rapport à un nom : *Une chatte et* SES *petits (= ... et les petits* DE LA CHATTE).

c) Faire sert de substitut aux autres verbes ; on l'appelle parfois *verbum vicarium,* verbe vicaire, ou *pro-verbe* (comme *il* est un *pronom*) : *Il travaille plus que je ne* FAIS. — Voir les conditions d'emploi et certains équivalents occasionnels au § 745.

d) Que peut remplacer les conjonctions de subordination *comme, quand, si, comme si* quand il y a coordination de propositions : *Quand il reviendra et* QU'*il ne trouvera plus sa voiture...* — Cf. § 1027, *b,* 2°.

Si la conjonction de coordination suppléée par *que* contient *que (Avant qu'il rentre et* QU'*il se couche),* on a un phénomène d'ellipse, comme dans *Au-dessus du mur et du toit.*

e) Oui, si, non, comme mots-phrases servent à approuver ou à désapprouver une phrase qui précède. Ils équivalent à la reprise de la phrase précédente, en y ajoutant, dans le cas de *non* et de *si* une indication négative.

À la question *Iras-tu en vacances ?* si l'on répond *oui,* cela équivaut à *J'irai en vacances ;* si l'on répond *non,* cela équivaut à *Je n'irai pas en vacances.* — À la question *N'iras-tu pas en vacances ?* si l'on répond *si,* cela équivaut à *J'irai en vacances (si* annule la négation précédente). — Pour d'autres indications, voir § 1052.

Notons seulement ici : 1° la phrase représentée par le mot-phrase n'a pas exactement la forme de la phrase antérieure : les personnes sont accommodées au locuteur ; — 2° les mots-phrases servent à approuver ou à désapprouver, non seulement des phrases interrogatives, mais aussi des phrase énonciatives (comme *Il fait beau*) ou des phrases injonctives (comme *Tais-toi*) ; — 3° ces mots-phrases peuvent représenter seulement une partie de la phrase qui précède ou, si l'on veut, l'idée fondamentale exprimée par cette phrase : par ex., quand on répond *oui* à *Je vous ordonne de sortir, oui* est pour *Je sors,* et non pour *Vous m'ordonnez de sortir.*

Sur les synonymes de *oui* et de *non,* voir § 1054.
Pareillement, également servent aussi de mots-phrases, pour répondre à une phrase optative, par ex. à *Bonne nuit !* On pourrait considérer qu'il s'agit plutôt d'une ellipse.

Inversement, vice-versa [viseveRsa] et *réciproquement* tiennent lieu plutôt d'une sous-phrase, car ils sont ordinairement précédés d'une conjonction de coordination :

Il les frappe sur chaque épaule [...], *touche leur épaule gauche de son épaule droite et* INVERSEMENT (A. CAMUS, *Carnets,* dans *Théâtre, récits, nouvelles,* p. 2063) [= ... et il touche leur épaule droite de son épaule gauche]. — *Il a un caractère si généreux qu'il est bon avec tout le monde, et* VICE VERSA *(Dict. contemp.).* — *Plus le collaborateur crachait sur le gaulliste et plus il lui ressemblait et* RÉCIPROQUEMENT (DRIEU LA ROCHELLE, *Chiens de paille,* p. 39).

f) Oui, si et ***non*** s'emploient aussi pour des **propositions** objets directs : *Il dit que oui.* — *Oui* et *non,* au lieu d'une proposition après *si :* *si oui, sinon* (concurrencé par *si pas :* § 1054, *c,* 2°).

Oui, si et *non* tiennent aussi la place de syntagmes, notamment de prédicats. Ils impliquent un changement de pôle :

Du positif au négatif : *Jean est fatigué ; moi,* NON, ou ... *moi,* PAS. — Du négatif au positif : *Jean n'est pas fatigué ; moi,* SI, ou ... *moi,* OUI (en Belgique : °... *moi, bien :* § 1053, *b,* 2°) ; ou ... *mais* BIEN *moi.*

S'il n'y a pas de changement de pôle, on doit recourir à d'autres mots. — Si l'on passe de la négative à la négative, on emploie *non plus : Jean n'est pas fatigué ; moi,* NON PLUS (jadis, *aussi :* § 986, *b,* 1°, Hist.). — Si l'on passe de l'affirmative à l'affirmative, le terme le plus courant est *aussi,* mais ses concurrents sont nombreux :

De même. — *Également* (cf. § 986, *b,* 2°) : *Cette formule était du gros reporter ; la profession de foi* ÉGALEMENT (DORGELÈS, *Tout est à vendre,* p. 353). — *Itou,* surtout employé par plaisanterie aujourd'hui (§ 986, *b,* 3°): *Quant aux espèces minuscules, ah ! la la, ce que je m'en fiche ! Et des espèces majuscules* ITOU ! (WILLY et COLETTE, *Claud. à Paris,* p. 29.) —

Pareillement : La santé est bonne et l'appétit PAREILLEMENT (petit *Robert).* — *Pareil,* très familier et sans doute régional (§ 926, *d*) : *Emma, pour ses amis remuait Ciel et Terre, contre ses ennemis* PAREIL (JOUHANDEAU, *Essai sur moi-même,* p. 33). — *Idem :* voir *h,* ci-dessous. — *Mêmement,* archaïque (§ 986, *d*) : *Vendredi chair ne mangeras, / Ni le samedi* MÊMEMENT (*Commandements de l'Église* catholique, version d'avant 1940). — *Avec* (§ 992, *b,* 2°) : °*Ma sœur s'est bien amusée, et moi* AVEC [qu'on ne doit pas comprendre « avec elle »] (dans Dory, p. 111, comme un « grossier wallonisme »). [Pourtant, certains ex. de France, même écrits, ne sont pas tellement différents : *Le voici nu, misérable. Et nous* AVEC (Fr. BOTT, dans le *Monde,* 14 juillet 1978).] — *Item* dans les comptes, les états, etc. : *Je vends au nom dudit Taroo, à M. Benoît [...] trente-deux nègres [...]* ITEM : *dix-neuf négresses [...]* ITEM : *onze négrillons et négrillonnes* (E. SUE, cit. *Trésor).*

Certains des cas ci-dessus pourraient ressortir à l'ellipse ... *Et moi (je ne suis pas fatigué) non plus ;* mais l'ellipse n'est possible que par la présence de *non plus, aussi,* etc., et l'on est donc fondé à croire que ces mots en acquièrent une valeur de suppléance. Ce caractère est tout à fait net pour *idem, de même,* etc., qui ne seraient pas utilisés dans une reprise complète : **Jean est fatigué ; moi je suis fatigué* IDEM.

Ainsi « notamment, par exemple » semble être une forme réduite de *Il en est ainsi, Il en va ainsi.*

g) Les adverbes ***ainsi, itou*** et la locution adverbiale ***de même*** tendent à sortir de leur domaine propre (*f,* ci-dessus) pour acquérir une fonction d'adjectif (invariable) et suppléer des adjectifs (cf. § 623, Rem. 4), mais cela reste peu courant :

Que ces enfants sont beaux, Madame !... AINSI *nous fûmes* (J. SARMENT, *Madame Quinze,* II). — *Comme il était bref, il demandait qu'on fût* DE MÊME (R. BAZIN, *Charles de Foucauld,* dans : M.-Th. Goosse-Grevisse, *Textes fr.,* 1960, p. 338). — *Âge incertain, aspect* ITOU (GYP, cit. *Grand Lar. langue).* — *Neuf comédiens, gentils comme tout, et deux musiciens* ITOU (dans le *Point,* 4 juin 1984, p. 8).

Pour représenter un adjectif, on a d'autres adjectifs, *pareil, semblable, identique,* mais cela ne concerne pas la suppléance. C'est aussi la fonction de *tel,* mais celui-ci tend à acquérir la valeur de suppléant et à prendre, comme un pronom, le genre et le nombre du nom suppléé, ce qui reste contraire à l'usage correct :

La femme du monde (ou ce qu'il jugeait TELLE*) éblouissait l'avocat* (FLAUB., *Éd. sent.,* II, 5). — *Elle s'installait dans ses visions. Celles-ci devenaient alors articles de foi et, comme* TELS, *bonnes à colporter* (P. GADENNE, *Hauts-quartiers,* p. 176). — *Elles vivent alors comme des hommes. Et on les respecte comme* TELS (J. P. CLÉBERT, *Vivre en Provence,* p. 167). — *Elle [= une idéologie] se tapit [...] même dans l'histoire ou ce qu'on avait pris pour* TELLE (Cl. LÉVI-STRAUSS, *Réponse au discours de réception de G. Dumézil à l'Acad.).* — *Un wagon-lit puis un palace,* TELS *étaient mes conquêtes* (J. LAURENT, *Bêtises,* p. 127).

h) **Suppléants universels invariables.**

1° ***Idem,*** qu'on écrit parfois *id.,* a les rôles les plus variés ; en dehors de la langue commerciale, il est plutôt familier.

Remplaçant un nom ou un syntagme nominal : *Cinq manteaux, drap, garnis fourrure, troisième grandeur, à deux cent quarante ! criait Marguerite. Quatre* IDEM, *première grandeur, à deux cent vingt !* (ZOLA, *Au Bonheur des Dames,* X.) — *C'est ainsi qu'on peut rencontrer dans une comptabilité : un journal originaire* des achats ; ID. des ventes ; ID. des matières premières *(Lar. XXᵉ s.,* s.v. *journal).* — *Il avait droit* [...] *à une identité, ou du moins à des papiers d'*IDEM (J. SEMPRUN, *Algarabie,* p. 67) [emploi plaisant].

Un syntagme prépositionnel complément de nom : *Des yeux de fouine, un nez* IDEM (J. RENARD, *Journal,* 19 oct. 1890).

Une épithète : *Des coffres méticuleux conservaient cinquante ou soixante ans de revues littéraires et de lettres* IDEM (AUDIBERTI, *Dimanche m'attend,* p. 134).

Des appositions : *On trouve parmi ces riches* [...] *le sire Jean de Villiers (futur consul, et, semble-t-il, futur converti au catholicisme), Jean Guigou* (IDEM) (LE ROY LADURIE, *Carnaval de Romans,* p. 296).

Un infinitif complément, l'auteur lui-même donnant l'équivalent entre parenthèses : *Je voudrais être amoureux, dit Colin. Tu voudrais être amoureux. Il voudrait* IDEM [en italiques] *(être amoureux)* (VIAN, *Écume des jours,* X).

Un adverbe : *Pars tout de suite, et reviens* IDEM (HUGO, *Misér.,* III, VIII, 20).

Un prédicat : *Je tiens le mien, dit d'Artagnan. / — Et moi le mien, dit Porthos. / — Et moi* IDEM, *dit Aramis* (Al. DUMAS, *Tr. mousq.,* XLVII). — *Les villages du comté d'Albon ont eux aussi de gros problèmes, à cause de ces acquisitions. La ville de Valence,* IDEM [en italiques] (LE ROY LADURIE, *op. cit.,* p. 380).

Un sujet et un verbe : *Tout est fermé à la Mairie /* IDEM *à la gendarmerie* (CLAUDEL, *Œuvre poét.,* 1967, p. 875).

Une phrase : *Comment s'exprime-t-il, Marchais ? Presque mot pour mot comme Maurice Thorez au mois d'avril 1947. « Il y a un grand mécontentement dans la classe ouvrière »,* disait Thorez. IDEM, *explique Marchais* (Chr. FAUVET, dans l'*Express,* 4 mai 1984, p. 45).

Idem s'emploie surtout, dans les indications bibliographiques, pour ne pas répéter le nom d'un auteur. S'il s'agit d'une femme, on se sert du féminin *eadem.*

Le *Trésor* et beaucoup de dictionnaires étiquettent *idem* « adverbe ». Cela n'est pas très satisfaisant, le mot n'ayant guère les fonctions d'un adverbe. Malgré son rôle de suppléant, il ne rentre pas bien non plus dans la catégorie du pronom.

Hist. — *Idem* est un pronom latin, signifiant « le même », féminin *eadem,* neutre *idem.*

2° *Dito,* qu'on écrit parfois *d°,* est surtout de la langue commerciale ; on le trouve moins souvent et dans des emplois moins variés qu'*idem :*

Remplaçant un nom : *Quatre livres reliés et douze* DITO *brochés* (dans le *Grand Lar. langue).* — Un syntagme nominal complément sans préposition : [...] *le nouvel arrêté royal* [...] *datant du 1ᵉʳ février 1977* (Moniteur *du 8* DITO) (dans *Journal Touring-secours,* Bruxelles, 15 févr. 1983, p. 19). — Un adjectif : *Un écrivain sans femme légitime et sans enfants* DITO (MONTHERLANT, *Service inutile,* Pl., p. 579).

Pour le *Trésor,* c'est aussi un adverbe. — Pour d'autres *(Grand Lar. langue,* etc.), c'est un « mot invariable ».

Hist. — Emprunt à l'italien *ditto,* variante de *detto,* participe passé de *dire,* « dire ».

i) Homologue, précédé du déterminant possessif, joue parfois un rôle de substitut par rapport à un syntagme nominal exprimé antérieurement :

[...] *renversant le classement* [...] *qui situait l'enseignement supérieur français très au-dessus de* SON HOMOLOGUE *allemand* (G. BERGOUNIOUX, dans *Langue fr.,* sept. 1984, p. 15) [= ... de l'enseignement supérieur allemand. On pourrait dire aussi : ... de *son équivalent* allemand].

220   **Autres types de suppléance.**

Ces autres types de suppléance ne portent pas sur un terme précédemment exprimé, ou même ne ressortissent pas à l'économie.

a) Suppléants tenant lieu d'éléments que le locuteur ou le scripteur jugent impossible ou inutile de donner en entier, spécialement dans les énumérations.

1° *Et cetera,* dont la bonne prononciation est [ɛtsetɛʀA] [3], s'écrit ordinairement sous la forme abrégée *etc.* (sans points de suspension : § 130, *a*). Cette locution s'emploie pour interrompre et prolonger une énumération ou une phrase quelconque :

> Énumération de noms (voir aussi la Rem. 1) : *Il y a dans son laboratoire toutes sortes d'ustensiles, des fourneaux, des cornues, des creusets,* ETC. (AC.). — D'adjectifs : *Ce sont incontestablement d'excellents soldats, courageux, disciplinés,* ET CÆTERA (QUENEAU, *Rude hiver,* XII). — D'infinitifs compléments : *Mais ils sont obligés de vivre honorablement, d'exercer l'hospitalité, de contribuer dans toutes sortes de souscriptions,* ETC. (TAINE, *Notes sur l'Anglet.,* 1890, p. 154). — De propositions : *Il écrivit au pharmacien de l'endroit pour savoir quel était le chiffre de la population, la distance où se trouvait le confrère le plus voisin, combien par année gagnait son prédécesseur,* ETC. (FLAUB., *Mᵐᵉ Bov.,* I, 9). — Etc.
>
> En dehors de l'énumération : *Vous savez le proverbe : Quand chacun fait son métier,* ETC. (AC.). — *Quant au service à découper, c'est Z... qui,* ETC. (GIDE, *Souvenirs de la Cour d'ass.,* IX).
>
> Le *Trésor* et d'autres dict. parlent de « locution adverbiale ». Robert dit simplement « locution ».

> **Hist.** — Cette locution remonte au moyen âge : *Adont* [= alors] *dist Dieu : la lumière soit faite ! et elle fu faite tantost* [= aussitôt], ET CETERA (JEAN D'OUTREMEUSE, *Trésorier de philos. naturelle des pierres précieuses,* 1 vᵒ) [1390, mais le ms. date du XVIᵉ s.]. — Elle est empruntée du latin, où elle servait, dès l'époque classique, pour interrompre une énumération ou une phrase quelconque. *Cetera* est le neutre pluriel de l'adjectif *ceterus* (rare au sing.) « qui reste ». — Cet adjectif présentait une variante, beaucoup plus rare et mal justifiée, *cAEterus.* Il est fâcheux que cette forme plus compliquée soit si fréquente en français. On doit recommander, pour toutes ces raisons, *et cetera.* — Quant à la variante *et cœtera* adoptée par l'Acad. dans sa dernière édition, elle n'a aucune justification, ni dans l'histoire ni dans l'usage ; sans doute vient-elle du fait que, dans le caractère italique minuscule, Æ et Œ sont peu distincts.

Remarques. — 1. *Cetera* étant en latin un neutre signifiant « les autres choses », on a contesté que *et cetera* puisse s'employer à propos de personnes. L'usage ne tient pas compte de cette restriction :

> *Il y a eu tous ces benêts, Turgot, Quesnay, Malesherbes, les physiocrates,* ET CÆTERA, *et le grabuge a commencé* (HUGO, *Quatrevingt-tr.,* III, VII, 1).

---

3. Prononciations à rejeter : °[ɛtsetʀA], °[ɛksetɛʀA], °[ɛksetʀA]. Cf. *exétéra* dans QUENEAU, *Zazie dans le métro,* III.

Autres ex. : [VOLT., *Lettres phil.*, VII et XII] ; CHAT., *Mém.*, Préf. testamentaire ; SAINTE-BEUVE, *Mes poisons*, p. 69 ; MÉRIMÉE, *Chron. du règne de Ch. IX*, Préf. ; NERVAL, *Marquis de Fayolle*, I, 5 ; GIDE, *Journal*, 6 janv. 1892 ; etc.

2. Pour indiquer que les éléments non exprimés sont nombreux, on répète éventuellement *etc.* deux fois, ou même trois fois :

> *Jamais ces mots [= père, tel, mer] ne riment ou n'assonent avec* elle (*de illa*), vert (*de* viridem), belle (*de bella*), ETC., ETC. (SAUSSURE, *Cours de linguist. gén.*, p. 60). — *C'est une œuvre satirico-poétique [...] sur les méfaits du colonialisme, l'outrecuidance des opportunistes de tout poil, le cynisme de ceux qui exploitent et la pauvre candeur de ceux qui sont exploités, la profonde misère morale des civilisés et, en particulier, des Occidentaux, la navrante mentalité de la bourgeoisie*, ETC., ETC., ETC. (J.-J. GAUTIER, dans le *Figaro*, 24 févr. 1973).

Autres ex. de *etc.* répété : [DIDEROT, *Neveu de Rameau*, p. 102] ; STENDHAL, *Rouge*, I, 29 ; GIDE, *Journal*, 13 févr. 1908 ; etc.

On entend parfois °*et ceteri et cetera*, avec une alternance de voyelles fréquente dans les onomatopées (§ 199) ; cf. *et patati, et patata,* ci-dessous, 5°.

2° **Et consorts** tient lieu d'une énumération de personnes dans la langue juridique et de là dans la langue commune, mais avec une nuance dépréciative :

> *Je sais que le parti socialiste réclame sa tête à cor et à cri [...]. Mais je pense que nous n'en sommes pas encore réduits à passer sous les fourches caudines de MM. Gérault-Richard* ET CONSORTS (PROUST, *Rech.*, t. II, p. 245).

Le singulier est fautif : *En dépit des Zola* ET CONSORT *je crois que la femme qui n'a pas été mère conserve une robustesse dont la plupart des autres sont privées* (Al. DAVID-NÉEL, *Journal de voy.*, 21 mai 1918).

Hist. — Ce mot fr. est emprunté du latin *consors*, qui signifiait notamment « cohéritier, associé, complice ». *Consort* a eu divers sens en fr., notamment « complice », « époux ». Il s'est cristallisé dans deux expressions : *et consorts*, étudié ci-dessus, et *prince consort*, repris à l'anglais.

3° Selon un usage récent, d'origine anglo-saxonne, quelques érudits emploient le syntagme latin **et alii** [εtalii] (écrit souvent *et al.*) « et autres » dans les indications bibliographiques pour les ouvrages écrits en collaboration :

> *Deux [...] de ces livres, celui de Van de Velde et celui de Chiss* ET AL. [en italiques] (Cl. HAGÈGE, dans le *Fr. mod.*, oct. 1978, p. 361). — *Ducrot (O.),* ET ALII */ 1980 Les mots du discours, Éd. de Minuit, coll. Le sens commun, Paris* (dans *Langue fr.*, déc. 1981, p. 22). — Plus rarement, alors qu'il ne s'agit pas d'auteurs collaborant à un même ouvrage : *Il semble bien que Dujardin, Joyce* ET AL. [en italiques] *[...] aient choisi d'ignorer quelques œuvres considérables* (J. PARIS, dans *Europe*, janv.-févr. 1984, p. 56).

4° **Tutti quanti** [tutikwãti] se rapproche davantage des pronoms, car la conjonction de coordination qui l'introduit se prononce [e] à la française. Il prolonge une énumération de noms de personnes, plus rarement de noms de choses, plus rarement encore d'adjectifs :

> *On voyait reparaître la cohorte, Jean Amrouche, Denoël, Herbart, le chauffeur et* TUTTI QUANTI [en italiques] (JOUHANDEAU, *Carnets de l'écrivain*, p. 321). — *Ils promettent que Babrak Karmal [...] va restaurer la démocratie, la religion, la liberté, la propriété et* TUTTI QUANTI (A. FONTAINE, dans le *Monde*, 8 janv. 1980). — *Avec influences étrusques, celtes, africaines et* TUTTI QUANTI (dans *Femme pratique*, mai 1984, p. 98).

Hist. — Locution italienne signifiant « tous tant qu'ils sont », avec le pluriel de *tutto* « tout » et de *quanto* « combien grand, combien nombreux ».

5° *Et patati, et patata* indique que l'on interrompt une citation, un discours présentés comme fastidieux. Les auteurs usent de ponctuations variées :

L'interrogatoire commence : / — Comment va-t-il ? Qu'est-ce qu'il fait ? Pourquoi ne vient-il pas ? Est-ce qu'il est content ?... / Et patati ! et patata ! Comme cela pendant des heures (A. Daudet, *Lettres de m. m.*, Vieux). — *Vous vous faites de la vie de famille, vous autres prêtres, une idée naïve, absurde. Il suffit de vous entendre* [...] *aux obsèques. Famille unie, père respecté, mère incomparable, spectacle consolant, cellule sociale, notre chère France,* Et patati, Et patata... (Bernanos, *Journal d'un curé de camp.*, Pl., p. 1149.) — [...] *accompagnent tous leurs actes de commentaires :* « *Alors, j'ai fait ceci, j'ai fait cela. Je me suis dit que ceci et que cela. Et maintenant je vais faire ceci et cela.* Et patati. Et patata... » (R. Sabatier, *Trois sucettes à la menthe*, p. 75.)

°*Et patine et pataine,* °*et patia-patia* sont des variantes régionales : *Elle* [= la cuisinière] *dit que monsieur le fait à la pose ; qu'il lui faut à chaque repas un plat chaud* [...] *; qu'il se plaint toujours qu'il n'y a pas assez de sel ;* Et patine, Et pataine... (Toulet, *Mon amie Nane,* VI.) — *La photographie ne saurait rendre la peau blanche, les cheveux noirs. Et c'est une âme si charmante... /* Et patia-patia ! (Willy et Colette, *Claud. à Paris*, pp. 55-56.)

Hist. — Formations onomatopéiques. Cela tient lieu d'un discours bavard chez Béranger : *Il entre et soudain dit :* Prechi ! precha ! / Et patati, et patata, / *Prêtons bien l'oreille à ce discours-là (Juge de Charenton)* [1816]. — Comp. °*faire* patiapatia « bavarder » chez Willy et Colette, *op. cit.*, p. 85. — Il y a eu d'autres variantes.

6° Pour des énumérations interrompues, on emploie aussi des **syntagmes nominaux** variés, surtout dans la langue familière, par ex. :

Il appelle son critique voleur, parricide, incestueux Et le reste (Mérimée, cit. *Grand Lar. langue*). — *Tous les curés, ça se vaut, c'est hypocrite* Et compagnie... (Zola, *Conquête de Plassans*, XXI.) — *Quand ils viennent nous causer honneur, loyauté* Et tout le tremblement (Aymé, *Passe-muraille*, L.P., p. 235) [En Wallonie : *et tout le saint tremblement*]. — En Suisse, *(tout) le diable et son train* est synonyme d'*etc.*

La langue parlée familière recourt aussi à *et tout,* éventuellement répété :

Il y avait [...] *un professeur de droit canon qui se croyait poète. Il te fabriquait des machines étonnantes avec les pieds qu'il fallait, les rimes, les césures,* Et tout (Bernanos, *Journal d'un curé de camp.*, Pl., p. 1040). — *Mais à quoi ça sert d'être célèbre* Et tout *si on ne prend pas le temps de vivre ?* (S. de Beauvoir, *Mandarins*, p. 124.) — *On l'a fait baigner* Et tout (Vian, *Écume des jours*, XI). — *C'est ce que je lui ai dit,* [...] *que tu l'aimes,* Et tout (Claudel, *Annonce*, p. 75). — *Me lever tard ?* [...] *Et la maison ? Et les ordres à donner ? Et les comptes des fournisseurs ?* Et tout et tout ? (Colette, *Vrilles de la vigne*, L.P., p. 184.)

Cette formule équivaut parfois à souligner le haut degré : *Moi qu'étais si heureuse, si contente* Et tout (Queneau, *Zazie dans le métro*, I).

b) La nécessité d'une suppléance peut être due, non au souci d'économie, mais à l'ignorance.

1° C'est la justification des **interrogatifs** ; déterminants, ou adjectifs, pronoms, adverbes.

Le fait que parmi les adverbes, il y ait *où,* qui sert aussi de pronom, et *pourquoi,* qui est l'agglutination d'une préposition et d'un pronom, montre bien le caractère de suppléance de ces mots.

À côté des fonctions ordinaires qu'il exerce comme un autre pronom, *quoi,*
dans la langue parlée, pour faire achever ou compléter la phrase de l'interlocuteur ou pour le faire répéter, se substitue au mot ou au syntagme non exprimés
ou non compris. Il peut ainsi tenir la place d'une proposition, d'un verbe, d'un
nom (avec les déterminants et les épithètes du nom), d'un adjectif :

> *Même si... / — Même* QUOI ? [...] *Il y eut un silence, au bout duquel* [...] *elle répéta : Même
> si* QUOI ? (P. BENOIT, *Dame de l'Ouest,* p. 222.) — *Le bouquet, dit-il, c'est que je broute ! / Tu*
> QUOI, *chéri ?* (DANINOS, *Vacances à tout prix,* p. 190.) — *« Il doit y en avoir un troisième, je
> veux le voir. » / Son mari, surpris, demanda : / « Comment, un troisième, un troisième* QUOI ? »
> (MAUPASS., *Mont-Oriol,* I, 1.) — *Elle est très... — Très* QUOI ? — Cf. aussi §§ 391, *b,* Rem. 2,
> et 702, *d, 1°.* — Comp. aussi *tout* ci-dessous, 3°.

Remarque. — *Rien,* lorsqu'on refuse de répondre, dans la langue familière, a
aussi des fonctions éloignées des fonctions habituelles des pronoms. On pourrait
prolonger l'exemple de P. Benoit ci-dessus par : *Même si* RIEN.

2° Pour pallier l'ignorance d'un nom (propre ou commun), la langue familière recourt à divers **noms de sens vague :**

> *Machin,* masculin tiré tout exprès du féminin *machine,* et *chose,* pris comme masculin
> dans cet emploi : *Quand j'ai défait le papier pour avoir la lanterne,* LE MACHIN *m'est resté dans
> une main,* LE CHOSE *dans l'autre* (COURTELINE, *Paix chez soi,* IV). — *Dès ce moment, Mes-
> sieurs* MACHIN *et* CHOSE... — *ils m'agacent avec leurs noms impossibles* (G. DUHAMEL,
> *Passion de J. Pasquier,* p. 60).
> *Truc : Ça* [= un grand magasin] *ressemble aux* TRUCS *en papier mâché qu'on voyait à
> l'Exposition, sauf que c'est en fer* (J. ROMAINS, cit. Robert, s.v. *ferraille*).
> °*Bazar,* en Belgique : *Le* BAZAR *a pris feu... Non... pas l'aspirateur d'humidité, mais mon
> pantalon* (bande dessinée, dans *Vers l'avenir,* Namur, 23 janv. 1973).
> *Affaire, bidule, histoire* ne s'emploient que comme substituts de noms communs, et leur
> valeur supplétive reste liée à leurs significations ordinaires.
> Par un phénomène analogue, *chose* s'emploie adjectivement dans *tout chose* « mal à son
> aise » : *Il se sentait* TOUT CHOSE.

Choser joue le rôle de suppléant pour un verbe qu'on ne se rappelle pas :

> *Si je m'en vas ce n'est pas pour l'amour* [= afin] *de ne pas être avec toi, c'est que j'ai mon
> fait à* CHOSER (HUGO, *Trav. de la mer,* I, VII, 2). — Voir aussi Dory, p. 142 ; Wartburg, t. II,
> p. 542.

3° Il y a aussi l'ignorance dans laquelle on veut laisser le lecteur ou l'auditeur.

— *Tel* déterminant ou pronom, *un tel* comme pronom servent traditionnellement à désigner un être ou une chose qu'on ne veut ou ne peut désigner nettement : cf. §§ 619 et 735.

Parmi les moyens typographiques, rappelons les astérisques (§ 113, *a*) parce
que la langue parlée s'y réfère parfois : *La comtesse...* DE TROIS ÉTOILES (SAND,
citée au § 3, Rem.).

On emprunte aux mathématiques des lettres arbitraires, spécialement *N, X,
Y, Z,* pour des noms propres qu'on ne peut ou ne veut donner en entier. Ce sont
aussi des variables, tenant la place d'un nom quelconque :

Elles-mêmes [= les femmes] *peuvent avoir plusieurs identités, changer selon qu'elles sont la femme de X ou de* Y (M. CARDINAL, *Autrement dit*, p. 44). — Voir aussi §§ 111, *a*, Rem. 3 ; 113, *a ;* 130, *d.*

— Comme en mathématiques, *x* et *n*, minuscules ou majuscules, peuvent représenter un nombre qu'il paraît inutile ou difficile d'expliciter, ou un nombre quelconque :

Si 1940 avait été la reprise de 1914, [...] *la Belgique, au bout de X années de guerre, eût terminé le conflit avec un gouvernement unanime derrière un nouveau Roi Chevalier* (Rob. ARON, *Léopold III ou le choix impossible*, p. 26). — *Un récit* [...] *peut raconter* [...] n [en italiques] *fois ce qui s'est passé une fois, une fois ce qui s'est passé* n [id.] *fois* (G. GENETTE, *Figures III*, p. 146).

Traditionnellement, cette fonction était assumée par *tant (de)*, concurrencé en Belgique par *autant (de) :* cf. § 707, *a*, Rem. 1. — *Tant* s'employait notamment lorsque, dans un nombre complexe, on ne voulait pas préciser le chiffre des unités :

Quant aux soixante et TANT DE *coquins que j'ai fait tuer à coups de balle* [...] (STENDHAL, *Chartr.*, XXIII).

L'usage actuel préfère, dans cette circonstance-là, *quelques* (§ 610, *a*) ou, dans un registre plus familier, *des* (§ 566, Rem. 2).

— À *x* et *n* cardinaux indéfinis correspondent les ordinaux $x^{ième}$ et $n^{ième}$, dont les transcriptions dans la langue courante sont diverses, tandis que *tantième* a vieilli.

Une seconde, troisième, IXIÈME *édition* (P. ORECCHIONI, dans *Europe*, nov.-déc. 1982, p. 159). *Différentielle* $n^{ième}$ *de* u (Ch.-J. de LA VALLÉE-POUSSIN, *Cours d'analyse infinitésimale*, t. I, 10e éd., p. 133). — *La* ÉNIÈME *armée blindée de la Wehrmacht* (FRISON-ROCHE, *Versant du soleil*, p. 406). — *À l'*ENNIÈME [pour l'élision, voir § 50, *d*] *coup de la partie d'échecs* (VALÉRY, *Variété*, Pl., p. 1199). — *La première, deuxième, troisième, quatrième,* NIÈME *appropriation du monde et du savoir* (M. SERRES, *Jouvences sur Jules Verne*, p. 148). — Ce dernier procédé est le plus discutable : cf. § 114, *c.* — La graphie la plus fréquente est *énième :* M. DROIT, *Clartés du jour*, p. 181 ; PEREC, *Vie mode d'emploi*, p. 212 ; POIROT-DELPECH, dans le *Monde*, 7 juin 1983 ; etc. *L'an* TANTIÈME *de la création du monde* (GHELDERODE, *Théâtre*, t. II, 1971, p. 30).

— C'est aussi une espèce de variable que *tout* peut exprimer, non seulement dans le rôle régulier d'un déterminant ou d'un pronom, mais encore, dans la langue familière, comme substitut d'un nom dont il reçoit les déterminants (comp. *quoi*, 1° ; pour *tout*, voir aussi *a*, 6°) :

Il avait été un bon ouvrier. Comme il avait été un bon TOUT (PÉGUY, *Myst. de la char. de J. d'Arc*, p. 107). — *N'importe quoi* se construit aussi de cette façon.

c) Les substituts nominaux des pronoms personnels n'entraînent aucune économie. S'ils sont sujets, le verbe est à la 3e personne du singulier.

1° Avec le déterminant possessif :

Personne : « *Je croyais même que vous vous intéressiez suffisamment à* SA PERSONNE *pour apprendre avec plaisir...* » / [...] *L'ancien clerc ajouta : / « Il va se marier* » (FLAUB., *Éd. sent.*, II, 5). — *Pensez aux autres plutôt qu'à* VOTRE PERSONNE. — *Être content de* SA PERSONNE.

Esprit : *Que la paix du Seigneur soit toujours avec vous. —* Et avec VOTRE ESPRIT (liturgie catholique de la messe).

Majesté, Excellence, Éminence, etc., dans des formules protocolaires : VOTRE ÉMINENCE *est trop bonne* (COCTEAU, *Bacchus,* I, 8).

Poire et ***pomme,*** dans le langage populaire, d'après le sens « figure » : *Ces tapins* [= raco-lages] *-là, c'est pas pour* MA POIRE [dit une prostituée] (AYMÉ, *Passe-muraille,* L.P., p. 237). — *Tu ferais mieux de ne pas trop attirer l'attention sur* TA POMME (QUENEAU, *Zazie dans le métro,* XVI). — *Ma tante est drôlement mieux que* VOTT' POMME (ID., *ib.,* XII). — *Qui est-ce qui trinquerait là-dedans ?* MA POMME (DANINOS, *Certain M. Blot,* p. 135).

Il semble que l'on doive rattacher à ce phénomène des formations argotiques dont le second élément est un nom difficile à identifier et le premier le possessif singulier ou pluriel : *mon orgue, mon gnasse, mézigue, mézigo, mécol,* etc. (avec diverses variantes, phonétiques et graphiques), « moi ».

Certaines connaissent des formes correspondant à toutes les personnes, par ex. : *tézigue* « toi », *cézigue* « lui », *noszigues* « nous », *voszigues* « vous », *leurszigues* « eux » : *D'mandez-y aux feignants d'la Roquette qui c'est que c'est que* MÉZIGUE (CARCO, *Jésus-la-Caille,* III, 3). — *Cézigue* s'emploie parfois pour *moi : Je voyais bien que le seul homme là-dedans capable de les sortir c'était encore* CÉZIGUE, *finalement* (CÉLINE, *Voy. au bout de la nuit,* p. 341).

Hist. — Divers noms servaient en anc. fr. dans cet emploi : *chair, chief, nom,* etc. : cf. Tobler, *Mél.,* pp. 39-45. Le plus fréquent était *corps : Se* VOSTRE CORPS *bonne excusance* [= excuse] *n'at, morir vos covient* [= faut] *incontinent* (JEAN D'OUTREMEUSE, éd. G., p. 61). Il nous en reste la locution *à son corps défendant,* dont le sens premier est « en se défendant » ; voir § 891, Hist. 2. Comp. en anglais *everybody* « chacun », littéralement « chaque corps », etc. — On employait aussi *corps* d'une manière redondante avec un complément : *Le cors Dieu* = Dieu. — *Damedieu en gracient et* LE CORS SAINT DENISE [= ils en remercient Dieu et saint Denis] (ADENET, *Buevon de Commarchis,* 2834). — *Personne* se construit encore de cette façon : LA PERSONNE DU ROI *est inviolable* (*Constitution belge,* art. 63).

2° ***Bibi*** « moi », ordinairement écrit par une majuscule :

*Pendant qu'*BIBI *y fout son camp* (RICTUS, *Soliloques du pauvre,* Impressions de prome-nade). — *Notre premier rôle sera* BIBI... (*Quand Delobelle parlait de lui-même, il s'appelait volontiers* BIBI...) (A. DAUDET, *Fromont jeune et Risler aîné,* cit. *Trésor.*) — *Qui vous a renseigné ? dit-elle épouvantée. Il porta un doigt vers sa poitrine. /* — BIBI (J. de LACRETELLE, *Le pour et le contre,* t. II, p. 165).

Hist. — Mot d'origine enfantine, dont le caractère nominal n'est pas certain. Pour J. Cellard et A. Rey *(Dict. du fr. non conventionnel),* c'est une altération de *bébé* « dans le langage des nourrices et des enfants ».

Remarque. — Sur le problème, plus général, de l'emploi de la 3e personne au lieu de la 1re et de la 2e, voir § 631, c.

d) **Purement lexicale** est la substitution d'un mot vague à un mot précis dans des intentions euphémiques :

Par ex., des noms comme *affaire, chose, machin, bazar,* pour les parties génitales ; — un verbe comme *choser,* pour les relations sexuelles ; — une locution adverbiale comme *quelque part : Un coup de pied* QUELQUE PART (= ... dans le derrière) ; etc.

Inversement, le verbe trivial °*foutre* se substitue à des verbes divers : *faire, mettre, envoyer, donner. — Foutre* lui-même, dans ces emplois, a un substitut euphémique : *ficher* (ou *fiche*).

221   Nous distinguons de la suppléance l'**anaphore,** qui consiste à renvoyer à un élément déjà présent dans le contexte, mais sans qu'il y ait nécessairement une substitution et une économie.

C'est un des rôles du déterminant démonstratif : *J'ai rencontré un homme qui avait l'air de chercher son chemin ;* CET *homme m'a dit...* — *Ledit* (ou *susdit,* etc.) a une fonction proprement anaphorique, mais il devient parfois suppléant : cf. § 670, *b,* 2° Rem. 2. — Les adverbes *pourtant, donc* sont des éléments anaphoriques : cf. § 921. — L'article défini est souvent anaphorique lui aussi.

Par le mot *anaphore,* certains désignent simplement la reprise d'un mot ou d'un groupe de mots.

L'anaphore, dans ce sens, est un procédé fort exploité par Péguy : HEUREUX CEUX QUI SONT MORTS *pour la terre charnelle,* / *Mais pourvu que ce fût dans une juste guerre.* / HEUREUX CEUX QUI SONT MORTS *pour quatre coins de terre.* / HEUREUX CEUX QUI SONT MORTS *d'une mort solennelle* [etc.] (*Ève,* p. 133).

Remarque. — Le déplacement du complément d'objet, ainsi que celui d'autres syntagmes, comme aussi la transformation passive, etc., peut entraîner des modifications en ce qui concerne les mots anaphoriques et les suppléants :

À chaque jour suffit SA *peine* → UNE *peine suffit à chaque jour,* et non *SA *peine suffit...*

222   Nous avons distingué le **pléonasme,** phénomène concernant le sens des mots (§ 15), et la **redondance,** phénomène syntaxique étudié dans les §§ 364-368.

223   L'**hypallage** consiste à attribuer à un mot de la phrase ce qui s'applique logiquement à un autre mot de cette phrase :

Ce marchand accoudé sur son comptoir AVIDE (HUGO, *Ch. du crép.,* XII).
L'hypallage est ordinairement une recherche littéraire. Cependant, on dit dans la langue courante *Une place* ASSISE, qui a été critiqué, mais qui appartient à l'usage général (voir par ex. Robert : DUHAMEL, R. MARTIN DU GARD). — *Rendre quelqu'un à la vie, à la liberté, rendre un bâtiment à sa destination,* etc. sont des expressions reçues dans la langue soignée. — Comp. aussi § 275.

Hist. — L'expression *de guerre lasse* (attestée depuis Saint-Simon : Wartburg, t. XVII, p. 567) pourrait aussi s'expliquer par une sorte d'hypallage : *De guerre* LASSE, *je quitte l'endroit* (ALAIN-FOURNIER, *Gr. Meaulnes,* p. 338). — Mais il est plus vraisemblable que la graphie *lasse* représente une survivance de la prononciation [lAs] de l'adjectif masculin, prononciation encore attestée dans de nombreux patois en dehors de cette expression ; la survivance a été facilitée par l'inversion de l'adjectif et par son voisinage avec *guerre.*
Écrire °*de guerre las,* c'est s'écarter de l'usage ordinaire : *En 1880, de guerre* LAS, *Henri Brun partit pour Paris* (É. HENRIOT, *Aricie Brun,* III, 2).

Remarque. — On peut voir une espèce d'hypallage dans des tours comme les suivants, qui ressortissent à la langue spontanée et que l'on critique souvent au nom de la logique :

Je traînais de méchants souliers éculés qui SORTAIENT *à chaque pas de mes pieds* (CHAT., *Mém.,* I, I, 7). — *La feuille détachée du cahier fut* EMBROCHÉE DANS *une pique de fer* (ZOLA, *Au Bonheur des Dames,* IV). — *Elle en revint avec un lourd paquet dans les bras* [...]. *C'était la petite Claire* PLIÉE DANS *une couverture* (H. BORDEAUX, *Honnête femme,* I). [Cet ex. est sans doute un trait régional, *plier* s'employant souvent pour *emballer* dans les régions provençale et franco-provençale.] — *Les oreilles lui tintaient comme si des pièces d'or,* S'ÉVENTRANT DE *leurs sacs, eussent sonné tout autour d'elle sur le parquet* (FLAUB., *Mme Bov.,* III, 5).

Hist. — On trouve des ex. dès l'anc. fr. : *A esperons d'or* EN *ses piés* (1re continuation de *Perceval,* L 8414). — Littré considère que *enfoncer son chapeau dans la tête* est une « métonymie que l'usage a consacrée » (s.v. *enfoncer*). — S.v. *hypallage,* l'Acad. note qu'« on dit parfois » (ce qui n'est pas un blâme très appuyé) : *Il n'avait point de souliers dans ses pieds ; Enfoncer son chapeau dans sa tête.*

224   **Les inversions.**

a) On appelle **inversion** le fait qu'un terme de la phrase n'occupe pas la place qu'il occupe le plus souvent.

On dira par ex. qu'il y a souvent inversion du sujet dans l'interrogation : IL *va* → *Va-t-IL ?* — L'inversion peut être obligatoire pour certaines catégories de mots : par ex., le complément d'objet direct, qui suit d'ordinaire le verbe, le précède nécessairement (sauf avec un impératif non négatif) quand il a la forme d'un pronom personnel : *Je sais* MON RÔLE → *Je* LE *sais.*

b) On appelle **chiasme** le fait que les termes soient inversés dans deux phrases ou dans deux syntagmes qui devraient se présenter de façon symétrique :

Leur origine est très diverse, divers aussi leurs buts et leur financement (SARTRE, *Situations,* t. VII, p. 172). — *Se justifier* [...] *de son origine et de son passé par une conduite irréprochable, une irréprochable tenue* (BERNANOS, *Imposture,* p. 79).

On parle aussi de chiasme à propos d'une simple interversion de mots : *Il faut* MANGER *pour* VIVRE *et non* VIVRE *pour* MANGER.

225   **L'anacoluthe** est une rupture dans la construction d'une phrase.

Cela se produit notamment quand la phrase (ou la sous-phrase) commence par un élément qui fait figure de sujet, mais en perd par la suite la qualité : *Ce monde est un grand rêve, / Et le peu de bonheur qui nous vient en chemin, / Nous n'avons pas plus tôt ce roseau dans la main / Que le vent nous l'enlève* (MUSSET, *Poés. nouv.,* Souvenir). — Cf. § 228.

Autre type, passage de l'énonciation à l'interrogation : § 214, Rem.

CHAPITRE II

LES ÉLÉMENTS FONDAMENTAUX
DE LA PHRASE VERBALE

226   **Le sujet et le prédicat.**

Notre étude de la phrase partira du type de phrase qui est le plus fréquent et le plus dépourvu d'affectivité, c'est-à-dire de la **phrase verbale énonciative.**

La phrase verbale énonciative comprend au minimum deux mots : *Jean rougit.* Nous appelons la fonction du premier *(Jean)* **sujet** et la fonction du second *(rougit)* **prédicat.**

Ces deux termes s'opposent l'un à l'autre par quatre caractères : 1° leur ordre d'abord, puisqu'ils ne peuvent pas être intervertis librement : **Rougit Jean* ne serait pas une phrase française régulière ; — 2° le premier terme appartient à la classe du nom et le second à la classe du verbe ; — 3° le premier terme donne au second ses marques de personne et de nombre : en l'occurrence, la troisième personne du singulier ; — 4° quant au contenu, le premier terme représente ce dont je dis quelque chose et le second ce que j'en dis.

Mais ces quatre caractères ne sont pas constants.

Dans d'autres exemples de phrases énonciatives, 1° le sujet peut suivre le prédicat : *Ainsi parle Jean* (cf. §§ 377, 379) ; — 2° certains sujets n'appartiennent pas à la classe du nom : IL *rougit.* PARLER *est dangereux* (§ 231), et il y a des phrases énonciatives averbales, dans lesquelles le prédicat n'est donc pas un verbe (§§ 402-404) ; — 3° il arrive que le sujet ne donne pas au verbe ses marques de personne et de nombre : *Et les enfants de rire* (§ 229, Rem. 3) ; — 4° dans *Il pleut,* il paraît difficile de considérer que *il* représente ce dont je dis quelque chose (§ 230) ; voir aussi le § 227.

Par conséquent, il est impossible de donner du sujet et du prédicat des définitions qui satisfassent entièrement. Les caractères que nous avons mentionnés sont réciproques, et les définitions qui se fondent sur eux ont le défaut d'être circulaires : le sujet est défini par ses rapports avec le prédicat, et le prédicat par ses rapports avec le sujet, par ex. si nous disons que le sujet est ce qui donne au prédicat ses marques de personne et de nombre et que le prédicat est ce qui reçoit du sujet lesdites marques.

La relation qui unit les deux termes, relation qu'on peut appeler **prédication,** est une solidarité réciproque, qui n'a pas d'équivalent en syntaxe et qui est différente de la relation de *coordination* (JEAN ET MARIE *rougissent*) et de la relation de *subordination* (LA SŒUR DE JEAN *rougit*), qui seront étudiées, respectivement, dans le chap. III et dans le chap. IV.

Certains linguistes considèrent que le prédicat est subordonné au sujet parce que celui-ci impose à celui-là sa personne et son nombre, mais le phénomène de l'accord grammatical n'est pas lié nécessairement à la subordination : dira-t-on que le participe passé conjugué avec *avoir* est subordonné à l'objet direct avec lequel il s'accorde ? Il faudrait aussitôt ajouter que cette subordination disparaît si l'objet direct suit le participe.

Remarques. — 1. Si le mot *sujet* appartient à la nomenclature grammaticale la plus courante, le mot *prédicat* est moins régulièrement utilisé. Il nous a paru nécessaire de l'introduire, 1° parce qu'il est peu satisfaisant de désigner par un seul mot *(verbe)* à la fois une classe et une fonction ; — 2° parce que la fonction prédicative apparaît aussi dans des phrases (ou des propositions) sans verbe.

La grammaire générative, pour laquelle la phrase est constituée de deux termes, appelle l'un *syntagme nominal* et l'autre *syntagme verbal.* Cela n'est pertinent que si l'on considère les phrases où le sujet n'est pas nominal comme des transformations de phrases où le sujet est nominal.

2. Nous avons adopté le point de vue selon lequel la phrase est constituée de deux termes. Certains linguistes considèrent que le verbe est la base de la phrase et que les autres éléments s'articulent sur le verbe : par ex. L. Tesnière, qui présente le sujet aussi bien que les compléments du verbe comme des *actants* par rapport au verbe.

27 Nous avons considéré dans le § précédent des phrases très courtes et très élémentaires, mais dans la réalité on s'exprime ordinairement par des phrases plus compliquées, où la fonction sujet et la fonction prédicat sont réalisées, non par un mot, mais par un groupe de mots, un syntagme :

Le frère de Paule | possède une auto rouge.

Ces syntagmes sont constitués d'un **noyau,** *frère, possède,* — et d'éléments dépendants, *subordonnés : Le, de Paule ; une auto rouge.* La **subordination** sera étudiée dans le chapitre IV. — C'est le noyau qui détermine l'accord.

On peut avoir comme sujet (ou comme prédicat) une suite de mots qui ne sont pas dépendants l'un de l'autre, mais qui exercent en commun la fonction : *Pierre et Paul possèdent une auto rouge,* il y a un double sujet *(Pierre, Paul).* La relation entre ces deux termes de même fonction est la **coordination,** qui fera l'objet du chapitre III.

Chaque terme coordonné ou subordonné peut être accompagné à son tour d'éléments subordonnés ou coordonnés : dans le syntagme prédicat *possède une auto rouge,* le syntagme subordonné *une auto rouge* comporte à son tour un noyau : *auto,* — et des éléments subordonnés : *une, rouge.* La phrase est ainsi constituée d'emboîtements successifs.

Les termes subordonnés peuvent avoir la forme d'une *proposition* (cf. § 212, *b*), c'est-à-dire être constitués, comme la phrase elle-même, d'un sujet et d'un prédicat : *Jean pleure parce que* PAUL L'A BATTU. *Paul* est le sujet, *l'a battu* est le prédicat.

La phrase ne contient pas seulement le sujet, le prédicat, des termes coordonnés et des termes subordonnés ; elle contient aussi des mots-outils servant les uns à relier (*parce que* dans l'ex. ci-dessus), les autres à introduire : voir chap. V, section 1. — Il y a aussi des mots qui se trouvent dans la phrase, mais sans y avoir une fonction : PAPA, *je suis content.* Voir chap. V, §§ 370-374.

228   Le thème et le propos.

Du point de vue de la communication, le **thème** (on dit parfois : *sujet psychologique*) est ce dont on parle — et qui est généralement connu de l'interlocuteur —, tandis que le **propos** (ou le *rhème*) est ce qu'on en dit — c'est souvent l'information nouvelle apportée à l'interlocuteur.

Dans la phrase *Jean dort, Jean* est à la fois le sujet et le thème, *dort* le prédicat et le propos. Mais ces identifications ne sont pas toujours possibles. Si un locuteur dit *Dans cette maison naquit Victor Hugo,* le thème est *dans cette maison,* le reste étant le propos.

L'ordre des mots est souvent déterminé par la répartition entre thème et propos ; de même le choix de la voix passive : *Le policier a arrêté le voleur* → *Le voleur a été arrêté par le policier.* La construction impersonnelle transforme le thème en propos : *Une mésaventure m'est arrivée* → *Il m'est arrivé une mésaventure.*

Pour un certain nombre de fonctions, la *thématisation* entraîne une redondance, le terme mis en tête de la phrase étant représenté par un pronom à sa place ordinaire : CETTE LOI SAINTE, *il faut s'*Y *conformer* (HUGO, *Contempl.,* I, 1). Voir § 367, *b.*

Le thème peut être un pronom personnel, surtout *moi,* qui n'a pas de fonction véritable dans la phrase, soit qu'il forme une sorte de redondance avec un possessif, soit qu'il ne soit repris sous aucune forme ; on pourrait parler d'*anacoluthe :* cf. § 225. Ces tours sont surtout fréquents dans la langue parlée.

MOI, MON *âme est fêlée* (BAUDEL., *Fl. du m.,* Cloche fêlée). — MOI, *en général, c'est comme ça que ça se passe* (entendu à la télévision et cité par Sauvageot, *Analyse du fr. parlé,* p. 155). — *Mais* MOI, *la barre du bourreau s'était* [...] *brisée comme un verre, les torches des pénitents noirs s'étaient éteintes* [...], *la foule s'était écoulée* [...], — *et je poursuivais d'autres songes vers le réveil* (Al. BERTRAND, *Gaspard de la nuit,* Rêve).

Ne pas confondre ce phénomène avec le mot en apostrophe : § 370.

Hist. — Ces constructions disloquées étaient assez courantes dans l'ancienne langue écrite, moins soucieuse de logique et plus proche du style parlé : *L'escare, quand il a avalé l'ameçon du pescheur, ses compagnons s'assemblent en foule autour de luy et rongent la ligne* (MONTAIGNE, *Ess.*, II, 12).

Remarque. — Le thème ne s'identifie pas nécessairement avec le début de la phrase : *Longtemps, je me suis couché de bonne heure* (PROUST, *Rech.*, t. I, p. 3). Dans ce cas-ci, ce qui est au début n'est pas le thème. — Dans le cas de la mise en relief par *c'est ... que* et aussi dans l'interrogation, c'est le propos qui est mis en tête de la phrase :

C'est LE MATIN *que je travaille le mieux.* QUAND *travailles-tu ?*

SECTION 1. — LE SUJET

229   Nous avons vu au § 226 les difficultés que l'on a à définir le sujet, quoique ce soit une notion fondamentale et admise à peu près par tous les linguistes.

On retient le plus souvent deux traits. 1° Le sujet donne au prédicat ses marques de personne, de nombre et, dans certains cas, de genre : NOUS *dormons.* LA TROUPE *défilera.* LES MARCHANDISES *sont arrivées.* Voir cependant la Rem. 3. — 2° Le sujet est ce dont on dit quelque chose, ce quelque chose étant le prédicat ; mais cette définition convient au *thème,* qui est parfois distinct du sujet ; cf. § 228. — Certains linguistes considèrent que le trait le plus pertinent est le caractère nécessaire du sujet ; mais on peut dire cela de l'attribut et de certains compléments du verbe (§ 266, *a*), et d'autre part on observe que le verbe est parfois employé sans sujet (§§ 232-234).

Le plus sage est sans doute de considérer la notion de sujet comme une espèce de postulat, et de fournir seulement des moyens de l'identifier. Pour cela, on transforme la phrase en phrase interrogative, en plaçant avant le verbe les formules interrogatives *Qui est-ce qui ?* et *Qu'est-ce qui ?* La première convient pour des personnes, la seconde pour ce qui n'est pas une personne. La réponse fournit le sujet :

Le professeur écrit au tableau. Qui est-ce qui écrit ? LE PROFESSEUR. — *La neige tombe à gros flocons.* Qu'est-ce qui tombe ? LA NEIGE.

Si la phrase est interrogative, on peut aussi la transformer en introduisant *Qui est-ce qui ? Qu'est-ce qui ?* sauf si une de ces formules est déjà présente, laquelle est, naturellement, le sujet.

On peut aussi considérer comme le sujet ce qu'on met en évidence en l'encadrant de l'introducteur *C'est ... qui : C'est* LE PROFESSEUR *qui écrit au tableau. C'est* LA NEIGE *qui tombe à gros flocons.*

Aucun de ces deux procédés n'est utilisable pour les verbes impersonnels : cf. § 230. — En outre, l'application de ces procédés oblige à modifier certains termes de la phrase qu'on examine :

1° Si le terme à identifier est un pronom personnel, il se présente dans la réponse sous la forme disjointe : *Je travaille.* Qui est-ce qui travaille ? *Moi.* — De même, *ce* est remplacé par *cela* dans la réponse. — 2° Si le terme à identifier est un pronom relatif, la réponse naturelle est plutôt l'antécédent du pronom relatif sujet : *Mon père, qui provenait de Lausanne, en avait gardé un très bon souvenir.* Qui est-ce qui provenait de Lausanne ? *Mon père.* — 3° Si la phrase est averbale, il faut réintroduire un verbe dans la question : *Un génie ce Dupont !* Qui *est* un génie ? — 4° Si le prédicat est un infinitif ou un participe (cf. Rem. 2), ils doivent être mis à un mode conjugué : *Le soir tombé, nous avons fermé les volets.* Qu'est-ce qui *est* tombé ? — *Et lui de se récrier.* Qui est-ce qui se *récrie* ?

Le sujet peut être un mot ou un groupe de mots : cf. § 231.

Remarques. — 1. Ce ne sont pas seulement les phrases qui contiennent un sujet et un prédicat, mais aussi les sous-phrases (§ 212, *b*, 2°), ainsi que la ou les propositions d'une phrase complexe :

*Je ne m'étais pas aperçu, dit-*IL, *de votre retard.* — *Le facteur, que* NOUS *attendions avec impatience, est arrivé quand* NOUS *avions fini de déjeuner.*

2. L'infinitif peut avoir un sujet :

Infinitif prédicat de phrase : *Et* JALIBERT *de répliquer par un vulgaire : « Sans blague ? »* (SIMENON, *Vérité sur Bébé Donge*, p. 100.)

Infinitif prédicat de proposition : *On croit entendre* UN DIEU DE L'ABÎME *marcher* (HUGO, *Lég.*, XV, III, 16).

Les compléments absolus sont constitués d'un sujet et d'un prédicat, celui-ci ayant souvent la forme d'un participe : DIEU *aidant, nous vaincrons.*

Dans les phrases ou les propositions contenant un attribut du complément d'objet direct, ce complément a comme un rôle de sujet par rapport à l'attribut : *Je considère* CETTE MESURE *comme indispensable.*

3. Si l'on dit que le sujet est ce qui donne au prédicat ses marques de personne, de nombre et parfois de genre, il faut ajouter deux réserves. 1° Cela ne peut s'appliquer ni à l'infinitif ni au participe présent, puisqu'ils sont invariables. — 2° Il arrive que le verbe s'accorde avec l'attribut et non avec le sujet : *Le reste* SONT *des horreurs* (PROUST), à côté de *Tout le reste* ÉTAIT *des bêtises* (MONTHERLANT). *Ce* SONT *eux* à côté de *c'*EST *eux.* Cf. §§ 897, *b* et 898, *a*, 2°.

Hist. — Dans l'ancienne langue, le verbe impersonnel pouvait s'accorder avec le sujet réel : cf. § 230, Hist.

4. Selon une définition tout à fait sémantique, le sujet est celui qui fait ou subit l'action exprimée par le verbe. Mais elle s'applique difficilement à certaines phrases. — Celui qui fait l'action est aussi appelé **agent.** On retrouve cela dans la notion de *complément d'agent* du verbe passif (§ 312). Comp. § 873.

5. Sur l'identification du sujet et de l'attribut dans *Paris est la capitale de la France, La capitale de la France est Paris,* voir § 241.

230   **Le sujet des verbes impersonnels.**

Bibl. — Voir avant le § 752.

Dans les phrases où le verbe est impersonnel, le pronom *il* ne représente rien de précis : *Il pleut.* C'est simplement un indicateur de la troisième personne, puisque tout verbe conjugué (sauf à l'impératif) doit normalement être introduit par un pronom personnel à défaut d'autre sujet.

Certains grammairiens contestent que *il* soit purement formel. Voir surtout L. Spitzer, *Stilstudien*, I, pp. 160-222 : pour Spitzer, *il* a une valeur mythique ; c'est « le grand neutre de la nature », « une périphrase pour *Dieu* », « un euphémisme » ; *il pleut* doit être rapproché de *Juppiter tonat* « Jupiter tonne » des Latins. — D'autres parlent d'un agent indéterminé. — Comp. *Ça pleut* (§ 753).

Les verbes impersonnels ou employés impersonnellement sont souvent accompagnés d'une séquence que l'on appelle traditionnellement *sujet* **réel** (ou *logique*), par opposition à *il*, appelé *sujet* **apparent** : *Il est arrivé* UN MALHEUR. *Il convient* DE PARTIR. *Il faut* QUE VOUS PARTIEZ.

On en rapprochera certaines constructions où les pronoms personnels ou démonstratifs sont redondants par rapport au sujet nominal (cf. § 236, *a*, 2°), notamment : *C'est un crime de trahir. C'est une belle fleur que la rose.* Certains grammairiens voient dans *c'* aussi un sujet apparent qu'ils opposent à un sujet réel *(de trahir, la rose)*.

Cette question est controversée. Pour certains, la séquence qui suit le verbe impersonnel est un prédicat (De Boer) [ou propos : § 228] ; pour d'autres, « un véritable complément d'objet » (Brunot, *Pensée*, p. 289), même dans *Il est utile* QUE VOUS LE FASSIEZ LE PLUS TÔT POSSIBLE. G. et R. Le Bidois considèrent que le pronom *il* est le sujet tout court et que ce qui suit le verbe est un terme complétif du sujet. Cette théorie ne paraît pas tellement éloignée de la distinction traditionnelle entre sujet apparent et sujet réel, à laquelle sont revenus, avec des nuances diverses, beaucoup de linguistes, certains par résignation, d'autres de manière plus décidée (notamment les partisans de la grammaire générative).

Plusieurs grammairiens accepteraient la notion de sujet réel quand on peut transformer la séquence en véritable sujet *(Il est arrivé une catastrophe → Une catastrophe est arrivée)*, mais non quand cela est impossible *(Il y a du bruit, Il faut de l'argent)*. Pour *falloir*, K. Togeby (*Mélanges A. Lombard*, pp. 220-226) discute cette façon de voir avec des arguments divers, notamment historiques : *falloir* était un verbe intransitif en anc. fr., et il pouvait avoir un sujet personnel. Cela n'a jamais été vrai pour *il y a*, mais on pourrait invoquer la similitude avec *être* (cf. § 756, *a*).

En faveur de l'interprétation de Brunot, il y a le fait que le pronom substitué à la séquence se met à la forme qu'il a comme complément d'objet :

QUE *lui faut-il ? Il ne sait pas ce* QU'*il lui faut. Il* LE *faut. Il me* LES *faut.* — Lucie. *Il n'est pas loin de 11 heures.* / Mme *Pruneau. Il* LES *est* (Tr. BERNARD, *École du piston,* II). — QUE *reste-t-il ? Ce* QU'*il en reste.*

D'autres observations contredisent l'interprétation de Brunot.

La plupart des verbes impersonnels sont des verbes manifestement intransitifs : *S'il naît un enfant pendant un voyage en mer* (*Code civil,* art. 59). — Certaines constructions impersonnelles sont au passif, ce qui est incompatible avec la notion d'objet direct : *Il a été décidé que la réunion serait remise.* — Si le verbe est transitif, il peut parfois avoir un objet direct distinct de la séquence envisagée ici : *Quand il ne* M'*amusera plus de me déguiser en groom ou en toréador* (Fr. PARTURIER, cit. dans le *Fr. mod.,* oct. 1970, p. 396). — Le participe passé ne s'accorde pas avec ce qui est censé être un objet direct : *Les efforts qu'il a* FALLU. *Les intempéries qu'il y a* EU.

En conclusion, nous garderons l'appellation *sujet réel,* à cause de la similitude avec des phrases où la séquence en question est sujet tout court et parce que l'on peut considérer que les tours impersonnels sont souvent des transformations desdites phrases. Mais nous reconnaissons que le « sujet réel » n'a pas tous les caractères du sujet tout court et qu'il se rapproche à plusieurs titres des compléments du verbe [1].

Hist. — Pour *Il pleut du sang,* on disait en latin *Pluit* SANGUINEM, avec l'accusatif, ce qui appuierait l'interprétation de Brunot, — ou *Pluit* SANGUINE, avec l'ablatif. — En anc. fr., la séquence nominale se mettait soit au cas sujet, soit au cas régime (cf. § 8) :

Cas sujet : *Ainz* [= avant] *qu'il i muire* [= meure] TANT GENTILL OME SAGE (*Couronn. de Louis,* 444). — *Aprés si nommerons les vesques* [= évêques] *qui y furent. Il y fu* LI VESQUES NEVELONS *de Sessons* [...] (ROBERT DE CLARI, I). — *Il ne fust* UNS SEUX JORS AJORNÉS [= il ne se serait pas passé un jour] *qu'il ne fust as* [= aux] *portes* (*Aucassin et Nic.,* II).

Cas régime : *Il n'a* [= y a] *si* RICE [= riche] HOME *en France, se tu vix* [= veux] *sa fille avoir, que tu ne l'aies* (*Aucassin et Nic.,* II). — *Et lui sambloit il i euist* [= eût] UN GRANT TOURNOIEMENT (FROISS., *Chron.,* S.H.F., t. IX, p. 42).

Il arrivait même que le verbe s'accordât avec le sujet réel :

En paradis ne vont fors [= que] *tex* [= tels] *gens con* [= comme] *je vous dirai. Il i* VONT *cil* [= ces] *viel prestre et cil viel clop* [= boiteux] (*Aucassin et Nic.,* VI). — *Il* SONT *III choses, senz mentir* (*Contes dévots,* cit. Brunot, *Hist.,* t. I, p. 346). — Encore au XVIe s. : *Il* SONT *neuf heures passees* (M. CORDIER, cit. *ib.,* t. II, p. 441).

On pourrait soutenir que dans cet ex. d'*Aucassin et Nic.,* comme dans celui de Robert de Clari cité plus haut, *il* n'est pas un pronom impersonnel, mais un pronom personnel redondant (cf. § 367, *b*). Le phénomène ne serait pas essentiellement différent : ce serait le besoin de faire précéder le verbe d'un pronom sujet.

Remarques. — 1. Dans les verbes impersonnels exprimant des phénomènes météorologiques, comme *il pleut,* ordinairement le sujet *il* n'est pas accompagné d'un « sujet réel ». Mais ce sujet réel se trouve parfois : *Il pleut* DE GROSSES GOUTTES. Il s'emploie couramment quand le verbe impersonnel est pris figurément : *Il pleut* DES BALLES. — Voir § 754, *a,* Rem. 1.

---

1. On notera qu'il y a d'autres circonstances où le sujet est représenté par la forme régime du pronom personnel : le sujet de la proposition infinitive (§ 873), les sujets ayant la forme d'un pronom personnel disjoint (§ 636).

2. La séquence nominale (ou pronominale) est introduite par *de* après certains verbes impersonnels (cf. Hist.) :

Il suffit D'*un instant de distraction.* — *Il ne s'agit pas* DE *cela.* — *Il lui souvenait* DES MOTS *un peu ridicules et presque touchants qu'il lui avait dits* (A. FRANCE, *Lys rouge*, IV). — La séquence peut être représentée par *dont, en* : *Ce* DONT *il s'agit.* — *Il doit* M'EN *souvenir* (MÉRIMÉE, *Colomba*, II).

Dans *Il en va de qq. ch., Il y va de qq. ch., Il en est de qq. ch., de qq. ch.* est un complément de même type que *au sujet de qq. ch.* : *Il s'en trouve plus libre. Ainsi en va-t-il* DE *ces sensations électives dont j'ai parlé* (A. BRETON, *Nadja*, p. 22). — *Il y va* DE *son honneur.* — *Il en est* DES *organes linguistiques comme* DES *organes corporels : ils ne peuvent fournir qu'une somme déterminée de travail* (Ch. BALLY, cit. Sandfeld, t. I, p. 164). — On peut d'ailleurs avoir une autre préposition que *de* : *Il en va de même ensuite* POUR *le troisième volet* (ROBBE-GRILLET, *Projet pour une révolution à New York*, p. 40). — Comp. aussi *il = cela* : § 643, *c.*

Dans d'autres cas, la séquence est celle que le verbe aurait s'il n'était pas construit impersonnellement : *Il n'était parlé* DE LA FRANC-MAÇONNERIE *qu'avec une extrême prudence* (J. ROMAINS, cit. Robert, s.v. *fréquenter*).

Le fait que l'infinitif soit assez souvent introduit par *de* (*Il convient* DE *corriger cela*) n'est pas particulier à la construction impersonnelle. Cf. § 1044, *d*, 2°.

Hist. — *Il s'agit de* est un calque (XVIIᵉ s.) du latin, où *agere* était un verbe transitif : *Agitur* DE *fama*, il y va de la réputation. — La construction *Il suffit* DE *qq. ch.*, qui n'apparaît qu'en moyen fr. (jusqu'alors on ne connaissait que *Qq. ch. suffit*), pourrait être due à l'analogie avec *Il suffit* DE + infinitif. — En revanche, *Il me souvient* DE *qq. ch.* existe depuis les plus anciens textes : DE *grant dulor li poüst suvenir* (*Rol.*, 3488) [trad. de Bédier : *Il lui souviendrait* D'*une grande douleur*]. Pour Wartburg (t. XII, p. 378), la préposition aurait sans doute représenté à l'origine le surgissement du souvenir hors de l'inconscient. En anc. fr. *membrer, remembrer* (du latin *memorare, rememorari*), synonymes de *souvenir*, se construisaient de la même façon.

3. On fait souvent remarquer que le sujet « réel » répond à la question *Qu'est-ce qui ? Il manque une vis.* Qu'est-ce qui manque ? UNE VIS. — Cela est vrai dans la plupart des cas, même à propos de *Il suffit de...* (Rem. 2). Mais, en réalité, on remplace ainsi la construction impersonnelle par la construction personnelle correspondante, comme le montre le fait que la question ne peut être posée de cette façon pour les verbes purement impersonnels : *Il faut du temps.* Qu'est-ce *qu'*il faut ? et non *Qu'est-ce *qui* faut ?

4. On n'a pas un sujet réel si le verbe se construit impersonnellement comme il se construit personnellement :

Il sent LE BRÛLÉ *dans la cuisine* (LITTRÉ, s.v. *sentir*, 10° [cf. § 755, Rem. 2]). Comp. : *Cette bouillie sent le brûlé* (AC., s.v. *brûler*). — On peut d'ailleurs reconnaître ici *il* mis pour *cela* ; cf. § 643, *c.*

230 bis   Place du « sujet réel ».

Le « sujet réel » d'un verbe impersonnel suit le verbe, sauf s'il a la forme d'un pronom personnel conjoint, d'un pronom relatif, d'un pronom interrogatif ou s'il est accompagné d'un déterminant interrogatif :

Il faut MILLE FRANCS. — *Il me* LES *faut. Prenez le vêtement* QU'*il vous faut.* QUE *faut-il ?* QUEL VÊTEMENT *vous faut-il ?*

Le nom accompagnant *il y a* le précède souvent dans des propositions introduites par *si* ou par *puisque,* quand le nom (ou un équivalent) a déjà été exprimé.

D'ordinaire, le nom lui-même a déjà été exprimé : [...] *ne dépassent en immoralité, puisque* IMMORALITÉ *il y a, les productions les plus échevelées* [...] (Th. GAUTIER, *M*^*lle* *de Maupin,* Préf.). — *Le danger — si* DANGER *il y avait — devenait, par ce jeu, cent fois pire* (BOYLESVE, *Meilleur ami,* II). — *Le néo-français, si* NÉO-FRANÇAIS *il y a, doit s'entendre de variétés très diverses de l'idiome* (H. MITTERAND, *Mots franç.* p. 99). — *J'espère que tu n'as rien fait pour aggraver ma gaffe. — Si* GAFFE *il y a, elle est complète* (BUTOR, *Emploi du temps,* II, 2).

Le nom n'a pas été exprimé auparavant : *L'historien de métier, ou, plus généralement, le lecteur désireux d'aller au fond des choses, a moins lieu d'être satisfait* [d'un livre de H. Guillemin] *que l'habitué des cours d'assises. Puisque* PROCÈS *il y a, et réquisitoire, qui sont les accusés ?* (Dans le *Monde,* 29 nov. 1974, p. 17.)

Plus rarement, il ne s'agit pas d'une proposition introduite par *si* ou *puisque : Il va sans dire qu'une telle perspective entraîne une nouvelle conception de la discipline, car* DISCIPLINE *il y aura* (M. BARLOW, *Enseigner le français aujourd'hui,* p. 130).

231   Nature du sujet.

a) Le sujet est exprimé le plus souvent par un **nom** ou un **pronom** (nominal ou représentant) :

Le CHIEN *est l'ami de l'homme.* JÉSUS *a été crucifié.* NOUS *mourrons tous.* ON *ne peut être et avoir été.* TOUT *est perdu.* QUI *a raison ? — L'absurde dépend autant de l'homme que du monde.* IL *est pour le moment leur seul lien* (A. CAMUS, *Mythe de Sisyphe,* Pl., p. 113).

Il faut ranger parmi les noms les éléments nominalisés (§§ 194-197) :

— Mots, syntagmes et même phrases construits avec un déterminant :
Le MOI *qui l'avait aimée* [...] *resurgissait* (PROUST, *Rech.,* t. I, p. 642). — *Votre* AIMEZ-VOUS LES UNS LES AUTRES [en italiques] *est une bêtise* (HUGO, *Misér.,* I, I, 14).

— Les éléments de la langue (sons, lettres, suffixes, mots, etc.) envisagés en eux-mêmes (phénomène de l'autonymie : § 450) ; ils sont d'ordinaire imprimés en italiques : *En ancien français,* s *ne distinguait les nombres que dans les féminins* (BRUNOT, *Pensée,* p. 100). — *Ainsi* AGE *s'ajoute en général à des verbes* (*ib.,* p. 62).

— Les numéraux cardinaux exprimant la quantité d'une manière absolue, sans aucune désignation d'êtres ou d'objets : SEIZE *est un multiple de quatre.* SEPT *était un nombre sacré.*

— Certains adverbes ont des emplois où ils équivalent à des noms (§ 918, *c*) : TROP *est trop.* — DEMAIN *est un jour de fête* (AC.).
La langue ordinaire préfère reprendre le sujet par un pronom démonstratif neutre : *Trop,* C'EST *trop.*

On considère comme des pronoms les expressions *n'importe qui, je ne sais quoi,* etc. (§ 708, *b*) :

N'IMPORTE QUI *peut répondre. — Aussitôt émanait de la personne de Saniette* JE NE SAIS QUOI *qui faisait qu'on lui répondait de l'air le plus tendre du monde* (PROUST, *Rech.,* t. II, pp. 1023-1024).

Remarques. — 1. Le sujet est un mot, si on considère que le sujet est ce qui donne au verbe son nombre, sa personne et parfois son genre :

Une FEMME *habillée de noir est venue ce matin.*

Mais, si l'on considère la phrase comme composée d'un sujet et d'un prédicat, le sujet est un syntagme, c'est-à-dire un groupe dont le nom (ou le pronom) est le *noyau,* le reste du sujet étant constitué d'éléments subordonnés :

LA SEULE VUE D'UNE FEUILLE DE PAPIER BLANC *me harasse l'âme* (BERNANOS, *Grands cimetières sous la lune,* Préf.). — DES GAMINS QUI VOLAIENT DES PÊCHES DANS LE JARDIN *s'étaient enfuis silencieusement par les trous de la haie* (ALAIN-FOURNIER, *Gr. Meaulnes,* I, 1).

À plus forte raison doit-on regarder comme le sujet l'ensemble formé par le pronom démonstratif *ce, celui,* etc. et par la proposition relative qui en dépend : CE QUI EST BON À PRENDRE *est bon à rendre.*

2. *N'importe quel, on ne sait quel,* etc. (§ 607, *d*) jouent le rôle de déterminants auprès du nom qu'ils accompagnent :

N'IMPORTE QUEL *blasphème vaudrait mieux qu'un tel propos* (BERNANOS, *Journal d'un curé de camp.,* Pl., p. 1160). — ON NE SAIT QUEL RAYON DE *Dieu semble visible* (HUGO, *Lég.,* X, 1).

Des adverbes comme *assez, bien, trop,* etc. suivis de *de* ou de *des* ont aussi la valeur de déterminants (§ 607, *a*) : TROP DE *gens* ou BIEN DES *gens sont superstitieux.*

On peut aussi considérer que le sujet est un syntagme nominal dans ces phrases, quoique le nom y soit introduit par des éléments qui d'ordinaire marquent la subordination :

JUSQU'À CES VOLUPTUEUX CRAQUEMENTS DU MAROQUIN BLEU [...] *me faisaient tressaillir d'épouvante* (BARBEY D'AUR., *Diaboliques,* Pl., p. 46). — *De ses prunelles irradiaient* COMME DEUX POINTES D'AIGUILLES ROUGIES AU FEU (A. de CHÂTEAUBRIANT, *Brière,* III).

3. Sur les phrases averbales du type *Pauvre de moi !* cf. § 404, *a.*

b) L'**infinitif** (qui n'est d'ailleurs que la forme nominale du verbe) peut, sans être précédé d'un déterminant, servir de sujet :

AIMER SANS ESPOIR *est encore un bonheur* (BALZAC, *Lys dans la vallée,* p. 85). — BRACONNER *n'est pas voler* (GENEVOIX, *Raboliot,* III, 1). — ÉCRIRE *est demeuré la grande affaire de ma vie* (S. de BEAUVOIR, *Tout compte fait,* p. 131).

Cet infinitif est souvent précédé de la préposition *de,* surtout lorsqu'il s'agit d'un fait particulier :

Ah ! DE *t'avoir parlé m'a fait du bien* (GIDE, *Porte étr.,* IV). — D'être *réputé habile, ambitieux, profond calculateur de ses chances, ami douteux, prudent ennemi, n'était pas pour l'offenser* (BERNANOS, *Imposture,* Pl., p. 323). — *Et* DE *voir le pouce de Me Boniface pousser la poudre de tabac dans les narines d'où sortaient les poils sombres lui donnait le haut-le-cœur* (SIMENON, *Vérité sur Bébé Donge,* p. 203).

Mais on trouve parfois des infinitifs qui sont accompagnés de la préposition alors que la phrase a une portée générale, et souvent des infinitifs sans préposition pour un fait particulier :

— Ces propos bouleversent Judas qui n'est pas grossier. D'abord DE *manier la monnaie affine d'une certaine manière* (DRIEU LA ROCHELLE, *Chiens de paille,* p. 144).

— *Se voir ainsi arrêté désespérait Glanarvan* (J. VERNE, *Enfants du capit. Grant*, II, 22).
— *Passer la nuit dans cet obscur wagon n'avait rien d'enchanteur* (GIDE, *Si le grain ne meurt*,
II, 2). — *Mais la* [= une culotte] *garder compliquait les choses* (H. BAZIN, *Qui j'ose aimer*, I).
— *Aller à la fontaine faisait partie de ses minces plaisirs* (R. SABATIER, *Noisettes sauvages*,
p. 80). — *Bousculer ses voisins n'avançait à rien* (ROBBE-GRILLET, *Voyeur*, p. 43).

Remarques. — 1. Dans la langue courante, cet infinitif sujet est souvent
repris devant le verbe par *ce* ou *cela ;* parfois par un nom de sens vague (*la
chose*, etc.) ; parfois par *tel* devant le verbe copule :

PARTIR *sur le champ* [sic], C'*eût été compromettre sa réputation de voyageuse intrépide*
(MÉRIMÉE, *Colomba*, IV). — *Se tromper dans de telles conditions*, LA CHOSE *est pardonnable.*
— REMONTER *à l'origine de cette méthode,* DÉFINIR *la direction qu'elle imprime à la recherche,*
TEL *est plus particulièrement l'objet des deux essais composant l'introduction* (BERGSON, *La
pensée et le mouvant*, Avant-propos).

L'infinitif, procédé de *de* ou de *que de*, peut aussi être postposé, et annoncé par *ce* si le
verbe est *être* : *C'est un plaisir (que) de* BAVARDER *avec vous.*

2. On dit sans distinction de sens *C'est à moi à parler* ou *... de parler*, mais la
seconde formule est plus fréquente dans la langue écrite :

C'est à vous à parler, ce n'est pas à moi. Je n'ai pas, moi, d'explications à vous donner
(A. FRANCE, *Lys rouge*, XXII). — *Vous pensez, n'est-ce pas, plombier, que c'est bien au
propriétaire à payer les dégâts ?* (Tr. BERNARD, cit. *Trésor*, t. V, p. 338.) — *Ce n'était pas à lui
à aller ainsi quémander en quelque sorte une récompense. C'était à eux* DE *venir* (VAN DER
MEERSCH, *ib.*, t. VIII, p. 290). — *À vous* DE *jouer, capitaine* (A. DAUDET, *Contes du l.*, p. 18).
— *La généralisation, c'est au lecteur, au critique* DE *la faire* (GIDE, *Paludes*, p. 101). — *Que
voulez-vous donc que je fasse ? dit-elle* [...]. / — *Vous, rien, ma bien-aimée, dit Gwinett. C'est à
moi* D'*agir* (P. BENOIT, *Lac Salé*, p. 167).

L'Acad. estime que la préposition *à* s'impose quand le sens est « Votre tour de parler est
venu », et *de* quand le sens est « C'est à vous qu'il convient de parler ». Cette distinction
n'est pas fondée, Littré le disait déjà, s.v. *à*, Rem. 6. Mais s'il reconnaissait que les deux
tournures sont « autorisées par l'usage », il voyait dans *C'est à vous à parler* « une incorrection causée par l'oreille, que le premier *à* décida à en vouloir un second ».

L'infinitif qui suit *C'est à mon tour* ou *C'est mon tour* (§ 244, *e*) est le plus
souvent construit avec *de ; à* est vieilli :

C'était le tour à Juancho DE *tuer* (Th. GAUTIER, *Militona*, II). — *C'était au tour de Jean*
DE *l'écouter* (A. DAUDET, *Sapho*, p. 310). — *Ce fut son tour* D'*avoir le trac* (SIMENON, *Maigret
s'amuse*, p. 160). — *C'est à mon tour* DE *poser cette question* (IKOR, *Tourniquet des innocents*,
p. 174).

Quand ce fut au tour de l'abbé à parler (SAND, *Mauprat*, XXV). — *Ce fut le tour du noir
à trouver folles et extravagantes les propositions du blanc* (MÉRIMÉE, *Mosaïque*, Tamango, Pl.,
p. 224).

Hist. — L'hésitation entre *à* et *de* après *C'est à moi* existait déjà au XVIIe s. :

⁺*Il a quatre laquais, et je n'en ai qu'un,* [...] *c'est à moi* à *céder* (PASCAL, *Pens.*, 319). —
⁺*C'est aux rois* à *agir* (BOSS., *Œuvr. orat.*, t. IV, p. 215). — *C'estoit à vous* DE *suivre, au
vieillard* DE *monter* (LA F., *F.*, III, 1). — ⁺*C'est au temps* à *aguerrir les troupes* (VOLT.,
Ch. XII, II).

3. L'infinitif s'emploie souvent comme « sujet réel » des verbes impersonnels,
ce que la langue courante préfère aussi à l'infinitif sujet :

Il ne faut pas uniquement INTÉGRER. *Il faut aussi* DÉSINTÉGRER. *C'est ça la vie* (IONESCO, *Leçon*, p. 69). — *Il est doux, à travers les brumes, de* VOIR *naître / L'étoile dans l'azur, la lampe à la fenêtre* (BAUDEL., *Fl. du m.*, Paysage).

c) Parfois une **proposition** remplit la fonction de sujet :

QUI A BU *boira*. — QUICONQUE A LA PRÉTENTION DE FAIRE SIMPLE *est condamné à faire faux* (BRUNOT, *Observ. sur la gramm. de l'Acad. fr.*, p. 123). — QUE LES DIRIGEANTS SOVIÉ-TIQUES AIENT AINSI ÉVITÉ DE FAIRE DE SOLJENITSYNE UN MARTYR *n'est pas en soi un sujet d'indignation* (P. EMMANUEL, dans le *Figaro*, 20 mars 1974).

Remarques. — 1. Dans la langue courante, la proposition sujet introduite par *que* est souvent reprise devant le verbe par *ce* ou *cela* ou par un nom de sens vague comme *la chose, le fait* :

Que je dusse partir le premier, CELA *ne faisait question ni pour moi, ni pour personne* (Fr. MAURIAC, *Nœud de vip.*, XVII). — *Que ce fût Pierre Fabre l'objet de cet amour,* LA CHOSE *n'avait rien de très extraordinaire* (J. ROMAINS, cit. Sandfeld, t. II, § 5).

2. La proposition conjonctive peut être « sujet réel » d'un verbe impersonnel (ce que la langue courante préfère aussi à la proposition sujet) :

Moi, il a fallu QUE J'ATTENDE L'ÂGE DE TRENTE-DEUX ANS *pour que mon père me donne son dernier coup de pied au derrière. Voilà ce que c'était que la famille, de mon temps* (PAGNOL, *Marius*, I, 3). — *Il est exact* [...] QUE L'ÉCOLE NORMALE SOIT UNE ÉCOLE SPIRI-TUELLE (GIRAUDOUX, *Littérature*, p. 163).

Hist. — 1. La proposition relative sujet était jadis reprise par un pronom personnel devant le verbe principal ; elle l'est encore parfois aujourd'hui. Cf. § 236, *b*, 1°, Hist.

2. La proposition sujet aujourd'hui introduite par *que* pouvait être introduite par *ce que* dans l'ancienne langue jusqu'au XVIIe siècle :

Mais avoir me fait pacience / CE QUE *ge sui trop debonaire* (*Barlaam et Josaphat*, 5343). — CE QU'*ilz sont III lupars* [= léopards] *signifie la sainte Triniteit* (JEAN D'OUTREMEUSE, éd. G., p. 56). — +CE QUE *je te le dis est un signe que je te veux guérir* (PASCAL, *Pens.*, 736, Pl.).

232   Omission du sujet.

Toutes les phrases et propositions ont normalement un sujet. Seuls manquent parfois des sujets qui n'apportent pas une information essen-tielle : comme les *pronoms personnels* (§ 233), surtout ceux de la 1re et de la 2e personne, car la situation précise clairement quel est le sujet ; — ou comme le *pronom impersonnel* (§ 234), qui n'apporte aucune information et qui n'est donc pas indispensable au sens.

En outre, divers cas particuliers seront étudiés plus loin : lorsque deux phrases ou deux propositions coordonnées ont le même sujet, celui-ci est géné-ralement exprimé une seule fois (§ 260) ; le verbe à l'impératif n'a pas de sujet exprimé (§ 399, *a*) ; dans certaines formules optatives manquent à la fois le sujet et le *que* introducteur (§ 400). — Il y a aussi des cas où manquent à la fois le sujet et le verbe : voir §§ 404, *b* (phrase averbale), 1061, *b*, 3° (proposition relative), 1066 (proposition conjonctive).

233   **Omission du pronom personnel sujet.**

a) Le pronom personnel de la 1re personne est omis assez fréquemment dans les journaux intimes et dans les écrits similaires.

Ce sont, dans leur principe, des notes rapides que l'on écrit seulement pour soi-même et où l'on supprime divers éléments non indispensables. Il arrive aussi que le pronom de la 3e personne soit absent quand le contexte éclaire suffisamment sur l'identité de la personne ou de l'objet.

Ai rencontré Camille (BARBEY D'AUR., *Memoranda*, 3 sept. 1838). — *Ne parviens pas à prendre sur moi de ne plus fumer* (GIDE, *Journal*, 29 févr. 1928).

Ce qui arrive plus souvent encore, c'est l'omission du pronom sujet et de l'auxiliaire des verbes au passé composé : *Vu avec elle la première représentation du ballet de* Prométhée (STENDHAL, *Journal*, oct. 1813). — *Achevé de lire la* Physiologie végétale, *par Candolle* (M. de GUÉRIN, *Cahier vert*, 24 avril 1833). — *Hier passé la journée dans la belle grange* (J. GREEN, *Journal*, 17 oct. 1942).

b) Le pronom personnel de la 1re personne est souvent omis (parfois aussi celui de la 2e) dans la rédaction des télégrammes, parce que la taxe est proportionnelle au nombre de mots employés : *Arriverons demain.*

Pour une raison similaire, les petites annonces présentent le même phénomène, avec, en outre, des abréviations : *Cherch. garçon de bureau sachant conduire, 25 ans minimum* (dans le *Monde*, 9 mars 1974, p. 31).

c) Le pronom personnel de la 3e personne manque dans des documents (citations militaires, bulletins scolaires, signalements, notices, inscriptions, etc.) où le sujet est explicité par le contexte :

A DONNÉ *en toutes circonstances l'exemple du sang-froid et du courage.* A ÉTÉ *grièvement blessé à la tête le 17 mars 1916 au cours d'un violent bombardement* (citation d'Apollinaire, dans M. Adéma, *G. Apollinaire le mal-aimé*, p. 225). — *Il relit les bulletins trimestriels de ses fils, surtout les notes écrites par M. le proviseur lui-même : celle de grand frère Félix : /* « *Étourdi, mais intelligent.* ARRIVERA. » / *et celle de Poil de Carotte : /* « SE DISTINGUE *dès qu'il veut, mais ne* VEUT *pas toujours.* » (J. RENARD, *Poil de Car.*, Pl., p. 713.) — PRATIQUE *la navigation à voile* (A. MARTINET et H. WALTER, *Dict. de la prononc. fr. dans son usage réel*, Fiches signalétiques [des témoins], p. 44).

d) Dans la langue parlée, surtout populaire, le pronom sujet est assez souvent négligé.

Dans plus d'un cas, il s'agit d'une prononciation rapide : si l'interlocuteur n'avait pas compris, le locuteur reprendrait la phrase en introduisant sans doute le pronom. Comp. § 37, Rem. Les écrivains reproduisent parfois ces traits oraux.

1re pers. du sing. : *L'amour,* CONNAIS *pas...* (J. DELTEIL, *Alphabet*, p. 76). — *Ah ! vous* DEMANDE *pardon, que je dis* (G. DUHAMEL, *Vie des martyrs*, p. 216). — *Léonida.* PASSE ! / Colladan. PASSE ! / Cordenbois. *Je tiens* [ils jouent à la bouillotte] (LABICHE, *Cagnotte*, I, 1). — *Brusquement son index frappait la brochure :* « COMPRENDS *pas !* » (SARTRE, *Mots*, p. 31).

— *Vos lettres, Monsieur de Réville ? / — ... m'en* FICHE (LA VARENDE, *Souverain seigneur,*
p. 25). — *Pourquoi,* SAIS *pas* (ARAGON, *Blanche ou l'oubli,* F°, p. 13).

3ᵉ pers. (le sujet étant précisé par la situation concrète) : *Alors, Servigny déclara : « [...] Je
vais grimper sur le balcon. » [...] Tous les autres, qui croyaient à une farce de la jeune fille,
s'écriaient : « Nous protestons. [...]* MONTERA *pas,* MONTERA *pas. »* (MAUPASS., *C.,* Yvette, IV.)
— OUVRIRA... OUVRIRA *pas...* OUVRIRA... *La clé tourne* (N. SARRAUTE, *Portrait d'un inconnu,*
F°, p. 187). [Cette répétition à valeur alternative, sans sujet, est fréquente : VALLÈS, *Enfant,*
XXIII ; H. BAZIN, *Mort du petit cheval,* XXXVII ; etc.] — *Ne* CONNAISSENT *pas de patron !*
(Éd. BOURDET, *Sexe faible,* cité dans *Lar. mensuel,* avril 1920, p. 388.)

À la 2ᵉ pers. du plur., l'usage dialectal de plusieurs régions supprime le pronom dans la
phrase interrogative (la forme verbale de cette personne est identifiable même sans pronom) : *Je me décide à regarder mon soulier de droite.* CROIRIEZ ? *Tout le devant de la semelle
déferré, il restait juste deux rangées de clous vers le milieu* (AYMÉ, *Jument verte,* XVI). —
Valenciennes, « l'Athènes du Nord », SAVEZ ? (A. STIL, *Seize nouvelles,* p. 33.) [Signalé aussi
dans des recueils de belgicismes.]

Les petits enfants omettent souvent les pronoms personnels sujets, et les adultes leur
parlent parfois sur le même mode. Cf. : *Rosanette lui prit le menton. [...] Et, zézayant à la
manière des nourrices : /* « AVONS *pas toujours été bien sage !* AVONS *fait dodo avec sa
femme !* » (FLAUB., *Éd. sent.,* III, 1.)

e) Dans la langue littéraire, sporadiquement et pour des raisons
diverses.

Parfois, l'omission du pronom est due à des analogies particulières : avec
point n'est besoin (§ 234, *a)* dans l'ex. de H. Bazin. Plus souvent, elle s'explique
par l'imitation de la langue ancienne [cf. Hist.] (ex. de Hugo, de De Coster, qui
se souvient sans doute de la chanson de Marlborough) ou de la poésie populaire
(ex. de Verlaine, de Norge). On trouve aussi, surtout chez les poètes, des
exemples moins facilement explicables.

Quant à Marcel [...], point N'AI *besoin de l'abîmer* (H. BAZIN, *Vipère au poing,* V). —
Sur mon âme / De corbeau, / VOUDRAIS *être / Clerc ou prêtre / Pour y mettre / Mon
tombeau* (HUGO, *Odes et ball.,* Pas d'armes du roi Jean). — *Va plus vite, / Car au gîte /
Qui t'invite, /* TROUVERONS, */ Toi l'avoine / Du matin, / Moi, le moine / Augustin (ib.). —
Or ça, dit-il, commères, quelles nouvelles* APPORTEZ *du pays des cinglantes lanières ?* (DE
COSTER, *Ulenspiegel,* III, 28.) — *Que ton âme soit blanche ou noire, / Que* FAIT ? (VERL.,
Chansons pour elle, VIII.) — *Aime-moi, / Car, sans toi, / Rien ne* PUIS, */ Rien ne* SUIS (ID.,
ib., II). — *S'*AIMÈRENT *dur sous la lune* (NORGE, *Râpes,* début du poème *Fers, aciers). —
—* Sirènes [...] TIRIEZ *aux mers la langue / En dansant devant leurs chevaux / Puis* BATTIEZ
de vos ailes d'anges (APOLLIN., *Alcools,* Lul de Faltenin). — *Chanterez-vous quand* SEREZ
vaporeuse ? (VALÉRY, *Poésies,* Cimetière marin.) — *Que vaux-tu ? Ne* SAIS (ID., *ib.,* Chanson
à part).

f) Dans les propositions comparatives (introduites par *comme* ou par un *que*
corrélatif), où l'on supprime souvent ce qui a déjà été exprimé plus haut (§ 217,
c), cette suppression porte parfois sur le sujet seul :

Peinant dessus comme jamais ne PEINA *sur une page de ses livres* (MONTHERLANT,
Lépreuses, p. 110). — *Je sortis de l'ermitage plus triste que n'y* ÉTAIS *entré* (H. BOSCO, *Mas
Théotime,* 1947, p. 180). — *Aramine ne dit pas : « Mon sauveur ! » comme ne l'*EÛT *manqué en
1850* (LA VARENDE, *Roi d'Écosse,* p. 189).

Remarque. — Dans une phrase comme *Tous deux* AVEZ *tort* (VERL., *Jadis et nag.*, Les uns et les autres, VIII), il faut sans doute considérer que *tous deux* joue le rôle de sujet comme il le fait régulièrement à la 3ᵉ personne. Cf. § 894, Rem.

Le même phénomène s'observe avec *l'un et l'autre, ni l'un ni l'autre : L'un et l'autre* AVIONS *payé les quinze* cents *que coûtait cette boisson* (J. GREEN, *Terre lointaine*, p. 300). — Cf. § 902, *b*, Rem. 2.

Hist. — Comme on le verra au § 642, Hist., le pronom personnel sujet ne s'est établi que progressivement en fr. Au XVIIᵉ s. encore, le pronom manque souvent dans la poésie badine ; par ex., dans un seul conte de La Fontaine *(Oraison de s. Julien)*, on lit : *Bien vous* DIRAY. *Pourveu qu'*ALLIEZ *en quelque Hostellerie. Si l'*AVEZ *agreable.*

Ainsi s'expliquent divers proverbes : *Fais ce que* DOIS, etc. ; — la version catholique traditionnelle du décalogue : *Tes père et mère* HONORERAS, etc. ; — la chanson de Marlborough : *Quelles nouvelles* APPORTEZ ? — des formules de la langue cynégétique : S'EN VA *chiens. C'est ainsi qu'on parle aux chiens lorsqu'on chasse* (*Manuel du chasseur*, 1808, cité par G. Tilander, *Nouveaux essais d'étymol. cynégét.*, p. 170) [= *Il* s'en va, le cerf s'en va] ; — et la plupart des faits signalés plus haut dans ce §.

Littré, s.v. *mieux*, 6°, donne encore comme normal cet ex. : *Écrivez-moi si mieux n'*AIMEZ *venir.*

234   Omission du pronom impersonnel.

a) Le pronom impersonnel *il* (parfois avec la valeur de *cela :* § 643, *c*) est omis dans des constructions figées :

Dieu sait s'il faisait bon passer par leurs langues ! [...] TANT Y A *que la Dorothée ne laissait pas la sienne sous le traversin en se levant* (POURRAT, *Gaspard des Montagnes*, p. 163). — M'EST AVIS *qu'il va faire de l'orage* (ARLAND, *Ordre*, t. I, p. 91). — *Pour les calmer* POINT N'EST BESOIN *de verser le sang* (SARTRE, *Mots*, p. 95). — PEU NOUS *en* CHAUT (N. SARRAUTE, *Planétarium*, p. 18). — N'EMPÊCHE *que ce pur-sang n'ait été la plus belle bête que j'aie jamais eue dans mes écuries* (Z. OLDENBOURG, *Pierre angulaire*, L.P., p. 280). — PEU S'EN FALLUT *qu'il s'y laissât prendre* (AYMÉ, *Contes du chat perché*, Mouton). — *Non que mon avenir matériel soit assuré,* TANT S'EN FAUT (ABELLIO, *Dans une âme et un corps*, p. 41). — FORCE EST *de constater que l'histoire s'en est tenue au programme modeste et lucide qui lui était proposé* (Cl. LÉVI-STRAUSS, *Anthropologie structurale*, p. 3). — *Il ne croyait certes pas offenser Dieu par ce blasphème* [...] ... N'IMPORTE, *j'étais glacé* (BERNANOS, *Journal d'un curé de camp.*, Pl., p. 1183). — *Ça s'est passé comme ça. Comme ça ou autrement, mais* PEU IMPORTE (SARTRE, *Nausée*, M.L.F., p. 248). — *Le ton enjoué adoucissait un peu l'injure ; mais* QU'IMPORTAIT *à Daniel ?* (Fr. MAURIAC, *Fleuve de feu*, I.) — *Un homme comme lui se laisser abattre, quelle sottise !* PASSE ENCORE *dans la jeunesse, mais plus tard, c'est perdre son temps* (FLAUB., *Éd. sent.*, I, 5). — *J'ai gardé plusieurs jours cette lettre avant de l'envoyer, et* BIEN M'EN A PRIS (R. MARTIN DU GARD, dans J. Copeau et Martin du Gard, *Corresp.*, 2 août 1922). [On dit aussi : *Mal m'en a pris.*] — QUE TE SEMBLE *de cette nouvelle acquisition, dit M. de Rênal à sa femme ? [sic]* (STENDHAL, *Rouge*, I, 6.) — *Et* QUE SERVIRA *à l'homme de gagner le monde entier s'il le paie de sa vie ?* (*Bible*, trad. OSTY et TRINQUET, Matth., XVI, 26.) — À QUOI SERT (littér. : QUE SERT) *d'amasser tant de richesses ? (Dict. contemp.)* — RIEN NE SERT *de récriminer* (GIDE, *Journal*, 12 mai 1927). — AUTANT VAUDRAIT *dire que* [...] (BRUNOT, *Observ. sur la Gramm. de l'Ac.*, p. 24). — MIEUX VALAIT *perdre connaissance* (CÉLINE, *Voy. au bout de la nuit*, F°, p. 242). — DE LÀ VIENT *que, parent pauvre, il ait conquis la première place* (ARLAND, dans les *Nouv. litt.*, 18 sept. 1947). — D'OÙ VIENT *qu'on ne s'en soit pas aperçu ? (Dict. contemp.)*

Par analogie avec *Tant s'en faut :* °*Loin s'en faut,* cf. § 935, *b.* — Régional (Midi) : °Peu s'en manque (Audiberti, *Dimanche m'attend,* p. 268). Cf. § 304, *a,* 5°, Rem. 2.

L'Acad. signale aussi ce type de phrase où *tant* adverbe est suivi d'un passé simple passif, mais cela est désuet : Tant fut plaidé *qu'ils se ruinèrent de part et d'autre* (Ac.).

Outre diverses phrases optatives citées dans le § 400, il faut mentionner des propositions et des sous-phrases incidentes : *Il m'a offert de me seconder* si besoin était (Simenon, *Vérité sur Bébé Donge,* p. 67). — *Le plus grand coiffeur de Nangicourt lui faisait chaque semaine un champoing [sic] et une mise en plis qui revenaient ensemble à dix-sept francs, sans compter la friction ni la coupe, ni l'indéfrisable* quand échéait (Aymé, *Passe-muraille,* L.P., p. 148) [parodie du langage administratif]. — *Comme si de rien n'était :* § 244, *g.* — *L'incident a dû se produire comme il le rapporte,* si tant est *qu'il dise la vérité* (*Dict. contemp.*). — *Il travaille* si (comme, quand) bon lui semble *(ib.).* — *Nous allons procéder* comme suit : *d'abord une enquête, puis une discussion* (*Grand Lar. langue,* s.v. *suivre*). — *L'histoire existe,* ne vous en déplaise, *chers jeunes philosophes* (J. Elleinstein, dans le *Monde,* 27 mai 1977). — *Vous pouvez bénéficier de cet avantage, moyennant un léger supplément de prix* s'entend *(Dict. contemp.).*

Dans certaines des expressions énumérées plus haut, il est possible d'exprimer le pronom sujet :

Je ne sais pas bien ce qui donna lieu à leur querelle, tant il *y a qu'ils se battirent* (Ac., s.v. *tant*). — Il *m'est avis que j'aurais peine à changer d'avis* (Nodier, *Contes,* p. 168). — Il *n'empêche qu'à cause de vous, mes petits auront plus de peine à se faire une place dans la maison* (Fr. Mauriac, *Mystère Frontenac,* p. 22). — *Que servirait-*il *à un homme de gagner le monde entier, s'il vient à perdre sa vie ?* (*Bible de Maredsous,* Matth., XVI, 26.) — *Le voici qui parle comme* il *suit : Seigneur, je vous remercie de m'avoir ainsi attaché* (Claudel, *Soulier de satin,* cit. *Trésor,* s.v. *comme*). — Etc.

Mais, dans d'autres expressions, il serait difficile ou impossible d'introduire le pronom sujet, par ex. dans *Force est de* (comp. Hist.), parce qu'elles sont figées, voire inanalysables pour le locuteur moyen, d'autant plus qu'elles présentent souvent d'autres archaïsmes, syntaxiques, morphologiques ou lexicaux.

S'il est possible de faire disparaître ces autres archaïsmes, le pronom *il* ou *cela* reparaissent ordinairement :

Il *n'était pas besoin [...] de nous en dire si long* (Musset, *On ne badine pas avec l'am.,* I, 1). — Il *s'en fallut de peu que tout échouât* (Gaxotte, *Révol. franç.,* L.P., p. 496). — Il *ne sert à rien de récriminer.* — Il *valait mieux perdre connaissance.* — *Si (comme, quand)* cela *lui semble bon.*

Dans d'autres cas, la séquence qui suit le verbe peut être sentie comme sujet pur et simple. Cela est confirmé par le fait que, si le verbe *servir* n'est pas accompagné d'une séquence, il se passe difficilement d'un pronom sujet. Un ex. comme celui-ci n'appartient pas à l'usage normal : *Si tu n'es pas riche, ne fais pas avec moi semblant d'être riche. À quoi* sert ? (Sand, *Homme de neige,* t. III, p. 82.) — On en rapprochera aussi le fait que le verbe *importer,* lorsqu'il précède son sujet, s'accorde ou non avec celui-ci (§ 901, *b*), c'est-à-dire, dans la seconde éventualité, comme s'il était impersonnel.

Hist. — *Il est force de* s'est dit jusqu'au XVIIIe s. : +Il *me sera bien force de la laisser là* (Marivaux, *Paysan parvenu,* p. 130).

b) Le pronom impersonnel peut manquer avec les verbes *rester* et **suffire :**

Qui de six ôte deux, reste *quatre* (Ac., s.v. *ôter*). — *Je ne serai jamais bourru.* Reste *à me rendre bienfaisant* (G. Duhamel, *Journal de Salavin,* Vie et aventures de Salavin, p. 22). —

Reste *qu'il y a aujourd'hui* [...] *des milliers de malades jadis condamnés par les médecins, et qui sont en train de devenir plus ou moins centenaires* (Bernanos, *Journal d'un curé de camp.*, Pl., p. 1241). — Reste *que notre époque a rendu impossible* [...] *la consommation égoïste des arts* (Poirot-Delpech, dans le *Monde*, 4 juin 1976).

Nous l'avons saisi des plus tard [...]. Suffit *enfin que nous croyons comprendre* (Musset, *Contes*, Lettres de Dupuis et Cotonet, II). — *Ce n'est pas pendant les époques révolutionnaires que l'art se renouvelle.* Suffit, *pour s'en persuader, de jeter un coup d'œil sur l'histoire* (J. Dutourd, *Paradoxe du critique*, p. 17). — *Le détail de ces travaux n'apprend rien de nouveau.* Suffit *de porter sur eux un jugement d'ensemble* (A. Rey, *Littré, l'humaniste et les mots*, p. 297). — *Suffit* s'emploie même seul, comme mot-phrase.

Ici encore, la construction n'est pas sentie nécessairement comme impersonnelle. On peut penser, du moins pour *rester*, qu'il s'agit d'un déplacement du verbe (cf. § 379, *b*, 4°). On constate d'ailleurs que *rester* s'accorde ou non avec la séquence nominale qui le suit (cf. § 901, *c*).

Hist. — Le phénomène s'observe aussi au XVIIe s. : ⁺Reste *donc de conclure que* [...] (Bourdaloue, cit. Littré). — Suffit *qu'entre mes mains vos affaires soient mises* (Mol., *Éc. des femmes*, IV, 2).

c) Dans la langue parlée, et surtout dans la langue populaire, le pronom impersonnel est souvent omis, particulièrement avec *y avoir* (haplologie : cf. § 218) et *falloir*, mais aussi avec d'autres verbes. Les écrivains attentifs à la langue parlée n'ont pas manqué de l'observer :

Y a *bien des gens qui sont débarqués de cette façon-là* (Céline, *Voy. au bout de la nuit*, F°, p. 238). — Y a [ja] *d'la joie* (chanson de Ch. Trenet). — Faut *d'abord courir après* [les alouettes], *puis les prendre, enfin* faut *avoir de quoi les accommoder* (Balzac, *Birotteau*, II). — *Pour s'y retrouver,* faut *surtout pas chercher à comprendre* (San-Antonio, *Meurs pas, on a du monde*, p. 19). — Paraît *que nous sommes de l'arrière-garde* (Zola, *Débâcle*, I). — *S'il ne voulait pas s'endormir dans ce fauteuil pour de bon,* valait *mieux qu'il se couche* (E. Triolet, *Luna-park*, L.P., p. 115).

L'omission de *il* avec *falloir* paraît plus difficile lorsqu'il y a un pronom personnel régime conjoint : *Il me faut regagner Paris* (San-Antonio, *op. cit.*, p. 27).

En dehors de tout contexte populaire : *Il n'y avait pas une ambulance,* — y en avait *quatre* (Malraux, *Noyers de l'Altenburg*, p. 141).

Comment va ? est particulièrement fréquent, et les romanciers ne le mettent pas exclusivement dans la bouche des gens du peuple :

Cf. : A. Daudet, *Port-Tarascon*, I, 6 ; A. France, *Pierre Nozière*, I, 2 ; R. Martin du Gard, *Thib.*, Pl., t. II, p. 883 ; Larbaud, *Enfantines*, Pl., p. 529 ; E. Triolet, *Manigances*, L.P., p. 153.

Selon Brunot, *Pensée*, p. 285, « On dit encore quelquefois : *comment vous va ?* » Cette expression est mise par Musset dans la bouche d'une comtesse (*L'âne et le ruisseau*, V). Elle paraît peu fréquente aujourd'hui.

Hist. — *Comment va ?* et *Comment vous* (ou *lui*, etc.) *va ?* remontent à l'anc. fr. : *Dous amis,* comment vait ? (Adam le Bossu, *Robin et Marion*, 401.) — *De sa mamele* com li vait ? (1re contin. de *Perceval*, t. I, 8380.) [= Comment va son sein ?] — Cf. aussi *Comment vous en va ?* dans Mol., *Impr. de Vers.*, II.

Pour Sandfeld, t. I, p. 20, il n'y a pas ici omission de *il*, et ce serait à l'origine une interrogation indirecte. Cela est douteux. En tout cas les tours avec *il* ont été usités (et ils le sont encore en wallon) [cf. § 755, Rem. 2] :

Va t'IL bien à nostre Antoinette ? (BELLEAU, cit. Huguet.) — *Comment va IL de ta santé ?* (GREVIN, cit. Godefroy, Compl.) — *Il s'abordat audit sieur Deforge qui etoit assis sur son lict* [...] *et lui dit : « Comment va-t-IL ? »* (Texte de 1748 dans L. Remacle, *Notaires de Malmedy, Spa et Verviers, Documents lexicaux,* p. 36.)

d) Dans la langue littéraire, on trouve sporadiquement d'autres cas que ceux qui ont été traités ci-dessus :

Au demeurant, POINT NE FAUT *se décourager trop vite* (J. DELAY, *Avant mémoire,* t. I, p. 27). — *Il veut que* SOIT MIS FIN *à la « tyrannie du capital sur le travail »* (A. DECAUX, *Blanqui l'insurgé,* p. 293). — *C'est ce que vous faites, dont bien me* FÂCHE (VIGNY, *Stello,* XVI).

Certains auteurs affectent ce tour, notamment Saint Exupéry, dans *Citadelle : Pour ainsi valablement pérorer sur l'homme,* CONVIENDRAIT *d'abord de me dire ce qui est important de l'homme et pour l'homme* (CCXVI). — *Et me* SEMBLAIT *que point n'était besoin pour croire aux opérations magiques de les chercher dans les balivernes des mages* (CXXXVII).

Hist. — *Il* impersonnel est très ancien en fr. : *Quant* [...] IL *fut anuitet* (*Alexis,* 51) [= Quand il fut nuit]. Mais il était ordinairement omis : TONE *et* PLUET, *molt* FET *oscur* (*Eneas,* 1509). — De là viennent les expressions mentionnées ci-dessus, surtout dans le *a),* ainsi que des locutions plus figées encore : *Advienne que pourra* (= *Qu'il* advienne *ce* qu'*il* pourra), *Vaille que vaille,* etc. — *Il* va se généraliser progressivement au moyen âge. Au XVIᵉ s., il manque encore assez souvent. Au XVIIᵉ s. même, certaines omissions propres aujourd'hui à la langue parlée (cf. *c* ci-dessus) apparaissaient dans l'écrit : ⁺FAUT *traiter le second point* (BOSS., *Œuvres orat.,* t. III, p. 141). — FALUT *deviner et prédire* (LA F., *F.,* VII, 14).

235   **Place du sujet.**

Bibl. — LE BIDOIS, *Inversion* (voir Bibl. générale).

Le sujet précède ordinairement le verbe, aussi bien dans les phrases que dans les propositions. Cela est plus net encore dans la langue parlée que dans la langue écrite, par ex. dans les cas où celle-ci place régulièrement le verbe avant le sujet : notamment dans l'interrogation (§§ 386 et 391) et dans les sous-phrases incises (§ 374).

Divers cas où le sujet suit le verbe (ou le prédicat), soit de façon normale, soit par expressivité (surtout dans la langue littéraire), sont traités aux §§ 377, 379 (phrase énonciative), 396 (phrase exclamative), 400 (phrase optative), 404, *a* (phrase averbale), 1061, *a* (proposition relative), 873 (proposition infinitive), 310 (complément absolu), 411, *d* (interrogation indirecte). — Voir aussi § 261 (coordination différée). — Pour la place du sujet réel, voir § 230 bis.

On fait simplement observer ici que l'inversion du sujet donne des effets assez peu naturels quand il est court et que le syntagme prédicatif est particulièrement long :

[...] *de sorte que, sans l'immigration, resterait à peu près à l'abandon* LA TERRE (GIDE, *Journal,* 9 mai 1914). — *J'ai vu le mal que pouvait faire à la masse des hommes* LA VÉRITÉ (R. ROLLAND, dans le *Figaro litt.,* 7 févr. 1948).

L'inversion du sujet peut aussi amener des amphibologies :

La phrase *Que pense de nos démocrates la propagande ?* (MALRAUX, *Noyers de l'Altenburg*, p. 44) aurait été ambiguë si l'auteur avait écrit *Que pense la propagande de nos démocrates ?* — Voir pour d'autres cas les §§ 379, Rem. 3, et 388, *b*, 4°, Rem. 1.

Hist. — Voir § 380.

236   Reprise du sujet.

Le sujet peut se trouver exprimé deux fois, par redondance (§§ 364-368), dans la même phrase ou la même proposition. Ordinairement, une des deux fois il prend la forme d'un pronom ou d'un nom de sens vague.

a) Pour des raisons grammaticales.

1° Sous la forme du pronom personnel.

— Le sujet autre que *il, ce, on* est repris par un pronom personnel immédiatement après le verbe : — dans les phrases interrogatives (§ 388) : *La vérité est-ELLE toujours bonne à dire ?* — dans les phrases énonciatives commençant par *peut-être, sans doute,* etc. (§ 378) : *Peut-être votre sœur vous accompagnera-t-ELLE ?*

— Le *il* impersonnel forme une redondance avec le « sujet réel » (§ 230) : IL *manque mille francs.*

— Le sujet formé d'un pronom personnel coordonné à un autre mot est ordinairement repris par un pronom personnel devant le verbe (§ 636, *c*, Rem. 2) : *Ma femme et moi,* NOUS *sommes heureux de vous féliciter.*

2° Sous la forme des pronoms démonstratifs neutres *ce* ou *cela*.

— Le sujet qui n'a pas sa forme la plus habituelle, c'est-à-dire qui n'est pas un nom ou un pronom (cf. § 231), est souvent repris devant le verbe par *ce* ou *cela* (parfois par un nom de sens vague : *la chose,* etc.) : *Se tromper,* CE *n'est pas un crime. Qu'il ait reconnu sa faute,* CELA (ou : *la chose) mérite un compliment. Trop,* C'est *trop.*

De même quand une indication numérique est considérée comme un tout, comme une unité : *Soixante ans,* CELA *compte !*

Sujet repris par *tel* : § 231, *b*. Rem. 1.

— Le sujet postposé est annoncé par *ce* (parfois *cela*) devant *être* + attribut : — lorsque le sujet est un infinitif ou une proposition (§ 675, *c*) : *C'est un plaisir (que) de le voir. C'est dommage qu'il se soit trompé ;* — lorsque le sujet nominal est précédé de *que,* construction mettant l'attribut en évidence : *C'est un trésor que la santé.*

Si l'attribut est un adjectif, la langue soignée préfère *il :* IL *est évident qu'il a raison ;* cf. § 675, *c*, Rem. 1. — Elle emploie aussi IL *est dommage* (§ 756, *b*, 2°) : IL *est dommage qu'il se soit trompé.*

b) Pour des raisons d'expressivité ou de clarté.

1° Le sujet détaché au début de la phrase est repris devant le verbe par un pronom personnel ou parfois par le pronom démonstratif (surtout s'il s'agit de choses ou devant *être*) :

Tel jeune prêtre, à peine ordonné depuis un an, ayant offert un lapin privé [= domestique] *à la servante d'un vieux curé,* IL *avait obtenu d'être demandé pour vicaire* (STENDHAL, *Rouge,*

I, 27). — *Cette sainte montagne, au milieu de nos pays de l'Est,* ELLE *brille comme un buisson ardent* (BARRÈS, *Au service de l'Allem.*, p. 102). — *Celui-ci, avec quelle détresse* IL *écoutait ce long texte qui cachait sous chaque formule le reniement de sa vie !* (ID., *Coll. insp.*, XIX.) — *Celui qui se marie tard, comme voilà toi,* IL *a des chances d'aller longtemps* (AYMÉ, *Gustalin*, III). — *Leur joie, toute en bourrades et en éclats,* ELLE *n'a pas changé depuis Breughel* (MAL-RAUX, *Noyers de l'Altenburg*, p. 24). — *Le « journal », dès qu'il dépasse les limites ménagères et cuisinières du livre de comptes pour se prétendre libre, livre secret couvé par l'attente publique,* IL *a du mal à correspondre au calendrier* (AUDIBERTI, *Dimanche m'attend*, p. 13). — *Le volcan,* C'est *le feu chez lui, tyran et maître* (HUGO, *Lég.*, XIII). — *Une voiture,* ÇA *s'entretient !*

Tantôt c'est la longueur du sujet qui amène, pour des raisons de clarté, à le reprendre devant le verbe (comp. Hist.) ; tantôt le sujet est détaché pour être mis en évidence ou plutôt pour servir de thème (cf. § 228), ce qui apparaît particulièrement quand il est extrait d'une proposition et placé en tête de la phrase :

L'ADMINISTRATION PRÉFECTORALE, *elle-même, je constate qu'*ELLE *a réparé [...] une partie des scandales que j'ai dénoncés* (BARRÈS, *Grande pitié des égl. de Fr.*, p. 202).

Dans la langue parlée populaire, le pronom est considéré comme faisant partie nécessairement de la forme verbale même si elle a un autre sujet. Dans ce cas, il n'y a plus aucune mise en évidence, et on ne fait aucune pause entre le sujet nominal et le pronom :

Lucienne, tu est indiscrète ! Je suis sûr que Monsieur Barnett IL *sait le chiffre, mais qu'il ne le le dira pas !* (ANOUILH, *Monsieur Barnett*, p. 21.)

Hist. — L'ancienne langue, jusqu'au XVIIe et au XVIIIe s., rappelait souvent par un pronom personnel un sujet ayant une certaine longueur ou assez éloigné de son verbe :

⁺*Ceux qui les* [= les pauvres] *regardent des yeux corporels,* ILS *n'y voient rien que de bas* (BOSS., *Œuvres orat.*, t. III, p. 135). — *Mais heureusement Josabet sœur d'Okosias, et fille de Joram, mais d'une autre mere qu'Athalie, estant arrivée lorsqu'on égorgeoit les Princes ses Neveux,* ELLE *trouva moyen de dérober du milieu des morts le petit Joas encore à la mammelle* (RAC., *Ath.*, Préf.). — ⁺*Un noble, s'il vit chez lui dans sa province,* IL *est libre* (LA BR., VIII, 67). — ⁺*Quelque temps après, la famille Tavora et surtout le duc d'Aveiro, oncle de la jeune comtesse ; Ataïde d'Adougia ; le vieux marquis et la marquise de Tavora, père et mère de la jeune comtesse ; enfin le comte Ataïde, son époux, et un des frères de cette comtesse infortunée, croyant avoir reçu du roi un outrage irréparable,* ILS *résolurent de s'en venger* (VOLT., *Précis du règne de Louis XV*, XXXVIII).*

Ce rappel était fréquent quand le sujet était une proposition relative, même assez brève :

⁺*Qui délasse hors de propos,* IL *lasse* (PASCAL, *Pens.*, 24). — ⁺*Quiconque ne résiste pas à ses volontés,* IL *est injuste au prochain* (BOSS., cit. Littré). — *Quiconque en pareil cas se croit hai des Cieux, / Qu'*IL *considere Hecube* (LA F., *F.*, X, 12).

Malgré la condamnation de Vaugelas (p. 328), Littré, s.v. *quiconque*, recommande la reprise, si la phrase est longue ou, surtout, si le verbe principal est au subjonctif (comme dans l'ex. de La F.). — Après *Qui ...,* la reprise se rencontre encore au XIXe et au XXe s. :

Oh ! qui eût suivi la courageuse inspiration qui dicta la France libre à Camille Desmoulins, en 1789, IL *aurait sauvé la France !...* (MICHELET, *Hist. de la Révol. fr.*, V, 1.) — *Qui voudrait peindre en vrai le caractère de la nature, d'après les traits que l'on rencontre ainsi,* IL *en ferait une figure extraordinaire* (MAETERLINCK, *Morceaux choisis*, p. 48). — *Qui vous trouve,* IL *n'a plus tolérance de la mort* (CLAUDEL, *Cinq gr. odes*, III). — *Qui descend jusquelà,* IL *touche le roc* (ALAIN, *Propos*, Pl., p. 560). — *Qui ne se trouve à l'aise nulle part,* IL *préférera l'endroit où, du moins, il puisse exhaler son malaise* (J. ROSTAND, *Pensées d'un biologiste,* p. 242). — *Qui veut apprécier non plus la beauté d'une fleur, d'un volcan, d'un cristal de neige, mais celle d'un regard ou d'un visage,* IL *doit faire à l'anormal une place moins exiguë* (ÉTIEMBLE, *Trois femmes de race,* p. 84).

2° Le sujet détaché à la fin de la phrase est annoncé devant le verbe par un pronom personnel (parfois par le pronom démonstratif) :

ELLE *me fit peur, cette lettre* (VIGNY, *Servit. et gr. mil.,* I, 5). — ILS *approchaient de la rive, les contrebandiers* (LOTI, *Ramuntcho,* p. 27). — ELLE *était donc rentrée avec un panier au bras, ma mère* (H. BAZIN, *Huile sur le feu,* p. 76). — *Est-*CE *bête, les convenances !* (FLAUB., *Éd. sent.,* II, 5.) — *Combien de temps* ÇA *a duré, le voyage de papa ?* (É. HENRIOT, *Aricie Brun,* II, 5.)

Ce détachement est soit une mise en évidence, soit une explicitation évitant que la valeur du pronom soit mal perçue.

3° Pour insister sur le sujet, notamment pour marquer une opposition, on le reprend sous la forme d'un pronom personnel disjoint :

Le ministère, LUI, *ne faillira pas à sa tâche* (Edgar FAURE, dans le *Monde,* 31 mai 1969). — *Votre père le sait,* LUI. — MOI, *je le sais.* — *Je le sais,* MOI. — NOUS, *nous ne l'étions pas, peut-être, fatigués ?* (E. ROSTAND, *Aiglon,* II, 9.) — De même, *Nous, on* dans la langue parlée familière et parfois même dans la langue écrite, ce qui est le cas de cet ex. : NOUS, *on regardait avec envie leur pitance* (D. ROUSSET, dans le *Figaro litt.,* 12 nov. 1949).

Remarques. — 1. L'accord du verbe est déterminé par le mot qui occupe la place ordinaire du sujet : voir, par ex., la citation de Flaubert ci-dessus.

2. Ces raisons d'expressivité ne sont pas propres à la fonction sujet. En outre, il y a encore d'autres types de redondance. Voir §§ 365-368.

SECTION 2. — LE PRÉDICAT

237   Nous avons, au § 226, considéré que les deux termes constituant la phrase minimale *Jean rougit* sont l'un le sujet et l'autre le **prédicat.** Nous avons en même temps montré que ces deux termes ne sont pas aisés à définir, sinon l'un par l'autre, et réciproquement.

On peut retenir pour le prédicat trois caractères, mais chacun des trois a ses limites : 1° le prédicat (ou du moins son noyau : voir Rem. 2) reçoit du sujet ses marques de personne, de nombre et parfois de genre : *Vous* RÊVEZ. *L'armée* DÉFILERA. *Les hirondelles* SONT PARTIES ; voir cependant § 229, Rem. 3 ; — 2° le prédicat est ce qu'on dit du sujet ; mais cette définition convient au *propos,* qui est parfois distinct du prédicat ; cf. § 228 ; — 3° dans la phrase verbale, le prédicat est un verbe (ou en contient un) ; mais il y a des prédicats sans verbe dans la phrase (ou la proposition) averbale ; cf. §§ 404 et 1055.

Remarques. — 1. En utilisant la notion de prédicat, on fait disparaître l'inconvénient qui consiste à prendre le mot *verbe* tantôt comme une catégorie de mots, tantôt comme une fonction dans la phrase. On donnait d'ailleurs la même définition pour les deux applications, une définition partiellement sémantique et partiellement fonctionnelle : le verbe est le mot qui exprime l'action, l'existence ou l'état du sujet, ou encore l'union de l'attribut au sujet. Jankélévitch dit que les verbes « désignent les opérations, relations et changements du sujet » (*Le je-ne-sais-quoi et le presque-rien*, Points, t. I, p. 28).

Certains grammairiens emploient *prédicat* dans le sens que nous donnons à *attribut*.

2. Le plus souvent, le prédicat n'est pas un mot, mais un groupe de mots, un syntagme : *Socrate* A BU LA CIGUË. — *Le policier* SAIT QUI A FAIT LE COUP.

Dans ces syntagmes prédicatifs, on distingue un *noyau*, qui est le verbe *(a bu, sait)* et des éléments subordonnés (voir chap. IV).

3. Ce ne sont pas seulement les phrases qui contiennent un sujet et un prédicat, mais aussi les sous-phrases, ainsi que la ou les propositions d'une phrase complexe : cf. § 229, Rem. 1.

4. Le verbe qui forme le prédicat ou qui en fait partie est le plus souvent à un mode personnel. Mais l'infinitif et le participe peuvent dans certains cas servir de prédicats : cf. § 229, Rem. 2.

238   Le prédicat minimal peut se présenter sous deux formes :

a) Le prédicat est un verbe : *Le moineau* PÉPIE.

b) Le prédicat est un élément nominal ou adjectival (cf. § 245) uni au sujet par l'intermédiaire d'un élément verbal : *Mon mari est* MÉDECIN. *L'enfant paraît* MALADE.

On appelle cet élément nominal *(médecin)* ou adjectival *(malade)* **attribut,** et cet élément verbal *(est, paraît)* **copule.**

Le verbe, dans les deux cas, reçoit généralement du sujet ses marques de nombre et de personne, parfois de genre. Voir les règles aux §§ 893-903. — Pour l'accord de l'attribut, voir §§ 247-251.

Remarques. — 1. Les grammairiens logiciens du XVIIᵉ et du XVIIIᵉ s. ramenaient le type sujet + verbe au type sujet + copule + attribut : *il écrit = il est écrivant.* Cette analyse est contredite par la linguistique historique, qui montre que le type sujet + copule + attribut n'est pas du tout le type primitif. Voir par ex. Brunot, *Pensée*, p. 10 ; Le Bidois, §§ 663-666.

Ces grammairiens de l'époque classique appelaient le verbe *être* « verbe substantif » et les autres verbes « verbes attributifs » (c'est-à-dire contenant l'attribut combiné avec *être*).

2. L'attribut se distingue du complément d'objet direct (lequel d'ordinaire suit aussi le verbe et s'y joint sans préposition) : 1° l'attribut peut être un adjectif ; — 2° l'attribut a avec son sujet un rapport de consubstantialité, c'est-à-dire

qu'il représente une qualité qui fait partie intégrante du sujet (voir cependant § 242, *a*, Rem. 4) ; dans certains cas, la consubstantialité est totale ou présentée comme totale : *Jean-Paul II est le pape actuel ;* de là les interversions signalées dans le § 241 ; — 3° il y a souvent une identité de genre et de nombre entre le sujet et l'attribut ; mais si cette identité est de règle quand l'attribut est un adjectif, elle est beaucoup moins fréquente quand l'attribut est un nom ; cf. §§ 247-250 ; — 4° la phrase avec attribut du sujet ne peut être mise au passif.

3. Selon la définition sémantique traditionnelle, l'attribut exprime la manière d'être que l'on affirme du sujet par le moyen d'un verbe exprimé ou sous-entendu.

4. De l'attribut du sujet dont il est question dans cette section, il convient de distinguer l'attribut du complément d'objet : §§ 292-298. — Il y a aussi l'attribut du complément de *voici, voilà* (§ 1046) et l'attribut du complément absolu (§ 307, *b*), mais ce dernier peut être considéré comme un attribut du sujet.

239   **Place du prédicat.**

Dans la phrase énonciative, le prédicat est généralement placé à la suite du sujet. Voir les exceptions aux §§ 377, 379, qui sont consacrés à la place du sujet dans ce type de phrase. Pour les autres types de phrases et les autres cas remarquables, voir les renvois donnés au § 235.

Quant au verbe lui-même, il est généralement placé au début du prédicat, où il n'est précédé que par les pronoms personnels régimes conjoints et par la négation *ne : Ma sœur* NE LE *sait pas.* — Voir aux §§ 934-936 certains problèmes particuliers posés par la place de l'adverbe. — Lorsqu'il y a inversion du sujet, celui-ci est d'ordinaire placé immédiatement après le verbe : *Trouvera-t-*IL *seul la solution ?*

Hist. — En latin, la place de prédilection du verbe était à la fin de la phrase : *Humani nihil a me alienum* PUTO (TÉRENCE, *Heautontimoroumenos,* 77) [= Je considère que rien d'humain ne m'est étranger]. — Mais il pouvait venir aussi en tête : MAGNIFICAT *anima mea Dominum* (*Bible,* Luc, I, 46) [= Mon âme magnifie le Seigneur], — ou ailleurs.

En anc. fr., le verbe venait souvent en second lieu, soit après le sujet, soit avant le sujet quand la phrase commençait par un adverbe ou un complément (cf. § 380). — Les premiers textes français plaçaient parfois le verbe en tête de la phrase, et les chansons de geste ont gardé cette construction : VOLDRENT *la veintre li Deo inimi (Eulalie)* [= Les ennemis de Dieu voulurent la vaincre]. — ARDENT *cez hanstes de fraisne e de pumer (Roland,* 2537) [= Les lances de frêne et de pommier s'embrasent]. — Elle apparaît aussi dans des phrases introduisant un discours direct (comp. nos incises : § 374) : DIST *li empereres : Et je comment porroie entrer en grant joie ? (Laurin,* p. 1.) — On retrouve cette construction au XVIᵉ s., sans doute à l'imitation du latin : *Y* SEJOURNE *la Foi* (RONS., t. XVIII, p. 120). — DURA *ce carnage jusques a la derniere goute de sang qui se trouva espandable* (MONTAIGNE, *Ess.,* I, 1). — Pour des faits de ce genre en fr. moderne, voir §§ 379, *b* et 380.

Remarque. — Lorsque le verbe précède son sujet, il a une certaine tendance à rester invariable et, parfois, à perdre sa qualité de verbe : c'est le cas de *soit* et de *vive.* Cf. § 901, *d* et *e*.

240   **Omission du verbe.**

Puisque ce chapitre est consacré à la phrase verbale, l'omission du verbe ne peut y être traitée. Voir l'étude de la phrase averbale au chap. VI (§§ 402-404).
Pour l'omission du verbe dans la proposition, voir § 1055.

L'attribut du sujet

241   **Le type *La capitale de la France est Paris.***

Quand l'extension (§ 202) du syntagme sujet et celle du syntagme attribut sont identiques ou présentées comme telles, ces deux termes peuvent permuter sans que le sens de la phrase soit transformé : *Paris est la capitale de la France* → *La capitale de la France est Paris.*

Les grammairiens se sont demandé si le premier syntagme est sujet ou attribut dans la seconde phrase et dans des phrases comme les suivantes :

SON SEUL ATTRAIT *était une chevelure blonde, épaisse et crêpelée, qui lui tombait jusqu'aux talons* (A. VIDALIE, *Bijoutiers du clair de lune,* I). — LA PIRE DE TOUTES LES DUPERIES OÙ PUISSE MENER LA CONNAISSANCE DES FEMMES *est de n'aimer jamais, de peur d'être trompé* (STENDHAL, *Journal,* 11 févr. 1805). — LA VÉRITÉ *est que je m'en félicitais trop longuement* (BOYLESVE, *Meilleur ami,* p. 191).

Ceux qui définissent le sujet comme le point de départ de l'énoncé considèrent que le premier syntagme est toujours le sujet : voir notamment L. Warnant, dans le *Fr. mod.,* janv. 1963, pp. 1-12. — Mais d'autres grammairiens estiment que *Paris, une chevelure blonde..., n'aimer jamais, que je m'en félicitais trop longuement* sont sujets, quel que soit l'ordre des éléments. G. et R. Le Bidois (§§ 1280, 1280bis) ont mis en avant des raisons logiques d'une application malaisée, comme le montre N. Ruwet (*Introd. à la gramm. générative,* pp. 327-329), lequel se fonde plutôt sur la transformation au moyen de la formule de mise en relief *C'est ... qui* (mettant en évidence le sujet, tandis que *C'est ... que* met en évidence d'autres termes) : C'EST PARIS QUI *est la capitale de la France* (et non *C'EST LA CAPITALE DE LA FRANCE QUI *est Paris*). On pourrait aussi poser les questions *Qu'est-ce qui ? Qui est-ce qui ?* conformément à ce qui a été dit au § 229 : *Qu'est-ce qui est la capitale de la France ? C'est Paris* (et non *Qu'est-ce qui est Paris ?*). — De même, dans *Jean-Paul II est le pape actuellement régnant,* il est possible de remplacer *Jean-Paul II* par le pronom personnel sujet *il : Il est le pape actuellement régnant ;* si les termes sont inversés *(Le pape actuellement régnant est Jean-Paul II),* le remplacement du premier terme par *il* est irréalisable : *Il est Jean-Paul II.* Comp. aussi, avec un attribut du complément d'objet direct : *On considère Paris comme la capitale de la France,* et non *On considère la capitale de la France comme Paris.*

Ces observations montrent que les syntagmes comme *la capitale de la France* sont mis en tête de la phrase, non en tant que sujets, mais en tant que thèmes (§ 228), et qu'ils restent alors des attributs.

Lorsque l'élément en tête est un adjectif (GRANDE *fut ma surprise...),* personne n'y voit, naturellement, un sujet.

Sur les problèmes d'accord concernant les phrases présentées ci-dessus, voir § 897, *a.*

Hist. — Là où nous disons *C'est moi, C'est toi,* etc., l'ancienne langue disait *Ce sui(s) je, Ce es tu, Ce est il, Ce som(m)es nous, Ce estes vous, Ce sont il(s)* :

Ce sui je (CHRÉT. DE TR., *Erec,* éd. F., 668). — *C'estes vous en propre personne* (*Pathelin,* 1514). — *Ce suis je moy qui fay toutes ces choses* (CALVIN, *Inst.,* I, XVII, 8). — De même sans inversion : *S'il est ce* (1ʳᵉ Contin. de *Perceval,* t. I, 10166) [= si c'est bien lui].

Ce était donc traité comme attribut ; *je, tu, il,* etc. comme sujets. Un accord comme *Ce sont les enfants* perpétue l'usage médiéval. — Le remplacement de *Ce suis-je* par *C'est moi* s'est fait au cours du moyen fr. On l'a expliqué de diverses façons : voir notamment A.G. Hatcher, dans *Publications of the Modern Language Association of America,* 1948, pp. 1053-1100. Les usagers d'aujourd'hui ont le sentiment que *ce* est le sujet, d'où l'accord du verbe dans *C'est moi.* Mais les accords sont parfois hésitants : voir § 898.

242   Verbes introduisant un attribut du sujet.

C'est la **copule,** qu'on appelle aussi *verbe attributif.*

Certains grammairiens ne donnent le nom de copule qu'au verbe *être,* qu'ils opposent aux autres verbes introduisant un attribut du sujet, lesquels sont les verbes attributifs. (Voir au § 238, Rem. 1, un autre sens donné à *verbe attributif.*)

a) Être est le verbe copule par excellence. Il est un pur lien, sans contenu sémantique :

Tout désir EST *une illusion* (RENAN, *Dialogues et fragments philos.,* p. 27). — *Le ciel* EST, *par-dessus le toit, / Si bleu, si calme !* (VERL., *Sagesse,* III, 6.)

Remarques. — 1. En raison de cette absence de contenu sémantique, la copule est facilement omise (il y a même des langues où elle n'existe pas) [cf. § 404, *a*] :

Barrès, un génie charmant dans trop de papier de soie (J. RENARD, *Journal,* 2 nov. 1901).

2. Cet emploi de *être* n'est pas très différent de ceux qu'il a comme auxiliaire : voir par ex. les coordinations signalées au § 245, *b,* 2°, Rem. 2. — En revanche, *être* a un contenu sémantique précis dans d'autres circonstances :

Dieu EST. — *Dieu dit : « Que la lumière* SOIT *! » et la lumière* FUT (*Bible,* trad. CRAMPON, Genèse, I, 3). — Voir aussi § 245, *b,* 2°, Rem. 2.

3. Quand l'attribut fait partie d'une construction impersonnelle, on peut le considérer comme attribut du « sujet réel » (§ 230) :

Il n'est pas BON *que l'homme soit seul* (*Bible,* trad. CRAMPON, Genèse, II, 18). — *Il est* BON *de suivre sa pente, pourvu que ce soit en montant* (GIDE, *Faux-monn.,* III, 14).

D'autres verbes que *être* sont employés avec un attribut du « sujet réel » (voir aussi dans le *b*) :

Il faut : Pour que les jeunes filles valussent qu'on s'y arrêtât, il les fallait PATHÉTIQUES *comme Hermione,* TOUCHANTES *comme Junie,* FATALES *comme Juliette, en un mot* THÉÂTRALES (M. BEDEL, *Jérôme 60° latitude nord,* II).

*Il y a : Il n'y a d'*UNIVERSEL *que ce qui est suffisamment grossier pour l'être* (VALÉRY, *Mauvaises pensées et autres,* Pl., p. 881). — *Il y a* ÉCRIT *: tendresses* (Fr. MAURIAC, *Nœud de* *vip.,* X). — *Il n'y avait pas une chaise de* LIBRE (A. HERMANT, *Serge,* VII). — Sur la construction avec *de,* voir § 243, *d.* —· Sur le problème de l'accord, § 248, *b.*

Difficilement analysable est la construction de *faire* impersonnel + adjectif + infinitif (cf. § 757, *b*) : *Il fait* BON *vivre en Touraine. Il fait* CHER *vivre à Paris.*

4. Certains verbes ont ceci de commun avec la copule (cf. § 238, Rem. 2) qu'ils établissent une sorte de consubstantialité entre le sujet et l'objet direct, celui-ci étant le résultat de la transformation du sujet, telle qu'elle est indiquée par le verbe. C'est le cas de *composer, former, constituer : Les individus* CONSTITUENT *la société par leur assemblage* (BERGSON, *Deux sources de la mor. et de la rel.,* p. 209). Le fait que des phrases comme celle-là puissent être mises au passif les distingue des phrases avec attribut du sujet : *La société est constituée par les individus.*

Constituer, s'éloignant de sa valeur normale, tend à s'employer comme un simple équivalent de *être,* avec une sorte d'attribut, mais celui-ci est toujours un nom non animé :

> *Détourner un seul centime* CONSTITUE *un vol* (MAUPASS., *C.,* Confession de Th. Sabot). — *La demande d'une telle autorisation* CONSTITUAIT *une basse concession au pouvoir civil* (RENAN, cit. *Grand Lar. langue*). — *Il* [= un juge] *venait de Chartres, ce qui* CONSTITUAIT *tout le contraire d'un avancement* (SIMENON, *Vérité sur Bébé Donge,* p. 83). — *Le détachement de l'adjectif* CONSTITUE *un mode original de construction* (M. GLATIGNY, dans le *Fr. mod.,* oct. 1966, p. 279). — *Ces deux formes* [...] CONSTITUENT [...] *de grossiers barbarismes* (R. THIMON-NIER, *Code orthogr. et gramm.,* p. 155).

Ces phrases se mettent difficilement au passif, mais pour l'accord du participe passé, on traite *que* comme objet direct : *Les violations qu'ont constituées ces incidents...*

Pour *former* et *représenter,* l'évolution paraît moins avancée ; voir cependant cet ex. : *L'étude de l'écriture* REPRÉSENTE *une discipline distincte de la linguistique* (A. MARTINET, *Éléments de ling. génér.,* 1-2).

Relevons cet emploi de *faire,* à propos de chevaux de course : *Athos a encore* FAIT DEUXIÈME *à Paris, la semaine dernière* (SAGAN, *Yeux de soie,* p. 112). — En revanche, *faire* paraît proche de ses valeurs habituelles dans des phrases comme *Deux et deux* FONT *quatre. Il* FERA *un bon mari.*

H. Bonnard *(Grand Lar. langue,* s.v. *attribut)* voit aussi un attribut dans la phrase *Le régiment* SERVAIT DE CIBLE *à toute l'armée prussienne.*

b) D'autres verbes ajoutent à la notion d'état une nuance, un aspect.

— Entrée dans un état : *devenir* et *redevenir, se faire, tomber* et *retomber* (voir Rem. 2), *passer* (qui implique une amélioration et ne se dit que des personnes).

> *Je* SUIS DEVENU *un grand avocat d'assises* (Fr. MAURIAC, *Nœud de vip.,* I). — *Les bonnes occasions* SE FONT *rares* (*Dict. contemp.*). — *Énorme* SE FIT *sa peur de lui déplaire* (E. CHARLES-ROUX, *Elle, Adrienne,* p. 37). — *Il* EST PASSÉ *sous-chef* (AC.). — *Cet avocat* EST PASSÉ *maître dans l'art d'émouvoir les foules* (AC.).

— Continuité : *rester, demeurer, passer* (dans *passer inaperçu*).

> *Rodolphe* ÉTAIT RESTÉ *muet* (FLAUB., *Mme Bov.,* III, 11). — *Cette surface* DEMEURE *impénétrable à la vue* (CLAUDEL, *Connaissance de l'Est,* Pl., p. 51). — *Au milieu de tant de morts, ces deux exécutions* PASSÈRENT *inaperçues* (A. CAMUS, *Peste,* p. 192).

— Apparence : *sembler, paraître, avoir l'air* (cf. § 248, *c*), *faire* (cf. § 248, *f*), *s'annoncer* (pour des faits futurs).

Sa voix affaiblie / SEMBLE *le râle épais d'un blessé qu'on oublie* (BAUDEL., *Fl. du m.,* Cloche fêlée). — *Tout ce qui est triste me* PARAÎT *suspect* (J. GREEN, *Journal,* 14 nov. 1929). — *Ces propositions* ONT L'AIR *sérieuses* (AC.). — *Vue d'en haut, la place* [du village] FAISAIT *encore plus étriquée* (H. BAZIN, *Chapeau bas, L.P.,* p. 38). — *Encore une de tes lubies. Quel petit animal tu* FAIS (J. RENARD, *Poil de Car.,* Pl., p. 742). — *Les documents* S'ANNONCÈRENT *plus nombreux que ne l'avait d'abord fait espérer son maître* (GIDE, *Isabelle,* Ì).

— Réputation : *passer pour.*

La fille PASSAIT POUR *coquette* (A. DAUDET, *Lettres de m. m.,* Arlésienne). — *J'écris dans les cafés au risque de* PASSER POUR *un ivrogne* (BERNANOS, *Grands cimetières sous la lune,* Préf.).

— Prise de conscience : *apparaître (comme), se montrer, s'avérer* (Rem. 5), *s'affirmer (comme)* [Rem. 6], *se révéler* (Rem. 6), *se trouver* (qui se rapproche souvent de la valeur de *être*).

*Les faits qu'elle cite m'*APPARAISSENT *insignifiants* (Fr. MAURIAC, *Nœud de vip.,* XVII). — *La médecine* S'ÉTAIT MONTRÉE *impuissante* (ROBERT). — *Les rues* SE TROUVÈRENT *trop étroites pour les éléphants* (FLAUB., *Sal.,* VI). — *Pour des causes diverses, l'accord* SE TROUVE *troublé* (BRUNOT, *Pensée,* p. 644).

Remarques. — 1. Comme on l'a vu dans la remarque 3 de *a*), l'attribut peut apparaître dans des constructions impersonnelles :

L'estime n'exclut pas nécessairement l'amitié, mais il semble RARE *qu'elle contribue à la faire naître* (R. MARTIN DU GARD, *Thib.,* Pl., t. I, p. 1337).

2. ***Tomber*** (et *retomber*), qui implique soit une action brusque soit l'effet d'un coup du sort, s'emploie dans la langue courante avec *malade* et *amoureux*, plus récemment avec *paralysé, aveugle, enceinte,* — ainsi qu'avec *d'accord.* Avec d'autres adjectifs, cela ressortit plutôt à des usages régionaux ou populaires :

*M*ᵐᵉ *Éléonore tomba* MALADE *dangereusement* (FLAUB., *Éd. sent.,* I, 6). — *Il paraît que j'en tombai* AMOUREUX *fou* (VALLÈS, *Enfant,* II). — *Je ne conteste point ce que vous dites, j'en tombe* D'ACCORD (AC.).
Tomber PARALYSÉ *(Dict. contemp.). — Celui-ci tomba* AVEUGLE *dès son avènement* (R. POMEAU, *Europe des lumières,* p. 41). — *Quand elle tombe* ENCEINTE, *elle cache son état à l'aide de corsets* (POIROT-DELPECH, dans le *Monde,* 21 déc. 1979). — *La fille déflorée tombe* ENCEINTE (LE ROY LADURIE, *L'argent, l'amour et la mort en pays d'oc,* p. 131). — *Autre ex.* de *tomber enceinte :* A. ERNAUX, *Place,* p. 107.
Cheval qui tombe BOITEUX (ROBERT [sans réserves]). — *En lui ôtant sa force et en le faisant souffrir, Dieu se montre à lui qui tient uniquement à sa vie et à ses aises. Toujours partout,* [...] *il a été le plus fort et il tombe* FAIBLE (JOUHANDEAU, *Lettres d'une mère à son fils,* p. 257). [Voir un autre sens ci-dessous.] — *T'es pas tombé* FOU ? *dit Hamel* (DORGELÈS, *Croix de bois,* X). — *Bon ! on tire encore derrière... Ils sont tombés* FOUS ! (LA VARENDE, *Centaure de Dieu,* p. 274.) — *Vous êtes considéré comme tombé subitement* FOU (J. ALMIRA, *Voyage à Naucratis,* p. 111). — *Vous devez penser que je suis tombé* GÂTEUX (L. BODARD, *Anne Marie,* p. 369). — *Tombée* VEUVE [...], *elle avait trouvé à se placer au presbytère de Bornekerque* (C. DETREZ, *Dragueur de Dieu,* p. 33). — *Sur* °*tomber à court,* voir § 244, *c.*

Dans *tomber mort* « mourir subitement », *tomber évanoui, inanimé, pâmé,* ainsi que dans *tomber faible* « défaillir », qui est du franç. régional (surtout Nord et Est), *tomber* garde plus ou moins son sens habituel. Dans la mesure où ces syntagmes sont analysables pour les locuteurs, ils se rattachent plutôt au *d)* ci-dessous : *Je ne voulais pas tomber* ÉVANOUI (HUGO, *Lég.,* XLIX, 6). — *Je tombais* FAIBLE *le matin, à la leçon de danse, parce que je ne mangeais pas assez* (COLETTE, *Envers du music-hall,* Sel., p. 10).

Autres ex. de *tomber faible :* ERCKMANN-CHATRIAN, cf. L. Schoumacker, *Erckmann-Chatrian,* p. 392 ; BERNANOS, *Journal d'un curé de camp.,* p. 19 ; DUHAMEL, *Désert de Bièvres,* p. 242 ; F. BALDENSPERGER, *La vie et l'œuvre de W. Shakespeare,* 1945, p. 51 ; A. de KERCHOVE, *Benjamin Constant,* p. 225 ; ex. oral dans Damourette-Pichon, § 945.

Tomber, suivi d'un nom sans article, dans la langue littéraire, a aussi un sens assez proche du sens ordinaire (comp. *tomber entre les mains de, tomber au rang de,* etc.) : *Elle ne peut courir le risque de tomber* PRISONNIÈRE (TROYAT, *Catherine la Grande,* p. 410). [Autre ex. de ce syntagme : J. LAURENT, *Dimanches de Mlle Beaunon,* p. 129.] — *La jeune fille va tomber* CAPTIVE *de ce miroir* (J. BAUDRILLARD, *De la séduction,* Médiations, p. 143). — *Quand un peuple tombe* ESCLAVE (A. DAUDET, *Contes du l.,* Dernière classe). — *L'un deviendra peut-être ermite, mais j'ai bien peur que l'autre ne tombe* FINANCIER (G. DUHAMEL, *Les plaisirs et les jeux,* II, 10).

3. °***Tourner*** et °***retourner*** sont synonymes de *devenir, redevenir,* dans des usages régionaux ou populaires :

Voici la France épuisée de gloire, et j'ai grand-peur que, malgré M. de Chateaubriand, ce siècle ne TOURNE LAID (Aimée de COIGNY, *Journal,* éd. Grangé, p. 43). — *Il est bouleversé, il n'y comprend rien, tu le fais* TOURNER BOURRIQUE *depuis deux ans* (Fl. DELAY, *Aïe aïe de la corne de brume,* p. 134). — *Tu* TOURNES MASOCHISTE. *Tu t'en veux à tort et à travers* (J. HOUGRON, *Anti-jeu,* p. 108). — *Son bonheur d'amour a vite* TOURNÉ MISÈRE (L. NUCERA, *Chemin de la Lanterne,* p. 183). — *Et je chialais. Je tombais en enfance. Je* RETOURNAIS BÉBÉ (Chr. ROCHEFORT, *Printemps au parking,* p. 82). — Cf. Damourette-Pichon, § 872 (Verlaine, Pourrat).

On pourrait aussi regarder comme une sorte d'attribut le nom qui suit *tourner à, tourner en,* dans des phrases comme les suivantes, qui appartiennent au franç. commun : *Connaître un homme me* TOURNERA-*t-il toujours à malheur ?* (STENDHAL, *Rouge,* II, 21.) — *Dès le potage naissait le débat imbécile qui* TOURNAIT *vite à l'aigre* (Fr. MAURIAC, *Th. Desqueyroux,* VI). — *Ma bonne humeur* TOURNAIT *à l'aigre* (GIDE, *Isabelle,* I). — [...] *Albrecht [...] que cette pieuse garce a fait* TOURNER EN *chèvre* (J. AMSLER, trad. de : G. Grass, *Turbot,* p. 163). — *Cela* TOURNERA EN *eau de boudin* (CLAUDEL, *Tête d'Or,* 1re version, p. 111). — *Faire tourner quelqu'un en bourrique* (AC.).

°***Virer,*** qui connaît aussi dans le franç. commun un emploi prépositionnel comme le précédent *(virer au rouge),* se construit sans préposition avec le sens « devenir », dans le franç. du Midi : *Avec un flambeur et un bluffeur du type Francesco un ange aurait* VIRÉ ASSASSIN (NUCERA, *op. cit.,* p. 65).

4. °***Venir*** « devenir » est encore (cf. Hist.) très courant dans le Midi :

C'est en VENANT VIEUX *que vous êtes* VENU COUILLON *ou c'est de naissance ?* (PAGNOL, *César,* Presses Pocket, p. 142.) — *Tu me ferais* VENIR CHÈVRE [= tourner en bourrique] (formule fréquente dans le Midi : cf. Séguy, *Fr. parlé à Toulouse,* § 99). [Comp. *tourner en chèvre,* Rem. 3 ; — *devenir chèvre :* PAGNOL, *Fanny,* I, II, 7 ; R. SABATIER, *Trois sucettes à la menthe,* p. 77.]

Hist. — *Venir* pour *devenir* appartenait au fr. écrit au XVIe siècle ; il s'est fait rare au XVIIe. Cf. Wartburg, t. XIV, pp. 240-241.

5. *S'avérer* construit avec un attribut est une tournure du XXᵉ s. Elle a rencontré un tel succès qu'il a rendu vaine l'opposition des puristes :

> *Il y allait de la carrière des jeunes agrégés, admis à vérifier la branlante certitude, et des médecins des hôpitaux, qui auraient eu la velléité de la contredire, en* S'AVÉRANT *ainsi calotins* (L. DAUDET, *Stupide XIXᵉ siècle*, p. 267) [1922]. — *Plus elles [= des affaires]* S'AVÉRAIENT *absurdes et plus elles le séduisaient* (MORAND, *Lewis et Irène*, I, 4). — *Le marché* S'AVÉRA *fructueux* (R. ROLLAND, *Âme enchantée*, L.P., t. II, p. 380). — *La soif* S'AVÉRAIT *redoutable* (GENEVOIX, *Rroû*, p. 192). — *Faire relâcher celui qui est libre de tout [...]* S'AVÉRAIT *une entreprise vaine* (GIRAUDOUX, *Combat avec l'ange*, X). — *On n'a pas assez dit combien leur valeur intellectuelle et morale* S'AVÉRAIT *inférieure à la moyenne de la Nation* (MAURRAS, *Écrits politiques*, p. 257). — *Cette hypothèse devait* S'AVÉRER *insuffisante* (Cl. LÉVI-STRAUSS, *Anthopologie structurale*, p. 134).

Autres ex. : LA VARENDE, *Manants du roi*, Bibl. Plon, p. 93 ; TROYAT, *Araigne*, p. 262 ; SAINT EXUPÉRY, *Pilote de guerre*, p. 86 ; BENDA, *Exercice d'un enterré vif*, p. 177 ; Fr. MAURIAC, dans le *Figaro litt.*, 16 mars 1957 ; AYMÉ, *Confort intellectuel*, p. 67 ; H. BORDEAUX, *Remorqueur*, XVIII ; FARRÈRE, *Seconde porte*, p. 79 ; JOUHANDEAU, *Essai sur moi-même*. p. 36 ; THÉRIVE, *Libre hist. de la langue franç.*, p. 95 ; DANIEL-ROPS, *Cœur complice*, p. 68 ; P. BENOIT, *Villeperdue*, p. 207 ; M. GARÇON, dans les *Lettres franç.*, 22 nov. 1946 ; DE GAULLE, *Mém. de guerre*, t. I, p. 281 ; A. CAMUS, *Peste*, p. 83 ; H. BAZIN, *Mort du petit cheval*, XV ; J. LACAN, *Écrits I*, p. 20 ; MERLEAU-PONTY, *Prose du monde*, p. 55 ; LE ROY LADURIE, *Carnaval de Romans*, p. 196 ; M. TOURNIER, *Coq de bruyère*, p. 179 ; R.-V. PILHES, dans le *Monde*, 15 déc. 1978 ; J. CELLARD, *ib.*, 6 avril 1976 ; R. IKOR, *Pluie sur la mer*, p. 17 ; etc. — Voir aussi § 243, *b*, 2°.

Avec l'adjectif *faux*, ce qui, étant contraire à l'étymologie, a été critiqué tout particulièrement : MONTHERLANT, *Hist. d'amour de la Rose des sables*, p. 107 ; A. BRETON, *Point du jour*, Id., p. 174 ; QUENEAU, *Bâtons, chiffres et lettres*, Id., p. 227 ; YOURCENAR, *Mémoires d'Hadrien*, p. 44 ; M. DÉON, *Taxi mauve*, p. 168.

Hist. — L'ancien verbe *avérer*, dérivé de l'ancien adjectif *voir* « vrai » (du lat. *verus*), signifiait notamment « prouver, vérifier, certifier ». Au XIXᵉ s., il n'était plus guère en usage qu'au participe passé : *Un fait avéré.* — La forme pronominale, qu'ignore Littré, n'était pas inconnue à l'époque classique, au sens de « se vérifier, apparaître comme vrai ». Elle ressurgit vers la fin du XIXᵉ s. dans la langue littéraire, simplement au sens de « se manifester, apparaître » (c'est alors que le contact avec le sens étymologique disparaît, la dernière étape étant la construction avec attribut).

⁺*Te conter en détail comment il s'est pu faire / Demanderait peut-être un peu plus de loisir : / C'est assez que la chose [...] /* S'EST *naguère entre nous pleinement* AVÉRÉE (LA F., *Eunuque*, V, 3). — ⁺*Le récit de Pasquin se confirme et* S'AVÈRE (A. PIRON, cit. Poitevin).

L'eau ne veut pas que quelqu'un la révèle, / [...] / Et la voilà, pour que rien d'elle ne S'AVÈRE, / *Qui s'est enfuie au fond de sa maison de verre* (RODENBACH, cit. *Trésor*) [1891]. — *Un quart d'heure se passa [au lever du jour] sans que rien se définît ; puis les formes vraies* S'AVÉRÈRENT (HUYSMANS, *Cathédrale*, p. 33).

6. *S'affirmer* construit avec un attribut dans le sens « apparaître » (en dehors de toute affirmation) est contesté par certains grammairiens ; il reste rare dans la langue soignée. — Pour *se révéler,* la contestation porte sur le cas où il n'y a pas une véritable révélation, où ce n'est pas un caractère favorable qui se manifeste, mais un défaut ; toutefois, cette distinction est négligée par des auteurs très sérieux.

> — *Classique français, il n'a pas besoin de renier Voltaire pour* S'AFFIRMER *le très légitime héritier de Jean Racine* (R. LALOU, cit. Bottequin, *Fr. contemp.*, p. 40). — *Ils* SE SONT AFFIRMÉS *plus travailleurs qu'intelligents* (dans HANSE).

— *Elles* [= des mansardes] [...] SE RÉVÉLÈRENT *brûlantes en été, sibériennes dès novembre* (G. DUHAMEL, *Vue de la terre promise*, VI). — *Le règlement de ces importations* SE RÉVÈLE *difficile ou impossible* (A. SIEGFRIED, dans le *Figaro*, 9 nov. 1947). — *Mais les précautions* [...] SE SONT RÉVÉLÉES *finalement insuffisantes* (A. MARTINET, *Prononc. du franç. contemp.*, 1971, p. 16). — L'Acad. admet *se révéler* + attribut dans un sens favorable : *Devant le danger, il* SE RÉVÉLA *courageux et hardi*. Avec *comme*, voir § 243, *b*, 2°.

Hist. — *Se rendre* pour *devenir*, notamment avec un nom non animé comme sujet, s'est dit jusqu'au XVIIᵉ s. : *La fièvre* [...] SE RENDANT *la plus forte* (BOIL., *Ép.*, III). — Aujourd'hui, *se rendre* ne s'emploie plus que pour des personnes, et le pronom est analysable comme un complément d'objet direct, l'adjectif qui suit étant un attribut de ce complément : *Elle s'est rendue* MALADE, comme *Le voyage* L'*a rendue* MALADE.

c) Si l'on met au passif les verbes qui ont à la voix active un attribut du complément d'objet (§ 287, *e*), cet attribut devient attribut du sujet : *On l'a nommé président* → *Il a été nommé président.*

De même : *L'accusé* EST PRÉSUMÉ *innocent. Elle* EST CONSIDÉRÉE COMME *incapable d'une telle action. Il* FUT CHOISI *pour chef. Il* FUT PRIS *pour juge. Bossuet* FUT SURNOMMÉ *l'Aigle de Meaux.* Etc.

Quoique *censer* n'existe plus à l'actif, *être censé* se comporte comme ces verbes passifs :

Les bestiaux et ustensiles servant à faire valoir les terres, SERONT CENSÉS *compris dans les donations entre vifs ou testamentaires desdites terres* (*Code civil*, art. 1064). — *Il* ÉTAIT CENSÉ *le lien entre le comité directeur de Provins et le comité directeur de Paris* (BALZAC, *Pierrette*, VII). — *Celui qui est trouvé avec les coupables* EST CENSÉ *complice* (AC.).

On peut joindre à ces verbes les verbes pronominaux à sens passif :

Cette rivière S'APPELLE *le Loir.* — *Ce pays jadis prospère* S'EST CHANGÉ *en désert.*

Remarque. — Plusieurs des verbes pronominaux énumérés dans le *b)* ci-dessus ont été à l'origine, et quelques-uns sont encore dans certains de leurs emplois, des verbes où l'on peut analyser le pronom comme complément d'objet direct, et l'attribut comme attribut de ce complément :

Il se regarde dans la glace et SE TROUVE *maigri.* — *Elle* SE FAIT *belle pour lui plaire.* Dans *se sentir, se* est toujours objet direct : *Elle se sent malade.*

d) Les grammairiens voient souvent un attribut dans des phrases comme les suivantes : *Il part* FURIEUX. — *Il plane* CYGNE *après s'être envolé* CORBEAU (HUGO, *Châtim.*, VI, XIII, 2). — *Il mourut* EN BRAVE. Cette façon de voir nous paraît discutable.

Le verbe a ici un sens précis, qui est son sens ordinaire et qui reste pareil si l'on supprime ce qui le suit. Cela montre que l'on n'a pas ici un élément essentiel comme est d'habitude l'attribut : si on le supprimait dans les cas étudiés en *a), b), c)*, on obtiendrait des phrases non grammaticales ou on modifierait profondément le sens.

Il est possible de reconnaître dans *furieux* une épithète et dans *cygne* et *corbeau* des appositions détachées (§ 327, *c* et § 337, *c*) du sujet et jointes au prédicat. Ce sont des sortes de prédications secondaires : *Il part furieux* se décomposant en *Il part* et *Il est furieux*.

La fusion dans le prédicat peut être plus ou moins marquée. Lorsque l'adjectif ou le nom sont séparés du verbe par une virgule, plus d'un grammairien renonce à y voir un attribut (alors qu'il avait cette opinion lorsque la virgule était absente) : *Il marchait,* SEUL, RÊVEUR, CAPTIF *des vagues sombres* (HUGO, *Châtim.*, V, XIII, 3). L'intégration peut être si forte : 1° que l'adjectif devient « épithète » du verbe, c'est-à-dire adverbe, et ne s'accorde plus avec le sujet (cf. § 926, *b*) : *La soupe au fromage est cuite à point, bien mijotée et servie* CHAUD (A. DAUDET, *Contes du l.*, Soupe au fromage) ; ou que le nom est laissé lui aussi invariable ou qu'il perd son support, devenant ici complément du verbe ou même locution adverbiale : *Ils m'ont pris* EN TRAÎTRE. *Ils ont été pris* EN TRAÎTRE (dans la deuxième phrase les traîtres ne sont pas explicités) [voir § 339, *b*] ; — 2° que du point de vue logique, l'adjectif ou le nom détachés peuvent être considérés comme l'élément le plus important du prédicat : *Il vit* HEUREUX ; cela n'empêche pas que *vivre* a ici son sens ordinaire. Mais un tel exemple explique comment certains verbes ont pu se vider de leur sens propre et s'intégrer aux verbes énumérés dans le *b)* ci-dessus.

Une phrase comme la suivante montre que, dans *Il mourut lieutenant,* l'auteur interprète *lieutenant* comme un attribut, puisqu'il le représente par le pronom relatif *que* comme il le ferait si la phrase était *Il* ÉTAIT *lieutenant* (cf. § 689, *c*) : *Il avait, sur le plan spirituel le plus haut, l'état d'âme du lieutenant chef de section* QU'*il mourut* (DANIEL-ROPS, *Péguy*, p. 25). Mais cette phrase n'appartient pas au fr. normal, qui n'admet pas non plus *Il* LE *mourut* (mais bien *Il le fut, Il le resta, Il le devint*).

243   Construction de l'attribut.

a) Les attributs du sujet sont le plus souvent joints directement à *être* et aux verbes analogues :

Il est MÉDECIN. *Il est devenu* UN HOMME CÉLÈBRE. *Il est resté* CÉLIBATAIRE. *Il paraît* MALADE.

b) Cependant, l'attribut est uni par un mot de liaison à certains verbes [2].

1° On a régulièrement une préposition dans *passer pour* « avoir la réputation de » ; °*passer* construit directement et °*passer comme* sont, dans la même signification, exceptionnels :

Il PASSE POUR *bon médecin,* POUR *grand géomètre* (AC.). — *Le marquis était riche et pouvait* PASSER SAGE (VERL., *Jadis et nag.*, Impénitence finale). — *Couturat présenta Mollendeaux à un monsieur qui* PASSAIT COMME *un petit-fils de Girardon* (E. et J. de GONC., *Charles Demailly,* LXIV).

---

2. Il s'agit dans ce § des prépositions qui unissent l'attribut au verbe et non des prépositions qui font partie de certains syntagmes assimilables à des adjectifs et jouant le rôle d'attributs (§ 245, *b*, 4°).

2° Certains verbes sont suivis de **comme :**

— **Apparaître** se construit avec ou sans *comme*, sans différence de sens ; *comme* semble plus fréquent devant un nom :

Devant un adjectif : *La mort lui* APPARAISSAIT *glorieuse* (LITTRÉ). — *La France, en 91,* APPARAISSAIT *jeune et pure* (MICHELET, *Hist. de la Révol. fr.*, VI, 1). — *Hélas ! la Gestapo a cessé d'*APPARAÎTRE *exceptionnelle* (Raym. ARON, dans l'*Express*, 18 févr. 1983, p. 36). — *Son innocence lui* APPARAISSAIT *confusément* COMME *impossible à prouver* (MAUPASS., *C.*, Ficelle). — *Elle m'*APPARAÎT COMME *noble et généreuse* (dans BRUNOT, *Pensée*, p. 621).

Devant un nom : *L'acte créateur, comme l'acte libre,* APPARAISSAIT *une conquête de l'esprit sur le déterminisme de la vie* (P.-H. SIMON, *Questions aux savants*, p. 145). — *La dénonciation des assassins* AURAIT APPARU, *même à un idiot,* COMME *le plus sûr,* COMME *le seul moyen d'échapper lui-même aux soupçons* (BAUDELAIRE, trad. de : Poe, *Œuvres en pr.*, Pl., p. 877). — *Cette grâce, cet air pur* APPARAISSENT COMME *un air raréfié, difficile à respirer* (MALLET-JORIS, *Trois âges de la nuit*, L.P., p. 40).

— *S'affirmer, se révéler, s'avérer* (sur ces verbes, voir § 242, *b*, Rem. 5 et 6), *paraître* sont parfois construits avec *comme*, surtout devant un nom :

Il S'AFFIRME (COMME) *le maître de la peinture contemporaine* (dans COLIN). — *Il les avait dorées lui-même, avec son amie, qui* S'ÉTAIT RÉVÉLÉE COMME *une doreuse très maladroite* (ZOLA, *Œuvre*, V). — *Les gens du commerce* [...] S'AVÈRENT *le plus souvent dans la pratique* COMME *d'insurpassables gaffeurs* (CÉLINE, *Voy. au bout de la nuit*, F°, p. 222). — *Cette mort* S'EST AVÉRÉE COMME *définitive* (BUTOR, *Essais sur le roman*, Id., p. 34). — *Les ouadi mis à sec lui* PARAISSAIENT COMME *autant de routes d'invasion vers le cœur du continent noir* (F. DESONAY, *Léopold II, ce géant*, p. 29).

c) Les attributs du complément d'objet direct, qui deviennent dans la construction passive des attributs du sujet (§ 242, *c*), sont assez souvent introduits par une préposition ou par *comme*. Voir §§ 295-296.

Il A ÉTÉ PRIS POUR *arbitre. Il* A ÉTÉ TRAITÉ DE *fou.* — *Les peuples étaient* [...] PRIS *officiellement à témoin dans une langue intelligible à tous* (L. HALPHEN, *Charlemagne et l'empire carol.*, 1949, p. 311). — *La terre* EST CHANGÉE EN *un cachot humide* (BAUDEL., *Fl. du m.*, Spleen). — *Jusqu'alors, le verbe suivi du nom sans article ne pouvait* ÊTRE CONSIDÉRÉ COMME *une locution verbale composée véritable* (BRUNOT, *Pensée*, p. 163).

Pour *considérer* sans *comme*, voir § 296, *a.*

Dans cette phrase : *Prenons-les pour ce* QU'*ils veulent être pris* (R. ROLLAND, *Péguy*, t. II, p. 156), *pour ce qu'* semble mis par erreur au lieu de *pour ce pour quoi.* Est-ce la lourdeur de cette formulation qui a gêné l'auteur ? — Comp. § 217, *e*, 4°, Rem. 2.

d) L'adjectif et surtout le participe passé qui accompagnent, comme attributs du « sujet réel », *il y a, il est, il reste, il se trouve,* peuvent être introduits par *de*, notamment quand le nom sujet réel est accompagné d'une indication de quantité (article indéfini, numéral, déterminant indéfini). Ce tour est fréquent dans la langue parlée ; il n'a rien d'incorrect, et se trouve d'ailleurs parfois dans l'écrit.

Il y eut cent hommes DE *tués* (LITTRÉ, s.v. *de*, 7°). — *Il y eut encore quelques mots* D'*échangés* (STENDHAL, *Chartr.*, XIV). — *Il n'y aurait pas un couteau* DE *levé sur moi* (MUSSET, *Lorenz.*, III, 3). — *Il y avait eu six mille Barbares* DE *tués* (FLAUB., *Sal.*, IX). — *Il y eut*

[...] *je ne sais combien de moutons* DE *tués* (A. DAUDET, *Contes du l.,* Décoré du 15 août). — *Il faut qu'il y ait quelque enfant* DE *malade* (PROUST, *Rech.,* t. I, p. 55). — *Il y a eu des fautes* DE *commises* (ID., *ib.,* t. III, p. 227). — *Il y a un pari* D'*engagé* (J. ROMAINS, *Copains,* p. 8).

Cette construction apparaît aussi avec *c'est* suivi d'un sujet annoncé par *ce,* puis d'un adjectif ou d'un participe, ainsi qu'avec l'attribut du complément d'objet direct notamment des verbes *avoir, posséder, voir, rencontrer, connaître, remarquer, trouver,* etc., — avec l'attribut des compléments de *voici* et *voilà,* — avec des attributs de phrases averbales.

C'était déjà un bon pas DE *fait* (HUGO, *Misér.,* IV, XV, 1). — *Nous n'avons plus que la langue* DE *libre* (CHAT., *Mém.,* III, II, IX, 11). — *Il a un cheval qui n'a que les pattes de devant* DE *mauvaises* (J. RENARD, *Journal,* 6 sept. 1899). — *Voilà une classe* DE *passée* (FROMENTIN, *Domin.,* IV). — *Palforio.* [...] *Qu'est-ce ?* / *Un matelot. Un bateau* D'*échoué sur la côte* (MUSSET, *Prem. poés.,* Marrons du feu, I). — *Encore une journée* DE *perdue pour le travail !* (Fr. MAURIAC, *Feu sur la terre,* p. 130.)

Dans les cas examinés ci-dessus, le *de* n'est pas obligatoire :

Il y eut cent hommes tués (LITTRÉ, s.v. *avoir,* Rem. 1). — *Il n'y a eu que trois élèves admis sur dix* (AC., s.v. *admettre*). — *Les Suisses eurent trois ou quatre soldats tués ou blessés* (CHAT., *Mém.,* III, II, XI, 5). — *Avez-vous encore une place libre dans la malle ?* (J. VERNE, *Drame en Livonie,* IV.) — *Aussitôt qu'il avait un jour libre* (GIDE, Feuillets d'automne, Pl., p. 1093).

Le *de* est très fréquent quand l'expression comporte le pronom *en :*

Sur cent habitants, il y en a deux DE *riches* (LITTRÉ, s.v. *de,* Rem. 5). — *Sur dix, il n'y en avait pas un* DE *bon* (AC., s.v. *sur*). — *C'est incroyable où est allé ce peloton. Je n'en ai qu'un* DE *jaune, et il faut qu'il s'envole* (MUSSET, *Il ne faut jurer de rien,* II, 1). — *On en* [= des ladies] *voyait* D'*étalées dans des voitures* (FLAUB., *Mme Bov.,* I, 6). — *En voilà encore une* [= une nuit] DE *passée !* (SAND, *Homme de neige,* t. II, p. 250.)

Avec un nom : *Des membres de cette assemblée, il y en a trois* DE *ministres* (dans MARTINON, pp. 192-193).

Sans *de : Sur quatre femmes, il y en a toujours trois frisées* (TAINE, *Voy. en Italie,* t. II, p. 188). — *Sur neuf prises, il m'en reste deux bonnes* (COCTEAU, *La belle et la bête,* p. 90).

Le *de* est obligatoire : 1° quand l'adjectif attribut précède son sujet et que le verbe est construit avec *ne ... que ;* — 2° quand l'adjectif se rapporte à *quelqu'un, quelque chose, personne, rien,* à *que* relatif, à *que, quoi* interrogatifs, à *ceci, cela :*

Il n'y a D'*universel que ce qui est suffisamment grossier pour l'être* (VALÉRY, *Mauvaises pensées et autres,* Pl., p. 881). — *Il n'est sans doute* DE *purs que les solitaires* (H. BOSCO, *Mas Théotime,* 1947, p. 338). — *Majorien. Cimber vous a battus.* / *L'homme. Nous n'avons* DE *battu que le fer de nos casques* (HUGO, *Lég.,* V, 8). — *Je ne sais* DE *reçu par elle que notre ami Thureau-Dangin* [...], *et aussi Gaston Boissier* (PROUST, *Rech.,* t. II, p. 1056). — Sur l'accord de l'adjectif, voir §§ 248, *b,* et 297, *a,* Rem. 4.

Il y a quelqu'un DE *malade.* — *Un des traits que le paysage avait* DE *remarquable* [...] (J. ROMAINS, cit. Le Bidois, § 1831). — *Qu'a-t-il* DE *remarquable ?* — *Il y avait ceci* D'*étrange dans ces négociations que les concessions successives ne rapprochaient pas de l'état de paix* (A. MAUROIS, *Bernard Quesnay,* p. 81).

Cependant, avec un verbe comme *trouver,* le *de* sert à introduire l'épithète, tandis que l'attribut du complément d'objet se construit sans préposition : *Il a trouvé ceci* DE *remarquable. Il a trouvé ceci remarquable.*

Hist. — 1. Selon Blinkenberg (*Accord*, p. 116), le *de* dans *Cent hommes de tués* a eu à l'origine une valeur partitive (donc : *Un homme de* TUÉS, suivant le sens primitif) ; Littré, s.v. *de*, 7°, avait déjà une opinion analogue. Autre explication dans Nyrop, t. V, § 36, 1°. On s'accorde généralement à reconnaître que le *de* est un *de* « inverseur » (§ 1004, *a*) indiquant que l'adjectif n'est pas épithète, mais attribut.

Le tour est bien attesté déjà chez les auteurs du XVIIᵉ et du XVIIIᵉ s. ; mais le *de* n'était pas obligatoire :

Il y a déja deux mailles DE *rompuës* (MOL., *Bourg.*, II, 5). — ⁺*Il lui reste encore un bras* DE *libre* (LA BR., XI, 95). — *Je conte les jours de nostre séparation ; en voilà dix* DE *passés* (Mᵐᵉ de MAINTENON, *Corresp.*, 28 sept. 1697). — ⁺*Il y a encore une place* DE *vide à la portière* (MARIV., *Vie de Marianne*, p. 541). — *Il n'y eut pas dix mille hommes* DE *tués* (VOLT., *Lettres philos.*, XXV, 50). — ⁺*Si la mer bouillait, il y aurait* [...] *bien des poissons* DE *cuits* (DIDEROT, *Jacques le fat.*, Pl., p. 511).

Sans *de* : ⁺*Les heures qu'il avait libres* (BOSS., *Or. fun.*, Le Tellier).

Quand il y avait *en*, Vaugelas (p. 172) préconisait le *de*. Mais son absence n'était pas rare : *Il y en a plusieurs attrapées à ce piege* (FURETIÈRE, *Roman bourg.*, cit. Brunot, *Hist.*, t. IV, pp. 849-850).

2. Au XVIIᵉ et au XVIIIᵉ s., la préposition *de* précédait souvent l'adjectif attribut du sujet dans une proposition relative introduite par *ce qui* (comp. en fr. moderne, *Ce qu'il y a* DE *meilleur*) :

Voila ce qui est DE *bon* (MOL., *G. Dandin*, I, 2). — ⁺*Ce qui lui paraissait* DE *plus charmant, c'est mon absence* (SÉV., cit. Haase, § 107, B). — ⁺*Ce qui est* DE *vrai, c'est que* [...] (MARIV., *Vie de Marianne*, I, Avertiss.).

3. On disait au XVIIᵉ s. *Il est* DE *besoin de* : *J'auray soin / De vous encourager, s'il en est* DE *besoin* (MOL., *F. sav.*, V, 2). Cet usage existerait encore dans le Midi. — On en rapprochera la locution *en tant que* DE *besoin* dont les juristes usent encore : EN TANT QUE DE BESOIN, *le ministère, lui, ne faillira pas à sa tâche* (Edgar FAURE, dans le *Monde*, 31 mai 1969). — Comp. aussi cet ex., inspiré sans doute par des usages régionaux : *Ça serait bien* DE *besoin que M. Cardonnet fît un chemin* (SAND, cit. *Trésor*, s.v. *besoin*).

244   **Construction de l'attribut. Expressions particulières.**

a) L'attribut est introduit par *de* dans la formule familière *Si j'étais de* « si j'étais à la place de » (selon Littré, aussi dans *Quand je serais de*). La variante *Si j'étais* QUE DE est devenue rare. On trouve parfois aussi *Si j'étais* QUE (cf. Hist.).

Si j'étais DE *vous, j'enlèverais plutôt la reine de Portugal* (MUSSET, *Conf.*, I, 8). — *Si j'étais* DE *votre président, je ferais comme Bridoie* (A. FRANCE, *Les dieux ont soif*, p. 121). — *Si j'étais* DE *toi, je ferais un roman de ta vie* (LÉAUTAUD, *Petit ami*, VII). — *Si j'avais été* D'*elle, j'aurais été la nuit mettre le feu à la maison du vieux cabot* (THÉRIVE, *Sans âme*, p. 92). — *Si j'étais* DE *Philippe, je montrerais moins de patience* (Fr. AMBRIÈRE, *Galerie dramatique*, p. 199). — Autres ex. de *Si j'étais* DE *vous* : FLAUB., *Mᵐᵉ Bov.*, II, 7 ; R. BAZIN, *Terre qui meurt*, I ; AC.

Si j'étais QUE DE *sa mère,* [...] *je te l'enverrais se coucher, moi !* (WILLY et COLETTE, *Claud. à l'école*, p. 239.) — *Si j'étais* QUE DE *toi, je chasserais le rat d'eau, ce printemps* (G. GUÈVREMONT, *Survenant*, cit. *Trésor*, t. VI, p. 733). — *Si j'étais* QUE DE *vous, je m'y prendrais de cette manière* (AC.).

Si j'étais QUE *vous* (E. et J. de GONC., *Sœur Philomène*, cit. Nyrop, t. VI, § 88, 2°). — *Si j'étais* QUE *vous, je recevrais le Bon Dieu* (R. BAZIN, *Mémoires d'une vieille fille*, cit. Deharveng, p. 263). — *Si j'eusse été* QUE *lui, je n'aurais pas soufflé mot* (A. FRANCE, *Vie littéraire, ib.*).

Confusions de ce *que* avec *ne ... que :* °*Si je* N'*étais* QUE *toi* (dans BAUCHE, p. 138). — *Pour ce qui vous concerne, vous, maintenant, je* NE *serais* QUE *vous, que je commencerais ma confession* (G. BELMONT et H. CHABRIER, trad. de : A. Burgess, *Puissances des ténèbres*, p. 704).

On dit également, en donnant à l'attribut sa forme ordinaire : *Si j'étais vous,* [...] *je ne sourirais pas* (J. GREEN, *Chaque homme dans sa nuit*, p. 103). — Mais cette expression signifie proprement « Si j'étais la personne que vous êtes » : *Si j'étais Dieu, j'aurais pitié du cœur des hommes* (MAETERLINCK, *Pelléas et Mélisande*, IV, 2).

Hist. — Pour Tobler (*Mél.*, p. 17), le tour primitif était le tour avec *que* (= [ce] que vous [êtes]) : *Se je fusse que le roy (Manière de langage)* [XIVᵉ s.], et le *de* se serait introduit abusivement. Pour R. Martin (ouvr. cité au § 731, p. 92), *de* aurait justement pour fonction de distinguer l'expression examinée de celle qui signifie « si nous pouvions en tout échanger nos personnes ».

À l'époque classique, on employait *de* et *que de*. On les trouve tous deux chez Molière, par ex. : *Tart.*, I, 1, et *F. sav.*, IV, 2.

b) On entend, dans le nord de la France et en Belgique, des phrases comme °*Nous* **étions à** *huit à table,* °À *combien êtes-vous ?* — L'usage régulier ne met pas la préposition dans ce cas :

Vous serez au moins quarante à table (A. DAUDET, *Lettres de m. m.*, p. 190). — *Nous étions quatre avec Clemenceau* (BARRÈS, *Mes cahiers*, t. XII, p. 3). — *Nous étions dix ou douze autour de la longue table* (J. GREEN, *Journal*, 26 août 1944). — *Nous étions, des fois, une dizaine* (RAMUZ, *Vie de Samuel Belet*, I, 4).

Notez l'expression vieillie (où la préposition a une autre valeur) *Être à deux de jeu,* être à égalité.

Remarque. — Avec d'autres verbes, *se mettre, dormir, vivre, tenir,* etc., la préposition *à* est facultative devant le numéral, qui n'est d'ailleurs pas un attribut :

Nous NOUS SOMMES MIS à *plusieurs pour pondre ce chef-d'œuvre* (GIDE, *Faux-monn.*, p. 470). — *Ils* SE METTENT *trois pour payer* (BALZAC, *Paysans*, Conard, p. 21). — *Imagine de très pauvres gens qui* VIVENT à *six dans un logement de deux pièces* (G. DUHAMEL, *Maîtres*, p. 304). — *On* VIVAIT à *trois ou quatre dans une turne* (SARTRE, dans S. de Beauvoir, *Entretiens avec J.-P. Sartre*, p. 450). — *Il nous a expliqué qu'ils* VIVAIENT *trois dans cette pièce, lui et deux camarades* (R. JEAN, *Ligne 12*, p. 66). — *On peut* TENIR à *douze à cette table (Dict. contemp.).* — *Nous y* TIENDRONS *aisément deux* (H. BAZIN, *Cri de la chouette*, p. 156).

c) Quelques auteurs du XXᵉ s. écrivent encore, selon l'usage classique, *être* (ou *se trouver*) **court de** pour *manquer de :*

Il ÉTAIT *un peu* COURT DE *sujets de conversation* (HERMANT, *Caravansérail*, X). — *Il sait que vous* ÊTES COURT D'*argent* (H. DUVERNOIS, *Bête rouge*, p. 243). — *Alain n'*ÉTAIT *jamais* [...] COURT DE *sujets* (BILLY, dans le *Figaro litt.*, 7 juillet 1956). — *Modeste et* COURT D'*imagination, Justin ne connaissait le mal que par ouï-dire* (AYMÉ, *Aller retour*, II). — *Un vicomte de Limoges, ayant à recevoir son suzerain,* [...] SE TROUVA COURT DE *poivre* (E. FARAL, *Vie quotidienne au temps de s. Louis*, p. 172). — *Tu n'*ES *jamais* COURT D'*arguments* (HÉRIAT, *Innocent*, 1954, p. 53). — Voir d'autres ex. au § 248, *d* (accord).

L'Acad., dans la dernière éd. de son dict., a supprimé *être court d'argent*, mais garde *être court de mémoire,* manquer de mémoire. Le *Grand Lar. enc.* signale encore *être court d'haleine,* comme terme d'art vétérinaire. — En dehors de ce dernier cas, on dit et on écrit le plus souvent, malgré Littré, *être à court de* (*d'argent,* etc.), tour admis par l'Acad. comme familier :

Ils étaient à COURT DE *vivres* (MÉRIMÉE, *Cosaques d'autrefois,* p. 321). — *C'était un bon jeune homme,* [...] *mais très* à COURT D'*idées* (SAND, *Hist. de ma vie,* Pl., t. II, p. 233). — *J'avoue que je me trouve* à COURT D'*épithètes pour louer* [...] (HERMANT, *Théâtre (1912-1913),* p. 260). — *Il n'est jamais* à COURT D'*arguments* (GIDE, *Journal,* 12 mars 1938). — *Tu n'es donc jamais* à COURT DE *sujets de romans ?* (COLETTE, *Étoile Vesper,* p. 126.) — *Égarée,* à COURT DE *vivres ou désemparée par un accident, elle risquait le pire* (GRACQ, *Presqu'île,* p. 25).

Autres ex.: VILLIERS DE L'ISLE-ADAM, *Contes cruels,* p. 206 ; BLOY, *Âme de Napol.,* p. 205 ; A. FRANCE, *Sept femmes de la Barbe-Bleue,* p. 95 ; DUHAMEL, *Désert de Bièvres,* p. 270 ; A. MAUROIS, *Cours de bonheur conjugal,* p. 226 ; BERNANOS, *Dialogue d'ombres,* p. 154 ; JOUHANDEAU, *Carnets de l'écrivain,* p. 37 ; S. de BEAUVOIR, *Force des choses,* p. 681 ; etc.

À court sans complément, dans le sens de « sans argent » : *Il me pria de lui prêter quatre mille francs* [...]. *Je sais que François est désordonné, souvent* à COURT (HERMANT, *Discorde,* p. 226). — Au figuré : *La providence en est aux expédients. Une révolution, qu'est-ce que cela prouve ? Que Dieu* EST à COURT (HUGO, *Misér.,* IV, XII, 2).

Gide (*Attendu que...,* pp. 44-45) croit que l'on distingue *être court de tabac,* lorsqu'on n'en a plus que très peu, et *être à court de,* lorsqu'on n'en a plus du tout. Cette subtilité ne paraît pas fort répandue.

Au Canada, on dit °*être* DE *court (de) ;* en Belgique, °TOMBER *à court (de)* « être tout à coup dépourvu (de) ».

En revanche, *rester court, demeurer court* « ne savoir que dire (faute de mémoire, d'idées, etc.) » sont encore usités dans la langue écrite ; mais, dans le même sens, avec d'autres verbes, on emploie plutôt *à court,* ce que l'Acad. ne signale pas :

Je DEMEURAIS COURT, *balbutiant à tout moment une phrase ridicule* (MUSSET, *Conf.,* II, 1). — *Il a l'esprit lourd ; mais il ne* RESTE *jamais* COURT, *vu qu'il a le don de pouvoir parler sans rien dire* (SAND, *Homme de neige,* t. II, p. 29). — *Amélie* [...] *l'amenait* [...] *peu à peu aux confidences, et il ne* RESTAIT *jamais* COURT (JOUHANDEAU, *Chaminadour,* p. 419). — Autres ex. au § 248, *d* (accord).

*Suarès continue encore de parler. Il n'*EST *jamais* à COURT (GIDE, *Journal,* t. I, p. 350). — *Leurs imaginations* SE TROUVAIENT à COURT, *ils ne savaient plus que se dire* (HERMANT, *Serge,* IX). — *Il essaya de lui dire le bien qu'il pensait des hommes* [...]. *Il* ÉTAIT *un peu* à COURT *sur ce chapitre* (GIRAUDOUX, *Bella,* V). — *Villiers. Je ne sais pas d'histoires* [à raconter]. / *Mary. Mais si ; je ne vous ai jamais* VU à COURT (J. SARMENT, *Couronne de carton,* II). — *Bédier n'*ÉTAIT *jamais* à COURT (JÉR. THARAUD, *Disc. de récept. à l'Acad.*).

d) On continue (cf. Hist.) à dire *C'est ma faute,* comme *C'est mon erreur* ou *C'est mon défaut.* Mais il y a une tendance très forte à utiliser *C'est de ma faute,* construction ignorée de Littré, du *Dict. gén.* et de l'Acad. ; cela modifie la valeur de la formule, *de ma faute* exprimant la cause, comme dans *C'est par ma faute.*

Sans *de : Ce n'est pas sa faute* (CLAUDEL, dans le *Littéraire,* 14 déc. 1946). — *C'est en partie ma faute* (S. de BEAUVOIR, *Tout compte fait,* p. 134). — *S'ils ont changé, ce doit être en partie ma faute* (J. CABANIS, *Profondes années,* p. 33).

Avec *de : C'est* DE *sa faute* (RENAN, *Prêtre de Nemi,* I, 3). — *Est-ce* DE *sa faute, s'il pleut toujours ?* (A. DAUDET, *Port-Tarascon,* II, 1.) — *Ce n'était pas* DE *notre faute* (COLETTE, *Étoile Vesper,* p. 126). — *Que ce soit ou non* DE *sa faute, la thèse est plus agaçante à l'écran que dans le livre* (J. ROMAINS, *Lettre ouverte contre une vaste conspiration*, p. 109). — *Ce n'est ni* DE *votre faute, ni* DE *la mienne* (DE GAULLE, *Mém. de guerre*, t. II, p. 475).

Autres ex.: NERVAL, *Marquis de Fayolle*, I, 10 ; FLAUB., *Corresp.*, 18 oct. 1850 ; VEUILLOT, *Corresp.*, t. IV, p. 132 ; MAUPASS., C., *Marquis de Fumerol* ; E. et J. de GONC., *Ch. Demailly*, XXX ; J. RENARD, *Écornifleur*, XXVI ; A. FRANCE, *Crime de S. Bonnard*, p. 209 ; BARRÈS, *Déracinés*, p. 375 ; LARBAUD, *Fermina Márquez*, XVIII ; A. de CHÂTEAU-BRIANT, *M. des Lourdines*, I, 5 ; MAURRAS, cit. Deharveng, p. 136 ; Fr. MAURIAC, *Fin de la nuit*, p. 171 ; GIRAUDOUX, *Électre*, I, 2 ; ARLAND, *Ordre*, t. II, p. 221 ; MONTHERLANT, *Pitié pour les femmes*, p. 125 ; BILLY, dans le *Figaro litt.*, 17 janv. 1948 ; H. BOSCO, *Oubli moins profond*, p. 135 ; A. CAMUS, *Justes*, p. 98 ; R.-L. WAGNER, *Gramm. fr.*, t. II, p. 175 ; J. CABANIS, *Profondes années*, p. 166 ; etc.

Certains grammairiens condamnent particulièrement *C'est de la faute de ta mère.* Il est préférable, dans l'écrit, d'éviter ces *de* successifs.

Inversement, TOUT *est* DE *ma faute* (ainsi que d'autres tours où l'on n'a pas *c'est*) est concurrencé par ... *est ma faute ;* on introduit un attribut là où il y avait un complément.

Avec *de :* TOUT *est* DF *ma faute !* (HUGO, *Le roi s'amuse*, V, 4.) — *Voilà pourquoi j'ai l'air triste, mon ami, et non pour* RIEN QUI *soit* DE *votre faute* (Th. GAUTIER, Mlle *de Maupin*, XVI). — CEUX-CI [= des incidents] [...] *furent à peu près tous* DE *la faute de Valentine* (P. BENOIT, *Toison d'or*, p. 148).

Sans *de :* L'UN ET L'AUTRE [= que je sois votre fils et votre colonel] *ne sont pas ma faute* (prince de LIGNE, *Mémoires*, p. 37). — TOUT *est ma faute* (R. MARTIN DU GARD, *Thib.*, Pl., t. I, p. 1069). — CES ANOMALIES *ne sont la faute de personne* (SARTRE, *Mots*, p. 23).

Tour franchement incorrect : °*C'est toi la faute de tout cela* (M. ALEXANDRE, trad. de : Hoffmann, *Vase d'or*, dans *Romantiques allem.*, Pl., t. I, p. 850).

Dans *Il y a de votre faute* « vous êtes en partie responsable », le *de* a une tout autre justification et ne peut être supprimé.

Hist. — *C'est ma faute* est l'usage traditionnel et classique. Mais *de* apparaît déjà au XVIIIe s. : *Ce ne sera pas* DE *ma faute* (DIDEROT, *Corresp.*, 10 mai 1759). — Voir aussi ID., *Est-il bon ? Est-il méchant ?* I, 4 ; *Jacques le fat.*, Pl., p. 616.

e) On a le choix entre *C'est mon tour* ou *C'est le tour de Jeanne*, — et *C'est à mon tour* ou *C'est* AU *tour de Jeanne :*

Aujourd'hui c'était LEUR TOUR (MICHELET, *Hist. de la Révol. fr.*, V, 10). — *Ce fut* SON TOUR *d'avoir le trac* (SIMENON, *Maigret s'amuse*, p. 160). — *C'est* AU TOUR *de Christophe* (R. ROLLAND, *Jean-Christ.*, t. I, p. 209). — *Quand ce fut* AU TOUR *d'Anatole France de triompher* (Fr. MAURIAC, dans le *Figaro litt.*, 10 oct. 1959).

Autres ex. sans *à :* MÉRIMÉE, *Mosaïque*, Tamango, Pl., p. 224 ; Th. GAUTIER, *Militona*, II ; CAYROL, *Corps étrangers*, p. 71 ; IONESCO, *Amédée*, p. 282. — Avec *à :* SAND, *Mauprat*, XXV ; A. DAUDET, *Sapho*, p. 310 ; DORGELÈS, *Marquis de la Dèche*, p. 115 ; IKOR, *Tourniquet des innocents*, p. 174.

Pour *chacun (à) son tour*, voir § 719, *d*, et 720.

f) L'Acad. (ainsi que divers grammairiens) distingue *Cet homme* **ne m'est rien,** Il n'est point mon parent, et *Cet homme* (ou *Cela*) *ne m'est* **de rien** (familier), Je n'y prends aucun intérêt. On trouve pourtant dans la langue soignée *n'être de rien à* aussi bien dans le sens « être sans lien (de parenté, etc.) avec » que dans le sens « ne pas compter pour » ou, plus rarement, « être inutile à » :

— *Celui-ci répondit* [...] *qu'une de ses locataires était morte* [...], *n'ayant ni parents ni amis* [...] *et que, par pure bonté d'âme, lui, concierge, allait à l'enterrement d'une personne qui ne lui était* DE RIEN (MÉRIMÉE, *Ars. Guillot*, I). — *Hippolyte ne m'*ÉTAIT DE RIEN. *Il était le fils de l'autre, de l'étrangère, de cette inavouable première épouse* (HERMANT, *Confidences d'une aïeule*, XVII). — *J'ai vu les Assomptionnistes, les Capucins, les Lazaristes,* [...] *soigner des enfants qui ne leur sont* DE RIEN (BARRÈS, *Enquête aux pays du Levant*, t. II, p. 159).

— *Ta, ta, ta, ta, dit le tonnelier* [...], *le fils de mon frère par-ci, mon neveu par-là. Charles ne nous est* DE RIEN, *il n'a ni sou ni maille* (BALZAC, *Grandet*, Garnier-Flammarion, p. 80). — *Je crois au monde spirituel, et tout le reste ne m'est* DE RIEN (GIDE, *Journal*, 15 mai 1949). — Voir Martin, ouvr. cité au § 731, pp. 102-103 (A. France, Claudel).

— [...] *le pays obscur où il doit chercher et où tout son bagage ne lui sera* DE RIEN (PROUST, *Rech.* t. I, p. 45).

D'autre part, *ne m'est rien* est surtout employé dans le sens « ne compte pas pour moi », comme antonyme de *est tout pour moi* :

Une seule personne [...] *paraissait regretter encore la rue des Carmélites* [...]. *Quant à moi, les lieux ne m'étaient plus* RIEN (FROMENTIN, *Dom.*, IX). — *Il est toute ma vie, tout le reste ne m'est* RIEN (R. ROLLAND, cit. Colin). — *Vous ne m'êtes* RIEN. *Depuis le jour où vous vîntes ici pour la première fois, sachez que vous m'avez déplu* (J. GREEN, *Varouna*, II, 7).

Hist. — L'Acad. est plus rigoureuse qu'elle ne l'était en 1694, car elle admettait alors que *n'être de rien* indique l'absence de parenté. Les deux locutions étaient vraiment confondues à l'époque classique.

g) L'expression figée **comme si de rien n'était** « comme si rien ne s'était passé » date du XVIIᵉ s. ; plus d'un auteur la met en italiques, la sentant comme familière :

Le Pape [...] *excommunia les bourgeois de Londres. Ceux-ci* [...] *firent sonner les cloches et célébrer la messe* COMME SI DE RIEN N'ÉTAIT (A. MAUROIS, *Hist. d'Angl.*, 1937, p. 161). — En italiques : BALZAC, *Urs. Mirouët*, IV ; GIDE, *Journal*, 25 oct. 1938.

Certains grammairiens voient dans *de rien* un sujet, d'autres un attribut. En faveur de la première analyse, la variante, d'ailleurs exceptionnelle et critiquée, °*comme si rien n'était :* *J'ai rendu mes comptes comme si* RIEN *n'était* (CÉLINE, lettre à ses parents, 1909, dans F. Gibault, *Céline*, t. 1, p. 97). — Autre ex. : P. BENOIT, cit. Le Bidois, § 1160. — R. Martin (ouvr. cité au § 731, p. 92) considère que le *de* sert à indiquer que l'expression doit être prise comme décrivant une situation particulière et non dans le sens « comme si rien n'existait ». Cf. § 1004, *a.*

Dans les phrases de ce type : *Je puis partir, rester... Personne ne m'attend. Et si ce n'était* D'ALAIN... [= je resterais] (Fr. MAURIAC, *Anges noirs*, p. 137), où le *de* est facultatif, le syntagme qui suit le verbe *être* sera considéré plutôt comme un sujet, car on pourrait dire : ... *s'il n'y avait Alain.* Le *de* sert à distinguer notre formule de *Si ce n'était pas Alain* « si c'était un autre qu'Alain », à éviter que l'on prenne *Alain* pour un attribut (cf. § 1004, *a*).

h) Il est difficile d'analyser les tours littéraires **La peste soit de..., Peste soit de...** :

LA PESTE SOIT DE *cette tempête qui nous jeta sur la côte d'Afrique* (CLAUDEL, cit. *Grand Lar. langue*). — *Mais* PESTE SOIT, *dans la vie,* DE *ces colosses manqués* [...] *!* (SAINTE-BEUVE, *Mes poisons*, p. 143.)

Hist. — À l'époque classique, on construisait aussi ces expressions sans *de :* PESTE SOIT *le Coquin, de battre ainsi sa Femme* (MOL., *Méd. malgré lui*, I, 2).

i) On peut voir aussi un attribut dans l'expression *être à charge* « être une charge » (comp. *à* devant l'attribut du complément d'objet : § 295, *b*, 1°) ; on trouve plus rarement d'autres noms :

> *Le désœuvrement m'est* à CHARGE (GIDE, *Ainsi soit-il*, Pl., p. 1177). — *Il serait* à HONTE *de refuser l'entrée du pressoir, du moins aux hommes, honteux aussi de se refuser à y goûter* (VAN GENNEP, *Manuel de folklore fr. contemp.*, t. I, p. 2661).

Hist. — L'Acad. et Robert enregistrent encore *devenir à rien*, se réduire considérablement (d'une chose), maigrir excessivement (d'une personne). Cet emploi existe encore dans les parlers de l'Ouest, selon Wartburg, t. III, p. 60. Sinon, on ne cite que des exemples classiques : *Toutes ces galeres qui ont fait partir Mr de Grignan sont* DEVENUES A RIEN (SÉV., 12 juillet 1690). — ⁺*L'or* DEVIENT À RIEN [dans les mains du joueur] (REGNARD, cit. Haase, § 123, B). — On dit aussi dans les mêmes sens *venir à rien* : cf. AC., s.v. *venir.* °*Tourner à rien* est signalé comme belgicisme.

Devenir de serait un gasconisme, chez Montesquieu : *Sans cela,* DE QUOI *serions-nous devenus ? (Hist. véritable,* p. 33.)

245   Nature de l'attribut.

N.B. 1. Certains des verbes énumérés au § 242 se construisent seulement avec des adjectifs *(tomber amoureux)* ; d'autres seulement avec des noms *(constituer).*

2. En réalité, l'attribut est souvent un syntagme, dont le noyau est un nom, un adjectif, etc. : *Le poëte est* UN MONDE ENFERMÉ DANS UN HOMME (HUGO, *Lég.*, XLVII). — Cela est aussi le cas lorsque l'attribut est un pronom démonstratif accompagné d'une proposition relative : *Vous êtes* CE QUE J'ÉTAIS AUTREFOIS.

a) L'attribut est un nom ou un équivalent de nom.

1° Un **nom** : *Toute espérance, enfant, est un* ROSEAU (HUGO, *Rayons*, XXXIX).

Remarques. — 1. Le nom attribut sans déterminant se rapproche de l'adjectif : *Eugénie était sublime, elle était* FEMME (BALZAC, *Grandet*, Garnier-Flammarion, p. 83). — Il peut dans certains cas recevoir, comme l'adjectif, des marques de degré : cf. § 963.

2. Dans *paraître tel âge*, le régime qui suit *paraître* peut être remplacé par un pronom personnel. Mais *paraître* n'équivaut pas ici à *sembler* ni à *être*, et la séquence ne sera pas considérée comme un attribut. Littré explique la construction par l'ellipse du verbe *avoir*. Cet emploi, contesté par des puristes, est admis par Littré avec un ex. de Mᵐᵉ de Sévigné.

> *Elle* PARAISSAIT VINGT-DEUX ANS. *Elle devait en avoir dix-huit* (P. LOUŸS, *La femme et le pantin*, I). — *Tu ne* PARAIS *pas* TON ÂGE, *même à beaucoup près* (G. DUHAMEL, *Notaire du Havre*, XI).

3. Dans *Sa maigreur était d'un ascète*, on considère généralement qu'il y a ellipse du nom déjà exprimé (ou du pronom démonstratif qui en tiendrait lieu) : *Sa maigreur était* LA MAIGREUR *d'un ascète, était* CELLE *d'un ascète.* Cf. § 217, *e,* 1°.

2° Un **pronom** : *Si j'étais* VOUS (cf. § 244, *a*). — *Il deviendra* QUEL-QU'UN. — QUI *es-tu ?*

Le pronom peut remplacer un adjectif : *Courageux, ils* LE *sont, incontestablement.* — Sur *y*, cf. ci-dessous, *b*, 4°, Rem.

3° Un **infinitif** (souvent quand le sujet est, lui aussi, un infinitif) : *Ne rien faire est mal* FAIRE (H. MURGER, *Pays latin*, X). — *La* [= la tradition orthographique] *bouleverser serait, pour un bien mince profit,* TROUBLER *des habitudes séculaires,* JETER *le désarroi dans les esprits* (AC., Préf.).

Remarque. — On considère généralement que *sembler, paraître, passer pour, être censé,* suivis d'un infinitif, jouent le rôle de semi-auxiliaires (cf. § 791, *g*), plutôt qu'ils n'introduisent un attribut. Pourtant des ex. comme les suivants, où l'infinitif est coordonné à un adjectif ou à un participe, montrent que les deux emplois ne sont pas nécessairement sentis comme dissemblables :

Jamais Charles ne lui paraissait aussi DÉSAGRÉABLE, AVOIR *les doigts aussi carrés, l'esprit aussi lourd,* [...] *qu'après ses rendez-vous avec Rodolphe* (FLAUB., *Mme Bov.*, II, 12). — *Tout cela paraît* MORT *et n'*AVOIR *d'autres mouvements que* [...] (MAETERLINCK, *Morceaux choisis*, p. 65). — *Sa beauté* [...] *semblait* EXTÉRIEURE *et se* LIVRER *à tous d'un seul coup* (GIDE, *Porte étr.*, I). — *La moindre parcelle de chacun d'eux me semblait* PRÉCIEUSE *et* MANIFESTER *leur excellence particulière* (PROUST, *Rech.*, t. I, p. 134).

b) L'attribut est un adjectif ou un équivalent d'adjectif.

1° Un **adjectif** : *Le Poète est* SEMBLABLE *au prince des nuées* (BAUDEL., *Fl. du m.*, Albatros).

2° Un **participe** : *Je suis* HÉSITANT. *Le marché paraissait* CONCLU.

Remarques. — 1. On peut considérer le tour passif *être* + participe passé *(Il est* BATTU *par son frère)* comme un emploi d'*être* copule.

2. Lorsque le participe présent garde sa valeur verbale, il ne s'emploie plus guère (cf. Hist.) comme attribut avec *être*, sauf s'il est coordonné à un attribut appartenant à une autre classe :

Nous étions fatigués et MOURANT *de sommeil à la prière* (CHAT., cit. *Grand Lar. langue*, p. 307).

Lorsque *être* est mis pour *aller*, il ne sert pas de copule et il peut être suivi d'un participe présent (cf. § 790, *d*) : *La plupart de ces difficultés ont été s'*AGGRAVANT (G. DUHAMEL, *Paroles de médecin*, p. 130).

Hist. — 1. *Être* se construisait souvent avec un participe présent en anc. fr., là où nous recourons à des périphrases comme *être en train de* + infinitif. On en trouve des ex. jusqu'au XVIIᵉ s. :

Quatre mois soit en ung vivier CHANTANS (VILLON, *Poèmes variés*, VIII, éd. R.-H.). — *Soyons bien* BEUVANS, *bien* MANGEANS (LA F., *F.*, VI, 19). — ⁺*Vous êtes éternellement* CRÉANT *tout ce qu'il vous plaît de créer* (FÉN., *Exist. de Dieu*, cit. Haase, § 69, A).

2. Devenir ne se construit plus avec un participe passé, comme il le faisait chez les classiques : *+À quel point ma vertu devient-elle* RÉDUITE ! / *Rien ne la saurait plus garantir que la fuite* (CORN., *Hor.*, IV, 7).

3° Un **adverbe** employé adjectivement :

Tu es très BIEN, *ma petite Julie, dit-il avant même d'avoir examiné sa toilette* (FROMENTIN, *Domin.*, XII). — *J'avais besoin du sensible, de ce qui se voit, de ce qui se respire. Ma religion était* AINSI (J. GREEN, *Mille chemins ouverts*, p. 161). — COMMENT *est-il, leur intérieur, à ces jeunes gens ?* / — *Sinistre, piaula Mme Peloux* (COLETTE, *Chéri*, M.L.F., p. 145). — *Tout le monde était* DEBOUT, *dès le matin* (AC.). — *Voilà vingt ans qu'ils* [= des amants] *sont* ENSEMBLE (FLAUB., *Éd. sent.*, II, 1). — Voir aussi § 219, *g (de même).*

Dans COMMENT *t'appelles-tu ? comment* tient la place d'un nom.

4° Des **syntagmes introduits par une préposition** et assimilables à un adjectif :

Je suis EN RETARD. *Il est* EN COLÈRE. *Le jardin est* À L'ABANDON. *Ce manteau est encore à* LA MODE. *La porte est* DE TRAVERS, DE GUINGOIS. *Nous sommes* AUX PRISES *avec un adversaire tenace. Il est* DE BONNE HUMEUR *ce matin.* — *L'astre était* SANS ORGUEIL *et le ver* SANS ENVIE (HUGO, *Lég.*, II, I, 1). — *Il* [= un fumoir] *était* DE STYLE TRÈS RICHE (ZOLA, *Curée*, I). — *Pour la lutte en montagne* [...] *ils se sont montrés* HORS DE PAIR *dans le camp des alliés* (DE GAULLE, *Mém. de guerre*, t. II, p. 327).

Remarque. — On range parmi les attributs les syntagmes : 1) que l'on peut remplacer par le pronom personnel *le* (cf. § 648, *b*) :

Pour EN RETARD, *ils* LE *sont* (LOTI, *Mme Chrysanth.*, IV). — *Le voyage de noces peut être* DE RIGUEUR *pour les gens qui se marient dans les conditions normales, mais ne* L'*est pas pour les mariés dont la nuit de noces date déjà de plusieurs semaines* (HERMANT, cit. Sandfeld, t. I, p. 62). — *Cette critique ne consiste qu'à se demander si ceci ou cela est* « DANS LA LIGNE » *ou ne* L'*est pas* (GIDE, *Retour de l'U.R.S.S.*, p. 52). — *Cécile était* EN VACANCES *alors que vous ne* L'*étiez pas* (BUTOR, *Modification*, 10/18, p. 175). — *Quand nous sommes* DE SANG-FROID *et que l'autre ne* L'*est pas* (MONTHERLANT, *Textes sous une occupation*, Pl., p. 1587).

— 2) qui peuvent servir de complément de nom :

Un homme EN COLÈRE, *un élève* EN RETARD, *un jardin* À L'ABANDON, *un manteau* À LA MODE, *un homme* SANS AVEU. — *Caen est un lieu* HORS DE PAIR (BARRÈS, *Grande pitié des égl. de Fr.*, p. 183).

— 3) que l'on peut coordonner à un adjectif :

Il me semble que je suis si bien à ton bras, si libre, si À L'AISE (NERVAL, *Faust*, p. 135). — *La grande plaine est blanche, immobile et* SANS VOIX (MAUPASS., cit. *Grand Lar. langue*, p. 308).

— 4) qui acceptent les degrés (§ 943, Rem. 3) :

Il était même TRÈS À SOUHAITER *qu'ils en eussent de telles* [= des croyances] (TOCQUE-VILLE, *Démocr. en Amér.*, II, I, 5). — *Nous sommes* SI EN RETARD (SAND, *Homme de neige*, t. III, p. 163). — *On est* TRÈS EN COLÈRE (LOTI, *Mme Chrysanth.*, XXX). — *Rien n'est* PLUS SANS DÉFENSE *que l'œuf* (HUGO, *Quatrevingt-tr.*, III, VII, 5).

Ces conditions s'appliquent aussi aux syntagmes introduits par *à* marquant la possession : *Ce livre est* À MOI ; — ou par *à* suivi d'un infinitif : *Cela est* À PROU-

VER ; — ou par *de* partitif : *Le substitut Fachot était* DE LEURS AMIS (SIMENON, *Vérité sur Bébé Donge*, p. 59).

Des syntagmes comme les suivants n'obéissent pas à ces conditions : *Je suis* À PARIS (ou *Je suis* ICI). *Nous sommes* LE 24 AOÛT (cf. § 304, 9, 1°). Pourtant, certains linguistes voient ici des attributs : par ex. J. Dubois et Fr. Dubois-Charlier, *Éléments de ling. fr.*, pp. 75-83.

De toute façon, la frontière entre l'une et l'autre catégorie n'est pas absolue [3]. Ainsi, le pronom *y* remplace parfois des syntagmes que nous avons acceptés comme attributs : *Oh ! si elle* [= une pièce de théâtre] *était* EN VERS ! / — *Mais elle* Y *est, dit Barbier* (J. RENARD, *Journal*, 9 janv. 1898). — Il est vrai que même des adjectifs sont parfois remplacés par *y*, mais cette façon de s'exprimer appartient au fr. régional (est et nord de la France, Wallonie). Cf. § 648, *b*, Rem. 2.

Notons aussi que l'adverbe *loin*, que l'on peut assimiler aux compléments de lieu dont nous venons de parler, est traité comme un adjectif par le fr. populaire du Midi ; on le fait varier en genre : °*La maison est encore lointe.*

5° Certains **compléments non prépositionnels.**

— Compléments absolus (§ 308, *b*) : *Elle était* PIEDS NUS *et en haillons* (HUGO, *Misér.*, IV, II, 4). — *Ils sont tous les deux* NU-PIEDS, NU-TÊTE, *et poudreux comme des gens qui arrivent de voyage* (FLAUB., *Tent.*, IV).

Quand l'expression n'est pas figée, cet emploi ne paraît possible que si le syntagme est coordonné à un adjectif : *Elle était toute confuse et* LES JOUES EN FEU.

— Syntagmes figés dans lesquels la préposition s'est effacée : *Ses cravates lilas étaient* MAUVAIS TEINT (SAND, *Pet. Fadette*, II). — *Qu'est-ce qui est* BON MARCHÉ *à présent ?* (HUGO, *Pierres*, p. 137.) — *Ils* [= des mouvements de contestation] *peuvent être «* TOUS AZIMUTS *» quant à leurs objectifs et à leurs ennemis* (LE ROY LADURIE, *Carnaval de Romans*, p. 361).

246   Place de l'attribut.

Bibl. — H. NORDAHL, *L'antéposition de l'adjectif attribut en français moderne*, dans *Studia neophilologica*, 1973, pp. 115-123.

a) La place ordinaire de l'attribut est à la suite du verbe, dont il est séparé seulement par certains adverbes :

Lucie est CONTENTE. *Lucie n'est pas* CONTENTE. *Lucie n'est pourtant pas* CONTENTE. *Lucie est toujours* CONTENTE.

b) Si l'attribut est un pronom personnel conjoint, un pronom relatif, un interrogatif, un nom accompagné d'un déterminant interrogatif ou exclamatif, sa place est imposée par les règles propres à ces catégories :

S'il est malade, il L'*est depuis un an. Le malade* QU'*était Gaston.* QUE *deviendrai-je ?* QUELLES GENS *êtes-vous ?*

---

3. « Il n'est pas facile de distinguer attributs et compléments, chose assez inutile, du reste. C'est au sens de l'expression qu'il s'en faut rapporter le plus souvent. Quand il devient figuré, il y a des chances pour que le sentiment de la valeur originelle soit perdu. Le complément s'est alors transformé en attribut » (Brunot, *Pensée*, p. 620).

c) L'attribut peut être placé en tête de la phrase, sans pause, avec inversion du sujet autre qu'un pronom personnel, *ce, on* (§ 379, *a*) :

1° L'attribut a une fonction anaphorique, c'est-à-dire de liaison avec ce qui précède (§ 221) :

C'est l'usage ordinaire pour *tel* (cf. Rem.) : *Il s'agit d'un langage dont la violence d'autonomie détruit toute portée éthique* [...]. TEL *est du moins le langage des poètes-modernes* [sic] *qui vont jusqu'au bout de leur dessein* (BARTHES, *Degré zéro de l'écriture,* I, 4). — Avec omission de la copule, dans la langue littéraire : *Minuit* [...] *réveille au fond du parc aulique /* [...] *un sourd, lent et doux air / De chasse :* TEL, *doux, lent, sourd et mélancolique, / L'air de chasse de* Tannhäuser (VERL., *Poèmes sat.,* Paysages tristes, IV). Cf. § 248, *a,* 4°.

Cela est fréquent avec *autre chose, tout autre* (plus rare avec *autre* seul), et avec des adjectifs de sens analogue ou opposé *(semblable)* : AUTRE CHOSE *est de jeter bas d'un seul coup* [...] *tout l'espoir d'un homme* (BERNANOS, *Journal d'un curé de camp.,* Pl., p. 1238). — TOUT AUTRES *sont les rapports entre langues sur territoire continu* (SAUSSURE, *Cours de ling. gén.,* p. 289). — DIFFÉRENT *est le cas d'une œuvre comme le* Roman de la Rose (R.-L. WAGNER, *Anc. fr.,* p. 50).

Cela est fréquent quand l'attribut est un adjectif au comparatif ou un nom accompagné d'un adjectif au comparatif, si le terme avec lequel on compare doit être recherché dans la phrase précédente ; souvent le comparatif est renforcé par un adverbe : AUTREMENT GRAVES *sont les faits sur lesquels il nous reste à appeler l'attention* (BRUNOT, *Pensée,* p. 521). — *Le conflit n'avait rien d'inexpiable* [...]. BEAUCOUP PLUS RUDE *au contraire sera bientôt la lutte* [...] *entre les roturiers* [...] *et les privilégiés* (LE ROY LADURIE, *Carnaval de Romans,* p. 68). — MEILLEURS PHONOLOGUES *ont été les praticiens* (Cl. BLANCHE-BENVENISTE et A. CHERVEL, *Orthographe,* p. 76).

Cela se produit aussi lorsque l'attribut est accompagné d'un adverbe anaphorique : AGRÉABLES POURTANT *me parurent les petits pains* (J. GREEN, *Terre lointaine,* p. 25).

Remarque. — Littré, s.v. *tel,* 1°, réserve l'antéposition de *tel* au cas où le mot renvoie à ce qui précède. Il n'est pas incorrect pourtant de placer *tel* en tête de la phrase même quand il renvoie à ce qui suit :

[TELLE *est la loy de l'Univers : / Si tu veux qu'on t'épargne, épargne aussi les autres* (LA F., F., VI, 15)]. — *Et Dieu ?* — TEL *est le siècle, ils n'y pensèrent pas* (VIGNY, *Poèmes ant. et mod.,* Amants de Montmorency). — TEL *est le prestige de Sienne : grave et voluptueuse dans ses parties les plus modestes aussi bien que dans les promenoirs fameux que lui font sa cathédrale et sa place de la Seigneurie* (BARRÈS, *Du sang...,* p. 235). — TELLE *est la mission du prolétariat : faire surgir la suprême dignité de la suprême humiliation* (A. CAMUS, *Homme révolté,* Pl., p. 610). — *Car* TELLE *est l'évidence* [...] : *une grande partie de ceux qui ont été vaincus aux élections du Front populaire se sont reconnus dans l'itinéraire et les convictions de Rebatet* (POIROT-DELPECH, dans le *Monde,* 2 juillet 1976). — Autre ex. : CHAT., *Mém.,* III, II, V, 19.

Inversement, *tel* attribut placé après le verbe peut renvoyer à ce qui précède : *Or l'Espérance est* TELLE (VERL., *Amour,* Drapeau vrai [fin du poème]).

2° L'attribut est en tête de sous-phrases coordonnées et corrélatives (la copule, souvent, n'est pas répétée) :

Tour habituel avec *Autre ..., autre ...,* avec *Autre chose ..., autre chose ... :* AUTRE *est le point de vue de l'auteur,* AUTRE *celui du lecteur* (A. MAUROIS, *Prométhée,* p. 243). — AUTRE CHOSE (ou *Une chose) est de faire des projets et* AUTRE CHOSE *de les exécuter (Dict. contemp.).*

Parfois avec des adjectifs au comparatif : PLUS GRANDE *est la faute,* PLUS JOYEUX *sera le pardon,* PLUS SOLIDE *sera la réconciliation* (J.-M. DOMENACH, dans *Esprit,* janv. 1976, p. 135).

Plus rarement et dans une langue plus recherchée, avec des adjectifs qui ne sont pas au comparatif : FIÈRE *est cette forêt dans sa beauté tranquille, / Et* FIER *aussi mon cœur* (MUSSET, *Poés. nouv.,* Souvenir). — Avec chiasme : VERTE *est la terre, le ciel bleu* (MICHELET, *Bible de l'humanité,* p. 177).

Avec le même nom répété : SAUCISSON *vous devez être,* SAUCISSON *vous serez* (COLETTE, *Voyage égoïste,* p. 160).

3° L'adjectif attribut est mis en évidence :

Le tour est très fréquent avec *rare, nombreux,* assez fréquent avec *grand* (notamment dans des formules comme *Grande fut ma surprise*), tous ces tours étant assez proches de la phrase exclamative, quoique les auteurs ne mettent pas de point d'exclamation : *Très* RARES *sont les femmes qui travaillent hors du foyer* (S. de BEAUVOIR, *Tout compte fait,* p. 418). — *Il est réconfortant de s'apercevoir que* NOMBREUX *sont ceux,* NOMBREUSES *sont les consciences qui n'abandonnent pas l'Intérêt de l'esprit au profit de leurs intérêts* (IONESCO, dans le *Figaro,* 27 oct. 1973). — PEU NOMBREUX *sont dans le langage les faits de grammaire générale satisfaisant pleinement à la condition d'universalité* (G. GUILLAUME, dans le *Fr. mod.,* avril 1953, p. 127). — GRANDE *fut ma surprise lorsque je vis entrer [...] ma compagne de voyage* (MORAND, *Ouvert la nuit,* F°, p. 22).

Il se trouve aussi avec un adjectif marquant l'intensité *(tel)* ou accompagné d'un adverbe de degré, adjectif et adverbe appelant une proposition corrélative : TELLE *était la fatigue de son long voyage qu'il s'endormit* (BARRÈS, *Coll. insp.,* IV). — SI SATISFAITE *est mon âme qu'elle est pleine de découragement* (J. RIVIÈRE, cit. Blinkenberg, *Ordre des mots,* t. I, p. 61).

Dans la phrase exclamative, ce tour n'est pas tellement fréquent, car on supprime d'habitude la copule quand le sujet est nominal : cf. § 397, *a.* — Ex. avec un pronom personnel comme sujet : HEUREUX *es-tu, Simon Bar-Iona !* (*Bible,* trad. OSTY-TRINQUET, Matth., XVI, 17.)

La langue littéraire pratique aussi la construction dans d'autres cas, l'antéposition paraissant plus naturelle quand l'adjectif est accompagné d'un adverbe et surtout quand le syntagme sujet est assez long (par la présence d'une relative, etc.) :

MAIGRE *devait être la cuisine qui se préparait à ce foyer* (Th. GAUTIER, *Cap. Fracasse,* I). — MISÉRABLE *est l'épopée* [au XVIIᵉ s.] (G. LANSON, dans *Nouv. Lar. ill.,* t. IV, p. 652). — ANORMAUX *sont les êtres qui ont un peu moins d'avenir que les normaux* (VALÉRY, *M. Teste,* Préf.). — INCAPABLE *est Mauriac de retenir sur ses lèvres une seule parole quelle qu'elle soit* (J. GUITTON, *Journal de ma vie,* 28 juin 1951). — AMÈRES *sont les larmes qu'on verse à vingt ans* (J. GREEN, *Journal,* 7 juillet 1957). — LOINTAINE ET DÉGOÛTANTE *me paraissait toute sensualité* (ID., *Partir avant le jour,* p. 312). — BRUN *est le ciel au-dessus de leur sombre chemin* (PIEYRE DE MANDIARGUES, *Marge,* p. 183). — NON NÉGLIGEABLE *est l'apport de certaines mutualités* (P. EMMANUEL, dans le *Figaro,* 15 avril 1974). — *Car* INSTRUCTIF *autant que la drogue est l'anti-drogue* (H. MICHAUX, *Grandes aventures de l'esprit,* p. 19). — *Mais* PEU SAGE *(ou* SUSPECTE) *me paraît la hâte mise par certains partisans du régime présidentiel à offrir au général de Gaulle [...] l'ultime moyen qu'il réclame* (Fr. MITTERRAND, dans l'*Express,* 6 sept. 1962).

Lorsque deux propositions ou deux sous-phrases sont coordonnées avec copule identique, celle-ci n'est pas répétée et dans le second élément la langue écrite met assez souvent l'attribut en tête (chiasme) :

Bien que toutes les sociétés lui paraissent « ratées », CRIMINELS *tous les pouvoirs, et* SUS-PECTE *toute idéologie* (POIROT-DELPECH, *dans le* Monde, *21 oct. 1977). — Mais l'enrichisse-ment national était dur aux humbles, et* MISÉRABLE *la condition ouvrière* (J. CHIRAC, *ib.,* 4 nov. 1977).

4° L'attribut est un syntagme nominal jouant le rôle de thème (cf. § 242) :

LA CAPITALE DU CANADA *est Ottawa.* — LE PLUS BEAU DE TOUS LES TANGOS DU MONDE *est celui que j'ai dansé dans vos bras.*

d) L'attribut peut être détaché en tête de la phrase, avec pause, ou à la fin de la phrase. Il n'y a pas alors inversion du sujet, et l'attribut est, dans la langue soignée, représenté par un pronom personnel conjoint devant le verbe :

ÉLÉGANTES, *certes, elles* L'*étaient toujours, attifées à la mode nouvelle* [...] ; *mais si fanées, fardées, retapées !* (A. DAUDET, *Sapho,* VII.) — DRÔLES, *tous les enfants* LE *sont* (MORAND, *Tais-toi,* p. 66). — *Nous, nous ne* L'*étions pas, peut-être,* FATIGUÉS ? (E. ROSTAND, *Aiglon,* II, 9.)

La langue parlée populaire et très familière se dispense parfois du pronom reprenant l'adjectif détaché en tête de la phrase (le sujet est un pronom person-nel ou *ce*) :

RAVISSANTE, *vous êtes, ma chérie* (AYMÉ, *Gustalin,* VII). — GRAS ET JAUNE *il était cet homme* (CÉLINE, *Voy. au bout de la nuit,* F°, p. 243). — UN VISAGE UN PEU PÂLE, *c'était* (Z. OLDENBOURG, *Pierre angulaire,* L.P., p. 489). — FOLLE, *je deviens* (A. SARRAZIN, *Passe-peine,* p. 94). — *Le type à moustache, lui, ne s'endort pas.* INCAPABLE *il est* (P. LAINÉ, *Si on partait,* p. 19).

Dans certains cas, la reprise par un pronom personnel conjoint est impossible : CINQ, SIX, *ils pouvaient être* (POURRAT, *Gaspard des Montagnes,* t. I, 1931, p. 37). — BALTHAZAR MUGNIER, *il s'appelle* (B. CLAVEL, *Femme de guerre,* p. 103). — DES AÏEULES, *ça s'appelle* (A. ERNAUX, *Femme gelée,* p. 10). — Dans ces derniers ex., la langue soignée reprendrait l'attribut par un adverbe : [...] *il s'appelle* AINSI. Comp. : BELLES ET SYMPATHIQUES, *toutes les Parisiennes lui semblent* AINSI (A. DAUDET, *Immortel,* V).

e) L'attribut précède le verbe dans certaines expressions figées :

Quand (ou *Si*) BON *vous semble. Qui* MIEUX (ou PIS) *est.* COMME SI DE RIEN *n'était* (cf. § 244, *g*).

247   Accord de l'adjectif (et du participe) attribut.

L'adjectif attribut (comme l'adjectif épithète), auquel on peut assimiler le participe passé conjugué avec l'auxiliaire *être*,

s'accorde en genre et en nombre avec le mot auquel il se rapporte, c'est-à-dire le sujet :

> *Plaie d'argent n'est pas* MORTELLE. — *Les enfants sont* PARTIS.

Pour les détails, voir §§ 415-445. — Certains cas particuliers sont traités dans
le § 248.

Dans les verbes impersonnels, l'accord se fait avec *il* et non avec le
sujet réel : *Il est* VENU *deux enfants.*

Remarques. — 1. Notons une certaine tendance à laisser invariables l'adjectif
et le participe qui précèdent le sujet (cf. § 420) :

> On considérera les cas suivants comme des inadvertances, dues à l'éloignement de
> l'attribut et du sujet : *Et c'est ainsi que se trouvait* RÉALISÉ, *au grand scandale des boursiers de
> New York et de Philadelphie, la prophétie de Joseph Smith* (P. BENOIT, *Lac Salé,* p. 54). — *Il
> y a quelques années, j'eus l'honneur que fût* DONNÉ *comme sujet de composition à l'entrée à
> l'École normale supérieure cette mienne proposition* (J. BENDA, dans le *Soir* [Bruxelles],
> 29 juillet 1949).
>
> Cette tendance se réalise d'une manière correcte dans le complément absolu : *Nu-tête,*
> etc. Cf. § 311. — Dans le cas de la phrase averbale : voir § 248, *a.*

2. Quand le sujet n'est pas exprimé, l'adjectif ou le participe passé s'accordent
avec le sujet implicite, d'après le contexte ou la situation :

> *Soyons* JUSTES (si l'on s'adresse à plusieurs personnes). — *Soyons* JUSTE (si l'on s'adresse
> à soi-même). — *Soyez* GENTILLE (si l'on s'adresse à une femme). — *Soyez* GENTILLES (si l'on
> s'adresse à plusieurs femmes). — *Le plus fol bonheur est d'être* FOUS *de confiance* (VERHAE-
> REN, *Heures claires,* XXVII). — *Ma tante m'a appris qu'il fallait être* POLIE *avant tout* [dit
> Albertine] (PROUST, *Rech.,* t. II, p. 799). — *La récompense de ceux qui savent aimer est d'être*
> AIMÉS (A. MAUROIS, dans les *Nouv. litt.,* 15 déc. 1966). — *Elle se sent anxieuse, n'étant pas*
> ACCOUTUMÉE *à diriger une maison* (PÉROCHON, cit. Høybye, § 141).
>
> Dans l'ex. de Verhaeren, on pourrait écrire *fou,* le sujet implicite étant alors *on.*

3. Si le sujet est un infinitif ou une proposition conjonctive (éléments qui, en
soi, n'ont pas de genre), l'attribut est au masculin, qui en franç. tient lieu du
neutre que l'on a dans d'autres langues :

> *Être roi est* IDIOT ; *ce qui compte, c'est de faire un royaume* (MALRAUX, *Voie royale,* I, 4).
> — *Que vous vous soyez trompés est* CERTAIN *à mes yeux.*
>
> Dans *Il y a* ÉCRIT : *tendresses* (Fr. MAURIAC, *Nœud de vip.,* X), *tendresses* ne peut
> déterminer l'accord, à la fois parce qu'il constitue une phrase et parce que nous avons une
> autonymie (§ 450) comme le montrent les italiques de l'auteur.

4. On prendra garde au fait que, selon la situation, *nous* et *vous* sont des
masculins ou des féminins, des pluriels ou des singuliers (cf. § 631, *a,* 2° et *b,* 2°),
le verbe étant toujours au pluriel :

> Un auteur écrira, selon que c'est un homme ou une femme : *Nous sommes* PERSUADÉ ou
> PERSUADÉE *que...* Cf. §§ 428, *a,* et 429, *a,* 1°.
>
> Il en est de même, quant au genre, pour certains noms (§§ 480-481), pour *je* et *tu* (§ 428,
> *a*), *quiconque* (§ 428, *b*), *personne* (§ 726, Rem. 1) ; quant au nombre et au genre, pour *on*
> (§ 429, *b,* 1°) et *qui* (§§ 680 et 701, *a*), le verbe étant toujours au singulier avec *on.*

5. Sur l'accord distributif *(Paul et moi sommes l'un premier, l'autre deuxième),*
cf. § 419.

248   **Accord de l'adjectif attribut : cas particuliers.**

a) Tendance à l'invariabilité des attributs précédant le sujet dans des phrases ou sous-phrases averbales.

1° *Bon* est invariable dans la locution *À quoi bon... ?* qui équivaut à *Pourquoi ?* ou *Qu'importe ?*

À quoi BON *la beauté charmante des ravins ?* (HUGO, *Lég.,* t. II, p. 351.) — À quoi BON *des paroles ?* (VOGÜÉ, *Jean d'Agrève,* p. 114.)

2° Les participes passés restent invariables dans les expressions figées *ci-joint, ci-inclus, ci-annexé* précédant le sujet dans des phrases averbales :

Ci-JOINT *également deux notes qui y sont relatives* (NAPOLÉON, *Lettres inédites,* 22 mars 1804). — Ci-INCLUS *la note sur la botanique* (FLAUB., *Corresp.,* t. IV, p. 385). — Ci-JOINT *les formules éventuelles* (PÉGUY, lettre à J. Isaac, dans le *Figaro litt.,* 28 mars 1959). — Ci-JOINT *deux coupures de journaux me concernant* (Al. DAVID-NÉEL, *Journal de voy.,* 4 mai 1927). — Ci-JOINT *la liste des personnes et journaux à qui je voudrais que l'on fît le service de* l'Otage (CLAUDEL, dans Claudel et Gide, *Corresp.,* p. 175).

Accord exceptionnel : Ci-JOINTE *une lettre de M*^{lle} *Mammoth* (MÉRIMÉE, *Corresp.,* 25 mai 1831).

Sur l'accord de ces expressions lorsqu'elles sont à l'intérieur de la phrase, voir § 906.

3° Le participe passé *fini* placé en tête dans une phrase averbale s'accorde le plus souvent. Certains auteurs le laissent invariable, peut-être parce qu'ils voient ici la réduction de *C'est fini :*

Avec accord : FINIES, *les revendications sociales !* (BERNANOS, *Lettre aux Anglais,* p. 110.) — FINIE *la vie glorieuse, mais* FINIS *aussi la rage et les soubresauts* (A. CAMUS, *Chute,* p. 126). — FINIES, *nos rencontres à la Nationale* (S. de BEAUVOIR, *Mémoires d'une jeune fille rangée,* p. 328).

Autres ex. : LOTI, *Désenchantées,* III ; R. MARTIN DU GARD, *Thib.,* Pl., t. II, p. 94 ; DANIEL-ROPS, *Deux hommes en moi,* p. 191 ; MORAND, *Tais-toi,* p. 70 ; MALRAUX, *Voix du silence,* p. 95 ; Vl. VOLKOFF, *Humeurs de la mer,* Intersection, p. 272 ; etc.

Sans accord : FINI, *les cavalcades, n'est-ce pas ?* (LA VARENDE, *Centaure de Dieu,* p. 248.) — FINI *les triomphes* (A. PEYREFITTE, *Quand la rose se fanera,* p. 250). — FINI *la rigolade* (J. ROY, *La saison des za,* p. 18).

Autres ex. : J.-J. BROUSSON, cit. Høybye, § 145 ; Fr. de MIOMANDRE, *Aventure de Thér. Beauchamp,* p. 86 ; G. BEAUMONT, dans les *Nouv. litt.,* 8 nov. 1951 ; R. SABATIER, *Trois sucettes à la menthe,* p. 12 ; A. ERNAUX, *Femme gelée,* p. 96 ; etc.

Fini s'accorde ordinairement quand il suit le nom : *L'époque du patriotisme,* FINIE ! (DRIEU LA ROCHELLE, *Chiens de paille,* p. 111.) — Il reste invariable dans *Fini de,* qui est pour *C'en est fini de :* FINI *des sombres salles de concerts* [...] *!* (R. ROLLAND, *Jean-Christ.,* t. IV, p. 152.)

4° Quand *tel* s'emploie devant un nom pour marquer la comparaison, il est un attribut sans copule (cf. § 246, *c,* 1°) et s'accorde normalement avec ce nom qui est son sujet :

Brillant, vif et fort, TELLE *une aiguille* (VERL., *Amour,* Lucien Létinois, X). — *La lune sur un paratonnerre,* TEL *un clown* (J. RENARD, *Journal,* 17 juillet 1894). — *Certaines existences sont si anormales qu'elles doivent engendrer fatalement certaines tares,* TELLE *celle que le Roi menait à Versailles entre ses courtisans* (PROUST, *Rech.*, t. II, p. 64). — *Les boules entassées* [...] TELS *des pavés* (BARBUSSE, *Feu*, p. 171). — *Les temps* [d'un verbe] *défilaient dans l'ordre*, TELLE *une garde d'honneur* (ESTAUNIÉ, *Empreinte*, p. 79). — *Oncle Rat*, TELLE *une fumée*, *avait disparu* (H. BOSCO, *Malicroix*, p. 97). — *Le dos de Kouzma résonne sous le choc*, TELLE *une barrique vide* (TROYAT, *Cahier*, p. 160). — [...] *ses yeux globuleux dont on a toujours l'impression qu'ils vont se détacher et rouler*, TELLES *deux grosses larmes bêtes* (Cl. MAURIAC, dans le *Figaro litt.*, 26 juillet 1947).

Autres ex. : VOGÜÉ, *Jean d'Agrève*, p. 211 ; JAMMES, *M. le curé d'Ozeron*, p. 105 ; BOYLESVE, *Becquée*, p. 222 ; ALAIN, *Propos de littér.*, LXXV ; G. DUHAMEL, *Nuit de la Saint-Jean*, p. 104 ; J. de LACRETELLE, *Silbermann*, I ; JOUHANDEAU, dans le *Figaro litt.*, 15 sept. 1951 ; etc.

L'accord se fait de la même façon quand *tel* équivaut à *par exemple : Des hommes qui*, TEL *André Gide*, [...] *n'avaient pas trouvé le temps* [...] (G. DUHAMEL, *Pesée des âmes*, p. 305). — *Les peintres de la Renaissance*, TEL *Véronèse* (R. HUYGHE, dans les *Nouv. litt.*, 15 février 1962). — *Des hommes fiers, indépendants*, TEL *mon beau-frère* (M. RHEIMS, *Haute curiosité*, p. 46). — *On peut craindre qu'ils soient voués*, TELLE *Pénélope, à retisser le jour la toile qu'a défaite la nuit* (A. PEYREFITTE, *Mal franç.*, p. 381).

Sous l'influence de *tel que* ..., on trouve parfois l'accord, non avec le terme qui suit *tel*, mais avec celui qui fait l'objet de la comparaison [4], notamment chez des auteurs qui suivent ailleurs l'autre principe, ce qui semble montrer qu'ils sont peu attentifs à cet accord purement graphique, qui varie d'ailleurs souvent d'une édition à l'autre :

[...] *une auberge où l'on entretenait, pieusement*, TELLE *un musée, une certaine chambre de Goethe* (G. DUHAMEL, *Biographie de mes fantômes*, p. 240). — *Sous ses énormes sourcils noirs*, [...] TELS *des bogues de noisettes* (LA VARENDE, *Roi d'Écosse*, p. 247). — *Un visage coupait les pénombres, de profil*, TEL *une hache dressée* (TROYAT, *Jugement de Dieu*, p. 181). — TEL *une bête, il semblait vivre* (H. BOSCO, *Balesta*, p. 289).

Autres ex. : ALAIN-FOURNIER, *Gr. Meaulnes*, p. 35 ; J. de LACRETELLE, *Silbermann*, VI ; ESTAUNIÉ, *Appel de la route*, p. 155 ; A. de CHÂTEAUBRIANT, *Brière*, p. 51 ; MALRAUX, *Voie royale*, I, 2 ; J. et J. THARAUD, *Rabat*, p. 70 ; MONTHERLANT, *Bestaires*, Épilogue ; SAINT EXUPÉRY, *Vol de nuit*, p. 37 ; MAC ORLAN, *Aux lumières de Paris*, p. 75. — Avec le sens « *par exemple* » : G. DUHAMEL, *Pesée des âmes*, p. 245 ; E. HOEPFFNER, *Troubadours*, p. 165 ; VIALAR, *Ligne de vie*, p. 174.

Il est beaucoup plus rare que *tel* soit laissé invariable, comme si c'était l'adverbe *ainsi : Ma race ne se souleva jamais que pour piller :* TEL *les loups* (RIMBAUD, *Saison en enfer*, *Mauvais sang*). — [...] *dignes seulement d'être tués à coups de pierres*, TEL *jadis les hermaphrodites* (MONTHERLANT, *Songe*, IV).

Inversement, il arrive que, dans *tel que*, *tel* soit accordé avec ce qui suit, mais cet usage n'est pas à recommander : *Un mot intermédiaire*, TELS *que à, pour, de, avec, dans, etc.* (BESCHERELLE, *Grammaire nationale*, § CCCCLIII). — *Quelque chose d'un peu plus léger que tout le reste*, TELS *que des petits pots de crème ou des poires cuites* (FLAUB., *Mme Bov.*, I, 3). — *Des écrivains accomplis* TEL *que Guy de Maupassant* (G. DUHAMEL, *Chron. des saisons amères*, p. 31). — *Un serpent d'une grosseur prodigieuse*, TELS *qu'on en voit en Amérique* (J. GREEN, *Terre lointaine*, p. 269). [Déjà chez Racine : *À mes yeux se présente / Un jeune Enfant couvert d'une robbe éclatante, /* TELS *qu'on voit des Hebreux les Prestres revêtus* (*Ath.*, II, 5).]

---

4. Selon Nyrop, t. V, § 419, ce serait l'accord régulier. Cette opinion est critiquée par la plupart des autres grammairiens : cf. P. Laurent, cité par Nyrop, t. V, p. 437 ; Lerch, t. II, p. 410 ; Høybye, § 146 ; etc. — On rapprochera le phénomène ici traité d'un autre : au lieu d'accorder avec le sujet *tel* attribut suivi de la copule, certains le traitent comme un pronom et lui donnent le genre et le nombre du pseudo-antécédent ; voir l'ex. de J. Laurent au § 219, *g*.

b) Adjectif attribut du « sujet réel » (cf. § 242, *a*, Rem. 3, et 243, *d*).

1° L'adjectif attribut dans *il n'y a de ... que ..., il n'y a pas plus ... que ...* se met d'ordinaire au masculin singulier, comme si l'on avait *il n'y a rien de..., il n'y a personne de...,* le nom suivant *que* étant plutôt une correction au sujet réel qu'un véritable sujet réel (comp. *il n'a de...* au § 297, *a*, Rem. 4 ; comp. aussi § 896, *a*, Hist.) :

— *Il n'y a d'*IMPORTANT *que la vérité* (STENDHAL, *Corresp.*, t. V, p. 90). — *Il n'y a de* RIANT *que l'apparence* (SAINTE-BEUVE, *Port-Royal*, III, 3). — *Il n'y a de* VRAI *que la richesse* (MUSSET, *Conf.*, I, 2). — *Il n'y a de* DIVIN *que la pitié* (BLOY, *Désespéré*, p. 28). — *Il n'y a d'*OBSCUR *ici que la merveilleuse rencontre du corps et de l'idée* (ALAIN, *Propos de littérature*, IV). — *Il n'y a de tendre que la violence, et de* VIOLENT *que la tendresse* (Y. NAVARRE, *Je vis où je m'attache*, p. 248). [Déjà chez Voltaire : *Elle n'est pas si belle, il n'y a de* BEAU *que les teints basanés* (*Contes et rom.*, Princesse de Babyl., XI).]

— *Il n'y a pas plus* PURITAIN *que certains de leurs libres-penseurs* (GIDE, *Faux-monn.*, p. 81). — *Il n'y a pas plus* DOUILLET *que les hommes* (GIRAUDOUX, *Folle de Chaillot*, p. 127).

Quelquefois l'adjectif s'accorde avec le sujet réel (du moins dans l'écriture) :

— *Brieux, un brave homme qui dit qu'il n'y a d'*HONNÊTES *que les auteurs dramatiques* (J. RENARD, *Journal*, 16 févr. 1909). — *Il n'y a de* PURS *que l'ange et la bête* (VALÉRY, « *Mon Faust* », Lust, III, I). — *Il n'y avait d'*UTILES *que les formules des sorcières* (FUNCK-BRENTANO, *Drame des poisons*, p. 75). — *De même avec il n'est : Il n'est sans doute de* PURS *que les solitaires* (H. BOSCO, *Mas Théotime*, 1947, p. 338).

— *Sara disait qu'il n'y a pas* MEILLEURE *que madame Parmentier* (GIDE, *Geneviève*, I) [= pas meilleure femme].

L'adjectif s'accorde régulièrement avec le sujet réel quand celui-ci précède l'attribut : *Il n'y avait que deux personnes de suspectes.*

2° L'adjectif qui suit *tout ce qu'il y a de...* s'accorde logiquement avec *que*, antécédent *ce*, c'est-à-dire se met au masculin singulier, représentant du neutre en français : *Il choisit tout ce qu'il y a de* BON. — Cette expression s'emploie dans la langue familière pour indiquer un haut degré de l'adjectif ou de l'adverbe, comme substitut de *très* ou de *beaucoup*. À la suite de ce glissement, l'adjectif s'accorde souvent, non plus avec *que* et *ce*, mais avec le nom auquel l'adjectif est ainsi rapporté, accord plus d'une fois phonétique aussi bien que graphique :

C'est une femme mariée, tout ce qu'il y a de SÉRIEUSE (PROUST, *Rech.*, t. III, p. 813). — *L'occasion te viendra dans les doigts [...], tout ce qu'il y a de* MIGNONNE (A. de CHÂTEAUBRIANT, *Brière*, V). — *Une petite partie carrée [...] qui serait alors tout ce qu'il y aurait de* DISTRAYANTE (CÉLINE, *Voy. au bout de la nuit*, F°, p. 596). — *C'est une mort tout ce qu'il y a de plus* NATURELLE (VIALAR, *M. Dupont est mort*, p. 361). — *C'étaient des embuscades tout ce qu'il y a de plus* CLASSIQUES (J. PERRET, *Bande à part*, p. 238).

Mais le masculin singulier reste très correct : *Des gens tout ce qu'il y a de plus* HONORABLE (J. ROMAINS, cit. Robert, 1966, t. VI, p. 600).

c) Quand *avoir l'air* signifie « paraître », l'adjectif qui suit ce syntagme est un attribut, et il s'accorde avec le sujet :

À propos de personnes : *Rosanette eut l'air* SURPRISE *de cette demande* (FLAUB., *Éd. sent.*, III, 3). — *Ils n'ont point l'air* INDIGENTS (TAINE, *Voy. en Italie*, t. II, p. 425). — *Ils m'avaient l'air* terriblement HARDIS (A. FRANCE, *Étui de nacre,* p. 184). — *Tu as l'air bien* SÉRIEUSE (COLETTE, *Étoile Vesper,* p. 22). — *Elle n'avait pas l'air trop* FÂCHÉE (MAUROIS, *Bernard Quesnay,* p. 166).

À propos de choses : *La ville a l'air* ILLUMINÉE (STENDHAL, *Corresp.,* t. VII, p. 15). — *La lumière a l'air* NOIRE *et la salle a l'air* MORTE (HUGO, *Lég.,* t. II, p. 93). — *L'église avait l'air* TOUTE NEUVE (JAMMES, *Antigyde,* p. 110). — *La croyance de Françoise avait l'air* FONDÉE *sur autre chose* (PROUST, *Rech.,* t. III, p. 467).

Mais *air* peut signifier « mine, apparence » ; dans ce cas, l'adjectif s'accorde avec *air,* comme si l'on avait *avoir* UN *air.*

Cela est fréquent à propos de personnes : *La reine d'Espagne a l'air* BON *et* BIENVEILLANT (STENDHAL, *Corresp.,* t. X, p. 311). — *Elle avait l'air* HARDI *et* CONTENT *d'elle-même* (SAND, *Mare au d.,* XII). — *Elle avait l'air très* FÂCHÉ (HUGO, *Choses vues,* p. 175). — *Tous ont l'air* TRISTE (FLAUB., *Tentat.,* éd. M., p. 108). — *C'est drôle, comme les gens ont l'air* CONTENT (R. ROLLAND, *Pierre et Luce,* p. 50). — *Laure n'avait pas du tout l'air* VIEUX (J.-L. VAUDOYER, *Laure et Laurence,* p. 89). — *Comme ils avaient l'air* TRISTE ! (A. CAMUS, *Justes,* p. 63.) — On peut assimiler ce cas-ci à celui de personnes : *Leurs statues* [= de seigneurs du moyen âge] *avaient l'air* FÉROCE (STENDHAL, *Chron. ital.,* Vanina Vanini). — À propos d'animaux : *Les brebis elles-mêmes ont l'air* TRISTE (É. HENRIOT, *Fils de la louve,* p. 101).

À propos de choses, cela est plus rare, sauf s'il y a personnification, et certains des ex. suivants paraissent peu naturels : *Ces clochers même ont l'air* GAUCHE *et* PROVINCIAL ! (HUGO, *Marion de Lorme,* II, 1.) — *L'affaire a l'air encore passablement* SÉRIEUX (BAUDEL., trad. de : Poe, *Hist. extraord.,* Scarabée d'or). — *Les petites maisons* [...] *avaient l'air* ÉTONNÉ, *derrière leurs vitres* (C. LEMONNIER, *Vent dans les moulins,* XI). — *Sur ces fines pelouses qui n'ont pas l'air* RÉEL (LOTI, *Désenchantées,* XLI). — *Au bas de l'armoire, une paire de gants, une ombrelle avaient l'air* MORT (Fr. MAURIAC, *Nœud de vip.,* XVIII). — *Une malle énorme et qui* [...] *avait l'air* BLINDÉ (Fr. de MIOMANDRE, *Olympe et ses amis,* p. 85). — *Les habituelles références à la guerre du Vietnam* [...] *comme toujours ont l'air* PLAQUÉ (Cl. MAURIAC, dans le *Figaro litt.,* 2 déc. 1968).

L'accord de l'adjectif avec *air* est obligatoire : 1° quand ce nom est accompagné d'un complément : *La ville a l'air tout à la fois* ANIMÉ *et* DÉSŒUVRÉ *d'un dimanche* (J. et J. THARAUD, *Quand Israël n'est plus roi,* p. 12). — *Aucune* [rose] *n'a l'air* SUSPECT *de l'orchidée* (Éd. HERRIOT, *Dans la forêt normande,* p. 32). — 2° quand *air* est opposé à un autre mot : *Elle a l'air* HAUTAIN, *mais le cœur compatissant.*

Inversement, il est impossible de dire : **Cette poire a l'air* BON. **Cette femme a l'air* ENCEINT. **Cette femme a l'air* BOSSU. — Le féminin s'impose dans ces cas. On pourrait aussi introduire *être* : *Cette femme a l'air d'être enceinte.*

Hist. — Cet accord de l'adjectif avec le sujet date du XVIIIᵉ s. : ⁺*Cette proposition* [...] *n'a pas l'air* SÉRIEUSE (VOLT., cit. Brunot, *Hist.,* t. VI, p. 1606). — *Ces cygnes ont l'air* FIERS, BÊTES *et* MÉCHANTS (DIDEROT, *Corresp.,* 30 sept. 1760). Il a suscité de l'opposition à l'époque chez des grammairiens logiciens. — L'Acad., tout en admettant *Elle a l'air mal faite, Ces propositions ont l'air sérieuses,* continue à penser qu'il est mieux de dire *d'être mal faite, d'être sérieuses.*

Remarque. — *Avoir l'air* se réduit parfois à *l'air,* qui à lui seul signifie « semblant », l'adjectif qui suit ne s'accordant pas avec *air :*

Elle se retranchait dans son apparente indifférence, l'air DISTRAITE (R. ROLLAND, *Âme enchantée,* L.P., t. II, p. 274). — *Elle s'en va, pour revenir encore, indifférente à la boue, l'air* ÉGARÉE (J. SCHLUMBERGER, *Camarade infidèle,* I, 6). — Hardiment, Proust traite *l'air* suivi de son adjectif comme un attribut du complément d'objet direct : *Je trouvai Albertine* L'AIR *assez* INTIMIDÉE *à la place d'implacable* (*Rech.,* t. I, p. 874).

Plus hardiment encore, dans l'ex. suivant, l'adjectif qui suit *se donner l'air* est accordé comme un attribut du sujet : *Ce genre de mauvaise humeur n'est peut-être qu'un état de défense désespérée d'une place qui se sent faible et ne peut que* SE DONNER L'AIR FORTE (JOUHANDEAU, *Carnets du professeur*, p. 193). — Cela est contre l'usage.

D'autres expressions encore sont considérées, non moins hardiment, comme des copules par certains auteurs, qui accordent ce qui suit avec le sujet : *Ils ont une tournure fort* ÉTRANGES (MÉRIMÉE, *Corresp.*, 27 mai 1829) [simple lapsus ?]. — [...] *le fascisme et l'anti-fascisme, dont la lutte, elle, n'avait rien d'*ABUSIVE (R. IKOR, *Tourniquet des innocents*, p. 248).

d) Dans *demeurer* ou *rester court*, « ne savoir que dire, faute d'idées ou de mémoire », *court* reste invariable selon la tradition :

Elle est demeurée COURT *après les premiers mots de son compliment* (AC.). — *On l'accabla tellement de raisons qu'il demeura* COURT, *qu'elle resta* COURT (AC.). — *Mademoiselle resta* COURT (CHAT., *Mém.*, IV, IV, 12). — *Je tremblais de les voir rester* COURT (A. HERMANT, *Platon*, p. 195). — *Je restais* COURT *et préférais jouer « à la maison »* (COLETTE, *Paris de ma fenêtre*, p. 214).

En revanche, *court* varie dans l'expression *être court de* « manquer de » :

Chez mon père, nous étions COURTS *d'ameublement* (GIDE, *Thésée*, p. 37). — *Nous sommes toujours* COURTS *de quibus* (GHELDERODE, *Ménage de Caroline*, Gallimard, p. 198). — *La coquetterie féminine n'est pas* COURTE *d'invention* (E. FARAL, *Vie quotidienne au temps de s. Louis*, p. 135). — *Catherine l'Italienne, si douée pourtant quant aux finasseries florentines, s'est montrée sur ce point* COURTE *de vue* (LE ROY LADURIE, *Carnaval de Romans*, p. 87). On dit d'ordinaire aujourd'hui *Elle est à court d'argent* (cf. § 244, *c*), où naturellement *court* est invariable : *La duchesse est à* COURT *d'argent* (SAND, *Homme de neige*, t. II, p. 164).

Hist. — Ce cas a été fortement discuté au XVIIᵉ siècle : Marguerite Buffet voulait qu'on dise *je suis demeurée* COURTE aussi bien que *je suis* COURTE *d'argent*. Les autres grammairiens l'ont suivie dans le second cas, mais non dans le premier, où ils ont vu un adverbe. Cf. Littré ; Brunot, *Hist.*, t. IV, p. 836.

e) Dans la formule *être égal* prise dans le sens de « être indifférent, laisser indifférent », l'usage ancien était d'accorder *égal* avec le sujet. Mais, sous l'influence de *ça m'est égal* et pour éviter la confusion avec *égal* signifiant « de même valeur », des auteurs modernes laissent *égal* invariable :

Ex. avec accord : *Toutes femmes nous sont* ÉGALES, / *Que leurs cheveux soient bruns ou blonds* (HUGO, *Lég.*, VI, II, 7). — *Leur ignorance m'était bien* ÉGALE (M. ARNAUD, trad. de : C. Pavese, *Bel été*, L.P., p. 177).

Ex. où *égal* est invariable : *Moi tout m'est égal. Mais il y a une chose qui ne m'est pas* ÉGAL (QUENEAU, *Derniers jours*, XXXVI). — *Les autres me sont* ÉGAL (R. NIMIER, *Épées*, L.P., p. 93).

Notons l'accord dans : *L'une ou l'autre devait lui être* INDIFFÉRENTE [...]. *Tout ce qu'il devait chercher, c'était d'en avoir une* (LÉAUTAUD, *Amours*, Fᵒ, p. 42), alors que le sens est « le choix entre l'une et l'autre... », « que ce soit l'une ou l'autre... » ; on attendrait donc, logiquement, que l'attribut soit au masculin, genre indifférencié.

f) L'adjectif qui suit *faire* « avoir l'air » dans la langue familière, tantôt est laissé invariable et tantôt s'accorde avec le sujet :

L'adjectif ne varie pas : *Elle faisait si drôle, si* AFFREUX *à voir* (PÉGUY, *Myst. de la char. de J. d'Arc*, p. 129). — *Elle ne fait pas* VIEUX ! *Quel âge a-t-elle ?* (TROYAT, *Eygletière*, p. 119.)

L'adjectif varie : *La maison faisait* GRANDE : *il y avait assez de place pour* [...] (ARAGON, *Blanche ou l'oubli*, F°, p. 395). — *Vue d'en haut, la place* [du village] *faisait encore plus* ÉTRIQUÉE (H. BAZIN, *Chapeau bas*, L.P., p. 38). — *Elle avait toujours l'air de sortir d'une boîte, alors que Josée faisait* ÉTRIQUÉE, GUINDÉE, *dans ses faux tailleurs Chanel* (MALLET-JORIS, *Allegra*, p. 221). — *Après de si fabuleux récits*, [...] *mes aventures faisaient* PÂLOTTES (J. HOUGRON, *Anti-jeu*, p. 219). — *Elle fait* LOYALE, DÉVOUÉE, *elle respire l'honnêteté* (A. STIL, *Seize nouvelles*, p. 169).

g) *Un* pourrait être considéré comme un adjectif dans la formule d'origine biblique *Ils sont un* « ils sont unis, ils forment un tout ». *Un* y est ordinairement invariable :

Que tous soient UN, [...] qu'eux aussi soient UN en nous. [...] pour qu'ils soient UN comme nous sommes UN. [...] pour qu'ils soient parfaitement UN (*Bible de Jérusalem*, Év. selon s. Jean, XVII, 21-23).

Cas exceptionnel : *Les mondes monstrueux et beaux*, UNS *et divers* (HUGO, cit. petit *Robert*). [Chacun des mondes forme une unité.]

Hist. — Dans la Bible latine, *un* est représenté par le neutre singulier *unum*.

249　« Accord » en genre du nom attribut.

Bibl. — B. HASSELROT, *Les vertus devraient être sœurs, ainsi que les vices sont frères*, dans *Revue romane*, 1967, pp. 35-44.

Le genre étant inhérent au nom en soi, il ne peut être question d'accord en genre à propos du nom attribut, mais tout au plus d'une certaine coïncidence entre le genre du sujet et le genre de l'attribut.

a) Quand le sujet et l'attribut sont l'un et l'autre des noms inanimés, la coïncidence des genres est purement fortuite, et la discordance fréquente ; en effet, il n'y a aucune relation logique entre le genre de l'un et le genre de l'autre.

Ex. avec discordance : *Erreur n'est pas compte. Pauvreté n'est pas vice.* — *La vieillesse est un naufrage* (DE GAULLE, *Mém. de guerre*, t. I, p. 79). — *Une langue est un instrument de communication* (A. MARTINET, *Éléments de ling. gén.*, 1-14). — *Le nominalisme est une doctrine un peu courte* (S. de BEAUVOIR, *Deuxième sexe*, t. I, p. 12).

b) Quand le sujet et l'attribut sont l'un et l'autre des noms animés (§ 452, *b*), il n'y a de véritable coïncidence que si l'un et l'autre des noms appartiennent à la catégorie des noms ayant ou prenant un genre en liaison avec le sexe de l'être désigné :

Les femmes sont les égales de l'homme (S. de BEAUVOIR, *Deuxième sexe*, t. I, pp. 27-28). — Votre sœur est une menteuse.

Même dans ce cas, il n'y a pas coïncidence : 1° lorsque le nom attribut (ou le pronom) ne se réfère plus au sexe de l'être désigné par le sujet ; — 2° lorsque le nom attribut est un emploi figé dans un genre particulier :

Les femmes sont d'excellents appréciateurs des choses délicates (SAND, *Mauprat*, XXV). — La femme est, dans les choses de ce monde, l'ennemi de la raison (RENAN, *Eau de jouvence*, I, 6). — Anna de Noailles était un grand poète [on la range dans un ensemble formé d'hommes et de femmes].

Ma voisine est un chameau. Ce professeur est une vache. — *Il me trouverait indiscrète et je tiens beaucoup à son estime, je suis très « honnête homme », vous savez* (PROUST, *Rech.*, t. II, p. 271). — *Sa mère* [= de Louis XIV] *fut, à cet égard, son* MAÎTRE, *son exemple* (Ph. ERLANGER, *Louis XIV*, p. 58). — *Madame Lysiane regretta cette époque où la femme était* ROI (J. GENET, *Querelle de Brest*, p. 161).

On peut considérer que, dans un exemple comme le suivant, le féminin fait un contresens (cf. § 476, *c*, 1°) : *Julia Kristeva* [...] *est actuellement* LA *philosophe* LA *plus* RIGOUREUSE *et* LA *plus* REPRÉSENTATIVE *du groupe* Tel quel (M. QUAGHEBEUR, dans les *Lettres romanes*, nov. 1972, p. 360).

Lorsque le sujet et l'attribut ne sont pas l'un et l'autre (quoique étant des noms animés) des noms ayant ou prenant un genre selon le sexe de l'être désigné, la coïncidence est fortuite, et la discordance fréquente :

Ex. de discordance : *Perken était l'*INCARNATION [...] *du héros négatif* (MALRAUX, *Antimémoires*, p. 380). — *Tout* ÊTRE *humain femelle n'est donc pas nécessairement une femme* (S. de BEAUVOIR, *Deuxième sexe*, t. I, p. 11). — *L'écrivain a cessé d'être un témoin de l'universel pour devenir une* CONSCIENCE *malheureuse* (BARTHES, *Degré zéro de l'écriture*, Introd.).

Remarque. — Que le nom attribut, au contraire de l'adjectif, ne s'accorde pas grammaticalement avec son sujet est montré par des oppositions comme celle-ci : *Sa Majesté est* SATISFAITE. — *Sa Majesté est* LE PROTECTEUR *des faibles.* Cf. § 429, *c*, 1°.

c) Quand le nom attribut est un nom animé ayant ou prenant un genre dépendant du sexe de l'être désigné et qu'il est appliqué par analogie ou par métaphore à un sujet non animé, on considère généralement qu'il est préférable que cet attribut ait le genre du nom sujet. Mais cela n'est pas nécessairement respecté, pour des raisons diverses.

Il y a concordance : *L'oisiveté est* LA MÈRE *de tous les vices. La colère est* MAUVAISE CONSEILLÈRE. — *J'ai bien peur que la vérité ne soit* UNE DÉMAGOGUE, *que la logique ne soit* UNE ROUGE (HUGO, *Avant l'exil*, Nelson, p. 346). — *L'espérance est* BONNE FILLE (GHELDERODE, *Hop signor !* Gallimard, p. 25). — *Si l'expression était facile, elle demeurait toujours* LA SERVANTE *de la pensée* (A. SIEGFRIED, *Savoir parler en public*, p. 84). — *La langue humaine est* UNE INFIRME (J. GREEN, *Journal*, 29 déc. 1950). — *Toutes ces cultures étaient* VOISINES *et* COUSINES *de la civilisation dauphinoise du XVIᵉ siècle* (LE ROY LADURIE, *Carnaval de Romans*, p. 337).

Il y a discordance : *Toutes les gloires sont* FRÈRES (BALZAC, *Bourse*, Pl., p. 344). — *La mer fut là* UN GRAND ARTISTE (MICHELET, *Mer*, II, 11). — *La solitude* [...] *est* LE MEILLEUR DES CONSEILLERS (FROMENTIN, *Domin.*, IX). — *Elle était* BON PRINCE, *la science moderne* (PÉGUY, *Esprit de système*, p. 241). — Pour *maître*, cf. § 486, *a*.

250   « Accord » en nombre du nom attribut.

a) Le nombre du nom étant déterminé par le contexte, par les besoins de la communication, le nom attribut est souvent au même nombre que le nom sujet, pour des raisons logiques plus que par un véritable accord : *Les conseilleurs ne sont pas* LES PAYEURS.

Quand le sujet est formé de plusieurs noms coordonnés, le nom attribut est souvent au pluriel. Dans la mesure où les règles données au § 249 peuvent s'appliquer, l'attribut est au féminin pluriel si les sujets sont tous féminins et au masculin pluriel si l'un au moins des sujets est masculin :

> *Léon Blum et moi étions* SES INVITÉS *dans sa villa de Neuilly* (MALRAUX, *Antimémoires*, p. 137). — *Marie-Thérèse et Lucienne sont* DEUX COUSINES. — *Elle savait bien que l'ennui et la solitude étaient de* MAUVAIS CONSEILLERS (FROMENTIN, *Domin.*, XIII).

b) La discordance n'est pas rare, notamment quand le nom sujet n'est pas un véritable pluriel du point de vue sémantique, quand il est considéré comme un ensemble, quand le nom attribut a un sens collectif ou quand il désigne une réalité non nombrable ou non nombrée :

> *Les Pays-Bas sont* L'ÉTAT EUROPÉEN *le plus densément* PEUPLÉ *(Grand Lar. enc.,* s.v. *Pays-Bas).* — *Les yeux sont* LE MIROIR *de l'âme.* — *Les collections de poche ont été* LE SEUL ARTISAN *de cette victoire* (B. de FALLOIS, dans le *Figaro*, 10 juin 1972). — *Les d'Orléans étaient* UNE BELLE FAMILLE (FLAUB., *Éd. sent.*, II, 4). — *Nous autres qui sommes* L'EUROPE (DE GAULLE, *Disc. et mess.*, 25 mars 1959). — *Les femmes ne sont pas* [...] UNE MINORITÉ (S. de BEAUVOIR, *Deuxième sexe*, t. I, p. 17). — *Ceux qui ressemblaient à Le Rantec étaient* LÉGION (R.-V. PILHES, *Imprécateur*, p. 81). — *Les textes qui composaient ce premier ouvrage étaient* L'EXPRESSION SPONTANÉE *d'impressions très vives* (N. SARRAUTE, *Ère du soupçon*, Préf.).

Remarques. — 1. Lorsque l'attribut d'un nom pluriel est formé de plusieurs noms coordonnés, chacun de ceux-ci peut être au singulier, par distribution (§ 419), lorsque le sens le demande : *Nous sommes* MARI *et* FEMME. — Le cas se présente aussi quand le sujet est lui-même formé de plusieurs noms coordonnés (cf. § 252, Rem. 4) :

> *La ménagère allemande, l'écolier allemand, le ramoneur allemand, l'homme d'affaires allemand étaient plus* MÉNAGÈRE, *plus* ÉCOLIER, *plus* RAMONEUR, *plus* HOMME *d'affaires que leurs homologues français* (M. TOURNIER, *Roi des aulnes*, p. 192).

Cet accord par distribution peut même se faire quand l'attribut est constitué par un seul nom, qui est au singulier parce qu'il est rapporté séparément à chacun des êtres (ou à chacune des choses) désignés par le sujet pluriel. D'habitude, un mot spécial comme *chacun* sert à disloquer le sujet, à isoler chacun de ces êtres : *Vous êtes chacun le responsable d'une section.* Mais on trouve des exemples de distribution, même en l'absence de *chacun* :

> *Les quatre évêques français qui ont là leur statue, Bossuet, Fénelon, Fléchier et Massillon, n'ont pas été* CARDINAL (J. GUITTON, *Journal de ma vie*, 6 sept. 1966). — *Les deux livres récemment publiés par Jean-Louis Curtis* [...] *ne sont ni l'un ni l'autre* ROMAN (P.-H. SIMON, dans le *Monde*, 16 juin 1972). [*Ni l'un ni l'autre* joue le rôle de *chacun.*] — *Sont promus :* GÉNÉRAL *de division, les généraux de brigade Raymond Boissau, Jean Gilard,* [...] ; GÉNÉRAL *de brigade, les colonels Léopold Basteau, Jean Barrat,* [...] (dans le *Monde*, 21 août 1981, p. 7).

2. **Dupe** se rapportant à un sujet pluriel reste au singulier, selon Littré, « quand il s'agit d'un seul et même moyen employé pour tromper » : *Nous fûmes* LA DUPE *de son stratagème*, — mais se met au pluriel « quand il s'agit de tromperies successives » : *Nous fûmes* LES DUPES *de ses stratagèmes.* Le *Trésor* note à juste titre que « cette règle, d'ailleurs difficile à vérifier, ne paraît pas toujours respectée », et il cite Valéry :

Les auteurs de confessions ou de souvenirs ou de journaux intimes sont invariablement LES
DUPES *de leur espoir de choquer, et nous dupes de ces dupes.*

Le *Trésor* considère qu'*être la dupe* est une locution stéréotypée invariable, tandis qu'on
met le pluriel quand « *dupe* reprend la vigueur d'un substantif à sens plein ».

Dans cet ex., le pluriel doit résulter d'un lapsus : *Soyons* DUPES [se dit Julien] (STEN-
DHAL, *Rouge*, II, 15). [Certaines éd. portent : *dupe.*]

3. ***Partie,*** en termes de droit, est un collectif virtuel : la partie plaignante
comprend, éventuellement, plusieurs personnes ; de même, la partie adverse. Le
singulier est donc parfaitement normal dans ces ex., le second présentant un sens
élargi :

Les plaignants ne seront réputés PARTIE CIVILE *s'ils ne le déclarent formellement* (*Code
d'instruction crim.*, art. 66). — *Je voulais* [...] *que notre armée entrât en territoire ennemi,* [...]
c'était pour nous le seul moyen assuré d'être PARTIE *à la capitulation, à l'occupation et à
l'administration du Reich* (DE GAULLE, *Mém. de guerre*, t. III, p. 178).

Dans *être juge et partie, juge* est parfois traité comme *partie* : *Les hommes sont* JUGE *et*
PARTIE (S. de BEAUVOIR, *Deuxième sexe*, t. I, p. 29).

4. Quand ***témoin*** est employé comme attribut dans les phrases (ou les sous-
phrases) averbales du genre *Témoin les philosophes* [5], il reste invariable, selon la
tradition (cf. Hist.). Cependant, des auteurs sont tentés, depuis longtemps, de
voir ici *témoin* au sens ordinaire (« personne qui témoigne ») et de le faire varier.

Témoin invariable : *Les hommes qui m'avaient été d'abord les plus adverses devenus
mes amis ;* TÉMOIN *MM. Benjamin Constant, Béranger et Carrel* (CHAT., *Mém.*, III, II, v, 10).
— *Suivant le diplomate, il n'était pas difficile d'affronter la mort,* TÉMOIN *ceux qui se battent
en duel* (FLAUB., *Éd. sent.*, III, 2). — *Les puristes eux-mêmes figurent au tableau,* TÉMOIN *Paul
Bourget et Abel Hermant* (DAUZAT, *Précis d'hist. de la langue et du vocab. fr.*, p. 133). — *Ce
mot n'existait pas au XVIIe siècle,* TÉMOIN *les dictionnaires de l'époque* (*Dict. contemp.*).

Témoin varie : *L'histoire de France et d'Angleterre* (TÉMOINS *Essex, Biron, Strafford,
Montmorency, Charles Ier, Louis XVI*) *est remplie de ces exécutions* (CHAT., *Mém.*, II, IV, 9).
— *On peut lui faire dire* [au droit rationnel] *tout ce qu'on veut.* TÉMOINS *les codes les plus
cruels* (A. SUARÈS, *Vues sur l'Europe*, p. 73). — *Beaucoup de lecteurs tiennent encore plus à ce
qu'ils s'imaginent qu'à la vérité.* TÉMOINS *ces cimetières d'éléphants* (A. DEMAISON, *Vie privée
des bêtes sauvages*, p. 76).

Hist. — L'invariabilité pourrait s'expliquer par une tendance générale : l'accord se fait
plus difficilement quand le mot qui le détermine suit le mot qui le subit (cf. § 420). Mais
ordinairement les observateurs considèrent que *témoin* a ici le sens « preuve, témoignage » et
est construit elliptiquement (= à preuve) : cf. par ex. Wartburg, t. XIII, 1, p. 284. Pour
E. Lerch (dans les *Neuphilologische Mitteilungen*, 1944, pp. 105-111), la construction serait
plutôt un calque du latin, notamment de la formule *Teste David cum Sibylla* (« *Témoin*
David et la Sibylle ») du *Dies irae*. — Quoi qu'il en soit, la tendance à mettre *témoin* au
pluriel si le nom qui suit est au pluriel n'est pas récente, mais l'usage classique était plutôt
pour l'invariabilité :

---

5. On pourrait aussi analyser ces syntagmes comme des compléments absolus, mais les
auteurs les isolent souvent de ce qui précède par une ponctuation plus forte qu'une virgule
ou par une parenthèse et montrent ainsi que ce sont plutôt des phrases ou des sous-phrases
que des compléments.

Sur *prendre à témoin*, voir § 297, *b*, Rem. 1.

Témoin invariable : *Les bestes mesmes se voyent comme nous subjectes à la force de l'imagination.* TESMOING *les chiens, qui se laissent mourir de dueil de la perte de leurs maistres* (MONT., *Ess.,* I, 21). — *Quand avons-nous manqué d'aboïer au larron.* / TÉMOIN *trois Procureurs dont iceluy Citron* [= le chien que défend l'avocat] / *A déchiré la robbe* (RAC., *Plaid.,* III, 3). — Autres ex. : LA F., *F.,* VIII, 25 ; BOSSUET, *Œuvres orat.,* t. III, p. 370.

Témoin varie : *Je loue jusques es haulx cieulx l'antique institution des Germains, les quelz* [...] *reveroient le conseil des vieilles* [...]. TESMOINGS *la vieille Aurinie et la bonne mere Vellede* (RAB., III, 16). — *Personne n'a autant d'humeur* [...] *qu'un auteur menacé de survivre a sa reputation :* TEMOINS *Marivaux et Crebillon le fils* (DIDEROT, *Neveu de Rameau,* p. 6).

251   Sur l'accord du **pronom personnel** attribut, voir § 648.

CHAPITRE III

LA COORDINATION

Bibl. — G. Antoine, *La coordination en français*. P., d'Artrey, s.d., 2 vol.

252   La **coordination** est la relation, explicite ou implicite (§ 253), qui unit des éléments de même statut : — soit des phrases, soit, à l'intérieur d'une phrase, des termes qui ont la même fonction par rapport au même mot.

— Phrases coordonnées : *Je trouve mon habillement aussi barbare que le leur* [= celui des Gaulois]. *Mais je ne beurre pas ma chevelure* (Rimbaud, *Saison en enfer*, Mauvais sang). — *L'hiver est fini et les hirondelles sont revenues.* Dans cet ex., nous avons aussi deux phrases : *L'hiver est fini* et *Les hirondelles sont revenues*, qui ne sont pas subordonnées l'une à l'autre, que l'on peut intervertir, dont chacune peut être supprimée. Mais elles sont réunies dans un seul ensemble du point de vue de la modulation (la voix redescend seulement sur *revenues*) et de la ponctuation (un seul point à la fin). C'est pourquoi nous les appelons des *sous-phrases* (§ 212).

— Termes coordonnés à l'intérieur d'une phrase : *Jean est* GRAND *et* BLOND. Les adjectifs *grand* et *blond* sont tous deux attributs du sujet *Jean* ; ils n'ont l'un par rapport à l'autre aucun lien de dépendance ; il est possible de les intervertir ou de supprimer n'importe lequel des deux (et leur lien *et*) sans que la phrase soit modifiée dans sa structure.

Dans la redondance (§ 364) et dans l'apposition (§ 334), on a aussi deux termes qui sont dans une certaine mesure interchangeables, dont l'un peut être supprimé et que l'on peut considérer comme ayant la même fonction par rapport au même mot. Mais, dans le premier cas, les deux termes apportent la même information ; dans le second cas, il y a entre les termes un lien de dépendance et un lien de solidarité, de consubstantialité (§ 238, Rem. 2), analogue à celui qui unit l'attribut au sujet.

La frontière n'est pas infranchissable : il y a parfois consubstantialité entre les termes coordonnés ; par ex., lorsqu'ils sont joints par *c'est-à-dire*.

Remarques. — 1. La coordination occupe souvent peu de place dans les grammaires, qui parlent surtout, pour des raisons logiques, de la coordination entre phrases. Or il s'agit d'un phénomène important, notamment à cause de sa fréquence (*et*, par ex., se classe dixième parmi les mots les plus fréquents du franç.) et de ses répercussions dans le domaine de l'accord.

2. Le nombre des éléments coordonnés est égal ou supérieur à deux :

Déjà il entrevoyait une explication PLATE ET ENNUYEUSE ET FREUDIENNE ET PSYCHOLO-
GIQUE *de sa pièce* (Fr. SAGAN, *Yeux de soie*, p. 199).

3. La suppression d'un élément coordonné (ou de plusieurs éléments s'il y a
plus de deux éléments coordonnés) ne modifie pas la structure de la phrase,
avons-nous dit ci-dessus. Mais elle change le sens. En outre, elle entraîne parfois
des modifications du point de vue de l'accord ; par ex., si je supprime un des
deux termes coordonnés de *Jean et Pierre sont partis*, le verbe doit être mis au
singulier : *Jean* (ou *Pierre*) EST PARTI.

La suppression d'un des deux sujets coordonnés est impossible si le prédicat exige un
pluriel : *Jean et Jeanne forment un couple uni. Jules et Julie se sont embrassés.*

4. Une phrase peut contenir **plusieurs coordinations distinctes.**

Tantôt ces coordinations sont dans une relation multilatérale, c'est-à-dire que
les phrases gardent leur sens si l'on intervertit les éléments dans chacune des
coordinations ou si l'on supprime un des éléments, soit dans l'une, soit dans
chacune des coordinations :

Ainsi le proverbe *En moisson et en vendange, il n'y a ni fête ni dimanche* (dans LITTRÉ,
s.v. *moisson*) → *En vendange, il n'y a ni fête ni dimanche* ou *En moisson, il n'y a pas de
dimanche*, etc.

Tantôt ces coordinations sont dans une relation unilatérale, c'est-à-dire que
chacun des éléments d'une des coordinations est en relation logique seulement
avec un des éléments de l'autre coordination. C'est ce qu'on appelle **distribution.**
— Celle-ci peut être indiquée par des termes dits *distributifs*. Ce sont soit des
mots spécifiques *(respectif, respectivement)*, — soit des termes corrélatifs (c'est-à-
dire qui fonctionnent en liaison l'un avec l'autre) : ordinaux ou pronoms *(le
premier ..., le second ... ; celui-ci ..., celui-là ... ; l'un ..., l'autre ... ; qui ..., qui ...)*,
qui du point de vue syntaxique sont redondants par rapport au sujet ou à un
autre terme, ou mots-outils *(soit ..., soit ..., selon que ... ou que ...)* :

Pierre, Jeanne et Louis ont RESPECTIVEMENT *15, 12 et 8 ans.* — *La moustache et la culotte,
quoique représentées par des substantifs féminins, ont été le symbole,* L'UNE *de la virilité,*
L'AUTRE *de l'autorité maritale.* — *La pluie, la neige, la gelée, le soleil, devinrent ses ennemis ou
ses complices,* SELON QU'*ils nuisaient* OU QU'*ils aidaient à sa fortune* (Fr. MAURIAC, *Destins*,
XII).

— Mais il n'est pas rare que les auteurs ne donnent aucune marque de la
distribution et la laissent déduire par le lecteur :

*Les bonnets empesés, les croix d'or et les fichus de couleur paraissaient plus blancs que
neige, miroitaient au soleil clair, et relevaient de leur bigarrure éparpillée la sombre monotonie
des redingotes et des bourgerons bleus* (FLAUB., *Mme Bov.*, II, 8). — *La bande de galets que
recouvre et découvre chaque vague en se brisant puis en se retirant* [...] (Cl. SIMON, *Leçon de
choses*, p. 108). — Avec chiasme : *Et Mme de Staël et lui* [= B. Constant] *sont le père et la
mère du libéralisme politique* (THIBAUDET, *Hist. de la litt. fr. de 1789 à nos jours*, p. 57).

Sur le problème de l'accord, voir § 419.

253   **Coordination explicite et coordination implicite.**

a) La coordination **explicite** est marquée au sens strict par les **conjonctions de coordination,** qui sont placées, soit entre les éléments coordonnés, soit devant chacun d'eux. Voir § 1033.

Nous y distinguons les conjonctions de coordination essentielles ou proprement dites : *et, ou, ni, mais, car, or ;* — et les conjonctions occasionnelles : *voire, c'est-à-dire, soit, savoir* et *à savoir.*

La conjonction de coordination se combine parfois avec un signe de ponctuation : voir §§ 124, *b* et *c* (virgule) ; 128, *a* (point-virgule) ; 1032, *b* (point).

Les conjonctions de subordination *comme, ainsi que, autant que,* etc. peuvent perdre leur valeur de comparaison pour servir d'équivalents à *et,* ce que montrent certains accords (cf. § 445, *a*) :

Son intérêt COMME sa dignité lui COMMANDAIENT d'y conformer [...] sa vie (BERNANOS, *Imposture,* p. 218).

De même, *avec* cesse parfois d'indiquer l'accompagnement ; le syntagme où intervient cette préposition n'est plus senti alors comme un complément adverbial de manière, mais comme un syntagme coordonné, ce que montre aussi l'accord (cf. § 445, *b*) :

Le murmure des sources AVEC le hennissement des licornes se MÊLENT à leurs voix (FLAUB., *Tent.,* III).

Remarques. — 1. Nous ne rangeons pas parmi les conjonctions de coordination explicite les adverbes anaphoriques *donc, pourtant, en effet,* etc., car ils peuvent aussi marquer une relation en dehors de toute coordination : *S'il est laid,* PAR CONTRE *il est intelligent (Dict. gén.).* — Voir d'autres arguments au § 921.

2. Un problème particulier se pose pour l'addition, l'inclusion, la soustraction, l'exception, etc., quand ces notions ne sont pas exprimées par des mots que l'on reconnaît manifestement comme des conjonctions de coordination. L'analyse proposée par les dictionnaires paraît souvent peu convaincante, voire incohérente. Dans un certain nombre de cas, ces expressions ont la forme de compléments absolus ; voir § 308, *c.* — Voir aussi § 263 bis.

b) La coordination est **implicite** quand elle n'est pas marquée par des conjonctions de coordination. Les éléments coordonnés sont ordinairement séparés par des virgules dans l'écrit :

Sous les sabres prussiens, ces vétérans [...] / Tremblaient, hurlaient, pleuraient, couraient (HUGO, *Châtim.,* V, XIII, 2). — Dans quel philtre, dans quel vin, dans quelle tisane, / Noierons-nous ce vieil ennemi [...]? (BAUDEL., *Fl. du m.,* Irréparable.) — L'opinion, la religion, la conscience ne sont pas de trop pour les brider (TAINE, *Notes sur l'Angl.,* p. 132). — Je me mêlai de bonne foi à leurs plaisirs fiévreux, à leurs enthousiasmes d'un jour, à leurs passions d'une semaine (GRACQ, *Rivage des Syrtes,* p. 8).

C'est ce qu'on appelle souvent *juxtaposition* ou *asyndète,* mais il peut y avoir aussi juxtaposition ou asyndète dans la subordination.

Lorsqu'il y a plus que deux éléments coordonnés, on combine souvent la coordination implicite et la coordination explicite, les conjonctions *et, ou* n'étant exprimées que devant le dernier élément :

> *Voici des fruits, des fleurs, des feuilles* ET *des branches* (VERL., *Rom. sans par.*, Green). — [...] *d'un blanc si pur que toute comparaison avec la neige, la craie* OU *le lait resterait bien au-dessous de la vérité* (PIEYRE DE MANDIARGUES, *Motocyclette*, p. 117).

Sur la répétition de *et*, de *ou*, voir § 1033, *a*.

Remarques. — 1. La coordination implicite est pratiquée régulièrement, mais non obligatoirement :

> 1° Quand les divers termes sont annoncés ou repris par un terme redondant qui en est une sorte de résumé (*n'importe quoi, tout*, etc.) : *Tout, trottoirs mouillés, chaussées fangeuses, plaques d'égout luisantes, rails resplendissants, reflétait la couleur chaude du ciel* (E. JALOUX, *Le reste est silence*, II). — [...] *causant d'eux-mêmes, des autres, de n'importe quoi* (FLAUB., *Éd. sent.*, II, 6).

> 2° Quand le terme qui s'ajoute remplace en quelque sorte le précédent, soit qu'il en soit un synonyme, soit qu'il y ait une gradation : *Toute sa prudence, toute sa lâcheté frissonnait* (ZOLA, *Th. Raquin*, XVI). — *Une confidence, un souvenir, une simple allusion, ouvrait des perspectives insoupçonnées* (R. MARTIN DU GARD, *Thib.*, Pl., t. I, p. 996).

> 3° Quand les divers termes désignent le même être ou objet : *Ce paresseux, ce pleutre, ce parasite se fait passer pour un « connaisseur »* (N. SARRAUTE, *Vous les entendez ?* p. 27).

2. Une coordination implicite sans pause et sans virgule fait des éléments ainsi joints une unité sémantique, un mot composé, et l'on utilise généralement dans ce cas un trait d'union :

> *Un* SOURD-MUET. *L'*ALSACE-LORRAINE. *Les romans d'*ERCKMANN-CHATRIAN. *Le diction-naire de* TOBLER-LOMMATZSCH. *L'alliance* FRANCO-RUSSE (§ 178, *d*). — *1830-1831 montrent à nouveau la même ambition triple, avec* Hernani, Notre-Dame de Paris *et les* Feuilles d'automne (THIBAUDET, *Hist. de la litt. fr. de 1789 à nos jours*, p. 146).

> Notons en particulier *papa-maman* : *Ils le sentent plus averti d'eux que* PAPA-MAMAN (MONTHERLANT, *Relève du matin*, Pl., p. 23). — *L'indissoluble cellule* PAPA-MAMAN (Cl. MAURIAC, *Espaces imaginaires*, p. 422).

3. En dehors du cas traité dans la remarque précédente, une coordination sans pause ni conjonction s'observe parfois dans la langue populaire, que cherche à rendre l'ex. suivant :

> *Dans les semaines qui viennent, les Français* [...] *en siffleront chacun au moins une bouteille* [de beaujolais nouveau]. MOI MES COPINES, *c'est déjà fait* (Cl. SARRAUTE, dans le *Monde*, 17 nov. 1984).

Ce qui est particulièrement fréquent dans la langue parlée (pas seulement populaire), c'est que l'on juxtapose à *nous deux, vous deux, tous (les) deux*, parfois à *deux* seul, un nom (ou un pronom) explicitant celui des deux parte-naires dont l'intervention n'est pas manifeste. Ces tours apparaissent, par écrit, dans la reproduction des dialogues, dans la correspondance familière ou même chez des auteurs qui pratiquent un style proche de l'oral.

> Le type °*Nous deux Gaston* est le plus courant : *Il serait possible qu'à* NOUS DEUX CHOPIN, *nous n'eussions que deux domestiques* (SAND, *Corresp.*, t. V, p. 669). — *Quel voyage*

d'artistes vous allez faire, VOUS DEUX GUÉRARD (FLAUB., *Corresp.*, t. III, p. 3). — *Ma femme
nous avait envoyés*, NOUS DEUX L'ENFANT, *faire un tour* [dit un menuisier] (A. DAUDET, *Contes
du l.*, p. 67). — *Vial, accoté à la grille, criait de loin :* / *C'est* NOUS DEUX LUC-ALBERT
MOREAU ! / [...] / — *Tu as donc besoin de références ? criai-je à Vial. Entrez,* VOUS-DEUX-
LUC-ALBERT ! (COLETTE, *Naissance du jour*, Sel., p. 39.) — *On ne s'ennuie pas* NOUS DEUX
MON MARI, *comme Claudel prétend qu'il faut dire* (P.-H. SIMON, *Hist. d'un bonheur*, p. 172). —
Y avait juste une sœur entre NOUS DEUX LUI (ex. oral, dans Damourette-Pichon, § 2544).

Variantes plus rares : *Ils eurent une discussion,* TOUS DEUX ARMAND (ARAGON, *Beaux
quartiers*, I, 12). — *Je vois d'ici votre tête, à* TOUS LES DEUX JACQUES (ID., *Aurélien*, p. 136). —
On est communistes, à DEUX MA FEMME (A. STIL, *Seize nouvelles*, p. 62) [franç. régional du
Nord]. — Damourette et Pichon citent aussi un ex. oral avec *trois : Nous allons voir cette
cardiaque,* TOUS LES DEUX PICHON, ... TOUS LES TROIS MARQUÉZY [= moi, Pichon et Mar-
quézy].

254   **Comment reconnaître une coordination,** en l'absence de conjonction ?

a) **À l'intérieur d'une phrase,** la coordination, même implicite, est souvent
facile à reconnaître : elle s'impose notamment pour les fonctions qui, dans la
phrase ou la proposition, ne peuvent être exercées que par un seul terme ou par
des termes coordonnés : c'est le cas du sujet, du prédicat, du verbe, de l'attribut
du sujet ou de l'objet, de l'objet direct. Pour les autres fonctions, notamment les
autres compléments du verbe et les éléments subordonnés au nom, il peut y
avoir coordination ou non, celle-ci pouvant même être interdite (§ 258).

À l'intérieur d'une phrase, la coordination est souvent mise en évidence par
les termes corrélatifs à fonction distributive : *celui-ci..., celui-là... ; l'un..., l'autre... ;
qui..., qui... ; le premier..., le deuxième* (ou *le second*)*...* (etc.) ; par les adverbes
numéraux *premièrement..., deuxièmement* (ou *secondement*)*...* (etc.) ; *primo...,
secundo...* (etc.) ; — par des corrélatifs comme *tantôt* répété ; *sinon..., du moins... ;
d'abord..., ensuite... ;* etc.

Aussi *les immigrants arrivent-ils,* QUI *en chariots traînés par des bœufs,* QUI *en voiture,* QUI *à
cheval,* QUI *même à pied* (J. CHASTENET, *En avant vers l'Ouest*, p. 218). — *Je compte* D'ABORD
faire ma déclaration. SECONDEMENT, *écrire plusieurs billets.* TROISIÈMEMENT, *gagner la fille de
chambre* (MUSSET, *Il ne faut jurer de rien*, II, 5). — *Leur chair* [= des cactus] *était* TANTÔT *une
pulpe molle et aqueuse,* TANTÔT *un caoutchouc coriace,* TANTÔT *encore des muqueuses verdâtres
dégageant des remugles de viande pourrie* (M. TOURNIER, *Vendredi ou les limbes du Pacifique*,
F°, p. 159). — *La notion de droit naturel, qui assure à chacun* SINON *l'égalité totale,* DU MOINS *la
franchise ou la non-servitude* [...] (LE ROY LADURIE, *Carnaval de Romans*, p. 194).

Remarque. — Les termes corrélatifs, logiquement, prennent place devant
chacun des éléments coordonnés. Mais les auteurs placent parfois le premier
terme corrélatif en tête de la phrase, ou de la proposition :

TANTÔT *je portais mes regards amont, sur le rivage ;* TANTÔT *aval, sur l'île qui partageait
les eaux* (CHAT., *Mém.*, I, VII, 8). — Comp. § 938, *e*, pour *non seulement..., mais... ;* § 1041, *b*,
Rem., pour *soit..., soit...*

b) On peut considérer que **des phrases** (ou des *sous-phrases*) sont coordonnées :

1° Quand il y a des termes **corrélatifs,** termes de même nature qui se
répondent au début de chacune des sous-phrases :

AUTRE CHOSE *est une simple affirmation,* AUTRE CHOSE *est une affirmation avec serment* (AC., s.v. *autre*). — TELLE *je vous imaginais,* TELLE *vous m'apparaissez* (L. DESCAVES, *Hirondelle sur le toit,* XIV). — DE MÊME *une grande lassitude m'incline à rallier mes forces,* DE MÊME *un désespoir profond fait refleurir dans ma mémoire les strophes de l'hymne à la joie* (G. DUHAMEL, *Lettres au Patagon,* p. 174).

En particulier, des comparatifs en corrélation indiquent un rapport proportionnel ou inversement proportionnel :

PLUS *on est puissant,* PLUS *on est tenu d'être juste* (TAINE, *Origines de la Fr. contemp.,* t. III, p. 262). — PLUS *tu veux,* MOINS *tu peux* (R. ROLLAND, *Jean-Chr.,* t. I, p. 190). — AUTANT *la Normandie progresse,* AUTANT *la Bretagne est en décadence* (MICHELET, *Mer,* I, 3). — PLUS *l'armagnac est vieux,* MEILLEUR *il est.* — Voir d'autres ex. et diverses variantes au § 948, *e.*

Les sous-phrases sont averbales : TEL *père,* TEL *fils.* — AUTANT *d'hommes,* AUTANT *de cochons* (ZOLA, *Terre,* IV, 2). — AUTRES *temps,* AUTRES *mœurs.*

Remarque. — Selon un usage ancien (cf. Hist.) et injustement critiqué, la conjonction *et* est possible devant le second terme corrélatif, notamment devant un comparatif (rarement devant *autant*) :

Plus on lit, ET *moins on imite* (J. RENARD, *Journal,* 26 avril 1893). — *Plus j'y songe* ET *plus je me persuade que Pyrot a volé ces quatre-vingt mille bottes de foin* (A. FRANCE, *Île des pingouins,* VI, 1). — *Plus je le vois* ET *plus je l'apprécie* (AC.).

Autres ex. de *Plus... et moins...* : LOTI, *Reflets sur la sombre route,* p. 31. — De *Plus... et plus...* : Fr. MAURIAC, *Nœud de vip.,* XVI ; MORAND, *Lewis et Irène,* I, 4 ; CHAMSON, *Suite cévenole,* p. 545 ; DRIEU LA ROCHELLE, *Chiens de paille,* p. 39 ; SIMENON, *Vérité sur Bébé Donge,* p. 158 ; etc.

Hist. — Cet emploi de *et* était courant chez les classiques. *Plus... et plus...* : CORN., *Cid,* I, 6 ; LA F., *F.,* IX, 15. — *Plus... et moins...* : RAC., *Brit.,* I, 2 ; MOL., *Sgan.,* XXII ; etc.

2° L'ellipse d'un verbe qui est le même dans les deux phrases (ou sous-phrases) est aussi l'indice d'une relation assez étroite entre elles :

Les boutiques étaient closes, la rue muette (MAUPASS., *C.,* Boule de suif). — Avec chiasme : *Leur origine est très* DIVERSE, DIVERS *aussi leurs buts et leur financement* (SARTRE, *Situations,* t. VII, p. 172).

3° Parfois, un lien purement logique montre que les phrases, ou plutôt les sous-phrases, sont coordonnées, l'une d'entre elles équivalant à une proposition, temporelle, causale, concessive, conditionnelle :

On s'en allait, la solitude lui devenait odieuse ; revenait-on près d'elle, c'était pour la voir mourir, sans doute (FLAUB., M*ᵐᵉ Bov.,* I, 1). — *Vienne l'été, le rossignol s'arrête* (G. DUHAMEL, *Musique consolatrice,* p. 21). — *Il lui en parla, le premier, tant il avait le désir qu'elle souffrît* (Fr. MAURIAC, *Destins,* XII). — *Nous voulons d'autres miracles, fussent-ils moins beaux que celui-là* (COLETTE, *Paris de ma fenêtre,* p. 109). — *Vous m'offririez des fleurs, je les refuserais !* (MONTHERLANT, *Celles qu'on prend dans ses bras,* I, 2.) — *Il a beau faire, il n'y parviendra pas* (*Dict. contemp.*). — Voir aussi § 1079, *d,* 3°.

Les usagers ont tellement conscience de ce lien qu'ils transforment parfois la seconde sous-phrase en proposition par l'introduction d'un *que* (cf. § 1067) : *Le diable entrerait dans la maison* QU'*on le laisserait faire* (HUGO, *Misér.,* I, I, 9).

Dans certains des ex. donnés plus haut, la conjonction *et* pourrait expliciter la coordination :

Vous m'offririez des fleurs, ET *je les refuserais !* — *Vienne l'été,* ET *le rossignol s'arrête.* — *Il pouvait toucher du doigt la personne de Golda,* ET *fût-elle devenue laide* (A. Schwarz-Bart, *Dernier des justes,* p. 328). [Construction classique : cf. Littré, s.v. *et,* 5°].

4° En l'absence d'autre indice, on peut considérer que, dans l'oral, le fait que la voix ne retombe pas à la fin de la première phrase est un indice de coordination ; de même, la présence d'une virgule dans l'écrit :

Le ciel est noir, la terre est blanche (Th. Gautier, *Ém. et cam.,* Noël). — *L'hélice battit plus faiblement, la sirène du* Redoutable *éclata au-dessus de moi* [...] ; *le navire obliqua doucement, les lumières de Maremma basculèrent sur la droite, de plus en plus vite* (Gracq, *Rivage des Syrtes,* p. 197).

Cependant, des auteurs peu attentifs à la ponctuation mettent parfois des virgules entre des phrases qu'il est difficile de considérer comme coordonnées : cf. § 124. — On pourrait soutenir que le point-virgule ou le double point manifestent un souci de coordination.

Remarque. — Il ne serait pas absurde (mais cela serait peu utile) de considérer que toutes les phrases d'un discours, d'un récit, d'un exposé sont dans un rapport de coordination implicite.

On constate d'ailleurs que certains locuteurs populaires multiplient la conjonction *et,* simplement pour marquer la succession des faits, par ex. dans un récit, *et* étant éventuellement accompagné de *puis,* d'*ensuite* (voire des deux), d'*alors,* qui est aussi employé seul ou avec *(et) puis :*

J'marche, j'marche, j'marche. ET PIS, *v'là que j'me retourne, n'y avait personne sus l'chemin. J'me dis : « C'est drôle ! où donc qu'ils sont passés ? »* ET *je r'viens sus mes pas : « C'est ben long, que j'dis.* [...] *»* ET *j'arrive à l'endroit où Roussiau avait monté l'talus* (Mirbeau, *Contes de la chaumière,* Justice de paix). — ET ALORS *dans ce rêve que j'ai fait du poids du soleil, il me semble que je descends l'échelle.* / ET *je vois devant moi le fil blanc du chemin* ET *je marche sur lui comme sur une corde tendue* (Giono, *Un de Baumugnes,* II).

La succession de phrases commençant par *et* caractérise aussi le style biblique et ses imitations :

Dieu dit : « Que la lumière soit ! » ET *la lumière fut.* / ET *Dieu vit que la lumière était bonne ;* ET *Dieu sépara la lumière et les ténèbres.* / *Dieu appela la lumière Jour, et les ténèbres Nuit.* ET *il y eut un soir,* ET *il y eut un matin ; ce fut le premier jour* (*Bible,* trad. Crampon, Genèse, I, 3-5). — ET *je fus transporté en esprit dans les temps anciens,* ET *la terre était belle, et riche, et féconde ;* ET *ses habitants vivaient heureux parce qu'ils vivaient en frères.* / ET *je vis le Serpent qui se glissait au milieu d'eux : il fixa sur plusieurs son regard puissant,* ET *leur âme se troubla,* ET *ils s'approchèrent,* ET *le Serpent leur parla à l'oreille.* / ET *après avoir écouté la parole du Serpent, ils se levèrent* (Lamennais, *Paroles d'un croyant,* III). — ET *Thomas, appelé Didyme, était présent.* / ET *le Seigneur, dont Jean et Pierre suivaient l'ombre,* / *Dit aux juifs* [...] (Hugo, *Lég.,* II, 8).

Hist. — En anc. et moyen fr., les *et* pullulaient, et souvent dans des phrases successives :

ET *li rois et Aucassins cevaucierent tant qu'il vinrent la u la roïne estoit,* ET *troverent la bataille* [...] ; ET *Aucassins les conmença a regarder* (*Aucassin et Nic.,* XXX). — ET *se leva incontinant et alla en leur chambre, qui estoit tout auprès de la sienne.* ET, *quand il ne les trouva poinct, se print à cryer à l'ayde si fort, qu'il assembla tous ses amys, lesquels, après avoir entendu le faict, lui ayderent* [...] *à chercher ces Cordeliers.* ET *quant ilz ne les trouverent poinct en leur maison, feirent si bonne dilligence qu'ils les attraperent dedans les vignes.* ET *là furent traictez comme il leur appartenoit* (Marg. de Navarre, *Hept.,* XLVIII).

Ce style est parfois imité à l'époque moderne :

ET *Katheline ne put se réchauffer.* ET *elle mourut le troisième jour.* ET *elle fut enterrée dans le jardin de l'église.* / ET *Nele, orpheline, s'en fut au pays de Hollande, auprès de Rosa van Auweghem* (DE COSTER, *Ulenspiegel,* IV, 6).

255 ## Les éléments coordonnés peuvent être :

a) Des phrases ou des sous-phrases (cf. § 252).

Je sentis qu'il m'en voudrait demain d'un épanchement chez lui si extraordinaire. Mais ce soir rapprochait en nous deux ennemis très intimes (GRACQ, *Rivage des Syrtes,* p. 58). — *Prends l'éloquence et tords-lui son cou* (VERL., *Jadis et nag.,* Art poét.).

Les conjonctions de coordination qui jouent un rôle logique important, comme *mais* et *or,* peuvent joindre une phrase, non pas à proprement parler avec la phrase qui précède, mais avec un ensemble de phrases :

MAIS *nous avons assez parlé de la répétition et de l'inversion. Nous arrivons à l'*interférence des séries (BERGSON, *Rire,* p. 73) [début d'un développement introduit par le chiffre III ; la section I était consacrée à la répétition, et II à l'inversion].

Remarques. — 1. On pourrait soutenir que toutes les coordinations sont en réalité des coordinations de phrases, mais que, par économie (cf. § 260), on fait l'ellipse de tout ce qui est commun aux deux phrases.

2. Certains considèrent comme une faute le fait de mettre une conjonction de coordination après un point. L'usage ne tient aucun compte de cette interdiction. Voir § 1032, *b.*

b) Des propositions, des syntagmes, des mots.

Les petits enfants imaginent avec facilité les choses qu'ils désirent ET *qu'ils n'ont pas* (A. FRANCE, *Pierre Nozière,* 1899, pp. 56-57). — *Ô Seigneur ! ouvrez-moi les portes de la nuit, / Afin que je m'en aille* ET *que je disparaisse !* (HUGO, *Contempl.,* IV, 13.) — *La fenêtre, en province, remplace les théâtres* ET *la promenade* (FLAUB., *Mᵐᵉ Bov.,* II, 7). — *Il trouve moyen de payer les dettes de Laure* ET *de donner des diamants à sa femme* (ZOLA, *Curée,* I). — *Elle le regarda au fond des yeux d'une façon profonde* ET *singulière* (MAUPASS., *C., Legs*). — *Et je me couche, fier d'avoir vécu* ET *souffert dans d'autres que moi-même* (BAUDEL., *Pet. poèmes en pr.,* XXXV). — *Je partirai avec* OU *sans toi. Prends deux* OU *trois feuilles.*

c) Des éléments de mots.

Si deux composés ne diffèrent que par le premier élément, on se dispense, dans la coordination, de répéter le second élément, souvent remplacé, dans l'écriture, par un trait d'union. Ce procédé, courant en allemand, est plus récent en français, du moins dans la langue littéraire, et il est parfois critiqué.

Avec trait d'union : *Que la convoitise soit* HOMO- *ou* HÉTÉROSEXUELLE (GIDE, *Corydon,* p. 173). — *Ces propriétés existaient déjà à l'état de* PRÉ- *ou* INFRA-VIE (J. ROSTAND, *Ce que je crois,* p. 43). — *La particule humaine, considérée dans ses déterminations* PHYSIO- *et* PSYCHO-LOGIQUE (TEILHARD DE CHARDIN, *Apparition de l'Homme,* p. 350). — *Par vagues, les* BI-, TRI- *et* QUADRICYCLES *défilaient* (QUENEAU, *Chiendent,* Fᵒ, p. 42). — *Il est difficile d'arriver à savoir si c'est de l'*ANTI- *ou du* SUPERSCIENTISME (H. CLOUARD, *Hist. de la litt. fr. du Symbolisme à nos jours,* 1962, t. II, p. 388). — *The Review, d'abord hebdomadaire, puis* BI- *et*

TRIHEBDOMADAIRE *(Grand Lar. enc.,* s.v. *presse).* — *Je ne suis ni* AGORA- *ni* CLAUSTROPHOBE (G. GENNARI, *Mois d'août à Paris,* p. 29).

Sans trait d'union : *Les clefs des tuyaux des gaz* PROTO *et* BIOXYDE *d'azote* (VILLIERS DE L'ISLE-ADAM, *Contes cruels,* Machine à gloire). — *Si l'on supprime les vides* INTER *et* INFRA ATOMIQUES (VALÉRY, *Idée fixe,* Pl., p. 243). — *Son pouvoir* BIEN *ou* MALFAISANT *sur celui qui l'aime* (R. ROLLAND, *Jean-Chr.,* t. III, p. 207). — *Recours envers la* MICRO *et la* MACROCÉPHA-LIE (GIRAUDOUX, *Littérature,* p. 179). — *Dans le* NÉO *ou le* PSEUDOCLASSICISME (J. HYTIER, *Arts de littér.,* p. 155). — *J'adore l'*HEPTA *et l'*OCTOSYLLABE (SUPERVIELLE, dans le *Figaro litt.,* 18 août 1956). — *Des fleurs* BI *ou* TRICENTENAIRES (H. BAZIN, *Vipère au poing,* XIV). — Voici un ex. particulier, où la coordination concerne tantôt la fin, tantôt le début des composés et où l'auteur ironise sur l'orthographe pratiquée par un réformateur : *Je vois* [...] *que M. Léon Clédat n'est pas seulement* PHILO *ou* FILOLOGUE, *mais qu'il est aussi* BIBLIOPHILE *ou* FILE (A. HERMANT, *Nouv. remarques de M. Lancelot,* p. 138).

Hist. — On trouve parfois coordonnés en anc. fr. un adverbe en -*ment* et un adjectif féminin, c'est-à-dire un adverbe réduit à sa base : *Si te contien si* BIELE *et si* HAUTEMENT (*Merlin,* cit. Tobler, *Mél.,* p. 129) [= Comporte-toi si *belle* et si *hautement,* dit-on à un homme]. — [...] *tenroient* FERMEMENT *et* ESTAVLE (charte, *ib.*) [= tiendraient *fermement* et *stable*]. — En fr. mod., cela se produit seulement dans des intentions plaisantes : *Un jeune homme d'abord* VISIBLE- *et ensuite* AUDIBLEMENT *sud-américain* (J. SEMPRUN, *Algarabie,* p. 224) [par imitation volontaire de l'espagnol, où ce tour est normal].

Pour la TROIS *ou* QUATRIÈME *fois,* tour qui appartient à la langue régulière, voir § 581, *a,* Rem. 2.

256　　**Coordination d'éléments de natures différentes.**

Bibl. — DEHARVENG, *Scrupules de grammairien,* pp. 5-24. — A. LORIAN, *La relative « attelée »,* dans le *Fr. mod.,* juillet 1976, pp. 254-273 ; *La substantive attelée,* dans la *Revue de ling. rom.,* juillet-déc. 1978, pp. 324-354.

Les éléments coordonnés sont le plus souvent de même nature et de même fonction. Cependant, il est loin d'être rare, dans la langue parlée et dans la langue littéraire, que l'on coordonne des éléments de natures différentes, mais de fonction identique, notamment dans les cas suivants :

a) Un nom et un pronom, tout à fait couramment, dans diverses fonctions :

Mon avocat ET *moi sommes de cet avis* (AC., s.v. *moi).* — *Il a renvoyé son frère* ET *moi (ib.).* — *C'est l'opinion de mon père* ET *de moi que je vous exprime (ib.).* — [...] *causant de vous avec Desplaces* ET *des choses littéraires d'ici* [...] (SAINTE-BEUVE, lettre publiée dans la *Revue d'hist. litt. de la Fr.,* juillet-août 1978, p. 625). — *Ses amis* ET *les miens s'en sont mêlés* (AC., s.v. *mien).* — *Il faut voir* [...] *le visage biais de l'Empereur* ET *celui, si triste, de la Castiglione* (J. CABANIS, *Bonheur du jour,* I). — *Je veux être Chateaubriand* OU *rien* (HUGO, sur un cahier d'écolier, 1816, dans Dupré, *Encycl. des citations).* — *Elle* [...] *m'a renfermé alors un billet de mille francs dans la main* ET *puis encore un autre en plus* (CÉLINE, *Voy. au bout de la nuit,* F°, pp. 434-435).

Lorsque le pronom est un pronom personnel conjoint, des problèmes particuliers se posent *(Je l'ai vu et sa sœur) :* voir § 261, *b,* 1°.

b) Très couramment, des éléments (adverbe, syntagme nominal, infinitif prépositionnel, gérondif, proposition) servant de compléments adverbiaux (§ 266, *c)* :

[...] *s'il était mort naturellement* ET *sans testament* (*Code civil*, art. 25). — *Il parvint à rentrer dans sa chambre sans être aperçu* ET *sans bruit* (HUGO, *Misér.*, III, VIII, 15). — *Après avoir frappé* ET *qu'elle fut venue m'ouvrir* [...], *j'entrai dans la chambre* (LÉAUTAUD, *Petit ami*, III). — *Il lui apprit à réciter des fables en les détaillant* ET *avec des effets* (S. de BEAUVOIR, *Mémoires d'une jeune fille rangée*, p. 109). — *Tout en marchant* ET *sans cesser de répéter Écoutez* [...], *il scande ses paroles en frappant* [...] (Cl. SIMON, *Leçon de choses*, p. 29). — *Parlez-vous sérieusement* OU *pour plaisanter ?* — *Il répondit calmement* ET *en pesant ses mots.* — *Il est mort brusquement* ET *sans que ses amis eussent été prévenus.*

L'épithète détachée se prête aussi à des coordinations semblables : *La mère du pasteur vieillissait dans l'aisance* ET *entourée de considération* (Fr. MAURIAC, *Destins*, I). — *Apprenant* [...] *qu'un scandale éclate,* OU *seulement que je redoute* [= si je redoute : § 865, *b*] *qu'il n'éclate, et je me prépare à la fuite* (J. GENET, *Querelle de Brest*, p. 12).

c) Très couramment, des éléments subordonnés au nom (adjectif ou participe, apposition, complément nominal, infinitif prépositionnel, proposition relative, complément absolu) :

Leur exécution, SOIT *réelle,* SOIT *par effigie* (*Code civil*, art. 26). — *On ne peut avoir des vues par côté* OU *obliques sur le même héritage* [...] (*ib.*, art. 680). — *Poch s'arrêta en jetant un regard méfiant sur son compagnon de route, toujours immobile* ET *qui semblait dormir* (J. VERNE, *Drame en Livonie*, IV). — *Augmentation successive* ET *par degrés* (AC., s.v. *gradation*). — *Petit appareil se composant d'un tube en verre surmonté d'une poire en caoutchouc,* ET *qui sert à compter les gouttes* [...] (AC., s.v. *compte-gouttes*). — *Action, parole de gamin ou de gamine* OU *qui, chez une grande personne, fait penser à des gestes ou à des mots d'enfants espiègles ou mal élevés* (AC., s.v. *gaminerie*). — *Elle condamne* [...] *toute spéculation entreprise en dehors du dogme* OU *qui aboutirait à en ruiner une pièce essentielle* (R.-L. WAGNER, *Gramm. franç.*, t. II, p. XII). — [...] *que ce soit si isolé* ET *sans espoir d'être jamais agrandi à cause de la montagne trop à pic* ET *trop proche du fleuve* (M. DURAS, *Petits chevaux de Tarquinia*, p. 9). — *Cet homme grand et mince, pas très beau, large d'épaules* MAIS *la poitrine creuse, avait été réformé* (Rob. ARON, *Hist. de l'Épuration*, t. I, p. 359). — *C'est un livre original* ET *qui vous plaira certainement* (*Dict. contemp.*, s.v. *et*). — *Cet enfant d'Aubagne devait être l'abbé Barthélemy, auteur illustre du* Voyage du jeune Anacharsis en Grèce, ET *qui fut élu à l'Académie française le 5 mars 1789* (PAGNOL, *Gloire de mon père*, p. 36). — *En 1904* [...], *officier de marine* ET *déjà rongé par les fièvres de Cochinchine, il fit la connaissance d'Anne-Marie Schweitzer* (SARTRE, *Mots*, p. 8).

On coordonne de même des attributs de natures différentes : *Les Russes* [...] *demeurèrent silencieux* ET *sans tirer* (MÉRIMÉE, *Mosaïque*, Enlèvement de la redoute). — *Il vit que le magasin était ouvert* ET *d'aspect normal* (G. DUHAMEL, *Tel qu'en lui-même...*, XXV). — *La clôture de ce langage était sociale* ET *non de nature* (BARTHES, *Degré zéro de l'écriture*, Introd.).

Sur la coordination d'un adjectif et d'un infinitif après *sembler*, etc., voir § 245, *a*, 3°, Rem.

d) Dans une langue plus recherchée, surtout littéraire, des éléments (syntagme nominal, infinitif prépositionnel ou non, proposition, souvent d'interrogation indirecte) servant de compléments essentiels des verbes :

Objets directs : *J'espérais refermer le passage,* ET *que les bleus, quand ils entreraient, ne trouveraient plus personne, et n'y comprendraient rien* (HUGO, *Quatrevingt-tr.*, IV, IV, 12). —

Prouve-moi tes talents, dit-elle, ET *que je ne me suis pas trompée* (MICHELET, *Oiseau,* p. 249). — *Elle aimait les voyages, le bruit du vent dans les bois,* ET *à se promener tête nue sous la pluie* (FLAUB., *Éd. sent.,* II, 2). — *Elle m'a aidé à vivre, à sentir que je suis* ET *ce que je suis* (BAUDEL., *Petits poèmes en pr.,* XXXV). — *Il sentait non pas le remords, mais la méfiance,* ET *qu'une dissimulation si facile pouvait cacher un piège, n'était peut-être qu'une trêve* (BERNANOS, *Imposture,* p. 199). — *Je veux bien mourir,* MAIS *pas qu'ils me touchent !* (ANOUILH, *Antigone,* p. 60.) — *Il avait cru s'être empoisonné* ET *qu'il allait mourir* (R. VAILLAND, *Drôle de jeu,* III, 1). — *Au collège N...,* les prêtres *[...] semblent [...] craindre le silence* ET *de se retrouver seuls avec eux-mêmes* (G. FRIEDMANN, *La puissance et la sagesse,* p. 201). — *[...] qui exigeait le contrôle total par son subordonné Oberg de toute la police française en zone occupée* ET *que le maintien de l'ordre soit confié aux partis politiques collaborationnistes* (dans le *Monde,* 10 nov. 1978, p. 14).

Autres cas : *Aussi Fabrice passait-il toutes ses journées à la chasse* OU *à courir le lac sur une barque* (STENDHAL, *Chartr.,* I). — *Je m'étonnai de trouver tout si dissemblable,* ET *qu'une seule influence eût pu changer la physionomie des choses* (FROMENTIN, *Domin.,* VI). — *Alain se souvenait du souffle accéléré de Camille* ET *qu'elle avait fait preuve d'une chaude docilité* (COLETTE, *Chatte,* p. 55). — *Il jouait avec ses deux enfants au loup, à la flèche, aux osselets,* OU *à les soulever l'un après l'autre au-dessus de sa tête* (AYMÉ, *Maison basse,* p. 207). — Etc.

Hist. — La coordination d'éléments de natures différentes est contestée depuis la fin du XVIIᵉ s. par des grammairiens trop logiciens, « grammairiens de second ordre », selon Brunot, *Pensée,* p. 358. Elle n'a pourtant jamais cessé d'être dans la langue depuis les origines (et même avant, puisqu'elle existait déjà en latin). Nous nous bornerons à donner quelques ex. du XVIᵉ au XVIIIᵉ s., pour montrer qu'il n'y a pas de rupture avant ceux du XIXᵉ qui sont cités plus haut et dans la Remarque suivante :

[...] affermant cestuy [= ce] *lieu estre le plus sceur* [= sûr], ET *que l'archier plus toust feriroit* [= frapperait] *tout aultre lieu* (RAB., IV, 52). — *Contez luy ma douleur / Et qu'Amour me transforme en un rocher sans ame* (RONS., éd. V., t. II, p. 278). — *Quand on sçaura mon crime* ET *que ta flame dure* (CORN., *Cid,* III, 4). — *Sçavez-vous le crime,* ET *qui vous a trahie, /* Madame ? (RAC., *Iphig.,* V, 4.) — *Mais je veux r'avoir mon affaire,* ET *que tu me confesses en quel endroit tu me l'as enlevée* (MOL., *Av.,* V, 3). — *Ils furent quelquefois persécutés sous Charles II, non pour leur Religion,* MAIS *pour ne vouloir pas païer les dixmes au Clergé* (VOLT., *Lettres phil.,* III). — ⁺*Je montre le clavecin à madame, à chanter à ses femmes, la mandoline aux pages* (BEAUMARCHAIS, *Mar. de Fig.,* II, 22). — *J'étois desolé de ma lourdise,* ET *de ne pouvoir justifier aux yeux de Madᵉ de Broglie ce qu'elle avoit fait en ma faveur* (J.-J. ROUSS., *Conf.,* Pl., p. 290). — *[...] aimant la bonne chere* ET *a se rejouir* (BERNARDIN DE SAINT-P., *La vie et les ouvr. de J.-J. Rousseau,* p. 39).

Remarque. — Dans les constructions qui viennent d'être décrites, l'élément le plus court est généralement en tête, et c'est le cas, habituellement pour l'adjectif et le syntagme nominal par rapport aux autres éléments, et pour l'infinitif par rapport à la proposition. Cet ordre n'est pas respecté si l'auteur veut mettre en évidence un des éléments ou reproduire la succession des faits :

Elle se condamne à trouver dans leur destruction l'élément de sa renaissance, OU *à l'anéantissement* (MALRAUX, *Tentation de l'Occident,* p. 87). — *Voulez-vous, madame, que je loue une loge* ET *m'accompagner au spectacle ?* (STENDHAL, *Lamiel,* XI.) — *Maintenant que mon père m'avait perdu, il demandait que je lui sois conservé,* ET *de me revoir* (J. CABANIS, *Bonheur du temps,* Fᵒ, p. 241).

Il arrive aussi, ou bien que les éléments soient de longueur sensiblement égale et dès lors que l'ordre soit indifférent, ou bien que l'infinitif fasse partie d'un syntagme plus long que la proposition et qu'il prenne donc place en tête régulièrement ; cela vaut aussi pour certains syntagmes nominaux :

> *Son érudition se bornait à savoir qu'il fait chaud en été, froid en hiver,* ET *le prix des grains au dernier marché* (MUSSET, *Nouvelles,* Margot, II). — *Ils apprirent comment on clarifie le sucre,* ET *les différentes sortes de cuites* (FLAUB., *Bouv. et Péc.,* éd. L., p. 84). — *À peine entendions-nous remuer la paille des étables* OU *le souffle haletant des chiens sous les portes* (A. DAUDET, *Contes du l.,* Alsace ! Alsace !). — *Il fut heureux de ce qu'elle était faible* ET *de se sentir assez fort pour la défendre* (FLAUB., *Éd. sent.,* III, 1). — *Il aurait voulu qu'elle ne vînt pas, que personne ne vînt,* ET *rester là, seul, toute la nuit, rêvant à son amour, comme on veille près d'un mort* (MAUPASS., *Notre cœur,* II, 7). — *Je voudrais que le mur soit transparent,* ET *suivre, autrement que par bribes, cette cérémonie si savante, qu'on dirait liée à des croyances primitives* (BUTOR, *Passage de Milan,* 10/18, p. 96). — *Pour se faire valoir,* OU *par une imitation naïve de cette mélancolie qui provoquait la sienne* [...] (FLAUB., *Mᵐᵉ Bov.,* III, 1). — *Il s'irrita de ne pouvoir placer un mot,* ET *de la façon, quoique flatteuse, dont Anne lui coupait la parole* (RADIGUET, *Bal du comte d'Orgel,* p. 63).

257   **Divers cas d'asymétrie.**

Des grammairiens obsédés par la symétrie ont multiplié les exigences. Voici divers cas où la coordination ne fait aucune difficulté.

a) Phrases dont les verbes sont à des modes différents :

> CONSERVONS-*les, dit Sénécal, mais qu'ils* SOIENT CONFÉRÉS *par le suffrage universel* (FLAUB., *Éd. sent.,* III, 1). — *Il* VOULAIT *faire entendre qu'il était* [...] *un ami des enfants, mais le petit Lorrain de* RÉPONDRE [...] (BARRÈS, *Col. Baudoche,* Plon, p. 50). — *Tu t'ennuies, tu souffres, tu souffres, tu me* VOUDRAIS *là, mais comment* FAIRE ? (A. DAUDET, *Immortel,* VII.)

b) Phrases d'espèces différentes :

> *Veillez donc,* CAR *vous ne savez ni le jour, ni l'heure* (*Bible de Jérus.,* Matth., XXV, 13). — *Souffrir et remuer la souffrance en soi et dans les autres a pour elle de la vertu,* CAR *n'est-ce pas par ce mauvais chemin que l'on va vers une purification ?* (P.-J. JOUVE, *Hécate,* Fº, p. 10.) — *Qu'Hélène nous soit rendue dans l'heure même.* OU *c'est la guerre* (GIRAUDOUX, *La guerre de Troie n'aura pas lieu,* II, 11). — *Je passerai l'inspection régulièrement,* ET *gare à vous si je trouve une toile d'araignée !* (H. BAZIN, *Vipère au poing,* VI.) — *Je pense qu'il s'agit d'hallucinations* ET *que peut faire un malheureux chrétien contre les hallucinations du diable ?* (J. GREEN, *Journal,* 28 déc. 1966.) — *Un regard à peine,* ET *nous revenons, les yeux pleins d'une belle vision* (J. RENARD, *Journal,* 22 août 1902).

c) Propositions dont les verbes sont à des modes différents.

1º Dans la proposition conditionnelle, cela est tout ce qu'il y a de plus classique :

> *Si le film* INTÉRESSE *et qu'on le* SUIVE *avec attention, on n'entend pas la musique* (Ét. GILSON, *Société de masse et sa culture,* p. 62). Cf. § 1099.

Dans l'ex. suivant, qui ressortit à une syntaxe plus populaire, la seconde proposition n'est pas introduite par une conjonction de subordination et est mise au conditionnel : *Si vous* AVIEZ EU *deux nez, et je vous en* AURAIS ARRACHÉ *un... combien vous en resterait-il maintenant ?* (IONESCO, *Leçon,* p. 70.)

2° Après des verbes déclaratifs, il arrive, dans la langue parlée (cf. Remacle, t. III, pp. 187-188) et dans la langue écrite, que l'on coordonne une proposition à l'indicatif et une proposition au subjonctif (la première équivalant à une phrase énonciative et la seconde à une injonctive ; comp. ci-dessus, *b*, pour les phrases) :

> *Donne de notre part six piastres à ce drôle.* / [...] *Et dis-lui* [...] / *Qu'il les* BOIVE *bien vite et qu'il en* AURA *d'autres* (HUGO, *Ruy Blas*, IV, 3). — *Madame de Chaverny rassembla toutes ses forces pour dire d'un air naturel à sa femme de chambre qu'elle n'*AVAIT *pas besoin d'elle, et qu'elle la* LAISSÂT *seule* (MÉRIMÉE, *Double méprise*, XIV). — *J'ai répondu que c'*EST *incommode, en effet, mais que je n'*ÉTAIS *pas dans le secret* [...] *et qu'il* VOULÛT *bien s'adresser à qui-de-droit* (A. BILLY, dans le *Figaro litt.*, 29 déc. 1966). — *Elle s'assit* [...] *pour écrire* [...] *un billet avertissant qu'elle* ALLAIT *faire une randonnée en moto et qu'on ne l'*ATTENDÎT *pour déjeuner ni pour dîner* (PIEYRE DE MANDIARGUES, *Motocyclette*, Fº, p. 39). — Autre ex. : APOLLIN., *Enchanteur pourrissant*, p. 55 (l'auteur suit exactement, sur ce point, un texte du XVIᵉ s. : cf. M.-J. Durry, *Guillaume Apollinaire, Alcools*, t. I, p. 303).

3° Après *sembler que,* qui admet les deux modes, ceux-ci sont parfois réunis, pour distinguer des degrés dans la vraisemblance ou pour d'autres raisons :

> *Il semblait que cette masse* ÉTAIT DEVENUE *monstre et n'*EÛT *qu'une âme* (HUGO, *Misér.*, II, I, 9). — *Jamais je ne saurai dire combien ma grand'mère était vieille.* [...] *Il semblait qu'elle n'*EÛT *jamais été jeune, qu'elle ne* POUVAIT *pas l'avoir été* (GIDE, *Si le grain ne meurt*, I, 2). — *Il semble bien* [...] *que dans ces jours-là,* [...] *le siècle, la nation se* BRISÈRENT *et qu'ils* SOIENT *à l'origine de nos malheurs* (GUÉHENNO, cit. Antoine, p. 504).

Les articles suivants signalent encore d'autres cas : L. C. HARMER, *La variété grammaticale en français*, dans *Mélanges P. Imbs*, pp. 343-362 ; A. LORIAN, *L'attelage modal*, dans *Hommages à J. Pohl*, pp. 131-144.

d) Compléments adverbiaux concernant des domaines sémantiques différents :

> *Sous ton domino noir,* ET *d'un pied clandestin,* / *Vas-tu* [...] / *Baiser d'Endymion les grâces surannées ?* (BAUDEL., *Fl. du m.*, Lune offensée.) — *Ce personnage* [...] *agenouillé dans la boue, au même lieu, à la même heure* ET *pour la même raison durant tant d'années* [...] (MALRAUX, *Antimémoires*, p. 27).

e) Syntagmes prépositionnels introduits par des prépositions différentes, propositions introduites par des conjonctions ou pronoms relatifs différents, etc. :

> *Au printemps* ET *en été. J'irai à Paris* OU *en Suisse.* — *Sorte de bureau ou de table longue et étroite sur laquelle le marchand comptait autrefois l'argent* ET *où maintenant le vendeur étale sa marchandise* (AC., s.v. *comptoir*). — *John Mangles ne savait plus comment évoluer, dans quelle direction fuir* (J. VERNE, *Enfants du capit. Grant*, III, 16).

f) Phrases ou propositions ayant des verbes à des temps différents :

> [...] *un homme qui* FUT *mon guide dans les lettres, et de qui l'amitié* A ÉTÉ *un des honneurs comme une des consolations de ma vie* (CHAT., *Mém.*, I, XI, 4). — *Nous* AVONS QUITTÉ *le pays depuis bientôt quinze ans et nous n'y* REVIENDRONS *certainement jamais* (ALAIN-FOURNIER, *Gr. Meaulnes*, I, 1). — AC. citée dans *e)* ci-dessus.

258   Quoique apparemment de même fonction, **ne sont pas susceptibles de coordination :**

a) Parmi les éléments subordonnés au nom, un élément qui marque l'appartenance, la relation, et un élément qui marque la caractérisation :

*Une grammaire grecque ET systématique. *La boîte aux lettres ET de notre maison est peinte en vert. *La maison de mes parents ET où j'ai passé mon enfance a été détruite par les bombes.

Dans l'expression normale, *Une grammaire grecque systématique*, il y a un emboîtement, une hiérarchie :

$$\boxed{\boxed{\text{Une grammaire grecque}}\ \text{systématique}}$$

b) Deux compléments liés au verbe de façon inégalement étroite :

*Il fut blessé à la jambe droite ET à la bataille de Waterloo.

$$\boxed{\boxed{\text{Il fut blessé à la jambe droite}}\ \text{à la bataille de Waterloo}}$$

c) Un nom attribut avec déterminant et un adjectif attribut :

*Il est triste ET un imbécile (dans Grand Lar. langue, p. 974).

Si le nom est construit sans déterminant, la coordination est possible : *Je suis instituteur ET fier de l'être. — Mais d'autres parmi nos concitoyens, et qui n'étaient pas toujours concierges NI pauvres [...]* (A. CAMUS, *Peste*, p. 34).

259 Coordination entre **éléments qui sont ou qui paraissent de fonctions différentes** :

a) Sous-phrase incidente coordonnée à un élément de phrase (proposition, syntagme, etc.) :

Comme elle n'avait que dix-neuf ans — ET elle les eut toute sa vie — elle conçut de graves inquiétudes (PAGNOL, *Gloire de mon père*, p. 31). — *Sa mère, qui ne voulait plus le voir — MAIS en était-elle sûre ? — lui écrivit d'Amérique. — Il remontait, au hasard, le quartier latin, si tumultueux d'habitude, mais désert à cette époque, CAR les étudiants étaient partis dans leurs familles* (FLAUB., *Éd. sent.*, I, 5). — *[...] tira de sa poche — à mon grand étonnement, CAR cela nous était formellement interdit — une boîte d'allumettes* (ALAIN-FOURNIER, *Gr. Meaulnes*, I, 1). — *Avec un mélange de bonheur (CAR depuis son retour elle n'avait cessé de penser à lui) et de consternation (CAR elle allait épouser Raymond au début du prochain mois), Rébecca regardait l'homme* (PIEYRE DE MANDIARGUES, *Motocyclette*, F°, p. 126).

En réalité, la coordination se fait non pas avec l'élément en tant que subordonné, mais avec cet élément considéré en soi, érigé en phrase, phrase que l'on pourrait expliciter : *Le Quartier latin était désert à cette époque, car...* Dans les ex. ci-dessus, on ne fait pas cette explicitation, puisqu'elle serait purement redondante.

b) Conjonction de subordination explétive après une conjonction de coordination :

1° À une phrase interrogative se trouve parfois coordonnée par *ou* une sous-phrase interrogative commençant par *si* (qui est normalement la marque de l'interrogation indirecte) : *Prendras-tu ton épée, OU s'il faut qu'on t'en prie ?* (MUSSET, *Prem. poés.*, Don Paez, II.) — Ce tour ne peut être considéré comme incorrect : voir § 382.

2° À une sous-phrase introduite par *car* se trouve parfois coordonnée par *et* une autre causale introduite par *que* (qui est normalement une marque de subordination) :

[...] *que je serais très heureuse de revoir car elle m'a beaucoup plu et* QUE *c'est pour moi une vraie fête de pouvoir parler de choses sérieuses avec quelqu'un qui a l'air de les comprendre* (G. BEAUMONT, *Harpe irlandaise*, II, 5). — [...] *le maître de cérémonies qui parlait fortement du nez car il était enrhumé depuis trois jours et* QUE *cette église* [...] *était glaciale en ce mois de novembre* (P. VIALAR, *M. Dupont est mort*, p. 7). — *Elle ne lui en voulait pas d'avoir les yeux bleus de son père, car il avait son teint mat à elle,* QU'*il serait brun comme elle et* QU'*il aurait la forme allongée de son visage* (Fr. PARTURIER, *Calamité, mon amour*, p. 56).

Autres ex. : KESSEL, cit. Le Bidois, t. II, p. 754 ; E. JALOUX, LA VARENDE, J.-J. GAUTIER, M. PONS, cit. R. Georgin, *Prose d'aujourd'hui*, p. 101, et *Pour un meilleur franç.*, pp. 151-152.

Dans ces ex., *car*, assez proche, quant au sens, de *parce que* (cf. § 1038), reçoit la même construction que celui-ci (§ 1027, *b*, 2°) : PARCE QUE *vos lèvres s'étaient entr'ouvertes,* ET QU'*un vain son en était sorti,* [...] *j'avais fait un rêve* (MUSSET, *Chandelier*, III, 4). — Il est préférable d'éviter la construction *car... et que,* qui est critiquée par les grammairiens : voir, notamment, R. Georgin, *l.c.* On ne peut pourtant pas la considérer comme d'origine populaire, *car* appartenant surtout à la langue écrite.

D'habitude, si la sous-phrase commençant par *car* a besoin d'avoir une sous-phrase coordonnée, celle-ci est jointe à l'autre sans mot de liaison particulier ou par *et, ni, ou* : *Car j'ignore où tu fuis, tu ne sais où je vais* (BAUDEL., *Fl. du m.*, À une passante). — *Car il croyait l'* [= vertueux] *avoir été,* OU *plutôt il aurait voulu se le faire accroire* (FLAUB., *Éd. sent.*, II, 2). — *Car* NI *l'Allemagne ne triomphera de nous,* NI *nous ne triompherons de l'Allemagne* (GIDE, *Journal*, 3 mai 1917).

R. Georgin (*Jeux de mots*, p. 91) a relevé *que* comme substitut de *tant,* qui marque aussi la cause : *J'aurais volontiers surnommé cette femme* [...] *la reine des mouches vertes* [...] TANT *sa présence m'horripilait* ET QUE *tout se flétrissait dans son sillage* (B. CENDRARS, *Trop, c'est trop*).

Hist. — 1. Un phénomène analogue se produisait dans la langue classique avec des adverbes interrogatifs. Littré (s.v. *que*, 17°) cite, sans aucune réserve, des exemples comme :

⁺POURQUOI *avez-vous tous conspiré contre moi,* ET QUE *personne ne m'avertit où est le fils d'Isaïe ?* (BOSS., *Polit.*) — ⁺*Jusques à* QUAND *jugerez-vous avec injustice,* ET QUE *vous regarderez, en jugeant, non le droit, mais les personnes ?* (ID., *ib.*) — ⁺POURQUOI *dit-on prêter l'oreille,* ET QUE *prêter les yeux n'est pas français ?* (VOLT., *Comment. sur Corn.*)

On ne signale ce phénomène en fr. moderne qu'avec *c'est pourquoi* et *voilà pourquoi* : cf. § 1028, *a*, 3°.

2. *Est-ce que ... et que ... ?* Cf. § 389, Hist., 2.

c) Éléments coordonnés au mot auquel ils sont subordonnés :

Par rapport à un nom : *Vous n'êtes plus qu'un homme aujourd'hui,* ET *combien laid !* (GHELDERODE, *Théâtre*, 1943, p. 66.) — *La Casamance est un fleuve-lac, un Niagara,* ET *tout bordé de courtes vagues marines* (MALRAUX, *Antimémoires*, p. 76). — *Certains esprits,* ET *même qui admettent la réalité de l'évolution organique, voient dans l'espèce humaine un chef-d'œuvre prémédité et de longue haleine* (J. ROSTAND, *Pensées d'un biologiste*, p. 87). — *Il y a toujours eu des querelles des Anciens et des Modernes, des Classiques et des Romantiques depuis qu'il y a des hommes,* ET *qui peignent, chantent ou écrivent* (Fr. MAURIAC, dans le *Figaro litt.*, 24 déc. 1960). — *En haut sur le pont, au frais, il y a les maîtres* ET *qui ne s'en font pas* (CÉLINE, *Voy. au bout de la nuit*, F°, p. 18). — *Des flocons de neige,* MAIS *qui brillaient d'un feu éblouissant et qui brûlaient comme des bouffées de vapeur, passaient devant ses yeux* (PIEYRE DE MANDIARGUES, *Motocyclette*, F°, p. 100).

Par rapport à un verbe [1] : *Il aime les femmes distantes,* MAIS *de près* (GIRAUDOUX, *La guerre de Troie n'aura pas lieu*, I, 4). — *J'ai demandé,* MAIS *si bas qu'ils n'ont pas entendu : « Et le bonheur ? »* (G. DUHAMEL, *Les plaisirs et les jeux*, VI, 16.) — *Il va humilier Julien,* ET *par ma faute !* (STENDHAL, *Rouge*, I, 7.) — *Il marchait cependant,* MAIS *sans rien voir, au hasard* (FLAUB., *Éd. sent.*, II, 3). — *Le* Tancrède *de M. Léon-Paul Fargue a paru cette année,* ET *en cachette de l'écrivain* (APOLLIN., *Anecdotiques*, 16 juillet 1911). — *Mais voilà-t-y pas que* [...] *un régiment se met à passer,* ET *avec le colonel par-devant sur son cheval* (CÉLINE, *Voy. au bout de la nuit*, F°, p. 18). — [...] *depuis lors se tenait à l'ombre,* MAIS *s'exaltant de plus en plus* (FLAUB., *op. cit.*, II, 4). — *J'irai vous voir,* MAIS *quand il fera beau.* — Autres ex. au § 383, *b*. Rem. 5.

Par rapport à un adjectif : *Je m'en suis rendue malade,* OU *presque* (S. de BEAUVOIR, *Belles images*, F°, p. 30).

Le phénomène est particulièrement fréquent quand l'élément coordonné est la négation de l'élément auquel il est rattaché : *Romanesque* OU *non, elle était le soir consternée* (A. DAUDET, *Sapho*, VIII). — *Civile* OU *pas, mon œuvre prétend ne concurrencer rien* (GIDE, *Faux-monn.*, p. 237). — *Le capitaine Sturtmeyer devait se moquer que sa cause fût juste* OU *pas* (J. ROY, *Métier des armes*, p. 243). — *Le charretier avait été tué,* MAIS *pas exprès* (HUGO, *Quatrevingt-tr.*, III, IV, 4). — *On peut ensuite agir,* OU *non, mais en connaissance de cause* (A. CAMUS, *Été*, p. 54). — *Stupide, je sais que je le suis,* MAIS *pas quand je parle de lui* (M. DURAS, *Petits chevaux de Tarquinia*, p. 35).

Dans ces constructions, qui existent aussi dans la langue parlée (et, notamment, dans les dialectes : voir par ex. Remacle, t. III, p. 15), on a en réalité un phénomène d'ellipse. Au lieu d'écrire : *L'économie n'est qu'une partie, et une partie subalterne, de la politique* (Chr. PERROUX, dans la *Pensée nationale*, n° 11, 1976, p. 61), on peut écrire, comme dans les ex. cités plus haut : *L'économie n'est qu'une partie, et subalterne, de la politique*, en supprimant les termes identiques (cf. §§ 217, *b*, et 260), qui sont justement les mots auxquels les éléments conservés sont subordonnés. Cette suppression met d'autant mieux en évidence l'élément coordonné. Si on rétablit la phrase dans son intégralité, la coordination se fait, selon la règle générale, entre éléments de même fonction (et de même nature).

Dans les formules réduites, l'épithète peut être précédée d'un mot, article ou préposition, qui est demandé par le nom implicite : *La lutte s'engage. J'ai des alliés, heureusement, et* DE *bons* (DUHAMEL, *Les plaisirs et les jeux*, V, 2). — *C'est la main d'un homme et* D'*un vrai* (ID., *Œuvre des athlètes*, III, 7).

Dans la langue tout à fait courante, *Un litre et demi, De part et d'autre,* sont des restes de l'époque où *demi* et *autre* pouvaient se construire sans déterminant (§ 570, 9°, Hist.).

Hist. — Les faits décrits dans le *c*) sont anciens dans la langue ; voir Tobler-Lommatzsch, III, 1511, qui citent notamment : *Je ai enfans,* ET *de grant pris (Renart).* — *Repentés vous,* ET *tost* (GILLES LI MUISIS). Ils étaient connus au XVIIᵉ s. On a souvent imité (voir ci-dessus l'ex. de Mauriac) la phrase célèbre qui ouvre les *Caractères* de La Bruyère : ⁺*Tout est dit, et l'on vient trop tard depuis plus de sept mille ans qu'il y a des hommes,* ET *qui pensent.*

─────────────

1. Cela ne se fait pas, normalement, pour les compléments essentiels du verbe : voir § 266, *a*, Rem. 1.

En anc. fr., on trouve des coordinations qui nous paraissent particulièrement hardies, comme : *La puchielle en ont aresnie, / Et qui au cuer en fu mout lie* (*Sone de Nansai*, cit. Tobler-Lommatzsch) [= Ils ont adressé la parole à la jeune fille, *et* qui en fut très joyeuse dans son cœur]. — Comp. pourtant cet ex. de Flaubert : *Ils avaient fait trois pas dehors, quand un peloton de gardes municipaux en capotes s'avança vers eux,* ET *qui, retirant leurs bonnets de police, et découvrant à la fois leurs crânes un peu chauves, saluèrent le peuple très bas* (*Éd. sent.*, III, 1). La conjonction paraît tout à fait superflue.

Remarque. — *Car* introduit normalement une phrase (ou une sous-phrase). Un usage un peu aventureux le fait suivre parfois d'un adjectif :

Adieu beaux yeux, quand même inviolés, CAR *inapprivoisables d'Ophélie !* (LAFORGUE, *Moralités légendaires*, cit. Damourette-Pichon, § 3156.)

Cette construction n'est pas due à l'influence de *mais, ou, et* ; c'est un autre cas (cf. *b*, 2°) où *car* a subi l'analogie avec *parce que*, pour lequel cette façon de s'exprimer est tout à fait courante : § 1079, *b*, 2°.

d) Pronom coordonné à une phrase.

1° *Ce, ceci, cela, ça* sont régulièrement coordonnés à une phrase qu'ils sont justement chargés de représenter, — soit pour que puisse s'y ajouter une précision supplémentaire, éventuellement mise ainsi en évidence, — soit pour montrer que la précision concerne la fin de la phrase et non la phrase entière, ou l'inverse dans le cas de la formule *tout cela :*

Il nous fallait utiliser les water-closets de la tourelle de droite, contigus à la chambre des maîtres. ET CE, *en pleine nuit, à la lueur d'une lampe Pigeon* (H. BAZIN, *Vipère au poing*, VII). — *Les Allemands comme les Français avaient considéré comme irréalisable l'idée de fabriquer en quelques années une bombe atomique et y avaient renoncé,* ET CECI *non par des scrupules moraux, comme on a depuis parfois cherché à le faire croire* (B. GOLDSCHMIDT, cit. *Trésor*, t. V, p. 345). — *Avec quelle joie Henriette se prêtait à me laisser jouer le rôle de son mari, à me laisser occuper sa place à table, à m'envoyer parler au garde ;* ET TOUT CELA *dans une complète innocence* (BALZAC, *Lys dans la vallée*, p. 202).

Sans conjonction de coordination : *En plusieurs fois, sans le vouloir, elle lui apprit des détails sur elle-même. Elle avait été « demoiselle dans un magasin », avait fait un voyage en Angleterre, commencé des études pour être actrice ;* TOUT CELA *sans transitions, et il ne pouvait reconstruire un ensemble* (FLAUB., *Éd. sent.*, III, 1). — *Je n'usais de mes médailles que pour rester en poste dans cette ville.* CE, *pour la petite histoire, qui n'a apparemment rien à voir avec le fait et le sentiment de ce jour* (Y. NAVARRE, *Portrait de Julien devant la fenêtre*, p. 11).

2° Dans le langage familier, *et tout* et divers équivalents, souvent difficiles à classer *(et cetera, et patati et patata)*, certains étant plus nettement nominaux *(et le reste)*, se joignent, non seulement à des noms, mais aussi à des syntagmes prépositionnels, à des adjectifs, et même à des verbes, à des propositions, pour tenir lieu d'une énumération que l'on estime superflue ou même de la suite d'une phrase que l'on juge à propos d'interrompre. Voir § 220, *a*.

Hist. — En anc. et moyen fr. il n'était pas rare que l'on mette *et* (parfois *mais*) après une proposition placée en tête de la phrase :

Quant li rois en vet el bois [= s'en va au bois], / ET *Tristran dit : « Sire, g'en vois* [= je m'en vais] *»* (BÉROUL, *Tristan*, 596). — *Cil qui de glaive fait morir, / ET il doit de glaive perir* (GACE DE LA BUIGNE, 1532). — *Quant veu* [= vu] *ont desconfire / Orgueil et sa bataille fuire,*

ET *regardent a eulz venir / Uns homs* [= un homme] (ID., 4465). — *Quant Perchevaus le voit venir / [...], / MAIS molt li prent a anuier* [= il se préoccupe fort] (GERBERT DE MONTREUIL, dans Tobler-Lommatzsch, V, 875).

Les éditeurs modernes ont plus d'une fois cru devoir corriger cette particularité. — On employait de même *si*, qui était en anc. fr. plus ou moins un équivalent de *et* (cf. § 1031, Hist.) : *Quant le dut prendre, SI li caït* [= tomba] *a tere* (*Rol.*, 333).

260   Coordination et économie.

Quand, dans les termes coordonnés, il y a des éléments identiques, la tendance naturelle de la langue est de ne pas répéter ces éléments communs.

Par ex., *J'enlace et je berce son âme* (BAUDEL., *Fl. du m.*, Pipe) est pour *J'enlace SON ÂME et je berce son âme*. — *Philippe revient des champs, et le Paul, son fils, du chemin de fer* (J. RENARD, *Journal*, 2 sept. 1902) est pour *... et le Paul, son fils, REVIENT du chemin de fer.* — Cf. § 217, surtout *b*.

On doit faire à ce sujet certaines observations :

a) On peut presque toujours répéter les éléments communs, si l'on veut ou insister ou éviter une ambiguïté (cf. § 217, *g*, Rem.), cette reprise étant surtout fréquente dans les coordinations implicites :

Il marcha trente jours, IL MARCHA trente nuits (HUGO, *Lég.*, II, 2). — *Votre monde est superbe, et votre homme EST parfait* (MUSSET, *Poés. nouv.*, Rolla, IV). — *Un critique, qui mériterait absolument ce nom, ne devrait être qu'un analyste sans tendances, SANS préférences, SANS passions* (MAUPASS., *Pierre et Jean*, Préf.). — *Le IIIe corps et le Xe CORPS vont se heurter à l'armée française* (DE GAULLE, *Discorde chez l'ennemi*, p. 20). — *L'auto avait traversé la ville, TRAVERSÉ le fleuve et gagné la rive gauche* (G. DUHAMEL, *Cri des profondeurs*, p. 110).

Une autre possibilité, dans certains cas, est de reprendre l'élément commun par un pronom ou par un autre substitut (voir § 219) : *La rive allait se courbant et ELLE était bordée de toute une rangée de hauts peupliers droits* (RAMUZ, *Vie de Samuel Belet*, I, 3). — *Vous ne voulez pas, mais moi SI.*

b) Il y a des cas où la suppression est moins courante qu'elle ne l'a été dans le passé. C'est le cas surtout de mots très courts à fonction plus grammaticale que sémantique :

Les déterminants : § 561. Les pronoms personnels conjoints sujets (spécialement *il* impersonnel) ou compléments : §§ 644 et 649. Les pronoms relatifs : § 683. *On* : § 725, *c*. Les adverbes de degré : § 948, *d*. Les prépositions *à, de, en* : § 995, *a*. Les conjonctions *que* et *si* (de l'interrogation indirecte) : § 1027, *b*, 1°. Voir aussi § 974, 2°, Hist., 2, *(ne)*.

c) Lorsque l'élément commun à deux syntagmes (ou plus) coordonnés est l'élément final des syntagmes complets, il est exprimé d'habitude dans le dernier syntagme :

Je lis et je parle L'ANGLAIS. Je suis et je serai toujours DÉMOCRATE. La porte et les fenêtres DE LA MAISON. Je prendrai la ou les PLACES RESTANTES. — *C'est le monde libre qui [...] dictera la paix, avec ou sans LA GUERRE* (DE GAULLE, *Disc. et messages*, 10 juillet 1950).

Cependant peuvent être exprimés avec le premier syntagme :

— Le régime d'une préposition susceptible d'être employée sans régime (§ 992) : *Pendant* LE REPAS *ou après,* aussi bien que : *Pendant ou après* LE REPAS. — [Mais : *De et à* PARIS, et non : **De* PARIS *et à.*]

— La proposition d'interrogation indirecte introduite par un interrogatif susceptible d'être employé seul (§ 1101, Rem. 1) : *Il m'a demandé où* J'IRAIS *et avec qui,* ou : *... et quand,* aussi bien que : *... où et avec qui* J'IRAIS, *où et quand* J'IRAIS.

— Le nom précédé d'un déterminant numéral : *Un* JOUR *ou deux,* aussi bien que : *Un ou deux* JOURS. (Remarquez le changement de nombre.) — *Pour cent* FRANCS *et quelques* ou *... et des,* voir § 217, *b,* 2°, Rem. 1.

— Le nom précédé d'une épithète et d'un déterminant : *L'ancien* TESTAMENT *et le nouveau,* aussi bien que : *L'ancien et le nouveau* TESTAMENT.

Lorsque l'élément commun n'est pas l'élément final du syntagme, il est exprimé dans le premier syntagme :

JE LE *crois et espère* (cf. *b*). APRÈS *ma sœur et mon frère. Paule* EST *veuve et Jeanne célibataire. Il n'*A *ni tué ni volé.* LE ROI *règne et ne gouverne pas.* NOS *parents et amis.*

d) Il n'est pas toujours facile de délimiter la partie commune. Cela dépend du contexte, de la situation et aussi de la construction ordinaire des mots. Dans les ex. suivants, le syntagme final est tantôt commun aux deux membres coordonnés, tantôt propre au dernier :

Il montait à cheval et faisait des armes DANS LA PERFECTION (Al. DUMAS, *Trois mousq.,* XXVII). — *Ne nous suffit-il pas de savoir que nous sommes et que nous resterons* L'UN À L'AUTRE [...] ? (GIDE, *Porte étr.,* II.)

Dans le petit bois de chênes verts il y a des oiseaux, des violettes, et des sources SOUS L'HERBE FINE (A. DAUDET, *Lettres de m. m.,* p. 153). — [...] *des piles de draps et de nappes immaculées et parfumées* PAR DES SACHETS DE LAVANDE (M. TOURNIER, *Vendredi ou les limbes du Pacifique,* F°, p. 8). — *Il prétexterait d'affaires pour voyager ou rentrer* EN FRANCE (YOURCENAR, *Souvenirs pieux,* p. 21).

Le lecteur est souvent un peu surpris quand un élément subordonné est commun non pas à des mots coordonnés, mais à des mots qui dépendent eux-mêmes de mots coordonnés :

Je ne sais d'où cela venait, n'était peut-être de ma facilité à entrer dans L'ESPRIT *et à prendre* LES MŒURS DES AUTRES (CHAT., *Mém.,* I, II, 3). — *Ceux-ci s'engagent à fournir des denrées déterminées à l'État, qui répond de les prendre moyennant des* PRIX *et de les payer dans des* DÉLAIS FIXÉS D'AVANCE (DE GAULLE, *Trois études,* p. 158).

Le même problème peut se poser pour un terme subordonné au premier élément ; seul le contexte permet de dire qu'il se rapporte aussi au second :

Le mépris des hommes est fréquent CHEZ LES POLITIQUES, *mais confidentiel* (MALRAUX, *Temps du mépris,* Préf.).

Hist. — Ex. d'ambiguïté fâcheuse : *⁺Ces Pères* [= les jésuites], *peu accoutumés à trouver de la résistance nulle part et à dominer les prélats les plus considérables* [...] (SAINT-SIMON, *Mém.,* Pl., t. I, p. 457). — Il faut comprendre : *... et accoutumés à dominer ...*

e) L'élément non répété devrait être logiquement le même que celui qui a été exprimé. Nous avons vu, à propos de l'ellipse, qu'en réalité le verbe omis pouvait ne pas avoir le mode, le temps, la personne, le nombre du verbe exprimé, et que l'on pouvait passer du négatif au positif (§ 217, *b*, 1°), que le nom omis pouvait ne pas avoir le même nombre que le nom exprimé (*ib.*, 2°) :

Moi je ne SUIS *qu'une ombre, et vous qu'une clarté !* (E. ROSTAND, *Cyr.*, III, 7.) — NE PAS MONTER *bien haut, peut-être, mais tout seul !* (ID., *ib.*, II, 8.) — [...] *à une ou plusieurs* ASSEMBLÉES *issues de la nation* (AC., s.v. *parlementarisme*).

Il paraît plus gênant que, la forme du mot omis étant identique à celle du mot exprimé, en réalité cette forme unique recouvre des fonctions ou des sens différents. De telles irrégularités n'arrêtaient pas les auteurs du moyen âge, ni même les classiques (cf. Hist.) et se retrouvent au XIXe et au XXe s., parfois chez d'excellents écrivains. Mais il est légitime de juger ces jeux de mots involontaires plus gênants que les asymétries dont nous avons parlé plus haut (§§ 256-257) et de les éviter par écrit.

1° Le mot non répété a une forme (orale et écrite) unique, mais représente deux fonctions différentes :

Ils faisaient dactylographier et circuler LEURS TEXTES (S. de BEAUVOIR, *Tout compte fait*, p. 356).

Ce phénomène se produit surtout, même chez des auteurs excellents, avec le pronom personnel : *Est-ce parce que* [...] *je ne* ME *suis ni asphyxié, ni brûlé la cervelle, ni jeté à l'eau ?* (BALZAC, *Lettres à l'étrangère*, t. I, p. 504.) — *Elle le trouva dans sa cuisine, où il s'était introduit, et accommodé une vinaigrette* (FLAUB. *Tr. contes, Cœur simple*, III). — *Personne ne* M'*avait regardée ou marché sur le pied* (Th. GAUTIER, *Mlle de Maupin*, X). — *Leverdet, qui s'est éveillé, frotté les yeux et levé* (DUMAS fils, *Ami des femmes*, I, 5). — *Il songe amèrement qu'il ne s'est jamais amusé, jamais donné un beau soir comme celui-là* (A. DAUDET, *Immortel*, XVI). — *Nous* NOUS *sommes roulés dans les champs, arraché les cheveux* (VALLÈS, *Enfant*, VI). — *Ces dames* NOUS *ont reçus et donné toutes les clartés possibles sur leurs activités* (G. DUHAMEL, *Turquie nouvelle*, p. 78). — *Je* T'*eusse donné la main et conduit merveilleusement* (É. HENRIOT, *Temps innocents*, p. 304). — *Quels sont aussi les livres qui* M'*ont le plus touché ou plu* (LÉAUTAUD, *Journal*, 22 mai 1904). — *Ces quelques lignes d'un inconnu* M'*ont à la fois agréablement surpris et donné honte de ma feintise* (GIDE, *Journal*, 18 déc. 1946).

Autres ex.: A. SUARÈS, *Sur la vie*, t. II, p. 293 ; H. BORDEAUX, *Paris aller et retour*, p. 307 ; A. BRETON, *Nadja*, pp. 15 et 102 ; P. BENOIT, *Villeperdue*, p. 160 ; C. BOURNIQUEL, *Tempo*, p. 63 ; etc.

Cette double valeur du pronom exprimé entraîne des accords de participe passé différents : voir plusieurs ex. ci-dessus.

Hist. — Cette double valeur du pronom personnel exprimé s'observait dans la meilleure langue avant le XIXe s. :

Arnolphe. *Nous ne* NOUS *sommes veus depuis quatre ans ensemble.* / Horace. *Ny, qui plus est, écrit l'un à l'autre* (MOL., *Éc. des f.*, I, 4). — ⁺*Toute cette tristesse* M'*a réveillée, et représenté l'horreur des séparations* (SÉV., 17 mars 1680). — *Nous ne* NOUS *sommes jamais écrit ni revus* (J.-J. ROUSS., *Conf.*, Pl., p. 43). — Autres ex. dans Haase, § 148, A.

En anc. fr., le pronom omis pouvait même être d'une autre forme que le pronom exprimé. Cela apparaît plus rarement dans la langue écrite à partir du XVIIe s. :

Nus [= nul] *ne* LE *puet conforter / ne* [= ni] *nul bon consel doner* (*Aucassin et Nic.*, VII). — ⁺*Je* L'*en ai remercié et recommandé de continuer* (Mme de MAINTENON, *Corresp.*, cit. Haase). — *Il se felicitoit d'avoir tousjours renvoyé à ses ennemis le* trait franc, *c'est a dire de ne* L'*avoir point empoisonné, ni nui en secret* (BERNARDIN DE SAINT-P., *La vie et les ouvr. de J.-J. Rouss.*, p. 125) [= ... ni de *leur* avoir nui ...].

2° Le mot non répété a une forme (orale et écrite) unique, mais des sens différents :

J'AI *une nuée de Français à dîner et à trimballer* (LAMARTINE, lettre à sa mère, dans L. Bertrand, *Lamartine*, p. 174) [en outre, *dîner* est un nom]. — *Je* MONTE *ma valise et choisir ma chambre* (H. BATAILLE, cit. Sandfeld, t. III, p. 151).

3° Ce qui est omis aurait eu une forme différente du mot exprimé :

— *Mais tout le monde sait et attend qu'il* [= le premier ministre] *procède de mon choix et n'*AGISSE *que moyennant ma confiance* (DE GAULLE, *Mém. de guerre*, t. I, p. 342) [*savoir que* exige l'indicatif].

— [...] *fera triompher le pays* AUX CÔTÉS *et sur* LE MÊME RANG *que ses vaillants et chers alliés* (ID., *Disc. et messages*, 6 juin 1943). — *J'appellerai* [...] *hypothèse scientifique, toute proposition* [...] *non démentie par le savoir scientifique, mais non (encore)* INCLUE [*sic*] *ou exclue* DE CE SAVOIR (J. FOURASTIÉ, *Ce que je crois*, p. 19). — Autres ex. au § 994.

En particulier, °*entrer et sortir de* est un tour fréquent : [...] *pour recevoir ceux qui* ENTRENT *et ceux qui sortent* DE CE ROYAUME *des douleurs* (CHAT., *Génie*, IV, I, 8). — *On le voyait au passage* ENTRER *ou sortir* DE SON CABINET (PAGNOL, *Temps des secrets*, p. 360).

Autres ex. : STENDHAL, *Corresp.*, t. VIII, p. 159 ; SAND, *Corresp.*, t. IV, p. 840 ; DORGE-LÈS, *Réveil des morts*, p. 42 ; Fr. MAURIAC, dans le *Figaro litt.*, 4 avril 1959 ; MALLET-JORIS, *Rempart des Béguines*, p. 68 ; etc.

Hist. — Un complément pouvait autrefois être commun à des verbes de constructions différentes :

⁺*Les vers qui ont été inventés à Thèbes bien du temps après, c'est-à-dire les vers lyriques,* ACCOMPAGNENT, *ou répondent à la flûte* (RAC., t. VI, p. 46). — ⁺*La dignité de l'homme consistait, dans son innocence, à* USER *et dominer* SUR *les créatures* (PASC., *Pens.*, 486). — ⁺*Le bon abbé a pensé périr en* ALLANT *et revenant* DE *la Trousse* (SÉV., 1ᵉʳ mai 1680). — ⁺*Cet esprit inquiet et immonde, qui* SORT *et rentre* DANS *l'homme d'où il est sorti* (MASSILLON, cit. Littré).

Vaugelas exigeait pourtant (pp. 79-81 et 585) que « les deux verbes ayent mesme regime », mais en reconnaissant : « Il y a fort peu [de temps] que l'on commence à practiquer cette reigle ».

4° Le mot non répété a une forme orale unique, mais deux formes écrites distinctes (ce qui est particulièrement critiquable) :

Il ironisait sur des chefs [= cuisiniers] *du pays qui ont ou vont* ŒUVRER *en Helvétie et servir là-bas un feuilleté de homard sauce papale et des filets de mérou !!!* (LA REYNIÈRE, dans le *Monde*, 23 août 1975.)

5° Le mot à suppléer n'a pas été exprimé (ce qui est vraiment peu recommandable) :

N'empêche que le Voyage [de Céline] *est le premier livre important où l'usage du français parlé ne soit pas limité au dialogue, mais aussi au narré* (QUENEAU, *Bâtons, chiffres et lettres*, Id., p. 55) [= ... *mais soit utilisé aussi dans le narré*].

Voir aussi § 784, *a*.

261   Dans la **coordination différée**, les éléments coordonnés, au lieu de se suivre immédiatement comme c'est l'usage ordinaire, sont séparés par d'autres termes étrangers à la coordination.

a) Cette séparation est déterminée généralement par le mouvement même de la pensée : l'élément postposé est une addition après coup, une précision supplémentaire, et cela se produit dans la langue parlée (comp. Remacle, t. III, p. 16) comme dans la langue écrite. Celle-ci peut, en outre, avoir le souci de mettre en évidence l'élément postposé ou le souci d'équilibrer les membres de phrase, quand l'élément postposé est beaucoup plus long que l'autre.

> *La pluie venait les interrompre,* OU *une connaissance qui passait* (FLAUB., *Mme Bov.*, I, 1). — *Mais une fatigue l'envahissait,* ET *une impuissance de se tromper et de le tromper plus longtemps* (MAUPASS., *Notre cœur*, II, 6). — *Bernard s'attendrit,* ET *Blum,* ET *Coolus,* ET *ses anciens amis* (J. RENARD, *Journal*, 3 déc. 1902). — *Dans ces points de rencontre du génie latin et du génie germanique, les légendes fourmillent,* ET *la sorcellerie* (BARRÈS, *Maîtres*, p. 260). — *Un bon déjeuner l'* [= la mort] *a précédée,* ET *la même sortie que font les gens bien portants* (PROUST, *Rech.*, t. II, p. 315). — *Mais la logique le veut,* ET *la nécessité* (BAINVILLE, *Napoléon*, p. 315). — *La nuit lui donnait du courage,* ET *de ne pas le regarder* (MONTHERLANT, *Jeunes filles*, p. 85). — *Enfin !... Puisque sa famille l'avait toujours appelée ainsi,* ET *ses amies,* ET *tout le monde !...* (SIMENON, *Vérité sur Bébé Donge*, p. 13.) — *Gras et jaune il était cet homme* ET *myope tant qu'il pouvait* (CÉLINE, *Voy. au bout de la nuit*, F°, p. 243). — *Les profondeurs varient,* ET *les filets,* ET *les proies* (MALRAUX, *Antimémoires*, p. 151). — *Elle avait aussi de minuscules trous de nez, ma vipère,* ET *une gueule étonnante* (H. BAZIN, *Vipère au poing*, I). — *Les enterrements ne m'inquiétaient pas* NI *les tombes* (SARTRE, *Mots*, p. 77). — *Que les soirées me semblaient longues,* ET *les dimanches !* (S. de BEAUVOIR, *Mém. d'une jeune fille rangée*, p. 224.) — *Les cassolettes ne doivent pas coûter cher,* NI *les parfums qu'on y chauffe* (ÉTIEMBLE, dans la *Nouvelle revue fr.*, 1er avril 1969, p. 523). — Voir aussi §§ 1033, *b*, 4° *(ni)*, et 435, *a* (accord).
>
> La dislocation peut aussi être une de ces libertés que se permettent les poètes : *Tes ris sont maintenant* ET *tes pleurs superflus* (MUSSET, *Prem. poés.*, Quand je t'aimais). — *Un Manteau [...] / Non de Perles brodé,* MAIS *de toutes mes Larmes !* (BAUDEL., *F. du m.*, À une madone.)

En général, la langue courante préfère, soit utiliser une conjonction de subordination comme *ainsi que* ou la préposition *avec* (cf. ci-dessous, *b*, Rem.), — soit transformer la partie postposée en sous-phrase averbale, par ex., lorsqu'il s'agit d'un sujet, en rappelant le prédicat par *aussi* ou d'autres formules :

> *Les petites se mirent à rire et les vaches et le chien* AUSSI (AYMÉ, *Contes du chat perché*, Vaches). — *Il fut troublé, et tout Jérusalem* AVEC LUI (*Bible*, trad. CRAMPON, Matth., II, 3). — *Les pyramides égyptiennes semblent chez elles ici ;* ET PLUS ENCORE *les perspectives géométriques de Monte Alban, les petits temples anguleux de la place de la Lune* (MALRAUX, *Antimémoires*, p. 68). — *Dans ou bien, mais bien, bien* a souvent cette justification.

Hist. — La coordination différée (notamment des sujets) était courante dans l'ancienne langue jusqu'à la fin du XVIIIe s. C'est alors qu'on a commencé à critiquer cette construction : voir Brunot, *Hist.*, t. VI, p. 1959.

Le sujet ainsi postposé n'était pas nécessairement introduit par une conjonction :

> *L'empereur est mort, Doon de Nantuelh, Nalme et tous les aultrez princes* (JEAN D'OUTRE-MEUSE, éd. G., p. 37). — ⁺*Son devoir m'a trahi, mon malheur et son père* (CORN. *Pol.*, II, 1). — ⁺*Presque tous les jours, les enfants de France dînaient chez le maréchal de Boufflers, quelquefois Mme la duchesse de Bourgogne, les Princesses et les dames* (SAINT-SIMON, Pl., t. I, p. 553). — Cela est devenu fort rare par la suite : *M. des Aulnays tâcha de l'adoucir, le cousin Joseph, le précepteur, Forchambeaux lui-même* (FLAUB., *Éd. sent.*, II, 4).

b) La coordination immédiate n'est pas possible quand on coordonne un premier élément qui, par sa nature, occupe une place déterminée et un autre élément dont la nature exclut qu'il occupe la même place.

1° Quelques auteurs, renouant avec l'usage classique (cf. Hist.), pratiquent encore la coordination différée entre un pronom personnel conjoint (sujet ou complément) et un autre élément (syntagme nominal, infinitif, proposition, etc.) :

> *Crois-tu honnête ce que tu fais là* ET *Victor ?* (JOUHANDEAU, *Chaminadour,* p. 401.)
> *Je ne passerais d'ailleurs à Paris que pour mon plaisir, c'est-à-dire que pour vous voir* ET *deux ou trois amis* (LACORDAIRE, lettre, cit. Damourette-Pichon, § 3139). — *Était-ce pour les trahir* OU *bien la République ?* (FLAUB., *Sal.,* II.) — *Rachel l'avait compris,* ET *que son amabilité condescendante donnerait* [...] *la réputation* [...] (PROUST, *Rech.,* t. III, p. 1014). — *Ce que j'en dis,* ET *de l'absence de liberté laissée à l'homme, reste fort au-dessous de la vérité* (GIDE, *Ainsi soit-il,* Pl., p. 1212). — *Blaise le savait peut-être* ET *qu'elle n'aspirait qu'à ce refuge* (Fr. MAURIAC, *B. Pascal et sa sœur Jacqueline,* VI). — *Elle le dit à Marcel* ET *qu'on pouvait laisser la malle à l'hôtel* (A. CAMUS, *L'exil et le royaume,* Pl., p. 1566). — [...] *du triomphe* [...] *qui m'était offert* ET *à mes troupes à chaque retour de nos campagnes* (M. THIRY, *Romans, nouvelles, contes, récits,* p. 416).

La langue ordinaire évite ces coordinations : — soit en transformant le pronom conjoint en pronom disjoint (éventuellement avec maintien du pronom conjoint à sa place) ; — soit en transformant le second élément en proposition averbale (le plus souvent introduite par *ainsi que*) ou en complément introduit par *avec* (cf. Rem.) ; — soit en intégrant le second élément à une sous-phrase coordonnée elliptique dans laquelle le prédicat est un substitut comme *aussi, de même* (cf. § 219, *f*) :

> *Je rends ces lettres à* VOUS *ou à lui* (VIGNY, *Maréch. d'Ancre,* III, 3). — *Je veux conserver la liberté de peindre sans flatterie et* MOI *et eux-mêmes* (TOCQUEVILLE, cf. § 1033, *a*). — *Elle pourrait en ce moment* LUI *téléphoner, à* LUI *ou à quelque autre* (A. BRETON, *Nadja,* p. 106). — *Il est parti,* LUI *et son père.* — *Je le déteste,* LUI *et ses théories.* — *Je le déteste,* AINSI QUE *ses théories.* — *Il est parti* AVEC *son père.* — *Il est parti et son père* AUSSI.

Lorsque le pronom conjoint complément est accompagné d'un attribut, la coordination avec une proposition n'est plus sentie comme anormale :

> *Moi, je l'* [= le Rhône] *aurais voulu encore plus large* ET *qu'il fût appelé : la mer !* (A. DAUDET, *Petit Chose,* II.) — *Je la savais heureuse* ET *que son bonheur seule la rendait aveugle à mes peines* (BOURGET, cit. Sandfeld, t. II, p. 22).

2° La coordination entre une épithète antéposée et un élément subordonné qui suit le nom est un tour littéraire assez recherché qui, lui aussi, peut se réclamer de l'usage classique (cf. Hist.) :

> *L'on offrit à son avidité de savoir le plus vaste champ* ET *le plus varié qui pût tenter la curiosité d'une jeune homme né pour la gloire* (L. BERTRAND, cit. Blinkenberg, *Ordre des mots,* t. II, p. 132). — *Il y a de légers changements dans les mœurs* ET *que je n'aurais pas aperçus sans l'aide d'Harrow* (J. CHARDONNE, *Vivre à Madère,* p. 21). — *C'était une jolie robe,* ET *qui lui allait bien* (Fr. SAGAN, *Merveilleux nuages,* L.P., p. 89). [Ce cas est parfois difficile à distinguer de celui qui a été traité dans le § 259, *c.*]

Hist. — Les coordinations différées décrites ci-dessus, et de plus hardies encore, n'étaient pas rares dans l'usage classique, malgré les blâmes de Vaugelas (pp. 156-157 et 358) :

Vous perirez peut-estre, ET *toute vostre Race* (RAC., *Esther,* I, 3). — *Puisse-t-il te con-fondre,* ET *celuy qui t'envoye !* (MOL., *Tart.,* V, 4.) — ⁺*Jésus est dans un jardin, non de délices comme le premier Adam, où il se perdit* ET *tout le genre humain, mais dans un de supplices, où il s'est sauvé* ET *tout le genre humain* (PASCAL, *Pens.,* 736, Pl.) [= ... *et où il* a *sauvé* tout le genre humain]. — ⁺*J'eusse pu le faire, et même sans pécher contre la discrétion, non plus que de savants hommes* ET *très Catholiques* [...] *qui l'ont fait autrefois* (ID., *Prov.,* XI). — ⁺*Ceux qui passent le voient,* ET *qu'il semble toujours prendre un parti* (LA BR., II, 40).

Le tour *En vostre absence,* ET *de Madame vostre mere* n'était guère apprécié non plus par Vaugelas (pp. 209-10) [cf. § 217, *e,* Hist.]

Remarque. — Qu'un syntagme introduit par *avec* puisse être considéré comme une annexe du sujet est montré par les faits suivants :

1) Le verbe se met parfois au pluriel quand le sujet est un nom singulier suivi de *avec* et d'un autre nom : voir § 253, *a.* — 2) Un verbe pronominal réciproque, lequel exige néces-sairement plusieurs agents, peut trouver ceux-ci, l'un sous la forme d'un sujet singulier, l'autre sous la forme d'un syntagme nominal postposé introduit par *avec* : *Ma lettre s'est croisée* AVEC *la vôtre* (*Ac.,* s.v. *croiser*) [cf. § 748, Rem. 1]. — 3) La construction *Nous l'avons fait* AVEC *mon frère* = ... mon frère et moi. Mais celle-ci demande un commentaire particulier.

La construction *Nous l'avons fait* AVEC *mon frère* est connue dans beaucoup de langues. Elle consiste à expliciter après coup (parfois, avant) un pronom sujet pluriel, en indiquant celui des sujets qui n'est pas déjà connu par le contexte. Ce tour spontané est venu de la langue de tous les jours, mais il n'est pas si rare qu'on croirait dans des écrits qui n'ont rien de populaire :

Nous sommes toujours bons amis AVEC *monsieur Mouret, bien qu'on le dise furieux, depuis que je me suis intéressée à cette maison rivale* (ZOLA, *Au Bonheur des Dames,* XIV). — *Hier,* AVEC *Léon Daudet, nous nous demandions si, de nos jours, un pamphlet avait quelque chance de réussir* (J. RENARD, *Journal,* 18 déc. 1894). — *Nous remontions l'avenue des Champs-Élysées* AVEC *le docteur V...* (A. DAUDET, *Contes du l.,* p. 38). — *Nous marchons côte à côte* AVEC *Norette, la main dans la main* (P. ARÈNE, *Chèvre d'or,* XXIX). — *Nous avions, je l'ai dit, parlé de ce grave problème* AVEC *mon ami Georges Rebière* (G. DUHAMEL, *Temps de la recherche,* XI). — *Elle* [= Thyde Monnier] *a un tempérament de romancière ardent et juteux. Nous en parlions* AVEC *André Billy, qui est de mon avis* (R. KEMP, dans les *Nouv. litt.,* 20 déc. 1956). — *Nous sommes déjà d'accord* AVEC *Solange qu'il n'y aura pas de bagues dans notre affaire* (MONTHERLANT, *Démon du bien,* p. 107). — *C'est là que j'ai lu la* Vie de Jésus, *« sous l'œil des dieux », comme nous disions* AVEC *J. J. Frappa* (J. POMMIER, *Spectacle intérieur,* p. 336). — *Elle allait à Saint-Mouezy.* [...] AVEC *Madame Trévins, elles allumaient un feu dans la cheminée* (G. PEREC, *Vie mode d'emploi,* p. 132). — *Nous ne nous quittions plus* AVEC *Fernand* (VERCORS, *Moi, Aristide Briand,* p. 35).

262   La **coordination** est **anticipée** quand une sous-phrase, au lieu de suivre la phrase à laquelle elle est coordonnée, est insérée dans celle-ci, comme sous-phrase incidente :

Nous avons perdu — ET *c'est peut-être un grand malheur* — *le sens de l'indignation et du dégoût* (Fr. MAURIAC, *Roman,* V). — *Je regrette,* MAIS *je n'y puis rien, que ceci passe peut-être les limites de la crédibilité* (A. BRETON, *Nadja,* p. 95).

Sans conjonction de coordination : *Vainement j'attendis un mot d'Augustin le lundi de Pâques et durant tous les jours qui suivirent* — *jours où il semble,* TANT ILS SONT CALMES APRÈS LA GRANDE FIÈVRE DE PÂQUES, *qu'il n'y ait plus qu'à attendre l'été* (ALAIN-FOURNIER, *Gr. Meaulnes,* III, 12).

263   **Distinctions sémantiques.**

Du point de vue sémantique, on distingue traditionnellement quatre espèces principales :

1° La coordination **copulative,** qui marque la simultanéité, l'addition : *Mon frère* ET *ma sœur sont absents. Deux* ET *deux font quatre.* — NI *mon frère* NI *ma sœur ne sont absents.*

2° La coordination **disjonctive,** qui marque un choix : *Il veut être avocat* OU *médecin.*

3° La coordination **adversative,** qui marque l'opposition : *Elle est petite,* MAIS *vigoureuse.*

4° La coordination **causale :** *Partons,* CAR *il se fait tard.*

On ajoute la coordination **consécutive :** *Je pense,* DONC *je suis ;* — la coordination **transitive :** *Tout homme est mortel ;* OR *je suis un homme ;* DONC *je suis mortel ;* — la coordination **comparative :** MOINS *il travaille,* PLUS *il est fatigué.*

Ces distinctions logiques ne recouvrent pas tous les cas.

Remarques. — 1. Le second des termes coordonnés, surtout par *ou* ou sans conjonction, peut parfois être considéré comme remplaçant le premier, jugé insatisfaisant, trop faible par ex. Cela est montré par le fait que le second terme seul intervient dans l'accord (§ 439, *a*).

Dans son ménage, le malaise, même la mésentente sexuelle avec une femme qui lui a déjà donné ses quatre enfants, EST *une des causes de sa liaison [...] avec [...] Juliette Drouet* (THIBAUDET, *Hist. de la litt. fr. de 1789 à nos jours*, p. 147).

Certaines coordinations sont très proches de la redondance (§ 367, *a*) :

Pierrotte m'envoya un grand coup de coude et se mit à rire, MAIS *à rire...* (A. DAUDET, *Petit Chose*, II, 9.) [Cf. § 1037, Rem. 2.]

Sur la coordination pléonastique *(les us et coutumes),* cf. § 15, Hist.

2. Le point de vue que nous avons adopté dans ce chapitre est fondé sur la forme. Mais il faut reconnaître que certaines sous-phrases coordonnées ne sont pas de même niveau du point de vue logique, et que l'une d'entre elles peut équivaloir à une proposition. Cf. § 254, *b*, 3°.

De même, par la figure littéraire appelée *hendiadys,* on coordonne deux noms, alors que l'expression normale ferait de l'un d'eux un complément ou une épithète :

Comme un temple rempli de voix ET *de prières* (LAMART., *Harm.*, I, 1) [= de voix *qui prient*]. — Voir d'autres ex. au § 439, *b*.

263 bis   **Coordinations logiques et coordinations grammaticales.**

Les termes unis par les relations d'explicitation, d'addition, de soustraction, d'inclusion, d'exclusion, de substitution peuvent être considérés comme ayant la même fonction par rapport à un même mot, ce qui est la définition de la coordination.

— Tantôt la coordination est réalisée aussi du point de vue formel, par la présence d'une conjonction :

Deux ET *deux font quatre. La girolle* OU *chanterelle est un champignon comestible. Vous pouvez compter sur son approbation,* VOIRE *sur sa collaboration (... ou même sur ...). — J'ai refait l'histoire de cette femme,* OU *plutôt sa légende* (BAUDEL., *Pet. poèmes en pr.,* XXXV). — *Ce sont bien là deux systèmes de notation différents,* C'EST-À-DIRE *deux manières différentes de comprendre l'analyse du réel* (BERGSON, *Énergie spirituelle,* p. 194). [... *ou deux manières* ...]

— Tantôt le terme ajouté se présente sous la forme d'un complément absolu (§ 308, *c*) :

La famille, PAUL COMPRIS [ou PAUL EXCEPTÉ, etc.], *est partie en vacances.* [Comp., avec coordination manifeste : *Plusieurs routes le desservaient,* ET *en particulier une très grande route nationale* (M. DURAS, *Petits chevaux de Tarquinia,* p. 64).]

Nous avons cru pouvoir considérer comme des adverbes servant de prédicats antéposés dans des compléments absolus *plus, moins, outre* : *Deux* PLUS *deux font quatre. Tous étaient là,* MOINS *ma sœur.* Cf. § 308, *c.*

— Tantôt la liaison entre les termes se fait au moyen de ce que l'on considère ordinairement comme des prépositions :

Sauf n'est plus guère analysable comme adjectif, et *hormis* a perdu son caractère de forme verbale, alors qu'ils ont été des attributs de compléments absolus (§ 308, *c*) : HORMIS *le bureau de tabac, il n'y avait pas une seule boutique* (ROBBE-GRILLET, *Voyeur,* p. 53).

En sus de, en plus de, en outre de ont été tirés d'adverbes (§ 308, *c,* Rem.), et peut-être aussi *en dehors de* « excepté » : [...] *une union où M. de Nièvres apportait,* EN OUTRE DE *tant de convenances, des qualités sérieuses et attachantes* (FROMENTIN, *Dom.,* VII).

Dans *au lieu de, à la place de,* il semble souvent difficile de traiter *lieu* ou *place* comme des noms : *Il n'a su réchauffer ce cadavre hébété / Où coule* AU LIEU DE *sang l'eau verte du Léthé* (BAUDEL., *Fl. du m.,* Spleen).

Pour certains emplois d'*avec,* voir § 253, *a ;* de *jusqu'à,* § 1015, *d.*

— Nous avons dit ci-dessus (§ 253, *a*) que des conjonctions de subordination (*comme,* etc.) se rapprochent des conjonctions de coordination. Il en est de même, à plus forte raison, de formules figées dans lesquelles il est difficile de restituer les éléments ellipsés, comme *Tant ... que ...* :

TANT *le sol boueux* QUE *l'eau m'étaient présents* (H. BOSCO, *Malicroix,* p. 107). — Voir aussi § 445, *a.*

CHAPITRE IV

LA SUBORDINATION

264   Nous sommes partis, au chapitre II, de la phrase verbale énonciative et nous avons constaté que, sous sa forme la plus réduite, elle est constituée de deux éléments, que nous avons appelés le sujet et le prédicat : *Lucie réfléchit.*

Mais cette phrase réduite se réalise rarement. Nous parlons et nous écrivons au moyen de phrases qui sont généralement plus compliquées. Les éléments qui s'ajoutent à la phrase élémentaire et les éléments qui s'ajoutent à ces éléments (et ainsi de suite) ressortissent à deux procédés : la *coordination,* qui a fait l'objet du chapitre précédent, et la *subordination,* à laquelle est consacré ce chapitre IV.

Rappelons que la coordination joint des éléments de même statut, et, particulièrement, dans la phrase, des éléments de même fonction ; la coordination est une relation réciproque :

> *Marie aime la pluie et le vent : pluie* et *vent* sont des objets directs, et ils sont coordonnés l'un à l'autre ; cela implique la possibilité de les intervertir sans que soient changés la structure et le sens de la phrase : *Marie aime le vent et la pluie.*

La **subordination** est la relation qui unit, à l'intérieur de la phrase, des éléments qui ne sont pas de même niveau, qui ont des fonctions différentes, dont l'un dépend de l'autre. Ils forment un groupe, un *syntagme,* dans lequel il y a un élément syntaxiquement plus important, le *noyau,* qui est comme le *support* des éléments dépendants, subordonnés, appelés généralement **compléments** :

> Dans *Le mur du voisin est couvert de lierre, mur* est le noyau du syntagme *le mur du voisin ;* il est aussi le support (le mot complété) de *du voisin,* élément subordonné ou complément.

Remarques. — 1. Dans beaucoup de cas, la suppression des éléments subordonnés ne change rien à la régularité de la phrase : *La chanson du berger retentit dans la vallée → La chanson retentit.* Mais il y a, évidemment, perte sémantique.

Dans d'autres cas, en supprimant l'élément subordonné, on produit une phrase agrammaticale : *Chanson retentit. Mais elle aurait encore un sens, tandis que *La retentit ne peut en aucune façon être considéré comme un message.

Voir aussi §§ 266, a (complément essentiel du verbe) et 354 (complément de l'adjectif).

2. Un mot est construit **absolument** quand le complément ou la suite qu'il appelle d'ordinaire ne sont pas exprimés, soit que cette indication soit inutile, soit qu'elle ait déjà été donnée (ce qui s'apparente à l'ellipse) :

Nous MANGEONS à cinq heures (peu importe ce que nous mangeons). Cf. § 266, a. — Quand on fit cette proposition, tout le monde s'éleva CONTRE (AC., s.v. contre) [= contre cette proposition]. Cf. § 992.

Absolu a un sens différent dans complément absolu : § 306.

265 Les éléments subordonnés sont étudiés, dans ce chapitre, suivant la nature du support, du mot complété : éléments subordonnés au verbe, au nom, au pronom, à l'adjectif, à l'adverbe, aux mots-outils, au mot-phrase.

SECTION 1. — LES ÉLÉMENTS SUBORDONNÉS AU VERBE

Bibl. — A. BLINKENBERG, Le problème de la transitivité en français moderne, Copenhague, Munksgaard, 1960. — J.-P. BOONS, A. GUILLET et Chr. LECLÈRE, La structure des phrases simples. Constructions intransitives, Genève-P., Droz, 1976. — W. BUSSE et J.-P. DUBOST, Französische Verblexicon. Die Konstruktion der Verben im Französischen, Stuttgart, Klett-Cotta, 1977. — H. HAPP, Théorie de la valence et enseignement du français, dans le Fr. mod., avril 1978, pp. 97-134. — D. WILLEMS, Syntaxe, lexique et sémantique. Les constructions verbales, Gent, Rijksuniversiteit, 1981. — J. POHL, Le « C.O.D. », dans Romanica gandensia, 1983, pp. 135-145.

266 **Comment classer les éléments subordonnés au verbe ?**

a) Compléments **essentiels** et compléments **non essentiels**.

Les compléments sont essentiels : 1° quand leur construction (présence ou non d'une préposition, choix de la préposition) dépend du verbe lui-même ; — 2° quand le verbe ne peut constituer sans eux le prédicat.

Le verbe nuire appelle un complément introduit par la préposition à : Vous nuisez à votre avenir ; on pourrait dire que la préposition se rattache au verbe et non au complément. La suppression du complément rend la phrase agrammaticale : *Vous nuisez.

Pour la plupart des compléments adverbiaux essentiels (§ 301, a), le premier critère ne joue pas, mais bien le second : Je vais DANS le jardin, DERRIÈRE la haie, VERS le fond du jardin, etc., mais *Je vais tout court est inusité.

En revanche, pour beaucoup de compléments d'objet (§ 268), il est assez fréquent que la seconde condition ne soit pas remplie parce que la situation ou le contexte rendent superflue l'expression de ces compléments, qui restent implicites, sous-entendus : *J'ai essayé de l'empêcher de* BOIRE = (selon la situation) ... de boire n'importe quoi, ou de boire la chose précise qu'il était sur le point de boire, ou de boire des boissons alcoolisées. — Cela s'observe aussi pour certains compléments adverbiaux : *J'arrive !*

Cette faculté se réalise rarement pour certains verbes : *Avoir, posséder, déchirer, rencontrer, persécuter, alléguer, féliciter, redouter ; appartenir, raffoler, attenter ; provenir, habiter,* etc. — Pour d'autres, au contraire, elle est très fréquente : *Fumer (Défense de fumer), lire, coudre, tricoter,* etc.

L'emploi absolu peut être dû à l'euphémisme : *faire* et *aller* pour « déféquer ».

Remarques. — 1. Un moyen assez commode de distinguer les compléments essentiels est la dislocation :

Je vais à Paris toutes les semaines → *Je vais à Paris, et cela toutes les semaines,* mais non **Je vais, et cela à Paris.*

En règle générale, les compléments qui n'admettent pas la dislocation sont des compléments essentiels, à l'exception, toutefois, de la négation, qui ne peut pas faire l'objet d'une dislocation : **Je mange, et cela non.* — Quant à ceux qui l'admettent, beaucoup sont malgré cela essentiels ; il s'agit de verbes qui, s'accommodant d'une construction absolue, peuvent ne recevoir qu'après coup leur complément :

L'enfant s'était attablé et buvait. Du cognac (cit. Pohl). — *Les femmes fidèles rêvent parfois, et qu'elles ne sont pas dans les bras de leurs maris* (GIRAUDOUX, *Amphitryon 38,* II, 5). — *Toute œuvre d'art est amputée, et d'abord de son temps* (MALRAUX, cit. *Lar. des citations*).

En particulier, le lien de l'objet indirect avec le verbe est moins étroit que le lien de l'objet direct : cf. § 271, Rem. 1.

2. Quand un verbe a plusieurs sens, il n'est pas rare que dans un sens il demande un complément essentiel et dans un autre, non.

Pleurer au sens propre ne demande pas de complément ; pris au figuré au sens de « regretter », il a un complément essentiel : *Pleurer ses fautes.*

3. Les verbes ayant des compléments essentiels peuvent avoir en même temps des compléments non essentiels : *Je vais à Genève* TOUS LES ANS. — Un verbe dont le complément essentiel est resté implicite peut, naturellement, avoir des compléments non essentiels : *Je l'ai empêché de boire* ENTRE LES REPAS.

b) Compléments **directs** et compléments **indirects.**

La construction est **indirecte** lorsque le complément est introduit par une préposition, et **directe** dans le cas contraire :

Je ne m'attendais pas À SA RÉUSSITE. *Je doute* DE SON HONNÊTETÉ. — *J'attends* MON FRÈRE.

Cette opposition est établie en fonction des syntagmes nominaux.

En effet, l'infinitif est souvent construit avec préposition même quand le complément nominal correspondant est construit de façon directe : *Il craint* LA MORT. *Il craint* DE MOU-RIR.

De même, le pronom personnel placé devant le verbe est construit sans préposition, même quand il correspond à un complément nominal construit avec préposition : *Il parle* À SON FRÈRE. *Il* LUI *parle.* — Le relatif *dont* correspond aussi à un syntagme prépositionnel : *La chose* DONT *je me souviens.*

D'autre part, lorsque le complément est une proposition, il a ses propres mots de liaison, les conjonctions. Comp. : *Je crains* QU'IL NE PARTE. *Je crains* SON DÉPART. — *Je doute* QU'IL PARTE. *Je doute* DE SON DÉPART.

Remarques. — 1. Il ne faut pas prendre pour des syntagmes prépositionnels les syntagmes nominaux contenant des articles partitifs ou indéfinis :

Je bois DU VIN, DE LA BIÈRE, DE L'EAU. *Je mange* DES ÉPINARDS, DES NOIX. *Il n'a pas* DE PAIN. — Cf. aussi § 568, *b*, Hist. 1.

2. L'opposition *direct-indirect* est surtout utile pour les compléments d'objet : § 268.

c) Compléments **adverbiaux** et compléments **non adverbiaux.**

Certains compléments sont des adverbes ou peuvent être remplacés par des adverbes :

Je vais À UN AUTRE ENDROIT → *Je vais* AILLEURS. — *Il partira* DANS QUELQUES MINUTES → *Il partira* BIENTÔT. — *Je la vois* MALGRÉ CELA → *Je la vois* CEPENDANT.

Nous les appelons *compléments adverbiaux*, tandis que les *compléments non adverbiaux* ne présentent pas cette équivalence.

Sur l'appellation *compléments circonstanciels*, voir § 301, *b.*

d) Beaucoup d'autres critères ont été proposés, notamment :

1° La *pronominalisation*, c'est-à-dire la commutation avec un pronom personnel conjoint, phénomène qui caractériserait les compléments essentiels non adverbiaux :

Je regarde LE PAYSAGE → *Je* LE *regarde.* — *Elle parle* À SA VOISINE → *Elle* LUI *parle.*

On doit faire diverses réserves à ce sujet :

— Cette pronominalisation se réalise aussi pour les attributs et pour les « sujets réels » : *Elle est* MALADE → *Elle* L'*est. Il faut* PARTIR → *Il* LE *faut.*

— Le procédé ne fonctionne pas pour certains compléments d'objet indirect introduits par *à : Je pense à ma sœur* → **Je lui pense.*

— Il ne va pas du tout pour les compléments d'objet indirect introduits par une autre préposition que *à* ou *de : Elle déblatérait contre son mari.* — Si l'on veut remplacer ces complé-ments par un pronom, on doit garder la préposition et la faire suivre d'un pronom personnel disjoint : *Elle déblatérait contre lui ;* — c'est-à-dire que l'on doit procéder comme pour les compléments non essentiels : *Il a pleuré* DEVANT SON PÈRE → *Il a pleuré* DEVANT LUI.

— Les pronoms *en* et *y* correspondent : tantôt à un complément essentiel non adverbial, soit indirect : *J'*EN *doute. J'*Y *pense ;* soit direct : *J'*EN *mange ;* — tantôt à un complément adverbial, essentiel : *J'*Y *vais. J'*EN *viens ;* ou non : *La mésentente* Y *régnait ;* — tantôt à un complément qui n'est ni essentiel ni adverbial : *Il* EN *est aimé.*

2° La transformation *passive* et la transformation *interrogative,* qui seront utilisées au § 269.

3° Le *sens,* qui est peu pertinent :

Paris est un lieu, mais les compléments sont différents dans : *Je visite* PARIS, *Je vais* à PARIS et *Les maisons sont hautes* à PARIS.

Il est utile de prendre le sens en considération pour établir certaines subdivisions à l'intérieur d'une catégorie elle-même fondée sur des critères syntaxiques : cf. § 300.

4° La *mobilité.*

Certains grammairiens distinguent les compléments de phrase, qui peuvent se déplacer assez librement à l'intérieur de la phrase et, notamment, venir en tête : À PARIS, *les maisons sont hautes ;* — et les compléments de verbe, auxquels cette position serait refusée (à moins qu'un pronom conjoint ne tienne leur place devant le verbe). Mais les besoins de la communication et de l'expressivité amènent en tête de la phrase des compléments qui dépendent incontestablement du verbe et qui pourtant ne sont pas repris par un pronom personnel conjoint : MA CHEMISE *j'aurais donnée pour en* [= des surprises-parties] *être* (M. CERF, *Les rois et les voleurs,* p. 168). Cf. § 290, *d.* Avec des compléments d'objet indirect, cela appartient même à la langue soignée.

Inversement, des compléments non essentiels antéposés sont parfois repris par le pronom personnel *y :* Là, *il* Y *faisait moins chaud* (QUENEAU, *Derniers jours,* XV). Cf. § 305, *a,* Rem.

Voir aussi au § 301, *b,* d'autres considérations sur la notion de complément de phrase.

267   En nous fondant sur les critères expliqués ci-dessus, nous distinguons trois espèces de compléments du verbe : les compléments *d'objet* (I) ; les compléments *adverbiaux* (II) ; le complément *d'agent* du verbe passif (III).

Remarque. — Le participe présent et le participe passé employés comme épithètes peuvent avoir les compléments que le verbe a aux autres temps. Voir cependant § 315, Rem. 3.

I. — LE COMPLÉMENT D'OBJET

268   Le **complément d'objet** est un complément essentiel (§ 266, *a*), non adverbial (§ 266, *c*).

Selon qu'il est introduit ou non par une préposition, il est appelé **direct** ou **indirect.**

On disait autrefois *régime direct, régime indirect,* termes qui peuvent être, à l'occasion, fort commodes à employer parce qu'ils se réfèrent à la forme grammaticale, et non au sens. En effet, selon la définition traditionnelle, le complément d'objet énonce la personne ou la chose sur lesquelles passe l'action du sujet ; cette personne ou cette chose sont présentées comme supportant l'action, comme étant l'*objet* de l'action, comme marquant l'aboutissement, l'achèvement du procès.

On ne peut nier que cette définition ne convienne à des ex. comme *J'éteins* LE FEU. *Le menteur nuit* À SA RÉPUTATION. — Mais elle s'applique assez mal à d'autres cas : *J'ai reçu une gifle. Berthe a la rougeole.* — D'autre part, on pourrait parler d'aboutissement du procès à propos d'un ex. comme *Je vais* À MONTRÉAL, où la tradition ne voyait pas un complément d'objet (et où nous reconnaissons un complément adverbial essentiel).

On appelle **patient** l'être ou la chose qui subissent l'action, et qui sont souvent (mais non toujours) exprimés par le complément d'objet. — À la voix passive, le sujet représente souvent le patient.

Remarque. — Sur l'emploi absolu des verbes appelant d'ordinaire un complément d'objet, voir § 266, *a*.

269   Le **complément d'objet direct** (on dit aussi simplement *objet direct*) est rattaché au verbe directement, c'est-à-dire sans l'intermédiaire d'une préposition : *Ce manteau craint* LA PLUIE.

Rappelons que le mot *direct* est employé en fonction des syntagmes nominaux : cf. § 266, *b*. L'infinitif et la proposition sont souvent introduits par des mots-outils, préposition dans un cas, conjonction dans l'autre : *Il craint* DE *perdre sa place.* — *Je crains* QU'*il ne perde sa place.*

Il y a deux moyens principaux pour identifier l'objet direct :

a) L'objet direct devient le sujet quand la phrase est mise au passif au moyen de l'auxiliaire *être* :

La grève paralyse LES TRANSPORTS EN COMMUN → LES TRANSPORTS EN COMMUN *sont paralysés par la grève.*

La transformation passive n'est pas toujours possible, notamment pour les verbes *avoir* et *pouvoir* et pour beaucoup d'expressions figurées : *Prendre la fuite, perdre la tête, Cette affaire me regarde*, etc. Cf. § 742, *b*.

D'autre part, les verbes *obéir, désobéir* (§ 272, Hist., 1) et *pardonner* (§ 275, *f*) se sont construits jadis avec un nom de personne comme complément d'objet direct et admettent pour cette raison la transformation passive :

On a pardonné À L'ENFANT → L'ENFANT *a été pardonné.*

b) On peut aussi reconnaître le complément d'objet direct par la transformation interrogative. Il commute avec *Qui est-ce que... ?* (si le complément représente une ou des personnes) ou *Qu'est-ce que... ?* (s'il ne s'agit pas de personnes) :

J'aime ma sœur. — *Qui est-ce que j'aime ? ma sœur.*
J'aime la musique. — *Qu'est-ce que j'aime ? la musique.*

Il faut prendre garde au fait que la même transformation se fait pour le « sujet réel » des verbes impersonnels, pour certains attributs du sujet [1] et pour certains compléments essentiels qui ne sont pas des objets directs :

Il manque CENT FRANCS → Qu'est-ce qu'il manque ? — *Il est* AVOCAT → Qu'est-ce qu'il est ? — *Cela coûte* MILLE FRANCS → Qu'est-ce que cela coûte ?

Remarques. — 1. Les verbes qui demandent un complément d'objet direct sont appelés **transitifs** ; sinon, ils sont **intransitifs**.

On appelle parfois *transitifs indirects* les verbes construits avec un objet indirect. Nous n'utilisons pas cette désignation.

2. Certaines expressions qui, du point de vue historique, contiennent un verbe et un objet direct, sont devenues difficiles à analyser, soit que cet objet soit construit autrement que les syntagmes nominaux habituels : *Avoir faim, faire peur ;* — soit que, à plus forte raison, cet objet soit un nom plus ou moins sorti de l'usage : *Faire montre, savoir gré.* Il est sans doute préférable de les considérer comme des locutions verbales.

La langue populaire et le français négligé ont tendance à les traiter comme des verbes simples et à leur donner un complément d'objet direct, spécialement *avoir besoin :* °*Ce* QUE *j'ai besoin.* °*Je n'ai* RIEN *besoin.*

Ex. : *Le calcul est de savoir ce* QUE *lui et sa mère ont besoin pour vivre* [dit un personnage] (ZOLA, *Terre*, I, 2). — *Nous lui* [= à la Vierge] *demanderons ce* QUE *nous avons besoin* (prospectus pour un pèlerinage à Liberneuil [Char.-Marit.]). — *Pour vivre dans l'immédiat, tu n'as* RIEN *besoin* (une Parisienne, 1er févr. 1973).

Avec d'autres expressions : *Pour ce* QUE *tu as envie de plus* (ANOUILH, *Monsieur Barnett*, p. 60). Etc.

Quoique moins figée, l'expression *ouvrir la bouche* reçoit souvent les mêmes complé-ments que *parler : L'enfant* [...] *savait qu'il avait un père, mais rien de plus. Personne ne* LUI EN *ouvrait la bouche* (HUGO, *Misér.*, III, III, 2). — *Nous ne* LUI EN *ouvrirons pas la bouche* (LABICHE, *Célimare le bien aimé*, II, 10). — *Elle ne* T'EN *ouvrait pas la bouche ?* (COCTEAU, *Enfants terribles*, Sel., p. 52.) — *Je ne vous parle plus, répliqua Alphonse. Vous pouvez dire ce qu'il vous plaira. Je n'ouvre plus la bouche* À DE MÉCHANTES GENS *comme vous* (AYMÉ, *Contes du chat perché*, Patte du chat).

270   L'objet interne.

Certains verbes qui se construisent normalement sans complément d'objet direct reçoivent parfois un complément d'objet direct qui repré-sente la même idée que le verbe. On appelle souvent ce complément **objet interne**.

Tantôt on trouve dans le complément la forme même du verbe : *Je veux* VIVRE *ma* VIE. JOUER *gros* JEU. Tantôt la parenté de verbe et du complément est sémantique, mais non formelle : PLEURER *toutes les* LARMES *de son corps.* DORMIR *son dernier* SOMMEIL. — Le nom objet interne n'est pas accompagné de l'article

---

1. Sur les différences entre le complément d'objet direct et l'attribut, voir § 238, Rem. 2.

seulement : *Pleurer des larmes, *Dormir un sommeil seraient des banalités, de pures tautologies. Il a besoin d'un élément subordonné (épithète, complément nominal, etc.), — ou bien d'un autre déterminant que l'article.

Ex. littéraires : *Quel* RÊVE, *grand Dieu ! je* RÊVAI ! (LAMART., *Œuvres poét.*, Pl., p. 562.) — *Bien !* AIMEZ *vos* AMOURS *et* GUERROYEZ *vos* GUERRES ! (HUGO, *Odes*, II, 10.) — *Quand nous aurons* TREMBLÉ *nos derniers* TREMBLEMENTS (PÉGUY, *Tapisseries*, p. 179). — *Faut-il* MOURIR *une* MORT *qui n'est plus utile à personne ?* (MAULNIER, *Jeanne et les juges*, VII.) — *S'il peut arriver à* SUER *sept* SUEURS, *il sera guéri* (TROYAT, *Cahier*, p. 86).

Par une construction analogue, on a dit *trembler la fièvre* (tour populaire, selon l'Acad. ; plus exactement, vieilli et littéraire), *grelotter la fièvre : Je les laisse* TREMBLER *leurs* FIÈVRES (HUGO, *Châtim.*, VI, 6). — *Ils* [= des prisonniers] *étaient là, neuf cents hommes, entassés dans l'ordure, pêle-mêle,* [...] GRELOTTANT *la* FIÈVRE, *criant de rage* (FLAUB., *Éd. sent.*, III, 1). — [...] *qui dans sa robe de chambre* GRELOTTAIT *la* FIÈVRE (A. FRANCE, *Sept femmes de la Barbe-bleue*, p. 82).

Certains grammairiens rattachent au même phénomène des constructions comme *parler le français*. Mais on peut aussi considérer que *parler* y a un autre sens que lorsqu'il est employé sans complément.

271 Le **complément d'objet indirect** (ou simplement *objet indirect*) est rattaché au verbe indirectement, c'est-à-dire par l'intermédiaire d'une préposition :

Nuire À SON PROCHAIN. *Se souvenir* DE SON ENFANCE.

Rappelons que le mot *indirect* est employé en fonction des syntagmes nominaux :

Il n'y a pas de préposition quand le complément d'objet indirect se présente sous la forme d'un pronom personnel conjoint : *Cette habitude* VOUS *nuira.* — L'infinitif peut se construire sans préposition : *Je ne me souviens pas* AVOIR *fréquemment* TOURNÉ *les pages de ces volumes* (J. GREEN, *Partir avant le jour*, p. 147). — La proposition est jointe au verbe par une conjonction : *Je me souviens* QU'IL ÉTAIT RENTRÉ FORT TARD.

Le complément d'objet indirect peut être le seul complément essentiel, comme dans les ex. donnés ci-dessus. Mais il peut aussi accompagner un complément d'objet direct, que l'on appelle alors **objet premier** tandis que l'objet indirect est dit **objet second** (ou *secondaire*) :

Donner quelque chose À QUELQU'UN. — *Séparer le bon grain* DE L'IVRAIE.

La préposition introduisant l'objet indirect est le plus souvent *à* ou *de*. Autres prépositions :

Croire EN *Dieu. Je compte* SUR *vous. Le travail consiste* DANS *un simple relevé. Causer* AVEC *un ami. Se fâcher* CONTRE *son fils. Je n'attends pas* APRÈS *cette somme. Discerner le bien* D'AVEC *le mal.*

Remarques. — 1. La frontière entre le complément d'objet indirect et le complément adverbial n'est pas toujours très nette. Il n'est d'ailleurs pas indispensable de trancher dans les cas douteux. Cf. § 286.

Le procédé que l'on donne traditionnellement pour reconnaître l'objet indirect est peu pertinent. Il consiste à poser après le verbe l'une des questions : ... *à qui ? ... à quoi ? ... de qui ? ... de quoi ?* etc. On ne fait ainsi que reprendre la préposition qui est déjà présente dans la phrase et que remplacer le nom par un pronom interrogatif. Des compléments que la tradition rangeait parmi les compléments circonstanciels (et que nous appelons compléments adverbiaux) acceptent la même substitution : *Il travaille pour ses enfants.* Il travaille pour qui ? — *Carreler avec de la brique.* Carreler avec quoi ? Etc.

On constate d'ailleurs que l'objet indirect est souvent lié au verbe d'une façon moins étroite que l'objet direct. Il est plus facilement déplacé (cf. § 290, *d*) ; la dislocation dont nous avons parlé au § 266, *a*, Rem. 1, est possible.

2. La tradition grammaticale de France (mais non de Belgique) connaît la notion de **complément d'attribution,** que H. Bonnard définit ainsi : « le complément du verbe pouvant être remplacé par un pronom conjoint au datif » (*Code du fr. courant,* § 218), c'est-à-dire, à la troisième personne, par *lui* ou *leur.*

Cela regroupe en une seule catégorie des emplois qui sont assez différents : des compléments essentiels uniques comme dans *Cela* M'*appartient ;* — des objets seconds comme dans *donner une pomme* À UN ENFANT ; — des compléments non essentiels comme dans *J'ai cueilli des fleurs* POUR VOUS ; — etc.

3. Un même verbe peut, selon les sens, appeler, soit un objet direct, soit un objet indirect :

Abuser QQN, *abuser* DE QQN. *Compter* DE L'ARGENT (*de l'* est l'article partitif), *compter* SUR DE L'ARGENT.

4. Lorsque deux verbes coordonnés ont le même complément, celui-ci est d'habitude exprimé une seule fois. Il est souhaitable que les deux verbes aient la même construction : °*Cet enfant aime et obéit* À *ses parents.* Cf. § 260, *e.*

Concurrences et substitutions

272   La distinction établie entre le complément d'objet direct et le complément d'objet indirect est surtout formelle ; elle est fondée sur les habitudes de la langue, lesquelles ont connu un certain nombre de changements : voir l'Hist.

De nos jours encore, on observe que plus d'un verbe a simultanément les deux constructions (§ 273), éventuellement avec des nuances de sens. Il y a aussi des concurrences et des substitutions (§§ 274-276). — Voyez de même la construction des verbes synonymes : *Je me* LE *rappelle. Je m'*EN *souviens.* — *Je raffole* DES ÉPINARDS. *J'adore* LES ÉPINARDS. Etc.

En outre, on constate des hésitations concernant le choix de la préposition (§§ 277-284).

N.B. — Dans tous ces commentaires, il s'agit du complément de nature nominale ou de nature pronominale. Pour la construction de l'infinitif, voir §§ 874-879.

Hist. — 1. Nombre de verbes ont changé de construction au cours de leur histoire.

Ex. de verbes ayant eu un objet indirect : *Les Bœotiens* FAVORISOIENT *à ceux de Lesbos* (AMYOT, *Alcib.*, XIV). — *Or ne voldrai pas* OUBLIER [...] *de tous mes pekiés* [= péchés] (GILLES LI MUISIS, cit. Tobler-Lommatzsch).

Ex. de verbes ayant eu un objet direct : *L'affaire* [...] / *Merite en plein conseil d'estre* DELIBERÉE (CORN., *Cid*, II, 7). — *Ce que vostre cœur pourra* DÉLIBERER (MOL., *D. Garcie*, IV, 8). — *Ils* JOUYSSENT *les autres plaisirs* (MONTAIGNE, *Ess.*, III, 13). — ⁺*Fortune ne nous baille rien à* JOUIR *en propriété* (MALHERBE, cit. Haase, § 59). — *L'enfant* [...] *ne s'avise / Qu'il* MARCHE *la beste surprise, / Qui le mordit par le talon* (BAÏF, cit. Huguet). — *Vous m'avez* MORT *par le veu que vos avez fet* (*Queste del Graal*, p. 17). — *Il ameroit miex que li Sarrazin les eussent touz* MORS (JOINVILLE, § 302). — ⁺*L'Infante lui dit que la plus grande beauté d'une femme était d'*OBÉIR *son mari* (MALHERBE, cit. Haase). — *Vous le* [= le roi] *verrez demain, d'une force nouvelle,* / (...) / *Faire* OBEÏR *les loix* (MOL., *Fâch.*, Prol.). — ⁺*On a puni autrefois un Grec à Athènes pour avoir* SERVI *les Perses de truchement* (GUEZ DE BALZAC, cit. Haase). — *La grossesse qu'a alleguée cette femme condamnée, a fait* SURSEOIR *son execution* (FURE-TIÈRE, 1690). — [...] *ces chefs-d'œuvres* [sic], *qui ont* SURVESCU *tant de siecles* (VAUGELAS, Préf., XV, 3). [Il admet aussi la construction avec *à*, p. 162 : cela « depend [...] de l'oreille »]. — ⁺*Ce que je trouve de surprenant, c'est que Canaples* [...] SURVIVE *ses frères* (SÉV., G.E.F., t. VIII, p. 22). — Pour *ressembler*, voir § 274, *a*, 12°.

Le verbe *obéir* continue à s'employer au passif : § 742, *c*. — On dit encore dans le Midi : °*marcher le chat*, c'est-à-dire sur sa patte ; — en Belgique : °*délibérer une question, une personne : C'est* UN PROBLÈME *à délibérer ensemble* (Fr. PERIN, à la radio belge, 24 nov. 1976). [En outre, *délibéré* subsiste comme adjectif en fr. commun : *Une volonté* DÉLIBÉRÉE.] — Certains auteurs modernes emploient °*jouir* avec un objet direct ou au passif (archaïsme ou recréation ?) :

QUE *jouissons-nous du texte ?* (BARTHES, *Plaisir du texte*, 4ᵉ p. de couverture.) — *Il ne s'agit point* [...] *de la liberté* JOUIE *sitôt sauté le mur de la caserne* (AUDIBERTI, *Dimanche m'attend*, p. 101). — *Je veux parler de l'exemption particulière des tailles, qui* EST JOUIE *par les deux ordres privilégiés* (LE ROY LADURIE, *Carnaval de Romans*, p. 59).

Surseoir qq. ch. se rencontre encore aussi : *S. me demande de surseoir* MA DÉMISSION *de quelques mois* (E. MORIN, *Vif du sujet*, Points, p. 135).

2. En anc. fr., l'objet second était souvent construit sans préposition ; c'est une survivance du datif latin : TERVAGAN *tolent sun escarbuncle* (*Rol.*, 2589) [= À Tervagan, ils enlèvent son escarboucle].

3. RIEN *ne sert de* ..., QUE *sert-il de* ... ? sont des calques du latin *Nihil prodest* ..., *Quid prodest* ... ? Cf. par ex., dans la Vulgate, Matth., XVI, 26. En outre, *rien* avait souvent, en moyen fr., la valeur d'un adverbe. La survie de ces expressions a été favorisée par leur présence chez LA F. *(F.*, VI, 10 : RIEN *ne sert de courir*) et dans les traductions de la Bible.

QUE *me sert de reprendre ce journal, si je n'ose y être sincère* [...] ? (GIDE, *Journal*, 20 sept. 1917.) — RIEN *ne sert de récriminer* (*ib.*, 12 mai 1927).

Verbes admettant la construction directe et la construction indirecte, ordinairement avec des nuances de sens.

1. *Aider,* dans la langue commune, a un nom de personne (ou son équivalent) comme objet direct et/ou un nom abstrait comme objet indirect introduit par *à* :

Il aide SA FEMME *dans les travaux du ménage.* — *Après avoir présenté la main à Feliciana et à son amie pour* LES *aider à monter, il prit place sur le devant de la calèche* (Th. GAUTIER, *Militona*, III). — *Aider* À *un accouchement.* — *Ces mesures pourront aider* AU *rétablissement de l'économie* (petit *Robert*). — *Il aidait* À *ma recherche* (Fr. MAURIAC, *Mal*, p. 60). — *Au Parlement européen, tous les postes ne sont-ils pas répartis à la proportionnelle ? Cela aide* À *un fonctionnement plus démocratique* (S. VEIL, interviewée dans l'*Express*, 14 sept. 1984, p. 43).

On a dit aussi *aider* À *qqn* (cf. Hist.). Quand il y a en outre un infinitif introduit par *à*, ce tour reste encore assez employé, conformément aux usages provinciaux ou par fidélité à la tradition :

*Aidez-*LUI *à soulever ce fardeau* (AC.). — [...] *à moins qu'ils n'aient besoin d'une ménagère pour* LEUR *aider à tenir leur terre* (SÉBILLOT, *Coutumes popul. de la Haute-Bret.*, cité par van Gennep, *Manuel de fokl. fr. contemp.*, t. I, p. 257). — *Il* LUI *aide à se vêtir* (CLAUDEL, *Ville*, 1ʳᵉ version, p. 117). — *C'est pour de telles créatures, pour* LEUR *aider à supporter la souffrance, à supporter la vie que sont faits les chapelets, les prières* (GIDE, *Journal*, 15 août 1926). — *Je* LEUR *ai même aidé à suivre le soleil* (JOUHANDEAU, *Lettres d'une mère à son fils*, p. 392). — *C'est madame Érard qui* LUI *aidait à coudre et qui faisait les essayages* (R. PINGET, *Quelqu'un*, p. 92).

Autres ex. : A. SUARÈS, *Sur la vie*, t. I, p. 79 ; MALÈGUE, *Augustin*, t. I, p. 111 ; THÉRIVE, *Voyage de M. Renan*, p. 67 ; R. PEYREFITTE, *Mˡˡᵉ de Murville*, dans le *Figaro litt.*, 19 avril 1947 ; R. VAILLAND, *Beau Masque*, Fᵒ, p. 30 ; SAN-ANTONIO, *Meurs pas, on a du monde*, p. 30 ; B. CLAVEL, *Saison des loups*, p. 81.

Quand il n'y a pas d'infinitif, cela est plus nettement régional ou archaïque (« tend à vieillir », dit l'Acad.) :

Que le monde extérieur n'intervienne plus dans l'expression de l'idée que pour LUI *aider, pour doubler le sentiment de la sensation* (BARRÈS, dans la *Jeune France*, 1ᵉʳ févr. 1883, p. 592). — *À qui Dieu n'aide pas, repartit le médecin, c'est vainement que le monde* LUI *aide* (BOURGES, *Les oiseaux s'envolent...*, Biblioth. Plon, t. II, p. 88). — *Et à quoi, dis-je, pensez-vous donc que je* LUI *aide ?* (TOULET, *Mon amie Nane*, VI.) — [...] *ne se lassait pas de contempler les formes de son ancien cheval de course, occupation à quoi sans doute* LUI *aidaient ses souvenirs* (A. de CHÂTEAUBRIANT, *M. des Lourdines*, II, 1). — *Le docteur* LUI *aida* (LA VARENDE, *Heureux les humbles*, 1947, p. 299).

Autres ex., où les auteurs font parler des personnages : PROUST, *Rech.*, t. III, p. 701 (la servante Françoise) ; CÉLINE, *Voy. au bout de la nuit*, Fᵒ, p. 207 ; J. LAURENT, *Bêtises*, p. 167 (deux jeunes Marseillaises).

Des grammairiens ont voulu établir une distinction entre *aider qqn* et *aider à qqn* : l'Acad., par ex., dit qu'*aider à qqn* marque une aide momentanée et le plus souvent des efforts physiques. Cela n'a pas de fondement véritable dans l'usage, même ancien.

Hist. — Le tour *aider à qqn*, surtout quand on a en outre *à* et un infinitif, était très fréquent au XVIIᵉ et au XVIIIᵉ s. :

Aucun n'aide AUX *chevaux à se tirer d'affaire* (LA F., *F.*, VII, 8). — [...] *le long discours que je luy fais pour* LUY *ayder à réussir* (MAINTENON, *Corresp.*, 20 oct. 1685). — ⁺*Sa femme* LUI *aida fort en cela* (SAINT-SIMON, *Mém.*, G.E.F., t. III, p. 203). — *Il veut que les eunuques* LUI *aident à tuer cet imposteur* (MONTESQ., *L. pers.*, CXLI). — *Il s'agit* [...] *d'aider à ma femme quand elle nous fait un morceau à manger* (SADE, *Infortunes de la vertu*, p. 65). — Voir aussi Littré (CORN., LA BR., MOL., FÉN., J.-J. ROUSS., etc.).

2. *Applaudir,* au sens propre, a un objet direct ; quand il signifie « approuver », sens qui appartient surtout à la langue soignée, il se construit avec un nom abstrait introduit par *à :*

Applaudir un acteur, une chanteuse, un orateur, un champion, une pièce de théâtre, un discours, une chanson, etc. — *Applaudir* à *une initiative,* à *un projet,* à *des efforts.* — *J'ai* [...] *applaudi de grand cœur* à *la construction des cités universitaires* (G. DUHAMEL, *Biographie de mes fantômes,* p. 222).

On trouve des ex. non conformes. *Applaudir à* au sens propre : *Le public applaudissait* AUX *excentricités du rouquin qui ne perdait jamais l'équilibre de sa bouteille de gin* (CENDRARS, cit. *Trésor*). — *Applaudir qq. ch.* « l'approuver » : *J'ai envie d'applaudir tout ce que vous m'apprenez d'elle* (COLETTE, *Chambre d'hôtel,* p. 51). [Ex. de P. ADAM dans le *Trésor.*] — *Applaudir à qqn,* comme dans l'usage classique : *Ils* [= les hommes] *ne le* [= le chef imprudent ou le hardi novateur] *combattent point avec énergie, ils* LUI *applaudissent même quelquefois, mais ils ne le suivent point* (TOCQUEVILLE, *De la démocr. en Amér.,* II, III, 21). [Ex. de GIRAUDOUX dans le *Trésor.*]

Hist. — *Applaudir à qqn* était régulier à l'époque classique :

⁺*On ne manque jamais à* LEUR [= aux rois] *applaudir quand on entre dans leurs sentiments* (CORN., *Cid,* Examen). — ⁺*Voici donc François de Paule* [...] *honoré par trois de nos rois, et après cela vous ne doutez pas que toute la cour ne* LUI *applaudisse* (BOSS., *Œuvr. orat.,* t. III, p. 463). — ⁺*S'il lui arrive de faire à quelqu'un une raillerie froide, il* [= le flatteur] *ne manque pas de* LUI *applaudir* (LA BR., *Car. de Théophr.,* II).

3. *Atteindre* est suivi ordinairement d'un objet direct ; *atteindre à* s'emploie dans la langue soignée lorsqu'il s'agit de difficultés à surmonter, d'efforts à faire, de circonstances sortant de l'ordinaire :

Atteindre un fuyard, un but, la cote d'alerte, un grand âge, la cible, une limite, etc. — *Vous ne pourrez pas atteindre* AU *dernier rayon de cette bibliothèque* (LITTRÉ). — *Le sentiment d'atteindre* à *quelque chose qui est le produit unique de circonstances qui ne se renouvelleront pas* (PROUST, *Jean Santeuil,* t. II, p. 319).

Ex. où *atteindre à* présente un sens qui diffère peu de celui de la construction directe : *Le jeune Perdican* [...] *vient d'atteindre* à *sa majorité* (MUSSET, *On ne badine pas avec l'am.,* I, 1). — *Obstinés, les disciples imaginaient une autre exaltation que celle du gibet. Quel était ce royaume* AUQUEL *ils allaient atteindre ?* (FR. MAURIAC, *Vie de Jésus,* XVII.) — *Le comportement humain est soumis à la loi du moindre effort selon laquelle l'homme ne se dépense que dans la mesure où il peut ainsi atteindre* AUX *buts qu'il s'est fixés* (A. MARTINET, *Éléments de ling. génér.,* 6-5). — *Il n'est pas possible en ce domaine d'atteindre* à *la perfection* (ou *d'atteindre la perfection*) (*Dict. contemp.*) [il donne donc les deux formules comme équivalentes].

Il est peu logique de dire d'un fonctionnaire : °*Il est atteint par la limite d'âge,* alors que c'est celle-ci qui est atteinte.

4. *Croire. Croire* à *qqn ou* à *qq. ch.,* c'est avoir foi à sa véracité, ou à sa réalité, ou à son efficacité (en matière religieuse, *croire à,* c'est être persuadé de l'existence de, ou avoir confiance en) ; cette expression marque essentiellement une adhésion de l'esprit :

Croire AUX *astrologues* (AC.). — *On ne croit plus* à *ses promesses* (AC.). — *Croyez* à *mes sentiments bien sympathiques* (AC., s.v. *sympathique*). — *Croire* AUX *sorciers* [= croire qu'il y en a] (LITTRÉ). — *Il faut croire* à *la possibilité de réussir* (A. MAUROIS, *Art de vivre,* p. 97). — *Mon père, qui ne croyait point* AUX *médecins, croyait* AUX *charlatans* (CHAT., *Mém.,* I, II, 6).

— *Je ne crois pas* à *la médecine. Je ne crois pas* à *l'astrologie* (HUGO, *N.-D. de Paris*, V, 1). — *Croyez* à *ma gratitude bien vive et bien vraie* (SAND, *Corresp.*, t. V, p. 640). — *Je ne crois pas* AUX *médicaments* (G. DUHAMEL, *Cri des profondeurs*, p. 243). — *Tu crois* à *Dieu ?* (GIDE, *Roi Candaule*, II, 1.) — *Il croyait, je n'ose dire* à *la providence, mais bien du moins* à *son étoile* (ID., *Faux-monn.*, p. 233). — *Croire* à *la Sainte Vierge,* AU *Saint-Esprit* (AC.).

Croire EN *qqn*, c'est avoir confiance en son caractère, en ses talents, en son pouvoir, en sa parole ; *croire en* se dit aussi en parlant de choses dans lesquelles on met sa confiance, sur lesquelles on fonde des espoirs (en matière religieuse, *croire en* s'emploie dans le même sens que *croire à*, mais exprime plus particulièrement l'idée de confiance) ; cette expression marque essentiellement une disposition du cœur :

Je crois pleinement EN *vous* (*Dict. gén.*). — *Il faut arriver à croire* EN *l'homme !* (R. MARTIN DU GARD, *Thib.*, Pl., t. II, p. 372.) — *Je crois* EN *moi* (VIGNY, *Stello*, VII). — *Croyez-vous* EN *Dieu ?* (BERNANOS, *M. Ouine*, p. 90.) — *Il croit* EN *l'avenir* (R. ROLLAND, *Vie de Tolstoï*, p. 177). — *Elle croyait* EN *Dieu et* EN *la vie éternelle* (A. MAUROIS, *Lélia ou la vie de G. Sand*, p. 43). — *Je crois fermement* EN *une vocation ineffable qui m'est donnée* (VIGNY, *Stello*, VII). — *Trop de gens croient* EN *leur valeur d'une manière indécente* (G. SION, *Conversation française*, p. 47).

Croire qqn ou *qq. ch.*, c'est le tenir pour véridique ou pour véritable :

Croyez-vous cet homme-là ? (AC.) — *Il ne croit point les médecins* (AC.). — *Il croit cette histoire, ce conte* (AC.).

Il y a, entre les trois tours, des rapports si étroits que parfois les distinctions qu'on a cherché à établir entre eux s'effacent :

Je crois EN *l'humanité et j'ai foi en mon siècle* (HUGO, *Disc. de récept. à l'Ac. fr.*). — *Ayez une foi religieuse, une foi patriotique, une foi littéraire. Croyez* à *l'humanité,* AU *génie,* à *l'avenir,* à *vous-mêmes* (ID., *Rép. au disc. de récept. de Sainte-Beuve à l'Ac. fr.*). — *Je crois* EN *vous, comme je n'ai jamais cru* à *personne au monde. Je* VOUS *crois* (BERNANOS, *Dialogue d'ombres*, p. 105). — *Il* [= Réaumur] *n'était pas seul, parmi les spécialistes de l'histoire naturelle, à croire* EN *l'existence des «jumarts»* (J. ROSTAND, *Aux sources de la biologie*, p. 157). — *Tu ne crois pas* EN *la résurrection de la chair ?* (CURTIS, *Roseau pensant*, p. 229.)

5. **Entendre,** à côté des divers sens où il se construit avec un objet direct, présente un complément introduit par *à* dans l'expression familière *ne savoir auquel* (ou *à qui*) *entendre* « ne savoir à qui prêter attention » :

C'était Lestiboudois, le fossoyeur, qui charriait dans la multitude les chaises de l'église [...] ; *et son idée lui réussissait, car il ne savait plus* AUQUEL *entendre. En effet, les villageois* [...] *se disputaient ces sièges* (FLAUB., *Mme Bov.*, II, 8). — *Nous* [= des montreurs de marionnettes] *ne sûmes* à QUI *entendre. Tout le monde voulait nous avoir* (SAND, *Homme de neige*, t. I, p. 285). — *On ne sait* AUQUEL *entendre. C'est un tumulte effroyable* (H. BORDEAUX, *Lac noir*, p. 256). — *Il produit des extraits des chroniques,* [...] *des œuvres iconographiques* [...] *et* [...] *de ces témoins inertes que sont contrats, documents comptables, statuts royaux ou corporatifs. Rassemblement un peu déconcertant pour le lecteur qui ne sait plus toujours* AUQUEL *entendre* (A. LATREILLE, dans le *Monde*, 30 août 1971).

En interrogation directe : *Le plus beau jour de la vie. L'hésitation est permise. Il y a deux témoignages. Le second vicaire de la paroisse affirme que c'est le jour de la première communion et M. Prudhomme dit* [...] *que c'est un sabre. « Ce sabre fut le plus beau jour de ma vie. »* À QUI *entendre ?* (BLOY, *Exégèse des lieux communs*, Nouv. série, CXXIV.)

Hist. — *Entendre* s'est construit avec la préposition *à* dans des sens variés jusqu'au XVIIᵉ s. L'Acad. signale encore *entendre à* « consentir à » : *Il ne veut entendre* À *aucun arrangement.* Ce tour paraît aujourd'hui sorti de l'usage. Ex. du début du XIXᵉ s. : *L'ambassade de Londres avait enfin été accordée à M. de Polignac : Louis XVIII ne voulait pas* Y *entendre* (CHAT., *Mém.*, III, II, v, 18). — On relève aussi au XIXᵉ s. *n'entendre à rien* « ne rien entendre, ne rien écouter » : *Elle dit tout ce qu'elle put imaginer pour le consoler. Il ne voulait entendre* À *rien* (SAND, *Pet. Fadette*, IV). — *En vain, il harangua le peuple ;* [...] *ceux-là n'entendaient* À *rien* (MICHELET, *Hist. de la Révol. fr.*, II, 9).

6. *Insulter* a un objet direct, généralement un nom de personne, dans la langue ordinaire : *Insulter un adversaire.* La langue soignée l'emploie en outre dans un sens plus faible et plus abstrait, « être comme un défi à », avec un objet indirect introduit par *à* et qui est souvent un nom abstrait :

> *Je ne capitule pas devant un enfant qui insulte* À *mon autorité* (H. BAZIN, *Vipère au poing*, XVII). — *Le luxe des riches insulte* À *la misère des déshérités* (petit *Robert*).
>
> *Insulter à*, au sens ordinaire, est un archaïsme : *Je ne laisserai jamais* [...] *personne insulter en ma présence* À *l'adorable Isabelle* (Th. GAUTIER, *Capit. Fracasse*, IX). — *Pas un seul n'osa insulter* À *la misère de celui qui avait causé la leur* (MÉRIMÉE, *Mosaïque*, Tamango).

7. *Participer à*, c'est « avoir part à, prendre part à ». *Participer de*, qui appartient à la langue soignée, signifie en principe « comporter une similitude de nature avec, relever de » (Hanse), « tenir certains caractères de » *(Dict. contemp.).*

> Ex. conformes à cette distinction : *On l'accusa d'avoir participé* À *la conjuration* (AC.). — *Une affection participant* DE *l'habitude,* DE *la compassion et* D'*une indifférence bienveillante* (MAUPASS., *C.*, Par un soir de printemps). — *Les choses, transfigurées par un violent éclairage, n'appartenaient plus à ce monde et participaient* D'*un univers inconnu à l'homme* (J. GREEN, cit. Robert). — *Ils* [= les nobles] *avaient participé* DU *caractère sacré du roi et, quand ils* N'EN *participèrent plus, furent balayés* (MALRAUX, cit. Robert, s.v. *noble*).
>
> On constate une tendance à élargir la signification de *participer de : Elle promena sur l'assistance un regard circulaire et la fit participer tout entière* DE *son remerciement* (HERMANT, *Grands bourgeois*, III). — *Je participais entièrement* DE *l'esprit qui les* [= les textes inspirés par Artaud] *animait* (A. BRETON, cité dans *Europe*, nov.-déc. 1984, p. 37). — *Il ne trouvait pas l'emploi de son énergie ; plus exactement, il ne savait pas vouloir* [...], *et il en accusait sa nature. Il ne savait pas qu'il participait* D'*un mal très répandu* (ARAGON, *Aurélien*, p. 20).

274   **Construction directe et constructions indirectes. Concurrences et substitutions.**

a) La préposition est *à :*

1° *Aider (à) :* voir § 273, 1.

2° *Consentir,* dans la langue courante, se construit ordinairement avec *à* et n'accepte comme objet direct que quelques noms :

> *Consentir une* REMISE *à un acheteur, un* DÉLAI *de paiement (Dict. contemp.).* — *Il leur demanda une hypothèque pour sûreté du* PRÊT *qu'il leur consentait* (AC., s.v. *prêt*). — *Joseph et Ferdinand* [...] *nous ont demandé* [...] *de leur consentir, sur cet argent de la tante Mathilde, une* AVANCE *assez considérable* (G. DUHAMEL, *Vue de la terre promise*, I). — *Aucun peuple occidental* [...] *n'acceptera de consentir les* SACRIFICES *qui furent imposés à la classe ouvrière dans les deux premiers tiers du XIXᵉ siècle* (POMPIDOU, *Nœud gordien*, p. 132).

La langue juridique et la langue littéraire, conformément à l'usage ancien, utilisent plus librement cette construction :

Il est défendu à tous juges de prononcer la contrainte par corps ; à tous notaires et greffiers de recevoir des actes dans lesquels elle serait stipulée, et à tous Français de consentir pareils actes (Code civil, art. 2063*). — Ce qu'il proposait était toujours consenti* (FLAUB., *Mme Bov.,* II, 5). — *Elle ne les [= ses souffrances] comprend ni ne les consent* (A. FRANCE, *Orme du mail,* p. 219). — *Consentir une explication* (M. PRÉVOST, *Mon cher Tommy,* p. 208). — *N'ayant consenti qu'une sorte d'exercice d'assouplissement* (BOYLESVE, *Souvenirs du jardin détruit,* p. 19). — *Ces salaires [...] que les autres ne pouvaient consentir* (A. MAUROIS, *Bernard Quesnay,* p. 117). — *Il en consentira le prix* (GIDE, *Feuillets d'automne,* p. 96).

3° A propos de **contredire,** l'Acad. écrit : « On disait autrefois *Contredire à quelqu'un, à quelque chose.* On dit encore aujourd'hui *Je n'y contredis pas.* » Des écrivains restent fidèles à l'ancienne construction, du moins avec un nom de chose :

On prend [...] pour affectation tout ce qui contredit AU *monstre qu'on leur a persuadé que j'étais* (GIDE, *Journal,* 3 déc. 1924). — *Le mot terrible de Pascal prête à des réflexions un peu lugubres ; il en appelle aussi de consolantes,* AUXQUELLES *l'auteur ne contredirait pas* (A. SERTILLANGES, *Recueillement,* p. 209). — *Je ne contredirai jamais à cette formule* (A. BRETON, *Nadja,* p. 184). — *Il demeure aveugle au fait découvert, parce que ce fait contredit à ses préjugés théoriques* (J. ROSTAND, *Esquisse d'une hist. de la biologie,* Id., p. 93). — *Rien ne contredit plus puissamment à cette restriction péjorative que le livre où Malraux [...]* (A. ROUSSEAUX, dans le *Figaro litt.,* 18 sept. 1948).

Ex. de *ne pas* Y *contredire :* BERNANOS, *Nouv. hist. de Mouchette,* Pl., p. 1281 ; A. CAMUS, *Peste,* p. 258 ; G. CESBRON, dans le *Monde,* 5 déc. 1975.

Hist. — Les classiques faisaient aussi suivre *contredire à* d'un nom (ou d'un pronom) désignant une personne, ce qui ne se pratique plus aujourd'hui : ⁺*Quand les rois parlent, [...] le seul moyen de* LEUR *contredire avec le respect qui leur est dû, c'est de se taire* (CORN., *Cid,* Examen). — *Les Dieux ont prononcé. Loin de* LEUR *contredire / [...]* (RAC., *Brit.,* II, 3).

4° Au lieu de la construction habituelle **empêcher** *qqn de faire qq. ch.,* on trouve parfois dans la littérature *empêcher à qqn de faire qq. ch.* ou même, avec un complément nominal, *empêcher qq. ch. à qqn.* C'est un archaïsme (cf. Hist.), mais aussi un régionalisme :

Les douceurs de son tempérament LUI *empêchaient de sentir trop rudement les souffrances du mutisme et de l'immobilité* (ZOLA, *Thér. Raquin,* XXVI). — *[...] cette pensée [...] que personne ne pouvait plus* LUI *empêcher de dire* (PROUST, *Jean Santeuil,* dans le *Figaro litt.,* 3 nov. 1951). — *Le travail de chaque jour* LUI *empêchait de s'abandonner aux soucis du lendemain* (CHAMSON, *Hommes de la route,* p. 167). — *Ils* LUI *empêchaient de voir le mendiant* (G.-E. CLANCIER, *Fabrique du roi,* p. 131).

Tu M'*empêches des affaires* (BARRÈS, *Dérac.,* p. 133). — *Des scrupules suffisent à* NOUS *empêcher le bonheur* (GIDE, *Journal,* 13 sept. 1893).

Hist. — *Empêcher qq. ch. à qqn,* qui remonte au moyen âge, a été blâmé par Voltaire chez Corneille et admis par Littré, qui cite :

⁺*Cet orgueilleux esprit [...] / Pense bien de ton cœur nous empêcher l'accès* (CORN., *Nicom.,* II, 4). — ⁺*La jeunesse à qui la violence de ses passions empêche de connaître ce qu'elle fait* (BOSS., *Serm. Quinq.,* 2). — *Philippe [...] s'écrie : tuez, tuez cette ribaudaille qui nous empêche le chemin* (CHAT., *Hist. de France).* [Chat. s'inspire très vraisemblablement d'une de ses sources.] — Voir d'autres ex. dans Haase, § 125, A.

5° *Équivaloir* se construit avec *à* :

La jalousie, qui en amour équivaut à la perte de tout bonheur [...] (PROUST, *Rech.*, t. III, p. 460). — *Votre silence équivaudrait à un aveu de culpabilité (Dict. contemp.).*

La construction °*Ceci équivaut cela*, venue par l'analogie de *Ceci vaut cela*, « est une grosse faute », selon Littré.

La mensualité qu'elle m'octroyait équivalait ou dépassait les revenus de mon avoir (GIDE, *Si le grain ne meurt*, II, 2). [On a plutôt, dans cet ex., une coordination irrégulière : § 260, *e*, 3°.] — *Une simple mention de lui équivaut son pesant d'or* (CRITICUS, *Style au microscope*, t. IV, p. 195). — [...] *de telle sorte que la voix de l'Allemagne y équivale celle de la France* (DE GAULLE, *Disc. et messages*, t. II, p. 189). [L'auteur s'est aussi écarté de l'usage régulier pour la conjugaison d'*équivaloir :* § 842.]

Hist. — On lit déjà chez Diderot : *L'approbation de tout l'univers sur une chose aussi indifférente qu'une comédie, n'équivaut pas* [...] *un moment de votre peine (Corresp.*, t. II, p. 21).

6° *Pallier* s'emploie traditionnellement avec un objet direct :

Je n'aurais pas eu chaque matin à pallier des fautes (CHAT., *Mém.*, I, x, 9). — *Pauline apporte tous ses soins à pallier les insuffisances et les défaillances d'Oscar, à les cacher aux yeux de tous* (GIDE, *Faux-monn.*, p. 351). — *Les deux grandes lois que je viens de citer, notamment, s'efforcent à pallier certaines infortunes* (G. DUHAMEL, *Paroles de médecin*, p. 18). — [...] *avantages qui, dans les firmes importantes, pallient un peu la modicité des salaires* (S. de BEAUVOIR, *Tout compte fait*, p. 287). — *Parmi les expériences de communication locale, enrichissant les relations existantes ou palliant un manque de relation* [...] (P. EMMANUEL, dans le *Monde*, 9 avril 1979).

La construction °*pallier à*, due à l'analogie de *parer à, remédier à,* cherche à s'introduire, mais l'opposition des grammairiens (et celle de l'Acad. : mise en garde du 5 nov. 1964) freine sa diffusion dans la langue écrite :

Tout ce que l'homme a inventé pour essayer de pallier AUX *conséquences de ses fautes* (GIDE, *Isabelle*, p. 98). — *Dans toutes les armées du monde, on pallie généralement* AU *manque de matériel par des hommes* (A. CAMUS, *Peste*, p. 169). [Ce passage a été corrigé, un peu gauchement : ... *on remplace ... le manque de matériel par des hommes* (Pl., p. 1339).] — *Les chefs de quartier* [...] *gueulaient de proche en proche pour pallier à toute défaillance du service* (H. BAZIN, *Tête contre les murs*, p. 60). — *S'étant aperçu de la mésestime dans laquelle je le tenais, il tentait d'*Y *pallier* (F. MARCEAU, *Années courtes*, pp. 112-113). — *Il faudrait au contraire pallier à la cherté des produits par une main-d'œuvre à bon marché* (M. FOUCAULT, *Hist. de la folie*, 10/18, p. 239).

Autres ex. : H. BORDEAUX, *Croisée des chemins*, p. 235 ; MARTINEAU, Préf. de : Stendhal, *Rome, Naples et Florence*, p. XVI ; DANIEL-ROPS, *Vatican II*, p. 154 ; GARAUDY, *Alternative*, p. 68 ; DHÔTEL, *Je ne suis pas d'ici*, p. 255 ; A. SARRAZIN, *Traversière*, VI ; etc.

Hist. — Emprunté du bas lat. *palliare* « couvrir d'un manteau, d'un *pallium* », puis « cacher ». En fr., le verbe a d'abord eu ce dernier sens (que présentent encore certains des ex. donnés ci-dessus), puis, en médecine, il a signifié « guérir en apparence » ; de là le sens élargi « remédier à » et les analogies qui menacent la construction traditionnelle.

7° On dit le plus souvent *persuader qqn de qq. ch.*, ou *de faire qq. ch.*, ou *que ...* ; la langue soignée connaît aussi *persuader à qqn de faire qq. ch.*, ou *que... :*

Il a persuadé les juges de sa bonne foi (Dict. contemp.). — *On avait chambré le ministre de l'Éducation Nationale, en le persuadant de ne tenir aucun compte de l'avis de son Conseil Supérieur* (DAUZAT, dans le *Fr. mod.,* juillet 1950, p. 161). — *Il a persuadé Tamati que je voulais le faire mourir de peur* (Fr. MAURIAC, *Anges noirs,* p. 246).

Il persuada AU *Cabinet de l'Empereur d'envoyer à Tirpitz le télégramme suivant* (DE GAULLE, *Discorde chez l'ennemi,* pp. 37-38). — *Le difficile serait plutôt de persuader* à *mon ancien maître d'abandonner son mouton* (AYMÉ, *Contes du chat perché,* Mouton). — *On* LUI *a persuadé de prendre du repos pour ménager sa santé (Dict. contemp.).* — *J'ai eu du mal·à* LEUR *persuader que ma solution était plus avantageuse (ib.).* — *Nous* LUI *persuaderons qu'on ne peut célébrer notre mariage avant le vôtre* (GIDE, *Porte étr.,* III).

Persuader qq. ch. à *qqn est devenu archaïque : On ne persuade* AUX *hommes que ce qu'ils veulent* (JOUBERT, cit. Robert). — *Il se l'affirma : il ne* SE *le persuada pas* (HERMANT, cit. *Grand Lar. langue*). — *Persuader une vérité à quelqu'un* (AC.).

8° *Prendre* (et *reprendre*), ayant pour sujet un nom désignant une maladie, une sensation, un sentiment, se construit directement ou indirectement (tour plus littéraire) :

Les douleurs [de l'accouchement] LA *prirent l'après-midi* (ZOLA, *Assomm.,* IV). — *Une personne indifférente n'aurait pas eu l'espèce de syncope qui* L'*a prise* (FLAUB., *Éd. sent.,* II, 6). — ELLE FUT PRISE *d'une nausée si soudaine, qu'elle eut à peine le temps de saisir son mouchoir* (ID., *Mme Bov.,* III, 8). — *Une sorte de panique* LES *prenait à la pensée qu'ils pouvaient, si près du but, mourir peut-être* (A. CAMUS, *Peste,* p. 297). — *La frayeur, la colère, l'ennui, l'enthousiasme, etc.* LE *prit* (AC.). — *La goutte, la fièvre, etc.* L'*a repris* (AC.).

Un soupçon LUI *prit* (J. GREEN, *Mauvais lieu,* p. 209). — *La fièvre, la goutte, etc.* LUI *a repris* (AC.). — *La fièvre, la goutte* LUI *a pris* (AC.).

Selon Littré, s.v. *prendre,* Rem. 3, *L'idée* LES *a pris d'aller à la campagne* n'est pas bon ; il faut dire : *L'idée* LEUR *a·pris...* On ne voit pas pourquoi la présence de l'infinitif oblige à distinguer cet ex. des précédents (pour lesquels Littré admet la construction directe). On trouve en tout cas le pronom conjoint sous sa forme d'objet direct : *Il suffisait que Raboliot l'interrogeât pour que l'envie* LA *prit de se taire* (GENEVOIX, *Raboliot,* III, 3).

Dans l'interrogation directe ou indirecte, *Qu'est-ce qui* LUI *prend ?* et *... ce qui* LUI *prend* paraissent les tours les plus fréquents, et même les seuls possibles quand le complément est un nom :

Qu'est-ce qui LUI *prend,* à CETTE ENRAGÉE-LÀ *!* (ZOLA, *Assomm.,* I.) — *Je ne sais pas ce qui prend* à MADAME AGATHE (Fr. MAURIAC, *Galigaï,* p. 84). — *Mais qu'est-ce qu'il a, hein ? qu'est-ce qui* LUI *prend ?* (AYMÉ, *Contes du chat perché,* Bœufs.) [Certaines éd. portent : LA *prend.*] — Autre ex. : BERNANOS, *M. Ouine,* Pl., p. 1410.

Qu'est-ce qui LES *prend ?* (TROYAT, *Tant que la terre durera,* p. 585.)

Si le verbe est impersonnel, il n'admet que la construction indirecte : *Il* LUI *a pris une fureur soudaine.*

Hist. — Le tour direct ne date que du XVIIe s., alors que l'autre est beaucoup plus ancien : Wartburg, t. IX, p. 341. L'usage classique hésitait :

L'espouvante LES *prend à demy descendus* (CORN., *Cid,* IV, 3). — *La faim* LE *prit* (LA F., *F.,* VII, 4). — ⁺*La fièvre de Monsieur le Dauphin, qui* LE *prend dans cette saison à Saint-Germain* (SÉV., 22 juillet 1671). — ⁺*Le frisson* LUI *prit à Versailles* (EAD., 18 sept. 1676). — ⁺*La fantaisie* LEUR *a pris d'aller à Genève* (EAD., 25 déc. 1675).

9° *Renoncer,* dans l'usage ordinaire d'aujourd'hui, se construit avec la préposition *à,* et c'est la seule construction enregistrée par le *Dict. contemp.* Pourtant, les écrivains continuent à donner un objet direct à ce verbe, spécialement dans un contexte religieux :

L'objet direct est un nom de chose : *J'aspire à ne rien renoncer, à tout absorber pour faire avec tout de l'idéal* (BARRÈS, *Dérac.*, p. 202). — *Quant à l'explication que j'en donne, je suis prêt à la renoncer, dès que vous m'en baillerez une meilleure* (GIDE, *Corydon*, p. 112). — *Renoncez cette pensée à jamais* (BERNANOS, *Sous le soleil de Satan*, Pl., p. 228). — *Elle avait [...] renoncé toute pratique, et même toute croyance* (G. DUHAMEL, *Nuit d'orage*, II). — *Il semble que sa vie, orientée, soit plus facile : la vie d'un homme qui a tout renoncé* (DANIEL-ROPS, *Péguy*, p. 138). — *Comme si l'auteur, pris de vertige devant cette œuvre qui à travers lui s'invente, renonçait le pouvoir créateur de son écriture* (P. RICARDOU, *Problèmes du nouveau roman*, p. 118). — *Elle ne renonça rien de sa superbe* (Fr. NOURISSIER, *Histoire française*, II). — *On croit entendre une mélodie de Mozart, à la fois ample et délicate, sans rien renoncer pour cela de son charme coquet* (M. BRION, *Goethe*, p. 45).

L'objet direct est un nom de personne, et l'équivalent ne serait pas *renoncer à*, mais tantôt *désavouer, renier*, tantôt *abandonner, délaisser : Jamais saint Louis et même le sire de Joinville ne l'* [= Jésus] *auraient abandonné. Jamais nos Français ne l'auraient renoncé* [comme a fait Pierre] (PÉGUY, *Myst. de la char. de J. d'Arc*, p. 175). — *Ce stupide succès de récitation, et la réputation de poseur qui s'ensuivit déchaînèrent l'hostilité de mes camarades ; ceux qui d'abord m'avaient entouré me renoncèrent* (GIDE, *Si le grain ne meurt*, I, 4). — [À une amie divorcée et remariée] *Il faut que tu t'en ailles.* [...] *Ce n'est pas à cause de moi que je te renonce* (Fr. MAURIAC, *Mal*, p. 45). — *Dieu nous délaisse ! Dieu nous renonce !* (BERNANOS, *Dialogues des carmélites*, II, 9.)

En outre, on dit en Belgique °*renoncer un bail*, le résilier ; °*renoncer un locataire*, lui donner son congé.

10° Alors que dans la langue commune on *renseigne qqn sur qq. ch.*, on dit et on écrit couramment en Belgique °*renseigner qq. ch.* pour *indiquer, signaler :*

Il lia connaissance avec Cachaprès [...]*, lui renseigna mystérieusement un endroit giboyeux* (C. LEMONNIER, *Mâle*, XXXI). — *Cinq ans plus tard, on me renseigna que notre peu banal aventurier avait revendu son fonds de commerce* (R. GOFFIN, *Souvenirs à bout portant*, p. 112).

Cela n'est pas inconnu dans certaines régions de France : cf. Pohl, pp. 158-159.

Enseigner avait ce sens chez les classiques, et il l'a encore dans la littérature, par archaïsme ou sous des influences régionales : *On nous enseigna la maison du consul* (CHAT., *Itinér.*, Pl., p. 858). — *Un vieux chasseur* [...] *nous enseigne une caille pour nous détourner d'un lièvre* (J. RENARD, *Journal*, 30 août 1904). — *Il enseigne volontiers aux profanes des adresses de cafés-concerts et de tripots* (J. BAINVILLE, *Chroniques*, p. 48).

11° Sous l'influence de *dégoûter* et d'autant plus facilement que les pronoms de la 1re et de la 2e personne ont la même forme pour l'objet direct et pour l'objet indirect (*Cela me répugne*, etc.), °*répugner qqn* fait concurrence à *répugner à qqn*, parfois même dans la langue littéraire :

Et il ne trouvait toujours rien à dire, RÉPUGNÉ PAR LES DÉTAILS *de cette mort qui lui semblait abominable* (ZOLA, *S. Exc. Eug. Rougon*, X) [1876]. — *Elle ne voulait même plus lui montrer ses bras nus, tant il* LA *répugnait* (ID., *Pot-bouille*, XVII). — *Il écoutait, intéressé,* RÉPUGNÉ (R. ROLLAND, *Âme enchantée*, L.P., t. I, p. 352). — *Celui-ci,* QUE *cette besogne répugnait particulièrement* [...] (SEGALEN, *Fils du ciel*, 1975, p. 161). — *Se traînant, le plus loin possible, comme physiquement* RÉPUGNÉ PAR LEUR VUE (MONTHERLANT, *Relève du matin*, Pl., p. 28). — Autres ex. de *le répugnait :* HUYSMANS, *Là-bas*, XIII ; LA VARENDE, *M. le duc*, p. 400 ; C. DETREZ, *Dragueur de Dieu*, p. 17.

12° °**Ressembler** *qqn,* jadis régulier, est aujourd'hui un régionalisme qu'il faut éviter, même si quelques auteurs paraissent l'employer plutôt à titre d'archaïsme. On doit dire : *ressembler à qqn.*

Ses mains ressemblent celles d'une philing (Al. DAVID-NÉEL, *Voyage d'une Parisienne à Lhassa,* 1972, p. 99). — *Vous ressemblez mes filles, dit-il, surtout ma plus jeune* (AYMÉ, *Gustalin,* p. 222). — *Le vieillard et ses deux écuelles de haricots* [...] *ressemble* [sic] *« le Temps au sablier »* (JOUHANDEAU, *Prudence Hautechaume,* 1980, p. 87). — *Ces deux enfants dans les buissons de France / Ressemblent l'Ange et la Vierge Marie* (ARAGON, *Yeux d'Elsa,* p. 61).

Hist. — *Ressembler qqn* a précédé *ressembler à qqn* (XVᵉ s.), et il n'était pas encore éliminé de la langue régulière au XVIIᵉ s. ; il reste fréquent chez Bossuet : ⁺*Nous ne pouvons ressembler Dieu dans son indépendance* (*Œuvr. orat.,* t. III, p. 666 [voir aussi p. 443, etc.]). — Pourtant, dès 1647, Vaugelas notait : « Il y a beaucoup d'autres Autheurs [il vient de citer Malherbe et Bertaut] qui luy donnent l'accusatif, mais ce sont les vieux, et non pas les modernes » (p. 481*). — La construction subsiste dans beaucoup de dialectes (cf. Wartburg, t. XI, pp. 624-625) et de là dans les franç. régionaux populaires.

13° **Substituer** *À à B,* c'est mettre A à la place de B. Ne dites pas dans ce cas : °*Substituer B par A,* ce qui est la construction de *remplacer.*

14° °**Suivre** *à* se dit en Suisse là où le franç. commun recourt à un objet direct : °*Suivre à une décision.*

b) La préposition est *de.*

1° **Attester** *qq. ch.* est parfois concurrencé par le tour °*attester* DE *qq. ch.,* sans doute par analogie avec le verbe synonyme *témoigner de :*

[...] *sans que le nom d'aucun soit resté attaché à une œuvre qui pût attester* DE *leur existence* (H. MURGER, cit. *Trésor*). — *Cinq portraits du Roi et les grandes œuvres qui emplissent les Musées de Gênes, de Munich, de Vienne et de Madrid, attestent* DE *cette fécondité* (H. DAVIGNON, *Tout le reste est littérature,* p. 33). — *Les ruines attestent* DE *la violence de l'incendie (Dict. contemp.).*

Attester qqn de qq. ch. « prendre qqn à témoin de qq. ch. » est un tour littéraire vieilli : *Ce reproche était immérité. J'en atteste tous les témoins de ma vie* (A. FRANCE, cit. *Trésor*).

Hist. — Littré cite cet ex. de Calvin : [...] *pour attester* DE *nostre repentance.*

2° **Débattre** « discuter avec vivacité » se construit avec un objet direct, pour l'Acad. et pour la plupart des dict. Seuls, quelques dict. récents (*Grand Lar. langue, Trésor,* etc.) signalent que, comme *discuter, débattre* peut aussi avoir un complément introduit par *de* ou *sur* (on pourrait ajouter *au sujet de*) :

Il y a longtemps que nous débattons DE *ces choses à l'Évêché* (TOULET, cit. *Trésor*).

3° Au XIXᵉ s., on hésitait encore entre *se donner garde* et *se donner de garde* « se garder ». Les deux expressions sont toujours dans le dict. de l'Acad. Elles sont devenues fort rares, surtout la seconde :

Je me suis donné garde de lui dire qu'un jour, devant moi, on l'avait sifflé outrageusement (CHAT., *Mém.,* III, II, III, 6). — *Mᵐᵉ Dash s'est bien donné garde de conduire ses héros jusqu'au moment fatal* (NERVAL, *Œuvres complém.,* t. I, p. 149). — *Donnez-vous garde de recevoir un mauvais coup* (R. VERCEL, cit. Robert).

Je me donnai DE *garde d'effrayer une colombe voisine* (CHAT., *Atala,* Épil.). — *Elle se donnait bien* DE *garde d'attribuer ces caresses à une simple amitié* (Th. GAUTIER, *Mlle de Maupin,* XII).

4° **Hériter** construit avec *de* le complément indiquant d'où vient l'héritage : *Il a hérité* DE *son oncle* (AC.). — Quand *hériter* n'a que le complément exprimant l'objet de l'héritage, il admet les deux constructions *hériter de qq. ch.* et *hériter qq. ch.* (la seconde, qui n'est pas mentionnée par l'Acad., étant plus littéraire) :

Avec *de : Christian a hérité* DU *caractère de fer de son aïeul paternel* (CHAT., *Mém.,* III, II, IX, 15). — *Moi qui connaissais sa pudeur et qui* EN *avais hérité* (A. MAUROIS, *Climats,* p. 60). — *Émilie n'a pas hérité* DE *votre prudence* (Fr. MAURIAC, *Passage du Malin,* p. 104). — *Nous avons hérité* DES *croyances d'un autre siècle* (CHAMSON, *Héritages,* p. 125). — *Il a hérité* D'*une maison* (AC.).

Sans *de : Il est naturel que tu aies hérité leurs mœurs et leurs inclinations* (A. FRANCE, *Anneau d'améthyste,* p. 179). — *Cet enfièvrement que Pascal hérita* (BARRÈS, *Maîtres,* p. 79). — *Certains besoins mystiques qu'ils ont hérités* (R. MARTIN DU GARD, *Jean Barois,* p. 152). — *Le secret, c'est moi qui l'hérite* (GIDE, *Caves du Vat.,* p. 250). — *Le Moyen Âge hérite cette tradition* (P. GUIRAUD, *Mots savants,* p. 27). — *Chez les Chang les frères du roi héritaient successivement le trône avant le fils aîné* (ÉTIEMBLE, *Confucius,* I, 1).

Autres ex. : BOURGET, *Divorce,* Biblioth. Plon, p. 82 ; HERMANT, *Ainsi parla M. Lancelot,* p. 55 ; PROUST, *Rech.,* t. II, p. 632 ; THÉRIVE, *Revanche,* p. 88 ; É. HENRIOT, *Fils de la Louve,* p. 133 ; A. ARNOUX, *Poésie du hasard,* p. 203 ; J. CHARDONNE, *Romanesques,* p. 7 ; LA VARENDE, *Centaure de Dieu,* p. 227 ; J. ROSTAND, *Esquisse d'une hist. de la biologie,* Id., p. 40 ; BENDA, *France byzantine,* p. 156 ; R. VAILLAND, *Loi,* L.P., p. 346 ; CESBRON, dans le *Figaro litt.,* 1er janv. 1968 ; etc.

Quand *hériter* a à la fois le complément de la personne et celui de la chose, on dit *hériter qq. ch. de qqn* :

À sa mère il doit le goût des lettres qu'elle avait hérité de sa propre mère (A. MAUROIS, *Chateaubr.,* p. 55). — *Les terres qu'il avait héritées de M. Henriot* (ARLAND, *Ordre,* t. III, p. 144). — *Ils ont hérité ces maisons de leurs parents* (IONESCO, *La soif et la faim,* p. 80).

°*Hériter* DE *qq. ch.* DE *qqn* est rare et peu recommandable ; les deux régimes ne sont pas là différenciés, sans compter que le double *de* ne plaît pas aux oreilles délicates ; ceci choque moins avec *dont* et surtout avec *en* :

Le maire de Verrières devait une réputation d'esprit [...] *à une demi-douzaine de plaisanteries* DONT *il avait hérité* D'*un oncle* (STENDHAL, *Rouge,* I, 3). — *Un secret* DONT *j'ai hérité* DE *mes pères* (NODIER, *Contes,* p. 731). — *Dans cette villa du Roc-Fleuri,* DONT *il avait hérité* DE *son frère* (J. et J. THARAUD, *La vie et la mort de Déroulède,* cit. Deharveng, p. 152). — *L'Italie n'a pas inventé la mosaïque : elle* EN *hérita* DES *Grecs* (Cl. ROGER-MARX, dans le *Figaro litt.,* 21 avr. 1951). — [Déjà chez Marivaux : ⁺*J'ai hérité* DE *lui* D'*un opéra qui était admirable* (*Journaux et œuvres div.,* p. 283).]

5° **Ignorer** *de* n'est plus signalé par l'Acad. Pourtant, cela se trouve encore dans la langue juridique et même dans la langue littéraire, surtout avec le sujet *nul* et le complément *en* :

Quant aux facultés intellectuelles, la phrénologie EN *ignorera toujours* (CHAT., *Mém.,* II, II, 1). — *Pour que personne* [...] *n'*EN *ignore* (HUGO, *Marie Tudor,* III, I, 9). — *De peur qu'on n'*EN *ignorât* (Cl. TILLIER, *Mon oncle Benjamin,* I). — *Il annonça ses intentions, afin que personne n'*EN *ignorât* (LITTRÉ). — *La musique m'embête. La peinture, j'*EN *ignore* (J. RENARD,

Journal, 2 févr. 1890). — *Pour cette excellente raison que vous en* [= de la ville] *êtes le bienfaiteur, ainsi que personne n'*EN *ignore* (COURTELINE, *Le gendarme est sans pitié,* II). — *Et pour qu'on n'*EN *ignore point, le voici qui nous entretient de sa santé* (A. SUARÈS, *Sur la vie,* t. II, p. 304). — *Je voudrais que nul n'*EN *ignore* (GIDE, *Œdipe,* III). — *Les intuitions, nul n'*EN *ignore, sont beaucoup plus l'apanage des femmes que des hommes* (FARRÈRE, *Seconde porte,* p. 149). — *Pour que tu n'*EN *ignores* (G. DUHAMEL, *Voyage de Patrice Périot,* p. 248). — *Pour que nul n'*EN *ignore* (A. CAMUS, *Été,* pp. 19-20 ; H. BAZIN, *Tête contre les murs,* p. 177). — *De façon que nul n'*EN *ignore* (MAULNIER, dans *Hommes et mondes,* mars 1951, p. 432). — *Les pavillons de chasse sont vétustes, essentiellement, et nul n'*EN *ignore* (LA VARENDE, *Sorcière,* p. 259). — *Nul n'*EN *ignorait, l'hôte du 3 partait en promenade* (H. BOSCO, *Balesta,* p. 153).

Hist. — Ex. anciens : ⁺*Ceux-là même* [...] *n'ignorent point* DE *cette vérité* (GUEZ DE BALZAC, cit. Littré). — ⁺*Elle me déclara ses sentiments en termes formels, afin que je n'*EN *ignorasse* (LESAGE, cit. Bescherelle). — L'Acad. a signalé jusqu'en 1878 la formule *C'est un homme qui n'ignore* DE *rien.*

6° **Préjuger,** traditionnellement, a un complément d'objet direct, façon de faire qui reste en usage. Ce n'est qu'à partir de Robert que les dictionnaires ont enregistré la construction *préjuger de,* qui date pourtant au moins du XIXe s..et qui, se trouvant chez les auteurs les plus divers, ne peut être taxée d'incorrection ; *juger* a servi de modèle.

Préjuger sans préposition : *Parfois il pousse une sorte de grognement qui fait préjuger son opinion* (MAUPASS., *C.,* Cas de Mme Luneau). — *Il courra les chances que l'historien même prudent peut préjuger* (BARRÈS, *Appel au soldat,* t. I, p. 253). — *Solution toute temporaire puisqu'elle ne préjuge pas en théorie la souveraineté* (Raym. ARON, dans le *Figaro,* 29 août 1967). — *Ils déclaraient que l'armée considérerait tout abandon comme un outrage et qu'on ne saurait préjuger sa réaction de désespoir* (J. ROY, dans le *Figaro litt.,* 13 mai 1968). — *Celui-ci* [= le traité de Rome] [...] *ne préjuge en rien le régime de la propriété* (Fr. MITTERRAND, au cours d'un débat à la radio, d'après le *Figaro,* 17 févr. 1973).

Autres ex. : BLOY, *Désespéré,* L.P., p. 165 ; PROUST, *Rech.,* t. III, p. 776 ; Cl. BLANCHE-BENVENISTE et A. CHERVEL, *Orthographe,* p. 12 ; LE ROY LADURIE, *Carnaval de Romans,* p. 173 ; etc.

Préjuger de : Sans vouloir en rien préjuger DES *intentions de monsieur* [...] (Th. GAUTIER, *Jean et Jeannette,* XVIII). — *Pourquoi préjuger* DE *l'avenir ?* (H. MURGER, *Pays latin,* X.) — *Comment préjuger à bon escient* DE *l'avenir d'un homme ?* (FLAUB., *Corresp.,* 12 sept. 1879.) — *Pour préjuger* DE *mon acquiescement* (BARRÈS, *Leurs figures,* p. 282). — *Rien ne pouvait vous faire préjuger* DE *son attitude profonde* (A. CAMUS, *Théâtre, récits, nouvelles,* p. 1925). — *Sans préjuger* DE *facteurs plus profonds* (TEILHARD DE CHARDIN, *Phénomène humain,* p. 112). — *Je ne préjuge pas* DE *ce que sera demain l'Algérie* (DE GAULLE, *Mémoires d'espoir,* p. 75). — *L'inefficacité pratique des sciences humaines* [...] *ne nous permet pas* [...] *de préjuger* D'*une quelconque adéquation des symboles représentants aux symboles représentés* (Cl. LÉVI-STRAUSS, dans le *Figaro,* 24 sept. 1971).

Autres ex. : A. THOMAS, *Nouveaux essais de philologie franç.,* p. 358 ; FAGUET, *Hist. de la poésie franç.,* t. X, p. 212 ; JAMMES, *De l'âge divin à l'âge ingrat,* III ; A. BRETON, *Nadja,* p. 63 ; VAN GENNEP, *Manuel de folklore franç. contemp.,* t. III, p. 338 ; DAUZAT, dans *Études de dialectologie romane dédiées à la mémoire de Grandgagnage,* p. 130 ; P. BENOIT, *Agriates,* pp. 41-42 ; LA VARENDE, *Amour de M. de Bonneville,* p. 45 ; É. HENRIOT, dans le *Monde,* 20 juin 1956 ; H. QUEFFÉLEC, *Un feu s'allume sur la mer,* I, 2 ; P.-H. SIMON, dans le *Monde,* sélection hebdom., 21-27 nov. 1968 ; MAULNIER, dans le *Figaro,* 10 déc. 1971 ; J.-J. GAUTIER, *ib.,* 24 nov. 1973 ; BARTHES, *Éléments de sémiologie,* Concl. ; Cl. BLANCHE-BENVENISTE et A. CHERVEL, *Orthographe,* p. 133 ; etc.

7° **Se rappeler** se construit, selon la règle, avec un objet direct : *Se rappeler son enfance, son instituteur. Je me le rappelle. La chose que je me rappelle.* — °*Se rappeler* DE, dû à l'action analogique de *se souvenir de,* est fréquent dans la langue parlée : il échappe à un écrivain qu'on interroge (E. BERL, *Interrogatoire par P. Modiano,* p. 126) et même à un Premier ministre qui improvise à la télévision (L. FABIUS, voir le *Monde,* 7 sept. 1984, p. 7). Par écrit, cela reste relativement exceptionnel, si l'on met à part la correspondance familière et les journaux intimes.

Ex. tirés de textes que les auteurs destinent à la publication et où ils ne font pas parler des personnages : *Peut-être un pochard qui ne s'*EN *rappelait plus le lendemain* (SÉVERINE, dans le *Journal,* 27 mai 1893). — *Les anciens habitants de Furnes se rappelaient* D'*un cercueil porté par des pèlerins* (C. LEMONNIER, *Petit homme de Dieu,* XXI). — *Elle se rappelait* DE *sa demande* (JAMMES, *Roman du lièvre,* p. 146). — *Un départ d'un quart d'heure, une parole sur sa mère, la firent se rappeler* DE *trois mois de mensonges* (Ch.-L. PHILIPPE, *Marie Donadieu,* II, 2). — *Il recommanda à sa fille* [...] *de se bien rappeler* DE *tout ce qu'elle aurait vu à Versailles* (P. de NOLHAC, *Louis XV et Marie Leczinska,* p. 229). — *Quand il m'arrive de me rappeler* DE *mon âne* (CLAUDEL, *La rose et le rosaire,* p. 111). — *Se rappelle-t-on seulement* D'*un pauvre chemineau ?* (LA VARENDE, *Heureux les humbles,* 1942, p. 58.) — [...] *coutume* DONT *on ne se rappelait même plus* (VAN GENNEP, *Manuel de folklore fr. contemp.,* t. I, p. 2528).

Autres ex. : SARTRE, dans le *Monde,* 25 août 1984 (reportage d'abord publié dans *Combat,* 1ᵉʳ sept. 1944) ; AUDIBERTI, *Maître de Milan,* L.P., p. 186 ; P. GRAINVILLE, *Lisière,* p. 302 ; P.-J. REMY, *Enfants du parc,* p. 259 ; J. LARTÉGUY, *Tambours de bronze,* p. 215.

Ex. tirés de correspondances : STENDHAL, 15 mai 1811 ; FLAUB., t. II, p. 136 ; SAND, t. I, p. 865 ; GOBINEAU, dans P.-L. Rey, *Univers romanesque de Gobineau,* p. 7. — R. VAILLAND, *Écrits intimes,* p. 800.

L'emploi de *se rappeler* comme transitif direct n'est pas possible avec les compléments *me, te, nous, vous* (§ 657, *b,* 1°) : on ne peut pas dire : **Je me te rappelle, *Tu me te rappelles, *Il se nous rappelle, *Je me vous rappelle,* etc., et cela favorise le progrès des tournures °*Je me rappelle* DE *toi,* °*Tu te rappelles* DE *moi,* etc. — Frei, p. 130, note que, dans une phrase comme *Je ne me le rappelle pas,* « la répétition de la même voyelle entraîne une bouillie imprononçable » ; « d'où, ajoute-t-il : *je ne m'*EN *rappelle pas* ». Raison bien spécieuse ! — Claudel s'est fait l'apologiste de la forme *se rappeler de,* « la seule vraiment correcte, et en même temps beaucoup plus élégante » (*Journal,* t. I, p. 903). C'est de la grammaire de poète !

Quand *se rappeler* est suivi d'un infinitif, la construction avec *de* est vieillie, mais nullement incorrecte : voir § 878, *b,* 1°.

Le verbe **se remémorer,** qui appartient à la langue littéraire, échappe mieux à la contagion de *se souvenir.* Cependant °*se remémorer de* apparaît quelquefois : *Ce* DONT *elle se remémore* (Br. GAY-LUSSAC, *Chambre d'instance,* p. 128). — *Celle* DONT *il se remémore* (J. MOULIN, *Fernand Crommelynck,* p. 258).

Inversement, la langue parlée donne parfois à **se souvenir** la construction régulière de *se rappeler : Qu'*EST-CE QUE *tu te souviens en dernier, toi ?* (J. DEVAL, *Âge de Juliette,* Petite Illustration, p. 27.) — Avec une proposition d'interrogation indirecte, même averbale, cela n'a rien de remarquable : *Je commis un calembour, je ne me souviens plus* LEQUEL (J.-P. CHABROL, *Bouc du désert,* p. 140).

8° *Ne* **savoir** *de rien* (au lieu de *ne rien savoir,* ou, avec insistance, *ne savoir rien de rien*), dans la parler des Flamands et des Bruxellois, est un calque du néerlandais *van niets weten.* Nous avons aussi entendu l'expression en Alsace.

c) La préposition est *contre.*

1° *Déblatérer* n'admet pas d'objet direct et appelle la préposition *contre* (parfois *sur,* rarement *à l'encontre de*) :

Et l'on déblatérait CONTRE *la noblesse* (CHAT., *Mém.,* I, IV, 14). — *Mme Vermut [...] qui déblatérait* CONTRE *son mari* (BALZAC, *Paysans,* p. 329). — *Frédéric se soulageait en déblatérant* CONTRE *le Pouvoir* (FLAUB., *Éd. sent.,* II, 6). — *Et il commença à déblatérer* CONTRE *le directeur* (A. DAUDET, *Jack,* t. I, p. 332). — *En déblatérant* CONTRE *ses rivaux* (R. ROLLAND, *Jean-Chr.,* t. I, p. 69). — *Le routier un peu fou qui déblatère* CONTRE *sa famille* (JAMMES, *Solitude peuplée,* p. 128). — *Il ne faut pas que la misanthropie [...] déblatère* CONTRE *l'homme sans donner ses raisons* (SARTRE, *Idiot de la famille,* t. III, p. 417). — *Il* A *déblatéré* SUR *l'impôt,* SUR *les pauvres* (HUGO, *Homme qui rit,* II, VI, 1). — *Nous déblatérons à l'envi* SUR *Pétain* (VERCORS, *Bataille du silence,* p. 195). — *Ce valeureux soldat [...] s'est laissé aller à déblatérer* À L'ENCONTRE DE *ma politique* (DE GAULLE, *Mémoires d'espoir,* p. 83).

En Belgique, on dit souvent °*déblatérer qqn* ou *qq. ch.,* comme *critiquer, dénigrer : Cet article s'inscrit dans un certain courant d'idées de gauche qui se complaît à déblatérer toutes les actions occidentales* (dans la *Libre Belgique,* 11 mars 1983, p. 2).

Quelques dict. attestent °*déblatérer qq. ch.* « débiter, dire avec violence ». Cela est rare : *Qu'avait-il bien pu déblatérer ? Des injures pires que dans son* Journal ? (H. GUILLEMIN, *Regards sur Bernanos,* p. 234.)

Hist. — *Déblatérer* est attesté pour la première fois en 1798 *(Dict. de l'Acad.).* C'est un emprunt au latin *deblaterare* « criailler ».

2° L'Acad. continue à enregistrer **gagner** *qqn (au jeu).* Ce tour n'est plus guère en usage, même dans la langue littéraire. On dirait *gagner contre qqn.*

Ex. de *gagner qqn : Il m'a donné tant de leçons* [de trictrac]*, que je suis en état de vous gagner* (BALZAC, *Urs. Mirouët,* V). — *Vous le gagnez aux échecs* (SAND, *Mauprat,* XI). — *Je me laissai gagner* [au billard] (NERVAL, *Voy. en Or.,* Pl., p. 421). — *Elle me bat à tous les jeux, même aux échecs où je vous ai parfois gagné* (É. BOURGES, *Les oiseaux s'envolent...,* Biblioth. Plon, t. I, p. 204). — *Pour avoir gagné Protos aux échecs* [...] (GIDE, *Caves du Vat.,* II, 2).

Tours vivants : *Gagner qqn de vitesse,* être plus rapide que lui ; — *L'inquiétude le gagna,* s'empara de lui ; — *Gagner qqn à sa cause, à ses idées,* obtenir son assentiment.

3° *Invectiver* se construisait avec *contre* dans l'usage classique, et certains écrivains y restent fidèles. Mais *invectiver* avec un objet direct, condamné par Littré, accueilli par le *Dict. gén.* et par l'Acad., est parfaitement reçu par le bon usage.

Invectiver contre : Elle se mit à invectiver CONTRE *son Dieu* (BLOY, *Désespéré,* p. 380). — *Je ne parle pas d'un Menken, qui invective chaque jour* CONTRE *l'Américain* (G. DUHAMEL, *Scènes de la vie future,* p. 73). — *Chouettes et chevêches invectivent librement* CONTRE *la grande clarté incongrue* (COLETTE, *Journal à rebours,* p. 57). — *Dutilleul [...] ne se contentait plus d'invectiver* CONTRE *le sous-chef* (AYMÉ, *Passe-muraille,* L.P., p. 9). — *La radio de Moscou n'avait pas cessé d'invectiver* CONTRE *« les impérialistes anglais »* (DE GAULLE, *Mém. de guerre,* t. I, p. 242).

Invectiver avec objet direct : Le voilà qui invective [...] les nouvelles écoles d'art et de poésie (HUGO, *Pierres,* p. 143). — *Quand je le verrai [...] invectivant les dieux* (Th. GAUTIER, *Mlle de Maupin,* X). — *Il invectivait Charles Ier* (FLAUB., *Éd. sent.,* II, 3). — *Il invectivait volontiers les royalistes du département* (A. FRANCE, *Orme du mail,* p. 242). — *Tandis qu'il invectivait Versailles* (BARRÈS, *Dérac.,* p. 158). — *Adeline Moreau invectiva ces sales socialistes* (A. HERMANT, *Grands bourgeois,* II). — *Je l'invective à bouche close* (COLETTE, *Entrave,* p. 102).

Autres ex. : SAINTE-BEUVE, VEUILLOT et R. de GOURMONT, cit. Deharveng, t. II, p. 56 ;
J. LEMAITRE, *J. Racine*, p. 115 ; LOTI, *Mariage de Loti*, I, 46 ; R. BAZIN, *Terre d'Espagne*,
p. 305 ; A. DAUDET, *Nabab*, p. 506 ; PROUST, *Les plaisirs et les jours*, p. 38 ; CLEMENCEAU,
Démosthène, p. 68 ; G. LANSON, *Essais de méthode, de critique et d'hist. littér.*, p. 429 ;
R. MARTIN DU GARD, *Thib.*, Pl., t. II, p. 376 ; DANIEL-ROPS, *Hist. sainte*, Peuple de la Bible,
t. I, p. 144 ; J. et J. THARAUD, *Oiseau d'or*, p. 86 ; A. MAUROIS, *Vie de Disraëli*, p. 197 ;
GENEVOIX, *Vaincre à Olympie*, 1977, p. 193 ; JOUHANDEAU, *Nouv. chroniques maritales*, 1, IV,
4 ; J. GREEN, *Autre*, p. 234 ; SUPERVIELLE, *Premiers pas de l'univers*, p. 133 ; CHAMSON, *Suite
pathétique*, p. 375 ; SARTRE, *Idiot de la famille*, t. I, p. 541 ; H. BAZIN, *Vipère au poing*, L.P.,
p. 145 ; R. SABATIER, *Noisettes sauvages*, p. 17 ; J. DELAY, *Avant mémoire*, t. I, p. 133 ; etc.

Hist. — *Invectiver*, apparu au XVIᵉ s., est un dérivé d'*invective*. Pour Vaugelas, il n'était pas
« du bel usage » (p. 119). — La construction primitive paraît avoir été *invectiver contre*, quoique
le verbe se rencontre parfois avec un objet direct au XVIᵉ et au XVIIᵉ s., selon Wartburg, t. IV,
p. 787, et le *Trésor*. C'est dans la deuxième moitié du XVIIIᵉ s. que ce tour devient plus fréquent :
cf. Brunot, *Hist.*, t. VI, pp. 1746-1747 (Diderot, Mirabeau, etc.) ; ajoutons SADE, *Infortunes de la
vertu*, p. 113. — PASCAL a employé *invectiver* avec un objet interne : ⁺*Il invective plusieurs
malédictions contre leur fausse netteté intérieure* (dans Haase, p. 134).

4° ***Vitupérer*** [empr. du lat. *vituperare*, blâmer] est, normalement, transitif
direct :

Il vitupérait le Prince et la Monarchie (CHAMSON, *Suite pathétique*, p. 363). — *Il vitupérait les salauds qui exploitent les ouvriers* (P.-H. SIMON, *Somnambule*, p. 134). — *Tous ces
messieurs de la mairie durent vitupérer la femme qui avait pris cette initiative inconcevable*
(CURTIS, *Miroir le long du chemin*, p. 125).

La construction *vitupérer contre* (soutenue par l'analogie de *se fâcher contre, invectiver
contre*, etc.) tend à pénétrer dans l'usage : *Des hommes de grande valeur ont vitupéré, par
erreur,* CONTRE *la tradition du classicisme* (L. DAUDET, *Stupide XIXᵉ siècle*, p. 204). — *La
presse universelle a beau vitupérer* CONTRE *elle* [= l'Allemagne] (J. et J. THARAUD, *Quand
Israël n'est plus roi*, p. 143). — *Un furieux en tout cas, qui vitupère* CONTRE *l'univers*
(R. KEMP, dans les *Nouv. litt.*, 29 août 1946). — [...] *vitupérait volontiers* CONTRE *les Jésuites*
(PAGNOL, *Jean de Florette*, p. 11). — [...] *vitupérait* CONTRE *l'humidité qui régnait dans cette
sacrée boîte à lapins* (G.-E. CLANCIER, *Pain noir*, p. 233).

d) Avec la préposition *après,* qui, en l'occurrence, sert surtout dans
la langue parlée, familière ou populaire.

1° ***Attendre*** *après* est admis par les lexicographes et les grammairiens quand
on veut marquer le besoin qu'on a de la personne ou de la chose, ou l'impatience ; mais dans la littérature moderne cela se trouve seulement quand la
situation justifie le registre familier.

Faire attendre APRÈS *soi* (LITTRÉ, s.v. *après*, 4°). — *J'attends* APRÈS *le médecin,* APRÈS *des
nouvelles (ib.).* — *Il y a longtemps qu'on attend* APRÈS *vous* (AC.). — *Je n'attends pas* APRÈS
cette somme (AC.). — *On n'attend plus qu'*APRÈS *cela* (AC.).
Comme j'attends APRÈS *lui !* *Je compte les heures quand il est sur le point de rentrer*
(VALLÈS, *Enfant*, II). — *On ne pouvait pas s'empêcher d'aller chercher là* [= au Mont-de-Piété]
de la monnaie, lorsqu'on attendait APRÈS *un pain de quatre livres* (ZOLA, *Assomm.*, IX). — *Si
vous venez ici pour dire des choses aussi spirituelles, vous pouviez rester sur votre sable, on
n'attendait pas* APRÈS *vous !* (WILLY et COLETTE, *Claud. à l'école*, p. 219.) — *Et que je
n'attende pas* APRÈS *vous, quand nous serons prêts* (SALACROU, *Frénétiques*, II). — *On attend*
APRÈS *les décorateurs (ib.).* — *Aucun éditeur n'attend* APRÈS *mon manuscrit* (TROYAT, *Front
dans les nuages*, p. 175).

Mais, quand *attendre* signifie « rester en un lieu où l'on compte qu'une personne viendra, qu'une chose sera apportée, amenée », *attendre après* est incorrect. Ne dites pas : °*J'attendrai après vous jusqu'à telle heure.* °*J'attends après le bateau.* Dites : *Je vous attendrai... J'attends le bateau.*

En Suisse, sous l'influence de l'allemand, on dit : °*Voilà une heure que j'attends* SUR *toi !*

Hist. — *Attendre après* a appartenu au style noble : +*Notre âme attend* APRÈS *le Seigneur, parce qu'il est notre protecteur et notre secours* (Boss., *Œuvres orat.*, t. III, p. 19). [Bossuet se réfère explicitement au psaume XXXIII, verset 20, que Crampon traduit : *Notre âme attend Yahveh.*]

2° °*Chercher après* n'est pas, semble-t-il, dans les dictionnaires. On trouve rarement dans la littérature ce tour de la langue parlée, surtout populaire :

L'espérance, c'est Dieu, même au sein de l'orage ; / Je suis roseau, je tremble... et je cherche APRÈS *lui !* (DESBORDES-VALMORE, *Pleurs*, XVI.) — [...] *tout en cherchant* APRÈS *un torchon, un linge, n'importe quoi pour empoigner la cafetière brûlante* (D. DECOIN, *John l'Enfer*, p. 175).

Dans la langue soignée : *Je le cherche. Je cherche un torchon.*

En Belgique, on dit aussi °*voir après* dans le même sens : *Où allais-tu ? / À la morgue, voir* APRÈS *vous* [à quelqu'un qu'on croyait mort] (GHELDERODE, *Trois acteurs un drame*, Gallimard, p. 147).

3° **Courir** peut avoir un objet direct dans le langage des chasseurs : *Courir le cerf, le lièvre ;* d'où l'expression proverbiale *Courir deux lièvres à la fois.* — Il a aussi un objet direct dans divers emplois figurés : *Courir les honneurs, les filles, les magasins, un danger,* etc. — *Courir après qqn* ou, surtout au figuré, *après qq. ch.* appartient à la langue commune, depuis longtemps (cf. Hist.) :

Les chiens courent APRÈS *le lièvre* (AC.). — *Il court* APRÈS *les honneurs* (AC.). — *On courut inutilement* APRÈS *le voleur* (AC.). — *Le second laquais* [...] *se mit à courir* APRÈS *lui* (A. FRANCE, *Rôtisserie de la reine Pédauque*, p. 219). — *J'ai vu l'illustre Poincaré courir soudain* APRÈS *un tramway qu'il ne voulait point prendre* (ALAIN, *Propos de littérature*, V).

On peut aussi dire *Courir derrière qqn* ou *qq. ch.*

Sur *Je cours après* sans complément, voir § 992 ; — sur *Je lui cours après,* § 647, *d* ; — sur *Courir sus à qqn, ib.*

Le *Trésor* mentionne *courir qqn* au sens d'« importuner » (pop.), mais les ex. donnés contiennent : *Tu me cours, Elle me court,* et d'autres observateurs reconnaissent dans ce *me* un objet indirect, comme dans l'expression complète *Elle me court sur l'haricot* (ou *sur le système,* etc.). Ex. où l'on a manifestement un objet direct : *Ça* [= cuisiner] LA *court !* (Dans Esnault, *Dict. hist. des argots fr.*)

Hist. — *Courir après qqn* ou *qq. ch.* existait déjà dans la langue classique : +*Je ne cours point* APRÈS *de tels coquins que toi* (CORN., *Clitandre*, I, 7). — *Tu crois que prest à l'excuser, / Mon cœur court* APRÈS *elle* (RAC., *Andr.*, II, 5) . — *Qui ne court* APRÈS *la Fortune ?* (LA F., *F.*, VII, 11.) — *Le grand-veneur et tous les autres officiers couraient* APRÈS *lui* [= un cheval] *avec autant d'inquiétude que le premier eunuque* APRÈS *la chienne* (VOLT., *Contes et rom.*, Zadig, pp. 12-13).

4° **Demander** *après*, que l'Acad. ne signale pas, n'appartient pas à l'usage distingué ; il est, selon le *Dict. contemp.*, « très familier ».

Il n'a pas demandé APRÈS *moi ?* (DUMAS fils, *Femme de Claude*, III, 4.) — *D'ici là, certainement personne ne demanderait* APRÈS *lui* (Tr. BERNARD, *Affaire Larcier*, p. 15). — *Il entre de nouveau et demande* APRÈS *Gallimard* (LÉAUTAUD, *Journal littér.*, 19 mai 1926). — *Je me rendis à sa librairie, demandai* APRÈS *lui* (VERCORS, *Bataille du silence*, p. 248).

On dit aussi, dans le même registre, *réclamer après* : *Elle* [= une moribonde] *ne réclame jamais* APRÈS *ma mère* (LÉAUTAUD, lettre citée par M. Dormoy, *Vie secrète de P. Léautaud*, p. 167) [= elle ne réclame jamais sa présence].

5° **Languir** « attendre avec impatience » se construit ordinairement avec *après*, parfois avec *de*. °*Languir qqn* est un méridionalisme. L'Acad. ne mentionne aucune de ces constructions.

L'âme païenne qui languit APRÈS *le baptême* (CLAUDEL, *Cinq gr. odes*, III). — *Il y a des jours où je languis* APRÈS *Port-Royal* (J. GREEN, dans le *Figaro litt.*, 14 avril 1951). — *Vous craignez que la « Ville éternelle » vous semble désormais bien vide et que vous y languissiez* APRÈS *cette femme qui vous y attirait et vous y retenait* (BUTOR, *Modification*, 10/18, p. 86). — *Elle languit* DE *vous* (ROBERT). — *Comment va Noël ?... et M. Masséglia ?... Je* VOUS *languis énormément* (L. NUCERA, *Chemin de la Lanterne*, p. 200). — Comp. § 749, Rem. 4 *(se languir)*.

Hist. — *Languir après* est déjà chez Mme de Sévigné : +*Je languis* APRÈS *les jours de vous écrire* (23 mars 1671).

e) Avec la préposition *avec.*

1° L'Acad., qui mentionnait encore **tricher** *qqn* en 1878 *(Prenez garde, il vous triche),* y a renoncé en 1935. Le verbe se construit surtout absolument. S'il fallait préciser le nom de la victime, on dirait *tricher avec qqn.* Pourtant, *tricher qqn* n'a pas tout à fait disparu, comme le montrent ces ex. postérieurs à 1865 :

À moins de tricher tout à fait le bon Dieu et de lui escamoter sa messe... (A. DAUDET, *Lettres de mon m.*, Trois messes basses, II.) — [...] *deux toutes petites* [...] *qui* [...] *lui apprennent le « pigeon-vole » japonais, — et le trichent* (LOTI, Mme *Chrysanth.*, XVIII). — *Je résiste quand Molière veut que j'applaudisse des valets qui trichent leurs maîtres* (BARRÈS, dans l'*Écho de Paris*, 30 nov. 1906). — *On le trichait. Depuis le début. Il ne se laissait pas faire* (SIMENON, *Déménagement*, p. 240). — [...] *cette brave dame qui s'accusait d'avoir triché l'épicière sur les DT des denrées diverses* (ARAGON, *Mentir-vrai*, p. 194).

2° Robert est le premier dictionnaire moderne à enregistrer **voisiner** dans le sens de « être proche », mais uniquement suivi de la préposition *avec*. C'est le tour le plus fréquent, mais on trouve parfois la construction directe, qui est critiquée par Hanse.

Voisiner + objet direct : *Vue d'une falaise* [...], *elle* [= une rivière] *voisine les flèches de l'église* (PROUST, *Rech.*, t. II, p. 938) [1922]. — *J'étais dans un bistro, non loin de la pointe Saint-Eustache, ou du moins me semblait-il,* [...], *accoudé au zinc, en raison de l'aspect des gens que j'y voisinais* (ARAGON, *Mentir-vrai*, p. 532).

Voisiner avec : *Un dromadaire d'argent* [...] *qui voisinait sur la cheminée* AVEC *un crapaud de jade* (PROUST, *Rech.*, t. I, p. 221) [1913]. — Ex. de MARTIN DU GARD, CÉLINE, DANIEL-ROPS dans Robert.

Voisiner absolument : [...] *cet ensemble, merveilleux parce qu'y voisinaient les aspects les plus différents* (PROUST, *Rech.*, t. I, p. 790) [1918]. — *À Corinthe, deux temples voisinaient, celui de la Violence et celui de la Nécessité* (A. CAMUS, cit. *Grand Lar. langue*).

Hanse condamne aussi °*voisiner qqn*, le fréquenter comme voisin. On dit *voisiner avec*, ou bien on construit le verbe absolument ; d'une façon générale, *voisiner* vieillit dans ce sens.

Voisiner avec : Ils évitaient de se trouver là lorsque M. Péqueur des Saulaies allait voisiner AVEC *l'abbé Faujas* (ZOLA, *Conquête de Plass.*, XVI). — *La tristesse de la vie de M. de Crécy venait, tout autant que de ne plus avoir de chevaux et une table succulente, de ne voisiner qu'*AVEC *des gens qui pouvaient croire que Cambremer et Guermantes étaient tout un* [alors que la seconde famille était plus importante] (PROUST, *Rech.*, t. II, p. 1085).

Voisiner absolument : *Le soir il voisinait* (VERL., *Jadis et nag.*, Soldat laboureur). — *On ne voisine pas toujours à la campagne. D'ailleurs je suis brouillé avec mon cousin Clodius* (H. BOSCO, *Mas Théotime*, 1947, p. 196). — *Mais ces gens sont de très bon ton ! Je voisinerai, ce sera charmant !* (HÉRIAT, *Famille Boussardel*, XI.)

Hist. — La construction directe de *voisiner* a été fort en usage au XVIe s. dans le sens de « être près de » : voir Huguet. Wartburg, t. XIV, p. 415, relève un ex. de *voisiner qqn* « lui rendre visite » en 1672. — Les ex. donnés plus haut permettent de corriger plusieurs dates proposées par le *Grand Lar. langue*.

275   Un cas particulier : **l'objet second devient objet premier à la suite de l'effacement de l'objet premier.**

a) À l'art. ***consigner,*** l'Acad. écrit : *« Je l'ai consigné à ma porte,* J'ai donné ordre qu'on ne le laissât point entrer. On dit aussi par extension, *Consigner sa porte ».* Par une nouvelle extension, que l'Acad. ne signale pas, on dit aujourd'hui *consigner sa porte à qqn,* seul signalé par le petit *Robert.*

Consigner qqn à la porte est vieilli, en effet : *Le valet de chambre du prince lui a dit de ne plus revenir et de dire à Mme Beausire qu'on* L'*avait consignée à la porte des Tuileries* (HUGO, *Choses vues*, 1847-1848, F°, p. 211). — *Le sénateur, fort assidu auprès d'elle, et qui venait assister presque chaque matin à son lever, s'était un beau jour fâché de* SE VOIR CONSIGNÉ *à la porte de son cabinet, lorsqu'elle faisait sa toilette* (ZOLA, *S. Exc. Eug. Rougon*, XII).
De même *consigner qqn : Je me suis forcé de* LE *consigner, et je crois qu'il a fini par comprendre, car il a cessé de venir depuis deux ou trois mois* (BLOY, *Désespéré*, L.P., p. 27).

b) ***Couper*** *qqn* pour *couper la parole à qqn,* « l'interrompre » est, selon un communiqué de l'Acad. (13 nov. 1969), une « négligence de style trop fréquente chez les écrivains contemporains ». — Comme cela se trouve aussi chez des écrivains qui ne sont pas négligents, on peut penser que *couper qqn* est en passe d'entrer dans l'usage le plus général :

Je réprouve les injures : la violence des polémiques parfois m'attrista. / — *Je* VOUS *coupe, s'écria Renan ; c'est les injures que je préfère dans le mouvement boulangiste* (BARRÈS, *Jardin de Bérénice*, 1891, p. 11). — *Ça me paraît impossible puisque... /* Mme *Dubernet* LE *coupa* (Fr. MAURIAC, *Galigaï*, X). — *Il* [= Churchill] *s'écria avec fureur : « Vous dites que vous êtes la France ! Vous n'êtes pas la France ! [...]. Je* LE *coupai : « Si, à vos yeux, je ne suis pas le représentant de la France, pourquoi [...] traitez-vous avec moi de ses intérêts mondiaux ? »* (DE GAULLE, *Mém. de guerre*, t. II, p. 44.) — *Ils détournent vite la conversation, à moins qu'ils ne* VOUS *coupent brutalement* (MONTHERLANT, *Le chaos et la nuit*, p. 123). — Voir aussi Hanse (R. MALLET, GENEVOIX, ARAGON).

c) ***Éclairer*** *qqn* se dit abusivement, selon Littré, pour *éclairer à qqn,* quand il s'agit de lui donner de la lumière, de lui permettre de voir clair. Cet abus est devenu la norme, et l'Acad. ne fait plus mention de la construction avec *à.*

Madame veut sortir, prends une torche, ÉCLAIRE madame (Th. GAUTIER, *Albertus*, cit. *Trésor*). — *Elle se leva, bâilla, tendit la main à Paul* [...], *et je l'*ÉCLAIRAI *dans notre appartement* (MAUPASS., *C.*, Sœurs Rondoli, II).

Hist. — *Éclairer à qqn* était logique, puisqu'il s'agit de lui éclairer un endroit, mais l'expression s'est altérée parce qu'elle était très souvent employée sans l'indication du lieu.

d) **Fixer** *qqn ou qq. ch.* au lieu de *fixer les yeux* (ou *le regard*) *sur qqn* ou *sur qq. ch.* (où l'on a plutôt un complément adverbial qu'un objet indirect) est « certainement une grosse faute » pour Littré. Aussi l'Acad. n'a-t-elle pas accueilli cet emploi, du moins à l'article *fixer* (voir ci-dessous). Les dictionnaires plus récents (Robert, etc.) n'ont pas eu ce scrupule, et c'est à juste titre, car l'emploi a la caution des meilleurs auteurs, surtout depuis la fin du XIXe s. :

Il n'avait pas ce regard universel de l'aigle, qui peut tour à tour FIXER *le soleil ou marquer de loin un insecte caché sous l'herbe* (NODIER, *Rêveries littér., morales et fantastiques*, Bruxelles, 1832, p. 52). — *Je* FIXAI *mon homme avec un étonnement muet* (BAUDEL., trad. de : Poe, *Hist. extraord.*, Garnier-Flammarion, p. 71). — *Elle* FIXAIT *longuement le carré noir* (E. de GONC., *Faustin*, XXII). — *Elle me* FIXA *avec ses larges yeux étonnés* (MAUPASS., *C.*, Marroca). — *Les bœufs seuls vous* FIXENT *d'un gros œil immobile* (A. DAUDET, *Contes du l.*, Moisson au bord de la mer). — *Oh ! cette porte, je la* FIXAIS *maintenant de mes pleins yeux* (LOTI, *Roman d'un enf.*, II). — *Sans bouger, je* FIXE *le pleutre, en silence* (BLOY, *Mendiant ingrat*, t. I, p. 39). — *Ses yeux dilatés* FIXÈRENT *au plafond l'auréole vacillante* (Fr. MAURIAC, *Genitrix*, I). — *Elle* FIXAIT *la lumière des flambeaux* (R. ROLLAND, *Jean-Chr.*, t. IX, p. 180). — *Il* FIXA *longuement un jeune homme placé en face de nous* (VALÉRY, *M. Teste*, p. 38). — Regarder dans les yeux, dans le blanc des yeux, entre les deux yeux, *Regarder en face*, FIXER (AC., s.v. *œil*).

Autres ex. : VALLÈS, *Insurgé*, XXXIV ; E. ROSTAND, *Aiglon*, III, 2 ; BARRÈS, *Dérac.*, p. 190 ; GIDE, trad. de : Conrad, *Typhon*, p. 73 ; JAMMES, *Clairières dans le ciel*, p. 45 ; HERMANT, *Discorde*, p. 60 ; BERNANOS, *M. Ouine*, p. 86 ; É. HENRIOT, *Aricie Brun*, II, 7 ; PROUST, *Rech.*, t. I, p. 125 ; MORAND, *Champions du monde*, p. 252 ; J. de LACRETELLE, *Âme cachée*, p. 225 ; GIRAUDOUX, *Contes d'un matin*, p. 50 ; GENEVOIX, *Jeanne Robelin*, p. 34 ; R. MARTIN DU GARD, *Thib.*, Pl., t. I, p. 669 ; AYMÉ, *Chemin des écoliers*, p. 241 ; R. KEMP, dans les *Nouv. litt.*, 19 juill. 1956 ; CHAMSON, *Adeline Vénician*, p. 116 ; M. NOËL, *Petit-jour*, p. 25 ; A. MAUROIS, *Dialogues des vivants*, p. 37 ; J. GREEN, *Moïra*, p. 68 ; MONTHERLANT, *Démon du bien*, p. 45 ; J. ROMAINS, *6 oct.*, p. 155 ; A. CAMUS, *Peste*, p. 147 ; M. TOURNIER, *Roi des aulnes*, p. 277 ; etc.

Hist. — Voltaire a attaché le grelot et s'en est pris plusieurs fois à cet emploi de *fixer* (*Dict. phil.*, art. *langue françoise* ; etc.), qui est déjà devenu fréquent dans la deuxième moitié du XVIIIe s. :

Je m'amusois à les parcourir [...], *m'arrêtant quelques fois à* FIXER *des plantes dans la verdure* (J.-J. ROUSS., *Rêver.*, II). — $^+$*Il la* FIXE *avec des yeux sévères* (SADE, *Infortunes de la vertu*, p. 135). — *Ses yeux n'étoient pas moins continents que son goust. Jamais il ne* FIXOIT *une femme, quelque jolie qu'elle fut* [sic] (BERN. DE SAINT-P., *La vie et les ouvr. de J.-J. Rouss.*, p. 53).

e) °**Livrer** *un client* pour *livrer une marchandise à un client* n'est signalé que par quelques *Larousse* récents. Cela n'appartient encore qu'à une certaine langue commerciale.

f) **Pardonner** *qqn* est très ancien, mais a toujours été beaucoup moins courant que *pardonner qq. ch. à qqn*, dont il semble être une formule réduite. Le tour avec objet direct a réussi à imposer le passif *être pardonné* (§ 742, *c* ; celui-ci est admis par tous, notamment par Littré et par l'Acad., qui, d'autre part rejettent *pardonner qqn*, l'un explicitement, l'autre implicitement. Cependant, cette construction-ci, soutenue à son tour par *être pardonné*, n'est pas, dans la littérature, si rare que l'on croirait ; elle correspond aussi à des usages régionaux (du Midi, par ex.).

Frédéric l'eût pardonnée, puisqu'elle n'avait pas réussi (FLAUB., *Éd. sent.*, III, 7). — *Vous m'avez pardonnée* (DUMAS fils, *Femme de Claude*, II, 2). — *Tous l'avaient pardonnée* (LOTI, *Ramuntcho*, p. 10). — *Je vous ai pardonnés* (P. BENOIT, *Soleil de minuit*, p. 291). — *Pardonnez un amant* (J. BAINVILLE, *Jaco et Lori*, p. 268). — *On pardonne un coupable* (FARRÈRE, *Civilisés*, XXX). — *À la seconde même, il la pardonna* (DORGELÈS, *Partir...*, p. 203). — *Sans m'avoir pardonnée* (Fr. MAURIAC, *Chemins de la mer*, p. 262). — *Mon Dieu, pardonnez-la, elle ne sait pas ce qu'elle dit* (SUPERVIELLE, *Premiers pas de l'univers*, p. 169). — *Il les a tous pardonnés* (CHAMSON, *Superbe*, p. 231). — *Peut-être encore Charles l'aurait-il pardonnée* (ARAGON, *Beaux quartiers*, III, 9). — *Pardonner Cinna serait le fait d'un héros banal* (J. CALVET, *Polyeucte de Corneille*, p. 23).

Hist. — Pour les attestations anciennes de *pardonner qqn*, voir Wartburg, t. VIII, p. 229, qui est à compléter, notamment avec Huguet et Haase, § 59 (Maintenon).

Remarque. — Par un phénomène inverse de celui qui est décrit dans ce §, la proposition conjonctive qui sert de complément d'objet direct à *jurer (Je jure que je suis innocent)* devient objet indirect quand on introduit un complément direct nominal indiquant ce que l'on prend à témoin ou en gage :

Je jure Dieu que je vous arracherai la peau avant que nous sortions de cette écurie (BLOY, cit. *Trésor*). — *Frédéric jura sa parole d'honneur qu'il n'avait jamais pensé à Mme Arnoux* (FLAUB., *Éd. sent.*, III, 1). — *Jurer ses grands dieux que...*

Lorsqu'on a ce type de construction, la proposition conjonctive est, en effet, suppléée par *en : J'affirme que tu te trompes ! Veux-tu que je T'EN jure ma parole ?* (FLAUB., *Éd. sent.*, II, 2.) — *Je partirai dès demain. J'EN jure mon amour pour vous* (H. BERNSTEIN, *Après moi*, I, 14).

276 **Variations** dans la construction dues au fait qu'**un verbe non factitif devient factitif** (§ 744, *e*, 3°), ou inversement. Autrement dit, l'agent (sémantique) devient le patient (sémantique), ou inversement ; celui (ou ce) qui fait l'action devient celui (ou ce) qui la subit, ou inversement.

a) **L'agent d'un verbe intransitif devient l'objet du verbe devenu transitif.**

1° °*Débuter qq. ch.* est fait sur le modèle de *commencer qq. ch.* Rare jusqu'en 1950 (sauf chez La Varende), cette construction s'est répandue depuis, malgré les critiques (mise en garde de l'Acad., 5 nov. 1964). Il est prématuré de la tenir pour intégrée au bon usage.

Humm ! — fit-il, interjection qui lui était familière, qui DÉBUTAIT *si souvent ses réponses* (LA VARENDE, *Centaure de Dieu*, p. 56) [1938]. — *Je* DÉBUTAI *la soirée en absorbant une dose d'alcool suffisante* (D. DECOIN, *Laurence*, p. 115). — *Voilà comment j'aimerais* DÉBUTER *mon roman* (J.-L. BORY, *Peau des zèbres*, p. 27). — *Je ressentais la joie de* DÉBUTER *une entreprise désirée* (J. LAURENT, *Bêtises*, p. 521). — Autres ex. : J. ANGLADE, *Garance*, p. 111 ; P. GRAINVILLE, *Abîme*, p. 109 ; H. JUIN, *V. Hugo*, t. I, p. 243.

Hist. — La 1re attestation de *débuter* au sens de « commencer » lui donnait un objet direct : [...] *consterné de tant de miracles, que je ne sçay par lequel* DEBUTER *mes admirations* (CYRANO DE BERGERAC, *Autre monde*, p. 37). — C'est un ex. isolé.

2° °*Démarrer qq. ch.*, au sens d'« entreprendre, commencer, mettre en train », est signalé par Robert (1954) comme familier, puis par d'autres dict. Cet usage, dû lui aussi à l'influence de *commencer*, appartient à un langage un peu négligé :

C'est sur cette splendide remarque [...] *que José Cabanis* DÉMARRE *son court récit* (B. PIVOT, dans le *Figaro litt.*, 6 mai 1968). — *Cela veut dire qu'à ce moment-là l'on* DÉMAR-RERA *de nouvelles élections* (J. CHABAN-DELMAS, à Radio Luxembourg, 3 mai 1974). — *La période pâteuse* EST DÉMARRÉE (A. ERNAUX, *Femme gelée*, p. 79).

Démarrer est connu depuis longtemps comme transitif dans la langue de la marine au sens « détacher ce qui est amarré » : *Ayant* DÉMARRÉ *la barque, Eucher s'éloigne sur l'étang* (MAURRAS, cit. *Grand Lar. langue*). — Par analogie : *Et les Péninsules* DÉMARRÉES / *N'ont pas subi tohu-bohus plus triomphants* (RIMBAUD, *Premiers vers*, Bateau ivre). — De là, au fig., « détacher » : *Impossible de le* DÉMARRER *de ses habitudes* (dans DEHARVENG, t. II, p. 135). — *C'était un diagnostic profond du désarroi de l'âme moderne,* DÉMARRÉE *des croyances religieuses* (P.-H. SIMON, *Hist. de la litt. fr. au XXe s.*, t. I, p. 27).

Démarrer s'emploie parfois aussi au sens « mettre en mouvement, mettre en marche » : *Il faut plusieurs chevaux pour* DÉMARRER *cette voiture* (*Dict. gén.*). — *Le mécanicien* [d'un train] *siffla encore, longuement, ouvrit son régulateur,* DÉMARRANT *la machine* (ZOLA, *Bête hum.*, I). — *Est-ce que l'ânesse de Balaam avait de l'esprit, qu'on avait beau rouer de coups, il n'y avait pas moyen de la* DÉMARRER ? (MONTHERLANT, *Port-Royal*, p. 134.)

3° *Éclater* « faire éclater » :

Sortons, mon âme, et d'un seul coup ÉCLATONS *cette détestable carcasse !* (CLAUDEL, *Partage de midi*, Cantique de Mesa.) — *Il* ÉCLATAIT *un tronc d'arbre, frappait à grands coups de masse sur son ébuard* (A. ARNOUX, cit. *Trésor*).

Retours, par archaïsme, au sens premier, disparu au XVIe s. (Wartburg, t. XVII, p. 141) [d'où *s'éclater* au sens passif : cf. § 749, Hist.], mais encore signalé comme vieux par le *Lar. du XXe s. ?* Ou formations spontanées ?

Le *Grand dict. enc. Lar.* mentionne un emploi technique (*éclater une plante*, la diviser par éclats), un emploi familier *(éclater un pneu)*, un emploi populaire (*éclater qqn*, l'attaquer avec violence), qui est, en réalité, régional.

4° Certains écrivains du XXe s. donnent à *émaner* un objet direct, sans doute parce qu'*émané* s'emploie sans auxiliaire (§ 889, *b*) :

Odeurs. On ne sait si ce sont les jardins qui les ÉMANENT *ou les fabriques de parfums* (VALÉRY, *Mélange*, À Grasse). — *On m'avait prévenu que si j'*ÉMANAIS *des odeurs, je serais viré séance tenante* (CÉLINE, *Mort à crédit*, cit. *Trésor*). — *C'est lui tout seul* [...] *qui crée le drame, qui* ÉMANE *autour de lui tout, l'ambiance, les personnages, l'action, tous les épisodes l'un après l'autre* (CLAUDEL, dans le *Figaro litt.*, 19 oct. 1947). — *Le torse du Christ* ÉMANAIT *une luminosité brouillée* (AUDIBERTI, *Abraxas*, p. 87).

Les Canadiens donnent aussi un objet direct à ce verbe, qu'ils emploient pour *émettre* (des billets de banque), *lancer* (un mandat d'amener), etc.

5° *Réussir qq. ch.* se dit, selon Littré, en termes de peinture : *Réussir un tableau, une figure.* Le *Dict. gén.* et l'Acad. [2] mentionnent comme familier *réussi*

---

2. Dans la Préface de la 7e éd. de son *Dict.* (1878), l'Acad. déclarait : « Il n'est pas probable qu'un tableau *réussi* trouve jamais grâce devant une Académie française : la faute de français blesse trop la grammaire et l'oreille ; *réussir* n'a jamais été qu'un verbe neutre. »

pris adjectivement : *Un ouvrage réussi (Dict. gén.).* — *Un portrait réussi* (AC.). — *Un plat bien réussi* (AC.). — L'emploi transitif de *réussir* est, depuis l'autre siècle, devenu très courant :

Les premières [roses au crochet] *qu'on avait eu tant de mal à réussir* (R. BAZIN, *Noellet*, p. 117). — *Il* [= Dante] *réussit cette gageure inouïe de vouloir rendre sensible le signe de la vie spirituelle* (BARRÈS, *Maîtres*, p. 36). — *Il a réussi sa vie, celui-là* (LOTI, *Ramuntcho*, p. 233). — *Tant que la jeune reine n'aura pas accompli ou réussi son vol nuptial* (MAETERLINCK, *Vie des abeilles*, II, 28). — *Je me préparais à essayer de réussir, tout seul, une réparation difficile* (SAINT EXUPÉRY, *Petit prince*, II). — *C'est ainsi que nous vîmes Liane de Pougy* [...] *réussir la vie la plus calme et la plus heureuse* (COCTEAU, *Reines de la France*, p. 144).

Autres ex. : BAINVILLE, *Jaco et Lori*, p. 147 ; M. PRÉVOST, *Mon cher Tommy*, p. 278 ; J. de LACRETELLE, *Silbermann*, p. 69 ; PROUST, *Rech.*, t. II, p. 461 ; GIDE, *Journal*, 25 oct. 1916 ; Fr. MAURIAC, *Roman*, Œuvres compl., p. 267 ; J. ROMAINS, *Lettre ouverte contre une vaste conspiration*, p. 73 ; PAGNOL, *Gloire de mon père*, p. 103 ; Fr. AMBRIÈRE, *Galerie dramatique*, p. 213 ; R. KANTERS, dans le *Figaro litt.*, 30 oct. 1967 ; etc.

°*Réussir un examen* est critiqué pour une autre raison : c'est le professeur qui examine, et non le candidat. Il est préférable de dire *réussir à un examen*.

Réussir à un examen : J'ai réussi à mes examens (H. BORDEAUX, *Roquevillard*, p. 22). — *Papa venait justement de passer des examens et d'y réussir* (G. DUHAMEL, *Notaire du Havre*, p. 261). — *Je me rendis dans cette ville pour un examen. J'y réussis assez brillamment* (H. BOSCO, *Mas Théotime*, p. 23). — *La nécessité de réussir à ses examens* (P.-H. SIMON, *Raisins verts*, p. 108).

Réussir un examen : Je le réussirai, cet examen (S. de BEAUVOIR, cit. Ph. Baiwir, dans le *Soir*, 23 avril 1958). — *Je réussis mes examens* (VIALAR, *Jeunesse du monde*, p. 238). — *Il avait réussi son examen* (MONTHERLANT, *Garçons*, p. 288).

6° L'emploi transitif de *sortir,* encore discuté par certains puristes[3], est mentionné comme familier par l'Acad. (depuis 1718 !) et sans réserves par Littré.

Il ne fallait pas moins que ce devoir pour me sortir de mes habitudes pacifiques (MICHELET, *Hist. de la Révol. fr.*, Préf. de 1868). — *Sortez la voiture de la remise* (LITTRÉ). — *Sortez ce cheval de l'écurie* (AC.). — *Cela nous sort des pitoyables histoires de péronnelles qui veulent vivre leurs vies* (BARRÈS, *Mes cahiers*, t. XII, p. 158). — *Je vous ai sortis de ma bibliothèque, bouquins vénérables* (G. DUHAMEL, *Les plaisirs et les jeux*, p. 249). — *Cette lueur* [...] *qui* [...] *fait vibrer le sommet neigeux qu'elle désigne et sort de la nuit* (GIDE, *Symphonie pastorale*, p. 43). — *Il nous a sorti dès lors à peu près toute sa psychologie* (A. HERMANT, *Théâtre (1912-1913)*, p. 98). — *Pour sortir la France de l'abîme* (DE GAULLE, *Mém. de guerre*, t. I, p. 342). Pour *se sortir de, s'en sortir,* voir § 751, *d*, 3°.

Hist. — L'emploi de *sortir* comme transitif était condamné par Vaugelas (pp. 38-39) : « *Sortez ce cheval,* pour dire, *faites sortir ce cheval,* ou, *tirez ce cheval,* est très-mal dit, encore que cette façon de parler se soit rendüe fort commune à la Cour, et par toutes les Provinces ». — Vaugelas signale qu'on dit bien cependant : *Sortez-moi de cette affaire.* — Voir un ex. de SÉv. dans Haase, p. 138 : +*Je lui mande qu'elle* SORTE *des mains de P. les papiers qui lui sont nécessaires.*

---

3. On connaît le distique dans lequel Faguet a ironiquement ramassé une demi-douzaine d'incorrections (réelles ou prétendues) : *Malgré qu'il pleut, on part à Gif, nous deux mon chien ; / C'est pour sortir Azor, surtout qu'il n'est pas bien.*

7° *Tomber son adversaire*, à la lutte, « le renverser, le vaincre », déjà signalé par Littré, s.v. *tomber*, Rem. 2, est admis par l'usage, même distingué :

Punch prétendit que, dans la lutte à main plate, ce n'est pas la force qui triomphe, mais l'adresse et, en définitive, l'intelligence. « Personne ici ne serait capable de me TOMBER *», dit Philippe* (A. HERMANT, *Discorde*, p. 130). — *Je le cognai, le bousculai, le* TOMBAI *tout aussitôt* (GIDE, *Si le grain ne meurt*, I, 3). — Voir un ex. de 1853 dans J. R. Klein, *Vocab. des mœurs de la « vie parisienne » sous le Second Empire*, p. 229. — Aussi dans d'autres sports : *Les gens à cheval doivent* AVOIR TOMBÉ *le taureau avant d'arriver à cette limite* (CHAMSON, *Superbe*, p. 166) [dans cette circonstance, on a peut-être un méridionalisme]. — Au figuré : *Il* TOM-BAIT, *à la force de poumon, la candidature rivale* (A. FRANCE, *Île des pingouins*, VII, 3).

Tomber un vêtement « l'enlever » est du langage familier : *Et il* TOMBA *la veste, le gilet, la chemise* [...], *resta en gilet cellular. Et il* TOMBA *les souliers, resta en chaussettes* (MONTHER-LANT, *Démon du bien*, p. 236). — *Fille de rien* [...] TOMBE *ta robe pour moi, qui vais mourir* (LA VARENDE, *Centaure de Dieu*, p. 179). — *Nous étions revenus au smoking, mais sur une chemise de sport sans manches, afin de pouvoir, selon l'atmosphère de la réunion, garder les dehors du monde ou, rien qu'en «* TOMBANT *la veste », prendre ceux du Front populaire* (A. HERMANT, dans la *Revue de Paris*, 15 mai 1937, p. 396).

Hist. — Au XV° et au XVI° s., *tomber* était couramment employé pour *renverser, faire tomber*. — C'est encore l'usage populaire dans le franç. du Midi.

b) **L'agent d'un verbe transitif devient objet.**

1° *Éviter qq. ch. à qqn* pour *faire éviter, épargner*. Cela se trouve, reconnaît Littré, « dans de bons auteurs » ; néanmoins « il ne paraît pas, ajoute-t-il, qu'*éviter* puisse avoir un régime indirect ». Le tour est signalé comme abusif par le *Dict. gén.* et ignoré par l'Acad. Il n'est pas douteux qu'il ne soit pleinement reçu par le bon usage :

Par une coïncidence qui lui évita le désespoir (STENDHAL, *Rouge*, II, 36). — *Il vint me prier d'éviter tout bruit au malade* (LAMART., *Geneviève*, LIII). — *Une pente assez roide, au bas de laquelle quelques chaumines s'étaient accroupies, comme pour s'éviter la peine de la monter* (Th. GAUTIER, *Capit. Fracasse*, XV). — *Un nom* [...] *que Romain lui évita la peine de prononcer* (A. DAUDET, *Évangéliste*, p. 302). — *La douceur des mœurs nous évite le danger* (TAINE, *Voy. aux Pyrénées*, p. 76). — *Il avait voulu éviter à sa vieille mère les fatigues d'une longue station* (A. FRANCE, *Les dieux ont soif*, p. 77). — *Pour s'éviter des tracas* (BARRÈS, *Dérac.*, p. 415). — *Pour s'éviter à elles-mêmes un regret* (RENAN, dans la *Revue des deux mondes*, 15 mars 1876, p. 249). — *Le désir* [...] *d'éviter à sa jupe brune les taches de boue* (PROUST, *Rech.*, t. I, p. 11). — *Pour éviter à la fleur le contact de la terre légère* (COLETTE, *Fanal bleu*, p. 153). — *Cette peine qu'il prenait d'éviter au patient toute souffrance inutile* (G. DUHAMEL, *Pesée des âmes*, p. 272). — *Pour lui éviter des angoisses* (SARTRE, *Mots*, p. 84). — *Pour s'éviter la torture* (YOURCENAR, *Œuvre au noir*, p. 260).

Autres ex. : VEUILLOT, cit. Deharveng, p. 121 ; E. ROSTAND, *Aiglon*, I, 13 ; LOTI, *Livre de la pitié et de la mort*, p. 159 ; BOYLESVE, *Mlle Cloque*, V ; BOURGET, *Cruelle énigme*, p. 99 ; MAURRAS, cit. Deharveng ; HERMANT, *Serge*, V ; J. ROMAINS, *Lucienne*, p. 172 ; CLAUDEL, *Présence et prophétie*, p. 259 ; É. HENRIOT, *Temps innocents*, p. 33 ; J. et J. THARAUD, *Notre cher Péguy*, t. I, p. 112 ; R. MARTIN DU GARD, *Thib.*, Pl., t. II, p. 881 ; LARBAUD, *Fermina Márquez*, X ; THIBAUDET, *Hist. de la litt. fr. de 1789 à nos jours*, p. 213 ; DANIEL-ROPS, *Vouloir*, p. 79 ; MORAND, *Champions du monde*, p. 231 ; GIONO, *Moulin de Pologne*, p. 211 ; DE GAULLE, *Mém. de guerre*, t. III, p. 51 ; H. BAZIN, *Vipère au poing*, VII ; M. BRION, *Laurent le Magnifique*, p. 86 ; etc.

Hist. — Les « bons auteurs » signalés par Littré sont Saint-Simon, Marivaux, Buffon et Marmontel. En outre :

⁺*Il est impossible de vous éviter toutes sortes de peines* (DIDEROT, *Religieuse*, Pl., p. 321). — *J'appris en route que Lyon faisoit un détour ; cela m'évita d'y passer* (J.-J. ROUSS., *Conf.*, Pl., p. 587). — ⁺*Quelles peines ne s'éviterait-on point en y réfléchissant davantage !* (LACLOS, *Liaisons dang.*, CLXXV.) — Le tour est déjà chez G. du Vair en 1606 : cf. Wartburg, t. III, p. 253.

On a dit dans le même sens *sauver qq. ch. à qqn* du XVIIᵉ au XIXᵉ s. :

Quand j'ay prié Mᵐᵉ vostre mère de ne plus s'adresser à vous, j'ay voulu vous sauver les demandes et les remerciements (MAINTENON, *Corresp.*, 4 nov. 1693). — *Il devint pour moi une espéce de gouverneur qui me sauva beaucoup de folies* (J.-J. ROUSS., *Conf.*, Pl., p. 177). — *Cette position lui sauva un ridicule* (STENDHAL, *Rouge*, II, 30). — *Ils sauvent à la société des exemples toujours funestes* (LAMENNAIS, *De la religion*, IX). — *C'était assez que de lui sauver le conseil de guerre* (BARBEY D'AUR., *Diabol.*, Pl., p. 13). — Autres ex. : BALZAC, *Physiol. du mariage*, XXIV ; MÉRIMÉE, *Colomba*, XV ; SAND, *Mauprat*, XIX ; MICHELET, *Hist. de la Révol. fr.*, Introd., I, 4.

Sur *empêcher qq. ch. à qqn*, voir § 274, *a*, 4°.

2° *Observer, remarquer,* voir § 407, *c*.

c) L'objet d'un verbe transitif devient l'agent, le verbe restant transitif.

1° °*Intégrer une administration, une école* pour « y entrer » est un tour néologique encore absent des dictionnaires. Comp. *réintégrer*.

En 1969, il INTÈGRE *cette dernière administration en qualité de sous-directeur des affaires économiques* (dans le *Monde*, 19 avril 1979, p. 36). — *Pour obtenir un emploi qualifié à l'issue de ces études, il faut [...] obtenir un doctorat [...] ou encore* INTÉGRER *sur titres une grande école* (B. GIROD DE L'AIN, *ib.*, 15 nov. 1978).

Les dictionnaires (Robert, etc.) signalent, comme de l'argot scolaire, °*intégrer à Polytechnique, à Normale* « être admis à ... ».

2° *Marier,* dans l'usage régulier, est proche d'*unir* (comp. § 277, *a*) : *Le curé, l'officier d'état civil ont* MARIÉ *X et Y ;* on dit aussi qu'*un père* MARIE *sa fille.* — *Marier* pour « se marier à, s'unir à, épouser » (°*Il a* MARIÉ *la fille de son patron)* est surtout du français populaire, à Paris (Bauche, p. 204) et dans diverses régions. Notons cependant :

Tu seras indépendante et à même de MARIER *qui tu voudras* [paroles d'une dame de la noblesse rapportées par sa petite-fille] (BALZAC, *Mémoires de deux jeunes mariées,* I). — *Tu as donc* MARIÉ *Alzina, Rémy : c'est bien !...* [dit un marquis, à un paysan, il est vrai] (LA VARENDE, *Cœur pensif...*, p. 13.) — *Antoine Linard eut également une fille, Jeanne, qui* MARIA *le marchand Léonard de Mollin* (R. JANS, dans le *Bulletin de la Société royale Le Vieux-Liège,* janv.-juin 1972, p. 102). — *Une femme blanche qui* MARIE *un Indien* (un ethnologue québécois, à la radio-télévision belge, 11 déc. 1974).

Autres ex., mis dans la bouche de gens du peuple : PROUST, *Rech.*, t. II, p. 22 ; ANOUILH, *Scénario*, p. 34 ; D. DECOIN, *Ceux qui vont s'aimer,* p. 51 ; VAN DER MEERSCH, *Invasion 14,* II, v, 2 ; AYMÉ, *Gustalin,* p. 169 ; H. BORDEAUX, *Le cœur et le sang,* p. 172 ; GIONO, *Colline,* Pl., p. 161 ; CHAMSON, *Tour de Constance,* p. 261 ; HÉMON, *Maria Chapdelaine,* L.P., p. 75 ; GENEVOIX, *Éva Charlebois,* p. 43.

Hist. — *Fiancer* a été employé aussi pour *se fiancer à :*

Il fut plus serf de Madelon / Qu'un cheval n'est à l'esperon. / Mais qu'il tourne ailleurs sa pensée ; / Encore qu'il l'ait FIANCÉE, / [...] *ce n'est pas pour luy* (J. GRÉVIN, *Esbahis*, I, 2). — *Deux des principaux citoyens de Sparte avaient* FIANCÉ *ses deux filles* (Ch. ROLLIN, cit. Littré). — De là le proverbe *Tel* FIANCE *qui n'épouse pas*, utilisé encore par HUGO, *N.-D. de Paris*, X, 1 : *N'épouse pas toujours qui* FIANCE.

277   Concurrences entre les prépositions *à* et *avec*.

a) Les verbes exprimant l'**idée d'union** admettent les deux prépositions *à* et *avec* [4], bien que celle-ci fasse un certain pléonasme avec le sens du verbe ; elle est d'ailleurs nettement plus rare que la première après *unir*, *joindre*, *mêler*.

— **Unir :** *Le pâle hortensia s'unit* AU *myrte vert* (NERVAL, *Chimères*, Myrtho). — *La nature divine s'unit* AVEC *la nature humaine en Jésus-Christ (Dict. gén.).*

— **Joindre :** *Joindre la prudence et la valeur,* à *la valeur,* AVEC *la valeur* (AC.). — *Quand il a vu qu'il était trop faible, il s'est joint* à *un tel,* AVEC *un tel* (AC.).

— **Allier :** *Le cuivre peut s'allier* à *de nombreux autres éléments métalliques (Grand dict. enc. Lar.,* s.v. *cuivre).* — *Il serait très avantageux à son ami d'allier sa cause* AVEC *celle du parti musical le plus avancé* (R. ROLLAND, *Jean-Chr.,* cit. *Trésor).* — *Il sait allier la fermeté* AVEC *une bienveillance souriante (Dict. contemp.).*

— **Mêler :** À *ces chants cadencés* [...] *se mêle / L'harmonieux grelot du jeune agneau qui bêle* (VIGNY, *Poèmes ant. et mod.,* Cor). — *Il mêlait la sévérité à un souci extrême de la justice (Dict. contemp.).* — *Mêler le vrai* AVEC *le faux (Grand Lar. langue).* — [...] *répandant des vapeurs qui se mêlaient* AVEC *des nuages* (J. LAURENT, *Dimanches de M*[lle] *Beaunon,* p. 217).

Mêler dans est vieilli : *D'horribles mégères, qui étaient mêlées* DANS *la foule* [...] (A. HERMANT, *Confidences d'une aïeule,* III).

En outre *mêler de : Mêler* D'*eau un vin* (ROBERT). — *Se mêler* « *s'occuper* » se construit avec *de : Mêlez-vous* DE *ce qui vous regarde !*

— **Marier :** *Son père l'a marié* à *la fille,* AVEC *la fille d'un de ses amis* (AC.). — *Marier la vigne* AVEC *l'ormeau,* à *l'ormeau* (AC.). — *Je me demandais si me marier* AVEC *Albertine ne gâcherait pas ma vie* (PROUST, *Rech.,* t. III, p. 27). — [...] *son père qui l'avait empêchée de se marier* à *un soupirant trop bien peigné* (A. CAMUS, *Chute,* Pl., p. 1511).

Selon La Varende (*Cœur pensif...,* p. 13), on dit aussi en Normandie °*se marier de* et °*se marier contre.*

— **Fiancer :** *Cette dernière était fiancée* AU *baron de Plane* (BOURGET, *Disciple,* p. 39). — *Louise se fiança* à *un couvreur* (S. de BEAUVOIR, *Mémoires d'une jeune fille rangée,* p. 99). — *Fiancé* AVEC *une jeune fille charmante* (E. JALOUX, *Chute d'Icare,* p. 90). — *Il passait* [...] *pour être fiancé* AVEC *une jeune fille de la ville* (MAUROIS, *Meïpe,* p. 14). — *Il s'est fiancé* AVEC *la fille du patron (Dict. contemp.).*

---

4. Ces verbes ont en même temps un objet direct : *Joindre* L'UTILE à *l'agréable.* On peut aussi construire les deux compléments comme des objets directs en les coordonnant : *Joindre l'utile* ET *l'agréable.* On peut encore les coordonner comme sujets du verbe à la forme pronominale : *L'utile et l'agréable se sont joints.* — Des grammairiens ont proposé des distinctions sémantiques selon que l'on a *avec* ou *à.* Elles ont été rejetées par Littré au nom de l'usage : voir s.v. *allier, mêler.*

De même, *identifier :*

Je n'ai jamais pu comprendre pourquoi il LEUR *identifiait les Allemands* (PROUST, *Rech.*, t. III, p. 776). — *En s'identifiant* AU *héros du roman* (SARTRE, *Situations*, I, p. 133). — *Elle s'identifiait à Paris* (CHAMSON, *Rendez-vous des espérances*, p. 133). — *La définition doit s'identifier* AVEC *le défini* (LITTRÉ). — *Un auteur dramatique doit s'identifier* AVEC *les personnages qu'il fait agir et parler* (AC.). — *Identifier un passant* AVEC *un ancien camarade de collège* (ROBERT).

Avec *harmoniser, familiariser, à* est littéraire :

*Il montrait un front sagace dont la couleur jaune s'*HARMONISAIT AUX *filaments de sa maigre chevelure* (BALZAC, *Urs. Mirouët*, III). — *Dans l'édifice, l'individuel [...] ne vaut que s'il s'*HARMONISE À *un ensemble d'efforts* (BARRÈS, *Appel au soldat*, t. I, p. 5). — *Le jury achève d'*Y [= aux usages des légistes] FAMILIARISER *toutes les classes* (TOCQUEVILLE, *De la démocr. en Amér.*, I, II, 8). — *Pour peu qu'il* [= le lecteur] *soit* FAMILIARISÉ « à *ces vastes contemplations* » (BACHELARD, cit. *Trésor*).

Hist. — *Avec* était plus usité au XVIIe et au XVIIIe s. qu'aujourd'hui :

[+]*La cour veut toujours* UNIR *les plaisirs* AVEC *les affaires* (BOSS., cit. Littré). — [+]*Que sur Aménaïde il ait levé les yeux, / Qu'il ait osé prétendre à s'*UNIR AVEC *elle ?* (VOLT., cit. Robert, s.v. *lever* 1.) — [+]*Est-il rien de plus indigne de compassion qu'un misérable superbe, qui* JOINT *l'arrogance* AVEC *la faiblesse ?* (BOSS., *Œuvres orat.*, t. III, p. 671.) — [+]*Le bélier se* JOINT AVEC *la chèvre comme le cheval* AVEC *l'ânesse* (BUFFON, cit. Littré). — *Lors que la Dance sera* MESLÉE AVEC *la Musique, cela fera plus d'effet encore* (MOL., *Bourg. gent.*, II, 1). — *Les symptômes de l'admiration et du plaisir viennent se* MÊLER *sur mon visage* AVEC *ceux de la joye* (DIDEROT, *Corresp.*, 18 oct. 1760).

Se marier à n'est pas récent : *J'ay le cœur lié / Au vostre ainsi qu'une vigne se lie / Quand de ses bras* AUX *ormeaux se marie* (RONSARD, éd. V., t. V, p. 131). — [+]*Je crois qu'enfin M. de Lavardin se mariera à* Mlle *de Noailles* (SÉV., 21 mai 1680).

b) Quoique le préfixe *con-* (et ses variantes) que l'on trouve dans des verbes empruntés au latin signifie « avec », il est admis dans la meilleure langue de les faire suivre de la préposition *avec.* Notamment :

— *Comparer avec : Nous comparerons la traduction* AVEC *l'original* (AC.). — *On est forcé d'être modeste quand on se compare* AVEC *lui* (AC.). — *Il ne faut pas comparer les chagrins de la vie* AVEC *ceux de la mort* (MUSSET, *Conf.*, III, 2). — *Comparer une copie* AVEC *un tableau, c'est les étudier comparativement et prononcer sur leur mérite relatif (Lar. XXe s.).*

On dit aussi *comparer à : Rien ne peut se comparer* AU *bonheur d'une conscience tranquille* (LITTRÉ). — *On compare les conquérants à des torrents impétueux* (AC.). — *[...] pour comparer l'obéissance militaire à celle qu'exige l'Église* (GIDE, *Journal*, 26 juin 1943).

Pour Littré, « *comparer à* se dit plutôt quand on veut trouver un rapport d'égalité. *Comparer avec* se dit plutôt quand on confronte, quand on recherche les dissemblances et les ressemblances ». L'ex. de Musset donné plus haut, celui de Bossuet dans l'Hist. montrent que la distinction n'est pas toujours aussi nette.

— *Confronter avec : Confronter les témoins* AVEC *l'accusé* (AC.). — *Confronter de temps en temps les lois humaines* AVEC *la loi chrétienne* (HUGO, *Disc. de récept. à l'Acad.*). — *Le point de vue que j'ai adopté devrait être confronté* AVEC *celui d'autres lexicographes* (G. MATORÉ, *Hist. des dictionnaires fr.*, p. 179). — *Confronter les déclarations de quelqu'un* AVEC *ses écrits* (petit *Robert*).

On dit aussi *confronter à : Confronter les témoins à l'accusé* (AC.). — *Confronter la copie à l'original* (AC.). — *Je ne la* [= une impression] *confrontais plus à une idée préalable, abstraite et fausse, du génie dramatique* (PROUST, *Rech.*, t. II, p. 49).

Les ex. donnés ci-dessus présentent les sens traditionnels : *confronter une personne avec (à) une autre,* c'est les mettre en présence, surtout pour vérifier leurs dires ; *confronter un texte avec (à) un autre,* c'est les comparer. Au XXᵉ s. s'est introduit un sens nouveau : *confronter qqn avec (à) une difficulté, un problème,* c'est les lui faire affronter. Cette innovation, où on voit une influence de l'anglais, s'est largement répandue, surtout dans le tour passif *être confronté avec (à) : L'homme qui* [...] *se trouve confronté* AVEC *les passions* (GAXOTTE, dans le *Figaro litt.,* 14 oct. 1961). — *Incapable de confronter mon héros* [...] AVEC *les problèmes qui avaient été les miens* [...] (MAUROIS, *Œuvres compl.,* t. I, p. 388). — *Les problèmes* AVEC *lesquels ils se trouveraient, alors, confrontés seraient d'ordre économique* (DE GAULLE, *Mém. de guerre,* t. II, p. 244). — *Je me trouvais soudain confronté* AVEC *l'image d'une brutalité première* (R. GARY, *Chien blanc,* p. 17). — [...] *confrontés toujours* AUX *mêmes questions* [...] (A. CAMUS, *Chute,* Pl., p. 1549). — [...] *confronté* AUX *problèmes des jeunes mariés* (BUTOR, *Modification,* p. 86). — *Nous fûmes confrontés à de pressants problèmes d'embouteillage* (VERCORS, *Bataille du silence,* p. 280). — Autres ex. dans le *Trésor :* GUÉHENNO (1934), Al. CARREL (1935).

On écrit aussi, hardiment, °*affronté à :* [...] *l'aventure de deux jeunes époux affrontés à la mise au point d'un nouveau style de l'amour* (P.-H. SIMON, dans le *Monde,* 13 janv. 1965).

— **Communiquer** *avec : Communiquer* AVEC *un accusé* (AC.). — *Cette chambre communique* AVEC *telle autre par un corridor* (AC.).

Dans ce dernier ex., on a le sens « avoir un passage vers », et, dans ce cas, la langue écrite utilise aussi *communiquer à : Presque en face de la porte de la ville qui communique* AU *Sillon* (CHAT., *Mém.,* I, I, 7). — *Ce salon communique à une salle à manger* (BALZAC, *Goriot,* p. 5). — *Le second étage de sa maison à Paris communiquait à une petite galerie* (SAINTE-BEUVE, *Port-Royal,* V, 8). — [...] *le couvent des Cordeliers* [...]*, qui communiquait par un souterrain* AU *vieux couvent de Saint-Georges* (NERVAL, *Marquis de Fayolle,* I, 6). — *La salle à manger, qui communiquait* AU *salon par une porte à quatre vantaux* (A. HERMANT, *Grands bourgeois,* I). — *Un bureau communiquant* AU *salon* (THÉRIVE, *Fils du jour,* p. 80). — *Cette porte communique à un corridor* (LITTRÉ).

Hist. — Ex. du XVIIᵉ s. : ⁺*Les vieillards qui avaient vu le premier* [temple] *fondent en larmes en comparant la pauvreté de ce dernier édifice* AVEC *la magnificence de l'autre* (BOSS., *Disc. hist. univ,* II, 4). — ⁺*Il faudrait* [...] *vous confronter* AVEC *vos pareils* (LA BR., IX, 20).

c) **Causer.** On dit, dans l'usage soigné, *causer* AVEC *quelqu'un,* comme *bavarder avec quelqu'un :*

Je causais AVEC *elle sur mille sujets* (B. CONSTANT, *Ad.,* II). — *J'étais en train de causer* AVEC *votre femme* (SAND, *Mare au d.,* V). — *Je causais longuement* AVEC *les paysans et les ouvriers* (NERVAL, *Aurélia,* II, 5). — *J'en ai causé* AVEC *M. F. Picavet* (BARRÈS, *Génie du Rhin,* p. 232). — *Cause* AVEC *lui* (GIDE, *Retour de l'enf. prod.,* p. 142). — *J'ai causé* AVEC *des Allemands de bien des sortes* (BAINVILLE, *Chroniques,* p. 202). — *Je viens de causer sérieusement* AVEC *Dubreuilh* (S. de BEAUVOIR, *Mandarins,* p. 21).

La langue populaire, à Paris et dans certaines provinces, dit couramment °*causer à quelqu'un,* comme *parler à quelqu'un.* Dans l'écrit, cette construction est assez rare, sauf si les auteurs veulent rendre l'usage parlé :

C'est un gaillard qui en dégoise [...] ; *il* VOUS *cause du ciel et de l'enfer, de l'avenir et de la Providence, ni plus ni moins que s'il était conseiller privé du Père Éternel* (MUSSET, *Contes,* Lettres de Dupuis et Cotonet, II). — *Ce Joseph d'Arimathie n'avait pas peur d'aller trouver les puissances. / De causer* AUX *puissances* (PÉGUY, *Myst. de la char. de J. d'Arc,* p. 103). — *Voyez-vous ça ? Ce qui m'étonne, c'est qu'ils trouvent encore des personnes qui consentent à*

LEUR *causer !* (PROUST, *Rech.*, t. I, p. 259.) — *Il ne vous fait même pas réponse quand on* LUI *cause* (*ib.*, t. II p. 23). — *Le monsieur veut te demander un renseignement ; cause*-LUI (H. BATAILLE, *Masque*, I, 4). — *Un copain* M'*avait causé d'une place en banlieue* (J. ROMAINS, *6 oct.*, XIX). — *On* SE *causera quand on se rencontrera* (S. de BEAUVOIR, *Mandarins*, p. 137).

Il arrive cependant que des auteurs emploient le tour pour leur compte. Cela s'observe dans des écrits (lettres, journaux intimes) où ils se surveillent moins, mais parfois aussi dans d'autres circonstances, chez Claudel pour braver ostensiblement l'interdit jeté par les grammairiens [5] :

> *On trouve toujours dans cette ville-là des gens* À *qui causer* (FLAUB., *Corresp.*, t. III, p. 193). — *Depuis que je* VOUS *en ai causé, j'ai repris* Chantefable (GIDE, dans A. Gide et A. Mockel, *Corresp.*, août-sept. 1891). — *Il* M'*a causé très familièrement* (R. ROLLAND, *Journal*, dans les *Nouv. litt.*, 6 déc. 1945).
> *On* LEUR *cause familièrement de tout ou de presque tout* (TAINE, *Notes sur l'Anglet.*, p. 94). — *Il ne faut pas qu'on* ME *cause de choses positives* (ID., *Voy. aux Pyrén.*, p. 298). — *Tout en* SE *causant, il avait arpenté une longue allée qui conduisait au bout de la clôture* (HUYSMANS, *En route*, cit. *Trésor*). — *Ce n'est pas de Wagner que je voulais* VOUS *causer aujourd'hui* (CLAUDEL, *L'œil écoute*, p. 99).

Le *Dict. contemp.* présente comme simplement familière la construction *causer à quelqu'un* (« surtout avec un pron. pers. »), ainsi que la formule *trouver à qui causer*, avoir affaire à une personne résolue. — Gide écrivait déjà dans son *Journal*, le 30 mai 1930 : « Quand [*sic !*] aux : « se rappeler de », « causer à quelqu'un », *volente nolente* l'on sera forcé d'y venir. » Les progrès de *causer à* ne paraissent pourtant pas décisifs.

Hist. — *Causer* a pris le sens « parler » au XVIe s. : cf. *Trésor*. Il s'est construit à cette époque avec *à :* par ex., chez Baïf et Agrippa d'Aubigné (cf. Huguet). Aux XVIIe et XVIIIe s., d'après les dictionnaires du temps, *causer* s'employait ordinairement sans que l'interlocuteur soit indiqué. On trouve parfois *causer à : Lisis m'aborde, et tu* ME *veux causer !* / [...] / *Quand je vois un Amant, un frere m'importune* (CORN., *Place roy.*, II, 5). — *Elle* ME *causa longtems avec cette familiarité charmante qui lui est naturelle* (J.-J. ROUSS., *Conf.*, VII). — Mais *causer avec* paraît plus fréquent : [+]*Il y a une heure que je cause* AVEC *Soleri* (SÉV., 26 nov. 1688). — [+]*Le duc d'Orléans régnant daigna un jour causer* AVEC *moi au bal de l'Opéra* (VOLT., *Corresp.*, 13 oct. 1759). — *Je cause librement de tout cela* AVEC *vous, mes amies* (DIDEROT, *Corresp.*, 15 août 1762).

d) Avoir affaire avec qqn, à qqn :

Avec : Quoique Olivier eût souvent affaire AVEC *lui, ils se voyaient très peu* (R. ROLLAND, *Jean-Chr.*, t. VII, p. 93). — *Les négociants le connaissaient mal, n'ayant point affaire* AVEC *eux* (M. BEDEL, *M. le Prof. Jubier*, p. 42). — *J'ai affaire* AVEC *ces pauvres hommes de la terre*

---

5. Il a écrit, en effet : « *Parler à* est général et abstrait. *Causer à*, c'est le niveau de la conversation, quelque chose d'intime, de familier, de gentil. On peut parler à Dieu, à la nature, à une assemblée politique ; on cause à demi-voix à sa voisine... *Causer avec* est oblique et embarrassé. *Causer à* est prompt, direct, il s'adresse vivement à notre interlocuteur. En le proscrivant, on sacrifie une nuance charmante de notre langue. J'encourage donc notre population écolière, qui d'ailleurs a de la défense, à ne pas se laisser déposséder de ce terme excellent. » (Cité par M. Grevisse, *Problèmes de lang.*, t. IV, pp. 179-180). — La 11e éd. du présent ouvrage citait une lettre de Sainte-Beuve (d'après A. Maurois, *Olympio*, p. 478). Dans l'éd. Cl. Pichois des *Lettres à Baudelaire*, p. 346, on a la préposition *avec*.

(G. DUHAMEL, *Souven. de la vie du paradis*, p. 32). — *Il en parlait, du Cap, avec respect, comme tous ceux qui ont eu affaire* AVEC *lui* (H. BOSCO, *Rameau de la nuit*, p. 42). — *C'est l'état d'esprit de la plupart lorsqu'ils ont affaire* AVEC *vous : l'appréhension* (G. SION, *Conversation française*, p. 205). — *Avec celui-là* [= Froissart], *nous avons affaire* AVEC *un professionnel de la littérature* (R. BOSSUAT, *Moyen âge*, 1955, p. 273).

À : *Bambucci savait bien qu'il n'avait pas affaire* à *des enfants* (SAND, *Lélia*, XXXIII). — *Il a eu affaire* à *moi pour une question de passeport* (J. ROMAINS, *Hommes de b. vol.*, t. XXIII, p. 255). — *Il décida de n'avoir affaire* à *aucun collège* (JAMMES, *Janot-poète*, p. 23). — *Je vous serais reconnaissant d'user de votre influence pour que les services* AUXQUELS *vous aurez affaire se montrent discrets* (G. DUHAMEL, *Voyage de Patrice Périot*, p. 185). — [...] *comment l'homme peut avoir affaire en son être* à *des choses qu'il connaît* (M. FOUCAULT, *Les mots et les choses*, p. 365).

Il est difficile de distinguer nettement ces deux expressions. Ainsi on a, dans Littré : *J'ai affaire ce matin* AVEC *le ministre* (= j'ai à traiter d'affaires avec lui) — et dans le Dict. de l'Acad. : *J'ai affaire* AU *ministre* (= j'ai une question à traiter avec lui). Comme Littré le fait observer, la seule distinction réelle entre *avoir affaire à* et *avoir affaire avec*, c'est que *à* est plus général : on a affaire *à* qqn pour toutes sortes de choses ; on a affaire *avec* qqn pour traiter avec lui, et en raison d'une certaine réciprocité, qui n'est pas impliquée par *à*. — Même cette nuance n'est pas toujours respectée.

Avoir affaire de est une locution littéraire signifiant « avoir besoin de », et usitée surtout dans des interrogations du type *Qu'ai-je affaire de... ?*

Discernant que j'avais affaire DE *sa compétence de prêtre et point* DE *son caractère sacré, il en dépouillait les apparences autant que cela est possible* (A. HERMANT, *Discorde*, p. 189). — *Qu'ai-je affaire* DE *l'estime de gens que je ne puis estimer ?* (GIDE, *Feuillets d'automne*, p. 237.) — *Qu'avons-nous affaire* DE *la chimie des parfumeurs quand la ville et les champs comblent nos désirs de bonnes senteurs ?* (M. BEDEL, *Traité du plaisir*, p. 142.)

Dans cet ex., *avoir affaire de* paraît synonyme de *avoir affaire à*, avec lequel il alterne : *Si l'accident pouvait être évité et qu'il ne l'a* [sic] *point été, nous avons affaire* à *un homicide. Il y en a de deux espèces : l'homicide par imprudence et l'homicide intentionnel. Nous devrons en ce cas décider* DUQUEL *de ces deux délits nous avons affaire* (SARTRE, *Situations*, VIII, p. 319).

Remarque. — Dans ces trois constructions *(avec, à, de)*, l'usage est d'écrire *affaire* en un mot, mais cette orthographe se fonde sur des habitudes prises plutôt que sur des raisons de sens. Pour Littré, *avoir à faire de* « ne peut être considéré comme une faute ; car *à faire* convient mieux qu'*affaire* » : en particulier dans *Qu'ai-je à faire de cela ?* où *que* ne peut être que complément d'objet direct de *faire*. — En tout cas, dans les trois constructions, il n'est pas rare de rencontrer l'orthographe *à faire* :

Il faut qu'il ait À FAIRE *à quelque vainqueur* (SAINTE-BEUVE, *Port-Royal*, III, 14). — *C'est ce que vit peut-être M. de Rebours, à qui il eut d'abord* À FAIRE (Fr. MAURIAC, *Bl. Pascal*, p. 76). — *Je voudrais n'avoir* À FAIRE *qu'à des éléments non adultérés* (Ch. DU BOS, *Journal 1921-1923*, p. 80). — *Des enfants pataugent, qui portent un collier pour tromper les démons et leur faire croire qu'ils ont* À FAIRE *à des chiens* (MORAND, *Rien que la terre*, p. 71). — *On a* À FAIRE *à des fonctionnaires* (DANIEL-ROPS, *Carte d'Europe*, p. 95). — *J'ai* À FAIRE *cette année à un élève le plus dissipé qui soit* (JOUHANDEAU, *Essai sur moi-même*, p. 163). — *Qu'ai-je* À FAIRE *avec le génie ? Il ne cherche en moi qu'un complice* (COCTEAU, *Difficulté d'être*, p. 64). — *Qu'avons-nous* À FAIRE *de l'art, si nous n'avons tout le reste, avec ?* (R. ROLLAND, *Jean-Christ.*, t. VIII, p. 233.) — *Qu'ai-je* À FAIRE *d'un ami qui me juge ?* (SAINT EXUPÉRY, *Lettre à un otage*, p. 69.)

Hist. — L'orthographe *à faire* est souvent attestée au XVIIIe s. : *Ils ont* à FAIRE *à une nation qui se manifeste aisément* (VOLT., *Lettres phil.*, Suppl., II). — *J'ai* A FAIRE *a des gens qui s'ennuyent* (DIDEROT, *Neveu de Rameau*, p. 45). Etc. — D'ailleurs, *affaire*, même comme nom, n'est que l'agglutination de *à faire*.

278   Concurrence entre *de* et *d'avec.*

De et *d'avec* sont en concurrence pour les verbes exprimant l'idée de séparation, de différence. Les observateurs estiment d'habitude que *d'avec* a plus de
force. Il appartient plutôt à la langue soignée.

— *Séparer :* *Séparer les mâles* D'AVEC *les femelles (Dict. contemp.).* — Faire divorce, *Se
séparer volontairement* D'AVEC *les choses auxquelles on était fort attaché* (AC., s.v. *divorce*). —
Séparer une chose D'*une autre,* D'AVEC *une autre* (ROBERT).

— *Distinguer :* *Distinguer le blé* DE *l'orge* (ou D'AVEC *l'orge) (Dict. contemp.).*

— *Discerner :* *Discerner le bon* DU *mauvais, le vrai* DU *faux, le bien* D'AVEC *le mal.
Discerner le flatteur* D'AVEC *l'ami* (AC.).

— *Désolidariser :* *Refuser, c'était se désolidariser* D'AVEC *ceux qui avaient continué à tourner
sous les ordres de l'ennemi* (VAN DER MEERSCH, *Invasion 14,* II, I, 1). — *Je ne me désolidariserai
pas* D'*une défaite qui, souvent, m'humiliera* (SAINT EXUPÉRY, *Pilote de guerre,* p. 209).

— *Divorcer :* *Sa mère, qui avait divorcé* DE *mon oncle, se remaria* (J. de LACRETELLE,
Silbermann, p. 149). — *Des écrivains [...] ont exprimé publiquement leur désir de voir l'Amérique ibérique divorcer* DE *l'Europe et* DES *élites européennes* (G. DUHAMEL, *Défense des lettres,*
p. 209). — *Une science divorcée* DE *la morale* (MAUROIS, *Journal,* États-Unis 1946, p. 29). —
Elle divorce DU *boulanger* (R. KEMP, dans les *Nouv. litt.,* 12 avr. 1956). — *Encore qu'elle [...]
soit divorcée* D'*un lieutenant de vaisseau* (H. BAZIN, *Mort du petit cheval,* p. 126). — *Elle a
divorcé* DE *mon père* (TROYAT, *Malandre,* p. 120). — *Divorcée* D'AVEC *l'époux céleste*
(A. FRANCE, *Étui de nacre,* p. 84). — *L'héroïne avait divorcé* D'AVEC *un mari indigne*
(R. ROLLAND, *Jean-Chr.,* t. V, p. 122). — *Mais divorcer* D'AVEC *quelqu'un à qui on n'a rien à
reprocher ?* (MONTHERLANT, *Démon du bien,* p. 60.) — *Il voudrait divorcer* D'AVEC *la grosse
bête de princesse régnante* (R. KEMP, dans les *Nouv. litt.,* 14 août 1947). — *Sa fille [...] vient
de divorcer* D'AVEC *un avocat* (POIROT-DELPECH, dans le *Monde,* 3 juin 1983).

On dit aussi *divorcer avec* : *Les Anges célèbrent incessamment les noces de ces femmes qui
ont divorcé* AVEC *la terre pour s'unir au Ciel* (CHAT., *Natchez,* IV). — *Mélek [...] ayant enfin
divorcé* AVEC *un mari atroce* (LOTI, *Désenchantées,* VIII). — *J'avais enfin divorcé* AVEC *ma
guenille* (BARRÈS, *Homme libre,* p. 178). — *L'intelligence russe a, elle aussi, divorcé* AVEC *la
civilisation occidentale* (R. GROUSSET, *Réveil de l'Asie,* p. 147). — *Il divorcera* AVEC *sa
gourgandine. Il épousera Denise* (F. MARCEAU, *Élans du cœur,* XIII).

Hist. — *D'avec* concurrençait *de* au XVIIe s. déjà. Par ex., Furetière (1690) donne ces ex. :
Il faut bien distinguer les bons D'AVEC *les meschans. Il est aisé de distinguer un cheval* D'*un
asne. Le Sauveur a dit qu'il separera le bon grain* D'AVEC *le mauvais, les veaux gras* D'AVEC *les
boucs, c'est-à-dire, les justes* D'AVEC *les pecheurs.*

Le verbe *divorcer* a connu une éclipse au XVIIe et au XVIIIe s., où l'on disait plutôt *faire
divorce avec* ou *d'avec*, cette expression restant possible aujourd'hui dans une langue un peu
recherchée :

⁺*Tous ses gens* D'AVEC *lui font un soudain divorce* (CORN., *Attila,* V, 6). — ⁺*Pour elle*
AVEC *Marie il avait fait divorce* (ID., *Tite et Bérén.,* I, 1). — ⁺*Le landgrave, sans faire divorce*
AVEC *sa femme [...]* (BOSS., *Avert.,* IV). — *L'aile fit divorce* AVEC *la dent* (J. ROSTAND, *Pensées
d'un biologiste,* p. 75).

279   Concurrences entre *de* et *à*.

a) On dit d'ordinaire *acheter qq. ch. à qqn*, ce qqn étant le vendeur : *Le père a acheté une montre* À *un horloger,* — bien que la même formule s'emploie si *à* introduit le nom du bénéficiaire : *Il a acheté une montre* À *son fils* (= pour son fils), tour que Littré trouvait « vulgaire et négligé » quand il y avait amphibologie ; il recommandait *pour* dans ce cas. — Littré avait observé déjà qu'*acheter à* (celui qui vend) « est plus usité dans le langage ordinaire » qu'*acheter de*. L'Acad. continue pourtant à donner cet ex. : *J'ai acheté* DE *lui cette maison, cette montre, ce cheval.* Cela « ne se dit plus guère », selon Robert.

Autres ex. avec *de* : *Voyez si la maison que j'ai achetée* DE *Talleyrand peut vous convenir* (NAPOLÉON, *Lettres inédites*, 25 mars 1815). — *Grâce à un passeport acheté* D'*une ambassade étrangère* (STENDHAL, *Chron. ital.*, Vanina Vanini). — *Barbara et lui étaient partis l'acheter* D'*un pêcheur à Lombartzyde* (C. LEMONNIER, *Petit homme de Dieu*, IV). — *Ils achetaient* D'*elle, des petits cornichons au vinaigre dont Azarius était friand* (Gabr. ROY, *Bonheur d'occasion*, cit. *Trésor*).

Acheter de « acheter au prix de » (au figuré) s'emploie encore dans la langue littéraire : *Ma consolation, c'était qu'un jour le bonheur de mon enfant serait acheté* DE *ma fatigue et* DE *mes privations* (DAUDET, cit. *Grand Lar. langue*).

Emprunter de continue à s'écrire, surtout dans des emplois figurés :

Sa révolution empruntant sa force DU *mouvement ennemi n'est encore qu'une révolution parasitaire* (JAURÈS, cit. *Trésor*). — *Les mots empruntés* DU *grec* (BRUNOT, *Hist.*, t. I, p. 525).

Avoir : °*J'ai eu cent francs* À *mon parrain* est un wallonisme. La langue commune emploie *de*. — En Bretagne, on dit : °*J'ai eu des sous* AVEC *mon père* (cf. *Revue de ling. rom.*, 1978, p. 157).

b) Échapper à qq. ch., c'est l'éviter, en être préservé :

Échapper À *un danger,* À *la mort,* AU *naufrage.* — À *combien d'attentats, au juste, a-t-il échappé ?* (R. GARY, *Chien blanc*, p. 187.) — *Il aurait* [...] *peut-être échappé* À *la tentation fatale* (MONTHERLANT, *Treizième César*, p. 33). — *Afin d'échapper* À *la police de Rabat* (MAC ORLAN, *Bandera*, cit. Robert).

De dans cet emploi est archaïque : *Échapper* DU *naufrage,* DU *feu* (AC.). — *Il apportait l'oracle du docteur. / — Ce n'est rien. Elle* EN *échappera, si elle ne meurt pas du... Je ne me rappelle plus de quoi il disait qu'elle mourrait bien, mais cela finissait en* OS. — *Du tétanos ? s'écria madame de Piennes. / — Justement, madame* (MÉRIMÉE, *Ars. Guillot*, I). [Mérimée avait d'abord écrit : *en réchappera* (Pl., p. 816), ce qui serait la formule normale aujourd'hui.]

En outre, *de* s'emploie avec des compléments adverbiaux : *S'échapper de prison, s'échapper des mains de...* (*échapper* non réfléchi étant vieilli dans ces cas).

Échapper avec un objet direct se rencontre encore en dehors de l'expression *l'échapper belle.*

Dans le sens de « laisser échapper », c'est autant qu'un archaïsme (« vieux », dit le *Trésor*) un régionalisme : [...] *les « petits papiers » que ses mains tremblantes échappaient* (BARRÈS, *Leurs figures*, p. 153). — [...] *qui serait mort en scène en échappant sa pipe qui se brisa* (DAUZAT, *Argots*, p. 133). — *Jamais je ne casse rien ! Jamais je n'échappe un verre ou une bague* (GIRAUDOUX, *Électre*, I, 4).

Dans le sens « éviter », c'est un archaïsme fréquent chez A. Hermant : *Pour échapper les railleries* (*Bourgeois*, p. 79). — *Vous n'avez pas échappé le scrupule* (*Xavier*, 1923, p. 42). —

Autre ex. : *Vous devez être excédé de mes lettres. Et encore vous en avez échappé une de remerciements* (PROUST, dans Cl. Mauriac, *Espaces imaginaires*, p. 116). — [Cf. : +*J'ai échappé la mort* (BOSS., cit. Littré, avec d'autres ex. du XVIIe s.).]

Dans le sens « faire s'échapper » (comp. § 276), cela semble propre à Gide : *Elle tenait pour poétique tout ce qui l'échappait de la vie* (*Caves du Vat.*, III, 2).

c) Dans l'usage général, on ne se soucie guère des distinctions que les lexico-graphes font entre *goûter à qq. ch., goûter de qq. ch., goûter qq. ch.*

Le cuisinier n'a pas goûté cette sauce (AC.). — *J'ai goûté* À *la nourriture des élèves* (G. DUHAMEL, dans le *Figaro litt.*, 3 juillet 1954). — *Goûtez* DE *cette volaille, elle est excellente* (AC.).

Dans le sens figuré « trouver plaisir à qq. ch. », *goûter* se construit avec un objet direct : *Je ne goûte pas vos plaisanteries.*

d) Ressortir « être du ressort de, relever de, concerner » se conjugue comme *finir* et est suivi de la préposition *à* : *Mon affaire ressortit* AU *juge de paix* (AC.). — Il subit parfois l'influence du verbe homonyme *ressortir* qui se conjugue comme *sortir* et qui se construit avec *de* : °*Telle affaire* RESSORT DE *sa compétence.* Voir au § 811, Rem. 3 pour la conjugaison.

Ex. où l'on a *de* abusif : *M. de Corbière [...] requit d'être entendu le premier sur une loi ressortissant* DE *son ministère* (CHAT., *Mém.*, III, II, V, 22). — *Des conditions qui ne ressortissent pas* DU *programme de nos écoles spéciales militaires* (BARRÈS, *Ennemi des lois*, p. 2). — *Mais un tel sujet n'allait-il pas lui paraître ressortir* DU *roman plutôt que* DE *l'histoire naturelle ?* (GIDE, *Incidences*, p. 80.) — *Et l'Art poétique de Caillois ressortait plus* DE *l'essai et* DE *la théorie que* DE *la critique directe* (É. HENRIOT, dans le *Monde*, 25 nov. 1959). — *Il signifie, par extension, Être dans une sorte de dépendance de quelqu'un, ressortir* DE (AC., s.v. *relever*). — *Ce tribunal ressortit* DE *telle cour* (*Gramm. de l'Ac. fr.*, dans Brunot, *Observ. sur la Gr. de l'Ac. fr.*, p. 73).

Autres ex. : GOBINEAU, *Essai sur l'inégalité des races humaines*, 4e éd., p. 217 ; MADELIN, *Foch*, p. 104 ; AMBRIÈRE, *Grandes vacances*, p. 100 ; DANIEL-ROPS, *Années tournantes*, p. 14 ; M. COHEN, *Une fois de plus des regards sur la langue franç.*, p. 130 ; KANTERS, *Des écrivains et des hommes*, p. 273 ; J. PERRET, *Ernest le rebelle*, L.P., p. 35.

Ex. corrects : *Son jeu correct, luisant, glacé, ressortissait plutôt* À *l'arithmétique qu'*À *l'art* (GIDE, *Si le grain ne meurt*, I, 6). — *La doctrine repousse [...] tous les intelligibles, faciles ou non, du fait qu'ils ressortissent* À *la raison* (BENDA, *France byzantine*, p. 104). — *Dans tout ce qui ressortit* AU *music-hall* (COLETTE, *Étoile Vesper*, p. 197). — *Porthos ressortit* AU *parachutisme* (R. NIMIER, Introd. de : Al. Dumas, *Tr. mousq.*, L.P.). — *C'était bien* À *l'Ancien Testament et* À *sa justice sommaire qu'elle ressortissait* (M. TOURNIER, *Vendredi ou les limbes du Pacifique*, F°, p. 90). — *Le premier ministre feint de croire que les solutions à apporter au chômage relèvent de la politique sociale, alors qu'elles ressortissent* À *la politique économique* (P. FABRA, dans le *Monde*, 8 avril 1983).

e) Rêver, pris au sens propre, « voir dans son sommeil », se construit d'ordinaire avec *de*, parfois sans préposition, très rarement avec *à* :

Avec *de* : *J'ai rêvé* DE *mon diable d'oncle* (SAND, *Mauprat*, XVII). — *Elle a rêvé, durant ces quinze jours, quatre fois* DE *nous, surtout* DE *moi* (J. RENARD, *Journal*, 9 avril 1890). — *Il y a quelques jours, j'ai rêvé* D'*un incendie* (Dict. contemp.).

Sans préposition : *J'ai rêvé une chute, un incendie* (AC.). — *Ce diable de livre m'a fait rêver Alfred toute la nuit [...]. Il y a huit mois j'ai rêvé des lions* (FLAUB., *Corresp.*, t. II,

p. 165). — *La nuit dernière, j'ai rêvé cette visite et votre entrée* (MAUROIS, *Nouv. discours du Dʳ O'Grady*, p. 99). — *Nous avons rêvé la même chose.* — [Sur le tour *rêver voyage,* voir § 285, *a.*]

Avec *à : Cette nuit, j'ai rêvé* À *mon père* (J. GREEN, *Journal,* 5 janv. 1936).

Quand *rêver* est pris au figuré, dans le sens de « penser vaguement à, imaginer, désirer », il se construit avec *à* ou *de* ou sans préposition :

Avec *à : Toi, sans te déranger, tu rêves* À *ton Dieu !* (HUGO, *Voix int.,* XV.) — *On y* [= dans une chapelle] *était naturellement conduit à rêver* À *des choses auxquelles on n'aurait jamais songé dans une chapelle de chez nous* (J. et J. THARAUD, *Vieille Perse et jeune Iran,* p. 101). — *Il avait rêvé* À *la gloire* (J. de LACRETELLE, *Silbermann,* p. 171). — *Nous savons que des millions et des millions de malheureux ont rêvé* AU *pain comme* AU *salut, comme à la vie* (G. DUHAMEL, *Tribulations de l'espérance,* p. 355).

Avec *de : J'ai passé une bonne partie de la journée à rêver* DE *toi* (FLAUB. *Corresp.,* t. II, p. 204). — *Je me prenais à rêver* D'*une vie enfin délivrée d'artifices* (ARLAND, *Vigie,* p. 42). — *Un chapitre où l'on dirait tout ce qui vous passe par la tête, tout ce dont on se souvient, ou* DONT *on rêve* (J. et J. THARAUD, *Vieille Perse et jeune Iran,* p. 131). — *Sais-tu que j'ai rêvé* DE *toi sans fin dans le désert ?* (É. HENRIOT, *Tout va recommencer sans nous,* p. 179.) — *L'amour* DONT *elle rêvait eût été profond et constant* (MAUROIS, *Lélia,* p. 187).

Sans préposition : *Toute sa vie, il* [= Lafayette] *rêva la république et servit la royauté* (MICHELET, *Hist. de la Révol. fr.,* II, 7). — *En Afrique, on rêve l'Inde comme en Europe on rêve l'Afrique* (NERVAL, *Voy. en Orient,* Pl., p. 200). — *Nous traînâmes et perdîmes des années précieuses, rêvant le champ de bataille dans le Champ-de-Mars* (VIGNY, *Serv. et gr. mil.,* I, 1). — *Ce bonheur-là, je ne le connais pas, moi ; ce n'est pourtant pas faute de l'avoir rêvé et de l'avoir voulu* (DUMAS fils, *Diane de Lys,* III, 2). — *Vaugelas* [...] *n'a malheureusement pas écrit le traité de grammaire que je rêve* (A. HERMANT, *Xavier,* pp. 27-28). — *J'ai rêvé d'abord la gloire militaire et les rudes combats* (É. HENRIOT, *Temps innocents,* p. 8). — *Il rêvait la tiare, un chapeau de cardinal* (AC.).

On trouve aussi *rêver sur ;* le complément ainsi introduit n'exprime pas nécessairement l'objet du rêve, mais éventuellement un point de départ : *Il en est qui rêvent* SUR *des images qui se forment dans leur esprit* [...]. *D'autres rêvent* SUR *des objets* (H. BOSCO, *Rameau de la nuit,* p. 102). — *Dans le train, il rêva* SUR *cette rencontre* (É. HENRIOT, *Tout va recommencer sans nous,* p. 124).

Pour la construction de l'infinitif complément de *rêver,* voir § 876.

Hist. — Les classiques donnaient souvent à *rêver* le sens de « méditer, penser » et le construisaient avec *à* ou *sur,* ou sans préposition :

⁺*Ah ! qu'il y a peu de personnes vraies ! Rêvez un peu* SUR *ce mot, vous l'aimerez. Je lui trouve, de la façon que je l'entends, une force au-delà de la signification ordinaire* (SÉV., 19 juillet 1671). — *Allons* À *ce dessein resver ailleurs* (RAC., *Plaid.,* I, 5). — *Dorante. Je ne sçay point par où l'on pourroit faire finir la dispute. / Uranie. Il faudroit resver* QUELQUE INCIDENT *pour cela* (MOL., *Crit.,* VI).

f) Servir « être utile » se construit avec *à,* notamment dans diverses expressions négatives ou interrogatives : *Cela ne sert* À *rien. Cela ne sert pas* À *grand-chose.* À *quoi sert cet instrument ?*

La langue écrite emploie encore assez souvent *Cela ne sert* DE *rien,* même dans les dialogues, alors que DE *quoi sert... ?* est devenu rare :

— *Tout cela ne servit* DE *rien* (A. DAUDET, *Contes du l.,* Mort de Chauvin). — *Ça ne sert* DE *rien* (Fr. MAURIAC, *Chemins de la mer,* V). — *Même si je vous donnais ce certificat, il ne vous servirait* DE *rien* (A. CAMUS, *Peste*, p. 101). — *L'expérience qu'ils ont vécue en commun ne leur servira malheureusement* DE *rien* (M. NADEAU, *G. Flaubert écrivain*, p. 102). — *L'apport du contexte est indispensable, mais il ne servirait* DE *rien sans l'aptitude de la forme à marquer l'éventualité ou l'irréalité* (J. STEFANINI, dans le *Fr. mod.*, janv. 1959, p. 41).

Autres ex. avec *rien* : COCTEAU, *Enfants terribles*, Sel., p. 61 ; BERNANOS, *Dialogues des carmélites*, II, 7 ; GIRAUDOUX, *Littérature*, p. 239 ; ARAGON, *Aurélien*, p. 231 ; M. THIRY, *Nouvelles du Grand Possible*, Marabout, p. 250 ; A. GERBER, *Le jade et l'obsidienne*, p. 361 ; etc.

— DE QUOI *servent mes remontrances* [...] ? (MUSSET, *Il ne faut jurer de rien*, I, 1.) — DE QUOI *me sert ce peu de science ?* (G. DUHAMEL, *Les plaisirs et les jeux*, V, 1.)

Certains grammairiens recommandent : *ne servir à rien de...* et *ne servir de rien à...*, au nom de l'harmonie, au lieu de : *ne servir à rien à...* et *ne servir de rien de...* Les auteurs ne montrent pas toujours ce scrupule : *Il ne sert* DE *rien* DE *se mettre à rire* (GIDE, *Journal*, 26 déc. 1921).

Sur QUE *sert de... ?* RIEN *ne sert de*, voir § 272, Hist. 3.

Hist. — Les classiques connaissaient d'autres formules avec *de :* +*Il servirait* DE PEU *aux dominicains de s'écrier* [...] (PASCAL, *Prov.*, II). — *L'un fait beaucoup de bruit, qui ne luy sert* DE GUERES (MOL., *Éc. des f.*, I, 1). — Barrès écrit encore : *Les livres servent* DE BIEN PEU *pour nous donner la certitude morale* (dans l'*Écho de Paris*, 25 févr. 1909).

La construction avec *à* existait déjà au XVIIe s. : *Mais sans un Mecenas, à quoi sert un Auguste ?* (BOIL., *Sat.*, I.)

280 Concurrence entre *contre, après* et *sur.*

Des verbes exprimant l'idée d'hostilité se construisent avec diverses prépositions : *contre* est traditionnel ; *après*, plus familier, tend à se généraliser ; °*sur* est surtout usité en Belgique ; mais il y a d'autres constructions encore.

a) Pour *aboyer,* aux trois constructions signalées ci-dessus, il faut ajouter *aboyer à* (vieilli, sauf dans *aboyer à la lune*) et *aboyer* avec un objet direct (archaïsme littéraire).

Aboyer après, admis sans réserve par l'Acad. : *Un chien qui aboie* APRÈS *tous les passants* (AC.). — *Tous ses créanciers aboient* APRÈS *lui. Certains journaux aboient* APRÈS *ce ministre,* APRÈS *ce décret* (AC.). — *Le gouvernement vous jettera mille francs d'appointements comme on jette une soupe à un dogue de boucher. Aboie* APRÈS *les voleurs, plaide pour le riche, fais guillotiner des gens de cœur* (BALZAC, *Goriot*, p. 119). — *Les chiens aboient* APRÈS *nos lanternes* (LOTI, *Aziyadé*, IV, 22). — *Le chien de chez Bellefond aboya* APRÈS *lui* [= un autre chien] (AYMÉ, *Gustalin*, IV).

Aboyer contre est prévu par la plupart des dict., mais ils en donnent peu d'exemples : *Sa parole tudesque, comme étranglant de colère par moments, aboie* CONTRE *l'ineptie, les bourdes, l'ignorance de ses confrères* (E. et J. de GONC., *Journal*, cit. *Trésor*).

Aboyer à est aussi donné comme normal par l'Acad. : *Un chien qui aboie* À *la lune, qui aboie* AUX *voleurs* (AC.). — *Les assistés font aux possédants une meute qui aboie* AUX *prolétaires* (A. FRANCE, *Crainquebille*, Edmée). — *Nous avons aboyé une heure durant* À *M. de Voltaire qui nous lisait une tragédie !* [dit un chien] (J. SARMENT, *Mme Quinze*, VII.) — *À qui les chiens aboyaient-ils là-bas ?* (R. PEYREFITTE, *Mlle de Murville*, dans le *Figaro litt.*, 7 juin 1947.)

Aboyer avec objet direct (ou au passif), qui est dans Littré comme un emploi normal, avec cet ex. : *Les chiens aboyaient le renard.* — *J'ai vu des chiens* [...] *passer la nuit entière à ma barrière, aboyant amoureusement ma chienne* (GIDE, *Corydon*, II, 6). — *Nous fûmes aboyés, hurlés, vociférés, au passage de chaque barricade... la meute se donnait à pleine rage* (CÉLINE, *Mort à crédit*, cit. *Trésor*). — Autre ex. : H. de RÉGNIER, dans Bruneau, *Pet. hist. de la langue fr.*, t. II, p. 187.

[En outre, *aboyer* peut se construire avec une sorte d'objet interne : *Aboyer des injures.*]

Hist. — *Aboyer* avec un objet direct est attesté du XIIe au XVIIIe s. :

De bien pres l'ala abaier (GACE DE LA BUIGNE, 5801). — *Mais coüars sans la mordre ils aboyoient la proye / A gueule ouverte, ainsi que de nuict en resvant / Ils mordent l'ombre aux dents, et abboyent le vent* (RONS., éd. V., t. IV, p. 427). — ⁺*La plupart des chiens se contentent de l'* [= le hérisson] *aboyer et ne se soucient pas de le saisir* (BUFFON, cit. Littré).

Aboyer après est déjà chez Molière (au fig.) : *Nous avons de tous costez des Gens qui aboyent* APRES *nous* (*Fourb.*, I, 5).

b) **Crier** comme manifestation de colère, de mécontentement, d'hostilité.

Crier contre : *Les prédicateurs crient* CONTRE *le vice* (AC.). [*Crier* ne se dit plus guère dans ce cas particulier.] — *Crier* CONTRE *des employés peu consciencieux* (ROBERT).

Crier après (que l'Acad. ne signale pas) est courant : *Il ne se tenait pas d'aise à cette pensée* [...], *tout en criant* APRÈS *la femme de chambre, les domestiques, tous les gens de la maison* (MUSSET, *Contes*, Pierre et Camille, VI). — *Des chameaux en rut se battaient. Un gardien criait* APRÈS *eux* (GIDE, *Journal*, Pl., p. 74). — *Il fut si bouleversé qu'il oublia de dîner. Salomé* [une vieille bonne] *eut beau crier* APRÈS *lui : impossible d'avaler un morceau* (R. ROLLAND, *Jean-Chr.*, t. IV, p. 236).

Crier sur est courant en Belgique : *Elle n'aimait pas les hommes qui sont des brutes ; mais, celui-ci, était-ce de sa faute ? Elle s'offrait. « Fâche-toi, crie* SUR *moi. »* (A. BAILLON, *Hist. d'une Marie*, 1929, p. 169.) — *Mais cela se trouve en dehors de Belgique, et Dupré admet* sur comme *après* « dans le langage plutôt familier » : *Jamais je ne vis mon père dans une colère pareille.* [...] *Il criait* SUR *moi, on eût dit que j'avais commis un crime* (Z. OLDENBOURG, *Visages d'un autoportrait*, p. 291). [Voir Hist.]

Les dict. ne signalent pas, semble-t-il, °*crier après* quand il s'agit seulement d'appeler qqn, de l'interpeller. C'est un emploi que l'on peut considérer comme très familier, voire populaire : *Le malheur voulut qu'* [...] *on vînt me chercher vite, vite, pour veiller une voisine qui était en mal d'enfant* [...]. *Ses petits enfants criaient* APRÈS *moi et me tiraient par mon tablier pour me mener assister leur mère* (LAMART., *Geneviève*, LIX). — *Quand je songe que mon pauvre petit Janet me cherche et crie* APRÈS *moi, à cette heure, je me sens si faible* (SAND, *Pet. Fadette*, XXIX). — *Elle cria* APRÈS *sa fille Bertine, laquelle ne répondit point* (THÉRIVE, *Le plus grand péché*, p. 2). — *Dudard ouvre la porte et s'enfuit ; on le voit descendre les escaliers à toute vitesse, suivi par Bérenger qui crie* APRÈS *Dudard, du haut du palier. / Bérenger. Revenez, Dudard* (IONESCO, *Rhinocéros*, p. 104). — *Il crie* APRÈS *moi : / — Parle donc !* (A. STIL, *Seize nouvelles*, p. 58). [Il ne s'agit pas de colère.]

Hist. — *Crier après*, critiqué encore par certains grammairiens, quel que soit le sens (voir par ex., Martinon, p. 580), était déjà en usage au XVIIe s. : [...] *ses plus celebres Philosophes* [...] *qui crioient sans cesse* APRÈS *les vices de leur Siecle* (MOL., *Tart.*, Préf.) [sens que l'Acad. donne encore, comme on l'a vu plus haut]. — ⁺*Il s'est étouffé de crier* APRÈS *les chiens qui étaient en défaut* (LA BR., VII, 10).

On a employé dans le même sens *crier qqn* : Arnolphe. *Ah, Coquine, en venir à cette perfidie* [...]. / Agnés. *Pourquoy* ME *criez-vous ?* (MOL, *Éc. des f.*, V, 4.) — Littré constatait que cet emploi avait vieilli, sauf dans certaines provinces, comme en Normandie. Dans cet ex., c'est un archaïsme et non un régionalisme : [...] *allant d'un étage à l'autre et criant ses servantes* (J. GREEN, *Varouna*, II, 1).

Ex. anciens de *crier sur* : *Souviengne vous du samedi* / [...] *qu'on vous pilloria* : / *vous sçavez que chacun cria* / SUR *vous pour vostre tromperie* (Pathelin, 489). — ⁺*Dans les rues les petits enfants crient* SUR *lui* (SÉV., cit. Littré, s.v. *crier*, 1°).

c) **Jurer :**

Il jure APRÈS, CONTRE *une serrure qu'il ne parvient pas à ouvrir* (Dict. contemp.). — *Honoré jurait* APRÈS *sa femme, parce qu'il ne trouvait pas son bouton de col* (AYMÉ, *Jument verte*, VII). — *Homès jurait toujours* APRÈS *lui parce qu'il était paresseux* (PEISSON, *Parti de Liverpool*, p. 40).

d) **Se fâcher, s'emporter, s'irriter :**

Contre : Écoutez-le jusqu'au bout sans vous emporter CONTRE *lui* (Dict. contemp.). — *Je me suis fâché tout rouge* CONTRE *lui* (FLAUB., *Corresp.*, t. IV, pp. 240-241). — *Pour un verre mal rincé, il s'emporta* CONTRE *le garçon* (ID., *Éd. sent.*, II, 1). — *Il s'irritait peu à peu* CONTRE *la comtesse, n'admettant point qu'elle osât le soupçonner d'une pareille vilenie* (MAUPASS., *Fort comme la mort*, II, 3).

°*Après* reste très rare dans la langue écrite et même dans les dictionnaires, Littré faisant une exception surprenante : *S'emporter* APRÈS *quelqu'un* (LITTRÉ, s.v. *après*, 4°, sans la moindre réserve).

°*Sur*, en Belgique : *Il se fâcha* SUR *son fils et lui cria d'aller courir sa chance ailleurs* (dans *Femmes d'aujourd'hui*, 18 avril 1978, p. 129).

Se fâcher avec qqn, c'est se brouiller avec lui : *Il faut rendre visite à ma tante Cœur, sinon, elle se fâchera* AVEC *nous* [...], *et je déteste les brouilles de famille* (WILLY et COLETTE, *Claud. à Paris*, p. 38). — *Ma femme s'est fâchée* AVEC *moi et un jour elle est partie* (Ch. VILDRAC, *Île rose*, p. 92). — *On dit de même être fâché avec qqn :* [...] *si on devait se contenter d'être fâché deux jours* AVEC *lui* (PROUST, *Rech.*, t. I, p. 35). — *Pour une raison inconnue les Mercadier étaient fâchés* AVEC *les Pailleron* (ARAGON, *Voyageurs de l'impériale*, I, 31).

Remarque. — On retrouve la même situation avec d'autres formules de sens analogue, *être fâché, être enragé, se mettre en colère, être furieux, être en colère*, etc. : °*après* dans la langue populaire ; °*sur* en Belgique.

Contre dans le français régulier : *Est-ce que la comtesse est fâchée* CONTRE *moi* ? (MUSSET, *L'âne et le ruisseau*, IX.) — *Je ne suis pas moins enragé que vous* CONTRE *ce ministre qui a le toupet de vouloir que je m'exprime comme mon concierge* (HERMANT, *Xavier*, 1923, p. 121). — *Peut-être qu'il est fâché* CONTRE *moi* (TROYAT, *Cahier*, p. 251). — *Olga était furieuse* CONTRE *moi* (S. de BEAUVOIR, *Force de l'âge*, p. 266).

°*Après* dans la langue populaire ou très familière : *Ils étaient enragés.* APRÈS *lui* (PÉGUY, *Myst. de la char. de J. d'Arc*, p. 122). — *Je suis furieux.* / — APRÈS *qui* ? / — APRÈS *toi, garnement* (H. LAVEDAN, *Vieux marcheur*, p. 22). — *Il faut que le bon Dieu soit bien en colère* APRÈS *nous* (PROUST, *Rech.*, t. I, p. 102). — *Il était furieux* APRÈS *la terre entière* (THÉRIVE, *Fils du jour*, p. 239). — *Sont-elles fâchées* APRÈS *Cathie ?* *s'inquiéta le père* (G.-E. CLANCIER, *Fabrique du roi*, p. 180).

°*Sur* en Belgique : *Un jeune Indien est furieux* SUR *Bessy* (dans la *Libre Belgique*, 13 oct. 1971, p. 20). — *J'étais folle de rage* SUR *ce mari brutal* (G. PURNÔDE, *Terre en plein soleil*, p. 17).

Hist. — On voit souvent dans l'emploi de *sur* un calque du néerlandais ou de l'allemand. Mais le même phénomène apparaît en roumain, en italien, en anc. esp. et en anc. fr., et l'influence germanique n'est donc pas nécessaire. Cf. Remacle, t. II, p. 373.

e) *Déblatérer sur* ou *contre :* § 274, *c*, 1°.

281 Concurrences entre *à* et *sur*.

a) On dit d'habitude *se fier à : Je me fie* à *vous. Je me fie* à *votre parole.* —
Les tours où le complément est introduit par *en* et *sur* sont vieillis et surtout
littéraires :

> *Sentiment qui fait qu'on se fie* EN *soi-même* (LITTRÉ, s.v. *confiance,* 3°). — *Ils se fieront* EN
> *mon autorité sans appel* (HERMANT, cit. *Grand Lar. langue*). — *Écoute, cousine, et fie-toi* EN
> *moi* (POURRAT, *Gaspard,* cit. *Trésor*). — *Le peuple se fia* SUR *la noblesse et les hommes*
> *d'armes* (BARANTE, *Hist. des ducs de Bourg., ib.*). — *J'ai passé outre, me fiant* SUR *ma raison*
> (NERVAL, cit. *Grand Lar. langue*).
>
> *Se fier dans* n'a été relevé que chez Barrès : *Il se fie* DANS *la valeur de ses arguments*
> (*Colline insp.,* XV). — Autre ex. de Barrès dans le *Grand Lar. langue.*

Se confier dans un sens analogue est lui-même vieilli ; il présentait la même
variété de constructions :

> *Vous pouvez vous confier, Madame, / À mon bras comme reine,* à *mon cœur comme*
> *femme !* (HUGO, *Ruy Blas,* III, 4.) — *Homme, personne de confiance,* à *qui l'on se confie*
> *entièrement* (LITTRÉ, s.v. *confiance*). — *Je me confie* à *vous corps et âme* (GIRAUDOUX, *Folle*
> *de Chaillot,* cit. Robert). — *Confiez-vous* EN *moi, mes paroles sont sûres* (LEC. DE LISLE, cit.
> *Grand Lar. langue*). — *Se confier* SUR *de faux calculs* (*Lar. XXᵉ s.*) [tour particulièrement
> vieilli]. — Le sens vivant est « faire confidence », le complément étant introduit par *à.*

Hist. — La construction de *se fier* avec *à* et *en* remonte au moyen âge, ainsi que la
construction avec *de,* que Vaugelas n'avait « jamais entendu dire qu'à des gens fort vieux »
(p. 534) et que Courier (cit. Littré) a ressuscitée sans lendemain. — C'est chez Vaugelas
qu'on trouve la première attestation de *se fier sur* (1647), qui se dit encore en Suisse.

Remarques. — 1. Après *avoir* **confiance,** *mettre sa confiance* (ainsi qu'après
prendre confiance, plus rare), on a ordinairement *en,* qui s'impose devant un
pronom personnel ; souvent *dans,* surtout quand le nom qui suit est accompagné
d'un article ; parfois *à,* plutôt littéraire en général (voir cependant l'ex. de
Proust) :

> *Rosanette n'avait confiance* EN *personne* (FLAUB., *Éd. sent.,* II, 4). — *Il a toujours eu*
> *confiance* EN *son étoile* (*Dict. contemp.,* s.v. *étoile*). — *Nous avions l'un* DANS *l'autre une*
> *confiance sans bornes* (B. CONSTANT, *Ad.,* VIII). — *Avoir confiance* DANS *les médecins* (petit
> Robert). — *Avoir confiance* DANS *une entreprise, une tentative, un remède* (*ib.*). — *Chacun*
> *possède une amulette* à *laquelle il a pleine confiance* (Th. GAUTIER, *Militona,* II). — *M. de la*
> *Boulerie n'avait pas confiance* AUX *gendarmes* (H. de RÉGNIER, *Vacances d'un jeune homme*
> *sage,* p. 174). — *Le fait est qu'on se défie de Taine* [...] *et qu'on a plus confiance* à *Sainte-*
> *Beuve* (A. SUARÈS, cit. dans R. Fayolle, *Critique,* p. 331). — *Il paraît qu'elle a bien confiance*
> à *des médailles* [dit la servante Françoise] (PROUST, *Rech.,* t. I, p. 416).

Hist. — On a aussi employé *sur : Tu mets ta confiance* SUR *quelques lettres mystérieuses*
(MONTESQ., *L. pers.,* CXLIII).

2. **Faire confiance à.** Cette locution est signalée par Littré, dans son *Supplé-*
ment, comme appartenant à la langue·juridique ; elle a trouvé dans l'usage
courant, même littéraire, depuis le début du XXᵉ siècle (peut-être à la faveur de
faire crédit à), une belle fortune, malgré la résistance des puristes :

> *Il* NOUS *font confiance* (PÉGUY, *Notre jeunesse,* p. 67). — *Faisons confiance* AU *choix des*
> *siècles* (A. MAUROIS, *Art de vivre,* p. 126). — *J'admire le Gouverneur Lamblin pour avoir fait*

confiance AUX *indigènes* (GIDE, *Voy. au Congo*, p. 74). — *On pouvait* LUI *faire confiance* (R. MARTIN DU GARD, *Thib.*, Pl., t. II, p. 141). — *Il ne serait ni raisonnable, ni juste, ni généreux de ne pas faire confiance à la vie* (J. et J. THARAUD, *Petite hist. des Juifs*, p. 282). — *C'est une grande erreur, que faire une confiance illimitée à la méchanceté des hommes* (MON-THERLANT, *Célibataires*, p. 307). — *Faites confiance* AU *sommeil* (ALAIN, *Propos sur le bon-heur*, XX). — *Il fallait* [...] *faire confiance à la liberté et à la spontanéité ouvrières* (A. CAMUS, *Homme révolté*, p. 269).

Autres ex. : CLEMENCEAU, *Grandeurs et misères d'une victoire*, p. 4 ; ESTAUNIÉ, *Laby-rinthe*, p. 250 ; Fr. MAURIAC, *Galigaï*, XIX ; R. ROLLAND, *Précurseurs*, p. 218 ; G. DUHAMEL, *Cri des profondeurs*, p. 120 ; L. MADELIN, *Foch*, p. 39 ; GENEVOIX, *Fatou Cissé*, p. 224 ; LA VARENDE, *Centaure de Dieu*, p. 70 ; COCTEAU, *La belle et la bête*, p. 231 ; MAULNIER, *Jeanne et les juges*, III ; É. HENRIOT, dans le *Monde*, 15 juin 1955 ; SARTRE, *Mots*, p. 23 ; CHAMSON, *La neige et la fleur*, p. 75 ; J. GREEN, *Sud*, I, 5 ; R. KEMP, dans les *Nouv. litt.*, 20 déc. 1956 ; G. MARCEL, *Homme de Dieu*, I, 4 ; ARLAND, *L'eau et le feu*, p. 224 ; GIONO, *Angelo*, p. 79 ; DE GAULLE, *Mém. de guerre*, t. III, p. 43 ; A. LANOUX, *Commandant Watrin*, I, 6 ; J. de LACRETELLE, *Âme cachée*, p. 161 ; ARISTIDE [= M. CHAPELAN], dans le *Figaro litt.*, 2 nov. 1963 ; J. GUÉHENNO, *ib.*, 23 janv. 1964 ; N. SARRAUTE, *Planétarium*, p. 26 ; ARAGON, *Semaine sainte*, p. 62 ; J. GUITTON, *Christ écartelé*, p. 14 ; DANIEL-ROPS, *Psichari*, p. 10 ; M. BRION, *De l'autre côté de la forêt*, p. 112 ; TROYAT, *Barynia*, p. 111 ; etc.

b) On écrit *se **méprendre** sur* ou *se méprendre à* (plus littéraire) :

Je ne me suis jamais mépris AU *jugement que j'ai porté de cet homme* (AC.). — *Bonaparte, lui, ne se méprendrait point à des lieux communs sur son fils, sa femme, sa gloire* (CHAT., *Mém.*, II, VII, 4). — *Je ne me méprends pas à vos semblants d'amour* (HUGO, *Lucr. Borgia*, II, I, 6). — *Qu'on ne se méprenne pas* AU *sens et à l'intention des mots dont je me sers* (DUMAS fils, *Ami des femmes*, Préf.). — *Elle ne devait pas se méprendre à ce silence* (MAUROIS, *Chateaubr.*, p. 379). — *Elle se méprit à cette colère* (ARAGON, *Beaux quartiers*, II, 30).

Il ne se méprenait pas SUR *la tristesse de Margot* (MUSSET, *Nouvelles*, Margot, VII). — *On ne saurait se méprendre* SUR *la gravité de cet événement* (AC.). — *Il portait à la main une bague ornée de la croix gammée*, SUR *le sens de laquelle je m'étais mépris* (J. GREEN, *Journal*, 5 oct. 1950). — *L'intelligent et pitoyable Étienne, étudiant les crimes de son père, ne saurait se méprendre un instant* SUR *leur nature crapuleuse* (É. HENRIOT, dans le *Monde*, 9 mai 1951). — *Ida se méprit* SUR *le caractère de ces paroles* (E. JALOUX, *Dernier acte*, p. 23). — *S'est-il mépris* SUR *ces paroles ?* (R. IKOR, *Frères humains*, p. 111.) — *Le moindre des risques* [...] *n'est pas celui de voir le président Assad se méprendre* SUR *M. Mitterrand* (dans le *Monde*, 30 nov. 1984, p. 1).

*c) **Réfléchir**,* au sens de « penser longuement », est toujours intransitif et construit son complément soit avec *à*, soit avec *sur* :

J'ai réfléchi à ce que vous m'avez dit, SUR *ce que vous m'avez dit* (AC.). — *Je vous prie de réfléchir* SUR *cette affaire* (AC.). — *Je réfléchis immédiatement* SUR *ce phénomène* (MAUPASS., *C.*, Lui ?).

282   Concurrences entre *de* et *pour*.

Certains compléments peuvent être considérés comme des complé-ments d'objet ou comme des compléments adverbiaux marquant la cause. Le fait que l'on ait le choix entre les deux prépositions reflète sans doute cette double analyse.

a) **Remercier** *de* correspond à l'usage classique et traditionnel ; mais *remercier pour* (que l'Acad. ne signale pas) s'est assez récemment fort répandu.

Ex. avec *de : Je vous remercie* DE *vos bonnes intentions* (STENDHAL, *Corresp.*, t. V, p. 143). — *Frédéric la remercia* DU *cadeau* (FLAUB., *Éd. sent.*, II, 6). — *Je vous remercie* [...] D'*un intérêt qui ne s'est pas démenti pendant quatre années* (FROMENTIN, *Domin.*, IV). — *Pensez à le remercier intelligiblement* DE *son vin* (PROUST, *Rech.*, t. I, p. 23). — *Nous vous remercions* DE *votre aimable hospitalité* (SARTRE, *Sursis*, cit. Robert, s.v. *glisser*).

Ex. avec *pour : Je vous remercie* POUR *la part que vous avez prise à la perte de mon incomparable mère* (LAMART., *Corresp.*, 8 déc. 1829). — *Je vous remercie du fond du cœur pour votre splendide cadeau* (FLAUB., *Corresp.*, t. IV, p. 294). — *Vous ne l'avez pas remercié pour l'asti* (PROUST, *Rech.*, t. I, p. 34). — *Dingley remercia le jeune homme* POUR *son hospitalité* (J. et J. THARAUD, *Dingley*, p. 141). — *Mme de Staël la remerciait* POUR *cette attention* (Éd. HERRIOT, *Mme Récamier et ses amis*, p. 129). — *Soyez remercié* POUR *cette nouvelle* (BERNANOS, *Dialogues des carmélites*, IV, 11). — *Élisabeth remercia sa mère* POUR *cette attention* (TROYAT, *Tendre et violente Élisabeth*, p. 319). — *Je vous remercie vivement* POUR *votre cadeau*, POUR *votre envoi* (petit *Robert*).

°*Remercier qq. ch.* n'est pas d'usage : *Les garçons remercient le pourboire* (E. et J. de GONC., *Mme Gervaisais*, cit. Thomas).

Le complément introduit par *de* peut aussi exprimer la façon dont on remercie : *Elle le remercia* D'*un sourire. — Par* est moins ambigu.

Certains grammairiens estiment que *remercier pour* ne peut se dire quand on refuse la chose pour laquelle on remercie : *Je vous remercie* DES *recommandations que vous me proposez, mais que je ne puis accepter.* On ne voit pas pourquoi il faudrait rejeter : ... POUR *les recommandations...*

Dans les autres expressions, verbales ou nominales, par lesquelles on exprime sa reconnaissance, *pour* s'est imposé plus nettement en général :

Mille remerciements à Maisonnette POUR *l'article* (STENDHAL, *Corresp.*, t. V, p. 194). — *Je dois témoigner ma reconnaissance à leurs rédacteurs,* POUR *l'appui qu'ils m'ont prêté* (BÉRANGER, *Œuvres compl.*, p. XVI). — *Je vous fais mes remerciements* POUR *ce que vous nous avez accordé* (AC.). — *Je suis pénétré de reconnaissance* POUR *toutes vos bontés* (AC.). — *Je tiens à vous exprimer mes très sincères remerciements* POUR *l'accueil qui m'a été réservé* (DE GAULLE, *Mém. de guerre*, t. II, p. 492).

Avec les formules plus recherchées *rendre grâce(s)* et surtout *savoir gré, de* semble rester le tour le plus fréquent :

Suzanne [...] *rendait grâce au Seigneur* DE *la mésalliance évitée* (ARAGON, *Beaux quartiers*, I, 3). — *Elle lui rendit grâces* DU *plaisir qu'il avait pris dans ses bras* (R. VAILLAND, *Mauvais coups*, IV). — DE *tout ce que le Concile a décrété et accompli je rends grâces* (MARITAIN, *Paysan de la Garonne*, p. 9). — *Sans savoir si j'avais à* [...] *savoir gré* DE *son changement d'attitude à quelque bienfaiteur involontaire* (PROUST, *Rech.*, t. II, p. 366).

Ex. avec *pour : Je vous rends grâce* POUR *le plaisir que vous me faites* (Al. DUMAS, *Comte de Monte-Chr.*, cit. *Trésor*).

Pour *merci*, voir § 361, *a.*

Hist. — *Remercier de* était la formule habituelle au XVIIe et au XVIIIe s. On trouve parfois *pour* cependant : +*Ne vous avisez point de me remercier* POUR *toutes mes bonnes intentions,* POUR *tous les riens que je vous donne* (SÉV., 11 mars 1672).

b) **Féliciter** et **complimenter** se construisent avec *de* ou *pour*, dans la langue littéraire parfois avec *sur :*

Ex. avec *de : Permettez-moi* [...] *de vous féliciter de l'heureuse issue de cette grande affaire* (CHAT., *Mém.*, III, II, I, 13). — *Je l'ai félicité* DE *son discours* (HUGO, *Pierres*, p. 92). — *Il le félicitait* DE *son mariage par bienveillance* (CHARDONNE, cit. Robert). — *Il commença par la complimenter* DE *ses enfants* (FLAUB., *Éd. sent.*, II, 2). — *Il la complimenta* DE *son élégance* (CURTIS, *Étage noble*, p. 223).

Ex. avec *pour : Il convient de féliciter les Comédiens de Paris* POUR *la vaillance avec laquelle ils ont mis sur pied le spectacle* (G. MARCEL, dans les *Nouv. litt.*, 15 nov. 1951). — *J'ai raconté l'histoire et l'on m'a félicité* POUR *cette malice* (GIONO, *Voy. en Italie*, p. 143). — *Nous le félicitâmes* POUR *son appétit* (CAYROL, *Corps étrangers*, p. 85). — *Valentine Ivanovna Zaïtseff l'avait complimentée* POUR *son travail* (TROYAT, *Front dans les nuages*, p. 10).

Ex. avec *sur : Une députation de la Chambre des représentants étant venue le féliciter* SUR *sa nouvelle abdication* [...] (CHAT., *Mém.*, III, I, VI, 18). — *Je l'ai félicité* SUR *son mariage* (*Dict. gén.*). — *Après avoir félicité ses hôtes* SUR *l'excellence de leur café* (BILLY, *Madame*, p. 81). — *L'infirmière la félicita* SUR *sa bonne mine* (E. CHARLES-ROUX, *Oublier Palerme*, p. 46). — *Il se félicitait* SUR *cet élan autant que* SUR *la nécessité de le rentrer par décence* (Vl. VOLKOFF, *Humeurs de la mer*, Intersection, pp. 373-374). — *M. de Comaing le complimenta* SUR *sa bonne mine* (FLAUB., *Éd. sent.*, II, 4). — *Il la complimenta* SUR *son installation* (ZOLA, *Nana*, XIII). — [...] *la complimenta* SUR *sa maison* (PROUST, *Rech.*, t. III, p. 247). — *Complimenter qqn* SUR *son mariage* (petit *Robert*).

c) Excuser qqn ou *s'excuser* peuvent avoir des compléments de diverses sortes. Celui qui exprime le fait qui demande justification ou pardon est introduit ordinairement par *de*, parfois par *pour :*

Il s'excusait DE *son silence à notre égard sur la nécessité où il se fût trouvé de demeurer pendant deux mois à la charge de sa mère* (Fr. MAURIAC, *Nœud de vip.*, VII). — *Nous nous excusons, auprès de nos lecteurs,* DU *retard, certes bien involontaire, que nous avons mis à donner ce volume* (LE BIDOIS, t. II, p. V). — *Je m'excuse* DE *tant de paroles* (J. MARITAIN, *Paysan de la Garonne*, p. 36). — *Je m'excuse auprès du lecteur* DU *caractère ardu du développement qui va suivre* (GISCARD D'ESTAING, *Démocratie franç.*, p. 115). — [...] *n'eut pas même l'idée de s'excuser* POUR *son retour* (J. ANGLADE, *Front de marbre*, p. 44).

Le complément exprimant la raison qui diminue la faute ou justifie le pardon est ordinairement introduit par *sur*, exceptionnellement par *avec :*

[...] *s'excusant de lui offrir si peu* SUR *ce qu'elle venait de payer un compte à son jardinier* (STENDHAL, *Chartr.*, XXI). — *Rœmerspacher* [...] *s'excusa* SUR *son travail pour refuser la rédaction en chef* (BARRÈS, *Dérac.*, p. 280). — Autre ex. avec *sur*, voir MAURIAC ci-dessus. — *Tout ce qu'ils font de vil ou de médiocre, ils s'en excusent* AVEC *leurs familles. On dirait qu'ils ne se sont mariés que pour avoir ce prétexte* (MONTHERLANT, *Lépreuses*, III).

d) Quand *soigner qqn* est pris au sens de « s'occuper de le guérir », le complément désignant le mal ou la maladie s'introduit par *pour*, parfois par *de :*

On l'a soigné longtemps POUR *une névralgie opiniâtre* (LITTRÉ). — *Géraudin se rappelait comment ce marmot l'embrassait, la nuit, quand il l'avait soigné lui-même* POUR *le croup* (VAN DER MEERSCH, *Corps et âmes*, t. I, p. 102). — *Je soignais,* POUR *la même sorte de blessure, un jeune paysan* (G. DUHAMEL, *Pesée des âmes*, p. 129). — *Il soigna sa femme* D'*une horrible petite vérole* (H. DE RÉGNIER, *Vacances d'un jeune homme sage*, p. 57). — *Je l'ai soigné, et guéri, ça m'arrive,* D'*une angine pas trop méchante* (A. ARNOUX, *Crimes innocents*, p. 273).

Hist. — *Traiter qqn* dans le même sens s'est aussi construit avec *de :* [+] *Pour se faire traiter* D'*un cancer* (BOSS., cit. Littré). — [...] *ces douces Ménades, / Qui* [...] *sans mal toûjours malades, / Se font* [...] */ Traiter* D'*une visible et parfaite santé* (BOIL., *Sat.*, X). — La langue moderne use de *pour :* [...] *où Angélique se fît traiter* POUR *sa blessure* (NERVAL, *Filles du feu*, VII).

Remarque. — °*Soigner pour* se dit en Belgique pour *veiller à, avoir soin de, s'occuper de* (voir Hist.) : *Je soigne* POUR *leur tranquillité* (GHELDERODE, *Balade du Grand Macabre*, I).

Hist. — °*Soigner pour* tel qu'il est employé en Belgique est généralement attribué à l'influence du néerlandais *zorgen voor*. Ce tour est pourtant chez s. François de Sales : *Nostre Seigneur pensoit et soignoit* POUR *tous ses chers enfans en sorte qu'il pensoit à un chacun de nous, comme s'il n'eust point pensé à tout le reste* (*Introd. à la vie dév.*, V, 13). — C'est donc autant un archaïsme qu'un germanisme.

D'une façon plus générale, *soigner* au sens « veiller, s'occuper, avoir soin » faisait partie du fr. commun au XVIe et au XVIIe s. Il se construisait parfois avec *de* (cf. Huguet), souvent avec *à,* ou bien avec une proposition conjonctive : *À cela j'ay* SOIGNÉ (LA F., *C.*, Faiseur d'oreilles). — +SOIGNE, *avant que de l'offrir,* QU'*il soit mieux ajusté* (ID., *Eunuque*, I, 3).

Ces deux dernières constructions subsistent en Belgique : cf. Pohl, pp. 147-148. On trouve aussi *soigner à* chez un auteur volontiers archaïsant : *Elle* [= la mère] SOIGNE *aussi* À *notre gourmandise et elle nous achète des gâteaux en sortant de la messe* (HERMANT, *Discorde*, p. 30).

283　　**Concurrences entre prépositions. Cas divers.**

a) Après *blaser,* le complément indiquant la chose dont l'effet ne se marque plus sur le goût, sur la sensibilité, s'introduit par *sur* ou par *de :*

La mauvaise vie qu'il a menée l'a blasé SUR *tout* (AC.). — *Je suis blasé pour le moment* SUR *Paris* (STENDHAL, *Journal*, 10 août 1811). — *Les jurés n'étaient pas encore blasés* SUR *ces sortes d'allocutions* (BALZAC, *Ténébreuse affaire*, p. 251). — *Par un caprice très convenable chez une jeune fille blasée* SUR *tous les conforts* (Th. GAUTIER, *Jettatura*, II). — *N'est-ce pas un plaisir* SUR *lequel je suis blasée ?* (SAND, *Lélia*, LIV.) — *Blasé* SUR *tous les deuils* (MAURRAS, *Musique intérieure*, p. 71). — *Vous vous blasez tout de suite* SUR *les meilleures choses* (COURTELINE, *Paix chez soi*, II). — *Tous ces hommes, pour qui ces spectacles étaient familiers, n'étaient pas blasés* SUR *eux* (MONTHERLANT, *Bestiaires*, II). — *Il était un peu blasé* SUR *le plaisir de passer à travers les murs* (AYMÉ, *Passe-muraille*, p. 18).

Un bonheur DONT *il ne se blase jamais* (A. DAUDET, *Contes du l.*, p. 182). — *Blasé* DES *danses viles* (VERL., *Sagesse*, II, 5). — *Ne croyez pas que je me blasai d'elle* (BARBEY D'AUR., *Diaboliques*, Pl., p. 216). — *Quand elles sont blasées* DES *premiers succès mondains* (BARRÈS, *Dérac.*, p. 73). — *Blasé* DE *la peine* (PÉGUY, *Souvenirs*, p. 104). — DE *rien facilement je ne me blase* (H. BOSCO, *Rameau de la nuit*, p. 31). — *Cette histoire d'Algérie, le public commençait à s'*EN *blaser* (CESBRON, *Une sentinelle attend l'aurore*, p. 164).

La construction avec *contre* est rare : *Aussitôt le même bien-être élémentaire l'enveloppait, durable et délicieux,* CONTRE *lequel elle ne se blasait pas* (GENEVOIX, *Éva Charlebois*, p. 102).

b) *S'ennuyer de qqn* se dit bien au sens de « éprouver de la contrariété à cause de son absence » :

Je m'ennuie [imprimé en italiques] *beaucoup* DE *vous, pour me servir d'une ellipse que vous affectionnez* (MÉRIMÉE, *Corresp.*, sept. 1843, t. III, p. 434). — *Je m'ennuie* DE *vous* (FLAUB., *Corresp.*, 23 avr. 1873). — *Elle écrivait encore : « Je m'ennuie* DE *toi. »* (Fr. MAURIAC, *Baiser au lépreux*, p. 86.) — *Je suis sûre qu'ils ne s'ennuient pas* DE *vous* (CHAMSON, *La neige et la fleur*, p. 346). — *Il se portait bien,* [...] *s'ennuyait* DE *sa femme* (TROYAT, *Amélie*, p. 217). — *Revenez au plus vite : je m'ennuie* DE *vous* (AC.). — *Pierre s'aperçut qu'il s'ennuyait* D'*Étienne, et il décida d'aller le chercher à la sortie de l'école* (CESBRON, *Les saints vont en enfer*, p. 99).

°*S'ennuyer après qqn* est de la langue parlée, surtout populaire : *Je m'ennuie beaucoup* APRÈS *toi* [écrit le chasseur d'un cercle de jeu] (PROUST, *Rech.*, t. III, p. 45). — *Je m'ennuie* APRÈS *votre photographie* [dit une duchesse] (ID., *ib.*, t. II, p. 591). — *Puis elle m'a dit comme ça de faire ses valises, au galop, parce qu'elle ne veut pas laisser tout seul M. Verrier qui trouve le temps long et qui s'ennuie* APRÈS *Madame* [dit une femme de chambre] (MAUROIS, *Terre promise*, p. 142).

Hist. — *S'ennuyer de* a signifié « se lasser, se dégoûter de » : [+]*N'allez pas vous ennuyer* DE *moi, au moins, je serais désespéré* (MARIV., *Dispute*, VII).

c) Parier. — 1° Le complément exprimant l'objet du pari est introduit par *pour* ou par *sur :*

Parier SUR *un cheval,* POUR *un cheval* (AC.). — *Caroline et les autres pariaient* POUR *Lusignan* [un cheval] (ZOLA, *Nana*, XI). — *Je continue à parier* POUR *lui* [= le général Boulanger] (BARRÈS, *Appel au soldat*, t. I, p. 233). — *Il paria* POUR *le réveil et* POUR *l'explosion* (BAINVILLE, *Hist. de trois générations*, p. 17). — *Ce qui eût pu faire parier* POUR *la sainte, c'étaient les victoires* (MAULNIER, *Jeanne et les juges*, p. 29). — *Chacun parierait un franc* POUR *le cheval de son choix* (GUÉHENNO, dans le *Figaro*, 16 juin 1965). — *J'avais parié* SUR *le mauvais cheval* (HERMANT, dans le *Temps*, 13 avr. 1939). — *J'ai eu raison de ne pas parier un sou* SUR *leurs chances* (BERNANOS, *Lettre aux Anglais*, p. 130). — *C'est parier* SUR *le langage* (ALAIN, *Hist. de mes pensées*, p. 220). — *Je parierais gros* SUR *ses chances de sortir vainqueur* (Fr. AMBRIÈRE, *Galerie dramatique*, p. 128). — *Ils parient en somme* SUR *le hasard* (A. CAMUS, *Peste*, p. 214). — *Il ne faut donc jamais parier à coup sûr* SUR *la fortune d'un mot en vogue* (THÉRIVE, *Clinique du langage*, p. 81).

On peut aussi dans certains cas parier *contre : Mais je pense aussi à ceux qui ne croient pas en nous. Qui parient* CONTRE *nous,* CONTRE *la pensée et la force françaises et qui font la folie de parier au contraire* POUR *ce monde que je viens de dénoncer* (BERNANOS, *Liberté, pour quoi faire ?* p. 61).

Au figuré, *parier qq. ch.* se dit : *Elle est arrivée en retard ? Je l'aurais parié* (ROBERT). — *Il m'a parié le déclin rapide de cette entreprise* (*Grand Lar. langue*). — *Je parie son succès* (THOMAS).

2° Le complément indiquant la personne à qui on propose le pari, ou qui l'accepte, s'introduit par *avec* ou, plus rarement, par *contre :*

Tenir le pari, L'accepter, parier CONTRE *la personne qui le propose* (AC., s.v. *pari*). — *Mon oncle avait parié dix mille francs contre un sou* AVEC *sœur Marie-Henriette que l'innocence de cet officier serait reconnue* (Fr. MAURIAC, *Robe prétexte*, XII). — Si ce complément est un pronom personnel, il peut, dans la langue familière, s'exprimer selon le tour *je te parie : Je* VOUS *parie qu'il existe, toute prête à sortir, une nouvelle maladie* (SALACROU, *Dieu le savait !* pp. 52-53). — *Je* TE *parie qu'elle va traverser en ligne droite* (DHÔTEL, *Homme de la scierie*, p. 159).

3° Le complément exprimant l'enjeu se construit directement :

Je te parie une bouteille de champagne que c'est lui qui gagnera (ROBERT). — Voir ci-dessus les ex. de Guéhenno, Bernanos, Ambrière.

En Belgique on entend dire : °*Parier* POUR *une bouteille de champagne.* °*Parier* POUR *cent francs.*

284   **Concurrences entre prépositions dans les locutions verbales.**

Les locutions verbales formées au moyen d'un nom sont un peu à part, puisque le nom peut avoir ses propres compléments.

a) On dit d'ordinaire *être (demeurer, se trouver, tomber,* etc.*) d'accord sur qq. ch.* Mais on trouve parfois d'autres prépositions : *de,* comme chez les classiques, *en, pour* et *avec,* cette dernière préposition étant d'une correction douteuse.

Ex. avec *sur : Après un échange d'idées* SUR *lesquelles ils étaient tombés d'accord* (R. MARTIN DU GARD, *Thib.,* Pl., t. I, p. 1064). — *Et nous étions d'accord, entre amis* [...]. *D'accord* SUR *quoi ?* (SAINT EXUPÉRY, *Lettre à un otage,* p. 39.) — *Nous sommes tombés d'accord* SUR *un* Bourget critique (Ch. DU BOS, *Journal 1921-1923,* p. 35). — *Nous sommes d'accord* SUR *un point avec l'antisémite* (SARTRE, *Réflexions sur la question juive,* p. 75). — *Tous sont d'accord* SUR *l'espèce d'alliance que le médecin et le prêtre doivent observer en des cas tels* (G. DUHAMEL, *Pesée des âmes,* p. 97). — *Permettez-moi de n'être pas d'accord avec vous* SUR *ce point* (FR. MAURIAC, *Feu sur la terre,* p. 27). — *Il était d'accord* SUR *tout* (TROYAT, *Tant que la terre durera...,* p. 577). — *Mais* SUR *cent autres points, nous sommes bien d'accord* (R. KEMP, dans les *Nouv. litt.,* 28 nov. 1957). — *Tomber d'accord* SUR (AC., s.v. *convenir*).

Ex. avec d'autres prépositions : *On croira* [...] *que vous êtes d'accord* DE *tout ce qui se passe* (CHAT., *Mém.,* IV, X, 6). — *Tout le monde* EN *est d'accord* (A. SUARÈS, *Sur la vie,* t. I, p. 119). — *Ils sont d'accord sur ce point ou* EN *ce point* (AC., s.v. *point*). — *Elle est d'accord avec moi* POUR *tout* (GIONO, *Lanceurs de graines,* I, 7). — *Nous n'étions pas tout à fait d'accord* POUR *des choses,* POUR *rien d'ailleurs* (ID., *Femme du boulanger,* III, 14). — *Je ne sais si M. L. Dufour sera d'accord* AVEC *cette définition* (ARISTIDE [= M. CHAPELAN], dans le *Figaro litt.,* 6 mai 1966). [Le 20 mai, Aristide a fait amende honorable.]

Mais on dit très régulièrement : *Telle chose est en accord* AVEC *une autre.*

b) On continue à dire *faire connaissance avec,* mais on peut aussi, malgré l'opposition de certains puristes, dire *faire la connaissance de* (admis par l'Acad. et déjà par Littré) et *faire sa connaissance,* ainsi que *faire connaissance de* (qui n'est pas signalé par ces deux dictionnaires).

Faire connaissance avec : Il avait fait connaissance AVEC *quelques bons garçons* (R. ROLLAND, *Jean-Christ.,* t. III, p. 242). — *Il fit peu à peu connaissance* AVEC *certaines fleurs* (PROUST, *Jean Santeuil,* t. I, p. 205). — *Ne serions-nous venus que pour faire connaissance* AVEC *l'ami de Monseigneur ?* (ESTAUNIÉ, *Tels qu'ils furent,* p. 119.) — *Je viens de faire connaissance* AVEC *Mrs Peterson* (É. HENRIOT, *Diable à l'hôtel,* XV). — *Je fis connaissance* AVEC *ce bruit que fait le bétail* (G. DUHAMEL, *Pesée des âmes,* p. 147).

Faire la connaissance de : [...] *pour faire la connaissance* DE *Rosanette* (FLAUB., *Éd. sent.,* II, 3). — *Il fit la connaissance* D'*un magicien* (TAINE, *Philos. de l'art,* t. I, p. 189). — *Je fis* [...] *la connaissance* DE *Daniel* (HERMANT, *Daniel,* p. 6). — *Une manière commode de faire la connaissance* D'*une ville* (A. CAMUS, *Peste,* p. 14).

Autres ex. : MAUPASS., *Pierre et Jean,* I ; PROUST, *Rech.,* t. I, p. 203 ; A. MAUROIS, *Ariel,* I, 7 ; G. DUHAMEL, *Musique consolatrice,* p. 47 ; COLETTE, *Chambre d'hôtel,* p. 87 ; AYMÉ, *Confort intellectuel,* p. 121 ; J. ROMAINS, *Violation de frontières,* p. 169 ; etc.

Faire sa (etc.) *connaissance : Je perds à regret l'occasion de faire votre connaissance* (CHAT., *Itinér.,* Pl., p. 1131). — *Mon père, qui ne s'était pas donné la peine de faire ma connaissance, ne faisait pas grand cas de moi* (prince de LIGNE, *Mémoires,* p. 19). — *Elle avait fait sa connaissance sur le navire* (MÉRIMÉE, *Colomba,* IV). — *J'avais entendu parler du Malin ; mais je n'avais pas fait sa connaissance* (GIDE, *Journal,* t. I, p. 607). — Etc.

Faire connaissance de : Là il fit connaissance DE *M. Pierre Lebrun* (BAUDEL., *Art romant.,* IX). — *Si on fait connaissance* DE *l'une d'elles* (MONTHERLANT, *Pitié pour les femmes,* p. 116). — *C'est là que je fis connaissance* D'*une équipe de jeunes journalistes qui devinrent bientôt mes amis* (PAGNOL, dans le *Figaro litt.,* 10 août 1963). — *Je faisais connaissance* D'*autres camarades* (JOUHANDEAU, *Carnets de l'écrivain,* p. 72).

Autres ex. : Toulet, *Béhanzigue*, p. 22 ; Hermant, *Confession d'un enfant d'hier*, VII ; Gide, *Journal*, 7 juillet 1932 ; Fr. Mauriac, *Journal d'un homme de trente ans*, p. 77 ; Estaunié, *Tels qu'ils furent*, p. 2 ; Maurois, *Chateaubriand*, p. 159 ; G. Duhamel, *Compagnons de l'Apocalypse*, p. 63 ; Chamson, *Héritages*, L.M.I., p. 31 ; E. Roblès, *Croisière*, p. 19 ; etc.

c) On dit ordinairement *être en **deuil** de qqn, porter le deuil de qqn* :

Je suis en deuil DE *ma mère* (Chat., *Mém.*, I, x, 11). — *Les pauvres vieilles mères en deuil* DE *leurs fils* (Mirbeau, *Calvaire*, II). — *Mais la reine est en deuil ;* DE *qui donc ?* (Proust, *Rech.*, t. II, p. 511.) — *Une bonne fille qui portera par simple convenance le deuil* DU *second mari de sa mère* [...] *(ib.,* t. III, p. 262). — *Il en revient seul, en 1861, en deuil* DE *sa sœur, emportée par les fièvres (Grand Lar. enc.,* s.v. E. Renan). — *Au figuré : Je portais le deuil* DE *mon passé* (S. de Beauvoir, *Mémoires d'une jeune fille rangée*, p. 106).

En Belgique, on emploie souvent, dans cette circonstance, la préposition °*pour*, ce qui se trouve parfois en France (voir aussi Hist.) : *Elles étaient toutes deux en deuil, sans doute* POUR *George IV* (Hugo, *Pierres*, p. 127).

Hist. — Pour l'emploi belge, on met souvent en avant une influence flamande. L'ex. de Hugo et cet ex.-ci montrent que cette explication ne s'impose pas : ⁺*Elle craignait d'être bientôt obligée de prendre le deuil* POUR *sa sœur l'Électrice* (Sév., 4 oct. 1684). — Comp. : ⁺*On prend ici le deuil* DE *Monsieur le duc d'Anjou* (ead., 22 juillet 1671).

285   **Constructions réduites.**

Il est paradoxal de parler d'un objet indirect à propos de noms qui ne sont pas introduits par une préposition. Il semble pourtant que l'on soit contraint de le faire pour les cas envisagés ci-dessous.

a) Avec les verbes comme *parler* et ses synonymes (*causer,* surtout), le complément indiquant l'objet de la conversation peut être introduit par la préposition *de :*

Nous parlions DE *houilles* (Flaub., *Éd. sent.*, III, 3). — *On convint de ne pas causer* DE *politique (Dict. contemp.).*

Ce complément se construit aussi sans préposition, tour qui peut être senti comme plus familier par certains locuteurs, mais qui est reçu par les auteurs les plus exigeants.

Avec *parler : Nous parlâmes littérature, musique et presque politique* (Musset, *Conf.*, III, 5). — *Parlons politique* (Hugo, *Lég.*, XV, III, 14). — *Après avoir parlé vendange, récolte, chasse et campagne* (Fromentin, *Domin.*, I). — *Il entend deux femmes parler mariage* (Taine, *Vie et opinions de Fr.-Th. Graindorge*, XX). — *Ma marraine parlait marine comme un loup de mer* (A. France, *Livre de mon ami*, p. 49). — *Je me laisse aller à parler vin et vendanges à cause de septembre* (Colette, *Paris de ma fenêtre*, p. 163). — *Gisors ne parlait politique que sur le plan de la philosophie* (Malraux, *Condition hum.*, Pl., p. 346). — *Parler affaires* (Ac.).

Avec *causer : Causer littérature* (Littré). — *Les deux hommes causèrent chasse et guerre* (Mérimée, *Colomba*, II). — *Homais jugea convenable de causer un peu horticulture* (Flaub., *Mᵐᵉ Bov.*, III, 9). — *Il venait tous les soirs* [...] *pour causer chasse* (Maupass., *C.*, Rouille). — *Ce regard singulier* [...] *contribuait à lui donner, quand il causait idées, un air de surveiller sa pensée* (Barrès, *Dérac.*, p. 185). — *On causait art, philosophie, politique et littérature* (Gide, *Faux-monn.*, p. 11). — *Ils causèrent choses militaires* (Montherlant, *Équinoxe de septembre*, p. 16).

Occasionnellement, avec des verbes synonymes : *Il prétendait que les jeunes filles [...] ne savent que [...]* BAVARDER *flirt, toilette et potins* (A. LICHTENBERGER, *Portraits de jeunes filles,* p. 150). — *Rosenwald et Burrieu* DEVISÈRENT *porcelaines* (FLAUB., *Éd. sent.*, I, 5). — On peut ranger ici cet emploi de *raisonner : Raisonnez politique dans un dîner de savants ou d'artistes ; à leurs yeux, c'est un bavardage d'intrigants graves* (TAINE, *Vie et opinions de Fr.-Th. Graindorge*, XXI).

Ces compléments, malgré leur construction, ne présentent aucun des caractères de l'objet direct. Il serait notamment impossible de les remplacer par les interrogatifs *qui, que* ou *qu'est-ce que.*

Dans le cas de *rêver,* l'analyse n'est pas nécessairement identique puisque ce verbe peut avoir un objet direct (§ 279, *e*) : *Dors, pauvre enfant malade, / Qui rêves sérénade...* (NERVAL, *Odelettes,* Sérénade.) — *J'ai rêvé marionnettes toute la nuit* (SAND, *Homme de neige,* t. II, p. 294). — *Il ne parlait que de chasse, rêvait chasse* (MAUPASS., *C.,* Rouille). — *Je dormais, et je rêvais voyage* (COLETTE, *Vagabonde,* II, 1). — *Cela sent son cinéaste et fait rêver cocktails et nuits de Californie* (AYMÉ, *Passe-muraille,* p. 19).

Même remarque pour *penser : Moi qui pars en mission, je ne pense pas lutte de l'Occident contre le Nazisme. Je pense détails immédiats* (SAINT EXUPÉRY, *Pilote de guerre,* p. 31). — *Il* [= Delteil] *pensait vignes, et moi Tavel* (P. SEGHERS, dans les *Lettres françaises,* 13 juin 1947).

Hist. — Cette construction n'est pas récente. On disait déjà *parler pais* « parler de paix » en anc. fr. (*pacem loqui* en latin). Autres ex. : *Moy j'irois me charger d'une Spirituelle / Qui ne parleroit rien que Cercle et que Ruelle ?* (MOL., *Éc. des f.*, I, 1.) — *Celui-ci ne songeoit que Ducats et Pistoles* (LA F., *F.*, XII, 3).

b) On dit d'habitude ***jouer*** *à tel jeu :*

Jouer AUX *cartes,* AUX *billes,* AU *cerceau. Jouer à cache-cache, à colin-maillard, à la marelle. Jouer* AU *papa et à la maman. Jouer* AU *bridge,* AU *whist, à la manille.* — *Ils aiment beaucoup jouer* AU *billard* (A. DAUDET, *Rob. Helmont,* p. 108). — *Quand tu sauras dire « che... che... che... », tu pourras bien mieux jouer* AU *chemin de fer* [dit un père à son enfant] (G. DUHAMEL, *Les plaisirs et les jeux,* III, 9).

Le *Trésor* et d'autres dictionnaires prévoient la construction directe pour le sens « pratiquer, savoir jouer » :

Il jouait heureusement l'écarté, faisait le charme des réunions par ses talents (BALZAC, cit. Trésor). — *Jouez-vous le mah-jong ?* (BEDEL, *Jérôme 60° latitude nord,* V.)

Dans les ex. suivants, la construction directe paraît être un simple équivalent de la construction avec *à :*

Nous jouons la bouillotte depuis vingt ans !... (LABICHE, *Cagnotte,* IV, 11.) — *À gauche, [...] Boubouroche joue la manille avec Potasse, contre MM. Roth et Fouettard* (COURTELINE, *Boubouroche,* I, Indications scéniques). — *Vous joueriez le whist avec quelque hobereau [...] et monsieur le curé* (TOULET, *Mon amie Nane,* VII, 1). — La construction est un peu différente dans un ex. comme celui-ci : *Si bien, si mal aimé que les mots* M'*ont toujours joué cache-cache pour te le dire* (A. SARRAZIN, *Lettres et poèmes,* lettre à son mari, 19 avril 1958). — *Jouer une charade* (cf. PROUST, *Rech.,* t. I, p. 189) est un cas particulier : on la représente comme on joue une pièce de théâtre.

Cette construction sans préposition (et sans article) est fréquente en Belgique, surtout à Bruxelles et dans la région flamande : °*Jouer belote,* °*Jouer soldats.* Ex. écrits : *Il jouait cache-cache avec ses petits-enfants* (E. PAUWELS, *Études et esquisses littéraires,* p. 56). — *Regardez-les* [= les enfants] *jouer boutique* (J. DESTRÉE, cit. Deharveng). — *Avisant la petite flamme rampante, il* [= Manneken-Pis] *trouva* [...] *beaucoup plus amusant de jouer pompier...* *avec le matériel simplifié dont il disposait* (dans *Femmes d'aujourd'hui,* 22 mai 1979, p. 77).

°*Jouer de* chez un auteur suisse : *Ils étaient trois qui jouaient* DU *football* (W. RENFER, dans *Littératures de langue fr. hors de Fr.,* 1976, p. 589). — On dit aussi en Suisse, sans article : °*Jouer à football.*

On dit bien *jouer tel rôle : Elle joue les ingénues* (au théâtre, ou au figuré) ; — *jouer la surprise,* la simuler. — On dit aussi familièrement *jouer goal,* être le gardien de but au football : cf. R. SABATIER, *Noisettes sauvages,* p. 38 ; ÉTIEMBLE, *Parlez-vous franglais ?* 1964, p. 64.

°*Jouer un instrument de musique* est un autre belgicisme, plus rare, surtout par écrit : [...] *jouant de la main droite l'harmonica à bouche et battant de la main gauche le tambour accroché à son flanc* (GHELDERODE, *Balade du Grand Macabre,* V) [c'est une indication scénique assez gauchement rédigée : = tenant à la bouche de la main droite...]. — Le tour correct est *jouer de : Elle joue* DE *la harpe.*

286   Échanges entre complément d'objet et complément adverbial.

Il n'y a pas, entre complément d'objet et complément adverbial (surtout essentiel), une différence radicale.

S'appuyer sur un mur et *s'appuyer sur un mauvais raisonnement* diffèrent surtout quant au sens du verbe : quand celui-ci est pris au propre, il implique un complément de lieu, ce qui n'est plus le cas quand il est pris au figuré. — *J'envoie un colis à Versailles* et *J'envoie un colis à ma sœur :* c'est la catégorie sémantique du nom complément qui change.

Pour cette raison, un certain nombre de verbes peuvent avoir en concurrence les deux types de compléments, avec des différences sémantiques plus ou moins grandes.

1° ***Attendre.*** La langue commune a le choix entre *Attendez* JUSQU'À *lundi,* où le caractère adverbial du complément est tout à fait net, et *Attendez lundi.* — *Attendez à lundi* est vieilli et littéraire (« quelquefois », dit l'Acad.) :

Je n'ai pas attendu, dans l'intérêt de vous tous [...], *à ce matin pour prendre des renseignements* (BALZAC, *Urs. Mirouët,* VIII). — *Ce n'est pas mon goût de passer la nuit au bal et d'attendre* AU *lendemain le hasard d'une chambre* (SAND, *Homme de neige,* t. I, p. 34). — *Il ne faut pas attendre à notre époque pour trouver des maîtres* (G. PARIS, Préf. de : Diez, *Introd. à la gramm. des langues romanes*). — *Il serait préférable que vous attendiez à demain* (Ch. PLISNIER, *Mort d'Isabelle,* p. 130). — *La seule idée d'attendre* AU *lendemain pour voir Florence* (M. DURAS, cit. Hanse). — *Pour partir, attendez* AU *jour, à la belle saison* (AC.).

2° On dit ***dépasser*** qq. ch. dans le sens de « être plus long ou plus haut que qq. ch. », mais lorsqu'il s'agit d'une chose qui est incluse dans une autre, on a le choix entre cette formule et *dépasser de qq. ch.* (non signalé par l'Acad. et par le *Trésor*) :

Les pattes rouges des homards dépassaient LES *plats* (FLAUB., *Mme Bov.,* I, 8). [La 1re éd. portait : ... DES *plats.*] — *Un collier* [...] *qui dépassait* DE *sa robe* (PROUST, *Rech.,* t. I, p. 709). — *Objet qui dépasse* D'*une poche* (dans ROBERT).

3° Au lieu d'***enquêter*** *dans un lieu, auprès de certaines personnes,* le tour °*enquêter un lieu,* °*enquêter des personnes* cherche à s'introduire, depuis la fin du XIXe s. Fort peu de dictionnaires le signalent ; cela est « exceptionnel » pour le

Trésor, tandis que le *Grand dict. enc. Lar.* mentionne l'emploi au passif : *Être enquêté. Magasins enquêtés, populations enquêtées.*

> *Un reporter joyeux me dit son projet de m'interviewer et de « m'enquêter »* (BLOY, *Journal,* 1893, cit. *Trésor). — Les îles ont été enquêtées par Edmont* [pour *l'Atlas linguist. de la Fr.*] (F. LECHANTEUR, dans le *Fr. mod.,* juillet 1949, p. 211).

En outre, *enquêter qq. ch.* ou *qqn* équivaut parfois *à faire une enquête* (de type juridique) sur : *La Commission* [...] *voudrait se borner à enquêter les journaux* (BARRÈS, dans la *Cocarde,* 19 févr. 1895). — *Pour enquêter des misérables que l'on sait être d'intelligence avec l'ennemi, il n'est nullement nécessaire de posséder la preuve matérielle de leur vénalité* (ID., *Chron. de la grande guerre,* t. X, p. 138). — Ex. de CLEMENCEAU dans le *Trésor.* — Chez Péguy, qui joue sur les mots, il est plus difficile de déterminer exactement le sens : *Et ce ne sera pas ces maîtres des enquêtes / Qui nous enquêteront dans nos états-civils* [sic] (*Ève,* p. 253).

Hist. — *Enquêter* a d'abord été un verbe transitif signifiant « chercher, demander » ou « interroger » et cela jusqu'au XVIIᵉ s. : voir Wartburg, t. IV, p. 707. — Au sens moderne de « faire une enquête » et comme intransitif, c'est une résurrection de la fin du XIXᵉ s.

4° Au lieu du tour habituel *fréquenter un lieu, fréquenter une personne,* on trouve encore souvent, dans la langue littéraire, *fréquenter dans un lieu* (les ex. de Pourrat et de Ramuz paraissent plus régionaux que littéraires) et *fréquenter chez quelqu'un :*

> *Le petit groupe de fidèles* OÙ *fréquentait assidûment Sturel* (BARRÈS, *Appel au soldat,* t. II, p. 290). — *La société* OÙ *fréquentait Swann* (PROUST, *Rech.,* t. I, p. 191). — *Le milieu* OÙ *fréquentait ma mère* (GIDE, *Si le grain ne meurt,* I, 6). — *Ce quelqu'un fréquente une maison* DANS *laquelle fréquente également une vieille fille sotte, cancanière et bavarde* (LÉAUTAUD, *Théâtre de Maurice Boissard,* cité dans les *Entretiens avec R. Mallet,* p. 224). — *Il fréquentait* LÀ *volontiers* (P. CAZIN, *Décadi,* p. 68). — *Une espèce de couloir* [...] *tellement rocheux et aride que seuls les moutons y fréquentent* (RAMUZ, *Derborence,* cit. *Trésor). — L'archiprêtre de Baillœil* [...] *fréquente assidûment* CHEZ *les RR. PP. Chartreux de Verchocq* (BERNANOS, *Journal d'un curé de camp.,* Pl., p. 1033). — *Je fréquentais* DANS *une petite institution libre* (G. DUHAMEL, *Club des Lyonnais,* IV). — [...] *aurait voulu fréquenter* DANS *les familles riches* (POURRAT, *Gaspard des Montagnes,* t. I, 1931, p. 166). — *Un salon* OÙ *fréquentèrent les hommes de lettres* (D. MORNET, dans le *Lar. XXᵉ s.,* s.v. *Épinay). — Cette partie de la jeunesse catholique qui* Y [= dans un cercle] *fréquentait* (ARAGON, *Cloches de Bâle,* II, 6). — [...] *ne plus fréquenter* CHEZ *les trois personnages qui représentaient le clan ennemi* (SIMENON, *Coup de lune,* VI). — *Les doux Allemands qui fréquentaient* CHEZ *mon grand-père* (SARTRE, *Mots,* p. 96). — *Ils passent devant « le Valet de Pique »* OÙ *fréquentent les hommes en casquette* (D. BOULANGER, *Nacelle,* p. 45). — *Flaubert fréquente* CHEZ *la princesse Mathilde* (M. NADEAU, *G. Flaubert écrivain,* p. 332).

Autres ex. avec *chez* : H. de RÉGNIER, *Flambée,* XIX ; A. FRANCE, *Orme du mail,* III ; FARRÈRE, *Civilisés,* XII ; THIBAUDET, *Hist. de la litt. fr. de 1789 à nos jours,* p. 432 ; Fr. MAURIAC, *La chair et le sang,* X ; H. MARTINEAU, dans Stendhal, *Rouge,* p. 542 ; E. HŒPFFNER, *Troubadours,* p. 151 ; etc.

Au lieu de *fréquenter une personne,* dans le sens particulier « avoir des relations amoureuses avec elle », on trouve parfois, dans la langue familière, *fréquenter avec :*

> *Un beau jour elles ont été enceintes toutes les deux. Il avait commencé à fréquenter* AVEC *une, et après* AVEC *l'autre* (MALRAUX, *Noyers de l'Altenburg,* p. 130).

La langue populaire construit aussi *fréquenter* de façon absolue, dans le sens qui vient d'être signalé : *Mme Frontenac cédait à la fois à l'inquiétude et à l'orgueil, quand Berthe disait : « M. Jean-Louis fréquente... »* (Fr. MAURIAC, *Mystère Frontenac*, V.) — *Tout le monde le savait, elle ne* fréquentait [imprimé en italiques] *pas* (GIONO, *Roi sans divertissement*, Pl., p. 461). — *Elle me dit un jour avec fierté : / — Moi, maintenant, je « fréquente »* (PAGNOL, *Temps des secrets*, p. 88). — *Elle fréquente, vous voyez, je ne me suis pas trompée hier que je vous disais que y avait de l'homme là-dessous* (A. COHEN, *Belle du Seigneur*, p. 444). — *Son corps offrait un modelé, une expression* [...] *qui n'était plus celle d'un adolescent, et la réflexion me vint qu'au village Peyrol devait déjà « fréquenter »* (HÉRIAT, *Temps d'aimer*, p. 41). — *Journées organisées pour la masse des jeunes* [...] *commençant à fréquenter ou ne fréquentant pas encore* (dans *Filles et garçons en face de la vie*, mai-juin 1957, p. 6).

Hist. — *Fréquenter* AVEC *quelqu'un* était normal jadis, souvent avec une nuance péjorative : *Mais le moyen de sentir, de s'elever, de penser, de peindre fortement, en frequentant* AVEC *des gens tels que ceux qu'il faut voir pour vivre* (DIDEROT, *Neveu de Rameau*, p. 98). — L'Acad. donne encore ces ex. : *Fréquenter* AVEC *les hérétiques. Il lui est défendu de fréquenter* AVEC *ces gens-là.* — Comp. *frayer.*

5° Pour presque tous les dictionnaires, **lorgner** et **guigner** appellent un objet direct. Sous l'influence de *loucher*, on commence à dire °*guigner* (ou °*lorgner*) *vers, sur,* ce que le *Grand dict. enc. Lar.* admet déjà pour les deux verbes :

Ils se mirent à guigner VERS *le trou du plafiard* [= plafond] (SAN-ANTONIO, *Meurs pas, on a du monde*, p. 12). — *Il guigne* SUR *le jeu de son partenaire* (*Grand dict. enc. Lar.*). — *Il guigne* SUR *la femme du voisin* (*ib.*).

6° **Habiter** se construit directement ou avec une préposition de lieu :

Habiter Paris, la province, la campagne (AC.). — *Habiter* À *la ville,* à *la campagne* (AC.). — *Habiter* DANS *un vieux quartier* (AC.). — *J'habite Paris ou à Paris* (*Dict. contemp.*). — *Il est venu habiter la Côte d'Azur ou* SUR *la Côte d'Azur* (*ib.*). — *Habiter le Quartier latin ou* AU *Quartier latin* (*ib.*). — *Il habite un immeuble neuf ou* DANS *un immeuble neuf* (*ib.*). — *Il habite la banlieue ou* EN *banlieue* (*ib.*). — *Il m'a demandé* [...] *si j'habitais toujours Paris* (CURTIS, *Cygne sauvage*, p. 53). — *Vous n'habitiez pas encore* DANS *cet appartement* (BUTOR, *Modification*, p. 190).
Sur *J'habite rue de la Paix,* voir § 303, *c.*

7° **Parler** *le français* exprime plutôt une virtualité ; c'est être capable d'utiliser cette langue : *Il parle aussi bien le français que l'anglais. Parler en français* concerne une réalisation précise : *Le président a parlé en anglais.* — On distingue de la même façon : *Il écrit le français. Il a écrit en français.* — Mais *parler* a une autre possibilité, qui est refusée à *écrire : parler français.* Cette dernière expression peut avoir les deux nuances distinguées ci-dessus :

Notre dynastie hanovrienne, étrangère, ne parlait même pas ANGLAIS (MAUROIS, *Choses nues*, p. 117). — *Un jeune Viennois de la « société » se devait de parler impeccablement* FRANÇAIS (A. CASTELOT, *Aiglon*, p. 285).
Aussitôt on se mit à parler ALLEMAND *avec la même aisance que tout à l'heure pour le français* (LOTI, *Désenchantées*, I, 2).

Voici pourtant des ex. de *parler l'anglais* à propos de circonstances précises : *Le soir, en mangeant, nous ne parlerons que* L'*anglais* (H. BAZIN, *Vipère au poing*, VI). — *Je parle mal l'allemand* [...]. *Je parlerai donc* LE *français* (COCTEAU, *Passé défini*, 28 mai 1952).

°*Causer français*, °*causer le français* sont des tours populaires ; on les trouve parfois dans la littérature, mais généralement avec intention :

> Ainsi l'on peut demeurer dans ce magnifique hôtel, causer ANGLAIS avec Madame votre épouse, ALLEMAND avec Monsieur votre fils, FRANÇAIS avec vous, moyennant sept francs par jour ? (VEUILLOT, *Historiettes et fantaisies*, p. 177.) [Cf. plus haut : *Madame sa femme parle anglais*, etc.] — *Un* gentleman-rider [...] *causait* ANGLAIS *avec elles* (E. de GONC., *Frères Zemganno*, XLI). — *C'est Mme Carola, qui cause* LE FRANÇAIS, *dit Baptistin* (GIDE, *Caves du Vat.*, IV, 2). — *Je cause* FRANÇAIS *à la Vierge* (CLAUDEL, *La rose et le rosaire*, p. 7).

Remarques. — 1. Le tour *parler français* a donné naissance à des emplois (hérités des classiques : cf. Hist.) où le nom complément sans article ni préposition n'est pas proprement un nom de langue :

> *Parler raison* = parler le langage de la raison : *Mon fils aîné a onze ans, [...] ce sera presque un camarade pour vous, vous lui parlerez raison* (STENDHAL, *Rouge*, I, 6). — *Parler chrétien* = parler un langage intelligible : *Quant à ta tente [...], je l'ai bien regardée hier [...] eh bien ! je parle chrétien, vraiment, je ne suis pas sûr qu'il y ait encore de la toile autour des trous* (E. de GONC., *Frères Zemganno*, cit. *Trésor*, s.v. *chrétien*).

Hist. — Ces emplois de *parler* étaient fréquents au XVIIe s. Outre *parler raison, parler chrétien* (MOL., *Préc. rid.*, VI), on disait : *parler Vaugelas* (etc.), la langue de Vaugelas, correctement (ID., *F. sav.*, II, 7) ; — *parler phébus*, de façon obscure (M. RÉGNIER, *Sat.*, XI) ; — *parler proverbe*, un langage farci de proverbes (LA BR., V, 5) ; etc. — Le complément dans *révérence parler* (cf. § 871, Rem. 2) s'explique peut-être de cette façon : « parler le langage du respect » ?

2. Le tour *parler français* a donné naissance aussi à des emplois où *parler* est remplacé par d'autres verbes :

> *Tout ce monde [...] parlait anglais, buvait anglais, dansait anglais* (BOURGET, *Danseur mondain*, p. 32). — *L'idée qu'un Chinois voit chinois comme il parle chinois* (MALRAUX, *Voix du silence*, p. 272). — *Il mangeait russe, il buvait russe, il pensait russe, il rêvait russe* (TROYAT, *Malandre*, p. 237).
>
> Par extension (comp. Rem. 1) : *Nous connaissons beaucoup d'hommes de sang mêlé [...]. Ils pensent blanc, ils agissent blanc* (BEDEL, *Mariage des couleurs*, p. 101). — Cf. § 304, *d* (*voter socialiste*).

8° *Pénétrer dans qq. ch.* et *pénétrer qq. ch.* sont en concurrence, le second étant souvent plus littéraire :

> Les principes de la Nouvelle-Angleterre se sont d'abord répandus dans les États voisins ; ils ont ensuite gagné de proche en proche les plus éloignés, et ont fini, si j'ose m'exprimer ainsi, par pénétrer [imprimé en italiques] *la confédération entière* (TOCQUEVILLE, *De la démocr. en Amér.*, I, I, 2). — *Le français parlé crée ou emprunte à l'argot une foule de termes qui ne pénètrent pas le Dictionnaire de l'Académie* (BRUNOT, *Hist.*, t. I, p. 44).

Hist. — *Pénétrer qq. ch.* date du XVIe s., alors que l'emploi avec préposition est du XIVe.

9° *Percuter* a traditionnellement un objet direct, mais dans le sens « heurter violemment », surtout en parlant d'un véhicule, cette construction est concurrencée par *percuter contre* :

> Ils se mirent à la poursuite des deux enfants pour les percuter [il s'agit d'autos tamponneuses] (QUENEAU, *Pierrot mon ami*, I). — *Il a percuté un arbre à cent-vingt [sic]* (LE CLÉZIO,

Géants, p. 158). — *Comme il se rendait, sur sa moto, d'Avallon en Suisse* [...], *une voiture, à Montbéliard, percute son engin* (H. GUILLEMIN, *Regards sur Bernanos*, p. 277). — *La perche en aluminium percute le rebord de la corniche et éclate* (D. DECOIN, *John l'Enfer*, p. 52).

Une voiture qui venait de Lyon a percuté violemment CONTRE *la barrière de sécurité de l'autoroute* (dans le *Monde*, 17 août 1971, p. 15). — *Il m'arrivait de rêver que je m'envolais en 747* [type d'avion] *et qu'on percutait* CONTRE *l'Annapurna* (J. LANZMANN, *Baleine blanche*, p. 30). — Au figuré : *Le silence percuta* CONTRE *les parois de la pièce* (QUENEAU, *Saint Glinglin*, 1981, p. 164).

Cela est sans doute venu par analogie avec le sens « exploser (en parlant d'un obus) » ; le verbe dans ce cas est construit absolument ou avec la préposition *contre* : *Mon frère, mes sœurs et moi avions appris à reconnaître le sifflement de la bombe ou de l'obus qui percute à distance suffisamment lointaine pour n'être pas mortel* (LE ROY LADURIE, *Paris-Montpellier*, p. 23). — *Obus qui vient percuter* CONTRE *le sol,* CONTRE *un mur* (ROBERT).

10° Au lieu de *perquisitionner dans un endroit*, on dit « abusivement » (petit Robert) °*perquisitionner un endroit* ou même °*perquisitionner qqn*, c'est-à-dire dans sa maison.

Des carabiniers encerclaient sa maison d'Isla-Negra, qui avait été perquisitionnée (M. N[IEDERGANG], dans le *Monde*, 25 sept. 1973).

11° *Quêter* se construit avec un objet direct indiquant la chose que l'on veut obtenir et/ou avec un complément prépositionnel de lieu : *Quêter à la porte de l'église, quêter chez qqn.* — Au fig., *quêter des louanges.*

On pourrait dire aussi : *Quêter auprès de qqn.* Mais °*quêter qqn* n'est enregistré par aucun dict. : *Un malade russe échappé du lazaret voisin était là prêt* [...] *à nous quêter en nous demandant des cigarettes* (J. GUITTON, *Journal de ma vie*, t. I, p. 133).

Hist. — J.-J. Rousseau a écrit : *La dignité épiscopale ne permettoit pas de faire le mendiant et de quêter* AUX *particuliers* (*Conf.*, Pl., p. 154). — Usage fort peu répandu.

12° *Vivre* dans son emploi ordinaire a souvent un complément de temps construit ou non avec préposition : *Il a vécu* VINGT ANS *au Sénégal* ou ... PENDANT *vingt ans*... Il arrive que ce ne soit pas sur la durée que l'on veut attirer l'attention, mais sur les particularités de cette durée : *Il a vécu vingt années* HEUREUSES *au Sénégal*, ce qui a des rapports avec l'objet interne (§ 270). Une autre étape est franchie au XX⁰ s. quand le complément ne concerne plus le temps, le sens du verbe devenant « connaître par expérience », « traduire en actes dans sa vie ».

Il a vécu une existence bien dure (AC.). — *Après les nuits d'angoisse que je venais de vivre* (H. BOSCO, *Malicroix*, p. 245).

Pourquoi, dis-je, vous qui vivez votre sagesse, n'écrivez-vous pas vos mémoires ? (GIDE, *Immor.*, II, 2.) — *Il avait vécu à côté de Tarrou et celui-ci était mort, ce soir, sans que leur amitié ait eu le temps d'être vraiment vécue* (A. CAMUS, *Peste*, p. 317). — *Un apôtre, prêtre ou laïque, s'il vit vraiment sa foi* [...] (Fr. MAURIAC, *Pages catholiques*, p. 65). — Voir d'autres ex. au § 911.

Nature du complément d'objet

287   Le complément d'objet peut être :

a) Un nom ou un syntagme nominal :

J'ai rencontré ANNETTE. — *J'ai trouvé* LE LIVRE QUE VOUS CHERCHIEZ.

Il faut entendre par nom tout élément nominalisé, non seulement quand il est accompagné d'un déterminant : *Il prononce mal* LES S. *Je vois* VOTRE SOURIRE. *Il passe le ballon à* UN AVANT, — mais aussi quand il y a emploi autonymique (§ 450) sans déterminant : *Il faut laisser* DEBOUT *invariable.*

Certains adverbes de temps ont des emplois analogues à ceux des noms (§ 918, *c*) : *J'attends* DEMAIN *avec impatience.* — *Ne vous souvenez plus d'*AUTREFOIS (*Bible de Jérus.,* Isaïe, XLIII, 18).

b) Un pronom :

*Prenez-*LA. *Je m'*EN *aperçois. Je connais* CELA. *Choisissez la cravate* QUE *vous préférez.* QUI *cherchez-vous ? Ne fais pas à* AUTRUI *ce que tu ne voudrais pas qu'on te fît.*

Certains adverbes de degré s'emploient comme pronoms (§ 707) : *Je vais me permettre de vous confier une façon de voir qui risque de déplaire à* BEAUCOUP (J. ROMAINS, *Lettre ouverte contre une vaste conspiration,* p. 142).

c) Un infinitif :

Il sait LIRE. *Il aime à* LIRE. — *Je me souviens de l'*AVOIR *rencontré.*

On pourrait assimiler l'infinitif à une proposition infinitive (*d,* 2°) dont le sujet n'est pas exprimé parce que le contexte rend cette expression superflue.

d) Une proposition.

1° Avec un verbe conjugué :

— Soit une proposition conjonctive :

Ordinairement elle est introduite par *que* (*à ce que, de ce que*) : *Je vois* QUE *vous êtes au courant. Je m'aperçois* QUE *vous vous êtes trompé. Je tiens* À CE QUE *vous nous accompagniez.* — *Il se plaignait* DE CE QUE *toutes les formalités n'avaient pas été remplies* (SAND, *Mauprat,* XXV).

Parfois par une autre conjonction : *Vous souvenez-vous* QUAND *je vous emmenais dans la campagne ?* (FLAUB., *Éd. sent.,* II, 5.) — *J'aime* QUAND *nous sommes seuls, ainsi tous les deux* (M. GALLO, *Pas vers la mer,* p. 55).

— Soit une proposition d'interrogation ou d'exclamation indirectes :

L'interrogation indirecte est introduite par *si* ou bien elle garde les mots interrogatifs de l'interrogation directe : *Je ne sais* SI *vous êtes au courant. Savez-vous* QUAND *il viendra ? Je vous demande* QUI *je dois inviter.* — Exclamation indirecte : *Je sais* COMBIEN *vous l'aimez.* — Pour les détails, voir §§ 411-412.

— Soit une proposition relative :

J'aime QUI *m'aime.* — *Mes yeux* [...] / *Savent vaincre* QUICONQUE *attaque mes vertus* (E. ROSTAND, *Cyr. de Berg.,* II, 4).

2° Une proposition infinitive, c'est-à-dire un infinitif avec son sujet :

Je vois RÊVER PLATON *et* PENSER ARISTOTE (MUSSET, *Poés. nouv.*, Espoir en Dieu). — *Je vois* PLATON RÊVER.

On observera : 1) que la forme que prend le sujet de l'infinitif n'est pas toujours celle que l'on attendrait d'un sujet (voir § 873) : *L'élève* QUE *j'ai entendu bavarder. La chanson que je* LUI *ai entendu chanter. J'ai entendu prononcer cette phrase* PAR *un orateur éminent ;* — 2) que l'accord du participe passé ne se fait pas d'ordinaire avec la proposition infinitive objet direct, mais avec son sujet (s'il précède le partic.) : *La cantatrice que j'ai* ENTENDUE *chanter ;* voir § 915.

e) Un syntagme contenant un prédicat non verbal.

C'est ce que Jespersen appelle un *nexus* (= nœud) *objet* et Damourette-Pichon un *about* (= objet direct) *dicéphale*. On pourrait considérer le groupe comme une proposition averbale, avec sujet et prédicat.

— Le plus souvent ce groupe est analysé en un complément d'objet accompagné d'un **attribut** : *Je trouve* VOTRE PLAISANTERIE | STUPIDE. Voir ci-dessous §§ 292-298.
— On peut avoir aussi un complément d'objet accompagné d'un complément adverbial essentiel : *Je* TE *croyais* EN ITALIE.

L'attribut du complément d'objet ne doit pas être confondu avec ce que Damourette et Pichon appellent un *greffon*, c'est-à-dire un complément accessoire : *J'ai connu votre sœur* TOUTE PETITE. *Je l'ai connue* PETITE FILLE. *Toute petite* et *petite fille* équivalent à des compléments adverbiaux non essentiels : *quand elle était toute petite* (ou ... *petite fille*). — Il y a des cas où la distinction est moins aisée : *On l'a élu président* reste une phrase normale si *président* est supprimé, mais *président* n'équivaut pas cependant à un complément adverbial non essentiel.

Quand la transformation passive est possible, l'attribut du complément d'objet direct devient attribut du sujet :

Ses parents l'ont appelé PIERRE → *Il a été appelé* PIERRE *par ses parents.* — *Les critiques ont jugé* TRÈS BEAU *le dernier film de Bergman* → *Le dernier film de Bergman a été jugé* TRÈS BEAU *par les critiques.*

De cela, on peut déduire que la langue considère l'élément sujet de la proposition averbale comme le noyau de l'objet direct. — Dans le même sens, le participe passé conjugué avec *avoir* s'accorde avec cet élément s'il précède : *Je l'ai* CRUE *innocente.* Mais il faut reconnaître que la langue, même écrite, répugne souvent à cet accord (cf. § 914), justement parce qu'elle sent que le véritable objet direct est l'ensemble incluant l'attribut.

Notons que la langue familière représente parfois par un seul pronom personnel le groupe complément d'objet + attribut : *Ah ! tu n'as pas l'esprit très vif, à ce que je vois... /* — *Je* L'*ai plus que toi, repartait son compagnon* (AYMÉ, *C. du chat perché*, Bœufs).

Remarques. — 1. Ainsi qu'on l'a vu au chapitre de la coordination (§ 256, *d*), dans le cas des objets comme pour d'autres fonctions, la langue littéraire coordonne assez souvent des éléments de nature différente :

Tu veux partir ET *que je te suive* (BARRÈS, *Jardin sur l'Oronte*, p. 195). — *Il croyait* [...] *à son étoile,* ET *qu'un certain bonheur lui était dû* (GIDE, *Faux-monn.*, p. 233).

2. Les verbes introduisant ou accompagnant un discours direct reçoivent en quelque sorte ce discours comme objet direct, mais il ne peut être considéré comme une proposition, puisqu'il conserve une indépendance totale ; il n'y a aucune marque de subordination et les paroles restent telles qu'elles ont été prononcées :

Il m'a dit : « J'irai vous voir demain. » — « J'irai, dit-il, vous voir demain. »

On emploie d'ailleurs pour introduire ou accompagner un discours direct des verbes normalement intransitifs, comme *s'écrier, repartir.* — Certains de ces verbes servent, par analogie avec *dire*, à introduire un discours indirect lié, c'est-à-dire un véritable objet direct, mais qui ne peut être d'une autre nature qu'une proposition (ou des propositions) de discours indirect : *Une vieille femme* [...] *s'écria même* QU'IL AVAIT VOLÉ UN PAIN (FLAUB., *Éd. sent.,* I, 4).

Sur tout cela, et sur d'autres cas encore, voir § 407.

3. Par un phénomène analogue, un verbe comme *trembler*, employé au lieu de *craindre*, reçoit comme complément un infinitif ou une proposition, alors qu'il s'agit d'un verbe intransitif :

Le faune Mallarmé [...] *tremble d'être enfin compris* (J. RENARD, *Journal,* 6 nov. 1894). — *Julie* [...] *sentait ses larmes couler le long de ses joues. Elle tremblait que Darcy ne s'en aperçût* (MÉRIMÉE, *Double méprise,* XI).

288   ### Nature du complément d'objet. Verbes sélectifs.

La plupart des verbes peuvent être suivis de compléments affectant, selon les besoins, chacune des natures énumérées dans le § précédent :

J'aime LE MOUVEMENT. *Je* L'*aime. J'aime* VOIR DE L'ANIMATION. *J'aime* QUE LES GENS SOIENT SPONTANÉS.

Certains verbes sont sélectifs et n'admettent que certains types de compléments.

a) Avoir n'admet des objets directs que sous la forme de noms ou de pronoms :

J'ai LES DOCUMENTS. *Je* LES *ai. Je n'ai* RIEN.

On ne parlera pas d'objet direct à propos des constructions où *avoir* à est un semi-auxiliaire (§ 791, *a*) : *J'ai à travailler.*

À une question du type *Qu'as-tu ?* on répond parfois dans la langue parlée familière en donnant à *avoir* une proposition comme objet direct :

Qu'avez-vous donc ? [...] / — *J'ai que je vous aime trop* (MAUPASS., *Notre cœur,* II, 5). — *Qu'est-ce que tu as ?* [...] *J'ai que tout le monde est des salauds* (COLETTE, *Fin de Chéri,* p. 100). — [Déjà chez Molière : Chrisale. *Qu'avez-vous, Martine ?* / [...] / Martine. *J'ay que l'an me donne aujourd'huy mon congé, / Monsieur* (F. *sav.,* II, 5).]

b) Connaître, qui peut commuter avec *savoir* accompagné d'un nom ou d'un pronom comme objets directs, n'accepte pas dans la langue ordinaire d'être suivi d'un infinitif ou d'une proposition :

Je connais PLUSIEURS LANGUES. *Je* LES *connais.*

Connaître suivi d'une proposition est un archaïsme qui n'a pas disparu de la langue littéraire, ni, semble-t-il, de certains usages régionaux :

— *Vous connaissez que j'ai pour mie / Une Andalouse à l'œil lutin* (MUSSET, *Prem. Poés.,* Mme *la Marquise*). — *Il connut qu'elle avait pleuré, et il en fut tracassé dans son esprit* (SAND, *Fr. le champi,* XV). — *Vous connaissez qu'il est le lieutenant favori et le ministre tout-puissant de Son Altesse* (GOBINEAU, *Nouvelles asiatiques,* p. 267). — *Alors leurs yeux à tous deux s'ouvrirent et ils connurent qu'ils étaient nus* (*Bible de Jérus.,* Genèse, III, 7). — *Catroux, d'Argenlieu, Palewski, Boislambert [...] connurent sans surprise, mais non sans chagrin, que l'entente ne se faisait pas* (DE GAULLE, *Mém. de guerre,* t. II, p. 101).

— *Comment s'y prendre [...] pour connaître si un diplôme intitulé au nom de Charlemagne avait bien été expédié par la chancellerie de ce souverain [...]?* (G. TESSIER, dans *L'histoire et ses méthodes,* p. 635.) — Avec proposition réduite : *Je vais dire mon caractère, / Pour qu'étant à la fin bien au courant de moi, / Si vous souffrez, du moins vous connaissiez pourquoi* (VERL., *Jadis et nag.,* Les uns et les autres, IV).

Hist. — Cela était courant chez les classiques : *Mais je connus bien-tost qu'elle avoit entrepris / De l'arrester au piege où son cœur étoit pris* (RAC., *Alexandre,* I, 3). — ⁺*Je connais que ces mages sont très-utiles* (VOLT., cit. Littré, s.v. *connaître,* 4°, avec d'autres ex.).

*c) **Pouvoir*** ne se construit ordinairement qu'avec un infinitif ou avec un pronom neutre comme objets directs :

Je ne peux VOUS RÉPONDRE. *Il peut* TOUT. *Il ne peut* RIEN. *Il* LE *peut. Il fait ce* QU'*il peut.*

Hist. — *Pouvoir* s'est construit jadis avec un nom comme objet : *L'ardeur de vous revoir peut bien d'autres* MIRACLES (MOL., *Dom Garcie,* III, 2).

Remarques. — 1. Par imitation de la langue classique (est-ce vrai pour Bosco ?), *pouvoir* construit avec une négation est parfois suivi d'une proposition au lieu d'un infinitif :

L'orgueil parfois ne peut qu'il ne s'abaisse et ne se plie (VALÉRY, *Tel quel,* Pl., p. 685). — *Chaque nouveau mort, en descendant dans notre souvenir, ne peut qu'il ne dérange ceux qui l'y ont précédé* (J. ROSTAND, *Pensées d'un biologiste,* pp. 198-199). — *Ainsi l'homme devant les tisons ne peut qu'il ne se pense homme* (ALAIN, *Propos,* 12 oct. 1935). — *Je ne peux qu'il ne m'en souvienne* (H. BOSCO, *Tante Martine,* p. 301). — *Si peu revendicative qu'elle* [= la littérature féminine] *soit, elle ne peut guère qu'elle n'irrite l'autre sexe* (Cl.-E. MAGNY, dans la *Gazette des lettres,* 10 déc. 1949).

Hist. — Ce tour n'est pas, comme on l'a dit parfois, un calque savant du latin *non possum quin.* Il est attesté dès le XIIIe s. chez des auteurs qui n'appartiennent pas à des milieux spécialement cultivés : cf. Wartburg, t. IX, p. 232 et note 5. Il était fréquent à l'époque classique :

Je ne puis [...] qu'avec toy je ne rie (CORN., *Suivante,* IV, 5). — *Vous ne pouvez pas que vous n'ayez raison* (MOL., *Av.,* I, 5). — ⁺*Je ne puis [...] que je ne sois en peine de vous* (SÉV., 12 févr. 1672). — ⁺*[...] un ami [...] qui a pour moi tant d'affection, que je ne puis pas que je ne lui en sois très obligé* (A. ARNAULD, lettre à Racine, dans Rac., G.E.F., t. VI, p. 531).

2. La langue parlée familière coordonne parfois une proposition à un infinitif dépendant de *pouvoir,* ce qui a pour conséquence de faire dépendre cette proposition de *pouvoir.* C'est une espèce d'anacoluthe, l'esprit ne gardant de *je ne peux* que le sens « il n'est pas possible » :

Je peux tout de même pas faire coucher un Juif dans le lit de mon Pierre, et que ce Juif s'asseye dans son fauteuil et qu'il mette son costume et ses chemises (A. SCHWARZ-BART, *Dernier des justes,* p. 274).

3. La langue familière, en Belgique et dans le nord de la France, dit °*Je ne peux mal* pour «je ne cours aucun risque» ou «je n'ai garde (de faire telle chose)». *Mal* a dû primitivement être un nom (cf. Remacle, t. II, pp. 245-247), mais c'est aujourd'hui une locution figée : *Ne t'inquiète pas : l'enfant ne* PEUT MAL. — *Je ne* PEUX MAL *de recommencer.*

4. Il est très rare de trouver *pouvoir* suivi d'un pronom qui n'est pas neutre :

> *Sengle remarqua que les mouvements de grande force* [à la gymnastique], *qu'il savait, n'étaient pas commandés par les caporaux, qui les ignoraient ou ne* LES *pouvaient* (JARRY, *Les jours et les nuits*, II, 2).

5. Dans la locution *on ne peut plus* (ou ... *mieux*), qui équivaut à un adverbe marquant le haut degré, *pouvoir* a pour complément un adjectif masculin ou féminin, singulier ou pluriel, concernant des personnes ou des choses :

> *La chose fut* ON NE PEUT PLUS *pathétique et pitoyable* (HUGO, *Dernier jour d'un cond.*, Préf.). — *Il l'imaginait* [...], *à cause de ses origines aristocratiques et de son éducation religieuse et militaire,* ON NE PEUT PLUS *différent* (PROUST, *Rech.*, t. II, p. 107). — *Si nous comprenons bien sa rédaction* ON NE PEUT PLUS *succincte* (P. FOUCHÉ, dans le *Fr. mod.*, janv. 1942, p. 13).

Hist. — Ce tour à l'origine devait concerner des personnes et présenter l'ellipse d'un verbe précédemment exprimé : ⁺*Les métaphysiciens plagiaires sont* ON NE PEUT PLUS *communs* (CONDILLAC, cit. Littré) [= ... on ne peut pas *être* plus commun]. — Voir aussi § 373, *b* et l'Hist., qui signale l'expression synonyme *On ne saurait plus...*

d) Prétendre au sens d'« affirmer », qui se construit le plus souvent avec une proposition conjonctive ou avec un infinitif, peut être suivi d'un nom ou d'un pronom si un attribut les accompagne ou s'il s'agit d'un pronom neutre :

> *Vous qui* PRÉTENDEZ *que des bêtes poussent des sanglots de chagrin* [...] (RIMBAUD, *Saison en enfer*, Matin). — *Il* PRÉTEND *nous avoir créés à son image* (GIRAUDOUX, *Amphitryon 38*, III, 1). — *Il s'offrit comme domestique, se* PRÉTENDANT *capable de donner des assiettes, d'épousseter les meubles* [...] (FLAUB., *Éd. sent.*, III, 3). — *Il s'agit d'une princesse Bonaparte qu'on* PRÉTEND *la fiancée du fils au roi de Grèce* (PROUST, *Rech.*, t. II, p. 489). — *Le peuple est mineur, quoi qu'on* PRÉTENDE (FLAUB., *l. c.*). — *À ce qu'on* PRÉTEND. *Il est innocent ; il le* PRÉTEND *du moins.*

Un ex. comme le suivant est exceptionnel : *J'ai songé à l'amour que tu* PRÉTENDS *pour moi* (R. BAZIN, *Terre d'Esp.*, p. 300).

e) Supplier, dans la langue ordinaire, a deux constructions pour expliciter l'objet de la demande : *Je le supplie de m'écouter* ou *Je supplie que l'on m'écoute.*

Certains auteurs emploient la construction °*supplier qq. ch.*, que ne mentionne aucun dict. du fr. mod. : *Ils vont donc, l'un après l'autre, tendre la gorge, supplier le coup de grâce* (Ch. PLISNIER, *Faux passeports*, p. 359). — *Ils entendirent sa voix affolée* [...] *qui continuait* [...] *de supplier un secours* (P. MOINOT, *Chasse royale*, L.P., p. 250).

Hist. — C'est un archaïsme, vraisemblablement involontaire : *Les Muses* [...] / *Vont suppliant* [...] / *Palme et couronne pour leur fils* (CRETIN, cit. Huguet).

On disait aussi *supplier à qqn que :* ⁺*Si j'ai oublié dans ma première lettre de faire mention du prélat, je* VOUS *supplie que je répare ce défaut dans celle-ci* (SÉV., 17 févr. 1679). — Littré donne encore comme normal : *Je* VOUS *supplie que cela se fasse.*

Place du complément d'objet

289   Certains types de compléments d'objet **précèdent** régulièrement le verbe.

a) Le **pronom personnel conjoint** précède immédiatement le verbe,
— sauf à l'impératif non négatif, que le pronom suit immédiatement :

> *Je* LA *vois. Je* LUI *parle. J'*Y *pense. J'*EN *prends.* — *Ne* LA *regarde pas. Ne* LUI *parle pas.*
> N'Y *pense pas. N'*EN *prends pas.*
> Mais : *Regarde-*LA. *Parle-*LUI. *Penses-*Y. *Prends-*EN.

> Sur la place du pronom personnel complément d'un infinitif lui-même complément
> essentiel *(Il* LE *peut faire),* cf. § 659, *b.*

b) Le **pronom relatif** ou le complément d'objet contenant un déterminant relatif se mettent au début de la proposition :

> *La montre* QUE *je t'ai donnée. La personne* À QUI *j'ai donné la montre.* — *On vous donnera*
> *le n° de son domicile de la rue de Seine,* LEQUEL N° *j'ai oublié* (SAND, *Corresp.,* 30 août 1832).

La préposition du complément d'objet indirect accompagne celui-ci, comme
on le voit par le second ex.

c) Le **pronom interrogatif** ou le complément d'objet contenant un
déterminant interrogatif ou exclamatif se mettent en tête de la phrase [6] :

> QUI *as-tu rencontré ?* QU'*as-tu vu ?* À QUI *as-tu donné ce livre ?* QUEL LIVRE *as-tu choisi ?*
> QUEL BEAU LIVRE *tu m'as donné !*

La préposition du complément d'objet indirect accompagne celui-ci, comme
on le voit par le troisième ex.

Dans la phrase interrogative, surtout quand on parle, le pronom interrogatif
et le syntagme contenant un déterminant interrogatif peuvent occuper la place
habituelle de l'objet : cf. § 391, *b,* 1°.

d) **Rien** objet direct se place avant un infinitif, et entre l'auxiliaire et
le participe passé dans les temps composés :

> *Elle ne veut* RIEN *accepter.* — *Ne va pas t'aviser de* RIEN *changer à ton costume* (VIGNY,
> *Serv. et grand. mil.,* II, 7). — *La bonne vieille est loin de* RIEN *soupçonner* (J. GREEN, *Journal,*
> 14 août 1934). — *Il n'a* RIEN *oublié.* — *Il ne s'est* RIEN *refusé.*

La langue littéraire conserve l'ancienne possibilité (cf. Hist.) de mettre *rien*
après l'infinitif :

> *Les Delahaye, les Andrieux* [...] *en réalité savaient peu et ne pouvaient prouver* RIEN
> (BARRÈS, *Leurs figures,* p. 217). — *La plus juste gloire consacre l'homme d'État qui sut s'y*
> *employer sans ménager* RIEN (DE GAULLE, *Fil de l'épée,* p. 152). — *Tante Emma entend* [...]
> *n'avoir* RIEN *à se reprocher* (HÉRIAT, *Enfants gâtés,* II, 3). — *Hugo a prescrit à ses exécuteurs*

---

6. Éventuellement précédés d'éléments détachés en tête de la phrase : *Hier,* QU'*as-tu*
fait ?

testamentaires de publier tout, de ne dissimuler RIEN (H. GUILLEMIN, dans le *Figaro litt.*, 23 févr. 1952).

Si *rien* a un complément, il est plus courant que ce syntagme suive l'infinitif et le participe :

La perspective d'une heure ou deux passées avec une novia [...] *ne devait présenter* RIEN D'EFFRAYANT *à l'imagination* (Th. GAUTIER, *Militona*, I). — [...] *n'en peuvent tirer* RIEN AUTRE CHOSE (*ib.*, VI). — *Désespérant de rencontrer* RIEN D'INCONNU (MÉRIMÉE, *Colomba*, I). — *Rieux ne pouvait espérer* RIEN D'AUTRE *qu'une longue suite de scènes pareilles* (A. CAMUS, *Peste*, p. 106).

Leur séparation n'avait eu RIEN DE PÉNIBLE (FLAUB., *Éd. sent.*, II, 2). — *Il n'a trouvé* RIEN AUTRE (MALRAUX, *Conquérants*, p. 232).

Cependant, même dans ce cas (non avec *rien autre*), on trouve souvent *rien* séparé de son complément et placé avant l'infinitif et le participe :

Je n'ai RIEN *trouvé* DE COUPABLE *en cet homme* (*Bible*, trad. CRAMPON, Luc, XXIII, 14). — *Je n'ai* RIEN *vu* AUTRE CHOSE (COLETTE, *Envers du music-hall*, Sel., p. 13). — *Elle plaît sans* RIEN *avoir* D'EXTRAORDINAIRE.

Il arrive même que des auteurs placent *rien* dans le syntagme verbal dont l'infinitif dépend : *Il n'aura* RIEN *besoin d'acquérir pour cela* (BERGSON, *Rire*, II, 2). — *Des cheveux* [...] *dont on n'arrivait* RIEN *à faire* (ARAGON, *Voyageurs de l'impériale*, III, 20). — *Parce qu'il avait vingt ans, il n'avait* RIEN *le droit de posséder en propre* (TROYAT, *Eygletière*, p. 189).

Sur la place de *rien* par rapport aux pronoms personnels conjoints, cf. § 659, *a*.

Hist. — À la période classique, *rien* se plaçait souvent après l'infinitif (de même que les auxiliaires de négation en général : § 980, *b*, 1°), mais on le trouve aussi avant l'infinitif :

Et c'est n'estimer RIEN, *qu'estimer tout le Monde* (MOL., *Mis.*, I, 1). — *Sa réponse fut, que le Sultan se gardast bien de prétendre* RIEN *sur moy qui n'estois plus son Esclave* (FONTENELLE, *Nouv. dialogues des morts*, p. 235).

Tu n'as pas sujet de RIEN *aprehender* (MOL., *Étourdi*, V, 5). — *Je n'aurois qu'à* [...] / *Passer tranquillement* [...] / *La nuit à bien dormir, et le jour à* RIEN *faire* (BOIL., *Sat.*, II).

Remarques. — 1. *Tout* objet direct prend place, au choix : — soit avant l'infinitif ou entre l'auxiliaire et le participe, — soit (sauf dans les expressions figées *À tout prendre, Une bonne à tout faire*) après l'infinitif et le participe :

Qu'on m'ouvre vite, ou je ferai TOUT *pendre là-haut* (Al. DUMAS, *Reine Margot*, XXV). — *Conserver les choses en l'état est la plus sûre recette pour* TOUT *perdre* [...] : *faut-il* [...] TOUT *miser sur un avenir neuf* [...] ? (MERLEAU-PONTY, *Aventures de la dialectique*, Id., p. 12.) — *Oh ! la science ! On a* TOUT *repris* (RIMBAUD, *Saison en enfer*, Mauvais sang).

Des hommes voulaient monter aux étages supérieurs pour achever de détruire TOUT (FLAUB., *Éd. sent.*, III, 1). — *Faut-il miser* TOUT ? *On a repris* TOUT.

Placer *tout* avant un verbe qui n'est ni à un temps composé ni à l'infinitif est un pur archaïsme littéraire : *Le mouvement, qui* TOUT *explique chez Villon* [...] (F. DESONAY, *Villon*, p. 193).

2. Les adverbes de degré (*assez, beaucoup*, etc.) employés comme nominaux (§ 707) objets directs peuvent se placer, — soit avant l'infinitif ou entre l'auxiliaire et le participe, — soit après l'infinitif ou le participe :

Il avait BEAUCOUP *appris.* — *Vous croyez sans doute avoir fait* BEAUCOUP *pour moi* (B. CONSTANT, *Ad.*, III). — *C'est* BEAUCOUP *demander. C'est demander* BEAUCOUP.

Lorsque ces adverbes sont accompagnés d'une suite introduite par *de* (ils équivalent alors à des déterminants : § 607, *a*), leur place habituelle est après l'infinitif et le participe :

> *Ce livre a éveillé* BEAUCOUP *de sympathie. Il avait bu* TROP *de vin. Il a subi* TANT *de défaites.* — *Pour avoir* MOINS *d'argent.*

Mais parfois la suite seule est placée après :

> *Le livre de Jacques Vingtras avait* BEAUCOUP *éveillé de sympathies en moi pour l'auteur* (P. CÉZANNE, *Corresp.*, 23 juin 1879). — [...] *m'aura* LE PLUS *donné de plaisir* (BARRÈS, *Au service de l'Allem.*, p. 222). — *J'avais* TROP *bu de vin* (A. CAMUS, *Étranger*, I, 3). — *Il avait* TANT *servi de messes* (Fr. MAURIAC, *Agneau*, p. 187). — *Il ne faut pas* TROP *boire de vin.*

290   Place des autres compléments d'objet.

a) Ils **suivent** d'ordinaire le verbe :

> *Nous accompagnerons* LE CORTÈGE. *Je me rappelle* QUELQUE CHOSE. *Je pense* AVOIR FAIT MON DEVOIR. *Croyez-vous* QU'IL AIT RAISON ? — *Je pense* À VOUS. *Je me souviens* DE MON PÈRE.

b) Dans certaines locutions figées, le complément d'objet **précède** le verbe :

> — *Sans* COUP *férir. Sans* MOT *dire. Sans* BOURSE *délier.* RAISON *garder. Pour* CE *faire. Geler à* PIERRE *fendre. À* VRAI *dire* (on emploie aussi *À dire vrai*). RÉVÉRENCE *parler* (si le nom est bien objet : cf. § 286, 7°, Rem. 1, Hist.).
> — *À* SON CORPS *défendant* (§ 891, Hist.). CHEMIN *faisant.* CE *disant.* CE *faisant* (§ 676, *b*).
> — *À* DIEU *ne plaise !* GRAND BIEN *vous fasse !* RIEN *ne sert de courir* (§ 272, Hist., 3). *Qu'à* CELA *ne tienne.* — [...], *Président de la République française, à tous ceux qui* CES PRÉSEN-TES LETTRES. *verront, salut* [...] (formule de ratification d'un traité, etc. : cf. P. Reuter et A. Gros, *Traités et documents diplomatiques*, 1976, p. 488 et *passim*).

Même lorsque les locutions sortent de leur figement, l'ordre ancien peut subsister : *France-Ville était* [...] *hors de danger, sans avoir eu à* COUP *férir* (J. VERNE, *500 millions de la Bégum*, XVI). — *À* RIEN *ne servirait d'honorer l'héroïsme qu'évoque cet anniversaire si nous n'étions pas capables d'y retremper notre foi* (J. CHIRAC, dans le *Monde*, 27 août 1978).

On a observé que dans les exemples ci-dessus le verbe est souvent au participe présent ou à l'infinitif. De même, en dehors d'une expression figée : *On laissait périodique-ment* DE BONNES TERRES *envahir par les ajoncs* (A. VAN GENNEP, *Manuel de folklore franç. contemp.*, t. I, p. 2745). [Peut-être influence de la construction : ... *de bonnes terres* ENVAHIES *par les ajoncs ?* Voir aussi Hist.]

Hist. — Les poètes du XVIIᵉ s. avaient encore la possibilité de mettre l'objet direct entre le sujet et le verbe, ou devant l'infinitif complément :

> *Et, si quelque bonheur* NOS ARMES *accompagne, /* [...] (RAC., *Théb.*, I, 3). — *On ne sçeut pas long-temps à Rome /* CETTE ÉLOQUENCE *entretenir* (LA F., *F.*, XI, 7).

c) Le complément d'objet direct est placé **entre l'auxiliaire et le participe passé** dans l'expression figée *avoir toute honte bue*, et aussi parfois chez les poètes, ou même en prose, par analogie ou par archaïsme (cf. Hist.) :

D'autres émotions, / Des biens, des maux, — des révolutions, — / Ont dans les cœurs SA
MÉMOIRE *effacée* (NERVAL, *Odelettes,* Grand'mère). — *Mais la croix ne sera satisfaite que
quand elle aura* TOUT CE QUI N'EST PAS LA VOLONTÉ DE DIEU *détruit* (CLAUDEL, *Soulier de
satin,* cit. Damourette-Pichon, § 1178). — *L'amour a* NOS ÂMES *en une âme mêlées*
(R. ROLLAND, cit. Le Bidois, § 1063). — *J'ai* TOUTE AMBITION *résignée* (G. DUHAMEL, *Pierre
d'Horeb,* p. 96) [sur le modèle de *avoir toute honte bue*]. — *Ayant* PETITE FORTUNE *faite*
(M. NOËL, *Cru d'Auxerre,* p. 92) [influence de *fortune faite,* complément absolu ?].

Hist. — Les poètes classiques mettaient encore souvent l'objet direct entre l'auxiliaire et
le participe ; cela était plus rare en prose :

Mon pere est mort, Elvire, et la premiere espée / Dont s'est armé Rodrigue a SA TRAME
coupée (CORN., *Cid,* III, 3). — *J'ay* MAINTS CHAPITRES *vûs* (LA F., *F.,* II, 2). — *[...] quelques
soldats [...] / Qui s'étant querellez les uns avec les autres, / Ont insensiblement* TOUT LE CORPS
ébranlé (RAC., *Théb.,* III, 4).

⁺*Encore qu'il ait eu* CE DESSEIN *formé* (PASCAL, *Prov.,* V).

Au même phénomène ressortit l'expression *avoir ville gagnée* « avoir triomphé », qui est
ancienne (cf. Huguet, s.v. *ville*) [*gagner* = conquérir] :

Grâce à la sémantique, nous AVONS VILLE GAGNÉE, *et l'étymologie du mot français* belette
ne fait plus question pour nous (Ant. THOMAS, *Nouv. essais de philologie franç.,* p. 29). — On
dit aussi, sur ce modèle, *avoir course gagnée :* C. JULLIAN, cité par A. van Gennep, *Folklore,*
p. 21 ; Y. GANDON, *Léone,* p. 258 ; — *avoir cause gagnée :* M. NOËL, *Cru d'Auxerre,* p. 131 ;
— *avoir partie gagnée : Grand Lar. langue,* s.v. *gagner.*

Mais *gagnée* est sans doute compris comme un attribut de complément d'objet, d'où
l'expression *croire ville gagnée : La nuit venuë ils vont au rendez-vous. / Eux introduits,*
CROYANS VILLE GAGNÉE, / *Un bruit survint ; la feste fut troublée* (LA F., *C.,* Remois).

Remarque. — Le complément d'objet indirect formé d'une préposition et
d'un pronom personnel disjoint a la faculté de se mettre devant le participe
présent et devant le participe passé :

Une négresse À LUI *appartenant* (BAUDEL., trad. de : Poe, *Aventures d'A.G. Pym,* XIII). —
Cet héritage À LUI *légué* (M. TOURNIER, *Vendredi ou les limbes du Pacifique,* F°, p. 20). —
Cf. § 638, *b,* 4° et Rem. 1.

d) Quand on place le complément d'objet **en tête** de la phrase, ou
du moins devant le sujet, pour mettre ce complément en relief⁷ ou pour
établir une liaison avec ce qui précède,

1° Le complément d'objet **direct** est généralement repris par un
pronom personnel placé devant le verbe :

Des yeux de statue, on EN *avait vu par milliers* (LOTI, *Mort de Philae,* p. 5). — *Et cette
promesse, il* L'*accomplira* (BAINVILLE, *Dix-huit brumaire,* p. 39). — *L'objet véritable de son
amour, vous* LE *connaîtrez si vous avez la force et le courage d'entendre cet homme*
(Fr. MAURIAC, *Nœud de vip.,* Épigraphe). — *Qui se fait brebis, le loup* LE *mange* (prov.).

C'est parfois le complément d'un verbe subordonné qui est ainsi déplacé en tête de la
phrase et repris par un pronom personnel à sa place ordinaire : *Cet ennemi des siens, ce cœur
dévoré par la haine et par l'avarice, je veux qu'en dépit de sa bassesse, vous* LE *preniez en pitié*
(Fr. MAURIAC, *l.c.*).

---

7. En dehors du cas où la mise en relief se fait au moyen de *C'est ... que : C'est votre
sœur que je cherche.* Il n'y a pas reprise par un pronom.

Parfois, moins rarement que ne le disent certains grammairiens, des auteurs se dispensent de reprendre par un pronom l'objet direct placé en tête, et cela ne se produit pas seulement quand ils veulent imiter la langue parlée ; cela reste pourtant, en général, d'une langue assez relâchée.

UN JOLI ATTRAPAGE *vous allez voir !* (ZOLA, *Nana*, I.) — ÉCRIRE UN TRAITÉ, *il n'osait.* CONSTRUIRE UN DRAME, *il ne savait* (P. LOUŸS, *Aphrodite*, II, 2). — UNE SEULE CHOSE *il voyait : la divine bonté de son sourire compatissant* (R. ROLLAND, *Jean-Chr.*, L.P., t. III, p. 148). — TREIZE ANS, *elle avait* (GIONO, *Que ma joie demeure*, Pl., p. 454). — TOUTE UNE CEINTURE DE DOUROS *pour dépenser à la guerre, il avait* (PAULHAN, cit. Le Bidois, § 905). — SI JE VEUX BIEN EN ÊTRE, *elle me demande* (AYMÉ, *Gustalin*, XVIII). — UN GRAND TROUPEAU DE PLEURNICHEURS *ils formaient* (CÉLINE, *Voy. au bout de la nuit*, F°, p. 87). — *Et ÇA, je ne veux pas* (TROYAT, *Grandeur nature*, Nouv. bibl. Plon, p. 57). — *Tu n'as pas faim, Renaud ? / — Faim non.* SOIF *j'ai* (Chr. ROCHEFORT, *Repos du guerrier*, L.P., p. 68). — LA DOUCHE, *il prend, trop froide* (PIEYRE DE MANDIARGUES, *Marge*, p. 189). — BIEN DES MALHEURS, *il avait eus* (M. DURAS, *Vie tranquille*, F°, p. 150). — LÉNINE, *après tout, je n'aime pas tellement* (Cl. MAURIAC, *Certaine rage*, p. 171). — MARINE, *j'aime beaucoup* [comme prénom] (B. et Fl. GROULT, *Il était deux fois...*, p. 13). — LA POLITIQUE, *ils connaissent* (G. SUFFERT, *Lettre ouverte aux gens de vingt ans à qui l'on ment*, p. 92). — MA CHEMISE *j'aurais donnée pour en être* (M. CERF, *Les rois et les voleurs*, p. 168). — ÇA *il faut que je sache* (R. PINGET, *Quelqu'un*, p. 34). — Etc.

Ceci est plutôt du ressort de l'archaïsme : *C'est l'homme Baudelaire que* DESSINER *nous désirons* (Cl. PICHOIS, dans W.T. Brandy et Cl. Pichois, *Baudel. devant ses contemporains*, p. 8).

Hist. — La liberté que connaissait l'ancienne langue pour l'ordre des mots permettait de placer l'objet direct en tête de la phrase, sans qu'il soit repris par un pronom personnel devant le verbe (cela entraînait primitivement l'inversion du sujet) :

CESTE PAROLE *dist il si tres haut que* [...] (*Laurin*, p. 2). — AUTRE IMAGINACION *n'avoit il* (FROISS., *Chron.*, S.H.F., t. IX, p. 39). — VOSTRE ARMEE *partirez* [= partagerez] *en deux* (RAB., *Garg.*, éd. princ., XXXI). — Sans inversion : LA RONGNURE *en sa main soigneusement il serre* (RONSARD, éd. L., t. XVIII, p. 267).

Au XVIIe s., cette antéposition de l'objet n'est plus possible qu'en vers : *Puis en autant de parts* LE CERF *il dépeça* (LA F., *F.*, I, 6). — PEU DE PRUDENCE *eurent les pauvres gens* (ID., *ib.*, VII, 7).

Le décalogue, dans sa version catholique traditionnelle, applique cette syntaxe : UN SEUL DIEU *tu adoreras*, etc.

Voir P. RUELLE, *L'ordre complément direct-sujet-verbe dans la proposition énonciative indépendante*, dans *Mélanges Grevisse*, pp. 307-322.

2° Pour le complément d'objet **indirect,** il y a trois possibilités :

— Dans l'usage ordinaire, on ne reprend pas le complément par un pronom personnel :

AUX DAMES « BRÛLÉES » DE CETTE SOCIÉTÉ *Odette ressemblait trop* (PROUST, *Rech.*, t. I, p. 520). — À CHAQUE JOUR *suffit sa peine* (*Bible de Jérus.*, Matth., VI, 34). — D'UNE TELLE LACUNE, *faut-il nous plaindre ?* (TEILHARD DE CHARDIN, *Apparition de l'Homme*, p. 366.) — AU PHILOSOPHE LUI AUSSI *cette lecture faisait l'effet d'une régurgitation amère* (YOURCENAR, *Œuvre au noir*, p. 285). — À BREBIS TONDUE, *Dieu mesure le vent* (prov.).

— La reprise par un pronom personnel marque une insistance particulière :

*Eh bien, à ce suffrage universel-là, soumettez-*LUI *la paix et la guerre* (HUGO, *Nap.-le-Petit*, VI, 9). — *De ceux-là, monsieur, nous n'*EN *parlerons pas* (MUSSET, *Contes*, Lettres de Dupuis et Cot., II). — *De cette ivrognerie* — [...] —, *il faut cependant* EN *parler* (BAUDEL., notice sur Poe, dans : Poe, *Hist. extr.*, Garnier-Flammarion, p. 48). [Le passage supprimé a près de trois lignes, ce qui justifie particulièrement la reprise.]

La reprise est plus fréquente quand le pronom est *en* ou *y ;* elle est même ordinaire quand l'objet est une proposition : *Que la chose soit difficile, j'*EN *conviens.*

— La reprise est obligatoire quand on supprime la préposition devant le complément placé en tête :

*Cette loi sainte, il faut s'*Y *conformer* (HUGO, *Contempl.*, I, 1). — *La servante au grand cœur dont vous étiez jalouse, /* [...] */ Nous devrions pourtant* LUI *porter quelques fleurs* (BAU-DEL., *Fl. du m., Tableaux paris.*, XV). — *Ceux à qui vous remettrez les péchés, ils* LEUR *seront remis* (*Bible*, trad. CRAMPON, Év. Jean, XX, 23). — *Elle voulait connaître le monde, alors que lui* [= son amant] *elle* LUI *suffisait* (J. ROY, *Saison des za*, p. 69).

e) Quand le complément d'objet est détaché **en fin** de phrase, il est représenté par un pronom personnel devant le verbe :

On ne peut LE *nier, que mademoiselle Claudine Deniseau avait prédit que le ministère tomberait à brève échéance* (A. FRANCE, *Orme du mail*, XI). — *Tu* L'*as même perdue, pauvre frère, cette soif d'honnêteté dont tu me parlais* (LOTI, *Aziyadé*, II, 26). — *Et maintenant qu'allait-on* EN *faire de cet homme ?* (HUGO, *Quatrevingt-tr.*, III, VI, 2.)

Lorsque le verbe a **plusieurs compléments,** si ces compléments sont de longueur sensiblement égale, on préfère d'habitude l'ordre complément d'objet direct + complément d'objet indirect + complément adverbial (ou compléments adverbiaux). Si le complément d'objet direct est nettement plus long, il suit de préférence les compléments plus courts.

Il donne la main à sa sœur durant tout le trajet. — *J'aime le son du Cor, le soir, au fond des bois* (VIGNY, *Poèmes ant. et mod.*, Cor).

Il a rendu à ma sœur les livres qu'elle avait réclamés. — *Quand je regarde sur le sable, au bord de la mer, les innombrables enfants de juillet, d'août et de septembre* [...] (BARRÈS, *Amitiés franç.*, p. 1).

Mais le complément court peut être placé en dernier : 1° si on veut le mettre en évidence ou pour lier au sens le mouvement même de la phrase :

Je viens voir à la brune, / Sur le clocher jauni, / LA LUNE */ Comme un point sur un i* (MUSSET, *Prem. poés.*, Ballade à la lune). — *J'avais le vertige de voir au-dessous de moi, en moi pourtant, comme si j'avais des lieues de hauteur,* TANT D'ANNÉES (PROUST, *Rech.*, t. III, p. 1047) [c'est en outre une des dernières phrases du *Temps retrouvé*, qui clôt la *Rech.*] ;

— 2° si on veut éviter des ambiguïtés :

Au lieu de : °*Préférez un ami dévoué à tous ces courtisans,* on dira : *Préférez à tous ces courtisans un ami dévoué.* — *Marino tira de sa poche une pipe et la frappa longuement contre le bouton de la culasse* (GRACQ, *Rivage des Syrtes*, p. 21). [*Une pipe* est placé en dernier pour que ce soit clairement l'antécédent de *la*.] — Ex. prêtant à sourire : *Elle élevait deux enfants qu'elle avait eus du comte de P*** avec une austérité excessive* (B. CONSTANT, *Ad.*, II).

Certains auteurs mettent le complément court en dernier sans raison particulière, ce qui ne satisfait pas les oreilles délicates : *L'allégresse endimanchée de ce jour greffait sur ces laideurs transmises le ridicule* (HUYSMANS, *Cathédrale*, p. 217).

L'ATTRIBUT DU COMPLÉMENT D'OBJET [8]

Bibl. — H. NILSSON-EHLE, *L'attribut de l'objet en français*, dans *Studia neophilologica*, 1952-1953, pp. 105-140. — R. LE BIDOIS, *La place de l'attribut d'objet*, dans *Mélanges Grevisse*, pp. 221-230. — M. RIEGEL, *L'adjectif attribut du complément d'objet direct*, dans *Travaux de ling. et de litt.*, 1974, pp. 229-248.

292   Nature et construction du complément d'objet accompagné d'un attribut.

a) Le complément d'objet est normalement un objet direct.

Certains grammairiens considèrent que l'objet peut être indirect :

— Avec des verbes comme *se servir, user :* [...] *aurait imaginé de l'épouser comme dans les comédies, d'une façon postiche, en se servant d'un de ses gens* COMME PRÊTRE *et d'un autre* COMME TÉMOIN (SAINTE-BEUVE, *Chateaubriand...*, cit. Robert, s.v. *postiche*). — *Il use de cette plante* COMME REMÈDE.

— Avec *faire. Un roi* serait l'attribut de *un esclave* dans : *Milady laissa tomber sur lui un de ces regards qui d'un esclave font* UN ROI (Al. DUMAS, *Trois mousq.*, LVII).

b) Pour la nature du complément d'objet en général, voir § 287. On notera seulement ici que le complément d'objet accompagné d'un attribut est souvent un infinitif introduit par la préposition *de* ou une proposition :

Je crois inutile (ou : *Je considère comme inutile*) DE VOUS RÉPONDRE. — [...] *des endroits où la chaleur des rayons du soleil eût rendu impossible* DE S'ARRÊTER (STENDHAL, *Rouge*, I, 10). — *Elle rendait impossible à Mahaut* DE SAISIR LE MÉCANISME QUI AMENAIT CETTE DOUCEUR (RADIGUET, *Bal du comte d'Orgel*, p. 238). — *Nous trouvâmes donc avantageux* DE NOUS INSTALLER, POUR UN TEMPS, CHEZ MA MÈRE (Fr. MAURIAC, *Nœud de vip.*, IV).

Je tiens pour un malheur public QU'IL Y AIT DES GRAMMAIRES FRANÇAISES (A. FRANCE, *Pierre Nozière*, p. 146). — *Je vois en effet écrit dans les journaux* QUE JE SUIS UN SOLITAIRE (MONTHERLANT, dans le *Figaro*, 15 sept. 1973).

Si l'infinitif précède l'attribut (construction rare : § 298, *b*, 2°), cet infinitif est construit sans *de : Trouvant* MANGER SEUL *ennuyeux* [...] (Th. GAUTIER, *Ém. et cam.*, Souper des armures).

---

8. À ne pas confondre avec des syntagmes d'apparence identique, mais demandant une autre analyse : cf. § 287, *e*.

Remarques. — 1. Le complément d'objet direct peut être un pronom personnel sans antécédent : LA *trouver mauvaise,* L'*avoir belle* (cf. § 294), etc.

2. Le pronom personnel objet direct peut être réfléchi : *Elle se croit intelligente,* parallèlement à *Je la crois intelligente.*

Avec *vouloir,* la construction non réfléchie n'est pas discutée : *Je vous veux raisonnable* (LITTRÉ, 2°). [Cf. déjà CORN., *Cinna,* II, 2.] — *Se vouloir* avec un attribut est signalé seulement par quelques dictionnaires récents. Pourtant, au XXᵉ siècle, cela appartient à l'usage le plus général dans la langue écrite, même soignée. Ordinairement, *se vouloir* concerne une qualité à laquelle on tend ou une apparence que l'on cherche à donner de soi. Le sujet peut être un nom de personne ou un nom de chose supposant un acteur humain :

Sujet humain : *Au moment où elle* SE VOULAIT *si différente de son père, ce qu'elle me rappelait, c'était les façons de penser, de dire, du vieux professeur de piano* (PROUST, *Rech.,* t. I, p. 164). — *Il ne s'agit là que de détails, aux yeux d'un historien qui* SE VOUDRAIT *détaché du fugitif présent* (DANIEL-ROPS, *Carte d'Europe,* p. XIII). — *Et l'on* SE VOULAIT *classique, dans l'entourage de Gide* (BILLY, dans le *Figaro,* 21 févr. 1962). — *Il est et il* SE VEUT [...] *moraliste et même philosophe* (P.-H. SIMON, dans le *Monde,* 25 oct. 1961). — *Le savant essaie de ne pas tenir compte des mondes que lui révèle son expérience intime. Il* SE VEUT *objectif* (MAUROIS, dans les *Nouv. litt.,* 3 mars 1966). — *Elle* SE VOUDRAIT *toute nue* (PIEYRE DE MANDIARGUES, *Motocyclette,* Fº, p. 35).

Sujet non humain : *Une institution qui* SE VEUT *pacifiste* (BENDA, *Précision, 1930-1937,* p. 203). — *Roman qui* SE VEUT *pervers et qui est en réalité assez innocent* (J. GREEN, *Journal,* 29 juillet 1956). — *Nous ne pouvons feuilleter les gazettes sans y trouver quelque renseignement, qui* SE VEUT *révélateur* (G. DUHAMEL, *Manuel du protestataire,* p. 105). — *Elle lui demanda d'une petite voix qui* SE VOULAIT *discrète* [...] (M. de SAINT PIERRE, *Écrivains,* IV). — *Delacroix y a vu l'accomplissement indispensable de tout art qui* SE VEUT *complet* (R. HUYGHE, dans les *Nouv. litt.,* 9 mai 1963). — *Les cortèges processionnaires de l'élite* SE VEULENT, *eux, défilé guerrier* (LE ROY LADURIE, *Carnaval de Romans,* p. 356). — *Chacune* [= chaque écriture] [...] SE VEUT *l'acte initial par lequel l'écrivain assume ou abhorre sa condition bourgeoise* (R. BARTHES, *Degré zéro de l'écriture,* II, 1).

Plus rarement, et dans une langue que l'on peut sentir comme maniérée, *se vouloir* a pour sujet un nom de chose sous lequel on découvre difficilement, par métaphore ou par métonymie, l'intervention humaine : *Une nuée de vapeur qui* SE VOULAIT *fumée de cigarette* (cité par Georgin, *Consultations de grammaire...,* p. 219). Mais l'argument selon lequel une chose est incapable de volonté est assez faible ; en effet, *vouloir* dans d'autres sens admet depuis longtemps un sujet inanimé : *Ce verbe* VEUT *l'accusatif ;* voir des ex. classiques dans Littré, 12°. — On doit rappeler aussi l'existence des verbes pronominaux à sens passif (§ 750) : *Le français* S'EST PARLÉ *jadis en Angleterre. Se vouloir* tel qu'il est employé dans cet ex. de Gide ressortit à cette catégorie : *Le bonheur ne* SE VEUT *pas tout fait, mais sur mesure* (cité par Le Bidois, dans le *Monde,* 10 déc. 1958).

Se vouloir au sens de « vouloir devenir » est très rare ; chez La Varende, le tour, qui est mis en italiques, semble présenté comme régional : *Encore un qui tourne mal,* [...] *le fils aîné des Fortier qui* SE VEUT *prêtre !* (*Centaure de Dieu,* p. 17.)

Dans certains verbes pronominaux (*se révéler, s'avérer,* etc.), le pronom est devenu inanalysable, et l'attribut, ne pouvant plus se rapporter à ce pronom, est senti comme un attribut du sujet : cf. § 242.

3. On trouve parfois des attributs construits sans objets directs :

> *Il* [= le duc de Bordeaux] *saura que les destinées* / *Font* ROI, *pour régner ou mourir*
> (LAMART., *Médit.*, XV). — *Nous lavions nos corps dans l'eau qui rend* PLUS BELLES (LECONTE
> DE LISLE, *Poèmes ant.*, Arc de Civa). — [...] *avec une persévérance et un courage qui laissent*
> CONFONDU (A. FERMIGIER, dans le *Monde*, 26 avril 1983). — *Les carottes, ça rend* AIMABLE
> (CAVANNA, *Ritals*, Pêcher).

Dire s'emploie au conditionnel (ou au subjonctif plus-que-parfait à valeur de
conditionnel) avec une suite nominale directe qui ressemble à un attribut, mais
sans objet direct : *On dirait un fou* est synonyme de *On le prendrait pour un fou.*
Ce tour n'est admis par l'Académie que depuis 1932 ; elle ne signalait auparavant que *On dirait* D'*un fou,* tour que la langue littéraire emploie encore et qui
reste vivant dans certaines régions (au Canada, notamment) :

> Sans *de* : *On dirait* [...] *une de ces robes étranges de danseuses* (BAUDEL., *Spleen de Paris,*
> XXII). — *On dirait une belle vierge timide* (TAINE, *Notes sur l'Angl.*, p. 166). — *Je regarde le*
> *ciel* [...] *On dirait une grande blouse inondée de sang* (VALLÈS, *Insurgé*, XXV). — *On dirait un*
> *marin* (GIDE, *Souvenirs de la Cour d'assises*, VIII). — *Admirez la longueur du canon ! On*
> *dirait une canne à pêche* (PAGNOL, *Gloire de mon père*, p. 89).
>
> Avec *de* : *Vous eussiez dit* D'*un taureau relevé sur ses deux jambes de derrière* (BALZAC,
> *Urs. Mirouët*, I). — *Vous diriez* D'*une aquarelle pâle sur laquelle un enfant, avec le doigt,*
> *aurait promené des gouttes d'eau* (TAINE, *Notes sur l'Angl.*, p. 2). — *On eût dit* D'*un fauve*
> *marchant sur sa proie* (J. VERNE, *Maison à vapeur*, II, 11). — *Cela n'a l'air de rien, comme qui*
> *dirait* D'*une insignifiante hausse de voltage* (J. SCHLUMBERGER, dans le *Littéraire*, 5 avril
> 1947). — *Le mâle ne dépasse pas trois millimètres de longueur ; on dirait* D'*un gros infusoire*
> (J. ROSTAND, dans le *Figaro litt.*, 25 mars 1950). — *On dirait* D'*une* [sic] *gang* [= bande] *de*
> *fous* (Une Québécoise, 31 mars 1983).
>
> Autres ex. : SAND, *Lélia*, LXIII ; BARRÈS, *Appel au soldat*, t. I, p. 244 ; LOTI, *Mme Chrys.*,
> XXV ; R. ROLLAND, *Péguy*, t. I, p. 192 ; LACRETELLE, *Silbermann*, III ; DORGELÈS, *Réveil des*
> *morts*, p. 145 ; J. ROMAINS, *Copains*, p. 29 ; J. CALVET, Polyeucte *de Corneille*, p. 14.

Sur le modèle de *dire,* on trouve parfois des constructions semblables avec
jurer, croire, penser :

> *Vous* EUSSIEZ JURÉ *un ange du bon Dieu qui s'était échappé du paradis* (Al. DUMAS, cit.
> Plattner, t. IV, p. 196). — *À voir son visage de cire sous la haute coiffe blanche, on* JURERAIT
> *une riche bourgeoise* (A. FRANCE, cit. *Grand Lar. langue*). — *Regarde-le, on* CROIRAIT *son*
> *père, le même visage, les mêmes expressions* (Grand dict. enc. Lar.).
>
> *Quelquefois le vent remue si doucement les feuilles qu'on* JURERAIT D'*un bruit de pas*
> (Fr. MAURIAC, *Genitrix*, p. 93).
>
> En dehors du conditionnel, ces constructions paraissent très rares : *Elle* [une balle] *lui*
> *vient à côté de l'œil et s'arrête à moitié entrée. Il se retourne d'abord, et dit à Ferrar : toi, fous-*
> *moi la paix* (il croyait UNE BOULETTE DE PAIN) (J. PAULHAN, *Guerrier appliqué,* cit. Damou-
> rette-Pichon, § 921).

Hist. — *On dirait de* est attesté à l'époque classique : *Et l'on* DIROIT D'*un tas de mouches*
reluisantes [= abeilles], / *Qui suivent en tous lieux un doux rayon de miel* (MOL., *Melicerte*, I,
3). — Son origine n'est pas claire : le *Dict. gén.* glose *On dirait d'un fou* par *...que cela est*
d'un fou. — En 1845, Bescherelle essayait de trouver des sens différents selon que la préposition est présente ou non.

293　　**Nature de l'attribut.**

L'attribut du complément d'objet est ordinairement un nom, ou un adjectif ou ses équivalents (cf. § 245, *b*), plus rarement un infinitif :

On a surnommé Bossuet L'AIGLE DE MEAUX. *Je trouve Simone bien* PÂLE, BIEN AMAIGRIE. *Elle ne se sentait pas* BIEN [9]. — *Germain avait un cœur de père aussi tendre et aussi faible que celui d'une femme. La mort de la sienne, les soins qu'il avait été forcé de rendre seul à ses petits* [...] *avaient contribué à le rendre* AINSI (SAND, *Mare au d.,* VI) [cf. § 316, *a*]. — *Il se disait* DE BONNE FAMILLE. *Je croyais le jardin* À L'ABANDON. *Vous appelez cela* VIVRE !

Parmi les équivalents des adjectifs, il faut mentionner la proposition relative : *J'ai la rate* QUI SE DILATE.

Les grammairiens qui considèrent *à Paris* comme un attribut (cf. § 245, *b*, 4°, Rem.) dans *Il est à Paris*, font de même dans *Je l'aurais cru* À PARIS. — Parallèlement à *Il est de mon devoir de vous avertir*, on dit : *Je crois* DE MON DEVOIR *de vous avertir*.

Remarque. — Au contraire de l'attribut du sujet, l'attribut de l'objet ne peut pas normalement être remplacé par un pronom personnel. La suppléance se fait par d'autres moyens : *Il est innocent ou du moins je le considère comme* TEL (ou : *je le crois* TEL). *Médor, puisqu'on appelle* AINSI *votre chien.*

Le pronom relatif n'est pas fréquent non plus. Cependant dans la langue littéraire on trouve des exemples de *que*, précédé d'un démonstratif, ou rappelant une épithète détachée (§ 1059, *b*) :

Gamelin voyait ces hommes différents de CE QU'il les avait vus jusque-là, plus beaux, plus graves (A. FRANCE, *Les dieux ont soif*, p. 172). — *Je ne suis point tout à fait pareil à* CELUI QU'*ils me croyaient d'abord* (GIDE, *Journal*, 30 janv. 1931). — *Elles ne l'aiment point passionnément*, INCAPABLE QU'*elles le sentent de leur rendre la pareille* (BILLY, dans le *Figaro*, 24 déc. 1958).

La langue populaire dit : °*Médor,* QU'*on l'appelle*, au lieu de *Médor,* COMME *on l'appelle.*

Le pronom interrogatif s'emploie dans certains cas : *Pour* QUI *me prenez-vous ?* QUI *me croyez-vous ?* — Mais on dit : COMMENT *l'appelez-vous ?* COMMENT *a-t-il les yeux, bleus ou noirs ?* COMMENT *vous le figurez-vous ?*

Hist. — Au XVIIe et au XVIIIe s., l'attribut du complément d'objet pouvait être représenté par un pronom personnel :

⁺*Les louanges que vous me donnez vous rendent heureux, mais ne me* LE *rendent pas* (BOSS., *Élév. sur les myst.*, cit. Littré, s.v. *le*[2], 7°, avec d'autres ex.). — *N'étois-je pas assez infortunée, sans que vous travaillassiez à me* LE [variante : *la*] *rendre davantage ?* (MONTESQ., *L. pers.*, LXVII.)

On trouvait aussi *y*, qui existe encore dans la langue populaire (cf. § 245, *b*, 4°, Rem.) :

⁺*Mais l'on saura quelque jour si je m'appelle Ginésillo de Parapilla ou non. — Eh bien ! ne t'appelle-t-on pas ainsi* [...] ? *dit le garde. — Oui, on m'*Y *appelle, répondit Ginès ; mais je ferai en sorte qu'on ne m'*Y *appelle plus* (C. OUDIN, trad. de : Cervantès, *Don Quichotte*, I, 22).

---

9. C'est sans doute d'une expression de ce genre (dans laquelle *bien* [ou *mal*] a été interprété comme un nom) que Flaubert a tiré le formule suivante, rebelle à l'analyse : *Emma* [...] *se sentait de plus en plus froid aux pieds* (*M*[me] *Bov.*, III, 5).

294 *Avoir beau, avoir facile,* etc.

Bibl. — A. GOOSSE, *Le dossier d'*avoir facile, dans les *Dialectes de Wallonie,* 1981, pp. 68-94.

Certaines constructions comportant un adjectif comme attribut d'objet direct se sont figées, l'attribut formant avec le verbe *avoir* une locution verbale qui n'est plus guère analysable aujourd'hui.

1° *Avoir beau* suivi d'un infinitif est devenu une sorte de semi-auxiliaire comportant une idée de concession, comme si la phrase commençait par *quoique :*

M. *Mitterrand et lui* [le chancelier Schmidt] ONT BEAU *avoir peu d'atomes crochus, ils ont bien compris la nécessité de se donner la main* (A. FONTAINE, dans le *Monde,* 5 juin 1981) [= Quoique M. et S. aient peu d'atomes crochus...].

Avoir beau a signifié d'abord (cf. Hist.) « avoir beau jeu pour, avoir toute facilité pour », ce que l'on trouve encore dans des usages régionaux (notamment au Canada), parfois sans objet direct :

Puisque l'homme ne l'avait pas tuée lorsqu'il AVAIT *si* BEAU *faire, peut-être la laisserait-il désormais en repos* (POURRAT, *Gaspard des Montagnes,* cit. Damourette-Pichon, § 1129). — *Vous* AVEZ BEAU *coucher encore icitte à soir tous les deux* (HÉMON, *Maria Chapdelaine,* I). — *Elle* A BEAU *partir : personne ne l'arrête* (une Québécoise, 29 mars 1983). — *Est-ce que je peux m'asseoir ? — T'*AS *bien* BEAU (EADEM).

Voir aussi les proverbes A BEAU *mentir qui vient de loin, Il* A BEAU *se taire de l'écot qui rien ne paie* (désuet). Sur ce modèle : A BEAU *crâner, qui se sent les muscles d'acier* (GIDE, *Journal,* t. I, p. 1279).

2° *Avoir plus court de* « avoir plus de commodité à » est considéré par Dupré (p. 551) comme « une locution usuelle dans la langue familière mais à proscrire dans la langue soignée » ; *avoir plus court* « avoir un chemin plus court » se trouve chez des auteurs qui reflètent des usages régionaux :

*Si je voulais continuer à le voir, j'*AURAIS PLUS COURT *de rester à Paris* (DUMAS fils, *Demi-monde,* IV, 1). — *Il* A PLUS COURT *d'agir ainsi* (*Dict. gén.,* s.v. *court,* I, 1°). — *Si vous voulez annoncer votre visite, vous* AUREZ PLUS COURT *d'envoyer un messager* (BOURGET, *Némésis,* cit. *Trésor,* s.v. *court,* B, 5).

Il pensa qu'il AURAIT PLUS COURT *en ne prenant pas l'avenue de Chanteloube* (SAND, *Mare au diable,* VII). — *Elle* A PLUS COURT *d'y aller par la rue* (A. STIL, *Seize nouvelles,* p. 105).

3° °*Avoir facile* (ou *difficile*) *de* (ou *à,* ou parfois sans préposition) *faire,* courant en Normandie, dans le nord et l'est de la France, ainsi qu'en Belgique, se trouve aussi ailleurs ; — en Belgique et dans le nord-ouest de la France, on dit aussi °*avoir dur ;* °*avoir aisé,* courant en Lorraine, est attesté aussi ailleurs :

Il A EU FACILE *de me reprendre les bibelots* (COLETTE, *Chambre d'hôtel,* p. 63). — *Il* A *d'autant plus* DIFFICILE *à s'oublier qu'il trouve plus de satisfactions en soi* (J. LECLERCQ, *Grandes lignes de la philosophie morale,* p. 354). — *On* A *trop* FACILE *à croire que dans le surréalisme le fonds et la forme sont indifférends* [sic] (ARAGON, *Traité du syle,* cit. Damourette-Pichon, § 1128). — *J'*AURAI *plus* FACILE *si je ne sais pas votre nom* [dit un abbé du Nord] (DUHAMEL, *Cécile parmi nous,* XXIV). — *Avec l'instruction qu'a Hyacinthe, il* AURAIT

FACILE *de trouver une place* (AYMÉ, *Gustalin*, p. 46). — *Un mari qui a une patte en moins n'*A *pas* FACILE *de vous surveiller* (ROMAINS, *Verdun*, cit. Pohl, p. 197). — *Demain j'*AURAI *plus* FACILE *de la repasser* (PAULHAN, *Progrès en amour assez lents*, p. 70).

On A *plus* AISÉ *de deviner ce qu'ils pourraient se dire* (VEUILLOT, *Mélanges*, cit. Deharveng, t. II, p. 38). — *On* AURAIT *trop* AISÉ, *après de telles paroles, de vous accuser* (BARRÈS, *Grands problèmes du Rhin*, p. 203).

°*Avoir facile, difficile, aisé*, se construisent aussi sans objet direct, en Lorraine et en Belgique :

Les médecins ONT *bien* FACILE ! (Gust. LENÔTRE, *Prussiens d'hier et d'aujourd'hui*, cit. Deharveng, t. II, p. 34). — *Vous* AUREZ *plus* FACILE : *la table est plus grande* (serveuse d'hôtel, Langres, 28 mars 1967). — *Les trams* ONT *plus* FACILE *que les autos* (dans *Vers l'avenir*, Namur, 20 sept. 1976, p. 14).

4° °*Avoir bon* (ou *meilleur*), **mauvais** *(de) faire* appartiennent à l'usage parlé, surtout régional ; ils s'emploient parfois sans infinitif :

De ce temps-là [quand il fait très chaud], *on* A MEILLEUR *de rester à l'abri sous une remise que de s'échiner en plein soleil* (AYMÉ, *Gustalin*, p. 229). — *Il* AVAIT MAUVAIS *marcher sur ces pentes de pierre* (POURRAT, *Pavillon des amourettes*, cit. Damourette-Pichon, § 1129).

*T'avais qu'à traverser le bois, une petite fois : tu serais partie après. J'*AURAIS EU BON *pour l'reste du temps* (C. LEMONNIER, *Mâle*, XXVII). — *Il essayait de me faire causer. Il* AVAIT *pas* BON... [...] *J'étais pas docile* (CÉLINE, *Mort à crédit*, Pl., p. 708).

À distinguer de *avoir bon* (ou *avoir juste*), qui, dans le langage des écoliers, en France comme en Belgique, veut dire : « avoir la bonne réponse » ; le contraire est : *avoir faux* (ou *avoir mauvais*).

5° On a aussi, dans la langue parlée familière, des expressions où le complément d'objet est un pronom personnel sans antécédent : *l'avoir facile, l'avoir beau* (voir aussi Hist.) ; ou, avec des adjectifs féminins, *l'avoir dure, l'avoir belle, l'avoir mauvaise* (on dit plus couramment *la trouver mauvaise*). Les écrivains n'usent de ces expressions que dans les dialogues :

Tu L'AS *pourtant* FACILE, *sur l'oreiller* [pour influencer l'amant] (J. CABANIS, *Bonheur du jour*, F°, p. 100). — Poil de Carotte : *Vraiment, je peux le tirer, celui-là, j'en suis sûr.* / Grand frère Félix : *Ôte-toi voir. Oui, en effet, tu* L'AS BEAU. *Vite, prête-moi ta carabine* (J. RENARD, *Poil de Car.*, Pl., p. 674) [*l'* pourrait représenter le gibier].

Les jeunes filles sans parents L'ONT DURE, *allez !* (C. LEMONNIER, *Thérèse Monique*, II, 4.) — *Je mangeais du pain bouilli dans de l'eau, avec un peu de cassonade. Tu peux dire que tu* L'AS EU DURE *de bonne heure* [dit une mère à sa fille] (M. VAN DER MEERSCH, *Péché du monde*, cit. Fohl, p. 200). — [À la suite d'une perte financière] *Je* L'AVAIS DURE, *Monsieur Barnett !* (ANOUILH, *Monsieur Barnett*, p. 32.) — *Ils ne* L'ONT *pas toujours* BELLE *non plus, quand ils doivent courir avec deux ou trois cents paquets de cigarettes sur le dos* (M. VAN DER MEERSCH, *Maison dans la dune*, p. 27). — *Ils ne* L'ONT *pas* BELLE, *dans la cavalerie. Ce n'est pas un chemin pour traîner des chenilles dessus* (J. GRACQ, *Balcon en forêt*, p. 50). — *Vous ne* L'AUREZ *jamais plus* BELLE (AC., s.v. *beau*) [cf. Hist.]. — *C'est quand on est marié qu'on doit* L'AVOIR MAUVAISE [à la pensée qu'il va y avoir la guerre] (SARTRE, *Sursis*, dans Robert, s.v. *mauvais*).

Avec un infinitif, on trouve *l'avoir belle de* et *avoir belle de* (rarement : °... *à*) :

S'ils avaient organisé la résistance à Paris [...] *et forcé la main du Roi, ils* L'AVAIENT BELLE DE *boucler la sédition en cinq secs* (L. DAUDET, *Lys sanglants*, cit. *Trésor*, s.v. *beau*, IV, A, 2). — *Si vous aviez voulu, vous* L'AVIEZ BELLE DE *rappeler vos serpents et de me faire dévorer*

(AYMÉ, *Vouivre*, IV). — *Mais, voilà, si cette trinité, ses dogmes et ses mystères, émanait de la tête des hommes ? Les bénitiers et les tableaux* [...] *ne* L'AURAIENT *que trop* BELLE DE *répliquer que les hommes n'émanent pas eux-mêmes* [...] *de la tête des hommes* (AUDIBERTI, *Dimanche m'attend*, p. 202). — *Si l'on éditait le conte tel quel, les hommes* L'AURAIENT BELLE DE *dire* [...] (J. AMSLER, trad. de : G. Grass, *Turbot*, p. 344).

Dépêchons-nous, car nous AURIONS BELLE D'*être trempés* (HUYSMANS, cit. *Grand Lar. langue*, s.v. *beau*, VI, 2, avec la mention « peu usité »). — *Ce n'est pas le moment d'insister sur ce sujet-là et nous* AURONS BELLE DE *le traiter à fond après la guerre* (BAINVILLE, *Allemagne*, t. I, p. 112). — En outre, ex. oraux dans Damourette et Pichon, § 1128.

Avec l'argent de l'un d'eux [= du loyer d'un appartement] *on* AVAIT BELLE à *acquérir la pleine propriété d'un riant et frais domaine à Sora ou à Frosinone* (CARCOPINO, *Vie quotidienne à Rome à l'apogée de l'Empire*, p. 62).

Hist. — Il était assez courant en anc. fr. qu'*avoir* se construisît avec un objet direct et un attribut dans le sens de « trouver, considérer comme, tenir pour », particulièrement avec les adjectifs *cher, vil, agréable*, lesquels restaient parfois invariables :

La vengance AVROIT *moult* CHIER (*Renart*, cit. Tobler-Lommatzsch, s.v. *avoir*, I, 1, *b*). — *Je n'*AI *pas ma fille* SI VIL / *Que je par force la vos doingne* [= donne] (CHRÉT. DE TR., *ib.*). — *Ele* A *les gieuz* AGGREABLES / *Des dez, des eschés ou des tables* (*Clef d'amors, ib.*). — *Lesquelles lois, bonnes costumes,* [...] *et usages* [...] *nous* AVONS AGGREABLE, *approuvons, rattifions* (ordonnance de 1384, dans *Ordonnances de Philippe le Hardi et de Marguerite de Male*, éd. Bartier-Van Nieuwenhuysen, t. I, p. 25).

Cette construction s'est maintenue jusqu'au XVIIe s. avec *cher*, jusqu'au XVIIIe (cf. Wartburg, t. IV, p. 252) avec *agréable* (ou *désagréable*) :

⁺*N'*AYANT *rien si* CHER *que ton obéissance* (MALHERBE, dans Littré, s.v. *cher*). — *Nous mettrons donc cette clause au pari* [...] *si l'*AVEZ AGREABLE (LA F., C., Oraison de s. Julien). — ⁺*La Reine* AURAIT *fort* AGRÉABLE *si le prédicateur quittait entièrement la chaire* (BOSS., *Corresp.*, 2 mars 1658). — *Je n'aurois jamais eu la pensée de vous l'offrir, si vous ne m'aviez fait l'honneur de me tesmoigner que vous ne l'*AURIEZ *pas* DESAGREABLE (VAUGELAS, Dédicace).

Avoir cher, dont on a encore des traces en wallon et en picard, est signalé en français de Wallonie au XIXe s. : *J'*AI *cet enfant-là* CHER (Dory, p. 113). — *Avoir pour agréable* a remplacé *avoir agréable ; avoir pour vil* est déjà chez Chrétien de Troyes : cf. Tobler-Lommatzsch, *l.c.*

Avoir beau s'employait jadis avec le sens « avoir beau jeu » (on en a vu plus haut des survivances) : *Il* A BEAU *aller à pied, dit-on, qui meine son cheval par la bride* (MONTAIGNE, *Ess.*, III, 3). — De cette expression, J. Orr (*Essais d'étym. et de philol. fr.*, pp. 101-113) a donné une autre explication : *beau* serait à l'origine une épithète se rapportant à un infinitif substantivé.

Ex. antérieurs au XIXe s. d'*avoir plus court de, avoir aisé, l'avoir aisé, l'avoir beau* :

⁺*Le général* A *plus* COURT *de céder, mais d'éviter à les avoir dans son armée* (SAINT-SIMON, *Mém.*, cit. Littré, s.v. *court*). — ⁺*Vous trouverez toujours bien le moyen de me remettre une Lettre. Même pour la dernière, sans le malheur qui a voulu que vous vous retourniez tout de suite dans un certain moment, nous* AURIONS EU *bien* AISÉ (LACLOS, *Liaisons danger.*, LXXXVIII). — ⁺*Osons du moins mépriser les faveurs du monde, puisque nous ne sommes plus obligés de passer par l'épreuve des tourments. / Saint Gorgon ne l'*A *pas* EU *si* AISÉ. *Ce n'a pas été tout de mépriser les grandeurs : l'empereur lui fit payer cher la grâce qu'il lui avait faite de le recevoir en son amitié* (BOSS., *Œuvres*, Pl., p. 229). — ⁺*Elle fut desservie auprès du Roi, et Puysieulx* L'EUT BEAU *à la donner comme peu mesurée avec un prince de sang* (SAINT-SIMON, *Mém.*, Pl., t. II, p. 288).

Tout en maintenant l'ex. *Vous* L'AVEZ BEAU (encore donné en 1932), l'Académie a remplacé en 1835 *Vous ne* L'AUREZ *jamais plus* BEAU par *Vous ne* L'AUREZ *jamais plus* BELLE (s.v. *avoir*).

Remarques. — 1. Le *Trésor*, s.v. *accoutumer,* voit dans *avoir accoutumé de faire* un attribut du complément d'objet, ce qui est acceptable dans la structure actuelle du français, mais ne correspond pas aux faits historiques : cf. § 784, *b,* 1°.

2. Autres régionalismes de Belgique : °*avoir le temps long* pour *trouver le temps long ;* — °*avoir* (ou *ravoir*) *qq. ch. propre, blanc,* etc. pour *rendre... ;* — °*avoir qq. ch.* (surtout de l'argent) *de bon* « avoir de réserve, de reste ».

3. Dans ces ex. d'*avoir frais,* on n'a pas un attribut, mais une construction sur le modèle d'*avoir chaud, avoir froid :*

Dans cinq jours, nous allons à la campagne pour AVOIR *un peu plus* FRAIS (GOBINEAU, lettre du 8 juillet 1855 publiée dans la *Revue de littér. comparée,* 1952, p. 67). — *Je m'étais couchée pour* AVOIR *plus* FRAIS *dans le grand lit de mes parents* (R. BILLETDOUX, *Lettre d'excuse,* p. 51).

4. Pour *avoir fort à faire,* cf. § 954, *b,* Rem. 3.

295   **Construction de l'attribut du complément d'objet.**

a) Ordinairement l'attribut du complément d'objet est construit **directement :**

Tout condamné à mort aura la tête TRANCHÉE (*Code pénal,* art. 12). — *Avoir les yeux* BLEUS. — *Avoir la langue* BIEN PENDUE. — *Les petites se frottèrent les yeux pour les avoir* ROUGES (AYMÉ, *Contes du chat perché,* Patte du chat). — *Certifier une copie* CONFORME. — *Je la crus* NAVARRAISE ; *ses yeux seuls et sa bouche et son teint la disaient* BOHÉMIENNE (MÉRI-MÉE, *Carmen,* III). — *La princesse de Parme, qui n'aimait pas beaucoup Mme d'Épinay qu'elle trouvait* LAIDE, *savait* AVARE *et croyait* MÉCHANTE [...] (PROUST, *Rech.,* t. II, p. 466). — *Je la souhaite* LOINTAINE (BERNANOS, *Nous autres, Français,* Pl., p. 754). — *Rien ne nous rend si* GRANDS *qu'une grande douleur* (MUSSET, *Poés. nouv.,* Nuit de mai). — *Voici des mois que je me prépare et que je me tiens* PRÊTE (GIDE, *Isabelle,* V). — *Il voit* ÉCRIT *« Roman »* (SARTRE, *Situations,* t. IX, p. 56).

J'appelle cela DE L'INCURIE. — *Se constituer* PRISONNIER. — *Je vous constitue* MON HÉRITIER. — *C'était l'ennemi politique, dont l'opinion publique le constituait* LE RIVAL (J. VERNE, *Drame en Livonie,* III). — *Il refuse d'épouser la jeune fille qu'il a rendue* MÈRE (ROBERT, s.v. *mère*). — *On l'a nommé* PRÉSIDENT. — *On l'a bombardé* PRÉSIDENT (fam.). — *On l'a ordonné* PRÊTRE. Etc.

Il faut y ajouter des tours moins courants (outre ceux qui sont signalés au § 296) : *penser quelqu'un* MALADE, peu usité selon Robert ; *avoir nom,* qui subsiste dans la langue littéraire.

Il pensa le ressentiment de l'affaire AMORTI (Th. GAUTIER, *Grotesques,* cit. Robert, s.v. *hasarder*). — *[...] cette mort passagère qui a* NOM *volupté* (M. TOURNIER, *Vendredi ou les limbes du Pacifique,* F°, p. 133).

On trouve aussi chez les écrivains d'autres verbes construits directement avec un attribut d'une manière occasionnelle :

La jeune veuve qu'il CRAIGNAIT BLESSÉE (MAUPASS., *Pierre et Jean,* V). — *Les ayant reconnus fripons, il les* CONSTATA *en outre* BÉBÊTES (BARRÈS, dans la *Cocarde,* 21 févr. 1895). — *[...] une confidente [...] que le prince lui avait* REPRÉSENTÉE COQUETTE, *et peut-être* LÉGÈRE

(A. France, *Lys rouge*, XXIV). — *La joie de tous* FAIT *le fils aîné* SOUCIEUX (Gide, *Retour de l'enf. prod.*, cité dans Claudel et Gide, *Corresp.*, p. 278). — [...] *cette étrange faculté de fermer les yeux et les oreilles et de* SE FEINDRE ABSENT *dans les moments d'épreuve* (Pieyre de Mandiargues, *Motocyclette*, F°, p. 22). — *Les barmen et le populo* [...] *l'*INTERPELLAIENT « Doña Carlotta » (J. Orieux, *Figues de Berbérie*, p. 170).

Remarques. — 1. *Voir* avec un attribut doit logiquement avoir pour sujet un animé :

Voyant la nuit SI PURE *et vous voyant* SI BELLE, / *J'ai dit aux astres d'or : Versez le ciel sur elle !* (Hugo, *Contempl.*, II, 5.) — *Elle avait hâte de voir ce portrait* TERMINÉ (Musset, *Nouvelles*, Fils du Titien, VII).

Selon un usage récent et encore critiquable, cette logique est battue en brèche et *voir* construit avec un participe passé comme attribut tend à devenir une sorte d'auxiliaire du passif (cf. § 791, *n*, 1°) :

Sous les rafales du mistral [...] *les autos voient leur marche* RALENTIE (dans le *Monde*, 7 nov. 1962, cit. Gilbert). — *La relation de C. Dellon* [...] *a vu son impression* TERMINÉE EN 1684 (R. Arveiller, dans le *Fr. mod.*, juillet 1968, p. 245).

2. La langue familière traite *mettre* comme *rendre* dans *mettre enceinte : Il l'*A MISE ENCEINTE *et il a bien été obligé de l'épouser* (M. Duras, *Vie tranquille*, F°, p. 15). — De même les sportifs disent : *mettre son adversaire knock-out*, mais ce n'est pas un adjectif incontestable. Au figuré : *Il y a huit jours, il* A MIS KNOCK-OUT *son vicaire* (Flers et Caillavet, cit. *Grand Lar. langue*).

Dans cette phrase de Gide : *Ma mère, quand je commençai ma huitième, me* MIT PENSIONNAIRE (*Si le grain ne meurt*, I, 3), la construction paraît faite sur le modèle de ... *me mit pensionnaire dans tel collège*, où *pensionnaire*, élément non essentiel, n'est pas un attribut ; il a la même fonction que dans ... *en tant que pensionnaire ;* cf. § 337, *c.* Comp. : *Elle le suivit à Paris, où elle se plaça institutrice* (Zola, *Argent*, II).

Hist. — 1. Pour *avoir agréable*, « rendre agréable », etc., voir ci-dessus § 294 et Hist.

2. *Rendre* a pu se construire avec un participe comme attribut : *rendre mort* « tuer » est déjà dans *Roland*, 2733. Ce tour a survécu jusque dans le XVIIe s., et même au-delà, malgré les critiques des grammairiens :

Pourquoy cette narration ? / C'est pour vous RENDRE INSTRUIT *de ma précaution* (Mol., *Éc. des f.*, I, 1). — *L'écharpe d'Iris* [= l'arc-en-ciel] / REND *ceux qui sortent* AVERTIS / *Qu'en ces mois le manteau leur est fort nécessaire* (La F., *F.*, VI, 3). — +*De votre esprit la naïve jeunesse / Me* REND SURPRIS (Volt., *Nanine*, cit. Brunot, *Hist.*, t. VI, p. 1487).

3. *Compter* a construit son attribut directement au XVIIe s. :

Ne CONTEZ-*vous* RIEN, *mon gendre, l'avantage d'estre allié à la maison de Sotenville ?* (Mol., *G. Dandin*, I, 4.) — +*Il le* [= l'argent qu'il prête] COMPTE PERDU (La Br., *Car. de Théophr.*, XV).

b) L'attribut est introduit par une **préposition** [10].

1° *À* subsiste (cf. Hist.) dans *prendre à partie, prendre à témoin*, locutions figées et souvent mal interprétées (cf. Rem. ci-dessous et § 297, *b*, Rem. 1).

_____

10. On ne confondra pas cette construction avec le cas où l'attribut *contient* une préposition : *Je le savais* DE BONNE COMPOSITION. Comp. § 245, *b*, 4°.

Cette préposition se rencontre parfois avec d'autres verbes, notamment avec *imputer*, surtout dans la langue littéraire :

[...] *un gouvernement, qui s'est* DONNÉ À *tâche de relever la situation financière et économique de la nation* (ALBERT Ier DE BELGIQUE, lettre [manuscrite] au Premier ministre, 15 févr. 1933, dans *Vers l'avenir*, 17 nov. 1977). — *Ne m'*IMPUTEZ *pas à crime ma modération* (AC.). — *Je m'*IMPUTAIS à *honte, et presque à crime, le silence qui régnait* [...] (STENDHAL, *Vie de H. Brulard*, XXXIX). — *Vous m'*IMPUTEZ à *erreur d'avoir avancé que vous n'auriez pris que sur le tard la détermination d'écrire vos mémoires* (Fr. PORCHÉ, lettre à A. Gide, dans Gide, *Corydon*, Appendice). — *J'accepte votre offre avec empressement, et je le* TIENS À *grand honneur* (MUSSET, *Barberine*, I, 2). — *Si vous venez me voir, je* TIENDRAI CELA À *honneur* (AC.). — *Il* TIENT *ce propos à injure* (AC.). — *Je n'admets pas que rien me nuise ; je veux que tout me serve, au contraire. J'entends* TOURNER *tout à profit* (GIDE, *Journal*, 24 mars 1906).

Hist. — Là où nous mettons *pour* ou *comme*, l'anc. fr. utilisait souvent à : *eslire* A *roi, prendre* A *feme* « épouser », *avoir* A *nom*, « s'appeler », *tenir* A *preudome*, etc. Les survivances étaient encore nombreuses au XVIIe s. :

$^+$PRENEZ *ce discours à bon présage* (PASCAL, *Prov.*, II). — *Je dois* INTERPRETER À *charitable soin, / Le desir d'embrasser ma Femme ?* (MOL., *Tart.*, V, 3.) — $^+$*Depuis quand le retour d'un cœur comme le mien / Fait-il si peu d'honneur qu'on ne te* COMPTE À *rien ?* (CORN., *Suréna*, II, 3, cit. Littré.) — *Je* TIENDROIS À *bon-heur d'estre à l'un de vous deux* (ID., *Rodog.*, III, 4). — *Le Magistrat*, TENANT À *mépris et irreverence cette réponse, le fit mener en prison* (LA F., *F.*, Vie d'Esope). — *Elle* [= la Fortune] *est* PRISE À *garand de toutes avantures* (*ib.*, V, 11).

Remarque. — ***Prendre à partie*** a signifié d'abord « attaquer en justice, prendre comme *partie* (comme adversaire) dans un procès ». Aujourd'hui, c'est simplement « s'en prendre à, attaquer (en paroles) ». L'expression est concurrencée (depuis longtemps : cf. Hist.) par °*prendre à parti*, peut-être sous l'influence de *prendre parti* ou d'autres formules :

Prendre à partie : Et ce fut une belle chose, alors, de voir le professeur [...] *prendre à* PARTIE *en allemand son compatriote* (BARRÈS, *Col. Baudoche*, 1909, p. 131). — *De plus en plus nerveuse, Renée finit par me prendre à* PARTIE (AYMÉ, *Belle image*, X). — *Et un aide de camp qui me prend à* PARTIE (ARAGON, *Mise à mort*, p. 332). — *Ainsi* [...] *a-t-on vu un président de cour d'assises prendre à* PARTIE [...] *une personnalité politique* (Edgar FAURE, *Mémoires*, t. I, p. 675).

Prendre à parti : Il vous a tout de même pris à PARTI *d'une façon brutale* (R. MALLET, dans P. Léautaud, *Entretiens avec Robert Mallet*, p. 259). — *Dans* la Table ronde [...] *parut le 1er novembre 1948 un texte de François Mauriac, où il me prenait à* PARTI [...] *avec la dernière violence* (JOUHANDEAU, *Carnets de l'écrivain*, p. 268). — *Il ne craindra pas de prendre le gouvernement à* PARTI (M. AUCLAIR, *Vie de Jaurès*, p. 229). — *Des touristes allemands* [...] *regagnaient précipitamment leur pays par peur d'être pris à* PARTI, *sinon lynchés, par des manifestants italiens irrités* (Th. MAULNIER, dans le *Figaro*, 27-28 août 1977).

Autres ex. : G. CHÉRAU, *Enfant du pays*, V ; S. de BEAUVOIR, *Amérique au jour le jour*, cit. Ph. Baiwir, dans le *Soir*, 30 juillet 1958 ; R. KEMP, dans les *Nouv. litt.*, 18 juin 1953 ; Cl. ROGER-MARX, dans le *Figaro litt.*, 10 nov. 1951 ; H. TORRÈS, *Accusés hors série*, p. 85.

Hist. — Le sens premier apparaît bien dans cet ex., où Harpagon s'adresse au père du voleur présumé : *Je vous* PRENS À PARTIE, *pour me payer dix mille écus qu'il m'a volez* (MOL., *Av.*, V, 5). — M. Régnier écrit tantôt *partie* (*Sat.*, XIV [1613]), tantôt *party* (*Sat.*, XII [1609]), mais à la rime, et on y a vu une licence poétique. Littré (s.v. *parti*, Rem. 1) cite un ex. de *parti* en prose : chez Hamilton, auteur d'origine irlandaise (1713).

2° *De* introduit l'attribut après *traiter* : *Traiter quelqu'un* DE *fat,* DE *fou,* D'*impertinent* (AC.), — et *qualifier* (voir § 296, *c*).

Sur le tour *Avoir deux places* DE *libres,* voir § 243, *d.* — Sur le tour *On dirait* D'*un fou,* voir § 292, Rem. 3. — Sur *Je crois* DE *mon devoir de vous avertir,* voir § 293.

Hist. — L'adjectif attribut était parfois introduit par *de* avec des verbes comme *trouver, juger* à l'époque classique : *Ce qu'il jugea* DE *plus facile, / Fut de gagner certains rochers* (LA F., *C.*, Fiancée du roi de Garbe).

L'anc. fr. disait *avoir* A *costume de faire,* ou ... EN *costume...* ou ... DE *costume...* Cette dernière construction est restée courante jusqu'au XVIIe s. : *J'ay toûjours* DE *coutume de parler quand je peins* (MOL., *Sicilien,* XI).

3° *En* s'emploie avec les verbes *changer, ériger, transformer, tourner* :

À Cana, Jésus a changé l'eau EN *vin.* — *Ériger une église* EN *cathédrale.* — *On a transformé l'écurie* EN *salle à manger.* — *Combien d'hommes dits « en vue » ont tourné* EN *habitude périlleuse leur qualité la plus française, la gourmandise, la connaissance des terroirs à vin, des produits du sol, des recettes vénérables ?* (COLETTE, *Étoile Vesper,* cit. Robert, s.v. *gourmandise.*)

Nous ne voyons pas un attribut dans *Son père lui a donné* (ou *Elle a reçu*) *un terrain* EN *dot,* — ni dans *Elle l'a traité* EN *frère, elle l'a reçu* EN *ami.* Cf. § 337, *b.*

Hist. — *En* s'employait jadis avec d'autres verbes : *Ilh fut enliut* [= élu] *par common accorde* EN *pape* (JEAN D'OUTREMEUSE, éd. B., t. IV, p. 75). Pour le XVIe s., Gougenheim (p. 176) cite : *Esleu* EN *chef de l'armée* (MAROT). *Vous m'avez* EN *compagnons prins* (RAB.). — Au XVIIe s., avec *considérer, regarder* : § 296, *a,* Hist.

4° *Pour* avec *accepter, avoir, choisir, désigner* (§ 296, *b*), *laisser* (dans *laisser pour mort*), *prendre, reconnaître* (cf. *c*), *tenir* (§ 296, *e*) :

ACCEPTER *quelque chose* POUR *argent comptant* (loc. prov.). — ACCEPTER POUR *gendre un garçon sérieux* (Grand Lar. langue). — *L'enfant conçu pendant le mariage* A POUR *père le mari* (*Code civil,* art. 312). — *Le dispositif mis en place par le gouvernement de Tokyo* AURAIT POUR *effet d'établir un barrage* (Al. JACOB, dans le *Monde,* 12 avril 1983). — *Nous l'avons* CHOISI POUR *chef.* — *Les voleurs l'ont* LAISSÉ POUR *mort.* — PRENDRE *des vessies* POUR *des lanternes* (loc. prov.). — *Il* [= l'officier de l'état civil] *recevra de chaque partie* [...] *la déclaration qu'elles veulent se* PRENDRE POUR *mari et femme* (*Code civil,* art. 75).

Avec *accepter, avoir, choisir, désigner, prendre, reconnaître,* l'usage ordinaire paraît préférer *comme* (cf. *c*). Quand *prendre pour* signifie « considérer comme », « confondre avec », seul *pour* est possible ; la construction directe n'est pas conforme à l'usage : *Qu'on le* PRENNE FOU *ou qu'on en fasse un saint* (M. ROBERT, *Roman des origines et origines du roman,* p. 204).

Dans cet ex. de Baudelaire : *L'Érèbe les eût pris* POUR *ses coursiers funèbres* (*Fl. du m.,* Chats), *prendre pour* a le sens « choisir comme », mais le déterminant possessif est rare dans ce cas. — Dans cet ex. de Gide, *pour* n'introduit pas un attribut : *Amédée acceptait le tutoiement* POUR *une coutume italienne* (*Caves du Vat.,* V, 2) [= en tant que].

Divers tours vieillis :

— *Avouer pour* : *Le maître classique qui enseigna l'équitation française à Louis XIII n'aurait jamais avoué* POUR *son élève ce chevaucheur furieux* (A. FRANCE, *Vie littér.,* cit. Trésor).

— *Nommer pour* : *Prendre, nommer, choisir quelqu'un* POUR *arbitre* (AC., s.v. *arbitre*). [Cf. : ^+*Celles qui avoient été nommées* POUR *dames d'honneur de cette princesse* (SÉV., 17 janv. 1680).]

— *Réputer pour* « considérer comme » : *La Fronde est réputée, non sans cause,* POUR *une des périodes les plus amusantes de l'histoire de France* (MICHELET, *Hist. de Fr.,* cit. Robert, s.v. *fronde*). — *Il était son ennemi ou du moins* RÉPUTÉ POUR *tel* (AC., s.v. *tel*). — On construit plutôt l'attribut directement : *S'il est chaste, on le répute pédéraste* (FLAUB., *Corresp.,* 1ᵉʳ sept. 1852). — Mais le verbe est devenu rare à l'actif.

— *Avoir pour* + adjectif : *On aurait* POUR *agréable, au Département, que j'y fisse parvenir, par des voies indirectes, toutes les petites notes qu'un observateur comme moi ne pourrait manquer de prendre* (HERMANT, *Confession d'un enfant d'hier,* V). — On dirait aujourd'hui *trouver agréable.*

— *Désavouer, renier, renoncer pour,* encore donnés par l'Académie avec ces exemples : *Désavouer quelqu'un* POUR *son parent. Si vous étiez capable d'une telle action, je vous désavouerais* POUR *mon fils. Renier quelqu'un* POUR *son parent,* POUR *son ami. S'il fait telle chose, je le renonce* POUR *mon parent.*

   c) L'attribut est introduit par *comme* avec de nombreux verbes, dont certains acceptent aussi *pour* dans la langue écrite (cf. *b*) :

   La France avait l'Angleterre COMME *alliée. Considérer* (ou *regarder*) *un travail* COMME *inutile, ...* COMME *une corvée. Choisir* (ou *prendre*) COMME *époux un homme plus âgé. Accepter* (ou *prendre*) *des promesses* COMME *argent comptant. Je l'ai cité* COMME *témoin. Je l'ai désigné* (ou *... proposé*) COMME *mon successeur. — Nous classerons encore beaucoup d'édifices religieux* COMME *monuments historiques* (BARRÈS, *Mes cahiers,* t. VIII, p. 33). — *Très rapidement s'est constitué autour de lui un groupe de fidèles qui n'hésitaient pas à l'instituer* COMME *maître* (Fr. CHÂTELET, *Chronique des idées perdues,* p. 33). Etc.

   Pour *reconnaître comme, tenir comme* (plus rare), cf. § 296 ; de même pour *considérer* construit directement. — Avec un objet indirect : cf. § 292, *a.*

   Hist. — Cet emploi est issu de *comme* conjonction introduisant des propositions de comparaison, lesquelles sont souvent averbales (cf. § 1085, *b,* Rem. 1).

   Remarque. — *Comme* introduisant l'attribut ne peut être remplacé par les équivalents que cette conjonction a dans ses autres valeurs.

   Ne dites pas : °*Il a été désigné* EN QUALITÉ DE *membre de cette commission* pour *Il a été désigné* COMME *membre de cette commission.*

296   Il y a de l'**hésitation pour la construction de certains verbes** (outre les cas déjà mentionnés) :

   a) Avec *considérer* signifiant « juger », l'attribut de l'objet direct est traditionnellement introduit par *comme :*

   Elle avait [...] une ignorance de sauvage, jusqu'à considérer COMME *très célèbre le docteur Desrogis* (FLAUB., *Éd. sent.,* III, 3). — *Je considère cette promesse* COMME *sacrée* (A. MAUROIS, *Meïpe,* p. 208). — *Celui que je considère* COMME *un mainteneur du langage* (G. DUHAMEL, *Temps de la recherche,* V). — *La bourgeoisie triomphante du siècle dernier a pu considérer ses propres valeurs* COMME *universelles* (R. BARTHES, *Degré zéro de l'écriture,* I, 3).

   Par analogie avec *croire* et d'autres verbes, peut-être aussi par imitation de l'anglais, la construction directe cherche à s'introduire : °*Je le considère coupable.* Malgré le danger de la confusion avec le cas où l'adjectif est épithète (*Je considère cette affaire sérieuse* = J'examine ...), malgré les condamnations répétées (notamment par l'Acad., le 24 février 1965), la construction a la caution de plus d'un excellent auteur, surtout quand l'attribut est un adjectif ou un participe :

[...] *qui ont dû se considérer définitivement libérés du service* (CHAT., cit. Littré, Suppl.). — *Quant à l'amour, il le dédaignait [...], le considérant négligeable* (BLOY, *Femme pauvre*, p. 10). — *Je ne m'en considérai pas moins tenu de soigner l'infirmité morale de ma femme* (HERMANT, *Daniel*, p. 80). — *Henriette Ruche, qui se croyait libre de préjugés (et elle considérait telle la vieille morale) [...]* (R. ROLLAND, *Âme enchantée*. L.P., t. II, p. 271). — *Celui qui écrit comme il prononce est, en France, considéré inférieur à celui qui écrit comme on ne prononce pas* (VALÉRY, *Regards sur le monde actuel*, p. 183). — *Je ne le considérais* [un problème] *déjà plus si terrible* (GIDE, cité par Ch. Du Bos, *Dialogue avec A. Gide*, p. 83). — *Valéry dont vous vous considérez le fils spirituel* (R. HUYGHE, *Réponse au disc. de récept. de R. Caillois à l'Ac.*).

Autres ex. : É. HENRIOT, *Temps innocents*, p. 45 ; LA VARENDE, *Belles esclaves*, p. 209 ; J. SCHLUMBERGER, *Madel. et A. Gide*, p. 218 ; J. GUITTON, dans la *Table ronde*, mai 1955, p. 184 ; P. FISSON, dans le *Figaro litt.*, 11 août 1966 ; L. MARTIN-CHAUFFIER, *ib.*, 21 juillet 1966 ; DANINOS, *Vacances à tous prix*, p. 156 ; P. DAIX, *J'ai cru au matin*, p. 399 ; G. GUILLAUME, dans le *Fr. mod.*, juillet 1941, p. 176 ; P. GUIRAUD, *Locutions franç.*, p. 33 ; Jean DUBOIS, *Grammaire struct.*, Verbe, p. 6 ; J. LAURENT, *Bêtises*, p. 111.

Hist. — *Considérer* a pu autrefois avoir un attribut introduit par *en : Touchez à Monsieur dans la main, / Et le considérez desormais dans vostre ame / EN Homme dont je veux que vous soyez la Femme* (MOL., *F. sav.*, III, 6).

Au lieu de **regarder** comme, on a dit aussi *regarder pour, regarder en* et simplement *regarder :*

+*Malgré les tristes assurances que vous m'avez données que vous ne me regardiez plus* POUR *votre fils* (J.-J. ROUSS., *Corresp.*, cit. Littré, s.v. *regarder*, 7°). — *Et je puis sans rougir faire un aveu si doux / À celuy que desja je regarde* EN *espoux* (MOL., *Éc. des maris*, II, 9). — +*Et je l'ai regardée, après votre alliance, / Bien moins Persane de naissance / Que Grecque par adoption* (CORN., *Agésilas*, cit. Littré, *l.c.*).

Regarder pour et *regarder* construit directement ont encore été relevés au XIXe s. : *Le cardinal ne se regarda point* POUR *battu* (Al. DUMAS, cit. Plattner, III, 1, p. 223). — *Je me regarde moi-même vengé par l'arrêt qui prononce leur innocence* (CHAT., cit. Littré, s.v. *regarder*, 16°).

b) **Désigner** construit traditionnellement son attribut par l'intermédiaire de *comme* ou de *pour*. La construction directe cherche à s'introduire, mais n'appartient pas encore à l'usage normal ; elle n'est pas signalée dans les dictionnaires.

[...] *ce que l'on appelle à tort la sociologie américaine (l'on devrait la désigner recherche empirique)* (Raym. ARON, *Sociologie allem. contempor.*, 1981, p. XV). [Le sens est « nommer », ce qui n'est pas fréquent.] — *Désigné, en 1977, président du Parti nationaliste basque [...]* (J.-P. CLERC, dans le *Monde*, 11 sept. 1984).

c) Avec **qualifier,** l'usage ordinaire introduit l'attribut par *de*. Cependant, l'ancienne construction sans *de* subsiste dans la langue juridique et parfois dans la langue littéraire :

Avec *de : Dans le Code, l'homicide commis volontairement est qualifié* DE *meurtre* (AC.) [en 1878 : ... *qualifié meurtre*]. — *Cette innocence que j'ai qualifiée [...]* DE *fonctionnelle* (VALÉRY, *Variété*, Pl., p. 917). — *On qualifie volontiers* D'*égoïstes ceux qui n'utilisent pas autrui à se faire valoir* (J. ROSTAND, *Pensées d'un biologiste*, p. 251). — [...] *jour où le secrétaire de mon oncle Charles l'avait qualifié dans un salon* DE *pisse-vinaigre* (GIRAUDOUX, *Bella*, VIII).

Sans *de :* *L'homicide commis volontairement est qualifié meurtre. Tout meurtre commis avec préméditation ou de guet apens est qualifié assassinat* (Code pénal, art. 295 et 296). — *S'aperçoit-on en Europe qu'une littérature tout entière est sortie de la Grande-Bretagne depuis vingt années ? Je la qualifie une immense* enquête *sur le globe, par les Anglais* (MICHELET, *Insecte,* Note 3). — *Des froidures qu'il n'est pas exagéré de qualifier sibériennes* (G. DUHAMEL, *Pesée des âmes,* p. 204). — *Il semblerait sacrilège de qualifier baroque* Les Pèlerins d'Emmaüs, *du Louvre* (GAXOTTE, dans le *Figaro litt.,* 7 sept. 1957). — *Les lettres du roi, l'arrêt le qualifient chevalier, prince, duc, etc.* (AC.) [ex. datant des 1ʳᵉˢ éd.].

Hist. — Au XVIIᵉ s., on avait les deux constructions :

On a qualifié ce duel D'*assassinat* (FURETIÈRE, 1690). — *On a qualifié cet ouvrage* D'*heretique* (ID.). — *Il qualifie cela vangeance* (RICHELET, 1680). — *Il se qualifie Amiral* (ABLANCOURT, cit. Richelet). — *Toute profession* [...] / *Traite les autres d'ignorantes,* / *Les qualifie impertinentes* (LA F., *F.,* XI, 5).

d) **Reconnaître** a trois constructions : avec *comme ;* avec *pour* dans la langue écrite ; construction directe, surtout quand l'attribut est un adjectif et/ou dans un contexte juridique.

Avec *comme : Je doute avec mon cœur de ce que mon esprit reconnaît* COMME *vrai* (BOURGET, *Disciple,* IV). — *Israël ne pourra accueillir le Messie, le reconnaître* COMME *l'envoyé de Dieu* [...] *que s'il se repent* (Pasteur BOEGNER, *Pour mieux connaître Jésus,* p. 119). — *Miller* [...] *fut l'interlocuteur privilégié ; et reçut* [...] *l'intronisation qui le reconnaissait publiquement* COMME *tel* (C. CLÉMENT, *Vies et légendes de Jacques Lacan,* pp. 24-25).

Avec *pour :* [...] / *Que le père l'a traité comme son enfant* [...] ; / *Qu'il a été reconnu* POUR *tel par la famille* (Code civil, art. 321). — *Monsieur et madame Soudry reconnurent* POUR *légitime, par leur acte de mariage, un fils naturel du gendarme* (BALZAC, *Paysans,* cit. Robert, s.v. *légitime).* — *Arnoux le reconnut* POUR *un ancien modèle* (FLAUB., *Éd. sent.,* I, 1). — *M. Morissot* [...] *s'arrêta net devant un confrère qu'il reconnut* POUR *un ami* (MAUPASS., *C.,* Deux amis). — *Deux négociants lyonnais avaient cru la reconnaître* POUR *une certaine Mélanie Favrot, qui tenait jadis un établissement de « gants et parfumerie » place des Termes* (A. DAUDET, *Jack,* t. I, p. 25). — [...] *un assez ridicule personnage* [...] *que je ne reconnus qu'à ce moment* POUR *le prétendant dont m'avait parlé Juliette* (GIDE, *Porte étr.,* IV). — *Mon Dieu, préservez-moi des rides de l'esprit ! Et surtout gardez-moi de ne pas les reconnaître* POUR *des rides !* (ID., *Journal,* 19 mai 1919).

Construction directe : *Des tables de mortalité reconnues fausses* (BALZAC, *Illustre Gaudissart,* p. 45). — *On avait reconnu M. Arnoux complice de toutes les fraudes* (FLAUB., *Éd. sent.,* III, 4). — *Pouchkine y est acclamé comme un maître, reconnu chef par ses émules* (VOGÜÉ, *Roman russe,* p. 54). — *L'accusé était reconnu innocent du crime de haute trahison* (CLEMENCEAU, *Grandeurs et misères d'une victoire,* p. 320). — [...] *tout en reconnaissant l'individu coupable des actes reprochés* (GIDE, *Souvenirs de la Cour d'ass.,* I).

e) **Tenir** est employé, dans la langue soutenue, dans le sens de « considérer », avec un attribut du complément d'objet direct, attribut introduit le plus souvent par *pour,* rarement par *comme ;* dans la langue littéraire, on construit parfois l'attribut directement, comme à l'époque classique.

Avec *pour : Je tiens* POUR *un malheur public qu'il y ait des grammaires françaises* (A. FRANCE, *Pierre Nozière,* p. 146). — *Elle* [= la démocratie] *prend* [...] *pour matière un homme idéal, respectueux des autres comme de lui-même, s'insérant dans des obligations qu'il tient* POUR *absolues* (BERGSON, *Deux sources de la mor. et de la rel.,* p. 300). — *Je le tiens* POUR *un honnête homme (Dict. contemp.).* — *Je tiens cela* POUR *vrai (ib.).* — *Je me le tiens* POUR *dit.*

Avec *comme : Venez voir ceci que je tiens* COMME *une cinglante satire* (G. DUHAMEL, *Archange de l'aventure*, p. 77).

Construction directe : *Je vous tiens de ce jour sujet rebelle et traître* (HUGO, *Hern.*, II, 3). — *Des événements que nous tenons très importants leur paraissent négligeables* (BARRÈS, *Appel au soldat*, t. II, p. 92). — *Il te tient criminelle* (CLAUDEL, *Annonce faite à M.*, III, 3). — *Salavin pourrait tenir négligeables les fantaisies de l'adversité* (G. DUHAMEL, *Deux hommes*, p. 201). — *Il est injuste de tenir Botticelli responsable de Burne-Jones* (J. GREEN, *Journal*, 2 juillet 1935). — *Les chefs sont tenus responsables des échecs* (BERNANOS, *Grands cimetières sous la lune*, p. 220). — *Ils tenaient peut-être Chevrier responsable de la mort de Geoffroy* (J. ROY, *Vallée heureuse*, p. 79). — *Si morales que je tienne les grâces du maintien, plutôt pourtant y renoncer que de les acquérir au prix d'un corps souillé par l'idée de péché* (ÉTIEMBLE, *C'est le bouquet !* pp. 283-284).

Tenir quitte reste vivant (mais n'est peut-être plus analysé par les locuteurs), comme le montrent ces ex. du *Dict. contemp. : Vous êtes tenu quitte de ce que vous devez. On ne peut le tenir quitte de sa promesse. Je ne l'en tiens pas quitte pour cela.*

Hist. — Les trois constructions remontent à l'anc. fr., mais *comme* n'a jamais été très fréquent ; en revanche, la construction directe est courante chez les classiques (sur *tenir à*, cf. § 295, *b*, 1°, et Hist.) :

⁺*Je tiens impossible de connaître les parties sans connaître le tout* (PASCAL, *Pens.*, 72). — *Je n'accuse personne, et vous tiens innocente* (CORN., *Rodog.*, V, 4). — *Quoy vous ne tenez pas veritable une chose établie par tout le monde* [...] *?* (MOL., *Mal. im.*, III, 3). — ⁺*Je tiens* [...] *nos philosophes très gens de bien ; je crois les d'Alembert, les Diderot aussi vertueux qu'éclairés* (VOLT., *Corresp.*, 15 janv. 1761).

Avec *comme :* ⁺*Le second le dit, dès le soir même, à mon père, et je me le tins* COMME *dit à moi-même* (RETZ, *Mém.*, p. 11). — Ex. antérieurs : *Godefroid de Bouillon*, dans Tobler-Lommatzsch ; MARG. DE NAVARRE, *Hept.*, X.

297   Accord de l'attribut du complément d'objet.

a) L'**adjectif** attribut du complément d'objet s'accorde en genre et en nombre avec ce complément :

Je la considère comme INNOCENTE. — *Je rendis* PUBLIQUES *ces promesses réciproques* (DE GAULLE, *Mém. de guerre*, t. II, p. 47).

Pour les modalités particulières (attribut se rapportant à plusieurs noms, etc.), cf. §§ 415-445. — Pour l'ordre des noms quand ils sont de genres différents, voir ce qui est dit de l'épithète au § 332, *b*.

Remarques. — 1. Quand le complément n'est pas exprimé, l'adjectif s'accorde avec le complément implicite : voir les ex. du § 292, Rem. 3. — Pour *avoir belle*, cf. § 294.

2. On constate une certaine tendance à laisser invariable l'adjectif attribut qui précède le complément d'objet (comp. § 420). Ces exemples restent isolés et ne seront pas pris pour modèles :

Le fer à repasser *(ce sera d'ailleurs le titre général de la revue) a pour but de rendre* BOUFFON *cette révérence* (GIDE, *Faux-monn.*, III, 16). — [...] *en gardant* PRÉSENT *à l'esprit* [...] *la mise en fonctionnement du langage* (G. ALLAIN-SOKOLSKY, dans *Langue française*, sept. 1975, p. 95). — [...] *un irréalisme qui rend plus que* HASARDEUX *toute tentative* [...] *de rapprochement* (M. NOBLECOURT, dans le *Monde*, 7 janv. 1984).

Cas particuliers : *Mme Nuñez, sa sœur,* [...] *portait* BEAU *sa ruine* (Fr. MALLET-JORIS, *Mensonges,* J'ai lu, p. 32). [*Porter beau* senti comme une locution inanalysable.] — *J'avais trouvé* CHARMANT *la fleur qui terminait certains noms, comme Fiquefleur, Honfleur* (PROUST, *Rech.,* t. II, p. 1098). [Malgré l'article féminin, *fleur* est pris ici de façon autonymique (§ 450).]

Hist. — On lit chez Molière : *Vous ne trouverez pas* MAUVAIS, *s'il vous plaist, la curiosité que j'ay euë de voir un illustre malade comme vous estes* (*Mal. im.,* III, 10). — Littré, s.v. *trouver,* Rem. 1, reconnaissait que l'on disait : *J'ai trouvé* BON *la liberté que vous avez prise* [= j'ai approuvé...], mais il ajoutait : « Toutefois cette construction est dure, et il faut l'éviter. » Elle semble avoir disparu.

3. *Fort* reste invariable selon la tradition grammaticale (cf. Hist.) dans les expressions *se faire fort de* et *se porter fort pour* (qui est plus rare). Ainsi, l'Académie écrit : *Elle se fait* FORT *d'obtenir la signature de son mari* et *Ils se faisaient* FORT *d'une chose qui ne dépendait pas d'eux.*

L'usage des auteurs est assez partagé. Certains respectent la prescription traditionnelle ; mais d'autres, qui ont pour eux les encouragements de Littré, font varier *fort* non seulement en nombre mais aussi en genre, et il est difficile de les blâmer :

— *Fort* invar. en genre : *Elle se faisait* FORT *de les arracher* (R. ROLLAND, *Jean-Chr.,* t. IV, p. 75). — *Elle se faisait* FORT *de l'éclairer* (Fr. MAURIAC, *Th. Desqueyroux,* IV). — [...] *dont elle se faisait* FORT *de remporter l'assentiment* (GIDE, *Faux-monn.,* II, 5). — *Une voyante extra-lucide se faisait* FORT [...] *de retrouver le lieu de sa cachette* (TROYAT, *Étrangers sur la terre,* p. 319).

— *Fort* invar. en nombre : *Ils se firent* FORT *de sauver l'honneur du roi* (MICHELET, *Hist. de la Révol. fr.,* t. I, p. 1210). — *Ils se faisaient* FORT [...] *de raser le Feu-Jouant avant la fin de l'été* (GENEVOIX, *Forêt voisine,* p. 207). — *Tous les habitants notables de Greux et de Domremy se portèrent* FORT *les uns pour les autres* (HANOTAUX, *Jeanne d'Arc,* II, 1). — [...] *ces communautés naturelles et historiques dans lesquelles les hommes* [...] *se portent* FORT *les uns les autres* [sic] (MAURRAS, *Essais politiques,* p. 179).

— *Fort* var. en genre : *La Libre Parole se fit* FORTE *de prouver* [...] (BARRÈS, *Leurs figures,* p. 154). — *Je me fais* FORTE *d'avance de son acceptation* (ESTAUNIÉ, *Tels qu'ils furent,* p. 171). — *Sylvie se fit* FORTE *de le mettre d'aplomb avant trois mois* (R. ROLLAND, *Âme enchantée,* L.P., t. II, p. 44). — *Catherine se faisait* FORTE *de convaincre peu à peu l'enfant* (G.-E. CLANCIER, *Dernière saison,* p. 254). — *Toute la jeunesse d'alors se faisait* FORTE *de remettre le bonheur à plus tard* (B. POIROT-DELPECH, dans le *Monde,* 11 janv. 1974). — *Vous vous faisiez* FORTE *de trouver un moyen* [...] (J. GREEN, *Mauvais lieu,* p. 274).

— *Fort* var. en nombre : *Les gens bien informés qui* [...] *se font* FORTS *de n'ignorer rien des sentiments du prochain* (H. DE RÉGNIER, *Plateau de laque,* p. 257). — *Ils se font* FORTS *de pouvoir* [...] (R. MARTIN DU GARD, *Thib.,* Pl., t. II, p. 94). — [...] *en se portant* FORTS *pour les enfants en bas âge* (LA VARENDE, *Amour de M. de Bonneville,* p. 40).

Hist. — L'invariabilité en genre et en nombre a été prescrite par Vaugelas, avec cet argument que *fort* dans *se faire fort* est « mis comme adverbialement » (p. 324). On pourrait aussi dire qu'il s'agit de locutions figées, où il est difficile aujourd'hui de donner à *fort* une fonction distincte.

En réalité, *fort* a d'abord été invariable en genre dans tous ses emplois (cf. § 529, Rem. 3, Hist.), et il l'est resté dans une construction figée comme celle-ci. Mais, dans l'ignorance de la véritable cause, les grammairiens ont exigé aussi l'invariabilité en nombre.

Littré s'élève contre cela, en faisant remarquer en outre que l'analogie depuis longtemps tendait à faire varier *fort* en genre, comme il variait légitimement en nombre :

Je me faictz FORTE *sur ma vie que* [...] (JEHAN D'ARRAS, *Mélusine,* cit. dans le *Fr. mod.,* janv. 1942, p. 56). — *Ainsi est-il, je m'en fais* FORTE, / *De ce drap* (*Pathelin,* 454). — *Nous nous en faisons* FORTES *pour luy* (A. de LA SALE, *Jehan de Saintré,* éd. Ch.-D., p. 28). — *Je me feroys* FORTE *que le roy seroit obey* (MARGUERITE DE NAVARRE, *Lettres,* cit. Littré).

Pourtant, au début du XVII⁰ s., cette analogie n'avait pas été victorieuse (ce qui a permis l'intervention des grammairiens) : [Françoise :] *Je me fay* FORT *de vous y conduire* (TURNÈBE, *Contens,* I, 5) [1584].

4. Lorsque le verbe est accompagné de *ne ... que,* l'attribut s'accorde généralement avec le complément d'objet lorsque celui-ci précède l'attribut : *Elle n'a que la figure de* PLAISANTE ; et reste invariable dans le cas contraire : *Elle n'a de* PLAISANT *que la figure* (*la figure* n'étant pas le véritable objet direct, mais une correction au complément d'objet direct non exprimé : *n'a* RIEN *de plaisant*) [comp. avec *il y a,* § 248, *b,* 1°].

Il a un cheval qui n'a que les pattes de devant de MAUVAISES (J. RENARD, *Journal,* 6 sept. 1899).

*Je ne trouve d'*ÉGAL *au brusque changement de la scène que les anciennes tristesses de mes premiers jours* (CHAT., *Mém.,* III, II, IX, 8). — *La médecine n'a de* CERTAIN *que les espoirs trompeurs qu'elle nous donne* (J. RENARD, *Journal,* 15 févr. 1901). — *Toute émotion n'a d'*EXQUIS *que sa surprise* (GIDE, *Roi Candaule,* II, 1).

Est-ce par analogie avec des ex. comme ceux-là que l'on dit aussi : *Elle a seulement de* BEAU *la chevelure* ?

Ex. curieux : *Quand je me mets en colère, je montre la seule chose que j'ai de* PARFAIT, *mes dents* (J. GIRAUDOUX, *Apollon de Bellac,* III). Le masculin pourrait s'expliquer par le fait que l'auteur a considéré *la seule chose que* comme un neutre équivalant à *ce que.*

Pour la locution *n'avoir d'égal que,* la place de l'attribut est fixe. Il reste, logiquement, invariable, comme ci-dessus :

*Un homme dont la fermeté n'a d'*ÉGAL *que la sagesse et la hauteur des vues* (Wl. d'ORMESSON, dans la *Croix,* 8-9 mai 1960). — *Leur hâte à se détacher de nous n'avait d'*ÉGAL *que leur fièvre à se retrouver deux* (R. CHAR, *Nu perdu,* p. 109). — *Une aventure qui n'a d'*ÉGAL *que la découverte des ruines de Troie* (J. d'ORMESSON, dans les *Nouv. litt.,* 7-13 févr. 1972). — *L'élégance du procédé n'a d'*ÉGAL *que la brutalité et l'éclat d'une palinodie qui* [...] (R. BARRILLON, dans le *Monde,* 27 nov. 1973). — *La complexité de ce changement n'a d'*ÉGAL *que son inertie* (Emm. TODD, *Le fou et le prolétaire,* p. 320). — *Ses bénéfices n'ont eu d'*ÉGAL *que ceux de son quatrième film* (dans *F magazine,* mai 1984, p. 44).

Cependant plus d'un auteur l'accorde [11] soit avec le complément d'objet direct qui suit *que,* soit parfois avec le sujet (comme si l'on avait *est égal à*) :

Accord avec l'objet : *L'imagination, le talent n'a d'*ÉGALE *que la richesse du vocabulaire et l'invention perpétuelle* (TAINE, lettre à Zola citée dans A. Dezalay, *Lectures de Zola,* p. 23). — *L'odieux de telles suppositions n'en a d'*ÉGALE *que l'absurdité* (R. DOUMIC, Le Misanthrope *de* Molière, p. 295). — *Un tact et une souplesse qui n'ont d'*ÉGALE *que sa superbe loyauté*

---

11. Dans l'un et l'autre cas, peut-être considèrent-ils *égal* comme un nom (comp. *n'avoir pas d'égal, sans égal* au § 476, *c,* Rem. 2) ; il ne s'agirait plus d'un véritable accord (cf. *b*).

(FARRÈRE, *Seconde porte*, p. 43). — *Le sérieux de l'événement n'avait d'*ÉGALE *que la forme légère, bénigne qu'il empruntait* (JOUHANDEAU, dans *Hommes et mondes*, juillet 1950, p. 377). — *La fièvre et la hardiesse des improvisations n'ont d'*ÉGALE *que la brièveté de leurs agonies* (A. ARNOUX, *Bilan provisoire*, p. 265). — *Son érudition n'a d'*ÉGALES *que la richesse de son vocabulaire et la fermeté de sa syntaxe* (A. FONTAINE, dans le *Monde*, 15 mars 1984).

Accord avec le sujet : *Une estime qui n'a d'*ÉGALE *que mon amour* (V. SARDOU, *Rabagas*, I, 10, cit. Le Bidois, § 1033). — *Son incompréhension n'a d'*ÉGALE *que son zèle* (A. ROUSSEAUX, dans le *Figaro litt.*, 4 nov. 1950). — *François Coppée connut de son vivant une gloire dont la disproportion n'a d'*ÉGALE *que l'oubli où sa mémoire est tombée* (H. BORDEAUX, *Paris aller et retour*, p. 91). — [...] *une Assemblée dont l'impuissance n'a d'*ÉGALE *que les prétentions* (M. DRUON, dans le *Monde*, 21 janv. 1977). — *Il vouait au montreur une admiration sans bornes qui n'avait d'*ÉGALE *que le mépris qu'il professait pour le cuisinier* (A. CHEDID, *Sixième jour*, II, 5).

On observera que dans tous ces ex. il s'agit d'un phénomène purement graphique, ce qui leur enlève beaucoup de leur pertinence. En revanche, dans l'ex. suivant, l'accord est phonétique, mais *égaux* y est peut-être un nom : *Il* [= Molière] *n'a d'*ÉGAUX *en puissance sereine que Montaigne et Shakespeare* (A. SUARÈS, *Sur la vie*, t. II, p. 37).

On notera aussi que si *égal* est au masculin et si le sujet et/ou l'objet direct sont masculins, il est impossible de dire si *égal* est invariable ou s'il s'accorde avec le mot masculin : *Son étonnement n'a d'égal que sa conviction* (G. TABOUIS, *Albion, perfide ou loyale*, p. 118). — *Ces États jeunes dont l'inorganisation n'a d'*ÉGAL *que le supernationalisme* (*ib.*, p. 186). — Pour ces ex., tirés du même livre, le fait que le nom masculin soit tantôt le sujet et tantôt l'objet inclinerait à penser que l'auteur est pour l'invariabilité.

b) Le genre étant inhérent au nom en soi, il ne peut être question d'un véritable accord en genre à propos du **nom** attribut. C'est seulement lorsque l'attribut est un nom animé prenant ou ayant un genre selon le sexe de l'être désigné qu'il a normalement le même genre que l'objet direct si celui-ci est un pronom ou un nom animé prenant eux aussi un genre en fonction du sexe de l'être désigné :

Jean appelait Julie SA PROTECTRICE ; *il la nommait aussi* SA MÈRE.

Mais : *Nous considérons Pierre comme* UNE VICTIME *et sa sœur comme* UN TÉMOIN INSENSIBLE. — *Il appelait la Touraine* UN PARADIS.

Pour le nombre, il y a généralement concordance naturelle (par simple conformité avec la réalité décrite) entre l'objet direct et l'attribut : *Il les considérait comme ses* ALLIÉS. — Mais lorsque la réalité l'exige, il peut y avoir discordance : *On appelle les yeux* LE MIROIR *de l'âme.*

Pour les détails, voir à l'attribut du sujet, §§ 249-250.

Dans cet ex., l'ensemble d'abord considéré comme tel est dans l'attribut considéré dans chacun de ses constituants (*distribution :* cf. § 419) [il y a aussi dans cette phrase une syllepse] : *Il recevra de chaque partie, l'une après l'autre, la déclaration qu'*ELLES *veulent se prendre pour* MARI ET FEMME (*Code civil*, art. 75). [On pourrait dire : ... *l'une pour mari et l'autre pour femme.*] — Il y a aussi distribution dans cette phrase de Taine, comme si on avait *chacune* devant *en homme* (à moins que Taine n'ait été influencé par *homme* au singulier qui précède) : *Comme elles* [= les femmes] *ont pris des façons et des hardiesses d'homme, on* LES *traite en* HOMME, *c'est-à-dire en* ADVERSAIRE *ou en* CAMARADE (*Vie et opinions de Fr.-Th. Graindorge*, p. 225).

Remarques. — 1. Dans *prendre à témoin,* *témoin* est invariable, selon la tradition (cf. Hist.). Cependant certains auteurs le font varier en nombre, parce qu'ils voient ici *témoin* dans son sens ordinaire de « personne qui témoigne » :

Témoin invar. : *Ô bois, je vous prends à* TÉMOIN (HUGO, *Lég.,* t. II, p. 381). — *Mes camarades, je vous prends à* TÉMOIN (SAINT EXUPÉRY, *Terre des hommes,* p. 213). — *Je le voyais regarder toutes choses comme pour les prendre à* TÉMOIN (G. DUHAMEL, *Vie des martyrs,* p. 167). — *Je vous prends tous à* TÉMOIN (R. VAILLAND, *Loi,* L.P., p. 74). — *Je les prends à* TÉMOIN *de la violence [...] que cet homme vient de me faire* (AC., s.v. *prendre*).

Autres ex. : Cl. TILLIER, *Mon oncle Benjamin,* XIX ; BARRÈS, *Gr. pitié des égl. de Fr.,* 1914, p. 275 ; AYMÉ, *Aller retour,* p. 211 ; L. HALPHEN, *Charlemagne et l'empire carol.,* p. 311 ; Fr. MAURIAC, *Sagouin,* p. 37 ; CESBRON, *Notre prison est un royaume,* p. 143 ; M. DURAS, *Petits chevaux de Tarquinia,* p. 210 ; etc.

Témoin var. : *Vous vous lamentiez et vous preniez les passants à* TÉMOINS *de votre misère* (G. DUHAMEL, *Souvenirs de la vie du paradis,* p. 129). — *Perrine s'était mise [...] à les prendre tous à* TÉMOINS (POURRAT, *Tour du Levant,* p. 270). — *Je vous prends à* TÉMOINS, *Messieurs* (GENEVOIX, *Forêt voisine,* p. 235). — Autres ex. : J.-J. GAUTIER, *Histoire d'un fait divers,* p. 188 ; P. GUTH, *Naïf aux 40 enfants,* p. 110.

Mais on écrira : *Je vous prends pour* TÉMOINS.

Hist. — L'invariabilité s'explique par le fait que *témoin* a ici son sens premier, celui de « témoignage », comme Vaugelas l'avait déjà vu. Chez les classiques, malgré certaines hésitations, *témoin* restait généralement invariable. Le sens premier étant tombé en désuétude dans la langue courante, les grammairiens (et l'Académie encore aujourd'hui) ont justifié l'invariabilité en disant que *à témoin* est pris adverbialement, tandis que certains usagers interprétaient *témoin* comme « personne qui témoigne » et le faisaient varier : voir par ex. BERNARDIN DE S.-P., *Paul et Virg.,* p. 156. — On observe les mêmes hésitations pour le tour *Témoin les philosophes :* cf. § 250, Rem. 4. — Dans cet ex. de Racine : *Je n'en veux pour* TÉMOIN *que vos plaintes* (*Baj.,* V, 4), le singulier se défend comme dans : *Vos plaintes sont* LE TÉMOIN.

2. Pour *prendre à partie,* il n'y a pas d'hésitation quant au nombre, et *partie* est toujours au singulier, car *la* partie adverse peut être constituée par une ou plusieurs personnes.

3. L'invariabilité de *garant* dans *L'immensité de la mer se portait* GARANT *de nos projets* (J. CAYROL, *Enfants pillards,* p. 68) concerne *garant* lui-même et non sa fonction d'attribut : cf. § 476, *c,* 1°, Rem. 1. — Des problèmes semblables se posent pour *maître :* cf. § 486, *a.*

298   **Place de l'attribut** du complément d'objet.

a) Quand le complément d'objet est un pronom personnel ou un pronom relatif, sa place est fixe et l'attribut suit le verbe (sauf mise en relief : cf. *c*) :

Je la crois MALADE. *La femme que je croyais* MALADE.

b) Quand le complément d'objet et l'attribut suivent tous deux le verbe :

1° On préfère d'habitude l'ordre complément + attribut si les deux éléments sont à peu près de la même longueur :

Elle a les cheveux BLONDS. *Il a rendu sa femme* MALHEUREUSE. *Elle appelle son fiancé* MON CHOU. *Je considère ce livre* COMME UNE RÉUSSITE, ... COMME BÂCLÉ. — *J'ai gardé ma volonté* INTACTE (Fr. MAURIAC, *Nœud de vip.,* III).

Cependant, l'attribut peut aussi être placé en premier, surtout dans la langue écrite, et spécialement quand c'est un adjectif (ce qui a l'avantage de rendre la phrase plus nette et d'éviter qu'on ne prenne l'attribut pour une épithète) :

Elle avait entendu la marquise appeler BERTHE *une jeune femme* (FLAUB., *Mme Bov.*, II, 3).
— *Swann trouva* DÉLICIEUSE *sa simplicité* (PROUST, *Rech.*, t. I, p. 212).

Ex. ambigus : *J'ai trouvé ce chapeau* SÉDUISANT. — *J'étais disposé à juger cette sagesse* INCOMPLÈTE (PROUST, *Rech.*, t. I, p. 714). — *Il appelle Julie* SA TANTE. — *Je considère Pierre* MON AMI (cf. § 296, *a*).

Pour *avoir beau, avoir facile,* cf. § 294.

2° Mais on place presque nécessairement en second l'élément qui forme un syntagme long et complexe, en particulier le complément constitué par un infinitif et surtout par une proposition :

Le sentiment de l'absurde [...] *rend le meurtre* AU MOINS INDIFFÉRENT ET, PAR CONSÉ-QUENT, POSSIBLE (A. CAMUS, *Homme révolté*, Introd.).

Pour moi, j'appelle TERREUR *tout régime où les citoyens, soustraits à la protection de la loi, n'attendent plus la vie ou la mort que du bon plaisir de la police d'État* (BERNANOS, *Grands cime-tières sous la lune*, I, 4). — *Ces rencontres me faisaient trouver encore* PLUS BEAU *un monde qui fait ainsi croître sur toutes les routes campagnardes des fleurs à la fois singulières et communes* (PROUST, *Rech.*, t. I, p. 714). — *On avait cru* BON *d'avertir le public que l'artiste qui interprétait le rôle de l'enfant avait dix-sept ans révolus* (A. BRETON, *Nadja*, pp. 52-53). — *Je vois en effet* ÉCRIT DANS LES JOURNAUX *que je suis un solitaire* (MONTHERLANT, dans le *Figaro*, 15 sept. 1973).

Des écrivains placent parfois à la fin le terme court, afin de le mettre en relief ou simplement par souci d'originalité :

Le duc [...] *finit par laisser ce peuple, dont il ne peut venir à bout,* TRANQUILLE (HUYS-MANS, *Ste Lydwine de Schiedam*, cité par M. Cressot, *La phrase et le vocab. de J.-K. Huys-mans*, p. 101). — *Trouvant manger seul* ENNUYEUX, / *Biorn, caprice funéraire,* / *Invite à souper ses aïeux* (Th. GAUTIER, *Ém. et cam.*, Souper des armures).

c) La langue populaire ou très familière met parfois l'attribut devant le sujet (comp. § 290, *d*, 1°) :

Elle cessa de me trouver pitoyable le moins du monde... MÉPRISABLE *elle me jugea, définitivement* (CÉLINE, *Voy. au bout de la nuit*, F°, p. 89). [Il est vrai que le chiasme n'est pas spécialement populaire.] — LA PETITE MUSYNE *on l'appelait dans ce milieu* (ID., *ib.*, p. 101).

Au contraire, l'antéposition de *tel* appartient à la langue soignée : *J'adorais les yeux noirs avec des cheveux blonds.* / TELS *les avait Rosine* (MUSSET, *Prem. poés.*, Mardoche, XI).

II. — LE COMPLÉMENT ADVERBIAL

Bibl. — L. MELIS. *Les circonstants et la phrase. Étude sur la classification et la systéma-tique des compléments circonstanciels en fr. moderne.* Louvain, Presses Universitaires, 1983.

299 Le **complément adverbial** est un complément qui est un adverbe ou qui peut être remplacé par un adverbe.

Cela s'oppose à la fois aux compléments d'objet (présentés dans le I) et au complément d'agent (voir le III ci-dessous).

Le complément adverbial correspond à ce que l'on appelle traditionnellement *complément circonstanciel,* désignation que méritent une partie seulement
des compléments auxquels on donnait ce nom : voir § 301, *b.* — Signalons ici
qu'on rangeait parfois parmi les compléments circonstanciels des syntagmes
prépositionnels que nous considérons comme des compléments d'objet indirect :
Séparer le bon grain DE L'IVRAIE.

La dénomination de *complément adverbial* ne veut pas dire que la catégorie de l'adverbe
serait l'expression première de cette fonction. Beaucoup d'adverbes sont au contraire
d'anciens syntagmes nominaux, soit du français (*quelquefois, enfin, aujourd'hui,* etc.), soit du
latin (*hui* < lat. *hodie = hoc die* « ce jour-ci » ; etc.).

300   Distinctions sémantiques.

Traditionnellement, on distinguait de nombreuses variétés dans les compléments dits
circonstanciels. La 11ᵉ éd. de cet ouvrage en dénombrait vingt-neuf, ou davantage si l'on
considère les quatre espèces de compléments de lieu. Ces raffinements trouvaient parfois
leur justification dans les besoins de la grammaire latine. Dans d'autres cas, c'est en prenant
en compte le sens du verbe qu'on était amené à multiplier les catégories. En réalité, on peut
se limiter à celles qui sont utiles, notamment pour l'étude des adverbes (§ 919) et des
propositions (§ 1080), c'est-à-dire :

Temps : *Il reviendra* LA SEMAINE PROCHAINE. (Quand ?)
Lieu : *Ils se sont rencontrés* AU QUÉBEC. (Où ?)
Manière : *Elle marche* À PAS PRESSÉS. (Comment ?)
Mesure : *Allonger une robe* DE DEUX CENTIMÈTRES.
Opposition : *Je l'ai reconnu* MALGRÉ L'OBSCURITÉ.
But : *Il s'écarta* POUR LE LAISSER PASSER.
Cause : *Il agit* PAR JALOUSIE. (Pourquoi ?)
Condition : *Appelez-moi* EN CAS DE BESOIN.

Un même verbe peut recevoir plusieurs compléments adverbiaux (alors qu'il n'a
qu'un complément d'objet direct ou qu'un complément d'agent, sauf coordination) :

Ils se séparèrent au carrefour | *quelques heures plus tard* | *pour qu'on ne les voie pas ensemble.*

Divers compléments auxquels on donnait des noms distincts peuvent se ranger
sous les étiquettes proposées ci-dessus. Par ex., les compléments de moyen ou
d'instrument sont à rapprocher des compléments de manière ainsi que le montre
une coordination comme : *Enfoncer une cheville manuellement ou* AVEC UN MAR-
TEAU ; de même pour l'accompagnement : *Voyager solitairement ou* AVEC UN AMI.
Voir aussi § 919. — Dans les compléments de mesure, nous plaçons le poids, le
prix, etc. — Dans d'autres cas, il n'est pas utile de prévoir un nom particulier.

301   Compléments essentiels et compléments non essentiels.

Il est important, notamment pour leur mobilité, de distinguer
dans les compléments adverbiaux des compléments *essentiels* et
des compléments *non essentiels* (cf. § 266, *a*).

a) Les compléments **essentiels** sont ceux : 1° dont la construction (et notamment le choix de la préposition) dépend du verbe lui-même : *Il revient* DE *Genève* ; — 2° sans lesquels le verbe ne peut constituer le prédicat : *Il va* À LA CHASSE *(*Il va).*

Du point de vue sémantique, les compléments adverbiaux essentiels expriment surtout :

Le lieu : *Je vais* À PARIS. *Je reviens* DE PARIS. *Il habite* À PARIS. *Il est* À LA CAMPAGNE. *Il passait ses journées* DANS LE SALON. *Il a séjourné* DANS LE JURA.

Le temps : *Nous sommes* AU 18 AVRIL OU LE 18 AVRIL (cf. § 304, *a*, 1°). *Leur amitié a duré* TRENTE ANS.

La manière : *Il va* BIEN. *Il se porte* BIEN. *Il s'est comporté* (ou *conduit*) COURAGEUSEMENT. *La voiture allait* À TOUTE VITESSE. *Ce mot commence* PAR UNE CONSONNE. *Il passait ses journées* À BOIRE.

La mesure (au sens large) : *Ce livre coûte* MILLE FRANCS. *Elle a payé son manteau* CINQ MILLE FRANCS. *Ce meuble mesure* UN MÈTRE *et pèse* VINGT KILOS.

Le but : *Il alla* OUVRIR LA PORTE.

Une espèce particulièrement difficile à étiqueter, c'est le type que l'on a dans *Cela ne sent pas* LA ROSE. Peut-être conviendrait-il de le ranger parmi les compléments de manière, à moins qu'on ne le rapproche des compléments d'objet interne (§ 270) : *Cela sent une odeur de...*, ou encore qu'on ne se contente d'y voir un complément essentiel adverbial, sans autre précision.

Le besoin d'un complément essentiel peut parfois être satisfait par un autre type de complément, par ex. par la négation : *Elle se disait bien que Marceau* N'*allait* PAS (R. SABATIER, *Trois sucettes à la menthe*, p. 272). — De même, un complément adverbial essentiel tient lieu d'un complément d'objet : [...] *un homme qui voudrait reprendre une femme, avec la secrète gêne d'aimer* AILLEURS (ZOLA, *Pot-Bouille*, XIII). — *Debout à la porte, comme si elle n'appartenait plus* ICI *et ne faisait que passer* [...] (B. et Fl. GROULT, *Il était deux fois...*, p. 302). — D'une manière plus générale, la présence d'un complément adverbial, même non essentiel, rend souvent moins nécessaire la présence d'un objet direct : *Il mange* GOULUMENT. *Il voit* CLAIR.

Ces compléments ne méritent certainement pas d'être appelés *circonstanciels* : les compléments de *Je vais* À PARIS et *Cela pèse* VINGT KILOS sont liés aussi étroitement au verbe que des compléments d'objet.

Certains grammairiens rangeraient les compléments adverbiaux essentiels parmi les compléments d'objet. Ces deux catégories ont, en effet, des points communs : de là le passage d'une catégorie à l'autre (voir notamment au § 286, et aussi au § 911). Mais il y a aussi des différences. Par ex., les compléments de mesure 1) ne peuvent être mis au passif : **Mille francs ont été coûtés par ce livre* ; — 2) commutent avec des adjectifs employés adverbialement : *Ce livre coûte* CHER ; — 3) ne servent pas de donneurs pour l'accord du participe passé conjugué avec *avoir* : *Les cent francs que cela a* COÛTÉ ; — 4) existent aussi dans des cas où il y a déjà un objet direct incontestable : *J'ai payé* CE MEUBLE *dix mille francs.* — *J'apprécie* LES GOUVERNEMENTS *ce qu'ils valent* (CHAT., *Mém.*, III, II, VI, 17) ; — 5) existent aussi avec des verbes au passif : *Ce meuble* A ÉTÉ PAYÉ *dix mille francs.* — On observera en outre la différence sémantique entre : *Je pèse mon paquet* et *Mon paquet pèse vingt kilos.*

b) Les compléments **non essentiels** sont ceux qui ne remplissent pas les conditions énoncées dans le *a)* ci-dessus.

C'est à ce type de complément que conviendrait l'appellation de complément *circonstanciel.* Celui-ci, selon la 11ᵉ éd. de cet ouvrage, « précise l'idée du verbe en marquant la connexion de l'action avec un repère (temps, lieu, etc.) situé *autour* d'elle dans le monde des phénomènes ». Mais cette formule n'est valable que pour les deux catégories explicitées dans la parenthèse. Il faudrait y ajouter les circonstances logiques comme la cause, le but, etc.

Étant donné la mobilité toute particulière (cf. § 305, *a*) de la plupart des compléments non essentiels, certains grammairiens refusent de les ranger parmi les compléments du verbe et parlent à ce sujet de *complément de phrase.* Nous ne croyons pas pouvoir adopter cette façon de voir. Ce ne sont pas seulement les verbes prédicats de phrase qui sont ainsi accompagnés, mais aussi les verbes prédicats de proposition : *Ma mère, qui était restée veuve* PENDANT DIX ANS, *s'est remariée avec un cousin de son premier mari ;* — les infinitifs, quelle que soit leur fonction : *Après avoir obtenu son diplôme* À L'UNIVERSITÉ DE GENÈVE, *il s'est installé dans le canton de Vaud.* — *Vois se pencher les défuntes années* / SUR LES BALCONS DU CIEL, *en robes surannées ;* / [...] / *Le Soleil moribond s'endormir* SOUS UNE ARCHE (BAUDEL., *Fl. du m.,* Recueillement) ; — les participes : *Comme un long linceul traînant* À L'ORIENT *(ib.) ;* — les adjectifs : *L'enfant* [...] *contemplait les quais* MAINTENANT *silencieux* (M. DURAS, *Moderato cantabile,* 10/18, p. 34) ; — même les noms (§ 343, *a* et Rem. 1) : *Au bruit d'un sabot* SUR LE GRAVIER DE LA COUR, [...] *Gustalin ferma son livre* (AYMÉ, *Gustalin,* I).

Une autre difficulté, c'est que le complément de phrase fait partie de la phrase, alors que le complément du verbe ne fait pas partie du verbe. On a proposé, pour remédier à cela, de parler de *complément ajouté à la phrase ;* mais cela ne résout pas les difficultés qui viennent d'être signalées ; *complément de la prédication* n'est pas entièrement satisfaisant non plus.

On observera aussi que le complément d'agent a plusieurs caractères desdits compléments de phrase sans que personne le range parmi ceux-ci.

Il est plus légitime de parler de complément de phrase à propos de ce que nous considérons comme des éléments incidents (§ 372, *b*).

302   **Nature du complément adverbial.** — Le complément adverbial peut être un *adverbe* (parfois précédé d'une préposition) ; — un *nom,* un *pronom* ou un *infinitif* ordinairement introduits par une préposition (cf. § 303) ; — une *proposition :*

Venez DEMAIN. *Hâte-toi* LENTEMENT. *Il souffre* BEAUCOUP. *Partons* D'ICI. — *Il pleure* DE RAGE. *Restez* CHEZ VOUS. *On commença* PAR L'INTERROGER. — *Nous partirons* QUAND VOUS VOUDREZ.

Parmi les adverbes, il faut ranger les adjectifs employés adverbialement : *Parler* BAS. Cf. § 926.

En et *y* correspondent à des syntagmes prépositionnels :

— *En* remplace un syntagme construit avec la préposition *de : Il prit une pierre et l'*EN *frappa* (Dict. contemp.). — *Il est resté dans son bureau toute la journée et vient juste d'*EN *sortir (ib.).*

— *Y* remplace un syntagme indiquant le lieu ; il peut suppléer un adverbe : *Il a un grand jardin, il* Y *cultive des légumes.* — *N'allez pas là, il* Y *fait trop chaud* (AC.).

Remarque. — Le gérondif (§ 891) équivaut ordinairement à un complément adverbial ; il en est souvent de même de l'épithète détachée (§ 327, *a*) et de l'apposition détachée (§ 337, *b*) :

On s'instruit EN VOYAGEANT. — HONTEUX *de son échec, il se tut.* — GÉNÉRAL, *pour hochets il prit les pyramides* (HUGO, *Ch. du crép.,* II, 1).

3   Construction du complément adverbial.

a) Le nom, le pronom et l'infinitif qui servent de complément adverbial sont, la plupart du temps, introduits par une préposition :

Il loge DANS *une tente* AVEC *son frère.* — *Il conduit* AVEC *prudence* À CAUSE DU *verglas.*
Pour *y* et *en,* voir ci-dessus, § 302.

b) Se construisent sans préposition, notamment :

— Les compléments de mesure : *Ce meuble mesure* DEUX MÈTRES, *pèse* CINQUANTE KILOS *et coûte* VINGT MILLE FRANCS. — QUE *coûte ce chapeau ?* — COMBIEN *coûte ce chapeau ?* — *Sais-tu ce que coûte ce livre ?* — [...] *sur la quinzaine de jours* QUE [...] *durera la fin de l'hiver* (LE ROY LADURIE, *Carnaval de Romans,* p. 342). [La mesure de la différence s'introduit par *de :* ex. au § 300.]
— Divers compléments de temps : *Il reviendra* LA SEMAINE PROCHAINE. — UN JOUR, *Delphine et Marinette dirent à leurs parents qu'elles ne voulaient plus mettre de sabots* (AYMÉ, *Contes du chat perché,* Paon).
— Les infinitifs du but après les verbes de mouvement : *Il mène son cheval* BOIRE *à la fontaine.*
— Les compléments absolus (§ 306) : LA CHANCE AIDANT, *nous réussirons.*

c) Pour divers compléments, on a le choix entre la construction directe et la construction indirecte, notamment dans les cas suivants :

1° Les compléments indiquant la durée :

Il marcha TRENTE JOURS, *il marcha* TRENTE NUITS (HUGO, *Lég.,* II, 2). — *Il marcha* PENDANT TRENTE JOURS.

2° Les noms de rues, boulevards, etc. ;

Arrivé rue Neuve Sainte-Geneviève [...] (BALZAC, *Goriot,* p. 91). — *Il alla dîner rue Saint-Jacques* (FLAUB., *Éd. sent.,* I, 4). — *Je me trouvais justement avenue Hoche* (P. MODIANO, *Rue des Boutiques Obscures,* p. 176). — *Il est question de se montrer ou non cours de l'Intendance avec un apprenti en casquette* (POIROT-DELPECH, dans le *Monde,* 26 mai 1978). — [...] *dans un immeuble qui se construisait quai d'Orsay* (L. WEISS, *Combats pour l'Europe,* 1979, p. 282).
Elle allait avec sa bonne DANS *la rue Rumfort chercher un médecin* (FLAUB., *Éd. sent.,* III, 2). — *Ses parents demeuraient* DANS *la rue Cortot* (APOLLIN., *Anecdotiques,* 1er sept. 1912). — *Les gens avaient l'air sympathiques,* SUR *l'avenue d'Orléans* (SARTRE, *Âge de raison,* L.P., p. 200). — *Pierre Landry habitait* DANS *la rue de l'Hirondelle* (J. DELAY, *Avant mémoire,* t. II, p. 163). — Pour le choix de la préposition, voir § 1001, *a,* 1°.
Sur *habiter* construit avec un objet direct, voir § 286, 6°.

304   Construction du complément adverbial. Observations diverses.

a) Constructions directes et indirectes.

1° Avec *jour* ou avec l'indication du jour, ces emplois de la préposition *à* n'appartiennent plus à l'usage général :

> *Hippolyte, n'osant* À *tous les jours se servir de sa belle jambe* [...] (FLAUB., *Mme Bov.*, II, 12). — [...] *Saint-Phlin, qui* À *certains jours était capable de se froisser* (BARRÈS, *Appel au soldat*, t. I, p. 57). — *Mais, à d'autres jours, il arrivait que* [...] (LA VARENDE, *Centaure de Dieu*, p. 32). — AU *25 novembre prochain, je mettrai ces feuilles au feu* (BERNANOS, *Journal d'un curé de camp.*, Pl., p. 1035).

> Avec *être*, la préposition reste plus courante : *Nous sommes* AU *premier jour de mai* (A. FRANCE, *Lys rouge*, XXI). — *Il lui tardait presque d'être* À *dimanche* (Fr. MAURIAC, *Th. Desqueyroux*, p. 174). — *J'avais hâte d'être* À *demain* (D. ROLIN, *Gâteau des morts*, p. 188). — *En est archaïque :* EN *quel jour sommes-nous ?* (A. FRANCE, *Anneau d'améthyste*, p. 169.)

On a critiqué *Nous sommes lundi*, sous prétexte que *lundi* serait là traité comme un attribut. Cette façon de s'exprimer est autorisée par le bon usage :

> *Il ne pouvait jamais se rappeler* QUEL QUANTIÈME *du mois on était* (HUGO, *Trav. de la mer*, I, IV, 3). — *Nous sommes aujourd'hui* LE TRENTE *du mois* (LITTRÉ, s.v. *trente*, 7°). — *Nous sommes* LE NEUF (ID., s.v. *neuf*, 2°). — *Nous étions* LE 6 MAI (A. FRANCE, *Vie en fleur*, p. 302). — *Nous sommes aujourd'hui* LE 14 MARS 1931 (G. DUHAMEL, *Notaire du Havre*, p. 14). — *Comme on était* UN DIMANCHE (TROYAT, *Les semailles et les moissons*, p. 27). — *On est* DIMANCHE MATIN (PIEYRE DE MANDIARGUES, *Marge*, p. 118). — *Nous sommes* LA NUIT DE PÂQUES (J.-L. CURTIS, *Roseau pensant*, p. 368). — *Nous sommes déjà au seize,* LE SEIZE (AC., s.v. *seize*).

2° On dit *en été, en hiver*, parfois *à l'été, à l'hiver, dans l'été, dans l'hiver* (§ 1002, *b*), — ou, sans préposition, *l'été, l'hiver :*

> *Il veut avoir Saint-Cloud plein de roses l'été* (HUGO, *Châtim.*, II, 3). — *Ces champs qui, l'hiver même, ont d'austères appas, / Ne t'appartiennent point* (ID., *Voix int.*, XIX). — *Ces peuples-là dorment l'hiver, veillent l'été* (H. BOSCO, *Rameau de la nuit*, p. 196).

Avec *printemps* et *automne*, ce tour sans préposition est plus rare, sauf si le nom est accompagné d'une épithète ou d'un complément :

> *Le bruit des marteaux de forge* [...], *l'automne, s'entend de très loin* (GIDE, *Nourrit. terr.*, V, 1). — *L'Automne, vos prières / Nous garderont de trébucher aux palombières* (JAMMES, *Géorgiques chrét.*, V).

> *Il pensait parfois au château où il avait été reçu le dernier printemps* (J. ROY, *Vallée heureuse*, p. 266). — *J'ai, l'automne dernier, prêté l'oreille au beau discours que le professeur Grégoire a prononcé* (G. DUHAMEL, *Paroles de médecin*, p. 183).

> On dit *À chaque printemps, À chaque automne*, ou, sans *à, Chaque printemps, Chaque automne : Faire badigeonner cette muraille* À *chaque printemps* (G. DUHAMEL, *Passion de Jos. Pasquier*, X). — *Cette blouse de laine verdâtre, elle la reprenait* À *chaque automne* (Fr. MAURIAC, *Sagouin*, p. 4). — *Côme pensait aux six caisses d'orangers que l'on sortait chaque printemps* (VIALAR, *Grande meute*, I, 5). — *Depuis trente ans qu'ils venaient chaque automne à Venise* (JALOUX, *Alcyone*, IX).

3° Dans l'indication du mois ou de l'année, *fin, début, courant* s'emploient sans être précédés ni d'une préposition ni d'un article (et souvent sans être suivis d'une préposition : cf. § 348, *b*, 2°) dans la langue commerciale et, de là, dans la langue familière et même dans la langue écrite :

Il est arrivé à Naples FIN *de novembre 1811* (L. BERTRAND, *Lamartine*, p. 93). — *Quelques jours après*, FIN *juillet, à Lyon, Jaurès lançait la fameuse phrase* (BARRÈS, *Diverses familles spirit. de la Fr.*, 1917, p. 96). — *Deux mois plus tôt*, FIN *juillet, Madame de Staël avait écrit pour exprimer son admiration* (Ch. DU BOS, *Grandeur et misère de B. Constant*, p. 218). — FIN *mai elle était énorme* (GIONO, *Moulin de Pologne*, p. 62). — *Vint un moment* [...], FIN *36*, DÉBUT *37*, [...] *où il se sentit excédé d'oisiveté et de philosophie* (J. DUTOURD, *Printemps de la vie*, p. 118). — *Elle partit pour Moulins* COURANT *novembre* (GUILLAUMIN, cit. *Grand Lar. langue*). — [...] *les propositions qui seront transmises aux gouvernements membres* COURANT *janvier* (Ph. LEMAÎTRE, dans le *Monde*, 11 déc. 1975). — *De même : Je vous ai manqué hier chez vous* FIN *de l'après-midi* (PÉGUY, dans Péguy et Alain-Fournier, *Corresp.*, 3 juin 1912). — *Je suis aux* Cahiers *aujourd'hui* COMMENCEMENT *de l'après-midi* (ID., *ib.*, 3 oct. 1913) [ceci est plus rare].

Après *être* (comp. 1°) : *Nous sommes* FIN *mai* (SAINT EXUPÉRY, *Pilote de guerre*, p. 12). — *Nous étions* FIN *décembre* (H. BOSCO, *Rameau de la nuit*, p. 105).

4° La langue littéraire connaît encore *à chaque* **fois,** *à la première fois*, plus rarement *à cette fois* et plus rarement encore *à toutes les fois que* (encore usuel pour Dupré, p. 1028). L'usage ordinaire construit ces expressions sans préposition.

Avec prépos. : *Et l'on oubliait à chaque fois la bouteille auprès de la guérite* (STENDHAL, *Chartr.*, XXI). — *À chaque fois que l'heure sonne* (HUGO, *Ch. du crép.*, V, 2). — *À la septième fois, les murailles tombèrent* (ID., *Châtim.*, VII, 1). — *À chaque fois que l'orateur lançait le bras* (BARRÈS, *Colline insp.*, p. 78). — *À chaque fois qu'on y revient* (GIDE, *Incidences*, p. 152). — *À la deuxième fois, j'ai laissé mon chien courir sur lui* (ARLAND, *Étienne*, p. 89). — *À chaque fois que nous nous sommes vus* (LÉAUTAUD, *Amours*, F°, p. 27). — *À chaque fois que je prête ma voiture à une de mes amies* (M. PONS, *Mademoiselle B.*, dans les *Temps modernes*, févr. 1973, p. 1336). — *La lumière* [...] *se fit plus pâle à chaque fois* (A. CAMUS, *Peste*, p. 315). — *À cette fois, Landry sentit comme un grand repentir dans son âme* (SAND, *Pet. Fadette*, VI). — *Et Jacqueline*, à *cette fois, fut prise de fou rire* (TOULET, *Demoiselles La Mortagne*, p. 175).

Sans prépos. : *Chaque fois qu'on lui en parle* (AC.). — *Chaque fois* [...] *il s'ingéniait à improviser des raisonnements trompeurs* (R. MARTIN DU GARD, *Thib.*, Pl., t. I, p. 1060). — *Chaque fois que nous faisons le bien, Dieu opère en nous et avec nous* (Fr. MAURIAC, *Bl. Pascal*, p. 56). — *Chaque fois que je me casse une dent* (G. DUHAMEL, *Voyage de Patrice Périot*, p. 61). — *Mais le mari meurt à propos, cette fois pour de bon* (H. BOSCO, *Sites et mirages*, p. 102). — *Toutes les fois que ses hôtes tournaient la tête, il avalait furtivement une lampée d'eau-de-vie* (SAND, *Meunier d'Angibault*, XXXII). — [...] *aperçut le post-scriptum, qu'il n'avait point remarqué la première fois* (FLAUB., *Éd. sent.*, II, 4).

5° *S'en falloir* employé impersonnellement pour exprimer l'idée de manque se construisait jadis avec un complément non prépositionnel. Littré signale encore : *Il s'en faut cent sous*, et l'Acad. : *Il ne s'en est presque rien fallu*. Mais le complément se construit aujourd'hui avec *de :*

Il s'en faut DE *moitié que ce vase ne soit plein* (AC.). — *Il s'en faut* DE *dix francs que la somme entière n'y soit* (AC.). — *Il s'en fallut* D'*un cheveu qu'on ne le passât par les armes* (POURRAT, cit. Robert). — *Il s'en fallait toujours* D'*un fil !* (CÉLINE, *Mort à crédit*, cit. *Trésor.*) — *Il s'en faut* DE *cinq ans qu'elle ait roulé dans le panier* (SARTRE, *Mots*, p. 167).

Avec un adverbe, l'usage ancien subsiste dans des expressions figées, qui se caractérisent à la fois par la place de l'adverbe (§ 935, *b*) et par l'omission du pronom sujet (§ 234, *a*) : *Tant s'en faut, Peu s'en faut.* — Expressions plus rares : *Bien s'en faut. Beaucoup s'en faut.* — Expression récente : °*Loin s'en faut.* — Voir § 935, *b*.

Les ex. avec *de* sont rares : *L'insecte n'est pas mort,* DE *bien s'en faut ; on dirait même qu'il n'a rien éprouvé* (J.-H. FABRE, *Scènes de la vie des insectes*, p. 200). — *Mon corps d'armée* [...] *n'est pas traité,* DE *loin s'en faut, comme il le mérite* (Jo GÉRARD, dans la *Libre Belgique*, 15 févr. 1978).

L'ancien usage subsiste aussi dans *Il s'en faut bien* et *Il ne s'en faut guère :*

Il s'en faut BIEN *que tous les modes aient autant de valeur modale les uns que les autres* (BRUNOT, *Pensée*, p. 520). — *Il s'en faut* BIEN *que je m'intéresse à proportion que je me scrute* (J. ROSTAND, *Pensées d'un biologiste*, p. 177). — *Il ne s'en fallut* GUÈRE *qu'un accident ne mît un terme à tous mes projets* (CHAT., *Voy. en Amér.*, Pl., p. 672). — *Il ne s'en faut* GUÈRE *qu'elle recueille* [...] *l'unanimité des suffrages* (R. DOUMIC, *Misanthr. de Mol.*, p. 75). — *Il ne s'en est* GUÈRE *fallu* (AC., s.v. *guère*).

L'Acad. a supprimé *Il ne s'en faut* DE *guère*, qu'elle mentionnait encore en 1878. L'ex. suivant reflète-t-il un usage régional ? *Il ne s'en est fallu* DE GUÈRE *que je ne vienne pas t'appeler !* [dit un jeune Provençal] (PAGNOL, *Château de ma mère*, p. 113.)

Mais on dit d'ordinaire *Il s'en faut de beaucoup, Il s'en faut de peu.*

— Avec *beaucoup : Il s'en faut* DE *beaucoup qu'il soit laid* (SAND, *Mauprat*, IX). — *Il s'en fallait* DE *beaucoup* [...] *que Bernard fût converti* (MÉRIMÉE, *Chron. du règne de Ch. IX*, XVIII). — *Il s'en fallut* DE *beaucoup* [...] *qu'il* [= le principe de la souveraineté du peuple] *dominât alors le gouvernement de la société comme il le fait de nos jours* (TOCQUEVILLE, *De la démocr. en Amér.*, I, I, 4). — *Il s'en fallait* DE *beaucoup que l'éducation fût libre chez les Grecs* (FUSTEL DE COULANGES, *Cité antique*, III, 18). — *Il s'en faut* DE *beaucoup que leur nombre soit complet* (AC.).

Sans *de : Tous les hôtes d'Ibraïm n'étaient pas riches, il s'en fallait beaucoup ; plusieurs même étaient de véritables mendiants* (CHAT., *Itinér.*, Pl., p. 809). — *Il s'en fallait encore beaucoup que tous les fonctionnaires publics fussent électifs et tous les citoyens électeurs* (TOCQUEVILLE, *op. cit.*, I, I, 4). — *Il s'en faut beaucoup que l'un ait le mérite de l'autre* (AC.).

— Avec *peu : Il s'en fallait* DE *peu* [...] *pour qu'un homme vive ou meure* (SIMENON, *Maigret à New-York*, IV). — *Il s'en fallut* DE *peu que tout échouât* (GAXOTTE, *Révol. fr.*, L.P., p. 496). — *Il s'en était* [...] *fallu* DE *peu que cette colonie ne fût ralliée* (DE GAULLE, *Mém. de guerre*, t. I, p. 121). — *Il s'en fallut* DE *peu que je ne renonçasse à la littérature* (SARTRE, *Mots*, pp. 178-179).

Sans *de : Il s'en est peu fallu que je donnasse quittance de quatre cent mille francs à monsieur* (BALZAC, *Birotteau*, Pl., p. 478). — *Il s'en fallut peu qu'elle ne l'obligeât* [...] *à se brûler la cervelle* (MÉRIMÉE, trad. de : Pouchkine, *Dame de pique*, I). — *Il s'en fallut peu qu'il ne la vît* [= qu'il ne la vît pas]: *tout dansait devant ses yeux* (E. CHARLES-ROUX, *Elle, Adrienne*, p. 405).

— De même : *Notre père qui êtes aux cieux,* DE COMBIEN *il s'en faut que votre nom soit sanctifié* (PÉGUY, *Myst. de la char. de J. d'Arc*, p. 12). — °*Il s'en faut de loin est rare : C'est un point de vue que tous, il s'en faut* DE LOIN, *ne partagent pas* (A. DESSOT, dans le *Monde*, 19 mars 1984).

Hist. — La séquence accompagnant *Il s'en faut* a d'abord été un sujet réel, d'où l'absence de préposition. Puis la nuance a changé et on a eu un complément de mesure. La règle selon laquelle *Il s'en faut beaucoup* indique une différence de qualité et *Il s'en faut de beaucoup* une différence de quantité a peut-être été justifiée jadis, mais elle a cessé d'être pertinente, notamment à cause du recul de la construction directe.

Remarques. — 1. *Il s'en faut* s'emploie aussi absolument au sens de *Il s'en faut de beaucoup* ou de *Tant s'en faut* :

Je n'étais pas riche comme lui. Il s'en fallait ! (BARBEY D'AUR., *Vieille maîtr.*, Pl., p. 279.) — *Il s'en faut d'ailleurs que le schéma reste immuable* (BERGSON, *Énergie spirituelle*, p. 175). — *Il s'en faut cependant que cet état puisse passer pour définitif* (CAILLOIS, Préf. de : Montesq., *Hist. véritable*, p. XV).

Autres ex. : MÉRIMÉE, *Chron. du règne de Ch. IX*, XXIII ; PÉGUY, *Myst. des saints Innoc.*, p. 176 ; COLETTE, *Naissance du jour*, Sel., p. 25 ; BERNANOS, *Journal d'un curé de camp.*, Pl., p. 1151 ; AYMÉ, *Contes du chat perché*, Boîtes de peinture ; etc.

2. °*Il s'en manque* construit comme *Il s'en faut* n'a jamais appartenu vraiment à l'usage général (l'Acad. l'a toujours ignoré) ; il est bien vivant dans le Midi :

Il s'en manque encore de dix minutes que l'heure ne soit écoulée (Al. DUMAS, *Tr. mousq.*, XLVII). — *La jeunesse d'aujourd'hui ne vaut pas le monde d'ancien temps, bien s'en manque* (ESCHOLIER, cit. *Grand Lar. langue*). — *Quatre-vingts berges, ou peu s'en manque* (AUDIBERTI, *Dimanche m'attend*, p. 268).

Hist. — Cet emploi est fréquent chez DIDEROT : *Il s'en manque beaucoup que* [...] (*Corresp.*, 27 nov. 1758 ; 31 juillet 1759, etc.). — On le relève aussi chez LA F. : *Tous viennent à la file, il ne s'en manque gueres* (*F.*, VIII, 25).

6° On a le choix entre *Une fois par an* ou *Une fois l'an* :

Deux fois par semaine. Deux fois la semaine (AC.). — *Deux fois par semaine, cours de chasse* (A. DAUDET, *Port-Tar.*, I, 4). — *Il faudra que tu donnes un dîner une fois la semaine* (FLAUB., *Éd. sent.*, II, 3). — *Une fois la semaine, un homme descendait à Morgues* (B. CLAVEL, *Lumière du lac*, p. 406). — Comp. § 1000, c.

7° La langue commerciale connaît des expressions réduites par la suppression de la préposition et de l'article, peut-être sous l'influence de l'anglais.

Un travail entièrement fait MAIN, *cousu* MAIN. *Une pâtisserie faite* MAISON ou, par une réduction supplémentaire, *Une pâtisserie* MAISON.

Cousu main et *maison* ont reçu des emplois figurés. — Le premier comme adjectif signifiant « fait avec grand soin » ou même comme nom, signifiant « travail fait avec grand soin » : *Il* [= Bourdet] *n'a donné que des pièces* [de théâtre] *bien faites et achevées. Toute son œuvre est du* COUSU-MAIN (Fr. de ROUX, dans le *Figaro litt.*, 4 mars 1950). — *Maison* est pris familièrement comme une sorte d'adjectif invariable signifiant « particulièrement réussi, soigné » : *Un coup de poing* MAISON (J. CAYROL, cité par R. Georgin, *Prose d'aujourd'hui*, p. 43, avec d'autres ex.).

8° À Bruxelles et en pays flamand, sous l'influence du néerlandais, on supprime abusivement *depuis* et l'on dit : °*Ils sont trois ans mariés.* °*Je la connais déjà vingt ans.* — Le même phénomène se produit en Alsace et en Suisse sous l'influence de l'allemand.

b) Se fondant sur le sens originaire de *partir* (cf. Hist.), beaucoup de grammairiens, à la suite de Littré, n'admettent pas que le complément indiquant la destination se construise autrement qu'avec la préposition *pour*. Il est vrai que cette préposition est restée dans l'usage ; elle s'impose même quand on indique à la fois le point de départ et le point de destination *(partir de Paris pour Bordeaux).*

> Son père partit POUR *l'Amérique* (COLETTE, *Fanal bleu*, p. 204). — *Il avait dû partir aussi* POUR *le front* (CHAMSON, *Adeline Vénician*, p. 134). — *Quand je partis* POUR *Lyon avec Louise et ma sœur* (S. de BEAUVOIR, *Mémoires d'une jeune fille rangée*, p. 19). — *Un avion qui part* POUR *l'Amérique (Dict. contemp.).*

Ces grammairiens refusent, parfois en termes méprisants [12], la construction de *partir* avec les prépositions *à, en, dans, chez, vers, sur,* ou avec les adverbes *là, ailleurs,* etc., ou avec les pronoms *y, où.* Elle s'explique par le fait que le point de vue a changé : il n'est plus question du lieu que l'on quitte (comme avec *s'éloigner*), mais seulement du lieu vers lequel on se dirige ; c'est celui-ci qui est le complément essentiel. *Partir,* devenu synonyme de *s'en aller,* se construit comme celui-ci [13]. — Ce tour a pénétré fortement dans l'usage littéraire :

> — Avec une autre préposition que *pour : Hippolyte partit* à *Neufchâtel* (FLAUB., *Mme Bov.,* III, 8). — [...] *Gontran étant parti* AU *Casino* (MAUPASS., *Mont-Oriol,* I, 7). — *La princesse part* à *Saint-Mandé* (A. DAUDET, *Rois en exil,* p. 106). — *Il partit* AU *Japon* (BARRÈS, dans *l'Auto,* 20 févr. 1907). — *Madame Hugo repartit* EN *Italie* (SAINTE-BEUVE, *Critiques et portr. litt.,* t. II, p. 37). — *Rogier* [...] *partit* EN *Orient* (Th. GAUTIER, dans Nerval, *Œuvres compl.,* Calmann-Lévy, t. I, p. x). — *Il partait* EN *Italie parce que Richelieu ne l'aimait pas* (FAGUET, *Hist. de la poésie franç.,* t. I, p. 376). — *J'étais à Tanger.* [...] *Je partis en caravane* DANS *l'intérieur* (P. LOUŸS, *La femme et le pantin,* XIV). — *Nous sommes partis* DANS *le Bois de Boulogne* (GIDE, *Journal,* 3 mai 1906). — *Antonine était, depuis deux mois déjà, repartie* DANS *sa province* (G. DUHAMEL, *Suzanne et les jeunes hommes,* p. 295). — VERS *toi mes désirs partent en caravane* (BAUDEL., *Fl. du m.,* Sed non satiata). — *Le croiseur étant parti* VERS *les abris d'Islande* (LOTI, *Pêcheur d'Isl.,* II, 1). — [...] *les camions qui partaient aussitôt* VERS *les barricades* (MALRAUX, *Espoir,* Pl., p. 461). — *Swann partit* CHEZ *Prévost* (PROUST, *Rech.,* t. I, p. 228). — *Il partait* CHEZ *les ombres* (COCTEAU, *Enfants terribles,* p. 71). — *Gérard fut obligé de boire deux grands verres d'alcool, comme les pêcheurs qui partent* SUR *la mer* (CAYROL, *Vent de la mémoire,* p. 138).

> Autres ex. : ALAIN-FOURNIER, *Gr. Meaulnes,* p. 281 ; R. ROLLAND, *Jean-Chr.,* t. VIII, p. 212 ; P. CHAMPION, *Hist. poétique du XVe s.,* t. II, p. 359 ; ESTAUNIÉ, *Appel de la route,* p. 349 ; R. MARTIN DU GARD, *Jean Barois,* p. 365 ; MAUROIS, *Bernard Quesnay,* p. 172 ; THÉRIVE, dans le *Temps,* 21 oct. 1937 ; M. NOËL, *Notes intimes,* p. 219 ; GIRAUDOUX, *Bella,* I ; MAC ORLAN, dans J. London, *Fils du loup,* 1926, p. III ; MONTHERLANT, *Songe,* XI ; Ch. DU BOS, *Grandeur et misère de B. Constant,* p. 220 ; GIONO, *Voy. en Italie,* p. 147 ; PAGNOL, *Temps des secrets,* p. 10 ; LA VARENDE, *Belles esclaves,* p. 116 ; H. BOSCO, *Sanglier,* p. 114 ; A. CAMUS, *Été,* p. 82 ; H. BAZIN, *Vipère au poing,* XXIV ; etc.

---

12. Pour Faguet (qui pourtant emploie *partir en*), c'est « un affreux provincialisme de Paris » ; « il est l'illogisme même et il est très plébéien » (dans les *Annales polit. et litt.,* janv. 1914, p. 16). A. Hermant range cette construction parmi les « solécismes ignobles » (*Chron. de Lancelot,* t. II, p. 233). — Jugement tout opposé : « En vain la grammaire voudrait nous imposer comme *correctes* d'imprononçables bouillies, le bourbeux *Je pars pour Paris,* au lieu du direct et prompt *Je pars à...* » (Claudel, *Positions et propositions,* t. I, p. 83). [L'argument est faible : *Il partira à Arras* sera considéré par d'autres comme « imprononçable ».]

13. La même évolution explique *Nous partons le chercher* et *Il partit à rire* (cf. § 791, *h*), constructions que les puristes n'ont pas mises à l'index. Voir aussi *partir soldat* au § 337, *c.*

— Avec *où, y* ou un adverbe de lieu : *Il est donc prêt à partir* BIEN LOIN, *en province, à l'étranger, s'il le faut* (L. BERTRAND, *Lamartine*, p. 114). — *Mais quel plaisir si* [...] *elle avait eu la bonne idée de partir* JE NE SAIS OÙ [...]*!* (PROUST, *Rech.*, t. III, p. 121.) — *Plusieurs jeunes filles de Brière* [...] *étaient parties* LÀ-BAS (A. de CHÂTEAUBRIANT, *Brière*, p. 219). — *Nous partions* LÀ-BAS, *en troupe, avec enthousiasme et gaieté* (J. et J. THARAUD, *Notre cher Péguy*, t. I, p. 57). — *Et songeant* [...] *à ce parc, ils résolurent d'*Y *partir* (GIDE, *Retour de l'enf. prod.*, p. 50).

G. et R. Le Bidois (§ 1866), sans s'opposer absolument aux autres emplois, accepteraient plus facilement *partir à* « quand on veut exprimer, non le but du voyage, mais son résultat, c'est-à-dire la présence dans le lieu pour lequel on est parti », par exemple dans *Il est* PARTI À PARIS *(pour) faire des achats*. Il ne semble pas que *partir* exprime vraiment la présence dans un lieu. Comme nous l'avons dit, ce qui s'est produit, c'est que l'attention s'est portée non plus sur le lieu de départ, mais sur le lieu de destination, au point qu'il est difficile de remplacer *dans* par *pour* dans une phrase comme : [...] *le quartier latin,* [...] *désert à cette époque, car les étudiants étaient partis* DANS *leurs familles* (FLAUB., *Éd. sent.*, I, 5).

L'Acad., dans une mise en garde (citée par Dupré, p. 1885) contre *partir à,* excepte de sa sévérité *partir en voyage,* que Littré condamnait pourtant. Il est vrai que ce complément ne marque pas vraiment le lieu (le lieu de destination pouvant être simultanément exprimé par un autre complément : voir l'ex. de Flaubert ci-dessous). En tout cas, *partir en voyage, en promenade,* etc. est sûrement reçu par le bon usage :

Il partit EN VACANCES, *après avoir été reçu bachelier ès lettres* (BALZAC, *Goriot*, p. 34). — *Arnoux, le lendemain, partait* EN VOYAGE *pour l'Allemagne* (FLAUB., *Éd. sent.*, I, 5). — *Si elle n'y réussissait pas, M. Verdurin partait* EN CAMPAGNE, *trouvait un bureau de télégraphe ou un messager* (PROUST, *Rech.*, t. I, p. 292). — *Nous partions* EN PROMENADE *dans Paris* (LÉAU-TAUD, *Journal litt.*, 29 nov. 1898, note). — *Une génération qui a à créer son habitat* [...] *doit partir* EN GUERRE *contre ceux qui exaltent cet esprit non uniquement pratique* (BENDA, dans la *Revue de Paris*, 15 mars 1937, p. 348). — *Parti* EN MISSION (KESSEL, *Mermoz*, p. 51). — *Je pars* EN VOYAGE *dans quelques jours* (DAUZAT, dans le *Monde*, 8 juin 1949). — *Partir* EN VACANCES, *c'est d'abord fuir ses soucis* (CAILLOIS, *L'homme et le sacré*, p. 162).

Autres ex. : R. ROLLAND, *Jean-Chr.*, t. X, p. 264 ; GIDE, *Paludes*, p. 72 ; ESTAUNIÉ, *Appel de la route*, p. 149 ; Fr. MAURIAC, *Nœud de vip.*, VII ; G. DUHAMEL, *Manuel du protestataire*, p. 242 ; GIRAUDOUX, *Bella*, IX ; ARLAND, *L'eau et le feu*, p. 66 ; H. BOSCO, *Balesta*, p. 153 ; HÉRIAT, *Enfants gâtés*, III, 3 ; etc.

Remarques. — 1. Ce qui a été dit ci-dessus de *partir* s'applique aussi à *départ,* quoique la destination soit beaucoup plus rarement exprimée qu'avec le verbe. La construction avec *pour* reste usitée, mais on emploie aussi d'autres prépositions :

— *Départ des volontaires* POUR *le front* (ROBERT). — *Son départ à Pétersbourg* (A. DAUDET, *Immortel*, VI). — *Ce départ* DANS *un cloître* (HUYSMANS, *Cathédrale*, p. 445). — *Départ* EN *voyage* (petit *Robert*). — *Préparer son départ* EN VACANCES (*Grand Lar. langue*).

2. A.-V. Thomas considère que *partir* POUR UNE SEMAINE est « du langage populaire ». Il faudrait dire *s'absenter pour une semaine*. Ce jugement ne paraît pas fondé.

Hist. — Quand *partir* « partager, séparer » (comp. § 848, 21) était construit avec un pronom réfléchi, il signifiait « se séparer (de quelqu'un) » : *Nicolete o le cler vis* [= au clair visage] / *Des pastoriaus* SE PARTI (*Aucassin et Nic.*, XIX). — Dès le XIIᵉ s., *soi partir de* admet comme régime un nom de lieu ou un adverbe de lieu : *Atant* [= alors] SE PART *d'iluec* [= là] *li dus* [= le duc] (*Chastelaine de Vergi*, 550). — Dès le XIIᵉ s., aussi, le pronom réfléchi a pu être omis : *En infer aloient les ames / Quant eles* PARTOIENT *des cors* (CHRÉT. DE TR., *Perceval*, 587, éd. R.). — *Tu* PARTIRAS *de chi* [= ici] (*ib.*, 3958). — Cependant la forme pronominale subsistera longtemps. En 1621, le dict. de Nicot donne encore les deux constructions : *Elle* SE PARTIT *de là qu'elle estoit ja grandelette.* PARTEZ *d'ici.* — Cf. *s'en partir* au § 656, Hist., 1.

Depuis le XVIIᵉ s., on peut indiquer aussi la destination, qui est introduite par *pour* : ⁺*Je pars demain* POUR *la Bourgogne* (SÉV., 10 oct. 1673). — *Je pars demain* POUR *Londres qui est le lieu du monde où le peuple est le plus méchant* (RICHELET, 1680).

On trouve déjà un ex. de *partir en* au XVIᵉ s., chez un auteur d'origine flamande : *L'abbé de Cisteaux donne sa benediction aux cigongnes qui luy viennent demander congé de partir* EN *leur païs* (MARNIX DE SAINTE-ALDEGONDE, cit. Huguet). — C'est depuis le XVIIIᵉ s. que l'usage de construire *partir* avec d'autres prépositions que *pour* s'est vraiment répandu et que les grammairiens l'ont critiqué : cf. Brunot, *Hist.*, t. VI, p. 1881.

c) Dans une phrase comme : *Je les ai invités ce matin pour demain soir*, les deux indications de temps sont nettement distinctes, l'une concerne le moment où se place l'action exprimée par le verbe, et l'autre indique le moment où doit se dérouler une autre action qui est prévue. Lorsque le premier complément n'est pas exprimé, on veillera à garder la préposition du second (*à, pour,* selon les cas) :

Nous nous sommes donné rendez-vous à *aujourd'hui* (A. LICHTENBERGER, *Le cœur est le même*, p. 201). — *Les rendez-vous que les jeunes gens se donnent* POUR *cinq ou six heures du soir* [...] (GIRAUDOUX, *Bella*, II). — *Je les ai invités* POUR *demain soir* (BOURGET, *Voyageuses*, p. 21). — *Je vous promets du beau temps* POUR *demain* (AC., s.v. promettre). — *Il faudrait sans doute reporter le feu d'artifice prévu* POUR *le samedi soir* (B. CLAVEL, *Tambour du bief*, p. 235).

Les ex. suivants sont ambigus et ne devraient pas être imités : *Et l'on nous promit un dîner* AU BOUT D'UNE HEURE. *Nous profitâmes de cette heure pour examiner la* fonda [= auberge] *plus en détail* (Th. GAUTIER, *Voy. en Esp.*, p. 140). — *Je me suis fait accoster par Jeannette, et je lui ai donné rendez-vous* LUNDI (J. CABANIS, *Profondes années*, p. 132). — *Helmut Kohl a du temps devant lui puisque les élections générales ne sont prévues qu'*EN 1987 (A. FONTAINE, dans le *Monde*, 5 juillet 1984).

Comparez avec l'emploi régulier : *Elle n'était pas rentrée, bien qu'elle lui eût donné rendez-vous par une dépêche bleue,* LE MATIN (MAUPASS., *Notre cœur*, II, 1).

d) Voter socialiste est un calque de l'anglais. On peut analyser l'expression en y voyant « un complément adverbial avec *pour* sous-entendu » (Togeby, § 1422). Mais les usagers semblent le considérer comme un objet lorsqu'ils lui substituent un pronom interrogatif : *Tu as voté quoi ?*

Par extension, avec d'autres compléments que ceux qui désignent un parti politique ou un candidat : *Je défiais les défenseurs de la prohibition de nommer six États qui voteraient* HUMIDE (MAUROIS, *Chantiers américains*, p. 98). — *L'autre tendance [...] appelle les femmes à voter* NUL (dans le *Monde*, 23 déc. 1977, p. 2). — *Voter* BLANC.

Autre cas : *Si seulement on nous* [= les jurés] *avait laissés voter* COUPABLES [imprimé en italiques] *tout simplement* (GIDE, *Souvenirs de la Cour d'assises*, I). [Il y a deux accusés ; sorte de discours indirect.]

Comp. aussi §§ 286, 7°, Rem. 2 (*penser blanc*, etc.), et 926, *c (penser universel).*

305 **Place du complément adverbial.**

N.B. — 1. Si le complément adverbial est le pronom *y* ou *en,* un pronom relatif, un interrogatif, un nom accompagné d'un déterminant relatif, interrogatif ou exclamatif, sa place est imposée par les règles propres à ces catégories :

> Paul est allé à Genève, il Y est resté quinze jours et il EN est revenu très fatigué. — La maison DANS LAQUELLE j'habite est à l'orée du bois. — Où cela s'est-il passé ? — DANS QUEL GUÊPIER je me suis fourré !

2. Sur la place des adverbes, voir aussi §§ 935-936.

3. Sur la place du complément adverbial par rapport aux autres compléments du verbe, voir § 291.

a) Le complément adverbial **non essentiel** a une grande mobilité dans la phrase, même s'il suit souvent le verbe. Les intentions du locuteur (mise en relief, ordre des faits dans la pensée) et, dans la langue écrite, le souci de l'harmonie interviennent beaucoup.

— Ce complément peut se trouver en tête de la phrase ou de la proposition dans tous les types de communication, même orale, notamment lorsqu'il y a un lien avec ce qui précède, mais cette condition n'est nullement nécessaire.

> LA NUIT, *tous les chats sont gris* (prov.). — DANS SON EXPLICATION, *il y a un détail qui me chagrine, c'est qu'il néglige un point essentiel (Dict. contemp.,* s.v. *chagriner).* — GRÂCE À SES NOMBREUSES FACETTES, *le tastevin permet d'apprécier la tonalité du vin et l'intensité de sa couleur (Bourgogne, Morvan,* Michelin, 1981, p. 33). — APRÈS LA PRISE DE VUE, *l'image qui s'est inscrite sur la surface sensible est invisible (Grand dict. enc. Lar.,* s.v. *photographie).* — PAR LES SOIRÉES ORAGEUSES DE L'ÉTÉ QUI FONT PESER SUR ORSENNA COMME UN MANTEAU DE PLOMB, *j'aimais à m'enfoncer dans les forêts qui cernent la ville* (GRACQ, *Rivage des Syrtes,* p. 8).
> — Entre le sujet et le verbe : *L'homme* AVANT DIX-HUIT ANS RÉVOLUS, *la femme* AVANT QUINZE ANS RÉVOLUS, *ne peuvent contracter mariage (Code civil,* art. 144). — *Laura,* PENDANT CE TEMPS, [...] *commence à descendre d'étage en étage* (ROBBE-GRILLET, *Projet pour une révolution à New York,* p. 200).
> — Entre l'auxiliaire et le participe, c'est un effet littéraire marqué, surtout en prose : *Il sentait la joie de sa bien-aimée* [...] *parce qu'il n'était plus* CONTRE ELLE *couché* (Fr. MAURIAC, *Baiser au lépreux,* X). — *Il avait* à LYON *fondé la première grande khâgne de province* (GUÉHENNO, dans le *Figaro litt.,* 30 mars 1957). — *L'émotion et le vertige avec lesquels il* [= Malraux] *les* [= les constellations] *contemple tiennent moins à elles qu'aux peuples qui les ont* DEPUIS LA NUIT DES TEMPS *contemplées* (Cl. MAURIAC, dans le *Figaro,* 11 juin 1971).

Remarque. — Il est assez rare, dans la langue écrite, que le complément adverbial non essentiel placé en tête de la phrase soit repris par un pronom personnel (qui ne peut être que *en* et *y)* devant le verbe. Ce pléonasme est en général critiqué.

> Là il Y *faisait moins chaud* (QUENEAU, *Derniers jours,* XV). — *Dans les discours les plus indifférents des hommes politiques, les amis ou les ennemis de ces hommes croient toujours* Y *voir reluire* [...] *un rayon de leur pensée* (Al. DUMAS, *Tulipe noire,* XXXI).

b) Le complément adverbial **essentiel** est moins mobile. Il est plus souvent à la suite du verbe. Les déplacements ont besoin d'une raison particulière ; par ex., en tête de la phrase (ou de la proposition), cela correspond à une mise en évidence plus nette que pour les compléments non essentiels ou à un souci de marquer le lien avec ce qui précède :

DANS CERTAINS CREUX DES PIERRES DU MUR, *de vilaines bêtes d'araignées noires habitaient* (LOTI, *Mme Chrysanth.*, XI). [Le détachement aurait été moins sensible, s'il y avait eu inversion du sujet.] — VERS L'ORIENT COMPLIQUÉ *je volais avec des idées simples* (DE GAULLE, *Mém. de guerre*, t. I, p. 181). — À PARIS *j'allais tous les quinze jours, à Londres, une fois par an.*

Avec reprise par un pronom : *Partout où l'oiseau vole, la chèvre* Y *grimpe* (HUGO, *Lég.*, XXII, Prol.).

Les compléments de mesure sont presque toujours placés après le verbe. Cependant la langue parlée familière les met parfois en tête de la phrase (comp. pour l'objet direct au § 290, *d*) : DOUZE MILLE FRANCS *ça m'a coûté* (ANOUILH, *Orchestre*, p. 152).

LE COMPLÉMENT ABSOLU

306 Le **complément absolu** se caractérise par le fait qu'il est constitué d'un sujet et d'un prédicat, mais sans mot introducteur et sans verbe conjugué : DIEU AIDANT, *je vaincrai.*

Cette dénomination s'inspire de la grammaire latine, dans laquelle on appelle *ablatif absolu* la formule équivalant à la formule française donnée ci-dessus : DEO IUUANTE, *uincam.* (En grec, il y a un génitif absolu.) — *Absolu* a ici le sens « qui n'a pas de liaison explicite avec le support du complément », mais cela ne rend pas bien compte de la spécificité de ce complément. *Proposition absolue* serait peut-être plus satisfaisant. — On parle souvent de *participe absolu* ou de *proposition participe*, mais cela convient seulement à un certain type : voir § 307.

Remarque. — D'ordinaire, le sujet du verbe principal n'est pas le même que celui du complément absolu :

Plutôt que *La ville prise, elle fut incendiée par les soldats*, on dira, avec une épithète détachée : *Une fois prise, la ville fut incendiée...* — Voir pourtant certains ex. du § 307, *b*, et celui de Dutourd, § 309, *a*.

Mais il arrive que le sujet du complément absolu soit représenté auprès du verbe principal par un pronom complément, ou qu'un pronom complément du prédicat du complément absolu représente le sujet du verbe principal :

Les oies saignées, on LES *ouvre* (J. de PESQUIDOUX, *Chez nous*, t. I, p. 49). — *L'ennemi* LA *menaçant, la ville fut incendiée par les habitants.*

Hist. — Le sujet du verbe principal pouvait autrefois être le même que celui du complément absolu :

Un d'eux voyant la terre [...], / [...] IL *eut la mesme envie* (LA F., *F.*, IX, 12). — +*Monsieur le Prince aidant à se tromper lui-même*, IL *recevait l'empressement du Cardinal comme une marque de son amitié* (LA ROCHEF., t. II, p. 157). — *Le corps législatif ayant la confiance du peuple, et étant plus éclairé que lui,* IL *pourroit le faire revenir des mauvaises impressions qu'on lui auroit données* (MONTESQ., *Espr.,* XIX, 27).

Cela est aujourd'hui archaïque : *Jésus, prenant l'infirme par la main,* IL *lui dit : Lève-toi et marche !* (CLAUDEL, *Seigneur, apprenez-nous à prier,* p. 122.) — La ponctuation semble montrer qu'on a plutôt ici le phénomène de redondance décrit au § 367, *b.*

307   **Nature du prédicat** dans le complément absolu.

a) Participe présent (actif ou passif) ou participe passé composé :

Aussi espère-t-il bien, Dieu AIDANT, *ne développer jamais sur la scène [...] que des choses pleines de leçons et de conseils* (HUGO, *L. Borgia,* Préf.). — *Les parts* ÉTANT FAITES, *on se mit à manger.* — *Ma mère* AYANT ACHEVÉ *sa lecture, la conversation s'engagea.* — *La nuit* ÉTANT VENUE, *il fallut allumer les phares.* — *Les dossiers* AYANT ÉTÉ COMPLÉTÉS, *la décision fut prise.*

Lorsque l'auxiliaire est *étant, ayant été,* il se supprime souvent (cf. *b),* ce qui rend l'expression plus légère.

b) Participe passé ou adjectif attributs sans copule [14] :

Hier soir, ces lignes ÉCRITES, *je me suis mis à genoux* (BERNANOS, *Journal d'un curé de camp.,* Pl., p. 1056). — *Elle mangeait délicatement, le petit doigt* ÉCARTÉ (SIMENON, *Vérité sur Bébé Donge,* p. 18). — *Gil [...] / Parvint, la lance* HAUTE *et la visière* BASSE, / *Aux confins du pays* (HUGO, *Lég.,* VI, II, 1).

Notons particulièrement l'emploi de l'adjectif **ordinal** comme **prédicat d'un pronom personnel.** Ce tour est aujourd'hui archaïque :

L'aimable et belle frégate [...] nous coula [...], laissant quelques canots pêcher les prisonniers, desquels je fus, MOI DIXIÈME, *que deux cents hommes que nous étions au départ* (VIGNY, *Servitude et grand. mil.,* III, 6). — *M. le prince de Joinville était obligé de coucher,* LUI VINGTIÈME, *dans une chambre commune, sur une table* (HUGO, *Choses vues,* p. 32). — *Il joue le whist avec trois morts,* LUI QUATRIÈME (A. SUARÈS, *Sur la vie,* t. I, p. 100). — *Monsieur le curé, d'ailleurs, s'en régala,* LUI, TROISIÈME (POURRAT, *Gaspard des montagnes,* p. 186). — *Il admit immédiatement,* LUI TROISIÈME, *mon point de vue* (LA VARENDE, *Amour de M. de Bonneville,* p. 129). — *Il arriva* LUI TROISIÈME (AC., s.v. *lui*). — *Eux* PREMIERS *ils prennent le ciel de force* (PÉGUY, *Myst. des saints Innoc.,* p. 175). — *On m'excusera d'avoir,* MOI PREMIER À LIÈGE, *peut-être, pris fugitivement la défense de ce Français* (A. SOREIL, dans la *Vie wallonne,* 1ᵉʳ trimestre 1966, p. 65). — Autres ex. : BERLIOZ, *Mémoires,* t. II, p. 195 ; Al. DUMAS, *Tr. mousq.,* LI ; BARBEY D'AUR., *Chev. des Touches,* V ; BOURGET, cit. Damourette-Pichon, § 2582.

Le tour se rencontre aussi avec un nom comme sujet : *Je suis tombé sur Aragon et sur Tzara avec qui,* MONNEROT QUATRIÈME, *j'ai fondé la revue* Inquisitions (R. CAILLOIS, dans *Europe,* janv. 1973, p. 84). — *Ils se mirent en route,* GASPARD NEUVIÈME (POURRAT, cit. Damourette-Pichon, § 2586).

Hist. — Le tour *moi troisième* était fort fréquent en anc. et moyen fr. Il n'a pas disparu par la suite, comme on l'a vu.

Et l'endemain quant jors apert / Monta ses oncles LUI SEPTIME [= Et le lendemain quand le jour se leva, son oncle monta lui septième] (HUON LE ROI, *Vair Palefroi,* 506-7). — *Une nef en un port trouva, / Sei* [= soi] DOZIME *dedenz entra* (WACE, *Brut,* 2561-62). — *Et si y alai,* MOI DISIESME *de chevaliers* (JOINVILLE, § 112).

---

14. Des noms peuvent aussi servir d'attribut ; par ex., *témoin : Ce mot n'existait pas au XVIIᵉ siècle,* TÉMOIN *les dictionnaires de l'époque* (*Dict. contemp.*). Voir § 250, Rem. 4.

Le fait que le pronom personnel ne présentait pas la forme tonique ordinaire, *il* et *je*, montre que l'on a un complément absolu et non une simple redondance (§ 367, *c*).

c) Adverbe ou syntagme prépositionnel :

L'ennemi DEHORS, *on respira.* — *Il reste seul debout, Olivier* PRÈS DE LUI (VIGNY, *Poèmes ant. et mod.*, Cor, II). — *L'âne riait si fort qu'il se roulait dans l'herbe, les quatre fers* EN L'AIR (AYMÉ, *Contes du chat perché*, Mauvais jars). — *Je bénirai Yahvé en tout temps,* / *Sa louange sans cesse* EN MA BOUCHE (*Bible de Jérus.*, Ps., XXXIV, 1). — *Les ducs* HORS DE CAUSE, *il reste dans la noblesse trois catégories* (LA VARENDE, *Nez-de-Cuir*, III, 1).

Voir d'autres ex. ci-dessous, notamment au § 308, *c*. — Même des prépositions comme *fors* et *hors* deviennent plutôt des prédicats lorsque ces mots signifient « excepté » (cf. Hist.). — De même encore, *outre* : OUTRE *ses qualités sportives,* [...] *il figurait* [...] *parmi les hommes de métier les plus notables* (LE ROY LADURIE, *Carnaval de Romans*, pp. 118-119).

Hist. — Il faut noter que *fors*, lorsqu'il indiquait une exception par rapport à un sujet, était souvent suivi du cas sujet en anc. fr. : *Nuls nu sot* / *Fors* DEUS *et* IL (ROBERT DE BLOIS, cit. Tobler-Lommatzsch) [= Nul ne le sut, sauf Dieu et lui]. — D'une façon générale, on observera qu'il n'est pas dans la nature ordinaire de la préposition de relier deux termes de fonction identique ; cela appartiendrait plutôt à la conjonction de coordination.

308   Fonctions du complément absolu.

a) Il peut correspondre à un complément adverbial dépendant d'un verbe.

LA PIERRE ÔTÉE, *on vit le dedans de la tombe* (HUGO, *Lég.*, II, 8).

b) Il peut être attribut du sujet ou du complément d'objet :

Elle était PIEDS NUS *et en haillons* (HUGO, *Misér.*, IV, II, 4). — *Je la croyais* PIEDS NUS.

c) Il peut jouer le rôle d'une épithète, ordinairement d'une épithète détachée :

Une gravure représentant un puissant navire, TOUTES VOILES DEHORS, *fendant une mer encombrée de dauphins* (J. GREEN, *Terre lointaine*, p. 311). — *Les petits passaient,* LA DÉMARCHE VIVE (LARBAUD, *Fermina Márquez*, IX). — *Elle va* LA TÊTE HAUTE (A. BRETON, *Nadja*, p. 71).

Le complément absolu, employé comme épithète, sert notamment à préciser ou corriger l'extension du nom ou du pronom, en indiquant des inclusions, des exclusions :

Le prédicat est un participe passé : *Il aurait à débourser prochainement une quarantaine de mille francs,* NON COMPRIS *les droits de succession* (FLAUB., *Éd. sent.*, II, 2). — *J'ai voulu que les autres personnages, Pompée* COMPRIS, *et Caton* EXCEPTÉ, *eussent aussi leurs bouffées de langage trivial* (MONTHERLANT, *Tragédie sans masque*, p. 275). — *Tout le monde était arrivé sur la plage,* Y COMPRIS *l'homme dont le bateau était là* (M. DURAS, *Petits chevaux de Tarquinia*, p. 64). — *Il n'y a de contribution qu'universelle, autrement dit payable par tous, privilégiés* INCLUS (LE ROY LADURIE, *Carnaval de Romans*, p. 397).

Le prédicat est adverbial : À PART *quelques-uns, l'ignorance religieuse de tous était si profonde que* [...] (FLAUB., *Éd. sent.*, III, 4). — *Les pensionnaires* [...] *étaient réunis,* MOINS *le père Goriot* (BALZAC, *Goriot*, p. 222). — *Les compagnons d'Ulysse* [...] *découvrirent* [...] *tous les fruits,* PLUS *une baie acidulée* (GIRAUDOUX, cit. Robert, s.v. *plus*, I, D). — *Il y avait bien là cinq à six personnes,* OUTRE *lui* (RAMUZ, *Vie de Samuel Belet*, I, 1). — *Vous devrez payer cinquante francs, port* EN SUS.

Les termes de cette espèce ont un statut grammatical instable.

1° Dans la mesure où le participe et l'adjectif servant de prédicats sont antéposés, ils deviennent facilement invariables : d'où l'opposition entre *Ma sœur exceptée* et *Excepté ma sœur,* etc. ; cf. § 311, *b.* Voir aussi § 996, *c.* Si cette antéposition est constante, si elle se combine avec un figement sémantique ou syntaxique, on aboutit à des espèces de prépositions : *sauf*[15] s'est écarté de l'adjectif dont il n'était au départ qu'une réalisation (cf. § 311, *a,* Hist.) ; *hormis* n'est plus analysable comme un participe passé, puisqu'il n'y a plus de verbe **hormettre* ou **hors mettre.*

Les éléments adverbiaux, en eux-mêmes proches des prépositions (d'autant plus qu'une préposition comme *jusqu'à* marque aussi l'inclusion : cf. § 1015, *d*), se confondent avec elles, au point d'en prendre explicitement la forme (*en sus de, en outre de, en plus de :* voir la Rem.).

2° Le sujet devient dès lors une sorte de régime, n'importe quel élément de la phrase pouvant être corrigé de cette façon.

Syntagmes prépositionnels : *Une belle tête d'homme n'a pas besoin de comporter, excepté peut-être,* AUX YEUX D'UNE FEMME, [...] *cette idée de volupté* [...] (BAUDEL., *Fusées,* XVI). — *Elle avait chaud partout, excepté* DANS LE DOS (J. RENARD, *Journal,* 28 sept. 1903). — *La liberté ne survivrait pour personne dans le monde, y compris* POUR LES ÉTATS-UNIS (DE GAULLE, *Discours et messages,* t. II, p. 575). — *La pierre de taille* [...] *ne peut manquer d'en imposer à tous, y compris* AUX JEUNES FAUVES (R. IKOR, *Tourniquet des innocents,* p. 194). — *Il se sent aujourd'hui tout disposé à présider la Vᵉ* [République], *contre les institutions de laquelle il a toujours voté, y compris* CONTRE L'ÉLECTION *du chef de l'État au suffrage universel* (M. DROIT, *Clartés du jour,* p. 218). — *Quel livre contemporain autant que* Le Roi des Aulnes *joue-t-il de l'ambiguïté, y compris* DE CELLE *que la guerre porte en son sein ?* (M. del CASTILLO, dans le *Figaro,* 17 nov. 1981.)

Propositions conjonctives adverbiales : *À son sommet s'attachait le drapeau d'un grand pan d'azur, sauf, naturellement,* QUAND ARRIVAIT LA PLUIE (AUDIBERTI, *Dimanche m'attend,* p. 209).

Épithètes : *La bourgeoisie viennoise y compris* JURIDICTIONNELLE [...] (LE ROY LADURIE, *Carnaval de Romans,* p. 108) [= y compris les gens de justice].

Hist. — Voir déjà Montesquieu : ⁺*On régla qu'excepté* DANS QUELQUES CAS PARTICU-LIERS, *on suivrait, dans les suffrages, la division par tribus* (*Considér.,* VIII).

Remarque. — *En sus de,* qui date de la fin du XVIIIᵉ s., n'est pas critiqué (Littré l'enregistre sans réserve, à la suite de l'Acad.) ; il a vieilli. Au contraire, *en outre de,* qui n'est guère plus récent, est qualifié de barbare par Littré (à cause de l'existence d'*outre* seul). Le bon usage a pourtant reçu cette locution. Il a reçu également *en plus de,* apparu vers la fin du XIXᵉ siècle et que l'Acad. ne signale pas (quoiqu'elle l'emploie s.v. *outre*).

L'honoraire est ce que le client doit, EN SUS DES *frais, à son avoué pour la conduite plus ou moins habile de son affaire* (BALZAC, *Illus. perdues,* Pl., p. 914). — *J'avais cinq prix. On*

---

15. °*Manque* en fr. régional du Sud-Ouest : *Tous les convives* [...] MANQUE *Isabelle* (PÉROCHON, cit. *Revue de linguist. rom.,* janv.-juin 1978, p. 84). — L'adj. *manque* a appartenu au fr. commun au XVIᵉ s.

m'offrit, EN SUS DE *mes volumes, quelques couronnes de papier vert* (HERMANT, *Confession d'un enfant d'hier*, II). — *Une trentaine de mille francs restait toujours à payer* EN OUTRE DE *mes vieilles dettes* (CHAT., *Mém.*, IV, II, 9). — EN OUTRE DU *bon vouloir, le savoir-faire n'y gâterait rien* (MUSSET, *Chandelier*, I, 6). — EN OUTRE DU *musicien, la direction imaginative du philosophe contentait ses plus secrets mouvements* (BARRÈS, *Ennemi des lois*, p. 178). — EN PLUS DE *Paul* [...] *et de mon oncle Charles, Tancrède Gide avait eu plusieurs enfants* (GIDE, *Si le grain ne meurt*, I, 2). — EN PLUS DES *fumoirs, des salons de jeu, des vestibules* [...], *il y a trois grands buffets fort bien servis* (LOTI, *Japoneries d'automne*, p. 97). — *L'envahisseur s'attribuerait quelques denrées* EN PLUS DE *celles qu'il prenait tous les jours* (DE GAULLE, *Mém. de guerre*, t. I, p. 150).

Autres ex. d'*en outre de :* A.-M. AMPÈRE, lettre de 1818, dans A.-M. et J.-J. Ampère, *Corresp. et souvenirs*, t. I, p. 143 ; *Code rural*, 1837, p. 64 ; NERVAL, *Lettres des Flandres*, II, 1 ; BALZAC, *Birotteau*, Pl., p. 555 ; FROMENTIN, *Dom.*, VII ; VEUILLOT, cit. Deharveng ; GOBINEAU, *Nouvelles asiatiques*, p. 36 ; A. FRANCE, *Sur la pierre blanche*, p. 228 ; MAURRAS, cit. Deharveng ; FAGUET, *ib.* ; R. ROLLAND, *Jean-Chr.*, t. IV, p. 176 ; BLOY, *Mendiant ingrat*, t. I, p. 150 ; PÉGUY, *Esprit de système*, p. 123 ; BERGSON, *Évolution créatrice*, p. 91 ; CLAUDEL, *Sous le signe du dragon*, p. 43 ; H. BORDEAUX, *Lac noir*, p. 10 ; MONTHERLANT, *Reine morte*, I, 3 ; etc. — D'*en plus de :* MIRBEAU, *Dingo*, I ; COURTELINE, *Conversion d'Alceste*, IV ; BARRÈS, *Mes cahiers*, t. II, p. 77 ; HERMANT, *Discorde*, p. 106 ; PROUST, *Rech.*, t. I, p. 859 ; J. ROMAINS, *Hommes de b. vol.*, t. VI, p. 126 ; BAINVILLE, *Bismarck et la Fr.*, p. 134 ; GIRAUDOUX, *Littérature*, p. 49 ; MAUROIS, *Bern. Quesnay*, p. 81 ; G. DUHAMEL, *Nuit de la Saint-Jean*, p. 191 ; DANIEL-ROPS, *Maladie des sentiments*, p. 9 ; FR. MAURIAC, dans le *Figaro litt.*, 17 nov. 1966 ; TROYAT, *Les semailles et les moissons*, p. 390 ; J. GREEN, *Partir avant le jour*, p. 299 ; J. ROY, *Amour fauve*, p. 48 ; etc.

On rencontre aussi *en surplus de* (avec le nom *surplus*) : *J'ai* EN SURPLUS DE *mes occupations ordinaires, dû corriger deux épreuves de mon prochain livre* (BLOY, lettre, dans le *Mercure de Fr.*, 1ᵉʳ juin 1951, p. 209).

309   **Nature du sujet** dans le complément absolu.

a) C'est d'habitude un nom ou un syntagme nominal, — ou un pronom :

LE CAFÉ *bu*, L'ÉPOUX *servi*, LES ENFANTS *à l'essor, maman m'habilla chaudement* (G. DUHAMEL, *Notaire du Havre*, XII).

CELUI-CI *ayant soutenu que des armures dispensaient d'être brave, l'autre avait pris cela pour une injure* (FLAUB., *Éd. sent.*, II, 1). — PERSONNE *ne s'étant présenté, l'élection n'a pas eu lieu.* — VOUS *partis, j'ai perdu le sommeil, la gaîté* (HUGO, *Voix int.*, XXII). — *J'ai dû l'entendre pour la première fois prononcé par mon père vers 1928,* MOI *ayant huit ans* (J. DUTOURD, *École des jocrisses*, p. 10). — LUI *troisième :* § 307, *b.*

Remarque. — Le pronom personnel n'étant pas possible avec un verbe impersonnel au participe, on a parfois des compléments absolus sans sujet, sinon avec le sujet réel : voir des ex. avec *s'agissant, y ayant* au § 752, Rem. 3.

Hist. — Le pronom *ce* était le sujet d'un complément absolu dans *Ce dessus dessous*, altéré en *sens dessus dessous* (§ 667, Hist., 3) ; — dans *ce nonobstant, cependant* (§ 310, Hist., 3).

b) Parfois une proposition conjonctive introduite par *que :*

Étant admis QUE NOUS POURRONS TOUT, *qu'allons-nous faire de cette omnipotence ?* (J. ROSTAND, *Inquiétudes d'un biologiste*, p. 12.) — *Je ne peux pas arriver à faire mon article* [...]. *Ça n'est pas bien étonnant, étant donné* QUE JE N'AI JAMAIS ÉCRIT (MAUPASS., *Bel-Ami*, I, 3). — *Étant donné* QUE LES THÉORIES [...] SONT DESTINÉES À ÉVOLUER, *on risquerait de voir* [...] *les théories emporter dans leur ruine la terminologie elle-même* (MAROUZEAU, *Lexique de la termin. ling.*, Avant-propos). — *Il était fort dangereux de soutenir une vérité en astronomie, étant donné* QUE LE POUVOIR POLITIQUE IMPOSAIT UNE COSMOLOGIE D'ÉTAT (J. ROMAINS, *Lettre ouverte contre une vaste conspiration*, p. 143). — *Ces deux paquets sont exactement semblables, excepté* QUE CELUI-CI EST PLUS LOURD QUE L'AUTRE *(Dict. contemp.).* — *Il est parfois moins admirable d'user de son pouvoir, que de se retenir d'en user. Joint* QUE LA SENSATION D'UN POUVOIR DONT ON N'USE PAS EST SANS DOUTE UNE DES PLUS FINES QUI SOIENT AU MONDE (MONTHERLANT, *Reine morte*, II, 3). — *Leur réflexion se porte avec prédilection sur le domaine politique et social* [...] ; *joint* QUE C'ÉTAIT LE SEUL DOMAINE QUI FÛT RESTÉ FERMÉ À L'ESPRIT CRITIQUE (V.-L. SAULNIER, *Litt. fr. du siècle philosophique*, p. 11). — *Il y avait aussi quelque chose de propice à un véritable retour à Dieu* [...], *joint* QUE LA FRANCE ME MANQUAIT ET QU'ELLE DEMEURAIT POUR MOI LE PAYS DE LA RELIGION (J. GREEN, *Terre lointaine*, p. 60). — *À part* QU'ELLE VOLAIT TROP ET QU'ELLE MANQUAIT UN PEU DE DÉCENCE, *elle était tout de même une drôle de fille* (ZOLA, *Terre*, IV, 3). — *Supposé* QU'EN DEHORS DU RÉGIME DIRECT OU INDIRECT IL Y AIT DANS UNE PHRASE D'AUTRES RÉGIMES [...] *et supposé* QUE L'UN QUELCONQUE DE CES RÉGIMES SOIT PLACÉ EN TÊTE DE LA PHRASE, *l'inversion se produit* (FOULET, § 450). — *Il fallait l'excuser chez lui, supposé* QU'ELLE L'EÛT REMARQUÉ (MONTHERLANT, *Pitié pour les femmes*, L.P., p. 61). — *Supposé* [...] QUE TOUT FÛT VRAI, *Théorème se trouvait dans la situation d'un homme qui peut témoigner d'une vérité absurde* (AYMÉ, *Passe-muraille*, L.P., p. 42).

On a la même construction avec *vu que...* et *attendu que...*, mais ces participes n'y ont plus leur sens habituel, et on est fondé à y voir plutôt des conjonctions de subordination indiquant la cause. On pourrait raisonner de même pour *sauf que...* et *hormis que...* (cf. § 308, *c*), mais il est plus difficile de dire à quelle sorte de conjonction de subordination on aurait affaire, et la solution la plus simple serait de considérer malgré tout qu'il s'agit de compléments absolus. — *Durant que* et *pendant que* sont des conjonctions de subordination de temps ; *nonobstant que* est une conjonction de concession. Voir aussi § 310, Hist.

Hist. — *Excepté que...* et *supposé que...* remontent au moyen âge : *La nostre cure autresi* [= aussi], EXCEPTÉ *seulement* QUE *ceste* [= celle-ci] *ne devee* [= interdit] *nule fois la pocion* (*Chirurgie de Henri de Mondeville* [1314], S.A.T.F., § 920). — *Joint que...* date du XVIe s., mais cet emploi est vieilli depuis le XVIIe. *À part que...* et *étant donné que...* ne sont pas antérieurs à la 2e moitié du XIXe s.

c) Très rarement, un infinitif :

Il n'avait cessé d'entretenir avec elle des intelligences secrètes, étant toujours bon DE MAINTENIR UN ESPION DANS LA PLACE (Th. GAUTIER, *Cap. Fracasse*, XIII).

Remarque. — D'autres constructions s'expliquent par la nature quasi prépositionnelle qu'ont prise certains prédicats antéposés : § 308, *c*.

310　Ordre des éléments.

Ordinairement, le prédicat vient en deuxième lieu. Mais l'ordre inverse est loin d'être rare dans la langue écrite, avec un nom comme sujet :

SOUS-ENTENDUE *la guerre, le Nord, la Somme* (COCTEAU, *Lettre à J. Maritain*, p. 14). [Sur l'accord, voir § 435, *b*.] — ÉTEINTE *la chaleur du combat, le cœur de Sélim avait répondu à l'invocation* (KESSEL, *Coup de grâce*, p. 25). — *À cette époque, l'usage voulait, rencontrant une dame dans une galerie,* ACHEVÉES *les présentations, que vous lui passiez la main sous la jupe* (AUDIBERTI, *Dimanche m'attend*, p. 41). — *Ces chiffres sont à rabattre,* TENU *compte de l'entrecroisement des sangs* (YOURCENAR, *Archives du Nord*, p. 45). — EXCLUS *les parents et les élèves, on peut passer aux choses sérieuses* (B. FRAPPAT, dans le *Monde*, 4 août 1978). — Voir d'autres ex. au § 311.

À part est mis soit devant, soit, moins souvent, après : [...] *dans chacune des rues rayon-nantes,* à PART *celles qui mènent directement aux gares* (BUTOR, *Emploi du temps*, I, 2). [Dans cet ex., la longueur du sujet ne permet pas le choix.] — *Au XVIIIe siècle, les patois d'oïl ne sont plus parlés que par les paysans, qui comprennent partout le français, Wallonie et Vosges* à PART (DAUZAT, dans *Où en sont les études de fr.*, p. 189).

Eu égard est figé : EU ÉGARD *à l'amitié qui le liait à Fernand Gallien, Charles n'avait pas fait montre de beaucoup de vaillance* (AYMÉ, *Uranus*, XXII). — Dans l'ex. suivant, la suite de cette expression a été traitée abusivement comme un sujet : *Il nous parut trop technique* EU ÉGARD *le but que nous nous proposions* (L. WEISS, *Combats pour l'Europe*, 1979, p. 279).

Pour *excepté, étant donné,* etc., voir § 311, *b.*

Hist. — *Durant* est senti aujourd'hui comme une préposition ; ancien prédicat d'un complément absolu, il a gardé de son origine la faculté de suivre son régime (§ 1011) : [...] *longue amitié* [...] *nourrie, des années* DURANT, *par les plaisirs de la chasse et de la guerre* (G. DUBY, *Dimanche de Bouvines,* p. 36).

Pendant, qui a la même origine, n'est plus que préposition. Il se réalisait notamment dans le complément absolu *ce pendant,* que nous avons gardé comme adverbe, avec aggluti-nation, *cependant.* Quelques auteurs ressuscitent l'ancienne graphie (et l'ancien sens tempo-rel ; cf. § 966, *c*) : CE PENDANT, *le char des pauvres* [...] *s'engagea sur la pente des Champs-Élysées* (BARRÈS, *Dérac.,* p. 445). — Autres ex. : L. MADELIN, *Foch,* p. 196 ; Fr. de MIO-MANDRE, *Mon caméléon,* p. 42 ; FARRÈRE, *Seconde porte,* p. 178 ; R. KEMP, dans les *Nouv. litt.,* 1er août 1957. — Sur ce modèle, Barrès a construit *ce durant : Ils sentent* [...] *que vos années,* CE DURANT, *leur feront une terrible retraite* (*Union sacrée,* p. 137).

La préposition *nonobstant* était aussi à l'origine le prédicat d'un complément absolu : = *non obstant* « ne faisant pas obstacle ». TOULET l'emploie encore, par archaïsme, comme second terme avec un nom : *Le proverbe* NONOBSTANT, *mon amie Nane professait pour les amis de ses « amis » une haine opiniâtre et sournoise* (*Mon amie Nane,* IV). — La formule *ce nonobstant* (parfois *nonobstant ce*) subsiste dans la langue juridique et dans la langue littéraire comme synonyme de « néanmoins, malgré cela ». Elle a donné par réduc-tion l'adverbe *nonobstant :* cf. § 984, 1°.

Remarque. — Les adverbes *aussitôt, sitôt, une fois, à peine* indiquent que le fait exprimé par le complément absolu est de peu antérieur au fait exprimé par le verbe principal :

Si cela vous est absolument impossible, j'irai AUSSITÔT *votre réponse reçue terminer à Saint-Dizier* (LAMART., *Corresp.,* cit. *Trésor*). — AUSSITÔT *la lettre reçue, vous partirez* (LITTRÉ). — *Desbats lui jura de fixer,* AUSSITÔT *l'affaire faite, le jour de la noce* (Fr. MAURIAC, *Anges noirs,* p. 60). — SITÔT *le quadrille ou la polka terminés, tous s'abattaient sur les tables* (FLAUB., *Éd. sent.,* I, 5). — SITÔT *le sombre pourparler qu'on vient d'entendre terminé, le premier soin de Gauvain fut d'appeler son lieutenant* (HUGO, *Quatrevingt-tr.,* III, II, 12). — SITÔT *le papier signé, il faudra qu'on s'exécute* (A. DAUDET, *Rois en exil,* p. 332). — SITÔT *le dîner fini, elle laissa son père* (J. GREEN, *Adrienne Mesurat,* p. 17). — UNE FOIS *ce parti pris, la marquise fit le bonheur du Gonzo en lui disant* [...] (STENDHAL, *Chart.,* XXVIII). — *Le monde marche vers une sorte d'américanisme* [...] *qui,* UNE FOIS *les crises de l'heure actuelle passées, pourra bien n'être pas plus mauvais que l'ancien régime* (RENAN, cit. Robert, s.v. *américanisme*). — UNE FOIS *Jullauforie dans son département, le contact serait rompu* (G. CHÉRAU, *Enfant du pays,* XIII). — À PEINE *Gonzo parti pour le Corso, Clélia alla prendre l'air* (STENDHAL, *Chartr.,* XXVIII). — *Parfois,* À PEINE *ma bougie éteinte, mes yeux se fermaient* (PROUST, *Rech.,* t. I, p. 3).

La plupart des grammairiens voient dans *aussitôt* et *sitôt* ainsi employés des prépositions analogues à *après* (cf. § 889, *b*, Rem. 4), d'autant plus facilement que ces deux mots peuvent aussi se construire avec un nom sans participe passé (tour contesté par Robert et par d'autres, mais accepté déjà par Littré, s.v. *aussitôt*) :

AUSSITÔT *la mort du prince*, [...] *M. le comte a donné l'ordre* [...] (STENDHAL, *Chart.*, XXIII). — AUSSITÔT *le déjeuner, on partit en gondole* (LOTI, *Exilée*, p. 70). — SITÔT *le serrement de mains, elle se remit à marcher* (A. DAUDET, *Tart. sur les Alpes* [1885], cit. Tobler, *Verm.*, t. III, p. 62). — SITÔT *son dernier souffle, j'avais l'intention de lui boire le sang* (BARRÈS, *Dérac.*, p. 322). — *Francis Jammes* [...] *m'a écrit*, SITÔT *mon retour* (GIDE, *Journal*, t. I, p. 161). — SITÔT *la grand-route, il retrouva les bruits et les cris du siècle* (YOURCENAR, *Œuvre au noir*, p. 41).

Autres ex. avec *aussitôt :* SAND, *Corresp.*, 3 oct. 1838 ; M. DU CAMP, cit. Tobler ; FLAUB., *Corresp.*, t. II, p. 156 ; E. et J. de GONC., *Journal*, cit. *Trésor ;* P. ARÈNE, *Chèvre d'or*, XVI ; BOYLESVE, *Meilleur ami*, p. 101 ; MONTHERLANT, *Olympiques*, p. 98 ; LA VARENDE, *Cœur pensif...*, p. 256. — Avec *sitôt :* GENEVOIX, *Raboliot*, p. 122 ; R. MARTIN DU GARD, *Thib.*, Pl., t. I, p. 748 ; HÉRIAT, *Enfants gâtés*, VI, 1 ; J. de LACRETELLE, *Les maîtres et les amis*, p. 40 ; VERCORS, *Animaux dénaturés*, p. 170 ; etc.

Cela est rare avec *une fois : Était-ce pour* [...] *avoir les coudées franches*, UNE FOIS *le départ des premiers convois à destination de l'Allemagne* (dans la *Revue bleue*, 1889, cit. Tobler).

Mais le fait que l'on puisse avoir l'ordre adverbe + participe + nom (avec une place que le participe ne peut occuper lorsqu'il est épithète : § 321, *c*) montre que les locuteurs sentent le tour avec participe comme un complément absolu ; à plus forte raison l'ordre nom + adverbe + participe (que nous n'avons relevé qu'avec *à peine* et *une fois*).

Adv. + partic. + nom : *Sa fuite*, AUSSITÔT *aperçu le témoin de sa lointaine faute, quel aveu !* (BOURGET, *Danseur mondain*, IV.) — AUSSITÔT *surmonté l'engourdissement du sommeil, dès que je pouvais fixer ma pensée, le calme revenait en moi* (BERNANOS, *Journal d'un curé de camp.*, Pl., p. 1099). — *Mon équilibre n'est pas encore à ce point assuré que je puisse reprendre ma méditation* AUSSITÔT *passée la cause du désarroi* (GIDE, *Journal*, 11 févr. 1916). — SITÔT *quitté Sardou, Goncourt commence* [...] (*ib.*, 19 janv. 1902). — AUSSITÔT *achevé le défilé au cimetière, Antoine s'était fait conduire en auto à Compiègne* (R. MARTIN DU GARD, *Thib.*, Pl., t. I, p. 1375). — UNE FOIS *éclairée la nature politique du fachisme* [sic], UNE FOIS *dégagé le caractère proprement germanique de l'hitlérisme, il reste un certain système idéologique et pratique* (QUENEAU, *Bâtons, chiffres et lettres*, Id., pp. 214-215). — À PEINE *institué cet ordre, elle descendit au bureau* (G. DUHAMEL, *Tel qu'en lui-même...*, XXIX).

Nom + adv. + participe : *Madeleine* UNE FOIS *sortie, la présidente regarda le cousin Pons* (BALZAC, *Pons*, XI). — *Les lois* UNE FOIS *votées, il restait à les mettre à exécution* (FUSTEL DE COULANGES, *Cité ant.*, IV, 13). — *Le meuble* UNE FOIS *forcé, il a bouleversé les papiers* (POURRAT, *Gaspard des Montagnes*, t. I, 1931, p. 43). — *Le seuil* À PEINE *franchi, il regretta d'être venu* (BERNANOS, *Imposture*, p. 166).

311   Accord de l'attribut de complément absolu.

L'accord se fait d'ordinaire selon les règles qui président à l'accord en général (§§ 415-445) et à l'accord de l'attribut en particulier (§ 247).

Cependant, si l'**attribut** du complément absolu est **antéposé,** on observe une tendance assez nette à l'invariabilité (sur cette tendance en général, voir § 420).

a) Les adjectifs *haut, nu, plein, sauf.*

— *Haut* dans *haut la main : J'en viendrai à bout* HAUT *la main* (AC.). Remarquer aussi l'invariabilité de la locution *haut le pied,* notamment dans ses emplois adjectivaux : *Chevaux* HAUT *le pied, locomotive* HAUT *le pied.* — Pour *Haut les mains !* etc., voir § 404, *a.*

— *Nu* dans *nu-tête, nu-pieds* et devant d'autres noms moins couramment employés avec *nu* antéposé (et trait d'union) : *Elle s'était levée* NU*-jambes,* NU*-pieds* (MAUPASS., *Boule de suif,* p. 282). — *Ils se mirent à travailler* NU*-bras* (FLAUB., *Sal.,* VIII). — *Ça vaut mieux que d'aller* NU*-pattes* (HUGO, *Quatrevingt-tr.,* I, IV, 1). — NU*-seins* (JAMMES, cit. dans R. Mallet, *Jammisme,* p. 66).

Quand *nu* suit le nom, il s'accorde avec celui-ci : *Il marche tête* NUE*, pieds* NUS ; à plus forte raison, quand le nom est accompagné d'un déterminant : *Il la voyait entrer, les bras* NUS*, l'éventail à la main* (FLAUB., *Éd. sent.,* III, 4). — Accord fantaisiste : *Je me tiens, pieds-*NUE*, sur cette plage* [dit Marthe] (CLAUDEL, *Échange,* p. 242).

Pour d'autres emplois de *nu* (*nue propriété,* etc.), voir § 547, *d.*

— *Plein,* qui précède un nom accompagné d'un déterminant : *Avoir de l'argent* PLEIN *ses poches.* — *J'avais des fleurs* PLEIN *mes corbeilles* (HUGO, *Ch. du crép.,* XXVI). — *Il y en* [= des idoles] *a* PLEIN *l'Acropole* (DANIEL-ROPS, *Saint Paul,* pp. 90-91). — *Jean vient de débarquer à La Rochelle, avec des deniers* PLEIN *les mains* (G. DUBY, *Dimanche de Bouvines,* p. 48).

— *Sauf,* devant un nom précédé ou non d'un déterminant : *La mère,* SAUF *erreur, est née Grandin* (PROUST, *Rech.,* t. II, p. 231). — *Après plus de vingt ans passés,* SAUF *de courts séjours annuels, hors de ma province,* [...] *j'use en parlant de plus de deux cents lotharingismes* (BRUNOT, *Hist.,* t. I, p. 32).

Hist. — *Nu* est resté variable devant le nom jusqu'au XVIIIᵉ s., quoique Vaugelas eût déjà exigé *nu-pieds* en 1647 (p. 66) :

Elle accourt NUE *teste* (CALVIN, *Inst.,* IV, X, 31). — ⁺*Madame de Guitaut était* NUE*-jambe* (SÉV., 20 févr. 1671). — *Il faut paroître* NUE *tête devant Monsieur le Juge* (VOLT., *Lettres phil.,* III). — *Si nul d'eux n'avoit sû marcher* NUDS*-pieds* [...] (J.-J. ROUSS., *Ém.,* Pl., p. 390).

Plein a varié lui aussi : *Trait ses crignels,* PLEINES *ses mains amsdous* (*Rol.,* 2906). [Trad. de Bédier : À pleines mains il arrache ses cheveux.] — Mais l'invariabilité s'est imposée assez vite.

Sauf varie encore parfois au XVIᵉ s. : SAULVE *l'honneur de toute la compaignie* (RAB., IV, 7). Mais dans un texte du XIVᵉ s. on trouve à la fois l'usage ancien et l'usage moderne : *Ren toi, Folie ! / — Volentiers, Sire,* SAUF *ma vie* (GACE DE LA BUIGNE, 4394). — *Je li respont tout maintenant /* SAUVE *la grace du disant* (ID., 7206). [Formule analogue à *sauf votre respect.*] — Il y eut, parallèlement, un glissement de sens : « intact » → « excepté », et le mot est devenu une sorte de préposition. — Curieusement, un érudit du XIXᵉ s. fait encore varier *sauf : Tout ce qu'on y trouve est bon,* SAUVE *peut-être l'étymologie* (P. MEYER, dans la *Revue critique d'hist. et de litt.,* 13 juillet 1867, p. 19). — C'est aussi une coquetterie de placer *sauf* « excepté » après le nom : [...] *où promeneurs, enfants magnifiques, femmes oisives, marchands de fruits et d'eau citronnée, sont si ressemblants, le costume* SAUF*, aux promeneurs d'autrefois* (COLETTE, *Heures longues,* p. 117).

b) Divers **participes.**

1° L'invariabilité est de règle pour les participes *vu, attendu, excepté, compris,* qui jouent plus ou moins le rôle de prépositions.

— L'antéposition est seule possible pour *vu, attendu* (moins courant) : VU *sa charge énorme, la voiture marchait très lentement* (Th. GAUTIER, *Partie carrée,* VII). — *Bousculer ses voisins n'avançait à rien,* VU *l'exiguïté et la complication du passage* (ROBBE-GRILLET, *Voyeur,* p. 43). — *Jeanne était sans doute dans sa voiture d'enfant* [...], *bien attachée par des courroies,* VU *son habileté à ramper hors de l'endroit où on l'avait mise* (YOURCENAR, *Souvenirs pieux,* p. 131). — [...] *qui n'aurait pas été condamné à la restitution des fruits,* ATTENDU *sa bonne foi* (*Code civil,* art. 555). — ATTENDU *ses mœurs solitaires, il était à peine connu d'elles* (MUSSET, *Contes,* Mimi Pinson, II). — ATTENDU *la situation internationale, le cabinet se réunira d'urgence (Dict. contemp.).*

On peut y joindre **hormis,** qui a cessé d'être senti comme un participe (voir Hist.) : *Les débris de l'armée allemande* [...] *menaient* [...] *un combat qui n'avait plus d'issue* HORMIS *la mort ou la captivité* (DE GAULLE, *Mém. de guerre,* t. III, pp. 183-184).

Ex. avec accord : VUE *la Meri, tu connais la question bien mieux que moi* (R. VAILLAND, *Écrits intimes,* p. 389). [Mais l'interprétation est douteuse ; l'éditeur lui-même a mis un point d'interrogation entre parenthèses.]

— L'antéposition n'est pas obligatoire pour *excepté, compris* (rarement antéposé), *y compris, non compris : Rien ne remuait,* EXCEPTÉ *les flammes* (HUGO, *Quatrevingt-tr.,* I, IV, 7). — *Tout était gris et blanc* EXCEPTÉ *les sentiers* (B. CLAVEL, *Voyage du père,* J'ai lu, p. 6). — *Cent-soixante-seize lettres,* COMPRIS *quelques réponses de Ménage* (É. HENRIOT, *Livres et portraits,* III, p. 46). — *Elle réunit onze véhicules, y* COMPRIS *sa limousine et l'ambulance de l'hôpital* (COCTEAU, *Thomas l'imposteur,* L.P., p. 21). — *De Gaulle l'* [= responsable] *étant des autres* [forces], *y* COMPRIS *celles de la clandestinité* (DE GAULLE, *Mém. de guerre,* t. II, p. 146). — *Tous mes papiers dans ma poche, y* COMPRIS *cette carte jaune* (BUTOR, *Emploi du temps,* p. 98). — *Son appartement était composé de quatre pièces, non* COMPRIS *ses précieuses* anglaises [= water-closets] *situées à l'étage supérieur* (BALZAC, *Birotteau,* IV).

L'usage est un peu hésitant : *Personne,* EXCEPTÉE *toi, n'entend le coup de feu* (ARAGON, *Mise à mort,* p. 69). — *Depuis deux mille ans il n'est d'autre temps pour penser que celui des crises,* EXCEPTÉES *les années 1945-1975* (A. GLUCKSMANN, *Cynisme et passion,* p. 116). — *Toutes les tendances* [...], Y COMPRISES *celles que prétend représenter la personne que nous visons* (A. BRETON, cité dans Tzara, *Œuvres compl.,* t. I, p. 589). — *Non* COMPRISE *la dépense des enfants* (J. BOULENGER, cit. Høybye, § 162). — [...] *dans des attitudes très héroïques y* COMPRISE *celle où il se casse la gueule* (GIONO, *Voy. en It.,* p. 42).

S'ils sont postposés, ces participes [16] s'accordent habituellement : *Tout ce qui était sur le pont, nous* EXCEPTÉS, *avait été balayé par-dessus bord* (BAUDEL., trad. de : Poe, *Hist. extraord.,* p. 291). — *La religion totale — foi* COMPRISE — *a toujours été pour moi toxique* (J. ROMAINS, cit. Robert). — *De toute la maisonnée, cuisinière y* COMPRISE, *c'est lui qui s'y reconnaît le mieux dans les tickets d'alimentation* (MONTHERLANT, *Fils de personne,* III, 3). — *Un terrain de 800 mètres carrés, maison non* COMPRISE *(Dict. contemp.).*

Ex. non conformes à l'usage habituel : *Tous les spectateurs, nous* EXCEPTÉ (GIDE, *Voy. au Congo,* Pl., p. 837). — [...] *ce qui fit sursauter tout le monde, moi* COMPRIS (Al. DAVID-NÉEL, *Voy. d'une Parisienne à Lhassa,* 1972, p. 235). — *Par tes deux belles-filles... mais oui, Jean-nette, vous y* COMPRIS (HÉRIAT, *Enfants gâtés,* IV, 3).

Aux participes cités plus haut, beaucoup de grammairiens ajoutent **supposé,** qui serait donc invariable quand il est antéposé : *Je constate que,* SUPPOSÉ *même ces conditions réunies, cela reste très difficile* (HANSE). Mais cette construction est devenue rare. Cf. Hist.

---

16. S'ils ne font pas partie d'un complément absolu, ces mots s'accordent comme des épithètes : *Déjà* COMPRISES *au compte précédent, ces sommes n'ont pas dû figurer ici* (LITTRÉ).

Pourtant, dans l'expr. *jusques et y compris, compris* reste invariable comme s'il faisait partie d'un complément absolu : [...] *dont les dires ont été repris inlassablement jusques et y* COMPRIS *notre époque* (R. PERNOUD, *Jeanne d'Arc,* Q.S., p. 14).

2° L'invariabilité n'est pas obligatoire pour *étant donné* (toujours antéposé), pour *passé, mis à part* (qui peuvent être postposés).

Étant donné invariable : *Étant* DONNÉ *sa stupidité, on ne pouvait attendre autre chose de lui* (Ac.). — *Étant* DONNÉ *la constitution de ce territoire* (J. VERNE, *Maison à vapeur,* I, 13). — *Étant* DONNÉ *l'indolence de la race* (A. DAUDET, *Port-Tarascon,* I, 3). — *Étant* DONNÉ *l'urgence* (J. ROMAINS, *Dictateur,* III, 5). — *Étant* DONNÉ *les circonstances* (G. DUHAMEL, *Voyageurs de « l'Espérance »,* p. 110). — *Étant* DONNÉ *la hauteur du plafond* (CAYROL, *Froid du soleil,* p. 121).

Autres ex. : J. RENARD, *Journal,* 5 déc. 1905 ; GIDE, *Paludes,* p. 107 ; PROUST, *Rech.,* t. II, p. 449 ; BREMOND, *Apologie pour Fénelon,* p. 158 ; A. BRETON, *Nadja,* p. 163 ; J. GREEN, *Voyageur sur la terre,* L.P., p. 162 ; P. BENOIT, *Soleil de minuit,* p. 169 ; J. SCHLUMBERGER, *Plaisir à Corneille,* p. 68 ; BAINVILLE, *Napoléon,* p. 294 ; BENDA, *Rapport d'Uriel,* p. 135 ; COCTEAU, *La belle et la bête,* p. 108 ; TROYAT, *Les semailles et les moissons,* p. 135 ; DE GAULLE, *Mém. de guerre,* t. I, p. 82 ; ÉTIEMBLE, *Parlez-vous franglais ?* 1964, p. 121 ; G. ANTOINE, dans le *Fr. mod.,* janv. 1960, p. 64 ; etc.

Étant donné varie : *Une propreté touchante, étant* DONNÉS *les durs travaux et la rareté des loisirs* (A. DAUDET, *Rois en exil,* p. 229). — *Étant* DONNÉE *la modestie de mon grade* (G. DUHAMEL, *Civilisation,* p. 199). — *Étant* DONNÉS *les usages locaux* (J. ROMAINS, *Lucienne,* p. 138). — *Étant* DONNÉES *les conditions dans lesquelles s'est faite l'enquête* (A. MARTINET, *Prononciation du fr. contemp.,* p. 246). — *Étant* DONNÉES *les circonstances* (ROBBE-GRILLET, *Régicide,* p. 195).

Autres ex. : TAINE, *De l'intelligence,* t. I, p. 65 ; LOTI, *Mon frère Yves,* XII ; E. JALOUX, *Dernier acte,* p. 118 ; J. de LACRETELLE, *Sabine,* IV ; BRUNOT, *Pensée,* p. XXII ; SAINT EXU-PÉRY, *Pilote de guerre,* p. 15 ; Ch. BALLY, *Traité de stylist. fr.,* p. 72 ; MAROUZEAU, *Lexique de la terminologie linguist.,* s.v. *sens ;* H. BOSCO, *Mas Théotime,* 1947, p. 119 ; J. PIATIER, dans le *Monde,* 23 août 1974 ; duc de CASTRIES, *Réponse au disc. de réception d'Edgar Faure à l'Ac. fr. ;* etc.

Passé invariable : PASSÉ *la ferme de la Saudraie, l'enfant me fit prendre une route où jusqu'alors je ne m'étais jamais aventuré* (GIDE, *Symphonie past.,* p. 12). — *Quel sens cela pouvait-il avoir de s'attarder sur cette terre* PASSÉ *quarante ans ?* (J. GREEN, *Terre lointaine,* p. 107.) — PASSÉ *la première stupeur, la première souffrance, il avait fallu commencer la classe* (ARLAND, *Grâce,* p. 111). — *De bons esprits,* PASSÉ *certaines limites de l'horreur, ne sont plus sensibles qu'à l'absurdité du monde* (SARTRE, *Saint Genet comédien et martyr,* p. 60). — PASSÉ *la cinquantaine, ils respiraient avec peine* (A. PEYREFITTE, *Mal franç.,* p. 233).

Autres ex. : R. ROLLAND, *Jean-Chr.,* t. IV, p. 75 ; BOYLESVE, *Élise,* p. 150 ; J. ROSTAND, *Pensées d'un biologiste,* p. 16 ; F. LOT, *Fin du monde antique,* 1968, p. 433 ; AYMÉ, *Gustalin,* X ; HÉRIAT, dans le *Figaro litt.,* 21 févr. 1948 ; etc.

Passé variable : PASSÉE *la cinquantaine* (FARRÈRE, *Bataille,* XXIII). — PASSÉE *la période d'hostilité contre « les travaux », il avait mis de bonne foi son espoir dans le retour à la maison natale* (COLETTE, *Chatte,* p. 106). — PASSÉES *les courses de feria, il me faudra revenir* (MON-THERLANT, *Bestiaires,* VIII). — PASSÉS *les lourds piliers corinthiens du portique, on se trouvait dans un vestibule* (J. GREEN, *Terre lointaine,* p. 33). — PASSÉS *les premiers sourires d'aise et les moments d'abandon* (ARLAND, *Vigie,* p. 108). — PASSÉES *les premières minutes, elle ne pleu-rera pas* (CESBRON, *Souveraine,* p. 69). — PASSÉE *la maladie infantile du communisme chinois, Confucius reprendrait sans doute la place qui lui revient* (ÉTIEMBLE, *Confucius,* Id., p. 9).

Autres ex. : VOGÜÉ, *Jean d'Agrève,* p. 155 ; DOUMIC, *Misanthrope de Mol.,* p. 28 ; G. DUHAMEL, *Défense des lettres,* p. 229 ; Fr. MAURIAC, *Préséances,* I, 2 ; LARBAUD, *Enfan-tines,* p. 82 ; J. ROMAINS, *Quand le navire...,* p. 104 ; R. MARTIN DU GARD, *Thib.,* Pl., t. II, p. 753 ; ARAGON, *Semaine sainte,* L.P., t. II, p. 301 ; J. FOLLAIN, *Pierre Albert-Birot,* p. 22 ; Gabr. ROY, *Enfants de ma vie,* p. 16 ; A. VERNHOLES, dans le *Monde,* 5 mai 1981 ; etc.

Quand il est après le sujet, *passé* s'accorde avec celui-ci : *La première stupéfaction* PASSÉE, *il y eut chez les bourgeois comme un étonnement de vivre encore* (FLAUB., *Éd. sent.*, III, 1).

Le syntagme *passé* (invariable) + nom se trouve parfois sans qu'il y ait complément absolu : *Tous les jours, nous nous y mettons et travaillons jusqu'à* PASSÉ *onze heures* (GIDE, cit. *Grand Lar. langue*). — Ex. avec *jusque passé* au § 1015, *b*, Rem. 2. Voir aussi § 926, *e*, 2°.

En Wallonie, *passé* est traité en équivalent de *plus de :* °*Il y a* PASSÉ *deux mille ans que César a conquis la Gaule*. °*Il doit* PASSÉ *dix mille francs*. — De même en Suisse : Wartburg, t. VII, p. 711. [Cet emploi a appartenu au franç. commun au XVI° s. : *Et n'y a monastere qui n'ait* [...] PASSÉ *deux cens religieux* (P. BELON, cit. Godefroy, Compl.).]

Mis à part invariable : *Lucien* [...] *était un vrai Jouquier*, MIS *à part* [...] *bien des choses* (AYMÉ, *Gustalin*, II). — MIS *à part une soixantaine de personnes* (LE ROY LADURIE, *Carnaval de Romans*, pp. 28-29). — MIS *à part la petite Juliette* (S. PROU, *Femmes de la pluie*, p. 10).

Mis à part varie : MISES *à part quelques « rencontres » et certaines chansons* (GIDE, *Journal*, 31 mars 1943). — MISES *à part les professionnelles et quelques folles* (YOURCENAR, *Souvenirs pieux*, p. 268). — MISE *à part la sidérurgie lorraine* (J. FAUVET, dans le *Monde*, 20 avril 1979). — MISES *à part les réformes fiscales* (Raym. ARON, *Spectateur engagé*, p. 325).

Si *mis à part* suit le sujet, le participe s'accorde : *Toute question d'argent* MISE *à part, l'homme qui se marie fait toujours un cadeau à la femme* (MONTHERLANT, *Jeunes filles*, p. 146).

Pour *ôté, entendu* et *ouï*, on doit faire des réserves sur la vitalité de leur emploi comme attributs antéposés et invariables.

Ôté antéposé est invariable, selon les grammairiens et les lexicographes, mais ils ne produisent que des ex. fabriqués pour la circonstance et d'ailleurs stéréotypés : ÔTÉ *deux ou trois chapitres, cet ouvrage est excellent* (LITTRÉ). [Comp. Ac., *Lar. XX° s.*, Robert, *Grand Lar. langue*, etc.]

On ne saurait blâmer les auteurs qui s'émancipent d'une règle si peu assurée : ÔTÉE *la verve qui était exceptionnelle, il ne reste pas grand-chose* (J. GREEN, *Vers l'invisible*, 8 juillet 1959). — [Déjà au XVII° s. : ⁺ÔTÉS *ceux qui sont intéressés par les sentiments de la nature, il n'y a point de chrétien qui ne s'en doive réjouir* (PASCAL, cit. Littré).]

Il faut ajouter que c'est seulement dans le sens « excepté » qu'on laisserait *ôté* invariable, et non dans un ex. comme celui-ci : ÔTÉE *la casserole, la chevelure du patient apparut curieusement crénelée* (PAGNOL, *Temps des secrets*, p. 23).

Dans le langage de l'arithmétique, *ôté* reste ordinairement invariable même quand il est postposé : *Sept* ÔTÉ *de dix, reste trois*. Cf. § 431, *a*. (De même, *multiplié, divisé*, etc.)

Entendu et *ouï* sont propres à la langue juridique : ENTENDU *toutes les parties* (LITTRÉ). — OUÏ *les témoins* (LITTRÉ, AC., etc.). — OUÏ *la prévenue en l'interrogatoire qu'elle a subi* (jugement du tribunal correctionnel de Nivelles, 2 nov. 1984).

Pour *entendu*, cela n'est même plus mentionné dans Robert et dans le *Trésor*. Pour *ouï*, le *Lar. XX° s.* rédige la règle au passé (« a été longtemps... ») et ajoute : « Aujourd'hui l'accord est admis dans ce cas. »

3° D'autres participes sont occasionnellement laissés invariables quand ils précèdent le sujet du complément absolu :

Sitôt QUITTÉ *les États du prince*, [...] *nous ne campâmes plus dans les villes* (GIDE, *Retour de l'enfant prod.*, p. 73). — *Il n'était séant de trotter qu'une fois* DÉPASSÉ *la limite rituelle* (FARRÈRE, *Seconde porte*, p. 252). — VENU *la fin de l'hiver, la troupe tout entière partit pour l'Angleterre* (G. DUHAMEL, *Temps de la recherche*, XVI). — *Quand elles se prenaient par la main pour tourner sous le tilleul, sitôt* MANGÉ *le pain et les noisettes* (POURRAT, *Sous le pommier*, p. 124). — *Enfin*, SONNÉ *trois heures, j'entendis le bruit de moteur que je guettais* (P.-H. SIMON, *Raisins verts*, p. 118). — QUITTÉ *l'enceinte, nous venions de regagner la voiture* (ARLAND, *Mais enfin qui êtes-vous ?* p. 246).

Hist. — 1. Les participes laissés invariables aujourd'hui ne l'ont pas toujours été, quoique la tendance à l'invariabilité soit ancienne :

VEUE *la deposicion d'aucuns tesmoins* [...] *et* VEU *les us et coutumes* (ordonnance de 1298, cit. Brunot, *Hist.*, t. I, p. 451). — EXCEPTÉ *les fortereces* (FROISS., *Chron.*, S.H.F., t. I, p. 190). — VEUES *les offres qui luy avoyent esté faictes* (COMMYNES, t. II, p. 105). — EXCEPTÉE *la nacelle* (AMYOT, *Romulus*, I).

2. D'autres participes antéposés étaient laissés jadis invariables, par ex. *compté, considéré, réservé*. On peut y joindre *supposé* (cf. 1° ci-dessus) :

⁺SUPPOSÉ *même sa conversion, il désespère de sa persévérance* (BOURDALOUE, cit. Littré). — ⁺SUPPOSÉ *la gravitation un principe vrai, tous les phénomènes physiques s'expliquent avec la plus grande facilité* (BUFFON, cit. *Lar. XX*ᵉ *s.*).

3. *Hormis* n'est plus senti comme un participe passé : cf. § 308, *c*. Ce figement ne s'est achevé qu'au cours du XVIᵉ s. : *Il n'avoit jamais aymé femme*, HORS MISE *la sienne* (MARG. DE NAVARRE, cit. Nyrop, V, § 77). — On note déjà chez Froissart : [...] *avoient laissiet en leurs logis che* [= ce] *de harnas* [= équipement, bagages] *que il avoient* [...], *hors* MIS *leurs armeures* (*Chron.*, S.H.F., t. IX, p. 43).

III. — LE COMPLÉMENT D'AGENT DU VERBE PASSIF

312   Le **complément d'agent** est un complément qui n'est ni essentiel (§ 266, *a*) ni adverbial (§ 266, *c*). Quand une phrase (ou une proposition) est mise au passif, le sujet de la phrase active devient le complément d'agent :

LE VENT *a renversé le vieux chêne* → *Le vieux chêne a été renversé* PAR LE VENT.

Remarques. — 1. Il y a des cas où la construction passive ne correspond pas à une phrase active. On a plutôt affaire à un adjectif attribut (ou épithète), mais comme cet adjectif a été jadis un participe passé, il garde la possibilité d'être accompagné d'un complément d'agent :

Bien ou **mal vu :** *Il n'était plus mal vu* DE SES COMPAGNONS (STENDHAL, *Chartr.*, III). — *Il était très secourable aux malheureux, très aimé et fort bien vu* DE TOUS (FROMENTIN, *Dom.*, I).

Controuvé : voir § 847, *f,* 2°.

2. Pour H. Glättli (dans *Revue de ling. rom.*, 1958, pp. 317-323), la Rem. 1 s'applique aussi à *usité ;* voir cependant l'Hist. Il n'en reste pas moins que la construction de ce mot avec un complément d'agent est acceptée, et depuis longtemps, par le bon usage :

[...] *indiquait de temps en temps les intonations* USITÉES PAR *les acteurs de la Comédie-Française* (NERVAL, *Illuminés*, Confid. de Nicolas, VI). — *De vrai est* USITÉ PAR *les meilleurs auteurs* (LITTRÉ, Suppl., s.v. *juste*). — *C'est la manière* [...] USITÉE PAR *les médecins pour les plaies des hommes ou des bêtes* (LOTI, *M*ᵐᵉ *Chrysanth.*, LII). — *Une langue savante, ou pure,* USITÉE PAR *les professeurs et les fonctionnaires* (MAUROIS, *Dialogues des vivants*, p. 146).

Autres ex. : FAGUET, *Hist. de la poésie fr.*, t. X, p. 49 ; H. MARTINEAU, dans Stendhal, *Chartr.*, éd. M., p. 653 ; P. ÆBISCHER, dans le *Bulletin du dict. wallon*, 1924, p. 120 ; THÉRIVE, *Querelles de lang.*, t. II, p. 186 ; DAUZAT, *Étapes de la langue fr.*, p. 24 ; Ch. BRUNEAU, *Petite hist. de la langue fr.*, t. I, p. 40 ; GANDON, *Démon du style*, p. 193 ; etc.

Hist. — Glättli légitime *usité par* en disant que ce n'est qu'une application du verbe *usiter*. Cependant, Wartburg, t. XIV, pp. 72 et 671, considère qu'*usiter*, rare en moyen fr., est tiré du participe passé. Quoi qu'il en soit, *usité* se construisait au XVIᵉ et au XVIIᵉ s. avec *par* ou *de* : [...] *maniere proverbiale de parler,* USITÉE PAR *le François* (NICOT, s.v. *aulne*). — *Cette façon de parler a esté fort* USITÉE *autrefois par les meilleurs Escrivains* (VAUGELAS, p. 348). — Autres ex. : CALVIN, cit. Littré ; DU BELLAY, cit. Glättli ; etc.

Thérive se sert, hardiment, de l'infinitif °*usiter :* [...] *quel mot on devrait créer et* USITER *pour désigner une copie à la machine* (*Querelles de lang.*, t. II, p. 201, cit. Glättli).

3. On trouve encore quelques traces d'un complément d'agent accompagnant un verbe pronominal à sens passif (§ 750) :

Tous ces sacrifices se faisaient PAR *des riches et* PAR *des pauvres* (MICHELET, cit. Brunot, *Pensée*, p. 372). — *Tout ce qui touche à l'indépendance nationale et à l'intégrité du territoire ne se décide ni à Moscou, ni à Washington, ni à Genève. Cela ne se décide à Paris que* PAR *moi-même* (Fr. MITTERRAND, déclaration à la télévision, citée dans le *Monde*, 15 juillet 1983).

Hist. — Cette construction était courante dans le fr. classique : ⁺*L'élection s'en faisait* PAR *tout le peuple* (BOSS., *Disc. sur l'hist. univ.*, III, 6). — *Le secret mesme encor se repeta /* PAR *le Pater* [= religieux] (LA F., *C., Comment l'esprit vient aux filles*).

4. Certains grammairiens voient un complément d'agent dans *Ce papier jaunit* AU SOLEIL, parce qu'ils considèrent cette phrase comme la transformation de la phrase *Le soleil jaunit ce papier.*

5. Le complément d'agent peut se coordonner à d'autres compléments indirects : *Cela a été fait par moi* ET *pour moi.*

313 **Construction du complément d'agent** du verbe passif.

a) D'ordinaire, ce complément est introduit par la préposition *par,* notamment quand il s'agit d'un verbe concernant une opération matérielle et d'un agent véritable :

La charrue était tirée PAR *les bœufs.* — *La peinture m'était enseignée* PAR *ma sœur* (LOTI, *Roman d'un enf.*, XXVIII).

Remarques. — 1. L'agent d'un infinitif actif complément d'objet prend parfois la forme du complément d'agent, avec la préposition *par :*

Je ferai bâtir ma maison PAR *cet architecte.* Cf. § 873.

2. Dans la langue des éleveurs, le participe passé *produit* (ou *engendré*) est souvent omis :

Frangipane, au baron Verdier, était PAR *The Truth et Lanore* (ZOLA, *Nana*, XI).

On dit même *né par :* [...] *noms de ses père et mère, qui, eux-mêmes, sont nés* PAR *un tel* (MOIRANT, *Dict. du cheval et du cavalier*, 1973, p. 158) ; — voire sans aucun élément verbal : *Zéphyr,* PAR *Bucéphale et Sylphide* (*Lar. XXᵉ s.*, s.v. *par*) [comp. § 343, *a*, Rem. 1].

b) De est moins fréquent. Il s'emploie notamment :

Quand on indique le résultat de l'action et que le participe passé a une valeur voisine de celle des adjectifs : *La façade était ornée* DE *drapeaux.* (Ce complément est assez proche d'un complément adverbial indiquant la manière, le moyen.)

Quand le verbe est pris au figuré : *Il était accablé* DE *honte* (mais : ... *accablé* PAR *la chaleur*).

Quand le verbe exprime un sentiment : *Il était aimé* DE *tous.*

La langue littéraire s'en sert plus librement :

J'étais tourmenté DE *la Muse* (CHAT., *Mém.*, I, IX, 1). — *À ses débuts, Marcel Duchamp fut influencé* DE *Braque* (APOLLIN., *Peintres cubistes*, p. 49). — *Werther est la proposition de la mort, mais encore n'est-elle acceptée* DE *certains qu'à un certain instant* (MALRAUX, *Tentation de l'Occid.*, p. 100). — *Aussi la perspective du départ pour Leipzig fut-elle particulièrement bien accueillie* DE *ce garçon* (M. BRION, *Goethe*, 1982, p. 37).

Hist. — *De* était autrefois plus fréquent que *par.* Au XVIIᵉ et au XVIIIᵉ s., il restait plus commun qu'aujourd'hui :

⁺*Je suis vaincu* DU *temps* (MALHERBE, t. I, p. 283). — *Excité* D'*un desir curieux* (RAC., *Brit.*, II, 2). — ⁺*Cette égalité* [...] *réduit les hommes à se servir eux-mêmes, et à ne pouvoir être secourus les uns* DES *autres* (LA BR., XVI, 48). — ⁺*Le grand saint François de Paule a été choisi* DE *Dieu* (BOSS., *Œuvres orat.*, t. III, p. 470). — ⁺*L'esprit de curiosité donné* DE *Dieu à l'homme* (VOLT., *L. XIV*, XXXVII). — ⁺*Dompté* D'*Ajax, le guerrier sans secours / Tombe* (CHÉNIER, *Prem. Poés.*, Imitation d'Homère).

Remarques. — 1. L'article indéfini pluriel et l'article partitif disparaissent après *de* par haplologie (§ 568, Rem.) :

DES *curieux encombraient la place* → *La place était encombrée* DE *curieux.* — DE LA *paille entourait le flacon* → *Le flacon était entouré* DE *paille.*

D'une manière générale, le nom complément d'agent est souvent construit sans déterminant quand la préposition est *de.*

2. Le complément d'agent construit avec *de* peut être représenté par le pronom conjoint *en :*

Pascal plaisait peut-être à quelques femmes, il EN *était admiré* (Fr. MAURIAC, *Bl. Pascal,* p. 121).

c) La préposition **à** sert dans quelques tours figés :

— *Mangé* (ou parfois un synonyme) *aux mites, aux vers,* etc. : *Le châle* [...] *était mangé* AUX *mites* (Fr. MAURIAC, *Galigaï,* p. 74). — *Les crinolines mangées* AUX *vers* (QUENEAU, *Saint-Glinglin,* 1981, p. 141). — *Il vit* [...] *mangé* AUX *rats* (A. SUARÈS, *Sur la vie,* t. I, p. 299). — *Deux paillasses mangées* AUX *papillons* (A. de CHÂTEAUBRIANT, *Brière,* p. 76). — *Une plume de coq rongée* AUX *mites* (Th. GAUTIER, *Cap. Fracasse,* XI). — *Comme s'ils étaient déjà morts et bouffés* AUX *vers* (C. RIHOIT, *Portrait de Gabriel,* p. 133).

Autres ex. de *mangé aux mites :* AC., s.v. *mite ;* G. DUHAMEL, *Journal de Salavin,* p. 242 ; J. ROY, *Amour fauve,* p. 45 ; J. DUTOURD, *Paradoxe du critique,* p. 53 ; A. RINALDI, dans l'*Express,* 25 mai 1984. — De *mangé aux vers :* AC., s.v. *ver ;* HUGO, *Châtim.,* IV, 4 ; A. DAUDET, *Petite paroisse,* p. 203 ; etc.

— *Connu à,* dans la langue écrite : *Pour les causes à eux connues* (*Code civil,* art. 283). — *Quelque personne à elle connue* (A. FRANCE, *Lys rouge,* X). — *Pour des raisons à elle connues* (BREMOND, *Divertissement devant l'arche*, p. 178). — *Cette construction était déjà connue* à *l'ancien français* (FOULET, § 200).

Quand le complément est représenté par le pronom personnel à la forme conjointe, cela appartient à la langue commune : *Ce nom* M'*est connu* (AC.).

Autres ex. de *à moi* (*lui*, etc.) *connu :* MÉRIMÉE, *Chron. du règne de Ch. IX*, IX ; FUSTEL DE COULANGES, *Cité ant.*, III, 3 ; BAUDEL., *Petits poèmes en pr.*, XLII ; FLAUB., *Voy.*, t. II, p. 221 ; TAINE, *Notes sur l'Anglet.*, p. 313 ; AC., s.v. *raison ;* etc.

La langue littéraire recourt occasionnellement à cette préposition dans d'autres cas :

J'aime ma porte AUX *vents battue* (HUGO, *Châtim.*, II, 5). [Cf. Hist.] — [...] *ayant* [...] *épousé la fille de son maître* [...], *séduit* AUX *qualités* [...] *du bon serviteur* (É. HENRIOT, *Fils de la Louve*, p. 92). [Peut-être d'après le tour classique *se laisser séduire* à *qqn :* § 873, *b*, 2°, Hist.] — *Il ne pensait plus au petit monde de l'église, repris* à *sa condition de bourgeois aisé,* à *la joie humaine des sensualités de table après les mortifications* (C. LEMONNIER, *Petit homme de Dieu*, XI). — *Il n'est plus que votre avis qui* ME *soit ignoré* (GIRAUDOUX, *Intermezzo*, III, 1). [D'après *connu :* voir plus haut.] — *Un cercueil d'enfant, porté* à *deux hommes silencieux* (H. QUEFFÉLEC, *Enfants de la mer*, p. 111).

Hist. — Voir déjà une vie de saint Alexis du XIIIᵉ s. : *Ja n'iert mais reconus* [...] / A *pere ne* A *mere ne* A *sergant privet* (cit. Tobler-Lommatzsch, t. I, col. 9). [= Jamais il ne sera reconnu ni par son père ni par sa mère ni par son serviteur.] — Mais des emplois comme celui-là paraissent trop rares dans l'ancienne langue pour qu'on pense à une continuation populaire du latin *ab.* Ce serait plutôt une influence savante. — Rapprocher l'ex. de Hugo de celui-ci : *Je présente a tous les homes la statue de Rousseau battue* AUX *vents de l'adversité* (BERN. DE SAINT-P., *La vie et les ouvr. de J.-J. Rouss.*, p. 21). — Pour les Le Bidois (§ 1816), il n'y a pas de complément d'agent dans *mangé aux vers,* mais une construction tirée de ... *qu'on a laissé manger aux vers,* où ils ne voient pas non plus un agent (cf. Rem. ci-dessous).

Remarque. — L'agent d'un infinitif actif complément d'objet se construit souvent avec la préposition *à : Je fais réciter sa leçon* à *mon frère* (§ 873), ce que les grammairiens ont rapproché des constructions décrites ci-dessus. Pour Brunot (*Pensée*, p. 389) et les Le Bidois (§ 1816), ce terme introduit par *à* est plutôt un objet secondaire. Certains linguistes verraient dans cette construction (qui est très ancienne) un reste du latin *ab :* comp. Wartburg, t. XXIV, p. 1.

SECTION 2. — LES ÉLÉMENTS SUBORDONNÉS AU NOM

14   **Les éléments subordonnés au nom peuvent être :**

a) Un **déterminant** (article, numéral, possessif, démonstratif, interrogatif, exclamatif, indéfini) placé avant le nom :

L'*habitude est* UNE *seconde nature.* À CHAQUE *jour suffit* SA *peine.*

Les déterminants font l'objet du chapitre III de la IIIᵉ partie. Notons ici que certains déterminants peuvent se combiner : MES DEUX *sœurs.* TOUS LES *hommes.*

Parmi les éléments subordonnés au nom, le déterminant est un peu à part, puisque, au contraire de la plupart des autres, il ne peut pas s'effacer librement ; en effet, le nom se réalise rarement sans déterminant : *Habitude est seconde nature* est une phrase anormale.

Ce caractère nécessaire du déterminant n'empêche pas de le considérer comme subordonné : 1) dans le syntagme nominal, c'est le nom qui est le noyau sémantique important ; — 2) il arrive que le nom se réalise sans déterminant (§ 570), alors que le déterminant n'existe pas sans nom (au moins sous-jacent : *Le Xe siècle et le XIe* ; § 217, *d*) ; — 3) le déterminant reçoit du nom ses marques de genre et de nombre, et non l'inverse (mais ceci est un argument peu décisif, car l'accord n'est pas nécessairement lié à la subordination).

On observera aussi qu'il y a une équivalence sémantique entre certains déterminants et d'autres éléments subordonnés au nom : *Le chien* DE JEAN → SON *chien.*

b) Une **épithète**, c'est-à-dire un adjectif ou un participe (éventuellement accompagnés de leurs éléments subordonnés) :

Les PETITS *ruisseaux font les* GRANDES *rivières. Une faute* AVOUÉE *est à moitié pardonnée.* Voir ci-dessous, §§ 315-333.

c) Une **apposition**, c'est-à-dire un élément nominal qui a avec le nom la relation qu'a un attribut avec son sujet, — mais sans copule :

Midi, ROI DES ÉTÉS, [...] / *Tombe en nappes d'argent des hauteurs du ciel bleu* (LECONTE DE LISLE, *Poèmes ant.,* Poés. div., II). — *Un enfant* PRODIGE. — Voir ci-dessous, §§ 334-339.

d) Un **syntagme nominal complément** :

La crainte DU SEIGNEUR *est le commencement* DE LA SAGESSE. — Voir ci-dessous, §§ 340-350.

Les pronoms et les infinitifs exerçant les fonctions du nom peuvent être rangés ici.

e) Une **proposition.**

— Soit une proposition **relative**, c'est-à-dire introduite par un pronom relatif : *Le chien* QUI ABOIE *ne mord pas.* — Voir § 1059, *a.*

— Soit une proposition **conjonctive**, c'est-à-dire introduite par une conjonction de subordination : *L'espoir* QU'IL GUÉRIRA *me soutient.* — Voir § 1070, *d.*

Remarque. — Certains adverbes sont parfois subordonnés à des noms. Ces emplois ressortissent à des analyses qui diffèrent selon les cas : cf. §§ 316 ; 342, *a* ; 343, *a.*

I. — L'ÉPITHÈTE

315   L'**épithète** est un adjectif ou un participe subordonnés à un nom :

La SEREINE *beauté des* TIÈDES *horizons* (HUGO, *Ch. du crép.,* VIII). — *Le moment* ATTENDU *était arrivé.* — *Le clair de lune* NAISSANT *tombait sur elle seule* (NERVAL, *Sylvie,* II).

L'adjectif et le participe (cf. Rem. 3) peuvent être accompagnés de leurs divers compléments :

On laisse souvent invariable l'adjectif EMPLOYÉ COMME ADVERBE. — *Un triangle* AYANT LES TROIS CÔTÉS ÉGAUX *est dit équilatéral.* — *Une brise* DÉLICIEUSE COMME UNE EAU TIÉDIE *coulait par-dessus le mur* (ALAIN-FOURNIER, *Gr. Meaulnes*, II, 6).

L'*adjectif épithète* s'oppose à l'*adjectif attribut*, lequel fait partie du prédicat et, dans la phrase verbale, se rattache, soit au sujet par l'entremise d'un verbe copule : *La table est ovale ;* — soit au complément d'objet direct par l'entremise d'un verbe transitif : *Je crois l'affaire terminée.* L'épithète peut être supprimée sans que la phrase cesse d'être une phrase française. Supprimer l'attribut a pour résultat, soit de rendre la phrase impossible : **La table est. *Je crois l'affaire ;* — soit de donner au verbe un tout autre sens : comparer *Dieu est* à *Dieu est bon.*

L'épithète exprime une prédication secondaire ou acquise ne faisant pas l'objet principal de la phrase.

Nous opposons aussi l'*épithète* à l'*apposition*, la première étant un adjectif ou un participe, la seconde étant un nom : cf. § 334.

Remarques. — 1. L'épithète n'est pas unie au nom par un mot de liaison. Il y a quelques exceptions (§ 336, *b*) : *Une drôle de réponse*, etc. — Voir aussi, pour le pronom, le § 352, *b*.

2. À la suite d'un phénomène d'ellipse, l'épithète peut se rapporter à un nom laissé implicite, parce qu'il figure dans le contexte (§ 217, *d*) :

Il y a deux socialismes, un BON *et un* MAUVAIS (FLAUB., *Éd. sent.*, III, 2). — *L'œil droit là-dessous* [= sous un chapeau de femme], *un peu plus écrasé que le* GAUCHE, *porte la marque d'une séquestration arbitraire* (COLETTE, *Voyage égoïste*, p. 151). — *Trente ans de vie privée et trois ans de* PUBLIQUE (PÉGUY, *Myst. de la char. de J. d'Arc*, p. 155).

Parfois le nom n'est pas dans le contexte. Il faut suppléer un nom de sens vague *(personne, chose)* ou un pronom indéfini *(quelqu'un, quelque chose) ;* les épithètes sont au comparatif :

Mieux RENSEIGNÉ *que lui sur les dancings* [...] *il ne fallait pas chercher* (CHÉRAU, *Enfant du pays*, p. 177). — *J'ai vu plus* REMARQUABLE *encore* (É. GILSON, *Société de masse et sa culture*, p. 63). — Voir au § 372, *e*.

L'épithète détachée, adjectif ou surtout participe, se présente parfois aussi sans support : voir § 328.

3. Les participes employés comme épithètes conservent les compléments qu'ils ont en tant que formes verbales. Toutefois, le participe passé n'admet pas devant lui les formes conjointes du pronom personnel, y compris *en* (cf. § 638, *b*, 4° et Rem.) :

Battu par lui → **En battu.* — *Les reproches* À LUI *faits* et non °*Les reproches* LUI *faits.* Mais on a le choix entre : *La maison* LUI *appartenant* et *La maison* À LUI *appartenant.*

4. Sur le tour *Après la classe finie* = après la fin de la classe, voir § 889, *b*, Rem. 4.

5. L'épithète peut aussi se rapporter à un pronom : voir § 352.

316   Nous avons restreint l'application du mot *épithète*. Mais il n'est pas illégitime de considérer que la proposition relative et certains syntagmes prépositionnels jouent un rôle analogue, comme le montre la possibilité d'une coordination (cf. § 256, *c*).

D'autre part, on peut rapprocher des épithètes d'autres éléments qui ne sont pas des adjectifs, mais qui correspondent à des attributs (cf. § 245, *b*) :

a) Certains adverbes :

Il me croit une femme BIEN, *mon cher* (E. et J. de GONC., *Ch. Demailly*, XIV). — *C'est vrai qu'il y a quelques toilettes assez* BIEN — *constata Célia* (Cl. FARRÈRE, *Petites alliées*, IX). — *Je veux régner sur des hommes* DEBOUT, *non sur des hommes prosternés* (MONTHERLANT, *Reine morte*, II, 2). — *Il y avait une race d'hommes* AINSI *que ces choses-là faisaient rire, ces grosses blagues* (Fr. SAGAN, *Femme fardée*, p. 83). — Au Québec : °*Un homme tout* AINSI (= ordinaire). — Pour *de même*, cf. § 623, Rem. 4. — *La note* CI-DESSOUS (comp. § 343, *a*, Rem. 1).

Il y a aussi des adverbes qui se construisent comme des épithètes sans qu'ils correspondent à des attributs. *Le temps jadis* est une expression figée qui n'est pas récente. — *Place debout* est un raccourci peu logique, mais courant : *Ils prirent donc le tram de Sérianne, dans la baladeuse où il y avait encore deux places* DEBOUT (ARAGON, *Beaux quartiers*, I, 25).

Dans *le jour* AVANT (ou APRÈS), nous voyons une préposition à régime implicite : § 992. — *La* CI-DEVANT *marquise de Z* a été tiré, à l'époque de la Révolution, de tours où *ci-devant* était employé avec une apposition, comme pourrait l'être n'importe quel adverbe de temps : *X,* CI-DEVANT *marquise de Z ;* comp. : *X,* JADIS *marquise de Z.* (Mais on ne dit pas : *La JADIS *marquise de Z.*) — Sur PRESQUE *unanimité,* QUASI-*unanimité,* cf. § 178, *b.* — *La vitre* ARRIÈRE, *les roues* AVANT : § 348, *b.*

b) Certains noms comme *géant* ou les noms employés comme adjectifs de couleur : *Une ville* GÉANTE. *Un ruban* MARRON.

Géant et *rose* sont si bien adjectivés qu'ils s'accordent comme des adjectifs. — Mais d'autres restent invariables. Comment les distinguer des emplois comme *Le quartier nord* ou *Mon frère médecin ?* Dans le premier, *nord* ne correspond pas à un attribut : **Ce quartier est nord.* Dans le second, *médecin* correspond à un attribut : *Mon frère est médecin,* mais cet attribut reste nominal, car on peut lui adjoindre l'article, alors que **Ce ruban est un marron* est impossible. (Une phrase comme *Cette ville est une géante* ne l'est pas, mais on donnerait alors un autre sens à *géant.*)

c) Des syntagmes prépositionnels à valeur adjective (§ 342, *c*) : *Une table* EN CHÊNE.

d) Des compléments absolus (§ 308, *c*), souvent détachés et qu'il est possible de coordonner à un adjectif :

Une gravure représentant un puissant navire, TOUTES VOILES DEHORS, *fendant une mer encombrée de dauphins* (J. GREEN, *Terre lointaine*, p. 311). — *Pauvre et* PIEDS NUS, *la nuit, j'errais sous tes palais* (MUSSET, *Prem. poés.*, Portia, III).

Remarque. — Les écrivains coordonnent parfois un nom sans prédicat à un complément absolu :

Figurez-vous un bambin de sept ans, efflanqué, [...], les jambes à l'air, une toque à chardon d'argent et UN PLAID (A. DAUDET, *Jack,* t. I, p. 13). — *Une dame très bien, un peu plâtreuse, mince, robe noire tout à fait comme il faut, collier de perles,* CHIGNON, *talons hauts* (CAVANNA, *Ritals,* Claque).

Sans doute cela trouve-t-il son explication dans le fait que le complément absolu est interprété, non pas comme un groupe sujet + prédicat, mais comme un groupe nom + épithète ou complément. — Certains grammairiens voient ici « un verbe sous-jacent » comme *ayant, portant.*

e) Propositions introduites par *comme,* souvent de forme réduite :

De solides études, COMME ON N'EN FAIT PLUS MAINTENANT, [...] *lui ouvrirent toutes grandes les portes de l'École Normale supérieure* (A. DAUDET, *Immortel,* I). — *Il* [= le gouvernement] *ne serait pas si fort sans la complicité d'un tas de farceurs* COMME CELUI-LÀ (FLAUB., *Éd. sent.,* I, 5).

317　Espèces d'épithètes.

On peut distinguer parmi les adjectifs épithètes ceux qui correspondent à un attribut :

J'ai acheté une table OVALE (Cf. : *La table est ovale.*)

Ceux qui ne correspondent pas à un attribut sont, soit des épithètes de relation, soit des épithètes par transfert.

a) Les **épithètes de relation** équivalent à des compléments nominaux :

Une grammaire grecque = une grammaire du grec. On ne dit pas : **Cette grammaire est grecque.*

Autres ex. : *La lumière* SOLAIRE. *L'histoire* ROMAINE. *Son pied* GAUCHE. *Le tapage* NOCTURNE. *Le conseil* MUNICIPAL. *La mortalité* INFANTILE. *Revendications* FÉMININES. *L'autorité* PATERNELLE. — *On blâma la clémence* IMPÉRIALE (J. VERNE, *Drame en Livonie,* XIII). — *Il* [= le traité de Meaux, en 1229] *posa les bases du rattachement* MÉRIDIONAL [= du Midi] *à la France* (LE ROY LADURIE, dans le *Monde,* 28 janv. 1977). — *C'est là un des côtés de l'art* CHIRIQUIEN [= de Chirico] (APOLLIN., *Chron. d'art,* 14 juillet 1914).

Cette sorte d'épithète a fait l'objet de critiques. Ordinairement ignorée de la langue parlée, elle a souvent quelque chose d'artificiel. Mais on ne peut contester qu'elle ne soit ancienne (cf. Hist.) et qu'elle n'ait un grand succès, notamment dans la terminologie scientifique.

Il n'est pas possible de coordonner une épithète ordinaire et une épithète de relation : **Une grammaire grecque et déchirée.* — D'autre part, les épithètes de relation ne sont pas susceptibles des degrés : **Une grammaire* TRÈS *grecque.*

Hist. — Cet emploi de l'adjectif est courant en latin, et c'est en partie sous l'influence de celui-ci qu'il s'est répandu en français, depuis longtemps. *Destre* et *senestre* (remplacés plus tard par *droit* et *gauche*) appartiennent même au fonds primitif : lat. *dexter* et *sinister.* Mais la plupart des adjectifs de relation sont des mots d'emprunt. C'est surtout à partir du XVᵉ s. que cette catégorie s'est développée.

b) Les **épithètes par transfert.** Certaines épithètes sont transférées d'un nom à un autre nom de la même famille lexicale ou du même domaine sémantique. On peut voir ici un phénomène de dérivation : *maladie imaginaire* → *malade imaginaire.* Cf. § 167.

Certaines de ces expressions sont entrées dans l'usage : *Petit bourgeois, petit commerçant, franc-comtois, bas-breton, un critique littéraire, instituteur primaire*, etc. Mais le transfert n'est pas toujours possible : de *artillerie lourde, boucherie chevaline, cuisine bourgeoise, enseignement secondaire*, par exemple, on ne saurait passer à °*artilleur lourd*, °*boucher chevalin*, °*cuisinier bourgeois*, °*professeur secondaire...* — *Les indignes nationaux* (J. PAULHAN, dans le *Figaro litt.*, 15 mars 1951) [= ceux qui sont frappés d'indignité nationale] paraît difficilement acceptable.

Paralytique général a rencontré une vive opposition. Il est courant dans le langage médical et même dans la littérature :

G. BOUDIN et J.-C. ARFOUILLOUX, dans *Encyclop. médico-chirurgicale*, Neurologie, t. II, 6-1970, 17 055 A[10], p. 10 ; BARRÈS, *Mes cahiers*, t. II, p. 243 ; L. DAUDET, *Stupide XIXᵉ s.*, p. 257 ; V.-L. SAULNIER, *Littér. franç. du siècle romantique*, p. 97 ; Cl. ROY, dans les *Nouv. litt.*, 22 avril 1965 ; YOURCENAR, *Alexis*, suivi du *Coup de grâce*, p. 204.

On a critiqué de même *blessé grave* et *blessé léger*. Les expressions de ce type sont elles aussi devenues courantes dans la littérature :

Un mort, deux BLESSÉS GRAVES, *tous les autres* BLESSÉS LÉGERS, *avait dit l'officier de service au téléphone* (MALRAUX, *Espoir*, p. 336). — Autres ex. de *blessé grave :* TROYAT, *Amélie*, p. 272 ; Y. GANDON, *Captain Lafortune*, p. 243. — *Mutilé grave :* BERNANOS, *La liberté, pour quoi faire ?* p. 18.

Ceux qui blâment ces expressions recommandent d'ordinaire *grand blessé, petit blessé*, mais ces formules ressortissent aussi au transfert. *Grand blessé :* G. DUHAMEL, *Problèmes de civilisation*, p. 97 ; P. MILLE, *Sous leur dictée*, p. 114 ; Fr. MAURIAC, *Journal 1932-1939*, p. 249. — G. Duhamel (*Civilisation*, L.D., p. 116) encadre *petits blessés* de guillemets prudents.

Les épithètes par transfert posent parfois des problèmes d'accord : cf. § 542.

Remarque. — On distingue parfois, d'un point de vue sémantique, l'épithète **de nature,** qui exprime une qualité permanente, essentielle d'un être ou d'un objet, une propriété tenant à la nature de cet être ou de cet objet : *La lune* BLANCHE / *Luit dans les bois* (VERL., *Bonne chanson*, VI) [l'épithète de nature devient, en dehors de la poésie, un pléonasme banal : °*petit nain*, etc. ; cf. § 15] ; — l'épithète **de caractère,** qui exprime une qualité distinctive et vraiment individuelle : *Le* SAGE *Nestor, l'*ARTIFICIEUX *Ulysse ;* — l'épithète **de circonstance,** qui indique une qualité actuelle et transitoire de l'être ou de l'objet désignés : *Un pavement* HUMIDE.

Hist. — Les grammairiens de jadis distinguaient le qualificatif (ou l'*adjectif*) de l'épithète. Le *qualificatif* est nécessaire au sens : *Un homme* AVERTI *en vaut deux.* — *L'épithète* n'est pas indispensable au sens ; elle met en relief tel ou tel caractère de l'être ou de l'objet dont on parle : *La* PÂLE *mort mêlait les* SOMBRES *bataillons* (HUGO, *Châtim.*, V, XIII, 2).

Place de l'épithète

Bibl. — Parmi les nombreuses études consacrées à ce problème, nous n'en citons que quelques-unes parmi les plus récentes : D. DELOMIER. *La place de l'adjectif en fr. : bilan des points de vue et théories du XXᵉ siècle*, dans *Cahiers de lexicologie*, n° 37, 1980, pp. 5-24. — M. FORSGREN. *La place de l'adjectif épithète en fr. contemporain. Étude quantitative et* *sémantique.* Stockholm, Almqvist & Wiksell, 1978. — E. REINER. *La place de l'adjectif épithète en fr. Théories traditionnelles et essai de solution.* Wien-Stuttgart, Braumüller, 1968. — IDEM. *Studie zur Stellung des attributiven Adjektivs im neueren Französischen.* Wien, Braumüller, 1976. — L. WAUGH. *A Semantic Analysis of Word Order. Position of the Adjective in French.* Leiden, Brill, 1977. — M. WILMET. *La place de l'épithète qualificative en fr. contemporain,* dans *Revue de ling. rom.,* janv.-juin 1981, pp. 17-73. — L. CARLSSON. *Le degré de cohésion des groupes subst. + de + subst. en fr. contemporain, étudié d'après la place accordée à l'adjectif épithète.* Uppsala, Almqvist & Wiksell, 1966.

318   L'épithète peut, soit précéder immédiatement le nom, soit le suivre immédiatement, soit en être séparée, détachée.

Nous traiterons de ce troisième cas plus loin (§ 326). Il s'agit ici de la proximité immédiate, soit *antéposition* soit *postposition.*

La postposition est l'ordre le plus fréquent :

Dans la documentation littéraire rassemblée par M. Wilmet et qui contient 29 016 épithètes, dont 3 835 adjectifs différents, 1° l'épithète est antéposée une fois sur trois ; — ·2° un adjectif sur vingt préfère l'antéposition ; mais les adjectifs qui privilégient l'antéposition sont parmi les adjectifs les plus courants.

Si on envisageait des sources non littéraires et surtout des sources orales (de la région parisienne), la situation serait plus tranchée : quelques adjectifs presque toujours antéposés ; les autres presque toujours postposés. La langue littéraire, pour des raisons d'harmonie ou par tradition ou archaïsme (parfois par régionalisme), s'écarte souvent de l'usage ordinaire.

D'autre part, il y a des différences importantes entre le français central et les usages régionaux, tantôt à propos de cas particuliers, tantôt d'une façon plus générale : dans le Nord et l'Est, on antépose des adjectifs qu'ailleurs on met après le nom (§ 321, Rem. 1) ; dans d'autres régions, notamment dans le Midi, on observe une tendance opposée (§ 320, *a,* 4°).

Remarques. — 1. Lorsque l'adjectif précède le nom, il se met après le déterminant :

Deux BELLES *voitures. Mon* NOUVEAU *manteau. Ces* VIEILLES *gens.*

Feu, défunt, ainsi que *tout,* peuvent précéder le déterminant :

— *Feu* « défunt ». On a le choix entre FEU *le roi* (seule possibilité pour le *Dict. contemp.*) et *le* FEU *roi :*

FEU *mon père* (SARTRE, *Mots,* p. 99). — FEU *mon mari* (TROYAT, *Tête sur les épaules,* II). — *À la* FEUE *gare Montparnasse et à* FEU *le petit train d'Arpajon* (GAXOTTE, dans le *Figaro,* 26 janv. 1974). — *Le* FEU *comte d'Orgel* (RADIGUET, *Bal du comte d'Orgel,* p. 11). — *La* FEUE *reine Pomaré* (LOTI, *Mariage de Loti*, I, 1). — *Toute votre* FEUE *famille* (SARTRE, *Le diable et le bon Dieu*, V, 2). — Voir d'autres ex. au § 547, *b*, à propos de l'accord.

Feu après le nom est une liberté de poète : *Aux premières heures bleues / Se détruira-t-elle comme les fleurs* FEUES... (RIMBAUD, *Illum.*, Est-elle aimée ?)

Feu est un peu désuet. Il survit dans certaines provinces, ainsi que dans la langue juridique. Il se trouve aussi dans la langue littéraire, qui l'emploie parfois par badinage. — D'après Littré, « Feu ne se dit que des personnes que nous avons vues ou que nous avons pu voir ; on ne dit pas feu Platon, feu Cicéron, si ce n'est en plaisantant ou en style burlesque. » — « Quand on dit le feu pape, le feu roi, etc., on entend toujours le pape dernier mort, le roi dernier mort, etc. » — « On dit feu la reine, s'il n'y a pas de reine vivante, et la feue reine si une autre l'a remplacée. »

Il semble plus exact de dire : 1° que *feu* ne s'emploie qu'en relation avec des faits contemporains du moment où l'on parle ou du moment dont on parle ; — 2° que *feu la reine* ne s'utilise pas lorsqu'il y a une reine vivante, mais que *la feue reine* est possible, qu'il y ait une reine vivante, ou non.

— *Défunt*. On dit d'ordinaire *mon* DÉFUNT *père* (ou *mon père* DÉFUNT). DÉFUNT *mon père*, quoique donné sans observation par l'Acad., est devenu un tour populaire ou provincial, que les écrivains reprennent quand ils font parler leurs personnages :

DÉFUNT *mon homme* (BALZAC, *Médecin de camp.*, p. 15). — DÉFUNT *mon pauvre homme* (SAND, *Meunier d'Angibault*, V). — DÉFUNT *mon père* (THÉRIVE, *Fils d'un jour*, p. 70 ; R. MARTIN DU GARD, *Thib.*, Pl., t. II, p. 523). — DÉFUNT *mon vieux* (J. RENARD, *Ragotte*, Veuve Laure). — Voir d'autres ex. au § 547, *b*, Rem., à propos de l'accord.

— *Tout (tout l'hiver, tous les hivers)* est étudié parmi les déterminants : § 616.

Hist. — Ces emplois de *feu* et de *défunt* sont anciens : FEU *mon pere* (*Ménagier de Paris*, cit. Tobler-Lommatzsch). — *À* DEFFUNCT *notre trescher seigneur et pere* (*Privilèges et chartes de la Flandre*, éd. Espinas, Verlinden et Buntinx, t. I, p. 299) [1506].

On doit expliquer sans doute par le même phénomène *à même* + déterminant + nom : *Il saisit la bouteille et but,* À MÊME *le goulot* (MAUPASS., *Bel-Ami*, I, 7) [= boire au goulot même]. — Mais cette expression n'est plus sentie de cette façon et fait aujourd'hui partie des locutions prépositives : cf. § 1022, 3.

Autre précédait parfois aussi le déterminant (comp. Rem. 2) : *Salue Panurge, frere Jan, Epistemon, Xenomanes, Gymnaste, et* AUTRES *tes domestiques* (RAB., IV, 3).

2. Lorsque le syntagme nominal comporte un double déterminant (§ 558), le second étant un numéral, les adjectifs se placent d'ordinaire après le numéral :

Les quatre PREMIERS *livres du Code de procédure* (FLAUB., *Éd. sent.*, I, 5). — *L'histoire des trente* DERNIÈRES *années* (H. CARRÈRE D'ENCAUSSE, *Grand frère*, p. 8). — De même avec un nom implicite : *Les onze* AUTRES *n'ont rien deviné* (Fr. MAURIAC, *Vie de Jésus*, p. 234).

Cependant, les adjectifs, notamment *autre, dernier, même, pauvre, premier, prochain*, précèdent parfois le numéral quand on considère la suite numéral + nom comme un groupe, par ex. si l'on compte par *deux*, par *dix*, par *cent*, etc. :

Les PREMIERS *cinq cent mille francs* (ZOLA, *Au Bonheur des Dames*, VIII). — *Les* AUTRES *cinq cents francs* [...] *Les* DERNIERS *cinq cents francs* (G. DUHAMEL, *Vue de la terre promise*, VII). [Il s'agit, explicitement, d'un *billet* de 500 F.] — *Les* PREMIÈRES *cent vingt pages* (BERNANOS, *Corresp.*, 3 mai 1935). — *Les* MÊMES *cinq années* (DE GAULLE, *Discours et messages*, t. III, p. 136). — *Les* DERNIERS *trois cents mètres* (VIALAR, *Homme de chasse*, p. 18). — *Les* DERNIERS *cent mètres* (C. BOURNIQUEL, *Retour à Cirgue*, p. 313). — *Les* PREMIERS *cent kilomètres* (J. LARTÉGUY, *Libertadors*, p. 106).

Hist. — Pour ce qui concerne *autre*, il était courant jadis de le placer avant le détermi-nant numéral : *En ces* AUTRES *deux philosophes* (MONTAIGNE, *Ess.*, I, 40).

L'usage actuel décrit plus haut ne paraît pas en rapport direct avec cette ancienne construction d'*autre*. Étiemble (*Parlez-vous franglais ?* 1973, p. 185) considère les faits d'aujourd'hui comme un calque de l'anglais.

3. L'adjectif s'intercale parfois entre un numéral et *cent* ou surtout *mille* multipliés par le premier cardinal ; *cent* et *mille* sont considérés comme l'unité :

Il s'oblige à lui compter les six AUTRES *cents francs* [...] *à la remise du bon à tirer* (contrat entre Nerval et l'éditeur Charpentier, cité dans A. Marie, *Gérard de Nerval*, p. 379). — *Ces dix* PAUVRES *mille francs grossissaient* (ZOLA, *Germ.*, II, 1). — *De quoi équiper cent* AUTRES *mille hommes* (*Débâcle*, I, 4). — *Avec le nom implicite : Il vient réclamer ses dix mille francs. Plus dix* AUTRES *mille dont il a un pressant besoin* (CLAUDEL, *Pain dur*, I, 5). [Mais on pourrait considérer *mille* comme un nom.]

Cette place de l'adjectif apparaît notamment dans l'expression traditionnelle, aujourd'hui vieillie, *bonnes mille livres (de rente),* où *bon,* malgré sa place, s'accorde avec *livres :*

Heureusement que la Providence nous à donné vingt-deux BONNES *mille livres de rente* (LABICHE, *Poudre aux yeux*, I, 2). — *Cinquante* BONNES *mille livres de rente au soleil* (BOUR-GET, *Laurence Albani*, p. 66). — Autres ex. : [MARIVAUX, *Épreuve*, II] ; BALZAC, *Goriot*, p. 215 ; MUSSET, *Il ne faut jurer de rien*, I, 1 ; HUGO, *Misér.*, I, I, 4.
[*Bon* pouvait aussi être mis devant *livres :* [...] *qui a huit mille* BONNES *livres de rente* (MOL., *Mal. im.*, I, 5).]

4. Selon un usage très ancien (cf. Hist.), les noms propres de lieux et de personnes sont parfois suivis de l'article défini et d'une épithète de caractère (§ 317, Rem.). Ce sont aujourd'hui des formules figées, des noms propres com-posés, ou bien des imitations littéraires, ou encore des sobriquets argotiques ou régionaux.

Expressions figées : *Philippe le Bel, Charles le Téméraire, Ivan le Terrible...* ; — *Marne-la-Coquette, Brive-la-Gaillarde, Noisy-le-Grand...*
Imitations littéraires : *Grenade* LA JOLIE (HUGO, *Orient.*, XXXI). — *Babylone* LA DÉSERTE (MALRAUX, *Royaume farfelu*, p. 134). — *Ferdine* LA FAUSSE *ou Léa* L'ATTENTIVE (APOLLIN., *Alcools*, Zone).
Sobriquets : *Jean* LE BLEU, titre d'un roman de GIONO. — Avec des traits d'union exceptionnels : *François*-LE-BALAFRÉ (CARCO, *Brumes*, IV).

Hist. — Cette construction de l'adjectif remonte aux origines de la langue : *Carles* LI MAGNES (*Rol.*, 703). — *Alde* LA BEL' (*ib.*, 3723). — Elle se trouvait aussi avec des noms communs : *S'arme* [= son âme] LA BELLE (*Alexis*, version en alexandrins, cit. Tobler-Lom-matzsch, t. I, 904). — *Son cors* [= corps] LE GAI (*Motets wallons du manuscrit de Turin*, éd. Auda, t. II, p. 41). — Comp. la formation du superlatif relatif : § 949.

319　　Les linguistes ont essayé de trouver les **principes généraux** qui déterminent la place des épithètes.

L'épithète est objective quand elle suit ; subjective quand elle précède. La combinaison adjectif + nom est sentie comme une unité de pensée, ce qui n'est pas le cas lorsque l'adjectif suit. L'épithète postposée apporte une information nouvelle ; antéposée, elle n'est qu'une qualification banale, attendue.

Ces diverses remarques, si justifiées qu'elles soient, semblent ne pas couvrir tous les aspects de la question, où interviennent le poids de l'histoire de la langue, la fréquence de certains adjectifs, les intentions stylistiques des auteurs, l'équilibre rythmique du groupe nominal, les variations géographiques...

Remarquons par ex. que *haut talon* et *talon haut* sont interchangeables, alors qu'il s'agit du vocabulaire de la vie quotidienne :

Talons hauts (seul donné par le *Dict. contemp.*, le *Grand Lar. langue*) : AYMÉ, *Gustalin*, VII ; CAVANNA, *Ritals*, Claque.
Hauts talons : ZOLA, *Curée*, V ; LÉAUTAUD, *Petit ami*, VI ; COLETTE, *Vrilles de la vigne*, L.P., p. 176 ; GIDE, *Journal*, t. II, p. 1186 ; Fr. MAURIAC, *Nœud de vip.*, VIII ; GIONO, *Jean le Bleu*, II ; SIMENON, *Dossiers de l'agence O*, Vieillard au porte-mine, I ; Fr. SAGAN, *Merveilleux nuages*, L.P., p. 60 ; R. SABATIER, *Trois sucettes à la menthe*, p. 53 ; etc.

Remarquons aussi les syntagmes antonymes *belle femme* (ou *jolie femme*) et *femme laide*, — *grand-messe* et *messe basse*.

°*Messe grande* s'entend dans le Midi, et °*basse messe* en Wallonie. Cette dernière expression se trouve chez certains auteurs français du XIXᵉ s. : SAINTE-BEUVE, *Volupté*, XXIV ; HUGO, *Misér.*, I, v, 2 ; BARBEY D'AUR., *Memoranda*, 27 nov. 1836 (en italiques) ; É. LAMÉ, *Julien l'Apostat*, p. 140.

320   Si on considère les **adjectifs en soi,** se placent ordinairement **avant le nom :**

a) Les adjectifs suivants, adjectifs très courants, souvent monosyllabiques : dans l'ordre décroissant de la fréquence d'antéposition, *petit* (et *moindre*), *vieux*, *bon* (et *meilleur*), *grand, joli, autre* (§ 622, *a*), *mauvais* (et *pire*), *jeune, gros* (cf. § 323) et *beau*, — ainsi que *demi* et *mi* (§ 547, *a*).

Un PETIT *effort.* Un VIEUX *noyer.* Un BON *remède.* Une GRANDE *maison.* Sa JOLIE *silhouette.* Une AUTRE *personne.* Une MAUVAISE *réponse.* Le GROS *arbre.* Une BELLE *cravate.* — Un JEUNE *curé fait les* MEILLEURS *sermons* (MUSSET, *Caprice*, VIII).

Les adjectifs énumérés ci-dessus (sauf *demi* et *mi*) sont parfois placés après le nom, surtout pour les raisons suivantes :

1° Nécessairement s'ils sont suivis d'un complément (cf. § 322, *a*, 2°) : *Un jardin* GRAND COMME UN MOUCHOIR. — *Une musique* BELLE À ENTENDRE *(Dict. contemp.).*

2° Dans certains sens particuliers : *Un sourire* JEUNE. *Une population* JEUNE. *Du vin* JEUNE. *Du vin* VIEUX. Etc.

3° Lorsque les écrivains veulent dissocier une locution :

Il n'était plus un jeune homme, bien qu'il fût encore un homme JEUNE (MAUPASS., C., Étrennes). — *L'homme* GRAND *n'est pas nécessairement l'orateur à sa tribune, mais plus souvent l'artiste à son établi* (L.-P. FARGUE, dans le *Figaro litt.*, 19 juillet 1949).

4° Dans des usages régionaux ou locaux :

Rue GRANDE, à Fontainebleau, à Orbec (Calvados), à Dinant (Wallonie), etc. — *Le clocher* VIEUX, à Chartres (cf. HUYSMANS, *Cathédrale*, p. 239). — *Elle traversa la place du cimetière* VIEUX (GIONO, *Moulin de Pologne*, p. 150). — *Une demoiselle* VIEILLE (SAND, *Maîtres sonneurs*, XX). — *L'église* VIEILLE *est fermée provisoirement pour travaux. Les offices religieux seront célébrés dans l'église neuve* (inscription à Bonnieux, Vaucluse, avril 1981). — Pour *messe grande*, cf. § 319.

Mère-grand pour *grand-mère* a appartenu jusqu'au XVIIᵉ s. à la langue commune (de là sa présence dans les contes de Perrault) [cf. § 324, 3]. Certains auteurs continuent à employer cette forme par archaïsme ou par référence à Perrault, mais d'autres par conformité avec des usages locaux ou familiaux :

*Elles ont repris le costume de leur mère-*GRAND (LOTI, *Désenchantées*, XVI). — *Les contes de nos mères-*GRAND *[sic]* (P.-H. SIMON, dans le *Monde*, 12 août 1964). — *La mère-*GRAND *t'a fait les gros yeux. Des ogres, toutes ces vieilles gens* (N. SARRAUTE, *Planétarium*, p. 145). — *Embrasse pour moi ta mère-*GRAND *et ton époux* [à une nièce] (FLAUB., *Corresp.*, 27 mai 1864).
   Tante-grand pour *grand-tante* est beaucoup plus rare : *Tu l'appelleras tante-*GRAND. *Aux autres tu diras simplement ma tante* (HÉRIAT, *Grilles d'or*, L.P., p. 307).

5° Dans des écarts littéraires voulus :

Elle songe, et sa tête PETITE *s'incline* (VALÉRY, *Poésies*, Fileuse). — *Signe chez lui de préoccupation* GRANDE (HÉRIAT, *Temps d'aimer*, p. 10).

Il y a parfois une raison particulière, comme le souci de mettre en évidence : *José voyait de profil la fille mariée, celle qui portait, sur un cou puissant, une tête* PETITE (Fr. MAURIAC, *Mystère Frontenac*, XII) ; — la présence d'un autre adjectif : *Une fille* BELLE, *entièrement nue, leur sourit avec une extrême gentillesse* (J. LAURENT, *Dimanches de Mˡˡᵉ Beaunon*, p. 156). Cf. § 325, *c*, 2°.

b) Les adjectifs **ordinaux** :

Le VINGTIÈME *siècle. Son* TROISIÈME *enfant. Au* PREMIER *étage.*

Pour indiquer les divisions d'un ouvrage, l'ordinal peut se mettre avant ou après les mots *tome, livre, chant, article, acte, scène*, etc. :

Le tome SECOND, *ou le* SECOND *tome* (LITTRÉ). — *Ce livre* QUATRIÈME (CHAT., *Mém.*, I, IV, 11). — *Acte* DEUXIÈME (MUSSET, *Louison*). — *Livre* SEPTIÈME [etc.] (Virgile, *Énéide*, éd. DURAND-BELLESSORT).

Premier se place après le nom : 1° pour désigner un souverain, un pape : *Albert* PREMIER (écrit ordinairement *Iᵉʳ*) ; — 2° dans diverses expressions (*premier* y a souvent les sens de « originel, primitif, fondamental ») : *matières premières, cause première, vérité première, nombre premier ;* — 3° chez les sportifs dans l'expression *équipe première* (« principale ») : *L'équipe* PREMIÈRE *de la ville avait enlevé le championnat régional* (CHAMSON, *Héritages*, II, 1) ; — 4° parfois dans la langue littéraire, surtout dans les sens donnés dans le 2° :

> *Il ne devait plus jamais ressentir la ferveur* PREMIÈRE (A. FRANCE, cit. Robert). — *M. de Gravilliers replaçait les personnages dans les conditions* PREMIÈRES *de l'idylle* (HERMANT, *Serge*, XII). — *Mon enfance* PREMIÈRE *a vraiment pris fin ce jour où j'ai ainsi décidé mon avenir.* / *J'avais alors quatorze ans et demi* (LOTI, *Roman d'un enfant*, LXXXI). — *Je crois inutile de noter ici tous les échelons* PREMIERS *de cette instruction* (GIDE, *Symphonie past.*, M.L.F., p. 51).

Remarque. — *Dernier* précède ordinairement le nom, comme les ordinaux, auxquels il se rattache :

> *La* DERNIÈRE *semaine de juin, Rendre le* DERNIER *soupir. Le* DERNIER *tableau de Renoir. La* DERNIÈRE *maison de la rue. Un* DERNIER *effort. Jusqu'au* DERNIER *centime.*

On met *dernier* après le nom : 1° avec des noms comme *jour, semaine, mois*, etc., lorsqu'il s'agit du jour, de la semaine, etc. qui précèdent le moment où l'on est : *C'était la femme entrevue, l'été* DERNIER, *au Palais-Royal* (FLAUB., *Éd. sent.*, I, 4) ; — 2° Dans certaines expressions : *les fins* DERNIÈRES *et le jugement* DERNIER dans la langue religieuse ; *l'heure* DERNIÈRE (ordinairement, *dernière heure*) « moment de la mort » : *L'invincible hémorragie continuait, précipitait son heure* DERNIÈRE (MAUPASS., *C.*, Enfant).

On trouve *dernier siècle* au lieu de *siècle dernier : Gravures lestes du* DERNIER *siècle* (WILLY et COLETTE, *Claud. en ménage*, p. 151). — *Les jeunes femmes du* DERNIER *siècle* (*Dict. gén.*, s.v. *salade*). — Autres ex. : HUGO, *Quatrevingt-tr.*, III, II, 9 ; TAINE, *Vie et opinions de Fr.-Th. Graindorge*, XIX, 2.

Les écrivains postposent parfois *dernier* pris dans son sens ordinaire, sans doute pour le souligner (comp. *premier* ci-dessus) :

> *Jouir avec modération* [...] *des saisons* DERNIÈRES *de la jeunesse* (SAINTE-BEUVE, *Chat. et son groupe litt.*, 1861, t. I, p. 6). — *Et ce coup de coude* [...] *fut comme le cinglement, la poussée* DERNIÈRE *qui le décida* (ZOLA, *Argent*, I). — *Par une négligence ou une vanité* DERNIÈRE (YOURCENAR, *Anna, soror...*, p. 116).

321   Si on considère les **adjectifs en soi,** se placent ordinairement après le nom :

a) Les adjectifs indiquant la forme ou la couleur :

> *Un champ* CARRÉ. *Une ligne* COURBE. *Le tapis* VERT. *Un vêtement* NOIR.

Lorsque l'adjectif de couleur est pris au figuré, il est souvent antéposé : *Faire* GRISE *mine à quelqu'un. Une* VERTE *vieillesse. Une* VERTE *réprimande. Un* NOIR *dessein.*

b) Les adjectifs dérivés d'un nom propre et ceux qui indiquent une catégorie objective, sociale, administrative, religieuse, technique, etc. (c'est le cas des épithètes de relation : § 317, *a*) :

> *Une tragédie* CORNÉLIENNE. *Le peuple* JUIF. *Les prérogatives* ROYALES. *L'électricité* STATIQUE. *Le principe* MONARCHIQUE. *Les climats* FROIDS.

c) La plupart des participes :

Un homme ESTIMÉ. Un monarque REDOUTÉ. Une musique ÉCLATANTE. Des sables MOU-
VANTS.

Exceptions : *soi-disant* (§ 641) et, ordinairement, son synonyme *prétendu ;*
damné (fam.) et *sacré* (fam.) pris au figuré (cf. § 323) ; *foutu* (vulg.) et *fichu*
(fam.) au sens de « mauvais » ou comme renforçatifs (dans les deux cas comme
équivalents de *sale*) ; *regretté* au sens de « défunt » ; en outre, certaines formules
figées comme *Votre* DÉVOUÉ *serviteur, mon* ESTIMÉ *collègue, un* SIGNALÉ *service,
en bonne et* DUE *forme.*

Un soi-DISANT philosophe. Sa PRÉTENDUE culpabilité. Une DAMNÉE migraine. Une SACRÉE
malchance. — Plus près donc, FOUTU capon, ou je tire ! (ZOLA, Terre, IV, 3.) — Quel FICHU
caractère ! — Notre REGRETTÉ directeur.
    On écrit : De CINGLANTS DÉMENTIS (H. CARRÈRE D'ENCAUSSE, Grand frère, p. 8) ou Des
démentis CINGLANTS ; — Une ÉMOUVANTE cérémonie ou Une cérémonie ÉMOUVANTE.

Remarques. — 1. En Picardie et en Lorraine, ainsi qu'en Belgique, les locuteurs placent souvent devant le nom des adjectifs comme *fin, laid, propre, sale,*
pris dans leur sens premier : °*Une* FINE *aiguille,* °*du* SALE *linge,* °*un* PROPRE
mouchoir, °*une* LAIDE *femme.* Avec les adjectifs désignant la forme ou la couleur,
l'antéposition apparaît seulement chez des locuteurs peu habitués à parler français (utilisant d'ordinaire le dialecte ou, à Bruxelles, le flamand).

Qu'est-ce que dirait ma femme, si je rentrais avec une NOIRE blouse et une SALE casquette !
(Contes de Fraimbois, transposition en fr. régional [de Lorraine] par Jean LANHER, n° 31.) —
Mettre une PROPRE nappe (P. ÉMOND, Plein la vue, p. 113).

Ces phénomènes n'apparaissent pas souvent dans la langue écrite. Ne faut-il
pas pourtant expliquer par des influences régionales des exemples comme les
suivants ?

Le VAGUE terrain qui ondulait jusqu'aux baraques des étalagistes (FLAUB., Éd. sent., II, 1).
— Une CRASSE avarice (BALZAC, Birotteau, IV). — Divans et fauteuils autour d'une BASSE
table (H. PARMELIN, Perroquet manchot, p. 81).

Dans d'autres cas, les usages locaux concernent des expressions particulières : par ex., *la*
HAUTE *ville* (= la ville haute) à Vaison-la-Romaine.

2. La langue littéraire se distingue souvent en antéposant des adjectifs que
l'usage ordinaire met après le nom :

Autour des VERTS tapis des visages sans lèvre / [...] / Sous de SALES plafonds un rang de
PÂLES lustres [...] (BAUDEL., Fl. du m., Jeu). — Il tomba dans un OBSTINÉ silence (ZOLA,
Débâcle, I, 7). — C'est une SPIRITUELLE famine (PÉGUY, Myst. des saints Innoc., p. 160). —
Certains SCEPTIQUES esprits nient le fait (GIDE, Caves du Vat., III, 1). — Suivant sa COUTU-
MIÈRE méthode (MAUROIS, Hist. d'Angl., I, XI, 11). — Mes ORIGINAUX éloges (CÉLINE, Voy.
au bout de la nuit, F°, p. 161). — Avec sa NOIRE chevelure (JALOUX, dans la Gazette des
lettres, 17 mai 1947, p. 3). — Un NOIR rougeoiement indiquait l'emplacement des boulevards et
des places illuminées (A. CAMUS, Peste, p. 336). — Le sirocco et le libeccio poursuivaient leur
TITANESQUE lutte (VAILLAND, Loi, L.P., p. 146). — Ce CHRONIQUE danger ne cesse pas de
grandir (DE GAULLE, Vers l'armée de métier, p. 13).

On trouve même de ces écarts dans des textes didactiques ou scientifiques et dans la presse :

Par méconnaissance de sa MATÉRIELLE *identité* (G. GUILLAUME. dans le *Fr. mod.*, janv. 1960, p. 47). — *Ce* CARACTÉRISTIQUE *exemple* (P. GUIRAUD, *Mots étrangers*, p. 114). — *Les soudards huguenots de Lesdiguières représentent l'*ESSENTIEL *danger* (LE ROY LADURIE, *Carnaval de Romans*, p. 101).

Ce n'est peut-être pas sans raison qu'Étiemble (*Parlez-vous franglais ?* 1973, p. 183) voit dans certaines de ces antépositions une influence de l'anglais.

Lorsqu'un même adjectif ou deux adjectifs synonymes ou antonymes se trouvent dans des syntagmes nominaux coordonnés, le chiasme est assez fréquent chez les écrivains :

Au creux de ma main GAUCHE *et de ma* DROITE *main* (PÉGUY, *Ève*, p. 57). — *Se justifier [...] de son origine et de son passé par une conduite* IRRÉPROCHABLE, *une* IRRÉPROCHABLE *tenue* (BERNANOS, *Imposture*, p. 79).

L'épithète de nature (§ 317, Rem.), qui ne fait qu'expliciter une caractéristique allant de soi, est très souvent antéposée :

La PÂLE *mort* (HUGO, *Châtim.*, V, XIII, 2). — *La neige aux* BLANCS *flocons* (ID., *Odes et ball.*, Odes, IV, 4). — *Les* ROSES *vers de terre* (MALRAUX, *Noyers de l'Altenburg*, p. 25). — *De grands ormes et de* NOIRS *sapins* (J. GREEN, *Terre lointaine*, p. 242). — Aussi dans la langue commune : *Un* GAI *luron.*

De même, l'épithète de caractère (§ 317, Rem.), avec un nom propre : *Le* SAGE *Nestor, le* BOUILLANT *Achille, la* BLONDE *Iseut ;* — Si elle est postposée, c'est avec l'article : *Iseut* LA BLONDE. Cf. § 318, Rem. 4.

322   Si on considère **les adjectifs dans le syntagme nominal :**

a) On constate une tendance soit à équilibrer les deux parties du syntagme, soit à mettre en dernier lieu la partie la plus longue :

1° En plaçant de préférence après le nom l'adjectif polysyllabique : *Un vers* HARMONIEUX.

2° En plaçant après le nom l'adjectif suivi de son complément : *Une blessure* LARGE *de deux doigts. Un jardin* GRAND *comme la main.*

Un ex. comme le suivant est tout à fait exceptionnel : *Selon les alternances de son humeur et les,* PRESQUE INSURMONTABLES POUR LUI, *difficultés de la vie urbaine* (Chr. ROCHEFORT, *Repos du guerrier*, L.P., p. 230). — Celui-ci vise au plaisant : *Je porte à Monsieur une* SINCÈRE, QUOIQUE DISSIMULÉE, *affection* (VIAN, *Écume des jours*, VI). — Il n'est pas plus normal de séparer l'adjectif de son complément : DIGNE *maison* D'ABRITER UNE TELLE INFORTUNE (MICHELET, cit. Brunot, *Pensée*, p. 643, avec ce commentaire : « Cela ne compte pas dans la langue »).

b) Quand le nom est suivi d'un complément, on préfère souvent, du moins dans la langue écrite, ne pas les séparer et, par conséquent, on antépose l'adjectif :

Aux FROIDS *plis de la nébuleuse* (CLAUDEL, *Cinq gr. odes*, V). — *De* DÉMESURÉES *cuisses d'acrobate* (Fr. MAURIAC, *Mal*, p. 68). — *Cette* DÉSERTE *rue de Guise* (LÉAUTAUD, *Petit ami*,

VI). — *Il fut l'un des* PLUS ORIGINAUX *linguistes de son époque (Grand Lar. enc.*, s.v. *Schuchardt*). — *C'est lui le* ROMANTIQUE *chef de brigands* (VAILLAND, *Loi*, L.P., p. 351). — *Le* PRATIQUE *génie de l'Empereur* (DE GAULLE, *Fil de l'épée*, p. 42). — *Les* VALABLES *motifs de plaintes* (LE ROY LADURIE, *Carnaval de Romans*, p. 57). — *Une* FONDAMENTALE *hostilité à l'égard de toute autre conscience* (S. de BEAUVOIR, *Deuxième sexe*, t. I, p. 17). — *Le rôle de la* PEU ÉVANGÉLIQUE *loi du profit* (POIROT-DELPECH, dans le *Monde*, 10 déc. 1976). — *L'*INDUE *expression de l'humanité d'aujourd'hui* (YOURCENAR, *Souvenirs pieux*, p. 129).

Remarques. — 1. La place de l'épithète peut être différente selon les relations syntaxiques :

Un PLEIN *panier de prunes (de prunes* est complément de *panier)* s'oppose à *Un demi-panier de prunes ;* — *Un panier* PLEIN *de prunes (de prunes* est complément de *plein)* s'oppose à *Un panier plein de pêches.*

2. On comprend que des rencontres comme *sec coup* soient peu plaisantes. Il est plus difficile d'expliquer pourquoi on ne dit pas, par ex., **Un mou lit,* **un mou traversin,* **un mou matelas,* mais bien *un mol édredon, un mol oreiller* (ou *un beau traversin*). Peut-être parce que les deux syntagmes avec *mol* appartiennent à une langue distinguée et perpétuent un usage ancien.

3. Lorsque l'adjectif est précédé d'un adverbe polysyllabique, l'antéposition appartient à une langue assez recherchée :

Une de ces PRESQUE INSENSIBLES *meurtrissures* (MAUPASS., *Pierre et Jean*, II). — *La lumière d'un* TOUJOURS CHAUD *soleil* (LOTI, *Mort de Philae*, p. 36). — *Un graphique éloquent qui témoigne du* DÉCIDÉMENT MAUVAIS *état de mon cœur* (GIDE, lettre à R. Martin du Gard, dans le *Figaro litt.*, 22 janv. 1968). — *Les* SOUVENT DÉCONCERTANTES *périphrases* (YOURCENAR, *Souvenirs pieux*, p. 299).

323   Certains adjectifs ont un **sens différent,** selon qu'ils suivent ou précèdent le nom :

Un *ancien* moulin, un moulin *ancien*	Un *pauvre* homme, un homme *pauvre*
Un *brave* homme, un homme *brave*	Son *propre* linge, du linge *propre*
Un *certain* mépris, un mépris *certain*	Une *pure* illusion, une eau *pure*
Ma *chère* voiture, une voiture *chère*	Un *sacré* culot, un devoir *sacré*
Un *chic* type, un type *chic*	Un *sale* caractère, du linge *sale*
Une *curieuse* femme, une femme *curieuse*	Une *seule* femme, une femme *seule*
Un *fichu* récipient, un récipient *fichu*	Un *simple* soldat, un soldat *simple*
Une *grosse* femme, une femme *grosse*	Un *triste* personnage, un personnage *triste*
(« enceinte »)	Un *vrai* système, un système *vrai*
Le *même* jour, le jour *même* (§ 623)	Une *verte* réprimande, un fruit *vert*.
Une *noble* femme, une femme *noble*	Etc.

Les deux constructions sont parfois présentes dans un même contexte : *Charlemagne était* [...] *un de ces très rares* GRANDS *hommes qui sont aussi des hommes* GRANDS (HUGO, *Rhin*, IX). — *C'est une fille* BRAVE *et une* BRAVE *fille, ce qui vaut mille fois mieux* (COCTEAU, *Thomas l'imposteur*, L.P., p. 164). — *C'est un* BRAVE *homme et un homme* BRAVE (MALRAUX, *Antimémoires*, p. 591).

On observera que lorsque l'adjectif précède, le sens est souvent figuré. Dans d'autres cas (avec *vrai, simple, pur, propre, seul*), l'adjectif antéposé a une valeur renforçative, de soulignement.

Remarque. — La distinction traditionnelle entre *le plat pays*, la campagne par rapport aux villes, et *pays plat*, plaine, se maintient difficilement. La première formule n'est pas fréquente dans son ancienne acception, sauf chez les historiens, et elle s'emploie souvent à la place de la seconde formule :

« campagne » : *Il venait d'établir aux environs de Dranoutre, en plein* PLAT PAYS, *des ateliers ruraux où les ordonnances municipales de Bruges ne le brimaient plus* (YOURCENAR, *Œuvre au noir*, p. 35). — Autres ex. : E. QUINET, *Hist. de mes idées*, I, 5 ; Ch. DE COSTER, *Légende d'Ulenspiegel*, I, 17 (plat-pays) ; F.-L. GANSHOF, *Flandre sous les premiers comtes*, p. 70 ; LE ROY LADURIE, *Carnaval de Romans*, p. 66 ; J. DELUMEAU, *Peur en Occident*, p. 158.

« plaine » : *On avait quitté le* PLAT PAYS. *C'était, maintenant, les lentes côtes, et les descentes saccadées au trot retenu de la jument* (A. de CHÂTEAUBRIANT, *M. des Lourdines*, I, 6). — *Je me suis arrêté à la corne du bois, d'où l'on découvre le* PLAT PAYS, *les longues pentes à peine sensibles qui dévalent lentement vers la mer* (BERNANOS, *Journal d'un curé de camp.*, Pl., p. 1164). — *Avec des cathédrales pour uniques montagnes* / [...] / *Le* PLAT PAYS *qui est le mien* (J. BREL, *Plat pays*).

324   **Hist.** — 1. L'ancienne langue plaçait assez souvent devant le nom des épithètes qui sont aujourd'hui postposées, par ex. les adjectifs de couleur, les adjectifs ethniques, les adjectifs suivis d'un complément, les participes, etc. :

Unes chauces de BLANC *acier* (CHRÉT. DE TR., *Erec et En.*, 2638). — *Ung* NOIR *lion* (*Perceforest*, dans Bartsch, *Chrest.*, 98, 74). — *Sa* BLEUE *cinture* (A. de LA SALE, *Saintré*, éd. M.-K., p. 307). — *La* SAMARITAINE *femme* (J. MICHEL, *Passion*, 6637). — *En l'*ESCOSSOISE *terre* (RONSARD, éd. V., t. V, p. 160). — *Un grant, gros et* PUISSANT DE CORPS *moynne* (A. de LA SALE, *op. cit.*, p. 303). — *En* COUVERT *lieu* (GACE DE LA BUIGNE, 7379). — *Vostre* DESORDONNEE *volunté* (*Cent nouvelles nouv.*, IX). — *A* JOINTES *mains* (Bon. DES PÉRIERS, *Récréations et joyeux devis*, XXXIV). — *De* TORTE *buche fait len* [= on] DROIT *feu* (*Proverbes*, éd. M., 564). — VUIDE [= vide] *chambre fait* FOLE *dame* (*ib.*, 2500).

Il reste des traces figées de cet usage dans les composés : *basse-cour, blanc-bec, rond-point, rouge-gorge, sage-femme, verjus*, etc. ; dans les noms de lieux : *Froidfond, Neufmoutiers, Noirétable, Ronchamp, rue des Blancs-Manteaux* (à Paris), etc. ; dans les noms de personnes : *Blancpain*, etc. — La locution *C'est bonnet blanc et blanc bonnet* (attestée à partir du XVIIᵉ s.) montre aussi ce libre choix.

On a souvent vu dans l'antéposition de l'épithète une influence germanique, d'autant plus que le phénomène subsiste particulièrement dans des régions, comme la Wallonie, où cette influence a été plus forte qu'ailleurs. Mais l'antéposition était bien attestée en latin et même en latin vulgaire : *aubépine < alba spina*, alors qu'on avait *spina alba* chez Pline (*alba* = blanche). On doit tout au plus supposer que la présence des Germains, ou le voisinage des Germains, a favorisé la survivance d'une construction latine qui a été plus ou moins évincée dans d'autres régions que celle d'oïl.

2. Pour Vaugelas (pp. 182-185), *beau, bon, grand, mauvais, petit* et les ordinaux sont toujours antéposés (sauf *Henry quatriesme*, etc.), tandis que les adjectifs de couleur sont toujours postposés ; pour beaucoup d'adjectifs, il n'y a d'autre règle que de consulter l'oreille ; l'antéposition n'est pas obligatoire si le nom est suivi d'un complément.

Les classiques présentent assez souvent un usage qui diffère du nôtre, notamment en poésie. Certaines distinctions selon la place (§ 323) n'étaient pas encore acquises, notamment pour *brave, différent, sacré*.

⁺*Foi et beauté sont tous deux de* FÉMININ *genre* (MALHERBE, cit. Haase, § 155, B). — *La* GRECQUE *beauté* (LA F., *F.*, IX, 7). — *Ma* SANGLANTE *mort* (RAC., *Bajazet*, II, 1). — *Sa* NATALE *terre* (MOL., *Éc. des f.*, V. 9). — ⁺*Ses plus* DÉCLARÉS *ennemis* (PASCAL, *Prov.*, III). —

Le fruit de vos BÉNITES *entrailles* (BOSS., *Œuvr. orat.*, t. III, p. 447). — *Il se vange hautement en prenant le* CONTRAIRE *party* (MOL., *Crit. de l'Éc. des f.*, V). — *De ces deux* CONTRAIRES *sentimens* (VAUGELAS, p. 184). — ⁺*Il* [= Cicéron] *mourut en fort* BRAVE *homme* (RAC., lettre à son fils, cit. Dubois-Lagane-Lerond). — ⁺*Par des faits toujours nouveaux, par de* DIFFÉRENTS *événements* (LA BR., *Car.*, XV, 26). — ⁺*Les* SACRÉS *transports* (BOSS., *op. cit.*, t. III, p. 10). — *En présence de sa* SACRÉE *Majesté* (VOLT., *Lettres phil.*, VII).

C'est au XVIIᵉ s. que s'est répandue chez les catholiques la dévotion au *Sacré-Cœur*. L'antéposition de *sacré* se rencontre parfois au XIXᵉ et au XXᵉ s., spécialement dans des textes qui veulent imiter l'ancien usage :

Devant tes SACRÉS *ostensoirs* (HUGO, *Orient.*, XXVIII). — *Le même* SACRÉ *travail à la face de Dieu* (PÉGUY, *Myst. de la char. de J. d'Arc*, p. 42). — *Ceux-ci* [= les philologues] *les révèrent comme émanant de la* SACRÉE *loi de l'analogie* (THÉRIVE, *Querelles de lang.*, t. I, p. 85) [à cause du complément ? cf. § 322, *b*]. — *Il* [= l'archevêque] *me l'a promis* [...] *de sa très digne et* SACRÉE *bouche* (MONTHERLANT, *Port-Royal*, p. 51).

3. Des adjectifs qui sont régulièrement antéposés aujourd'hui pouvaient suivre le nom :

Noz peres VIEULX (J. MICHEL, *Passion*, 1213). — *Sa mere* GRANT (*Cent nouvelles nouv.*, Table) [cf. § 320, *a*, 4°]. — *J'ay affection* TRESGRANDE *de vous donner ayde* (RAB., *Pant.*, IX). — ⁺*Il favorisait les Monothélites et se déclarait ennemi du concile* SIXIÈME (BOSS., *Disc. sur l'hist. univ.*, I, 11). — *Ce sera une douleur* GRANDE (SÉV., cit. Haase, § 155, A).

Comp. aussi le cas de certains déterminants (§ 558, Hist.), des adjectifs possessifs *mien*, *tien*, *sien* (§ 595, *c*, et Hist.), et de *même* (§ 623, *b*, Hist. 1).

325   Il y a **plusieurs épithètes**.

a) Une épithète **de part et d'autre du nom :**

Un PETIT *chat* NOIR. *Une* BELLE *maison* CAMPAGNARDE. *Une* GROSSE *boîte* RONDE. — *Ses yeux aux* LONGS *cils* COURBES (FLAUB., *Mᵐᵉ Bov.*, II, 8). — *La* LARGE *écriture* ORNÉE *de son ami* (A. FRANCE, *Lys rouge*, XXV).

Cela est tout à fait banal quand l'épithète qui précède le nom figure parmi les adjectifs qui s'antéposent ordinairement (§ 320) et quand celle qui le suit figure parmi les adjectifs qui se postposent (§ 321).

Les possibilités décrites dans *b)* et *c)* peuvent se combiner avec celle-ci : *Une* VIEILLE PETITE *ruelle* LONGUE ET BASSE (ALAIN-FOURNIER, *Gr. Meaulnes*, p. 330).

Comme lorsqu'il s'agit d'adjectifs uniques (§ 321, Rem. 2), l'antéposition se produit, dans la langue littéraire, pour des adjectifs que l'usage ordinaire place après le nom :

Comme une JAUNE *tapisserie persane à dessins bleus* (PROUST, *Rech.*, t. I, p. 423). — *Une bourgade déserte aux* CUBIQUES *maisons blanches* (Cl. MAURIAC, dans le *Figaro litt.*, 28 oct. 1950). — *Son* VIF *œil noir impénétrable* (BRASILLACH, *Voleur d'étincelles*, p. 204).

Remarque. — Pour la coordination entre l'épithète antéposée et l'épithète postposée *(Un* ÉTRANGE *animal* ET *tout à fait indomptable)*, voir § 261, *b*, 2°, et Hist.

b) **Épithètes jointes mais non coordonnées.**

On a ici une espèce d'emboîtement : dans *Une aimable vieille dame*, *aimable* sert d'épithète, non à *dame*, mais à l'ensemble *vieille dame ;* de même, dans *Des soins médicaux gratuits*, *gratuits* sert d'épithète à *soins médicaux*. — Dans ce dernier exemple, la coordination des épithètes serait impossible ; voir aussi § 258, *a*. — Ex. surprenant : *Loc. conj.* ET *fam.(= locution conjonctive et familière)* (AC., s.v. *tant*, à deux reprises).

1° Devant le nom.

Cela se fait dans la langue courante lorsque les deux adjectifs sont l'un et l'autre de ceux qui s'antéposent ordinairement (§ 320), surtout quand le second est *jeune, vieux, petit, grand, gros ;* l'association *grand beau* est assez fréquente aussi :

Une BELLE JEUNE *femme. — Un* BRAVE JEUNE *prêtre* (BERNANOS, *Journal d'un curé de camp.*, Pl., p. 1147). — [...] *devant y vivre jusqu'à la mort, comme deux* ÉTERNELS JEUNES *époux* (FLAUB., *Mme Bov.*, III, 5). — *Au* BON VIEUX *temps. — Une futaie de* GRANDS VIEUX *arbres* (HUGO, *Napoléon-le-Petit*, VIII, 3). — *Une* JOLIE VIEILLE *maison* (S. de BEAUVOIR, *Tout compte fait*, p. 267). — *Un* BON PETIT *vin. Une* VIEILLE PETITE *rue. Un* BRAVE PETIT *garçon. Une* BELLE GRANDE *maison. Un* BON GROS *chien.*

Un GRAND BEL *homme* (FLAUB., *Mme Bov.*, III, 3). — *Cette* GRANDE BELLE *femme* (ZOLA, *Argent*, II). — *Ses* GRANDS BEAUX *yeux de visionnaire* (J. GREEN, *Journal*, dans le *Figaro litt.*, 1er sept. 1951).

Si l'un des adjectifs, surtout le second, est de ceux que l'on n'antépose pas d'ordinaire et, *a fortiori*, si les deux adjectifs sont dans ce cas, le tour est propre à la langue littéraire, et à une langue littéraire assez recherchée quand les deux adjectifs ne sont pas dans le rapport d'emboîtement décrit ci-dessus :

Ces AFFREUSES BLANCHES *lèvres* (PÉGUY, *Myst. des saints Innoc.*, p. 78). — *Une* VIEILLE ABSURDE *querelle* (GIDE, *Attendu que...*, p. 63). — *Ma* BELLE RETORSE *phrase* (ID., *Journal*, 14 déc. 1931). — *Ses* LONGS CLAIRS *rameaux* (A. de CHÂTEAUBRIANT, *Les pas ont chanté*, p. 14). — *La* PROCHAINE INÉVITABLE *guerre* (BERNANOS, *France contre les robots*, p. 137). — *Une* CLAIRE PETITE *brochure* (G. DUHAMEL, *Manuel du protestataire*, p. 94). — *Le* LOURD LUISANT *câble noir de queue suspendu à l'occiput* (CLAUDEL, dans le *Figaro litt.*, 5 févr. 1949). — *Maniements de* LOURDES LONGUES *caisses effrayantes* (A. COHEN, *Carnets*, p. 10). — *Il imitait le flic qui griffonne des trucs sur un* VIEIL ÉCORNÉ *carnet* (QUENEAU, *Zazie dans le métro*, X).

S'il y a plus de deux épithètes antéposées, cela n'est courant que si elles font partie des épithètes ordinairement antéposées :

Une GRANDE BELLE JEUNE *fille élégante et bien faite* (L. FOULET, *Glossaire de la 1re continuation de* Perceval, p. 169) [*jeune fille* fonctionne d'ailleurs comme une véritable locution]. — *Un* BON GROS PETIT *garçon.*

Plus recherché : *Une de ces* CALMES PETITES VIEILLES *rues* (JAMMES, *De l'âge divin à l'âge ingrat*, II). — *Il a un* GROS BEAU LOURD *nez* (CAVANNA, *Ritals*, Pavillon). [Pourtant, l'auteur fait parler un enfant du milieu populaire.]

Remarque. — La juxtaposition de deux adjectifs antonymes produit un effet de paradoxe voulu :

Il caressait de la langue et des lèvres cette jolie PETITE LONGUE *phrase comme un miel délicieux* (VIGNY, *Stello*, XXX). — *Ces* GRANDS PETITS *événements furent étudiés par le juge de paix* (BALZAC, *Urs. Mirouët*, XVIII). — *Devenir un* PETIT GRAND *homme dans un rond,* / [...]? / *Non, merci* (E. ROSTAND, *Cyr.*, II, 8). — *Pouvez-vous bien aimer une aussi* VIEILLE JEUNE *femme ?* (COLETTE, *Vagabonde*, III, 1.)

Dans le français populaire de Wallonie, de Picardie et du Midi, *jeune homme* et *jeune fille* s'emploient pour « célibataire » quel que soit l'âge, et on dit °*vieux jeune homme* pour « vieux garçon » et °*vieille jeune fille* pour « vieille fille ». Cela se trouve parfois dans la langue littéraire sans qu'il y ait, semble-t-il, nécessairement une intention plaisante :

> Un VIEUX JEUNE HOMME *l'ayant demandée en mariage* (MONTHERLANT, *Pitié pour les femmes*, L.P., p. 20). — *En moins de quinze jours, ma* VIEILLE JEUNE FILLE *était devenue une vieille fille* (COLETTE, *Chambre d'hôtel*, p. 110). — *Ce* VIEUX JEUNE HOMME *de cinquante ans s'arrête un instant devant la porte d'un dancing* (É. HENRIOT, dans le *Monde*, 30 avril 1952). [Comp. dans le même article : *La solitude d'un* ANCIEN JEUNE HOMME.] — Pour le franç. pop. de Provence, voir Cl. Seignolle, *Folklore de la Provence*, p. 370.

2° Après le nom :

> *Des soins* MÉDICAUX GRATUITS. *Un chat* SAUVAGE AFFAMÉ. — *Corps* SIMPLE GAZEUX (AC., s.v. *hélium*). — *Autour des lumières* TERRESTRES ARTIFICIELLES (AC., s.v. *halo*).

Il est moins fréquent de trouver plus de deux adjectifs et cela donne une impression de lourdeur :

> *Le poids des pays* AFRICAINS FRANCOPHONES MODÉRÉS (P. de BEER, dans le *Monde*, 21 août 1976).

c) Épithètes coordonnées.

Chaque adjectif se rapporte au nom de façon indépendante. Il n'y a plus cet emboîtement qui a été décrit ci-dessus *(b)*.

1° Les épithètes sont **antéposées.** Cela ne fait pas de difficulté si cette place correspond à l'usage ordinaire de ces épithètes prises séparément.

Ordinairement, une conjonction de coordination unit les deux épithètes ou les deux dernières épithètes : *Un* VIEUX ET HONNÊTE *fermier* (MUSSET, *Nouvelles*, Margot, II). — *Les deux phares* [...] *jetaient sur la mer leurs* LONGS ET PUISSANTS *regards* (MAUPASS., *Pierre et Jean*, II). — *Ce* LONG ET BRILLANT *développement* (J. GREEN, *Journal*, 6 juillet 1951). — *La* BRUSQUE, VIOLENTE ET INEXPLICABLE *sortie du jeune homme* (A. DAUDET, *Immortel*, X).

La coordination sans conjonction est assez rare : *Dans toute leur* MORNE, INEXPRIMABLE *horreur* (CARCO, *Ténèbres*, L.M.I., p. 24). — *Ses* BEAUX, LONGS *yeux gris* (MALLET-JORIS, *Chagrin d'amour et d'ailleurs*, p. 35).

Parfois les écrivains répètent la conjonction quand il y a plus de deux épithètes : voir l'ex. d'A. de Noailles ci-dessous.

Si une des épithètes antéposées, et surtout la dernière, est postposée dans l'usage ordinaire, on a un tour assez recherché, qui n'est pourtant pas propre aux écrivains :

> *Dans un* ALCHIMIQUE ET DÉLABRÉ *château* (A. FRANCE, *Rôtisserie de la reine Pédauque*, XVII). — *Une* SEULE ET OBSTINÉE ET RAYONNANTE *pensée* (A. de NOAILLES, *Exactitudes*, p. 153). — [...] *qui découvrirent sous leurs* IDYLLIQUES, MAIS PEU PRODUCTIFS, *champs et pâturages la richesse houillère* (YOURCENAR, *Souvenirs pieux*, p. 70). — *Le* CHARMANT ET DÉVOUÉ *maître d'hôtel courant sous un parapluie multicolore* (Fr. SAGAN, *Yeux de soie*, p. 177).

Une LONGUE, PATIENTE ET EXHAUSTIVE *recherche* (P. GUIRAUD, *Étymologie*, p. 32). — *Une des* MEILLEURES ET *des* PLUS FOUILLÉES *descriptions concrètes d'une langue* (N. RUWET, dans *Langue fr.*, fév. 1969, p. 115). — *La* MAGISTRALE MAIS OUTRANCIÈRE *thèse de Beaulieux* (Cl. BLANCHE-BENVENISTE et A. CHERVEL, *Orthographe*, p. 45). — *L'*ANCIEN ET FAVORABLE *tarif* (LE ROY LADURIE, *Carnaval de Romans*, p. 189). — Notons que dans plusieurs de ces ex. le nom a un complément : cf. § 322, *b*.

2° Épithètes **postposées.** Leur nombre est pour ainsi dire illimité.

— Il y a une conjonction de coordination entre les deux épithètes ou entre les deux dernières : *La grandeur* ANXIEUSE ET TRAGIQUE *du sublime XIVe siècle* (P. CHAUNU, *Temps des Réformes*, p. 96). — *Zazie passe des considérations générales aux accusations* PARTICULIÈRES, PRÉCISES ET CIRCONSTANCIÉES (QUENEAU, *Zazie dans le métro*, III).

Deux conjonctions différentes : *Il a des manières* FRANCHES ET *un peu* RUDES, MAIS *non* DÉPLAISANTES (J. GREEN, *Journal*, 18 juillet 1951).

— Sans conjonction de coordination : *Un gaillard* EXUBÉRANT, SENSUEL, VIOLENT, SOULEVÉ PAR TOUS LES DÉSIRS (MAUPASS., *Pierre et Jean*, Préf.). — *Nos erreurs* MILITAIRES, MORALES, NATIONALES (DE GAULLE, *Discours et messages*, 1er août 1940).

— Avec répétition de la conjonction : *Déjà il entrevoyait une explication* PLATE ET ENNUYEUSE ET FREUDIENNE ET PSYCHOLOGIQUE *de sa pièce* (Fr. SAGAN, *Yeux de soie*, p. 199).

On observera que la coordination réunit souvent aux adjectifs normalement postposés un ou des adjectifs normalement antéposés : *Une maîtresse* JOLIE, *amoureuse* (BOURGET, *Mensonges*, cit. Blinkenberg, *Ordre des mots*, t. II, pp. 129-130). — *Des dents blanches et* PETITES (ID., *ib.*). — Autre ex. au § 320, *a*, 5°.

Un type particulier de coordination est celui qui fait des adjectifs un composé dont les éléments sont unis dans l'écriture par un trait d'union : *Un enfant* SOURD-MUET. Souvent le premier prend une finale appropriée, d'ordinaire en *-o* : *Rêve* POLITICO-CULTUREL (H. CARRÈRE D'ENCAUSSE, *Grand frère*, p. 7). Cf. § 177, *a*.

326   L'**épithète détachée,** que les grammairiens français appellent souvent adjectif *en apposition* (cf. § 334, Rem. 1).

Quand l'épithète (adjectif et surtout participe) ne restreint pas l'extension du nom, mais apporte une indication complémentaire, descriptive ou explicative, elle est souvent séparée de ce nom.

— Soit qu'elle le suive, mais après une pause dans l'oral et une virgule dans l'écrit :

La solitude, VASTE, ÉPOUVANTABLE *à voir,* / *Partout apparaissait* (HUGO, *Châtim.*, V, XIII, 1). — *Le visage,* REJETÉ *en arrière, baigne dans les flots ondulés d'une abondante chevelure* (ROBBE-GRILLET, *Projet pour une révolution à New York*, p. 8).

— Soit qu'elle s'en détache davantage et prenne place en tête de la phrase ou après le verbe :

TRANQUILLES *cependant, Charlemagne et ses preux* / *Descendaient la montagne* (VIGNY, *Poèmes ant. et mod.*, Cor). — *Sa voix s'éleva, bizarrement* IMPERSONNELLE (GRACQ, *Rivage des Syrtes*, p. 165).

À l'épithète détachée, on comparera l'apposition détachée (§ 337) et la proposition relative non déterminative (§ 1059, *a*, 2°). — On observera pourtant que des épithètes non détachées correspondent à des propositions relatives non déterminatives : *On marquait d'un fer chaud le sein* FUMANT *des femmes* (HUGO, *Lég.*, XXXI, 2) [... le sein des femmes, lequel se mit à fumer].

Remarques. — 1. Le détachement est fréquent avec les noms propres, puisque l'extension de ceux-ci n'a pas ordinairement besoin d'être précisée et que l'épithète est normalement descriptive :

Saint Pierre, RAGEUR, *dut suspendre l'exécution de sa sentence* (AYMÉ, *Passe-muraille*, L.P., p. 212).

Des épithètes, surtout de caractère (§ 317, Rem.), peuvent être placées immédiatement avant le nom propre à condition qu'il soit accompagné d'un déterminant, — ou le suivre, mais elles-mêmes précédées de l'article : *La* DOUCE *Irma, Ma* DOUCE *Irma ; Irma la* DOUCE.

2. Parmi les épithètes détachées en tête de phrase, il faut mettre *seul* à part ; cet adjectif occupe, en effet, très fréquemment cette position et souvent même sans pause :

SEUL *le silence est grand ; tout le reste est faiblesse* (VIGNY, *Dest.*, Mort du loup, III). — Voir aussi § 379, *d.*

3. On a aussi un cas comparable à l'épithète détachée dans une phrase comme *J'ai trouvé ma sœur* LISANT *dans le jardin.* Le syntagme *lisant dans le jardin,* qui n'est pas un attribut de l'objet (comp. § 287, *e*), équivaut à un complément adverbial non essentiel (cf. § 327) du type *alors qu'elle lisait dans le jardin.* — Voir aussi la construction examinée au § 327, *c*, Rem.

4. *Plaider coupable* ou *non coupable,* ou, plus rarement, *innocent,* est un calque de l'anglais ; il concurrence les formules plus anciennes *plaider la culpabilité, l'innocence.* — La perplexité des usagers se reflète dans le fait que lorsqu'il y a plusieurs accusés, *coupable* est tantôt laissé invariable comme un complément adverbial, tantôt accordé comme une espèce d'épithète détachée.

Ils plaident à demi COUPABLE (Fr. NOURISSIER, dans le *Figaro dimanche,* 21-22 janv. 1978). — *Quinze Ougandais [...] qui auraient plaidé* COUPABLE (J.-C. POMONTI, dans le *Monde,* 26 janv. 1978).

Les deux condamnés, qui n'ont pas plaidé COUPABLES (J. AMALRIC, dans le *Monde, 1er févr. 1973).* — *Je crains bien que [...] nous ne soyons prêts d'avance à plaider* COUPABLES (Th. MAULNIER, dans le *Figaro,* 22-23 févr. 1975). — *Les Belges plaident* COUPABLES (M. WILMET, *Études de morpho-syntaxe verbale,* p. 108). — *Nous plaiderons* COUPABLES (A. BRINCOURT, dans le *Figaro litt.,* 5-6 févr. 1977).

5. L'épithète détachée existe aussi avec le pronom : § 352, *c.*

327 **Relâchement du lien entre l'épithète détachée et le nom.**

Ainsi détachée du nom, l'épithète (comme l'apposition détachée : § 337) a avec le nom un lien qui, progressivement, se relâche. Cela se manifeste de diverses façons. En particulier, l'épithète détachée du sujet tend à se lier au prédicat.

a) L'épithète détachée est employée dans des contextes où il y a, entre l'idée exprimée par cette épithète et l'idée exprimée par le verbe, une relation, selon les cas, de temps, de cause, de concession, de condition (ce que l'on pourrait rendre par une proposition conjonctive adverbiale de temps, de cause, etc.) :

REFOULÉE *par le vent qui rase la côte, la sève s'est accumulée pendant des siècles en rameaux courts, énormes, entrelacés et tordus* (TAINE, *Voy. aux Pyrén.*, p. 89). — MOQUÉ *à l'envi par ses maîtres et ses camarades* [...], *Chazal gardait sa tranquillité* (A. FRANCE, *Vie en fleur.* p. 140). — HEUREUSE, *elle eût été ravissante* (BALZAC, *Goriot,* p. 14).

Les adverbes *aussitôt, sitôt, une fois, à peine* peuvent se joindre à ces épithètes détachées pour indiquer que le fait qu'elles expriment est de peu antérieur au fait exprimé par le verbe (comp. § 310, Rem.) :

Il l'avait abandonnée, AUSSITÔT ENCEINTE (BOURGET, *Divorce,* IV). — SITÔT ÉTABLIE *dans sa maison* [...], *Jeanne prit place dans un fauteuil* (YOURCENAR, *Souvenirs pieux,* p. 254). — UNE FOIS PRIS *dans l'événement, les hommes ne s'en effraient plus* (SAINT EXUPÉRY, *Terre des hommes.* p. 54).

Le gérondif, qui se confond quant à la forme avec le participe présent, mais qui est normalement précédé de la préposition *en,* joue dans la phrase un rôle analogue à celui des propositions conjonctives adverbiales : EN ARRIVANT, *Pierre avait remarqué le trouble de Jeanne.* Cf. § 891. — Mais il a habituellement une relation privilégiée avec le sujet, qui est d'ordinaire l'agent du gérondif : cf. cependant § 328.

Remarque. — Certains grammairiens vont jusqu'à interdire que l'on mette en tête de phrase une épithète détachée qui n'exprimerait pas la cause. De telles exigences n'ont aucun fondement dans l'usage, même le plus soigné :

ACCROUPIE *sur le seuil de l'auberge, la mère* [...] *balançait les deux enfants au moyen d'une longue ficelle* (HUGO, *Misér.,* I, IV, 1). — DÉBARRASSÉ *de son escorte indisciplinée, Orso continuait sa route* (MÉRIMÉE, *Colomba,* XVII). — ENTRÉ *alors dans sa cinquantième année, Mathieu Michel se mit aussitôt à l'œuvre* (A. FRANCE, *Anneau d'améthyste,* p. 14). — *Peu* LUS *du grand public, ses articles fournissaient des thèmes à la propagande* (BARRÈS, *Appel au soldat,* 1900, p. 81). — ÉPARS, *quelques beaux bouquets d'arbres* [...] *donnaient à la vallée entière l'aspect aimable et tempéré d'un parc* (GIDE, *Si le grain ne meurt,* I, 3). — INCONNU *de Littré et du Dictionnaire de l'Académie, le verbe* grafigner [...] *signifie* égratigner (M.-Fr. GUYARD, dans Hugo, *Misér.,* éd. G., t. I, p. 169).

b) Le phénomène que nous venons de décrire est illustré notamment par le fait que la coordination est possible entre l'épithète détachée et des compléments adverbiaux (§ 256, *b*) :

La mère du pasteur vieillissait dans l'aisance et ENTOURÉE *de considération* (Fr. MAURIAC, *Destins.* I). — *Préfères-tu voyager* SEULE *ou avec une amie ?*

c) Quand l'épithète détachée du sujet est placée à la suite du groupe verbal, une pause dans l'oral et une virgule dans l'écrit séparent le sujet du prédicat et marquent le lien de l'épithète avec le sujet. Mais si cette pause et cette virgule manquent, l'épithète s'intègre davantage au prédicat, et certains grammairiens considèrent qu'on n'a plus ici une épithète, mais un attribut (§ 242, *d*). L'étape ultime est franchie quand l'adjectif cesse de s'accorder avec le nom et devient ainsi un complément du verbe, c'est-à-dire un adverbe, qui est invariable (§ 926) :

> *Et la morte semblait leur obéir,* DOCILE (DANIEL-ROPS, *Mort, où est ta victoire ?* p. 206).
> *Le bras gauche d'Orso tomba* IMMOBILE *le long de sa cuisse* (MÉRIMÉE, *Colomba*, XVII).
> — *Ma barbe pousse* BLANCHE (COCTEAU, *Difficulté d'être*, p. 37). — *La neige tombe* DENSE *et* AFFREUSE (HUGO, *Homme qui rit*, I, III, 2). — *Cette grêle d'insectes tomba* DRUE *et* BRUYANTE (A. DAUDET, *Lettres de m. m.*, p. 241).
> *Les amendes tombèrent* DRU *comme grêle* (ID., *Trente ans de Paris*, p. 216).

Une autre étape ultime est que le verbe se dépouille de sa signification et devient une simple copule, par ex. *tomber : Tomber enceinte,* etc. (cf. § 242, *b,* Rem. 2).

Remarque. — Dans *peindre* (ou *colorier, teindre*) *en vert, en vert* est un complément adverbial de manière ; comp. *peindre dans des couleurs criardes.* Dans le franç. régional du Nord et de l'Est (ainsi qu'en Belgique), on rencontre la construction °*peindre vert,* qui est souvent considérée comme un calque des langues germaniques et dans laquelle *vert* est une sorte d'épithète détachée (cf. § 326, Rem. 3) : *Il va peindre toute l'Angleterre* BLEU CIEL (CLAUDEL, *Soulier de satin,* version intégrale, IV, 10).

d) C'est aussi à ce caractère de l'épithète détachée que l'on peut attribuer certaines constructions particulières (qui existent aussi lorsqu'il s'agit de l'apposition détachée : § 337, *d*).

1° L'épithète détachée peut être prolongée par une proposition relative dans laquelle le pronom relatif reprenant l'épithète est attribut :

> *L'obscurité devint complète,* AUGMENTÉE QU'ELLE ÉTAIT *par l'ombre portée des arbres* (Th. GAUTIER, *M*ᴵᴵᵉ *de Maupin,* V). — *Les sermons de John Donne m'inspirent un grand éloignement par sa doctrine,* TOUTE PÉTRIE QU'ELLE EST *de mort et de damnation* (J. GREEN, *Journal,* 19 août 1943). — *Et le soleil ne brillait pas,* ÉTOUFFÉ QU'IL ÉTAIT *par l'épaisse brume qui enserrait le ciel dans un carcan de fer* (M. DURAS, *Petits chevaux de Tarquinia,* p. 18). — Autres ex. aux §§ 689, *c,* et 1059, *b.*

Cette construction est l'origine de diverses propositions de sens concessif : cf. § 1092, *a.*

2° Lorsque le groupe verbal exprime une transformation (notamment lorsqu'il est formé de *devenir* + attribut) et l'épithète détachée l'état antérieur, cette épithète détachée peut être introduite par le préposition *de :*

> D'ILLICITE, *le plaisir dont elle* [= Fr. Sagan] *fut le symbole est devenu subitement obligatoire* (POIROT-DELPECH, dans le *Monde,* 30 mars 1984).

3° À la suite d'un croisement entre l'épithète détachée et la proposition conjonctive adverbiale du type *Quoiqu'il fût malheureux* ou *Parce qu'il était malheureux,* on a les propositions averbales où la conjonction est accompagnée seulement d'un prédicat non verbal :

> *La route devenait plus facile,* QUOIQUE GLISSANTE (A. CAMUS, *L'exil et le royaume,* Pl., p. 1659). — *Le puritanisme est faux* (PARCE QUE CONTRAIRE *à la nature humaine*) (MAUROIS, *Mes songes que voici,* p. 151). — Voir § 1079, *b,* 2°.

Quand la conjonction est *comme* ou *en tant que,* les tours apparaissent plutôt comme des mises en valeur de l'épithète que comme des propositions conjonctives averbales. Dans des ex. comme les suivants, il ne suffirait pas d'ajouter un verbe pour transformer la suite de la conjonction en proposition normale : *J'aimais* [...] *les mathématiques pour elles-mêmes* COMME *n'admettant pas l'*hypocrisie *et le* vague (STENDHAL, *Vie de H. Brulard*, X). — [...] *une « personne qu'on connaissait », soit personnellement, soit abstraitement, dans son état civil,* EN TANT QU'*ayant tel degré de parenté avec des gens de Combray* (PROUST, *Rech.*, t. I, p. 57). — Notons aussi les expressions plus ou moins figées *comme tel, en tant que tel.*

328   Pour la clarté de l'expression, il est souhaitable que l'épithète (notamment le participe, auquel on peut joindre le gérondif) placée au début de la phrase (ou de la proposition) se rapporte au **sujet** de cette phrase (ou de cette proposition) :

On considère que sont mal construites des phrases comme celles-ci : °*Très* DISTRAIT, *le sens des réalités lui manque.* °CONNAISSANT *votre générosité, ma demande ne saurait être mal reçue.* °ÉTANT TOMBÉ *sur la tête, le médecin m'a donné un certificat.* — Avec le gérondif : °EN ATTENDANT *le plaisir de vous voir, veuillez agréer mes salutations distinguées.*

Il faudrait dire : *Très distrait,* IL *n'a pas le sens des réalités. Connaissant votre générosité,* JE *suis sûr que ma demande...* Etc.

Ex. ambigu : AYANT SOUHAITÉ *rencontrer Lamennais, Victor Hugo l'invita à venir dîner rue de Vaugirard* (H. JUIN, *V. Hugo,* t. I, p. 462). [Hugo invite Rabbe, qui avait souhaité rencontrer Lamennais.]

Il faut cependant reconnaître que l'usage des auteurs, comme à l'époque classique (cf. Hist.), prend beaucoup de liberté avec la règle qui vient d'être donnée. Dans les ex. suivants, l'épithète détachée et le gérondif se rapportent à un complément, voire à un nom (ou pronom) que l'on perçoit à travers un déterminant possessif, ou même encore à un nom (ou pronom) qui n'est pas exprimé, mais que l'on doit déduire du contexte.

L'épithète se rapporte à un complément : *Trop* OCCUPÉS *d'une nature de convention, la vraie nature* NOUS *échappe* (CHAT., *Génie,* III, III, 4). — *À peine* ARRIVÉ, *des mains de fer s'emparèrent de* MOI (HUGO, *Dern. jour d'un cond.,* V). — FAIBLE *ou* FORTE, *répétait Milady, cet homme a donc une* LUEUR *de pitié dans son âme* (Al. DUMAS, *Tr. mousq.,* LII). — *Extrêmement* HAUTE, *un pignon denticulé* LA *terminait à la vieille mode* (Th. GAUTIER, *Voy. en Russie,* p. 47). — EXILÉ *sur le sol au milieu des huées, ses ailes de géant l'empêchent de marcher* (BAUDEL., *Fl. du m.,* Albatros). — *Et dans quel monde splendide j'entrais !* HABITÉ *par des chevaliers, des pages, des dames et des demoiselles, la vie* Y *était plus grande* (A. FRANCE, *Vie en fleur,* p. 128). — ARRIVÉ *au premier étage, un maître d'hôtel* ME *demanda d'entrer un instant dans un petit salon-bibliothèque* (PROUST, *Rech.,* t. III, p. 868). — *Très* FATIGUÉ *ces jours-ci, le beau temps d'aujourd'hui* M'*a remis* (GIDE, *Journal,* 15 mai 1924). — ATTEINTE *depuis douze ans d'une perte de sang, les médecins* L'*avaient ruinée* (Fr. MAURIAC, *Vie de Jésus,* XII). — INDÉPENDANTES, *considérons notre frère* [l'âne] *qui* LES [= les oreilles] *projette, l'une ou l'autre, vers tout ce qui l'intéresse* (CLAUDEL, dans le *Figaro litt.,* 3 juillet 1948). — *Même* ESCAMOTÉ, *la conscience du* SON *subsiste à travers les générations* (DAUZAT, *Génie de la langue fr.,* p. 16). — PASSIVE, *on* L'*eût accusée d'être une charge ;* ACTIVE, *on* LA *soupçonnait de vouloir régenter la maison* (SARTRE, *Mots,* p. 10).

L'épithète se rapporte à un nom impliqué par un possessif : *Puis,* RETOMBANT *dans ses pensées, on lisait sur* SON *front bruni toute une vie de labeur et de combat* (LAMENNAIS, *Voix de prison,* XVI). — PLONGÉ *dans une demi-somnolence, toute* MA *jeunesse repassait en* MES *souvenirs* (NERVAL, *Sylvie,* II). — *Ainsi* ÉCLOPÉ *et* BOITEUX, *le premier galop aplatira* TA *tête et*

TA *poitrine* (TAINE, *Vie et opinions de Fr.-Th. Graindorge*, XX, 2). — VAINQUEURS *ou* VAIN-
CUS, *la civilisation des Machines n'a nullement besoin de* NOTRE *langue* (BERNANOS, *La France
contre les robots*, p. 178). — SÈCHE *et* OSSEUSE, SON *ventre pointait en l'air comme un œuf*
(AYMÉ, *Gustalin*, XV). — *Elle voulait s'enfuir à l'instant même où,* COUCHÉE *sur le lit d'hôtel,
l'homme armé du fouet paralysait totalement* SES *bras sous* SES *jupes relevées* (MALRAUX,
Condition hum., p. 259). — PARVENUS *sur la terrasse,* LEUR *regard se perdit d'un coup au-delà
de la palmeraie* (A. CAMUS, *L'exil et le royaume*, Pl., p. 1567). — CONSOMMANT, *un de ces
matins, le café au lait traditionnel* [...], MES *esprits ont été subitement troublés* (Ch. BRUNEAU,
dans le *Figaro litt.*, 12 juillet 1952). — MARIÉ *deux fois, aucune des deux reines qui se sont
succédé dans* MON *lit n'ont été capables* [sic] *de donner un dauphin au royaume* (M. TOURNIER,
Gaspard, Melchior et Balthazar, pp. 110-111).

L'épithète ne se rapporte à aucun élément explicite : *À peine* SORTIE, *Martinon eut l'air
de chercher son mouchoir* (FLAUB., *Éd. sent.*, III, 1). — *À peine* DÉBARQUÉS [...], *le patron
m'appela* (A. DAUDET, *Lettres de m. m.*, p. 106). — SUSPENDU *par les mains, les jambes
ballantes cherchèrent la treille* (GENEVOIX, *Raboliot*, p. 47). — ARRIVÉS *à l'époque des textes,
d'autres difficultés se présentent* (BRUNOT, *Hist.*, t. I, p. XI). — *Sitôt* SORTIS *de Sousse et de
l'abri de ses collines, le vent commença de souffler* (GIDE, *Immor.*, I, 1). — Avec le gérondif :
*Cette défense ne peut être levée qu'*EN OBSERVANT *les mêmes formalités* (*Code civil*, art. 514).
— EN ENTRANT *dans l'église, le regard s'arrête sur un beau jubé de la Renaissance*
(A. FRANCE, *Pierre Nozière*, p. 256). — EN APPROCHANT *d'Alexandrie, l'air s'allège* (COC-
TEAU, *Maalesh*, p. 42). — Etc. — Voir aussi § 372, g.

Hist. — Des ex. comme les précédents abondent chez les classiques :

[+]DEVENU *noble par une charge, il ne* LUI *manquait que d'être homme de bien* (LA BR., VI,
15). — ESTANT DEVENU *vieux, on* LE *mit au moulin* (LA F., *F.*, VI, 7). — *Vous* M'*estes* EN
DORMANT *un peu triste apparu* (*ib.*, VIII, 11). — [+]EN DISANT *ces paroles, les larmes* LUI
vinrent aux yeux (FÉN., *Télém.*, t. II, p. 60). — *Et quand de toutes parts* ASSEMBLEZ *en ces
lieux, / L'honneur de vous venger brille seul à* NOS *yeux* (RAC., *Iphig.*, I, 3). — *Et* PLEUREZ *du
Vieillard, il grava sur* LEUR *marbre / Ce que je viens de raconter* (LA F., *F.*, XI, 8). — *Je voy
qu'*EN *m'*ÉCOUTANT VOS *yeux au ciel s'adressent* (RAC., *Esth.*, II, 7). — [+]*Il y a des vices* [...]
qui, EN ÔTANT [= si l'on ôte] *le tronc, s'emportent comme des branches* (PASCAL, *Pens.*, 102).
— *Nous* FOULANT [= comme il nous foulera] *aux pieds* [...] / [...], *il faudra qu'on patisse* (LA
F., *F.*, II, 4).

L'usage ancien se retrouve aussi dans des formules proverbiales : *L'appétit vient* EN
MANGEANT, *La fortune vient* EN DORMANT.

Remarque. — La clarté est moins menacée lorsque l'épithète placée après le
verbe se rapporte à un complément de celui-ci, même s'il y a d'autres mots entre
le complément et son épithète :

Il revit CYPRIEN *dans la salle,* OCCUPÉ *à laver le pied d'un enfant blessé* (YOURCENAR,
Œuvre au noir, p. 212).

Accord de l'épithète

329   **Règle générale.** — L'épithète (adjectif ou participe) s'accorde
en genre et en nombre avec le nom ou le pronom auxquels elle
se rapporte :

Une BONNE *parole. De* BEAUX *discours. Les troupes,* FURIEUSES, *saccagèrent la ville. Notre
marche se ralentissait,* CONTRARIÉE *par un vent violent.* — *Que de fois, seul dans l'ombre à*

minuit DEMEURÉ, / *J'ai souri de l'entendre, et plus souvent pleuré !* (VIGNY, *Poèmes ant. et mod.,* Cor.)

Le participe présent ne varie pas, lorsqu'il garde sa nature verbale (§ 887, *a*) : *L'hirondelle est harcelée par ses petits* RÉCLAMANT *leur part.*

L'épithète détachée et jointe au prédicat peut perdre sa relation avec le nom et s'accrocher au verbe au point de devenir un adverbe de manière (qu'on appelle parfois épithète du verbe) [cf. §§ 327, *c ;* 926, *b*) :

La neige tombe, DRUE → *La neige tombe* DRUE → *La neige tombe* DRU,

Pour divers cas particuliers, qui concernent aussi l'accord d'autres mots que l'épithète, voir Chap. VIII (§§ 415-445). — Pour *feu,* voir § 547, *b* ; — *demi,* § 547, *a* ; — autres adjectifs invariables, §§ 541-547.

Remarque. — L'épithète s'accorde parfois avec un nom sous-jacent (comp. § 427) :

— [...] *qui rattachait notre langue à la* GRECQUE (BRUNOT, *Hist.,* t. I, p. 2). [Voir d'autres ex. au § 217, *d*.]

— *Ô toi, le plus* SAVANT *et le plus* BEAU *des Anges* (BAUDEL., *Fl. du m.,* Litanies de Satan). — *Vous êtes la* MEILLEURE *des mères.* — *Cette femme est le* MEILLEUR *des témoins.* — *Mon père a été la* PREMIÈRE *des victimes.*

Dans le deuxième cas envisagé ci-dessus, quelques auteurs croient devoir accorder l'adjectif d'après le sexe de la personne ou de l'animal dont il s'agit : *Jeanne Pottequin* [...] *est la* PREMIÈRE *des tapissiers tournaisiens connus comme fournisseurs des ducs de Bourgogne* (G. SOUCHAL, dans *La Wallonie. Le pays et les hommes. Lettres-arts-culture,* t. I, p. 429). — *À un mètre du lit, la Vieille, la plus* ANCIENNE *des quatre chats de la maison,* [...] *me regarde* (Ol. TODD, *Année du crabe,* p. 324). — [Cf. déjà Scarron : LA *plus* CRUELLE *de mes Tyrans* (*Roman com.,* II, 14).]

Voir aussi § 429.

330 **Quand l'épithète suit un complément du nom,** on prendra garde au fait qu'elle peut s'accorder avec ce complément ou avec le nom complété, selon le sens :

Une aune de velours BRODÉ (MUSSET, *Lorenzaccio,* I, 2). — *Du poisson de mer* FRAIS.

L'épithète s'accorde avec le complément quand celui-ci est un pseudo-complément, le nom complété étant en réalité un élément subordonné (cf. §§ 342, *b,* 1°, et 422) :

Une sorte de nain, FURIEUX, *m'interpella.* — *Je souriais de m'exalter à ce point pour celle qui ne fut en somme qu'un petit animal de femme assez* TOUCHANTE (BARRÈS, *Jardin de Bérén.,* pp. 196-197).

331 **Accord distributif** (§ 419).

Plusieurs épithètes, toutes au singulier, peuvent se rapporter à un même nom qui ne se trouve exprimé qu'une fois, mais au pluriel :

Ils remontent jusqu'aux ONZIÈME *et* TREIZIÈME *siècles* (LITTRÉ, *Hist. de la langue fr.,* t. II, p. 2). — *Les deux cérémonies* CIVILE *et* RELIGIEUSE *s'accomplirent avec la pompe convenable*

(MÉRIMÉE, *Vénus d'Ille*, Pl., p. 427). — *Ils donnent aux deux minorités* JUIVE *et* PROTESTANTE *un traitement de faveur* (BARRÈS, *Appel au soldat*, t. II, p. 83). — *Il faudra bien de toute urgence organiser les* DEUXIÈME *et* TROISIÈME *positions* (J. ROMAINS, *Hommes de b. vol.*, t. XVI, p. 87). — *Les littératures* ESPAGNOLE *et* ITALIENNE (G. DUHAMEL, *Refuges de la lecture*, p. 241). — *Les statuaires* GRECQUE *et* CHINOISE (MALRAUX, *Voix du silence*, p. 412). — *Les États-majors* ALLEMAND *et* AUTRICHIEN *n'avaient arrêté* [...] *aucun projet commun* (DE GAULLE, *Discorde chez l'ennemi*, p. 69). — *Cette nécropole offrait l'image saisissante de la continuité monarchique, dans la succession des trois dynasties,* MÉROVINGIENNE, CAROLIN-GIENNE *et* CAPÉTIENNE (G. DUBY, *Dimanche de Bouvines*, p. 14). — *Je remonte le Nil, entre les* HUITIÈME *et* CINQUIÈME *cataractes* (M. TOURNIER, *Gaspard, Melchior et Balthazar*, p. 12).

Il y a d'autres possibilités (cf. § 561, *b*) : *La littérature espagnole et la littérature italienne, La littérature espagnole et l'italienne, La littérature espagnole et italienne*.

332   L'épithète **se rapportant à plusieurs noms coordonnés** (avec ou sans conjonction[17]) se met d'habitude (cf. § 333) au pluriel.

a) Si les noms sont de même genre, l'épithète prend ce genre :

Dans le pain et le vin DESTINÉS *à sa bouche* (BAUDEL., *Fl. du m.*, Bénédiction). — *La charrue et la faux* PATERNELLES (A. FRANCE, *Génie latin*, p. 380). — *Une faim, une soif* INCONNUES *la ravagèrent* (J. GREEN, *Minuit*, p. 271).

b) Si les noms sont de genres différents, l'épithète se met au genre indifférencié, c'est-à-dire au masculin :

Une tête et un buste HUMAINS (A. FRANCE, *Île des pingouins*, p. 39). — *Pris d'une paresse et d'un découragement* SOUDAINS (ALAIN-FOURNIER, *Gr. Meaulnes*, I, 12).

La tradition grammaticale, qui correspond plus ou moins au sentiment des usagers, estime qu'il est choquant pour l'oreille que le nom féminin soit dans le voisinage immédiat de l'adjectif. En réalité, cela ne ressortit pas à l'oreille (cette exigence est d'ailleurs exprimée à propos de textes qui ne sont pas destinés à la lecture à voix haute), mais à la logique : elle contredit la tendance très ancienne selon laquelle les mots s'accordent avec l'élément le plus proche (voir aussi le § 333).

La prescription est souvent respectée, mais on trouve sans peine, même chez des auteurs exigeants, des ex. où le nom féminin est placé juste avant l'adjectif :

À tous ses instincts naturels, ce penchant donne une forme, un caractère et une énergie PARTICULIERS (FAGUET, *Politiques et moralistes du XIXᵉ s.*, t. III, p. 4). — *Des occupations qui ont leurs temps et leurs élégances* PARTICULIERS (VALÉRY, *Eupalinos*, pp. 192-193). — *Avec un savoir et une adresse* MERVEILLEUX (PROUST, *Rech.*, t. I, p. 124). — *Le col et les manchettes* GRIS (Fr. MAURIAC, *Désert de l'amour*, IV). — *Gaspard* [...] *prenait un accent et presque une voix* PARTICULIERS (JALOUX, *Dernier acte*, p. 134). — *Les pèlerins* [...] *recevaient des mains de*

_____

17. Il s'agit de la conjonction de coordination. Mais certaines conjonctions de subordination marquant la comparaison sont parfois traitées comme des conjonctions de coordination : voir § 445, *a*.

l'abbé le bâton et la panetière BÉNITS (GAXOTTE, *Hist. des Français*, t. I, p. 252). — *Il tomba soudain dans un mutisme et une immobilité* EFFRAYANTS (MAUROIS, *Mémoires*, t. I, p. 272). — *Les êtres et les choses* PASSAGERS (CLAUDEL, *Emmaüs*, p. 29). — *C'est une chance d'avoir eu un père et une mère* EXCELLENTS (É. HENRIOT, *Livre de mon père*, p. 9). — *Un relief et une solidité* ÉTONNANTS (ALAIN, *Propos*, Pl., p. 520). — *C'est une description concrète des maux dont souffrent* [...] *l'État et la société* FRANÇAIS (A. PEYREFITTE, dans le *Figaro dimanche*, 17-18 déc. 1977).

Ex. où il y a un ou plusieurs mots entre le nom féminin et l'épithète (ce qui passe pour moins offensant pour l'oreille) : *Un homme et une toute jeune fille presque toujours* ASSIS *côte à côte sur le même banc* (HUGO, *Misér.*, III, VI, 1). — *Les yeux, les oreilles, la bouche démesurément* OUVERTS (BARRÈS, *Colline insp.*, p. 105). — *Une littérature qui les* [= les femmes] *paraît d'un mystère et d'une profondeur aussi* AVANTAGEUX (AYMÉ, *Confort intellectuel*, p. 132).

Ex. où l'adjectif féminin ne se distingue pas, pour l'oreille, de la forme masculine : [...] *trois jeunes femmes d'un esprit et d'une beauté* EXCEPTIONNELS (VILLIERS DE L'ISLE-ADAM, *Contes cruels*, p. 100). — *Ils m'offraient alors un sens, une émotion* INCONNUS (ARLAND, *Vigie*, p. 37). — *Trois ou quatre photographies d'hommes et de femmes* NUS (J. GREEN, *Partir avant le jour*, p. 183). — *Mes oncles et mes tantes* MATERNELS (YOURCENAR, *Souvenirs pieux*, p. 128).

333   La règle générale donnée dans le § 332 est loin d'être toujours respectée.

L'accord avec le donneur le plus proche est une tendance très ancienne qui se manifeste, soit sans justification précise (§ 434), soit dans des cas particuliers : noms coordonnés par *ou* (§ 440) ou *ni* (§ 441) ou sans conjonction (§ 442) ; noms représentant un seul être ou objet (§ 438) ; le dernier nom l'emporte sur les autres, notamment dans les gradations (§ 439).

Pour la clarté de la communication, il est préférable, chaque fois que cela est possible, d'accorder avec l'ensemble des noms, afin de distinguer nettement du cas où l'épithète ne doit s'appliquer qu'au dernier nom, comme dans ces ex. :

On ne peut rien connaître avec précision si l'on n'a su, dans son examen, faire totalement abstraction de ses sentiments et de ses préférences SUBJECTIVES (A. MARTINET, *Français sans fard*, p. 5). — *Vingt-cinq ans de guerre et de paix* ARMÉE (YOURCENAR, *Œuvre au noir*, p. 128).

II. — L'APPOSITION

Bibl. — M. DESSAINTES. *L'apposition : une fonction ou un mode de construction asyndétique ?* dans *Mélanges Grevisse*, pp. 69-104. — Voir aussi la discussion entre divers grammairiens dans le *Fr. mod.*, d'oct. 1961 à juillet 1964.

334   **L'apposition** est un élément nominal placé dans la dépendance d'un autre élément nominal (cf. cependant Rem. 2) et qui a avec celui-ci la relation qu'a un attribut avec son sujet, mais sans copule.

Paris, (LA) CAPITALE DE LA FRANCE, *est divisé en vingt arrondissements.* (Cf. *Paris* EST *la capitale de la France.*)

L'apposition est à l'attribut nominal ce que l'épithète est à l'attribut adjectival. Elle exprime une prédication secondaire ou acquise ne faisant pas l'objet principal de la phrase.

Remarques. — 1. Le mot *apposition* a eu, en grammaire, des significations assez variées.

— Beaucoup de grammairiens français appliquent le mot à ce que nous dénommons *détachement* et parlent d'apposition à la fois pour ce que nous appelons *apposition détachée* (ci-dessous, § 337), *épithète détachée* (§ 326), à la proposition relative non déterminative (§ 1059, *a,* 2°), voire à d'autres éléments encore.

— L'absence de préposition (voir cependant § 336) paraît à d'autres la caractéristique de l'apposition et ils donnent ce nom à des compléments comme *Eiffel, Dreyfus, Régence* dans les syntagmes *la tour Eiffel, l'affaire Dreyfus, un mobilier Régence,* pour lesquels des transformations comme **La tour est Eiffel* sont impossibles.

— Comme il y a une sorte d'identité, de consubstantialité, — puisqu'ils désignent la même réalité — entre le nom et son apposition (comme entre le nom et l'attribut), des grammairiens parlent d'apposition chaque fois qu'il y a une identité. Mais une redondance (§ 367, *c*) comme celle que l'on observe dans *Moi, je le crois* ne peut pas être transposée en une phrase où l'un des deux termes serait l'attribut de l'autre. — On fera la même observation sur *Il ne désire qu'une chose,* RÉUSSIR, où nous voyons une espèce particulière de coordination. — Nous ne croyons pas non plus qu'il convienne de chercher des appositions dans : *Des vagues énormes accourent,* SPECTACLE IMPRESSIONNANT ou dans *Cet homme ignorant et,* QUI PIS EST, *malhonnête a réussi à s'imposer.* Nous rangeons ces syntagmes parmi les éléments incidents (§ 372, *d*).

2. La Remarque précédente a montré que nous excluions, des supports de l'apposition, les éléments autres que nominaux, et notamment des phrases et des adjectifs. Mais le pronom peut avoir une apposition : § 353, *a.* Et l'infinitif, forme nominale du verbe, aussi : *Consoler,* ART DÉLICAT, *n'est pas à la portée de tous.*

3. On pourrait se demander pourquoi, dans le cas de l'attribut, on ne ressent pas le besoin d'avoir une désignation distincte selon que cet attribut est un nom ou un adjectif, alors que l'on sépare l'épithète de l'apposition. Certains parleraient simplement d'épithètes, soit adjectivales, soit nominales.

Notons que la coordination de l'épithète et de l'apposition est possible : *J'ai passionnément désiré être aimé d'une femme mélancolique, maigre et* ACTRICE (STENDHAL, *Journal,* 30 mars 1806). Mais cela donne plutôt un effet plaisant. Comp. § 258, *c.*

335 **L'ordre des éléments.**

Lorsque l'apposition forme avec le nom un ensemble uni étroitement (ce qui s'oppose à l'apposition détachée : § 337), elle suit et parfois précède ce nom :

L'apposition suit : *Une girafe* MÂLE. *Un professeur* FEMME. *Le roi* SOLEIL. *Un enfant* PRODIGE. — *Il y a des archiducs très âgés et des archiducs* ENFANTS (E. ROSTAND, *Aiglon*, VI, 2). — *Des êtres* CHAUVES-SOURIS, *mi-partis brigands et valets* (HUGO, *Misér.*, II, I, 19).

On a sur ce patron de nombreux noms composés : *Oiseau-*MOUCHE, *chou-*FLEUR, etc., le second élément étant métaphorique. — Dans la langue d'aujourd'hui, certains noms sont employés très fréquemment comme appositions : *clé, éclair, limite, miracle, témoin, type,* etc.

L'apposition précède : *Une* POULE *faisane. Une* FEMME *médecin. Le* PROFESSEUR *Nimbus.* L'ABBÉ *Prévost. La* NOTE *do.* — *Le* PÂTRE *promontoire* [= le promontoire qui paraît un pâtre aux yeux du poète] *au chapeau de nuées / [...] / Regarde se lever la lune triomphale* (HUGO, *Contempl.*, V, 23).

On peut ranger ici les titres de politesse ou de respect : MADAME *Dupont, le* RÉVÉREND PÈRE *Dubois,* SA MAJESTÉ *le roi ;* — avec une double apposition : MADAME LA VICOMTESSE *Davignon,* SA MAJESTÉ LE ROI *Albert.*

Bien des grammairiens estiment que l'apposition est le second élément même dans la dernière liste donnée ci-dessus. *J'ai rencontré le poète Hugo* résulterait de la transformation de *J'ai rencontré un poète* et de *Ce poète était Hugo.* Il paraît plus vraisemblable de partir de *J'ai rencontré Hugo* et de *Hugo est un poète.* — Ces grammairiens tirent aussi argument du fait que si le syntagme est donneur d'accord, c'est le premier élément qui intervient : *Cette femme professeur est* AIMÉE *de ses élèves* (cf. § 423, *b*).

Il semble pourtant qu'une apposition qui précède un nom n'est pas plus surprenante qu'un attribut placé en tête de la phrase (§ 241). La démarche du locuteur et les besoins de la communication sont en partie indépendants de l'analyse grammaticale. Cette démarche explique notamment l'accord dont il vient d'être question.

C'est parce que l'apposition est en tête du syntagme qu'elle est précédée de l'article (ou d'un autre déterminant) qui est la marque de ce syntagme : *J'ai parlé* AU *roi Albert.* Il n'en va pas autrement pour l'épithète antéposée : que l'on dise *Je pense* AU *doux Nerval* avec une préposition et un article devant *doux* empêche-t-il que ce mot ne soit une épithète ? Le parallélisme apparaît dans ces deux phrases : *Le* FAUNE *Mallarmé file avec douceur entre les couples et tremble d'être enfin compris. Le* BARBU *Georges Hugo porte sur sa large poitrine l'étendard d'un nom illustre* (J. RENARD, *Journal*, 6 nov. 1894). [← *Mallarmé est un faune* et *G. Hugo est barbu.*] — Dans *Mon idiot de voisin* (§ 336, *b*), le possessif concerne non pas *idiot,* mais le syntagme entier ou le noyau *voisin.*

Signalons en outre que la suppression de l'élément que nous considérons comme l'apposition n'entraîne pas de changement véritable dans le contenu de la phrase, ce qui s'accorde avec le caractère subalterne de cet élément.

Remarques. — 1. Dans le groupe formé par le prénom et le nom de famille, si l'on considère les faits du point de vue historique, le second a été l'élément secondaire, que ce soient un sobriquet, un nom de métier, un ethnique, etc. : *Jean Boulanger,* c'était *Jean le Boulanger* (on trouve d'ailleurs l'article dans certains noms de familles). Mais, dans la société moderne, le nom de famille est senti comme l'élément principal, et le prénom jouerait le rôle d'une apposition.

2. En écrivant sans trait d'union *Jésus Christ, Jean Baptiste, Marie Madeleine,* des auteurs récents veulent rendre à *Christ,* à *Baptiste* et à *Madeleine* la valeur d'apposition qu'ils avaient perdue : cf. § 108, *b*, Rem. 2.

3. Dans les dénominations botaniques du type d'*airelle myrtille,* on verra une apposition dans le second élément. Les autres formations : *airelle ponctuée, airelle du Mont-Ida,* etc. montrent bien que le second élément est subordonné.

4. L'apposition peut être identique à son support :

Une femme-femme (on met souvent le trait d'union) est une femme vraiment femme, parce qu'elle a les caractéristiques que l'on considère comme celles de son sexe, ou parce qu'elle est sortie de l'enfance et de l'adolescence.

Ex. littéraires : *Dans les sociétés riches et oisives, comme la Cour de Versailles ou* [...] *dans le* MONDE-MONDE *peint par Proust, les loisirs ne manquaient jamais* (MAUROIS, *Lettre à l'inconnue*, p. 189). — *Barrès, qui cultive au jardin infécond de Bérénice la mélancolie de n'être pas né* POÈTE POÈTE [= poète en vers] (F. DESONAY, dans le *Bulletin de l'Acad. royale de langue et de litt. franç.* [de Belgique], 1955, p. 160).

5. Une apposition peut perdre sa valeur nominale pour devenir une épithète.

C'est le cas de *géante* dans *ville géante*. La métaphore n'est plus sensible et *géant* n'est plus qu'un synonyme de *très grand*. Cf. § 545, *c*.

336 Construction indirecte.

Bibl. — J. THOMAS. *Syntagmes du type « ce fripon de valet », « le filet de sa mémoire », « l'ennui de la plaine »*, dans le *Fr. mod.*, juillet 1970, pp. 293-306, et oct. 1970, pp. 412-439.

Dans un certain nombre de cas, le terme que nous considérons comme l'apposition précède le nom support et y est joint par la préposition *de* :

a) Dans des désignations objectives :

— Obligatoirement : *La ville* DE *Paris. L'île* DE *Chypre. Le royaume* DE *Belgique. Le mois* DE *mai. La vertu* DE *patience.*

— Facultativement : *Le mot* DE *gueux est familier* (AC., s.v. *de*). — *Le cri* DE *Vive le roi !* (*ib.*) — *Le mot* D'*ingénieur est assurément un beau mot* (G. DUHAMEL, *Manuel du protestataire*, p. 178).

À l'article *cri*, l'Acad. donne ces deux ex. : *Le cri* DE « *Sauve qui peut !* » et *J'entendais les cris « Au meurtre ! à l'assassin ! »*

D'une façon générale, les emplois sans préposition sont préférés aujourd'hui :

Le mot gueux *est familier. — Le terme pudique serait sans doute plus juste* (A. FONTAINE, dans le *Monde*, 20 sept. 1979) [mais l'expression est ambiguë, parce que *pudique* n'a pas été imprimé en italiques].

Le fleuve DU *Rhône* (AC., s.v. *de*), cela ne se dit plus guère : *Il se trouva sur les rives du fleuve* DE *Somme* (A. FRANCE, *Pierre Nozière*, III, 3).

On n'écrirait plus sans doute comme Sainte-Beuve : *Son roman* DES *Misérables* [imprimé en italiques] *est tout ce qu'on voudra, en bien, en mal, en absurdités* (*Mes poisons*, p. 53).

Voici même un ex. sans *de*, là où la tradition exige la préposition : *M. Gilbert Carrière,* [...], *préfet de la* RÉGION LIMOUSIN, *est nommé* [...] *préfet de la* RÉGION BRETAGNE (dans le *Monde*, 6 août 1981, p. 24).

Quand il ne s'agit pas de grammaire, *nom* est suivi de la préposition *de* : *Le doux nom* DE *mère* (AC., s.v. *nom*).

Beaucoup de grammairiens proposent une autre analyse que celle qui a été donnée ci-dessus. Les uns, qui écartent l'idée d'une apposition antéposée, considèrent que l'apposition est le second terme. Nous avons discuté cette conception au § 335 ; voir aussi Damourette et Pichon, § 3032 ; L. Carlsson, ouvr. cité avant le § 318, pp. 122-130.

D'autres écartent toute idée d'apposition et considèrent le second terme comme un complément pur et simple (« complément déterminatif d'identification »). On pourrait alléguer dans cette voie que des coordinations comme *La ville et la province d'Anvers*, *Les provinces de Liège et de Hainaut* sont possibles. Mais si l'on argumente en se fondant sur la relation avec l'attribut, il reste que la transposition de *ville* en attribut est réalisable, mais que l'on ne dira pas : **Anvers est une province*. **Liège est une province*.

b) Dans des désignations affectives, très souvent péjoratives. Selon les cas, cela va du familier au trivial.

Contextes non péjoratifs : *Elle était toute fière de voir son chef-d'œuvre* DE *robe mouillée et transpercée* (GIRAUDOUX, *Combat avec l'ange*, VII). — Voir aussi ci-dessous l'ex. de Boylesve. — Les ex. suivants, apparemment non péjoratifs, sont ironiques : *Jean-Baptiste Charcot* [...] *repose à Paris dans la tombe familiale*, [...] *près de Jean-Martin Charcot son grand médecin* DE *père, qui avait contrecarré sa vocation marine* (H. QUEFFÉLEC, *Breton bien tranquille*, p. 316). — *L'abbé* DE *frère baptisait les chastes produits du coitus non interruptus* (P. LAINÉ, *Si on partait...*, p. 32). [L'article défini est rare dans ces emplois.]

Contextes péjoratifs : *Ce cochon* DE *Morin* (titre d'un conte de MAUPASS.). — *Une grande baraque* DE *maison* (ZOLA, *Au Bonheur des Dames*, I). — *De vilaines bêtes* D'*araignées noires* (LOTI, Mme *Chrysanth.*, XI). — *Ce laideron* DE *mot* (HERMANT, *Chroniques de Lancelot*, t. I, p. 114). — *La putain* DE *pendule* (GIONO, *Colline*, Pl., p. 154). — *Un chien* DE *métier* (AC., s.v. chien). — *Un diable* DE *vent* (AC., s.v. diable). — *Mon coquin* DE *domestique n'est pas encore de retour* (AC., s.v. coquin). — *Cette canaille* DE *Briand* (LÉAUTAUD, *Propos d'un jour*, p. 60). — *Cette saleté* DE *taxi* (J. ROY, *Vallée heureuse*, p. 25).

Il est plus difficile de refuser la qualité d'apposition au premier élément des syntagmes enregistrés dans le *b ;* comme nous l'avons dit au § 335, le déterminant est choisi en fonction du second élément : *Mon idiot de voisin*, — ce qui montre bien le caractère subordonné du premier. L'« accord » confirme cela : voir § 339, *a*.

Sans doute parce que des mots triviaux servant de jurons sont employés comme appositions antéposées, les jurons eux-mêmes reçoivent cette fonction.

Ordinairement c'est le langage populaire que les auteurs veulent reproduire : *Ces* SACRÉ NOM DE *Prussiens* (MAUPASS., *Boule de suif*, p. 110). — *Cette* BON SANG DE *Calliope me fait engorger !* (WILLY et COLETTE, *Claud. s'en va*, p. 137.)

Ex. non péjoratif : *Une frimousse de femme au pastel* [...] *avec un* NOM D'UN PETIT BONHOMME DE *nuque un peu grasse et dorée* (BOYLESVE, *Becquée*, p. 163).

Drôle ayant été un nom, l'emploi de *drôle de* (qui date du XVIIe s.) s'explique sans doute de la même façon que les expressions données ci-dessus : *C'est un drôle* DE *garçon* (LOTI, *Aziyadé*, III, 8). — *Il y avait un drôle* DE *bruit dans mon moteur* (CAYROL, *Froid du soleil*, p. 16). — Mais divers faits montrent que les locuteurs interprètent *drôle* (et même *drôle de*) comme un adjectif : 1) On ne trouve pas le féminin *drôlesse*, qui est le féminin normal du nom : *Une drôle* DE *femme* (LITTRÉ). *Une drôle* D'*idée* (ID.) ; — 2) l'expression s'accommode des degrés : *Ils firent* LES PLUS *drôles de confusions* (STENDHAL, *Rouge*, I, 22) [comme ... *les plus étranges confusions*] ; — 3) le fr. populaire du nord de la France et de Belgique a tiré de *drôle de* un adverbe °*drôledement* : *Il était* DRÔLEDEMENT *habillé*.

Pourtant, on trouve parfois des **adjectifs** employés de cette façon : *Dieu sait si leur* DAMNÉE DE *musique me donne envie de danser* (MUSSET, *Lorenzaccio*, I, 2). — *Cela ne valait plus rien pour un Français de se promener sur ces* CATALANS DE *chemins* (POURRAT, *Gaspard des Montagnes*, t. I, 1931, p. 10). — *Sa* RÉACTIONNAIRE DE *famille* (dans le *Figaro litt.*, 13 août 1949, p. 5). — Convient-il de parler de nominalisation de l'adjectif ? — Comp. l'Hist.

c) Dans des tours littéraires où l'élément antéposé a une valeur métaphorique :

Je ne puis, Mégère libertine, / [...] / Dans l'enfer DE *ton lit devenir Proserpine* (BAUDEL., *Fl. du m.,* Sed non satiata). — *Elles fixent — les très souffreteuses bicoques —, / Avec les pauvres yeux* DE *leurs carreaux en loques, / Le vieux moulin qui tourne* (VERHAEREN, *Soirs,* Moulin). — *À nos pieds, comme un livre ouvert, incliné sur le pupitre* DE *la montagne, la grande prairie verte et diaprée* (GIDE, *Symph. past.,* M.L.F., p. 100).

Hist. — En latin, après *urbs* « ville » et *flumen* « fleuve », on trouvait parfois le génitif, et on a souvent lié à cela les faits français.

D'autre part, l'anc. fr. employait couramment le type adjectif + *de* + nom : *Les* LASSES DE *femes* (*Ver del juïse,* 32) [= les pauvres femmes]. — Le nom *prud'homme* (avec une apostrophe injustifiée : § 106, Hist.) n'est que l'agglutination d'un syntagme de cette espèce.

Remarque. — Une autre construction indirecte *(agir* EN *traître)* est signalée ci-dessous, § 337, *b.*

337   L'apposition détachée.

a) Comme l'apposition est souvent une indication complémentaire, descriptive ou explicative, elle est fréquemment séparée du nom support.

— Soit qu'elle le suive, mais après une pause dans l'oral et une virgule dans l'écrit :

Souvent [...] les hommes d'équipage / Prennent des albatros, VASTES OISEAUX DES MERS (BAUDEL., *Fl. du m.,* Albatros).

— Soit qu'elle s'en détache davantage et prenne place en tête de la phrase (ou de la proposition), ou après le verbe :

PARENTE ÉLOIGNÉE DE LA MÈRE DE VICTORINE, *qui jadis était venue mourir de désespoir chez elle, M*^me^ *Couture prenait soin de l'orpheline comme de son enfant* (BALZAC, *Goriot,* p. 14). — *C'est l'heure où,* GAI DANSEUR, *minuit rit et folâtre* (HUGO, *Lég.,* t. IV, p. 152). — *Tournant le dos au brasier, le charretier était debout,* UN VIEILLARD VÊTU D'UN TRICOT DE LAINE VIOLETTE (ZOLA, *Germ.,* I, 1).

À l'apposition détachée, on comparera la proposition relative non déterminative (§ 1059, *a,* 2°) et surtout l'épithète détachée, à propos de laquelle ont été exprimées (§§ 326-327) des observations analogues à celles qui figurent ici.

b) Quand l'apposition (comme l'épithète : § 327) est ainsi détachée du nom, le lien avec ce nom se relâche progressivement. En particulier, quand elle est détachée du sujet, elle tend à se lier au prédicat.

Elle est employée dans des contextes où il y a, entre l'idée exprimée par cette apposition et l'idée exprimée par le verbe, une relation, selon les cas, de temps, de cause, de concession, de condition (ce que l'on pourrait rendre par une proposition conjonctive adverbiale de temps, de cause, etc.) :

SIMPLE COMPARSE, *Dupont ne fut pas inquiété par la police.*

Les adverbes *aussitôt, sitôt, une fois, à peine* peuvent se joindre à ces appositions détachées pour indiquer que le fait qu'elles expriment est de peu antérieur au fait exprimé par le verbe (comp. § 327, a) : *Les élèves de l'Université* [...] *ignorent ce qu'est un gagne-pain et,* SITÔT BACHELIERS, *s'étonneront qu'il faille cirer ses bottes soi-même* (BARRÈS, *Dérac.*, p. 11). — UNE FOIS GÉNÉRAL, *Dupont agira.*

Quand l'apposition détachée se rapproche ainsi de la proposition adverbiale, elle peut être précédée de la préposition (ou de l'introducteur : § 1044, *d*, 3°) *en,* — comme le gérondif, qui, lui aussi, est une sorte de complément adverbial (§ 891) :

> *Le pharmacien,* EN HOMME DISCRET, *lui adressa seulement quelques félicitations provisoires* (FLAUB., *Mme Bov.*, II, 3). — EN HOMME DISCRET, *le pharmacien...* — *Claude s'aperçut que j'étais seule et* EN BONNE MAÎTRESSE DE MAISON *me jeta quelqu'un dans les bras* (S. de BEAU-VOIR, *Mandarins,* p. 182).
> On dit aussi *en qualité de, à titre de,* mais ces expressions ne sont pas figées en locutions prépositives, puisqu'elles présentent les variantes *en sa qualité de, au titre de.* — Cf. ci-dessous *comme, en tant que.*

c) Quand l'apposition détachée du sujet est placée à la suite du groupe verbal, une pause dans l'oral et une virgule dans l'écrit séparent le sujet du prédicat et marquent le lien de l'apposition avec le sujet. Mais, si cette pause et cette virgule manquent, l'apposition s'intègre davantage au prédicat, et certains grammairiens estiment qu'on n'a plus ici une apposition, mais un attribut (cf. § 242, *d*).

> Ex. littéraire : *Il* [18] *plane* CYGNE *après s'être envolé* CORBEAU (HUGO, *Châtim.*, VI, XIII, 2).
> Ex. reflétant la langue familière, surtout avec des verbes de mouvement : *Dumay* [...] *partit* SOLDAT *en 1799, à l'armée d'Italie* (BALZAC, *Mod. Mignon,* Pl., p. 372). — *Le moment était venu d'une éducation plus virile et plus moderne. Il irait donc* EXTERNE *à Louis-le-Grand* (H. de RÉGNIER, *Flambée,* V). — *Un de mes amis est parti* MISSIONNAIRE *au Congo français* (GIDE, lettre publiée dans le *Figaro litt.*, 6 sept. 1952). — *J'irai* CHIFFONNIER *dans la Bourgogne* (POURRAT, *Gaspard des Montagnes,* t. I, 1931, p. 238). — *Elle avait fait ses études* PENSIONNAIRE *des Dames du Sacré-Cœur* (M. OLIVIER-LACAMP, *Chemins de Montvézy,* p. 57). — [...] *cette crainte panique des cadres supérieurs, à savoir* [...] *d'aller moisir* PETIT COMPTABLE *dans les bureaux de quelque filiale* (C. BOURNIQUEL, *Empire Sarkis,* p. 112).
> La langue plus soignée emploierait *comme.* — *Partir soldat* « partir au service militaire » est traité de « grossier vulgarisme » par Dupré, p. 1885, et les autres grammairiens font chorus. — Comp. aussi § 295, *a*, Rem. 2.
> Avec d'autres verbes, notamment avec *mourir,* cela appartient au bon usage : *Elle ne supportait pas l'idée de mourir* FILLE [= célibataire] (BALZAC, *Vieille fille,* Pl., p. 333). — On ne pourrait pas introduire *comme,* et dans de tels cas les noms sont vraiment proches de la fonction attribut.
> Avec la préposition *en : Le Pédant et le Tyran buvaient* EN IVROGNES ÉMÉRITES (Th. GAUTIER, *Capit. Fracasse,* II). — Ce tour équivaut parfois à un complément essentiel : *Il m'a pris* EN TRAÎTRE.

---

18. Le sujet est un pronom, mais ce genre de mot connaît aussi l'apposition détachée, à peu près dans les mêmes conditions que le nom : cf. § 353, *a.* — On peut aussi avoir, comme pour l'épithète (§ 328) une apposition se rapportant à un nom (ou à un pronom) qui n'est pas présent dans la phrase, mais qui est impliqué par un possessif : CHRÉTIEN ENTÊTÉ, *les plus beaux génies de la terre n'ébranleraient pas* MA *foi* (CHAT., *Mém.*, IV, XII, 7).

À la différence d'un complément adverbial, l'apposition rattachée au prédicat présente, lorsque les mots s'y prêtent, une concordance de genre et de nombre avec son support. Cf. § 338.

d) Cette parenté de l'apposition détachée avec le complément adverbial se retrouve dans certaines constructions particulières (que connaît aussi l'épithète détachée : § 327, *d*).

1° L'apposition détachée, surtout quand elle est introduite par *en*, peut être prolongée par une proposition relative dans laquelle le pronom relatif *que* reprenant l'apposition est attribut :

EN HOMME DISCRET QU'IL ÉTAIT, *le pharmacien resta sur le seuil.*

2° Lorsque le groupe verbal exprime une transformation (notamment lorsqu'il est formé de *devenir* + attribut) et l'apposition détachée l'état antérieur, cette apposition peut être introduite par la préposition *de :*

DE PUISSANTES REINES *que nous étions, nous nous sommes trouvées de vieilles femmes, ridées, méchantes comme des fées qu'on oublie* (A. DAUDET, *Contes du l.*, Fées de France). [C'est une apposition à un pronom, et en même temps on a le phénomène signalé dans le 1°.]

3° À la suite d'un croisement entre l'apposition détachée et la proposition conjonctive du type *Quoiqu'il fût médecin* ou *Parce qu'il était médecin,* on a les propositions averbales où la conjonction est accompagnée seulement d'un prédicat :

BIEN QUE PHILOSOPHE, *M. Homais respectait les morts* (FLAUB., *Mme Bov.*, III, 9). — PARCE QUE PHILOSOPHE, *M. Homais...* — Cf. § 1079, *b*, 2°.

Quand la conjonction est *comme* ou *en tant que*, les formules sont ressenties plus comme des mises en valeur de l'apposition, avec nuance causale, que comme des propositions conjonctives averbales :

Hussonnet, COMME *poète, regrettait les bannières* (FLAUB., *Éd. sent.*, II, 2). — *Puis-je dire que j'ai été totalement insensible,* COMME *enfant, à l'idéologie nazie* [...]? (LE ROY LADURIE, *Paris-Montpellier*, p. 16.) [Dans cet ex., l'apposition ne paraît avoir qu'une nuance temporelle, ce qui est rare.] — *L'individu,* EN TANT QUE *créature, ne peut s'opposer qu'au créateur* (A. CAMUS, *Homme révolté*, Pl., p. 465). — *Mon père m'avait autorisée* [...] *à recevoir Max de temps en temps «* EN TANT QUE *professeur de dessin »* (MALLET-JORIS, *Rempart des Béguines,* L.P., pp. 158-159).

338   **« Accord » du nom en apposition** [19]. (Comp. avec l'attribut : §§ 249-250.)

a) Le nom, ayant un **genre** en soi, ne s'accorde pas en genre avec un autre nom. Tout au plus, dans certains cas, une coïncidence s'établit entre le genre de l'apposition et celui du support.

19. Sur l'accord des mots se rapportant à un nom accompagné d'une apposition, voir § 423.

1° Quand l'apposition et le support sont tous deux des noms inanimés, la coïncidence est purement fortuite.

Ex. de discordance : *La Suisse, véritable* CARREFOUR, *comprend quatre régions linguistiques.* — *L'amour,* CETTE PASSION *si visionnaire, exige dans son langage une exactitude mathématique* (STENDHAL, *Rac. et Shak.*, éd. Martino, t. II, p. 219).

2° Quand l'apposition et le support sont tous deux des noms animés.

— S'ils ne sont pas l'un et l'autre des noms ayant un genre selon le sexe de l'être désigné, la coïncidence est fortuite :

SA MAJESTÉ *le roi Baudouin.* SA MAJESTÉ *la reine Fabiola.*

Ex. de non-coïncidence : *Voici plus de mille ans que la triste Ophélie / Passe,* FANTÔME BLANC, *sur le long fleuve noir* (RIMBAUD, *Œuvres*, Ophélie). — *Les officiers de finance, jadis, ne grouillaient pas comme ils font aujourd'hui, en 1600,* SANGSUES *suçant la misère du monde* (LE ROY LADURIE, *Carnaval de Romans*, p. 375).

— S'ils sont l'un et l'autre des noms ayant un genre selon le sexe de l'être désigné, il y a généralement coïncidence :

Sa mère, FEMME *de grand mérite, avait élevé seule cinq enfants.* — Même dans ce cas, il n'y a pas toujours coïncidence : *Mme de Noailles,* POÈTE *naguère fort* ADMIRÉ. Cf. § 476, *c*, 1°.

3° Quand l'apposition est un nom animé qui connaît la variation en genre et qui est appliqué par analogie ou métaphore à un support qui est un nom inanimé, ordinairement il y a coïncidence :

La Déroute, GÉANTE *à la face effarée* (HUGO, *Châtim.*, V, XIII, 2). — Le support est un pronom : *Je renie la patrie quand je la vois,* FAUTRICE *de tyrans, applaudir au parjure et à l'assassinat* (PROUDHON, lettre publiée dans la *Revue d'hist. litt. de la Fr.*, mars-avril 1977, p. 256).

Sans coïncidence : *La nature* [...] *découpe, en artiste* INDUSTRIEUX, *les feuillages délicats de ses plantes* (TAINE, *Voy. aux Pyrén.*, p. 229). — *La Mort,* CE MARAUDEUR (GHELDERODE, *Escurial*, Théâtre, t. I, p. 75).

b) Le **nombre** étant déterminé par la réalité désignée, il est normal que l'apposition et son support aient le même nombre, puisque, par définition, ces termes désignent la même réalité :

Leurs cils [...] / *Palpitent,* AILES INQUIÈTES, *Sur leur azur indéfini* (Th. GAUTIER, *Ém. et cam.*, Cærulei oculi).

L'apposition commune à deux supports est ordinairement au pluriel : *L'hypocrisie et le vague,* MES DEUX BÊTES *d'aversion* (STENDHAL, *Vie de H. Brulard*, X).

Ex. de non-coïncidence : LA RÉPUBLIQUE *des Provinces-Unies.* — *Derrière chaque croisée,* ÉCLUSE *de velours, des triples rideaux pesaient sur leurs embrasses* (CESBRON, *Souveraine*, p. 11). — *L'homme de guerre ne se privait pas d'adopter* [...] *l'air discrètement glorieux d'un amant satisfait,* MALADROITES GRIMACES *dont chacun sait ce qu'elles valent* (YOURCENAR, *Œuvre au noir*, p. 129). — Le support est un pronom : VIEUX PEUPLE *façonné par les leçons d'une dure Histoire, ils n'ignoraient pas combien il est pénible de remonter la pente de l'abîme* (DE GAULLE, *Discours et messages*, 18 juin 1944). — L'apposition est commune à deux supports : [...] *une table de chevet avec un bougeoir et des allumettes,* PETIT MATÉRIEL *destiné à servir d'éclairage de secours* (P. BENOIT, *Villeperdue*, p. 56).

339   **Accord du nom en apposition. Cas particuliers.**

a) Dans le type ***Ce coquin de Gaston*** décrit ci-dessus (§ 336, *b*), si l'apposition antéposée est un nom qui connaît la variation en genre, il a le même genre que le nom qui suit :

> *Une* CHIENNE *de vie* (AC., s.v. *chien*). — *Une* CHIENNE *de migraine* (LA VARENDE, *Troisième jour*, p. 148). — *Je ne la déteste pas non plus, moi, cette* COQUINE *de bouteille* (F. FABRE, cit. *Trésor*). — *Cette* GUEUSE *de presse* (ZOLA, *Œuvre*, VI).

Drôle, nous l'avons vu (§ 336, *b*), ignore le féminin *drôlesse*, parce qu'il est traité comme un adjectif dans ces expressions. — *Diable* hésite entre *diablesse* et *diable*. *Diablesse* s'emploie quand la métaphore reste sensible (= ... est une diablesse). *Diable*, qui est plus fréquent, a un sens plus faible ; il a la valeur d'un adjectif, et le déterminant prend, comme avec *drôle*, le genre demandé par le nom support :

> *Sa* DIABLESSE *de femme* (STENDHAL, *Vie de H. Brulard*, t. II, p. 17). — *Cette* DIABLESSE *d'île* (BAINVILLE, *Chroniques*, p. 38). — *Une grande* DIABLESSE *de jument* (BERNANOS, *M. Ouine*, p. 224). — *Cette* DIABLESSE *de raison* (BREMOND, *Poésie pure*, p. 92).
> *Dans cette* DIABLE *de Vendée* (HUGO, *Quatrevingt-tr.*, I, II, 3). — *Ces deux* DIABLES *de dents* (NODIER, *Contes*, p. 196). — *Quel emplâtre appliquer à cette* DIABLE *de blessure ?* (STENDHAL, *Corresp.*, t. IX, p. 124.) — *À cause de ma* DIABLE *de figure* (BARBEY D'AUR., *Diabol.*, Pl., p. 23). — *Ta* DIABLE *de nièce* (E. et J. de GONC., *Sœur Philomène*, II). — *Cette* DIABLE *de femme* (AC.). — *Cette* DIABLE *d'habitude* (ARAGON, *Mise à mort*, p. 89). — *Quelle* DIABLE *de mouche a piqué M. Barrault* [...] ? (J. DUTOURD, *Paradoxe du critique*, p. 118.)

Lorsque l'apposition antéposée ne connaît pas la variation en genre, elle garde ordinairement son genre : CETTE *canaille de Briand* (LÉAUTAUD, cité au § 336, *b*). — CE *chameau de Léonie* [*chameau*, comme terme d'injure, se dit aussi des femmes]. — Mais la langue populaire accorde parfois le déterminant avec le deuxième terme, support de l'apposition : *On dirait qu'il marche, à présent,* CE *putain de téléphone* (D. DECOIN, *John l'Enfer*, p. 269). — *La gueule dans la boue, avec* CE *putain de cambouis qui lui coulait dans les yeux,* CETTE *putain de ferraille de merde qui lui retournait les ongles* (CAVANNA, *Ritals*, Camion). — *Vous nous avez posé* UN *vache de lapin* (REZVANI, *Canard du doute*, p. 251). — On a un phénomène analogue avec *espèce :* cf. § 422, *a,* 1°, Rem.

Les jurons étant des locutions-phrases (qui ne ressortissent pas à la catégorie du genre) plutôt que des noms, il est normal que le déterminant soit celui du support : voir les ex. au § 336, *b*.

Bête de est aussi, dans le style familier, précédé du déterminant qui convient au second terme : *P... avait fait* UN *bête de rapport* (SAINTE-BEUVE, *Mes poisons*, p. 157). — *Pouvant prétendre aux plus beaux partis, elle avait fait «* UN *bête de mariage »* (HÉRIAT, *Enfants gâtés,* IV, 1). — *Il y avait longtemps* [...] *qu'elle n'avait éprouvé* CE *bête de bonheur sans pensées* (E. TRIOLET, dans les *Lettres franç.*, 23 mai 1947). — Comp. : UNE *bête de migraine m'a empêché d'aller au lycée* (P.-H. SIMON, *Raisins verts,* p. 172). — Mais on observera : 1) que *bête* sert aussi d'adjectif ; — 2) que *bête* comme terme d'injure s'emploie parfois au masculin dans la langue parlée : *Gros bête !* (§ 476, *b,* 2°.)

b) Littré va jusqu'à considérer ***en traître*** comme une locution adverbiale et jusqu'à blâmer J.-J. Rousseau d'avoir écrit *Ils le prirent en traîtres.* C'est pourtant l'usage habituel lorsque le sujet est au pluriel. Mais si le sujet est féminin, *traîtresse* semble rare, sans doute parce que l'on fait abstraction du sexe (§ 476, *c*, 1°), à moins que l'on ne prenne *traître* comme une forme féminine (§ 486).

> *Traîtres* avec un sujet pluriel : *Qu'ils viennent donc me le dire en face, ce qu'ils vous ont insinué en* TRAÎTRES [...] ! (SAND, *Pet. Fadette*, XXVIII.) — *Ils ne nous auront pas pris en* TRAÎTRES (BAINVILLE, *Journal*, 11 janv. 1925). — *Nous sommes repartis à minuit,* [...] *heureux d'avoir surpris Dompierre en* TRAÎTRES (SAINT EXUPÉRY, *Lettres à l'amie inventée*, p. 22).
>
> *Traître* avec un sujet féminin : *Tu ne diras pas que je t'ai pris en* TRAÎTRE [dit Célia] (FARRÈRE, *Petites alliées*, IX). — *Elle ne voulait pas prendre son pensionnaire en* TRAÎTRE (G. BEAUMONT, *Roue d'infortune*, Prol.).

Quand le verbe est au passif et que le contexte ne précise pas s'il y a plusieurs traîtres, le mot devrait rester au singulier (et l'on se rapproche de la locution adverbiale) : *Ils n'ont pas été pris en* TRAÎTRE. — La phrase qui vient d'être citée est pourtant écrite avec *traîtres* dans le *Figaro litt.* du 3 août 1963 (art. de Cl. MAURIAC).

Pour *en maître*, le problème est plus complexe, parce qu'il y a une forte tendance à refuser le féminin *maîtresse* dans diverses expressions, sans doute à cause du sens particulier qu'a pris ce féminin : voir § 486.

c) Dans des **appositions attachées,** on observe certaines hésitations pour l'accord en nombre.

> Hanse écrit : *Mots* CLÉS, *remèdes* MIRACLES, *cas* LIMITES, *appartements* TÉMOINS, *cas* TYPES, mais *visites* ÉCLAIR, sans doute parce que, dans ce dernier cas, *éclair* a perdu sa valeur métaphorique et est employé adjectivement, toutefois sans aller jusqu'à prendre la nature adjectivale (au contraire de *géant*, par ex.). Cf. § 545, *c*. — Il y a de l'hésitation dans l'usage, surtout pour *éclair* (voir Gilbert) : *Voyages* ÉCLAIRS (C. DETREZ, *Noms de la tribu*, p. 118) ; — mais il paraît préférable d'observer la distinction donnée ci-dessus : *Lors de visites* ÉCLAIR *à Paris* (LE ROY LADURIE, *Paris-Montpellier*, p. 228).
>
> Le singulier surprend dans l'ex. suivant : *Leurs visages* [...] *étaient le reflet de vieux archétypes d'architecture animale* [...]. *Il y avait ainsi des hommes-*CHEVAL, *hommes-ours, hommes-*LION (P. MOINOT, *Guetteur d'ombre*, p. 40).
>
> Dans *tuile canal* [empr. du provençal], *canal* ne varie pas au pluriel : voir, par ex., *Grand Lar. enc.*, s.v. *tuile*. — Voici un ex. où l'invariabilité phonétique n'a pas empêché la variabilité graphique : *L'eau des orages débordait des tuiles « canals »* (J. FOURASTIÉ, *Ce que je crois*, p. 105).

d) Dans l'ex. suivant, on observe sans doute un accord distributif (§ 419), qui, à vrai dire, ne s'imposait pas :

> *Deux fils* [...] *sont morts* TOUT ENFANT (R. PERNOUD, *Jeanne d'Arc*, Q.S., p. 4).

III. — LE COMPLÉMENT « DÉTERMINATIF »

340   **Remarque préliminaire.** — Alors que *complément* désigne normalement tout élément subordonné, quelle que soit sa nature (§ 264), nous prenons ici le mot dans un sens plus restreint, puisque nous l'opposons aux épithètes, aux appositions, aux propositions relatives ou conjonctives.

> Parler de *syntagme nominal prépositionnel* recouvrirait la plus grande partie des faits que nous voulons décrire, mais non pas tous, puisque, d'une part, il y a des pronoms et des

infinitifs (ce qu'il est assez facile d'assimiler aux éléments nominaux), mais aussi des adverbes (§§ 342, *a ;* 343, *a*) ; — puisque, d'autre part, la préposition peut manquer, même avec
des noms (§ 348).

La dénomination traditionnelle *complément « déterminatif »* ne paraît pas non plus tout à
fait satisfaisante. Certains des syntagmes envisagés ci-dessous ne méritent pas cette étiquette :
voir notamment § 344, *b.*

341   Espèces de compléments du nom.

Il semble nécessaire, notamment pour ce qui concerne la place des compléments (§ 344) et la façon dont ils sont introduits (§§ 345-349), d'établir des
subdivisions fondées sur d'autres critères que des critères purement sémantiques.

Nous distinguons les compléments selon que le support est un nom quelconque (§ 342) et selon qu'il est un nom correspondant à un verbe ou à un
adjectif (§ 343).

Remarque. — Le pronom personnel *en* et le pronom relatif *dont* peuvent,
dans certaines conditions (§§ 651, *c* et 695, *c*) représenter des compléments introduits par *de :*

Donnez ces notes que j'EN paie le montant (ROBERT). — *Ce chanteur* DONT *les disques
avaient il y a vingt ans un grand succès est presque oublié aujourd'hui.*

Cela implique une place particulière : pour *dont,* en tête de la proposition ; pour *en,*
devant le verbe.

342   Le support est un nom quelconque.

a) Le **complément de relation** concerne notamment la possession,
l'appartenance, mais aussi les relations très diverses :

Le nez DE RACINE. *La maison* DE RACINE. *La mère* DE RACINE. *Les tragédies* DE RACINE.

Dans ces divers ex., on peut remplacer le complément par un déterminant que l'on
appelle traditionnellement possessif, mais qui indique souvent autre chose que la possession :
cf. § 588. — Sur l'emploi d'une épithète au lieu d'un complément de relation, voir § 317, *a.*

Des esprits logiciens voudraient réserver ce complément à la possession pure
et simple et critiquent, par ex., *la porte de ma sœur* ou *la porte de la rue* (lorsqu'il
s'agit de la porte qui, dans un bâtiment, donne sur la rue). L'usage n'a jamais eu
le souci de ces restrictions :

Il arriva devant la porte de Mme Arnoux (FLAUB., *Éd. sent.,* I, 5).

Ex. analogues : BARRÈS, *Du sang...,* p. 52 ; GIDE, *Caves du Vat.,* V, 1 ; A. DE CHÂTEAU-
BRIANT, *M. des Lourdines,* II, 4 ; Fr. MAURIAC, *Adolescent d'autrefois,* p. 205 ; etc. [Cf. déjà,
avec le possessif : ⁺Ménalque *descend* SON *escalier, ouvre* SA *porte pour sortir* (LA BR., XI, 7).]
Ex. de *la porte de la rue :* BALZAC, *Goriot,* p. 71 ; NERVAL, *Lettres des Flandres,* II, 1 ;
MÉRIMÉE, *Chron. du règne de Ch. IX,* XII ; HUGO, *Misér.,* I, II, 12 ; MAUPASS., *C.,* Ruse ;
BANVILLE, *Gringoire,* IV ; LOTI, *Roman d'un enf.,* XXIII ; COLETTE, *Paix chez les bêtes,* p. 67 ;
R. ROLLAND, *Jean-Chr.,* t. III, p. 138 ; G. DUHAMEL, *Fables de mon jardin,* p. 88 ;
Fr. MAURIAC, *Adolescent d'autrefois,* p. 203 ; CESBRON, *Notre prison est un royaume,* p. 55 ;
etc. [En outre : MARIV., *Paysan parv.,* p. 228 ; J.-J. ROUSS., *Conf.,* Pl., p. 123. — Au moyen
âge, *l'uis de la voie :* cf. Tobler-Lommatzsch, t. II, col. 1221.]

Ce ne sont pas seulement des noms qui peuvent servir de compléments de relation, mais aussi des adverbes ou des syntagmes prépositionnels, ou même des propositions conjonctives dans une langue très familière :

Les gens d'ALORS. Les gens d'ICI. Les gens d'EN FACE. Un homme de CHEZ NOUS. — Mon costume de QUAND J'ÉTAIS EN PLACE [= servante], dit-elle (R. MARTIN DU GARD, Thib., Pl., t. I, p. 1018).

b) **Le pseudo-complément :** la subordination grammaticale ne correspond pas à la subordination logique. Nous distinguons trois cas :

1° Dans la langue commune, le pseudo-complément qui suit un nom collectif, une indication de mesure, d'autres noms encore, est en réalité le noyau sémantique du syntagme, ce qui précède n'apportant qu'une information secondaire et jouant le rôle d'un déterminant, notamment d'un numéral :

Une bande de moineaux. Un million de francs. Un kilo de tomates. Boire un verre d'eau. Une espèce de monstre.

Le phénomène n'est pas purement sémantique :

— L'accord, par ex. celui du verbe si les syntagmes dont nous parlons sont sujets, se fait, ordinairement, souvent ou parfois (selon les cas : § 422), avec le pseudo-complément : Un million d'habitants ONT ÉTÉ DÉPORTÉS. — Une bande de scélérats RÔDENT autour de moi (Bible, trad. SEGOND, Ps., XXII, 16). — Autre application : °Un espèce de monstre (§ 422, a, 1°, Rem.).

Même lorsqu'il n'est pas exprimé, le pseudo-complément est parfois assez puissant pour imposer son nombre et son genre : Un million ONT ÉTÉ TUÉS. Cf. § 429, a, 4°.

— De façons diverses, beaucoup de, la plupart de, nombre de et force ont à peu près perdu leur valeur nominale pour rejoindre les déterminants indéfinis : voir § 607, a et b.

— Les syntagmes dont nous parlons font exception à la règle selon laquelle dont (§ 695, c) et en (§ 651, c) ne peuvent représenter un syntagme qui lui-même dépend d'un nom introduit par une préposition : Grande amie de Gide, DONT elle avait traduit en anglais une grande partie de l'œuvre [...] (J. SCHLUMBERGER, dans le Figaro litt., 18 juin 1960).

2° Au lieu de La mer immense, la langue littéraire écrit assez souvent L'immensité de la mer :

Au milieu de cette ombre, par endroits, brillaient DES BLANCHEURS de baïonnettes (FLAUB., Éd. sent., II, 6). — Dans LE NU de son glaive (MALLARMÉ, Poés., Guignon). — Il semblait que l'ennemi se fût dispersé et comme fondu dans L'IMMENSITÉ des campagnes (SAINT EXUPÉRY, Pilote de guerre, p. 158).

Ce tour est parfois fort affecté, par ex. chez les Goncourt et leurs imitateurs. Maupassant ironise à ce sujet : « Ceux qui font aujourd'hui des images, sans prendre garde aux termes abstraits, ceux qui font tomber la grêle ou la pluie sur la propreté des vitres, peuvent aussi jeter des pierres à la simplicité de leurs confrères ! Elles frapperont peut-être les confrères qui ont un corps, mais n'atteindront jamais la simplicité qui n'en a pas. » (Pierre et Jean, Préf.)

3° Au rang des pseudo-compléments, on mettra les infinitifs introduits par le fait de, ainsi que les propositions introduites par le fait que. On est en droit de considérer ces deux expressions comme de simples introducteurs (§ 1044, g) servant seulement à nominaliser l'infinitif ou la proposition.

LE FAIT de n'avoir rien répondu (ou qu'il n'a rien répondu) équivaut à un refus de sa part (Dict. contemp.).

c) **Le complément de caractérisation.**

Un cor DE CHASSE. *Un portrait* D'APRÈS NATURE. *Un fruit* À NOYAU. *Un jardin* À L'ABAN-
DON. *Un travail* SANS SOIN. *Une armoire* DE STYLE LOUIS XV. *Une table* EN CHÊNE. *Un verre* À
EAU. *Un canon* CONTRE AVIONS.

La disparition du déterminant dans le complément transforme le complément de relation en complément de caractérisation : *La viande* DE CE CHEVAL. *La viande* DE CHEVAL. —
Le chien DU BERGER. *Un chien* DE BERGER.

Les syntagmes servant de compléments de caractérisation peuvent souvent être employés
comme attributs : § 245, *b,* 4°.

Remarque. — Les compléments de caractérisation correspondent souvent à
des épithètes :

Un ton DE PÉDANT, *un ton* PÉDANTESQUE (ou PÉDANT). — *Un train* D'ENFER, *un train*
INFERNAL. — *Du gibier* D'EAU, *du gibier* AQUATIQUE. — *Un homme* D'ESPRIT, *un homme*
SPIRITUEL.

Cette substitution n'est pas automatique, — soit que l'adjectif n'existe pas : *Du poisson*
DE RIVIÈRE ; — soit que l'usage ait établi certaines restrictions dans l'emploi des adjectifs : on
dit *Une algue* MARINE, mais non **Du poisson* MARIN.

La langue littéraire (sans doute par imitation du style biblique) emploie
comme compléments des noms indiquant un état d'âme, une qualité morale, ce
que la langue commune exprimerait plutôt sous la forme d'une épithète.

Voilà le roi de gloire ! (*Bible,* trad. SEGOND, Ps., XXIV, 10.) [Vulgate : *rex gloriae.*] — *Il
eût fallu à M*^me^ *Fénigan un cœur* DE pitié *ou* DE *pardon* (A. DAUDET, *Petite paroisse,* p. 198).
— *Ses yeux* DE *misère criaient la haine et l'épouvante* (R. ROLLAND, *Léonides,* II, 9). — [...]
qui me regardent avec des yeux DE *pitié* (BLOY, *Désespéré,* p. 88). — *Jean-Paul évoqua, dans
un visage creux, des yeux* D'*ardeur et* DE *passion* (Fr. MAURIAC, *Enfant chargé de chaînes,* IV).

Si le nom complément est accompagné lui-même d'une épithète ou d'un complément, le
tour appartient à un usage plus général : *Une femme de* GRANDE *beauté. Une femme d'une
élégance* DE MAGAZINE.

Même sans épithète ou complément, on a des emplois qui ne sont pas propres à la
langue littéraire : *Un salaire de misère.*

343　　**Le support est un nom correspondant à un verbe ou à un
adjectif.**

a) Les noms correspondant à des verbes peuvent recevoir pour compléments les différents syntagmes en relation avec ces verbes.

— Syntagmes (parfois appelés compléments *subjectifs*) désignant l'agent et correspondant au sujet du verbe ou au complément d'agent du verbe passif : *Une mère entourée de
l'amour* DE SES ENFANTS. — *Depuis sa condamnation* PAR LE PAPE, *L'Action française avait
disparu de* La Belle Angerie (H. BAZIN, *Vipère au poing,* XI).

Sujet nominalisé avec son apposition détachée (§ 337) : *La survivance du latin classique*
COMME LANGUE VIVANTE DE L'ÉGLISE ET DE L'ÉCOLE *a eu pour résultat* [...] (BRUNOT, *Hist.,*
t. I, p. XII).

— Syntagmes (parfois appelés compléments *objectifs*) correspondant à l'objet direct du
verbe : *La perte* DE SON HÉRITAGE *l'avait considérablement changée* (FLAUB., *Éd. sent.,* III, 4).
— Éventuellement avec un attribut : *La nomination de Durand* COMME PRÉFET *avait surpris
tout le monde.*

— Syntagmes correspondant à l'objet indirect : *Il démontra le liaison du théâtre* AUX MŒURS, *de la perfection littéraire* À LA CORRUPTION SOCIALE (G. LANSON, *Essais de méthode, de critique et d'hist. litt.*, p. 394).

— Syntagmes correspondant à des compléments adverbiaux du verbe, sous la forme de syntagmes nominaux ou d'adverbes : *L'infiltration* DANS L'USAGE COMMUN *de ces termes spéciaux, très lente d'abord, s'accélère* [...] *à partir du XVIIIᵉ siècle* (AC., Préf.). — *Cette extermination suppose* [...] *la création et la libre disposition* EN THAÏLANDE *de bases aériennes* (SARTRE, *Situations VIII*, p. 118). — *On dirait que le passage* ICI *de consommateurs barbares vient de faire deux ou trois victimes parmi les pensionnaires* (ROBBE-GRILLET, *Souvenirs du Triangle d'or*, p. 113). — *Le départ de Luc* POUR LE TCHAD EN JANVIER 1980 *reste pour moi un souvenir pénible*.

Remarques. — 1. On peut avoir un complément adverbial, par ex. de lieu, sans que le nom support corresponde à un verbe :

Ses articles fournissaient des thèmes à la propagande DANS LA PRESSE *et* PRÈS DES BANQUIERS (BARRÈS, *Appel au soldat*, 1900, p. 81). — *La troupe* [...] *se rendit maîtresse de l'embrasement, ainsi que dans la maison* EN FACE *où logeait M. Michelet* (LITTRÉ, *Études et glanures*, p. 429). — *On descendit avec tante Agnès jusqu'au porche* SUR LA RUE (J. CABANIS, *Bonheur du temps*, Fº, p. 32). — *La poésie française* AU XVIᵉ SIÈCLE *est un des champs qui ont été le plus fouillés* (SAINTE-BEUVE, *Nouv. lundis*, t. IV, p. 289).

Cela est vrai aussi de compléments d'agent : *Vous allez entendre la neuvième symphonie de Beethoven* PAR L'ORCHESTRE DE LA SUISSE ROMANDE. — *Il* [= un collier] *était dans le portrait d'une bisaïeule à elle,* PAR TITIEN (PROUST, *Rech.*, t. I, p. 709). — Autre ex. au § 313, *a*, Rem. 2 (langue des éleveurs). — Dans ces divers cas, l'esprit rapporte les compléments d'agent à un participe passé sous-jacent.

2. Les compléments différents ne peuvent pas être coordonnés :

*La conquête de Constantinople ET *par les Turcs met fin au moyen âge*.

3. Les constructions envisagées ici semblent s'être fortement répandues à notre époque, notamment dans la langue des journaux. Il est préférable, pour la clarté de la communication, de ne pas joindre à un nom trop de compléments différents et de recourir à une formule utilisant un verbe.

Moscou a bloqué la vente, par la Syrie, de matériels militaires à destination de Téhéran (dans l'*Express*, 15 févr. 1985, p. 11). [*Moscou a empêché la Syrie de vendre du matériel militaire à Téhéran* aurait dit la même chose de façon plus directe.]

b) Les noms correspondant à des adjectifs.

La fidélité de Jean À SON IDÉAL. *La loyauté du vassal* ENVERS SON SUZERAIN. — *La plus profonde raison du divorce* [entre la gauche et les intellectuels] *réside* [...] *dans l'insensibilité de la grande politique* AU MOUVEMENT DES IDÉES *depuis une dizaine d'années* (J.-Fr. REVEL, dans le *Point*, 5 sept. 1983).

Voir aussi § 178, *b*, 2º *(non, presque, quasi)*.

344   Place du complément du nom.

En règle générale, les compléments du nom prennent place après celui-ci : voir notamment les ex. donnés dans le § 343.

Cependant, on doit faire les observations suivantes.

a) Les **compléments de relation.**

1° Lorsque le complément de relation contient un mot interrogatif ou exclamatif, lorsqu'il a la forme du pronom *en*, lorsqu'il est un pronom relatif ou qu'il contient un pronom relatif, ce complément prend la place imposée par les règles propres à ces catégories :

> DE QUI *avait-il lu les œuvres ?* — DE QUEL GÉNIE *il avait pris la place !* — *Avez-vous lu tout le roman ou n'*EN *avez-vous lu que le premier chapitre ?* — *La personne* DONT *j'ai pris la place était fatiguée d'attendre.* — Pour l'interrogation, voir cependant § 391, *b*, 1°.

Remarque. — Lorsque le support est un syntagme prépositionnel, on retrouve l'ordre normal parce que ce syntagme prépositionnel est lui-même transporté en tête de la phrase ou de la proposition (construction que plus d'un lecteur trouvera souvent lourde) :

> *Cherchez dans le dictionnaire les mots* DE L'ORTHOGRAPHE DESQUELS *vous ne serez pas sûr* (STENDHAL, *Rouge*, II, 2). — *En entendant* [...] *exprimer avec franchise des opinions avancées* [...] *par une de ces personnes* EN CONSIDÉRATION DE L'ESPRIT DESQUELLES *notre scrupuleuse et timide impartialité se refuse à condamner les idées des conservateurs* [...] (PROUST, *Rech.*, t. I, pp. 709-710). — Autres ex. au § 682, 2°. — *À la rencontre* DE QUI *est-il allé ?*
>
> Dans ce cas, *dont* est exclu : cf. § 695, *c*.

2° Le complément de relation est en tête de la phrase pour être placé en évidence, pour établir un lien avec ce qui précède ou un parallélisme avec la suite du texte :

> DU RELÈVEMENT, DE L'ÉDUCATION, DE LA CRÉATION D'UNE FEMME PAR L'AMOUR ET LE GÉNIE, *cette liaison* [...] *reste d'ailleurs un émouvant modèle et un magnifique monument* (THIBAUDET, *Hist. de la litt. fr. de 1789 à nos jours*, p. 147). — DES TEXTES EN LANGUE GALLOISE, *quelle est la date ?* (E. FARAL, dans *Romania*, 1952, p. 265.) — DE GIOTTO, *les plus célèbres Cènes sont celles de l'Arena (Padoue) et une fresque du couvent de Santa Croce (Florence) ;* DE FRA ANGELICO, *celle du couvent de San Marco (Florence) ;* DE LÉONARD DE VINCI, *celle du couvent de Sainte-Marie des Grâces (Milan)* (*Grand Lar. enc.*, s.v. *Cène*).
>
> Le complément de relation peut aussi être mis en tête de la phrase sans préposition, mais avec une reprise par un pronom *en* placé devant le verbe : TOUTE CETTE LUMIÈRE QUI EST EN LUI, *il n'a pas l'air d'en soupçonner l'extraordinaire présence* (J. GREEN, *Journal*, janv. 1958).

3° Dans la poésie, surtout quand elle est de forme classique, le complément de relation précède souvent le syntagme nominal qui lui sert de support :

> *Contre nous* DE LA TYRANNIE / *L'étendard sanglant est levé !* (ROUGET DE LISLE, *Marseillaise*.) — DE L'ÉTERNEL AZUR *la sereine ironie / Accable* [...] / *Le poëte impuissant* (MALLARMÉ, *Poés.*, Azur). — *Si* DE TON MYSTÈRE / *je suis corps et biens / l'instant et le lieu* (J. TARDIEU, *Jours pétrifiés*, Regina terræ).
>
> Cela se trouve parfois en prose : *Si* DE MON SEUL DÉSIR *j'étais l'effet* (H. CIXOUS, *Souffles*, p. 14).
>
> C'est aussi la règle dans les formules finales (ou *courtoisies*) des lettres adressées à de grands personnages, par ex. au pape : *J'ai l'honneur d'être, / Très Saint Père, / De Votre Sainteté / Le très respectueux et très fidèle fils* (*Formules protocolaires*, Bruxelles, Ministère des Affaires étrangères, 1968, p. 7).

Remarques. — 1. Sur le tour *Le Nord-Atlantique,* voir ci-dessous, § 348, *a,* Hist.

2. Le complément de relation placé après le nom support peut ne pas suivre immédiatement celui-ci. Tantôt, il s'agit de recherches d'écrivains. Tantôt c'est la longueur du syntagme complément qui, dans des textes, littéraires ou non, justifie la séparation. Plus rarement, c'est le souci de maintenir une proposition relative près de son antécédent.

Ô Dieu, l'aiguillon pour nous tous est dur DE VOTRE VÉRITÉ (CLAUDEL, *Corona benignitatis anni Dei,* II, 2). — *Au cri du désir contenu et jugulé, un cri universel répond* D'ÉVASION ET D'ASSOUVISSEMENT (Fr. MAURIAC, *Mal,* p. 33) [Mauriac aurait pu écrire : *... répond un cri...*]. — *L'image est toujours aussi forte et précise* DE LA PETITE CLEF D'ACIER POLI, DEMEURÉE SUR LE MARBRE DE LA CONSOLE (ROBBE-GRILLET, *Projet d'une révolution à New York,* p. 12). — *Le danger était donc considérable* DE VOIR LES PROTESTATIONS DE L'AILE GAUCHE DU PARTI — RÉCEMMENT ILLUSTRÉ PAR UNE GUERRE DE COMMUNIQUÉS — DÉBOUCHER CETTE FOIS SUR UNE VÉRITABLE SCISSION (dans le *Monde,* sélection hebdomadaire, 28 oct.-3 nov. 1976, p. 1). — *L'habitude est passée* DE LES TRADUIRE COMME ON FAISAIT AUTREFOIS (J. REY-DEBOVE et G. GAGNON, *Dict. des anglicismes,* s.v. *Gulf-Stream*). — *On peut évoquer entre soi [...] le grand massacre qui n'a pas eu lieu* DU MARDI GRAS (LE ROY LADURIE, *Carnaval de Romans,* p. 280).

b) Les **compléments de caractérisation** peuvent, comme les épithètes (§ 326) et les appositions (§ 337), être détachés du nom, lorsqu'ils ont un rôle purement explicatif ou lorsqu'ils ont une nuance de temps, de cause, etc. qui les rapproche des compléments adverbiaux.

Une armoire contenait des manteaux, des imperméables, EN NOMBRE MOINS GRAND POUR L'HOMME QUE POUR LA FEMME (PIEYRE DE MANDIARGUES, *Motocyclette,* F°, p. 15). — *Son père,* DE NATIONALITÉ ITALIENNE, *n'avait pu obtenir un permis de travail. Ma mère,* EN ROBE D'ÉTÉ, *avait été trempée par l'averse.*

Ce détachement est même obligatoire lorsque le complément se rapporte à un nom propre : *Bientôt, le petit Coffin,* EN CAPUCHON, *[...] sortit de chez lui* (ALAIN-FOURNIER, *Gr. Meaulnes,* I, 3).

Ce type de complément peut même s'écarter davantage du nom et, par ex., prendre place en tête de la phrase :

D'ORIGINE PAYSANNE, *Paumier est un maître-artisan qui a réussi* (LE ROY LADURIE, *Carnaval de Romans,* pp. 404-405).

Ce détachement particulier est obligatoire pour les pronoms personnels sujets conjoints, que l'on ne peut séparer du verbe. Comp. § 352, *c.*

c) Lorsque le nom support est lui-même introduit par une préposition, il arrive que le complément de ce nom prenne place entre la préposition et le nom.

Il s'agit ordinairement de compléments adverbiaux dépendant d'un nom introduit par *avec* : *Une photographie plus tardive est celle d'une femme [...], d'apparence nerveuse et contrainte,* AVEC DANS L'ŒIL *cet éclat un peu vitreux qu'avaient parfois aussi celui de Jeanne et celui de Théobald* (YOURCENAR, *Souvenirs pieux,* p. 123). — *[...] une grande échelle linéaire dont les extrémités sont l'une très simple, l'autre très compliquée,* AVEC AU CENTRE *une étroite région médiane* (M. FOUCAULT, *Les mots et les choses,* p. 162). — Voir aussi § 993, *a.* — La clarté rend parfois cet ordre nécessaire, par ex. dans la première phrase (dans la mesure où l'on emploie ce type de construction, qu'il est permis de trouver assez lourd).

345   La construction du complément du nom.

La variété des compléments du nom a pour corollaire la variété des prépositions servant à les introduire.

Nous nous arrêterons particulièrement aux compléments de relation (§ 346) et aux compléments des noms correspondant à des verbes (§ 347). Nous traiterons à part de la construction directe (§ 348) et de certains cas particuliers (§ 349).

Les pseudo-compléments sont introduits par *de :* voir les ex. du § 342, *b.* — Les compléments de caractérisation sont souvent introduits par *de* ou par *à,* mais beaucoup d'autres prépositions sont possibles, le choix étant déterminé par des raisons sémantiques : voir les ex. du § 342, *c.* — Les compléments des noms correspondant à des adjectifs gardent la préposition qu'ils ont lorsqu'ils dépendent de l'adjectif : voir les ex. au § 343, *b.*

Remarque. — Les scripteurs attentifs à l'harmonie évitent autant que possible la succession d'un grand nombre de compléments introduits par *de.*

Ex. de phrase où les *de* sont multiples : *Il n'entre pas dans mon dessein d'étudier les caractères distinctifs* DES *diverses éditions* DES *Lettres philosophiques* DU *point* DE *vue* DES *variations* DE *la pensée* DE *l'auteur* (LANSON, dans Volt., *Lettres phil.,* S.T.F.M., t. I, p. XXXIV).

346   La construction du complément du nom : le complément de relation.

a) Les compléments de relation sont ordinairement introduits par *de :*

La moustache DE *Hitler. Les romans* DE *Zola.*

b) À marquant l'appartenance.

1° Dans l'usage régulier [20], cela ne se trouve que dans des situations particulières :

— *À* suivi d'un pronom personnel quand le déterminant possessif est exclu :

Il a un style, une manière À LUI (AC., s.v. *à*). — *Il* [= un collier] *était dans le portrait d'une bisaïeule* À ELLE (PROUST, *Rech.,* t. I, p. 709). — *Selon une thèse* À MOI (M. CLAVEL, *Nous l'avons tous tué,* p. 331). — [L'*adjectif* possessif — *mien, tien, sien,* etc. — serait possible dans certains de ces cas.]

---

20. Outre les cas ici envisagés, *à* marque la possession aussi après le verbe *être : Non, l'avenir n'est à personne ! / Sire, l'avenir est à Dieu* (HUGO, *Ch. du crép.,* V, 2).
   Lorsqu'on parle de chevaux, on dit : *Frangipane,* AU *baron Verdier* (ZOLA, *Nana,* XI). C'est peut-être la réduction d'un tour comme *... appartenant à.*

— Pour renforcer ou expliciter un déterminant possessif qui précède :

C'est mon opinion, à moi (AC., s.v. *à*). — *Votre devoir, à tous, est de lui obéir (ib.).* — *Comment est-il leur intérieur, à ces jeunes gens ?* (COLETTE, *Chéri*, M.L.F., p. 145.) — *Votre premier voyage à tous les deux* (BUTOR, *Modification*, 10/18, p. 181).

La préposition est supprimée si l'élément qui double le possessif est placé en tête de la phrase : *Moi, mon âme est fêlée* (BAUDEL., *Fl. du m.*, Cloche fêlée). — Elle est parfois supprimée aussi dans la langue parlée quand l'élément en question est en fin de phrase : *C'est un trait de son tempérament, Clément* (A. STIL, *Ami dans le miroir*, L.P., p. 33).

— Dans certaines expressions figées, les unes anciennes, d'autres plus récentes et encore senties comme familières :

Une bête à bon Dieu. Le denier à Dieu. La vache à Colas « le protestantisme » (vieux). *La barbe à papa. Un fils à papa.* — *La bande à Bonnot* a désigné au début du XXᵉ siècle un groupe d'anarchistes ; depuis, on a eu sur ce modèle *La bande à Baader.*

Être soûl comme la bourrique à Robespierre, « être complètement ivre », est vieilli. Il semble pourtant que Fr. Mauriac s'inspire de cette expression : *Ce n'est donc pas de nous refuser la liberté d'enseignement que nous lui faisons grief : c'est d'avoir enfourché la bourrique à Combes pour ses exercices de haute école* (*Journal*, t. V, p. 99).

2° Les expressions signalées plus haut viennent, soit de la tradition (voir l'Hist.), soit du parler populaire, où *à* reste, à peu près partout, très vivant pour marquer l'appartenance. Mais cela apparaît rarement dans la langue écrite, en dehors des cas où les auteurs veulent imiter l'usage ancien (ex. d'A. France cité dans l'Hist.) ou reproduire les expressions populaires ou locales :

La fille unique à M. le maire (BALZAC, *Urs. Mirouët*, VIII). — *Le manteau à M. Bernard* (SAND, *Mauprat*, XVII). — *L'écurie à la vache* (COLETTE, *Maison de Claud.*, X). — *Jeannette, la fille à Jacques d'Arc* (PÉGUY, *Myst. de la char. de J. d'Arc*, p. 10).

En revanche, on ne voit pas d'intention chez FLAUBERT : *Il allait même* [...] *vendre une maison à sa femme* (*Éd. sent.*, II, 3) ; — ni chez GIDE : *Quelques anciens vêtements à Sarah* (*Symph. past.*, M.L.F., p. 29) ; — ni chez PROUST : *Il s'agit d'une princesse Bonaparte qu'on prétend la fiancée du fils* AU *roi de Grèce* [dit une duchesse] (*Rech.*, t. II, p. 489). [Proust avait d'abord écrit : *... prétendait fiancée au fils du roi... ;* n'y a-t-il pas eu un accident lors de la correction ?]

Dans l'ex. suivant, l'auteur a peut-être voulu éviter la succession de deux *de : C'était le tour à Juancho de tuer* (Th. GAUTIER, *Militona*, II). Il est vrai que l'on dit couramment À *qui est-ce le tour ?*

Le refrain que Hugo met dans la bouche de Gavroche (*Misér.*, V, I, 15), *C'est la faute à Voltaire,* / [...] / *C'est la faute à Rousseau,* a sûrement contribué à répandre *C'est la faute* [21] *à* (devenu simplement familier), mais les ex. qui suivent ne s'expliquent pas tous de cette façon :

C'est la faute à l'Assemblée qui n'a pas su comprendre cela (HUGO, *Nap.-le-Petit*, III, 7). — *N'y a-t-il pas aussi, dans cette lassitude qui m'accable, de la faute à l'abbé Gévresin ?* (HUYSMANS, *Cathédrale*, p. 221.) — *C'est certainement la faute à votre vin* (GIDE, *Caves du Vat.*, V, 5). — *Personne aujourd'hui ne songe à dire que si la Gaule fut vaincue, c'est la faute à*

---

21. Historiquement, *faute* correspond à un verbe *(faillir).* Mais cette relation n'est plus perçue.

César. Mais non ! ce fut d'abord la faute AUX *Gaulois* (THÉRIVE, *Retour d'Amazan,* p. 135). — *C'est peut-être la faute* À *la guerre* (CHAMSON, *La neige et la fleur,* p. 190). — *Le théâtre satirique a perdu sa gloire d'autrefois. Ce n'est pas la faute* AUX *auteurs* (G. SION, *Théâtre franç. d'entre-deux-guerres,* p. 57). — *Aux dernières nouvelles, ce serait de la faute* À *Platon* (Cl. ROY, dans le *Monde,* 25 nov. 1977).

Parmi les emplois simplement familiers, on rangera aussi les emplois de *à* après *maître, ami,* etc., ainsi qu'après *homme* (dans le sens « partisan ») :

Voici venir le maître À *tous, le clown agile* (VERL., *Jadis et nag.,* Clown). — *C'étaient des amis* À *Dries Abeels* (C. LEMONNIER, *Vent dans les moulins,* XV). — *C'étaient [...] des maîtresses d'amis* À *mon père, ou des amies* À *mon père* (LÉAUTAUD, *Petit ami,* III). — *C'est Antoine de Solignac, seigneur de Veaune : un homme* À *Guérin* (LE ROY LADURIE, *Carnaval de Romans,* p. 32).

Hist. — Cet emploi de *à* appartenait à la langue commune jusqu'au XVIe s. : *Le filz* AL *rei Malcud* (Rol., 1594). — *Fille* A *un duc d'Alemaigne* (*Floire et Blancheflor,* 2151). — *L'espouse* À *Jupiter* (RONSARD, éd. V., t. VI, p. 35). — Il est devenu rare au XVIIe s. (sauf chez Scarron) ; La Fontaine fait parler un paysan : *La vache* À *nôtre femme / Nous a promis qu'elle feroit un veau* (C., Jument de compère Pierre). — A. France imite l'ancien langage : *Ardez le bel Olibrius qui mène aux champs l'âne d'autrui et la fille* À *tout le monde* (*Rôtisserie de la reine Pédauque,* V).

Cette construction est attestée en latin tardif : *Hic requiiscunt menbra ad duus fratres* [= Ici reposent les membres *à* deux frères] (inscription du VIIe s., dans *Corpus inscriptionum latinarum,* XIII, 1, 2483). Certains ont pensé à une origine celtique, mais cette hypothèse a peu de partisans.

Brunot, *Pensée,* p. 149, estime que dans *La tête lui fait mal,* on a une autre survivance de l'emploi de *à* marquant l'appartenance.

c) Sur la **construction directe,** voir § 348.

347   **La construction du complément du nom : les compléments des noms correspondant à des verbes.**

a) **L'agent et le complément d'objet direct** du verbe.

1° Si le complément d'objet direct n'est pas exprimé, l'agent de l'action exprimée par le verbe est le plus souvent transformé, avec un nom, en complément introduit par *de :*

Ô l'amour D'UNE MÈRE ! [...] / [...] / *Chacun en a sa part et tous l'ont tout entier* (HUGO, *F. d'aut.,* I). — *Six mois après la disparition* DU PÈRE [...], *la surveillance des enfants sera déférée [...] aux ascendants les plus proches* (*Code civil,* art. 142).

S'il s'agit d'un verbe pronominal réciproque ou d'un verbe impliquant la réciprocité, l'agent peut être transformé en complément introduit par *entre :*

La dispute ENTRE LES DEUX FRÈRES *s'est envenimée.* — *La lutte* ENTRE LES RIVAUX *est devenue impitoyable.* — *Les haines* ENTRE CLASSIQUES ET ROMANTIQUES *étaient aussi vives que celles des guelfes et des gibelins* (Th. GAUTIER, cit. Robert, s.v. *haine*).

2° Si l'agent n'est pas exprimé, l'objet direct du verbe est le plus souvent transformé, avec un nom, en complément introduit par *de* :

Oublier les injures est recommandé par le Christ → *L'oubli* DES *injures...* — *Construire un pont est une entreprise délicate* → *La construction* D'un *pont...* — *Comme tous les chevaliers français, Roland a la haine et le mépris* DES *traîtres* (G. DUHAMEL, *Refuges de la lecture*, pp. 81-82).

Lorsque l'objet direct a une construction ou un sens partitifs, le complément du nom est introduit par *à* :

Moudre du café → *Un moulin* À *café.* — *Battre des œufs* → *Un batteur* À *œufs.* — *Chasser le lion* (malgré la présence de l'article défini, le sens est partitif) → *La chasse* AU *lion.*

3° Si l'agent et l'objet direct sont tous deux exprimés,

— L'agent des verbes de sentiment devient, avec un nom, un complément introduit par *de*, et l'on recourt à une autre préposition pour l'objet direct (*pour* ou *contre*, selon le sens ; *envers*, etc.) :

Qu'une mère aime ses enfants est conforme à la nature → *L'amour* D'UNE MÈRE POUR SES ENFANTS... — *Exhalant le mépris de la patricienne* POUR *le plébéien, la haine de Jacob* CONTRE *Édom* [...] (FLAUB., *Tr. contes*, Hérodias, I). — *Le respect des jeunes* ENVERS *les personnes âgées.*

— L'agent des autres verbes devient, avec un nom, un complément introduit par la préposition *par*, et l'objet direct est transformé en complément introduit par *de* :

La conquête de l'Algérie PAR *la France a commencé en 1830* (*Dict. contemp.*, S.V. *conquête*). — *Il se distingua en 98, lors du passage du Danube* PAR *Moreau* (SAND, *Hist. de ma vie*, Pl., pp. 199-200). — *Cet exemple du jugement des prêtres* PAR *Stendhal conduit immédiatement à une remarque générale* (VALÉRY, *Variété*, Pl., p. 579). — Voir aussi l'ex. de H. Bazin au § 343, *a* (dans cet ex., c'est un déterminant possessif qui correspond à l'objet direct).

Remarque. — Ce sont les transformations les plus habituelles qui sont décrites ci-dessus. On peut observer d'autres constructions.

— Il n'est pas rare, dans le franç. écrit d'aujourd'hui, que l'agent soit introduit par des locutions prépositives apparemment plus explicites (comp. § 349, *a*), mais assez lourdes : *Trop de tâtonnements et de perte de temps* DE LA PART DE *l'enfant peuvent lui être* [...] *préjudiciables* (N. CATACH, *Orthogr. fr.*, p. 6). — *C'est dans l'Allemagne de l'Est* [...] *que le rejet du gouvernement romain* AU NIVEAU DES *cadres, des princes territoriaux, du roi, a été particulièrement sensible* (P. CHAUNU, *Temps des Réformes*, p. 485). [Cf. § 1022, 5.]

— L'objet direct est introduit par *pour, envers*, etc. en dehors des cas prévus ci-dessus (3°) : *Cela m'a semblé une sorte de trahison* VIS-À-VIS *de la patrie turque* (LOTI, *Exilée*, p. 115).

— Objet direct introduit par *à*, en dehors du cas prévu ci-dessus (2°) : *Cette interpellation de Gavroche* AU *boulanger* (HUGO, *Misér.*, IV, VI, 2). — *Le vouvoiement des enfants* AUX *parents restait de rigueur* (LE ROY LADURIE, *Paris-Montpellier*, p. 11).

b) **L'objet indirect et le complément adverbial** du verbe conservent d'ordinaire leur préposition en devenant compléments d'un nom :

Rostopchine a décliné toute participation à l'incendie de Moscou (CHAT., *Mém.*, III, I, III, 4). — *L'envoi* VERS *les Ardennes de toutes les réserves alliées était nécessaire sans délai* (DE

GAULLE, *Mém. de guerre*, t. II, p. 170). — *Le référendum impliquait l'entrée de nos départe-ments d'outre-mer* DANS *la Communauté* (MALRAUX, *Antimémoires*, p. 161). — *Le divorce de la littérature* AVEC *la société* (THÉRIVE, *Libre hist. de la langue fr.*, p. 235). — *Formalités pour le divorce* D'AVEC *la liberté* (H. BAZIN, *Tête contre les murs*, p. 150). [Cf. § 278.] — *Tous les écrivains soigneux d'aujourd'hui font la distinction de rien moins* AVEC *rien de moins* (HER-MANT, *Chron. de Lancelot*, t. I, p. 561). — *Après son mariage* AVEC *un de mes camarades de collège* (BOYLESVE, *Dangereux jeune homme*, p. 17). [Avec le verbe, on a le choix entre *à* et *avec :* § 277, *a.*] — *La croyance* AUX *esprits est* [...] *restée le fond de la religion populaire* (BERGSON, *Deux sources de la mor. et de la rel.*, p. 197). — *La croyance* EN *Dieu* (cf. § 273, 4). — Pour *départ*, voir § 304, *b*, Rem. 1.

348   La construction directe.

a) De l'usage ancien, nous avons gardé, outre diverses expressions figées (cf. Hist.), certains procédés quand le complément est un nom de personne :

L'église NOTRE-DAME. *La cathédrale* SAINT-PAUL. *La tour* EIFFEL. *Le musée* PLANTIN. — *La rue* NOTRE-DAME. *La rue* PASTEUR. — *L'île* MAURICE (cf. *L'île du prince Édouard*). — *Le fils* DUPONT. — *L'affaire* DREYFUS. *Le ministère* UNTEL. *La loi* COMBES. *La méthode* MONTESSORI.

Pour les **noms de rues,** de places, etc., on observera que *de* est requis, 1) quand le nom de personne est précédé d'un titre : *Rue* DE *l'Abbé de l'Épée, avenue* DU *maréchal Foch, place* DU *Roi Albert,* etc. ; — 2) quand le complément n'est pas un nom de personne : *Avenue* DE *Versailles, boulevard* DE *Magenta, boulevard* DE *Sébastopol, boulevard* DU *Montparnasse.*

On constate une certaine tendance à supprimer *de* même dans ces cas.

Le nom est précédé d'un titre : *La route nationale prenait ici le nom, grammaticalement incorrect, d'Avenue-Général-de-Gaulle* (IKOR, *Ceinture du ciel*, p. 143).

Le complément est un nom de lieu : *Boulevard Sébastopol* est, par ex., chez ZOLA, *Ventre de Paris*, I ; CÉLINE, *Mort à crédit*, L.P., p. 260 ; ARAGON, *Voyageurs de l'impériale*, L.P., p. 472 ; E. TRIOLET, *Manigances*, L.P., p. 22 ; P. LAVEDAN, *Hist. de Paris*, Q.S., p. 99. — À Toulouse : *Ils se dirigèrent vers la rue Alsace-Lorraine* (P. GUTH, *Mémoires d'un naïf*, p. 84). — À Liège, on dit même : *Place Cathédrale* (= de la Cathédrale). Il est vrai que BALZAC met *Place Sorbonne* dans la bouche d'un personnage : *Goriot*, p. 230.

Quand le nom de la rue de Paris est tiré du nom d'un ancien hôtel, le *de* nobiliaire (§ 1004, *b*) est normalement conservé : *Quai de Conti, rue de Choiseul, rue de Condé,* etc. — Dans ce cas aussi, le *de* est assez souvent omis : *Quai Conti* dans le *Grand Lar. enc.*, s.v. *Institut ;* etc.

Remarque. — Dans la plupart des ex. donnés ci-dessus, le complément d'appartenance n'est sans doute plus senti comme tel, mais la relation est assimi-lée à la relation entre nom et apposition.

Par ex., *le fils Dupont* est mis sur le même pied que *le père Dupont*.

Hist. — En anc. fr., le complément marquant la possession, surtout s'il désignait une personne, se rattachait fréquemment au nom support par simple juxtaposition. On disait : *Le cor Rollant, Le cheval le roi, Le temple Salomon* (*Rol.*, 1567), *Les quatre fils Aymon* (*Aymon* est le nom du père), etc. Cette construction est en recul depuis la fin du XIVe s. On en trouve pourtant encore maints ex. au XVe : *Qui diroit a vostre mere / que ne feussiez filz*

VOSTRE PERE [...] (*Pathelin*, 148). — De l'ancien usage nous avons conservé des noms composés : *Hôtel-Dieu, Fête-Dieu, bain-marie* ; — de nombreux toponymes : *Nogent-le-Roi, Château-Thierry* ; — des jurons : *Ventrebleu !* (*bleu* = Dieu) ; — certains tours : *Malgré mon père* (comp. § 988, Hist.), outre ceux qui sont signalés plus haut.

En anc. fr., ces compléments sans préposition pouvaient précéder le support : *Le* REI *gunfanuner* [= le gonfalonier du roi] (*Rol.*, 106). — L'AUTRUI *joie* (MARIE DE FRANCE, *Lanval*, 257). — Ce tour a disparu assez tôt, sauf dans certaines expressions : *Par la* DIEU *grace* (VILLEHARDOUIN, § 86). — *Ils sont,* DIEU *grace, Madame, en parfaite santé* (MOL., *Comt. d'Esc.*, VI). — Nous disons encore *Dieu merci*.

Sous l'influence de l'anglais, la construction complément + support a été ressuscitée au XXᵉ s. dans des noms géographiques (mais il s'agit plutôt de noms composés : § 178, *c*) : *Icebergs, dos du* NORD-*Atlantique* (H. MICHAUX, *La nuit remue*, Icebergs). — On a aussi des dérivés : *Les* SUD-*Américains* (§ 167, *d*).

b) Notamment sous l'influence de la langue commerciale ou de certaines langues techniques, peut-être aussi à l'imitation d'usages étrangers, divers noms autres que des noms de personnes sont employés aujourd'hui comme compléments simplement juxtaposés :

> *Le match France-Belgique, le franc or, un vélo modèle course, un pyjama taille 50, un lustre genre rouet, des boutons fantaisie, un lavage minute, du papier écolier, un costume pure laine, une poche revolver, une poche poitrine, un bébé-éprouvette, des pneus neige, un chapeau haute forme.* — *Son artillerie tous-azimuts et tous-terrains* (DE GAULLE, *Trois études*, p. 187). — *Moyens de transmissions « dernier cri »* (*ib.*, p. 185).

Le procédé a sans doute l'avantage de la rapidité, mais il arrive que la clarté en souffre.

Certaines formules sont entrées dans l'usage le plus général, comme *côté cour* et *côté jardin* en matière de théâtre ; — la construction directe des noms des points cardinaux : *Le feu rouge du phare sur la jetée* SUD (MAUPASS., *Pierre et Jean*, IV) ; — *la portière* AVANT (= *de l'avant* ou *d'avant*), *la vitre* ARRIÈRE, etc. dans le vocabulaire de l'automobile ; — *une robe bon marché* (cf. § 997, *b*) ; etc.

Comme nous l'avons dit ci-dessus (*a*, Rem.), la relation impliquée dans ces constructions se rapproche de celle qu'indiquent l'épithète et l'apposition.

Nous nous arrêterons seulement à quelques cas particuliers.

1° Après **point de vue** « manière de voir, de juger », la juxtaposition est fréquente dans la langue parlée et elle n'est pas tellement rare dans la langue écrite. Mais à peu près aucun grammairien ne s'y résigne, et il vaut mieux l'éviter dans le style soigné :

> *L'inconvénient au point de vue scandale* (MÉRIMÉE, *Corresp.*, 6 sept. 1855). — *Au point de vue commerce et navigation* (A. DAUDET, *Port-Tar.*, I, 2). — *Du point de vue métier* (BREMOND, *Apologie pour Fénelon*, p. 342).
>
> Autres ex. : APOLLIN., *Chroniques d'art*, 10 mai 1914 ; *Lar. XXᵉ s.*, s.v. *vache* ; L. BERTRAND, *Lamartine*, p. 195 ; A. BRETON, *Point du jour*, Id., p. 15 ; Ch. DU BOS, *Journal 1921-1923*, p. 47 ; COCTEAU, *Rappel à l'ordre*, p. 102 ; G. GUILLAUME, dans le *Fr. mod.*, avril-juillet 1944, p. 211 ; Ch. BRUNEAU, *ib.*, avril 1947, p. 81 ; pasteur BOEGNER, *Pour mieux connaître Jésus*. D. 120 ; M. BRION, *Laurent le Magnifique*, p. 24 ; etc.

Ex. avec *de : Du point de vue* DE *l'économie pure* (A. CAMUS, *Peste*, p. 297). — *Au point de vue* DE *la grandeur* (BERGSON, *Essai sur les données immédiates de la conscience*, p. 2).

Point de vue suivi d'un adjectif est tout à fait régulier : *Au point de vue chrétien* (SAINTE-BEUVE, *Port-Royal*, t. I, p. 413). — *Au point de vue moral* (FROMENTIN, *Domin.*, VI). — *Au point de vue industriel* (HUGO, *Avant l'exil*, Nelson, p. 523).

Pris dans des sens assez proches de *point de vue*, des noms comme *aspect, côté, élément, facteur, question*, sont aussi construits directement, selon un usage qui appelle les mêmes réserves que pour *point de vue : Marie Stuart, moins occupée de la question église et plus occupée de la question femme, était peu respectueuse pour sa sœur Élisabeth* (HUGO, *Homme qui rit*, II, I, III, 2). — *Notre côté ténèbres est insondable* (*ib.*, II, I, 9). — *L'élément distraction me manque* (FLAUB., *Corresp.*, t. IV, p. 212). — *Puis aussi le côté affaires* (A. DAUDET, *Évangéliste*, p. 65). — *Nous ne voyons pas seulement la technique sous l'aspect « conquête »* (G. THIBON, *Retour au réel*, p. XVII). — *Du côté acteurs* (J. ROMAINS, dans les *Nouv. litt.*, 23 août 1951). — *La question chaussures parut impossible à résoudre* (VERCORS, *Animaux dénaturés*, p. 157). — *Il n'aurait pas tenu compte du facteur temps* (A. ARNOUX, *Bilan provisoire*, p. 202).

Facteur **Rhésus** (ou *rhésus*) fait partie de la terminologie scientifique. De là on a formé par ex. *groupe Rhésus, incompatibilité Rhésus* (*Grand Lar. enc.*), etc. Dans ces syntagmes, *Rhésus* entretient avec le support des rapports syntaxiques variés, mais de subordination. Tout cela s'intègre difficilement à une analyse grammaticale précise.

2° Les noms **fin, début** et **courant** sont souvent suivis directement du nom du mois ou de l'année, et non seulement dans la langue commerciale :

Vers la FIN *septembre* (ZOLA, *Madel. Férat*, I). — *De la fin d'août* [...] *à la* FIN *décembre* (A. BRETON, *Nadja*, p. 173). — *C'était la* FIN *février* (G. DUHAMEL, *Désert de Bièvres*, p. 97). — *Nous sommes à la* FIN *septembre 1787* (Ch. DU BOS, *Grandeur et misère de B. Constant*, p. 83). — *Vint un moment* [...], FIN *36,* DÉBUT *37,* [...] *où il se sentit excédé d'oisiveté et de philosophie* (J. DUTOURD, *Printemps de la vie*, p. 118). — *Elle partit pour Moulins* COURANT *novembre* (GUILLAUMIN, cit. *Grand Lar. langue*). — Voir d'autres ex. au § 304, *a*, 3° (où il s'agit de l'absence de préposition devant *fin*, etc.).

349   La construction du complément du nom. Observations diverses.

a) De introduit des compléments de sens très divers. On constate une certaine tendance à substituer à *de* des prépositions plus spécialisées. Comp. aussi § 347, *a*, Rem.

1° Le complément indiquant **la matière** s'introduit par *de*, selon la tradition classique, ou par *en*, emploi plus récent, d'abord contesté, mais pleinement passé dans l'usage :

Avec *de : Une cheminée* DE *marbre remplaça l'ancienne* (BALZAC, *Curé de Tours*, p. 7). [EN *marbre* dans les premières éd. ; mais Balzac n'a pas corrigé en p. 8, etc.] — *Gros sac* DE *cuir noir* (ZOLA, *Joie de vivre*, I). — *Banquettes* DE *velours vert* (GIDE, *Si le grain ne meurt*, I, 1). — *Rideau* DE *velours* (N. SARRAUTE, *Planétarium*, p. 7). — *Petite culotte* DE *nylon crème* (PIEYRE DE MANDIARGUES, *Motocyclette*, F°, p. 14). — *Canne à pommeau* D'*argent* (É. AJAR, *Angoisse du roi Salomon*, p. 10).

Avec *en : Vêtement* EN *linge ou* EN *laine* (AC., s.v. *chemise*). [Jusqu'en 1878 : *Vêtement* DE *linge*.] — *Un magnifique buste* EN *marbre du cardinal de Richelieu* (STENDHAL, *Rouge*, II, 15).

— *Armoire* EN *noyer* (HUGO, *Châtim.*, II, 3). — *Un méchant ameublement composé de rideaux* EN *calicot jaune, de fauteuils* EN *bois verni* (BALZAC, *Goriot*, p. 19). — *Plusieurs champs en culture, enclos, selon l'usage du pays, de murs* EN *pierres sèches* (MÉRIMÉE, *Colomba*, XVII). [*Murs* DE *pierres* dans les premières éd. ; l'auteur a peut-être voulu éviter l'accumulation des *de.*] — *Cheminée* EN *marbre de Coutances* (BARBEY D'AUR., *Cheval. des Touches*, I). — *Dalles* EN *marbre* (FLAUB., *Mme Bov.*, I, 8). — *Comète* EN *fer forgé* (A. FRANCE, *Livre de mon ami*, p. 163). — *Petite roue* EN *bois noirci* (ALAIN-FOURNIER, *Gr. Meaulnes*, I, 1). — *Rideau* EN *velours vert* (N. SARRAUTE, *Planétarium*, p. 8). Etc.

Cette liberté de choix est illustrée par des ex. comme les suivants : *Il était une fois un homme qui avait une cervelle* D'*or ; oui, madame, une cervelle toute* EN *or.* [...] *une cervelle* EN *or* (A. DAUDET, *Lettres de m. m.*, Légende de l'homme à la cervelle d'or). — *Ma ceinture* DE *daim blanc* [...] *et sa boucle* EN *or mat*, [...] *ma chemisette* EN *linon bleu lavé à gros plis* (WILLY et COLETTE, *Claud. en ménage*, p. 40). — *Un manteau* DE *daim noir, des gants, un sac* EN *crocodile noir* (CAYROL, *Froid du soleil*, p. 23).

De est seul utilisé dans certains syntagmes figés : *Chevaux de bois*, etc.

De est préféré dans les emplois figurés :

Mon âme DE *cristal* (HUGO, *F. d'aut.*, I). — *Elle eût attendri un cœur* DE *granit* (ID., *Misér.*, I, V, 13). — *Une santé* DE *fer. Des yeux* DE *velours. Une peau* DE *satin. Un visage* DE *marbre.*

Cependant on emploie *en or*, à propos d'êtres humains : *Un public* EN *or* (COLETTE, cit. *Grand Lar. langue*). — *Un type* EN *or* (SARTRE, *ib.*).

On dit aujourd'hui *Une montre* EN *or*, EN *argent*, plus souvent que D'*or*, D'*argent*, formules encore données comme normales par l'Acad. et courantes au XIXe s. :

Montre EN *or :* MAUROIS, *Cercle de famille*, p. 21 ; ARAGON, *Beaux quartiers*, L.P., p. 391 ; AYMÉ, *Passe-muraille*, L.P., p. 13 ; A. BILLY, *Approbaniste*, L.P., p. 38 ; etc. — *Montre* D'*or :* BALZAC, *Début dans la vie*, Pl., t. I, p. 633. — *Montre* D'*argent :* FLAUB., *Éd. sent.*, II, 6 ; B. CLAVEL, *Lumière du lac*, p. 188.

En l'emporte quand le lien avec le nom se distend, notamment avec les compléments détachés et avec les syntagmes attributs :

EN *laine ou* EN *daim, un manteau est toujours un achat coûteux.* — *Ses épaulettes d'officier étaient* EN *laine* (STENDHAL, *Chartr.*, I). — *Cette malle était* EN *cuir fauve* (HUGO, *Trav. de la mer*, I, I, 3). — *Mon encrier* [...] *est* EN *jade* (LOTI, *Mme Chrysanth.*, XXXVII).

Avec *de :* *Les coussins* [...] *sont tous* DE *brocart rude* (WILLY et COLETTE, *Claud. en ménage*, p. 196).

Hist. — *En* s'est d'abord employé avec des verbes : Littré, s.v. *en*, Rem. 1, cite Voltaire (*[...] fondit* EN *métal un alphabet mobile*) et Montaigne ([...] *veoir* EN *marbre leur morte contenance*). Puis *en* s'est étendu aux noms, et Littré s'y résignait déjà.

2° *Le train* (ou *la diligence*, ou *l'avion*, etc.) *de Paris* désigne aussi bien celui qui vient de Paris que celui qui se dirige vers Paris :

Le train DE *Calais, qui doit me ramener à Paris, ne passera que dans cinquante minutes* (COLETTE, *Vagabonde*, III, 3). — *Le train* DE *Paris vient d'arriver* (SARTRE, *Nausée*, M.L.F., p. 11).

Je les expédie [de Paris] *par la diligence* DE *Bayonne après-demain* (MÉRIMÉE, *Corresp.*, 2 avril 1841). — *À la gare de l'Est* [à Paris], *le train* DE *Strasbourg partait dans une vingtaine de minutes* (SIMENON, *Enquêtes du commissaire Maigret*, p. 265). — *Juliette est partie* [de

Paris] *par le train* DE *Charleville* (DHÔTEL, *Plateau de Mazagran*, Guilde du livre, p. 48). — *Courir à Dinan où il serait encore temps d'attraper le rapide* DE *Paris* (M. TOURNIER, *Météores*, p. 20).

Autres ex. dans le sens « venant de » : FLAUB., *Corresp.*, 17 juillet 1871 ; MAUPASS., *C.*, Mme *Parisse*, III ; ZOLA, *Bête hum.*, V ; GIDE, *Journal*, 26 sept. 1926 ; R. MARTIN DU GARD, *Thib.*, Pl., t. I, p. 944 ; H. BORDEAUX, *Honnête femme*, VIII ; etc. — Dans le sens « allant à » : Th. GAUTIER, *Voy. en Esp.*, p. 2 ; A. DAUDET, *Contes du l.*, Défense de Tarascon ; ZOLA, *Bête hum.*, XII ; MAUPASS., *Bel-Ami*, I, 8 ; BARRÈS, *Homme libre*, 1889, p. 274 ; PROUST, *Rech.*, t. II, p. 864 ; LARBAUD, *A.-O. Barnabooth*, Journal intime, Pl., p. 247 ; R. MARTIN DU GARD, *Thib.*, Pl., t. I, p. 1036 ; BERNANOS, *Sous le soleil de Satan*, Pl., p. 77 ; Fr. MAURIAC, *Adolescent d'autrefois*, p. 252 ; ARAGON, *Cloches de Bâle*, III, 13 ; etc.

Le contexte ou la situation permettent le plus souvent une interprétation exacte. — En utilisant la préposition *pour*, on indique de façon claire que le sens est « en direction de », mais cette construction reste assez peu fréquente : *Gide [...] errait dans la gare, ne sachant plus [...] l'heure du départ du train* POUR *Le Havre* (R. MARTIN DU GARD, *Notes sur Gide*, Pl., p. 1381). [Peut-être l'auteur a-t-il voulu éviter un troisième *du*.] — *Que cherchez-vous ? — Le train* POUR *Lyon* (CAYROL, *Froid du soleil*, p. 23).

Si l'on veut exprimer sans ambiguïté l'autre sens, on doit recourir à des formules plus longues : *Le train* VENANT DE..., EN PROVENANCE DE..., etc.

Hist. — L'ambiguïté est ancienne. Ex. où *de* concerne le sens « allant à » : ^+*Nous partîmes de Paris le 26 avril 1681, par le carrosse* DE *Bruxelles* (REGNARD, *Voy. de Flandre et de Holl.*, 1854, p. 9). — *Je vais mettre au coche* DE *Bar sur Aube le bijou de Ledoux* (VOLT., *Corresp.*, 4 déc. 1738).

3° On dit *Une maison d'enfants, un asile de vieillards, un hospice d'invalides, une chambre de bonne*, etc.

C'est peut-être sous l'influence du néerlandais *voor* que l'on a tendance en Belgique à remplacer *de* par *pour* : °*École* POUR *filles.* — °*Homes* POUR *enfants* (dans le *Soir*, Bruxelles, 21 févr. 1979, p. 1). — Mais *pour* s'introduit, en France même, si le syntagme complément ou le syntagme support contiennent un complément : *Je m'occupe d'un home* POUR *enfants de déportés* (S. de BEAUVOIR, *Mandarins*, p. 250). — *Une maison de retraite* POUR *personnes âgées* (M. VÉRON, trad. de : D. Lessing, *Mémoires d'une survivante*, p. 115).

4° Quoique la formule la plus courante, surtout à Paris, soit *femme de ménage*, on appelle aussi **femme de journée** (parfois écrit *journées*) la femme chargée de l'entretien d'une maison (parfois d'un bureau) ; au contraire d'une bonne ou servante, elle ne loge pas et elle n'est ordinairement pas payée au mois, mais à la journée ou, selon l'usage actuel, à l'heure.

Nous vivons dans une seule pièce, sans domestiques, nous n'avons plus que des femmes DE *journée pour les gros ouvrages* (Fr. MAURIAC, *Feu sur la terre*, p. 25). — *J'ai cru comprendre que le château m'approuvait de me passer de servante. On trouverait néanmoins préférable que je fisse la dépense d'une femme* DE *journée, [...] une ou deux fois par semaine* (BERNANOS, *Journal d'un curé de camp.*, p. 31). — *Elle aida d'abord la femme* DE *journée à mettre de l'ordre dans la maison* (Raym. VINCENT, *Campagne*, L.P., p. 343). — *Nous n'avons plus qu'une femme* DE *journée. Impossible de trouver une bonne dans la région* (H. BAZIN, *Mort du petit cheval*, p. 194).

Autres ex. : MAUPASS., *Vie*, XI ; PÉGUY, *Ève*, p. 37 ; R. ROLLAND, *Âme enchantée*, L.P., t. III, p. 8 ; GIDE, *Faux-monn.*, I, 18 ; CLAUDEL, *Cinq gr. odes*, I ; ESTAUNIÉ, *Vie secrète*, p. 5 ; MAUROIS, *Silences du colonel Bramble*, XIX *(journées)* ; G. BEAUMONT, *Enfant du lendemain*, p. 172 ; JOUHANDEAU, *Chaminadour*, p. 386 ; HÉRIAT, *Grilles d'or*, II ; J. MAROUZEAU, *Enfance*, p. 92 (pour le travail des champs).

[Voir déjà Mme de MAINTENON : *Prenés plus de femmes* DE *journée pour la lessive, plutost que d'oster les sœurs des classes* (*Corresp.*, 18 avril 1696).]

Autres formules. *Fille de journée :* MAUPASS., C., Hist. d'une fille de ferme. — *Homme de journée* (pour d'autres travaux que le ménage, naturellement) : COLETTE, *Maison de Claud.*, XXVII ; BOYLESVE, *Becquée*, p. 242 ; ARLAND, *Terre natale*, I ; BACHELARD, *Droit de rêver*, p. 220. — *Gens de journée :* Code civil, art. 1326 ; BARRÈS, *Colline insp.*, p. 91 ; A. de CHÂTEAUBRIANT, *Meute*, Préf.

Femme EN *journée*, venu de formules verbales comme *travailler en journée, aller en journée*, etc., est rare : *Je vous ai rencontré sur le boulevard près des femmes* EN *journée* (HUGO, *Misér.*, IV, XIV, 6). [Il s'agit de laveuses de linge.] — *Une gamine de mon âge, la fille de notre femme* EN *journée* (SIMENON, *Faubourg*, p. 53).

Couturière en journée est plus répandu (mais la réalité elle-même disparaît) : BALZAC, *Cous. Bette*, I, 1 ; BARBEY D'AUR., *Ensorcelée*, Pl., p. 653 ; COLETTE, *Maison de Claud.*, IV (*journées*) ; A. ROUSSEAUX, dans le *Figaro litt.*, 23 juillet 1949. — *Ouvrière en journée :* COLETTE, *Paris de ma fenêtre*, p. 40.

Un autre concurrent est À LA *journée*, dû aussi aux formules verbales : *Graslin avait une femme* À LA *journée, une vieille Auvergnate qui faisait la cuisine* (BALZAC, *Curé de vill.*, I). — Jouhandeau parle de *femme de ménage* À LA *journée* (*Chaminadour*, p. 438) et Hériat de *servante* À LA *journée* (*Famille Boussardel*, XI).

Autres expressions. *Couturière à la journée :* Fr. de MIOMANDRE, *Olympe et ses amis*, p. 87 ; GENEVOIX, dans *Livres de France*, févr. 1961, p. 7 ; J. GREEN, *Partir avant le jour*, p. 91. — *Ouvrière à la journée :* BARBEY D'AUR., *Ensorcelée*, Pl., p. 610 ; R. VAILLAND, *Drôle de jeu*, II, 1.

En Belgique, °*Femme* À *journée* (connu aussi dans le nord de la France) est fréquent [22], plus même que *femme de journée* en fr. commun. Il vient des formules verbales °*travailler à journée*, °*aller à journée*, elles-mêmes régionales.

Puis vint la femme À *journée, personne regardée de très haut par les domestiques, qui avait pour fonctions de récurer les marches du seuil et le segment de trottoir, de polir la sonnette, la poignée de la porte et le couvercle de la boîte aux lettres* [à Bruxelles] (YOURCENAR, *Souvenirs pieux*, p. 27). — *La jeune femme travaillait en qualité de femme* À *journées chez un médecin de Loverval* (dans le *Soir*, Bruxelles, 28 mars 1975, p. 4).

Formules verbales : *Personne pour nous aider. Personne pour venir* À *journée* (ARLAND, dans la *Table ronde*, avril 1952, p. 26). — *On allait* À *journée pour pouvoir manger* (ID., *Terre natale*, VII).

5° *Être* **ami** *(camarade, parent, cousin, etc.)* **avec** *qqn* est souvent considéré comme un régionalisme, que certains attribuent à l'influence du néerlandais (en Belgique) ou de l'allemand (en Suisse, etc.). Mais si la préposition *de* représente l'usage distingué, l'emploi d'*avec* se manifeste un peu partout dans le registre familier, les auteurs n'y recourant pas seulement quand ils font parler des personnages.

Le peintre [...] *était devenu quasi-camarade* AVEC *l'officier* (BALZAC, *Rabouill.*, II, 8). — *Comment donc est-il si ami* AVEC *Madeleine ?* (SAND, *Fr. le champi*, dans le *Journal des débats*, 23 janv. 1848.) — *Nous serons toujours bons amis* AVEC *monsieur Mouret* (ZOLA, *Au Bonheur*

---

22. Il est concurrencé en Belgique par °*Femme d'ouvrage*, qui passe pour un calque du néerl. *wⱸⱨkvrouw*. On trouve pourtant l'expression chez un auteur d'origine auvergnate : *La vaisselle attendait à la cuisine où la femme* D'OUVRAGE *ne la retrouverait que le lendemain* (J. MALÈGUE, *Augustin ou le maître est là*, t. II, p. 24).

des Dames, XIV). — *Il était depuis longtemps camarade* AVEC *un de mes anciens camarades* [*sic*] *de classe* (LÉAUTAUD, dans M. Dormoy, *Vie secrète de Léautaud*, p. 59). — *Moi* [...] *qui suis même un peu cousin* AVEC *M. Lavérac* (CHAMSON, *Héritages*, II, 2).

L'attribut nominal est souvent proche de l'adjectif (comp. § 963). C'est sans doute pour cette raison que P. GADENNE emploie *copain* comme attribut d'un nom féminin : *Elle est très* COPAIN AVEC *tous les conducteurs de camions* (*Hauts-quartiers*, p. 62).

Hist. — Littré, s.v. *ami*, cite VOLTAIRE : ⁺*Claveret*, AVEC *qui il était ami* [...], et ajoute : « On peut dire *avec*, qui ne choque en rien la grammaire. »

b) Les compléments des noms **désignant des récipients** sont introduits par *à* s'il s'agit de la destination et par *de* quand on envisage le contenu (c'est alors un pseudo-complément : § 342, *b*).

Dans une pièce de Labiche, Krampach entre *avec un pot* D'*eau*, puis *verse son pot* D'*eau sur la tête d'Ernest*, et, quand il repart, *il reprend son pot* À *eau* (*Le plus heureux des trois*, II, 14 et 15). — La langue courante oppose nettement *Un verre* À *vin* et *Un verre* DE *vin*, *Une tasse* À *thé* et *Une tasse* DE *thé* : *La femme de ménage a cassé un verre* À *vin. Il a bu coup sur coup trois verres* DE *vin*.

Il arrive que les deux prépositions soient présentes : *2 verres* À *liqueur* DE *rhum* (*Menus et recettes de Tante Léa*, 1966, p. 622).

La règle donnée ci-dessus doit être nuancée.

— S'il ne s'agit pas d'un pseudo-complément, on emploie *à*, que le récipient soit plein (comme dans les ex. suivants) ou non :

J'ouvris ma boîte À *poudre de riz où baignait la houppe légère* (MAUPASS., C., Sœurs Rondoli, II). — *Les boîtes* À *clous paternelles subirent un terrible assaut* (PERGAUD, *Guerre des boutons*, III, 1). [Les enfants prennent des clous.] — *Ils* [= des ouvriers] *soulèvent leur boîte* À *outils, passent la courroie à leur épaule* (N. SARRAUTE, *Planétarium*, p. 19). — *Il tient un carton* À *chapeau de femme* (LABICHE, *Chapeau de paille d'It.*, I, 2). — *Entre une demoiselle* [...] *qui porte de grands cartons* À *robes et* À *chapeaux* (E. ROSTAND, *Aiglon*, I, 9). — *Un homme passa, un étui* À *saxophone sous le bras* (R. SABATIER, *Allumettes suédoises*, p. 299). — *La serviette était restée pliée sur le pot* À *eau toujours plein* (MAUPASS., *l.c.*). — *L'hiver, pour se laver, il fallait briser la glace dans le pot* À *eau* (SARTRE, *Mots*, p. 24). — *Une blague* À *tabac. Un panier* À *papiers. Un seau* À *glace.*

Sac À *terre* « sac plein de terre » est traditionnel (depuis le XVIIᵉ s.) en matière de fortifications : *D'un seul coup, les sacs* À *terre qui aveuglaient l'embrasure s'éboulèrent, ouvrant une brèche qui balaya d'une blancheur sale, sinistre, toute la profondeur du béton* [dans un fortin, en 1940] (GRACQ, *Balcon en forêt*, p. 193).

— S'il s'agit d'un récipient que l'on jette normalement lorsqu'il est vide, c'est *de* que l'on emploie d'habitude ; mais *à* reste possible, surtout si l'on veut éviter une confusion avec le récipient plein.

Avec *de* : *Il ne s'y trouve que décombres, papiers graisseux, boîtes* DE *conserves vidées* (E. JALOUX, *Sous les oliviers de Bohême*, p. 111). — *Amoureux qui songez à vous asseoir côte à côte, à l'orée du boqueteau,* [...] *prenez garde aux boîtes* DE *sardines vides !* (G. DUHAMEL, dans le *Figaro litt.*, 8 sept. 1956.) — *Il* [= un coureur cycliste] *m'offrit une tasse de champagne, et, dans une boîte* DE *dissolution, des œufs à la neige* (MORAND, *Ouvert la nuit*, Fᵒ, p. 142). — *Pas grand-chose dans cette boîte* DE *biscuits. Un soldat de plomb* [...]. *Un trèfle à quatre feuilles collé au milieu d'une enveloppe blanche. Des photos* (P. MODIANO, *Rue des Boutiques Obscures*, p. 85). — *Elle déchirait minutieusement un vieux paquet* DE *cigarettes*

(ID., *Villa triste*, p. 97). — [...] *rigoles bouchées par des paquets vides* DE *Belga et* DE *Saint-Michel* [marques de cigarettes] (Al. Bosquet, *Enfant que tu étais*, p. 307).

Cela est particulièrement fréquent avec *boîte de conserve* (parfois écrit *conserves*) : [...] *une boîte* DE *conserve bossuée, qui servait à puiser l'eau* (G. DUHAMEL, *Tel qu'en lui-même...,* IV). — [...] *cherchent* [...] *la dernière boîte* DE *conserves vide ou le dernier réveil cassé* (MALRAUX, *Noyers de l'Altenburg*, p. 19). — [...] *une boîte* DE *conserve (ces boîtes en cylindre) pleine de sang* (MONTHERLANT, *Coups de soleil*, p. 126). — *Il suffisait que traînât une boîte* DE *conserve vide pour qu'après un premier coup de pied, une partie de football s'organisât* (R. SABATIER, *Allumettes suédoises*, p. 33).

On trouve même *de*, ce qui n'est sans doute pas à recommander, à propos d'un récipient qui a en quelque sorte une destination permanente mais qui est utilisé pour autre chose : *La Rouquine prit à son foyer un peu de cendres et quelques os rongés et les mit dans un vieux pot* DE *confitures* (A. FRANCE, *Île des pingouins*, IV, 1). — *Verre de vin rouge que lui verse Franch. Des pots* DE *confiture servent de récipients* (Cl. ETCHERELLI, *Arbre voyageur*, p. 187).

AVEC *à* : *Toujours penché sur le sol, grattant, fouillant, empaquetant dans des poches* À *fruits, boutons, anneaux, vieilles brosses à dents* [...], *verres* À *moutarde, seringues hypodermiques* [...], *chiffons, etc.* (CAYROL, *Hist. d'une prairie*, p. 172).

On appelle **verre d'eau** le service (carafe, verre, etc.) posé sur les tables de chevet : [...] *une dame* [...] *qui s'en vient chercher, sur un marché de banlieue, une paire de chandeliers Restauration ou un* VERRE D'EAU *Napoléon III* (COLETTE, *Heures longues*, p. 161) [1917]. — *Ses parents l'avaient entendu* [...] *se retourner dans son lit toute la nuit,* [...], *faire tinter, en se servant à boire, les pièces de son* VERRE D'EAU [en italiques] (HÉRIAT, *Famille Boussardel*, IX).

Remarque. — L'Acad. donne sans les distinguer *pot à eau* (qu'elle passait sous silence en 1878 et que Girault-Duvivier [Note 229] taxait de gasconisme) et *pot à l'eau ;* elle ne connaît que *pot au lait*. En réalité, *pot à l'eau* est à peu près sorti de l'usage en français commun ; si le souvenir de La Fontaine (*F.*, VII, 9) maintient en vie *pot au lait*, on dit ordinairement *pot à lait* (*pot au lait* n'étant même plus dans le *petit* Robert).

Pot à l'eau, pot au lait étaient courants au XIXe s. : *Un pot* À L'*eau égueulé masquait la moitié d'un mur* (HUGO, *Misér.*, III, VIII, 17).

Pot à eau : voir ci-dessus des ex. de LABICHE, MAUPASS., SARTRE. — En outre : ZOLA, *Assomm.*, I ; HUYSMANS, *Là-bas*, III ; SAINT EXUPÉRY, *Pilote de guerre*, p. 77 ; etc.

Pot à lait : Il y avait [pour le petit déjeuner] *la théière d'argent* [...] *que vous saviez à demi pleine de thé froid, avec le pot* À *lait de faïence outre-mer, le sucrier de verre, les deux grandes tasses fines* (BUTOR, *Modification*, 10/18, p. 134). — *Elle n'a rien oublié* [pour le petit déjeuner] : *les trois bols, le sucrier, la cafetière, le pot* À *lait, les cuillers, l'assiette de biscottes, la plaque de beurre et le pot de confitures* (C. PAYSAN, *Feux de la Chandeleur*, p. 33).

D'autres expressions sont maintenues dans des acceptions figurées : *L'assiette au beurre, la bouteille à l'encre, le pot au noir, le pot aux roses.*

Boîte aux lettres a désigné d'abord les boîtes installées par l'administration des postes pour recevoir le courrier qu'elle doit acheminer, puis les boîtes où les destinataires trouvent la correspondance qui leur est envoyée :

Je sortais pour mettre une lettre à la boîte. En fait, je n'avais que la rue à traverser, car la boîte AUX *lettres était fixée à la grille d'une villa qui faisait face à l'immeuble que nous habitions* (J. GREEN, *Journal*, 30 août 1933). — [...] *cette porte au milieu de laquelle une ligne de cuivre marquait l'ouverture d'une boîte* AUX *lettres, destinée à recevoir le courrier, sans que le facteur entrât* (BOURGET, *Eau profonde*, IV) [1902 ; le commentaire semble montrer que la chose était encore rare]. — *Déjanire était absente et il laissa un mot dans la boîte* AUX *lettres, pour demander à la jeune fille de lui téléphoner* (R. GRENIER, *Maison place des Fêtes,* p. 20).

Autres ex. de *boîte aux lettres,* dans le second sens : M. E. COINDREAU, trad. de : Faulkner, *Lumière d'août,* L.P., p. 112 ; TROYAT, *Case de l'oncle Sam,* III, 1 ; J. BOREL, *Retour,* p. 112 ; LE CLÉZIO, *Voyages de l'autre côté,* p. 89 ; M. SCHNEIDER, *Lumière du Nord,* p. 87 ; etc.

Boîte à lettres, que signalent peu de dictionnaires (le *Trésor* le mentionne uniquement à l'article *à,* p. 19, et comme néologisme), se répand, surtout dans le second sens.

Les boîtes à lettres (ou *aux lettres*) *sont destinées, dans les postes et dans les rues, à recevoir les lettres que l'on envoie ; dans les immeubles, elles reçoivent les lettres que l'on vous adresse (Dict. contemp.).* — *C'est là que l'on trouve* [...] *l'unique chose qui relie* [...] *la rue Berton à la vie parisienne : une boîte* à *lettres* (APOLLIN., *Flâneur des deux rives,* p. 18) [1918]. — *Une boîte* à *lettres avait été ménagée à l'intérieur pour ma commodité personnelle* (Fr. JAMMES, *Mémoires,* L'amour, les muses et la chasse, p. 123). — *J'ai mis mon nom sur une boîte* à *lettres, dans le couloir d'en bas* (R. GRENIER, *Maison place des Fêtes,* p. 116).

Autres ex., pour une boîte particulière : SIMENON, *Maigret à New-York,* p. 88 ; ARAGON, *Mise à mort,* p. 360 ; J. BOREL, *Adoration,* p. 125 ; J. PERRY, *Rue du Dragon,* p. 11 ; A. LANOUX, *Berger des abeilles,* p. 233 ; B. CLAVEL, *Espion aux yeux verts,* p. 165 ; etc.

En outre, *boîte à lettres* désignant une personne ou un endroit convenus pour la transmission de messages : *Chaque service disposait d'une « boîte* à *lettres », sympathisant de bonne volonté* [...] *chez lequel étaient levés régulièrement les messages déposés par les autres services* (R. VAILLAND, *Drôle de jeu,* V, 1) [1945]. — *Louise* [Colet] *servait de boîte* à *lettre* [sic] *pour Hugo exilé* (SARTRE, *Idiot de la famille,* t. III, p. 457). — *Son étude avait servi de boîte* à *lettres pour une bande de gens du monde qui se spécialisait dans le trafic des cigarettes* (CAYROL, *Homme dans le rétroviseur,* p. 42).

On dit aussi *boîte aux lettres* dans ce sens : *Sa librairie* [...] *fut un lieu de rendez-vous, une boîte* AUX *lettres de la clandestinité* (P. SEGHERS, *La Résistance et ses poètes,* p. 528).

c) On dit régulièrement *Une **confiture** de fraises, Une **compote** de pommes,* etc., parce que les fraises et les pommes sont les composantes essentielles. Cela s'oppose à *Une tarte aux fraises, du boudin aux pommes,* expressions dans lesquelles *à* marque l'accompagnement. — Certains fabricants de conserves distinguent les *quenelles de volaille* des *quenelles au brochet* (parce que la proportion de brochet est plus faible que celle de volaille), conformément à la réglementation officielle.

En Belgique et en Suisse, on emploie abusivement °*aux* dans les premières expressions : *J'ai 19 cuves en cuivre où bouillonnent les confitures* AUX *myrtilles,* AUX *airelles,* AUX *mûres* (dans *Femmes d'aujourd'hui,* 30 janv. 1979, p. 11).

Inversement, on dit en France *Une **tartine** de confiture(s)* alors qu'en Belgique on emploie souvent °*à la* dans cette circonstance : *Une pile de tartines* à LA *confiture* (J.-G. LINZE, *Au nord d'ailleurs,* p. 77).

350   **Nombre** du complément du nom : voir § 499, *a.*

SECTION 3. — LES ÉLÉMENTS SUBORDONNÉS AU PRONOM

351   Le pronom n'a pas besoin d'ordinaire d'un **déterminant** :

JE *suis malade.* TOUS *sont malades.*

Cependant, on peut observer les faits suivants.

1° L'article fait parfois partie intégrante du pronom (en supprimant l'article, le pronom perdrait sa nature de pronom, dans le franç. d'aujourd'hui).
— Les possessifs : *Le mien, le sien,* etc.
— Certains indéfinis : *L'autre. Les autres. Un autre. D'autres.* — *Un tel.* — *Le même.* — *D'aucuns.* — *L'un, les uns.*
— Le pronom relatif interrogatif *lequel,* où il y a même soudure des éléments.

Remarque. — Le caractère de pronom des syntagmes énumérés ci-dessus n'est pas indiscutable, au moins du point de vue historique. On a, en réalité, le phénomène décrit au § 217, *d :* un déterminant accompagnant un adjectif qui sert d'épithète à un nom implicite. *Autre* en particulier peut suivre ainsi d'autres déterminants que l'article : *Nul autre ne l'a dit. Tout autre que lui aurait cédé. Voyez cet autre ! Les trois autres sont partis. Quel autre l'aurait fait ?*

2° Certains pronoms ont une variante de même sens précédée d'un article ou de *tout :*

L'on : § 725, *f.* — °*Les ceux qui... :* § 672, *b,* Rem. — *Un chacun,* °*tout chacun, tout un chacun :* § 721, *a.* — °*Tout qui :* § 687, Rem. 1. °*Tout quiconque :* § 697, Rem. 2. — *De tout quoi :* § 691, *c.* — °*Un quiconque :* § 730, Rem. 2. °*Un quelqu'un :* § 728, Rem. 2.
L'emploi de *tout* avec un démonstratif appartient à la langue courante : TOUT *ceci n'est que comparaison* (PROUST, *Rech.,* t. III, p. 182). — TOUT *ce qui brille n'est pas or* (prov.). — TOUS CEUX QUI...
Les pronoms personnels disjoints pluriels peuvent être suivis de *tous, toutes* ou d'un numéral cardinal *(Vous deux).* Ceux-ci n'ont pas la place d'un déterminant ; faut-il les considérer comme des pronoms ?

3° Le pronom possessif peut être précédé de *tout* ou inclure un numéral cardinal entre ses deux éléments :

Avez-vous vos livres ? Jeanne a TOUS *les siens. — Les* DEUX *nôtres* [= des hirondelles] *vivaient perchées sur l'épaule, sur la tête* (COLETTE, *Maison de Claud.,* X).

352   Les pronoms peuvent être accompagnés d'**épithètes,** sous certaines conditions.

a) Épithètes suivant immédiatement le pronom.

1° *Autre, même, seul* comme épithètes.

— *Même* après un pronom personnel disjoint, après un pronom démonstratif : *Eux-MÊMES le reconnaissent.* — *Pour celles* MÊMES *qui oublieraient le devoir ou la religion, le simple bon sens peut suffire* [pour rester vertueuses] (FLAUB., *Éd. sent.,* II, 3). — Le déplacement de *même* modifierait le sens. — Pour le trait d'union, voir § 109, *b,* 1°.

— *Seul,* surtout après un pronom personnel disjoint, après un pronom démonstratif : *Toi* SEULE *peux répondre.* — *Cela* SEUL *lui importait que Paule ne rouvrît pas le débat* (Fr. MAURIAC, *Sagouin,* p. 37). — *Celui-là* SEUL *pouvait être propriétaire du sol, qui avait un culte domestique* (FUSTEL DE COULANGES, *Cité antique,* IV, 4). — *Seul* peut être déplacé et, par ex., être mis devant le pronom.

Le déplacement n'est pas possible dans cet ex., qui ne correspond pas à l'usage normal : *Les associations, au moyen desquelles* SEULES *les travailleurs peuvent obtenir le capital qui les affranchit, ne se formeront pas toutes ensemble* (LAMENNAIS, *Œuvres,* Éd. du Milieu du Monde, p. 577).

— *Autres* après *nous, vous : Nous* AUTRES *Français* (titre d'un livre de BERNANOS). — °*Eux autres* est sorti de l'usage régulier : § 712, *b,* 1°. — Dans ces ex., *autres* ne pourrait être déplacé.

— En outre, *semblables* après *autres :* [...] *des verbes* valoir, salir [...] *et autres* SEMBLABLES (FOUCHÉ, *Verbe fr.,* p. 58) ; — *propre* après le pronom possessif : *Préoccupé du bien public autant ou plus que du sien* PROPRE (GIDE, *Thésée,* p. 92).

— On trouve occasionnellement d'autres épithètes employées avec un pronom. Ce sont des manières d'écrire personnelles : *Cette durée collective qui englobe et dépasse les nôtres* INDIVIDUELLES (P. EMMANUEL, *L'arbre et le vent,* p. 197).

2° Selon un usage contesté, mais extrêmement fréquent, même dans la littérature (voir § 673, *b*), *celui, celle, ceux, celles* sont suivis d'un participe présent ou passé, ou bien d'un adjectif (à condition que le participe et l'adjectif aient leur propre complément) :

> *Les immeubles, même ceux* POSSÉDÉS PAR DES ÉTRANGERS, *sont régis par la loi française* (*Code civil,* art. 3).

3° La formule administrative *Je soussigné* (ou *Nous soussignés*) est un résidu d'un ancien usage : cf. § 642, Hist., 2.

b) L'épithète qui suit les pronoms *ceci, qui* et *quoi* (interrogatifs), *aucun, pas un, autre chose, quelque chose, grand-chose, quelqu'un, rien, personne,* y est jointe par la préposition *de :*

> *Ceci* D'*étonnant s'est alors produit...* — *Je vais vous dire ceci* DE *confidentiel...* — *Qui* DE *plus compétent pourriez-vous trouver ?* — *Sur qui* D'*autre jetteriez-vous les yeux ?* (CESBRON, *Il est minuit, D' Schweitzer,* II, 1.) — *Quoi* DE *nouveau allait apparaître dans leur vie ?* (BARRÈS, *Dérac.,* p. 197.) — [...] / *Beaux yeux de mon enfant, par où filtre et s'enfuit / Je ne sais quoi* DE *bon,* DE *doux comme la Nuit !* (BAUDEL., *Fl. du m.,* Yeux de Berthe.) — *Il faut faire une édition critique de ce roman, car aucune* (ou *pas une*) DE *sérieuse n'a paru jusqu'à présent.* — *Comment avais-je pu imaginer quelque chose* D'*autre ?* (MONTHERLANT, *Malatesta,* I, 7.) — *Quelqu'un* DE *grand va naître* (HUGO, *Ch. du crép.,* V, 1). — *Il me semblait que c'était quelqu'un* D'*autre* (PROUST, *Rech.,* t. III, p. 942). — *Aimerais-tu quelqu'un* D'*autre ?* (TROYAT, *Les semailles et les moissons,* p. 216.) — *Désespérant de rencontrer rien* D'*inconnu* (MÉRIMÉE,

Colomba, I). — *Ta parole est un chant où rien* D'*humain ne reste* (HUGO, *Hern.*, V, 3). — *Il disait : « Voilà, madame ; ne vous faut-il* rien D'autre [imprimé en italiques]*? »* (BALZAC, *Pierrette*, III.) — *Ils se regardèrent, n'ayant rien* D'*autre à se dire* (HERMANT, *Serge*, VI). — *Est-ce que le Savant fait rien* D'*autre ?* (GIDE, *Retour de l'enf. prod.*, p. 23.) — *Personne* DE *compétent ne s'est présenté.* — *Je n'ose m'adresser à personne* D'*autre* (BARRÈS, *Au service de l'Allem.*, p. 40). — *Personne* D'*autre que Frantz n'avait vu la jeune fille* (ALAIN-FOURNIER, *Gr. Meaulnes*, I, 14).

Autres ex. de *rien d'autre :* TAINE, *Vie et opinions de Fr.-Th. Graindorge*, p. 89 ; BARRÈS, *Au service de l'Allem.*, Avant-pr. ; LOTI, *Mort de Philae*, p. 4 ; R. MARTIN DU GARD, *Thib.*, Pl., t. II, p. 674 ; A. CAMUS, *Peste*, p. 106 ; PAGNOL, *Gloire de mon père*, p. 120 ; etc.

On trouve encore, dans la langue littéraire, quelques traces de la construction directe :

Ambition, appétit, tous ces mots signifient QUELQU'UN *sacrifié à* QUELQU'UN *satisfait* (HUGO, *Homme qui rit*, II, I, 9). — *Comme* QUELQU'UN *absorbé par une passion profonde* (Th. GAUTIER, *Capit. Fracasse*, V). — *Mais si* [...] QUELQU'UN *malavisé cherchait dans ces compositions* [...] *l'occasion de satisfaire une malsaine curiosité* (BAUDEL., *Curiosités esthétiques*, XVI, 12). — *J'étais donc* QUELQU'UN *semblable aux autres* (H. de RÉGNIER, cit. Sandfeld, t. I, p. 342). — *Mais il n'est* RIEN *tel que ces doux et ces humbles* (SAINTE-BEUVE, *Port-Royal*, IV, 7). — *Il n'y a* PERSONNE *si peu instruit des affaires qui ne sache...* (AC.).

La construction directe reste attestée surtout dans ***personne autre, quelqu'un autre, rien autre*** (certains grammairiens du XXe s. allant jusqu'à taxer le *de* d'incorrection dans ce cas), et non « exclusivement chez les écrivains portés sur les archaïsmes syntaxiques » (Dupré, p. 2295) :

Une grande volière pleine des espèces chanteuses de nos bois, que PERSONNE AUTRE *que lui ne soignait* (ZOLA, *Terre*, I, 3). — *N'y avait-il à la ferme* PERSONNE AUTRE *pour me rendre ce service ?* (CLAUDEL, *Ann. faite à M.*, Prol.) — *Je ne fréquente* PERSONNE AUTRE (M. NOËL, *Notes intimes*, p. 338). — *Une fois parti dans les talus salut pour le* [= un chat] *rattraper, sauf Lili...* PERSONNE AUTRE (CÉLINE, *Rigodon*, p. 81). — *Quand un Provençal se raille, il n'est jamais long à railler* QUELQU'UN AUTRE (P. ARÈNE, *Chèvre d'or*, IV). — *Tu aurais épousé* QUELQU'UN AUTRE (E. JALOUX, *Branche morte*, p. 71). — *Et si c'était* QUELQU'UN AUTRE ? (BREMOND, *Apologie pour Fénelon*, p. 264.) — *À l'intérieur,* RIEN AUTRE *que les œufs* (J.-H. FABRE, *Scènes de la vie des insectes*, p. 169). — *La lecture ne lui suggérait* RIEN AUTRE (AYMÉ, *Aller retour*, p. 27). — *Il n'a trouvé* RIEN AUTRE (MALRAUX, *Conquérants*, p. 232). — *La Maison n'entendait* RIEN AUTRE (M. NOËL, *Petit-jour*, p. 23). — *Ce que raconte* Arturo Ui, *ce n'est* RIEN AUTRE *que l'ascension vers le pouvoir d'Adolf Hitler* (J. LEMARCHAND, dans le *Figaro litt.*, 26 nov. 1960). — *Une pièce idéologique n'est* RIEN AUTRE *que la vulgarisation d'une idéologie* (IONESCO, *Notes et contre-notes*, cit. Togeby, § 106, 5).

Autres ex. de *personne autre :* STENDHAL, *Chron. ital.*, Le coffre et le revenant ; SAND, *Mauprat*, XXVIII ; SAINTE-BEUVE, *Corresp.*, 5 déc. 1837 ; MAUPASS., *C.*, Fermier ; H. BECQUE, *Michel Pauper*, II, 2 ; R. ROLLAND, *Jean-Chr.*, t. III, p. 213 ; MAETERLINCK, *Morceaux choisis*, p. 149 ; FARRÈRE, *Civilisés*, XIV ; É. HENRIOT, *Temps innocents*, p. 137. — De *rien autre :* STENDHAL, *Corresp.*, t. III, p. 188 ; ZOLA, *Au Bonheur des Dames*, I ; A. DAUDET, *Immortel*, XV ; BARRÈS, *Homme libre*, p. 219 ; PROUST, *Rech.*, t. I, p. 209 ; GIDE, *Journal*, t. I, pp. 720-721 ; CLAUDEL, *Tête d'or*, 1re version, p. 132 ; ESTAUNIÉ, *Tels qu'ils furent*, p. 77 ; R. MARTIN DU GARD, *Thib.*, Pl., t. II, p. 557 ; LA VARENDE, *Souverain seigneur*, p. 161 ; etc.

Hist. — La construction directe a été normale jadis, jusqu'à la période classique :

Dessous ce grand Tout RIEN *ferme ne se fonde* (DU BELLAY, *Regrets*, CXI). — ⁺*Réglez si bien ce violent courroux, / Qu'il n'en échappe* RIEN *trop indigne de vous* (CORN., cit. Littré). —

⁺*Il n'y a* PERSONNE *raisonnable qui puisse parler de la sorte* (PASCAL, *Pensées*, 335, Pl.). [Mais *personne* est peut-être encore un nom : cf. § 726, Hist.] — *Son avanture est cruelle. / Je crains fort, pour mon fait,* QUELQUE CHOSE *approchant* (MOL., *Amphitr.*, II, 3). — ⁺*S'il y a* QUELQU'UN *si rebelle, si opiniâtre, qu'il n'ait pas encore accepté cette paix si avantageuse* [...] (BOSS., *Œuvres orat.*, t. III, p. 430). — *Je subtiliserois* [...] / [...] / JE NE SÇAIS QUOY *plus vif et plus mobile encor / Que le feu* (LA F., *F.*, IX, Discours).

Rien tel était particulièrement fréquent, quoique Vaugelas (p. 323) le réservât plutôt pour l'oral.

Remarques. — 1. L'épithète peut être séparée de certains de ces pronoms :

Qui trouver DE PLUS HUMBLE *que lui et* DE PLUS PAUVRE ? (A. LICHTENBERGER, cit. Sandfeld, t. I, p. 307.) — *Rien ne peut arriver* DE PIRE *que cette indifférence* (Fr. MAURIAC, *Thér. Desqueyroux*, IX). — Voir d'autres ex. au § 289, *d.*

Pour *que* (ou *qu'est-ce que, qu'est-ce qui*) interrogatif, c'est même la condition pour qu'il reçoive une épithète : *Qu'ai-je eu* DE MEILLEUR *en ce monde ?* (MICHELET, *Insecte*, Introd., I.) — *Que fais-je* D'AUTRE ? (COLETTE, *Paris de ma fenêtre*, p. 237.) — *Qu'avaient ces déjeuners* DE SI CHARMANT ? (GIDE, *Si le grain ne meurt*, I, 1.) — *Qu'entreprends-je* D'AUTRE ? (MALRAUX, *Antimémoires*, p. 18.) — *Qu'est-ce que vous avez vu* DE BEAU ?

°*Que d'autre* n'appartient pas à l'usage normal : QUE D'AUTRE *à faire lui reste-t-il ?* (PIEYRE DE MANDIARGUES, *Marge*, p. 72.)

2. *Rien autre chose* (croisement entre *rien autre* et *autre chose*), assez fréquent dans la langue écrite au XIX⁰ s. et jusqu'au début du XX⁰ s., y est devenu beaucoup plus rare. Peu de dictionnaires le signalent, quoiqu'il existe en France dans la langue parlée.

Vous n'avez RIEN AUTRE CHOSE *à me proposer ?* (HUGO, *M. Tudor*, I, 6.) — *N'avoir qu'à, n'avoir* RIEN AUTRE CHOSE *à faire que de* (LITTRÉ, s.v. *avoir*, 6°). — *Il n'y eut* RIEN AUTRE CHOSE *entre elles* (ZOLA, *Terre*, IV, 5). — *L'unanimité des sources* [...] *ne prouve* RIEN AUTRE CHOSE *qu'une communauté d'origine* (L. THUASNE, dans Villon, *Œuvres*, éd. Thuasne, cit. Togeby, § 106, 5). — *Les Italiens n'étaient, à ses yeux,* RIEN AUTRE CHOSE *que des faux frères* (AYMÉ, *Rue sans nom*, p. 104). — *Qui s'aveugle volontairement sur le prochain* [...] *ne fait souvent* RIEN AUTRE CHOSE *que de briser le miroir afin de ne pas se voir dedans* (BERNANOS, *Dialogues des carmélites*, II, 1). — *Le temps est un ordre et n'est* RIEN AUTRE CHOSE (BACHELARD, *Droit de rêver*, p. 226).

Autres ex. : STENDHAL, *Rouge*, I, 11 ; BALZAC, *Curé de Tours*, p. 5 ; MUSSET, *Prem. poés.*, Mardoche, LV ; MÉRIMÉE, *Colomba*, XI ; GAUTIER, *Militona*, VI ; MICHELET, *Hist. de la Révol. fr.*, X, 1 ; FLAUB., *Mᵐᵉ Bov.*, II, 3 ; MAUPASS., *Au soleil*, p. 189 ; A. FRANCE, *Rôtisserie de la reine Pédauque*, XIX ; R. BAZIN, *Terre d'Espagne*, p. 291 ; HERMANT, *Confession d'un enfant d'hier*, V ; COLETTE, *Envers du music-hall*, Sel., p. 13 ; LOTI, *Roman d'un enf.*, XX ; etc.

Variante très rare : [...] *la femme qui n'a* RIEN D'AUTRE CHOSE *à reprocher à l'homme que d'exister* (THIBAUDET, *G. Flaubert*, p. 108).

Un autre croisement a donné *Qu'est-ce autre chose que... ?* qui est archaïque (cf. Hist.) : QU'*est-ce* AUTRE CHOSE *qu'un commencement de mythe quand nous disons* [...] *que* clou *prend un* s *au pluriel ?* (BRÉAL, *Essai de sémantique*, p. 3.) — Un autre croisement encore a donné °*rien grand-chose* dans le Hainaut : *Plus* RIEN GRAND-CHOSE *ne le retenait* (M. MOREAU, *Quintes*, p. 206). — *Et si l'on s'amuse à faire sa propre radiographie / on ne trouve* RIEN GRAND-CHOSE *de fabuleux ni / d'étonnant au fond de soi* (J. BEAUCARNE, *Écrit pour vous*, p. 73).

Hist. — *Rien autre chose* date du XV⁰ s. Pour Vaugelas (p. 321), il est « emphatique en certains endroits, mais pour l'ordinaire il est bas ». Les autres grammairiens du temps sont souvent plus sévères encore. Les ex. ne semblent pas abonder. MOLIÈRE le met dans la bouche d'une de ses précieuses ridicules (*Préc.*, IX). Mais, chez VOLTAIRE, le contexte est tout à fait sérieux : *Quelle est donc la cause des couleurs dans la nature ?* RIEN AUTRE CHOSE *que la disposition des corps à réfléchir les raïons d'un certain ordre* (*Lettres phil.*, XVI). — Autre ex. : SADE, *Infortunes de la vertu*, p. 122.

Avec *que* interrogatif : QUE *dis-je* AUTRE CHOSE ? (BOIL., *Sat.*, IX.) — Qu'*est-ce* AUTRE CHOSE *qu'un pinson ?* (DIDEROT, *Rêve de d'Alembert*, p. 24.)

3. Les adverbes *plus, moins, bien, mieux, trop* sont joints aussi par *de* au pronom dans l'usage ordinaire :

Il attendait quelque chose DE *mieux* (ou : ... DE *plus*). — *Rien* DE *bien ne sortira de là.* — *Que savez-vous* DE *plus ?*

On trouve des ex. où l'adverbe est construit directement, soit par archaïsme, soit en rapport avec des usages régionaux (Midi) : « *Et si elle me hait,* QUOI PLUS ? » *se dit-elle avec révolte. Est-ce qu'on ne pouvait pas contempler la haine de Xavière en face* [...]? (S. de BEAUVOIR, *Invitée*, L.P., p. 302.) — *J'entendais « Et quoi encore ! »*, *j'étais visité par la tournure dialectale de Françoise : « Et* QUOI PLUS ? » *exacte traduction de* et quid plura, *et que Bossuet et Rabelais ont employée* (J. LAURENT, *Bêtises*, p. 211) [région de Gap]. — *La route de Tuduc n'est* RIEN MIEUX *qu'un agréable chemin qui serpente parmi les rizières* (FARRÈRE, *Civilisés*, XII). — *Je n'eη sais* RIEN PLUS *que vous* (MUSSET, *Prem. poés.*, Portia, I).

Rien davantage pour *rien de plus* appartient au franç. littéraire : *Je ne veux* RIEN DAVANTAGE (A. LICHTENBERGER, *Portraits de jeunes filles*, p. 205). — *La langue française est une œuvre d'art, et la civilisation des machines n'a besoin* [...] *que d'un outil,* RIEN DAVANTAGE (BERNANOS, *La France contre les robots*, p. 178). — *Tharaud, qui, dit Péguy, n'y avait rien compris, se retranchait derrière l'appréciation de sa mère, qui n'y comprenait* RIEN DAVANTAGE (R. ROLLAND, *Péguy*, t. I, p. 201). — Ex. de Gide et de Proust dans le *Trésor,* s.v. *davantage.* Ce dict. cite aussi : QUE *veux-tu faire de moi* DAVANTAGE ? (CLAUDEL, *Ann. faite à M.*)

Hist. — Ex. ancien de *rien plus : Advint qu'il perdit sa coingnée.* [...] *En cestuy estrif* [= malheur] *commença* [...] *invoquer Juppiter* [...] : « *Ma coingnée, ma coingnée ;* RIEN PLUS, *ô Juppiter, que ma coingnée ou deniers pour en achapter une aultre !* [...] » (RAB., IV, Prol.). — Ex. de *rien davantage :* +*Trois oboles, et* RIEN DAVANTAGE (LA BR., *Car. de Théophr.*, XXVIII). — *Je lui demandai s'ils ne lui avoient* RIEN *dit* DAVANTAGE (abbé PRÉVOST, *M. Lescaut*, p. 130). [Texte de 1731 ; *de plus* en 1753.]

On disait jadis *si ... que rien plus* « aussi ... qu'il est possible » : *Il plaida si confusément que* RIEN PLUS (TABOUROT, cit. Huguet). — Cette expression est reprise par POURRAT : [...] *une corbeille de fleurs et de mousse si jolie que* RIEN PLUS (*Gaspard des Montagnes*, t. I, 1931, p. 181).

4. Littré (s.v. *rien*, Rem. 6), l'Acad. (en 1935) et divers grammairiens s'efforcent d'établir ou de maintenir une distinction subtile entre **rien moins que** et *rien de moins que : Il n'est rien moins qu'un héros* = il n'est aucune chose moins qu'un héros ; ce qu'il est le moins, c'est un héros ; il est tout plus qu'un héros ; il n'est nullement un héros ; — *Il n'est rien de moins qu'un héros* = il n'est aucune chose de moins qu'un héros ; il n'est pas moins qu'un héros ; il est bel et bien un héros.

Rien moins que « nullement » : *Molière n'est* RIEN MOINS *qu'un peintre de portraits, c'est un peintre de tableaux* (SAINTE-BEUVE, *Port-Royal*, III, 16). — *Les bancs du local n'étaient* RIEN MOINS *que commodes* (NERVAL, *Filles du feu*, Jemmy, I). — *Son jugement* [...] *m'a paru plus intelligent que ceux que j'ai coutume d'entendre, encore que son point de vue ne soit* RIEN

MOINS *que littéraire* (GIDE, *Faux-monn.*, II, 2). — *Cette conversation n'était* RIEN MOINS *qu'intellectuelle* (Chr. ROCHEFORT, *Repos du guerrier*, II, 3). — *Les groupes industriels qu'il voulait nationaliser ne constituaient* RIEN MOINS *que des monopoles ;* [...] *ils sont engagés dans une dure compétition pour survivre* (Raym. ARON, dans l'*Express*, 22 oct. 1982).

Rien de moins « bel et bien » : *Ces premières escarmouches n'annonçaient* RIEN DE MOINS QU'*une orientation nouvelle* (BREMOND, *Pour le Romantisme*, p. 106). — *Il ne s'agit de* RIEN DE MOINS *que de changer une égalité en inégalité* (VALÉRY, *Regards sur le monde actuel*, p. 54). — *Ce fut un éblouissement ! il ne s'agissait de* RIEN DE MOINS *que du plus beau musée de Paris* (CLAUDEL, *L'œil écoute*, p. 198). — *Au fond il n'y a qu'un caillou gris, qui pourrait bien n'être* RIEN DE MOINS *que la pierre philosophale* (ROCHEFORT, *l.c.*). — *La notion qu'il pourrait avoir de ladite lettre, ne mettrait en jeu* RIEN DE MOINS *pour la dame que son honneur et sa sécurité* (J. LACAN, *Écrits I*, p. 21).

« Tous les écrivains soigneux d'aujourd'hui font la distinction », décrète Abel Hermant (*Chron. de Lancelot*, t. I, p. 561). Il faudrait exclure des écrivains soigneux Hermant lui-même et bien d'autres, notamment Littré, qui, lui aussi, contredit la règle qu'il prône.

Rien moins que « bel et bien » : *Il n'a fallu* RIEN MOINS *que l'expédition des croisés* [...] *pour que le nom d'une localité étrangère s'introduisît dans notre langue* (LITTRÉ, Préf., p. XXXIV). — *Il exigeait que les gens qui lui parlaient sur le ton de la familiarité ne l'appelassent* RIEN MOINS *que Jean-François-Loup* (HERMANT, *Grands bourgeois*, XII). — *À moi qui n'attendais d'eux* RIEN MOINS *que la révélation de la vérité* (PROUST, *Du côté de chez Swann*, t. I, p. 134). [L'éditeur de la Pl. s'est cru autorisé à corriger : *Rech.*, t. I, pp. 91 et 960.] — *Sous le rapport de la syntaxe, la transformation est incalculable : elle ne va à* RIEN MOINS *qu'à effacer les limites de la phrase* (Ch. BALLY, *Traité de stylist. fr.*, § 285).

Autres ex. (outre ceux qui sont cités plus bas) : CHAT., *Mém.*, III, I, I, 16 ; MUSSET, *Contes*, Lettres de Dupuis et Cotonet, III ; MÉRIMÉE, *Cosaques d'autref.*, p. 96 ; MICHELET, *Insecte*, III ; A. DAUDET, *Port-Tarascon*, I, 3 ; BRUNETIÈRE, *Évol. des genres*, t. I, p. 70 ; BARRÈS, *Dérac.*, p. 464 ; PÉGUY, *Souvenirs*, p. 39 ; BLOY, *Sang du pauvre*, p. 68 ; LÉAUTAUD, *Petit ami*, IV ; R. MARTIN DU GARD, *Thib.*, VII, 3, p. 125 (*rien de moins :* Pl., t. II, p. 547) ; GIRAUDOUX, *Littérature*, p. 104 ; AYMÉ, *Uranus*, V ; GIONO, *Moulin de Pologne*, pp. 31-32 ; LA VARENDE, *Roi d'Écosse*, p. 223 ; L. HALPHEN, *Charlemagne et l'empire carol.*, p. 398 ; SARTRE, *Carnets de la drôle de guerre*, p. 327 ; etc.

En revanche, *rien de moins que* « nullement » est rarissime : *Cette sorte de mensonge en acte qui fait croire à tant de gens, et parfois à des chrétiens eux-mêmes, que le christianisme a partie liée avec des comportements sociaux qui ne sont* RIEN DE MOINS *que chrétiens* (J. MARITAIN, *Questions de conscience*, p. 175).

L'Acad. n'a adopté la règle qu'en 1935. Jusqu'en 1878, elle reconnaissait que *rien moins que* avait « le sens positif ou négatif, selon la circonstance ». En effet, plus d'un auteur emploie la locution dans les deux sens, parfois dans le même livre :

Ceci ne tend à RIEN MOINS *qu'à me faire mourir de faim une grande heure de plus* (STENDHAL, *Chart.*, XII). — *Monsignor Catanzara n'était* RIEN MOINS *qu'un homme léger, et n'admettait dans sa maison que des gens de lui bien connus* (ID., *Chron. ital.*, Vanina Vanini). — *Sigognac, furieux, ne parlait de* RIEN MOINS *que de saccager la maison du duc de Vallombreuse* (Th. GAUTIER, *Capit. Fracasse*, X). — *C'est au contraire un logis fort joyeux, car le marquis n'est* RIEN MOINS *que féroce* (*ib.*, VIII). — *Il ne fallut* RIEN MOINS *que la sauvegarde de Biassou pour empêcher que ce bruit sinistre ne sonnât ma dernière heure* (HUGO, *Bug-Jargal*, XXVIII). — *Je suis un homme très pauvre et* RIEN MOINS *qu'un millionnaire* (ID.,

Misér., III, VIII, 20). — *Tu ne parles de* RIEN MOINS *que de mourir avant moi* (COLETTE, *Maison de Claud.*, XXIV). — *Mademoiselle Sergent, elle, ne paraît* RIEN MOINS *que bonne, et j'augure mal de cette rousse* (WILLY et COLETTE, *Claud. à l'école*, p. 12). — RIEN MOINS *que l'univers est mis en cause* (MONTHERLANT, *Pitié pour les femmes*, L.P., p. 191). — *Laide,* RIEN MOINS *que désirable, mais intelligente, cultivée, méritante* (ID., *Jeunes filles*, p. 30). — *Quels sont donc ces instincts qui, loin de servir l'espèce, ne vont à* RIEN MOINS *qu'à l'anéantir ?* (BERNANOS, *Crépuscule des vieux*, p. 43.) — *Ils auraient peut-être fait tout sauter, c'est entendu, mais ils n'étaient* RIEN MOINS *qu'anarchistes* (ID., *La France contre les robots*, p. 113). — [...] *la psychanalyse, méthode que j'estime et dont je pense qu'elle ne vise à* RIEN MOINS *qu'à expulser l'homme de lui-même* (A. BRETON, *Nadja*, p. 25). — *Peut-être n'a-t-elle* RIEN MOINS *voulu faire que l'apologie du travail* (*ib.*, p. 79). [Le narrateur avait d'abord cru que Nadja faisait l'apologie du travail : cf. p. 77.] — *Il ne s'agit de* RIEN MOINS *que de savoir si je suis partisan de la publication posthume de ma correspondance littéraire et privée* (BILLY, dans le *Figaro litt.*, 6 mars 1948). — *L'idée ne me serait pas venue d'identifier saint Ignace à Don Quichotte, car l'esprit jésuite est* RIEN MOINS *que donquichottesque* (ID., *ib.*, 24 juillet 1967). — *Il n'a fallu* RIEN MOINS *que la mort pour que le roi de Thulé laissât rouler sa coupe à la mer* (DE GAULLE, *Discours et messages*, t. I, p. 317). — *Il* [= Roosevelt] *est* RIEN MOINS *que sûr de la rénovation de notre régime* (ID., *Mém. de guerre*, t. II, p. 293).

D'une façon générale, les ex. de *rien moins que* « bel et bien » sont, dans la littérature, nettement plus nombreux que les ex. de *rien moins que* « nullement » et que ceux de *rien de moins que* « bel et bien ». Le plus sage n'est-il pas de suivre l'avis de l'Acad. en 1878, celui de Brunot, de Damourette-Pichon, de Dauzat, de Hanse, c'est-à-dire d'éviter une locution aussi ambiguë ?

L'équivoque disparaît si l'on recourt, pour le sens « bel et bien », à *rien de moindre que* (à vrai dire, fort vieilli) ou à *pas moins que :*

Je n'ai prétendu à RIEN DE MOINDRE QU'*à donner une monographie de chaque mot* (LITTRÉ, *Préf.*, p. XXXVIII). — *Il ne fallait* RIEN DE MOINDRE QU'*un homme du nouveau monde* (HERMANT, *Aube ardente*, VIII).

Ce pays d'ennui et de brouillard où il ne faut PAS MOINS QUE *toutes les agitations de la vie sociale et les plus violents exercices pour faire oublier la monotonie d'un sol sans accident* (MICHE-LET, *Jeanne d'Arc*, p. 55). — *Il ne faut* PAS MOINS QU'*un miracle pour le convaincre de la science des augures* (FUSTEL DE COULANGES, *Cité antique*, IV, 3). — *À ses yeux* [= de F. Coppée], *Huysmans et lui-même ne réalisent* PAS MOINS QU'*une « Renaissance chrétienne » !* (BLOY, *Mon journal*, t. I, p. 104.) — *Voilà un raisonnement qui ne vous a l'air de rien et qui pourtant ne représente* PAS MOINS QU'*une révolution dans les manières de penser du monde des lettrés* (BAINVILLE, *Chroniques*, p. 214). — *Tout ce pour quoi il affrontait un voyage hasardeux* [...], *ce n'était* PAS MOINS QUE *le Pont des Arts !* (VERCORS, *Marche à l'étoile*, p. 25.) — *Cela même il ne faut* PAS MOINS QUE *les plus subtils discours pour nous conduire à le penser* (ALAIN, *Entretiens au bord de la mer*, p. 63). — *On trouve aussi pas moins de : Il ne faudrait* PAS MOINS D'*un dieu, en effet, pour donner une réalité à des apparences* (BERNANOS, *Enfants humiliés*, p. 123).

Rien de moins que sans ne : voir § 982, *b*. — À noter aussi que, si le verbe est à un temps composé, l'intercalation du participe passé n'est possible qu'avec *rien de moins que : Il n'avait rien* FALLU *de moins que la ruine du pays* (J. ROSTAND, *Disc. de récept. à l'Ac. fr.*). — *On n'a rien* EXIGÉ *de moins qu'une capitulation.*

Hist. — Les deux sens de *rien moins que* remontent au XVIᵉ s. : *Tel est vestu d'habit monachal, qui au dedans n'est* RIEN MOINS *que moyne* (RAB., *Garg.*, Prol.). — *Il se trouva si surpris et esperdu, qu'il n'attendoit* RIEN MOINS *sinon qu'on le vinst assieger* (*Satire Ménippée*, cit. Littré, s.v. *rien*, Hist.). — Autres ex. de *rien moins que* « bel et bien » :

⁺*Ces riches vêtements dont le baptême les a revêtus ; vêtements qui ne sont* RIEN MOINS *que Jésus-Christ même* (BOSS., cit. Littré). — ⁺*Il ne s'agissait donc de* RIEN MOINS *que de lui assurer l'évêché de Strasbourg* (SAINT-SIMON, *Mém.*, Pl., t. I, p. 723). — ⁺*Ce projet n'allait à* RIEN MOINS *qu'à éteindre le genre dramatique* (DIDEROT, *Parad. sur le coméd.*, Pl., p. 1071). — *L'entreprise* [...] *n'étoit pas légère : il ne s'agissoit de* RIEN MOINS *que de lire* [...] *vingt trois volumes diffus* (J.-J. ROUSS., *Conf.*, Pl., p. 408).

c) L'épithète détachée s'emploie plus librement :

Comment se fait-il que lui, ÉPRIS DE MOI, *ne se trouble point de me si peu connaître ?* (COLETTE, *Vagabonde*, II, 1.) — *Votre exemple et celui,* SI GÉNÉREUX, *qu'a donné votre lettre* (LITTRÉ, s.v. *celui*, Rem. 2). [Cas à distinguer de celui que nous signalons plus haut, *a*, 2°.] — *Frédéric eut soin de se mettre entre Dussardier et Regimbart, qui,* À PEINE ASSIS, *posa ses deux mains sur sa canne* [...] *et ferma les paupières* (FLAUB., *Éd. sent.*, III, 1). — *Chacun s'en retourna* SATISFAIT. — Pour les détails, voir §§ 326-328.

Les épithètes se rapportant aux pronoms personnels conjoints ne peuvent les suivre immédiatement : *Il marchait,* SEUL, RÊVEUR, CAPTIF DES VAGUES SOMBRES (HUGO, *Châtim.*, V, XIII, 3). — PLUS VIEILLE, *sans doute, elle aurait de la barbe au menton* (PIEYRE DE MANDIARGUES, *Motocyclette*, F°, p. 77). — *Cette alternative les indigna,* PERSUADÉS QU'ON VOULAIT DÉTRUIRE LA RÉPUBLIQUE (FLAUB., *Éd. sent.*, III, 1).

353   **Autres éléments subordonnés au pronom.**

N.B. — Lorsque le support est un pronom personnel conjoint, les contraintes sont les mêmes que pour les épithètes : cf. § 352, *c.*

a) Appositions (comp. §§ 334-339) :

Souvent, pour s'amuser, les hommes d'équipage / Prennent des albatros, vastes oiseaux des mers, / Qui suivent, INDOLENTS COMPAGNONS DE VOYAGE, / *Le navire glissant sur les gouffres amers* (BAUDEL., *Fl. du m.*, Albatros). — *Je vous aime,* FRANÇAIS, *et,* ROI, *je vous respecte* (VERL., *Dédicaces*, XCIII) [Au roi des Belges]. — PETIT LILLOIS DE PARIS, *rien ne me frappait davantage que les symboles de nos gloires* (DE GAULLE, *Mém. de guerre*, t. I, p. 6).

b) Compléments absolus (cf. § 316, *d*) :

J'errais donc, L'ŒIL RIVÉ SUR LE PAVÉ VIEILLI (MALLARMÉ, *Poés.*, Apparition).

c) Compléments prépositionnels (comp. §§ 340-349) :

Quelqu'un D'ENTRE VOUS *a-t-il la clef de son secrétaire ?* (IONESCO, *Rhinocéros*, p. 54.) — *Il a récompensé ceux* DE SES DOMESTIQUES *qui l'avaient bien servi* (AC., s.v. *celui*). — *Huit jours passèrent* [...] *sans que l'on vît au dehors personne* DES BAILLARD (BARRÈS, *Colline insp.*, XII). — *Qui* DE NOUS *n'a trouvé du charme à suivre des yeux les nuages du ciel ?* (VIGNY, *Cinq-Mars*, XXIII.) — *Celle pour la chasse :* voir § 673, *b.* — D'UN NATUREL PLACIDE, *elle s'entendait bien avec ses voisines.*

Le complément est séparé de son support (comp. § 352, *b*, Rem. 1) : *Laquelle préférezvous* DE VOS BELLES-SŒURS ? (JOUHANDEAU, *Chaminadour*, p. 309.)

d) Propositions relatives (cf. §§ 1057-1063) :

J'ignore où tu fuis, tu ne sais où je vais, / Ô toi QUE J'EUSSE AIMÉE, *ô toi* QUI LE SAVAIS ! (BAUDEL., *Fl. du m.*, À une passante.) — *Ceux* QUI VIVENT, *ce sont ceux* QUI LUTTENT (HUGO, *Châtim.*, IV, 9). — *Il ne m'a rien dit* QUE JE NE SACHE DÉJÀ.

La dislocation est obligatoire, non seulement avec un pronom personnel conjoint, mais aussi avec *tout : Tout est bien* QUI FINIT BIEN. — *On* et *chacun* (§ 721, *c*) n'acceptent pas la relative.

SECTION 4.
LES ÉLÉMENTS SUBORDONNÉS À L'ADJECTIF

354   On peut reprendre la distinction que nous avons suivie à propos des verbes (§ 266, *a*) : les compléments sont **essentiels,** 1° soit quand leur construction (c'est-à-dire le choix de la préposition) dépend de l'adjectif support des compléments ; 2° soit quand l'adjectif ne peut s'employer sans eux ; — les compléments sont **non essentiels** quand ils n'obéissent à aucune de ces deux conditions.

Ex. de compléments essentiels : *Le calembour est incompatible* AVEC L'ASSASSINAT (STENDHAL, *Chartr.*, XXIV). — *Les oreilles des poètes ne sont sensibles qu'*AUX CHUCHOTEMENTS (GIRAUDOUX, *Ondine*, II, 9).

Certains adjectifs ne s'emploient pas sans complément essentiel : *Natif* DE LAUSANNE. *Enclin* À JOUER. *Désireux* DE GLOIRE. — Mais beaucoup d'adjectifs peuvent se construire absolument, notamment quand le contexte et la situation rendent superflue l'expression du complément : *Je suis prêt. Elle est contente. Une âme sensible.* Etc. — Il y a aussi des différences de sens : *Un homme bon. Un homme bon pour le service.*

D'autres adjectifs s'emploient toujours sans complément essentiel : *Équestre, maritime, mortel, circulaire, prépositionnel,* etc.

Remarque. — Le participe employé comme épithète conserve souvent les compléments qu'il peut avoir en tant que verbe : cf. § 315, Rem. 3.

Certains adjectifs dérivés de verbes peuvent avoir des compléments de verbes. En particulier, on donne parfois un complément d'agent à des adjectifs en -*ible* ou en -*able*, ainsi qu'à des adjectifs en in- dérivés de participes passés :

Inattaquable PAR L'ACIDE CHLORHYDRIQUE, *il* [= le kaolin] *est décomposé par l'acide sulfurique bouillant* (A. de LAPPARENT, *Cours de minéral.*, cit. *Trésor*, s.v. *inattaquable*). — *Les ultrasons ne sont pas perceptibles* PAR NOS SENS. — [...] *une forme nouvelle, originale, imprévue* PAR LES PHILOSOPHES CLASSIQUES (H. LEFEBVRE, cité dans le *Fr. mod.*, janv. 1960, p. 8). — *L'exercice qui va se dérouler ne pourra* [...] *demeurer entièrement inaperçu* DE LA POPULATION (J. ROMAINS, *Copains*, V). — *Le père Dubarle* [...] *rendit un hommage, inattendu* DE CERTAINS, *à la science et à la raison* (L. MARTIN-CHAUFFIER, dans le *Figaro litt.*, 20 sept. 1958). — *Inconnu* a les constructions de *connu* (§ 313, *c*) : *Ces chagrins* LUI *sont inconnus* (AC.). — *Il vit entrer dans sa chambre un homme* À LUI *inconnu* (STENDHAL, *Chartr.*, XXI). *Usité par...* s'explique par un phénomène analogue : § 312, Rem. 2. Comp. aussi *stupéfait* au § 847, *f*, 7°.

355   **Nature** des éléments subordonnés à l'adjectif.

a) Compléments prépositionnels.

Noms : *Un homme âpre* AU GAIN. — Pronoms : *Un individu prêt* À TOUT. — Infinitifs : *Il a été considéré comme apte* À CONDUIRE UNE VOITURE.

Remarque. — Des adjectifs coordonnés peuvent avoir un complément commun, à condition que la préposition convienne aux deux adjectifs :

Il était charitable et même généreux ENVERS LES PAUVRES. — Mais il n'est pas correct de dire : °*Il était désireux et prêt* À PARTIR parce que *désireux* demande la préposition *de*. Cf. § 260.

b) Pronoms (si l'adjectif est attribut).

— *En* et *dont* tiennent la place d'un complément introduit par *de* : *Il est fier* DE SA RÉUSSITE → *Il* EN *est fier*. — *Il est jaloux* D'UN CAMARADE → *Le camarade* DONT *il est jaloux*.
— Les pronoms personnels conjoints objets indirects et *y* tiennent la place d'un complément introduit par *à* : *Ce sacrifice est agréable* AUX DIEUX → *Ce sacrifice* LEUR *est agréable*. — *Il est enclin* À LA PARESSE → *Il* Y *est enclin*. — Pour *y* suivi de l'adjectif épithète, voir § 356, *a*.
Les pronoms personnels objets indirects correspondent assez souvent dans la langue littéraire à un complément que l'usage commun introduirait par *pour* : *La charge* M'*était moins lourde* (DE GAULLE, *Mém. de guerre*, t. I, p. 279). — Cf. § 647, *b*.

c) Adverbes.

Un homme TRÈS *actif. Un homme* TOUJOURS *actif*. — Parfois l'adverbe est introduit par une préposition : *Une destinée heureuse* À TOUT JAMAIS.

d) Propositions.

Ordinairement, propositions conjonctives : *Je ne suis pas digne* QUE TU ENTRES SOUS MON TOIT (*Bible*, trad. SEGOND, Matth., VIII, 8). — *Le concierge, furieux* DE CE QU'UN LOCATAIRE AVAIT PU VOIR SON AUTORITÉ MÉCONNUE, *tombait sur la mère Pérou* (ZOLA, *Pot-Bouille*, VI). — *« Oui, qui le payera ? » reprit l'employé de commerce, furieux* COMME SI ON EÛT PUISÉ CET ARGENT DANS SA POCHE (FLAUB., *Éd. sent.*, II, 6). — *Il est tout autre* QUE JE NE ME L'IMAGINAIS. — La proposition est averbale : *Ne serez-vous pas heureux* COMME UN PAPE ? (BALZAC, *Rabouill.*, III, 1.)
Parfois, dans la langue littéraire, propositions relatives : *Il était généreux* ENVERS QUI LE SERVAIT FIDÈLEMENT.

356   Place des éléments subordonnés à l'adjectif.

a) Lorsque le complément de l'adjectif contient un mot interrogatif, un mot exclamatif, un pronom relatif, ou s'il est un pronom personnel ou relatif, le complément prend la place imposée par les règles propres à ces catégories :

DE QUOI *est-il satisfait ?* — DE QUEL RÉSULTAT *il est content !* — *Il* EN *est satisfait*. — *Cela* LUI *est facile*. — *L'affaire* DE LA RÉALISATION DE LAQUELLE *il est heureux*. — *L'affaire* DONT *il est satisfait*. — Pour l'interrogation, voir cependant § 391, *b*, 1°.

La langue juridique, imitée par certains écrivains, place *y* devant quelques adjectifs épithètes : [...] *après qu'un officier de police* [...] *aura dressé procès-verbal de l'état du cadavre, et des circonstances* Y RELATIVES (*Code civil*, art. 81). — *Les pièces* Y AFFÉRENTES (LITTRÉ, s.v. *y*, 7°). — *On aborde au dessert le sujet des relations sexuelles et de leurs manifestations locales, autrement dit les cancans* Y-RELATIFS [sic] *dans la petite ville* (R. PINGET, *Monsieur Songe*, p. 125). — Autres ex. de *y relatif* : NERVAL, *Angélique*, VI ; FLAUB., *Voy.*, t. II, p. 221.

b) L'adverbe : voir § 937, *a*.

c) Les autres compléments subordonnés sont d'habitude à la suite de l'adjectif :

Un élève désireux DE BRILLER. — *Un roman digne* DU PRIX GONCOURT. — *Votre père, content* DE VOUS, *vous a offert une bicyclette.*

Le complément précède dans quelques formules figées : *De guerre lasse :* § 223, Hist. — *Une beauté* à NULLE AUTRE *pareille* (littéraire). — *Une bouteille* à MOITIÉ *vide,* AUX TROIS QUARTS *vide.* — *L'allure est devenue* 100 P. CENT *américaine* (A. SIEGFRIED, *Tableau des États-Unis,* p. 41).

Il est mis en tête de la phrase pour marquer une relation avec ce qui précède : *Il faut situer vers le milieu du XIIe siècle, un tournant décisif* [...], *sous le règne du roi Louis VII.* DE CETTE INFLEXION *le souverain lui-même ne fut pas responsable* (G. DUBY, *Dimanche de Bouvines,* p. 94).

Les écrivains et surtout les poètes ont leurs libertés : *Feuillages jaunissants* SUR LES GAZONS *épars* (LAMART., *Médit.,* XXIX).

Par analogie avec les participes passés, *à* + pronom personnel disjoint précède parfois l'adjectif : *Les faits* à EUX *relatifs* (CHAT.). Cf. § 638, *b,* 4°.

357   Observations sur la construction des compléments de certains adjectifs.

a) On doit dire selon la logique : *Être* **absent** D'*une réunion,* D'*un cours,* DE *la classe,* etc. Mais sous l'influence de l'antonyme *présent,* on trouve les prépositions *à, en, dans, chez,* etc., ce que les grammairiens unanimes considèrent comme une faute. Toutefois, Dupré est pessimiste : « Il sera peut-être difficile de lutter longtemps contre elle. » Si faute il y a, elle est vénielle :

Le *Dict. contemp.* accepte sans réserves *Il est souvent absent* EN *classe* (= il manque), et le petit *Robert, Un texte* OÙ *la ponctuation est absente.* — *Il* [= Rimbaud] *dit à la fois son triomphe et son angoisse, la vie* ABSENTE AU *monde et le monde inévitable* (A. CAMUS, *Homme révolté,* Pl., p. 497).

Absent à est irréprochable quand le régime est un complément de temps : *J'étais absent au moment de l'appel* (AC.) ou ... *à l'appel ;* — et aussi quand l'adjectif signifie « distrait » ; dans ce cas, *Il est souvent absent en classe* serait correct mais ambigu.

b) L'infinitif complément de *prêt* « préparé, disposé » se construit d'ordinaire avec *à,* comme dans ces ex. de l'Acad. :

Je suis prêt à *faire tout ce qu'il vous plaira. Il est prêt* à *partir. C'est un homme qui est toujours prêt* à *bien faire, qui est prêt* à *tout faire. Les armées étaient prêtes* à *en venir aux mains. Je suis prêt* à *vous entendre.* — Pour le tour *Dîner prêt à servir,* voir § 883, Rem.

L'Acad. signale aussi *prêt pour* dans cet ex. : *Tenez-vous prêt* POUR *partir dans deux heures.* — Autres ex. : *Le bourgeois du XVIIIe siècle vient d'achever son entraînement. Il est fin prêt, comme disent nos gens de sport. Il est prêt* POUR *jouer la partie de la Révolution et* POUR *la gagner* (HERMANT, *Bourgeois,* p. 40). — *Toutes les bonnes gens sont prêtes* POUR *aller à l'église* (Z. OLDENBOURG, *Pierre angulaire,* L.P., p. 418).

Prêt à est donc distingué de *près de,* locution prépositive qui, suivie d'un infinitif, exprime la proximité dans le temps et signifie « sur le point de » :

Au moment où la violence de ma passion était PRÈS D'*éclater* (SAND, *Mauprat,* XXI). — *Je la vis* PRÈS D'*expirer* (MUSSET, *Contes,* Hist. d'un merle blanc, I). — *Et la lune, hélas, n'est plus* PRÈS DE *se lever* (LOTI, *Vers Ispahan*, p. 20). — *L'univers n'est pas* PRÈS D'*être expliqué* (L. LEPRINCE-RINGUET, *Des atomes et des hommes*, p. 157).

Mais la langue littéraire continue (cf. Hist.) à employer *prêt à* avec le sens « sur le point de » et à construire *prêt* avec la préposition *de* aussi bien dans le sens « disposé à » que dans le sens « sur le point de ».

Prêt à « sur le point de » (sens qui, d'ailleurs, ne se distingue pas toujours nettement de « disposé à »), assez fréquemment : *L'astre du jour,* PRÊT À *se plonger dans la mer* (CHAT., *Mart.*, XV). — *Cosette,* PRÊTE À *défaillir, ne poussa pas un cri* (HUGO, *Misér.*, IV, V, 6). — *Ta blessure / Est encor* PRÊTE À *se rouvrir* (MUSSET, *Poés. nouv.*, Nuit d'oct.). — *Il ne vit pas qu'elle était* PRÊTE À *pleurer* (R. MARTIN DU GARD, *Thib.*, Pl., t. I, p. 1030). — *La peau qui se forme sur le lait* PRÊT À *bouillir* (BERNANOS, *Journal d'un curé de camp.*, p. 96). — *La masse entière de l'Europe et de l'Asie* [...] *est toujours* PRÊTE À *s'effondrer* (E. JALOUX, *Visages français*, p. 24). — *La nécessité de la spécialisation n'est pas* PRÊTE À *disparaître* (L. LEPRINCE-RINGUET, dans les *Nouv. litt.*, 20 janv. 1966).

Autres ex. : STENDHAL, *Abbesse de Castro*, II ; LAMART., FROMENTIN, MAUPASS., dans Robert ; E. de GONCOURT, *Frères Zemganno*, XLV ; LOTI, *Matelot*, XLVII ; H. BORDEAUX, *Paris aller et retour*, p. 280 ; etc.

Prêt de « disposé à » : *Il semblait déjà* PRÊT DE *demander raison à ce monsieur* (HERMANT, *Rival inconnu*, V). — *Mais de Mermoz, Thomas se montrait toujours* PRÊT DE *parler avec abondance* (KESSEL, *Mermoz*, p. 140). — *Les fidèles* [...] *se trouvaient* [...] PRÊTS DE *mourir pour leurs croyances* (SAINT EXUPÉRY, *Citadelle*, XIII).

Prêt de « sur le point de », plus souvent que ne le laissent entendre les dict. : *Je n'y ai jamais mis les pieds, et ne suis pas* PRÊT DE *commencer* (MONTHERLANT, *Petite infante de Castille*, I, 4). — *On sent, à chaque instant, qu'il* [= J.-J. Rousseau] *est* PRÊT D'*inventer le mot de « gaffe » tellement ce mot d'argot exprime exactement ses quotidiennes balourdises* (Fr. MAURIAC, *Mes grands hommes, Œuvres compl.*, p. 366). — *Elle était* PRÊTE DE *pleurer* (LÉAUTAUD, *Journal litt.*, I, p. 105). — *Elle demeura tremblante,* PRÊTE DE *pleurer* (CARCO, *Homme de minuit*, XII). — *Le bordé va toucher l'eau, nous sommes* PRÊTS D'*embarquer* [de l'eau, dans une barque] (H. BAZIN, *Cri de la chouette*, p. 160). — *Se noue alors, avec la multiplicité des discours scientifiques, un rapport difficile et infini, que la justice pénale n'est pas* PRÊTE *aujourd'hui* DE *contrôler* (M. FOUCAULT, *Surveiller et punir*, p. 100).

Autres ex. : CHAT., *Mém.*, III, I, II, 8 ; FUSTEL DE COULANGES, *Cité antique*, III, 6 ; HUYSMANS, *Cathédrale*, p. 300 ; ARAGON, *Voyageurs de l'impériale*, II, 7 ; SARTRE, *Carnets de la drôle de guerre*, p. 279 ; G. FRIEDMANN, *La puissance et la sagesse*, p. 412 ; G.-E. CLANCIER, *Éternité plus un jour*, p. 573 ; etc.

Près de pour *prêt à* est plus rare : *Elle se couchait à plat ventre comme une bête,* [...], *le corps tordu,* PRÈS DE *bondir* (ZOLA, *Th. Raquin*, II). — *Alertes et disponibles et* PRÈS DE *s'armer au moindre bruit* (SAINT EXUPÉRY, *Citadelle*, XXXVIII).

Hist. — Les faits décrits ci-dessus sont tout à fait courants au XVIIᵉ et au XVIIIᵉ s. :

Regarde quel orage est tout PREST À *tomber* (RAC., *Iphig.*, V, 1). — +*Rome,* PRÊTE À *succomber* (BOSS., *Disc. sur l'hist. univ.*, III, 7). — +*Son armée* PRÊTE À *périr* (MONTESQ., *Consid.*, VI). — +*Je suis* PRÊTE À *me trouver mal* (DIDEROT, *Est-il bon ? Est-il méchant ?* II, 6). — *Aujourd'hui qu'au tombeau je suis* PRÊT À *descendre* (A. CHÉNIER, *Élég.*, VII).

Qu'il vienne me parler, je suis PREST DE *l'entendre* (RAC., *Phèdre*, V, 5). — +*Dites-le-nous franchement ; nous sommes* PRÊTS DE *vous entendre* (BOSS., *Œuvres orat.*, t. III, p. 317). — *Mr Joli est* PREST D'*envoyer un prestre a St Cir, pour la retraitte des Demoiselles* (MAINTENON, *Corresp.*, 22 oct. 1692). — +*Il n'y avait point de services que les peuples et les rois ne fussent* PRÊTS DE *rendre* (MONTESQ., *Consid.*, VI). — *Vous refuseriez un regard de pitié à celui qui seroit* PRÊT à *tout moment* DE *donner sa vie pour vous* (DIDEROT, *Corresp.*, t. III, p. 189).

Dans quel peril encore est-il PREST DE *rentrer !* (RAC., *Ath.*, I, 2.) — *⁺O mer je ne te verrai plus, ni tes flots, ni tes abîmes, ni tes écueils contre lesquels j'ai été* PRÊT D'*échouer* (BOSS., *Œuvres orat.*, t. III, p. 282). [Corrigé par les éditeurs.] — *⁺On était* PRÊT D'*aller se divertir à Fontainebleau* (SÉV., 31 juillet 1675). — *J'ai vû long-tems* [...] *l'Autheur de Rhadamiste* PRÊT DE *mourir de faim* (VOLT., *Lettres phil.*, XXIII). — *Je fus* PRÊT [...] DE *m'en tenir dans mes délibérations aux régles de la prudence commune* (J.-J. ROUSS., *Rêver.*, III).

c) **Solidaire** se construit d'ordinaire avec *de :*

Je me tiens solidaire DE *celle que j'ai été* (R. ROLLAND, *Âme enchantée*, L.P., t. II, p. 502). — *Tous unis, tous solidaires, solidaires* DU *nouvel Empire !* (BERNANOS, *Grands cimetières sous la lune*, I, 4.) — *Une famille est un être dont chaque partie est solidaire* DES *autres* (BRASIL-LACH, *Voleur d'étincelles*, 1968, p. 93). — *Le Conseil se.montra unanimement solidaire* DE *ce qui avait été fait et* DE *ce qui était prescrit* (DE GAULLE, *Mém. de guerre*, t. III, p. 225). — *Je me sens solidaire* DE *tout ce qui arrive* (IONESCO, *Rhinocéros*, p. 87).

Quand le complément est un pronom personnel disjoint, l'usage hésite entre *avec* et *de :*

On est [...] *dépendant de ses collaborateurs et solidaire* AVEC *eux* (SAINTE-BEUVE, *Corresp.*, cit. Robert, s.v. *coopération*). — *Considérez-moi comme solidaire* AVEC *vous dans cet engagement* (AC.). — *Je ne suis solidaire que* DE *moi-même* (H. BAZIN, *Vipère au poing*, XXV). — *Solidaires* DE *lui dans la mort, nous le serons aussi dans la résurrection* (*Missel dominical de l'assemblée*, p. 696). — *Je me sentais assez solidaire* D'*elle dans la rébellion contre la médiocrité* (A. HARRIS et A. de SÉDOUY, *Patrons*, p. 346).

En dehors de cela, *avec* est rare : *La caution, soit du tireur, soit de l'endosseur, n'est solidaire qu'*AVEC *celui qu'elle a cautionné* (*Code de commerce*, art. 120).

Hist. — *Solidaire* s'est construit avec *pour : Nous sommes tous solidaires les uns* POUR *les autres* (BERN. DE SAINT-P., *Études de la nature*, 1825, t. I, p. 87). — *Déclarons-nous solidaires* POUR *nos contemporains* (BALLANCHE, *Le vieillard et le jeune homme*, éd. Mauduit, p. 117).

d) Le Dictionnaire de l'Acad. ne donne **susceptible** qu'avec un nom comme complément. C'est la situation de l'époque classique. Depuis le milieu du XVIIIᵉ s. (cf. Hist.), l'adjectif se construit aussi, dans la meilleure langue, avec un infinitif :

Ce même jugement n'est plus SUSCEPTIBLE D'ÊTRE RÉFORMÉ *par aucune voie légale* (*Code civil*, art. 261). — *Un enfant est donc* SUSCEPTIBLE DE CONCEVOIR *la divinité* (BERNARDIN DE S.-P., *Vie et ouvrages de J.-J. Rousseau*, p. 152). — *Je ne voyais personne qui m'inspirât de l'amour, personne qui me parût* SUSCEPTIBLE D'*en* PRENDRE (B. CONSTANT, *Ad.*, II). — *Le romanticisme est l'art de présenter aux peuples les œuvres littéraires qui* [...] *sont* SUSCEPTIBLES DE *leur* DONNER *le plus de plaisir possible* (STENDHAL, *Racine et Shakesp.*, III). — *Elle* [= la chanson] *est* SUSCEPTIBLE DE PRENDRE *les tons les plus opposés* (BÉRANGER, *Œuvres*, Préf. de 1833). — *Ce chien et ce sergent* [...] *me semblent plutôt* SUSCEPTIBLES DE FAIRE *naître quelque intérêt* (HUGO, *Bug-Jargal*, III). — *La terre de Clochegourde* [...] *était* SUSCEPTIBLE DE RAP-PORTER *seize mille francs* (BALZAC, *Lys dans la vallée*, p. 121). — *C'était le seul qui eût peut-être été* SUSCEPTIBLE D'EMBRASSER *une meilleure vie* (SAND, *Mauprat*, VIII). — *Dans le cas où je* [...] *serait* SUSCEPTIBLE DE PRODUIRE *un son dur ou désagréable* (GIRAULT-DUVIVIER, II, IV, I, 1). — *Caliban était* SUSCEPTIBLE DE FAIRE *des progrès* (RENAN, *Caliban*, V, 1). — SUSCEP-TIBLES DE *beaucoup* AIMER (GOBINEAU, *Nouvelles asiat.*, p. 45). — *La couleur qui est* SUSCEP-TIBLE D'EXHAUSSER *le ton d'une autre couleur* (LITTRÉ, s.v. *couleur*).

Aujourd'hui, *susceptible de* + nom a vieilli ; il apparaît surtout chez des écrivains de style relevé :

C'est ce que j'essaye de faire entendre avec toute LA CLARTÉ *de parole* DONT *je suis* SUSCEPTIBLE (P. LOUŸS, *Aphrodite*, IV, 3). — [...] *celui qui ne nous a créés que pour nous laisser* [...] SUSCEPTIBLES DES ASPIRATIONS *les plus élevées* (LOTI, *Aziyadé*, I, 18). — *La péripétie est* SUSCEPTIBLE *encore* DE *quelque* FOISONNEMENT (GIDE, *Journal*, 19 oct. 1918). — *Un mot* SUSCEPTIBLE DE VARIATION, *tel que l'adjectif* (VALÉRY, *Œuvres*, Pl., t. II, p. 1450). — *Le stupide garçon croyait que l'amour n'est* SUSCEPTIBLE D'*aucune* LUCIDITÉ (Fr. MAURIAC, *Mal*, p. 170). — *Un des grands seigneurs de la psychologie classique, un de ceux qui lui ont fait rendre le* MAXIMUM *de ce* DONT *elle est* SUSCEPTIBLE (Ch. DU BOS, *Grandeur et misère de B. Constant*, p. 73). — *L'importance de l'homme, la* PERFECTION DONT *il est* SUSCEPTIBLE [...] (MALRAUX, *Tentation de l'Occident*, p. 48).

« Il ne faut pas, dit Littré (s.v. *susceptible*, Rem. 1), confondre susceptible et capable. On est susceptible de recevoir, d'éprouver, de subir ; mais on est capable de donner ou de faire. » — Règle à peu près inapplicable : comment classer les verbes français en deux catégories représentées, l'une par *recevoir, éprouver* et *subir*, l'autre par *donner* et *faire* ? Littré lui-même, pour illustrer la règle, donne l'ex. : « Ce colonel serait bien capable d'être général », alors que le verbe *être* se range malaisément avec *donner* et *faire*. — Aussi les grammairiens qui ont suivi ont-ils formulé la règle autrement : *capable* exprime une possibilité active et *susceptible* une possibilité passive, ce qui n'est pas beaucoup plus simple et qui contredit aussi l'ex. qui vient d'être cité. D'autres grammairiens ont cru que Littré faisait une distinction en se fondant sur la valeur des suffixes (-*able* actif et -*ible* passif), bien que cette distinction mal fondée (cf. § 168, 1 et 33) ne soit pas dans Littré. — En fait, Littré s'était aperçu que l'usage classique s'était modifié, mais il a cru qu'il s'agissait de sémantique et que *susceptible* s'était éloigné de sa valeur étymologique, le latin *suscipere*, dont dérive *susceptibilis*, signifiant « recevoir », — alors qu'il s'agissait de syntaxe comme nous l'avons vu.

Quelle que soit la forme donnée à la règle (qui a le soutien de l'Acad. : mise en garde du 24 févr. 1965), elle n'a pas le moindre fondement dans l'usage du XIXᵉ et du XXᵉ siècle, même pas dans celui de Littré : aux ex. ci-dessus on ajoutera ceux que donne Grevisse, *Probl. de lang.*, t. III, pp. 292-294, et t. V, pp. 28-30 (Loti, Gide, Henriot, Cocteau, Bernanos, Gaxotte, Martin du Gard, Saint Exupéry, Malraux, Giraudoux, de Gaulle, etc.).

La distinction réelle entre *capable* et *susceptible* est que le premier suppose une capacité, une aptitude, alors que le second n'envisage qu'une simple possibilité : cf. Hanse, 1983.

Hist. — *Susceptible de* pouvait, chez les classiques, être suivi d'un nom à sens actif aussi bien que d'un nom à sens passif : ⁺*Il* [= un homme d'esprit] *peut* [...] *être susceptible d'envie et même de jalousie contre un ministre* (LA BR., *Car.*, XI, 85) [= susceptible d'envier, de jalouser]. — Cela a conduit Littré à compléter *recevoir*, qui figurait seul dans la définition, en ajoutant dans la remarque *éprouver* et *subir*, ce qui était déjà une infidélité à la signification étymologique dont il se faisait le défenseur. — Sur l'emploi de *susceptible de* avec un infinitif au XVIIIᵉ s., voir Brunot, *Hist.*, t. VI, p. 1598.

SECTION 5.
LES ÉLÉMENTS SUBORDONNÉS AUX MOTS INVARIABLES

358 **Éléments subordonnés à l'adverbe.**

a) Un autre adverbe.

Spécialement un adverbe de degré : TRÈS *longtemps.* TROP *vite. Claude frappa* SI *fort qu'il enfonça la carrosserie.*

Autres cas : *Tu t'en aperçois* SEULEMENT *aujourd'hui ?* (G. DUHAMEL, *Deux hommes,* V.) [On dit aussi : ... *aujourd'hui* SEULEMENT.] — *Elle est* TOUJOURS *plus jolie.* — *J'irai* ENCORE *aujourd'hui* ou *aujourd'hui* ENCORE. — *J'irai* IMMÉDIATEMENT *après :* dans ce cas, on a plutôt une préposition à régime implicite (cf. §§ 359 et 992).

b) Un complément prépositionnel.

1° *Antérieurement, conformément, conséquemment, parallèlement, pareillement, postérieurement, préférablement, relativement* + *à.* — *Différemment, indépendamment* + *de.*

Indépendamment DE CES DEUX RUES PRINCIPALES [...], *la Ville et l'Université avaient chacune leur grande rue particulière, qui courait dans le sens de leur longueur, parallèlement* à LA SEINE (HUGO, *N.-D. de Paris,* III, 2). — *Leur table était servie pareillement* à CELLE DU PÈRE ABBÉ (HUYSMANS, *Cathédrale,* p. 288).

L'Acad. donne encore ces ex., qui sont d'une langue archaïque : *Deux auteurs ont écrit sur cette matière, mais l'un bien* INFÉRIEUREMENT à *l'autre. Deux auteurs ont écrit sur la même matière, mais l'un bien* SUPÉRIEUREMENT à *l'autre. L'âme agit* DÉPENDAMMENT DES *organes.* — Le *Trésor* cite le *Dict. de théol. cath. : Dieu pris dans sa réalité concrète ne se conçoit définitivement constitué que* DÉPENDAMMENT DE *l'opération par laquelle il se connaît.* Cf. Hist.

Chacun de ces adverbes pourrait être considéré comme formant avec *à* ou *de* une locution prépositive. Mais est-il justifié de traiter d'une manière différente *Ses actions sont* CONFORMES *à ses principes* et *Il agit* CONFORMÉMENT *à ses principes,* etc. ? — *Loin de* et *près de* sont mis d'ordinaire parmi les locutions prépositives.

Hist. — *Dépendamment de* n'était pas rare au XVIIᵉ s. : *Vostre maison doit estre gouvernée par la Supérieure et le Conseil, dépendamment des Supérieurs ecclésiastiques* (Mᵐᵉ de MAINTENON, *Corresp.,* 1ᵉʳ nov. 1700). — Autres ex. : NICOLE, BOSS., BOURDALOUE dans Littré ; RETZ, dans le *Grand Lar. langue.* Les contextes sont presque toujours en rapport avec la religion et la morale.

2° Dans *concurremment avec telle chose, conjointement avec telle chose,* on avait à l'origine deux compléments distincts, qui pouvaient permuter. Mais le syntagme introduit par *avec* est parfois compris comme le complément de l'adverbe, ainsi que le prouve le tour *concurremment à, conjointement à,* qui cherche à s'introduire.

Il fut arrêté que la Reine présiderait le conseil et gouvernerait CONJOINTEMENT AVEC *le Dauphin* (BARANTE, *Hist. des ducs de Bourgogne,* cit. *Trésor*). — *La* Revue de Paris *était aussi,* CONCURREMMENT AUX Cahiers *et même avant eux, ma maison* (R. ROLLAND,*Péguy,* t. II,

p. 120). — *Les Croisades apportent, d'Orient, des mots* CONJOINTEMENT *à des objets et à des produits* (DAUZAT, *Précis d'hist. de la langue et du vocab. fr.*, p. 12).

°*Ensemble avec*, qui s'explique de la même façon, est rare :

Qu'on voye [§ 29, *a*, Rem. 2] *sur leur sein tout gonflé de douleurs / Ruisseler les cheveux* ENSEMBLE AVEC *les pleurs* (MUSSET, *Poés. posth.*, À Mme X***). — *Votre ami aussi le sait,* ENSEMBLE AVEC *vous, puisqu'il est votre ami* (PÉGUY, *Victor-Marie, comte Hugo*, Pl., p. 823).

Le fr. d'Afrique a retrouvé, spontanément, ce pléonasme : *Quand l'enfant travaille* ENSEMBLE AVEC *son père* (*Inventaire des particularités lexicales du fr. en Afr. noire*, s.v. *avec* et *ensemble*).

Hist. — Wartburg (t. IV, p. 716) cite seulement l'anc. fr. *ensemble od* (*od* avait la même valeur qu'*avec*). — Pour *ensemble avec*, voir Martin-Wilmet, § 309 (ex. de CHASTELLAIN).

3° Les adverbes employés comme éléments incidents (§ 372, *b*) + *pour* :

Trois spires de vipère à tenter l'orfèvre, moins les saphirs classiques des yeux, car, HEU-REUSEMENT POUR *moi, cette vipère, elle dormait* (H. BAZIN, *Vipère au poing*, I).

Remarque. — Les adverbes de degré peuvent être suivis d'un complément introduit par *de : Beaucoup* DE PERSONNES. — Il est préférable de considérer *beaucoup de* comme un déterminant indéfini : § 607, *a*. — Dans *Beaucoup d'entre eux, Beaucoup parmi eux, beaucoup* peut être considéré comme un pronom indéfini : § 707, *b*.

Pour *Il n'a pas d'argent*, voir § 569, *c*.

c) Les adverbes *plus, davantage, moins, autant, aussi, si, tellement, tant*, ainsi que *mieux* et *pis, autrement* et *ailleurs*, appellent d'ordinaire une proposition conjonctive corrélative (§ 1076, *a*) :

Elle est moins jolie QUE JE NE PENSAIS. — La proposition peut être averbale : *Elle est moins jolie* QUE SA SŒUR. — *Elle est si jolie* QUE TOUT LE MONDE LUI FAIT LA COUR.

Assez, suffisamment, trop entraînent souvent un infinitif corrélatif introduit par *pour* ou une proposition corrélative introduite par *pour que : Il est trop poli* POUR ÊTRE HONNÊTE. *Il est trop poli* POUR QU'ON LE TRAITE AUSSI CAVALIÈREMENT. — En Belgique, on dit souvent : °... QUE *pour être honnête*. Cf. § 960, Rem. 3.

d) Certains adverbes de lieu et de temps admettent une proposition relative (§ 1059, *c*) :

Son œil ensorcelé [= du vagabond] *découvre une Capoue / Partout* OÙ LA CHANDELLE ILLUMINE UN TAUDIS (BAUDEL., *Fl. du m.*, Voyage, II). — *Maintenant* QU'IL S'ÉTAIT RAP-PROCHÉ DE CLAPPIQUE, *il entendait sa voix de nouveau* (MALRAUX, *Condition hum.*, p. 35).

Maintenant que et les syntagmes analogues sont souvent considérés comme des locutions conjonctives.

Remarques. — 1. *Demain, hier* et *aujourd'hui*, qui, d'une façon générale, sont susceptibles d'avoir les fonctions des noms (cf. § 918, *c*), peuvent être suivis d'une apposition ou d'une proposition relative introduite par *qui :*

Demain, JOUR DE L'ASCENSION (ou ... QUI EST LE JOUR DE L'ASCENSION), *la grand-messe sera chantée à l'église Saint-Vincent.*

2. Des adverbes coordonnés peuvent avoir un complément commun, à condition que leur construction soit identique :

Antérieurement ou postérieurement À CETTE DATE. — Il est incorrect de dire : °*Conformément, mais indépendamment* DE CETTE OPINION, parce que *conformément* demande la préposition *à*. De même : °*Indépendamment et autrement* QUE NOUS. — Cf. § 260.

359   **Éléments subordonnés à la préposition et à la conjonction de subordination.**

Les prépositions de lieu et de temps et les conjonctions de subordination qui marquent le temps peuvent être précédées d'un adverbe ou d'un syntagme nominal qui leur sont subordonnés :

Il s'est arrêté JUSTE *devant la porte.* — *La reine est* TRÈS *au-delà du médiocre et du petit* (MONTHERLANT, *Cardinal d'Espagne*, III, 2). — *Il rentrera* BIEN *avant midi. Elle est partie* LONGTEMPS *avant qu'il vienne,* ... DEUX HEURES *avant qu'il vienne.* — Formule rare : *Je les ai vraiment bien regardées,* TOUT *durant qu'elles me bichonnaient* (M. TOURNIER, *Gaspard, Melchior et Balthazar*, p. 43).

Comme et *ainsi que* peuvent aussi être précédés d'un adverbe : *Cette aventure s'est terminée* EXACTEMENT *comme je vous l'avais annoncé.* — *Le germe destiné à la polyembryonie commence à évoluer* TOUT *ainsi qu'un germe normal* (J. ROSTAND, dans les *Nouv. litt.*, 31 oct. 1964).

360   Par définition, les **introducteurs** (cf. §§ 1043-1047) ont une suite. Mais nous considérons celle-ci comme le régime de l'introducteur plutôt que comme un élément subordonné à l'introducteur, puisque celui-ci est un mot-outil.

361   **Éléments subordonnés au mot-phrase.**

a) Mot-phrase + préposition + nom ou pronom :

Bonjour À TOUS ! — *Bravo* POUR VOTRE RÉUSSITE ! — *Mais foin* DE CES RÉFLEXIONS CHAGRINES ! (VERCORS, *Moi, Aristide Briand*, p. 13.) [*Foin*, lui-même, est un peu vieilli.] — *Hosanna* AU FILS DE DAVID ! (*Bible*, trad. CRAMPON, Matth., XXI, 9.) [Dans le style biblique ou par référence à ce style.] — *Et poussons dans le ciel trois sublimes hourra ! / Hourra* POUR L'ANGLETERRE ET SES FALAISES BLANCHES ! / *Hourra* POUR LA BRETAGNE AUX CÔTES DE GRANIT ! / *Hourra* POUR LE SEIGNEUR QUI RASSEMBLE LES BRANCHES / AU TRONC D'OÙ TOMBE LE VIEUX NID ! (LAMART., *Recueill. poét.*, XV.) — *Merci* À VOUS (BECKETT, *En attendant Godot*, Théâtre, t. I, p. 68). — *Merde* À CES CHIENS-LÀ ! (RIMBAUD, *Œuvres*, Forgeron.) [Trivial.] — *Mais* quid DU SOUTIEN PAYSAN, *pour un tel programme ?* (LE ROY LADURIE, *Carnaval de Romans*, p. 79.) — *Tant pis* POUR VOUS. — *Zut* POUR LE CHAPEAU, zut POUR LA VOILETTE ! (LOTI, *Désenchantées*, II.)

L'Acad. laisse le choix entre *Gare aux conséquences* (qu'elle ne citait pas en 1878) et *Gare les conséquences*. Ce dernier tour ne s'emploie plus guère :

Gare tout à l'heure LES COUPS DE TRIQUE (A. DAUDET, *Contes du l.*, Trois sommations).

Avec un pronom, une proposition relative ou un infinitif, on met toujours *à* : *Gare à toi !* — *Gare à qui le scandalisera !* (MAUROIS, *Silences du colonel Bramble*, p. 88.) — *Gare à ne pas se salir !* (CLAUDEL, *Présence et prophétie*, p. 260.)

Comme *remercier* (§ 282, *a*), **merci** construit avec *de* ou avec *pour* le complément indiquant la chose dont on remercie ; l'Acad. ne donne d'ex. qu'avec *de*.

Merci DES *bluets des champs et* DE *la giroflée des murailles* (KARR, *Voy. autour de mon jardin*, XXIII). — *Merci* DES *bonnes dispositions que nous avons prises* (BARRÈS, dans Barrès et Maurras, *La République ou le roi*, p. 27). — *Merci* DE *l'article que vous m'avez envoyé* (MAURRAS, *ib.*, p. 153). — *Merci* DE *votre adhésion* (J. ROMAINS, *Knock*, II, 2).

Merci POUR *la lumière du jour naissant* (MICHELET, *Bible de l'humanité*, p. 26). — *Merci, cher ami*, POUR *vos deux livres* (CLAUDEL, dans Suarès et Claudel, *Corresp.*, p. 183). — *Merci* POUR *votre visite* (BILLY, dans le *Figaro litt.*, 2 janv. 1964).

Autres ex. de *merci pour* : DUMAS fils, *Fils naturel*, Prol., VI ; ESTAUNIÉ, *Appel de la route*, p. 32 ; ARLAND, *Ordre*, t. III, p. 216 ; R. MARTIN DU GARD, *Thib.*, Pl., t. I, p. 1323 ; GIRAUDOUX, *Sodome et Gomorrhe*, p. 161 ; etc.

Si le complément est un infinitif, la construction avec *de* est la seule possible : *Merci* DE *porter cette lettre* (G. DUHAMEL, *Nouvelles du sombre empire*, p. 170).

Sur *Dieu merci*, voir § 348, *a*, Hist.

b) Mots-phrases accompagnés d'adverbes.

Halte-là, locution figée comme le montre le trait d'union : *Il allait droit, halte-là !* (VALLÈS, *Enfant*, XXIII.)

Adieu POUR JAMAIS (AC., s.v. *jamais*) [vieilli]. — *Adieu* À TOUT JAMAIS. *Adieu* POUR TOUJOURS.

Emplois occasionnels avec des adverbes de temps, par ex. : *Gare* TOUT À L'HEURE (A. DAUDET, cité plus haut).

Merci, qui a d'abord été un nom, avait comme forme superlative *Grand merci*, qui existe encore dans le style soigné. Devenu mot-phrase, *merci* reçoit comme compléments les adverbes *bien* et *beaucoup ;* cela n'est pas encore enregistré par l'Acad., mais l'usage a tranché, comme le reconnaissait déjà Martinon (p. 506, note : « familièrement ») :

Ex. de *merci bien* : FLAUB., *Éd. sent.*, II, 3 ; ZOLA, *Œuvre*, I ; MAUPASS., *Fort comme la mort*, I, 1 ; H. de RÉGNIER, *Vacances d'un jeune homme sage*, p. 51 ; COLETTE, *Chatte*, p. 131 ; PAGNOL, *Merlusse*, Petite Illustration, p. 5 ; etc.

Ex. de *merci beaucoup* : Éd. BOURDET, *Temps difficiles*, Petite Illustration, p. 27 ; R. ESCHOLIER, *Dansons la trompeuse*, p. 18 ; BUTOR, *Emploi du temps*, I, 4 ; etc.

Plus rarement avec d'autres adverbes : *Merci* TELLEMENT ! (Fr. MAURIAC, *Sagouin*, p. 79.) — *Merci* TANT (J. GREEN, *Mauvais lieu*, p. 60).

On dit aussi : *Merci mille fois* ou *Mille fois merci*.

On dit, en français commun, **Bien au contraire** ou *Tout au contraire : Cette dépendance n'implique nullement*, BIEN *au contraire, la servilité politique* (LE ROY LADURIE, *Carnaval de Romans*, p. 329). — En Belgique, on dit souvent dans le même sens, °*Que du contraire : Est-ce à dire que la vigilance ne soit plus de mise ?* QUE *du contraire !* (Dans *Femmes d'aujourd'hui*, 19 sept. 1978, p. 13.) [Renforcement de *Du contraire*, variante ancienne de *Au contraire*.] — *Que oui* est aussi du fr. commun.

Oui bien, qui s'est employé dans la langue générale au XVIe et au XVIIe s. (Wartburg, t. IV, p. 444), est aujourd'hui archaïque ou provincial : *Ils se sont parlé ? / — Oui* BIEN (P. FÉVAL, *Cavalier Fortune*, 1982, p. 400). — *Vous avez mangé une choucroute ? dit Françoise. / — Oui* BIEN, *dit Xavière* (S. de BEAUVOIR, *Invitée*, L.P., p. 231). — Voir aussi § 1054, *a*. — — Pour d'autres renforcements de *oui*, voir la Rem. ci-dessous.

°*Salut bien* est aussi du fr. provincial : SALUT BIEN ! *dit-elle en les invitant du geste à entrer* (R. FALLET, *Rouge à lèvres*, p. 155). — Autres ex. : FROMENTIN, *Domin.*, II ; S. de BEAUVOIR, *Invitée*, L.P., p. 149.

Remarque. — Plutôt que des éléments subordonnés au mot-phrase, on a des locutions-phrases résultant de la jonction de deux mots-phrases dans *Oui-da, Oui vraiment, Ça non, Ça par exemple ! — à plus forte raison dans *Non merci. — Zut alors !* est aussi une locution-phrase.

c) **Propositions.**

Chiche que (+ indicatif) « je parie que » (langue familière) : *Chiche !* QUE J'Y VAIS ! (GIDE, *Faux-monn.*, III, 5.) — *Chiche, dit-il soudain,* QUE JE COUCHE AVEC ELLE AVANT QUINZE JOURS (ABELLIO, cit. *Trésor*).

Gare que (+ subjonctif) « il est à craindre que » (littéraire) : *Si l'inégalité vous plaît, gare que* DEMAIN ELLE NE SE RETOURNE CONTRE VOUS ! (R. ROLLAND, *Jean-Chr.*, t. IX, p. 63.) *Gare* À QUI LE SCANDALISERA ! (MAUROIS, cité plus haut dans *a*.)

Les mots-phrases peuvent avoir dans leur dépendance des propositions conjonctives adverbiales : *Et puis, tant pis* S'ILS DESCENDENT ET QU'ILS LA TROUVENT PRISE ! (PROUST, *Rech.*, t. III, p. 630). — *Iras-tu à la soirée ? — Non,* PUISQUE TU NE M'ACCOMPAGNES PAS.

Pour *oui que*, etc., voir § 1067, 2°.

CHAPITRE V

AUTRES ÉLÉMENTS DANS LA PHRASE

362   Ce chapitre réunit des faits hétérogènes.

a) Parmi les éléments **qui ont une fonction dans la phrase,** outre ceux qui ont été décrits dans les chapitres précédents, il y a des **mots-outils** (§ 363), mais aussi des **éléments redondants,** qui exercent une fonction assumée déjà par d'autres (§§ 364-368). Nous mentionnons aussi les éléments dits **explétifs** (§ 369).

b) Il y a des éléments qui sont localisés dans la phrase, mais **sans y avoir de fonction,** sans avoir de lien grammatical avec les autres mots de la phrase dans laquelle ils sont insérés. Ce sont des éléments **libres,** qui forment en fait une autre phrase ou, plus précisément, une sous-phrase. Nous distinguons le **mot mis en apostrophe** (§ 370) et les éléments **incidents** (§§ 371-373), dont l'**incise** est une forme particulière (§ 374).

363   **Les mots-outils.**

a) Mots de **liaison :**

— La **préposition** établit un lien de subordination entre des mots ou des syntagmes (voir §§ 987-1022) :

Je vais À *Bruxelles. Il luttait* CONTRE *le sommeil. Je cherche un travail facile* À *faire. La porte* DE *la maison est ouverte.*

— La **conjonction de subordination** établit un lien de subordination entre des mots (ou des syntagmes) et des propositions (voir §§ 1023-1028) :

Je partirai QUAND *j'aurai fini de manger. — Je veux* QUE *vous m'accompagniez.*

Le pronom relatif établit aussi un lien de subordination, mais il a en même temps une fonction dans la proposition qu'il introduit : *La personne* QUE *vous cherchez n'est pas ici.* (*Que* est complément d'objet direct.)

— La **conjonction de coordination** établit un lien de coordination entre des éléments de même fonction (voir §§ 1029-1042) :

> Mon père ET ma mère sont en voyage. — Mon verre n'est pas grand, MAIS je bois dans mon verre (MUSSET, Prem. poés., La coupe et les lèvres, Dédic.).

b) Mots servant à **introduire,** comme *est-ce que* interrogatif, *c'est ... que* mettant en relief, etc. (voir §§ 1043-1047) :

> EST-CE QUE *tu iras ?* — C'EST *demain* QUE *je partirai.*

364   Les éléments redondants.

Bibl. — M. DESSAINTES, *La notion de « relais syntaxique »,* dans les *Études classiques,* avril 1965, pp. 140-155.

La redondance est le fait que la même fonction est exercée par deux termes apportant la même information dans la même phrase. Tantôt ces termes sont identiques, tantôt l'un d'eux est un pronom (surtout un personnel ou un démonstratif), ou un synonyme, ou encore un terme de sens vague comme *chose, procédé, fait,* etc.

Nous distinguons les redondances que l'on pourrait dire grammaticales ou imposées parce qu'elles vont de soi, dès que le locuteur ou le scripteur ont fait choix d'une manière de s'exprimer (§ 365) ; — les redondances dues au souci de clarté (§ 366) ; — les redondances expressives (§ 367) ; — des redondances diverses, ordinairement peu justifiées (§ 368).

Il y a des redondances qui ont cessé d'être senties comme telles, parce que la valeur primitive de l'élément s'est estompée : voir par ex. § 656, *a* (*s'*ENfuir DE ..., etc.).

Il y a aussi des redondances purement occasionnelles, par ex. quand un locuteur hésite en cours de phrase : *Je disais donc... Ah ! oui,* JE DISAIS *que, sur le coup d'une heure et demie, vous reprendriez le collier* (H. BAZIN, *Vipère au poing,* VI).

Remarque. — Dans le pléonasme (§ 15), on donne aussi deux fois la même information, mais les mots n'exercent pas la même fonction, par ex. dans *Un* PETIT NAIN.

365   Redondances imposées.

a) Sous la forme du pronom personnel conjoint.

1° Dans des cas où le pronom personnel sujet (ainsi que *ce* et *on*) connaît régulièrement l'inversion, les sujets d'une autre nature gardent leur place ordinaire, mais sont repris par un pronom personnel conjoint placé immédiatement après le verbe.

— Dans la phrase interrogative : *Votre père reviendra-t-*IL *lundi ?* (Parallèlement à : *Reviendra-t-il lundi ?*) — Cf. § 388.

— Dans la phrase énonciative commençant par *peut-être, sans doute,* etc. : *Peut-être votre père reviendra-t-*IL *lundi.* (Parallèlement à : *Peut-être reviendra-t-il lundi.*) — Cf. § 378.

2° *Il* impersonnel forme une redondance avec le « sujet réel » (§ 230) des verbes impersonnels :

IL *est tombé une averse.* IL *m'est arrivé une aventure. Est-*IL *certain que ta mère sera d'accord ?*

3° Le sujet contenant un pronom personnel coordonné est ordinairement repris par un pronom personnel accompagnant le verbe (§ 636, *c,* Rem. 2) :

Gérard et toi VOUS *entraînez cette petite* (COCTEAU, *Enfants terribles,* Sel., p. 40). — La redondance se produit aussi pour les compléments d'objet : *Cela* VOUS *rappellera à Pierre et à vous mon anniversaire.*

b) Sous la forme d'un pronom démonstratif ou d'un nom de sens vague, lorsqu'une fonction assumée d'habitude par un nom ou un pronom est exercée par un terme d'une autre nature, par ex. un infinitif ou une proposition conjonctive.

1° Sujets.

— Sujets placés en tête de la phrase ou de la proposition : *Partir,* C'est *mourir un peu* (E. HARAUCOURT, *Seul,* Rondel de l'adieu). — *Que nos alliés d'hier se réunissent encore en notre absence,* [...] LE PROCÉDÉ *ne pouvait que nous causer un renouveau d'irritation* (DE GAULLE, *Mém. de guerre,* t. III, p. 236). — De même : *Trop,* c'est *trop. Soixante ans,* CELA *compte !*
Dans la langue écrite, la reprise n'est pas considérée comme nécessaire : cf. § 231.

— Sujets placés en fin de phrase ou de proposition (redondance obligatoire) : C'est *un plaisir de vous rencontrer ici.* C'est *dommage que vous vous soyez trompé.* — CELA *l'eût choqué qu'un officier à quatre galons parlât de déposer les armes* (DORGELÈS, *Cabaret de la Belle Femme,* p. 115). — De même avec un sujet nominal mis en évidence par *que :* C'est *une belle fille que votre nièce !*

N.B. — Le pronom démonstratif *ce* ne s'emploie qu'avec le verbe *être.* Sinon, on recourt à *ceci, cela.*

2° Compléments.

— Compléments d'objet direct accompagnés d'un attribut : *La bêtise a* CECI *de terrible qu'elle peut ressembler à la plus profonde sagesse* (LARBAUD, *Fermina Márquez,* XIII). — On pourrait supprimer *ceci.*

— Compléments introduits par des prépositions auxquelles ne correspondent pas de conjonctions de subordination : *Cette préférence* [...] *ne se montrait que par une presque insensible différence dans la voix et le regard, et* EN CECI *encore qu'elle prenait quelquefois son avis* (MAUPASS., *Pierre et Jean,* I). — *Chez Albertine, la sensation du mensonge était donnée par bien des particularités* [...]*, mais principalement* PAR CECI *que, quand elle mentait, son récit péchait soit par* [...] *invraisemblance, soit par excès, au contraire, de petits faits destinés à le rendre vraisemblable* (PROUST, *Rech.,* t. III, p. 179). — On dirait aussi ... *par le fait que ...,* — ou, avec un infinitif, ... *par le fait de ... ;* cf. Rem. ci-dessous. — Ces redondances sont nécessaires.

— Compléments placés en tête de la phrase ou de la proposition : *Qu'on puisse agir sur lui par cette crainte, Napoléon* EN *est certain* (BAINVILLE, *Napoléon*, p. 444). — Cette reprise est à peu près obligatoire.

N.B. — La reprise peut être assurée par un syntagme qui n'est pas un simple équivalent nominal, mais qui émet un jugement : *Envier des êtres que l'on méprise, il y a dans* CETTE HONTEUSE PASSION *de quoi empoisonner toute une vie* (Fr. MAURIAC, *Nœud de vip.*, II).

Hist. — Comme *ceci* aujourd'hui, *ce* permettait de transformer une préposition en conjonction. Nous en avons gardé *parce que* (tout à fait figé), *pour ce que* (archaïque : § 1083), *sur ce que, en ce que* et surtout *à ce que* et *de ce que* (§ 1069, *b*). On trouve encore au XVIIe s. quelques autres survivances : ⁺À CAUSE DE CE QUE *la force règle tout* (PASCAL, *Pens.*, 306). — ⁺AVEC CE QU'*il était frère, il était encore ami* (SÉV., 28 oct. 1685). — ⁺*C'est un mot tout à fait barbare et que je ne remarquerais pas* [...] SANS CE QUE *je l'ai trouvé chez un auteur moderne* (VAUGELAS, cit. Haase, p. 378). — Cf. aussi *cependant que*, § 1081, *b*.

Ce que servait en outre pour une proposition sujet, là où nous mettrions *le fait que* (Rem.) : cf. § 231, *c*, Hist. ; — ou pour une proposition corrélative (afin d'éviter la succession de deux *que*) : *Et nous sera li honneurs cent fois plus grande que* CE QUE *nous euissions le confort des Anglois* (FROISS., *Chron.*, S.H.F., t. IX, p. 40) [cf. § 1028, *c*, Hist.].

Remarque. — D'une façon générale, *le fait de* et *le fait que* n'ont d'autre rôle que de transformer l'un un infinitif, l'autre une proposition en syntagmes nominaux et de donner commodément à cet infinitif et à cette proposition n'importe quelle fonction des noms :

[...] *encore qu'inversement le rouge fût* [...] *redevable d'une bonne part de son pouvoir d'attraction* [...] AU FAIT D'*être, par excellence, la couleur du drame* (M. LEIRIS, *Ruban au cou d'Olympia*, p. 40). — LE SEUL FAIT DE *prendre contact avec ces fractions multiples et dispersées comportait, pour moi, de grandes difficultés* (DE GAULLE, *Mém. de guerre*, t. I, pp. 94-95). LE FAIT QUE *Dauger aurait empoisonné son maître prouve* [...] *que ce n'était qu'un valet criminel* (PAGNOL, *Masque de fer*, p. 190). — *Les oppositions que j'ai pu susciter dans ma ville natale ne sont pas liées* AU FAIT QUE *je suis Bordelais* (Fr. MAURIAC, dans le *Figaro litt.*, 21 oct. 1965). — *Je n'écarte pas* LE FAIT QUE *ce décor assez inattendu ait éveillé en moi plus de curiosité que de soupçons* (C. BOURNIQUEL, *Sélinonte ou la chambre impériale*, p. 114). — *Dans* LE FAIT QUE *ces images* [...] *se multipliassent, dans* LE FAIT QU'*elles fussent de plus en plus ténues* [...], *je voyais* [...] *un phénomène de régression* (J. BOREL, *Retour*, p. 534).

c) **On peut aussi considérer comme formant une redondance des pronoms qui reprennent un terme, soit pour expliciter son extension, soit pour marquer une distribution ou une réciprocité :**

Les journées se passèrent TOUTES *ainsi* (AC., s.v. *tout*). — *Ce jeune homme nous a* TOUS *trompés* (VIGNY, *Chatt.*, II, 5). — *Avec aucun, cela est plus rare : Vous n'osez* AUCUN *le prier de rester* (Fr. de CUREL, cit. Sandfeld, t. I, p. 363). — *Logez ces voyageurs* CHACUN *à part* (AC., s.v. *chacun*). — [*Sur la plage d'Étretat*] *Les deux portes* [...] *avançaient dans l'eau tranquille,* L'UNE *son pied de naine,* L'AUTRE *sa jambe de colosse* (MAUPASS., *C.*, Modèle). — *La morale et le savoir ne sont pas nécessairement liés* L'UN *à* L'AUTRE (A. FRANCE, *Pierre Nozière*, p. 145).

Lorsqu'un terme synthétique (surtout *tout* et *rien*) annonce ou reprend une énumération, nous rattachons plutôt ce phénomène à la coordination : § 253, *b*, Rem. 1.

366 **Redondances dues au souci de la clarté.**

a) Reprise d'un terme trop éloigné.

Le terme est repris tel quel : *Les clients, noble terme alors appliqué par les détaillants à leurs pratiques et dont César se servait malgré sa femme, qui avait fini par lui dire : « Nomme-les comme tu voudras, pourvu qu'ils paient ! »* LES CLIENTS *donc étaient des personnes riches* [...] (BALZAC, *Birotteau,* Pl., p. 469). — *Chaque science, quelque créance qu'un savant en particulier puisse accorder au fait historique ou au dogme philosophique,* CHAQUE SCIENCE, *dis-je, se refuse à introduire, dans l'acheminement des lois et des théories qui lui sont propres, rien qui soit emprunté à la conception d'une causalité première* (LITTRÉ, discours, dans J.-Fr. Six, *Littré devant Dieu,* p. 47). — *Alors, dit Thérèse, en secouant la tête,* ALORS *vous ne viendrez jamais* (G. DUHAMEL, *Suzanne et les jeunes hommes,* p. 68).

Le terme n'est pas repris tel quel : *L'ami et le compagnon d'émigration du baron de Fierdrap, et que celui-ci regardait alors comme Morellet aurait regardé Voltaire, s'il l'eût tenu chez le baron d'Holbach dans une petite soirée intime,* CET ABBÉ, *qui complétait les trois siècles et demi rassemblés dans ce coin, était bien un homme de la même race que le baron* (BARBEY D'AUR., *Chev. des Touches,* I). — *L'étudiante, sans qu'aucun trait ne bouge sur son visage* [...], *sans que le moindre sourire ne vienne déformer sa bouche* [...], *ou que les longs cils courbes ne battent seulement sur le vert clair de ses grands yeux,* LA FAUSSE ÉTUDIANTE *pose successivement son regard* [...] (ROBBE-GRILLET, *Souvenirs du Triangle d'or,* p. 50).

b) Reprise d'un terme auquel on veut ajouter un élément supplémentaire :

Son dos même, SON DOS *tranquille était irritant à voir* (FLAUB., *Mme Bov.,* II, 1). — *Je suis venue ici pour entendre la vérité,* CETTE VÉRITÉ *que nous n'avons jamais, nous autres, même en exil...* (A. DAUDET, *Rois en exil,* p. 497.) — *Vous vous introduisez par l'étroite ouverture* [...], *puis, votre valise couverte de granuleux cuir sombre couleur d'épaisse bouteille,* VOTRE VALISE *assez petite d'homme habitué aux longs voyages, vous l'arrachez par sa poignée collante* (BUTOR, *Modification,* I). — *J'ai pensé au langage au-delà du langage humain qui est celui du Ciel,* LANGAGE *sans paroles et dont rien ne peut donner une idée* (J. GREEN, *Journal,* 2 mai 1967). — *François Mitterrand aura peine à réconcilier la diplomatie tiers-mondiste avec sa sympathie pour Israël —* SYMPATHIE *dont, moins que personne, je mets en doute la sincérité* (Raym. ARON, dans l'*Express,* 15 oct. 1982). — *Il avait été enfantinement glorieux de son chef-d'œuvre,* GLORIEUX *jusqu'à résister au désir de l'améliorer* (IKOR, cit. Dessaintes).

C'est aussi un procédé rhétorique, l'*anaphore* (§ 221) : *Chio, l'île des vins, n'est plus qu'un sombre écueil, /* CHIO, *qu'ombrageaient les charmilles, /* CHIO, *qui dans les flots reflétait ses grands bois* (HUGO, *Orient.,* XVIII).

c) Explicitation de l'antécédent d'un pronom :

Ceux de nos lecteurs qui seraient tentés de voir dans cette interpellation de Gavroche au boulanger [= *Kekseksça ?*] *un mot russe ou polonais, ou l'un de ces cris sauvages que les Yoways et les Botocudos se lancent du bord d'un fleuve à l'autre à travers les solitudes, sont prévenus que c'est un mot qu'ils disent tous les jours* (EUX NOS LECTEURS) (HUGO, *Misér.,* IV, VI, 2). [Comp. § 367, *b.*]

367 **Redondances expressives.**

a) Répétition immédiate d'un mot ou d'un syntagme pour attirer l'attention, pour marquer la durée ou la répétition d'une action, un haut degré (§ 954, *h*), etc. :

Voyez-le, VOYEZ-LE *notre Boileau avec sa perruque dessinée par Braque* [aurait dit Léautaud à propos de Paulhan] (JOUHANDEAU, *Carnets de l'écrivain,* p. 336). — *Rien n'arrête leur course ; ils vont,* ILS VONT, ILS VONT ! (HUGO, *Lég.,* XVII, 4.) — *Crible,* CRIBLE. *Pourquoi cribles-tu ce sucre, Léonide ?* (JOUHANDEAU, *Chaminadour,* p. 103.) [Voir sur cet impératif le § 862, Rem. 4.] — *Le mensonge est partout,* PARTOUT ! (E. et J. de GONC., *Ch. Demailly,* XXVIII.) — *Le vent ne gémit plus ; il est parti, là-bas,* LÀ-BAS, *poursuivant le soleil* (G. DUHAMEL, *Les plaisirs et les jeux,* VII, 7). — *Moi aussi, je suis un bourgeois. J'ai même eu une enfance très,* TRÈS *bourgeoise* (QUENEAU, *Bâtons, chiffres et lettres,* Id., p. 55). — *Tu n'es pas fâché, au moins ? / — Si, dit Herbert. / — Fâché-*FÂCHÉ, *ou simplement fâché ?* (COLETTE, *Julie de Carneilhan,* pp. 117-118.) — *Une tête de poupée* [...] *avec de gros yeux bleus-*BLEUS (J. ORIEUX, *Figues de Berbérie,* p. 34). [Peut-être par opposition à *bleu gris,* etc. Comp. § 335, Rem. 4.]

Ce phénomène pourrait être considéré comme une forme particulière de coordination. C'est en tout cas à la coordination que ressortit un ex. comme celui-ci : *La danseuse presque nue,* PLUS QUE NUE, ATROCEMENT NUE [...] (APOLLIN., *Anecdotiques,* p. 427). — Voir aussi § 263, Rem. 1, ainsi que § 220, *a,* 1°, Rem. 2 *(etc., etc.).* — Dans le lexique : § 178, *d.*

b) Un terme est mis en évidence au début ou à la fin de la phrase, et un pronom personnel ou démonstratif occupe la place normale de ce terme :

Sujets (§ 236, *b*) : *Hugo, toujours gigantesque, s'il vient à succéder à Lemercier dans l'Académie,* IL *a l'air de succéder à Napoléon, tant il en parle tout d'abord* (SAINTE-BEUVE, *Mes poisons,* p. 48). — *Par bonheur, une tête de vipère,* C'*est triangulaire* [...]. *Par bonheur, une peau de vipère,* C'*est rugueux* (H. BAZIN, *Vipère au poing,* I). [C'est le pronom placé devant le verbe qui détermine l'accord.] — IL *avait beaucoup changé, Camus* (SARTRE, *Situations X,* p. 196). [Texte d'une interview.] — *Moi, je vous baptise avec l'eau ; mais* IL *vient, celui qui est plus puissant que moi* (*Bible,* trad. CRAMPON, Luc, III, 16).

Attributs (§ 246, *d*) : *Libre, je ne* LE *suis à peu près jamais* (PROUST, *Rech.,* t. I, p. 867).

Compléments du verbe (§ 290, *d* et *e*) : *Des yeux de statue, on* EN *avait vu par milliers* (LOTI, *Mort de Philae,* p. 5). — *Bien sûr, cela vous a fait plaisir de* LE *boire, ce café au lait qu'elle vous a fait chauffer* (BUTOR, *Modification,* 10/18, p. 19).

Les compléments adverbiaux antéposés ne sont généralement pas repris par un pronom : cf. § 305, *a,* Rem. — Le pronom peut manquer aussi, surtout dans une langue parlée assez relâchée, avec l'attribut (§ 246, *d*) ou l'objet direct (§ 290, *d,* 1°). Pour l'objet indirect, cela est tout à fait reçu : § 290, *d,* 2°.

On peut avoir deux redondances distinctes ; Queneau s'en amuse : *C'était pas qu'*ELLE LES *gênait, la famille les fossoyeurs, mais c'était l'heure d'aller déjeuner et* ILS *finiraient de* LE *remplir seulement après la soupe, les fossoyeurs le trou* (*Dimanche de la vie,* VII). [Quadruple redondance.] — Redondance d'après le *b)* et redondance d'après le *c)* ci-dessous : JE L'*aurais bien donné aux requins à bouffer moi, le commandant Pinçon* (CÉLINE, *Voy. au bout de la nuit,* F°, p. 38).

Un même terme peut se trouver représenté trois fois, par application simultanée du *b)* et du *c)* : *Mais* MA GRAND'MÈRE, ELLE, *par tous les temps, même quand la pluie faisait rage* [...], *on* LA *voyait dans le jardin vide et fouetté par l'averse* (PROUST, *Rech.,* t. I, p. 11). — *T'es rien c... Ferdinand ! qu'*IL *me crie,* LUI ARTHUR (CÉLINE, *op. cit.,* p. 18). — Voir aussi l'ex. de Hugo au § 366, *b.*

Remarques. — 1. Certains syntagmes prépositionnels détachés en tête de phrase sont construits sans préposition parce qu'ils servent de thèmes (cf. § 228) ; en quelque sorte ils acquièrent leur véritable fonction seulement quand apparaît l'élément supplétif, lequel a la forme voulue :

*Ce manuel d'évasion, de délivrance, il est d'usage qu'on m'*Y *enferme* (GIDE, *Nourrit. terr.*,
Préf. de 1927). — *L'espérance est la volonté des faibles. Elle aussi, comme l'éloquence, il
faudrait* LUI *tordre le cou* (MONTHERLANT, *Service inutile*, Pl., p. 676). — *Apprendre que
Céline pratiquait la sodomie, et parfois la délation, comme le révèlent aujourd'hui certaines
lettres intimes, franchement on s'*EN *passerait* (POIROT-DELPECH, dans le *Monde*, 23 nov.
1979). — Autres ex. au § 290, *d*, 2°.

2. Le terme détaché en tête peut être mis en relief par des prépositions
jouant le rôle d'introducteurs (§ 1044, *d*, 4°) :

POUR *sauvage, vous l'êtes* (SAINTE-BEUVE, *Volupté*, IV). — POUR *en retard, oui, ils le sont*
(LOTI, *M*^(*me*) *Chrysanth.*, IV). — *Nous retournions à Uzès* [...] *pour la retrouver d'année en
année la même, à peine un peu plus sourde, car* POUR *plus ridée, depuis longtemps cela n'était
plus possible* (GIDE, *Si le grain ne meurt*, I, 2). — QUANT AU *frère Gaucher, ce pauvre frère lai
dont les rusticités égayaient tant le chapitre, il n'en fut plus question dans le couvent*
(A. DAUDET, *Lettres de m. m.*, p. 250). — QUANT À *Pellerin, il saisit la proposition avidement*
(FLAUB., *Éd. sent.*, II, 2).

Il arrive que le terme soit exprimé deux fois et non représenté par un pronom : POUR *un
physique avantageux, vous avez un physique avantageux* (COLETTE, *Chéri*, M.L.F., p. 46).

Le verbe même peut être mis en évidence, dans la langue parlée familière, la préposition
étant suivie de l'infinitif et le verbe conjugué occupant sa place habituelle dans la phrase :
« *Eh bien ! ça va-t-il ?* » / *Toine répondait :* / « POUR *aller, ça va* » (MAUPASS., *C.*, Toine, III).
— Voir aussi § 1044, *d*, 4° et Rem. 4 *(quant à faire, tant qu'à faire).*

3. Le terme mis en évidence à la fin de la phrase prend la préposition *de*
dans la langue parlée très familière quand le pronom placé devant le verbe est
en (parce que ce pronom représente d'ordinaire un syntagme introduit par *de*) :

Que j'en trouve encore une, DE *montre !* (COURTELINE, *Le commissaire est bon enfant*, IV.)
— *Tu n'en as pas une autre,* DE *main ?* (G. DUHAMEL, *Les plaisirs et les jeux*, IV, 11.)

Cette préposition se trouve aussi, dans la langue parlée très familière (sans
qu'il y ait *en*), quand le syntagme nominal forme redondance avec un pronom
possessif ou avec un pronom indéfini contenant le mot *autre* :

Je réserve mon opinion sur monsieur de Mons... / — *La nôtre est faite,* D'*opinion...*, *un
voleur...* (A. DAUDET, *Port-Tarascon*, I, 7.) — *Les clients c'étaient des indigènes assez délurés
pour oser s'approcher* [...]. *Les autres* DE *nègres, moins dessalés, préféraient demeurer à distance*
(CÉLINE, *Voy. au bout de la nuit*, F°, p. 179).

c) Un terme est repris sous la forme d'un pronom personnel disjoint,
ce qui est une autre façon de mettre ce terme en évidence, souvent pour
l'opposer à d'autres :

NOUS, *nous ne l'étions pas, peut-être, fatigués ?* (E. ROSTAND, *Aiglon*, II, 9.) — [...] *cherchait
dans sa mémoire l'exemple de gens ayant aimé des personnes qui* À LUI *ne lui eussent pas plu*
(PROUST, *Rech.*, t. II, p. 228). — *Je lui avais,* MOI-*même, donné des instructions* (DE GAULLE,
Mém. de guerre, t. I, p. 197). — *Vos parents,* EUX, *le savent.* — *Vos parents le savent,* EUX.

Remarques. — 1. Le pronom disjoint, qu'il précède ou suive l'autre terme,
peut être mis en relief par *pour*, *quant à*, etc. (comp. *b*, Rem. 2) :

Elle ne répondit pas ; POUR *lui, il pleurait amèrement* (STENDHAL, *Rouge*, I, 30). — *Vous
revêtirez mes deux redingotes* [...]. POUR *moi, comme il sied à un ministre, je resterai en veston*

(J. Romains, *Copains,* L.P., p. 151). — *Mallarmé n'a pas été très satisfait de voir Claude Debussy écrire une partition de musique pour son poème. Il estimait,* QUANT À *lui, que sa musique à lui suffisait* (Valéry, *Variété,* Pl., p. 670). — Sur *tant qu'à moi,* voir § 1044, *d,* 4°, Rem. 4.

2. Le pronom disjoint doublant l'objet direct est parfois construit comme un objet indirect dans le fr. populaire de Bruxelles : °*Il faut toujours nous écouter,* à *nous* (ex. oral, cit. Pohl, p. 142).

d) À l'imitation des classiques, la langue écrite reprend parfois par un adverbe (*ainsi, de même,* etc.) les propositions placées en tête de la phrase, surtout si elles sont longues :

De même que le culte du foyer domestique était secret et que la famille seule avait droit d'y prendre part, DE MÊME *le culte du foyer public était caché aux étrangers* (Fustel de Coulanges, *Cité antique,* III, 6). — *Là où le péché a abondé, la grâce a surabondé, afin que, comme le péché a régné par la mort,* AINSI *la grâce régnât par la justice pour la vie éternelle, par Jésus-Christ Notre-Seigneur* (*Bible,* trad. Crampon, *Épître aux Rom.,* V, 21). — *Comme l'ouvrier ne regarde point sa main, mais la pointe de l'outil,* TOUT DE MÊME *les ouvriers d'entendement ne font point réflexion sur les relations qui font paraître la chose en sa vérité* (Alain, *Entretiens au bord de la mer,* p. 34). — *De même que, dans l'état présent de l'Histoire, toute écriture politique ne peut que confirmer un universel policier,* DE MÊME *toute écriture intellectuelle ne peut qu'instituer une para-littérature, qui n'ose plus dire son nom* (Barthes, *Degré zéro de l'écriture,* I, 2). — Autre ex. avec *De même que ... de même ... :* L. de Vilmorin, dans le *Figaro litt.,* 2 mars 1963.

Hist. — Jusqu'au XVIIIᵉ s., les auteurs reprenaient souvent par *autant* la proposition introduite par *autant que :*

Autant que de David la race est respectée, / Autant *de Jezabel la fille est détestée* (Rac., *Ath.,* I, 2). — *Autant que le pouvoir du clergé est dangereux dans une république,* AUTANT *est-il convenable dans une monarchie* (Montesq., *Espr.,* II, 4).

Cela reste possible dans le style oratoire. Mais ordinairement, on se sert de sous-phrases coordonnées (§ 254, *b,* 1°) : Autant *l'une est respectée,* autant *l'autre est détestée.*

368   Redondances diverses.

a) Puis après, puis ensuite sont des redondances peu justifiées. Elles sont pourtant depuis longtemps dans la langue et, si elles sont surtout courantes dans la conversation, on les trouve à l'occasion sous des plumes respectées :

Fais énergiquement ta longue et lourde tâche, / [...] / Puis après, *comme moi, souffre et meurs sans parler* (Vigny, *Dest.,* Mort du loup, III). — *Ma fille, va prier ! — D'abord, surtout, pour celle* / *Qui berça tant de nuits ta couche qui chancelle,* / [...] / Puis ensuite *pour moi !* (Hugo, *F. d'aut.,* XXXVII, 2.)

Hist. — Ces redondances, banales au moyen âge, ne gênaient pas les classiques :

⁺*Elle* [= l'admiration] *est causée premièrement par l'impression qu'on a dans le cerveau* [...], puis ensuite *par le mouvement des esprits* (Descartes, cit. Haase, p. 232). — *Le Galand ne desire* / *Que de vous abuser, et* puis après *s'en rire* (Mol., *Éc. des f.,* II, 5). — *Un Paon muoit ; un Geay prit son plumage ;* / Puis après *se l'accommoda* (La F., *F.,* IV, 9). — Dans cet ex., la formule se justifie mieux : *Du bain interne elle le regala,* / *Puis dit adieu,* puis après *s'en alla* (id., *C.,* Remède).

b) Pronom relatif et pronom personnel : cf. §§ 695, *e* (°*dont ... en ...*) ; 655, *b* (*où ... y ...*).

369   Le mot **explétif** est un terme qui ne joue pas le rôle qu'il a l'air de jouer ; il est, logiquement, inutile.

— Pronom personnel marquant l'intérêt (§ 647, *e*) : *Goûtez-*MOI *ce vin-là.* — On peut y joindre certains pronoms réfléchis (§ 749) : SE *moquer.*

— *Ne* non négatif (§ 983) : *Je crains qu'il* NE *parte.*

— *De* avec une épithète (§ 352, *b*), une apposition (§ 336), etc. : *Quelqu'un* D'*honnête. La ville* DE *Paris.*

— L'article dans *l'on* (§ 725, *f*) : *Si* L'*on veut.*

— *En* et *y* dans diverses expressions (§ 654) : *S'*EN *aller. Il* Y *va de l'honneur.*

370   **Le mot en apostrophe.**

C'est un nom ou un pronom (ou un syntagme nominal ou pronominal) désignant l'être animé ou la chose personnifiée à qui on adresse la parole :

Toute espérance, ENFANT, *est un roseau.* / *Dieu dans ses mains tient nos jours,* MA COLOMBE (HUGO, *Rayons,* XXXIX) [poème adressé à sa fille]. — *LUNE, quel esprit sombre* / *Promène au bout d'un fil,* / *Dans l'ombre,* / *Ta face et ton profil ?* (MUSSET, *Prem. poés.,* Ballade à la lune.) — *« Bonjour,* TOUS CEUX QUI SONT LÀ ! » *dit l'aveugle* (J. RENARD, *Poil de Car.,* Pl., p. 698). — *Adieu,* MEUSE ENDORMEUSE ET DOUCE À MON ENFANCE, / QUI DEMEURES AUX PRÉS, OÙ TU COULES TOUT BAS (PÉGUY, *Morceaux choisis,* Poésie, p. 7). — TOI, *de quel bois est la guillotine ?* [demande l'inspecteur] (GIRAUDOUX, *Intermezzo,* II, 4.) — *Ça c'est mignon,* LÉON ! (CÉLINE, *Voy. au bout de la nuit,* F°, p. 514.)

Dans la langue littéraire, le mot mis en apostrophe a un introducteur particulier, *ô :* Ô MON MAÎTRE ! *donnez-moi de ce pain à manger !* (CLAUDEL, *Corona benignitatis anni Dei,* p. 61.)

Le mot en apostrophe appartient à la deuxième personne grammaticale : voir l'ex. de Péguy ci-dessus. — Il correspond au *vocatif* du latin.

On ne confondra pas l'apostrophe avec l'apposition. Dans THÉRÈSE, *vous vous trompez,* quoique *Thérèse* représente la même réalité que *vous,* les deux mots ne sont pas en rapport grammatical l'un avec l'autre. L'apostrophe est une sous-phrase interpellative (§ 401) insérée dans une autre phrase. Au contraire de l'apposition, l'apostrophe ne peut être conservée dans le discours indirect : § 408, *d.*

On ne confondra pas non plus l'apostrophe avec des phrases exclamatives comme l'injure : IMBÉCILE ! *Regarde où tu marches !*

Remarques. — 1. La politesse traditionnelle interdit d'employer des mots-phrases comme *oui, bonjour,* etc. sans les faire suivre d'un mot en apostrophe. (Cette règle est en recul.) Aux enfants qui négligent cet usage, on le rappelle par une phrase où le mot en apostrophe est représenté par un pronom interrogatif ou par *mon chien* (parce que la règle ne s'applique pas aux animaux) :

Oui QUI *donc ?* (ARLAND, *Terre natale,* I.) — *Oui* QUI ? *Oui* MON CHIEN ? (J. DUTOURD, *Au Bon Beurre,* p. 51.) — *Oui* QUI ? *Oui* QUOI ? *Oui,* MON CHIEN ? (CÉLINE, *Casse-pipe,* F°, p. 25.)

2. Le mot en apostrophe peut être transformé en complément de mot-phrase, surtout quand il s'agit d'un pronom :

Au lieu de *Bonjour,* TOUS ! ou de *Bonjour,* VOUS ! on dit aussi *Bonjour* à TOUS ! *Bonjour* à VOUS !

371   Éléments incidents.

Bibl. — M. DESSAINTES. *La construction par insertion incidente.* P., d'Artrey, 1960.

L'élément incident est une espèce de parenthèse par laquelle celui qui parle ou écrit interrompt la phrase pour une intervention personnelle.

Du point de vue de l'intonation, il se prononce sur un ton plus bas que le reste de la phrase et, s'il a plusieurs syllabes, souvent sans variation de hauteur, *recto tono.*

Il y a d'ordinaire, avant et après l'élément incident, une pause dans l'oral et une virgule dans l'écrit (sauf si une autre ponctuation est requise). Mais ces pauses et ces virgules peuvent ne pas exister quand ces éléments sont à la fois brefs et très courants, comme *peut-être, sans doute,* etc. Au lieu de virgules, des parenthèses sont possibles ou des tirets (ceux-ci pouvant se combiner avec des virgules).

Remarques. — 1. La phrase dans laquelle se trouve l'élément incident (ou une partie de celle-ci) peut être représentée par un pronom faisant partie de l'incidence :

Il est parti, c'est évident, contre la volonté de sa famille. — Voir d'autres ex. dans le § 372.

2. Selon la définition donnée ci-dessus, l'élément incident se trouve à l'intérieur de la phrase. Mais il est possible d'y assimiler des mots ou des groupes de mots situés au début ou à la fin de la phrase :

SPECTACLE CHARMANT, *ce sont les deux gendarmes qui, pleins de bon sens, calment le magistrat* (BARRÈS, *Grande pitié des égl. de Fr.,* p. 72). — *En ce moment, je suis trop triste,* SAVEZ-VOUS ? (G. DUHAMEL, *Club des Lyonnais,* V.)

372   Nature des éléments incidents.

Cette nature est extrêmement variable, et nous ne mentionnons ici que les types les plus fréquents.

a) **Phrases verbales** (ou plutôt sous-phrases), elles-mêmes de types divers :

Oh ! la vie d'aventures qui existe dans les livres des enfants, pour me récompenser, J'AI TANT SOUFFERT, *me la donneras-tu ?* (RIMBAUD, *Saison en enfer,* Délires I.) — *Un soir,* T'EN SOUVIENT-IL ? *nous voguions en silence* (LAMART., *Médit.,* XIII). — *Savez-vous ?* voir § 120, *b.* — SOIT DIT ENTRE NOUS, *il n'est guère consciencieux dans son travail* (ROBERT, s.v. *entre,* II, 3°). — *Que de peines pour parvenir aux résultats qu'obtient, sans contorsions et sans coupages de cheveux en quatre,* DISONS *Hemingway* (N. SARRAUTE, *Ère du soupçon,* pp. 100-101).

Les phrases interrogatives ainsi insérées sont des interrogations fictives, et le point d'interrogation est facilement omis ou remplacé : cf. § 120, *b*.

Certaines de ces sous-phrases incidentes sont tout à fait autonomes. D'autres appellent un objet direct ou un sujet réel dont les phrases où elles sont insérées tiennent lieu ; c'est particulièrement le cas des incises (§ 374), mais aussi de *je crois, semble-t-il,* etc. — L'inversion que l'on observe dans cette dernière expression est un phénomène qui est particulièrement fréquent dans les incises.

b) **Mots-phrases** ou locutions-phrases, auxquels on peut joindre des mots ou des locutions que l'on range traditionnellement parmi les adverbes (parfois en les appelant adverbes *de phrase*) [cf. § 1050, *a*] :

Cette histoire, qui est HÉLAS ! celle de tant d'autres, est la vôtre (COURTELINE, *Boubouroche*, I, 3). — *Il eût été,* PROBABLEMENT, *très fort de demander sa main* (FLAUB., *Éd. sent.,* III, 2). — *Ma mère et mon père étaient* HEUREUSEMENT *sortis* (CHAT., *Mém.,* I, I, 8). — *Telle est,* BIEN SÛR, *l'ambition secrète et démesurée de tout auteur d'anthologie* (POMPIDOU, *Anthologie de la poésie fr.,* L.P., p. 10). — *C'est en passant,* BIEN ENTENDU, *qu'ils signalent quelque particularité du parler commun* (BRUNOT, *Hist.,* t. I, p. 40).

Les mots de ce genre qui expriment la certitude ou le doute, s'ils sont placés en tête de la phrase, entraînent l'inversion ou la reprise du sujet : §§ 377 et 379. — Une autre construction consiste à introduire *que* après ces mots, c'est-à-dire un pseudo-lien de subordination : § 1067, 2°.

c) **Syntagmes nominaux :**

Et là je vis, SPECTACLE ÉTRANGE, / [...] / *Passer des spectres en plein jour* (Th. GAUTIER, *Ém. et cam.,* Vieux de la vieille). — *Je lui dis,* FAÇON DE PLAISANTER, *que je ne voulais plus le voir* (LITTRÉ, s.v. *façon,* 8°). — *Je m'en vais chez elle* — MANIÈRE DE FAIRE CONNAISSANCE *quoi !* (ARLAND, *Les plus beaux de nos jours,* p. 115.)

Histoire de + infinitif est devenu, dans la langue familière, une sorte de locution prépositive marquant le but : *On nous mènera à Bonifacio,* HISTOIRE DE *manger des merles chez le patron Lionetti* (A. DAUDET, *Lettres de m. m.,* p. 113). — *Je vis une fois un garde national ivre et armé poursuivre,* HISTOIRE DE *rire, une bonne d'enfant qui ne riait pas* (HERMANT, *Confession d'un enfant d'hier,* II). — *Et, redressant la tête, il* [= un maréchal] *nous disait,* HISTOIRE DE *souffler un peu : / « Eh bien, ça va, la jeunesse ? »* (ALAIN-FOURNIER, *Gr. Meaulnes,* I, 3.) — HISTOIRE DE *rire, si nous jouions au Parquet un tour pendable ?* (H. BAZIN, *Tête contre les murs,* p. 14.) — *Histoire de rire* est déjà dans BALZAC, *Goriot,* p. 45.

La langue familière emploie aussi *question de* dans les mêmes conditions : QUESTION DE *la surprendre,* [...] *j'entrais dans sa chambre pendant qu'elle dormait* (CÉLINE, *Voy. au bout de la nuit,* F°, p. 594).

d) **Propositions relatives** dans une langue littéraire assez recherchée, ainsi que dans les expressions figées *qui plus est, qui mieux est, qui pis est* (§ 681, *e*) :

Si par hasard vous obteniez un ticket, DONT JE DOUTE, *un sourire compréhensif de l'employée vous renseignerait sur les limites du jargon de la R.A.T.P.* (Ch. BRUNEAU, dans le *Figaro litt.,* 23 févr. 1952). — *Il est sot et* QUI PIS EST *méchant* (AC., s.v. *pis*).

Ordinairement, on fait précéder le relatif du pronom démonstratif *ce* ou d'un nom comme *chose : Il se leva et,* CHOSE *qu'il n'avait pas faite depuis longtemps, il alla l'embrasser* (A. de CHÂTEAUBRIANT, *M. des Lourdines,* p. 142). — *Le vieillard,* CE *qui ne lui était jamais arrivé, leva les mains et fit mine de le chasser* (II. QUEFFÉLEC, *Recteur de l'île de Sein,* p. 191).

e) **Épithètes sans support.**

C'est des vers, clama-t-il, visiblement alarmé, AUTREMENT DIT, *celui qui te les envoie est un homme sans le sou. Un monsieur bien n'envoie pas de vers !* (HUYSMANS, cit. *Trésor,* S.V. *autrement.*)

Adjectifs au comparatif : *Ils me méprisaient ;* PIRE, *ils m'ignoraient* (S. de BEAUVOIR, *Mémoires d'une jeune fille rangée,* p. 63). — PLUS PRÉCIS ENCORE [= ce qui est plus précis encore], *les petits enfants de la ville, à l'heure du massacre final* [...], *brandissent les brandons* (LE ROY LADURIE, *Carnaval de Romans,* p. 343).

On emploie de même *pis* et *mieux : PIS encore, elle était heureuse* (YOURCENAR, *Souvenirs pieux,* p. 19).

f) **Syntagmes prépositionnels.**

+ nom : *Je suis,* À LA VÉRITÉ, *fort loin de penser aujourd'hui à un établissement aussi grave que le mariage* (NODIER, *Contes,* p. 200). — *Entre parenthèses* et *par parenthèse :* voir § 131, Rem. 2.

+ infinitif (l'agent de cet infinitif étant le locuteur, il est souvent différent du sujet de la phrase ou de la proposition : comp. § 879, *d*) : *Celui-ci* [= le flegmatique] *se trouve partout* [...] *et,* À DIRE VRAI, *presque toutes les figures rentrent dans ce type* (TAINE, *Notes sur l'Anglet.,* p. 304). — *Le citoyen ainsi défini est à la fois « législateur et sujet »,* POUR PARLER COMME KANT (BERGSON, *Deux sources de la mor. et de la rel.,* p. 300).

+ adjectif, surtout dans des tours familiers : *De toutes les éventualités susdites,* POUR SÛR *il en adviendrait une* (GIDE, trad. de : Conrad, *Typhon,* p. 108). — *Il ne voyait rien dans ce déshabillage qui pût choquer la pudeur, et,* DE VRAI, *je crois qu'il condamnait la pudeur elle-même* (HERMANT, *Confidences d'une aïeule,* II).

g) **Infinitif non prépositionnel** dans *Révérence parler* (vieilli : cf. § 871, Rem. 2) et **gérondif** sans *en* dans le tour adverbe + *parlant* (dans l'un et l'autre cas, l'agent est le locuteur et il est souvent différent du sujet de la phrase ou de la proposition) :

Les contemporains de Louis XIV nous ont tous l'air, RÉVÉRENCE PARLER, *de vieux tableaux* (HERMANT, *Bourgeois,* p. 40). — *MÉDICALEMENT PARLANT, un repos d'une journée au moins lui est nécessaire* (J. ROMAINS, *Knock,* III, 8).

h) **Compléments absolus :**

Il s'ensuit, RÉVÉRENCE GARDÉE, *que ces hommes admirables ressemblent à ces vins précieux, mais lents à se faire* [...] (BERNANOS, *Journal d'un curé de camp.,* Pl., p. 1082). — De même : *Sauf votre respect,* où *sauf* n'est plus senti comme un adjectif. Cf. § 308, *c.*

373   **Certaines sous-phrases incidentes perdent leur caractère** et s'intègrent à la phrase.

a) C'est le cas des expressions *Dieu sait, je ne sais, on ne sait, n'importe,* suivies d'une interrogation indirecte réduite au mot interrogatif ou au syntagme nominal dont fait partie le déterminant interrogatif. Ces syntagmes sont souvent (pour les trois premiers) ou toujours (pour *n'importe* [1]) figés au présent : § 850, *b,* Rem. 1. Ils équivalent à des pronoms ou à des adverbes ou à des déterminants et

---

1. *N'importe comment* a, en outre, connu une évolution sémantique particulière : cf. § 928, *f.*

exercent les fonctions propres à ces catégories ; par ex., les locutions pronominales peuvent avoir dans la phrase des fonctions essentielles, sujets, objets directs, attributs, etc.

N'IMPORTE QUI *te l'aurait pris* (Fr. MAURIAC, *Nœud de vip.*, IV). — *Pour entreprendre* N'IMPORTE QUOI, *il faut de l'argent !* (FLAUB., *Éd. sent.*, I, 2.) — *J'irai* N'IMPORTE OÙ *passer mes vacances* (AC.).
JE NE SAIS QUOI *l'empêchait de venir* (FLAUB., *op. cit.*, III, 1). — ON NE SAIT QUEL *rayon de Dieu semble visible* (HUGO, *Lég.*, t. I, p. 276). — *J'ai peur du sommeil comme on a peur d'un grand trou,* / [...] *menant* ON NE SAIT OÙ (BAUDEL., *Fl. du m.*, Gouffre). — *Je suis tout* JE NE SAIS COMMENT (AC.).

Cette incorporation à la phrase est particulièrement manifeste quand le mot interrogatif est précédé d'une préposition. Dans l'usage ordinaire d'aujourd'hui, cette préposition se place devant l'expression prise en bloc, ce qui montre bien qu'*importer* et *savoir* ont abandonné leur nature verbale :

Adressez-vous à *n'importe qui* (AC.). [Cet ex. ne se trouvait pas en 1878.] — *Professeur* ÈS [§ 565, *b*] *n'importe quoi* (SAND, *Homme de neige,* t. I, p. 91). — *Il est difficile d'en obtenir tout de suite,* à *n'importe quel prix* (FLAUB., *Éd. sent.*, III, 5). — *Quelque part,* [...] PAR *n'importe quels êtres* [...]*, une bataille, une lutte était livrée* (BAUDEL., *Paradis artif.*, Mangeur d'opium, IV). — DANS *n'importe quel poème, inspiration, fabrication, cela ne fait qu'un* (BREMOND, *Poésie pure,* p. 77).
Les dames ont disparu DANS *je ne sais quel escalier sombre* (NERVAL, *Voy. en Or.*, Pl., p. 118). — *Des brises chaudes montaient* AVEC *je ne sais quelles odeurs confuses* (FROMENTIN, *Été dans le Sahara,* I). — *Il a entendu quelque chose de lui, récité* PAR *il ne sait plus qui de la Comédie Française* (J. RENARD, *Journal,* 29 mai 1898). — *Son caraco et sa jupe s'imprégnèrent* [...] D'*on ne sait quoi qui flottait* (Ch.-L. PHILIPPE, *Père Perdrix,* p. 65). — *Mais celle-là avait germé un jour, d'une graine apportée d'on ne sait où* (SAINT EXUPÉRY, *Petit prince,* VIII). — *Et l'on s'est tout de suite mis à parler* DE *je ne sais quoi* (BILLY, dans le *Figaro litt.,* 1ᵉʳ avril 1968). — *La France est-elle endormie ou ivre* D'*on ne sait quelles illusions ?* (G. DUHAMEL, *Turquie nouvelle,* pp. 113-114.) — *Ses cheveux passés à Dieu sait quel produit qui les rendait mauves* (SIMENON, *Vérité sur Bébé Donge,* p. 82).
La préposition est même antéposée alors que l'expression n'est pas figée au présent : *Les maladies secrètes, l'alcool, les stupéfiants, avaient repétri* À *il ne savait quelle immonde ressemblance des milliers de figures qui toutes furent des figures d'enfant* (Fr. MAURIAC, *Baiser au lépreux,* p. 91). — *Les plafonds s'emplissaient d'un piétinement venu* D'*on ne savait quelle soupente* (P. GASCAR, *Présage,* p. 50). — *Il s'enfermait, des jours durant,* [...] POUR *on ne savait quels plaisirs* (GUÉHENNO, dans le *Figaro litt.,* 14 janv. 1961).

Dans les locutions formées avec *savoir*, la préposition peut encore être rattachée au mot interrogatif, selon la tournure primitive ; avec *n'importe*, c'est un usage archaïque, rarement attesté au XXᵉ s. :

N'*importe* PAR *quel moyen* (AC., 1835 et 1878). [Cet ex. a disparu en 1935.] — *Il ne sera jamais qu'un courtisan, n'importe* DE *qui, pourvu que ce soit un puissant du jour* (CHAT., cité par Montherlant, dans les *Nouv. litt.,* 26 janv. 1950). — *L'habitude qu'il avait prise de dormir n'importe* SUR *quelle planche* (SAND, *Homme de neige,* t. I, p. 192). — *Venir me trouver n'importe* à *quelle heure !* (J. LEMAITRE, *Vieillesse d'Hélène,* cit. Sandfeld, t. I, p. 391.)
Cette effarante nouvelle, annoncée on ne sait PAR *qui, circule* (GIDE, *Attendu que...*, p. 97). — *Un hanneton qui était tombé Dieu sait* D'*où* (SAINT EXUPÉRY, *Petit prince,* XIII). — *Une voix venue on ne sait* D'*où, tombée d'on ne sait où* (BERNANOS, *Enfants humiliés,* p. 239) [les

deux constructions sont employées l'une après l'autre]. — *Celui-ci* [...] *a passé trois ans en prison, à la suite on ne sait* DE *quelle escroquerie* (G. MARCEL, dans les *Nouv. litt.*, 26 févr. 1953). — *Voilà qu'il m'arrive je ne sais* D'*où un air de valse* (ARLAND, *Proche du silence*, V, 2).

Dans l'ex. suivant, la préposition est exprimée deux fois : *Un tohu bohu d'usagers entraînés* DE *je ne sais* D'*où et je ne sais où par le tapis roulant* (CLAUDEL, dans le *Figaro litt.*, 29 nov. 1947). — Comp. § 447, 3°.

Hist. — *Je ne sais quel* a pu, comme *certain*, être précédé d'un déterminant : ⁺UN JE NE SAIS QUEL *charme encor vers vous m'emporte* (CORN., *Pol.*, II, 2). — Au XIXᵉ s. : *Il faut pour cela que je sente avoir affaire à la véritable puissance de l'esprit, et non à* UNE JE NE SAIS QUELLE *force purement robuste de santé et de tempérament* (SAINTE-BEUVE, *Mes poisons*, p. 50). — L'Acad. donne encore cet ex. : UN JE NE SAIS QUEL *homme est venu me trouver.*

Je ne sais quoi est couramment précédé d'un déterminant depuis le XVIᵉ s. : *Ce qui vous fait ainsi admirer d'un chascun, / C'est ce qui est tout vostre* [...] : / *Ceste grace et doulceur et* CE JE NE SÇAY QUOY (DU BELLAY, *Regrets*, CLXXV). — L'Acad. enregistre encore *Un je ne sais qui*, *un homme que personne ne connaît ou ne considère.* — Le picard et le wallon, parfois aussi d'autres dialectes, ont poussé l'évolution jusqu'au bout. Cf. par ex. en liégeois *ine sakwè* « quelque chose », *ine sakî* « quelqu'un », *ine sawice* « quelque part » (*wice* = où), etc., littéralement « une sais quoi » altération de « ... (je) ne sais quoi », etc.

*b) **On ne peut plus*** (ou *... mieux*) joue le rôle d'un adverbe (voir aussi § 288, *c*, Rem. 5), par rapport à un verbe, à un adjectif, à un adverbe :

Il s'y conduisit ON NE PEUT MIEUX (AC.). — *Il est* ON NE PEUT PLUS *aimable* (AC.).

Hist. — On a employé *on ne saurait* dans la même construction : *Votre idée est* ON NE SAURAIT PLUS *juste* (DIDEROT, *Rêve de d'Alembert*, p. 74).

c) L'ensemble *Il y a* + indication de temps ne peut être considéré comme une incise quand il est précédé de *c'est*, quand il est mis en évidence au moyen de l'introducteur *c'est ... que* et quand il est précédé d'une préposition. Dans ces cas, *il y a* a un rôle assez proche de celui d'une préposition.

C'était IL Y A *dix ans.* — *C'est* IL Y A *dix ans que l'événement s'est produit pour la première fois.* — *Mon instinct d'*IL Y A *trente-six ans ne me trompait pas* (VALÉRY, *Corresp.*, cit. *Trésor*, s.v. *avoir*, IV, B). — *Jusqu'*IL Y A *cinq minutes* (MALRAUX, cité au § 1015, *b*, Rem. 2, avec d'autres ex.). Cf. A. Henry, *C'était il y a des lunes. Étude de syntaxe française.* P., Klincksieck, 1968.

d) Il semble que le même phénomène explique l'emploi de ***tant soit peu*** comme adverbe de degré et de là comme un déterminant indéfini :

La bête est TANT SOIT PEU *rétive* (MUSSET, *On ne badine pas avec l'am.*, I, 1). — *L'Église, en Amérique, perd* TANT SOIT PEU *de sa latinité* (J. GREEN, *Journal*, 5 mai 1942).

374   **Les incises** sont des incidentes particulières indiquant qu'on rapporte les paroles ou les pensées de quelqu'un. Elles sont placées à l'intérieur de la citation ou à la fin de celle-ci. Le sujet est placé après le verbe :

« *Rends-toi donc,* RÉPOND-IL, *ou meurs* [...] » (VIGNY, *Poèmes ant. et mod.*, Cor). — « *Donne-lui tout de même à boire* », DIT MON PÈRE (HUGO, *Lég.*, XLIX, 4). — *C'est vrai,* AVOUA-T-IL, *je l'ai mangé, le petit Chaperon Rouge. Mais je vous assure que j'en ai déjà eu bien du remords. Si c'était à refaire...* (AYMÉ, *Contes du chat perché*, Loup.) — *Il est très gentil, vous savez, Margot...* RISQUÉ-JE TIMIDEMENT (COLETTE, *Vagabonde*, II, 2). — « *Le marquis de Saint-Loup-en-Bray ! Ah ! bougre !* » S'ÉTAIT-IL ÉCRIÉ (PROUST, *Rech.*, t. I, p. 747).

On observera : 1° que lorsque le sujet est un pronom personnel ou *on*, il se met entre l'auxiliaire et le participe passé ; — 2° que lorsque le sujet est *je*, e final du verbe devient *é* dans la langue littéraire (l'usage ordinaire étant obligé de tourner cela autrement) [cf. § 764, *a*, Rem.] ; — 3° que lorsque le sujet est *il* ou *elle*, un *t* analogique (écrit entre traits d'union) sépare le verbe terminé par une voyelle et ces pronoms (cf. § 766, Rem.).

L'incise s'emploie aussi quand le locuteur reprend, notamment par souci d'être clair, une partie de sa phrase : voir l'ex. de Littré au § 366, *a*.

Le verbe de l'incise peut être un verbe ordinairement transitif ; le discours qu'elle sert à présenter tient lieu du complément d'objet direct. Mais on emploie aussi des verbes habituellement intransitifs. Voir § 407.

Hist. — Dans l'ancienne langue, jusqu'au XVIIᵉ s., où cela se raréfie, l'incise incluait le pronom *ce*, qui rappelait le discours dans lequel cette incise est insérée : *L'Antichrist est desja né,* CE *m'a lon dict* (RAB., III, 26). — *Sortons,* CE *m'a-t-il dit, le monde est écoulé* (MOL., *Fâch.*, I, 1). — *Je devois,* CE *dis-tu, te donner quelque avis* (LA F., *F.*, VIII, 1).

Pour Vaugelas (p. 308), cela se dit tous les jours en parlant, mais cela ne doit pas s'écrire. À notre époque, c'est un archaïsme assez net : *Dans ces bois de Virennes vivait,* CE *dit-on, un ermite* (POURRAT, *Gaspard des Montagnes*, t. I, 1931, pp. 210-211). — *Le magnolia à grandes fleurs, introduit,* CE *dit-on, dès 1734 en Caroline par des colons anglais* (F. DESONAY, *Air de Virginie*, p. 97).

Remarques. — 1. La langue populaire, qui répugne à l'inversion, laisse souvent le pronom devant le verbe de l'incise, mais en introduisant celle-ci par *que*. C'est l'usage parlé que reproduisent les ex. suivants :

Pauvre bête, QUE *je lui dis, si on doit tuer tout ce qui est vilain, je n'aurais pas plus que toi le droit de vivre* (SAND, *Pet. Fadette*, XVIII). — *Mais,* QU'*on se dit, cela* / *Ne fait rien* (HUGO, *Théâtre en liberté,* Grand'mère, VI). — *Pas cette année, Aimé,* QU'*il m'a dit en me touchant l'épaule, ce n'est pas possible* (PROUST, *Rech.*, t. I, p. 807). — *Siècle de vitesse !* QU'*ils disent* (CÉLINE, *Voy. au bout de la nuit,* Fᵒ, p. 15).

Le procédé abonde chez Céline, qui utilise même *que* quand il y a un sujet nominal inversé : *Vous allez le voir !* QUE *me coupa la vieille* (*ib.*, p. 405).

Une autre façon de dire, surtout courante dans le franç. populaire du Midi, est de ne pas faire l'inversion, sans recourir à *que* :

Tu vois, IL A DIT À L'AMOUREUX, *ça c'est ma femme* (GIONO, *Regain*, II, 2). — *J'irai jusqu'au bout !* / — *Quel bout ?* IL ME FAIT (PAGNOL, *Château de ma mère,* p. 293). — Dans la région lyonnaise : *« Ça va pas du tout ! »* IL LUI FAIT (G. CHEVALLIER, *Clochemerle,* IV).

2. La portée d'une sous-phrase incise n'est pas nécessairement limitée à une seule phrase :

Mais maintenant c'est une autre affaire, AJOUTA-T-IL EN SE LEVANT D'UN AIR RÉSOLU. *Il faut que j'aille donner quelques ordres* (GRACQ, *Rivage des Syrtes,* pp. 110-111).

CHAPITRE VI

PARTICULARITÉS
DES DIVERS TYPES DE PHRASES

SECTION 1. — LA PHRASE ÉNONCIATIVE

375   Par **la phrase énonciative** (ou *déclarative* ou *assertive*), le locuteur (ou le scripteur) communique simplement une information à autrui. C'est le type de phrase le plus fréquent et le moins chargé d'affectivité :

> *Sara se leva tard. Il était un peu plus de dix heures. La chaleur était là, égale à elle-même* (M. Duras, *Petits chevaux de Tarquinia*, p. 7). — *Les petits enfants imaginent avec facilité les choses qu'ils désirent et qu'ils n'ont pas. Quand ils gardent dans l'âge mûr cette faculté merveilleuse, on dit qu'ils sont des poètes ou des fous* (A. France, *Pierre Nozière*, 1899, pp. 56-57).

376   **Caractères de la phrase énonciative.**

Étant donné ce qui a été dit dans le § précédent, ce sont plutôt les autres types de phrases qui ont des caractères qui les opposent à la phrase énonciative.

a) La phrase énonciative est prononcée avec une intonation d'abord ascendante, puis descendante :

Nous par- tons cette nuit.

b) La phrase énonciative se termine ordinairement par un point dans l'écrit.

Le point-virgule (§ 128, *b*) et le double point (§ 129) peuvent aussi terminer des phrases énonciatives. Des sous-phrases énonciatives, lorsqu'elles sont coordonnées, sont suivies d'une virgule (§ 254, *b*) ou, sans ponctuation, d'une conjonction de coordination.

c) Le verbe de la phrase énonciative est le plus souvent à l'indicatif (ou au conditionnel, qui fait partie de l'indicatif).

L'infinitif est possible dans certains tours littéraires (§ 871, *c*) : *Aussitôt les ennemis de* s'ENFUIR *et de* JETER *leurs armes* (AC., s.v. *de*, IV).

Le subjonctif plus-que-parfait s'emploie avec la valeur du conditionnel passé dans la langue littéraire : *Je* FUSSE TOMBÉE, *s'il ne m'eût tenue* (Chr. ROCHEFORT, *Repos du guerrier*, L.P., p. 163). Cf. § 865, *e*.

La phrase énonciative peut être averbale (§§ 402-405), mais cela est moins fréquent que dans d'autres types de phrases.

d) Le sujet de la phrase énonciative précède le plus souvent le verbe. Cela oppose ce type de phrase à la phrase interrogative (ainsi qu'à la phrase injonctive, qui d'ordinaire n'a pas de sujet).

L'ordre sujet + verbe est encore plus fréquent dans la langue parlée que dans la langue écrite. Celle-ci connaît, en effet, certaines inversions ; nous distinguons celles qui concernent le pronom personnel, ainsi que *ce* et *on* (§ 377) ; celles qui concernent d'autres mots que ceux-là (§ 379). En outre, nous traitons au § 378 d'une reprise du sujet qui peut être mise en rapport avec l'inversion présentée dans le § 377.

Sur la place du sujet « réel », voir § 230bis.

377   Inversion du pronom personnel sujet, de *ce* **(sans relative) et de** *on* après certains adverbes ou locutions adverbiales (la plupart ne sont pas des compléments du verbe et sont à rapprocher plutôt des éléments incidents et des mots-phrases : cf. § 372, *b*, et 1050, *a*).

a) L'inversion est obligatoire dans *Toujours est-il que* (= en tout cas) [cf. Hist.] et après *encore* à valeur restrictive (= malgré cela) :

Enfin, *toujours est-*IL *que j'ai revu Robinson* [...] *ce même soir-là* (CÉLINE, *Voy. au bout de la nuit*, F°, p. 396). — *Encore y aurait-*IL *lieu de fixer l'attention critique sur ces objets eux-mêmes* (A. BRETON, *Nadja*, p. 15).

Voici pourtant un ex. sans inversion ; peut-être faut-il attribuer cette infraction à l'origine méridionale de l'auteur : *Je n'ai pu obtenir que 100 francs de mon père, encore* JE *craignais qu'il ne me donne rien du tout* (CÉZANNE, *Corresp.*, 4 avril 1878).

Hist. — *Toujours* mis en tête entraînait l'inversion dans d'autres formules : *Mais toûjours faut-*IL *demeurer d'accord, que sur cette matiere les Medecins en sçavent plus que les autres* (MOL., *Mal. im.*, III, 3). — *Quand le malheur ne seroit bon / Qu'à mettre un sot à la raison, / Toûjours seroit-*CE *à juste cause / Qu'on le dit bon à quelque chose* (LA F., F., VI, 7). — Voir aussi § 967, *e*, Hist. — L'Acad. a conservé jusqu'en 1878 cette phrase : *Si je n'ai pas réussi, toujours ai-*JE *fait mon devoir.*

On faisait aussi l'inversion dans *Bien est-il vrai* : *Bien est-*IL *vray, qu'auprés d'une beauté / Paroles ont des vertus non pareilles* (LA F., C., Oraison de s. Julien). — Encore chez STENDHAL : *Bien est-*IL *vrai que* [...] *quelques hommes* [...] *attribuèrent cette apparente insensibilité* [...] *à beaucoup de dissimulation* (*Chron. ital.*, Vittoria Accoramboni). — Après *or* : *Or est-*IL *qu'un corps grave tombe en effet de quinze pieds dans la premicre seconde* (VOLT., cité au § 756, Hist.).

Voir aussi § 380.

b) L'inversion est très fréquente, surtout dans la langue littéraire, après *et encore* (= malgré cela), *tout au plus, à peine, peut-être, sans doute, encore moins :*

*Et encore y faut-*IL *méditer* (BARRÈS, dans Barrès et Maurras, *La République ou le roi,* p. 604). — *Tout au plus pouvions-*NOUS, *lorsqu'il reprenait le souffle, risquer une question respectueuse* (H. BAZIN, *Vipère au poing,* XI). — *À peine tolérait-*ON *qu'elle sortît seule* (SARTRE, *Mots,* p. 10). — *Peut-être est-*CE *mieux encore de finir par l'aimer un peu* (CÉLINE, *Voy. au bout de la nuit,* F°, p. 439). — *Sans doute était-*IL *possédé sans le savoir de l'esprit des lieux* (Chr. ROCHEFORT, *Repos du guerrier,* II, 2). — *Encore moins peut-*ON *supposer que les nouveautés nées en Gaule* [...] *se répandaient en Afrique* (BRUNOT, *Hist.,* t. I, p. 48).

Ex. sans inversion (ils donnent souvent une impression de langue négligée) : *Voilà les types uniques des vieillards qui peuvent aimer sans ridicule. Et encore* ON *doit observer que ces types sont tous rejetés dans une époque antique* (SAINTE-BEUVE, *Prem. lundis,* Pl., p. 364). — *L'Anglais ne met pas de côté* [...] ; *tout au plus* IL *s'assure* (TAINE, *Notes sur l'Anglet.,* p. 32). — *À peine* IL *peut se baisser, à peine pourra-t-il saluer demain* (VALLÈS, *Enfant,* VI). [Remarquer les deux façons de faire.] — *Peut-être* CE *sera le matin* (CLAUDEL, *Ann. faite à M.,* p. 71). — *Peut-être* IL *redoute mon contact* (JOUHANDEAU, *Carnets du professeur,* p. 194). — *Sans doute* ELLE *ne les aura pas reçues* (H. MURGER, *Pays latin,* V).

Autres ex. sans inversion après *peut-être :* STENDHAL, *Chartr.,* XIX ; MUSSET, *On ne badine pas avec l'am.,* III, 1 ; HERMANT, *Confidences d'une aïeule,* XIII ; BERNANOS, *Grande peur des bien-pensants,* Pl., p. 45 ; Fr. NOURISSIER, dans le *Point,* 26 déc. 1983, p. 70. — Après *sans doute :* A. FRANCE, *Île des pingouins,* VII, 6 ; etc. — Voir ci-dessous, la Rem. 2.

c) L'inversion est assez fréquente après *ainsi, aussi, aussi bien, du moins, au moins, tout au moins, à tout le moins, pour le moins, à plus forte raison, a fortiori, en vain :*

*Ainsi demeura-t-*ELLE *un très long moment* (Fr. MAURIAC, *Anges noirs,* p. 117). — *Aussi faut-*IL *pour leur répondre une certaine habitude de leur monde* (DUMAS fils, *Dame aux cam.,* VII). — *Aussi bien était-*CE *déjà le soir* (ARLAND, *Terre natale,* I). — *Du moins pouvions-*NOUS *mépriser l'espèce de sublime* [...] *que la publicité américaine achève aujourd'hui de révéler au monde* (BERNANOS, *Grande peur des bien-pensants,* Pl., p. 57). — *À plus forte raison le ferai-*JE *pour celui qui est devant vos yeux* (SAND, *Mauprat,* XXVIII). — *En vain est-*CE *de vos bons deniers que vous courez les chemins* (MONTHERLANT, *Petite infante de Castille,* I, 1). — Etc.

Sans inversion : *Ainsi j'avais trois fois* [...] *franchi les steppes vides et glacées de ma chambre* (SAINT EXUPÉRY, *Pilote de guerre,* p. 80). — *Aussi* JE *me levai* (DUMAS fils, *l. c.*). — *Aussi bien* IL *y a des noms* [...] *que je n'ai jamais pu prononcer de sang-froid* (FROMENTIN, *Domin.,* III). — *Du moins* IL *n'aurait pu être qu'un homme de bibliothèque* (BERNANOS, *op. cit.,* p. 49). — *En vain* IL *a des mers fouillé la profondeur* (MUSSET, *Poés. nouv.,* Nuit de mai). — Etc.

d) Après d'autres adverbes ou mots-phrases, l'inversion est moins fréquente ; elle paraît même, dans plus d'un cas, assez artificielle :

D'AILLEURS *jouait-il son rôle sans soupçonner qu'on le lui eût confié* (PROUST, *Rech.,* t. II, p. 588). — ALORS *se résigna-t-il à l'évêque d'Évreux* (LA VARENDE, *Centaure de Dieu,* p. 18). — CERTES *savons-nous l'importance des imprégnations imaginaires* (J. LACAN, *Écrits I,* p. 19). — DAVANTAGE *doit-il présenter* [...] *des difficultés presque insurmontables* (VALÉRY, *Soirée avec M. Teste,* Préf.). — *Sur la plus frêle chaloupe,* DÉJÀ *se heurtent-ils* (GIDE, *Nourritures terr.,* III).' — DIFFICILEMENT *trouvera-t-on des gens qui veuillent* (LITTRÉ, s.v. *difficilement*). — DONC, *faut-il trouver le traître* (DRIEU LA ROCHELLE, *Chiens de paille,* p. 116). — VAINEMENT *lui disait-il :* [...] (Fr. MAURIAC, *Baiser au lépreux,* p. 132). — Etc. — Voir aussi Le Bidois, *Inversion,* pp. 88-126.

Remarques. — 1. Les adverbes énumérés ci-dessus peuvent avoir divers emplois, dans lesquels la fréquence de l'inversion n'est pas nécessairement identique.

2. Quand le verbe suit directement l'adverbe (sans qu'il y ait entre eux un complément : voir Rem. 3), il n'y a, normalement, après l'adverbe, ni pause dans la parole ni virgule dans l'écriture.

Certains auteurs mettent pourtant une virgule : *Aussi, souhaitait-il qu'on gardât le catholicisme* (A. FRANCE, *Les dieux ont soif,* XIV). — *Du moins, tâchions-nous que les débats fussent bien préparés* (DE GAULLE, *Mém. de guerre,* t. II, pp. 148-149). — *Sans doute, ne peut-elle pas facilement trouver mieux* (H. BAZIN, *Vipère au poing,* XXIV).

Quand il n'y a pas inversion du pronom, il semble qu'il y ait une légère pause entre ce pronom et l'adverbe qui le précède. Pourtant, les textes écrits ont assez rarement une virgule : *Ainsi,* JE *puis vous annoncer* [...] (A. FRANCE, *Île des pingouins,* I, 6). — *Sans doute,* ON *trouve souvent encore en m[oyen] fr[ançais] le sujet après le verbe* (BRUNOT, *Pensée,* p. 246). — *Peut-être,* IL *savait que ce ne serait pas facile* (MALRAUX, *Antimémoires,* p. 74). — *Sans doute,* IL *lui devait faire sa part* (BERNANOS, *Imposture,* Pl., p. 328).

3. L'inversion peut se produire même quand l'adverbe est suivi d'un complément ou d'un autre syntagme :

*Aussi, la veille, avait-*IL *osé parler de cette ligne unique de retraite à un général, rencontré par hasard dans un chemin* (ZOLA, *Débâcle,* II, 1). — *Encore pour que ce désenchantement soit possible, constamment possible, faut-*IL *que les chaînes ne nous écrasent pas* (A. BRETON, *Nadja,* p. 78). — *Ainsi dans mon enfance imaginais-*JE *les rois mérovingiens* (R. VAILLAND, *Beau Masque,* I, 1). — *Au moins, de cette façon, saurait-*IL *à quoi s'en tenir* (ROBBE-GRILLET, *Voyeur,* p. 112).

Mais, dans ce cas, le pronom garde plus facilement sa place devant le verbe : *Peut-être, si ce mot se rencontrait dans la pièce,* ON *le trouverait valant quatre syllabes* (LITTRÉ, *Hist. de la langue franç.,* t. II, p. 17). — *Ainsi, quand je serai perdu dans la mémoire / Des hommes, dans le coin d'une sinistre armoire, / Quand on m'aura jeté, vieux flacon désolé, / Décrépit, poudreux, sale, abject, visqueux, fêlé, /* JE *serai ton cercueil, aimable pestilence* (BAUDEL., *Fl. du m.,* Flacon).

4. L'inversion du pronom se produit parfois dans des propositions où *peut-être, du moins,* etc. suivent une conjonction de subordination ou un pronom relatif, par analogie avec le cas où ils sont placés en tête de la phrase. La présence de virgules dans plusieurs des ex. semble montrer que l'inversion n'est ici qu'un automatisme peu justifié.

[...] *une aversion que rarement prennent-*ILS *le soin de déguiser* (LAMENNAIS, *De la religion,* IV). — *L'autorité sacerdotale* [...] *a toujours les résultats les plus salutaires, parce que, du moins, est-*ELLE *toujours plus trempée d'intelligence* (GOBINEAU, *Essai sur l'inégalité des races hum.,* II, 5). — *On prétend que le mot* rivalité *est de la création de Molière, et qu'encore n'osat-*IL *le risquer que dans la bouche d'un valet* (LITTRÉ, s.v. *rivalité*). — *La circulation était si dense sur le pont Eminönü qu'à peine pouvait-*ON, *au péril de sa vie, le traverser* (S. de BEAUVOIR, *Force des choses,* p. 532). — *En remontant la colline où peut-être m'avait-*IL *vu souvent passer* (J. ROY, *Amour fauve,* p. 45). — Autres ex. : BALZAC, Pl., t. V, p. 26 ; HERMANT, *Théâtre (1912-1913),* p. 317 ; LA VARENDE, *Centaure de Dieu,* p. 13 ; S. DELESALLE, dans *Langue fr.,* mai 1974, p. 62.

5. L'inversion du pronom sujet entraîne certaines modifications dans la forme du verbe à la 1re et à la 3e personne du singulier :

Aussi TROUVÉ-*je* ... : § 764, *a*, Rem. — *Aussi trouva*-T-*il* ... : § 766, Rem.

Il y a en outre certaines interdictions, portant sur l'inversion du pronom personnel à la 1re personne : ******prends-je*, etc. (cf. § 764, *d*, Rem.) et de *ce* à la 3e personne : ******furent-ce*, etc. (cf. § 675, *e*). Même les formes comme *trouvé-je* sont plus ou moins désuètes. Tout cela entrave l'inversion et favorise des ex. comme les suivants :

Sans doute JE *veux qu'elle soit un jour près de moi* (RENAN, *Ma sœur Henriette*, p. 91). — *Aussi* JE *pense que* [...] (LITTRÉ, *Hist. de la langue fr.*, t. II, p. 36). — *Sans doute* JE *rêve* (SAINT EXUPÉRY, *Pilote de guerre*, p. 9). — *Ainsi* JE *me montre avec Régine depuis que je suis malade* (S. PROU, *Méchamment les oiseaux*, p. 167).

Les moyens indiqués dans la Remarque suivante trouvent aussi une justification supplémentaire.

6. La langue courante préfère souvent garder l'ordre normal en faisant suivre *peut-être* et *sans doute* de *que* (§ 1067, 2°) ; cela n'est pas exclu de la langue littéraire, surtout pour *peut-être*.

PEUT-ÊTRE QUE *je m'intéresse trop à ma patrie pour m'intéresser plus longtemps à son art* (BARRÈS, dans Barrès et Maurras, *La République ou le roi*, p. 195). — SANS DOUTE QU'*il n'y a plus pensé* (LITTRÉ).
Peut-être impliquant une idée de doute, il y a parfois un mélange avec des formes de l'interrogation : °*Peut-être* EST-CE *que* ... — Cf. § 121, *b*, Note.
On dit d'autre part *À peine si*, *Tout au plus si* sans inversion du sujet : À PEINE SI *j'avais quitté sa chambre tout le temps qu'avait duré sa maladie* (DUMAS fils, *Dame aux cam.*, VII).

378   **Le sujet n'est pas un pronom personnel, *ce* (sans relative) ou *on*. Reprise du sujet après le verbe.**

Les adverbes et mots-phrases qui provoquent l'inversion du pronom personnel, de *ce* et de *on* (§ 377) ont aussi une influence lorsque le sujet est d'une autre nature. Ils amènent la reprise du sujet par un pronom personnel conjoint placé immédiatement après le verbe, le sujet ayant sa place ordinaire.

a) Adverbes et mots-phrases cités au § 377, *a*, *b*, et *c* (à l'exception de *toujours*) :

Encore cela ne prit-IL *pas ses plus grandes* [...] *proportions* (A. BRETON, *Nadja*, pp. 63-64). — *Tout au plus un nom de chose, sous lequel nous ne songeons pas à découvrir le nom d'hommes, survit*-IL *en quelque château, quelque village lointain* (PROUST, *Rech.*, t. II, p. 541). — *À peine le soleil est*-IL *levé* (AC., s.v. *peine*). — *Peut-être ce que j'ai éprouvé de bizarre n'existe-t*-IL *que pour moi* (NERVAL, *Corresp.*, 15 juillet 1854). — *Ainsi Desbats s'assura-t*-IL *la neutralité de sa femme* (Fr. MAURIAC, *Anges noirs*, p. 58). — *Aussi le style est*-IL *toujours un secret* (BARTHES, *Degré zéro de l'écriture*, I, 1). — *Du moins Agaric était*-IL *à même de former une conjuration redoutable* (A. FRANCE, *Île des pingouins*, V, 1). — *À tout le moins la méthode employée peut*-ELLE *être appliquée à l'ensemble des langues* (J. REY-DEBOVE, dans le *Fr. mod.*, juillet 1972, p. 223). — *En vain le tableau noir, dressé sur le chevalet, l'invitait*-IL *à se replonger dans la sereine atmosphère des spéculations mathématiques* (BOURGET, *Divorce*, I).

La reprise est cependant moins automatique que l'inversion décrite dans le § 377 :

> *À peine le soleil était-il levé, à peine le soleil était levé qu'on aperçut l'ennemi* (AC., s.v. peine). — *Peut-être l'estimable traduction de M. Tissot les a trop fait disparaître* (SAINTE-BEUVE, *Prem. lundis,* Pl., p. 166). — *Ainsi l'amant sur un corps adoré / Du souvenir cueille la fleur exquise* (BAUDEL., *Fl. du m.,* Fantôme). — *Aussi le fonctionnaire se contente d'extraire de sa poche intérieure un petit carnet noir* (ROBBE-GRILLET, *Projet pour une révolution à New York,* p. 114). — *Aussi bien la terminologie de l'édition de 1877* [...] *laissait à désirer en certaines de ses parties* (AC., Préf.). — *Du moins une telle variation se voit pour* vraiment (LITTRÉ, *Hist. de la langue fr.,* t. II, p. 17). — Etc. — Voir aussi la Rem. 2.

b) Avec d'autres adverbes (sauf avec *de même*), la reprise est plus rare et paraît souvent artificielle :

> *De même les multiples épisodes des* Misérables *sont-ILS une succession de vagues toutes différentes l'une de l'autre* (L. de VILMORIN, dans le *Figaro litt.,* 2 mars 1963). — *Certes, sans la défaite et l'occupation de la moitié du pays par les Allemands, probablement les artisans de la Révolution nationale n'auraient-ILS jamais accédé au pouvoir* (Raym. ARON, dans l'*Express,* 14 févr. 1981). — *Simplement l'œuvre de Proust nous interdit-ELLE de repasser sur ses traces* (G. PICON, dans J. Bersani, *Critiques de notre temps et Proust,* p. 146). — Autres ex. avec *de même :* Cl. MAURIAC, dans le *Figaro litt.,* 6 mai 1965 ; A. FONTAINE, dans le *Monde,* sélection hebdomadaire, 22-28 nov. 1973 ; B. POIROT-DELPECH, dans le *Monde,* 15 févr. 1974.

Remarques. — 1. Voir § 377, Rem. 1 et 3.

2. Quand il y a reprise, il n'y a pas, normalement, de pause après l'adverbe. Certains auteurs mettent pourtant une virgule :

> *Aussi, Mlle Gamard disait-ELLE que l'abbé Chapeloud était un homme très aimable* (BALZAC, *Curé de Tours,* p. 18). — *Sans doute, cette sculpture est-ELLE magique et non esthétique* (MALRAUX, *Antimémoires,* p. 65).

En revanche, quand il n'y a pas de reprise, la pause et la virgule sont assez naturelles (quoique cette virgule manque souvent : voir ci-dessus) :

> *Au moins, Chantilly porte noblement sa misère* (NERVAL, *Promenades et souvenirs,* VII). — *Aussi, le paysan rend grâce à la roture / Qui le dispense, lui, d'audace et d'aventure* (HUGO, *Lég.,* XV, III, 3) — *Sans doute, la cuisinière était sortie* (FLAUB., *Éd. sent.,* II, 3). — *À plus forte raison, le moyen âge n'est pas un* (LITTRÉ, *Hist. de la langue fr.,* t. II, p. 4).

3. La reprise du sujet par un pronom personnel placé après le verbe entraîne souvent au singulier l'addition d'un *t* analogique écrit entre traits d'union (§ 766, Rem.) :

> *Peut-être votre frère viendra-T-il. — Sans doute votre sœur aime-T-elle ...*

4. La langue courante fait assez souvent suivre *peut-être* et *sans doute* d'un *que,* ce qui exclut la reprise du sujet dans l'usage régulier :

> PEUT-ÊTRE QU'*une rupture s'ensuivrait* (FLAUB., *Bouv. et Péc.,* éd. L., p. 422).
>
> Ces ex. ne sont donc pas à imiter : *Peut-être que ces sortes de vacances impromptues que vous vous disposez à prendre ne formeront-ELLES en définitive qu'un épisode un peu romanesque* (CÉLINE, *Voy. au bout de la nuit,* F°, p. 551). — *Peut-être que ses réticences à l'égard du P.C. étaient-ELLES aussi futiles* (S. de BEAUVOIR, *Mandarins,* p. 223). — *Peut-être que son esprit, si frêle, si délicat, parviendra-t-IL tout seul à tirer une conclusion à son propre usage* (Al. BOSQUET, *Bonnes intentions,* p. 203).

379   **Inversion du sujet autre qu'un pronom personnel, *ce, on.***

a) L'attribut est mis en relief, sans pause, en tête de la phrase (§ 246, *c*) :

> Grande fut MA SURPRISE *quand j'appris que le docteur Babinsky avait eu part à l'élabora-*
> *tion des* Détraquées (A. BRETON, *Nadja*, p. 53). — *Lourdes sont* LES CONTRAINTES ÉCONO-
> MIQUES, *mais plus lourdes encore les contraintes culturelles* (J.-M. DOMENACH, dans *Esprit*,
> nov. 1974, p. 626). — *Telle était du moins* MON OPINION (FROMENTIN, *Domin.*, II). ˈ
>
> L'inversion ne se fait pas si l'attribut est repris par un pronom personnel ou par un autre
> mot : *Modéré*, JEAN MAILLEFER *le fut toujours* (BREMOND, *Âmes religieuses*, p. 82). — *Belles*
> *et sympathiques*, TOUTES LES PARISIENNES *lui semblent ainsi* (A. DAUDET, *Immortel*, V).

b) Le verbe (et les éléments qui le précèdent nécessairement : adverbe *ne* et pronoms personnels compléments conjoints) est immédiatement en tête de la phrase.

1° Dans les indications concernant les déplacements des acteurs, au théâtre :

> *Passe* UN OFFICIER ALLEMAND (MUSSET, *Lorenz.*, I, 5). — *Sortent* SYLVANDRE ET CHLORIS
> (VERL., *Jadis et nag.*, Les uns et les autres, II). — *Entre* URSULE *portant la soupière* (COURTE-
> LINE, *Cruche*, I, 9). — *Entrent* LA TROISIÈME ET LA QUATRIÈME MÉNAGÈRE (IONESCO, *Jeux de*
> *massacre*, p. 9).
>
> L'inversion n'est pas obligatoire : URSULE *entre avec des œufs sur le plat* (COURTELINE,
> *op. cit.*, I, 9). — LES SEPTIÈME ET HUITIÈME MÉNAGÈRES *entrent* (IONESCO, *l.c.*).
>
> Elle l'est lorsqu'on emploie, selon un usage peu fréquent, le verbe latin *exit* « sort » ou
> son pluriel *exeunt : Exit* LE FILS (APOLLIN., *Mamelles de Tirésias*, II, 5). — *Exeunt*
> ALEXANDRE ET CHANTAL (R. de OBALDIA, *Bons bourgeois*, I, 15). — Ces formules
> s'emploient parfois en dehors du théâtre.
>
> On trouve aussi des tours nominaux : *Apparition d'Aurélie, la bonne des Marvejol* (COUR-
> TELINE, *op. cit.*, I, 8). — *Entrée du cinquième et du sixième homme* (IONESCO, *op. cit.*, p. 13).

2° Surtout dans la langue juridique, administrative, didactique, quand le sujet est une sorte de définition ou une énumération. Il y a souvent une pause entre le verbe et son sujet, pause que l'écrit représente par une virgule, par un double point, par le passage à la ligne.

> *Sont meubles par leur nature*, LES CORPS QUI PEUVENT SE TRANSPORTER D'UN LIEU À
> L'AUTRE, *soit qu'ils se meuvent par eux-mêmes, comme les animaux, soit qu'ils ne puissent*
> *changer de place que par l'effet d'une force étrangère, comme les choses inanimées* (*Code civil*,
> art. 528). — *Sont dispensés de la tutelle*, / LES PERSONNES DÉSIGNÉES DANS LES TITRES [...] ; /
> LES PRÉSIDENTS ET CONSEILLERS À LA COUR DE CASSATION, LE PROCUREUR GÉNÉRAL ET LES
> AVOCATS GÉNÉRAUX EN LA MÊME COUR ; / LES PRÉFETS ; / TOUS CITOYENS EXERÇANT UNE
> FONCTION PUBLIQUE DANS UN DÉPARTEMENT AUTRE QUE CELUI OÙ LA TUTELLE S'ÉTABLIT (*ib.*,
> art. 427). — *Sont « aliénés »* UN ADOLESCENT OPPRIMÉ, UNE FEMME MAL MARIÉE, UN OUVRIER
> ASTREINT À UN TRAVAIL INGRAT, UN HOMME EN PROIE À UNE VIVE SOUFFRANCE PHYSIQUE,
> ETC. (A. FABRE-LUCE, *Mots qui bougent*, p. 11).

3° Dans des tours figés, par ex. quand le sujet est la relative *qui veut*, ainsi que dans des proverbes :

> *Ne se tue pas* QUI VEUT (BERNANOS, *Journal d'un curé de camp.*, Pl., p. 1160). — *N'est pas*
> *héros* QUI VEUT (SARTRE, *Mots*, p. 145). — *Rira bien* QUI RIRA LE DERNIER. *A beau mentir* QUI
> VIENT DE LOIN. — Cf. aussi § 380.

4° Lorsque le verbe est lié à la phrase précédente, soit par le sens que présente ce verbe, soit par l'adverbe ou le pronom qui l'accompagnent, soit parce qu'il reprend, sous forme de réponse, le verbe se trouvant dans une question :

Suivent DES SCÈNES ANALOGUES, À LA KEAN ET LA FRÉDÉRICK (BAUDEL., *Paradis artif., Du vin et du hasch.,* II). — *Doivent enfin figurer dans ce tableau* DES GRAMMAIRES CONÇUES TOUT À FAIT EN DEHORS DE DOCTRINES RIGIDES (WAGNER et PINCHON, 1973, p. 15). — *Ah ! voilà le cimetière de Zies.* Y dorment LE PETIT NICOLAS ET LE VIEUX JÉRÔME (M. DURAS, *Vie tranquille,* F°, p. 201). — *Quelles âmes vont en enfer ? /* Vont en enfer, LES ÂMES DE CEUX QUI MEURENT EN ÉTAT DE PÉCHÉ MORTEL (*Catéchisme* à l'usage des diocèses de Belgique, 1961, question 143).

Le phénomène est particulièrement fréquent avec le verbe *rester* (qui est parfois invariable [§ 901, *c*], les usagers le traitant sans doute comme un impersonnel) : *Restent à définir* L'ETHNOGRAPHIE ELLE-MÊME, ET L'ETHNOLOGIE (Cl. LÉVI-STRAUSS, *Anthropologie structurale,* p. 4). — *La lingerie et les robes de la défunte avaient été données aux Petites Sœurs des Pauvres* [...]. *Restaient* LES DÉBRIS DISPARATES QUI SUBSISTENT TOUJOURS (YOURCENAR, *Souvenirs pieux,* p. 57).

5° Avec les verbes qui expriment un mouvement : *entrer, passer,* etc. (comp. 1°) ; ils peuvent aussi concerner le temps.

Entrèrent UN OFFICIER, ET DEUX SOLDATS QUI EMPOIGNÈRENT LA CIVIÈRE (MALRAUX, *Antimémoires,* p. 218). — *Passaient* LES JOURS, LES SEMAINES, LES MOIS (R. SABATIER, *Trois sucettes à la menthe,* p. 7). — *Passait* UNE RICHE VOITURE, CONTENANT TROIS FEMMES TURQUES INCONNUES (LOTI, *Aziyadé,* III, 42). — *Vient* UNE HEURE, *mon ami,* OÙ L'ON N'ASPIRE PLUS QU'AU REPOS (R. MARTIN DU GARD, *Thib.,* Pl., t. I, p. 1137). — *La conversation s'engage mal ; arrive* UNE ITALIENNE BLONDE, LOURDE, MAIS AVEC DE BEAUX YEUX PÂLES (S. de BEAUVOIR, *Force des choses,* p. 442).

c) La phrase commence par un adverbe ou par un autre complément.

— Fréquemment avec *ainsi : Ainsi font, font, font* LES PETITES MARIONNETTES (chanson que l'on chante aux enfants, avec les gestes appropriés). — *Ainsi se précise* LA DIFFÉRENCE AVEC L'IMPARFAIT (BRUNOT, *Observ. sur la Gramm. de l'Ac. fr.,* p. 105).

— Fréquemment, avec un adverbe de lieu ou un autre complément de lieu : *Ici ne peut planer* MÉPHISTOPHÉLÈS, L'ESPRIT QUI NIE (BARRÈS, *Colline insp.,* I, 3). — *Sur ce lac sublime où je suis née, m'attend enfin* UNE VIE HEUREUSE ET PAISIBLE (STENDHAL, *Chartr.,* II). — *À droite et à gauche, s'enfonçaient* DES VITRINES PROFONDES, TAPISSÉES DE PAPIER BLEU (ZOLA, *Th. Raquin,* I). — *De la poche ventrale de leurs tabliers, comme celle d'un kangourou, dépassent* DES BOUCLES DE CISEAUX, OU DES FORCEPS (Cl. SIMON, *Corps conducteurs,* p. 8).

Dans les épitaphes, cette construction est constante : *Ci-gît* JEAN DUPONT (tout à fait figé, comme le montrent le trait d'union et le double archaïsme lexical). — *Ici reposent* LES RESTES ET LA SEMENCE DE PAUL CLAUDEL (inscription sur la tombe de Paul Claudel, à Brangues).

Elle est fréquente aussi dans d'autres inscriptions : *Dans cette maison est né* LE POÈTE X. — Ce n'est pourtant pas obligatoire : JULES ROMAINS / DE L'ACADÉMIE FRANÇAISE / *a vécu dans cette maison* (inscription sur une façade, rue de Solférino, à Paris).

— Fréquemment, après un adverbe de temps (ou d'aspect) ou un autre complément de temps : *Aussitôt s'établit* UN COMBAT DE GÉNÉROSITÉ (MÉRIMÉE, *Colomba,* V). — *Il y avait à peu près un an, était mort* JEAN DE TINAN, PLEIN DE GRÂCE ET QUI M'ÉTAIT SI CHER (LÉAU-

TAUD, *Petit ami*, p. 107). — *Au commencement était* LA PAROLE (*Bible*, trad. SEGOND, Évang. s. Jean, I, 1).

— Assez fréquemment, après un complément d'objet indirect : *À chaque jour suffit* SA PEINE (*Bible de Jérus.*, Matth., VI, 34). — *À la lumière éblouissante de ma rue succédaient* DES ZONES D'OMBRE (R. SABATIER, *Trois sucettes à la menthe*, p. 7).

— Assez fréquemment, quand deux sous-phrases coordonnées commencent par des termes corrélatifs : *Tant vaut* L'HOMME, *tant vaut* LA TERRE (prov.). — *Tant valait* L'INSTITUTEUR PRIMAIRE, *tant vaudrait* L'ENSEIGNEMENT (ZOLA, *Vérité*, cit. Robert, s.v. *tant*). — Avec chiasme : *Plus allait se vidant* LE FATAL SABLIER, / *Plus ma torture était âpre et délicieuse* (BAUDEL., *Fl. du m.*, Rêve d'un curieux).

Il n'est pas nécessaire d'ailleurs que *tant* soit répété pour qu'il entraîne l'inversion : *Tant va* LA CRUCHE *à l'eau qu'à la fin elle se brise* (prov.). — *Tant était pressant* MON APPÉTIT, *j'allais de préférence au plus scolaire, au plus compact, au plus ardu* (GIDE, *Si le grain ne meurt*, I, 7). — *Tant est grande* LA DISCIPLINE, LE RESPECT HUMAIN, *au Ministère de la Justice, que cette jolie fille ne supplia pas, ne se roula pas à terre* (GIRAUDOUX, *Bella*, VIII).

d) Après *seul*, épithète détachée :

Seules restaient LES DIFFICULTÉS PROFESSIONNELLES (R. MARTIN DU GARD, *Thib.*, Pl., t. I, p. 872). — *Seule compte* L'APPROCHE DU MYSTÈRE DE L'ÉCRITURE (POIROT-DELPECH, dans le *Monde*, 15 nov. 1973).

Parfois après d'autres épithètes détachées : *Ainsi annoncées comparurent* LES DEUX PRISONNIÈRES *au milieu de leur escorte armée* (MÉRIMÉE, *Colomba*, XIX). — *Si pâle à l'horizon lointain / Luisait* UN FAIBLE ESPOIR D'AURORE (VERL., *Bonne chanson*, XX).

Remarques. — 1. Rappelons qu'en dehors de quelques formules figées (notamment, les proverbes), l'inversion du sujet concerne la langue écrite.

2. L'inversion est particulièrement fréquente si le verbe a un faible contenu sémantique. On peut alors la comparer avec la construction impersonnelle.

La longueur du groupe du sujet favorise aussi l'inversion. En dehors des cas énumérés ci-dessus, elle explique sans doute des phrases comme celles-ci :

J'ai toujours eu pour Léautaud une affection presque trop vive ; aussi me peine CERTAINE PHRASE DE LUI, CITÉE PAR ROUVEYRE [...] (GIDE, *Journal*, 25 nov. 1946). — *Plus encore que la vie, les avait séparés* L'OPPOSITION ENTRE CEUX D'ENTRE EUX QUI ACCEPTAIENT LA DOMINATION ALLEMANDE ET CEUX QUI LA REFUSAIENT (MALRAUX, *Antimémoires*, p. 24).

3. Lorsque le verbe a un nom comme objet direct, l'inversion risque de provoquer des ambiguïtés.

Plutôt que °*Alors ébranla l'air* UNE CLAMEUR, on dira *Alors* UNE CLAMEUR *ébranla l'air*.

Dans l'ex. suivant, l'interprétation n'est pas douteuse, parce que le sujet et l'objet direct n'ont pas le même nombre : *Seuls ont le droit d'être modestes* LES VOYAGEURS MUNIS DE BILLETS (SARTRE, *Mots*, p. 91).

4. Les inversions décrites dans ce § 379 ne se produisent pas, normalement, quand le sujet est un pronom personnel, *ce* ou *on*.

Il faut mettre à part les phrases commençant par un adverbe : fréquemment pour *ainsi* (§ 377, *c*), occasionnellement pour d'autres adverbes (§ 377, *d*).

Autres ex. : *Heureux était-*ON *quand ils ne profitaient pas de l'occasion pour glisser un foulard ou une paire de bas dans leur poche* (SAND, *Hist. de ma vie*, V, 3). — *Divers étaient-*ILS *par les mythes poétiques* (DRIEU LA ROCHELLE, *Chiens de paille*, p. 126). — *Plus justes seraient-ILS s'ils suggéraient que des tentatives comme celles des générativistes sont à l'heure actuelle prématurées* (R.-L. WAGNER, *Gramm. fr.*, t. II, p. 133).

Hist. — En anc. fr., la place des mots avait une grande liberté, les désinences (§ 8) permettant de reconnaître les fonctions : dans *La damoiselle ne convoie* / NUS (HUON, *Vair Palefroi*, cit. Foulet, § 56), *nus* ne peut être qu'un sujet (= *nul*). Le plus souvent, le sujet était devant le verbe. Mais il y avait une tendance assez nette à mettre le verbe en second lieu dans la phrase, si bien que, lorsque celle-ci commençait par un adverbe ou un complément (même un complément d'objet direct : cf. § 290, *d*, 1°, Hist.), le sujet était normalement postposé (on y a vu parfois une influence germanique) : *Mais en infer voil JOU aler, car en infer vont LI BEL CLERC ET LI BEL CEVALIER* (*Aucassin et Nic.*, VI). — *Por che n'i pansoit mie tant* / *LI CHEVALIERS come il ot fait* (CHRÉTIEN DE TR., *Perc.*, éd. R., 4430-31). — Mais cela n'est pas toujours appliqué, comme le montre cet ex., où tantôt il y a inversion, et tantôt non : *Adont LI MESSAGE* [= les messagers] *prisent congié* [...]. *Adont atira LI MARCHIS sen oirre* [= organisa son voyage] (ROBERT DE CLARI, III).

Avec la disparition de la déclinaison, l'ordre sujet-verbe devient de plus en plus fréquent. Mais la postposition du sujet subsiste jusqu'à nos jours dans certains cas (voir ci-dessus). Du XV⁰ au XVII⁰ s., on la trouve encore là où elle ne serait plus possible aujourd'hui ; par ex., chez LA FONTAINE :

> *Or ay-JE esté prolixe sur ce cas* (*C.*, Féronde). — *Féronde avoit un joli chaperon* / *Dans son logis, femme sienne, et dit-ON* / *Que Parantele* [= parenté] *estoit entre la Dame* / *Et nostre Abbé* (*ib.*). — *Peu de prudence eurent LES PAUVRES GENS* (*F.*, VII, 7). — *De nul d'eux n'est souvent LA PROVINCE conquise* (*F.*, I, 13). — Voir aussi § 377, *a*, Hist.

D'autre part, l'inversion n'était pas obligatoire après *peut-être* ou *à peine : Peut-estre IL obtiendra la guerison commune* (LA F., *F.*, VII, 1). — *Peut-estre ON t'a conté la fameuse disgrace* / *De l'altiere Vasthi* (RAC., *Esther*, I, 1).

Au XVI⁰ s., le verbe était parfois en tête de la phrase. En dehors des survivances mentionnées au § 379, *b*, on en trouve dans la langue juridique : *Sera LE PAPIER QUI CONTIENDRA CES DISPOSITIONS, OU LE PAPIER QUI SERVIRA D'ENVELOPPE, s'il y en a une, clos et scellé* (*Code civil*, art. 796).

SECTION 2. — LA PHRASE INTERROGATIVE

Bibl. — H. RENCHON, *Études de syntaxe descriptive :* II. *La syntaxe de l'interrogation*, Bruxelles, Palais des Académies, nouveau tirage, 1969. — L. FOULET, *Comment ont évolué les formes de l'interrogation*, dans *Romania*, XLVII, 1921, pp. 243-348. — E. FROMAIGEAT, *Les formes de l'interrogation en fr. moderne*, dans *Vox romanica*, III, 1938, pp. 1-47. — R. M. TERRY, *Contemporary French Interrogative Structures*, Montréal-Sherbrooke, Cosmos, 1970. — A. GRUNDSTROM et P. R. LÉON, *Interrogation et intonation en franç. standard et en franç. canadien*, P.-Bruxelles, Didier, 1973. — P. BEHNSTEDT, *Viens-tu ? Viens-tu ? Est-ce que tu viens ? Tu viens ? Formen und Strukturen des direkten Fragesatzes im Französischen*, Tübingen, Narr, 1973. — E. KAISER, *Strukturen der Frage im Französischen*, Tübingen, Narr, 1980.

381   Par la **phrase interrogative,** on demande une information à l'interlocuteur :

> *Gèle-t-il ? À quelle heure dînez-vous ? — Qui vient ? Qui m'appelle ?* (MUSSET, *Poés. nouv.,* Nuit de mai.)

La phrase interrogative n'est pas caractérisée par un mode spécial du verbe : § 384. Généralement, elle est marquée par l'intonation dans l'oral et par le point d'interrogation dans l'écrit : § 385. Ces traits peuvent être seuls présents, surtout dans la langue parlée : § 391. Dans la langue écrite ou dans la langue soignée, la phrase interrogative se caractérise par l'inversion ou par la redondance du sujet : §§ 386 et 388. L'introducteur *est-ce que,* tout à fait courant dans l'oral, n'est pas inconnu à la langue écrite, même soignée : § 389. L'interrogation partielle use de mots interrogatifs, dont la place est souvent en tête de la phrase : § 383, *b ;* voir cependant § 391, *b.*

Remarques. — 1. L'interrogation est **disjonctive** quand elle énonce une alternative :

> *Puis-je compter sur vous ou dois-je m'adresser ailleurs ?* (Sur la variante : *... ou si je dois m'adresser ailleurs ?* cf. § 382.) — *Est-elle en marbre, ou non, la Vénus de Milo ?* (VERL., *Poèmes sat.,* Épilogue, III.)

> On peut aussi expliciter davantage la disjonction par *oui ou non : Venez-vous,* OUI OU NON *? — Faut-il,* OUI OU NON, *le placer* [le Sinanthrope] *parmi les êtres réellement intelligents, c'est-à-dire pensants ?* (TEILHARD DE CHARDIN, *Apparition de l'Homme,* p. 145.)

> Dans la langue parlée très familière, la seconde interrogation est parfois exprimée par *ou quoi,* ce qui lui donne à l'expression un ton plus véhément, *quoi* perdant sa valeur propre : *Votre diplôme de publicitaire, vous l'avez trouvé dans une pochette surprise ?* OU QUOI ? (J. FAIZANT, *Pouce !* p. 149.)

2. L'interrogation peut être **fictive,** c'est-à-dire qu'elle n'appelle aucune réponse, mais qu'elle équivaut, quant au contenu du message, à une exclamation ou à une injonction : *Que ne m'a-t-il écouté ? Allez-vous bientôt vous taire ?*

L'interrogation **oratoire** est une interrogation fictive qui donne à entendre qu'il faut admettre comme évidente la réponse contredisant la question (l'interlocuteur — ou le lecteur — n'ayant généralement pas même l'occasion de répondre) : *Est-il possible qu'il ait fait une telle faute ?* [= Il n'est pas possible...] *— Ne vous avais-je pas averti ?* [= Je vous avais averti.]

> *Jeanne d'Arc, Richelieu, Louis XIV, Carnot, Napoléon, Gambetta, Poincaré, Clemenceau, le Maréchal Foch, auraient-ils jamais consenti à livrer toutes les armes de la France à ses ennemis pour qu'ils puissent s'en servir contre ses alliés ?* (DE GAULLE, *Discours et messages,* 2 juillet 1940.) — *Est-il besoin de dire qu'à l'intérieur de chacun d'eux, nous avons maintenu la subdivision en chapitres, auxquels Chateaubriand tenait tant ?* (M. LEVAILLANT, dans Chat., *Mém.,* Introd., p. LXXXVII.)

L'interrogation partielle (§ 383, *b*) peut aussi être oratoire, et la réponse supposée est négative (*Personne, Jamais,* etc.) si l'interrogation est positive, et inversement :

Quel grammairien d'aujourd'hui oserait recommander à son public de pratiquer la syntaxe de Racine ? (A. MARTINET, *Français sans fard,* p. 27.) [= Aucun grammairien n'oserait.] — *On a beau être brouillé, la mort est la mort : quand donc ferait-on la paix, si on ne la faisait pas avant de partir ?* (ZOLA, *Terre,* V, 4.) [= Jamais on ne ferait la paix... Cette réflexion populaire est d'une évidence incontestable !] — *Quelle ne serait pas la valeur d'un musée où l'on pourrait se rendre compte de la culture latine, dans l'antiquité, au moyen âge et aux temps modernes ?* (APOLLIN., *Chroniques d'art,* 13 déc. 1902.) [= Elle serait grande.]

On voit combien tous ces exemples sont proches de l'exclamation.

Un autre type d'interrogation fictive sert à exprimer une hypothèse : *Voulez-vous des eaux ? Venez là* (MICHELET, *Insecte,* Introd., II).

Sur la ponctuation de l'interrogation fictive, cf. § 120, *c.*

On ne considérera pas comme des interrogations fictives les questions qu'un locuteur ou un auteur posent pour donner de la vivacité à l'exposé et auxquelles ils répondent eux-mêmes : *Que va faire ce Moi de Descartes ? Comme il ne sent point ses limites, il va vouloir tout faire, ou tout refaire* (VALÉRY, *Variété,* Pl., p. 841).

3. On appelle interrogation **délibérative** celle que l'on s'adresse à soi-même, au moment où l'on devrait prendre une décision : *Que vais-je faire ? Que faire ? Où aller ?*

4. Une phrase interrogative peut être coordonnée à une phrase non interrogative :

Je ne l'avais pas regardée avec attention tout à l'heure, mais était-il possible que je fusse passé sous ce portique ? (M. BUTOR, *Emploi du temps,* I, 1.)

Certaines phrases interrogatives commencent par une conjonction de coordination alors qu'elles ne paraissent pas liées à ce qui précède ou même alors qu'elles sont au début d'une conversation :

Tiens, bonjour ! ET *qu'est-ce qui me vaut le plaisir de votre visite ?* — ET *votre livre ?* dit-on à quelqu'un qui part en oubliant son livre. — ET *ta sœur ?* locution populaire équivalant généralement à *Cela ne te regarde pas.* — ET *les chères petites filles ?* [dans une lettre] (E. et J. de GONCOURT, *Ch. Demailly,* XXIX.) — ET *ce café, est-ce pour aujourd'hui ?* (ZOLA, *Terre,* II, 5.)

MAIS *comment allez-vous, cher collègue ?* — MAIS, *qu'ai-je fait ?* MAIS, *qu'ai-je dit ?* (AC.) Cela n'est pas propre aux interrogatives : cf. § 1032.

Dans certains cas, il y a peut-être un lien avec ce qu'a dit l'interlocuteur ou avec des éléments restés implicites. Mais, dans d'autres cas, *et* a une fonction interpellative, tandis que *mais* a un rôle de soulignement (dans un des ex. ci-dessus, pour marquer l'intérêt affectueux). Remarquez les virgules dans la citation de l'Académie : *mais* glisse vers le statut de mot-phrase.

Hist. — *Et* était très fréquent au début des interrogations en anc. fr. : *E ki serat devant mei en l'ansgarde ?* (*Rol.,* 748.) [Trad. de Bédier : *Et qui donc* fera devant moi l'avant-garde ?] — *Et dist Kallon : « Ogier,* ET *que dis-tu ? »* (*Chevalerie Ogier,* 12275.)

Il y a eu des confusions avec *eh !* — à moins que les deux mots *(eh, et)* n'aient la même origine.

5. Il arrive que l'interrogation soit incluse dans une phrase énonciative.

Tantôt l'élément inséré est une véritable phrase, qui joue le rôle d'une incidente, comme le montre la ponctuation (virgules, parenthèses, tirets) :

Le cœur défaille en présence du nombre des œuvres, QUE DIS-JE ? *du nombre des chefs-d'œuvre* (VALÉRY, *Variété*, Pl., p. 730). — *Rien,* ENTENDS-TU ? *rien, ne peut te dépasser* (ÉLUARD, *Nécessités de la vie,* Grand jour). — *Ou bien cette Encyclopédie sera un « instrument de travail »* — ALORS QUI L'UTILISERA, ET COMMENT ? — *ou bien on croira avoir vraiment fait une synthèse* (QUENEAU, *Voyage en Grèce,* p. 100).

Tantôt il s'agit d'un syntagme — complément prépositionnel, épithète ou gérondif, proposition relative. Lorsque cela est inséré au milieu de la phrase, on doit bien y reconnaître un élément incident :

C'était là un sentiment qu'elle s'était habituée, À L'AIDE DE QUELS SOPHISMES ? *à faire taire en elle* (PROUST, *Rech.,* t. I, p. 162). — *Tout ce que je puis vous dire est qu'une substitution truquée* — POUR MYSTIFIER QUI ? DANS QUEL BUT ? — *serait encore plus incroyable* (VERCORS, cit. Renchon, p. 141).

Mais lorsque le syntagme interrogatif apparaît à la fin de la phrase énonciative, plusieurs interprétations sont possibles :

C'est la source perdue de cette morale qu'il faudrait bien pourtant que les hommes retrouvent, qu'ils finiront par retrouver, AU PRIX DE QUELLE SUPRÊME ÉPREUVE ? (Fr. MAURIAC, dans le *Figaro,* 31 juillet 1952, cit. Renchon, p. 141). — *Il tournait le coin de l'avenue Malakoff, accompagnant,* QUI ? *Sa bru elle-même* (BOURGET, *Geôle,* VI, cit. Le Bidois, t. I, § 646). — *Je restais aussi sensible que dans mon enfance à l'étrangeté de ma présence sur cette terre* QUI SORTAIT D'OÙ ? QUI ALLAIT OÙ ? *J'y pensais souvent, avec stupeur* (S. de BEAUVOIR, *Mémoires d'une jeune fille rangée,* p. 220). — *Quelquefois, des trognes s'empourprent en se retournant sur une fille à l'air effronté, aux cuisses nues, à la taille cambrée comme on n'en voit plus et aux yeux peints,* QUI SORT DE QUELLE ROULOTTE ET QUI VA OÙ ? (J. ROY, *Amour fauve,* p. 150.)

Plutôt qu'une sorte d'anacoluthe, qui ferait qu'une phrase énonciative devient tout à coup interrogative, il est préférable de voir ici, même quand la ponctuation semble s'y opposer (ex. de S. de Beauvoir), une interrogation incidente de forme elliptique. Cette interprétation s'impose dans cet exemple-ci, où l'auteur a mis une ponctuation forte avant la séquence interrogative : *Elles paraissaient plus perdues encore sur la terre, toutes seules, devant ce train qui emportait leurs amies et qui, en se déroulant, leur dérobait un peu plus longtemps le visage du Destin.* QUI ALLAIT TOUT D'UN COUP SE SAISIR D'ELLES ? (JOUHANDEAU, *Chaminadour,* p. 395.)

Ces interrogations incidentes sont semblables aux phrases elliptiques par lesquelles on demande des éclaircissements sur une phrase prononcée par l'interlocuteur (cf. § 384, *c*) :

Il y a six mois de ça, j'avais cherché à vendre des couverts d'argenterie... / — *Ah !* QUI VENAIENT D'OÙ ? (J. ROMAINS, cit. Gougenheim, dans *Où en sont les études de fr.,* p. 75.) — *Il est des mondes de contemplation* — *avec ou sans opium* — *où tout est vain... /* — OÙ L'ON CONTEMPLE QUOI ? — *Peut-être pas autre chose que cette vanité...* (MALRAUX, *Condition hum.,* pp. 398-399.)

Lorsqu'il y a une conjonction de coordination devant le syntagme interrogatif, celui-ci doit être considéré nécessairement comme une phrase interrogative averbale coordonnée à une phrase énonciative :

Lucile de Villeron ne doutait pas que Gisèle dût lui revenir — MAIS APRÈS QUELLES AUTRES MISÈRES ? (Fr. MAURIAC, *Fleuve de feu,* II.)

Tout cela doit être distingué des phrases entièrement interrogatives, mais où l'interrogatif n'est pas en tête : *Tu vas où ?* Cf. § 391, *b*.

382   Interrogation directe et interrogation indirecte.

Dans ce chapitre, il est question de la *phrase* interrogative, c'est-à-dire de la phrase de *forme* interrogative, que l'on appelle aussi **interrogation directe** pour l'opposer à l'**interrogation indirecte,** laquelle est une interrogation contenue dans une phrase qui peut être énonciative, injonctive ou interrogative (dans ce dernier cas il y a deux interrogations) :

Je vous demande SI VOUS NOUS ACCOMPAGNEZ. *Dites-moi* SI VOUS NOUS ACCOMPAGNEZ. *Vous ai-je demandé* SI VOUS NOUS ACCOMPAGNEZ ? — Dans les trois cas, l'interrogation directe correspondante est : *Nous accompagnez-vous ?* ou *Est-ce que vous nous accompagnez ?*

L'interrogation indirecte sera étudiée dans un autre chapitre (§ 411). On verra à cet endroit ce qu'elle a de commun avec l'interrogation directe et ce qu'elle a de particulier. Nous signalerons ici que l'interrogation indirecte n'a ni l'intonation ni la ponctuation (point d'interrogation) de l'interrogation directe (sauf, naturellement, si l'interrogation indirecte fait partie d'une phrase interrogative : voir ci-dessus). Pour le cas particulier de l'interrogation dans le style indirect libre, voir § 414.

Nous verrons aussi (§ 411) que la langue parlée a tendance à faire passer dans l'interrogation indirecte certains procédés de l'interrogation directe. Mais nous devons signaler ici un phénomène inverse.

Dans des phrases exprimant l'alternative dans l'interrogation directe, le second membre prend parfois la forme d'une interrogation indirecte introduite par *ou si,* sans les phénomènes d'inversion ou de reprise qui caractérisent l'interrogation directe (§§ 386 et 388). Cette construction, qui est ancienne (voir Hist.), subsiste dans l'usage parlé de certaines régions (Bourgogne, Franche-Comté, Suisse, Auvergne) et dans la langue littéraire :

Êtes-vous souffrant, OU SI *c'est un méchant caprice ?* (MUSSET, *Chandelier,* III, 4.) — *Y distingue-t-on une verrue au bout ?* [...] OU SI *quelque mouche, à pas lents, s'y promène ?* (E. ROSTAND, *Cyr.,* I, 4.) — *Voudriez-vous qu'on vous serve à part ?* OU SI *vous mangerez dans la même salle que ces Messieurs ? demanda la servante* (GIDE, *Si le grain ne meurt,* I, 9). — *A-t-il la fièvre, cet homme si calme ?* OU SI *c'est cette lettre qui vient le torturer encore ?* (MONTHERLANT, *Équinoxe de septembre,* p. 170.) — *Est-ce que tu viens, Farinet,* OU SI *c'est non...* (RAMUZ, *Farinet ou La fausse monnaie,* XV.) — *Oui ou non, m'as-tu entendu ?* OU SI *tu veux une paire de claques pour t'apprendre que je suis ton père ?* (AYMÉ, *Passe-muraille,* L.P., p. 119.) — *Est-ce que je continue à épierrer le champ aux Sardières ?* OU SI *je vais à Sagne-Rouge semer l'avoine ?* (POURRAT, *Gaspard des Montagnes,* p. 128.) — *Est-ce que je dois parler* OU SI *je dois me taire ?* (ARLAND, *Terre natale,* VI.) — *Est-ce bien un concierge,* OU SI *c'est le gérant, ou même le propriétaire de l'hôtel ?* (PIEYRE DE MANDIARGUES, *Marge,* p. 17.) — *Est-ce que vous viendrez,* OU SI *c'est lui ?* (AC., s.v. *si.*)

Autres ex. : VERL., *Bonheur,* XXI ; JARRY, *Ubu roi,* III, 8 ; MAETERLINCK, *Vie des ab.,* II, 17 ; G. LANSON, *Essais de méthode, de critique et d'hist.,* p. 466 ; É. HENRIOT, *Rose de Bratislava,* II ; J. ROSTAND, *Pensées d'un biologiste,* p. 62 ; J. SCHLUMBERGER, *Camarade infidèle,* I, 4 ; Ch. PLISNIER, *Faux passeports,* p. 91 ; P. HÉRIAT, *Innocent,* 1954, p. 324 ;

ÉTIEMBLE, dans la *Nouv. revue franç.*, 1ᵉʳ avril 1969, p. 517 ; Al. REY, *Littré, l'humaniste et les mots*, p. 190 ; A. DOPPAGNE, *Trois aspects du franç.*, p. 149 ; M. GREVISSE, *Problèmes de langage*, t. IV, p. 177.

Avec *et*, le tour est très rare aujourd'hui (cf. Hist.) : *Le fond de votre nature est-il bon*, ET SI *c'est une intelligence perverse qui le corrompt ?* (MONTHERLANT, *Jeunes filles*, L.P., p. 202.)

Hist. — Cette construction avec *ou si* est fort ancienne et n'a jamais subi de véritable éclipse :

Ies [= es] *tu* [...] *crestiens de la malvaise geste* [engeance] / U SE ¹ *crois Mahomet qui le siecle governe ?* (*Elie de Saint-Gille* [XIIIᵉ s.], 385, S.A.T.F.) — *Songé je*, OU SI *vray est ce qu'on me dict ?* (RAB., *Garg.*, éd. pr., XXVI.) — *En vaux je mieux d'en avoir le goust* OU SI *j'en vaux moins ?* (MONTAIGNE, *Ess.*, II, 8, var.) — *Mon cœur court-il au change*, OU SI *vous l'y poussez ?* (MOL., *F. sav.*, IV, 2.). — ⁺*Tout genre d'écrire reçoit-il le sublime*, OU S'*il n'y a que les grands sujets qui en soient capables ?* (LA BR., *Car.*, I, 55.) — *Cette correspondance est-elle réelle*, OU SI *c'est une fiction ?* (J.-J. ROUSS., *Nouv. Hél.*, seconde préf.) — ⁺*Ô langue des Français ! est-il vrai que ton sort / Est de ramper toujours, et que toi seule as tort ? / Ou si d'un faible esprit l'indolente paresse / Veut rejeter sur toi sa honte et sa faiblesse ?* (A. CHÉNIER, *Poèmes*, Invention.)

Littré (s.v. *si¹*, 17°) a défendu sur ce point Corneille contre Voltaire.

La construction avec *et si* existait aussi en anc. fr. : *Parla onques mes enfes a Loeys*, / ET S'*en la maistre court onques se mist ?* (*Aiol*, 3905.) [Mon enfant parla-t-il à Louis et se rendit-il à l'assemblée plénière des vassaux ?]

En anc. fr., on trouvait d'ailleurs parfois *se* au début d'une interrogation directe non alternative : *Dame, fet il, s'il vos remanbre* [souvient] / *Del nain qui hier vos correça* [courrouça] / *E vostre pucele bleça ?* (CHRÉT. DE TR., *Erec et Enide*, 1110, éd. R.)

Dans l'interrogation directe alternative, le second élément pouvait aussi se construire sans inversion, même en l'absence de *se* : *Vont il le pas* [= au pas] *ou* IL *s'en fuient ?* (CHRÉT. DE TR., *Perceval*, 294, éd. R.) Ce tour était plus fréquent que le tour avec *se*.

Remarques. — 1. La construction avec *ou si* qui vient d'être décrite ne doit pas être confondue avec les interrogations du type : SI *nous allions nous promener ?* qui appartiennent surtout à la langue parlée (cf. § 1096, *a*, Rem. 1) :

SI *je barricadais l'entrée ?* (HUGO, *Hern.*, I, 2.) — SI *nous commencions l'examen ?* (GIRAUDOUX, *Intermezzo*, I, 6.) — SI *vous retiriez votre chapeau* (GIDE, *Caves du Vat.*, I, 3).

Si l'on a bien une phrase de modulation interrogative, elle équivaut, pour le contenu, à une invitation plutôt qu'à une question, d'où l'absence du point d'interrogation dans certains exemples. On observera que ci-dessus le verbe est toujours à l'imparfait (voir cependant ci-dessous). Nous avons sûrement, du point de vue de l'origine, une proposition conditionnelle à laquelle on a eu recours pour ne pas présenter l'invitation d'une manière tranchante ou impérieuse. Mais, du point de vue du fonctionnement, il est inutile de chercher des sous-entendus : la phrase est complète pour ce qui concerne la communication.

Dans un langage populaire, le conditionnel se trouve au lieu de l'imparfait, comme dans la proposition conditionnelle ordinaire (§ 1097) : SI *qu'on irait croûter* (GYP, cit. Sandfeld, t. II, p. 368). [Le *que* caractérise aussi la proposition conditionnelle dans l'usage populaire : § 1096, *a*.]

Le conditionnel est plus surprenant dans cet exemple, qu'il est difficile de taxer de populaire : SI *nous* DÎNERIONS *ici ? dis-je* (P.-J. TOULET, *Mon amie Nane*, II, 1).

---

1. *Se* est la forme primitive de *si :* cf. § 1024, Hist.

Le présent se trouve dans des formules déférentes, avec des verbes comme *vouloir* ou *daigner* :

Le tailleur [présentant des vêtements au duc]. S₁ *Monseigneur daigne jeter les yeux... / J'ai là des nouveautés charmantes !* (E. ROSTAND, *Aiglon*, I, 9.) — *Il ne va sans doute pas tarder.* S₁ *vous voulez l'attendre ?* (BOURDET, cit. Sandfeld, t. II, p. 369.) — S₁ *madame veut bien s'asseoir. Je vais prévenir madame* (ID., *ib.*, p. 368).

Mais on a l'impression d'une phrase suspendue plutôt que d'une interrogation (et la ponctuation montre que c'est aussi le sentiment de certains auteurs).

2. Autre cas encore, celui d'une phrase interrogative constituée seulement d'une proposition conditionnelle exprimant une hypothèse que l'on envisage sans expliciter le verbe principal (§ 1096, *a*, Rem. 1) :

S₁ *ces hiers allaient manger nos beaux demains ? / S₁ la vieille folie était encore en route ?* (VERL., *Sag.*, I, 7.) — *Il est mort peut-être déjà pour que les autres vivent. Ah ! Boria, et* S₁ *les autres ne vivaient pas ? Et* s'*il mourait pour rien ?* (A. CAMUS, *Justes*, Pl., p. 383.)

Même phénomène avec d'autres conjonctions de subordination : Harry. [...] *La vraie raison, voulez-vous que je vous la dise ? Elle n'a pas voulu nous laisser seuls tous les deux. /* Emmanuèle. *Et* QUAND *cela serait ? Maman connaît sa responsabilité* (Fr. MAURIAC, *Asmodée*, IV, 3).

3. Des phrases comme les suivantes donnent l'impression d'interrogations directes introduites par les mots interrogatifs caractérisant l'interrogation indirecte : *Que fais-tu ?* — CE QUE JE FAIS ? *Je travaille.* — CE QU'ELLE LUI DIRAIT ? *Elle n'en savait rien* (BOURGET, cit. Sandfeld, t. II, p. 76). Ce sont en réalité des interrogations indirectes sans verbe introducteur : cf. § 1103, *b*, 2°.

Dans cet exemple-ci, on a une injonction indirecte dépendant d'un verbe interrogatif non exprimé : *Taisez-vous.* — QUE JE ME TAISE ? (= Vous demandez que je me taise ?) — Le *que* est conjonctif, et cette phrase, qui peut être prononcée sur des tons différents, rejoint la phrase exclamative.

383 **Interrogation globale et interrogation partielle.**

Selon la portée de l'interrogation, on distingue l'interrogation *globale* et l'interrogation *partielle*.

a) L'interrogation **globale** (ou *totale*) appelle une réponse par *oui* ou par *non* (ou *si*). Elle peut porter sur le verbe : *Pleut-il ?* — ou sur le verbe en relation avec un autre élément : *Pleut-il souvent ? Votre frère accepte-t-il ?*

La portée exacte de l'interrogation peut dépendre de la situation : dans *Votre frère part-il demain avec vous ?* le doute porte selon les cas sur le verbe même, sur le sujet, sur un des compléments. En utilisant l'introducteur de mise en évidence, *c'est ... que* (éventuellement avec inversion : § 386), on précise l'élément qui est vraiment concerné : EST-CE DEMAIN QUE *votre frère part ?* C'EST DEMAIN QUE *votre frère part ? Est-ce que* C'EST DEMAIN QUE *votre frère part ?*

Remarques. — 1. Quand on introduit *par hasard, peut-être,* ou des adverbes que la langue populaire emploie dans un sens analogue (°*quelquefois,* °*des fois,*

°*parfois* [régional] ; comp. § 1096, *a*), on rend l'interrogation globale (directe ou indirecte) plus dubitative, plus prudente, le verbe étant lui-même souvent au conditionnel :

> *Est-ce que* PAR HASARD *vous n'auriez pas un appartement à louer ?* — *Vous n'auriez pas vu*, QUELQUEFOIS, PAR HASARD, *mon perroquet ?* (FLAUB., *Tr. contes*, Cœur simple, IV.) — *Auriez-vous* PARFOIS *fait cela ?* (Dans Hanse.) — *Est-ce que* DES FOIS *vous ne connaîtriez pas un bon avocat ?*

Mais l'interrogation peut être oratoire, souvent avec une nuance ironique, et les adverbes perdent leur valeur atténuante : *Vous imaginez-vous* PAR HASARD *que je vais aller au lion avec votre parapluie ?* (A. DAUDET, *Tart. de Tar.*, III, 2). — *Nous, nous ne l'étions pas*, PEUT-ÊTRE, *fatigués ?* (E. ROSTAND, *Aiglon*, II, 9.) — *C'est-y* DES FOIS *que ces gaillards-là vont avoir le toupet de nous laisser ici et nous lâcher l'train sous le nez ?* (COURTELINE, *Train de 8 h 47*, II, 8, cit. *Trésor*, s.v. *fois*.)

2. L'interrogation globale de forme négative suppose souvent que le locuteur attend une réponse affirmative : *Ne viendra-t-il pas me voir ?* C'est pourquoi elle convient particulièrement à l'interrogation oratoire (§ 381, Rem. 2).

> Sur la variante sans *ne*, *Viendrez-vous pas avec nous ?* voir § 981, 1°. Certains considèrent que c'est une interrogation atténuée comparable au tour avec *par hasard*, etc. (Rem. 1).
>
> L'interrogation partielle est plus rarement de forme négative ; quand c'est le cas, elle n'implique pas nécessairement une réponse affirmative : *Pourquoi* N'*avez-vous* PAS *répondu à ma lettre ? Qui d'entre vous* N'*a* PAS *de quoi écrire ?*

b) L'interrogation **partielle** ne peut s'accommoder d'une réponse par *oui* ou par *non*. Elle porte sur un élément que le locuteur ignore :

> *Où allez-vous ? Avec qui partez-vous ? Combien de personnes vont avec vous ?*

L'interrogation partielle a besoin d'ordinaire (cf. Rem. 1) d'un mot interrogatif, qui représente l'élément sur lequel on interroge. Ce mot interrogatif peut être :

Pronom : *qui, que, quoi, lequel, combien ;*
Déterminant : *quel, combien de ;*
Adverbe : *comment, où, pourquoi, quand, que* (« pourquoi » : § 394, *d*).

Ce sont les mots interrogatifs qui appartiennent à la langue commune. Voir en outre, sur certains emplois plus particuliers, aux déterminants interrogatifs (§§ 602-604) et aux pronoms interrogatifs (§§ 698-704), notamment pour la périphrase usitée dans le Nord et l'Est *qu'est-ce que c'est* POUR *un* (§ 604, Rem. 1).

Pour l'adjectif ordinal interrogatif, *quantième* n'appartient plus à l'usage commun, *combien* est surtout oral, °*combientième* et °*combienième* sont populaires. Cf. § 581, *a*, Rem. 3.

Dans des phrases averbales, certains mots interrogatifs peuvent perdre leur valeur ordinaire : *Comment ?* et *Quoi ?* employés pour faire répéter l'interlocuteur (cf. § 1051, *d*, 3°) ; — *Merci, qui ?* pour faire énoncer le mot en apostrophe (cf. § 370, Rem. 1) ; — *quoi*, comme seconde partie d'une interrogation d'apparence disjonctive (cf. § 381, Rem. 1).

Ces mots interrogatifs, qui tiennent la place d'une donnée inconnue du locuteur et supposée connue de l'interlocuteur, ont un caractère de substitut qui les apparente aux pronoms même quand ils ne sont pas des pronoms. On observera d'ailleurs : 1° que *où*, dans d'autres fonctions, peut être un pronom (§ 696) ; — 2° que *pourquoi* a été formé au moyen d'un pronom (sur certaines hésitations entre *pourquoi* et *pour quoi*, cf. §§ 691 et 702, *b*, 3°) ; — 3° que *comment* fonctionne aussi comme attribut (du sujet ou du complément d'objet), ce qui n'est pas le rôle habituel d'un adverbe : COMMENT *est ton fiancé ?* COMMENT *t'appelles-tu ?* COMMENT *appellerez-vous votre premier enfant ?*

Remarques. — 1. Dans la langue parlée, l'interrogatif peut être représenté par un vide, la phrase restant suspendue, comme pour être complétée par l'interlocuteur :

Roxane. ILS ÉTAIENT CONTRE VOUS ? [= Combien étaient-ils contre vous ?] / Cyrano. *Oh ! pas tout à fait cent* (E. ROSTAND, *Cyr.*, II, 5). — Jean. *Vous pouvez passer vos moments disponibles d'une manière intelligente.* / Bérenger. C'EST-À-DIRE ?... / Jean. *Visitez les musées, lisez des revues littéraires, allez entendre des conférences* (IONESCO, *Rhinocéros*, p. 28).

Cela est fréquent dans *Parce que ?* employé comme une sorte d'équivalent de *pourquoi ?* et dans *Tu dis ? Vous dites ?* employés pour faire répéter l'interlocuteur :

Mais vous ne ferez jamais un bon romancier. / — PARCE QUE ?... / — *Parce que vous ne savez pas écouter* (GIDE, *Faux-monn.*, I, 5). — Le commissaire. *Il n'y sera donné aucune suite.* / La dame. PARCE QUE ? / Le commissaire. *Il n'y a que les femmes pour poser des questions pareilles ! Parce que l'Assistance Publique n'est pas ce qu'un vain peuple pense* (COURTELINE, *Le commissaire est bon enfant*, III). Isabelle. *Cher Monsieur Robert !* / Le spectre. TU DIS, *Isabelle ?* / Isabelle. *Je ne dis rien* (GIRAUDOUX, *Intermezzo*, III, 4). — *Oh, fit tante Thérèse.* / — VOUS DITES, *ma chère amie ? s'enquit madame notre mère.* / *Nul ne broncha* (H. BAZIN, *Vipère au poing*, IV).

Hist. — Ce tour est ancien : *Mon seigneur vous prie sans dedire / Qu'a luy venez s'il n'y a ame.* / — ET T'A RESPONDU ? [= Que t'a-t-il répondu ?] — *Par mon ame / Je iray voulentiers* (sottie, cit. E. Kaiser, p. 32).

2. Il n'y a pas de mot interrogatif se substituant au verbe pour interroger sur celui-ci. On recourt au verbe substitut *faire* (qu'on pourrait appeler un *pro-verbe ;* comp. § 745), accompagné du pronom interrogatif neutre *que* ou *quoi* (cf. § 702, *b*) :

Paul travaille pendant la nuit → QUE FAIT *Paul pendant la nuit ?* ou, familièrement, *Paul* FAIT QUOI *pendant la nuit ?* (Comp. QUI *travaille pendant la nuit ?* QUAND *travaille Paul ?*) Dans la langue parlée, °*foutre* (vulgaire) et *fiche* (familier) concurrencent *faire.* Lorsque le verbe *faire* ne peut convenir, on emploie les verbes impersonnels *se passer, y avoir* : *Un tremblement de terre a fait de nombreux morts en Yougoslavie* → QUE S'EST-IL PASSÉ *en Yougoslavie ?* ou QU'Y A-T-IL EU *en Yougoslavie ?*

Dans la langue familière cependant, lorsque l'on veut faire répéter ce que l'on n'a pas bien entendu, on substitue *quoi* au verbe ou à n'importe quel élément (cf. § 702, *d*, 1°) :

Le bouquet, dit-il, c'est que je broute ! / — *Tu* QUOI, *chéri ?* / — *Je broute... Tu ne comprends pas le français, non ?* (DANINOS, *Vacances à tout prix*, p. 190.)

3. Les mots interrogatifs peuvent être suivis immédiatement de **diable** ou de son synonyme euphémique **diantre** (un peu vieilli), mots-phrases qui deviennent

ici de simples renforcements des mots interrogatifs, avec lesquels ils forment un seul groupe phonétique. Dans la langue écrite, cela dénote un ton un peu familier :

QUE DIABLE *est-ce que cela vous fait ?* (MUSSET, *Lorenz.,* III, 6.) — *Par* OÙ DIABLE *avez-vous bien pu passer ?* (E. ROSTAND, *Cyr.,* IV, 5.) — OÙ DIABLE *la mère Peloux a-t-elle pêché....* (COLETTE, *Chéri,* M.L.F., p. 42.) — *Je me dis :* « POURQUOI DIABLE *as-tu fait cela ?* » (J. GREEN, *Journal,* 26 mars 1957.)
POURQUOI DIANTRE *y allait-il* [...] *?* (GIDE, *Faux-monn.,* III, 11.)

Donc a le même usage, dans tous les styles :

QUI DONC *es-tu ?* (MUSSET, *Poés. nouv.,* Nuit de déc.) — OÙ DONC *l'a-t-il trouvée, ce gros garçon-là ?* (FLAUB., *Mme Bov.,* II, 7.) — POURQUOI DONC *l'humanisme ne trouverait-il jamais l'audace de survivre alors que, tout au long de l'histoire, il a toujours montré celle de revivre ?* (Edg. FAURE, *Discours de réc. à l'Ac. fr.*)

Donc peut aussi être séparé du mot interrogatif : *Qui es-tu* DONC *?* *Où l'a-t-il* DONC *trouvée ?*

Cette séparation est de règle lorsque l'interrogatif est *que* ou *quel : Que vous ai-je* DONC *fait pour être votre élu ?* (VIGNY, *Poèmes ant. et mod.,* Moïse.) — *Pour toi, bizarre amant, quel est* DONC *mon mérite ?* (BAUDEL., *Fl. du m.,* Sonnet d'automne.)

Bien, qui rend l'interrogation plus véhémente, n'est pas lié non plus au mot interrogatif : *Où peut-il donc* BIEN *être ?* (Voir aussi l'ex. de Rostand ci-dessus.)

Déjà s'emploie quand l'interrogation concerne quelque chose que l'on ne se rappelle plus : *Comment donc s'appelle-t-il* DÉJÀ *?* (HUGO, *Dernier jour d'un condamné,* Comédie.)

Sur l'interrogation populaire *Comment que tu vas ?* voir § 390, *b.* — Sur *cela* (ou *ça*) accompagnant l'interrogatif *(Qui cela ?),* surtout dans les phrases interrogatives averbales, voir § 384, *c.*

Hist. — *Que diable de* servait de déterminant, dans des interrogations proches de l'exclamation : QUE DIABLE D'*adresse est-ce là ?* (DIDEROT, *Corresp.,* t. III, p. 242.)

4. Les mots interrogatifs sont en tête de la phrase [2], soit dans l'interrogation de type soigné (§§ 386 et 388, *b*) : QUAND *pars-tu ?* — soit quand ils sont accompagnés de l'introducteur *est-ce que* ou de ses variantes (§§ 389 et 390) : QUAND *est-ce que tu pars ?* — soit dans le tour généralement tenu pour relâché (§ 391, *b,* 2°) °QUAND *tu pars ?*

Cependant, le mot interrogatif est à la place qu'occuperait dans une phrase énonciative l'élément dont il joue le rôle : 1° dans l'interrogation de type familier (§ 391, *b,* 1°) : *Tu pars* QUAND *?* — 2° lorsqu'il y a plus d'un interrogatif dans la même phrase (cf. Rem. 5), un seul pouvant être en tête : QUI *trompe* QUI *dans cette affaire ?*

Si l'interrogatif fait partie d'un syntagme prépositionnel, il est évidemment précédé par la préposition : AVEC QUI *parlez-vous ?* DANS QUELLE INTENTION *as-tu écrit cela ?* D'OÙ *vient-elle ?*

---

2. Abstraction faite des éléments détachés : *Le matin,* QUAND *commencez-vous à travailler ? Ton père,* QUAND *revient-il ? Malade comme tu l'es,* COMMENT *pourrais-tu voyager ? Si tu oublies tes amis,* QUI *pensera à toi ?*

Quand le pronom interrogatif dépend d'un complément prépositionnel, celui-ci prend place en tête de la phrase, devant le pronom interrogatif : DANS LA VOITURE DE QUI *êtes-vous rentrés ?* À LA RECHERCHE DE QUOI *est-il parti ?*

L'interrogatif est en tête de la phrase, même quand sa fonction est à l'intérieur d'une proposition conjonctive : QUAND *dis-tu que tu partiras ?* DE QUI *dis-tu que tu es le fils ?* Mais ces phrases sont souvent ambiguës.

5. On peut avoir besoin de poser plusieurs questions à propos du même fait. La solution ordinaire est de les poser successivement, dans des phrases successives, éventuellement coordonnées explicitement, souvent elliptiques, éventuellement avec un seul point d'interrogation :

Le fond de la grotte se trouverait-il éclairé ? Pour combien de temps ? (M. TOURNIER, *Vendredi ou les limbes du Pacifique*, F°, p. 104.) — *Qui racontait ? quoi ? et à qui ?* (SARTRE, *Mots*, p. 34.) — *Combien longtemps dure ?... jusqu'où s'élève ?... et comment se termine ?... la vie d'une planète vivante ?* (TEILHARD DE CHARDIN, *Apparition de l'Homme*, p. 338.) — *Qui l'utilisera, et comment ?* (QUENEAU, *Voyage en Grèce*, p. 100.) — *Dans quelle atmosphère, par quels moyens, au nom de quoi, voulez-vous qu'elle* [la France] *se relève sous la botte allemande et l'escarpin italien ?* (DE GAULLE, *Discours et messages*, 26 juin 1940.) — *Dans quels jardins parfumés, à quels moments de la lune, comment vêtues, ces filles procèdent-elles à leurs cueillettes ?* (PIEYRE DE MANDIARGUES, *Marge*, p. 198.)

Il arrive dans la langue familière, surtout de façon plaisante, que ces questions soient en quelque sorte simultanées, autrement dit, que l'on trouve dans la même phrase deux ou plusieurs mots interrogatifs de fonctions différentes :

QUI *tyrannisait* QUI *ou se révoltait contre* QUI *?* (J. ROMAINS, *Hommes de b. vol.*, t. XXV, p. 144.) — *Quatre jeunes couples : et* QUI *aime* QUI *?* (S. de BEAUVOIR, *Belles images*, p. 210.) — *Au premier rendez-vous* [...] QUI *pense à* QUOI *?* (H. BAZIN, *Matrimoine*, p. 12.) — *Claire. La nuit, on bat des gens à mort dans les caves.* [...] */ L'interrogateur.* QUI *battait* QUI *? / Claire. La police. La police battait des étrangers* (M. DURAS, *Amante anglaise*, pp. 87-88).

Il est moins normal que des interrogatifs de fonctions différentes soient coordonnés : OÙ *et* QUE *lui avait-il dit ?* (M. DURAS, *Vie tranquille*, F°, p. 207.)

6. *Le moyen* joue le rôle d'un mot interrogatif équivalant plus ou moins à *comment* dans des phrases interrogatives oratoires ayant la même portée que *Il n'y a pas moyen...* Il est suivi de la préposition *de* et d'un infinitif ou bien de la conjonction *que* et d'une proposition dont le verbe est au subjonctif (tours littéraires). Il a pu aussi être employé comme locution-phrase :

Vous voulez que je fasse telle chose, LE MOYEN *?* [ou :] LE MOYEN QUE *j'y parvienne ?* (AC.) — *Il y a dans cette rue de l'oubli stagnant. Jean Valjean y respira.* LE MOYEN QU'*on pût le trouver là ?* (HUGO, *Misér.*, IV, XV, 1.) — *Si l'on me dit qu'elle était paralysée par la grâce,* LE MOYEN DE *répondre que cela n'est pas vrai ?* (J. GREEN, *Terre lointaine*, p. 92.)

Hist. — Dans le tour *D'où vient que ... ?* le sens propre de *venir* n'est plus toujours perceptible, et c'est devenu une formule pour interroger sur la cause : D'OÙ VIENT, *reprit-il, que vous n'êtes pas venue chez moi ?* (FLAUB., *Mme Bov.*, III, 7.) — À cause de cela, *d'où vient* a été employé au XVIIIe siècle comme un synonyme de *pourquoi*, tantôt avec un infinitif, tantôt avec un verbe conjugué (sans conjonction), tantôt d'une façon absolue :

+*Mais, que fais-je ?* D'OÙ VIENT *vous rendre compte de ce que je sens ?* (MARIVAUX, *Journaux et Œuvres diverses*, p. 121.) — +D'OÙ VIENT *l'accabler encore quand ses reproches le déchirent ?* (SADE, *Nouvelles*, cit. Renchon, p. 182.) — +*Eh !* D'OÙ VIENT *ne me le dites-vous pas ? m'écriai-je* (MARIVAUX, *op. cit.*, p. 431). — +*Je l'en remercie ;* D'OÙ VIENT ? *c'est qu'il a raison et qu'il parle juste* (ID., *Sincères*, XVI). — *Mais* D'OÙ VIENT *donc, dis-moi ? quelque part qu'on s'arrête, en Calabre ou ailleurs, tout le monde se met à faire la révérence* (P.-L. COURIER, lettre, 25 juin 1806, dans Littré, s.v. *venir*, 27°).

Comme *pourquoi* (cf. § 389, *b*), *d'où vient* a pu être suivi de l'introducteur *est-ce que :* +D'OÙ VIENT EST-CE QUE *tu me le caches ?* (MARIVAUX, *Joie imprévue*, II).

Littré (s.v. *où*, 6°) estimait encore que « l'usage permet de dire *D'où vient faites-vous cela ?* ». *D'où vient* « pourquoi » est en tout cas attesté dans les patois : cf. Wartburg, t. XIV, p. 240 (wallon, normand, tourangeau, bourguignon).

384   Le mode du verbe dans la phrase interrogative.

La phrase interrogative n'a pas de mode spécifique.

a) On emploie d'ordinaire l'**indicatif** (dans lequel se place le conditionnel) :

Es-*tu contente ? Quand le soleil* REVIENDRA-*t-il ?* SERAIT-*ce trop tard ?*

Le subjonctif plus-que-parfait s'emploie avec la valeur du conditionnel passé dans la langue littéraire :

EUSSÉ-*je autant* AIMÉ *l'enfant née d'un mariage heureux ?* (Fr. MAURIAC, *Fleuve de feu*, IV.) — *Que* M'EÛT FAIT *cette aventure déjà oubliée de ceux qui en avaient été les spectateurs ?* (A. CAMUS, *Chute*, p. 65.)

Qui vive ? semble être la réduction de *Y a-t-il âme qui vive ?* (Comp. : *Qui va là ?*) Cf. A. Jeanroy, dans *Romania*, 1908, p. 296. (Autre explication dans le *Dict. gén.*, suivi par Wartburg, t. XIV, p. 580 : « *Vive qui ? quel est le vivat que vous poussez ? quel est votre cri de guerre ?* »)

b) L'interrogation délibérative (cf. § 381, Rem. 3) est assez souvent à l'**infinitif :**

Que RÉPONDRE ? *Où* ALLER ? *Comment se* TIRER *de là ? À qui* DEMANDER *secours ?*

L'infinitif s'emploie aussi, en dehors de l'interrogation délibérative, notamment après *pourquoi, comment ;* cela appartient à la langue soignée :

*Pourquoi t'*ACHARNER [= t'acharnes-tu] *également, Folcoche, contre notre misérable trousseau ?* (H. BAZIN, *Vipère au poing*, XXV.) — *Pourquoi* AVOIR ALLONGÉ *subrepticement les costumes neufs que notre père nous a offerts* [...] *?* (*ib.*, XIV.) — *Croupir vient de croupe ; comment* CONCILIER *cette étymologie certaine avec cette signification non moins certaine ?* (LITTRÉ, Préf., p. XI.) — *Comment* DÉCOUPER *le syntagme ?* (R. BARTHES, *Éléments de sémiologie*, III. 2. 2.) — *Qu'*ATTENDRE *de plus de l'amour ?* (MALRAUX, *Condition humaine*, p. 61.)

À quoi bon se construit souvent avec un infinitif : *Car* À QUOI BON CHERCHER *tes beautés langoureuses / Ailleurs qu'en ton cher corps et qu'en ton cœur si doux ?* (BAUDEL., *Fl. du m.*, Balcon.)

On observera que la plupart de ces phrases ne sont pas susceptibles d'une autre construction (avec *est-ce que*, notamment). Tout au plus peut-on mettre l'interrogatif à la place occupée normalement par l'élément qu'il représente (§ 391, *b*) : *Répondre* QUOI ? *Aller* OÙ ?

L'interrogation globale se rencontre aussi avec l'infinitif dans un style rapide.

Interrogation délibérative : *Comment éliminer cette menace* [...]? PRÉVENIR *papa ?* [...] RELATER *les événements sous pli cacheté que j'enverrai en poste restante ?* [...] *La* PRENDRE *sur le fait ? C'est encore le plus simple* (H. BAZIN, *Vipère au poing*, XXIII).

Interrogation à valeur d'hypothèse (cf. § 381, Rem. 2) : *Aussitôt l'auto s'élance. Enfin, nous pouvons aller vite.* S'ARRÊTER ? *Affaire de freins* (G. DUHAMEL, *Querelles de famille*, p. 59).

c) L'interrogation partielle est souvent **averbale,** surtout dans la langue parlée.

Soit dans des formules traditionnelles : *Quoi de neuf ? À quoi bon ?* — QUELLES NOUVELLES ? *demanda Ferdinand à son vieux père* (HÉRIAT, *Famille Boussardel,* XV), — soit parce que l'on interroge sur un élément particulier de la phrase précédente, dont on se dispense de répéter les autres éléments ; ce procédé, quoique surtout fréquent dans les dialogues, se rencontre dans tous les styles :

Il vient de partir. — *Et* POUR OÙ ? (GIONO, *Regain*, I, 2.) — *Jessica. Demain il sera trop tard.* / *Hoederer.* POURQUOI ? (SARTRE, *Mains sales*, V, 3.) — *L'avenir peut être sauvegardé, à condition qu'au terme du drame, la France soit belligérante et rassemblée autour d'un seul pouvoir.* / LEQUEL ? *Non, certainement, le régime de Vichy* (DE GAULLE, *Mém. de guerre*, t. II, p. 6). — *Le français sera systématiquement comparé avec l'allemand.* DANS QUEL DESSEIN ? (Ch. BALLY, *Linguist. générale et ling. franç.*, § 23.)

Voir au § 702, *d*, divers cas particuliers au sujet de *quoi*.

Le mot interrogatif peut être accompagné de *cela* (ou de *ça,* dans l'usage parlé quotidien), représentant le reste de la phrase précédente (cf. § 671, *e*, 1°) :

Jean. Les Anglais n'essayent jamais d'imaginer. / *Emmanuèle. Pourquoi* CELA ? (Fr. MAURIAC, *Asmodée*, I, 1.) — *Siècle de vitesse ! qu'ils disent. Où* ÇA ? *Grands changements ! qu'ils racontent. Comment* ÇA ? (CÉLINE, *Voy. au bout de la nuit*, Fº, p. 15.)

Il est assez rare que *ça*, devenu un simple renforçatif, accompagne le mot interrogatif dans une phrase complète : *Vous m'enlèverez ? Quand* ÇA *m'enlèverez-vous ?* (MAUPASS., *Bel-Ami*, II, 9.)

La phrase précédente est en même temps niée dans *Pourquoi non ? Pourquoi pas ?* (Cf. § 1054, *c*, 2°.)

Parfois aussi le verbe seul manque, et il ne doit pas être cherché dans la phrase précédente. Cela s'observe même dans la langue la plus soignée :

À quoi bon le souci d'être ou de n'être plus ? (LECONTE DE LISLE, *Poèmes trag.*, Si l'aurore.) — *Pourquoi, demandez-vous, l'étrange clause du secret ?* (H. GOUHIER, *Discours de réc. à l'Ac. fr.*) — *Quoi de plus simple, puisque le monde est bien fait ?* (SARTRE, *Mots*, p. 19.) — *On trouvera ces détails bien insignifiants et ces discussions oiseuses. Mais à qui la faute ?* (J. CALVET, dans les *Lettres romanes*, févr. 1948, p. 9.)

Notons aussi le tour : VOILÀ COMBIEN DE TEMPS, *Fine, que tu es chez nous ?* (GIDE, *Faux-monn.*, I, 4.)

Mises à part quelques formules usuelles (*D'accord ? Alors ? Eh bien ? Hein ?* [cf. Rem. 1 ci-dessous] etc.), l'interrogation globale est plus rarement averbale, puisque le verbe est nécessaire à la clarté de la phrase, sauf si les éléments qui manquent figurent dans la phrase précédente :

Que cherchez-vous dans le monde ? LE BONHEUR ? (*Imitation de J.-C.*, trad. de LAMENNAIS, I, 20, Réflexion.)

Il arrive pourtant que la situation soit assez claire pour que l'on se passe du verbe, surtout dans la communication orale. Cela se produit notamment quand le locuteur propose quelque chose ou s'informe sur la santé :

Une cigarette ? — Un petit coup de main ? — Et la santé ? — Et les chères petites filles ? [dans une lettre] (E. et J. de GONCOURT, *Ch. Demailly,* XXIX.) — *Marius s'approcha du médecin. Il lui adressa ce seul mot : Monsieur ?... mais dans la manière de le prononcer, il y avait une question complète* [= Monsieur est-il condamné ?] (HUGO, *Misér.,* V, IX, 5).

Pour les tours *(Ne) voilà-t-il pas que ... ?* et *Est-ce que ne le voilà pas parti ?* voir §§ 387 et 389, *a.*

Remarques. — 1. Deux types particuliers sont à signaler :

1° L'interrogation proche de l'exclamation où l'on reprend avec étonnement un des termes de la phrase prononcée par l'interlocuteur :

Isotta. *Je demande grâce pour Malatesta.* / Le pape. GRÂCE POUR MALATESTA ? / Isotta. *Votre Sainteté n'ignore pas ce que je veux dire.* / Le pape. *Je l'ignore* (MONTHERLANT, *Malatesta,* III, 5).

2° L'interrogation portant sur la totalité de la phrase précédente, soit que l'on ait mal entendu, soit que l'on fasse comme si l'on avait mal entendu et qu'on manifeste ainsi sa surprise.

Cela s'exprime par des mots-phrases ou des locutions-phrases : — mots interrogatifs qui perdent leur sens propre : *Comment ? Quoi ? De quoi ?* (agressif) ; — le substantif *Pardon ?* — formules verbales devenues plus ou moins inanalysables : *Plaît-il ? S'il vous plaît ?* (ou *S'il te plaît ?*) *Vous dites ?* [§ 383, *b,* Rem. 1] — le mot expressif *Hein ?* Sur tout cela, voir § 1051, *d,* 3°.

2. Il est évident qu'aux interrogations averbales ne peuvent être appliquées les observations qui suivent : sur l'ordre des mots, l'introducteur *est-ce que,* etc.

385   L'intonation et le point d'interrogation.

a) Dans la langue **parlée,** la phrase interrogative se caractérise ordinairement par une intonation montante :

$$—$$
$$—$$
$$—$$
Vous   par-   tez   demain ?

Si la phrase est longue, la montée se produit de préférence sur la partie proprement interrogative : par exemple, sur *vous partez demain* dans *Vous partez demain si vous avez la voiture ?*

Le rôle de l'intonation est déterminant dans l'interrogation globale : 1° quand l'ordre des mots est celui de la phrase énonciative (§ 391) ; — 2° quand les phrases sont averbales (§ 384, *c*), ce qui exclut les autres procédés de l'interrogation : inversion ou reprise du sujet, emploi de *est-ce que.*

L'intonation n'est pas nécessairement montante quand il y a d'autres marques explicites de l'interrogation : mots interrogatifs dans l'interrogation partielle, inversion ou reprise du sujet (§§ 386 et 388), introducteur *est-ce que* (§ 389).

En particulier, quand la phrase commence par un mot interrogatif, la note haute est souvent sur ce mot, et elle est plus haute que sur le début d'une phrase énonciative. La modulation est alors descendante :

—
—
—

Où   vas-   tu ?

D'autre part, l'intonation montante n'apparaît pas uniquement dans des phrases interrogatives. Les phrases suspendues se terminent aussi sur une note haute. Il est vrai que la phrase interrogative est en quelque sorte une phrase suspendue, puisque la réponse est censée la compléter.

D'autres traits phonétiques peuvent jouer un rôle : la longueur des voyelles finales notamment. Mais c'est surtout la situation et le contexte qui éclairent l'auditeur sur les intentions du locuteur.

b) Dans la langue **écrite**, la phrase interrogative se termine par un point d'interrogation :

> *Depuis quand [...] nos désirs seraient-ils devenus une mesure du Réel ? Et, du reste, comment ferait le Réel pour se plier à la multiplicité contradictoire de nos désirs ?* (TEILHARD DE CHARDIN, *Apparition de l'Homme*, p. 359.) — *La rumeur chuchotait que pour eux (pour eux seulement ?) le Seigneur était tellement plus près des morts que des vivants...* (MALRAUX, *Antimémoires*, p. 74.)

On a vu (§§ 119-121) 1° que le point d'interrogation peut manquer notamment quand la valeur interrogative de l'expression s'est effacée ; — 2° que des points d'interrogation sont introduits par certains auteurs alors qu'il ne s'agit pas de phrases interrogatives ; — 3° que le point d'interrogation est placé par certains à un autre endroit qu'à la fin de la phrase interrogative.

Dans le cas de l'interrogation fictive à valeur d'hypothèse, l'effacement de la valeur interrogative peut être tel que le lien logique entre les phrases est transformé en lien grammatical et que la seconde phrase est transformée en proposition introduite par *que* (cf. § 1067, 1°) : *Partait-il seul pour Paris* QU'*elle s'empressait de prévenir Mme Marliani* (MAUROIS, *Lélia*, p. 321).

386   **Inversion du pronom personnel sujet, de *ce* et de *on*.**

Lorsque le sujet est un pronom personnel (y compris *il* impersonnel), *ce* ou *on*, la langue soignée, surtout écrite, marque l'interrogation par l'inversion du sujet :

> *Comprenez*-VOUS ? *Pleut*-IL ? *Est*-CE *possible ? Où vas*-TU ? *Quand part*-ON ? — *Et que suis-*JE *donc moi-même, si ce n'est un travailleur ? Qu'ai-*JE *eu de meilleur en ce monde ?* (MICHELET, *Insecte*, Introd., I.) — *Se souvient*-ON *d'un nuage ?* (MAUPASS., *Pierre et Jean*, V.) — *À quelle heure avons*-NOUS *un train pour rentrer ?* (CÉLINE, *Voy. au bout de la nuit*, F°, p. 512.) — *Peut-*

ON *dire d'une langue qu'elle est belle ?* (A. MARTINET, *Français sans fard*, p. 46.) — *Y a-t-IL une écriture poétique ?* (R. BARTHES, *Degré zéro de l'écriture*, I, 4.)

Si le verbe est à un temps composé ou au passif, le pronom se met après l'auxiliaire *être* ou *avoir : Avez-*VOUS *terminé votre lecture ? Serait-*IL *tombé de cheval ? Était-*ELLE *convaincue par votre raisonnement ?* Après le premier auxiliaire s'il y en a plus d'un : *Avait-*IL *été convaincu ? Avez-*VOUS *eu fini à temps ?*

Dans certaines formules, l'inversion appartient à la langue courante. C'est la construction normale pour : *Plaît-*IL *?* (Pour faire répéter.) *N'est-*CE *pas ? Est-*CE *que ... ? En veux-*TU *en voilà* (cf. § 120, *c*), *Qu'est-*CE *à dire ?* Les autres tours sont impossibles avec ces expressions : **Il plaît ? *Est-ce qu'il plaît ?*

Restent fréquentes des formules comme : *Quelle heure est-*IL *? Comment allez-*VOUS *? Voulez-*VOUS *... ? Que dis-*JE *? Que sais-*JE *?* etc.

L'inversion appartient aussi à la langue ordinaire dans certaines régions : Wallonie (cf. Pohl, p. 185 ; comp. pour le wallon Remacle, t. I, pp. 260-261), Normandie (cf. Fr. Bar, dans le *Franç. mod.*, oct. 1958, p. 249), notamment, mais en concurrence avec les autres procédés.

La construction avec inversion n'est pas admise par l'usage :

1° À la 1re personne du singulier des indicatifs présents qui ne se terminent pas par *e* : **Meurs-je ? *Cours-je ? *Finis-je ?* — à l'exception de certains verbes très courants : *Puis-je ? Vais-je ?* etc. Voir la liste au § 764, *d*, Rem. (Voir aussi la Rem. 3 ci-dessous.)

2° À la plupart des temps composés de *être* quand le sujet est *ce* : **A-ce été ... ? *Ont-ce été ... ?* etc., ainsi qu'au passé simple, 3e pers. du pluriel : **Furent-ce ... ?* Cf. § 675, *e*.

Dans ces deux cas, on doit recourir à une autre construction, notamment à l'introducteur *Est-ce que ... ?* (§ 389.)

Hist. — Voir l'Hist. à la fin du § 388.

Remarques. — 1. Le *il* qui suit le verbe doit être répété dans les interrogations coordonnées : *Viendra-t-il et nous apportera-*T-IL *son cadeau ?*

Si l'interrogation coordonnée est introduite par *ou si* (§ 382), le pronom n'y subit pas l'inversion : *Viendra-t-il lui-même ou s'*IL *enverra son remplaçant ?*

2. Certains verbes impersonnels se construisent sans *il* :

Que vous en semble ? Qu'importe ? — Que me sert de reprendre ce journal [...] *?* (GIDE, *Journal*, 20 sept. 1917.) — *Comment va ? — D'où vient que ... ?* Voir § 234.

3. L'inversion du pronom sujet entraîne certaines modifications dans la forme du verbe :

1° À la 1re personne du singulier, dans les verbes terminés par *e*, cet *e* est remplacé par *é* avec accent aigu, malgré la prononciation [ɛ] (il est vrai que cette construction, très littéraire, est peu attestée dans le registre oral) : AIMÉ-*je ?* OUVRÉ-*je ?* Voir § 764, *a*, Rem.

On trouve parfois cette désinence appliquée à des formes qui ne se terminent pas par *e* : °COUSÉ-*je ?* Mais cette façon de faire, quoique ancienne, n'est pas considérée comme régulière. Voir § 764, *d*, Rem.

2° À la 3ᵉ personne, la consonne ordinairement muette reparaît sous la forme de [t] lorsque le pronom commence par une voyelle : *Que savait-il ?* [sΛvɛtil] — *Que voient-ils* [vwΛtil] — *Que prend-on ?* [pʀɑ̃tɔ̃] — *Que sait-elle ?* [setɛl].

Le *t* apparaît même, par analogie, lorsque le verbe est terminé dans l'écriture par une voyelle (ce *t* s'écrit entre deux traits d'union) : *Aime-t-il ?* [ɛmtil] — *Qu'a-t-elle ?* [Λtɛl] — *Où va-t-on ?* [vΛtɔ̃]. De même : *Vainc-t-il ?* [vɛ̃til] — Voir les détails au § 766, Rem.

Ces faits trouvent aussi leur application quand *il, ils, elle* et *elles* sont des pronoms de reprise (§ 388).

**387	[Ti] dans l'interrogation.**

Les faits décrits dans la remarque précédente montrent que, dans un grand nombre de phrases interrogatives, la forme verbale est suivie de la syllabe *-t-il*(*s*), souvent prononcée dans l'usage populaire [ti], comme *il* est prononcé [i] dans d'autres circonstances (§ 635, *c*) : *Ça va*-TI, *mon gars ?* [dit une servante charentaise] (H. BAZIN, *Vipère au poing*, XIV.)

À la suite de cela, [ti] a été senti par le peuple de diverses régions (la Belgique presque entière ignore le phénomène) comme une sorte de marque de l'interrogation et a été ajouté même quand le pronom sujet était devant le verbe (§ 391, *a*), à la 3ᵉ pers. ou à d'autres personnes, au masculin et au féminin. Les auteurs qui font parler des personnages du peuple ou qui imitent son langage attestent ce tour, avec les orthographes les plus variées (*t'y, ty, t-y, t'i, t'il, t-il*, etc.) :

Vous avez-T-IL *déjà vu l'Diable ?* (MAUPASS., C., Diable.) — *T'es*-TI *point grosse ? (ib.,* Sabots.) — *On travaille*-T-Y, *m'sieur Bernard ?* (MAUROIS, *Bernard Quesnay*, p. 86.) — *Tu joues ou tu n'joues*-T'I *pas, face de ver ?* (BARBUSSE, *Feu*, p. 240.) — *Vous êtes*-T-Y *prêts ?* (DORGELÈS, *Cabaret de la Belle Femme*, p. 85.) — *J'puis*-T-Y *entrer ?* (H. DUVERNOIS, *Crapotte*, p. 30.) — *Vous auriez*-T-IL *pas envie de ce bracelet de rien du tout ?* (ARAGON, *Beaux quartiers*, II, 32.) — *Vous entrez*-T'Y, *Docteur ?* (CÉLINE, *Voy. au bout de la nuit*, Fᵒ, p. 385.) — *J'savais*-TY, *moi, pauvre innocent ?* (GENEVOIX, *Tendre bestiaire*, p. 155.) — *Tu veux*-T-Y *que je le relâche, oui ou non ?...* (A. SCHWARZ-BART, *Dernier des justes*, p. 128.) — *T'apprends*-TI *toujours bien à l'école* (A. ERNAUX, *Femme gelée*, p. 10).

Plus rarement, quand le pronom personnel sujet est placé après le verbe (cf. Hist., ex. de Rousseau) : *M'aimez-vous* TI *?* (Juliette DROUET, lettre [badine] à Hugo, 31 juillet 1838, citée par H. Juin, *Victor Hugo*, t. I, p. 788.) — *Voulez-vous*-T-Y *que je vous embrasse ?* (A. DAUDET, *Jack*, t. I, p. 218.)

Quoique encore bien vivant dans certaines provinces (comme en Normandie), le tour paraît aujourd'hui en recul, sans doute sous l'influence de l'école. Des linguistes l'avaient pourtant accueilli avec faveur : « C'est le symbole unique de l'interrogation, dont la langue avait besoin. On voit avec quelle ingéniosité souple et tenace elle se l'est créé » (Vendryes, *Le langage*, p. 203).

Après *c'est*, le phénomène apparaît parfois en dehors de tout souci d'imiter la langue populaire (peut-être par analogie avec *cela est-il*), avec la graphie *c'est-il* :

C'EST-IL *que par instants les lingots des Rois-Mages / Apparaissent la nuit aux crèches des villages ?* (JAMMES, *Géorgiques chrét.*, VI.) — C'EST-IL mer *qui explique qu'*amarrer *est un* verbe « *ne se rencontrant qu'au bord de la mer* » *?* (G. MILLARDET, dans la *Revue des langues rom.*, 1923, p. 157.) — CE *n'*EST-IL *pas plus gentil comme cela ?* (M. DROIT, *Clartés du jour*, p. 60.)

Dans l'ex. suivant, on a plutôt un hypercorrectisme ; comme *il y a* est souvent prononcé [jA] dans la langue familière, un *y a* tout à fait régulier est remplacé par *il y a* : IL *y a-t-il autour de nous un événement qui serait* [...] *démonstratif* [...] *d'un progrès permanent* [...] ? (M. FOUCAULT, dans le *Magazine litt.*, mai 1984, p. 37.)

Cette espèce de particule s'ajoute même à *voilà* employé négativement, soit avec la négation complète, soit, ordinairement aujourd'hui, avec l'auxiliaire seul (§ 981, 1°) [voir l'Hist.]. Ceci n'est plus particulier à l'usage populaire ; il s'agit d'une interrogation oratoire, et l'on omet souvent le point d'interrogation (cf. § 120, *c*) :

Ne voilà-T-IL *pas un coup prodigieux,* [...] *qu'on pourrait attribuer à la Durandal de Roland* [...] ? (Th. GAUTIER, *Cap. Frac.*, XIV.) — *À mon grand étonnement, ne voilà*-T-IL *pas qu'il se fâche !* (AC., s.v. *voilà.*)
Voilà-T-IL *pas de quoi pousser des cris sinistres !* (HUGO, *Ruy Blas*, III, 5.) — *Voilà*-T-IL *pas une instructive histoire ?* (BARRÈS, *Maîtres*, p. 270.) — *Et voilà*-T-IL *pas que la ville de Vienne refuse que ses propres habitants propriétaires de terre à Septème y paient les tailles* [...] (LE ROY LADURIE, *Carnaval de Romans*, p. 366).

Assez curieusement, *ti* est parfois repris dans les réponses : *C'est-i-vrai ? ou ti-pas vrai ?* / — TI *vrai* (H. LAVEDAN, *Vieux marcheur*, p. 32, cit. Nyrop, t. II, § 225). — *C'est-ti oui ? c'est-ti non ?* / TI *oui, répondit Mado-Ptits-pieds en rougissant* (QUENEAU, *Zazie dans le métro*, XIII).

La parenté entre l'exclamation et l'interrogation a eu pour résultat que la langue populaire a introduit aussi [ti] dans la phrase exclamative : *Que j'ai* T'Y *du goût ! dirait Luce* [amie d'école en Puisaye] (WILLY et COLETTE, *Claud. à Paris*, p. 85).

Dans le français populaire du Québec, on emploie *tu* (sous l'influence du pronom de la 2ᵉ pers. ?) : *Y* [= il] *t'a*-TU *faite mal, maman ?* (M. TREMBLAY, *À toi, pour toujours, ta Marie-Lou*, p. 74.) — *Y as*-TU *quequ'un qui t'suit ?* [= Y a-t-il ... ?] [M. LABERGE, *C'était avant la guerre à l'Anse à Gilles*, p. 100.)

Hist. — *C'est-il...* est attesté dès le XVᵉ siècle : *Comment ce seroit*-IL *?* (*Cent nouv. nouv.*, XVI.) — *C'est* IL *sus celle anesse la ?* (*Passion* anonyme du XVᵉ s., dans *Bibliothèque de l'École des Chartes*, 1924, p. 311.) Cette construction a peut-être été amenée par le fait que *ceci* et *cela* entraînent la reprise (cf. § 388).

Ne voilà-t-il pas... et *Voilà-t-il pas...* sont attestés au XVIIᵉ siècle : *Ne voylà*-T-IL *pas une belle objection ?* (TALLEMANT DES RÉAUX, *Historiettes*, Pl., t. I, p. 110.) — *Voila*-T-IL *pas Monsieur qui ricane déja ?* (MOL., *Tart.*, I, 1.)

Des grammairiens ont protesté. Littré (qui cite des ex. de Molière et de Voltaire) y voit « un barbarisme introduit par l'usage », et « la seule construction correcte est : ne voilà pas ». Mais celle-ci, usitée au XVIIᵉ s., ne l'est plus aujourd'hui : NE VOILA PAS *de mes mouchars, qui prennent garde à ce qu'on fait ?* (MOL., *Av.*, I, 3.) — VOILA PAS *le coup de langue* (ID., *Bourg.*, III, 12.)

On dit encore, familièrement, avec *est-ce que* : *Est-ce que ne le voilà pas parti ?* Cf. § 389, *a.*

Dans les autres cas, [ti] n'est pas attesté avant le XVIIIᵉ siècle, peut-être parce que le tour était senti comme trop vulgaire pour être mis par écrit même dans les genres reflétant l'oral : *Je me marie*-T-Y *?* (VADÉ, dans Brunot-Bruneau, § 677.) J.-J. Rousseau a pris la défense de *Irai-je*-T'Y *?* où il voyait le même phénomène que dans *vas-y* (*Émile*, I, Pl., p. 294.)

388 Lorsque **le sujet n'est ni un pronom personnel, ni** *ce*, **ni** *on*, la langue soignée présente un usage assez complexe.

a) Dans l'**interrogation globale**, le sujet est placé devant le verbe, mais est repris après le verbe sous la forme des pronoms personnels *il(s)* ou *elle(s)* :

> L'EUROPE *deviendra-t-*ELLE *ce qu'elle est en réalité, c'est-à-dire : un petit cap du continent asiatique ?* (VALÉRY, *Variété*, Pl., p. 995.) — TOUT CECI *veut-*IL *dire qu'il n'est pas possible de décréter, dans l'absolu, si une langue est belle ou ... moins belle ?* (A. MARTINET, *Français sans fard*, p. 60.) — PERSONNE DE VOUS *ne parlera-t-*IL ? (CLAUDEL, *Tête d'or*, 1ʳᵉ version, p. 133.) — « JOUER LE JEU » *veut-*IL *dire aider la majorité à réaliser son programme [...] ?* (J.-Fr. REVEL, dans le *Point*, 6 sept. 1982, p. 34.) — ESPÉRER UN SECOURS DE CET HOMME [...] *n'était-*IL *pas tout à fait inutile ?* (MALLET-JORIS, *Allegra*, p. 333.) — CE QU'IL DIT *est-*IL *invraisemblable ?* — QU'IL SE TROMPE *est-*IL *impossible ?*

> Quand la forme verbale est constituée d'un auxiliaire et d'un participe passé, le pronom de reprise se met après l'auxiliaire (après le premier auxiliaire s'il y en a plus d'un) : *Pierre aurait-*IL *fini à temps ? Le mur a-t-*IL *été construit entre les deux jardins ?*

Remarques. — 1. Les faits phonétiques et graphiques signalés dans le § 386, Rem. 3, 2°, sont aussi d'application lorsqu'il s'agit du pronom de reprise :

> *Ceci est-il* [ɛtil] *vrai ? Votre mère va-*T-*elle mieux ?*

2. Dans les interrogations coordonnées où le sujet n'est pas répété, le pronom de reprise, lui, est répété après le second verbe :

> *Pierre viendra-t-il et nous apportera-t-*IL *son cadeau ?* — Voir § 644, où nous avons noté des manquements à cette règle.

3. Dans l'interrogation coordonnée introduite par *ou si* (cf. § 382), le sujet n'est pas repris par un pronom personnel après le verbe :

> *Est-ce l'exercice du pouvoir qui corrompt les hommes, ou si* LE TEMPÉRAMENT CORRUPTIBLE *préadapte à l'exercice du pouvoir ?* (J. ROSTAND, *Pensées d'un biologiste*, 1954, p. 220.)

> Le sujet peut aussi être représenté par un pronom personnel précédant le verbe : *Pierre viendra-t-il ou s'*IL *enverra son remplaçant ?*

b) Dans l'**interrogation partielle**, divers cas sont à envisager :

1° Si elle commence par un pronom **interrogatif sujet** ou par un déterminant interrogatif se rapportant au sujet, le sujet n'est pas, normalement, repris par un pronom personnel :

> QUEL PEUPLE *habita cette île ?* (CHAT., *Mém.*, I, VIII, 5.) — COMBIEN D'HOMMES *sont indifférents à ces événements ?* (*ib.*) — QUI *vient ?* QUI *m'appelle ?* (MUSSET, *Poés. nouv.*, Nuit de mai.) — LAQUELLE *dort le mieux ?* (HUGO, *F. d'aut.*, VI.) — QUI *donc le courbe ainsi ?* QUELLE SUEUR *l'inonde ?* (*ib.*, X.) — QUEL ENFANT SOURD OU QUEL NÈGRE FOU / *Nous a forgé ce bijou d'un sou / Qui sonne creux et faux sous la lime ?* (VERL., *Jadis et nag.*, Art poét.) — COMBIEN D'ACTIONS HUMAINES *résisteraient à une épreuve de ce genre ?* (BERGSON, *Rire*, p. 4.) — LEQUEL *lui était le moins cher ?* (R. ROLLAND, *Jean-Chr.*, t. X, p. 226.) — LEQUEL *eût osé lui adresser la parole devant témoin ?* (Fr. MAURIAC, *Anges noirs*, p. 97.) — COMBIEN D'OUVRIERS, *malgré l'averse battante, réparaient des toits ?* (MALRAUX, *Condition hum.*, p. 28.) — COMBIEN D'HOMMES *ne sauront pas se servir de leurs armes à feu, dans ta*

section ? (ib., p. 44.) — COMBIEN D'AUTRES ALLEMANDS *auront été faits prisonniers ?* (DE GAULLE, *Mém. de guerre*, t. I, p. 52.) — QUEL GRAMMAIRIEN D'AUJOURD'HUI *oserait recommander à son public de pratiquer la syntaxe de Racine ?* (A. MARTINET, *Franç. sans fard*, p. 27.) — QUEL BON VENT *vous amène, monsieur Picoche ?* (DANINOS, *Vacances à tous prix*, p. 176.) — QUELLE HISTOIRE INVENTÉE *pourrait rivaliser avec celle de la séquestrée de Poitiers* [...] *?* (N. SARRAUTE, *Ère du soupçon*, p. 82.) — QUI *vous a dit que ces deux rhinocéros étaient malheureux ? (*IONESCO, *Rhinocéros*, p. 67.)

On constate dans ce cas une tendance assez forte (et ancienne : cf. Hist.), quoique minoritaire, à introduire un pronom de reprise, spécialement quand le sujet est précédé de *combien de* et de *quel*, et aussi quand le verbe est accompagné d'une négation :

*Combien de jeunes gens n'ont-*ILS *pas été sauvés de la débauche par des travaux opiniâtres ?* (BALZAC, *Physiol. du mariage*, IX.) — *Combien de communes ont-*ELLES *procédé à ces dégrèvements ?* (BARRÈS, *Grande pitié des égl. de Fr.*, 1914, p. 405.) — *Combien de femmes n'aimeraient-*ELLES *pas mieux voir leur amant mort qu'infidèle ?* (M. DONNAY, *Affranchie*, I, 3.) — *Combien de gens en France ont-*ILS *le courage d'être corrects, d'être loués pour eux-mêmes ?* (Fr. MAURIAC, *Province*, p. 28.) — *Combien de femmes l'avaient-*ELLES *habité ?* (DANIEL-ROPS, *Courtinaire*, p. 28.) — *Combien d'entre nous auraient-*ILS *droit au titre d'homme* [...] *?* (VERCORS, *Animaux dénaturés*, pp. 304-305.) — *Combien de lâches sont-*ILS *morts avec courage dans la panique de toute leur chair, pour ne point paraître lâches ?* (Th. MAULNIER, *Jeanne et les juges*, p. 70.) — *Combien de grammaires donnent-*ELLES *le mot de l'énigme ?* (DAUZAT, dans le *Monde*, 13 juillet 1955.) — *Mais combien de nos soldats* [...] *avaient-*ILS *lu Gide* [...] *?* (LACRETELLE, *Les maîtres et les amis*, p. 163.) — *Combien d'autres ecclésiastiques se trouvent-*ILS *captifs, ici et là ?* (Wl. D'ORMESSON, dans le *Figaro*, 15 janv. 1958.) — *Combien d'autres ennemis du pouvoir ne font-*ILS *pas partie des commissions et comités de lecture* [...] *?* (IONESCO, dans le *Figaro*, 3 août 1974.)

*Quels feux agitent-*ILS *mes crins ?* (VERHAEREN, *Flambeaux noirs*, Dame en noir.) — *Quel homme de prière a-t-*IL *pourtant jamais avoué que la prière l'ait déçu ?* (BERNANOS, *Journal d'un curé de camp.*, p. 131.) — *Quel Brillat-Savarin, quel Berchoux, en leurs dissertations, t'ont-*ILS *appris à goûter la fraise des bois ?* (M. BEDEL, *Traité du plaisir*, p. 133.) — *Mais quel féroce magicien a-t-*IL *enfermé ton secret dans cette incommunicabilité profonde* [...] *?* (É. HENRIOT, *Tout va recommencer sans nous*, p. 170.) — *Mais quel roman, quelle intrigue lui permettront-*ILS *d'exprimer les sentiments forts qu'il vient d'éprouver ?* (MAUROIS, *Prométhée*, p. 218.) — *Quel être humain a-t-*IL *vraiment le courage de rire quand il est question de la mort ?* (CHAMSON, *Petite Odyssée*, p. 248.) — *Mais quelle journée peut-*ELLE *être considérée avec certitude comme le faîte de la vie ?* (M. DRUON, *Volupté d'être*, II, 6.) — *Quelle mort, ou quelle transformation, se cache-t-*ELLE *dans cet espace impénétrable ?* (TEILHARD DE CHARDIN, *Apparition de l'Homme*, p. 228.) — *Quel livre contemporain autant que* Le Roi des Aulnes *joue-t-*IL *de l'ambiguïté* [...] *?* (M. DEL CASTILLO, dans le *Figaro*, 17 nov. 1981.)

*Combien veulent-*ILS *de la croix* [...] *?* (J. GREEN, *Ce qui reste de jour*, 28 août 1969.) — *Combien sont-*ILS *réellement en usage ?* (P. GUIRAUD, *Mots étrangers*, p. 117.)

*Lequel allait-*IL *s'effondrer ?* (KESSEL, *Cavaliers*, p. 69.)

*Qui donc habite-t-*IL *ainsi notre peau ?* (Cl. MAURIAC, dans le *Figaro*, 9 avril 1971.)

Hist. — Cette reprise n'est pas récente :

*Combien, pour avoir mis leur honneur en sequestre, / Ont-*ELLES *aux atours eschangé le limestre* [...] *[= échangé la serge contre des atours] ?* (M. RÉGNIER, *Sat.*, XIII.) — *Combien de personnes en pourroient-*ELLES *profiter pendant ce temps-là ?* (VAUGELAS, Préf., X.) — *Combien de Gens font-*ILS *des Recits de Bataille, / Dont ils se sont tenus loin ?* (MOL., *Amph.*, I, 1.) [C'est plutôt une exclamative malgré le point d'interrogation.]

Remarque. — Le pronom interrogatif sujet ne peut pas être, normalement, celui qui concerne l'inanimé : *Qu'est vrai ?* °Quoi *est vrai ?* On doit recourir à l'introducteur (§ 389, *b*) : Qu'est-ce qui *est vrai ?* Voir cependant des exemples de *quoi* sujet au § 702, *a*, 2°.

2° Si l'interrogation commence, — soit par *quel* interrogatif attribut ou se rapportant à l'attribut, — soit par *que* attribut (voir Rem.) ou complément direct essentiel, il y a inversion du sujet :

Quels sont CES BRUITS SOURDS ? (Hugo, *Voix intér.*, XXIV.) — *Quelle est* CETTE LANGUEUR / QUI PÉNÈTRE MON CŒUR ? (Verl., *Romances sans par.*, Ariettes oubliées, III.) — *Quel genre de femme est* LA PRINCESSE ? *demandai-je* (Proust, *Rech.*, t. II, p. 584). — *Que deviennent* LES LETTRES D'UN MOT LATIN OU ALLEMAND [...] *quand ce mot se change en mot français ?* (Littré, Préf., p. xxx.) — *Que signifie* LE RIRE ? (Bergson, *Rire*, p. 1.) — *Que pèserait* LA MORT DE DEUX ENFANTS ? (A. Camus, *Justes*, Pl., p. 338.)

Sur la place précise occupée par le sujet en cas d'inversion et sur les obstacles que rencontre cette inversion, voir les Rem. 2 et 3 ci-dessous après le 4°.

Certains auteurs, continuant un usage ancien (cf. Hist.), mettent le sujet immédiatement après *que*, en reprenant le sujet par un pronom personnel [3] :

Que TOUT CELA *serait-IL devenu si mon absence se fût prolongée ?* (J.-J. Ampère, lettre, dans A.-M. et J.-J. Ampère, *Corresp. et souvenirs*, t. I, p. 301.) — *Que* PELLERIN *devrait-IL dire à Ermance ?* (La Varende, *Cœur pensif...*, p. 209.) — *Que* CELA *change-t-IL ?* (P. Vialar, *Petit garçon de l'ascenseur*, p. 170.) — *Que* M. PIERRE SABBAGH *pourrait-IL demander de mieux ?* (Le Cyclope [= M. Chapelan], dans le *Figaro litt.*, 12 mai 1969.) — *Que* CELA *cache-t-IL ?* (M. Droit, *Clartés du jour*, p. 178.) — *Que* FREUD *ici nous a-t-IL apporté ?* (J. Lacan, *Écrits*, t. II, p. 54.)

Après *que diable*, l'antéposition avec reprise est acceptée par l'usage : *Que diable* CET ABBÉ FRANÇAIS *peut-IL faire ici ?* (J. Romains, *Mission à Rome*, cit. Le Bidois, *Inversion*, p. 40.)

Hist. — Au XVIIᵉ et au XVIIIᵉ siècle, on trouve déjà des exemples où *que* est suivi du sujet :

⁺*Que* DIEU *doit-IL aux hommes ?* (Sév., cit. Brunot, *Hist.*, t. VI, p. 1657.) — *Que* CELA *veut-IL dire ?* (Montesq., *L. pers.*, LXXIV, texte des premières éd.) — *Car que* CET HOMME *contemploit-IL ?* (Volt., *L. phil.*, XXV, 23, texte des premières éd.) — *Mais que* CETTE IDÉE *a-t-ELLE d'effrayant ?* (Diderot, *Rêve de d'Alemb.*, p. 78.)

Remarque. — Lorsqu'on interroge sur l'attribut, la langue littéraire emploie parfois avec le verbe *être* le tour *que* attribut + copule + sujet (*Qu'est un héros ?*) :

Qu'est *ce bruit ?* (Hugo, *Hern.*, III, 5.) — Que *sont ces petits des petits ? Rien moins que les constructeurs du globe où nous sommes* (Michelet, *Insecte*, I, 3). — Qu'*étaient, pour moi, quelques poignées de cheveux gris de plus ou de moins ?* (Barbey d'Aur., *Ensorcelée*, VIII.) — Qu'est *la vieille langue ? En quoi ressemble-t-elle à la langue moderne, en quoi en diffère-t-elle ?* (Littré, Préf., p. xxx.) — Qu'*était cela ? de l'amour ?* (Maupass., *Fort comme la mort*, I, 1.) — Qu'est *le plaisir ?* (Courteline, *Boulingrin*, I.) — *Au prix d'une si infâme récidive*, qu'était

---

3. Sans reprise : voir § 391, *b*, 2°. — Comp. aussi le cas de *que* « pourquoi » au § 396, *b*, Rem.

sa première chute ? (Fr. MAURIAC, *Fleuve de feu*, III.) — QU'*est la difficulté de l'automobile* [...] *au prix de celle que l'on trouve à jouer, même modestement, de la flûte ou du violon ?* (DUHAMEL, *Scènes de la vie fut.*, VI.) — *Mais* QU'*était leur condamnation misérable à côté de la mort qui se retirait de lui* [...] *?* (MALRAUX, *Condition hum.*, p. 14.)

Mais ce tour reste rare ; il est senti comme peu clair, au point qu'on peut se demander si une phrase comme *Qu'est cela ?* (JOUHANDEAU, *Chaminadour*, p. 322) ne doit pas être comprise plutôt comme *Qu'est-ce là ?*

On préfère [4], même dans la langue la plus châtiée, le tour *Qu'est-ce qu'un héros ?* avec redondance du sujet, lequel est mis en évidence au moyen de *que* :

QU'EST-CE QUE *tout cela, qui n'est pas éternel ?* (LECONTE DE LISLE, *Poèmes trag.*, Illusion suprême.) — *Caligula.* QU'EST-CE QU'*un tyran ? / Scipion. Une âme aveugle* (A. CAMUS, *Caligula*, III, 2.) — QU'EST-CE QUE *l'écriture ?* (R. BARTHES, *Degré zéro de l'écriture*, I, 1.)

Cela est même obligatoire avec un infinitif sujet : QU'EST-CE *donc* QU'*oublier, si ce n'est pas mourir ?* (MUSSET, *Poés. nouv.*, Lettre à Lamartine.) — QU'EST-CE QUE *dormir ?* (BERGSON, *Énergie spirituelle*, p. 100.)

Qu'est-ce que l'amour ? est la forme interrogative correspondant à *C'est une passion dangereuse que l'amour* (cf. § 236, *a*, 2°). On ne confondra pas cela avec les interrogatives du type *Qu'est-ce que vous mangerez ce soir ?* où *est-ce que* joue le rôle de marque de l'interrogation : cf. ci-dessous, § 389, *b*. Au contraire, dans *Qu'est-ce que l'amour ?* le verbe *être*, seul verbe de la phrase, conserve sa valeur de copule. L'introducteur de l'interrogation apparaît dans *Qu'est-ce que c'est que l'amour ?* (§ 389, *b*, Rem. 1.)

3° Si l'interrogation commence par ***pourquoi***, le sujet précède le verbe et est repris par un pronom personnel :

Pourquoi L'INTELLIGENCE DES FEMMES *veut*-ELLE *toujours choisir un autre objet que le sien ?* (MALRAUX, *Condition hum.*, p. 140.)

Hist. — L'inversion restait possible après *pourquoi* au XVIIᵉ siècle : ⁺*Pourquoi n'ont pas péri* CES TRISTES MONUMENTS *?* (LA F., Pl., t. II, p. 17.) — ⁺*Et pourquoi commandent* LES HOMMES [...] *?* (BOSS., cit. Haase, § 153, C, Rem. 2.) — Sur les raisons pour lesquelles *pourquoi* a reçu un traitement particulier, cf. Renchon, pp. 50-51.

4° Dans les **autres cas**, on a le choix entre deux constructions pour le sujet, soit devant le verbe avec reprise par un pronom, soit après le verbe :

Où CE CHEMIN *conduit*-IL *? Où conduit* CE CHEMIN *? — Comment* VOTRE MÈRE *va-t*-ELLE *? Comment va* VOTRE MÈRE *? — Combien* CET OBJET *a-t*-IL *coûté ? Combien a coûté* CET OBJET *? — À qui* CE PRINCE *succède-t*-IL *? À qui succède* CE PRINCE *? — Comment* SA VOIX *était*-ELLE *? Comment était* SA VOIX *? — À quel étage* VOTRE ONCLE *habite-t*-IL *? À quel étage habite* VOTRE ONCLE *?*

L'inversion paraît préférée, en général, dans la langue courante ; elle se justifie particulièrement quand le syntagme sujet est long :

D'où viennent LES RILLETTES QUE MANGENT CES ENFANTS À LEUR GOÛTER *?* (H. BAZIN, *Vipère au poing*, XIII.)

---

4. Dans certains cas, on peut employer *quel* : QUEL *est ce bruit ?* Cf. § 604, Rem. 1.

Cependant, la forme sans inversion et avec reprise s'impose :

— Dans l'expression figée *Comment* CELA (ou ÇA) *va-t-il ?* par laquelle on interroge quelqu'un sur sa santé, sur ses affaires, etc. (et d'une façon plus générale, mais moins nettement, quand le sujet est *cela, ça* : *Où* CELA *vous conduira-t-il ?*).

Pour *Comment ça va ?* voir § 391, *b*, 2°.

— Quand le verbe est accompagné d'un syntagme nominal attribut ou complément essentiel direct (autre qu'un nom accompagné d'un déterminant interrogatif : cf. Rem. 1) :

Comment LA SINCÉRITÉ *serait*-ELLE *une condition de l'amitié ?* (A. CAMUS, *Chute*, p. 97.)
— *Où* DANIEL *avait*-IL *déjà aimé d'autres regards ?* (Fr. MAURIAC, *Fleuve de feu*, II.)
Sur la place du sujet, voir d'autres précisions dans les Rem. 2 et 3.

Remarques. — 1. Des interrogations comme °*Quel patron préfère Durand ?* °*Qui aime Jean ?* sont ambiguës, car *Durand* et *Jean* comme *quel patron* et *qui* peuvent être objets directs ou sujets. Il est préférable de choisir des tours plus nets : *Qui Jean aime-t-il ? Qui est-ce qui aime Jean ?* etc.

Exemples plus ou moins ambigus : *Quel appui cherchait son front ?* (Fr. MAURIAC, *Fleuve de feu*, IV.) — *Quelles alliances concluront nos entreprises avec des firmes étrangères ?* (Raym. ARON, dans l'*Express*, 27 août 1982.) — *Quels prêtres pourront bien faire ces romantiques en ébullition ?* (J. GREEN, *Vers l'invisible*, p. 388.) — *Quelle procédure d'observation permit la théorie de la grammaire comparée ?* (G. BERGOUNIOUX, dans *Langue fr.*, sept. 1984, p. 9.)
Il y a des cas où le sens de la phrase indique nettement quel est le sujet et quel est l'objet : *Quel âge a mon oncle ?* (PROUST, *Les plaisirs et les jours*, p. 21.) — *Quel crime a commis sa mère ?* (ÉLUARD, *Nécessités de la vie*, Montre avec décors.)

2. En cas d'inversion (2° et 4°), le sujet est placé après le participe passé, si le verbe est au passif ou à un temps composé ; après l'infinitif si le verbe conjugué est suivi d'un infinitif complément (voir cependant Rem. 3) :

D'où m'est venue L'ABSURDE IDÉE DE VOUS RAPPELER *?* (Fr. MAURIAC, *Asmodée*, IV, 3.) — *Comment s'est effectué* CE PASSAGE *selon vous ?* (IONESCO, *Rhinocéros*, p. 63.) — *Que venait maintenant réclamer* CETTE INDIGENTE *?* (H. BAZIN, *Vipère au poing*, IX.)
Il est exceptionnel que le sujet soit placé entre le verbe et l'infinitif : *Cependant qu'ont* LES FRANÇAIS *à craindre ?* (NERVAL, *Poésies compl.*, M. Deutscourt, I.)

Hist. — Jusque dans le XVIIᵉ siècle, le sujet pouvait se mettre entre l'auxiliaire et le participe : cf. Brunot, *Hist.*, t. III, p. 670.

3. L'inversion du sujet nominal (2° et 4°) est souvent considérée comme peu naturelle quand le syntagme verbal a une certaine longueur : copule + adj. attribut, verbe + objet indirect ou autre complément, locution verbale comme *aller à cheval*, verbe + infinitif, etc.
On préfère le tour sans inversion et avec reprise, s'il est possible (4°) :

Comment UN SI PETIT ÉVÉNEMENT *a-t-*IL *bien pu être capable de renouveler biologiquement la face de la Terre ?...* (TEILHARD DE CHARDIN, *Apparition de l'Homme*, p. 195.) — *Comment* KYO *se fût-*IL *mépris au son de sa voix ?* (MALRAUX, *Condition hum.*, p. 60.) — *Par quel miracle* CES DEMI-FOUS, PRISONNIERS D'UN RÊVE, CES DORMEURS ÉVEILLÉS [les moines] *semblent-*ILS *entrer plus avant chaque jour dans l'intelligence des misères d'autrui ?* (BERNANOS,

Journal d'un curé de camp., Pl., p. 1112.) — *Quel scandale* CE PETIT MENEUR *ne pourrait-*IL *point déclencher ?* (H. BAZIN, *Vipère au poing*, XIV.) — *Pour quelle raison* VOTRE VOISIN *prétend-*IL *que ce terrain lui appartient ? Quand* PIERRE *a-t-*IL *appris que son père était mort ?*

Si le tour sujet + verbe + pronom de reprise est impossible, on recourt à l'introducteur *est-ce que* : cf. § 389.

Toutefois la langue littéraire ne rejette pas toujours la forme avec inversion, surtout quand le sujet a lui-même une certaine longueur :

Comment ne serait pas malheureux UN ENFANT SANS PÈRE ? (GIDE, *Geneviève*, II.) — *Comment peuvent peser* DES CHOSES QUI N'EXISTENT PAS ? (IONESCO, *Rhinocéros*, p. 25.) — *Où donc ont eu lieu* VOS LIBATIONS *cette nuit ?* (*ib.*, p. 13.) [Remarquer la place du sujet, après le syntagme verbal, et non après le verbe.] — *D'où avait pu me venir* CETTE PUISSANTE JOIE ? [PROUST, *Rech.*, t. I, p. 45.) — *D'où peut venir* CETTE RÉPUGNANCE PROFONDE POUR TOUT CE QUI TIENT À L'HOMME ? (LAUTRÉAMONT, *Ch. de Mald.*, p. 98.)

Hist. — L'ancienne langue ne répugnait pas à postposer le sujet même quand il y avait un objet direct, cet objet direct pouvant précéder le sujet. On trouve encore cela au XVIIᵉ siècle : *Où prend* MON ESPRIT *toutes ces gentillesses ?* (MOL., *Amph.*, I, 1.) — *En quoy blesse le Ciel* UNE VISITE HONNESTE [...] ? (ID., *Tart.*, I, 1.)

Quand le verbe est suivi d'un infinitif, le sujet pouvait jusqu'au XVIIᵉ siècle se placer entre les deux : *Quand pourront* LES NEUF SŒURS [...] / *M'occuper tout entier* [...] ? (LA F., *F.*, XI, 4.) — Cf. Brunot, *Hist.*, t. III, p. 670.

4. Le sujet peut, comme dans la phrase énonciative, être placé en tête de la phrase (avant les mots interrogatifs) ou en queue, et dans ce cas la reprise du sujet par un pronom est un phénomène de redondance qui n'est pas caractéristique de l'interrogation (cf. § 367, *b*) :

CET OBJET QU'ELLE VA RAPPORTER, *de quelle nature est-*IL, *quel danger représente-t-il pour moi ?* (H. BAZIN, *Vipère au poing*, XXIII.) — *Où était-*IL, *le petit frère ?* (*ib.*, IV.)

Hist. — En anc. fr., que le sujet soit un pronom personnel (ou *ce, on*), ou un nom, que l'interrogation soit globale ou partielle, l'inversion est tout à fait courante :

Pur queit [= Pourquoi te] *portat* TA MEDRE ? (*Alexis*, 131.) — *Que purrat* ÇO *estre ?* (*Rol.*, 334.) — *Que faites* VOS ? (*ib.*, 1360.) — *Faites le* VOS *de gred ?* (*ib.*, 2000.) — *Est morte* M'AMIE ? (*Chastel. de Vergi*, 872.)

Comme cette construction est de règle dans les langues germaniques, des linguistes considèrent que le français l'a empruntée au moment des Invasions. La comparaison avec les autres langues romanes rend cet emprunt peu vraisemblable.

On trouvait aussi, dès les plus anciens textes, l'interrogation sans inversion, avec reprise (ou sans reprise : cf. § 391, Hist.) du sujet par un pronom personnel : L'AVEIR CARLUN *est* IL *apareilliez ?* [= Le trésor de Charles est-il préparé ?] (*Rol.*, 643.) Certains éditeurs (par ex., Moignet) mettent une virgule après *Carlun* ; d'autres (par ex., Bédier), non.

Cette redondance est expliquée généralement comme une mise en évidence comparable à celle que l'on peut observer dans l'énonciative (cf. § 367, *b*) et qui est d'ailleurs encore possible aujourd'hui dans l'interrogative : voir ci-dessus, Rem. 4. Mais la pause qui, croit-on, caractérisait à l'origine cette mise en évidence n'est plus nécessaire, comme le montre notamment la liaison du sujet et du verbe dans *Tout est-il achevé ?*

L'interrogation avec reprise a peu à peu éliminé l'interrogation avec inversion du sujet autre qu'un pronom personnel, *ce, on*. Voir cependant ci-dessus certains restes dans l'interrogation partielle. Dans l'interrogation globale, Brunot (*Hist.*, t. III, p. 670) relève encore cette phrase de Desportes censurée par Malherbe : ⁺*Viendra jamais* LE JOUR QUI DOIT FINIR MA PEINE ?

89   **L'introducteur** *Est-ce que* (ou ... *qui*) est employé dans la langue courante.

a) Dans l'interrogation **globale,** *est-ce que* se met en tête de la phrase, et le sujet précède le verbe, sans être repris par un pronom personnel :

> EST-CE QUE *tu connais la nouvelle ?* EST-CE QUE *la séance est finie ?* — EST-CE QUE *la fille de Mme Swann était à ce dîner ?* (PROUST, *Rech.*, t. I, p. 476.)

Dans la langue parlée courante, cette construction est beaucoup plus fréquente que l'inversion ou la reprise du sujet, mais elle est très fortement concurrencée par l'interrogation marquée par l'intonation seule (cf. § 391).

> *Est-ce que* n'est pas utilisé avec les interrogations ne contenant pas un verbe conjugué. Une exception, avec *voilà* négatif (comp. § 387, Hist.), dans la langue familière : EST-CE QUE *ne voilà pas de la pourpre ?* (HUGO, *Homme qui rit,* II, II, 11.)

b) Dans l'interrogation **partielle,** *est-ce que* (ou ... *qui*) se place après l'interrogatif.

Il n'est pas accepté après *quoi* sujet et objet direct, après *qui* et *quel* attributs, ni non plus lorsque le verbe est à l'infinitif (*Où aller ?*).

1° Si l'interrogatif est sujet, on le fait suivre de *est-ce qui* :

> *Qu'*EST-CE QUI *est préférable ? Qui* EST-CE QUI *partira le premier ?*

2° Si l'interrogatif n'est pas sujet (ou est sujet réel d'un verbe impersonnel), on le fait suivre de *est-ce que.*

— Quand le sujet est un pronom personnel ou *ce* ou *on,* le sujet est placé devant le verbe :

> *Qu'est-ce que* TU *as vu ? Qui est-ce qu'*ON *a élu ? Avec qui est-ce que* NOUS *travaillerons ? Quand est-ce qu'*IL *pleuvra ? Où est-ce que* C'*est arrivé ? Quel bouton est-ce qu'*IL *manque ?*

— Les autres sujets [5] peuvent être mis avant ou après le verbe :

> *Qu'est-ce que pense* VOTRE PÈRE *?* ou *Qu'est-ce que* VOTRE PÈRE *pense ? Où est-ce que se trouve* LA SORTIE *?* ou *Où est-ce que* LA SORTIE *se trouve ? Avec qui est-ce que travaille* NICOLE DUPONT *?* ou *Avec qui est-ce que* NICOLE DUPONT *travaille ?*

La langue parlée ordinaire préfère l'ordre sujet + verbe. L'autre tour est plus distingué, comme le montrent ces exemples :

> *Mais qu'est-ce que prouve* UNE CHANSON *?* (MUSSET, *Barberine,* III, 2.) — *Qu'est-ce que m'apprendraient* CES FAMEUX JOURNAUX *?* (FLAUB., *Corresp.,* t. I, p. 136.) — *Qu'est-ce que signifie* MENTALITÉ *?* (HERMANT, *Samedis de M. Lancelot,* p. 143.) — *Qu'est-ce que préparent* LES ALLEMANDS *?* (F. GREGH, *Âge de fer,* p. 178.) — *Qu'est-ce que fait* CET HOMME *?* (AC., s.v. *faire.*) [Voir un ex. de Pascal dans l'Hist., ci-dessous.]

L'ordre sujet + verbe s'impose dans les cas signalés dans le § précédent (*b,* 4° et Rem. 3 ; voir aussi la Rem. 2) : quand le sujet est *cela, ça* ; quand le verbe est

---

5. Le sujet réel suit le verbe : *Où est-ce qu'il manque* UN BOUTON *?*

accompagné d'un syntagme nominal attribut ou complément essentiel direct (autre qu'un nom accompagné d'un déterminant interrogatif, puisque alors il est en tête) ; d'une façon moins nette, quand le syntagme verbal a une certaine longueur.

Qu'est-ce que CELA *prouve ?* (A. CAMUS, *Chute*, p. 15.) — *Qu'est-ce que* ÇA *te prouve ?* (COLETTE, *Chéri*, M.L.F., p. 36.)

Quand est-ce que VOTRE CLIENT *emportera la marchandise ? Pourquoi est-ce que* CE CONDUCTEUR *est un fou dangereux ? — Où est-ce que* Mme SWANN *a pu aller pêcher tout ce monde-là ?* (PROUST, *Rech.*, t. I, p. 483.)

Quand est-ce que LE CULTIVATEUR *va encore à cheval ? Comment est-ce que* VOTRE MÈRE *admettrait que vous rentriez si tard ?*

Si le sujet est placé avant le verbe, il n'est pas repris par un pronom personnel habituellement. Les exemples suivants semblent être de simples inadvertances : *Qu'est-ce que le rédacteur de la rubrique des chats écrasés entend-*IL *par un pachyderme ?* (IONESCO, *Rhinocéros*, p. 47.) — *Comment est-ce qu'un gendarme dont on nous dit que c'est un homme comme un autre, certes, peut-*IL *faire une vierge aussi frêle et tremblante ?* (D. BOULANGER, *Enfant de bohème*, p. 96.)

Ces tours avec *est-ce que* (interrogation globale et interrogation partielle) sont souvent considérés comme peu élégants et lourds. Ils sont très anciens pourtant, et les classiques ne les rebutaient pas : cf. Hist. Ils se rencontrent parfois dans la langue littéraire la plus élaborée, mais moins souvent aujourd'hui qu'hier, semble-t-il. Exemples, outre ceux qui sont cités dans d'autres endroits de ce § :

EST-CE QUE *le Mont-Blanc ne va pas se lever ?* (HUGO, *Lég.*, XXXI, 2.) — EST-CE QUE *toutes les femmes, toutes, n'ont pas cette faculté d'oubli prodigieuse* [...] *?* (MAUPASS., *Pierre et Jean*, V.) — EST-CE QUE *cet homme voudrait être riche ? Voudrait-il être ministre ?* (J. RENARD, *Journal*, 1er déc. 1904.) [Comp. les deux interrogations.] — EST-CE QUE *M. Lancelot ne vous les dit pas ?* (HERMANT, *Xavier*, 1923, p. 82.) — EST-CE QUE *la littérature n'allait pas m'en détourner ?* (S. DE BEAUVOIR, *Mémoires d'une jeune fille rangée*, p. 249.)

Qu'EST-CE QUE *tout cela deviendra ?* (CHAT., *Mém.*, III, II, IX, 1.) — *À qui* EST-CE QUE *tout succède selon sa volonté ?* (*Imitation de J.-C.*, trad. de LAMENNAIS, I, 22.) — *Qu*'EST-CE QUE *nous allons devenir maintenant ? /* [...] */ Qu*'EST-CE QU'*on va penser de vous, chênes, mélèzes, /* [...] *? / Qu*'EST-CE QU'*on va penser de toi, fauve aquilon ? Qu*'EST-CE QU'*on va penser de votre miel, abeilles ?* (HUGO, *Lég.*, XXXI, 2.) — *En vertu de quoi* EST-CE QU'*on nous en empêcherait ?* (MUSSET, *Lorenz.*, I, 2.) — *Et pourquoi* EST-CE QUE *tu te mêles à tout cela ?* (*ib.*, II, 3.) — *Qu*'EST-CE QUE *Dieu fait donc de ce flot d'anathèmes / Qui monte tous les jours vers ses chers Séraphins ?* (BAUDEL., *Fl. du m.*, Reniement de s. Pierre.) — *Qu*'EST-CE QUE *les jurisconsultes entendaient par l'*agnation, *par la* gens *?* [...] *Qu'entendait-on par cette liberté dont on parlait sans cesse ?* (FUSTEL DE COULANGES, *Cité antique*, Introd.) [Comp. les deux interrogations.] — *Qui* EST-CE QUE *l'esprit de notre législation désigne comme premier gardien et sauveur de ces monuments ?* (BARRÈS, *Grande pitié des égl. de Fr.*, 1914, p. 213.) — *Qui* EST-CE QUI *construisait et entretenait les églises ?* (*ib.*, p. 217.) — *Pourquoi* EST-CE QUE *je ne veux pas que ce soit un homme de plaisir ?* (PROUST, *Les plaisirs et les jours*, p. 266.)

L'Acad. cite notamment, sans aucune réserve, les exemples suivants, s.v. *ce* : *Quand* EST-CE QUE *vous partirez ?* EST-CE QUE *vous seriez malade ? À qui* EST-CE QUE *je dois m'adresser ?* — s.v. *que* : *Où* EST-CE QU'*on trouvera ce livre ? Qu*'EST-CE QUE *c'est ?* — s.v. *faire* : *Qu*'EST-CE QUE *fait cet homme ? Qu*'EST-CE QUE *cela lui fait ?* — s.v. *si* : EST-CE QUE *vous viendrez, ou si c'est lui ?*

Il faut reconnaître que *est-ce que* (*qui*) est particulièrement fréquent après les pronoms *qui* et surtout *que*, assez fréquent après *où*, *quand* ; il est plus rare dans la langue soignée après *comment* et *pourquoi*.

Le tour avec *est-ce que* permet de remédier aux interdits, aux ambiguïtés ou aux simples gênes qui ont été signalés plus haut :

— Interdictions de l'inversion de *je* (§ 386) : *Est-ce que* JE *perds la tête ?* (PROUST, *Rech.*, t. I, p. 753.)

On préfère même *est-ce que je* dans des cas où l'inversion est permise : *Que craignez-vous ? repris-je. Qu'est-ce que j'exige ?* (B. CONSTANT, *Adolphe*, III.) [Comp. les deux interrogations.] — *Comment est-ce que j'agirais ?* (MAUPASS., *Pierre et Jean*, introd.) — *Qu'est-ce que* JE *fais en ce monde ?* (VERL., *Sag.*, III, 4.) — *Est-ce que* JE *ne l'aime pas ?* (A. BRETON, *Nadja*, p. 102.) — *Pourquoi est-ce que* JE *la tue ?* (MONTHERLANT, *Reine morte*, III, 7.) — *Est-ce que* JE *cède au temps avare, aux arbres nus, à l'hiver du monde ?* (A. CAMUS, *Été*, p. 83.) — *Pourquoi est-ce que* JE *dis : le temps de la législature ?* (Fr. MITTERRAND, interview à la télévision, dans le *Monde*, 11 déc. 1981.)

— Interdictions de l'inversion de *ce* (§ 386) : *Est-ce que* CE *furent ses dernières paroles ?*

— Interdiction du pronom interrogatif sujet neutre (§ 388, *b*, 1°, Rem.) :

Qu'est-ce qui m'oblige à attendre [...] *?* (BERGSON, *Évolution créatrice*, p. 338.) — *Qu'est-ce qui vaut d'être dit ?* (QUENEAU, *Voyage en Grèce*, p. 94.) — *Qu'est-ce qui a été le plus difficile ?* (MALRAUX, *Antimémoires*, p. 205.)

— Difficulté d'identifier le sujet et l'objet direct (§ 388, *b*, 4°, Rem. 1) : *Qui est-ce que Jean aime ?*

— Gênes provoquées par l'inversion du sujet nominal (§ 388, *b*, 4°, Rem. 3), surtout si cela se combine avec des restrictions sur l'usage de l'interrogatif (§ 388, *b*, 2°) :

Qu'est-ce que LE MONDE *a désormais à faire sous le ciel ?* (BAUDEL., *Journaux intimes*, Fusées, XXV.) — *Qu'est-ce que, de nos jours,* UNE FEMME *est en mesure et en droit d'espérer ?* (GIDE, *Geneviève*, lettre introductive.) — *Qu'est-ce que* SAUSSURE *a apporté à la linguistique de son temps* [...] *?* (É. BENVENISTE, *Problèmes de linguist. gén.*, p. 32.)

Remarques. — 1. Le tour *Qu'est-ce que l'héroïsme ?* (cf. § 388, *b*, 2°, Rem.) peut aussi se présenter avec l'introducteur de l'interrogation, ce qui entraîne l'absence d'inversion pour le *ce* accompagnant le verbe principal : QU'EST-CE QUE C'EST QUE *l'héroïsme ?* Cette construction, quoique surtout fréquente dans l'oral, n'est pas inconnue de l'écrit :

QU'EST-CE QUE C'EST QUE *ces petits boutons jaunes comme des têtes d'épingles, qui sont au milieu de la marguerite ? Ce sont des fleurons* (BERNARDIN DE SAINT-P., cit. Bescherelle, *Gramm. nationale*, n° DVIII). — QU'EST-CE QUE C'EST QUE *cela ? demandai-je à Brigitte* (MUSSET, *Confess. d'un enf. du siècle*, IV, 6). — *Ô nuit,* QU'EST-CE QUE C'EST QUE *ces guerriers livides ?* (HUGO, *Lég.*, XV, III, 8.) — QU'EST-CE QUE C'EST QUE *ce bruit ?* (ID., *Marie Tudor*, III, I, 7.) — QU'EST-CE QUE C'EST QUE *ce délice,* / QU'EST-CE QUE C'EST QUE *ce supplice* [...] *?* (VERL., *Sag.*, III, 8.) — QU'EST-CE QUE C'EST QU'*un bourgeois ?* (C. MAUCLAIR, *Servitude et grandeur littéraires*, p. 121.)

Dans la prononciation populaire, la formule fréquente *Qu'est-ce que c'est que ça ?* est souvent altérée. C'est le *Keksekça ?* de Gavroche, que Hugo commente ainsi : « Ceux de nos lecteurs qui seraient tentés de voir dans cette interpellation de Gavroche au boulanger un mot russe ou polonais, ou l'un de ces cris sauvages que les Yoways et les Botocudos se lancent du bord d'un fleuve à l'autre à travers les solitudes, sont prévenus que c'est un mot qu'ils disent tous les jours (eux nos lecteurs) et qui tient lieu de cette phrase : qu'est-ce que c'est que cela ? » (*Misér.*, IV, VI, 2.)

Beaucoup de grammairiens confondent le tour *Qu'est-ce que c'est que l'héroïsme ?* avec le double introducteur signalé dans le § 390, *a*. Dans le tour dont nous parlons ici, on a une seule fois l'introducteur d'interrogation, le second *est* étant le verbe de la phrase, avec sa valeur ordinaire de copule. D'autre part, le double introducteur que l'on a dans les exemples du § 390, *a* appartient à un usage plus nettement familier.

2. L'introducteur *est-ce que* (ou *c'est que* du § 390, *b*) est aujourd'hui (cf. Hist.) figé : il ne varie pas en temps.

Les exemples suivants, cités par G. Le Bidois (*Inversion*, p. 58), paraissent s'expliquer autrement : ÉTAIT-*ce qu'un Français pouvait les sentir ?* (R. ROLLAND, *Dans la maison*, p. 168.) [Cela doit être la forme interrogative de *c'était que* à nuance causale : cf. § 1070, *f*.] — *Où* ÉTAIT-*ce qu'Annabella avait dégoté cette perle ?* (E. TRIOLET, *Mille regrets*, p. 123.) [Il semble qu'on ait ici simplement une redondance (§ 367, *b*) et qu'il faille une pause après *ce*.]

Cependant, malgré ce figement, il reste possible d'intercaler entre *est-ce* et *que* (ou *qui*) des adverbes courts comme *alors, donc, déjà*, voire, dans une langue assez recherchée, d'autres éléments :

Qui est-ce, DÉJÀ, *qui a eu* [...] *?* (J. ROMAINS, cit. Renchon, p. 157.) — *Qu'est-ce* DONC *que j'attends encore d'un livre, aujourd'hui ?* (GIDE, cit. Le Bidois, *Inversion*, p. 59.) — *Mais qu'est-ce* AU MONDE *qu'il faudrait pour que ce miracle prît à vos yeux de l'importance ?* (ID., *ib.*) — *Et qu'est-ce,* JE VOUS LE DEMANDE, *qui s'oppose à ces tendances révolutionnaires ?* (A. BILLY, *ib.*)

Cela donne un argument à ceux qui considèrent que le véritable introducteur est *est-ce* (et non *est-ce que*). Le fait que l'on ait *qui* dans certains cas, et non *que*, va dans le même sens.

3. L'introducteur de l'interrogation doit être distingué de l'introducteur de mise en évidence, qui existe aussi sous la forme interrogative : *Est-ce ... que ?* ou *... qui ?* Dans celui-ci, l'élément en relief s'intercale entre *est-ce* et *que* ou *qui* :

Est-ce VOTRE FRÈRE *qui est venu hier ? Est-ce* HIER *que votre frère est venu ? — Est-ce* À LA FAIBLESSE DE MON CŒUR *que je dois ces brusques attendrissements devant la beauté de certaines fleurs* [...] (GIDE, *Journal*, 30 oct. 1935). [Le point d'interrogation a été oublié.]

Dans *est-ce ... que* mettant en relief, *est* peut varier en nombre et en temps (cf. §§ 898, *b* et 850, Rem. 1) : SONT-*ce ses responsabilités d'interprète et l'amour de l'actrice qui l'ont transformé ?* (B. POIROT-DELPECH, dans le *Monde* du 22 févr. 1974.) — ÉTAIT-*ce par distraction qu'il partait sans parapluie ?*

On peut avoir dans la même phrase l'introducteur de l'interrogation et l'introducteur de mise en évidence : EST-CE QUE C'EST *le couteau* QUE *tu cherches, mon petit ?* (AYMÉ, *Gustalin*, VI.)

On observera que les mots interrogatifs de l'interrogation partielle peuvent aussi être mis en évidence, dans la langue parlée familière, par *c'est ... que* (ou *... qui*) construit sans inversion : C'EST *qui* QUI *est venu vous voir ?* C'EST *quand* QUE *vous partez ?* C'EST *pourquoi* QUE *cet enfant pleure ?* C'EST *combien* QUE *vous avez d'enfants ?* C'EST *quoi* QUE *vous cherchez ?*

Hist. — 1. Le renforcement des mots interrogatifs au moyen de *est-ce que* apparaît dès le XII° siècle : *Quei* EST ÇO [...] QUE *faire devum* [= devons] *?* (*Livres des Rois*, dans Tobler-Lommatzsch, III, 1461.)

Certains grammairiens refusent de considérer *qu'est-ce qui, qu'est-ce que* comme des locutions indécomposables en anc. fr. : « Le verbe *estre* y retient toute sa force, et le tour exprime toujours indignation, surprise, admiration, curiosité vive, etc. » (Foulet, § 267). Cela ne nous paraît pas toujours évident.

Le latin vulgaire connaissait déjà des périphrases analogues, par exemple chez Plaute : QUIS EA EST QUAM *vis ducere mulierem ?* (*Aulularia*, 70.) [Qui est-ce que tu veux épouser ?] et dans la Vulgate : QUID EST QUOD *me quaerebatis ?* (Luc, II, 9.) [Pourquoi est-ce que vous me cherchiez ?] — QUID EST HOC QUOD *dicit nobis ?* (Jean, XVI, 17.) [Qu'est-ce qu'il nous dit ?]

Dans l'interrogation globale, *est-ce que* ne date que du XVI° siècle (du XIV°, dit Gamill-scheg, p. 557, mais sans exemple à l'appui) : EST-CE QUE *l'argument / De ceste fable encore n'avez sceu ?* (JODELLE, *Eugène* [1552], cit. Foulet, dans *Romania*, 1921, p. 265.)

Est-ce était souvent inanalysé, d'où l'orthographe *esse*, assez courante au moyen âge : *Qu'*ESSE *que devendray ?* (*Roman du chastelain de Coucy*, cit. Tobler-Lommatzsch, III, 1462.) — *Ou* ESSE *qu'il tient son mesnaige ?* (GREBAN, *Passion*, 11600.) — [Comparez : ESCE *qu'un coup d'œil de vous n'impose pas silence aux sots ?* (VOLT., *Corresp.*, 15 janv. 1737.)]

Pourtant le temps du verbe varie jusqu'au début du XVII° siècle : +*Mon Dieu, mon Dieu, quand* SERA-*ce / Que mes yeux verront ta face ?* (CONRART, cit. Renchon, p. 155.)

Notons déjà pourtant au moyen âge : *Ou* EST *ce que nous verrons Dieu ?* (*Cent nouv. nouv.*, LXIII.)

À l'époque classique, *est-ce que* se trouve dans les genres les plus nobles :

+*Qu'*EST-CE QUE *demandent les simoniaques, sinon d'avoir de l'argent en donnant leurs bénéfices ?* (PASCAL, *Prov.*, XII.) — *Et qu'*EST-CE QUE *sa veuë a pour vous de funeste ?* (RAC., *Andr.*, II, 1.) — *Ah ! Qu'*EST-CE QUE *j'entens ?* (ID., *Mithr.*, IV, 6.) — +*De quoi* EST-CE QU'*il s'entretient avec Moïse et Élie ?* (BOSS., *Œuvres orat.*, t. III, p. 257.) — *De tant d'opinions differentes laquelle* EST-CE QUI *vous plaist le plus ?* (BOUHOURS, *Entretiens d'Ariste et d'Eugène*, I.) — *Qui* EST-CE QUI *payera tout cela ?* (MONTESQ., *L. pers.*, XLV.)

+EST-CE QUE *le mot est de l'Écriture ?* (PASCAL, *Prov.*, I.) — EST-CE QUE *de Baal le zele vous transporte ?* (RAC., *Ath.*, III, 3.) — EST-CE QUE *les Français n'aiment point la vie ?* (VOLT., *L. philos.*, XI.)

Vaugelas (p. *458) trouvait *Quand est-ce qu'il viendra ?* une façon de parler « fort bonne », tout en reconnaissant que certains la condamnaient.

Le succès de *est-ce que* s'explique par le fait que cet introducteur permet d'indiquer dès le début de la phrase qu'elle est interrogative et par le fait qu'elle sauvegarde l'ordre sujet + verbe ; le français n'a cessé, en effet, depuis les origines, de réduire le nombre des inversions.

2. Quand deux interrogations sont jointes par une conjonction de coordination, si la première est introduite par *est-ce que*, la seconde pouvait l'être seulement par *que* : +*Est-ce que cette créance est peu importante et* QUE *vous abandonnez à la liberté des hommes de croire que la grâce efficace est nécessaire ou non ?* (PASCAL, *Prov.*, II.)

390 **Concurrents de l'introducteur *Est-ce que ?***

a) Le double introducteur *Est-ce que c'est que* (ou ... *qui*) appartient seule-ment à la langue parlée familière. Il est ancien pourtant (cf. Hist.). Il paraît plus fréquent dans l'interrogation partielle que dans l'interrogation globale. Dans la littérature, où il est peu attesté, il apparaît seulement quand les auteurs font parler leurs personnages :

Quand EST-CE QUE C'EST QUE *vous en aurez ?* (PAGNOL, *Schpountz*, cit. Renchon, p. 174.)
— *Où donc que tu vas comme ça, ma Julia, et qu'*EST-CE QUE C'EST *donc* QUE *tu portes ?*
(JOUHANDEAU, *Chaminadour*, p. 369.)

Hist. — EX. anciens : *Bien ! quant* ESSE QUE SERA / QUE *vous donrrez* [= donnerez] *à
banqueter ?* (farce [début XVIᵉ s. ?], dans Kaiser, p. 125.) — QU'EST-CE QUE C'EST *donc* QU'*il y
a, mon petit fils ?* [dit Beline à son mari] (MOL., *Mal. im.*, I, 6.)

b) D'autres introducteurs de l'interrogation partielle, franchement populaires,
sont tenus pour incorrects par tous les grammairiens : °*c'est que* ou ... *qui*, sans
inversion de *ce* ; °*c'est-il* [sɛti] *que* ou ... *qui* (cf. § 387) ; °*ce que* [skə] ou °*ce qui*
[ski] ; °*est-ce* ; °*que* ou °*qui* ; °*ce que c'est que* ou ... *qui* ; °*que c'est que* ou ... *qui* ;
°*que c'est-il* [sɛti] *que* ou ... *qui* ; etc.

Les auteurs les emploient pour rendre le parler du peuple (ou des enfants),
avec des graphies parfois variées :

Quoi C'EST *donc* QU'*on me veut ?* (DUHAMEL, *Civilisation*, L.D., p. 11.) — *Où* C'EST QUE
vous êtes malades ? (CÉLINE, *Voy. au bout de la nuit*, F°, p. 113.) — *Qui* C'EST QUI *a fait la
loi ?* (É. AJAR, *Angoisse du roi Salomon*, p. 142.)

Quand C'EST TY QUE *tu vas reprendre le fusil de toile de ton grand-père* [...] *?* (PERGAUD,
Guerre des boutons, I, 2.)

OÙSQUE *t'es ?* (MAUPASS., *C.*, *Sabots.*) — OUSQU'*il court donc, l'Arthur ?* (G. CHEVAL-
LIER, *Clochemerle*, L.P., p. 372.) — QUANCE QUI *vient, M. Renaud ?* (WILLY et COLETTE,
Claud. en ménage, p. 217.)

*Qu'*EST-CE *tu fous dans le civil ?* (R. BENJAMIN, *Gaspard*, I.) — *Qu'*ES' *tu bois ?* (CARCO,
Jésus-la-Caille, III, 2.)

À qui QU'*t'en as donc, la Malgaigne ?* (BARBEY D'AUR., *Prêtre marié*, XVI.) — *Comment* QU'*y
va ?* (MAUPASS., *C.*, Vieux.) — *De quel régiment* QUE *vous êtes, vous autres ?* (DUHAMEL, *Civilisation*, L.D., p. 54.) — *Par qui donc* QUE *vous l'avez eu ?* (COLETTE, *Chambre d'hôtel*, p. 47.) — *De
quoi* QU'*on cause ?* (QUENEAU, *Zazie dans le métro*, VIII.) — *Pourquoi* QU'*elle n'écrit jamais ?* [dit
un enfant] — *On dit : pourquoi n'écrit-elle jamais ?* (H. BAZIN, *Vipère au poing*, IV.)

Qui QUI *vous a éreintés comme ça ?* (R. BENJAMIN, *Gaspard*, III.)

Pourquoi QU'C'EST QU'*ils m'attendent ?* (*ib.*, I.)

La langue parlée familière réduit aussi *Est-ce que* à [skə] dans l'interrogation globale : CE
QUE *c'est des métiers à se servir d'un couteau ?* (DORGELÈS, *Croix de bois*, X.)

Pour *C'est-il que* dans l'interrogation globale, voir § 387.

Hist. — *C'est que* (sans inversion) avec interrogatif est attesté dès l'anc. fr. : *Que* C'EST
QUE *vous avez vestu ?* (CHRÉT. DE TR., *Perc.*, éd. R., 861.) — *Que* C'EST QUE *tu dis ?* (*Chevalerie Ogier*, 10648.)

Ce texte du XVIᵉ siècle semble montrer la réduction de *est-ce que* à *ce que* : *Mais pourquoy
'*ST-CE QUE *ne m'avance / D'entrer leans moy-mesme ?* (BAÏF, cit. Huguet, t. III, p. 734.)

Le renforcement des interrogatifs par *que* ne semble pas attesté avant le XVIIIᵉ siècle :
*Quoi*QU' *tout ça veut dire ?* (VADÉ, cit. Renchon, p. 167.) — Cela appuie l'opinion de ceux qui
voient dans *que* une réduction de *est-ce que* ou *c'est que*. On trouve bien *que* comme renforcement de l'interrogatif en anc. fr., mais seulement dans l'interrogation indirecte : *Savés comment* QUE *il advint* (*Ysopet*, cit. Tobler-Lommatzsch, VIII, 36). Ceci paraît se rattacher à un
autre phénomène : le renforcement des conjonctions par *que* (cf. § 1028, *a*, 4°).

391   **L'interrogation sans introducteur et sans modification de l'ordre des
mots.**

a) Dans l'interrogation **globale**, la langue parlée se contente le plus
souvent de marquer l'interrogation par l'intonation, en laissant le sujet à

la place qu'il occupe dans la phrase énonciative et (quand le sujet n'est ni un pronom personnel, ni *ce*, ni *on*) sans le reprendre par un pronom personnel :

> Tu *viens ?* On *va au cinéma ? Un voyage de nuit,* ce *n'est pas trop fatigant ?* Ton père *est déjà parti ?*

Ce procédé est devenu la forme ordinaire de l'interrogation dans l'oral quotidien. On l'observe aussi dans la langue écrite, quand elle veut rendre le style parlé, les personnages appartenant aux milieux les plus variés :

> Vous *avez vu que Swann a « les honneurs » du Figaro ?* (Proust, *Rech.*, t. I, p. 22.) — Vous *comptez rentrer en étude, quand vous aurez fini avec M. de Pradts ?* (Montherlant, *Ville dont le prince est un enfant*, III, 3.) — Personne *ne vous a averti ? (ib.)* — *Et toi,* tu *as l'intention de faire quelque chose ?* (M. de Saint Pierre, *Aristocrates*, XIX.) — Ça *t'amuserait de venir avec nous ?* (S. de Beauvoir, *Mandarins*, p. 248.)

Dans les exemples ci-dessus, on peut recourir à une autre forme de l'interrogation : *Viens-tu ? Est-ce que tu viens ? Ton père est-il déjà parti ? Est-ce que ton père est déjà parti ?* etc. Mais il existe des cas où des phrases terminées par un point d'interrogation (sans inversion ni reprise) ne pourraient pas être remplacées par des phrases avec inversion (ou reprise) ou par des phrases avec *est-ce que* :

1° Fausses interrogations. Il s'agit de manifester son étonnement, et l'on n'attend pas de réponse. Ceci appartient à tous les niveaux de langue, même les plus soignés :

> *Qu'entends-je dire ? Serait-il possible ?* Vous *feriez vôtre l'amendement Landry-Honnorat-Bouffandeau ?* (Barrès, *Grande pitié des égl. de Fr.*, 1914, p. 251.) [Comp. la 3e phrase aux deux précédentes.]

2° L'interrogation porte sur la légitimité d'une déduction :

> *Alors, si vous aviez des domestiques,* vous *étiez riches ?*

3° Quoiqu'il n'y ait pas de mot interrogatif, l'interrogation est en réalité une interrogation partielle, où le mot interrogatif est remplacé par un vide :

> *Vous êtes ici depuis... ?* pour *Depuis quand êtes-vous ici ?* Cf. § 383, *b*, Rem. 1.

Remarques. — 1. Parmi les fausses interrogations, on notera aussi les phrases exprimant le doute (concrétisé par des mots comme *peut-être*) :

> Monsieur *a peut-être entendu quelqu'un qui entrait cette nuit ?* (Hugo, *Misér.*, II, iv, 5.) — Voir § 121, *b.*

2. Dans la langue populaire, le maintien du pronom personnel sujet devant le verbe s'accompagne parfois d'une reprise de ce pronom par un pronom placé après le verbe : °Il *viendra-t-il te voir ?* (les deux *il* étant prononcés [i]). Avec *ce*, le phénomène apparaît parfois en dehors de la langue populaire. Sur tout cela et sur la particule [ti] usitée après le verbe alors que le sujet n'est pas de la 3e pers. ou n'est pas masculin, voir § 387.

b) Dans l'interrogation **partielle,** il faut tenir compte aussi de la place du mot interrogatif (sauf s'il est sujet ou s'il se rapporte au sujet, car, dans ce cas, sa place est nécessairement en tête de la phrase).

1° Dans la langue parlée familière, il est courant que le mot interrogatif occupe la place que son équivalent aurait dans une phrase énonciative : *Tu pars à* QUELLE *heure ?* comme *Tu pars à* CINQ *heures.* On trouve des exemples nombreux dans les dialogues des romans et dans les pièces de théâtre, quel que soit le milieu social représenté :

> *Il t'a dit* QUOI *donc, mon fils ?* (LOTI, *Ramuntcho,* p. 268.) — *Ils arrosent* QUELLES *fleurs pour toi ? Ils te fournissent* QUOI *?* (GIRAUDOUX, *Combat avec l'ange,* V.) — *C'est* QUEL *dimanche après la Pentecôte ?* (Fr. MAURIAC, *Nœud de vip.,* VII.) — *Et ça coûte* COMBIEN *?* (QUENEAU, *Zazie dans le métro,* IV.) — *Claire Lannes, vous habitez Viorne depuis* QUAND *?* (M. DURAS, *Amante anglaise,* p. 53.) — *Tu dépenses* COMBIEN *de litres aux cent kilomètres ? demanda M. de Maubrun* (M. de SAINT PIERRE, *Aristocrates,* X).

Mais cela se présente parfois aussi ailleurs que dans des dialogues :

> *Si l'on n'y veille, elle ira jusqu'*OÙ *?* (VERL., *Jadis et nag.,* Art poét.) — *Cet argent sera distribué* COMMENT *?* (BARRÈS, *Grande pitié des égl. de Fr.,* 1914, p. 282.) — *Mais il allait chercher en elle, au-delà du désir,* QUELLE *source entendue autrefois,* QUEL *parfum respiré ailleurs ?* (Fr. MAURIAC, *Fleuve de feu,* II.) — *Cette mauvaise pente nous eût conduits jusqu'*OÙ *?* (H. BAZIN, *Vipère au poing,* X.)

Ce cas doit être distingué des phrases dont une partie seulement est interrogative : cf. § 381, Rem. 5.

Lorsqu'il y a dans la même phrase plusieurs interrogatifs de fonctions différentes, seul l'interrogatif sujet est en tête : *Qui a tué* QUI *?* Cf. 383, *b*, Rem. 5.

Remarques. — 1. Dans les phrases interrogatives à l'infinitif (dans lesquelles il n'y a pas de sujet), l'interrogatif est en tête dans la langue soignée : QUE *faire ?* OÙ *aller ? À* QUI *s'adresser ?* POURQUOI *se tracasser ?* — Mais l'usage parlé met aussi l'interrogatif après l'infinitif : *Faire* QUOI *? Aller* OÙ *?* etc.

Il est normal que l'interrogatif suive l'infinitif, quand l'interrogation demande un supplément d'information sur une phrase antérieure :

> Isabelle. [...] *Je désirerais tellement vous parler.* / Le spectre. *Me parler de* QUI *?* (GIRAUDOUX, *Intermezzo,* I, 8.) — Blaise. *Vous auriez dû nous préparer un peu...* / Marcelle. *Vous préparer à* QUOI *?* (Fr. MAURIAC, *Asmodée,* I, 7.) — *M. de Lubicz travaille sur les Nombres, mais avec une rigueur scientifique indéniable. Cependant c'est pour trouver* QUOI *?* (A. ROUSSEAUX, dans le *Figaro litt.,* 8 avril 1950.)

Notons la formule figée *Pour quoi faire ?* qui n'est pas propre à la langue parlée et qu'on écrit parfois *Pourquoi faire ?* (Cf. § 702, *b,* 3°.) — *Pour faire quoi ?* est de la langue parlée familière.

2. Dans les interrogations averbales, l'interrogatif est à la place qu'occuperait le syntagme équivalent dans une énonciative. Cela est surtout courant dans la conversation :

> *Hé, qu'il dit, tu as compris ?* / — *Compris* QUOI *?* (GIONO, *Un de Baumugnes,* X.) — Bérenger. [...] *Je bois pour ne plus avoir peur.* / Jean. *Peur de* QUOI *?* (IONESCO, *Rhinocéros,* p. 23.) — *Le bouquet, dit-il, c'est que je broute !* — *Tu* QUOI, *chéri ?* (DANINOS, *Vacances à tout prix,* p. 190.) — *Mets-lui un corset orthopédique.* / — *Un* QUOI *?* (WILLY et COLETTE, *Claud. à l'école,* p. 166.)

L'interrogatif reste en tête dans la formule figée, appartenant à la meilleure langue, *À quoi bon ?*

Au lieu de *En faisant quoi ?* on trouve *En quoi faisant ?* tous deux étant également de niveau familier : Mme Laub. *Avez-vous du génie ? /* Thérésette. *J'en ai... /* Mme Laub. *Eh bien, alors, si vous en avez, montrez-le tout de suite. /* Thérésette. *En* QUOI *faisant ?* (H. BATAILLE, *Poliche*, I, 8.) — Lauriane. *[...] Tu as abusé de mon hospitalité. /* Lavernié. *En* QUOI *faisant ?* (COURTELINE, *Cruche*, II, 4.) — *Prouve-le. / — En* QUOI *faisant ?* (É. BOURDET, *Prisonnière*, p. 77.) — *En* QUOI *faisant ?* demanda le singe (SUPERVIELLE, *Premiers pas de l'univers*, p. 152). Voir aussi l'exemple de Pieyre de Mandiargues cité au § 383, *b*, Rem. 5 : COMMENT *vêtues*, où l'on attendrait *vêtues* COMMENT.

2° Dans un usage très familier, généralement considéré comme incorrect, le mot interrogatif reste en tête.

— Si le sujet est un pronom personnel ou *ce* ou *on*, l'antéposition ne se trouve dans les livres que lorsque les auteurs font parler des personnages, surtout des gens du peuple ou des enfants :

Où T'*as vu ça, toi ?* (GIONO, *Un de Baumugnes*, IV.) — *Où donc* JE *l'aurais prise ?* (AYMÉ, *Passe-muraille*, L.P., p. 233.) — *Comment* VOUS *vous appelez ?* (CHAMSON, *Rendez-vous des espérances*, p. 72.) — *Pourquoi* TU *ris ?* (J.-L. CURTIS, *Cygne sauvage*, p. 241.) — *Alors, pourquoi* ILS *t'ont battu ?* (S. BECKETT, *En attendant Godot*, II.)

Cela est plus étonnant dans une langue plus élaborée : *Pourquoi, toujours sur le qui-vive,* IL *nous observe comme s'il guettait l'apparition sur nous de signes, de stigmates, de symptômes révélateurs [...] ?* (N. SARRAUTE, *Qui sont-ils ?* pp. 75-76.) [Dans le voisinage d'interrogations tout à fait classiques.]

— Si le sujet n'est pas un pronom personnel, *ce* ou *on*, il arrive aussi que les auteurs, dans des dialogues populaires, le placent avant le verbe sans le reprendre par un pronom personnel :

Une tête d'homme ? Où MONSIEUR *a vu ça ?* [dit la servante Françoise] (PROUST, *Rech.*, t. III, p. 463.) — *En quoi* CETTE AFFAIRE *te regarde, d'abord ?* (P. VÉRY, *Goupi Mains-Rouges*, cit. Renchon, p. 133). — *Hé ! pourquoi* LE COMTE DE FLANDRE, *qui n'est pas si haut perché, ne vient pas saisir vif ce vassal qui a forfait ?...* (GHELDERODE, *Sire Halewyn*, IV.)

Ces exemples, qui ne viennent pas de dialogues, montrent que cette construction tend à s'étendre à l'écrit : *Mais que* CECI *pèse à côté de [...] ses tentatives en tout sens ?* (P. BARBÉRIS, *Lectures du réel*, p. 241). — *Ils se demandent et nous demandent tout simplement : « Pourquoi* L'EUROPE *n'est pas encore unie ? »* (D. de ROUGEMONT, *Lettre ouverte aux Européens*, p. 202.) — *Depuis quand* LA MENACE DE PRISON ET MÊME LA PRISON TOUT COURT *ont empêché les ouvriers de se mettre en grève ?* (Henri PIERRE, dans le *Monde*, 26 juillet 1972.) — *Comment* LE POUVOIR *en augmentant ses forces pourra accroître celles de la société au lieu de les confisquer ou de les brider ?* (M. FOUCAULT, *Surveiller et punir*, p. 209.) — *Comment* DIEU ET LES HOMMES *pourraient pardonner une si criminelle négligence ?* (P. CHAUNU, *Temps des Réformes*, p. 176.)

Avec *cela, ça*, le tour est plutôt familier que populaire : *Quel contentement* ÇA *vous donne, d'être méchant ?* (COLETTE, *Chéri*, M.L.F., p. 46.) — *Mais à quoi* ÇA *t'avancerait de le faire payer ?* (S. de BEAUVOIR, *Mandarins*, p. 561.) — En dehors des dialogues : *À quoi* CELA *m'avait servi de regarder l'autre [...] ?* (M. DURAS, *Marin de Gibraltar*, F°, p. 55.) — *Combien de temps* CELA *durerait [...] ?* (A. DHÔTEL, *Je ne suis pas d'ici*, p. 274.)

En particulier, la formule *Comment ça va ?* est tout à fait courante dans la langue parlée de tous les milieux, comme le montrent les dialogues dans les romans et les pièces de théâtre : cf. Vallès, *Enfant*, VIII ; A. Daudet, *Rois en exil*, 1890, p. 102 (c'est un prince !) ; M. Pagnol et P. Nivoix, *Marchands de gloire*, Prol., III ; G. Duhamel, *Hommes abandonnés*, p. 25 ; S. de Beauvoir, *Mémoires d'une jeune fille rangée*, p. 200 ; Chr. Rochefort, *Repos du guerrier*, L.P., p. 235.

Sur *Comment va ?* cf. § 234, *c*.

Remarque. — On ne confondra pas le cas envisagé ici et les interrogations indirectes sans verbe introducteur (cf. § 1103, *b*) :

— Titres de livres, d'articles, de chapitres, etc. — sans point d'interrogation : *Comment j'ai fait mon dictionnaire de la langue française* (Littré, *Études et glanures*, XV.) — *Ce que je crois* (essai de Fr. Mauriac).

— Reprise d'une question posée par l'interlocuteur, — avec point d'interrogation parce que cela équivaut à une interrogation indirecte incluse dans une interrogation directe (= Vous me demandez ... ?) : Cyrano. [...] *J'aime.* / Le Bret. *Et peut-on savoir ? tu ne m'as jamais dit ?...* / Cyrano. Qui j'aime ?... (E. Rostand, *Cyr.*, I, 5.) — *Comment je sais que je n'ai pas d'amis ?* (A. Camus, *Chute*, p. 87.) [La reprise de la question est nécessaire pour la clarté, car c'est un dialogue dont l'auteur ne reproduit qu'une voix.]

Il arrive que dans la langue écrite la question de l'interlocuteur n'ait pas été exprimée au préalable et qu'elle soit seulement imaginée par le scripteur : *Pourquoi je note tout cela ? Uniquement par peur d'interrompre* (Gide, *Journal*, 1er juillet 1914).

Hist. — 1. L'interrogation sans autre marque que l'intonation est très ancienne. On peut même remonter jusqu'au latin : *Et interrogavit eum Pilatus : Tu es rex Judaeorum ?* (*Vulgate*, Marc, XV, 2.) Mais le tour reste fort rare en ancien et moyen français. Il se manifeste surtout dans des phrases qui expriment l'étonnement plutôt qu'une véritable interrogation : *Et tu le veus faire de ti ? / Che seroit grans abusions* [erreur] (Adam le Bossu, *Jeu de la feuillée*, 14). — Tu *es le prophete ? — Non suis* (Jean Michel, *Passion*, 1741) [question véritable].

Ex. classiques : Tu *ne leur portes point à boire ?* (La F., *F.*, III, 7.) — *Quoy, dit-il, sans mourir* je *perdray cette somme ? / Je ne me pendray pas ?* (*ib.*, IX, 16.) — +Vous *voulez, ajoute Démocède, voir mes estampes ?* (La Br., XIII, 2.)

2. Les interrogations partielles construites avec l'interrogatif en tête et le pronom personnel sujet devant le verbe n'étaient pas rares au moyen âge : *Que* ce *puet estre ?* (Renart, 6955, éd. R.) — *Par quel pris* [= prix] je *les avray ?* (Jean d'Outremeuse, éd. G., p. 226.)

On trouvait aussi le sujet nominal devant le verbe et sans reprise : *Pourquoy* la terre *ne s'ouvrit pour engloutir ce faulseur de foy ?* (Marg. de Navarre, *Hept.*, LXX.) — Malherbe écrit encore, bien qu'il ait blâmé le tour chez Desportes : +*À quel propos* le soleil *chasse la nuit ?* (Dans Haase, § 153, C, Rem. 2.)

SECTION 3. — LA PHRASE EXCLAMATIVE

Bibl. — J.-Cl. Milner. *De la syntaxe à l'interprétation*. P., Le Seuil, 1978. — A. Henry. *Études de syntaxe expressive*, pp. 125-154. — Le Bidois. *Inversion*, pp. 73-84.

392 La **phrase exclamative** (ou *interjective*) est, pour son contenu, analogue à la phrase énonciative : elle apporte une information. Mais elle y ajoute une connotation affective. Elle n'est pas

objective, *neutre*, car elle inclut les sentiments du locuteur, mani-
festés avec une force particulière. Elle est beaucoup plus fréquente dans l'oral que dans l'écrit.

Souvent la phrase exclamative indique un haut degré :

Qu'il fait froid ! — Il fait un de ces froids !

Mais elle peut exprimer aussi la surprise, la tristesse, la jŏie, etc. devant un
fait qui n'est pas susceptible de degré :

Donc il est mort ! fit le Scapin, avec une intonation de surprise douloureuse (Th. GAUTIER,
Cap. Fracasse, VI). — *Monsieur ! Le grand Meaulnes est parti !* (ALAIN-FOURNIER, *Gr.
Meaulnes*, I, 4.) — *Je suis papa !*

La phrase exclamative a peu de caractères syntaxiques propres : cf.
§ 393. En particulier, elle emprunte à l'interrogative beaucoup de ses
procédés.

D'ailleurs, l'interrogation fictive (§ 381, Rem. 2), qui n'appelle aucune réponse, équivaut
souvent à une exclamative, et il n'est pas rare qu'elle soit prononcée comme telle et écrite
avec un point d'exclamation : *À quoi bon danser !* (J. CAYROL, *Froid du soleil*, p. 25.)

Sur [ti] dans l'exclamative (*Que j'ai T'Y du goût !*), cf. § 387.

Remarques. — 1. De la même façon qu'on distingue une interrogation indirecte, on doit parler d'une **exclamation indirecte**.

À *Quel beau spectacle tu as vu !* correspond *Je sais quel beau spectacle tu as vu*, comme à
Quel beau spectacle as-tu vu ? correspond *Je demande quel beau spectacle tu as vu.*

2. Comme la phrase interrogative de forme négative suggère souvent une
réponse affirmative, cette forme négative a très souvent la valeur d'une exclamation.

On peut considérer comme synonymes *Quelles bêtises il a faites !* et *Quelles bêtises n'a-t-il
pas faites ? Que de bêtises il a faites !* et *Que de bêtises n'a-t-il pas faites ?* — Pour la place du
sujet, voir ci-dessous § 396, *b*, 3°.

3. Le plus souvent, c'est la phrase entière qui est exclamative, mais on peut
avoir une sous-phrase exclamative insérée dans une phrase qui elle-même est
énonciative ou interrogative, etc. :

Nous étions debout — ô MERVEILLE ! — *sur la plateforme avant* (PAGNOL, *Gloire de mon
père*, pp. 104-105). [Le scripteur distingue l'observation objective et l'appréciation affective.]

Lorsque le syntagme exclamatif est en fin de phrase, plusieurs analyses sont
possibles :

*Les camarades, la vie peut-être nous en écarte, nous empêche d'y beaucoup penser, mais ils
sont quelque part, on ne sait trop où, silencieux et oubliés,* MAIS TELLEMENT FIDÈLES ! (SAINT
EXUPÉRY, *Terre des hommes*, II, 1.) — Plutôt qu'une sorte d'anacoluthe, qui ferait qu'une
phrase énonciative deviendrait tout à coup exclamative, il est préférable de voir ici une
phrase exclamative elliptique coordonnée à une phrase énonciative.

Il en est de même dans cet ex. (d'une langue peu naturelle et d'une ponctuation peu
satisfaisante) : *L'article me stupéfie par les moyens employés pour y pouvoir librement vilipen-*

der — ET SUR QUEL TON *qui a choqué nombre de non-guillaumiens* — *mes travaux, commencés il y a bientôt un demi-siècle* (G. GUILLAUME, dans le *Fr. mod.*, janv. 1960, p. 43). — Voir aussi § 395.

393   Caractéristiques de la phrase exclamative.

a) Les phrases exclamatives se caractérisent par le **ton** et, dans l'écrit, par le **point d'exclamation** qui les termine.

L'intonation est souvent descendante :

—

—

—

—

Comme elle est pâle !

Beaucoup de phrases exclamatives ne se distinguent des énonciatives que par des éléments phoniques et, dans l'écrit, par le point d'exclamation :

C'est une belle idée ! (J. ROMAINS, *Knock*, II, 1.) — *J'étais donc sûr de leur perte ! Ils ne pouvaient m'échapper !* (LAUTRÉAMONT, *Chants de Mald.*, p. 121.)

De même encore lorsque le jugement est laissé implicite : *Cette fille est d'une impudence !...* (A. DAUDET, *Immortel*, I.) — *Une figure ! disait-il* [= une figure extraordinaire ou très jolie] (CHAMSON, *Suite cévenole*, p. 551).

L'antiphrase a besoin aussi du ton exclamatif pour donner au lecteur l'impression qu'on souhaite : *Elle est propre, votre auge !* [= elle est sale] (J. RENARD, *Poil de Car.*, Pl., p. 728.)

Le mot sur lequel on désire attirer l'attention peut être marqué d'un accent d'insistance (§ 39, *b*) ; il frappe la première syllabe si le mot commence par une consonne et la deuxième s'il commence par une voyelle : *Une FIgure ! Elle est d'une imPUdence !* — Cela se combine souvent avec une gémination de consonnes (§ 448, *c*).

Remarque. — Le point d'exclamation n'est pas seulement utilisé pour distinguer la phrase exclamative au sens où elle est définie ci-dessus : cf. § 122 et les Rem.

Inversement, il arrive que des auteurs négligent de mettre un point d'exclamation alors que la phrase est nettement exclamative : voir plusieurs ex. ci-dessous (PEISSON, § 394, *c*, etc.).

b) La phrase exclamative n'a pas un **mode** verbal qui lui soit propre : comme dit Brunot (*Pensée*, p. 541), « il n'y a pas un mode de l'amour et de la haine ». Le verbe est le plus souvent à l'indicatif (dont le conditionnel fait partie).

On trouve parfois l'infinitif : *À votre âge, Monsieur, m'eût-elle dit,* ÊTRE *si peu raisonnable !* (A. FRANCE, *Crime de S. Bonnard*, II, 3.) — *Ô tourment ! doña Sol* SOUFFRIR*, et moi le* VOIR *!* (HUGO, *Hern.*, V, 6.) — *Dire que ...* : § 394, *e*. — Voir aussi § 871, *b*.

En outre, on peut avoir dans la langue littéraire le subjonctif plus-que-parfait avec la valeur du conditionnel passé : *Qu'elle* EÛT ÉTÉ *heureuse de voir cela !*

D'une manière générale, la phrase exclamative est souvent averbale : cf. § 397, *a*.

c) Sur les mots proprement exclamatifs, voir §§ 394 et 395.

Remarque. — Du point de vue lexical, on constate que certains mots conviennent particulièrement à l'expression exclamative, parce qu'ils sont hyperboliques et impliquent une connotation affective.

Verbes comme *adorer* (au figuré), *détester, abominer, embêter...* ; — adjectifs comme *épatant, formidable, magnifique, horrible, affreux...* ; — un adverbe comme *tout de même* (dans le sens renforçatif : § 984, 3°) ; — noms injurieux ou admiratifs, comme *crétin, merveille...*

94 Les mots exclamatifs.

Certaines phrases exclamatives commencent (cf. § 395) par un mot exclamatif.

a) Les adverbes de degré *comme, combien* (plus recherché), *que, ce que* (familier), *qu'est-ce que* (très familier), °*comment que* (populaire) :

COMME *il aurait voulu connaître une femme, une vraie femme !* (MAUPASS., *Pierre et Jean,* III.) — COMBIEN *il se sentait petit, débile, écrasé !* (BARRÈS, *Dérac.,* XIX.) — COMBIEN *j'ai douce souvenance / Du joli lieu de ma naissance !* (CHAT., *Av. du dernier Abenc.,* Pl., p. 1392.) — *Dieu !* QUE *le son du Cor est triste au fond des bois !* (VIGNY, *Poèmes ant. et mod.,* Cor.) — CE QUE *cela* [= la pluie] *tombe !* [dit la tante Léonie] (PROUST, *Rech.,* t. I, p. 102.) — QU'EST-CE *qu'elle a dû pleurer quand elle a appris la mort de son garçon !* [dit la servante Françoise] (*ib.,* t. III, p. 849.) — COMMENT QU'*ils nous ont eus !* (SARTRE, *Mort dans l'âme,* cit. Henry.)

Remarques. — 1. Dans une langue assez recherchée, *combien* et, plus rarement, *que* peuvent être rapprochés de l'adjectif ou de l'adverbe auxquels ils se rapportent :

COMBIEN *facilement la vie se reforme, se referme !* (GIDE, *Journal,* 16 sept. 1914.) — COMBIEN *naïves et paysannes en comparaison sembleraient les églantines* [...] ! (PROUST, *Rech.,* t. I, p. 138.) — QUE *différente fut cette rentrée de celle de lundi !* (PERGAUD, *Guerre des boutons,* I, 5.) — *Et* QUE *peu il y en a !* (GIONO, *Regain,* II, 3.)

Avec *comme, ce que, qu'est-ce que,* l'adjectif ou l'adverbe auxquels ils se rapportent occupent toujours la place qu'ils auraient eue dans une phrase énonciative et sont donc séparés de l'adverbe exclamatif : COMME *vous êtes* JOLIE ! CE QUE *vous êtes* JOLIE ! QU'EST-CE QUE *vous êtes* JOLIE !

2. Dans la formule familière *Et comment !* (qui forme une phrase indépendante), *comment* est un adverbe exclamatif qui marque l'intensité et qui porte sur la phrase précédente : *C'était faux ?* — ET COMMENT ! (MALRAUX, *Conquérants,* p. 65.)

b) Quel, qui exprime le degré ou la qualité (il peut être déterminant ou attribut) et les locutions servant de déterminants *combien de, que de,* qui expriment le nombre :

QUEL *remords vous vous prépareriez !* (MONTHERLANT, *Reine morte,* III, 6.) — QUELS *ne furent pas mon horreur et mon étonnement quand* [...] *le premier objet qui frappa mon regard fut mon petit bonhomme* [...] *pendu au panneau de cette armoire !* (BAUDEL., *Spleen de Paris,* XXX.) — QUEL *fut jadis Shakespeare !* (VIGNY, *Poésies,* Sur un exemplaire du « More de Venise ».) — *Puisqu'il est ainsi au milieu d'un événement contrariant et qui peut avoir des suites fâcheuses,* QUEL *ne doit-il pas paraître lorsque son âme est heureuse !* (STENDHAL, *Chartr.,* XV.) — *De* QUELLES *vertus elles* [= les armes] *ont enrichi le capital moral des hommes !* (DE GAULLE, *Fil de l'épée,* p. 87.)

Oh ! COMBIEN DE *marins,* COMBIEN DE *capitaines* / [...] / *Dans ce morne horizon se sont évanouis !* (HUGO, *Rayons,* XLII.) — QUE DE *fois les petits bergers avaient fait cela* [...] ! (PERGAUD, *Guerre des boutons,* I, 8.)

Combien de, qui est aussi un interrogatif, peut s'employer dans un syntagme introduit par une préposition : À COMBIEN DE *tentations n'est-il pas exposé !* (AC.)

Que de, qui est propre à l'exclamation, ne s'emploie pas d'habitude avec un syntagme prépositionnel. Cet ex. n'est pas conforme à l'usage ordinaire : EN QUE DE *choses ai-je été votre petite servante !* (MICHELET, *Sorcière,* t. I, p. 61.)

Que et *combien* peuvent être séparés du nom auquel ils se rapportent, s'il est objet direct ou sujet réel : COMBIEN *n'ai-je pas écrit* DE RÉCITS *à cette époque !* (J. GREEN, *Terre lointaine,* p. 263.) — QUE *j'ai perdu* DE TEMPS !

Dans le registre familier, *ce que* s'emploie aussi comme équivalent de *combien,* mais il est toujours séparé du nom : CE QUE *j'ai dépensé ainsi* DE FORCES, D'ÉLOQUENCE INUTILE ! (A. DAUDET, *Femmes d'artistes,* V.)

°*Comme* dans cet emploi est rarissime : COMME *on perd* DE TRÉSORS *dans sa jeunesse !* (FLAUB., cit. Henry, p. 140.)

Remarques. — 1. *Quel* s'emploie parfois absolument, en coordination avec le nom auquel il se rapporte :

Les hommes ! les hommes ! vous en avez connu beaucoup ? / — Un seul. Mais QUEL *!...* (COLETTE, *Vagabonde,* II, 1.) [Le nom *homme* est implicite après *seul.*] — *Rembrandt, qu'on peut admirer ici, grâce à vingt-cinq dessins (et* QUELS !*)* [...] (Cl. ROGER-MARX, dans le *Figaro litt.,* 25 mars 1950).

Dans le français de Belgique, °*lequel* s'emploie de cette façon : *Et l'on se félicite qu'un historien des lettres ait des lumières — et* LESQUELLES ! *— sur les autres arts* (R. POUILLIART, dans les *Lettres romanes,* nov. 1969, p. 384). — Voici pourtant un ex. de France : *J'étais parvenu à transformer* [...] *ce mariage d'amour* [...] *en un mariage de raison, et* LEQUEL ! *puisque la raison n'y tenait aucune place* (RADIGUET, *Diable au corps,* p. 46).

2. *Est-ce que* introducteur de la phrase interrogative apparaît parfois aussi dans la phrase exclamative : *Quelle drôle de tête* EST-CE QUE *tu fais !* (J. SCHLUM-BERGER, *Saint-Saturnin,* Œuvres compl., t. IV, p. 234.) — Cf. aussi *Qu'est-ce que* signalé ci-dessus.

c) Combien, ce que (familier), *qu'est-ce que* s'emploient aussi comme pronoms nominaux :

COMBIEN *voudraient être à votre place !* (AC.) — QU'EST-CE QU'*il a bu comme cocktails* [sans point d'exclamation] (Éd. PEISSON, *Hans le marin,* XV). — CE QUE *tu as pu dire comme bêtises !*

Avec un singulier ou lorsqu'il s'agit de choses non nombrables, on emploie aussi *ce que* et *qu'est-ce que : Ah ! mon vieux,* CE QU'*ils nous ont passé* [comme correction] ! (PERGAUD, *Guerre des boutons,* III, 10.) — *Mais* QU'EST-CE QU'*ils allaient prendre, les Velrans !* (*ib.,* I, 1.) — CE QUE *c'est que le destin !* CE QUE *c'est de nous !*

d) Que signifiant « pourquoi » introduit aujourd'hui presque toujours une interrogation purement oratoire et même une exclamation, comme le montre la ponctuation des auteurs. La phrase est le plus souvent négative et exprime un regret :

QUE *ne suis-je à leur place !* (A. CAMUS, *Caligula,* IV, 14.) — QUE *ne puis-je me réentendre à distance !* (GIDE, *Journal,* 11 oct. 1929.) — Autres ex. au § 974, 3°. — Avec un nom comme sujet, voir ci-dessous, § 396, *b,* Rem.

Les phrases positives, souvent plus proches de l'interrogation, appartiennent à une langue assez recherchée : QUE *me demande-t-on si je crois ?* (BARRÈS, *Grande pitié des égl. de Fr.*, 1914, p. 312.) — QU'*allons-nous visiter sa cellule ! Elle est vide* (SAINT EXUPÉRY, *Terre des hommes*, VI, 1). — QUE *m'en serais-je étonné ?* (M. THIRY, *Romans, nouvelles, contes, récits*, p. 386.) — QU'*étaient-ils venus se fourrer dans cette boue* [...] ! (R.-V. PILHES, *Imprécateur*, p. 213.)

Cela est plus fréquent avec *avoir besoin :* QU'*avait-elle besoin d'une casserole aussi grande, elle qui vivait toute seule ?* (AYMÉ, *Gustalin*, VI.) — *Mais* QU'*avait-elle aussi besoin de se lever alors que vous auriez fort bien su vous débrouiller tout seul* [...] [la phrase, assez longue, se termine par des points de suspension] (BUTOR, *Modification*, 10/18, p. 18). — *Qu'est-ce que* au lieu de *que* : QU'EST-CE QUE *tu avais besoin, aussi, d'aller chercher une fille aux bois* [pas de point d'interrog. ni d'exclam.] (AYMÉ, *op. cit.*, XV).

Quand elles sont négatives, les phrases avec *que* « pourquoi » correspondent sémantiquement à un souhait ; par ex., pour la phrase de Camus, « Je voudrais être à leur place ».

e) On peut aussi considérer comme des locutions servant à introduire une exclamation les formules suivantes, qui ont perdu leur sens originaire.

Dire que, *Et dire que*, parfois *(Et) penser que*, exprimant la tristesse, le regret, l'étonnement : DIRE QU'*elle s'était crue heureuse d'aller ainsi trente années devant elle* [...], *n'ayant pour combler le vide de son être, que son orgueil de femme honnête !* (ZOLA, *Page d'amour*, II, 5.) — DIRE QU'*il s'en est fallu d'un cheveu* [...] *qu'elle ne prenne le vert amande* (N. SARRAUTE, *Planétarium*, p. 7) [sans point d'exclam.]. — ET DIRE QUE *ce sont des divagations de ce bobant* [= niais] *qui comblent d'aise Amiel, Pressensé, et ce brave Agénor de Gasparin !* (P. BENOIT, *Lac Salé*, p. 79.) — ET PENSER QUE *c'est dans une salle pareille / Qu'on joua du Rotrou, mon fils !* (E. ROSTAND, *Cyr.*, I, 1.) — PENSER QU'*il nous est mort sept professes en trois ans !* (MONTHERLANT, *Port-Royal*, p. 96.)

Faut-il que : FAUT-IL QU'*un homme soit tombé bas pour se croire heureux !* (BAUDEL., *Art romant.*, XXIX, 2.) — Avec un infinitif : FAUT-IL *être bête tout de même !* (ROBERT.)

Avec cela (ou *ça*) **que** (familier) sert, par antiphrase, à nier ce qui suit : AVEC CELA QU'*il est facile de travailler en face de quelqu'un qui pleure tout le temps* (A. DAUDET, *Jack*, t. II, p. 138). — *La fille à M. Pupin ! Oh ! je vous crois bien, ma pauvre Françoise !* AVEC CELA QUE *je ne l'aurais pas reconnue !* (PROUST, *Rech.*, t. I, p. 56.) — *Mais c'est que cela est vrai.* AVEC ÇA QUE *vous ne le savez pas !* (CLAUDEL, *Partage de midi*, p. 19.) — AVEC ÇA QUE *tu n'en serais pas fier !* [...] *Je te connais !* (Fr. MAURIAC, *Sagouin*, p. 131.)

Plus souvent que (familier) sert aussi à nier ce qui suit et qui concerne un fait futur : PLUS SOUVENT QUE *je m'en vais compromettre ma convalescence pour fêter ce vieux rat de bibliothèque !* (A. LICHTENBERGER, *Le cœur est le même*, p. 186.) — Comp. *Plus souvent !* au § 1050, *a*.

Pour ce que (familier) marque un degré très faible, voire nul : *La petite villa est meublée de façon quelconque. Ça leur est bien égal, aux Bernhardt :* POUR CE QU'*ils l'habiteront longtemps !* (Vl. VOLKOFF, *Humeurs de la mer*, Intersection, p. 155.)

Sans que le figement soit aussi net que dans les locutions citées ci-dessus, *Tu penses si, Vous pensez si, Pensez si* perdent leur signification primitive et servent surtout à introduire une exclamation : VOUS PENSEZ, SI *j'étais rouge et* SI *j'avais peur !* (A. DAUDET, *Contes du l.*, Dernière classe.)

De même, **Tu parles de**, *Tu parles que* ou *si* (ou *Vous parlez* ...) dans un registre très familier : TU PARLES QU'*en voilà un qui ne doit pas être malheureux !* (PROUST, *Rech.*, t. II, p. 94.) — TU PARLES, SI *ça a gueulé...* (DORGELÈS, *Croix de bois*, VIII.)

De même encore : *Dieu sait si j'ai souffert !*

395   Place des mots exclamatifs.

Les mots exclamatifs énumérés dans le § précédent ou les syntagmes dont ces mots font partie sont d'ordinaire en tête de la phrase :

QU'*il est beau !* COMME *je l'aime !* CE QUE *tu me plais !* COMBIEN *sont morts déjà !* QUE *de fois je suis passé par là !*

Il arrive cependant que le mot exclamatif soit en tête d'un syntagme coordonné ou d'un complément non essentiel du verbe : *Vous n'êtes plus qu'un homme, et* COMBIEN *laid !...* (GHELDERODE, *Théâtre,* 1943, p. 66.) — *Il travaille, avec* QUELLE *ardeur !* — On peut considérer qu'il s'agit de sous-phrases exclamatives coordonnées à des énonciatives. — Voir aussi § 392, Rem. 3.

Il est beaucoup plus rare de trouver l'exclamatif accompagnant un objet direct qui suit le verbe : *Et tu m'as* QUELS *soins indulgents !* (VERL., *Chans. pour elle,* I.)

Remarque. — Lorsque nous disons « en tête de la phrase », nous négligeons des éléments qui pourraient aussi précéder le sujet dans une phrase ordinaire : éléments détachés, comme complément circonstanciel, complément essentiel (ordinairement repris à sa place habituelle par un pronom personnel), sujet repris à sa place par un pronom personnel ; mot en apostrophe, etc.

QUAND NOTRE BONHEUR N'EST PLUS DANS LEURS MAINS, *de quel calme, de quelle aisance, de quelle hardiesse on jouit auprès d'eux !* (PROUST, *Rech.,* t. I, p. 319.) — *Et* CETTE CIGARETTE QUE L'ON VOUS A DONNÉE, / VOUS QUI NE FUMEZ PAS, *comme vous l'avez achevée avec dévotion !* (CLAUDEL, *Partage de midi,* p. 20.) — *Et* LA MER, *comme elle sautait sur nous, la païenne !* (*ib.,* p. 28.) — *Ah !* MA SŒUR, *comme vous êtes humaine !* (MONTHERLANT, *Port-Royal,* p. 97.)

396   Place du sujet dans la phrase exclamative.

a) Il n'y a pas de mot exclamatif.

1° D'une façon générale, si le sujet est un pronom personnel, *ce* ou *on*, il peut être placé après le verbe [6] :

*Est-*ELLE *gentille !* (LABICHE, *Deux timides,* XIII.) — *Est-*CE *bête, les convenances !* (FLAUB., *Éd. sent.,* II, 5.) — *Vous n'êtes pas mal encore, savez-*VOUS *!* (GIDE, *Caves du Vat.,* V, 5.) — *Hélas ! ai-*JE *été maladroit !* (M. BEDEL, *Jérôme 60 ° latitude nord,* VI.)

On pourrait aussi, avec le ton de l'exclamative, dire : ELLE *est gentille !* C'*est bête, les convenances !*

Si le sujet n'est pas un pronom personnel, *ce* ou *on*, il se place devant le verbe :

TOUT *est perdu !* — LE PROGRÈS, *ma parole d'honneur, marche à pas de tortue !* (FLAUB., *M*ᵐᵉ *Bov.,* III, 7.) — ÇA *te presse à ce point-là !* (COLETTE, *Blé en herbe,* XV.)

---

6. Sur les modifications morphologiques qu'entraîne la postposition du pronom et sur certaines restrictions qui la frappent, voir § 377, Rem. 5. — D'autre part, si le verbe a une forme composée, le pronom se place entre l'auxiliaire et le participe.

Il est parfois repris par un pronom personnel placé après le verbe (plus rarement que dans la phrase interrogative : § 388, *a*) : *Les hommes sont-*ILS *bêtes !* — *Jusqu'où l'imagination des femmes peut-*ELLE *les aveugler sur l'amour viril !* (LOUŸS, *La femme et le pantin*, XIV.)

2° Lorsque l'adjectif attribut est en tête (tour de la langue écrite) [comp. § 379 et Rem. 4],

— Le sujet autre qu'un pronom personnel, *ce* ou *on* est placé après la copule : *Si lointaine était* MA RUE [sans point d'exclam.] (R. SABATIER, *Trois sucettes à la menthe*, p. 7) ;

— Le pronom personnel, *ce* et *on* sont placés après la copule dans le style biblique : *Heureux es-*TU, *Simon Bar-Iona !* (*Bible*, trad. OSTY-TRINQUET, Matth., XVI, 17.) — *Bienheureux serez-*VOUS *quand on vous haïra* [...] ! (*Bible de Maredsous*, Luc, VI, 22.)

b) Il y a un mot exclamatif.

1° Si le mot exclamatif est sujet ou se rapporte au sujet, le syntagme sujet est nécessairement en tête (avec la réserve exprimée dans le § 395, Rem.) :

COMBIEN *en ont été écrasés !* (BARRÈS, *Dérac.*, p. 243.) — COMBIEN DE GRANDES CATHÉDRALES *restent inachevées !* (PROUST, *Rech.*, t. III, p. 1033.) — *À son large festin* QUE D'AMIS *se récrient !* (HUGO, *F. d'aut.*; XXXII.) — QUELLE ANGOISSE *m'étreint !*

Certains auteurs reprennent ce sujet par un pronom personnel placé à la suite du verbe (comp. § 388, *b*, 1°), surtout si celui-ci est négatif : *Combien de Français ne doivent-*ILS *pas relire à plusieurs reprises certains vers elliptiques de Mallarmé* [...] ! (R. LE BIDOIS, dans *Mélanges Ch. Bruneau*, p. 21.) — *Quelles conséquences encore ne sont-*ELLES *pas tirées de l'affirmation que* [...] ! (M.-J. DURRY, *Guillaume Apollinaire, Alcools*, t. III, p. 58.) — *Dans la succession de ces lieux, quels jeux, quels chants ne peuvent-*ILS *s'instaurer !* (BUTOR, *Essais sur le roman*. Id., p. 51.) — *Combien d'écrivains classiques donnent-*ILS *l'impression de dresser une barrière entre leur art et leur foi* [...] ! (DANIEL-ROPS, *Hist. de l'Église*, Grand siècle des âmes, p. 293.)

2° La phrase commence par un mot exclamatif qui n'est pas sujet et qui ne se rapporte pas au sujet, et elle est **affirmative.**

— Si le sujet est un pronom personnel, *ce* ou *on*, l'usage ordinaire le met devant le verbe, contrairement à ce qui se passe dans la phrase interrogative :

Que C'*est beau ! Comme* C'*est beau ! Que de fois* JE *l'ai rencontré ! Ce que* VOUS *êtes jolie ! Quelle jolie femme* IL *a épousée !*

Dans la langue littéraire, ces sujets sont parfois placés après le verbe, quand l'exclamatif est *quel + nom, que + de + nom, combien + de + nom* :

*Et quelle tristesse est-*CE *donc de trancher celle-ci au moment où tout être a sa part de Dieu !* (MICHELET, *Insecte*, II.) — *Dans quel traquenard ai-*JE *été donner hier soir !* (GIDE, *Journal*, 19 avril 1917.) — *Quels beaux questionnaires ai-*JE *reçus !* (GAXOTTE, dans le *Figaro*, 6 janv. 1973.) — *Et quelle leçon de modestie nous donnez-*VOUS *là* [sans point d'exclam.] (Cl. LÉVI-STRAUSS, dans le *Monde*, 15 juin 1979). — *Que de choses se refusait-*IL *pour garder son déguisement pompeux, son rôle* [sans point d'exclam.] (LA VARENDE, *Sorcier vert*, p. 79). — *Que de fois ai-*JE *dû frotter, cirer, polir les carreaux rouges avant que se dissipât cette odeur de moisissure* [...] ! (BERNANOS, *M. Ouine*, Pl., p. 1362.) — *Combien de fois* [...] *m'est-*IL *arrivé* *de pleurer de rage !* (J. de LACRETELLE, *Retour de Silbermann*, M.L.F., p. 244.) — *Combien de fois l'ai-je rêvé !* (Fr. MAURIAC, *Journal*, Œuvres compl., t. XI, p. 32.)

Quand l'exclamatif est un adverbe, la postposition est devenue très rare (cf. Hist.) : *Combien étaient-ILS plus cruels pour la jeune femme, qui* [...] [sans point d'exclam.] (PROUST, *Rech.*, t. III, p. 220). — Autre ex. : STENDHAL, *Rouge*, I, 25, Épigraphe.

— Si le sujet est autre chose qu'un pronom personnel, *ce* ou *on*, l'usage ordinaire le met devant le verbe (sans le reprendre par un pronom personnel, contrairement à ce qui se passe dans la phrase interrogative) :

Que CE PAYS *est beau ! Comme* CETTE FEMME *est grande ! Que de fois* VOTRE PÈRE *me l'a dit ! Ce que* VOTRE FILS *est insupportable ! Quelle jolie femme* VOTRE FRÈRE *a épousée !*

Dans la langue littéraire, le sujet est parfois repris par un pronom personnel (plus rarement quand le mot exclamatif est un adverbe : cf. Hist.) :

Pourtant en lui, avec quelles ruses [...] *la femme inconsciente et visible cherche-t-ELLE l'organe masculin !* (PROUST, *Rech.*, t. II, p. 621.) — *Quelle complication sentimentale ce nouvel hôte allait-IL apporter dans la vie courante !* (LA VARENDE, *Roi d'Écosse*, p. 91.) — *Que de fois les enfants Révolou entendaient-ILS leur père répondre d'un ton traînant : « Demandez à Landin...* [...] *»* (Fr. MAURIAC, *Chemins de la mer*, I).

Mais combien la linguistique française s'était-ELLE enrichie depuis l'apparition de ce volume en 1887 ! (DAUZAT, dans le *Fr. mod.*, juin 1933, p. 71.) — *Combien cela vaudrait-IL mieux que les exigences territoriales* [...] *!* (DE GAULLE, *Discours et messages*, 25 mars 1959.)

La langue littéraire met aussi parfois le sujet après le verbe : *Eh, que brillent* TES YEUX ! (LA VARENDE, *Roi d'Écosse*, p. 316.) — Cela est plus courant quand l'attribut est placé en tête : voir les ex. de Proust et de Pergaud au § 394, *a*, Rem. 1.

Quand l'exclamatif est objet direct ou se rapporte à l'objet direct, la construction avec inversion est ambiguë : *Quel discrédit entraîne* PAREILLE VASSALISATION ! (GIDE, *Journal*, 1ᵉʳ sept. 1933.)

Hist. — Même lorsque le mot exclamatif était un adverbe, les classiques procédaient comme dans la phrase interrogative, plaçant le pronom personnel sujet, *ce, on* après le verbe ou reprenant les sujets d'une autre nature par un pronom personnel placé après le verbe :

Des qu'il m'a veu, comme a-t'IL pris la fuite ! (CORN., *Illus.*, II, 4.) — *Combien Euripide a-t-IL esté plus hardi dans sa Tragedie d'Helene ? Il y choque ouvertement la creance commune de toute la Grece* (RAC., *Andr.*, Préf.). [Malgré le point d'interrog., on est fondé à voir ici une exclam.] — *Combien ce nombre prodigieux d'esclaves* [...] *devoit-IL s'accroître et s'augmenter !* (MONTESQ., *L. pers.*, CXV.) — *Combien trouve-t-ON peu d'hommes qui lisent !* (VOLT., *Lettres phil.*, XIII.)

3° La phrase commence par un mot exclamatif (qui n'est pas sujet et qui ne se rapporte pas au sujet), et elle est **négative**.

— Quand la négation est une véritable négation, on a l'ordre normal (sujet devant le verbe et non repris par un pronom personnel après le verbe) :

Que de fois il n'a pas pris son médicament malgré le danger qu'il courait ainsi ! ou *Que de fois mon père n'a pas pris son médicament malgré ... !* [= Il a négligé ou refusé de prendre son médicament.]

— Quand la négation est une négation oratoire (et la phrase a le sens d'une affirmation : cf. § 392, Rem. 2), le sujet est placé après le verbe si c'est un pronom personnel, *ce, on* ; il est placé devant, s'il est d'une autre nature, mais il est repris par un pronom personnel placé après le verbe :

> *Que de fois n'a-t-*IL *pas couru des risques inutiles !* ou *Que de fois* CET AUTOMOBILISTE *n'a-t-*IL *pas couru des risques inutiles !* [= Que de fois il a couru des risques inutiles !]
>   Ex. littéraires : *Quel ne doit-*IL *pas paraître lorsque son âme est heureuse !* (STENDHAL, *Chartr.*, XV.) — *Quelles émotions n'éprouva-t-*IL *pas* [...] *quand l'instituteur regagna son estrade !* (PERGAUD, *Guerre des boutons*, II, 7.) — *Que de projets ne fit-*IL *pas, tandis que* [...] [sans point d'exclam.] (ALAIN-FOURNIER, *Gr. Meaulnes*, II, 8). — *Combien l'aphasie de Baudelaire ne la dépasse-t-*ELLE *pas en horreur !* (GIDE, *Journal*, 4 sept. 1913.)

Il arrive que le sujet autre que le pronom personnel soit placé après le verbe, mais cette construction est ambiguë quand l'exclamatif est un objet direct ou se rapporte à un objet direct : *Quels miracles n'opère pas* LA CONVICTION, *aidée d'une éloquence sublime !* (SAND, *Mauprat*, X.)

Remarque. — Avec *que* signifiant « pourquoi » (§ 394, *d*), le pronom personnel sujet, *ce* et *on* sont placés après le verbe :

> *Que ne l'a-t-*IL *fait plus tôt ! Que n'est-*CE *vrai !* — *Que n'ai-*JE *vu le monde à son premier soleil ? Que n'ai-*JE *entendu l'homme à son premier réveil ?* (LAMART., *Médit.*, XXVIII.)

Si on a un autre sujet (ce qui est plus rare), il se place devant le verbe, mais il est repris par un pronom personnel après le verbe :

> *Ah ! que l'Italie n'est-*ELLE *délivrée des barbares !* (STENDHAL, *Chron. ital.*, Vanina Vanini.) — *Oh ! que notre amour / N'est-*IL *là niché !* (VERL., *Rom. sans par.*, Bruxelles, II.) — *Que M. Mallarmé ne fait-*IL *comme eux !* (G. LANSON, *Essais de méthode, de critique et d'hist. littér.*, p. 472.) — *Ah ! que Stravinsky ne put-*IL *l'entendre !* (GIDE, *Retour du Tchad*, 3 mars 1926.) — Autres ex. : PROUST et A. de CHÂTEAUBRIANT, dans Le Bidois, *Inversion*, p. 81 ; BOYLESVE, *Meilleur ami*, p. 86 ; THÉRIVE, *Opinions littér.*, p. 63 (seul ex. avec un point d'interrog.). — [Voir déjà RACINE : *Que Phedre en ce moment n'avoit-*ELLE *mes yeux !* (*Phèdre*, III, 1.)]

Il est très rare qu'il y ait inversion du sujet autre qu'un pronom personnel, *ce, on* : *Mais que ne la pourfend* M. CHARLES MAURRAS ! (GHÉON, *Nos directions*, p. 126.)

7   ## Formes particulières de la phrase exclamative.

La phrase exclamative, se caractérisant par son affectivité, se présente très souvent sous des formes qui ne sont pas celles de la phrase énonciative, c'est-à-dire neutre. D'autre part, elle abonde particulièrement dans la langue parlée, où on se dispense facilement d'exprimer des données connues des interlocuteurs. Nous signalons seulement quelques constructions.

a) Phrases averbales.

— Phrases à un seul terme, que l'on peut considérer comme un prédicat. Par exemple, on injurie ou on blâme ou on complimente l'interlocuteur : *Imbécile !* — ou une tierce personne : *Quelle idiote !* — On manifeste son admiration ou sa désapprobation devant une chose ou un acte : *Magnifique ! Raté ! Quelle erreur !*

Beaucoup de mots-phrases s'emploient comme phrases exclamatives : *Bravo ! Hélas !* — Verbes ayant perdu leur valeur verbale : *Tiens ! Allons !*

— Phrases à un seul terme, que l'on peut considérer comme un sujet. Le jugement reste implicite : *Ah ! les femmes... !* — On attire l'attention sur une chose, par exemple un danger, sans préciser : *Les lions ! s'écria-t-il.*

La désapprobation (ou un autre sentiment) est exprimée seulement par le nom de la personne à qui on s'adresse, nom prononcé sur un certain ton : Caligula. *Tu me suspectes. En quelque sorte, tu te défies de moi.* — Mereia. CAÏUS ! (A. CAMUS, *Caligula*, II, 10.)

— Noms suivis d'une relative : *Insensé que tu es ! Votre lait qui bout !* Cf. § 404, *b.*

— Absence de copule, ce qui se produit tant dans la langue familière que dans le style oratoire : *Fortune, gloire, amour, tous les fruits défendus à ta bouche, Jean Péloueyre !* (Fr. MAURIAC, *Baiser au lépreux*, I.)

Avec inversion du sujet et du prédicat (il y a généralement une pause entre les deux termes) : *Que peu de chose la vie humaine !* (GIDE, *Caves du Vat.*, V, 1.) — *Heureux les miséricordieux, car ils obtiendront miséricorde !* (*Bible*, trad. CRAMPON, Matth., V, 7.) — *Un embêtant, ce Gaston !*

Le sujet qui suit le prédicat est parfois introduit par *que* : *Grand délice* QUE *celui de noyer son regard dans l'immensité du ciel et de la mer !* (BAUDEL., *Petits poèmes en pr.*, Confiteor de l'artiste.)

— Phrases réduites à une proposition conjonctive : *Si, au moins, vous me faisiez une offre sérieuse !* (J. ROMAINS, *Knock*, I.) — *Si je la lui connais, cette toilette !* [= je la connais très bien] (BOURGET, *Mensonges*, cit. Sandfeld, t. II, § 45.) — *Si la police ne devrait pas débarrasser la voie publique !...* (ZOLA, *Au Bonheur des Dames*, XIII.) — *Il faisait les discours du Préfet, je vous assure dans un sacré style ! Si il* [sic] *avait l'adjectif sûr !* (CÉLINE, *Guignol's band*, L.P., p. 382.) — *Quelle noce avez-vous donc faite, mon pauvre monsieur Méraut ?... Si c'est permis de s'abîmer le tempérament comme ça !...* (A. DAUDET, *Rois en exil*, XVII.) — *Un rationalisme indigne de son nom veut ignorer ces endroits souverains. Comme si la raison pouvait mépriser aucun fait d'expérience !* (BARRÈS, *Colline insp.*, I.) — *Quand je pense que j'ai failli parler !* (MUSSET, *Lorenzaccio*, IV, 5.)

b) La phrase contient un adverbe d'intensité sans proposition corrélative :

Après tout, nous n'étions pas SI *intimes !* (Fr. MAURIAC, *Anges noirs*, Prologue.) — *Bêcher ça me paraît* TELLEMENT *beau ! On est* TELLEMENT *libre quand on bêche !* (SAINT EXUPÉRY, *Terre des hommes*, II, 2.) — *Il y a* TANT *à faire pour sortir la France de l'abîme et un homme et un chef comme vous peut jouer un* TEL *rôle dans le redressement !* (DE GAULLE, lettre au général Catroux, dans *Mém. de guerre*, t. I, p. 342.)

SECTION 4. — LA PHRASE INJONCTIVE

398   Par la phrase **injonctive**, on demande ou on interdit un acte à un être animé ou à une chose que l'on personnifie. Elle concerne aussi bien l'ordre que la demande, le conseil, la prière :

Sortez. — *Prête-moi ta plume.* — *Fuyez les flatteurs.* — *Veuillez me tenir la porte.* — *Donne-nous aujourd'hui notre pain de ce jour* (*Pater*).

Elle est marquée d'habitude par une intonation descendante :

—

—

—

Pre- nez ce livre.

399   **Formes de la phrase injonctive.**

a) La forme la plus ordinaire est l'**impératif sans sujet** (voir Hist.), qui n'existe qu'à trois personnes verbales :

La 2ᵉ personne du singulier, par laquelle on s'adresse à l'interlocuteur ; — la 1ʳᵉ personne du pluriel, par laquelle le locuteur s'associe à un ou à des interlocuteurs ; — la 2ᵉ personne du pluriel, par laquelle on s'adresse à plusieurs interlocuteurs, ou à un interlocuteur qu'on vouvoie :

> *Pierre, va-t'en.* — *Je lui ai dit : « Partons tout de suite ».* — *Mesdemoiselles, asseyez-vous.* — *Entrez, Madame.*

Le locuteur peut en quelque sorte se dédoubler et s'adresser à lui-même une injonction. Il a le choix entre les trois personnes :

> *N'écrire jamais rien qui de soi ne sortît,* / *Et modeste d'ailleurs, se dire, mon petit,* / Sois *satisfait des fleurs, des fruits, même des feuilles* (E. Rostand, *Cyr.*, II, 8). — *Justin, entrant à pas de loup. Monsieur dort encore... ne le* réveillons *pas* (Labiche, *Affaire de la rue de Lourcine,* I.) — *Je me suis dit : Mon ami,* soyez *prudent.* — Voir aussi *c*), ci-dessous.

Les phrases à l'impératif se terminent le plus souvent par un point dans l'écriture, comme dans les ex. donnés ci-dessus. On met un point d'exclamation pour indiquer qu'elles sont prononcées avec une force particulière :

> *Le brocanteur me retint par le bras en criant : « Attendez ! »* (Pagnol, *Gloire de mon père,* p. 88.)

Hist. — Le pronom sujet est peu utile, puisque la situation comme les formes du verbe indiquent clairement à qui l'on s'adresse. Cependant, l'ancienne langue pouvait exprimer le pronom personnel : *E ! reis celeste,* tu *nus i fai venir* [= Eh, roi céleste, fais-nous-y (= au paradis) venir] *(Alexis,* 335). — *Ça venez,* / *E avecques nos* vos *prenez* / *A la querole* [= danse] *s'il vos plaist (Rose,* 786). — Ce pronom sujet s'est maintenu jusqu'au XVIIIᵉ s. dans les formules de bienvenue, que l'on rattachera plutôt aux phrases optatives (§ 400) : Vous *soyez le bien venu, sire (Pathelin,* 1217). — Tu *sois le bien venu* (Ronsard, éd. L., t. X, p. 52). — ⁺*La reine lui dit : Monsieur de Sully,* vous *soyez le bienvenu* (Malherbe, t. III, p. 466). — ⁺Tu *sois la bienvenue, Lisette !* (Lesage, *Turcaret,* II, 7.)

Remarques. — 1. L'impératif est fréquemment adouci par l'emploi d'une périphrase de politesse ou de déférence :

> Veuillez *vous asseoir.* Faites-moi le plaisir de *m'accompagner.* Daignez *recevoir mes hommages.* — Cf. aussi *d,* Rem.

2. Quand, avec un impératif, on veut désigner l'agent, on recourt au mot en apostrophe (§ 370) :

> Poète, *prends ton luth* (Musset, *Poés. nouv.*, Nuit de mai).

3. Coordonnée à une autre phrase (souvent énonciative), la phrase contenant un impératif (elle devient une sous-phrase) peut prendre la valeur d'une proposition conditionnelle ou concessive. C'est un impératif fictif.

> *En voyage,* prenez le train de luxe, *les wagons sont à tel point surchauffés* [...] *que vous n'y pouvez tenir* (Montherlant, *Petite infante de Castille,* I, 1). — Détruisez ce temple, *et en trois jours je le relèverai* (*Bible,* trad. Segond, Évang. s. Jean, II, 19).

4. Sur certains emplois particuliers de l'impératif, voir § 862, Rem. 4.

b) On emploie le **subjonctif introduit par *que*** quand l'être (ou la chose) à qui on demande ou interdit un acte est distinct de l'interlocuteur :

Qu'il sorte ! — Qu'ils entrent ! — Dieu dit : « Que la lumière SOIT *! » et la lumière fut* (*Bible,* trad. CRAMPON, Genèse, I, 3).

Ces phrases au subjonctif se terminent souvent par un point d'exclamation dans l'écriture.

Que est supprimé lorsque le sujet est une proposition relative sans antécédent, dans des expressions figées : SAUVE *qui peut !* COMPRENNE *qui pourra !* — ou dans des emplois littéraires : *Qui veut venir avec moi voir à Ispahan la saison des roses* PRENNE *son parti de cheminer lentement à mes côtés* (LOTI, *Vers Ispahan,* Préf.).

Autres suppressions de *que* : SOIT DIT *entre nous. — Grâce leur* SOIT RENDUE (J.-M. DOMENACH, dans *Esprit,* déc. 1974, p. 796). — Non figés : *Plus opiniâtre que moi se mette à l'œuvre* (facteur CHEVAL, inscription sur le Palais idéal à Hauterives [Drôme]). — *Le lecteur* SOIT *juge des inconvénients du métier d'écrire* (É. HENRIOT, *Au bord du temps,* p. 227). — À la 1re pers. du singulier, cela est fort rare : *Je n'*AILLE *point me précipiter dans le piège de m'émerveiller de cette glycine* [...]. *Un diable s'y cache, qui sait !* (AUDIBERTI, *Dimanche m'attend,* p. 154.) — Voir § 400, Hist.

Remarque. — Comme pour l'impératif (*a,* Rem. 3), on peut avoir une injonction fictive au subjonctif avec la valeur d'une proposition conditionnelle ou concessive :

Que les chênes fatidiques SOIENT COUPÉS [...], *ces solitudes ne sont pas déchues de pouvoir* (BARRÈS, *Colline insp.,* p. 2).

c) **L'infinitif** sans sujet s'emploie dans des inscriptions ou dans d'autres textes s'adressant à des lecteurs non précisés :

Ne pas DÉPASSER *la dose indiquée* (sur les emballages de médicaments). — *Ne pas se* PENCHER *au-dehors* (dans les trains). — METTRE *vingt grammes de beurre dans la poêle* (recette de cuisine). — EXTRAIRE *la racine carrée des nombres suivants* (manuel d'arithmétique). — *Bien* FAIRE *et* LAISSER *dire* (prov.).

On l'emploie parfois aussi pour un interlocuteur précis ou pour soi-même, surtout avec la négation :

Ne pas TOUCHER *!* ou, couramment, *Pas* TOUCHER *!* (À un enfant.) — *Ne pas* PERDRE *la tête surtout* [monologue intérieur] (N. SARRAUTE, *Planétarium,* p. 93).

d) Dans la communication orale, on emploie des **phrases averbales** et des **mots-phrases** :

Garçon, un bock ! — Médor, ici ! (À un chien). — *Silence !* (Ce mot pouvant aussi servir d'inscription.) — *Feu ! — Chut ! — Hue !* (À un cheval.)

Remarque. — L'injonction peut aussi être indirecte :

Je vous prie de vous taire. — Je demande que l'on ferme la porte. — Défense d'entrer. — Prière de s'adresser au concierge.

On peut aussi recourir à des phrases interrogatives pour exprimer l'injonction : *Voulez-vous vous taire ?* — à des phrases énonciatives, notamment au futur : *Le bien d'autrui tu ne prendras.*

400   Dans la phrase **optative**, la réalisation de l'acte ne dépend pas de la volonté humaine. On utilise les mêmes procédés que dans la phrase injonctive proprement dite :

> Impératif : *Dormez bien. Soyez heureux.*
> Subjonctif : *Qu'ils reposent en paix ! Que Dieu vous entende !*
> Phrase averbale : *Bon appétit !*

Le subjonctif optatif s'emploie sans *que* dans un assez grand nombre de formules consacrées, surtout à la 3ᵉ personne :

> *Dieu vous* GARDE ! — *Dieu* VEUILLE *me pardonner* (BAUDEL., trad. de : Poe, *Avent. d'A. G. Pym*, X). — *Le ciel* L'ENTENDE ! (HERMANT, *Chroniques de Lancelot*, t. II, p. 163.) — *Le diable m'*EMPORTE *si j'y comprends un mot* (ROBERT, s.v. *diable*). — *Son saint Nom* SOIT BÉNI (MONTHERLANT, *Jeunes filles*, p. 26).

Avec reprise du sujet par un pronom personnel placé après le verbe : *Dieu* PUISSE-*t-il me l'accorder le cas échéant !* (STENDHAL, *Rouge*, I, 25.)

Avec inversion du sujet : *Ainsi* SOIT-*il.* — VOGUE *la galère.* — ADVIENNE *que pourra.* — VIVE *la France !* (§ 901, *e.*) — *Béni* SOIT *Dieu, le père de notre Seigneur Jésus-Christ* [...] ! (*Bible*, trad. CRAMPON, *Ép. aux Ephés.*, I, 1.) — MEURENT *les Médicis !* (MUSSET, *Lorenzaccio*, III, 7.) — *Seigneur,* PUISSE *ma prière, comme celle des âmes très pures, n'être plus que le reflet de Vous qui Vous revienne* (GIDE, *Numquid et tu... ?* 22 oct. 1916). — *Maudit* SOIT *l'importun qui me téléphone à une heure pareille !* (*Dict. contemp.*)

Sans sujet (comp. § 234, *a*) : *L'histoire existe, ne vous en* DÉPLAISE, *chers jeunes philosophes* (J. ELLEINSTEIN, dans le *Monde*, 27 mai 1977, p. 25). — PLAISE *à Dieu,* PLÛT *à Dieu* : § 869, *a* (on peut aussi considérer la proposition qui suit comme le sujet). — *Grand bien vous* FASSE ! — Sans sujet, mais avec *que* : *Qu'à cela ne* TIENNE !

Le verbe *pouvoir* s'emploie aussi à la 1ʳᵉ et à la 2ᵉ personne (langue soignée) : PUISSÉ-je [cf. § 764, *a,* Rem.], *en expiation,* [...] *souffrir de longues heures* [...] ! (PROUST, *Rech.*, t. III, p. 902.) — PUISSES-*tu goûter un jour le doux rafraîchissement du Paradis* (A. FRANCE, *Thaïs*, p. 26). — PUISSIONS-*nous réussir !* PUISSIEZ-*vous réussir !*

Emploi archaïsant (cf. Hist.) : *J'obéis, ou je* MEURE ! (HUGO, *Ruy Blas*, II, 5.)

Emplois littéraires non figés : *Pardonné* SOIT-*il* (MONTHERLANT, *Songe*, XV). — *À cela ne* TIENNE (JOUHANDEAU, dans le *Figaro litt.*, 1ᵉʳ mars 1952). — *Dieu* CHOISISSE ! (CESBRON, *Briser la statue*, I, 4.) — Comp. § 399, *b.*

Hist. — Jusqu'au XVIᵉ s. on employait couramment le subjonctif injonctif et optatif non précédé de *que* : *Sire,* SOUVIENNE-*vous des Atheniens* (MONTAIGNE, *Ess.*, I, 9). — Au XVIIᵉ s., cet usage, quoique moins fréquent, n'était pas abandonné : ⁺*Je* MEURE, *en vos discours si je puis rien comprendre !* (CORN., *Ment.*, II, 3.) — *Me* PRESERVE *le Ciel de soupçonner jamais / Que d'un prix si cruel vous payez mes bienfaits !* (RAC., *Mithr.*, III, 3.) — *Jupiter* CONFONDE *les Chats !* (LA F., *F.*, II, 5.) — *La volonté du Ciel* SOIT *faite en toute chose !* (MOL., *Tart.*, III, 7.)

Remarques. — 1. Le souhait peut être indirect : *Je souhaite qu'il parte.*

2. Le souhait peut se présenter sous la forme de propositions conjonctives conditionnelles sans verbe principal :

> POURVU QUE *ma lettre arrive à temps !* POURVU QU'*il ne se trompe pas de route !* — *S'il pouvait s'arrêter de pleuvoir !*

3. Sur les phrases du type *Que ne suis-je à votre place !* voir § 394, *d.*

401   On rapproche de la phrase impérative la phrase **interpellative,** par laquelle le locuteur établit le contact avec son interlocuteur.

Elle peut utiliser l'impératif : *Écoutez.*

Elle emploie aussi le mot en apostrophe, notamment le nom ou le titre de l'interlocuteur : *Garçon !* (Au café.)

Elle emploie aussi certains mots-phrases, par exemple *Allô !* dans les communications téléphoniques ; — *Hep ! Pst !* (transcrit de diverses façons : § 1051, *b*) dans l'usage familier.

SECTION 5. — LA PHRASE AVERBALE

402   Une phrase **averbale** est une phrase simple qui ne contient pas de verbe conjugué ou une phrase complexe qui ne contient de verbe conjugué que dans les propositions sujets ou compléments :

À père avare fils prodigue. — Tant pis s'il se trompe.

On ne considère pas comme averbales les phrases dont le prédicat est un infinitif (§ 871) : *Pourquoi ne pas y aller ?*

Certaines phrases averbales sont plutôt des ellipses occasionnelles, le locuteur ne répétant pas certains éléments qui se trouvent dans une phrase qui précède :

Iras-tu à la réunion ? — Avec plaisir.

403   **Quand recourt-on aux phrases averbales ?**

a) La phrase averbale est surtout usuelle dans l'interrogation et l'exclamation, et cela n'est pas propre à la langue parlée, même si celle-ci y recourt très fréquemment :

À quoi bon la beauté charmante des ravins ? (HUGO, *Lég.,* t. II, p. 351.) — *Bienheureuse la cloche au gosier vigoureux / Qui, malgré sa vieillesse, alerte et bien portante, / Jette fidèlement son cri religieux, / Ainsi qu'un vieux soldat qui veille sous la tente !* (BAUDEL., *Fl. de m.,* Cloche fêlée.) — *Arithmétique ! algèbre ! géométrie ! trinité grandiose !* (LAUTRÉAMONT, *Chants de Mald.,* p. 107.)

b) Beaucoup de proverbes, de sentences, de maximes sont dépourvus de verbes :

Autres temps, autres mœurs. — Du cuir d'autrui large courroie. — À chacun son métier. — L'historien : pas de métaphores ! Des fiches (J. RENARD, *Journal,* 30 mars 1903).

c) Dans certains types de communication : inscriptions, notices, titres d'articles dans les journaux, titres de chapitres dans les livres, indications scéniques des pièces de théâtre, etc.

Propriété privée. Chien méchant. — Aux grands hommes, la patrie reconnaissante (inscription sur le Panthéon à Paris). — *1907/14 juin : Naissance de René Émile Char (Chronologie* dans R. Char, *Œuvres compl.*, p. XLIV). — *Une nouvelle réforme du Conseil d'État* (titre dans le *Monde*, 15 mars 1985, p. 1). — *Les adieux de minuit* (ARAGON, *Semaine sainte*, titre du chap. IV). — *Un coin du bureau du gouverneur de l'État, tard dans la nuit du 11 au 12 mars, vers deux heures du matin. Un bureau lourd, massif, plat et nu, exception faite pour un cendrier et un appareil téléphonique. Derrière le bureau, un fauteuil à haut dossier, lourd* (A. CAMUS, adaptation de : Faulkner, *Requiem pour une nonne*, IV, Décor).

d) Dans des descriptions littéraires, présentées comme des esquisses :

La nuit. La pluie. Un ciel blafard que déchiquette / De flèches et de tours à jour la silhouette / D'une ville gothique éteinte au lointain gris. / La plaine. Un gibet plein de pendus rabougris / [...] / Quelques buissons d'épine épars, et quelques houx / [...] (VERL., *Poèmes sat.*, Eaux-fortes, IV). [Poème intitulé *Effet de nuit.*]

404   Formes des phrases averbales.

a) Elles peuvent contenir deux éléments. Dans ce cas, il ne manque que le verbe, souvent un verbe ayant un faible contenu sémantique, comme la copule :

Chose promise, chose due (prov.). — *L'expérience que la vie dément, celle que le poète préfère* (R. CHAR, *Œuvres compl.*, p. 757).

Dans le français populaire de Wallonie, *vos* (forme wallonne de *vous*) et *vous*, selon les régions, suivis immédiatement de l'attribut forment des formules injurieuses : °*Vos* (ou *vous*) *gourmands !* « *Gourmands que vous êtes !* » Cf. Remacle, t. I, pp. 236-240 ; W. Bal, dans *Mélanges Ch. Rostaing*, pp. 49-64.

Souvent le prédicat précède le sujet (cf. A. Henry, *Études de synt. expressive*, pp. 155-169) :

Mais, essentiellement dissipatrices, les premières passions, de même que les jeunes gens coupent leurs forêts à blanc au lieu de les aménager (BALZAC, *Lys dans la vallée*, p. 269). — *Étrange que, dans l'espace de ces vingt années, si peu de responsables se soient posé la question de la fragilité de ce progrès si spectaculaire* (P. EMMANUEL, dans le *Figaro*, 1er déc. 1973). — *Heureux les pauvres en esprit, car le royaume des cieux est à eux !* (*Bible*, trad. SEGOND, Matth., V, 3.) — *Finies les vacances !* (Ou : *Fini ...* ; cf. § 248, *a*, 3°.) — *Délicieux, vos gâteaux !* — *Une fille intelligente, cette Françoise !* — *Pauvre de moi !* (Avec un *de* inverseur [§ 1004, *a*] indiquant que la relation n'est pas celle d'une épithète et de son support. Cette construction est propre à *pauvre*.)

Adjectifs employés adverbialement et donc invariables : *Haut les mains ! Haut les cœurs ! — Haut les fusils, camarades, et en avant !...* (BARBEY D'AUR., *Ensorcelée*, III.) — *Bas les pattes !*

b) Elles peuvent contenir un seul terme, parfois le sujet, plus souvent le prédicat.

Sujet seul : *Pierre !* (Par ex., avec un blâme implicite.)

Prédicat seul. Attributs : *Magnifique ! Imbécile ! Sauvés !* — Le verbe omis n'est pas une copule : *La porte !* (= Fermez la porte.) — °*Ta gueule !* (vulg.) [= Tais-toi.]

Les mots-phrases sont des mots qui ont pour fonction ordinaire de servir de phrases à eux seuls (§§ 1048-1054) : *Bonjour. Merci. Bravo ! Zut !*

On peut avoir aussi un nom ou un pronom accompagnés d'une relative.

— La relative sert à identifier le sujet de l'attribut : *Insensé que je suis !* (MUSSET, *Prem. poés.*, Namouna, II, 39.) — *Insensés que vous êtes !*

— La relative apporte une information comme celle d'un prédicat, mais ajouté après coup (cf. § 1061, *c*) ; on met l'accent sur l'agent, — soit par une sorte de hiérarchie des informations (comme si on introduisait la phrase par *Il y a* ou *Voilà*) : *Les canaris avaient l'air de se dire : Oh ! ce monsieur qui mange toute la* barquette ! (A. DAUDET, *Lettres de m. m.*, p. 143.) — soit pour marquer une opposition (souvent explicitée par *et*) : *Et moi qui le ferais égorger par mon mari pour le remercier de m'avoir sauvée au péril de sa vie !* (SAND, *Mauprat*, XI.) [Dans ce cas-ci, hypothèse qui est refusée avec horreur.]

— La relative a pour antécédent un syntagme détaché du prédicat : *Au Paradis ! Oui garce que vous vouliez m'envoyer tous !* (CÉLINE, *Voy. au bout de la nuit*, F°, p. 405.) [La ponctuation de l'auteur est, comme souvent, assez personnelle.]

SECTION 6. — LA PHRASE COMPLEXE

405   Comme l'étude de ce problème exige des développements assez considérables, une partie spéciale, la quatrième, lui a été consacrée (§§ 1055-1104).

CHAPITRE VII

LE DISCOURS DIRECT
ET LE DISCOURS INDIRECT

Bibl. — M. Lips, *Le style indirect libre.* P., Payot, 1926. — J. A. Verschoor, *Étude de grammaire historique et de style sur le style direct et les styles indirects en franç.* Groningen, V.R.B., 1959.

406   Il y a plusieurs façons de rapporter les paroles ou les pensées (ou un texte écrit) de quelqu'un.

a) Le narrateur les rapporte censément telles quelles, sans les modifier. C'est le **discours** (ou **style**) **direct** :

Paul a dit : « Je suis content. » — « Je suis content », *a dit Paul.*

b) Le narrateur rapporte les paroles selon son point de vue : dès lors, *je,* c'est le narrateur ; *tu,* la personne à qui il s'adresse ; *ici,* le lieu où il se trouve ; *maintenant,* le moment où il parle ou écrit. C'est le **discours** (ou **style**) **indirect**.

Le discours indirect peut être **lié,** c'est-à-dire que les phrases reproduisant les paroles (ou les pensées) sont placées dans la dépendance grammaticale d'un verbe principal et sont transformées en propositions ou en infinitifs :

Paul a dit qu'il était content. — *Paul a dit* être content.

Le discours indirect peut être **libre,** c'est-à-dire que les phrases reproduisant les paroles (ou les pensées) ne sont pas dans la dépendance grammaticale d'un verbe principal :

Brigitte ouvrit la porte du petit salon et nous appela : Ne voulions-nous pas un peu de thé ? Cela nous réchaufferait après cette course (Fr. Mauriac, *Pharisienne,* p. 213). [En discours direct : *« Ne voulez-vous pas un peu de thé ? Cela vous réchauffera après cette course. »*]

Le discours indirect libre est surtout fréquent dans l'usage littéraire, mais il n'est pas ignoré de la langue parlée.

Hist. — Les trois types de discours sont attestés dès l'anc. fr. Mais c'est à partir de Flaubert que les écrivains font un usage systématique du discours indirect libre.

Remarques. — 1. Le texte rapporté peut concerner seulement un membre de phrase :

Sa conversation roulait sur des ministres vendus, disait-il, aux Anglais (CHAT., *Mém.*, III, I, III, 5).

2. Il arrive que, dans un même passage, un auteur utilise plusieurs types de discours.

— Discours indirect lié, puis discours indirect libre : *Ils parlaient de ce qu'ils feraient plus tard, quand ils seraient sortis du collège. D'abord, ils entreprendraient un grand voyage* [...] (FLAUB., *Éd. sent.*, I, 2).

On pourrait considérer que l'ensemble du discours indirect est implicitement dans la dépendance du verbe introducteur. On observe aussi que dans le discours direct, le verbe introducteur ou celui de l'incise ont, dans leur dépendance logique, d'autres phrases que celles qu'ils précèdent immédiatement ou qu'ils accompagnent : cf. § 374, Rem. 2.

— Discours indirect libre, puis discours direct : *Rieux* [...] *demanda à Grand si les rats avaient totalement disparu de son quartier. L'employé n'en savait rien. On lui avait parlé en effet de cette histoire, mais il ne prêtait pas beaucoup d'attention aux bruits du quartier.* / — *J'ai d'autres soucis, dit-il* (A. CAMUS, *Peste*, p. 31). [En outre, la question de Rieux est présentée en discours indirect lié.]

— Discours indirect libre ou discours direct, selon les personnages : *Tu rentres trop tard. Je n'ai pu fermer au verrou. Tu me feras assassiner.* / *Il soupira : « Pourquoi refuser de lui donner la clef ? »* / — *Ah ! bien oui, pour que tu la perdes encore !* (Fr. MAURIAC, *Galigaï,* IX.)

— Discours direct pour les paroles, puis discours indirect libre pour les pensées : *Ta mère n'est pas encore rentrée ?* / — *Non, pas encore.* / *C'est absurde. Elle allait rentrer si tard qu'il n'aurait pas le temps de lui parler avant le dîner* (GIDE, *Faux-monn.*, I, 2).

407   Présentation du discours rapporté.

Un discours direct ou une citation sont rendus visibles dans l'écrit par des procédés typographiques : les guillemets (§ 133, *a*), l'alinéa (§ 117, *b*), le tiret (§ 134, *a*).

Sans autre marque : *À l'horizon lointain fuit l'étendard du More.* / *« Turpin, n'as-tu rien vu dans le fond du torrent ?* / — *J'y vois deux chevaliers : l'un mort, l'autre expirant.* [...] *»* (VIGNY, *Poèmes ant. et mod.*, Cor.) [Seule est indiquée l'identité du second locuteur, par le mot en apostrophe inclus dans la phrase interrogative.]

Les guillemets se rencontrent parfois aussi dans le discours indirect libre, plus rarement dans le discours indirect lié : cf. § 133, *a*.

Un discours direct ou une citation peuvent aussi être présentés par des formules explicites, — soit introductives, — soit incises ; ces dernières, qui offrent certaines particularités syntaxiques (§ 374), sont placées ou bien à l'intérieur du discours ou de la citation, ou bien immédiatement à la suite de ceux-ci.

a) Tantôt le verbe de ces formules est un verbe transitif du type *dire*, *écrire* :

Il DIT *à Lalix en souriant faiblement :* / — *Monsieur est un fin limier* (QUENEAU, *Fleurs bleues*, F°, p. 258). — *Tout amour vécu est une dégradation de l'amour*, DÉCLARA *Diana en riant. C'est bien connu* (M. DURAS, *Petits chevaux de Tarquinia*, p. 88). — *« Servez-vous »*, *lui* DIT *monsieur.* / *« Après vous »*, RÉTORQUE-*t-il* (BUTOR, *Passage de Milan*, 10/18, p. 72).

Certains de ces verbes apportent des indications sur la manière dont le discours a été prononcé (*affirmer, crier...*) ou sur le jugement que porte le narrateur au sujet des paroles rapportées (*prétendre* [sur sa construction : cf. § 288, *d*]...).

Les verbes en question peuvent aussi servir pour introduire un discours indirect lié :

Diana DÉCLARA *que tout amour vécu est une dégradation de l'amour.*

Dans tous ces cas, ces verbes, qui sont des verbes transitifs, c'est-à-dire appelant un complément d'objet direct, ont leur besoin d'objet satisfait par la présence, soit du discours indirect lié qui est un véritable objet direct, soit du discours direct qui est un équivalent non syntaxique de cet objet.

Remarque. — Le verbe *faire* remplace *dire* surtout dans des incises ; il introduit rarement un discours indirect libre, mais jamais un discours indirect lié :

Maestro, lui FIS-*je, je me repens de mes fautes* (STENDHAL, *Rouge*, I, 23). — *« Nom de Dieu ! »* FAIT *Arbaud, quand il a compris* (GIONO, *Colline*, Pl., p. 210). — *Il vous écoutait à peine, en* FAISANT *« oui, oui »*, *« oui, oui »* (J. ROMAINS, *Knock*, II, 1). — Aussi dans des textes s'inspirant de l'usage parlé : *J'pense plus à rien, moi, qu'il* A FAIT (CÉLINE, *Voy. au bout de la nuit*, F°, p. 66).

Hist. — *Faire* s'employait, dès le XIIe s., aussi bien pour introduire un discours direct que dans les incises : *Ça* [= ici] *n'avez vos*, FET *il, que fere* (CHRÉT. DE TR., *Erec*, 172, éd. R.). — FET *la reïne : « Je le cuit* [= pense]. » (*ib.*, 1165.)

b) Tantôt il s'agit d'un verbe habituellement intransitif, mais qui, concernant la parole ou la pensée, est employé dans les formules introduisant un discours direct, dans les incises et même dans les formules introduisant un discours indirect lié :

Un masque conique [...] *l'a fait* S'ÉCRIER : *« Tiens, Chimène ! »* (BRETON, *Nadja*, p. 147.) — *Qui m'appelle,* S'ÉCRIA *une voix sèche et furieuse, qui m'appelle ?* (BARRÈS, *Coll. insp.*, XV.) — *Une vieille femme, sur sa porte,* S'ÉCRIA *même qu'il avait volé un pain* (FLAUB., *Éd. sent.*, I, 4).

c) Souvent les narrateurs se dispensent de ces formules explicites, se contentant par ex. de décrire l'attitude des locuteurs ou leur sentiment :

Vous avez vu le médecin, demanda Max ; que dit-il ? / *Madame de Piennes secoua la tête :* / — *Elle n'a plus que bien peu de jours à passer dans ce monde* (MÉRIMÉE, *Ars. Guillot*, II). — *Alors Trochut levait au ciel ses mains dodues, et larmoyait : « Il était un pauvre homme. Il avait eu si peur.* [...] » (GENEVOIX, *Raboliot*, II, 2). — *Je le frappai sur l'épaule, souriant déjà à demi.* — / *C'est bon, Fabrizio. Ne me garde pas rancune* (J. GRACQ, *Rivage des Syrtes*, p. 40). — *Si je réussissais à donner le change et qu'elle soupirât avec satisfaction : « Ça va mieux ! » j'étais exaspérée* (S. de BEAUVOIR, *Mémoires d'une jeune fille rangée*, p. 206).

Dans les ex. qui viennent d'être cités, il n'y a pas de rapport syntaxique entre les formules qui précèdent le discours direct et ce discours lui-même. Les écrivains ont été amenés à se servir de certaines de ces formules comme de sous-phrases incises. Or, les incises normales ont un lien quasi syntaxique avec le discours qu'elles accompagnent et qui sert d'équivalent au complément d'objet direct dont elles ont besoin (cf. *a*, ci-dessus). Mais les formules signalées dans le *c*) ne peuvent légitimement jouer ce rôle, soit que leur verbe n'appelle pas d'objet direct (*mentir*, par ex.), soit qu'il appelle un objet direct autre que le discours (*remercier*, par ex.).

Si, du moins, le sens du verbe se prête à la superposition de l'idée de « dire », l'utilisation de ces formules comme incises est acceptable :

Hein ? S'ÉTONNA *Vasco* (FARRÈRE, *Chef*, p. 16). — *Ma foi non, ma petite,* MENT-*il* (GIDE, *Caves du Vat.*, p. 27). — *Alors,* INSISTÈRENT *les disciples* [...] (J. et J. THARAUD, *Passant d'Éthiopie*, p. 8). — *Ô petite Cargèse, la* REMERCIAI-*je* (MAURRAS, *Anthinéa*, p. 126). — *Qu'est-ce que cela veut dire ?* S'INTERROGENT *les trois vieilles amies* (BOYLESVE, *Mlle Cloque*, IV). — *Je ne vous crois pas,* S'EMPORTA *enfin la femme* (DORGELÈS, *Saint Magloire*, p. 297). — *Paris est odieux,* MAUGRÉE-*t-il* (G. DUHAMEL, *Cécile parmi nous*, p. 139). — *« Tu trouves tout le monde bête ! »* SOUPIRAIT *ma mère* (Fr. MAURIAC, *Nouv. mémoires intérieurs*, p. 147).

Si cette superposition de l'idée de « dire » est impossible, on est heurté à juste titre par l'illogisme de telles incises, comme : °*C'est affreux, pâlit-il, s'enfuit-il, tomba-t-il,* etc. Il faut reconnaître pourtant que beaucoup d'auteurs, et certains non médiocres, se servent sans gêne d'incises de cette espèce :

*Monsieur, m'*ABORDA-*t-il cérémonieusement...* (H. BORDEAUX, *Pays sans ombre*, p. 294). — *Ah !... S'*APAISA-*t-elle tout à coup* (A. de CHÂTEAUBRIANT, *M. des Lourdines*, p. 81). — *Du secours !* SURSAUTA *la visiteuse* (BILLY, *Princesse folle*, p. 147). — *« Niera-t-on qu'il soit chasseur ? »* SE FÛT *alors* RETOURNÉ *notre homme, discernant dans un coin un fusil et une gibecière* (MONTHERLANT, *Célibataires*, p. 19). — *On se moque de nous,* TREMBLENT-*ils* (BREMOND, *Poésie pure*, p. 86). — *Pardon !* S'ÉTRANGLA *le bonhomme* (DORGELÈS, *Tout est à vendre*, p. 14). — *Je voudrais bien la permission de minuit,* — SOURIT-*il* (LA VARENDE, *Roi d'Écosse*, p. 70). — *La maison, c'est évidemment considérable,* S'AGITAIT *le médecin* (MALLET-JORIS, *Mensonges*, p. 221).

Alphonse Allais a tourné le procédé en ridicule, en employant les formules les plus étranges : *Arabella, vous êtes un ange !* LUI BAISA-T-IL LA MAIN (*Affaire Blaireau*, XXX). Etc.

Quelques verbes ont franchi l'étape ultérieure et se construisent, régulièrement ou à l'occasion, avec un discours indirect lié, c'est-à-dire avec un objet direct véritable :

— *Repartir* est devenu, au sens de « répondre », un verbe distinct de *repartir* « partir de nouveau », même parfois dans sa forme et sa conjugaison (°*répartir ;* °*il répartissait :* § 811, Rem. 2). Il est construit avec un discours indirect lié déjà au XVIIIᵉ s. : cf. Hist. Il peut aussi avoir un nom comme objet direct : *Il ne lui a reparti que* DES IMPERTINENCES (AC.).

— *Remarquer* comme verbe déclaratif a des répondants illustres (voir Hist.) : *André Chénier* A REMARQUÉ *spirituellement qu'au théâtre on flagorne le peuple* (SAINTE-BEUVE, cit. Robert, s.v. *flagorner*).

Mais °*remarquer à qqn que*, comme °*observer à qqn que* sont aujourd'hui sentis comme régionaux ou populaires : *Notre maîtresse voulait lui* OBSERVER *qu'il ne convenait pas de conduire une fille de bien en compagnie de la Sévère* (SAND, *Fr. le champi*, XVIII).

— Les journalistes usent et abusent d'*indiquer* pris comme équivalent de *dire, faire savoir* : *MM. Raymond Barre et Jacques Chirac* [...] *ont indiqué, dans une déclaration commune, qu'ils « s'opposeront ensemble à tout changement de la loi électorale actuelle »* (dans le *Monde*, 22 mars 1985, p. 8).

Cet emploi n'est pas mentionné par les dict., à l'exception du *Trésor*, qui cite notamment BARRÈS : *Il admirait la conception que les Grecs se font de la mort.* [...] *J'*INDIQUAIS *au jeune Arménien que moi aussi je croyais qu'il y a deux ou trois choses plus importantes que la vie* (*Voy. de Sparte*, 1906, p. 138).

— Verbes employés occasionnellement avec un discours indirect lié :

Verbe intransitif incluant la notion de parole : *On* JASE *aussi que sur ce point les consuls grenoblois ont trahi leurs mandants roturiers* (LE ROY LADURIE, *Carnaval de Romans*, p. 91).

Verbes intransitifs n'incluant pas, en soi, la notion de parole : *Paul* PLEURAIT *qu'il avait mal aux dents* (Cl. ETCHERELLI, *Arbre voyageur*, p. 240). — *Il* S'INDIGNAIT [= disait en s'indignant] *qu'il était guéri à l'époque* (M. CARDINAL, *Mots pour le dire*, p. 140).

Hist. — Pour certains verbes, l'inclusion du sens « dire » n'est pas récente :

Céres, COMMENÇA-*t-il, faisoit voyage un jour* (LA F., *F.*, VIII, 4). — « [...] *mêlez-vous de boire, je vous prie »,* / *A l'auteur sur-le-champ aigrement* REPARTI. / — *« Je suis donc un Sot ? Moi ? vous en avez menti »,* / REPREND *le Campagnard* (BOIL., *Sat.*, III). — *⁺À ce discours plein de sagesse,* / *Le hérisson* REPART *qu'il sera trop heureux* / *De passer ses jours avec eux* (FLORIAN, cit. Robert).

Observer à qqn que semble avoir été admis par le bon usage au XVIIIᵉ s. : *⁺*[...] *et m'*OBSERVE *qu'il est d'un homme sensé de connaître celui dont il se charge de plaider la cause* (DIDEROT, *Paradoxe sur le comédien*, Pl., p. 1054). — *⁺Permettez-moi d'abord de vous* OBSERVER *à ce sujet, qu'ici votre douleur vous abuse* (LACLOS, *Liaisons dang.*, CLXIX). — Voir Brunot, *Hist.*, t. VI, p. 1490 (L. RACINE, NECKER, TURGOT, RIVAROL, J.-J. ROUSS., etc.) — Au XIXᵉ s., cela se trouve surtout dans des lettres : SAND, 18 nov. 1821 ; STENDHAL, *Corresp.*, t. I, p. 84 ; t. IV, p. 176.

Remarquer sans objet indirect mais avec le sens « dire » est dans RACINE : *Un Ancien Commentateur de Sophocle* REMARQUE *fort bien : qu'il ne faut point s'amuser à chicaner les Poëtes pour quelques changemens qu'ils ont pû faire dans la Fable* (*Andr.*, Préf.).

408   ## Modifications entraînées par la transformation du discours direct en discours indirect (lié ou libre).

a) Les personnes grammaticales (pronoms personnels, déterminants et pronoms possessifs, verbes) sont considérées du point de vue du narrateur.

Les termes qui dans les paroles (ou pensées) rapportées concernent le narrateur restent ou passent à la première personne :

Je t'ai dit : « JE *te rejoindrai. »* → *Je t'ai dit que* JE *te rejoindrais.*
Il m'a dit : « Je TE *rejoindrai. »* → *Il m'a dit qu'il* ME *rejoindrait.*

Les termes qui concernent l'interlocuteur du narrateur restent ou passent à la deuxième personne :

Je t'ai dit : « Je TE *rejoindrai. »* → *Je t'ai dit que je* TE *rejoindrais.*
Tu lui as dit : « JE *te rejoindrai. »* → *Tu lui as dit que* TU *le rejoindrais.*

Les termes qui ne concernent ni le narrateur ni son interlocuteur restent ou passent à la troisième personne :

Je t'ai dit : « Je LE rejoindrai. » → *Je t'ai dit que je LE rejoindrais.*
Il lui a dit : « JE TE rejoindrai. » → *Il lui a dit qu'IL LE rejoindrait.*

Remarques. — 1. Dans le style indirect, on peut avoir des termes à la troisième personne qui représentent des êtres différents : *Il lui a dit qu'IL LE rejoindrait* signifie que A a dit à B, soit que A rejoindrait B, soit que B rejoindrait A, ou encore que C rejoindrait A, etc. Il faut prendre garde à ces ambiguïtés.

2. Dans l'ex. suivant, nous avons plutôt, semble-t-il, un mélange hardi de discours direct et de discours indirect dans la même phrase :

Le prêtre lui demanda mon enfant, s'il croyait que Jésus fût mort en croix pour le salut des hommes (AYMÉ, *Maison basse*, pp. 56-57).

Hist. — En anc. fr., on avait des mélanges très curieux : *Por ce li a dit [...] / En quel destrece [...] / Ses pere ot mis les crestienz / [...] / Car il avint, quant il fu nez, / « C'uns devins dist que distinez / Estoies tu a recevoir / Cele creance [...] »* (*Barlaam et Josaphat*, 805-816). [Traduisons en discours direct : Ton père persécute les chrétiens parce que, à ta naissance, un devin a dit que tu étais destiné à prendre cette religion.] — Voir d'autres ex. dans Tobler, *Mél.*, pp. 335-337.

b) Les indications de lieu et de temps sont considérées du point de vue du narrateur.

Si le lieu et le temps des paroles sont les mêmes que ceux du récit, il n'y a pas de changement :

Il m'a dit tout à l'heure : « Je partirai DEMAIN. » → *Il m'a dit tout à l'heure qu'il partirait* DEMAIN.

Si le lieu et le temps ne sont pas les mêmes, on a notamment les changements suivants :

Ici (et *ci* dans les démonstratifs) → *là ; maintenant* → *alors ; aujourd'hui* → *ce jour-là ; hier* → *la veille ; avant-hier* → *l'avant-veille ; demain* → *le lendemain ; après-demain* → *le surlendemain ; passé* ou *dernier* → *précédent ; prochain* → *suivant.*

Il m'a dit (il y a quinze jours) : *« Je partirai DEMAIN. »* → *Il m'a dit qu'il partirait LE LENDEMAIN.* — *Il m'a dit en me montrant une vieille table : « Je travaille ICI. »* → *Il m'a dit ... qu'il travaillait LÀ.*

c) Les temps du verbe sont considérés aussi du point de vue du narrateur.

Si le verbe introducteur est au présent ou au futur, il n'y a pas de changement :

Il déclare : « Je t'AIDERAI. » → *Il déclare qu'il l'AIDERA.*

Si le verbe introducteur est au passé, le présent de l'indicatif devient un imparfait, le passé composé devient un plus-que-parfait, le futur devient un conditionnel :

Il déclara : « Je te VOIS. *»* → *Il déclara qu'il le* VOYAIT.
*Il déclara : « Je t'*AI VU. *»* → *Il déclara qu'il l'*AVAIT VU.
Il déclara : « Je te VERRAI. *»* → *Il déclara qu'il le* VERRAIT.

Ex. non conformes : *Elle calcula qu'elle* S'ENFUIRA, *dès que don Cesare sera dans sa chambre, et qu'elle* PASSERA *la nuit dans la resserre d'un des jardins* (R. VAILLAND, *Loi*, L.P., p. 109). — Dans un discours indirect libre : *Clément a sorti son portefeuille à tabac. [...] Il l'a tendu à Raymond, qui l'a refusé. Il ne* FUME *jamais* (A. STIL, *Ami dans le miroir*, L.P., p. 20). — Voir aussi le mélange des temps dans l'ex. de Gide § 406, Rem. 2.

Quand les propositions sont au subjonctif, le présent passe à l'imparfait et le passé au plus-que-parfait, du moins dans la langue soutenue (§ 868) :

Il déclara : « J'irai avant que tu PARTES. *»* → *Il déclara qu'il irait avant qu'il* PARTÎT.
Il déclara : « J'irai avant que tu SOIS PARTI. *»* → *Il déclara qu'il irait avant qu'il* FÛT PARTI.

Remarques. — 1. Lorsque les paroles représentent une chose vraie au moment où le narrateur les rapporte, on garde les temps primitifs :

Nous disions que vous ÊTES *l'orateur le plus éminent du diocèse* (A. FRANCE, *Orme du mail*, p. 6).

2. Lorsque les paroles sont mises à l'infinitif (ce qui n'est pas possible dans le style indirect libre), le temps reste celui du style direct :

Il déclara : « Je SUIS *malade. »* → *Il déclara* ÊTRE *malade.*
*Il déclara : « J'*AI ÉTÉ *malade. »* → *Il déclara* AVOIR ÉTÉ *malade.*

d) Le mot en apostrophe sort de la citation et est rattaché comme complément au verbe introducteur :

J'ai dit : « JEAN, *je suis fatigué. »* → *J'ai dit* À JEAN *que j'étais fatigué.*

409   Le **style indirect lié** se caractérise par la perte de l'intonation qu'avaient les paroles en style direct. L'intonation devient celle d'une phrase énonciative.

Nous devons considérer en outre les paroles rapportées d'après le type de phrase auquel elles appartiennent.

410   L'**énonciation indirecte liée** prend ordinairement (voir la Rem.) la forme d'une proposition introduite par la conjonction *que :*

Il a dit : « Je partirai demain. » → *Il a dit* QU'*il partirait le lendemain.*

On peut avoir aussi un infinitif sans mot de liaison quand le sujet du verbe principal et celui du verbe subordonné sont identiques :

Il disait : « Je ne me rappelle rien. » → *Il disait ne rien* SE RAPPELER.

Cette transformation n'est pas possible quand l'énonciative directe est au futur ou au conditionnel.

Remarque. — Au lieu de *que,* on trouve la locution *comme quoi,* surtout après les verbes *raconter* et *expliquer.* Cet usage, assez fréquent au XIXᵉ s. dans la langue littéraire, paraît aujourd'hui très familier :

Elle lui raconta tout bas COMME QUOI *Marguerite lui avait cédé ses droits* (SAND, *Homme de neige,* t. I, p. 143). — *Madame Lebleu et Philomène racontaient partout* COMME QUOI *la Compagnie allait renvoyer Roubaud, jugé compromettant* (ZOLA, *Bête hum.,* V). — *Il expliqua* COMME QUOI *les variations de la Bourse ne signifient politiquement rien* (HERMANT, *Grands bourgeois,* V). — *Wilde m'exposa à demi-voix sa théorie sur les guides, et* COMME QUOI *il importait de choisir entre tous le plus ignoble, qui toujours était le meilleur* (GIDE, *Si le grain ne meurt,* II, 2). — *On annonça* COMME QUOI *ça va être les informes* [= informations] (SAN-ANTONIO, *Meurs pas, on a du monde,* p. 23). — Autres ex. : STENDHAL, *Rouge,* II, 10 ; MUSSET, *Contes,* Pierre et Camille, VIII ; A. DAUDET, *Petit Chose,* I, 1.

Hist. — *Comme quoi,* « terme nouveau, [...] qui est tellement usité, qu'on l'a à tous propos dans la bouche » (écrivait Vaugelas en 1647), servait au XVIIᵉ s. au lieu de *comment* dans l'interrogation directe, dans l'interrogation indirecte, dans l'exclamation indirecte : COMME QUOY *n'estes-vous point persuadé ?* (dans VAUGELAS, p. 353.) — *Tous deux nous sçaurons* COMME QUOY / *Vous estes faite* (LA F., *C.,* Jument de compère Pierre). — *Vous sçavez* COMME QUOY *je vous suis toute acquise* (CORN., *Rodog.,* I, 5).

C'est de là qu'on est passé à la valeur moderne. *De quelle façon* et *comment,* dans certaines circonstances, introduisent des propositions fort proches de l'énonciation indirecte : *Et il me raconte* COMMENT *on avait mis le feu, dans la nuit, à la maison d'un de ses voisins* (VOGÜÉ, cit. Sandfeld, t. II, § 42).

Pour d'autres emplois de *comme quoi,* cf. § 691, *c,* Rem..

411   L'interrogation indirecte liée.

a) Les introducteurs *est-ce que, est-ce qui* disparaissent dans l'interrogation globale [1] et sont évités généralement par la langue soignée dans l'interrogation partielle (cf. Hist.).

On ne trouve guère d'ex. comme les suivants, qu'il vaut mieux ne pas imiter : *J'ai osé regarder pour savoir qui* EST-CE QUI *osait vivre où elle avait vécu* (LAMART., *Raphaël,* LXXI). — *Il se demandait qu'*EST-CE QUI *remplacerait cela* (HUGO, *Misér.,* I, II, 13). — *Nous retrouvons intacte la question de savoir qu'*EST-CE QUI *compose et crée les titres vrais* (MAURRAS, *Essais politiques,* p. 490). — *Nous aurions bien voulu deviner comment elle se déroulerait et aussi qu'*EST-CE QUI *arriverait après* (S. de BEAUVOIR, *Force de l'âge,* p. 390). — Autres ex. dans Renchon, ouvr. cité avant le § 381, pp. 218-219.

On n'écrit guère non plus : *Il lui faudra chercher longuement qu'*EST-CE QUE *la pornographie, qu'*EST-CE QUE *l'obscénité en littérature* (R. KANTERS, dans le *Figaro litt.,* 17 août 1970). [Ce n'est pas l'introducteur : cf. § 388, *b,* 2°, Rem.]

Les variantes de l'introducteur, que la langue soignée n'accepte pas dans l'interrogation directe (§ 390), ne sont pas mieux reçues dans l'interrogation indirecte. Elles appartiennent aujourd'hui (cf. Hist.) à l'usage populaire, que reflètent volontairement les ex. suivants : *Tu raconteras une autre fois comment* C'EST QUE *je m'échine du matin au soir* (AYMÉ, *Gustalin,* I). — *« Mais enfin, lui demanda ma mère, comment expliquez-vous que personne ne fasse la gelée aussi bien que vous* [...] *? — Je ne sais pas d'où* CE QUE *ça devient »,* répondit Françoise (PROUST, *Rech.,*

---

1. Dans cet ex. de Musset, on n'a pas l'introducteur de l'interrogation, mais *c'est que* = *c'est parce que* (§ 1070, *f*) : *Nous vieillissons, mon pauvre ami. La jeunesse ne veut plus guère de nous. Je ne sais si* C'EST QUE *le siècle est un nouveau-né, ou un vieillard tombé en enfance* (*André del Sarto,* I, 5).

t. I, p. 485). — *Je ne sais plus qui* QUI *m'a dit qu'un de ceux-là avait marié une cousine au Duc* [dit encore Françoise] (*ib.*, t. II, p. 22). — *Quand tu auras un passé, Vouonne, tu t'apercevras quelle drôle de chose* QUE *c'est* (QUENEAU, *Pierrot mon ami*, F°, p. 98).

Hist. — Jusqu'au XVIIIᵉ s., *est-ce que* et *c'est que* dans l'interrogation indirecte ont appartenu au bon usage :

⁺*Disons en peu de mots qu'*EST-CE QUE *l'enfer* (BOSS., *Œuvres orat.*, t. III, p. 87). — ⁺*Je ne sais* [...] *comment* EST-CE QUE *je suis ensuite comme rapporté et rendu à moi-même* (FÉN., cit. Haase, p. 92). — ⁺*Je ne sais pas qui* EST-CE QUI *nous a trahis* (LACLOS, *Liaisons dang.*, LXIX). — *Ce sont les noms des mots, et l'on doit regarder / En quoy* C'EST QU'*il les faut faire ensemble accorder* (MOL., *F. sav.*, II, 6). — *Je voudrais bien scavoir qui* C'EST QUI *vous mande les nouvelles* (MAINTENON, *Corresp.*, 10 sept. 1671).

b) L'interrogation globale indirecte est introduite par la conjonction *si* :

Irez-vous ? ou *Est-ce que vous irez ?* → *Elle me demande* SI *j'irai.*

L'interrogation peut perdre sa valeur et marquer seulement un haut degré (cf. § 394, *e*) : *Vous pensez si ça leur est facile !* (J. ROMAINS, *Hommes de b. vol.*, t. XVI, p. 149.) [Avec antiphrase.] — *Dieu sait si j'ai souffert !*

c) L'interrogation partielle indirecte garde la plupart des mots interrogatifs de l'interrogation directe :

Quel, qui, lequel, quand, où, comment sont maintenus. Toutefois, 1° *est-ce que, est-ce qui* disparaissent (cf. *a*) ; — 2° *que* (et *qu'est-ce que*) est remplacé par *ce que* ; — 3° *qu'est-ce qui* est remplacé par *ce qui.*

QUEL *est ton nom ?* → *Dis-moi* QUEL *est ton nom.* — QUI *vient ?* → *Dis-moi* QUI *vient.* — LEQUEL *veux-tu ?* → *Dis-moi* LEQUEL *tu veux.* — OÙ *vas-tu ?* → *Dis-moi* OÙ *tu vas.* — QUAND *part-on ?* → *Dis-moi* QUAND *on part.* — QUE *voulez-vous ?* → *Dites-moi* CE QUE *vous voulez.* — QU'EST-CE QUI *se passe ?* → *Dites-moi* CE QUI *se passe.*

Remarques. — 1. Il n'est pas toujours aisé de distinguer une interrogation indirecte d'une proposition relative : *J'aime qui m'aime* et *Je me demande qui m'aime*, par ex., d'autant plus que l'interrogation indirecte est souvent amenée par des verbes dont la valeur interrogative ne saute pas aux yeux (cf. § 1102).

On considérera que l'on a une interrogation indirecte si le verbe introducteur accepte la construction avec *si* : *Je me demande s'il m'aime* est possible, mais non **J'aime s'il m'aime.*

2. On constate une tendance à remplacer la proposition interrogative par une proposition relative jointe au nom qui serait sujet, attribut ou complément dans la relative :

Savez-vous l'heure qu'il est ? (Fr. MAURIAC, *Asmodée*, V, 7.) [= *Savez-vous quelle heure il est ?*] — *« Je voudrais bien savoir la tête que tu fais quand tu jouis, toi »*, *pensa-t-il* (MALRAUX, *Condition hum.*, p. 101). — *Vous ne savez pas la femme que je suis* (R. MARTIN DU GARD, *Thib.*, Pl., t. I, p. 1342).

d) Place du sujet dans l'interrogation indirecte liée.

1° Le pronom personnel, *ce* et *on* sont placés devant le verbe (contrairement à ce qui se passe dans l'interrogation directe : § 386) :

Je vous demande si VOUS *partez, ... quand* ON *part, ... comment* C'*est possible.*

Un ex. comme celui-ci n'appartient pas à l'usage régulier : *Auriez-vous la bonté de me dire quelle heure est-*IL ? (LAUTRÉAMONT, *Chants de Mald.*, p. 90.)

2° Si le sujet n'est pas un pronom personnel, *ce* ou *on*, il est placé après le verbe,

— Nécessairement, quand l'interrogatif *quel* est attribut : *Je vous demande quelle est* VOTRE INTENTION ;
— Ordinairement, quand l'interrogatif *qui* est attribut : *J'ai demandé qui était* CE PER-SONNAGE (ou ... *qui* CE PERSONNAGE *était*) ;
— Librement, dans les autres interrogations partielles : *Je demande quand* LE SPECTACLE *commence* ou ... *quand commence* LE SPECTACLE. *Dites-moi où* CE CHEMIN *conduit* ou ... *où conduit* CE CHEMIN. *Je ne sais à quoi* CECI *aboutira* ou ... *à quoi aboutira* CECI ;
— Rarement, dans l'interrogation globale : *Fenêtre à laquelle je devais ensuite me mettre chaque matin* [...] *pour voir si pendant la nuit s'est rapprochée ou éloignée* UNE CHAÎNE DÉSIRÉE (PROUST, *Rech.*, t. I, p. 673).

3° Quand le sujet autre qu'un pronom personnel, *ce* ou *on* est placé devant le verbe, il n'est pas repris par un pronom personnel après le verbe (contrairement à ce qui se passe dans l'interrogation directe : § 388) : voir les ex. ci-dessus.

Ex. non conformes : *Qui sait de combien d'âmes le salut dépend-*IL *du parti que vous allez prendre ?* (CLAUDEL, dans Claudel et Massignon, *Corresp.*, p. 81.) [Phrase assez mal bâtie.] — *Nous avons à chercher selon quelle modalité la philosophie politique de Spinoza* [...] *est-*ELLE *impliquée et enveloppée par le système de* L'ÉTHIQUE (R. MISRAHI, dans Spinoza, *Traité de l'autorité politique*, Fᵒ, p. 15).

Remarque. — Sur les verbes qui introduisent l'interrogation indirecte, voir § 1102. — Sur les interrogations indirectes sans verbe introducteur, voir § 1103, *b*. — Quand le verbe introducteur est autre que *demander*, la transformation en style direct ne peut se faire en gardant le verbe comme introducteur :

Je ne sais où il va → **Je ne sais : Où va-t-il ?* — mais : *Où il va ? Je ne sais.*

412   L'exclamation indirecte liée.

a) Les mots exclamatifs de l'exclamation directe sont maintenus, à l'exception de *que*, remplacé par *combien* :

Il m'a dit : « QUE *tu es belle ! »* → *Il m'a dit* COMBIEN *j'étais belle.* (*Il m'a dit que j'étais belle* correspond à une énonciative.)

La langue littéraire garde parfois *que de : Tu sais* QUE DE *cravates, / Un jour de rendez-vous, chiffonne un amoureux !* (MUSSET, *Prem. poés.*, Mardoche, XLVIII.) — *Il observa combien cette réputation était commode et* QUE DE *liberté elle lui procurait* (HERMANT, *Serge*, V).

b) Ce tour est impossible avec les phrases averbales, et notamment avec les mots-phrases :

Il a crié : « Imbécile ! » → **Il a crié que imbécile.* (On doit remplacer l'exclamative par une énonciative : *Il a crié qu'il était un imbécile.*) — *Il a crié : « Bravo ! »* → **Il a crié que bravo.*

Oui, non, si (qui ne sont pas des exclamatifs) peuvent se maintenir dans le discours indirect lié : *Il a répondu que oui.*
Sur les verbes introduisant l'exclamation indirecte, voir § 1102.

413   L'injonction indirecte liée.

L'impératif devient un subjonctif introduit par la conjonction *que* ou un infinitif introduit par la préposition *de* :

Il ordonna : « PRENEZ-le. » → Il ordonna QU'on le PRÎT (langue soutenue), ou Il ordonna QU'on le PRENNE (langue courante : cf. §§ 867-868), ou Il ordonna DE le PRENDRE.

Remarquez le déplacement du pronom personnel complément. Avec certains pronoms personnels, on aurait aussi un changement de forme : cf. § 645, a.

Hist. — L'anc. fr. acceptait l'impératif : *Li cuens* [= le comte] *vos mande que* FAITES *vo plaisir* (cit. Verschoor, p. 85).

414   Le discours indirect libre ne connaît que les transformations décrites dans le § 408, et non celles qui résultent de la subordination (§§ 409-413).

En particulier :

— Il exclut les conjonctions de subordination, notamment *que* pour les énonciatives (§ 410) et *si* pour les interrogatives (§ 411, *b*), — ainsi que la préposition avec l'infinitif.

— Il exclut l'infinitif subordonné (§§ 410 et 413).

Mais l'infinitif de l'interrogation directe peut être conservé : « *Que* RÉPONDRE *à mon père ?* » → *Il s'interrogeait : que* RÉPONDRE *à son père ?* — Injonction indirecte : *De temps en temps, son oncle se penchait vers lui pour chuchoter un conseil :* COUPER *sa viande au fur et à mesure qu'on la mange, ne pas* BOIRE *la bouche pleine, ne pas* TENIR *son couteau dressé* (R. SABATIER, *Trois sucettes à la menthe*, p. 49).

— Dans l'interrogation, il garde de l'interrogation directe : les interrogatifs, l'introducteur *est-ce que* et l'ordre des mots (comp. § 411) :

Aussi, en bas, l'émotion grandissait-elle. QUOI DONC ? EST-CE QU'*on allait le laisser en route, pendu dans le noir ?* (ZOLA, *Germinal*, I, 5.) — *Le récit d'Armand l'avait surpris* [...] QU'EST-CE QU'*il voulait, pratiquement le petit ?* (ARAGON, *Beaux quartiers*, I, 21.) — *Tous les matins, c'était la même question :* QUELLE *cravate allait-*IL *mettre ?*

— Il garde de l'exclamation directe : les exclamatifs, les mots-phrases et les phrases averbales :

Je me regardais avec satisfaction dans la glace : QUE *ma robe m'allait bien !*

— D'une façon générale, il garde le ton et la ponctuation du style direct.

— Pour les phrases injonctives, seul le subjonctif avec *que* est possible :

Je lui ai envoyé un télégramme : QU'IL REVIENNE *tout de suite !* — *Aux inquiets, le nouveau personnel jeta ces quatre mots : « culte de la personnalité » :* QU'ILS SE CONTENTASSENT *de cette formule bureaucratique* (SARTRE, *Situations*, t. IX, p. 252).

CHAPITRE VIII

L'ACCORD

Bibl. — Blinkenberg, *Accord*, et Høybye : voir Bibliogr. générale.

415   L'**accord** est le fait qu'un mot variable (que nous appelons **receveur**) reçoit d'un autre mot de la phrase (mot que nous appelons **donneur**) ses particularités morphologiques : son genre, son nombre et sa personne.

> *La terre* EST RONDE. — *Les absents* ONT *toujours tort.* — *La fleur que tu m'avais* JETÉE...

L'accord est un phénomène qui se marque plus dans l'écrit que dans l'oral. D'autre part, les grammairiens ont parfois inventé des subtilités peu utiles ; ils ont aussi freiné l'évolution. Mais on doit tenir pour excessive cette déclaration de P. Guiraud : « C'est un des traits fondamentaux du français que l'accord n'y est qu'une survivance, maintenue par l'action arbitraire des grammairiens. Il survit et sévit surtout dans l'orthographe et n'existe qu'à l'état de vestiges dans la langue parlée. » (*Syntaxe du fr.*, p. 64.) — Les dialectes, qui se sont développés spontanément, qui n'existent guère que sous la forme orale et qui ne sont pas soumis à l'autorité des grammairiens, ont leurs règles d'accord, même si elles sont plus simples que dans le français écrit.

416   Le **donneur** est généralement un nom ou un pronom, comme dans les ex. du § précédent.

Mais le donneur est parfois un mot ou un syntagme qui n'ont ni genre, ni nombre, ni personne. C'est le cas de l'infinitif et de la proposition conjonctive. Le receveur se met au masculin singulier et à la troisième personne :

> *Mentir* EST *trop* FATIGANT (A. Camus, *Peste*, p. 227). — *Qu'il y eût de par le monde des roses ou des tulipes, lui était* INDIFFÉRENT (Estaunié, *Ascension de M. Baslèvre*, I, 2).

Il peut y avoir un seul donneur ou plusieurs donneurs simultanés :

> La nuit *était claire.* — Le jour et la nuit *étaient également chauds.*

Remarques. — 1. Un donneur peut ne pas porter lui-même explicitement les marques du genre, du nombre et de la personne qu'il communique au receveur :

> Je *suis contente.* — *Dors, pauvre enfant malade,* / Qui *rêves sérénade...* (Nerval, *Odelettes*, Sérénade.)

2. Par le phénomène de l'autonymie (§ 450), n'importe quel élément de la langue peut être considéré pour lui-même et traité comme un nom. Ces noms occasionnels sont d'ordinaire masculins, même s'il s'agit de noms qui dans leur valeur ordinaire sont féminins :

> TROP *est issu d'une langue germanique.* — HIRONDELLE *n'est pas écrit correctement dans votre texte.*
> Pour le cas particulier des noms de lettres, voir § 470.
> D'autres mots peuvent être nominalisés occasionnellement : *Les* POURQUOI *des enfants sont lassants.* — *De quoi* DEMAIN *sera-t-il fait ?* Cf. § 197.

₇   Les **receveurs** sont :

a) Les **déterminants** faisant partie du syntagme nominal. Ils s'accordent en genre et en nombre avec le nom :

> LA *chèvre.* LES *chèvres.* CETTE *chèvre.* QUELLE *chèvre ?*

b) Les **adjectifs,** qu'ils soient épithètes, épithètes détachées ou attributs. Ils s'accordent en genre et en nombre avec le nom (ou le pronom) auquel ils se rapportent, dans le cas des épithètes ; avec le nom (ou le pronom) sujet, dans le cas des attributs du sujet ; avec le nom (ou pronom) complément d'objet, dans le cas des attributs du complément d'objet.

> *Une lumière* VERTE. VERTE, *la lumière se distingue mieux. La lumière est* VERTE. *Je croyais la lumière* VERTE.

L'épithète détachée peut arriver à perdre toute dépendance à l'égard du nom et devenir un adverbe invariable : *La neige tombait* DRU. Cf. § 926.

c) Les **participes passés.** Le participe passé s'accorde comme un adjectif (*b* ci-dessus), s'il est employé sans auxiliaire ou avec l'auxiliaire *être* :

> *Une voiture* CONDUITE *avec prudence. La voiture était* CONDUITE *avec prudence.*

Le participe passé conjugué avec l'auxiliaire *avoir* s'accorde en genre et en nombre avec le nom ou le pronom compléments d'objet direct du verbe si ce complément précède le participe :

> *La personne que j'ai* RENCONTRÉE. *Je la connaissais : je l'avais* RENCONTRÉE *en vacances.*

Le participe présent en tant que forme verbale est invariable ; employé adjectivement, il s'accorde comme les adjectifs (*b* ci-dessus).

> *Une femme* FAISANT *attention à sa ligne.* — *Une femme* DÉCEVANTE.

d) Le **verbe** (ou son *auxiliaire* quand le verbe est à un temps composé ou au passif). Il reçoit du nom (ou du pronom) sujet ses marques de nombre et de personne :

> *Je* PARTIRAI. *Elles* PARTIRONT. *Elles* SONT *parties. Ils* AVAIENT *dormi. Ils* FURENT *repoussés.*

e) À propos du **pronom,** on ne peut parler, en toute rigueur, de l'accord que dans deux cas.

1° Le **pronom personnel redondant** (§ 367, *c*) a le genre et le nombre des noms qu'il reprend :

> *Peut-être votre mère le sait-*ELLE. — *Votre mère le sait-*ELLE ? — *Juliette se lave* ELLE-*même les cheveux.*

2° Le **pronom relatif représentant** reçoit de son antécédent les marques de genre et de nombre :

> *La fosse dans* LAQUELLE *ils sont tombés.*

Comme nous l'avons signalé dans le § 416, Rem. 1, le pronom relatif qui est à la fois donneur et receveur transmet le genre, le nombre et la personne même s'il n'en porte pas les marques visibles : *Ma femme,* QUI *est* BLONDE ...

Remarques. — 1. Pour les autres pronoms représentants, on a aussi un phénomène qui ressemble à l'accord. Mais s'ils doivent leur genre à leur antécédent, ils n'en gardent pas toujours le nombre :

> *Tes deux voitures sont plus rapides que* LA MIENNE.

D'autre part, le pronom représente souvent un nom qui ne fait pas partie de la phrase :

> *J'ai rencontré votre mère lundi soir.* ELLE *(ou* CELLE-CI*) m'a rappelé son invitation.*

Quant aux pronoms nominaux, leur genre, leur nombre et leur personne sont déterminés par la situation, et non par un accord :

> *Je suis* BLOND OU BLONDE *(selon que le locuteur est un homme ou une femme).*
> *Certains n'ont d'ailleurs qu'un seul genre :* Rien n'est SÛR.

2. Les possessifs, déterminants ou pronoms, doivent leur personne soit au contexte, soit à la situation :

> *Les escargots se réfugient dans* LEUR *coquille.* — MA *mère est née à Genève.*

3. Le nom a un genre en soi (*pomme* est féminin) ou un genre déterminé par la réalité désignée (ce qui commande le choix entre *instituteur* et *institutrice*) et un nombre déterminé par cette réalité (le choix entre *cheval* et *chevaux*). On ne peut dès lors pas parler d'accord à propos du nom ; même quand il est attribut ou apposition : voir §§ 249-250 ; 297, *b* ; 338.

418 Les problèmes spécifiques à telle ou telle catégorie particulière sont traités avec cette catégorie :

> Attribut du sujet : §§ 247-248 ; attribut du complément d'objet : § 297, *a* ; attribut du complément absolu : § 311 ; épithète : §§ 329-333 ; déterminant : § 562 ; verbe : §§ 893-903 ; participe passé : §§ 904-916.

Mais nous croyons utile, pour éviter les redites, de traiter ici des phénomènes concernant en réalité le donneur et par conséquent applicables à plusieurs catégories. Nous divisons cet exposé en deux sections, qui examinent successivement le cas du donneur unique (§§ 420-431) et celui du donneur multiple (§§ 432-445). L'accord distributif, qui se réalise dans les deux cas, sera étudié d'abord (§ 419).

19   **Accord distributif.**

Il arrive que le donneur qui est un pluriel ou qui est formé de singuliers coordonnés (cf. § 252, Rem. 4) ne soit pas considéré dans la phrase comme un ensemble pluriel, mais que l'on envisage séparément chacun des êtres ou chacune des choses qui constituent ce pluriel.

1° Tantôt le lecteur est averti de cette *distribution* par des termes spéciaux, notamment par des ordinaux ou des pronoms qui fragmentent en quelque sorte le donneur :

> *Une grande échelle linéaire dont les extrémités sont* L'UNE *très* SIMPLE, L'AUTRE *très* COMPLIQUÉE (M. FOUCAULT, *Les mots et les choses*, p. 162). — *Ils nageaient côte à côte,* LUI *plus* BLANC *de peau* [...], ELLE BRÛLÉE *comme une blonde,* COIFFÉE *d'un foulard bleu* (COLETTE, *Blé en herbe*, II). — [...] *des millions de touches de tendresse, de passion* [...], CHACUNE *aussi* DIFFÉRENTE *des autres qu'un univers d'un autre univers* (PROUST, *Rech.*, t. I, p. 349).
>
> N.B. — La présence de *chacun* n'entrave pas l'action du sujet : [...] *comme si nous étions seulement deux invités* [...] *qui devaient être* CHACUN *également* CONTENTS *de connaître l'autre* (ID., *ib.*, p. 547). Cf. § 719, *b.* — D'autre part, *chacun* n'agit pas sur ce qui le précède : *Vingt-deux pages,* ÉCRITES *chacune sur deux colonnes* (M. BLOCH, *Rois thaumaturges*, p. 139).

2° Tantôt seul l'accord montre le phénomène :

> *Je me demandais* QUEL ÉTAIT, *ou* QUELS ÉTAIENT *l'auteur ou les auteurs réels des ordonnances* (CHAT., *Mém.*, III, II, X, 8). — *Ces flots et ce soleil n'étaient pas ceux qui* BAIGNENT *et* ÉCLAIRE *le promontoire sur lequel Platon enseignait ses disciples* (ib., III, II, III, 12). — *Il consiste* [...] *à désigner deux chevaux qui seront classés 1ᵉʳ et 2ᵉ* (*Grand Lar. enc.*, s.v. *pari*). — *Les littératures* LATINE *et* GRECQUE, *type très courant* : § 331.
>
> Avec un attribut nominal, on n'a pas exactement le phénomène d'accord (cf. § 250) : *Liseux avait à son service un commis et une bonne qui étaient* LE FRÈRE *et* LA SŒUR (APOLLIN., *Flâneur des deux rives*, p. 27). — Autres ex. au § 250, Rem. 1. — Avec chiasme : *Et Mᵐᵉ de Staël et lui* [= B. Constant] *sont* LE PÈRE *et* LA MÈRE *du libéralisme politique* (THIBAUDET, *Hist. de la litt. fr. de 1789 à nos jours*, p. 57).

SECTION 1. — LE DONNEUR EST UNIQUE

20   Quand **le receveur précède le donneur,** on observe une tendance assez générale à laisser le receveur invariable.

Ce phénomène s'explique par le fait que le locuteur n'a pas toujours présente à l'esprit la partie de la phrase qu'il n'a pas encore énoncée. Des causes particulières jouent dans certains cas.

Cette tendance est reçue par l'usage correct dans les cas suivants :

Certains attributs dans les compléments absolus : Vu *son absence* (§ 311) ; — le participe passé conjugué avec *avoir* : *J'ai* REÇU *une lettre,* qui s'oppose à *La lettre que j'ai* REÇUE (§ 907) ; — certains verbes : VIVE *les vacances !* (§ 901, *e*) — certains attributs dans des phrases averbales : *À quoi* BON *une révolte ?* (§ 248, *a*) — l'adjectif *feu,* notamment quand il précède le déterminant : FEU *la reine* (§ 547, *b*) ; — *demi* : *Une* DEMI-*heure* (§ 547, *a*) ; — *ci-joint, ci-inclus,* etc. à l'intérieur de la phrase : *Vous trouverez ci-*JOINT *votre quittance* (§ 906) ; — l'adjectif attribut du complément d'objet direct ou du « sujet réel » dans *Il n'a de ... que ..., Il n'y a de ... que ..., Il n'y a pas plus ... que ... : Elle n'a de* PLAISANT *que sa figure* (§ 297, *a*, Rem. 4). *Il n'y a pas plus* DOUILLET *que les hommes* (§ 248, *b*). — Voir aussi § 250, Rem. 4 (*témoin*).

Le phénomène se manifeste aussi de façon isolée et moins correcte pour l'adjectif attribut du sujet (§ 247, Rem. 1) ou du complément d'objet direct (§ 297, *a*, Rem. 2) ; pour d'autres verbes que ceux auxquels on vient de faire allusion (§ 901, *f*).

On peut invoquer cette tendance pour expliquer certains faits lorsque le donneur est multiple : l'accord avec le terme le plus proche est plus fréquent si le receveur précède le donneur (§ 435, *b*) ; l'accord ne se fait pas dans la coordination différée (§ 435, *a*).

Hist. — L'anc. fr., souvent proche de la langue parlée, fournit bien des ex. d'une discordance du verbe ou de l'attribut avec le sujet qui suit. Voir Tobler, *Mél.*, pp. 294-295, qui cite notamment : *Et n'y* HABITE *que Sarrasins* (ANGLURE). — FAIT *sera vostre volentés (Sone de Nausay).* — Dans le premier ex., on peut dire qu'il s'agit d'un verbe impersonnel sans *il*, comme il est naturel en anc. fr. ; mais, ainsi que le note Tobler, le fait qu'on n'accorde pas le verbe avec le « sujet réel » ressortit au même phénomène général.

Le donneur est un syntagme complexe

421   Le donneur est un syntagme formé **d'un adverbe et d'un pseudo-complément.**

Les adverbes de degré suivis de *de* (parfois de *des*) servent de déterminants au nom (§ 607, *a*). Celui-ci est le noyau important du syntagme et c'est lui qui est le donneur d'accord :

Assez de malheureux ici-bas vous IMPLORENT (LAMART., *Médit.*, XIII). — *Toutes ces images [...] lui faisaient comme autant de fils qu'elle aurait* PERDUS, — *l'excès de la douleur multipliant sa maternité* (FLAUB., *Éd. sent.*, III, 5). — *Watteau, ce carnaval où bien des cœurs illustres, / Comme des papillons,* ERRENT *en flamboyant* (BAUDEL., *Fl. du m.*, Phares). — *Oh ! combien de marins, combien de capitaines / Qui* SONT PARTIS *joyeux pour des courses lointaines, / Dans ce morne horizon se* SONT ÉVANOUIS ! (HUGO, *Rayons*, XLII.) — *Peu d'amis la* REGRETTÈRENT (FLAUB., *Tr. contes*, Cœur simple, IV). — *Un peu de neige était encore* TOMBÉE (MALÈGUE, *Augustin*, t. II, p. 350). — *Un peu de lumière est* SUPÉRIEURE *à beaucoup de ténèbres* (CLAUDEL, *Cinq gr. odes*, V). — *Tant d'années* ÉCOULÉES *depuis ce témoignage d'amour* DOIVENT *avoir guéri la blessure* (APOLLIN., *Flâneur des deux rives*, p. 18). — *Tant de vigilance est* PERDUE ! (MONTHERLANT, *Olympiques*, p. 284.) — *Jamais tant de vaisselle ne fut*

CASSÉE (COCTEAU, *Difficulté d'être*, p. 23). — *Tant de beauté est* EFFRAYANTE *à méditer aujourd'hui* (JAMMES, *Solitude peuplée*, p. 197). — *Tant de richesse est bien* BELLE (PROUST, *Jean Santeuil*, t. I, p. 350). — *Trop de bonté est* CRUELLE *à la vanité d'autrui* (VERCORS, *Marche à l'étoile*, p. 80). — *Trop d'allées et venues* FATIGUENT (ESTAUNIÉ, *Appel de la route*, p. 185).

Il arrive pourtant que l'accord se fasse avec l'adverbe, lorsque celui-ci exprime l'idée prédominante (on notera que, dans ces ex., l'accord est assez rarement audible et que les éditions ne sont pas toujours concordantes) :

Beaucoup de cierges VALAIT *mieux !* (FLAUB., *Éd. sent.*, III, 4, Lévy, 1870, t. II, p. 245.) [*Valaient* dans l'éd. M., p. 379.] — *Lorsqu'un peu de confiance se fut* ÉTABLI *entre nous* (B. CONSTANT, *Ad.*, IX). — *Un peu d'animation était* REVENU *au village* (R. MARTIN DU GARD, *Thib.*, VI, p. 241) [*revenue* : Pl., t. I, p. 1367]. — *Dès qu'un peu plus d'obscurité serait* VENU *à son aide* (A. de CHÂTEAUBRIANT, *Brière*, p. 325). — *Tant d'indifférence et de coquetterie ne* SEMBLAIT *pas aisé à comprendre* (MUSSET, *Nouvelles*, Croisilles). — *Tant de lieues le* TENAIT *séparé de sa ville* [...] *!* (MAURRAS, *Anthinéa*, p. 94.) — *Tant de bravades* AVAIT *poussé l'homme à bout de résistance* (M. GARÇON, *Plaidoyers chimériques*, p. 107). — *Tant d'émotions* AVAIT *aggravé le tic de la tante Prascovie* (YOURCENAR, *Alexis*, suivi du *Coup de grâce*, p. 170). — *Tant de discrétion et d'honnêteté* MÊLÉ *à tant de hauteur* (BILLY, dans le *Figaro*, 23 déc. 1953). — *Trop de pudeur est bien plus* DANGEREUX *que pas assez* (JOUHANDEAU, *Chaminadour*, p. 68). [L'opposition concerne les adverbes et non pas le nom, qui, commun aux deux syntagmes, n'est pas répété.] — *Trop d'essais* USE *le cerveau* (A. BESNARD, *Sous le ciel de Rome*, p. 38).

Dans l'ex. suivant, *un peu* est pronom plutôt que déterminant : *Un peu de sa force venait de lui être* ENLEVÉ (ZOLA, *S. Exc. Eug. Rougon*, XIII). — Ce cas doit être rapproché de ceux qui sont examinés ci-dessous.

Sur l'accord en personne avec des sujets comme *beaucoup d'entre nous*, voir § 899, *c*.

Quand l'adverbe est nominalisé par la présence d'un déterminant, ce qui est fréquent pour *peu* (*un peu* et *quelque peu* étant à part, puisqu'ils servent de locutions adverbiales), l'accord se fait souvent avec l'adverbe nominalisé :

Le peu de confiance que vous m'avez TÉMOIGNÉ *m'a ôté le courage* (LITTRÉ). — *Le peu de qualités dont il a fait preuve l'*A *fait éconduire* (AC.). — *Ce peu de mots* EUT *un effet décisif* (HUGO, *Bug-Jargal*, IX). — *Le peu d'officiers qui* RÉSISTE EST TUÉ (MICHELET, *Hist. de la Révol. fr.*, III, 9). — *Ce peu de mots* ÉTAIT *l'agonie d'une passion* (BALZAC, *Curé de vill.*, p. 153). — *Ce peu de mots* MIT *fin aux débats* (TOCQUEVILLE, *Souvenirs*, p. 228). — *Ce peu de mots me* SUFFISAIT (BARBEY D'AUR., *Chev. des Touches*, IX). — *Son peu de sensualité se trouvait* MANGÉ *par ses quatorze heures de travail par jour* (ZOLA, *S. Exc. Eug. Rougon*, XII). — *Il me restait je ne sais quelle saveur horriblement douce dont le peu de volonté que j'avais était* ENIVRÉ (FROMENTIN, *Dom.*, IX). — *Ses doigts perdaient le peu d'assurance qu'ils auraient* EU (J. ROMAINS, *Lucienne*, p. 197). — *Ce peu d'entrailles qui* SUBSISTE *dans les femmes les plus insensibles* (Fr. MAURIAC, *Pharisienne*, p. 174). — Le complément de *peu* en est séparé : *Le peu qui* FILTRE *de nouvelles du Tibet occupé* TEND *à montrer que le gouvernement communiste de Pékin tient le pays dans une main de fer* (J. SOUSTELLE, *Lettre ouverte aux victimes de la décolonisation*, p. 57). *Le trop de précautions ne* NUIT *jamais* (MÉRIMÉE, *Chron. de Charles IX*, XIV).

Cependant, même dans ce cas, l'accord avec le complément n'est pas exclu, du moins avec *le peu* :

Le peu de confiance que vous m'avez TÉMOIGNÉE *m'a rendu le courage* (LITTRÉ). — *Le peu de services qu'il a* RENDUS ONT *paru mériter une récompense* (AC.). — *Le peu de cheveux qu'il avait* ÉTAIENT *gris* (HUGO, *Quatrevingt-tr.*, II, I, 2). — *Le peu de renseignements que l'on possède sur son compte ne* PERMETTENT *pas de décider s'il était prêtre ou non* (APOLLIN., *Diables amoureux*, p. 169). — *Le peu de matelots qui* RESTAIENT ESSAYÈRENT *d'implorer la pitié des révoltés* (MÉRIMÉE, *Mosaïque*, Tamango). — *Le peu de livres espagnols qu'elle a* LUS *n'*ONT *rien pu lui enseigner* (BARRÈS, *Maîtres*, p. 62). — *Le peu de noms qu'il avait* RETENUS *dans la fréquentation de Saint-Loup lui* PERMETTAIENT *de donner à son prestige actuel une sorte de recul indéfini* (PROUST, *Rech.*, t. III, p. 959). — *Le peu d'intimité qu'il avait* EUE *avec Bella ne le gênait pas moins* (GIRAUDOUX, *Bella*, IX).

Dans les ex. tirés des dictionnaires et dans le premier ex. de Mérimée, l'accord avec l'adverbe nominalisé s'explique par le fait que *le peu* équivaut à « l'insuffisance, le manque » et *le trop* à « l'excès ». — Mais la plupart des ex. des écrivains ont des justifications moins visibles. En particulier, ils accordent avec *peu* même dans des cas où ce mot apporte une information secondaire et pourrait être supprimé sans que la phrase perde son sens.

422   **Le donneur est un syntagme formé d'un nom et d'un pseudo-complément** (cf. § 342, *b*).

a) Avec **espèce, façon, genre, manière, sorte, type,** suivis de *de* et d'un nom, c'est celui-ci qui détermine l'accord dans certaines circonstances.

1° Quand ce complément représente l'idée principale, l'expression qui précède fonctionne plus ou moins comme un adjectif, jusqu'à signifier seulement « qq. ch. comme », éventuellement avec une nuance péjorative, ou même jusqu'à servir simplement de renforcement (*Espèce d'imbécile !*).

Espèce de balcon [...] GARNI *d'un premier rang de spectateurs* (BESCHERELLE, s.v. *podium*). — *Il explora les bâtiments afin de pouvoir dire quelle espèce d'hôtes y* REVENAIENT (Al. DUMAS, cit. Plattner, II, 3, p. 25). — *Il y avait au fond de la cuvette une sorte de gravier blanc.* ATTACHÉ *aux parois de la porcelaine* (FLAUB., *Mme Bov.*, III, 8). — *En cette sorte de mémoires qu'il a* LAISSÉS, *nul souci de rappeler* [...] (G. DUBY, *Guillaume le Maréchal*, p. 83). — [...] *une espèce d'idiot qui n'a jamais pu être* REÇU *bachelier* (LABICHE, cit. Robert, s.v. *espèce*). — *Un certain type de recherches* ONT *été entreprises* (dans HANSE, 1983, p. 965). — *Ce genre d'amitiés* FINISSENT *autrement qu'on ne pense* (Z. OLDENBOURG, *Pierre angulaire*, L.P., p. 295). — *Voilà bien le genre de questions qui ne* SERVENT *à rien* (S. de BEAUVOIR, *Mandarins*, p. 46). — *Ce n'était pas exactement le genre de vacances qu'il avait* RÊVÉES (*ib.*, p. 89). — *Ce genre de rapports amoureux n'étaient tout de même pas très* FRÉQUENTS (MALLET-JORIS, *Rempart des Béguines*, L.P., p. 107). — *Comment ce genre d'affaire n'apparaîtrait-*ELLE *pas* [...] *comme une juste sanction* [...]? (C. BOURNIQUEL, *Empire Sarkis*, p. 267).

Une manière de, une façon de pour « une espèce de » appartiennent à la langue littéraire.

Si *espèce, genre,* etc. ont leur signification ordinaire, si l'attention se porte sur eux, ce qui est particulièrement le cas quand ces mots sont précédés du déterminant démonstratif, le complément n'a pas d'effet sur l'accord :

[...] *réalisait la longue rêverie de sa jeunesse, en se considérant dans ce type d'amoureuse qu'elle avait tant* ENVIÉ (FLAUB., *Mme Bov.*, II, 9). — *Elle était apparue à Swann* [...] *d'un genre de beauté qui lui était* INDIFFÉRENT (PROUST, *Rech.*, t. I, p. 195). — *Le type de la sainte Nitouche est bien* CONNU (L. DAUDET, cit. Robert, s.v. *nitouche*). — *Ce genre d'exercices vous* FERA *du bien* (*Dict. contemp.*). — *Ce genre de lunettes* FAIT *fureur* (*ib.*). — *Cette sorte de snobs* EST *assez* COURANTE *dans ce milieu* (HANSE, 1983, p. 965). — *Ce type de recherches* A *déjà été entrepris* (*ib.*). — *Ce n'est pas le genre de réponse qu'il aurait* FAIT *l'année dernière*

(S. de BEAUVOIR, *Mandarins,* p. 258) [ou faute contre la règle générale de l'accord du participe passé employé avec *avoir* ? comp. les ex. du même auteur ci-dessus].

Dans cet ex., on attendrait plutôt l'accord avec le complément d'*espèce : Je serai heureux de voir un ami des anciens jours rendre hommage à l'espèce de courage que nous avons, quelques-uns et moi,* DÉPLOYÉE (VALLÈS, lettre publiée dans *Europe,* août-sept. 1980, p. 180).

Remarque. — Le caractère adjectival du syntagme *espèce de* est tel qu'*espèce* lui-même prend fréquemment le genre du nom complément : °*Un espèce de prophète.* Ce tour, courant dans la langue parlée, pénètre dans l'écrit, et depuis longtemps (cf. Hist.) :

Un écrivain montévidéen [...] *l'honorait d'*UN *espèce de culte romantique* (LARBAUD, dans la *Nouv. revue fr.,* 1er janv. 1926, p. 116). — *Crois-tu qu'elle s'est amourachée du fils Azévédo ? Oui, parfaitement :* CET *espèce de phtisique* (Fr. MAURIAC, *Th. Desqueyroux,* IV). — UN *espèce de murmure* (BERNANOS, *M. Ouine,* p. 89). — *Dans* CET *espèce de fourreau de soie* (*ib.,* p. 11). — *Et quant aux Arabes, à* TOUS *ces espèces de prophètes à la manque* [...] (CLAUDEL, dans le *Figaro litt.,* 5 févr. 1949). — TOUS *ces espèces d'Arabes* (J.-J. GAUTIER, *Hist. d'un fait divers,* p. 60). — CET *espèce de navet* (G. MARCEL, dans les *Nouv. litt.,* 10 nov. 1955). — UN *espèce de sorcier* (M. de SAINT PIERRE, *ib.,* 18 déc. 1958). — UN *espèce de vallon* (PAGNOL, *Temps des secrets,* p. 121). — *J'ai vu où serraient les mains de* CET *espèce d'oiseau* (Cl. SIMON, *Vent,* p. 38).

Ex. réguliers : UNE *espèce de maure* (HUGO, *Lég.,* XLIX, 4). — *Il avait à la main* UNE *espèce de vilain coutelas* (MÉRIMÉE, *Double méprise,* IX). — UNE *espèce de fantôme* (BAIN-VILLE, *Napoléon,* p. 467).

Hist. — *Espèce* était déjà parfois traité comme masculin au XVIIIᵉ s. :

+*M. Maisne et moi le menâmes* [...] *dans* UN *espèce de cabinet* (SAINT-SIMON, *Mém.,* Pl., t. I, p. 341). — *Le Récipiendaire pouroit bien aussi être* UN *espece de grand homme* (VOLT., *Lettres phil.,* XXIV). — *Vous faites de l'entendement du philosophe* [...] UN *espece de musicien* (DIDEROT, *Rêve de d'Alembert,* p. 23). — *Ils parlent de St Louis come d'*UN *espece d'imbecille* (BERN. DE SAINT-P., *La vie et les œuvres de J.-J. Rouss.,* p. 26).

2° Quand *toute espèce de* ou *toute sorte de* sont suivis d'un nom pluriel, c'est avec celui-ci que se fait l'accord :

*Toute sorte de propos s'*ENSUIVIRENT (FLAUB., *Éd. sent.,* II, 1). — *Toute sorte de livres ne* SONT *pas* BONS (LITTRÉ). — *Toute sorte de livres ne* SONT *pas également* BONS (AC.). — VENAIENT *dans notre boutique* [...] *toute sorte de vieilles bêtes immortelles* (J.-J. BROUSSON, *A. France en pantoufles,* cit. Høybye, p. 289). — *Toute espèce de belles choses que je n'avais pas* SOUPÇONNÉES ONT *grandi dans mon âme* (LARBAUD, A.-O. *Barnabooth,* Journal intime, Pl., p. 260).

De même, pour l'accord en genre, quand on a *toutes sortes de : Toutes sortes d'hommes étaient là* RÉUNIS.

b) Avec **force** suivi d'un nom sans préposition, *la plupart de*[1], **nombre de** (ainsi que *bon nombre de,* et *grand nombre de,* qui est plus rare), **quantité de**, c'est le nom qui suit ces mots ou syntagmes qui détermine l'accord :

_____

1. Sur le problème de l'accord en personne quand le syntagme sujet est *la plupart de nous* ou ... *d'entre nous* (ou *vous*), voir § 899, *c.*

Force mots, par Restaut PEIGNÉS *tous les matins, /*[...]*/* PORTAIENT *encor perruque* (HUGO, *Contempl.*, I, 7). — *Force députés* VINRENT *alors s'incliner devant lui* (FARRÈRE, *Chef*, p. 195). — *La plupart des désirs créateurs de croyances ne* FINISSENT [...] *qu'avec nous-même* (PROUST, *Rech.*, t. III, p. 609). — *La plupart de ses collègues et de ses inspecteurs* ÉTAIENT *en vacances* (SIMENON, *Maigret et l'inspecteur Malgracieux*, p. 153). — *Je n'ai pas connu la plupart des gens* AUXQUELS *vous faites allusion* (*Dict. contemp.*). — *Nombre de ces locutions* SONT DÉFINIES *au nom complément* (*ib.*, s.v. *faire*, 1, V). — *Nombre de romanciers ou d'auteurs dramatiques ne* PARVIENNENT *jamais à faire rendre aux propos de leurs personnages un son authentique* (GIDE, *Ainsi soit-il*, Pl., p. 1170). — [...] *à la répétition même, où* ASSISTERONT *bon nombre de dames* (J. ROMAINS, cit. Høybye, p. 287). — *Grand nombre de capucins* MONTRAIENT *leur crâne rasé* (SAND, *Mauprat*, XXV). — *Grand nombre de vassaux* FURENT CHASSÉS (J. VERNE, *Enfants du capit. Grant*, I, 3). — *Grand nombre de rencontres étrangères et nationales* EURENT *lieu à l'ombre rosée de ces brise-bise* (CÉLINE, *Voy. au bout de la nuit*, F°, p. 99). — *Quantité de bras se* LEVÈRENT (FLAUB., *Sal.*, XV). — *Quantité de lettrés s'*EMPLOIENT *à la défendre* (S. de BEAUVOIR, *Deuxième sexe*, t. I, p. 178).

Si *la plupart de* est suivi d'un nom singulier, ce qui devient rare, celui-ci détermine l'accord en genre : *Le mal fait au théâtre l'est par une élite cultivée, sensible, honnête. Comme la plupart du mal* FAIT *à la France, d'ailleurs* (GIRAUDOUX, *Impromptu de Paris*, III).

Le fait que *force* se construit sans préposition ni article montre bien qu'il n'a pas ici le fonctionnement d'un nom et qu'il peut être assimilé aux déterminants. Pour *nombre* et *quantité*, on observe seulement l'absence d'article. *Plupart* est figé lui aussi ; il contient un adverbe (*plus*) qui s'est agglutiné parce qu'il n'est pas dans l'usage que cet adverbe soit appliqué à un nom ; il ne peut s'employer avec un autre déterminant que *la* et il ne s'accommode plus d'une épithète.

Valéry, par caprice, a rendu à *plupart* sa valeur de nom en lui adjoignant une épithète et a fait l'accord en conséquence : *L'immense* PLUPART *de nos perceptions et pensées* EST *sans conséquences* (VALÉRY, *Mauvaises pensées et autres*, Pl., p. 793). — On trouve quelques autres ex. d'accord avec *plupart* nom féminin singulier ; ce sont des archaïsmes (cf. Hist.) ou des inadvertances (surtout quand l'accord se marque exclusivement dans l'écriture) : *La plupart des enfants n'*A *pas cette volonté* (SAND, *Corresp.*, 29 sept. 1841). — *La plupart d'entre eux ne s'en* DOUTE *même pas* (DERÈME, *Libellule violette*, p. 71). — *La plupart des gens s'*ARRÊTE *à ce dernier parti* (ALAIN, *Propos sur le bonheur*, LIX). — *La plupart des phénomènes surnaturels dont elle avait été gratifiée depuis plusieurs années,* ÉTAIT *d'origine douteuse* (BILLY, *Madame*, p. 236). — *La plupart des gens* VIT *des cultures* (ARAGON, *Mentir-vrai*, p. 249). — Voir aussi § 429, *a*, 4°.

Voici un ex. où l'accord est fait avec *quantité*, contrairement à l'usage général (mais on a peut-être une application de la tendance signalée au § 420) : [...] *une affirmation gratuite, de quoi se* DÉDUIRA *« rationnellement » quantité de conséquences* (J. FOURASTIÉ, *Ce que je crois*, p. 133).

Hist. — *La plupart*, que Furetière écrivait encore *la plus part* en 1690, déterminait souvent l'accord jusqu'au XVIIe s., quoique l'accord avec le complément soit exigé par Vaugelas (pp. 41-42) et soit attesté auparavant :

> *La plus part des hommes* (ne) VOIT *goutte en un si beau theatre* (CALVIN, *Inst.*, I, v, 8). — *La plus part des personnes libres* ABANDONNENT [...] *leur vie et leur estre à la puissance d'autruy* (MONTAIGNE, *Ess.*, II, 12, Pl., 1946, p. 441). — [...] *que* [...] *la plus part du visage des choses nous* SOIT CACHÉ (*ib.*, p. 577). — ⁺*La plupart des hommes* SUIT *l'inclination nouvelle* (BOSS., *Œuvres orat.*, t. I, p. 553). — ⁺*La plupart du monde chrétien n'est-elle pas* PERSUADÉE *de la présence réelle* [...] ? (BAYLE, cité dans Volt., *Lettres phil.*, S.T.F.M., t. I, p. 204.)

c) Avec les expressions nominales exprimant la quantité (évaluation globale ou fraction), ainsi qu'avec les expressions contenant *pour cent*, *pour mille,* l'accord peut et parfois doit se faire avec le complément, lorsque celui-ci est un pseudo-complément, l'indication de quantité jouant le même rôle que des déterminants comme *dix* ou *plusieurs.*

1° Les noms du genre de *douzaine, centaine, millier* sont particulièrement proches des déterminants numéraux et ils entraînent rarement l'accord. Cela est plus net encore pour *million, milliard, trillion,* etc., que les usagers rangent spontanément parmi les déterminants numéraux.

Accord avec le complément : *La cinquantaine d'ouvriers qui* TRAVAILLAIENT *dans la fabrique ne* CHÔMERONT *pas davantage* (ARAGON, *Cloches de Bâle,* II, 13). — *La centaine de préfets* RESTÈRENT SONGEURS (Al. PEYREFITTE, *Quand la rose se fanera,* p. 93). — *[...] que* VIENNENT *grossir encore une cinquantaine de nobles philosophes* (TAINE, *Origines de la Fr. contemp.,* t. III, p. 184). — *Une dizaine de voix* RÉPONDIRENT (ALAIN-FOURNIER, *Gr. Meaulnes,* I, 3). — *Une douzaine de bonnes se* SUCCÉDÈRENT (J. CHARDONNE, *Claire,* p. 173). — *[...] se* PRESSENT *une douzaine de personnages plus jeunes* (Cl. SIMON, *Corps conducteurs,* p. 7). — *Un millier de personnes* SONT MORTES *aujourd'hui* (IONESCO, *Jeux de massacre,* p. 37).

Accord avec le nom complété : *Une douzaine d'exemplaires de cette grammaire vous* COÛTERA *quinze francs* (AC.) [*douzaine = douze,* exactement, et non environ douze]. — *Une quinzaine de jours* FUT NÉCESSAIRE (MORAND, cit. Hanse, 1983, p. 968). — *Une centaine de restaurants* FORME *le demi-cercle* (COCTEAU, *Passé défini,* 23 août 1951). — *Ils descellent des blocs énormes de pierre, si lourds que parfois un millier d'ouvriers ne* SUFFISAIT *pas pour les extraire de leurs lits* (HUYSMANS, *Cathédrale,* p. 260).

2° Avec *une multitude, une foule, un tas* (au figuré), on a le choix, quoique l'accord soit plus fréquent avec le complément, parce que l'idée de nombre prédomine. Elle prédomine très nettement dans *une infinité,* ce qui rend pour ainsi dire obligatoire l'accord avec le complément. [Au contraire, quand on a *la foule,* le nom a son sens premier et détermine souvent l'accord : voir *d)* ci-dessous.]

Accord avec le complément : *Une multitude d'animaux placés dans ces retraites par la main du Créateur, y* RÉPANDENT *l'enchantement et la vie* (CHAT., *Atala,* Prologue). — *Une multitude d'oiseaux se* MIRENT *à chanter à plein gosier* (SARTRE, *Mort dans l'âme,* cit. Robert, s.v. *gosier*). — *Une foule de noirs* INONDENT *le tillac* (MÉRIMÉE, *Mosaïque,* Tamango). [Les premières éd. portaient : *inonde* (Pl., p. 790).] — *Une foule de locutions verbales* SONT *ainsi* SUSCEPTIBLES *de recevoir un objet* (BRUNOT, *Pensée,* p. 309). — *Sous les arcades de la place* [...] *se* PROMÈNENT *une infinité d'ânes, de mulets et de paysans pittoresques* (Th. GAUTIER, *Tra los montes,* cit. Trésor). — *Un tas de gens* SEMBLAIENT *avoir oublié jusqu'à l'usage du sommeil* (ARAGON, *Semaine sainte,* L.P., t. I, p. 204).

Accord avec le nom complété : *Une multitude de sauterelles* A *infesté ces campagnes* (LITTRÉ). [Il admet aussi *ont.*] — *Sous leur influence, une foule de malades* ACCOURAIT (MAUPASS., *Mont-Oriol,* II, 1).

3° Quand il s'agit d'expressions où entrent les mots *nombre* et *quantité* (en dehors des expressions citées dans le *b* ci-dessus), les deux accords sont possibles.

— Accord avec le complément : *Le plus grand nombre des habitants* [...] *me* TRAITÈRENT *en ami* (VEUILLOT, *Historiettes et fantaisies,* p. 281). — *Le plus grand nombre des curés se* RALLIENT (TAINE, *Orig. de la Fr. contemp.,* t. III, p. 283). — *Un petit nombre d'étoiles très brillantes* VIBRAIENT *dans l'air calme et bleu de la nuit* (FROMENTIN, *Dom.,* VII). — *Le plus grand nombre des jeunes étudiants* HABITENT *des chambres déplaisantes* (BARRÈS, *Dérac.,*

p. 134). — *Le plus grand nombre de nos opérations sur la nature* DEMEURENT RECONNAIS-
SABLES (VALÉRY, *Regards sur le monde actuel*, p. 118). — *Un petit nombre de ceux qui lui
ressemblent* ONT *su s'arracher aux douceurs d'un spiritualisme nuancé* (BERNANOS, *Imposture*,
Pl. p. 443). — *Un grand nombre d'entre elles* RÉCLAMENT *un nouveau statut* (S. de BEAUVOIR,
Deuxième sexe, t. I, p. 222). — *Un assez grand nombre de ces exemples* ONT *vieilli* (AC.,
Préf.).

C'est l'usage ordinaire avec *une quantité de : Une quantité de feuilles et de fleurs mûres*
TOMBAIENT *autour d'elles* (FROMENTIN, *Dom.*, VIII). — *Je trouve insupportable que* [...] *une
quantité de dames Durand ou Dubois* [...] *nous* SOIENT IMPOSÉES *par Marie-Aynard ou par
Victorienne* (PROUST, *Rech.*, t. II, p. 238). — [...] *de longues tables où s'*ATTABLAIENT *et se
RELEVAIENT *une quantité de femmes piaillantes* (MALLET-JORIS, *Rempart des Béguines*, L.P.,
p. 169).

— Accord avec le nom complété : *Un petit nombre de ces femmes ne* CONNAÎTRA *jamais
la vie* (MUSSET, *On ne badine pas avec l'am.*, II, 5). — *Le plus grand nombre des invités s'en*
ALLA (J. et J. THARAUD, *Quand Israël n'est plus roi*, p. 122). — *Un très grand nombre de ces
œuvres se* TROUVE *encore en Angleterre* (L. GILLET, *Watteau*, p. 11). — [...] *une espèce de
malaise qu'un petit nombre seulement des lecteurs de* Mécène *et ses suivantes* FUT CAPABLE *de
supporter* (BERNANOS, *Imposture*, Pl., p. 426). — *Rien ne l'en rend digne, quoi que* PRÉTENDE
le petit nombre d'écrivains constitués en aréopage (BILLY, dans le *Figaro litt.*, 2 août 1947). —
[...] *dans lequel s'*ANNONCERA *certain nombre d'exigences de nature et de contraintes fonction-
nelles* (M. FOUCAULT, *Surveiller et punir*, p. 157). — *Un certain nombre d'entre eux* [...]
RESTERA *au P.C.F.* (LE ROY LADURIE, *Paris-Montpellier*, p. 45). — *Une grande quantité de
gens* ÉTAIT VENUE *du village* (GIDE, *Incidences*, p. 117).

Cet accord s'impose après *le nombre de : Le nombre des victimes* ÉTAIT *élevé.*

On constate de même que les deux possibilités existent avec diverses expressions de
quantité : [...] *que* SUIVENT *une poignée de naïfs* (BERNANOS, *Imposture*, Pl., p. 312). — *De
l'obscurité se* DÉGAGE *une poignée de personnages à peine* (G. DUBY, *Dimanche de Bouvines*,
p. 29).

4° Quand il s'agit de **fractions,** soit de fractions proprement dites (*la moitié,
le tiers...*), soit d'expressions avec **part, partie** ou **fraction,** soit de **la majorité, la
minorité,** soit encore de **le reste,** les deux accords sont aussi en concurrence.

— Accord avec le complément : *La moitié de ses ressources* SONT EMPLOYÉES *à rebours*
(TAINE, *Orig. de la Fr. contemp.*, t. III, p. 252). — *La moitié des côtes* FRACTURÉES, *un
poumon en charpie et, maintenant, le tétanos traumatique, c'est complet* (BLOY, *Désespéré*,
L.P., p. 439). — *La moitié des caves de la section n'*ONT *pas encore été* FOUILLÉES (A. FRANCE,
Les dieux ont soif, IX). — *Si la moitié de ce projet avait été* EXÉCUTÉ [...] (A. CAMUS, *Chroniques algériennes*, Pl., p. 919). — *La moitié des chaises se* TROUVAIENT *encore* POSÉES *à
l'envers sur les tables* (REZVANI, *Canard du doute*, p. 251). — *Le quart de ses électeurs* SONT
RESTÉS *chez eux* (Al. PEYREFITTE, *Quand la rose se fanera*, p. 18). — *Un bon tiers des « personnalités extérieures »* SONT DÉSIGNÉES *par les organisations figurant sur une liste type* (*ib.*,
p. 182). — *Plus de la moitié des habitants du globe* [...] VIVENT *dans le dénuement le plus
extrême* (dans le *Figaro*, 25 avril 1958). — *Les trois quarts du mal des gens intelligents* VIENT
de leur intelligence (PROUST, *Rech.*, texte de l'éd. orig., Pl., t. I, p. 970). [La 2ᵉ éd., suivie par
la Pl., p. 570, porte *viennent*.] — *Les trois quarts des femmes sont* CONTENTES *de leur sort.* —
Comp. : *Marqua-t-il de sa patte léonine les poètes de* SON *trois-quarts de siècle ?*
(M. FOMBEURE, dans le *Figaro litt.*, 23 févr. 1952.)

Une partie des vaisseaux SOMBRÈRENT *dans une tempête* (Fr. FUNCK-BRENTANO, *Régence*,
p. 115). — *Une partie des hommes de Salis* [...] *s'*ÉTAIENT ÉCLIPSÉS (DRIEU LA ROCHELLE,
Chiens de paille, p. 222). — *La plus grande partie de ses études historiques* ONT *paru dans le*

Musée neuchâtelois (DAUZAT, dans le *Fr. mod.*, janv. 1951, p. 9). — *Une large fraction d'entre eux ne les* ONT *pas reniés* (Al. PEYREFITTE, *op. cit.*, p. 155).

La majorité des jeunes gens se MARIAIENT (J. SOUSTELLE, *Aztèques*, p. 72). — *La majorité des demeures* SONT CONSTRUITES *à l'image d'un modèle ancien* (G. DUHAMEL, *Positions franç.*, p. 37). — *La grande majorité des Français* RECONNAISSAIENT *et* SALUAIENT *des vérités aussi simples* (ID., *Manuel du protestataire*, p. 27). — *L'immense majorité des hommes s'*ALIÈNENT *à leur profit* (S. de BEAUVOIR, *Deuxième sexe*, t. I, p. 367). — *Seule une minorité de privilégiés en* REÇOIVENT (G. VIRATELLE, dans le *Monde*, 19 août 1975) [= une minorité constituée de privilégiés].

Le reste des individus SERONT RÉDUITS *à la condition d'instruments* (VALÉRY, *Regards sur le monde actuel*, p. 93). — *Le reste de l'aventure me fut* CONTÉE *par mon père* (Fr. HELLENS, *Marées de l'Escaut*, p. 16). — Voir aussi l'ex. de Chat. cité au § 439, *c*, 2°.

— Accord avec le nom complété : *La moitié de nos discussions* DEVIENDRAIT INUTILE *si nous commencions par convenir du sens des mots* (BRUNETIÈRE, *Évolution de la poésie lyr.*, t. II, p. 114). — *La moitié des maux* PROVIENT *de nos remèdes* (G. DUHAMEL, *Lettres au Patagon*, p. 189). — *Toute la direction avait été changée, et la moitié des professeurs* REMPLACÉE (MONTHERLANT, *Garçons*, p. 287). — *La moitié des pélicans* ROUPILLAIT *sur les banquettes du bar. L'autre...* (MALRAUX, *Espoir*, p. 111.) — *La moitié des femmes qui* A *remarqué quelque chose* COMMENCE *à en informer l'autre moitié* (A. STIL, *Seize nouvelles*, p. 140) [*la moitié*, s'opposant à *l'autre moitié*, détermine logiquement l'accord]. — *La moitié des Chinois* A *moins de vingt et un ans* (R. GARAUDY, *Alternative*, p. 16). — *Une moitié des fresques* RESTE *dans l'ombre* (TAINE, *Voy. en Italie*, t. I, p. 170). — *Tour à tour un tiers de ces malheureux* AVAIT *une heure pour faire sa provision d'air de toute la journée* (MÉRIMÉE, *Mosaïque*, Tamango). — *Les deux tiers du pays* ÉTAIENT OCCUPÉS (MARITAIN, cit. Høybye, p. 292). — *Les trois quarts de la Kabylie* VIVENT *sous le régime de la commune mixte et du caïdat* (A. CAMUS, *Chroniques algér.*, Pl., p. 924). — *Un bon quart de nos contemporains* [...] VIT *dans la terreur des bacilles* (L. DAUDET, *Stupide XIXᵉ s.*, p. 296). — *Un bon tiers de nos abonnés* INSISTE *pour que j'écrive plus souvent dans tes cahiers* (PÉGUY, *Souvenirs*, p. 84). — *Plus de la moitié du travail était* TERMINÉE (TROYAT, *Dostoïevsky*, p. 277).

C'est pour la clientèle qu'une part des étudiants ASPIRE *au titre de professeur* (VAN DER MEERSCH, *Corps et âmes*, t. I, p. 248). — *Une partie de l'équipage les* SURVEILLAIT ARMÉE *jusqu'aux dents* (MÉRIMÉE, *Mosaïque*, Tamango). — *Une partie des gentilshommes* [...] RESTE *à la cour* (HUGO, *Ruy Blas*, Préf.). — *Le fait qu'une partie du moins de notre sol ne soit pas* FOULÉE *par le vainqueur, qu'une partie du moins de nos biens ne* SOIT *pas* MISE *à sac* [...] (MARITAIN, cit. Høybye, p. 288). — *Une partie du nez* RONGÉE *par le lupus* (R. GARY, *Racines du ciel*, p. 256). — *Une partie des séminaristes* AVAIT *quitté la place* (A. GERBER, *Le jade et l'obsidienne*, p. 149). — *Une bonne partie des lettres muettes* EST *alors* ÉVACUÉE *du mot* (Cl. BLANCHE-BENVENISTE et A. CHERVEL, *Orthographe*, p. 83). — *La plus grande partie des biens tombés en déshérence* AVAIT *reçu un emploi utile* (TAINE, *Origines de la Fr. contemp.*, t. III, p. 254).

La majorité des hommes ne VIT *pas autrement* (R. ROLLAND, *Jean-Christ.*, t. V, p. 212). — *La majorité des élèves* EST CONTENTE *de l'intervention de Léniot* (LARBAUD, *Fermina Márquez*, IX). — *La majorité de ces croix* ÉTAIT FRANÇAISE (GIRAUDOUX, *Siegfried et le Limousin*, p. 69). — *La majorité des Français s'*EST *toujours* MONTRÉE FLATTÉE *par l'alliance franco-russe* (R. MARTIN DU GARD, *Thib.*, Pl., t. II, p. 335). — *La majorité des Allemandes s'*EST PRONONCÉE *pour le parti de l'ordre* (S. de BEAUVOIR, *Deuxième sexe*, t. I, p. 213). — [...] *si la majorité des Français* AIMAIT *ou simplement* RESPECTAIT *encore sa langue* (ÉTIEMBLE, *Parlez-vous franglais ?* 1964, p. 289). — *La grande majorité des hommes* [...] *se* DIVISE *en deux catégories* (RENAN, *Dialogues et fragments philos.*, Préf.). — *La grande majorité des élèves ne* SAIT *plus écrire en français* (DAUZAT, dans le *Fr. mod.*, janv. 1946, p. 1). — *La grande majorité des lecteurs ne s'en* APERÇOIT *même pas* (R. LE BIDOIS, dans le *Monde*, 2 oct. 1963).

Tout le reste des bêtes naïves de ce séjour DÉPÉRISSAIT (VILLIERS DE L'ISLE-ADAM, *Histoires insolites*, p. 5). — *Le reste des humains m'*APPARAISSAIT *comme bien* LOINTAIN (PROUST, *Rech.*, t. I, pp. 4-5). — *Le reste des abeilles* [...] EXAMINE *l'édifice* (MAETERLINCK, *Vie des abeilles*, III, 1). — *Le reste des pensionnaires* [...] OCCUPAIT *deux tables plus grandes* (J. ROMAINS, *Lucienne*, p. 7). — *Le reste des troupes exigées* SUIVRAIT (MAUROIS, *Lyautey*, p. 239). — *Le reste de mes réflexions n'*EST *pas* MÛR (GIDE, *Faux-monn.*, p. 331).

Cet accord avec le nom complété est particulièrement fréquent lorsque les noms de fractions sont au pluriel et leur complément au singulier : voir les ex. de Maritain et de Camus ci-dessus (mais, plus haut, celui de Proust) ; — lorsque les noms de fractions, *la majorité* et *la minorité* sont pris au sens strict, mathématique : *La majorité des députés* REJETA *le projet* ; — avec *le reste*.

5° Il ne paraît pas déplacé de traiter ici des tours où entrent **pour cent** et **pour mille,** ces expressions fonctionnant pour bien des locuteurs comme des espèces de noms [2] suivis, comme les noms, par un complément introduit par *de* ; on peut aussi les rapprocher des fractions. Du point de vue de l'accord, on a le choix, généralement, entre les deux possibilités.

Accord avec le complément : *Le curé nous dit que dix pour cent de la population* ASSISTE *à la messe* (J. GREEN, *Journal*, 13 août 1956). — *Plus de 10 % du soufre* EST *béarnais !* (P. de LATIL, dans le *Figaro*, 2 nov. 1960.) — *On dit que 95 % de notre vocabulaire* EST *d'origine latine* (M. COHEN, *Toujours des regards sur la langue franç.*, p. 221). — *12 % de la population* A *plus de 65 ans* (S. de BEAUVOIR, *Vieillesse*, p. 8). — *Certains capitaines s'estimaient heureux lorsque dix pour cent seulement de leur cargaison* DÉCÉDAIT *en cours de traversée* (E. CHARLES-ROUX, *Oublier Palerme*, p. 115). — *70 % de notre population* VIT *dans des centres urbains* (R. GARAUDY, *Alternative*, p. 63). — *1,5 % des ouvriers de Saint-Marc* ONT *été recensés comme pratiquants !* (M. de SAINT PIERRE, *Nouveaux prêtres*, p. 38.) — *80 p. 100 de la population de la ville* EST *d'origine chinoise* (*Grand Lar. enc.*, Suppl., p. 544). — *23,5 % de la population adulte* LIT *trois* Sundays papers (R. ESCARPIT, *Sociologie de la litt.*, p. 124).

Accord avec l'expression de pourcentage : *90 % de notre production* PARTENT *pour l'étranger* (MAUROIS, dans les *Nouv. litt.*, 6 févr. 1947). — *61 pour 100 de la population française* SONT ACCAPARÉS *par l'industrie, le commerce* (BAINVILLE, dans le *Lar. mensuel*, nov. 1937, cit. Høybye, p. 297). — *10 p. 100 de la superficie cultivée* ÉTAIENT INONDÉS (*Lar. XXᵉ s.*, Suppl., s.v. *Pays-Bas*). — *Quatre-vingts pour cent de la masse totale des engins* SONT OCCUPÉS *par le combustible* (Ch.-N. MARTIN, dans le *Figaro litt.*, 19 sept. 1959). — *Dans un monde où soixante pour cent de l'humanité* CREVAIENT *de faim* (R. GARY, *Racines du ciel*, p. 345). — *Un eugéniste a calculé que 10 % de sang frais* DEVIENDRAIENT NÉCESSAIRES *à chaque génération* (H. BAZIN, *Bienheureux de la Désolation*, p. 242). — *85 pour cent de la population* ONT *appris à lire* (A. PEYREFITTE, *Quand la Chine s'éveillera...*, p. 138). — *95 % de l'approvisionnement de Moscou en légumes frais* PROVIENNENT *des terres dont l'exploitation est laissée à la libre disposition des paysans* (POMPIDOU, *Nœud gordien*, p. 113). — *Quatre-vingts pour cent de la fortune américaine* [...] APPARTIENNENT *à des veuves ou à des femmes qui ont divorcé* (SIMENON, *À l'abri de notre arbre*, pp. 16-17).

Cet accord avec l'expression de pourcentage est l'usage ordinaire quand elle est précédée d'un déterminant pluriel [3] : *Les 27 % de notre sol* ÉTAIENT *jadis* BOISÉS (BILLY et PIOT, *Monde des journaux*, cit. Høybye, p. 297).

---

2. On demandera par ex. à un élève : *Combien de pour cent as-tu ?*

3. Il arrive parfois que l'expression de pourcentage prenne un déterminant singulier : *Les enfants de pères et de mères argentins forment* LE *11 p. 100 du total* (dans le *Journal des économistes*, 1899, cit. Høybye). — *Dans* LE *99 % des cas d'unification c'est le radical du pluriel de l'indicatif présent* [...] *qui est transporté analogiquement au reste de la conjugaison* (FREI, p. 169).

Quand on emploie *sur cent,* on met cette expression après le nom et elle est sans effet sur l'accord : *Soixante élèves sur cent ont été reçus à l'examen.*

d) Avec d'**autres collectifs,** qui ne sont pas de simples indications de quantité, l'accord se fait ordinairement avec le nom complété. Toutefois, l'accord avec le nom complément se rencontre aussi, quand ce dernier est senti par le locuteur (ou le scripteur, car souvent il ne s'agit que de graphie) comme un pseudo-complément, comme le véritable noyau du syntagme.

Accord avec le complément : *Une troupe de canards sauvages, tous rangés à la file,* TRAVERSENT *en silence un ciel mélancolique* (CHAT., *Génie,* I, v, 7). [La plupart des éd. portent *traverse* : cf. *Fr. mod.,* avril 1950, p. 112.] — *Une compagnie d'oiseaux* TOURBILLON-NAIENT *dans le ciel bleu* (FLAUB., *Mme Bov.,* III, 1). — *La légion des Brissot* SAVENT *à temps retirer du jeu leur épingle* (R. ROLLAND, *Âme enchantée,* L.P., t. II, p. 276). — *Quand une bande d'étourneaux* APERÇOIVENT *un geai* [...] (CLAUDEL, *Présence et prophétie,* p. 91). — *Le peuple des réfugiés* SONT VENUS *de là-bas l'avertir* (GIDE, *Journal,* 14 juillet 1940). — *Un troupeau de cerfs nous* CROISENT (A. CAMUS, *Été,* p. 177). — *Un couple de vieilles gens* HABITAIENT *là* (M. BRION, *De l'autre côté de la forêt,* p. 57). — *Un troupeau d'oies, indignées,* PIAILLAIENT *insolemment* (ARLAND, *Grâce,* p. 203).

Accord avec le nom complété : *Un groupe de bannis se* FORME *au milieu d'un champ* (MUSSET, *Lorenz.,* I, 6). [Le sens du verbe impose cet accord.] — *La foule des vivants* RIT *et* SUIT *sa folie* (HUGO, *Rayons,* XIV). — *Pendant que des mortels la multitude vile* / [...] / VA *cueillir des remords dans la fête servile* (BAUDEL., *Fl. du m.,* Recueillement). — *Une troupe d'oies sauvages* TRAVERSA *le ciel de la prairie* (R. BAZIN, *Il était quatre petits enfants,* XI). — *Une rangée de dix ou douze volumes de grand format* ATTIRAIT *l'œil par une somptueuse reliure de cuirs multicolores* (J. GREEN, *Malfaiteur,* p. 157). — *Un paquet de gens s'*ACCRO-CHAIT *à la plate-forme* (J. ROMAINS, *Violation de frontières,* p. 15). — *Une nuée d'oiseaux s'*ÉLEVAIT *des arbres* (H. BOSCO, *Rameau de la nuit,* p. 196). — *Une obscure nuée d'images religieuses* FLOTTE *perpétuellement autour de ce poète* (BLOY, *Désespéré,* L.P., p. 304). — *Une série d'écrivains* PORTE *une part de cette responsabilité* (GIRAUDOUX, *Littérature,* p. 21). — *La foule des disciples s'*EST RUÉE (BERNANOS, *Imposture,* Pl., p. 326). — *Une bande d'anarcho-révolutionnaires* DÉVALISE *une église,* ESTOURBIT *un moine et se* RÉFUGIE *dans une cave* (J. DUTOURD, *Paradoxe du critique,* suivi de *Sept saisons,* p. 364).

Cet accord est ordinaire quand le collectif est précédé d'un article défini, d'un détermi-nant possessif ou démonstratif : *La foule des ignorants* EST GRANDE. *Ma troupe de comédiens vous* AMUSERA. *Cette bande de moineaux s'*ENVOLERA.

Parfois, dans la même phrase, avec un collectif suivi de son complément, l'auteur considère les êtres ou les objets dont il s'agit, d'abord collectivement, puis individuellement : *Un long triangle de canards* VOLE *très bas, comme s'ils* VOULAIENT *prendre terre* (A. DAUDET, *Lettres de m. m.,* p. 267). [C'est le *triangle* qui *vole,* mais ce sont les *canards* qui *veulent.*] — *Une nuée de chulos* VINT *agiter devant ses yeux* LEURS *capas de couleurs éclatantes* (Th. GAUTIER, *Voy. en Esp.,* p. 80). — *Que ces bandes de pélicans sont* BELLES ! *qui, chaque soir, dans le ciel pur, regagnent le banc de sable où* ILS *vont passer la nuit. C'est une très longue ligne ondulant par inflexions molles* (GIDE, *Retour du Tchad,* 14 mars 1926).

Remarque. — En dehors des cas décrits ci-dessus, des auteurs accordent parfois avec le complément d'un nom (ou d'un pronom) au lieu d'accorder avec ce nom (ou ce pronom) lui-même. Ce sont de simples inadvertances :

Et jusqu'au chant des grenouilles dans les mares qui VENAIENT *ici me rejoindre* (SAINT EXUPÉRY, *Terre des hommes,* p. 75). — *La teinte jaune de leurs chaussures, aux dômes des cors et des œils-de-perdrix,* PRENAIENT *les moires vertes recherchées des élégants* (D. BOULAN-GER, *Nacelle*, p. 59). — *Aucune des deux reines qui se sont succédé dans mon lit* N'ONT *été capables de donner un dauphin au royaume* (M. TOURNIER, *Gaspard, Melchior et Balthazar*, pp. 110-111). — Voir aussi § 717, Hist., 3.

423   Le donneur contient une apposition.

a) Si l'apposition est détachée, elle est normalement sans effet sur l'accord :

> *Indira Gandhi, médiateur-né, se savait* CONTESTÉE (M.-Fr. GARAUD, *dans le Monde*, 2 nov. 1984). — *Sa fille, son premier-né,* EMPORTÉE [...] *par une de ces maladies étranges* [...] (A. DAUDET, *Rois en exil*, p. 7).
>
> *A fortiori,* quand l'apposition est plus éloignée du verbe que le nom auquel elle se rapporte : *Le long du vieux faubourg, où* PENDENT *aux masures / Les persiennes, abri des secrètes luxures* (BAUDEL., *Fl. du m.*, Soleil). — *Derrière chaque croisée, écluse de velours, des triples rideaux* PESAIENT *sur leurs embrasses* (CESBRON, *Souveraine*, p. 11).

Pourtant, quand l'apposition est insérée entre le noyau du sujet et le verbe, il arrive qu'elle prédomine dans l'esprit du locuteur ou du scripteur et qu'elle détermine l'accord :

> *Le visage d'Odette paraissait plus maigre et plus proéminent parce que le front et le haut des joues, cette surface unie et plus plate était* RECOUVERTE *par la masse de cheveux qu'on portait alors prolongés en « devants »* (PROUST, *Rech.*, t. I, p. 197). [L'absence de virgule après *plate* semblerait montrer qu'on a ici une sorte d'anacoluthe.] — *Le quatrième passager, Mme Abdy, était* ÂGÉE *de vingt-quatre ans* (dans le *Monde*, 3 oct. 1951, p. 12).

Sans qu'on puisse parler en toute rigueur d'apposition, d'autres éléments, par ex. des éléments incidents, ont parfois une action sur l'accord : *Il est guéri à tout jamais d'une maladie pour laquelle aucun médecin, fût-ce Hippocrate, Galien, ou Avicenne, n'ONT trouvé de remède* (Th. GAUTIER, *Cap. Fracasse*, VI). — Comp. aussi les ex. données au § 439, *c*, 2°.

b) Si l'apposition n'est pas détachée, c'est le premier élément qui ordinairement détermine l'accord :

> [...] *à voir mademoiselle le conservateur si dynamique et si* ENJOUÉE (B. ALLIOT, dans le *Monde*, 2 nov. 1984). — *Les singes femelles* SUPÉRIEURS (Él. BADINTER, *Amour en plus*, p. 10). — *Le témoin Julie Dupont est* PRIÉ *de prêter serment. Madame le président est* HABIL-LÉE *d'un tailleur sombre. Une femme professeur est* VENUE *se présenter. La sentinelle Dupont a été* SURPRISE. *Le professeur Marie Lambert est* AIMÉ *de ses élèves. Le docteur Michelle Dumont a été* APPELÉ *d'urgence. La girafe mâle est* ATTENTIVE *à ses petits. La vedette Charlie Chaplin était* ATTENDUE *avec impatience.*

Il arrive pourtant que le second élément prédomine dans la pensée (surtout si le genre de cet élément coïncide avec le sexe de l'être désigné) : *Trois professeurs femmes ont été* TUÉES (GIDE, *Journal*, 3 mars 1943). — Voir aussi l'ex. de J. Borel cité au § 428, *c*.

Cette prédominance du second élément est surtout fréquente quand le syntagme nominal commence par *Sa Majesté, Son Excellence* et autres titres honorifiques féminins appliqués à des hommes, mais l'usage est, sur ce point, moins rigide que ne le disent certains grammairiens.

— Accord avec le second élément : *S.A.R. le prince d'Axel*, CONVIÉ *à venir signer l'abdication* [...] (A. DAUDET, *Rois en exil*, p. 415). — *Madame oublie que l'ancienne favorite est la mère de LL. AA. RR. le duc du Maine, le comte de Toulouse, la duchesse de Bourbon, Mlle de Blois, tous quatre* LÉGITIMÉS (Fr. PORCHÉ, *Un roi, deux dames et un valet*, I, 6).

Il ne s'agit pas d'accord au sens strict (cf. § 417, *e*, Rem. 1) : *Sa Majesté Charles Ier n'a pas eu le courage de signer l'arrêt, mais* IL *a désigné quatre commissaires* (VIGNY, *Cinq-Mars*, VII). — *Je suis allé chez Sa Majesté le roi de Rome ; mais* IL *dormait* (STENDHAL, *Corresp.*, t. IV, p. 54). — *J'ai eu l'honneur d'être reçu par Sa Sainteté le pape Léon XIII en audience particulière. Ce qu'*IL *a bien voulu me dire* [...] (BRUNETIÈRE, *La science et la religion*, p. 9).

— Accord avec le premier élément : *Sa Majesté l'empereur est* DÉCIDÉE *à faire des exemples* (ZOLA, *S. Exc. Eug. Rougon*, IX). — *Sa Sainteté Jean XXIII pouvait-*ELLE *tirer son autorité d'une autre source que de sa qualité de vicaire de Jésus-Christ ?* (Dans DUPRÉ, p. 918.)

Il ne s'agit pas d'accord au sens strict (cf. § 417, *e*, Rem. 1) : *Sa Majesté l'Empereur et Roi a décidé que ceux de ses sujets auxquels* ELLE *a accordé des dotations en Westphalie en toucheraient le revenu à partir du 1er janv. 1808* (STENDHAL, *Corresp.*, t. III, p. 136).

Hist. — Cet emploi est ironique et peut difficilement être pris en considération : ⁺*On me mande que* Son Altesse mon père [imprimé en italiques] *est* MORTE (SÉV., 29 sept. 1675).

424   Sujets constitués d'une **proposition relative introduite par** *ce que, ce qui.*

a) Dans les expressions *ce qui reste de, ce qu'il y a de, ce que j'ai de*, et autres semblables, c'est normalement le pronom *ce* qui détermine l'accord du verbe principal et de l'attribut :

Il y a de ces années de désertion où tout ce qu'on a d'amis DISPARAÎT (MUSSET, *Nouvelles*, Deux maîtresses, II). — *Tout ce qu'il y a de grands hommes çà et là étouffés me* SEMBLE *composer* [...] *un chœur mystérieux* (SAINTE-BEUVE, *Volupté*, XII). — *Tout ce qu'il y avait de paillons dans ce luxe* VENAIT *se réfugier là* (A. DAUDET, *Contes du l.*, p. 165). — *Tout ce que la paroisse pouvait fournir de prêtres et d'enfants de chœur,* PRÉCÉDAIT *le char* (Fr. MAURIAC, *Mystère Frontenac*, p. 215). — *Tout ce qu'il y a de gorilles dans le monde* FAIT *des vœux, en secret, pour cette restauration* (A. SUARÈS, *Vues sur l'Europe*, p. 139). — *Ce qui reste d'instants* FOND *au feu de nos derniers soleils* (Mgr BAUNARD, *Vieillard*, 4e éd., p. 5). — [...] *en attendant que ce qui a été conservé de ses lettres et de celles de ses correspondants nous* APPORTE *peut-être des précisions* (J. LE GOFF, Préf. de : M. Bloch, *Rois thaumaturges*, p. II).

Cependant, comme à la période classique (cf. Hist.), certains auteurs accordent avec le nom pluriel qui suit *ce qui reste de*, etc., comme si ces expressions équivalaient à des déterminants : *Autour de ce noyau* VIENNENT *se cristalliser tout ce que la vie nous fournit de sentiments analogues* (BARRÈS, *Jardin de Bérénice*, 1891, p. 3). — *Ce que j'ai de gendarmes* OCCUPENT *deux boulangeries* (MIRBEAU, *Mauvais bergers*, III, 1). — *Ce qui reste d'hommes libres se* RÉSIGNERAIENT *à capituler* (A. ROUSSEAUX, dans le *Figaro litt.*, 28 juillet 1951). — *Ce qui restait d'élèves* BATTAIENT *la semelle dans la cour agrandie* (PAGNOL, *Château de ma mère*, p. 163). — *Tout ce que Port-Albert compte de dignitaires et d'affairistes* FERONT *queue pour lui présenter leurs hommages* (CESBRON, cit. Hanse, 1983, p. 968).

Hist. — Au XVIIe s., l'accord avec le nom pluriel était fréquent :

Tout ce qui reste encor de fidelles Hebreux / Luy VIENDRONT *aujourd'huy renouveller leurs vœux* (RAC., *Ath.*, I, 2). — *Tout ce qu'il y avoit de Prestres et de Levites se retirerent auprés d'eux* (*ib.*, Préf.). — ⁺*Tout ce que nous connaissons de courtisans nous* PARURENT *indignes de vous être* COMPARÉS (SÉV., 29 mai 1679).

b) Lorsque le sujet est du type *ce que l'on appelle* + attribut du complément d'objet, il arrive que ce soit cet attribut qui détermine l'accord, mais cet usage n'est pas à recommander :

Le profond découragement où m'ONT *jeté ce que vous appelez* « *mes aventures* » (E. FEYDEAU, cit. Høybye, § 90). — *Charlie m'a dit que ce que nous appelons les deux demoiselles Vinteuil, absolument attendues, n*'ÉTAIENT *pas* VENUES (PROUST, *Rech.*, t. III, p. 223). — [...] *dans lequel* ÉTAIENT *depuis peu* INSTALLÉS *ce qu'on appelle en Angleterre un lavabo et en France* [...] *des water-closets* (*ib.*, t. I, p. 492) [accord avec le second des attributs coordonnés]. — *Ce qu'on appelle la vérité lui apparaît toujours* CADUQUE (G. PIROUÉ, *Comment lire Proust ?* 1971, p. 114).

Hist. — Ex. ancien : *Ce que nous appelons monstres, ne le* SONT *pas à Dieu* (MONTAIGNE, *Ess.*, II, 30).

425　　**Pronom relatif précédé de *un de* + nom ou pronom pluriels.**

Ordinairement, le pronom relatif a pour antécédent logique le nom ou le pronom pluriels, et, par conséquent, le verbe, l'attribut ou le participe passé qui s'accordent avec ce pronom relatif se mettent au pluriel :

Je vous présente [...] *l'un des hommes que votre départ inattendu a le plus* ÉTONNÉS (B. CONSTANT, *Ad.*, II). — *Un des premiers plaisirs que j'aie* GOÛTÉS *était de lutter contre les orages* (CHAT., *Mém.*, I, I, 7). — *Un de ceux qui* LIAIENT *Jésus-Christ au poteau,* / *Et qui, sur son dos nu,* JETAIENT *un vil manteau,* / *Arracha de ce front tranquille une poignée* / *De cheveux* (HUGO, *Contempl.*, I, 29). — *Il posait sur cet arc une de ces flèches qui* TRAVER-SÈRENT *le monde* (MUSSET, *Conf.*, I, 2). — *La poésie française au XVIᵉ siècle est un des champs qui* ONT *été le plus* FOUILLÉS (SAINTE-BEUVE, *Nouv. lundis*, t. IV, p. 289). — *C'était un de ces tailleurs qui* VONT *dans les fermes raccommoder les habits* (FLAUB., *Bouv. et Péc.*, éd. Ch., p. 300). — *M. Carbon est un des hommes que j'ai le plus* AIMÉS (RENAN, *Souvenirs d'enf. et de jeun.*, V, 1). — *Il gravit l'un des sentiers qui* MÈNENT *aux parties les plus désertes du haut lieu* (BARRÈS, *Colline insp.*, XVI). — *L'Astronomie est une des sciences qui* COÛTENT *le plus cher* (H. POINCARÉ, *Valeur de la science*, VI). — *C'est l'une des plus belles leçons qu'il nous ait* LAISSÉES (CLEMENCEAU, *Démosthène*, p. 124). — *C'était un de ces hommes qui se* SONT *toujours* PRIVÉS (Ch.-L. PHILIPPE, *Père Perdrix*, p. 47). — *Sous la fenêtre de ma chambre, un immense platane, qui est bien l'un des plus beaux arbres que j'aie* VUS (GIDE, *Journal*, 3 juillet 1940). — *M. Puybaraud* [...] *prit un des biscuits qu'avait* APPORTÉS *Brigitte* (Fr. MAURIAC, *Pharisienne*, p. 192). — *Kant fut assurément une des plus fortes têtes que l'on ait* CONNUES (ALAIN, *Propos de littérature*, LIII). — *Une des choses qui m*'ONT *le plus profondément marqué dans mon enfance, c'est la découverte que j'appartenais à un peuple battu, le Sud* (J. GREEN, *Journal*, 1ᵉʳ juillet 1951). — *Maurois est un des hommes qui* ONT *fait honneur à la génération d'écrivains nés de la grande guerre* (MONTHERLANT, dans les *Nouv. litt.*, 12 oct. 1967).

Il arrive quelquefois que l'antécédent logique soit *un*, qu'on pourrait remplacer par *celui* (cf. Rem.). Cela entraîne naturellement le singulier :

Il répondit à un des consuls qui l'INTERROGEAIT ... [Un seul consul l'interroge]. — [...] *plus beau que l'azur des images de première communion, auxquelles cet azur faisait songer.* / *Joanny se souvenait particulièrement d'une de ces images qu'il avait* VUE *dans le livre de messe d'une petite fille* (LARBAUD, *Fermina Márquez*, Biblioth. Plon, p. 74) [*vues* (Pl., p. 344) paraît une moins bonne leçon]. — *J'allais justement chez une de ces femmes* [= les voyantes], *qui* HABITE *rue Pauquet* (J. ROMAINS, *Hommes de b. vol.*, t. XIV, p. 82). [Remarquez la virgule.]

Mais le singulier n'a pas toujours cette justification logique, et il faut reconnaître, avec Tobler (*Mél.*, pp. 299-301), qu'il s'agit souvent d'un phénomène mécanique, le locuteur ou le scripteur ayant dans l'esprit l'idée qu'ils s'expriment à propos d'un être ou d'une chose particuliers (voir aussi l'Hist.) :

M. de Séricourt fut un des premiers solitaires qui s'y [= à reproduire les écrits de Port-Royal] APPLIQUA (SAINTE-BEUVE, *Port-Royal*, II, 3). — *Il m'a traité de Français ! C'est le dernier mot que j'ai entendu de cette caserne et l'un de ceux qui, de ma vie, m'*AURA *le plus donné de plaisir* (BARRÈS, *Au service de l'Allem.*, p. 222). — [...] *votre livre sur Dostoïevsky qui est un des meilleurs que vous ayez* ÉCRIT (CLAUDEL, dans Claudel et Gide, *Corresp.*, p. 238). — *La France fut soulevée par un des mouvements les plus beaux que l'Europe ait* CONNU (GIRAUDOUX, *Sans pouvoirs*, p. 25). — *De toutes les choses de ce monde, la souffrance est certainement une de celles qui* RESSEMBLE *le moins à une illusion* (JALOUX, *Chute d'Icare*, p. 33). — *May Sinclair est une de celles qui* [...] SOLLICITE *et* RETIENT *l'attention* (Ch. DU BOS, *Journal 1921-1923*, p. 100). — *C'est une des choses qui* FAIT *le plus croire à leur fondamentale barbarie* (BENDA, *Rapport d'Uriel*, p. 58). — *Alain est un de ces artisans qui* A *ses tours de main et ses recettes* (A. MAUROIS, *Alain*, p. 125). — *Peut-être suis-je un des seuls hommes de ce pays qui* FASSE *ses livres « à la main »* (J. GREEN, *Journal*, 6 juillet 1942). — *J'appris à connaître ma tante qui était certainement une des meilleures femmes que la terre ait* PORTÉE (ID., *Terre lointaine*, p. 11). — *Une des choses qui m'*A *peut-être fait le plus de plaisir dans ma vie, c'est ce petit livre* (CHAMSON, dans les *Nouv. littér.*, 26 mai 1949). — *Je suis allé remercier un des laboureurs qui nous* AVAIT *envoyé des roses* (Fr. MAURIAC, dans le *Figaro litt.*, 22 oct. 1964). — *Une des choses qui me* RENDIT *odieux le séjour de la Sorbonne est l'esprit de dénigrement provincial qui y régnait* (J. DUTOURD, *École des jocrisses*, p. 15). — *Un des hommes qui souffrit le plus cruellement de la calomnie fut le Régent* (Ph. ERLANGER, dans le *Figaro*, 25 févr. 1972). — *L'astronomie est une des sciences qui* FAIT *le plus* ou *qui* FONT *le plus d'honneur à l'esprit humain* (AC., s.v. *plus*, avec ce commentaire : « Le dernier est plus usité »).

Cela s'applique aussi au pronom relatif lui-même, quand il a une forme qui varie : *Il y avait autour du Cirque d'été l'animation* [...] *d'une de ces représentations théâtrales dans* LAQUELLE *la fortune d'un avenir* [...] *est en jeu* (E. de GONC., *Frères Zemganno*, cit. Tobler).

Il est plus étonnant de voir l'épithète accordée avec *un* : *Dans un de ces colloques sans doute* ESTHÉTIQUE *où elle s'emportait jusqu'à la colère* (Fr. MAURIAC, *Mal*, p. 134). — Comp. : *Un des plus grièvement* FRAPPÉ, *c'était le colonel Proctor* (J. VERNE, *Tour du monde*, cit. Tobler). [Comp. § 954, *g* (*Un homme des plus intelligent*).]

Dans cet ex., c'est le possessif contenu dans la relative qui est au singulier : [...] *le tenant pour un de ceux que la discussion ne fait qu'obstiner dans* SON *sens* (GIDE, *Symphonie past.*, M.L.F., p. 119).

On notera que *un de* ..., mis en relief par *c'est ... que*, forme une tournure toute différente de celle dont il vient d'être question ; dans ce cas, c'est toujours *un* qui règle l'accord : *C'est un de nos généraux qu'on a* CHOISI. [Sans la mise en relief : *On a choisi un de nos généraux.*]

Hist. — Dans la construction décrite ci-dessus, le singulier était courant dans l'ancienne langue et l'est resté jusqu'au XVIIIe siècle (et au-delà, comme on l'a vu) :

Ce yert [= était] *une des douloureuses journées qui onques* FUST (JOINVILLE, cit. Tobler). — *Ele anvoia querre un des çaus qui plus li* PLAISOIT (PHILIPPE DE NOVARRE, *ib.*). — +*Je suis assurément un de ceux qui* SAIS *le mieux reconnaître ces qualités-là* (PASCAL, lettre à Fermat, 10 août 1660). [Pour l'accord en personne, voir § 896, *d*, 2°.] — *Monsieur de Soubize* [...] *est un de ceux qui s'y* EST *le plus signalé* (BOIL., *Ép.*, IV, Au lecteur). — *Je laissois passer un des plus beaux traits qui* FUST *dans Esope* (LA F., *F.*, I, 15). — +*L'une des meilleures critiques qui*

AIT *été* FAITE *sur aucun sujet est celle du* Cid (LA BR., I, 30). — *C'est un des meilleurs livres qui* SOIT *jamais* SORTI *de la main des hommes* (VOLT., *Lettres phil.*, I). — Autres ex. dans Haase, § 64, B.

Les grammairiens, sans grand succès, ont fait beaucoup d'efforts pour rétablir la logique ou ce qu'ils croient tel : voir par ex. Vaugelas, pp. 153-154 ; Littré, s.v. *un*, Rem. 1 à 4.

Remarque. — Avec le pronom démonstratif suivi d'un complément pluriel, l'accord régulier se fait avec *celui* : *Il répondit à celui des consuls qui l'*INTERRO-GEAIT ... — Voir cependant au § 896, *d*, 2°, des ex. où des auteurs accordent avec *nous* quand la formule est *Ceux d'entre nous.*

Accords sylleptiques

426 La **syllepse** consiste à faire l'accord d'un mot, non avec le mot auquel il se rapporte selon les règles grammaticales, mais avec le terme qu'on a dans l'idée (accord avec le sens, *constructio ad sensum,* ou accord logique).

Nous distinguons trois cas : il n'y a pas de donneur explicite (§ 427) ; le donneur ne peut suffire à lui seul à indiquer le genre et le nombre (§ 428) ; l'accord contredit le genre et/ou le nombre normaux du donneur (§ 429) ; ce dernier cas représente la syllepse proprement dite.

427 **Il n'y a pas de donneur explicite,** et on doit chercher dans le contexte ou dans la situation le genre et le nombre du receveur ; c'est notamment le cas quand le verbe est à l'impératif.

Je dis qu'il faut être FOLLE *à lier pour repousser ses hommages* (STENDHAL, *Chartr.*, XIX). [Paroles adressées par un père à sa fille, qui refuse un beau parti.] — *Sois* GENTILLE [à une femme]. — Voir d'autres ex. aux §§ 247, Rem. 2 (attribut du sujet) ; 292, Rem. 3 (attribut du complément d'objet) ; 329, Rem. (épithète).

428 **Le donneur peut,** sans changer de forme, **être masculin ou féminin, singulier ou pluriel.** C'est donc le contexte ou la situation qui permettent de donner au receveur le genre et le nombre qui conviennent.

a) Les pronoms personnels, *je, tu, me, te, nous, vous,* peuvent être des masculins ou des féminins :

Je suis CONTENT (dira un homme). *Je suis* CONTENTE (dira une femme). *Nous sommes* CONTENTS (si *nous* représente uniquement des hommes ou un ensemble d'hommes et de femmes). *Nous sommes* CONTENTES (si *nous* représente uniquement des femmes).

b) Le pronom relatif *qui* employé sans antécédent, le relatif *qui-conque,* les nominaux indéfinis *plusieurs, d'autres, personne,* qui sont d'ordinaire des masculins, peuvent être des féminins quand la situation indique qu'il s'agit de femmes. Le pronom interrogatif *qui*, d'ordinaire masculin singulier, peut être féminin ou pluriel quand la situation l'exige.

Un fiancé volage est insupportable à qui est vraiment AMOUREUSE. — *Quiconque sera* PARESSEUSE *et babillarde sera punie* (LITTRÉ). — *Plusieurs sont* AMOUREUSES *de lui.* — *Il y en a d'autres qui sont* AMOUREUSES *de lui.* — Pour *personne*, voir § 726, Rem. 1. — *Et qui donc est* ALLÉE *à Chaumont dernièrement ?* [...] *Et qui donc est* RESTÉE *depuis deux mois* ENFERMÉE ? (ARLAND, *Terre natale*, V.) — *Je ne pourrais vous dire qui* SONT LES *plus* VILAINS (SARTRE, *Mouches*, III, 5).

Pour *qui* pronom relatif avec antécédent, il n'y a pas syllepse puisqu'il a le genre, le nombre et la personne de cet antécédent.

c) Les prénoms comme *Claude, Camille, Dominique* sont identifiés comme masculins ou comme féminins seulement si l'on connaît le sexe des personnes qu'ils désignent. Il en est de même des noms de familles quand ils ne sont pas accompagnés du prénom ou d'un titre :

Granier [= Jeanne Granier], RENTRÉE *tard du Bois de Boulogne, déjeune en chapeau* (J. RENARD, *Journal*, 18 févr. 1897). — *Remy* [= Jacqueline Remy] *s'est* DÉPOUILLÉE *de son regard d'Occidentale* (dans l'*Express*, 11 avril 1981, p. 5). — *Bovary* [= Mme Bovary] *est* IDIOTE (POIROT-DELPECH, dans le *Monde*, 31 juillet 1981). — C'est donc peut-être ici que l'on doit ranger cet ex. : *Le docteur E. est parti et le docteur M., que je ne connais pas, est* ABSENTE (J. BOREL, *Dépossession*, p. 403). [En outre, cela contredit la règle générale donnée au 423, *b*.]

d) Lorsque le déterminant ne le marque pas, le genre de certains noms communs (§§ 480-481) ne peut être identifié que si l'on connaît les êtres désignés :

Les pensionnaires [d'un couvent] *étaient* TOUTES *plus ou moins* AMOUREUSES *du musicien inconnu* (HUGO, *Misér.*, II, VI, 5).

429 **L'accord contredit le genre et/ou le nombre du donneur normal.**

a) **Syllepses obligatoires.**

1° Quand les pronoms personnels ***nous*** et ***vous*** sont employés pour un seul être (§ 631), l'adjectif, attribut ou épithète, le participe passé qui s'accordent normalement avec ces pronoms, se mettent au singulier (et au genre correspondant au sexe de la personne) :

Êtes-vous CONTENT, *Monsieur ?* — *Êtes-vous* CONTENTE, *Madame ?* — [Au narrateur :] *Vous voici* TRANQUILLE (GRACQ, *Rivage des Syrtes*, p. 226). — [À Jacqueline :] *Comment vous y êtes-vous* PRISE ? (MUSSET, *Chandelier*, II, 1.) — *Il y a tout lieu de croire, et nous en sommes* CONVAINCU, *que Saurin n'était pas l'auteur des* Couplets infâmes (FAGUET, *Hist. de la poésie fr.*, t. VI, p. 289). — *Nous sommes* PERSUADÉ *que la révolution mexicaine aura été pour lui fertile en occasions de refaire sa fortune* (BAINVILLE, *Chroniques*, p. 197). — *C'est la musique qui vous met dans cet état-là ? murmurait-elle. Nous sommes donc si* SENSIBLE ? (J. GREEN,

Minuit, p. 96.) — *Nous nous sommes* RÉSOLU *à publier les résultats de notre enquête* (A. MARTINET, *Prononc. du fr. contemp.*, Introd.) — *Nous nous sommes* TENUE *aux éditions parues du vivant de Flaubert* (Claudine GOTHOT-MERSCH, dans Flaub., *Mme Bov.*, éd. G.-M., p. 366).

La même syllepse se produit pour le nom, attribut ou apposition : *Monsieur, vous êtes* LE MAÎTRE. — *Madame, vous êtes* LA PATRONNE. — *Nous, Tartarin,* GOUVERNEUR *de Port-Taras-con et dépendances* [...] / *Recommandons le plus grand calme à la population* (A. DAUDET, *Port-Tarascon*, II, 4).

Le verbe garde la forme du pluriel. De même, les possessifs sont ceux de la 1re et de la 2e personne du pluriel : *De* VOTRE *épaule droite vous* ESSAYEZ *en vain de pousser un peu plus le panneau coulissant* (BUTOR, *Modification*, 10/18, p. 9).

La syllepse est appliquée rigoureusement avec *vous* parce que le vouvoiement appartient à l'usage ordinaire, même parlé. Avec *nous*, qui est employé pour *je* seulement dans certains types d'écrits, il n'est pas rare de trouver des accords fautifs.

Accord fautif quant au nombre : *Nous sommes* OBLIGÉS *dans cette chronique de laisser vingt questions capitales en suspens* (R. KANTERS, *Des écrivains et des hommes*, p. 197). — *Nous nous sommes* INSPIRÉS *de la méthode proustienne* (H. QUEFFÉLEC, *Enfants de la mer*, Texte liminaire). — [...] *une copie fort satisfaisante et que nous pouvons être parfaitement* AUTORISÉS *à prendre comme base de notre édition* (M. ROQUES, dans *Romania*, 1959, p. 1). — Quant au genre et au nombre : *Mentionnons aussi, sans d'ailleurs essayer d'être* COMPLETS, *quelques détails glanés dans les* Vies d'Antonin *et de* Marc-Aurèle (YOURCENAR, *Mémoires d'Hadrien*, p. 431 [note bibliographique]). — Quant au genre : *Nous nous sommes, ici,* LIMITÉ *à l'étude descriptive* (Denise FRANÇOIS, *Franç. parlé*, p. 19).

2° Les noms féminins *personne* et *chose* ont perdu leur genre originaire en devenant, l'un un pronom indéfini, l'autre, un élément des locutions pronomi-nales indéfinies *quelque chose, autre chose, grand-chose, peu de chose.* Voir §§ 726 et 734.

Personne n'est VENU *ce matin.* — *Quelque chose de* SÉRIEUX *s'est* PRODUIT. — *Il n'a pas fait grand-chose de* BON *dans sa vie.*

Hist. — La même évolution s'est produite pour *rien*, jadis nom féminin, devenu pronom indéfini masculin (masculin à valeur de neutre) : *Rien ne se serait* PRODUIT *si vous étiez intervenu à temps.* Cf. 731, Hist.

3° Certains **adverbes de degré**, surtout *beaucoup, peu, combien, pas mal,* jouent le rôle de pronoms indéfinis pluriels, soit nominaux (généralement mascu-lins), soit représentants (masculins ou féminins). Voir § 707, *b.* (Comp. aussi au § 421 leur rôle comme déterminants indéfinis.)

En une seule année, il y eut soixante-six imitations [d'un cabaret artistique]. *Beaucoup* FIRENT *faillite* (APOLLIN., *Chroniques*, p. 561). — *J'ai pensé que beaucoup se* CHARGERAIENT *d'annoncer les biens nouveaux que l'égalité promet aux hommes, mais que peu* OSERAIENT *signaler de loin les périls dont elle les menace* (TOCQUEVILLE, *De la démocratie en Amér.*, II, Avertiss.) — *Beaucoup* [de femmes en couches] [...] *se* SONT SENTIES PASSIVES (S. de BEAU-VOIR, *Deuxième sexe*, t. II, p. 319). — *Je te dédie ces vers* [...]. *Presque tous ont une allure triste. Très peu* SONT GAIS (J. RENARD, *Journal*, 2 nov. 1887). — *Oh ! combien de marins, combien de capitaines /* [...] / *Dans ce morne horizon se sont évanouis ! / Combien* ONT *disparu, dure et triste fortune !* (HUGO, *Rayons*, XLII.) — *Combien* VOUDRAIENT *être à votre place !* (AC.) — *Les artilleurs portaient les trois couleurs, et ils avaient dû beaucoup s'arrêter en chemin. Pas mal* DORMAIENT *sur les caissons, parfaitement* IVRES (ARAGON, *Semaine sainte*, L.P., t. I, p. 192). — Voir d'autres ex. au § 707.

4° *La plupart* et parfois *bon nombre, quantité,* jouent aussi le rôle de pronoms indéfinis pluriels, ordinairement masculins, parfois féminins. (Comp. au § 422, *b,* leur rôle comme déterminants indéfinis.) Il en est de même pour *un million, un milliard,* etc. (comp. § 422, *c,* 1°), que les usagers rangent spontanément à la suite des numéraux comme *cent* et *mille.*

*L'immensité et la complication du sujet effrayaient et fatiguaient d'avance les esprits : la plupart n'*AVAIENT *même pas essayé de l'étudier* (TOCQUEVILLE, *Souvenirs,* p. 261). — *Plus d'un / Ne viendra plus chercher la soupe parfumée, / Au coin du feu, le soir, auprès d'une âme aimée. / Encore la plupart n'*ONT*-ils jamais connu / La douceur du foyer et n'*ONT *jamais vécu !* (BAUDEL., *Fl. du m.,* Crépuscule du soir.) — *Les écrivains d'aujourd'hui le sentent* [...] ; *la plupart* COMPRENNENT *qu'il ne peut y avoir de langage universel en dehors d'une universalité concrète* [...] *du monde civil* (BARTHES, *Degré zéro de l'écriture,* II, 6). — *Si du moins ces pauvres femmes étaient parfaitement desséchées ; mais la plupart* SONT *très* GRASSES (G. DUHA-MEL, *Lieu d'asile,* p. 74).

Les compagnons de Desgenais étaient des jeunes gens de distinction, bon nombre ÉTAIENT *artistes* (MUSSET, *Conf.,* II, 4). — *Dans la foule des romanciers* [...], *qui retenir ? Quantité* ONT *apparu, puis disparu* (M. NADEAU, *Roman fr. depuis la guerre,* Id., p. 130).

Sur 35 millions de Français, 1 million [...] CONSACRENT *leur journée à écrire* (M. BRÉAL, cit. Høybye, p. 293). — *Il y a* [...] *5 millions 570 000 paysans en Russie : plus d'un million* APPARTIENNENT *à l'État* (A. de MONZIE, *ib.*).

Quelques auteurs pratiquent encore l'ancien usage (cf. Hist.) et considèrent *la plupart* comme un singulier (comp. § 422, *b*) :

La plupart RÂLA *dans les défilés nocturnes* (MALLARMÉ, *Poésies,* Guignon). — *La plupart* VIT *et* MEURT *sans soupçonner l'histoire / Du globe* (LAFORGUE, *Poésies compl.,* p. 335). — *Chaque élève se hâtait si bien à se dévêtir, que la plupart n'*ENTENDAIT *point le coup lointain de l'horloge* (A. LAFON, *Élève Gilles,* p. 65). — *La plupart* SEMBLAIT *ne pas comprendre de quoi je parlais* (ARAGON, *Mentir-vrai,* p. 249).

Hist. — Comme on l'a vu au § 422, *b,* Hist., *la plupart* a été un singulier : *La pluspart* MOUROIT *de male faim* (AMYOT, *Alexandre,* 17). — *La pluspart* A *plus suyvy les philosophes qu'il n'estoit mestier* (CALVIN, cit. Huguet).

b) **Syllepses facultatives.**

1° Le pronom indéfini *on* désigne en principe un agent humain dont on ignore l'identité, c'est-à-dire le sexe et le nombre : *On est venu voler à la pharmacie cette nuit.* Le verbe est au singulier et l'attribut ou le participe sont au genre et au nombre indifférenciés, c'est-à-dire au masculin singulier. — Mais il n'est pas rare que le pronom représente en fait une ou des personnes bien identifiées et concurrence les pronoms personnels *je, tu, il, nous, vous, ils, elle, elles* : cf. § 724, *b.* Dans ce cas, si le verbe reste nécessairement au singulier, l'adjectif attribut, l'épithète détachée, le participe passé peuvent prendre le genre et le nombre correspondant au sexe et au nombre des êtres désignés.

Féminin singulier : Avez-vous jamais vu figure plus avenante et plus égayée que votre accordée ? Est-on plus BLANCHE *et plus* BLONDE ? (HUGO, *N.-D. de Paris,* VII, 1.) — *Qui regrette-t-on quand on est si* BELLE ? (MUSSET, *Conf.,* V, 6.) — *On a toujours eu une enfance, quoi que l'on soit* DEVENUE [dit Marguerite] (DUMAS fils, *Dame aux cam.,* XIII). — *Eh bien ! petite, est-on toujours* FÂCHÉE ? (MAUPASS., *Notre cœur,* III, 1.)

Masculin pluriel : *À quoi bon se battre, puisqu'on n'était pas* LES *plus* FORTS ? (ZOLA, *Débâcle*, II, 8.) — *On dort* ENTASSÉS *dans une niche* (LOTI, *Vers Ispahan*, Prélude). — *On était* PERDUS *dans une espèce de ville* (BARBUSSE, *Feu*, 90). — *On est* FATIGUÉS (COLETTE, *Chéri*, M.L.F., p. 90). — *On serait* LES PREMIERS FÂCHÉS, LES *plus surpris et* LES *plus* ENNUYÉS [...] *si la guerre* [...] *éclatait* (BAINVILLE, *Allemagne*, t. I, p. 56). — *Si je mets une signature à gauche, c'est qu'on aura été* BOMBARDÉS (MONTHERLANT, *Fils de personne*, IV, 1). — *On* [= R. Desnos et l'auteur] *n'a jamais été* FÂCHÉS (M. LEIRIS, dans le *Monde*, 10 janv. 1975). — *On est* TRANQUILLES (VIAN, *Écume des jours*, XI). — *À nos âges, on a besoin d'être* SOIGNÉS (M. DRUON, *Grandes familles*, III, 5).

Féminin pluriel : *Quand on est* SEULES *comme nous* (J. LEMAITRE, *Révoltée*, I, 1). — *Je ne veux pas qu'ils se trouvent en compagnie de deux gamines mal élevées.* [...]. / — *Ce n'est pas vrai, protesta Delphine. On n'est pas mal* ÉLEVÉES (AYMÉ, *Contes du chat perché*, Mauvais jars).

Le refus de la syllepse reste possible, même quand il s'agit manifestement d'un être féminin ou d'un pluriel :

> *Il se retourna vers moi, qui marchais en arrière :* / — *On* [= nous] *est bientôt* RENDU, *dit-il* (GIDE, *Isabelle*, I). — *On* [= elle] *s'était* REMIS *de l'effet produit par le persiflage conjugal* (BALZAC, *Physiol. du mariage*, XXIV). — *On* [= tu] *est* FÂCHÉ ? *Elle est fâchée* (SARTRE, *Nausée*, M.L.F., p. 95). — *On* [=je] *ne s'est pas* DÉCIDÉ *sans une sorte de remords* (Marie-J. DURRY, *Guill. Apollinaire, Alcools*, t. I, p. 5). — *Le lecteur trouvera plus loin une liste des principaux textes sur lesquels on* [= je] *s'est* APPUYÉ *pour établir ce livre* (YOURCENAR, *Mémoires d'Hadrien*, p. 427).

Même le participe passé des verbes pronominaux réciproques, pour lesquels le pluriel est logique (§ 748, Rem. 1), se rencontre au singulier.

> Ex. au singulier : *Oudry le garantissait, autrefois ; on s'est* FÂCHÉ [= ils se sont brouillés] (FLAUB., *Éd. sent.*, II, 3). — *On s'est* DISPUTÉ *à la séance* (LOTI, *Aziyadé*, III, 25). — *On s'est* ENTRE-REGARDÉ (FARRÈRE, *Seconde porte*, p. 32). — *On ne s'était pas* LIÉ. *On s'est* RETROUVÉ *ensuite* (M. LEIRIS, dans le *Monde*, 10 janv. 1975). — *On ne s'est jamais* AIMÉ (S. de BEAUVOIR, *Mandarins*, p. 254). — *Mon camarade et moi on s'est* EMBRASSÉ (C. DETREZ, *Herbe à brûler*, p. 123). — *On* [= ils] *avait vécu comme mari et femme* [...]. *Et l'on s'était* AIMÉ (J.-M. THÉOLLEYRE, dans le *Monde*, 8 juillet 1983).

> Ex. au pluriel : *Et, s'étant* SALUÉS, *on se tourna le dos* (FLAUB., *Mme Bov.*, II, 8). — *Sept longues années qu'on ne s'était* VUS ! (R. ROLLAND, *Léonides*, II, 6.) — *On s'est* SÉPARÉS *à regret* (H. BOSCO, *Tante Martine*, p. 84). — *On ne se serait peut-être jamais* RENCONTRÉS (SARTRE, *Les jeux sont faits*, p. 89). — *On s'était* FÂCHÉS [= brouillés] (IONESCO, *Rhinocéros*, II, 1).

Le pluriel est logique aussi s'il y a dans le voisinage un autre pluriel en rapport avec *on* ; pourtant, là encore on trouve le singulier.

> Ex. au singulier : *Tu crois qu'on est* MALIN, *tous les deux, à nous tortiller comme des vers* (SALACROU, *Nuits de la colère*, dans les *Lettres franç.*, 17 janv. 1947). — Voir aussi Hugo, cité plus bas.

> Ex. au pluriel : *On serait tous* FAUCHÉS *à cette heure* (R. MARTIN DU GARD, *Thib.*, Pl., t. II, p. 744). — *On s'est* QUITTÉS [...] *très bons amis* (COLETTE, *Chéri*, M.L.F., p. 110). — *Dans le fond, on est* PAREILS *tous les deux* (G.-E. CLANCIER, *Drapeaux de la ville*, p. 97). — *On est* ALLÉES *au cimetière toutes les deux* (B. CLAVEL, *Espagnol*, p. 243).

L'accord sylleptique est admis sans réserves par l'Acad. quand il s'agit du genre : *On n'est pas toujours jeune et* BELLE. Pour le nombre, elle reconnaît seulement que *on*

« s'emploie aussi, familièrement, avec le pluriel *des* et un nom » : *On n'est pas* DES ESCLAVES
pour endurer de si mauvais traitements. — La présence de *des* n'est sûrement pas obligatoire :
On était resté BONS CAMARADES (HUGO, *Misér.*, III, v, 3).

D'autre part, l'usage admet la syllepse du nombre avec d'autres mots que des noms :
voir les ex. cités plus haut. Il faut noter que l'Acad. a maintenu en 1935 une distinction
qu'elle donnait déjà en 1798 à peu près dans les mêmes termes. — Queneau suit respectueusement les prescriptions de l'Acad. : *On est* DES FOUS, *et on en est* FIER (*Voy. en Grèce*,
p. 162).

Hist. — 1. La syllepse du genre était fréquente au XVIIe s. ; celle du nombre s'y
rencontrait aussi :

Quelque SPIRITUELLE *qu'on puisse estre* (MOL., *Préc.*, IX). — *On se plaist /* TOUTE SEULE
en une forest (LA F., *F.*, VIII, 13). — +*Votre sœur demande conseil à tous ses directeurs sur le
parti qu'elle doit prendre, ou du monde ou de la religion ; [...] quand on demande de semblables
conseils, c'est qu'on est déjà* DÉTERMINÉE (RAC., lettre à son fils, 1er août 1698). — *Je ne vous
oublie pas, on ne peut en estre plus* ÉLOIGNEE (SÉV., 27 août 1690). [Corrigé en *éloigné* dans la
Pl.] — *Et l'on ne devient gueres si* RICHES *à estre honnestes Gens* (MOL., *Bourg. gent.*, III, 12).
— L'attribut est un nom pluriel : *De tous vos Façonniers on n'est point* LES ESCLAVES (ID.,
Tart., I, 5).

2. Quand *on* signifiait « nous », le verbe se mettait parfois, au XVIe s., à la 1re personne
du pluriel : *On ne l'*AVRONS *pas aysément* (sottie, cit. Huguet). — On trouvait aussi dans les
textes lorrains la 3e personne du pluriel : voir Nyrop, t. V, § 61, 1°.

2° Lorsqu'une femme porte un surnom ou un pseudonyme masculins, ou un
homme un surnom ou un pseudonyme féminins, le sexe l'emporte d'ordinaire
sur le genre grammatical :

G. Sand INFÉRIEURE *à de Sade* (BAUDEL., *Art romant.*, XVI, 2). — *George Sand a l'air
très simple,* TOUTE NATURELLE, *mais* ELLE *est complexe,* ELLE *est même* MYSTÉRIEUSE
(P. CLARAC, dans la *Revue d'hist. litt. de la Fr.*, juillet-août 1976, p. 531). — *Barbe-Bleue a
déjà épousé six femmes, qu'*IL *a égorgées* [...]. *Barbe-Bleue,* ARMÉ *d'un grand coutelas* [...]
(*Grand Lar. encycl.*). — CE *Barbe-Bleue débonnaire* (R. KANTERS, *À perte de vue*, p. 251).

Lorsqu'il y a agglutination, le genre primitif est tout à fait estompé : *Barberousse s'est*
NOYÉ *dans le Cydnos.*

Le genre grammatical subsiste mieux quand le nom contient l'article : *Le petit chaperon
rouge était* SEUL, *vous êtes deux* (Fr. PORCHÉ, *Un roi, deux dames et un valet*, IV, 3). — *C'est
vrai, avoua-t-il* [= le loup], *je l'ai* MANGÉ, *le petit Chaperon Rouge* (AYMÉ, *Contes du chat
perché*, Loup).

Même dans ce cas, l'attribut ou des mots plus éloignés (comp. § 629) prennent parfois le
genre conforme au sexe de la personne : *La Barbe-bleue était constamment* MALHEUREUX *à ce
jeu* (A. FRANCE, *Sept femmes de la Barbe-bleue*, p. 34). — *La pauvre Barbe-bleue se doutait
bien de quelque chose, mais* IL *ne savait pas de quoi* (*ib.*, p. 19). — *Le Castor* [= S. de Beau-
voir] *s'en est doucement* PLAINTE *dans son roman* (SARTRE, *Carnets de la drôle de guerre*,
p. 331). [Comp. : MON BON *Castor*, p. 333.]

Le cas de George Sand est un peu particulier : « Obsédée par l'esclavage des
femmes, elle voulait s'y soustraire par le nom comme par la tenue. De ce jour
[= 1832], elle mit au masculin tous [exagération !] les adjectifs qui se rapportaient à elle » (MAUROIS, *Lélia*, p. 147). Ses contemporains entraient dans ce jeu.

Mon âme, j'en suis CERTAIN, *a servi de miroir à la plupart de ceux qui y ont jeté les yeux*
(SAND, *Lettres d'un voyageur*, Préf. de la seconde éd.). — MON CHER *Georges* [*sic*] (BALZAC,

Corresp., 3 août 1839). — *Puisqu'*IL *voulait nous donner du Molière, George Sand ne pouvait pas mieux faire que de nous en donner du tout fait* (J. JANIN, dans le *Journal des débats*, 10 avril 1848).

3° Quand les noms comme *douzaine, centaine, millier* sont employés sans que leur complément soit exprimé parce qu'il se trouve mentionné dans le contexte, l'accord peut se faire avec ce complément sous-jacent. De même, lorsqu'il s'agit d'expressions contenant les noms *nombre* et *quantité* et lorsqu'il s'agit de fractions. Comp. § 422, *c*.

Accord avec le complément sous-jacent : [...] *six chemises, pareilles à la demi-douzaine que Thérèse avait* ACHETÉES *le samedi* (ZOLA, *Au Bonheur des Dames*, XIV). — *Les oiseaux commandés par la petite princesse m'avaient donné la plus grande peine en route* [...]. *Une vingtaine* SURVIVAIENT, *sur trente qu'ils avaient été d'abord* (LOTI, *Mariage de Loti*, III, 9). — *Il voyait* [...] *les garçons et les filles. Une douzaine* DANSAIENT (VIAN, *Écume des jours*, XI). — *Un grand nombre* [de *députés chéquards*] STATIONNAIENT *contre la porte soigneusement fermée de la Commission d'enquête* (BARRÈS, *Leurs figures*, p. 201). — [...] *mots dont l'origine même est absolument inéclaircie. Un certain nombre* PEUVENT *appartenir à l'argot* (BRUNOT, *Hist.*, t. I, p. 502). — *Le plus grand nombre* CROYAIENT *par hasard* (R. ROLLAND, *Jean-Chr.*, t. IX, p. 67). — *Sauf un tout petit nombre qui* SONT, ELLES, *très* SPIRITUELLES, *les femmes l'ennuient* (PROUST, *Rech.*, t. II, p. 453). — *Trois professeurs femmes ont été tuées et un assez grand nombre* BLESSÉES (GIDE, *Journal*, 3 mars 1943). — *Toutes les lettres et tous les comptes rendus ne sont pas aussi favorables. Il semble que le plus grand nombre, tout en étant* LOUANGEURS, *ne* SONT RASSURÉS [...] *que parce que Marc Bloch a fait preuve de beaucoup d'érudition* (J. LE GOFF, Préf. de : M. Bloch, *Rois thaumaturges*, p. XXXI). — *Vieux mot. Nos pères en avaient une quantité plus ou moins* IMAGÉS *et* SYMBOLIQUES *pour désigner le même objet* (H. FRANCE, *Dict. de la langue verte*, s.v. *écuelle*). [Dans cet ex., le complément n'est pas vraiment implicite : il est représenté par le pronom *en*.] — [...] *la catégorie à laquelle appartiennent les écrivains* [...]. *À peu près la moitié* APPARTIENNENT *à la catégorie « lettres et arts »* (R. ESCARPIT, *Sociologie de la litt.*, p. 45). — *Sur deux cent soixante-dix mille Européens, un bon tiers seulement* SONT NÉS *dans le pays. Près de la moitié* SONT NÉS *en Afrique du Sud ou en Grande-Bretagne* (J.-Cl. POMONTI, dans le *Monde*, 30 avril 1976). — *Les éléments les plus politisés des Brigades rouges ont été arrêtés par centaines. Plus de la moitié se* SONT DISSOCIÉS *de leur action passée* (*ib.*, 29 janv. 1983, p. 1).

Accord avec le nom exprimant la quantité : *C'était l'avis de plus de quatre cents députés ; une centaine, au plus,* ÉTAIT *contre* (MICHELET, *Hist. de la Révol. fr.*, I, 3). — *Les hommes n'étaient point faits comme Luther et Calvin* [...] ; *le petit nombre ne* CROYAIT *à rien, le grand nombre* CROYAIT *à tout* (CHAT., *Mém.*, IV, II, 11). — *Le plus grand nombre* VOULAIT *partir* (MÉRIMÉE, *Portr. hist. et litt.*, p. 7). — *La route est barrée par un interminable défilé de camions et de chars, emplis de prisonniers allemands* [...]. *Je pensais qu'un plus grand nombre se* TUERAIT *ou se* FERAIT *tuer* (GIDE, *Journal*, 13 mai 1943).

c) Syllepses occasionnelles.

1° Les mots qui devraient s'accorder avec des noms masculins désignant des femmes ou avec des noms féminins désignant des hommes prennent parfois le genre conforme au sexe des personnes désignées :

Sa profession [= du mannequin] *ambiguë lui confère l'ambiguïté. Déjà son sexe, verbalement, est incertain. On dit « ce mannequin est* CHARMANTE *»* (COLETTE, *Voyage égoïste*, p. 70). — *L'auteur* [= Marianne Schaub] *s'est* APPLIQUÉE *à faire revivre* [...] *une pensée quelquefois méconnue* (M. de GANDILLAC, dans *Critique*, déc. 1984, p. 1027). — Voir aussi § 476, *b*, 1°.

Toutes les classes [...] *jusqu'à son altesse royale* LUI-*même, furent reçues et traitées à merveille* (prince de LIGNE, *Mémoires*, p. 82). — *Sa Majesté se montra si* GALANT *pour la jeune femme* [...] (ZOLA, *S. Exc. Eug. Rougon*, XI).

Lorsqu'il s'agit d'un pronom personnel qui ne fait pas partie de la même phrase ou sous-phrase que le mot (cf. § 629), la syllepse est plus acceptable : *Son Altesse se tenait dans le salon. Adossé à la cheminée,* IL *fumait en causant avec ses hôtes* (R. ROLLAND, *Jean-Chr.*, t. IV, p. 155). — *Sa Majesté fut inquiète, et de nouveau* IL *envoya La Varenne à son ministre* (J. et J. THARAUD, *Tragédie de Ravaillac*, p. 143).

Ordinairement, les mots qui s'accordent avec *Sa Majesté* et autres titres honorifiques employés seuls [4] se mettent au féminin ; cela vaut aussi pour les pronoms personnels qui ne sont pas dans la même phrase ou sous-phrase que le titre : *Loin de trouver Sa Majesté* DISPOSÉE *en ma faveur* (CHAT., *Mém.*, IV, V, 4). — *Milord, Votre Seigneurie est trop* BONNE (VIGNY, *Chatt.*, III, 6). — *Votre Excellence est* SAINE *et* SAUVE ? (Al. DUMAS, *Tr. mousq.*, I.) — *Votre Altesse sera* OBÉIE (STENDHAL, *Chartr.*, XX). — *Ces Excellences se rangeront-*ELLES *aux côtés de M. Mussolini* [...] ? (BERNANOS, *Grands cimetières sous la lune*, II, 1.) — *Leurs Excellences* [...] *s'empressèrent autour de Delestang.* ELLES *le félicitaient discrètement* (ZOLA, *S. Exc. Eug. Rougon*, XI). — *Je regrette, Monseigneur, que votre Éminence ne puisse rencontrer plus souvent l'abbé Delmas,* ELLE *serait immédiatement édifiée* (LA VARENDE, *Roi d'Écosse*, p. 265).

2° La langue populaire met parfois au pluriel les mots se rapportant à des noms collectifs singuliers (autres que ceux qui ont été mentionnés ci-dessus : *b*, 3°), notamment à *monde*. On en trouve des ex. dans les dialogues des romans :

Il y a assez de monde qui SONT VENUS *me voir* (HUGO, *Homme qui rit*, II, IV, 8). — *Vos gardes, tenez... Voilà du monde honnête, et qui ne* FONT *pas grand mal* (GENEVOIX, *Raboliot*, III, 1). — *C'est du monde qui* ONT *eu des grands malheurs* (Raym. VINCENT, *Campagne*, L.P., p. 153). — *Il y a beaucoup de monde qui, comme nous,* VOIENT *l'océan pour la première fois* (J. ANGLADE, *Voleur de coloquintes*, p. 227). — [...] *qu'il n'eût pas de haine pour papa-maman, qu'il ne trouvât pas que tout le monde* SONT *des cons* (B. et Fl. GROULT, *Il était deux fois...*, p. 73). — *Tout le reste de la maisonnée cet imbécile de Turandot compris* IRONT *au Mont-de-Piété* (QUENEAU, *Zazie dans le métro*, XV). — Voir aussi la Rem. 2.

Hist. — Le pluriel après des noms collectifs au singulier, en particulier avec *gent*, était extrêmement fréquent en anc. et moyen fr. :

Du moustier la gent ISSOIENT / *Qui la messe escouté* AVOIENT (*Segretain moine*, 243-244). — *Se maisnie* [= sa domesticité] *le pleurent* (*Alexis*, version du XIIIe s., cit. Tobler, *Mél.*, p. 290). — *Ce peuple* GUAIGNOIENT *leur vie en façon bien estrange* (RAB., IV, 12).

3° Dans le français populaire de diverses régions, le syntagme formé par *chez* + un nom de famille peut être suivi d'un pluriel : °*Chez Legrand* VENDENT *leur maison* (= Les Legrand ...).

Remarques. — 1. Sur les syllepses concernant le déterminant possessif et le pronom personnel, voir §§ 593, *d*, et 629.

2. Le nom devant son nombre, non à l'accord, mais à la réalité désignée (cf. § 417, Rem. 3), des ex. comme les suivants ne ressortissent pas vraiment à la syllepse :

---

4. Sur l'accord avec des expressions comme *Sa Majesté le roi*, voir § 423, *b*.

Tout le monde est DES SALAUDS (COLETTE, *Fin de Chéri*, p. 100). — *Il va falloir cinquante années pour que la masse s'habitue à penser en* RÉVOLUTIONNAIRES, *c'est-à-dire en* INDIVIDUA-LISTES (LA VARENDE, *Centaure de Dieu*, p. 11). — *Les garçons suffisaient à ce très curieux mélange de races et de sangs, qui rendait tout le monde* COUSINS (*ib.*, p. 101).

430   **Accord avec un titre** (de livre, de film, de tableau, etc.).

a) Si le titre forme une **phrase ou** une **proposition**, il est logique que les receveurs se mettent au masculin singulier, genre et nombre indifférenciés (comme dans les emplois autonymiques : § 450), mais aussi genre et nombre qui conviennent à des noms génériques comme *livre, film, tableau*, etc. (voir cependant la Rem. 1), mots présents à l'esprit de celui qui parle ou écrit.

Les Dieux ont soif EST *un livre d'une maîtrise absolue* (THIBAUDET, *Hist. de la litt. fr. de 1789 à nos jours*, p. 433). — *Les Oiseaux s'envolent et les fleurs tombent* [...] EMPORTE *plus aisément notre adhésion* (BILLY, dans le *Figaro litt.*, 22 mars 1952). — *Heureux les pacifiques* EST *le long récit d'une éducation intellectuelle* (R. KANTERS, *Des écrivains et des hommes*, p. 192). — *Bien que Les dieux ont soif* [...] RÉVÈLE *que l'auteur* [...] (G. PICON, dans *Hist. des litt.*, t. III, p. 1260). — *Tous les hommes sont mortels* [...] ESQUISSE *la satire du rêve d'immortalité qui sommeille en chacun de nous* (P. de BOISDEFFRE, *Écrivains fr. d'aujourd'hui*, p. 27).

Pourtant, l'accord avec le sujet de la phrase-titre n'est pas si rare qu'on croirait : *Les Affaires sont les Affaires* [...] ONT *mérité de rester* [...] *une des grandes pièces du répertoire* (THIBAUDET, *op. cit.*, p. 504). — *Les lions sont lâchés* SONT *un roman par lettres* (É. HENRIOT, dans le *Monde*, 5 oct. 1955). — *La Mort conduit l'Attelage fut* [...] *très bien* REÇUE *par la critique (*YOURCENAR, *Œuvre au noir*, p. 326). — *Les Dieux ont soif* SONT [...] *un ancien ouvrage de jeunesse retrouvé dans les tiroirs* (CLOUARD, *Hist. de la litt. fr. du Symbolisme à nos jours*, t. I, p. 308). — *J'assistai à une projection des* Jeux sont faits TOURNÉS *par Delannoy sur un scénario de Sartre* (S. de BEAUVOIR, *Force des choses*, p. 147).

b) Si le titre est un **syntagme prépositionnel**, les receveurs se mettent d'ordinaire au masculin singulier (comp. *a*) :

*L'*En route *de Huysmans est* CHRÉTIEN (THIBAUDET, *op. cit.*, p. 377). — LE Pour la couronne *de François Coppée* (LALOU, *Hist. de la litt. fr. contemp.*, p. 259). — À la recherche du temps perdu *n'est pas* ACHEVÉ (J. MADAULE, *Reconnaissances*, p. 142). — Sans famille *avait été* COMMANDÉ *par Hetzel* (A. BAY, dans *Hist. des litt.*, t. III, p. 1610). — Par les champs et par les grèves ÉTAIT *avant tout un exercice de description* (THIBAUDET, *G. Flaubert*, p. 81).

Il est exceptionnel que l'accord se fasse avec le nom inclus dans le syntagme : De l'Allemagne, *une fois* UTILISÉE, *a été de moins en moins* LUE (THIBAUDET, *Hist. de la litt. fr. de 1789 à nos jours*, p. 51).

Si l'on supprime la préposition, le titre tombe sous l'application du *c*, 4°, ci-dessous : *La* Recherche [= À la recherche du temps perdu] *est* FAITE *d'éléments universels* (G. GENETTE, *Figures III*, p. 68).

c) Le titre est constitué par un **nom ou** un **syntagme nominal sans préposition**.

1° Si le syntagme nominal (ou son noyau) est construit **sans déterminant**, les receveurs se mettent presque toujours au masculin singulier (comp. *a*) :

Dernières Chansons A *failli me faire avoir un procès* (FLAUB., *Corresp.*, t. IV, p. 100). — *Impressions d'Afrique* LAISSE *une impression d'Afrique* (COCTEAU, *Poésie critique*, p. 151). —

Nuits de guerre SUIVIT *l'année d'après* (GENEVOIX, *Jeux de glaces*, p. 67). — Volupté *est* ÉCRIT *dans l'ombre de Lamennais* (THIBAUDET, *op. cit.*, p. 259). — Degrés [...] EST *une tentative plus ambitieuse encore* (M. NADEAU, *Roman fr. depuis la guerre*, Id., p. 172). — *Jacques-Émile Blanche trouvera* Préséances EMPOISONNÉ *par le « joli dire »* (J. LACOUTURE, *Fr. Mauriac*, p. 200). — Libération *était alors* PETIT, *misérable*, GALEUX (L. GREILSAMER, dans le *Monde*, 24 févr. 1981).

Ex. non conformes : Verts pâturages ONT *plus d'ambitions et les* RÉALISENT (A. ARNOUX, dans la *Revue de Paris*, 15 mars 1937, p. 444). — Jeunesse *resta* INACHEVÉE (R. ROLLAND, *Vie de Tolstoï*, p. 34). — Spiritualité hindoue [...] *est* ENIVRANTE (R. KEMP, dans les *Nouv. litt.*, 12 août 1948). — Histoire sainte *a donc été* ÉCRITE [...] *comme une réponse personnelle à des questions intérieures* (DANIEL-ROPS, dans les *Annales*, déc. 1950, p. 29).

2° Quand le noyau du syntagme est un **nom commun qui décrit le genre de l'ouvrage** (*histoire, comédie, mémoires*, etc.) et qui est accompagné d'un déterminant, ce nom communique presque toujours son genre et son nombre aux receveurs :

Les Lettres sur Jean-Jacques, COMPOSÉES *dès 1787*, SONT [...] *le premier ouvrage de Mme de Staël* (SAINTE-BEUVE, *Portr. de femmes*, Pl., p. 1068). — *Les* Scènes de la Vie future [...] *me* LAISSENT *bien insatisfait* (GIDE, *Journal*, 23 juin 1930). — *Peut-être cette* Histoire du Rêveur *a-t-ELLE été* ÉCRITE *avant le premier voyage en Italie* (BACHELARD, *Psychanalyse du feu*, Id., p. 35). — *Si les* Pensées philosophiques SERVAIENT *si fortement la cause du déisme* [...] (ÉTIEMBLE, *C'est le bouquet !* p. 132). — *Les* Mémoires politiques [...] DÉÇOIVENT *un peu* (LACOUTURE, *op. cit.*, p. 578). — *Il entreprend des* Études historiques (*qui ne* PARAÎTRONT *qu'en 1831*) (*Grand dict. enc. Lar.*, s.v. Chateaubriand).

Les ex. non conformes sont rares : Sans remonter à Fontenelle et à ses Entretiens sur la pluralité des Mondes, *qui* EST *un divertissement littéraire* [...] (MAETERLINCK, *Grande féerie*, p. 151). — L'Histoire de Tobie et de Sara [...] *n'en est pas moins typiquement* [...] CLAUDÉLIEN (J. LEMARCHAND, dans le *Figaro litt.*, 30 juillet 1955). — Les stances à Sophie *m'A fâchée avec une bonne proportion de la gent masculine* (Chr. ROCHEFORT, dans le *Magazine litt.*, janv. 1982, p. 41).

3° Si le titre est constitué de deux **noms singuliers coordonnés** par *et*, d'ordinaire (sauf application du 1° ci-dessus) les receveurs se mettent au masculin singulier (comp. *a*) :

Si Don Quichotte *est un roman*, Le Rouge et le Noir *en* EST-IL *un autre ?* (MAUPASS., *Pierre et Jean*, Introd.) — La Mère et l'Enfant (PARU *en 1900*, COMPLÉTÉ *sur manuscrit par les éditeurs en 1911*) [...] (CLOUARD, *op. cit.*, t. I, p. 516). — TOUT Bouvard et Pécuchet SE TROUVE *en germe dans* l'Éducation (GIDE, *Journal*, fin mars 1925). — Merlin et Viviane FUT JOUÉ *à l'Opéra-Comique* (MAUROIS, *Terre promise*, p. 261). — Préséances *a souligné, a accru le succès d'estime que m'*AVAIT *valu* la Chair et le Sang (Fr. MAURIAC, *Journal d'un homme de trente ans*, 11 oct. 1921). — L'Être et le Néant ÉTAIT PARU (SARTRE, *Situations*, t. IX, p. 10). — Racine et Shakespeare *retrouve cette idée simple* (J.-P. RICHARD, *Stendhal et Flaubert*, Points, p. 79). — [...] *dès* l'Envers et l'Endroit AUQUEL *il faut toujours revenir* (NADEAU, *op. cit.*, p. 106). — Troïlus et Cressida [...] JUSTIFIAIT, EXIGEAIT *presque, les explications de style brechtien auxquelles il renonce* (POIROT-DELPECH, dans le *Monde*, 26 févr. 1964).

Le pluriel est rare : Bouvard et Pécuchet ÉTAIENT *trop* DIFFICILES (FLAUB., *Corresp.*, t. IV, p. 216). — Paul et Virginie FIGURENT *déjà une œuvre de décadence* (THÉRIVE, *Retour d'Amazan*, p. 63).

Accord en genre avec le premier (et aussi le plus proche) des deux noms coordonnés (comp. § 435, *b*) : *Voir* [...] MA Phonétique et gramm. hist. (DAUZAT, dans le *Fr. mod.*, juillet 1951, p. 217).

Si les deux noms sont **au pluriel,** cela entraîne souvent le pluriel des receveurs ; mais le singulier se trouve aussi :

Les Rayons et les Ombres DONNENT *leur ouverture musicale à ces* Contemplations
d'Olympio (THIBAUDET, *op. cit.,* p. 167). — *Les* Travaux et les Jours ÉVOQUENT *les activités
quotidiennes* (*Grand dict. enc. Lar.,* s.v. *Hésiode*).

Les Plaisirs et les Jours, *qui* GROUPE *des portraits, des tableaux de campagne, des nouvelles,* POUVAIT *faire deviner* [...] *la future idéologie des sentiments* (CLOUARD, *op. cit.,* t. II,
p. 93).

Hésitation aussi si **l'un des deux noms** seulement est au pluriel : Vire et les Virois SONT
un petit chef-d'œuvre (BAUDEL., *Art romant.,* XXII, 6). — Mécène et ses suivantes PARUT
deux ans plus tard (BERNANOS, *Imposture,* p. 167). — Le singulier est préférable.

4° Dans les autres cas, l'usage n'est pas fixé.

Les receveurs s'accordent le plus souvent avec les noms contenus dans les titres : Athalie
est BELLE *comme l'*Œdipe-roi (SAINTE-BEUVE, *Port-Royal,* t. VI, p. 150). — *Les* Burgraves *de
Victor Hugo* JOUISSENT *d'un fiasco ma solenne* (MÉRIMÉE, *Corresp.,* 25 mars 1843). — *Quand*
Phèdre *aura été* JOUÉE (E. de GONC., *Faustin,* V). — *Auprès des histoires d'amour de la Perse,
ta* Nouvelle Héloïse *me paraît* BOURGEOISE *et* PÉDANTE (BARRÈS, *Dérac.,* p. 108). — *Le
11 mars 1672, les* Femmes savantes PARURENT *sur le Théâtre du Palais-Royal* (A. FRANCE,
Génie latin, p. 158). — *Les* Infortunes de la vertu *ne* FONT *point partie de l'énumération*
(APOLLIN., *Diables amoureux,* p. 235). — *Les* Employés SONT *d'une langue excellente* (GIDE,
Journal, 26 nov. 1942). — *Ils prenaient le masque des personnages des mauvais romans du
XVIIIᵉ siècle dont* Les liaisons dangereuses SONT *le chef-d'œuvre* (RADIGUET, *Bal du comte
d'Orgel,* p. 77). — *Les* Bateleurs nègres [...] SONT *la toile la mieux rendue* [...] *de Fromentin*
(*Lar. XXᵉ s.,* s.v. *Fromentin*). — *Les* Martyrs *n'*ÉTAIENT *pas un livre ennuyeux* (MAUROIS,
Chateaubriand, p. 234). — *La* Rose de sable *a été* ÉCRITE *dans ces sentiments-là* (MONTHER
LANT, *Service inutile,* Pl., p. 576). — *La* Dévotion à la croix, *plusieurs fois* TRADUITE, *n'attendait pas cette nouvelle version pour être* RÉVÉLÉE *au lecteur français* (A. CAMUS, Avant-propos
de : Calderon de la Barca, *Dév. à la croix,* trad. de Camus). — *La* Nausée *venait d'être*
REFUSÉE *par la* N.R.F. (SARTRE, *Carnets de la drôle de guerre,* p. 102). — *Les* Caprices de
Marianne SONT *un chef-d'œuvre de poésie* (J. DUTOURD, *Paradoxe du critique,* p. 55). — De
même : *Ce roman, postérieur à* Clarisse Harlowe *et à la* Nouvelle Héloïse, *et si visiblement
influencé par* ELLES [...] (GIRAUDOUX, *Littérature,* p. 75).

Les receveurs sont au singulier ou au masculin singulier : AUCUN Sourires pincés *n'*ÉTAIT
en montre (J. RENARD, *Journal,* 13 févr. 1891). [Ce cas est doublement particulier : *aucun*
s'emploie d'ordinaire avec un nom singulier ; il s'agit du livre en tant qu'objet matériel.] —
Si l'Ennemie des Rêves *eût été* MEILLEUR [...] (GIDE, *Journal,* 23 juin 1931). — Quatre
femmes A *été fort bien* JOUÉ (G. MARCEL, dans *Hommes et mondes,* mars 1947, p. 581). —
Mais LE Fin de siècle [un hebdomadaire] *a laissé une mauvaise réputation* (BILLY, dans le
Figaro litt., 11 mai 1963). — *Les* Mandarins MET *en scène principalement des intellectuels de
gauche* (NADEAU, *op. cit.,* p. 114). — IMPARFAIT, INÉGAL, *brusquement* INTERROMPU,
Marianne *n'en reste pas moins l'une des œuvres les plus curieuses* [...] *de notre littérature
romanesque* (ARLAND, Préf. de : Marivaux, *Vie de Marianne,* 1947). — *Du* Romanée 1561 !
C'est ce qu'on boit dans la Dame de Montsoreau, *que j'ai* VU *hier soir* (J. GREEN, *Journal,*
3 juillet 1933). — Psyché *est* OFFERT *au public le 24 juillet* (P. BRISSON, *Molière,* p. 266). —
Madeleine *est* JOUÉ *à ravir* (Cl. MAURIAC, dans le *Figaro litt.,* 20 oct. 1951). — De même : *Je
commençai* L'Invitée *en octobre 1938, je* LE *terminai au début de l'été 1941* (S. de BEAUVOIR,
Force de l'âge, p. 381).

On dira sans doute qu'il serait utile de distinguer, par ex., un roman (Madame Bovary
est AIMÉ *de beaucoup*) de son héroïne (*Madame Bovary est* AIMÉE *de beaucoup*). Mais les

auteurs ne semblent pas y être vraiment attentifs ; parfois même ils confondent exprès les deux points de vue. Il est vrai qu'il s'agit surtout de la langue écrite et que les caractères italiques permettent une distinction parfaitement claire.

Remarques. — 1. Il arrive que le receveur soit au féminin singulier parce que le scripteur pense à un terme générique féminin :

À *tragédie : On lui déclara que* Polyeucte *n'était pas* FAITE *pour la scène* (CHAT., *Vie de Rancé*, S.T.F.M., p. 30). [Texte de la 1ʳᵉ éd. ; la 2ᵉ porte *fait*.] — Tite et Bérénice *est* PRÉSEN-TÉE *dans l'édition originale* (P. CLARAC, cit. Hanse, 1983, p. 975). — À *pastorale : Théophile de Viau, dans* SA Pyrame et Thisbé (FAGUET, *Hist. de la poésie fr.*, t. V, p. 133). — À *fable : Il ne jure point que* Le Coche et la Mouche *soit* NÉE *(le féminin parce que je pense « fable »)* sur *la route G.C. 22ter* (R. KEMP, dans les *Nouv. litt.*, 16 juillet 1953). — À *pièce :* Roméo et Jeannette *est médiocrement* JOUÉE *par d'excellents acteurs* (FR. AMBRIÈRE, dans le *Mercure de Fr.*, févr. 1947, p. 329). — Celles qu'on prend dans ses bras *est exactement* JOUÉE *comme* ELLE *doit l'être* (Fr. de ROUX, dans le *Figaro litt.*, 28 oct. 1950). — Jeanne et les Juges *est* TIRÉE *du procès de Jeanne d'Arc* (P. de BOISDEFFRE, *Écrivains fr. d'aujourd'hui*, p. 90). [Ou accord avec *Jeanne ?*]

2. Pour les titres de journaux, voir aussi § 468, *b*.

3. Les noms d'associations peuvent poser des problèmes analogues à ceux que posent les titres. Par ex., s'ils sont employés sans déterminant (ce qui n'est pas l'usage normal : comp. § 570, 9°) comme sujets, le verbe reste parfois au singulier :

Rencontres communistes DEMANDE *que la date du prochain congrès du P.C.F. soit fixée dès maintenant* (dans le *Monde*, 27 juin 1981, p. 8).

4. Comp. aussi aux §§ 462, *c*, et 465 le genre des noms de bateaux, d'églises, etc.

431   **Indications numériques.**

a) Il arrive qu'une indication numérique entraîne le singulier parce qu'elle est pensée comme un ensemble, comme un total :

Seize cent mille francs de gain ÉTAIT *encore une jolie somme* (ZOLA, *Au Bonheur des Dames*, VIII). — Fallût-il pour cela donner cent francs (cent francs qui en somme n'EST pas quelque chose à nous [...]), *cela ne contient aucune espèce d'effort ou de bonté* (PROUST, *Jean Santeuil*, dans le *Figaro litt.*, 3 nov. 1951). — Cinq minutes de paradis ARRANGERA *tout* (BERNANOS, *Corresp.*, 24 oct. 1934). — Quinze millions *me* SEMBLE *une hypothèse très modérée* (S. de BEAUVOIR, *Mandarins*, p. 295). — Cinquante coups de baguette FUT *le tarif imposé — trente auraient suffi* (J. ORIEUX, *Figues de Berbérie*, p. 164).

Dans certains de ces ex., l'accord se fait peut-être avec l'attribut (comp. § 897, *b*) ; cela expliquerait le traitement différent des deux verbes, dans le texte d'Orieux. D'autre part, lorsqu'il y a un complément à la suite de l'indication numérique, il peut prédominer dans la pensée, notamment dans la phrase de Bernanos.

Ex. avec le pluriel : *Quarante ans* SONT PASSÉS (HUGO, *Châtim.*, V, XIII, 2). — *Cinquante francs ne* SUFFISAIENT *pas pour acquitter sa dette* (ID., *Misér.*, I, V, 8). — *Six mille écus ne* SONT *pas une bagatelle* (MUSSET, *On ne badine pas avec l'am.*, I, 2). — *[...] dont me* SÉPA-RAIENT *cent mètres de prairies* (BARRÈS, *Mes cahiers*, t. III, p. 244). — *Vingt-cinq ans de guerre et de paix armée* AVAIENT *appris au capitaine en quoi consiste l'envers des cartes* (YOURCENAR, *Œuvre au noir*, p. 128).

Le pluriel est obligatoire si l'indication numérique est précédée d'un déterminant : *Ces cent cinquante lignes* [...] SUFFIRENT (J. et J. THARAUD, cit. Høybye, § 95).

S'il arrive qu'on ait à écrire en toutes lettres le verbe *égaler* (ou qu'on emploie *faire* ou *donner*) dans l'expression d'une égalité dont le premier membre est une pluralité, on peut laisser ces verbes au singulier ; l'accord est alors sylleptique et se fait avec *nombre* ou *cela*, qu'on a dans la pensée. Mais on peut aussi mettre le pluriel (surtout à *faire*).

Ex. du sing. : *Deux multiplié par cinq* ÉGALE *dix* (LITTRÉ, s.v. *égaler*, 2°). — *Quatre pris quatre fois* DONNE *seize* (ID., s.v. *fois*, 3°). — *Quatre plus quatre* ÉGALE *huit* (*Dict. gén.*, s.v. *plus*). — *Six moins quatre* ÉGALE *deux* (*ib.*, s.v. *moins*). — *Vingt-sept moins dix* ÉGALE *dix-sept* (IKOR, *Semeur de vent*, p. 15). — *Quatre multiplié par vingt* FAIT *quatre-vingts* (AC., s.v. *quatre-vingts*). — De même : *18 soustrait de 54* LAISSE *pour reste 36* (*Dict. contemp.*, s.v. *reste*).

Ex. du pluriel : *Trois plus trois* ÉGALENT *six* (*Dict. gén.*, s.v. *égaler*). — *Quarante* ÉGALENT, *suivant les cas, dix, soixante, vingt* (IKOR, *Ceinture de ciel*, p. 194). — *Trois fois trois* FONT *neuf* (AC., s.v. *fois*). — *Puis il compta : Dix-sept multiplié par deux* FONT *trente-quatre* (H. BORDEAUX, *Paris aller et retour*, p. 95). — *Cinq cents francs 1878* ÉGALENT *au moins cent mille francs 1954* (MAUROIS, *Olympio*, p. 539). — *Deux fois vingt-cinq* ÉGALENT *cinquante* (J. MISTLER, *Route des étangs*, p. 58). — *1 + 1 + 4* ÉGALENT *6* (M. DÉON, *Rendez-vous de Patmos*, p. 318).

Si l'on a *et* dans le premier nombre, le pluriel paraît préférable : *Deux et deux* FONT *quatre* (AC., s.v. *faire*). — *En arithmétique, un et un* FONT *deux. En amour, un et un* DEVRAIENT *faire un* (MAUPASS., C., *Yvette*, II). — *Deux et deux* SONT *quatre* (HERMANT, *Xavier*, p. 127). [Cet emploi de *être* est archaïque.]

Multiplié, ôté, soustrait, retranché, divisé, dans les opérations arithmétiques, restent d'habitude au singulier :

100 DIVISÉ *par 10 donne 10* (LITTRÉ). — *65* ÔTÉ *de 50* (M. BOLL, *Étapes des mathém.*, cit. Robert, s.v. *négatif*). — *65* ÔTÉ *de 60 donne un nombre négatif* (ROBERT). — *Trois* ÔTÉ *de huit, il reste cinq* (*Grand Lar. langue*). — Autres ex. ci-dessus.

Le pluriel se trouve cependant : *Sept* ÔTÉS *de dix, reste trois* (LITTRÉ, s.v. *à*, Rem. 9). — *Vingt-sept* ÔTÉS *de soixante, reste trente-trois* (IKOR, *Semeur de vent*, p. 14). [Pour *reste*, voir aussi § 901, *c*.]

b) Les indications plurielles concernant l'âge et surtout l'heure sont parfois aussi suivies du singulier, d'autant plus facilement qu'il s'agit d'un moment et que logiquement on pourrait avoir un ordinal :

Et seize ans EST *un âge où, certe* [§ 923], *on aurait droit / De repousser du pied le seuil du tombeau froid* (HUGO, *Lég.*, XVII, 4).

Sept heures S'EXHALAIT *comme un soupir qui soulage* (Ch.-L. PHILIPPE, *Père Perdrix*, p. 118). — *Cinq heures de l'après-midi* EST *un moment instable* (COLETTE, *Naissance du jour*, p. 67). — *Deux heures de l'après-midi* EST PROSAÏQUE, *presque* VULGAIRE (LARBAUD, *Fermina Márquez*, XVIII). — *Dix heures* SONNA (R. VAILLAND, *325.000 francs*, p. 65). — Comp. : *Par la fenêtre, un jour clair et doux d'*UN *4 heures d'avril* (J. DEVAL, *Âge de Juliette*, Petite Illustration, p. 15).

Mais le pluriel est plus fréquent pour l'indication de l'heure : *Onze heures* SONNÈRENT (STENDHAL, *Rouge*, II, 16). — *Quatre heures* ARRIVÈRENT (ALAIN-FOURNIER, *Gr. Meaulnes*, II, 4). — *Quatre heures approchaient* (ARLAND, *Vivants*, p. 35). — *Dix heures* VENAIENT *à peine de sonner* (SARTRE, *Âge de raison*, L.P., p. 118).

Inversement, quelques auteurs mettent le pluriel après *midi, minuit,* quand il s'agit de sonnerie, parce qu'ils pensent aux douze coups (ou, simplement, par analogie avec les autres indications d'heure). Littré (s.v. *midi*) s'élève contre °*Midi* ONT *sonné,* et l'usage ordinaire lui donne raison.

Minuit VIENNENT *de sonner quatre fois autour de moi* (VIGNY, lettre, dans la *Revue des deux mondes,* 15 janv. 1956, p. 262). — *Comme minuit* ACHEVAIENT *de sonner* (STENDHAL, *Armance,* XXVI). — *Minuit* SONNÈRENT (ZOLA, *Œuvre,* VIII ; GIRAUDOUX, cit. Høybye, § 91). — *Midi* VONT *sonner* (ESTAUNIÉ, *Mme Clapain,* p. 61).

Le singulier est beaucoup plus fréquent : *Quand minuit* EUT *achevé de sonner* (GIDE, *Paludes,* p. 150). — *Midi* SONNA *dans la ville* (COLETTE, *Chambre d'hôtel,* p. 68).

Autres ex. du singulier : STENDHAL, *Abbesse de Castro,* II ; HUGO, *Choses vues,* p. 15 ; FLAUB., *Mme Bov.,* II, 12 ; A. DAUDET, *Rois en exil,* p. 96 ; MAETERLINCK, *Oiseau bleu,* IV, 7 ; R. MARTIN DU GARD, *Thib.,* Pl., t. I, p. 925 ; etc.

Comp. l'accord avec *trois heures et demie :* ci-dessous, § 436, *c.*

c) Plus d'un, impliquant logiquement la pluralité, surtout lorsqu'il s'agit de choses non divisibles (*plus d'un homme,* cela fait au moins deux hommes, tandis que *plus d'une page,* cela peut être une page et demie), entraîne parfois le pluriel :

Plus d'un + nom au singulier : *Plus d'un statuaire* [...], *et d'*ILLUSTRES, ONT *égaré* LEURS ESPRITS *dans de vaines ou absurdes théories* (VALÉRY, *Pièces sur l'art,* Pl., p. 1365). — *Ces cahiers contiennent plus d'une page* AUXQUELLES [...] *je me refuserais à renoncer* (Ch. DU BOS, *Dialogue avec A. Gide,* p. 66). — *Comme l'*ONT *fait remarquer plus d'un philologue* (THÉRIVE, *Libre hist. de la langue fr.,* p. 239).

Plus d'un employé pronominalement : *Plus d'une parmi elles* SONT SORTIES *du monastère comme j'en sors aujourd'hui,* VIERGES *et* PLEINES *d'espérance* (MUSSET, *On ne badine pas avec l'am.,* II, 5). — *J'en connais plus d'un qui* ONT *joliment arrondi leur fortune* (ZOLA, *Curée,* I). — *Beaucoup de Français étaient alors persuadés, et plus d'un le* SONT *encore* DEMEURÉS *jusqu'à une date récente, que les populations indigènes se laisseraient absorber* (J. ROMAINS, dans la *Nation belge,* 20 oct. 1947).

Autres ex. du pluriel : VERL., *Odes en son honneur,* XVII ; R. ROLLAND, *Jean-Chr.,* t. IX, p. 27 ; Fr. MAURIAC, *Vie de Jésus,* XVI ; ARLAND, *Étienne,* p. 135 ; R. LE BIDOIS, *Mots trompeurs,* p. 11 ; A. PEYREFITTE, *Mal français,* p. 40.

Le singulier est plus fréquent : *Jadis plus d'un brigand dans ce puits se* PERDIT (HUGO, *Théâtre en liberté,* Épée, I). — *Plus d'un se* RAPPELA *des matinées pareilles* (FLAUB., *Sal.,* IX). — *Plus d'un / Ne* VIENDRA *plus chercher la soupe parfumée* (BAUDEL., *Fl. du m.,* Crépuscule du soir). — *Plus d'un criminel s'*ÉTONNE *d'avoir commis son crime* (VALÉRY, *Regards sur le monde actuel,* p. 55). — *Plus d'un sceptique* EÛT *été bien* EMBARRASSÉ *de convenir que l'interlocuteur invisible* [...], *c'était la croix nue pendue au mur* (BERNANOS, *Imposture,* Pl., p. 324). — *Plus d'un mois* PASSA *sans encombre* (YOURCENAR, *Œuvre au noir,* p. 254). — Etc.

Le pluriel est obligatoire si *plus d'un* est répété devant plusieurs noms coordonnés, mais cela ressortit à une autre règle (celle des donneurs multiples : § 432) : *Plus d'une communication bienveillante, plus d'une rencontre heureuse me* SONT ADVENUES (LITTRÉ, Additions, p. 353).

Avec **moins de deux,** on a le phénomène inverse. Le sens implique le singulier, mais celui-ci se trouve rarement (et peut s'expliquer aussi par le *a* ci-dessus) :

Moins de deux minutes AVAIT *suffi* (A. PEYREFITTE, *Mal français,* p. 243).

Ex. du pluriel : *Moins de deux mois* ONT *suffi* (M. PRÉVOST, *Chonchette,* III, 8). — *Moins de deux ans lui* SUFFIRENT (J. d'ORMESSON, *Gloire de l'Empire,* p. 97). — Etc.

d) Les millésimes en tant que donneurs sont souvent considérés comme des féminins singuliers, parce que le locuteur a dans l'esprit le mot *année* :

*Salut à 1838, quoi qu'*ELLE *nous apporte !* (BALZAC, *Corresp.*, 1ᵉʳ janv. 1838.) — *1976 n'a pas été* MAUVAISE (J. CHIRAC, dans le *Monde*, 4 févr. 1977). — *1984 s'annonce plus mal que 1983 qui a été* MAUVAISE (H. KRASUCKI, déclaration citée *ib.*, 24 août 1984, p. 18).

Le masculin singulier serait possible. Mais le pluriel est exclu (parce que du point de vue du sens on a un ordinal et non un cardinal : § 579, *b*). — Si le millésime est précédé d'un déterminant, celui-ci ne peut être que masculin : *Puisse* CE *1952 continuer le calme heureux des dix derniers mois* (COCTEAU, *Passé défini*, 1ᵉʳ janv. 1952).

e) Sur l'emploi de *chaque* avec une expression numérale (*chaque dix jours*), voir § 611.

SECTION 2. — LES DONNEURS SONT MULTIPLES

432   **Règle générale.**

Lorsque le donneur d'accord est constitué d'éléments coordonnés, la règle générale est d'accorder avec l'ensemble des donneurs, c'est-à-dire que le receveur se met au pluriel même si chacun des éléments coordonnés est un singulier.

— Les donneurs sont unis par *et :* INQUIETS, *Pierre et Paul* SONT VENUS *me trouver.* — *Avoir la chevelure et la barbe* BLANCHES. — *Jeanne et Marianne se* SONT TUES. — *Robert et Arthur se* SONT-ILS RÉCONCILIÉS ? — *Le livre et le film* AUXQUELS *vous pensez.* — *L'Académie royale de langue et de littérature* FRANÇAISES (*de Belgique*). — *Servitude et grandeur* MILITAIRES (titre d'un livre de VIGNY). — TES *père et mère honoreras* (décalogue, dans sa version catholique traditionnelle). — *Qu'il garde* PARFAITS [...] *votre esprit, votre âme et votre corps* (1ʳᵉ épître de s. Paul aux Thessal., V, 23, dans *Missel dominical de l'assemblée*, p. 56).

— Les donneurs sont unis par *ou :* Si *l'enfant, le frère ou la sœur* AUXQUELS *des biens auraient été donnés par acte entre-vifs* [...] ACCEPTENT *une nouvelle libéralité* [...] (*Code civil*, art. 1052). — *Si* [...] *le locataire ou le fermier* ONT *été* TROUBLÉS *dans leur jouissance* [...] (*ib.*, art. 1726). — *Un homme de génie ou un intrigant* SEULS *se* DISENT : *« J'ai eu tort. »* (BALZAC, *Curé de Tours*, p. 16.) — *On doit voir un rouge ou un violet plus* INTENSES *que ceux du spectre* (TAINE, *De l'intelligence*, t. I, p. 229). — *Je ne serais pas étonné que son père ou sa mère* FUSSENT ALCOOLIQUES (BARRÈS, *Dérac.*, p. 368). — *Comme un mot d'amour ou bien comme une insulte* TOMBÉS *dans une âme ardente* (ID., *Du sang...*, p. 169). — *Le doute eût été supprimé par une connaissance ou une ignorance également* COMPLÈTES (PROUST, *Rech.*, t. III, p. 30). — [...] *un rêve né de la vue d'un visage ou d'un corps que Swann avait* [...] TROUVÉS CHARMANTS (*ib.*, t. I, p. 195). — [...] *jusqu'à la prochaine catastrophe* [...] *que* DÉCHAÎNERONT *un nouveau peintre ou un nouvel écrivain* ORIGINAUX (*ib.*, t. II, p. 327). — *Avec un* s *ou* t FLEXIONNELS (FOUCHÉ, *Verbe fr.*, p. 91). — *Ils n'en étaient pas moins, à l'occasion, justes et simples, mais d'un air si altier que simplicité ou justice ne leur* VALAIENT *la moindre sympathie*

(H. Bosco, *Malicroix*, p. 82). — *Cette désinvolture irritait le mari qui butait dans la chambre de sa femme sur un fringant chapeau ou un manchon* JETÉS à *terre* (YOURCENAR, *Souvenirs pieux*, p. 19). — *Se dit d'un terrain, ou d'un sable qui s'*EFFONDRENT *quand on veut les creuser* (*Grand Lar. enc.*, s.v. *boulant*). — Voir cependant § 440.

— Les donneurs sont unis par *ni* (ordinairement répété devant chaque terme : § 1033, *b*) : *Ni Corneille ni Racine n'*ONT *encore été* SURPASSÉS (SAINTE-BEUVE, *Caus. du lundi*, t. IX, p. 318). — *Ni l'un ni l'autre n'*ONT *su ce qu'ils faisaient* (VIGNY, *Cinq-Mars*, XXVI). — *Jamais ni brune ni blonde / N'*ONT *valu le bout de son doigt* (MUSSET, *Prem. poés.*, Madrid). — *Tâchez que la honte ni le ridicule ne l'*ATTEIGNENT (A. DAUDET, *Rois en exil*, p. 122). — *La grâce ni la poésie apparente ne* SONT *pas ses objets* (VALÉRY, *Pièces sur l'art*, Pl., p. 1198). — *Ni l'un ni l'autre ne* DISAIENT *mot* (ARLAND, *Terre natale*, p. 76). — *Ni l'un ni l'autre des compagnons d'escapade n'*ONT *raisonnablement pu éprouver l'envie de mettre le mari au courant* (ARAGON, *Mentir-vrai*, p. 482). — *L'autre moitié* [du territoire] [...] *ne produit ni revenu ni capital* ADÉQUATS *pour payer les dettes* (LE ROY LADURIE, *Carnaval de Romans*, p. 364). — *Jamais ni les halliers, ni le taillis, ni la futaie n'*AVAIENT *pépié et sifflé de cette manière* (B. CLAVEL, *Marie Bon Pain*, p. 326). — Voir cependant § 441.

— Les donneurs sont unis par *mais* : *La figure* [...] *est d'une laideur, mais d'une intelligence* SATANIQUES (R. MARTIN DU GARD, *Jean Barois*, p. 170). — Voir cependant § 439, *a*, 2°.

— Les donneurs sont unis par *soit* répété : *On pourrait* [...] *imiter les auteurs, en des occasions où soit l'oreille, soit le caractère de l'expression y* PORTERAIENT (LITTRÉ, s.v. *ce*, 2°). — *Mais soit la poésie, soit l'ironie, soit quelque illuminisme à la Swedenborg* ONT *alors tout sauvé* (H. CLOUARD, dans les *Nouv. litt.*, 25 juin 1953). — *Soit l'Angleterre, soit la Hollande* FURENT *toujours assez fortes pour interdire aux Français l'accès d'Anvers* (Ph. ERLANGER, *Louis XIV*, p. 645). — Voir cependant § 440, Rem. 2.

— Il n'y a pas de conjonction de coordination [5]. D'habitude, il y a une pause dans l'oral et une virgule dans l'écriture : *La pierre où court un scarabée, / Une humble goutte d'eau de fleur en fleur tombée, / Un nuage, un roseau, m'*OCCUPENT *tout le jour* (HUGO, *Contempl.*, III, 24). — *Sa haute stature légèrement courbée, ses traits émaciés* CACHAIENT *en réalité une santé, une force physique peu* COMMUNES (P. BENOIT, *Villeperdue*, p. 17). — *Sa confiance, son orgueil paternel* [...] ÉTAIENT [...] *plus* PUISSANTS *que les miens* (*ib.*, p. 103). — *Cette échelle de valeurs, cette culture, cette forme d'activité,* SONT *la vérité de l'homme* (SAINT EXUPÉRY, *Terre des hommes*, p. 191). — *Une faim, une soif* INCONNUES *la* RAVAGÈRENT (J. GREEN, *Minuit*, p. 271). — *Quel cœur, quel dieu* AURAIENT *pour moi la profondeur d'un lac ?* (A. CAMUS, *Caligula*, IV, 14.) — *L'œuvre de Mannheim, plus encore celle de Max Weber,* REPRÉSENTENT *une étape de la pensée sociologique* (Raym. ARON, *Sociologie allemande contemporaine*, 1981, p. XVI). — Voir cependant § 442.

Parfois il n'y a pas de pause, et l'on met un trait d'union dans l'écriture : *Erckmann-Chatrian* ONT *su nous dire ce qui avait été accumulé en eux par leurs pères* (BARRÈS, dans l'*Écho de Paris*, 2 sept. 1912). — *1830-1831* MONTRENT *à nouveau la même ambition triple* (THIBAUDET, *Hist. de la litt. fr. de 1789 à nos jours*, p. 146). — *Erckmann-Chatrian* SONT *loin d'être* MÉCONNUS (BILLY, dans le *Figaro litt.*, 29 sept. 1962). — *Devienne-Scoffier qui* COURAIENT *sur hydroaéroplane* (L. NUCERA, *Chemin de la Lanterne*, p. 171). — Voir cependant § 438, *c*.

---

5. Dans toute cette section, nous ne considérons pas comme une coordination implicite le fait que les premiers termes ne sont pas joints par une conjonction dans un ensemble comportant plus de deux termes, si les derniers sont unis par *et* ou bien par *ou* : *Le père, la mère et (ou) la fille.*

433   **Les donneurs sont de genres différents ou de personnes diffé-rentes.**

a) Si les donneurs ne sont pas du même genre, le receveur se met au genre indifférencié, c'est-à-dire au masculin :

> *Avec une gaîté et un accent* GASCONS (STENDHAL, *Rouge,* II, 15). — *Ta tombe et ton berceau sont* COUVERTS *d'un nuage* (LAMART., *Nouv. médit.,* III). — *Lucien et Françoise se sont* APERÇUS *en même temps de leur erreur.*
> Sur l'ordre des noms, voir § 332, *b.*

b) Si les donneurs ne sont pas de la même personne, la première personne (qui représente le locuteur) l'emporte sur les deux autres, et la deuxième (qui représente l'interlocuteur) l'emporte sur la troisième :

> *Toi et moi,* NOUS SOMMES *blonds.* — *Lui et moi,* NOUS SOMMES *blonds.* — *Lui et toi,* VOUS ÊTES *blonds.* — *Maman, mon frère et moi* ÉTIONS *assis l'un près de l'autre* (ARLAND, *Terre natale,* p. 168).
> Voir au § 902, *b,* Rem. 1, certains ex. ne respectant pas cette règle.

434   **Accords avec le donneur le plus proche.**

En dehors des situations particulières qui seront décrites dans les §§ qui suivent, on trouve des accords avec le donneur le plus proche qui peuvent être considérés comme des survivances de l'usage classique (cf. Hist.) ou comme des inadvertances, à moins qu'ils ne correspondent à des intentions que le lecteur ne perçoit pas clairement.

a) Cela se rencontre surtout pour les **épithètes,** quoique cet accord permette la confusion avec le cas où l'épithète ne concerne que le dernier nom (cf. § 333) ; le pluriel de l'adjectif étant rarement audible, il s'agit presque toujours de la graphie seulement.

> *L'inquiétude et la souffrance* UNIVERSELLE *firent chercher un remède aux maux de la société* (LAMENNAIS, *De la religion,* VI). — *Ses moindres actions étaient d'une correction et d'une gravité* ADMIRABLE (TAINE, *Voy. aux Pyrénées,* p. 275). — *Il s'épanche sans réserve avec une abondance, une sensibilité* FÉMININE *qui fait sourire* (MICHELET, *Mer,* IV, 7). — *Le rythme de la pensée et de la sensibilité* BARRÉSIENNE (BREMOND, *Pour le Romantisme,* p. 152). — *L'Académie royale de langue et de littérature* FRANÇAISE *de Belgique* (VALÉRY, *Disc. sur Verhaeren,* Pl., t. I, p. 756). — *L'être qui pouvait me jeter dans un désespoir et une agitation* PAREILLE (PROUST, *Albertine disparue,* t. I, p. 37) [*pareils,* Pl., t. III, p. 437]. — *C'est l'influence, la volonté, le génie* NAPOLÉONIEN *qui se faisaient partout sentir* (BAINVILLE, *Bismarck et la France,* p. 187). — *Se constituer une pensée et une conduite* PERSONNELLE (Fr. MAURIAC, *Paroles catholiques,* p. 26). — *Un poète contemporain de langue et de race* ANGLAISE (HERMANT, *Aube ardente,* III). — [...] *dans les mouvements et les habitudes les plus* JOURNALIÈRES, *dans la façon de s'habiller, de manger les œufs à la coque, de plaisanter ou d'être triste aux enterrements* (GIRAUDOUX, *Littérature,* p. 310). — *Bien nette, en revanche, est l'opposition d'un è bref et d'un ê long* FINAL (A. MARTINET, *Prononc. du franç. contemp.,* pp. 214-215). — [...] *par ce mouvement* [...] *d'une précision et d'une élégance* ABSOLUE (R. VAILLAND, *Loi,* L.P., p. 256). — *Voir aussi* § 623, Rem. 1.

S'il n'y a pour les deux noms qu'un seul déterminant singulier (tour archaïque : voir § 562, *b*), l'épithète reste au singulier : *La naïveté et malice* GAULOISE (SAINTE-BEUVE, *Caus. du lundi*, t. I, p. 257). — Le pluriel se trouve parfois : *Dans le mal, la logique touche à la méchanceté et lâcheté* SUPRÊMES (A. SUARÈS, *Vues sur l'Europe*, p. 138).

b) Cela est plus rare pour les verbes [6] et les attributs :

Leur sommeil et leur réveil en FUT *tout parfumé* (A. FRANCE, *Les dieux ont soif*, p. 161). — *Leur condition et l'état du monde les* FORÇA *d'être toujours en armes* (ID., *Sur la pierre blanche*, p. 14). — *La fatalité de nos caractères et la malchance de la vie* A *voulu que ma petite Albertine ne pût pas être ma femme* (PROUST, *Rech.*, t. III, pp. 469-470). — *La haine et le dégoût qu'il est impossible de ne pas ressentir à son endroit ne* VA *jamais sans une complicité* (Fr. MAURIAC, *Trois grands hommes devant Dieu*, p. 30). — *L'angoisse et le doute* DEMEURERA *au cœur de la foi juive* (J. MARITAIN, *Questions de conscience*, p. 64). — *Le jour est venu de la seule explication qu'homme et femme* AIT *jamais eue* [ensemble] (GIRAUDOUX, *Sodome et Gomorrhe*, I, 2).

Hist. — La langue du moyen âge pratiquait ordinairement l'accord avec le donneur le plus proche. Malherbe critiquait cette façon de faire, alors que Vaugelas l'admettait pour les adjectifs (p. 82), mais non pour les verbes (p. 219). Les auteurs du XVIIe s. et même ceux du XVIIIe s. suivaient encore assez souvent l'ancien usage :

— Épithètes : *Le bras et le pied* NU (CORN., *Médée*, IV, 1). — *Consacrer ces trois jours et ces trois nuits* ENTIERES (RAC., *Ath.*, I, 2). — +*Cela commence à s'exécuter avec un bruit et un scandale* ÉPOUVANTABLE (SÉV., 30 oct. 1676). — *Elles étoient mortifiantes pour la vanité et la jalousie* PERSANE (MONTESQ., *L. pers.*, Introd.). — De même : +*Ils semblent avoir tout l'esprit et tout le cœur* APPLIQUÉ (LA BR., *Car.*, VIII, 74).

— Verbes : *Asne, Cheval, et Mule aux forests* HABITOIT (LA F., *F.*, IV, 13). — *L'ordre, l'Esclave, et le Visir, me* PRESSE (RAC., *Baj.*, IV, 4). — *Le Duc et le Marquis se* RECONNUT *aux Pages* (BOIL., *Sat.*, V). — *Je me moquois de Copenhagen et des gasettes ; mais la campagne et l'interest qu'on prent aux affaires generales* FAIT *changer d'avis* (SÉV., 12 juillet 1690). — *Mon estime, mon amitié et la recognoissance* DURERA *autant que moi* (MAINTENON, *Corresp.*, 17 mars 1700). — *Le bon sens et le bonheur des particuliers consiste beaucoup dans la médiocrité de leurs talens et de leurs fortunes* (MONTESQ., *Espr.*, V, 3). — *Le pour et le contre vous* AFFLIGE *également* (DIDEROT, *Neveu de Rameau*, p. 10).

435   **Les donneurs suivent les receveurs.**

a) Si une partie seulement des donneurs suit le receveur (coordination différée : § 261), l'accord est réglé par la partie qui précède :

L'ennui REVENAIT, *et le désespoir* (S. de BEAUVOIR, *Mémoires d'une jeune fille rangée*, p. 225). — *La pluie* VENAIT *les interrompre, ou une connaissance qui passait* (FLAUB., *Mme Bov.*, I, 1). — *Ni l'inspiration ne* SUFFIT, *ni la lime* (BREMOND, *Poésie pure*, p. 87).

b) Si l'ensemble des donneurs suit le receveur, il arrive que l'accord n'ait lieu qu'avec le premier donneur.

En faisant précéder d'une virgule la conjonction de coordination, le scripteur indique lui-même que l'on a affaire à une coordination différée, les donneurs qui suivent le premier étant des additions après coup :

---

6. Dans les ex. de Lamennais et de Bainville cité dans le *a*) ci-dessus, les épithètes sont traitées autrement que le verbe. Michelet est plus conséquent.

À quoi TENAIT *cette certitude, ou cette illusion ?* (H. LAVEDAN, *Irène Olette*, p. 285.) — *Du part. passé* agressus A *été* TIRÉ *agressif (1795), et dès le moyen âge le verbe* agresser, attaquer (DAUZAT, *Dict. étym.*, S.V. *agresseur*).

On peut interpréter de même les ex. suivants : QUEL *que* SOIT *le monde, et l'homme, et l'avenir* (HUGO, *F. d'aut.*, XV). [Mais la virgule a peut-être une autre justification : § 124, *c*.] — *Sous ses* [= d'une pianiste] *doigts, les notes sont pures, déliées ;* PASSERA *la rumeur du vent d'avril, puis celle des sources, le tourbillon de la jeunesse, l'allégresse de l'amour* (C. PAYSAN, *Feux de la Chandeleur*, p. 110). — *À l'angle du boulevard se* DRESSE *un grand immeuble en pierre, de très bonne mine, et en face, au numéro 2 de la rue, une sorte d'hôtel particulier* (ROBBE-GRILLET, *Gommes*, Prol., II).

Dans les ex. suivants, peut-être a-t-on aussi une coordination différée. Mais il est plus vraisemblable que se conjuguent deux tendances : l'invariabilité des receveurs qui précèdent les donneurs (§ 420) ; l'accord avec le donneur le plus proche (voir l'Hist. et le § 434).

— Il s'agit du verbe et, éventuellement, de l'attribut : *Une grande chose commençait ;* QUEL *en* SERAIT *le progrès, l'issue, les résultats, qui pouvait le dire ?* (MICHELET, *Hist. de la Révol. fr.*, I, 2.) — *Ainsi se* PASSA *le reste du jour et toute la nuit* (MÉRIMÉE, *Mosaïque*, Tamango). — *[...] afin de lui répondre* QUELLE ÉTAIT *mon opinion et mon intention sur ces projets* (VIGNY, *Corresp.*, 11 juillet 1849). — *Dans la région où* CROÎT *le mélèze, l'arbousier et le noisetier* (A. FRANCE, *Sept femmes de la Barbe-bleue*, p. 123). — *Vois quelle forme de ville claire et blanche / A reçue la pierre et le plâtre déposés dans ces champs antiques* (CLAUDEL, *Ville*, 2ᵉ version, p. 206). — *Tant* EST GRANDE *la discipline, le respect humain, au Ministère de la Justice, que cette jolie fille ne supplia pas, ne se roula pas par terre* (GIRAUDOUX, *Bella*, VIII). [Cf. § 438, *b* ?] — TEL ÉTAIT *le courage et le dévouement des marins* (J. et J. THARAUD, *Rayon vert*, p. 149). — PUISSE *l'estime et l'amitié, qu'il connaissait, de quelques Français lui avoir été au moins de quelque prix* (M. ROQUES, dans *Romania*, 1952, p. 283).

Dans le cas de *Qu'importe [...] ?* le singulier n'est pas limité au cas où la suite est constituée par une coordination : cf. § 901, *b*.

— Il s'agit de l'attribut d'un complément absolu : SOUS-ENTENDUE *la guerre, le Nord, la Somme* (COCTEAU, *Lettre à Maritain*, p. 14).

— Il s'agit d'épithètes : *J'aime voir l'orgueilleux cochon qui entre à un bout de la machine en faisant mille difficultés [...] et qui en sort à l'autre bout en* BELLES *saucisses et jambons* (BARRÈS, *Voy. de Sparte*, 1906, p. 143). — *De* NOMBREUSES *décisions et échanges avaient été reportés dans l'attente du verdict des électeurs américains* (M. TATU, dans le *Monde*, 4 nov. 1976). [L'accord avec le donneur le plus proche aboutit à attribuer un genre différent à l'épithète et au participe.]

— Il s'agit de déterminants (qui précèdent nécessairement les donneurs) : *[...] les fraudes [...] sur* LA *quantité et qualité du travail achevé* (M. FOUCAULT, *Surveiller et punir*, p. 279). — Voir § 562, *b*.

Hist. — Puisque l'accord avec le donneur le plus proche était encore courant au XVIIᵉ et au XVIIIᵉ s., cela se manifestait aussi quand les donneurs étaient postposés :

(...) cette partie du Temple interieur où ESTOIT *le Chandelier d'or, l'Autel des parfums, et les Tables des pains de proposition* (RAC., *Ath.*, Préf.). — *À Paris* REGNE *la liberté et l'égalité* (MONTESQ., *L. pers.*, LXXXVIII). — *Voilà les raisonnements qu'*AMÈNE *le luxe et son petit goût* (DIDEROT, *Corresp.*, t. VIII, p. 139).

Remarques. — 1. Dans la liturgie catholique, le 29 juin est la fête simultanée de saint Pierre et de saint Paul, ou, d'une façon plus réduite, la SAINT-*Pierre-et-*

Paul (VAN GENNEP, *Manuel de folklore franç. contemp.*, t. I, p. 2103). On accorde donc *saint* avec le mot le plus proche (peut-être y a-t-il aussi influence du singulier *la*). Troyat écrit : *La* SAINT-*Pierre et* SAINT-*Paul (Catherine la Grande*, pp. 176 et 183).

2. Dans un ex. comme le suivant, on a aussi une sorte de coordination différée, ou du moins détachée ; l'élément entre tirets joue pourtant dans l'accord :

> *Si le regret — donc l'imagination —* INTERVIENNENT *en cette minute de dénuement* [...] (Cl. MAURIAC, *Malraux ou le mal du héros*, p. 116).

436   **Un des donneurs est implicite.**

a) Lorsqu'un des syntagmes nominaux coordonnés qui forment le sujet n'est constitué que par un déterminant et un adjectif parce qu'on n'exprime qu'une seule fois le nom qui est commun aux termes coordonnés (§ 217, *d*), le verbe et l'attribut s'accordent d'ordinaire avec l'ensemble des noms, c'est-à-dire avec le nom exprimé et avec le nom sous-jacent :

> *Un second coup de sonnette, puis un troisième, puis un quatrième* EMPLIRENT *de vacarme le petit logement* (MAUPASS., *C.*, Surprise). — *Ma douzième, ma treizième année* ONT *été comme* ENDEUILLÉES *par les récits que me faisait ma mère de l'écrasante défaite du Sud* (J. GREEN, *Journal*, 3 juillet 1951). — *Le bon et le mauvais parti* ÉTAIENT *si difficilement* DISCERNABLES (MAULNIER, *Jeanne et les juges*, IV). — *Le cinquième et le sixième wagon* [...] ONT *des chances* [...] *de s'arrêter juste devant la sortie* (A. STIL, *Seize nouvelles*, p. 41). — *Ni le XVIIe ni le XVIIIe siècle ne* TROUVENT *grâce à tes yeux* (Al. BOSQUET, *Enfant que tu étais*, p. 117).

De même, le pronom relatif transmet le nombre résultant de l'addition des deux noms : *Les juifs, exclus de la société féodale et de la légiste qui* ONT *précédé notre temps* [...] (BARRÈS, *Ennemi des lois*, 1927, p. 146).

S'il y a un seul déterminant pour l'ensemble des termes coordonnés, le verbe et l'attribut se mettent au pluriel si le déterminant (ainsi que le nom, — les adjectifs étant au singulier par accord distributif : § 419) est au pluriel. Ils se mettent au singulier si le déterminant unique (ainsi que le nom) est au singulier.

> — *Les langues anglaise, portugaise, espagnole* SERVENT [...] *à l'interprétation de la pensée de plusieurs millions d'hommes* (CHAT., *Mém.*, I, VII, 11). — *Les VIe et Xe armées s'*ÉLANCENT *à l'assaut* (PÉTAIN, *Disc. de réception à l'Ac. fr.*).
>
> — *La littérature grecque et latine nous* A *familiarisés avec les dieux du monde hellénistique et romain* (DANIÉLOU, *Dieu et nous*, p. 42). — *Une seconde, troisième, ixième édition* ÉTAIT CENSÉE *s'écouler plus facilement que la première* (P. ORECCHIONI, dans *Europe*, oct.-déc. 1982, p. 159). [Pour cet ex., tenir compte aussi du § 442.]

Si le nom est au pluriel avec plusieurs déterminants au singulier, voir la Rem. 1 après *b*). — On rencontre des ex. où le déterminant unique et le nom ne sont pas au même nombre, ce qui est surprenant : voir § 499, *d*, Rem. 1.

Remarque. — Si, au lieu d'épithètes, ce sont des compléments prépositionnels qui accompagnent le nom, trois constructions sont possibles : *La femme du notaire et celle du président* ou, tours plus ambigus, *Les femmes du notaire et du président* (chacun a-t-il une ou plusieurs femmes ?), *La femme du notaire et du président* (ont-ils la même femme ?).

— Dans le second cas, les receveurs se mettent toujours au pluriel : *Les rois de Naples et de Hollande, Joachim et Louis,* DOIVENT *également refuser lesdits cierges* (CHAT., *Mém.*, III, I, II, 8). — *Les trois avions postaux de la Patagonie, du Chili et du Paraguay* REVENAIENT *du Sud, de l'Ouest et du Nord vers Buenos-Ayres* (SAINT EXUPÉRY, *Vol de nuit*, II).

— Dans le premier cas, les receveurs se mettent ordinairement au pluriel : *[...] aux lieux où se* FONT *voir / La nudité de l'homme et celle de la femme* (BAUDEL., *Fl. du m.,* J'aime le souvenir...). — *L'ombre de Staline et celle d'Hitler n'*AVAIENT *pas encore disparu* (MALRAUX, *Antimémoires*, p. 191).

Le singulier, que l'on ne recommandera pas (quoique Høybye, § 265, l'estime « tout naturel »), se trouve cependant : *Ma reconnaissance et celle de ma famille ne* TROUVERA *rien d'impossible pour qui aura sauvé M. de La Vernaye* (STENDHAL, *Rouge*, II, 38). — *Le goût des chevaux, des courses, de la chasse et celui de tous les exercices du corps* SEMBLE *beaucoup s'étendre* (E. SUE, cité dans *Europe*, nov.-déc. 1982, p. 29). [Comp. § 439, c.] — *Où donc mon cœur et celui des miens* PUISAIT-IL *sa joie ?* (COLETTE, *Voyage égoïste*, p. 42.) [Remarquer aussi le déterminant *sa.*]

— Dans le troisième cas, les receveurs se mettent d'ordinaire au singulier : *La présence de sa mère et de sa femme l'*EMPÊCHAIT *de désigner plus clairement la dysenterie dont l'empereur souffrait* (ZOLA, *Débâcle*, I, 8). — *La grâce des attitudes et des corps demi-nus lui* AVAIT *fait oublier [...]* (YOURCENAR, *Souvenirs pieux*, p. 196). — *Dans cette atmosphère confinée* FLOTTAIT *une odeur immuable de suint, de poussière et de vernis à* LAQUELLE *s'ajoutait celle du benjoin* (M. TOURNIER, *Vendredi ou les limbes du Pacifique*, Fº, p. 39).

Mais le pluriel se rencontre parfois, comme jadis (cf. Hist.) : *[...] le groupe où* RICANAIENT *de rage la femme du notaire et du premier président* (PROUST, *Rech.*, t. II, p. 678). — *Chéri [...] la contemple avec cette force et cette fixité qui rend* REDOUTABLES *l'attention de l'enfant perplexe et du chien incrédule* (COLETTE, *Chéri*, M.L.F., p. 170). — Comp. : *L'amateur de masques a pu porter de temps à autre* CELUI *du joyeux drille, du roué désinvolte, ou [...] du bon Belge,* FAUX NEZ PLUS FACTICES *encore que son loup de jeune prince romantique* (YOURCENAR, *op. cit.*, p. 192).

Hist. — Ex. analogues à ceux qui viennent d'être cités : ⁺*Le succès de Dédale et d'Icare, en même dessein,* FURENT DIFFÉRENTS (MALHERBE, cit. Haase, § 64, A). — ⁺*La noblesse de Rennes et de Vitré l'*ONT *élu malgré lui* (SÉV., 16 mars 1689). [On a, en outre, un collectif : cf. § 429, c, 2º, Hist.] — Vaugelas (p. 193) écrivait de ce tour : « Je ne m'en voudrois pas servir », tout en reconnaissant que les opinions étaient partagées.

b) Comme dans le cas envisagé dans le *a)* ci-dessus, le verbe et l'attribut se mettent d'ordinaire au pluriel quand le sujet est un syntagme constitué par *tel et tel* + nom singulier, *l'un et l'autre* + nom singulier :

*Les chiffres des recettes qu'*AVAIENT *faites telle et telle pièce* (R. ROLLAND, *Jean-Chr.*, t. V, p. 54). — *L'une et l'autre hypothèse* SONT *également plausibles* (LANCELOT [= A. HERMANT], dans le *Temps*, 11 nov. 1937). — *En dehors de la Gaule, l'un et l'autre parti* CHERCHÈRENT *des appuis* (C. JULLIAN, *Vercingétorix*, p. 66). — *L'une et l'autre tactique* EURENT *même résultat* (R. ROLLAND, *Jean-Chr.*, t. IV, p. 84). — *L'une et l'autre affaire se* TIENNENT (É. HENRIOT, *Fils de la Louve*, p. 35).

Autres ex. du pluriel avec *l'un et l'autre* : BOURGET, *Divorce*, III ; J. ROMAINS, *Lucienne*, p. 208 ; Fr. AMBRIÈRE, *Galerie dramatique*, p. 237 ; H. BOSCO, *Balesta*, p. 315.

Le singulier se trouve parfois aussi : *Je dois avouer que tel et tel procédé de raisonnement ne me* PERSUADE *pas très bien* (R. KEMP, dans les *Nouv. litt.*, 13 févr. 1947). — *L'une et l'autre saison* EST *favorable* (AC.). — *Car l'un et l'autre droit que son esprit balance / Pèse d'un poids égal qui le tient en souci* (HEREDIA, *Troph.*, Triomphe du Cid). — *L'un et l'autre crime* EST, *d'ailleurs, moins sévèrement puni* (J. LEMAITRE, *Opinions à répandre,* p. 226). — *L'une et l'autre bande s'*ÉTAIT *rassemblée au bas de la route de Charleroi* (DHÔTEL, *Pays natal,* p. 44).

Avec *tel ou tel, l'un ou l'autre, ni l'un ni l'autre,* étant donné le rôle particulier de *ou* (cf. § 440) et de *ni* (cf. § 441), le singulier paraît aussi fréquent, sinon plus fréquent que le pluriel. Comp., au § 444, le cas où ces expressions sont employées de façon pronominale.

Ex. du singulier : *Les femmes sentent-elles vraiment que telle ou telle parole* PASSE *sur les lèvres sans sortir du cœur ?* (NERVAL, *Filles du feu,* Sylvie, XI.) — *Telle ou telle innovation n'*ÉTAIT *pas* REPOUSSÉE (MÉRIMÉE, *Portraits histor. et littér.,* p. 26). — *Est-ce vraiment que telle ou telle façon de tuer* SOIT *plus ou moins cruelle ?* (R. MARTIN DU GARD, *Thib.,* Pl., t. II, p. 872.) — *Nous avons montré comment telle ou telle image simple* [...] PEUT *s'insinuer dans d'autres images plus complexes* (BERGSON, *Rire,* p. 133). — *Il ne lui a pas paru indifférent que telle ou telle partie du service* FÛT PEINTE *de telle couleur délicate* (G. DUHAMEL, *Paroles de médecin,* p. 177). — *L'un ou l'autre projet* SUPPOSE *de la fatuité* (M. PRÉVOST, *Mon cher Tommy,* p. 187). — *Ni l'un ni l'autre escadron n'*ARRIVA (MICHELET, *Jeanne d'Arc,* p. 46). — *Ni l'une ni l'autre prose n'*OFFRE *de cette main-d'œuvre* (SAINTE-BEUVE, *Port-Royal,* III, 21).

Ex. du pluriel : [...] *les commentaires que ne* MANQUERAIENT *pas de provoquer l'une ou l'autre attitude* [...] (PROUST, cit. Høybye, § 330) [*manquerait,* Pl., t. II, p. 476]. — *L'une ou l'autre fin* [...] ÉTAIENT DIGNES *de lui* (H. BAZIN, *Tête contre les murs,* p. 393). — *L'un ou l'autre passage* [...] RÉVÈLENT *un souci artistique* (F. DESONAY, *Dépaysements,* p. 92).

Remarques. — 1. Dans les deux cas envisagés ci-dessus (*a* et *b*), certains auteurs mettent le nom au pluriel malgré les déterminants et/ou les adjectifs au singulier (*Le XVIIe et le XVIIIe* SIÈCLES ; *Telle et telle* PERSONNES) ; cet usage est contestable (cf. § 499, *d*). Il entraîne en tout cas le pluriel des receveurs :

Le premier et le deuxième étages ÉTAIENT NÔTRES (JAMMES, *De l'âge divin à l'âge ingrat,* IV). — *L'une et l'autre doctrines* RÉPUGNENT *à voir* [...] (BERGSON, *Évolution créatrice,* p. 48). — *Tel et tel viveurs* AIMENT *à ne se coucher qu'après l'aube* (H. QUEFFÉLEC, *Portrait de la Suède,* p. 20).

2. Dans des expressions comme *Tant d'amabilité, tant de* joue le rôle d'un déterminant, le noyau du syntagme est le nom qui suit, et c'est celui-ci qui détermine ordinairement l'accord (cf. § 421). Il en va de même s'il y a plusieurs noms coordonnés après *tant de* (etc.) non répété.

*Tant de sang-froid, tant de sagesse dans les précautions m'*INDIQUENT *assez que* [...] (STEN-DHAL, *Rouge,* II, 16). — *Tant d'étroitesse et d'ingratitude l'*INDIGNÈRENT (AYMÉ, *Gustalin,* X). — *Trop de délicatesse et de générosité le* DÉTOURNENT *de prendre son parti* (R. CAILLOIS, dans Montesq., *Hist. véritable,* T.L.F., p. xxv).

Voici pourtant un ex. du singulier : [...] *comme s'il n'eût pu comprendre que tant de prudence, de courage et de dévouement s'*ALLIÂT *avec un visage qui n'indiquait pas encore vingt ans* (Al. DUMAS, *Tr. mousq.,* XXI).

c) L'ellipse dont il est question dans le *a*) se réalise d'une façon constante dans les expressions avec *... et demi(e)* (*Une heure et demie = ... et une demi-heure*). Lorsque ces expressions sont donneuses d'accord, c'est le premier élément seul qui intervient, la fraction qui suit étant considérée comme accessoire. Il en va de même dans les autres expressions fractionnaires (*Un mètre et quart*), ou divisionnaires (*Un mètre vingt-cinq*). Comp. aussi § 431.

Une pomme et demie me SUFFIRA (LITTRÉ, Suppl., S.V. *demi*, Rem. 7). — *Une journée et demie* S'EST PASSÉE *en discussions.* — *Un mètre et quart* SUFFIRA. — *Un mètre vingt-cinq* SUFFIRA.

Cela s'applique aussi aux heures, même lorsqu'il s'agit de la sonnerie : *Sept heures et demie* SONNÈRENT (Al. DUMAS, *Trois mousq.*, XXXIX). — *Quoique en aucun pays* [...] *huit heures et demie ne* SOIENT [7] *une heure indue et tardive* (BARBEY D'AUR., *Chev. Des Touches*, I). — *Trois heures et demie* VENAIENT *de sonner* (R. MARTIN DU GARD, *Thib.*, Pl., t. I, p. 1136). — *Dix heures et quart* SONNÈRENT (J. GREEN, *Léviathan*, II, 10). — *Midi et demie* SONNA (P. LEYRIS, trad. de : H. Melville, *Benito Cereno*, p. 73).

Flaubert a écrit, contrairement à l'usage ordinaire : *Une heure et demie* VENAIENT *de sonner à l'horloge du collège* (*Mme Bov.*, I, 1, texte du manuscrit, éd. G.-M., p. 367) ; il a sans doute considéré qu'une coordination impliquait la pluralité.

Dauzat (*Gramm. raisonnée*, p. 448) exige : *Trois heures et demie* A *sonné*, à cause du coup unique. Cela ne correspond pas non plus à l'usage. Comp. le cas de *minuit*, § 431, *b*.

Remarque. — Le possessif est souvent au pluriel avec l'indication de la taille, parfois avec l'indication du gain, bien que le nom principal soit un singulier. Comp. § 493, *b*, Rem.

Il avait l'air d'un Français [...] *avec sa petite moustache, ses joues rouges,* SES *un mètre soixante et dix* (ARAGON, *Aurélien*, p. 465). — *Ils* [= des regards] *me venaient du haut de* SES *un mètre quatre-vingts* (GIONO, *Moulin de Pologne*, p. 196). — *J'aperçois Thierry Maulnier dominant de* SES *un mètre quatre-vingt-six Serge Groussard et Étienne Lalou* (P. MAZARS, dans le *Figaro litt.*, 16 juin 1951).

Qu'est-ce que peut gagner de l'heure un ouvrier peintre, actuellement ? / — *Je crois que Péclet a* SES *un franc vingt-cinq* (J. ROMAINS, *Hommes de b. vol.*, t. I, p. 239).

437   Les donneurs sont des termes « neutres ».

Le neutre n'existe pas en français du point de vue morphologique, car c'est le masculin qui en assume le rôle, en tant que genre indifférencié. Mais on constate que les usagers répugnent à considérer comme des termes nombrables des éléments neutres du point de vue sémantique : pronoms désignant l'inanimé ; éléments échappant d'habitude à la catégorie du genre (infinitifs et propositions conjonctives). Lorsque ces éléments sont coordonnés, les receveurs restent souvent au singulier.

Les donneurs sont des pronoms dits neutres, souvent accompagnés d'une proposition relative : *Ceci et cela me* PLAÎT (LITTRÉ, S.V. *ceci*). [Littré juge cette manière de dire préférable à ... *plaisent.*] — *Ni ceci, ni cela n'*EST CONVENABLE *dans la maison de Molière* (J.-J. GAUTIER, dans le *Figaro dimanche*, 18-19 févr. 1978). — *Je sais bien que tout ce que prêche M. le Doyen, que tout ce que croit ma mère ne* COLLE *pas à ce qui existe réellement* (Fr. MAURIAC, *Adolescent d'autrefois*, p. 8). — *Ce qui se fonde et ce qui meurt de plus grand qu'eux* [...] PASSE *à travers les hommes* (SAINT EXUPÉRY, *Citadelle*, p. 150). — *Ce que nous avions vu, ce que nous voyions encore ne nous* AIDAIT *guère à le* [= le désespoir] *secouer* (VERCORS, *Silence de la mer*, L.P., p. 8). — *Tout ce qui prétendait, tout ce qui cherchait à consacrer son ascension sociale, se* VOYAIT CONTRAINT *d'en* [= du français] *user* (S. LILAR,

---

7. Le singulier serait admissible : voir § 431, *b* (notamment l'ex. de Colette).

Enfance gantoise, p. 46). — *Ce qui sort de là, ce qui émane, irradie, coule, les pénètre, s'infiltre en eux partout, ce qui les emplit, les gonfle, les soulève...* FAIT *autour d'eux une sorte de vide où ils flottent* (N. SARRAUTE, *Vous les entendez ?* p. 10). — [La plupart de ces ex. ressortissent aussi au § 438.]

Les donneurs sont des infinitifs : *S'agiter et blesser* EST *l'instinct des vipères* (VIGNY, *Destinées*, Oracles). — *Entendre le son de la cloche et se dire : je vais monter avec l'échelle, ne* FUT *qu'un instant* (STENDHAL, *Rouge*, II, 19). — *Sentir, aimer, souffrir, se dévouer,* SERA *toujours le texte de la vie des femmes* (BALZAC, *Grandet*, G.-F., p. 129). — *S'occuper de sa voiture et l'y faire monter* EÛT *peut-être dû faire partie des fonctions du chasseur* (PROUST, *Rech.*, t. I, p. 706). — *Admirer la pensée de Proust et blâmer son style* SERAIT ABSURDE (COCTEAU, *Poésie critique*, p. 191). — *Souffrir et remuer la souffrance en soi et dans les autres* A *pour elle de la vertu* (P.-J. JOUVE, *Hécate*, F°, p. 10). — *Se chercher et se fuir* EST *également* INSENSÉ (MALRAUX, *Tentation de l'Occident*, p. 70). — *Aplanir le terrain, le défoncer, ouvrir des tombeaux où Lol fait la morte, me* PARAÎT *plus* JUSTE [...] *que de fabriquer des montagnes* (M. DURAS, *Ravissement de Lol V. Stein*, F°, p. 37). — *Tracer une perspective et préparer nos lendemains politiques* RÉPOND *aux vœux des Français* (Fr. MITTERRAND, dans l'*Express*, 6 sept. 1962).

Autres ex. : MAUROIS, *Climats*, p. 148 ; POURRAT, *Tour du Levant*, p. 263 ; M. DRUON, *Grandes familles*, VI, 2 ; H. NAÏS, dans le *Fr. mod.*, janv. 1973, p. 86 ; H. JUIN, *Victor Hugo*, t. I, p. 722 ; etc.

Les donneurs sont des propositions conjonctives : *Que vous vous soyez trompé à ce point et que vous persistiez dans votre erreur me* PARAÎT *tout à fait* SURPRENANT.

Dans ce dernier cas, comme dans les deux autres, s'il fallait rappeler les donneurs par un pronom, on choisirait le pronom neutre *cela*.

Mais il n'est pas interdit de mettre les receveurs au pluriel :

Les donneurs sont des pronoms accompagnés d'une proposition relative : *Ce qui s'était passé entre Adrienne et ma grand'mère, ce que Jean avait voulu en conduisant de la sorte notre aventure,* ÉTAIENT *bien* ENFOUIS *derrière le calme des visages* (ESTAUNIÉ, *Silence dans la campagne*, p. 192). — *Ce qui reste du modèle, ce qu'apporte le copiste* COMPOSENT *un troisième personnage* (COCTEAU, *Poésie critique*, p. 207).

Les donneurs sont des infinitifs : *Manger, boire, dormir, se promener* SONT *permis* (AMIEL, *Journal*, 17 janv. 1879, dans la *Nouv. revue franç.*, janv. 1940, p. 98). — *Écrire et penser ne* FONT *strictement qu'un* (BOURGET, cité dans les *Lettres romanes*, févr. 1953, p. 18). — *Veiller et vouloir* SONT *une seule et même chose* (BERGSON, *Énergie spirituelle*, p. 104). — *Se dévêtir sous une treille, s'allonger entre des murs assaillis par un foisonnement de fleurs exotiques, s'abandonner à la violence des plantes, à la douceur de l'eau* [...] *lui* CAUSAIENT *un perpétuel ravissement* (E. CHARLES-ROUX, *Elle, Adrienne*, p. 192).

Un prédicat comme *sont deux* est particulièrement naturel : *Promettre et tenir* SONT *deux* (prov.). — *Être et paraître* SONT *deux* (id.). — *Vouloir et pouvoir* SONT *deux : songer et flûter* DIFFÈRENT *grandement* (SAND, *Maîtres sonneurs*, IV).

Les deux possibilités sont curieusement mélangées dans cet ex. : *M'écouter, me lire* ÉTAIENT *alors* DEVENU *son plus grand plaisir* (Chr. ARNOTHY, *Jeux de mémoire*, p. 186).

Les donneurs sont des propositions : *Qu'elle en fût redevable à un peintre né aux pays des longs hivers, et qu'entre toutes les fleurs il eût choisi celles qui, grelottantes, ne se seraient jamais épanouies sans lui au soleil de Moravie, ne la* PRÉOCCUPAIENT *guère* (E. CHARLES-ROUX, *op. cit.*, p. 192). — *Que l'on se tue pour du sel en Indochine, comme on s'est tués pour du sel en France, et qu'il porte cet uniforme bleu qui fut si longtemps en Vendée la couleur de la répression, le* RENDENT *soudain mal à l'aise* (M. RAGON, *Ma sœur aux yeux d'Asie*, pp. 122-123).

Hist. — Le choix entre le singulier et le pluriel quand on a deux infinitifs coordonnés comme sujets existait déjà à la période classique :

⁺Bien écouter et bien répondre EST *une des plus grandes perfections qu'on puisse avoir dans la conversation* (LA ROCHEF., *Max.,* 139). — *N'être point occupé et n'exister pas* EST *la même chose pour l'homme* (VOLT., *Lettres phil.,* XXV).
⁺Lire vos lettres et vous écrire FONT *la première affaire de ma vie* (SÉV., 18 mars 1671). — *Bien mentir, et bien plaisanter* SONT *deux choses fort differentes* (MOL., *Amants magn.,* I, 2).

438   **Les éléments coordonnés représentent une seule réalité.**

a) Si la réalité est **concrète,** s'il s'agit manifestement d'un être ou d'un objet uniques, désignés de deux ou plusieurs façons, les receveurs restent au singulier par syllepse :

Un homme, un pèlerin, un mendiant, n'importe, / EST *là qui vous demande asile* (HUGO, *Hern.,* III, 1). — *Je crus qu'un être ou qu'une force* INVISIBLE *l'*ATTIRAIT *doucement au fond de l'eau* (MAUPASS., *C.,* Sur l'eau). — *Et ce fleuve de sable et ce fleuve de gloire* [= la Loire] *n'*EST *là que pour baiser votre* [= de Notre-Dame de Chartres] *auguste manteau* (PÉGUY, *Morceaux choisis,* Poésie, p. 94). — *Une femme ou une jeune fille, un grand manteau marron jeté sur ses épaules,* TOURNAIT *le dos* (ALAIN-FOURNIER, *Gr. Meaulnes,* I, 14). — *Sc se réduit ordinairement à un* S *ou* C *SEUL* (MARTINON, *Comment on prononce le fr.,* p. 219). [Son unique désigné par deux graphies.] — *Un homme et un chef comme vous* PEUT *jouer un tel rôle dans le redressement !* (DE GAULLE, lettre au général Catroux, dans *Mém. de guerre,* t. I, p. 342.) — [...] *en deuil de* LEUR *fils et frère* BIEN-AIMÉ, *Fernand* (YOURCENAR, *Souvenirs pieux,* p. 132). — *Ce paresseux, ce pleutre, ce parasite se* FAIT *passer pour un « connaisseur »* (N. SARRAUTE, *Vous les entendez ?* p. 27).

Dans l'ex. suivant, on a accord en genre avec le terme le plus proche (genre qui correspond au sexe de la personne) : [...] *sa liaison* [...] *avec l'*ANCIENNE *maîtresse et modèle de Pradier* (THIBAUDET, *Hist. de la litt. fr. de 1789 à nos jours,* p. 147).

b) Lorsqu'il ne s'agit pas d'un être ou d'un objet concrets, il est plus difficile de savoir clairement si les auteurs envisagent réellement les mots coordonnés comme recouvrant un concept unique, la synonymie étant souvent affaire de sentiment personnel. Il est pourtant vraisemblable que, dans les ex. suivants, les auteurs ont senti les mots coordonnés comme à peu près équivalents, comme deux manières de désigner la même chose ; de là l'accord avec le dernier terme de la coordination.

— Les donneurs sont unis par une conjonction de coordination : *Avec une simplicité et un laconisme un peu* BRUTAL, *il fit connaître à Cormenin ce que nous pensions* (TOCQUEVILLE, *Souvenirs,* p. 275). — *Chéri* [...] *la contemple avec cette force et cette fixité qui* REND *redoutables* [§ 436, *a*] *l'attention de l'enfant perplexe et du chien incrédule* (COLETTE, *Chéri,* M.L.F., p. 170). — *Henriette Ruche, qui se croyait libre de préjugés* [...], *avait une vertu et un vice qui lui en* TENAIT *lieu : son orgueil de femme* (R. ROLLAND, *Âme enchantée,* L.P., t. II, p. 271). [L'orgueil d'Henriette est à la fois une vertu et un vice.] — [...] *cherchant à nuire* [...] *aux belles amours dont la perfection et l'accomplissement les* OFFENSE (G. COHEN, dans les *Lettres romanes,* mai 1947, p. 110). — *Elles symbolisaient une douceur héréditaire et une gentillesse à vivre qui* [...] PASSAIT *pour un miracle* (H. BOSCO, *Mas Théotime,* p. 115). — *S'il avait un métier ou une profession qui lui* TENAIT *lieu de bien* [...] (*Code civil,* art. 1573).

Si les receveurs précèdent les donneurs, l'accord se fait avec le premier terme, qui est le plus proche : *Dans l'effarante multitude qui pourrait sortir d'un seul couple humain,* QUELLE *n'*EST *pas la dissemblance et l'inégalité !* (J. ROSTAND, *Pensées d'un biologiste,* p. 13.)

Cela est le cas notamment de la formule figée (comp. § 434, *a*) *Certificat de* BONNE *vie et mœurs.* — Sur ce modèle : *Un homme de* BONNE *vie et mœurs* (Fr. MAURIAC, *Vie de Jésus*, p. 88). — *Brevet de* BONNE *vie et mœurs* (COCTEAU, *Thomas l'imposteur*, L.P., p. 156). — *Quelle ivresse* [...] *de distribuer des certificats définitifs de* MAUVAISE *vie et mœurs* (A. CAMUS, *Chute*, p. 165). — Certains écrivent *certificat de bonnes vie et mœurs :* IKOR, *Poulains*, p. 105 ; A. de LÉVIS MIREPOIX, dans le *Figaro litt.*, 24-30 août 1970. Cela n'a rien d'illogique, mais ce n'est pas l'usage.

— Les donneurs ne sont pas unis par une conjonction de coordination : *Toute la grâce de la vie, toute la douceur dont je pouvais me flatter encore,* A *péri avec elle* (SAINTE-BEUVE, *Mes poisons*, p. 14). — *Et un dégoût, une tristesse immense l'*ENVAHIT (FLAUB., *Tr. contes*, S. Jul., I). — *Et les coups d'œil réguliers des sergents de ville, cet examen lent et froid de la police, le* METTAIT *au supplice* (ZOLA, *Ventre de Paris*, I). — *Une violence si subite, une si extraordinaire dépossession de soi* [...] DEMEURAIT *forcément* INEXPLICABLE (BERNANOS, *Imposture*, p. 71). — [...] *comme si ce lâche reniement, cette trahison* [...] POUVAIT *les apaiser* (N. SARRAUTE, *Vous les entendez ?* p. 15). — *Et toujours, au fond d'elle-même,* PALPITAIT *cette peur, cette horreur d'elle ne savait quoi* (TROYAT, *Le sac et la cendre*, p. 246). — Voir aussi § 439, *a*, 1°.

Dans les ex. suivants, les auteurs ont choisi d'accorder les receveurs avec l'ensemble des donneurs, quoique le singulier paraisse tout à fait justifiable :

*Le port du prince, sa manière de se tenir n'*ÉTAIENT *point sans majesté* (STENDHAL, *Chartr.*, VI). — [...] *comme si la caducité, la fragilité de la vie* ÉVEILLAIENT *une inquiétude* (THÉRIVE, *Essai sur A. Hermant*, p. 68). — *Mais toute votre lucidité, votre cruelle connaissance n'*ARRIVE- RONT *jamais à vous faire confondre les tableaux qui sortent de votre plume avec des sentences vraies* (A. ARTAUD, lettre à Bernanos, dans Bernanos, *Œuvres roman.*, p. 1771). — *Et de nouveau un grand calme, un silence lourd de mystère* ONT *recommencé de régner* (BAINVILLE, *Allemagne*, t. I, p. 83). — *Ce pouvoir d'engendrer pareil à soi, cette faculté de produire son semblable se* RATTACHENT *directement à la faculté d'assimilation et de croissance* (J. ROSTAND, dans les *Lettres franç.*, 4 avril 1947). — *Sa notoriété, sa gloire légitime* FIRENT *de lui l'un des grands consultants et opérateurs du monde* (H. MONDOR, dans le *Figaro litt.*, 24 mai 1952). — *Cette tranquillité, cette quiétude me* TENTÈRENT *aussitôt* (H. BOSCO, *L'enfant et la rivière*, pp. 38-39).

c) Un autre cas est celui où il n'y a pas de rapport de synonymie entre les deux termes, mais où la pensée les réunit en une seule réalité ou un seul concept :

1° Soit parce qu'une réalité est désignée par ses composantes.

Qu'est-ce que l'Alsace-Lorraine VIENT *d'être durant cinquante ans pour l'Allemagne ?* (BARRÈS, *Chronique de la grande guerre*, t. XIII, p. 183.) — *Laroche-Migennes* EST *une gare sur la ligne de chemin de fer Paris-Dijon, gare qui dessert les villages de Laroche et de Migennes.* — *Un aller et retour* SERA NÉCESSAIRE.

2° Soit parce que par métonymie on désigne une réalité unique en se référant à une autre réalité qui, elle-même, est multiple.

Bloch-Wartburg [= le dictionnaire de Bl. et de W.] *le* DÉSIGNE *comme emprunt* (Él. LAPEYRE, dans J. Grévin, *Tresoriere*, S.T.F.M., p. LIV). [Comp. § 430.] — *Le Tobler-Lommatzsch* [= le dictionnaire de T. et de L.] ENREGISTRE *plusieurs textes* (A. HENRY, *Études de syntaxe expressive*, p. 75). — *La Seine-et-Oise* OCCUPE *une place de premier plan dans l'activité économique de la France* (*Grand Lar. enc.*). — Pour les titres de livres désignés par leurs personnages, voir § 430, *c*.

439   **Un des termes coordonnés l'emporte sur les autres.**

   a) Le **dernier terme** se substitue aux précédents,

   1° Soit que le locuteur ou le scripteur remplacent un mot par un synonyme jugé plus adéquat ou plus expressif, ceci étant fort proche du cas envisagé dans le § 438, *b.*

   Je revenais [...] *à une soumission, à une tendresse, à une vénération* IDOLÂTRE (B. CONSTANT, *Ad.,* III). — *Toute sa prudence, toute sa lâcheté* FRISSONNAIT (ZOLA, *Th. Raquin,* XVI). — *Dans son ménage, le malaise, même la mésentente sexuelle avec une femme qui lui a déjà donné ses quatre enfants,* EST *une des causes de sa liaison* [...] *avec* [...] *Juliette Drouet* (THIBAUDET, *Hist. de la litt. fr. de 1789 à nos jours,* p. 147). — *Tu l'as laissée dans une agitation, un désordre d'esprit* INCROYABLE (BERNANOS, *Journal d'un curé de camp.,* Pl., p. 1189).

   2° Soit que des mots non synonymes soient rangés dans une gradation de telle sorte que le dernier terme efface en quelque sorte les précédents :

   Sous ton regard, ô père, une joie, une existence nouvelle VA *partout s'épanouir* (FLAUB., *Sal.,* VIII). — *Une larme, un chant triste, un seul mot dans un livre* / [...] *Me* FAIT *sentir au cœur la dent des vieux chagrins* (SULLY PRUDHOMME, *Épreuves,* Blessures). — *Une confidence, un souvenir, une simple allusion,* OUVRAIT *des perspectives insoupçonnées* (R. MARTIN DU GARD, *Thib.,* Pl., t. I, p. 996). — *Brusquement une plaisanterie, un mot, un geste me* GLACE (ARLAND, *Vivants,* p. 34). — *Le talent, la culture, voire l'intelligence* POURRAIT *briller chez eux* (A. ROUSSEAUX, dans le *Figaro litt.,* 28 juin 1947).

   Cette gradation peut être indiquée par la formule *non seulement ... mais (encore, surtout,* etc.) ...* : *Non seulement votre lettre, mais encore votre suivante, m'*AFFIRME *que j'ai le bonheur d'être aimé de vous* (Al. DUMAS, *Tr. mousq.,* XXXIII). — *Non seulement notre dignité à l'intérieur, mais notre prestige à l'étranger en* DÉPEND (GIRAUDOUX, *Sans pouvoirs,* p. 101).

   Le pluriel reste cependant possible : *L'innocence des filles est comme le lait que* FONT *tourner un coup de tonnerre, un vénéneux parfum, un temps chaud, un rien, un souffle même* (BALZAC, *Mod. Mignon,* Pl., p. 380). [Il faut noter qu'ici les donneurs suivent le receveur.] — *Chaque jour, un mot, un éclair rapide, un regard, me* FAISAIENT *frémir* (MUSSET, *Conf.,* V, 4). — *Un mot, un regard, un geste, un silence, une combinaison atmosphérique l'*[= le spectateur] AVAIENT *tenu sous le charme* (DUMAS fils, *Père prodigue,* Préf.). — *Un geste, un souffle, une pensée* PEUVENT *soudain changer le sens de tout le passé* (SARTRE, *Baudelaire,* p. 186). — *Tous sentaient celui-là parvenu au point d'explosion, où un mot, un regard,* PROVOQUENT *l'éclatement* (R. VERCEL, *Ceux de la « Galatée »,* p. 28). — *Nous ne sommes pas assurés qu'un mot, une virgule, un silence même ne* SERONT *pas* INTERPRÉTÉS *dans un sens contraire à notre intime pensée* (M. BEDEL, *Mariage des couleurs,* p. 73). — *Un malaise, une angoisse se* RÉPANDENT *à travers la ville* (A. FRANÇOIS-PONCET, dans le *Figaro litt.,* 22 oct. 1960).

   Avec *non seulement ... mais ...* : *Non seulement* [...] *la police française mais peut-être aussi la police allemande* SAVAIENT *à quoi s'en tenir* (DRIEU LA ROCHELLE, *Chiens de paille,* p. 193). — Le pluriel est particulièrement attendu quand les donneurs suivent les receveurs : *Le regard de la Patronne s'arrêta rêveusement sur ce présent de l'artiste où se* TROUVAIENT RÉSUMÉS, *non seulement son grand talent, mais leur longue amitié* (PROUST, *Rech.,* t. II, p. 943).

   3° Soit que le locuteur ou le scripteur annulent eux-mêmes le premier terme en introduisant le second par une formule rectificative comme *ou plutôt, ou pour mieux dire,* etc. :

   Quoique mon nom ou plutôt le nom de mon frère se TROUVE MÊLÉ *dans tout cela* (Al. DUMAS, *Tr. mousq.,* LIV). — *La princesse de Guermantes, ou plutôt sa mère,* A *connu le vrai* (PROUST, *Rech.*, t. II, p. 565). — *L'expression indifférente, obtuse de son visage, ou plutôt son inexpressivité absolue* GLAÇAIT *jusqu'à sa source mon bon vouloir* (GIDE, *Symphonie past.*, M.L.F., p. 30).

b) Plus rarement, **le premier terme** est prédominant dans la pensée de l'auteur, la conjonction *et* équivalant plus ou moins à *avec* (comp. à l'hendiadys, § 263, Rem. 2) :

Que me FAIT *le monde et ses vains jugements ?* (STENDHAL, *Armance*, XXII.) — GRONDE *la mer et sa plénitude, / le monde et son peuplement* (*Bible de Jérusalem*, Ps., XCVIII, 7). [En même temps, on a le phénomène décrit au § 435. Comp. Vulgate : *Moveatur mare, et plenitudo ejus ; orbis terrarum, et qui habitant in eo* ; — et d'autre part la trad. SEGOND : *Que la mer retentisse* AVEC *ce qu'elle contient...*] — *Si cette trinité, ses dogmes et ses mystères,* ÉMANAIT *de la tête des hommes ?* (AUDIBERTI, *Dimanche m'attend*, p. 202.) — *Le vieillard et ses deux écuelles de haricots* [...] RESSEMBLE « *le Temps au sablier* » (JOUHANDEAU, *Prudence Hautechaume*, 1980, p. 87). [Pour la construction du verbe, voir § 274, *a*, 12°.]

Hist. — Cela s'applique aussi aux ex. suivants :

⁺[...] *les vers de Benserade, dont le Roi et toute la cour* A *fait ses délices* (SÉV., 14 mai 1686). — ⁺*Le Roi et toute la cour* EST *à Marly pour quinze jours* (EAD., 26 avril 1690). — ⁺*Hérode et toute sa cour se* MOQUE *de lui* (BOSS., *Œuvres orat.*, t. III, p. 379). — Comp. : ⁺*Le Roi et toute la cour* SONT CHARMÉS *de la tragédie d'Esther* (SÉV., 31 janv. 1689).

c) **Un des termes** de la coordination **inclut,** du point de vue de son extension (§ 202), **les autres termes** et détermine donc l'accord.

1° Le mot qui détermine l'accord est joint à l'autre ou aux autres termes par une conjonction de coordination :

Ni lui ni personne ne CONNAISSAIT *un seul mot de cette langue* (A. FRANCE, *Lys rouge*, I). — *Votre chien ni aucun chien ne vous la* POURRAIT *rapporter* (J. AICARD, *Illustre Maurin*, cit. Høybye, § 314). — *Ni l'avancement ni rien ne le* TOUCHAIT *plus* (LOTI, *Roman d'un spahi, ib.*). — *Je sortis à pas de loup de la chambre sans qu'elle ni personne* EÛT *jamais appris ce que j'avais entendu* (PROUST, *Rech.*, t. I, p. 110). — *Ni vous ni personne n'*AURA *finalement à se réjouir* (J. et J. THARAUD, *Quand Israël n'est plus roi*, p. 139). — *Personne, et moi-même, ne* POUVAIT *l'en empêcher* (KESSEL, *Cavaliers*, p. 329). — *L'existence et le pullulement des robots* SOULEVAIT *déjà des questions qui ne manquaient pas de gravité* (J. ROMAINS, *Lettre ouverte contre une vaste conspiration*, p. 126). [Le pullulement suppose l'existence.] — *La certitude que ni Sophie, ni Marie, ni personne dans la maison ne* POUVAIT *le comprendre, augmentait son désarroi* (TROYAT, *Barynia*, p. 116). — De même : *Toute la Judée, tout Jérusalem* VENAIT *à lui* (*Évangile selon s. Marc*, I, 5, dans *Missel dominical de l'assemblée*, p. 40). [Jérusalem fait partie de la Judée.] Cette règle logique n'est pas toujours respectée, et l'accord peut se faire avec l'ensemble des mots coordonnés : *C'est ce que vous ni personne ne* SAUREZ *jamais* (SAND, *Mauprat*, II). — [...] *dont chacun et même les enfants* S'APPROCHAIENT *sans peur* (PROUST, *Rech.*, t. I, p. 398). — *Tout le monde, et vos supérieurs eux-mêmes,* CONVIENDRAIENT *qu'un prêtre aussi jeune que vous ne saurait prétendre diriger la conscience d'une jeune fille de cet âge* (BERNANOS, *Journal d'un curé de camp.*, p. 238). — *Il lui était permis de surprendre ce que personne et lui-même, jusque-là, n'*AVAIENT *eu droit de voir* (KESSEL, *Cavaliers*, pp. 466-467). — *Ni lui ni personne ne* COMPRENAIENT *rien* (J. GREEN, *Terre lointaine*, p. 81). — *Ni moi ni personne ne* POUVONS *ici les juger* (A. CAMUS, *Mythe de Sisyphe*, p. 125). — *Il a été le chef de guerre énergique sans lequel Clemenceau ni personne n'*AURAIENT *ensuite battu l'Allemagne* (VERCORS, *Moi, Aristide Briand*, p. 8). — Avec un accord irrégulier pour la personne : *Ni vous ni personne ne* POURRONT *l'en empêcher* (D. DECOIN, *John l'Enfer*, p. 145).

2° Le terme qui détermine l'accord résume ou annonce une énumération (à laquelle il n'est pas joint par une conjonction de coordination).

— *Ses paroles, sa voix, son sourire, tout* VINT *à lui déplaire* (FLAUB., *Éd. sent.*, III, 4). — *Le regard singulier d'une femme galante /* [...], */ Le dernier sac d'écus dans les doigts d'un joueur, / Un baiser libertin de la maigre Adeline, / Les sons d'une musique énervante et câline, /* [...] */ Tout cela ne* VAUT *pas, ô bouteille profonde, / Les baumes pénétrants que ta panse féconde / Garde au cœur altéré du poète pieux* (BAUDEL., *Fl. du m.*, Vin du solitaire). — *Que tout votre être, l'esprit, l'âme et le corps,* SOIT CONSERVÉ IRRÉPRÉHENSIBLE (*Bible,* trad. SEGOND, 1ʳᵉ Ép. aux Thessal., V, 23). — *Mais rien, ni le rasoir douteux, le blaireau jaune, l'odeur, les propos du barbier, ne* PUT *me faire reculer* (GIDE, *Immor.*, I, 7). — *Par moments* APPARAISSAIT *quelque construction inutile, une fausse grotte, un moulin* (PROUST, *Rech.*, t. I, p. 423). — *Tout, trottoirs mouillés, chaussées fangeuses, plaques d'égout luisantes, rails resplendissants,* REFLÉTAIT *la couleur chaude du ciel* (E. JALOUX, *Le reste est silence*, II). — *Personne, ni Giono, ni Pagnol, ni Bosco, ni Mauron, ni le regretté Paul Arène, et moi moins encore, ne* PEUT *prétendre donner autre chose qu'un portrait robot de ce pays* (J.-P. CLÉBERT, *Vivre en Provence*, p. 207).

Dans ce cas aussi, il arrive que l'accord ne soit pas fait avec le terme englobant : *Ses épaules, ses jambes, tout lui,* ÉTAIENT *pour elle* [...] *de ces choses si parfaitement usuelles qu'elles ne peuvent gêner* (PROUST, *Rech.*, t. II, p. 349). — *Sa taille souple, ses jambes agiles, tout son corps robuste se* MOUVAIENT *avec des grâces sauvages et délicieuses* (A. FRANCE, *Les dieux ont soif*, p. 32). — *Les uniformes étaient usés. Propres, cependant ;* PROPRES, *surtout l'armement : les énormes carabines* [...], *les revolvers* (P. BENOIT, *Lac Salé*, pp. 28-29). — *Le reste des êtres vivants, le tigre et l'agneau, l'aigle et la colombe, le reptile et l'insecte, l'homme et la femme,* GAGNÈRENT TOUS *ensemble la roche la plus escarpée du globe* (CHAT., *Génie*, I, IV, 4). [L'accord se fait peut-être avec le complément de *reste* : § 422, *c*, 4°.] — [...] *la bibliothèque, / Babel sombre, où roman, science, fabliau, / Tout, la cendre latine et la poussière grecque, se* MÊLAIENT (BAUDEL., *Fl. du m.*, Voix). — *Toute leur armée, officiers, sous-officiers et soldats, conscrits et vétérans, se* FIRENT *un plaisir de s'y conformer* (A. FRANCE, *Île des pingouins*, Préf.)

d) **Un des termes** est **exclu** des donneurs **par la négation** :

La bonté et non l'habileté DOIT *être le principe de toute politique* (MAUROIS, *Ariel*, I, 13). — *L'utilité et non la tendresse* RETENAIT *Jacqueline auprès de lui* (Fr. MAURIAC, *Bl. Pascal*, p. 83). — *Ce n'est pas le volume mais la préface de Louis Lumet qui est* INTITULÉE *Balzac inconnu* (R. POUILLIART, dans les *Lettres romanes*, mai 1951, p. 180). — [...] *ces airs d'illuminé que* PRENAIT *le jardinier sinon Fulbert lui-même* (DHÔTEL, *Des trottoirs et des fleurs*, p. 212).

Accord avec l'ensemble : *C'était ma volonté, et non un empêchement, non mon état de santé, qui me* PRIVAIENT *de la voir* (PROUST, *Rech.*, t. I, p. 590).

Accord étrange : *C'est l'union intime et profonde des communautés primitives que* PRÉFÈRE *sinon Tönnies, à coup sûr les néo-romantiques qui utilisent ces catégories* (Raym. ARON, *Sociologie allem. contempor.*, 1981, p. 132).

440   Termes unis par *ou.*

Nous avons vu au § 432 que l'accord se faisait d'ordinaire avec l'ensemble des donneurs lorsque ceux-ci sont unis par *ou*, mais l'idée même de substitution qui est exprimée par cette conjonction fait que l'accord avec un seul terme est assez fréquent.

Lorsqu'il s'agit de préciser les raisons (voir *a* ci-dessous) et les modalités (*b*) de ce choix, la tradition grammaticale présente des règles relativement simples, mais que l'usage ne confirme guère.

On peut rappeler avec Littré (s.v. *ou*, Rem. 1) que l'accord avec l'ensemble des donneurs « est la construction la plus naturelle ». Il a aussi l'avantage de supprimer des ambiguïtés, puisqu'il permet de distinguer clairement [8] d'avec le cas où, parmi les termes coordonnés, il y a un seul donneur légitime ; notamment quand l'épithète ou la proposition relative ne se rapportent qu'à un seul des noms (ou pronoms) coordonnés : *Un mot commençant par une voyelle ou une* h MUETTE (AC., s.v. *élision*). [*Muette* ne s'applique qu'à *h*.] — Cf. § 333.

a) La tradition grammaticale considère que le singulier s'impose si le verbe ne peut avoir qu'un seul agent logique : *Pierre ou Paul sera colonel de ce régiment* (il y a un colonel par régiment) ; — tandis que le pluriel conviendrait si les êtres ou choses représentés par le sujet peuvent, tantôt l'un, tantôt l'autre, faire l'action. Mais l'usage garde à l'égard de cette règle une large indépendance.

Il faut naturellement tenir compte des cas où intervient un autre facteur : les sujets désignent une réalité unique (§ 438) ; la coordination est différée (§ 435) ; les sujets sont des éléments « neutres » (§ 437) ; un des sujets l'emporte sur les autres (§ 439, notamment *a*, 3°, *ou plutôt*) ; *l'un ou l'autre, tel ou tel* (§§ 436, *b* ; 444, *a*).

Dans certains ex., plusieurs facteurs peuvent jouer simultanément : *Quelle mort, ou quelle transformation, se* CACHE-*t*-ELLE *dans cet espace impénétrable ?* (TEILHARD DE CHARDIN, *Apparition de l'Homme*, p. 228.) [Les virgules montrent qu'on a une coordination différée ; elle n'a pas d'action sur l'accord, d'autant plus que le second terme n'est qu'une autre façon de désigner la réalité qu'on appelle d'habitude *mort*.]

b) La tradition grammaticale enseigne aussi que si l'accord se fait avec un seul des termes unis par *ou*, ce terme est le dernier. Mais la réalité de l'usage est beaucoup moins simple.

1° Dans la plupart des ex., il est impossible de dire quel est le terme qui l'emporte.

Le sujet est multiple : [...] *lorsqu'une rente viagère ou une pension* AURA *été* LÉGUÉE *au titre d'aliments* (*Code civil*, art. 1015). — *Le hasard ou la pitié vous* A *certes conduit dans quelque galetas hideux de la misère* (SAINTE-BEUVE, *Volupté*, VIII). — *Votre bouche ou votre main m'en* VOUDRAIT *si j'osais choisir* [entre votre écriture et vos paroles] (NERVAL, *Filles du feu*, Corilla). — *Un tremblement de terre ou un incendie n'*A *laissé debout que la façade* (MORAND, *Rien que la terre*, p. 88). — *L'homme raisonnable reçoit d'elle* [= la mort] *ce que la crainte ou la honte nous* RETIENT *de demander ailleurs* (BERNANOS, *M. Ouine*, p. 1365). — *Quand un individu ou un groupe d'individus* EST MAINTENU *en état d'infériorité* (S. DE BEAUVOIR, *Deuxième sexe*, t. I, p. 25). — *La douleur ou la violence en* VIENDRA *à bout* (AC.).

---

8. C'est pourquoi Littré écrit de façon catégorique : « L'adjectif se rapportant à deux ou plusieurs substantifs construits avec *ou* se met au pluriel » (s.v. *ou*, 3°). Mais, si l'on peut recommander cette façon de faire, on doit aussi constater que des auteurs attentifs ne se croient pas obligés de la suivre. Voir les ex. donnés ci-dessous, dans le *b*).

Pronom relatif ayant plusieurs antécédents : *La succession de l'enfant naturel décédé sans postérité est dévolue au père ou à la mère qui l'*A *reconnu* (*Code civil*, art. 765). — *Il n'y a pas que la maison ou le champ qui* SOIT *un héritage* (LÉVIS MIREPOIX, *Aventures d'une famille française*, p. 10). — *C'est l'audace ou l'esprit d'entreprise, comme on voudra, qui les* MET *en mouvement* (R. NIMIER, introd. de : Dumas, *Tr. mousq.*, L.P.).

Épithète se rapportant à plusieurs noms : *Je ne pouvais pas me permettre un geste ou un sentiment* DÉRAISONNABLE (BAUDEL., *Spleen de Paris*, XLII). — *Nous reprenions notre partie ou notre conversation* INTERROMPUE *de baisers* (PROUST, *Rech.*, t. III, p. 76). — *Autour d'eux, une indifférence ou une hostilité* PROFONDE (J. et J. THARAUD, *Passant d'Éthiopie*, p. 21). — *Comme si le fait de connaître une expression étrangère procurait à ceux qui l'adoptent une jouissance ou une fierté* REDOUBLÉE (R. LE BIDOIS, *Mots trompeurs*, p. 253). — *Pour écouter* [...] *parfois aussi un pianiste ou un flûtiste* RENOMMÉ (M. BRION, *De l'autre côté de la forêt*, p. 115). — *Interdiction de créer un impôt ou un office* NOUVEAU (Ph. ERLANGER, *Louis XIV*, p. 75). — [...] *le système des noms propres d'une langue ou d'une région* DONNÉE (MAROUZEAU, *Lexique de la terminol. linguist.*, s.v. *onomastique*). — *S'ils n'ont pas le bonheur de trouver tout de suite une maîtresse ou une femme très* REMARQUABLE [...] (MAUROIS, *Climats*, I, 3). — *Cette modeste caresse te remercie pour un mot ou un geste* OBLIGEANT *qu'il aura eu pour elle* (YOURCENAR, *Souvenirs pieux*, p. 118).

Parfois la suite semble montrer que l'accord n'était pas fait avec le dernier terme, mais, apparemment (cf. 2°), avec le premier : *Le tribunal prononcera* [...] *si le père ou la mère qui offrira de recevoir* [...] *l'enfant à qui* IL *devra des aliments, devra* [...] *être* DISPENSÉ *de payer la pension alimentaire* (*Code civil*, art. 211).

2° Quand les donneurs diffèrent quant à la personne ou quant au genre, on voit quel est le terme qui intervient (ou qui n'intervient pas) dans l'accord ; contrairement à ce que disent beaucoup de grammairiens, le premier terme détermine plus souvent l'accord que le deuxième.

L'accord est fait, certainement ou apparemment, avec le dernier terme : *On entourait d'une particulière déférence celui ou celle qui était « *RESTÉE *à écrire »* (PROUST, *Pastiches et mélanges*, p. 227). — *Le monde aussitôt a été menacé d'une anarchie ou d'un désordre* UNIVERSEL (LAMENNAIS, *De la religion*, VI). — Comp. : *Je m'endormis en me demandant si c'était moi ou si c'était Nat qui* AVAIT *mis au sale celle* [= la chemise de nuit] *de la veille* (H. BAZIN, *Qui j'ose aimer*, XVIII).

L'accord est fait, certainement ou apparemment, avec le premier terme : *Est-ce la chair ou l'esprit dans Tristan qui* EST INTÉRESSÉE ? (CLAUDEL, *Figures et paraboles*, p. 182.) — *Est-ce vous ou moi qui les* AVEZ *surpris* [...] ? (SIMENON, *Maigret et l'inspecteur Malgracieux*, p. 50.) [Question purement oratoire : c'est l'interlocuteur qui a surpris.] — *Est-ce moi, ou elle, qui lui* AI *procuré l'argent nécessaire à son entreprise fatale ?* (A. ARNOUX, *Crimes innocents*, p. 256.) — *Tâche ou service* IMPOSÉE (DAVAU, COHEN et LALLEMAND, *Dict. du fr. vivant*, p. 1304). — *Qu'est-ce qu'on fait le soir, quand papa ou maman n'est pas* RENTRÉ *à huit, neuf heures ?* (L. FRAPIÉ, *Maternelle*, cit. Høybye, § 331.) — *Quelle verge d'épine ou quels charbons ardents / Me* GUÉRIRA *du mal dont je grince les dents ?* (M. NOËL, *Œuvre poét.*, p. 131.) — *Est-ce moi ou vous qui* DIRIGE *l'action ?* (TZARA, *Œuvres compl.*, t. I, p. 527.) — *Je ne savais plus si c'était le train ou moi, qui* AVAIT *quatre heures de retard* (ARAGON, *Mentir-vrai*, p. 166). — *J'ignore si c'est Heilbronn ou moi qui* A *écrit cet éloge de la négligence* (G. THINÈS, *Les objets vous trouveront*, p. 35). — *Je veux rentrer dans mon pays* [...], *reconnaître au chevet de notre église, près de la rivière, l'ange ou la fée que m'a* REFUSÉ *l'Asie* (BARRÈS, *Jardin sur l'Oronte*, p. 22). — *Quel poison ou quelle drogue m'a-t-on* INJECTÉ, *qui m'incendie ?* (J. ROY, *Maître de la Mitidja*, p. 253.) — *Un sentiment ou une expression* ORIGINAL (R. DESNOS, cit. dans *Studia neophilologica*, 1946-1947, p. 196). — *Plateau ou table* UTILISÉ *pour servir le café* (*Trésor*, s.v. *cabaret*).

Nous avons ci-dessus, à deux reprises, utilisé la formule « certainement ou apparemment ». Il ne faut pas oublier en effet que le masculin est aussi le genre indifférencié et que la troisième personne est la personne indifférenciée, la « non-personne » (§ 631, *c*). Dès lors le recours à ce genre ou à cette personne peut être, soit la marque d'un accord avec le terme qui est à ce genre ou à cette personne, soit une absence d'accord. Cela est particulièrement vrai du participe passé conjugué avec *avoir* que certains laissent invariable même quand l'objet direct précède (cf. § 907, Rem.). Voici un ex. où le masculin du receveur contredit le genre des donneurs légitimes : *Est-ce une ou deux bouteilles de vinaigre que vous m'avez* DEMANDÉ ? (TROYAT, *Les semailles et les moissons*, p. 242.) Le participe passé est-il laissé invariable ou s'accorde-t-il avec les antécédents neutralisés, comme si, dans la pensée, un pronom neutre (*ce*, par ex.) en tenait lieu ?

Remarques. — 1. Lorsqu'il y a un seul déterminant pour plusieurs noms singuliers coordonnés par *ou*, ce déterminant se met d'habitude au singulier et au genre du premier nom. Les autres receveurs se mettent aussi à ce nombre et à ce genre :

TOUT *parent, allié ou ami,* CONVOQUÉ, *et qui, sans excuse légitime, ne* COMPARAÎTRA *point,* ENCOURRA *une amende* (*Code civil*, art. 413). [Pour ce cas précis, comp. aussi § 443, *a*.] — UN SEUL *être ou objet peut convenir.*

2. Lorsque la coordination est marquée par *soit ... soit ...*, l'accord avec l'ensemble des termes est fréquent : cf. § 432. — Mais il arrive qu'il se fasse avec un seul, qui semble le dernier :

Soit le Pape, soit Venise METTRAIT *sans grande peine la main sur Rimini* (MONTHERLANT, *Malatesta*, I, 4). — *On pouvait se placer d'une telle façon que soit l'orchestre du Lido, soit celui du Casino, vous* ÉTAIT ACCESSIBLE *sans bourse délier* (R. GARY, *Promesse de l'aube*, p. 164).

441   ## Termes unis par *ni*.

L'accord se fait d'ordinaire avec l'ensemble des donneurs coordonnés par *ni* : cf. § 432. Pour l'accord du verbe en personne, cf. § 902, *b*. — Mais la négation exprimée par cette conjonction semble à quelques auteurs correspondre mal à la notion du pluriel (cf. Hist.).

a) Verbes au singulier :

Ni le journal de ma mère, ni le plaidoyer de mon père, n'en LAISSE *rien paraître* (GIDE, *Geneviève*, I). — *On n'aperçoit ni ajouture ni fêlure qui* AUTORISE à *le penser* (A. VIALATTE, trad. de : Kafka, *Métamorphose*, XII). — *Ni la douleur ni la mort ne lui* ARRACHE *un cri* (J. de PESQUIDOUX, *Chez nous*, t. I, p. 221). [Dans ces trois ex., il ne s'agit que d'orthographe.]
Le singulier apparaît plus souvent lorsque le sujet est **rien ni personne** (ou *rien et personne*) : *La profession est une maîtresse dont rien ni personne ne* PEUT *les détacher* (MAUPASS., *Notre cœur*, I, 3). — *Rien et personne n'*A *pu entamer* [...] *sa croisade contre le régime des Pahlevi* (É. ROULEAU, dans le *Monde*, 9 nov. 1979).
Mais le pluriel n'a rien de choquant : *Une situation dont rien, ni personne, ne* SAURAIENT *empêcher qu'elle soit rude et grave* (DE GAULLE, *Discours et messages*, t. II, p. 416).
Le singulier est fréquent aussi quand chacun des noms coordonnés est accompagné d'un des déterminants *aucun, nul, pas un* (quel que soit le procédé de coordination) : voir § 443, *b ;* — quand le sujet est *ni l'un ni l'autre :* voir § 444, *c.*

Certains grammairiens émettent à propos de *ni* un raisonnement analogue à celui qu'ils proposent pour *ou* (§ 440) : le verbe devrait rester au singulier s'il n'admet qu'un seul agent logique. Par ex., comme un régiment ne peut avoir qu'un colonel, il faudrait écrire : *Ni Pierre ni Paul ne* SERA *colonel de ce régiment.* Ces raffinements ne sont pas très utiles. Rien n'empêche d'écrire : *Ni Pierre ni Paul ne* SERONT COLONELS (ou *colonel :* § 250 et Rem. 1) *de ce régiment.*

Hist. — Le singulier était assez courant chez les classiques : *Ni crainte, ni respect ne m'en* PEUT *détacher* (RAC., *Iphig.*, IV, 4). — *Honte ny peur n'y* REMEDIE (LA F., *F.*, III, 7).

b) Épithètes au singulier :

Sans gêne ni émoi APPARENT (Cl. SIMON, *Vent*, p. 226). — *Ce n'était sans doute ni le lieu ni le moment* ADÉQUAT (R. SOLÉ, dans le *Monde*, 5 sept. 1978).

Les ex. de ce type, qui sont peu nombreux, ne sont sans doute pas déterminés par la présence de *ni*. Ce sont des applications de la tendance selon laquelle l'épithète s'accorde avec le nom le plus proche : cf. § 434, *a*, où nous avons indiqué l'inconvénient de cette façon de faire.

442   Coordination sans conjonction (*coordination implicite :* § 253).

Si les donneurs sont simplement juxtaposés, c'est-à-dire coordonnés sans conjonction, on applique d'ordinaire la règle générale et on accorde avec l'ensemble des sujets : voir les ex. au § 432.

Mais l'accord avec un seul terme, qui est souvent le plus proche, est plus fréquent que lorsque la coordination est explicite, surtout avec *et*.

— Verbes et attributs au singulier : *Brest et Nancy furent le théâtre de cette étrange dispute, où l'officier, le noble, le gentilhomme,* ÉTAIT ACCUSÉ *comme escroc* (MICHELET, *Hist. de la Révol. fr.*, IV, 3). — *Quel Parisien un peu barbu, quelle Parisienne ayant fait sa première communion, s'*ASTREINDRAIT [...] *aux heures fixes d'un rendez-vous quotidien ?* (BARRÈS, dans la *Revue illustrée*, 15 janv. 1886.) — *J'espère qu'un jour la vue d'un souvenir, le retour d'un anniversaire, la pente de vos pensées* MÈNERA *votre mémoire aux alentours de ma tendresse* (PROUST, *Les plaisirs et les jours*, p. 42). — *Julie donna à chacune* [des bêtes] *le salut, le sucre, l'amende honorable qui* RENOUAIT *leur amitié* (COLETTE, *Julie de Carneilhan*, p. 187). — *La raison, l'honneur les* DÉSAVOUAIT (BERNANOS, *Grands cimetières sous la lune*, I, 4). — *Se dit d'un corps, d'un milieu, d'une solution, qui* PRÉSENTE *les caractères d'une base* (*Grand Lar. enc.*, s.v. *basique*). — *Mais quel foulard, quel paletot* POURRAIT *réchauffer une petite fille de onze ans qui s'avise soudain qu'elle est seule au monde ?* (CESBRON, *Souveraine*, p. 68.) — *Elles n'ont pas de passé, d'histoire, de religion qui leur* SOIT PROPRE (S. de BEAUVOIR, *Deuxième sexe*, t. I, p. 19). — [Pour les ex. de Barrès et de Cesbron, comp. § 443.]

Cela se trouve notamment lorsque les termes sont présentés avec des adverbes corrélatifs : *Tantôt l'un, tantôt l'autre,* PRENAIT *la parole* (H. BOSCO, *Sites et mirages*, p. 24). — *Tantôt l'un, tantôt l'autre* LANÇAIT *un coup de sifflet* (IKOR, *Frères humains*, p. 67). — *Tantôt l'un, tantôt l'autre* TAILLAIT *la pierre en chantant des refrains de leur pays* [remarquez la disparate entre *taillait* et *leur*] (TROYAT, *Cahier*, p. 97). — *Parfois la sottise, parfois la puissance de l'esprit, s'*OBSTINE *contre le fait* (VALÉRY, *Mauvaises pensées et autres*, Pl., p. 795).

— Épithètes au singulier : *Je courais après tous les fiacres où flottait à la portière un châle, un voile* PAREIL *au vôtre* (FLAUB., *Mme Bov.*, III, 1) [Cet ex. concerne aussi l'accord du verbe.] — *Homme blanc, femme blanche* ORIGINAIRE *des colonies* (LITTRÉ, s.v. *créole*). — *Un tableau, un manuscrit* INESTIMABLE (AC., s.v. *inestimable*).

C'est un procédé peu répandu que d'accorder avec chacun des termes coordonnés et non avec l'ensemble, en laissant l'épithète au singulier, mais en mettant entre parenthèses la désinence due à l'accord avec le nom féminin : *Femme, homme* [...], HAÏ(E) *en raison de sa méchanceté* (CELLARD et REY, *Dict. du fr. non conventionnel, s.v. peau*).

Dans un certain nombre de ces ex., on pourrait introduire *ou*, conjonction qui favorise l'accord avec un seul des donneurs (§ 440). Mais la coordination implicite convient particulièrement lorsque les termes désignent la même réalité (§ 438), lorsqu'un des termes coordonnés l'emporte sur les autres (§ 439).

Sur le cas où les termes coordonnés sont joints par un trait d'union, cf. §§ 432 et 438, *c*.

443   Lorsque chacun des termes d'une coordination (surtout implicite) est accompagné d'un **déterminant distributif,** les receveurs se mettent souvent au singulier, l'accord en genre se faisant avec le terme le plus rapproché. Mais le pluriel est admis, lui aussi, surtout si les termes sont unis par une conjonction.

a) Déterminants distributifs proprement dits (*chaque, tout*).

Ex. du singulier : *Chaque canonnier, chaque soldat, chaque officier s'*ATTELAIT [...] (VIGNY, *Servitude et gr. mil.*, II, 12). — *Chaque province, chaque village, chaque groupement d'hommes* EST, *dans une certaine mesure, ce que sont ses aristocrates* (R. ROLLAND, *Jean-Chr.*, t. V, p. 294). — *Chaque meuble, chaque bibelot* AVAIT *repris pour lui sa valeur et son style* (GIRAU-DOUX, *École des indifférents*, p. 192). — *Chaque parcelle de terre, chaque brindille* ÉTAIT DÉGAGÉE *par ce soleil de tout mystère* (SAINT EXUPÉRY, *Courrier sud*, p. 178). — *Chaque arbre, chaque arbuste, se* CONVULSE (COCTEAU, *Difficulté d'être*, p. 186). — *Chacun de ses gestes, chaque silence,* SIGNIFIAIT : « *Je suis sans défense, et tu en abuses.* » (S. de BEAUVOIR, *Mandarins*, p. 83.) — *Chaque peine et chaque mal* EST INFINI *dans sa substance* (YOURCENAR, *Œuvre au noir*, p. 199). — *Tout prêtre, tout cardinal ou évêque, autrichien ou espagnol, ne* PEUT *avoir pour agent* [...] *à Rome que l'ambassadeur même de sa cour* (CHAT., *Mém.*, III, II, IX, 5). — *Toute puissance et toute bonté* VIENT *de Dieu* (VEUILLOT, *Historiettes et fantaisies*, p. 298). — *Tout antisémite et tout pangermaniste* [...] EST *un ennemi perfide ou cynique de l'humain* (A. SUARÈS, *Vues sur l'Europe*, p. 251). — *Tout acte, toute pensée,* AVAIT *son retentissement dans leur souffrance* (R. MARTIN DU GARD, *Thib.*, Pl., t. I, p. 1039). — *Que toute montagne et toute colline* SOIT ABAISSÉE (Isaïe, XL, 4, dans *Missel dominical de l'assemblée*, p. 38). [Certains de ces ex. tombent aussi sous l'application des §§ 438 ou 439.]

Dans la phrase suivante, le participe et les adjectifs sont au masculin singulier, comme si *cela* se substituait dans la pensée aux quatre noms, ou comme si le masculin l'emportait sur le féminin : *Chaque catégorie sociale, chaque corps constitué, chaque profession, chaque entreprise est* DEVENU *aussi particulariste, aussi* ARDENT *à défendre ses intérêts personnels, aussi* INDIFFÉRENT *à celui de l'État que pouvaient l'être* [...] *un prince de Condé, un duc de Bouillon* (Ph. ERLANGER, dans le *Figaro*, 26 mars 1971).

Ex. du pluriel : *Chaque être et chaque chose s'*ARRANGENT *furtivement pour jouir d'un reste de vie et d'animation* (SAND, *Fr. le champi*, Avant-pr.). — *Chaque heure, chaque minute la* RAPPROCHAIENT *de l'irréparable humiliation, du désastre final* (LOTI, *Désenchantées*, III). — *Chaque note, chaque accord* RESSUSCITENT *un souvenir* (E. JALOUX, *Le reste est silence*, IV). — *Chaque pas, chaque sensation l'*EXALTAIENT *avec chaque souvenir* (GENEVOIX, *Raboliot*, p. 67). — *Chaque visite, chaque contact s'*ENCADRENT *de vide* (COCTEAU, *Maalesh*, p. 186). — *Chaque personne, chaque milieu* ONT *leur manière de voir* (ARLAND, *Ordre*, t. II, p. 42). — *La destruc-*

tion de chaque canon, de chaque avion, de chaque tank ALLEMANDS (DE GAULLE, *Discours et messages,* t. I, p. 169). [Dans le cas de l'épithète, pour la clarté, il est préférable d'accorder avec l'ensemble des noms.] — *Toute altération, tout faux dans les actes de l'état civil, toute inscription de ces actes faite sur une feuille volante* [...], DONNERONT *lieu aux dommages-intérêts des parties (Code civil,* art. 52). — *Toute confiance, tout courage m'*AVAIENT *abandonnée* (ARLAND, *Grâce,* p. 17). — *Toute montagne et toute colline* SERONT ABAISSÉES (*Bible de Maredsous,* Luc, III, 5).

Si *tout* n'est exprimé qu'une seule fois, le singulier va de soi (comp. § 562, *b*) : *Tout arrêt ou jugement portant interdiction, ou nomination d'un conseil,* SERA [...] SIGNIFIÉ *à partie (Code civil,* art. 501). — Le pluriel qu'on a dans l'ex. suivant est une anomalie : *Toute montagne et colline* SERONT ABAISSÉES (*Bible,* trad. CRAMPON, Luc, III, 5).

b) Déterminants employés dans des contextes négatifs (*aucun, nul, pas un*) :

Ex. du singulier : *Que nul bruit, nulle dame étourdie / Ne* FASSE *aux beaux endroits tourner les assistants* (MUSSET, *Prem. poés.,* Marrons du feu, Prol.). — *Le jardin donnait sur la forêt* [...]. *Nulle clôture, nulle barrière ne l'en* SÉPARAIT (MIRBEAU, *Dingo,* XII). — *Nul écrivain, nul homme qui sache d'expérience propre ce que c'est qu'un travail magistral ne me* DÉMENTIRA (BARRÈS, *Maîtres,* p. 21). — *Pas un mot amer, pas un reproche, pas une plainte ne* PUT *sortir de la bouche du vieillard trois fois exilé* (CHAT., *Mém.,* IV, IV, 3). — *Pas un journal, pas une revue n'*ACCEPTAIT, *ne* TOLÉRAIT *sa signature* (PÉGUY, *Notre jeunesse,* p. 83). — *Pas un palmipède à l'horizon, pas une bergeronnette, pas un pachyderme, qui ne* TROUVE *proie à son bec* (DELTEIL, *Sacré corps,* p. 80). — *À l'avenir, aucune cérémonie et aucun cercle ne* SERA CONTREMANDÉ (NAPOLÉON, *Lettres inédites,* 18 juin 1813). — *Aucun chien, aucun chat n'*EST *plus* CARESSANT (GIDE, *Voy. au Congo,* 23 nov. 1925). — *Aucune eau baptismale, aucun reniement de soi-même, ne* SAURAIT *effacer la race* (J. et J. THARAUD, *Quand Israël n'est plus roi,* p. 17). — *Aucune section du peuple ni aucun individu ne* PEUT *s'en* [= de la souveraineté nationale] *attribuer l'exercice (Constitution franç.* du 4 oct. 1958, art. 3). — [Voir déjà chez Mme de Sévigné : *Il n'y a nulle affaire, et nulle raison qui vous* DOIVE *obliger a vous hasarder* (5 nov. 1684).]

Ex. du pluriel : *Nulle réunion partielle de citoyens et nul individu ne* PEUVENT *s'attribuer la souveraineté (Projet de déclaration des droits des hommes,* 1793, art. 28, dans Duverger, *Constitutions et docum. polit.*). — *Nulle prière, nulle pénitence, nul martyre n'*ONT *une suffisante efficacité d'impétration* (BLOY, *Femme pauvre,* p. 112). — *Nulle curiosité, nulle hâte, nulle émotion n'*AVAIENT *plus de pouvoir sur cette vieille encolure* (A. de CHÂTEAUBRIANT, *Brière,* p. 88). — *Nul chemin de fer, nulle usine, ne* SONT VENUS *dissiper la lourde mélancolie de ce canton* (JAMMES, *M. le curé d'Ozeron,* p. 59). — *Pas un bourgeois résistant, pas un écrivain de tradition dreyfusarde qui se* SOIENT ÉMUS (AYMÉ, *Confort intellectuel,* p. 158). — *Pas un papier, pas une relique, pas une confirmation d'autres amis de Balzac ne m'*ONT *jamais été* FOURNIS (R. KEMP, dans les *Nouv. litt.,* 22 juin 1950). — *Aucun regret, aucun reproche ne* VINRENT *gâter cette nuit* (STENDHAL, *Rouge,* II, 16). — *Aucun moulage, aucune gravure ne m'*AVAIENT *permis de prévoir la subite impression* (MAURRAS, *Anthinéa,* p. 36). — *Aucun doute, aucun soupçon n'*ONT *effleuré mon amour* (E. JALOUX, *Le reste est silence,* IX). — *Aucun mystère* [...], *aucune voix féminine ne* JETTENT *une note exceptionnelle* (MAC ORLAN, *Aux lumières de Paris,* p. 156). — *Aucune plainte du poète, aucune intervention en sa faveur ne* PURENT *ramener l'empereur inflexible* (É. HENRIOT, *Fils de la Louve,* p. 203). — *Aucune respiration, aucun effort de mémoire, aucune idée ne te* VIENNENT *en aide* (Al. BOSQUET, *Enfant que tu étais,* pp. 250-251).

c) Déterminant interrogatif *quel :* voir certains ex. du § 442.

444 Le sujet est une locution pronominale [9] avec *l'un ... l'autre, tel ... tel.*

a) Les locutions pronominales *l'un ou l'autre* et *tel ou tel* entraînent d'ordinaire, quand elles sont sujets, le singulier du verbe et de l'attribut :

*La nature et l'art sont deux choses, sans quoi l'une ou l'autre n'*EXISTERAIT *pas* (HUGO, Cromw., Préf., Pl., p. 436). — *Entre la manière que l'un ou l'autre* [des acteurs parisiens] AVAIT *de débiter* [...] *une tirade, les différences les plus minimes me semblaient avoir une importance incalculable* (PROUST, Rech., t. I, p. 74). — *L'ancienneté ne saurait composer avec l'usage : il faut que l'une ou l'autre* AIT *le dernier mot* (HERMANT, Xavier, p. 29). — *L'entracte se termina sans que l'un ou l'autre* [des deux] SONGEÂT à *rompre le silence* (R. MARTIN DU GARD, Thib., Pl., t. I, p. 998). — *De temps en temps l'un ou l'autre* ATTRAPE *la mort, comme ça, au chevet des miséreux* (VAN DER MEERSCH, Corps et âmes, t. I, p. 71). — *Devant les hommes sont la vie et la mort, à leur gré l'une ou l'autre leur* EST DONNÉE (*Bible de Jérus.*, Ecclésiastique, XV, 17).

Si tel ou tel VA *répétant que la stratégie est une science* [...] (PROUST, Rech., t. III, p. 982). — *Je sais bien que tel ou tel* EST AVARE (H. de RÉGNIER, Bon plaisir, p. 213). — *Tel ou tel de nos ascendants nous* AURAIT *gouverné* (J. de LACRETELLE, dans les Nouv. litt., 29 janvier 1948). — *Chacune des régions que tel ou tel de ses contemporains nous* A *ouverte* (Ch. DU BOS, Journal 1921-1923, p. 101).

Le pluriel se trouve parfois : *Plusieurs fois* ENTRÈRENT *l'un ou l'autre des camarades de Saint-Loup. Il les jetait à la porte* (PROUST, Rech., t. II, p. 78). — *L'une ou l'autre de deux lois du langage* POUVAIENT *s'appliquer ici* (ib., p. 236). — *Il faut vous dire, m'*EXPLIQUENT *l'un ou l'autre de mes nouvellistes, que* [...] (H. BORDEAUX, Sur le Rhin, p. 274). — *L'un ou l'autre* [= Géraldy ou Prévert] MANQUENT *forcément dans toutes les anthologies que nous connaissons* (THÉRIVE, Foire littér., p. 50). — [...] *comment* ONT *réagi tel ou tel de mes exigeants confrères* (G. MARCEL, dans les Nouv. litt., 20 nov. 1947).

b) Les locutions pronominales *l'un et l'autre, tel et tel* évoquent une pluralité et, lorsqu'elles sont sujets, elles entraînent d'habitude le pluriel du verbe et de l'attribut :

L'une et l'autre [...] *se* DÉVOUENT à *la religion de leur pays* (CHAT., Génie, II, II, 8). — *Comprenons l'enthousiasme et honorons la résistance. L'un et l'autre* ONT *été* LÉGITIMES (HUGO, Disc. de récept. à l'Ac. fr.). — *L'un et l'autre me* SEMBLAIENT IDENTIQUES (J. ROMAINS, Lucienne, p. 70). — *Ils gagnèrent* [...] *un restaurant où l'un et l'autre jadis* AVAIENT *mangé avec leurs familles* (BARRÈS, Appel au soldat, t. II, p. 78).

Autres ex. : L. DAUDET, Jour d'orage, p. 183 ; R. BENJAMIN, Aliborons et démagogues, p. 262 ; BELLESSORT, Essai sur Volt., p. 137 ; FARRÈRE, Seconde porte, p. 131 ; M. GARÇON, Plaidoyers chimériques, p. 83. Voir aussi § 902, b, Rem. 2.

Si tel et tel CROIENT *sur la foi d'exégètes de métier* (J. MALÈGUE, Augustin, t. I, p. 248). — *Je saurai très bien que dans cette confusion tel et tel se* SERONT RÉVÉLÉS (É. HENRIOT, dans le Monde, 7 nov. 1951). — *Tel et tel de ses membres ne le* CACHAIENT *pas* (DE GAULLE, Mém. de guerre, t. II, p. 118).

Le singulier reste possible, conformément à l'usage classique (cf. Hist.) : *La bienfaisance est une passion céleste* [...] *aussi rare que l'est le véritable amour. L'un et l'autre* EST *la prodigalité des belles âmes* (BALZAC, Goriot, p. 135). — *L'un et l'autre* FUT EMBARRASSÉ (MÉRIMÉE, cit. Brunot, Pensée, p. 265). — *L'un et l'autre* PREND *un peu de jour à de tremblotantes*

---

9. Sur *tel ou tel, tel et tel, l'un ou l'autre,* etc. en fonction de déterminants, voir § 436, b.

chandelles (H. Bosco, *Balesta*, p. 160). — *L'un et l'autre* [...] reconnaissait *la force de ces liens* (Genevoix, *Forêt perdue*, p. 183). — *Tel et tel* ironise *parfois, quand je remonte du puits mes souvenirs de jeunesse* (R. Kemp, dans les *Nouv. litt.*, 25 juin 1959).

Hist. — Le singulier après *l'un et l'autre* était extrêmement fréquent chez les classiques (sans doute sur le modèle du latin *uterque*) :

> *L'une et l'autre* mourut (Corn., *Illus.*, II, 4). — *L'un et l'autre* est barbare (Vaugelas, p. 22). — *L'un et l'autre* approcha (La F., *F.*, VII, 15). — +*L'un et l'autre* est digne *de lui* (Boss., *Œuvres orat.*, t. III, p. 247). — *En regardant l'un et l'autre comme* coupable, *je me les suis interdits tous les deux* (J.-J. Rouss., *Rêver.*, IV). [On a cru devoir corriger dans la Pl., p. 1032.]

La tradition rapporte que le grammairien Beauzée (1717-1789), sur le point de mourir, aurait eu cette parole : « Mes chers amis, je m'en vais ou je m'en vas, car l'un et l'autre se dit ou se disent. » — Vaugelas (p. 141) admettait le singulier comme le pluriel, que l'on trouve effectivement aussi chez les auteurs du temps : *L'Un et l'Autre avant luy* s'estoient plaints *de la rime* (Boil., *Sat.*, IX).

c) Quand le sujet est *ni l'un ni l'autre,* on a le choix, pour le verbe et l'attribut, entre le singulier et le pluriel, le singulier paraissant plus fréquent que lorsque *ni* joint des termes quelconques (§ 441).

Ex. du singulier : *J'espère que ni l'un ni l'autre de nous n'*est *assez* fol *pour prétendre faire de son opinion la règle universelle* (B. Constant, lettre citée dans Ch. Du Bos, *Grandeur et misère de B. Const.*, p. 224). — *Ni l'une ni l'autre des deux blessures n'*était grave (Al. Dumas, *Tr. mousq.*, V). — *Ni l'un ni l'autre n'*avait *plus rien à se dire* (Zola, *Au Bonheur des Dames*, VII). — *Ni l'un ni l'autre n'y* est *pour rien* (R. Rolland, *Jean-Chr.*, t. VIII, p. 220). — *Ni l'un ni l'autre ne* baissa *les yeux* (Thérive, *Revanche*, p. 182). — *Ni l'une ni l'autre n'*a *refusé l'accès de la chambre* (C. Paysan, *Feux de la Chandeleur*, p. 219).

Ex. du pluriel : *Ni l'un ni l'autre n'*avaient *le caractère endurant* (Stendhal, *Rouge*, I, 17). — *Ni l'un ni l'autre n'*ont *su ce qu'ils faisaient* (Vigny, *Cinq-Mars*, XXVI). — *Ni l'un ni l'autre ne s'*endormirent (Zola, *Fort. des Rougon*, VI). — *Ni l'un ni l'autre ne* doivent *être* faits *à moitié* (Proust, *Pastiches et mélanges*, p. 173). — *Ni l'un ni l'autre des compagnons d'escapade n'*ont *raisonnablement pu éprouver l'envie de mettre le mari au courant* (Aragon, *Mentir-vrai*, p. 482). — Voir aussi § 902, *b*, Rem. 2.

Hist. — Vaugelas, p. 141, admettait le singulier et le pluriel.

445   Coordonnants occasionnels.

a) Lorsqu'un nom (ou un syntagme nominal) est suivi immédiatement d'une proposition conjonctive averbale indiquant une comparaison d'égalité et ne contenant qu'un syntagme nominal ou pronominal, il n'est pas rare que la conjonction de subordination soit sentie comme une conjonction de coordination unissant les deux termes. C'est alors l'ensemble de ces termes qui détermine l'accord. C'est le cas notamment avec les conjonctions ou locutions conjonctives *ainsi que, aussi bien que, autant que, comme, de même que, non moins que, non plus que, pas plus que :*

> *Un ambitieux violon, ainsi qu'un cornet à piston glapissant,* ajoutaient *au prestige de ces matinées* (Hermant, *Grands bourgeois*, IV). — [...] *la façon dont sa fortune ainsi que celle de son mari* [...] avaient *été* gérées (P. Benoit, *Villeperdue*, p. 105). — *Il est vêtu d'un smoking noir* [...] *et a le visage, ainsi que le crâne, entièrement* dissimulés *par un masque en cuir fin*

(ROBBE-GRILLET, *Projet pour une révolution à New York*, p. 11). — *Votre caractère autant que vos habitudes me* PARAISSENT *un danger pour la paroisse* (BERNANOS, *Journal d'un curé de camp.*, p. 238). — *Dans une famille* [...] *où le rang social autant que l'âge des fils* MARQUAIENT *mieux encore leur soumission* (MAUROIS, *Lyautey*, p. 1). — *Rostand comme France* APPORTENT *de l'intelligibilité dans les lettres françaises* (THIBAUDET, *Hist. de la litt. fr. de 1789 à nos jours*, p. 499). — *La montagne, comme l'armée,* LIVRAIENT *à ceux qui savaient les conquérir leur souffle pur et viril* (J. ROY, *Métier des armes*, p. 127). — *Sa patience à lui écrire, non moins que les allusions sèches et maladroites qui emplissaient ses lettres, lui en* ÉTAIENT *des preuves certaines* (JALOUX, *Branche morte*, p. 106). — *M. Thibault, non plus que* Mlle *de Waize, ni Gisèle, ne* MANQUAIENT *jamais la grand-messe* (R. MARTIN DU GARD, *Thib.*, Pl., t. I, p. 901). — *Le Don Quichotte, non plus que les pièces de Calderon, ne* SONT CLASSIQUES — *ni* ROMANTIQUES (GIDE, *Incidences*, p. 41). — *La voix non plus que la silhouette ne lui* ÉTAIENT CONNUES (A. de CHÂTEAUBRIANT, *Brière*, p. 184). — *Il est vrai que Grand-mère Louise, pas plus que mon père, ne s'*OCCUPAIENT *de mes secrets* (H. BOSCO, *Jardin des Trinitaires*, p. 259).

Mais il est fréquent que l'élément contenu dans la proposition conjonctive averbale n'intervienne pas dans l'accord (et ce n'est pas seulement quand elle conserve toute sa valeur comparative et qu'elle est encadrée de virgules) :

Le second acte, ainsi que le premier et tous les autres, COMMENÇA *par un festin* (TAINE, *Philos. de l'art*, t. II, p. 9). — *Son visage, aussi bien que son cœur,* AVAIT *rajeuni de dix ans* (MUSSET, *Nouvelles, Emmeline*, V). — *Mon visage, aussi bien que mon âme,* EST *trop* SÉVÈRE (LARBAUD, *Fermina Márquez*, XVII). — *Ma conscience aussi bien que ma raison me* DICTE *ce langage* (BLOY, *Désespéré*, p. 33). — *Cette région* [...] *où son cœur autant que son esprit le* PORTE *sans cesse* (FROMENTIN, *Maîtres d'autref.*, p. 42). — *L'orgueil autant que la pauvreté les* RETIENT *sur leurs domaines* (J. et J. THARAUD, *Oiseau d'or*, p. 20). — *Le manque d'air ici, autant que l'ennui,* FAIT *bâiller* (GIDE, *Incidences*, p. 41). — *La religion, comme la politique,* A *ses Brutus* (HERMANT, *Platon*, p. 118). — *Et l'un comme l'autre* ENTRA *dans la voie des confidences* (ARAGON, *Cloches de Bâle*, II, 8). — *L'un comme l'autre* EST *pris au jeu,* ENGLUÉ *dans sa propre ruse* (GIDE, *Journal*, 21 août 1940). — *La Finlande, comme la Belgique,* COMPORTE *deux éléments ethniques différents* (G. DUHAMEL, *Positions franç.*, p. 137). — *La haine, comme l'amour, ne se* NOURRIT *que de la présence* (M. BRION, *Laurent le Magnifique*, p. 73). — *Sa modestie non moins que son grade en* SERA *la cause* (R. BAZIN, *Contes de Bonne Perrette*, p. 129). — *M. de Lamartine, pas plus que M. de La Mennais, ne* DÉSESPÈRE *de l'avenir* (SAINTE-BEUVE, *Portraits contempor.*, t. I, p. 214). — *Le père, pas plus que le fils, ne* SAURAIT *jamais* [...] (R. MARTIN DU GARD, *Thib.*, Pl., t. I, p. 1014). — *Renée, pas plus que Gilbert, n'*ÉTAIT RETOURNÉE *chez les Guillaume* (ARLAND, *Ordre*, t. II, p. 193). — *Romains, pas plus que moi, n'*A *persévéré dans cette voie* (G. DUHAMEL, *Temps de la recherche*, XV). — *Madame Bovary, non plus que Rodolphe, ne lui* RÉPONDAIT *guère* (FLAUB., Mme *Bov.*, II, 8). — *Le conseil le plus retors, non plus que la volonté la plus sûre, n'y* POURRAIT *rien* (GIDE, *Porte étr.*, p. 157).

Lorsqu'on a les expressions corrélatives *tant ... que ..., aussi bien ... que ...,* l'accord se fait avec les deux termes :

Tous les moyens matériels dont tant ma situation que la civilisation de mon époque me FAISAIENT *profiter* (PROUST, *Rech.*, t. III, p. 504). [L'éd. citée par Høybye, § 299, porte *faisait*.] — *Tant mon grand-père que ma grand'mère me* CITAIENT *cette dame comme un modèle* (JAMMES, *De l'âge divin à l'âge ingrat*, p. 141). — *Aussi bien l'oncle Mathieu que tante Philomène n'*ÉTAIENT *pour moi que sons* (H. BOSCO, *Malicroix*, p. 185).

On attendrait aussi l'accord avec les deux termes dans cet ex. : *Pas plus un meuble qu'un autre instrument familier* [...] *ne me* DONNE *cette assurance* (M. LEIRIS, *Ruban au cou d'Olympia*, p. 92).

Remarques. — 1. Si les propositions conjonctives averbales ne suivent pas immédiatement le nom, celui-ci est seul à intervenir dans l'accord :

Son désir d'enlever Michèle ÉTAIT INDÉNIABLE, *non moins que la tristesse de son départ* (JALOUX, *Branche morte*, p. 118). — *Non moins que la syntaxe, la prononciation* ÉPROUVE *des variations* (LITTRÉ, Complém. de la Préf., p. L). — *Non plus que Gœthe, Johnson n'*ENTREVOIT *l'instruction qui se puisse tirer de l'étude des populations primitives* (GIDE, *Journal*, 18 fév. 1943).

2. S'il s'agit d'une comparaison d'inégalité, la proposition conjonctive averbale est d'ordinaire sans effet sur l'accord. C'est le cas notamment avec *moins que, plus que, plutôt que* :

La misère, plus que l'amour, APPARAISSAIT *dans toute son attitude* (NERVAL, *Voy. en Orient*, Introd., XXI). — *Notre sang plutôt que notre littérature* ÉTABLISSAIT *cette sympathie* (BARRÈS, *Appel au soldat*, t. I, p. V). — *La honte, plutôt que la pitié,* TIRA *de l'abbé Cénabre une espèce de gémissement* (BERNANOS, *Imposture*, p. 53). — *Le sens du geste plus que des arguments d'opportunité* COMMANDE *ici son choix* (Raym. ARON, *Sociologie allem. contemp.*, 1981, p. 109).

Dans l'ex. suivant, l'auteur fait intervenir dans l'accord le nom de la proposition conjonctive averbale : *La curiosité, bien plus que la foi, m'*ONT *amené dans votre église* (A. ARNOUX, *Crimes innocents*, p. 39). — [On lit déjà dans la suite anonyme du *Paysan parvenu* de Marivaux : +*Je défendis de tirer davantage ; mais pour être obéi, je fis approcher les ménétriers du village ; et l'amusement qu'en espérèrent les paysannes, plus que mes paroles,* DÉTOURNÈRENT *les paysans de leur ardeur à tirer* (p. 393).]

Høybye (§ 341) cite ce texte-ci, qui contrevient à la fois aux Rem. 1 et 2 : *Plus que le sentiment patriotique, le parti pris religieux de votre ami lui* FONT *commettre des erreurs grossières* (PROUST) ; mais la leçon de la Pl. est *fait* (*Rech.*, t. II, p. 891).

b) Lorsqu'un syntagme nominal est accompagné d'un syntagme introduit par *avec*, il arrive que celui-ci ne soit pas senti comme un complément mais comme un élément coordonné, *avec* équivalant alors à *et*, et que l'accord se fasse avec l'ensemble des noms :

Le murmure des sources avec le hennissement des licornes se MÊLENT *à leurs voix* (FLAUB., *Tent.*, III). — *La lune à l'écrivain public / Dispense sa lumière obscure / Où Médor avec Angélique /* VERDISSENT *sur le pauvre mur* (VERL., *Rom. sans par.*, Ariettes oubliées, VI). — *Le notaire rose et majestueux, avec son clerc raide comme un patron de mode, offrent la plume pour la signature du contrat* (TAINE, *Vie et opinions de Fr.-Th. Graindorge*, p. 188).

Mais cette façon de faire reste rare, et l'on accorde d'habitude avec le véritable sujet, même s'il n'y a pas de virgule entre celui-ci et le complément introduit par *avec : Vertumne avec Zéphyr* MENAIT *des danses éternelles* (CHAT., *Génie*, II, V, 1). — *Cependant Rodolphe, avec madame Bovary,* ÉTAIT MONTÉ *au premier étage de la mairie* (FLAUB., *Mme Bov.*, II, 8). — *Le travail avec ses servitudes lui* INSPIRA *de bonne heure un grand dégoût* (M. GARÇON, *Plaidoyers chimériques*, p. 119).

Mérimée, qui avait d'abord écrit : *La chaloupe avec un canot seulement se* TROUVÈRENT *en état de servir* (*Mosaïque*, Tamango), a remplacé par la suite *trouvèrent* par *trouva* (Pl., pp. 238 et 790).

Hist. — L'accord avec le sujet et le complément introduit par *avec* se rencontre parfois chez des auteurs classiques ; il est moins surprenant de le trouver en anc. ou en moyen fr., où le sens était souvent déterminant en matière d'accord :

Le Singe avec le Léopard / GAGNOIENT *de l'argent à la foire* (LA F., *F.*, IX, 3). — +*Le comte Piper, avec quelques officiers, [...]* ÉTAIENT SORTIS *du camp* (VOLT., cit. Brunot, *Pensée*,

p. 265). — *Cette dame avecq son fils* FURENT *logez en la maison du Roy* (MARG. DE NAVARRE, *Hept.*, cit. Nyrop, V, § 66, 6°).

Avec d'anciennes prépositions signifiant « avec » : *La déesse des boscages* / [...] / *O ses nimphes et ses pucelles* / *S'*OMBRIOIENT *dessous saucelles* [= se mettaient à l'ombre des saules] (FROISS., *Poés.*, t. II, p. 30). — *Saintré* ATOUT *sa compagnie* [...] VINDRENT *prendre congié du roi* (LA SALE, *Saintré*, cit. Nyrop).

Remarque. — Certains auteurs traitent comme des éléments coordonnés :

— Un terme introduit par une autre préposition qu'*avec : Jamais la vanité aux prises avec tout ce que le petit amour de l'argent peut avoir de plus âpre et de plus mesquin n'*ONT *mis un homme dans un plus piètre état* (STENDHAL, *Rouge*, I, 22). — *Dans l'ombre* [...] / ÉTAIENT *assis* [...] / *Le premier homme auprès de la première femme* (HUGO, *Lég.*, II, I, 3). — *Un jeune montagnard, près d'une jeune fille,* / *Sur la même racine* ÉTAIENT *assis tous deux* (LAMART., *Jocelyn*, III). — *Charles-Henry Hirsch, après Charles-Louis Philippe,* AVAIENT *tiré* [...] *une poésie du monde des souteneurs et des prostituées* (THIBAUDET, dans l'*Encycl. franç.*, t. XVII, fasc. 38, p. 8).

— Le complément de l'épithète : [...] *la haute cheminée où* RÔTISSAIENT *un râble de lièvre flanqué de deux perdrix* (MAUPASS., *C.*, *Réveillon*). — *C'est Peu-Parle, aidé du bon gendarme, qui* ONT *charge de traquer les délinquants* (P. ARÈNE, *Chèvre d'or*, XLIX). — *Dix minutes après, une femme tout habillée de rose,* [...] *accompagnée d'un cavalier en tricorne* [...], *se* GLISSÈRENT *dans la chaumière* (A. FRANCE, *Les dieux ont soif*, p. 52). — *Le curé en chape, accompagné du maire,* VIENNENT [...] *chercher le seigneur au palais* (R. BAZIN, *Terre d'Espagne*, p. 134). — *Une vieille dame appuyée au bras d'un collégien* PASSÈRENT *lentement devant eux* (J. GREEN, *Malfaiteur*, p. 173). — *L'histoire seule, accompagnée de l'archéologie, y* PEUVENT *concourir* (R.-L. WAGNER, *Introd. à la linguist. fr.*, p. 34). — *Roger Bodart, soutenu par Marcel Thiry, m'*ACCUSERONT *d'appartenir à l'école* [...] *du « rien que le texte »* (É. NOULET, dans *Synthèses*, oct. 1966, p. 90).

— Le sujet de la relative : *C'est à quoi* PEUVENT [...] *nous servir une grande fatigue que suit une bonne nuit* (PROUST, *Rech.*, t. II, p. 91). — *La grande activité sociale où l'entraînera son « intrépide charité »* la MÊLERONT *davantage au monde, lui* FERONT *sentir sa communauté de cœur avec d'autres apôtres des mêmes causes* (J. SCHLUMBERGER, *Éveils*, Œuvres, t. VI, p. 310).

Hist. — Des accords comme ceux que décrit cette remarque se trouvent même chez les classiques :

Il a cru [...] *que* [...] *la contrainte de la Poësie jointe à la severité de nostre Langue, m'embarasseroient en beaucoup d'endroits* (LA F., *F.*, Préf.). — *⁺M. Petit, soutenu de M. Belay, l'*ONT *premièrement fait saigner* (SÉV., 25 août 1679).

CHAPITRE IX

LA MISE EN RELIEF

Bibl. — M.-L. MÜLLER-HAUSER. *La mise en relief d'une idée en franç. moderne.* Genève, Droz, 1943.

446   **La mise en relief,** qu'on appelle aussi **emphase,** est le fait d'attirer particulièrement l'attention sur un des éléments de la phrase.

On utilise pour cela un introducteur particulier, *C'est ... que* ou *... qui* (§ 447), ainsi que divers procédés (§ 448).

447   Le terme mis en relief peut être détaché en tête de la phrase (comp. § 448) et introduit par ***c'est ... qui,*** s'il s'agit du sujet, — ou ***c'est ... que,*** s'il s'agit d'un autre terme :

C'EST *votre frère* QUI *avait raison.* — C'EST *sa montre* QU'*elle a perdue.* — C'EST *malade* QU'*il est.* — C'EST *mille francs* QUE *cela coûte.* — C'EST *la nuit* QU'*il est beau de croire à la lumière* (E. ROSTAND, *Chantecler,* II, 3). — C'EST *dans l'adversité* QU'*on reconnaît ses vrais amis.* — *Vouloir n'est rien,* C'EST *pouvoir* QU'*il faudrait* (A. DAUDET, *Jack,* t. II, p. 112).

Le détachement avec l'introducteur exclut la redondance décrite dans le § 448, *b.*

Sur la variation de *c'est* en temps et en nombre, cf. §§ 850, Rem. 1 ; 898, *b.*

Le détachement au moyen de *c'est ... que* entraîne certaines modifications.

1° Les pronoms personnels conjoints sont remplacés par les pronoms disjoints (§§ 636, *g* ; 637, *e*) :

JE *le ferai.* → *C'est* MOI *qui le ferai.* — *Il* T'*a critiqué.* → *C'est* TOI *qu'il a critiqué.*

De même, *ce* sujet et *le* neutre deviennent *cela* (ou *ça*) : *C'est insupportable.* → *C'est* CELA *qui est insupportable.* — *Je* LE *veux.* → *C'est* CELA *que je veux.*

Il impersonnel et *on* ne peuvent être mis en relief par l'introducteur. Cependant la langue populaire, tout en maintenant *on* à sa place, peut le mettre en relief sous la forme °*C'est nous que :* C'EST NOUS QU'*on est les duchesses* (mot attribué à Mme SANS-GÊNE). — *C'est pas* NOUS *qu'on aurait pu en faire autant !* (CÉLINE, *Voy. au bout de la nuit,* F°, p. 47.)

La préposition reparaît devant le pronom personnel complément d'objet indirect :

Je TE *parle.* → *C'est* À TOI *que je parle.*

De même, *en* devient *de lui (d'elle, d'eux, d'elles)*, ou *de cela (de ça)*, ou *de là*, selon le sens, et *y* devient *à lui (à elle, à eux, à elles)*, ou *à cela (à ça)*, ou *là*, selon le sens :

Il EN *parle.* → *C'est* DE LUI (ou *d'elle*, etc.) *qu'il parle*, s'il s'agit de personnes (plus rarement, de choses), ou bien *C'est* DE CELA *qu'il parle*, s'il s'agit de choses. — *Il* EN *est parti.* → *C'est* DE LÀ *qu'il est parti.*

Il Y *pense.* → *C'est* À LUI (ou À ELLE, etc.) *qu'il pense*, s'il s'agit de personnes (plus rarement, de choses), ou bien *C'est* À CELA *qu'il pense*, s'il s'agit de choses. — *Il* Y *va.* → *C'est* LÀ *qu'il va.*

2° Le verbe est mis à l'infinitif et sa place primitive est occupée par le verbe substitut *faire* (§ 745) à la forme qui convient :

Il DORT *sans cesse.* → *C'est* DORMIR *qu'il* FAIT *sans cesse.*

3° La préposition reste normalement attachée au syntagme prépositionnel mis en relief :

Je ferai cela POUR *toi.* → *C'est* POUR *toi que je ferai cela.* — *Je pense à toi.* → *C'est* À *toi que je pense.* — *Elle se souvient* DE *son enfance.* → *C'est* DE *son enfance qu'elle se souvient.* — *C'est* DANS *le moule de l'action que notre intelligence a été coulée* (BERGSON, *Évolution créatrice*, p. 44).

On continue à trouver, moins rarement que ne le disent les grammairiens, les tours anciens (cf. Hist.) consistant à attacher la préposition au relatif (*à qui*, etc.) ou à utiliser les formes du relatif qui la contiennent (*dont, où*), — ou bien à exprimer deux fois la préposition, dans le syntagme déplacé et avec le relatif :

La préposition est jointe au relatif : *Si c'est mon portefeuille* DONT *il s'agit* (CHAT., *Mém.*, III, II, VI, 11). — *Ce n'est pas cela* DONT *j'ai besoin* (BERNANOS, *Sous le soleil de Satan*, Pl., p. 181). — *C'est bien de la maison que je parle. C'est elle* À QUI *tu passes la mission de m'empêcher de parler* (GIRAUDOUX, *Sodome et Gomorrhe*, I, 3). [Dans la 1ʳᵉ phrase de cet ex., *... la maison* DONT *je parle* aurait été équivoque.] — *C'est votre cœur* OÙ *j'aspire* (H. BOSCO, *Balesta*, p. 293). — *C'étaient les monnaies d'or les plus banales* DANS LESQUELLES *les paysans voyaient d'universelles panacées* (M. BLOCH, *Rois thaumaturges*, p. 396).

Autres ex. : MUSSET, *Prem. poés.*, Mardoche, XLI ; A. FRANCE, *Petit Pierre*, XVII ; E. ROSTAND, *Aiglon*, I, 3 ; J. GREEN, *Journal*, 29 mai 1951 ; CASAMAYOR, *Mystification*, p. 137 ; D. DECOIN, *Il fait Dieu*, p. 41 ; etc.

La préposition est exprimée deux fois ; cela est surtout fréquent avec *dont* : *C'est* DE *lui* DONT *il s'agit* (Th. GAUTIER, *Mˡˡᵉ de Maupin*, IV). — *C'est* DE *dynamomètres* DONT *le graveur a besoin* (BACHELARD, *Droit de rêver*, p. 72). — *C'est toujours* DES *yeux de Nicolas* DONT *je me souviens* (M. DURAS, *Vie tranquille*, Fº, p. 137).

Autres ex. : B. CONSTANT, *Journal intime*, éd. Melegari, p. 198 ; BOURGET et ZOLA, cit. Sandfeld, t. II, p. 128 ; Fr. MAURIAC, *Vie de Jésus*, p. 240 ; CÉLINE, *Voy. au bout de la nuit*, Fº, p. 287 ; J. PRÉVERT, *Paroles*, Temps des noyaux ; CASAMAYOR, *Mystification*, p. 180 ; etc.

On a le même phénomène dans *C'est* LÀ OÙ *vous vous trompez* (R. MARTIN DU GARD, *Jean Barois*, Pl., p. 458). — Autres ex. : E. et J. de GONC., *Ch. Demailly*, IX ; LA VARENDE, *Centaure de Dieu*, p. 270 ; C. CLÉMENT, *Vies et légendes de Jacques Lacan*, p. 149 ; etc.

Hist. — Les deux tours décrits ci-dessus (préposition ajoutée au relatif ou exprimée deux fois) étaient fréquents chez les classiques :

Ce n'est pas vous, c'est l'Idole / À QUI *cet honneur se rend, / Et que la gloire en est deüe* (LA F., *F.*, V, 14). [Pour la relative coordonnée, il n'y a pas du tout de préposition.] — *C'est vostre illustre Mere* à QUI *je veux parler* (RAC., *Ath.*, III, 2). — *Ce sont elles* DONT *ils font le plus de trafic* (VOLT., *Lettres phil.*, XI). — *De tous les pays, c'etoit la Suisse* OU *il revenoit sans cesse* [en paroles] (BERN. DE SAINT-P., *La vie et les ouvrages de J.-J. Rouss.*, p. 117).

C'est à vous, mon Esprit, à QUI *je veux parler* (BOIL., *Sat.*, IX). — ⁺*Ce n'est pas* D'*un saint* DONT *un dévot sait dire du bien* (LA BR., XII, 8). — ⁺*C'était à son épouse chérie et outrée à* QUI *il avait affaire* (SAINT-SIMON, Pl., t. III, p. 134).

Au XVIIIᵉ s., les grammairiens condamnaient seulement le pléonasme.

4° La négation peut accompagner l'élément mis en relief :

Je NE *pense* PAS *à toi.* → *Ce* N'*est* PAS *à toi que je pense.*

La négation elle-même peut être mise en relief, et le verbe passe alors au subjonctif : *Je ne suis pas malade.* → *Ce n'est pas que je* SOIS *malade.*

Remarque. — *Il y a ... que* (ou ... *qui*) a des emplois analogues à *C'est ... que :*

IL Y A *votre lacet* QUI *est dénoué :* comp. § 404, *b.* — IL N'Y A *que de cette façon* QUE *le silence s'explique autour de la disparition* (M. DURAS, cit. Togeby, § 411).

On trouve aussi avec *il y a* le pléonasme signalé ci-dessus (3°) : *Il n'y a pas qu'*EN FRANCE OÙ *les questions d'orthographe enflamment les esprits* (DAUZAT, dans le *Fr. mod.*, juillet 1953, p. 235).

448   Autres procédés.

a) La redondance (§ 367).

— Répétition du même mot ou du même syntagme : *Il est bête, bête, bête !*
— Addition d'un pronom disjoint : *Votre mère le sait, elle.*

b) Le détachement et le déplacement :

Elles parlèrent de la chère femme, interminablement [...] (ZOLA, *Assomm.*, IX). — *Grâce à toi, notre avenir est assuré.*

Dans le cas des sujets, des compléments essentiels et des attributs, ces détachements entraînent ordinairement la redondance, c'est-à-dire la présence d'un pronom devant le verbe :

Ta sœur, elle est merveilleuse. — `Ils arrivèrent, en effet, ces fameux Comices !* (FLAUB., *Mᵐᵉ Bov.*, II, 8.) — *C'est un trésor que la santé* (cf. § 236, *a*, 2°). — *Votre oncle, je l'ai connu au régiment.* — *Habiles, ils le sont tous.*

Pour le complément d'objet, voir § 290 ; — pour l'attribut, § 246. — Sur les introducteurs des mots détachés, voir § 367, *b*, Rem. 2.

c) Parmi les divers autres procédés, notons :

La phrase exclamative, notamment avec mot exclamatif : *Ce voyageur ailé, comme il est gauche et veule ! / Lui, naguère si beau, qu'il est comique et laid !* (BAUDEL., *Fl. du m.*, Albatros.)
Le sous-entendu : *Il est d'une bêtise !...*
Les diverses expressions d'un haut degré (§ 954) et l'hyperbole : *Il est formidablement riche.*
Les procédés phonétiques, comme l'accent d'insistance (§ 39, *b*) : *Oh ! le* COCHON *!* — Le détachement des syllabes : *Comment dire ? Soulagé et en même temps...* (il cherche) ... *épouvanté.* (Avec emphase.) É-POU-VAN-TÉ [les capitales sont de l'auteur] (BECKETT, *En attendant Godot*, I) ; — le redoublement des consonnes : *Toujours aussi bête... / Il prononce :* BBête, *avec dégoût* (MALRAUX, *Conquérants*, p. 82).

Les parties du discours

CHAPITRE I

LE NOM

SECTION 1. — GÉNÉRALITÉS

449   Le **nom** ou **substantif** est un mot qui est porteur d'un genre
(§ 454), qui est susceptible de varier en nombre (§§ 500-525),
parfois en genre (§§ 478-489), qui, dans la phrase, est accompagné ordinairement d'un déterminant, éventuellement d'une
épithète. Il est apte à servir de sujet, d'attribut, d'apposition, de
complément.

> *La culotte, le pantalon.* — *Cheval, chevaux.* — *Menteur, menteuse.* — *Le* MUR, *ce* MUR,
> *notre* MUR *a été repeint.* — *Une* FAUTE *avouée est à moitié pardonnée.* — LOUIS *IX,* ROI *de*
> FRANCE, *fut le* CHEF *de la huitième* CROISADE.

Lorsque le sujet, l'attribut, l'apposition, le complément sont des syntagmes
nominaux, le nom est le noyau de ce sujet, de cet attribut, etc. : *Les petits* RUIS-
SEAUX *font les grandes* RIVIÈRES.

Par l'adjonction d'un déterminant, tout mot ou même tout élément
de la langue (cf. § 450) peut devenir un nom (§§ 194-197) :

> *Un* SOURIRE. *Le* PRÉSENT *m'intéresse plus que le* PASSÉ. *Il faut peser le* POUR *et le* CONTRE.
> — *Un* TIENS *vaut mieux que deux* TU L'AURAS.

Du point de vue sémantique, le nom « désigne tout ce qui possède, réellement ou par abstraction, une existence distincte » (Dessaintes, *Recherche linguistique et enseignement*, p. 38). — On procède aussi par énumération : le nom
désigne des êtres, des choses, des actions, des qualités, etc. Mais le verbe aussi
exprime une action, l'adjectif une qualité. Ce qui distingue *changement* de *changer, bonté* de *bon* n'est pas avant tout sémantique.

> Voici comment un poète voit les catégories grammaticales : « La grammaire, l'aride
> grammaire elle-même, devient quelque chose comme une sorcellerie évocatoire ; les mots
> ressuscitent revêtus de chair et d'os, le substantif, dans sa majesté substantielle, l'adjectif,
> vêtement transparent qui l'habille et le colore comme un glacis, et le verbe, ange du mouve-
> ment, qui donne le branle à la phrase. » (BAUDEL., *Paradis artificiels*, Pl., pp. 466-467.)

Remarques. — 1. Certains grammairiens se servent de *nom* pour représenter à la fois le substantif et l'adjectif.

2. Sur l'*extension* et la *compréhension* du nom, voir § 202.

450   Noms autonymes.

Bibl. — J. REY-DEBOVE, *Le métalangage*, P., Robert, 1978.

On appelle **nom autonyme** (à ne pas confondre avec *antonyme*: § 206) le nom qui se désigne lui-même :

HIRONDELLE *a deux* L (comp. : *Une hirondelle a deux ailes*). HIRONDELLE *est un substantif féminin.* HIRONDELLE *s'emploie au figuré.*

N'importe quelle séquence du discours, qu'elle ait un sens ou non, peut être employée de façon autonymique : une lettre, un phonème, une syllabe, une rime, un morphème, un mot, un syntagme, une phrase, etc.

L'M *final s'est conservé dans* REM (FOUCHÉ, *Phon. hist.*, p. 651). — *Le traitement de* SC-*initial* (J. HAUST, *Dict. liégeois*, p. XV). — *Si on admet l'existence d'un* FOUF-, *d'un* BOB-, *d'un* POUF-, *d'un* BOUF- *onomatopéiques* [...] (P. GUIRAUD, *Structures étym. du lexique fr.*, p. 85). — -AUX *perd du terrain* (Ch. BALLY, *Ling. hist. et ling. fr.*, § 410). — C'EST EUX *est considéré comme populaire* (BRUNOT, *Pensée*, p. 288).

Le nom autonyme concerne la langue en soi (comme dans les ex. cités plus haut), mais aussi des réalisations particulières : *Vos* MONSIEUR *sont bien cérémonieux.* Cela se rapproche de la citation et du discours direct, mais ceux-ci sont moins étroitement intégrés à la phrase.

Les emplois autonymiques font partie du *métalangage* (langage sur le langage), qui inclut aussi le vocabulaire spécifique employé pour parler de la langue : *substantif, subjonctif, morphème, hiatus, tréma, syllabe*, etc. ; il n'y a pas alors d'autonymie.

Les noms autonymes doivent être distingués des noms accidentels qui, eux, sont employés par référence à une signification : *Le* MOI *est haïssable.* — *Tu piqueras des «* PEUT-ÊTRE » *aux ailes de tous tes projets* (G. DUHAMEL, *Les plaisirs et les jeux*, I, 10).

L'emploi autonymique se manifeste :

1° Dans la graphie, par l'emploi des italiques [1] (cf. § 87, *a*) ou parfois des guillemets (§ 133, *b*).

2° Dans la phonétique. Le mot autonyme prend l'accent tonique (même lorsqu'il s'agit d'un élément qui est atone dans sa fonction ordinaire) : *Nous composons bien des verbes avec* RE (BRUNOT, *Pensée*, p. 451). — Dans la chaîne parlée, les mots autonymes sont généralement séparés des mots qui précèdent, ce qui empêche souvent la liaison, etc. (§ 50, *c*) : *Cette croyance que* AVANT *est devenu adverbe* (B. POTTIER, *Systématique des éléments de relation*, p. 196).

---

1. Dans ce § 450, on a suivi l'usage habituel de ce livre : les citations étant elles-mêmes en italiques, les mots qui seraient en italiques dans un texte ordinaire ont été imprimés en caractères romains (ici, en capitales).

3° Dans la morphologie et la syntaxe. Le mot autonyme est nécessairement un nom. — Il perd les traits de genre (le mot autonyme est masculin : § 469), de nombre et de personne qu'il a dans son emploi ordinaire : TAILLEUSE [...], *aujourd'hui tout à fait entré dans la langue* (BRUNOT, *Pensée*, p. 90). — NAVALS *a fini par triompher* (Ch. BALLY, *Ling. gén. et ling. fr.*, § 410). — JE *subit l'élision (Grand Lar. enc.*, s.v. *je).* — Il est invariable quand il est employé au pluriel (§ 507, *a).* — Il est souvent dépourvu d'article, sauf raison particulière (§ 570, 8°).

Remarquons aussi que lorsqu'il appartient à une langue étrangère, le mot autonyme reste tel quel dans un contexte français : Is *est bref partout* (A. ERNOUT. *Morphol. hist. du latin*, § 109).

451   **Nom propre, nom commun.**

Le nom **commun** est pourvu d'une signification, d'une définition, et il est utilisé en fonction de cette signification.

Entrant dans une maison où je ne suis jamais allé, je puis dire : *Voici une table, une chaise,* parce que les objets que je désigne ainsi correspondent à la signification, à la définition que j'ai dans l'esprit.

Le nom **propre** n'a pas de signification véritable, de définition ; il se rattache à ce qu'il désigne par un lien qui n'est pas sémantique, mais par une convention qui lui est particulière.

Il n'est pas possible de deviner que telle personne s'appelle *Claude.* Il n'y a, entre les diverses personnes portant ce prénom, d'autre caractère commun que ce prénom. — Comparez aussi *Boulanger* nom de famille et *boulanger* nom commun.

Les noms propres s'écrivent par une majuscule (§ 98, *a*) ; ils sont généralement invariables en nombre (§ 510) ; ils se passent souvent de déterminant (§ 571).

Sont de véritables noms propres :

— Les noms de lieux : villes, villages, rues, monuments, régions, pays, îles, montagnes, cours d'eau, mers, étoiles et astres (excepté *la terre, la lune* et *le soleil*) ;

— Les noms de personnes : noms de familles, prénoms, pseudonymes (et aussi les sobriquets, mais, pour ceux-ci, la signification n'est pas toujours absente).

On considère aussi comme des personnes les êtres surnaturels des diverses religions et mythologies : *Dieu* (qui cesse d'être un nom propre dans les religions polythéistes), *Apollon.*

Certains animaux, certains objets peuvent recevoir un nom propre : *Bucéphale,* cheval d'Alexandre ; *Durendal,* épée de Roland ; *le Nautilus,* sous-marin imaginé par Jules Verne.

Des mots ayant une signification deviennent des noms propres lorsqu'on les emploie pour désigner, en faisant abstraction de leur signification : c'est le cas des titres de livres (le *Code civil, L'éducation sentimentale*), de revues (*La nouvelle revue française*), etc.

Remarques. — 1. Les mots appartenant aux catégories suivantes ne sont pas de vrais noms propres parce qu'ils ont une définition (qui est en rapport avec un vrai nom propre : *Mérovingien* = descendant de *Mérovée ; Parisien* = habitant de *Paris*) ; ils prennent d'ordinaire la marque du pluriel. Nous les considérons comme des noms associés aux noms propres.

— Les dérivés désignant des dynasties (avec majuscule) : *Les Capétiens, les Mérovingiens, les Atrides.*

— Les *ethniques* (ou *gentilés*), c'est-à-dire les noms désignant les habitants d'un pays, d'une région, d'une ville, etc. (normalement avec majuscule : § 98, *a*, 3°) : *Les Africains, les Genevois.*

— Les noms désignant les membres des ordres religieux, les adeptes d'une religion, d'une doctrine, etc. (d'ordinaire, avec une minuscule : § 98, *a*, 3°) : *Les jésuites, les mahométans, les gaullistes.*

2. Les noms propres ont souvent été des noms communs à l'origine :

Le Havre. — En particulier, beaucoup de noms de familles sont d'anciens surnoms indiquant la profession ou d'autres particularités : *Boulanger, Lebègue, Leloup.* Mais cette valeur primitive est tout à fait effacée, ne joue aucun rôle dans l'utilisation du nom de famille. Les noms de fleurs, de pierres précieuses ont servi de prénoms : *Rose, Marguerite* (« perle » en grec et en latin).

Il y a souvent des différences formelles entre les noms propres et les noms communs qui y correspondent, parce que les premiers ont perdu le contact avec les seconds et ont gardé d'anciennes graphies : *Mons* [mɔ̃s], à côté de *monts* [mɔ̃]. — *Boulenger* nom propre à côté de *boulanger* nom commun.

3. Les noms propres peuvent devenir des noms communs en acquérant une signification :

Une bougie, de *Bougie,* nom d'une ville d'Algérie. *Un gavroche,* de *Gavroche,* personnage des *Misérables,* roman de Hugo. *Une poubelle,* de *Poubelle,* nom d'un préfet de la Seine. — Dans ces trois ex., la transformation est entrée dans l'usage ; le mot perd alors la majuscule et prend la marque du pluriel.

Mais il y a des cas où la valeur originaire reste perçue. La majuscule subsiste : *Une Citroën. Un Judas* (« traître ») [§ 98, *a*, 2°, Rem. 2 et 3]. Le pluriel est hésitant : cf. § 512.

Par allégorie, les écrivains et surtout les poètes présentent les choses comme des personnes : LA DÉROUTE, *géante à la face effarée,* / [...] / LA DÉROUTE *apparut au soldat qui s'émeut* (HUGO, *Châtim.,* V, XIII, 2).

452 Du point de vue de la signification des noms, on peut faire diverses distinctions.

a) Les noms **concrets** et les noms **abstraits.**

Le nom *concret* désigne un être ou un objet tombant sous nos sens ou considérés comme pouvant tomber sous nos sens.

Homme, renard, plume, fleuve, nuage, navire, fumée. — *Licorne, ange,* etc. désignent des êtres qui, pour ceux qui y croient, peuvent tomber sous nos sens et qui sont susceptibles d'être représentés par la peinture ou la sculpture.

Le nom *abstrait* désigne une propriété ou une qualité séparées par notre esprit des êtres ou des objets où elles se trouvent réalisées.

Patience, épaisseur, durée, immensité, consternation. — Nous constatons par nos sens qu'un objet *est épais ;* nous pouvons aussi considérer cette qualité en l'isolant de la réalité où elle se réalise.

Remarque. — Un nom concret peut, par métonymie, être employé comme nom abstrait, et vice versa :

Un mal de TÊTE. *Perdre la* TÊTE. — *La* DOUCEUR *d'un fruit. Acceptez ces* DOUCEURS (= sucreries). — *Avoir une* CORRESPONDANCE *avec quelqu'un. Lire la* CORRESPONDANCE *de quelqu'un.* — Voir aussi ce que nous disons de l'allégorie au § 451, Rem. 3.

b) Les noms **animés** et les noms **inanimés.**

Les noms *animés* désignent des êtres susceptibles de se mouvoir par eux-mêmes. Les autres noms, désignant des choses, des qualités, des actions, etc., sont *inanimés.*

Les noms animés comprennent les humains, les animaux et les êtres surnaturels : *Soldat, fourmi, Dieu, Vénus, diable, centaure.* — Noms inanimés : *Auto, chaise, pommier, maladie, arrivée.* — Cette distinction est importante pour le genre : cf. §§ 458 et 473.

Par métonymie, les noms inanimés peuvent se substituer aux noms animés : LA CHAMBRE *a voté la confiance au gouvernement.* — LES CAFÉS *ôtaient leurs volets* (A. DAUDET, *Tart. de Tar.,* III, 2). — Voir aussi § 451, Rem. 3 (allégorie).

c) Les noms **collectifs** et les noms **individuels.**

Un nom *collectif* désigne un ensemble d'êtres ou de choses. Un nom *individuel* désigne un seul être ou une seule chose.

Foule, troupeau, tas, valetaille, ramassis, clientèle sont des noms collectifs. *Homme, vache, pierre, valet, client* sont des noms individuels.

Sur l'emploi des noms individuels singuliers avec une valeur collective *(Avoir le cheveu blond),* voir § 493, *a.*

Le phénomène inverse est en train de se produire pour *personnel.* Même le *Grand dict. enc. Lar.* (1984) ne mentionne pas encore que ce mot est, en France, de plus en plus souvent employé fâcheusement pour « membre d'un personnel » : *Cinq cents ouvriers recrutés sur place, onze tonnes et demie de matériel, et vingt-sept* PERSONNELS *d'encadrement d'origine européenne* (G. PEREC, *Vie mode d'emploi,* p. 110). — *Ces forces* [= les forces militaires franç. en Allem.] *comptent, au total, 51 000* PERSONNELS *sous contrat militaire* (dans le *Monde,* sélection hebdom., 12-18 mai 1983, p. 10). — [Comp. *camarade,* jadis synonyme de *chambrée.*]

453 Les **noms composés** sont des noms formés de la réunion de deux ou plusieurs mots. Cf. §§ 178-181.

Ils peuvent être agglutinés et, dans ce cas, il est fréquent que les usagers n'aient plus aucune conscience de l'origine : *Vinaigre, pissenlit* sont sentis comme des mots simples. Toutefois, le caractère composé est encore perceptible quand les deux éléments varient *(monsieur, messieurs :* § 520) et aussi dans d'autres cas *(portemanteau, contresens).* Il est plus souvent visible quand les éléments sont unis par un trait d'union *(arc-en-ciel).*

Lorsque les éléments sont tout à fait séparés dans l'écriture, nous préférons parler de *locution nominale.*

Pour les composés faits au moyen d'éléments empruntés à d'autres langues, voir §§ 182-186. — Sur l'emploi du trait d'union, voir § 108.

SECTION 2. — LE GENRE

454   Le **genre** est une propriété du nom, qui le communique, par
le phénomène de l'accord (§ 415), au déterminant, à l'épithète, à
l'adjectif attribut, ainsi qu'au pronom représentant le nom.

Il y a deux genres en français : le **masculin,** auquel appartiennent les noms qui peuvent être précédés de *le* ou de *un,* — et
le **féminin,** auquel appartiennent les noms qui peuvent être précédés de *la* ou de *une.*

> *Le veston, le mur, un homme. — La veste, la muraille, une femme.*

Tous les noms ont un genre. Quelques-uns ont les deux genres, soit
que l'usage soit hésitant (voir notamment § 472), soit qu'il y ait des
emplois distincts selon les genres (voir notamment § 456), et, notamment, que le genre varie selon le sexe de l'être désigné (§§ 480-481).

Remarque. — Certains noms ne sont usités que dans des expressions dans
lesquelles le genre est invisible.

À *l'*AISE, *à son* AISE, *ses* AISES, *d'*AISE. *Sans* AMBAGES. À CONFESSE. *Sans*
ENCOMBRE. *Pour votre* GOUVERNE. *Bête de* SOMME. À TIRE-*d'aile.* Etc.

Cela entraîne parfois des accidents quand des auteurs veulent faire sortir les mots de
leur figement. Par ex., *conteste,* fém. quand il n'était pas figé, se rencontre occasionnellement
aux deux genres : MAINTES *contestes* (GIDE, *Ainsi soit-il,* Pl., p. 1174). — *Conteste* SÉRIEUSE
(MAURRAS, *Écrits politiques,* p. 63). — GRANDS *contestes* (CHAT., *Mém.,* IV, XII, 7). — *Hors
de* TOUT *conteste* (CLAUDEL, *Emmaüs,* p. 10 ; A. ARNOUX, *Zulma l'infidèle,* p. 220).

Hist. — Le latin (comme beaucoup d'autres langues) possédait un troisième genre, le
neutre (cf. § 455 ci-dessous). La plupart des noms neutres sont passés au masc. en latin
vulgaire et, de là, en français. Quelques-uns sont devenus fémin. ; c'est surtout le cas de
pluriels neutres, dont la finale a été confondue avec la finale du fémin. singulier. On a ainsi
en fr. des doublets comme *grain* < *granum, graine* < *grana* (d'abord pluriel). Cf. aussi § 460,
b (foudre).

455   **Le neutre existe-t-il en français ?**

Si on le considère comme une forme particulière du nom ou de l'adjectif, la
réponse est négative.

Là où le latin distinguait HIC *est* BONUS « celui-ci est bon » de HOC *est* BONUM « ceci est
bon », le français n'a qu'une seule forme *bon* (qui est celle du masc.).

Du point de vue sémantique, on observe que le français attribue certaines formes particulières des pronoms à l'expression de l'inanimé : *ce, ceci, cela,* opposés à *celui-ci, celui-là ; quoi* [2] interrogatif opposé à *qui,* etc. Sans doute les mots qui s'accordent avec *ce, quoi,* etc. se mettent-ils au masculin, qui est en fr. la forme indifférenciée, mais il ne paraît pas illégitime d'appeler ces formes des neutres.

Des catégories comme l'infinitif et la proposition conjonctive sont normalement étrangères à la notion de genre (et aussi de nombre : cf. § 437) et l'appellation de neutre leur convient assez bien, quoique les adjectifs qui s'accordent avec eux soient au masculin : *Mentir est* ODIEUX.

456   Homonymes distingués par le genre.

Le genre a un rôle distinctif dans un certain nombre de cas, soit qu'il s'agisse de mots d'origines tout à fait différentes *(a),* soit qu'il s'agisse de mots apparentés *(b).* Cela est vrai aussi pour la prononciation seule *(c).*

a) Mots d'étymologies différentes.

Un aune (lat. *alnus*), arbre. — *Une aune* (francique **alina*), ancienne mesure de longueur.

Un barbe (ital. *barbero*), cheval de Barbarie. — *La barbe* (lat. *barba*), poil du menton, des joues, de la lèvre supérieure.

Un barde (lat. *bardus,* mot gaulois), poète celtique. — *Une barde* (de l'arabe, par l'interméd. de l'ital.), ancienne armure, tranche de lard.

Un bugle (de l'angl.), instrument de musique. — *La bugle* (empr. du bas lat. *bugula*), plante.

Le carpe (gr. καρπός), partie du membre supérieur. — *Une carpe* (bas lat. *carpa*), poisson.

Un litre (de *litron,* ancienne mesure), unité de mesure de capacité. — *Une litre* (variante de *liste, lite,* du germanique **lista,* bordure, bande), bandeau portant des armoiries dans les églises.

Un livre (lat. *liber*), ouvrage, volume. — *Une livre* (lat. *libra*), ancienne unité de compte, de poids.

Un moule (lat. *modulus*), modèle creux servant à donner une forme. — *Une moule* (lat. *musculus*), mollusque.

Un mousse (peut-être de l'adjectif *mousse*), apprenti marin. — *La mousse* (francique **mosa*), plante cryptogame, écume.

Un page (probablement du gr. παιδίον, garçon, romanisé en **páidion*), jeune garçon au service d'un prince. — *Une page* (lat. *pagina*), côté d'un feuillet.

Le platine (espagnol *platina*), métal précieux. — *Une platine* (de l'adj. *plat*), pièce plate de divers instruments.

Un poêle (lat. *pallium*), voile, dais, drap couvrant un cercueil ; — (lat. *pensilis*), fourneau. — *Une poêle* (lat. *patella*), ustensile de cuisine.

---

2. On constate en outre que *ce* et ses composés aussi bien que *quoi* proviennent de neutres latins.

Un somme (lat. *somnus*), sommeil. — *Une somme* (lat. *summa*), total, ensemble de connaissances.

Un souris (de *sourire*), sourire (vieilli). — *Une souris* (lat. *sorex*), rongeur.

Un tour (de *tourner*), machine, mouvement circulaire, circonférence limitant un corps ou un lieu. — *Une tour* (lat. *turris*), construction élevée.

Un vase (empr. du lat. *vas*), récipient. — *La vase* (moyen néerl. *wase*), bourbe.

b) Mots remontant à un ancêtre commun.

Une aide : secours, assistance ; femme qui aide. — *Un aide* : celui qui aide.

Une cache : lieu secret propre à cacher qq. ch. ou à se cacher soi-même. — *Un cache* : objet qui forme écran.

Une cartouche (de l'ital. *cartuccia*, nom fém. dérivé de *carta*, papier) : enveloppe renfermant la charge d'une arme à feu ; boîte contenant des paquets de cigarettes. — *Un cartouche* (de l'ital. *cartoccio*, nom masc. tiré de *carta*) : encadrement sculpté, gravé, en forme de carte. [Abusivement au fém. : Cl. SIMON, *Bataille de Pharsale*, p. 234.]

La chienlit (parfois écrit *chie-en-lit*, selon l'étymologie) : carnaval, désordre, débauche. — *Un chienlit* : personne déguisée, personne grotesque ou répugnante. — Cf. § 469, Rem. 1.

Une couple : lien dont on attache ensemble deux chiens de chasse, réunion accidentelle de deux choses de même espèce (par ex., *une couple d'heures*). — *Un couple* : réunion de deux personnes unies par le mariage, l'amitié, l'intérêt, etc. ; mâle et femelle des animaux ; en mécanique, système de forces.

Une crêpe : rondelle de pâte frite. — *Un crêpe* : étoffe.

Une critique : art de juger des qualités ou des défauts d'une œuvre ; jugement porté sur l'œuvre. — *Un critique* : celui qui pratique la critique.

Une enseigne : signe, marque, étendard. — *Un enseigne* : officier porte-drapeau, officier de marine.

Une espace : terme de typographie ou de musique. — *Un espace* : intervalle, étendue.

Une finale : fin d'un mot ; dernière épreuve d'un tournoi sportif. — *Un finale* [final] (d'orig. ital.) : dernier morceau d'un opéra ; dernier mouvement d'une composition musicale.

Une garde : action de garder ; celle qui garde ; personnes qui gardent, choses qui gardent. — *Un garde* : celui qui a la garde de qqn, de qq. chose.

Une greffe : action de greffer, pousse d'un arbre. — *Un greffe* : lieu où l'on dépose les minutes des actes de procédure.

Une guide : lanière de cuir servant à diriger des chevaux attelés. — *Un guide* : personne qui conduit ; livre servant d'instruction. — Voir § 480, Rem. 3.

Une interligne : lame servant à séparer deux lignes dans la composition typographique. — *Un interligne* : espace blanc entre deux lignes écrites.

La laque : sorte de résine ; produit pour les cheveux. — *Le laque* : beau vernis de Chine, ou noir, ou rouge ; matière enduite de ce vernis ; objet dans cette matière.

Une manche (du lat. *manica*, dérivé de *manus*, main) : partie d'un vêtement où l'on met le bras ; large tuyau ; au jeu, partie liée. — *Un manche* (du lat. vulg. *manicus*; dérivé de *manus*) : partie adaptée à un instrument pour le tenir à la main.

Une manœuvre : suite de mouvements ordonnés, évolution militaire. — *Un manœuvre* : ouvrier qui ne fait que de gros ouvrages.

La mémoire : faculté de se souvenir. — *Un mémoire* : exposé par écrit de certains faits ; état de sommes dues à certaines personnes ; au pluriel, souvenirs écrits par une personne.

Une mode : usage passager dans la manière de vivre, de s'habiller, etc. — *Un mode* : manière d'être ; forme d'un verbe.

Une ombre : espace privé de lumière. — *Un ombre* : sorte de poisson.

Une paillasse : sac garni de paille. — *Un paillasse* : bateleur.

Une parallèle : ligne droite dont tous les points demeurent à une distance constante d'une ligne de référence. — *Un parallèle :* cercle de latitude constante sur la sphère ; comparaison suivie entre deux personnes, deux choses.

Une pendule : sorte d'horloge. — *Un pendule :* balancier dont les oscillations sont isochrones.

La physique : science qui étudie les principes généraux des corps. — *Le physique :* l'aspect extérieur d'une personne.

Une romance : chanson sentimentale. — *Un romance :* poème narratif espagnol (c'est le genre et le sens primitifs). [Ex. : Lec. de Lisle, *Poèmes trag.*, Le romance de don Fadrique ; Montherlant, *Petite infante de Castille*, I, 4 ; etc.]

Une scolie : note de commentateur ancien. — *Un scolie :* remarque sur un théorème.

Une solde : paie des soldats. — *Un solde :* ce qui reste à payer sur un compte ; article soldé, vente d'articles soldés.

La statuaire : art de faire des statues. — *Un statuaire :* celui qui fait des statues.

Une trompette : instrument de musique. — *Un trompette :* celui qui sonne de la trompette.

La vapeur : gouttelettes s'élevant de la surface des liquides dans certaines circonstances. — *Un vapeur :* bateau à vapeur.

Une voile : morceau de forte toile attaché aux vergues d'un navire. — *Un voile :* morceau d'étoffe qui cache.

c) De nombreux homophones sont distincts à l'oreille grâce au genre :

Un cal ; une cale. — Le faîte ; la fête. — Le foie ; la foi. — Le maire ; la mer, la mère. — Le pet ; la paie, la paix. — Le poids, le pois ; la poix. — Le rai ; la raie. — Le sel ; la selle. — Le sol ; la sole. — Le tic ; la tique. — Etc.

457   Pour la plupart des noms, le genre est arbitraire. Ce n'est que pour une partie des noms animés qu'il y a un lien entre le genre et le sexe de l'être désigné ; c'est ce que certains appellent le *genre naturel.* La suite de cette section comprendra donc deux développements distincts : les noms *inanimés* (§§ 458-472) ; les noms *animés* (§§ 473-491).

La frontière entre noms animés et noms inanimés n'est pas infranchissable. On a des métonymies dans les deux sens. Ex. où cela entraîne un changement de genre :

On a eu d'ailleurs des livres excellents, dès le début... Tout *madame de Ségur* (Farrère, *Seconde porte*, p. 40). — *C'est très remarquable, comme la diction de Mlle Sagan à son premier livre. Savoir d'ailleurs si Bertrand Poirot-Delpech n'a pas voulu faire* du *Sagan au masculin ?* (É. Henriot, dans le *Monde*, 15 oct. 1958.)

Un sixième, élève de sixième (année). — *Un demi-solde,* militaire qui touche une demi-solde. — *Un* Action française (Fr. Mauriac, *Sagouin*, p. 11) [= partisan du mouvement appelé *Action française*]. — Voir aussi § 476, *a (ordonnance).*

Avec métaphore : Ce *joli saxe s'anime enfin* (Willy et Colette, *Claud. à Paris*, p. 56) [jeune garçon comparé à *un saxe*, objet en porcelaine de Saxe]. — Voir aussi § 460, *b (foudre).*

Des grammairiens comme Damourette et Pichon s'efforcent de réduire l'opposition, quant au problème du genre, entre les noms animés et les noms inanimés. Voir par ex. au § 472, 3, à propos d'*automne.*

I. — LES NOMS INANIMÉS

458	**Le genre des noms inanimés est arbitraire,** c'est-à-dire qu'il n'est pas déterminé par le sens de ces noms :

Le mur, la muraille. — *Le ruisseau, la rivière, le fleuve.* — *La mer, l'océan.*
Comp. aussi *le soleil, la lune* à l'allemand *die Sonne* (fém.), *der Mond* (masc.).

Le genre des noms inanimés n'a pas non plus de rapport constant avec la forme de ces noms.

Il est donc impossible de donner des règles rigoureuses à ce sujet. Voir cependant les observations du § 459.

Le genre des noms inanimés est dû à leur origine et aux diverses influences qu'ils ont subies. Beaucoup de noms ont changé de genre au cours de l'histoire : cf. l'Hist.

Hist. — *Affaire, alarme, apostille, comète, date, dent, dette, ébène, épigramme, épithète, équivoque, erreur, estime, horloge, image, marge, offre, ombre, orthographe, populace,* etc., ont été autrefois masc. — *Acte, archevêché, caprice, carrosse, cloaque, comté, doute, duché, emplâtre, esclandre, espace, évêché, exemple, horoscope, losange, mélange, mensonge, navire, négoce, orage, pleur, poison, reproche, reste, silence, soupçon,* etc. ont été fém.

Certains de ces noms figurent aussi dans les listes du § 471, parce que toute hésitation n'a pas disparu. En particulier, les usages régionaux maintiennent parfois le genre ancien : on a encore à Rouen *le Gros-Horloge ;* voir aussi la note du § 481, *d (poison).*

Le genre de jadis se trouve dans *la Franche-Comté,* que sur place on appelle aussi *la Comté* tout court. — D'autre part, les auteurs se référant au moyen âge mettent encore parfois *comté* au fém. : *Un seigneur de* LA *comté de Clermont* (BÉDIER, *Fabliaux,* 5ᵉ éd., p. 387). — *Sois donc avant demain sorti de* MA *comté !* (E. ROSTAND, *Princesse lointaine,* III, 5.) — *Joinville Sire de Joinville de* LA *comté de Champagne* (PÉGUY, *Myst. des saints Innocents,* p. 71). — *Vicomté* est encore fém.

Le genre ancien peut se maintenir dans des emplois particuliers : c'est le cas d'*espace* comme fém. (§ 456, *b*) et de divers autres mots dont il est question plus loin.

Ces changements de genre ne remontent pas nécessairement à des époques lointaines : voir ci-dessous § 467, *c (automobile) ;* § 468, *a (sandwich) ;* etc.

459	**Indications générales sur le genre de certaines catégories de noms.**

a) Sont **masculins :**

1° Les noms terminés par les suffixes *-ier, -age* (cf. Rem. 1), *-as, -ement, -ament, -in, -is, -on, -illon, -isme, -oir :*

Un encrier, le plumage, le plâtras, le logement, le testament, le rondin, le roulis, le coupon, le goupillon, l'héroïsme, le miroir.

2° Les noms d'arbres :

Le hêtre, le chêne, le bouleau. — EXCEPTIONS : *Une épine, une aubépine, la ronce, la vigne, la viorne, une yeuse.*

3° Les noms de métaux et de corps chimiques, les noms scientifiques latins des animaux et des plantes :

Le cuivre, le fer, l'argent PUR, *l'or* FIN, *le cobalt, le soufre, le felis rubiginosa, le viola canina.*

4° Les noms désignant des langues : *Le français, le russe.*

5° Les noms des jours, des mois, des saisons :

Le lundi, le RIANT *avril, le printemps.* (Pour *automne,* voir § 472, 3.)

Remarques. — 1. Il s'agit ci-dessus des mots présentant le suffixe *-age.* Toutefois, *ouvrage,* qui est souvent féminin dans la langue du peuple (Vaugelas, p. 445, l'avait observé déjà), l'est parfois dans la littérature pour donner à la phrase la couleur du parler populaire.

Spécialement, dans les expressions *la belle ouvrage :* BARRÈS, *Union sacrée,* p. 202 ; DORGELÈS, *Réveil des morts,* p. 27 ; — *l'ouvrage bien faite :* PÉGUY, *Myst. de la char. de J. d'Arc,* p. 108 ; A. ROUSSEAUX, dans le *Littéraire,* 4 janv. 1947 ; B. CLAVEL, *Fruits de l'hiver,* p. 120 ; etc.

Sur *une sauvage,* voir § 486, *a.*

Quant aux mots où la finale *-age* n'est pas un suffixe, certains sont fém. : *Cage, énallage, image, nage, page* (§ 456, *a*), *plage, rage, saxifrage.* — D'autres sont passés au masc. par analogie avec les mots à suffixe *-age : Cartilage, mucilage, populage, putrilage, tussilage* (le *Dict. gén.* le donnait encore comme fém.). — Les dictionnaires présentent aussi comme fém. *ambages* et *hypallage.* Le premier n'a pas de genre réel : cf. § 454, Rem. Pour **hypallage,** mot technique pourtant, les auteurs le font assez souvent masc. : UN FÂCHEUX *hypallage* (GIDE, *Journal,* 24 mars 1935).

Autres ex. du masc. : Th. GAUTIER, cit. Robert ; QUENEAU, cit. Colin ; DUPRÉ, p. 39 ; P. GRAINVILLE, *Lisière,* p. 217 ; M. PIRON, dans *Mélanges Ars. Soreil,* p. 141. — Ex. du féminin : VALÉRY, cit. *Trésor ;* G. GENETTE, *Figures III,* p. 41 ; J. STAROBINSKI, dans *Mélanges G. Antoine,* p. 425.

2. Sans faire de cela une règle, on observe que la finale *-a* semble attirer les noms vers le masculin.

On a dit *Nigérie* avant de dire *Nigéria ;* cela a entraîné le passage au masc. De même, pour *Guyana,* opposé à *Guyane.*

Les noms de fleurs en *-ie* sont fém. : LA *forsythie* (J. ROSENTHAL, trad. de : J. Updike, *Cœur de lièvre,* p. 128). — En *-ia,* ils sont masc. : CE *gloxinia* GÉANT (COLETTE, *Voyage égoïste,* p. 205). — Comp. *salvia* (masc.) et sa forme populaire, *sauge* (fém.).

Cattleya (parfois écrit *catleya* et, naguère, *cattleye*), fém. pour Robert, est masc. pour la plupart des dictionnaires.

Ex. fém. : HÉRIAT, *Enfants gâtés,* IV, 3. — Ex. masc. : PROUST, *Rech.,* t. I, p. 233 ; COLETTE, *Aventures quotidiennes,* Œuvres compl., t. VI, p. 418.

Mimosa (on a dit aussi *mimeuse,* fém.) est passé du fém. au masc. de la 7ᵉ à la 8ᵉ éd. du dict. de l'Acad. L'usage est, en effet, franchement déclaré :

Ex. fém. : BOURGET, *Voyageuses,* 1897, p. 244 ; G. MATZNEFF, cité et critiqué par Aristide, dans le *Figaro,* 30 sept. 1972. — Ex. masc. : J. VERNE, *Maison à vapeur,* II, 5 ; J. RENARD, *Journal,* 20 févr. 1896 ; GIDE, *Nourrit. terr. et nouv. nourrit.,* p. 155 ; MONTHERLANT, *Lépreuses,* p. 10 ; GIRAUDOUX, *École des indifférents,* p. 180 ; COLETTE, *Journal à rebours,* p. 185 ; etc.

Bodega [mot espagnol ; c'est un doublet de *boutique*], « café où l'on vend du porto », n'est pas dans les dictionnaires. Il est parfois masc. (notamment en Belgique), mais on lui laisse d'habitude son genre étymologique.

Ex. fém. : J. LEMAITRE, *Contemporains*, cit. Deharveng, t. II, p. 48 ; R. VERCEL, *Capitaine Conan*, p. 47 ; R. LALOU, *Hist. de la litt. fr. contemp.*, t. I, p. 62 ; É. HENRIOT, dans le *Monde*, 7 févr. 1951 ; PIEYRE DE MANDIARGUES, *Marge*, p. 169. — Ex. masc. : VERL., cit. Deharveng ; R. GOFFIN, *Souvenirs à bout portant*, p. 60.

Sauna [mot finlandais emprunté au milieu du XXᵉ s.], après avoir hésité, paraît s'établir au masc.

Ex. fém. : R. PERNOUD, *Lumière du moyen âge*, 1981, p. 217 (1ʳᵉ éd., 1944). — Ex. masc. : J. POMMIER, *Spectacle intérieur*, p. 243 ; M. TOURNIER, *Roi des aulnes*, p. 204 ; etc. — Cf. R. P. de Gorog, dans *Neuphilologische Mitteilungen*, 1963, pp. 124-129.

Agora, fém. pour tous les dict. (comme en lat. et en grec), est parfois mis au masc., même par des érudits : par ex., P. DEVAMBEZ, *Style grec*, pp. 47-48.

Rata, voir § 467, a.

b) Sont **féminins** :

1° Les noms terminés par les suffixes *-ade, -aie, -aille, -aine, -aison, -ison, -ance* (pour *ordonnance*, voir § 476, *a*), *-ande, -ée* (lat. *-atam*), *-ence* (sauf *silence*), *-esse, -eur* (noms abstraits ; sauf *honneur, labeur, heur, bonheur, malheur*), *-ie, ille, -ise, -sion, -tion, -té, -ure* :

La colonnade, la chênaie, la pierraille, la douzaine, la cargaison, la trahison, la constance, une offrande, la poignée, une exigence, la richesse, la douleur, la jalousie, la brindille, la gourmandise, la pression, la dentition, la bonté, la morsure.

2° Les noms de sciences :

La géologie, la chimie, la botanique, la grammaire, la paléographie. — EXCEPTION : *Le droit.*

460   **Noms ayant un genre particulier dans certains de leurs emplois.**

*a) **Chose*** et ***personne,*** ordinairement féminins, deviennent masculins lorsqu'ils sont employés, le premier dans des locutions pronominales indéfinies (§ 734), le second comme pronom indéfini (§ 726).

*b) **Foudre*** est féminin quand il désigne le phénomène météorologique ou, figurément, ce qui frappe d'un coup soudain, irrésistible (voir pourtant l'Hist.) :

LA *foudre est* TOMBÉE *sur l'église. Les foudres de l'excommunication furent* LANCÉES *contre l'hérésiarque.*

Il est masculin : 1° dans quelques expressions littéraires figurées *foudre de guerre, foudre d'éloquence*, etc., où il devient d'ailleurs nom animé :

Ancien ministre de Caillaux, et pas précisément UN *foudre de guerre* (ARAGON, *Beaux quartiers*, II, 7). — *Il se prenait pour* UN *foudre d'activité* (CURTIS, *Quarantaine*, p. 120) ;

2° quand il désigne la foudre en tant qu'attribut de Jupiter, ainsi que sa représentation en héraldique, etc. :

Son peintre facétieux l' [= Alexandre] *a, comme fils de Jupiter, armé grotesquement* DU *foudre, qui est là, entre ses jambes* (MICHELET, *Journal,* cit. *Trésor*). — [...] *debout brandissant* LE *foudre (Grand dict. enc. Lar.,* s.v. *Jupiter*). — *D'argent à* UN *foudre de sable.*

Même dans ce sens, on trouve le fém. : MAURRAS et COCTEAU, cit. *Trésor.*

Hist. — *Foudre* était le plus souvent fém. en anc. fr., sans doute parce qu'il provient de *fulgura,* pluriel neutre pris comme fém. singulier (cf. § 454, Hist.). Le masc., restitué comme équivalent du neutre latin *fulgur,* était fréquent au XVIIᵉ et au XVIIIᵉ s., quel que soit le sens :

⁺*Si* LE *foudre tombait sur les lieux bas* (PASCAL, *Pens.,* 39). — ⁺*Puissé-je de mes yeux y voir tomber* CE *foudre* (CORN., *Hor.,* IV, 5). — ⁺*Anastase mourut frappé* DU *foudre* (BOSS., *Disc. sur l'hist. univ.,* I, 2). — ⁺*Éteins entre leurs mains leurs foudres* DESTRUCTEURS (VOLT., *Alzire,* I, 4).

Vaugelas (p. 299) admettait les deux genres, indépendamment du sens, mais en préférant le fém. Quelques auteurs du XIXᵉ s., surtout dans la langue poétique, imitaient les classiques :

RETIRÉS *des combats,* [...] / [...] / VAINS *foudres de parade* OUBLIÉS *de l'armée, / Autour de tout vainqueur faisant de la fumée, /* RÉSERVÉS *pour la pompe et la solennité, / Vous avez pris racine en cette lâcheté !* (HUGO, *Voix int.,* II, 2.) [Hugo s'adresse aux canons rangés devant les Invalides. Il avait d'abord écrit : *Tonnerres de parade.*] — Autres ex. : CHAT., *Mart.,* cit. *Trésor ;* Th. GAUTIER, *Cap. Fracasse, ib.*

Remarque. — *Foudre* (allem. *Fuder*), grand tonneau, est masc. : LE *foudre* GÉANT *d'Heidelberg* (NODIER, *Contes,* p. 425).

c) **Hymne** est masculin dans l'acception ordinaire :

Les cieux sont UN *hymne sans fin !* (LAMART., *Harm.,* I, 3.) — *L'hymne* NATIONAL. — *Seigneur,* QUELS *hymnes sont dignes de vous ?* (AC.) — *Ce qu'un oiseau chante, un enfant le jase. C'est* LE *même hymne* (HUGO, *Quatrevingt-tr.,* III, III, 1). — *L'hymne* TEILHARDIEN *à la science* (G. FRIEDMANN, *La puissance et la sagesse,* p. 330). — *Hermann* [...] *refermera son livre sur* UN *hymne de reconnaissance au Führer* (DANINOS, *Composition d'histoire,* p. 157).

Il est ordinairement féminin dans le sens de « cantique latin qui se chante ou se récite à l'église » :

Santeul, fournisseur d'hymnes ÉLÉGANTES *pour églises mondaines* (Éd. HERRIOT, *Dans la forêt normande,* p. 222). — *L'hymne* RIMÉE *de saint Thomas* : Adoro te devote, latens deitas (LARBAUD, *Aux couleurs de Rome,* Nonnain, XV). — TOUTES *les hymnes de cet admirable office* (Fr. MAURIAC, *Jeudi-Saint,* p. 136). — *Je me suis rappelé quelques paroles de l'hymne* LATINE (J. GREEN, *Journal,* 2 déc. 1932).

On le prend parfois aussi comme fém. dans un sens plus large : [La fantaisie d'Horace] *va* [...] *des hymnes* OFFICIELLES *au naturalisme le plus moderne* (É. HENRIOT, *Fils de la Louve,* p. 180). — *Toute la foule, hommes et femmes, exaltés et confiants chantèrent avant la bataille* [un match de football] CETTE *hymne au Seigneur* (MAUROIS, *Silences du col. Bramble,* p. 6).

À ces ex. on opposera ceux-ci : *Les joueurs de flûte* [avant la bataille de Platées] *font entendre des hymnes* RELIGIEUX (FUSTEL DE COULANGES, *Cité ant.,* III, 7). — *Chantant des hymnes* RELIGIEUX (J. et J. THARAUD, *Envoyé de l'archange,* p. 97).

Hist. — Selon l'étymologie, *hymne* (du masculin latin *hymnus,* gr. ὕμνος) est masc. La présence de l'*e* final, souvent caractéristique du fém., explique que l'on a fait passer le mot du masc. au fém. ; d'ailleurs, l'élision de l'article devant *h* muet a favorisé ce changement. — La distinction actuellement adoptée ne se justifie pas.

*d) **Merci*** est féminin dans le sens vieilli (sauf dans *sans merci*) « pitié » et dans l'expression *à la merci de*. Il est masculin dans le sens « remerciement » :

> N'attendez de lui AUCUNE *merci (Dict. gén.). — Le Roi son frère est dangereux aux siens : / SA merci n'est pas FRANCHE et sa haine est tenace ; / Rarement il oublie et jamais ne menace, / D'autant plus rancunier que les torts sont anciens* (LEC. DE LISLE, *Poèmes trag.*, Romance de don Fadrique). — *Sur la route, on est à* LA *merci du premier chauffard venu (Dict. contemp.). Un grand merci* (cf. Hist.). — *Dire* UN *merci affectueux.*

Hist. — *Merci* est fém. selon l'étymologie (du fém. latin *merces*). *Grand* étant invariable en genre au moyen âge, on disait UNE GRAND *merci*, comme on disait UNE GRAND *mère*. Quand *grand* eut pris la forme *grande* au fém., comme on continuait à dire GRAND *merci* dans la locution figée, on crut rendre toutes choses régulières en disant UN *grand merci*, alors qu'il eût fallu dire UNE *grandɛ merci*.

Merces, proprement « salaire », a pris en latin populaire le sens de « prix » : de là celui de « faveur », puis celui de « grâce qu'on accorde en épargnant », « bon vouloir ». Ces sens ne subsistent que dans quelques locutions telles que *se rendre à merci, à la merci de, sans merci, Dieu merci* (= par la merci de Dieu). — Dès la XIIᵉ s., *merci* est devenu un terme de politesse, d'après des locutions telles que *vostre merci* = grâce à vous.

*e) **Œuvre*** est toujours féminin au pluriel ; il l'est généralement aussi au singulier :

> *Les plus* BELLES *œuvres de l'industrie humaine. Les* DERNIÈRES *œuvres de Cicéron. Faire de* BONNES *œuvres. Les œuvres* SOCIALES. — UNE *œuvre* INÉDITE. TOUTE *œuvre* HUMAINE *est* IMPARFAITE.

Il est masculin quand il désigne : 1º l'ensemble de la bâtisse, surtout dans l'expression *le gros œuvre* :

> LE GROS *œuvre est presque* ACHEVÉ (É. FABRE, *Ventres dorés*, I). — *En cinq années, Guillaume de Sens érigera la basilique, au moins pour* LE GROS *œuvre* (Éd. HERRIOT, *Dans la forêt normande*, p. 126).

2º L'ensemble des ouvrages d'un graveur, d'un artiste, parfois aussi d'un écrivain :

> *L'œuvre* ENTIER *de Beethoven* (R. ROLLAND, *Vie de Beethoven*, p. 13). — *L'œuvre* COMPLET *de Rowlandson* [caricaturiste anglais] (A. FRANCE, *Mannequin d'osier*, p. 179). — *Presque* TOUT *l'œuvre de Musset* (LANSON, *Hist. de la litt. franç.*, p. 961). — *L'œuvre* COMPLET *de Gibbon* [historien anglais] (THÉRIVE, *Fils du jour*, p. 36). — *L'œuvre* ENTIER *de Barrès* (ARLAND, *Essais crit.*, p. 73). — *Dans l'œuvre* ENTIER *de Flaubert* (FR. MAURIAC, *Trois grands hommes devant Dieu*, p. 82). — *Le deuxième volume contenait l'œuvre presque tout* ENTIER *de Justin* (H. BOSCO, *Récif*, p. 75).

Il est toujours permis, cela va de soi, de faire fém. *œuvre* désignant l'ensemble des ouvrages d'un artiste ou d'un écrivain : *Tintoret, dont l'œuvre presque* ENTIÈRE *est à Venise* (TAINE, *Voy. en Italie*, t. II, p. 358). — *Je me suis mis à feuilleter son œuvre* GRAVÉE [de Watteau] (L. GILLET, *Watteau*, p. 5). — *Dans* TOUTE *l'œuvre de Dickens* (MAUROIS, *Silences du col. Bramble*, p. 139). — TOUTE *l'œuvre de Claudel* (G. DUHAMEL, *Temps de la recherche*, XIV). — Si l'on en juge par l'exemple suivant, le masculin est, dans ce cas, une « servitude grammaticale » : *Cette haute pile inégale de cahiers d'école* [dans la chambre mortuaire de Proust], *c'était, n'en déplaise aux amateurs de catastrophe, l'œuvre* COMPLÈTE *ou, pour être grammatical, l'œuvre* COMPLET *de notre ami* (COCTEAU, *Poésie critique*, p. 200).

3° La recherche de la pierre philosophale *(le grand œuvre)* ou, figurément, quelque grande entreprise analogue :

> *C'est en participant à la législation que l'Américain apprend à connaître les lois ; c'est en gouvernant qu'il s'instruit des formes du gouvernement.* LE GRAND œuvre *de la Société s'accomplit chaque jour sous ses yeux, et pour ainsi dire dans ses mains* (TOCQUEVILLE, *De la démocr. en Amér.*, I, II, 9). — *Ces articles, et la relative diminution de ses autres occupations, indiquent que Littré, après 1854, est de plus en plus absorbé par* SON GRAND œuvre (Al. REY, *Littré, l'humaniste et les mots*, p. 112).
>
> Rarement avec un autre adjectif que *grand* : *L'émouvante notion de la continuité de l'œuvre* HUMAIN (J. ROSTAND, *Courrier d'un biologiste*, pp. 216-217).
>
> Parfois, le sens est assez affaibli et rien ne distingue *grand œuvre* de *grand ouvrage* : *Dans* SON PREMIER GRAND œuvre *(la Méthode...), Bodin table encore sur la force d'une tradition monarchique* (A. GLUCKSMANN, *Cynisme et passion*, p. 58).
>
> *Œuvre* est encore masc. dans l'expression juridique *dénonciation de nouvel œuvre* (assignation à celui qui construit sur un terrain qui ne lui appartient pas ou au mépris d'une servitude).
>
> **Hist.** — *Œuvre*, du fém. latin *opera*, fut d'abord fém. C'est sous l'influence du neutre latin *opus*, au pluriel *opera*, qu'il commença, au XVIᵉ s., à passer au masc. : *Or pour purger ses œuvres* VICIEUX (MAROT, t. IV, p. 428). — *Et au chemin fist le pont du Guard et l'amphithéâtre de Nîmes en moins de troys heures, qui toutesfoys semble œuvre plus* DIVIN *que* HUMAIN (RAB., *Pant.*, V). — Les grammairiens du XVIIᵉ s., conciliant l'étymologie et l'usage, ont établi les distinctions actuelles. — Mais assez longtemps encore, *œuvre*, au sens général, a pu être employé au masc., surtout dans le style soutenu : *Sans cela toute Fable est* UN œuvre IMPARFAIT (LA F., *F.*, XII, 2). — *Donnons à* CE GRAND œuvre *une heure d'abstinence* (BOIL., *Lutrin*, IV). — ⁺*Je sais qu'il est indubitable / Que pour former œuvre* PARFAIT / *Il faudrait se donner au diable* (VOLT., *Zaïre*, Épître dédic.)

f) Orge est féminin, sauf dans les expressions *orge mondé, orge perlé* (employées notamment en pharmacie).

> *On l'appelle, suivant les localités, orge* CARRÉE, *orge de prime, orge d'hiver, etc. Ses grains sont plus petits que ceux de l'orge* COMMUNE *(Grand Lar. enc.*, s.v. *escourgeon).*
>
> Le masc. a subsisté dans le fr. du Midi et dans divers dialectes, mais il est douteux que cela explique des ex. comme les suivants : *La surface unie de l'orge* VERT (SAINT EXUPÉRY, *Citadelle*, p. 21). — CET *orge* (ARAGON, *Blanche ou l'oubli*, F°, p. 425).
>
> **Hist.** — *Orge* remonte au neutre latin *hordeum*, pluriel *hordea*. Dès le moyen âge, il s'est employé aux deux genres. Il est probable que c'est sous l'influence de la terminaison en *e* que le mot est devenu presque exclusivement fém.

g) Période est féminin dans les acceptions ordinaires :

> LA *période quaternaire.* LA *période lunaire.* LA *période révolutionnaire. Arrondir* UNE *période.* UNE *période* MUSICALE. — *La maladie a passé par* TOUTES *ses périodes* (AC., s.v. *passer).*

Il est masculin lorsqu'il désigne le point, le degré où une chose, une personne, est arrivée ; dans ce sens, il appartient au langage soutenu.

> Surtout dans les expressions *le dernier période, le plus haut période* : *Vous ne connaissez pas la misère à* SON DERNIER *période, la honte du déshonneur* (BALZAC, *Cous. Bette*, p. 24). — *Elle souffrait d'une angine de poitrine arrivée à* SON DERNIER *période* (BOURGET, *Divorce*, III). — *Secourable à la fois et funeste à la France, /* AU *plus* HAUT *période il porta sa puissance*

(NERVAL, *Poés. polit.*, Étranger à Paris). — *L'homme grand* [...], *c'est celui qui saura la* [= la civilisation] *porter à* SON *plus* HAUT *période* (MALRAUX, *Tentation de l'Occident*, p. 31). — AU *plus* HAUT *période du banquet* (H. BOSCO, *Mas Théotime*, 1947, p. 22).

En dehors de ces expressions : *Elle* [= l'originalité d'un auteur] *venait seulement d'atteindre à* SON *période* [= apogée] (HERMANT, *Théâtre 1912-1913*, p. 193). — *Il en était à* CE *période* HEUREUX *de la passion triomphante* (É. HENRIOT, *Occasions perdues*, p. 245). — *Cette deuxième nuit en était* AU *période* AVANCÉ, *peu avant le jour, où les amants embrassés encore ont cédé au sommeil profond de leurs belles fatigues* (M. THIRY, *Romans, nouvelles, contes, récits*, p. 293).

Certains auteurs emploient *dernière période* dans le sens donné ci-dessus : *La maladie mentale entre dans* SA DERNIÈRE *période* (TAINE, *Origines de la Fr. contemp.*, t. VII, p. 210). — Autre ex. : BALZAC, *Peau de chagrin*, XXIV.

Hist. — *Période* remonte au fém. latin *periodus* (lui-même tiré du fém. grec περίοδος). Le masc. vient sans doute du fait que la terminaison *-us* se trouve surtout dans des noms masc.

461   **Noms changeant de genre en même temps que de nombre.**

a) Amour au sens de « passion d'un sexe pour l'autre, passion charnelle » est ordinairement masculin au singulier et souvent féminin au pluriel (le pluriel pouvant être un synonyme emphatique du singulier).

Ex. masc. sing. : *Voilà* UN *amour sans trouble et sans peur* (VIGNY, *Chatt.*, III, 8). — *Peut-être l'amour* HEUREUX *s'épanouit-*IL *en vertus physiques et morales chez les descendants* (BARRÈS, *Jardin de Bérénice*, p. 109). — *Mais combien fait mal* UN *amour qui meurt !* (LOTI, *Désenchantées*, XXII.) — *L'amour* FOU (titre d'un livre d'A. BRETON). — *Déçue dans* SON PREMIER GRAND *amour saphique* [...] (S. de BEAUVOIR, *Deuxième sexe*, p. 179).

Ex. fém. plur. : *Jeunes amours, si vite* ÉPANOUIES (HUGO, *Contempl.*, I, 2). — *Ces hommes de l'Empire* [...] *parlèrent de leurs* PREMIÈRES *amours* (MUSSET, *Conf.*, I, 2). — *J'aspirais secrètement à de* BELLES *amours* (BALZAC, *Peau de chagrin*, p. 110). — *Les très* GRANDES *amours se reconnaissent* [...] *à la parfaite et durable harmonie de la vie quotidienne* (MAUROIS, *Art de vivre*, p. 83). — *Sans doute étions-nous loin de cette complicité chaude* [...] *où se reposent les* VIOLENTES *amours, qu'*ELLES *aient ou non pour* ELLES *le droit d'exister* (H. BAZIN, *Qui j'ose aimer*, XVII). — *Si de* TELLES *amours* [entre femmes] *sont souvent* ORAGEUSES, *c'est aussi qu'*ELLES *sont ordinairement plus* MENACÉES *que les amours* HÉTÉROSEXUELLES. ELLES *sont* BLÂMÉES *par la société,* ELLES *réussissent mal à s'y intégrer* (S. de BEAUVOIR, *op. cit.*, t. II, pp. 188-189).

Cependant, on trouve, soit dans une langue littéraire assez recherchée, soit dans l'usage populaire que reflètent d'autres textes littéraires, *amour* au féminin singulier, tandis que le masculin pluriel appartient à tous les niveaux de langue, même au niveau littéraire.

Ex. fém. sing. : *J'ai l'âme lourde encor d'amour* INEXPRIMÉE (E. ROSTAND, *Cyr.*, V, 5). — *Pour désaltérer* CETTE *amour* CURIEUSE (VALÉRY, *Charmes*, Fragments du Narcisse, I). — *Pourquoi revenir si rien ne subsiste de l'amour* ANCIENNE ? (LA VARENDE, *Cœur pensif...*, p. 13.) — UNE *amour* VIOLENTE (AC.). — *Dans* SA *très* GRANDE *et très* PUISSANTE *amour il a déjà préparé notre retrouvaille* (H. CIXOUS, *Commencements*, p. 120). — *Et puis, il n'y avait aucune poésie chez ce garçon : non, ce n'était pas encore* LA GRANDE *amour* [pense un personnage] (QUENEAU, *Pierrot mon ami*, F°, p. 85). — *L'amour,* LA VRAIE, LA GRANDE, *qu'elles vous rabâchent toutes dans leur courrier du cœur, vous croyez que ça existe, Monsieur Barnett ?* [dit un coiffeur] (ANOUILH, *Monsieur Barnett*, p. 35).

Ex. masc. plur. : *Vous avez beau me plaisanter sur mes amours* PASSAGERS (STENDHAL, *Corresp.*, t. I, p. 64). — *De ces amours historiquement* CONSTATÉS, *avec une grande dame, il lui était resté ce drap de lit* (HUGO, *Misér.*, V, II, 4). — *Beaucoup d'amours plus ou moins* PASSAGERS (MUSSET, *Conf.*, I, 5). — *L'histoire d'un cœur épris de deux amours* SIMULTANÉS (NERVAL, *Sylvie*, XIII). — *L'affreuse souffrance des amours* TRAHIS (MAUPASS., *Mont-Oriol*, p. 358). — *L'antique océan qui berça les* PREMIERS *amours de la terre* (A. FRANCE, *Livre de mon ami*, p. 56). — *Reprendrons-nous comme autrefois nos* BEAUX *amours* PLEINS *de mystère ?* (GIDE, *Retour de l'enf. prod.*, p. 62.) — *Nos vieux romans* [...] / *Nous rappelant nos* VIEUX *amours* (ARAGON, trad. d'un poème de Pouchkine, dans Pouchkine, *Œuvres poét.*, t. II, p. 369).

Autres ex. : CHAT., *Mém.*, IV, I, 7 ; Th. GAUTIER, *Albertus*, LVI ; LAMENNAIS, *Voix de prison*, X ; MICHELET, *Insecte*, XII ; SAND, *Mauprat*, XIV ; BARBEY D'AUR., *Œuvres roman. compl.*, t. I, p. 1248 ; BAUDEL., *Fl. du m.*, Spleen ; A. de NOAILLES, *Honneur de souffrir*, p. 158 ; COLETTE, *Naissance du jour*, Sel., p. 9 ; CHAMSON, *Adeline Vénician*, p. 156 ; etc.

En dehors de ce sens, *amour* est presque toujours masculin, au singulier comme au pluriel :

L'amour MATERNEL. UN VIOLENT *amour des richesses.* — *Amour* SACRÉ *de la patrie* (ROUGET DE LISLE, *Marseillaise*). — *L'ancienne religion excite alors dans tous les cœurs d'*ARDENTS *amours ou d'implacables haines* (TOCQUEVILLE, *De la démocr. en Amér.*, I, II, 9).

En particulier, *amour* est toujours masculin quand il désigne les représentations du dieu Amour (c'est alors un nom animé) : *Une guirlande flanquée de quatre* PETITS *amours* JOUFFLUS [sur un carton à gâteaux] (G. PEREC, *Vie mode d'emploi*, p. 49).

Remarque. — Quand les tours *un de, un des, le plus beau des*, et autres semblables, comportent le pluriel *amours* (passion d'un sexe pour l'autre), on met ordinairement au masculin les mots dont *amours* commande l'accord, afin d'éviter la disparate :

Par cette raison qui veut que de TOUS *les amours de femmes, le deuxième soit le plus long à finir* (BOURGET, *Cruelle énigme*, p. 139). — *Olivier* [...] *s'abandonnait à la douceur d'un de ces* PETITS *amours romanesques dont il était coutumier* (R. ROLLAND, *Jean-Chr.*, t. VI, p. 187). — *Le plus beau de* TOUS *les amours* (J.-L. VAUDOYER, *Laure et Laurence*, p. 50).

On trouve aussi : *une des ..., la plus belle des ...*, etc. : *C'est la reconstitution d'*UNE *de ces amours que M. Charles Fournet vient de tenter* (É. HENRIOT, *Romanesques et romantiques*, p. 226). — De même : *Elle est faite d'amours successives*, CHACUNE EXCLUSIVE *en son temps* (PROUST, *Rech.*, t. III, p. 64).

Hist. — *Amor* était masc. en latin. — *Amour* avait les deux genres en anc. fr., mais le fém. prédominait. Ce genre restait fréquent au XVII⁰ s., même en dehors du sens « passion » : *Amour* MATERNELLE, par ex. est chez CORNEILLE (*Rodog.*, V, 3) et chez RACINE (*Phèdre*, V, 5). — Pour Vaugelas (pp. 389-390), le mot était masc. quand il signifiait « Cupidon » et quand il était dit de l'amour de Dieu ; en dehors de ces deux cas, *amour* était indifféremment du masc. ou du fém. (mais ce dernier était jugé préférable). — Chez Corneille, *amour* est fém. même lorsqu'il s'agit de l'amour des hommes pour Dieu (*Pol.*, II, 6) ou de l'amour de Dieu pour les hommes (*ib.*, V, 3). — La différence de genre d'après le nombre, que les grammairiens ont voulu établir au XVIᵉ et au XVIIᵉ s., n'a jamais été appliquée rigoureusement dans l'usage. Notons seulement ces ex. du masc. pluriel au XVIIIᵉ s. :

⁺*Et mes* PREMIERS *amours et mes premiers serments* (VOLT., *Œdipe*, II, 2). — ⁺*Les plus* CHARMANTS *amours* (MARIV., *Père prudent et équitable*, I, 1). — *Des amours de voyage ne sont pas* FAITS *pour durer* (J.-J. ROUSS., *Conf.*, Pl., p. 254). — *Je n'ai que des amours plus ou moins* INTÉRESSANTS *à vous conter, et point d'*INTÉRESSÉS (prince de LIGNE, *Contes immoraux*, V). — Etc.

b) **Délice** est masculin au singulier et féminin au pluriel.

Ex. au sing. : *Son nom fait* MON *délice* (MUSSET, *Poés. nouv.*, Idylle). — *Dans* CET *extrême délice* (BARRÈS, *Au service de l'Allem.*, p. 106). — QUEL *délice d'excursionner* [...] ! (PROUST, *Rech.*, t. I, p. 131.) — *Manger des mûres est* UN *délice* (H. BOSCO, *Rameau de la nuit*, p. 9). — *Des yeux qui brillent comme à l'annonce d'*UN *proche délice* (BUTOR, *Modification*, 10/18, p. 184).

Ex. au plur. : *L'imagination m'apportait des délices* INFINIES (NERVAL, *Aurélia*, I, 1). — QUELLES *délices !* (GENEVOIX, *Tendre bestiaire*, p. 129.) — *Celui qui a connu les plus* DÉVO-RANTES *délices* (P.-H. SIMON, *Somnambule*, p. 118). — *Avoir ses délices* PRIVÉES, *au sein d'un petit groupe d'initiés* (CURTIS, *Saint au néon*, F°, p. 161).

Après des expressions comme *un de, un des, le plus grand des,* etc., suivies du complément pluriel *délices,* on met au masc. l'adjectif ou le participe se rapportant à ce complément : UN *de mes plus* GRANDS *délices.*

Hist. — *Délice* et *délices* sont issus, le premier du neutre latin *delicium,* le second du fém. latin *deliciae.* Cela explique la variation du genre au pluriel, au XVIIᵉ s. — Vaugelas (p. 249) condamnait *délice* au singulier.

c) **Orgue** est masculin au singulier. Il est féminin au pluriel quand il désigne un seul instrument (pluriel emphatique : § 493, *b*), mais il reste masculin quand il s'agit d'un véritable pluriel.

Ex. masc. sing. : *J'ai entendu* UN *orgue* [...] *jouer, à la messe, les airs les plus doux et les plus tendres* (CHAT., *Itinér.*, Pl., p. 989). — *L'orgue* MAJESTUEUX *se taisait gravement* (HUGO, *Ch. du crép.*, XXXIII). — UN PETIT *orgue de Barbarie* ARRÊTÉ *devant l'hôtel jouait des valses viennoises* (PROUST, *Rech.*, t. II, p. 787).

Ex. fém. plur. : *Cela ressemblait aux sons d'orgues* LOINTAINES (BOYLESVE, *Becquée*, p. 57). — *Les orgues s'étaient* TUES, RELAYÉES *maintenant par des cuivres et des tambours* (A. CAMUS, *L'exil et le royaume*, Pl., p. 1678).

Ex. masc. plur. : *Il ne reste guère d'orgues* ANCIENS *en France* (M. CHAPUIS, dans le *Monde*, 5 sept. 1967). — *Un de ces orgues de Crémone* [...] *que les Italiens promènent dans les rues,* POSÉS *sur une petite voiture* (Th. GAUTIER, *Voy. en Russie*, cit. Robert).

On trouve parfois le fém. au pluriel alors qu'il s'agit de plusieurs instruments : MAUROIS, *En Amérique*, p. 25 ; P.-H. SIMON, *Hist. d'un bonheur*, p. 224 ; — ou même le masc. au pluriel pour un seul instrument : R.-L. BRUCKBERGER, dans le *Monde*, 6 oct. 1978.

Hist. — *Orgue* avait les deux genres au moyen âge, avec prédominance du fém. Le masc. s'est imposé (du moins au singulier) parce que le mot latin *organum* était neutre. Au XVIIIᵉ s., on trouvait encore le fém. au singulier : ⁺*Aussi fait-elle* [= ma voix] *autant de bruit qu'*UNE *orgue de paroisse* (MARIV., *Journaux et œuvres diverses*, p. 284).

462   **Genre des noms propres de lieux.**

Bibl. — B. HASSELROT, *Le genre des noms de villes en franç.*, dans *Studia neophilologica*, 1943-1944, pp. 201-223. — R. EDWARDSSON, même titre, même revue, 1968, pp. 265-316.

a) Les noms de **villes** sont masculins dans l'usage ordinaire, mais souvent féminins dans la langue littéraire.

On pose parfois en règle que ces noms sont féminins seulement quand ils se terminent par un *e* muet. Les écrivains choisissent le féminin, en réalité, quelle que soit la finale :

LA BLANCHE *Navarin* (HUGO, *Orient.*, V). — *Comme* UNE *Pompéi* GARDÉE *par des sergents de ville* (E. et J. de GONC., *Ch. Demailly*, XV). — *Lyon, Marseille, Bordeaux* INSUR-

GÉES (A. FRANCE, *Les dieux ont soif*, p. 78). — L'ÉCLATANTE *Jérez*, TOUTE PLEINE *de l'odeur de ses celliers à vin* (LOUŸS, *La femme et le pantin*, IX). — *À l'horizon*, TOUTE PLATE, ELLE *aussi, Madrid* (MONTHERLANT, *Service inutile*, Pl., pp. 615-616). — *Hank-Kéou était* TOUTE *proche* (MALRAUX, *Condition hum.*, p. 157). — *Dans Cusset* ENDORMIE (GIRAUDOUX, *Littérature*, p. 317). — *Amsterdam* ENDORMIE (A. CAMUS, *Chute*, Pl., p. 1548). — *Meknès était plus* DISCRÈTE *que Fez, moins magnifique et moins* OPPRESSANTE (S. de BEAUVOIR, *Force de l'âge*, p. 339). — *Paris est* TRAVERSÉE *de parfums d'arbres* (Fr. NOURISSIER, *Allemande*, p. 180). — *Arras et Amiens étaient* PRISES (J. CABANIS, *Profondes années*, p. 157). — Etc.

Quand, dans sa forme ordinaire, le nom inclut l'article féminin, les autres mots s'accordant avec ce nom devraient logiquement être au féminin, mais cela n'est pas toujours vrai.

UNE SECONDE *Rochelle* (Al. DUMAS, *Tr. mousq.*, I). — MA SAINTE *Mecque* (LOTI, *Roman d'un enfant*, XIX). — LA VIEILLE *Havane* (S. de BEAUVOIR, *Force des choses*, p. 513).

LE VIEUX *Fère-en-Tardenois* (CLAUDEL, *Journal*, Pl., t. I, p. 896).

D'une façon générale, avec les adjectifs *vieux* et *nouveau* pour désigner des quartiers de la ville, le masc. l'emporte nettement : *Les rues* DU VIEUX *Marseille* (FLAUB., *Voy.*, t. II, p. 540). — LE VIEUX *Belleville* (J. ROMAINS, *Hommes de b. vol.*, t. III, p. 315). — *Rien ne subsiste* DU VIEUX *Cologne* (Th. MAULNIER, dans le *Figaro litt.*, 13 sept. 1952).

Le déterminant *tout* est presque toujours au masculin, quelle que soit la finale du nom et même si le nom inclut l'article féminin (il peut s'agir de la ville elle-même ou de ses habitants) ; cela entraîne d'ordinaire le masculin pour les autres mots qui s'accordent avec le nom de ville.

De la fenêtre on découvrait [...] TOUT *Villeneuve* (FROMENTIN, *Domin.*, II). — TOUT *La Rochelle en était* TROUBLÉ (MAUPASS., *C.*, Ce cochon de Morin, III). — TOUT *Antioche s'étouffait au théâtre* (A. FRANCE, *Thaïs*, p. 102). — TOUT *La Rochelle fut* MENACÉ *d'envahissement* (MAETERLINCK, *Vie des termites*, p. 71). — TOUT *Rome remarquait qu'il semblait heureux* (MAUROIS, *Chateaubr.*, p. 384). — TOUT *Thèbes sait ce qu'elle a fait* (ANOUILH, *Antigone*, p. 106).

Tout, précédé de l'article masc., se met devant un nom propre de ville auquel il se joint par un trait d'union, pour former un nom composé désignant l'élite de la société de cette ville : *Les médaillons connus du* « TOUT-PARIS » (A. DAUDET, *Rois en exil*, p. 85). — *Le* TOUT-MENTON *mondain et tuberculeux* (MAETERLINCK, *Double jardin*, p. 132). — *Le* TOUT-PARIS *méprise le reste du monde* (BENDA, *Rapport d'Uriel*, p. 157). — Aujourd'hui, on met souvent une majuscule à *tout* dans cet emploi.

Hist. — Les noms de villes étaient fém. jadis : *De joiaux, de richesses* TOUTE *Paris resplent* (ADENET, *Berte*, 266, éd. Holmes). — *Fut Lanchon* DESTRUITE (JEAN D'OUTREMEUSE, éd. G., p. 235).

b) Les noms d'**îles** sont généralement féminins (sauf *le Groenland*, qui n'est pas considéré comme une île) :

Tino, autrefois Ténos, n'est SÉPARÉE *d'Andros que par un étroit canal* (CHAT., *Itinér.*, Pl., p. 916). — *Tristan d'Acunha est* SITUÉE *par 37° 8' de latitude australe* (J. VERNE, *Enfants du capit. Grant*, II, 2). — *Mooréa*, [...] BAIGNÉE *de lumière* (LOTI, *Mariage de Loti*, III, 24). — *Java fut* INDOUISÉE *dès le début de notre ère* (J. FAUBLÉE, dans *Les langues du monde*, 1952, p. 653). — *Ouessant*, LONGUE *de 7 km* (*Bretagne*, Michelin, 1969, p. 142). — *Porto-Rico dut être* CONQUISE *de haute lutte* (*Grand Lar. enc.*, s.v. Antilles). — *Corfou, heureusement* OUBLIÉE (dans le *Monde*, 13 avril 1974, p. 12).

Il y a cependant de l'hésitation, le masc. étant particulièrement fréquent si l'auteur pense à un pays, à un État plutôt qu'à une île : *Madagascar est* RECONNAISSANT *à la France* (DE GAULLE, *Mém. d'espoir*, L.P., t. I, p. 83). — *À l'horizon apparaissait Tahiti, à demi* PERDU *dans la vapeur,* BAIGNÉ *dans la grande lumière tropicale* (LOTI, *Mariage de Loti*, III, 14) [fém. : IV, 11]. — *Bornéo est* ATTEINT *par le Portugais d'Abreu en 1511 (Grand Lar. enc.,* s.v. *Bornéo)* [fém. ailleurs dans le même article]. — [...] *empêcher que Sein ne fût* LIVRÉ *au pillage* (H. QUEFFÉLEC, *Recteur de l'île de Sein*, IV, 8).

c) Les noms de **châteaux**, d'**églises**, de **grottes**, etc. ont souvent le genre du nom commun que les usagers ont dans l'esprit :

Châteaux : *Si fort que j'admire Versailles, je ne l'aime pas. C'est trop peu dire, je* LE *déteste* (BARRÈS, *Mes cahiers*, t. X, p. 80). — *Une cathédrale de Chartres modèle réduit,* UN *Versailles* MINIATURISÉ (R. GARY, *Tête coupable*, p. 40). — *Lacoste a été* DÉPECÉ *à la Révolution.* IL *se refait, se remeuble peu à peu par les soins de son actuel propriétaire* (J. CELLARD, dans le *Monde,* 6 août 1976).

Église : *St-Pierre a été* COMMENCÉE *en 1134 (Paris et sa proche banlieue,* Michelin, 1965, p. 80).

Grotte : *Lascaux est* SAUVÉE (Fr. MÉGRET, dans le *Figaro*, 6 août 1971).

463   Genre de certains noms de fêtes.

a) Pâques, fête catholique, est ordinairement masculin et singulier quand il s'emploie sans déterminant, — féminin et pluriel quand il est construit avec déterminant (notamment dans le sens « communion pascale »).

Ex. masc. sing. : *Pâques fut* CÉLÉBRÉ *avec beaucoup de pompe.* — *Quand Pâques sera* VENU (AC.). — *Je vous paierai à Pâques* PROCHAIN (ID.). — *Quand Pâques était* TARDIF (Fr. MAURIAC, *Jeudi-Saint*, p. 48). — *Pâques était* VENU (R. ROLLAND, *Jean-Chr.*, t. II, p. 177).

Ex. fém. plur. : *Ils se rappelaient* [...] *les Noëls étincelants de flambeaux, les Pâques* ÉCLATANTES *de soleil* (HUGO, *N.-D. de Paris*, X, 4). — *Au souvenir de tant de Pâques* DOULOUREUSES (BLOY, *Mendiant ingrat,* t. I, p. 36). — *Depuis les Pâques* PRÉCÉDENTES (MALÈGUE, *Augustin,* t. I, p. 303). — *Et toute l'année suivante il avait attendu les* PROCHAINES *Pâques sans rien oser de plus* (J. ANGLADE, *Garance*, p. 221). — *Il vaut mieux compter, pour passer de* BONNES *Pâques, sur le soleil ou la gastronomie que sur la TV* (Fr. NOURISSIER, dans le *Figaro dimanche,* 25-26 mars 1978). — *Ô mes Pâques* ENFANTINES, *à Vincennes* (M. DROIT, *Clartés du jour,* p. 30). — *Faire de* BONNES *Pâques* (LITTRÉ).

Pâques s'emploie aussi au fém. pluriel sans article, mais avec épithète dans les deux expressions anciennes *Pâques fleuries* (dimanche des Rameaux) et *Pâques closes* (1ᵉʳ dimanche après Pâques) ; — et dans les formules de souhait : JOYEUSES *Pâques, monsieur l'abbé !* (CESBRON, *Notre prison est un royaume,* p. 281.) — *Et* BONNES *Pâques !* (CURTIS, *Roseau pensant,* p. 369.)

On trouve parfois le fém. pluriel dans d'autres cas : *Il avisa au-dessus du bénitier, une branche de buis* — *le buis de pâques* DERNIÈRES (P. de COULEVAIN, *Noblesse américaine,* p. 364). — *Pour Pâques* SUIVANTES, *j'offris à mon fils d'aller passer quinze jours sur une autre côte* (HÉRIAT, *Temps d'aimer,* p. 34). — *On n'osait plus rêver que Pâques enfin seraient* FLEURIES (L. MARTIN-CHAUFFIER, *L'homme et la bête,* p. 210). — *Pâques* VENUES *j'étais vraiment las, et je le sentais* (GENEVOIX, *Deux fauves,* p. 10).

Pâque, fête juive ou fête orthodoxe, est d'habitude féminin singulier :

Des gâteaux de LA *Pâque* JUIVE (MAUROIS, *Byron*, XXV). — *Le temps de* LA *Pâque est venu* (J. et J. THARAUD, *Ombre de la croix*, p. 175). — *Notre-Seigneur célébra* LA *pâque avec ses disciples* (AC.). — LA *pâque russe.*

On trouve pourtant le pluriel pour la fête orthodoxe : *Pâques* RUSSES TOMBAIENT *tard cette année-là* (Z. OLDENBOURG, *Procès du rêve*, p. 300).

N.B. — Pour l'emploi de la majuscule, voir § 98, *c*, 3°.

Hist. — Au moyen âge et jusqu'au XVIᵉ s., le singulier *Pasque* et le pluriel *Pasques* ont été usités au fém. pour la fête chrétienne. — Du latin ecclésiastique *pascha*, fém. (qui s'employait parfois au pluriel) ou neutre ; emprunté à l'hébreu. — Le masc. est peut-être dû à l'influence de mots comme *dimanche, jour* ou comme *Noël.*

b) Noël, ordinairement masculin, est féminin quand il est employé avec l'article défini singulier et sans épithète.

Ex. masc. : *Noël est* TOMBÉ *un dimanche l'année dernière.* — *Il se rappelait les Noëls d'autrefois, les* BLANCS *Noëls de son enfance* (A. DAUDET, *Rois en exil*, p. 72). — *Je me suis demandé* [...] *quel trait émouvant pourrait passer dans de* FUTURS « *Noëls anarchistes* » (BARRÈS, *Du sang...*, p. 112). — *Ainsi le divin fils / Dormait dans son berceau pour* SON PREMIER *Noël* (PÉGUY, *Ève*, p. 185). — *D'*UN *Noël à l'autre* (Fr. MAURIAC, *Mal*, p. 19). — CE *Noël* DÉSIRÉ (ID., *Nœud de vip.*, XX). — [...] *réunis tous les quatre pour* UN *Noël* HEUREUX *et tiède* (B. CLAVEL, *Voyage du père*, II). — *Je vous souhaite* UN BON *Noël (ib.).* — De même, dans les sens « cantique de Noël » et « cadeau de Noël ».

Ex. fém. : LA *Noël est* TOMBÉE *un dimanche l'année dernière.* — *À* LA *Noël* (CENDRARS, *Or*, LXIV ; H. BOSCO, *Mas Théotime*, 1947, p. 335 ; TROYAT, *Grive*, p. 368). — *Vers* LA *Noël* (MAUPASS., *C.*, *Petit fût*). — *Pour* LA *Noël* (PROUST, *Rech.*, t. II, p. 1119). — *Aller passer* LA *Noël avec sa tante* (*ib.*, t. III, p. 408).

On trouve chez les écrivains des ex. non conformes à ce qui est dit ci-dessus, notamment au fém. (jugé plus littéraire ? peut-être y a-t-il des influences régionales) : *Ils* [= les sapins] *se savent prédestinés / [...] / À briller doucement changés / En étoiles et enneigés / Aux Noëls* BIENHEUREUSES (APOLLIN., *Alcools*, *Sapins*). — *C'est rompu depuis* LA DERNIÈRE *Noël* (WILLY et COLETTE, *Claud. s'en va*, p. 233). — *D'*UNE *Noël à l'autre* (VAN GENNEP, *Manuel de folklore franç. contemp.*, t. I, p. 2925). — *J'y suis retourné, pour la première fois,* CETTE DERNIÈRE *Noël* (AUDIBERTI, *Dimanche m'attend*, p. 60). — LE *Noël de cette année-là fut plutôt la fête de l'Enfer que celle de l'Évangile* (A. CAMUS, *Peste*, p. 285).

Hist. — Traditionnellement, *Noël* est masc. ; le fém. ne daterait que du XIXᵉ s. *(Grand Lar. langue) ;* il est dû à l'influence de *fête*.

c) Certains dimanches sont (ou étaient) désignés par le début de l'introït de la messe. Ce cas pourrait être rangé parmi les nominalisations (§ 469). Littré fait *Quasimodo* (dimanche qui suit Pâques) du féminin, mais *Oculi* (3ᵉ dimanche de carême) et *Laetare* (4ᵉ dimanche de carême, ou mi-carême) du masculin. Dans le premier, on aurait l'influence de *fête* et, dans les deux autres, celle de *dimanche* ou de *jour.*

En France, nous n'avons noté *Laetare* qu'au masc. : *Le dimanche* DU *Laetare* (HUGO, *N.-D. de Paris*, IV, 1 ; Fr. MAURIAC, dans le *Figaro litt.*, 9 mars 1967). — *Le jour* DU *Laetare* (VAN GENNEP, *Folklore de la Flandre et du Hainaut franç.*, t. I, p. 143).

En Belgique le fém. est courant : *À* LA *Laetare* (J. HAUST, dans le *Bulletin de la Commission roy. de toponymie et de dialectologie*, 1935, p. 32). — *Ce groupe participa aux cortèges de* LA *Laetare et du Carnaval* (M. GAUCHEZ, *Entre-Sambre-et-Meuse*, p. 15).

464   **Noms employés par métonymie.**

À certains noms qu'on emploie par métonymie (§ 208, *c*), on donne le genre d'un nom générique sous-jacent :

Du *hollande* (= du *fromage* de Hollande), UN *havane* (= un *cigare* de La Havane), DU *champagne* (= du *vin* de Champagne), UN *terre-neuve* (un *chien* de Terre-Neuve). De même : UNE *Citroën*, UN *Leica*, UNE *Remington*, UNE *basket* (chaussure), etc.

Au Québec, les noms de voitures sont masc. : CE GROS *Chevrolet* FATIGUÉ (R. DUCHARME, *Hiver de force*, p. 220). — S'il s'agit de camions, le masc. est normal : *De temps en temps* UN *Dodge s'ensablait* (J. ROY, *Saison des za*, p. 90).

Il y a de l'hésitation pour certains noms de fruits, peut-être parce qu'on peut avoir à l'esprit le nom de l'arbre (*pommier*, etc.) ou le nom du fruit *(pomme)* : ainsi *calville* [kAlvil], variété de pomme [de *Calleville*, Eure], et *pavie*, variété de pêche [de *Pavie*, Gers], encore masc. pour l'Acad., sont fém. pour les dictionnaires actuels.

Dans certains cas, il n'est pas facile de dire quel est le nom sous-jacent, et le masc. est peut-être seulement le genre indifférencié : *Lustre en* VIEUX *saxe* (FLAUB., *Éd. sent.*, I, 3). — *Le morceau de lard fumé, couleur de* VIEUX *Chine* (BERNANOS, *M. Ouine*, p. 102). — [Pour la majuscule, voir § 98, *a*, 1°, Rem. 2. — Pour le pluriel, § 512, *d*.]

Le phénomène de la métonymie est parfois lié à un phénomène de réduction : § 467, *c*.

465   **Le genre des noms de navires.**

Bibl. — Ét. LE GAL, *Le parler vivant au XXᵉ siècle*, pp. 159-169.

Le ministre François Piétri, pour la marine de guerre (circulaire du 13 août 1934), et le ministre Raymond Schmittlein, pour la marine marchande (circulaire du 22 mars 1955), ont exigé que l'article défini accompagnant les noms de navires soit du genre que ces noms ont dans leur emploi ordinaire. L'usage, pourtant, privilégie de plus en plus le masculin parce que des mots comme *navire, bateau*, etc. imposent leur genre, assez logiquement (voir les autres cas signalés ci-dessous et comp. § 464).

Ex. où le genre primitif est maintenu : *N'est-ce pas aujourd'hui que doit entrer* LA Nor-mandie ? (MAUPASS., *Pierre et Jean*, I.) — *À bord de* LA *Médée* (LOTI, *Mon frère Yves*, XXXI). — *Nous étions embarqués sur* LA France *qui préludait alors, timidement, aux succès actuels de* LA *Normandie* (G. HANOTAUX, *Réponse au discours de récept. de l'amiral Lacaze à l'Acad. fr.*). — *C'était, pour l'époque, un paquebot très magnifique,* [...] *non pas certes* LA *Normandie d'hier* (FARRÈRE, *Seconde porte*, p. 177). — *Le canot d'Alain Gerbault et* LA *Normandie* (GIRAUDOUX, *Sans pouvoirs*, p. 149). — *À bord de* LA *Normandie* (MAUROIS, *Mém. 1885-1939*, p. 316). — *Ce bateau est* LA *Marie-Jeanne* (ALAIN, *Entretiens au bord de la mer*, p. 53). — LA *Galatée était en partance* (R. VERCEL, *Ceux de la « Galatée »*, p. 11). — *J'étais sur* LA *Bourgogne, tu sais, le jour où elle a fait naufrage* (GIDE, *Faux-monn.*, p. 82). — *Le navire que je regrette (...) s'appelait :* LA *Miséricorde* (MAC ORLAN, *Ancre de Miséricorde*, p. 91). — *Afin d'apercevoir* LA *Romania à sa sortie du port* (R. MARTIN DU GARD, *Thib.*, Pl., t. I, p. 1046). — Etc.

Ex. où le genre primitif n'est pas conservé : *L'Étoile-des-Mers est trop* LONG (Éd. PEIS-SON, *Parti de Liverpool*, p. 95). — LE *Normandie* (GIDE, *Journal*, 7 févr. 1942 ; BERNANOS, *Grands cimetières sous la lune*, p. 318 ; Ém. HENRIOT, *Rose de Bratislava*, XIV). — *Un bateau nommé* LE *Vénus* (J. CHARDONNE, *Vivre à Madère*, p. 19). — *Imaginons un chalutier français qui s'appellerait* LE *Dignité !* (MONTHERLANT, *Démon du bien*, p. 173.) — *Melpomène est*

PASSÉ *en mer du Nord* (DE GAULLE, *Mém. de guerre*, t. I, p. 304). [Sur l'absence d'article, voir § 571, *b*, Rem.] — LE Liberté *est déjà là* (P. GUTH, dans le *Figaro litt.*, 22 mars 1952). — *Je recalfaterai* LE Marie-Hélène (H. QUEFFÉLEC, *Un feu s'allume sur la mer*, I, 9). — *Il est parti sur* LE France (MALRAUX, *Chênes qu'on abat*, p. 124).

Pour les avions, aucun ministre ne s'est ému, et tout le monde dit et écrit, par ex., LE *Concorde*, comme on dit pour un magazine : *Avez-vous* LE Marie Claire *de cette semaine ?* — pour un café : *Georges aurait pu abandonner le « Rond-Point » pour le « Dôme » ou* LE *« Liberté »* (SARTRE, *Situations*, t. IX, p. 311).

466   Le genre des noms composés et des locutions nominales.

a) Les composés **endocentriques** (cf. § 177, *b*), c'est-à-dire ceux dont le noyau est interne, ont généralement le genre de ce noyau :

UN *coffre-fort*. LA *basse-cour*. UN *arc-en-ciel*. DU *vinaigre*. UNE *autoroute*. — Plus nettement encore, les locutions nominales : LA *pomme de terre*. LE *chemin de fer*.

Mais la valeur primitive du composé peut cesser d'être perçue, et le genre alors s'altère.

— *Minuit* est passé au masc. sans l'influence de *midi* : *Ma tante sera en chemise à minuit* PRÉCIS (MUSSET, *Lorenzaccio*, IV, 1). — *À l'église où sonna* LE *minuit du rendez-vous* (BARRÈS, *Du sang...*, p. 218).

Quelques écrivains se sont plu à ressusciter l'ancien usage (cf. Hist.), parfois en marquant par un trait d'union qu'ils reprennent aussi le sens premier (« milieu de la nuit ») : *Avant* LA *mi-nuit* (G. DUHAMEL, *Hommes abandonnés*, p. 153). — *Jusqu'à* LA *mi-nuit* (MONTHERLANT, *Démon du bien*, p. 141). — *Vers* LA *mi-nuit* (GENEVOIX, *Dernière harde*, p. 177). — *Depuis* LA *mi-nuit* (H. GHÉON, *Jambe noire*, p. 13). — *Depuis* LA *minuit* (AYMÉ, *Passe-muraille*, L.P., p. 68). — *Sur* LA *minuit* (M. NOËL, *Cru d'Auxerre*, p. 103 ; M. BLANCPAIN, *Fiancés d'Olomouc*, p. 29). — *Avant* LA *minuit* (M. TOURNIER, *Météores*, p. 94).

Hist. — *Minuit* est fém. jusqu'au XVIᵉ s. : *Devant* LA MIE *nuit* (*Amadas et Ydoine*, 5591). — *Endroit* [= vers] LA MIE *nuit* (VILLEHARDOUIN, § 470). — UNE *mynuit tant de flambeaux n'a pas* (RONSARD, éd. L., t. IV, p. 103). — Le masc., qui apparaît au XVIᵉ s., est imposé par Vaugelas (p. 78).

— Dans *la mi-août* (c.-à-d. l'Assomption), c'est le nom *fête* sous-jacent qui rend raison de l'article fém. Sur le modèle de cette expression, mais sans que le nom *fête* fût sous-jacent, on a formé *la mi-janvier, la mi-février*, etc. ; on a formé de même la *mi-carême* et, en termes de sports, *la mi-temps* (calque de l'anglais *half time*).

— *Oriflamme* [anc. fr. *orie flamme*, flamme dorée] tend à passer au masc., peut-être par l'influence analogique de *drapeau, étendard*, etc. : *Les oriflammes* VERTICAUX COUVERTS *de caractères* (MALRAUX, *Condition hum.*, Pl., p. 235). — *Tout un pan de vêtement se trouve détaché et flotte dans son sillage, comme* UN *oriflamme* (ROBBE-GRILLET, *Gommes*, p. 121). — LE *célèbre oriflamme rouge* FRANGÉ *de vert, que Louis VI avait* PRIS *sur l'autel de Saint-Denis* (R. PERNOUD, *Lumière du moyen âge*, 1981, p. 97). — Mais le genre légitime n'a pas disparu : *L'oriflamme* PERSONNELLE *de Baudouin* (R. GROUSSET, *Épopée des croisades*, L.P., p. 81). — *En agitant* UNE *oriflamme* (S. de BEAUVOIR, *Mémoires d'une jeune fille rangée*, p. 31).

b) La plupart des composés sont **exocentriques**, c'est-à-dire que leur noyau est externe, qu'ils servent de prédicats à un nom sous-jacent (§ 177, *b*). C'est celui-ci qui donne son genre au composé :

UN *rouge-gorge*, UN *hoche-queue* doivent leur genre à *oiseau*. — *Millefeuille* est masc. quand il désigne un gâteau et fém. quand il désigne une plante.

Mais il est souvent difficile de déterminer quel est ce nom sous-jacent. Il peut d'ailleurs varier. De là proviennent des fluctuations dans le genre de certains de ces noms.

Après-midi est masculin selon l'Acad. ; dans l'usage, il est des deux genres, parfois à l'intérieur d'un même livre, voire à la même page :

UNE *après-midi* (BARRÈS, *Du sang...*, p. 57). — CET *incomparable après-midi* (*ib.*, p. 199). — *Par* UNE *après-midi* SURCHAUFFÉE (LOTI, *Prime jeunesse*, XXVIII). — *Par les après-midi* BRÛLANTS *de l'été* (*ib.*, XIX). — *Son après-midi tout* ENTIÈRE (GIDE, *Journal*, 18 janv. 1902). — CET *après-midi* (*ib.*). — UNE *après-midi* (Fr. MAURIAC, *Mal*, p. 150). — UN *après-midi* (*ib.*, p. 20). — CETTE *après-midi* (J. GREEN, *Adrienne Mesurat*, p. 38). — CET *après-midi* (*ib.*, p. 16). — CETTE *après-midi qui s'était* DÉROBÉE (GIRAUDOUX, *Combat avec l'ange*, III). — TOUT *l'après-midi* (*ib.*, VI). — CETTE *après-midi* (DAMOURETTE et PICHON, t. VII, p. 184). — CET *après-midi* (*ib.*). — *L'après-midi* ENTIÈRE (J. GRACQ, *Presqu'île*, p. 76). — TOUT *l'après-midi* (*ib.*, p. 93). — UNE BELLE *après-midi* (DHÔTEL, *Plateau de Mazagran*, Guilde du Livre, p. 155). — CERTAIN *après-midi* (*ib.*, p. 138). — CETTE GLUANTE *après-midi* (S. de BEAUVOIR, *Mémoires d'une jeune fille rangée*, p. 277). — *Par* UN CHAUD *après-midi* (*ib.*, p. 325). — *L'après-midi* ENTIÈRE (BUTOR, *Emploi du temps*, p. 398). — *Profiter de l'après-midi* ENSOLEILLÉ (*ib.*, p. 119). — TOUTES *mes après-midi* (J. BOREL, *Adoration*, p. 215). — TOUS *ses après-midi* (*ib.*, p. 43). — TOUTE UNE *après-midi* (Cl. SIMON, *Vent*, p. 22). — *Des après-midi* ENTIERS (*ib.*, p. 237). — Etc.

Après-guerre, avant-guerre, entre-deux-guerres sont de genre indécis, selon qu'on a dans la pensée l'idée de *temps*, ou celle de *période* ou d'*époque* :

Ex. masc. : *L'avant-guerre était* SÉPARÉ *de la guerre par quelque chose d'aussi profond* (PROUST, *Rech.*, t. III, p. 728). — *L'humaniste optimiste* DU PREMIER *après-guerre* (P.-H. SIMON, dans le *Monde*, 24 juin 1964). — TOUT *après-guerre a connu de ces conciliabules stériles et désabusés* (DUTOURD, *Demi-solde*, p. 60). — CET *après-guerre qui avait tout souillé* (DORGELÈS, *Au beau temps de la Butte*, p. 316). — *Mes parents souffraient, en* CET *entre-deux-guerres, d'une diminution sensible de leurs revenus* (M. ROBIDA, *Monde englouti*, p. 280).

Ex. fém. : *L'ombre commence à recouvrir les hommes de* LA DERNIÈRE *après-guerre* (Fr. MAURIAC, dans le *Figaro litt.*, 6 mai 1961). — *La période de* LA PREMIÈRE *après-guerre* (VIALAR, *Temps des imposteurs*, p. 112). — LA PREMIÈRE *après-guerre* (J. RUEFF, dans les *Nouv. litt.*, 11 mars 1965). — *Dans l'*IMMÉDIATE *après-guerre* (ÉTIEMBLE, *C'est le bouquet !* p. 145). — *On est toujours en retard d'*UNE *après-guerre* (CHAMSON, *Petite Odyssée*, p. 136). — *Des amourettes entre voisins dans* UNE *avant-guerre de peinture* (Fr. NOURISSIER, *Allemande*, p. 77). — *Durant* TOUTE *l'entre-deux-guerres* (THIBAUDET, *Hist. de la litt. fr. de 1789 à nos jours*, p. 274).

Entrecôte est passé du masculin (1878) au féminin (1932) dans le dict. de l'Acad. C'est le reflet de l'usage (influencé par le genre de *côte* ?).

Le masc. se trouve parfois encore au XXe s. : *Il piqua sa fourchette dans* UN *entrecôte* (J. GREEN, *Léviathan*, p. 89). — UN *entrecôte aux pommes* (M. CHAPELAN, dans le *Figaro litt.*, 6 sept. 1952). — CET *entrecôte* (TROYAT, *Les semailles et les moissons*, t. 335).

Perce-neige est féminin pour l'Acad. et la plupart des dictionnaires. Quelques dictionnaires récents (depuis Robert) lui reconnaissent les deux genres. Dans l'usage, le féminin est extrêmement rare.

Ex. fém. : LA *perce-neige* (C. YVER, *Comment s'en vont les reines*, cit. Deharveng, t. II, p. 94). — *Les* PREMIÈRES *perce-neige* (A. BOSQUET, *Enfant que tu étais*, p. 300).

Ex. masc. : *Elle avait l'air d'*UN *perce-neige* (CHAT., *Mém.*, II, I, 6). — *Sur* UN *perce-neige* (COLETTE, *Voyage égoïste*, p. 94). — LE *perce-neige du matin* (A. BOSQUET, *Bonnes intentions*, p. 180).

Autres ex. du masc. : MAETERLINCK, *Double jardin*, p. 183 ; A. LAFON, *Élève Gilles*, p. 101 ; Ch.-L. PHILIPPE, *Marie Donadieu*, p. 22 ; A. ARNOUX, *Calendrier de Flore*, p. 10 ; GIONO, *Batailles dans la montagne*, p. 258 ; G. BEAUMONT, dans les *Nouv. litt.*, 11 févr. 1960 ; GENEVOIX, *Bernard*, II, 6 ; R. CHAR, *Œuvres compl.*, p. 896 ; R. GARAUDY, *Il est encore temps de vivre*, p. 194 ; etc.

Le masc. est sans doute dû au fait que beaucoup de composés formés d'un verbe et d'un complément ont ce genre. Par ex., **chasse-neige** est masc. pour tous les dictionnaires, aussi bien pour l'appareil servant à déblayer les voies ou les routes enneigées que pour le vent violent qui soulève la neige en tourbillons. Pour ce deuxième sens, l'Organisation météorologique mondiale a décidé en 1953 (pour éviter les confusions) que le mot était fém. Cette signification n'est pas très répandue dans la langue courante, mais les ex. sont masc. : *Étourdi par* LE *chasse-neige et ne pouvant lutter contre la fureur de la tempête* (Th. GAUTIER, *Cap. Fracasse*, VI). — Autre ex. : J.-B. CHARCOT, cit. *Trésor*.

467   Le genre des noms résultant d'une réduction (§§ 187-189).

a) Les noms réduits gardent ordinairement le genre du mot complet :

LE *métro(politain)*, LA *radio(graphie)*, LA *moto(cyclette)*, LE *vélo(cipède)*, LA *fac(ulté)*, LE *super(carburant)* [on dit °*la super* en Belgique, d'après *essence*], etc.

Il arrive pourtant que la relation avec la forme originaire soit estompée et que le genre soit altéré, par analogie avec d'autres termes de significations analogues.

Rata, réduction de *ratatouille*, est devenu masculin, peut-être sous l'influence de *ragoût*, ou selon la tendance signalée au § 459, *a*, Rem. 2.

Chromo, réduction de *chromolithographie*, devrait être féminin, mais le masculin prévaut, comme Littré le constatait déjà dans son *Supplément :* « La finale ne permet guère ce genre [= le fém.], que l'usage ne paraît pas avoir accepté ».

UNE *chromo luisante* (Fr. JAMMES, *Rosaire au soleil*, p. 113). — LA *plus* BASSE *chromo* (MALRAUX, *Voix du silence*, p. 515). — CE *chromo* HUMAIN (J. RENARD, *Journal*, 23 févr. 1898). — UN *assez* VILAIN *chromo* (BERNANOS, *Journal d'un curé de camp.*, p. 18). — SON *chromo* (M. DÉON, *Rendez-vous de Patmos*, p. 100).

Autres ex. fém. : HUYSMANS, *Cathédrale*, p. 265 ; J. RENARD, *Journal*, 16 oct. 1877 ; R. ROLLAND, *Jean-Chr.*, t. IV, p. 296 ; L. GILLET, *Watteau*, p. 98 ; GIDE, *Journal*, t. I, p. 316 ; M. BEDEL, *Touraine*, p. 163 ; SAINT EXUPÉRY, *Courrier sud*, p. 168 ; THÉRIVE, *Procès de langage*, p. 182.

Autres ex. masc. : A. DAUDET, *Immortel*, X ; J. LEMAITRE, *Impressions de théâtre*, t. I, p. 137 ; BLOY, *Femme pauvre*, p. 107 ; E. PSICHARI, *Appel des armes*, p. 48 ; A. de CHÂTEAU-BRIANT, *Les pas ont chanté*, p. 49 ; JALOUX, *Branche morte*, p. 138 ; GIRAUDOUX, *Apollon de Bellac*, IX ; BILLY, *Madame*, p. 20 ; A. ARNOUX, *Bilan provisoire*, p. 218 ; CHAMSON, *Hommes de la route*, L.P., p. 108 ; AYMÉ, *Gustalin*, p. 57 ; A. CAMUS, *L'exil et le royaume*, Pl., p. 1664 ; Cl. SIMON, *Bataille de Pharsale*, p. 28 ; A. BOSQUET, *Bonnes intentions*, p. 91 ; etc.

b) **H.L.M.**, sigle de *habitation à loyer modéré*, est logiquement féminin. Mais le masculin est si fréquent que Robert ne donne que ce genre, dans son *Supplément*. Le petit *Robert*, plus prudent, note les deux genres. Certains auteurs hésitent.

Ex. fém. : Malraux, *Antimémoires*, p. 376 ; C. Paysan, *Feux de la Chandeleur*, p. 23 ; S. de Beauvoir, *Tout compte fait*, p. 312 ; J.-P. Chabrol, *Crève-Cévenne*, p. 170 ; Le Clézio, *Voyages de l'autre côté*, p. 89 ; Poirot-Delpech, dans le *Monde*, 15 févr. 1974 ; M. Cerf, *Les rois et les voleurs*, p. 204 ; A. Boudard, *Combattants du petit bonheur*, p. 65.

Ex. masc. : G. Duhamel, *Nouvelles du sombre empire*, p. 140 ; S. de Beauvoir, *Force des choses*, p. 291 ; C. Paysan, *op. cit.*, p. 114 ; M. Robida, *Monde englouti*, p. 193 ; Mallet-Joris, *Les signes et les prodiges*, p. 231 ; P. Lainé, *L'irrévolution*, p. 84 ; S. Japrisot, *Dame dans l'auto avec des lunettes et un fusil*, p. 112 ; Rezvani, *Canard du doute*, p. 278.

V1 et *V2*, où *V* est la réduction d'un nom allemand féminin *Vergeltungswaffe* « arme de revanche », sont des deux genres (ce cas aurait pu être joint aux noms étrangers : § 468), quoique les dictionnaires ne prévoient que le masculin.

La *V1* s'appelle encore, outre Rhin, la Bombe Lorin (L. Brial, dans le *Figaro litt.*, 15 sept. 1951). — La V [= V2] va tomber (L. Pauwels et J. Bergier, *Matin des magiciens*, L.P., p. 47).

c) On peut considérer ici la réduction des syntagmes. Il n'y a pas de problème de genre lorsque l'élément conservé est le noyau du syntagme.

La *pilule* ← la pilule anticonceptionnelle.

Si la réduction porte sur le noyau, cet élément sous-jacent continue à donner son genre à la forme réduite, qui peut ainsi recevoir un genre différent de celui qu'elle avait en tant qu'élément subordonné.

Un *garenne* ← un lapin de garenne. — Un *pression* (ou une *pression*) ← un bouton-pression ← un bouton à pression.

La réduction a pour résultat la transformation d'un adjectif en nom, lequel reçoit le genre du noyau effacé : Une *permanente* ← une ondulation permanente. — Un *automobile* ← un véhicule automobile ; on a dit aussi un *auto*. Pour les deux formes, le fém., dû à l'influence de *voiture*, a éliminé le masc.

La préposition est maintenue dans Un *dinde* ← un coq d'Inde ; une dinde ← une poule d'Inde. Le masc. a été refait en *dindon*. °Un *dinde* subsiste en fr. régional : Le dinde mâle (J. Renard, *Journal*, 15 avril 1902).

Mauvis, traditionnellement masc., est parfois traité comme un fém., parce qu'on le considère comme la réduction de *grive mauvis* ; de même, *crécerelle* est pris pour un masc. sous l'influence de *faucon crécerelle*. Cf. M. Beduin, dans *Questions de fr. vivant*, 4ᵉ trimestre 1984, pp. 15-18.

Une **Thermos** [tɛrmos] ← une bouteille Thermos (nom déposé). Mais on dit souvent aujourd'hui un *Thermos* (généralement écrit sans majuscule).

Ex. fém. : Malraux, *Espoir*, p. 215 ; Hériat, *Enfants gâtés*, III, 4 ; Kessel, *Lion*, p. 41 ; A. Sarrazin, *Cavale*, II, 16 ; R. Sabatier, *Noisettes sauvages*, p. 234 ; P. Grainville, *Abîme*, p. 56 ; D. Decoin, *John l'Enfer*, p. 139 ; B. Clavel, *Fruits de l'hiver*, p. 116 ; P. Modiano, *Rue des Boutiques Obscures*, p. 180 ; J. Leclerc du Sablon, dans l'*Express*, 24 déc. 1982, p. 51 ; etc.

Ex. masc. : Saint Exupéry, *Terre des hommes*, p. 131 ; Salacrou, dans le *Figaro litt.*, 10 sept. 1955 ; R. Vailland, *325.000 francs*, p. 46 ; Vian, *Herbe rouge*, XVI ; Gracq, *Balcon en forêt*, Guilde du Livre, p. 179 ; Gary, *Tête coupable*, p. 245 ; Daninos, *Daninoscope*, p. 161 ; Morand, *Tais-toi*, p. 19 ; Gaxotte, dans le *Figaro*, 10 mars 1973 ; A. Cohen, *Belle du Seigneur*, p. 487 ; Cl. Simon, *Leçon de choses*, p. 130 ; J. d'Ormesson, *Au revoir et merci*, 1976, pp. 226-227 ; D. Boulanger, dans *Europe*, janv.-févr. 1981, p. 185 ; Mallet-Joris, *Allegra*, p. 234 ; P. Moinot, *Guetteur d'ombre*, p. 76 ; etc.

On dit encore *bouteille Thermos* : TROYAT, *Malandre*, p. 263 ; B. CLAVEL, *Fruits de l'hiver*, p. 78 ; S. de BEAUVOIR, *Mandarins*, p. 328 ; Fr. NOURISSIER, *Histoire française*, V ; etc.

Le changement de genre par métonymie résulte parfois aussi d'une ellipse : certains ex. donnés dans le § 464 pourraient être cités ici, et inversement.

468   **Le genre des mots étrangers.**

a) Les noms changent facilement de genre en passant d'une langue à l'autre. On en trouvera des ex. dans d'autres §§ (notamment dans le § 472). Nous signalons ici quelques mots dont la forme orale et/ou écrite (et parfois la réalité désignée) reste nettement étrangère et dont le genre est hésitant.

Goulasch [gulaʃ] (mot hongrois, venu par l'allem.), parfois écrit *goulache* ou autrement encore, est reconnu des deux genres par le petit *Robert* et le *Trésor*, tandis que d'autres dictionnaires optent pour le masculin. Les deux genres s'entendent et se lisent :

UN APPÉTISSANT *goulash* (SIMENON, *Mémoires intimes*, p. 247). — LA *goulash* (*Menus et recettes de tante Léa*, 1966, p. 400).

Holding [ɔldiŋ] (mot anglais), ordinairement masculin, mais le féminin se rencontre sous l'influence du syntagme *société holding* (ou de l'angl. *holding company*) [comp. § 467, *c*] :

LA holding PROMISE (R.-V. PILHES, *Imprécateur*, p. 271). — *Création d'*UNE holding PUBLIQUE (dans le *Monde*, 5 déc. 1975, p. 45).

Interview [ɛ̃tɛʀvju] (mot angl., tiré du fr. *entrevue*) est féminin selon l'Acad. et le *Trésor*, qui ajoute en Rem. : « parfois employé au masc. ». Le masculin se trouve encore :

UN *interview* RÉCENT (J. GREEN, *Bel aujourd'hui*, p. 96). — UN *interview* (S. de BEAUVOIR, *Mandarins*, p. 440). — *Ses interviews les plus* SIGNIFICATIFS (H. JUIN, dans le *Magazine littér.*, juin 1984, p. 92).

Quetsche [kwɛtʃ] (empr. à l'allem. par l'intermédiaire de l'Alsace) est féminin comme en allem. pour désigner une sorte de prune : *De* GROSSES *quetsches* (S. de BEAUVOIR, *Force de l'âge*, p. 322). L'alcool fabriqué avec ces prunes s'est d'abord appelé *quetsche-wasser* (allem. *Quetschenwasser*, neutre, « eau de quetsche ») ; ce composé s'est réduit à *quetsche*, que les dictionnaires donnent aussi comme féminin ; dans l'usage oral, en Alsace, en Belgique et au Luxembourg, il est masculin. Dans le fr. écrit, on trouve les deux genres :

Moi, je prends de LA *quetsch* [*sic*]. *Ils en ont de* LA BONNE (J. ROMAINS, *Hommes de b. vol.*, t. I, p. 219). — *J'ai fait venir* DU *quetsche* (J. SARMENT, *Couronne de carton*, I).

Sandwich (mot angl., du nom du comte de Sandwich [XVIIIᵉ s.] pour qui on inventa ce type de tartine qui permettait de ne pas quitter la table de jeu), souvent prononcé [sɑ̃dwitʃ], mais il y a d'autres prononciations. Le mot a d'abord été surtout féminin, d'après *tartine* ou *beurrée*. Le masculin s'est imposé au XXᵉ s.

Ex. fém. : D'EXCELLENTES sandwiches APPRÊTÉES *par la main de la servante Arabelle* (BALZAC, *Lys dans la vallée*, p. 260). — UNE *sandwich au homard* (WILLY et COLETTE, *Claud. s'en va*, p. 26). — BONNES *sandwichs impatiemment* ATTENDUES (LOTI, *Prime jeunesse*, XXXVII). — *Deux sandwiches* JUMELLES (R. MARTIN DU GARD, *Thib.*, IV [1928], p. 206) [*jumeaux*, Pl., t. I, p. 1131].

L'italien *tagliatelli* [tʌljatɛlli] est un nom masculin pluriel. Lorsqu'on francise le mot en **tagliatelles** [tʌljatɛl], il peut garder son genre, mais il passe souvent au féminin (seul genre enregistré par le petit *Robert*), à cause de la finale :

Les tagliatelles n'étaient pas FAMEUX (J. ROY, *Saison des za*, p. 55). — *Les* MEILLEURES *tagliatelles* (M. DÉON, *Déjeuner de soleil*, p. 306).

Zakouski (mot russe, de genre fém.) est masculin pluriel pour certains dictionnaires (par ex. le petit *Robert*), féminin pluriel pour d'autres (par ex. le *Grand Lar. enc.*). [On écrit aussi, au plur., *zakouskis.*]

b) Les noms de journaux, de partis politiques, etc. continuent nécessairement à désigner des réalités étrangères et l'on s'attendrait donc que le genre originaire se maintînt. Pourtant, dans ces cas aussi on attribue souvent aux mots étrangers le genre des noms français qui y correspondent :

LE *SPD* ALLEMAND (J.-Fr. REVEL, *Comment les démocraties finissent*, p. 180) [= Sozialistische Partei Deutschlands. — *Partei*, empr. au fr. *partie*, est fém.]. — LE *C.V.P.* (désignation ordinaire en Belgique pour le *Christelijk Volkspartij*) [*partij* s'explique comme *Partei* en allem.]. — LE *Deutsche Tageszeitung* (DE GAULLE, *Discorde chez l'ennemi*, p. 46) [fém. en allem. ; masc. d'après *journal*].

469   Genre des noms accidentels.

Les mots employés accidentellement comme noms : éléments linguistiques (lettre [cf. § 470)], phonème, morphème, mot, syntagme, phrase) pris pour eux-mêmes (*autonymie :* § 450), pronoms, verbes conjugués, adverbes, prépositions, conjonctions, mots-phrases, chiffres, notes de musique, sont masculins :

UN *a*. — LE *eu de déjeuner* (A. MARTINET, *Prononc. du fr. contemp.*, p. 142). — LE *an de chanter* (*ib.*, p. 143). — *-ons s'est* RÉDUIT *à* -on (FOUCHÉ, *Verbe fr.*, p. 191). — *Toute est* COMMUN (BRUNOT, *Hist.*, t. IV, p. 844). — UN *tiens vaut mieux que deux tu l'auras* (prov.). — *C'est pour quand ? / — Ah ! voilà !... / — Je pensais bien qu'il y avait* UN *« Ah ! voilà ! ».*.. (COLETTE, *Maison de Claudine*, XXIII.) — *La guêpe, un jour d'été, vous entre par la fenêtre, avec* CE FORT *zou ! zou ! zou !* AGRESSIF *et* MENAÇANT (MICHELET, *Insecte*, XXII). — CE *six est mal* FORMÉ (AC.). — *Le son du diapason indique ordinairement* LE *la* (AC., s.v. *diapason*).

Ex. exceptionnel : LA *trrrrttt d'une arme automatique* (E. CHARLES-ROUX, *Elle, Adrienne*, p. 175).

Remarques. — 1. Lorsque la nominalisation est passée dans l'usage général, les mots sont normalement masculins aussi [3] :

Un rire, le tout, le derrière, un merci (§ 460, *d*), *un rendez-vous, le sot-l'y-laisse, un tête-à-tête, un suivez-moi-jeune-homme.*

Exceptions : *À la va-vite, à la va-te-faire-fiche, à la va-comme-je-te-pousse* appartiennent à une catégorie plus générale, *à la* + féminin formant des espèces de locutions adverbiales (cf. § 928, *g*, 1°). De même, *À la chie-en-lit*, qui a entraîné *chienlit* vers le féminin, dans le sens « carnaval, désordre, débauche » (cf. 456, *b*).

Pour d'autres cas, voir § 466, *b* (genre des noms composés).

2. Les adjectifs et participes féminins peuvent être nominalisés comme féminins : *La belle, la vue ;* — notamment par réduction d'un syntagme dont le noyau était un nom féminin : *Une permanente*, pour *une ondulation permanente.*

3. Les adjectifs de couleur nominalisés sont masculins : LE *rouge et* LE *noir*. Lorsque ces adjectifs étaient primitivement des noms, il peut y avoir divergence entre le genre premier et le genre résultant de la renominalisation :

*Par endroits, on distinguait des foyers plus intenses, des gerbes d'*UN *pourpre* VIF (ZOLA, *Débâcle*, III, 8). — *Le plus vieux* [des saltimbanques] *avait un maillot couleur de* CE *rose violâtre qu'ont aux joues certaines jeunes filles fraîches mais près de la mort* (APOLLIN., *Calligr.*, Fantôme de nuées). — [...] *robe sombre de couleur indécise entre* LE *puce et le caca d'oie* (ZOLA, *Nana*, Pl., p. 1128). — *Façade d'*UN BEL *ocre pâle* (J. ROMAINS, *Hommes de b. vol.*, cit. Robert, s.v. *flairer*).

Hist. — Le syntagme *couleur de* + nom, employé comme adjectif de couleur *(un maillot couleur (de) chair)*, pouvait être nominalisé au masc. chez les classiques : [+]*Leur laine était d'*UN *couleur de feu si* VIF *qu'*IL *éblouissait la vue* (LA F., *Psyché*, cit. Littré). — [+]*Je vous trouve les lèvres d'*UN *couleur de feu* SURPRENANT (MOL., *Impr. de Vers.*, ib.). — Richelet (1680) présente cet usage comme propre aux merciers et comme blâmable. L'Acad. le notait encore en 1878 sans réserves : *Ce ruban est d'*UN *beau couleur de feu*. Mais il apparaît rarement dans les textes après le XVIIe s. : CE *couleur de fraise sur les joues* (APOLLIN., *Calligr.*, Musicien de Saint-Merry).

4. *Prière d'insérer* appartient à la catégorie des noms accidentels, car il s'agit de la nominalisation de la phrase averbale injonctive qui sert de titre à ces textes communiqués aux journaux. Le masculin est donc conforme à la règle générale donnée ci-dessus. Mais il y a de l'hésitation dans l'usage et la majorité des auteurs voient ici une locution nominale dont le nom féminin *prière* est le noyau.

Le rédacteur DU « *prière d'insérer* » (R. LE BIDOIS, dans le *Monde*, 20 août 1958). — LA *prière d'insérer, bien* FAITE, *qui accompagne le volume* (É. HENRIOT, *ib.*, 16 mai 1956).

---

3. Les éléments nominalisés peuvent être fém. lorsqu'ils désignent des femmes : *Une malade, une vieille, une rousse, une marie-couche-toi-là. — Une petite touche-à-tout (Lar. XXe s.). — Elle rit de vous voir pleurer,* CETTE *sans-cœur* (ZOLA, cit. petit Robert).
Un emploi comme le suivant paraît exceptionnel : *Je me mis à rechercher ces états où j'avais le privilège de me dédoubler et d'accueillir* CETTE *autre moi, plus* DOUÉE, écrit, à propos d'elle-même, Suzanne LILAR (*Enfance gantoise*, p. 59). — Cas différent (*moi* est plus proche de la valeur pronominale et le masc. n'est pas possible) : *Mais moi, c'est moi, et il n'y a qu'*UNE *moi de San Rogaz à Triana* (LOUŸS, *La femme et le pantin*, VI).

Autres ex. masc. : Fr. AMBRIÈRE, dans le *Figaro litt.*, 16 août 1947 ; A. ARNOUX, *ib.*, 12 mai 1956 ; BILLY, *ib.*, 15 oct. 1960 ; R. KEMP, dans les *Nouv. litt.*, 5 mai 1955 ; J. PIATIER, dans le *Monde*, sélection hebdomadaire, 27 nov.-3 déc. 1969 ; J. LAURENT, *Bêtises*, p. 513 ; G. PEREC, *Vie mode d'emploi*, p. 98 ; J. FOURASTIÉ, *Ce que je crois*, p. 178.

Autres ex. fém. : THÉRIVE, *Galerie de ce temps*, p. 173 ; G. DUHAMEL, *Défense des lettres*, p. 68 ; MORAND, *Tais-toi*, p. 153 ; R. ROLLAND, *Péguy*, t. I, p. 192 ; S. de BEAUVOIR, *Force des choses*, p. 212 ; SARTRE, *Situations*, t. VII, p. 108 ; R. GEORGIN, *Comment s'exprimer en fr. ?* p. 29 ; QUENEAU, *Voyage en Grèce*, p. 156 ; P.-H. SIMON, dans le *Monde*, 8 août 1962 ; Fr. MAURIAC, *Mémoires intérieurs*, p. 237 ; G. MOUNIN, *Communication poétique*, p. 99 ; C. BOURNIQUEL, *Sélinonte ou la chambre impériale*, p. 175 ; etc.

470 Genre du nom des consonnes.

Alors qu'il y a identité (et donc autonymie) entre le nom d'une voyelle et le son qu'elle représente (voir § 469), les lettres-consonnes sont désignées, oralement, par un nom qui est formé du son (ou d'un des sons) que représente la lettre, suivi ou précédé d'une voyelle (cf. § 85). Ces noms de consonnes sont généralement masculins.

a) Le genre masculin est incontesté lorsqu'il s'agit des consonnes dont le nom commence par une consonne : *Un* b, *un* c, *un* d, *un* g, *un* j, *un* k, *un* p, *un* q, *un* t, *un* v.

b) Mais lorsque le nom des consonnes commence par une voyelle, *f, h, l, m, n, r, s* (pour *x*, voir ci-dessous), il est féminin selon Littré, selon le *Dict. gén.* et selon l'Acad. (qui donne pourtant les deux genres à *f : Un grand* F. *Une petite* f ; voir aussi les ex. ci-dessous). Cet usage existe encore, mais le masculin prévaut très nettement, notamment parmi les grammairiens et les linguistes d'aujourd'hui :

Ex. fém. : Cela *ne s'écrit qu'avec* UNE l (STENDHAL, *Rouge*, II, 2). — *Le pluriel met* UNE S *à leurs meâs culpâs* (HUGO, *Contempl.*, I, 13). — UNE h *un peu* ASPIRÉE (J. RENARD, *Journal*, 12 juin 1898) [il s'agit d'un son]. — UNE s FINALE (A. THOMAS, *Nouveaux essais de philologie franç.*, p. 26). — UNE h MUETTE (HERMANT, *Xavier*, 1923, p. 149). — *Deux M* ENTRELACÉES (LA VARENDE, *Roi d'Écosse*, p. 240). — *Bien que l'*h *soit* ASPIRÉE (HANSE, 1949, s.v. *hululer*). — UNE r (H. BAZIN, *Qui j'ose aimer*, IX). — LA GRANDE *M* DORÉE BRODÉE *sur les tentures de l'église* (J. BOREL, *Retour*, p. 267). — *Pour* l MOUILLÉE (R.-L. WAGNER, *Anc. franç.*, p. 107).

Ex. masc. : *Avec toutes sortes d'l* MOUILLÉS (FLAUB., *Corresp.*, t. II, p. 156). — UN l *et* UN n MARQUÉS *d'une* [cf. § 471, *a*] *tilde* (G. PARIS, *Mélanges linguistiques*, p. 643). — *Avec* UN l (PÉGUY, *Esprit de système*, p. 265). — *L'*r FINAL SUIVI *d'un* e *muet* (MARTINON, *Comment on prononce le fr.*, p. 295). — *L'*l *double, qui est* MOUILLÉ (HERMANT, *op. cit.*, p. 127). — *On prononce l'S* FINAL (AC., s.v. *sui generis*). — *L'N* FINAL *se fait sentir* (AC., s.v. *hymen*). — UN V, *qui peut aussi bien être* UN N (GIDE, *Faux-monn.*, p. 10). — *L's* FINAL *du mot n'étant pas* PRONONCÉ (MONTHERLANT, *Petite infante de Castille*, p. 15). — UN B *et* UN F *entrelacés* (Fr. MAURIAC, *Mystère Frontenac*, p. 143). — *La prunelle bleu-pâle* [...] *porte* UN M (LA VARENDE, *Centaure de Dieu*, p. 37). — UN H *majuscule* (G. DUHAMEL, *Biographie de mes fantômes*, p. 54). — F [...] *est* MUET *dans* bœufs (R. GEORGIN, *Code du bon langage*, p. 104). — Hululer [...] *a* UN h ASPIRÉ (HANSE, 1983). — Etc.

Selon l'épellation dite « moderne » (cf. § 85), toutes les consonnes ont un nom commençant par une consonne : [fə], [sə], etc., pour *f, s*, etc. Le nom dans ce cas est masc. Certains exemples masc. cités plus haut pourraient être fondés sur cette épellation, mais elle n'a eu, en fait, qu'un succès limité.

Brunot distingue *s* comme lettre et *s* comme son, traitant le premier comme fém. et le second comme masc. : *L's est* DEVENUE *la marque du pluriel (Pensée,* p. 100). — *Nous avons gardé* UNE S *de convention* (p. 103). — *Puisque* LE S FINAL *s'assourdit* (p. 100). — S *une fois* AMUÏ (p. 101).

c) Pour *x,* les dictionnaires sont quasi unanimes à lui donner le genre masculin (Laveaux [1828] et Bescherelle [1846] font exception).

Brunot l'emploie pourtant au fém. : *Le groupe* us *était représenté au moyen âge par des signes abréviatifs, qu'il suffisait de bien peu de chose pour transformer en* UNE X *(Pensée,* p. 104). — *Quant à l'*X, ELLE *est toujours de règle (ib.).* — Voir aussi la Rem. 3 ci-dessous.

d) Les lettres *w, y, z* ont un nom plus complexe : [dubləve], [igrɛk], [zɛd]. Ces trois noms sont masculins.

Remarques. — 1. Le nom des lettres de l'alphabet grec est masculin : UN *alpha,* UN *iota,* UN *delta* (aussi au figuré), etc. De même, UN *yod,* UN *chva* (parfois *chwa*), désignations d'origine hébraïque (§§ 35 et 28). — Mais *jota,* lettre espagnole, est féminin.

2. Les lettres employées comme symboles mathématiques, qu'elles appartiennent à notre alphabet ou à d'autres alphabets (par ex. la lettre grecque π), sont du masculin :

Lorsque m *est* ENTIER *et* POSITIF *(Grand Lar. enc.,* s.v. *binôme).* — *Archimède affirma que* π *est* COMPRIS *entre* [...] (M. BOLL, *Mystère des nombres et des formes,* p. 47).

X et *N* employés comme des sortes de pronoms indéfinis dans la langue ordinaire (§ 220, *b,* 3°) peuvent être fém. s'ils représentent une ville, une femme : *Émerge du tas X,* FAGOTÉE *comme une poupée de chiffon* (H. CIXOUS, dans *Samuel Beckett,* Éditions de l'Herne, p. 335).

3. Les noms des lettres s'emploient aussi pour désigner des objets ayant la forme de ces lettres.

Té est masc. : UN *té de dessinateur.*

Esse est donné comme fém. par tous les dictionnaires : UNE *esse en fer, en laiton (Grand Lar. enc.).* Mais, le nom de la lettre étant passé au masc., le sens figuré ne va-t-il pas suivre ?

F « ouïe (d'un violon) », surtout usité au pluriel *(les FF* ou *les ff),* est fém. : *Les FF,* APPELÉES *aussi « ouïes » (Grand Lar. enc.).*

X est masc. : *L'X* [...] *est* ENLEVÉ *dès que la grand-voile est hissée (Grand Lar. enc.).* — Balzac le faisait fém. (cf. *c,* ci-dessus) : *Une vieille table, posée sur* UNE X *(Double famille,* Pl., p. 926).

Hist. — Les noms des voyelles et ceux des consonnes, lorsque ces derniers commencent par une consonne, ont été masc. dès l'anc. fr. : *O est* REONS [= rond] *comme li mons* (HUON LE ROI, *Abecés par ekivoche,* 191). — *Après* LE B *(ib.,* 41). — De là *bémol* = b *mol,* qui s'opposait à b *dur :* cf. Tobler-Lommatzsch, s.v. *b.*

Lorsqu'ils commencent par une voyelle, les noms des consonnes ont d'abord été presque toujours fém. Mais le masc., quoique rare, est attesté dès l'anc. fr. :

UNE *emme et* UNE *esse (Chansons et dits artésiens,* cit. Tobler-Lommatzsch, s.v. *emme).* — *Noble Cueur, qui d'or portoit* UNE M (MAROT, *Œuvres compl.,* éd. Grenier, t. II, p. 408). — *Elles prononcent l'*r *bien* FORTE (VAUGELAS, p. 438). — *L's a été* SUBSTITUÉE (TURGOT, *Étymologie,* p. 21).

Après mettrai UN *R* (GAUTIER DE COINCI, cit. Tobler-Lommatzsch, s.v. *i).* — LE *L* (FLEURY DE BELLINGEN, *Étymologie ou explication des proverbes fr.,* 1656, p. 81). — *L*1 PRÉCÉDÉ *d'une consonne* (TURGOT, *op. cit.,* p. 43). — +*Votre lettre n'était ni datée ni signée* d'UN *H* (VOLT., *Corresp.,* 27 oct. 1760).

471   Noms dont le genre est à remarquer.

On hésite quelquefois, notamment dans des usages régionaux, sur le genre des noms suivants.

a) Noms masculins :

abaque	asphodèle	cytise	glomérule	lobule
abîme	astérisque	décombres	granule	losange
acabit	asthme	denticule	grèbe	mânes
acrostiche	astragale	échange	haltère ↓	mastic
adage	athénée	édicule	hectare	mausolée
aérolithe	atome	élastique	héliotrope	méandre
aéronef	attique	ellébore	hémisphère	midi
aéroplane	augure	éloge	hémistiche	monticule
âge	auspice	élytre ↓	hiéroglyphe	moustique
agrume ↓	autoclave	emblème	holocauste	myrte
air	autographe	émétique	hôpital	naphte
alambic	automate	emplâtre	horoscope	narcisse
albâtre	axiome	empyrée	hospice	narguilé
alcool	balustre	empyreume	humour	nimbe
amadou	bastringue	en-tête	hyménée	obélisque
amalgame	bow-window	entracte	hypogée	obstacle
ambre	box	entrecolonne	iguane	ocelle
amiante	braque	épeautre	incendie	omnibus
anathème	bulbe ↓	épiderme	indice	ongle
anchois	camée	épilogue	insigne	opercule
anévrisme	camélia	épisode	interclasse	ophicléide
animalcule	campanile	épithalame	intermède	opprobre
anniversaire	capitule	équilibre	interrogatoire	opuscule
anthracite	capuce	équinoxe	interstice	orage
antidote	caramel	ergastule	intervalle	orbe
antipode	causse	érysipèle (éré-	involucre	orchestre
antre	cénotaphe	sipèle)	isthme	organe
apanage	cèpe	esclandre	italique	orifice
aphte	chevenne	escompte	ivoire	orle
apogée	(chevaine,	espalme	jade	otage
apologue	chevesne)	évangile	jaspe	ovale
après-dîner	chrysanthème	éventail	jujube ↓	ove
araire	cippe	exemple	jute	ovule
arcane	cloporte	exergue	lampyre	pagne
are	codicille	exode	lange	palpe ↓
armistice	colchique	exorde	légume ↓	pampre
aromate	concombre	fastes	leurre	parafe
arpège	conifère ↓	fuchsia	libelle	pastiche
artifice	corpuscule	girofle	lignite	pénates
asphalte	crabe	globule	limbe	périgée

pétale	quadrige	sévices	tilde ↓	ulcère
pétiole	quinconce	socque	trèfle	uretère
pipeline	quine	stade	trille	vestige
planisphère ↓	rail	stipe	triqueballe	viscère
polype	rifle	tentacule	trope	vivres
pore	salamalec	térébinthe	trophée	
poulpe	scarabée	termite	tubercule	
prêche	sépale	thyrse	tulle	

Agrume, qui s'emploie surtout au pluriel, est fém. pour le *Lar. XXᵉ s.,* ainsi que pour TROYAT : TOUTES *les agrumes (Rencontre,* p. 298). — Le masc. est préférable : cf. Dauzat, dans le *Fr. mod.,* oct. 1939, p. 300. — Les *Lar.* signalent aussi *une agrume,* mot régional pour un pruneau d'Agen.

Bulbe, en termes de botanique, est fém. selon Littré et selon l'Acad. Mais aujourd'hui, dans tous les emplois de ce mot, *bulbe* est masc. : LE *bulbe du lis.* LE *bulbe rachidien.* LE *bulbe d'une église russe.* — Voici pourtant un ex. récent de *bulbe* au fém. en architecture : *La basilique Saint-Basile aux bulbes* COLORÉES (J. ELLEINSTEIN, *Staline,* p. 313).

Conifère est masc. pour les dictionnaires (comme dans l'usage ordinaire), mais ils ajoutent parfois que les botanistes disent *une conifère,* comme *une crucifère.*

Élytre. Quelques-uns font ce mot fém. (AC.) : *Élytre* DROITE (J.-H. FABRE, *Scènes de la vie des insectes,* p. 59). — *Élytres* FENDUES (COLETTE, *Paix chez les bêtes,* p. 137). — LONGUES *élytres* ENTRECROISÉES (LE CLÉZIO, *Déluge,* p. 42).

Haltère. L'usage est un peu hésitant : *Avec* UNE *haltère dans chaque main* (Fr. MAURIAC, *Plongées,* p. 110). — *Ses* PETITES *haltères* (COLETTE, *Chéri,* p. 30). — *Tu manies l'écouteur comme* UNE *haltère* (CAYROL, *Vent de la mémoire,* p. 44). — *Il envisage des haltères très* LOURDES (A. BOSQUET, *Bonnes intentions,* p. 64).

Jujube. Certains lexicographes (par ex., Littré) considèrent que le mot est fém. quand il s'agit du fruit du jujubier. Cette distinction est abandonnée. — Flaubert écrit *De* LA *jujube* (*Bouv. et Péc.,* éd. L., p. 81) à propos de la pâte extraite du fruit.

Légume. La langue familière a pris à la langue populaire l'expression *Une grosse légume,* une personne importante.

Palpe est fém. pour l'Acad., qui ajoute que quelques naturalistes le font masc. Ce masc. semble généralisé.

Planisphère a été fait sur le modèle d'*hémisphère,* empr. du neutre latin *hemisphaerium,* lui-même emprunté du grec. L'influence de *sphère* (empr. du fém. lat. *sphaera,* lui aussi tiré du grec) amène certains auteurs à donner au mot le genre fém. : *On ferait voir* LA *planisphère* SOULEVÉE, *ici et là jusqu'à l'époque moderne, par des secousses sans nombre mais locales et limitées* (DE GAULLE, *Discours et Messages,* t. II, p. 313). — LA *planisphère avec le bassin méditerranéen et l'Afrique du Nord sous leurs yeux* (J. ROY, *Maître de la Mitidja,* p. 280).

Tilde (cf. § 101) est fém. pour Littré, comme l'étymon espagnol ; voir un ex. de G. Paris au § 470, *b.* Le masc. s'est imposé.

b) Noms féminins.

abside	affres	amibe	ancre	apothéose
absinthe	agrafe	ammoniaque ↓	anicroche	appog(g)iature
acné	aise	amnistie	ankylose	après-dînée
acoustique	alcôve	amorce	antichambre	arabesque
acre ↓	algèbre	amulette	apostille	argile
aérogare	alluvion	anagramme	apostrophe	arrhes

artère	dynamo	forficule	moustiquaire	primevère
astuce	ébène	fourmi	myrtille	pulpe
atmosphère	ébonite	gemme	nacre	saga
attache	écarlate	glaire	oasis ↓	sandaraque
autoroute	ecchymose	glucose	obsèques	scolopendre
avant-scène	échappatoire	hécatombe	ocre	scorsonère
azalée	écharde	hydre	octave	sépia
bakélite	écritoire	icône	offre	spore
bésicles	égide	idole	omoplate	stalactite
bonace	énallage	idylle	once	stalagmite
campanule	encaustique	immondice ↓	opale	stèle
câpre	enclume	impasse	optique	ténèbres
caténaire	énigme	imposte	orbite	topaze
chausse-trape ↓	éphéméride	insulte	orthographe	tranchefile
clepsydre	épigramme	intrigue	ouïe	urticaire
clovisse	épigraphe	loutre	outre	vêpres
colophane	épitaphe	luciole	paroi	vésicule
congère	épithète	malachite	patenôtre	vicomté
coquecigrue	épître	mandibule	patère	vis
créosote	équerre	météorite ↓	périssoire	volte-face
cuiller	équivoque	métope	piastre	
dartre	escarre	molécule	prémices	
dent	estompe	montgolfière	prémisse	
drachme	extase	mousson	primeur	

Acre [d'origine germanique], mesure agraire de Normandie, du Canada et des pays anglo-saxons, est fém. pour les dictionnaires. Le mot est masc. au Canada, mais aussi chez des auteurs français : *Six mille acres avaient été* ENCLOS (MÉRIMÉE, cit. *Trésor*). — UN *acre et* DEMI (M. TOURNIER, *Vendredi ou les limbes du Pacifique*, F°, p. 26). — Ex. fém. : UNE *acre* (J. VERNE, *Aventures du capit. Hatteras*, II, 14).

Ammoniaque (synonyme : *alcali volatil*) : ce nom désigne la solution aqueuse du gaz ammoniac. Quelques-uns, dit l'Acad., le font masc. : CET *ammoniaque est très* FORT. — Pour désigner le *gaz ammoniac*, on emploie substantivement, au masc., *ammoniac*.

Chausse-trape. Pour l'orthographe, voir § 178, *d.*

Immondice traité abusivement comme un masc. : *Détruisez* CET *immondice !* (A. LICHTEN-BERGER, *Chez les Graffougnat*, p. 81.) — *Brûle-moi immédiatement* CET *immondice* (VERCORS, *Radeau de la Méduse*, p. 115).

Météorite. Littré signale que quelques-uns le font masc. Cela se trouve encore : *La fusée trouée peut-être par* UN *météorite* (J. GREEN, *Ce qui reste de jour*, p. 237).

Oasis au masc. n'est pas rare dans la littérature : *Une espèce d'oasis* CIVILISÉ (CHAT., *Itin.*, cit. Littré). — TOUS *les oasis* (MAUPASS., *Au soleil*, p. 182). — *Vous verrez* [...] *se former* UN *oasis* (Fr. FUNCK-BRENTANO, *Moyen âge*, p. 18). — *Comme* UN *oasis* (R. MARTIN DU GARD, *Thib.*, VII, 1, p. 48) [UNE *oasis*, Pl., t. II, p. 39]. — CE GRAND *oasis* (ARAGON, *Paysan de Paris*, p. 165).

472   Divers noms de genre douteux.

1. *Agave* [agav], masculin selon les dictionnaires (sauf Boiste, Bescherelle et Poitevin, au XIXe s.) est souvent féminin dans l'usage :

L'*agave* AMÉRICAINE (DUMONT D'URVILLE, cit. *Trésor*). — *Agaves* BLEUES (S. de BEAUVOIR, *Mandarins*, p. 90).

On dit plus rarement aujourd'hui *agavé*, masc., francisation du lat. des botanistes *agave* [AGAVE], qui est fém. conformément à l'étymologie : Linné l'a tiré du grec ἀγαυή, fém. de l'adj. ἀγαυός, magnifique.

2. *Alvéole* est masculin pour l'Acad. et pour la plupart des dictionnaires. En fait, plus d'un auteur d'autrefois (cf. Hist.) et d'aujourd'hui, influencé par la finale, donne à ce nom le genre féminin. Le petit *Robert* va jusqu'à considérer le masculin comme vieux :

Ex. masc. : *La grandeur et la figure de l'alvéole sont déterminées par celles des dents qu'*IL *loge* (LITTRÉ et ROBIN, *Dict. de médec.*, s.v. *alvéole*). — TOUS *les alvéoles de cette termitière humaine* (G. DUHAMEL, *Cri des profondeurs*, p. 13). — UN *alvéole* PROFOND *de cinq pieds environ* (M. TOURNIER, *Vendredi ou les limbes du Pacifique*, F°, p. 105). — UN *alvéole* (G. DELEUZE, dans Tournier, *op. cit.*, p. 272).

Ex. fém. : UNE SEULE *alvéole de la ruche* (Th. GAUTIER, *Mlle de Maupin*, Préf.). — *Sur l'alvéole* LAISSÉE *dans la terre,* NETTE *et* VERNIE *comme un moule* (MALRAUX, *Voie royale*, II, 2). — *Un habitat individuel qui ressemble le moins possible à* UNE *alvéole dans une ruche de ciment* (GISCARD D'ESTAING, *Démocratie franç.*, p. 72). [Le même texte, cité par Viansson-Ponté dans le *Monde*, 12 oct. 1976, porte : UN *alvéole*.]

Autres ex. du masc. : MICHELET, *Insecte*, XXVI ; HUGO, *Ch. des rues et des bois*, I, I, 7 ; GIDE, *Journal*, t. I, p. 414 ; GIRAUDOUX, *Sodome et Gomorrhe*, II, 7 ; J. GREEN, *Terre lointaine*, p. 62 ; DE GAULLE, *Pour l'avenir*, p. 129 ; B. VIAN, *Écume des jours*, LIV.

Autres ex. du fém. : MICHELET, *Insecte*, XXV ; COPPÉE, *Souvenirs d'un Parisien*, p. 12 ; GIDE, *Caves du Vat.*, I, 2 ; JAMMES, *Rosaire au soleil*, p. 237 ; R. MARTIN DU GARD, *Thib.*, VI, p. 108 ; COCTEAU, *Poésie critique*, p. 200 ; GIRAUDOUX, *Littérature*, p. 225 ; ARAGON, *Blanche ou l'oubli*, F°, p. 134 ; SIMENON, *Maigret à New-York*, III ; GRACQ, *Rivage des Syrtes*, p. 65 ; PIEYRE DE MANDIARGUES, *Marge*, p. 248 ; Cl. SIMON, *Corps conducteurs*, pp. 31-32 ; etc.

Hist. — Emprunté au lat. *alveolus*, masc. Souvent fém. au XVIIIe s. : BUFFON, cit. Littré ; BERN. DE SAINT-P., cit. *Dict. gén.* ; Encyclop. (dans le sens « cavité dentaire »), d'après Wartburg, t. XXIV, p. 378.

3. *Automne* [empr. du lat. *autumnus*, masc.] est masculin dans l'usage ordinaire. Quelques écrivains du XXe s. lui donnent encore le genre féminin, à l'imitation des classiques :

CETTE *automne-là* (BOURGET, *Saint*, p. 5). — *Jouir de l'automne* TACHETÉE (MORAND, *Réflexes et réflexions*, p. 66). — *L'automne est* MORTE *souviens-t'en* (APOLLIN., *Alcools*, Adieu). — *L'automne est* DOUCE (A. de CHÂTEAUBRIANT, *Brière*, p. 298). — *À partir de* CETTE *automne* (Ch. DU BOS, *Journal 1921-1923*, p. 76).

Autres ex. : CLAUDEL, *Ville*, 2e version, p. 155 ; BARRÈS, *Leurs figures*, p. 365 ; VERHAEREN, *À la vie qui s'éloigne*, p. 85 ; JAMMES, *Caprices du poète*, I ; Fr. MAURIAC, dans *Mauriac avant Mauriac*, éd. Touzot, p. 162 ; F. DESONAY, *Air de Virginie*, p. 100.

Voici la justification de Damourette et Pichon, § 332 : « Il est trop naturel d'y voir une belle femme mûre pour que ce vocable n'ait pas été souvent employé au féminin. »

4. *Disparate* est féminin pour l'Acad., mais le masculin est fréquent, sans doute parce que le mot est senti comme un adjectif nominalisé : cf. *le beau*, *le vrai*, etc.

Ex. fém. : UNE *disparate sensible avec les chefs-d'œuvre du siècle de Périclès* (CHAT., *Itin.*, Pl., p. 888). — *Il y avait en moi de* TELLES *disparates* (FROMENTIN, *Domin.*, VIII). — *Il* [...] *ne souffrit pas trop de* LA *disparate entre la caserne et la famille* (MAUROIS, *À la recherche de*

M. Proust, II, 3). — *De là*, UNE *disparate dans les définitions* (J. DUTOURD, *École des jocrisses*, p. 145). — UNE *extrême disparate* (G. DUBY, *Dimanche de Bouvines*, pp. 24-25).

Autres ex. fém. : TAINE, *Notes sur l'Anglet.*, p. 57 ; APOLLIN., *Anecdotiques*, 1926, p. 290 ; ARAGON, *Voyageurs de l'impériale*, III, 9 ; G. ANTOINE, dans le *Fr. mod.*, janv. 1958, p. 68 ; POIROT-DELPECH, dans le *Monde*, sélection hebdom., 8-14 déc. 1966 ; Cl. BLANCHE-BENVENISTE et A. CHERVEL, *Orthographe*, p. 156 ; F. MARCEAU, *Années courtes*, p. 154 ; N. CATACH, *Orthographe*, p. 36 ; M.-J. DURRY, *Guillaume Apollinaire. Alcools*, t. III, p. 108 ; etc.

Ex. masc. : TOUS *les disparates* (MÉRIMÉE, *Double méprise*, VII). — CE *disparate est inconcevable* (FLAUB., *Corresp.*, 14 mars 1853). — CHOQUANTS *disparates* (PROUST, *Rech.*, t. I, p. 532). — LE *disparate des matériaux* (GAXOTTE, dans le *Figaro litt.*, 20 août 1960). — *Il y a là* UN *disparate* (G. MARCEL, dans les *Nouv. litt.*, 3 déc. 1964). — LE *disparate des sujets* (P.-H. SIMON, dans le *Monde*, 1ᵉʳ nov. 1967). — *Je craignais* LE *disparate* (GUÉHENNO, dans le *Figaro*, 4 janv. 1968). — UN TEL *disparate de jugements* (BACHELARD, *Droit de rêver*, p. 179). — LE *disparate* GRINÇANT (M. TOURNIER, *Roi des aulnes*, p. 173).

Autres ex. masc. : TAINE, *op. cit.*, p. 385 ; A. DAUDET, *Nabab*, 1878, p. 27 ; BARRÈS, *Au service de l'Allem.*, 1916, p. 178 ; A. BRETON, *Clair de terre*, Revolver à cheveux blancs ; SAINT EXUPÉRY, *Citadelle*, p. 32 ; ARAGON, *Mentir-vrai*, p. 164 ; COCTEAU, *Difficulté d'être*, p. 245 ; QUENEAU, *Voy. en Grèce*, p. 101 ; SARTRE, *Saint Genet comédien et martyr*, p. 516 ; M. BRION, *Ombrie*, p. 66 ; duc de CASTRIES, *Louis-Philippe*, p. 244 ; M.-J. DURRY, *op. cit.*, t. III, p. 54 ; M. BLANCHOT, *Livre à venir*, Id., p. 182 ; J. LACAN, *Écrits I*, p. 264 ; M. FOUCAULT, *Hist. de la sexualité*, t. I, p. 60 ; etc.

Hist. — *Disparate* comme nom apparaît au XVIIᵉ s. avec le sens « acte extravagant ». C'est un empr. à l'esp. *disparate*, nom masc. Le mot est devenu fém. en fr. à cause de sa finale. — L'adjectif a été empr. au XVIIᵉ s. du lat. *disparatus* « différent ». Il a contribué à donner au nom le sens qu'il a aujourd'hui et qui existe déjà au XVIIIᵉ s. : *Les disparates de cette multitude d'acceptions différentes sont un peu plus grandes* (TURGOT, *Étymologie*, p. 57) [1756].

5. **Drupe** [empr. du lat. *drupa*, fém.] est masculin pour Littré, pour l'Acad. et pour certains auteurs. Il est féminin « pour la majorité des dict. généraux et spécialisés du XXᵉ s., ainsi que pour la plupart des botanistes » (*Trésor*).

Ex. masc. : *Son fruit* [du doum] *est* UN *drupe* LIGNEUX (M. DU CAMP, *Nil*, cit. *Trésor*). — *Mon père en profite pour nous apprendre que l'olive est* UN *« drupe »* (PAGNOL, *Temps des secrets*, p. 246).

6. **Effluve** [empr. du lat. *effluvium*, neutre] est masculin, disent les dictionnaires. Mais, à cause de sa finale, il est souvent féminin au XIXᵉ s., plus rarement au XXᵉ :

Ex. masc. : *Il* [= Fouché] *haleinait* [= flairait] *les* FUTURS *effluves de sang* (CHAT., *Mém.*, I, IX, 3). — UN *effluve de l'ouragan divin se détache et vient passer à travers ces hommes* [= Rouget de Lisle et Cambronne] (HUGO, *Misér.*, II, I, 15). — *Effluves* CHAUDS (ZOLA, *Thér. Raquin*, VII). — *L'*INCOMMODANT *effluve d'une essence toute nouvelle* (COLETTE, *Gigi*, L.P., p. 109). — [...] *humer les* BONS *effluves* ÉCHAPPÉS *des cuisines* (A. SARRAZIN, *Traversière*, IV). — *Effluves* LOURDS *et* ENTÊTANTS (M. TOURNIER, *Vendredi ou les limbes du Pacifique*, Fᵒ, p. 121).

Autres ex. masc. : LEC. DE LISLE, *Derniers poèmes*, Parfum d'Aphroditè ; HUYSMANS, *Cathédrale*, p. 86 ; BLOY, *Désespéré*, p. 187 ; LOTI, *Aziyadé*, III, 30 ; BARRÈS, *Amitiés franç.*, 1903, p. 163 ; GIDE, *Si le grain ne meurt*, I, 6 ; R. MARTIN DU GARD, *Thib.*, Pl., t. I, p. 975 ; J. de LACRETELLE, *Silbermann*, II ; TEILHARD DE CHARDIN, dans *Études teilhardiennes*, 1970, p. 79 ; J.-L. CURTIS, *Saint au néon*, Fᵒ, p. 235 ; BUTOR, *Emploi du temps*, p. 87 ; IKOR, *Pluie sur la mer*, p. 119 ; P. MOINOT, *Guetteur d'ombre*, p. 54 ; etc.

Ex. fém. : *Les effluves du sombre et du profond,* MÊLÉES / *À vos effusions* (HUGO, *Contempl.*, I, 4). — *Ce bon air de Paris qui semble contenir des effluves* AMOUREUSES (FLAUB., *Éd. sent.*, II, 1). — *Effluves* AMOLLISSANTES (A. DAUDET, *Port-Tarascon*, I, 4). — *Effluves* ODORIFÉRANTES (PROUST, *Rech.*, t. I, pp. 510 et 968). [L'éditeur s'est arrogé le droit de corriger le texte authentique : cf. pp. XXVII-XXVIII.] — LOINTAINES *effluves* (Ch. DU BOS, *Journal 1921-1923*, p. 123). — UNE *effluve plus* FORTE (GIRAUDOUX, *Folle de Chaillot*, I).

Autres ex. fém. : BALZAC, *Peau de chagrin*, p. 37 ; Th. GAUTIER, *Avatar*, VIII ; NERVAL, *Œuvres complém.*, t. VI, p. 199 ; MICHELET, *Bible de l'humanité*, 1885, p. 438 ; BARBEY D'AUR., *Diaboliques*, Pl., p. 143 ; VERL., *Sag.*, III, 2 ; R. ROLLAND, *Jean-Chr.*, t. IV, p. 512 ; M. GARÇON, *Plaidoyers chimériques*, p. 123 ; M. BLOCH, VAN DER MEERSCH, GUÉHENNO, dans le *Trésor*.

7. *Enzyme* est féminin, ont décidé trois académies (Acad. fr., Acad. des Sciences, Acad. de Médecine) [cf. *Trésor*]. L'usage reste flottant, comme le reconnaissent le *Trésor*, le *Grand dict. enc. Lar.*, etc.

Ex. masc. : AUCUN *enzyme* (J. ROSTAND, *Courrier d'un biologiste*, p. 210). — *Enzymes* DIGESTIFS (J. BERNIER, dans *Encyclop. médico-chirurgic.*, Estomac-Intestin, t. I, 9-1966, 9009 A[10], p. 4). — *Grâce à l'intervention d'*UN *enzyme* (J. MONOD, cité par P.-H. Simon, dans *Questions aux savants*, p. 86). — UN *enzyme* SPÉCIAL (M. PUECH, dans le *Figaro litt.*, 12-18 janv. 1970). — *De* NOUVEAUX *enzymes* (J. FOURASTIÉ, *40 000 heures*, p. 16).

Ex. fém. : *La cellule a donc besoin de* CETTE *enzyme* (J. CARLES, dans les *Nouv. litt.*, 2 avril 1970). — NOMBREUSES *enzymes* (F. DAGOGNET, dans le *Monde*, 16 nov. 1970). — GLOUTONNES, *les enzymes ?* ELLES *sont certes* FRIANDES *des longues molécules présentes dans la matière vivante* (Él. GARDON, *ib.*, 27 févr. 1984).

Hist. — Mot créé par le physiologiste allemand W. Kühne en 1877 d'après le grec ἐν, dans, et ζύμη, levain. Sur l'histoire de ce mot, voir L. Plantefol, dans le *Fr. mod.*, 1968, pp. 177-185 et 273-286. — Le nom grec est fém. sans doute, mais ne doit pas nécessairement donner son genre au composé, qui est exocentrique (cf. § 466, *b*).

8. *Moufle.* Littré et l'Acad. font *moufle* (système de poulies) du féminin, mais ils ajoutent que les mécaniciens emploient généralement ce nom au masculin. — *Moufle*, « sorte de gant », est toujours du féminin. — En termes de chimie, *moufle* (récipient de terre) est masculin ; cependant les chimistes, comme le note Littré, font souvent ce mot féminin.

9. *Office* est masculin dans la plupart de ses emplois : UN *office* RELIGIEUX. *Offrir ses* BONS *offices. L'Office* CENTRAL *de répression du banditisme.* — Il est féminin, selon l'Acad., quand il désigne le local distinct de la cuisine dans lequel on prépare le service de la table. Mais ce genre est devenu si rare que le *Grand dict. enc. Lar.* écrit que le mot dans ce sens était autrefois féminin.

Ex. fém. : *On communique, par* UNE PETITE *office* PRATIQUÉE *derrière cet escalier, avec la cuisine* (BALZAC, *Urs. Mirouët*, II). — CETTE *office ressemblait aux cuisines d'un restaurant de la rue Caulaincourt* (R. SABATIER, *Trois sucettes à la menthe*, p. 22).

Ex. masc. : *Dans cet appartement déserté,* SEUL *l'office vivait* (SABATIER, *op. cit.*, p. 77). — *L'office* CONTIGU *à la cuisine* (Chr. de RIVOYRE, *Belle Alliance*, p. 45).

Autres ex. masc. : NERVAL, *Œuvres complém.*, t. I, p. 287 ; E. et J. de GONC., *Ch. Demailly*, VIII ; J. SCHLUMBERGER, *Camarade infidèle*, II, 1 ; G. BEAUMONT, *Harpe irlandaise*, I, 5 ; ARAGON, *Mentir-vrai*, p. 525 ; etc.

Hist. — Emprunté du lat. *officium*, qui était neutre. À cause de la finale, le genre était hésitant au XVIᵉ s. (cf. Huguet ; Brunot, *Hist.*, t. II, p. 405), époque où apparaît le sens « lieu où se prépare le service de la table ». Dans cette acception, on trouve déjà le masc. au XVIIIᵉ s. : SADE, *Infortunes de la vertu*, p. 79.

10. *Palabre* [de l'espagnol *palabra*, parole, nom fém.] est des deux genres, comme le reconnaît l'Acad. ; mais le féminin est plus fréquent.

Ex. masc. : *Sans* AUCUNS *palabres philosophiques* (CLAUDEL dans Claudel et Gide, *Corresp.*, p. 157). — *Pour* QUELS *palabres* (COLETTE, *Heures longues*, p. 146). — UN LONG *palabre* (CHAMSON, *Crime des justes*, III). — TOUS *ces palabres* (DHÔTEL, *Je ne suis pas d'ici*, p. 198).

Ex. fém. : *Palabres* MYSTÉRIEUSES (COLETTE, *Vagabonde*, II, 1). — UNE TRACASSIÈRE *palabre* (G. DUHAMEL, *Défense des lettres*, p. 225). — LONGUES *et rudes palabres* (DE GAULLE, *Mém. de guerre*, t. II, p. 356). — LONGUES *palabres* (G. DUBY, *Dimanche de Bouvines*, p. 30).

Autres ex. masc. : BARRÈS, dans le *Gaulois*, 4 mai 1913 ; GIDE, *Voy. au Congo*, 2 nov. 1925 ; J. SARMENT, *Jean Jacques de Nantes*, p. 236 ; J. et J. THARAUD, *Passant d'Éthiopie*, p. 159 ; MAUROIS, *Climats*, I, 6 ; CESBRON, *Il est minuit, Dʳ Schweitzer*, II, 5 ; M. TOURNIER, *Vendredi ou les limbes du Pacifique*, F°, p. 187 ; POIROT-DELPECH, dans le *Monde*, 12 mars 1976 ; M. COURNOT, *ib.*, 30 janv. 1978 ; A. GERBER, *Le jade ou l'obsidienne*, p. 361.

Autres ex. fém. : BLOY, *Femme pauvre*, p. 86 ; R. ROLLAND, *Jean-Chr.*, t. IX, p. 74 ; R. MARTIN DU GARD, *Thib.*, VII, 1, p. 95 ; J. et J. THARAUD, *Randonnée de Samba Diouf*, L.D., p. 115 ; HÉRIAT, *Enfants gâtés*, II, 3 ; AYMÉ, *Maison basse*, p. 11 ; CÉLINE, *Voy. au bout de la nuit*, F°, p. 425 ; É. HENRIOT, dans le *Monde*, 17 nov. 1948 ; GUÉHENNO, dans le *Figaro litt.*, 10 mai 1952 ; etc.

11. *Pamplemousse,* nom d'arbre (le *citrus grandis* ou *citrus maxima* des botanistes), est féminin, selon Bescherelle, selon le *Dict. gén.* et selon l'Acad. ; pour Littré, il est masculin, d'après l'usage des lieux où croît cet arbre ; le *Lar. XXᵉ s.* ainsi que Robert le font également masculin (le *Grand Lar. encycl.* appelle cet arbre *pamplemoussier*).

Pour *pamplemousse,* nom de fruit, Littré le fait féminin ; l'Acad. signale simplement, dans la définition de l'arbre : « ... dont le fruit, qui a l'apparence d'un énorme citron et qui est comestible et doux, porte le même nom » ; pour le *Grand Lar. enc.* et pour Robert, il est masculin. Dans l'usage, il y a quelque indécision, mais le masculin prévaut nettement.

Ex. masc. : GIRAUDOUX, *Suzanne et le Pacifique*, p. 130 ; AYMÉ, *Passe-muraille*, p. 76 ; G. DUHAMEL, *Problèmes de l'heure*, p. 235 ; VERCORS, *Radeau de la Méduse*, p. 110 ; HÉRIAT, *Main tendue*, p. 284 ; S. DE BEAUVOIR, *Mandarins*, p. 292 ; QUENEAU, *Zazie dans le métro*, XIV ; BARTHES, *Mythologies*, Points, p. 129 ; A. COHEN, *Belle du Seigneur*, p. 275 ; D. DECOIN, *Laurence*, p. 10 ; S. PROU, *Méchamment les oiseaux*, p. 37 ; A. BOSQUET, *Bonnes intentions*, p. 179 ; Cl. MAURIAC, *Espaces imaginaires*, p. 21 ; Z. OLDENBOURG, *Visages d'un autoportrait*, p. 338 ; M. DÉON, *Déjeuner de soleil*, p. 115 ; etc.

Ex. fém. : CLAUDEL, *Connaissance de l'Est*, Pl., p. 52 ; J. DELTEIL, *Alphabet*, p. 130.

Hist. — Selon Wartburg (t. XVI, p. 646 ; mais voir aussi t. XX, p. 91), ce mot est attesté en 1666 sous la forme *pompelmous ;* il est emprunté du néerlandais *pompelmoes*, de *pompel,* gros, et *limoes,* citron. — Par confusion, le nom de *pamplemousse* est donné couramment, dans le commerce, au *pomélo* (le *citrus paradisi* des botanistes) ou *grape-fruit* (dont les fruits viennent en grappes). Le vrai pamplemousse n'est pas consommé en Europe.

12. *Phalène* [du grec φάλαινα, fém.], féminin selon Bescherelle, Littré et l'Acad., est des deux genres selon le *Dict. gén.* et Robert. L'usage est indécis :

L'œil DU *nocturne phalène* (HUGO, *Odes et Ball.*, Ball., IX). — LE *phalène* DORÉ (MUSSET, *Prem. poés.*, Saule, II). — UN *phalène* (VILLIERS DE L'ISLE-ADAM, *Contes cruels*, p. 167 ; BARRÈS, *Colline insp.*, p. 130 ; É. HENRIOT, *Rose de Bratislava*, IV ; COLETTE, *Maison de Claud.*, XIII). — Etc.
*Sous la forme d'une mouche ou d'*UNE *phalène* (NODIER, *Contes*, p. 106). — *Des vols de* GRANDES *phalènes* (A. DAUDET, *Évangéliste*, p. 317). — UNE *énorme phalène* (LOTI, *Roman d'un enf.*, XXXIV). — *Des phalènes qui,* ATTIRÉES *par la lumière* [...] (H. BORDEAUX, *Maison*, I, 3). — UNE *phalène* ATTIRÉE *par une lampe nocturne* (G. MARCEL, dans les *Nouv. litt.*, 1er juillet 1954). — *Comme l'aile d'*UNE *phalène* (GENEVOIX, *Jeux de glaces*, p. 22). — Etc.

13. **Réglisse,** pour Littré, le *Dict. gén.*, l'Acad., le *Grand Lar. enc.*, est féminin dans tous ses emplois. Pour Robert, *réglisse* est féminin quand il désigne la plante ; quand il désigne la racine de cette plante, le jus ou la pâte qu'on en tire, il est féminin ou, plus couramment, masculin. Le féminin reste plus soigné.

Ex. fém. : *Bézuquet* [le pharmacien], *étiquetant* LA *réglisse sanguinède* (A. DAUDET, *Tart. sur les Alpes*, II). — LA *réglisse en bois qu'il faisait si bon sucer et mâcher* (PERGAUD, *Guerre des boutons*, III, 3). — *Cela sentait l'encens et* LA *réglisse* (ARLAND, *Terre natale*, VII). — *Bonbon à* LA *réglisse* (A. COHEN, *Belle du Seigneur*, p. 116). — *Je renonçai à* LA *réglisse* [sous forme de rouleau ou de fouet] *et aux pipes de sucre* (J. BOREL, *Adoration*, p. 117). — *Leur* [= des genêts qu'on brûle] *odeur amère et douce, comme le jus de* LA *réglisse* (J. ANGLADE, *Tilleul du soir*, p. 14). — *Les bonbons noirs, à* LA *réglisse* (P. GADENNE, *Hauts-quartiers*, p. 519). — *Il mâche des machins-trucs à* LA *réglisse* (D. DECOIN, *John l'Enfer*, p. 31).
Ex. masc. : *Ne pleure pas, je t'achèterai* DU *réglisse* (AYMÉ, *Gustalin*, p. 42). — *La vaste armoire est ouverte, exhalant un parfum de lavande et de* CE *réglisse dont, quand il était petit, le fils venait quémander quelques grains à sa mère* (JAMMES, *M. le curé d'Ozeron*, VIII). — *Une boîte de réglisses* NOIRS (COLETTE, dans le *Figaro litt.*, 31 mars 1951). — *Elle aurait de temps en temps sorti* UN *réglisse de son réticule* (DANINOS, *Tout l'humour du monde*, p. 3). — *J'ai voulu récupérer* MON *réglisse* [appelé plus haut *bois de réglisse*] (C. DETREZ, *Ludo*, p. 87). — [...] *quelles vertus autres qu'expectorales le XVIIe prêtait* AU *réglisse offert à la même par le même* [allusion au « morceau de jus de réglisse » offert à Elvire dans le *Tart.* de Mol., IV, 5] (J. CELLARD, dans le *Monde*, 15 déc. 1978).

Hist. — Du latin de basse époque *liquiritia* (lui-même empr. du grec γλυκύῤῥιζα), nom fém. La forme franç. a subi l'influence de *règle* (à cause des bâtons de réglisse).

14. **Relâche** est féminin dans les sens « arrêt dans le cours de la navigation, endroit où le navire fait escale » et masculin dans les sens « interruption d'une chose pénible » et « suspension des représentations dans un théâtre ». Cette distinction tend à se perdre au profit du féminin, ces diverses acceptions n'étant pas tellement éloignées les unes des autres, et la finale favorisant aussi le féminin :

Vous ne trouverez jamais AUCUNE *relâche, aucun repos* (BERNANOS, *Dialogue d'ombres*, p. 123). — *Fiévreuses années ! Nul répit,* NULLE *relâche* (R. ROLLAND, *Jean-Chr.*, t. II, p. 58). — *J'y pensais, sans* LA *moindre relâche, en faisant ma toilette du soir* (G. DUHAMEL, *Cri des profondeurs*, p. 221). — *Un labeur de tous les instants, sans une distraction, sans* UNE *relâche* (R. IKOR, *Semeur de vent*, p. 220). — *Attitude qui ne souffre aucune hésitation et ne tolère* AUCUNE *relâche* (G. POULET, *Études sur le temps humain*, 10/18, t. I, p. 290). — *Elle lui imposa des robes neuves, des visites, guettant* LA *moindre relâche de cette âme, instillant la sensualité, l'orgueil, la dissipation* (MALLET-JORIS, *Trois âges de la nuit*, L.P., p. 141). [Les deux derniers ex. ont plutôt le sens « relâchement ».]

Hist. — Cette distinction de genre est assez artificielle, puisqu'on a simplement affaire à divers sens d'un même mot, dérivé régressif de *relâcher* (§ 173, *a*).

15. **Steppe** [du russe *stepj*, fém.] est masculin selon le *Dict. gén.*, féminin selon l'Acad. ; le féminin prévaut au XXᵉ s.

Ex. masc. : *Les steppes* BLANCHIS (SAND, *Lélia*, XXX). — UN *steppe de Russie* (FLAUB., *Corresp.*, t. III, p. 9). — *Les steppes* INFINIS *du désert* (BARBEY D'AUR., *Prêtre marié*, t. I, p. 197). — *Dans* LE *steppe* NATAL (LOTI, *Désenchantées*, III). — *Des steppes* HERBUS (J. et J. THARAUD, *Quand Israël est roi*, p. 226). — LE *steppe ne nous inspirait pas de mélancolie* (HERMANT, *Conf. d'un homme d'auj.*, II). — *Dans* LE *steppe* (A. CAMUS, *Justes*, p. 123). — *Au milieu* DU *steppe torride* (A. ARNOUX, *Poésie du hasard*, p. 138).

Ex. fém. : *Des steppes* GLACÉES (CHAT., *Mém.*, I, VI, 5). — LA *steppe leur offrait partout des pâturages* (MÉRIMÉE, *Cosaques d'autrefois*, p. 29). — *Par* LA *steppe* NATALE (LEC. DE LISLE, *Poèmes trag.*, Chasse de l'aigle). — LONGUES *steppes* (J. VERNE, *M. Strogoff*, I, 12). — UNE *steppe immense* (J. ROMAINS, *Lucienne*, p. 152). — LA *steppe* BOISÉE (GIDE, *Voy. au Congo*, p. 107). — *L'immense steppe* SIBÉRIENNE (P. BENOIT, *Soleil de minuit*, p. 130). — *À travers* LA *steppe* (R. ROLLAND, *Vie de Tolstoï*, p. 106). — LA *steppe* DÉSERTE (VOGÜÉ, *Roman russe*, p. 19). — LA *steppe rayonnait* (TROYAT, *Tant que la terre durera...*, p. 307). — *On retrouve* LA *steppe* (G. DUHAMEL, *Turquie nouvelle*, p. 73). — UNE *steppe de cauchemar* (BERNANOS, *Dialogue d'ombres*, p. 32). — Etc.

16. **Synopsis** [du grec σύνοψις, fém.] a d'abord été féminin ; comme terme de cinéma (« bref scénario »), il est « le plus souvent masculin » (Colin) :

Les six PREMIERS *synopsis avaient été* ENVOYÉS *à Jullian* (S. de BEAUVOIR, *Cérémonie des adieux*, p. 103). — *En dehors du cinéma* : *On ne m'a raconté que le thème de votre histoire* [réelle], LE *synopsis, comme on dit maintenant* (R. VAILLAND, *Drôle de jeu*, III, 5).

II. — LES NOMS ANIMÉS

473   Ce n'est que pour les noms animés que le genre n'est pas arbitraire, parce qu'il est déterminé par le sexe des êtres désignés, du moins pour ce qui concerne, en général, les êtres humains (§§ 475-476). Pour la majorité des noms d'animaux, en effet, le genre reste sans lien avec le sexe (§ 474).

474   **Les noms d'animaux.**

a) Parmi les noms d'animaux, seuls ont un genre en rapport avec le sexe de l'animal ceux qui désignent des animaux que l'homme élève ou qu'il chasse :

Le taureau, le bélier, le bouc, le coq ; la vache, la brebis, la chèvre, la poule. — *Le sanglier, le cerf ; la laie, la biche*, par ex.

En outre, quelques animaux qui ne sont pas indigènes en Europe : *Le lion, le tigre, l'ours, le singe ; la lionne, la tigresse, l'ourse, la guenon.* — La fable a joué un rôle dans la vitalité de ce lexique.

Il peut y avoir des besoins particuliers.

L'opposition entre *le rat* et *la rate* (ou *ratte* : § 482, *c*) est surtout utile pour les expériences de laboratoire. — Dans les parlers régionaux, ou bien *rate* désigne le rat, ou bien il désigne d'autres rongeurs, comme le mulot en Wallonie.

Les écrivains, qui prêtent volontiers aux animaux des comportements humains, utilisent des fém. qu'ignore le langage commun. *Rossignole* se dit, selon Littré, par plaisanterie ; cette intention est absente dans un ex. comme celui-ci : *Il louange sa femelle, l'humble* ROSSIGNOLE *invisible dans les feuillages* (BARRÈS, *Colline insp.*, XX). — Littré ne fait aucune réserve pour *serine* et donne même cet ex. : *La* SERINE *ne chante pas.* — Autre ex. : *Le serin (c'était une* SERINE) *alla rejoindre, dans une vaste cage, une nichée de chardonnerets* (GIDE, *Si le grain ne meurt*, I, 7).

La fantaisie inspire certaines formations : *L'animal femelle qui représente pour eux la compagne parfaite, la chatte ou l'*ÉCUREUILLE (GIRAUDOUX, *Intermezzo*, I, 1) [*Écureuille* est aussi chez COLETTE, *Paradis terrestres*, 1961, pp. 37-38.] — *Une* OUISTITITE *délicieuse* (COLETTE, *Journal à rebours*, p. 126).

Autres fém., attestés dans les dictionnaires, mais rares dans l'usage : *Yasmina était une jeune* ÉLÉPHANTE *blanche* (M. TOURNIER, *Gaspard, Melchior et Balthazar*, p. 181). [Autre ex. : P. GUTH, dans le *Figaro litt.*, 21 mai 1949.] — *Regardez la* MERLETTE *qui couve* (GENEVOIX, *Bernard*, II, 7). [Autre ex. : MUSSET, *Contes*, Hist. d'un merle blanc, VIII. — Existe aussi comme terme de blason. — *Merlesse* dans la phrase proverbiale, elle-même vieillie, *C'est l'histoire du merle et de la* MERLESSE.] — *J'ai été personnellement frappé par cette histoire vraie d'une* MOINELLE *s'occupant de son frère dont une patte était partiellement paralysée* (L. BINET, dans le *Figaro litt.*, 21 avril 1951). — *Comme l'oiseau répond à son tour à l'*OISELLE (JAMMES, *Géorgiques chrét.*, I). — Pour la femelle du buffle, on a *bufflesse* et *bufflonne* : *Une* BUFFLESSE *squelettique* (A. CHEDID, *Sixième jour*, I, 1). — *En employant des buffles et des* BUFFLONES [*sic*] *capturés jeunes* (P. DALIMIER, *Buffles du Congo belge*, cité dans le *Figaro litt.*, 2 mars 1957). — Pour *aigle*, voir § 480, Rem. 1.

Butorde, fém. de *butor*, ne sert qu'au figuré, comme injure adressée à des femmes. — On trouve aussi dans cet emploi *chamelle, oiselle, serine*, etc.

b) La majorité des animaux sont désignés par un nom (dit *épicène*) qui a un seul genre, quel que soit le sexe. Ce nom est tantôt masculin, tantôt féminin, le choix étant déterminé par des raisons analogues à celles qui valent pour les noms inanimés (§ 458) : l'étymologie, l'analogie.

Masculins : *Hanneton, brochet, canari, orvet, hérisson, puma, hippopotame...* — Féminins : *Mouche, truite, grive, couleuvre, loutre, panthère, girafe, baleine...*

On notera en particulier que les noms des petits des animaux et les noms génériques sont employés à un seul genre.

Les noms des petits sont au masc. (non pas genre du mâle, mais genre indifférencié, asexué) [comp., pour les êtres humains, § 476, *b*, 1°, Rem. 2] : *Caneton, chaton, chiot, chevreau, lionceau, marcassin, oison, poulain* (cf. § 488, *b*, N.B.), *poussin, veau...*

Agneau a un fém. *agnelle*, d'ailleurs beaucoup moins fréquent que le masc.

Les noms génériques sont eux aussi masc. le plus souvent, pour la même raison : *Bovidé, bovin, insecte, mammifère, serpent...*

Dans la langue commune, le nom qui sert de générique est le nom fém. si la femelle est plus importante pour l'éleveur que le mâle : *Vache, abeille, poule, chèvre.*

Volaille « oiseau de basse-cour » est fém. parce qu'il a eu d'abord un sens collectif, qui n'a pas disparu : *Élever de la* VOLAILLE.

Hist. — *Volatile* a connu une évolution analogue à celle de *volaille*. Il a d'abord été un nom fém. de sens collectif (« ensemble des oiseaux »), puis il a désigné un seul oiseau. Mais, au contraire de *volaille, volatile* a perdu le sens collectif et il est passé au masc. Le fém. se trouve encore à l'époque classique, parfois au XIXe s. : LA *volatile* MALHEUREUSE / [...] *Demi*-MORTE *et demi*-BOITEUSE [= un pigeon] (LA F., *F.*, IX, 2). — LA *volatile* [une perdrix *privée*] *échape à sa tremblante main : / Entre les pieds des Dieux* ELLE *cherche un asile* (*ib.*, XII, 25). — *Si je prenais un fusil et si j'allais faire la guerre à quelque* MALHEUREUSE *volatile* PERCHÉE *dans le verger ou* TAPIE *dans les herbes* (E. QUINET, *Hist. de mes idées*, IV, 10). — Le fém. est encore donné par l'Acad. en 1878, par le *Dict. gén.* et même par le *Lar. XXe s.*

Remarques. — 1. Le masculin et le féminin désignent parfois le même animal, aussi bien la femelle que le mâle.

C'est le cas de *linot, linotte : Des mâles de linotte commencent à s'isoler de la troupe* [...]. *Cette transformation printanière, qui fait de la linotte mâle un des plus jolis oiseaux de nos climats, ne touche guère sa femelle* (J. DELAMAIN, dans le *Figaro litt.*, 19 avril 1952). — Voir aussi *rat, rate* ci-dessus.

Par un phénomène inverse, des noms qui désignaient des animaux distincts en viennent parfois à désigner la femelle d'une espèce particulière : *Guenon* s'est dit d'une variété de singes, du genre cercopithèque, tant mâles que femelles ; la *perruche* n'est pas seulement la femelle du perroquet, mais aussi, sans distinction de sexe, un oiseau de la famille des psittacidés, de taille plus petite que le perroquet et qui ne parle pas.

2. La désignation du mâle et de la femelle n'est pas un phénomène purement morphologique et grammatical, mais un phénomène lexical et sémantique. C'est pour cela que les noms peuvent être de radicaux tout à fait différents : *Coq, poule ; jars, oie ;* etc. (§ 490).

Les noms du mâle et de la femelle font partie, au même titre que les noms des petits, d'un ensemble lexical.

Cet ensemble lexical peut être assez complexe. Dans la langue commune, par ex., à *vache* et à *taureau*, il faut ajouter *bœuf*, qui désigne le mâle châtré (il a parfois désigné le mâle entier : *le bœuf Apis*), et *veau*. Mais les éleveurs ont besoin de précisions plus grandes. Le *Dict. d'agriculture* (P., La Maison rustique, 1977) distingue en outre le *bouvillon* ou *châtron* (jeune mâle châtré), le *taurillon* (jeune taureau), la *génisse* ou *taure* (femelle qui n'a pas encore mis bas). À cela s'ajoutent les termes génériques, *bovins, bovidés, bestiaux*, que *vaches* concurrence dans l'usage courant, ainsi que le collectif *bétail*. Si l'on prenait en compte les mots régionaux (très importants dans un domaine comme celui-là), il faudrait encore ajouter *tauret, taurin, génisson, génissonne*, etc.

475   Les noms d'êtres humains : le genre est conforme au sexe.

a) Beaucoup d'oppositions entre le masculin et le féminin correspondent à la présence de la notion « être mâle » d'une part et de la notion « être féminin » d'autre part :

Un menteur, une menteuse. Un malade, une malade. Un élégant, une élégante. Un Québécois, une Québécoise. Un paysan, une paysanne. Un romancier, une romancière. Un instituteur, une institutrice.

b) Mais il est assez fréquent que l'opposition soit plus complexe.

Il serait simpliste de dire que *mère = père +* « femme ». — Les noms de professions ont souvent désigné au féminin, non celle qui exerce la profession, mais la femme de celui qui l'exerce. Cet usage n'a pas disparu, mais il est assez en recul.

> *Colonelle, générale, maréchale* sont restés courants : *La* GÉNÉRALE *lança un œil noir à son mari qui tranquillement bourrait une pipe* (D. BOULANGER, *Enfant de bohème*, p. 236). — *Reine* et *impératrice, ambassadrice, préfète,* de même. — Mais *notairesse* est vieillot ou plaisant : *Ils les accusèrent de verser du poivre* [...] *dans l'âme des* NOTAIRESSES *de Guéret* (P. GUTH, dans le *Figaro litt.,* 21 mai 1949). — *Pharmacienne* serait compris comme désignant celle qui exerce cette profession. De tels emplois sont, en effet, devenus ambigus [4] pour les professions auxquelles les femmes ont conquis l'accès (comp. § 476, *b*, 1°, Rem. 1) ; c'est le cas d'*ambassadrice* qu'on trouve parfois dans le sens de « femme représentant officiellement son pays dans un État étranger » : *Mme Luce* [...] *a été nommée le mois dernier* AMBASSADRICE *des U.S.A. à Rome* (dans *Hommes et mondes,* mars 1953, p. 460). Mais, pour le même événement, Fr. MAURIAC écrivait : *Je lis dans Combat que Mrs Clare Booth Luce va être nommée* AMBASSADEUR *des États-Unis à Rome* (dans la *Table ronde,* mars 1953, p. 122). Comme il s'agit du titre officiel, le masc., genre indifférencié, se justifie tout à fait : cf. § 476, *c*, 1°.

Les différences sémantiques entre le masculin et le féminin sont parfois considérables :

> *Courtisan, courtisane ; gars, garce.* — *Maîtresse* a pris le sens « femme avec qui un homme a des relations charnelles en dehors du mariage » (sens qui n'a pas d'équivalent au masc.), ce qui favorise l'emploi de *maître* au fém. dans d'autres acceptions : § 486, *a*. — *Preux* et *prude* sont devenus des noms tout à fait distincts.

Cela rend complexes les relations entre masculins et féminins :

> *Monsieur* a deux fém. : *Madame* ou *Mademoiselle,* selon que la femme est mariée ou non. — En outre, avec un déterminant, on dit : *un monsieur,* mais *une dame* (parfois *une madame* en langage populaire ou avec une nuance ironique), *une demoiselle.* — Voir aussi *hôte* au § 480, Rem. 2. — Inversement, *femme* sert de fém. à la fois à *homme* et à *mari ; fille* à *fils* et à *garçon.*

> **Hist.** — Si l'on envisage le passé, on trouve d'autres ex. que ceux qui sont signalés plus haut. Il est intéressant de noter, pour l'histoire des mentalités, qu'*étudiante* a désigné une maîtresse d'étudiant : *J'ai fraternisé hier avec les étudiants au bal ou plutôt au* poêle *de la rue des Savetiers. On voulait me faire danser. Je me suis contenté de donner des fleurs aux* étudiantes *(aux étudiantes !)* (NERVAL, *Corresp.,* 1er juin 1854).

c) Parmi les noms conformes au sexe, il y en a certains qui s'appliquent uniquement, soit à des hommes, soit à des femmes.

Masculins : *Baryton, benêt, cardinal, castrat, célébrant, chapelain, curé, éphèbe* (voir Rem.), *eunuque, évêque, fat, flandrin, garnement, mousquetaire, mousse, officiant, page, patriarche, pédéraste, preux, sigisbée, souteneur, ténor, valet...*

---

4. Voir ce récit : « Je devais la retrouver comme générale Nicolle, promotion qu'elle s'était aussi délibérément accordée que la première et qui donnait lieu à de réjouissants quiproquos. Ne pouvant concevoir l'existence d'une femme de ce grade, les officiers du sexe opposé la chargeaient de transmettre leurs hommages au général Nicolle. » (L. WEISS, *Résurrection du chevalier,* pp. 22-23.)

Féminins : *Accouchée, amazone, béguine, bigouden, bonne, camériste, chambrière, diva, donzelle, douairière, duègne, dulcinée, girl, goule, grue, harengère, hétaïre, lavandière* (*lavandier* existe en fr. du Zaïre), *lesbienne, lingère, marâtre, maritorne, matrone, mégère, ménagère, midinette, mijaurée, modiste, muse, naïade, nonne* et *nonnain, nourrice, nurse, odalisque, parturiente, péronnelle, pimbêche, pin-up, pondeuse, putain, rombière, rosière* (*rosier* par plaisanterie chez MAUPASS., C., Rosier de Mme Husson), *sage-femme, starlette, strip-teaseuse, vamp, vierge...* — Voir aussi § 478, *a*, Hist.

Ajouter aux deux listes les noms du § 490. — Il y a aussi les noms propres employés métaphoriquement : *Un Apollon, une Vénus,* etc.

La liste des noms masculins pourrait facilement être allongée, en prenant dans les dictionnaires divers noms de métiers : par ex., le petit *Robert* présente *carillonneur, charpentier, forestier, laboureur* et pas mal d'autres uniquement au masc., avec une définition qui semble ne viser que les hommes ; il est pourtant difficile d'affirmer que tous ces métiers sont leur apanage. Si l'on considère le grand nombre de professions qui se sont ouvertes aux femmes, bien des mots naguère propres aux hommes se trouvent maintenant dans les listes du *a)* ci-dessus ou du § 476, *b*, 1°.

Sans vouloir mettre le phénomène parmi les conquêtes du féminisme, on doit considérer que le mot très familier *cocu,* auquel les dictionnaires ont donné longtemps une application restrictive (« mari dont la femme est infidèle », écrit encore le petit *Robert* en 1977), se dit aujourd'hui aussi des femmes :

Catherine de Médicis, qui avait été pourtant la COCUE *la plus illustre de toute l'Europe* (J.-P. CHABROL, *Bouc du désert,* p. 221). — *Les* COCUES *ne désarmaient pas avant d'avoir récupéré le transfuge* (C. DETREZ, *Lutte finale,* p. 68). — *Il ne risque pas de vous faire* COCU (A. SARRAZIN, *Cavale,* II, 6) [avec la forme masc.].

Autres ex. : E. et J. de GONC., *Journal,* cit. *Trésor ;* V. MARGUERITTE, cit. *Grand Lar. langue ;* LARBAUD, *Jaune bleu blanc,* XVII, 11 ; ARAGON, *Cloches de Bâle,* I, 4 ; Fr. PARTURIER, *Calamité, mon amour,* p. 215 ; J. CHAMPION, *Passion selon Martial Montaurier,* p. 165 ; etc.

[Le phénomène n'est pas si récent qu'on croirait : *Comment diable seroyt elle* COQUË, *qui ne feut oncques mariée ?* (RAB., III, 14.) — *La cocuë imaginaire,* comédie de 1660.]

Selon Littré (s.v. *né*), *premier-né* et *dernier-né* désignent le premier ou le dernier enfant *mâle* et par conséquent ces expressions n'ont pas de féminin. Cependant, l'usage connaît *première-née* et surtout *dernière-née* pour des enfants de sexe féminin et, au figuré, à propos de choses désignées par des noms féminins (le trait d'union manque souvent) :

La PREMIÈRE NÉE *d'entre les princesses vierges* (MAETERLINCK, *Vie des abeilles,* p. 23). — *La* PREMIÈRE-NÉE *des républiques nouvelles* (A. ROUSSEAUX, dans le *Figaro litt.,* 25 août 1951). — *Isabelle, dite Isa, la* PREMIÈRE-NÉE (YOURCENAR, *Souvenirs pieux,* p. 121).

Georgette, [...], la DERNIÈRE NÉE *des trois* (HUGO, *Quatrevingt-tr.,* III, III, 1). — *Sylvie, la* DERNIÈRE-NÉE (GENEVOIX, *Raboliot,* I, 3). — *La* DERNIÈRE-NÉE *des six enfants* (HÉRIAT, *Enfants gâtés,* V, 2). — *Leur fille précieuse, la* DERNIÈRE NÉE *de leur race antique* (BERNANOS, *Journal d'un curé de camp.,* p. 265). — Autres ex. : AYMÉ, *Passe-muraille,* p. 62 ; A. LANOUX, *Berger des abeilles,* p. 257. — Voir aussi § 926, *b,* 3°. — *Son premier-né* pour une fille : ex. de Daudet au § 476, *c,* 1° (c'est l'usage le plus cohérent, quand il s'agit d'un ensemble de garçons et de filles).

Remarque. — Chateaubriand a employé *éphèbe* au fém. : *Mém.,* IV, VIII, 7, et II, I, 6.

476   **Les noms d'êtres humains : le genre n'est pas conforme au sexe.**

a) Quelques noms sont féminins quoiqu'ils s'appliquent seulement à des hommes ; d'autres qui ne s'appliquent ordinairement qu'à des femmes sont masculins.

Noms féminins : *Basse, vigie, ordonnance, tapette* (vulgaire), *frappe* (très fam.), *gouape* (fam.) ; *Sa Sainteté, Son Éminence.* — Noms masculins : *Bas-bleu, mannequin, tendron* (cf. Rem.), *alto, contralto, trottin.*

Ex. : *Les ordonnances, rouges,* SUANTES, *poussaient à travers le jardin des brouettes* (TROYAT, *Le sac et la cendre,* p. 173). — *Geneviève* [...] *qui, tout à l'heure, essayait de m'extorquer quatre cents billets de mille pour* SA *gouape de gendre* (Fr. MAURIAC, *Nœud de vip.,* V). — *Il le sait bien,* CETTE PETITE *frappe* (A. CAMUS, adaptation de : Faulkner, *Requiem pour une nonne,* V). — *Madame* [...] *est* LE PREMIER *contr'alto d'Europe* (BALZAC, cit. *Trésor*).

Comp. ces emplois plus particuliers : *Assise dans mon cuveau d'eau tiède, je m'étudie* [...] ; *c'est pas* UN *Rubens, non, mais je ne tiens pas au genre « belle-bouchère »* (WILLY et COLETTE, *Claud. à Paris,* p. 238). — *Elle entendit : « Cygne parmi les oies...* UN *Greuze !...* [...] *»* (COLETTE, *Maison de Claud.,* XVIII).

Pour **ordonnance,** il reçoit souvent un genre conforme au sexe de la personne désignée (« quelquefois », disait déjà Littré), surtout dans l'usage oral.

Un gars du village, ANCIEN *ordonnance d'un capitaine* (BARRÈS, *Homme libre,* p. 29). — UN *des ordonnances* (MAUROIS, *Silences du col. Bramble,* p. 87). — *Mon ordonnance est* RÉFORMÉ (G. CHÉRAU, *Valentine Pacquault,* II, 11) [mais : UNE *ordonnance,* I, 9]. — TON *stupide ordonnance* LUI-*même* (MONTHERLANT, dans le *Figaro litt.,* 26 févr. 1968).

Autres ex. masc. : MAUPASS., *Au soleil,* p. 97 ; R. VERCEL, *Capit. Conan,* p. 69 ; R. MERLE, *Week-end à Zuydcoote,* p. 120 ; H. BORDEAUX, *Paris aller et retour,* p. 169 ; M. DRUON, *Grandes familles,* III, 10. — Autres ex. fém. : FARRÈRE, *Maison des hommes vivants,* VIII ; MAUROIS, *Discours du D' O'Grady,* p. 113 ; Fr. AMBRIÈRE, *Grandes vacances,* p. 52 ; COLETTE, *Fanal bleu,* p. 202 ; G. DUHAMEL, *Cri des profondeurs,* p. 87 ; M. GARÇON, *Louis XVII,* p. 144 ; J. GUITTON, *Écrire comme on se souvient,* p. 144 [« UNE » *ordonnance (comme on doit dire)*].

On trouve aussi **bas-bleu** au fém. : *Voulez-vous être* UNE *bas bleu ?* (VIGNY, *Chatt.,* I, 6.) — *Des bas-bleus* REPENTIES (FLAUB., *Mme Bov.,* II, 14). — Autres ex. : J. BLANZAT, dans le *Figaro litt.,* 5 mai 1956 ; A. ROUSSIN, *Réponse au disc. de réception de F. Marceau à l'Ac. fr.*

Alto est donné comme fém. par le petit *Robert ;* le *Trésor* signale que le fém. « est attesté » pour *contralto.*

Voir aussi au chap. de l'accord le § 429, *b,* 2°, et *c,* 1° (syllepse).

Remarque. — Le cas de *laideron* et de *souillon* est assez complexe.

Selon l'Acad., **laideron** est masculin bien qu'il s'applique uniquement à des femmes. Le féminin, qui était courant jusqu'au XIXe s., est devenu rare en effet :

UNE *laideron* PAREILLE (FLAUB., *Éd. sent.,* III, 2). — Autres ex. : BALZAC, *Paysans,* p. 222 ; G. SAND, *Pet. Fadette,* XX.

Ex. masc. : *L'alliance savoyarde ne valait pas qu'il épousât* UN *laideron* (Ph. ERLANGER, *Louis XIV,* p. 151). — Autres ex. : Th. GAUTIER, *Jean et Jeannette,* XVII ; ESTAUNIÉ, *Appel de la route,* p. 31 ; LA VARENDE, *Cœur pensif...,* p. 211 ; etc.

On dit aussi *laideronne : Au début le sport était le refuge des* LAIDERONNES (P. GUTH, *Notre drôle d'époque comme si vous y étiez*, p. 64). — *Cette* LAIDERONNE (LE ROY LADURIE, *L'amour, l'argent et la mort en pays d'oc*, p. 386). — *Une* LAIDERONNE (SAINT EXUPÉRY, *Citadelle*, p. 526 ; R. KEMP, dans le *Monde*, 15 mars 1950). — Dans un emploi adjectival : *Son autre petite-fille, un peu* LAIDERONNE (J. PIATIER, *ib.*, 30 avril 1971). — Comme attribut : *Je fus* LAIDERONNE *avec délices* (COLETTE, *Képi*, L.D., p. 119).

Souillon est masculin ou féminin, pour l'Acad., selon le sexe de l'être désigné.

Le mot est rarement appliqué à des êtres de sexe masculin : *L'enfant pauvre montrait à l'enfant riche son propre joujou* [...]. *Or, ce joujou, que* LE PETIT *souillon agaçait, agitait et secouait dans une boîte grillée, c'était un rat vivant !* (BAUDEL., *Petits poèmes en pr.* XIX.)

Le mot se dit presque uniquement d'êtres féminins, et le genre fém. prédomine : *La fille qui nous introduisait était* UNE *souillon* AHURIE (Fr. MAURIAC, *Robe prétexte*, IX). — LA *souillon* BAFOUÉE *par ses sœurs devient un garçon* (POIROT-DELPECH, dans le *Monde*, 23 nov. 1984).

Autres ex. : BALZAC, *Birotteau*, XII ; GOBINEAU, *Nouvelles asiatiques*, p. 39 ; ZOLA, *Assomm.*, XI ; HUYSMANS, *Sœurs Vatard*, VI ; A. FRANCE, *Les dieux ont soif*, p. 91 ; GIRAU-DOUX, *Ondine*, III, 4 ; ARLAND, *Les plus beaux de nos jours*, p. 119 ; H. BOSCO, *Chemin de Monclar*, p. 262 ; H. BAZIN, *Cri de la chouette*, p. 195 ; N. SARRAUTE, *Planétarium*, p. 137 ; S. de BEAUVOIR, *Mém. d'une jeune fille rangée*, p. 182 ; M. CARDINAL, *Mots pour le dire*, p. 95 ; MALLET-JORIS, *Rempart des Béguines*, L.P., p. 35 ; etc.

Le masc. n'est pas inusité cependant : *Des filles impossibles, de* VRAIS *souillons* (BERNA-NOS, *Journal d'un curé de camp.*, p. 194). — *C'est là qu'il reçut sans doute lorsqu'on la lui amena pour la première fois* [...], CE PETIT *souillon de Morphy* (L. LARGUIER, *Fâchés, solitaires et bourrus*, p. 121). — UN *souillon* (AYMÉ, *Passe-muraille*, p. 238 ; H. de RÉGNIER, *Flambée*, XXX ; GIRAUDOUX, *l.c.*). — *Devrigny m'a lâché plus de cent fois* [...] *pour filer aux trousses de* PETITS *souillons* (G. DUHAMEL, *Vie et aventures de Salavin*, t. I, p. 125). [Cf. plus haut : *Il ne songe qu'à coucher avec des femmes.*]

Souillonne est très rare : *J'entends « et ton cartable ? », puis « souillonne »* (Y. NAVARRE, *Je vis où je m'attache*, p. 56).

Tendronne paraît une formation individuelle : *Les infirmiers* [...] *montent chercher ma* TENDRONNE (SAN-ANTONIO, *Meurs pas, on a du monde*, p. 96).

Autre formation individuelle : *Mise sans beaucoup de soin, — une jaquette qui bâillait, des boutons qui manquaient, de vilains souliers usés, l'air un peu* SOUILLONNETTE, *— elle charmait par sa grâce juvénile* (R. ROLLAND, *Jean-Chr.*, t. III, p. 90).

Hist. — On a dit d'abord *une laideron :* MA *laideron* (MAROT, *Œuvres compl.*, éd. Grenier, t. II, p. 98). — Le masc. est signalé pour la première fois chez J.-J. ROUSS. : *Je sortis presque amoureux de* TOUS *ces laidrons* (*Conf.*, Pl., p. 315). — *Laideronne* est attesté au XVIIe s., chez TALLEMANT DES RÉAUX : cf. Wartburg, t. XVI, p. 440.

Souillon apparaît d'abord comme un masc., avec le sens « valet de cuisine » : *Et n'es* [...] UNG *souillon* [dit Fortune à Villon] (VILLON, éd. R.-H., *Poèmes variés*, X) ; — puis, dès le XVIe s. comme fém., « fille de cuisine » : cf. Wartburg, t. XII, p. 63. — *Souillonne* est relevé au XVIIe s. : cf. *ib.*

b) Noms (dits *épicènes*) n'ayant qu'un genre, quel que soit le sexe des personnes désignées.

1° Noms masculins, noms de professions (notamment des professions qui pendant longtemps n'ont été exercées que par des hommes) ou autres (notamment des désignations pour lesquelles le sexe de la personne n'a pas d'intérêt). Tels sont :

acquéreur	cadre	filou	médecin	rhéteur
agresseur	censeur	flirt	membre	saligaud
amateur	charlatan	forçat ↓	ministre ↓	(pop.)
amour	chef ↓	fossoyeur	modèle	sauveur
amphitryon ↓	cicérone	géomètre	monstre ↓	sculpteur ↓
ange ↓	clerc	goinfre	oiseleur	serrurier
apôtre	cocher	gourmet	oppresseur	successeur
architecte	conjoint ↓	grand couturier	paria	supporter
armateur	courrier	imposteur	peintre ↓	témoin
artilleur	défenseur	imprimeur	pilote	terrassier
assassin	déserteur	individu	plombier	tirailleur
auteur ↓	despote	ingénieur	possesseur	tyran
avant-coureur	diplomate	juge	précurseur	usager
bandit ↓	échevin	juré	prédateur	vainqueur
bâtonnier	écrivain ↓	littérateur	prédécesseur	violon
bourgmestre	escroc	magistrat	professeur	voyou ↓
bourreau ↓	fantassin ↓	malfaiteur ↓	prosélyte	etc.
brigand	faux-monnayeur	mécène	reporter	

Ex. concernant des femmes : *Elle venait à son hôpital, un peu en* AMATEUR (H. BORDEAUX, *Remorqueur*, XVII). — *La cuisinière* AMATEUR *ne résistait pas au plaisir de me faire des compliments* (J. GREEN, *Mille chemins ouverts*, p. 143). — *Cette femme hautaine était l'*AUTEUR [= la cause] *de cette abomination* (STENDHAL, *Rouge*, I, 19). — *Des vers dont elle était l'*AUTEUR (MAUROIS, *Lélia*, p. 13). — *Une femme nommée* BÂTONNIER *de cour d'appel* (dans le *Figaro*, 10 juillet 1957). — *La marquise Raversi, cet habile* CHEF *de parti* (STENDHAL, *Chartr.*, XX). — *Cette femme est un* DESPOTE *dans sa famille* (LITTRÉ). — *Paule est* MÉDECIN (J.-J. GAUTIER, *Chambre du fond*, p. 166). — *Marinette, qui était le* PILOTE (AYMÉ, *Contes du chat perché*, Éléphant). — *Elle est* PROFESSEUR *de chant* (IONESCO, *Cantatrice chauve*, I). — *Elle était* SCULPTEUR (Fr. MAURIAC, *Nouveaux mém. intérieurs*, p. 158). — *Les femmes sont de meilleurs* TÉMOINS *que les hommes* (VAN GENNEP, *Manuel de folklore fr. contemp.*, t. I, p. 62). — *Tout l'argot de son passé de fille et de* VOYOU (A. DAUDET, *Sapho*, VI).

Certains de ces noms ont des féminins occasionnels, parfois plaisants : *La baronne de Poissy, la célèbre* AMPHITRYONNE *de tous les sexes* (BLOY, *Désespéré*, p. 18). — UNE ange : voir § 480, Rem. 3. — *C'est* tout de suite *qu'aurait dû écrire cette* AUTHORESSE (LÉAUTAUD, dans le *Mercure de Fr.*, nov. 1955, p. 387). — *Le parfum d'iris dont l'*AUTORESSE *était* [...] *imprégnée* (Chr. ROCHEFORT, *Repos du guerrier*, L.P., p. 159). [Ce fém. s'est d'abord employé à propos de femmes auteurs anglaises : *authoress* (TAINE, *Vie et opinions de Fr.-Th. Graindorge*, p. 184 ; BARRÈS, *Mes cahiers*, t. IX, p. 154), *authoresse* (TAINE, *Notes sur l'Anglet.*, p. 97, etc.). En outre, *auteuresse* chez MONTESQUIOU, dans le *Trésor*. Voir aussi *Hist.*] — *Les guenilles de cette* BANDITE (BLOY, *Femme pauvre*, p. 187). — *N'allez-vous pas me traiter de* BOURRELLE ? (COLETTE, *Paris de ma fenêtre*, p. 90.) [Adjectivement : *La nature est assez* BOURRELLE (CÉLINE, *Beaux draps*, p. 171). — « Femme du bourreau » : NODIER, *Contes*, p. 340.] — *Cheffesse :* voir § 486, *a*. — *Seule, la* CONJOINTE *est qualifiée pour s'en* [= de l'argument de l'erreur dans la personne] *réclamer, en arguant du fait qu'elle a épousé un fou sans le savoir* (H. BAZIN, *Tête contre les murs*, p. 250). [Ce fém., quoique prévu par l'Acad., est rare ; ex. de VERL. et de QUENEAU dans le *Trésor*.] — [...] *s'écriait* UNE *écrivaine* (COLETTE, *Trois... six... neuf...,* p. 34). — *Une des* ÉCRIVAINES *les plus douées de la littérature germanopratine* [= de Saint-Germain-des-Prés] *d'entre les années 50 et 51* [= S. de Beauvoir] (J.-L. BORY, *Pied,* p. 247). [Voir aussi J. RENARD, *Journal,* 6 mars 1905, et Hist.] — *Ô* FANTASSINES *qui ménagez les pneus de votre bicyclette* (COLETTE, *Paris de ma fenêtre,* p. 182). — *Un mot pour la* FORÇATE *qui a recommencé sept fois la fin de son livre de souvenirs* (EAD., lettre, dans le *Figaro litt.,* 8 août 1959). — *Quel âge avez-vous,* MALFAITRICE *?* (J. GREEN, *Minuit,* p. 71.) [Littré estime que rien n'empêche de former et d'employer ce fém.] — *Qu'une* MINISTRESSE *jouât les Messalines, ils l'admettraient d'autant moins que le maroquin ne saurait échoir qu'à des femmes d'un âge canonique* (AYMÉ, *Silhouette du scandale,* p. 91). — *Toute l'université unie contre une* MINISTRESSE *qui veut faire triompher sa réforme* (J. GREEN, *Bouteille à la mer,* p. 440). — *C'est tout ce que ça te fait,* PETITE MONSTRE *?* (COLETTE, *Maison de Claud.,* V.) — *Une* PEINTRESSE *:* § 486, *a.* — *Pour une* SCULPTRICE *comme toi, c'était un beau modèle !* (GIRAUDOUX, *Siegfried,* I, 5.) — *L'érosion, bonne* SCULPTEUSE *des intempéries* (J. THIEULOY, *Bible d'Amérique,* p. 229). — *Des petites* VOYOUTES *exquises* (HUYSMANS, *En ménage,* cit. Robert). — *Parmi les voyous et les* VOYOUES (MONTHERLANT, *Le chaos et la nuit,* p. 214). [Autre ex. : CÉLINE, *Guignol's band,* L.P., p. 369.] — *Espèce de* VOYOUSE, *si je te demande d'attendre, tu vas pas filer avec un micheton* (J. CORDELIER et M. LAROCHE, *Dérobade,* p. 64)

Il faut noter en outre que la langue familière, sans donner à ces noms une forme particulière, les accompagne facilement d'éléments féminins, déterminants, épithètes, attributs. Cela se rencontre parfois dans l'écrit :

J'ai vu Mme *J. Rioli* UNE *écrivain* (BARRÈS, *Mes cahiers,* t. I, p. 145). — *Ce nom d'Élodie,* LA *possesseur ne l'avouait pas* (R. ROLLAND, *Âme enchantée,* L.P., t. II, p. 267). — LA *professeur de mathématiques fut* COURTOISE, SÈCHE *et rapide* (J. LAURENT, *Dimanches de* Mlle *Beaunon,* p. 155). — *Un clerc de notaire et* UNE FUTURE *professeur de lettres pourquoi pas* [un mariage]*?* (DHÔTEL, *Je ne suis pas d'ici,* p. 31.) — *L'auteur plutôt* INTEMPORELLE *du* Rempart des béguines (POIROT-DELPECH, dans le *Monde,* 3 juin 1983). — *Ma tentative était aussi désespérée que celle d'*UNE PUISSANTE *chef d'entreprise* (R. BILLETDOUX, *Lettre d'excuse,* p. 24). — Voir aussi *ange* et *monstre* ci-dessus ainsi que le § 429, *c,* 1° (syllepse).

Hist. — Certains des mots qui n'ont pas de fém. aujourd'hui en ont eu un jadis. *Amatrice* est chez Fr. de SALES et J.-J. ROUSS. Littré, après l'avoir jugé bon et utile, note dans son *Suppl. :* « Ce mot s'emploie difficilement à cause du bas calembour qu'il suscite. » — *Autrice* s'est employé autrefois : cf. Huguet ; *Fr. mod.,* janv. 1961, p. 70 (RESTIF DE LA BRETONNE). Quelques auteurs du XXe s. ont tenté de le ressusciter : DAMOURETTE et PICHON, § 421 et *passim ;* A. MASSERON, dans les *Lettres romanes,* nov. 1953, p. 396 (en italiques) ; A. REY, *Littré, l'humaniste et les mots,* p. 118. — *Charlatane* a été employé notamment par FURETIÈRE, *Roman bourg.,* II, 46, et par VOLT. (cf. Littré). Est-ce par référence à l'usage ancien que Barrès écrit dans ce passage peu facile à interpréter : *On l'* [= sainte Bernadette ?] *eût dite sorcière,* CHARLATANE, *malade. Elle a l'air d'une petite bonne* (*Mes cahiers,* t. II, p. 256) ? — *Écrivaine* est attesté quelquefois au XIVe (cf. Godefroy) et au XVIIe s. (cf. Wartburg, t. XI, p. 331 ; F. Bar, *Genre burlesque,* p. 265). — Voltaire a risqué *professeuse :* cf. Littré.

Remarques. — 1. L'évolution de la vie sociale a mis en usage un certain nombre de formes féminines.

L'Acad., par ex., a introduit en 1932-1935 les fém. *artisane, attachée, auditrice, aviatrice, avocate* (antérieurement, seulement au fig.), *candidate, électrice, employée, factrice, pharmacienne, postière.*

D'autres fém., qu'elle ne prévoyait pas, sont devenus courants : *Une* CHAMPIONNE *à la course* (COLETTE, *Maison de Claud.,* VI). — *L'indépendance avait des* CHAMPIONNES *plus représentatives* (J. SCHLUMBERGER, *Madel. et A. Gide,* p. 175).

Oratrice, partisane, pionnière, soldate sont plus fréquents que ne le disent certains dictionnaires récents :

Oratrice : J. MAITRON, *Ravachol et les anarchistes,* p. 54 ; CESBRON, *Je suis mal dans ta peau,* p. 240 ; dans le *Monde,* sélection hebdom., 8-14 mars 1979, p. 2 ; etc. — *Partisane :* BARRÈS, *Du sang...,* p. 108 ; LA VARENDE, titre d'un livre ; M. LANGLOIS, dans Mme de Maintenon, *Lettres,* t. IV, p. 438 ; R. KEMP, dans les *Nouv. litt.,* 20 déc. 1956 ; SARTRE, *Situations,* t. IX, p. 250 ; Fr. MALLET, *G. Sand,* p. 186 ; etc. (outre la formule *être partisane de*). [*Partisane* n'est pas récent : il est dans COMMYNES, t. III, p. 223, et dans VOLT., cit. Littré. La langue pop. dit °*partisante* (comme attribut), que Littré a relevé chez Ninon de LENCLOS.] — *Pionnière :* COLETTE, *Chambre d'hôtel,* p. 74 ; J. SCHLUMBERGER, dans le *Figaro litt.,* 2 juillet 1949 ; M. AUCLAIR, *Vie de s. Thérèse d'Av.,* dans M.-Th. Goosse-Grevisse, *Textes franç.,* 1960, p. 335 ; R. PETITBON, dans les *Cahiers de l'Assoc. intern. des études fr.,* juin 1961, p. 103 ; dans le *Monde,* 13 févr. 1981, p. 19 ; etc. — *Soldate :* THÉRIVE, *Sans âme,* p. 31 (1928) ; BILLY, dans le *Figaro,* 10 nov. 1945 ; R. MOUCHOTTE, *Carnets,* p. 54 ; É. HENRIOT, dans le *Monde,* 20 oct. 1948 ; H. FOURAS, dans le *Figaro litt.,* 19 août 1950 ; Fr. PARTURIER, dans le *Figaro,* 17 juin 1972 ; R. MASSIP, *ib.,* 12 août 1972. [Tous ces ex. sont dépourvus d'ironie.]

De même, *hurluberlue : Une de ces délicieuses* HURLUBERLUES (J. DUCHÉ, *Elle et lui.* p. 83). — *C'était une* HURLUBERLUE (P. GUTH, *Mazarin,* p. 490). — Ex. des GONC. dans le *Trésor.*

Officière fait partie de la terminologie de l'Armée du salut.

Lorsqu'*agent* « est pris en mauvaise part, on lui donne quelquefois un féminin » (AC.). Ce fém. reste rare, mais n'est pas toujours péjoratif : *L'idée que le sien* [son mariage] *serait fait par une sorte d'*AGENTE *lui causa une telle répugnance* (P. de COULEVAIN, *Noblesse américaine,* p. 49). — *Marie-Thérèse* [...] *considère désormais sa fille comme une véritable* AGENTE *de la politique autrichienne* (A. CASTELOT, *Marie-Antoinette,* p. 136). — Ex. (péjor.) des GONC. et de HUYSMANS dans le *Trésor.*

Commise « employée de magasin » est courant dans la France du Sud ; de là, sa présence chez les auteurs suivants : TOULET, *Béhanzigue,* p. 80 ; Fr. MAURIAC, *Chemins de la mer,* IX ; PAGNOL, *Fanny,* II, 7 ; AUDIBERTI, *Maître de Milan,* XXIV. — Le rapport avec le Midi est plus douteux dans R. VAILLAND, *Écrits intimes,* p. 792.

2. Les noms désignant les **enfants en bas âge** sont masculins dans l'usage ordinaire, le sexe n'étant donc pas pris en considération (comp., pour les animaux, § 474, *b*).

Il arrive pourtant que les auteurs ressentent le besoin d'une forme fém., notamment pour *nouvelle-née* (°*nouveau-née* est rare) : *Une si belle* NOUVELLE-NÉE (COLETTE, *Maison de Claud.,* XII). — *Une petite* NOUVELLE-NÉE [= une fourmi] (R. ROLLAND, *Précurseurs,* p. 202). — *Le premier cri de la* NOUVELLE-NÉE (M. BLANCPAIN, *Plus long amour,* p. 56). — *La* NOUVELLE-NÉE, *morte au berceau* (YOURCENAR, *Archives du Nord,* p. 90). — *La* NOUVEAU-NÉE (È. CURIE, *Mme Curie,* p. 184 ; SARTRE, *Idiot de la famille,* t. I, p. 723). — Comp. § 926, *b,* 7°.

Nourrissonne se trouve aussi : PÉGUY, *Porche du myst. de la deuxième vertu,* p. 109 ; JAMMES, *Géorgiques chrét.,* VII ; COLETTE, *op. cit.,* XXIII ; G. BEAUMONT, *Perce-neige,* p. 187 ; YOURCENAR, *op. cit.,* p. 368 ; [déjà VOLT., cit. Littré].

Pouponne est prévu par l'Acad. — Ex. : SAND, *Maîtres sonneurs,* I.

Enfançonne est employé à plusieurs reprises par MONTHERLANT, par ex., *Service inutile,* Pl., p. 628. (*Enfançon* est lui-même vieilli : § 149, *a*.)

Enfant lui-même, dans l'usage ancien, s'employait souvent au masc. pour une fille. [Voir par ex. : *J'ai vu* UN *enfant, en qui l'orifice de la vulve* [...] (DIDEROT, *Éléments de physiol.*, p. 293.] — Cela reste possible aujourd'hui en vertu du *c)* ci-dessous : *Je me souviens seulement d'avoir nagé assez longtemps avec l'*ENFANT CRAMPONNÉ [= une petite fille de cinq ou six ans] *à mon cou. Il était terrifié* (GIDE, *Faux-monn.*, I, 7).

2° Noms féminins :

Autorité, bête, brute, canaille, dupe, estafette, étoile, femmelette, fripouille, mauviette, notabilité, personnalité, personne, recrue, sainte nitouche, sentinelle, star, vedette, victime, Sa Majesté, Son Altesse... — Voir aussi *grosse légume* au § 471, *a.*

Ex. : *Celui-ci* [= de Gaulle], *en* GRANDE *star de la politique, le sait mieux que personne* (M. DROIT, *Clartés du jour*, p. 217).

Quelques auteurs mettent abusivement *dupe* au masc. quand il s'agit d'un homme : *Pour me faire passer pour* UN *dupe* (VERCORS, *Moi, Aristide Briand*, p. 265). — *On sera toujours* LE *dupe des croisades* (CAYROL, *Homme dans le rétroviseur*, p. 200). — [Déjà chez LA F., *F.*, IX, 8, et MARIV., *Journaux et œuvres diverses*, p. 135.]

Bête s'emploie dans la langue parlée familière avec les adjectifs masc. *gros* et *grand : Il se mit à pleurer. / — Ça t'avance bien, lui dit son père.* GROS *bête, va !* (AYMÉ, *Passe-muraille*, p. 138.) [Autres ex. : MAUPASS., *C.*, Regret ; R. ROLLAND, *Jean-Chr.*, t. IV, pp. 7-8 ; COURTE-LINE, *Linottes*, II ; etc.] — *Je vis Mme Brignolin qui avait les mains sur celles de mon père* [...] ; *elle souriait doucement, et elle lui dit : / —* GRAND *bête !* (VALLÈS, *Enfant*, XVI.) [Le ton est souvent affectueux.]

c) Il s'agit de noms connaissant la variation en genre d'après le sexe de la personne désignée.

1° Le masculin est employé dans les circonstances où ils visent aussi bien des êtres masculins que des êtres féminins, ou même, quand, désignant une femme en particulier, on veut la ranger dans une catégorie où il y a des hommes aussi bien que des femmes :

Les ÉPOUX *se doivent mutuellement fidélité, secours, assistance* (*Code civil*, art. 212). — *La dernière fois que je vous ai vue, dit Henri* [à Céline], [...] *je crois que nous étions tous les deux des* GAMINS (P. MOINOT, *Chasse royale*, L.P., p. 135).

*En cas d'absence de l'*ASCENDANT *auquel eût dû être fait l'acte respectueux* (*Code civil*, art. 155). [Ce mot s'emploie presque toujours au masc., mais le fém. est possible quand on vise les femmes seules : *Ne peuvent être tuteurs* [...] */* [...] */ 3° Les femmes, autres que la mère et les* ASCENDANTES (*ib.*, art. 442).] — *Le* POÈTE *Renée Vivien* (COLETTE, *Paris de ma fenêtre*, p. 127). — *Le grand* POÈTE *Anna de Noailles* (J. ROSTAND, *Courrier d'un biologiste*, p. 20). — *Sa fille, son* PREMIER-NÉ, *emportée au milieu des fêtes du sacre par une de ces maladies étranges* [...] (A. DAUDET, *Rois en exil*, p. 7). — *Nos amis le* DOCTEUR *Marthe Lamy, le professeur Paulette Gautier-Villars* (COLETTE, *Fanal bleu*, p. 67). — *Elle m'a pris en* TRAÎTRE : § 339, *b.* — Avec une apposition conforme au sexe : *Madame le président* (comp. *Sa Sainteté le pape :* § 338, *a*).

Le fait que des femmes soient désignées ainsi par des noms masc. a donné lieu à des appréciations fort divergentes et parfois passionnées. Brunot présente sardoniquement les femmes comme des espèces de dévoreuses : « Beaucoup de femmes croiraient n'avoir rien obtenu, si l'assimilation n'était pas complète. Elles veulent porter tout crus des titres d'hommes. » (*Pensée*, p. 90.) — Damourette et Pichon (§ 277) reprochent amèrement aux femmes ces « dénominations écœurantes et grotesques, aussi attentatoires au génie de la langue qu'aux instincts les plus élémentaires de l'humanité ». — Des femmes, au contraire, se plaignent que les hommes les privent de ce qu'elles ont de spécifique. — La question a paru assez importante pour agiter le monde politique.

Il faut en tout cas rappeler que le genre grammatical masculin n'est pas uniquement l'expression du sexe masculin, mais qu'il sert aussi de genre commun, de genre neutre, de genre asexué. On le voit bien notamment dans l'évolution de *personne* : nom féminin → pronom masculin.

Il y a des circonstances où, en appliquant à des femmes des formes féminines, on ne donne pas à sa pensée l'expression adéquate :

> Combien de romans, cette saison, donneront à leurs lecteurs autant de plaisir que cette biographie de Catherine de Russie [par Henri Troyat] [...]. Les livres sur elle ne manquent pas, et le dernier en date est le portrait qu'a tiré d'elle CETTE AUTRE ROMANCIÈRE qu'est Zoé Oldenbourg (J. PIATIER, dans le *Monde*, 4 nov. 1977). — Autre ex. au § 249, b.

Pour *maître*, on a des raisons particulières de renoncer à la forme proprement fém. : cf. § 486, a.

Remarques. — 1. *Garant* appliqué à des choses reste au masculin, même quand il est attribut (ce n'est plus un nom animé, même pris métaphoriquement, mais un synonyme de *garantie*) :

> Sa signature ne peut être [...] GARANT d'un examen suffisant (STENDHAL, *Corresp.*, t. VII, p. 321). — Fabio : *Votre bouche ou votre main m'en voudrait si j'osais choisir.* / La Dame : *Que l'une soit* LE GARANT *de l'autre* (NERVAL, *Filles du feu*, Corilla). — *L'extrême distinction d'esprit des maîtres de maison m'était et m'est restée* UN SÛR GARANT *que* [...] (PROUST, *Pastiches et mélanges*, p. 213). — *L'immensité de la mer se portait* GARANT *de nos projets même les plus insensés* (CAYROL, *Enfants pillards*, p. 68). — *De choses qui servent de* GARANT (LITTRÉ, s.v. *répondre*, 15°).

2. Diverses expressions contenant des adjectifs nominalisés présentent un problème de genre.

— *D'égal à égal* tantôt est considéré comme un groupe figé, dont on laisse les éléments au masculin, genre indifférencié, — et tantôt fait l'objet d'une analyse, chacun des adjectifs nominalisés étant rapporté d'une manière distributive au nom ou au pronom qu'il concerne logiquement (et qui ne sont pas nécessairement exprimés) :

> Ex. sans variation : *Le roi de France marche donc d'*ÉGAL *à* ÉGAL *avec la législation, qui ne peut agir sans lui, comme il ne saurait agir sans elle* (TOCQUEVILLE, *De la démocr. en Amér.*, I, I, 8). — *Elle put dès lors aimer son amant d'*ÉGAL *à* ÉGAL, *d'une affection libre* (ZOLA, *Madel. Férat*, V). — *Ou ne se souciait plus d'être séduites, mais subjuguées. On ne prétendait plus aimer d'*ÉGAL *à* ÉGAL *et de pair à compagnon* (HERMANT, *Confidences d'une aïeule*, XV) [rem. l'expr. coordonnée]. — [*La Reine à Stanislas :*] *J'ai décidé* [...] *de vous traiter d'*ÉGAL *à* ÉGAL (COCTEAU, *Aigle à deux têtes*, I, 6). — *Elle parle à Dieu presque d'*ÉGAL *à* ÉGAL (J. GREEN, *Années faciles*, 23 août 1926). — *Elle traitait d'*ÉGAL *à* ÉGAL *avec le Préfet* (JOUHANDEAU, *Chaminadour*, p. 97). — *Elle pourrait les* [= l'amour et l'érotisme] *vivre comme un rapport d'*ÉGAL *à* ÉGAL (S. de BEAUVOIR, *Deuxième sexe*, t. II, p. 572). — *S'adressant d'*ÉGAL *à* ÉGAL *à son ami, elle a répété* (N. SARRAUTE, *Vous les entendez ?* p. 107).

Ex. avec variation : *Au milieu de merveilles qu'il traitait d'égal à* ÉGALES (GIRAUDOUX, *École des indifférents*, p. 187). — *Elle a cessé d'en* [= du cran] *avoir en face de Léo* [= Léonie]. *Elle s'est retrouvée d'*ÉGALE *à* ÉGALE (COCTEAU, *Parents terribles*, III, 5). — *Elles dînent confortablement, Madame et Mademoiselle, en tête-à-tête, d'*ÉGALE *à* ÉGALE (JOUHANDEAU, *Chroniques maritales*, p. 343). — *Ce qui l'*[= Julien] *empêchait de traiter Renée d'égal à* ÉGALE (ARLAND, *Ordre*, t. II, p. 48). — *Ce que les femmes ont obtenu de plus clair depuis qu'elles ont demandé d'être traitées d'*ÉGALE *à égal* (É. HENRIOT, dans le *Monde*, 3 juin 1953). — *Serais-je digne un jour de causer avec Garric d'*ÉGALE *à égal ?* (S. de BEAUVOIR, *Mém. d'une jeune fille rangée*, p. 182.) — *Elle dialoguait peut-être d'*ÉGALE *à égal* [...] *avec ceux qu'elle aidait à mourir* (Cl. SIMON, *Herbe*, p. 165).

Le pluriel, comme dans l'ex. de Giraudoux, est rare ; il paraît même impossible au masc. Cela montrerait que la variation graphique cache la réalité véritable, qui est l'invariabilité. — Comp. *seul à seul, nu à nu* au § 543.

— On observe la même hésitation pour les expressions *n'avoir (pas) d'égal, n'avoir pas son égal, sans égal,* qui peuvent d'ailleurs concerner les choses aussi bien que les personnes.

Ex. sans variation : *Une musique qui n'a probablement d'*ÉGAL *que chez Beethoven* (G. MARCEL, dans les *Nouv. litt.*, 25 mai 1967). — *La suffisance de Bloch et la susceptibilité de Morel n'ont d'*ÉGAL *dans aucun cercle aristocratique* (G. PIROUÉ, *Comment lire Proust ?* p. 122). — *L'humour, le style, le niveau intellectuel, la qualité des photographies de* Playboy [...] *n'ont pas leur* ÉGAL *en France* (A. GUÉRIN, dans le *Monde*, 11 sept. 1974). — *Sa courtoisie à mon égard était sans* ÉGAL (JOUHANDEAU, *Carnets de l'écrivain*, p. 89).

Ex. avec variation : *La saveur du pain partagé n'a point d'*ÉGALE (SAINT EXUPÉRY, *Pilote de guerre*, p. 201). — *Une influence dont l'étendue, la durée, la profondeur* [...] *n'ont guère d'*ÉGALES (ÉTIEMBLE, *Confucius*, Avant-pr.). — *Une puissance militaire probablement sans* ÉGALE (Cl. ROY, dans le *Nouvel observateur*, 5-11 sept. 1981).

Ici encore on constate l'absence du masc. pluriel. — Pour *Mon estime n'a d'égal que mon amour,* voir § 297, *a*, Rem. 4.

Cas semblable, *sans rival : Elle était sans* RIVAL *dans l'art d'asseoir une bûche de fond contre la montagne des cendres* (BOYLESVE, *Becquée*, dans M.-Th. Goosse-Grevisse, *Textes franç.*, 2ᵉ éd., p. 140). — *Une pareille machine, sans* RIVALE *assurément dans la catégorie* (PIEYRE DE MANDIARGUES, *Motocyclette*, Fᵒ, p. 17).

— Dans l'expression *n'avoir pas son pareil,* le féminin, qui semble plus rare, se marque aussi phonétiquement.

La démocratie chrétienne n'a pas SON PAREIL *pour se dérober* (R. SOLÉ, dans le *Monde*, 31 oct. 1977). — *Elle* [= Marie Bonaparte] *semble n'avoir pas eu* SON PAREIL *pour conclure des alliances aussitôt dénoncées* (C. CLÉMENT, *Vie et légendes de J. Lacan*, p. 122). — *Une fameuse foire* [...] *qui n'a pas* SA PAREILLE (BARBEY D'AUR., *Ensorcelée*, II).

— *Faire le ...* ne se dit pas des choses. L'usage actuel (cf. Hist.) semble préférer la variabilité, qui se marque phonétiquement.

Je ferai LA MORTE (Cl. ANET, cit. Nyrop, t. V, § 81, 8ᵒ). — *Brigitte faisait* LA SOURDE (Fr. MAURIAC, *Pharisienne*, XVI). — Ex. sans variation : *Je fais* LE MORT, *j'en profite pour prendre une petite récréation* [dit Irène] (H. BERNSTEIN, *Après moi*, I, 3, cit. Nyrop).

Hist. — On disait ordinairement en anc. fr. : *Ele n'a* SON PAREIL, *Ele fait* LE SOURT, etc. Cf. Tobler, *Mél.*, pp. 212-217.

2° Dans le langage familier, on observe des interversions de genre à valeur affective.

Masc. pour le fém. : *Il lui* [= à Odette] *dit :* MON PAUVRE CHÉRI, *pardonne-moi* (PROUST, *Rech.*, t. I, p. 366). — *Suzon, vous êtes une bath copine,* MON PETIT (G. DUHAMEL, *Suzanne et les jeunes hommes*, p. 40). — *Nous nous* [= Colette et Marguerite Moreno] *traitions de «* MON VIEUX *» comme des écoliers de la communale* (COLETTE, *Fanal bleu*, p. 174). — *Elle m'appela :* / — MON *Louison* (Louise WEISS, *Résurrection du chevalier*, p. 358).

Fém. pour le masc. (plus rare) : Emmeline [à Bertrand]. *Mais,* MA PETITE MIGNONNE, *tu as une bonne figure* (Tr. BERNARD, *Poulailler*, I, 6). — *T'es* MA *gosse, la Caille, dis-le... dis-le pour voir que t'es* MA *gosse ? implora Fernande* (CARCO, *Jésus-la-Caille*, I, 6). — *Ce temps d'effusions banales, où les grandes célébrités vous reçoivent, à la première entrevue, avec un : « Tiens, c'est toi,* MA VIEILLE *! »* (E. et J. de GONC., *Journal*, cit. Robert, s.v. *vieux*.)

Par un phénomène analogue, les mots péjoratifs sont rendus plus péjoratifs par le changement de genre : *Taisez-vous,* GONZESSE, *je vais vous corriger* [dit un soldat à un autre soldat] (DORGELÈS, *Croix de bois*, X). — *Sézenac !* UNE DONNEUSE [= un délateur] ! *tu te rends compte !* (S. de BEAUVOIR, *Mandarins*, p. 563.) — Comp. *tapette, laideron,* etc., ci-dessus (*a* et Rem.).

Le fait que *chameau* puisse servir pour une femme, et *vache* pour un homme s'explique d'une autre façon : ce sont des mots qui, comme injures, sont indépendants du sexe. De même, *cochon* (le fém. *cochonne* est très fam. : § 490).

°*Con* (trivial) comme terme d'injure a acquis un fém. °*conne.*

477   ***Gens,*** nom pluriel désignant un nombre indéterminé (voir cependant § 497, *a*) de personnes, est ordinairement du masculin :

Quoique DÉCHUS *de leurs honneurs et de leur fortune, ces gens paraissent* HEUREUX (AC.). — QUELS *sont ces gens ?* (J. ROMAINS, *Hommes de b. vol.*, t. VIII, p. 226.) — QUELS *que soient ces gens-là, il faut les secourir.* — TOUS *les gens* ÂGÉS *que j'ai* CONNUS. — IGNORANTS *et* RAVIS, *ces pauvres gens avaient repeint leurs isbas* (L. WEISS, *Combats pour l'Europe*, 1979, p. 18). — *Si j'avais eu devant moi* UN *de ces jeunes gens* (MONTHERLANT, *Treizième César*, p. 47). — UN *de mes gens* [= domestiques], expression vieillie.

Cependant, s'il est précédé **immédiatement** d'une épithète ou d'un déterminant ayant une terminaison différente pour chaque genre, on met au féminin cette épithète et ce déterminant ainsi que toute épithète attachée ou tout déterminant ou pronom placés avant *gens*, et faisant partie du même syntagme, — mais on laisse au masculin tous les autres mots dont *gens* commande l'accord (épithètes détachées ; pronoms redondants ; adjectifs, participes et pronoms placés après *gens*) :

TOUTES *les* VIEILLES *gens* (AC.). — QUELLES *honnêtes et* BONNES *gens !* — QUELS BONS *et honnêtes gens ! — Ce sont les* MEILLEURES *gens que j'aie* CONNUS. — QUELLES *que soient ces* VIEILLES *gens, secourons-les. — Il s'accommode de* TOUTES *gens* (AC.). — *L'assemblée unique de* TOUTES *les* PETITES *gens qu'il avait* CÉLÉBRÉS (H. BORDEAUX, *Paris aller et retour*, p. 95). — *J'écris pour ces* PETITES *gens d'entre* LESQUELS *je suis sorti* (G. DUHAMEL, *Défense des lettres*, p. 47). — *C'étaient deux* VIEILLES *gens, très* FINS (J. et J. THARAUD, *Quand Israël n'est plus roi*, p. 176). — *Mes amis étaient de* VIEILLES BONNES *gens* PLEINS *de saveur antique et fruste* (É. HENRIOT, *Temps innocents*, p. 188). — INSTRUITS *par l'expérience, les* VIEILLES *gens sont* SOUPÇONNEUX (AC.). — *Qu'est-ce qu'*ILS *diraient* TOUTES *ces* BONNES *gens de ne pas me voir revenir ?* (PROUST, *Rech.*, t. I, p. 508.)

Cette règle n'est pas simple ; on conçoit que les auteurs, assez souvent, y fassent des accrocs : QUELLES *drôles de gens nous fréquentions !* (LARBAUD, *Barnabooth*, Journ. intime, Pl., p. 254.) — *Chez telle de ces petites gens avec* LESQUELLES *Odette gardait des relations* (PROUST, *Rech..* t. I, p. 319). — QUELS *gens on rencontre dans les rues !* (GIDE, *Journal*, 21 déc. 1942). — QUELLES *que fussent les gens dont l'importunité devenait impuissante à me divertir de ces songes* (H. BOSCO, *Jardin des Trinitaires*, p. 258). — *Ce sont de* TELS *gens* [...] (DANINOS, *Tout l'humour du monde*, p. 165). — Etc.

Remarques. — 1. *Tous* reste d'ordinaire au masculin lorsqu'il précède directement *gens* suivi d'une épithète ou d'un complément :

Le mal qu'on veut me faire, on le fera à mon mari, à mes deux pauvres enfants [...], TOUS *gens qui vivent de ma vie et qui mourront de ma mort* (VIGNY, *Maréchale d'Ancre*, IV, 8). — TOUS *gens bien connus* (AC.). — TOUS *gens d'esprit et de mérite* (AC.). — TOUS *gens ayant quelque chose à cacher* (M. PRÉVOST, *Scorpion*, p. 227). — TOUS *gens de foi ardente* (LOTI, *Désert*, p. 5). — *Une dynastie de meuniers et de minotiers,* TOUS *gens de même farine* (BERNA-NOS, *Sous le soleil de Satan*, Pl., p. 59).

Cependant, en cet emploi, *tous* se met parfois au fém. : *On n'a vu chez nous cette année-là que médecins, pharmaciens, garde-malade* [sic], TOUTES *gens qui, pour ruiner les maisons, en remontreraient au curé et au notaire* (BERNANOS, *Joie*, p. 123).

Hist. — L'hésitation n'est pas récente, et le souvenir de La Fontaine peut y contribuer puisqu'il a écrit : *Chiens, chevaux et valets,* TOUS *gens bien endentez* (F., IV, 4). — *Quatre animaux divers, le Chat grippe-fromage, / Triste-oiseau le Hibou, Ronge maille le Rat, / Dame belette au long corsage, /* TOUTES *gens d'esprit scelerat* (F., VIII, 22). — Mais deux analyses sont possibles : *tous* peut être pronom, tandis que *toutes* est nécessairement déterminant. — Comp. aussi § 615, *b*, 2° et Rem.

2. Lorsque *gens* est suivi de la préposition *de* et d'un nom désignant une qualité, une profession ou un état quelconque, il veut toujours au masculin les mots variables qui s'y rapportent.

Tel est le cas avec les expressions : *Gens de cœur, gens de cour, gens d'honneur, gens de bien, gens du monde, gens de main, gens de sac et de corde, gens d'Église, gens de guerre, gens d'épée, gens de justice, gens de loi, gens de mer, gens de lettres, gens de finance, gens d'affaires, gens de maison et autres semblables.* — *De* NOMBREUX *gens de lettres* (AC.). — CERTAINS *gens d'affaires* (AC.). — *Les* VRAIS *gens de cinéma* (CESBRON, *Une sentinelle attend l'aurore*, p. 108). — *Pour de* TELS *gens de mer* (P. LEYRIS, trad. de : H. Melville, *Billy Budd, marin*, p. 157).

On fera attention que, dans une phrase comme *Sans la peur, nous eussions été les plus heureuses gens du monde* (CHAT., *Mém.*, II, VI, 2), on n'a pas affaire à l'expression *gens du monde :* le complément *du monde* sert à renforcer le superlatif.

3. *Gent* est un nom féminin singulier signifiant « race, nation » ; on l'emploie encore, surtout par badinage, avec une épithète :

Voilà, je pense, une amende honorable, payée à LA *gent canine* (COLETTE, *Fanal bleu*, p. 211). — *Les aèdes homériques* [...] *appartenaient déjà* [...] à LA *gent littéraire* (BENDA, *France byzantine*, p. 153). — *La nomination de Louis Périllier suscitait la grogne de* LA *gent diplomatique* (Edgar FAURE, *Mémoires*, t. I, p. 357). — Locutions fréquentes : LA *gent féminine* = les femmes. LA *gent masculine* = les hommes (par ex. : Chr. ROCHEFORT, dans le *Magazine littér.*, janv. 1982, p. 41).

Hist. — Le fr. *gens* provient du pluriel latin (fém.) *gentes*, qui s'employait déjà avec le sens du mot fr. S'appliquant à des hommes (ou à un ensemble d'hommes et de femmes), il était normal que le masc. remplaçât progressivement le genre étymologique. Cependant on ne mettait guère au masc. que les adjectifs qui suivaient *gens ;* le fém. se maintint dans des expressions comme *vieilles gens, bonnes gens,* où l'adjectif fait corps avec le nom : de là, la règle actuelle, consacrée par Vaugelas (pp. 397 et 462), et perfectionnée, si l'on peut ainsi parler, par Ménage et ses successeurs. — À noter que, pour Vaugelas, *tout* ne pouvait s'accommoder devant *gens* avec les autres adjectifs fém. que ce nom demandait ; on ne disait pas, selon lui, *toutes les bonnes gens.* — Des langages indépendants des grammairiens, comme le wallon (Remacle, t. I, p. 138), présentent eux aussi un usage qui n'est pas simple : les épithètes sont au fém., mais les attributs au masc.

Comme nom fém. singulier collectif, *gent* était fréquent en anc. fr., ce dont s'inspire un texte comme celui-ci : *Il y a trente ans déjà que la Bretagne a été envahie par* LA GENT *qui adore Mahomet* (BÉDIER, *Légendes épiques,* t. II, p. 104). — Depuis le XVIIᵉ s., cet emploi est sorti de l'usage ordinaire, le souvenir de maints passages de La Fontaine empêchant toutefois sa complète disparition.

Du pluriel, on a tiré au moyen âge un singulier non collectif, de genre fém. ; il subsiste dans divers dialectes.

L'expression *droit des gens* est un calque du latin *jus gentium,* droit des peuples, droit international.

LES MARQUES DU FÉMININ DES NOMS ANIMÉS

478   **Observations préliminaires.**

a) La tradition veut qu'on parte du masculin pour donner le féminin, le masculin singulier étant, pour le nom (ainsi que pour l'adjectif et le pronom), la forme indifférenciée, neutralisée, comme l'infinitif pour le verbe.

Quelques linguistes ont pourtant essayé de suivre la démarche inverse, même pour une description phonétique. Ils se fondent notamment sur le fait que la consonne qui apparaît au fém. est susceptible de se manifester au masc. dans les liaisons et qu'elle est présente dans d'autres mots de la même famille (comp. *sot, sotte* à *sottement, sottise*). Cette consonne peut être considérée comme latente au masc.

Du point de vue historique, il arrive que le masculin soit tiré du féminin (cf. Hist.) et surtout que le féminin soit formé indépendamment du masculin (cf. § 490 ; voir aussi § 488).

Hist. — Masc. tirés du fém. : *Veuf,* de *veuve ; puceau,* de *pucelle ; tourtereau,* de *tourterelle ; laborantin,* de *laborantine* (lui-même emprunté à l'allemand) ; *concubin,* de *concubine.* — En outre, *bacchant,* assez rare (FLAUB., *Voy.,* t. II, p. 462 ; BAUDEL., *Spleen de Paris,* XXXII ; BARRÈS, MONTHERLANT, A. de NOAILLES, cit. *Trésor*), de *bacchante ;* — *ballerin,* assez rare (GHELDERODE, *École des bouffons,* Théâtre, t. III, p. 314 ; RICHEPIN, cit. *Trésor*), de *ballerine,* lui-même emprunté à l'italien ; — *gourgandin,* rare (LA VARENDE, *Troisième jour,* p. 207 ; RICHEPIN, cit. *Trésor ;* CÉLINE, cit. Rheims, *Dict. des mots sauvages*), de *gourgandine,* lui-même d'origine dialectale ; — *prostitué,* rare (HUGO, *Quatrevingt-tr.,* II, II, 2 ; R. ROLLAND, *Âme enchantée,* L.P., t. II, p. 326), de *prostituée.*

De plus, des formes masc. ont été refaites d'après les formes fém. : par ex. *Juif* (anc. fr. *Juiu*), d'après *Juive*. Comp. § 529, Hist.

b) Entre le masculin et le féminin des noms, la **langue parlée** établit des rapports assez différents de ceux que l'on observe dans la langue écrite.

1° Dans les noms terminés au masculin phonétiquement par une **voyelle orale** ou par une **consonne,** la forme du féminin :

— Tantôt se prononce exactement comme celle du masculin : *Un martyr, une martyre* [mARtiR] ; — *Un ami, une amie* [Ami] (voir § 479).

— Tantôt offre une prononciation distincte, — soit par l'addition d'une consonne, souvent avec modification du timbre ou de la longueur de la voyelle : *Un cadet* [kAdɛ], *une cadette* [kAdɛt] ; *Un sot* [so], *une sotte* [sɔt] ; *Un berger* [bɛRʒe], *une bergère* [bɛRʒɛːR] ; — soit par la modification de la consonne finale (et, parfois, de la voyelle) : *Un veuf* [vœf], *une veuve* [vœːv] ; — soit par des additions ou des changements de terminaisons : cf. §§ 486-489.

2° Dans les noms terminés au masculin par une **voyelle nasale :**
— Tantôt la voyelle nasale persiste au féminin et l'on ajoute une consonne : *Un Flamand* [flAmɑ̃], *une Flamande* [flAmɑ̃d].
— Tantôt la voyelle nasale devient orale et l'on ajoute [n], rarement [ɲ] : *Sultan* [syltɑ̃], *sultane* [syltAn]. *Un malin* [mAlɛ̃], *une maligne* [mAliɲ].

Ces observations phonétiques doivent être nuancées : il faut tenir compte des différences dues aux variétés régionales et à certains types de communication (comme la lecture des vers). Voir les Rem. du § 29.

Dans l'étude qui va suivre, l'organisation est fondée sur la langue écrite, mais nous donnons, chaque fois que cela est utile, des indications concernant les phénomènes oraux, ce qui illustre et complète la présentation succincte de ce § 478, *b.*

c) Le passage du masculin au féminin entraîne assez souvent des différences sémantiques (cf. § 475, *b*), qui ne sont habituellement pas indiquées ci-dessous.

a. Addition d'un *e*
dans l'écriture et faits annexes

479   **Règle générale.** — **Dans l'écriture,** on obtient souvent le féminin en ajoutant un *e* à la fin de la forme masculine :

*Ami, ami*E. — *Aïeul, aïeul*E. — *Marchand, marchand*E. — *Bourgeois, bourgeois*E.

Cette adjonction d'un *e* s'accompagne souvent d'autres phénomènes dans l'écriture : redoublement de la consonne finale (§ 482), modification de cette consonne (§ 483), addition d'une consonne (§ 484), etc.

Du point de vue phonétique, les féminins qui, dans l'écriture, se caractérisent seulement par l'addition d'un *e* muet :

1° Tantôt sont identiques au masculin,

— S'ils se terminent au masculin par une voyelle orale dans l'écriture : [ʌmi] représente *ami* et *amie* en français parisien (voir la Rem. 2).

— S'ils se terminent au masculin par une consonne articulée : [ʌjœl] représente *aïeul* et *aïeule ;* [uʀs] représente *ours* et *ourse.*

2° Tantôt se caractérisent par l'addition d'une consonne, si le masculin se termine dans l'écriture par une consonne muette : [mʌʀʃɑ̃] → [mʌʀʃɑ̃d]; [buʀʒwa] → [buʀʒwaz].

Pour les noms terminés au masc. par une consonne nasale, voir § 482, *b,* Rem.

Remarques. — 1. L'absence de marque phonétique du féminin est parfois gênante. Les locuteurs y remédient comme ils peuvent :

*Je pleure, en ne m'interrompant que pour dire à Paul : « Je n'ai pas d'*AMIE *» [...] ; mais le chagrin de mon petit frère me fait préciser : « Je n'ai pas d'*AMIE FILLE. *»* (Clara MALRAUX, *Apprendre à vivre,* p. 81.) — *Je trouve dommage que David n'ait pas plus d'*AMIS HOMMES *[...] que d'*AMIES FEMMES (Fr. SAGAN, *Yeux de soie,* p. 66). — Comp. § 491.

2. La situation phonétique décrite ci-dessus correspond à l'usage normal de la région parisienne. Il faut rappeler (voir les Rem. du § 29) trois faits : 1) dans beaucoup de régions, la voyelle suivie d'un *e* dans l'écriture continue de se prononcer plus longue que lorsqu'elle est finale ; — 2) dans le Midi, on prononce la plupart des *e* muets derrière consonne ; — 3) dans la lecture des vers et dans la poésie chantée, beaucoup de *e* muets sont prononcés.

Hist. — L'*e* du fém. trouve son origine dans l'*a* final des noms fém. latins de la 1re déclinaison : *Amie < amica(m).* Cf. § 53. — Mais beaucoup de fém. ne remontent pas directement au latin : *marchande,* par ex., a été formé sur *marchand.* Cette observation vaut pour tout ce développement sur les marques du fém. en fr. — Comme nous l'avons dit au § 478, *a,* Hist., il y a aussi quelques masc. tirés de fém.

En anc. fr., les consonnes finales n'étaient pas muettes (cf. §§ 78-82), et l'*e* final était toujours prononcé (cf. § 28, Hist.). C'est depuis le XVIIe s. que le fém. graphique est séparé radicalement du fém. phonétique.

480   À moins qu'ils n'aient un féminin particulier (notamment en *-esse :* § 486), les **noms terminés par un** *e* dans l'écriture ne varient pas quand ils sont employés au féminin : *Un élève, une élève.* Tels sont :

acolyte	aigle (Rem. 1)	camarade	complice	cycliste
acrobate	arbitre	célibataire	concierge	dentiste
adepte	artiste	chimiste	condisciple ↓	disciple
adulte	athlète	cinéaste	conformiste	élève
adultère	automate	collègue	convive	émule (Rem. 4)
adversaire	bibliothécaire	comparse	copiste	énergumène
aide	bigame	compatriote	créole	esclave

fonctionnaire	interprète	novice	photographe	terroriste
garde	journaliste	otage	pianiste	touriste
gosse	libraire	partenaire	pique-assiette	violoniste
hôte (Rem. 2)	locataire	patriote	propriétaire	etc.
hypocrite	malade	pensionnaire	pupille	
imbécile	môme (très fam.)	philosophe	secrétaire	

Il faut y ajouter des ethniques : *Belge, Madrilène, Russe,* etc. ; — certains prénoms : *Camille, Claude, Dominique ;* — certains noms pour lesquels l'usage hésite : *Une sauvage,* etc. (§ 486, *a*).

Condisciple est donné uniquement comme masc. par l'Acad. et même par le petit *Robert.* L'emploi au fém. est pourtant courant.

Remarques. — 1. *Aigle* est cité ci-dessus en tant que, au féminin, le mot désigne la femelle :

L'aigle est FURIEUSE *quand on lui ravit ses aiglons* (AC.).

Appliqué au figuré à une femme, on dira d'ordinaire : *Cette femme n'est pas* UN *aigle.* Le féminin n'est pas fréquent :

Elle avait une amie [...], appelée Mlle Vaubois, absolument hébétée, et près de laquelle mademoiselle Gillenormand avait le plaisir d'être UNE *aigle* (HUGO, *Misér.,* III, II, 8).

Le féminin sert aussi, sans que le sexe intervienne, comme survivance de l'ancien usage (cf. Hist.), dans la langue du blason :

La base et les gradins étaient drapés superbement de toile d'or, semée près à près d'aigles NOIRES (É. BOURGES, *Les oiseaux s'envolent...,* Biblioth. Plon, t. I, p. 106). — *L'aigle* IMPÉRIALE (MONTHERLANT, *Bestiaires,* L.P., p. 108). — *UNE aigle d'armorial s'élève dans le vent* (SAINT-JOHN PERSE, *Vents,* II, 5). — *Les affiches rouges ou blanches, marquées de la croix gammée et de l'aigle* ALLEMANDE (Fr. CHÂTELET, *Chronique des idées perdues,* p. 133).

Le masc. se trouve cependant : *Un soldat Schveik, victime du coq jacobin autant que de l'aigle* PRUSSIEN (POIROT-DELPECH, dans le *Monde,* 2 mars 1979) [emploi figuré].

Hist. — *Aquila* était fém. en latin. Ses continuateurs le sont encore en provençal et dans certains dialectes. En anc. fr., le mot avait les deux genres, indépendamment du sexe. Cela est encore admis par Vaugelas (p. 299) et même par Littré. C'est à tort que le *Trésor* croit qu'il s'agit de la femelle dans ce vers (d'ailleurs rendu boiteux) de BAOUR-LORMIAN : *Poursuis, ô mon héros, ton généreux dessein. / On suspendrait* [ajouter : *plutôt ?*] *le vol de l'aigle* ALTIÈRE */ [...] / Qu'on ne détournerait tes pas audacieux / Du sentier de la gloire et des faits périlleux.*

2. On dit *une hôte* lorsqu'il s'agit de celle qu'on reçoit, mais *une hôtesse* pour celle qui reçoit :

Hôte « invitée » : *Alice et notre* HÔTE [= Anna] *me rejoignirent* (ESTAUNIÉ, *Labyrinthe,* p. 153). — *À maintes reprises, j'ai été l'*HÔTE *de Lady Beltham* [dit la baronne de Vibray] (P. SOUVESTRE et M. ALLAIN, *Fantômas,* I). — *Se tournant vers son* HÔTE, *assise, raide, sur une chaise dont ses maigres omoplates ne touchaient pas le dossier, il demanda : / — Me ferez-vous l'honneur d'accepter une tasse de thé ?* (EXBRAYAT, *Nez dans la luzerne,* p. 95.) — *La reine d'Angleterre pendant cinq jours* HÔTE *de la France* (titre dans le *Figaro,* 13-14 mai 1972). — Cf. *dame-hôte,* qui est reçue dans un monastère (M. NOËL, *Notes intimes,* p. 216).

Hôtesse « celle qui reçoit » : *Notre aimable* HÔTESSE *reçoit justement à dîner pour la première fois les voisins qui lui ont loué la Raspelière* (PROUST, *Rech.,* t. II, p. 884).

On trouve quelquefois *hôtesse* pour l'invitée : *Comte Ulric, jusqu'à demain nous voulons rester votre* HÔTESSE (MUSSET, *Barberine*, III, 11). — [...] *la somme de fatigues nouvelles que le soin de cette* HÔTESSE *infirme ajouterait aux soucis du ménage* (GIDE, *Symphonie past.*, M.L.F., p. 22). — Autre ex. : SAINTE-BEUVE, cit. *Trésor*.

3. D'autres noms, terminés par *e* au masculin, sont pris comme féminins de façon plus ou moins occasionnelle.

Ancêtre : Son arrière-grand'mère avait été une amie de J.-J. Rousseau et on eût dit qu'il avait hérité quelque chose de cette liaison d'UNE ancêtre (MAUPASS., C., Testament). — Au figuré : La Ziggourat, CETTE ancêtre des grands travaux (DANIEL-ROPS, Hist. sainte, Peuple de la Bible, t. I, p. 101).

Ange pour un ange du sexe féminin : C'est une femme aussi, c'est UNE Ange CHARMANTE (VIGNY, Poèmes ant. et mod., Éloa, I). — Autre ex. : VAN LERBERGHE, Chanson d'Ève, 1943, p. 168. — D'une femme, déguisée en ange : L'Ange était toujours dans la salle, ATTABLÉE devant une compote de beurre et de sardines (FLAUB., Éd. sent., II, 1). — À propos de la musique : BELLE Ange ARMÉE qui daigne marcher quelquefois, mais les ailes frémissantes, et PRÊTE à reprendre son vol vers le ciel (BERLIOZ, Mémoires, Premier voy. en Allem., IX). — Comp. : Elle chanta comme UNE ange (NERVAL, Pandora, éd. Guillaume, p. 95). — D'une femme, quoiqu'on dise plus souvent un ange : La reine pleura. C'est UNE ange (DESBORDES-VALMORE, Pauvres fleurs, Amnistie). — Vous saviez-vous à ce point ange GARDIENNE [...] ? (SAINT EXUPÉRY, Lettres à sa mère, 3 janv. 1936.) — Autres ex. : BALZAC, Pierrette, VI ; ZOLA, Terre, IV, 4.

Capitaine : LA capitaine de ces demoiselles [spectatrices d'un match de rugby] (G. DUHAMEL, Scènes de la vie future, XII). — UNE aimable capitaine de W.A.C.S., qui était déjà ici pendant la guerre (MAUROIS, dans les Nouvelles litt., 18 déc. 1947).

Guide au fém., normal au sens « scout de sexe féminin », se trouve aussi dans le sens « femme qui conduit » : MA jeune guide m'indique du doigt [...] une chaumière (GIDE, Symphonie past., M.L.F., p. 9). — Autre ex. : A. FRANCE, cit. D'Harvé, Parlons bien, p. 136.

[*Guide* a d'abord été un nom fém., aussi bien dans le sens « livre servant d'instruction » (jusqu'au XVIIIe s.) que dans le sens « personne qui conduit » (jusqu'au XVIIe s.) : La cour est mon autheur, mon exemple et MA guide (DU BELLAY, t. II, p. 78). — LA Guide des pecheurs [de Louis de Grenade] est encore un bon livre (MOL., Sganar., I). — Le mot est encore fém. aujourd'hui dans le sens de « lanière pour conduire un cheval ».]

Ilote au figuré : Vinet jeta sur sa femme ce terrible regard, fixe et froid, des gens qui exercent une domination absolue. LA pauvre ilote [...] (BALZAC, Pierrette, VI). — Leur république tourne le dos à la démocratie, CETTE ilote (Y. FLORENNE, dans le Monde, 17 févr. 1984, p. 2). — Autre ex. : COPPÉE, cit. Trésor.

Lâche : Si je ne monte pas sur le pont, je ne suis qu'UNE lâche (Clara MALRAUX, Nos vingt ans, p. 208).

4. Sans doute à cause de la finale, S. de Beauvoir emploie *émule* au féminin à propos d'un homme : Il [= A. Camus] n'aimait pas qu'on le prît pour UNE émule de Sartre (Force des choses, p. 215).

481   Quelques **autres noms** s'emploient au féminin en **gardant la forme du masculin.**

a) *Enfant* (cf. § 476, *b*, 1°, Rem. 2), *grognon, pied-noir, rien du tout, ronchon, snob, soprano, va-nu-pieds, touche-à-tout, sans-cœur* (§ 469, note 3) :

C'est une chose étrange [...] comme cette ENFANT est laide ! (FLAUB., Mme Bov., II, 6.) — Petite GROGNON, qui me reproches de ne pas t'avoir écrit assez tôt (MALLARMÉ, Corresp., cit.

Trésor). — *Une* PIED-NOIR *repliée à Paris* (S. de BEAUVOIR, *Force des choses*, p. 525). — *Il avait été réduit à permettre à cette* RIEN DU TOUT *de l'empêcher de crever de faim* (HUGO, *Homme qui rit*, II, I, 10). — *C'est une* RONCHON. — *Contre une* SNOB (PROUST, *Les plaisirs et les jours*, p. 77). — *Paméla est une* SNOB (M. MOHRT, *Ours des Adirondacks*, p. 73). — *Une* SOPRANO *dramatique* (petit *Robert*). — *C'est une* VA-NU-PIEDS (LITTRÉ).

Au lieu d'*une snob*, on dit aussi *une snobinette* (vieilli) : *Dans son personnage survolté de* SNOBINETTE, *elle réussit à crier plus fort que tout le monde* (R. KEMP, dans le *Monde*, 1er oct. 1952). — Autres ex. : J. LEMAITRE, *Contemporains*, t. VII, p. 97 ; BARRÈS, *Scènes et doctrines du nationalisme*, t. I, p. 211 ; PROUST, *Rech.*, t. II, p. 154.

Snobette est rare : *Que la snob de lecture essaye d'en conter là-dessus à d'autres* SNOBETTES (M. PRÉVOST, *Nouv. lettres à Françoise*, p. 63).

b) Les noms de familles s'emploient comme noms féminins s'il s'agit de femmes :

Elle y fait connaissance avec une certaine Dubois (APOLLIN., *Diables amoureux*, p. 232). — Autres ex. au § 428, *c.*

c) Les ethniques étrangers, surtout lorsqu'ils se terminent par des finales se prêtant mal à recevoir la marque du genre, s'emploient souvent tels quels au féminin (comp. § 544, *c*) :

UNE *Viking*, UNE *Ouolof*, UNE *Sioux*, UNE *Peau-Rouge*. — LA BELLE *moundang se tenait debout* (R. MARTIN DU GARD, *Thib.*, Pl., t. I, p. 991) [malgré la minuscule, il semble que *belle* soit un adjectif]. — *Ma mère est* UNE *Alur* (Fr. BASTIA, *Herbe naïve*, p. 164). — *Sa sœur est* UNE *Ouled-Naïl* (GIDE, *Immor.*, III). — Comp. *pied-noir* cité dans *a*).

Même des noms qui avaient traditionnellement un fém. particulier tendent à recevoir une forme commune aux deux genres : *esquimau*, par ex., ou *eskimo*, s'emploie pour *esquimaude* (§ 484).

Pour préciser le sexe lorsque les déterminants ne l'indiquent pas, on recourt à des périphrases avec *femme* (§ 491). On trouve même parfois celles-ci avec un déterminant qui marque le genre. *Les femmes* HERERO *arborent encore les robes tombant jusqu'aux chevilles* (dans *Vivant univers*, juillet-août 1981, p. 17). — *Landrecourt était* [...] *secrètement marié à une femme* ESQUIMAU (L. de VILMORIN, *Julietta*, cit. *Trésor*).

d) On observe aussi de l'hésitation, quand il s'agit de femmes, entre *un poison* ou *une poison* [5] ; — entre *une tatillon* et *une tatillonne*.

Pour *laideron* et *souillon*, voir § 476, *a*, Rem. — L'Acad. donne *une brouillonne ;* on trouve aussi *une brouillon :* QUELLE *brouillon que cette Hélène !* (G. CHÉRAU, *Prison de verre*, XI.)

e) D'autres noms encore, qui, dans la langue régulière, sont au masculin même à propos de femmes, reçoivent dans l'usage familier ou populaire le genre féminin : *Une chef, une professeur*, etc. Cf. § 476, *b*, 1°.

482 En même temps que par l'addition d'un *e*, certains féminins se caractérisent dans l'écriture par le **redoublement de la consonne finale du masculin.**

___

5. Ceci est sans rapport avec le fait que *poison* dans son sens ordinaire a été fém. (comme son étymon, le latin *potio*) jusqu'au début du XVIIe s. : SA DOUCE *poison* [de l'amour] *corrompt le sang, tant le mal nous enchante* (RONSARD, éd. V., t. I, p. 1). — Il est encore fém. dans certains dialectes, ainsi que dans le fr. pop. du Québec.

a) Redoublement de *l* pour les noms en *-el :* Colonel, colone**LLE**. Gabriel, Gabrie**LLE**.

On écrit : *Michelle* ou *Michèle ; Danielle* ou parfois *Danièle ; Emmanuelle* ou parfois *Emmanuèle.*

b) Redoublement de *n :*

1° Pour les noms en *-en, -on :* Gardien, gardie**NNE**. Baron, baro**NNE**.

EXCEPTION : *Un mormon, une mormon*E. — On écrit plus souvent *Lapon*E, *Letton*E, *Nippon*E, *Simon*E que *Lapon*NNE, etc.

Ex. de *Lapone* (ou *lapone* adjectif) : THÉRIVE, *Opinions littér.*, p. 19 ; A. ARNOUX, *Calendrier de Flore*, p. 336 ; J. BOREL, *Dépossession*, p. 204. — De *Laponne :* A. BELLESSORT, *Essai sur Volt.*, p. 176. — De *Lettone* (ou *lettone*) : M. BEDEL, *Traité du plaisir*, p. 161 ; MALRAUX, *Conquérants*, p. 34 ; A. ROUSSEAUX, dans le *Figaro litt.*, 6 oct. 1951. — De *Nippone* (ou *nippone*) : LOTI, *Japoneries d'automne*, p. 98 ; FARRÈRE, *Onzième heure*, p. 308 ; MORAND, *Rond-point des Champs-Élysées*, p. 101 ; DE GAULLE, *Mém. de guerre*, t. I, p. 172 ; TROYAT, *Tant que la terre durera...*, p. 467 ; R. BARTHES, dans *Tel quel*, automne 1971, p. 102 ; M. DUVERGER, dans le *Monde*, 30 nov. 1979 ; etc. — De *Nipponne* (ou *nipponne*) : LOTI, *op. cit.*, p. 101 ; FARRÈRE, *Civilisés*, VII.

On donne parfois à *démon* le fém. *démone : Que faisait à cela mon élégante* DÉMONE ? (CHAT., *Mém.*, I, III, 13.) — *Déesses, anges,* DÉMONES, *(...) portent aux plis de leurs noms le magique reflet d'innombrables aurores* (MAETERLINCK, *Double jardin*, p. 184). — *Elle* [une chatte] *est la* DÉMONE *révérée de ce logis* (COLETTE, *Paix chez les bêtes*, p. 140). — Autres ex. : JAMMES, *Caprices du poète*, III ; MONTHERLANT, *Jeunes filles*, p. 46 ; SARTRE, *Mur*, L.P., p. 74 ; A. DAVID-NÉEL, *Voyage d'une Parisienne à Lhassa*, 1972, p. 351 ; GRACQ, *Balcon en forêt*, p. 53 ; E. ROBLÈS, *Sirènes*, p. 154 ; etc. — On dit plus souvent *Un démon*, surtout comme terme péjoratif appliqué à une femme.

2° Pour *chouan, Jean, paysan, Valaisan, Veveysan :* Jean, Jea**NNE**.

Les autres noms en *-an*, les noms en *-in* et *-ain* ne redoublent pas l'*n :* Sultan, sult**ANE**. Orphelin, orphel**INE**. Châtelain, châtel**AINE**. (Pour *malin*, voir § 483.)

Remarquez *daim, daine*, par assimilation avec les noms en *-ain*. (Voir la Rem.)

Aujourd'hui, on dit *Un gitan, une gitane.* Mais on a dit *Un gitane, une gitane* et, auparavant, *Un gitano, une gitana*, comme en espagnol. Ces formes sont encore attestées au XXe s. : *Des* GITANES, *vêtus de loques écarlates, campèrent contre la grille du jardin* (Fr. MAURIAC, *Genitrix*, p. 189). — *L'attraction était un jeune* GITANE, *mince et beau* (M.-E. COINDREAU, trad. de : Tr. Capote, *Harpe d'herbes*, p. 132). — *Un couple de* GITANOS [en Espagne] (GIDE, *Journal*, t. I, p. 295). — *Je voudrais trouver un déguisement original... peut-être m'habiller en* GITANA (DABIT, *Hôtel du Nord*, XXXII). — Comp. § 529, Rem. 2.

Remarque. — Du point de vue de la prononciation, ces noms terminés au masculin par une voyelle nasale subissent deux modifications au féminin : apparition d'une consonne nasale [n] et dénasalisation de la voyelle :

[ã] → [A] : *sultan* [syltã], *sultane* [syltAn].

[ɔ̃] → [ɔ] : *lion* [ljɔ̃], *lionne* [ljɔn].

[ɛ̃] a deux aboutissements :

— [ɛ] dans les mots terminés par *-ain, -en* (et dans *daim*) : *Africain* [afʀikɛ̃], *Africaine* [afʀikɛn], *chien* [ʃjɛ̃], *chienne* [ʃjɛn], *daim* [dɛ̃], *daine* [dɛn] ;

— [i] dans les mots terminés par *-in : voisin* [vwazɛ̃], *voisine* [vwazin].

Pour *sacristain et copain*, il y a eu confusion des finales, et les féminins sont *sacristine* et *copine* (langue familière).

Sacristaine n'est pas inusité : LEMONNIER, *Vent dans les moulins*, XX ; BERNANOS, *Journal d'un curé de camp.*, p. 12 ; MAUROIS, *Art de vivre*, p. 180 ; H. WALTER, *Enquête phonologique et variétés régionales du fr.*, p. 139. [Déjà au XVIIᵉ s. : cf. Wartburg, t. XI, p. 32.]

Hist. — La voyelle de la forme fém. était autrefois nasalisée : *paysanne, lionne* se prononçaient [pɛizɑ̃nǝ], [ljɔ̃nǝ]. Quand, au XVIᵉ s., la prononciation eut cessé de nasaliser la voyelle au fém., on garda cependant l'ancienne orthographe. Mais un mot comme *sultane*, dont l'emploi n'est pas antérieur au XVIIᵉ s., ne s'est jamais prononcé avec nasalisation de *a* ; de là l'orthographe rationnelle *sultane*.

Par la même confusion que pour *sacristain, daim* a eu un fém. *dine*, encore signalé par des dictionnaires récents (comme le petit *Robert*), quoiqu'il soit sorti de l'usage.

Quidam, naguère prononcé (kidɑ̃), a eu un fém. analogique avec *sultan*, etc., *quidane*, lui aussi sorti de l'usage.

c) Redoublement du *t :*

1° Dans les noms en *-et* (sauf *préfet, sous-préfet*) : *Cadet, cade*TTE. (Mais *préfet, préf*ÈTE).

2° Dans *chat, boulot, boscot* (très fam.), *sot : Cha*TTE, *boulo*TTE, etc.

L'Acad. donne à *marmot* un fém. *marmotte ;* il est inusité. — Pour *linot, linotte*, voir § 474, *b*, Rem. 1.

Les autres noms en *-at, -ot* ne redoublent pas le *t* : *Avocat, avoca*TE. *Idiot, idio*TE. Au fém. traditionnel (mais peu fréquent : § 474, *a*) *rate*, « l'Académie des sciences a préféré *ratte* pour éviter toute confusion avec l'organe appelée *rate* » (Hanse).

Du point de vue phonétique, notons que [o] du masc. s'ouvre au fém. dans les mots en *-ot :* [so], [sɔt] ; [idjo], [idjɔt].

d) Redoublement de l's dans *métis* [metis], *méti*SSE [metis] ; *gros* [gʀo], *gro*SSE [gʀo:s] ; *profès* [pʀɔfɛ], *prof*ESSE [pʀɔfɛs], avec disparition de l'accent.

483   En même temps que par l'addition d'un *e*, certains féminins se caractérisent dans l'écriture par le **remplacement de la consonne finale du masculin :**

— *f → v : Veuf, veu*VE.

Cela concerne aussi la prononciation.

— *c → qu* (cf. § 92, *b*, 1°) dans *Franc* (nom de peuple), *Fran*QUE ; *laïc* (parfois : *laïque*), *laï*QUE ; *Frédéric, Frédéri*QUE ; *Turc, Tur*QUE. (En outre : *Grec, Gre*CQUE.)

Le *c* est muet dans *Franc.* Il se prononce [k] dans les autres masculins. — Le masc. *laïque* est constant pour le sens « partisan de la laïcité ».

— *x → s* pour les noms en *-eux* (sauf *vieux :* § 485) et pour *époux* et *jaloux :* *Ambitieux, ambitieu*SE. *Époux, épou*SE.

x → ss dans *roux, rou*SSE.

Le *x* est muet. Le fém. se caractérise phonétiquement par l'addition de [z] (écrit *s*) ou de [s] (écrit *ss*). — Historiquement, *x* a été substitué à *s :* cf. § 90, Hist.

— *Fils* [fis] → *fi*LLE [fij]. — *Loup* [lu] → *lou*VE [lu:v]. — *Sphinx* → *sphin*GE.
— *Malin* → *mali*GNE.

Loute sert de fém. à *loup* dans la langue de la tendresse. Avec redoublement : *louloute.*
— La langue pop. donne souvent à *malin* le fém. *maline* (cf. § 531, *e*).

484   En même temps que par l'addition d'un *e* dans l'écriture, quelques féminins se caractérisent aussi par l'**addition d'une consonne** dans l'écriture et dans la prononciation :

— Addition de *t* dans *chou* (fam.), *chou*TE ; *chouchou* (fam.), *chouchou*TE ; *favori, favori*TE ; *hobereau, hobereau*TE ; *rigolo, rigolo*TE. — Avec un double *t : coco, coco*TTE.

Hobereaute est dans peu de dictionnaires : *L'accoutrement de certaines* HOBEREAUTES *anglaises* (CURTIS, *Quarantaine*, p. 60). — *Ses manières de* HOBEREAUTES (M. TOURNIER, *Météores*, p. 202). — Autre ex. : LA VARENDE, *Centaure de Dieu*, p. 24. — Jammes a employé *hoberelle : L'amour, les muses et la chasse*, III.

— Addition de *s* dans *Andalou, Andalou*SE. — Avec un double *s : bêta, bêta*SSE.
— Addition de *d* dans *butor, butor*DE (vieilli) ; *Esquimau, Esquimau*DE (cf. § 481, *c ;* Damourette et Pichon, t. I, p. 303, note, signalent *esquimale*).
— Addition de *v* dans *bailli, bailli*VE.
— Addition de *n* dans *mimi* (lang. enfantin), *mimi*NE.

Hist. — Les fém. *Andalouse* et *baillive* s'expliquent par d'anciens masc. *Andalous* (de l'esp. *Andaluz*), *baillif.* — *Favorite* est empr. de l'ital. *favorita.* — Les autres fém. sont analogiques.

Littré et le *Dict. gén.* signalent pour *faisan* un fém. *faisande.* Cette forme est sortie de l'usage. On dit *faisane.*

485   En même temps que par l'addition d'un *e* dans l'écriture, certains féminins se caractérisent par d'**autres phénomènes** encore :

a) Les noms en *-er* prennent un accent grave sur l'*e ;* phonétiquement, on a l'addition d'une consonne et l'ouverture de la voyelle : *Berger* [bɛRʒe], *bergère* [bɛRʒɛR].

b) Les noms en *-eau* [o] font leur féminin en *-elle* [ɛl] : *Chameau, chamelle.* — Un phénomène analogue s'observe dans *fou* [fu], *folle* [fɔl] ; *vieux* [vjø], *vieille* [vjɛj].

Hist. — Ces fém. s'expliquent par d'anciens masc. terminés par *l : Chamel, fol, vieil.* Nous avons des restes de certaines de ces formes : voir § 46, *e.* Comp. aussi § 504, Hist.

b. Addition et modification de suffixe

486 Le suffixe *-esse* s'ajoute aux mots suivants.

a) Sans modification du masculin (sauf la chute de l'*e* final) :

âne	contremaître ↓	hôte ↓	pair	sauvage ↓
borgne ↓	diable	ivrogne ↓	pape	Suisse ↓
bougre (très fam.)	drôle	maître ↓	pauvre ↓	tigre
chanoine	druide	mulâtre ↓	prêtre	traître ↓
clown	faune ↓	notaire ↓	prince	type (très fam.)
comte	gonze (très fam.)	ogre	quaker	vicomte

Un *âne, une* ÂNESSE. — *Une* CLOWNESSE [klunɛs] *débraillée de mi-carême* (WILLY et COLETTE, *Claud. s'en va,* p. 228). — *Un quaker* [kwɛkœr], *une* QUAKERESSE [kwɛkrɛs].

Contremaîtresse, parfois *contredame :* VAN DER MEERSCH, *Compagne,* p. 65 ; dans le *Monde,* 19 sept. 1975, p. 26 (à Villefranche-sur-Saône).

Notairesse « femme de notaire », lui-même vieilli (§ 475, *b*), avait une variante *notaresse,* fréquente chez BALZAC (*Birotteau,* XII ; etc.).

Un certain nombre des noms cités ci-dessus ont en concurrence un autre féminin, semblable au masculin (conformément à la règle du § 480) :

Une **borgne** (moins dépréciatif que *borgnesse*) : *Vous aurez affaire à une* BORGNE (Y. GANDON, *Captain Lafortune,* p. 38). [*Borgnesse* est assez rare : *Je suis une* BORGNESSE (R. VAILLAND, *Bon pied bon œil,* II, 3).]

Une faune est dans Littré (qui ignore *faunesse,* lancé par les romantiques).

Une hôte : § 480, Rem. 2.

Une **ivrogne** : *À t'entendre,* [...] *on dirait que je suis une vieille* IVROGNE (Cl. SIMON, *Herbe,* p. 177).

Pour **maître,** il est exceptionnel de le trouver comme forme fém. (c'est-à-dire avec des déterminants fém.) ; pourtant, Flaubert, dans ses lettres à George Sand, emploie les appellations de *chère maître, chère bon maître, chère et vaillant maître* (cf. *Corresp.,* t. III, p. 300 ; t. IV, pp. 7, 210, 212 et *passim*). — Ce qui est fréquent, c'est que l'on se serve de la forme masc. *maître* à propos de femmes. En se spécialisant dans le sens « femme avec qui on a des rapports sexuels en dehors du mariage », *maîtresse* devenait difficile, voire impossible, dans ses autres emplois : *Sa femme fut le* MAÎTRE (FLAUB., *Mme Bov.,* I, 1). — MAÎTRE *merveilleux, elle communiquait sa passion à ses élèves* (A. SIEGFRIED, dans le *Figaro littér.,* 5 avril 1952). — Même appliqué aux choses (c'est-à-dire quand disparaissent les dangers d'une fausse interprétation), *maître* concurrence *maîtresse : La conception scandinave du bien public* [...] *n'y règne pas en* MAÎTRE (Emm. TODD, *Le fou et le prolétaire,* p. 130). — *Une grande puissance entend se démontrer aussi* MAÎTRE *de l'escalade que du contrôle* (A. GLUCKSMANN, *Cynisme et passion,* p. 151) [emploi qui se rapproche de l'adjectif].

Une mulâtre se dit parfois, constatent Robert et d'autres lexicographes.

Une pauvre : C'est une PAUVRE, *dit le sergent* (HUGO, *Quatrevingt-tr.,* I, 1). — *J'ai l'air d'une petite* PAUVRE *à tes pieds* (LOUŸS, *Aphrodite,* II, 7). — *Tout ce récit a été dit d'une voix larmoyante de petite* PAUVRE (COURTELINE, *Paix chez soi,* IV). — *Vivre comme une* PAUVRE (PLISNIER, *Faux passeports,* p. 77). — *La petite* PAUVRE *de Saint-Saulve* (A. STIL, *Seize nouvelles,* p. 33).

Une **sauvage** est plus fréquent qu'*une sauvagesse : Voilà une petite* SAUVAGE *qui n'a pas l'air trop rébarbatif* (MUSSET, *Barberine*, III, 1). — *Je suis ici une nouvelle venue, une vraie* SAUVAGE (SAND, *Homme de neige*, t. I, p. 162). — *Elle s'habille comme une* SAUVAGE (ZOLA, *Faute de l'abbé Mouret*, I, 9). — *J'étais une* SAUVAGE (J. GREEN, *Autre*, p. 235). — *Tu es comme une* SAUVAGE (Fr. SAGAN, *Merveilleux nuages*, L.P., p. 92). — Etc. [On dit aussi *une sauvageonne :* § 487.]

Une **Suisse,** plus rare qu'*une Suissesse* dans la langue soignée : *Cette femme était une* SUISSE *italienne* (R. GRENIER, *Maison place des Fêtes*, p. 140).

Une **traître** est de la langue familière : *Ici a été fusillée une* TRAÎTRE, *qui se vendait aux Boches* (B. BECK, *Léon Morin, prêtre*, p. 157). — *Il l'appela profiteuse, vendue*, TRAÎTRE, *criminelle* (E. CHARLES-ROUX, *Elle, Adrienne*, p. 347). — Comp. l'adj. au § 535, *a.* — Pour l'expression *en traître*, voir § 339, *b.*

On peut ajouter quelques féminins plus rares en -*esse :*

Boyesse « servante indigène » dans le fr. d'Afrique : R. MARAN, *Batouala*, p. 65.

Bufflesse : § 474, *a.*

Centauresse, en termes de mythologie : *On y voyait des* CENTAURESSES *montées par des étalons* (LOUŸS, *Aphrodite*, II, 1). — Autres ex. : A. FRANCE, *Orme du mail*, IV ; GIRAUDOUX, *Siegfried*, II, 1. — Au fig. : *La fille d'Éva, Amédée, petite* CENTAURESSE *hardie et intraitable qui galope à douze ans avec les gardians de son père* (P.-H. SIMON, dans le *Monde*, 30 juillet 1970).

Cheffesse existe dans la langue populaire. Aussi à propos de la Polynésie : *Un collier à trois rangs de petites coquilles blanches, don de la* CHEFFESSE (LOTI, *Mariage de Loti*, I, 42). — *Une des filles de la* CHEFFESSE *Arii Taimai Salmon* (M. DÉON, *Déjeuner de soleil*, p. 116).

Consulesse : FARRÈRE, *Seconde porte*, p. 130 ; LYAUTEY, *Lettres de jeunesse*, p. 163.

Mairesse « femme du maire » : L. HALÉVY, *Abbé Constantin*, VI ; BERNANOS, *M. Ouine*, Pl., p. 1403 ; — « femme exerçant les fonctions de maire » : BEDEL, *Jérôme 60° latitude nord*, VII ; S. de BEAUVOIR, *Deuxième sexe*, t. I, p. 395 ; A. CLÉMENT, dans le *Monde*, sélection hebdom., 7-13 mars 1968.

Peintresse est senti comme ironique ou péjoratif par l'usager ordinaire. Ces nuances sont pourtant absentes dans les ex. suivants : APOLLIN., *Chroniques d'art*, p. 39 ; THÉRIVE, dans le *Temps*, 11 févr. 1937 ; BILLY, *Narthex*, p. 97 ; G. SADOUL, dans les *Lettres franç.*, 7 févr. 1947 ; CLAUDEL, *Journal*, t. I, p. 913 ; PIEYRE DE MANDIARGUES, cité par Kanters, dans le *Figaro litt.*, 21 mai 1971.

Singesse désigne rarement un singe femelle (on dit *guenon*) : J. ANGLADE, *Voleur de coloquintes*, p. 145. — On le trouve un peu plus souvent au figuré : *C'était vraiment une déliceieuse petite* SINGESSE (A. DAUDET, *Port-Tar.*, II, 3). — *Un trémoussement hideux de singes et de* SINGESSES *ivres* (MONTHERLANT, *Le chaos et la nuit*, p. 264). [Emploi attesté plusieurs fois chez Montherlant.] — Voir aussi COLETTE, *Retraite sentimentale*, Sel., p. 56.

À cela s'ajoutent d'autres noms plus rares encore, certains archaïques : *Apothicairesse, bonzesse* (ou *bonzelle*), *câpresse, félibresse, jésuitesse, ladresse, larronnesse, merlesse* (§ 474, *a*), *minimesse, ministresse, moinesse* (§ 490), *piffresse, satyresse, seigneuresse, stewardesse* (ou *-ess*), *Turquesse, vidamesse.*

Patronnesse, ordinairement *dame patronnesse*, emprunté à l'anglais, ne correspond pas, quant au sens, au masc. *patron.*

b) Avec modifications du masculin :

abbé, abbesse	dieu, déesse	nègre, négresse
devin, devineresse	doge, dogaresse	poète, poétesse
diacre, diaconesse	duc, duchesse	prophète, prophétesse.

Voir aussi § 489, *c.*

Hist. — Ce suffixe (du latin vulg. *-issa*, d'origine grecque) était la marque ordinaire du fém. des noms en anc. fr. — *Singesse*, par ex., a été courant jadis. — *Devineresse* a été d'abord le fém. de *devineur* (cf. § 489,.c).

487   Autres suffixes.

-ine dans *héros, héroïne ; speaker* [spikœʀ], *speakerine* [spikʀin] ; *tsar, tsarine ; gosse, gosseline* (pop.) ; *Victor, Victorine ; Jacques, Jacqueline* et d'autres prénoms.

-ette dans *merle, merlette* (§ 474, *a*) ; *Yves, Yvette ; Henri, Henriette.* En outre, *snob, snobinette* (§ 481, *a*).

-otte dans *Charles, Charlotte.* [*Charlot* n'est qu'une forme hypocoristique de *Charles.*]

-onne dans *buffle, bufflonne* (§ 474, *a*) ; *sauvage, sauvageonne* :

Il se mit à ironiser et à parler plaisamment des SAUVAGEONNES *qui rêvent automobiles et bals de préfecture* (AYMÉ, *Gustalin*, p. 134). — Autres ex. : ZOLA, *Au Bonheur des Dames*, V ; R. MARTIN DU GARD, *Thib.*, Pl., t. I, p. 749 ; TROYAT, *Tendre et violente Élisabeth*, p. 49. — Concurrents : § 486, *a.* — *Sauvageon* « garçon sauvage » est rare : ex. de R. BAZIN dans la *Mode illustrée*, 23 févr. 1890, p. 64. — Zola écrit *ce sauvageon* à propos d'une fille (*Terre*, I, 3) ; c'est un emploi métaphorique de *sauvageon* « arbre venu naturellement ».

-ie dans des prénoms : *Émile, Émilie ; Léon, Léonie ;* etc.

-taine dans *chef, cheftaine* (empr. à l'angl.) dans le vocabulaire du scoutisme.

-aise dans *Basque, Basquaise.* (On dit aussi *une Basque.*)

-esque dans *Maure, Mauresque* (qui s'employait aussi comme masc.).

-ide dans *sylphe, sylphide ; gnome, gnomide* (très rare).

488   Suppression ou substitution de suffixes.

a) Suppression dans *canard, cane ; compagnon, compagne ; dindon, dinde ; loup-cervier, loup-cerve ; mulet, mule ; vieillard, vieille.*

La langue littéraire emploie parfois **compagnonne,** souvent péjoratif : *Une duègne, affreuse* COMPAGNONNE (HUGO, *Ruy Blas*, IV, 7). — *La* [chambre] *tannée reçut la Duègne, comme assortie à l'âge de la* COMPAGNONNE (Th. GAUTIER, *Capit. Fracasse*, V). — *Sa* COMPAGNONNE (BLOY, *Femme pauvre*, p. 269). — *Ce qu'il lui faut, ce sont ses bois, son travail de charbonnier, sa liberté. Sa liberté !... C'est une rude* COMPAGNONNE... (G. CHÉRAU, *Séverin Dunastier*, p. 224.)

L'Acad. ne donne pas **vieillarde.** Ce fém., selon Littré, est « employé seulement avec une nuance de mépris dans le style moqueur et satirique » : *Les oliviers regardent passer dans leur auto des* VIEILLARDES *peintes* (Fr. MAURIAC, *Province*, p. 21). — *Avant six mois, je t'aurai cassée comme une* VIEILLARDE (SARTRE, *Mouches*, III, 1). — *Phèdre n'est pas une* VIEILLARDE *se traînant aux pieds d'un gigolo* (P. GUTH, *Naïf aux 40 enfants*, p. 219). — *Dans les traits de l'hilare* VIEILLARDE (J. GREEN, *Malfaiteur*, p. 61). — *Courir au chevet d'une* VIEILLARDE *Picolet, c'était déjà répudier l'époux Fallien* (Fr. NOURISSIER, *Histoire franç.*, p. 118). — *Vieillarde ne se prend pas toujours en mauvaise part : La mort de la première prieure,* VIEILLARDE *sainte,* [...] *est d'une grande beauté* (R. KEMP, dans les *Nouv. littér.*, 17 nov. 1949). — *Ce sont les grandes* VIEILLARDES *solitaires, qui constituent la couche la plus défavorisée de la population* (S. de BEAUVOIR, *Vieillesse*, p. 279).

Hist. — Si nous parlons de suppression de suffixe, c'est d'après le sentiment de l'usager moyen. En réalité, les masc. dérivent d'autres formes masc. Pour *dindon*, voir § 467, *c*.

b) Substitution de suffixes ou de finales dans *chevreau, chevrette ; chevreuil, chevrette ; gouverneur, gouvernante ; lévrier, levrette ; perroquet, perruche* (cf. § 474, *b*, Rem. 1) ; *pierrot, pierrette ; poney, ponette ; salaud, salope* (vulg.). — On peut y joindre *roi, reine ; neveu, nièce,* — ainsi que les anglicismes comme *un sportsman,* [spɔʀtsmʌn], *une sportswoman* [spɔʀtswumʌn] ; *un barman, une barmaid* [bʌʀmɛd].

N.B. — *Pouliche* n'est pas le fém. de *poulain :* une pouliche est une jeune jument jusqu'à l'âge adulte, mais qui n'a plus l'âge d'un poulain.

Hist. — Si nous parlons de substitution de suffixe, c'est d'après le sentiment de l'usager actuel. Par ex., *levrette* est la forme contractée de *levrerette* (GACE DE LA BUIGNE, 8956), dérivé en -*ette* (§ 487) de *lévrier ; — reine* vient du lat. *regina,* dérivé en -*ina* (cf. -*ine,* § 487) de *rex,* accusatif *regem* (> *roi*).

Pour *sacristine* et *copine* (§ 482, *b,* Rem.), on peut parler vraiment de confusion de finales.

489   Noms en -*eur*.

a) Les noms en -*eur* [œʀ] qui dérivent d'un verbe français font leur féminin en -*euse* [øz] : *Menteur, ment*EUSE. *Voleur, vol*EUSE.

Ce féminin s'applique aux noms auxquels on peut faire correspondre un participe présent en remplaçant -*eur* par -*ant*. EXCEPTIONS : *Exécuteur, inspecteur, inventeur, persécuteur,* qui changent -*teur* en -*trice* (cf. *b*) : *Exécutrice,* etc. ; — certains féminins en -*eresse* (cf. *c*).

Hist. — En moyen fr., *r* final s'est amuï (§ 82) et les noms en -*eur* ont été prononcés comme les mots en -*eux* (cf. aussi § 168, 31). Ceux-ci ont donné leur fém. en -*euse* (< lat. -*osam*) à ceux-là.

b) Les noms en -*teur* qui ne dérivent pas d'un verbe français font leur féminin en -*trice : Directeur, direc*TRICE.

En outre : *Ambassadeur, ambassa*DRICE ; *empereur, impéra*TRICE.

Débiteur (« celui qui débite »), *débit*EUSE (cf. *a*) ; *débiteur* (« celui qui doit »), *débi*TRICE. Cette distinction est fortement menacée, *débitrice* s'employant souvent pour désigner une employée qui débite, l'Acad. elle-même le reconnaît.

Chanteur fait ordinairement *chanteuse. Cantatrice* se dit d'une chanteuse professionnelle spécialisée dans l'opéra.

Enquêteur devient *enquêt*EUSE, d'après le *a)* ci-dessus. °*Enquê*TRICE lui fait une forte concurrence : *Comme* ENQUÊTRICES *directes aussi, les femmes sont supérieures aux hommes* (VAN GENNEP, *Manuel de folklore fr. contemp.,* t. I, p. 62).

Procureur fait au fém. *procura*TRICE quand il signifie « celui qui a reçu pouvoir d'agir pour un autre ». *Procur*EUSE se disait de la femme du procureur (magistrat).

Autocrate, comme titre des tsars, avait un fém. *autocra*TRICE : La Sérénissime et très puissante Princesse et dame Catherine Seconde, Impératrice et AUTOCRATRICE *de toutes les Russies* (TROYAT, *Catherine la Grande,* p. 214). — Troyat emploie aussi *autocrate* au fém. : *Ses décisions sont d'une* AUTOCRATE (*ib.,* p. 242).

Hist. — Le fém. en *-trice*, empr. du lat. *-trix*, sert pour le masc. en *-teur*, lui-même empr. du lat. *-tor : Accusator*, fém. *accusatrix*. — *Cantatrice* et *ambassadrice* ont été pris à l'ital. — Au lieu d'*autocrate*, on employait aussi la forme latine *autocrator* (ce qui explique le fém. en *-trice*).

c) Enchanteur, pécheur, vengeur changent *-eur* en ***-eresse : Enchant*E RESSE, *péch*ERESSE, *veng*ERESSE (assez rare).

De même, *bailleur, défendeur, demandeur* et *vendeur* dans la langue juridique, *charmeur* et *chasseur* dans la langue poétique. — Dans l'usage courant, on a les féminins *demandeuse, vendeuse, charmeuse, chasseuse*.

°*Emmerdeur* (trivial), a, à côté d'*emmerdeuse*, une variante *emmerderesse : Certains de mes interlocuteurs finirent par me considérer comme dangereuse. Mais l'ensemble me tint seulement pour une emmerderesse* (L. WEISS, *Tempête sur l'Occident*, 1976, p. 363). [L'auteur se justifie en note : « Mot créé par Valéry. »] — Autres ex. : POIROT-DELPECH, dans le *Monde*, 22 oct. 1976 ; C. CLÉMENT, *Vies et légendes de Jacques Lacan*, p. 122 ; BRASSENS, cit. dans Cellard et Rey, *Dict. du fr. non conventionnel*.

La langue familière emploie ***doctoresse*** comme féminin de *docteur* (en méde cine). Cette forme se trouve aussi dans la langue écrite :

Il a une sorte de maladie nerveuse que la DOCTORESSE *soigne selon une méthode toute nouvelle* (GIDE, *Faux-monn.*, p. 219). — *Son amie, la* DOCTORESSE *A.B.C., a décelé dans mon écriture des indications d'homosexualité* (LÉAUTAUD, *Journal litt.*, 30 sept. 1951). — *Elle avait vu sa* DOCTORESSE *la veille* (G. GENNARI, *Mois d'août à Paris*, p. 205). — *Lafay recruta triomphalement* [pour une liste politique] *une* DOCTORESSE, *Marguerite Émile Zola* (Edgar FAURE, *Mémoires*, t. I, p. 154). — Autres ex. : BOURGET, *Divorce*, IV ; Lar. XX*ᵉ* s., s.v. *M. Harry ;* HERMANT, *Théâtre (1912-1913)*, p. 197 ; AUDIBERTI, *Maître de Milan*, p. 33 ; S. de BEAUVOIR, *Force des choses*, p. 464 ; etc.

Comme mot en apostrophe, on dit toujours *docteur*, forme qui s'emploie aussi pour les personnes qui ne sont pas médecins : *C'est un mot canadien que Mlle Carmen Roy*, DOCTEUR *de l'Université de Paris, vient de nous apprendre* (Ch. BRUNEAU, dans le *Figaro litt.*, 18 juillet 1953).

Pastoresse, « femme de pasteur (protestant) », est dans peu de dictionnaires. Ex. : GIDE, *Faux-monn.*, I, 12 ; M. OLIVIER-LACAMP, *Chemins de Montvézy*, p. 49. — En Suisse, on dit parfois *pastourelle*.

Sur *autoresse* et ses variantes, voir § 476, *b*, 1°.

Hist. — Les noms en *-eur* faisaient leur fém. en *-eresse* en anc. fr. : *Danseresse, mente resse, tromperesse*, etc. Ce procédé a été évincé par *-euse* (cf. *a*), sauf dans les mots énumérés ci-dessus. — En réalité, le suffixe est *-esse* (cf. § 486), mais ajouté au cas sujet masc. *dansere*, etc.

d) Inférieur, mineur, prieur et *supérieur* forment leur féminin par l'addition de **e** : *Inférieur*E, etc.

Ce sont des adjectifs (ou d'anciens adj.) au comparatif pris comme noms : cf. § 534, *c*.

e) Les noms en **-seur, -sseur** empruntés du latin n'ont pas de fémi nin : *Elle est mon successeur*. Cf. § 476, *b*, 1°.

c. Autres cas

490   **Le masculin et le féminin ont des radicaux différents.**

Un certain nombre de noms ne s'appliquent qu'à un sexe (cf. §§ 474, *b*, Rem. 2 ; 475, *c*). On peut citer des correspondances lexicales comme les suivantes :

amant, maîtresse	gendre, bru	papa, maman
bélier, brebis	Hébreu, Juive	parrain, marraine
bouc, chèvre ↓	homme, femme	père, mère
cerf, biche	jars, oie	sanglier, laie
chien de chasse, lice	jeune homme, jeune fille	scout, guide
compère, commère ↓	lièvre, hase ↓	seigneur, dame
confrère, consœur ↓	mâle, femelle	singe, guenon ↓
coq, poule	mari, femme	taureau, vache ↓
étalon, jument ↓	matou, chatte	valet de chambre,
frère, sœur	moine, religieuse ↓	femme de chambre
garçon, fille ↓	monsieur : § 475, *b*	verrat, truie ↓
garçonnet, fillette ↓	oncle, tante	

Chèvre a *bique* comme concurrent dans la langue familière.

Commère, au sens de « personne bavarde et médisante », s'applique parfois aux hommes.

Consœur [lat. *cum*, avec, et *sœur*] se dit proprement des femmes considérées par rapport à d'autres femmes du même ordre religieux ou de la même association. Aussi un homme, parlant d'une femme faisant partie de la même association que lui, écrira : *Je suis bien en retard avec vous, mon cher* CONFRÈRE *et chère lectrice* (FLAUB., *Corresp.*, t. III, p. 84). — *Mlle Danielle Hunebelle, notre dynamique et brillant* CONFRÈRE (É. HENRIOT, dans le *Monde*, 21 sept. 1955). — Pourtant, même dans ce cas, *consœur* se répand : *Poétesse déplaît à nos* CONSŒURS (DAUZAT, dans le *Monde*, 13 déc. 1950). — Autres ex. : R. KEMP, dans les *Nouv. litt.*, 21 déc. 1950 ; Cl. MAURIAC, dans le *Figaro litt.*, 3 févr. 1951 ; H. TORRÈS, *Accusés hors série*, p. 264 ; THÉRIVE, *Clinique du langage*, p. 18 ; P.-H. SIMON, dans le *Monde*, sélection hebdom., 25 sept.-1er oct. 1969.

Jument : cavale appartient au style poétique.

Garçonne, lancé par un roman de V. Margueritte (1922), est péjoratif. — *Garce* (fém. de *gars*) est vulgaire et très dépréciatif.

Garçonnette a été risqué par Chateaubriand : *Voici une* GARÇONNETTE *de cinq à six ans assise sur le seuil de la porte d'une chaumière* (*Mém.*, IV, V, 10).

Le *lièvre* mâle (ou le *lapin* mâle) est parfois appelé *bouquin* par les chasseurs.

Moinesse existe avec une nuance péjorative ou du moins plaisante : *La rue des Capucines, que l'onomastique voue à des plantes grimpantes ou à des* MOINESSES (M. LEIRIS, *Ruban au cou d'Olympia*, p. 31). — La même connotation vaut pour *nonne*, *nonnain* (vieilli), — ainsi que, en Belgique, pour *nonnette* et *béguine*. — On a encore *moniale*, plus technique. [Sans doute aphérèse (parce qu'on a cru y voir *sancti*, saint, + *moniale*) de l'anc. et moy. fr. *sanctimoniale*, de même sens (empr. du lat. *sanctimonialis*, dérivé de *sanctimonia*, sainteté). — Autre explication : nominalisation au fém. de l'adj. *monial*, dérivé de *monie*, anc. forme de *moine*.]

Pour *singesse*, voir § 486, *a*. — Pour le sens de *guenon*, voir § 474, *b*, Rem. 1.

Taureau, *vache*, voir aussi § 474, *b*, Rem. 2.

Verrat ou *porc* (qui sert aussi de nom générique). — Pour *truie*, l'Acad. donne le synonyme *coche ;* celui-ci est sorti de l'usage en fr. commun, mais il subsiste dans les patois. On le trouve parfois au fig. et péjorativement à propos d'une femme (langue très fam.) : ex. d'A. Arnoux dans le *Trésor*. — *Cochonne*, attesté uniquement au fig., est très fam. : *Je l'ai toujours pensé que c'est une rude* COCHONNE (Mirbeau, *Journal d'une femme de chambre*, III).

491   **Noms n'ayant qu'un genre.**

Certains noms ne possèdent qu'un genre alors qu'ils peuvent désigner des hommes ou des mâles aussi bien que des femmes ou des femelles (cf. §§ 474, *b ;* 476, *b*). Lorsqu'on veut préciser le sexe de l'être désigné, on doit donc ajouter au nom des mots comme *masculin, féminin, homme, femme* (pour les êtres humains), *mâle, femelle* (pour les animaux, parfois pour des personnes, mais *femelle* est alors presque toujours péjoratif), etc. :

> *Retour en force des ladies à Hollywood. Comme faire-valoir des stars* MASCULINES ? (dans l'*Express*, 26 mars 1981, p. 20.) — *Je laissai aller ma mégère* MASCULINE (Chat., *Mém.*, III, II, x, 5). [L'application de *mégère* à un homme est exceptionnelle.] — *Auprès des Machiavels* FÉMININS, / *les Metternich les plus Metternich sont des nains* (E. Rostand, *Aiglon*, IV, 2). — *Cadre* FÉMININ *expert* [...] / *recherche poste à responsabilité commerce international* (annonce, dans le *Monde*, 30 janv. 1981, p. 27). — *Une* FEMME *sculpteur* (Proust, *Rech.*, t. I, p. 467). — *Des* FEMMES *forçats* (Troyat, *Tchekhov*, p. 150). — *Des combats simulés entre* FEMMES-*médecins et sages-femmes* (J. Soustelle, *Aztèques*, p. 93). — *Tous les écrivains* FEMMES (Giraudoux, *Suzanne et le Pacifique*, p. 7). — *Jamais, avant cet hiver, on n'avait vu* [...] *tant de peintres* FEMMES *prouver qu'elles ne le cèdent point aux hommes en tant qu'artistes* (Apollin., *Chroniques d'art*, 5 avril 1912). [Il emploie aussi *peintresse* (cf. § 486, *a*).] — *Le* MÂLE *de la lulu* (J. Delamain, dans le *Figaro litt.*, 12 juillet 1952). — *Un hippopotame* MÂLE. *Une girafe* MÂLE. — *La* FEMELLE *du moustique suce le sang.* — *Un banquier sans héritiers* MÂLES (Balzac, *Honorine*, Pl., p. 250). — *Le prêtre découvre que Clarimonde est un vampire* FEMELLE (T. Todorov, *Introd. à la littér. fantastique*, Points, p. 144). — Cf. *dame-hôte* au § 480, Rem. 2.

> *Coq* et *poule* servent pour certains oiseaux que l'on chasse : *Coq faisan, poule faisane ; coq perdrix, poule perdrix. Coq de perdrix* est dans Robert ; il est surtout usité en Belgique ; de même que *coq de faisan, poule de faisan.* — Cf. M. Lenoble, *Langage de la chasse. Gibiers et prédateurs*, p. 233.

> *Père* et *mère* servent aussi pour les animaux lorsque les circonstances s'y prêtent : *La* MÈRE *condor fondit sur moi* (Genevoix, *Laframboise et Bellehumeur*, dans Grevisse, *Dictées franç.*, 9e éd., p. 34).

Pour diverses raisons, ces indications peuvent apparaître même avec des noms qui connaissent la variation selon le sexe : *Une* FEMME *poète* (Sainte-Beuve, *Port-Royal*, IV, 6). — *Depuis la mort de la grande Marie Noël, nos* FEMMES *poètes se font rares* (A. Bosquet, dans le *Monde*, 27 déc. 1969). — *Un soupir, s'il vous plaît, à la poète* FILLE (Desbordes-Valmore, *Pauvres fleurs*, Élisa Mercœur). — *Plusieurs* FEMMES-*avocats mènent campagne sur le viol* (M. Solat, dans le *Monde*, 30 oct. 1977). — *Elle était souvent vêtue de jupes-culottes, comme en portaient alors les* DAMES *cyclistes* (Fr. Mauriac, *Pharisienne*, XIII). [La précision est nécessaire.] — *Enseignements maternels que donnent aussi, à leurs petits, l'hirondelle, la* MÈRE *lièvre, la chatte* (Colette, *Sido*, L.P., p. 44). — *Nos cousines germaines, les singes* FEMELLES *supérieurs* (Él. Badinter, *Amour en plus*, p. 10). — *Lors des ouvertures du mois*

d'août (1ᵉʳ août pour les cerfs MÂLES, *23 août pour les cerfs* FEMELLES *et les chamois)* (dans le
Monde, 26 juin 1981, p. 32). — Voir aussi les ex. de Sagan et de Cl. Malraux au § 479, Rem.
1 ; en outre, § 481, *c.*

　　Remarques. — 1. On ne met pas de trait d'union ordinairement dans les
formules comme *femme peintre* ou *peintre femme.*

　　2. Pour l'accord des mots se rapportant à des syntagmes comme *femme
professeur* et *professeur femme,* voir § 423, *b.*

SECTION 3. — LE NOMBRE

I. — PROBLÈMES GÉNÉRAUX

492　　Au contraire du genre, le **nombre** n'est pas un caractère du
nom considéré en soi, mais il correspond aux besoins de la communication.

　　Il y a deux nombres en français : le **singulier** et le **pluriel.**

　　Le plus souvent, ils s'emploient à propos d'êtres ou de choses
qui peuvent être comptés. On utilise le **singulier** quand on
désigne un seul être ou une seule chose, ou, pour les noms collectifs (§ 452, *c*), un seul ensemble :

　　Un soldat. Un cheval. Une pomme. — Un essaim. Ce régiment.

　　On utilise le **pluriel** quand on désigne plus d'un être ou plus
d'une chose, ou, pour les noms collectifs, plus d'un ensemble :

　　Dix soldats. Trois chevaux. Toutes les pommes. — Deux essaims. Ces régiments.

　　La plupart des noms connaissent la variation en nombre (dont les règles sont
exposées aux §§ 500-525). Pourtant, il y en a qui ne sont usités qu'au singulier (§ 494)
ou qu'au pluriel (§ 495). D'autres présentent entre le singulier et le pluriel une autre
opposition que celle de l'unité à la pluralité (§ 496). D'autres peuvent s'employer au
singulier ou au pluriel sans que cela ait un rapport avec les notions d'unité ou de
pluralité (§ 498). Ce phénomène est parfois purement graphique (§ 499).

493　　**Valeurs particulières du singulier et du pluriel.**

　　a) Le **singulier** peut avoir une valeur **générique,** c'est-à-dire qu'il peut concerner tous les représentants de la catégorie envisagée :

　　Protéger LA VEUVE *et* L'ORPHELIN. *Regarder quelqu'un d'*UN ŒIL SOUPÇONNEUX. *N'avoir
rien à se mettre sous* LA DENT. — *Il avait* LE CHEVEU *un peu plus épais, le nez plus fort et l'*ŒIL

plus vif [que son frère] (SAND, *Pet. Fadette*, II). — *À l'horizon lointain fuit l'étendard* DU MORE (VIGNY, *Poèmes ant. et mod.*, Cor).

Les termes distributifs comme *chaque* considèrent isolément les divers éléments d'un ensemble : *À* CHAQUE JOUR *suffit sa peine. (Chaque jour* ne dit pas autre chose que *Tous les jours.)*

b) Le **pluriel** s'emploie parfois à propos de choses qui ne peuvent être comptées, notamment pour exprimer une idée de grandeur :

> *Manger des épinards, des confitures. Prendre les eaux* (= faire une cure thermale). *Des sables mouvants. Les neiges éternelles. Dans les airs. Les eaux d'un fleuve. Les cieux* (§ 506, *c*). — Comp. § 498.

Le pluriel est purement emphatique dans le tour littéraire selon lequel on accompagne d'un déterminant pluriel le nom propre d'un individu manifestement unique (nom qui ne peut prendre la marque du pluriel : § 510, Rem.) :

> *Ce petit cénacle où* LES *Leconte de Lisle,* LES *Ménard,* LES *Thalès Bernard participaient de l'esprit généreux et absurde de Paris révolutionnaire* (BARRÈS, *Voy. de Sparte*, p. 7). — *Les chefs* [de l'école des latiniseurs], LES *Chastellain et* LES *Molinet, sont restés célèbres par leur baragouin* (BRUNOT, *Pensée*, p. 50).

Remarque. — On a un phénomène analogue quand le déterminant pluriel précède une indication numérique au singulier :

> *Marius rentre à présent à* DES *une heure du matin !* (HUGO, *Misér.*, IV, VIII, 3.) — De même : *Elle pleure et me parle jusqu'à* DES *minuits* (D. BOULANGER, *Enfant de bohème*, p. 56) [l'auteur a mis au nom la marque du plur.].
> Le plur. fait partie d'une expression marquant l'approximation : *La messe à la mode finie vers* LES *une heure* (STENDHAL, *Chartr.*, XIII). — *Vers* LES *midi, il se trouvait encore fort loin de Butanges* (QUENEAU, *Pierrot mon ami*, VII). — *Les parents d'Ernestine* [...] *mesurent l'un et l'autre dans* LES *un mètre quatre-vingts* (R. VAILLAND, *Beau masque*, I, 1).

Littré condamne *sur les midi :* « Midi ne s'emploie pas au pluriel. » Pourtant, les expressions de ce type se rencontrent assez fréquemment chez de bons auteurs :

> *Sur les midi :* E. et J. de GONC., *Ch. Demailly*, LXI (déjà dans SADE, *Infortunes de la vertu*, p. 155). — *Vers les midi :* GUÉHENNO, *Changer la vie*, p. 203. — *Sur les minuit :* STENDHAL, *Chron. ital.*, Duchesse de Palliano. — *Vers les minuit :* BARRÈS, *Jardin de Bérénice*, p. 20 ; LOTI, *Vers Ispahan*, p. 64 ; BOURGET, *Cosmopolis*, p. 335 ; L. DAUDET, *Stupide XIXᵉ s.*, p. 259. Etc.

Dans les expressions qui viennent d'être citées, le plur. est dû à l'analogie avec les cas où les indications sont au plur. *(Vers les deux heures, Dans les deux mètres)*. De même, pour : *Ils* [= des regards] *me venaient du haut de* SES *un mètre quatre-vingts* (GIONO, *Moulin de Pologne*, p. 196). — Voir § 436, *c*, Rem.

Une autre expression où le plur. concurrence le sing. est *Aux aurores*, attestée depuis longtemps dans le Midi et venue récemment jusqu'à l'extrême Nord : *Une soirée* [...] *qui se prolongea jusqu'aux* AURORES (dans le *Soir*, Bruxelles, 12 nov. 1981, p. 14). — C'est de la langue familière.

494   Noms sans pluriel.

Certains noms se trouvent ordinairement au singulier, notamment :

— Noms de sciences : *La botanique.* (Mais : *Les mathématiques,* cf. § 498, *f*).
— Noms désignant des qualités : *La solidité, la fragilité.*
— Noms de sens : *L'odorat.*
— Noms de points cardinaux : *Le nord.*
— Certains infinitifs et adjectifs employés comme noms : *Le boire et le manger. L'utile et l'agréable.*

Des noms qui s'emploient surtout au singulier peuvent avoir un pluriel dans certains cas, éventuellement avec un autre sens :

La bonté. Avoir des bontés pour quelqu'un. — *Pratiquer la peinture. Des peintures abstraites.* — *Le fer rouille. Un marchand de fers.* — *Nous nous avançâmes parmi* LES BRONZES, LES MARBRES (CHAT., *Natchez,* VI).

À l'intérieur d'une même science, on peut distinguer des sections particulières ou des orientations distinctes, ce qui justifie le plur. : *Aujourd'hui, la géométrie comporte un champ de recherches immense, allant de la géométrie plane* AUX GÉOMÉTRIES *à* n *dimensions, de la géométrie classique* AUX GÉOMÉTRIES *définies par un groupe de transformations* (F. GONSETH, dans le *Grand Lar. enc.,* s.v. *géométrie*).

Remarques. — 1. *Gent* « nation, race » n'a pas de plur., sauf dans l'expression *droit des gens* (cf. § 477, Hist.). — *Gens* « personnes » ne joue pas le rôle du plur. de *gent.*

2. *Quote-part,* selon l'Acad. et selon Robert, ne s'emploie qu'au sing. On ne voit pas pourquoi on n'userait pas de ce nom au plur. : *Agnès fit le compte des* QUOTES-PARTS *qu'elle avait discrètement recueillies* (HÉRIAT, *Grilles d'or,* II). [Ex. de RAYNAL dans Bescherelle.]

3. *Prochain* comme nom désigne tous les autres hommes ou chacun des autres hommes par rapport à chacun de nous : *Aimez votre* PROCHAIN. — Ce plur. est donc surprenant : *La responsabilité de l'avenir du monde s'enracine dans notre manière de vivre avec nos* PROCHAINS (message de cinq évêques, cité dans le *Monde,* 23 déc. 1977, p. 23).

495   Noms sans singulier.

a) Certains **noms communs** ne s'emploient qu'au pluriel.

Les uns expriment manifestement une pluralité d'êtres ou d'objets *(bestiaux, pierreries, proches...),* tandis que d'autres concernent des ensembles vagues dans lesquels on serait bien en peine d'identifier des unités *(armoiries, entrailles, environs, funérailles...)* [comp. § 498]. Pour d'autres encore, le pluriel n'a que des justifications historiques *(aguets, fonts).* — Certains mots de cette liste n'appartiennent pas à l'usage courant (mots techniques, mots vieillis).

accordailles	archives ↓	blandices	cortès	épousailles ↓
affres ↓	armoiries ↓	brisées	dépens	errements ↓
agrès	arrérages ↓	calendes	ébats ↓	fiançailles ↓
aguets	arrhes	comics	écrouelles	fonts ↓
alentours ↓	béatilles	complies	effondrilles	fringues (fam.)
ambages	bésicles	condoléances ↓	entrailles	frusques (fam.)
annales	bestiaux ↓	confins	environs ↓	funérailles

gémonies	laudes	mœurs	proches ↓	tricoises
gens (§ 477)	links	nippes	prolégomènes	us ↓
grègues	llanos	obsèques	quatre-temps	vêpres
hardes	lods	pénates	relevailles	victuailles ↓
honoraires ↓	lupercales	pierreries	rillettes	etc.
ides	mamours	poucettes	royalties	
impenses	mânes	pouilles	sévices	
intempéries	matines	prémices	tagliatelles (ou -*elli*)	
laissées	menstrues	préparatifs	thermes	

Certains noms de la liste ci-dessus, notamment ceux qui sont marqués d'une flèche, se rencontrent parfois au singulier dans la littérature, soit par archaïsme (voir l'Hist.), soit par régionalisme, soit par simple désir d'originalité, — ou encore par inadvertance :

*Il rêvait de jours continus, sans l'*AFFRE *de la disparition du soleil et de sa résurrection* (PIVIDAL, *Pré joli*, p. 155). [Autres ex. : VERHAEREN et SAINT-JOHN PERSE, cit. *Trésor ;* LA VARENDE, *Manants du roi*, Bibl. Plon, p. 236.] — *Il interrogeait l'*ALENTOUR. *Il écoutait* (J. ROMAINS, *Hommes de b. vol.*, t. I, p. 249). [Autres ex. : HUYSMANS, *Cathédrale*, p. 226 ; GIONO, cit. *Trésor*.] — *Il s'est constitué peu à peu une grande* ARCHIVE *du sexe* (FOUCAULT, *Hist. de la sexualité*, t. I, p. 85). [Autres ex. : CLAUDEL, *Disc. de réc. à l'Ac. fr. ;* ARAGON, *Blanche ou l'oubli*, F°, p. 525.] — *On les dirait échappés à quelque bonne et antique* ARMOIRIE (M. TOURNIER, *Roi des aulnes*, p. 333). [Autre ex. : J. STAROBINSKI, *Relation critique*, p. 126]. — *Mathô paya vite aux Mercenaires l'*ARRÉRAGE *de leur solde* (FLAUB., *Sal.*, VI). [Autre ex. : LABICHE, cit. *Trésor*.] — *J'ai connu le silence sous tous les régimes, la* CONDOLÉANCE *sous toutes ses formes* (GIRAUDOUX, *Impromptu de Paris*, IV). [Autre ex. : PROUST, cit. *Trésor*.] — *Les danseurs enjolivent leur* ÉBAT *en faisant grimaces et saluts à la potence* (GHELDERODE, *Pie sur le gibet*, XV). [Autre ex. : FROMENTIN, *Domin.*, III.] — *Des fossés pleins d'eau, le long desquels poussaient des saules dans l'*ENVIRON *des fermes isolées* (ARAGON, *Semaine sainte*, L.P., p. 301). [Autres ex. : PROUST et PESQUIDOUX, cit. *Trésor ;* J. GUITTON, cité par P.-H. Simon, *Parier pour l'homme*, p. 201.] — *Il s'agit pour l'art et la littérature* [...] *d'une* ÉPOUSAILLE, *d'un mariage* (CLAUDEL, dans le *Figaro litt.*, 21 mai 1949). [Autres ex. : HUGO, *Lég.*, XXI, II, 6 ; GIDE, *Faux-monn.*, I, 8 ; AUDIBERTI, *Abraxas*, p. 160 ; FOUCAULT, *op. cit.*, t. I, p. 149.] — *Les prêtres du Parc connaissaient cet* ERREMENT, *et le supportaient* (MONTHERLANT, *Garçons*, p. 112). [Autres ex. : E. ROSTAND, *Princesse lointaine*, II, 3 ; FOUCAULT, *op. cit.*, t. I, p. 387.] — *Il s'agissait de quelque* FIANÇAILLE *consommée* (HUGO, *N.-D. de Paris*, VII, 1). — *Près de la pompe et de son auge, souvent ornée, comme un* FONT *gothique, d'une salamandre* (PROUST, *Rech.*, t. I, p. 72). [Autre ex. : FLAUB., *Bouv. et Péc.*, éd. L., p. 171.] — *Il a exigé un* HONORAIRE *de vingt mille francs* (G. DUHAMEL, *Cri des profondeurs*, p. 162). [Autre ex. : BALZAC, *Illus. perdues*, Pl., p. 914. Voir aussi l'Hist.] — *Le* PROCHE, *le parent outragé que la reine voulait défendre* (PROUST, *Rech.*, t. III, p. 322). — *Les futurs juristes apprenaient ainsi que parfois l'*US *prime le droit* (F. MARCEAU, *Années courtes*, p. 180). [Autres ex. : VERL., *Chans. pour elle*, XXIV ; GIONO, *Regain*, Pl., p. 333 (provençalisme).] — *Il n'était si pauvre famille qui n'eût envoyé à son soldat* [...] *quelque* VICTUAILLE (BARRÈS, *Diverses familles spirit. de la Fr.*, 1917, p. 210). [Autre ex. : G.-E. CLANCIER, *Éternité plus un jour*, p. 292.]

En particulier, **ténèbres,** que la langue courante ne connaît qu'au pluriel, est souvent au singulier dans la littérature :

Denis avançait seul dans les allées couvertes, dans une ombre qui était à la mesure de cette TÉNÈBRE *au dedans de lui* (Fr. MAURIAC, *Chemins de la mer*, X). — *Il fallait seulement commencer de marcher en avant, dans la* TÉNÈBRE, *un peu à l'aveuglette, et essayer de faire du bien* (A. CAMUS, *Peste*, pp. 249-250). — *Elle* [= une silhouette] *semblait tenir à la* TÉNÈBRE *dont elle était sortie* (GRACQ, *Presqu'île*, p. 239).

Autres ex. : HUYSMANS, *Là-bas*, I ; VALÉRY, *Album de vers anciens*, Anne ; CLAUDEL, *L'œil écoute*, p. 215 ; R. ROLLAND, *Âme enchantée*, L.P., t. III, p. 506 ; COCTEAU, *Maalesh*, p. 83 ; GIDE, trad. de : Conrad, *Typhon*, p. 88 ; J. ROSTAND, *Pensées d'un biologiste*, p. 104 ; H. BOSCO, *Sanglier*, p. 211 ; ARAGON, *Aurélien*, p. 495 ; ARLAND, *Terre natale*, IX ; BACHE-LARD, *Droit de rêver*, p. 12 ; J. LACAN, *Écrits I*, p. 166 ; CURTIS, *Jeune couple*, p. 237 ; IONESCO, *Présent passé, passé présent*, p. 221 ; Chr. ROCHEFORT, dans le *Monde*, 8 sept. 1978 ; etc.

Inversement, la langue populaire a tiré de *bestiaux* un sing. °*bestiau,* que les écrivains reprennent parfois avec intention : *De toute évidence, le pauvre* BESTIAU [= un taureau] *était terrorisé* (MONTHERLANT, *Le chaos et la nuit*, p. 247). — *Pourquoi est-il si souvent impossible de faire l'amour avec l'homme qui vous a plu* [...] *plutôt qu'avec le* BESTIAU *qu'il croit préposé à cet usage* [...] *?* (B. GROULT, *Ainsi soit-elle*, p. 195.) — D'autres ex. reflètent plus directement la langue populaire et surtout paysanne : POURRAT, *Gaspard des Montagnes*, t. I, 1931, p. 38 ; SAND et GENEVOIX, cit. *Trésor ;* GIONO, *Ennemonde et autres récits*, p. 25 ; etc.

Hist. — Certains des noms qui ne s'emploient aujourd'hui qu'au plur. ont été dans ce cas dès leur origine : *mœurs* (latin *mores*), *accordailles, gémonies* (latin *gemoniae*), etc. D'autres ont été usités au sing. :

*Je crains de jour l'*AGUET *d'un voisin ennemy* (RONS., éd. V., t. II, p. 53). — *Si j'estois seulement en vostre bonne grace / Par l'*ERRE [= arrhe] *d'un baiser doucement amoureux* (ID., t. II, p. 226). — ⁺*L'*AMBAGE *de ses discours* (SAINT-SIMON, cit. Littré). — *Il deschira son* ENTRAILLE (SCARRON, *Poés. div.*, t. I, p. 249). — *J'ai perdu l'honneur que méritoit mon ouvrage, l'*HONORAIRE *qu'il devoit me produire* (J.-J. ROUSS., *Conf.*, Pl., p. 338). — *Ils* [= les libraires] *m'accorderont pourtant par volume de planches le même* HONORAIRE *mesquin qu'ils me font par volume de discours* (DIDEROT, *Corresp.*, 28 sept. 1761). — *L'honneur du corps dont la vie est cassée, / Est et l'*OBSEQUE, *et la terre amassée / Sur le tombeau* (RONS., éd. V., t. VI, p. 455). — *Qu'apperçois-je ? dit-il, c'est quelque* VICTUAILLE (LA F., *F.*, VIII, 9).

Inversement, des noms qui aujourd'hui ont un singulier ont pu ne s'employer qu'au pluriel. *Délices :* § 461, *b.* — *Lettres* dans le sens de « message écrit » (latin *litterae*): *La teneur des* LETRES *que Grandgousier escryvoyt à Gargantua* (RAB., *Garg.*, éd. princeps, XXVII). [Suit le texte d'*une* lettre.] — On dit encore aujourd'hui qu'un ambassadeur remet *ses lettres de créance* au chef de l'État auprès duquel il est ainsi accrédité.

Remarques. — 1. À la liste donnée ci-dessus, on pourrait ajouter bien d'autres noms usités plus souvent au pluriel qu'au singulier :

Abois, achar(d)s, agissements, arcanes, auspices, balayures, broussailles, broutilles, cata-combes, débris, décombres, directives, doléances, embûches, entrefaites (§ 929, *e*), *épreintes, floralies, haubans, immondices, impedimenta, média(s)* (§ 522, *b*), *munitions, ossements, oubliettes, pleurs, pourparlers, privautés, représailles, semailles, zakouski...*

L'Acad. donne seulement sous la forme du plur. les noms *ars, branchies, hémorroïdes, houseaux, jonchets, lombes, matassins, prémisses, ramilles.* Mais les besoins de la communica-tion peuvent rendre nécessaire le recours au sing., qui est prévu par d'autres dictionnaires.

Chips (mot empr. à l'angl.) est seulement sous la forme du plur. dans la plupart des dictionnaires. Le sing. est parfois utile ; on garde souvent la même forme qu'au plur. (alors qu'on devrait dire *chip*) : *J'ai pris un* CHIPS [ʃips] (l'acteur Paul MEURISSE, interviewé à la radio belge, 10 févr. 1972).

2. Les dictionnaires introduisent souvent sous la forme du pluriel les termes de sciences naturelles employés dans la classification des végétaux et des ani-maux pour désigner la classe, le genre, l'espèce, etc. : *Crucifères, Rosacées, Équi-*

dés, Marsupiaux, etc. ; — de même que les ethniques, les noms désignant les membres des ordres religieux, des dynasties, les adeptes d'une religion, etc. : *Bochimans, Germains, Servites, Capétiens, Hussites,* etc.

Tous ces noms sont susceptibles d'être mis au singulier pour tel végétal, ou tel animal, ou tel être humain, appartenant à ces groupes :

> *Sous ses yeux de* MARSUPIAL [appliqué à une concierge] (G. BEAUMONT, *Perce-Neige,* p. 124). — *Un livre sur le péché, écrit par un* JÉSUITE (J. GREEN, *Journal,* 14 janv. 1952). — *Le dernier* CAPÉTIEN.

b) Un certain nombre de **noms de lieux,** chaînes de montagnes, archipels, régions, ainsi que des constellations, ne sont usités qu'au pluriel :

> *Les Pyrénées, les Carpates, les Apennins, les Vosges,* etc. ; — *les Antilles, les Baléares, les Célèbes, les Cyclades,* etc. ; — *les États-Unis, les Asturies, les Abruzzes, les Grisons, les Cévennes,* etc. ; — *les Gémeaux, les Pléiades,* etc.

D'autres existent à la fois au singulier et au pluriel, éventuellement avec certaines nuances : *La Flandre* ou *les Flandres, l'Ardenne* ou *les Ardennes, l'Inde* ou *les Indes, la Fagne* ou *les Fagnes* (en Belgique), *la Cornouaille* ou *les Cornouailles, l'Amérique* ou *les Amériques.* — On a dit : *Les Russies, les Espagnes, les Gaules* (l'archevêque de Lyon est encore *primat des Gaules*).

Les noms de localités qui contiennent l'article pluriel sont considérés comme des pluriels :

> *Les Baux* DEVIENNENT *un foyer de protestantisme* (*Provence,* Michelin, 1966, p. 66). — *Les Sables* [= Les Sables-d'Olonne] ARMAIENT *jusqu'à 100 morutiers annuellement* (*Côte de l'Atlantique,* Michelin, 1969, p. 141).

S'ils ne contiennent pas l'article plur., les noms de localités sont traités comme des sing., malgré l'étymologie : *Aigues-Mortes* [...] ÉTAIT RAMASSÉE *dans l'enceinte rectangulaire de* SES *hautes murailles* (BARRÈS, *Jardin de Bérénice,* p. 67).

496   **Noms qui ne s'emploient qu'au pluriel dans une** (parfois plusieurs) **de leurs significations.**

a) L'étymon est unique.

> Ex. des plur. ayant un sens inexistant au sing. : *Aïeux* « ancêtres » (§ 506, *b*) ; *appas* « charmes, attraits » (voir Hist.) ; *appointements* « rétribution » ; *assises* « réunion de juges qui siègent » ; *assistants* « personnes présentes » ; *atours* « parure, ornements (surtout d'une femme) » ; *braies* « pantalon » ; *ciseaux* « instrument formé de deux lames » (cf. § 498, *a*) ; *couches* « enfantement » ; *émoluments* « rémunération » ; *fumées* « excréments des cerfs, etc. » ; *gages* « salaire » ; *humanités* « genre d'études » ; *lettres* « littérature » ; *lunettes* « paire de verres enchâssés dans une monture et servant à protéger ou à corriger la vue » ; *menottes* « entraves » ; *nouilles* « pâtes alimentaires » ; *oreillons* « maladie » ; *régates* « course de bateaux » ; *règles* « menstrues » ; *saturnales* « fête romaine » ; *vacances* « période de congé » ; etc.
>
> *Un assistant* (dans le sens donné ci-dessus) se rencontre parfois : CLAUDEL, *Tête d'or,* 1re version, p. 111 ; Ch. DU BOS, *Journal,* cit. *Trésor.*

Certaines expressions ne se trouvent qu'au pluriel :

> *Les bonnes grâces. Les beaux-arts. Des bouts-rimés. Les dommages et intérêts. Les jeux olympiques. Les fourches caudines. Des voies de fait. Les tenants et aboutissants. Les œuvres*

vives ou *mortes d'un navire.* Etc. — Notons en particulier : *Les grands-parents, les beaux-parents, les petits-enfants.*

Le sing. ***petit-enfant,*** qui n'est prévu par aucun dictionnaire, tend à s'introduire : *M.* [...] / *et Mme* [...], *née* [...], / *partagent avec Julie et Géraldine la joie d'annoncer la naissance de* / *Margaux* / *le 4 janvier 1985 à Paris.* / *Cinquième* PETIT-ENFANT *de M.* [...] *et Mme* [...], *née* [...] (dans le *Monde,* 12 janv. 1985, p. 25).

Hist. — *Appas* n'est que l'ancien plur. d'*appât* (comp. *repas,* anc. fr. *repast*). — Il a parfois été employé au sing. : *L'une de son Galant* [...] / *Fait fausse confidence à son Espoux fidelle,* / *Qui dort en seureté sur un pareil* APPAS [= leurre] (MOL., *Éc. des f.,* I, 1). — ⁺*Je m'y trouve forcé par un secret* APPAS (CORN., *Pol.,* V, 6). — *J'enlevais un* APPAS *à ma beauté pour le remplacer par un autre* (CHAT., *Mém.,* I, III, 11). — *Un* APPAS *de première classe* (DUMAS fils, *Père prodigue,* Préf.).

L'Acad. a décidé en 1975 (cf. § 89, *d*) que, dans la prochaine édition de son dict., il n'y aurait plus qu'une seule forme au plur., *appâts,* même dans le sens « attraits ». S. de BEAUVOIR a devancé cette décision : *Celle-là gémissait qu'on n'appréciât que son esprit sans jamais s'intéresser à ses* APPÂTS *charnels* (*Deuxième sexe,* t. II, p. 539).

b) Certains noms employés exclusivement au pluriel ont une autre origine que leur homonyme connaissant les deux nombres :

Amers « points de repère sur une côte » (donné au sing. par le petit *Robert*) ; — *échecs* « jeu » ; — *êtres* « disposition des lieux dans un bâtiment » ; — *forces* « ciseaux » ; — *frais* « dépenses » ; — *mouchettes* « instrument pour moucher les chandelles » ; — etc.

497   Les noms sans singulier (§§ 495 et 496) et l'expression du nombre.

a) Quelques-uns, qui désignent un ensemble d'êtres ou d'objets isolables, peuvent s'employer avec des numéraux (autres que *un*) ou des indéfinis à sens quantitatif (comme *plusieurs* ou *quelques*) :

En cas de saisie, la loi déclare insaisissables quelques BESTIAUX *(Grand dict. enc. Lar.,* S.V. *bétail).* — *Il avait vingt-deux* PETITS-ENFANTS.

Gens « ne se dit jamais en parlant d'un nombre déterminé de personnes, à moins qu'il ne soit précédé de certains adjectifs, comme dans ces exemples : *Il y vint trois pauvres gens. Nous étions dix honnêtes gens. Ces quatre frères étaient quatre braves gens.* » (AC.). — *Il approche du banc où étaient assis* DEUX *vieilles gens* (ESTAUNIÉ, *Ascension de M. Baslèvre,* Épilogue). — *Ce sont* DEUX *très braves gens* (HUYSMANS, lettre citée dans *Lettres inédites à J. Destrée,* p. 19). — DEUX *très saintes gens* (DANIEL-ROPS, *Hist. de l'Église,* Grand siècle des âmes, p. 428). — DEUX *jeunes gens* (BARRÈS, *Ennemi des lois,* 1893, p. 137 ; J. RENARD, *Journal,* 12 déc. 1900 ; J. GREEN, *Autre,* p. 26).

Sans adjectif, cet usage est archaïque ou régional : *Les vaches* [...] *poussaient un faible meuglement vers ces* DEUX *gens qui passaient* (MAUPASS., *C.,* Diable). — Même avec *quelques,* on peut en dire autant : [...] *en dépit de* QUELQUES *gens qui* [...] *répètent tout bas* [...] (BÉRANGER, Préf. de 1833). — *Tous ceux qui avaient des noms et des visages étaient là. Et même* QUELQUES *gens en plus* (M. NOËL, *Petit-jour,* p. 9).

Hist. — Jusqu'au XVIIIe s., *gens* a pu se construire avec un numéral : TROIS *gens par devers eux* / *Ont un roussin* (LA F., *C.,* Oraison de s. Julien). — *Il y a là* VINGT *gens qui sont assurez de n'entrer point* (MOL., *Impr.,* III). — ⁺DEUX *gens qui auraient le malheur d'être sourds, aveugles et muets* (DIDEROT, cit. Littré).

Remarque. — *Gendarme* et *gendelettre* admettent le singulier :

Le GENDARME *est sans pitié* (titre d'une pièce de COURTELINE). — *L'âge de raison du* GENDELETTRE (VEUILLOT, *Mélanges*, 3ᵉ série, p. 123). — Autres ex. de *gendelettre* (qui n'est pas mentionné par l'Acad.) : PROUST, *Rech.*, t. I, p. 261 ; A. ROUSSEAUX, dans le *Figaro litt.*, 11 janv. 1958 ; THÉRIVE, *Procès de langage*, p. 109. — Certains écrivent *un gendelettres :* L. DAUDET, *Stupide XIXᵉ s.*, p. 145 ; MONTHERLANT, *Treizième César*, p. 34.

b) Pour les autres noms, on doit recourir à des périphrases :

Une paire de lunettes, deux paires de lunettes. Deux périodes de vacances. Trois offices de vêpres.

En particulier *un des ..., un de ... :* UNE DES *Antilles françaises* (Grand Lar. enc., s.v. *Guadeloupe*). — L'UN DE *ces gens y arrive* (ESTAUNIÉ, *Appel de la route*, p. 353). — *Les choses* [...] *auraient traîné, si à* L'UNE DE *mes premières vacances je n'avais dit* [...] (J. POMMIER, *Spectacle intérieur*, p. 79). — *Le boycottage des Jeux olympiques de Moscou, envisagé comme* L'UNE DES *représailles possibles des pays occidentaux* (dans le *Monde*, 4 janv. 1980, p. 4).

c) À côté de l'usage régulier qui vient d'être décrit, on doit relever diverses tentatives qui ne peuvent pas être considérées comme satisfaisantes :

— Emploi d'un numéral cardinal ou d'un indéfini : *Les* TROIS *vacances qu'on l'avait envoyé passer chez un Oberlehrer de Francfort* (M. THIRY, *Voie-Lactée*, II). — *Les* TROIS *vacances scolaires de l'année, je les ai toujours passées à Bayonne* (BARTHES, dans *Tel quel*, automne 1971, p. 90). — *À* TOUTES *les vacances, l'été, pour Pâques, ils sont là* (J. BOREL, *Dépossession*, p. 163). — *La trilogie de Fraigneau* [...], TROIS *Mémoires apocryphes, est une merveille* (CURTIS, interviewé dans le *Monde*, 25 janv. 1985).

— Nom mis au sing. : *Pendant une* VACANCE *que je passais chez ma grand-mère* (HELLENS, *Contes et nouvelles ou les souvenirs de Frédéric*, p. 71). — *Son frère Gabriel qui est descendu de Paris pour cette* VACANCE [à Pâques] (Y. NAVARRE, *Je vis où je m'attache*, p. 114). — Autres ex. aux §§ 611 *(chaque)* et 608, *c (aucun)*. — Cas semblable : *André Marissel* [...] *a consacré un «* POÈTE *d'aujourd'hui » à J. Rousselot* (A. LAUDE, dans le *Monde*, 6 mai 1977) [= un volume de la collection *Poètes d'aujourd'hui*].

Hist. — L'anc. et le moyen fr. exprimaient l'unité avec des noms plur. grâce au plur. de *un : Une messe,* UNES *matines,* UNES *vespres bien sonneez sont a demy dictes* (RAB., *Garg.*, XL). Cf. § 568, Hist., 2.

498   Noms employés indifféremment au singulier et au pluriel.

a) Les noms désignant des objets composés de deux parties semblables hésitent souvent entre le singulier ou le pluriel, selon qu'on envisage l'objet ou les parties qui le constituent.

Des **tenailles** *ou parfois une tenaille* (admis par l'Acad.) : *Une chose* [...] *qui broie le cœur d'un homme comme une* TENAILLE (VIGNY, *Chatt.*, Préf.). — [...] *tirant* [...], *à l'aide d'une grosse* TENAILLE, *un fil de métal noir, qu'elle passait dans les trous d'une filière fixée à l'étau* (ZOLA, *Assomm.*, II). — *Victor* [le maréchal-ferrant] *pinça le bout de chaque onglon avec la* TENAILLE (R. SABATIER, *Noisettes sauvages*, p. 30).

Autres ex. : HUGO, *Contempl.*, V, 26 ; PÉGUY, *Ève*, p. 79 ; MONTHERLANT, *Bestiaires*, L.P., p. 225 ; LA VARENDE, *Centaure de Dieu*, p. 66 ; ANOUILH, *Becket ou l'honneur de Dieu*, IV ; QUENEAU, *Bâtons, chiffres et lettres*, Id., p. 294 ; A. GLUCKSMANN, *Cynisme et passion*, p. 236 ; S. BECKETT, *Mal vu mal dit*, p. 22 ; etc. [Voir déjà RONSARD, éd. V., t. I, p. 168.]

Des ciseaux (pour désigner un instrument à deux lames) ou, plus souvent qu'on ne croirait, *un ciseau* (admis par Littré) : *Une robe dont le corsage, qui avait reçu un coup de* CISEAU *de trop* [...] (HUGO, *Misér.*, IV, v, 6). — *Quand elle donnait dans le drap le coup de* CISEAU (J. GREEN, *Mont-Cinère*, II). — [...] *les coincer entre les deux branches d'un* CISEAU (SARTRE, *Idiot de la famille*, t. II, p. 1190).

Autres ex. : LAMART., *Graziella*, IV, 20 ; Th. GAUTIER, *Cap. Fracasse*, I ; CLAUDEL, *L'œil écoute*, p. 200 ; Tr. BERNARD, *Affaire Larcier*, XV ; J. ROMAINS, *Hommes de b. vol.*, t. XIV, p. 6 ; G. DUHAMEL, *Semailles au vent*, p. 49 ; GIONO, *Grand troupeau*, p. 185 ; BILLY, *Madame*, p. 226 ; Cl. MAURIAC, *Espaces imaginaires*, p. 508. [Déjà DIDEROT, *Rêve de d'Alembert*, p. 48 ; LACLOS, *Liaisons dang.*, LXXXI.]

Des cisailles (gros ciseaux), seul mentionné par l'Acad., ou parfois *une cisaille*, présenté comme normal dans le petit *Robert : Le travail compliqué* [= couper des fils barbelés] *auquel chacun se livre armé d'une* CISAILLE *coupe-boulon* (M. TOURNIER, *Météores*, p. 205). — Autres ex. : ZOLA et VAN DER MEERSCH, cit. *Trésor*. — Le mot désigne aussi une machine, et dans ce cas, selon le *Trésor*, le sing. serait prédominant.

Jumelle est donné comme sing. par l'Acad. (1935), alors qu'en 1835 et 1878 elle ne signalait que le plur. L'usage admet les deux nombres. Le petit *Robert* estime qu'*Une paire de jumelles* est un emploi abusif ; cette expression est pourtant assez logique : comp. § 497, *b*.

Un lorgnon ou parfois *des lorgnons* (ignoré de l'Acad.) : *Il avait une mâchoire un peu dure, un sourire fixe, des* LORGNONS (MAUROIS, *En Amérique*, p. 33). — *Une motocyclette conduite par un petit homme sec, portant* LORGNONS *et pantalons de golf* (A. CAMUS, *Chute*, p. 61). — *Ce petit homme timide* [...] *inclinant ses* LORGNONS *sur un livre de comptes* (M. TOURNIER, *Vendredi ou les limbes du Pacifique*, F°, p. 39). — *Il remit ses* LORGNONS (J. PERRET, *Ernest le rebelle*, L.P., p. 267). — *Lorgnonard* [...]. *Qui porte des* LORGNONS *(Trésor)*. — Le plur. est d'autant plus admissible que *lorgnon* a désigné un monocle.

Castagnettes s'emploie le plus souvent au plur. Mais des dictionnaires donnent le mot au singulier, soit pour désigner l'instrument (Acad., Robert, *Trésor*), soit pour désigner chacune de ses parties (Littré, *Dict. gén.*, *Grand Lar. enc.*).

Un haltère ou parfois *des haltères : Voici de jolis* HALTÈRES *que vous allez vous attacher solidement aux pieds !...* (HERGÉ, *Tintin en Amér.*, p. 59.)

Un guillemet ou *des guillemets* pour désigner chacune des deux paires de crochets ou de chevrons qui encadrent une citation, etc. (§ 133): *Un* GUILLEMET *ouvrant* (GOURIOU, *Memento typogr.*, p. 61). — *Le* GUILLEMET *fermant* (COLIN, p. 851). — *Avant le* GUILLEMET *fermant* (A. DOPPAGNE, *Bonne ponctuation*, p. 78).

Moustache n'est donné qu'au sing. par l'Acad. Le plur. est pourtant d'une extrême fréquence, et depuis longtemps : *Il avait des* MOUSTACHES (MUSSET, *Prem. poés.*, À quoi rêvent les jeunes f., I, 1). — *Elle tirait ses* MOUSTACHES (FLAUB., *Éd. sent.*, I, 1). — *Une paire de* MOUSTACHES (MAUPASS., *C.*, Clochette). — *Lacarelle lissa ses* MOUSTACHES *gauloises* (A. FRANCE, *Orme du mail*, IX). — *Tu n'es qu'un enfant à* MOUSTACHES (COLETTE, *Julie de Carneilhan*, p. 54). — *Ses* MOUSTACHES *devenues grises étaient à peine visibles* [du général de Gaulle] (MALRAUX, *Antimémoires*, p. 149).

Autres ex. : CHAT., *Itinér.*, Pl., p. 798 ; VIGNY, *Cinq-Mars*, VII ; A. DAUDET, *Rois en exil*, p. 100 ; PROUST, *Rech.*, t. I, p. 67 ; GIDE, *Journal*, 18 oct. 1909 ; GIRAUDOUX, *Bella*, V ; G. DUHAMEL, *Combat contre les ombres*, III ; Fr. MAURIAC, *Chemins de la mer*, III ; A. CAMUS, *Étranger*, I, 3 ; Cl. SIMON, *Bataille de Pharsale*, p. 227 ; etc.

Hist. — Ce plur. est ancien : *Les* MOUSTACHES *que j'ay pleines* (MONTAIGNE, *Essais*, I, 55). — Autres ex. : Fr. de SALES, *Introd. à la vie dév.*, III, 4 ; MONTESQ., *L. pers.*, LXXVIII ; VOLT., *Lettres phil.*, t. II, p. 151 ; BEAUMARCHAIS, *Barb. de Sév.*, Personnages ; etc.

En anc. fr., on disait *grenon*, qui était souvent aussi au plur.

b) Une application particulière de *a)* : les noms désignant des **vêtements couvrant le bas du tronc et les jambes** hésitent souvent entre le singulier et le pluriel.

Le sing. étant plus fréquent, nous ne citerons que des ex. du plur. : *Sur une chaise, des* CALEÇONS, *des bretelles, une chemise empesée au col dur, un chapeau étaient posés pêle-mêle* (Fr. CARCO, *Rue*, p. 157). — *Pour vos jambes, les* CALEÇONS, *une chemise pour le torse, un col pour le cou* (QUENEAU, cit. Colin). — *Un personnage à casquette, voyant mes* CULOTTES *courtes, ma veste de drap olive, mon feutre et ma besace, me demanda qui j'étais* (G. DUHA-MEL, *Biographie de mes fantômes*, p. 242). — *Il n'y a rien qui parle à l'imagination des jeunes femmes d'aujourd'hui comme des* CULOTTES *de golf et une paire de lunettes en écaille* (AYMÉ, *Passe-muraille*, L.P., p. 16). — *Il connaissait de vue ce garçon en* CULOTTES *de golf, chemise vive et foulard jaune* (CESBRON, *Les saints vont en enfer*, L.P., p. 160). — [...] *et le reste d'Alcide en dessous à flotter dans sa tunique comme perdu déjà dans un drôle de souvenir en* PANTALONS *blancs* (CÉLINE, *Voy. au bout de la nuit*, F°, p. 209). — *Des* PANTALONS *de golf, où flottaient ses cuissottes, complétaient l'équipement de ce bijou* (P. GUTH, dans le *Figaro litt.*, 2 avril 1955). — *Je réussis à faire glisser mes* PANTALONS *jusqu'aux genoux* (TROYAT, *Case de l'oncle Sam*, II, 1). — *Sa femme, au bord du trottoir, rouge d'un récent coup de soleil, ses grosses cuisses serrées dans des* SHORTS *bleu pâle* (SIMENON, *Feux rouges*, I). — *Meeva l'attendait au bord de la route.* [...] *Elle portait des* BLUE-JEANS (R. GARY, *Tête coupable*, p. 87). — [...] *en finissant d'enfiler les* BLOUDJINNZES [orthogr. propre à Queneau] (QUENEAU, *Zazie dans le métro*, VI). — *La fille* [...] *le lendemain en* JEANS (S. de BEAUVOIR, *Force des choses*, p. 448). — *Flore, debout dans des* SLACKS *de flanelle grise* (G. BEAUMONT, *Harpe irlandaise*, II, 2). — *Elle est en* « BERMUDAS » (G. LÉVÊQUE DE VILMORIN, *Yes, Monsieur*, p. 135). — *Nicolas porte un costume de globe-trotter :* KNICKERBOCKERS, *guêtres de cuir verni* (GIDE, *Journal*, 9 mai 1914). — Etc.

Autres ex. de *caleçons* : FLAUB., *Tr. contes*, Hérodias, III ; LOUŸS, *Aphrodite*, I, 3. — De *culottes* : Th. GAUTIER, *Cap. Fracasse*, I ; ZOLA, *Germinal*, III, 5 ; HERMANT, *Serge*, I ; COLETTE, *Blé en herbe*, VI ; ARAGON, *Voyageurs de l'impériale*, III, 34 ; AC. — De *pantalons* : MÉRIMÉE, *Romans et nouvelles*, Djoûmane ; FLAUB., *Tr. contes*, Cœur simple, II ; BARRÈS, *Dérac.*, p. 210 ; A. FRANCE, *Crime de S. Bonnard*, L.P., p. 29 ; GIONO, *Colline*, Pl., p. 169 ; BOSCO, *Âne Culotte*, M.L.F., p. 15 ; A. CAMUS, *Chute*, p. 61 ; JOUHANDEAU, dans le *Figaro litt.*, 15 sept. 1951 ; R. VAILLAND, *325 000 francs*, p. 137.

Cf. aussi : *Une paire de culottes* (AC.). — Le plur. est pour ainsi dire constant pour les mots archaïques ou régionaux *braies, chausses* et *grègues.*

Si le vêtement ne couvre pas les jambes, les mots sont plutôt employés au sing. : ainsi, aujourd'hui pour *caleçon,* pour *culotte* comme pièce de la lingerie féminine, pour *slip, cache-sexe.*

Deux emplois curieux : *Nouant la cordelière de ses* PYJAMAS, *elle imagina un plan d'exis-tence* (MAUROIS, *Cercle de famille*, p. 170). — *Chaque matin, je m'exerce à enfiler mon pantalon sans y toucher ! J'arrondis sur le modèle d'un cylindre ma* CULOTTE DROITE (J. RENARD, *Coquecigrues*, Pl., p. 560) [*culotte* = jambe de pantalon].

Hist. — Cet emploi du plur. est ancien. *Braies* était généralement au plur. en anc. fr., comme déjà *bracae* en latin. Autres ex. : ⁺*Sa chemise est par-dessus ses* CHAUSSES (LA BR., XI, 7). — *La voila donc de* GREGUES *affublée* (LA F., C., Psautier). — Etc.

c) La même hésitation entre le singulier et le pluriel se manifeste pour des objets constitués de plus de deux parties.

Au lieu de *l'escalier,* on dit couramment *les escaliers.* Cela s'écrit même dans la meilleure langue : *Je n'avais qu'une idée, c'est qu'on ne me trouvât pas évanoui dans les* ESCALIERS

(Fromentin, *Domin.*, XVII). — [...] *me dit mon bon maître en descendant les* escaliers
(A. France, *Rôtisserie de la reine Pédauque*, VI). — *Après avoir* [...] *grimpé quatre à quatre
ces* escaliers (H. Bazin, *Huile sur le feu*, p. 35). — Autres ex. : H. Bosco, *Âne Culotte*,
M.L.F., p. 70 ; Loti, Boylesve, Maurois, G. Duhamel, etc. cités par A. Bottequin, *Subtilités et délicatesses de langage*, p. 138.

Dans diverses provinces (surtout dans l'Est ; aussi en Suisse et en Belgique), on emploie
même °*escalier* pour *marche : Nestor pourrait rentrer Montagne de Bueren et retrouver au
cinquante-sixième* escalier *sa maison natale* (V. Feyder, *Caldeiras*, p. 338).

Hist. — Les anciens synonymes *montée* (encore dans Ac. 1878) et *degré* connaissaient
aussi le choix entre le sing. et le plur. : *Deux Servantes déja largement soufletées, / Avoient à
coups de pié descendu les* montées (Boil., *Sat.*, X).

La *coulisse* ou, plus souvent, *les coulisses,* pour désigner une partie du théâtre : *Pendant
toute la pièce il resta dans les* coulisses (Ac.). — Au fig., le sing. reste fréquent : *Il fait agir
les autres et se tient dans la* coulisse (Ac.).

L'*orgue* ou *les orgues* : cf. § 461, c.

La *halle* ou, plus souvent, *les halles* « marché couvert » : *Les* halles, *c'est-à-dire un toit
de tuiles supporté par une vingtaine de poteaux, occupent à elles seules la moitié environ de la
grande place d'Yonville* (Flaub., *Mme Bov.*, II, 1).

d) Beaucoup de noms désignant les **lieux d'aisances** s'emploient au pluriel
même quand il s'agit d'une seule installation (à cause du fait que, dans les
endroits publics, il y a d'ordinaire plusieurs installations).

C'est l'usage normal pour *lieux, latrines, commodités, privés* (archaïque), *goguenots* ou
gogues (popul.), °*chiottes* (trivial), *feuillées* (pour les soldats en campagne), *bouteilles* (sur un
bateau).

Le plur. est plus fréquent aussi pour *water-closet* [§ 524, *d*] (vieilli), *clôset* (vieilli), *water*
(§ 509, *a*), w.-c., *cabinet, toilette, lavabo : De leur salle de bain, on entend tout ce qui se passe
dans les* water (Colette, *Chatte*, p. 108). — *Dans la chambre à coucher, les* toilettes *et la
salle de bains* (Robbe-Grillet, *Projet pour une révolution à New York*, p. 155).

Cependant le sing., qui est habituel en Belgique pour la seconde série, se rencontre en
France (notamment lorsqu'il faut insister sur le fait qu'il n'y a qu'une seule installation),
même parfois pour les noms de la première série : *L'unique* water-closet *de chaque étage*
(Proust, *Rech.*, t. I, p. 665). — *Il y a désormais une* latrine *pour cent quatre-vingts familles*
[à Calcutta] (J.-C. Guillebaud, dans le *Monde*, 19 août 1974).

Autres ex. de *water-closet* au sing. : Colette, *Chambre d'hôtel*, p. 41 ; Troyat, *Tchekhov*,
p. 179. — De *w.-c.* : Cl. Seignolle, *Folklore de la Provence*, p. 127 ; Fr. Sagan, *Yeux de
soie*, p. 157 ; Troyat, *Faim des lionceaux*, p. 166 ; M. Cerf, *Les rois et les voleurs*, p. 46 ;
M. del Castillo, *Nuit du décret*, p. 79. — De *closet* : Gide, *Retour du Tchad*, 26 avril 1926.
— De *water* : J. Perret, *Ernest le rebelle*, L.P., p. 267 ; J. Perry, *Rue du Dragon*, p. 269 ;
Poirot-Delpech, dans le *Monde*, 21 oct. 1981 ; Le Roy Ladurie, *Paris-Montpellier*, p. 25.
— De *cabinet* : Ramuz, *Lettres 1910-1918*, p. 282 ; Céline, *Mort à crédit*, Pl., p. 610 ; Audi-
berti, *Maître de Milan*, II ; J. Carrière, *Épervier de Maheux*, p. 206 ; Casamayor, *Mystifi-
cation*, p. 126 ; Poirot-Delpech, dans le *Monde*, 14 sept. 1984. — De *toilette* : A. Sarrazin,
Passe-peine, p. 26 ; J. Lanzmann, *Baleine blanche*, p. 100. — De *lieu d'aisances* :
Y. Navarre, *Portrait de Julien devant la fenêtre*, p. 102 ; petit *Robert*, s.v. *water-closet*. — De
latrine : Hugo, cit. Robert ; Flaub., cit. *Trésor*. — De *chiotte* : R. Pividal, *Émily et une nuit*,
p. 102 ; San-Antonio, *Meurs pas, on a du monde*, p. 29.

Il n'est pas rare de trouver l'inscription *toilette* dans des restaurants, des cafés, etc., à
Paris et en province, quoiqu'il y ait plusieurs installations.

On dit *aller à la garderobe, à la selle* (cf. § 570, 5°). On met aussi au sing. les périphrases *le petit endroit, le petit coin, le buen retiro* [bwεnʀetiʀo]. En Belgique et dans le nord de la France, on dit °*aller à la cour.* (Il y a encore beaucoup d'autres formules euphémiques.)

Hist. — On explique par la même opposition de nombre que dans *cabinets* « lieux d'aisances » — *cabinet* « bureau, etc. » ce passage de MOLIÈRE :

La Comtesse. *Tenez encore ce manchon, ne laissez point traisner tout cela, et portez-le dans ma garde-robbe. Hé bien, où va-t'elle, où va-t'elle, que veut-elle faire, cet oyson bridé ? / Andrée. Je veux, Madame, comme vous m'avez dit, porter cela* AUX GARDE-ROBBES. / La Comtesse. *Ah ! mon Dieu, l'impertinente.* [...] *Je vous ay dit* MA GARDE-ROBBE, *grosse beste, c'est à dire où sont mes habits. / Andrée. Est-ce, Madame, qu'à la Cour une armoire s'appelle une garde-robbe ? (Comt. d'Escarb.,* II.)

e) Le singulier et le pluriel sont en concurrence pour divers noms désignant des fêtes, des cérémonies, des réunions et autres choses analogues (parfois parce que ces événements s'étendent sur plusieurs jours ou parce qu'ils comptent plusieurs parties) :

La festivité ou, beaucoup plus souvent, *les festivités : Quelques lignes de* la Dépêche de Toulouse *relatant la fête locale de Roquefère ont ramené à la mémoire la même* FESTIVITÉ, *quarante années plus tôt* (P.-H. SIMON, dans le *Monde,* 4 juin 1971). — *Le haut-parleur faisait encore plus grésiller la musique légère qui accompagnait les* FESTIVITÉS (CAYROL, *Froid du soleil,* F°, p. 108).

La noce ou *les noces.*

L'Avent a comme synonyme *les Avents* pour l'Acad. Ce plur. n'appartient plus qu'aux usages régionaux : *Pendant les* AVENTS *et même pendant la semaine de Noël* (VAN GENNEP, *Manuel de folklore fr. contemp.,* t. I, p. 380). — Pour *Pâques,* voir § 463, *a.*

Comices, pour l'Acad., est un plur. quand le nom désigne des réalités historiques (de l'Antiquité ou de la Révolution fr.) et un sing. quand il signifie « réunion d'agriculteurs ». En fait, dans ce dernier sens, on peut avoir le sing. ou le plur., et celui-ci prévaut : voir notamment FLAUB., *Mᵐᵉ Bov.,* II, 7 et 8.

Agapes n'est donné qu'au plur. par l'Acad. ; mais le mot s'emploie bien au sing. : *L'*AGAPE *suit la communion sainte* (CHAT., *Mart.,* XIV). — *Tout le peuple ensemble mangea le soir cette* AGAPE (MICHELET, *Hist. de la Révol. fr.,* III, 11). —*Cette maison* [...] *où mes oncles achevaient maintenant leur* AGAPE (MALRAUX, *Antimémoires,* p. 27).

°*Absoutes* s'emploie abusivement en Belgique pour *absoute* (par analogie avec *funérailles, obsèques*).

Notons ici le même emploi abusif de °*canicules* en Belgique et dans l'est de la France (plur. dû au fait que la canicule dure plusieurs jours) : *Les sarts* [= essarts] *fument sous le soleil des* CANICULES (Th. BRAUN, *Passion de l'Ardenne,* p. 11).

f) Cas divers.

Choses concrètes : *La cendre* ou *les cendres ; l'eau* et *les eaux ; de la confiture* ou *des confitures ; de l'épinard* ou *des épinards* (comp. § 493, *b*).

Dans l'est de la France et en Belgique, °*des marcs* au lieu de *du marc : On* [= les diseuses de bonne aventure] *consultera les* MARCS *de café* (BARRÈS, dans le *Journal,* 21 avril 1893). — En Belgique, °*des mâchefers* au lieu de *du mâchefer : Une coulée de pierres poreuses —* MÂCHEFERS *ou grosses éponges — rappelle (on ne sait pourquoi) l'odeur des oranges* (J.-P. OTTE, *Cœur dans sa gousse,* p. 62).

Les cieux, le ciel (§ 506, *c*). *Les mathématiques, la mathématique.*

Les fièvres, pour *la fièvre,* surtout en parlant de la fièvre paludéenne, ou d'une fièvre habituelle, mais non toujours : *À Nantua, Philippe a été pris de* FIÈVRES *qui nous ont arrêtés cinq jours* (BARRÈS, dans Barrès et Maurras, *La République ou le roi,* pp. 413-414).

Goutte, nom de maladie, était encore au plur. dans certains ex. donnés par l'Acad. en 1878 : *Il est perdu de* GOUTTES, *mangé de* GOUTTES. Cela ne se trouve plus que chez des auteurs archaïsants : *Ce majordome* [...] *avait* [...] *des souliers* [...] *un peu amples, comme il convient à un vieillard qui parfois a les* GOUTTES (Th. GAUTIER, *Cap. Fracasse,* XV). — Wartburg, t. IV, p. 350, relève ce plur. dans divers dialectes.

Les Flandres, etc. : § 495, *b.*

499   **Hésitations graphiques entre le singulier et le pluriel.**

Le pluriel étant le plus souvent insensible à l'oreille, surtout en l'absence de déterminants (§ 500, *a*), on constate, dans bien des cas, les hésitations et la perplexité des scripteurs. Il y a en outre des raffinements de grammairiens. Voir aussi la suite de ce chapitre, notamment § 514, *a.*

a) Compléments du nom.

L'Acad. laisse explicitement le choix entre *maison de brique* ou *de briques, gelée de groseille* ou *de groseilles, lettre de condoléance* ou *de condoléances.* Parfois, ses avis diffèrent selon les articles : *Salle de bain* ou *de bains, cahier de brouillon* ou *de brouillons.* Dans d'autres cas, ce sont les dictionnaires qui divergent les uns par rapport aux autres : *Salle d'étude* ou *d'études, pain d'épice* ou *d'épices,* etc.

La logique ne permet de trancher nettement que dans peu de circonstances : *Un fruit à pépins, un fruit à noyau. Une bête à cornes. Un parc à moules. Un battement de mains, donner une poignée de main. Un char à bancs. Un homme en pantoufles, un homme en chemise.*

b) Noms compléments dans les composés formés d'un verbe et d'un complément.

Le désordre régnant dans cette catégorie, une commission formée de linguistes et de lexicographes, sous les auspices du Conseil international de la langue française (cf. § 14, note 16), a proposé une règle simple : les noms composés de ce genre seraient écrits sans *s* au sing. et avec un *s* au plur. *(Un porte-avion, des porte-avions).* Voir § 517, *b.*

c) Pour certains, la négation est incompatible avec la notion de pluriel. En réalité, le nom peut être au singulier ou au pluriel, selon qu'il serait au singulier ou au pluriel dans la construction positive correspondante.

Ex. du plur. : *Le navire roulait sous un ciel sans* NUAGES (BAUDEL., *Fl. du m.,* Voy. à Cythère). — *Faute de* GALÈRES, *nous manquons d'épices* (FLAUB., *Sal.,* II). — *Je compris qu'il ne fallait plus raconter d'*HISTOIRES (A. DAUDET, *Pet. Chose,* I, 6). — *Les enfants ne trouvaient pas de* PAROLES (Fr. MAURIAC, *Nœud de vip.,* XVIII). — *S'il n'y avait point de* FEMMES *au village il arriverait peut-être à faire des saints* (AYMÉ, *Jument verte,* VII). — Plur. audible : *Il n'a pas réclamé d'autres* JOURNAUX (SIMENON, *Maigret et l'inspecteur Malgracieux,* p. 103).

Certains noms, en soi (§§ 495-496) ou dans le contexte où ils sont employés, exigent le plur. : *Pas de* NOUVELLES, *bonnes nouvelles* (prov.). — *Son appartement était pourtant fait pour un couple, sans* LITS JUMEAUX (CAYROL, *Froid du soleil,* p. 19). — *Cette prison-ci n'avait pas de* BARREAUX (S. de BEAUVOIR, *Mém. d'une jeune fille rangée,* p. 175). — D'autres exigent le sing. : *Je n'ai pas d'*ARGENT.

d) Selon le principe d'économie qui se manifeste dans la coordination, *L'ancien Testament et (ou) le nouveau Testament* se réduit ordinairement à *L'ancien et (ou) le nouveau Testament* ou à *L'ancien Testament et (ou) le nouveau ; Le veston bleu et le veston brun* se réduit à *Le veston bleu et le brun :*

cf. § 217, *d.* Dans tous ces cas, le nom qui n'est exprimé qu'une seule fois reste au singulier (s'il était au singulier dans la formulation complète, cela va de soi) :

> *Il définit la vraie et la fausse* DÉVOTION (SAINTE-BEUVE, *Port-Royal,* III, 16). — *Entre le premier et le second* ACTE (SAND, *Homme de neige,* t. II, p. 205). — *L'église de Balbec, du XIIe et XIIIe* SIÈCLE (PROUST, *Rech.,* t. I, p. 384). — *Dans la bonne ou la mauvaise* DIRECTION (LE ROY LADURIE, *Carnaval de Romans,* p. 60). — De même, en dehors de la coordination : *Du XVIe au XXe* SIÈCLE (*ib.,* p. 345).

Il faut constater pourtant que plus d'un auteur, apparemment sensible à l'idée de plur. incluse dans de tels syntagmes, met la marque du plur. au nom quand les deux adjectifs précèdent : *Le neuvième et le dixième* ARRONDISSEMENTS (ARAGON, *Paysan de Paris,* p. 167). — *Au quatorzième et au quinzième* SIÈCLES (GAXOTTE, *Hist. des Français,* t. I, p. 447). — De même, avec *l'un et l'autre : L'une et l'autre* DOCTRINES (BERGSON, *Évol. créatrice,* p. 48). — *Dans l'une et l'autre* PRISES *de vues* (MONTHERLANT, *Solstice de juin,* p. 254). — Avec *tel ou tel : Elle s'acharnait à interpréter tel ou tel* DÉTAILS (R. ROLLAND, *Jean-Chr.,* t. VIII, p. 43).

Mais on notera les faits suivants. 1° Si le plur. a une forme phonétique particulière, le sing. est choisi sans hésitation : *L'ancien et le nouvel* ARSENAL. *Un petit et un gros* ANIMAL. *Un bon et un mauvais* ŒIL. *Le troisième et le quatrième plan* QUINQUENNAL. — *Le grand, le petit* PECTORAL (ROBERT). — *On distingue deux muscles dorsaux : le grand et le long* DORSAL (P. LAR., s.v. *dorsal*). — 2° Beaucoup d'auteurs qui mettent l'*s* écrivent sans *s* ailleurs, voire à la même page, ce qui montre que l'*s* résulte d'un manque d'attention (quoiqu'une telle conclusion étonne à propos de certains des auteurs que nous allons citer) : *Au XVe et au XVIe* SIÈCLES (LITTRÉ, s.v. *savoir*[1], Étym.). — *Erreur d'orthographe du XVIe et du XVIIe* SIÈCLE (ID., s.v. *scel*). — *L'architecture du douzième et du treizième siècles* (BARRÈS, *Grande pitié des égl. de Fr.,* 1914, p. 209). — *Neuf statues en pierre, du quinzième, du seizième et du dix-septième* SIÈCLE (*ib.,* p. 4). — *À la première et à la seconde* PERSONNES (BRUNOT, *Pensée,* p. 235). — *À la 1re et à la 2e* PERSONNE (*ib.,* p. 281). — *Entre la première et la deuxième* PERSONNES (Jean DUBOIS, *Gramm. structurale,* Verbe, p. 65). — *Entre la première et la deuxième* PERSONNE (*ib.*).

Autres ex. d'incohérence : MAUROIS, *Cinq visages de l'amour,* pp. 80 et 8 ; COCTEAU, *Maalesh,* pp. 84 et 187 ; THIBAUDET, *Hist. de la litt. fr. de 1789 à nos jours,* pp. 30 et 561 ; FOUCHÉ, *Phonét. hist. du fr.,* pp. 671 et 670 ; AC., s.v. *sarabande* et *honte ;* etc.

Remarques. — 1. Le nom est évidemment au pluriel si le déterminant est au pluriel :

> *Les* LANGUES *latine et grecque. Les XVIIIe et XIXe* SIÈCLES. — *Les quatrième et cinquième* PLANS *quinquennaux* (*Grand Lar. enc.,* t. X, p. 619).

Cet ex. résulte d'un simple lapsus : *Aux première et deuxième* PERSONNE *du pluriel* (GOUGENHEIM, *Système grammatical,* p. 83).

2. Quand il n'y a pas de déterminant, le nom se met fréquemment au pluriel, peut-être parce que les auteurs considèrent que ce déterminant aurait été au pluriel. Mais on trouve aussi le singulier, qui semble préférable pour la raison donnée ci-dessus (on ne dirait pas **Premier et deuxième* CHEVAUX).

> Ex. du plur. : *XIe et XIIe* SIÈCLES (LEC. DE LISLE, *Poèmes barb.,* Deux glaives). — *Troisième et quatrième* PRODUCTEURS (*Grand Lar. enc.,* t. VII, p. 974). — Autres ex. : J. HAUST, *Dict. liégeois,* p. 156, note ; R.-L. WAGNER, *Introd. à la ling. fr.,* p. 109 ; P. GUIRAUD, *Anc. fr.,* p. 86 ; etc.
>
> Ex. du sing. : *1re et 2e* SÉRIE (*Lar. XXe s.,* s.v. *signal*). — *Sixième (1577) et septième* GUERRE *(1579-80)* (V.-L. SAULNIER, *Littér. de la Renaissance,* p. 108). — *Première et*

deuxième PERSONNE *du pluriel* (BRUNOT et BRUNEAU, *Précis de gramm. hist.,* § 705). — *Des bribes de souvenirs reçus de seconde ou de dixième* MAIN (YOURCENAR, *Souvenirs pieux,* p. 12).

La situation est la même quand les adjectifs sont joints par un trait d'union : *VI⁰-IX⁰* SIÈCLES (GROUSSET, *Hist. de l'Asie,* p. 55). — *XVI⁰-XVII⁰* SIÈCLE (N. CATACH, *Ortho-graphe,* p. 15). — Etc.

e) Par suite de l'omission d'une préposition, des compléments paraissent avoir changé de nature, ce qui pourrait donner lieu à des hésitations concernant le nombre.

1° *Lundi matin* est pour *Lundi au matin* (§ 997, *d*). Il est donc logique de laisser *matin* au sing. dans *Tous les lundis matin* (ou *soir*). Toutefois l'usage est assez indécis (l'idée de « tous les matins » ou « tous les soirs » se superposant dans la pensée à celle de « tous les lundis ») : *Les bicyclettes des samedis* SOIR (Fr. MAURIAC, *Chemins de la mer,* p. 145). — *Tous les jeudis* MATIN (J. ROMAINS, *Hommes de b. vol.,* t. III, p. 311). — *Le bon magister / Les dimanches* MATINS *sortait pour prendre l'air* (MUSSET, *Prem. poés.,* Mardoche, XXII). — *Tous les samedis* SOIRS (JOUHANDEAU, *Confidences,* p. 52).

Autres ex. du sing. : GIDE, *Paludes,* p. 16 ; R. ROLLAND, *Précurseurs,* p. 137 ; SARTRE, *Morts sans sépulture,* III, 1 ; IONESCO, *Victimes du devoir,* Théâtre, t. I, p. 188 ; POIROT-DELPECH, *Grasse matinée,* p. 9. — Du plur. : A. DAUDET, *Fromont jeune et Risler aîné,* I, 2 ; LOTI, *Roman d'un enf.,* XXXIV ; ALAIN-FOURNIER, *Gr. Meaulnes,* p. 126 ; LARBAUD, *Enfantines,* p. 28 ; GIDE, *Feuillets d'automne,* p. 186. Etc.

2° *Le 12 janvier* est pour *le 12 de janvier* (plus anciennement *le douzième de janvier :* cf. §§ 579, *b,* Hist., et 998, *b*). On écrit donc : *Tous les 12* JANVIER. *Les 12 et 13* JANVIER. De même, *Les 12 et 13* COURANT, qui est pour *Les 12 et 13 du courant* (= *du mois courant,* du mois où l'on est).

3° On écrit *Le 7⁰* CHASSEURS *d'Afrique* (DE GAULLE, *Mém. de guerre,* t. II, p. 123), *Le 4⁰* SPAHIS *(ib.),* — pour *le 7⁰ régiment des Chasseurs d'Afrique,* etc.

f) Dans les compléments de temps ou de lieu introduits par la préposition *par* et qui indiquent la distribution, le nom se met le plus souvent au plur. (comp. *à tous les instants*), mais le sing. se trouve aussi (comp. *à chaque instant*).

Ex. du plur. : *Par* MOMENTS *ils échangeaient une parole* (FLAUB., *Mᵐᵉ Bov.,* II, 9). — *Par* INTERVALLES, *il soufflait un peu* (L. DAUDET, *Jour d'orage,* p. 27). — *Par* INSTANTS, *on entendait aboyer la meute* (ALAIN-FOURNIER, *Gr. Meaulnes,* p. 259). — *Un grand tapis à fleurs, discrètement mité, par* PLACES (G. DUHAMEL, *Nuit de la Saint-Jean,* p. 21).

Ex. du sing. : *Par* INTERVALLE, *un cri troublait ce champ muet* (HUGO, *Lég.,* t. IV, p. 76). — *Par* MOMENT, *c'est un souffle* (RENAN, *Eau de jouvence,* III, 1). — *Elle a bien encore, par* INSTANT, *l'accent de l'autre maison* (HERMANT, *Théâtre (1912-1913),* p. 189). — *Les cheveux* [...], *grisonnants par* PLACE (G. DUHAMEL, *Cri des profondeurs,* p. 16).

Autres ex. de *par moment :* SAND, *Homme de neige,* t. II, p. 82 ; SAINTE-BEUVE, *Premiers lundis,* Pl., p. 307 ; MAUPASS., *Vie,* VII ; ZOLA, *Th. Raquin,* XX ; A. FRANCE, *Île des pingouins,* VIII, 1 ; VERL., *Bonne chanson,* I ; GIDE, *Porte étr.,* II ; ROBBE-GRILLET, *Voyeur,* p. 170 ; YOURCENAR, *Souvenirs pieux,* p. 108 ; etc.

g) **En personne** est invariable : *Ils y sont allés en* PERSONNE (AC.).

h) *À skis* ou *à ski :* § 1003, *c.* — *Ils se promènent avec leur femme* ou ... *leurs femmes :* § 592. — *À tout moment* ou *à tous moments :* § 615, *b,* 1°, Rem. — *J'ai un de ces mals de tête !* § 962.

Hist. — La langue a hésité longtemps entre *à merveilles* et *à merveille* (ainsi qu'entre *à granz merveilles* et *à grant merveille*). La première forme a été évincée au XIXᵉ s. ; on la trouve encore chez CHATEAUBRIAND : *Vous dînerez à Paris, et vous souperez à Pékin, grâce à la rapidité des communications ; à* MERVEILLES *; et puis ? (Mém.,* IV, XII, 6.)

II. — LES MARQUES DU NOMBRE

500   Observations préliminaires.

a) **Le pluriel du point de vue phonétique.**

Pris isolément, le plus grand nombre des noms se prononcent au pluriel comme au singulier : [mɛzɔ̃] représente *maison* et *maisons*. — Seuls, divers noms en *-al* (§ 504), quelques noms en *-ail* (§ 505), *œil* (§ 506, *a),* *bœuf* et *œuf* ont une forme orale particulière :

Cheval [ʃ(ə)vAl], *chevaux* [ʃ(ə)vo] ; *bail* [bAj], *baux* [bo] ; *œil* [œj], *yeux* [jø] ; *bœuf* [bœf], *bœufs* [bø] ; *œuf* [œf], *œufs* [ø].

En outre, certains noms composés (*monsieur,* etc. : § 520) et certains noms étrangers (§§ 522-525). — *Os* est invariable graphiquement et variable phonétiquement : *un os* [ɔs], *des os* [o].

Dans la phrase, le pluriel apparaît cependant grâce aux déterminants : *la maison, les maisons ;* — et aussi grâce aux liaisons (§§ 41-43) : *Des corps humains* [de kɔʀ z ymɛ̃].

En particulier, les noms commençant par une voyelle sont souvent liés par [z] au mot qui précède : *Des hommes* [de z ɔm].

Par analogie, la langue négligée introduit des [z] injustifiés : *Par quatre-z-officiers* dans la chanson de Malbrough. — Sur la prononciation et les variations graphiques de *entre quatre yeux,* voir § 41, Rem. 1.

Le fait que le pluriel soit souvent inaudible entraîne beaucoup d'hésitation sur l'orthographe (cf. § 499), notamment sur celle de certains noms composés (§ 517, *b).*

b) **Singuliers tirés de pluriels.**

Matériau (de *matériaux :* § 504, Hist.), fréquent dans la langue des architectes, est entré dans l'usage courant. (Littré notait déjà, dans son Suppl., qu'on commençait à employer « barbarement » *matériaux* comme nom singulier).

Quel étrange MATÉRIAU *! comme dirait mon beau-frère l'architecte* (G. DUHAMEL, *Souvenirs de la vie du paradis,* p. 8). — *Le seul* MATÉRIAU *du pays est l'argile* (DANIEL-ROPS, *Hist. sainte,* Peuple de la Bible, t. I, p. 24). — *Le charpentier du village* [...] *ne « tombe » son* MATÉRIAU *qu'aux époques de maîtrise* (LA VARENDE, *Normandie en fleurs,* p. 149). — *M. de Coëtquidan a fait refaire la tombe entière dans un* MATÉRIAU *d'une meilleure qualité* (MONTHERLANT, *Célibataires,* p. 309). — *La brique a été le* MATÉRIAU *de prédilection de Byzance* (MORAND, *Bucarest,* p. 191).

Autres ex. : GIRAUDOUX, *Folle de Chaillot,* p. 152 ; É. HENRIOT, *Tout va recommencer sans nous,* p. 5 ; A. CAMUS, *Homme révolté,* p. 306 ; BILLY, *Pudeur,* p. 15 ; H. BAZIN, *Tête contre les murs*, p. 88 ; A. ARNOUX, *Géographie sentimentale*, p. 87 ; PAULHAN, dans le *Figaro litt.*, 29 janv. 1949 ; SARTRE, *Mots*, p. 51 ; J. DUTOURD, *Paradoxe du critique*, p. 11 ; etc.

De *marsupiaux*, la langue familière à tiré °*marsupiau* (au lieu de *marsupial*) « drôle d'individu ». De *bestiaux*, qui n'a pas de sing. admis, la langue popul. a tiré °*bestiau* (§ 495, *a*).

Aurochs [oʀɔks] (de l'allem. *Auerochs*) est souvent prononcé [oʀɔk] comme si l'*s* final était la marque du plur. ; il est même parfois écrit °*auroch :*

> *Lar. XXᵉ s.*, s.v. *chasse ;* ERNOUT et MEILLET, *Dict. étym. de la langue lat.*, s.v. *urus ;* MALRAUX, *Voie royale*, II, 2 ; petit *Robert*, s.v. *urus ;* P. GUIRAUD, *Mots étrangers*, p. 31 ; Cl. BLANCHE-BENVENISTE et A. CHERVEL, *Orthographe*, p. 143 ; POIROT-DELPECH, dans le *Monde*, 29 juillet 1977. — *Uroch* chez CHAT., *Mart.*, VI, 32ᵉ Rem. ; TAINE, *Vie et opinions de Fr.-Th. Graindorge*, XI.
> Ex. d'*aurochs* au sing. : [BUFFON, *Œuvres compl.*, Garnier, s.d., t. III, p. 249] ; A. VINCENT, *Toponymie de la Fr.*, p. 142 ; MAUROIS, *Discours du Dʳ O'Grady*, III ; MONTHERLANT, *Démon du bien*, p. 175 ; R. VAILLAND, *Drôle de jeu*, V, 3 ; *Grand Lar. enc.*, s.v. *bœuf* et *chasse ;* etc.

Confetti et autres mots ital., voir § 523, *a*.

Un gendarme, un gendelettre : § 497, *a*, Rem. — *Un cent-garde, un chevau-léger, un faitdivers* (ou *fait divers*). À distinguer des syntagmes nominaux plur. employés tels quels avec un déterminant sing. : *Un trois-mâts, votre deux-chevaux.*

a. Marques écrites

501   **Règle générale.** — La plupart des noms forment leur pluriel dans l'écriture par l'adjonction d'un *s* à la forme du singulier :

> *Homme, homme*s. *Femme, femme*s. *Enfant, enfant*s. *Cité, cité*s.

Hist. — De la déclinaison de l'anc. fr. (§ 8), nous n'avons conservé que le cas régime, qui se caractérisait par l'absence de marque au sing. et par la présence d'un *s* au plur. Ce cas régime provenait de l'accusatif latin.

L'*s*, jadis prononcé, s'est amuï, suivant une tendance qui a triomphé définitivement au XVIIᵉ s., — avec la conséquence importante que le plur. est devenu dans la plupart des cas purement graphique (cf. § 500, *a*). L'*s* est pourtant articulé encore dans le pronom *tous*, — ainsi que, souvent, dans *mœurs*, où il n'est pas compris comme marque du plur.

Quand le mot se terminait par une voyelle, celle-ci, s'est prononcée longue au plur. jusqu'au XVIIIᵉ s. Cette prononciation existe encore dans certaines régions, notamment en basse Normandie.

En anc. fr., les consonnes finales *p, f, c* disparaissaient devant l'*s* : *Drap, dras. Chef, ches. Duc, dus.* Notre prononciation de *bœufs* et d'*œufs* (§ 500, *a*) s'explique par ce phénomène. — Dans les noms terminés par *t*, cette consonne se combinait avec l'*s* ; le résultat était écrit *z*, prononcé [ts] : *Fruit, fruiz.* Au XIIIᵉ s., [ts] s'est réduit à [s], souvent écrit *s : Fruis.* Cette graphie s'est maintenue dans *tous* et dans *gens* jusqu'à nos jours ; elle a existé dans d'autres mots jusqu'en 1835 (cf. § 89, *d*). — D'autre part, *z* a servi de marque de pluriel pour les noms en -*é* jusqu'au XVIIIᵉ s. : *Citez* (cf. *ib*).

502   **Prennent un *x* au pluriel dans l'écriture :**

a) Les noms en *-au* et *-eau :* *Un tuyau, des tuyaux. Un manteau, des manteaux.*

EXCEPTIONS : *Landau, sarrau, unau* prennent un *s :* *Des landaus,* etc.

Il n'est pas rare de trouver pourtant *sarraux* au plur. : PROUST, *Rech.,* t. I, p. 80 ; LARBAUD, *Enfantines,* p. 18 ; G. DUHAMEL, *Pesée des âmes,* p. 43 ; GENEVOIX, *Deux fauves,* p. 41 ; etc.

b) Les noms en *-eu* et *-œu :* *Un cheveu, des cheveux. Un vœu, des vœux.*

EXCEPTIONS : *Bleu, pneu, émeu, lieu* (nom de poisson) prennent *s.*

Il y a de l'hésitation pour quelques mots :

Alleu. Alors que l'Acad. et la plupart des dictionnaires écrivent logiquement (puisqu'il s'agit d'un mot ancien dans la langue) *alleux* au plur., Littré proposait *alleus.* Le premier l'emporte dans l'usage, tant chez les écrivains (HUGO, *Lég.,* XVIII, III, 4) que chez les historiens (GAXOTTE, *Hist. des Français,* t. I, p. 324 ; L. HALPHEN, *Charlemagne et l'empire carol.,* p. 373 ; F. L. GANSHOF, *Qu'est-ce que la féodalité ?* 1944, p. 44 ; etc.). *Alleus* se rencontre, peut-être sous l'influence de Littré : R. PERNOUD, *Lumière du moyen âge,* p. 44.

Camaïeu, mot ancien dans la langue, a un plur. en *-x :* AC., s.v. *monochrome ;* PROUST, *Rech.,* t. I, p. 150 ; VIALAR, *M. Dupont est mort,* p. 312. — Ex. avec *s :* Fr. MAURIAC, *Enfant chargé de chaînes,* XVI ; COCTEAU, *Poésie critique,* p. 101.

L'Acad. aurait décidé d'introduire *émeu* dans la prochaine éd. de son dict. avec le plur. *émeux :* cf. *Défense de la langue fr.,* mars 1978, p. 4.

Enfeu « niche funéraire » ferait au plur. *enfeus* selon le *Grand dict. enc. Lar.*

Fieu [à l'origine forme picarde (§ 68) de *fils*] fait *fieux* au plur. : BALZAC, *Corresp.,* 26 juin 1836 ; VERL., *Jadis et nag.,* Soldat laboureur. (Il est vrai que l'on a écrit *fieux* au sing. : cf. § 90, *e,* Hist.)

Pour *richelieu,* nom de chaussure, l'usage hésite. Certains écrivent le mot avec une majuscule et sans marque du plur. : MAC ORLAN, cit. Robert ; H. BAZIN, *Vipère au poing,* XIV. — Avec minuscule et *s :* Fr. NOURISSIER, *Crève,* p. 24 ; J. AMSLER, trad. de : G. Grass, *Années de chien,* p. 86. — Avec minuscule et *x :* QUENEAU, *Chiendent,* F°, p. 354 ; M. RHEIMS, *Haute curiosité,* p. 361.

c) Sept noms en *-ou :* *Bijou, caillou, chou, genou, hibou, joujou, pou.*

Des bijoux, etc. — Mais *des clous, des fous, des voyous, des sous, des filous,* etc.

Chouchou [forme redoublée de *chou*], plur. *chouchous,* selon le *Grand Lar. langue.* Voir par ex. : J. PERRY, *Mouton noir,* p. 41 ; P. GUTH, dans le *Figaro litt.,* 2 avril 1955 ; G. ROLIN, dans le *Monde,* 23 nov. 1984, p. 15. — Mais on trouve parfois *chouchoux :* G. GENNARI, *Mois d'août à Paris,* p. 38. — Le *Lar. XXe s.* écrivait *chou-chou* au sing., *choux-choux* au plur. Cette graphie est désuète.

Remarque. — L'*x* est dans tous ces cas une marque purement écrite. En cas de liaison, on ajoute [z] : *des choux énormes* [ʃu z enɔʀm].

Hist. — 1. Sur l'origine de cet *x,* cf. § 90, *e,* Hist. — Beaucoup de noms qui font leur plur. en *s* sont entrés dans la langue après le moyen âge : cela est vrai pour *landau, pneu,* etc. Mais la répartition entre *s* et *x* est souvent arbitraire. Ainsi, parmi les noms en *-ou,* il n'y a pas de raison de traiter *chou* (anc. fr. *chol, chous*) autrement que *fou* (anc. fr. *fol, fous*), etc.

D'ailleurs, jusqu'au XVIIIe s., on a parfois écrit *foux* au plur. : *Ces jeunes* FOUX (MOL., *Éc. des maris*, III, 8). — *À l'Hôpital des* FOUX (VOLT., *Lettres phil.*, III).

2. *Loi* faisait *loix* au plur. au XVIIe et au XVIIIe s., peut-être par rapprochement étymologique avec le latin *lex* (sing. pourtant).

503   **Les noms terminés par -*s*, -*x*, -*z* ne changent pas au pluriel :**

> *Un pois, des pois. Une croix, des croix. Un nez, des nez.*
>
> Pour le mot *os*, il y a une prononciation différente : [ɔs] au sing., [o] au plur.
>
> Les liaisons ne se font qu'au plur. (en [z]) : *Les bras étendus. À bras ouverts. Des prix élevés. Couper bras et jambes*, etc.

Le fait que dans un mot comme *corps* le plur. ne se marque pas dans l'écrit a eu pour résultat que l'expression *perdu corps et biens*, employée à propos d'un vaisseau, a été prise à contresens : l'Acad. voit dans *corps* un plur. signifiant « personnes » alors que c'est un sing. désignant le bâtiment lui-même, par opposition à son contenu, aux marchandises.

b. Marques orales et écrites

504   **Les noms en -*al*.**

Bibl. — J. DE KOCK, *Quelques réflexions sur la manière de formuler une règle grammaticale : le pluriel des substantifs français en* -al, dans la *Linguistique*, 2, 1968, pp. 21-33.

a) La plupart des noms en -*al*, surtout parmi les plus courants, changent -*al* [al] en -*aux* [o] :

> *Un bocal, des* bocAUX. *Un mal, des* mAUX (cf. *c*). *Un journal, des* journAUX. *Un marsupial* (cf. § 500, *b*), *des* marsupiAUX. — *Des* TERMINAUX *d'ordinateur*. — *Je vois avec étonnement / Le feu de ses prunelles pâles, / Clairs* FANAUX, *vivantes opales, / Qui me contemplent fixement* (BAUDEL., *Fl. du m.*, Chat).

b) D'autres suivent la règle ordinaire du pluriel en *s*.

> Les plus courants sont *bal, cal, carnaval, chacal, festival, récital* et *régal*.

Il faut y ajouter les noms moins usités ou rarement employés au plur. : *Aval, bacchanal* (pas de plur., selon Littré et le *Trésor*), *bancal, choral, copal, corral, final* (on écrit aussi *finale*), *gal, galgal, gavial, gayal, minerval* (« rétribution scolaire », en Belgique), *mistral, narval, negro-spiritual* (souvent prononcé à l'anglaise, [-ɔl]), *nopal, pascal, revival, rorqual, sabal, serval, sial, sisal, trial* ; — des marques déposées comme *Tergal* ; — des mots d'origine argotique comme *futal* « pantalon », *certal* « certificat », *Rital* « Italien » ; — des noms géographiques désignant des produits, *cantal, emmenthal, orval* ; — des noms propres comme *Juvénal* (*J'ai deux* JUVÉNALS *dans ma bibliothèque* : § 512, *b*), *les monts Ourals.*

c) L'usage hésite pour quelques noms.

Cérémonial « n'a point de pluriel » pour l'Acad. On trouve pourtant parfois *cérémoniaux* et *cérémonials* :

> *L'univers sacré des mythes et des religions*, [...] *des rites et des* CÉRÉMONIAUX (G. PICON, *Panorama de la nouvelle littér. fr.*, 1976, p. 156). — *Analyse* [...] *des rites et* CÉRÉMONIALS *qui*

[...] fondent et matérialisent le miracle royal (J. Le GOFF, dans l'*Express,* 25 mars 1983, p. 24).
— Autres ex. de *cérémoniaux :* HUYSMANS, cit. *Trésor ;* GHELDERODE, *Sortie de l'acteur,* III.

Étal a traditionnellement *étaux* comme pluriel. Mais (peut-être pour éviter la
confusion avec le pluriel d'*étau*), *étals* se répand de plus en plus :

Ex. d'*étaux : Entre les* ÉTAUX *assignés à chaque marchand* (Éd. HERRIOT, *Dans la forêt
normande,* p. 36). — *Il fallait bien [...] des marchands et des* ÉTAUX (CLAUDEL, *Figures et
paraboles,* p. 83). — *Quelle foule alors ameutée au long des* ÉTAUX *!* (É. HENRIOT, *Rencontres
en Île-de-France,* p. 123.) — *M. de Longueville [...] défaillit de faim devant les* ÉTAUX *de
boucherie* (M. DRUON, *Bonheur des uns...,* p. 243).

Ex. d'*étals : Dans la grande rue sale, les* ÉTALS *se dressèrent* (RIMBAUD, *Illum.,* Après le
déluge). — *Les* ÉTALS *des bouchers* (A. FRANCE, *Sur la pierre blanche,* p. 4). — *Sur les* ÉTALS
du marché (É. HENRIOT, *Diable à l'hôtel,* VI). — *Sur les* ÉTALS*, les fruits du monde entier
étaient mûrs* (LE CLÉZIO, *Guerre,* p. 56).

Autres ex. d'*étaux :* TAINE, *Orig. de la Fr. contemp.,* t. VIII, p. 270 ; LA VARENDE,
Troisième jour, p. 199 ; ARAGON, *Semaine sainte,* L.P., t. II, p. 292 ; R. PERNOUD, *Jeanne
d'Arc,* Q.S., p. 5. — D'*étals :* VERHAEREN, *Villes tentac.,* Bazar ; MONTHERLANT, *Pitié pour les
femmes,* L.P., p. 137 ; F. MARCEAU, *Années courtes,* p. 91 ; D. DECOIN, *Ceux qui vont s'aimer,*
p. 237 ; J.-P. CLÉBERT, *Vivre en Provence,* p. 125 ; etc.

Idéal. Selon l'Acad., « *Idéaux* est employé plutôt dans la langue technique de
la Philosophie et des Mathématiques, *Idéals* dans le langage de la Littérature,
des Beaux-Arts et de la Morale ». Cette distinction n'est plus fondée : *idéaux* se
généralise de plus en plus, en particulier chez les écrivains.

Ex. d'*idéals : De tous les* IDÉALS *tu composais ton âme* (HUGO, *Contempl.,* VI, 8). — *Et
toujours leurs* IDÉALS *se heurtèrent* (BARRÈS, *Maîtres,* p. 269). — *Les deux partis sont menés
au combat par deux hauts* IDÉALS (R. ROLLAND, *Précurseurs,* p. 58). — *La coexistence de
doctrines, d'*IDÉALS*, de systèmes tout opposés* (VALÉRY, *Variété,* Pl., p. 867). — *Il en résulte que
« les* IDÉALS *» sont variés, débiles, précaires* (J. FOURASTIÉ, *Long chemin des hommes,* p. 129).

Ex. d'*idéaux : Les concepts et les* IDÉAUX *d'origine historique* (VALÉRY, *Regards...,* p. 95).
— *Un système dont les* IDÉAUX *sont la justice et la raison* (BENDA, *Trahison des clercs,* p. 26).
— *Il t'en dira long sur la vigueur des* IDÉAUX (A. BRETON, *Ode à Charles Fourier,* dans
Seghers, *Livre d'or de la poésie fr. contemp.*). — *Plus question de comparer les* IDÉAUX
(MALRAUX, *Espoir,* p. 142). — *Il est resté longtemps fidèle aux* IDÉAUX *communistes de sa
jeunesse* (LE ROY LADURIE, *Paris-Montpellier,* p. 47).

Autres ex. d'*idéaux :* R. de GOURMONT, *Chemin de velours,* p. 168 ; L. DAUDET, *Rêve
éveillé,* p. 170 ; R. ROLLAND, *Âme enchantée,* L.P., t. III, p. 158 ; BERNANOS, *Imposture,*
p. 123 ; DANIEL-ROPS, *Années tournantes,* p. 132 ; D. de ROUGEMONT, *Part du diable,* p. 122 ;
GROUSSET, *Figures de proue,* p. 59 ; J. ROSTAND, *Pensées d'un biologiste,* p. 227 ; G. FRIED-
MANN, *La puissance et la sagesse,* p. 164 ; POIROT-DELPECH, dans le *Monde,* 12 nov. 1982 ;
etc.

Mal reçoit parfois un pluriel *mals* dans les locutions nominales (comp. § 514,
a) désignant des maladies précises :

Une paire de guêtres / Tachant de deux MALS *blancs ce glabre paysage* (LAFORGUE,
Complaintes, Complainte d'un autre paysage). — *Le gamin grandit, cireux, végétal, enrhumé,
sujet aux* MALS *blancs* (AYMÉ, *Gustalin,* VI). — *Les personnages d'Aquin sont atteints de
« hauts* MALS *» qui ont un caractère démoniaque* (A. BERTHIAUME, cité dans R. Ouellet, *Les
critiques de notre temps et le nouveau roman,* p. 160).

Pal, d'ailleurs vieilli lui-même, a ordinairement le pluriel *pals ; paux* est
archaïque.

[...] / *Prend l'ambassade turque et la fait périr toute / Sur trente* PALS, *plantés aux deux bords d'une route* (HUGO, *Lég.*, XVI, III, 1). — *Les savants ont* [...] *replanté sur des* PAUX *de fer toutes ces imaginations de cauchemar* (CLAUDEL, *Bestiaire spirituel*, Fossiles).

Piédestal a pour pluriel *piédestaux*. Il y a pourtant un peu d'hésitation dans l'usage.

Ex. de *piédestaux :* HUGO, *Lég.*, XII, 7 ; FLAUB., *Sal.*, I ; ZOLA, *Au Bonheur des Dames*, XII ; etc. — De *piédestals :* P. GRAINVILLE, *Lisière*, p. 342 ; J.-P. CHABROL, *Bouc du désert*, p. 172.

Réal (monnaie espagnole ; monnaie franç. au XVe s.) avait un pluriel traditionnel *réaux*, que signalait la plupart des dictionnaires. Le *Grand dict. enc. Lar.* donne en outre le pluriel *réales*, avec la désinence espagnole (§ 525, *b*), mais sans préciser la prononciation et en gardant l'accent aigu du franç. — *Rial* (monnaie iranienne) fait *rials* au pluriel.

Santal, pluriel *santals*, sauf dans l'expression *poudre des trois santaux.*

Val fait *vaux* au pluriel dans l'expression *par monts et par vaux* [et dans ses variantes : *Par* VAUX *et chemins* (GENEVOIX, *Forêt perdue*, p. 17)] et dans les noms propres de lieux *(Les Vaux-de-Cernay)*. — Sinon, c'est *vals* qu'on emploie :

On sait la richesse des flancs du Vésuve, des VALS *de l'Etna* (MICHELET, *Mer*, II, 11). — *Parmi les* VALS *des Basses-Pyrénées* (J. de PESQUIDOUX, *Chez nous*, t. I, p. 26). — *Ça emplit les* VALS (GIONO, *Grand troupeau*, p. 223). — *Les ruisseaux clairs allaient lentement dans des centaines de* VALS *courbes* (H. QUEFFÉLEC, *Faute de Monseigneur*, p. 108).

Hist. — Dans les noms terminés par *l*, cette consonne se vocalisait devant l'*s* du cas régime plur. (cf. § 68) : *Cheval, chevaus,* prononcé [-aus], puis [-o]. — D'autres alternances *(chol, chous ; chevel, cheveus ; chastel, chasteaus)* ont disparu, la forme avec *u* s'imposant au sing. — Dans *licol* et *licou, col* et *cou, sol* et *sou*, on a conservé à la fois l'ancienne forme et la forme refaite. *Scel* (doublet de *sceau*), encore mentionné par l'Acad. en 1878 comme un mot du passé, se trouve parfois après cette date : *Le vide était ici gardé à clef, et mis sous* SCEL (GIRAUDOUX, *Combat avec l'ange*, VI). — *Listel* (voir Rem. ci-dessous) est une ancienne forme de *listeau*, mais maintenue sous l'influence de l'ital. *listello*.

Pour l'origine de l'*x*, voir § 90, *e*, Hist.

D'une façon générale, les mots présentant le plur. en *-aux* sont anciens, et ceux qui ont *-als* sont plus modernes. Mais *bal* et d'autres ont eu un plur. en *-aux*. Certains mots plus récents ont d'abord eu un plur. en *-als :* par ex. *madrigal, piédestal ;* ces plur. ont été refaits par analogie.

Matériaux (d'où on a tiré un sing. *matériau :* § 500, *b*) et *universaux* (cf. Rem. ci-dessous) s'expliquent par les anciens sing. *matérial* et *universal.* Il y a sans doute eu en outre une influence du latin médiéval.

Remarque. — *Listel* (cf. Hist. ci-dessus) a pour plur. *listeaux* selon l'Acad. et d'autres dictionnaires. Mais la forme réellement utilisée paraît être *listels* (voir les ex. du *Trésor*), plur. que l'Acad. emploie depuis 1835 à l'art. *côte.*

À *universaux* (cf. Hist. ci-dessus), on donne parfois comme sing. **universel :** voir par ex. le *Dict. ling.*, s.v. *universaux.*

505   ## Les noms en *-ail.*

a) Quelques noms en *-ail* [ᴀj] changent *-ail* en *-aux* [o] au pluriel.

Ce sont *aspirail, bail, corail, émail* (voir ci-dessous), *fermail, gemmail, soupirail, travail* (voir ci-dessous), *vantail, ventail, vitrail : Les* VITRAUX *de Chartres.*

Il faut ajouter *ail,* qui a deux pluriels *aulx* [o] et *ails* [ʌj]. Le premier est, d'après nos observations, la forme la plus usitée dans le commerce, aussi bien qu'en littérature, malgré l'homophonie avec *eau(x) ; ails* s'emploie surtout en botanique.

Ex. d'*aulx :* La Varende, *Nez-de-Cuir,* V, 6 ; Gide, *Journal,* 25 mai 1940 ; Colette, *Journal à rebours,* p. 32 ; Genevoix, *Bestiaire sans oubli,* p. 25 ; P. Lebel, dans *L'histoire et ses méthodes,* p. 680 ; J.-P. Clébert, *Vivre en Provence,* p. 125. — Ex. d'*ails :* Giono, *Que ma joie demeure,* p. 376 ; J. Joffo, *Tendre été,* p. 58.

Émail fait au plur. *émails* lorsqu'il s'agit de vernis et de peintures : *La cuisine, carrelée de rouge, me rappelle celle de Maman. Elle a elle aussi un vieil évier en pierre tendre. On n'en trouve plus guère. Je les aime mieux que les* ÉMAILS *et les aciers modernes* (R. Grenier, *Maison place des Fêtes,* p. 115).

Travail fait au plur. *travails* quand il désigne l'appareil du maréchal-ferrant (voir Hist.).

b) Les autres noms en *-ail* suivent la règle ordinaire : *Des éventails, des détails, des chandails.*

Bétails et *bercails* sont peu usités : *Le hobereau et ses fidèles, suivis de leurs* BÉTAILS *à mettre en vente, se rendent régulièrement à ces foires* (Le Roy Ladurie, *Territoire de l'historien,* p. 190). — *Elle* [= la rue d'Ulm] *est loin de conduire tous les nourrissons vers les mêmes* BERCAILS (P.-H. Simon, dans le *Monde,* 26 févr. 1964). [Autres ex. : A. France, Laforgue, Moréas, dans le *Trésor.*]

Hist. — Pour l'explication de la forme *-aux,* voir § 504, Hist. — Sur l'*l* d'*aulx,* voir § 90, *e,* Hist.

Travail comme appareil du maréchal-ferrant est issu du lat. vulg. *tripalium ;* dans les autres sens, c'est un dérivé régressif de *travailler.* — Le plur. *travails* est mentionné par Littré pour un autre sens, aujourd'hui hors d'usage, « réunion où des ministres ou leurs commis rendent compte des affaires » : *Ce ministre a eu plusieurs* TRAVAILS *cette semaine avec le roi.*

Bétail n'est, ni quant au sens, ni quant à la forme, ni quant à l'étymologie, le sing. de *bestiaux.* (Sur le sing. *bestiau,* voir § 495, *a.*)

Remarque. — *Appareil* fait au plur. *appareils* dans l'usage ordinaire. *Apparaux* est un terme de marine désignant l'ensemble des appareils fixes servant aux manœuvres et à la manutention ; il s'est appliqué plus récemment à l'ensemble des appareils de gymnastique.

Hist. — *Apparaux* continue une ancienne forme. *Appareils* est une réfection d'après le sing.

506 **Cas spéciaux.**

a) Un *œil* [œj], *des yeux* [jø].

Des YEUX *bleus.* — *Un pain qui a des* YEUX (Ac.). — *Un fromage qui n'a point d'*YEUX (Ac.). — *Ce bouillon est très gras, il a beaucoup d'*YEUX (Ac.). — *Tailler à deux* YEUX, *à trois* YEUX (Ac.). — *Je lui dirai cela entre quatre* YEUX (Ac.) [sur la prononciation de cette expression, voir § 41, Rem. 1].

Le pluriel *œils* se trouve dans le vocabulaire de divers métiers quand le mot désigne une ouverture, un trou, une boucle, une ganse, etc. : *Les* ŒILS *de ces grues, de ces voiles, de ces marteaux, de ces meules, de ces étaux. Les différents* ŒILS *en imprimerie.* — Il se trouve aussi dans des noms composés : *Des œils-de-bœuf,* etc. ; voir § 515, *b,* 2°.

b) Aïeul [ajœl] « grand-père » fait au pluriel *aïeuls* [ajœl] « grands-parents » ou « grands-pères ». Ces deux formes appartiennent à la langue soignée. — *Aïeux* [ajø] « ancêtres » est un pluriel qui n'a pas normalement de singulier.

Ex. d'*aïeuls* : *Le consentement des pères et mères,* AÏEULS *et aïeules (Code civil,* art. 76). — *Nous dûmes nous évader et nous réfugier dans la banlieue. Mes deux* AÏEULS, *priés de nous suivre, refusèrent net* (HERMANT, *Bourgeois,* p. 48). — *La classe à laquelle j'appartiens est, je pense, la bourgeoisie. Pour vous en laisser juge, je vous donnerai la liste de mes quatre* AÏEULS (BARTHES, dans *Tel quel,* automne 1971, p. 89).

Ex. d'*aïeux* : *Dans le caveau des miens plongeant mes pas nocturnes, / J'ai compté mes* AÏEUX (VIGNY, *Dest.,* Esprit pur). — Si l'on a besoin du sing., on dit : *Un de mes* AÏEUX.

Régulièrement, on dit *les bisaïeuls* « les arrière-grands-parents », *les trisaïeuls* « les parents des bisaïeuls » :

Entre deux BISAÏEULS *de la ligne maternelle (Code civil,* art. 404). — *Les* BISAÏEULS *radoteurs ont cessé d'être une sainte charge pour les familles* (H. WEBER, dans le *Monde,* 6 août 1981). — *La malouinière de la Lésarderaie, aujourd'hui propriété d'un fabricant d'apéritifs, a appartenu à l'un de mes* TRISAÏEULS (BILLY, *Madame,* p. 22).

Bisaïeux se rencontre, mais plutôt, semble-t-il, comme un synonyme d'*aïeux* : *Le jansénisme avait touché de son aile certains de ses* BISAÏEUX (R. ROLLAND, *Voyage intérieur,* p. 69). — Autres ex. : L. DAUDET, *Stupide XIXᵉ s.,* p. 249 ; MAUROIS, *Études anglaises,* p. 191.

Hist. — *Aïeux* est le véritable plur. d'*aïeul* du point de vue historique (comp. § 504, Hist.). *Aïeuls* a été refait d'après le sing. — La distinction de sens entre les deux formes n'était pas encore établie au XVIIᵉ s. ; on trouve d'ailleurs encore des confusions par la suite

Aïeuls pour *aïeux* : ⁺*Au rang que ses* AÏEULS *ont jadis su tenir* (LA F., *Eunuque,* I, 4). — ⁺*Ils n'ont ni* AÏEULS *ni descendants* (LA BR., II, 22). — *Que dira le peuple naissant lorsqu'il comparera le fer de ses* AYEULS *avec l'or de ceux à qui il doit immédiatement le jour ?* (MONTESQ., *L. Pers.,* CXLV.) — *La société qui sanctionne ces choses se trouve être celle dont les* AÏEULS *se délectèrent à la psychologie toute mondaine de Mˡˡᵉ de Scudéry* (BENDA, *France byzantine,* p. 179).

Aïeux pour *aïeuls* : *Libéralités faites par les* AÏEUX *à la descendance naturelle* (BALZAC, *Urs. Mirouët,* VIII). — *Des* AÏEUX *tenaient des petits enfants sur leurs genoux* (FLAUB., *Tr. contes,* S. Julien, III). — *La foule [...] exige qu'on livre à sa colère les* AÏEUX *maternels du souverain* (TROYAT, *Ivan le Terrible,* p. 14).

c) Ciel fait *ciels* chaque fois qu'il s'agit d'un véritable pluriel, notamment dans les sens « tableau ou partie de tableau représentant le ciel », « climat », « chacune des sphères où se meuvent les astres, selon l'ancienne cosmographie », « plafond de carrière », « couronnement d'un lit » :

Au fond des sept CIELS *ouverts en enfilade se coulait une bise tiède* (A. DAUDET, *Port-Tarascon,* I, 5). — *Un de ces* CIELS *perfides qui caressent et brûlent la peau tendre des citadins* (A. FRANCE, *Jocaste...,* p. 279). — *Je songe aux* CIELS *marins, à leurs couchants si doux* (MORÉAS, *Stances,* I, 16). — *Chevrier était habitué à décoller à la minute imposée avec des* CIELS *bas et d'épais nuages de givre à percer* (J. ROY, *Vallée heureuse,* p. 51). — *Les beaux* CIELS *sans nuages* (MAUROIS, *Ariel,* II, 9). — *De calmes miroirs d'eau reflètent des* CIELS *qui sont parfois voilés* (J. de LACRETELLE, *Disc. de récept. à l'Acad. fr.*). — *Tes yeux sont comme les* CIELS *de Van Gogh* (B. CLAVEL, *Cœur des vivants,* p. 175). — *Aviateurs combattant dans tous les* CIELS (DE GAULLE, *Disc. et messages,* t. I, p. 77). — *On donna le nom de « lambrequins » à des retombées de dais et de* CIELS *de lits (Lar. XXᵉ s.,* s.v. *lambrequin).*

Cieux n'est ordinairement qu'un synonyme emphatique et surtout littéraire de *ciel* (cf. § 493, *b*) :

On n'entendait au loin, sur l'onde et sous les CIEUX, / *Que le bruit des rameurs* [...] (LAMART., *Médit.*, XIII). — *Notre Père, qui es aux* CIEUX *(Pater).* — *Émigrant en bloc sous d'autres* CIEUX (VALÉRY, *Regards sur le monde actuel*, p. 120).

On trouve parfois *cieux* comme un véritable pluriel : *Sur leur front par vingt* CIEUX *bronzé* (Th. GAUTIER, *Ém. et cam.*, Vieux de la vieille). — *Le soleil de vingt* CIEUX *a mûri votre vie* (HUGO, *F. d'aut.*, VI).

Hist. — Du point de vue historique, le véritable plur. est *cieux* (comp. § 504, Hist.). *Ciels* a été refait sur le sing.

c. Catégories particulières

507   Pluriel des noms accidentels.

a) Les éléments linguistiques (lettres, avec leur valeur de lettres ou pour représenter un son ; syllabes, morphèmes, mots, syntagmes, phrases) pris par autonymie (§ 450) ne varient pas en nombre :

Lequel des deux a (MARTINET, *Prononc. du fr. contemp.*, p. 71, note). — *Deux* è *différents* (DAUZAT, *Précis d'hist. de la langue et du voc. fr.*, p. 53). — *La valeur des nasales et des* ou (*ib.*, p. 52). — *Pour éviter les phrases à* que *multiples* (MAROUZEAU, *Précis de stylist. franç.*, p. 152).

La marque du pluriel est impossible lorsque la lettre est une consonne : LES t.

Remarques. — 1. Lorsque les lettres ont, graphiquement, un nom particulier (ce ne sont plus alors des noms autonymes), il reçoit, dit-on, la marque du pluriel : *des* ZÈDES, *des* ESSES. Mais ces façons d'écrire *z* et *s* ne sont pas en usage.

Pour *delta*, Littré distingue *les* DELTA lorsqu'il s'agit de la lettre, *les* DELTAS pour les emplois figurés (voir Rem. 2). On peut en inférer qu'il préconise l'invariabilité des noms des lettres grecques (notons que ces noms étaient indéclinables en grec). Les ex. suivants vont dans ce sens : *Deux* GAMMA (LITTRÉ, s.v. *digamma ;* MAROUZEAU, *Lexique de la terminol. ling., ib.*). — *D'argent, à trois* TAU *de gueules* (P. LAR.). — *Des* DELTA *majuscules* (Trésor). — Le *Lar. XXᵉ s.*, qui suit Littré à l'article *delta*, contredit la règle ailleurs : *sigma*s, *zêta*s, *upsilon*s (légendes des illustr. des art. *sigma*, etc.).

Quant à *yod* et à *chva* (parfois *chwa*), pris à la terminologie hébraïque pour désigner, respectivement, [j] et [ə], on leur donne souvent un *s* au plur. : *L'hypothèse de* CHVAS *consonantiques* (MAROUZEAU, *op. cit.*). — *Deux* YODS (MARTINON, *Comment on prononce le fr.*, p. 190 ; BOURCIEZ, *Précis de phonét. fr.*, § 42, Rem. 2).

2. *Esse, té* peuvent désigner des objets (ayant la forme des lettres *S* et *T*). Dans ce cas, ils prennent *s* au pluriel :

ESSES *pour suspendre la viande* (catalogue de Manufrance, 1962, Table). — *Une forêt de* TÉS *et d'équerres* (ZOLA, *Œuvre*, III). — *Avec leurs* TÉS *gradués, leurs équerres* (F. DESONAY, *Air de Venise*, p. 31).

Delta au figuré prend, lui aussi, *s* au plur. : *Les* DELTAS *de Bornéo sont vides* (Grand dict. enc. Lar., s.v. *Asie*).

b) Les mots employés occasionnellement comme noms : pronoms personnels, adverbes, prépositions, conjonctions, interjections et mots-phrases, ainsi que les noms des chiffres et des notes de musique, ne varient pas en nombre habituellement :

> Les MOI *divers qui meurent successivement en nous* (PROUST, *Rech.*, t. III, p. 897). — [...] *les* NON *ou les* OUI *que le ministre n'osait prononcer* (BALZAC, *Employés*, p. 40). — *L'agencement des* COMMENT *les plus rudimentaires postule tout autant de* POURQUOI (L. DAUDET, *Stupide XIXe s.*, p. 155). — *Les* QUOIQUE *sont souvent des* PARCE QUE (GUITTON, *Christ écartelé*, p. 201). — *Ils font, en se jouant, des* HUIT *sur la glace* (J. GREEN, *Journal*, 13 juillet 1946). — *Les notes ont un rhume et les* DO *sont des* LA (VERL., *Poèmes sat.*, Nocturne parisien).

Certains auteurs ne craignent pas de donner l'*s* du pluriel aux noms accidentels, si étonnantes que soient ces formes : *Ainsi trois* MOIS [en italiques] *différents interviennent : celui qui est le lieu du rêve, celui qui le réalise et celui que les deux autres jugent être moi* (BOURBON BUSSET, *Complices*, p. 181). — *Si ces* HIERS *allaient manger nos beaux* DEMAINS ? (VERL., *Sag.*, I, 7.) — *Il* [= Dieu] *était avant tous les* AVANTS *possibles* (J. GREEN, *Partis avant le jour*, p. 64). — *Des* CHUTS ! *énergiques* (ZOLA, *Nana*, I). — *Leurs brides* [...] *bouclaient de grands* HUITS (JAMMES, *M. le curé d'Ozeron*, II).

Les mots qui sont devenus des noms dans l'usage ordinaire prennent la marque du pluriel :

> *Des* RIRES *étouffés. De vagues* REPENTIRS. *Des* PARLERS *étranges. Deux* AVANTS *furent blessés au cours de ce match de football. Les* DERRIÈRES *d'une armée*. — *Les* ATTENDUS, *les* CONSIDÉRANTS *d'un jugement, les* ARRIÈRES *de l'ennemi*. — *Des* BONS À TIRER (LITTRÉ, s.v., *bon*, 18°). — *Encore mille* MERCIS (CHAMSON, *Superbe*, p. 63). [Autre ex. : D. BOULANGER, *Connaissez-vous Maronne ?* p. 96]. — *Des* ADIEUX *émouvants*. — *Les* BRAVOS *qu'on lui criait de toutes parts* (Th. GAUTIER, *Militona*, II) [cf. § 523, *a*, Hist.].

Il y a de l'hésitation pour certains mots : *Deux* ALLER *Paris* [billets de chemin de fer] (Chr. ROCHEFORT, *Repos du guerrier*, L.P., p. 44). — *Aller et retour :* voir § 515, *a*. — *Il a fait taire les* MERCI (A. STIL, *Seize nouvelles*, p. 55) [Autre ex. : A. DE CHÂTEAUBRIANT, *M. des Lourdines*, I, 5.] — *Les « BON À TIRER » ont disparu* (P. CLARAC et A. FERRÉ, dans Proust, *Rech.*, t. II, p. 1135).

Remarques. — 1. Peut-être parce que les noms de mois sont assez rarement employés au pluriel, certains auteurs répugnent à les écrire avec un *s ;* on n'a pourtant pas de raison de les traiter autrement que les noms ordinaires, par ex. les noms de jours :

> Sans *s :* *Je vendais mes ruscus au Bon Marché tous les* NOVEMBRE (CESBRON, *Souveraine*, 1950, p. 257).
>
> Avec *s : Les* JUINS *brûlent et les* DÉCEMBRES / *Gèlent votre chair jusqu'aux os* (VERL., *Poèmes sat.*, Eaux fortes, V). — *Quand les* JUILLETS *faisaient couler à coups de triques / Les cieux ultramarins* (RIMBAUD, *Prem. vers*, Bateau ivre). — *Pour animer le film* [des souvenirs], *il faut se repérer à des millésimes, à d'anciens* MAIS... / « *Tiens, Nicole, c'est marrant, mai au pluriel !* » (A. SARRAZIN, *Cavale*, II, 12.) — *Par des* FÉVRIERS *d'aujourd'hui les corbeaux s'enhardissent jusqu'à venir respirer le chaud au ras des fermes* (G. CONCHON, dans l'*Express*, 11 nov. 1983, p. 94). — *Cette combinaison des* MAIS *honorables et des* MAIS *injurieux est signalée dans toutes les provinces* (VAN GENNEP, *Manuel de folklore fr. contemp.*, t. I, p. 1538) [*mai* = arbre planté en mai devant la maison d'une personne].

Il est vrai que, pour les noms de jours aussi, il y a parfois de l'indécision (peut-être parce que les noms de jours sont souvent construits comme des adverbes) : *Vous pouvez me voir aux Puces les* SAMEDI, DIMANCHE *et* LUNDI (QUENEAU, *Zazie dans le métro,* V) [À moins que nous n'ayons ici un article pluriel avec des noms sing. : § 562, *b.*] — *Deux* MERCREDI *matin par mois* (S. de BEAUVOIR, *Cérémonie des adieux,* p. 128). [Mais : *Tous les mardis* (p. 129). — Le sing. *matin* (§ 499, *e,* 1°) a-t-il joué un rôle ?] — Comp. : *Il suffit d'un Noël de neige à sept ans pour enneiger tous les* NOËL (J. LAURENT, *Bêtises,* pp. 441-442).

2. Des interjections, on peut rapprocher certains noms onomatopéiques ou expressifs, auxquels des auteurs hésitent à donner la marque du pluriel :

À *son souffle, à ses* AHAN, *je devinais qu'il pesait de toutes ses forces sur la rame* (H. BOSCO, *L'enfant et la rivière,* p. 58). [Comp. § 50, *c,* Rem. — Ex. d'*ahans :* PÉROCHON, *Gardiennes,* p. 25 ; HUYSMANS et Fr. MAURIAC, dans le *Trésor.*] — *Il lui dit des* NUNU [en italiques] (BALZAC, *Birotteau,* I) [= des bagatelles]. — Comp. § 519, *c.*

3. *Zéro* est un nom et prend *s* au pluriel : *Trois* ZÉROS *après un quatre font quatre mille* (AC.).

4. Comme les recueils de bons mots portaient souvent un titre ayant le suffixe latin *-ana* (neutre plur. ; cf. § 161, Rem. 2), ce suffixe a été nominalisé pour désigner des recueils de ce genre. L'invariabilité serait assez logique, mais l'usage fait prévaloir le pluriel avec *s :*

*La table est couverte de brochures, de livres et d'*ANA *de toutes sortes d'auteurs* (Th. GAUTIER, *Jean et Jeannette,* I). — *Tous les livres et tous les «* ANAS *» brûlèrent qu'avait accumulés ce charmant bavard* (Fr. MAURIAC, *Vie de J. Racine,* X).

Autres ex. d'*anas* (souvent imprimé en italiques) : HUYSMANS, *Là-bas,* II ; VALLÈS, *Bachelier,* VI ; BÉDIER, *Fabliaux,* 5ᵉ éd., p. 118 ; GIDE, *Journal,* 28 juin 1926 ; É. HENRIOT, dans le *Monde,* 15 sept. 1948 ; H. PIRENNE, cit. Deharveng, *Scrupules de grammairien,* p. 29. — D'*ana* (forme de Littré et de l'Acad.) : FAGUET, *Hist. de la poésie fr.,* t. III, p. 217.

c) Les noms d'unités, simples ou composés, forment leur pluriel selon la règle commune :

Cinquante KILOS (AC.). — *Cent* MÈTRES. — *Un cheval-vapeur correspond à 736* WATTS (ROBERT). — *Des* WATTS-HEURES (ID.). — *Des* KILOWATTS. — *Des* KILOWATTS-HEURES *ou des* KILOWATTHEURES. — *Le watt vaut* 10⁷ ERGS *par seconde* (Grand Lar. enc.). — *Des* VOLTAMPÈRES. — *Des* ÉLECTRONS-VOLTS. — *Des* NEWTONS-MÈTRES, *des* PASCALS-SECONDES. — *Des* DÉCIBELS. — *Pression atmosphérique de 762,8* MILLIMÈTRES *de mercure, soit 1 017* MILLIBARS. — *Les ordinateurs usuels calculent sur des mots de 8, 16 ou 32* BITS *(Grand dict. enc. Lar.).*

On écrit *Deux années-lumière* (espace parcouru en deux années par *la lumière*).

Pour les symboles d'unités, voir § 508.

508　　**Pluriel des formes abrégées** (dans l'écriture seulement : § 110).

a) Si l'abréviation garde la dernière lettre du mot entier, on doit ajouter l'*s* du pluriel :

Mmes (= *Mesdames*). Mlles (= *Mesdemoiselles*). N^{os} (= *numéros*).

b) Si elle ne garde pas la dernière lettre, on peut laisser le mot invariable :

200 p. (= *deux cents pages*). — Cela est obligatoire quand l'abréviation contient plus que la lettre initiale : *123 474 hab.* [= *habitants*] (*Grand Lar. enc.,* s.v. *Rouen*).

Lorsque l'abréviation ne garde que l'initiale, on peut marquer le pluriel par le redoublement de cette lettre :

MM. (= Messieurs), PP. (= Pères), RR.PP. (= Révérends Pères), pp. (= pages).
Cas particuliers : *S.M. (= Sa Majesté), LL.MM. (= Leurs Majestés) ; — Mgr (= Monseigneur), NN.SS. (= Nosseigneurs) ; — ms. (= manuscrit), mss. (= manuscrits).* — Comp. *sq.* (lat. *sequiturque* « et suivant »), *sqq.* (lat. *sequunturque* « et suivants »).

Le symbole (§) du paragraphe peut se doubler aussi lorsqu'on veut marquer qu'il y a plusieurs paragraphes : voir §§ 320-323. — Comp. *Les FF d'un violon* (§ 470, Rem. 3).

Remarque. — Les symboles des mesures (cf. § 112) sont invariables : *20 l = vingt litres ; 200 FB = deux cents francs belges ; 30 kg = trente kilos.*

509   **Noms résultant d'une réduction** (procédé lexical : §§ 187-190).

a) Les noms résultant de la réduction d'un autre nom prennent généralement la marque du pluriel :

Les AUTOS, *les* DACTYLOS, *les* PNEUS (§ 502, *b*). *Deux* KILOS (§ 507, *c*). — *Les gros quais d'ombre des* FORTIFS (CÉLINE, *Voy. au bout de la nuit*, F°, p. 442). — *Aux* FORTIFS (R. MARTIN DU GARD, *Thib.*, Pl., t. II, p. 270). — *Dans les* SANAS (G. DUHAMEL, *Problèmes de l'heure*, p. 186). — *Il n'y a que les* RASTAS *qui se plaisent à étaler aux yeux de tous leur parure* (GIDE, *Faux-monn.*, II, 6). — *Toujours l'envie de devenir pair* [...] *galopera les* ULTRAS (STENDHAL, *Rouge*, II, 1). — *Ils* [= le coiffeur et son aide] *doivent s'adjoindre un troisième garçon, un soldat de la caserne voisine, qui fait les « EXTRAS »* (COPPÉE, *Souvenirs d'un Parisien*, p. 263).

Il est exceptionnel que ces mots soient laissés invariables : *Dans les* SANA (VAN DER MEERSCH, *Corps et âmes*, t. I, p. 222). — Pour *extra*, l'hésitation est plus fréquente : *Pendant ce temps mon chauffeur fait des* EXTRA [en servant dans un café] (PAGNOL, *Fanny*, I, 1). — D'une manière générale, l'invariabilité est surtout le fait des formations senties comme nouvelles : *Vos* PSY [= psychologues] *ne sont pas doués de la parole humaine* (C. RIHOIT, *Petites annonces*, p. 163).

Water est souvent laissé tel quel, mais sans doute plus comme mot étranger que comme mot abrégé (de *water-closet*) : *J'ai rallumé un instant pour aller aux* WATER (H. BAZIN, *Huile sur le feu*, p. 80).

Quelques auteurs croient devoir marquer la réduction par une apostrophe (cf. § 106) et faire suivre celle-ci de l's du plur. : *Tous les* PROF'S (Cl. SIMON, *Sacre du printemps*, L.P., p. 23). — Cela n'a aucune utilité.

b) Les sigles sont naturellement invariables lorsqu'ils sont en capitales : *Les P.T.T.* — Mais ils varient comme des noms ordinaires lorsqu'ils sont écrits comme des mots ordinaires :

Deux jeeps [ʒip] *ou* [dʒip]. — *Les igames sont des sortes de superpréfets.* — *Grâce aux radars, les navires peuvent éviter les collisions* (*Grand Lar. enc.*). — *Étude des ovnis* (petit *Robert*, s.v. *ovniologie*).

c) Les noms résultant de la réduction d'un syntagme sont parfois laissés invariables quand la métonymie reste perçue :

Comme les CINQUIÈME [en italiques] *passaient, Léniot se glissa dans leurs rangs* (LARBAUD, *Fermina Márquez*, IX). — *Dans le dortoir des* SECONDE (A. STIL, *Seize nouvelles*, p. 130). — [= les élèves de cinquième (année), de seconde (année).]

Comp. *pur sang*, etc. au § 516.

Pluriel des noms propres

510   **Les noms propres de personnes** ne varient pas au pluriel :

> *Les* Hohenzollern, *les* Habsbourg, *les* Bonaparte. — *Les* Estienne *ou les* Elzevier *eussent-ils imprimé votre livre ?* (Apollin., *Flâneur des deux rives*, p. 26.) — *La fortune des* Rougon (titre d'un roman de Zola). — *Les* Thibault (titre d'une suite romanesque de R. Martin du Gard). — *Les deux* Corneille. *Les* Goncourt. — *Les* Gide *sont mariés depuis vingt ans* (J. Schlumberger, *Madel. et A. Gide*, p. 145). — *Dans toute la France, on vend des images des deux* Napoléon (A. Castelot, *Aiglon*, p. 345). — *Il y a deux* Yseut (Sartre, *Mots*, p. 52). — *On compte dans l'histoire* [de la papauté] *quatorze* Benoît (H. Fesquet, dans le *Monde*, 12 août 1978).

Exceptions. Prennent un *s* dans l'écriture le nom de certains personnages célèbres de la Bible ou de l'Antiquité et de certaines familles, surtout régnantes, dont la gloire est ancienne :

> *Les sept frères* Maccabées. *Les trois* Maries. — *Les trois* Horaces. *Les trois* Curiaces. *Les deux* Gracques. — *Les Ptolémées ; les Tarquins, les Césars, les Flaviens, les Antonins, les Sévères ; les Plantagenêts, les Stuarts, les Tudors ; les Bourbons.*

On y ajoute parfois : *les Capets* (mais on dit plutôt *les Capétiens* : § 513), *les Pharaons* (mais c'est plutôt un nom propre pris comme nom commun avec le sens « roi de l'ancienne Égypte ») ; — *les Scipions, les Capulets, les Montaigus, les Guises, les Condés, les Montmorencys*, pour lesquels l'*s* est loin d'être généralisé dans l'usage.

Ex. de *Guise* sans *s* au plur. : Balzac, Pl., t. X, p. 60 ; Barrès, *Mes cahiers*, t. XIII, p. 199 ; M. Riquet, dans le *Figaro*, 19 août 1972 ; Robert, *Dict. universel des noms propres*, s.v. *Condé ; Grand Lar. enc.*, s.v. *Diane de Poitiers*, etc.

Il y a parfois de l'indécision pour certains autres noms : *Quand les trois* Marie *abordèrent aux côtes provençales* (J.-J. Brousson, dans les *Nouv. litt.*, 8 janv. 1948).

Inversement, certains noms habituellement invariables prennent parfois *s*, par ex. *Habsbourgs* : E. Rostand, *Aiglon*, III, 3 [sans *s*, I, 12] ; Daniel-Rops, *Hist. de l'Égl.*, Grand siècle des âmes, p. 155 ; etc.

Hist. — L'ancienne langue, jusqu'au XVIIIe s. et même jusqu'au XVIIIe, mettait la marque du plur. aux noms propres, sauf à certains noms étrangers qui gardaient le plur. de leur langue d'origine *(les Visconti) : Les portraits des* Dandins (Rac., *Plaid.*, I, 4). — [+]*J'ai une grâce à vous demander ; c'est pour les* Pichons (Volt., *Corresp.*, 29 juillet 1757). — Progressivement, les noms propres de personnes se sont figés, notamment par l'instauration de l'état civil. Ils sont dès lors devenus invariables, sauf quelques noms dont la tradition a maintenu l'ancien plur.

Remarque. — L'invariabilité va de soi quand, par emphase, on met l'article pluriel, quoiqu'on n'ait en vue qu'un seul individu (§ 493, *b*) :

> *Les* Chrysostome, *les* Basile, *les* Cyrille *viennent, comme les* Cicéron *et les* Atticus, *étudier l'éloquence à sa source* (Chat., *Itinér.*, Pl., p. 907). — *Des deux côtés de la frontière, encore imperceptibles et bien éloignés de l'éclat et de l'importance capitale que les événements leur donneront, les* Kluck, *les* Falkenhayn, *les* Hindenburg, *les* Ludendorf *là-bas ; ici, les* Joffre, *les* Castelnau, *les* Fayolle, *les* Foch, *les* Pétain (Valéry, *Variété*, Pl., p. 1110).

Hist. — Même dans ce cas, on a jusqu'au XVIIIe s. mis la marque du plur. : *Puis donc que vous exigez que je vous parle des hommes célèbres qu'a porté* [sic] *l'Angleterre, je commencerai par les* Bacons, *les* Lockes, *les* Newtons, *etc.* (Volt., *Lettres phil.*, XII).

511   **Les noms propres de lieux.**

a) Les noms propres de lieux dont l'emploi au pluriel appartient à l'usage ordinaire prennent la marque du pluriel :

> *Les Amériques, les Espagnes, les Gaules, les Russies, les Abruzzes, les Castilles, les Flandres, les Carolines, les Florides, les Guyanes, les Indes, les Deux-Siciles, les deux Sèvres* (et le département *des Deux-Sèvres*), etc.
>
> Certains noms propres de lieux sont toujours au plur. : cf. § 495, *b*.

b) Pour les noms propres de lieux dont l'emploi au pluriel n'est pas traditionnel, l'usage est fort indécis.

> Ex. où le nom est laissé invariable : *Il y avait deux* AVIGNON, *celle des prêtres, celle des commerçants* (MICHELET, *Hist. de la Révol. fr.*, VI, 2). — *Il y a deux* VILLENEUVE. *Ici c'est Villeneuve-sur-Claine* (A. FRANCE, *Crainquebille*, p. 153). — *Il y a deux* FRANCE (HERMANT, *Grands bourgeois*, I). — *Jamais je n'ai eu la naïveté de croire qu'il y avait deux* ALLEMAGNE (J. et J. THARAUD, *Quand Israël n'est plus roi*, p. 203). — *Faire la jonction des deux* MAROC (MAUROIS, *Lyautey*, p. 228). — *Le grand fleuve qui sépare les deux* FRANCE (LA VARENDE, *Normandie en fleurs*, p. 151). — *Les deux* NIEUPORT (COCTEAU, *Thomas l'imposteur*, L.P., p. 100). — *L'Ain, le Rhône, l'Isère, le Jura et les deux* SAVOIE (R. VAILLAND, *325 000 francs*, p. 7). — *La lutte des deux* CORÉE, *la lutte des deux* VIETNAM (MAULNIER, dans le *Figaro*, 7 mai 1982).
>
> Ex. où le nom varie (rarement pour des noms de villes ou de villages) : *Il y avait deux* FRANCES (CHAT., *Mém.*, III, I, 10). — *Si l'on veut à tout prix distinguer deux* ALLEMAGNES (G. DUHAMEL, *Positions françaises*, p. 205). — *Il ne faut pas croire qu'il y ait deux* EUROPES (MORAND, *Lewis et Irène*, III, 7). — *Les deux* SUISSES, *allemande et romande* (R. ROLLAND, *Précurseurs*, p. 32). — *Entre ces deux* CHINES (CLAUDEL, *Sous le signe du dragon*, p. 89). — *On parle de deux* CANADAS, *le français et l'anglais* (MORAND, *Rien que la terre*, p. 19). — *Les deux* ROMES [*l'ancienne et la moderne*], *à vrai dire, commençaient à naître* (M. BRION, *Michel-Ange*, p. 90). — *Le président de l'Afghanistan,* [...] *ceux des deux* YÉMENS (A. FONTAINE, dans le *Monde*, 12 juillet 1978). — *Ces deux* FRANCES *qui s'opposent. L'Empire contre la République* (A. DECAUX *raconte*, t. II, p. 97).

512   **Noms propres employés de façon métonymique ou métaphorique.**

Dans ce cas, les noms propres sont employés comme des noms communs et devraient théoriquement prendre la marque du pluriel. Cependant, l'usage hésite souvent à le faire, notamment quand le scripteur garde à l'esprit la valeur primitive du nom.

Il faut d'ailleurs reconnaître que, dans bien des cas, et notamment quand le nom propre est formé de plusieurs éléments (*La Fontaine, Van Dyck,* etc.), la marque du pluriel s'ajoute malaisément. Voir aussi la Rem. 2 ci-dessous.

a) L'usage est partagé pour les noms qui, par *antonomase*, désignent des espèces, des types.

> Ex. où le nom varie : *Une famille de* RENÉS-*poètes et de* RENÉS-*prosateurs a pullulé* (CHAT., *Mém.*, II, I, 2). — *Je vis l'intérieur des vieilles* BABYLONES, / *Les* CARTHAGES, *les* TYRS, *les Thèbes, les* SIONS (HUGO, *F. d'aut.*, XXIX). — *Lamartine profile des* JOCELYNS *partout* (SAINTE-BEUVE, *Port-Royal*, III, 15). — *Ce sont les* MÉCÈNES *qui font les* VIRGILES

(É. HENRIOT, *Fils de la Louve*, p. 266). — *J'ai vu des dix mille* CÉSARS [...], *des* SOPHOCLES, *des* ARCHIMÈDES, *des* PLATONS, *des Confucius, des* PRAXITÈLES *à foison* (VALÉRY, « *Mon Faust* », Lust, I, 2). — *Dans tous les genres, il nous faut des* MARSEILLAISES (A. FRANCE, *Génie latin*, p. 345). — *Il est faux de dire* [...] *que les* DON JUANS *qui se rangent font les meilleurs maris* (MAUROIS, *Nouv. discours du D' O'Grady*, p. 43). — *Dans notre société soi-disant civilisée, combien de* MOZARTS *naissent chaque jour en des îles sauvages !* (J. ROSTAND, *Pensées d'un biologiste*, p. 23.) — *C'étaient des* JOBS *somptueux étendus sur un fumier de luxe* (CHAMSON, *Petite Odyssée*, p. 124). — *Notre pays* [...] *n'a pas besoin d'un Bonaparte, mais de milliers de* GANDHIS (GARAUDY, *Il est encore temps de vivre*, p. 256).

Ex. où le nom ne varie pas : *Les* GOLIATH *sont toujours vaincus par les* DAVID (HUGO, *Homme qui rit*, II, I, 12). — *Les faux* RENÉ *et les faux* WERTHER *ne doivent pas faire condamner les* WERTHER *et les* RENÉ *sincères* (RENAN, *Avenir de la science*, p. 439). — *Tout prophète doit avoir ses pharisiens, ses grands-prêtres et ses* PILATE *à sa poursuite* (BARRÈS, *Colline insp.*, IV). — *Ceux qui annonçaient le danger passaient pour de tristes* CASSANDRE (DANIEL-ROPS, *Ce qui meurt et ce qui naît*, p. 3). — *Les* JÉRÉMIE *de la finance* (MAUROIS, *Mes songes que voici*, p. 248). — *Il y a peut-être eu des* SHAKESPEARE *dans la Lune* (G. DUHAMEL, *Défense des lettres*, p. 57). — *Les* BOILEAU *de l'avenir* (HERMANT, *Samedis de M. Lancelot*, p. 59). — *D'autres* BRICHANTEAU *de province* (MONTHERLANT, *Solstice de juin*, p. 65). — *Répondre, par avance, à tous les* CAÏN *du monde* (A. CAMUS, *Homme révolté*, p. 50). — *Quel peuple n'a pas eu ses* ABRAHAM *?* (CHAMSON, *Petite Odyssée*, p. 243.)

Si le nom est écrit par une minuscule, il varie nécessairement : *Des mécènes, des gavroches, des dulcinées, des cicérones.*

b) Le plus souvent, les noms propres de personnes désignant, par métonymie, des ouvrages produits par les personnages nommés, ne prennent pas la marque du pluriel :

Les pâles BOUCHER (BAUDEL., *Fl. du m.*, Spleen). — *Il avait été revoir les* TITIEN (FLAUB., *Éd. sent.*, II, 4). — *La Caridad renferme des* MURILLO *de la plus grande beauté* (Th. GAUTIER, *Voy. en Esp.*, p. 337). — *J'étudiais les* VÉRONÈSE (BARRÈS, *Homme libre*, p. 169). — *Je regarde des* DAUMIER (J. RENARD, *Journal*, 8 mars 1891). — *L'un des plus beaux* COROT *du monde* (JAMMES, *Janot-poète*, p. 175). — *Ils se risquaient à acheter des* MATISSE (Fr. MAURIAC, *Pharisienne*, p. 284). — *Cinq ou six* PROUST, *trois* BALZAC *sont très demandés* (COLETTE, *Journal à rebours*, p. 55). — *Des faux* BOULLE (GIRAUDOUX, *Bella*, VII). — *Des* MURILLO (S. de BEAUVOIR, *Force de l'âge*, p. 120). — *Vous faufilant* [...] *jusqu'aux* POUSSIN *et aux* LORRAIN, *ces deux Français de Rome* (BUTOR, *Modification*, 10/18, p. 71). [L'apposition montre combien la valeur première reste présente dans l'emploi métonymique.] — *Plusieurs* CLAUDEL, [...] *deux* ARAGON, *quatre* ALAIN, *deux* VALÉRY, [...] *la moitié des* COLETTE, [...] *quelques* DRIEU (J. LAURENT, *Bêtises*, p. 147).

Ex. où le nom varie : *Un certain nombre de* COROTS (MAUROIS, *Études anglaises*, p. 132). — *Des* CALLOTS *accrochés au mur* (ESTAUNIÉ, *Empreinte*, p. 158). — *Quand on lui montrait des* CHARDINS *au Louvre* (A. FRANCE, *M. Bergeret à Paris*, p. 49). — *On a vu de meilleurs* LATOURS (É. HENRIOT, *Diable à l'hôtel*, VII). — *Il y a trois ou quatre* TITIENS *à l'Ambrosienne* (TAINE, *Voy. en Italie*, t. II, p. 415). — *Aux* BREUGHELS *du Musée d'Art Ancien* (YOURCENAR, *Souvenirs pieux*, p. 46).

c) L'usage est hésitant quand on désigne des œuvres d'art par le nom des personnages représentés.

Les noms varient : *Des statues en plâtre,* HÉBÉS *ou* CUPIDONS (FLAUB., *Éd. sent.*, I, 5). — *Rappelez-vous les œuvres italiennes que je vous ai décrites : tant* [...] *de* MADONES (...), *tant de* JUPITERS, *d'*APOLLONS, *de Vénus et de* DIANES (TAINE, *Philos. de l'art*, t. II, p. 230). —

Donatello, lui, sculpta deux DAVIDS (M. BRION, *Michel-Ange*, p. 113). — *En contemplant les* ŒDIPES *d'Henri de Waroquier* (BACHELARD, *Droit de rêver*, p. 53).

Les noms ne varient pas : *Il découvrait [...] les* DANAÉ *exposant à la pluie d'or leurs flancs délicieux* (A. FRANCE, *Île des pingouins*, III, 5). — *Cet étonnant Cranach dont les* ADAM *sont des* APOLLON *barbus à teint de peau-rouge, et les* ÈVE *des courtisanes maigriotes* [sic] *et bouffies* (HUYSMANS, *Cathédrale*, p. 383). — *On peint des* ENFANT *Jésus et surtout des* CHRIST *en croix* (S. de BEAUVOIR, *Vieillesse*, p. 145). — *Une des* LUCRÈCE *de Titien* (P.-J. RÉMY, *Si j'étais romancier*, p. 88).

Quand le nom de l'œuvre d'art est en fait un nom commun, on met la marque du pluriel : *Tant de* CRUCIFIEMENTS, *de* NATIVITÉS, *d'*ANNONCIATIONS (TAINE, *Philos. de l'Art*, t. II, p. 230). — *Comme dans les* DESCENTES DE CROIX (G. DUHAMEL, *Pierre d'Horeb*, p. 182).

On laisse souvent invariables les titres de livres, de journaux, de revues :

J'ai acheté deux TÉLÉMAQUE. — *Il y a, dans les deux* IPHIGÉNIE, *oracles, prodiges, sacrifices humains* (J. LEMAITRE, *Jean Racine*, p. 240). — *Chacune des deux* PHÈDRE (R. de GOURMONT, *Chemin de velours*, p. 133). — *Des tas de* SOLEIL *du dimanche* (DANIEL-ROPS, *Mort, où est ta victoire ?* p. 214). — *Trois* ALMANACH *du Chasseur français* (MONTHERLANT, *Célibataires*, p. 19). — *Il attendit son tour en feuilletant des vieux* MONDE ILLUSTRÉ (M. BEDEL, *Jérôme 60° latitude Nord*, p. 61). — *Dix-huit mille* BAISER *au lépreux tirés* (Fr. MAURIAC, *Journal d'un homme de trente ans*, 16 mai 1922).

On écrit : *Un Exercices syntaxiques.*

L'usage est parfois hésitant : *Je te demande si tu as des* CONSTITUTIONNELS (STENDHAL, *Rouge*, I, 26). — *Je feuilletais des vieux* MAGASINS PITTORESQUES (Fr. MAURIAC, *Robe prétexte*, XXIX). — *Une collection de* REVUES *des Deux Mondes* (G. MARCEL, *Rome n'est plus dans Rome*, p. 140). — *De quoi alimenter vingt* ILIADES (R. ROLLAND, *Jean-Chr.*, t. V, p. 45). — *Une collection des* FOLIOS (MALRAUX, *L'homme précaire et le littér.*, p. 278).

d) Les noms des objets désignés d'après le nom de leur fabricant, ainsi que les marques commerciales (qui, légalement, doivent s'écrire par une majuscule), les modèles ou types de voitures, d'avions, etc. sont ordinairement laissés invariables :

Les litières sont devenues [...] des CADILLAC (MAUROIS, *Destins exemplaires*, p. 188). — *Ils boivent [...] des* MARTINI (S. de BEAUVOIR, *Belles images*, p. 125). — *Des* FORD *ou des* CHEVROLET *bicolores parquées devant chaque pavillon blanc* (Fr. NOURISSIER, *Histoire française*, p. 90). — *Je lui offrais des* PACKARD *jaunes avec des chauffeurs en livrée* (R. GARY, *Promesse de l'aube*, p. 116). — *Les* LEICA *allaient bon train* (ID., *Tête coupable*, p. 35). — *Il laissa, pour les* CAMPARI, *un pourboire démesuré* (M. DURAS, *Petits chevaux de Tarquinia*, p. 105). — *La plupart des* JAGUAR *sont beiges ou grises* (PIVIDAL, *Pré joli*, p. 196). — *J'espérais rencontrer d'autres* VESPA (A. ERNAUX, *Femme gelée*, p. 88). — *Quatre* MIRAGE *de plus dans le ciel irakien ne renverseront pas le cours de la guerre* (dans l'*Express*, 14 févr. 1981, p. 49).

Il n'est pourtant pas si rare de trouver la marque du plur. (et cela n'est pas lié à l'emploi de la minuscule) : *Il a enrôlé deux mille sacripants armés de* WINCHESTERS (FARRÈRE, *Civilisés*, XIII). — *Trois* FORDS *et 21* CHEVROLETS (FRISON-ROCHE, dans le *Figaro litt.*, 28 août 1948). — *J'ai un de mes* DIESELS *qui me donne des soucis* (R. GARY, *Tête coupable*, p. 180). — *La ravissante Italie de jadis, sans cohue ni* VESPAS (CHARDONNE, *Ciel dans la fenêtre*, p. 133). — *Des carrousels de* HONDAS (P. EMMANUEL, *Pour une politique de la culture*, p. 31). — *Il a bu quatre* MARTINIS (S. de BEAUVOIR, *Force des choses*, p. 130). — *J'étais là à boire mes* CAMPARIS (M. DURAS, *op. cit.*, p. 83). — Comp. *richelieu* au § 502, *b.*

Pour les noms des choses désignées par un nom de lieu, l'usage n'est pas bien fixé non plus, la minuscule favorisant pourtant la variabilité : *Les* CALVILLE *en robe blanche, les* CANADA *sanguines* (ZOLA, *Ventre de Paris*, V). — *Les vieux* JAPON, *les vieux* CHINE *abondent* (R. BAZIN, *Terre d'Espagne*, p. 213). — *Il sortit des assiettes* [...]. *Ce sont des vieux* JAPON (LA VARENDE, *Troisième jour*, p. 99). — *Voulez-vous* [...] *des* MILANS [en italiques], *des cabus ?* (NERVAL, *Nuits d'octobre*, XIV.) — *Des Calais et des* IRLANDES *qui sont, paraît-il, des merveilles* (H. BAZIN, *Cri de la chouette*, p. 44) [dentelles]. — *Au milieu de cette collection de* SAXES (J. GREEN, *Journal*, 3 déc. 1949). — *Les vélins et les arches, comme les* JAPONS *nacrés et les* CHINES *fragiles* (A. BOSQUET, *Enfant que tu étais*, p. 261).

Des noms comme *camembert, champagne, bourgogne, cognac, havane*, etc. s'écrivent presque toujours par la minuscule et prennent *s* au plur.

Pour les variétés de fruits, la minuscule et l'*s* sont fréquents aussi, avec certaines hésitations, notamment pour certains noms composés : *Les variétés de poires*, [...] *les* BEURRÉS, *les* MESSIRE-JEAN, *les* DUCHESSES (ZOLA, *l.c.*). — *Je t'avais dit de prendre des* GOLDEN (ARAGON, *Blanche ou l'oubli*, F°, p. 184). — *Les pêches en forme de citrons, qu'on nomme* TÉTONS-DE-VÉNUS (COLETTE, *Ingénue libertine*, Œuvres compl., p. 52). — *Des* BONS-CHRÉTIENS (AC.). — Pour *reine-claude*, voir § 515, *a*.

e) Là où les habitations isolées sont désignées d'après le nom des habitants employé avec l'article défini pluriel, il s'écrit avec la marque du pluriel ; cela donne parfois naissance à des hameaux, à des quartiers, etc. : *Les Renaulds, Les Hilaires, Les Richardets.*

Remarques. — 1. La marque du pluriel est *s*, même pour les noms en -*al* (cf. § 504, *b*) : *De noirs* ESCURIALS (HUGO, *F. d'aut.*, XXVII).

On trouve cependant *x* d'ordinaire avec les noms terminés par -*au* et -*eu : Nous avons trop de* MIRABEAUX (HUGO, *F. d'aut.*, Préf.). — *Que de* MIRABEAUX ! (É. HENRIOT, *Diable à l'hôtel*, XII.) — *Les* RICHELIEUX (VERL., *Poèmes sat.*, Chanson des ingénues). — Pour *richelieu*, nom de chaussure, voir § 502, *b*.

2. Une autre difficulté concerne les noms formés d'un nom propre précédé de *saint, père*, etc.

Souvent, on donne la marque du plur. seulement à cet élément : *D'innombrables* PÈRES *Goriot* (Cl. SIMON, *Vent*, p. 110). — *Il y a dans l'École freudienne des* SAINTES *Véronique* (C. CLÉMENT, *Vies et légendes de Jacques Lacan*, p. 62). — *Nos* CAPITAINES *Fracasse / Songèrent* (VERL., *Jadis et nag.*, Squelette).

Pour *Don Juan*, on trouve toutes les graphies possibles : *Les Don Juan* (STENDHAL, *Chron. ital.*, Cenci ; IKOR, *Pluie sur la mer*, p. 92) ; — *les dons juans* (M. BRION, *Goethe*, p. 216) ; — *les dons Juans* (E. CHARLES-ROUX, *Elle, Adrienne*, p. 210) ; — *les don Juans* (*Lar. XX*ᵉ *s.*, s.v. *donjuaniser*) ; — *les dons Juan* (ROBERT). — Même problème pour *Don Quichotte.*

Comp. *reine-claude* au § 515, *a*.

513   **Les noms associés aux noms propres** (§ 451, Rem. 1) prennent la marque du pluriel.

Ethniques : *Les Belges, les Italiens, les Parisiens, les Provençaux.* — Noms de dynasties : *Les Capétiens, les Mérovingiens, les Atrides.* — Noms d'ordres religieux : *Les jésuites, les dominicains.* — Etc.

Pour certains ethniques d'origine étrangère, voir cependant § 525, *e*.

Pluriel des noms composés et des locutions nominales

514   Observations préliminaires.

a) Le pluriel des noms composés est sans doute le domaine le plus difficile de toute la grammaire française.

Les grammairiens ont voulu établir des règles fondées sur une analyse que l'on peut dire étymologique, c'est-à-dire que ces règles sont en grande partie indépendantes de la signification actuelle de ces mots et que plus d'une fois elles font intervenir un état de la langue qui est inconnu du locuteur moyen (*loup-garou*, etc.). Il arrive même qu'elles soient établies sur une étymologie qui est fausse : voir notamment §§ 515, *a (chef-lieu) ;* 519, *a (chausse-trape).*

D'autre part, ces règles graphiques (sauf pour quelques mots du type *bon-homme :* § 520) contredisent la prononciation :

L'*s* que l'on exige dans *arcs-en-ciel, porcs-épics, guets-apens,* etc. n'existe pas en réalité puisque l'on prononce [ᴀʀkɑ̃sjɛl], [pɔʀkepik], [ɡɛtapɑ̃]. — On a un phénomène analogue dans *œils-de-bœuf, œils-de-tigre,* etc., puisque le plur. du mot *œil* est *yeux.* — Voir aussi § 43, *c.* 2°.

Nous avons cependant repris ci-dessous les règles traditionnelles, en souhaitant que l'on simplifie ces questions inutilement compliquées. Voir déjà la tentative signalée au § 517, *b.*

b) Dans les noms composés, les *noms* et les *adjectifs* peuvent seuls prendre le signe du pluriel ; les autres éléments : adverbes, verbes, prépositions, pronoms, restent invariables.

515   Composés du type nom + nom.

a) Si le deuxième nom est considéré comme un élément apposé (comp. § 338, *b)* ou coordonné au premier, les deux éléments varient :

Des oiseaux-mouches, des sabres-baïonnettes, des loups-garous, des avocats-conseils, des idées-forces.

L'Acad. écrit : *Des porcs-épics* [pɔʀkepik], *des reines-claudes* (mais *des prunes de reine-claude*), *des compères-loriot.*

Pour le plur. de *pince-monseigneur,* l'usage hésite : le plur. logique (§ 520) serait *des pinces-monseigneurs,* mais plus d'un auteur (A. ARNOUX, *Géographie sentimentale,* p. 70 ; JOUHANDEAU, *Essai sur moi-même,* p. 31 ; GIONO, *Voy. en Italie,* p. 114 ; DORGELÈS, *Marquis de la Dèche,* p. 181) écrit *des pinces-monseigneur* (ou *des pinces monseigneur :* il y a indécision aussi pour le trait d'union).

On écrit *des bernard-l'ermite* (par ex., J. d'ORMESSON, dans le *Figaro dimanche,* 15-16 avril 1978).

Selon la tradition, on écrit *des chefs-lieux,* par une analyse contraire à l'étymologie réelle (§ 178, *d).*

Dans *aller et retour, aller-retour,* les deux mots devraient logiquement varier (cf. Hanse, p. 86) : *Ces* ALLERS-RETOURS *entre thématique et stylistique* (R. RICATTE, dans *Revue d'hist. litt. de la Fr.,* janv.-févr. 1985, p. 139). — Mais les auteurs laissent souvent l'ensemble

invariable au plur. : *Il se leva, fit deux* ALLER *et* RETOUR (B. CLAVEL, *Saison des loups,*
p. 300). De même : P. CHAUNU, *Temps des Réformes*, p. 47 ; N. SARRAUTE, *Enfance*, p. 102.
— De même, *aller-retour*, chez J. RIVIÈRE, cit. *Trésor.*

L'Acad. écrit *des **chênes-lièges**.* Cette orthographe, conforme à l'histoire du mot (on a
pendant longtemps appelé cet arbre *liège*), est la plus courante. Le plur. *chênes-liège* se
trouve aussi (comme si le composé voulait dire « chêne à liège »). Voir par ex. GIDE, *Voy. au
Congo*, p. 104 (mais *chênes-lièges*, p. 128).

b) Si l'un des deux noms est complément (§ 340) de l'autre, seul ce
dernier prend la marque du pluriel.

1° Subordination sans préposition : *Des bains-marie, des timbres-poste, des
hôtels-Dieu.*

On écrit *des **roses thé*** ou, plus souvent, *des roses-thé* (APOLLIN., *Calligr.*, Jolie rousse ;
WILLY et COLETTE, *Claud. à Paris*, p. 204 ; MALRAUX, *Noyers de l'Altenburg*, p. 120). La
subordination est ici un peu particulière : en effet, ces roses ont l'odeur ou la couleur du thé.
Pour le pluriel d'unités, comme *voltampère*, etc., cf. § 507, *c.*

Le type nom + nom subordonné sans préposition est assez rare (cf. § 348), et on y a
rattaché abusivement des composés verbe + nom : cf. ci-dessous § 517, Rem. 1.

2° Nom + prépos. + nom : *Des aides de camp, des chefs-d'œuvre* [ʃɛdœvʀ]*,
des arcs-en-ciel* [ʀkɑ̃sjɛl]*, des coups d'œil, des cous-de-pied, des crocs-en-jambe*
[kʀɔkɑ̃ʒɑ̃b]*, des vers à soie* [vɛʀaswa]*, des eaux-de-vie, des pots-de-vin, des pommes
de terre.*

Hanse admet *des **fier-à-bras*** et *des fiers-à-bras*, forme plus fréquente (voir les ex. du
Trésor) quoiqu'elle ne soit pas confirmée par la prononciation [fjɛʀabʀa] et qu'elle contre-
dise l'étymologie (de *Fierabras*, héros de chanson de geste).

Les composés *exocentriques* (dont le noyau lexical se trouve en dehors du composé :
§ 177, *b*) sont invariables : *Des coq-à-l'âne, des pied-à-terre, des pot-au-feu, des tête-à-tête.*

Œil fait *œils* dans les composés désignant par métaphore diverses choses : *Des œils-de-
bœuf, des œils-de-chat, des œils-de-serpent, des œils-de-perdrix* (Littré : *des yeux de perdrix,*
mais cet usage a disparu), *des œils-de-pie*, etc.

Pour le nombre du complément, il y a beaucoup d'indécision dans diverses
locutions nominales ou syntagmes nominaux.

Cela ne concerne généralement que l'orthographe : *Des chapeaux de femme* ou *de
femmes ; des toiles d'araignée* (AC., s.v. *araignée*) ou *d'araignées* (AC., s.v. *toile*) ; *des pattes de
mouche* (AC., s.v. *patte*) ou *de mouches* (AC., s.v. *mouche*) ; *des membres de phrase* (LITTRÉ,
s.v. *tout*) ou *de phrases* (ID., s.v. *ablatif*) ; *des noms de lieu* ou *de lieux ;* etc.

Le complément des expressions *deux espèces de, plusieurs sortes de* et autres semblables
se met ordinairement au plur. : *Je distingue deux sortes* D'IMITATEURS (MORAND, *Papiers
d'identité*, p. 154). — Si le complément est un nom abstrait, on le laisse souvent au sing. : *Il y
a plusieurs sortes de* COURAGE (BERNANOS, *Dialogues des carmélites*, I, 3).

Pour ***clin d'œil***, on trouve *clins d'œil* et *clins d'yeux* (si l'on considère les deux yeux,
disent les grammairiens, mais il est douteux que les auteurs appliquent réellement cette
distinction) : *Dans le Grevisse il y a beaucoup de portes ouvertes sur la liberté et la fantaisie,
beaucoup de clins d'*ŒIL*, de signes de connivence* (M. CARDINAL, *Mots pour le dire*, p. 235). —
*De temps à autre, ils échangeaient des clins d'*YEUX (PAGNOL, *Jean et Florette*, p. 108).

Autres ex. de *clins d'œil* : FLAUB., *Éd. sent.*, I, 3 ; R. MARTIN DU GARD, *Thib.*, IV, p. 41 ;
F.-R. BASTIDE, *Adieux*, p. 9 ; DHÔTEL, *Des trottoirs et des fleurs*, p. 105 ; Cl. SIMON, *Sacre du*

printemps, L.P., p. 198 ; etc. — De *clins d'yeux :* [MOL., *Tart.,* I, 5] ; HUGO, *Ruy Blas,* II, 4 ; Th. GAUTIER, *Capit. Fracasse,* X ; J. RENARD, *Journal,* 13 mai 1898 ; AYMÉ, *Rue sans nom,* p. 58 ; ARAGON, *Mentir-vrai,* p. 364 ; etc.

On trouve même *Un clin d'yeux : Saluer d'un* CLIN D'YEUX *imperceptible* (LARBAUD, *Enfantines,* p. 83). — Autres ex. : HUYSMANS, *Sœurs Vatard,* XIX ; A. SUARÈS, *Sur la vie,* t. I, p. 247. — Avec *clignement,* on dit presque toujours *Un clignement d'yeux.*

Le complément est toujours au plur. dans certains cas : *Une bête à cornes, un fruit à pépins, un char à bancs.*

516   Composés (ou locutions) formés d'un nom et d'un adjectif.

Les deux éléments varient :

Des arcs-boutants, des coffres-forts, des états-majors (l'Acad. met le plus souvent une majuscule à *État* dans ce composé ; l'usage ne la suit pas), *des pieds plats. Des basses-cours, des blancs-seings, des francs-maçons, des francs-tireurs, des petits-maîtres, des grands-pères, les grands-parents, des quotes-parts* (voir § 494, Rem. 2).

De même, *des sourds-muets, des clairs-obscurs, des douces-amères,* où l'on pourrait voir des coordinations.

Dans les noms composés féminins *grand-mère, grand-route,* etc., la *Grammaire de l'Acad.* (p. 84) recommande de faire varier les deux éléments : *Grands-mères,* etc. — Dans son dictionnaire, l'Acad. ne dit rien au mot *grand,* mais elle écrit *Des arrière-grand-mères* et (au mot *introït) Des grand-messes.* Des auteurs assez nombreux suivent ce dernier usage, qui n'était justifié que lorsqu'on mettait une apostrophe *(des grand'mères),* à laquelle l'Acad. a renoncé en 1932 (§ 529, Rem. 3, Hist.).

Ex. de *grands-mères :* HERMANT, dans le *Temps,* 27 juillet 1939 ; H. BOSCO, *Malicroix,* p. 131 ; DAUZAT, *Génie de la langue fr.,* p. 103 ; G. DUHAMEL, *Archange de l'aventure,* p. 71 ; H. BAZIN, *Matrimoine,* p. 25 ; SENGHOR, *Négritude et humanisme,* p. 26 ; P. FISSON, dans le *Figaro litt.,* 31 août 1964 ; M. CARDINAL, *Autrement dit,* p. 43 ; etc. — De *grands-tantes :* J. MISTLER, *Gare de l'Est,* p. 37. — De *grand-mères :* G. DUHAMEL, *Les espoirs et les épreuves,* p. 73 ; CHAMSON, *La neige et la fleur,* p. 259 ; É. HENRIOT, *Tout va recommencer sans nous,* p. 111 ; S. de BEAUVOIR, *Deuxième sexe,* t. II, p. 28 ; N. SARRAUTE, *Vous les entendez ?* p. 13 ; YOURCENAR, *Souvenirs pieux,* p. 100 ; G. DELEUZE, *Proust et les signes,* p. 147 ; etc. — De *mères-grand :* G. BEAUMONT, dans les *Nouv. litt.,* 9 janv. 1947 ; Y. GANDON, *Captain Lafortune,* p. 441 ; YOURCENAR, *Archives du Nord,* p. 25.

Le nom est laissé invariable s'il est considéré comme complément : *Des petits-beurre, des patte-pelus, des terre-pleins* (de l'ital. *terrapieno,* tiré du verbe *terrapienare,* remplir *(pienare)* de terre).

Certains composés exocentriques (dont le noyau lexical se trouve en dehors du composé : § 177, *b*) restent invariables : *Des pur sang, des demi-sang, des sang-mêlé* (mais *des rouges-gorges,* etc.).

L'adjectif est *saint : Des saintes nitouches.* Pour les emplois métonymiques, l'usage hésite : *Des saint-bernards, des saint-honorés* ou *des saint-bernard, des saint-honoré.* — Pour les dérivés, il n'y a pas de problème : *Les Saint-Cyriens, les saint-simoniens.*

Sur les adjectifs par transfert *(Franc-Comtois,* etc.), voir § 542. — Sur les composés au moyen d'un adjectif employé adverbialement *(les derniers-nés,* etc.), voir § 926, *b.* — Sur les composés comme *tragi-comédie, électro-aimant,* voir § 544, *a.*

Cas particuliers : *Des sauf-conduits ; — un chevau-léger* (§ 500, *b*), *des chevau-légers ; — un guet-apens* [altération de *guet apensé*, de l'ancien verbe *apenser*, projeter], *des guets-apens* [gɛtʌpɑ̃], pluriel particulièrement arbitraire (mais *des guet-apens* reste rare : GROUSSET, *Figures de proue*, p. 72) ; — *des demi-bouteilles*, voir § 547, *a*.

517 **Composés formés d'un verbe et du complément.**

Le verbe ne varie pas. Quant au complément, on peut faire les observations suivantes.

a) Le complément est nécessairement invariable dans certains cas.

Quand ce n'est pas un objet direct : *Des réveille-matin, des passe-partout, des gagne-petit, des pince-sans-rire ;* — quand il est accompagné de l'article : *Des trompe-l'œil ;* — quand c'est un nom propre : *Des prie-Dieu ;* — quand c'est un pronom : *Des mange-tout, des fait-tout.*

Quelle que soit l'analyse (cf. § 178, *a*, 2°), le nom est invariable aussi dans *croque-monsieur, croque-madame.* — On pourrait y joindre *pense-bête* (pour lequel Hanse recommande le plur. *pense-bêtes*, qui est, effectivement, dans l'usage : MALRAUX, *Lunes en papier*, p. 186).

b) Dans les autres cas, le désordre règne dans les grammaires, les dictionnaires et chez les usagers pour un grand nombre de composés. C'est pourquoi la commission dont nous avons parlé au § 499, *b* a proposé cette règle très simple qu'en dehors des situations décrites dans le *a)* ci-dessus, le nom complément reste au singulier si le nom composé est au singulier, et prend la marque du pluriel si le nom composé est au pluriel :

Un couvre-lit, des couvre-lits ; un tire-bouchon, des tire-bouchons ; un porte-avion, des porte-avions ; un essuie-main, des essuie-mains ; etc.

Remarques. — 1. Par suite d'une erreur d'analyse, lorsque l'élément verbal était homophone d'un nom, on a cru qu'il s'agissait d'un nom et on a rattaché ces composés au cas traité dans le § 515, *b*, 1°.

— *Soutien-gorge* s'est imposé (l'orthographe judicieuse **soutient-gorge* n'a aucune existence), mais le pluriel reste indécis, quoique *des soutiens-gorge* l'emporte.

Ex. de *soutiens-gorge :* VAN GENNEP, *Manuel de folklore fr. contemp.*, t. I, p. 359 ; ARLAND, *Grand pardon*, p. 196 ; KESSEL, *Heure des châtiments*, p. 208 ; Cl. MAURIAC, dans le *Figaro litt.*, 31 déc. 1960 ; R. LE BIDOIS, *Mots trompeurs*, p. 50 ; LE CLÉZIO, *Guerre*, p. 22 ; J. ROY, *Amour fauve*, p. 54 ; S. DE BEAUVOIR, *Force des choses*, p. 442 ; CESBRON, *Voici le temps des imposteurs*, p. 346 ; etc. — De *soutien-gorge* (invar.) : AYMÉ, *Passe-muraille*, L.P., p. 152 ; SARTRE, *Mur*, Intimité, II ; AUDIBERTI, *Maître de Milan*, XI ; TROYAT, *Case de l'oncle Sam*, II, 4 ; LE CLÉZIO, *Déluge*, p. 255 ; A. ARNOUX, *Zulma l'infidèle*, p. 62. — De *soutiens-gorges :* CAYROL, *Vent de la mémoire*, p. 97. — De *soutien-gorges :* CURTIS, *Miroir le long du chemin*, p. 236 ; DÉON, *Poneys sauvages*, p. 137.

— La plupart des dictionnaires laissent le choix entre *un appui-tête, des appuis-tête* et *un appuie-tête, des appuie-tête.* On préférera le second, avec le pluriel *des appuie-têtes* (cf. *b* ci-dessus).

— On distingue artificiellement (comme Littré l'avait constaté déjà, s.v. *garde*[4]) : *Un garde-meuble, des gardes-meuble*, s'il s'agit d'êtres humains ; — *un garde-meuble, des garde-meuble*, s'il s'agit d'endroits ; — c'est-à-dire qu'on traite *garde* en nom dans le premier cas et en verbe dans le second. Il conviendrait de le traiter en verbe dans les deux cas, en appliquant pour le pluriel ce qui est dit dans le *b)* ci-dessus.

— On fait la même distinction artificielle entre *aide-maçon* (personne) et *aide-mémoire* (chose). Les mots de la deuxième catégorie étant beaucoup plus rares que ceux de la première, il vaut mieux accepter pour la première les pluriels traditionnels : *Des aides-maçons*, etc. — Pour la deuxième, voir *b)* ci-dessus.

2. Avec un participe présent et un objet direct, dans la langue juridique : *Un ayant droit, un ayant cause ; des ayants droit, des ayants cause.* Cf. § 887, *a*,, Hist.

518   **Composés formés d'un mot invariable et d'un nom.**

Le nom seul peut prendre la marque du pluriel : *Des arrière-boutiques, des haut-parleurs, des non-valeurs, des non-lieux, des quasi-délits. Des à-coups, des après-dîners, des avant-scènes, des en-têtes, des sans-culottes.*

Parfois, le nom s'accommode mal du pluriel : *Des sans-cœur, des sans-patrie, des sans-gêne, des sans-travail* (comp. § 499, *c*) ; — *des après-midi*.

Dans ce dernier cas, cependant, l'usage est hésitant, et °*des après-midis* n'est pas si rare. Par ex. : CLAUDEL, *Figures et paraboles*, p. 82 ; MONTHERLANT, *Olympiques*, p. 169 ; Fr. MAURIAC, *Journal*, t. IV, p. 8 ; etc. Mais ce ne sont peut-être que des négligences typographiques.

519   **Composés de types divers.**

a) Verbe + verbe, ou phrase nominalisée. Tout reste invariable :

Des écoute s'il pleut, des laissez-passer, des manque à gagner, des on-dit, des ouï-dire, des sot-l'y-laisse, des pousse-pousse, des m'as-tu-vu.

Chausse-trape (ou *trappe*) appartenait à l'origine à cette catégorie : § 178, *d*. Mais cette origine est assez oblitérée pour qu'on écrive des *chausse-trapes* (ou *trappes*) avec l'Acad.

b) Les locutions ou syntagmes étrangers restent invariables :

Des ex-voto, des post-scriptum, des minus habens, des a priori (ou *à :* § 102, *b*, Rem. 1), *des mea-culpa* (l'Acad. écrit *meâ-culpâ :* cf. § 103, Rem. 3), *des nota bene, des in-folio, des in-quarto, des in-octavo* (et *des in-seize*), *des statu quo, des vade-mecum, des volte-face, des pick-up, des pin-up.*

L'Acad. écrit *des fac-similés.* — Pour *ex-voto, in-folio, in-quarto, in-octavo*, le pluriel avec *s* est assez fréquent :

Ex. *d'ex-votos :* VERHAEREN, *Campagnes hallucinées*, Fléau ; L. BERTRAND, *Sanguis martyrum*, p. 107 ; J. ROMAINS, *Hommes de b. vol.*, t. XVIII, p. 131 ; MALRAUX, *Temps du mépris*, p. 70 ; DORGELÈS, *Bouquet de bohème*, L.P., p. 13. — *D'in-folios :* CHAT., *Mém.*, IV, II, 4 ; MÉRIMÉE, *Corresp.*, t. II, p. 23 ; A. FRANCE, *Jocaste et le chat maigre*, p. 217 ; MORAND, *Lewis et Irène*, II, 9 ; LA VARENDE, *Roi d'Écosse*, p. 286 ; CHAMSON, *La neige et la fleur*, p. 161 ; J. GREEN, *Mille chemins ouverts*, p. 262 ; J.-Cl. CHEVALIER, *Hist. de la syntaxe*, p. 725 ; A. REY, *Littré, l'humaniste et les mots*, p. 143. — Etc.

Pour d'autres composés empruntés, voir §§ 521-525 (notamment § 524, *d :* composés anglais).

c) Composés formés d'éléments onomatopéiques. Il n'est guère possible d'établir une règle certaine : parfois c'est le second élément seul qui prend la marque du pluriel, parfois ce sont les deux, parfois encore l'ensemble est invariable :

Crépitements, TIC-TACS, sifflements (MAETERLINCK, Vie des termites, p. 51). — Des TIC-TAC (J. ROMAINS, cit. Robert). — Une série de FRIC-FRAC(S) (ROBERT, Supplém.). — Pour faire des FRIC-FRAC (MONTHERLANT, Le chaos et la nuit, p. 102). — Deux à trois PING-PONGS (Fr.-R. BASTIDE, Palmeraie, p. 17). — Des FROUS-FROUS (Grand Lar. langue). — Course de TEUF-TEUF ou de TEUFS-TEUFS (petit Robert). — Les TAM-TAMS répandaient la nouvelle (CESBRON, Il est minuit, D' Schweitzer, I, 1).

Si les éléments sont agglutinés, on met ordinairement s à la fin du mot : Avec des FROUFROUS à n'en plus finir (HERMANT, Phili, XI). — Les FLONFLONS d'Offenbach (Grand Lar. langue). — Avec clochettes, TAMTAMS (FLAUB., Éd. sent., I, 5).

Sans qu'il y ait proprement onomatopée, on peut ranger ici des mots expressifs présentant la même difficulté : Des prêchi-prêcha (Grand Lar. enc.). — Des prêchi-prêchas (J. GREEN, Autre, p. 355). — Des orangs-outangs (AC.).

520 **Les composés dont les éléments sont soudés** dans l'écriture forment leur pluriel comme les noms ordinaires : Des bonjours. Des entresols. Des pourboires. Des portemanteaux.

EXCEPTIONS : Dans bonhomme [bɔnɔm], gentilhomme [ʒɑ̃tijɔm], madame, mademoiselle, monseigneur et monsieur [məsjø], les deux éléments varient au pluriel : bonshommes, gentilshommes, MESdames, MESdemoiselles, MESseigneurs (quand on s'adresse aux personnes) ou NOSseigneurs (quand on parle de ces personnes), MESsieurs.

Le pluriel de ces mots est distinct du singulier au point de vue phonétique : [bɔ̃zɔm], [ʒɑ̃tizɔm], [medʌm], [medmwazɛl], [mesɛɲœːʀ], [nosɛɲœːʀ], [mesjø].

Madame, comme équivalent familier, souvent ironique, de dame, a comme pluriel madames : Des jambes de grosses MADAMES (Fr. MAURIAC, Robe prétexte, X). — On dit aussi, familièrement, Des monseigneurs : Il y a dans ma famille un cordonnier et un évêque, des gueux et des MONSEIGNEURS (HUGO, lettre citée dans H. Juin, V. Hugo, t. I, p. 29). [C'est le plur. normal quand le mot désigne un levier pour forcer les serrures.] — Des [məsjø] est populaire : Elle [= la servante Françoise] savait seulement qu'un « des MONSIEUR [sic] » que je connaissais était passé me voir (PROUST, Rech., t. I, p. 778).

Le pluriel populaire ou très familier [bɔnɔm] est parfois mis dans la bouche de leurs personnages par les écrivains, avec la graphie bonhommes : Mes dix-huit « BONHOMMES » me paraissent atteints de troubles gastro-intestinaux graves [dit un médecin] (R. MARTIN DU GARD, Thib., VIII, p. 318) [bonshommes, Pl., t. II, p. 986].

Les dictionnaires qui acceptent l'orthographe lieudit (rare dans l'usage) donnent le plur. lieuxdits, ce qui est regrettable, car ce plur. n'a pas de justification phonétique. On écrit plutôt des lieux dits (orthographe de l'Acad.) ou des lieux-dits (orthographe assez fréquente : R. SABATIER, Noisettes sauvages, p. 18 ; J. MISTLER, Gare de l'Est, p. 139).

Pluriel des noms empruntés aux langues étrangères

521   Observations générales.

a) Beaucoup de noms d'origine étrangère sont tout à fait intégrés au lexique français et prennent l's du pluriel français. C'est notamment le cas des mots suivants :

accessit	casino	fémur	opéra	reliquat
agenda	cicerone	folio	oratorio	rémora
album	clown	guérilla	ordo	sérum
alcali	concerto	hidalgo	pacha	sofa
aléa	contralto	hosanna	palladium	spahi
alguazil	corrida	hourra	pallium	spécimen
alibi	débet	imbroglio	panorama	tilbury
alinéa	déficit ↓	impromptu	paria	toast
Alléluia	dilettante	intérim	pensum	torero
alto	diorama	lavabo	péon	tréma
andante	distinguo	lord	piano	trio
aparté	duo	lumbago	placet	vendetta
autodafé	écho	maestro	quatuor	verso
aviso	embargo	magister	quidam	vertigo
bénédicité	examen	meeting	quintette	villa
bengali	fac-similé	mémento	quiproquo	visa
bifteck	factotum	mémorandum	quolibet	vivat
bill	factum	muezzin	récépissé	whig
boa	falbala	Muséum	recto	zéro
boléro	fandango	numéro	rectum	
boni	fantasia	obit	référendum ↓	

ainsi que des noms de plantes en *-ia (des dahlias)* et en *-ium (des géraniums).*

Déficit est invariable pour l'Acad. L'usage a opté nettement pour le plur. *déficits :* FARRÈRE, *Civilisés,* XXXI ; BALLY, *Linguist. génér. et linguist. fr.,* 3ᵉ éd., p. 27 ; G. BAUËR, dans le *Soir,* 4 nov. 1959 ; Raym. ARON, dans l'*Express,* 28 mars 1981 ; etc.

Des référendums [referɛ̃dɔm] : J. LAURENT, *Bêtises,* p. 301 ; A. FONTAINE, dans le *Monde,* 9 mars 1984, p. 1 ; etc. — L'Acad., qui ne parle pas du plur., écrit *referendum,* orthographe aujourd'hui abandonnée.

b) Certains noms étrangers restent invariables. D'autres gardent, avec une vigueur variable, le pluriel de leur langue d'origine. Cela s'accepte plus facilement pour les noms désignant seulement des réalités étrangères. Dans beaucoup de cas, on trouve deux usages, et on peut considérer que les pluriels empruntés sont un luxe inutile et souvent une pédanterie.

522   **Mots latins.**

a) On laisse **invariable** le nom des prières catholiques :

Des Avé, des confiteor, des Credo, des Gloria, des Magnificat, des miserere, des Pater, des requiem, des Salvé, des Stabat, des Tantum ergo, des Te Deum, — ainsi que *des Kyrie* (du grec), et *des amen* (de l'hébreu). — [L'Acad. écrit toutefois : *Des Alléluias, des bénédicités.*]

On laisse aussi invariables certains noms qui en latin étaient des formes verbales : *Admittatur, deleatur, exeat, exequatur, satisfecit.*

Pour *veto* (dont l'Acad. n'indique pas le plur.), l'usage est partagé : *Ses requêtes et ses* VETO (VIANSSON-PONTÉ, dans le *Monde,* 23 oct. 1976). — *Les innovations grammaticales populaires se heurtent à des* VETOS (DAUZAT, *Précis d'hist. de la langue et du vocab. fr.,* p. 13).

Pour les locutions *minus habens, vade-mecum,* etc., voir § 519, *b.*

Duplicata [féminin lat., de *duplicata littera,* lettre doublée] et *triplicata* [fait sur ce modèle], plus rare, sont ordinairement laissés invariables malgré le souhait de Littré. — Sur le modèle des neutres (cf. *b* ci-dessous), on a parfois fabriqué un sing. °*duplicatum.*

Remarque. — Il serait logique de faire varier les mots d'origine latine quand ils sont écrits à la française, et inversement. Mais les faits ne sont pas aussi simples : l'Acad. écrit *Avé* avec un accent, et pourtant elle le laisse invariable et lui donne une majuscule (que ce soit dans le sens premier ou pour désigner un grain de chapelet) ; dans l'usage on trouve à peu près toutes les possibilités dans l'emploi de la majuscule, des italiques, de l'accent, de l's.

b) Quelques noms en *-um* [ɔm] reçoivent le pluriel latin en *-a.*

Souvent pour *maximum, minimum, extremum, optimum,* parfois pour *sanatorium, préventorium, symposium* (d'orig. grecque) et quelques autres. Dans tous ces cas, on doit recommander le plur. à la française, qui est déjà bien installé : *Des maximums,* etc.

Ex. de *sanatoriums :* GIDE, *Retour de l'U.R.S.S.,* p. 60 ; G. DUHAMEL, *Paroles de médecin,* p. 115 ; MALÈGUE, *Augustin,* t. II, p. 514 ; H. BORDEAUX, *Abbé Fouque,* p. 156 ; QUENEAU, *Bâtons, chiffres et lettres,* Id., p. 144 ; *Grand Lar. enc.,* s.v. *Moravia ;* etc. [On dit aussi *des sanas :* § 509, *a.*]

On emploie presque uniquement sous la forme du plur. *des quanta, des desiderata, des impedimenta.*

Quota du point de vue étymologique est un fém. sing. ; en fr., il est masc. et prend *s* au plur. : *Les* QUOTAS *non utilisés ne sont pas reportés* (A. SIEGFRIED, *Tableau des États-Unis,* p. 35).

Forum, qui s'emploie tel quel au plur. selon Littré, a aujourd'hui régulièrement un plur. *forums.* Le plur. *fora,* encore mentionné par le *Grand dict. enc. Lar.,* est inusité.

Addenda et *errata* sont des noms collectifs qui ne varient pas au plur. Ils désignent des listes, l'un d'additions, l'autre de corrections : *J'ai fondu l'*ERRATA *avec la table* (STENDHAL, *Corresp.,* t. X, p. 226). — *Les* ERRATA *sont nécessaires dans les livres* (*Dict. gén.*). — Les sing. *erratum, addendum* se disent parfois quand il s'agit d'une seule addition ou d'une seule correction : *Il est impossible d'indiquer d'où vient chaque* ERRATUM (GODEFROY, t. VI, Préf.). [Autres ex. : LITTRÉ, *Hist. de la langue fr.,* t. II, p. 518 ; CLAUDEL, dans Claudel et Gide, *Corresp.,* p. 183.] — On trouve parfois aussi *des errata,* plur. (non collectif) : *Vous en serez quitte pour faire quelques* ERRATA *à votre prochaine édition* (J. VERNE, *Enfants du capit. Grant,* I, 17).

On a emprunté à l'anglais le plur. *mass media* « moyens d'information touchant un vaste public ». Le mot s'emploie de plus en plus sous la forme réduite *media,* même comme singul., et on l'écrit souvent à la française : *Un média, des médias.* Ex. : *La mauvaise foi des* MÉDIAS *et de la presse* (J.-Fr. REVEL, dans le *Point,* 5 sept. 1983). — *Médium* (ou *medium*) s'emploie rarement comme sing. dans ce sens. Dans d'autres sens, il fait *médiums* au plur. : *Bien que les* MÉDIUMS, *sauf exception, soient spirites (Lar. XXᵉ s.).*

Pour *ana,* voir § 507, *b,* Rem. 4.

c) Quelques noms en *-us* [ys] reçoivent un pluriel en *-i.*

Un naevus, des naevi, fréquent dans la langue médicale : NAEVI *tubéreux, plus ou moins pigmentés (Grand Lar. enc.,* S.V. *mélanome).* — Au lieu des plur. *oculus, papyrus, stimulus, tumulus,* certains croient devoir employer un pluriel à la latine : *Deux petits* OCULI (S. BECKETT, *Mal vu mal dit,* p. 24). — *Ceux* [= les contrats] *de l'Égypte ptolémaïque nous sont révélés par les* PAPYRI (R. COHEN, *Nouv. hist. grecque,* p. 187). — *La surface du sol* [...] *était parsemée de vastes* TUMULI (BAUDEL., trad. de : Poe, *Avent. d'A. G. Pym,* XXIV).

Ex. de *papyrus* au plur. : A. DAIN, dans *L'hist. et ses méthodes,* p. 532. — De *stimulus : Grand dict. enc. Lar.* — De *tumulus :* MÉRIMÉE, *Romans et nouv.,* Lokis, III ; HÉRIAT, *Famille Boussardel,* I ; M. TOURNIER, *Gaspard, Melchior et Balthazar,* p. 45.

523　　　**Mots italiens.**

a) *-e* [e] ou *-o* → *-i :*

Ordinairement, *bravo* (assassin à gages) [cf. Hist.], *carbonaro, lazzarone : Autour de l'homme, une clique de gens sans foi, comme lui ; sans mœurs, comme lui, mais redoutables : des* BRAVI [en italiques] (LA VARENDE, *Roi d'Écosse,* p. 51).

Parfois, *condottiere, impresario, libretto, pizzicato, scenario, soprano, solo, tempo : Des condottieri, des impresarii,* etc. — mais il est préférable de dire et d'écrire à la française : *Des condottières, des impresarios, des librettos,* etc.

Certains mots italiens sont surtout employés au pluriel : *Des concetti, des confetti, des graffiti* [6], *des lazzi, des macaroni, des spaghetti,* etc. On constate une assez forte tendance à les utiliser aussi sous cette forme au sing. et à leur donner ensuite le pluriel français : *Un* LAZZI *suffit pour ouvrir le champ à l'inattendu* (HUGO, *Misér.,* III, IV, 5). — *Ses* LAZZIS *sont des flammèches* (*ib.,* III, I, 11).

Autres ex. de *lazzi* au sing. : STENDHAL, *Journal,* 10 sept. 1813 ; Th. GAUTIER, *Jettatura,* V ; LÉAUTAUD, *Propos d'un jour,* p. 75 ; A. ARNOUX, *Bilan provisoire,* p. 173 ; J. HAUST, dans le *Bulletin de la Commiss. roy. de toponymie et dialectol.,* 1928, p. 300 ; etc. — De *graffiti :* R. VAILLAND, *Bon pied bon œil,* II, 2 ; LE CLÉZIO, *Déluge,* p. 17.

Autres ex. de *lazzis :* SAND, *Mare au d.,* III ; DUMAS fils, *Fils naturel,* Préf. ; TAINE, *Vie et opinions de Fr.-Th. Graindorge,* p. 237 ; BARRÈS, *Leurs figures,* p. 311 ; BRUNOT, *Hist.,* t. X, p. 241 ; É. HENRIOT, *Fils de la Louve,* p. 166 ; J. GREEN, *Ce qui reste de jour,* 31 mai 1968 ; J. DUTOURD, *Paradoxe du critique,* p. 12 ; etc. — De *graffitis :* M. COHEN, *Hist. d'une langue : le fr.,* 3ᵉ éd., p. 429 ; É. HENRIOT, *Au bord du temps,* p. 89 ; R. NIMIER, introd. de : Al. Dumas, *Tr. mousq.,* L.P. ; etc. — De *confettis :* COLETTE, *Mes apprentissages,* p. 38 ; Fr. MAURIAC, *Baiser au lépreux,* IV ; CHAMSON, *Héritages,* p. 180 ; P. MODIANO, *Villa triste,*

---

6. *Un graffito :* M. LEIRIS, *Ruban au cou d'Olympia,* p. 201. — On a aussi une forme tout à fait francisée : *Un graffite, des graffites.* Ex. : ENLART, *Manuel d'archéol.,* t. II, 2ᵉ éd., p. 81, note ; APOLLIN., *Flâneur des deux rives,* p. 18 ; L. ROBERT, dans *L'hist. et ses méthodes,* p. 454 ; etc. — Le plur. correct *des graffiti* reste tout à fait courant. Ex. : MALRAUX, *Antimémoires,* p. 183 ; DHÔTEL, *Des trottoirs et des fleurs,* p. 14 ; BOURNIQUEL, *Sélinonte ou la chambre impériale,* p. 91 ; etc.

p. 97. — De *macaronis :* R. Vailland, *Loi*, L.P., p. 348. — De *spaghettis :* Druon, *Volupté d'être*, I, 6 ; S. de Beauvoir, *Tout compte fait*, p. 290 ; R. Grenier, *Maison place des Fêtes*, p. 21.

Sont tout à fait intégrés : *Un mercanti, des mercantis ; un salami, des salamis.*

Hist. — *Bravo* comme mot-phrase lancé à un acteur, à un chanteur pour le féliciter avait un plur. *bravi,* — et aussi un fém. sing. *brava* et un fém. plur. *brave* [-e]. Cf. encore dans Proust : Brava ! Brava ! *ça c'est très bien, je dirais comme vous que c'est chic, que c'est crâne, si je n'étais pas d'un autre temps* [...], *s'écria la vieille dame* [...] *pour remercier Gilberte d'être venue sans se laisser intimider par le temps* (*Rech.,* t. I, p. 398). — Pour désigner ces manifestations, on employait *bravi* comme nom au plur. : *Le public éclata en* bravi (Th. Gautier, *Capit. Fracasse*, X). — *Bravo* est devenu invariable comme mot-phrase et il a pris le plur. *bravos* comme nom (§ 507, *b*).

Dilettante [-e] au sens « amateur de musique (et d'abord de musique italienne) » avait comme plur. *dilettanti,* qui est encore chez J. Verne : *C'est à l'audition des Meyerbeer, des Halévy, des Gounod* [...] *que se sont d'abord passionnés les* dilettanti *du nouveau continent* (*Île à hélice,* I, 1). — Le plur. à la française, déjà attesté pour le sens donné ci-dessus (voir par ex. Littré, s.v. *bravo*), a totalement triomphé quand *dilettante* est devenu un simple synonyme d'*amateur.*

b) -a → -e [e] : *Prima donna, prime donne.*

De même, on écrit souvent *Des lasagne* [ital. *lasagne,* plur. de *lasagna*], quoiqu'on prononce à la française [lazaɲ]. Il serait normal d'adopter la graphie *des lasagnes,* qui est déjà chez Flaubert (*Éd. sent.,* I, 4).

Hist. — On a dit aussi *brava, brave* (cf. *a*, Hist.) ; *diva, dive.* Aujourd'hui, le plur. de *diva* est *divas :* Meilhac et Halévy, cit. *Trésor ;* Daudet, cit. *Grand Lar. langue ;* S. Lilar, *Confession anonyme,* 1980, p. 111.

c) Certains termes de musique, mots-phrases de leur nature, s'emploient aussi comme noms pour indiquer le mouvement ou les nuances ; ils restent invariables : *Des crescendo, des forte, des piano, des smorzando.*

Quand il s'agit des airs mêmes joués dans le mouvement indiqué par certains de ces mots, on met *s* au pluriel : *De beaux andantes* (Ac.). — *Des adagios. Des allégros.*

524   Mots anglais.

a) Des noms **terminés par deux consonnes** (du point de vue phonétique et/ou graphique) font leur pluriel par l'addition de **-es** (mais cela ne se marque pas dans la prononciation) :

Box, boxes ; flash, flashes ; match, matches ; miss, misses ; ranch, ranches ; sandwich, sandwiches ; sketch, sketches ; etc.

Mais le plur. à la française (dans ce cas, *box* et *miss* sont invariables) est fréquent (sauf pour *flash*) et tout à fait recommandable : *Corridor souterrain percé de* box *carrés* (Colette, *Vagabonde,* I, 1). — *J'assistais à des* matchs *de football* (Maurois, *Mémoires,* t. I, p. 257). — *Les deux* miss *pensionnaires avaient repassé le détroit* (Gide, *Si le grain ne meurt,* I, 7). — *Au fond de* ranchs *solitaires* (S. de Beauvoir, *Amérique au jour le jour,* cité dans Rey-Debove et Gagnon, *Dict. des anglicismes*). — *De la bière et des* sandwichs (Rezvani, *Canard du doute,* p. 91). — C'est le plur. habituel de *lunch,* souvent prononcé [lœʃ], et de *punch* [pɔʃ].

Autres ex. de *box* (plur.) : E. de Gonc., *Frères Zemganno*, XLI ; A. Daudet, *Rois en exil*, p. 152. — De *matchs :* Barrès, dans le *Journal*, 5 mai 1893 ; Morand, *Champions du*

monde, p. 114 ; L. MARTIN-CHAUFFIER, *L'homme et la bête,* p. 75. — De *miss* (plur.) :
DORGELÈS, *Partir...,* p. 193 ; J. GREEN, *Mauvais lieu,* p. 166. — De *sandwichs :* ZOLA, *Au
Bonheur des Dames,* XI ; A. FRANCE, *Lys rouge,* I ; A. DAUDET, *Port-Tarascon,* III, 1 ; GIDE,
Faux-monn., p. 82 ; JAMMES, *Pipe, chien,* p. 66 ; CARCO, *Jésus-la-Caille,* II, 7 ; FARRÈRE,
Petites alliées, XVII ; BILLY, *Narthex,* p. 262 ; DORGELÈS, *À bas l'argent !* p. 231 ; R. VAIL-
LAND, *Écrits intimes,* p. 676 ; etc.

Box a connu en fr. une forme *boxe* (fém. : cf. *Lar. XXᵉ s.,* etc.) : *Chacun des jurés assis
[...] dans leur* BOXE (A. SIEGFRIED, *Savoir parler en public,* p. 90).

b) Les mots en *-y* changent *-y* en **-ies** (mais en gardant la prononciation du
singulier, sauf *ladies* [lɛdiz]).

La reine vendit ces LADIES *à Guillaume Penn* (HUGO, *Homme qui rit,* I, 2ᵉ chap. prélim.,
4). — *Percy Allen attire les* GRIZZLIES (GENEVOIX, *Éva Charlebois,* p. 116). — *Tandis qu'il
nous préparait deux* WHISKIES (VERCORS, *Radeau de la Méduse,* p. 215).
Mais le plur. à la française *(-ys)* reste fréquent (sauf pour *lady)* et recommandable : *Ils
ont des* WHISKYS *remarquables* (S. de BEAUVOIR, *Belles images,* F°, p. 108). — *Des* DANDYS
aux cravates claires (TROYAT, *Étrange destin de Lermontov,* p. 146). — *Les ébats des charmants* BABYS (P. BENOIT, *Lac Salé,* p. 179). — *On cultive des* HOBBYS (S. de BEAUVOIR,
Amérique au jour le jour, dans Rey-Debove et Gagnon, *op. cit.*).
Autres ex. de *whiskys :* J. ROMAINS, *Hommes de b. vol.,* t. XX, p. 161 ; TROYAT, *Case de
l'oncle Sam,* I, 5. — De *dandys :* BARBEY D'AUR., *Diabol.,* Pl., p. 13 ; BILLY, *Nathalie,* p. 129 ;
THÉRIVE, *Procès de langage,* p. 123 ; CURTIS, *Saint au néon,* F°, p. 157 ; etc.

Penny fait au plur. *pence* [pɛns] quand on envisage la valeur : *Une livre sterling ou cent*
PENCE ; — mais *pennies* [pɛniz] quand il s'agit de plusieurs pièces : *Avoir plusieurs* PENNIES
dans sa collection de monnaies. — *Pour la franchir il fallait payer un penny. Faute d'avoir reçu
des Allemands tous les* PENNIES *obligatoires* [...] (DE GAULLE, *Mém. de guerre,* t. I, p. 111). —
[Le plur. *pences* est en marge de l'usage : DANINOS, *Composition d'hist.,* p. 198.]

c) **-man** [mʌn] → **-men** [mɛn].

Mécaniciens, WATTMEN, *pilotes, aiguilleurs* (G. FRIEDMANN, *Sept études sur l'homme et la
technique,* Médiations, p. 66). — *Chacun des* BARMEN (GIRAUDOUX, *Bella,* IX). — *Les
chasseurs, les* SPORTSMEN *et les amoureux sont* [...] *les êtres les plus ennuyeux de la création*
(COURTELINE, *Chroniques,* p. 60).
Mais le plur. à la française est possible et recommandable : *La cohue des jeunes* CLUB-
MANS (A. DAUDET, *Immortel,* p. 217). — *Des* BARMANS *sans emploi* (MALLET-JORIS, *Maison
de papier,* p. 111). [Autre ex. : P. GRAINVILLE, *Lisière,* p. 206.]
Pour quelques mots, on trouve parfois l'alternance *-woman* [wumʌn], *-women* [wumən] :
Une tenniswoman, des tenniswomen.

d) Dans les **noms composés** de l'anglais, l'élément subordonné est placé en
tête de l'ensemble ; le noyau est donc le second élément et c'est celui-ci qui
prend l'*s* du pluriel (toujours purement graphique) :

*Des best-sellers, des boogie-woogies, des bow-windows, des boy-scouts, des cow-boys, des girl-
guides, des milk-bars, des music-halls, des negro-spirituals, des pipe-lines* (ou *pipelines), des pull-
overs, des snack-bars, des strip-teases, des water-closets, des week-ends,* etc. — *Une surprise-
party* (parfois écrit *partie), des surprises-parties* (cf. *b).*
Cependant, *boy-scout* est souvent analysé comme contenant une apposition (cf. § 515, *a),*
et l'on accorde alors les deux éléments : *Des boys-scouts.*

Ex. : Gide, *Journal*, t. I, p. 412 ; Pagnol et Nivoix, *Marchands de gloire*, I, 6 ; Maurois, *Mes songes que voici*, p. 130 ; Daninos, *Sonia, les autres et moi*, p. 188 ; P.-H. Simon, *Hist. d'un bonheur*, p. 273 ; J. Cau, *Pitié de Dieu*, p. 161.

Fox-trot est considéré comme invariable. — Autres composés invariables au § 519, *b*.

Water-closet est souvent réduit : soit à *closet* (vieilli) ou à *water* (§ 509, *a*), soit à *w.-c.* Cf. § 498, *d*.

525 **Mots empruntés à des langues diverses.**

a) Mots **allemands.**

Land fait *länder* [lɛndœʀ].

Lied fait *lieder* [lidœʀ], surtout dans la langue des musiciens, ou, plus souvent, *lieds* [lid] : *Il* [= un musicien français] *écrivit pour elle deux ou trois* LIEDER (G. Duhamel, *Désert de Bièvres*, p. 237). — *Les étudiants* [en Allemagne] *qui marchaient dans les bois en chantant, et parfois en braillant, des* LIEDS *de Schubert* (Yourcenar, *Souvenirs pieux*, p. 267).

Autres ex. de *lieder* : R. Rolland, *Jean-Chr.*, t. IV, p. 176 ; Maurois, *Lyautey*, VII ; R. Lalou, *Hist. de la litt. fr. contemp.*, t. I, p. 214 (de Maeterlinck) ; E. Roblès, *Croisière*, p. 258 ; *Grand Lar. enc.*, s.v. *Krebs.* — De *lieds* : Barrès, *Mes cahiers*, t. XII, p. 286 ; H. Bordeaux, *Sur le Rhin*, p. 17 ; Maurois, *Ariel*, II, 1 ; J. de Lacretelle, dans le *Figaro litt.*, 28 nov. 1963 ; etc.

Leitmotiv [lajtmɔtiv] ou [lɛt-] fait *leitmotive* : [...] *revenaient certains* LEITMOTIVE *qui manifestaient* [...] *la personnalité du décorateur* (Hériat, *Enfants gâtés*, IV, 2). — Autres ex. : Proust, dans l'*Express*, 26 nov. 1982 ; G. Duhamel, *Problèmes de civilisation*, p. 201 ; M. Piron, *Anthologie de la littér. wallonne*, p. 1 ; S. Koster, *Homme suivi*, p. 237 ; etc. — Mais il y a du flottement : *Leitmotiv* au pluriel (J. de Lacretelle, dans le *Figaro litt.*, 23 févr. 1957) ; *leitmotivs* (J. Amsler, trad. de : G. Grass, *Tonton*, IV) ; *leit-motifs* (Thérive, *Opinions littér.*, p. 49) [ce qui suppose un sing. *leit-motif*, qu'on a d'ailleurs chez Fr. Mauriac, *La chair et le sang*, VI].

Mark et **pfennig** sont invariables selon le *Grand Lar. enc.* [plur. allem. : *Mark, Pfennige*]. Mais on leur donne souvent *s* au plur. : *Au prix mensuel de 18* MARKS (Mistler, *Bout du monde*, p. 122). — *Le menu du matin coûtait 60* PFENNIGS (*ib.*, p. 125). — *Un million de* DEUSTCHEMARKS (dans le *Monde*, 26 avril 1985, p. 34).

b) **Mots espagnols.**

Les mots espagnols terminés par une consonne prennent parfois *-es* au plur. comme en esp. (mais ordinairement avec la même prononciation qu'au sing.) : *Picadores :* Th. Gautier, *Militona*, II ; — *miradores :* Louÿs, *La femme et le pantin*, I ; — et surtout *conquistadores :* P. Audiat, dans le *Figaro litt.*, 3 mai 1947 ; J. Soustelle, *Aztèques*, p. 123 ; M. Tournier, *Vendredi ou les limbes du Pacifique*, F°, p. 75 ; J. Dutourd, *Réponse au disc. de réc. de J. Soustelle à l'Ac. fr.* — Pour *réal*, voir § 504, *c*.

Mais *conquistadors* se trouve : Valéry, lettre citée par A. Rousseaux, dans le *Figaro litt.*, 26 avril 1952 ; A. Decaux *raconte*, t. II, p. 31 ; — tandis que *picadors, miradors, matadors, toréadors*, etc. sont généralisés : *Des* MATADORS *scandaleux de maladresse et de cynisme* (Montherlant, *Coups de soleil*, p. 57).

Paso doble est invariable.

c) **Mots grecs.**

Quelques érudits donnent à *étymon* le plur. *étyma* (P. Zumthor, dans *Orbis*, 1955, p. 207 ; etc.) ; — à *topos* « lieu commun, motif » le plur. *topoi* [tɔpɔj] (ou *topoï :* T. Todorov, dans Ducrot et Todorov, *Dict. encyclop. des sciences du lang.*, p. 284). — Pour le premier, le plur. *étymons* est bien plus fréquent.

Pour *kyrie*, voir § 522, *a*.

d) Mots pris à des langues non européennes.

C'est aussi de l'érudition de distinguer *Un Targui, des Touareg ; un méhari, des méhara ; un oued, des ouadi ; un kibboutz, des kibboutzim ;* etc. On doit recommander le plur. à la française : *Un Touareg, des Touaregs, des oueds, des kibboutz*, etc. Notons en particulier que d'excellents connaisseurs de l'Afrique du Nord en usent de cette façon : *Dictionnaire abrégé* TOUAREG-*français* (ouvrage de Ch. de FOUCAULD). — *Les* TOUAREGS *de la boucle du Niger* (M. COHEN, dans le *Bulletin de la Société de linguist. de Paris*, 1939, p. 173).

e) Les ethnologues recommandent de ne pas donner la marque du pluriel français aux **ethniques désignant des populations exotiques,** afin d'éviter la confusion avec des *s* faisant partie du radical.

J. SOUSTELLE (*Les Aztèques*, pp. 116 et 119) distingue *Les* MAYA et *Les* TOTOMAQUES, parce que la confusion n'est pas possible après un *e* muet. — Autres ex. : *Les Massa* (GIDE, *Retour du Tchad*, Pl., p. 920, avec note justificative). — *Quelques milliers d'*INUIT (dans le *Monde*, 8 juin 1984, p. 27). — *La tribu des* WANGAROA (J. VERNE, *Enfants du capit. Grant*, III, 3).

Cet usage n'est pas général : *Descendants des* MAYAS (J. DUTOURD, *Réponse au disc. de réc. de J. Soustelle à l'Ac. fr.*). — *La grande famille des* TUPIS (C. DETREZ, *Noms de la tribu*, p. 153). — *Les* INUITS (J. MALAURIE, dans le *Magazine littér.*, juin 1984, p. 33).

L'invariabilité s'applique parfois aux noms de lieux : *L'archipel des* CHILOÉ (J. VERNE, *op. cit.*, I, 10). — *Des Marquises et des* TUAMOTU (R. GARY, *Tête coupable*, p. 16). — *Les* HAWAII *(Grand Lar. enc.)*.

CHAPITRE II

L'ADJECTIF

526 **L'adjectif** est un mot qui varie en genre et en nombre, genre et nombre qu'il reçoit, par le phénomène de l'accord (§ 548), du nom auquel il se rapporte. Il est apte à servir d'épithète et d'attribut :

Les amoureux FERVENTS et les savants AUSTÈRES / Aiment également, dans leur MÛRE saison, / Les chats PUISSANTS et DOUX, orgueil de la maison, / Qui comme eux sont FRILEUX et comme eux SÉDENTAIRES (BAUDEL., Fl. du m., Chats).

On peut signaler aussi que beaucoup d'adjectifs sont aptes à recevoir les indications de degré. Cf. §§ 549-555.

Sur la place de l'adjectif épithète, cf. §§ 318-325 et 326 (épithète détachée). — Sur la place de l'adjectif attribut du sujet, cf. § 246. — Sur les espèces d'adjectifs épithètes, cf. § 317.

Du point de vue sémantique, l'adjectif exprime une manière d'être, une qualité de l'être ou de la chose désignés par le nom auquel il se rapporte.

Il est fréquent que l'on unisse, dans la même catégorie de l'adjectif, l'adjectif *qualificatif* (qui est le seul que nous retenions ici) et l'adjectif *déterminatif* (que nous traitons dans le chapitre suivant, sous le nom de *déterminant*). Leur rôle syntaxique les différencie. Cf. § 556.

Remarques. — 1. Du point de vue de sa forme, un adjectif peut être **composé**, c'est-à-dire constitué de plusieurs mots : *Clairsemé, aigre-doux.* — Si ces éléments sont séparés dans l'écriture, nous préférons parler de **locution adjective** ou *adjectivale*. Parmi ces locutions, certaines sont adjectivales par la fonction et non par la nature : *Un commissaire* BON ENFANT.

2. On appelle **adjectifs verbaux** les adjectifs formés sur des verbes, soit dérivés en *-able* ou *-ible* (§ 168), soit participes pris adjectivement (§ 886, Rem. 1).

SECTION 1. — LES MARQUES DU FÉMININ

527 **Observations préliminaires.**

a) Selon la tradition, on part du masculin pour donner le féminin, parce que le masculin singulier est, pour les adjectifs (ainsi que pour les noms et les pronoms), la forme indifférenciée, neutralisée, comme l'infinitif pour les verbes.

Certains linguistes suivent la démarche inverse, même pour une description phonétique. Ils considèrent que la consonne qui se fait entendre au féminin est latente au masculin, puisqu'elle peut apparaître en liaison *(un petit enfant ;* cf. aussi *un bel enfant)* et puisqu'elle est souvent présente dans les mots de la même famille *(petiᴛesse).*

Il faut cependant ajouter que la consonne qui se manifeste dans les liaisons n'est pas toujours celle qui caractérise le féminin : *Un grand homme* [gʀɑ̃tɔm]. Cf. § 42.

Hist. — Certains masc. sont d'ailleurs tirés du fém. (cf. § 529, Hist.) : *Chauve,* etc.

b) Entre le masculin et le féminin des adjectifs, la **langue parlée** établit des rapports différents de ceux que l'on observe dans la langue écrite.

1° Si les adjectifs sont terminés phonétiquement au masculin par une **voyelle orale** ou par une **consonne,** la forme du féminin,

— Tantôt se prononce exactement comme celle du masculin : *Un mot vrai, une parole vraie* [vʀɛ]. *Un lieu public, une place publique* [pyblik] ;

— Tantôt offre une prononciation différente, — soit par l'addition d'une consonne, souvent avec modification du timbre ou de la longueur de la voyelle : *Petit* [p(ə)ti], *petite* [p(ə)tit]. *Léger* [leʒe], *légère* [leʒɛ:ʀ]. *Lourd* [lu:ʀ], *lourde* [luʀd] ; — soit par le changement de la consonne finale, souvent avec modification du timbre ou de la longueur de la voyelle : *Sec* [sɛk], *sèche* [sɛʃ]. *Vif* [vif], *vive* [vi:v]. *Trompeur* [tʀɔ̃pœ:ʀ], *trompeuse* [tʀɔ̃pø:z] ; — soit par des changements plus particuliers : voir § 535.

2° Si les adjectifs sont terminés phonétiquement au masculin par une **voyelle nasale,**

— Tantôt la voyelle nasale subsiste au féminin et l'on ajoute une consonne : *Blond* [blɔ̃], *blonde* [blɔ̃:d].

— Tantôt la voyelle nasale devient orale et l'on ajoute [n], rarement [ɲ] : *Plein* [plɛ̃], *pleine* [plɛn]. *Bénin* [benɛ̃], *bénigne* [beniɲ].

Ces observations phonétiques ne tiennent pas compte des particularités dues à des usages régionaux et à certains types de communication (notamment, dans la lecture des vers). Voir les Rem. du § 29.

Dans l'étude qui va suivre, l'organisation est fondée sur la langue écrite, mais, chaque fois que cela est utile, nous donnons des renseignements concernant les phénomènes oraux, ce qui complète et illustre la présentation succincte de ce § 527.

528   **Règle générale. — Dans l'écriture,** on obtient souvent le féminin en ajoutant un *e* à la fin de la forme masculine :

> *Loyal, loyale. Haut, haute. Bleu, bleue. Noir, noire. Courtois, courtoise.*

Cette adjonction d'un *e* muet s'accompagne éventuellement d'autres phénomènes :
redoublement de la consonne finale (§ 530), remplacement de cette consonne (§ 531),
addition d'une consonne (§ 532), etc.

Du point de vue phonétique, les féminins qui, dans l'écriture, se caractérisent
seulement par l'addition d'un *e* muet,

1° Tantôt sont identiques au masculin,

— S'ils se terminent au masculin par une voyelle orale dans l'écriture : [dɔʀe] représente
doré et *dorée* en français parisien ;
— S'ils se terminent au masculin par une consonne articulée : [lwajal] représente *loyal* et
loyale ;

2° Tantôt se caractérisent par l'addition d'une consonne si le masculin se
termine dans l'écriture par une consonne muette : *Haut* [o], *haute* [ot].

Sur les usages régionaux, voir § 479, Rem. 2. Voir aussi §§ 530-533.

Hist. — L'*e* du fém. trouve son origine dans l'*a* final des fém. latins : *Noire < nigra(m).*
Cf. § 53. — En anc. fr., les consonnes finales n'étaient pas muettes et l'*e* final était toujours
prononcé. C'est depuis le XVIIᵉ s. que le fém. graphique est nettement différencié du fém.
phonétique.

529   Les **adjectifs terminés par** *e* au masculin ne varient ni dans l'écriture
ni dans la prononciation quand ils sont employés au féminin : *Un livre
utile, une chose utile.*

On notera en particulier qu'à l'exception de *maître* et de *traître* (voir § 535, *a*), cette règle
est appliquée aux adjectifs *drôle, ivrogne, mulâtre, nègre, pauvre, sauvage* et *suisse* (qui ont un
fém. en *-esse* [§ 486, *a*] quand ils sont pris comme noms) : *Une histoire* DRÔLE (pour *Une
drôle d'histoire,* voir § 336, *b*). *Une femme* IVROGNE. *Une servante* MULÂTRE. *Une réaction*
SAUVAGE. *La constitution* SUISSE. — *La femme* PAUVRE (titre d'un livre de BLOY). — *Anthologie de la nouvelle poésie* NÈGRE (titre d'un livre de SENGHOR).
Comme adj. fém., *négresse* est peu usité : *Qu'on emplisse un sénat de plats-pieds / Dont la
sévérité* NÉGRESSE *et mamelouque / Eût révolté Mahmoud et lasserait Soulouque* (HUGO,
Châtim., VII, 13). — *Des esclaves* NÉGRESSES *(Lar. XXᵉ s.).*
Maure et *mauresque* sont en concurrence, au masc. comme au fém. : *Quelque ville*
MAURESQUE (HUGO, *Orient.,* XXXVI). — *Ville à la fois* MAURE *et catholique* (BARRÈS, *Du
sang...,* p. 67).

Hist. — Dans les adj. de formation populaire, l'*e* final du masc. peut résulter du jeu des
lois phonétiques : *Grêle* (lat. *gracilem*), *âpre* (lat. *asperum*). Dans d'autres cas, la forme fém.
s'est substituée à la forme masc. : *Chauve, large, vide, roide* ont remplacé *chauf, larc, vuit,
roit*. Plus récemment, *adverse* a remplacé *advers ;* voir Rem. ci-dessous (ainsi que pour
affine).
Dans beaucoup d'adjectifs de formation savante, *-e* a remplacé la finale *-us, -is* du latin :
Contraire (lat. *contrarius*), *honnête* (lat. *honestus*), *facile* (lat. *facilis*). Cela a donné lieu à des
contradictions (comp. *civil* [lat. *civilis*] à *facile,* etc.), — et à des hésitations. On a d'abord eu,

par ex., les formes °*succédanée* (cf. Furetière, 1690) ; — °*obsolet* (cf. Wartburg, t. VII, p. 286), curieusement ressuscité dans cet ex. : *Updike est le romancier des métiers que l'évolution technologique rend* OBSOLETS (P.-Y. PETILLON, dans *Critique*, mars 1984, p. 220) ; — *compacte*, encore attesté à la fin du XIXe s. : *De petits résumés* COMPACTES (TAINE, *Vie et opinions de Fr.-Th. Graindorge*, p. 289). — *Oval* a concurrencé *ovale* jusqu'au XIXe s. : *Un pastel* OVAL (Th. GAUTIER, *Jean et Jeannette*, I). — Certaines rivalités existent encore : cf. Rem. 2 ci-dessous.

Contumax (qui ne variait pas en genre) a été remplacé par *contumace* ; le premier est le nominatif latin *contumax*, l'autre est tiré de l'accusatif *contumacem* (cf. *index* et *indice*).

Remarques. — 1. *Adverse*, adjectif des deux genres, ne s'emploie, selon l'Acad., qu'avec les noms *fortune, partie, avocat*. La langue soignée d'aujourd'hui en use plus librement :

Si deux partis ADVERSES se rencontraient dans la campagne, on se bornait à s'entretuer un homme ou deux (AYMÉ, *Aller retour*, p. 73). — J'étais à la fois dans les deux camps ADVERSES (MONTHERLANT, *Treizième César*, p. 160). — Les arguments [...] auraient très bien pu [...] venir d'un lieu ADVERSE (BARTHES, dans *Tel quel*, automne 1971, p. 98). — Autres ex. avec des noms masc. : G. DUHAMEL, *Manuel du protestataire*, p. 151 ; A. FRANÇOIS-PONCET, dans le *Figaro*, 1er juillet 1959 ; A. DAUZAT, dans le *Monde*, 14 mars 1951 ; VERCORS, *Bataille du silence*, p. 62 ; etc. — Voir aussi *Trésor*.

2. Les hésitations signalées dans l'Hist. ci-dessus subsistent pour certains adjectifs empruntés au latin.

Laïque [lat. *laicus*] est parfois remplacé par *laïc* (plus fréquent comme nom) : *Voici le monde extérieur où est notre devoir* LAÏC (CLAUDEL, *Cinq gr. odes*, Processionnal). — *On était tout près de le considérer comme une façon de saint* LAÏC (ARAGON, cit. *Trésor*).

Au lieu de *plan* [lat. *planus*], on trouve quelquefois °*plane* au masc. : *Avec moi tout est* PLANE, *elle ne se fâche jamais* (B. et Fl. GROULT, *Il était deux fois...*, p. 228).

Au lieu d'*affin* [lat. *affinis*], les mathématiciens emploient de plus en plus *affine* au masc. : *Un plan* AFFINE (A. DEPRIT, *La géométrie affine et ses structures*, p. 32). — *Espace* AFFINE. *Groupe* AFFINE. *Repère* AFFINE (L. CHAMBADAL, *Dict. des math. modernes*).

Melliflue [lat. *mellifluus*] est concurrencé au masc. par *melliflu*, ignoré par l'Acad. et par plusieurs dictionnaires du XXe s. quoiqu'il soit ancien dans la langue : *Style baveux,* MELLIFLUE (BAUDEL., *Art romant.*, XXVI). — *Ces beaux noms grecs et latins si* MELLIFLUS *et si euphémiques* (Th. GAUTIER, cit. *Grand Lar. langue*).

On observe aussi de l'hésitation pour un mot emprunté à l'espagnol, *gitan*, naguère *gitane* : *Non pas espagnol, mais* GITANE (GIDE, *Journal*, t. I, p. 294). — *On raconte que Barrès a du sang* GITANE (COCTEAU, *Rappel à l'ordre*, p. 161). — Comp. § 482, *b*, 2°.

3. *Grand* accompagne (avec trait d'union) des noms féminins dans quelques expressions figées : *Grand-croix, grand-maman, grand-mère* (et *mère-grand* : § 320, *a*, 4°), *grand-messe, grand-rue, grand-route, grand-tante ; pas grand-chose ; à grand-peine ; avoir grand-faim, grand-soif, grand-peine, grand-peur ; c'est grand-pitié.*

En outre, des expressions cantonnées dans des vocabulaires spéciaux : *Grand-chambre, grand-garde, grand-hune, grand-salle, grand-voile ;* — des emplois régionaux, comme *grand-place*, surtout courant dans le nord de la France et en Belgique.

Les écrivains fournissent d'autres expressions encore, prises dans les usages régionaux ou fabriquées sur le modèle de celles qui ont été citées : *Je garde pour moi l'aile du midi et la* GRAND'NEF [d'une église] (STENDHAL, *Rouge*, I, 28). — *C'était nuit de* GRAND'LUNE (POURRAT, *Gaspard des Montagnes*, t. I, 1931, p. 205). — *Au guichet de la* GRAND'PORTE

(A. DAUDET, *Petite paroisse*, p. 18). — *À la* GRAND'POSTE (MAUROIS, *Roses de septembre*, p. 198). — *J'avais* GRAND-HÂTE *de toucher Paris* (G. DUHAMEL, *Les espoirs et les épreuves*, p. 209). — *J'aurais* GRAND-HONTE *d'avoir importuné tous ceux qui m'aiment* (*ib.*, p. 151). — *J'ai* GRAND-PITIÉ *des jeunes filles* (MAUROIS, *Terre promise*, p. 134). — *On enregistre à* GRAND HÂTE (R. KEMP, dans les *Nouv. litt.*, 4 avril 1957). — *Son souvenir tient* GRAND-PLACE *dans ma vie* (VERCORS, *Chevaux du temps*, p. 89). — *Ma* GRAND'FOI *devant tous, j'ai point fait ça* (GENEVOIX, *Raboliot*, II, 4). — *Une borne de la* GRAND-PORTE *du château* (Fr. HÉBRARD, *Chambre de Goethe*, p. 208). — Etc.

Dans certaines villes, on dit *Grande rue* (ou *Rue Grande* : § 320, *a*, 4°) : Saint-Malo, Le Mans, Loches, Sens, etc. — De même, *grande route*, signalé par l'Acad., est loin d'être rare :

Ex. de *grande route* : FLAUB., *Mme Bov.*, I, 5 ; A. DAUDET, *Petite paroisse*, p. 16 ; Fr. MAURIAC, *Pharisienne*, VII ; BERNANOS, *Sous le soleil de Satan*, Pl., p. 216 ; GIDE, *Journal*, t. I, p. 1297 ; DHÔTEL, *Je ne suis pas d'ici*, p. 23 ; etc.

Grande messe (STENDHAL, *Lamiel*, II) est du fr. régional.

Sorties de leur figement, les expressions prennent la forme normale *grande* : *Oh ! demain c'est la* GRANDE *chose !* (HUGO, *Ch. du crép.*, V, 2.) — *La* GRANDE *pitié des églises de France* (titre d'un livre de BARRÈS). — *La* GRANDE *peur des bien-pensants* (titre d'un livre de BERNANOS). — *Avoir une* GRANDE *peur du feu.* — *Plusieurs routes le desservaient, et en particulier une très* GRANDE *route nationale* (M. DURAS, *Petits chevaux de Tarquinia*, p. 64).

Hist. — Les adjectifs latins qui avaient la même forme pour le masc. et pour le fém. ont gardé cet usage en anc. fr. : *Un ome* FORT, *une feme* FORT. Ils se sont progressivement assimilés aux adjectifs du type *noir* (§ 528). Mais il nous reste des traces des formes primitives, outre les expressions où entre *grand* (voir ci-dessous) : des noms de lieux, comme *Grandville* ou *Rochefort* ; la locution *Elle se fait fort de* (§ 297, *a*, Rem. 3) ; les adverbes du type *méchamment* (§ 931, *d*, Hist.) ; les expressions *lettres royaux, ordonnances royaux*, encore employées par les historiens à propos de l'Ancien Régime : *Ce mot faisait autrefois partie de la formule d'introduction des lettres* ROYAUX (*Grand dict. enc. Lar.*, s.v. *féal*).

On a longtemps écrit *grand'mère*, etc. avec une apostrophe parce que l'on croyait qu'un *e* final avait disparu comme dans l'élision. C'est en 1932 que l'Acad. a remplacé par un trait d'union cette apostrophe injustifiée.

4. Pour d'autres adjectifs invariables, voir §§ 541-547.

530 En même temps que par l'addition d'un *e*, certains féminins se caractérisent dans l'écriture par le **redoublement de la consonne finale du masculin.**

a) Redoublement de *l* :

1° Pour les adjectifs en *-el* [εl] et en *-eil* [εj], ainsi que pour *nul : Cruel*, *crue*LLE. *Pareil, parei*LLE. *Nul, nu*LLE.

Dans la prononciation, ces adjectifs ont la même forme au masculin et au féminin.

2° Dans *gentil* [ʒɑ̃ti], *genti*LLE [ʒɑ̃tij].

Hist. — Ce sont ordinairement des considérations étymologiques (lat. *genera*Lis, *nu*LLA, etc.) qui ont fait doubler ou non *l* au fém. On hésitait jusque dans le XVIIIe s. entre *généra*Le et *généra*LLe, *nature*Le et *nature*LLe, etc. — *Be*LLe (§ 533, *b*) [lat. *bella*] a entraîné le redoublement dans tous les adjectifs en *-el*. — Dans les adjectifs en *-eil* et dans *gentil*, *l* a été doublé pour rendre le son mouillé, [j] aujourd'hui.

b) Redoublement de *n :*

1° Pour les adjectifs en *-en, -on : Ancien, ancie*NNE. *Bon, bo*NNE.

EXCEPTION : *Mormon, mormon*E. — On écrit plus souvent *lapon*E, *letton*E, *nippon*E, que *lapo*NNE, etc. ; cf. § 482, *b.*

2° Pour *paysan, rouan, valaisan, veveysan : Paysan, paysa*NNE.

Les autres adjectifs en *-an*, les adjectifs en *-in* (pour *bénin, malin*, cf. § 531, *e*), *-ain, -ein, -un* ne redoublent pas l'*n : Persan, persan*E ; *voisin, voisin*E ; *hautain, hautain*E ; *plein, plein*E ; *commun, commun*E.

Remarques. — 1. Du point de vue de la prononciation, les adjectifs terminés au masculin par une voyelle nasale subissent deux modifications au féminin : apparition d'une consonne nasale [n] et dénasalisation de la voyelle :

[ɑ̃] → [a] : *persan* [pɛRsɑ̃], *persane* [pɛRsan] ;

[ɔ̃] → [ɔ] : *bon* [bɔ̃], *bonne* [bɔn] ;

[œ̃] → [y] : *commun* [kɔmœ̃], *commune* [kɔmyn]. Sur le masc. [kɔmɛ̃], voir § 25, *a*, Rem.

[ɛ̃] a deux aboutissements :

— [ɛ] dans les adjectifs terminés par *-ain, -ein, -en : hautain* [otɛ̃], *hautaine* [otɛn] ; *plein* [plɛ̃], *pleine* [plɛn] ; *ancien* [ɑ̃sjɛ̃], *ancienne* [ɑ̃sjɛn] ;

— [i] dans les adjectifs terminés par *-in : voisin* [vwazɛ̃], *voisine* [vwazin].

2. Pris adjectivement, **grognon** reste généralement invariable en genre, mais il peut avoir pour féminin *grognonne :*

Bien qu'elle paraisse un peu GROGNON (MAUPASS., *C.*, Sœurs Rondoli, II). — *Elle vieillit, glacée et* GROGNON (LA VARENDE, *Belles esclaves*, p. 245). — *Humeur* GROGNONNE (AC.). — *La compagnie* GROGNONNE *des cochons* (SAINTE-BEUVE, cit. *Grand Lar. enc.*). — *Votre mine* GROGNONNE (HUYSMANS, *Là-bas*, XVII).

Hist. — Cf. § 482, *b*, Hist.

c) Redoublement de *t :*

1° Pour les adjectifs en *-et : Muet, mue*TTE.

EXCEPTIONS : Les neuf adjectifs *complet, incomplet, concret, désuet*[1], *discret, indiscret, inquiet, replet, secret* ont un féminin en *-ète* (avec accent grave) : *Complet, compl*ÈTE.

2° Pour les adjectifs *bellot* (vieux), °*boscot* (pop.), *boulot, maigriot, pâlot, sot, vieillot : Boulot, boulo*TTE.

Les autres adjectifs en *-ot* et les adjectifs en *-at* ne redoublent pas le *t : Idiot, idiot*E ; *délicat, délicat*E.

Remarque. — Du point de vue phonétique, ces féminins se caractérisent par l'addition d'une consonne au féminin : *Muet* [mɥɛ], *muette* [mɥɛt]. En outre, dans les adjectifs en *-ot*, il y a ouverture de la voyelle : *Sot* [so], *sotte* [sɔt].

---

1. Le Dict. de l'Acad. (8ᵉ éd.) donne : *désuet, -ette*, et produit l'ex. : *Locution, tournure* DÉSUÈTE ; contradiction qui est sans doute l'effet d'une distraction. L'usage a consacré, pour le fém. de *désuet* (repris à la fin du XIXᵉ s. au latin *desuetus*), la forme *désuète*.

Mat [mᴀt] et *fat* [fᴀt] ont la même prononciation pour les deux genres. — Sur le féminin *fate*, voir § 536, *a*.

Hist. — Les adjectifs en *-et* qui ne doublent pas le *t* sont empruntés au latin ; c'est par souci de conserver l'orthographe étymologique (lat. *compleᴛᴀ*, etc.) que l'on a établi pour ces mots la règle actuelle. Jusqu'à la fin du XVIIIᵉ s., on écrivait *discrᴇ̀ᴛᴇ* ou *discrᴇᴛᴛᴇ*, etc.

d) Redoublement de *s* pour *bas, gras, las, épais, gros, métis : Bas, baᴠSSE.* — De même, dans *exprès* (voir Rem. 2), *profès* (où l'accent disparaît au féminin) : *Exprᴇssᴇ, profᴇssᴇ.*

Remarques. — 1. Sauf dans *métis* [metis], ces mots se caractérisent dans la prononciation par l'addition d'une consonne au féminin, avec allongement du [ᴀ] et du [o] : *bas* [bᴀ], *basse* [bᴀ:s] ; *gros* [gʀo], *grosse* [gʀo:s].

2. *Exprès* « qui exprime formellement la pensée, la volonté de quelqu'un » : *Un ordre exprès, une défense expresse.* — Il signifie aussi « qui est chargé spécialement de transmettre la pensée, la volonté de qqn » : *Un courrier* ᴇxᴘʀᴇ̀s ; substantivement : *un* ᴇxᴘʀᴇ̀s. — On dit donc : *Une lettre portée par un* ᴇxᴘʀᴇ̀s, *une lettre* ᴘᴀʀ ᴇxᴘʀᴇ̀s, ou, d'une manière réduite, *Un colis* ᴇxᴘʀᴇ̀s, *une lettre* ᴇxᴘʀᴇ̀s (*exprès* restant invariable). — Par confusion avec *express* « train rapide », on trouve °*lettre par express,* °*lettre express,* usage qui n'est pas encore reçu :

> *Il avait commandé* [...] *une toile d'assez grandes dimensions qui lui fut livrée, par* ᴇxᴘʀᴇss (G. Dᴜʜᴀᴍᴇʟ, *Archange de l'aventure,* p. 182). — *C'est moi, Lionel !... J'ai été rappelé par* ᴇxᴘʀᴇss (Gɪʀᴀᴜᴅoᴜx, *Pour Lucrèce,* III, 1). — *Elle lui avait aussitôt envoyé une lettre* ᴇxᴘʀᴇss *qui mettait tout au point* (S. de Bᴇᴀᴜᴠoɪʀ, *Force de l'âge,* p. 177). — *Il sera répondu d'abord aux lettres* ᴇxᴘʀᴇss (J. Cʜᴇssᴇx, *Carabas,* p. 182). — Autre emploi d'*express* au § 544, *b*.

Hist. — *S* double est dû à l'étymologie : lat. *bassus, bassa,* etc. — *Métis* (du lat. tardif *mixticius*) s'est joint à ce groupe.

531   En même temps que par l'addition d'un *e*, certains féminins se caractérisent dans l'écriture par le **remplacement de la consonne finale du masculin** :

a) f → v : Naif, naiᴠᴇ. — Avec addition d'un accent grave : *Bref → brᴇ̀ᴠᴇ.*

Cela concerne aussi la prononciation.

Hist. — Le *v* issu de [w] (lat. *natiuum, natiuam*) s'est assourdi au masc. en devenant final (§ 79).

b) x → s pour les adjectifs en *-eux* (sauf *vieux :* § 533, *b*) et pour *jaloux : Heureux, heureuᴠSE ; jaloux, jalouᴠSE ;*
  x → ss dans *faux, fauᴠSSE ; roux, rouᴠSSE ;*
  x → c dans *doux, douᴄᴇ.*

Le *x* étant muet, ces féminins se caractérisent dans la prononciation par l'addition d'une consonne : [z] ou [s].

Hist. — Le choix entre *s, ss* et *c* correspond à la prononciation et/ou à l'étymologie. — L'*x* du masc. résulte d'un accident graphique : § 90, Hist.

c) s → c dans *tiers* [tjɛR], *tier*CE [tjɛRS] ;

s → ch dans *frais* [fRɛ], *fra*ÎCHE [fRɛʃ], avec accent circonflexe.

Hist. — Ces deux alternances résultent des lois phonétiques, à partir du lat. *tertium, tertiam* et d'un lat. tardif **friscum,* **friscam,* du germ. **frisk.*

Remarque. — *Tors* a, à côté de *torse,* un fém. *torte,* que l'Acad. signale encore, mais comme populaire.

C'est plutôt un archaïsme : *Rues* TORTES (É. HENRIOT, *Rose de Bratislava,* III). — *Branches* TORTES (POURRAT, *Gaspard des Montagnes,* t. I, 1931, p. 232). — Ex. de HUGO, ELDER, LA VARENDE, P. ADAM dans le *Grand Lar. langue.* [Cf. § 778, *b,* Hist.]

d) c → ch pour *blanc, franc* (« qui a de la franchise ») : *Blanc, blan*CHE. — En outre, *sec → s*ÈCHE.

c → qu pour *ammoniac, caduc, franc* (peuple), *public, turc* : *Caduc, cadu*QUE. — En outre, *grec, gre*CQUE.

En outre, au fém. *laïque* correspondent les masc. *laïque* ou *laïc* (§ 529, Rem. 2). — De même, °*vioque,* altération argotique de *vieux,* est parfois écrit *vioc* au masc.

Le *c* est muet dans *blanc* et *franc* (dans les deux sens). Il se prononce dans les autres adjectifs, qui ne varient donc pas en genre dans l'oral, sauf *sec.*

Hist. — Dans les fém. en *-que,* qui sont d'introduction plus récente, cette graphie est exigée uniquement par l'orthographe, pour conserver le son [k] : § 92, *b,* 1°. — Dans *grecque,* on a une version particulière du redoublement (§ 530) : il n'est pas possible en effet de redoubler tel quel ou le *c* ou le *qu.* — Dans les fém. en *-che,* qui sont de formation ancienne, une loi phonétique s'est appliquée : § 69, 1°.

e) n → gn dans *bénin, béni*GNE ; *malin, mali*GNE.

La langue populaire ou négligée a un féminin °*maline,* que les auteurs reprennent surtout quand ils veulent reproduire ou imiter les usages oraux : *De* MALINES *fossettes* (VERL., *Odes en son honneur,* X). — *Élodie se montrait étonnante, aussi énergique et* MALINE *que Nénesse* (ZOLA, *Terre,* V, 6). — *Elle sait bien ce qu'elle fait, elle est* MALINE (PÉGUY, *Porche du myst. de la deuxième vertu,* p. 189). — *Tu penses,* MALINE *comme a été la famille Motola pour le retournement de veste en 45* [...] (G. MAZELINE, *Amour d'Italie,* p. 76). — *Et non, non, elles n'étaient pas* MALINES, MALINES, *mais bêtes comme nous, comme tout le monde* (GUÉHENNO, dans le *Figaro litt.,* 14 janv. 1961). — *Cette expression de candeur* MALINE *qui éclaire perpétuellement son visage* [de Chagall] (M. DROIT, *Clartés du jour,* p. 109). — [Aussi *malinement* chez RIMBAUD, *Œuvres,* Comédie en trois baisers.]

Dans tous ces ex., le sens est « fin, rusé, spirituel... ». À *maligne* s'attache souvent une idée de méchanceté que M. Droit a sans doute voulu écarter (cet ex. n'a rien d'oral).

Hist. — Du lat. *benignus, malignus,* on a d'abord emprunté les formes *bénigne, maligne,* qui servaient pour les deux genres. Les masc. modernes en ont été tirés.

532   En même temps que par l'addition d'un *e* dans l'écriture, certains féminins se caractérisent par l'**addition d'une consonne** dans l'écriture et dans la prononciation.

Addition d'un *t* dans *coi, coi*TE ; *favori, favori*TE ; *rigolo* (fam.), *rigolo*TE (cf. § 546) ; — d'un *d* dans *esquimau, esquimau*DE (cf. § 544, *c*) ; — d'un *s* dans *andalou, andalou*SE.

Hist. — *Andalou* a remplacé *andalous* (de l'espagnol *andaluz*). — *Favori* (participe de l'ancien verbe *favorir*) a eu un fém. *favorie*, évincé par *favorite*, repris à l'ital. *favorita*. — Les autres fém. sont dus à l'analogie.

On cite parfois *bedeaude* « de deux couleurs (à propos de certains animaux) », mais cette désignation, d'ailleurs disparue des dict. récents, est plutôt de nature nominale : *Une bedeaude* « corneille mantelée » ou *Une corneille bedeaude.* Comp. § 335, Rem. 3.

Remarques. — 1. Le *Lar. XXᵉ s.* (et d'autres dictionnaires) donne à **biparti,** *triparti, quadriparti* deux féminins : *bipartie,* etc. et *bipartite,* etc. Dans l'usage, on a plutôt deux masculins : *biparti,* etc. (avec le féminin *bipartie,* etc.) et *bipartite,* etc. (avec la même forme au féminin) ; la deuxième série est devenue plus fréquente que la première.

Vers BIPARTIS (R. LALOU, *Hist. de la litt. fr. contemp.,* t. I, p. 179). — *Commission* QUADRIPARTIE (A. FONTAINE, dans le *Monde,* sélection hebdom., 11-17 juillet 1968). — *Accord* TRIPARTITE (P. REYNAUD, dans la *Revue de Paris,* 1ᵉʳ mai 1937, p. 16). — *La fameuse* metaphysica specialis TRIPARTITE (M. CLAVEL, *Nous l'avons tous tué,* p. 61).

Hist. — Ces adj. sont empruntés du lat. *bipartitus,* etc. Les hésitations décrites ci-dessus sont anciennes. Comp. § 529, Hist.

2. **Bêta** fait parfois au féminin *bêtasse* ou, très rarement, *bêtate :*

Voilà mon petit jaunet [...] qui va rendre sa maman aussi BÊTASSE *que lui* (PROUST, *Rech.,* t. I, p. 39). — *Plus d'appréhensions bourgeoises, plus de terreurs* BÊTATES (E. et J. de GONC., *Journal,* cit. *Trésor).*

Il faut noter : 1) que *bêtasse* se trouve aussi au masc. : *Un mysticisme* BÊTASSE *et triste* (VALLÈS, dans B. Nikolov, *Lexique popul. dans l'œuvre de Vallès*) ; — 2) que le masc. s'est parfois écrit *bêtat : Un de ces esprits* BÊTATS (HUGO, cit. *Grand Lar. langue).*

533   En même temps que par l'addition d'un *e,* certains féminins se caractérisent par des **phénomènes divers.**

a) Remplacement de *-er* par *-ère* (avec accent grave) : *Léger, lég*ÈRE.

Dans la plupart de ces adjectifs, *r* est muet au masc. et apparaît au fém. : *léger* [leʒe], *légère* [leʒɛːʀ]. Il est articulé dans *amer, cher, fier,* qui ont donc une seule prononciation pour les deux genres : [ɑmɛːʀ].

b) Remplacement de *-eau* [o] par *-elle* [ɛl] dans *beau, nouveau, jumeau, manceau, morvandeau* (ou *morvandiau), tourangeau : Beau, b*ELLE. — Remplacement de *-ou* [u] par *-olle* [ɔl] dans *fou, f*OLLE ; *mou, m*OLLE ; en outre *fou-fou* (fam.), *fof*OLLE. — Remplacement de *-eux* [ø] par *-eille* [ɛj] dans *vieux, vi*EILLE.

Les cinq adjectifs *beau, nouveau, fou, mou, vieux* ont gardé devant un nom commençant phonétiquement par une voyelle les anciens masc. *bel, nouvel, fol, mol, vieil,* qui se prononcent comme les fém. : *Un* BEL *appartement. Un* VIEIL *habit.* Cf. § 46, *e.*

Les masc. normaux reparaissent quand il y a disjonction : *Un* VIEUX *Hollandais.* Cf. §§ 47-50.

c) Remplacement de *-gu* [gy] par *-guë* [gy] (cf. § 93, *b,* Rem. 3) : *Aigu, aig*UË.

L'Acad. a décidé en 1975 que dans les mots de cette espèce le tréma serait dorénavant sur le *u* (cf. § 104) : *Aigüe, contigüe.* — Cette réforme n'a pas encore été appliquée dans notre ouvrage.

d) Remplacement de *-g* par *-gue* (cf. § 93, *b*) dans : *Long* [lɔ̃], *lon*GUE [lɔ̃g] ; *oblong, oblon*GUE ; *barlong, barlon*GUE.

Hist. — *Long* a d'abord eu *longe* comme fém., qui a disparu devant *longue*, forme refaite peut-être d'après le lat. *longus, longa.*

534   **Adjectifs en** *-eur.*

a) Les adjectifs en *-eur* [œːʀ] qui dérivent d'un verbe français font leur féminin en *-euse* [øːz] : *Menteur, ment*EUSE.

Ce féminin s'applique aux adjectifs auxquels on peut faire correspondre un participe présent en remplaçant *-eur* par *-ant.* EXCEPTIONS : *Exécuteur, exécu-*TRICE ; *persécuteur, persécu*TRICE (cf. *b*) ; — *enchanteur, enchant*ERESSE ; *vengeur, veng*ERESSE (plus rare, *désenchanteur, désenchant*ERESSE). — Pour *vainqueur*, voir § 536, *c.*

b) Les adjectifs en *-teur* qui ne dérivent pas d'un verbe français font leur féminin en *-trice* : *Protecteur, protec*TRICE.

Hist. — Sur l'origine de ces fém. en *-euse, -eresse, -trice,* voir § 489, Hist. — *Singeur* a eu un fém. *singeresse,* qui est encore dans le *Lar. XXᵉ s.*

Remarques. — 1. *Expulseur* fait au féminin *expultrice,* rare d'ailleurs.

2. *Salvatrice* [emprunté à la fin du XIXᵉ s. du latin ecclésiastique *salvatrix*] sert de féminin à l'adjectif *sauveur :*

Réflexion SALVATRICE (BLOY, *Désespéré,* p. 406). — *Vertu* SALVATRICE (CLAUDEL, *La rose et le rosaire,* p. 93). — *J'étudierai votre âme, je l'entourerai de lectures* SALVATRICES (TROYAT, *Jugement de Dieu,* p. 60). — Autres ex. : É. HERRIOT, *Dans la forêt normande,* p. 181 ; É. HENRIOT, *Fils de la Louve,* p. 290 ; G. DUHAMEL, *Positions françaises,* p. 201 ; E. FARAL, dans *Romania,* 1953, p. 440 ; Cl. MAURIAC, *Malraux ou le mal du héros,* p. 94 ; etc. *Sauveuse* est rare : *Une rigueur toute* [sic] *arbitraire, mais pourtant* SAUVEUSE (P. de LA GORCE, *Louis-Philippe,* p. 37). — *« Journées » soi-disant* SAUVEUSES (A. VANDAL, *Avènem. de Bonaparte,* t. I, p. 252). De *salvatrice,* ou a tiré un masc. *salvateur* [c'est une résurrection, car il a existé en moyen fr.], qui se répand vigoureusement dans la langue écrite : *Un arrangement* SALVATEUR (titre dans le *Monde,* 23 janv. 1970). — *Rien ne pouvait lui faire autant de bien que le travail. Personne n'échappait à ses effets* SALVATEURS (Chr. ROCHEFORT, *Repos du guerrier,* II, 5). — *Progrès plus ou moins contrariés vers cet aboutissement inéluctable et* SALVATEUR (POMPIDOU, *Nœud gordien,* p. 102). — Autres ex. : IKOR, *Frères humains,* p. 289 ; P. GASCAR, dans le *Figaro litt.,* 28 déc. 1970 ; MALLET-JORIS, *Lettre à moi-même,* p. 137 ; M. TOURNIER, *Météores,* p. 67.

c) Le comparatif *meilleur* et dix adjectifs empruntés au latin (où ils étaient des comparatifs) font leur féminin selon la règle générale (+ *e*) : *Antérieur, postérieur ; citérieur, ultérieur ; extérieur, intérieur ; majeur, mineur ; supérieur, inférieur.*

535   **Cas spéciaux.**

a) Maître et *traître* empruntent leur féminin aux noms correspondants
(§ 486, *a*) :

> La MAÎTRESSE *branche d'un arbre.* — *La* MAÎTRESSE *broche de la cuisine* (FLAUB., *Tr.
> contes,* S. Julien, I). — *La dague* TRAÎTRESSE (BAUDEL., *Fl. du m.*, Duellum). — *Chaque pas
> révèle la nappe d'eau* TRAÎTRESSE *qui déjà imbibe tout le sol* (MAUROIS, *Climats,* I, 12).

> *Traîtresse* est surtout littéraire. La langue courante emploie souvent *traître* au fém. : *La
> Madelon, qui passait pour bonne, a été bien* TRAÎTRE (SAND, *Pet. Fadette,* XXIX). — *La
> pieuvre est* TRAÎTRE (HUGO, *Trav. de la mer,* II, IV, 3). — *La vengeance* TRAÎTRE (ID.,
> *M. Tudor,* II, 7). — *La Côte d'Azur est* TRAÎTRE (MONTHERLANT, *Fils de personne,* I, 1). —
> *La rive est* TRAÎTRE, *abrupte* (GENEVOIX, *Marcheloup,* II, 2). — *Pour indiquer les pentes*
> TRAÎTRES (M. NOËL, *Petit-jour,* p. 162).

> **Hist.** — En anc. et moyen fr., *maistre* et *traitre* s'employaient au fém. : *La* MAISTRE *rue*
> (*Amadas et Ydoine,* 4050). — *En la* MESTRE *eglise de Kamaalot* (*Mort le roi Artu,* § 71). — *En
> la* MAISTRE *salle* (Ant. de LA SALE, dans J. RASMUSSEN, *Prose narrative fr. du XVᵉ s.*, p. 129).
> — TRAISTRE *beauté* (LA BOÉTIE, cit. Littré).

b) Il n'est pas rare que l'on donne à *maximum, minimum, optimum, extremum*
[-ɔm] leur féminin latin *maxima,* etc. :

> *Pression* MAXIMA (AC.). — *Température* MINIMA (AC.). — *Une réforme orthographique*
> MINIMA (A. DAUZAT, dans le *Fr. mod.,* juillet 1943, p. 164). — *On leur inflige la peine*
> MAXIMA (SENGHOR, *Négritude et humanisme,* p. 104). — *Sa composition* OPTIMA (VALÉRY,
> *Regards sur le monde actuel,* p. 123).

> Il est plus étrange d'user des mêmes formes au pluriel (au masc. et au fém.) : *Les
> températures* MAXIMA (E. de MARTONNE, *Géogr. phys. de la France,* p. 306). — *Des salaires*
> MINIMA (A. SIEGFRIED, *Tableau des États-Unis,* p. 191). — *Dans des conditions* OPTIMA
> (H. BAZIN, *Tête contre les murs,* p. 197).

On doit préférer, pour la morphologie française et même pour la latine, de
ne faire varier ces adjectifs qu'en nombre, et avec *s* suivant la règle ordinaire :

> *Production journalière* MAXIMUM (CHAMSON, *Héritages,* p. 125). — *La longévité* MAXIMUM
> (J. ROSTAND, dans le *Figaro litt.,* 26 juillet 1952). — *Des prix* MAXIMUMS (LA VARENDE, dans
> *Hommes et mondes,* mars 1947, p. 519). — *Les frais* MINIMUMS (M. FOUCAULT, *Les mots et
> les choses,* p. 271).

Certains auteurs laissent *maximum* et *minimum* invariables en nombre : *Tous les seg-
ments* MINIMUM (A. MARTINET, *Éléments de linguist. génér.*, p. 64). — *Une sorte de société
ayant ses règles* MINIMUM *de bon usage* (M. TOURNIER, *Vent Paraclet,* p. 218).

L'Acad. des sciences (23 févr. 1959) a recommandé de recourir aux adjectifs *maximal,
minimal, optimal, extrémal,* ce qui permet de sortir du désordre décrit ci-dessus.

Autre emprunt à la morphologie latine : *Pied bot* VARUS. *Cuisse* VARA *(Grand
Lar. enc.).* [Le sens est « tourné en dedans ».]

c) D'autres adjectifs sont invariables en nombre et en genre : §§ 541-547.

536   **Adjectifs usités à un seul genre.**

a) Certains ne sont employés qu'avec des noms désignant des personnes ou
des animaux d'un sexe déterminé.

Masculins : *Benêt, cocu* (cf. pourtant § 475, *c*), *hongre, preux.* — Féminins : *Accorte* [2], *enceinte, pondeuse, portière, poulinière, suitée.*

Quoique ne se disant en principe que des hommes, *fat* peut se rapporter à un nom fém. : *Cette émigration* FATE *m'était odieuse* (CHAT., cit. Littré, Suppl.). — *Il a touché, sans trembler, aux plus grosses têtes avec ses petites mains un peu* FATES : *à Bacon, Descartes* (BARBEY D'AUR., cit. *Matériaux,* 2e série, t. II, p. 91). — *Cette attitude gourmée ou* FATE (BOYLESVE, *Meilleur ami,* I). — *Dans une attitude à la fois très* FATE *et très gênée* (ALAIN-FOURNIER, *Gr. Meaulnes,* p. 169).

Voici deux ex. où *fate* est dit de femmes : *Quoique fat, d'Orsay fut aimé par les femmes les plus* FATES [en italiques] *de son temps* (BARBEY D'AUR., *Du dandysme,* X). — *Je ne suis pas* FATE (H. BERNSTEIN, *Voleur,* I, 3). — On trouve parfois la forme *fat* pour une femme : *J'ai été assez* FAT *de ce que vous m'aimiez* (Mme de STAËL, lettre citée dans Ch. Du Bos, *Grandeur et misère de B. Constant,* p. 288). — *Je ne suis pas si* FAT, *dit-elle* (S. de BEAUVOIR, *Invitée,* L.P., p. 466).

Cabochard serait exclusivement masc. pour l'Acad. Les autres dictionnaires n'acceptent pas cette limitation : *Jument* CABOCHARDE (*Lar. XXe s.*).

Prude est assez souvent présenté comme un adj. uniquement usité avec un nom fém. Pourtant, même lorsqu'il est appliqué aux femmes (ce qui est le cas le plus fréquent), rien n'empêche de le joindre à un nom masc. : *Elle affecte un air* PRUDE. — *Il n'est pas jusqu'à son nez qui ne soit* PRUDE (HERMANT, *Confidences d'une aïeule,* XVIII). — L'usage permet aussi d'employer le mot à propos d'un homme : *Les Palmesans sont* PRUDES (BERNANOS, *Grands cimetières sous la lune,* Pl., p. 533). — *Les conversations de Belle de Zuylen épouvantaient les* PRUDES *amis de ses parents* (A. MAUROIS, dans la *Revue de Paris,* juillet 1953, p. 6). — *Je ne suis pas* PRUDE, [...] *mais j'aurais été écœuré* (J. PERRY, *Mouton noir,* p. 38).

Autres ex. de *prude* appliqué à des hommes (ou à des choses sans rapport avec les femmes) : [BOIL., *Sat.,* IV ; prince de LIGNE, *Mémoires,* p. 168] ; BALZAC, *Femme de trente ans,* Pl., p. 828 ; MÉRIMÉE, *Corresp.,* 16 juillet 1841 ; HUGO, *Contempl.,* I, 27 ; BARBEY D'AUR., *Œuvres roman. compl.,* t. I, p. 1305 ; TAINE, *Notes sur l'Anglet.,* p. 127 ; APOLLIN., *Tendre comme le souvenir,* 21 sept. 1915 ; PÉGUY, *Ève,* p. 105 ; PROUST, *Rech.,* t. I, p. 255 ; R. BAZIN, *Paul Henry, enseigne de vaisseau,* p. 12 ; R. ROLLAND, *Âme enchantée,* L.P., t. III, p. 126 ; A. FRANÇOIS, *Hist. de la langue fr. cultivée,* t. II, p. 231 ; etc.

b) Certains adjectifs ne sont employés qu'avec un seul nom (ou un petit nombre de noms du même genre). On pourrait parler de locutions.

Adj. masc. : *Coulis, couvi, grégeois, langoustier, pec, pelard, pers, pyroligneux, régalien, salant, saur, triphasé, turquin, vairon, vélin, violat.* — Cf. aussi *levis* dans *pont-levis,* etc.

Adj. fém. : *Bée, bissextile, cochère, crasse, dive, mère, œillère, opimes* (*dépouilles opimes* au plur.), *peccantes* (*humeurs peccantes* au plur.), *philosophale, pie* « pieux » (voir ci-dessous), *pinéale, porte, pote, régale, scarlatine, théologale, tironiennes* (*notes tironiennes* au plur.), *trémière, vomique.*

(En outre, des toponymes, par ex. *Fourches Caudines,* employé aussi comme nom commun au fig.)

Pie selon l'usage ordinaire n'est employé que dans *œuvre pie.* Il est parfois joint à d'autres noms fém. dans la langue littéraire, voire à des noms masc. : *Actions* PIES (GIDE, *Porte étr.,* II). — *Le croyant, l'homme* PIE (H. DAVIGNON, *Tout le reste est littérature,* p. 108). — °*Vœu pie* pour *vœu pieux* est courant en Suisse.

---

2. Le *Trésor* cite deux ex. du masc. : *Tous les procédés les plus* ACCORTS *et les plus courtois* (BALZAC, *Corresp.*). — *Apte à l'amour,* ACCORT *pendant l'amour* (COLETTE, *Naissance du jour,* Sel., p. 53).

Pour quelques autres adjectifs, un des deux genres est exceptionnel : *Un nez d'une noble courbe* AQUILINE (Th. GAUTIER, *Jettatura*, I). — *La treille* MUSCATE (COLETTE, cit. Robert).

L'adjectif *intestin* est surtout fréquent au fém. plur. avec des noms comme *luttes, querelles*, etc. — Le masc. est évité à cause de l'homonymie avec le nom. On le trouve pourtant : *Le mouvement* INTESTIN *qui travaille une langue* (LITTRÉ, Préf., p. III). — *L'intelligentsia française se sert d'un problème extérieur* [...] *pour régler ses petits comptes* INTESTINS (POIROT-DELPECH, dans le *Monde*, 27 mai 1983). — Au fém. sing. : *Cette partie* INTESTINE *de sa vie qui m'était interdite* (PROUST, *Rech.*, t. I, p. 418).

Pour les formations du type *lèse-majesté*, voir § 178, *a*, Rem.

c) Quelques adjectifs ne s'emploient qu'avec des noms masculins, et l'on doit recourir à un autre adjectif si le nom est féminin.

Avant-coureur au masc., *avant-courrière* au fém. : *La saison* AVANT-COURRIÈRE *de l'hiver* (R. SABATIER, *Noisettes sauvages*, p. 294). — Cette façon traditionnelle de présenter les choses est sans doute un peu simpliste. D'une part, *avant-coureur* était sans doute employé d'abord comme une apposition, ce qui explique que l'on ne le faisait pas varier en genre (comp. § 338, *a*) : *Une de ces métamorphoses* AVANT-COUREURS *du dernier départ* (CHAT., *Rancé*, S.T.F.M., p. 168). — *Une première paix.* / AVANT-COUREUR *de la paix éternelle* (PÉGUY, *Porche du myst. de la deuxième vertu*, p. 229). — D'autre part, *avant-coureuse* n'est pas inconnu : *Cette première rencontre* AVANT-COUREUSE *de tant d'autres* (Al. DAVID-NÉEL, *Voy. d'une Parisienne à Lhassa*, 1972, p. 31). — Autre ex. : BUTOR, *Modification*, 10/18, p. 27.

Dispos « n'a point de féminin », dit Littré, qui regrette cette lacune. On devait recourir à *disposée. Dispose* a été admis par l'Acad. en 1932. On le trouve en effet : *Fanny toute neuve, rajeunie,* DISPOSE (COLETTE, *Seconde*, cit. *Trésor*). — *Une pauvreté* DISPOSE *à la Grâce* (GIDE, dans le *Figaro litt.*, 10 juillet 1948). — *La* [= une armée] *voici* DISPOSE *et efficace* (SAINT EXUPÉRY, *Citadelle*, CLVI). — *Eugène* [...] *luttait contre la torpeur* [...]. *Elle, au contraire, se montrait fort* DISPOSE (HÉRIAT, *Famille Boussardel*, XI). — [*Dispos*, empr. à l'ital. *disposto*, a eu un fém. *disposte*.]

Hébreu. Pour le féminin, on se sert de *juive* ou d'*israélite*, en parlant de personnes ; pour les choses, on se sert d'*hébraïque*, qui est des deux genres, mais qui s'emploie rarement au masc. (*caractères* HÉBRAÏQUES) : *Histoire* HÉBRAÏQUE. *Université* HÉBRAÏQUE *de Jérusalem.*

Pour **vainqueur**, on emprunte à *victorieux* son fém.

Pour *sauveur*, voir § 534, *b*, Rem. 2.

SECTION 2. — LES MARQUES DU PLURIEL

537   **Observation préliminaire sur la langue parlée.**

Seuls, les adjectifs en *-al* ont un pluriel distinct du singulier pour l'oreille : *Loyal* [lwʌjʌl], *loyaux* [lwʌjo].

Si l'on prend pour la forme du masculin *bel, nouvel, fol, mol, vieil* (§ 46, *e*), on a aussi des pluriels distincts : *Bel* [bɛl], *beaux* [bo] ; etc.

Les autres adjectifs ne présentent pas de différence phonétique entre le singulier et le pluriel : *timide* et *timides, bon* et *bons* se prononcent [timid], [bɔ̃].

Toutefois, le pluriel se marque par un [z] quand il y a liaison : *De bons enfants* [bɔ̃ z ɑ̃fɑ̃].

538   Marques écrites.

a) **Règle générale.** On forme le pluriel en ajoutant *s* à la forme du singulier : *Un vin* PUR, *des vins* PURS.

Cette règle s'applique notamment à tous les adjectifs féminins : *L'eau pure, les eaux pures.* Cet *s* est muet. On entend [z] en liaison : *Les petits enfants* [pti z ãfã].

b) Les adjectifs en *-eau (beau, nouveau, jumeau, manceau, tourangeau, morvandeau),* ainsi qu'*esquimau* et *hébreu* prennent un *x* au pluriel :

Les BEAUX *jours. Des frères* JUMEAUX. *Des mots* HÉBREUX. — *Attelages de chiens* ESQUI-MAUX (BEDEL, *Jérôme 60° latitude nord,* III).

Cet *x* est muet, mais on entend [z] en liaison : *De beaux enfants* [bo z ãfã]

Bleu et *feu* (rare au plur.) prennent *s : Des contes* BLEUS. *Les* FEUS *rois de Suède et de Danemark* (AC.).

Hist. — Pour l'origine de *x,* voir § 90, *e,* Hist.

c) Les adjectifs terminés au singulier par *-s* ou *-x* ne varient pas au pluriel : *Un mot* BAS *et* HAINEUX. *Des mots* BAS *et* HAINEUX.

Au pluriel, il y a liaison dans la langue soignée : [bʌ z eɛnø].

539   Marques orales et écrites. Les adjectifs en *-al.*

a) Le plus grand nombre des adjectifs en *-al* [ʌl] font leur pluriel en remplaçant *-al* par *-aux* [o] :

Réflexes ANCESTRAUX (IONESCO, *Présent passé, passé présent,* p. 84). — *Signes* AUGURAUX (R. VAILLAND, *Drôle de jeu,* IV, 6). — *Les ors se muaient* [...] *en roux* AUTOMNAUX (A. SCHWARZ-BART, *Dernier des justes,* p. 299). — *Les celliers et les magasins sont* COLOSSAUX (TAINE, *Notes sur l'Anglet.,* p. 34). — *Amis* ESTIVAUX (H. BOSCO, *Irénée,* p. 110). — *Êtres* FILIAUX (GIRAUDOUX, *Impromptu de Paris,* III). — *Des parents si* FRUGAUX (COLETTE, *Maison de Claud.,* XIII). — *Personnages* GÉNIAUX (APOLLIN., *Chroniques d'art,* 30 sept. 1911). — *Cris* GUTTURAUX (A. CAMUS, *L'exil et le royaume,* Pl., p. 1562). — *Succès* INITIAUX (DE GAULLE, *Mém. de guerre,* t. I, p. 225). — *Bonshommes* JOVIAUX (BUTOR, *Emploi du temps,* p. 220). — *Frémissements si neufs, si* MATINAUX (M. DURAS, *Vie tranquille,* F°, p. 52). — *Couloirs* MONACAUX (MALRAUX, *Espoir,* p. 33). — *Gestes* THÉÂTRAUX (PROUST, *Rech.,* t. II, p. 408). — *Arcs* TRIOMPHAUX (HUGO, *Lég.,* LV, 5). — Etc.

b) Bancal, fatal, natal, naval, tombal (rare au masc.) et *tonal* ont leur pluriel en *-als :*

Des mendiants BANCALS. — *Rocs* FATALS (VIGNY, *Dest.,* Maison du berger, I). — *Pâtu-rages* NATALS (Fr. MAURIAC, *Dieu et Mammon,* p. 122). — *Combats* NAVALS (LAUTRÉAMONT, *Mald.,* p. 60). — *Ourlets* TOMBALS (LAFORGUE, *Complaintes,* Préludes autobiogr.).

Cela s'applique logiquement aux composés : *Accords* POLYTONALS (ROBERT). — Cepen-dant, on constate que la langue médicale semble préférer les plur. *périnataux, néo-nataux : Le taux des accidents* PÉRINATAUX (dans *Science et vie,* févr. 1971, cit. Gilbert). — *Les accidents* NÉO-NOTAUX (dans la *Croix,* 5 sept. 1969, *ib.*).

c) L'usage présente des hésitations pour certains adjectifs.

1° **Banal,** employé comme terme de féodalité, fait au masculin pluriel *banaux : Fours, moulins* BANAUX. — Dans l'emploi ordinaire, il fait *banals :*

> *Les lettres de compliments* BANALS *qu'il avait reçues* (R. ROLLAND, *Jean-Chr.,* t. VI, p. 54).
> — *Après des compliments* BANALS (DE GAULLE, *Mém. de guerre,* t. III, p. 74). — *Quelques
> mots* BANALS (IKOR, *Semeur de vent,* p. 148). — *Nous sommes habités par des monstres*
> BANALS (MALRAUX, *Lazare,* p. 129). — *En des termes* BANALS (J. LAURENT, *Bêtises,* p. 158).

> Autres ex. : VILLIERS DE L'ISLE-ADAM, *Contes cruels,* p. 162 ; Fr. MAURIAC, *Nœud de vip.,*
> XVII ; J. GRACQ, *Rivage des Syrtes,* p. 155 ; JOUHANDEAU, *Carnets de l'écrivain,* p. 163 ;
> M. BRION, *De l'autre côté de la forêt,* p. 153 ; etc.

Mais, dans cet emploi, on dit aussi *banaux :*

> *Un des* BANAUX *accidents* (JAMMES, *M. le curé d'Ozeron,* p. 218). — *Anatole France* [...]
> *dit quelques mots* BANAUX (R. ROLLAND, *Journal,* dans les *Nouvelles litt.,* 6 déc. 1945). —
> *Nous sommes une mosaïque originale d'éléments* BANAUX (J. ROSTAND, *Pensées d'un biologiste,*
> p. 11). — *Les rapports entre chefs et subordonnés, dans cette unité, ne sont pas* BANAUX
> (J. LACOUTURE, *A. Malraux,* p. 300).

> Autres ex. : E. de GONC., *Faustin,* XVI ; J. VENDRYES, dans *Lumière du Graal,* p. 75 ;
> THÉRIVE, *Libre hist. de la langue fr.,* p. 213 ; M. CRESSOT, *Le style et ses techniques,* p. 2 ;
> P.-A. LESORT, *Vie de Guill. Périer,* p. 119 ; Év. SULLEROT, *Droit de regard,* p. 72 ; etc.

2° Pour *final,* Hanse ne donnait en 1949 que le pluriel *finals ;* en 1983, il laisse le choix entre *finals* et *finaux ;* ce dernier, en effet, se répand de plus en plus, notamment chez les grammairiens :

> *Les groupes* FINAUX *ou devenus* FINAUX (*Dict. gén.,* t. I, p. 137). [*Finaux* est rare, lit-on à
> l'art. *final.*] — *Des b, d, g* FINAUX (M. GRAMMONT, *Traité prat. de prononc. fr.,* p. 86). — *Les
> i et u atones* FINAUX *du roumain* (J. MAROUZEAU, *Lexique de la terminol. ling.,* s.v. *éva-
> nescent*). — *Les résultats* FINAUX (A. CARREL, *Homme, cet inconnu,* II, 5). — *Les biens*
> FINAUX (Raym. ARON, *Dix-huit leçons sur la société industrielle,* p. 123). — *En deux chapitres*
> FINAUX (J. RUEFF, *De l'aube au crépuscule,* p. 279). — *Industries productrices de biens
> intermédiaires ou de biens* FINAUX (J.-P. CHEVÈNEMENT, *Les socialistes, les communistes et les
> autres,* p. 323).

> Autres ex. de *finaux :* Ch. BRUNEAU, *Manuel de phonét. prat.,* p. 45 ; GOUGENHEIM,
> *Système gramm. de la langue fr.,* p. 39 ; *Gramm. Lar. du fr. contemp.,* p. 28 ; GIRAUDOUX,
> *Littérature,* p. 129 ; QUENEAU, *Voyage en Grèce,* p. 180 ; LE ROY LADURIE, *Carnaval de
> Romans,* p. 339 ; FOUCHÉ, *Traité de prononc. fr.,* p. 416 ; A. SAUVY, cit. petit *Robert ;* etc.
> Ex. de *finals :* BOURCIEZ, *Précis de phonét. fr.,* § 200 ; LA VARENDE, *Belles esclaves,*
> p. 242 ; FOUCHÉ, *op. cit.,* p. 158 ; MARTINET, *Prononc. du fr. contemp.,* p. 239.

3° Pour *glacial,* le petit *Robert* donne *glacials* et *glaciaux.* Le premier paraît plus fréquent :

> *De* GLACIALS *coups de vent* (ALAIN-FOURNIER, *Gr. Meaulnes,* p. 20). — *De petits effluves*
> GLACIALS (BLOY, *Désespéré,* p. 187). — *Parmi les limbes* GLACIALS *et noirs* (LA VARENDE, *Roi
> d'Écosse,* p. 326). — *Ce regard et l'attitude de Mario étaient plus qu'indifférents :* GLACIALS
> (J. GENET, *Querelle de Brest,* p. 29).

> Ex. de *glaciaux :* Sarcasmes GLACIAUX (F. VANDÉREM, *Gens de qualité,* p. 19). — *Déserts*
> GLACIAUX (PÉGUY, *Clio,* Pl., p. 103).

4° **Marial** « relatif à la Vierge Marie » (XXᵉ s.) fait au pluriel *mariaux*
(Robert) ou *marials* (petit *Robert*). Le second semble prévaloir dans les milieux
ecclésiastiques ; pourtant *mariaux* est loin d'être rare.

Ex. de *marials : Formulaires* MARIALS (A. CHAVASSE, *Sacramentaire gélasien,* pp. 390 et
397). — *Textes* MARIALS (P. LAURENTIN, dans *Initiation théologique,* t. IV, p. 251). — *Vocables*
MARIALS (S. SALAVILLE, dans *Maria,* t. I, p. 310). — *Poètes* MARIALS (P. LORSON, *ib.,* t. II,
p. 89). — *Congrès* MARIALS (A. BOUCHER, *ib.,* t. III, p. 615). — *Sanctuaires* MARIALS (H. du
MANOIR, *ib.,* t. IV, p. 115). — *Cahiers marials* (revue publiée par les pères montfortains).

Ex. de *mariaux : Les hyperboles des cantiques* MARIAUX (H. FESQUET, dans le *Monde,*
16 août 1980). — *Anthologie de textes* MARIAUX (J. BOLY, *Mélanges claudéliens,* p. 105). —
Miracles MARIAUX *du manuscrit de Cangé* (O. JODOGNE, *Miracle de s. Nicolas et d'un Juif,*
p. 11). — *Ce sont les thèmes* MARIAUX *qui furent à l'honneur* (dans la *Libre Belgique,* 12 sept.
1984, p. 5).

5° **Tribal** (XIXᵉ s.) fait au pluriel *tribals,* selon le *Grand Lar. enc.,* et *tribaux,*
selon le petit *Robert.* Le premier est assez nettement évincé par le second :

Rapprochements aveugles, totalitaires, TRIBAUX (M. CLAVEL, *Ce que je crois,* p. 191). —
Les jeux TRIBAUX (CAILLOIS, cit. Robert). — *Conflits* TRIBAUX *en Afrique* (CURTIS, dans
l'*Express,* 25 nov. 1983). — *Avec des cris* TRIBAUX (M. MOREAU, *Incandescences,* p. 27).

6° Il y a encore de l'hésitation pour d'autres adjectifs, mais *-aux* semble
prévaloir en général, ce qui est à encourager.

Hésitations dans les dictionnaires : *australs* ou *austraux (Grand dict. enc. Lar.), australs*
(petit *Robert*) ; — *causaux (Trésor),* masc. plur. inusité (petit *Robert*) ; — *chorals* ou *choraux*
(petit *Robert*), *choraux (Grand Lar. langue)* ; — *facials* ou *faciaux* (petit *Robert*), *faciaux*
(Trésor) ; — *idéals* ou *idéaux (Grand dict. enc. Lar.),* idéals *(Dict. contemp.)* ; — *nasaux* (petit
Robert, etc.), qui est inusité pour le *Dict. contemp.* ; — *pascals* ou *pascaux (Grand Lar. enc.),*
pascaux (petit *Robert*), *pascals (Dict. contemp.).*

Ex. : *Apprendre les langages* AUSTRAUX (ARAGON, *Blanche ou l'oubli,* F°, p. 65). — *Les*
enchaînements CAUSAUX *sont multiples* (A. GROSSER, dans le *Monde,* 29 janv. 1983, p. 2). [Ex.
d'AMADOU dans le *Trésor.*] — *En fonction des processus* CAUSALS (J. BURGOS, *Pour une*
poétique de l'imaginaire, p. 95). [Autre ex. : H. THOMAS, trad. de : Jünger, *Mur du temps,* Id.,
p. 152.] — *Des muscles* FACIAUX (LARBAUD, *Fermina Márquez,* XVII). — *Deux types* IDÉAUX
(Raym. ARON, *Sociologie allem. contemp.,* 4ᵉ éd., p. 132). [Autres ex. : TAINE, *Voy. en Italie,*
t. I. p. 187 ; PÉGUY, *Ève,* p. 210 ; A. de CHÂTEAUBRIANT, *Les pas ont chanté,* p. 95.]. — *Le*
format et le caractère sont IDÉALS *pour toi* (CLAUDEL, lettre citée dans P. Champion, *Marcel*
Schwob et son temps, p. 266). [Autre ex. : VILLIERS DE L'ISLE-ADAM, *Ève future,* I, 8). — *L'i et*
l'u NASALS (P. FOUCHÉ, dans *Où en sont les études de franç.,* p. 37). [Autre ex. : A. MARTINET,
Prononc. du fr. contemp., p. 143.] — *Cierges* PASCALS (LA VARENDE, *Roi d'Écosse,* p. 60). —
En ces temps PASCALS (J.-M. LE PEN, cité dans le *Monde,* 27 avril 1984).

Hist. — Pour l'explication de *-aux,* voir § 504, Hist.

Des adjectifs, qui ont aujourd'hui *-als* au plur., ont connu *-aux : Comme les lieux sont*
FATAUX (D'AUBIGNÉ, t. II, p. 499). — *Les jeux* NATAUX *étaient des jeux que l'on célébrait tous*
les ans au jour natal des grands hommes (Trévoux). — ⁺*Combats* NAVAUX (SÉV., 7 sept. 1689
et 12 juillet 1690). [L'éditeur de la Pl. croit devoir imprimer *navaux* en italiques.]

Selon un mouvement contraire, l'usage actuel donne à beaucoup d'adjectifs un plur. en
-aux, qui leur était refusé par les grammairiens du XVIIIᵉ et du XIXᵉ s. Ceux-ci ou bien
recommandaient *-als* ou bien présentaient le plur. masc. comme inusité. Encore aujourd'hui,
l'Acad. néglige de mentionner le plur. de beaucoup d'adjectifs en *-al,* et elle déclare inusités

ou peu usités au masc. plur. *colossal, fatal, glacial* et *natal,* ce qui ne correspond pas à la réalité, comme l'ont montré les ex. ci-dessus (que nous aurions pu multiplier). Certains auteurs du XIXᵉ s. encore écrivaient *-als* là où l'on met aujourd'hui *-aux :* par ex., *trivials* est chez Baudel. (dans Poe, *Œuvres en prose,* Pl., p. 1017) et chez Huysmans (lettre publiée dans la *Revue des sciences humaines,* 1975, p. 591).

Remarques. — 1. *Les autres me sont* égal (Nimier) : § 248, *e.*

2. *Pénitentiaux (Psaumes pénitentiaux), préjudiciaux (Frais préjudiciaux)* et *sapientiaux (Livres sapientiaux)* correspondent aux anciennes formes du singulier *pénitential, préjudicial, sapiential,* variantes de *pénitentiel, préjudiciel, sapientiel* (lat. *poenitentialis, praejudicialis, sapientialis*). — Au féminin : *Œuvres péniten- tielles* (Ac.) ; *questions préjudicielles.* [L'Acad. ne signale pas le sing. *pénitentiel ;* il est rare : *Je ne sais quelle amertume* pénitentielle (Claudel, *L'œil écoute,* p. 125). — *Sapientiaux* n'a pas de sing. usité.]

540   Adjectifs usités seulement au pluriel.

a) Adjectifs employés seulement dans certaines locutions (cf. § 536, *b*) : *Dépouilles opimes, humeurs peccantes, notes tironiennes,* — outre *fourches cau- dines* (emploi figuré d'un nom de lieu).

b) Les adjectifs *consécutif* et *successif* ne devraient être employés qu'au plu- riel, étant donné leur sens, « qui se suivent » :

> *Prendre un médicament pendant trois jours* consécutifs *(Dict. contemp.).* — *Elle est faite d'amours* successives, *chacune exclusive en son temps* (Proust, *Rech.,* t. III, p. 64).

Le singulier est pourtant loin d'être rare (et Hanse l'admet pour *consécutif*), surtout avec un ordinal : *S'il* [= le fractionnement d'Albertine] *tenait à la forme* successive *des heures où elle m'était apparue* (Proust, *Rech.,* t. III, p. 529). — *En gagnant pour la seconde fois* consécutive *le Critérium du Dauphiné libéré* (J. Augendre, dans le *Monde,* 2 juin 1976).

SECTION 3. — LES ADJECTIFS INVARIABLES

Bibl. — M. Davau, *Adjectifs invariables,* dans le *Fr. mod.,* juillet et oct. 1949 ; janv. 1950. — L. O. Grundt, *Études sur l'adjectif invarié en français.* Bergen, Universitets Forlaget, 1972.

541   Adjectifs de couleur.

a) Les adjectifs de couleur sont invariables quand ce sont des **syn- tagmes adjectivaux :** adjectif + adjectif subordonné, adjectif subor- donné + adjectif, adjectif (+ *de*) + nom.

> *Des étoffes* rouge foncé (Ac., s.v. *rouge).* — *Une jument* bai brun (Ac., s.v. *bai).* — *Le pavement est de carreaux* vert jaune (Pieyre de Mandiargues, *Marge,* p. 211). — *Une redingote* gros bleu (Audiberti, *Dimanche m'attend,* p. 253). — *Une de ces charmantes*

petites voitures basses appelées escargots, *doublée de soie* GRIS DE LIN (BALZAC, *Urs. Mirouët*, XXI). — *Elle choisissait* [...] *une soie tendre,* BLEU CIEL *ou* VERT POMME (ZOLA, *Ventre de Paris,* IV).

On explique généralement cette invariabilité par une ellipse : *rouge foncé = d'un rouge foncé.* — Sur le problème du trait d'union, voir § 109, *c.*

Quand le syntagme est constitué d'un adjectif + *et* + un adjectif (ou nom employé adjectivement), on peut considérer qu'il s'agit, soit d'une seule indication, et on laisse les mots invariables, — soit de deux indications distinctes, que l'on rapporte indépendamment au nom, et les adjectifs varient.

Les adj. sont invar. : *Les gros bouquins* ROUGE ET OR (R. MARTIN DU GARD, *Thib.,* Pl., t. I, p. 649). — *Ces grandes nappes somptueuses,* POURPRE ET OR (CLAUDEL, *L'œil écoute,* p. 52). — *Un revêtement de vieilles faïences* BLEU, VERT ET OR BRUN (BARRÈS, *Greco,* p. 101). — *Des étoffes de Perse* NOIR ET OR (Fr. MAURIAC, *Robe prétexte,* XXX). — *Elle tapissait pour lui des fauteuils* ROUGE ET NOIR (THÉRIVE, *Revanche,* III). — *Les constructions* NOIR ET OR (SAINT EXUPÉRY, *Sens à la vie,* p. 36). — *Un de ces grands papillons* BLEU ET NOIR *qu'on met sous verre* (J. GREEN, *Années faciles,* 29 nov. 1932).

Les adj. varient : *La statue neuve, toute* BLANCHE *et or* (RENAN, *Souv. d'enf. et de jeun.,* I, 1). — *L'atmosphère* BLEUE *et or* (BARRÈS, *Homme libre,* p. 174). — *Une large bordure rouge et* NOIRE (GIDE, *Faux-monn.,* p. 482). — *Les petits rideaux* ROUGES *et* BLANCS (BERNANOS, *M. Ouine,* p. 86). — *Une écharpe rouge et* BLANCHE (THÉRIVE, *Fils du jour,* p. 221). — *Jeunes Anglais portant la « Military Cross »,* VIOLETTE *et* BLANCHE (MAUROIS, *Terre promise,* p. 127). — *Leurs* [= des vaches] *robes tachetées, noires,* NOIRES *et* BLANCHES (RAMUZ, *Grande peur dans la montagne,* p. 50). — *Les vaches* BLANCHES *et* NOIRES *qui paissaient çà et là* (GRACQ, *Balcon en forêt,* p. 29) [*vaches pie* un peu plus loin]. — *Des mouettes* NOIRES *et* BLANCHES *tournoyaient en gémissant* (M. TOURNIER, *Vendredi ou les limbes du Pacifique,* F°, p. 15).

b) **Les noms ou les syntagmes nominaux employés adjectivement** (cf. § 545, *c*) sont eux aussi invariables :

Des quenouilles de fleurs AMARANTE (FLAUB., *Éd. sent.,* II, 5). — *Les velours* GRENAT *des sièges* (ZOLA, *Nana,* I). — *Les maillots* CHAIR (ARAGON, *Beaux quartiers,* I, 25). — *Des oriflammes de soie cramoisie, pourpre,* CERISE, *rose,* GRENAT, VERMILLON, CARMIN (MALRAUX, *Conquérants,* p. 218). — *Quatre chevaux* ISABELLE (H. BOSCO, *Barboche,* p. 41). — *Des yeux* NOISETTE (R. GRENIER, *Maison place des Fêtes,* p. 51). — *Longs filets* ORANGE (VIAN, *Écume des jours,* I). — *Vous n'auriez pas un lacet de soulier* [...]. *Des jaunes qu'il me faut. Des* MARRON *si vous préférez* (QUENEAU, *Zazie dans le métro,* VII). — *Chevaux* PIE (TROYAT, *Tant que la terre durera...,* p. 498). — *La France ne produira jamais rien avec ses colonies jaunes, noires,* BISTRE (Vl. VOLKOFF, *Humeurs de la mer,* Intersection, p. 393). — *Des vestes* VENTRE DE BICHE. *Des favoris* POIVRE ET SEL. — *De fins souliers* COULEUR D'ORANGE MÛRE (G. DUHAMEL, *Souvenirs de la vie du paradis,* p. 12).

EXCEPTIONS : *Écarlate, mauve, pourpre* et *rose,* devenus de vrais adjectifs, varient : *Des rubans* ÉCARLATES.

Cette règle suppose que l'on ait toujours à l'esprit la valeur première des désignations de couleur. On comprend qu'il y ait des hésitations dans l'usage. Mais elles portent uniquement sur le nombre (et concernent spécialement les mots terminés par -e, comme les exceptions indiquées ci-dessus) : °*Des chaussures marronnes* ou °*Des robes grenates* ne se disent pas [3].

Ex. non conformes à la règle : *Chevaux* PIES (HUGO, *Homme qui rit*, I, 2ᵉ chap. prélim., 2). — *Robes rouges, vertes ou* ORANGES (LOTI, *Aziyadé*, p. 23). — *Tuniques* JONQUILLES, *violettes,* AMARANTES, ORANGES (J. et J. THARAUD, *Rabat*, p. 136). — *Yeux* MARRONS (Fr. MAURIAC, *Chemins de la mer*, III ; J. GREEN, *Journal*, 8 juillet 1933 ; YOURCENAR, *Souvenirs pieux*, p. 122). — *Lagunes* ÉMERAUDES (A. CAMUS, *Été*, p. 184).

On observe parfois le phénomène inverse. De vrais adjectifs sont laissés invariables, peut-être parce qu'on croit qu'ils proviennent de noms (en effet, les adjectifs de couleur donnent parfois naissance à des noms : c'est le cas de *fauve*).

— Quelques auteurs laissent *beige* invariable : *Les petits lézards* BEIGE (MALRAUX, *Conquérants*, p. 51). — *Des colonnes de vapeurs* BEIGE (P. BENOIT, *Lac Salé*, p. 61). — *Cheveux* BEIGE (ARAGON, *Beaux quartiers*, I, 20 ; M. MOREAU, *Incandescences*, p. 169).

[*Beige*, attesté en fr. d'abord comme adjectif de couleur, est d'origine discutée : peut-être est-il emprunté à l'ital. *bambagia* « coton » avec aphérèse.]

— *Incarnat* [de l'adj. ital. *incarnato*, couleur de chair] est présenté comme invariable par le *Dict. contemp.*, avec cet ex. : *Des tentures* INCARNAT. Les autres dictionnaires le font varier, et c'est d'ailleurs l'usage dans la langue écrite : *Écailles* INCARNATES (MALRAUX, *Antimémoires*, p. 61). — *Trèfles* INCARNATS (PROUST, *Rech.*, t. III, p. 411).

Autres ex. d'*incarnate, incarnates* : Th. GAUTIER, *Avatar*, III ; HUGO, *Lég.*, XX, 1 ; GOBINEAU, *Nouvelles asiatiques*, p. 88 ; É. BOURGES, *Les oiseaux s'envolent...*, Biblioth. Plon, t. I, p. 213 ; JAMMES, *Rosaire au soleil*, p. 122 ; L. WEISS, *Tempête sur l'Occident*, 1976, p. 110. [Voir déjà RAB., O. de SERRES, MALHERBE, dans Littré ; PERRAULT, *Contes*, Belle au bois dormant.]

Remarques. — 1. En termes de zootechnie, *pie* ne se dit pas seulement d'animaux dont le pelage est noir et blanc, comme le plumage de la pie, mais aussi d'animaux dont le pelage est blanc et rouge, etc. Cela est explicité par des désignations comme *pie noir, pie rouge*, etc. (parfois réservées pour le cas où le blanc domine ; s'il ne domine pas, on dit alors *rouge pie*, etc.).

La sous-race PIE NOIR *(Lar. XXᵉ s., s.v. hollandais).* — *Quelques animaux* PIE-ROUGE (P. DECHAMBRE, *Traité de zootechnie*, t. III, p. 145). — *On dit que la robe est* NOIRE-PIE [*sic*] (P. DIFFLOTH, *Zootechnie*, Races bovines, p. 22).

2. *Châtain* a un statut un peu particulier et d'ailleurs instable. Employé avec un nom ou un pronom masculins, il varie presque toujours en nombre [4]. Avec un nom ou un pronom féminins, il peut, soit garder sa forme (et dans ce cas les auteurs lui refusent ordinairement aussi la marque du pluriel), soit prendre la forme féminine *châtaine*, qui est plus fréquente que ne le dit l'Acad., mais qui n'est pas généralisée, même dans l'usage familier.

---

3. Ex. tout à fait exceptionnels : *La giroflée* MARRONNE *aime le vent de mer* (JAMMES, *Clairières dans le ciel*, p. 128). — *Des oies* VERMILLONNES (GIRAUDOUX, *Suzanne et le Pacifique*, p. 91).
Dans le sens « fugitif (à propos des anciens esclaves) », *marron*, qui est un autre mot, a un fém. *marronne* : *Une négresse* MARRONNE. — Dans l'emploi fig. « qui exerce sans titre, illégalement », ce fém. est prévu par certains grammairiens ; *Une courtière* MARRONNE (DUPRÉ), mais il n'est vraiment pas courant.
4. Ex. exceptionnel : *Une coque de cheveux* CHÂTAIN (P. de BOISDEFFRE, dans le *Figaro litt.*, 24 août 1970).

Cheveux CHÂTAINS (VIGNY, *Stello*, XXXIV). — *Ses grands yeux* CHÂTAINS (COLETTE, *Chambre d'hôtel*, p. 30). — *Une Minerve* CHÂTAIN (MALRAUX, *Condition hum.*, p. 101). — *La forte tignasse* CHÂTAIN (Chr. de RIVOYRE, *Belle Alliance*, p. 37). — *Une profusion de boucles* CHÂTAIN (MALLET-JORIS, *Rempart des Béguines*, p. 107). — *La chevelure* CHÂTAINE (BALZAC, *Curé de village*, p. 183). — *Longues tresses* CHÂTAINES (HUGO, *Misér.*, II, III, 8). — *Aisselle* CHÂTAINE (COLETTE, *Chambre d'hôtel*, p. 62). — *Une courte moustache* CHÂTAINE (M. DRUON, *Bonheur des uns*, p. 314).

Autres ex. de *châtains* masc. plur. : MUSSET, *Nouvelles*, Fils du Titien, IV ; FLAUB., *Mme Bov.*, II, 3 ; MAUPASS., *Pierre et Jean*, I ; VALÉRY, *Pièces sur l'art*, Pl., p. 1332 ; B. CLAVEL, *Voyage du père*, I ; etc. — De *châtain* fém. sing. : E. et J. de GONC., *R. Mauperin*, XI ; J. de LACRETELLE, *Retour de Silbermann*, I ; A. BRETON, *Nadja*, p. 48 ; MONTHERLANT, *Jeunes filles*, p. 16 ; TROYAT, *Grandeur nature*, Nouv. bibl. Plon, p. 59 ; PAGNOL, *Gloire de mon père*, p. 53 ; J. GREEN, *Ce qui reste de jour*, 28 janv. 1969 ; G.-E. CLANCIER, *Éternité plus un jour*, p. 636 ; A. LANOUX, *Quand la mer se retire*, p. 249 ; J.-P. CHABROL, *Gueuse*, p. 45. — De *châtain* fém. plur. : WILLY et COLETTE, *Claud. en ménage*, p. 71 ; P. BENOIT, *Dame de l'Ouest*, p. 10 ; BILLY, *Pauline*, p. 10 ; J. de LACRETELLE, *Quand le destin nous mène*, p. 13. — De *châtaine(s)* fém. : Th. GAUTIER, *Capit. Fracasse*, V ; ZOLA, *Page d'amour*, I, 1 ; E. ROSTAND, *Princesse lointaine*, I, 4 ; CLAUDEL, *Échange*, p. 184 ; GIDE, *Caves du Vat.*, IV, 3 ; R. MARTIN DU GARD, *Thib.*, Pl., t. I, p. 920 ; LARBAUD, *Barnabooth*, Journal intime, Pl., p. 230 ; GIRAUDOUX, *Cinq tentations de La Fontaine*, p. 74 ; ARAGON, *Beaux quartiers*, I, 10 ; H. BAZIN, *Qui j'ose aimer*, XXVIII ; etc.

Hist. — *Châtain* est tiré de *châtaigne* comme *bénin* de *bénigne* (§ 531, *e*, Hist.). En anc. fr., l'adjectif avait un masc. *chastain* et un fém. *chastaigne*. La disparition de celui-ci a créé un vide, qui n'est pas encore vraiment comblé.

3. *Kaki :* voir § 544, *b*.

4. Les adjectifs de couleur dont il n'a pas été question dans ce § varient, naturellement, comme des adjectifs ordinaires : *Une robe* VERTE.

542   Épithètes par transfert.

D'habitude les épithètes par transfert (§ 317, *b*) prennent le genre du nom nouveau auquel elles sont accolées :

La NUE *propriété* → *un* NU-*propriétaire ; la* FRANCHE-*Comté* → *un* FRANC-*Comtois* (on dit aussi *un Comtois*) ; *la* PETITE *bourgeoisie* → *un* PETIT-*bourgeois ; la* FAUSSE *monnaie* → *un* FAUX-*monnayeur ; la* BASSE *Bretagne* → *un* BAS-*Breton ; la Russie* BLANCHE → *un Russe* BLANC (on a dit aussi *un Blanc-Russe* et *un Blanc-Russien*) ; *la Suisse* ROMANDE → *un Suisse* ROMAND ; etc.

De même pour les locutions adjectivales : *Le bas pays franc-comtois ; le littoral bas-breton*, etc.

Sur les majuscules et les traits d'union, cf. §§ 99, *b ;* 108, *a* et Rem. 2.

Dans leur nouvel emploi, les épithètes par transfert sont souvent traitées comme variables lorsqu'elles viennent en second lieu :

*Les revues suisses-*ALLEMANDES (G. MARCEL, *Rome n'est plus dans Rome*, p. 16). — *Une Russe* BLANCHE. — *Les Russes* BLANCS (*Lar. XXe s.*, s.v. *Russie*). — *Femmes flamandes-*FRANÇAISES (VAN GENNEP, *Folklore de la Flandre et du Hainaut fr.*, t. I, p. 49). — Voir d'autres ex. au § 167, *a*, Rem. 1.

Lorsqu'elles précèdent, elles sont souvent traitées comme invariables :

La cour GRAND-*ducale* (LITTRÉ). — *Les cours* GRAND-*ducales* (ID.). — *Les officiers* GRAND-*ducaux* (ID.). — *Les grandes écoles de peinture* EXTRÊME-*orientales* (MALRAUX, *Voix du silence*, p. 40). — *La Reine et le Prince Albert, tous deux* LIBRE-*échangistes* (MAUROIS, *Hist. d'Anglet.*, p. 641). — *Officiers* LONG-*courriers* (R. VERCEL, *Ceux de la « Galatée »*, p. 21). — *Productions* GRAND-*industrielles* (VAN GENNEP, *Manuel de folklore fr. contemp.*, t. IV, p. 940). — *La* BEAU-*fraternité a de ces éclipses* (LE ROY LADURIE, *Paris-Montpellier*, p. 54) [à propos de quelqu'un qui feint d'ignorer son beau-frère].

Mais il y a de l'hésitation pour plus d'un cas, surtout en nombre (ce qui est presque toujours purement graphique) :

Notre législation le permettait alors aux GRANDS *Ducaux* (J. HERBILLON, dans la *Revue belge de philol. et d'hist.*, 1970, p. 283). — *Les* LONGS *courriers* (FARRÈRE, *Seconde porte*, p. 178).

Pour Nyrop (t. V, § 76), il faut écrire *les* NU-*propriétaires*. Littré prônait *les* NUS *propriétaires*, *une* NUE *propriétaire*. Robert fait de même (avec trait d'union facultatif). L'Acad. ne parle pas de l'accord.

Giraudoux a employé plaisamment *fausse monnayeuse : Elle s'était déjà fait cette face prête aux hontes des kleptomanes et des* FAUSSES *monnayeuses* (*Combat avec l'ange*, IX).

On écrit presque toujours *des* LIBRES *penseurs :* MAUPASS., C., Mon oncle Sosthène ; BARRÈS, *Diverses familles spirituelles de la Fr.*, p. 28 ; GIDE, *Faux-monn.*, p. 81 ; etc.

Dans *franc-comtois, franc* ne varie jamais en genre ; il admet la flexion en nombre au masc., mais non au fém. ; certains auteurs le refusent aussi au masc. (ce qui est plus conséquent) : *Cette demoiselle, grande* FRANC-*Comtoise, fort bien faite* (STENDHAL, *Rouge*, I, 24). — *Les paysans* FRANCS-*comtois* (*ib.*, I, 5). — *Populations* FRANC-*comtoises* (L. FEBVRE, *Hist. de la Franche-Comté*, p. 303). — *Cantons* [...] FRANC-*comtois* (COLETTE, *Paris de ma fenêtre*, p. 30).

Autres ex. de *francs-comtois :* FUNCK-BRENTANO, dans *Bibliothèque de l'école des Chartes*, t. XLIX, p. 20 ; J. de LACRETELLE, *Le pour et le contre*, t. I, p. 271 ; etc. — De *franc-comtois* (au plur.) : E. JALOUX, *Visages français*, p. 165 ; M. PIQUART, *Visages de la Franche-Comté*, p. 97.

On fera pour **blanc-russe** les mêmes observations que pour *franc-comtois : La littérature* BLANC-*russe* (*Lar. XXᵉ s.*, s.v. *Russie blanche*). — BLANCS-*Russes* (*Grand dict. enc. Lar.*, s.v. *Biélorussie*).

Dans **petit-bourgeois, grand-bourgeois,** *petit* et *grand* varient d'ordinaire en genre et en nombre, mais on les laisse parfois invariables :
Fondements sociaux PETITS-*bourgeois* (E. TODD, *Le fou et le prolétaire*, p. 220). — *Écriture* PETITE-*bourgeoise* (BARTHES, *Degré zéro de l'écriture*, II, 3). — *Revendications* PETITES-*bourgeoises* (R. VAILLAND, *Loi*, L.P., p. 213). — *Famille* GRAND-*bourgeoise* (N. ZAND, dans le *Monde*, 28 mai 1983). — *Foule* PETIT-*bourgeoise* (GIDE, *Journal*, t. I, p. 1174).

Autres ex. de *petite-bourgeoise :* MAULNIER, dans le *Figaro litt.*, 5 nov. 1949 ; Cl. BLANCHE-BENVENISTE et A. CHERVEL, *Orthographe*, p. 104 ; YOURCENAR, *Souvenirs pieux*, p. 19. — De *petites-bourgeoises :* A. ROUSSEAUX, dans le *Figaro litt.*, 24 janv. 1948 ; LE ROY LADURIE, *Paris-Montpellier*, p. 40. — De *petit bourgeoise* [*sic*] : B. GUYON, dans *Revue d'hist. litt. de la Fr.*, mars-juin 1975, p. 467.

Pour **bas** et **haut**, les hésitations de l'usage se retrouvent chez un même auteur : *Pauvreté* BASSE-*normande* (LE ROY LADURIE, *Territoire de l'historien*, p. 200). — *Civilisation* BAS-*normande* (ID., *ib.*, p. 201). — *Masses rurales* BAS-*normandes* (ID., *Paris-Montpellier*, p. 17). — *Sur leur lancée* BAS-*médiévale et renaissante* (ID., *Carnaval de Romans*, p. 60). — *Un conte qu'il faudrait imaginer relaté un soir de veillée par quelque ma mère l'Oye* BASSE-*bretonne* (É. HENRIOT, dans le *Monde*, 5 déc. 1951). — Etc.

On écrit *des* GRANDS *blessés :* cf. § 317, *b*. — Pour *nouveau*, voir § 926, *b*, 7°.

Remarque. — *Franc-maçon, social-démocrate* et *national-socialiste* sont un peu à part, puisque ce sont des transpositions, l'un de l'anglais *free mason*, les deux autres de l'allemand *sozialdemokrat* et *nationalsozialist*.

— Dans *franc-maçon* et dans les mots de cette famille, la tendance générale est la même que pour *franc-comtois ; franc* ne varie pas en genre et il ne varie en nombre qu'au masculin : *Des* FRANCS-*maçons* (GIDE, *Caves du Vat.*, I, 7). — *Vous êtes* FRANC-*maçonne !* (J. RENARD, *Journal*, 5 mai 1902.) — *Une manière toute* FRANC-*maçonnique* (MAUPASS., C., Mon oncle Sosthène). — *La* FRANC-*maçonnerie.* — FRANC-*maçonneries redoutables* (SARTRE, *Réflexions sur la question juive*, p. 58).

FRANCS-*maçonneries* se trouve cependant : ARLAND, *Essais critiques*, p. 39.

— Dans *national-socialiste* et dans *social-démocrate*, ainsi que dans les mots formés sur ce modèle, le premier élément est souvent traité comme variable :

Cent sept NATIONAUX-*socialistes* (BAINVILLE, *Allemagne*, t. II, p. 162). — *Les doctrines* NATIONALES-*socialistes* (dans le *Figaro litt.*, 19 avril 1952). — *Les* SOCIAUX-*démocrates* (E. TODD, dans le *Monde*, 1ᵉʳ déc. 1978). — *Députés* SOCIAUX-*chrétiens (Grand Lar. enc.).* — *Tendances* SOCIALES-*démocrates (ib.).*

On écrit d'ordinaire *la* SOCIAL-*démocratie* et, au pluriel, *des* SOCIAL-*démocraties* (TODD, *l.c.*) ; — mais aussi assez souvent *les* SOCIAL-*démocrates :* DE GAULLE, *Discorde chez l'ennemi*, p. 119 ; BAINVILLE, *Allemagne*, t. I, p. 114 ; dans le *Monde*, 15 mars 1978, p. 1. — De même : *Fractions* SOCIAL-*démocrates* (TROYAT, *Tant que la terre durera*, p. 817). — L'invariabilité des premiers éléments va de soi quand il y a agglutination : *L'aile gauche* SOCIALDÉMOCRATE (G. BADIA, dans *Revue belge de philol. et d'hist.*, 1970, p. 1118).

543   **Adjectifs employés adverbialement,** voir § 926.

Un cas particulier est la locution *seul à seul,* qui traditionnellement (cf. Hist.) était considérée comme un groupe figé de nature quasi adverbiale. Les auteurs modernes font souvent accorder chaque adjectif selon la logique (plutôt que selon la grammaire), notamment de façon distributive (cf. § 419) alors que les adjectifs se rapportent à un pronom masculin pluriel.

Le curé : *Madame la Comtesse, il faut que je vous parle* SEUL *à* SEUL (GIDE, *Treizième arbre*, III). — *Les hommes se payent de mots jusqu'à l'instant où ils butent contre la vérité,* SEUL *à* SEUL (CESBRON, *Une sentinelle attend l'aurore*, p. 174).

Dans le peu d'entrevues SEUL *à* SEULE *que le docteur Sansfin obtenait encore de Lamiel* [...] (STENDHAL, *Lamiel*, VI). — *Nous étions* SEUL *à* SEULE *et marchions en rêvant* (VERL., *Poèmes sat.*, Nevermore). — *Ils avaient pu s'y parler* SEULE *à* SEUL (Y. GANDON, *Léone*, p. 267). — *Je suis sûre que tu n'oserais pas me les dire en face* SEULE *à* SEUL [dit une mère à son fils] (Cl. SIMON, *Sacre du printemps*, L.P., p. 22). — [...] *ces deux personnes nouvellement liées pour la vie, et se trouvant pour la première fois* SEUL *à* SEULE *dans leur compartiment réservé* (YOURCENAR, *Souvenirs pieux,* p. 283). — *Elle aimait me voir* SEULE *à* SEULE (COLETTE, *Fanal bleu*, p. 186).

Autres ex. où *seul* est invariable : FROMENTIN, *Domin.*, XII ; RADIGUET, *Bal du comte d'Orgel*, p. 164 ; GIRAUDOUX, *Apollon de Bellac*, II ; CLAUDEL, *Corona benignitatis anni Dei*, p. 129 ; JOUHANDEAU, *Chroniques maritales*, p. 320 ; TROYAT, *Rencontre*, p. 280 ; H. BOSCO, *Oubli moins profond*, p. 311 ; GRACQ, *Rivage des Syrtes*, p. 81 ; Fr. SAGAN, *Femme fardée*, p. 164 ; etc.

Autres ex. où *seul* varie : ZOLA, *Madel. Férat*, I ; VILLIERS DE L'ISLE-ADAM, *Contes cruels*, Maryelle ; HERMANT, *Camille aux cheveux courts*, p. 199 ; R. ROLLAND, *Voyage intérieur*, p. 114 ; LARBAUD, *Fermina Márquez*, XVIII ; TROYAT, *Malandre*, p. 138 ; J. ROY, *Femme infidèle*, p. 87 ; S. de BEAUVOIR, *Mémoires d'une jeune fille rangée*, p. 200 ; etc.

On trouve parfois °*seuls à seuls,* qu'il n'est pas facile de justifier : *Ils* [= les psaumes] *sont le dialogue du cœur humain et du Juge éternel,* SEULS *à* SEULS *et face à face* (TAINE, *Notes sur l'Anglet.,* p. 381). — Autre ex. : C. PAYSAN, *Feux de la Chandeleur,* p. 199.

Les auteurs qui ressuscitent la vieille locution *nu à nu* la font varier, contrairement à l'usage ancien : NU *à* NUE *dans le silence du lit il n'y a plus de tricherie possible* (R. VAILLAND, *Drôle de jeu,* II, 5). — *Il eût somme toute préféré la voir embrasser* NUE *à* NU *un jeune Adonis* (YOURCENAR, *Œuvre au noir,* p. 129).

Comp. aussi *d'égal à égal* au § 476, *c,* 1°, Rem. 2.

Hist. — Dans *seul à seul* comme dans *nu à nu,* les adjectifs étaient ordinairement laissés invariables.

Tristan voit que Yseult s'acorde a toute sa volenté faire. Et ilz sont tous SEUL *a* SEUL (*Tristan en prose,* dans Henry, *Chrestomathie,* p. 110). — *Il m'est dous, Madame, de me voir,* SEUL *à* SEUL, *avec vous* (MOL., *Tart.,* III, 3). — *S'il avient que vostre amie / Vos ait parlement mandé /* NU *a* NU *lez son costey* [= à son côté] *[Jeux-partis,* V, S.A.T.F.) — *Et* NU *a* NU [...] / *Les vy tous deux* (VILLON, *Test.,* 1479).

Au XVIe s., *seul* varie parfois : *Il parloit à elle* SEUL *à* SEULE (Bon. des PÉRIERS, *Récréations et joyeux devis,* LXIV). — *Des propos il me souvient, / Que me tient /* SEULE *à* SEUL *ma bien aymée* (RONSARD, éd. L., t. XII, p. 167).

544   Mots empruntés.

a) Les éléments latins et grecs, ou latinisés (§§ 177, *a ;* 185, *b*), qui remplacent des adjectifs français dans des composés restent invariables :

Les TRAGI-*comédies. Des* SEMI-*consonnes. Une fête* SEMI-*double. Les Alpes* NÉO-*zélandaises. Des* PSEUDO-*prophètes. La littérature* FRANCO-*provençale. Les* ANGLO-*Saxons. Des* ÉLECTRO-*aimants. Les méthodes* AUDIO-*visuelles. Des traditions* SACRO-*saintes. Des poèmes* HÉROÏ-*comiques.*

Voir cependant au § 185, *b,* un ex. où *pseudo* est traité comme un véritable adjectif.

b) Beaucoup d'adjectifs empruntés ont tendance à rester invariables, — surtout en genre, notamment quand leur finale se prête assez mal à recevoir la désinence du féminin.

D'adorables chattes ANGORA (LOTI, *Roman d'un enf.,* XXXI). — *Chèvres* ANGORA (GIRAUDOUX, *La guerre de Troie n'aura pas lieu,* I, 8). — *Cheveux* AUBURN (M. RAT, dans le *Figaro litt.,* 8 mars 1952). — *Chevelure* AUBURN (JOUVE, cit. *Trésor*). — *Taches* KAKI (MALRAUX, *Espoir,* p. 75). — *Motocyclettes* KAKI (S. de BEAUVOIR, *Force de l'âge,* p. 410). — *Uniformes* KAKI (Cl. SIMON, *Corps conducteurs,* p. 193). — *Cuisine* KASHER (J. SICLIER, dans le *Monde,* 7 mars 1975). — *Restaurants universitaires* CACHER (*ib.,* 1er mars 1984, p. 11). [Comme on voit, cet adj. n'a pas encore trouvé sa forme définitive ; la dernière est à préconiser.] — *La mère* [...] *est grande,* MASTOC, *blonde* (CAVANNA, *Ritals,* Camion). — *Courses* [cyclistes] « OPEN » — *ouvertes aux amateurs comme aux professionnels* (dans le *Monde,* 28 nov. 1980, p. 38). — *Des éditions* PRINCEPS. — *Cercles* SNOB (MONTHERLANT, *Petite infante de Castille,* p. 232). — *Ces gens sont un peu* SNOB (PAGNOL, *Temps des secrets,* p. 138). — *Je suis par maints côtés aussi* SNOB *que le plus snob de mes valseurs* [dit une femme] (A. LICHTENBERGER, *Portraits de jeunes filles,* p. 177). — *Potages* STANDARD (J. ROMAINS, *Salsette découvre l'Amérique,* p. 143). — *Prononciation* STANDARD (Cl. BLANCHE-BENVENISTE et A. CHERVEL, *Orthographe,* p. 209). — *Cinquante livres* STERLING (AC.). [Seulement employé avec *livre* aujourd'hui ; on a dit *sou sterling* (encore AC., 1878).] — Etc. — *Franco :* § 547, *c.*

La variation en nombre ne peut être considérée comme fautive pour *angora,*
snob :

Deux chattes ANGORAS (CLAUDEL, *Échange,* p. 247). — *Chats* ANGORAS (Th. GAUTIER,
M*lle de Maupin,* Préf. ; A. LICHTENBERGER, *Contes de Minnie,* p. 272 ; J.-L. VAUDOYER, *Laure
et Laurence,* p. 168). — *Des jeunes femmes* SNOBS *et dépravées* (PROUST, *Rech.,* t. I, p. 327). —
Magazines SNOBS (C. RIHOIT, *Petites annonces,* p. 43). — Autres ex. de *snobs* masc. : H. BERNS-
TEIN, *Secret,* I, 1 ; H. BORDEAUX, *Remorqueur,* XVI ; — de *snobs fém. :* HÉRIAT, *Enfants gâtés,*
I, 4.

Elle est plus rare pour *mastoc* et *standard : Elles étaient obèses,* MASTOCS (CURTIS, *Quarantaine,* p. 172). — *Thèmes* STANDARDS (Cl. SIMON, *Vent,* p. 179).

La variation de *kaki* (en genre et en nombre) reste rare : *Toile* KAKIE (A. DEMAISON,
Nouvelle arche de Noé, p. 7). — *Bandes molletières* KAKIES (J. GENET, *Œuvres compl.,* t. II,
p. 333). — *Soldats* KAKIS (S. de BEAUVOIR, *Force des choses,* p. 13). — Celle de *cacher* se
répand : *Des soupes* CACHÈRES (J. AMSLER, trad. de : G. Grass, *Turbot,* p. 439).

Express peut être cité ici ou dans le § 545, *c : Une rame* EXPRESS [du métro] (ROBBE-
GRILLET, *Projet pour une révolution à New York,* p. 150). — Voir aussi *lettre express* au § 530,
d, Rem. 2. — Ce fém. n'est pas courant : *La nécessité d'une décarrade* [= départ] EXPRESSE
(SAN-ANTONIO, *Meurs pas, on a du monde,* p. 92).

c) Les **adjectifs ethniques** non européens, surtout s'ils se terminent par
une finale mal adaptée au féminin français, ne prennent pas la marque
du genre. Les ethnologues évitent aussi la variation en nombre, parce que
l'*s* pourrait être prononcé comme s'il faisait partie du radical.

Une femme BENGALI (ROBERT). — *Aire* BANTOU (BENVENISTE, *Problèmes de ling. génér.,*
p. 103). — *Coutumes* BANTU (P. ALEXANDRE, dans *Langage,* Encycl. de la Pl., p. 1388). —
Épopée ZOULOU (R. CORNEVIN, *Littér. d'Afrique noire de langue fr.,* p. 98). — *Peinture rupestre*
BOCHIMAN (*Grand dict. enc. Lar.,* t. I, p. 182). — *Cuisine* TANDOORI (J. SEMPRUN, *Algarabie,*
p. 105). — *Villes* MAYA (J. SOUSTELLE, *Aztèques,* p. 116). — *Bas-reliefs* MAYA (A. GERBER, *Le
jade et l'obsidienne,* p. 272). — *L'une des deux langues* ESKIMO (P. RIVET et collaborateurs, dans
Les langues du monde, nouv. éd., 1952, p. 987).

La langue courante fait varier ces adjectifs en nombre et, là où c'est possible, en genre :
Bantoue, bantous, bantoues ; esquimaux (§ 538, *b*), *esquimaude* (§ 532), *esquimaudes ;* etc.

545   Les **adjectifs occasionnels** sont souvent laissés invariables.

a) Adverbes employés adjectivement :

Une femme BIEN, *les gens* BIEN. *Les portières* AVANT, *les roues* ARRIÈRE. *Hommes* DEBOUT.
Places DEBOUT. Cf. § 316, *a.*

Remarques. — 1. *Impromptu* a d'abord été un adverbe (lat. *in promptu*).
Traditionnellement, il est donc invariable. Mais si la forme *impromptu* reste
fréquente au fém. (sing. et plur.), elle est devenue fort rare au masc. plur.

Audience IMPROMPTU (STENDHAL, *Chartr.,* VII). — *Déclaration* IMPROMPTU (MÉRIMÉE,
Corresp., 8 mai 1841). — *Votre visite avait été si* IMPROMPTU (M. PRÉVOST, *Lettres à Françoise
mariée,* I). — *Visites* IMPROMPTU (A. CAMUS, *L'exil et le royaume,* Pl., p. 1634). — *Conférence
de presse* IMPROMPTU (M. DUVERGER, dans le *Monde,* sélection hebdom., 13-19 févr. 1969). —
Ces arrivées IMPROMPTU (R. SABATIER, *Trois sucettes à la menthe,* p. 182).
Pas mal de discours IMPROMPTU (MAURRAS, *Secrets du soleil,* p. 56).

Les fém. *impromptue* et *impromptues* et surtout le masc. plur. *impromptus* sont corrects :

Collation IMPROMPTUE (MÉRIMÉE, *Carmen*, I). — *Des besognes* IMPROMPTUES (R. MARTIN DU GARD, dans le *Figaro litt.*, 24 déc. 1955). — *Dîners* IMPROMPTUS (COLETTE, *Naissance du jour*, Sel., p. 57).

Autres ex. d'*impromptue(s)* : BAUDEL., *Curiosités esthét.*, I, 2 ; VALÉRY, *Tel quel*, Pl., p. 552 ; L. HALPHEN, *Études critiques sur l'hist. de Charlemagne*, p. 133 ; MAC ORLAN, *Ancre de miséricorde*, p. 100 ; J. HYTIER, *Arts de littérature*, p. 75 ; HÉRIAT, *Innocent*, 1954, p. 289 ; TROYAT, *Amélie*, p. 301 ; DAUZAT, *Précis d'hist. de la langue et du vocab. fr.*, p. 43 ; M. DRUON, *Reine étranglée*, p. 31 ; etc. — D'*impromptus* (masc. plur.) : AC. ; GIONO, *Voy. en Italie*, p. 35 ; Fr. AMBRIÈRE, *Grandes vacances*, p. 266 ; etc. [Déjà, VOLT., *Contes et rom.*, Zadig, p. 18.]

2. *Intestat* [empr. au lat. *intestatus*, mais influencé par la locution adverbiale *ab intestat*, tirée du lat. *ab intestato*] est laissé invariable : *Vous* [= deux seigneurs] *mouriez* INTESTAT (Al. DUMAS, *Reine Margot*, XVIII). — *Négociants sans reproche, bonnes ménagères, aimant leur bien, jamais décédés* INTESTAT (BERNANOS, *Sous le soleil de Satan*, Pl., p. 205).

b) Éléments de composition, comme *extra, maxi, mini, super, ultra* :

Des dîners EXTRA (MAUPASSANT, *Pierre et Jean*, V). — *Quelques Belges pas* EXTRA (Chr. de RIVOYRE, *Belle Alliance*, p. 244). — *Une robe* MINI. — *Une nénette* SUPER [fam.] (petit *Robert*). — *Les revanchards* ULTRA (VERCORS, *Moi, Aristide Briand*, p. 117). — Comp. § 546.

c) Noms ou syntagmes nominaux employés adjectivement :

Les formules les plus RÉGENCE (LOTI, *Exilée*, p. 258). — *Ils savent bien qu'ils sont trop* PURÉE (L. FRAPIÉ, *Écolière*, p. 55). — *La jetée* SUD (MAUPASS., *Pierre et Jean*, IV). — *Tous les fruits*, NATURE *ou confits* (CENDRARS, *Or*, XXIII). — *Des mamans* GÂTEAU. — *Express*, voir § 544, *b.*

Les maisons les plus COLLET MONTÉ *de Paris* (MONTHERLANT, *Garçons*, p. 288). — *Des livres* BON MARCHÉ (Fr. MAURIAC, *Fin de la nuit*, p. 169). — *Pourquoi les tissus anglais sont-ils* MEILLEUR MARCHÉ *que les nôtres ?* (MAUROIS, dans *Réalités*, août 1954, p. 43.)

L'adjectivation peut être complète et dans ce cas les mots varient : *Moissons* GÉANTES (ZOLA, *Terre*, V, 1). — *Meetings* MONSTRES (J. et J. THARAUD, *Quand Israël n'est plus roi*, p. 109).

On observe des hésitations pour un certain nombre de mots.

Bémol (pour l'origine, voir § 470, Hist.) ne varie pas en genre, mais on le fait parfois varier en nombre, ainsi que *bécarre* et *dièse* : *Note* BÉMOL (*Lar. XXᵉ s.*). — *Deux mi* BÉMOLS (BERLIOZ, *Soirées de l'orchestre*, 1980, p. 317).

Bonhomme est invariable pour le petit *Robert*. Le pluriel *bonhommes* (jamais *bons-hommes) n'est pourtant pas si rare : *Des manières* BONHOMMES (R. ROLLAND, *Âme enchantée*, L.P., t. II, p. 223). — *Sous ses dehors* BONHOMMES (J. ROY, *Maître de la Mitidja*, p. 269).

Canaille varie le plus souvent, quoique des auteurs pratiquent encore l'invariabilité que prônait Littré : *Des gestes* CANAILLES (MAUPASS., *C.*, Héritage, IV). — *Des clins d'œil* CANAILLES (R. SABATIER, *Trois sucettes à la menthe*, p. 210). — *Parfums un peu* CANAILLE (J. ROMAINS, *Hommes de b. vol.*, t. I, p. 296).

Miniature, employé pour *en miniature*, devrait être laissé invariable, selon Dupré. Le *Grand Lar. langue* (et d'autres dictionnaires) écrit pourtant : *Lampes* MINIATURES.

L'origine de *pantois* (un nom signifiant « oppression ») est trop oblitérée pour que le mot n'acquière pas une forme fém. (il n'y avait aucune raison pour considérer qu'il ne s'emploie qu'avec des noms masc.) : *Elles en étaient* PANTOISES (Chr. ROCHEFORT, *Repos du guerrier*, II, 2). — *L'audace de l'homme du Nord laissa la Nation* PANTOISE (CURTIS, dans l'*Express*, 25 mars 1983). — Autres ex. : L. BELLOCQ, dans le *Figaro litt.*, 3 déc. 1960 ; Br. FRIANG, *Comme un verger avant l'hiver*, p. 88 ; L. WEISS, *Tempête sur l'Occident*, 1976, p. 18.

Pompier reste d'ordinaire invariable, surtout en genre : *La révolution était* POMPIER, *académique, rhétorique* (P. BARBÉRIS, *Monde de Balzac*, p. 24). — On trouve pourtant *pompière* çà et là : *Des natures mortes si* POMPIÈRES (APOLLIN., *Anecdotiques*, p. 414). — *Celle-ci* [= une carte] — *qui est* POMPIÈRE (SAINT EXUPÉRY, *Lettres à l'amie inventée*, p. 28). — *Admirateur de statuettes* POMPIÈRES (H. QUEFFÉLEC, *Breton bien tranquille*, p. 242).

Pour *tabou,* l'usage est partagé, même si la variation semble l'emporter : *La montagne est* TABOU [au sens premier] (J. VERNE, *Enfants du capit. Grant*, III, 14). — *Des questions qui, en France, paraissent* TABOU (P. EMMANUEL, *L'arbre et le vent*, pp. 34-35). — *Ils* [= les domestiques] *étaient tellement « TABOUS » que mon père lui-même ne se fût pas permis de les sonner* (PROUST, *Rech.*, t. II, p. 17). — *Les choses de la chair restaient* TABOUES *pour moi* (S. de BEAUVOIR, *Mém. d'une jeune fille rangée*, p. 289).

Autres ex. invar. : HERMANT, *Lancelot 1937*, p. 140 ; R. KEMP, dans les *Nouv. litt.*, 10 janv. 1956 ; A. SARRAZIN, *Traversière*, IV ; COCTEAU, *Passé défini*, 28 sept. 1951 ; J. SCHLUMBERGER, *Madel. et A. Gide*, p. 146 ; MAULNIER, *Sens des mots*, p. 224 ; R. GEORGIN, *Jeux de mots*, p. 50 ; DANINOS, *Tout l'humour du monde*, p. 29 ; dans le *Monde*, 22 oct. 1976, p. 21. — Autres ex. var. : THÉRIVE, *Procès de littérat.*, p. 37 ; M. CRESSOT, *Le style et ses techniques*, 4e éd., p. 44 ; J. GRENIER, dans la *Nouv. revue fr.*, 1er avril 1969, p. 484 ; SARTRE, *Idiot de la famille*, t. III, p. 418 ; R. SABATIER, *Noisettes sauvages*, p. 116 ; IKOR, *Pluie sur la mer*, p. 12 ; M. CARDINAL, *Autrement dit*, p. 81 ; G. GENNARI, *Mois d'août à Paris*, p. 34 ; ARAGON, *Mentir-vrai*, p. 34.

Ceux qui font varier *bon enfant* (ils sont plus nombreux qu'on ne croirait) ne le traitent sans doute pas en adjectif, mais considèrent *enfant* comme un nom prenant un genre d'après le sexe de l'être désigné, ce qu'ils appliquent même en cas de métaphore (comp. § 338, *a*, 2° et 3°) :

Une Allemagne [...] *philosophique, musicale,* BONNE ENFANT (A. SIEGFRIED, *Âme des peuples*, p. 133). — *Une ironie mordante, mais* BONNE ENFANT (VERCORS, *Radeau de la Méduse*, p. 168). — *Une lune* BONNE ENFANT (J. PRÉVERT, *Histoires*, Nouvelle saison). — [Les Jeux olympiques] *laissant parfois la place, chez les spectateurs* BONS ENFANTS, *à une curiosité goguenarde* (MAULNIER, dans le *Figaro*, 17-18 juillet 1976). — *Gros mensonges* BONS ENFANTS (CASAMAYOR, *Mystification*, p. 10).

N.B. — *Bredouille* varie : *Une de ces irresponsables chasseresses, ordinairement* BREDOUILLES (BLOY, *Désespéré*, p. 71). — *Nous reviendrons* BREDOUILLES (GIDE, *Voy. au Congo*, p. 235).

46 Certains **adjectifs de formation expressive** sont laissés invariables : *Baba, cucu(1), gaga, gnangnan, olé olé, paf, raplapla, riquiqui, rococo,* — ainsi que les **réductions** appartenant à la langue familière ou très familière, voire argotique, *bath, pop, porno, sympa,* etc.

Mes hôtes ont été quelque peu « BABA » (Al. DAVID-NÉEL, *Journal de voyage*, 16 juillet 1918). — *Eh bien, déclara la soubrette, je peux dire que je suis* BABA (J. DUTOURD, *Au Bon Beurre*, p. 66). — *Les paroles* [de chansons], *qui sont assez infantiles, ou très* CUCU, *selon le cas* (VIAN, *Belle époque*, p. 13). — *Elle ne savait pas qu'elle était* GAGA (É. AJAR, *Vie devant soi*, p. 172). — *Petites filles mystiques et* GNANGNAN (R. ROLLAND, *Jean-Chr.*, t. IV, p. 30). — *La sous-préfète au second verre était* PAF (P. GRAINVILLE, *Abîme*, p. 108). — *Une de ces belles églises* ROCOCO (CLAUDEL, *Messe là-bas*, p. 36). — *Vous êtes une* BATH *copine* (G. DUHAMEL,

Suzanne et les jeunes hommes, p. 40). — *Certaines* [jeunes filles] *sont vraiment* BATH (TROYAT, *Extrême amitié*, p. 132). — *Des petits romans* PORNO (G. PEREC, *Vie mode d'emploi*, p. 169). — *Revues* PORNO (R. de OBALDIA, *Baby-sitter*, Théâtre, t. V, p. 104). — *T'es vachement* SYMPA [à une femme] (C. RIHOIT, *Portrait de Gabriel*, p. 182).

Il y a un peu d'hésitation, surtout pour le nombre : *Cartes postales* PORNOS (Chr. ROCHE-FORT, *Repos du guerrier*, L.P., p. 177). — *Des chiots, parfaitement stupides et* SYMPAS (CEN-DRARS, *Bourlinguer*, L.P., p. 90). — *Deux autres devant le comptoir en train de se gargariser, si* PAFS, *qu'ils se jetaient leur petit verre sous le menton, et imbibaient leur chemise, en croyant se rincer la dalle* (ZOLA, *Assomm.*, X).

Pour d'autres adjectifs, qui s'emploient aussi comme noms, le féminin existe, rare pour *radin, rapiat*, plus fréquent pour *hurluberlu* et surtout pour *rigolo* (§ 532) ; ces adjectifs varient ordinairement en nombre : *Elle est très* RAPIATE, *interrompit la princesse* (PROUST, *Rech.*, t. II, p. 486). — *La vie si* RADINE (L. NUCERA, *Chemin de la Lanterne*, p. 248). — *Une fantaisie un peu* HURLUBERLUE (YOURCENAR, *Souvenirs pieux*, p. 126). — *Une drôlerie* HURLUBERLU (P. GUTH, dans le *Figaro litt.*, 17 mars 1951). — *La vie est-elle donc une chose* RIGOLOTE ? (J. RENARD, *Journal*, 22 avril 1891.) — *Elle est* RIGOLO, *leur marche à l'ennemi* (ZOLA, *Débâcle*, I, 2).

Chic a eu un fém. °*chique* aujourd'hui disparu devant *chic* ; il s'écrit souvent *chics* au plur. (masc. ou fém.), quoique l'invariabilité en nombre conserve des partisans : *Est-elle jolie, ta mère ?* [...] *Elle doit être un peu* CHIQUE ! (BALZAC, *Rabouilleuse*, I, 4.) — *Une écriture* CHIC (J. RENARD, *Journal*, 23 nov. 1896). — *Les quartiers* CHICS (J. ROY, *Saison des za*, p. 172). — *Elle m'écrivait de* CHICS *lettres* (LÉAUTAUD, *Petit aml*, VII). — *Les gens* CHIC (HUYSMANS, *Sœurs Vatard*, VI ; ARAGON, *Mentir-vrai*, p. 148 ; M. CERF, *Les rois et les voleurs*, p. 185). — *Des poules* CHIC (PEISSON, *Hans le marin*, VIII). — *La Rue des Liqueurs*, [...] *l'une des plus* CHIC (QUENEAU, *Saint Glinglin*, p. 136).

Remarque. — Sont aussi invariables les termes de jeu *capot, échec, mat, pat*.

547   **Cas particuliers.**

a) ***Demi*** et ***mi****,* précédant le nom qu'ils qualifient et auquel ils sont joints par un trait d'union, restent invariables :

Une DEMI-*lieue. Deux* DEMI-*douzaines.* — *Un vendeur de journaux* [...] *qui parle à* DEMI-*voix* (GIDE, *Journal*, 28 janv. 1922) [expression vieillie : on dit plus souvent *à mi-voix*].
Jusqu'à MI-*jambes. À* MI-*voix. À* MI-*hauteur. À* MI-*côte.* — *À* MI-*étage il fit halte* (R. MARTIN DU GARD, *Thib.*, Pl., t. I, p. 732). — *Porter des* MI-*bas.*
Si le nom est précédé d'un autre adjectif, on supprime le trait d'union (qui rattacherait abusivement *demi* à l'adjectif) : *Diviser le* DEMI *grand arc* (LITTRÉ, s.v. *grand*, Rem. 1). — *Ce n'est qu'une* DEMI *jeune fille*.

Quand *demi* suit le nom (ce qui est exclu pour *mi*), auquel il est joint par *et*, il s'accorde avec le nom en genre seulement :

Deux heures et DEMIE. *Trois litres et* DEMI. [Sur l'absence d'article, cf. § 570, 9°, Hist.]
En dehors de la coordination, cela est assez rare : *Freydet n'en revenait pas : Danjou, le pâtre du Latium, une perruque ! / — Oh ! seulement une* DEMIE (A. DAUDET, *Immortel*, IV).

Demi, selon les dictionnaires et les grammaires, reste au masculin dans *midi et demi, minuit et demi*. Cet usage n'a pas disparu, mais il est battu en brèche depuis la fin du XVIIIe s. (voir l'Hist.), et on trouve de plus en plus souvent *midi et demie*, *minuit et demie*. Certains auteurs écrivent (ou laissent imprimer) tantôt *demi*, tantôt *demie*.

Ex. de *midi et demi* : STENDHAL, *Chartr.*, XIX ; HUGO, *Choses vues*, p. 21 ; A. FRANCE, *Île des pingouins*, VIII, 2 ; ALAIN-FOURNIER, *Gr. Meaulnes*, II, 6 ; TROYAT, *Le sac et la cendre*, p. 355 ; H. BAZIN, *Chapeau bas*, L.P., p. 49 ; S. de BEAUVOIR, *Belles images*, F°, p. 69 ; J. BOREL, *Dépossession*, p. 309.

Ex. de *minuit et demi* : STENDHAL, *Abb. de Castro*, V ; GIDE, *Journal*, 6 mai 1906 ; G. DUHAMEL, *Tribulations de l'espérance*, p. 407 ; ARAGON, *Aurélien*, p. 72 ; Rob. ARON, *Hist. de l'épuration*, t. I, p. 97.

Ex. de *midi et demie* : STENDHAL, *Corresp.*, t. II, p. 140 ; E. et J. DE GONC., *Germ. Lacerteux*, LXV ; APOLLIN., *Corresp.*, p. 753 ; GIDE, *Journal*, 8 juin 1948 ; G. DUHAMEL, *Maîtres*, p. 9 ; MONTHERLANT, *Lépreuses*, p. 87 ; J. GREEN, *Journal*, 9 janv. 1933 ; GIONO, *Batailles dans la montagne*, p. 60 ; GENEVOIX, *Rroû*, p. 240 ; P. BENOIT, *Toison d'or*, p. 253 ; PAGNOL, *Temps des secrets*, p. 389 ; A. CAMUS, *Étranger*, p. 40 ; ROBBE-GRILLET, *Voyeur*, p. 114 ; BUTOR, *Emploi du temps*, p. 29 ; etc.

Ex. *de minuit et demie* : A. FRANCE, *Les dieux ont soif*, p. 339 ; VILLIERS DE L'ISLE-ADAM, *Ève future*, II, 7 ; LARBAUD, *Barnabooth*, Journal intime, Pl., p. 223 ; MALRAUX, *Condition hum.*, p. 9 ; J. ROMAINS, *Violation de frontières*, p. 107 ; R. MARTIN DU GARD, *Thib.*, VI, p. 195 (*demi*, Pl., t. I, p. 1343) ; GIDE, *Paludes*, p. 146 ; B. CLAVEL, *Voyage du père*, p. 153.

Hist. — En anc. et moyen fr., *demi* s'accordait ou non : DEMIE *aulne* (*Pathelin*, 264). — DEMIE *douzaine* (VILLON, *Test.*, 1154). — DEMY *face* (*ib.*, 366). — L'invariabilité a une raison phonétique : l'*e* du fém. a cessé de se prononcer après une voyelle, et cette dernière s'est prononcée brève parce que l'adjectif et le nom ne formaient qu'un seul mot phonétique. — Vaugelas (pp. 66 et 358) exigea l'invariabilité. Elle eut pourtant bien du mal à s'établir ; au XVIIIᵉ s. encore, plus d'un auteur écrit *demie* : *Demie heure* est chez VOLT. (*Lettres phil.*, X), chez DIDEROT (*Rêve de d'Alembert*, p. 39), chez BERN. DE SAINT-P. (*Vie et ouvr. de J.-J. Rouss.*, p. 5), chez le prince de LIGNE (*Contes immoraux*, VI) ; *demie lieue* chez J.-J. ROUSS. (*Rêver.*, II) ; etc. — *Demie obscurité* est même chez STENDHAL, *Corresp.*, t. IX, p. 364. Depuis, la règle s'est imposée.

Dans *midi et demi*, *minuit et demi*, *demi* était exigé pour la raison (déjà donnée par Furetière en 1690 et reprise par Littré, Suppl., s.v. *midi* et *minuit*) que *demi* est ici pour *demi-heure*. On peut penser qu'il s'agit simplement d'un accord par voisinage. À notre époque, les usagers analysent plutôt *et demi* comme « et une demie », à moins qu'ils ne subissent simplement l'analogie avec *deux heures et demie*, etc. — *À midi et demie* est déjà chez BERN. DE SAINT-P., *op. cit.*, p. 36, à côté de *À midi et demi*, p. 49.

Remarques. — 1. *Demi* et *mi* peuvent aussi être adverbes : *Ces paysans*, DEMI-*nus* (LOTI, *Mᵐᵉ Chrysanthème*, L). — *Je me tenais*, MI-*assoupi, près du fourneau* (ARLAND, *Terre natale*, IX). — Voir § 956, *a*, et *b*. — *Demi* fait aussi partie de la locution adverbiale *à demi* (§ 956, *a*, 2°), qui n'est pas jointe par un trait d'union au mot dont elle est complément : *Une fenêtre* À DEMI *fermée*.

N.B. Ne pas confondre cette locution adverbiale et les syntagmes prépositionnels où *demi* est adjectif : *À demi-mot, à demi-corps, à demi-voix*, etc.

2. *Demi* employé comme nom varie : *Quatre* DEMIS *valent deux unités* (AC.). — *Millions de bocks et de* DEMIS (AUDIBERTI, *Dimanche m'attend*, p. 169).

Demie s'emploie aussi comme nom féminin pour *demi-heure* ou pour *demi-bouteille* : *J'entendis sonner des quarts et des* DEMIES (J. MISTLER, *Gare de l'Est*, p. 196). — *Garçon... Un bifteck aux pommes et une* DEMIE *beaujolais* (M. CHAPELAN, dans le *Figaro litt.*, 31 mars 1951).

3. Sur *minuit, mi-août*, etc., voir § 466, *a*.
4. Pour *semi-*, voir § 544, *a*.

b) Feu « qui est mort depuis peu de temps » varie quand il est placé entre le déterminant et le nom. Il ne varie pas quand il précède le déterminant (cf. § 318, Rem. 1) ou quand il n'y a pas de déterminant.

Feu varie : *N'es-tu pas filleul de la* FEUE *reine ?* (MUSSET, *Fantasio*, I, 2.) — *La* FEUE *Henriette d'Angleterre* (J. LEMAITRE, *J. Racine*, p. 277). — *Les* FEUS *rois de Suède et de Danemark* (AC.). — *La* FEUE *impératrice a gardé la Hongrie* (HUGO, *Théâtre en lib.*, Grand'mère, II). — *La* FEUE *marquise Odile avait un ou deux enfants* (BOURGET, *Voyageuses*, 1897, p. 207). — *La* FEUE *reine Pomaré* (LOTI, *Mariage de Loti*, I, 1). — *L'enfant de ma* FEUE *sœur* (H. LAVEDAN, *Nocturnes*, XI). — *Toute votre* FEUE *famille* (SARTRE, *Le diable et le bon Dieu*, V, 2). — *La* FEUE *gare Montparnasse* (GAXOTTE, dans le *Figaro*, 26 janv. 1974).

Feu ne varie pas : FEU *la mère de madame* (titre d'une comédie de G. FEYDEAU). — *Voici* FEU *Mme Jory* (BARRÈS, *Colline insp.*, p. 129). — *Comme* FEU *ma mère* (G. DUHAMEL, *Nuit de la Saint-Jean*, p. 108). — FEU *mon excellente mère* (J.-J. BROUSSON, dans les *Nouv. litt.*, 8 janv. 1948). — *Avancez, enchanteresse plus dangereuse que* FEU *madame Armide* (SALA-CROU, *Le soldat et la sorcière*, I, 1). — *Les portraits de* FEU *les trois maris de Mme Polin* (H. BAZIN, *Mort du petit cheval*, p. 76). — FEU *sa belle-mère* (ID., *Vipère au poing*, V).

Il n'est pas rare que les auteurs fassent varier *feu* alors qu'il n'est pas entre le détermi-nant et le nom : FEUE *l'épouse de maître Goubard* (NERVAL, *Main enchantée*, VII). — FEUE *Mme de Cambremer* (PROUST, *Temps retrouvé*, I, p. 167). — FEUE *ma femme* (THIBAUDET, *Princes lorrains*, p. 10). — FEUE *Mme de Clergerie* (BERNANOS, *Joie*, p. 179). — FEUE *ma mère* (ID., *Mauvais rêve*, I, 4). — FEUE *madame votre mère* (H. BOSCO, *Malicroix*, p. 82). — FEUE *Mlle Valérie* (M. GEVERS, *Grande marée*, 1943, p. 29). — FEUE *Kirsten Flagstad* (Ét. GILSON, *La société de masse et sa culture*, p. 74). — *Marie-Louise d'Orléans, fille de* FEUE *Madame* (M. RAT, dans le *Figaro litt.*, 27 déc. 1962).

Feu placé après le nom (et accordé avec celui-ci) est un emploi individuel, une liberté de poète : voir l'ex. de Rimbaud cité au § 318, Rem. 1 (où l'on trouvera des indications sur la vitalité du mot et sur sa signification). — Un autre emploi individuel fait de *feu* un attribut invariable : *Babeth.* [...] *Tenez, Alphonse, ce salaud d'Alphonse, feu mon mari...* / *Artémise. Façon de parler ; c'est plutôt nous qui sommes* FEU, *ma mignonne !* (R. de OBALDIA, *Grasse matinée*, Théâtre, t. VII, p. 188.) [Ce sont deux mortes qui conversent dans un cimetière.]

Hist. — L'adjectif *feu* vient du latin vulg. **fatutus*, dérivé de *fatum* « destin ». Il a signifié d'abord « qui a une bonne ou une mauvaise destinée », puis il a pris dès le XIIe s., par euphé-misme, le sens de « qui a accompli sa destinée ». On a cru longtemps que le mot provenait de l'italien *fu* (alors que celui-ci est sans doute emprunté du fr.) ou du latin *fuit* « il fut », — ou encore du latin *felix* « heureux ». Ces fausses étymologies appuyaient l'invariabilité de l'adjectif, laquelle doit s'expliquer par la tendance générale signalée au § 420. — La règle a eu du mal à s'établir, et l'usage a été longtemps indécis (il l'est encore, nous l'avons vu] : *No chiere et amee compaigne* FEU *Aelis de Flandres* (dans Tobler-Lommatzsch). — FEUE *noble dame* [...] *Guyote (ib.).* — FEUE *sa femme* (É. PASQUIER, *Recherches de la Fr.*, VI, 11). — FEU *Belise sa mere* (MOL., *Mélicerte*, II, 7). — FEUE *ma sœur* (MONTESQ., *L. pers.*, LII).

Remarque. — La langue populaire et régionale place parfois *défunt* devant le déterminant (cf. § 318, Rem. 1), comme *feu*, et l'accord est indécis :

DÉFUNTE *ma mère* (BERNANOS, *Journal d'un curé de camp.*, p. 241 ; R. MARTIN DU GARD, *Gonfle*, I, 1). — *La maison de* DÉFUNTE *Mme la chanoinesse* (M. PRÉVOST, cit. Damourette-Pichon, § 519).

DÉFUNT *madame* (BALZAC, *Paysans*, p. 32). — DÉFUNT *la mère Ribotteau* (BOYLESVE, *Becquée*, p. 86). — [DÉFUNT *ma mère* est déjà chez MARIVAUX, *Paysan parv.*, p. 196, et chez Mme de GENLIS, cit. Brunot, *Hist.*, t. VI, p. 1213.]

  c) **Franc de port** peut s'accorder ou non :

Envoyez-moi les deux volumes anglais, FRANCS *de port* (STENDHAL, *Corresp.*, t. V, p. 104). — *Recevoir une caisse* FRANCHE *de port* (AC.). — *Je vous envoie une bourriche* FRANC *de port* (LITTRÉ).

On dit plutôt aujourd'hui *franco* (emprunté de l'ital.), qui est toujours invariable : [...] *qui permettra à notre journal d'expédier* FRANCO *à ses Abonnées des échantillons* (MALLARMÉ, Pl., p. 783). — *Avec* [...] *les chocolats de ta mère* [...] *et les extras* FRANCO *de port* (A. SARRAZIN, *Lettres et poèmes*, L.P., p. 33).

  d) **Nu** est invariable dans les compléments absolus où il est antéposé (§ 311, *a*) : *Nu-tête*, etc.

Par analogie avec ce cas, on écrit parfois *nu-propriété :* par ex., H. BAZIN, *Cri de la chouette*, p. 105 ; voir déjà Bescherelle. — La graphie ordinaire est *nue propriété*. — L'Acad., qui écrivait ainsi en 1835 et en 1878, paraît hésiter entre *nue propriété* et *nue-propriété :* voir s.v. *nu.* — Sur *nu-propriétaire*, voir § 542. — *Nu* est invariable aussi dans *à nu*, qui est une locution adverbiale : *Mettre une intrigue* À NU (AC.). — Pour *nu à nu*, voir § 543.

  e) **Possible** est invariable quand il se rapporte à *le plus, le moins* servant de déterminants.

Cela est évident quand *possible* s'intercale entre *le plus, le moins* et le nom introduit par *de :* [...] *pour garder sous leur obéissance le plus* POSSIBLE *d'éléments armés* (DE GAULLE, *Mém. de guerre*, t. II, p. 386). — *Voir le plus* POSSIBLE *de gens de toutes sortes* (M. ACHARD, *Disc. de récept. à l'Ac. fr.*).
Cela est moins net quand *possible* suit le nom : *Courir le moins de risques* POSSIBLE (STENDHAL, *Chartr.*, II). — *Abattre le plus de quilles* POSSIBLE (J. de PESQUIDOUX, *Chez nous*, t. II, p. 29). — *Je suis sûr que vous ferez ici le moins de dégâts* POSSIBLE (Fr. MAURIAC, *Asmodée*, III, 6). — *Je pose le moins de questions* POSSIBLE (J. GREEN, *Moïra*, p. 138).
Les ex. suivants ne respectent pas cette règle : *Il fallait y montrer* [du côté de Pékin] *le plus de forces* POSSIBLES (FARRÈRE, *Seconde porte*, p. 241). — *Avec le plus de liberté et le moins de risques* POSSIBLES (R. ROLLAND, *Jean-Chr.*, t. V, p. 177). — *Il voulait lui donner le plus de choses* POSSIBLES (GIONO, *Moulin de Pologne*, p. 188). — *Il fait charger le plus de machines* POSSIBLES *sur des péniches* (MAUROIS, *Terre promise*, p. 325). — *Je tâchais de faire le moins d'efforts* POSSIBLES (M. CARDINAL, *Mots pour le dire*, p. 13).

  f) **Rosat** [empr. du lat. *rosatus*] est invariable pour les dictionnaires, qui citent notamment *Huile rosat, pommade rosat.*

COLETTE met la marque du plur. dans *Géraniums* ROSATS (*Chatte*, p. 72).

  g) Littré (Suppl.) laisse le choix entre *Je te joue cela* **en cinq sec** ou ... *en cinq secs* (= en cinq points secs, à l'écarté, au billard, etc.). Prise au figuré au sens de « rapidement », la locution garde ces deux graphies, avec une certaine préférence pour *sec* (adopté par l'Acad.).

Secs : LABICHE, *Trente millions de Gladiator*, IV, 10. — Au fig. : FARRÈRE, *Petites alliées*, VI ; COLETTE, *Maison de Claud.*, XXIII ; BERNANOS, *Imposture*, p. 233 ; G. DUHAMEL, *Cécile parmi nous*, p. 42 ; R. MARTIN DU GARD, *Thib.*, Pl., t. II, p. 744 ; PAGNOL, *César*, 1937, p. 182 ; J. DUTOURD, dans le *Figaro litt.*, 17 août 1970.
Sec : MIRBEAU, *Journal d'une femme de chambre*, XIII ; GIDE, *Faux-monn.*, p. 217 ; HERMANT, *Trains de luxe*, p. 131 ; R. ESCHOLIER, *Quand on conspire*, p. 227 ; GIONO, *Moulin de Pologne*, p. 208 ; SARTRE, *Mur*, Intimité, II ; J. LEMARCHAND, dans le *Figaro litt.*, 27 sept. 1952.

h) D'autres cas sont traités ailleurs :

Pour le type *grand-mère,* voir § 529, Rem. 3 ; sur le pluriel, § 516. — *Se faire fort de :*
§ 297, *a,* Rem. 3. — *Plein* et *sauf :* § 311, *a.* — *À quoi bon ?* § 248, *a,* 1°. — *Grognon :* § 530,
b, Rem. 2.

SECTION 4. — ACCORD DE L'ADJECTIF

548   N'ayant ni genre ni nombre en soi, l'adjectif reçoit ses marques du nom ou du pronom auxquels il sert d'épithète, — ou du
sujet ou du complément d'objet auxquels il sert d'attribut :

Une affaire SÉRIEUSE. — *L'affaire est* SÉRIEUSE. — *Cette affaire, je la considère comme*
SÉRIEUSE. — *Ces démarches sont* SUPERFLUES.

Voir, pour les précisions utiles, les §§ 247-248 (attribut du sujet) ; 297, *a*
(attribut de l'objet) ; 311, *a* (attribut du complément absolu) ; 329-333 (épithète),
ainsi que, pour les considérations générales sur l'accord, les §§ 415-445.

SECTION 5. — LES DEGRÉS DE L'ADJECTIF

549   **Remarque préliminaire.**

Une tradition héritée de la grammaire latine (en latin, le comparatif de
supériorité et le superlatif se marquaient dans l'adjectif par des désinences) fait
que les grammaires françaises consacrent aux degrés de comparaison de l'adjectif des développements particuliers, dans lesquels elles rangent les divers problèmes concernant les degrés, même lorsqu'il s'agit des degrés des noms.

En français, 1) c'est un problème syntaxique concernant aussi bien le verbe
que l'adverbe ou l'adjectif ou, occasionnellement, le nom ; — 2) le comparatif
de supériorité et le superlatif se marquent ordinairement au moyen d'adverbes ;
— 3) ce recours aux adverbes se fait non seulement pour le comparatif de
supériorité et pour le superlatif des adjectifs (c'est-à-dire là où le latin recourait à
des désinences), mais aussi pour les comparatifs d'infériorité et d'égalité et pour
des degrés que l'on néglige d'habitude *(un peu, assez, trop...)* ; — 4) les deux
superlatifs (superlatif relatif et superlatif absolu) n'ont en commun que d'être
exprimés en latin par la même désinence.

Pour toutes ces raisons, le problème des degrés sera traité dans le chapitre de
l'adverbe (§§ 943-961). Nous ne retiendrons ici que ce qui est spécifique de
l'adjectif : les adjectifs qui ne se prêtent pas aux degrés (§ 550) ; les comparatifs
synthétiques hérités *(meilleur,* etc. : §§ 551-554) ; le suffixe *-issime* (§ 555).

550   Adjectifs sans degré.

a) De par leur signification, certains adjectifs n'acceptent que l'expression positive ou négative :

Carré, circulaire, équilatéral, parallèle ; double, triple ; équestre, enceinte... — C'est notamment le cas des épithètes de relation (§ 317, *a*) : *Une grammaire* GRECQUE. *La lumière* SOLAIRE, etc.

Si les mots sont pris au figuré, ils sont susceptibles de degré : *Une opinion très* CARRÉE. — Il peut y avoir aussi des effets plaisants : on dira qu'une femme est *très enceinte* pour indiquer que sa grossesse est fort visible.

b) D'autres adjectifs exprimant en eux-mêmes une idée de comparaison n'acceptent pas non plus les degrés :

Aîné, cadet, favori, préféré, principal, unique, majeur, mineur, citérieur, etc.
Cependant *tout* peut accompagner *premier* et *dernier* (parce que ces adjectifs envisagent, le cas échéant, non pas une place unique, mais plusieurs places) : *Toi, la toute* PREMIÈRE, *tu devrais dire* [...] (GIONO, *Lanceurs de graines,* I, 4).

Remarques. — 1. Quoique exprimant un haut degré d'éminence, ou quelque chose d'absolu, certains adjectifs comme *absolu, achevé, divin, énorme, essentiel, éternel, excellent, immense, impossible, indispensable, parfait, total, universel,* etc., peuvent, à l'occasion, admettre l'idée d'une modification en plus ou en moins :

Il n'est pas possible d'imaginer une catastrophe PLUS ABSOLUE (MONTHERLANT, dans les *Nouv. littér.,* 10 mars 1966). — *L'ouvrage* LE PLUS ÉNORME (MICHELET, *Insecte,* X). — *Les témoins* LES PLUS ESSENTIELS *s'étaient dérobés* (H. TORRÈS, *Accusés hors série,* p. 159). — *Des monuments* PLUS ÉTERNELS (HUGO, *Odes,* IV, VI, 3). — *C'était une femme et une mère dans* LA PLUS EXCELLENTE *acception de ces deux mots* (FROMENTIN, *Domin.,* I). — *La folie humaine,* PLUS IMMENSE *que la mer* (R. ROLLAND, *Précurseurs,* p. 59). — *Les mots* LES PLUS INDISPENSABLES (NERVAL, *Voy. en Orient,* Nuits du Ramazan, III). — *À partir d'une ruine* SI TOTALE (Fr. MAURIAC, dans le *Figaro litt.,* 15 avril 1968, p. 4).

2. *Antérieur, extérieur, inférieur, intérieur, postérieur, supérieur* (qui sont étymologiquement des comparatifs), ainsi qu'*infime, intime, minime, ultime, extrême* et *suprême* (qui sont étymologiquement des superlatifs), ont pu prendre la valeur de positifs ; on les trouve avec des degrés chez des auteurs soigneux :

La vocation du naturaliste est chez lui TRÈS ANTÉRIEURE *à celle du psychologue* (Ch. DU BOS, *Dialogue avec A. Gide,* p. 28). — *Les plaisirs* PLUS EXTÉRIEURS (J. et J. THARAUD, *Notre cher Péguy,* t. I, p. 69). — [*Des espèces*] TRÈS INFÉRIEURES (MAURRAS, *Mes idées politiques,* p. 116). — *Il y a une salle* PLUS INTÉRIEURE (J. ROMAINS, *Hommes de b. vol.,* t. III, p. 168). — *Ce n'est pas une religion* TRÈS INTÉRIEURE (THIBAUDET, *Hist. de la littér. franç. de 1789 à nos jours,* p. 27). — *Une époque* TRÈS POSTÉRIEURE *à celle de l'intaille* (A. FRANCE, *Crainquebille,* p. 212). — *Une langue* [...] AUSSI SUPÉRIEURE *à la langue* [...] *de Lamartine qu'à celle de Vigny* (A. BELLESSORT, *V. Hugo,* p. 12). — *Des moyens techniques* TRÈS SUPÉRIEURS *à ceux de l'antiquité* (A. SIEGFRIED, *Savoir parler en public,* p. 151).

Aide-major de classe TRÈS INFIME (A. DAUDET, *Port-Tarascon,* II, 3). — *Un accident* DES PLUS INFIMES (J. ROMAINS, *Violation de frontières,* p. 141). — *L'intérêt était* DES PLUS MINIMES (STENDHAL, *Corresp.,* t. IX, p. 269). — *Chacun des épisodes* LES PLUS MINIMES *de notre existence temporelle* (CLAUDEL, *La rose et le rosaire,* p. 192). — *Il se produisit un incident* TRÈS MINIME (G. DUHAMEL, *Passion de Jos. Pasquier,* XI). — *Leurs techniciens* [...] *tirent parti des moindres circonstances qui permettent* LA PLUS MINIME *économie de travail et de matière première* (MAETERLINCK, *Vie des termites*, p. 28). — *Ce que l'on espérait son dernier soupir est suivi d'un autre* PLUS ULTIME *encore* (GIDE, *Journal*, 23 nov. 1940). — *Je crois qu'ils n'auraient pas pris une résolution* AUSSI EXTRÊME (BARRÈS, *Homme libre*, p. XVIII). — *Dans nos* PLUS EXTRÊMES *démences* (A. CAMUS, *Été*, p. 110). — *Le* PLUS SUPRÊME *des souffles* (BLOY, *Femme pauvre*, p. 114).

On observera que des comparatifs français acceptent certains degrés (§ 948, *b*) : *Elle est* BEAUCOUP PLUS JEUNE *que sa sœur.*

551   Le français a gardé de l'ancienne langue et du latin (cf. Hist.) trois **comparatifs synthétiques :** *Meilleur* (§ 552), *moindre* (§ 553) et *pire* (§ 554). Ils servent aussi de superlatifs relatifs (§ 949), généralement avec l'article.

Hist. — Le latin exprimait le comparatif de supériorité au moyen d'une désinence spéciale : *Fortis → fortior* « plus fort », ou au moyen d'une forme spéciale : *Bonus → melior.* Il pouvait aussi, dans des circonstances limitées, l'exprimer par un adverbe. Ce procédé analytique est devenu général en lat. vulgaire, ne laissant subsister que les comparatifs synthétiques les plus courants. Ceux-ci se retrouvent en anc. fr., notamment : *Graindre* (cas sujet), *graigneur* (cas régime) « plus grand » ; *joindre, joigneur* « plus jeune » ; *maire, maieur* « plus grand » ; *mieudre, meilleur* au lieu de *plus bon ; mendre* (puis *moindre*), *meneur* « plus petit » ; *pire, peieur* « plus mauvais ». En outre les noms *sendre, seigneur* (du lat. *senior* « plus âgé ») et *sire, sieur* (du lat. vulg. **seior*, variante de *senior*), ainsi que *plusieurs.* — Cette liste de comparatifs synthétiques s'est progressivement réduite ; *graigneur* survit jusqu'au XVIᵉ s. : *C'est le* GRIGNEUR / *Trompeur* (*Pathelin*, 1361). — *La victoire /* [...] / *Vient, non au plus fort ou* GREIGNEUR, / *Mais à qui luy* [= à Dieu] *plaist* (RAB., *Pant.*, éd. princeps, XVII). — Il ne nous reste plus que *meilleur, moindre* et *pire,* outre *plusieurs* et les noms *sire, sieur, seigneur, maire, maïeur* (en Belgique, synonyme familier de *bourgmestre*) et *gindre* (parfois écrit *geindre*) « ouvrier boulanger » (vieilli) [anc. fr. *joindre*] : *Des pains polkas pareils à des écus ronds* [...] *qu'avaient pétris des* GINDRES *ignorant l'art du blason* (APOLLIN., *Hérésiarque et Cⁱᵉ*, p. 118).

À la Renaissance, on a essayé de ressusciter la désinence latine : *Docte, doctieur, doctime* [= très savant] *Baïf,* écrit par badinage DU BELLAY (cit. Huguet).

Divers comparatifs empruntés ont été intégrés au français, mais leur emploi syntaxique n'est pas celui des vrais comparatifs : comp. *Supérieur à dix* et *Plus grand* QUE *dix.* — Voir la liste au § 534, *c* (outre le nom *prieur*).

Remarque. — *Meilleur,* lorsqu'il sert de superlatif relatif, peut, comme d'autres superlatifs, suivre ou précéder le nom : *L'ami le* MEILLEUR. *Le* MEILLEUR *ami.* — *Moindre* et *pire,* dans cette fonction, précèdent ordinairement le nom : *Le* MOINDRE *bruit. Les* PIRES *ennuis.*

Ex. littéraires où *pire* et *moindre* suivent le nom : *Je l'* [= une chrysalide] *examinais chaque jour, mais sans découvrir le changement* LE MOINDRE (GIDE, cit. dans Ch. Du Bos, *Dialogue avec A. Gide*, p. 29). — *Sans retour* LE MOINDRE (JOUHANDEAU, *Chroniques maritales*, I, 9). — *Aux moments* LES PIRES (ARAGON, dans les *Lettres franç.*, 6 juin 1947). — *La femme la meilleure peut très bien faire le malheur d'un homme* [...]. *Et la femme* LA PIRE *peut faire son bonheur* (G. BEAUMONT, *Perce-neige*, p. 105).

552　　*Meilleur* est le comparatif de supériorité de *bon*. Il remplace °*plus bon*, qui n'est pas admis dans le français correct (°*plus meilleur* est rejeté aussi).

Nous devons cependant noter certaines limitations à l'emploi de *meilleur*.

a) Bon peut être associé à *plus* dans certaines circonstances :

1° *Bon* et *plus* sont séparés.

— Dans des sous-phrases corrélatives : PLUS *la nature est belle* et BONNE, *moins l'homme est obligé d'être actif et soigneux* (TAINE, *Voy. en Italie*, t. I, p. 12). — PLUS *ce qu'il mangeait était* BON, *plus il se découvrait malheureux* (TROYAT, *Faim des lionceaux*, p. 49). — *Plus les Essais* [de Montaigne] *avancent,* PLUS *ils sont* BONS (GUITTON, *Journal de ma vie*, 12 août 1956). — Autres ex. : STENDHAL, *Corresp.*, t. V, p. 75 ; FLAUB., *Corresp.*, t. II, p. 231 ; R. MARTIN DU GARD, *Thib.*, Pl., t. II, p. 220 ; VAN GENNEP, *Manuel de folklore fr. contemp.*, t. I, p. 3077.

— Constructions diverses : *Ils restèrent une bonne heure* — PLUS *que* BONNE, *merveilleuse ! — à pleurer dans les bras l'un de l'autre* (CESBRON, *Mais moi je vous aimais*, p. 225). [Il y a, en outre, un jeu de mots sur *bon*.] — *Cette phrase sera* PLUS *ou moins* BONNE *selon que...* [Littré, s.v. *plus*, Rem. 2]. — *Il est* BON PLUS *que juste. — Il est* BON, PLUS *qu'on ne croit. — Il est,* PLUS *que son frère,* BON *pour ses parents. — Ce robuste appétit, pour qui toute musique est* BONNE, *d'autant* PLUS *qu'elle est substantielle* (R. ROLLAND, *Jean-Chr.*, t. I, p. 128).

2° La comparaison se fait avec un autre adjectif (mais le tour n'est pas courant) : *Il est* PLUS BON *que juste.*

3° *Bon* fait partie d'une locution nominale : cf. *b)* ci-dessous.

b) Quand *bon* fait partie d'une locution, la tradition lui donne *meilleur* comme comparatif :

Je le crains à d'autant MEILLEUR *droit que* [...] (ÉTIEMBLE, *Parlez-vous franglais ?* 1973, p. 172). — *Il vous assure cela de la* MEILLEURE *foi du monde* (LITTRÉ, s.v. *foi*, 4°). — *Une aire franco-belge* [...] *que le français a envahie de* MEILLEURE *heure ou plus rapidement que l'aire méridionale* (J. GILLIÉRON et M. ROQUES, dans la *Revue de philologie franç.*, 1908, p. 274). — *Il avait dû se lever de bien* MEILLEURE *heure que de coutume* (ROBBE-GRILLET, *Voyeur*, p. 121). [Autres ex. : STENDHAL, *Abb. de Castro*, IV ; LOTI, *Roman d'un enfant*, XLI ; M. WILMOTTE, *Wallon*, p. 43.] — *On affiche la* MEILLEURE *humeur du monde* (VALÉRY, lettre, Pl., t. II, p. 1467). — *Je vous assure qu'avec la* MEILLEURE *volonté...* (H. BERNSTEIN, *Rafale*, II, 1.) — *Il m'a témoigné la* MEILLEURE *volonté* (AC., s.v. *meilleur*).

Il y a cependant des tentatives pour tenir compte du figement :

— Emploi de *plus bon : Une autre paroisse s'est levée de* PLUS BONNE HEURE (PÉGUY, *Myst. de la char. de J. d'Arc*, p. 59). — Cela paraît plus acceptable quand la locution nominale est employée adjectivement : *On n'est pas meilleure femme,* PLUS BON ENFANT *et moins bas-bleu* [que G. Sand] (FLAUB., lettre citée dans *Europe*, janv.-févr. 1982, p. 217). — *Il est même* PLUS BON CHRÉTIEN *qu'il ne voudrait. Je veux dire que ça lui coûte plus cher qu'il ne voudrait, d'être bon chrétien* (PÉGUY, cité par B. Guyon, *Péguy*, p. 267).

— La locution nominale est précédée de *meilleur : Situations* [...] *susceptibles de conduire le magistrat le plus scrupuleux et de la* MEILLEURE BONNE VOLONTÉ *à se tromper lourdement*

(M. Garçon, dans *Lectures pour tous*, mars 1960, p. 41). — *Le* MEILLEUR BON MOT *qui me fut dit* (Montherlant, *Tragédie sans masque*, p. 111). — *Au* MEILLEUR BON MOT *qu'il eût jamais entendu* (D. Boulanger, *Enfant de bohème*, p. 286).

Remarques. — 1. Lorsque *bon* signifie « naïf, crédule », le comparatif *meilleur* paraît difficilement acceptable. La langue parlée familière ne reculerait pas devant *plus bon : Vous êtes bon de croire cela ! Et vous, vous êtes encore* PLUS BON *de croire ceci !* — La solution préconisée par Hanse (p. 174) est à l'abri de tout reproche : *Et vous, vous l'êtes encore davantage !*

2. *Meilleur* sert aussi de comparatif de supériorité à *bon* employé comme adverbe : *Les cheveux des jeunes garçons sentent plus fort et* MEILLEUR *que ceux des femmes* (Montherlant, *Démon du bien*, p. 120).

3. *Prendre le meilleur* « prendre l'avantage » tend à sortir du jargon sportif où il est né :

Les autres femmes n'arrivent pas à PRENDRE LE MEILLEUR *sur leurs maris* (Giraudoux, *Sodome et Gomorrhe*, II, 4). — *L'image (cinéma et télévision) a déjà* PRIS LE MEILLEUR *sur la création écrite* (Fr. Nourissier, dans les *Nouv. litt.*, 14 mars 1968).

553 *Moindre* est en concurrence avec *plus petit*. Il appartient surtout à la langue soignée, en dehors de certaines expressions.

Ex. cités dans le *Dict. contemp.: Des nouvelles de* MOINDRE *importance. Acheter à* MOINDRE *prix. Une bière de* MOINDRE *qualité. Un sinistre de bien* MOINDRE *étendue. À la* MOINDRE *défaillance, il punit. Le* MOINDRE *effort lui coûte. Je n'ai pas la* MOINDRE *idée de ce qui s'est passé. La* MOINDRE *des choses est de vous excuser. On n'a pas la* MOINDRE *preuve contre lui.*

On dirait que ce qui importe à quelques-uns, c'est qu'un homme ait été MOINDRE *qu'on ne pensait* (Valéry, *Variété*, Pl., p. 724).

Lorsqu'il s'agit de choses concrètes mesurables, *plus petit* est préféré. Un ex. comme le suivant est d'une langue archaïsante : *Roger Martener était de même taille à peu près que Serge, un peu* MOINDRE *que Mme de Gravilliers* (Hermant, *Serge*, IX).

554 *Pire* est moins courant que *plus mauvais*. En dehors de certaines expressions, il a une teinte plutôt littéraire :

Il n'y a PIRE *eau que l'eau qui dort. Il n'y a* PIRE *sourd que celui qui ne veut pas entendre. Le remède est* PIRE *que le mal. Mon* PIRE *ennemi.* — *Deux ennemis ! le czar, le nord. Le nord est* PIRE (Hugo, *Châtim.*, V, xiii, 1). — *C'est bien la* PIRE *peine* (Verl., *Rom. sans par.*, Ariette).

« Avec un nom qui évoque lui-même un mal, comme *fléau, ennui, désagrément, difficulté, erreur, faute, mal, douleur, détresse, chagrin, misère*, on n'emploie pas *plus mauvais* mais *pire* » (Hanse), — ou, dans la langue courante, *plus grand*.

°*Plus pire* n'apparaît que dans la langue populaire, sauf au Québec, où *pire* s'emploie même pour *mauvais :* °*Ce gâteau est pas* PIRE = ... n'est pas mauvais ; — voire pour *mieux :* °*Ces enfants s'aiment, ils sont* PIRES *que des frères* (dans Bergeron).

Il faut remarquer en outre que, dans certains cas, *pire* empiète sur ce qui était le territoire propre de *pis :* voir § 942.

555   Le suffixe *-issime* marque un haut degré dans des termes d'étiquette : *Excellentissime, révérendissime, illustrissime, éminentissime ;* — dans *rarissime* et *richissime,* ainsi que dans des formations occasionnelles, parfois plaisantes, de la langue littéraire :

> *J'ai eu ma petite audience de dix minutes au plus avec un Belge* IMPORTANTISSIME (VEUIL-LOT, *Corresp.,* t. II, p. 451). — *Une* LONGUISSIME *lettre* (FLAUB., *Corresp.,* t. II, p. 52). — *Un événement* CAPITALISSIME *se produisit* (MAUROIS, *Olympio,* p. 63). — *L'ameublement* MODER-NISSIME *du bureau* (Fr. NOURISSIER, *Histoire française,* p. 171). — *Que de* GRAVISSIMES *problèmes !* (MONTHERLANT, *Garçons,* p. 164.) — *Le baron* [...] *ajusta son monocle, un gros monocle, pour gens* MYOPISSIMES (A. ALLAIS, *Affaire Blaireau,* I).

Hist. — Le suffixe *-issime* est emprunté à la fois du lat. *-issimus* et de l'ital. *-issimo.* — Le suffixe lat. avait déjà été emprunté en anc. fr. sous la forme *-isme : E ! Durendal, cum* [= comme] *es bel e* SEINTISME *!* (*Rol.,* 2344.) — *Un* GRANDISME *nés plat* (*Aucassin et Nic.,* XXIV).

Comme pour le comparatif de supériorité (§ 551, Hist.), le latin exprimait le superlatif (à la fois superlatif relatif de supériorité et haut degré) au moyen de désinences spéciales : *Fortis* → *fortissimus* « le plus fort » ou « très fort », ou au moyen de formes spéciales : *Bonus* → *optimus.* Il connaissait aussi des périphrases avec des adverbes, procédé qui s'est généralisé en lat. vulgaire, ne laissant subsister que de rares formes synthétiques ; une seule a survécu jusqu'aujourd'hui, mais en perdant sa valeur originaire : *même* (§ 623, Hist.).

À la Renaissance, on a essayé d'adapter au français certaines désinences latines : voir l'ex. de Du Bellay au § 551, Hist.

Le fr. a en outre emprunté divers superlatifs latins, mais sans leur garder vraiment leur valeur : cf. § 550, Rem. 2. — Il faut ajouter *posthume,* du lat. *posthumus,* altération de *postumus* « tout dernier », superlatif tiré de *post* « après ». L'adj. lat. a été pris, dans le syntagme *puer postumus* « enfant né après la mort du père », comme signifiant « après le décès » et rattaché à *humus* « terre ». — De *posthume,* Alphonse Allais a tiré l'antonyme *anthume* « avant le décès », surtout employé par plaisanterie.

CHAPITRE III

LE DÉTERMINANT

Bibl. — J.-Cl. CHEVALIER, *Éléments pour une description du groupe nominal. Les prédéterminants du substantif,* dans le *Fr. mod.,* oct. 1966, pp. 241-253. — M. WILMET, *Les déterminants du nom en français. Essai de synthèse,* dans *Langue fr.,* févr. 1983, pp. 15-33.

SECTION 1. — GÉNÉRALITÉS

556   Le **déterminant** est un mot qui varie en genre et en nombre, genre et nombre qu'il reçoit, par le phénomène de l'accord (§ 562), du nom auquel il se rapporte. (Le déterminant possessif varie en outre en personne.) — Le déterminant se joint à un nom pour l'*actualiser,* pour lui permettre de se réaliser dans une phrase :

Voici venir LES *temps où vibrant sur* SA *tige /* CHAQUE *fleur s'évapore ainsi qu'*UN *encensoir* (BAUDEL., *Fl. du m.,* Harmonie du soir).

Le déterminant transforme n'importe quel mot, n'importe quel élément (syntagme, phonème, lettre, etc.) en nom :

On a compté LES *peut-être de Renan.* — VOS g *ressemblent à des têtards.* — TROIS *que dans une petite phrase, c'est trop.*

Le déterminant permet de distinguer le genre et le nombre des noms qui ne varient pas en genre et en nombre :

UN *élève,* UNE *élève.* UN *cours,* DES *cours.* — Ce rôle est très important dans la langue parlée, où le genre et surtout le nombre des noms souvent ne s'entendent pas.

On appelle aussi les déterminants *adjectifs déterminatifs.* Avec les adjectifs, les déterminants ont en commun de s'accorder avec le nom. Mais la fonction est différente : le déterminant ne peut être attribut (sauf *quel* et les numéraux, mais ils cessent dans ce cas d'être des déterminants), et il est nécessaire pour que la phrase soit régulière (sauf dans des cas particuliers : § 570).

Soit la phrase : *Les petits cadeaux entretiennent l'amitié ;* je puis dire : *Les cadeaux entretiennent l'amitié,* mais non : **Cadeaux entretiennent amitié, *Petits cadeaux entretiennent amitié.*

On notera en outre : 1) que les déterminants ont une place fixe, alors que les adjectifs occupent des places variées, immédiatement avant ou après le nom ou détachés de celui-ci (§§ 318-326), — ceci en dehors du fait qu'ils peuvent être attributs ; — 2) que les déterminants ne sont pas susceptibles de degrés (au contraire de l'adjectif : §§ 549-555) ; — 3) que le nom est généralement accompagné d'un seul déterminant (voir cependant § 558), alors qu'il peut y avoir deux ou trois adjectifs ou davantage ; — 4) que les déterminants ne sont pas susceptibles d'être employés comme noms ou comme adverbes, alors que ces possibilités existent pour un certain nombre d'adjectifs *(Une blonde ; haut placé) ;* — 5) que la variation en nombre et en genre affecte éventuellement, dans les déterminants, des formes spéciales *(mon, ma, mes),* alors que les variations des adjectifs concernent la désinence, souvent de façon purement graphique.

Remarques. — 1. Certains déterminants sont joints à un pronom (§ 351). Ils n'ont pas alors la fonction indiquée ci-dessus.

2. Le nom qui accompagne le déterminant est parfois sous-jacent (§ 217, *d*). Certains grammairiens considèrent qu'alors on n'a plus un déterminant, mais un pronom.

Devant un adjectif, cela appartient à l'usage régulier : *Une seconde femme se doit d'être jalouse du souvenir de* LA *première* (YOURCENAR, *Souvenirs pieux,* p. 21). — Autres ex. aux §§ 217, *d,* et 561, *b.*

Devant un syntagme prépositionnel, ou une proposition relative, ou une proposition introduite par *comme,* cette construction n'est permise qu'avec le numéral cardinal (parce qu'il peut être pronom) : *Une boîte en fer et* DEUX EN BOIS ; *un enfant qui rit et* UN QUI PLEURE.

Avec l'article *des,* avec l'article défini, avec le déterminant possessif ou démonstratif, cette construction appartient à la langue populaire ou à la langue enfantine : °*Des cartes postales en couleur et* DES *en noir.* °*La boîte en fer et* LA *en bois.* — Les ex. suivants font parler des enfants : *Quand on m'en* [= des couleurs] *donne, c'est toujours* DES *qui existent. Je voudrais en faire qui n'existent pas* (J.-J. GAUTIER, *Chambre du fond,* p. 12). — *Il y a des domaines qui sont et* DES *qui ne sont pas pour le bon Dieu* (ARAGON, *Mentir-vrai,* p. 15). — *Un stock de chaussettes [...],* DES *à losanges, à carreaux, en cashmere, en shetland* (M. CERF, *Les rois et les voleurs,* p. 198).

Par un effet plaisant, plutôt que pour rendre l'usage populaire : *Il y a aussi deux transports de permissionnaires qui partent ce soir,* DES QUI ONT RATÉ LE XMAS [= Christmas] EN TERRE BRITANNIQUE (QUENEAU, *Rude hiver,* XIII). — *De sa chair, il ne pressait entre ses mains que* CELLE DE SES, QU'ELLE AVAIT MAIGRES ET OSSEUSES COMME UN GARÇON [= que la chair de ses mains] (*ib.,* IX).

Au lieu de l'article défini, on emploie régulièrement le pronom démonstratif, qui est pourtant contesté dans certains cas (§ 673, *b*).

Pour *Cinquante francs et quelques,* °*Cinquante francs et des,* voir §§ 610, *a,* et 566, Rem. 2.

557　Espèces de déterminants.

Le déterminant minimal est l'**article,** en ce sens que les autres déterminants ajoutent une indication supplémentaire : une localisation

(démonstratif), un rapport avec un être ou une chose **(possessif)**, un nombre **(numéral)**, une quantité imprécise, etc. **(indéfini)**, le fait que l'on pose une question portant sur le nom **(interrogatif)** ou qu'on manifeste un sentiment vif à propos de la réalité désignée par le nom **(exclamatif)** ou que le nom a déjà été mentionné dans la phrase **(relatif)**.

Les classes des déterminants sont les mêmes que celles des pronoms, à l'exception de l'article, qui n'est que déterminant, et du pronom personnel. Un certain nombre de mots appartiennent aux deux catégories. Il y a d'autres parentés encore du point de vue étymologique. — C'est pourquoi on les a parfois appelés *adjectifs pronominaux*.

Nous avons conservé la nomenclature traditionnelle (en introduisant, toutefois, l'article parmi les déterminants). Elle n'est pourtant pas tout à fait satisfaisante ; les critères ne sont pas cohérents (notamment pour les interrogatifs-exclamatifs et les relatifs).

On a proposé de les répartir plutôt en deux classes : les *quantifiants* (article indéfini, numéraux, certains indéfinis) et les *identifiants*. Mais des difficultés subsistent.

558   Combinaisons de déterminants.

On n'emploie pas simultanément deux déterminants appartenant à la catégorie de l'article, du possessif, du démonstratif, de l'interrogatif, de l'exclamatif et du relatif. (Toutefois, le relatif contient l'article agglutiné.)

Les numéraux et certains indéfinis peuvent s'employer sans autre déterminant, mais ils peuvent aussi être accompagnés d'un article défini, d'un possessif, d'un démonstratif : LES DEUX *femmes*. CES QUELQUES *erreurs*. MES TROIS *amis*.

Le déterminant numéral ou indéfini suffit pour actualiser le nom : *Deux femmes* est un syntagme normal. Dans les ex. donnés ci-dessus, l'article, le démonstratif, le possessif sont là, non pas pour actualiser le nom, mais pour apporter les informations particulières à ces catégories. — On pourrait faire une analyse différente : dans ces syntagmes, les numéraux cesseraient d'être des déterminants ; cf. : *Les femmes (elles étaient* DEUX*)...* Mais cette transposition n'est pas praticable pour *quelque*, et *tout* pose des problèmes particuliers.

Hist. — Le numéral pouvait, dans l'ancienne langue jusqu'au XVIᵉ s., suivre le nom, ce qui montrerait qu'à cette époque il ne jouait pas le rôle de déterminant : *Ung homme avoit des enfans* DEUX (J. MICHEL, *Passion*, 16939).

559   Place des déterminants.

Le déterminant est placé avant le nom, et avant l'épithète, s'il y en a une devant le nom :

TROIS *enfants*. TROIS *jeunes enfants*. — Exception : *Feu* LA *reine* (§ 318, Rem. 1).

Lorsqu'un déterminant numéral ou indéfini est accompagné d'un article, d'un possessif ou d'un démonstratif (§ 558), le numéral ou l'indéfini sont placés immédiatement devant le nom, à l'exception de *tous* :

Mes TROIS *frères. Ces* QUELQUES *volumes*. — Mais : TOUS *les enfants*, TOUTE *la maison*.

Selon une syntaxe figée, les noms propres de lieux et de personnes sont parfois suivis de l'article défini et d'une épithète de caractère : *Alexandre* LE *Grand, Mantes-*LA*-Jolie*. Cf. § 318, Rem. 4.

560　　**Absence du déterminant.** — L'article étant le déterminant minimal, l'absence du déterminant équivaut à l'absence de l'article. Ce problème sera donc traité dans la section consacrée à celui-ci : §§ 570-571.

561　　**Répétition du déterminant dans la coordination.**

a) D'ordinaire, le déterminant se répète devant chacun des noms coordonnés :

> *Voici* DES *fruits,* DES *fleurs,* DES *feuilles et* DES *branches* (VERL., *Rom. sans par.,* Green). — *Qui les a établies ? En vertu de* QUEL *principe, de* QUELLE *autorité et de* QUELS *raisonnements ?* (MAUPASS., *Pierre et Jean,* Préf.) — *Il boit* DE LA *bière et de* DE L'*eau. Il prendra* SES *livres et* SES *cahiers.*

Mais le déterminant ne se répète pas :

— Quand les noms désignent un seul être ou objet : CE *collègue et ami. J'ai rencontré* DEUX *collègues et amis.* MON *seigneur et maître* (= mon mari, par plaisanterie). — *En deuil de* LEUR *fils et frère bien-aimé, Fernand* (YOURCENAR, *Souvenirs pieux,* p. 132).

— Quand le second nom est l'explication du premier : L'*onagre ou âne sauvage.*

— Quand les noms forment un tout étroitement uni, surtout dans des expressions traditionnelles : LES *officiers, sous-officiers et soldats.* LEURS *amis et connaissances.* LES *arts et métiers.* LES *us et coutumes.* LES *eaux et forêts.* PLUSIEURS *allées et venues.* UN *aller et retour. Il a* CINQ *frères et sœurs.*

Dans certains cas, il y a un problème pour l'accord du déterminant : voir § 562, *b.*

Le déterminant est répété si deux termes sont coordonnés sans conjonction de coordination (**J'ai cinq frères, sœurs) : Rendre à ce mot* TOUTE *l'étendue,* TOUTE *l'ampleur de sa signification première* (A. FRANCE, *Génie latin,* p. 106). [Sinon, on ne verrait pas que *toute* se rapporte aussi au second nom.]

Font exception des composés géographiques comme *l'Alsace-Lorraine, l'Autriche-Hongrie, la Bosnie-Herzégovine.* — Comp. aussi des noms communs composés : *Une porte-fenêtre.*

Une autre exception concerne l'expression °*Messieurs, dames,* °*monsieur, dame,* qui appartient à une langue peu distinguée, voire peu polie : *En entrant à l'hôtel, il disait :* « MESSIEURS, DAMES ! » *car on doit respecter les manières de chaque société* (LA VARENDE, *Manants du roi,* Biblioth. Plon, p. 229). — *Le maître d'hôtel. Le canot est là,* MONSIEUR DAME (J. SARMENT, *Discours des prix,* II, 1). — *Variante plus rare : Ils ne virent pas d'abord* M*me Pédebidou en camisole, le front armé de deux bigoudis. Mais ils l'entendirent, mielleuse : /* — *Pardon,* M'SIEUR ET DAME : *je venais voir si on pouvait fermer* (Fr. MAURIAC, *Fleuve de feu,* Œuvres compl., p. 245). — Dans l'usage distingué on dit : *Mesdames, Messieurs. Madame, Monsieur.*

Ces messieurs-dames s'emploie éventuellement avec des intentions de dénigrement : *Il paraît* [...] *qu'ils viennent là en tant que militants. Puisque* CES MESSIEURS-DAMES *viennent là en tant que militants, eh bien il est normal que nous les considérions comme des militants* (POMPIDOU, conférence de presse, dans le *Monde,* 11 janv. 1973).

b) La coordination peut concerner des adjectifs se rapportant à un seul nom.

Deux cas doivent être distingués : *J'ai rencontré une femme maigre et rousse* et *J'ai rencontré une femme blonde et une rousse.* Dans la première phrase, le nom désigne une seule réalité avec deux caractéristiques, et l'usage ordinaire exprime une seule fois le déterminant. Dans la seconde, le nom n'est pas répété, par économie (§ 217, *d*), mais il y a deux réalités ayant chacune sa caractéristique ; l'usage ordinaire exprime le déterminant devant chacune des épithètes. Mais cette opposition n'est pas toujours respectée dans la langue écrite.

1° Il y a une seule réalité (ou un seul ensemble).

Le déterminant n'est exprimé qu'une fois (usage ordinaire) :

C'est le fils de LA *charmante et triste Octavie* (A. BELLESSORT, *Virgile,* p. 244). — LEUR *courte, étroite, gentille et misérable petite jupe remonte au-delà du possible* (COLETTE, *Voyage égoïste,* p. 55).

Le déterminant est répété : *Il fréquentait* LA *singulière et* L'*affectueuse bonne* (HUYSMANS, *Cathédrale,* p. 44). — *Ô mères qui avez vu mourir* LE *premier et* L'*unique enfant* (CLAUDEL, *Corona benignitatis anni Dei,* Pl., p. 479). — *J'étais* UN *honnête et* UN *bon mari* (DANIEL-ROPS, *Maladie des sentiments,* p. 156). — *Pierre de Boisdeffre a tort de traiter* LA *pure et* LA *naïve Marie Noël de « fausse innocente »* (É. HENRIOT, dans le *Monde,* 11 févr. 1959). — *À tous les horizons* DE *nouvelles et* D'*infinies cités pullulaient* (P. GRAINVILLE, *Forteresses noires,* p. 31).

La répétition du déterminant est fréquente s'il n'y a pas de conjonction de coordination : *Pouvons-nous étouffer* LE *vieux,* LE *long Remords / Qui vit, s'agite et se tortille [...]* ? (BAUDEL., *Fl. du m.,* Irréparable.) — CETTE *grande,* CETTE *belle ville de Paris.*

Elle est aussi habituelle dans les superlatifs relatifs : *Ces ébats [...] lui avaient valu la réputation* DU *plus joyeux et* DU *meilleur garçon du monde* (A. de CHÂTEAUBRIANT, *M. des Lourdines,* II, 1). — Cf. § 950, *b.*

Hist. — À l'époque classique, il était assez courant que l'on répétât le déterminant avec des adjectifs coordonnés par une conjonction et concernant un seul être ou objet : *Ni Loups ni Renards n'épioient /* LA *douce et* L'*innocente proye* (LA F., *F.,* VII, 1). — ⁺L'*utile et* LA *louable pratique* (LA BR., VII, 18). — ⁺*C'est* UN *bon et* UN *honnête homme* (SÉV., 28 oct. 1685).

2° Il y a plusieurs réalités distinctes (ou plusieurs ensembles distincts), ayant chacune son épithète.

— Le déterminant est répété (usage ordinaire) :

Le nom est exprimé avec le second adjectif : *Il y a* UNE *bonne et* UNE *mauvaise honte* (AC., s.v. *honte*). — *Il y a* DE *bons et* DE *mauvais moments* (J. RENARD, *Journal,* 30 janv. 1905). — MA *douzième,* MA *treizième année ont été comme endeuillées par les récits que me faisait ma mère de l'écrasante défaite du Sud* (J. GREEN, *Journal,* 3 juillet 1951). — *Neuf statues en pierre,* DU *quinzième,* DU *seizième et* DU *dix-septième siècle* (BARRÈS, *Grande pitié des églises de Fr.,* 1914, p. 4). — L'*Ancien et* LE *Nouveau Testament (Dict. contemp.,* s.v. *bible*). — [Sur le nombre du nom, voir § 499, *d.*]

Le nom est exprimé avec le premier adjectif : UN *second coup de sonnette, puis* UN *troisième, puis* UN *quatrième emplirent de vacarme le petit logement* (MAUPASS., *C.,* Surprise). — *Après* LE *huitième vers et après* LE *dernier* (AC., s.v. *rondeau*).

S'il s'agit d'épithètes de relation (§ 317, *a*), la non-répétition du nom est assez littéraire : *La pierre de touche pour juger si un esprit appartient à* LA *civilisation française ou à* L'*allemande* (BARRÈS, *Maîtres*, p. 268). — Autres ex. au § 217, *d.*

— Le déterminant n'est pas répété (usage assez fréquent, malgré son illogisme).

Épithètes antéposées : *Jusqu'à* LA *troisième et quatrième génération* (CHAT., *Mém.*, I, X, 10). — *L'église de Balbec,* DU XII*e et XIII*e *siècle* (PROUST, *Rech.*, t. I, p. 384).

Épithètes postposées : *Guettant* TOUTE *proie morte ou vivante* (MAUPASS., *C.*, Âne). — *Les noms de* L'*antiquité hébraïque, grecque et latine* (BRUNOT, *Pensée*, p. 45). — *Tu crois peut-être que* [...] *tu possèdes* LA *vérité présente et future ?* (QUENEAU, *Rude hiver*, IV.) — *La structure* DU *français parlé et écrit* (MARTINET, *Français sans fard*, p. 91). — *Qu'il s'agît d'un demi-dieu mythologique, d'*UN *monarque anglais ou scandinave* (YOURCENAR, *Souvenirs pieux*, p. 18).

Remarque. — À côté des tours LA *langue latine et* LA *langue grecque*, parfaitement explicite, — LA *langue latine et* LA *grecque*, clair, mais parfois fort recherché, — LA *langue latine et grecque*, moins satisfaisant, mais assez fréquent, on peut encore avoir LES *langues latine et grecque*, tour clair lui aussi, dans lequel les épithètes s'accordent de manière distributive : voir § 331.

Hist. — *Les langues latine et grecque et La langue latine et grecque* sont condamnés par Vaugelas (pp. 493-494). Le premier tour reste technique et peu élégant pour Littré (s.v. *adjectif*, Rem. 3) ; il « n'est pas usuel » pour Brunot, *Pensée*, p. 166. Opinions sujettes à caution.

c) Pour °*Des cartes postales en noir et* DES *en couleurs,* voir § 556, Rem. 2.

562   Accord du déterminant.

a) Le déterminant s'accorde en genre et en nombre avec le nom qu'il détermine : MA *sœur.* MES *frères.* CE *palais et* CETTE *chaumière.*

Sur MON *amie,* voir § 590. — Très souvent, les déterminants pluriels (articles, possessifs, démonstratifs, numéraux, *plusieurs, quelques,* etc.) ont la même forme pour les deux genres.

b) Dans le cas, relativement rare (cf. § 561, *a*), où un seul déterminant sert pour plusieurs noms, l'accord se fait comme pour l'épithète : le déterminant se met d'ordinaire au pluriel ; le genre est celui des noms, si ceux-ci ont le même genre ; sinon, le déterminant est au masculin :

TES *père et mère honoreras* (version traditionnelle du Décalogue). — *On lui a demandé* SES *nom, prénoms et qualités.* — TOUS *les us et coutumes.*

On observe cependant quelques cas d'accord avec le premier nom :

— Si les noms désignent un seul être ou objet : UN *collègue et ami.* MON *seigneur et maître* (= mon mari, par plaisanterie). — *Sa Majesté* L'*Empereur et Roi a décidé* [...] (STENDHAL, *Corresp.*, t. III, p. 136). — *L'onagre ou âne sauvage.* — *Dans* L'*Alsace-Lorraine,* on envisage les deux provinces comme une unité.

— S'il s'agit des déterminants distributifs *tout* et *chaque* : CHAQUE *écolier et écolière.* — TOUT *parent, allié ou ami* (*Code civil,* art. 413).

— Dans des locutions traditionnelles (les noms sont souvent synonymes) : *Être* AU *lieu et place de qqn. En* SON *lieu et place. En* MON *âme et conscience. L'aller et retour.*

— En outre, dans la langue littéraire, de façon occasionnelle, par imitation des anciens usages (cf. Hist.) : *Ces* Éléments [de Géométrie] *d'Arnaud ont eu* UNE *longue utilité et célébrité* (SAINTE-BEUVE, *Port-Royal*, IV, 3). — *Elle* [= la discipline de la foi chrétienne] *implique* [...] UNE *prodigieuse accélération et élargissement de notre pulsation vitale* (CLAUDEL, *Seigneur, apprenez-nous à prier*, p. 64). — *Dans le mal, la logique touche à* LA *méchanceté et lâcheté suprêmes* (A. SUARÈS, *Vues sur l'Europe*, p. 138). — *Il y a* UNE *fierté et assurance du paysan* (ALAIN, *Propos*, Pl., p. 208). — *À* LA *grande surprise et colère de Fontane, Dolorès se dirigea résolument vers la longue voiture américaine de Castillo* (MAUROIS, *Roses de septembre*, p. 140). — *Les fraudes* [...] *sur* LA *quantité et qualité du travail achevé* (M. FOUCAULT, *Surveiller et punir*, p. 279).

Hist. — Dans l'ancienne langue, quand plusieurs noms étaient coordonnés, souvent l'article ne se mettait que devant le premier, avec lequel il s'accordait : LE *prix et hauteur de la vraye vertu est en* LA *facilité, utilité et plaisir de son exercice* (MONTAIGNE, I, 26). — *J'ay tiré autrefois usage de* NOSTRE *esloingnement et commodité* (ID., III, 9).

SECTION 2. — L'ARTICLE

Bibl. — G. GUILLAUME, *Le problème de l'article et sa solution dans la langue franç.* P., Hachette, 1919. — H. MATSUBARA, *Essai sur la syntaxe de l'article en franç. moderne.* P., Recueil Sirey, 1932.

563   Comme nous l'avons dit au § 557, **l'article** est le déterminant minimal, le mot qui permet au nom de s'actualiser, de se réaliser dans une phrase, si le sens ne rend pas nécessaire le choix d'un autre déterminant.

On distingue deux espèces d'articles : l'article *défini* et l'article *indéfini*, dont l'article *partitif* peut être considéré comme une variété.

Hist. — Le latin classique ignorait l'article : *Dux legatos misit* = LE *général envoya* DES *députés.* La très ancienne langue en faisait encore un emploi restreint. Cf. § 570, Hist.

I. — L'ARTICLE DÉFINI

564   L'article **défini** s'emploie devant le nom qui désigne un être ou une chose connus du locuteur et de l'interlocuteur (c'est l'article *notoire* de Damourette et Pichon) :

LE *soleil luit pour tout le monde* (réalité faisant partie de l'expérience commune). — *Donnez-moi* LA *clé* (réalité que la situation identifie parfaitement). — L'*archevêque de Paris* (il y en a un seul). — *J'ai pris* LA *route qui conduit à Reims* (le complément du nom, ici une relative, permet d'identifier la réalité). — *Aimer* LES *livres* (tous les représentants de la catégorie). — *Marinette chantait une petite chanson à un poussin jaune qu'elle tenait sur les genoux. / — Tiens, dit* LE *poussin en regardant du côté de la route, voilà un bœuf* (AYMÉ, *Contes du chat perché,* Le cerf et le chien). [Le *personnage* a été présenté avant qu'on le désigne au moyen de l'article défini.) — *Une importante affaire d'espionnage à laquelle était mêlé* L'*attaché militaire adjoint (et sans doute un homme d'affaires) français* (G. VIRATELLE, dans le *Monde,* 7 juin 1985). [Rem. l'article indéfini devant le nom coordonné : un parmi d'autres.]

Dans l'ex. d'Aymé, l'article est assez proche du démonstratif. De même, quand on désigne une réalité présente : *Oh !* LE *beau papillon !* — ou un moment proche de celui où l'on parle : *Nous partons à* L'*instant.*

Sur les choix entre l'article défini et le possessif, voir § 591. — Sur l'article défini comme marque du superlatif relatif, voir § 949.

L'article défini singulier peut aussi s'employer quand on envisage une espèce, une catégorie, et non seulement un individu : LE *chien est l'ami de l'homme.*

565　　**Formes de l'article défini.**

a) Formes **simples.**

Le, avec un nom masculin singulier : LE *frère.*

La, avec un nom féminin singulier : LA *sœur.*

Les [le] ou [lɛ], en liaison [lez] ou [lɛz], avec un nom pluriel, quel que soit le genre : LES *parents.* LES *mères.* LES *enfants.* — Parfois avec plusieurs noms singuliers (§ 562, *b*) : LES *père et mère.*

Au singulier, l'article s'**élide** devant un mot commençant phonétiquement par une voyelle :

L'*été.* L'*automne.* L'*homme.* L'*heure.* L'*humble fleur.* — S'il y a disjonction (§§ 47-50), l'article a sa forme pleine : LE *handicapé.* LA *hernie.* LE *huit.* LE *ouistiti.* LE *huis-clos.* LE *uhlan.*

L'*e* muet peut disparaître aussi dans la prononciation (§ 29), mais non dans l'écriture, devant une consonne : *Devant* LE *mur* [d(ə)vɑ̃ l myr].

Hist. — En anc. fr., l'article présentait les formes suivantes. Masc. sing., cas sujet, *li ;* cas régime, *lo,* et, à partir du XIIe s., *le.* — Masc. plur., cas sujet, *li ;* cas régime, *les.* — Fém. sing. (cas sujet et cas régime), *la* (dans les textes picards et wallons, on avait *le* ou *li* à côté de *la*). — Fém. plur. (cas sujet et cas régime), *les.* — Ces différentes formes remontent à des formes du démonstratif latin *ille.*

Par un phénomène d'agglutination, l'article élidé s'est parfois soudé avec des noms qui autrefois commençaient par une voyelle. Ainsi, *lierre, loriot* (autrefois *loriol*), *luette, lendemain* ont été formés par agglutination de l'article *l'* et des anciennes formes *ierre* (lat. *hedera*), *oriol* (lat. *aureolus*), *uette* (lat. **uvitta*), *endemain* (lat. **inde de mane*) : L'ENDEMAIN *de la saint Martin* (VILLEHARDOUIN, § 80). Par un phénomène contraire, l'*a* initial d'un nom fém. a été pris, dans quelques cas, pour l'*a* de l'article *la,* et s'est déglutiné : *la griotte* (pour *l'agriotte* = cerise aigre) ; *la prêle* (pour *l'âprelle* = plante âpre au toucher).

b) Formes **contractées.**

Lorsqu'ils sont précédés d'une des prépositions *à* ou *de*, *le* et *les* se contractent avec celle-ci : *À* + *le* → *au ; à* + *les* → *aux. De* + *le* → *du ; de* + *les* → *des.*

> *Appeler* AU *secours. Parler* AUX *voisins et* AUX *voisines. Le repas* DU *soir. La veille* DES *vacances.* — Au pluriel, devant voyelle, la liaison est en [z] : *Parler aux enfants. La cime des arbres.*
>
> *Du* doit être distingué de l'article partitif *du*, et *des* doit être distingué de l'article indéfini ou partitif *des.* Cf. § 568.

Il reste quelques traces de l'ancien article contracté *ès*, [ɛs] devant consonne, [ɛz] devant voyelle, représentant *en* + *les :*

> Les titres universitaires *maître* ès *arts ; bachelier, licencié, docteur* ès *sciences*, ès *lettres.*
>
> La formule juridique ès *qualités* « en tant qu'exerçant sa fonction » : *On m'avait demandé de présider cette conférence* ès *qualités* (BILLY, dans le *Figaro litt.*, 13 déc. 1952). [Sur *ès qualité*, voir ci-dessous. En Belgique, on emploie la formule latine *qualitate qua* « en cette qualité ».]
>
> La formule archaïque ès *mains de* « dans les mains de » : *En lui remboursant les frais* [...] *ou les consignant* [...] ès *mains du greffier* (*Code de procéd. civ.*, art. 804). — *En remettant* ès *mains du général le joli sac rebondi* (PERGAUD, *Guerre des boutons*, II, 8).
>
> Des noms de lieux : *Riom-*ÈS-*Montagnes* (Cantal), *Sury-*ÈS-*Bois* (Cher), etc. — En outre *Saint-Pierre-*ÈS-*Liens*, église de Rome, mais on dit d'ordinaire *Saint-Pierre-aux-Liens.* Cf. aussi : [fête] *consacrée à saint Pierre-*ÈS-*Liens* (VAN GENNEP, *Manuel de folklore fr. contemp.*, t. I, p. 2103).

D'autres emplois sont plus occasionnels.

> Dans la langue juridique : *Cours et jardins assis* ÈS*dites villes et faubourgs* (*Code civil*, art. 663).
>
> Dans la langue littéraire, le plus souvent par badinage, et notamment par imitation des titres universitaires : *Un cerf et sa biche* ÈS-*bois authentiques* (VERL., *Chans. pour elle*, XVIII). — *Prenant garde*, ÈS-*cajoleries, d'en avoir toujours un peu de reste* (MONTHERLANT, *Jeunes filles*, p. 125). — *Telle était jadis la coutume* ÈS-*abbayes normandes* (LA VARENDE, *Nez-de-Cuir*, V, 5). — *Il* [= Clemenceau] *demeure toujours le maître* ès *ruses, escamotages et tours de bâton politiques* (BARRÈS, dans le *Gaulois*, 13 juillet 1907). — *Il n'y a pas de canton qui n'ait sa douzaine de docteurs* ès *vignes* (R. BAZIN, *Récits de la plaine...*, p. 136). — *Le professeur* ès *idées générales* (JAMMES, *Janot-poète*, p. 230). — *Un de ces spécialistes* ès *sciences occultes* (DANIEL-ROPS, *Saint Paul*, p. 73). — *Ces bailleurs de fonds se sentaient maîtres* ès *réalités* (YOURCENAR, *Œuvre au noir*, p. 84).

L'oubli de la valeur primitive amène des auteurs assez nombreux à employer *ès* avec un singulier. Puisqu'il s'agit d'un archaïsme un peu prétentieux, n'est-il pas logique de l'employer de préférence à bon escient ? On n'imitera donc pas les auteurs suivants : *Au parfait magicien* ès *langue française* (BAUDEL., *Fl. du m.*, Dédic., 1ʳᵉ version). [Texte définitif : *... ès lettres françaises.*] — *À un étudiant* ès *philosophie* (BENDA, *France byzantine*, p. 289). — *Ces maîtres* ès *incompréhension* (Ch. DU BOS, *Dialogue avec André Gide*, p. 243). — *Les experts* ès *politique* (DANINOS, *Daninoscope*, p. 291). — *Lui-même aurait eu bien besoin d'avoir un maître* ÈS-*conduite* (J. ORIEUX, *La Fontaine*, p. 72). — *Thérapeutes et conseillères* ès *navigation* (DECAUX, *Hist. des Françaises*, t. I, p. 50). — Même *ès qualité* (cf. ci-dessus) se lit : H. BAZIN, *Bienheureux de la Désolation*, p. 100 ; R. VAILLAND, *Beau Masque*, I, 5 ; J.-P. CHABROL, *Embellie*, p. 19.

Une autre fantaisie, fréquente chez Verlaine, est de faire suivre ès d'un déterminant : Ô rouquine [...] qui mis ton rose et blanc / Incendie ÈS mon cœur (VERL., Parallèlement, Prologue supprimé...).

Hist. — L'anc. fr. a connu aussi une contraction de en et de le ; ou et on sont encore attestés au XVIᵉ s. : OU monde n'est semblable melodie (LEMAIRE DE BELGES, Concorde des deux langages, p. 20). — ON livre que j'ay faict (RAB., Garg., éd. princ., VII). — Au et parfois aux ont absorbé les formes contractées avec en. Voir aussi § 1002, b, et Hist.

Les formes contractées résultent de faits phonétiques, notamment de la vocalisation (§ 68) ou de la chute de l.

Remarques. — 1. Aujourd'hui (cf. Hist.), les noms de famille commençant par l'article le n'admettent pas la contraction :

Les tableaux DE Le Nain. La Psychologie des foules DE Le Bon. — Les anecdotes DE Le Goffic (BARRÈS, dans le Voltaire, 14 janv. 1883). — Le style DE Le Corbusier (H. QUEFFÉLEC, Portrait de la Suède, p. 249).

En Normandie, on dit encore, selon La Varende (Nez-de-Cuir, II, 3), Au Febvre pour À Lefebvre.

Hist. — À l'époque classique, la contraction se faisait encore dans ce cas : ⁺Tout chemin est allée au royaume DU Nostre (LA F., Amours de Psyché, Pl., p. 186). — ⁺Le premier mot qu'il dit AU Tellier (RETZ, Mém., Pl., p. 369). — ⁺Il demanda AU Nostre ce qui en était (SAINT-SIMON, Mém., Pl., t. IV, p. 947).

2. L'usage régulier contracte la préposition avec les noms de lieux commençant par le ou les :

Aller AU Caire, AUX Andelys. Venir DU Touquet, DES Sables-d'Olonne. L'aérodrome DU Bourget. — Je préfère rentrer avec toi AU Havre (ZOLA, Bête hum., I). — Le notaire DU Havre (titre d'un livre de G. DUHAMEL).

On n'approuvera donc pas des ex. comme : À Le Tremblai (Rita LEJEUNE, Œuvre de Jean Renart, p. 425). — Évocation DE Le Vigan dans Nord (H. PARMELIN, Perroquet manchot, p. 69).

3. Quand un titre d'ouvrage, de tableau, etc., commençant par le ou les est amené par une des prépositions à ou de, le plus souvent la contraction se fait :

L'auteur DU Misanthrope. Le succès DES Croix de bois. Molière songeait AUX Précieuses ridicules. — La comédie DES « Fâcheux » (AC., s.v. fâcheux). — Les acheteurs DES Frères Karamazov diffèrent des acheteurs DU Train de huit heures quarante-sept (GIRAUDOUX, Combat avec l'ange, VIII).

Ex. irréguliers : Jean Marais, créateur DE Les Parents terribles (COLETTE, Paris de ma fenêtre, p. 70). — La quatrième partie, éditée en 1941 sous le titre DE les Temps mêlés (QUE-NEAU, Saint-Glinglin, 1981, p. 7). [Le plus simple aurait été de supprimer la préposition dans cet ex. : cf. § 336, a.]

Quand le titre contient deux noms coordonnés par et, ou, tantôt on fait la contraction (soit avec le premier article seulement, le second article restant libre ou étant supprimé, soit, ce qui est plus rare, avec chacun des deux articles) ; — tantôt on ne la fait pas :

Avec contraction : Dans la dédicace DU Coq et l'Arlequin (COCTEAU, Poésie critique, p. 83). — Des Feuilles d'automne AUX Rayons et les Ombres (MAUROIS, dans les Annales, mai 1953, p. 41). — Gœtz, le héros DU Diable et le Bon Dieu (ID., Ce que je crois, p. 133). —

À propos DES Semailles et les Moissons (BILLY, dans le *Figaro,* 11 nov. 1953). — *Les beautés* DU Rouge et le noir (MONTHERLANT, *Marée du soir,* p. 89). — *Au troisième chapitre* DU Rouge et le Noir (GENETTE, *Figures III,* p. 112). — *L'auteur* DES Mots et les Choses (POIROT-DELPECH, dans le *Monde,* 16 déc. 1977).

Le sous-titre donné AU Rouge et Noir (THIBAUDET, *Hist. de la litt. fr. de 1789 à nos jours,* p. 204). — DU Rouge et Noir *à Crime et Châtiments* (P.-H. SIMON, *Hist. de la litt. fr. au XX⁻ᵉ s.,* t. II, p. 59).

Le héros DU Rouge et du Noir (P. GUTH, *Naïf aux 40 enfants,* p. 23).

Sans contraction : *Quand M. Victor de Tracy m'a parlé* DE Le Rouge et le Noir (STENDHAL, *Vie de H. Brulard,* t. I, p. 131). — *La fin* DE Le Rouge et le Noir (G. DUHAMEL, *Défense des lettres,* p. 265). — *À propos* DE Le Rouge et le Noir (J. ROMAINS, *Hommes de b. vol.,* t. XVIII, p. 110). — *Il manque* à Les Semailles et les Moissons *la dimension que lui auraient donnée un ou deux personnages d'un niveau supérieur* (BILLY, dans le *Figaro,* 26 mars 1958).

Ces diverses façons de dire ont quelque chose de bizarre, l'avant-dernière n'étant naturelle que quand les noms coordonnés représentent précisément les acteurs principaux (et ce n'est plus alors vraiment un titre : *La fable* DU *Loup et* DE *l'Agneau* [AC., s.v. *fable*] et l'on écrit sans italiques ni guillemets). — Il semble que le mieux soit d'employer comme tampon un terme générique (*poème, roman,* etc.) avec le titre simplement juxtaposé (§ 336, *a*) : *Voyez la fin du roman* Le rouge et le noir.

Une difficulté analogue se présente quand le titre est une phrase verbale, et ici encore le mieux est de recourir à un terme tampon.

Avec contraction : *La reprise* DU Roi s'amuse (L. DAUDET, *Stupide XIXᵉ s.,* p. 105). — *La scène* DES Oiseaux s'envolent (É. HENRIOT, *Rose de Bratislava,* III). — *Le* Dernier civil *peut être comparé* AUX Dieux ont soif (THÉRIVE, dans le *Temps,* 16 sept. 1937). — *Un exemplaire* DU Roi s'amuse (COPPÉE, *Souvenirs d'un Parisien,* p. 61). — *L'auteur* [...] DES Mots sont aussi des demeures (Cl. MAURIAC, *Alittérature contemporaine,* p. 255). — *Celle* [= la description] *que faisait Joyce* DES Lauriers sont coupés (GENETTE, *Figures III,* p. 193).

Sans contraction (plus rarement) : *Le début* DE Les Cœurs gravitent (F. STROWSKI, *Renaissance littér. de la Fr. contempor.,* p. 142). — *Le romancier* DE Les oiseaux s'envolent et les Fleurs tombent [où l'on a en même temps une coordination] (R. LALOU, *Hist. de la litt. fr. contemp.,* t. I, p. 427). — *L'Abellio* DE Les yeux d'Ézéchiel se sont ouverts (É. HENRIOT, dans le *Monde,* 11 juin 1952).

II. — L'ARTICLE INDÉFINI (ET L'ARTICLE PARTITIF)

566   **L'article indéfini** s'emploie devant un nom désignant un être ou une chose (ou des êtres et des choses) dont il n'a pas encore été question, qui ne sont pas présentés comme connus, comme identifiés :

UNE *personne demande à vous voir.* — DES *gens demandent à vous voir.* — *Il est d'*UNE *bêtise incroyable.* (Dans *Il est d'*UNE *bêtise !* l'adjectif est laissé implicite.)

Il peut avoir aussi une valeur générale : UN *triangle équilatéral a les trois côtés égaux* (= n'importe quel triangle équilatéral).

Un est aussi numéral (§ 573). Quand il est article, on n'insiste pas sur le nombre (par opposition à *deux*, etc.), mais sur le fait que la réalité est imprécise. — Selon la remarque de M. Wilmet (dans *Langue fr.*, févr. 1983, p. 32), *un* numéral est nié par *pas un ; un* article par *aucun* ou *nul*. — L'anglais rend l'article par *a*, le numéral par *one*.

Le pluriel *des* est assez proche des déterminants indéfinis *quelques, certains*.

Remarques. — 1. *Des* s'emploie, par emphase, devant un numéral, même *un :*

Ces êtres qui ont traversé DES *deux*, DES *trois*, DES *quatre formes d'existence* (BOURGET, *Cosmopolis*, p. 11). — *Il y a des endroits où vous avez jusqu'à* DES *un mètre, un mètre cinquante d'eau* (J. ROMAINS, *Hommes de b. vol.*, t. VII, p. 164). — Cf. § 493, *b*, et Rem.

2. Sans doute par analogie avec *et quelques* (§ 610, *a*), la langue familière construit *et des* en coordination avec un numéral pour indiquer une partie numérique qu'on ne peut ou qu'on ne veut exprimer :

Âgé de cinquante et DES *années* (BARRÈS, dans le *Gaulois*, 20 juin 1902). — *Vous me devez trois mille et* DES *francs* (FARRÈRE, *Petites alliées*, XV). — *Il y a quarante et* DES *années* (AYMÉ, *Vouivre*, V). — *Sept cents et* DES *jours* (J.-J. GAUTIER, *Chambre du fond*, p. 139). — Autres ex., avec *années :* Tr. BERNARD, *Prince charmant*, I ; S. GUITRY, *N'écoutez pas... Mesdames !* II ; ARAGON, *Aurélien*, p. 165.

Plus familier encore, sans nom : *Tu as indiqué 100 et* DES *au lieu qu'il s'agissait de 1100 et* DES (APOLLIN., *Corresp.*, p. 779). — *Il avait ce nez allongé que je connais bien, depuis cinquante et* DES, *que je l'endure* (R. MARTIN DU GARD, *Thib.*, Pl., t. I, p. 887).

En Belgique, la langue populaire dit, en plaçant *et des* après le nom (ce qui se produit aussi avec *quelques :* § 610, *a*) : °*Il a cinquante ans et* DES. — Mais cela ne semble pas inusité en France comme le montre cet ex. forgé par M. Roques : *Cette dame qui fait la jeune à 50 ans et* DES (dans Nyrop, *Études de gramm. fr.*, n° 29, p. 10).

567 L'**article partitif** n'est autre chose, pour la valeur, qu'un article indéfini employé devant un nom désignant une réalité non nombrable (substances *massières*, comme disent Damourette et Pichon), pour indiquer qu'il s'agit d'une quantité indéfinie de cette chose :

Boire DU *vin.* — Aussi avec des choses abstraites non quantifiables : *Avoir* DU *courage.*

Des réalités nombrables peuvent être considérées comme non nombrables : *Manger* DU *cheval* (= de la viande de cheval). — *Dans tout ancien professeur de philosophie, il y a* DE L'*apôtre* (BOURGET, *Tribun*, p. 32). — *Il y a du gibier authentique en Provence,* DU *lièvre,* DU *lapin,* DU *perdreau* (CLEMENCEAU, *Grand Pan*, p. 64).

568 **Formes de l'article indéfini et de l'article partitif.**

a) Ce n'est qu'au **singulier** que l'on distingue l'indéfini et le partitif.

1° Pour l'article indéfini proprement dit, *un* [œ̃], en liaison [œ̃n] [1] devant un nom masculin : UN *mur,* UN *homme ;* — *une* [yn] devant un nom féminin : UNE *femme.*

---

1. Prononciations traditionnelles. Elles sont fortement concurrencées par [ɛ̃], [ɛ̃n]. Voir § 25, *a*, Rem.

Hist. — *Un* provient du numéral latin *unus*, qui signifiait « un seul, un en particulier ». Il a pris peu à peu le sens de « un certain » (cf. lat. *quidam*), puis celui de « un quelconque » (cf. lat. *quiuis, quilibet*).

Remarque. — Lorsqu'il est coordonné à *l'autre, un* est remplacé par *l'un :*

Sur L'UNE *et l'autre rive* (ARLAND, *Grâce*, p. 172). — *Dans* L'UN *ou l'autre bassin* (CHAT., *Mém.*, IV, XI, 1). — *Ni* L'UN *ni l'autre escadron n'arriva* (MICHELET, *Jeanne d'Arc*, p. 46). — Mais °*Sur* L'UNE *rive et sur l'autre* n'est pas correct, cf. § 715, Rem. 2.

2° Pour l'article partitif, avec un nom masculin, *du* devant consonne, *de l'* (cf. § 565, *a*) devant voyelle : *Boire* DU *vin*, DE L'*alcool*, DE L'*hydromel ;* — avec un nom féminin, *de la* devant consonne, *de l'* (cf. § 565, *a*) devant voyelle : *Boire* DE LA *bière*, DE L'*eau*. — Sur la variante *de*, voir § 569.

b) Au **pluriel**, on a une forme unique, à la fois pour le masculin et pour le féminin, pour l'indéfini et pour le partitif : *des* [de] ou [dɛ], en liaison [dez] ou [dɛz] ; — parfois *de* (§ 569).

J'ai mangé DES *pommes,* DES *ananas,* DES *confitures,* DES *épinards.*

N.B. — Ne pas confondre *du* partitif et *du* article contracté : *La récolte* DU *blé ;* — *des* indéfini ou partitif et *des* article contracté : *La cime* DES *arbres* (§ 565, *b*). — De même, *de la, de l'* peuvent être simplement la succession d'une préposition et d'un article : *Parler* DE LA *pluie et de* L'*orage.*

Hist. — 1. Le tour *mangier del pain* n'est pas inconnu de l'anc. fr., mais l'article y a une valeur démonstrative : *Mes j'ai* DEL *pain avec moi aporté* (*Aliscans*, 819*i*) [= du pain bénit dont il a été question plus haut]. — *De* n'est pas ici la préposition dans son emploi ordinaire de liaison, mais un mot introducteur (§ 1044, *d*, 2°) qui encore aujourd'hui peut se joindre à d'autres déterminants et à des pronoms. Le syntagme ainsi construit est susceptible d'être sujet, sujet réel, complément d'objet : *Parfois* DE *nos camarades viennent en voisins* (MORAND, *Ouvert la nuit*, F°, p. 193). — *Je croyais ouïr* DE *ces bruits prophétiques / Qui précédaient la mort des Paladins antiques* (VIGNY, *Poèmes ant. et mod.*, Cor). — DE *quel vin prenez-vous ? Je prendrai* DE *celui-là.*

D'autres ex. de l'anc. fr. semblent plus proches de notre usage : *Deit hom perdre* DEL *sanc e* DE LA *char* (*Rol.*, 1119). Trad. de Bédier et de Moignet : *On doit perdre* DU *sang et* DE LA *chair*. Mais pour l'homme du moyen âge, l'équivalent serait peut-être : *... de son sang et de sa chair.* — Ce n'est que peu à peu que l'article partitif s'est établi au sens qu'il a dans la langue moderne. On l'omettait encore parfois au XVIIᵉ et au XVIIIᵉ s. : ⁺*Je voulais gagner temps* (CORN., *Pol.*, V, 2). — ⁺*Qu'importe à gens de cette étoffe ?* (BEAUMARCHAIS, *Mar. de Fig.*, III, 4.)

2. Le pluriel *uns, unes* s'employait jusque dans le XVIᵉ s. devant des noms n'ayant que la forme du pluriel ou n'ayant pas au pluriel le même sens qu'au singulier, ou encore devant des noms de choses allant ordinairement par paires ou considérées collectivement : *En* UNES *granz plaines* (WACE, *Brut*, 9271). — *Avoit* UNES *grandes joes* [= joue] *[...] et* UNES *grans narines lees* [= larges] *et* UNES *grosses levres* [...] *et* UNS *grans dens gaunes* (*Aucassin et Nic.*, XXIV). — *Et le pendirent par les bras a* UNES *fourches* (JOINVILLE, § 536). — *Vestu de* UNES *brayes* (ID., § 321). — UNS *cisaux* (*Renart*, XIV, 377). — *Une messe,* UNES *matines,* UNES *vespres bien sonneez sont à demy dictes* (RAB., *Garg.*, XL). — Ces formes plurielles se sont maintenues dans les pronoms *les uns, quelques-uns*. Pour le reste, on ne peut pas dire qu'elles

ont été remplacées par *des,* puisque celui-ci est ambigu ; ce n'est que par une périphrase que l'on peut exprimer l'unité à propos d'un mot comme *vêpres.* Cf. § 497.

Remarque. — La préposition *de* ne peut être suivie des articles *du, de la, de l',* *des.* Ceux-ci doivent s'effacer par *haplologie* (§ 218) :

Du *sable couvre le sol.* → *Le sol est couvert* DE *sable.* — *Rencontrer* DES *amis est* *agréable.* → *La rencontre* D'*amis est agréable.* — *Tu t'intéresses à* DES *bêtises.* → *Tu t'occupes* DE *bêtises.*

569   *De* (*d'* devant voyelle) **comme article indéfini ou partitif.**

a) Quand le **nom** est **précédé d'une épithète.**

1° Au pluriel, *des* est remplacé par *de* (DE *bons fruits*) ordinairement dans la langue écrite et aussi dans la langue parlée de type soigné. Mais *des* (qui n'est pas récent : cf. Hist.) prévaut dans la langue parlée et se répand dans la langue écrite.

— *De :* DE *jolies maisons blanches qu'entourent des bosquets* (VIGNY, *Cinq-Mars,* I). — *Après* D'*interminables heures d'affût vaines* (GRACQ, *Rivage des Syrtes,* p. 129). — *Avec* DE *fortes moustaches* (SARTRE, *Mots,* p. 12). — *En faisant* DE *plaisantes grimaces* (PAGNOL, *Gloire de mon père,* p. 55). — [...] *fit à leur adresse* DE *grands signes d'amitié* (M. DURAS, *Petits chevaux de Tarquinia,* p. 25). — *C'est l'usage à peu près constant devant autres : Les étendues monotones réservées à* D'*autres rêves* (J. et J. THARAUD, *Marrakech,* p. 2). Le nom est implicite (ou représenté par *en*) : *C'est une bibliothèque de marbres. Il y en a* DE *blancs* [...], DE *roses* [...], DE *bruns* (TAINE, *Voy. aux Pyrén.,* p. 268). — *Mon père acheta des chrysanthèmes ; il y en avait* DE *neigeux,* DE *lie-de-vin,* D'*orangés* (E. JALOUX, *Le reste est silence,* II). — *Certaines choses que je comprenais, je ne les comprends plus, et à chaque instant* DE *nouvelles m'émeuvent* (J. RENARD, *Journal,* 28 oct. 1896). — *Cela est à peu près constant avec autres : Hochedé ne rejette pas la défaite sur* D'*autres que lui* (SAINT EXUPÉRY, *Pilote de guerre,* p. 210).

— *Des :* DES *vieilles chansons* (NERVAL, *Filles du Feu,* Sylvie, XI). — DES *petits moblots alertes* (MAUPASS., *C.,* Boule de suif). — DES *petits rires muets* (A. DAUDET, *Tart. sur les Alpes,* p. 38). — DES *mauvaises gens* (BARRÈS, *Colline insp.,* p. 174). — DES *petits trous* (LOTI, *Aziyadé,* p. 5). — DES *petits yeux* (J. ROMAINS, *Copains,* p. 41). — DES *petits pains au* yucca (MAUROIS, *Roses de septembre,* p. 159). — DES *petits cris de rats* (A. CAMUS, *Peste,* p. 30). — DES *joyeux transports* (AC., s.v. *joyeux*). Le nom est implicite : *Il y en avait* [= des chiens] *de toutes les formes, de toutes les origines,* DES *grands et* DES *petits,* DES *blancs et* DES *noirs,* DES *rouges,* DES *fauves,* DES *bleus,* DES *gris* (MIRBEAU, *Dingo,* III). — *Des petits carrés de lumière s'allumaient. Il y en avait* DES *blancs,* DES *jaunes et* DES *rouges* (J. SARMENT, *Jean Jacques de Nantes,* p. 281). — *Certes, des regards d'ânes, j'en ai vu plus d'un, et l'ai raconté.* DES *bons,* DES *tendres,* DES *doux et* DES *tristes* (H. BOSCO, *Barboche,* p. 96). — *Ils ont aussi des « Entreprises générales d'Incendies ».* DES *grandes, et de plus petites* (H. MICHAUX, *Ailleurs,* 1967, p. 16). [Remarquez le traitement différent des deux syntagmes coordonnés.] Lorsque l'adjectif forme avec le nom une véritable locution (à plus forte raison, s'il y a un trait d'union), *des* s'impose : DES *grands-pères.* DES *grands-mères.* DES *jeunes gens.* — DES *honnêtes gens* (BECQUE, *Corbeaux,* I, 1). — *Donnez-moi* DES *petits pois* (LITTRÉ, s.v. *pois*). — *Dire* DES *bons mots* (AC., s.v. *mot*).

Cependant, même dans ce cas, on trouve parfois *de :* DE *nouveaux venus* (ALAIN-FOUR-NIER, *Gr. Meaulnes*, p. 266). — DE *petits enfants* (SAMAIN, *Chariot d'or,* Matin sur le port). — DE *petits garçons* (J. MALÈGUE, *Augustin,* t. I, p. 242). — *Une nation capable de produire* DE *grands hommes* (G. DUHAMEL, *Tribulations de l'espérance,* p. 52). — *Des regrets, des pro-messes,* DE *demi-aveux* (J.-L. BORY, *Peau des zèbres,* p. 21).

2° Au singulier, *de* se rencontre encore dans la langue écrite, mais *du, de la, de l'* sont les tours vraiment normaux (*de bon vin* est compris par l'usager ordinaire comme une erreur pour *de bons vins*).

De : Je buvais DE *bonne bière* (P. BENOIT, *Axelle,* p. 63). — *J'ai le plus grand plaisir, dit-il, à jouer* DE *bonne musique* (G. DUHAMEL, *Musique consolatrice,* p. 82). — *Cela fait* DE *bonne viande de boucherie* (VERCORS, *Armes de la nuit,* p. 102). — *Nous enragions de voir* DE *si bonne poudre se perdre en de longs feux* (GIONO, *Moulin de Pologne,* p. 113). — *C'est* DE *bon bois* (MAULNIER, *Jeanne et les juges,* IX). — *Je savoure au café Florian* D'*excellent café glacé à la crème* (É. HENRIOT, *Promenades italiennes,* p. 47). — *M. G.* [= Grevisse] *y fait* DE *fort bonne besogne* (J. DAMOURETTE, dans le *Fr. mod.,* oct. 1939, p. 360). — *Pour entendre* DE *bonne musique* (SARTRE, *Mots,* p. 18).

Formes pleines : *Nous faisons là* DE LA *grande psychologie* (BARRÈS, *Appel au soldat,* t. I, p. 21). — *C'est* DU *bon théâtre* (HERMANT, *Théâtre (1912-1913),* p. 222). — [...] *fera* DE LA *bonne besogne plutôt que* DE LA *belle œuvre* (MAURRAS, dans Barrès et Maurras, *La Répu-blique ou le roi,* p. 107). — *Faire* DE LA *bonne besogne, de bonne besogne* (AC., s.v. *besogne).* — *Si j'avais sous la main une bonne plume,* DE LA *bonne encre et* DU *bon papier* (GIDE, *Journal,* 4 juin 1949).

Hist. — Avant le XVIIe s., on employait indifféremment la forme pleine ou la forme réduite de l'article partitif (ou indéfini) quand un adjectif précédait le nom. La règle *D'excel-lents hommes, Des hommes excellents,* formulée par Maupas, a été consacrée par Vaugelas (pp. 330-331). — Cependant l'usage est resté flottant au XVIIe s. : ^+*Sous* DES *belles et douces apparences* (SÉV., 12 janv. 1676). — DES *indignes Fils* (RAC., *Mithr.,* I, 3). — DU *haut style* (MOL., *Préc.,* IV). — ^+DE *jeunes gens* (FÉNEL., *Dial.,* 53). — DE *bons mots* (MOL., *Mis.,* II, 4).

Au début du XVIIe s., on trouvait aussi *de* devant un nom sans épithète : *Adieu belles Rostisseries* [...] / *Où j'ay veu fumer* D'*Aloyaux* (SAINT-AMANT, t. II, pp. 43-44). — Proust relève encore cette façon de dire dans la bouche de la servante Françoise : *Si elle tenait tant* [...] *à ce que l'on sût que nous avions «* D'*argent »* (*car elle ignorait l'usage de ce que Saint-Loup appelait l'article partitif et disait « avoir* D'*argent », « apporter* D'*eau »*) [...] (*Rech.,* t. II, p. 21). — Cela est signalé aussi dans le Midi.

b) Quand les **adverbes de degré** *assez, beaucoup, combien, moins, plus, trop,* etc. sont **employés comme déterminants** indéfinis (§ 607, *a),* c'est par *de* qu'ils sont unis au nom dans le français régulier :

Il reste en mon jardin bien peu DE *fruits vermeils* (BAUDEL., *Fl. du m.,* Ennemi). — *Je me rends compte que l'enfant que je fus* [...] *a eu beaucoup* DE *chance* (R. CHAR, *Œuvres compl.,* p. 260). — *Elle ne chante plus. Je pense que c'est parce qu'il y a trop* DE *malheurs dans ses chansons* (É. AJAR, *Angoisse du roi Salomon,* p. 62).

La langue populaire de diverses régions, surtout avec *beaucoup,* emploie souvent la forme pleine de l'article partitif : *J'ai autant* D'L'*argent dans ma poche comme vous pouvez en avoir* (dans Bauche, p. 29, note). — *Il y a beaucoup* DES *gens qui...* (*ib.,* p. 120). — *Assez* DES *bonnes nouvelles* (lettre de soldat, dans Frei, p. 198). — Dans la littérature, pour rendre le parler populaire : *Ayant beaucoup* DES *enfants, alors il se croit obligé d'aller en troisième* (QUENEAU, *Chiendent,* F°, p. 38).

Si le nom est accompagné par un complément ou par une proposition relative ou, plus généralement, si l'article défini est requis parce qu'il s'agit d'une
réalité précise et connue, on a *du, de la, de l', des :*

> *Nous considérons beaucoup* DES *pensées de Valéry moins comme engageant leur auteur* [...]
> *que comme symptôme d'un certain esprit public* (BENDA, *France byzantine*, p. 233). — *Trop* DU
> *vin que vous m'avez envoyé est éventé. Il me reste peu* DE LA *laine que vous m'avez fournie.* —
> *Quand cette amitié commença, beaucoup* DES *Maximes de La Rochefoucauld étaient déjà
> écrites* (MAUROIS, *Cinq visages de l'amour*, p. 28). — *Beaucoup* DES *auditeurs étaient cyniques
> et aigres* (ID., *Chantiers américains*, p. 58). — *Elle constata* [...] *que beaucoup* DES *boutons
> manquaient* (J. GREEN, *Minuit*, p. 225). — Dans cet ex., la justification de *du, de l'* n'apparaît
> pas : *Ce jour-là, elle* [= la recette] *pesait si lourd, il y avait tellement* DU *cuivre et* DE L'*argent,
> dans le numéraire encaissé, qu'il s'était fait accompagner par deux garçons* (ZOLA, *Au Bonheur
> des Dames*, XIV). [Un tour populaire n'aurait pas de raison d'être.]

Au contraire des autres adverbes, **bien** demande après lui *du, de la, de l', des :*

> *Watteau, ce carnaval où bien* DES *cœurs illustres, / Comme des papillons, errent en
> flamboyant* (BAUDEL., *Fl. du m.*, Phares). — *Je vous souhaite bien* DU *plaisir, bien* DE LA *joie,
> bien* DE L'*amusement.*

Littré fait observer qu'on met simplement *de* si le nom est précédé d'un
adjectif. Cela est vrai lorsque l'adjectif est *autre* (même construit sans nom).
Mais pour les autres adjectifs, l'usage le plus général, même dans la langue
écrite, est de mettre *des :*

> *Bien d'autres : J'ai vu sous le soleil tomber bien* D'*autres choses* (MUSSET, *Poés. nouv.*,
> Souvenir). — *Bien* D'*autres apparitions sombres ont hanté les premières années de ma vie*
> (LOTI, *Roman d'un enf.*, XVIII). — *Il en est venu bien* D'*autres* (AC.). — *Bien* D'*autres avaient
> expiré dans ces bois* (MAUPASS., *C.*, Folle).
>
> *Bien de* + autre adj. : *J'ai tenu sur mes genoux bien* DE *belles petites filles qui sont aujour-
> d'hui de jeunes grand'mères* (CHAT., *Mém.*, III, I, VI, 5). — *J'ai une jugeote qui rend bien* DE
> *petits services* (GIONO, *Moulin de Pologne*, p. 26). — *Bien* DE *probes et judicieux savants
> avaient travaillé sur le « moyen français »* (R.-L. WAGNER, dans *Romania*, 1980, p. 119).
>
> *Bien des* + adjectif : *Bien* DES *tendres amitiés à François* (STENDHAL, *Corresp.*, t. IV,
> p. 126). — *Nous avons vu à Port-Royal bien* DES *grands pénitents* (SAINTE-BEUVE, *Port-Royal*,
> IV, 6). — *Bien* DES *jolies têtes* (Th. GAUTIER, *Militona*, III). — *Bien* DES *pauvres mouches
> mutilées* (MUSSET, *Fantasio*, I, 1). — *Bien* DES *petites choses* (A. DAUDET, *Évangéliste*, p. 35).
> — *Bien* DES *petits faits* (CLAUDEL, *Figures et paraboles*, p. 57). — *Bien* DES *petits services*
> (PROUST, *Rech.*, t. II, p. 900).

Hist. — Dans l'ancienne langue, on pouvait avoir *du, de la, de l', des* avec un adverbe
autre que *bien : Vous leur faisielz beaucop* DE L'*honneur* (*Jehan de Paris*, S.A.T.F., p. 20). —
C'était notamment le cas quand l'adverbe suivait le nom (construction alors fréquente) : *Il
avoient aportés /* DES *fromages fres assés* (*Aucassin et Nic.*, XXXI). — Cela se pratique encore
aujourd'hui, mais cette place de l'adverbe est considérée comme plutôt populaire : DU *jour
suffisamment et* DE L'*espace assez* (VERL., *Amour*, Écrit en 1875). — *C'est une personne qui a*
DU *bien assez pour vivre sans travailler* (JOUHANDEAU, *Lettres d'une mère à son fils*, p. 582).

c) **Lorsqu'on transforme une forme affirmative en forme négative,** on
remplace par *de* les articles indéfinis ou partitifs accompagnant un objet
direct ou un sujet « réel » :

> *Il boit* DU *vin.* → *Il ne boit pas* DE *vin*, ou *... jamais* DE *vin*, ou *... plus* DE *vin.* — *Il y a* UN
> *enfant.* → *Il n'y a pas* D'*enfant.* — *Elle a* DES *amis.* → *Elle n'a guère* D'*amis*, ou *... pas* D'*amis.*

— Ex. : *Vous ne m'avez jamais fait* DE *peine* (PROUST, *Rech.*, t. I, p. 145). — *Il n'y a pas* DE *grandes personnes* (MALRAUX, *Antimémoires*, p. 10). — *Il ne faut pas dire* DE *mal des serpentins* (BRASILLACH, *Sept couleurs*, p. 158). — *Ne faites-vous jamais* DE *projets d'avenir, mon enfant ?* (J. GREEN, *Mont-Cinère*, XXVII.) — De même, après *sans : Ils eussent voulu battre l'omelette sans casser* D'*œufs* (R. ROLLAND, *Jean-Chr.*, t. IX, p. 67).

Les articles indéfinis ou partitifs se maintiennent,

— Si la phrase (ou le membre de phrase) a un sens positif : *On ne saurait faire une omelette sans casser* DES *œufs* (AC.). [= On casse nécessairement des œufs.] — *N'avez-vous pas* DES *amis pour vous défendre ?* [= Vos amis devraient vous défendre.] — *Est-ce que vous pouvez empêcher qu'on ne donne* DES *sérénades à votre femme ?* (MUSSET, *Capr. de Mar.*, I, 2.) [*Ne* explétif.]

C'est notamment l'usage constant avec *ne ... que*, qui a toujours un sens positif : *Elle ne boit que* DE L'*eau.* (Dans *Je n'ai* DE *volonté que la tienne*, ou bien *que* n'est pas auxiliaire de la négation : « Je n'ai pas de volonté, si ce n'est la tienne », ou bien *volonté* n'est pas objet direct : « Je n'ai, comme volonté, que la tienne ».)

— Si la négation ne porte pas réellement sur le nom : *On n'y voyait presque jamais* DES *barques de pêche* (P. BENOIT, *Axelle*, p. 10). [= On y voyait éventuellement des barques, mais non des barques de pêche.] — *Je n'ai pas amassé* DES *millions pour envoyer mon unique héritier se faire casser la tête en Afrique !* (AUGIER, *Effrontés*, I, 2.) [=J'ai amassé des millions, mais non pour ...]

— Si le syntagme nié s'oppose à un autre syntagme de même fonction : *Elle n'a pas demandé* DU *vin, mais de la bière.* — L'opposition est implicite : *Nous ne disons pas* DU *mal de lui !* (IONESCO, *Amédée*, p. 256.)

Le fait qu'avec l'attribut du verbe *être*, on emploie l'article indéfini ou partitif paraît ressortir à la même cause : *Ce n'est pas* UNE *parente.* — *Ce n'est pas* DU *vin, ni* DE L'*eau.*

Remarques. — 1. On observe une nuance sémantique entre *Il parle sans faire* DE *fautes* (= il ne fait pas de fautes) et *Il ne peut parler sans faire* DES *fautes* (= il fait des fautes). — La nuance est plus subtile encore entre *Il n'a* D'*argent que pour ses plaisirs* et *Il n'a* DE L'*argent que pour ses plaisirs.*

2. Le *de* signalé ci-dessus apparaît aussi, par analogie, en dehors du cas où le nom est objet direct ou sujet réel :

— Après *sans*, quand il y a un mot intercalé : *Sans jamais* DE *curiosité menue et puérile* (SAINTE-BEUVE, *Port-Royal*, III, 15). — *Sans presque* D'*efforts* (BOURGET, *Drames de famille*, p. 23). — *Sans guère* DE *chance* (H. de RÉGNIER, *Vacances d'un jeune homme sage*, p. 231). — *Sans presque* DE *comparaison possible* (LA VARENDE, *Centaure de Dieu*, p. 188). — *Sans même* D'*inclination* (É. HERRIOT, *Mme Récamier et ses amis*, p. 218). — *Sans presque* D'*accent* (Fr. MAURIAC, *Pharisienne*, p. 232). — *Sans plus* DE *baigneurs ni* DE *touristes, la petite ville reprenait son aspect authentique* (GIDE, *Feuillets d'automne*, p. 50).

— Dans des phrases averbales : *Nulle part* DE *terrain solide où il soit possible de fonder* (A. SIEGFRIED, *Suez, Panama*, p. 156).

— Dans des phrases de sens négatif : *Impossible de lui donner* D'*âge* (JOUHANDEAU, *Élise architecte*, p. 96). — *Fut-il jamais* DE *temps mieux employé ?* (STENDHAL, *Corresp.*, t. I, p. 213.) — *Est-il* DE *plus haute mission* [...]? (M. BEDEL, *Touraine*, p. 11.) [= Il n'est pas ...]

3. Quand l'objet direct est construit sans déterminant dans le tour positif (comp. § 570, 5°), la construction négative n'amène pas l'emploi de *de :*

N'avez-vous pas honte ! (MONTHERLANT, *Maître de Santiago*, II, 2.) — *Il ne m'a pas cherché querelle.*

De se trouve pourtant parfois dans une langue littéraire assez recherchée : *N'avez-vous pas* DE *honte ?* (HUGO, *Hern.*, II, 2.) — *On n'avait point* DE *hâte à regagner sa loge ou son fauteuil* (FARRÈRE, *Petites alliées*, III).

III. — ABSENCE DE L'ARTICLE

570   **Absence de l'article avec des noms communs.**

1° L'article est absent d'ordinaire devant le nom apposé postposé ou devant le nom attribut lorsqu'ils expriment simplement une qualité (comme le fait l'adjectif) :

Il est avocat. Je vous en fais juge. — *Tubalcaïn, père des forgerons* (HUGO, *Lég.*, II, 2).

On met l'article si le nom apposé ou attribut garde toute sa valeur nominale et, notamment, on met l'article défini pour exprimer une identification nettement soulignée : *Êtes-vous* LE *médecin ?* (FLAUB., *Mᵐᵉ Bov.*, 1, 2.) — *Celui-là est* UN *avocat !* — *Chio,* L'*île des vins* (HUGO, *Orient.*, XVIII). — *Ulysse,* LE *prudent et fertile esprit de la Grèce* (MAURRAS, *Anthinéa*, p. 6). — *Cet homme confond* être artiste *et* être un artiste, *ce qui en est souvent le contraire* (BENDA, *France byzantine*, p. 34).

2° L'article est absent d'ordinaire devant le nom en apostrophe :

Ami, je t'aime pour ton caractère sérieux (VIGNY, *Chatt.*, I, 5). — *Bonsoir, fils* (SIMENON, *Déménagement*, p. 117). — *Docteur, bégaya-t-elle, vous êtes un dieu* (COCTEAU, *Thomas l'imposteur*, L.P., p. 179). — *N'en croyez rien, brigadier* (ARAGON, *Beaux quartiers*, II, 14). [Voir aussi § 593, *b*]. — *Oncle Xavier, ça sent bon ?* (Fr. MAURIAC, *Mystère Frontenac*, IX.)

L'article défini apparaît parfois avec certains noms en apostrophe, surtout dans la langue parlée familière :

Salut, L'*homme* (B. CLAVEL, *Saison des loups*, p. 189). — *Eh bien !* L'*abbé, vous voilà enchanté* [...]. / *De s'entendre appeler familièrement l'abbé, d'un tel ton, le chanoine Besance fut surpris sans doute* (H. BOSCO, *Balesta*, pp. 193-194). — *Foutez le camp de là, hein,* LES *chie-en-lit, fit Boulot aux petits qui s'approchaient pour écouter* (PERGAUD, *Guerre des boutons*, I, 1). — *Il y a des sauvages en Amérique,* L'*oncle Melchior ?* (É. HENRIOT, *Aricie Brun*, II, 5.) — *Dormez,* LES *champs ! dormez,* LES *fleurs ! dormez,* LES *tombes !* (HUGO, *Contempl.*, VI, À celle qui est restée en France, VIII.)

On peut aussi avoir le possessif : cf. § 593, *a.* Celui-ci est agglutiné dans *monsieur, madame, mademoiselle, monseigneur.* Lorsque ces derniers sont suivis d'un nom commun, celui-ci requiert l'article : *Monsieur* LE *chat, dit-elle, laissez-moi m'en aller. Je suis une toute petite souris* (AYMÉ, *Contes du chat perché*, Chien).

3° L'article est absent d'ordinaire devant les noms servant de compléments de caractérisation d'un autre nom (§ 342, *c*) :

Une table de marbre, un poète de génie, un adverbe de lieu, une besogne de portefaix, la gravure sur verre, une mesure de longueur, les transports par eau, etc.

4° L'article est absent d'ordinaire devant les noms de jours et de mois, ainsi que devant *midi* et *minuit* :

Venez mardi. Décembre est revenu. Midi est sonné. — Ces derniers jours de septembre (BUTOR, *Emploi du temps*, p. 49).

Cependant, on met l'article quand les noms de mois et de jours sont accompagnés d'un élément subordonné : LE *riant avril.* LE *premier dimanche du mois.* LE *mardi 17 juin.*

L'article se met aussi devant les noms de jours quand on indique un fait qui se répète : *Venez* LE *mardi, tous* LES *mardis. On ne travaille pas* LE *dimanche. Contes* DU *lundi.*

Vers le midi, vers le minuit se disent à côté de *vers midi, vers minuit ;* on a aussi *sur le midi, sur le minuit,* où l'article ne peut être supprimé : *Il fila rapidement, vers* LE *midi, s'arrêta dans une maison écartée* (STENDHAL, *Chartr.,* X). — *Ceux qui, vers* LE *minuit, songent au matin proche* (VERHAEREN, *Villes tentaculaires,* Mort). — *Sur* LE *midi au plus tard vous serez à Châteauroux* (SAND, *Fr. le champi,* II). — *Faut-il croire que sur* LE *minuit il ouvre une porte compréhensive* [...] ? (CLAUDEL, dans le *Figaro litt.,* 22 juillet 1950.)

Autre ex. de *vers le midi :* CHAMSON, *Hommes de la route,* p. 128. — De *vers le minuit :* STENDHAL, *Chron. ital.,* Vanina Vanini ; LA VARENDE, *Troisième jour,* p. 325 ; QUENEAU, *Pierrot mon ami,* I ; BARBEY D'AUR., *Vieille maîtresse,* Pl., p. 486. — De *sur le minuit :* STENDHAL, *Chartr.,* VII ; Th. GAUTIER, *Fortunio,* I ; TAINE, *Origines de la Fr. contemp.,* t. V, p. 139. [Déjà dans LA F., *C.,* Berceau.]

Certains auteurs écrivent *la minuit* ou même *la mi-nuit* en retournant au sens primitif : cf. § 466, *a.* D'autres disent, avec l'article pluriel, *Vers* LES *minuit. vers* LES *midi,* etc. : cf. § 493, *b.*

Des grammairiens ont contesté qu'on pût dire *Ce midi* pour désigner le milieu du jour où l'on est. Sans doute recourt-on plus souvent aux expressions *À midi, vers midi* (outre celles qui sont signalées ci-dessus), mais *Ce midi,* tout à fait analogue à *Ce matin* et à *Ce soir,* ne doit pas être condamné dans l'usage familier : *Nous l'attendons pour* CE *midi* (GIDE, *Symphonie past.,* p. 133).

Autres ex. : GIONO, *Regain,* p. 83 ; GENEVOIX, *Marcheloup,* I, 1 ; J. PERRET, *Bande à part,* p. 120 ; MALLET-JORIS, *Mensonges,* p. 127 ; GUILLOUX, *Batailles perdues,* p. 271 ; SIMENON, *Faubourg,* p. 23 ; M. DURAS, *Petits chevaux de Tarquinia,* p. 47.

Midi s'emploie encore dans d'autres circonstances avec des déterminants : *Dans les premières heures qui suivirent* LE *midi du 10 décembre* (STENDHAL, *Corresp.,* t. IX, p. 355). — CHAQUE *midi, quinze personnes* [...] *prenaient place* [...] (MAUPASS., *Boule de suif,* p. 205). — L'AUTRE *midi, on s'informait* (FARRÈRE, *Seconde porte,* p. 21). — LE *midi du second jour* (G. DUHAMEL, *Tel qu'en lui-même...,* p. 213). — *Presque* CHAQUE *midi* [...] *ils venaient bombarder la forêt de l'Isle-Adam* (ID., *Tribulations de l'espérance,* p. 148). — *La tablette de chocolat qu'Alexandre,* CHAQUE *midi, donnait aux membres de la popote* (R. MERLE, *Week-end à Zuÿdcoote,* p. 121). — *Temps qui s'écoule depuis* LE *midi jusqu'au soir* (AC., S.V. *après-midi*). — *Les privilèges de Bacchus joueront du dimanche midi* AU *midi du dimanche suivant* (COCTEAU, *Bacchus,* I, 8). — *Le matin,* LE *midi, le soir, amicalement se passaient des heures paisibles* (H. BOSCO, *Tante Martine,* p. 304).

Remarques. — 1. **Pâques,** fête chrétienne, rejette l'article. On a le choix entre **Noël** et *la Noël.* [Sur le genre, voir § 463.] Pour les autres fêtes, l'absence de l'article est exceptionnelle.

Ex. de *Noël* avec l'art. : *À l'approche de* LA *Noël* (LITTRÉ, S.V. *Noël,* 2°). — *Les agneaux nous vinrent en abondance vers* LA *Noël* (SAND, *Nanon,* XXII). — *À la place même où*

Ravaillac, à LA *Noël, avait déjà rencontré le Roi* (J. et J. THARAUD, *Tragédie de Ravaillac,* p. 151). — *Peu avant* LA *Noël* (H. QUEFFÉLEC, *Recteur de l'île de Sein,* p. 118).

Ex. de *Noël* sans art. : *Mais à Noël, qui peut savoir que l'hiver est fini ?* (ALAIN, *Propos sur le christianisme,* p. 92.) — *Pendant les deux semaines qui précédaient Noël* (MAUROIS, *Chantiers américains,* p. 154). — *Je suis dans l'état des enfants à Noël* (COCTEAU, *La belle et la bête,* p. 151). — *La veille de Noël* (AC.).

Autres noms de fêtes employés exceptionnellement sans art. : *À Pâques, à Pentecôte, aux grandes vacances, nous revenions toujours à Sorèze* (J. MISTLER, *Bout du monde,* p. 60). — *De la Chandeleur à Mardi gras* (LE ROY LADURIE, *Carnaval de Romans,* p. 405). — *Pas plus à Carnaval que le reste de l'année* (Chr. de RIVOYRE, *Belle Alliance,* p. 118).

2. Le nom des **heures canoniales** (où les prêtres récitent les grandes parties du bréviaire) et le nom des prières ou des offices récités à ces heures dans la liturgie catholique s'emploient souvent sans article :

Elle le grondait quand il avait oublié complies (R. PERNOUD, *Jeanne d'Arc,* Q.S., p. 17). — *Elle disait « Complies »* (JOUHANDEAU, cit. Robert). — *On dit là-haut Matines en pleine nuit comme chez les Chartreux* (CLAUDEL, *Ann. faite à Marie,* Prol.). — *Avant vêpres* (PROUST, *Rech.,* t. I, p. 101). — *Je dus partir seul à vêpres* (ALAIN-FOURNIER, *Gr. Meaulnes,* I, 1). — *Le dimanche à vêpres* (J. GREEN, *Ce qu'il faut d'amour à l'homme,* p. 134). — *Après vêpres* (P. BRISSON, dans le *Figaro litt.,* 20 sept. 1947). — *À matines. À laudes. À prime. À tierce. À sexte. À none. À vêpres. À complies* (titres des poèmes dans *Les chansons et les heures* de M. NOËL).

Ténèbres (office de la semaine sainte) se construisait aussi sans article : *Après avoir assisté à Ténèbres* (CHAT., *Mém.,* III, II, IX, 7).

Messe, qui se construisait sans article en anc. fr., demande l'article aujourd'hui. Ces ex. ressortissent à des survivances régionales : *Après messe* (RIMBAUD, *Premiers vers,* Premières communions ; H. VINCENOT, *Pape des escargots,* p. 22). — *Aller à messe* (RENAN, *Ma sœur Henriette,* p. 83). — *Ouïr messe* (LA VARENDE, *Manants du roi,* Biblioth. Plon, p. 62). — *Il chante à messe* (Th. BRAUN, *Passion de l'Ardenne,* 1949, p. 22).

5° L'article est absent dans un grand nombre d'expressions figées, surtout des syntagmes verbaux et des syntagmes prépositionnels :

Avoir peur, avoir raison, chercher noise, donner congé, donner ordre, prendre fait et cause, rendre justice, garder rancune, imposer silence, prendre patience, tenir parole, demander pardon ; — avoir à cœur, aller à cheval, passer à gué, à confesse, entre deux, avec soin, sans gêne, sous clef, perdre de vue, être en province, par hasard, pour mémoire, contre nature, prêter sur gages, sauf correction, mettre une lettre sous enveloppe, affirmer sous serment, à travers champs, d'après nature, etc.

Dans certains cas, il est possible de mettre l'article : *Lyautey donna* L'*ordre d'arrêter la construction* (MAUROIS, *Lyautey,* p. 190). — *Est-elle laide ? Entre* LES *deux* (LITTRÉ, s.v. *entre,* 1°).

Dans d'autres cas, l'expression change de sens selon qu'on emploie ou qu'on omet l'article : *Demander raison, demander* LA *raison. Faire feu, faire* DU *feu. Rendre justice, rendre* LA *justice,* etc. — Sur *parler français, parler* LE *français,* voir § 286, 7°.

Mettre à jour, c'est mettre au courant jusqu'au jour où l'on est : on met *à jour* sa correspondance, ses comptes, son journal, etc. — *Mettre au jour,* c'est donner naissance, divulguer, publier, mettre à découvert :

La terre fouillée pour mettre AU *jour les ruines de Ninive* (LITTRÉ, s.v. *fouillé*). — *À chaque ouvrage nouveau qu'il met* AU *jour, il soulève un coin du voile qui cache sa pensée* (HUGO, *Ray. et ombres,* Préf.). — *Mettre* AU *jour la perfidie de quelqu'un* (AC.).

Certains auteurs (qu'il vaut mieux ne pas imiter en cela) emploient *mettre à jour* pour *mettre au jour : On vient de mettre* À *jour (à droite) les premiers Sphinx mâles, à figure humaine* (COCTEAU, *Maalesh*, p. 105). — *Action de mettre* À *jour des tuyaux de conduite pour chercher une fuite (Dict. gén.,* s.v. *fouille).* — *La source dissimulée sous les galets millénaires que les travaux ont mis* À *jour, recommence à couler sournoisement* (BERNANOS, *Nouv. hist. de Mouchette,* p. 201). — À *peine comblées, ces crevasses où les voitures disparaissaient, ces égouts mis* À *jour* (MORAND, *Rien que la terre,* p. 32). — *Après avoir si longuement tergiversé pour mettre* À *jour ce fameux* Journal [des Goncourt], *les éditeurs avaient eu grand tort de n'en donner que ce volume pour commencer* (É. HENRIOT, dans le *Monde,* 29 janv. 1958). — *J'admire qu'on n'ait pas plus tôt mis* À *jour l'imposture* (ÉTIEMBLE, *Poètes ou faiseurs ?* p. 265).

On notera que la préposition *en* se construit souvent sans déterminant : comp. *en hiver* et *au printemps.* Cf. § 1002, *b.*

Par marquant la distribution se construit sans article : *Deux fois par semaine. Gagner tant par jour.* — Sans préposition, on met régulièrement l'article : *Deux fois la semaine* (Ac.). — *Ces objets coûtent tant la pièce.* — On dit familièrement sans article : *Des oranges à trois sous pièce (Dict. gén.).* — Voir aussi § 1000, *c.*

Dans diverses expressions, les usages régionaux ne coïncident pas avec la langue commune.

On dit par ex. en Belgique : °*La moitié du pays est* SOUS EAU [= inondé] (René LEJEUNE, *Miroir de sable,* p. 63), au lieu de *sous* L'*eau ;* — °*aller à selle* « expulser les matières fécales », pour *aller à* LA *selle ; sur base de,* au lieu de *sur* LA *base de ;* — °*faire* DU *cas de* (qui se dirait aussi en France, selon Englebert et Thérive, *Ne dites pas... Dites...,* p. 68), pour *faire cas de* [2].

°À *moment donné* se lit chez des auteurs du Midi : *Tout se décide en moi d'un seul coup,* À MOMENT DONNÉ (H. BOSCO, *Oubli moins profond,* p. 188). — À MOMENT DONNÉ, *c'est elle qui se retourne* (J.-P. CHABROL, *Bouc du désert,* p. 123). — Formule habituelle : À *un moment donné.*

Au Québec, °*à matin* « au matin, ce matin ». Etc.

Hist. — Le nombre de ces expressions où l'article est absent était bien plus grand autrefois qu'aujourd'hui. On disait, par exemple : *Faire leçon, entreprendre guerre, souffrir mort, avoir joie, gagner temps, prendre médecine,* etc. — *Si je leur donne temps* (RAC., *Plaid.,* I, 3). — *J'ay joye à vous voir de retour* (MOL., *Tart.,* I, 4).

Par contre, on employait l'article défini dans certains cas où on ne le met plus aujourd'hui : *Faire* LA *justice, faire* LA *raison,* etc. — *Ce foudre de* LA *guerre* (CORN., *Illus. com.,* V, 6). — [+]*Il consume son bien en* DES *aumônes* (LA BR., XII, 25). — [+]*Ayant lâché* LE *pied sans combattre* (LA ROCHEF., t. II, p. 187). — *Il les tenoit presque toujours sous* LA *clef, enfermées dans leur chambre* (MONTESQ., *L. pers.,* CXLI).

---

2. Avec un adverbe de degré, on trouve *de* ou non : *Ce qui m'étonne, c'est qu'on fasse* PLUS DE CAS *d'un bon écrivain que d'un bon serrurier ou d'un bon cordonnier* (JOUHANDEAU, *Essai sur moi-même,* p. 164). — *Succès, honneurs, acclamations, j'en fais* MOINS CAS *que de la moindre parcelle de vraie gloire* (GIDE, *Journal,* 10 avril 1943). — *Vous n'en ferez pas* PLUS CAS *que de votre première dent de lait* (BERNANOS, *Joie,* p. 141). — *Les hôtes de* Mme *Brau avaient* PEU *fait* CAS *de lui* (S. PROU, *Ville sur la mer,* p. 147). — Comp. § 569, *c,* Rem. 3.

6° L'article est souvent absent dans le style proverbial (proverbes, comparaisons et autres expressions traditionnelles et sentencieuses) :

Noblesse oblige. Contentement passe richesse. Blanc comme neige. Donner carte blanche. Il y a anguille sous roche. Erreur ne fait pas compte. Pierre qui roule n'amasse pas mousse. Etc.

7° L'article est assez souvent absent dans les énumérations, ce qui donne plus de vivacité à l'expression :

Boulets, mitraille, obus, mêlés aux flocons blancs, | Pleuvaient (HUGO, *Châtim.*, V, XIII, I). La langue littéraire construit aussi les noms sans déterminants dans des coordinations à deux termes : *Routiers et capitaines / Partaient [...]* (HEREDIA, *Troph.*, Conquérants). — *Dans la lutte des générations, enfants et vieillards font souvent cause commune* (SARTRE, *Mots*, p. 20). — *On vendit donc maison et champs* (Cl. SIMON, *Herbe*, p. 42).

8° L'article manque ordinairement devant les mots qui se désignent eux-mêmes (*autonymie :* § 450).

Cela permet d'opposer L'AMOUR *est aveugle* et AMOUR *est parfois féminin.*

La nominalisation autonymique concerne n'importe quelle séquence du discours, lettre, son, morphème, mot, syntagme, etc. : *Ir et er jouent souvent le même rôle* (BRUNOT, *Pensée*, p. 215).

Il arrive cependant que les écrivains (et parfois les grammairiens) construisent le nom pris par autonymie comme ils le construiraient dans son emploi ordinaire : *[...] une plainte de membres d'une autre académie qui trouvent incommode que* LA *rate, femelle du rat, ne prenne qu'un* T, *tout comme le viscère* (Fr. MAURIAC, cit. Robert, s.v. *rate*[1]). — UN *clystère, déjà devenu* UN *honnête lavement* (THÉRIVE, *Libre hist. de la langue fr.*, p. 160).

Pour les lettres, en tant que telles ou représentant des sons, l'article défini est toujours possible : H *est parfois aspiré en français.* L'h *est parfois aspiré en français.* — L'm *final s'est conservé dans* rem (FOUCHÉ, *Phonét. hist.*, p. 651). — *Il existe toutefois des régions de la France où [h] est, dans le parler local, un phonème distinct* (MARTINET, *Prononc. du fr. cont.*, p. 185). — L'[h] *a également beaucoup de chances de se maintenir dans la prononciation française locale d'une région linguistiquement allogène comme l'Alsace (ib.).*

Accompagnés d'un élément subordonné, les noms de lettres prennent l'article : L'h *de l'orthographe française* (MARTINET, *l.c.*).

Les nombres et les notes de musique se construisent aussi sans déterminant, sauf si l'on envisage une réalisation particulière : *Le carré de quatre est seize. Do est la première note de la gamme.* — Mais : *Le quatre est mal dessiné. J'ai perdu le do de ma clarinette.*

Remarque. — Les scientifiques emploient sans déterminant les désignations savantes (imprimées en italiques) des plantes, animaux, etc. :

Zodarion gallicum [sorte d'araignée] *se trouve aux environs de Paris (Grand Lar. enc.,* s.v. *zodarion).*

9° L'article est souvent absent dans les phrases averbales servant d'inscription, de titres d'ouvrages, d'adresses :

Maison à vendre. — *Précis d'arithmétique.* — *Monsieur Dupont, 20, rue du Commerce.* L'article reparaît souvent devant les titres quand ils sont intégrés à une phrase : *On peut lire dans* LA *Bible..., dans* LE *Code civil... Cet article a paru d'abord dans* LA *Revue de Paris, dans* LE *Bulletin de l'Académie royale de langue et de littérature françaises.* — Avec le nom des prières et des chants de la liturgie catholique, on met aussi l'article : *Réciter* LE *Confiteor.*

— Ex. peu courant : *Jacopone de* [sic] *Todi, auteur* DE Stabat Mater (P.-H. SIMON, *Parier pour l'homme*, p. 227). — Quand le personnage principal donne son titre à l'ouvrage, on a le choix : *Dans* Gargantua ou, plus rare cependant, *Dans* LE Gargantua.

Naturellement, il est impossible de dire et d'écrire : *Dans LE Le monde *de ce matin*. — Comp. pourtant avec un nom de bateau : *Je demeurai l'après-midi entier à regarder* LE La Rosita (J. PERRET, *Ernest le rebelle*, L.P., p. 304). — On écrit : *Dans* LE Monde *de ce matin* (*le* est alors l'article impliqué par la syntaxe de la phrase) ou *Dans* Le monde (ou Monde) *de ce matin* (*le* est l'article faisant partie du titre).

Pour les dénominations de sociétés, il est plus conforme à la tradition française de mettre l'article quand ces dénominations sont intégrées dans une phrase. Dauzat a critiqué (dans le *Monde* du 11 juin 1952) des phrases comme celle-ci (influencée par l'anglais) : *La Préfecture de la Seine a remis les exemplaires à Gaz de France et à la ville de Paris*. — Il vaut mieux dire : *Grèves lundi aux Charbonnages et mardi à* L'E.D.F. [= Électricité de France] (dans le *Monde*, 31 janv. 1977, p. 24). — Comp. § 571, Rem.

N.B. — La langue littéraire se passe d'article de façon plus ou moins occasionnelle dans d'autres cas encore.

Sur le cas particulier de l'article indéfini ou partitif supprimé par haplologie *(Sol couvert de débris)*, voir § 568, *b*, Rem.

Hist. — Dans l'ancienne langue, l'article défini, encore proche de sa valeur de démonstratif, s'employait lorsqu'il était nécessaire d'identifier un nom. Il manquait lorsque cette identification allait de soi, par ex. pour les noms abstraits, ou pour les pluriels désignant simplement l'ensemble d'une catégorie, ou encore pour un mot comme *messe* (cf. ci-dessus, 4°, Rem.). Ex. pour le pluriel : *Païen chevalchent par cez greignurs valees* (*Rol.*, 710) [= les païens chevauchent dans les grandes vallées]. — Pour les noms abstraits, cela est encore fréquent au XVIIᵉ s. : *Est-ce haine, est-ce amour qui l'inspire ?* (RAC., *Brit.*, I, 1.)

L'article indéfini qui nous paraît nécessaire aujourd'hui manquait souvent aussi. Au XVIIᵉ s., il était absent, notamment, devant *autre, même, tel, tout, demi*, et aussi après *c'est* : *Auriez-vous autre pensée en teste ?* (MOL., *Tart.*, I, 5.) — ⁺*À demi-lieue de Vitré* (SÉV., 22 juillet 1671). — ⁺*C'est crime qu'envers lui se vouloir excuser* (CORN., *Hor.*, V, 2). — La langue littéraire moderne se souvient parfois de l'usage classique. On peut avoir aussi des survivances régionales. C'est le cas devant *demi* chez les locuteurs du Midi ; cette façon de dire leur échappe même par écrit : *En demi-heure, j'ai avancé de trois pas* (STENDHAL, *Journal*, 23 sept. 1801). — *Quand vous aurez à perdre demi-heure* (MAURRAS, dans Barrès et Maurras, *La République ou le roi*, p. 271). — En outre, dans des expressions figées de la langue générale : *À bon entendeur demi-mot suffit ;* etc. ; — et en coordination : *Un an et demi*.

Pour l'emploi de *des* (et aussi de l'article partitif en général, ordinairement absent en anc. fr.), l'usage reste indécis même au XVIIᵉ s., voire au XVIIIᵉ : *Ce sont là jeux de Prince* (LA F., *F.*, IV, 4). — ⁺*Qu'importe à gens de cette étoffe ?* (BEAUMARCH., *Mar. de Fig.*, III, 4.) — Comme nous l'avons dit ci-dessus, la langue littéraire moderne n'a pas oublié tout à fait ses classiques.

Toute l'évolution va dans un même sens : rendre la présence de l'article de plus en plus automatique.

571   **Absence de l'article devant les noms propres.**

a) Les noms propres de **personnes,** prénoms ou noms de famille, sont suffisamment déterminés par eux-mêmes et ils se passent d'ordinaire de l'article :

J'ai rencontré Jean. — Dupont est venu me voir. — Napoléon est mort en 1821. — Pierre Lefebvre a épousé Suzanne Martin.

L'article se met cependant devant les noms de personnes dans certains cas.

1° Dans la langue générale, même littéraire, pour exprimer le dédain ou le mépris :

La *Brinvilliers*. La *Dubarry*. — *Le chef*, le *Hernani*, / *Que devient-il ?* (Hugo, *Hern.*, III, 2.) — *L'empereur aujourd'hui / Est triste.* Le *Luther lui donne de l'ennui* (*ib.*, V, 1). — *La nullité de* la *Noailles* [= Anna de Noailles] (Étiemble, cité dans le *Figaro litt.*, 19 févr. 1968, p. 5).

2° Dans la langue populaire, surtout campagnarde et surtout avec les prénoms, ordinairement sans nuance de dénigrement :

La *Léontine s'éloigna dans l'ombre vers les Halles* (Barrès, *Dérac.*, p. 372). — La *Louise trempait la soupe* (Pourrat, *Tour du Levant*, p. 274). — *Vous vous rappelez*, le *Gaëtan, comme il montait à cheval ?* [...] *Et* la *Gina* [...], *qu'elle le dise si elle en a vu un seul comme notre Gaëtan* (Arland, *L'eau et le feu*, p. 194). — *Il n'y a pas parmi vous* la *Suzanne Daumaison ?* (Chamson, *Tour de Constance*, p. 189.)

3° À l'imitation de l'italien, lorsqu'on désigne des écrivains ou des artistes d'Italie.

— Devant des noms de familles, conformément à l'usage italien, on dit d'ordinaire en français *le Tasse*, *l'Arioste*, parfois *l'Alighieri* ou d'autres encore. — Chateaubriand écrit tantôt *le Tasse* (*Mém.*, IV, viii, 2), tantôt *Tasse* (*ib.*).

— Devant certains prénoms masculins, contrairement à l'usage italien. On dit toujours *le Guide*, assez souvent *le Titien*, plus rarement qu'autrefois (et il faut s'en réjouir, puisque c'est un faux italianisme) *le Dante*. — On dit parfois *le Poussin* (ce peintre français a vécu longtemps en Italie).

Ex. de *le Guide :* Taine, *Voy. en Italie*, t. I, p. 243. — De *le Titien :* Taine, *l.c.*, p. 77 ; Barrès, *Homme libre*, p. 189 ; A. France, *Sept femmes de la Barbe-bleue*, p. 240. — De *Titien :* Taine, *l.c.*, p. 262 ; Maurois, *Lélia*, p. 44 ; Malraux, *Voix du silence*, p. 50 ; P.-J. Rémy, *Si j'étais romancier*, p. 88. — De *le Dante :* Nerval, *Aurélia*, I, 1 ; Flaub., *Éd. sent.*, II, 1 ; Maupass., *Fort comme la mort*, I, 4 ; Colette, *Journal à rebours*, p. 131 ; Gide, *Journal*, 29 janv. 1912 ; Cl. Simon, *Sacre du printemps*, L.P., p. 190 ; etc. [déjà chez Volt., *Disc. de réc. à l'Ac. fr.*].

— Devant les surnoms (ethniques, etc.), conformément à l'usage italien. Nous disons *le Pérugin*, *l'Arétin*, *le Tintoret*, parfois *le Véronèse*.
— Devant des noms de lieux désignant des artistes, conformément à l'usage italien. Nous disons *le Corrège*, *le Caravage*, parfois *le Vinci* (Barrès, *Mes cahiers*, t. XII, p. 317 ; Gide, *Incidences*, p. 209).

4° Aussi à l'imitation de l'italien devant le nom de certaines femmes célèbres, notamment des cantatrices ou des actrices.

La Champmeslé, la Malibran. — Cet usage est à peu près éteint, sauf lorsqu'il s'agit d'Italiennes : *La Callas.*

5° Dans la langue littéraire, avec l'article défini pluriel, par emphase, alors qu'on ne désigne qu'un seul individu ; — ou dans une langue plus courante avec l'article indéfini singulier :

Les *Corneille*, les *Racine*, les *Molière ont illustré la scène française.* Cf. § 493, *b*. — *Cela n'empêche pas qu'il est insupportable d'être commandé par* un *Coquereau*, un *Jean-Jean*, un *Moulins*, un *Focart*, un *Bouju*, un *Chouppe !* (Hugo, *Quatrevingt-tr.*, I, ii, 3.) — *Quand* un *Lyautey arrive au Maroc, il y trouve un pays décomposé* (Maurois, *Art de vivre*, p. 98).

6° Quand les noms propres sont accompagnés d'un élément subordonné servant à distinguer une personne parmi celles qui portent ce nom ou à distinguer un aspect particulier d'une personne :

LE *grand Corneille.* LE *Racine des* Plaideurs. *Je ne reconnais pas dans ce livre* LE *Mauriac que j'aime.*

7° Quand on envisage deux ou plusieurs individus du même nom :

Il y a DEUX *Dupont dans cette classe.* TOUS LES *Dupont sont caustiques. Le journal* DES *Goncourt.*

8° Quand le nom propre glisse vers le statut de nom commun, pour désigner les œuvres du personnage nommé ou quelqu'un ayant le caractère de ce personnage :

Jouer DU *Mozart.* — *J'étudiais* LES *Véronèse* (BARRÈS, *Homme libre*, p. 169). — *Ce qu'*UN *Napoléon peut laisser de poussière / Dans le creux de la main* (HUGO, *Ch. du crép.*, II, 5).

b) Les noms propres de **lieux**.

1° Les noms de villes se construisent sans article, sauf quand il s'agit de distinguer un aspect de la ville :

Visiter Paris. Visiter LE *vieux Paris,* LE *Paris de la rive gauche.* — *Virgile a visité par l'imagination et par le cœur* LA *Rome qui n'existait pas encore* (A. BELLESSORT, *Virgile*, p. 211).

On dit *Bruxelles entier, tout Paris.*

L'article fait partie intégrante de certains noms de villes qui originairement étaient des noms communs : LA *Rochelle,* LE *Havre,* LA *Haye.* — Comp. *Trois-Rivières.*

2° Les noms des petites îles d'Europe et les noms masculins d'îles lointaines se construisent sans article.

Malte, Chypre, Majorque, Oléron, Jersey... — *Madagascar, Bornéo, Java, Ceylan, Formose ou Taiwan, Sakhaline, Cuba, Haïti...* — Mais : *la Corse, la Sardaigne, la Sicile, l'Irlande, l'Islande, la Nouvelle-Zélande...*

3° Les noms de continents, de pays, de provinces, de régions, de montagnes, de mers, de cours d'eau, etc. prennent l'article :

L'Amérique, la France, la Bourgogne, le Périgord, les Vosges, la Méditerranée, la Loire.

Israël, nom de pays, s'emploie sans article : *La longue frontière qui sépare Israël de l'Égypte* (G. DUHAMEL, *Israël, clef de l'Orient*, pp. 8-9).

Il en est de même, de façon plus ou moins constante, pour *Panama, Andorre, Saint-Marin, Monaco, Qatar* et parfois pour *Costa Rica.*

Les noms de pays ou de régions construits avec la préposition *en* (cf. § 1003, *a*) ne prennent pas l'article : *En Iran. En France. En Dauphiné.*

Il en est souvent de même avec la préposition *de* marquant l'origine, devant les noms singuliers soit féminins soit commençant par une voyelle : *Revenir d'Amérique, de Tchécoslovaquie, d'Irak. Les vins d'Espagne. Les tapis d'Iran. Du fromage de Hollande. L'ambassadeur de France.*

Selon l'Acad. (s.v. *pour*), en termes de marine, avec *pour* signifiant « à destination de », on supprime généralement l'article : *Ce paquebot partira demain pour France.* Cela est vieux, selon Robert.

Hist. — En anc. fr., on employait généralement sans article les noms propres de pays ou de fleuves. On pouvait dire encore au XVIᵉ et au XVIIᵉ s. : *À voir couler sur Marne les bateaux* (RONSARD, t. VI, p. 11). — *⁺Aux bords de Charente* (MALHERBE, t. I, p. 279). — *Presque tous ceux de delà Loire* (VAUGELAS, p. 405). — *⁺Il est tout à fait de l'intérêt d'Espagne de fortifier ce parti* (LA ROCHEF., t. III, p. 85). — *⁺Ma fille est partie pour Provence* (SÉV., 31 mars 1694). — *⁺La puissance d'Autriche* (BOSS., *Or. fun.*, Le Tellier).

Il reste des traces de l'ancienne construction dans des noms de localités tels que *Arcis-sur-Aube, Châlons-sur-Marne*, etc.

On observe aussi d'autres traces : *Le pont de Meuse* (ZOLA, *Débâcle*, I, 8). — *Les bords de Durance* (GIONO, *Un de Baumugnes*, I). — *Les bords de Loire* (P.-H. SIMON, *Raisins verts*, p. 139). — *Les bords de Seine* (J.-P. CHEVÈNEMENT, *Les socialistes, les communistes et les autres*, p. 97). — *Les quais de Loire* (GENEVOIX, *Jeux de glace*, p. 79).

Remarque. — C'est sans doute sous l'influence de l'anglais que l'on supprime parfois l'article avec les noms propres de bateaux :

En 1938, sur Normandie, j'ai mis quatre jours et demi [pour aller du Havre à New York] (A. SIEGFRIED, *Âme des peuples*, p. 15).

Sous la même influence, on dit ordinairement *Concorde* pour l'avion de ce type : *Concorde* [...] *est mal adapté au marché* (dans le *Monde*, sélection hebd., 25-31 mars 1976, p. 1). — Comp. aussi § 570, 9°.

Il n'est pas non plus conforme à la tradition française de construire *Tsahal*, nom de l'armée israélienne, comme un nom de personne, sans article : *Après le départ inconditionnel de Tsahal* (dans le *Monde*, 8 juillet 1983, p. 2).

SECTION 3. — LE DÉTERMINANT NUMÉRAL

572   Le **déterminant numéral** exprime d'une façon précise le nombre des êtres ou des choses désignés par le nom :

On ne guérit pas en CINQ *minutes un mal qu'on traîne depuis* QUARANTE *ans* (J. ROMAINS, *Knock*, II, 4).

On l'appelle **cardinal** [3] pour le distinguer de l'**adjectif ordinal,** qui indique le rang : *La* TROISIÈME *maison* (§ 581). — Nous verrons, au § 579, *b*, que le cardinal fait souvent concurrence à l'ordinal.

Remarques. — 1. Les numéraux cardinaux suffisent à déterminer le nom (comme dans l'ex. donné ci-dessus), mais ils peuvent aussi être précédés d'un autre déterminant : LES *quatre points cardinaux.* — Voir § 558.

2. Les numéraux cardinaux font partie d'une catégorie plus large, les **quanti-fiants,** qui comprend des déterminants rangés parmi les indéfinis : *Aucun, quelques, plusieurs*, etc. ; ainsi que des déterminants interrogatifs et exclamatifs : *Combien de, que de.*

---

3. Empr. du lat. *cardinalis,* dérivé de *cardo,* gond, pivot. Les nombres cardinaux sont considérés comme les nombres fondamentaux.

3. Les numéraux cardinaux peuvent être écrits au moyen de symboles, les chiffres arabes et les chiffres romains : voir § 114.

573 **Formes simples des cardinaux.**

Un (féminin : *une*), *deux, trois, quatre, cinq, six, sept, huit, neuf, dix, onze, douze, treize, quatorze, quinze, seize ; — vingt, trente, quarante, cinquante, soixante* [swasɑ̃t] ; — *cent, mille* (parfois *mil :* § 574, *b*).

Il faut y ajouter *septante* [sɛptɑ̃t], parfois [sɛtɑ̃t] en Suisse (= 70), *huitante* ou *octante* (= 80) et *nonante* (= 90).

Septante et *nonante* sont officiels en Belgique et en Suisse ; *huitante* en Suisse seulement, — où l'on emploie de plus *octante* (usité aussi en Acadie), surtout dans l'administration des postes. — Mais ils ne sont pas aussi étrangers à l'usage de France que le disent certains linguistes.

Dans l'usage parlé, *septante* et *nonante* sont connus dans tout l'est de la France et dans le Midi. — En outre, « certains instituteurs, pour faciliter l'apprentissage du calcul, utilisent les formes anciennes [*septante*, etc.] ; cette étrange méthode est même recommandée par les *Instructions officielles* de 1945 » (*Gramm. Lar. du fr. contemp.*, § 402).

Dans l'usage écrit :
1° On désigne par la formule *Les Septante* les auteurs d'une traduction de la Bible.
2° On utilise *septante* dans des formules inspirées de la Bible, pour indiquer un haut nombre : *Celui qui n'aime pas son frère est maudit sept fois, et celui qui se fait l'ennemi de son frère est maudit* SEPTANTE *fois sept fois* (LAMENNAIS, *Paroles d'un croyant*, IV). — *Il leur ordonne de pardonner non pas sept fois, mais* SEPTANTE *fois sept fois* (Fr. MAURIAC, *Vie de Jésus*, p. 138). — *La mère des* SEPTANTE *et des* SEPTANTE *fois* SEPTANTE *douleurs* (PÉGUY, *Porche du myst. de la deuxième vertu*, p. 68).

Autres ex. : VEUILLOT, cité par Deharveng, *Corrigeons-nous*, t. IV, p. 143 ; LEC. DE LISLE, *Poèmes trag.*, Lévrier de Magnus ; *Bible*, trad. CRAMPON, Matth., XVIII, 22 ; PROUST, *Rech.*, t. I, p. 601 ; NERVAL, *Pandora*, Pl., p. 355 ; J. RENARD, *Journal*, 11 mai 1902 ; P. LÉPINE, dans le *Figaro litt.*, 8 mai 1968.

3° Certains auteurs, dans leurs souvenirs ou dans des romans régionalistes, s'inspirent volontairement des usages locaux (c'est le cas de beaucoup de Méridionaux) ; mais d'autres gardent ces numéraux alors que le sujet est sans rapport avec la région d'où proviennent ces auteurs : *Ce qui n'avance point sur nos habitudes de vie en retard de* SEPTANTE *ans* (MAURRAS, *Anthinéa*, cit. Deharveng). — *Neuf opposants, cent* NONANTE-*sept approbateurs* (ID., dans l'*Action française*, 7 avril 1921, *ib.*). — Autres ex. : AUDIBERTI, *Dimanche m'attend*, p. 22 ; F. BALDENSPERGER, *La vie et l'œuvre de Shakespeare*, 1945, p. 211.

4° Pour d'autres ex., on ne sait pas trop à quoi il faut les attribuer (archaïsmes ? témoignages portant sur des régions où l'on n'a pas signalé ces cardinaux ?).

Nonante : LABICHE, *Chapeau de paille d'It.*, II, 4 ; NERVAL, *Corresp.*, 11 mai 1837 ; VILLIERS DE L'ISLE-ADAM, *Contes cruels*, Traitement du Dʳ Tristan ; H. BAZIN, *Huile sur le feu*, p. 42. — *Septante :* A. FRANCE, *Île des pingouins*, VI, 10 ; PÉGUY, *Argent*, Pl., p. 1103 ; CLAUDEL, *Tête d'or*, 2ᵉ version, p. 266 ; BERNANOS, *Journal d'un curé de camp.*, Pl., p. 1182 ; É. HENRIOT, *Temps innocents*, p. 250 ; VIAN, *Écume des jours*, XVIII ; H. BAZIN, *Bureau des mariages*, L.P., p. 72 ; D. BOULANGER, *Nacelle*, p. 186 ; etc.

Hist. — 1. Ces numéraux simples viennent tous du latin, y compris *septante, huitante* (influencé par *huit*) et *nonante ; octante* est une forme refaite d'après le latin. — Vaugelas (p. 420) a condamné *septante, octante* et *nonante*, qui ont été du franç. commun.

2. L'anc. fr. exprimait l'idée de « tous les deux » par *anz* au masculin, par *ambes* au féminin (lat. vulg. **ambi* pour *ambo*) : *Chil* [= ceux] *qui d'*AMBES *pars le tenoient* (J. BODEL, *Jeu de s. Nicolas,* 70). — Avec ces formes se soudait souvent *dui (deus, dous) :* ANDEUS *ses mains vers le ciel tent* (*Piramus et Tisbé,* 309). — AMBEDUI *s'assient iloc* [= là] / *Si* [= et] *mangerent* ANDUI *ensanble* (*Renart,* éd. M., XIV, 296-297). — *D'*AMBEDOUS *parz granz cops dunerent* (WACE, *Brut,* 7406).

3. Pour rompre ce que l'on considérait comme un maléfice, on remplaçait *un* par *empreu* (= *en preu,* à mon profit, du lat. *prode*) dans les énumérations en anc. et en moyen fr. : EMPREU, *et deux, et trois, et quatre,* / *Et cinc, et six* (*Pathelin,* 270). On observe encore des substitutions analogues dans les comptines des enfants. D'ailleurs, le mot subsiste en Suisse au sens de « comptine ». — Wartburg (t. IX, pp. 417-418) considère que *preu* « premier » (attesté depuis le XVIe s., alors écrit *preut*) est tiré de *empreu(t).* Il existe encore dans l'argot des écoliers et dans le fr. pop., mais senti comme une réduction de *premier* (cf. *preume* au § 581, *b,* Rem.) : *Le* PREU [en italiques] *en vers latins* (VALLÈS, *Enfant,* XIX).

Remarque. — Pour exprimer l'idée négative devant un nom, on dispose traditionnellement de *nul, aucun, pas un.* — *Zéro,* qui, originairement, est un nom de la langue mathématique, est parfois emprunté par la langue ordinaire pour servir d'adjectif invariable :

Zéro faute est courant dans la langue des écoles. — « L'usage tend à s'introduire de numéroter les heures de 0 heure à 24 ». (AC.) Il conviendrait de dire maintenant : l'usage s'est introduit. Cf. § 585, *b.* — Autres formules fréquentes : *Depuis* ZÉRO *franc,* ZÉRO *centime* (LAVEDAN, *Leur cœur,* p. 35). — *Des températures qui avoisinent* ZÉRO *degré* (J. LARTÉGUY, *Tambours de bronze,* p. 213). — En dehors de ces formules : *Les proportions de couples ayant* ZÉRO *ou un enfant* (M. L. LÉVY, dans *Population et sociétés,* nov. 1984).

574   Observations sur les formes simples.

a) À l'exception de *un,* qui varie en genre, les numéraux cardinaux ne s'accordent pas avec le nom auquel ils se rapportent :

DEUX *bâtiments,* DEUX *maisons.* (Mais : UN *bâtiment,* UNE *maison.*)

Remarques. — 1. Dans l'indication de la page d'un livre, de la strophe d'un poème, de la scène d'une pièce de théâtre, etc., *un* pris comme ordinal est invariable :

La page UN *(Dict. gén.).* — *Strophe trente et* UN. — *Idylle vingt et* UN *de l'aïeul Théocrite* (J. RICHEPIN, *Mer,* Étude moderne d'après l'antique).

Il y a dans l'usage une certaine indécision : *Nous avons envie de tout reprendre à la page* UNE (R. KEMP, dans les *Nouv. litt.,* 5 juin 1947). — *Il n'était plus question de rêver sur le tome quatre du Grand Larousse, à la page quarante et* UNE (CHAMSON, *La neige et la fleur,* p. 24).

2. On dit, en laissant *un* au masculin : *vingt et* UN *mille livres de rente, trente et* UN *mille cartouches, quarante et* UN *mille tonnes,* etc.

Dans ces cas, comme Littré le fait observer (s.v. *un,* Rem. 14), « c'est *un* qu'il faut. *Un* porte non pas sur le nom féminin, mais sur *mille* ». — Toutefois puisqu'on dit *vingt* BONNES *milles livres de rente* (§ 318, Rem. 3), il faut bien qu'on mette le féminin *une* dans *vingt et* UNE *bonnes mille livres de rente.*

3. On dit elliptiquement, dans le langage familier : *et d'un* ou *et d'une,* au sens de : première personne, première circonstance, premier fait, etc., d'une série

d'êtres ou de choses que l'on compterait (et l'on continuerait en disant : *et de deux, et de trois*, etc.) :

> ET D'UNE, *cela commence bien* (LITTRÉ). — *Un faisan part ; je tire.* ET D'UN !

4. Dans l'indication de l'heure, s'il s'agit d'*une* minute après ou avant le chiffre de l'heure, et que l'on n'exprime pas le nom *minute*, on emploie toujours le féminin *une* :

> *Il est trois heures* UNE. — *Entre minuit et minuit* UNE (PÉGUY, *Notre jeunesse*, p. 30). — *Départ à dix heures moins* UNE. — *À minuit moins* UNE (AYMÉ, *Passe-muraille*, p. 77). — *Dermithe accourt à moins* UNE (COCTEAU, *Maalesh*, p. 25).

S'il s'agit de 21, 31, 41, 51 minutes s'ajoutant au chiffre de l'heure (et que le nom *minutes* ne soit pas exprimé), on dit ... *et une* :

> *Le train partira à dix heures trente et* UNE. — *Qu'aura-t-il de plus s'il ne meurt qu'à onze heures vingt-deux du matin, au lieu de mourir à onze heures vingt et* UNE ? (H. TROYAT, *Tant que la terre durera...*, p. 750.)

Pour Martinon (p. 206, note 1), on dit : *Deux heures cinquante et* UN.

5. Le pluriel *uns* ne s'emploie que comme pronom : *Les uns, quelques-uns.* Cf. § 568, *b*, Hist., 2.

b) Trois numéraux cardinaux ont une variante graphique : *vingt* et *cent* quand ils sont multipliés (§ 577, *b*) et *mille*.

Dans la date des années, quand *mille* est suivi d'un ou de plusieurs autres nombres, on met de préférence *mil* (AC.) :

> *L'an* MIL *sept cent* [cf. 577, *b*, Rem. 2] (AC.). — MIL *huit cent onze !* (HUGO, *Ch. du crép.*, V, 1.) — *Autour de* MIL *huit cent soixante-quinze* (MAURRAS, *Secrets du soleil*, pp. 38-39). — *En cet an de grâce* MIL *neuf cent deux* (JAMMES, *Janot-poète*, p. 63). — *Au printemps de* MIL *neuf cent quarante-cinq* (E. ROBLÈS, *Croisière*, p. 44).

Selon la règle donnée ci-dessus, il faut écrire *L'an mille* puisque *mille* n'est pas suivi d'un autre nombre. Mais cela n'est pas fondé historiquement, et l'orthographe *L'an mil* est fréquente.

An mille : THÉRIVE, *Retour d'Amazan*, p. 121 ; DANIEL-ROPS, *Missa est*, Préf. ; BERNANOS, *Lettre aux Anglais*, p. 167 ; MONTHERLANT, *Équinoxe de septembre*, p. 75 ; A. ARNOUX, *Bilan provisoire*, p. 102 ; GRACQ, *Balcon en forêt*, p. 76 ; J. d'ORMESSON, *Au revoir et merci*, 1976, p. 35 ; YOURCENAR, *Souvenirs pieux*, p. 65 ; etc.

An mil : TAINE, *Philos. de l'art*, t. I, p. 79 ; BOURGET, *Saint*, p. 55 ; E. PSICHARI, *Appel des armes*, p. 103 ; LITTRÉ, Complém. de la Préf., p. LII ; J. et J. THARAUD, *Notre cher Péguy*, t. I, p. 102 ; LOTI, *Japoneries d'automne*, p. 67 ; MORAND, *Papiers d'identité*, p. 242 ; MAURRAS, *Chemin de paradis*, Préf. ; BARRÈS, *Mes cahiers*, t. XII, p. 195 ; titre d'une pièce de J. ROMAINS ; Fr. MAURIAC, *Journal*, t. IV, p. 92 ; A. SUARÈS, *Sur la vie*, t. II, p. 242 ; THÉRIVE, *Libre hist. de la langue fr.*, p. 72 ; etc.

Même hésitation entre *L'an deux mille* (A. ROUSSEAUX, dans le *Figaro litt.*, 4 oct. 1947 ; GAXOTTE, dans le *Figaro*, 18-19 nov. 1972) et *L'an deux mil* (F. GREGH, *Âge de fer*, p. 8), quoique la première forme ait une certaine justification historique (cf. ci-dessous).

On exige aussi *mille* pour les dates antérieures ou étrangères à l'ère chrétienne : *L'an* MILLE *cinq cent avant Jésus-Christ.* Cela n'a d'autre fondement que l'arbitraire des grammairiens.

Hist. — Pour un seul millier, le latin employait *mille :* de là, en anc. fr., la forme *mil ;* pour plusieurs milliers, on employait en latin *milia :* de là notre mot *mille*, prononcé autrefois comme dans *famille*, et parfois écrit *milie* : *Baptizet sunt asez plus de .C.* MILIE [= Bien plus de cent mille sont baptisés] (*Rol.*, 3671). Cependant, dès la très ancienne langue, les deux formes *mil* et *mille* ont été concurremment employées au sing. et au plur. — La règle actuelle, fixée par Oudin, est arbitraire ; elle s'est imposée au XVIIIe s.

c) Les numéraux terminés par une consonne dans l'écrit ont une prononciation différente, selon qu'ils sont pris isolément (c'est-à-dire non déterminants : *J'en ai* SIX, *la page* SIX, etc.), — ou, comme déterminants, selon qu'ils sont devant une consonne ou devant une voyelle du point de vue phonétique (liaison ; cf. § 41).

— *Sept* n'a plus qu'une prononciation : [sɛt].

— *Un* [œ̃], *deux* [dø], *trois* [tʀwa], *cent* [sɑ̃] ont une forme spéciale comme déterminants devant voyelle [œ̃n], [døz], [tʀwaz], [sɑ̃t] : *Deux‿hommes*.

Neuf [nœf] prend la forme [nœv] seulement devant *ans, heures, hommes*.

— *Vingt* [vɛ̃] a la forme [vɛ̃t] comme déterminant devant voyelle et dans les numéraux complexes : *Vingt‿hommes, vingt-six* [vɛ̃tsis]. (Mais on dit [vɛ̃] quand *vingt* est multiplié : *quatre-vingt-six*, etc.)

— *Cinq* [sɛ̃k] et *huit* [ɥit] perdent ordinairement leur consonne quand ils sont employés comme déterminants devant consonne ou lorsqu'il y a une disjonction (§§ 47-50) : *Cinq* [sɛ̃] *maisons, huit* [ɥi] *Hollandais*.

— *Six* [sis] et *dix* [dis] ont deux autres formes : [si] et [di] comme déterminants devant consonne (ou lorsqu'il y a une disjonction) : *Six femmes ;* — [siz] et [diz] comme déterminants devant voyelle : *Six‿hommes* (en outre : *dix-neuf* [diznœf]).

Nous avons décrit l'usage dominant aujourd'hui. L'amuïssement de la consonne finale de *sept* et de *neuf* devant une autre consonne (*Sept* [sɛ] *femmes, neuf* [nœ] *maisons*) nous paraît une prononciation archaïque. La prononciation °[døs] de *deux* est tout à fait populaire. — Pour *cinq* (devant consonne), la prononciation [sɛ̃k] a été populaire à l'origine, et c'est ainsi que Hugo la met dans la bouche de Gavroche : *Garçon !* CINQUE *centimes de pain* (*Misér.*, IV, VI, 2). Mais elle tend à se répandre, même dans l'usage distingué. — Pour *un*, nous avons donné la prononciation traditionnelle, [œ̃], mais elle est fortement concurrencée par [ɛ̃] : voir § 25, *a*, Rem. — Devant un nom de mois et devant *pour cent*, l'usage hésite pour *six, dix, huit* entre [sis] et [si], [dis] et [di], [ɥit] et [ɥi].

Quatre [katʀ] a devant consonne une variante peu soignée [kat] : § 36, *c*. — Pour la fausse liaison *Entre quatre-z-officiers*, voir § 41, Rem. 1.

575　　**Les formes complexes** des cardinaux sont composées, soit par addition : *Vingt-deux* (§ 576), — soit par multiplication de *cent* et de *mille* : *Trois cents, deux mille*, ainsi que de *vingt* dans *quatre-vingts* (§ 577), — soit par addition et multiplication à la fois : *Deux mille trente*.

Les unités ajoutées aux dizaines vont de *un* à *neuf*, sauf avec *soixante* et *quatre-vingts*, où les unités vont de *un* à *dix-neuf* (excepté dans les régions où on emploie *septante* et *nonante*) : *Soixante-treize*.

Remarque. — Lorsque deux cardinaux composés coordonnés ou unis par *à* ont une partie de leurs éléments en commun, il arrive que cette partie commune ne soit exprimée qu'une fois (comp. § 217, *b*). Ce procédé est parfois ambigu.

Une femme qui ne devait guère avoir plus de TRENTE-TROIS OU QUATRE *ans* (VIALAR, *Homme de chasse*, p. 282). — *Cette salle de 16 à 1700 places* (P. LARTHOMAS, *Théâtre en Fr. au XVIIIe s.*, p. 14).

576   **Lorsqu'il y a addition,**

a) On met un **trait d'union** entre les éléments qui sont l'un et l'autre moindres que cent, sauf s'ils sont joints par *et*, qui remplace alors le trait d'union :

Dix-huit, soixante-dix-neuf, dix-neuf mille trois cent vingt-sept francs. — Mais : *Vingt et un, cent deux, douze cents.*

b) La conjonction *et* ne s'emploie que pour joindre *un* aux dizaines (sauf *quatre-vingt-un*) et dans *soixante et onze* :

Vingt et un, trente et un, cent quarante et un, etc. — *À soixante et onze ans* (MAUROIS, *Art de vivre*, p. 203).

Mais on dira, sans *et* : *Quatre-vingt-onze, cent un, cent deux, deux cent un, trois cent un, mille un, deux mille un,* etc. — *J'ai atteint l'âge de cent deux ans* (BALZAC, *Peau de chagrin*, p. 44). — *Cent un coups de canon* (BAINVILLE, *Napoléon*, p. 422). — *Cent quatre ans avant Jésus-Christ* (MAURRAS, *Secrets du soleil*, p. 13). — *Je disais donc cinq cent un millions* (SAINT EXUPÉRY, *Petit prince*, XIII). — *La naissance de l'héritier fut saluée par trois cent un coups de canon* (TROYAT, *Tant que la terre durera...*, p. 501). — *Mil huit cent onze !* (HUGO, *Ch. du crép.*, V, 1.)

Et s'emploie dans *Les mille* ET *une nuits*, titre d'un recueil de contes arabes, et dans *Les mille* ET *un jours*, titre d'un recueil de contes orientaux.

On dit *mille et trois* en parlant de don Juan et de ses conquêtes : *Don Juan a* MILLE ET TROIS *secrets* (R. KEMP, dans les *Nouv. litt.*, 20 mai 1948). — *Hugo a donc été un vrai don Juan, rachetant sur le tard par plus de* MILLE ET TROIS *conquêtes l'étonnante régularité de ses trente premières années* (BILLY, dans le *Figaro litt.*, 20 oct. 1951).

Et s'emploie encore dans *mille et un* et parfois dans *cent et un,* quand ils sont pris dans un sens indéterminé pour exprimer un grand nombre : *À peine trouve-t-on quelques renseignements exacts dans les* MILLE ET UNE *brochures écrites sur cet événement* (AC.). — *Sur* MILLE ET UNE *conjectures, une seule se trouverait-elle vraie ?* (CHAT., *Mém.*, IV, XI, 2.) — MILLE ET UN *ouvriers frappeurs* [...] *martellent et cisellent votre insomnie* (TOULET, *Béhanzigue*, pp. 134-135). — *J'entends bien qu'il ne s'agit pas ici des* MILLE ET UNE *démarches de l'humble vie quotidienne* (G. DUHAMEL, *Manuel du protestataire*, p. 225). — *Il y a* CENT ET UNE *fariboles qui réjouiront plus tard les veillées de Paimpol à Vannes* (BARRÈS, *L'âme franç. et la guerre*, cit. Deharveng, t. I, p. 144). — *Les avocats de la famille ont allégué* CENT ET UNE *causes de nullité* (G. HANOTAUX, *Jeanne d'Arc*, p. 247).

Remarque. — Nous avons décrit ci-dessus l'usage régulier et prédominant, mais on constate, au XIXe s. et même au XXe, un certain flottement dans l'emploi de *et* (cf. Hist.).

Absence de *et* devant *un* : *La majorité est fixée à vingt-un ans accomplis* (*Code civil*, art. 488). — *J'avais vingt-neuf, trente et trente-un ans* (LÉAUTAUD, *Journal*, 22 mai 1904). — *À vingt-un, vingt-deux ans* (ARAGON, *Anicet ou le panorama*, L.P., p. XI). — Autres ex. : CHAT., *Mém.*, I, VI, 1 ; STENDHAL, *Chartr.*, t. I, p. 33 ; etc.

Et entre les dizaines et les unités (autres que *un*), surtout après *soixante* : *Bien qu'elle n'eût que cinquante* ET *six ans, elle en paraissait au moins soixante* ET *quinze* (MAUPASS., *C.*, Confession). — *Dans la jeunesse maigre de ses trente* ET *trois ans* (PÉGUY, *Myst. de la char. de J. d'Arc*, p. 103). — *À quarante* ET *six ans* (G. DUHAMEL, *Civilisation*, Discipline). — *Elle n'avait en somme que vingt* ET *trois années* (CÉLINE, *Voy. au bout de la nuit*, F°, p. 77). — *Un homme de soixante* ET *dix ans* (GENEVOIX, *Bernard*, II, 2). — *Ses un mètre soixante* ET *dix* (ARAGON, *Aurélien*, p. 465). — *À soixante* ET *dix ans* (ÉTIEMBLE, dans le *Figaro litt.*, 10 févr. 1969). — *Les années soixante* ET *dix* (P.-J. RÉMY, *Si j'étais romancier*, p. 190). — Autres ex. de *soixante et ...* : BALZAC, *Urs. Mirouët*, p. 285 ; Th. GAUTIER, *Hist. de l'art dramat. en Fr.*, t. I, p. 328 ; MÉRIMÉE, *Colomba*, XIX (correction de 1867 ; en 1840 : *soixante-quinze*) ; FLAUB., *Mᵐᵉ Bov.*, I, 3 ; BLOY, *Désespéré*, p. 143 ; etc.

Et dans *quatre-vingt et un* : J. et J. THARAUD, *Vieille Perse et jeune Iran*, p. 22.

Et après *cent* ou *mille* : *Pour le pauvre Bajazet, de 1730 à 1800, il est donné cent* ET *une fois* (FAGUET, *Propos de théâtre*, II, p. 37). — *Cent* ET *un ans après cette vente* (BAINVILLE, *Chroniques*, p. 211). — *C'est lui qui [...] porte son cachet à deux cent* ET *un francs* (L. JOUVET, *Réflexions du comédien*, p. 171). — *Pendant mille* ET *un jours* (BARRÈS, *Enquête aux pays du Levant*, t. II, p. 119). — *Il y a mille* ET *trois jours que dure la guerre* (J. GREEN, *Journal*, 16 juillet 1942). — *Vous m'avez bien dit mille. / — Mille* ET *trois exactement* (G. DUHAMEL, *Cri des profondeurs*, p. 158). — *Mille* ET *un francs* (PAGNOL, *Château de ma mère*, p. 279). — *Mille* ET *quarante pas* (G. DUBY, *Dimanche de Bouvines*, p. 55).

N.B. — 1. On dit, avec *et*, *Cent* ET *des francs* (§ 566, Rem. 2). *Cent* ET *quelques francs* (§ 610, *a*).

2. Sur *Cinq pieds six pouces, Deux ans et trois mois*, voir § 1034, Rem. 2.

Hist. — Ordinairement, la vieille langue, continuant l'usage du latin vulgaire (*decem et octo, decem et novem*, etc.), mettait *et* entre les dizaines et les unités et, plus généralement, entre les éléments unis par addition :

Quarante ET *deux anz* (*Queste del saint Graal*, p. 32). — *Trente* ET *quatre anz* (WACE, *Brut*, 105). — *Plus de mil* ET *sept cent* (ADENET, *Berte*, 252). — *Vint* ET *deus sols* (*Renart*, éd. M., IX, 57). — *.M. et .C.* ET *quatre vinz* ET *.XVII. anz après l'incarnation* (VILLEHARDOUIN, § 1). — *Chascune aulne vous coustera / Vingt* ET *quattre solz* (*Pathelin*, 237-238). — *Soixante* ET *quinze jours* (AMYOT, *Lysander*, 4). — *Vingt* ET *six ou trente messes* (RAB., *Garg.*, 21). — *Cent* ET *six ans* (MONTAIGNE, I, 20).

La tendance à omettre *et* se manifeste de bonne heure : *Trente quatre anz* (*Alexis*, 276). — *Dix huit engins* (JOINVILLE, § 193). — Cependant, l'emploi de la conjonction entre dizaines et unités est resté général jusque vers la fin du XVIIᵉ s. : ⁺*La règle des vingt* ET *quatre heures* (CORN., t. III, p. 96). — *Ignorante à vingt* ET *trois carats* (LA F., *F.*, VII, 14). — *Soixante* ET *trois livres* (MOL., *Mal. im.*, I, 1). — C'est Antoine Oudin qui, dans sa *Grammaire françoise* (1632), a formulé la règle selon laquelle *et* ne se met que pour joindre *un* aux dizaines. Cette règle ne s'est établie que peu à peu dans la seconde moitié du XVIIᵉ s. et a été généralement suivie au XVIIIᵉ ; cependant l'usage est resté flottant longtemps encore ; Bescherelle déclarait en 1846 (s.v. *un*) : « On dit *vingt et un* ou *vingt-un, trente et un* ou *trente-un,* et ainsi jusqu'à *soixante* inclusivement ».

577   **Lorsqu'il y a multiplication,**

a) On met toujours un trait d'union dans *quatre-vingt(s).*

b) **Vingt** et *cent* prennent un *s* quand ils terminent le numéral cardinal (voir les Rem.) :

Quatre-VINGTS *francs.* — *Mutilé à* quatre-VINGTS *pour cent* (J. MISTLER, *Gare de l'Est,* p. 221). — *Trois* CENTS *personnes.*
Mais : *Comment pourriez-vous arriver* [...] *à calculer mentalement* [...] *combien font, par exemple, trois milliards sept* CENT *cinquante-cinq millions neuf* CENT *quatre-*VINGT*-dix-huit mille deux* CENT *cinquante et un, multiplié par cinq milliards* CENT *soixante-deux millions trois* CENT *trois mille cinq* CENT *huit ?* (IONESCO, *Leçon,* p. 73.)

Ceci s'applique aussi au cas où le multiplicateur est *des* ou un déterminant indéfini : *Pouvez-vous me prêter quelques* CENTS *francs ?* (BALZAC, *Cous. Bette,* p. 185.) — *Je fis quelques* CENTS *mètres* (ALAIN-FOURNIER, *Gr. Meaulnes,* p. 263). — *Depuis des* CENTS *et* CENTS *années* (LA VARENDE, *Troisième jour,* p. 281).

Notons aussi l'expression **Des mille et des cents,** dans laquelle le nom n'est pas exprimé (cf. Rem. 3) : *Ne croyez pas que je gagne des mille et des* CENTS (G. CONCHON, *Apprenti gaucher,* p. 46). — *Elle gagnait des* CENTS *et des mille* (E. TRIOLET, *Grand jamais,* p. 26).

Quelques auteurs laissent *cent* invariable dans cette formule : H. BORDEAUX, *Déclassés,* p. 244 ; DORGELÈS, *À bas l'argent !* p. 37 ; J.-P. CHABROL, *Rebelles,* p. 176. Peut-être sont-ils influencés par l'invariabilité de *mille* (cf. *c*) ou bien reconnaissent-ils ici un faux pluriel, un pluriel emphatique (cf. § 566, Rem. 1).

N.B. — 1. On fera attention que dans *les* VINGT *livres reçus, voici vos* VINGT *francs, prenez ces* CENT *francs, tous les* CENT *pas,* etc., *vingt* ou *cent* ne sont pas *multipliés* par le déterminant qui les précède.

2. Dans des phrases comme les suivantes, *cent* est invariable parce que l'idée de pluralité est relative, non au seul mot *cent,* mais à l'ensemble des deux mots *cent mille* : *Qu'un fabricant ait la fantaisie d'ajouter cette année quelques* CENT *mille francs à son revenu* [...] (VIGNY, *Serv. et grand. mil.,* I, 2). — *Mais il y a des* CENT *et* CENT *mille ans que cette tempête est finie* (LOTI, *Vers Ispahan,* p. 58).

Remarques. — 1. *Million, milliard* n'étant pas des déterminants numéraux, mais des noms (§ 580), la règle donnée ci-dessus doit être interprétée en conséquence :

Trois CENTS *millions. Quatre-*VINGTS *milliards. Deux* CENTS *millions quatre-vingt mille francs.*

2. *Vingt* et *cent* employés pour *vingtième* et *centième* (§ 579, *b*) sont considérés comme invariables :

*Page quatre-*VINGT (AC.). — *Chant premier, vers deux* CENT (AC.). — *L'an huit* CENT.

3. *Cent* employé comme nom varie au pluriel : *Deux* CENTS *d'œufs.* — Il en est de même de l'homographe *cent* [sɛnt], monnaie divisionnaire aux États-Unis, au Canada, aux Pays-Bas : *Deux dollars cinquante* CENTS.

4. Dans ces vers de Hugo (*Lég.,* II, 6) : *Comment se pourrait-il que de moi ceci vînt ? / Le chiffre de mes ans a passé quatre-*VINGT, c'est par licence, pour que l'œil fût content (tradition classique), que le poète a écrit *quatre-vingt* sans *s*. En prose, il eût écrit : *quatre-vingts.*

Hist. — 1. *Quatre-vingt(s)* et, d'une façon générale, les numéraux allant de *soixante et onze* à *quatre-vingt-dix-neuf* (usités là où on ignore *septante* et *nonante*) appartiennent à la numération **vicésimale**, c'est-à-dire *par vingt*. On lui attribue souvent une origine gauloise. Elle a donné, au moyen âge, les formes *vingt et dix, deux vingts, trois vingts, trois vingts et dix, quatre vingts, quatre vingts et dix, six vingts, sept vingts, huit vingts, neuf vingts, onze vingts, douze vingts, treize vingts, quatorze vingts, quinze vingts, seize vingts, dix sept vingts, dix huit vingts, dix neuf vingts :* QUATORZE-VINS *homes de lour gens* (JOINVILLE, § 322). — SET VINS *filles ou plus* (RUTEBEUF, *Des ordres,* 55). — *Ensemble* SEPT VINGT *faisans* (RAB., *Garg.,* XXXVII). — *Un harnois complet du poids de* SIX VINGTS *livres* (MONTAIGNE, II, 10). — Un certain nombre de ces formes ont persisté jusque dans le XVIIᵉ s. : « ⁺Il est à remarquer, notait l'Acad. en 1694, que, dans la manière ordinaire de compter, on dit *quatre-vingt, six-vingt,* et même quelquefois *sept vingt, huit vingt, onze vingt,* et ainsi du reste jusques à *dix-neuf vingt,* mais qu'on ne dit jamais *deux vingt, trois vingt* ni *dix vingt.* » — *Six vingts,* en particulier, se maintint jusque dans le XVIIIᵉ s. et était encore approuvé par l'Acad. en 1762 : *Et l'on dit* SIX VINTS (VAUGELAS, p. 392). — *Vous passerez les* SIX-VINGTS (MOL., *Av.,* II, 5). — ⁺*Il y eut cent ou* SIX-VINGTS *hommes de tués* (LA ROCHEF., t. II, p. 202). — ⁺SIX VINGT *mille hommes* (RAC., G.É.F., t. VII, p. 34). — ⁺*Des vieillards de cent et de* SIX VINGTS *ans* (FÉN., *Tél.,* t. I, p. 337). — ⁺*Il y a ailleurs* SIX-VINGTS *familles indigentes* (LA BR., VI, 26). — Voltaire en usait couramment : ⁺*La pièce est faite depuis* SIX-VINGTS *ans* (Commentaire sur *Cinna,* I, 2, *in fine).* — ⁺*Des vieillards de* SIX-VINGT *ans* (*L. XIV,* XXIX). — À l'époque moderne, il s'emploie parfois par badinage : *Henri VIII* [...] *tua* [...] / *Vingt-neuf barons chrétiens, et* SIX-VINGT [*sic*] *roturiers* (MUSSET, *Prem. poés.,* Mardoche, XXXVII). — Il survit aussi dans le Midi, et Maurras a dû faire effort pour l'éviter, comme en témoigne ce passage d'une lettre : *Il y a cent vingt ans. Je n'ai pas dit* SIX VINGT [*sic*]. *Donnez-moi un bon point* (dans Barrès et Maurras, *La République ou le roi,* p. 461).

Aux survivances indiquées ci-dessus il faut encore ajouter l'expression figée *Les Quinze-Vingts,* hôpital de Paris (à l'origine hospice fondé par saint Louis en 1260 pour 300 chevaliers revenus aveugles de la croisade).

2. *Vingt* et *cent,* quoique invariables en latin, variaient ordinairement autrefois dans les multiples, même s'ils étaient suivis d'un adjectif numéral : *Ce premier de Mars mille cinq* CENS *quatre vingts* (MONTAIGNE, *Ess.,* Au lecteur). — ⁺*Mil cinq* CENTS *quatre-*VINGTS *neuf* (GUEZ DE BALZAC, *Dissert. critiques,* VI, 3). — L'Acad., en 1762, écrivait encore : *neuf* CENTS *mille.* — La règle actuelle, inventée au XVIIIᵉ s., a été arbitrairement imposée par les grammairiens.

c) *Mille* numéral est toujours invariable :

Deux MILLE *francs. Des dizaines de* MILLE. *Le chiffre des* MILLE. — De même : *Des mille et des cents* (cf. *b).* — Aussi quand *mille* est employé comme nom, ce qui est peu courant : *Il y a deux* MILLE [*bottes*] *de foin à charger* (Ch. SILVESTRE, *La prairie et la flamme,* p. 49).

Hist. — Voir § 574, *b,* Hist.

Remarque. — *Mille* comme mesure itinéraire est un nom comme les autres et varie au pluriel :

On mit la chaloupe en mer : elle nagea au rivage dont nous étions à environ deux MILLES (CHAT., *Mém.,* I, VI, 4). — *À deux mille* MILLES *de tout secours* (H. BAZIN, *Bienheureux de La Désolation,* p. 26).

Hist. — C'est un emprunt à l'anglais *mile,* forme que l'on garde comme mesure terrestre, notamment dans la langue sportive, avec la prononciation [mʌjl] : *Battre le record des dix* MILES. *Les 500* MILES *d'Indianapolis.*

578 **Concurrence entre l'addition et la multiplication** pour les nombres (et les dates) entre 1000 et 2000.

a) Si le nombre des centaines ne dépasse pas seize, on dit *onze cent(s)...,* *douze cent(s)..., treize cent(s)...,* bien plutôt que *mil(le) cent...* [rare], *mil(le) deux cent(s)..., mil(le) trois cent(s)...,* etc.

ONZE CENT *quatre-vingt-dix-sept hommes* (HUGO, *Misér.,* II, I, 9). — *De* DOUZE CENTS *hommes qui exécutaient cette charge* (MICHELET, *Jeanne d'Arc,* p. 46). — *Les* TREIZE CENTS *âmes du chef-lieu de canton* (COLETTE, *Maison de Claud.,* XVII). — QUATORZE CENTS *ans plus tard* (A. FRANCE, *Jardin d'Épicure,* p. 154). — QUINZE CENTS *dossiers* (ID., *Sept femmes de la Barbe-bleue,* p. 286). — SEIZE CENTS *personnes périrent* (MICHELET, *op. cit.,* p. 71).
L'an de grâce MIL *trois cent cinquante* (CHAT., *Mém.,* I, III, 4). — *Le premier tirage devait être de* MILLE *cinq cents exemplaires* (G. DUHAMEL, *Pesée des âmes,* p. 209). — *Il y a* MILLE *cinq cent quatre-vingts jours que cela dure* (VERCORS, *Sable du temps,* p. 103). — *L'an de grâce* MIL *six cent et tant* (A. DAUDET, *Lettres de m. m.,* p. 190).

b) Si le nombre des centaines dépasse seize, on dit *mil(le) sept cent(s)..., mil(le) huit cent(s)..., mil(le) neuf cent(s)...,* ou *dix-sept cent(s)..., dix-huit cent(s)..., dix-neuf cent(s)...,* — les premières formes étant préférées dans la langue écrite, et les secondes dans la langue parlée.

L'an MIL *sept cent* [cf. § 577, *b,* Rem. 2] (AC., s.v. *mille*). — MILLE *sept cents mètres* (SAINT EXUPÉRY, *Vol de nuit,* p. 107). — *Je suis né* [...] *en l'an de grâce 1733,* — *oui, monsieur :* MIL *sept cent trente-trois* (FARRÈRE, *Maison des hommes vivants,* XVII). — *Nous étions en* MIL *huit cent cinq* (E. ROSTAND, *Aiglon,* I, 12). — MIL *huit cent onze !* (HUGO, *Ch. du crép.,* V, 1.) — *Nous sommes en* MIL *huit cent quarante-six* (É. AUGIER, *Gendre de M. Poirier,* IV, 4). — *En* MIL *huit cent soixante-cinq* (DUMAS fils, *Visite de noces,* III). — *Autour de* MIL *huit cent soixante-quinze* (MAURRAS, *Secrets du soleil,* pp. 38-39). — *Dix-neuf janvier* MIL *neuf cent douze* (VIALAR, *Grande meute,* I, 1). — MILLE *neuf cent cinquante-cinq exemplaires* (BILLY, dans le *Figaro litt.,* 8 juin 1957).
Une ville de DIX-SEPT CENT *cinquante habitants* (HERMANT, *Phili,* p. 8). — *Depuis* DIX-HUIT CENTS *ans* (HUGO, *Châtim.,* IV, 4). — *Un budget de* DIX-HUIT CENTS *francs* (BARRÈS, *Dérac.,* p. 133). — *Ravissant citronnier* DIX-HUIT CENT *trente !* (COLETTE, *Julie de Carneilhan,* p. 45.) — *Aujourd'hui cinq mai* DIX-HUIT CENT *trente-six* (STENDHAL, *Corresp.,* t. X, p. 34). — DIX-NEUF CENTS *feux* (BALZAC, *Médecin de camp.,* p. 69). — *Ces mouchoirs que Gabrielle payait* DIX-NEUF CENTS *écus* (COCTEAU, *Reines de la France,* p. 59). — *Le onze mars* DIX-NEUF CENT *trois* (JAMMES, *Pomme d'anis,* VI). — DIX-NEUF CENT *soixante apparaissait alors beaucoup plus lointain et fabuleux que 2000 ou même 2050 aujourd'hui* (J. FOURASTIÉ, *Long chemin des hommes,* p. 171).

579 **Emplois divers des cardinaux.**

a) Certains cardinaux perdent leur valeur précise et désignent, souvent par exagération, un nombre indéterminé :

Je voudrais vous dire DEUX *mots.* — *Voir* TRENTE-SIX *chandelles.* — *Tenir* TRENTE-SIX *secrets* (BARRÈS, *Dérac.,* p. 252). — *Répéter* VINGT *fois,* CENT *fois,* MILLE *fois la même chose.* — *À* CENT *et* CENT *reprises* (G. DUHAMEL, *Voyage de Patr. Périot,* p. 149). — *Des* MILLE *et des* CENTS : § 577, *b.* — *Cent et un, mille et un :* § 576, *b.*

Le jeune soldat descendit l'escalier QUATRE *à* QUATRE (HERMANT, *Grands bourgeois*, XIV).
Par extension, alors qu'il ne s'agit plus d'escalier : [...] *qui avaient dîné* QUATRE *à* QUATRE [...]
pour se plier aux heures de la princesse (PROUST, *Rech.*, t. II, p. 454).

Se mettre sur son trente et un, mettre ses plus beaux habits, est d'origine discutée.
Certains y voient une altération de *trentain* (drap de luxe), et quelques-uns restituent même
cette forme censée primitive : *Il était loin d'être sur son* TRENTAIN (R. MALVOISIN, dans
Eklitra, 1971, p. 51). — Variantes : *Sur son* TRENTE-SIX (SAND, *Diable aux champs*, p. 297).
[Aussi au Canada.] — *Sur son* CINQUANTE ET UN (BALZAC, *Urs. Mirouët*, VIII).

b) Les cardinaux, cessant d'être des déterminants et prenant place
après le nom, s'emploient souvent pour les ordinaux, pour indiquer soit
le rang d'un souverain ou d'un pape, soit le quantième du mois ou
l'année, soit quelque division d'un ouvrage, la page, etc.

Léopold DEUX. *Léon* TREIZE. *Le* VINGT-SIX *août. L'an* HUIT CENT (sans *s :* cf. § 577, *b,*
Rem. 2). *Chapitre* CINQ. *Page* DIX. — *« Art poétique »* de Boileau, *chant* QUATRE (AC., s.v.
chant).

On dit toujours, avec l'adjectif ordinal, *François* PREMIER, *le* PREMIER *août ;* mais, pour
marquer le rang, soit d'un tome, d'un chant, d'un acte, d'une scène, d'un chapitre, d'un
paragraphe, d'une strophe, etc., soit d'une année, on emploie, après le nom, soit *premier,*
variable : *Chant* PREMIER. — *Scène* PREMIÈRE (AC.). — *Chapitre* PREMIER. — *An* PREMIER [de
la République] (AC.) ; — soit *un,* invariable : *Chant* UN ; *scène* UN. — *Chapitre* UN (AC.). —
L'an UN *de la République.*

En parlant d'une page, d'une note, d'une remarque, d'un vers, on dira : *Page* UN (parfois
une : § 574, *a,* Rem. 1), *note* UN, *remarque* UN, *vers* UN (rarement : *page* PREMIÈRE, *note*
PREMIÈRE, *remarque* PREMIÈRE, *vers* PREMIER). — Avec les nombres composés, on dira :
Chapitre vingt et UN *ou vingt et* UNIÈME ; *strophe trente et* UN *ou trente et* UNIÈME ; *page vingt
et* UN (moins souvent : *vingt et* UNIÈME).

Remarquez : *Charles* QUINT, *Sixte* QUINT. Cf. § 581, *c,* Hist.

N.B. — 1. Pour l'indication de l'heure, on a aussi, quant au sens, un rang plutôt qu'un
nombre, mais le cardinal garde ses particularités de déterminant, notamment sa place : *Il est*
DEUX *heures.*

2. Dans la plupart des ex. donnés ci-dessus, l'usage ordinaire est d'écrire ces nombres en
chiffres, romains ou arabes selon les cas : § 114.

Remarques. — 1. Dans l'indication de l'année, on supprime souvent, dans
l'usage familier, le mot *mil* et le chiffre des centaines, notamment pour désigner
des années historiques :

En QUATRE-VINGT-TREIZE. *En* QUATORZE. — *Notre père racontait la guerre de 70* (MAU-
ROIS, *Rouen*, p. 7). — *C'est en mai 84 qu'elle nous quitta* (GIDE, *Si le grain ne meurt*, I, 9). —
Durant les années 50 [= 1950], *je me déchaînais contre mes amis neutralistes* (Fr. MAURIAC,
dans le *Figaro litt.*, 2 mai 1967).

2. Les gens de théâtre disent *Le un, le deux, la une, la deux,* etc., au lieu de
Le premier acte (ou *l'acte un*), *le deuxième acte* (ou *l'acte deux*), *la première scène*
(ou *la scène un*), *la deuxième scène* (ou *la scène deux*), etc. :

Surtout que ma robe du UN *est en gros ottoman aigue-marine* (COLETTE, *Fanal bleu,*
p. 113). — *Répétition du* DEUX *en costumes* (J. RENARD, *Journal*, 1er mai 1903). — *Quelle
scène ? / — La* UNE *du* TROIS (BILLY, *Madame*, p. 13). — *Retourne vite dans la salle. Sinon tu
vas manquer le début du* DEUX (TROYAT, *Cahier*, p. 184).

Semblablement, ceux qui s'occupent de la rédaction, de la publication ou de l'impression des journaux, revues, etc., disent *La une, la deux,* etc., pour la première page, la deuxième page, etc. : *Un hebdomadaire soucieux de bien garnir la* UNE (H. BAZIN, dans les *Nouv. litt.,* 12 janv. 1956). — *Le destin de Paule était devenu un grand sujet de conversation, le gros titre de la « UNE » du journal parlé de l'atelier* (CHAMSON, *La neige et la fleur,* p. 336).

Hist. — Pour marquer le rang d'un souverain dans une dynastie, l'ancienne langue se servait du nombre ordinal, précédé ou non de l'article : *Charles* HUITIÈME, *Édouard* LE QUINT, etc. C'est à partir du XVIᵉ s. que les adjectifs cardinaux sans article ont commencé de remplacer les ordinaux. L'usage moderne n'emploie plus ainsi que l'ordinal *premier.* — Dans l'indication du quantième du mois, comme aussi dans les citations et les renvois, on employait autrefois l'ordinal : ⁺*C'était le* DIXIÈME *d'août* (BOSS., *Disc. hist. univ.,* II, 21). — ⁺*Devant le* QUINZIÈME *janvier* (SÉV., 29 déc. 1679). — *Le* CINQUIÈME *ou* SIXIÈME *Avril cinquante-six* (RAC., *Plaid.,* I, 7). — *Chapitre* NEUVIÈME. — Vers la fin du XVIIᵉ s., l'emploi du cardinal, en dépit de Vaugelas (pp. 123-124), s'est généralisé.

c) Les cardinaux ne servent pas seulement de déterminants :

Ils peuvent être des adjectifs et marquer l'ordre : voir *b,* ci-dessus.

Ils peuvent être des pronoms, représentants ou nominaux : § 660.

Ils peuvent être tout à fait nominalisés : soit par un phénomène analogue à l'autonymie (§ 450) : *Dessiner un* SEPT (sur le pluriel, voir § 507, *b*) ; — soit à la suite d'une ellipse : *Les* QUARANTE (= les membres de l'Acad.). — *Les* SOIXANTE-QUINZE (= des canons) *tonnent.* — *Le 117 et le 83* [= des trams] *sont signalés* (J. ROMAINS, *Lucienne,* p. 25). — Voir aussi *b,* Rem. 2.

Hist. — Le cardinal précédé de l'article défini servait anciennement à exprimer le nombre partiel des objets : *Des .XII. pers* LI *.X. en sunt ocis* [= Des douze pairs *les dix* en sont occis] (*Rol.,* 1308). — ⁺*Des trois* LES DEUX *sont morts* (CORN., *Hor.,* III, 6).

d) ***Tous deux, tous les deux, les deux,*** **etc.**

1° Dans la langue générale, on dit de préférence, avec *tous* et l'article, ***Tous les deux,*** *tous les trois,* etc. :

TOUS LES DEUX *sont morts depuis longtemps* (LITTRÉ, s.v. *tout,* 6°). — TOUS LES TROIS, *un instant après, nous étions installés au fond de la boutique* (ALAIN-FOURNIER, *Gr. Meaulnes,* p. 20). — TOUS LES TROIS, *vous paierez les frais* (R. BENJAMIN, *Justices de paix,* p. 65, cit. Sandfeld, t. I, p. 400). — *Nous partions donc* TOUS LES QUATRE *dès le matin* (LOTI, *Roman d'un enf.,* XLIV). — *Des fous* TOUS LES QUATRE (H. QUEFFÉLEC, *Un feu s'allume sur la mer,* II, 1). — *Ils sont là* TOUS LES DIX, *les enfants d'Asturie* (HUGO, *Lég.,* XV, II, 1). — *Ils se retrouvaient,* TOUS LES SEPT (J. ROMAINS, *Hommes de b. vol.,* t. XXIV, p. 197). — *Nous remonterons là-haut* TOUS LES CINQ (H. BOSCO, *Mas Théotime,* p. 75).

2° Dans la langue littéraire, on dit aussi ***Tous deux,*** *tous trois, tous quatre,* très rarement *tous cinq ;* au-delà le tour paraît inusité.

Ils partirent TOUS DEUX *pour la ville* (LITTRÉ, s.v. *tout,* 6°). — TOUS DEUX *sont morts* (HUGO, *Ch. du crép.,* V, 5). — TOUS DEUX *blessés, et vivants* TOUS DEUX ! (VIGNY, *Maréch. d'Ancre,* V, 12.) — *Ils travaillèrent* TOUS TROIS *à instruire la fille du calife dans la religion chrétienne* (A. FRANCE, *P. Nozière,* p. 268). — TOUTES QUATRE *étaient follement jolies* (HUGO, *Misér.,* I, III, 3). — *Ils s'enfoncèrent* TOUS QUATRE *dans le maquis des rues* (LA VARENDE, *Roi d'Écosse,* p. 173). — *Nous avons à prendre* TOUTES QUATRE *une décision* (GIRAUDOUX, *Folle de Chaillot,* p. 107). — *Une ambulance nous transporta* TOUS QUATRE *jusqu'au Val-de-Grâce*

(G. DUHAMEL, *Pesée des âmes,* p. 277). — *Et* TOUS QUATRE *nous tâchons de nous endormir* (F. GREGH, *Âge de fer,* p. 147). — *En un instant,* TOUS CINQ *furent prêts* (Al. DUMAS, *Tr. mousq.,* LXIV). — *Et* TOUS CINQ *se sont endormis pour toujours* (NODIER, *Contes,* p. 358). — TOUTES CINQ, *en entendant la porte s'ouvrir, s'étaient brusquement levées* (GIRAUDOUX, *Contes d'un matin,* p. 91).

Hist. — Au-delà de *cinq,* on trouvait jadis *tous* seul : TOUTES HUIT *accoururent* (LA F., C., Mazet de Lamporechio). — ⁺TOUS SIX *séparément m'accablèrent des mêmes reproches* (SAINT-SIMON, *Mém.,* G.E.F., t. X, p. 59).

3° *Les deux,* etc. (sans *tous*) est beaucoup plus rare. Comme sujet, cela ne paraît pas avoir pourtant un caractère régional :

LES TROIS *dès lors crurent le tenir* (MICHELET, *Sorcière,* t. II, p. 80). — *Est-ce que* LES DIX [*lépreux*] *n'ont pas été guéris? Et* LES NEUF, *où sont-ils?* (*Bible,* trad. CRAMPON, Luc, XVIII, 17.) [*Tous les dix* : Bible de Jérus. et Bible de Maredsous.] — *Cependant,* LES QUATRE *continuaient de ne rien vendre* (HÉRIAT, *Famille Boussardel,* XVIII). — *À peine sortis de table,* LES TROIS *consultèrent leur montre* (CESBRON, *Mais moi je vous aimais,* p. 65). — *Et Socrate et le Christ ont une vie publique.* [...] LES DEUX *ont des disciples* (M. CLAVEL, *Nous l'avons tous tué,* p. 96). — *Il savait servir à la fois Dieu et César, et* LES DEUX *lui en surent toujours le meilleur gré* (duc de CASTRIES, *Réponse au disc. de réc. de M. Schumann à l'Ac. fr.*).

De même, s'il y a un élément subordonné : *Je les observais,* LES DEUX *qui chuchotaient avec mystère* (LOTI, *Prime jeunesse,* I). — *Tous ces hommes, sauf* LES DEUX *agenouillés* (POURRAT, *Trésor des contes,* Le diable et ses diableries, p. 226).

Les ex. suivants sont plus critiquables. On observera qu'à l'exception de celui de Carco, ils proviennent d'auteurs appartenant à l'aire franc-comtoise ou à la Suisse : *Et s'il nous voit* LES DEUX ? *s'alarma Jésus-la-Caille* (CARCO, *Jésus-la-Caille,* III, 6). — *À la guerre, on était* LES DEUX [= ensemble] (AYMÉ, *Gustalin,* I). — *On est parti* LES DEUX *la Titine* [= Titine et moi] (PERGAUD, *Guerre des boutons,* III, 1). — *Ils avaient monté encore une fois* LES DEUX *le sentier qui est en arrière du village* (RAMUZ, *Grande peur dans la montagne,* p. 29). — *Ils mangèrent* LES TROIS, *Thérèse, Marc, Jean Calmet* (J. CHESSEX, *Ogre,* p. 152).

4° *Eux deux* est de la langue normale après préposition, notamment *à* :

Ils représentaient à EUX TROIS *le chœur de la tragédie* (MAUROIS, *Ariel,* II, 15).

En revanche, un emploi comme le suivant ne paraît plus appartenir au français régulier : *Ils s'en allèrent* EUX QUATRE *dans une birouge* [= sorte de voiture] (H. FORIR, *Dict. liégeois-franç.,* t. I, p. 118).

Hist. — Ex. classique : *Par un Hymen qui les joindroit* EUX DEUX (MOL., *Mis.,* IV, 1).

5° °*Leur deux* est du français franchement régional.

C'était une fanfare qui valait la peine. Ils étaient bien LEUR DOUZE (A. QUERNOL, *Coucou mon parrain,* p. 79) [roman écrit en fr. popul. de Wallonie]. — Voir aussi Brunot, *Hist.,* t. I, p. 318 (Bourgogne, Champagne) ; t. X, p. 299 (Lorraine).

6° Pour le tour *Nous deux mon frère,* voir § 253, *b,* Rem. 3.

Les noms numéraux

580   *a)* Les déterminants traditionnels ont été complétés pour les hauts nombres par des noms. Les principaux sont *million* et *milliard.*

Les autres sont moins usités, et leur sens a connu des variations :

Billion (= mille milliards ; parfois pris avec le sens de *milliard,* comme aux États-Unis) ; *trillion* (= aujourd'hui un milliard de milliards) ; *quadrillion* ou *quatrillion* (= aujourd'hui, un million de trillions) ; *quintillion* (= aujourd'hui, un million de quatrillions) ; *sextillion* (= aujourd'hui, un million de quintillions) ; *septillion* (= aujourd'hui, un million de sextillions) ; *octillion* (= aujourd'hui, un million de septillions) ; *nonillion* (= aujourd'hui un million d'octillions).

Milliasse (autrefois « mille milliards ») est encore signalé par les dictionnaires pour marquer un très haut nombre, une très grosse somme : *Napoléon* [...] *dépense des millions de* MILLIASSES (BALZAC, cit. *Grand Lar. langue*). — Cela est aujourd'hui à peu près inusité.

Tous ces numéraux sont des noms ; en effet, ils ont besoin d'un déterminant, ils varient au pluriel et le nom qu'ils accompagnent est introduit par une préposition : *Un million de francs* (comp. : *Mille francs*). Ils n'empêchent pas la variation de *vingt* et de *cent* (§ 577, *b*) : *Deux* CENTS *millions. Quatre-*VINGTS *milliards.*

Lorsque *million, milliard,* etc. sont suivis d'un déterminant numéral, le nom sur lequel porte l'indication numérique s'introduit sans préposition : *Un million deux cent mille habitants.*

Hist. — *Million* a été emprunté au XIIIᵉ s. à l'italien, à cause du rôle des banquiers italiens au moyen âge. Les autres noms ont été faits sur ce modèle.

b) **Cent** et **mille** s'emploient parfois comme des noms, le nom qu'ils accompagnent se construisant avec une préposition : voir § 577, *b,* Rem. 3, et *c.*

Mais, d'ordinaire, on recourt à des dérivés : *Millier* et, pour d'autres numéraux, des noms dérivés au moyen du suffixe *-aine.*

Huitaine, dizaine, douzaine, vingtaine, trentaine, quarantaine, cinquantaine, soixantaine, centaine sont d'un usage courant. Tantôt ils ont une valeur précise (= douze), tantôt ils envisagent un nombre approximatif (= environ douze). — *Neuvaine* désigne seulement une série d'exercices de piété qui s'étend sur neuf jours.

D'autres dérivés en *-aine* sont vivants dans des usages régionaux : par ex., °*troisaine* en fr. populaire de Wallonie. — Les écrivains se servent aussi à l'occasion de dérivés non répertoriés : *Si j'imagine aisément l'Italie nous fournissant une douzaine* [...] *de compagnons de qualité, je m'étonnerai bien d'en découvrir une* SIXAINE *en Belgique* (R. VAILLAND, *Écrits intimes,* p. 177). — *La* TROIS-CENTAINE *d'hommes et de femmes qui* [...] (CESBRON, dans le *Figaro litt.,* 1ᵉʳ janv. 1968).

c) Parmi les autres noms numéraux, signalons *quarteron* et *décade.*

Quarteron ressortit, originairement, aux fractions ; c'est, dans un usage considéré comme régional par Robert, le quart de cent (pour les choses qui se vendent à la pièce) : *Un* QUARTERON *d'œufs.* — Dans la langue commune, il a pris au XXᵉ s. le sens de « petit nombre » (avec une nuance ordinairement péjorative) : *Littérature de laboratoire* [...] *qui peut bien divertir ou abuser un* QUARTERON *de penseurs du dernier bateau* (Fr. AMBRIÈRE, dans *Opéra,* 20 juillet 1949, cité dans R. Beyen, *Ghelderode,* p. 181). — *Ce pouvoir a une apparence : un* QUARTERON *de généraux en retraite* (DE GAULLE, à la télévision, le 23 avril 1951, dans *Citations du président de Gaulle,* choisies par J. Lacouture, p. 31).

Décade [empr. du lat. *decas,* lui-même empr. du grec δεκάς] ne veut rien dire de plus que « dizaine » et n'a eu en français pendant longtemps que des emplois limités : groupe de dix livres (à propos de Tite-Live), groupe de dix vers (pour les racines grecques), période de dix jours (dans le calendrier révolutionnaire). — Au début du XXe s., il a pris, peut-être sous l'influence de l'anglais, le sens « période de dix ans », ce qui n'a rien d'une impropriété. Ce sens paraissait bien installé, même chez les écrivains les plus soigneux. Peut-être parce que *décade* était revenu dans le vocabulaire courant pendant la guerre de 1940 pour désigner une période de dix jours, à propos de produits rationnés, on a suscité à ce mot, pour « période de dix ans », un rival à peu près inusité jusqu'alors, *décennie*. Cette offensive a été efficace, et *décennie* semble l'emporter dans l'usage.

Ex. de *décade* « dizaine d'années » : PROUST, *Rech.*, t. III, p. 1015 ; G. DUHAMEL, *Possession du monde*, VI, 10 ; MAUROIS, *En Amérique*, p. 82 ; MONTHERLANT, *Olympiques*, p. 25 ; THIBAUDET, *Hist. de la litt. fr. de 1789 à nos jours*, p. 112 ; DE GAULLE, *Trois études*, p. 83 ; BERNANOS, *Grande peur des bien-pensants*, Pl., p. 172 ; J. ROSTAND, *Esquisse d'une hist. de la biologie*, Id., p. 224 ; GIRAUDOUX, *Intermezzo*, III, 1 ; MALRAUX, *Antimémoires*, p. 496 ; BUTOR, *Passage de Milan*, 10/18, p. 146 ; LEPRINCE-RINGUET, *Des atomes et des hommes*, p. 161 ; etc. — Cf. A. Goosse, *Façons de parler*, pp. 66-74 ; B. Hasselrot, dans *Mélanges P. Imbs*, pp. 219-223.

d) Les noms des **fractions**. En dehors de *demi*, ce sont d'anciens ordinaux *(tiers, quart :* § 581, *c)* ou des ordinaux vivants *(cinquième,* etc.).

Demi s'emploie comme nom quand l'objet n'est pas exprimé : *Quatre plus un* DEMI, — ou comme adjectif : *Une* DEMI-*bouteille, une bouteille et* DEMIE (§ 547, *a).* — Si l'objet est désigné, on emploie comme nom *la moitié : La* MOITIÉ *du revenu. Dix francs plus la* MOITIÉ *de trente francs.*

Les adjectifs numéraux

581   Adjectifs numéraux ordinaux.

Les ordinaux, qui indiquent le rang, sont du point de vue syntaxique des adjectifs ordinaires. Les règles générales des adjectifs concernant l'accord (§ 548), la place (§ 320, *b)* s'appliquent aux ordinaux. Mais ils ont des relations privilégiées avec les cardinaux, à la fois du point de vue formel (*a* ci-dessous) et même dans l'emploi, puisque les cardinaux se substituent souvent aux ordinaux (§ 579, *b).*

a) L'ordinal est généralement formé par l'addition du suffixe *-ième* aux cardinaux correspondants (ainsi qu'à *million* et à *milliard)* :

Deux → *deux*IÈME ; *trois* → *trois*IÈME ; *vingt* → *vingt*IÈME ; *vingt et un* → *vingt et un*IÈME.

Du point de vue graphique (outre la chute des *e* muets finals des cardinaux), on notera l'addition d'un *u* dans *cinquième* (cf. § 92) ; le remplacement de *f* par *v,* comme dans la prononciation, pour *neuvième*.

Pour l'emploi de *et* et du trait d'union, on a les mêmes règles que pour les cardinaux : cf. § 576. — Notons toutefois que pour le trait d'union, il y a plus d'hésitation que dans les cardinaux : cf. § 109, *c,* Rem. 2. — Comme *mille et un* peut représenter un nombre élevé (§ 576, *b), mille et unième* peut exprimer l'idée d'une longue série : *J'étais le* MILLE ET UNIÈME *à m'y intéresser* (IKOR, *Poulains,* p. 156).

Du point de vue phonétique, on constate aussi la réapparition de la consonne latente qui termine le cardinal ; elle apparaît d'ailleurs au féminin pour *un*, dans les liaisons pour d'autres : cf. § 574, *c*.

Remarques. — 1. Pour les ordinaux correspondant aux cardinaux 1 000 001, 1 000 002, 1 000 003, etc., 1 000 000 001, 1 000 000 002, 1 000 000 003, etc., il faut prendre un détour et dire *le premier (le deuxième, le troisième...) après le millionième, après le milliardième*, etc.

2. Quand deux ou plusieurs ordinaux sont coordonnés, on peut donner au dernier seulement la forme en *-ième*, les autres gardant la forme du cardinal :

Le SEPT *ou* HUITIÈME *pour le septième ou le huitième* (LITTRÉ, s.v. *ordinal*, Rem.). — *À la* CINQ *ou* SIXIÈME *entrevue* (STENDHAL, *Rouge*, II, 38). — *Les façons brusques et un peu sauvages de la* DOUZE *ou* TREIZIÈME [année] (P. BENOIT, *Chaussée des Géants*, p. 125). — *Des hommes* [...] *croisent pour la* TROIS, QUATRIÈME *fois le stationnaire* (ARAGON, *Paysan de Paris*, p. 101).

Hist. — Le phénomène existait déjà à la période classique : ⁺*Pour les* QUINZE, SEIZE, DIX-SEPT *et* DIX-HUITIÈME *impostures* (PASCAL, *Prov.*, XIII).

3. Le suffixe *-ième* s'est ajouté à d'autres mots que les cardinaux :

— *Quantième* servait à interroger sur le rang. Cela est resté courant au Canada et en Belgique, mais non en France. Notons cependant : *Cette photographie, de quelle actrice célèbre-t-elle le mariage, et le quantième ?* (BUTOR, *Modification*, 10/18, p. 22.) — Pour le jour du mois, le mot reste utilisé : *Elle* [= une horloge] *marque heures, minutes, secondes, jours de la semaine,* QUANTIÈMES *du mois* (J. GREEN, *Vers l'invisible*, 28 juin 1959). — *En juin dernier, un mercredi, peu importe le* QUANTIÈME (J. MISTLER, *Route des étangs*, p. 205). — *Le* QUANTIÈME *doit être diminué de 1* (*Grand Lar. enc.*, s.v. *heure*).

— *Tantième* est resté courant comme nom pour désigner la part qui revient dans les bénéfices aux administrateurs d'une société. — Comme adjectif, il peut désigner le jour du mois (langue administrative ou commerciale), plus rarement une fraction ou un rang non explicités : *Le nom du mois ainsi que le nom et le* TANTIÈME *du jour* (AUDIBERTI, *Dimanche m'attend*, p. 138). — *Me reportant à votre honorée du* TANTIÈME *courant* (AYMÉ, *Passe-muraille*, L.P., p. 9). — *La* TANTIÈME *partie d'un nombre* (petit *Robert*). — *L'an* TANTIÈME *de la création du monde* (GHELDERODE, *Balade du Grand Macabre*, Théâtre, t. II, p. 30). — *La* TANTIÈME *fois* (A. DE WAELHENS, *Duc de Saint-Simon*, p. 174).

— °*Combientième* et °*combienième* servent, dans la langue populaire ou relâchée, à interroger sur le rang : *Deuxième classe au je ne sais plus* COMBIENTIÈME *régiment des Chasseurs Alpins* (J.-L. BORY, *Peau des zèbres*, p. 123). — *J'aime mieux être le premier à Rueil que le je ne sais* COMBIENIÈME *à Paris* (QUENEAU, *Loin de Rueil*, F°, p. 129). — *Et la* COMBIENIÈME *maintenant* (Cl. SIMON, *Histoire*, p. 352).

Le recul de *quantième* laisse un vide fâcheux dans la langue. Autre procédé : *combien* (qui est en réalité un cardinal interrogatif) comme ordinal ; cela reste du registre familier, même pour le jour du mois : *Quel jour sommes-nous ?* / — *Aujourd'hui ? ... samedi.* / — *Non, le* COMBIEN *?* / — *Le 14 septembre* (E. et J. DE GONC., *Ch. Demailly*, LX). — *Loi du je ne sais plus* COMBIEN *de juillet 1881* (CAVANNA, *Ritals*, Bibliothèque).

— *Pénultième*, rarement *ultième* (*c*, Rem. 5) : adaptation du lat. *paenultimus, ultimus*.

— Le suffixe *-ième* s'est ajouté aussi dans le langage mathématique à *x* et à *n*. Ces dérivés ont pénétré dans la langue générale : *Le* ÉNIÈME *bataillon est anéanti* (VERCORS, *Bataille du silence*, p. 71). — Sur les problèmes de graphie, voir § 220, *b*, 3°.

b) Deux ordinaux ne viennent pas de cardinaux :

Premier, qui s'emploie d'ordinaire, *unième* ne servant que dans des ordinaux complexes : *Vingt et* UNIÈME.

Second [s(ə)gɔ̃], dont les rapports avec *deuxième* ont fait l'objet de prescriptions arbitraires et non respectées. La seule limitation réelle est que *second* appartient aujourd'hui à la langue soignée et que *deuxième* est seul à former les ordinaux complexes : *Vingt-deuxième*.

Tant que *second* a été la forme la plus courante, les grammairiens réservaient l'emploi de *deuxième* au cas où la série comprenait plus de deux termes. Quand *second* est devenu plus rare, on l'a réduit au cas où la série ne compte que deux termes. L'usage a toujours ignoré ces raffinements (que Littré contestait déjà).

Second, alors qu'il y a plus de deux termes : *Le* SECOND *jour de la semaine* (AC., s.v. *lundi*). — *Le* SECOND *mois de l'année* (AC., s.v. *février*).

Autres ex. : CHAT., *Génie*, I, V, 5 ; VIGNY, *Stello*, XXXVII ; MUSSET, *Prem. poés.*, Au lecteur ; RENAN, *Fragments intimes et romanesques*, p. 141 ; MONTHERLANT, *Pitié pour les femmes*, L.P., p. 196 ; GIRAUDOUX, *Siegfried et le Limousin*, I ; DE GAULLE, *Mém. de guerre*, t. I, p. 416 ; etc.

Deuxième, alors qu'il n'y a que deux termes :

Voir les divisions des ouvrages suivants : MUSSET, *André del Sarto ;* HUGO, *Chans. des rues et des bois ;* BARBEY D'AUR., *Amour impossible ;* MAUPASS., *Fort comme la mort ;* A. DAUDET, *Petit Chose ;* BERGSON, *La pensée et le mouvant*, Introd. ; BRUNOT, *Hist.*, t. III ; GIDE, *Robert ;* BERNANOS, *Joie ;* S. de BEAUVOIR, *Force de l'âge ;* etc.

Hist. — C'est depuis qu'ils existent que *second* et *deuxième* s'emploient sans nuance distinctive : voir CHRÉT. DE TROYES, *Perceval*, 8139, éd. H. ; RAB., V, 1 ; LA F., *F.*, IV, 10 ; MOL., *Bourg.*, II, 4 ; BOSS., *Œuvres orat.*, t. III, p. 31 ; MARIV., *Vie de Mar.*, p. 53 ; DIDEROT, *Éléments de physiol.*, p. 182 ; J.-J. ROUSS., *Nouv. Hél.*, Pl., p. 189 ; etc.

Remarque. — *Premier* est parfois réduit à *preume* dans les jeux d'enfants. Voir aussi § 573, Hist.

c) Restes des anciens ordinaux (cf. Hist.).

Autre peut encore concurrencer *deuxième* dans une énumération, surtout lorsqu'elle commence par *l'un : Des quelques personnes qui se trouvent mêlées à ce récit* [...], *l'un est un ami ancien* [...]. *L'*AUTRE [...]. *Quant à la troisième personne* [...] (FROMENTIN, *Domin.*, III). — *On construisit trois pavillons : un pour le corps de Whitman ;* l'AUTRE *pour faire la* barbacue [*sic*] [...] ; *le troisième pour les boissons* (APOLLIN., *Anecdotiques*, p. 378).

Prime en dehors des expressions figées (*de prime abord*, etc.) est parfois employé pour *premier, première* par les écrivains : *Le* PRIME *vent du soir* (GENEVOIX, *Marcheloup*, II, 2). — *Ils partaient à la* PRIME *aube* (ID., *Forêt perdue*, p. 39). — *Dans la* PRIME *fraîcheur des prairies* (J.-J. GAUTIER, *Chambre du fond*, p. 225). — *Sa* PRIME *enfance avait été celle des petits monstres* (R. MARTIN DU GARD, *Devenir !* Pl., p. 6).

Tiers « troisième » et **quart** « quatrième » (restés aussi dans les fractions) sont encore assez vivants pour donner naissance à des expressions nouvelles : *Le tiers monde* (pays neutres par rapport aux États-Unis et à l'U.R.S.S.). *Le quart monde* (les pays les plus pauvres du tiers monde ou le sous-prolétariat dans les pays occidentaux).

C'est une erreur très fâcheuse qui fait donner parfois à *tiers* le sens d'*autre :* °*Ce handicapé a besoin d'une* TIERCE *personne pour se déplacer.*

Hist. — Les ordinaux en anc. fr. provenaient du fonds latin : *prin*, fém. *prime* (concurrencé par *premier*, de *primarius*), de *primus* ; *autre* (concurrencé par *second*, emprunté à *secundus*), d'*alter* « l'autre de deux » ; *tiers*, de *tertius* ; *quart*, de *quartus* ; *quint*, de *quintus* ; *siste*, de *sextus* ; *setme* de *septimus* ; *uitme*, d'**octimus*, lat. class. *octavus* ; *neume*, de **novimus*, lat. class. *nonus* ; *disme*, de *decimus*. — À l'exception de *premier* et de *second*, ces formes ont été refaites sur les cardinaux correspondants au moyen du suffixe *-ième*, dont l'origine a été discutée. — Quelques-unes ont laissé des traces comme adjectifs (TIERS *ordre*, TIERS *état*, *se moquer du* TIERS *et du* QUART, etc.) ; notons particulièrement *Charles* QUINT, *Sixte* QUINT. — Il y a aussi des traces nominales comme *la dîme*.

La vieille langue possédait en outre des ordinaux en *-ain : premerain*, *tierçain*, etc. ; on peut y joindre *derrain* → *derrenier*, *dernier*, avec le suffixe emprunté à *premier*.

Remarques. — 1. Sur le tour *lui troisième* « avec deux autres », voir § 307, *b*.

2. Sur l'utilisation des chiffres romains et arabes, voir § 114, *c*.

3. Comme les adjectifs cardinaux, les ordinaux perdent parfois leur valeur précise et indiquent un rang approximatif, indéterminé :

Être dans le TROISIÈME, *dans le* TRENTE-SIXIÈME *dessous*. — *C'est bien la* CENTIÈME *fois que je le dis.* — *Mille et unième :* voir *a*, ci-dessus.

4. L'adjectif ordinal s'emploie parfois comme nom :

Être le SECOND *à Rome. Les* DOUZIÈMES *provisoires.* — Dans les charades : *Mon* PREMIER [= la première partie du mot à découvrir] *est ... Mon* SECOND *est ...*

5. Parmi les ordinaux, il faut ranger *dernier* (cf. Hist. ci-dessus), avec sa réduction familière *der*, synonyme *ultime* (rarement *ultième*) ; *avant-dernier*, synonyme *pénultième* ; *antépénultième*, synonyme familier *avant-avant-dernier*.

582   Autres adjectifs numéraux.

a) Adjectifs multiplicatifs (aussi usités comme noms) :

Simple,· double, triple, quadruple, quintuple, sextuple, septuple, octuple, nonuple, décuple, centuple : Une somme DOUBLE. *Le* DOUBLE *de la somme.*

b) Les éléments de composition *bi-* et *tri-*, dans les adjectifs marquant la périodicité, expriment :

1° Tantôt une idée de division du laps de temps indiqué par le radical : *biquotidien* (qui a lieu ou paraît deux fois par jour) ; — *bihebdomadaire* (deux fois par semaine) ; — *trihebdomadaire* (trois fois par semaine) ; — *bimensuel* (deux fois par mois) ; — *trimensuel* (trois fois par mois) ; — *bisannuel* (qui revient tous les deux ans).

Pour Littré (Suppl.), *bi-hebdomadaire*, *bimensuel* signifient respectivement « qui se fait ou paraît toutes les deux semaines », « qui se fait ou paraît tous les deux mois » et, selon lui, si l'on veut dire « qui se fait ou paraît deux fois par semaine ou deux fois par mois », il faut employer *semi-hebdomadaire*, *semi-mensuel*.

Bi-annuel est rare : *Ma mère, à ses réceptions* BI-ANNUELLES [= qui ont lieu deux fois par an], *m'envoyait faire mon petit plongeon devant un diplomate ou un ministre* (HÉRIAT, *Enfants gâtés*, I, 2).

2° Tantôt une idée de multiplication du laps de temps indiqué par le radical : *bimestriel* (qui a lieu ou paraît tous les deux mois ; qui dure deux mois) ; *trimestriel* (tous les trois mois) ; auxquels on doit joindre *semestriel* (tous les six mois) ; — *bisannuel* (en parlant d'une plante, qui vit deux ans) ; *trisannuel* (tous les trois ans).

Les adverbes numéraux

583   *a)* Les dérivés en *-ment* des adjectifs ordinaux :

Premièrement, deuxièmement ou, plus recherché et sans nuance sémantique (cf. § 581, *b*),
secondement [s(ə)gɔ̃dmɑ̃], *troisièmement*, etc. : *Comptez si elle* [= une tragédie] *n'a pas toutes
les parties classiques.* PREMIÈREMENT, *l'exposition :* [...]. SECONDEMENT, *les péripéties :* [...].
TROISIÈMEMENT, *la catastrophe* (TAINE, *Voy. aux Pyrén.*, pp. 93-94).

b) Des adverbes empruntés du latin concurrencent les précédents :

Primo, secundo, ordinairement [s(ə)gɔ̃do], *tertio* [tɛʀsjo], *quarto* [kwaʀto], *quinto* [kwɛ̃to],
sexto, septimo ; plus rarement, *octavo, nono, decimo* [desimo], *undecimo... ;* en outre *ultimo*
(en dernier lieu) [yltimo]. — On écrit souvent 1°, 2°, 3°...

Une forme barbare °*deusio* (ou °*deuxio* ou °*deuzio*) cherche à s'introduire : *Ce génial
projet dresse aussitôt contre lui* [...] *primo : tous ceux qui craignent l'augmentation rapide de la
production agricole* [...] ; DEUXIO : *ceux qui fabriquent ou vendent des treillages protecteurs*
(E. ROBLÈS, *Sirènes*, p. 143). [Sans intention plaisante.]

c) *Bis* [bis], *ter* [tɛʀ] servent de mots-phrases indiquant qu'il faut
répéter une ou deux fois.

Ils indiquent aussi qu'un numéro d'ordre s'applique à un deuxième être ou objet, à un
troisième ; dans ce dernier emploi, on a, au-delà de trois : *Quater* [kwatɛʀ] ; plus rarement,
quinquies [kɛ̃kjɛs], *sexies, septies, octies, novies, decies, undecies... : Habiter au boulevard
Jaurès, 22*BIS. — Avec un *quinto* abusif : *Les articles* 6BIS, 6TER, 6QUATER, 6QUINTO [chaque
fois en italiques] *ci-après, sont intercalés dans l'arrêté royal du 6 août 1980* (dans le *Moniteur
belge*, 10 févr. 1981, p. 1454).

Ces mots sont parfois joints à d'autres termes que des numéraux : *L'un de ses parents, et
homonyme, Jean Malbruny* BIS (LE ROY LADURIE, *Carnaval de Romans*, p. 258).

Quantités approximatives

584   *a)* Noms formés avec le suffixe *-aine :* § 580, *b*.

b) On laisse le choix entre plusieurs numéraux.

— Coordonnés sans conjonction (langue familière), avec des présentations écrites
variées : *Jusqu'à* DIX-ONZE *heures* (WILLY et COLETTE, *Claud. à Paris*, p. 166). — *Autour de*
TROIS QUATRE *filles qui dansaient* (LÉAUTAUD, *Petit ami*, I). — *Dans* HUIT... DIX *jours* (ARA-
GON, *Aurélien*, p. 152). — *On faisait travailler des enfants de* SIX, SEPT *ans* (QUENEAU, *Bâtons,
chiffres et lettres*, Id., p. 201).

— Coordonnés par *ou* : *Une fillette de* SEPT OU HUIT *ans* (Th. GAUTIER, *Cap. Fracasse*,
VI). — *Les* DOUZE OU QUINZE *jours dont son prédécesseur allongeait inutilement leur voyage*
(TAINE, *Orig. de la Fr. contemp.*, t. X, p. 111). — *Elle a élevé* SEPT OU HUIT *petits frères*
(A. FRANCE, *Livre de mon ami*, p. 200). — *Nous recevions chaque jour* HUIT OU DIX *blessés*
(G. DUHAMEL, *Paroles de médecin*, p. 73).

— Les nombres sont joints par *à* : *Un filet d'eau de sept* À *huit pouces de profondeur*
(CHAT., *Mém.*, IV, I, 7). — *Je resterai quatre* À *cinq jours chez le duc de H**** (MÉRIMÉE,
Double méprise, VI). — *Cinq* À *six cents Hindous furent tués* (R. ROLLAND, *Mahatma*

Gandhi, p. 61). — *L'enfant avait douze* à *treize ans* (ID., *Jean-Chr.,* t. II, p. 39). — *Des groupes de quatre* à *dix hommes* (MAUROIS, *Cercle de famille,* p. 243). — *Il avait pris sa canne. Il en possédait plusieurs, dix* à *douze au moins* (H. BOSCO, *Jardin des Trinitaires,* p. 156).

Beaucoup de grammairiens n'admettent la préposition *à* que s'il s'agit, soit de nombres non consécutifs *(dix à vingt),* soit de nombres consécutifs se rapportant à des choses qu'on peut diviser par fractions *(sept à huit ans,* mais non *sept à huit personnes).* En réalité, comme Bescherelle le faisait déjà remarquer, « il ne s'agit pas ici d'un nombre entre sept et huit [ce qui serait effectivement absurde], mais d'une estimation de sept à huit femmes » (s.v. *à).* — L'usage, en tout cas, et depuis longtemps (cf. Hist.), tient assez peu compte de la restriction des grammairiens :

Cinq à *six fois le jour* (CHAT., *Mém.,* I, IV, 5). — *Il avait été au nombre des sept* à *huit républicains que renfermait la Chambre sous la monarchie* (TOCQUEVILLE, *Souvenirs,* p. 154). — *Ils vous tueront sept* à *huit hommes* (STENDHAL, *Abbesse de Castro,* V). — *Des groupes de cinq* à *six personnes causaient* (FLAUB., *Éd. sent.,* III, 1). — *Cinq* à *six arbres l'entouraient* (BARRÈS, *Jardin de Bérénice,* p. 48). — *Quatre* à *cinq autres nuances* (G. ANTOINE, dans *Mélanges Ch. Bruneau,* p. 170). — *Sept* à *huit hommes pour une femme* (PIEYRE DE MANDIARGUES, *Marge,* p. 158).

Autres ex. : MÉRIMÉE, *Colomba,* IX ; BARBEY D'AUR., *Ensorcelée,* II ; ZOLA, *Madel. Férat,* XII ; VALLÈS, *Insurgé,* G.-F., p. 284 ; BOURGET, *Disciple,* p. 32 ; BLOY, *Désespéré,* L.P., p. 209 ; TOULET, *Mon amie Nane,* XI, 3 ; L. BOPP et J. PAULHAN, Notice de : Thibaudet, *Hist. de la litt. fr. de 1789 à nos jours ;* GIONO, *Voy. en Italie,* p. 208 ; H. BOSCO, *Âne Culotte,* M.L.F., p. 16 ; BILLY, *Narthex,* p. 90 ; S. de BEAUVOIR, *Force des choses,* p. 148 ; etc.

Hist. — L'emploi critiqué se trouve déjà au XVIIIᵉ s. : ⁺*Un père de famille* [...] *qui a neuf* à *dix personnes à nourrir* (VOLT., *Mœurs,* LXXXI). — *Cinq* A *six grands insolents chevre piés* (DIDEROT, *Rêve de d'Alembert,* p. 163).

Remarque. — La construction originaire était *De ... à ...* Elle reste possible dans la langue soignée :

Ils étaient DE *vingt à vingt-cinq* (AC., s.v. *de,* Iᵒ).

Ce *de* tombe nécessairement s'il y a un autre *de* (haplologie : § 218) : *Une troupe* DE *vingt à trente personnes ;* — et aussi si le numéral est précédé d'un autre déterminant : LES *vingt à trente personnes présentes.*

c) *Soixante et quelques personnes :* § 610, *a.* — *Soixante et des personnes* (familier) : § 566, Rem. 2. — Autre expr. familière : *Ça coûte huit cents francs* ET DES POUSSIÈRES.

d) *Dans les :*

Samson déjà a tué DANS LES *deux mille adultes* (GIRAUDOUX, *Sodome et Gomorrhe,* II, 4). — *Les parents d'Ernestine* [...] *mesurent l'un et l'autre* DANS LES *un mètre quatre-vingts* (R. VAILLAND, *Beau Masque,* I, 1). — Avec l'ordinal : *Il* [= un élève] *s'était toujours tenu* DANS LES *dixième* [de sa classe] (A. STIL, *Seize nouvelles,* p. 125). — Avec le possessif et l'ordinal (rare) : *Bianca,* DANS SES *quarantièmes années, se trouvait être à la fois améliorée et atténuée* (AUDIBERTI, *Maître de Milan,* XIII). — Sans article, c'est un trait régional chez cet auteur suisse : *Ça te coûtera tout de suite* DANS *vingt francs !* (RAMUZ, *Règne de l'esprit malin,* II, 3.)

À distinguer, *des* marquant l'emphase : *Le médecin qui demande* DES *trois francs pour une visite* (Fr. MAURIAC, *La chair et le sang*, XI). Cf. § 566, Rem. 1.

e) Prépositions et adverbes : ENVIRON *cent francs.* AUX ENVIRONS DE *cent francs* (§ 1013). AUTOUR DE *cent francs.* VERS *cent francs.* À PEU PRÈS *cent francs.* QUELQUE *cent francs* (§ 959).

L'indication de l'heure

585   **Numérotation des heures.**

a) Dans l'usage courant, on répartit les vingt-quatre heures d'une journée en deux séries de douze heures, que l'on numérote de *une heure* à *onze heures* (avec *s*, quoiqu'il s'agisse d'un rang et non d'un nombre), en achevant la première série par *midi*, la seconde par *minuit :*

> *De* ONZE HEURES *à* MIDI. *Entre* MINUIT *et* UNE HEURE.

Lorsqu'il est utile de distinguer, on ajoute, pour la première série, *du matin ;* — pour la seconde, selon la partie de la journée, *de l'après-midi* ou *du soir :*

> *À trois heures* DU MATIN. *À trois heures* DE L'APRÈS-MIDI. *À six heures* DU SOIR.

Dans la langue administrative ou juridique et parfois dans la langue littéraire, on emploie *de relevée* pour la seconde série : *Le dîner* [...] *était pris à des moments très variables, entre sept et dix heures* DE RELEVÉE (G. DUHAMEL, *Suzanne et les jeunes hommes*, X). — *On me prescrivit de me trouver* [pour un match], *le jeudi suivant, à deux heures* DE RELEVÉE, *au stade de La Courneuve* (J. DUTOURD, dans le *Figaro litt.*, 7 juillet 1951).

Dans l'usage ordinaire, *du soir* ne se dit que pour la période après quatre heures. Mais dans certaines régions, *soir* est simplement l'équivalent d'*après-midi :* À trois heures DU SOIR (Th. GAUTIER, *Jean et Jeannette*, VIII).

Autres procédés : *Au moment où une heure* APRÈS MINUIT *sonnera* (STENDHAL, *Rouge*, II, 14). — *Retour au poste vers une heure* P.M. [= lat. *post meridiem*, après midi] (GIDE, *Retour du Tchad*, Pl., p. 929).

b) Dans les horaires des transports internationaux et, à la suite de cela, souvent dans la langue administrative, on numérote les heures d'une journée d'une façon continue de *zéro* (= minuit) à *vingt-trois*, parfois de *une* à *vingt-quatre* (= minuit).

Ce système a été emprunté à l'Italie, vers le début du XXe s. *Douze heures* se disait déjà pour *midi*, en Belgique, avant l'instauration du nouveau système.

586   **Les divisions de l'heure** sont indiquées soit par addition, soit par soustraction.

a) Ou bien on donne le nombre de minutes (le mot *minutes* étant généralement supprimé) :

> *Six heures* DIX. *Cinq heures* CINQUANTE *ou six heures* MOINS DIX.

Dans le système décrit au § 585, *b*, on ne recourt qu'à l'addition et on écrit en chiffres arabes en abrégeant *heures* sans point : *Le train qui part de Bâle à 0 h 27 arrive à Bruxelles à 8 h 18.*

b) Ou bien on indique une fraction de l'heure *(demi, quart).*

— *Six heures* ET DEMIE. Sur *midi et demi(e), minuit et demi(e),* voir § 547, *a.*

On dit parfois, surtout à propos des sonneries, *La demie après six heures* et *la demie de six heures :* LA DEMIE APRÈS *onze heures sonnait à l'une des horloges du quartier de l'Observatoire* (P. BENOIT, *Toison d'or,* p. 8). — *J'entendis sonner* LA DEMIE DE *dix heures à l'horloge de la salle à manger, puis onze heures moins le quart* (J. GREEN, *Voyageur sur la terre,* p. 195).

En Belgique, *la demie de six heures* serait compris comme *cinq heures et demie.*

— On dit le plus souvent *Six heures et quart, six heures trois quarts* ou *sept heures moins le quart.* — *Six heures un quart, six heures moins un quart* appartiennent à la langue soignée. *Six heures et un quart, six heures et trois quarts* sont vieillis.

Ex. du type *six heures et quart :* BOURGET, *Cosmopolis,* p. 56 ; MORAND, *Papiers d'identité,* p. 52 ; COLETTE, *Gigi,* L.P., p. 118 ; GIRAUDOUX, *Suzanne et le Pacifique,* p. 227 ; S. GUITRY, *Tour au paradis,* Pet. Illustr., p. 32 ; MONTHERLANT, *Bestiaires,* L.P., p. 26 ; J. GREEN, *Adrienne Mesurat,* p. 112 ; GAXOTTE, *Siècle de Louis XV,* L.P., p. 18. — Du type *six heures trois quarts :* SAND, *Homme de neige,* t. I, p. 203 ; PAGNOL, *Topaze,* IV, 2. — Du type *six heures moins le quart :* BARRÈS, *Dérac.,* p. 445 ; J. ROMAINS, *6 oct.,* p. 99 ; COCTEAU, *La belle et la bête,* p. 105 ; ARLAND, *Ordre,* t. II, p. 220. — Du type *six heures un quart :* MORAND, *Papiers d'identité,* p. 53 ; COLETTE, *Vagabonde,* I, 2 ; MONTHERLANT, *Bestiaires,* L.P., p. 34 ; AYMÉ, *Belle image,* II ; TROYAT, *Tant que la terre durera...,* p. 127. — Du type *six heures moins un quart :* ZOLA, *Faute de l'abbé Mouret,* I, 7 ; ESTAUNIÉ, *Tels qu'ils furent,* p. 98 ; G. DUHAMEL, *Confession de minuit,* VII ; H. BOSCO, *Âne Culotte,* p. 64. — Du type *six heures et un quart :* FLAUB., *Éd. sent.,* I, 5 ; H. BOSCO, *Malicroix,* p. 284. — Du type *six heures et trois quarts :* STENDHAL, *Chron. ital.,* Cenci ; LITTRÉ, s.v. *et.*

On dit parfois, surtout à propos des sonneries, *le quart de 6 heures* (= six heures et quart) : *Pour le* QUART DE *neuf heures* [...]. *Ça veut dire neuf heures quinze minutes* (S. BECKETT, *Mercier et Camier,* p. 16). — En Belgique, cette expression serait comprise comme signifiant *huit heures quarante-cinq ;* comp. pour *demie* ci-dessus.

D'autres expressions plus rares et parfois régionales doivent être mentionnées :

Six heures quart et *six heures moins quart* en Belgique ; en Belgique aussi *le quart pour six heures* (= 6 h moins le quart).

Dans le Midi, *manque* s'emploie pour *moins : Huit heures* MANQUE UN QUART [en italiques] *au cadran de la commune* (A. DAUDET, *Tart. sur les Alpes,* VII). — De même, avec l'indication des minutes : *Quelle heure est-il ? / — Onze heures* MANQUE VINGT, *répondit Bernardou* (R. ESCHOLIER, *Quand on conspire,* p. 151). [Dans l'Ariège.] — Comp. § 308, note.

La pendule se mit à marquer LE QUART APRÈS *neuf heures* (BARBEY D'AUR., *Chev. des Touches,* II). — LE QUART APRÈS *minuit sonnait à l'horloge du château* (STENDHAL, fragment, dans *Chartr.,* éd. M., p. 512). — *C'était* LE QUART APRÈS *dix heures* (P. BENOIT, *Lac Salé,* p. 235).

Il était un peu moins de dix heures du matin ; LE QUART AVANT [en italiques], *comme on dit à Guernesey* (HUGO, *Trav. de la mer,* III, III, 2). — *Ma mère m'avait dit d'être là* AU QUART AVANT *cinq heures* (VALLÈS, *Enfant,* VII). — LE QUART *d'heure* D'AVANT *minuit sonnait* (COPPÉE, *Souvenirs d'un Parisien,* p. 124).

Quelle heure ? TROIS QUARTS PASSÉ *minuit* (BERNANOS, *Sous le sol. de Satan,* Pl., p. 111).

Voilà dix heures QUART MOINS *qui sonnent* (BALZAC, *Goriot,* p. 42). — *Il* [= un réveil] *en est encore à marquer* LE QUART MOINS DE *dix* (BERNANOS, *Imposture,* p. 253).

Remarque. — D'autres faits concernant les heures sont traités à d'autres endroits de ce livre.

Notamment : accord du verbe lorsque le sujet est une indication d'heure (§ 431, *b*) ; *À huit heures juste, à huit heures tapantes* ou *tapant,* etc. (§ 926, *e,* 2°) ; *deux heures vingt et une* ou *... vingt et un* (§ 574, *a,* Rem. 4).

SECTION 4. — LE DÉTERMINANT POSSESSIF

587   Le déterminant **possessif** indique que les choses ou les êtres désignés par le nom ont une relation avec une *personne* grammaticale : celui qui parle, celui à qui l'on parle, celui ou ce dont on parle :

MA *voiture,* TA *voiture,* SA *voiture.*

Par cette variation en personne, le déterminant possessif est apparenté au pronom personnel : comme celui-ci, il se réfère à la situation (pour la 1ʳᵉ et la 2ᵉ personne) ou au contexte (pour la 3ᵉ personne), c'est-à-dire que, dans ce dernier cas, il a, comme le pronom, une espèce d'**antécédent.**

On constate en outre que, là où le déterminant possessif n'est pas admis, on recourt au pronom personnel construit comme complément déterminatif du nom : *Un ami* À MOI. (Une autre possibilité est l'**adjectif** possessif : *Un* MIEN *ami.* Cf. §§ 594-595.)

588   **Nature de la relation impliquée par le possessif.**

Comme le nom même l'indique, cette relation peut être celle de la possession ou de l'appartenance, mais il serait tout à fait simpliste de réserver à cela l'usage du possessif :

MON *livre,* c'est, selon le cas, celui que je possède, à la suite d'un achat ou d'un don, ou celui que j'ai écrit, — ou encore celui que j'ai entre les mains. — *Fermez donc* VOTRE *porte !* — *Souvent, je prends* MON *métro vers midi* (HÉRIAT, *Enfants gâtés,* IV, 1).

Le possessif convient lorsqu'il s'agit d'affection : MON *chéri* (cf. aussi § 593, *a*), mais il est conciliable avec la déférence : MON *capitaine, je vous écoute* (cf. § 593, *b*), — comme avec une familiarité éventuellement désinvolte : MON *cher Monsieur,* — voire agressive : *Je vous y prends,* MON *gaillard !*

Dans un récit, le personnage est ainsi rapproché du lecteur : *Tu penses, Gringoire, si* NOTRE *chèvre était heureuse !* (A. DAUDET, *Lettres de m. m.,* Chèvre de M. Seguin.)

Le possessif exprime les divers rapports que l'on observe à propos du complément dit déterminatif (cf. § 342, *a*) ; notamment, si le nom déterminé correspond à un verbe, le possessif peut représenter l'agent (possessif *subjectif*) ou le patient de l'action (possessif *objectif*) :

Depuis MON *arrivée* (cf. : *J'arrive*). — *Venez à* MON *aide* (cf. : *Vous m'aidez*).

Hist. — Le possessif objectif s'employait chez les classiques dans des cas où il est rare aujourd'hui : *J'excuse ta chaleur à vanger* TON *offense* [= l'offense que tu as subie] (CORN., *Cid,* IV, 3). — *Est-ce* MON *interest* [= l'intérêt que j'ai pour lui] *qui le rend criminel ?* (RAC., *Andr.,* I, 4.) — Lamartine écrit encore : *Il ne porte pas le poids de* TA *pensée* [= le poids que constitue le fait de penser à toi] (*Harm.,* II, 4).

589   **Le déterminant possessif varie selon diverses conditions.**

a) D'après le nombre de « possesseurs », plus exactement (cf. § 588) le nombre de personnes ou de choses servant de référence. On parle d'*unipossessif* s'il y a un seul « possesseur », et de *pluripossessif* s'il y en a plusieurs.

> *Le chêne a perdu* SES *feuilles.* — *Les chênes ont perdu* LEURS *feuilles.*

Le pluripossessif s'emploie parfois pour un seul « possesseur » : voir § 631.

b) D'après la personne grammaticale :

> *J'ai perdu* MON *parapluie. Tu as perdu* TON *parapluie. Il a perdu* SON *parapluie.*

Sur ce que représente chacune des personnes grammaticales, voir § 631. Notons seulement ici que la 3ᵉ personne sert parfois alors que l'on parle de soi ou que l'on s'adresse à quelqu'un.

C'est notamment le cas dans les formules que l'on emploie sur une carte de visite. On veillera à éviter l'ambiguïté : °*Pierre Dupont envoie à Monsieur Jean Dubois* SES *félicitations chaleureuses pour* SA *nomination.*

En règle générale, on évitera aussi d'employer dans la même phrase des possessifs de la troisième personne qui renvoient à des antécédents différents : °*Pierre a dit à Paul que* SON *frère connaissait bien* SA *sœur.*

c) En genre et en nombre, par accord avec le nom (cf. § 562) : SON *veston et* SA *cravate.* — SES *vêtements.*

Le genre se marque seulement : 1° avec un nom au singulier ; — 2° dans les unipossessifs.

590   Formes des déterminants possessifs.

		Nom singulier		Nom pluriel
		nom masculin	nom féminin	
Unipos-sessifs	1ʳᵉ pers.	mon	ma	mes
	2ᵉ pers.	ton	ta	tes
	3ᵉ pers.	son	sa	ses
Pluripos-sessifs	1ʳᵉ pers.	notre		nos
	2ᵉ pers.	votre		vos
	3ᵉ pers.	leur		leurs

Les formes *mon, ton, son* ne s'emploient pas seulement avec un nom masculin, mais aussi avec un nom féminin lorsque le mot qui suit le déterminant commence par une voyelle du point de vue phonétique — sauf s'il y a disjonction (cf. §§ 47-50) :

MON *erreur,* TON *habitude,* SON *éclatante victoire.* — Mais : MA *hernie,* SA *huitième victoire,* TA *onzième année.*

Remarque. — Le possessif est agglutiné dans *monsieur, madame, mademoiselle, monseigneur* et il varie au pluriel : cf. § 520. — On dit même malgré le double emploi : MON *cher Monsieur.*

Hist. — 1. En dehors du pluripossessif de la 3ᵉ pers., les déterminants possessifs proviennent des possessifs latins.

Leur (du lat. *illorum,* d'eux, génitif plur. masc. du démonstratif *ille*) est devenu possessif masc. et fém. dès la très ancienne langue : *De* LUR *tresors* (*Alexis,* 526). — *Desur* LUR *brunies* LUR *barbes unt getees* [= Sur leurs brognes ils ont jeté leurs barbes] (*Rol.,* 3318). — *Ensi monterent li message* [= messagers] *sor* LOR *chevax* (VILLEHARDOUIN, § 211). — *Et nous piquoient de* LOUR *glaives* (JOINVILLE, § 224). — Anciennement, comme on le voit, il était invariable ; vers le XIIIᵉ s., il a commencé à prendre l'*s* du plur., mais l'ancien usage ne s'est perdu qu'au XVIIᵉ s. ; Racine, par ex., écrivait encore : *Ils abandonnent* LEUR *biens* (G.E.F., t. V, p. 542, note 4).

Tant que l'*s* s'est maintenu dans l'écriture devant consonne (cf. § 89, *d*), les formes du déterminant et du pronom possessifs ont été identiques à la 1ʳᵉ et à la 2ᵉ pers. du plur. : *Reglez* VOSTRE *temps sur le* NOSTRE (LA F., C., Frères de Catalogne). — *Voici* VOSTRE *sentiment, nous avons le* NOSTRE (FURETIÈRE, 1690, s.v. *nos*). — Quand on a remplacé l'*s* par un accent circonflexe sur *o,* l'homographie a subsisté : NÔTRE *Soûpirant* (MOL., *Mis.,* III, 4). — *Si nos yeux envioient les Conquestes des* VÔTRES (ID., *ib.*). — *La* NÔTRE-*Dame d'Oût* (RICHELET, 1706). — *Ce ne sont pas vos afaires, ce sont les* NÔTRES (ID.). — C'est en 1742 que l'Acad. a établi la distinction que nous avons aujourd'hui et qui est aussi une distinction phonétique : *notre* [nɔtR(ə)], *nôtre* [notR(ə)].

2. En anc. fr., d'habitude on élidait l'*a* de *ma, ta, sa* : M'*âme,* T'*espee,* S'*enfance,* etc., mais ces possessifs élidés ont paru trop minces, inexpressifs, et ont été concurrencés, à partir du XIIᵉ s., par *mon, ton, son.* Au XIVᵉ s., les formes masculines et les formes élidées s'employaient indifféremment. Au XVᵉ et au XVIᵉ s., les formes élidées ne subsistaient plus que dans quelques expressions figées : *Et quant à moi je te donne* M'*amour* (E. DESCHAMPS, t. I, p. 49). — *Car tu fléchis* T'*amie au dous bruit de tes sons* (RONSARD, t. VII, p. 160).

L'ancien usage nous reste dans *m'amie* et dans *m'amour* : M'*amie, ma payse, essayez* (MÉRIMÉE, *Carmen,* III). — *Vois,* M'*amie* (H. POURRAT, *Gaspard des Montagnes,* t. I, 1931, p. 164). — *Tu ne me dis rien* [...] M'*amour* (R. PONCHON, cit. *Trésor,* s.v. *amour,* IV, D). — Verlaine emploie aussi par badinage *m'amante* : M'*amante, veux-tu ?* (*Chans. pour elle,* XVIII.)

On écrit d'habitude, par fausse analyse, *ma mie* (*sa mie,* etc.) et *mamour* (surtout usité au plur., au sens de « caresses ») : *Je ne suis pas de ceux qui se peuvent damner pour l'amour des jeunes filles,* MA *mie !* (SAND, *Maîtres sonneurs,* XXVIII.) — *L'idée lui vint d'envoyer à* SA *mie Jacqueline dix-huit livres* (GUÉHENNO, dans le *Figaro litt.,* 21 juillet 1951). — *Faites-vous des* MAMOURS (HUGO, *Misér.,* V, VI, 2). — *Cette sorte de bonne vieille chienne en jupons, qui* [...] *nous accabla de* MAMOURS *poilues* (H. BAZIN, *Mort du petit cheval,* VI). [Le mot est masc. d'ordinaire.] — Il arrive même que *mie* s'emploie sans le possessif : *Vous connaissez que j'ai pour* MIE / *Une Andalouse à l'œil lutin* (MUSSET, *Prem. poés.,* Mᵐᵉ la marquise).

Cette déglutination apparaît déjà au XVIᵉ s. : cf. *Fr. mod.*, juillet 1983, p. 248. — *Mie* a désigné aussi la gouvernante des enfants au XVIIᵉ et au XVIIIᵉ s. : ⁺*Elle avait une vieille* MIE *qui l'avait élevée, qu'elle avait toujours gardée* (SAINT-SIMON, Pl., t. I, p. 316).

DE *m'amie* le fr. du Midi a tiré un masc. analogique *m'ami : Te gêne pas,* M'*ami* (A. DAUDET, *Jack*, t. II, p. 269). — *Ne te presse donc pas,* M'*ami* (R. ROLLAND, *Jean-Chr.,* t. III, p. 232).

Selon certains étymologistes, *tante* serait pour *t'ante* (lat. *amita*).

591   Possessif et article.

a) En général, on remplace le déterminant possessif par l'article défini quand le rapport de possession est assez nettement marqué par le contexte, notamment devant les noms désignant les parties du corps, les facultés intellectuelles :

> *Il ferme* LES *yeux. J'ai mal à* LA *tête. Il a* LE *pied dans l'étrier. Il perd* LA *mémoire. — Elle avait une flèche d'or dans* LES *cheveux* (AC., s.v. *flèche*).

Mais on met le possessif quand il faut éviter l'équivoque, quand on parle d'une chose habituelle, ou quand le nom est accompagné d'un complément ou d'une épithète :

> *Donnez-moi* VOTRE *bras* (dit le médecin). — *Elle a* SA *migraine* (A. FRANCE, *Balthasar,* p. 133). — *Un Saxon étendu,* SA *tête blonde hors de l'eau* (A. DAUDET, *Rob. Helmont,* p. 103). — *Il se passa, plusieurs fois,* SES *longues mains sur le visage* (G. DUHAMEL, *Nuit de la Saint-Jean,* p. 110).
>
> Ex. non conformes (voir aussi Hist.) : *Il laissa retomber* SA *tête sur* SA *poitrine* (VIGNY, *Cinq-Mars,* XII). — *Elle avait une flèche d'or dans* SES *cheveux* (LITTRÉ, s.v. *flèche,* 4°). — *J'ai mal dans* MES *jointures* (COLETTE, *Fanal bleu,* p. 94).

Dans d'autres cas, le rapport de possession doit être indiqué, mais il est plus élégant de le marquer par un pronom personnel complément du verbe que par un possessif attaché au nom :

> *Un grand* [...] LUI *tirait* LES *oreilles* (COCTEAU, *Enfants terribles,* p. 13). — *Essuyez-*VOUS LES *pieds. — Il* ME *prit* LA *main.*
>
> *Essuyez* VOS *pieds. Il prit* MA *main* sont des formules moins distinguées. Elles ne peuvent être rejetées cependant : *Il frappe* SA *poitrine* (MUSSET, *Lorenz.,* III, 3). — *Il avait sans le savoir réuni* SES *pieds, croisé* SES *mains sur* SA *poitrine* (MALRAUX, *Temps du mépris,* p. 50).
>
> Plus négligé encore est le fait d'exprimer à la fois le pronom personnel et le possessif. Cela, pourtant, n'est pas si rare dans la littérature : *Je voudrais bien savoir* [...] *si le grand Cyrus et le grand Attila / Se sont graissé* LEURS *peaux avec cet onguent-là* (HUGO, *Lég.,* t. II, p. 301). — *Celle-ci recevra l'ordre de séduire le général ennemi et de lui couper* SA *tête* (GIRAUDOUX, *Sodome et Gomorrhe,* p. 128). — *Des gens, pour me montrer des ivoires, me tirent par* MA *manche* (LOTI, *Japoneries d'automne,* p. 246)). — *Il la tire familièrement par* SA *manche* (M. PRÉVOST, *La nuit finira,* t. II, p. 133).

Hist. — Les règles données ci-dessus n'étaient pas toujours respectées à l'époque classique : *Monsieur Purgon* [...] *m'a défendu de découvrir* MA *teste* (MOL., *Mal. im.,* II, 5). — *J'ay beau frotter* MON *front, j'ay beau mordre* MES *doigts* (BOIL., *Sat.,* VII). — ⁺*Il frotte* SES *mains* (LA BR., XIII, 2). — ⁺*Il étend* SES *bras* (DIDEROT, *Neveu de Rameau,* Pl., p. 466).

Remarque. — Le fr. du Midi utilise le tour avec le pronom personnel et l'article dans des cas où le fr. normal userait du possessif, notamment pour des vêtements, etc. : °*Il s'est perdu* LE *parapluie.* Voir § 647, c.

b) Surtout dans la langue écrite, le déterminant possessif de la 3ᵉ personne qui a pour antécédent un nom inanimé est souvent remplacé par l'article, et l'antécédent est représenté par le pronom *en* placé devant le verbe :

*Le château était fermé ; on m'*EN *a ouvert* LES *portes* (CHAT., *Mém.,* IV, II, 21). — *J'aime beaucoup Paris et j'*EN *admire* LES *monuments* (AC., s.v. *en*).

Mais le possessif n'est nullement incorrect : *C'était une pauvre boîte verte de naturaliste. On m'avait expliqué* SON *usage* (JAMMES, *De l'âge divin à l'âge ingrat,* p. 49).

Les deux constructions se trouvent réunies dans les vers suivants : *Mes chers amis, quand je mourrai, / Plantez un saule au cimetière. / J'aime* SON *feuillage éploré, /* LA *pâleur m'*EN *est douce et chère, / Et* SON *ombre sera légère / À la terre où je dormirai* (MUSSET, *Poés. nouv.,* Lucie).

N.B. — L'usage n'autorise pas l'emploi du possessif avec *en* tel qu'il se présente dans la phrase suivante : *L'homme est comme l'arbre qu'on secoue pour* EN *faire tomber* SES *fruits* (LAMART., *Graziella,* II, 16). [Il est vrai que *en* pourrait être considéré comme un complément de lieu.]

Dans certains cas, on doit employer *en* pour éviter l'équivoque : *Ce qui l'accablait encore plus que la souffrance du monde, c'*EN *était l'imbécillité* (R. ROLLAND, *Pierre et Luce,* p. 24).

Le possessif est obligatoire (et *en* est exclu) :

1° Quand le possessif attaché à un complément a pour antécédent le sujet ou le complément du verbe : *La Meuse a* SA *source près de Langres.* — *Le ciel et* SA *beauté, le monde et* SES *souillures, / Ne vous dérangent pas* (MUSSET, *Poés. nouv.,* Souvenir). — *Il méprise le monde et* SES *souillures.*

2° Avec un syntagme prépositionnel : *Je revoyais [...] l'antique château [...], la rivière qui baignait le pied de* SES *murailles* (B. CONSTANT, *Adolphe,* VII). — *Si cette pièce était un tableau, comme on s'extasierait sur* SA *matière* (GIDE, *Journal,* 1ᵉʳ juillet 1941).

3° Avec le sujet d'un verbe ayant un complément d'objet direct : *Le soleil se leva ;* SES *rayons caressèrent la cime de la montagne.*

Hist. — L'emploi du pronom *en* remplaçant le possessif remonte au moyen âge, mais il ne devint général qu'après la Renaissance. C'est vers 1660 que des distinctions commencèrent de s'établir : selon *Port-Royal, son, sa, ses* devaient être réservés aux personnes, *en* aux choses. Condillac, au XVIIIᵉ s., posa en règle qu'il fallait se servir de *en* toutes les fois qu'il pouvait entrer dans la construction de la phrase, et que, lorsqu'il était impossible de faire usage de ce pronom, on devait employer le possessif. — En fait, les règles établies ne se sont jamais imposées avec rigueur.

c) Dans les expressions du type *faire le malin*, la langue familière remplace fréquemment l'article par le possessif, pour marquer que la qualité dont il s'agit est habituelle ou caractéristique :

Et avec cela elle faisait SA *sotte !* (HUGO, *Homme qui rit,* II, I, 10.) — *Vous faites* VOTRE *coquet* (DUMAS fils, *Père prodigue,* III, 8.) — *Il fait bien* SON *têtu quelquefois* (LOTI, *Pêch. d'Islande,* p. 59). — *Nous n'avons pas à faire* NOS *malins* (M. BEDEL, *Tropiques noirs,* p. 199). — *Il fait* SON *héros jusqu'au bout* (H. BAZIN, *Huile sur le feu,* p. 322). — *Je faisais un peu* MON *malin* (J. d'ORMESSON, *Amour pour rien,* p. 53).

Phénomène analogue avec *sentir* (mais le tour ici est de mise même dans le style soutenu) :

Il marchait repoussant sa caisse du genou avec un mouvement automatique et rhythmé [sic] qui sentait fort SON *soldat* (Th. GAUTIER, *Capit. Fracasse*, VII). — *Cela sent* SON *pédant* (AC.).

d) En parlant d'études universitaires, on dit, dans l'usage régulier, avec le possessif, *faire son droit*, etc. :

Maurice faisait SON *droit* (COLETTE, *Maison de Claud.*, XIX). — *Inutile d'avoir fait* SA *médecine pour comprendre que le tétanos, l'infection urinaire ou la septicémie ne sont pas rares* (B. GROULT, *Ainsi soit-elle*, p. 98).

La langue familière connaît aussi le tour sans déterminant : *Les fils avaient fait médecine* (C. RIHOIT, *Petites annonces*, p. 190).

En Belgique, on emploie plutôt l'article défini : *Cela ne devait pas empêcher Lionel de refuser de faire* LA *médecine* (A. AYGUESPARSE, *Mal pensants*, p. 33).

592   **Hésitations entre le singulier et le pluriel** (comp. § 499).

Lorsqu'un nom désigne une réalité dont plusieurs possesseurs possèdent [4] chacun un exemplaire, ce nom et le possessif qui le détermine peuvent se mettre au singulier ou au pluriel (selon que l'on considère l'exemplaire de chacun des possesseurs ou l'ensemble des objets) :

Les alouettes font LEUR NID *ou* LEURS NIDS *dans les blés.*

Ex. du sing. : *Mes compagnons, ôtant* LEUR CHAPEAU *goudronné* [...] (CHAT., *Génie*, I, v, 12). — *De hardis compagnons sifflaient sur* LEUR ÉCHELLE (SULLY PRUDHOMME, *Épreuves*, Songe). — *Tous les hommes* [...] *fumaient* LEUR NARGUILHÉ (LOTI, *Aziyadé*, p. 248). — *Ils restaient debout, sans bouger, ne pensant même pas ôter* LEUR CHAPEAU *et* LEUR MANTEAU (R. ROLLAND, *Jean-Chr.*, t. VI, p. 77). — *Ils monteront en grade, ils lutteront contre* LEUR FEMME (TAINE, *Vie et opinions de Fr.-Th. Graindorge*, p. 150). — *Des ouvriers flanqués de* LEUR ÉPOUSE (A. ARNOUX, *Géographie sentimentale*, p. 65). — *Sur cinq hommes mariés* [...] *trois avaient déjà retrouvé* LEUR FEMME (A. CHAMSON, *Adeline Vénician*, p. 165).

Ex. du plur. (qui paraît prédominer) : *Tous penchés en avant et appuyés sur* LEURS LANCES (CHAT., *Mart.*, IX). — *Cependant les marchands ont rouvert* LEURS BOUTIQUES (HUGO, *Lég.*, t. I, p. 234). — *Les deux lords parrains ôtèrent* LEURS CHAPEAUX (ID., *Homme qui rit*, II, VIII, 1). — *Nous pendîmes /* NOS CASQUES, NOS HAUBERTS *et* NOS PIQUES *aux clous* (ID., *Lég.*, t. II, p. 220). — *Si ce soir, à huit heures sonnant, tous ces gars-là ne sont pas au chaud dans* LEURS LITS [...] (COURTELINE, *Gaietés de l'escadron*, II, 3). — *Nous pouvons encore nous appeler par* NOS NOMS (ARLAND, *Plus beaux de nos jours*, p. 78). — *Ils prirent* LEURS MANTEAUX *et* LEURS CHAPEAUX (M. BRION, *De l'autre côté de la forêt*, p. 152). — *Les fonctionnaires sortent par habitude avec* LEURS DAMES (Fr. MAURIAC, *Robe prétexte*, IX). — *Je me suis promené avec deux de mes amis et* LEURS FEMMES (ARLAND, *Vigie*, p. 181). — *Des hommes libres, libres de tout, sauf de* LEURS FEMMES (COLETTE, *Étoile Vesper*, p. 176).

Le singulier s'impose quand le nom (dans le contexte où il est employé) n'a pas de pluriel ou quand il n'y a qu'un seul objet pour l'ensemble des possesseurs :

Vous préparez VOTRE AVENIR. *Nous gagnons* NOTRE VIE. — *Les Parisiens regagnent* LEUR VILLE *à la fin du mois d'août.*

---

4. *Posséder* doit être pris dans un sens large : cf. § 588.

À nos âges est critiqué par Littré quand l'expression est employée à propos d'un locuteur et d'un interlocuteur qui sont sensiblement *du même âge*. Les usagers ne respectent guère cette prescription logique : *À* NOS ÂGES, *on a besoin d'être soignés* (DRUON, *Grandes familles*, III, 5). — *À* NOS ÂGES, *nous sommes à une certaine hauteur où l'air est léger et pur* (CAYROL, *Corps étrangers*, p. 120). — [Voir déjà SÉV., 30 sept. 1676.]

Le pluriel est requis quand il s'agit de noms n'ayant pas de singulier, ou quand il y a plusieurs objets pour chaque possesseur, ou encore quand le contexte impose l'idée de pluriel :

Ils ont cassé LEURS LUNETTES. *Ils ont ri à* VOS DÉPENS. — *Les poules étaient suivies de* LEURS POUSSINS. — *Nous avons échangé* NOS CARTES. — *Elle regardait* NOS EXISTENCES *comme indissolublement unies* (B. CONSTANT, *Adolphe*, IX).

593   Observations diverses sur les déterminants possessifs.

a) Avec les **noms de parenté** employés comme mots en apostrophe, *père, mère, oncle, tante, frère, sœur, cousin, cousine, neveu, nièce*, on peut ou non avoir le possessif :

Ex. avec poss. : *Non,* MON *père* (CHAMSON, *La neige et la fleur*, p. 320). — *Devinez,* MA *tante, ce que j'ai fait* (É. HENRIOT, *Aricie Brun*, III, 3). — *Vous avez une proposition à me faire,* MA *mère ?* (H. BAZIN, *Vipère au poing*, XXIV.) — *Qui donc es-tu,* MON *frère ?* (MUSSET, *Poés. nouv.*, Nuit de déc.)

Ex. sans possessif : *Alors, Père... Alors ?... Comment vas-tu, Père ?* (R. MARTIN DU GARD, *Thib.*, Pl., t. I, p. 1272.) — *Mère, laissez-moi, je ne veux plus rien* (M. NOËL, *Les chansons et les heures*, Épouvante). — *Entrez, cousins, cousines* (*ib.*, Fantaisie à plusieurs voix). — *Ce n'est pas une preuve, oncle* (AYMÉ, *Belle image*, L.P., p. 116). — *Je vous comprends, oncle Mathieu* (H. BOSCO, *Malicroix*, p. 287). — *Écoutez, tante Henriette, je vais vous parler franchement* (A. MAUROIS, *Terre promise*, p. 193).

Parfois avec l'article : § 570, 2°.

Certains observateurs considèrent que le possessif marque tantôt la déférence (par ex. avec *père, mère*) et tantôt la cordialité (par ex. avec *cousin, cousine*). Il faut tenir compte des traditions familiales et aussi des habitudes régionales. Dans le nord de la France et en Belgique, *oncle* et *tante* sont presque toujours précédés du possessif, même quand on donne aussi le prénom ; il y a là une sorte d'agglutination, que cet auteur du Nord a même rendue dans l'écriture : *Ce n'est rien,* MONONCLE *Edmond* (A. STIL, *Seize nouvelles*, p. 79). — Le possessif, dans ces régions, apparaît même en dehors du mot en apostrophe : *En as-tu parlé à mon oncle Paul ?* dira par ex. à sa nièce la femme de l'oncle Paul.

Le possessif manque ordinairement avec *papa, maman, frérot, sœurette* (qui sont des formules familières), mais aussi avec *grand-père, grand-mère, parrain, marraine*.

b) Avec les **grades militaires.**

Un militaire, parlant à un supérieur militaire, dit : MON *lieutenant,* MON *capitaine*, et de même pour les autres grades jusqu'à MON *général* (cependant on dit : MONSIEUR *le maréchal*, et non : *Mon maréchal). Un supérieur, parlant à un inférieur, dit, sans possessif : *Colonel, major*, etc. L'inférieur dit, sans possessif : *Caporal, sergent* et, en Belgique, *adjudant ;* mais, en France, MON *adjudant : Qu'est-ce que ça veut dire, ad hoc,* MON *adjudant ?* (R. VERCEL, *Capitaine Conan*, p. 31.) — Dans la marine, on ne met jamais *mon* devant l'appellation du grade employée comme terme allocutif.

Un civil s'adressant à un officier ne met pas, en principe, le *mon* devant l'appellation du grade : *Vous comprenez maintenant, général, pourquoi nous ne sommes pas pressés de faire marcher vos hommes* [dit le préfet] (A. DAUDET, *Contes du l.*, p. 65). — *Général, lui dit Clemenceau, voici pourquoi nous vous avons appelé* (MAUROIS, *Lyautey*, p. 168). — Assez souvent les hommes d'un rang social inférieur à celui de l'officier emploient le *mon*, particulièrement s'ils ont été militaires. Mais les femmes, même d'un rang social inférieur à celui de l'officier, ne doivent jamais employer ce possessif : *Voulez-vous voir la faisanderie, général ? demanda madame de Bonmont* (A. FRANCE, *Crainquebille*, p. 162). — Toutefois une femme jeune s'adressant à un officier d'un âge respectable ou d'un grade élevé mettra *monsieur* devant l'appellation du grade, ou dira *monsieur* tout court.

Hist. — Certains voient dans *mon* le mot *mons*, ancienne réduction de *monsieur* (cf. § 187, *b*, Hist.) ; mais les valeurs du possessif suffisent à expliquer cet emploi.

c) L'adjectif ***propre*** après le possessif sert non seulement à éviter une amphibologie, mais encore à marquer avec plus de force le rapport de possession :

Il aimait mieux suivre les voltes de sa PROPRE *émotion que convaincre* (BARRÈS, *Homme libre*, p. 84). — *Parfois il lui arrivait de vous réciter votre* PROPRE *opinion comme sienne* (GIDE, *Si le grain ne meurt*, I, 6).

Propre peut aussi se placer après le nom ; il signifie alors « appartenant en propre à » : *La poésie a son charme* PROPRE (AC.). — *J'en fais mon affaire* PROPRE (AC.).

d) Il arrive que le pluripossessif s'emploie alors que l'antécédent est un singulier. C'est une syllepse : ce qui reste dans l'esprit, c'est l'idée de pluriel incluse dans l'antécédent (comp. § 629, *b*, 1°) :

Le personnel même de l'hôpital était divisé. Une partie avait refusé de donner LEURS *soins aux ennemis* (R. ROLLAND, *Âme enchantée*, L.P., t. II, p. 62). — *Jamais, depuis son enfance, elle n'avait approché d'un homme en soutane ; elle éprouvait à* LEUR *égard la méfiance oppressive qu'infligent des êtres occultes* (É. BAUMANN, *Baptême de Pauline Ardel*, p. 32). — *Ce couple tenait peu de place dans* LEUR *coin* (ARAGON, *Voyageurs de l'impériale*, III, 12).

Hist. — La même syllepse est attestée chez des auteurs classiques : *Qui pourroit souffrir un Asne fanfaron ? / Ce n'est pas là* LEUR *caractere* (LA F., *F.*, II, 19). — *Aussi le peuple d'Angleterre, qui se trouva le plus fort contre un de* LEURS *rois, déclara-t-il* [...] (MONTESQ., *L. pers.*, CIV).

e) ***En son temps*** n'est pas une locution figée. *Son* varie selon son antécédent.

Les Hasards de la guerre [de Jean Variot] *ont fait du bruit en* LEUR *temps* (A. BILLY, dans le *Figaro litt.*, 13-19 janv. 1969). — *En plaignant la France d'avoir été handicapée par le gaullisme comme le Portugal, l'Espagne et l'Italie ont pu l'être en* LEUR *temps par la dictature* [...] (A. FROSSARD, dans le *Figaro*, 8-9 mai 1976).

f) Questions traitées ailleurs.

Le possessif et *on* : § 725, *e*. — Le possessif et *chacun* : § 719, *a*. — Répétition du possessif dans la coordination : § 561. — Accord du possessif : § 562.

Adjectifs possessifs

594   À côté des *déterminants* possessifs, il existe des **adjectifs** de même origine (cf. § 595, Hist.) et de même signification. Ils appartiennent à la langue soignée et ils n'y ont que des emplois limités.

Unipossessifs : *Mien* pour la 1ʳᵉ pers., *tien* pour la 2ᵉ, *sien* pour la 3ᵉ. Ils varient en genre (phonétiquement et graphiquement) et en nombre (graphiquement) : fém. sing. *mienne*, etc. ; masc. plur. *miens*, etc. ; fém. plur. *miennes*, etc.

Pluripossessifs : *Nôtre* pour la 1ʳᵉ pers., *vôtre* pour la 2ᵉ, *leur* pour la 3ᵉ. Ils varient en nombre graphiquement : *Nôtres, vôtres, leurs*.

595   **Emplois des adjectifs possessifs.**

a) On les trouve assez souvent comme attributs du complément d'objet direct, surtout avec *faire*, ou construits avec *pour* ou *comme*. Ils servent parfois aussi d'attributs du sujet.

Attributs du compl. d'objet : *Vous feriez* VÔTRE *l'amendement Landry-Honnorat-Bouffandeau ?* (BARRÈS, *Grande pitié des égl. de Fr.*, 1914, p. 251.) — *Je fais volontiers* MIENNE *l'émotion du musicien que j'interprète* (GIDE, *Journal*, 25 nov. 1927). — *Il essayait de faire* SIENNES *les connaissances acquises avant lui par l'humanité* (MAUROIS, *Art de vivre*, p. 93). — *La plupart de ceux qui suivirent la semaine de prières auraient fait* LEUR [...] *le propos qu'un des fidèles devait tenir devant le docteur Rieux* (A. CAMUS, *Peste*, p. 110). — *Les Soviets déclaraient faire* LEURS *toutes les revendications turques* (GROUSSET, *Réveil de l'Asie*, p. 22). — *Le communiqué* [...] *fait* SIEN *l'appel du président Suharto* (B. DETHOMAS, dans le *Monde*, 17 déc. 1980). — *Ses yeux se mouillaient à la sentir* SIENNE (ZOLA, cit. Sandfeld, t. I, § 106).

Après *pour* ou *comme* : *J'accepte pour* MIEN *ce nom* (COLETTE, cit. Sandfeld).

Attributs du sujet : *Mais je suis* VÔTRE ! / *Nous sommes-nous jamais rien refusé l'un l'autre ?* (HUGO, *M. de Lorme*, IV, 4.) — *Avant toi, je n'ai été à personne. Je suis* TIENNE *et je resterai* TIENNE (ZOLA, *Bête hum.*, XI). — *Les chères mains qui furent* MIENNES (VERL., *Sag.*, I, 17). — *Le changement survenu dans notre caractère est bien* NÔTRE (BERGSON, *Essai sur les données immédiates de la conscience*, p. 130). — *Marius. Mais puisqu'il est* MIEN, *cet enfant* [...] ! [...] / *Fanny. Non, Marius, il n'est pas* TIEN. [...] / *Marius, brutal. Il est* NÔTRE, *tu n'as qu'à le prendre* (PAGNOL, *Fanny*, III, 10). — *Devant cette richesse qui était* LEUR (J. DUTOURD, *Au Bon Beurre*, p. 246).

b) *Mien* et *sien* (rarement *tien*) s'emploient aussi comme épithètes devant le nom avec l'article indéfini (langue distinguée) :

Le patron jura qu'un vieux SIEN *matelot était un cuisinier estimable* (MÉRIMÉE, *Colomba*, I). — *J'ai retrouvé l'autre jour un* MIEN *article* (MONTHERLANT, *Solstice de juin*, p. 222). — *Il avait racheté à un* SIEN *cousin une petite imprimerie* (VERCORS, *Silence de la mer et autres récits*, p. 150). — *On l'avait fiancée sur le tard à un* SIEN *cousin* (YOURCENAR, *Œuvre au noir*, p. 314). [L'association avec *cousin* est assez fréquente.]

c) Dans d'autres situations, l'emploi des adjectifs possessifs est plus rare et ressortit à une langue assez recherchée.

Avec un autre déterminant que l'article indéfini : *Ce* MIEN *camarade* (STENDHAL, *Vie de H. Brulard*, XLII). — *Cette* MIENNE *vie trop connue* (PROUST, *Rech.*, t. I, p. 410). — *Une conséquence de cette* MIENNE *position* (BENDA, *Exercice d'un enterré vif*, p. 17). — *Il allait quérir deux* SIENS *valets* (DE COSTER, *Légende d'Ulenspiegel*, I, 11). — *Et j'abomine la « tournure »* / *Parodie et caricature* / *De tels* TIENS *appas somptueux* (VERL., *Chans. pour elle*, XIV). — *Elle* [= la littérature] *repousse* [...] *toute* SIENNE *concentration* (BENDA, *France byzantine*, p. 169).

Avec l'article défini et le déterminant possessif, ce recours est particulièrement inutile (chez G. Sand, c'est pour imiter le langage paysan) : *Quand on est mécontent sous son* SIEN *bonnet* (SAND, *Fr. le champi*, IX). — [...] *priant Dieu aussi de lui pardonner les* SIENNES *fautes pareillement* (*ib.*, XIV). — *Pour le peuple, ces classes dirigeantes appartiennent bien davantage aux puissances naturelles qu'à la* NÔTRE *humanité* (J. FOURASTIÉ, *Ce que je crois*, p. 108).

Sans déterminant : *Un de ses professeurs,* MIEN *collègue* (A. FRANCE, *Crime de S. Bonnard*, L.P., p. 245).

Placé après le nom : *Cette œuvre* MIENNE (GIDE, *Journal*, 5 mai 1942). — *C'est nous, dont* [...] *je m'entretiens / Devant l'énigme* MIENNE *et les mystères* TIENS (VALÉRY, poème inédit, dans le *Monde*, 24 sept. 1982). — *La partie la plus* SIENNE *de lui-même* (R. VAILLAND, *Loi*, cit. Robert). — *J'assure à mon détracteur* [...] *le bénéfice d'une appréciation* MIENNE *de ses œuvres continuellement sereine* (G. GUILLAUME, dans le *Fr. mod.*, janv. 1960, p. 47). — [...] *les possibilités de ce corps* NÔTRE *dont nous avons disposition* (ARAGON, *Mentir-vrai*, p. 495).

Épithète d'un pronom neutre : *Ce que nous avons de plus* NÔTRE (VALÉRY, *M. Teste*, p. 99).

Remarques. — 1. La langue ordinaire emploie *à* et le pronom personnel au lieu du possessif épithète ou attribut du sujet : *Je suis* À TOI. *Un cousin* À MOI (ou : *Un de mes cousins*).

2. Les adjectifs possessifs servent à former les pronoms possessifs : *Mien* → *le mien.*

Hist. — A l'exception de *leur* (§ 590, Hist. 1), les adjectifs possessifs proviennent, comme les déterminants possessifs, des possessifs latins. Les adjectifs ont évolué comme toniques et les déterminants comme atones. Ces adjectifs étaient courants en anc. et moyen fr. : *Par ceste* MEIE [= mienne] *barbe* (*Rol.*, 1719). — *Dieus vous rende la* VOSTRE *amie !* (*Floire et Blancheflor*, 1294.) — *Ceste* VOSTRE *abbeye* (A. de LA SALE, *Petit Jehan de Saintré*, éd. Ch.-D., p. 343). — Au XVIIᵉ s., les grammairiens n'approuvent plus guère ces emplois. On les trouve pourtant encore dans les cas où ils subsistent aujourd'hui (*a* et *b*) : *Un* SIEN *fils Escollier* (MOL., *Ét.*, iV, 1). — *Je suis tout* VOSTRE (*ib.*, I, 4). — D'autres emplois se trouvent, mais ils se raréfient (sauf dans le style badin ou burlesque) : *Et n'aprehendez plus l'interruption* NÔTRE (ID., *Dépit am.*, II, 6). — *Deux* SIENS *voisins* (LA F., *C.*, Remois). — Une formule qui était alors courante est *À la sienne volonté que* ... « Plût à Dieu que ... ».

SECTION 5. — LE DÉTERMINANT DÉMONSTRATIF

Bibl. — G. KLEIBER, *Les démonstratifs (dé)montrent-ils ? Sur le sens référenciel des adjectifs et des pronoms démonstratifs*, dans le *Fr. mod.*, avril 1983, pp. 97-117. — M. WILMET, *Le démonstratif dit « absolu » ou « de notoriété » en anc. fr.*, dans *Romania*, 1979, pp. 1-20.

596 Le déterminant **démonstratif** détermine le nom en indiquant la situation dans l'espace (avec un geste éventuellement) de l'être ou de la chose désignés, ou parfois en les situant dans le temps ou dans le contexte (cf. § 598).

Donnez-moi CE *livre. Les moissons sont belles* CETTE *année.* — *Il posa* CETTE *simple question : / « Le connaissez-vous, le voleur ? »* (MAUPASS. *C.*, Lapin.)

L'idée démonstrative est fort atténuée dans certains cas : § 599.

597   Formes du déterminant démonstratif.

a) Formes **simples**.

Avec un nom masculin singulier, **ce** : CE *garçon*.

La forme *cet* [sɛt] s'emploie devant un mot commençant phonétiquement par une voyelle (sauf s'il y a une disjonction : §§ 47-50) : CET *arbre*, CET *honneur*. (Mais : CE *héros*, CE *ouistiti*.)

Avec un nom féminin singulier, **cette** : CETTE *maison*.
Avec un nom pluriel, **ces** : CES *enfants*, CES *tables*.

Hist. — 1. Les déterminants démonstratifs remontent à la combinaison latine *ecce iste*. Ils se déclinaient ainsi en anc. fr. : masc. sing. *cist*, cas régime *cest*, *cesti*, *cestui* ; plur. *cist*, régime *cez*, *ces* ; fém. *ceste* au sing., *cestes* au plur. Les cas sujets ont disparu avec la déclinaison. La forme *cest* a persisté devant voyelle (c'est notre *cet*) alors qu'elle s'est réduite à *ce* devant consonne. Le pluriel féminin *cestes* a été évincé par le masculin. — *Cettui* se trouve parfois encore au XVIIᵉ s. : *En* CETTUY *lieu* (LA F., *C.*, Mazet de Lamporechio) ; cf. aussi § 667, Hist. 2. Archaïsme tout à fait exceptionnel aujourd'hui : *Depuis* CETTUI *jour* (PÉGUY, *Ève*, p. 119).

2. Les formes décrites dans le 1 ci-dessus s'employaient en anc. fr. aussi bien comme pronoms que comme déterminants. Elles indiquaient la proximité par rapport au locuteur. L'éloignement était exprimé par la série que nous avons conservée comme pronom démonstratif (*celui*, etc. : cf. § 667, Hist. 2), mais qui a servi aussi de déterminant jusqu'au XVIᵉ s. : *Les hommes et femmes de* CELLUY *temps* (RAB., *Pant.*, I). On avait aussi une variante *icelui*, que les gens de robe connaissaient encore au XVIIᵉ s. : *Témoin trois Procureurs dont* ICELUY *Citron / A déchiré la robbe* (RAC., *Plaid.*, III, 3).

Notre locution *à* **seule fin** *de* (ou *que*) est une altération de l'ancienne expression *à celle fin de* (ou *que*) : *Je veux tracer la peine que j'endure / [...] / À* CELLE *fin que la race future / Juge du mal que je souffre en aymant* (RONS., t. IV, p. 159). — L'ancienne forme se trouve encore au XVIIIᵉ et au XIXᵉ s., dans des textes qui veulent représenter la langue du peuple : ⁺*Je vians envars vous à* CELLE *fin [...] de me favoriser de queuques bonnes paroles* [dit un fermier] (MARIV., *Épreuve*, II). — *[...] agir à* CELLE *fin de la récompenser de son bon cœur* (SAND, *Fr. le champi*, XX).

Remarques. — 1. Le [ə] de *ce* peut s'amuïr selon les règles de la phonétique syntaxique (cf. § 29) : *Je l'ai vu* CE *matin* [smatɛ̃], mais *Je bouche* CE *trou* [sətʀu].

2. Dans la langue familière ou populaire (comp. Hist. ci-dessous), on amuït le [ɛ] de *cet* et de *cette* quand le mot qui suit commence par une voyelle : CET *homme* °[stɔm] ; CETTE *affaire* °[stafɛʀ].

Un usage plus populaire amuït aussi [ɛ] de *cette* quand le mot qui suit commence par une consonne, ce qui fait que le [ə] final de *cette* est nécessairement prononcé (cf. § 29) : CETTE *femme* °[stəfam].

Les auteurs mettent parfois explicitement ces formes dans la bouche de leurs personnages : *C't'éfant* [= enfant] (MAUPASS., C., Aux champs). — *C't'idée-là* (*ib.*). — *C'TE rente de douze cents francs* (*ib.*). — *Ah ! voyez* C'TE *gueule,* C'TE *binette. Ah ! voyez* C'TE *gueule qu'elle a* (refrain par lequel on accueillait les arrivants au *Chat noir,* dans PROUST, *Rech.,* t. III, p. 246).

En particulier, l'amuïssement de [ɛ] apparaît fréquemment dans *à cette heure* « maintenant ». Cela a été noté par les écrivains avec des graphies variables (et souvent peu satisfaisantes : § 105, Rem.) :

À st'heure : A. FRANCE, *Rôtisserie de la reine Péd.,* XIX. — *À c'te heure* : PÉGUY, *Porche du myst. de la deux. vertu,* p. 31 ; H. BAZIN, *Vipère au poing,* XXII. — *À ct'heure* : BERNANOS, *Dialogues des carmélites,* II, 6. — *Asteure* : QUENEAU. *Rude hiver,* I.

Par analogie avec ces formes, la langue populaire parisienne emploie même [stə] au masculin devant consonne : °Ç'TE *chien* (Bauche, p. 89).

Hist. — Les prononciations [st] et [stə] de *cet, cette* étaient jadis largement répandues : par exemple parmi les prédicateurs du XVIIᵉ s. (voir l'avis de Th. Corneille dans Nyrop, t. II, § 564). Au XVIIIᵉ s., le grammairien Restaut écrit encore : « Quoiqu'on écrive, *cet oiseau, cet honneur, cette femme,* il faut prononcer, *stoiseau, sthonneur, ste femme* » (*Principes généraux et raisonnés de la gramm. franç.,* nouv. éd., 1802, p. 400). — Notons pour *à cette heure* les graphies *asteure, astheure* : cf. Huguet ; Wartburg, t. IV, p. 468.

b) Formes **renforcées** au moyen des adverbes *ci* et *là,* que l'on place après le nom en les y rattachant par un trait d'union :

CE *livre-*CI. CE *livre-*LÀ. — Chacun de ces syntagmes constitue un groupe phonétique, l'accent tonique tombant sur l'adverbe.

Le trait d'union n'est pas utilisé s'il y a un complément entre l'adverbe et le nom précédé du démonstratif : *Ce marchand de vin là.* Voir cependant § 109, *b,* 2°.

En principe, *ci* implique une idée de proximité par rapport au locuteur ; *là,* une idée d'éloignement. — Pour les détails, voir §§ 669-670.

Hist. — Ce renforcement au moyen d'adverbes apparaît au XIIᵉ s., mais il se généralisera lentement. Il a rendu caduque l'ancienne opposition des séries *celui, cest* (*a,* Hist.).

L'usage a hésité entre *ci* et *ici* : *Voy ceste dame* ICY (RONSARD, éd. V., t. II, p. 169). — *Je vais faire informer de cette affaire* ICY (MOL., *Étourdi,* II, 4). — *Je croy que vous aurés mon Cousin avant cette lettre* ICY (MAINTENON, *Corresp.,* 28 févr. 1669). — Vaugelas (p. 365) opposait l'usage de Paris (*cy*) et celui de la cour (*icy*). qu'il préférait, du moins dans la langue parlée, car, dans l'écrit, il n'admettait ces adverbes qu'avec les pronoms. Cet emploi d'*ici* subsiste dans l'usage populaire, en France et au Québec : °*Cette maison-*ICI (dans Bauche, p. 90).

Emplois du déterminant démonstratif

598　　La valeur démonstrative est présente.

a) Selon sa valeur fondamentale, le démonstratif indique que l'être ou l'objet désignés par le nom sont localisés par rapport au locuteur (fonction **déictique**) :

Je vous offre CES *fleurs pour vous remercier* (= les fleurs que le locuteur a dans les mains). — *Donnez-moi* CE *livre immédiatement* (= le livre que tient l'interlocuteur). — *Arrêtons-nous, dit-il, car* CET *asile est sûr* (HUGO. *Lég.,* II, 2) [= le lieu où le locuteur est arrivé].

Le geste peut être joint à la parole, surtout lorsqu'il faut identifier un être ou un objet parmi plusieurs êtres ou objets : *Levant le bras vers le toit qui fumait sur le coteau* : « *Là-haut,* CE *village doit être Villars* » (A. FRANCE, *Rôtisserie de la reine Péd.*, XIX).

C'est aussi quand il y a plusieurs êtres ou objets que l'on recourt aux formes composées avec *ci*, pour ce qui est proche, et *là*, pour ce qui est plus éloigné : *Voulez-vous ce collier-*CI *ou ce collier-*LÀ ?

Le démonstratif s'emploie parfois pour des réalités qui ressortissent à d'autres sens que la vue : *Qui est là dans la boue ? Qui se traîne aux murailles de mon palais avec* CES *cris épouvantables ?* (MUSSET, *Lorenz.*, II, 7.) — *Sentez-vous* CETTE *odeur de brûlé ?*

On peut désigner quelqu'un ou quelque chose qui n'est plus présent, mais qui l'était juste avant le moment de la parole : *Il était à peine sorti que Jean s'écria :* CET *homme est fou !*

Remarques. — 1. Puisque le locuteur et l'interlocuteur sont nécessairement présents dans la communication, il serait anormal qu'ils soient désignés par le démonstratif : CET *homme est fou !* ne peut concerner qu'une tierce personne ou une personne qu'on cesse de traiter en interlocuteur. — Voir cependant § 599, *d*.

2. Lorsque l'objet représenté par le nom est une partie du corps, un vêtement, etc., le démonstratif est ordinairement remplacé par le possessif :

Elle enlève sa robe. — Mais le démonstratif reste possible quand il y a des intentions particulières : *Enlevez cette robe* (par ex. si elle ne convient pas aux circonstances). — *Ô vers !* [...] / *À travers ma ruine allez donc sans remords, / Et dites-moi s'il est encor quelque torture / Pour* CE *vieux corps sans âme et mort parmi les morts* (BAUDEL., *Fl. du m.*, Mort joyeux). — Comp. § 599, *a*.

Certains grammairiens critiquent comme un anglicisme *ce pays* s'il s'agit du pays du locuteur et de l'interlocuteur : *Si pour le malheur de* CE *pays vous triomphez dimanche prochain* [aux élections] (Fr. MAURIAC, dans *Mauriac avant Mauriac*, p. 47). — *Je ne suis plus inquiet pour* CE *pays : il est de beaucoup le plus fort de l'Europe* (R. ROLLAND, lettre citée dans la *Rev. d'hist. litt. de la Fr.*, juillet-août 1980, p. 617).

Hist. — Les classiques employaient assez souvent le démonstratif pour le possessif : [+]CE [= mon] *malheureux visage / D'un chevalier romain captiva le courage* (CORN., *Pol.*, I, 3). — *N'éclaircirez-vous point* CE [= votre] *front chargé d'ennuis ?* (RAC., *Iph.*, II, 2.)

3. Alors qu'il s'agit d'un seul être ou objet, la formulation peut généraliser en mettant le pluriel :

CES *poëtes !* (Dans Hugo, *Avant l'exil*, Nelson, p. 380, note.) [Exclamation d'un parlementaire, parce que Hugo avait parlé, dans un discours, de « cet immense édifice de l'avenir, qui s'appellera un jour les États-Unis d'Europe ».] — « *Elle obéit comme un soldat au feu* », *pensa-t-il* [= un chirurgien, à propos de la femme courageuse qui l'aide]. « CES *femmes !* » (R. MARTIN DU GARD, *Thib.*, Pl., t. I, p. 873.)

b) Le démonstratif sert à indiquer que le nom reprend un terme utilisé antérieurement dans le contexte (fonction **anaphorique**, à rapprocher de l'emploi des pronoms comme représentants) :

Je prenais la diligence de *** [...] *qui, pour le moment, n'avait dans son coupé qu'une seule personne.* CETTE *personne* [...] *était un homme que je vous demanderai la permission d'appeler le vicomte de Brassard* (BARBEY D'AUR., *Diabol.*, Pl., p. 11). — *Édouard* [...] *découvrit une* *main délicate* [...]. *À la vue de* CETTE *main, il se sentit le cœur gonflé d'une tendresse soudaine* (G. DUHAMEL, *Deux hommes,* I).

Le terme peut ne pas être repris tel quel ; c'est même la règle quand le terme n'est pas un nom : *C'est le seul exemple que nous ayons* [...] *de ce que serait une prophétie païenne si* CES *deux mots pouvaient aller ensemble* (PÉGUY, *Victor-Marie, comte Hugo,* Pl., p. 748). — *M. Coignard reprit ses diamants et tourna le dos à l'orfèvre. Dans* CE *mouvement il m'aperçut* (A. FRANCE, *Rôtisserie de la reine Péd.,* XIX). — *Nicole fut sur le point de se jeter dans les bras de sa tante, mais elle réprima* CET *élan* (R. MARTIN DU GARD, *Thib.,* Pl., t. I, p. 740).

Remarques. — 1. Cette fonction anaphorique apparaît notamment lorsque le démonstratif est joint à une apposition :

Le mot propre, CE *rustre, / N'était que caporal, je l'ai fait colonel* (HUGO, *Contempl.,* I, 6). — *L'homme,* CET *inconnu* (titre d'un livre d'Al. CARREL).

Avec interversion des éléments (§ 336, *b*) : CE *cochon de Morin* (titre d'un conte de MAUPASS.).

2. Cette fonction anaphorique apparaît aussi dans la langue parlée familière, dans des phrases exclamatives averbales. On pourrait remplacer le démonstratif par l'exclamatif *quel.* Tantôt le prédicat manque, le jugement étant laissé implicite. Tantôt le jugement est exprimé. Il y a aussi des cas intermédiaires :

Où sommes-nous ici ? / — CETTE *question ! Dans l'antichambre* (H. LAVEDAN, cit. Nyrop, t. V, § 261, 2°). — *Elle a assuré qu'il n'y avait jamais eu un clair de lune pareil. Je lui ai dit :* « CETTE *blague !* » (PROUST, *Rech.,* t. I, p. 366.)

Aussi par référence, non à ce qui vient d'être dit, mais à la situation (c'est donc plutôt la fonction déictique) : CETTE *surprise ! Tu peux le dire, qu'on ne s'attendait pas à se rencontrer !* (COLETTE, *Envers du music-hall,* Sel., p. 31.) — *C'est là qu'elle explose, et l'immensité du parking répercute ses accents rageurs* [...]. CE *foin, ma pauvre dame !* CETTE *vitupérance !* (SAN-ANTONIO, *Meurs pas, on a du monde,* p. 27.) — Voir aussi *a,* Rem. 3.

3. Lorsqu'il s'agit de reprendre un terme déjà cité, on utilise aussi dans la langue écrite, spécialement dans la langue administrative et juridique, *ledit, le susdit,* beaucoup plus rarement *cedit* ainsi que *mondit* (cf. § 607, *f*) :

Si ce n'est pas la première fois que l'opération est essayée, et si pour la même opération nous voyons apparaître un autre corps, ce peut être le signe que les précédents ont été anéantis [...] *par* LADITE *opération* (PROUST, *Rech.,* t. II, p. 109).

c) Le démonstratif sert à annoncer ce qui va suivre dans le contexte (fonction **cataphorique**) :

Elle prononça CE *mot, si vulgaire :* « *Que vous êtes joli, mon amour !* » (BARRÈS, *Sous l'œil des barb.,* p. 101.) — [...] *bien qu'il se heurtât à* CETTE *alternative : pardonner, ou bien, au contraire, exalter son ressentiment* (R. MARTIN DU GARD, *Thib.,* Pl., t. I, p. 818).

Remarque. — Le démonstratif introduit moins souvent qu'à l'époque classique (cf. Hist.) un infinitif prépositionnel ou une subordonnée conjonctive commençant par *que* :

Elle avait [...] CE *privilège d'être pour chacun une source de courage, d'équilibre, de bonheur* (R. MARTIN DU GARD, *Thib.,* Pl., t. I, p. 797). — *Ils jugent le problème automatiquement d'après* CE *principe, que la vérité est la nouveauté* (MONTHERLANT, *Célibataires,* p. 147).

La langue courante préfère aujourd'hui dans ce cas l'article défini. Mais le démonstratif est presque obligé dans certaines expressions, comme *en ce sens que* (comp. *dans le sens que*), *rendre cette justice que* : *Il* [= le monarque] *possède tout le pays, en* CE *sens que tous les autres possédants ne possèdent que par la protection qu'il leur accorde* (VALÉRY, *Regards sur le monde actuel*, Pl., p. 967). — *Rendez-moi* CETTE *justice que j'ai offert à Geneviève de lui céder la place* (Fr. MAURIAC, *Nœud de vip.*, I).

Hist. — Sans condamner absolument *Elle m'a fait* CET *honneur de me dire...*, qu'il a relevé chez Malherbe, Vaugelas (pp. 309-310) préférait que l'on employât l'article. D'autres grammairiens s'exprimeront dans le même sens. Mais, comme dit Brunot (*Pensée*, p. 145), « l'usage n'a pas cédé ».

d) Le démonstratif marque l'idée de **proximité dans le temps**.

1° Par rapport au moment où parle le locuteur :

À CET *instant. À* CETTE *heure. Les moissons sont belles* CETTE *année.* — CE *siècle* [= le XIXe] *avait deux ans* (HUGO, *F. d'aut.*, I). — *Nous n'aurons plus jamais notre âme de* CE *soir* (A. de NOAILLES, *Cœur innombrable*, Il fera longtemps clair ce soir). — *Asseyez-vous* CE *soir à la place où vous étiez* CETTE *nuit* (MUSSET, *Lorenz.*, II, 4). — *Ce midi* : cf. § 570, 4°. *Ce tantôt* : cf. § 966, *f*, 3°. *Ce jourd'hui* (archaïque) « aujourd'hui ».

Comme on voit, le temps dont il s'agit peut être celui même de la parole, ou un passé proche (*cette nuit* dans l'exemple de Musset) ou un futur proche (*ce soir* dans l'exemple de Musset).

Les expressions *un de ces jours, un de ces matins, un de ces quatre matins* (fam.), etc. concernent le futur : *Je pourrais bien en trouver, un de* CES *matins, une très bonne* [raison] *aussi pour le faire sauter par la fenêtre* (MUSSET, *Lorenz.*, II, 5). — *Que dira votre M. de Rênal lorsqu'il se verra destitué un de* CES *quatre matins* [...] ? (STENDHAL, *Rouge*, II, 1.)

2° Par rapport au moment où se déroulent les faits racontés :

J'étais à CETTE *époque très loin de Paris* (AC., s.v. *époque*). — *Il les aimait tous les deux, à* CETTE *minute, avec tant de force qu'il souhaitait ardemment que cela se vît* (R. MARTIN DU GARD, *Thib.*, Pl., t. I, p. 794).

Remarques. — 1. Lorsqu'on veut marquer explicitement qu'il s'agit du temps par rapport au moment de la parole, on emploie les formes avec *-ci*. Mais la formule sans renforcement est généralement possible ; elle est surtout fréquente dans les compléments adverbiaux sans préposition.

Il a beaucoup plu durant CETTE *semaine*-CI. — *Il a beaucoup plu durant* CETTE *semaine.* — *Je serai* CE *soir ivre mort* (BAUDEL., *Fl. du m.*, Vin de l'assassin). — *J'irai avec toi* CET *après-midi* (R. SABATIER, *Trois sucettes à la menthe*, p. 200).

On dit toujours : CES *jours*-CI, CES *temps*-CI.

S'il s'agit du moment où se passent les faits rapportés, l'usage normal recourt à *-là* :

CE *matin*-LÀ, *j'étais très en retard pour aller à l'école* (A. DAUDET, *C. du lundi*, Dernière classe). — CET *après-midi*-LÀ, *j'avais eu une crise de larmes qui avait duré des heures* (Cl. SAINTE-SOLINE, *Dimanche des Rameaux*, Guilde du Livre, p. 20).

L'omission de *-là*, dans les compléments adverbiaux sans préposition, est rare et littéraire : CETTE *nuit, entre le 13 et le 14 juillet, après avoir quitté Robert, j'eus à peine la force de me déshabiller* (Fr. MAURIAC, *Nœud de vip.*, XV). — *Toutes les voitures,* CETTE *nuit, allaient à quatre-vingts à l'heure* (MALRAUX, *Espoir*, p. 14).

En revanche, on omet souvent *-là* quand les noms ne sont pas des compléments adverbiaux sans préposition : CETTE *après-midi ne devait pas finir sans la mettre en présence d'un autre danger* (BOURGET, *Divorce*, II). — *Le soleil de* CE *dimanche enfin se leva* (FR. MAURIAC, *Désert de l'am.*, V). — *À* CE *moment, la jeune femme toussa* (G. DUHAMEL, *Deux hommes*, I).

Si le nom est suivi d'une épithète, *-là* n'est guère possible : *En* CE *moment précis. À* CE *moment tant attendu.* — *Il eut, en* CE *jour mémorable, tous les bonheurs* (G. DUHAMEL, *Lettres au Patagon*, p. 86).

Dans la langue parlée de certaines régions, notamment à Paris, *-là* tend à supplanter *-ci* pour le moment de la parole :

C'est rare [qu'il y ait tant de monde sur le quai du métro] *à cette heure-*LÀ [à l'heure où nous sommes] (Une Parisienne, 21 juillet 1981).

2. Dans l'expression de **la date,** la formule *Ce 13 janvier 1986* a vieilli dans l'usage courant, mais non dans la langue juridique et administrative :

Liège, CE *17 novembre 1840* (NERVAL, *Corresp.*). — CE *8 juin 1925* (FAGUS, dans F. Desonay, *Art d'écrire une lettre*, p. 262). — CE *13 mars 1913, nos deux textes sont venus en discussion* [à la Chambre] (BARRÈS, *Grande pitié des égl. de Fr.*, 1914, p. 269). — *La Cour européenne de justice a décidé,* CE *jeudi 11 juillet, que la réglementation française* [...] (dans le *Monde*, 12 juillet 1985, p. 22).

On emploie d'ordinaire l'article défini : *Londres,* LE *7 août 1940* (DE GAULLE, lettre à Churchill, dans *Mém. de guerre*, t. I, p. 341). — On peut aussi se passer de déterminant : *15 février 1953* (A. CAMUS, lettre, dans *Théâtre, récits, nouvelles*, p. 2050).

599   Dans certains emplois, **la valeur démonstrative s'atténue.** Il arrive même que le démonstratif ne joue plus guère qu'un rôle expressif. (On a déjà vu des effets stylistiques dans le § 598, *a*, Rem. 2 ; *b*, Rem. 1 et 2.)

a) Le démonstratif présente un substantif accompagné d'une relative, parfois d'une épithète, d'un complément déterminatif. Dans la plupart des cas, l'article défini conviendrait aussi. On en rapprochera le cas du pronom démonstratif composé (§ 670, *c*).

Le soleil prolongeait sur la cime des tentes / CES *obliques rayons,* CES *flammes éclatantes, /* CES *larges traces d'or qu'il laisse dans les airs, / Lorsqu'en un lit de sable il se couche aux déserts* (VIGNY, *Poèmes ant. et mod.*, Moïse). — [...] *ajoutait-il, avec* CE *sourire doucement ironique et déçu, un peu distrait, qui lui était particulier* (PROUST, *Rech.*, t. I, p. 68). — *Il y a Monique et Monique, la primesautière et la convenable. La première m'offrait de zéro à vingt-quatre heures ses petites manies* [...], *son déshabillage éclair et* CE *petit sein dur...* (H. BAZIN, *Mort du petit cheval*, XXVII.)

Il ne s'agit pas nécessairement d'une chose connue ou supposée connue de l'interlocuteur ou du lecteur. On ne peut donc pas considérer l'emploi comme anaphorique, comme se référant à un contexte antérieur, à une autre conversation.

On trouve aussi le démonstratif avec un nom propre (de personne ou de lieu), lequel n'a pas besoin, théoriquement, d'être identifié : *La plupart des jeunes Algériens ne doivent pas savoir grand-chose de* CE *M. Ben Bella, dont on annonce qu'il vient d'être admis à vieillir parmi les siens* (B. CHAPUIS, dans le *Monde*, 6 juillet 1979, p. 1). [Début d'un article.]

b) Le démonstratif s'emploie parfois avec une valeur imprécise, notamment répété avec une fonction distributive dans une coordination. Comp. *tel* (cf. § 619 et l'ex. même qui est donné ci-dessous) ; les pronoms démonstratifs *celui-ci, celui-là* (§ 669).

C'était touchant de voir avec quelle déférence elle écartait de sa voix, de son geste, de ses propos, tel éclat de gaîté qui eût pu faire mal à CETTE *mère qui avait autrefois perdu un enfant, tel rappel de fête, d'anniversaire, qui aurait pu faire penser* CE *vieillard à son grand âge, tel propos de ménage qui aurait paru fastidieux à* CE *jeune savant* (PROUST, *Rech.,* t. I, p. 42).

c) En revanche, on peut voir la valeur anaphorique dans des interrogations elliptiques comme les suivantes, qui renvoient à un contexte antérieur, à une autre conversation :

Il s'interrompit, criant : / — Et CE *café, est-ce pour aujourd'hui ?* (ZOLA, *Terre,* II, 5.) — *[...] lui tendit la main cordialement et lui dit avec un bon sourire : / —* CETTE *santé ?...* (A. FRANCE, *Anneau d'améthyste,* p. 270.)

d) Quand on s'adresse à des gens à la troisième personne, *Monsieur, Madame, Mademoiselle* ont respectivement comme pluriel *Ces messieurs, ces dames, ces demoiselles* :

[Daniel, rencontrant Mme et Mlle Perrichon dans une gare de Paris :] *Madame !... Mademoiselle !... je bénis le hasard...* CES *dames vont partir ?...* (LABICHE, *Voy. de M. Perrichon,* I, 3.)

Autres cas, où l'on ne s'adresse pas aux personnes en cause, et où le démonstratif pourrait être remplacé par l'article : *Le soir tous ses amis, le ménage Lormeau, Mme Lechaptois,* CES *demoiselles Rochefeuille, M. de Houppeville et Bourras se présentèrent pour la consoler* (FLAUB., *Tr. contes, Cœur simple,* III). — *Je ne suis pas sans religion,* CES *messieurs de la Paroisse me trouvent toujours quand ils ont besoin de moi* (Fr. MAURIAC, *Mystère Frontenac,* p. 221).

Pour *ces dames,* voir une valeur particulière dans le *e)* ci-dessous.

e) Le démonstratif s'emploie souvent avec une nuance affective, notamment avec des noms propres :

CE *pauvre Armand ! il court sur la grande route, lui, en plein soleil... et moi je m'étends* (LABICHE, *Voy. de M. Perrichon,* II, 2). — CE *Perrichon n'arrive pas ! Voilà une heure que je l'attends* (*ib.,* I, 1). — Comp. § 598, *b,* Rem. 1.

Ces dames désigne par euphémisme les prostituées : *Il fit le tour des maisons de tolérance et déroba les albums de photos suggestives qui remplacent, chez* CES *dames, ceux des photos de famille* (DORGELÈS, *Bouquet de bohème,* L.P., p. 41).

f) Dans la langue parlée, la formule *un de ces* joue le rôle d'un adjectif à un haut degré (elle est issue par ellipse des formules signalées dans le *a*) :

Le père Leemans vous a une de CES *trognes !* (A. DAUDET, *Rois en exil,* p. 179.) — *Tu nous as fait un de* CES *dîners, Toutoune !* (CURTIS, *Quarantaine,* p. 33.) — Autres ex. au § 962.

La valeur primitive est si bien affaiblie que le substantif reste au singulier malgré son environnement syntaxique (comp. le cas de *des plus* au § 954, *g*) : *J'ai un de ces* MAL *de tête* (TROYAT, *Malandre,* p. 305).

Hist. — Jusque vers le XVe s., on employait par emphase le démonstratif au lieu de l'article dans les descriptions de nature, de batailles, etc. : *De* CEZ *espees enheldees d'or mer / Fierent e caplent sur* CEZ *helmes d'acer* (*Rol.,* 3887-3888) [= De *ces* épées aux gardes d'or pur ils frappent sur *ces* heaumes d'acier]. — *En mai fu fete* [une chanson], *un matinet, / En un vergier flori, verdet / [...] / Ou chantoient* CIL *oiselet* (COLIN MUSET, I).

Dans certains patois picards, le démonstratif continue à jouer le rôle de l'article.

SECTION 6. — LE DÉTERMINANT RELATIF

600   Le déterminant **relatif** détermine le nom en indiquant que l'on met en relation avec ce même nom déjà exprimé ou suggéré dans la phrase la proposition qui suit. Il n'appartient qu'à la langue écrite, surtout juridique et parfois littéraire :

> *Dans le délai de trois jours, à partir de la notification qui lui aura été faite de sa nomination*, LEQUEL *délai sera augmenté d'un jour par trois myriamètres de distance du lieu de son domicile* (*Code civil*, art. 439). — *Restaient 1666 livres de rente pour les deux cadets, sur* LAQUELLE *somme l'aîné prélevait encore le préciput* (CHAT., *Mém.*, I, I, 2). — *Ce mot se trouve dans la tragédie de* Bérénice, *où Racine a mis un roi de Comagène, amant de cette belle reine si célèbre par sa chevelure,* LEQUEL *amant, sans doute par flatterie, a donné ce nom à son royaume* (BALZAC, *Birotteau*, III). — *On vous donnera le n° de son domicile de la rue de Seine,* LEQUEL *n° j'ai oublié* (SAND, *Corresp.*, 30 août 1832). — *Ils ont jugé à propos de prendre une des colonnes* [...] *et d'en faire un clocher,* LEQUEL *clocher a poussé comme un champignon dans l'espace d'une nuit* (MUSSET, *Lorenz.*, I, 2). — *De l'arbre, être collectif, sort l'individu, le fruit détaché,* LEQUEL *fruit fera un autre arbre* (MICHELET, *Mer*, II, 6). — *Les regards des alliés étaient fixés sur Pétrograd, contre* LAQUELLE *capitale on croyait que les Allemands commençaient leur marche* (PROUST, *Temps retrouvé*, t. I, p. 90).
>
> Le syntagme *auquel cas* reste assez fréquent : *Selon les circonstances, le sujet s'exprime soit en s'observant* [...] *soit en s'abandonnant à l'automatisme,* AUQUEL *dernier cas il s'expose à des ratés plus ou moins graves* (A. SAUVAGEOT, dans le *Fr. dans le monde*, déc. 1969, p. 18). — Voir ci-dessous.

Le syntagme formé par le déterminant relatif et le nom équivaut à un pronom relatif, mais on renonce à celui-ci pour des raisons de clarté (notamment lorsque le nom antécédent est assez éloigné) ou d'insistance. On pourrait aussi remplacer le déterminant relatif par un démonstratif et commencer une nouvelle phrase. Il ne s'agit pas, en effet, de propositions relatives déterminatives.

> On notera à ce propos que la formule *auquel cas* est parfois précédée d'une ponctuation forte, comme un point, et ne peut plus alors être considérée comme contenant un relatif (comp. § 691, *c*) : *Peut-être* [...] *compte-t-il les employer aux fouilles ?* AUQUEL CAS, *il n'aurait pas tort* (P. ARÈNE, *Chèvre d'or*, XXXVI). — *Les fables ou paraboles suppléeraient donc aux traités, lesquels* [...] *seraient réservés pour les savants, penseurs, théoriciens...* AUQUEL CAS, *il faut parler gravement des romans* (THÉRIVE, *Opinions littér.*, p. 202). — *L'auteur de* la Chute des corps *ne s'interdit même pas de chercher la ressemblance au delà du fameux mur de la vie privée.* AUQUEL CAS *c'est un pamphlétaire* (É. HENRIOT, dans le *Monde*, 22 mars 1950).

601   Les **formes** sont celles de l'interrogatif *quel* précédé de l'article agglutiné, article qui se contracte avec les prépositions *à* et *de* au masculin singulier et au pluriel.

> Avec un nom masculin singulier : **lequel, auquel, duquel** ;
> Avec un nom féminin singulier : **laquelle** *(à laquelle, de laquelle)* ;

Avec un nom masculin pluriel : **lesquels, auxquels, desquels** ;
Avec un nom féminin pluriel : **lesquelles, auxquelles, desquelles.**

Ces formes servent aussi de pronoms relatifs.

Hist. — *Quel* s'est employé parfois pour *lequel* dans l'ancienne langue : *Et autres semblables resveries* [...], QUELLES *choses tant s'en faut qu'elles nourrissent le corps de l'homme, qu'elles le corrompent* (N. du FAIL, *Propos rustiques,* cit. Sneyders de Vogel, p. 89). — Cet emploi de *quel* se retrouve exceptionnellement dans la langue moderne : *Cette simple copie a dû être faite environ 1690-1696 ; à* QUELLE *époque Pascal était mort depuis trente ans* (É. HENRIOT, dans le *Monde,* 26 août 1959).

SECTION 7.
LE DÉTERMINANT INTERROGATIF ET EXCLAMATIF

602   Le **déterminant interrogatif** s'emploie quand on pose une question à propos du nom qu'il détermine :

C'est QUEL *jour ton mariage déjà ?* (COLETTE, *Chéri,* M.L.F., p. 64.) — QUEL *fou exigerait des hommes qu'ils soulèvent des montagnes ?* (Fr. MAURIAC, *Fleuve de feu,* II.) — Dans l'interrogation indirecte : *Je me demande* QUELLE *idée de nous a bien pu vous donner votre pauvre mère* (H. BAZIN, *Vipère au poing,* IV).

L'interrogatif *quel* s'emploie aussi comme attribut. Il n'a plus alors la nature de déterminant, mais celle d'adjectif :

QUELLE *est votre patrie ?* QUEL *est votre médecin traitant ?* — QUELS *sont ces bruits sourds ?* (HUGO, *Voix int.,* XXIV.)

On interroge dans ce cas sur l'identité. — Certains auteurs pratiquent encore l'usage ancien, *quel* interrogeant sur la manière d'être : *Qui sommes-nous ? Ou plutôt :* QUELS [en italiques] *sommes-nous, nous autres d'aujourd'hui, qui renonçons, sans même en avoir conscience, à nommer la vertu* [...] ? (VALÉRY, *Variété,* Pl., p. 946.)

Hist. — Dans l'ancienne langue, il était courant d'employer *quel* comme attribut pour interroger sur la manière d'être : *Quand je pense, lasse, au bon temps,* / QUELLE *fus,* QUELLE *devenue ?* (VILLON, *Test.,* 488.) — *Nous, qui si loing du ciel vivons en ce bas lieu,* / *Ne pouvons nous vanter de sçavoir* QUEL *est Dieu* (DU BELLAY, cit. Huguet). — Encore au XVIIIᵉ s. : *Si la lance d'un guerrier ordinaire a dix piés de long,* QUELLE *sera la lance d'Ajax ?* (DIDEROT, *Rêve de d'Alembert,* p. 32.) — L'usage ordinaire opterait pour *comment* aujourd'hui.

Remarques. — 1. Comme nous l'avons fait remarquer au § 557, la catégorie des interrogatifs et des exclamatifs ne répond pas au même type de critères que d'autres déterminants.

2. *Quel* sert à former les déterminants indéfinis *je ne sais quel, n'importe quel,* etc. : cf. § 607, *d.*

603   Le **déterminant exclamatif** s'emploie quand on exprime un sentiment vif (admiration, étonnement, indignation, etc.) à propos de la réalité désignée par le nom que détermine l'exclamatif :

> Le nationalisme [...], *élevé dans la vieille et indulgente maison lorraine de M. Maurice Barrès, nourri d'encre précieuse,* QUEL *chemin il a fait depuis, jusqu'au Japon, jusqu'en Chine !* (BERNANOS, *Grands cimetières sous la lune,* Pl., p. 398.) — Souvent dans des phrases averbales : *L'intelligence,* QUELLE *très petite chose à la surface de nous-mêmes !* (BARRÈS, *Appel au soldat,* Dédic.)

Comme l'interrogatif (§ 602), *quel* exclamatif peut être adjectif attribut :

> QUELLE *fut ma surprise quand il m'annonça son mariage !* — Voir aussi § 394, *b,* ainsi que la Rem. 1.

604   **Formes du déterminant interrogatif et du déterminant exclamatif.**

a) Le principal déterminant est ***quel,*** qui varie en genre et en nombre dans l'écriture : *Quelle, quels, quelles.*

Hist. — *Quel* et *lequel* s'employaient primitivement comme adjectifs ou comme pronoms. Peu à peu une différence s'est établie entre les deux formes ; depuis la Renaissance, *quel* est surtout adjectif, et *lequel,* à peu près exclusivement pronom.

b) On peut ranger parmi les déterminants interrogatifs, *combien de* (comp. § 607, *a*), qui interroge sur le nombre, — et parmi les déterminants exclamatifs *combien de* et *que de,* qui concernent tous deux le nombre :

> COMBIEN DE *personnes avez-vous reçues ce matin ?* — *À* COMBIEN DE *tentations n'est-il pas exposé !* (AC.) — Avec séparation des éléments : COMBIEN *avez-vous* D'*argent ?* (AC.) — QUE DE *fois je vous ai regrettée !* — Sur *que de* dans l'exclamation indirecte, voir § 412, *a.*

Remarques. — 1. Le déterminant *quel* a deux valeurs. La question *Quel chapeau veux-tu ?* peut s'interpréter comme portant sur l'identité (= Celui-ci ou celui-là ?) ou sur la manière d'être (= Un gris ou un noir ?). Pour la seconde de ces valeurs, le fr. régional du Nord et de l'Est (Belgique et Suisse incluses) recourt à la périphrase °*Qu'est-ce que c'est pour un chapeau ?* °*Qu'est-ce qu'il a mis pour un chapeau ?* [Ce sont des calques de l'allemand *Was ist das für ... ?* et du néerlandais *Wat is dat voor ... ?*] — Tours en fr. régulier : *Quel genre de chapeau est-ce ? Qu'est-ce qu'il a mis comme chapeau ?*

2. *J'ai une de ces faims !* Cette expression de haut degré s'est vidée de sa valeur originaire au point que l'on dit : *J'ai un de ces* MAL *de gorge !* (§ 599, *f.*) — *Un de ces* est donc assez proche des déterminants exclamatifs.

SECTION 8. — LE DÉTERMINANT INDÉFINI

605   On range sous la dénomination de **déterminants indéfinis** des mots variés indiquant, soit une quantité non chiffrée, soit une identification imprécise (*quelque, je ne sais quel*, etc.) ou même un refus d'identification (*certain, tel*).

606   **Déterminants proprement dits** :

Aucun, certain, chaque, différents, divers, maint, nul, plusieurs, quelque, tel, tout.

Ces mots s'emploient aussi comme pronoms, à l'exception de *chaque, quelque, divers, différents* ; les deux premiers ont *chacun* et *quelqu'un* comme équivalents pronominaux.

Remarque. — *Autre, même, quelconque* ont certains traits communs avec les déterminants indéfinis. Mais ils ne suffisent pas à déterminer le nom puisqu'ils ne s'emploient pas sans déterminant. Nous les considérons comme des *adjectifs* indéfinis. Cf. §§ 621-624.

Hist. — 1. L'ancienne langue avait des indéfinis qui ont disparu plus ou moins complètement, notamment :

— **Quant** (du lat. *quantus*), qui variait en genre et en nombre, signifiait « combien de ». Il a vécu jusqu'au XVIe s. : QUANTES *victoires ont esté tollues* [= enlevées] *des mains des vaincqueurs par les vaincuz* (RAB., *Garg.*, éd. princeps, XLI). — *Quantes fois* se rencontre encore au XVIIe s., — et même au-delà dans la locution conjonctive *toutes et quantes fois que* (§ 1081, *b*). — Bescherelle cite aussi le proverbe QUANTES *gelées en mars, tant de rosées en avril* (s.v. *avril*).

— **Mout** « beaucoup de » (*molt, mult* ; plus tard, *moult* par réfection sur le latin ; du lat. *multus*) a été un déterminant variable : *Par* MULTES *terres* (*Alexis*, 112). — MULTES *cunoisances* (*Rol.*, 3090). — Cet emploi n'a pas persisté au-delà du XIIIe s. Comme *mout* s'employait aussi comme adverbe (cf. § 954, *d*, 3°, Hist.), il est devenu très tôt invariable même devant un nom : *A* MOLT *paine* [= à grand-peine] (CHRÉT. DE TR., *Perc.*, éd. R., 6021). Il se construisait surtout avec *de*, comme *peu*, ou comme *beaucoup* aujourd'hui : MOLT DE *tors* [tours] (CHRÉT. DE TR., *op. cit.*, 5438). — MULT DE *cortoisiez* (JEAN D'OUTREMEUSE, éd. G., p. 3). — Voir encore Huguet.

Sous la forme du moyen fr., *moult* (prononcé [mult] alors que jadis on prononçait [mu] : cf. § 90, *e*, Hist.) est encore utilisé par archaïsme badin, surtout comme déterminant invariable : *Avec* MOULT *satisfaction* (FLAUB., *Corresp.*, cit. Robert). — MOULT *connaissances utiles* (MONTHERLANT, *Marée du soir*, p. 32). — *Avec* MOULT *remerciements* (SAN-ANTONIO, *Meurs pas, on a du monde*, p. 26).

2. *Peu* (et ses variantes ; du lat. *paucus*) a été parfois traité comme variable en anc. fr. : POIES *choses* (dans Tobler-Lommatzsch). — Mais, comme *mout* (cf. 1, ci-dessus), à cause de ses emplois adverbiaux, il est devenu rapidement invariable, même devant un nom. La construction avec *de* est très ancienne et s'est généralisée dès l'anc. fr. : *Grans vens chiet* [= tombe] *a* POI DE *pluie* (CHRÉT. DE TR., *op. cit.*, 5414).

Même évolution pour *tant* (du lat. *tantus*), mais celui-ci est resté variable jusqu'au XVIe s. : TANTE *inimitié* (G. COLIN, cit. Huguet).

607 Déterminants indéfinis occasionnels.

a) La plupart des adverbes de degré suivis de *de* (*bien* suivi de *des* : § 569, *b*) équivalent à des déterminants indéfinis. Ils restent invariables et présentent des sens en rapport avec celui qu'ils ont en tant qu'adverbes (§§ 943 et suiv.) :

> *Un braconnier d'un rare mérite* [...] *y tue* ASSEZ DE *faisans* (A. FRANCE, *Orme du mail,* p. 305). — AUTANT D'*hommes,* AUTANT D'*avis* (prov.). — *Le comte de Buondelmonte savait bien que c'étaient* AUTANT DE *calomnies* [= toutes calomnies] (SAND, *Metella,* I). — *Il n'est* GUÈRE DE *passion sans lutte* (A. CAMUS, *Mythe de Sisyphe,* Pl., p. 154). — *Elle comptait les grains de poivre,* TANT DE *grains par chaque* [*sic*] *plat* (ZOLA, D' *Pascal,* X). — *Il y avait* TELLEMENT DE *tableaux qu'ils se touchaient* (DORGELÈS, À *bas l'argent !* p. 37). — [Boileau] *avait bien* AUTREMENT DE *latitude que son grand ami* (DUMAS fils, *Étrangère,* Préf.). — *Il faut déjà* PASSABLEMENT D'*intelligence pour souffrir de n'en avoir pas davantage* (GIDE, *Journal,* 21 mars 1930). — *Il a* MÉDIOCREMENT D'*esprit* (LITTRÉ). — *C'est un homme qui a* ÉNORMÉMENT DE *qualités* (Fr. MITTERRAND, dans le *Monde,* 11 déc. 1981). — *Voir aussi combien de, que de* au § 604, *b.*

Notons particulièrement certains emplois plus rares ou contestés.

1° *À peine de* :

> *Mahmady « faisait »* À PEINE DE *fièvre* (P. MILLE, *Sous leur dictée,* p. 38). — *Il y avait* à PEINE DE *lumière* (LÉAUTAUD, *Journal littér.,* I, p. 49). — *Nous avions* À PEINE DE *pain* (A. PERRIN, *Père,* p. 140). — *L'entrée des troupes du pacte de Varsovie à Prague provoqua* À PEINE DE *remous* (Raym. ARON, dans le *Figaro,* 14 oct. 1972).

2° *Davantage de* a fait l'objet d'une contestation sans fondement. Cette construction, usuelle au XVIIᵉ s., reste fréquente chez les écrivains et ailleurs :

> [...] *d'autant plus mal servi qu'il avait* DAVANTAGE DE *serviteurs* (ZOLA, *Argent,* II). — *Je n'aime plus au monde que quelques églises, deux ou trois livres, à peine* DAVANTAGE DE *tableaux* (PROUST, *Rech.,* t. I, p. 128). — *Il est vrai que je n'ai point* DAVANTAGE DE *raisons pour croire* [...] (HERMANT, *Xavier,* p. 7). — *Le monde de langue espagnole auquel je voudrais voir l'Université consacrer* DAVANTAGE DE *son attention* (BARRÈS, *Mes cahiers,* t. XIV, p. 81). — *Ils n'en récoltèrent pas* DAVANTAGE DE *gratitude* (COCTEAU, *Enfants terribles,* p. 108). — *La bête se contracta sous la douleur, le poing crispé frappa le flanc, tout l'être souffrit de ne pouvoir faire* DAVANTAGE DE *mal* (MONTHERLANT, *Bestiaires,* II). — *On compte un certain nombre de vraies religieuses, mais bien* DAVANTAGE DE *médiocres* (BERNANOS, *Dialogues des carmélites,* II, 1). — *Le Juif Freud* [...] *va dans le même sens avec* DAVANTAGE DE *subtilité* (M. TOURNIER, *Roi des aulnes,* p. 293).

Autres ex. : JAMMES, *M. le curé d'Ozeron,* p. 204 ; SARTRE, *Situations,* t. X, pp. 202-203 ; G. GOUGENHEIM, dans le *Fr. mod.,* juillet 1952, p. 236 ; G. MATORÉ, *Hist. des dictionn. fr.,* p. 93 ; J. DUTOURD, *Paradoxe du critique,* p. 11 ; POMPIDOU, interview télévisée, dans le *Monde,* 25 juin 1971 ; B. CLAVEL, *Fruits de l'hiver,* p. 297 ; IKOR, *Poulains,* p. 53 ; R. SABATIER, *Trois sucettes à la menthe,* p. 90 ; LE CLÉZIO, *Guerre,* p. 24 ; P. MOINOT, *Chasse royale,* L.P., p. 13 ; J.-Fr. REVEL, dans le *Point,* 5 sept. 1983, p. 44 ; etc.

Dans certains cas, *davantage de* permet d'éviter une équivoque ; si, par exemple, on dit : *Ce que nous demandons ?* PLUS DE *westerns !* on ne voit pas bien si le sens est « nous ne voulons pas de westerns » ou « nous demandons des westerns plus fréquents ». Si c'est le dernier sens qui est le bon, *Davantage de westerns* dissipe toute équivoque.

Hist. — ⁺*Rien n'obligeait à en faire* DAVANTAGE DE *bruit* (BOSS., *Conférence avec M. Claude,* Avertiss.). — Littré cite Malherbe et Descartes. Il ajoute : « Cette tournure vieillit ; toutefois on ne voit aucune raison pour ne pas l'employer. » — Si vieillissement il y a eu, *davantage de* a retrouvé une nouvelle jouvence.

3° **Suffisamment**, affirmait Littré (s.v. *assez*), ne reçoit point de complément avec *de*, au moins dans le style correct. — Aujourd'hui *suffisamment de* est admis par le meilleur usage :

Nous n'avons pas accordé SUFFISAMMENT D'*attention aux états d'âme si décisifs pour notre destinée* (BARRÈS, *Génie du Rhin*, p. XVI). — *Il a* SUFFISAMMENT DE *bien pour vivre* (AC.). — *Comme s'il n'y avait pas déjà* SUFFISAMMENT DE *magots et* DE *paltoquets sur la terre !* (GIDE, *Faux-monn.*, p. 237.) — *J'ai entendu tant de raisonnements qui ont failli me tourner la tête, et qui ont tourné* SUFFISAMMENT D'*autres têtes* [...] (A. CAMUS, *Peste*, p. 298).

4° Emplois régionaux.

°*Assez bien de* pour *assez de* indiquant une quantité relativement élevée, emploi courant en Belgique. M. BEDEL le relève avec intention dans la bouche d'un Belge : *M. de C*** me dit : Il y a* ASSEZ BIEN DE *gorilles dans ces forêts-là* (*Tropiques noirs*, p. 134).

°*Bel et bien de* « beaucoup de » en Champagne ; cf. *Revue de linguist. rom.*, janv.-juin 1978, p. 159.

Remarques. — 1. La suite *de* + nom peut être représentée par le pronom *en* : *Il* EN *a trop*, à côté de *Il a trop de soucis*.

2. L'élément adverbial peut être séparé du reste (ce qui montre bien qu'il ne s'agit pas de véritables déterminants) :

[...] *qui, de ma vie, m'aura* LE PLUS *donné* DE PLAISIR (BARRÈS, *Au service de l'Allem.*, 1916, p. 187). — *Il avait* TANT *servi* DE MESSES (Fr. MAURIAC, *Agneau*, p. 187). — *J'avais* TROP *bu* DE VIN (A. CAMUS, *Étranger*, I, 3).

Sur le tour populaire °*Avoir du bien assez*, voir § 569, *b*, Hist.

3. Lorsque les syntagmes du type *Trop de personnes* sont donneurs d'accord, c'est l'élément nominal qui d'ordinaire prévaut : cf. § 421.

b) Certains éléments d'origine nominale se rapprochent aussi des déterminants indéfinis.

Quantité de, nombre de, bon nombre de, où le nom est construit sans article : *On pourrait établir* QUANTITÉ D'*intermédiaires* (A. BRETON, *Nadja*, p. 21). — Autres ex. au § 422, *b*.

Force (littéraire), qui, non seulement est construit sans article, mais est suivi directement du nom : *J'ai barbouillé* FORCE *papier* (CHAT., *Mém.*, I, I, 2). — *Il avait copié* FORCE *assignations* (G. DUHAMEL, *Hommes abandonnés*, p. 187).

La plupart de a gardé davantage la syntaxe des noms, puisqu'il contient un article et que le nom qui suit est accompagné d'un déterminant ; c'est sémantiquement qu'il a cessé d'être analysé comme contenant un nom : LA PLUPART DES *habitués du salon de sa femme ne sauraient même pas que le mari a jamais écrit* (PROUST, *Rech.*, t. III, p. 709). Cf. § 422, *b*.

D'autres syntagmes nominaux suivis de la préposition *de* se rapprochent aussi des déterminants indéfinis, le nom se vidant plus ou moins de sa signification propre : *Un homme raisonnable* [...] *se dégoûte des mensonges* [...] *d'*UN TAS DE *génies* (BARRÈS, *Dérac.*, p. 290). — De même *une foule de, une masse de, une flopée de* (très fam.), etc., suivis d'un pseudo-complément (§ 342, *b*) qui est en réalité l'élément principal du syntagme, comme on le voit dans les accords (§ 422). — *Espèce* tend même à prendre le genre du nom qui le suit : °UN *espèce de vallon* (PAGNOL, cité avec d'autres ex. au § 422, *a*, Rem.).

Pour d'autres cas encore, voir § 422.

c) **Tout plein de** et, plus récemment, *plein de,* se disent familièrement pour *beaucoup de* :

> *Ernest IV avait* TOUT PLEIN DE *bonnes petites vertus* (STENDHAL, *Chartr.,* VI). — *Il y a* TOUT PLEIN DE *monde dans les rues* (AC.). — *Il avait envie de dire* TOUT PLEIN DE *choses affectueuses à Marguerite* (R. SABATIER, *Trois sucettes à la menthe,* p. 274). — *Il y avait* PLEIN D'*étoiles au ciel sombre et pourtant bleu* (PROUST, *Pastiches et mélanges,* p. 238). — *Il y avait* PLEIN DE *gens dans l'antichambre* (ARAGON, *Semaine sainte,* p. 60). — *Il y avait* PLEIN DE *sang sur ses chaussures* (E. CHARLES-ROUX, *Oublier Palerme,* p. 295).

Hist. — *Tout plein de* date de l'anc. fr. Il était courant à l'époque classique : *Nous vismes hier au bal* [...] / TOUT PLEIN D'*honnestes gens caresser les beautez* (CORN., *Veuve,* I, 3). — De l'emploi que nous avons ici a été tiré l'emploi de *tout plein* comme adverbe (*Je l'aime* TOUT PLEIN. *Il est gentil* TOUT PLEIN. Cf. § 954, *e,* 3°), ainsi que *plein de* sans *tout,* qu'on ne signale pas avant le XXᵉ s.

d) **Des locutions à noyau verbal** contenant les interrogatifs *quel* (qui s'accorde avec le nom) et *combien de* étaient à l'origine des sous-phrases incidentes, mais ont perdu ce caractère (§ 373).

> Avec *savoir* : ON NE SAIT QUEL *rayon de Dieu semble visible* (HUGO, *Lég.,* t. I, p. 276). — *Des brises chaudes montaient avec* JE NE SAIS QUELLES *odeurs confuses* (FROMENTIN, *Été dans le Sahara,* I). — *Ce mariage, c'était* [...] *un point de départ vers* ELLE NE SAVAIT QUELLE *vie* (Fr. MAURIAC, *Sagouin,* p. 6). — *Ses cheveux passés à* DIEU SAIT QUEL *produit qui les rendait mauves* (SIMENON, *Vérité sur Bébé Donge,* p. 82).
>
> Avec *importer* : N'IMPORTE QUELLE *affaire* [...], *la plus petite comme la plus importante,* [...] *doit être examinée sous tous ses aspects* (SIMENON, *op. cit.,* p. 203).

e) Les symboles mathématiques x et n, le premier usité aussi dans la langue commune, tiennent la place d'une indication numérique qu'on ne veut ou ne peut expliciter (cf. § 220, *b,* 3°) :

> *Si 1940 avait été la reprise de 1914,* [...] *la Belgique, au bout de* X *années de guerre eût terminé le conflit avec un gouvernement unanime derrière un nouveau Roi Chevalier* (Rob. ARON, *Léopold III ou le choix impossible,* p. 26).

f) **Ledit** (dont les éléments varient en genre et en nombre, l'article se contractant avec la préposition) peut être rangé au nombre des déterminants à valeur anaphorique (§ 221). L'agglutination est la marque même que les éléments constitutifs ne sont plus analysés comme un article et un participe passé (cela est confirmé par le fait que *ledit* est traité parfois en pronom : § 670, *b,* Rem. 2).

> *Le fondateur* DUDIT *journal* (BALZAC, *Peau de chagrin,* p. 53). — *Le premier jour de mai de* LADITE *année* (A. FRANCE, *Île des pingouins,* p. 140). — *Elle* [...] *prétendit garder en son giron* LESDITS *pelotons* (GIDE, *Thésée,* p. 71).

On trouve parfois *le dit,* mais cela paraît résulter d'une négligence typographique, car on trouve éventuellement *ledit* dans le même livre ou dans une autre édition : *La radio* DU DIT *lieu* (GIDE, *Journal 1942-1949,* p. 213) [= DUDIT *lieu* (Pl., p. 267)].

Dit s'agglutine parfois aussi au démonstratif ou au possessif : CESDITS *Chateaubriand* (CHAT., *Mém.,* I, I, 2). — *D'après* CESDITES *intentions* (BAUDEL., trad. de : Poe, *Nouv. hist. extr.,* Calmann-Lévy, p. 26). — *Il vaut mieux attendre et voir ce qu'ils feront,* CESDITS *écolos* (C. DETREZ, *Guerre blanche,* p. 71). — *Lieutenant général des armées de* SADITE *majesté le roi des Espagnes et des Indes* (HUGO, *Bug-Jargal,* XXI).

g) Des auteurs aimant l'archaïsme (cf. Hist.) traitent *pas un* comme *aucun* (§ 608, *a,* 1°) :

Mirakion fabriquait déjà l'article de bazar mieux que PAS UN *maître* (HERMANT, *Bourgeois,* p. 85). — Voir aussi § 714, *c.*

Hist. — *Pas un* a pu s'employer, notamment, avec *sans : Et lui* [...] *a laissé ruiner cette belle grande fortune,* SANS *tirer* PAS UN *coup* (D'AUBIGNÉ, t. II, p. 305). — +*Cet homme extraordinaire* [= César] *avait tant de grandes qualités* SANS PAS UN *défaut, quoiqu'il cût bien des vices, que* [...] (MONTESQ., *Consid.,* 11).

Remarque. — *Plus d'un* est parfois rangé parmi les déterminants indéfinis. Il ne diffère pourtant pas, du point de vue syntaxique, de *plus de deux, moins de deux,* etc.

608   *Aucun* et *nul.*

a) Aucun [okœ̃], en liaison [okœn] [5] ; fém. *aucune* [okyn].

1° Comme d'autres auxiliaires de négation, *aucun* peut encore, dans certaines conditions (cf. § 981), s'employer avec son ancienne valeur positive (« quelque, un, n'importe quel ») [cf. Hist.] :

Comme si la raison pouvait mépriser AUCUN *fait d'expérience* (BARRÈS, *Colline insp.,* p. 3). — *Elle* [= l'âme] *refuse d'être à sa sainte volonté* AUCUN *obstacle* (CLAUDEL, *Cinq gr. odes,* III). — *Voici le plus ancien apologue que nous ait transmis* AUCUNE *littérature* (BÉDIER, *Fabliaux,* 5ᵉ éd., p. 104). — *Ils l'aimaient moins qu'*AUCUNE *autre génération l'avait aimée* (BERNANOS, *France contre les robots,* p. 99). — Après *sans, sans que,* c'est de la langue tout à fait courante : *Sans* AUCUN *effort.*

2° Le plus souvent, *aucun* sert d'auxiliaire à la négation *ne* :

AUCUN *quotidien* N'*a été mis en vente ce jour-là.*

3° Comme d'autres auxiliaires de la négation (§ 982), *aucun* a pris par contagion le sens négatif de l'adverbe *ne* qu'il accompagne d'ordinaire. [Synonyme : *zéro,* emprunté au langage des mathématiques (§ 573, Rem.).]

Combien de fois l'avez-vous fait ? AUCUNE *fois.* — *Son élégance, froissée par* AUCUN *contact* [...] (BARRÈS, *Jardin de Bérénice,* p. 94).

Remarque. — *Aucun* se place parfois après le nom quand le syntagme est précédé de *sans* (dont le régime se construit souvent sans déterminant) ; il cesse alors d'être un déterminant.

Il dit simplement, sans émotion AUCUNE [...] (ZOLA, *Débâcle,* 1, 7). — *De la bête humaine, qu'on se procure sans frais* AUCUNS [...] *il n'y a rien à tirer que du rendement, jusqu'à ce qu'elle crève* (Fr. MAURIAC, *Paroles catholiques,* p. 96). — *Il y a des hommes qui, dans la vie, marchent tout droit, et sans hésitations* AUCUNES (DANIEL-ROPS, *Saint Paul,* p. 58). — *Pourrait-on dire qu'elle était sans curiosité* AUCUNE ? (M. DURAS, *Amante anglaise,* p. 29.)

---

5. Prononciations traditionnelles. Elles sont fortement concurrencées par [okē], [okēn]. Voir § 25, *a,* Rem.

Certains auteurs postposent *aucun* dans d'autres cas : *N'ayant ambition* AUCUNE (GOBINEAU, *Nouvelles asiatiques*, p. 81). — *Elle n'a plus ni formes, ni dimensions, ni caractéristiques sensibles* AUCUNES (G. POULET, *Métamorphoses du cercle*, p. 412). — Cela est en marge de l'usage.

Hist. — *Aucun*, venu d'une forme supposée du latin populaire *alicunus, composée du radical de *aliquis*, quelqu'un, et de *unus*, a signifié primitivement « quelque, quelqu'un » : *Toute perfection a* AULCUNE *imperfection adjointe à soy* (*Internelle consolacion*, III, 3). — *Salomon, ce voyant, fit apporter* AULCUNES *mousches à miel* (MAROT, t. II, p. 150). — Ce sens explique le fait qu'on ait pu utiliser simultanément *aucun* et *pas* : cf. § 979, *b*, Hist.

b) Nul, qui appartient au registre soigné (sauf dans *nulle part*), se construit ordinairement avec *ne* ou *sans* :

NUL *système politique ne s'est, au XXᵉ siècle, davantage penché sur le problème des langues parlées par ses administrés que le système soviétique* (H. CARRÈRE D'ENCAUSSE, *Empire éclaté*, L.P., p. 203). — *Elle le renvoyait sans* NULLE *cérémonie* (FLAUB., *Éd. sent.*, II, 2).

Cependant, comme *aucun* (*a*, 3°), *nul* peut être négatif à lui seul :

NUL *astre d'ailleurs*, NULS *vestiges / De soleil* [...] / *Pour illuminer ces prodiges / [...]!* (BAUDEL., *Fl. du m.*, Rêve parisien). — NUL *doute qu'il se remettra debout* (DE GAULLE, *Discours et messages*, t. I, p. 69).

Hist. — Du lat. *nullus*, qui était un mot négatif (*ne* + *ullus*). C'est par analogie avec *aucun* que *nul* s'est employé en fr. comme un auxiliaire de la négation.

Remarque. — *Nul*, signifiant « qui est sans valeur ou sans mérite, qui se réduit à rien », est un adjectif ; il emploie comme épithète (toujours après le nom) ou comme attribut :

Lorsque le testateur aura légué la chose d'autrui, le legs sera NUL (*Code civil*, art. 1021). — *Le devoir de cet élève est* NUL (AC.). — *Et une des parties où j'étais le plus* NUL *était assurément la narration française* (LOTI, *Roman d'un enfant*, LIX). — *La vie personnelle de Don Ruggero avait été aussi* NULLE *que possible* (YOURCENAR, *Denier du rêve*, pp. 70-71). — *Un match* NUL, sans gagnant ni perdant.

c) Aucun et *nul* s'emploient le plus souvent au singulier. Ils s'emploient au pluriel devant des noms qui n'ont pas de singulier ou qui prennent au pluriel un sens particulier :

Il ne fait AUCUNS *frais inutiles* (R. MARTIN DU GARD, *Devenir !* Pl., p. 190). — *Ils n'ont fouillé* NULLES *entrailles* (SAINT-JOHN PERSE, *Oiseaux*, XII). — *L'acquéreur n'est tenu d'*AUCUNS *dommages et intérêts* (*Code civil*, art. 1750). — *Je n'irai à* AUCUNES *eaux désormais, ni à Aix, ni à Vichy, ni à celles du colonel* (LAMART., *Corresp.*, 26 avril 1818). — AUCUNS *apprêts !* (HUGO, *Ruy Blas*, IV, 6.) — *Elles non plus ne toucheraient* AUCUNS *gages* (J. SCHLUMBERGER, *Saint-Saturnin*, p. 336). — *Lui pouvait bien se permettre de n'avoir* AUCUNES *manières* (LA VARENDE, *Roi d'Écosse*, p. 260). — *Il a promis de n'entamer* AUCUNS *pourparlers avec d'autres maisons* (HÉRIAT, *Main tendue*, p. 226). — *Chacun s'engagera à ne tirer* AUCUNES *représailles de la journée* (A. DECAUX, *Blanqui l'insurgé*, p. 561).

La langue écrite, surtout littéraire, continue (cf. Hist.) à utiliser le pluriel devant d'autres noms que ceux qui sont prévus ci-dessus :

S'il n'a touché AUCUNS *fruits* (*Code civil*, art. 1682). — *Je ne réclamai* AUCUNS *droits* (DUMAS fils, *Femme de Claude*, Préf.). — *L'on n'entendait plus* AUCUNES *rumeurs* (VILLIERS

DE L'ISLE-ADAM, *Histoires insolites*, p. 20). — *On n'a pas le droit de penser sans* AUCUNES *preuves* [...] (H. BORDEAUX, *Maison morte*, p. 127). — *Les nationalistes d'Allemagne vont se montrer capables de réactions qu'*AUCUNS *scrupules d'humanité vivante ne peuvent arrêter* (CLEMENCEAU, *Grandeurs et misères d'une victoire*, p. 328). — *Ils ne possédaient* AUCUNS *royaumes* (PÉGUY, *Esprit du système*, p. 105). — AUCUNES *choses ne méritent de détourner notre route* (GIDE, *Retour de l'enfant prodigue*, p. 64). — *On ne peut lui attribuer* [...] AUCUNES *ombres intérieures* (VALÉRY, *M. Teste*, p. 104).

NULLES *paroles n'égaleront jamais la tendresse d'un tel langage* (MUSSET, *Nouvelles, Emmeline*, V). — *On ne doit surcharger* NULLES *créatures* (A. FRANCE, *Sept femmes de la Barbe-Bleue*, p. 77). — NULS *hommes plus libres au monde* (R. ROLLAND, *Jean-Chr.*, t. VII, p. 58). — *Ils avaient souffert plus que* NULLES *autres populations de la France* (G. HANOTAUX, *Jeanne d'Arc*, II, 1).

Le pluriel est demandé par le sens du verbe dans cet ex. : NULS *chefs ne s'affrontaient* (PÉGUY, *Tapisseries*, p. 20).

Selon Martinon (p. 165), l'usage de *aucun* au pluriel est rarement utile, et rien n'empêche même d'écrire *Je n'ai fait aucun frais,* c'est-à-dire logiquement *aucun des frais* que j'aurais pu faire. — Cette opinion ne paraît pas plausible : elle force le sens naturel de l'expression et ôte au nom le pouvoir de gouverner l'adjectif ; le nom *frais,* qui ne s'emploie qu'au pluriel, ne peut pas être contraint à régler son nombre sur celui de *aucun : aucun frais* n'est pas admissible [et l'on s'étonne de le rencontrer dans la phrase suivante : *Elle n'avait certes fait* AUCUN *frais de toilette* (G. BEAUMONT, *Enfant du lendemain*, p. 69)] ; — *aucune funéraille* l'est moins encore.

Hist. — *Aucun* et *nul* se sont employés couramment au pluriel jusqu'au XVIIIᵉ s. : +*Il ne garda* AUCUNES *mesures* (BOSS., *Hist. des var.*, VII). — +*Sans avoir vu* AUCUNS *ennemis* (SÉV., 5 nov. 1676). — +*Il n'y a* NULS *vices extérieurs et* NULS *défauts du corps qui ne soient aperçus par les enfants* (LA BR., XI, 54). — +*Mais Rome, n'imposant* AUCUNES *lois générales* [...] (MONTESQ., *Consid.*, 6).

Le pluriel *aucuns* a pu, dans l'ancienne langue, être précédé de l'article défini (comp. § 710, *c*, Hist.) : *En temps de necessité ay je bien veu que* LES AUCUNS *saiges se sont bien sceu servir des plus apparens* (COMMYNES, t. I, p. 130).

609 ***Certain*** [sɛʀtɛ̃] (devant voyelle : [sɛʀtɛn] au sing., [sɛʀtɛz] au plur.), féminin *certaine* [sɛʀtɛn] (au plur., devant voyelle [sɛʀtɛnz]).

a) **Au singulier,** *certain* indique surtout qu'on ne veut pas préciser de quoi il s'agit (comp. *tel* : § 619, et l'article indéfini). Il s'emploie sans article seulement dans la langue littéraire ; avec l'article indéfini dans l'usage ordinaire.

Sans art. : *Le mystificateur m'a bien l'air d'être* CERTAIN *Gascon de ma connaissance* (Al. DUMAS, *Tr. mousq.*, XXIII). — *Je connais* CERTAIN *voluptueux / Qui bâille nuit et jour* (BAUDEL., *Fl. du m.*, Imprévu). — *Il s'agissait d'atteindre là-haut, sur le dernier rayon,* CERTAIN *bocal de cerises à l'eau-de-vie qui attendait Maurice depuis dix ans* (A. DAUDET, *Lettres de m. m.*, Vieux). — *Il était de mauvaise humeur aujourd'hui, mon pauvre Yves, parce que je l'avais obligé à sortir coiffé de* CERTAIN *chapeau de paille, à bords très relevés, qui ne lui plaît pas* (LOTI, *Mᵐᵉ Chrysanth.*, XXIII). — *Et* CERTAIN *chef lui demanda* [...] (*Bible*, trad. CRAMPON, Luc, XVIII, 18). — CERTAINE *ingéniosité verbale* [...] *vous a masqué la pénible déficience de votre sentiment lyrique* (GIDE, dans le *Figaro litt.*, 10 juillet 1948). — *Une dilection pour* CERTAIN *procédé* (E. FARAL, dans *Romania*, 1952, p. 263). — *Elle me proposa*

CERTAIN *soir, le livret d'un père de famille de six enfants* (CÉLINE, *Voy. au bout de la nuit,* F°, p. 84). — [...] *s'annoncera* CERTAIN *nombre d'exigences* [...] (M. FOUCAULT, *Surveiller et punir,* p. 157).

Avec article indéfini : *Est-ce là l'opinion de tous les musulmans ou d'*UN CERTAIN *nombre d'entre eux ?* (NERVAL, *Voy. en Or.,* Pl., p. 109.) — *Il avait, dans* UN CERTAIN *monde, une espèce de célébrité* (FLAUB., *Éd. sent.,* II, 1). — *Son attitude obséquieuse aurait suffi à me mettre en défiance* [...]. UNE CERTAINE *qualité de gentillesse est toujours signe de trahison* (Fr. MAURIAC, *Nœud de vip.,* XVI). — *Toute ma vie, je me suis fait* UNE CERTAINE *idée de la France* (DE GAULLE, *Mém. de guerre,* t. I, p. 5).

Devant un nom propre de personne, *certain* exprime que l'on ne connaît pas bien le personnage ; parfois il marque le dédain : *Le personnage intéressant de la foire était* UN CERTAIN *Nissim Tobler* (J. et J. THARAUD, *Rose de Sâron,* p. 177). — *Nous en avons une autre* [*Phèdre*] *d'*UN CERTAIN *La Pinelière* (BRUNETIÈRE, *Époques du théâtre franç.,* p. 116). — UN CERTAIN *M. Naville, qui n'est pas, comme dit Toinette, sur mes tablettes parmi les grands philosophes, et* UN CERTAIN *M. Garaudy, qu'il* [= Sartre] *traite de haut, nous procurent, à travers ses railleries, un vif agrément* (R. KEMP, dans les *Nouv. litt.,* 4 août 1949). [Comp. : *Le théâtre du Châtelet dont le directeur était* UN NOMMÉ *Floury* (H. BORDEAUX, *Paris aller et retour,* p. 222).]

b) **Au pluriel,** *certains* indique une pluralité imprécise (comp. *quelques, des*). Il se construit sans article dans l'usage ordinaire et parfois avec l'article *de* dans la langue littéraire.

Sans art. : *Il est* CERTAINS *animaux chez qui la transparence des tissus laisse voir à l'œil nu les veines courantes* (SAINTE-BEUVE, *Mes poisons,* p. 11). — *À* CERTAINS *moments, j'ai besoin de me livrer aux vagues qui viennent du large* (BARRÈS, *Grande pitié des égl. de Fr.,* 1914, p. 334).

Avec *de* : DE *certains rochers,* DE *certains ravins,* DE *certains taillis,* DE *certaines claires-voies farouches du soir à travers les arbres, poussent l'homme aux actions folles et atroces* (HUGO, *Quatrevingt-tr.,* III, I, 6). — *Quand elle avait dit* DE *certaines choses très spéciales* (BARRÈS, *Du sang...,* p. 39). — *Il serait peut-être excessif de prétendre que je ne souhaite pas, à* DE *certaines heures... y aller de mon petit voyage...* (COLETTE, *Retraite sentimentale,* Sel., p. 11.) — *Ce pauvre livre* [...] *pourrait être dangereux à* DE *certaines âmes* (BREMOND, *Divertissement devant l'arche,* p. 205). — *Il y a* DE *certaines erreurs si ingénieuses* [...] (J. ROSTAND, *Pensées d'un biologiste,* p. 144). — *Il y a profit pour la pensée à se soumettre à* DE *certaines règles* (GIDE, dans le *Littéraire,* 8 févr. 1947). — *À* DE *certains endroits, de petits drapeaux rouges sont disposés dans une corbeille* (S. de BEAUVOIR, *Tout compte fait,* p. 288). — Etc.

De reste assez fréquent dans les compléments de lieu et de temps introduits par la préposition *à* ; en particulier, dans le syntagme *à de certains moments* : R. BAZIN, *Noellet,* p. 22 ; A. ARNOUX, dans la *Revue de Paris,* 15 mars 1937, p. 439 ; DE GAULLE, *Mém. de guerre,* t. I, p. 65 ; POMPIDOU, *Anthologie de la poésie fr.,* L.P., p. 16 ; YOURCENAR, *Souvenirs pieux,* p. 116.

Remarque. — Non placé immédiatement devant le nom, *certain* est un adjectif signifiant « tenu pour vrai », « qui tient qq. ch. pour vrai », « qui ne peut manquer de se produire » :

Je sens le roussi, c'est CERTAIN (RIMBAUD, *Saison en enfer,* Nuit de l'enfer). — CERTAINS *de triompher, ils ont négligé les précautions indispensables.* — *Une victoire* CERTAINE.

Un ex. comme le suivant montre bien les valeurs différentes que prend *certain* en fonction de sa place : *Mon témoignage, à défaut d'une valeur* CERTAINE, *a, je l'espère, une* CERTAINE *valeur* (dans Nyrop, t. V, § 421).

Hist. — *Certain* est issu du latin vulgaire **certanus*, dérivé de *certus* ; celui-ci, adjectif en latin classique, a été employé comme indéfini en lat. vulg. (cf. *quidam* en lat. class.). — *Certain* comme déterminant indéfini est pourtant rarement attesté en fr. avant le XVIᵉ s.

À l'époque classique, il pouvait se construire avec ou sans l'article indéfini : CERTAINE *abbesse* UN CERTAIN *mal avoit* (LA F., *C.*, Abbesse). — *Nous voulons montrer à* DE CERTAINS *Esprits* [...] / *Que de Science aussi les Femmes sont meublées* (MOL., *F. sav.*, III, 2). — *J'aimerois mieux estre au rang des Ignorans,* / *Que de me voir sçavant comme* CERTAINES *Gens* (*ib.*, IV, 3).

D'autre part, la distinction fondée sur la place de *certain* n'était pas encore établie au XVIIᵉ s. : *Vous sçavez, Iris, de* CERTAINE *science* [...] (LA F., *F.*, IX, Disc. à Mᵐᵉ de la Sablière).

610 **Quelque** [kɛlkə], [kɛlk] devant voyelle ; au plur., [kɛlkə], devant voyelle [kɛlkəz]. Prononc. pop. °[kek]. — *Quelque* ne s'élide pas dans l'écriture : cf. § 45.

a) Au singulier (langue littér., sauf dans *quelque temps*), il s'emploie soit avec des noms désignant des choses nombrables, pour marquer une identification imprécise (comp. l'article indéfini *un* et *certain*), — soit avec des noms désignant des choses non nombrables, pour indiquer une petite quantité imprécise (comp. l'article partitif). — Au pluriel (langue générale), il indique un nombre imprécis, mais peu élevé.

QUELQUE *vaisseau perdu jetait son dernier cri* (HUGO, *Châtim.*, VII, 9). — *Il suffisait de* QUELQUE [= un peu de] *tempérance et d'une bonne conduite* (CÉLINE, *Voy. au bout de la nuit*, Fᵒ, p. 147). — *Sous un ourlet de sol,* QUELQUES *huttes de hêtre* / *Très misérablement sont assises en rond* (VERHAEREN, *Soirs*, Moulin). — *Quelque peu* : § 952.

En particulier, *et quelques* après un numéral exprimant un nombre rond (dizaine, centaine, etc.) indique que celui-ci est augmenté d'un nombre imprécis d'unités :

Quarante et QUELQUES *mille francs de revenus* (BALZAC, *Urs. Mirouët*, XVII). — *Un geôlier* [...] *l'enferma dans une cour, avec quatre cents et* QUELQUES *autres prisonniers* (ZOLA, *Ventre de Paris*, I). — *Le prince Lang a dix et* QUELQUES *neveux* (SEGALEN, *René Leys*, 1962, p. 84). — *Mille et* QUELQUES *années* (MONTHERLANT, *Jeunes filles*, p. 289).

Parfois *et quelques* suit le nom, que l'on doit considérer comme sous-entendu après le déterminant (comp. *Le XVIᵉ siècle* et LE *XVIIᵉ*, etc. : § 217, *d*) : *Deux cents francs et* QUELQUES (dans ROBERT). [Il est plus difficile de regarder *quelques* comme un pronom : le pronom correspondant est *quelques-uns*. D'autre part, la langue familière emploie de même l'article indéfini *des* : § 566, Rem. 2.]

Parfois le nom n'est même pas exprimé du tout : *Nous étions à cette réunion quarante et* QUELQUES (AC.). — *J'y figurais avec le numéro 40 sur quatre-vingts et* QUELQUES (LOTI, *Prime jeunesse*, XLIX). — *La construction, qui portait sur la clé d'arc de sa porte principale la date de 1600 et* QUELQUES (HÉRIAT, *Temps d'aimer*, p. 112). — L'ensemble formé du numéral + *et quelques* est postposé au nom : *Dans les années trente et* QUELQUES, *c'était un puissant gaillard* (GUILLOUX, *Batailles perdues*, p. 12).

La langue familière va plus loin encore et ajoute *et quelques* à n'importe quel nombre pour indiquer que celui-ci est légèrement dépassé : *Il était alors seize heures et* QUELQUES (H. CIXOUS, *Commencements*, p. 21). [*Heures* ne peut être considéré comme ellipsé.]

Dans ce dernier cas, mais aussi dans d'autres cas envisagés auparavant, certains auteurs laissent *quelque* invariable : *Un petit saut de trois mètres et* QUELQUE (QUENEAU, *Zazie dans le métro*, XV). — *En dix-sept cent et* QUELQUE (J. MISTLER, *Hoffmann le fantastique*, p. 13). — *Vers 1950 et* QUELQUE (IONESCO, dans le *Figaro*, 9 juin 1973). — *Il y en avait trois cents et* QUELQUE (AUDIBERTI, *Maître de Milan*, I). — *Quand on a vingt ans et* QUELQUE (J. de COQUET, dans le *Figaro litt.*, 3 févr. 1966). — Sans doute ces auteurs croient-ils reconnaître ici l'adverbe *quelque* « environ » (§ 959). Mais cette analyse est incompatible avec la présence de *et*. D'autre part, l'adverbe appartient à la langue soignée, alors que les tours ici décrits sont de la langue familière. Enfin, les mêmes constructions existent avec *des* (§ 566, Rem. 2), qu'il est impossible de rattacher aux adverbes.

Remarque. — *Quelque* devant *cent* ou *mille* est parfois déterminant :

Je fis QUELQUES *cents mètres* (ALAIN-FOURNIER, *Gr. Meaulnes*, p. 263) [= quelques centaines de mètres]. — *Les* QUELQUES *mille francs de rentes que je lui servirai* (J. RENARD, *M. Vernet*, II, 4). — À distinguer de QUELQUE *cent mètres* = environ cent mètres (§ 959).

Hist. — *Quelque* est l'agglutination de *quel que*, d'abord employé dans des tours concessifs : *En* QUEL *lieu* QUE *ce soit* (§ 1092, *b*, Hist.), QUELLE QUE *soit la règle* (voir *b*, N.B. 2).

b) Quelque s'emploie aussi comme déterminant dans des tours concessifs (§ 1092, *b*) de la langue soignée :

QUELQUES *raisons que vous donniez, vous ne convaincrez personne.* — QUELQUE *expérience que nous ayons acquise en ce domaine* (J. ROSTAND, *Pensées d'un biologiste*, p. 198).

N.B. — 1. On veillera à ne pas confondre ce cas avec *quelque* « si », adverbe invariable dans des tours concessifs (§ 1092, *a*, 3°) :

QUELQUE *bonnes que soient vos raisons, vous ne convaincrez personne.* — QUELQUE *tristes que soient les suppositions où vous vous livrez* [...], *elles ne peuvent approcher de la réalité* (Th. GAUTIER, *Partie carrée*, VII). — QUELQUE *étourdis qu'aient pu être les Girondins, jamais ils n'auraient donné un tel acte écrit contre eux-mêmes* (MICHELET, *Hist. de la Révol. fr.*, VII, 2).

Lorsque, dans des tours concessifs, *quelque* est placé devant un adjectif suivi d'un nom, *quelque* est adverbe et invariable quand le syntagme nominal est attribut (le verbe de la proposition est alors *être* ou un verbe similaire : § 242) : QUELQUE *bonnes nageuses qu'elles soient, elles risquent de se noyer à cet endroit* (= Si bonnes nageuses ...). — Sinon, *quelque* est déterminant et variable : QUELQUES *bonnes raisons que vous donniez, vous ne convaincrez personne.* — *Ce n'est pas de jeu* [...] *de ne pas prendre pour interlocuteur le christianisme tel qu'il est, par* QUELQUES *incorrigibles aliénations et superstitions qu'on l'estime vicié* (J. MARITAIN, *Paysan de la Garonne*, p. 155).

2. On veillera aussi à ne pas confondre *quelque ... que...* et *quel que ...*, autre tour concessif (§ 1092, *c*, 1°), contenant *quel* adjectif attribut variable :

QUELS *qu'en soient les dangers, l'eau me tente toujours* (H. BOSCO, *Jardin des Trinitaires*, p. 109).

S'il y a plusieurs sujets, on applique à *quel* les règles générales d'accord (§§ 432-445). — Notons en particulier que, quand les sujets sont unis par *ou* (cf. § 440), l'accord se fait, soit avec le sujet le plus proche, soit avec l'ensemble des sujets : QUELLE *que fût la circonstance ou la personne* (JAMMES, *De l'âge divin à l'âge ingrat*, p. 109). — QUELS *que soient leur qualité ou leur mérite* (MONTHERLANT, *Service inutile*, p. 267).

611 *Chaque* [ʃak(ə)] est un déterminant distributif, c'est-à-dire qu'il marque que l'on considère en particulier les divers éléments d'un ensemble (comp. *tout* au § 615, *a*) :

> *À* CHAQUE *jour suffit sa peine.* — CHAQUE *fleur s'évapore ainsi qu'un encensoir* (BAUDEL., *Fl. du m.*, Harmonie du soir).

Chaque ne s'emploie qu'au singulier. Péguy n'a pas reculé devant °*chaques* : *Et ce ne sera pas ces nobles étrangers / Qui nous boulangeront le pain de* CHAQUES *jours* (*Ève*, p. 288). — Autre hardiesse, *chaque* au singulier accompagne le sujet d'un verbe pluriel : *Des sons discords que* RENDENT *chaque sens* (LAMART., *Mort de Socrate*, Pl., p. 95).

Il n'est pas régulier d'employer *chaque* devant un nom qui n'a pas de singulier (§§ 495-496). Certains auteurs ont cru pouvoir mettre *chaque* devant le nom pluriel ou imposer au nom un singulier inusité ou peu usité :

> °*À chaque vacances* : CHAMSON, *Hommes de la route*, L.P., p. 168 ; Cl. MAURIAC, *Espaces imaginaires*, p. 485 ; B. FRIANG, *Comme un verger avant l'hiver*, p. 30. — °*Chaque vacance*, au sens « période de congé » (comp. § 497, *c*) : BALZAC, *Com. hum.*, t. X, p. 1146 ; MAUPASS., *Vie*, XI ; ESTAUNIÉ, *Infirme aux mains de lumière*, V. — °*Chaque oreillon* (maladie) : MALLET-JORIS, *Maison de papier*, p. 154.

On trouve assez fréquemment et depuis longtemps (cf. Hist.) *chaque* + numéral pluriel + nom. Ce n'est pas le seul cas où une indication numérique plurielle est traitée comme un ensemble singulier : voir § 431.

> CHAQUE *six mois* (STENDHAL, *Vie de H. Brulard*, XXXI). — *À* CHAQUE *cinq minutes* (ZOLA, *Th. Raquin*, III). — CHAQUE *dix minutes* (BARRÈS, *Col. Baudoche*, p. 39). — CHAQUE *vingt pas* (BOURGET, *Détours du cœur*, p. 125). — CHAQUE *cinq ans* (BLOY, *Femme pauvre*, p. 286). — CHAQUE *trente secondes* (SAINT EXUPÉRY, *Vol de nuit*, p. 109). — CHAQUE *deux vers* (M. ROQUES, dans *Romania*, 1948-1949, p. 539).
> Avec l'ordinal, la construction ne contredit pas la valeur ordinaire de *chaque* : CHAQUE *septième année* (J. et J. THARAUD, *Ombre de la croix*, p. 147).
> Équivalent irréprochable : TOUS LES *six mois*. — Tours plus littéraires : *On relève ces hommes* DE TROIS HEURES EN TROIS HEURES (HUGO, *Choses vues*, p. 213). — DE DEUX EN DEUX HEURES, *il faisait prendre à Olivier un bol de lait* (GIDE, *Faux-monn.*, p. 397). — *Le bonheur viendra [...] vous visiter régulièrement* D'UNE NUIT L'AUTRE, *à la même heure* (BARBEY D'AUR., *Diabol.*, Rideau cramoisi) [= *toutes les deux nuits, ib.*] — *Nous prîmes un abonnement au Conservatoire où, deux années de suite, nous allâmes ainsi,* DE DEUX DIMANCHES L'UN (GIDE, *Si le grain ne meurt*, I, 6). — Synonyme courant : *Un dimanche sur deux.*

Hist. — *Chaque*, autrefois *chasque*, est un dérivé régressif (§ 173) de *chascun*. Il est attesté dès le XIIᵉ s., mais pendant tout le moyen âge il est beaucoup plus rare que *chascun*, qui s'employait aussi bien comme déterminant que comme pronom. C'est Malherbe qui interdira l'emploi de *chacun* comme adjectif. On en trouve pourtant encore quelques ex. au XVIIᵉ, notamment chez La Fontaine : *Aussi-tost que* CHACUNE *sœur / Ne possedera plus sa part hereditaire* (F., II, 20). — La formule *par chacun an* a résisté particulièrement : voir VOLT., *Corresp.*, 27 déc. 1738.

Au XIXᵉ et au XXᵉ s., *chacun* comme déterminant est tantôt un archaïsme volontaire, tantôt une marque de la langue paysanne (réellement observée ?) : *Pour* CHACUNE *âme qui se sauve* (PÉGUY, *Porche du myst. de la deux. vertu*, p. 151). — *À cheval sur la planche,* CHACUNE *jambe pendante au-dessus de l'eau* (SAND, *Fr. le champi*, XXI). — Plus surprenant : *Toujours le thème à variations... Et* CHACUNE *nouvelle va plus profond* (R. ROLLAND, *Péguy*, t. I, p. 278). [Ou bien a-t-on le pronom *chacun* accompagné d'une épithète ?]

Chaque + cardinal est ancien : CHASQUE *quinze jours* (MÉNESTREL DE REIMS, cit. Tobler-Lommatzsch). — *A* CHASCUN *.iij. pas ilz s'agenoillent* (MANDEVILLE, *Voyages*, p. 328). — *⁺Il est bien juste que pour* CHAQUE *mille francs je vous donne vingt-cinq francs* (SÉV., 8 févr. 1687).

De même avec l'ordinal : CHASCUN *tierz an* (dans Tobler-Lommatzsch). — *Au bout de* CHASCUN *neuf viesme moys* (RAB., III, 1).

Remarques. — 1. Sur *chaque* comme pronom, voir § 719, *e*.

2. *Entre chaque arbre*, voir § 1012.

612   ***Différents, divers,*** employés *devant* un nom pluriel, perdent leur valeur d'adjectifs et deviennent déterminants, pour indiquer, avec un sens voisin de « plusieurs » la pluralité de personnes, de choses qui ne sont pas les mêmes :

Je l'ai entendu dire à DIFFÉRENTS *témoins de l'accident* (AC.). — *Il a parlé à* DIVERSES *personnes* (AC.).

613   ***Plusieurs,*** toujours au pluriel, invariable en genre, indique un nombre indéfini supérieur, soit à un, soit à deux :

Si tu as PLUSIEURS *cordes à ton arc, elles s'embrouilleront et tu ne pourras plus viser* (J. RENARD, *Journal*, 8 déc. 1896).

Opposé explicitement à *un : Sur un ou* PLUSIEURS *registres* (*Code civil*, art. 40). — [...] *confiées à une ou* PLUSIEURS *assemblées* (AC., s.v. *parlementarisme*). — [...] *posé sur un ou* PLUSIEURS *pieds* (*Dict. contemp.*, s.v. *table*).

Opposé explicitement à *deux : Elle* [= la vente] *peut aussi avoir pour objet deux ou* PLUSIEURS *choses alternatives* (*Code civil*, art. 1584). — *Espace resserré entre deux ou* PLUSIEURS *montagnes* (AC., s.v. *vallée*). — *Se dit de deux ou* PLUSIEURS *mots* [...] (*Dict. contemp.*, s.v. *synonyme*).

Hist. — Du latin vulg. **plusiores*, réfection, d'après *plus*, de *pluriores*, comparatif ayant remplacé le lat. class. *plures*. — Appartient à la catégorie des adjectifs ayant en latin un féminin semblable au masculin : cf. § 529, Rem. 3, Hist. Il a gardé cette particularité jusqu'à nos jours.

614   ***Maint*** [mɛ̃], plur. *maints*, [mɛ̃z] devant voyelle ; fém. *mainte*, plur. *maintes.*

Ce déterminant, qui appartient à la langue soignée (sauf *maintes fois*, qui est plus courant) et qui exprime un grand nombre indéterminé, a la particularité d'avoir la même signification au singulier et au pluriel.

Au plur. : MAINTES *délibérations se succèdent* (CHAT., *Mém.*, III, I, III, 4). — [...] *aient soulevé* MAINTES *récriminations* (BAUDEL., *Art romant.*, XXVIII). — *La route sinue à travers une contrée montagneuse,* [...] *bordée en* MAINTS *endroits de torrents tumultueux* (J. VERNE, *Île à hélice*, I, 1). — [...] *acceptée par* MAINTS *auteurs* (MALRAUX, *Temps du mépris*, p. 9). — *Il y eut entre les groupes* MAINTS *pourparlers embarrassés* (DE GAULLE, *Mém. de guerre*, t. III, p. 318). — *J'ai eu* MAINTES *occasions* [...] (S. de BEAUVOIR, *Force de l'âge*, p. 29).

Autres ex. : HUGO, *N.-D. de Paris*, VI, 2 ; MÉRIMÉE, *Colomba*, XIX ; MICHELET, *Sorcière*, t. II, p. 148 ; LITTRÉ, Préf., p. XVII ; *Dict. gén.*, t. I, p. 19, note 2 ; M. BRÉAL, *Essai de séman-*

tique, 3ᵉ éd., p. 4 ; GIDE, *Isabelle,* IV ; BERNANOS, *Crime,* Pl., p. 796 ; JOUHANDEAU, *Chroniques maritales,* p. 154 ; VAN GENNEP, *Folklore de la Flandre et du Hainaut fr.,* t. I, p. 8 ; CÉLINE, *Voy. au bout de la nuit,* F°, p. 426 ; R.-L. WAGNER, *Vocabulaires fr.,* t. I, p. 12 ; A. MARTINET, *Fr. sans fard,* p. 30 ; É. ROULEAU, dans le *Monde,* 5 mai 1979 ; etc.

Maints et maints : Épaves de MAINTS ET MAINTS *naufrages* (É. HENRIOT, *Livre de mon père,* p. 267).

Au sing. : *Jadis ton maître a fait* MAINTE *folie / Pour des minois moins friands que le tien* (BÉRANGER, *Vieux célibataire).* — *Le baron est peut-être fort innocent de* MAINT *crime dont on l'accuse* (SAND, *Homme de neige,* t. I, p. 178). — MAINT *lecteur* [...] *attend impatiemment son jugement* (BAUDEL., *op. cit.,* XX, 1). — *Les agents de la Centenaire éprouvèrent, en* MAINTE *occasion, les plus sérieuses craintes* (J. VERNE, *Tribulations d'un Chinois en Chine,* XII). — MAINTE *jeune fille met sa main dans la patte velue* (COLETTE, *Mes apprentissages,* p. 93). — *J'oublie sûrement* MAINT *livre et* MAINT *auteur* (SARTRE, *Situations,* VII, p. 132).

Autres ex. : HUGO, *Contempl.,* II, XXX, 2 ; MUSSET, *Poés. nouv.,* Simone ; LITTRÉ, *Hist. de la langue fr.,* t. II, p. 2 ; G. PARIS, *Littér. fr. au moyen âge,* § 83 ; DAUZAT, dans le *Fr. mod.,* oct. 1942, p. 319 ; É. GILSON, *La société de masse et sa culture,* p. 64 ; R.-L. WAGNER, *op. cit.,* t. I, p. 122 ; BUTOR, *Emploi du temps,* p. 48 ; LE ROY LADURIE, *Paris-Montpellier,* p. 46 ; etc.

Maint et maint (+ nom au sing. : § 499, *d) : Je fis* MAINTE ET MAINTE *remarque* (G. DUHAMEL, *Musique consolatrice,* p. 78).

Pour l'Acad., dans l'expr. *maintes fois,* on n'emploie plus *maint* au sing. Au XIXᵉ s., le sing. n'était pas inconnu : CHAT., *Mém.,* I, IV, 14 ; TAINE, *Vie et opinions de Fr.-Th. Graindorge,* p. 18.

Hist. — L'étymologie de *maint* a fait l'objet de plusieurs hypothèses. G. Tilander (*Maint, origine et hist. d'un mot,* 1955) a rendu fort vraisemblable un étymon germanique correspondant au néerlandais *menigte,* au norvégien *mengd,* etc., et signifiant « grand nombre ».

Maint a connu une éclipse. Vaugelas, p. 151, l'admettait seulement dans les vers, et La Bruyère (XIV, 73) regrettait sa disparition. Celle-ci n'a été que provisoire.

615   *Tout* **comme déterminant.**

Bibl. — S. ANDERSSON, *Études sur la syntaxe et la sémantique du mot français* tout ; *Nouvelles études sur la syntaxe et la sémantique du mot français* tout. Lund, Gleerup ; Copenhague, Munksgaard, 1954 et 1961.

a) Le singulier *tout* [tu], [tut] devant voyelle, féminin *toute* [tut(ə)], est nettement déterminant quand il est pris comme distributif (cf. § 611) au sens de « chaque », « n'importe quel ».

TOUTE *peine mérite salaire.* À TOUT *péché miséricorde.* À TOUTE *heure.* En TOUTE *occasion.* — *Était-ce pour lui défendre* TOUTE *allusion à leur souvenir commun ?* (FLAUB., *Éd. sent.,* II, 2.)

b) Le pluriel *tous* [tu], [tuz] devant voyelle, féminin *toutes* [tut(ə)], [tutz] devant voyelle, est déterminant aussi quand, construit sans autre déterminant, il signifie « les uns et les autres sans exception » :

Ils s'imaginaient une vie exclusivement amoureuse, [...] *excédant* TOUTES *joies, défiant toutes les misères* (FLAUB., *Éd. sent.,* II, 6).

Cela se trouve surtout : 1° dans des expressions figées :

À tous crins, à tous égards, à toutes jambes, en toutes lettres, être à toutes mains, de toutes pièces, toutes voiles dehors, etc.

Remarque. — Le singulier distributif et le pluriel collectif n'étant que des façons différentes de décrire la même chose, on a le choix entre le singulier (qui tend à prévaloir) et le pluriel dans des expressions comme :

Toute affaire cessante, en tout cas, en toute chose, tout compte fait, de tout côté, de toute façon, de (ou *en*) *tout genre, en tout lieu, de toute manière, à tout moment, en toute occasion, de toute part, de* (ou *en*) *tout point, à tout point de vue, toute proportion gardée, à tout propos, de toute sorte, en tout sens, de* (ou *en*) *tout temps, à tout venant,* etc.

Dans les expressions citées avant la Rem., la logique impose le pluriel. Elle impose le singulier dans *A toute allure, contre toute attente, en tout bien tout honneur, à toute bride, de tout cœur, à toute force, à tout hasard, en toute hâte, à toute heure, en toute liberté, à toute minute, à tout prix, à toute vitesse,* etc.

Dans **Toute sorte de,** suivi d'un nom complément, ordinairement on met le singulier si le complément est au singulier : *Je vous souhaite* TOUTE SORTE *de bonheur ;* — et le pluriel si le complément est au pluriel : *Dieu vous préserve de* TOUTES SORTES *de maux.* — Mais, comme Littré le fait observer, rien n'empêche d'écrire *Toute sorte de maux* et même *Toutes sortes de bonheur : Parmi* TOUTE SORTE *d'objets* (FLAUB., *Éd. sent.,* III, 3). — *On rencontre* TOUTE ESPÈCE *de gens dans ces pays* (H. BOSCO, *Âne Culotte,* p. 128). — *Des autos, des avions,* TOUTE ESPÈCE *de machines* (P. HAZARD, *Les livres, les enfants et les hommes,* p. 79). — TOUTE SORTE *de livres* (AC., s.v. *sorte*). — *Il est prêt et apte à rendre* TOUTE SORTE *de services* (AC., s.v. *main*). — TOUTE SORTE *de gens de mauvaise vie* (AC., s.v. *vermine*). — TOUTES SORTES *de gibier* (R. BAZIN, *Terre d'Espagne,* p. 19).

2° Dans des syntagmes nominaux attributs ou appositions (servant notamment à récapituler des noms ou des faits qui précèdent). Comp. *autant de* au § 607, *a.*

Ce sont TOUTES *fables que vous contez là* (LITTRÉ, s.v. *tout,* 12°). — *C'étaient* TOUS *comtes, vicomtes, ducs et marquis* (FLAUB., *Éd. sent.,* II, 4). — *Le marquis. Combien avez-vous d'enfants ? / Aristide. Neuf : le nombre des Muses. / Le marquis. Ce sont des filles ? / Aristide.* TOUS *garçons !* (DUMAS fils, *Fils naturel,* III, 1.)

Il fut obligé de solliciter, d'avancer de l'argent, de répondre ; TOUTES *choses fort désagréables* (LITTRÉ, s.v. *tout,* 11°). — *Ses critères sont l'originalité, l'étrangeté et l'obscurité,* TOUTES *qualités qui sollicitent fort peu l'intelligence* (AYMÉ, *Confort intellectuel,* p. 53). — *Elle ne rappelait en rien l'énergumène, ni la propagandiste, ni même la « femme à idées »,* TOUTES *espèces que je redoute* (J. ROMAINS, *Violation de frontières,* p. 231). — *Je dois plaider l'agrément, la beauté,* TOUS *arguments qui me discréditent* (H. BORDEAUX, *Garde de la maison,* p. 224).

Remarque. — Le tour décrit ci-dessus (2°) est concurrencé dans le français parlé familier ou populaire par des emplois où l'on a *tout* [tu] invariable, peut-être pronom neutre (§ 736, *a*).

Tout + nom : *C'est* TOUT *espions dans ce pays* (DORGELÈS, *Croix de bois,* cit. Sandfeld, t. I, p. 395). — *Une maison où c'est* TOUT *dames seules* (COLETTE et MARCHAND, *Vagabonde,* ib.). [Cf. déjà au XIVe s. : *Ce sont* TOUT *bourdes* (GACE DE LA BUIGNE, 10525).]

Tout + article indéfini ou partitif + nom : *C'est* TOUT DES *mensonges* (Mme de SÉGUR, *Mauvais génie,* VII ; J.-L. CURTIS, adaptation de : P. Luke, *Hadrien VII,* p. 95). — *C'est* TOUT DES *malades* (LAFORGUE, *Moralités légendaires,* Œuvres compl., 1909, p. 80). — *C'est* TOUT DES *histoires* (MAUROIS, *Ni ange ni bête,* p. 187). — *C'est* TOUT DES *sottises vos histoires !* (CÉLINE, *Mort à crédit,* L.P., p. 347.) — *C'est* TOUT DE LA *gueusaille* (V.-H. DEBIDOUR, trad. de : Aristophane, *Théâtre complet,* L.P., t. I, p. 135). — *Chaque semaine deux garnitures, sans compter les torchons, le linge du buffet et le reste,* TOUT DU *blanc* (J. AMSLER, trad. de : G. Grass, *Théâtre,* p. 126).

En revanche, dans les ex. suivants, *tout* s'accorde et peut être considéré comme un pronom redondant par explicitation (§ 365, *c*) : Eûmes, eussions, eurent, eussent, *ce sont* TOUTES *des formes raffinées* (THÉRIVE, *Clinique de langage,* p. 37). — *Ce sont* TOUTES *des sucrées qui ne peuvent pas seulement dire bonjour sans s'pincer les lèvres* (SARDOU et MOREAU, *Mme Sans-Gêne,* I, 3). — *Les huissiers n'y sont pas faciles à dérider. C'est* TOUS *d'anciens professeurs* (A. DAUDET, *Lettres de m. m.,* Portefeuille de Bixiou). — *On ne peut pas dire qu'elles n'aient pas germé ni même fleuri mais c'était d'un triste, d'un minable.* TOUTES *des petites fleurs je ne dirais pas ratatinées mais sans allure* (R. PINGET, *Quelqu'un,* p. 22).

Hist. — Au moyen âge, *tout* s'employait fréquemment sans article : TUTE *gent* (*Rol.,* 393). — TUTES *teres* (*ib.,* 394). — TOUTE *nuit* (*Chastel. de Vergi,* 149). — L'article s'est peu à peu imposé : cf. § 616. Au XVIIe s., il manquait encore parfois là où l'usage ordinaire le met aujourd'hui (voir cependant l'ex. de Flaubert au début de *b*) : *De* TOUTES *amitiez il détache mon ame* (MOL., *Tart.,* I, 5).

616　　*Tout* **adjectif indéfini ?**

a) En dehors des cas envisagés ci-dessus (§ 615, *b,*), la langue ordinaire fait suivre *tous* [tu] « les uns et les autres sans exception » d'un autre déterminant (article défini, démonstratif, possessif) ; il se construit aussi avec un pronom pluriel. Faut-il alors le considérer comme un déterminant ou est-ce un adjectif ? Dans cette dernière hypothèse, il occupe une place anormale pour une épithète (cf. § 318, Rem. 1).

+ déterminant + nom : TOUS *les hommes sont mortels.* TOUTES *ces raisons me laissent indifférent.* TOUS *nos enfants sont mariés.*

+ pronom : TOUS *ceux qui le veulent peuvent partir.*

b) D'autre part, on disjoint souvent *tous* pluriel dans le sens qui vient d'être donné et *tout* singulier [6] « entier », que l'on range parmi les adjectifs. Il faut constater pourtant que *tout* « entier » connaît les constructions décrites pour *tous* pluriel. D'autre part, il n'y a entre les deux significations que la différence qui sépare un ensemble considéré dans ses composantes *(tous)* d'un ensemble considéré globalement *(tout)* : *Tous les chrétiens, toute la chrétienté.*

1° *Tout* + nom sans déterminant dans l'expression figée *De toute éternité* et dans un syntagme attribut ou employé adjectivement comme épithète :

_____

6. Le pluriel est exclu. Si l'on disait *Ces conversations, je les redirai* TOUTES ; *ils demeurent impassibles,* TOUS *à leur travail,* les mots *toutes, tous* s'imposeraient à l'esprit comme signifiant « les un(e)s et les autres sans exception ». On a alors comme recours aux expressions « tout entiers », « tout entières » : *Ces conversations, je les redirai tout entières ; ils demeurent impassibles, tout entiers à leur travail.* Cf. aussi 4° ci-dessous.

La solitude est TOUT *mouvement et* TOUTE *harmonie* (CHAT., *Mém.*, I, VIII, 3). — *Cet homme* [...] *était* TOUTE *sagesse* (MONTHERLANT, *Célibataires*, p. 42). — *Mon père était* TOUTE *intelligence*, TOUTE *clarté* (É. HENRIOT, *Livre de mon père*, p. 110). — *L'abbé*, TOUTE *bonté, se fronce* [...] (LA VARENDE, *Roi d'Écosse*, p. 20). — *Il était* TOUTES *ténèbres* (M. BEDEL, *Mariage des couleurs*, p. 52). — *Ils* [= ses yeux] *étaient à présent* TOUTE *prière et respect* (GENEVOIX, *Marcheloup*, III, 3).

Tout, dans cet emploi, peut aussi être considéré comme un adverbe et laissé invariable : voir § 955, Rem. 2. — Plus rarement, *tout* est considéré comme une épithète détachée (cf. 4°) qui s'accorde avec le sujet : *Jeanne maintenant est* TOUTE *calme,* TOUTE *foi* [ici *calme* est un nom] (J. DELTEIL, *Jeanne d'Arc*, cit. Damourette-Pichon, § 2860). — *La nature l'y forcera, qui est* TOUTE *alternances, qui est* TOUTE *contractions et détentes* (MONTHERLANT, *Aux fontaines du désir*, Pl., p. 240).

2° *Tout* + déterminant + nom :

Veiller TOUTE *la nuit* [7]. *Je ne parviendrai pas à avaler* TOUTE *cette eau. Il fait de l'étude* TOUT *son plaisir. Il a passé* TOUTE *une journée à la pêche.*

Dans la langue moderne, l'assemblage *tout(e) un(e)* sert souvent à souligner le sens authentique et complet du nom devant lequel il est placé ; il prend alors à peu près la nuance de « vrai, véritable » : *C'est* TOUT *un roman ! C'est* TOUT *un problème.* — *Quand il part en voyage, c'est* TOUTE *une histoire* (ROBERT). — [Dans cet ex., *tout* est traité comme un adverbe : *C'est* TOUT *une histoire* (A. FRANCE, *Crainquebille*, p. 227).]

Remarques. — 1. Dans cet emploi, *tout* pose certains problèmes d'accord :

— Il est invariable devant un nom de ville : cf. § 462, *a.*

— Il est invariable devant un nom propre de personne employé par métonymie pour désigner l'œuvre produite par la personne nommée (cf. § 457) : *Il a lu* TOUT *Colette.*

— Il est ordinairement invariable devant un titre de livre, de film, de tableau, etc. (comp. § 430) : *Il savait* [...] TOUT *Phèdre* (PÉGUY, *Souvenirs*, p. 66). — *J'ai lu* TOUT *Sagesse,* TOUT *Émaux et camées,* TOUT *Les rayons et les ombres,* TOUT *Leurs figures.*

Cependant, lorsqu'il y a un article qui n'est pas considéré comme faisant partie du titre, il est possible de traiter *tout* comme variable : *J'ai lu* TOUTE *l'Iliade,* TOUTE *la* Mare au diable, TOUTES *les* Précieuses ridicules.

En utilisant, plutôt que *tout*, l'expression invariable *en entier*, on évite certains effets bizarres : *J'ai lu* Les précieuses ridicules EN ENTIER ou *J'ai lu* EN ENTIER Les précieuses ridicules.

2. Dans certains cas, *tout* se trouve entre le déterminant et le nom.

— Syntagmes nominaux dérivés de syntagmes adjectivaux *tout* (adverbe) + adjectif (§ 167, *a* et Rem. 1) : *La* TOUTE *jeunesse*, etc. En outre *toute-puissance*, calque du lat. *omnipotentia.*

— *Tout au début* (où *tout* est adverbe) a donné assez récemment naissance à °*Au* TOUT *début*, qui à son tour s'est émancipé de la préposition et a donné °*Le* TOUT *début.* Ces expressions ne sont pas encore considérées comme reçues par le bon usage (« Exemple du charabia contemporain », pour J. Green, *Journal*, 19 juillet 1955) :

---

7. Dans le Sud-Ouest, au lieu de *Toute la journée*, on dit °*La journée longue : La journée* LONGUE, *assise sur le rivage*, [...] *elle surveillait la danse du fil au bout des cannes à pêche* (Chr. de RIVOYRE, *Belle Alliance*, p. 165).

C'était TOUT *au début de notre mariage* (DRUON, *Grandes familles*, IV, 17).

Même si c'est ennuyeux, au TOUT DÉBUT, *de se défaire de certaines habitudes, une fois que c'est défait, c'est défait* (IONESCO, *Victimes du devoir*, Théâtre I, p. 185). — *Citez-moi donc un coin du globe que l'homme n'atteint pas, et nous n'en sommes qu'au* TOUT DÉBUT *du XXᵉ siècle* (J. ROY, *Maître de la Mitidja*, p. 21). — *Quelques jours avant le concert, au* TOUT DÉBUT *d'octobre* (Fr.-R. BASTIDE, *Palmeraie*, p. 137).

Hors les écrivains du TOUT-DÉBUT *du siècle* (M. GALLIOT, *Études d'anc. franç.*, p. 312). — *C'était le* TOUT DÉBUT *du printemps* (CHAMSON, *Tour de Constance*, p. 151).

Tours semblables : *À la* TOUTE *fin* (P. SABBAGH, à la télévision franç., 22 juillet 1967). — *C'est le* TOUT *commencement de la Somme* [de Thomas d'Aquin] (R.-L. BRUCKBERGER, *Monde renversé*, p. 89).

3. Un autre déplacement de *tout* s'est produit dans *Tout de son long*, concurrencé par *De tout son long* :

Elle se coucha sur le lit où elle resta TOUT DE SON LONG (FLAUB., *Éd. sent.*, I, 6). — *Au lieu de m'affaler* TOUT DE MON LONG (J. GREEN, *Autre*, p. 403). — *Il s'étendit* TOUT DE SON LONG *sur l'herbe pour dormir* (AC., s.v. *étendre*). — *Couché* DE TOUT MON LONG (A. DAUDET, *Contes du l.*, p. 109). — *Il dut tomber* DE TOUT SON LONG (J. GREEN, *Adrienne Mesurat*, I, 14). — *Il s'étendit sur le dos* DE TOUT SON LONG (ROBBE-GRILLET, *Voyeur*, p. 281). — *La Cubaine* [...] *s'affala* DE TOUT SON LONG (M. DÉON, *Rendez-vous de Patmos*, p. 110).

3° *Tout* + pronom :

Fréquent avec *ceci, cela* et *ce* (suivi d'une relative) : TOUT *cela est faux. Observez bien* TOUT *ceci.* TOUT *ce qui brille n'est pas or* (prov.).

Plus rarement, avec d'autres pronoms démonstratifs : *Pendant le temps qu'on mettra Mignon à la patache, j'aurai* TOUT *celui de m'arranger* (SAND, *Valentine*, cit. Andersson, 1954, p. 175). — *On y dit fort bien* [...] *tout le mal qu'elle* [= la presse] *a fait, et* TOUT *celui qu'elle peut faire* (MÉRIMÉE, lettre, cit. Damourette-Pichon, § 2848). — *Moitepied recevait donc un afflux d'argent et il ne pouvait dépenser* TOUT *celui-ci en gueuletons et en fillettes* (VIALAR, *Temps des imposteurs*, pp. 247-248). — *Un homme traqué ne peut guère faire de la pédagogie. Pourtant Mazarin fait* TOUTE *celle que l'on peut se permettre quand on n'est pas un pédagogue et que l'on n'a pas le temps de l'être* (P. GUTH, *Mazarin*, p. 311). — [*Cela existait déjà à la période classique :* ⁺*Il croit, avec quelque mérite qu'il a, posséder* TOUT *celui qu'on peut avoir* (LA BR., I, 24). — Voir aussi MONTESQ., *Espr.*, XVIII, 20 ; DIDEROT, *Corresp.*, t. XIII, p. 110.]

Parfois, avec le pronom personnel disjoint nominalisé : *Il n'y a rien* [...] *dans ton corps, dans* TOUT *toi, qui ne me soit précieux* (A. FRANCE, *Lys rouge*, XXVII). — *Rien qu'à cette imagination,* TOUT *moi frémit* [avec le verbe à la 3ᵉ pers.] (M. PRÉVOST, cit. Sandfeld, t. I, p. 405). [Seul, cet ex.-ci mérite le jugement de Sandfeld : « littéraire et affecté ».]

Emplois régionaux : *Tout chacun* (§ 721, *a*), *tout qui* (§ 687, *b*, Rem. 1), *tout quiconque* (§ 697, Rem. 2). — Emploi juridique : *De* TOUT *quoi on dressa procès-verbal* (§ 691, *c*).

4° *Tout* est détaché (comp. §§ 326-327) :

La belle liqueur de flamme rose s'en allait TOUTE *dans le gosier de ces garnements* (A. DAUDET, *Lettres de m. m.*, p. 84). — *Elle était* TOUTE *à chacun et* TOUTE *à tous* (HUYSMANS, *Cathédrale*, p. 34). — *Je suis* TOUTE *à vous* (VOGÜÉ, *Jean d'Agrève*, p. 154). — *Elle demeurait sérieuse et impassible,* TOUTE *à son travail* (H. BORDEAUX, *Pays sans ombre*, p. 68). — *Elle était vêtue* TOUTE *en blanc* (GIDE, *Porte étroite*, p. 149).

On observera que dans les ex. ci-dessus l'accord se fait en genre. Il peut pourtant arriver que, dans certaines expressions, le mot *tout* se rapporte à un pluriel masculin. Nous avons vu (note ci-dessus) que le pluriel *tous* est exclu, parce qu'il serait compris comme signifiant

« les uns et les autres sans exception ». On recourt à la forme neutre *tout : Non qu'ils ne fussent* TOUT *à tous* (G. BERNOVILLE, *Jésuites*, p. 243). [Cf. déjà chez Bossuet : *+Pasteurs charitables qui se sont faits* TOUT *à tous* (*Disc. hist. univ.*, II, 20). Cette expr., où *tout* est attribut, est un calque de saint Paul : *Omnibus* OMNIA *factus sum* (1re Ép. aux Cor., IX, 22) = Je me suis fait tout à tous, avec le pluriel neutre *omnia*.]

c) Dans l'expression *pour tout* + nom, *tout* signifie « seul, unique » :

Pour TOUTE *nourriture, il* [= le pélican] *apporte son cœur* [à ses petits] (MUSSET, *Poés. nouv.*, Nuit de mai). — *Le chêne colossal donne pour* TOUT *fruit un gland minuscule* (É. HENRIOT, *Temps innocents*, p. 204).

Cette expression s'emploie parfois par antiphrase ou, si l'on veut, avec le sens « au lieu de » : *Pour* TOUTE *récompense il eut des reproches* (AC., s.v. *pour*).

On pourrait analyser *tout* comme un déterminant, puisqu'il est seul à accompagner le nom, mais *seul* et *unique* se construisent de même sans qu'on les range parmi les déterminants.

À noter que le tour s'emploie surtout au singulier. Le pluriel est moins fréquent qu'autrefois (cf. Hist.) : *Une chambre basse, où il n'y avait pour* TOUS *meubles qu'une table, une chaise et un commissaire* (Al. DUMAS, *Tr. mousq.*, XIII). — Le pluriel est demandé avec des noms qui ne s'emploient qu'au pluriel : *Il n'y eut, pour* TOUTES *fiançailles, que quelques vagues paroles.*

Hist. — Ex. du plur. : *O que de grands Seigneurs* [...] / *N'ont que l'habit pour* TOUS *talens !* (LA F., *F.*, IX, 3.) — Voir d'autres ex. dans Andersson, 1954, p. 78.

617   **Autres valeurs de *tout*.**

a) Comme pronom : voir § 736.

b) Comme adverbe : voir § 955.

c) Comme nom, précédé d'un déterminant, il fait *touts* [tu] au pluriel :

Le TOUT *est plus grand que la partie.* — *Ce n'est pas le* TOUT *que d'avoir échappé au règne du duc d'Anjou* (Al. DUMAS, *Reine Margot*, XXXII). — *Mon* TOUT *dans les charades.* — *Il ne nie pas la nécessité de compléter l'analyse élémentaire par la compréhension des* TOUTS (Raym. ARON, *Sociologie allem. contempor.*, 4e éd., p. 11).

On considère généralement *tout* comme un nom (quoiqu'il soit construit sans déterminant) dans la locution *Tout ou partie : La femme peut stipuler qu'en cas de renonciation à la communauté, elle reprendra* TOUT OU PARTIE *de ce qu'elle y aura apporté* (*Code civil*, art. 1514). — *On verra tel ou tel chef, officier de carrière ou non, prendre le commandement de* TOUT OU PARTIE *des maquis du secteur* (DE GAULLE, *Mém. de guerre*, t. II, p. 311).

618   ***Tout* et la négation.**

Dans les phrases du type *Tout ... n'est pas* (ou *tout ... n'est plus, tout ... n'est jamais*), la négation porte ordinairement sur *tout :* celui qui parle « s'oppose à un jugement universel » (Tobler, *Mél.*, p. 247) et exprime « la négation de la totalité » (Andersson, 1954, p. 106) :

TOUT *ce qui reluit n'est pas or* [= non pas tout ce qui reluit est (de l') or ; on nie le caractère d'universalité marqué par *tout*]. — TOUTES *les taupes ne sont pas prises par le taupier* (HUGO, *Homme qui rit*, III, I, 9). — *Or* TOUTE *musique n'est pas propre à cette paix enfin conquise* (Fr. MAURIAC, *Mémoires intérieurs*, p. 41). — TOUTES *les cloches ne sont pas dans les églises !* (A. LANOUX, *Berger des abeilles*, p. 448.)

Parfois la négation tombe sur le verbe du second membre : celui qui parle « rend universel son jugement négatif » (Tobler) et exprime « la totalité de la négation » (Andersson) :

TOUS *ceux qui se soumettront ne seront pas punis* [= aucun de ceux qui se soumettront ne sera puni ; par le mot *tout*, on universalise *ne seront pas punis*]. — TOUS *les grands panneaux de la voûte n'existent plus* (Th. GAUTIER, dans Littré, s.v. *tout*, Rem. 10).

Cf. cette réflexion de J. Green : « Le missel *new look* commence triomphalement par un contresens. *« Tous ceux qui ont confiance en toi ne seront pas déçus. »* Par conséquent, certains le seront. » (*Vers l'invisible*, p. 423.) Quand on veut que la négation porte sur le second membre, il est préférable, pour éviter l'amphibologie, d'employer *aucun, nul, pas un, personne...* : *Tous les champs n'ont pas été ravagés* pourrait signifier « non pas tous les champs ». Si l'on veut dire « les champs, tous tant qu'ils sont », ont échappé au ravage, on s'exprimera ainsi : *Aucun champ n'a été ravagé*.

N.B. — On fera les mêmes observations pour *chacun, chaque, n'importe quel, n'importe qui, n'importe quoi, tout le monde* : N'IMPORTE QUI *n'a pas ce pouvoir.* — TOUT LE MONDE *ne louait pas Dieu. Il y avait une grande fermentation dans la campagne* (MICHELET, *Hist. de la Révol. fr.*, IV, 13).

Hist. — Le double sens décrit ci-dessus existe depuis longtemps : ⁺TOUTE *musique n'est pas propre à louer Dieu* (LA BR., XVI, 23). — ⁺TOUT *ce qui est incompréhensible ne laisse pas d'être* (PASCAL, *Pens.*, 430).

619   *Tel* **comme déterminant** s'emploie à propos de personnes ou de choses qu'on ne veut ou ne peut désigner précisément :

Fontanes [...] avait horreur de TELLE *ou* TELLE *doctrine* (CHAT., *Mém.*, II, I, 7). — *Il y a* TEL *hôtel à Mons où, le samedi, les gens des petites villes voisines viennent exprès dîner, pour faire un repas délicat* (TAINE, *Philos. de l'art*, t. I, p. 260). — *Si* TELS *et* TELS *tableaux, si* TELS *et* TELS *portraits venaient à disparaître* (FROMENTIN, *Maîtres d'autrefois*, p. 302). — *Dans* TELLE *et* TELLE *circonstance, les abeilles se conduisent envers leur reine de* TELLE *ou* TELLE *façon* (MAETERLINCK, *Vie des abeilles*, II, 21). — *Tel* est souvent répété dans une coordination : voir aussi l'ex. de Proust cité § 599, *b.*

Hist. — 1. Dans ce sens, on employait autrefois *un tel*, qui ne peut plus aujourd'hui être que pronom : ⁺*Il y a* UN TEL *livre qui court [...]* (LA BR., I, 33). — *[...] luy dire / Qu'*UN TEL *tresor estoit en tel lieu* (LA F., *F.*, IX, 13). — *L'accusateur commençoit par déclarer devant le juge qu'un tel avoit commis* UNE TELLE *action* (MONTESQ., *Espr.*, XXVIII, 20).

2. Inversement, on employait *tel* sans autre déterminant, là où nous disons *un tel* (cf. § 620, *b*) : ⁺*L'amour qu'il me portait eut sur lui* TEL *pouvoir, / Qu'il voulut sur mon sort faire parler l'oracle* (CORN., cit. Littré). — Il nous en reste les locutions *de telle façon, de telle sorte, de telle manière.*

3. *À tel prix que ce soit* « à quelque prix ... » : cf. § 1092, *c*, 5°, Hist., 3.

Remarque. — Ainsi qu'on le voit dans les ex. donnés ci-dessus, *tel ou tel, tel et tel*, lorsque ces mots sont au singulier, sont suivis d'un nom au singulier. Cf. § 499, *d.*

620 **Autres valeurs de** *tel.*

Tel s'emploie aussi comme pronom (§ 735) et comme adjectif.

Comme adjectif, il exprime soit la similitude soit l'intensité.

a) Quand il marque la **similitude,** *tel* signifie « pareil, semblable ».

1° Avec une proposition corrélative :

> *Honorons-les* [= les morts] *de la seule façon qui soit digne d'un homme raisonnable : en nous efforçant d'être* TELS QU'*ils nous eussent voulus* (MONTHERLANT, *Mors et vita*, Pl., p. 518). — *Cette étoffe est* TELLE QUE *vous la voulez* (AC.). — *C'est un homme* TEL QU'*il vous le faut* (AC.).

> La proposition corrélative peut être averbale : *Quelquefois la pluie d'un orage,* TELLE QU'*une longue écharpe, pendait du ciel* (FLAUB., *Sal.*, II). — *Le cyprès qui s'élance* TEL QU'*une prière ardente et sombre* (MAETERLINCK, *Double jardin*, p. 158). — Cf. aussi § 1077, *a*, Rem. 1.

Tel que, avec le sens « par exemple », peut introduire l'explicitation d'un terme pluriel ou collectif qui précède :

> *Plusieurs langues,* TELLES QUE *le grec, le latin, l'allemand, etc., divisent les noms en trois genres* (AC., s.v. *genre*). — *Quelques-uns avaient servi dans l'ancienne armée,* TELS QUE *Louis Davout* (HEREDIA, *Disc. de récept. à l'Ac. fr.*). — *Ce ne sont pas les poissons carnivores,* TELS QUE *le brochet, que le sang attire le plus* (P. GASCAR, *Chimères*, p. 63).

> Comme on le voit, *tel que* s'accorde avec le terme qu'il explicite. Voir cependant § 248, *a*, 4°.

Remarque. — Dans une langue littéraire assez recherchée, *tel* suivi d'une proposition corrélative se place parfois en tête de la phrase, et parfois il se répète après la proposition :

> TELS *que la haute mer contre les durs rivages,* / *À la grande tuerie ils se sont tous rués* (LEC. DE LISLE, *Poèmes barb.*, Soir d'une bataille). — TELLE *que tu es,* TELLE *je t'aime* (Fr. MAURIAC, cit. Togeby, § 344, 2).

2° Très souvent, *tel* est construit d'une manière absolue, la comparaison se faisant avec un terme mentionné précédemment ou ultérieurement :

> — *Tel* est épithète : *De* TELLES *raisons ne peuvent suffire à nous convaincre* (Dict. contemp.). — *Une* TELLE *conduite vous fait honneur* (ib.). — *On n'a jamais rien vu de* TEL (ib.).

> — *Tel* est attribut du sujet : *Un îlot de rochers arides ou du moins qui paraissaient* TELS *à distance* (Th. GAUTIER, cit. Robert, s.v. *ranger*).

> On écrit : TEL *était son caractère* ou *Son caractère était* TEL. Cf. § 246, *c*, 1° et Rem.

> Par analogie avec cette construction (comp. § 241), *tel* peut reprendre devant *être* un infinitif sujet : *Instruire en intéressant,* TEL *doit être le but de tout professeur* (Dict. contemp.). — Mais il serait logique de voir dans *tel* un pronom.

> — *Tel* est attribut du complément d'objet direct : *J'adore les yeux noirs avec des cheveux blonds.* / TELS *les avait Rosine* (MUSSET, *Prem. poés.*, Mardoche, XI). — *Pour être heureux ou malheureux, il suffit de se croire* TEL (AC.). — *Certains jeunes de mes amis se réjouissent de voir leurs poèmes considérés par d'autres jeunes comme des œuvres accomplies ; ils les tiennent eux-mêmes pour* TELS (GIDE, *Attendu que...*, p. 145). — *Gœtz. Pouvais-je vivre avec une putain ?* / Heinrich. *Oui, puisque c'était toi qui l'avais rendue* TELLE (SARTRE, *Le diable et le bon Dieu*, V, 3).

— *Tel* est attribut du sujet sans copule (surtout dans la langue écrite) : *Il disparut rapidement,* TEL *un éclair (Dict. contemp.).* — Avec le sens « notamment » : *Les journalistes hostiles au succès de la Conférence,* TEL *Saint-Brice* (A. MAUROIS, *Choses nues*, p. 77).

Sur l'accord de *tel* dans ces expressions, voir § 248, *a*, 4°. On y verra notamment que *tel* est parfois laissé invariable et traité à la manière d'*ainsi* ou de *comme*. Un autre oubli de la valeur primitive se manifeste quand la sous-phrase devient un attribut : *Elle était* TEL *un pruneau* (R. BENJAMIN, *Aliborons et démagogues*, p. 107).

— Dans les expressions *comme tel, en tant que tel*, signifiant « dans cette qualité », « en soi » (*tel* étant une sorte d'épithète détachée) : *Le mariage du fils annonce déjà au père que la nature,* COMME TEL [= comme père], *le met à la retraite* (H. BAZIN, *Cri de la chouette*, p. 196). — *Il sort d'un lignage de cordonniers du XVe siècle, et de tanneurs du XVIe, installés comme* TELS, *les uns et les autres, à Montélimar* (LE ROY LADURIE, *Carnaval de Romans*, p. 102). — *C'est que ceux-là furent de brillants hommes de lettres et que leur gloire* EN TANT QUE TELS *a entièrement occulté aux yeux de leurs concitoyens leur état d'universitaire* (BENDA, *Précision*, p. 80). — *Cette ignorance rend seule possible l'espèce de pari perpétuel faute de quoi l'action,* EN TANT QUE TELLE, *se trouve radicalement inhibée* (G. MARCEL, *Hommes contre l'humain*, p. 17).

Remarques. — 1. Le fait que *tel* supplée quelque chose qui a déjà été exprimé a pour conséquence que certains auteurs l'accordent, non comme un adjectif avec le nom ou le pronom auxquels il se rapporte, mais comme un pronom avec son antécédent :

La femme du monde (ou ce qu'il jugeait TELLE*) éblouissait l'avocat* (FLAUB., *Éd. sent.*, II, 5). — Autres ex. au § 219, *g*.

2. Dans une langue littéraire assez recherchée, on continue à employer le tour classique dans lequel *tel* sert d'épithète détachée en tête de phrase, avec un sens analogue à *de la même façon, ainsi :*

TELS *nos aïeux nageaient vers vous, saintes contrées* (LEC. DE LISLE, *Poèmes barb.*, Massacre de Mona). — *L'esprit d'invention mécanique, qui coule dans un lit étroit tant qu'il est laissé à lui-même, qui s'élargit indéfiniment quand il a rencontré la science, en reste distinct et pourrait à la rigueur s'en séparer.* TEL, *le Rhône entre dans le lac de Genève, paraît y mêler ses eaux, et montre à la sortie qu'il a conservé son indépendance* (BERGSON, *Deux sources de la mor. et de la rel.*, p. 325). — *Tel* s'accorde rarement avec le nom qui fait l'objet de la comparaison : TELLE *un chien ou un enfant se rappelle à vous pour qu'on le flatte, une bouffée d'air entra les voir* (MONTHERLANT, *Songe*, II).

3° *Tel* répété en tête de sous-phrases corrélatives dans la langue littéraire, de sous-phrases corrélatives averbales dans les proverbes :

TEL *je le voyais,* TEL *le voyait un peuple immense* (A. FRANCE, *Vie en fleur*, p. 69). — TELS *ils étaient alors,* TELS *je les vois aujourd'hui* (G. DUHAMEL, *Semailles au vent*, p. 231). — TEL *père,* TEL *fils.* — TEL *maître,* TEL *valet.*

4° *Tel quel* s'emploie dans le sens de « tel qu'il est, comme il se trouve » :

Je vous rends votre livre TEL QUEL, *votre somme d'argent* TELLE QUELLE (AC.). — *La partie généralement inhabitée a été laissée* TELLE QUELLE, *avec son vieux style et ses vieilles décorations* (BAUDEL., *Par. artif.*, Poème du haschisch, III). — TEL QUEL, *ce candidat peut être reçu* (AC.). — *Les choses se présentaient autrement, plus proches de la vie* TELLE QUELLE (POURRAT, *Gaspard des Montagnes*, t. I, 1931, p. 127).

La locution a eu aussi un sens plutôt péjoratif, que l'Acad. signale encore comme familier, « médiocre, quelconque, passable », mais que nous n'avons pas relevé dans la littérature après le XIXᵉ s. : *J'aurais obtenu au moins un demi-succès, et mon pays eût eu une charte* TELLE QUELLE (STENDHAL, *Rouge*, II, 9). — *Qui de nous n'a pas eu une première idylle* TELLE QUELLE ? (BERLIOZ, *Mémoires*, LIX.) — *Il y avait* [sur une goélette] *deux chambres* TELLES QUELLES (MÉRIMÉE, *Colomba*, I).

Il est peu correct de remplacer *tel quel*, au sens de « comme il est, sans changement », par °*tel que*. Cela se trouve pourtant parfois dans la langue écrite, tantôt pour imiter le parler populaire, tantôt de manière spontanée :

Dans le ciel il a son corps d'homme, [...] puisqu'il y est monté, TEL QUE, *le jour de l'Ascension* (PÉGUY, *Myst. de la char. de J. d'Arc*, p. 54). — *Nous devions aller au moins jusqu'à la fin de la première partie.* TEL QUE, *cela se couperait très mal* (ALAIN-FOURNIER, *Corresp.*, cit. *Trésor*, t. VI, p. 325). — *Eût-elle été un laideron, qu'on aurait pu sourire, mais* TELLE QUE, *elle ne suscita que l'envie et des dénigrements jaloux !* (LA VARENDE, *Cœur pensif...*, p. 271.) — *Si c'est un fait divers,* [...] *pourquoi ne serait-il pas possible de l'utiliser* TEL QUE *dans un roman ?* (A. BILLY, dans le *Figaro litt.*, 23 mars 1955.) — *Le français a dû* [...] *se conserver* TEL QUE *en dépit de l'orthographe* (M. COHEN, dans *Mélanges Grevisse*, p. 52). — *Pour indiquer qu'une citation est reproduite exactement : Et un vieil ami de Paul Fort* [...] *a répondu à la petite fille : « M. Raynal, il est à la cabane Bambou. »* TEL QUE (A. SALMON, *Souvenirs sans fin, 1903-1908*, p. 194).

Hist. — Dans le sens « médiocre », Littré signale aussi la locution *tel que tel,* avec un ex. de Scarron. Marie Noël l'emploie encore avec le sens « tel qu'il est » : *Vous avez fait ce jour nouveau d'heures nouvelles / Pour l'amour de nous. / Ô mon Dieu, je les passerai* TELLES QUE TELLES / *Pour l'amour de vous* (*Chants de la merci*, Assomption). Sans doute est-ce un régionalisme.

b) Quand il marque l'**intensité**, *tel* signifie « si grand, si fort » :

Avec une proposition corrélative (§ 1076, *b*) : *Il a fait un* TEL *vacarme qu'il a réveillé toute la rue.*

De telle façon, etc. (sans article), cf. § 619, Hist. 2.

Sans proposition corrélative : *Revenez vite : j'ai une* TELLE *envie de vous revoir !*

Remarque. — Sur *tel qu'il soit* = quel qu'il soit, cf. § 1092, *c*, 5°, Hist., 3 (où l'on verra aussi un emploi de *tel* comme adverbe).

Adjectifs indéfinis

621   Nous rangeons ici des mots qui ne servent pas à eux seuls de déterminants (sauf, pour certains, dans quelques survivances), mais qui ont une valeur assez proche des déterminants indéfinis (parfois aussi assez proche de certains pronoms), avec lesquels on les classe souvent.

622   *Autre.*

a) Autre se construit d'ordinaire (cf. *b*) avec un autre déterminant :

*Donnez-moi l'*AUTRE *livre, un* AUTRE *livre, mon* AUTRE *livre, ces* AUTRES *livres, trois* AUTRES *livres, quelques* AUTRES *livres.*

Il suit rarement le nom : *Le peu que je visitai de la Hollande me donna un sentiment bien* AUTRE *de grandeur que la Belgique* (JAMMES, *Caprices du poète*, III).

Il peut aussi être attribut : *Mon avis est tout* AUTRE. — Attribut placé en tête de phrase ou de sous-phrase : § 246, *c*, 1° et 2°.

b) Il reste quelques survivances d'*autre* employé sans autre déterminant.

1° Locutions figées : *Autre part, d'autre part* (comp. *d'un autre côté*), *autre chose* (§ 734, *a*).

Aux locutions figées on peut joindre les proverbes du type *Autres temps, autres mœurs.*

2° *Autres* employé sans déterminant devant un nom pluriel coordonné, dernier terme d'une série, suppose, dans l'usage régulier, que ce nom pluriel a une valeur générique et englobe les termes précédents :

De menus objets de menuiserie, tels que bagues, ronds de serviettes, coquetiers, manches d'ombrelles et AUTRES *agréables babioles* (É. HENRIOT, *Aricie Brun*, I, 3). — *Des octrois et* AUTRES *impôts de consommation* (LE ROY LADURIE, *Carnaval de Romans*, p. 403).

Si *autres* est mis devant un nom pluriel qui n'englobe pas les termes qui précèdent, cela peut avoir un effet plaisant, mais le plus souvent le tour est considéré comme choquant, bien qu'il ne soit pas dans la littérature aussi rare qu'on croirait.

Cette mère d'un saint à qui elle en fit voir de saumâtres, comme dit [sic] *Suger et* AUTRES *saint Bernard* [dit un personnage qui parle de façon à se singulariser] (PROUST, *Rech.*, t. I, p. 252). — *En passant par les* Chopin, *les* Sainte-Beuve, Augier *et* AUTRES Comte [enseignes] (LÉAUTAUD, *Amours*, F°, p. 69). — *Ces doctes traités, essais, précis, mémoires et* AUTRES *discours qui vont désormais orner votre solitude* (G. DUHAMEL, *Lettres au Patagon*, p. 29). — *Suppression radicale des « guillemets » et* AUTRES *« points d'exclamation »* (CRITICUS, *Style au microscope*, t. II, p. 182). — *Valises couvertes d'étiquettes « Schweizerhof », « Danieli » et* AUTRES *« Excelsior »* (DANINOS, *Vacances à tous prix*, p. 24). — *Un capharnaüm de pupitres, chaises, candélabres, prie-Dieu, lutrins et* AUTRES *bannières* (M. TOURNIER, *Météores*, p. 40). — *Ces pavillons de marine, signaux routiers et* AUTRES *appels de clairon dont s'occupe la sémiologie classique* (G. GENETTE, *Figures*, p. 195). — Autres ex. : H. MASSIS, dans le *Bulletin des lettres*, 15 juillet 1952, p. 286 ; Cl. MAURIAC, dans le *Figaro litt.*, 13 oct. 1951 ; P. GASCAR, *Présage*, p. 138.

3° Ex. littéraires individuels :

*D'*AUTRE *rang, d'*AUTRE *milieu, d'*AUTRE *race, il semblait se sentir étranger parmi nous* (GIDE, *Porte étroite*, IV). — *On n'imaginait pas* AUTRE *corps que le sien étendu dans ce lit* (J. GREEN, *Adrienne Mesurat*, p. 316).

Juridique : *Le président* [...] *ordonnera qu'il soit remis en liberté, s'il n'est retenu pour* AUTRE *cause* (*Code d'instr. crimin.*, art. 358).

Remarques. — 1. *Autre* s'emploie pour désigner un *second* individu (comp. § 581, *c*) semblable à celui qui est désigné par le nom :

Cette ville est un AUTRE *Paris* (AC.). — Aussi avec pronom : *Il le regarde comme un* AUTRE *lui-même* (AC.).

2. Devant une indication de temps, *l'autre* se rapporte à un passé plus ou moins récent, parfois aussi à un avenir rapproché :

Je l'ai même encore vu à la fin de L'AUTRE *semaine* (MAUPASS., *Pierre et Jean*, V). — *Mes infirmités me rendent si faible ! Cependant, j'aurais pu vivre jusqu'à* L'AUTRE *hiver, encore !* (FLAUB., *Tent.*, IV.) — L'AUTRE *soir, je l'ai surpris dans sa chambre* (MONTHERLANT, *Maître de Santiago*, I, 2).

3. Régulièrement, on écrit en laissant le nom au singulier : *Sur l'une et l'*AUTRE *rive* (ARLAND, *Grâce*, p. 172). — Voir § 499, *d*.

Sur l'accord du verbe quand on a un syntagme sujet de ce type, voir § 436, *b*.

4. Pour *Personne (d') autre, rien (d') autre, quelqu'un (d') autre*, voir § 352, *b* (ainsi que la Rem. 2 pour *Rien autre chose, Qu'est-ce autre chose ?*).

623   *Même.*

a) Même se construit d'ordinaire avec un autre déterminant. Selon le sens, il précède ou suit le nom : s'il précède le nom, il marque l'identité ou la ressemblance (cf. lat. *idem*) ; s'il suit le nom, il a une valeur d'insistance (cf. lat. *ipse*).

Les MÊMES *causes ne produisent pas toujours les* MÊMES *effets.* — *Les Romains ne vainquirent les Grecs que par les Grecs* MÊMES (AC.). — *Dieu est la sagesse* MÊME (AC.).

Il peut aussi suivre un pronom avec lequel il s'accorde : *Eux-*MÊMES. *Ceux* MÊMES. — Les poètes supprimaient l'*s* pour les besoins du mètre ou de la rime : *Les spectres de la nuit sont eux-*MÊME *à tâtons* (HUGO, *Théâtre en lib.*, Épée, I).

Même, placé après un pronom personnel, s'y joint par un trait d'union : *Moi-*MÊME, *lui-*MÊME, *nous-*MÊMES, *eux-*MÊMES. — *Ne serait-elle point jalouse de ces autres soi-*MÊME *qui auraient pour elles l'avenir ?* (J. ROSTAND, *Pensées d'un biologiste*, p. 59.) — Il ne faut pas de trait d'union après d'autres mots : *Cela* MÊME. *Ici* MÊME. *Ceux* MÊMES.

On écrit *nous-même, vous-même* sans *s* quand les pronoms désignent une seule personne : *Nous l'avons vérifié nous-*MÊME (écrira un auteur). — *Pierrette, faites-le vous-*MÊME.

b) Même s'emploie parfois sans déterminant.

— *En* MÊME *temps* appartient à la langue commune.

— L'article défini est facultatif dans le syntagme *de même* + nom : *Deux plantes de* MÊME *espèce* (AC.). — *Ils étaient de* MÊME *taille maintenant* (R. MARTIN DU GARD, *Thib.*, Pl., t. I, p. 790). — *... de* LA MÊME *espèce, ... de* LA MÊME *taille.*

— La langue littéraire omet l'article dans d'autres circonstances (cf. Hist.) : MÊME *leçon de patience est donnée par les fourmis* (MICHELET, *Insecte*, p. XXXVI). — *Qui eût osé soutenir que la chenille [...] fût* MÊME *chose qu'un être ailé, éthéré, le papillon ?* (*ib.*, p. 208.) — *Les quelques travaux d'histoire auxquels je recommençais de songer n'avaient plus pour moi* MÊME *goût* (GIDE, *Immor.*, I, 9).

— Ex. censé représenter la langue paysanne : *Le grand-père à Brulette et la mère à Joseph demeuraient sous* MÊME *chaume* (SAND, *Maîtres sonneurs*, I).

Hist. — 1. *Même* provient du lat. vulg. **metipsimus*, superlatif de **metipse*, tiré des syntagmes du lat. class. comme *egomet ipse* « moi-même ». *Même* se construisait encore assez souvent sans autre déterminant au XVIIᵉ s. : MESME *soin me regarde* (CORN., *Cid*, III, 4). — *Avec* MESME *chaleur* (MOL., *Mis.*, V, 3).

La distinction des sens selon la place de *même* n'était pas encore acquise au XVIIe s. : *Et sans estre rivaux nous aimons en lieu* MESME (CORN., *Place roy.*, V, 3). — *Sçais-tu que ce vieillard fut la* MESME *vertu, / La vaillance et l'honneur de son temps ?* (ID., *Cid*, II, 2.) — Voir aussi BOSS., *Œuvres orat.*, t. III, p. 206 ; etc.

2. Le complément indiquant le terme avec lequel on compare a pu, jusque dans le XVIIe s., s'introduire par *de*. Au-delà, cela ne se trouve que chez des auteurs originaires de la région franco-provençale : *Je ne suis plus le mesme* D'*hier au soir* (MOL., *D. Juan*, V, 1). — *Il est de la mesme escriture* DE *celuy que je vous ay doné* (MAINTENON, *Corresp.*, 14 mars 1694). — [+]*Il suit encore en cela les mêmes errements* DES *autres* (J.-J. ROUSS., cit. Littré, s.v. *même*, 8°). — *Les renseignements que je réclame sont de la même forme* DE *ceux qui furent donnés à* M. *Ginoux* (STENDHAL, *Corresp.*, t. II, p. 314).

Remarques. — 1. *Même*, adjectif, placé après plusieurs noms coordonnés s'accorde avec l'ensemble des noms s'il porte sur chacun d'eux :

Elle qui était la sagesse, la droiture et la vérité MÊMES (FROMENTIN, *Domin.*, XII). — *Le premier-né ce fut la douceur et la patience* MÊMES (SUPERVIELLE, *Premiers pas de l'univers*, p. 138). — *Lisbeth est la gaieté, la gentillesse* MÊMES (CURTIS, *Étage noble*, p. 216).

Parfois cependant, *même* s'accorde avec le dernier nom seulement (cf. § 434) :

Brave colonel ! La droiture et la loyauté MÊME ! (TAINE, *Vie et opinions de Fr.-Th. Grain-dorge*, p. 227.) — *Son fils était l'honneur et la bonté* MÊME (G. BOISSIER, *Mme de Sévigné*, p. 29). — *Elle était la bizarrerie et la bonne humeur* MÊME (ALAIN-FOURNIER, *Gr. Meaulnes*, p. 238).

2. Sur *le même* comme pronom, voir § 723.

3. *Même* peut aussi être un adverbe invariable signifiant « aussi, de plus, jusqu'à » (cf. lat. *etiam*) :

Il lui dit des injures et MÊME *le frappa* (AC.). — *Les fenêtres, les toits* MÊME, *étaient chargés de monde* (MICHELET, *Hist. de la Révol. fr.*, II, 2). — *Les domestiques* MÊME *étaient insolents* (L. DAUDET, *Partage de l'enfant*, p. 264). — *Les pauvres* MÊME *n'étaient pas des pauvres à la manière russe* (TROYAT, *Étrangers sur la terre*, p. 271).

Lorsque *même* est placé après un nom ou un pronom démonstratif, on reconnaît sa nature d'adverbe à ceci qu'il pourrait être placé devant le syntagme nominal ou devant le pronom démonstratif. Mais, dans un grand nombre de phrases, il est possible de considérer *même* comme adjectif ou comme adverbe, suivant le point de vue où l'on se place :

Ces murs MÊME(S) *ont des oreilles* (ces murs eux-mêmes — ou bien : ces murs aussi). *Les malheurs* MÊME(S) *n'ont pas abattu son orgueil. Ceux* MÊME(S) *qu'il avait sauvés l'ont trahi.* — *Les arbres fruitiers qui meurent, ceux* MÊMES *qui sont arrachés ou brisés par accident, appar-tiennent à l'usufruitier* (Code civil, art. 594). — *L'acuité du regard, la dureté de la voix* [...] *forçaient l'attention de ceux-là* MÊMES *que rebutaient ses manières tranchantes* (R. MARTIN DU GARD, *Thib.*, Pl., t. II, p. 58). — *Ceux* MÊME *qui luttent comme nous* [...] *ne savent pas que nous existons* (R. ROLLAND, *Jean-Chr.*, t. VII, p. 43). — [Hofmann] *essayait de dresser contre l'auteur ceux* MÊME *qui avaient fait le succès du* Génie du christianisme (MAUROIS, *Cha-teaubr.*, p. 243).

Hist. — Sur *mesmes*, avec l'*s* dit adverbial, voir § 923.

4. *Même* sert à former diverses locutions : voir notamment §§ 984, 3° (*quand même* et *tout de même*), 1022, 3 (*à même*).

Notons que *de même* sert d'épithète ou d'attribut, non seulement dans les parlers de l'Ouest (de l'Anjou à la Saintonge), mais parfois aussi dans la littérature :

> *Les peuples étaient* DE MÊME (MICHELET, *Mer*, III, 11). — *La plupart des ouvriers étaient* DE MÊME (R. ROLLAND, *Jean-Chr.*, t. IX, p. 65). — *Les femmes ne sont pas* DE MÊME (A. FRANCE, *Crainquebille*, p. 195). — *Le plaisir des musiciens est* DE MÊME (ALAIN, *Propos*, 15 sept. 1924). — *Est-ce possible que tu puisses un jour être* DE MÊME *pour un autre* [...] ? (ARAGON, *Semaine sainte*, L.P., t. II, p. 239.)

Hist. — Ex. antérieurs au XIXe s. : *À sot compliment, il faut une réponse* DE MESME (MOL., *Av.*, III, 7). — $^+$*Vous me paraissez tranquille* [...] ; *nous ne sommes pas* DE MÊME (SÉV., 8 janv. 1672). — *Je ne sais qu'aller droit, et simplement ; peu de gens sont* DE MESME (MAINTENON, *Corresp.*, 27 août 1693). — *Le visage plat, l'esprit* DE MÊME (J.-J. ROUSS., *Conf.*, Pl., p. 261).

624 *Quelconque* signifie « il n'importe lequel » ; il n'a qu'une forme pour les deux genres et se place après le nom :

> *Sénécal demandait un emploi* QUELCONQUE, *une place* (FLAUB., *Éd. sent.*, II, 4). — *Regardez un point* QUELCONQUE *de l'horizon* (*Dict. contemp.*).

Remarques. — 1. *Quelconque*, notamment dans le langage familier, peut prendre le sens de « médiocre, banal » :

> *Son palais moderne paraîtrait* QUELCONQUE *n'étaient les tapis merveilleux* (LOTI, *Vers Ispahan*, p. 229). — *Le papier de la lettre est* QUELCONQUE (BOURGET, *Tribun*, p. 64).

Dans le même sens dépréciatif ou méprisant, *quelconque* se met familièrement comme épithète avant le nom : *Il a été attaqué par de* QUELCONQUES *voyous* (MALRAUX, *Conquérants*, p. 118). — *Un Rothschild quelconque, qui aura doté un* QUELCONQUE *observatoire d'une lunette* [...] (MIRBEAU, *Dingo*, VII). — *Préparer l'exécution d'un* QUELCONQUE *préfet de police* (TROYAT, *Tant que la terre durera...*, p. 820).

Lorsque *quelconque*, en ce sens, est mis comme épithète immédiatement après le nom, c'est l'intonation ou le contexte qui en indiquent la valeur dépréciative.

À observer que ce *quelconque* admet les degrés de comparaison : *C'est un homme* TRÈS QUELCONQUE (AC.). — *La cuisine chez Zénaïde n'est pas mauvaise, mais on la trouverait* PLUS QUELCONQUE *si elle était moins parcimonieuse* (PROUST, *Rech.*, t. II, p. 487). — *Accomplissement facile et joyeux des tâches journalières* LES PLUS QUELCONQUES (MAUROIS, *De Gide à Sartre*, p. 68).

2. *Quelconque*, employé avec la négation *ne* (sans *pas* ni *point*) et placé après le nom, comme dans les phrases suivantes, forme une construction vieillie :

> *Il n'a mal* QUELCONQUE (AC.). — *Il n'y a homme* QUELCONQUE *qui ne sache cela* (AC.).

3. *Quelconque* peut, surtout dans le style didactique, se placer entre un numéral et un complément désignant la totalité :

> *Trouver la distance de deux plans parallèles et l'une* QUELCONQUE *de leurs perpendiculaires communes* (Ch. BRISSE, *Géom. descriptive*, 2e éd., revue par C. Bourlet, p. 127). — *Le rapport anharmonique ne change pas si l'on échange deux* QUELCONQUES *des points et en même temps les deux autres* (J. HAAG, *Cours complet de math. élém.*, Géom., Exerc. du t. III, p. 156).

4. *Quelconque*, au sens de « quel qu'il soit », bien qu'il exprime à lui seul une indétermination complète, se fait parfois précéder d'un des adverbes *tout à fait*, *généralement* :

Je suppose [...] *que les coordonnées d'un point soient des fonctions continues, d'ailleurs* TOUT À FAIT QUELCONQUES, *des coordonnées du point correspondant* (H. POINCARÉ, *Valeur de la science*, III, Introd.). — [...] *grevés des rentes, dotations, pensions et autres dettes* GÉNÉRALE-MENT QUELCONQUES *qui pourraient être réclamées* (STENDHAL, *Corresp.*, t. III, p. 111). — *Un monde proprement philosophique étranger à toute planète* GÉNÉRALEMENT QUELCONQUE (É. GILSON, dans le *Monde*, 4 sept. 1957).

Hist. — *Quelconque* est de formation savante ; il a été calqué sur le latin *qualiscumque*. Anciennement le premier élément du mot, *quel*, pouvait varier : *quelleconque, quelsconques*, etc.

Quelconque pouvait, dans l'ancienne langue, se placer devant le nom : *Là les damnez n'auront* QUELCONQUE *repos ou consolacion* (*Internelle Consolacion*, III, 24). — Il servait parfois de pronom, au sens de *quiconque* : *Le Baptesme n'est point d'homme, mais de Dieu, par* QUELCONQUE *il ait esté administré* (CALVIN, *Inst.*, IV, xv, 16).

CHAPITRE IV

LE PRONOM

SECTION 1. — GÉNÉRALITÉS

625 Le **pronom** est un mot qui varie en genre et en nombre ; en outre, les pronoms personnels et possessifs varient en personne ; les pronoms personnels, les relatifs et les interrogatifs varient d'après leur fonction. — Le pronom est susceptible d'avoir les diverses fonctions du nom [1] : sujet, attribut, complément, parfois apposition ou apostrophe :

TOUT *passe.* — *Votre avis est aussi* LE MIEN. *Tu te crois* QUELQUE CHOSE. — *Prenez* CECI. *Ne nuisez à* PERSONNE. *Venez avec* MOI. *Il a été instruit par* VOUS. *L'amour de* SOI *ne connaît pas la jalousie. Elle est attentive à* TOUT. — *Il écrivit une épigramme,* QUELQUE CHOSE *de virulent.* — *Ô* VOUS *qui m'écoutez, ceci est important.*

Par rapport aux noms, les pronoms constituent une catégorie finie : leur nombre est limité, alors que la catégorie des noms s'accroît sans cesse. D'autre part, les noms ont une véritable définition, ce qui n'est pas le cas des pronoms.

Le pronom n'a pas besoin d'un déterminant, et il est rarement accompagné d'une épithète autre que détachée (mis à part des adjectifs indéfinis comme *autre, même*).

Certains pronoms contiennent un article ; cet article en fait partie et ne sert pas de déterminant : *le mien, la plupart,* etc. Il y a même soudure dans *lequel (laquelle,* etc.*).* — Pour *tout cela, nous deux,* cf. § 351, 2°.

---

1. Ceci ne veut pas dire que chaque pronom puisse avoir toutes ces fonctions : *je, tu, il(s), on, nul* sont des sujets ; — *me, te, se, en, leur, y, dont* sont des compléments. (Pour *autrui,* voir § 713.)

Les pronoms n'ont généralement pas un genre et un nombre en soi, mais ils le doivent, s'ils sont représentants (§ 626), au contexte, et, s'ils sont nominaux (§ 627), à la réalité qu'ils désignent. Voir les précisions au § 629.

Remarques. — 1. Les pronoms peuvent communiquer le genre, le nombre et la personne à un autre mot sans porter eux-mêmes les marques du genre, du nombre et de la personne : TU *es* SATISFAITE.

2. Les pronoms *lui, leur, dont, en, y* et, dans certains cas, *me, te, se, nous, vous* équivalent à des syntagmes nominaux prépositionnels :

> *Je donnerai le livre* À JEANNE. → *Je le* LUI *donnerai.* — *Je suis sûr* DE SA PRÉSENCE. → *J'*EN *suis sûr.* — *Voici le livre* DONT *j'ai écrit la préface* (= la préface DU LIVRE). — *Il* M'*a dit adieu. Il* NOUS *a dit adieu.* (Comp. : *Il a dit adieu* À SON AMI.)

626   **Les pronoms sont des représentants** (ou des *substituts*) quand ils reprennent un terme se trouvant dans le contexte, ordinairement avant, parfois après. Ce terme est appelé **antécédent.**

> Étant donnée l'étymologie d'*antécédent* (le lat. *ante* veut dire « avant »), certains voudraient un mot particulier lorsque le pronom annonce un terme qui suit : *Quand* [...] *j'estime qu'*IL *se trompe, je dis au Prince qu'il se trompe* (ÉTIEMBLE, *Confucius,* Conclus.). — On a proposé *conséquent* ou *postcédent.* Cela ne nous a pas paru nécessaire. — D'autre part, certains grammairiens ne parlent d'*antécédent* qu'à propos du pronom relatif.

L'antécédent peut être :

1° Un nom commun accompagné, en principe, d'un déterminant, — ou bien un nom propre (avec ou sans déterminant), — ou bien un pronom :

> *Vous demandiez les journaux d'aujourd'hui ; je vous* LES *apporte.* — *Nous* L'*avons eu, votre Rhin allemand* (MUSSET, *Poés. nouv.,* Rhin allem.). — *Son frère Joseph dénonce Paoli,* QUI *a rompu avec la Convention* (*Grand dict. enc. Lar.,* s.v. *Napoléon Ier*). — *Je connais quelqu'un* QUE *cette affaire intéressera.*

> On ne doit pas dire (puisque l'antécédent est construit sans déterminant) : °*Il a été condamné à mort,* QU'*il a endurée courageusement.* °*J'ai obtenu satisfaction : je* LA *considère comme importante.* °*Il parla sans colère, à* LAQUELLE *il n'était d'ailleurs pas enclin.*

> Les ex. suivants (qui peuvent se réclamer de l'usage classique : Hist.) ne respectent pas cette règle : [Mirabeau] *couvrit ses gens de livrée quand tout le monde* LA *quitta* (CHAT., *Mém.,* I, V, 12). — *Je le vois encore en redingote de molleton blanc* QU'*il n'avait pas ôtée pour aller à deux pas de la porte* (STENDHAL, *Vie de H. Brulard,* t. I, p. 127). — *Il emplit nos oreilles de vacarme* QUI*, çà et là, a un sens* (J. RENARD, *Journal,* 27 mai 1893). — *Par grand vent* QUI *agite nos tentes* (LOTI, *Désert,* p. 11). — *Je ne me fais point illusion, et ne veux pas* EN *faire aux autres* (R. ROLLAND, *Voyage intérieur,* p. 42). — *Il est seulement fâcheux* [...] *qu'il ait parfois écrit en vers ; car* CEUX-CI *sont affreux* (L. DAUDET, *Stupide XIXe s.,* p. 106). — *Le roi l'a surpris en robe de chambre de brocart : il* LA *lui a arrachée* (GAXOTTE, *Frédéric II,* p. 41). — *L'autre* [accusé], [...] *qui demandait grâce,* L'*eût obtenue* (Fr. MAURIAC, *Bâillon dénoué,* p. 206). — *Elle a d'abord perdu connaissance et ne* L'*a reprise que chez le pharmacien* (GIDE,

Journal, 31 mars 1943). — *Il s'adressa à moi en hébreu*, QUE *je ne parle pas* (KESSEL, *Fils de l'impossible*, p. 11). — *Jamais vraiment elle n'avait eu confiance en vous, ou tout au moins* [...] *depuis très longtemps elle ne* L'*avait plus* (BUTOR, *Modification*, 10/18, p. 37).

Mais il est normal de représenter par un pronom un nom qui est dépourvu de déterminant en application de règles générales, par ex. un nom en apostrophe, un nom attribut (cf. 2°) ou en apposition, etc. (voir § 570), ou encore quand l'article partitif ou indéfini est supprimé par haplologie après la préposition *de* (§ 568, *b*, Rem.) :

Salut, sacré flambeau QUI *nourris la nature !* (LAMART., *Médit.*, XVIII.) — *Dans les planches d'anatomie* / [...], / *Dessins* AUXQUELS *la gravité* / *Et le savoir d'un vieil artiste* / [...] / *Ont communiqué la Beauté,* / [...] (BAUDEL., *Fl. du m.*, Squelette laboureur). — *Il agit en politique* QUI *sait gouverner* (LITTRÉ, s.v. *qui*, 6°). — *Il est coupable de crimes* QUI *méritent châtiment* (*ib.*).

Hist. — Dans l'ancienne langue, où l'emploi de l'article n'était pas généralisé, le pronom se rapportait souvent à un nom employé sans déterminant. Cela restait assez fréquent au XVIIe et même au XVIIIe s. :

⁺*Allez lui rendre hommage et j'attendrai* LE SIEN (CORN., *Pompée*, II, 3). — *Je demeuray sans voix, et n'*EN *repris l'usage* [...] (RAC., *Iphig.*, I, 1). — *En Langue Hebraïque, où vous pretendez que ces manieres de parler sont ordinaires* (BOIL., *Réfl. critiques*, X). — ⁺*Si vous êtes si touchés de curiosité, exercez-*LA *du moins en un sujet noble* (LA BR., VIII, 50). — ⁺*Les dieux ont été lents à faire justice ; mais enfin ils* LA *font* (FÉN., *Tél.*, t. II, p. 322). — ⁺*Ils manquèrent surtout d'eau douce :* ELLE *se vendit six sous la pinte* (VOLT., *L. XIV*, X). — *Je vous rendrai justice, et je me* LA *rendrai à moi-même* (DIDEROT, *Corresp.*, t. II, p. 19).

2° Un adjectif ou ses équivalents :

Courageux, il L'*est vraiment.* — Le nom sans déterminant employé comme attribut peut être assimilé à l'adjectif (cf. § 648, *b*) : *Professeur, il* L'*était jusqu'au bout des ongles.*

3° Un verbe, une phrase :

Partir, C'*est mourir un peu* (E. HARAUCOURT, *Seul*, Rondel de l'adieu). — *Il ne fait jamais ce qu'il dit, vous* LE *savez bien.*

4° Parfois un adverbe :

Avec *en* et *y* (§ 653, *a*) : *Sors-tu d'ici ! Oui, j'*EN *sors. Est-il ici ? Oui, il* Y *est.* — Avec *où* : *Là* OÙ *vous habitez.*

627   **Les pronoms sont des nominaux** quand ils n'ont pas d'antécédent :

TOUT *est dit.* RIEN *n'est fait.* QUI *a parlé ?* ON *espère.* QUI *m'aime me suive.*

Ainsi employé, le pronom peut servir de simple « outil » dans la conjugaison, avec le rôle de « flexion d'avant » : JE *lis,* TU *écoutes.*

Cet emploi du pronom n'est pas conforme à l'étymologie du mot : lat. *pronomen*, de *pro*, à la place de, et de *nomen*, nom. — Notons que, pour des linguistes éminents (par ex., M. Bréal, *Essai de sémantique*, p. 192), la catégorie du pronom serait antérieure à celle du nom.

628 **Espèces de pronoms.**

On distingue des pronoms *personnels,* des *possessifs,* des *démonstratifs,* des *relatifs,* des *interrogatifs* et des *indéfinis.* On peut y joindre des *numéraux.*

Ce sont donc les mêmes catégories que pour les déterminants, à l'exception des pronoms personnels, qui n'ont pas d'équivalents parmi les déterminants, et des articles, qui ne sont que déterminants. — Cette classification traditionnelle n'est pas à l'abri d'objections : cf. § 557.

Certains pronoms ont la même forme que des déterminants. Il y a d'autres parentés aussi du point de vue étymologique (par exemple, pour les possessifs et les démonstratifs).

Il n'est pas toujours facile de distinguer, quand la forme est la même, le pronom et le déterminant employé avec un nom implicite : *De ces hommes,* PLUSIEURS *sont blessés.*

Mais on ne considérera pas comme des pronoms *un, le, mon* dans les phrases suivantes : *Quel costume veux-tu ? Un bleu ?* (Ou : *Le bleu ?* ou : *Mon bleu ?*) — Cf. § 217, *d.*

629 **« Accord » du pronom.**

a) Selon la définition de l'accord qui a été donnée au § 415, seuls ressortissent à ce phénomène les pronoms relatifs et, parfois, les pronoms personnels.

1° Les **pronoms relatifs** s'accordent en genre, en nombre et en personne avec leur antécédent :

Le clerc le gronda pour les dépenses AUXQUELLES *il se livrait chez Arnoux* (FLAUB., *Éd. sent.,* I, 5).

Qui et *que* transmettent le genre, le nombre et la personne de leur antécédent sans qu'ils portent eux-mêmes ces marques : *Ô toi que j'eusse* AIMÉE, *ô toi qui le* SAVAIS ! (BAUDEL., *Fl. du m.,* À une passante.)

2° Les **pronoms personnels,** lorsqu'ils représentent, **par redondance** (§§ 364-367), un élément faisant partie de la même phrase, sous-phrase ou proposition, s'accordent en genre, en nombre et en personne avec cet élément :

*Peut-être votre mère le sait-*ELLE. *Vos parents le savent-*ILS ?

Cet accord n'est pas automatique, si le syntagme nominal est placé après le pronom et s'il a un genre contredisant le sexe de la personne désignée (comp. ci-dessous, *b,* 1°) : IL *le sait bien,* CETTE PETITE GOUAPE (A. CAMUS, adaptation de : Faulkner, *Requiem pour une nonne,* V).

N.B. Il convient d'appliquer ici les observations qui ont été faites à propos de l'accord en général (IIe partie, chap. VIII), notamment :

1. Lorsque l'antécédent est un syntagme complexe, ce qui détermine l'accord est parfois un élément apparemment subordonné (§§ 421-425) :

*Tant de curiosité n'atteignait-il-*ELLE *pas à l'impolitesse ?* (H. BOSCO, *Renard dans l'île,* p. 86.) — *Sa Majesté le roi viendra-t-*IL ? (LANCELOT [= A. HERMANT], dans le *Temps,* 9 févr. 1939.)

2. Lorsque les antécédents sont multiples, le pronom est au pluriel. Lorsqu'ils sont de genres différents, le pronom est au masculin. Lorsqu'ils sont de personnes différentes, la 1re l'emporte sur les deux autres et la 2e sur la 3e (§ 433, *b*) :

*Votre père et votre oncle ont-*ILS *la même taille ? — Mon frère et moi,* NOUS *avons la même taille. — Votre frère et vous,* VOUS *avez la même taille.*

Il arrive pourtant que l'accord ne se fasse pas avec l'ensemble des antécédents : cf. §§ 434-444.

3. *Nous* et *vous,* ordinairement pluriels, peuvent être des singuliers (§ 429, *a,* 1°). Ils peuvent être masculins ou féminins (§ 428, *a*) :

Paul, vous vous êtes TROMPÉ. — *Marie, vous vous êtes* TROMPÉE. — Voir pour d'autres syllepses §§ 428-431.

b) En dehors des cas envisagés ci-dessus, les **pronoms représentant un nom ou un autre pronom** connaissent un phénomène analogue à l'accord.

1° Les **pronoms personnels** ont normalement le genre, le nombre et la personne de leur antécédent (compte tenu des observations présentées dans le N.B. ci-dessus) :

Tipasa [ville d'Algérie] *m'apparaît comme ces personnages qu'on décrit pour signifier indirectement un point de vue sur le monde. Comme* EUX, ELLE *témoigne, et virilement* (A. CAMUS, *Noces,* Pl., p. 59).

Un pronom personnel peut avoir plusieurs antécédents qui ne sont pas coordonnés : *Après la pluie vient le beau temps ;* ILS *sont utiles tous les deux.*

Il n'est pas rare pourtant que le pronom s'accorde, non avec son antécédent (surtout si celui-ci ne figure pas dans la même phrase ou sous-phrase), mais avec la signification impliquée par cet antécédent.

Syllepse du nombre : *Il articulait chaque syllabe et* LEUR *donnait une valeur musicale très sensible* (VALÉRY, *Histoires brisées,* Acem). — *Ça ne m'arrive pas souvent à moi de faire encadrer un tableau ; je ne* LES *aime pas* (R. BAZIN, cit. Sandfeld, t. I, p. 40). — *Je ne saurais dire avec quel beau courage le peuple belge supporte cette situation angoissante.* ILS *sont terriblement gênés dans leur industrie et dans leur commerce* (G. DUHAMEL, *Positions françaises,* p. 173). — *Jamais il n'eût tourmenté un chat inutilement. Il* LES *respectait* (TROYAT, *Extrême amitié,* p. 22). — *Tu trouveras ci-joint un article que je destine à* l'Intransigeant *mais je n'ai eu aucune nouvelle d'un précédent article que je* LEUR *avais envoyé* (BERNANOS, *Coresp.,* t. II, 1971, p. 737). — *Maintenant on peut produire beaucoup plus de nourriture qu'avant, et* LES *transporter vite et facilement des pays riches aux pays pauvres* (S. de BEAUVOIR, *Belles images,* F°, p. 30). — *Je me trouvais [...] au premier étage de l'ancien hôtel de Zaharoff. Beaucoup de monde. Comme d'habitude,* ILS *ne quittaient pas leurs pardessus* (P. MODIANO, *Rue des Boutiques Obscures,* p. 176).

Syllepse du genre [2] : *La pauvre Barbe-bleue se doutait bien de quelque chose, mais* IL *ne savait pas de quoi* (A. FRANCE, *Sept femmes de la Barbe-bleue,* p. 19). — *Il ne vit que des*

---

2. Sans syllepse : *De bout en bout l'auteur* [= Christine Marchello-Nizia] *a visé à la plus grande clarté [...].* IL *n'a économisé aucun des moyens qui rendent un livre de cette sorte commodément consultable* (R.-L. WAGNER, dans *Romania,* 1980, p. 117).

figures béates, convaincues à l'avance de la beauté de ce qu'ils entendaient (R. ROLLAND, *Jean-Chr.*, t. IV, p. 25). — *Elle l'* [= gênée] *était comme les personnes que l'on n'a pas habituées à certaines prévenances. Change-t-on,* ILS *se demandent ce que cela signifie* (RADIGUET, *Bal du comte d'Orgel*, p. 90). — *L'auteur* [= George Eliot] *a beau être positiviste,* ELLE *croit au diable, et le diable, pour* ELLE, *c'est le sexe* (J. GREEN, *Journal*, 5 août 1957). — *L'auteur* [= Hélène Cixous] *s'abuse si* ELLE *croit ainsi rapprocher le langage du corps* (POIROT-DELPECH, dans le *Monde*, 1ᵉʳ juin 1979). — Voir d'autres ex. au § 429, *c*, 1°.

Hist. — La syllepse ne semblait pas gêner les classiques :

⁺*Le peuple prête aisément l'oreille à ces discours.* ILS *secouent le joug dès qu'*ILS *le reconnaissent* (PASCAL, *Pens.*, 230, Pl.). — ⁺*Moïse assemble le peuple pour* LEUR *proposer les conditions sous lesquelles Dieu* LES *recevait en son alliance* (BOSS., *Œuvres orat.*, t. III, p. 275). — ⁺*Mon fils n'aura point le chagrin de commander la noblesse de la vicomté de Rennes et de la baronnie de Vitré :* ILS *l'ont élu malgré lui pour être à leur tête* (SÉV., 21 févr. 1689). — *Entre le Pauvre et Vous vous prendrez Dieu pour juge ; / Vous souvenant, mon fils, que caché sous ce lin, / Comme* EUX *vous fûtes pauvre, et comme* EUX *orphelin* (RAC., *Ath.*, IV, 3).

2° Les **pronoms autres que les pronoms personnels ou relatifs** ont le genre de leur antécédent, mais le nombre est déterminé par les besoins de la communication :

Avez-vous observé que maints cercueils de vieilles / Sont presque aussi petits que CELUI *d'un enfant ?* (BAUDEL., *Fl. du m.*, Petites vieilles, I.) — *C'est un emprunt, ma chère, dette pour dette ! / — Parbleu, je ne nie pas les* MIENNES *!* (FLAUB., *Éd. sent.*, III, 1.) — *Pas une famille d'Europe que je ne connaisse. J'entends des familles comme* LA MIENNE (RIMBAUD, *Saison en enfer*, Mauvais sang). — *Le plus souvent sa maîtresse est une fille de fermier, une gouvernante ;* CELLES-CI [= les gouvernantes], [...] *solitaires dans un intérieur étranger, où elles sont demi-domestiques et demi-convives, sont exposées à d'étranges tentations* (TAINE, *Notes sur l'Anglet.*, p. 130). — *Son air rogue changea, tant les habitudes sont fortes, et il avait* CELLE *d'être aimable, voire enjoué, avec ses malades* (PROUST, *Rech.*, t. II, p. 317). — *Lui connaissez-vous des ennemis ?* AUCUN (AC.). — *Je vous le dis une fois pour* TOUTES, *ne venez plus me déranger* (*Dict. contemp.*, s.v. fois).

c) Lorsque **l'antécédent est autre chose qu'un nom ou un autre pronom,** le pronom ne garde aucune marque de l'antécédent et il est considéré comme neutre (ce qui se traduit par le masculin singulier, c'est-à-dire par le genre et le nombre indifférenciés). Si on remplaçait le pronom par le mot adéquat, celui-ci n'aurait pas nécessairement la forme de l'antécédent :

Elle demeura tout interdite ; je L'*étais beaucoup moi-même* [dit Adolphe] (B. CONSTANT, *Ad.*, II) [*l'* = interdit, et non interdite ; cf. § 648, *b*, Rem. 3]. — *Cela permet de ne pas punir ce qui ne doit pas* L'*être* (MONTHERLANT, *Équinoxe de septembre*, p. 265) [*l'* = puni, et non punir ; cf. § 648, *c*]. — Autres ex. au § 646, *a*.

d) Les **pronoms nominaux** échappent au problème de l'accord.

1° S'ils désignent des êtres animés, leur genre et leur nombre dépendent du sexe et du nombre des êtres désignés :

Tu es DISTRAITE [à Lucienne]. — *Tu es* DISTRAIT [à Lucien]. — *Nous sommes* DISTRAITS, *Lucienne et moi* [dit Lucien].

Les pronoms nominaux indéfinis ont souvent une portée générale qui se traduit par le genre indifférencié, le masculin :

CHACUN *est attentif à soi-même.* — *Jésus-Christ est mort pour le salut de* TOUS (AC.).

De même, quand ils ne portent pas eux-mêmes les marques du genre et du nombre : *Personne n'est* EXEMPT *de défaut.* [Comp. : *Une personne n'est pas* EXEMPTE ...]. — *Beaucoup sont* APPELÉS, *mais peu sont* ÉLUS (*Bible*, trad. OSTY-TRINQUET, Matth., XXII, 14).

2° S'ils désignent des choses, ils sont appelés pronoms neutres, et les mots qui s'accordent avec eux se mettent au masculin singulier :

TOUT *est perdu.* — RIEN *n'est définitif.* — AUTRE CHOSE *s'est produit.* [Comp. : *Une autre chose s'est* PRODUITE.]

SECTION 2. — LES PRONOMS PERSONNELS

Bibl. — G. MOIGNET, *Le pronom personnel français. Essai de psycho-systématique historique.* Paris, Klincksieck, 1965.

I. — GÉNÉRALITÉS

630 **Les pronoms personnels** désignent les êtres et les choses en marquant la personne grammaticale (voir § 631).

631 **Les personnes grammaticales.**

Bibl. — A. JOLY, *Sur le système de la personne,* dans *Revue des langues romanes,* 1973, pp. 3-56.

N.B. Les observations qui suivent concernent le verbe et les possessifs, tout autant que les pronoms personnels.

a) **La première personne.**

1° **Au singulier,** la première personne représente le locuteur (ou le scripteur), celui qui parle ou qui écrit :

JE *suis socialiste, mais, en tant que président de la République, j'ai à respecter ceux qui ne le sont pas* (Fr. MITTERRAND, déclaration citée dans le *Monde,* 28 juin 1985). — JE *n'écrirai pas de poème d'acquiescement* (R. CHAR, *Feuillets d'Hypnos,* 114).

Dans la littérature romanesque, la première personne ne doit pas nécessairement être assimilée à l'auteur du récit : la fiction peut aussi concerner cet aspect.

Par l'effet d'une syntaxe affective, la 1re personne est parfois substituée à la 2e et même à la 3e (dans ce cas, cela peut concerner des choses, rendues ainsi plus présentes, plus actives) :

Une mère, par ex., dira à son enfant : *Est-ce que j'aime toujours les bonbons ?* (Le ton indiquant que le *je* est ici un *tu.*) — *La malheureuse passait ses nuits à quatre pattes entre son seau et sa vassingue* [= serpillière] — *arrose que j'arrose — tellement que la mousse commençait de grimper le long des colonnes* (BERNANOS, *Journal d'un curé de camp.*, Pl., p. 1038). — *Il pleuvait dessus à grands flots... [...] Et que* JE *te pleus des pleines cascades...* (CÉLINE, *Mort à crédit,* F°, p. 605.) [Dans cet ex., il s'agit même d'un verbe d'ordinaire limité à la 3e pers.]
Sur *je* pour *nous* (le verbe restant au plur.), voir § 635, *f.*

2° **Au pluriel,** la première personne représente un ensemble de personnes dont le locuteur (ou le scripteur) fait partie :

Toi et moi, NOUS *sortirons les premiers. — Lui et moi,* NOUS *sommes cousins.*
Dans les récits, par le recours à la 1re pers. du plur., le narrateur rend les faits plus présents en y associant en quelque sorte son lecteur et lui-même : NOUS *sommes en 1770* (SAND, *Homme de neige,* t. I, p. 6). — Cf. § 304, *a,* 1°.

Elle représente parfois un ensemble de locuteurs (ou de scripteurs), par ex. dans les prières ou les chants en commun, dans les écrits en collaboration :

*Pardonne-*NOUS *nos offenses comme* NOUS *pardonnons à ceux qui* NOUS *ont offensés* (*Pater,* lorsqu'il est récité en commun). — NOUS NOUS *sommes attachés à rassembler une quantité importante de matériaux* (DAMOURETTE et PICHON, § 1).

La 1re pers. du plur. peut être employée au lieu du singulier : dans le pluriel dit *de majesté,* dans le style officiel employé par les souverains, les évêques, les personnes qui détiennent l'autorité ; — dans le pluriel dit *de modestie,* quand un auteur parle de lui-même ; — à l'impératif, parce que ce mode n'a pas de 1re pers. du sing. (sauf avec les verbes pronominaux, cela ne concerne pas le pronom) :

NOUS, *Tartarin, gouverneur de Port-Tarascon et dépendances, [...] / Recommandons le plus grand calme à la population* (A. DAUDET, *Port-Tar.,* II, 4). — NOUS *avons enquêté nous-même pendant de nombreuses années* (FOUCHÉ, *Traité,* p. III). — *Thibaudier, seul. [...]* APPELONS *Annette* (LABICHE, *Deux timides,* XIV).
A.-M. Löfler-Lorian (dans la *Revue de ling. rom.,* janv.-juin 1980, pp. 135-157) a constaté que les textes concernant les sciences exactes excluent systématiquement le *je.*

Dans la langue familière, la 1re pers. du plur. se met parfois au lieu de la 2e ou de la 3e :

NOUS *sommes donc toujours triste, pauvre ange !* (FLAUB., *Corresp.,* t. I, p. 138.) — *C'est la musique qui vous met dans cet état-là ? murmurait-elle.* NOUS *sommes donc si sensible ?* (J. GREEN, *Minuit,* p. 96.)
On l'a fait apercevoir plusieurs fois de sa faute, mais NOUS *sommes opiniâtre,* NOUS *ne voulons pas nous corriger* (AC.).
Les avocats, dans leurs plaidoiries, s'assimilent à leurs clients : *Dans le cas où vous* NOUS *condamneriez [...]* (BERRYER, plaidoyer pour Chateaubriand, dans : A. Lambrette, *Modèles français,* Éloquence, p. 109). — NOUS *pensions bien, monsieur le Président, que nos adversaires auraient le front d'invoquer les dispositions de la loi du 24 juin* (H. BAZIN, *Matrimoine,* p. 152).

Remarque. — Quand *nous* représente un être unique, les adjectifs et les participes qui s'y rapportent se mettent au singulier, avec le genre correspondant au sexe de l'être désigné : voir divers ex. ci-dessus et au § 429, *a*, 1°.

Hist. — L'emploi du *nous* de majesté remonte à l'époque des empereurs romains, qui, à partir de Gordien III, disaient *nos* en parlant d'eux-mêmes. Mais, pour certains auteurs, l'origine est orientale. D'autres font observer qu'en considérant une personne comme une pluralité, on lui donne plus d'importance. D'une façon générale, cela répond au besoin d'user, dans certaines circonstances, d'une forme différant de la forme courante. Cf. G. Garitte, dans les *Études classiques*, 1942, pp. 3-26.

b) La deuxième personne.

1° Au singulier, la deuxième personne représente le destinataire, auditeur ou interlocuteur, plus rarement (sauf dans la correspondance) lecteur :

Par exemple, dit-il, qu'est-ce que TU *fais là, bœuf, et dans cette position assise ?* (AYMÉ, *Contes du chat perché,* Bœufs.) — TU *le connais, lecteur, ce monstre délicat,* / — *Hypocrite lecteur,* — *mon semblable,* — *mon frère !* (BAUDEL., *Fl. du m.,* Au lecteur.)

Le locuteur (ou le scripteur) se prend parfois lui-même comme interlocuteur : *Je me dis : « Pourquoi diable as-*TU *fait cela !* » (J. GREEN, *Journal,* 26 mars 1957.) .

Certains proverbes utilisent la 2ᵉ pers. du sing., alors que leur caractère de vérité générale ferait attendre un tour avec *on : Aide-*TOI, *le ciel t'aidera.* (Pour cet ex. particulier, il faut tenir compte du fait que *on* n'est que sujet et que l'on recourt pour d'autres fonctions à des pronoms personnels d'une autre personne que la 3ᵉ : § 725, *e.*)

2° Au pluriel, la deuxième personne représente, soit un ensemble d'interlocuteurs, soit un ensemble de personnes dont l'interlocuteur fait partie :

Officiers français, soldats français, marins français, aviateurs français, ingénieurs français, où que VOUS *soyez, efforcez-*VOUS *de rejoindre ceux qui veulent combattre encore* (DE GAULLE, *Disc. et messages,* 24 juin 1940). — *Si tu as envie de te réconcilier avec lui, tu es bien libre, dit Henri. Mais je croyais que* VOUS *aviez de très mauvais rapports ? ajouta-t-il* (S. DE BEAUVOIR, *Mandarins,* p. 135).

Elle peut aussi représenter, comme le singulier, une seule personne :

VOUS *n'êtes pas monsieur Godot, monsieur ?* (S. BECKETT, *Théâtre I,* En attendant Godot, p. 30.)

Cet emploi de la 2ᵉ pers. du plur. au lieu du sing. s'appelle le *vouvoiement* (ou *vousoiement, voussoiement :* § 166, *b,* 3°), qui s'oppose au *tutoiement.* Celui-ci implique d'ordinaire la familiarité, tandis que le vouvoiement marque une certaine distance, notamment s'il s'agit d'une personne inconnue ou d'une personne à qui l'on doit le respect. Mais il y a d'importantes variations selon les temps, les lieux, les classes sociales, les familles, les individus.

Par ex., le règlement du compagnonnage interdisait les jurons, les querelles et le tutoiement (cf. A. PERDIGUIER, *Mémoires d'un compagnon,* 1914, p. 276 [1854]). — Inversement, les poètes tutoyaient Dieu et le roi (ou les membres de la famille royale) : *Ô* TOI *qui fis lever cette seconde aurore,* / [...] / *Règne à jamais, ô Christ, sur la raison humaine* / [...] *!* (LAMART.,

Harm., III, 5.) — *Devais-*TU *donc, Princesse, en touchant ce rivage, / Voir sitôt succéder le crêpe du veuvage / Au chaste voile de l'hymen ?* (HUGO, *Odes et ball.*, Mort du duc de Berry.) — La liturgie catholique, vers le milieu du XXe s., a réintroduit le tutoiement dans les prières.

Hist. — Le *vous* de politesse est souvent présenté comme un corollaire du *nous* de majesté (cf. *a*, Hist.). Toutefois, le vouvoiement apparaît déjà en lat. chez Ovide.

Dans l'ancienne langue, aucune règle fixe ne délimitait l'emploi de *tu* et celui du *vous* ; souvent même les deux pronoms alternaient dans un même passage (cf. Rem. 1). C'est au XVIIe s. que l'influence de la cour fit prévaloir le *vous* de politesse. — Sous l'Ancien Régime, les « honnêtes gens » ne se tutoyaient pas entre eux, mais ils tutoyaient l'homme du peuple. — La République établit en l'an II le tutoiement général, mais on en revint sous l'Empire à l'usage d'avant la Révolution.

Remarques. — 1. Le passage du *vous* au *tu*, ou inversement, implique une intention particulière, d'ordre affectif :

Laissez-moi veiller et VOUS, *dormez ; et rêve à moi, je* T'*en prie* (VIGNY, lettre à Louise Colet, dans la *Revue des deux mondes*, 15 janv. 1956, p. 263). — *Sire,* VOUS *pouvez prendre à votre fantaisie, / L'Europe à Charlemagne, à Mahomet l'Asie, / Mais* TU *ne prendras pas demain à l'Éternel !* (HUGO, *Ch. du crép.*, V, 2.) — *Si je* TE *voyais jouer avec une margoton ficelée comme celle-là, monsieur le fils de ma sœur, je ne* VOUS *reconnaîtrais plus pour mon neveu* (A. FRANCE, *Crime de S. Bonnard*, p. 30). — *Parce qu'on ne bouffait pas chez* TOI, *groin de porc. / — Je me suis peut-être mieux nourri que toi... [...] / — Taisez-*VOUS, *gonzesse* [cf. § 476, *c*, 2°], *je vais* VOUS *corriger. / D'un coup, le cercle attentif se resserra : gare ! il lui avait dit « vous »,* les choses allaient se gâter...* (DORGELÈS, *Croix de bois*, X.)

Hist. — En anc. fr., on passait couramment — et sans aucune raison d'ordre affectif — du *tu* au *vous* et vice versa : PREN *la corone, si* SERAS *coronez ; / O se ce non, filz,* LAISSIEZ *la ester : / Je* VOS *defent que* VOS *n'i adesez* [= Prends la couronne, et tu seras couronné ; ou sinon, fils, laisse-la là : je vous défends que vous y touchiez] *(Couronnem. de Louis,* 69-71).

2. Dans les proverbes (comp. 1°), il s'agit sans doute d'un véritable pluriel : *Oignez vilain, il* VOUS *poindra...*

3. Quand *vous* représente un être unique, les adjectifs et les participes qui s'y rapportent se mettent au singulier, avec le genre correspondant au sexe de l'être désigné (cf. § 429, *a*, 1°).

Jean, vous êtes DISTRAIT. *— Jeanne, vous êtes* DISTRAITE.

4. Certaines expressions avec tutoiement, ou avec vouvoiement, peuvent être figées et s'utilisent avec une personne que l'on vouvoie, ou que l'on tutoie :

Vous habiller, pour vous, c'est enfiler, va comme je TE *pousse, une housse* (MAUPASS., cité dans *Romania*, 1951, p. 434). — *Tu vas rudement me manquer, savez-*VOUS ? (B. et Fl. GROULT, *Il était deux fois...*, p. 379.) [Le second ex. est un fait individuel.]

c) **La troisième personne** représente un être ou une chose (au singulier), des êtres ou des choses (au pluriel) dont on parle.

*Que demande-t-on d'une fleur / Sinon qu'*ELLE *soit belle et odorante une minute* (CLAUDEL, *Ann. faite à M.*, p. 92). — *J'ai de mes ancêtres gaulois l'œil bleu blanc, la cervelle étroite, et la maladresse dans la lutte. [...] / D'*EUX, *j'ai : l'idolâtrie et l'amour du sacrilège ; — oh ! tous les vices* (RIMBAUD, *Saison en enfer*, Mauvais sang).

La 3ᵉ pers. désigne ce qui ne ressortit ni à la 1ʳᵉ ni à la 2ᵉ, qui, elles, concernent des êtres humains participant à l'acte de communication. Considérant celles-ci comme les vraies personnes, Benveniste (*Problèmes de ling. générale*, pp. 255-256) traite la 3ᵉ de *non-personne* ; A. Joly préfère parler de la *personne absente*.

L'identification de la 1ʳᵉ et de la 2ᵉ pers. est d'ordinaire évidente, puisque cela résulte de la situation. Il n'en est pas de même pour la 3ᵉ ; le fait que dans ce cas la plupart des pronoms portent la marque du genre facilite l'identification. — Voir aussi la Rem. 1.

Les pronoms de la 3ᵉ pers. ayant d'habitude une valeur de représentants (cf. § 632, *c*), on identifie mal une personne présente en la désignant oralement par un pronom de la 3ᵉ pers. ; le fait d'utiliser un pronom de la 3ᵉ pers. à propos de quelqu'un de présent est même considéré comme impoli. Cependant, dans une syntaxe familière et affective, *il* peut se substituer à *tu*, par ex. quand une mère dit à son enfant (avec le ton approprié) : *Est-ce qu'IL aime bien sa maman ?* — Au lieu du pronom personnel, on peut aussi avoir un nom comme *bébé* ou le prénom de l'enfant (comp. ci-dessous).

Pour s'adresser à des personnes de haut rang, on recourt à des périphrases formées du déterminant possessif de la 2ᵉ pers. et d'un nom, et ces périphrases, lorsqu'elles sont sujets, impliquent un verbe à la 3ᵉ pers. :

Vos Éminences ONT *la permission de se retirer* (CURTIS, adaptation de : P. Luke, *Hadrien VII*, II, 2).

Pour les pronoms personnels ou les possessifs qui, dans la suite du texte, concernent les personnes d'abord désignées par ces périphrases, on peut, soit garder la 3ᵉ pers., soit passer à la 2ᵉ, soit même mêler la 2ᵉ et la 3ᵉ : *Votre Majesté* [...], *non seulement est faible réellement, sur certains points, mais, sur d'autres,* ELLE *est obligée de feindre la faiblesse* (MONTHERLANT, *Reine morte*, II, 1). — *Il ne tiendrait qu'à* VOTRE ALTESSE ROYALE *de s'environner d'hommes en rapport avec les idées et les sentiments de la France.* VOTRE *petite cour servirait de contrepoids dans l'opinion* (CHAT., *Mém.*, IV, x, 6). — *« J'ai le regret d'annoncer à Votre Majesté que* SON *voyage s'arrête ici* [...]. » / [...] *Les moindres détails de l'expédition étaient connus du préfet : / «* VOUS *deviez vous embarquer à Marseille* [...]. »* (A. DAUDET, *Rois en exil*, p. 396.)

On peut aussi employer les périphrases en question avec le déterminant possessif de la 3ᵉ pers., et dans ce cas les possessifs ou les pronoms personnels qui interviennent par la suite sont de la 3ᵉ pers. : *Il ne tiendrait qu'à Sa Majesté de s'environner d'hommes dévoués.* SA *petite cour...*

Les gens de maison, les garçons de café, les vendeurs, etc., quand ils parlent avec déférence, emploient aussi *Monsieur, Madame, Mademoiselle* comme substituts de la 2ᵉ personne : MONSIEUR *peut en être sûr ! affirma Nicolas* [le cuisinier]. [...] *Je vais lire à* MONSIEUR *le passage en question* (VIAN, *Écume des jours*, I).

Il arrive aussi que l'on se serve de la 3ᵉ pers. pour parler de soi-même, par ex. quand on se désigne par son nom dans des cartons d'invitation, dans des formules écrites sur des cartes de visite : JEAN DUPONT *vous remercie pour vos bons vœux*. — Périphrase aujourd'hui plaisante : *En ce qui concerne* VOTRE SERVITEUR, *croyez bien que je suis de tout cœur avec vous* (Grand dict. enc. Lar.). — Dans la langue très familière, *bibi* (avec la 3ᵉ pers.) est un substitut de *je, moi : Bibi le sait* (§ 220, *c*, 2°).

Dans une langue d'inspiration argotique, *ma pomme, ta pomme, vos pommes*, etc. (le verbe étant à la 3ᵉ pers.) sont des substituts de *je, moi, tu, toi, vous*, etc. : cf. § 220, *c*, 1° (avec d'autres périphrases encore).

On (avec la 3ᵉ pers.) s'emploie au lieu de *je, tu, nous, vous* ; cela est particulièrement fréquent dans la langue familière au lieu de *nous : Quand part-ON ?* — Voir § 724, *b*, 2°.

Remarques. — 1. Quand une phrase contient plusieurs pronoms personnels à la 3ᵉ personne représentant des termes différents, il y a des dangers d'ambiguïté :

Au lieu de °*Peut-on croire celui qui dit à son ami qu'*IL LUI *est tout dévoué ?* on dira par ex. : *Peut-on croire celui qui assure son ami d'un entier dévouement ?*

2. Les transpositions de personnes, dans la syntaxe affective, peuvent aboutir à des mélanges :

Nous nous voyons si peu [...]. *Faites une risette à* SON *père* (H. LAVEDAN, *Vieux marcheur,* p. 72). — *Allons, Kiss* [une chienne], *revenez vite dans* SA *petite maison avec* SON *père !* (COLETTE, *Paix chez les bêtes,* p. 60.)

3. Un autre mélange de personnes se produit quand, devant un infinitif ou un gérondif, on emploie le pronom réfléchi de la 3ᵉ pers. alors que le contexte utilise des pronoms de la 1ʳᵉ ou de la 2ᵉ pers. pour désigner le même être. C'est un tour surtout populaire.

Ex. reproduisant l'usage parlé : *Qu'est-ce qui nous empêche de divorcer et de* SE *remarier* [...] ? (P. MILLE, *Trois femmes,* p. 13.) — *Je me plais... sans* SE *plaire. Ça dépend comme* (H. LAVEDAN, *Leur cœur,* p. 101).

Ex. concernant la langue écrite : *On m'a vu* SE *coucher avec lui* (LAUTRÉAMONT, *Ch. de Mald.,* p. 105). — *Il y a des journées où nous faisons un quart de lieue et en* SE *donnant un mal de chien* (FLAUB., *Corresp.,* t. I, p. 313). — *Au bout de huit jours, elle* [= l'occasion] *surgit, telle que ma hâte à* SE *déclarer non seulement n'eut rien de choquant, mais sembla impérieusement commandée* (ESTAUNIÉ, *Labyrinthe,* p. 99). — *Un soldat venu porter un pli nous vit ainsi attablés, tous à* SE *goberger* (VERCORS, *Bataille du silence,* p. 97). — *En omettant de s'en indigner, ne tressions-nous pas notre rang de barbelés ?* (POIROT-DELPECH, dans le *Monde,* 19 avril 1985.)

Hist. — Le tour n'était pas évité au XVIIᵉ s. : *Sans s'emporter, prenez un peu soucy / De me justifier les Termes que voicy* (MOL., *Mis.,* IV, 3). — ⁺*Lorsque la fortune nous surprend en nous donnant une grande place* [...], *il est presque impossible de s'y bien soutenir* (LA ROCHEF., t. I, p. 196).

4. Les noms ressortissent à la 3ᵉ pers., sauf quand ils sont en apostrophe (§ 370).

632   **Représentants et nominaux.**

a) Les pronoms de la 1ʳᵉ et de la 2ᵉ personne du singulier sont des nominaux. Ils désignent ceux qui participent à la communication, c'est-à-dire des êtres humains, ou bien des êtres ou des choses que l'on traite comme des humains (êtres surhumains, comme la divinité, etc. ; animaux, par exemple dans la fable ; choses, dans l'allégorie ou la personnification).

Ex. où il ne s'agit pas d'êtres humains : JE *ne puis pas jouer avec toi, dit le renard.* JE *ne suis pas apprivoisé* (SAINT EXUPÉRY, *Petit prince,* XXI). — *Sois sage, ô ma Douleur, et tiens-*TOI *plus tranquille* (BAUDEL., *Fl. du m.,* Recueillement).

b) Les pronoms de la 1ʳᵉ et de la 2ᵉ personne du pluriel peuvent être des nominaux ; mais ils sont à la fois nominaux et représentants quand ils réunissent des êtres de la 1ʳᵉ ou de la 2ᵉ personne à des êtres de la 3ᵉ personne :

Dans ta famille, VOUS *êtes tous blonds.*

c) Les pronoms de la 3ᵉ personne sont habituellement des représentants [3]. Cependant, dans une conversation, ils peuvent s'employer sans antécédent, si la situation permet d'identifier la tierce personne (celle qui n'est ni le locuteur ni l'interlocuteur) :

Scipion. *Je vous demande pardon.* / Il sort. / Chérea. Il *est offusqué* (A. CAMUS, *Caligula*, I, 2).

Ils est un nominal quand il désigne de façon vague des gens non précisés, souvent les gens qui détiennent l'autorité (emploi de la langue parlée familière) :

Je vois que vous ne savez pas comment ILS *sont dans ce pays* (GIDE, *Caves du Vat.*, p. 212). — ILS — *Troisième personne du pluriel* [...] *adoptée par les Français pour désigner l'origine de tous leurs maux : députés, percepteurs, communistes, fascistes, piétons, automobilistes, fonctionnaires, gouvernement, Américains, Russes, etc.* (DANINOS, *Jacassin*, p. 144). — « ILS *font tout ce qu'*ILS *peuvent pour nous embêter* ». « *Qu'est-ce qu'*ILS *ont encore inventé ?* » ILS, *ce sont, suivant les cas, ou simultanément, l'État, le gouvernement ou le Parlement, la majorité et l'opposition, mais surtout les bureaux.* ILS, *ce sont ceux qui décident* (A. PEYREFITTE, *Mal français*, p. 335).

On dit parfois de même *elles* pour désigner les femmes en général : Cyrano. [...] *Par où diable avez-vous bien pu passer ?* / Roxane. *Par où ?* / *Par chez les Espagnols.* / Premier cadet. *Ah ! qu'*ELLES *sont malignes !* (E. ROSTAND, *Cyr.*, IV, 6.) [Rem. la majuscule.]

Il y a d'autre part des cas où le pronom de la 3ᵉ personne n'est ni représentant, ni nominal. C'est le cas du sujet *il* dans les verbes impersonnels : IL *pleut ;* — et des pronoms compléments *le,* parfois *la* ou *les,* dans des locutions où la valeur du pronom a cessé d'être perçue : *Je vous* LE *donne en mille.* Cf. § 646, *b.* — De même, *en* et *y* : § 654.

Remarque. — Sur le pronom complément explétif (*Enlevez-*MOI *cette bicyclette qui obstrue le passage*), voir § 647, *e.*

II. — FORMES DES PRONOMS PERSONNELS

633 **Les pronoms personnels varient :**

a) Selon la personne et le nombre : cf. § 631.

b) Selon la fonction :

— Sauf à la 1ʳᵉ et à la 2ᵉ personne du pluriel, le pronom sujet s'oppose au pronom complément (ou attribut ou sujet réel) : JE ME *lave.*

— À la 3ᵉ personne, le pronom objet direct s'oppose au pronom objet indirect : *Je* LE *vois. Je* LUI *parle.*

c) Selon la place. Sauf à la 1ʳᵉ et à la 2ᵉ personne du pluriel, on distingue les formes **conjointes** des formes **disjointes** : JE *l'ai vu. C'est* MOI *qui l'ai vu.*

Conjointes, c'est-à-dire jointes directement au verbe. *Disjointes,* c'est-à-dire séparées du verbe. On les appelle aussi, respectivement, *atones* et *toniques* ; mais cette notion fait appel à

---

3. Selon les termes utilisés pour les démonstratifs (§ 598), les pronoms de la 1ʳᵉ et de la 2ᵉ pers. ont d'ordinaire une fonction *déictique* et ceux de la 3ᵉ une fonction *anaphorique.*

l'histoire, laquelle contredit partiellement la situation actuelle : dans *Vois-le, le* est tonique, alors qu'historiquement, c'est une forme atone. Aujourd'hui, *je, me, te, se* sont toujours atones ; les autres sont atones ou toniques (*moi, toi, soi, eux* ne sont atones que lorsqu'ils perdent leur accent au profit d'un monosyllabe qui les suit : *Moi seul, eux deux,* etc.). Cf. M. Léon, *L'accentuation des pronoms personnels en franç. standard.* P., Didier, 1972. — D'autres linguistes parlent de formes *pleines* et de formes *réduites* (Wagner-Pinchon), de formes *fortes* et de formes *faibles* (Le Bidois), etc.

d) Selon que le pronom complément, à la 3ᵉ personne, renvoie ou non au même être ou objet que le sujet. Quand on a cette identité, le pronom est dit **réfléchi** : *Il* SE *regarde.* (Comp. : *Il* LE *regarde.*)

Pour les diverses valeurs de ce pronom, cf. §§ 746-751. — Pour le choix entre *soi* et *lui,* § 640.

e) Selon le genre à la 3ᵉ personne :

— *Il, ils, elle, elles* comme sujets : IL *dort. Elle* DORT.

— *Le, la* comme formes conjointes objets directs, sujets réels ou attributs : *Je* LE *regarde. Je* LA *regarde.*

— *Lui, eux* et *elle, elles* comme formes disjointes : *Avant* LUI. *Avant* ELLE.

Remarques. — 1. Les formes masculines *il* et *le* servent aussi de formes neutres : *il* comme sujet d'un verbe impersonnel ; *le* comme représentant d'un adjectif, d'une phrase, etc. :

IL *pleut. — Vous avez raison, je* LE *reconnais.* — Cf. §§ 643 ; 646, *a* ; 648, *b.*

2. Les formes qui ne portent pas la marque du genre ont pourtant un genre, qu'elles communiquent aux mots dont elles déterminent l'accord :

JE *suis venue.* VOUS *êtes venues.*

634   ## Tableau des formes du pronom personnel.

	Formes conjointes					Formes disjointes		
	Sujet		Autres fonctions			Non réfléchi		Réfl.
			Objet direct		Objet indir.	Réfl.		
	Masc.	Fém.	Masc.	Fém.			Masc.	Fém.	
1ʳᵉ pers. du sing.	je		me				moi		
2ᵉ pers. du sing.	tu		te				toi		
3ᵉ pers. du sing.	il	elle	le	la	lui	se	lui	elle	soi
1ʳᵉ pers. du plur.	nous								
2ᵉ pers. du plur.	vous								
3ᵉ pers. du plur.	ils	elles	les		leur	se	eux	elles	soi

Le, la et *les,* qui figurent ici comme objets directs, peuvent aussi être attributs et sujets « réels ».

Outre ces formes, il y a *en* et *y* (cf. §§ 650-656), — ainsi que *on,* qui peut être considéré comme un pronom personnel indéfini et qui, dans la langue parlée, fait concurrence à *nous* : ON *va se promener ?* (Cf. § 724, *b,* 2°.)

Hist. — Les pronoms de la 1ʳᵉ et de la 2ᵉ pers. viennent des pronoms personnels latins ; de même le pronom réfléchi de la 3ᵉ pers. Les formes non réfléchies de la 3ᵉ pers. sont issues du démonstratif latin *ille* (*lui* d'un datif du latin vulgaire *illui*).

L'anc. fr. avait en outre une forme *li,* qui servait de complément d'objet indirect (*lui* l'a remplacée dans cette fonction) et de forme tonique féminine (*elle* l'a remplacée dans cette fonction). Des hésitations entre *li* et *lui* en moyen fr., nous avons gardé le nom *hallali* = *hale à li* « cours à lui ».

En anc. fr., *il* servait de sujet masculin à la 3ᵉ pers. aussi bien au singulier qu'au pluriel.

635   ## Observations sur les formes du pronom personnel.

a) E **muet devant consonne** s'amuït selon les règles ordinaires (§ 29), sauf dans *le* placé après le verbe :

Tu ME *gâtes* [ty m gɑt]. *Quand* JE LE *vois* [kɑ̃ ʒlə vwɑ] ou [kɑ̃ ʒəl vwɑ]. — Mais : *Fais*-LE *passer* [fɛ lə pɑse].

b) Dans *je, me, te, se, le, la,* **la voyelle s'élide** (phonétiquement et graphiquement) devant un verbe commençant phonétiquement par une voyelle (sauf s'il y a disjonction : §§ 47-50) et devant *en, y* :

J'ouvre. Je L'*honore. Tu* T'*en vas. Va-*T'*en.* — Mais : *Je* LE *hais* [ʒlə ɛ].

Lorsque *je* suit le verbe, il ne s'élide pas graphiquement : *Ai-*JE *assez travaillé* [ɛʒ ɑse tʀavaje].

Lorsque *le* et *la* suivent le verbe (sauf devant *en, y*), ils ne s'élident ni graphiquement ni phonétiquement : *Fais*-LE *apporter* [fɛ lə apɔʀte]. Cf. Hist.

Après le verbe, devant *en* et *y,* on a *m', t', s'* au lieu de *moi, toi, soi* : cf. § 658, *b,* 2°.

Dans la langue parlée familière, *tu* se réduit souvent à [t] devant voyelle : voir § 44, *c,* 3°.

Hist. — Après un impératif, *le* a pu être inaccentué jusque dans le courant du XVIᵉ s. : *Pers le* (= *perds-le*) rime avec *perle* chez MAROT (cf. Huguet, s.v. *le*). — *Le* inaccentué se retrouve encore au XVIIᵉ s., et même plus tard, chez les poètes, qui parfois ne font pas compter comme une syllabe le pronom *le* placé devant voyelle :

*Mettons-*LE *en nostre gibeciere* (LA F., *F.,* V, 3). — *Orgon. Ingrat ! /* *Tartuffe. Laissez-*LE *en paix. S'il faut à deux genous / Vous demander sa grace...* (MOL., *Tart.,* III, 6.) — ⁺*Rendez-*LE *à mon amour, à mon vain désespoir* (VOLT., *Mérope,* IV, 2). — *Coupe-*LE *en quatre, et mets les morceaux dans la nappe* (MUSSET, *Prem. poés.,* Marrons du feu, VI). — *Tous. Hé, qu'à cela ne tienne ! / Chassons-*LE. */ Catt. Arrière tous ! Il faut que j'entretienne / Cet homme* (HUGO, *Cromwell,* II, 9).

La a pu s'élider aussi dans la même position, mais ceci se marque nécessairement dans l'écriture : *Tu mourras à ce coup. Valets, jettez* L'*embas. / S'elle s'accroche à vous, coupez luy mains et bras* (DU BARTAS, cit. Huguet, s.v. *le*). — *Prenez une feuille de papier marbré* [...] ; *Faites-*L'*infuser l'espace de trois minutes* (MONTESQ., *L. pers.,* éd. B., t. II, p. 77). [Var. : LA *infuser.*]

c) Devant une consonne, **il** et **ils** se prononcent [il] dans la langue soutenue, [i] dans la langue courante. Devant voyelle : au singulier, [il] ; au pluriel, [ilz] dans la langue soutenue, [iz] dans la langue courante.

Cela apparaît dans la langue écrite quand l'auteur veut rendre l'usage populaire (quoique cet amuïssement ne soit pas uniquement populaire) : *Faut voir comme* Y Z' *ameut'nt la foule* (RICTUS, *Soliloques du pauvre*, Impressions de promenade).

Hist. — Cet amuïssement de *l* est très ancien. Il se marquait surtout en anc. fr. dans l'emploi de *qui* pour *qu'il* (ou inversement par hypercorrectisme). — Il a été entériné même graphiquement dans *oui, nenni* (= *o il, nen il*).

d) Prononciations diverses.

1° Dans une phrase comme *Je* L'*ai dit,* [l] est souvent prononcé double dans une grande partie de la France (l'Est et le Sud échappent à ce phénomène, moins sensible aussi dans le Nord).

2° [A], prononciation populaire pour *elle, elles, il, ils* est parfois relevé par les écrivains : *Quoi qu'*A *dit ? /* — A *dit rin* (J. TARDIEU, *Monsieur monsieur*, Même néant). — A *portent des bigoudis* [...] *parce qu'*A *croient toutes qu'*A *vont fêter un anniversaire* (R. PINGET, *Monsieur Songe*, p. 60). — A' [= les Allemands et les Américains] *sont aussi pires eul's uns comme euls aut'* [dit un Normand] (LE ROY LADURIE, *Paris-Montpellier*, p. 22).

3° *Vous* se réduit parfois à [u] dans la langue parlée très familière : *S'il vous plaît*, par ex., est prononcé [sjuplɛ] ; — avec réduction aussi du verbe dans *Avez-vous* prononcé [avu], notamment au Québec (phénomène d'haplologie : § 218).

Hist. — Les formes réduites de *vous* ont été jadis plus répandues ; elles étaient même admises dans la langue écrite : *Av'*OUS *mal aux dens* [...] ? (*Pathelin*, 1256). — AvoÛs *peur d'estre nommées / Pucelles mal renommees* (RONSARD, t. V, p. 14). — Vaugelas (p. 189) notait qu'on disait communément en parlant : *Avous dit*, mais que cela ne s'écrivait jamais. Il faut mettre à part le cas où l'auteur veut rendre des particularités de langage, comme celles des paysans : *Testiguenne, par ce qu'*OUS *estes Monsieu,* OUS *viendrez caresser nos femmes à note barbe ? allez* V-S-*en caresser les vostres* (MOL., *D. Juan*, II, 3).

e) Par un phénomène d'**haplologie** (§ 218), certains pronoms disparaissent d'une manière formelle, sans que pourtant la signification dont ils sont porteurs soit absente de la communication.

1° Dans la langue parlée, *le, la, les* s'effacent très souvent devant *lui, leur*. Ce phénomène apparaît parfois par écrit, même en dehors de la reproduction de conversations courantes.

Elle me fit promettre que [...] *je reviendrais près d'elle, ou que je lui permettrais de me rejoindre : je* LUI *jurai solennellement* (B. CONSTANT, *Ad.*, V). — *Ce n'est pas la peine, je* LUI *dirai tantôt* (FLAUB., *M*^me *Bov.*, III, 8). — *Comme William avait peine à allumer une cigarette, Juliette la lui prit des mains, l'alluma, en tira une bouffée et* LUI *mit dans la bouche* (E. de GONC., *Faustin*, XXIV). — *En somme il « ne faisait pas confiance » au peuple comme je* LUI *ai toujours faite* [corrigé en *fait* dans la Pl.] (PROUST, *Rech.*, t. II, pp. 1075 et 1203). [L'accord du participe est fait avec le pronom sous-jacent ; voir aussi l'Hist.] — [...] *ma chère maman, si jolie, si élégante, et qui me plaisait tant sans que j'ose* LUI *dire* (LÉAUTAUD, *Petit ami*, IV). — *Totor fait mine de* LUI *rendre* [un mouchoir] (R. CREVEL, *Mort difficile*, IV). — *Il voulut savoir* [...] *pourquoi l'enfant lui avait donné ce nom. Il* LUI *demanda dès le lendemain* (M. TOURNIER, *Roi des aulnes*, p. 383). — *Elle aurait été capable de plus d'application encore. Il aurait fallu* LUI *demander* (P. LAINÉ, *Dentellière*, p. 37). — *Chacun* [...] *se montrant quand* on LUI *demande* (M. FOUCAULT, *Surveiller et punir*, p. 198). — *La concierge court pour* LUI *dire* (M. DURAS, *Douleur*, p. 34).

Hist. — Le phénomène décrit ci-dessus était quasi constant dans la littérature du moyen âge. Remarquons pourtant : *Il* LA *li balle* [= donne] (BÉROUL, *Tristan*, 2656). — *Deu prioit / Que ansaignier* LE *li vosist* [= voulût] (*Barlaam et Josaphat*, 11313). — *Il est heure que je* LE *luy monstre* (FROISSART, *Chron.*, S.H.F., t. XIII, p. 238).

Au XVIIe s., en dépit de Vaugelas (p. 33), l'omission du premier pronom était fréquente dans la littérature ; on la trouve aussi au XVIIIe :

Je LEUR *sçavois bien dire* (LA F., *F.*, VII, 2). — *Il y a trois quarts d'heure que je* LUY *dis* (MOL., *D. Juan*, IV, 2). — ⁺*Bien loin de le* [= l'honneur] *rechercher, il* [= le chrétien] *ne doit pas le recevoir quand on* LUI *offre* (BOSS., *Œuvres orat.*, t. III, p. 349). — ⁺*Il avait demandé plusieurs pères jésuites, on* LUI *a refusés ; il a demandé la* Vie des Saints, *on* LUI *a donnée* (SÉV., 31 janv. 1680). [Rem. l'accord des participes.] — *Ma Sr de La Rouzière demande que Melle de Gagni entre ; vous pouvés* LUY *permettre* (MAINTENON, *Corresp.*, 29 sept. 1694). — *Le petit Jean de Saintré* [...] *ne pouvoit manger son pain si sa bonne ne* LUI *coupe* (BERN. DE SAINT-P., *La vie et les ouvr. de J.-J. Rouss.*, p. 124).

2° *Y* se supprime devant le futur et le conditionnel d'*aller*, ainsi que devant lui-même, avec le verbe impersonnel *y avoir* :

S'il faut que tu ailles à Paris, tu IRAS (G. SAND, *Corresp.*, 5 avril 1847). — *Avez-vous été à Paris ? J'*IRAI (AC.). — *Quand il* IRAIT *de tout mon bien* (AC.). — *Non, vous n'irez pas à cette porte ! Non, vous n'*IREZ *pas !* (HUGO, *Angelo*, II, 5.) — *Maman, faut-il vraiment que j'aille à l'église ? / — Je le désire, Carlos, mais vous n'*IREZ *pourtant pas, si votre Père n'y veut pas consentir* (C. PAYSAN, *Nous autres, les Sanchez*, L.P., p. 123).

Ce n'est point parce qu'il y a une rose sur le rosier que l'oiseau s'y pose : c'est parce qu'il Y *a des pucerons* (J. RENARD, *Journal*, 9 juin 1897).

Certains auteurs n'ont pas craint de mettre *y* devant *irai*, etc. : *Vous n'*Y *irez pas ?* (LITTRÉ, s.v. *si* adv., 15°.) — *Il* Y *irait non seulement de l'empire, mais de la vie* (FAGUET, *En lisant Corneille*, p. 221).

Hist. — L'omission de *y* devant *irai*, etc. est ancienne : [...] *que je voisse* [= aille] *en la cité : / Je n'*IRAI *mie* (*Aucassin et Nic.*, XVII). — Le pronom était parfois maintenu : *Quand il verra qu'il* Y *ira de sa vie* (AMYOT, *Thém.*, XXXII). — ⁺*Non, je n'*Y [= à cette chasse] *irai pas ; ils n'*Y *iront pas eux-mêmes* (FÉN., *Tél.*, t. I, p. 267). — *J'*Y *irais* (SAINT-SIMON, *Mém.*, Pl., t. III, p. 247). — En anc. fr., ce maintien amenait parfois une altération du verbe, par dissimilation (§ 21) : *Molt volantiers i* ERONT [= iront] (1re continuation de *Perceval*, t. II, 12863).

3° *En* se supprime devant lui-même :

Il remplit un verre de ce vin → *Il* EN *remplit un* pour *Il EN EN *remplit un.*

f) Je pour *nous* (ou *je* suivi de la 1re pers. du plur.) ne se trouve dans la langue écrite que lorsque les auteurs veulent reproduire la langue populaire, surtout paysanne (cet emploi a été assez général dans les dialectes d'oïl, picard exclu) :

Le vieux curé [...] *lui dit* [...] *dans son parler paysan, qui augmentait avec l'âge : « Ma chère sœur,* JE SERONS *tous pardonnés, parce que le bon Dieu nous aime, et sait bien que quand* JE *nous* REPENTONS*, c'est que* JE *l'*AIMONS. [...] » (SAND, *Hist. de ma vie*, IV, 5). — *M'sieur Bernard,* JE V'NONS *chez vous parce que* JE *n'*OSONS *pas aller trouver m'sieur Achille.* [...] *Nous,* J'SOMMES *toujours sacrifiées* [disent des épinceteuses normandes] (MAUROIS, *Bernard Quesnay*, IV).

Hist. — Cet emploi apparaît au XVᵉ s. (*Passion de Semur*). Il se trouve au XVIᵉ s. dans toutes les classes sociales : J'avons *esperance qu'il fera beau temps* (FRANÇOIS Iᵉʳ, *Corresp.*, cit. Littré, s.v. *je*). — *J'y arretai Lundi, Mardi et Mercredi matin ; apres la messe, j'en* PAR-TIMES (MONTAIGNE, *Journal de voy. en It.*, p. 260). — JE *en* AVONS *conferé ensemble* (maréchal de GONTAUT-BIRON, lettre de 1581 citée dans Damourette-Pichon, § 2331). — Par la suite, les auteurs n'attestent l'emploi que dans la bouche de gens du peuple : *Mon Dieu,* JE *n'*AVONS *pas étugué* [= étudié] *comme vous, / Et* JE PARLONS *tout droit comme on parle cheux nous* [dit la servante Martine] (MOL., *F. sav.*, II, 6). [*Quel solécisme horrible !* s'écrie alors Bélise.] — ⁺*Quand* JE SERONS *aveugles et muets,* JE FERONS *voute commission.* [...] J'ONS *une langue, et je m'en sars* [dit un fermier] (MARIV., *Dénouement imprévu*, II).

g) On peut renforcer ou préciser *moi, toi, nous, vous, lui, eux, elle(s), soi*, en y ajoutant tantôt *même* (variable et précédé d'un trait d'union), tantôt *seul* (variable) : *Moi-même, eux-mêmes. Lui seul, nous seuls.* — À *nous, vous* on peut joindre *autres : Nous autres, vous autres* (§ 712, *b*, 1°). — À *nous, vous, eux, elles* on peut joindre un numéral cardinal ou encore *tous, toutes :*

> *Nous deux, vous trois.* — *Ils représentaient à* EUX TROIS *le chœur de la tragédie* (MAUROIS, *Ariel*, II, 15). — *Vous tous.*
>
> *Nous, vous,* déjà renforcés par *autres,* peuvent l'être encore par un nombre cardinal ou par *même, seul, tous, toutes : Nous autres quatre* (J. GIONO, *Voy. en Italie*, p. 110). — *Vous autres mêmes. Nous autres seuls. Vous autres tous.* — Certaines de ces expressions appartiennent surtout à l'usage parlé.
>
> Sur °*Leur deux* pour *eux deux* ou *tous deux,* voir § 579, *d.*

h) Sur l'emploi de la majuscule dans les pronoms personnels, voir § 100, *a.*

III. — EMPLOI DES FORMES DISJOINTES

636   **Cas où les formes disjointes s'emploient comme sujets.**

a) Le pronom est séparé du verbe par autre chose qu'un pronom personnel conjoint ou que la négation *ne* :

> LUI *aussi pressentait le péril* (FR. MAURIAC, *Sagouin*, p. 38). — *J'aime couper moi-même ma tranche de gâteau, car* MOI *seule connais mon appétit* (A. SARRAZIN, *Après-peine*, p. 130). — *Les objets sont tous là* [...] *sans que* MOI *qui connais, goûte, pèse, cuis, etc. n'existe en aucune manière* (M. TOURNIER, *Vendredi ou les limbes du Pacifique*, Fᵒ, p. 97).

Exception : *Je soussigné* ... Cf. § 642, Hist., 2.

b) Le pronom s'oppose à un autre terme :

> EUX *le sentaient vaguement, lui, plus nettement* (R. BAZIN, *Noellet*, p. 15). [La forme *lui* est demandée aussi par le *e*) ci-dessous.] — LUI *se montra grossier, mais plus décidé que les autres* (CÉLINE, *Voy. au bout de la nuit*, Fᵒ, p. 242).
>
> On met parfois une virgule après le pronom ainsi employé : cf. § 127, 3°. — *Moi* et *toi* ne sont pas possibles dans le cas envisagé dans le *b*).

c) Le pronom est coordonné à un autre sujet :

J'espère que ni MOI *ni mes enfants ne verrons ces temps-là* (VIGNY, *Cinq-Mars*, I). — LUI *et sa courageuse épouse seront profondément déçus* (P.-H. SIMON, dans le *Monde*, 9 mars 1966). — *Mon frère, mes sœurs et* MOI *avions appris à reconnaître le sifflement de la bombe ou de l'obus* (LE ROY LADURIE, *Paris-Montpellier*, p. 23).

Remarques. — 1. Lorsque le pronom de la 1re personne est coordonné à un autre élément, surtout à un pronom de la 2e personne, on considère comme plus poli de mettre le pronom de la 1re personne en dernier lieu : *Toi et moi,* plutôt que : *Moi et toi.*

2. Dans la langue ordinaire, ces sujets coordonnés sont généralement repris par un pronom conjoint occupant la place normale du sujet :

Gaston et toi VOUS *entraînez cette petite* (COCTEAU, *Enfants terribles*, Sel., p. 40).

3. Sur le tour archaïque [...] *ce que* TU *fais là et Victor,* voir § 261, *b,* 1°.

d) Le pronom est redondant par rapport au sujet se trouvant à sa place ordinaire :

MOI, *je le ferai. Je le ferai,* MOI. *Votre frère le fera,* LUI. *Votre frère,* LUI, *le fera.*

e) Le verbe manque ou il n'est pas à un mode personnel :

Qui partira le premier ? MOI. — *Il est plus grand que* TOI. — LUI *parti, on commença à s'amuser.* — *Ô tourment ! Doña Sol souffrir et* MOI *le voir !* (HUGO, *Hern.,* V, 6.)
Sur le tour *Il arriva* LUI *troisième* (où l'on a un complément absolu, c'est-à-dire un sujet et un prédicat sans copule), voir § 307, *b.*

f) Le pronom est sujet « réel ».

Assez couramment si le verbe est accompagné de *ne ... que : Il n'y a que* LUI *de compétent.* — Plus rarement sans cette condition, et seulement avec *Il y a : Mais elle ! il y a* ELLE... / — *Bien sûr, il y a* ELLE. *Il n'y a pas beaucoup* ELLE, *mais il y a* ELLE. / — *Et il n'y a plus* MOI. [...] / — *Il y aura toujours* TOI, *Nounoune...* (COLETTE, *Chéri*, M.L.F., pp. 64-65.)

g) Le pronom est mis en évidence par *C'est ... qui ... :*

C'est TOI *qui partiras le premier.*

Remarque. — La forme disjointe *soi* est rarement sujet :

Avec Vannoral, on lit à deux, et souvent à haute voix : car Vannoral lit très, très bien, et SOI [= moi], *pas trop mal* (FARRÈRE, *Seconde porte*, p. 40).

637 **Cas où les formes disjointes s'emploient comme objets directs.**

a) Pour renforcer un complément par redondance :

Il finissait par l'accuser, ELLE, *de l'ignominie qu'il avait eue ; de* [sic] *se féliciter, lui, de tant de puissance* (THÉRIVE, *Sans âme*, p. 231). [Dans cet ex., il y a en même temps une opposition avec un autre terme.]

Dans la langue parlée, le pronom conjoint peut manquer : *Il faut choisir. Eux ou nous* [...]. / — [...] *Alors, je choisis* VOUS, *naturellement* (LOTI, *Désenchantées*, p. 174). [*Vous* est imprimé en italiques : l'auteur est conscient du caractère particulier de ce tour.]

b) Dans une phrase ou une proposition averbales :

Qui a-t-on choisi ? MOI. — *Je la trouve moins jolie que* TOI.

c) Quand le pronom est coordonné :

Mes meilleurs amis n'en [= de ces souvenirs] *auront pas connaissance, car je veux conserver la liberté de peindre sans flatterie et* MOI *et* EUX-*mêmes* (TOCQUEVILLE, *Souvenirs*, p. 38). — *Il contemplait la foule sans distinguer ni* MOI *ni personne* (A. FRANCE, *Étui de nacre*, p. 219).

Par archaïsme, certains auteurs coordonnent un pronom conjoint à un autre élement : *Était-ce pour* LES *trahir ou bien la République ?* (FLAUB.) — Voir § 261, *b*, 1°.

d) Quand le verbe est accompagné de *ne ... que* :

*On ne regardait qu'*ELLE.

e) Quand le pronom est mis en évidence par *C'est ... que ...* :

C'est TOI *que je bénis dans toute créature* (LAMART., *Médit.*, XVI).

f) À la 1re et à la 2e personne du singulier, après un impératif affirmatif (sauf devant *en* et *y*) :

*Écoute-*MOI. *Retire-*TOI. — Mais : *Va-*T'*en* (cf. § 658, *b*, 2°). — Pour la 3e pers., voir § 658, *a*. — Pour l'impératif négatif, voir § 657. — Pour la 1re et la 2e pers. du plur., on a une forme unique, *nous* et *vous*, pour toutes les fonctions.

Remarque. — Avec *faire*, verbe substitut, il est très rare aujourd'hui que l'objet direct soit un pronom personnel. Dans l'ex. suivant, on a recouru à la forme disjointe (comme en anc. fr. : § 745, Hist. 1) :

Si vous y allez, les balles vous tueront comme elles ont fait EUX, *ou elles vous blesseront, comme elles ont fait* NOUS (GENEVOIX, *Sous Verdun*, cit. Sandfeld, t. II, p. 448).

638   **Les formes disjointes comme compléments prépositionnels.**

a) Avec une autre préposition que *à* ou *de* :

Qui n'est pas avec MOI *est contre* MOI. *Sans* LUI, *que ferions-nous ?*

Le pronom représente ordinairement des personnes. Quand il s'agit de choses, on emploie *cela* au lieu du pronom personnel ou bien on construit la préposition sans régime (§ 992, *a*) : *Les uns attendent les emplois, les autres courent* APRÈS (AC., s.v. *après*). — Ce dernier procédé passe pour trop familier ou peu élégant, et les écrivains assez souvent préfèrent joindre un pronom personnel à la préposition, même à propos d'animaux ou de choses :

Quand son quinquet est allumé et que les bocaux rouges et verts [...] *allongent au loin, sur le sol, leurs deux clartés de couleur, alors, à travers* ELLES [...] *s'entrevoit l'ombre du pharmacien* (FLAUB., *Mme Bov.*, II, 1). — *Je n'ose plus ouvrir une porte dans la peur de trouver ton frère* *derrière* ELLE (MAUPASS., *Pierre et Jean*, VII). — *La seule chose importante, c'est que la brochure paraisse* [...]. *Je désirerais pouvoir faire mon article sur* ELLE (BARRÈS, dans Barrès et Maurras, *La république ou le roi*, p. 177). — *Si j'étais de toi, je ferais un roman de ta vie. Le sujet en est fertile, et, bien traité, tu pourrais faire ta fortune avec* LUI *seul* (LÉAUTAUD, *Petit ami*, VII). — *Elle a un coq et elle joue avec* LUI (J. RENARD, *Journal*, 20 août 1902). — *Il disait que ma tête est plus dure que son enclume. Souvent je rêve qu'il tape sur* ELLE (GIRAU-DOUX, *Folle de Chaillot*, p. 93). — *Les clairons* [...] *faisaient sauter leur instrument en l'air et jonglaient avec* LUI (G. DUHAMEL, *Pesée des âmes*, p. 121). — *Je vis un grand mur* [...]. *Contre* LUI *s'appuyait une immense volière* (H. BOSCO, *Rameau de la nuit*, p. 140). — *Les feuillages crépus* [...] *venaient encaver la route et rejoignaient au-dessus d'*ELLE *leurs branchages en une voûte noire* (GRACQ, *Presqu'île*, p. 142).

Hist. — L'emploi qui vient d'être décrit n'est pas récent : +*Je vous conjure* [...] *de ne point prendre de chocolat. Je suis fâchée contre* LUI *personnellement* (SÉV., 13 mai 1671). [Peut-être avec intention plaisante.] — *Une comète passait* [...] : *ils s'élancèrent sur* ELLE (VOLT., *Contes et rom.*, Micromégas, III).

Remarque. — Sur le tour *Il lui court après* (il s'agit de personnes), voir § 647, *d.*

b) Avec la préposition *à* :

1° Pour un objet indirect, dans les mêmes cas qu'au § 637 (de *a* à *e*) :

D'abord parce que cela me ferait plaisir, à MOI ; *puis parce que cela lui ferait plaisir, à* ELLE (DUMAS fils, *Père prodigue*, III, 8). — *À qui parles-tu ? À* TOI. — *Ceci me convient mieux qu'à* EUX. — *Je rends ces lettres à vous ou à* LUI (VIGNY, *Mar. d'Ancre*, III, 3). — *Je ne plais qu'à* EUX. — *C'est à* TOI *que je parle.*

Dans le premier cas, le pronom conjoint peut manquer (cf. § 637, *a*), surtout dans l'usage parlé : *Les gens raisonnables m'ont toujours paru bien ennuyeux. Je puis le dire à* VOUS, *monsieur Choulette* (A. FRANCE, *Lys rouge*, IX). — *Ce qu'il fallait à* ELLE, *c'était l'animation des boulevards, les lumières, les magasins, les bruits ; ce qu'il fallait à* LUI, *c'était la vue des oiseaux* [...] *ou des grands arbres* (CHÉRAU, *Enfant du pays*, p. 113).

2° Quand les pronoms conjoints sont exclus (groupes *me vous, etc. : § 657, *b*, 1°) ; c'est notamment le cas de tous les verbes pronominaux.

Tu me présenteras à LUI. *Je me joins à* TOI. *Vous me recommanderez à* EUX.

3° Avec les verbes *avoir affaire, croire, en appeler, habituer, penser, prendre garde, recourir, renoncer, rêver, songer* et quelques autres qui n'admettent pas les formes conjointes comme objets indirects, — ainsi qu'avec *aller, courir, venir*, etc., dont le complément n'est pas un objet indirect :

Je pense à TOI *quand je m'éveille. Je recours souvent à* EUX. *Il vint à* MOI.

Quand il s'agit de choses, on emploie *y*, qu'on trouve parfois aussi pour des personnes : *J'y pense* (§ 653, *c*, 2°). — Au lieu de *y* on peut avoir *à cela*, qui s'impose dans les mêmes cas où la forme disjointe s'impose pour l'objet direct (§ 637, de *a* à *e*).

Hist. — D'autres verbes ont hésité, pour l'objet indirect, entre la forme disjointe (avec préposition) et la forme conjointe : *C'est d'attacher à* VOUS [comme mari] *un Homme plein d'esprit* (MOL., *F. sav.*, III, 4). — *Cela était particulièrement fréquent avec* parler : +*Tu parles à* MOI (CORN., *Pol.*, III, 2). — +*Il croyait même parler à* ELLE (FÉN., *Tél.*, t. I, p. 279). —

Encore au début du XIXᵉ s. : *C'était parce qu'elle parlait à* LUI (STENDHAL, *Rouge*, II, 18). — *Rappelez-vous que vous parlez à* MOI (MUSSET, *Prem. poés.*, Don Paez, IV).

4° Si le pronom est complément d'un nom, d'un participe passé, d'un adjectif :

C'est un homme de mérite, un ami à MOI, *que je vous recommande vivement* (AC., s.v. *à*, I°). — *Une lettre adressée à* MOI. *Une façon de parler propre à* ELLE.

Avec un participe passé, le complément *à* + pronom est généralement placé avant le participe dans la langue écrite :

Si l'un des copermutants a déjà reçu la chose à LUI *donnée en échange* [...] (*Code civil*, art. 1704). — *Les juges ne seraient plus que les greffiers d'une sentence à* EUX *dictée* (CHAT., *Mém.*, II, IV, 9). — *La sentence du prisonnier à* LUI *transmise* (STENDHAL, *Chartr.*, XIX). — *On a quantité de lettres à* ELLE *adressées* [...] *par son fils* (SAINTE-BEUVE, *Port-Royal*, t. V, p. 67). — *Les choses à* LUI *destinées* (G. DUHAMEL, *Deux hommes*, p. 89). — *Une lettre à* NOUS *adressée* (BENDA, *France byzantine*, p. 208). — *Ce troupeau de petits garçons à* EUX *confié* (DANIEL-ROPS, *Années tournantes*, p. 188). — *Le serviteur qui n'a pas fait fructifier l'argent à* LUI *confié* (A. PEYREFITTE, *Mal français*, p. 164). — *Cet héritage à* LUI *légué* (M. TOURNIER, *Vendredi ou les limbes du Pacifique*, F°, p. 20).

Cela se trouve parfois aussi avec un adjectif : *Les faits à* EUX *relatifs* (CHAT., *Voy. en Amér.*, Pl., p. 635). — *Un homme à* LUI *inconnu* (STENDHAL, *Chartr.*, XXI). — *Mots à* LUI *propres* (G. PARIS, trad. de : F. Diez, *Introd. à la Gramm. des langues romanes*, p. 80).

Une tradition qui paraît propre à la Belgique emploie la forme conjointe du pronom (sans préposition) devant le participe passé : *Études* [...] LUI *offertes par ses collègues et confrères* (G. CH[ARLIER], dans la *Revue belge de philol. et d'hist.*, 1954, p. 322). — *Une lettre* NOUS *adressée en réponse à une de nos protestations* (J. DELMELLE, dans le *Bulletin d'information du Groupe d'action des écrivains*, nov. 1980, p. 1). — *La priorité de passage* LEUR *accordée par l'article 39* (dans *Journal Touring-secours*, 1ᵉʳ mai 1984, p. 14). — En fr. régulier, on dira : *... à lui offertes*, — ou : *... qui lui ont été offertes*.

L'emploi de *y* devant un participe passé ou un adjectif n'est pas propre à la Belgique. *Y compris* fait même partie de la langue commune (voir des ex. au § 311, *b*). — Autres cas, moins courants, sauf chez les juristes : *Dispositions* Y *contenues* (*Code civil*, art. 1036). — *Les personnes* Y *nommées* (LITTRÉ, s.v. *y*, 7°). — *Le seul moyen pour les gens* Y *intéressés de s'introduire dans les petits papiers de Stanislas était de lui envoyer une jolie femme* (ARAGON, *Mentir-vrai*, p. 437). — *Les pièces* Y *afférentes* (LITTRÉ, *l.c.*). — *Cette musique si mal jouée m'a navré de tristesse et de plaisir ; ça a duré toute la nuit, où j'ai eu un cauchemar* Y *relatif* (FLAUB., *Voy.*, t. II, p. 221). — Autres ex. de *y relatif* au § 356, *a*.

Remarques. — 1. Avec *appartenant*, on peut avoir *À lui appartenant* (parfois variable : § 887, *a*, Hist.) ou, avec la forme conjointe, *lui appartenant* (ce qui paraît préféré aujourd'hui) :

Les immeubles à ELLE *appartenant* (*Code civil*, art. 1493). — *Ils l'ont trouvé au dépôt des cadavres, à la municipalité, tout nu et ayant à côté de lui sept à huit lettres de change à* LUI *appartenant* (STENDHAL, *Corresp.*, t. VII, p. 278). — *Dans une terre à* LUI *appartenant* (SAINTE-BEUVE, *Port-Royal*, V, 4). — *Une négresse à* LUI *appartenant* (BAUDEL., trad. de : Poe, *Aventures d'A. G. Pym*, XIII). — *Domaines à* LUI *appartenants* (LITTRÉ). — *Maison à* LUI *appartenante* (AC.).

C'est la veuve même de Sainte-Croix qui [...] *fit prévenir Mᵐᵉ de Brinvilliers, à Picpus, que des objets* LUI *appartenant étaient sous scellés* (FUNCK-BRENTANO, *Drame des poisons*, I). — *Il se délectait de la voir manier un objet* LUI *appartenant* (TROYAT, *Barynia*, p. 226). — *À défaut d'un pré* LUI *appartenant* (R. SABATIER, *Noisettes sauvages,* p. 106). — *Des droits, qu'on considérait du reste comme* LEUR *appartenant virtuellement auparavant* (GIRARD, *Cours élémentaire de droit romain,* 4ᵉ éd., p. 142). — *Si on me tuait une bête* M'*appartenant* [...] (J. ROY, *Amour fauve,* p. 25).

2. On place parfois devant le participe des pronoms disjoints précédés d'une autre préposition que *à* :

Une copie, DE LUI *certifiée* (*Code civil,* art. 60). — *N'y aurait-il pas là l'explication,* PAR LUI *tant cherchée, de la formation des espèces ?* (J. ROSTAND, *Esquisse d'une hist. de la biologie,* Id., p. 144.)

c) Avec la préposition *de.*

1° Souvent, au lieu du pronom *en* (cf. § 653, *c*) lorsqu'il s'agit d'une personne :

Méfiez-vous de LUI. — *On parle de* LUI *pour la présidence.*
S'il s'agit de choses, cela est assez recherché : *Connaître un mot, identifier sa forme est une chose ; se servir à propos de* LUI *en est une autre* (R.-L. WAGNER, *Vocabulaires franç.,* t. I, p. 37).

2° Dans les mêmes cas que ceux qui ont été indiqués pour les objets directs (§ 637, de *a* à *e*) :

On en parle, de MOI, *dans les journaux !* — *De qui parlait-on ? De* TOI. — *On m'a parlé de* TOI *et de ton frère.* — *C'est de* TOI *qu'on parlait.* — *On ne parlait que de* LUI.

639   Cas où les formes disjointes s'emploient comme attributs.

a) Dans la langue générale, après *c'est* et après l'expression *Si j'étais :*

1° *Mon meilleur ami, c'est toi* [4]. — *Ce sont* EUX, *enfin...* (Fr. MAURIAC, *Asmodée,* II, 6.) — À propos de choses : *Est-ce votre maison ? C'est* ELLE.
Une langue écrite recherchée pourrait encore utiliser les formes conjointes à la 3ᵉ personne. Littré propose (s.v. *le*², 5°) : *Est-ce là votre voiture ? oui ce* L'*est, c'est-à-dire c'est elle. Est-ce votre livre ? oui ce* L'*est, c'est-à-dire c'est lui. Est-ce là votre maison ? ce* LA *fut, c'est-à-dire elle m'appartenait jadis.* Les équivalences données dans les deux premiers cas montrent que *elle* et *lui* représentaient déjà l'usage normal. — Littré cite aussi s.v. *ce*², 2° : *Sont-ce là vos souliers ? ce* LES *sont.*

Hist. — Le tour avec pronom conjoint semble avoir été assez courant à l'époque classique : *Brutus.* [...] *Ne* LES [= les tablettes] *sont ce pas là ?* [...] / *Pluton. Ce* LES *sont là elles mesmes* (BOIL., *Héros de roman,* p. 33). — *Lucile. N'est-il pas vray, Cleonte, que c'est là le sujet de vostre dépit ?* / *Cleonte. Oüy, perfide, ce* L'*est* (MOL., *Bourg.,* III, 10). — ⁺*Voyons donc, donne-la* [= une lettre]-*moi ;* L'*est-ce là ?* (DANCOURT, *Chev. à la mode,* II, 9.)

2° *Si j'étais* VOUS, [...] *je ne sourirais pas* (J. GREEN, *Chaque homme dans sa nuit,* p. 103). — On dit souvent *Si j'étais de vous,* parfois *Si j'étais que de vous,* parfois aussi *Si j'étais que vous,* abusivement °*Si je n'étais que de vous.* Voir § 244, *a.*

---

4. On pourrait d'ailleurs discuter de la fonction de *toi* ; l'anc. fr. disait *Ce es tu,* considérant *tu* comme un sujet. Cf. § 241, Hist.

b) La langue littéraire recourt aux formes disjointes dans d'autres cas encore :

Pourquoi suis-je MOI ? (STENDHAL, *Rouge*, t. II, p. 323.) — *Ah ! insensé, qui crois que je ne suis pas* TOI ! (HUGO, *Contempl.*, Préf.) — *Parlez-nous de tous ces Fierce qui ne sont plus* VOUS ? (FARRÈRE, *Civilisés*, XII.) — *Vous êtes papa et maman. Vous êtes bien* VOUS ! *Alors pourquoi faites-vous comme si vous n'étiez pas* VOUS ? (G. DUHAMEL, *Les plaisirs et les jeux*, p. 163.)

640   Concurrence entre *soi* et les formes non réfléchies.

a) Lui, elle(s), eux (éventuellement renforcés par *même*) s'emploient d'ordinaire comme formes disjointes là où on attendrait logiquement un réfléchi :

Le mont Icare [...] laissait voir derrière LUI *la cime sacrée du Cithéron* (CHAT., *Mart.*, XV). — *Elle se plaît à* ELLE-*même plus que tout* (MAUPASS., *Notre cœur*, II, 3). — *Gina rentra chez* ELLE *prendre les tomates farcies* (M. DURAS, *Petits chevaux de Tarquinia*, p. 137).

b) **Emplois de *soi*.**

1° Dans la langue commune, avec un sujet de sens vague, notamment un pronom indéfini, un nom accompagné d'un déterminant indéfini, etc. :

Chaque homme renferme en SOI *un monde à part* (CHAT., *Mém.*, II, III, 6). — *Chacun travaille pour* SOI (AC.). — *On ne peint bien que* SOI *et les siens* (A. FRANCE, *Pierre Nozière*, p. 175). — *Chacun doit s'intéresser à* SOI (S. de BEAUVOIR, *Mandarins*, p. 252).

Cependant avec *chacun, aucun, celui qui, chaque*, on emploie couramment le personnel non réfléchi pour représenter le sujet : *Chaque homme porte en* LUI *un monde composé de tout ce qu'il a vu et aimé* (CHAT., *Voy. en Italie*, 11 déc. 1803). — *C'est tout un monde que chacun porte en* LUI ! (MUSSET, *Fantasio*, I, 2.) — *Chacun prenait soin de* LUI-*même* (HERMANT, *Confess. d'un homme d'aujourd'hui*, IV). — *Et aucun n'était en peine de prouver, à* LUI-*même et aux autres [...]* (J. et J. THARAUD, *Ombre de la croix*, p. 17). — *Ceux qui se jugent les plus maîtres d'*EUX-*mêmes* (L. DAUDET, *Rêve éveillé*, p. 142). — *Chacun porte au fond de* LUI *comme un petit cimetière de ceux qu'il a aimés* (R. ROLLAND, *Jean-Chr.*, t. III, p. 163).

2° Dans la langue commune, quand l'être auquel se rapporte *soi* n'est pas exprimé (le verbe est à l'infinitif, ou il est impersonnel ; le pronom est complément d'un nom ; etc.) :

Rester SOI, *c'est une grande force* (MICHELET, *Peuple*, p. 155). — *N'écrire jamais rien qui de* SOI *ne sortît* (E. ROSTAND, *Cyr.*, II, 8). — *Il fut tout près de faire quelques-unes de ces choses étonnantes qui n'étonnent jamais que* SOI (E. JALOUX, *Fête nocturne*, V). — *Mais que sert de conter aux autres ce qui n'a de sens que pour* SOI ? (R. ROLLAND, *Jean-Chr.*, t. VIII, p. 217.) — *Vivre obscur quand il ne tient qu'à* SOI *de resplendir* (MONTHERLANT, *Maître de Santiago*, I, 4). — *L'amour de* SOI *est-il évitable ?*

3° Dans l'usage général, dans les expressions *Aller de soi* et *en soi* « de par sa nature même » :

Dans chaque patelin qu'a pris Franco, tout devient plus esclave : non seulement les nôtres, ça va DE SOI, *mais les gosses qu'on remet chez le curé, les femmes qu'on remet à la cuisine* (MALRAUX, *Espoir*, p. 66). — *L'amour, après tout, n'était pas* EN SOI *une chose si importante* (FLAUB., *Éd. sent.*, III, 3). — *Cette foule n'est pas mauvaise* EN SOI (MICHELET, *Peuple*, p. 65). — *Les études théologiques ne sont* EN SOI *réservées à aucune catégorie de l'Église* (DANIÉLOU, *Pourquoi l'Église ?* p. 69).

4° Dans la langue littéraire, en dehors des cas qui viennent d'être cités.

— À propos de personnes : *C'est quand le philosophe parla de* SOI-*même* (BARRÈS, *Déracinés*, p. 192). — *Elle hochait la tête, regardant droit devant* SOI (ALAIN-FOURNIER, *Gr. Meaulnes*, p. 241). — *Ramuntcho sentait s'éveiller au fond de* SOI-*même les vieilles aspirations ancestrales* (LOTI, *Ramuntcho*, p. 4). — *Il s'obligeait* SOI-*même à ne jamais capituler devant eux* (BREMOND, *Pour le Romantisme*, p. 109). — *Les gens qui parlent devant le miroir sont encore plus contents de* SOI *que les gens qui dansent devant le miroir* (HERMANT, *Samedis de M. Lancelot*, p. 148). — *Ce miraculeux vivant qui avait tenté à* SOI *seul de réinventer la Poésie* (H. de RÉGNIER, *Nos rencontres*, p. 90). — *Elle se repliait sur* SOI-*même* (E. JALOUX, *Alcyone*, XI). — *Elle a dit quelque chose pour* SOI *seule* (VALÉRY, *Eupalinos*, p. 179). — *Mais à quoi bon, pour une religieuse, être détachée de tout, si elle n'est pas détachée de* SOI-*même ?* (BERNANOS, *Dialogues des carmélites*, II, 1.) — *Comment l'évoqueraient-ils sans rire, quand ils sont entre* SOI ? (SARTRE, *Idiot de la famille*, t. III, p. 219.)

Soi est particulièrement fréquent dans l'expression *À part soi* [altération de l'ancienne expression *par soi* « soi seul »] : *Et Louis croyait,* À PART SOI [...] *que le héros sortirait encore de sa tente* (G. DUHAMEL, *Tel qu'en lui-même...*, p. 172). — *Elle lui reprocha d'être trop ambitieux, tout en reconnaissant,* À PART SOI, *qu'il avait raison* (TROYAT, *Barynia*, p. 200). — On dit aussi *à part elle, à part lui*, etc. : *Elle entendait le vieux grommeler* À PART LUI (BERNANOS, *Nouv. histoire de Mouchette*, p. 219). — À PART ELLE, *elle songeait* (BOYLESVE, *Élise*, p. 126).

Soi est recommandable quand il permet d'éviter une équivoque : *Cependant dõna Manuela, laissant comme toujours sa fille s'occuper de* SOI [...] (O. AUBRY, *Impératrice Eugénie*, p. 74).

On trouve aussi *soi* quand le sujet désigne un type (comp. 1°) : *L'égoïste ne pense qu'à* SOI.

— À propos de choses : *En définitif* [...] *n'ayant pas pour* SOI *l'usage* [...] (LITTRÉ, S.V. *définitif*). — *Le feu s'était de* SOI-*même éteint* (FLAUB., *Sal.*, V). — *Cet extraordinaire tableau ne ressemblait qu'à* SOI-*même* (G. DUHAMEL, *Pierre d'Horeb*, p. 55). — *L'humus à* SOI *tout seul ne suffirait pas à réaliser l'herbe verte* (CLAUDEL, *Figures et paraboles*, p. 117). — *La population de la Chine est à* SOI *seule au moins égale à celle de l'Europe* (VALÉRY, *Regards sur le monde actuel*, p. 28). — *Les remords que le crime traîne après* SOI (AC.).

Hist. — La concurrence de *soi* et de *lui, elle(s), eux* s'est manifestée dès les origines de la langue : on peut l'observer déjà dans la *Chanson de Roland* ; mais c'est au début du XVIIe s. que *soi* a commencé de reculer devant *lui, elle(s), eux*. Cependant *soi*, représentant un sujet de sens déterminé, était, au grand siècle, bien plus fréquent que de nos jours : *Charmant, jeune, traînant tous les cœurs après* SOY (RAC., *Phèdre*, II, 5). — *Qu'en tout avec* SOI-*mesme il se montre d'accord* (BOIL., *Art p.*, III). — [+]*Gnathon ne vit que pour* SOI (LA BR., XI, 121). — *Le Porc revient à* SOY (LA F., *F.*, VIII, 27).

Remarques. — 1. *Soi* s'emploie surtout comme complément. Il peut être attribut (rarement sujet : § 636, *g*, Rem.) :

Il faut toujours être SOI (AC.). — *Je crois qu'on n'est plus* SOI, *quand on chante* (R. ROLLAND, *Jean-Chr.*, t. IX, p. 180).

2. *Soi* représente le plus souvent un singulier. Voici des ex. de *soi* représentant un sujet pluriel :

Ils ne pensent guère qu'à SOI (THÉRIVE, *Revanche*, III). — *Ceux qui passent sans répit du labeur au cinéma* [...] *sans jamais se mettre en face de* SOI (DANIEL-ROPS, *Vouloir*, p. 128). — *Ils avaient, l'un et l'autre, trop de confiance en* SOI *pour être jaloux* (MAUROIS, *dans les*

Annales, juillet 1955, p. 49). — *Ceux qui détiennent l'énergie et la probité nécessaires pour exiger des autres un peu moins que ce qu'ils exigent de* SOI (R. VERCEL, *Peau du diable*, p. 15).

Quand *soi* représente un pluriel, on ne peut guère y joindre *même* (qui réclamerait alors l's). Quelques-uns le font cependant : *La toute-puissance dominatrice de ces esprits latins, qui savent non seulement vaincre, mais se vaincre* SOI-MÊMES (R. ROLLAND, *Jean-Chr.*, t. X, p. 63). — *Les plus profonds humains, incompris de* SOI-MÊMES, / *D'une certaine nuit tirent des biens suprêmes* (VALÉRY, *Poésies*, p. 232). — *Elles* [= les machines-mains] *n'ont pas besoin, elles, d'ouvrier qui les guide : elles se guident* SOI-MÊMES (FARRÈRE, *Condamnés à mort*, p. 178). — Sans *s* à *même : Ils s'annulent* SOI-MÊME (PÉGUY, *Esprit de système*, p. 20).

3. *Soi-même* s'emploie par plaisanterie au lieu de *lui-même*, notamment à propos d'une personne aimant à faire parler de soi (cela vient d'une comédie de G. Feydeau, *Le fil à la patte*).

Est-ce bien Monsieur Dupont ? SOI-MÊME. — Colette l'emploie à propos d'autobus inattendus : *Et qu'est-ce que je vois dans la cour de la gare* [à Mantes] ? *Pigalle-Halle-aux-Vins, ma chère ! Pigalle* SOI-MÊME *! Trois autobus Pigalle* [...] *!* (*Envers du music-hall*, Sel., pp. 32-33.)

641 **Soi-disant,** pour ceux qui se fondent sur l'histoire et la logique, « ne doit s'appliquer qu'aux êtres doués de la parole et capables, en conséquence, de *se dire* » (mise en garde de l'Acad., 18 févr. 1965), ce qui est appliqué dans les ex. suivants :

[...] *ces* SOI-DISANT *gastronomes qui ne sont que des gloutons dont le ventre est un abîme* (BRILLAT-SAVARIN, cit. Robert, s.v. *gastronome*). — *Beaucoup de mères* SOI-DISANT *chrétiennes* (VEUILLOT, *Parfum de Rome*, VII, 16). — [...] *se contenta d'interrompre doucement la* SOI-DISANT *comtesse* (A. DAUDET, *Jack*, t. I, p. 18).

Mais *soi-disant*, résidu d'une syntaxe archaïque (cf. Hist.), a cessé d'être analysé par les locuteurs, et de très nombreux écrivains (l'Acad. incluse) l'emploient à propos de choses :

Une SOI-DISANT *expérience* (AC., s.v. *empirique*). — *Pièces* SOI-DISANT *authentiques* (CHAT., *Mém.*, III, I, VII, 5). — *Au grand détriment de toutes les maisons de campagne ou* SOI-DISANT *châteaux du voisinage* (STENDHAL, *Rouge*, I, 21). — [...] *et que nous voulussions la traiter d'une manière* SOI-DISANT *complète* (SAINTE-BEUVE, *Chat. et son groupe littér.*, 1861, t. I, p. 43). — *Zizimi* [...] *reçut* [...] *un* SOI-DISANT *contre-poison* (HUGO, *Lucr. Borgia*, I, II, 3). — *Les choses* SOI-DISANT *sérieuses* (FLAUB., *Lettres à sa nièce Caroline*, p. 434). — *Au fond de mes* SOI-DISANT *ambitions* (FROMENTIN, *Domin.*, XVI). — *Une promesse ou* SOI-DISANT *promesse* (MONTHERLANT, *Célibataires*, p. 135). — *Ce* SOI-DISANT *défaut* (BARRÈS, *Au service de l'Allem.*, p. 26). — *Dans un barème de péchés véniels et de péchés* SOI-DISANT *mortels* (Fr. MAURIAC, *Adolescent d'autrefois*, p. 13). — *Une monnaie* SOI-DISANT *française* (DE GAULLE, *Mém. de guerre*, t. II, p. 274). — *La* SOI-DISANT *interdiction de l'hiatus* (MAROUZEAU, *Notre langue*, p. 47).

Autres ex. : MÉRIMÉE, *Corresp.*, 3 août 1840 ; A. DARMESTETER, *Gramm. hist.*, t. IV, p. 178 ; A. HATZFELD et A. THOMAS, dans *Romania*, 1893, p. 556 ; BOURGET, *Disciple*, Bibl. reliée Plon, p. 138 ; BLOY, *Désespéré*, p. 142 ; PROUST, *Rech.*, t. III, p. 864 ; R. ROLLAND, *Jean-Chr.*, t. V, p. 291 ; CLEMENCEAU, *Démosthène*, p. 94 ; JAMMES, *De l'âge divin à l'âge ingrat*, p. 81 ; VILLIERS DE L'ISLE-ADAM, *Œuvres compl.*, Contes cruels, p. 54 ; H. POINCARÉ, *Valeur de la science*, I, 3, Introd. ; PÉGUY, *Morceaux choisis*, Prose, p. 115 ; COCTEAU, *Parents terribles*, I, 2 ; GIDE, *Journal*, 1er déc. 1933 ; *Lar. XXe s.*, s.v. *emménagogue* ; FOULET, § 336 ; A. BRETON, *Point du jour*, Id., p. 98 ; H. BORDEAUX, *Garde de la maison*, p. 268 ; MAUROIS,

Tourguéniev, p. 177 ; Dauzat, dans le *Fr. mod.*, oct. 1940, p. 361 ; Criticus, *Style au microscope*, t. III, p. 238 ; Maulnier, *Jeanne et les juges*, V ; A. François-Poncet, dans le *Figaro*, 30 oct. 1963 ; Giono, *Voy. en Italie*, p. 206 ; Genevoix, *Joie*, L.M.I., p. 133 ; Cayrol, *Vent de la mémoire*, p. 165 ; Simenon, *45° à l'ombre*, p. 187 ; R. Vailland, *Drôle de jeu*, III, 3 ; Troyat, *Tant que la terre durera...*, p. 121 ; Ét. Gilson, *La société de masse et sa culture*, p. 33 ; Yourcenar, *Mém. d'Hadrien*, L.P., p. 376 ; D. Boulanger, *Nacelle*, p. 137 ; Le Roy Ladurie, *Carnaval de Romans*, p. 163 ; etc.

La condamnation est donc contredite par le bon usage (voir aussi l'Hist.). Elle est d'ailleurs fondée sur une conception étroite des verbes réfléchis : le pronom ne joue pas nécessairement le rôle d'un objet. En particulier, la formule de l'Acad. pourrait être appliquée à une phrase comme *Cela ne se dit pas*, dont personne ne conteste l'orthodoxie (§ 750).

L'effacement de la valeur primitive explique la cacographie °*soit-disant* ainsi que la tendance à la variabilité (§ 888, *a*, 1°, Rem. 1).

Ajoutons encore qu'il est un peu trop simple d'opposer les choses aux personnes. Même pour des personnes, *soi-disant* peut heurter la logique sourcilleuse : *C'est un monstre d'abomination que ce* soi-disant *enfant trouvé* (Hugo, *N.-D. de Paris*, IV, 1). — *[...] des autres* soi-disant *incendiaires du Reichstag* (Malraux, *Antimémoires*, p. 125). — *Le Baptiste,* soit-disant *[sic] premier fabriquant [sic] de cette sorte de tissu, n'est qu'un personnage de fantaisie* (F. Lecoy, dans *Romania*, 1967, p. 426).

Hist. — Au moyen âge et jusque dans le XVIe s., le pronom personnel placé devant un infinitif ou un participe présent prenait souvent la forme forte, appelée aujourd'hui disjointe : *En* lui *tirant hors de la bataille* (Froiss., *Chron.*, éd. K., t. III, p. 287). — *Et contraignoient les pouvres gens de* eulx *cacher en leurs caves* (Commynes, t. I, p. 95). — *Contrains de* soy *retirer* (Amyot, *Fabius Max.*, I). — *Occasion de* toy *contenter* (Rab., *Garg.*, XXXI). — *Soi-disant* est un reste de cet usage.

Dès le XVIIIe s., *soi-disant* s'est employé à propos de choses : *Dans le* soi-disant *état de simple nature* (Diderot, *Corresp.*, t. XIII, p. 88). — *Il a trop bu de ce* soi-disant *Sorbet de Messieurs les Turcs* (prince de Ligne, *Contes immoraux*, V). — Notons la formule synonyme *soit dit* : +*Tels étaient les agréments,* soit dits *innocents, de cet ecclésiastique* (Mariv., *Paysan parv.*, p. 59).

Remarque. — Littré, en revanche, admettait sans réserves *soi-disant* dans l'emploi absolu au sens de « prétendument, censément ». Cela est pleinement reçu par le bon usage (même quand *soi* est illogique) :

Elle ajoute un g *à tambour* soi-disant *parce que sa plume crache* (Balzac, *Urs. Mirouët*, p. 331). — *Je passais aussi de longues heures [...] à faire* soi-disant *mes devoirs* (Loti, *Roman d'un enf.*, XXVIII). — *Il était entré chez un joaillier,* soi-disant *pour faire estimer la broche* (Bourget, *Danseur mondain*, p. 187). — *Ils trouvèrent une grenouille dont Règletout s'empara,* soi-disant *pour la galvaniser* (Jammes, *Janot-poète*, p. 51). — *Valdo jouait* soi-disant *pour faire travailler Cécile* (G. Duhamel, *Jardin des bêtes sauvages*, VI). — *Elle [= une lettre] est* soi-disant *écrite par l'attaché militaire italien* (R. Martin du Gard, *Jean Barois*, p. 274). — *Un plan de vie qui* soi-disant *doit me soustraire à toute espèce d'oppression* (J. Romains, *Musse*, III, 2). — *Elle était dans la chambre de Gradère,* soi-disant *pour le soigner* (Fr. Mauriac, *Anges noirs*, p. 230). — *Il se coucha en travers du lit,* soi-disant *pour contempler à son aise sa poignée d'étoiles énormes qui remplissaient le cadre de la fenêtre* (Giono, *Hussard sur le toit*, p. 36). — *Pendant qu'elle resterait à la maison pour s'occuper,* soi-disant, *de rangements et de raccommodages* (Troyat, *Les semailles et les moissons*, p. 264). — *Il chantait avec Angélique une scène d'un petit opéra,* soi-disant *pour divertir Argan* (P. Guth, *Naïf aux 40 enfants*, p. 196).

Sur la locution conjonctive °*soi-disant que*, voir § 1083.

IV. — EMPLOI DES FORMES CONJOINTES

642   Les **formes conjointes sujets** s'emploient, soit immédiatement devant
le verbe, soit immédiatement après : IL *vient. Vient*-ELLE ?

Devant le verbe, elles peuvent en être séparées par des pronoms conjoints
compléments ou attributs ou sujets réels, ainsi que par la négation *ne* :

IL *le lui a dit.* IL *l'est.* IL *le faut.* IL *ne la voit pas.*

Le pronom suit le verbe quand il y a inversion (ou reprise) dans les interrogatives (§§ 386 et 388) et les exclamatives (§ 396), dans les incises (§ 374), ou
dans les énonciatives commençant par certains adverbes comme *peut-être*
(cf. §§ 377-378), etc. Il y a alors un trait d'union entre le verbe et le pronom.

Si le verbe est à une forme composée, le pronom en inversion se met entre
l'auxiliaire et le participe : *As*-TU *été battu ? As*-TU *trouvé ce que tu cherchais ?*

L'inversion de *je* est soumise à certaines restrictions : cf. § 764, *a*, Rem., et *d*,
Rem. — Pour le *t* analogique à la 3ᵉ personne du singulier (*Ira*-T-*il ?*), cf. § 766,
Rem.

Les pronoms conjoints sujets, dont l'emploi est pour ainsi dire constant aujourd'hui (voir
cependant §§ 232-234), ont, surtout à la 1ʳᵉ et à la 2ᵉ personne, la valeur d'une désinence. Ils
permettent de distinguer les formes verbales homonymes : *Je parle, tu parles, il parle.* — *Je
parlais, tu parlais, il parlait. Nous serons, ils seront.*

Hist. — 1. Au moyen âge, le pronom sujet faisait ordinairement défaut, parce que les
terminaisons verbales, étant encore sonores, indiquaient suffisamment les personnes grammaticales : *Que ferai donc ? (Eneas,* 8729.) — *Ma chiere amie, que avez ?* (BÉROUL, *Tristan,*
3175.) — *Où est ? (Floire et Blancheflor,* 676.) — *Feras ? (Pathelin,* 1390.) — Peu à peu le
pronom sujet s'est imposé dans la conjugaison. Il était encore assez souvent omis au XVIᵉ s. :
Direz, chantant mes vers, en vous esmerveillant / [...] (RONSARD, t. XVII, p. 265). — Au
XVIIᵉ s., cette omission était un archaïsme, quoiqu'elle fût fréquente encore dans les
réponses : *Et le vais voir tantôt* (MOL., *Ét.,* V, 8). — *Leur ai dit la langueur* (LA F., *F.,* VIII,
3). — *Non ferai, de par tous les diables* (MOL., *Av.,* V, 3). [Cf. § 1054, *a*, Hist.]. — L'ancien
usage survit dans certaines expressions figées : cf. § 233, Hist.

2. Au moyen âge, lorsque le pronom sujet était exprimé, il était souvent tonique, même
je, tu, il. Ceux-ci pouvaient donc être séparés du verbe et s'employaient dans des cas où le fr.
moderne recourt aux formes disjointes (§ 636) : JE *et mi* [= mes] *chevalier en loames Dieu*
(JOINVILLE, § 210). — *Et* TU *meismes le sez bien* [= Et toi-même le sais bien] (*Queste del
saint Graal,* p. 113). — TU, *ta femme et tes enfants, mengiez vostre pain en sceurté* (A. CHAR-
TIER, *Quadrilogue invectif,* p. 23). — *Et* IL *meïsmes y ala* (*Renart le contrefait,* 13137). — *Et*
TU, *Echo, qui faiz l'air resonner* (LEMAIRE DE BELGES, *Épîtres de l'amant vert,* p. 5). — De cet
usage il nous reste la formule *Je soussigné, Jean Dupont, déclare que* ...

Remarque. — Le pronom personnel ayant le rôle d'un « sujet réel » prend la
forme conjointe régime :

Avec *falloir,* cela est courant : *Te faut-il ce livre, cette clé, ces livres ? Il me* LE *faut, il me*
LA *faut, il me* LES *faut.*

Avec *être* et l'indication de l'heure, cela appartient à un usage recherché : *Est-il
sept heures ? il* LES *est* (LITTRÉ, s.v. *le²*, 5°). — Lucie. *Il n'est pas loin de 11 heures. /*

Mᵐᵉ Pruneau. *Il* LES *est* (Tr. BERNARD, *École du piston*, II). — Pluriel étrange : *Mais une heure, il* LES *est bientôt* (PROUST, *Les plaisirs et les jours*, p. 249).

Avec d'autres verbes, cela est vraiment exceptionnel : *Il lui manque* [...] *la « distraction toute-puissante qui nous permet de vivre ». Ou plus exactement il* LA *lui manque par moments* (Fr. NOURISSIER, dans le *Magazine littér.*, juillet-août 1983, p. 15).

643   *Il* **comme sujet neutre.**

a) Avec les verbes impersonnels exprimant un phénomène météorologique : IL *pleut.* IL *neige.* IL *grêle.* IL *vente.*

b) Comme sujet redondant (§ 230) avec les verbes accompagnés d'une séquence appelée traditionnellement « sujet réel » : IL *vous faudra du courage.* — IL *vous est arrivé de lui parler de son passé ?* (M. DURAS, *Amante anglaise*, p. 39.)

Quand le sujet réel est une proposition ou un infinitif, *il* est concurrencé dans la langue courante (sauf avec *falloir* et *rester*) par *cela, ça*, par *ce* (avec *être*) : ÇA *ne suffit donc pas que tu te sois mis sur les bras cette sale grève ?* (ZOLA, cit. Sandfeld, t. I, § 186.) — *C'est très difficile de vous exprimer ce que je crois* (M. DURAS, *Amante anglaise*, p. 48).

Lorsque le verbe n'est pas *arriver, convenir, être, importer, se pouvoir, suffire*, la construction avec *il* est purement littéraire (cf. Hist.) : S'IL *t'ennuie* [...] *de pénétrer aussi avant* (TOULET, *Mon amie Nane*, L.P., p. 11). — *Quand* IL *ne m'amusera plus de me déguiser en groom ou en toréador* (Fr. PARTURIER, citée dans le *Fr. mod.*, oct. 1970, p. 396). — Voir d'autres ex. au § 753.

Hist. — Chez les classiques : IL *leur fâche d'avoir admiré serieusement des ouvrages que* [...] (BOIL., *Sat.*, Disc. sur la sat.) — IL *vous ennuyoit d'estre maistre chez vous* (MOL., *G. Dandin*, I, 3).

c) *Il* a encore (cf. Hist.) dans certaines expressions la valeur de *cela*, en dehors du cas envisagé dans le *b)* :

IL *est vrai*, IL *se peut*, IL *est possible*, IL *suffit*, IL *n'empêche*, IL *n'importe*, IL *n'y paraît pas.* S'IL *vous plaît* (qui est figé). — *Faites comme* IL *vous plaît.* — *Comme* IL *est fréquent.* *Cela* ne pourrait être substitué à *il* dans IL *me semble.* *Me semble-t-*IL.

Il faut ajouter des emplois qui paraissent régionaux : *Elle m'a laissé en plan parce qu'*IL *était son heure de partir* (SIMENON, *Vérité sur Bébé Donge*, p. 112). — S'IL *était jeudi, on croirait à un jeu* (A. STIL, *Seize nouvelles*, p. 71).

Hist. — *Il* pour *cela* était fréquent à l'époque classique : ⁺*De vous dire de quels traits tout cela était orné*, IL *est impossible* (SÉV., 25 avril 1687). — *Célimène. Voulons-nous nous asseoir ?* / *Arsinoé.* IL *n'est pas necessaire* (MOL., *Mis.*, III, 4).

d) Dans les phrases énonciatives introduites par *peut-être*, etc. (§ 378) et dans les interrogatives (§ 388), lorsqu'un pronom neutre sujet (*cela, ce, rien, tout, quelque chose, autre chose*, etc.) est repris après le verbe, c'est sous la forme *il* :

*Peut-être cela est-*IL *vrai.* — *Tout est-*IL *fini ?* — *Quelque chose a-t-*IL *pu vous gêner ?* — *Autre chose vous a-t-*IL *plu ?* — *Ce qui est nommé, n'est-*IL *pas déjà perdu ?* (A. CAMUS, *Été*, p. 125.) [À cause de la virgule, cet ex. pourrait être rangé ci-dessous.]

En dehors de ce cas, c'est seulement dans une langue littéraire assez recherchée (cf. Hist.) que *il* peut avoir pour antécédent un pronom neutre :

*Cela n'est pas toujours si simple qu'*IL *le paraît* (NERVAL, *Lorely*, Du Rhin au Mein, II). — *Qu'est-ce que vous avez dans le corps, pour chanter ainsi ?* / *Elle répondit : J'ai ce que vous* *me faites chanter. /* — *Oui ? Eh bien,* IL *n'y est pas déplacé* (R. ROLLAND, *Jean-Chr.*, t. IX, p. 180). — *Tout serait comme s'*IL *n'avait jamais été* (MARTERLINCK, *Grande féerie*, p. 142). — *Ce qui me déplaît, je dis qu'*IL *me déplaît* (R. KEMP, dans les *Nouv. litt.*, 2 juin 1955). — *Tout cela, pour si flatteur qu'*IL *vous paraisse et qu'*IL *vous soit, n'a rapport que d'assez loin à cette passion canaille dénommée béguin* (TOULET, *Mon amie Nane*, XI, 1). — *Quelque chose en moi réprouve le luxe (tout autant qu'*IL *l'admire du reste)* (J. GREEN, *Journal*, 20 nov. 1944).

Hist. — La langue classique employait couramment *il* comme représentant d'un autre pronom neutre :

⁺*Quoi que l'on donne* [...], *rien n'est contemptible quand* IL *est rare* (MALHERBE, t. II, p. 20). — *Ce que tu m'as dicté, / Je veux de point en point qu'*IL *soit executé* (RAC., *Esther*, II, 5). — *Tout cela ne convient qu'à nous. /* — IL *ne convient pas à vous mesmes, / Repartit le Vieillard* (LA F., *F.*, XI, 8). — ⁺*Un dernier point détruit tout comme si jamais* IL *n'avait été* (BOSS., *Sermon sur la mort*, 1). — ⁺*On prend ce qui se présente, quelque étrange qu'*IL *soit* (MARIV., *Paysan parv.*, p. 200).

Remarques. — 1. Dans le type de phrase envisagé ci-dessus dans le *d)*, *il* sert aussi à reprendre le sujet quand celui-ci est un infinitif ou une proposition conjonctive :

*Être père d'une fille est-*IL *être père ?* (MONTHERLANT, *Maître de Santiago*, II, 2.) — *Qu'il prenne ce risque ne présume-t-*IL *pas ce qu'on appelle un grand amour ?* (SIMENON, cit. Togeby, § 413.)

La langue courante préfère d'autres tours : dans le 1ᵉʳ ex., elle mettrait *ce* au lieu de *il* ; dans le second, le sujet serait repris par *cela* devant le verbe : ... CELA *ne présume-t-il pas...*

2. Sur l'omission de *il* impersonnel, voir § 234.

644   **Répétition du pronom sujet dans la coordination.**

Les pronoms personnels sujets se répètent d'ordinaire devant chaque verbe quand il y a coordination :

Je me souviens / Des jours anciens / Et JE *pleure* (VERL., *Poèmes saturn.*, Chanson d'automne). — *Nous sortîmes par la porte de la cuisine et* NOUS *allâmes au préau* (ALAIN-FOURNIER, *Gr. Meaulnes*, I, 1). — *Je suis noire, mais* JE *suis belle* (*Bible de Maredsous*, Cant. des cant., I, 5). — *Tu prendras des forces et* TU *iras le chercher* (IONESCO, *Victimes du devoir*, p. 222). — *Je ferai mon devoir et* JE *dirai ce que j'ai à dire* (A. CAMUS, *Caligula*, III, 3). — *J'accordais beaucoup à l'amour et* JE *m'y montrais aussi ardent et aussi libre qu'aucun autre* (GRACQ, *Rivage des Syrtes*, p. 8).

Cependant, surtout dans la langue écrite, on se dispense assez souvent de répéter le pronom, en particulier lorsque les prédicats sont brefs ou étroitement liés, ou encore lorsque la coordination concerne plus de deux éléments ; mais aussi, sans que ces conditions soient réalisées.

Je frappai et entrai (J. GREEN, *Autre*, p. 130). — *Il allait et venait derrière son bureau* (R. MARTIN DU GARD, *Thib.*, Pl., t. I, p. 597). — *Il mangeait le reste du miroton, épluchait son fromage, croquait une pomme, vidait une carafe, puis s'allait mettre au lit, se couchait sur le dos et ronflait* (FLAUB., *Mᵐᵉ Bov.*, I, 7). — Les deux possibilités se succèdent : *De sa cabine translucide il repérait les orages à cent kilomètres,* IL *les suivait à la jumelle,* IL *méditait sur leur trajet, prévoyait leurs capricieux détours* (P. GRAINVILLE, *Forteresses noires*, p. 34).

Je rougis quand ils parlent des filles et s'ils passent des photos, détourne la tête (Fr. MAURIAC, *Adolescent d'autrefois*, p. 8). — *Il ne fit aucune allusion à cela, par bonheur, et s'abstint de tout commentaire à l'égard des libertés qu'il venait de prendre dans le magasin* (PIEYRE DE MANDIARGUES, *Motocyclette*, F°, p. 131).

La répétition n'a pas lieu lorsque la conjonction de coordination entre les verbes est *ni* : *Il ne lit ni n'écrit.*

La répétition est de règle :

1° Quand il y a inversion du pronom sujet dans le premier membre : *Viendra-t-il et nous apportera-t-*IL *son aide ? Peut-être viendra-t-il et nous apportera-t-*IL *son aide. C'est vrai, dit-il et répéta-t-*IL. — Il en est de même pour le pronom de reprise : *Votre père viendra-t-il et nous apportera-t-*IL *son aide ?*

Il est anormal que le pronom soit exprimé seulement après le premier ou après le dernier verbe : *Pourquoi un tableau coupe-t-*IL *le corps, le voile ou le dévoile ?* (REZVANI, *Portrait ovale*, p. 118.) — *Et si l'école n'était pas obligatoire... dans quelle mesure les enfants et les grandes personnes s'en dispenseraient-*ILS *ou bien, par désir et nécessité, en favoriseraient la métamorphose multicolore ?* (Fr. BILLETDOUX, dans le *Monde*, 4 janv. 1980, p. 10.) — *La bonne volonté de Bons-Offices le désarme ou le consterne-t-*ELLE [...] *?* (P. MERTENS, *Bons offices*, p. 316.)

2° Quand la conjonction de coordination est *car* ou *or* : *Souvent, elle demandait à Frédéric l'explication d'un mot qu'elle avait lu, mais n'écoutait pas la réponse, car* ELLE *sautait vite à une autre idée* (FLAUB., *Éd. sent.*, II, 2). — *Il n'est pas venu ; or* IL *savait que nous l'attendions.*

Des grammairiens exigent la répétition si les verbes sont à des temps différents ou si l'on passe de la négative à l'affirmative, mais pas plus les écrivains modernes que les classiques (cf. Hist.) ne tiennent compte de ces restrictions :

J'ai retrouvé hier son nom, et vous le montrerai (VIGNY, *Stello*, XXVI). — *Il se réfugiait à mon palais et m'a couru après dans la rue* (STENDHAL, *Chartr.*, XXIII). — *Ils restèrent silencieux l'un devant l'autre, poussaient par intervalle un long soupir et renvoyaient leur assiette* (FLAUB., *Éd. sent.*, III, 5). — *Il se faisait* [...] *des idées fausses sur les punaises, et* [...] *commença par les chercher sur lui* (GIDE, *Caves du Vat.*, IV, 1).

Il n'en avait pas eu le courage [...] *et avait marché au hasard* [...] *pour s'étourdir* (FLAUB., *Éduc. sent.*, III, 5). — *Elle n'avait aucune instruction et avait peur de faire des fautes de français* (PROUST, *Rech.*, t. I, p. 204). — *Je ne prenais pas au sérieux ou craignais de prendre au sérieux ses paroles* (GIDE, *Porte étr.*, II). — *Je n'exagère rien et pèse mes mots* (G. DUHAMEL, *Cécile parmi nous*, p. 61).

Hist. — Ex. classiques : *J'ignore tout le reste, / Et venois vous conter ce desordre funeste* (RAC., *Ath.*, II, 2). — *Je n'ay rien exigé de vous, et vous tiendray ce que j'ay promis* (MOL., *D. Juan*, III, 4).

645   Les formes conjointes autres que sujets.

a) Elles précèdent d'ordinaire le verbe : *Elle* TE *regarde.*

Avec un impératif affirmatif (§ 658), les formes conjointes de la 3ᵉ personne suivent le verbe et prennent l'accent : *Prends-*LE*, prends-*LA*, prends-*LES. — À la 1ʳᵉ et à la 2ᵉ personne du singulier, elles sont remplacées par la forme disjointe : *Suivez-*MOI, — sauf devant *en* et *y* : *Va-*T*'en.*

b) Elles s'emploient surtout comme compléments de verbes.

Celles qui servent d'objet direct (*Elle* LE *suit*) sont parfois sujets réels (§ 642, Rem.) ou attributs (§ 648). — Voir aussi § 646.

Celles qui servent d'objet indirect correspondant à un nom précédé de *à* (*Elle* LUI *succède* → *Elle succède* à SON FRÈRE) ont parfois d'autres valeurs (§ 647).

46   **Observations sur les formes conjointes objets directs.**

a) Le s'emploie comme forme neutre pour reprendre (ou annoncer) une phrase ou un élément autre que nominal :

> *Si je vous* LE *disais pourtant, que je vous aime* [...] (MUSSET, *Poés. nouv.,* À Ninon). — *Je voudrais aller dans un bateau à moteur, dit-il en voyant Sara. / Sara* LE *lui promit* (M. DURAS, *Petits chevaux de Tarquinia,* p. 7).

Le pronom est facultatif dans divers cas (cf. § 217, *f*) :

> *Il est autre que je croyais, que je ne croyais, que je ne* LE *croyais* (AC.). — *Je vaux moins que vous ne* LE *pensez* (Fr. MAURIAC, *Asmodée,* III, 6). — *Vous devriez l'admirer,* [...] *au lieu de le dénigrer comme vous* LE *faites* (TROYAT, *Étrangers sur la terre,* p. 442). — *Tout procédait donc comme il* L'*avait voulu* (YOURCENAR, *Souvenirs pieux,* p. 20). — *Viens chaque fois que tu* LE *pourras.* — *Viendra-t-il ? je ne* LE *crois pas.*

On observera que le pronom représente parfois, non le mot (ou le syntagme) tel qu'il a été exprimé, mais l'idée incluse dans ce mot ou, si l'on veut, ce mot adapté à une situation syntaxique différente : dans *Viens chaque fois que tu* LE *pourras, le = venir* et non *viens.*

b) Dans certaines expressions, *le,* parfois *la* et *les* s'emploient sans antécédent.

> *Le* : *Vous* LE *prenez bien haut. Je vous* LE *donne en cent. Vous* L'*emportez.* LE *disputer à quelqu'un.* — *Crois-tu qu'elle vient de me* LE *faire à la vertu offensée ?* (Fr. MAURIAC, *Passage du Malin,* p. 85.) — Etc.
> *La* : *L'échapper belle* [*l' = la balle,* expr. empruntée au langage des joueurs de paume]. — Expr. de la langue familière : *Il se* LA *coule douce.* — *Ah ! tu* LA *connais dans les coins !* (Ch.-L. PHILIPPE, *Père Perdrix,* p. 47.) — *Vous êtes tous de mon avis, et vous aussi, les dames, ou vous me* LA *faites en large !* (GIRAUDOUX, *Folle de Chaillot,* p. 153.) — Très familier : *Ferme-*LA [= la bouche]. *Je* LA *crève* [= j'ai très faim]. Etc.
> *Les* dans des expr. très familières : LES *mettre* « s'en aller » [de *mettre les bouts*]. *Se* LES *rouler* « ne rien faire » [de *se rouler les pouces*]. *Tu me* LES *casses* « tu m'ennuies ». (Dans cette expr. l'omission a en même temps une valeur euphémique, *les* représentant les parties génitales.)

647   **Emplois particuliers des formes conjointes objets indirects.**

a) Elles servent de compléments de l'adjectif attribut du sujet :

> *Je* LUI *resterai fidèle* (comp. : *Je resterai fidèle* À MON MARI).

b) Elles correspondent à des compléments nominaux précédés d'une autre préposition que *à.* (Dans ce cas, les grammairiens français parlent souvent de complément d'attribution : cf. § 271, Rem. 2.)

— La préposition serait *pour* : *Je* VOUS *ai cueilli cette rose. Il* VOUS *a trouvé un appartement.*

Ex. littéraires (certains paraissant incompréhensibles à l'usager moyen) : *Il* M'*ôta son chapeau avec beaucoup de respect* (VIGNY, *Stello*, XXII). — *Et tu* M'*as quels soins indulgents !* (VERL., *Chans. pour elle*, I.) — *Elle se prit à l'aimer* [...]. *Il sentait l'étable. Cependant il* LUI *était beau* (A. FRANCE, *Île des pingouins*, II, 9). — *C'est ici que je vois le mieux comment tu* M'*es seul au monde* (BARRÈS, *Du sang...*, p. 52). — *La cité au cœur des sables* TE *devenait fleur propre* (SAINT EXUPÉRY, *Citadelle*, p. 420). — *La charge* M'*était moins lourde (*DE GAULLE, *Mém. de guerre*, t. I, p. 279). — Comp. § 269, Rem. 2.

— La préposition serait *chez, dans* (marquant l'appartenance) : *Je* LUI *trouve de grandes qualités.* — Il est exceptionnel que ce soit un complément de lieu : *La petite prisonnière* [...] *s'inquiétait davantage de Mélek et de Zeyneb. Réussiraient-elles à* LUI *arriver, malgré l'heure tardive ?* (LOTI, *Désenchantées*, III.)

c) Elles tiennent lieu d'un déterminant possessif attaché au nom sujet ou complément (il s'agit ordinairement d'un nom désignant une partie du corps) [cf. § 591, *a*] :

Le cœur LUI *battait* (BOYLESVE, *M*^{lle} *Cloque*, X). — *Un grand* [...] LUI *tirait les oreilles* (COCTEAU, *Enfants terribles*, p. 13). — *Son mufle énorme* LUI *retombait sur la poitrine* (FLAUB., *Sal.*, II).

Cela se trouve même parfois dans des cas où le pronom devrait régulièrement avoir la forme de l'objet direct : *Frédéric sentit quelqu'un* LUI *toucher à l'épaule* (FLAUB., *Éduc. sent.*, I, 4). [L'éd. originale portait : ... LE *toucher*.] — *Aoustin* [...] *s'en vint* LUI *taper sur l'épaule* (A. de CHÂTEAUBRIANT, *Brière*, V). — C'est un croisement de ... LUI *toucher l'épaule* et de ... LE *toucher à l'épaule.*

Quand le nom ne désigne pas une partie du corps, l'emploi du pronom personnel n'appartient pas au français correct : *Je* VOUS *attire l'attention que nous ne sommes pas en vacances* (IONESCO, *Rhinocéros*, p. 64). — C'est une façon de parler très courante dans le Midi : °*Je* ME *mets le chapeau.* °*Le chien* LUI *est mort.* Etc. — Voir aussi § 749, Rem. 4.

d) Elles tiennent lieu, dans la langue familière, du régime de certaines prépositions (lesquelles sont employées de façon absolue).

Il lui court après (que Littré acceptait, s.v. *après*, 4°) est particulièrement fréquent ; les écrivains qui l'emploient ne le mettent pas nécessairement dans la bouche de leurs personnages : *Le chambellan de service* LUI *courut après pour lui dire qu'il avait été désigné pour faire le whist du prince* (STENDHAL, *Chartr.*, XXIII). — *Elle l'envoie promener, il y va. La voilà obligée de* LUI *courir après* (TAINE, *Vie et opinions de Fr.-Th. Graindorge*, p. 225). — *Les gosses de K..., quand nous passions par la ville,* NOUS *couraient après en criant : Schokolade !* (J. RIVIÈRE, *Allemand*, p. 34.) — *Dès qu'elle met le nez dehors, les enfants* LUI *courent après* (BERNANOS, *Journal d'un curé de camp.*, Pl., p. 1204). — *Cercle vicieux à l'intérieur duquel peuvent* SE *courir après tous les adjectifs qualificatifs de ce type* (R.-L. WAGNER, *Vocabulaires fr.*, t. I, p. 162, note).

Après avec d'autres verbes : *Elle* ME *saute après* (LA VARENDE, *Roi d'Écosse*, p. 189). — *Les gosses* LEUR *galopent après* (COCTEAU, *Maalesh*, p. 167).

Dessus : Il n'osait le dire, à cause de la petite vieille [...] *prête à* LUI *sauter dessus s'il avait parlé* (A. DAUDET, *Évangéliste*, Collect. Guillaume, p. 180). — *Des chiens* [...] *dormaient* [...] *incapables de se fâcher même si on* LEUR *marchait dessus* (LOTI, *Désenchantées*, XVII). — *Il va* NOUS *tomber dessus* (HERMANT, *Trains de luxe*, p. 93). — *Il se jetait sur elle,* LUI *montait dessus, la piétinait* (MONTHERLANT, *Célibataires*, I, 2).

Lui courir sus a peut-être servi de modèle : *Comme on* LEUR *courait sus, ils prirent la fuite au triple galop* (SAND, *Nanon*, XXIII). — Mais dans cette expression on peut avoir un complément nominal (et *sus* est traité en adverbe) : [...] *les Croquants et les Nu-pieds courant sus* AUX *nobles* (ZOLA, *Terre*, I, 5). — *Il importe que les chevaliers cessent de se battre les uns contre les autres* [...] *afin de pouvoir, tous ensemble, courir sus* AUX *mécréants* (G. DUBY, *Dimanche de Bouvines*, p. 45). — Parfois, *sus* est traité comme une préposition : *Louis XVIII, sans jambes,* courir SUS [imprimé en italiques] *le conquérant qui enjambait la terre !* (CHAT., *Mém.*, III, I, VI, 3.)

e) La langue familière emploie d'une manière explétive le pronom de la 1ʳᵉ ou de la 2ᵉ personne, pour exprimer l'intérêt que le locuteur prend à l'action ou pour solliciter l'interlocuteur de s'intéresser à l'action (c'est le *dativus ethicus* de la grammaire latine) :

Et elle VOUS *lui détacha un coup de sabot si terrible, si terrible, que de Pampérigouste même on en vit la fumée* (A. DAUDET, *Lettres de m. m.*, p. 93). — *Sa personne entière* VOUS *avait une bonhomie relevée par un grain de folie* (A. FRANCE, *Livre de mon ami*, p. 73). — *Allez-*MOI *mettre votre blouse* (COURTELINE, *Gaietés de l'escadron*, I, 1). — *Regardez-*MOI *cette misère* (THÉRIVE, *Sans âme*, p. 31). — *À cause du mois de janvier, tous les voyageurs* M'*introduisent des jouets* [dit un douanier] (GIRAUDOUX, *Siegfried*, IV, 1).

Le pronom explétif double parfois un pronom de la même personne (mais d'un autre nombre) : *Vous en avez trop et de tous les côtés ? Je* TE *vous les prends, je* TE *vous les centralise chacun à leur place* [...] *! Vous n'en avez pas assez en largeur et trop en longueur ? Je* TE *vous les attrape et je* TE *vous les roule, je les moule en bonne forme* (COLETTE, *Voyage égoïste*, p. 158). [Il s'agit d'une espèce particulière de soutien-gorge.]

On a parfois deux pronoms explétifs : *Avez-vous vu comme je* TE VOUS *lui ai craché à la figure ?* (HUGO, *Misér.*, I, V, 13.) — *Et des postillons qui* TE VOUS *ouvraient des portières de Daumont armoriées* (DANINOS, *Snobissimo*, p. 97). — *Ce bougre-là* [...], *je vais* TE ME *le coller au bloc* (R. GARY, *Racines du ciel*, p. 80).

648   Les formes conjointes comme attribut.

a) Pour représenter soit un nom précédé de l'article *défini* ou d'un déterminant démonstratif ou possessif, soit un nom propre sans déterminant, la langue écrite emploie comme pronoms attributs *le, la, les,* en accord avec ce nom :

Je passe ici pour votre maîtresse, [...] *mais je ne* LA *suis point* (HUGO, *Angelo*, I, 1). — *Je me regarde comme la mère de cet enfant ; je* LA *suis de cœur* (AC.). — *« Vous ne voulez donc point être ma petite femme ? » Elle murmura* [...] : *« Est-ce que je ne* LA *suis pas ? »* (MAUPASS., *Vie*, IV.) — *Il n'est pas vrai que le symbolisme soit l'âme de toute poésie* [...] ; *et quand il* LA *serait* [...] (BRUNETIÈRE, *Évolut. de la poés. lyr.*, t. II, p. 248). — *Je n'étais ta maîtresse qu'ici ; à présent je* LA *serai partout* (BARBEY D'AUR., *Vieille maîtresse*, VIII). — *Je ne serai jamais sa maîtresse* [...], *je ne* LA *serai jamais de personne* (É. HENRIOT, *Occasions perdues*, p. 60). — *J'ai été cette pauvre chose-là. Tu* LA *seras toi aussi* (MONTHERLANT, *Solstice de juin*, p. 256). — *Moi. Tout ce qui s'appelle Marie est un peu ma mère. / Marie. Je* LA *suis* (JOUHANDEAU, *Carnets de l'écrivain*, p. 305). — *On m'avait dit que vous étiez la dernière du nom. / — Je* LA *suis, fit-elle* (BOURGET, dans *Lectures pour tous*, 15 mars 1914, p. 1032). — *Je redevenais l'insulaire et je* LA *resterais* (HÉRIAT, *Enfants gâtés*, VII, 4). — [À propos du Christ, qui a dit : « Je suis la vigne », « Je suis la route », etc.] *De combien de choses peut-on dire qu'il* LES *est ?*

On pourrait plus aisément dresser la liste des choses dont il ne peut pas dire qu'il LES *est* (J. GUITTON, cité dans le *Monde*, 17 févr. 1978, p. 18). — *Ça serait-il les cornes du diable que tu as sur tes bâtons, Pat ? / — Je n'en sais trop rien, répondit Pat, mais si ça* LES *est, alors c'est le lait du diable que vous avez bu* (P. LEYRIS, trad. de : J. M. Synge, *Îles Aran*, p. 148).

La langue parlée n'observe guère cette syntaxe. Dans l'usage courant, à des questions comme : *Êtes-vous la mère ? ... les parents ?* on répond par *oui* ou par *non*, en ajoutant quelque précision appropriée : *Oui, c'est moi* ou *c'est nous ; — Certainement, nous sommes les parents.*

Dans la langue écrite même, on met parfois le neutre *le* (au lieu du pronom accordé avec le nom) :

Si j'étais vraiment la chrétienne que je croyais être, à cette heure, mon fils serait l'époux de cette malheureuse enfant ; je ne LE *suis pas* (DUMAS fils, *Idées de Mme Aubray*, IV, 4). — *Vos sujets ? Ils ne* LE *sont plus* (R. ROLLAND, *Léonides*, II, 3). — Aërt. *Vous n'êtes pas ma mère. /* Lia. *Il me semble que je* LE *suis, en vous entendant parler* (ID., *Tragédie de la foi*, Aërt, p. 43). — André. *Tu es ma femme. /* Jacqueline. *Je ne* LE *suis pas encore !* (P. GÉRALDY, *Do, mi, sol, do !* II, 1.)

À la 1re et à la 2e personne, on a nécessairement les formes disjointes : *C'est* MOI. *Vous n'êtes pas* MOI, etc. Cf. § 639. — À la 3e personne, on dit aussi *Si j'étais* LUI, etc. Mais on peut hésiter entre *C'est elle* ou *Ce l'est*. Cf. *ib.*

b) Pour représenter soit un adjectif ou une locution adjective, soit un nom construit sans déterminant ou avec un autre déterminant que l'article défini, le démonstratif et le possessif, on emploie comme pronom attribut *le*, neutre, équivalent à *cela* :

Ma sœur est une enfant, — et je ne LE *suis plus* (MUSSET, *À quoi rêvent les j. filles*, I, 3). — *Pour en retard, ils* LE *sont* (LOTI, *Mme Chrysanth.*, IV). — *Une femme compatissante et qui ose* LE *paraître* (R. ROLLAND, *Précurseurs*, p. 24). — *J'étais mère et je ne* LE *suis plus* (MAUROIS, *Ariel*, II, 4). — *Je les appelle assassins parce qu'ils* LE *sont* (A. SUARÈS, *Vues sur l'Europe*, p. 169). — *Servantes ? elles ne* L'*avaient donc jamais été* (LA VARENDE, *Troisième jour*, p. 237). — *Des amis, nous* LE *fûmes bientôt en effet* (Fr. AMBRIÈRE, *Solitaire de la Cervara*, p. 75). — *Nous sommes des meurtriers et nous avons choisi de* L'*être* (A. CAMUS, *Justes*, p. 79). — *Nous n'avons pas à être des logiciens, même quand nous affectons de* L'*être* (BENDA, *Précision 1930-1937*, p. 73). — *Il y a des monstres ; nous ne* LE *sommes pas* (É. HENRIOT, dans le *Monde*, 11 déc. 1957). — *Oui, des dieux, et donc des fils de Dieu. Nous* LE *sommes* (Fr. MAURIAC, dans le *Figaro litt.*, 26 sept. 1959). — *Beaucoup de crimes ont cessé de* L'*être* (M. FOUCAULT, *Surveiller et punir*, p. 22). — *L'eau, plus glacée encore qu'elle ne* L'*était pendant la nuit* [...] (GENEVOIX, *Rroû*, p. 174).

Hist. — 1. C'est Vaugelas (p. 27) qui a nettement établi la règle de *le* attribut neutre. Cependant elle ne s'est imposée que longtemps après lui. Au XVIIe et même au XVIIIe s., on mettait encore couramment le pronom variable :

+*Vous êtes satisfaite et je ne* LA *suis pas* (CORN., *Pompée*, V, 2). — +*Je veux sur toutes choses que vous soyez contente, et quand vous* LA *serez, je* LA *serai* (SÉV., 13 sept. 1677). — *Je ne veux point estre liée* [...] */ Je ne* LA *seray point* (RAC., *Plaid.*, I, 7). — *Je veux estre mere, parce que je* LA *suis* (MOL., *Amants magn.*, I, 2). — *La Mareschalle de Rochefort est malade, et je* LA *seray bientost par conséquent* (MAINTENON, *Corresp.*, 19 mai 1681). — +*Si vous êtes jalouses de la pureté de la chair, soyez-*LES *encore beaucoup davantage de la pureté de l'esprit* (BOSS., *Œuvres orat.*, t. III, p. 501). — +*J'étais née, moi, pour être sage, et je* LA *suis devenue*

(BEAUMARCHAIS, *Mar. de Fig.*, III, 16). — *⁺J'étais son ennemie, et je ne* LA *suis plus* (MARIV., *Fausses Confid.*, III, 10).

Ménage rapporte que Mme de Sévigné, à qui il avait dit : « Je suis enrhumé », répondit : « Je *la* suis aussi ». — « Il me semble, Madame, que selon les regles de nostre langue, il faudroit dire : *Je le suis*. Vous direz comme il vous plaira, ajoûta-t-elle, mais pour moy je croirois avoir de la barbe si je disois autrement. » (Cf. Brunot, *Hist.*, t. IV, p. 891.)

La variation du pronom est devenue exceptionnelle par la suite : *J'étais folle. Je ne* LA *suis plus* (BOURGET, *Étape*, p. 285). — *Je n'étais pas perverse ; je* LA *devins* (A. SUARÈS, *Sur la vie*, t. I, p. 82). — *Je n'ai jamais été vraiment amoureuse, à présent je* LA *suis* (COLETTE, *Mitsou*, cit. Høybye, p. 129).

2. Sur *le* attribut du complément d'objet direct, voir § 293, Hist.

Remarques. — 1. Pour représenter un nom indéterminé, sans article, ou précédé d'un article indéfini ou partitif, on met parfois comme pronom attribut *en* :

*Peut-être faut-il distinguer ici ce qui est poésie de ce qui n'*EN *est pas* (A. ROUSSEAUX, dans le *Figaro litt.*, 15 mars 1958). — *Il avait la sereine douceur [...] des hommes qui ne sont pas nés pour être des amants, veulent pourtant* EN *être et n'*EN *seront jamais* (COURTELINE, *Boubouroche*, II). — *J'appelle « histoires » ce qui n'*EN *est pas* (G. DUHAMEL, *Confess. de minuit*, p. 115). — *Ils* [= une douzaine de mots vagues] *engendrent [...] une autre douzaine de problèmes qui n'*EN *sont pas* (VALÉRY, *Mauvaises pensées et autres*, Pl., p. 791). — *On appelle cela de la poésie. Eh ! bien sûr que c'*EN *est !* (VIALAR, *Ligne de vie*, p. 74.) — *On croyait entendre travailler des mineurs. On discutait si c'*EN *était ou pas* (GUÉHENNO, *Mort des autres*, p. 175).

2. Lorsque l'attribut affecte la forme d'un syntagme prépositionnel (et surtout lorsqu'il a une valeur plus ou moins locative), il peut être représenté par *y* (au lieu de *le*, pour lequel on a d'autres ex. au § 245, *b*, 4°) :

Oh ! si elle [= une pièce de théâtre] *était en vers ! /* — *Mais elle* Y *est, dit Barbier* (J. RENARD, *Journal*, 9 janv. 1898). — *Il était parfaitement au courant des événements il y a une dizaine d'années ; il n'*Y *est plus* (dans le *Lar. mensuel*, déc. 1916, Petite corresp.).

On trouve même parfois des adjectifs représentés par *y*, mais cette façon de parler appartient au fr. régional (est et nord de la France, Wallonie) : *Si dans* Gelliniacum, *le g ne pouvait rester dur, pourquoi* Y *reste-t-il dans* Grandmetz ? (dans le *Bulletin de la Commiss. royale de toponymie et de dialectologie*, 1949, p. 183). — *Ils apprennent à* Y *être, racistes* (une institutrice de Fresnes, dont les parents sont alsaciens, 30 sept. 1984).

Hist. — *Y* comme attribut semble ne pas avoir été rare au XVIIe et au XVIIIe s. :

Argante. *Quoy, tu ne trouves pas que j'aye tous les sujets du Monde d'estre en colere ? /* Scapin. *Si-fait, j'*Y *ay d'abord esté, moy, lors que j'ay sceu la chose* (MOL., *Fourb.*, I, 4). — *⁺J'espère que vous me direz [...] pourquoi vous vous êtes mise en colère ; j'*Y *suis beaucoup contre ceux qui vous en ont donné sujet* (SÉV., 13 juin 1672). — *On ne peut pas [...] estre à vous plus sincerement et plus tendrement que j'*Y *suis* (BOUHOURS, lettre publiée dans la *Revue d'hist. litt. de la Fr.*, janv.-févr. 1980, p. 81). — *⁺Le cœur de ma Cécile est à moi ; il* Y *est pour la vie* (LACLOS, *Liaisons dang.*, LXXII). — *[...] pour qu'on les croie aimables et à leur aise, mais espérant par-là d'*Y *être* (prince de LIGNE, *Contes immoraux*, IV).

Sur *y* attribut du complément d'objet direct, voir § 293, Hist.

3. Le pronom neutre *le* peut représenter un adjectif de n'importe quel genre et de n'importe quel nombre, même d'un genre et d'un nombre différant de ceux de l'antécédent :

*Les Mérovingiens ont été despotes autant qu'ils ont pu L'*être (GAXOTTE, *Hist. des Français*, t. I, p. 185). — *Elle demeura tout interdite ; je* L'*étais beaucoup moi-même* [dit Adolphe]

(B. CONSTANT, *Ad.*, II). — *Elle était chrétienne. Son père et sa mère* L'*avaient été* (É. HENRIOT, *Aricie Brun*, III, 3). — *Mais si le père n'était pas exact à l'ouvrage, la fille* L'*était pour deux* (R. BAZIN, *Noellet*, p. 19).

4. Le pronom *le* est facultatif dans les propositions introduites par *comme* et dans les propositions corrélatives amenées par *aussi*, *plus*, etc. (§ 1075) :

> *Il est plus entêté que je ne* LE *suis* ou ... *que je ne suis.* Cf. § 217, *f.*

c) Le participe passé avec *être* peut être assimilé à un attribut :

> *Comme si trop de paroles n'avaient pas été dites qui auraient dû* L'*être* (J. GREEN, *Malfaiteur*, p. 4). — *Si le moment de poser en plein jour les problèmes de l'union* [de la gauche] *n'est pas venu, quand* LE *sera-t-il donc ?* (J.-P. CHEVÈNEMENT, *Les socialistes, les communistes et les autres*, p. 10.)

Dans les ex. reproduits ci-dessus, *le* représente le participe qui a été exprimé auparavant. Or, il est fréquent que *le* ayant valeur de participe reprenne un verbe à la voix active. Cela a été vivement critiqué par Littré (s.v. *le*, Rem. 3), qui parle de « règle absolue ». Mais comme nous l'avons dit ailleurs (*b*, Rem. 3 ; § 646, *a*), *le* pronom neutre ne représente pas exactement son antécédent, mais l'idée qui y est incluse ; il convient cependant de veiller à la clarté. En tout cas, la construction incriminée a, tant chez les auteurs classiques (cf. Hist.) que chez les modernes, quantité d'excellents répondants :

> *Les immeubles à recouvrer par l'effet de la réduction,* LE *seront sans charge de dettes ou hypothèques* (*Code civil*, art. 929). — *Que je vous plains ! murmurai-je. / — C'est mon frère, plus que moi, qui mérite de* L'*être* (ESTAUNIÉ, *Infirme aux mains de lumière*, p. 87). — *Notre rôle n'est pas de justifier la misère aussi longtemps que la misère peut* L'*être* (BERNANOS, *M. Ouine*, p. 190). — *Qui peut se vanter d'aimer Dieu autant qu'il demande de* L'*être ?* (CLAUDEL, *La rose et le rosaire*, p. 73). — *En ne la traitant pas comme elle mérite de* L'*être* (Fr. MAURIAC, *Pharisienne*, p. 190). — *Pour sauver ce qui peut* L'*être* (G. DUHAMEL, *Paroles de médecin*, p. 13). — *Cela permet de ne pas punir ce qui ne doit pas* L'*être* (MONTHERLANT, *Équinoxe de septembre*, p. 265). — *De manière à n'éditer rien qui ne nous paraisse digne de* L'*être* (GIDE, dans Claudel et Gide, *Corresp.*, p. 162). — *Pour sauver ce qui peut* L'*être encore* (ARLAND, *L'eau et le feu*, p. 66). — *Il demandait une décoration et achetait celles qui pouvaient* L'*être* (MAUROIS, dans les *Annales*, juillet 1955, p. 51). — *Est-ce que de tels artistes ne méritent pas aujourd'hui qu'on les chérisse, qu'on les admire plus qu'ils ne* L'*ont, hélas ! été de leur vivant ?* (CARCO, dans les *Nouv. litt.*, 6 juin 1957.) — *Me consoler ? Je ne voulais pas* L'*être* (GENEVOIX, *Jeux de glaces*, p. 32).

Autres ex. : PESQUIDOUX, *Sur la glèbe*, p. 25 ; L. MADELIN, *Danton*, p. 286 ; G. HANOTAUX, *Réponse au Disc. de récept. de l'animal Lacaze à l'Ac. fr.* ; É. HENRIOT, *Aricie Brun*, II, 1 ; E. JALOUX, *Dernier acte*, p. 93 ; R. KEMP, dans les *Nouv. litt.*, 26 juillet 1951 ; J. ROY, *Femme infidèle*, p. 164 ; M. DROIT, *La coupe est pleine*, p. 56 ; duc de CASTRIES, *Réponse au disc. de récept. d'Edgar Faure à l'Ac. fr.* ; etc.

Hist. — Ex. antérieurs au XIXe s. :

> ⁺*Jusqu'à vous marier quand je sais que vous* L'*êtes ?* (CORN., *Ment.*, III, 5.) — ⁺*Si nous établissons la confiance, comme elle* L'*est déjà de mon côté* [...] (SÉV., 23 avril 1687). — ⁺*« Madame, je vous ai déjà priée de vous asseoir », et toutes celles qui* LE *devaient être s'assirent* (SAINT-SIMON, *Mém.*, Pl., t. I, p. 229). — ⁺*On paya alors avec cet argent tous ceux qui voulurent* L'*être* (VOLT., *L. XIV*, X). — ⁺*On avait déplacé tout ce qui pouvait* L'*être ou* L'*avoir été* (DIDEROT, *Religieuse*, Pl., p. 303).

Remarque. — Une construction tout à fait contestable est de remplacer le participe passé conjugué avec *avoir* par le pronom *le* :

Ils auraient pu jouer Brahms ou Roussel. Essayer. Ils L'*ont. Décevant (*A. STIL, *Seize nouvelles*, p. 33). — *L'étude des caractères* [...] *n'a pas encore accédé à cette connaissance scientifique* [...]. *Et* L'*aurait-elle, d'ailleurs, que le langage retiendrait encore* [...] *les traces* [...] *d'un savoir ancien* (P. GUIRAUD, *Langage du corps*, p. 6).

649   **Répétition du pronom conjoint autre que sujet dans la coordination.**

Lorsque des verbes coordonnés ont pour complément d'objet un même pronom personnel,

a) Si ce pronom a la même fonction (soit objet direct, soit objet indirect),

1° Devant un temps simple, il se répète nécessairement quand le sujet lui-même est répété — et ordinairement quand le sujet n'est pas répété (ou quand il n'y a pas de sujet exprimé) :

— *Je les vois et je* LES *entends. Il nous parle et il* NOUS *pardonne.*

— *Je les vois et* LES *entends. Il nous parle et* NOUS *pardonne. Ils se disputent et* SE *battent sans cesse. Vous n'êtes pas ici pour vous disputer et* VOUS *battre.*

La langue littéraire, selon l'usage classique (cf. Hist.), se dispense parfois de répéter le pronom : *Il* SE *carrait et cambrait comme pour se préparer à la lutte* (Th. GAUTIER, *Militona*, II). — [...] *qui tâchent à* LE *ridiculiser et détruire* (THÉRIVE, *Querelles de langage*, t. I, p. 102). — *Aime et respire-*LES (VERHAEREN, *Heures du soir*, III). — *Je ne m'inquiète pas de demander à cette production spontanée de* SE *prolonger, organiser et achever sous les exigences d'un art* (VALÉRY, dans le *Figaro litt.*, 6 mai 1950). — *Ajoutez que ces passagers* [...] *passent le temps de cette brève navigation interstellaire à* SE *calomnier, déchirer, détripailler, torturer les uns les autres* (MAUROIS, *Nouv. discours du D' O'Grady*, p. 168). — *Pour* ME *détourner et distraire* (Cl. ROY, dans le *Monde*, 2 août 1985).

Hist. — Autrefois, il était fréquent que le pronom ne fût pas répété : *Je* LE *crains et souhaite* (CORN., *Cid*, I, 3). — *Je puis vous* L'*ouvrir, ou fermer pour jamais* (RAC., *Baj.*, II, 1). — SE *veautrant, gratant et frotant* (LA F., *F.*, VI, 8). — *Plaignés et aimés-*MOI (DUCLOS, *Confessions du comte de* ***, S.T.F.M., p. 41).

2° Devant un temps composé, il se répète si le sujet et ou l'auxiliaire sont répétés ; autrement, non :

Je LES *ai vus et* LES *ai entendus.* — *Je* LES *ai vus et entendus.* — *Elle* M'*a écrit de Florence et envoyé son livre* (A. FRANCE, *Lys rouge*, p. 8). — *Moinel* LUI *a pris son billet à la gare et donné un peu d'argent* (ALAIN-FOURNIER, *Gr. Meaulnes*, p. 245).

b) Si ce pronom complément a deux fonctions différentes (objet direct d'une part, objet indirect de l'autre), il est souhaitable, pour la régularité de la construction, qu'il soit répété :

Il me blesse et ME *nuit. Il se blesse et* SE *nuit. Il nous jugera et* NOUS *pardonnera. Il nous a jugés et* NOUS *a pardonné.* — *Ils vous ont abordés et* VOUS *ont parlé.*

Il n'est pas rare pourtant, même chez des auteurs excellents, qu'avec un verbe à un temps composé, le sujet, le pronom personnel complément et l'auxiliaire ne soient pas répétés, alors que ce pronom personnel a une double fonction : *Il* M'*a pris par le cou et demandé pardon* (G. DUHAMEL, *Les plaisirs et les jeux*, p. 150). — Voir d'autres ex. au § 260, *e*, 1°.

En et *y*

Bibl. — J. PINCHON, *Les pronoms adverbiaux* en *et* y. Genève, Droz, 1972.

650   Les pronoms conjoints *en* et *y* tiennent la place d'un syntagme nominal prépositionnel. Ils peuvent avoir la fonction de compléments adverbiaux, tout en gardant leur valeur de représentants. Voir ci-dessous
§§ 651, *a* et 652, *b*. — À cause de cela, à cause de leur étymologie aussi
(cf. Hist.), on les appelle souvent *adverbes pronominaux* ou *pronoms
adverbiaux*.

Hist. — *En* vient de l'adverbe latin *inde* « de là ». Pour *y* (ordinairement écrit *i* en anc.
fr.), les étymologistes sont partagés : les uns proposent l'adv. lat. *ibi* « là » (certainement
représenté par la forme *iv* des *Serments de Strasbourg*) ; d'autres l'adverbe latin *hic* « ici ».

651   **Fonctions de *en*.**

En joue le rôle d'un syntagme introduit par *de.*

a) Complément de verbe.

Objet indirect : *On a voulu lui donner une mission officielle, il s'*EN *est dispensé* (Ac.). —
*Ce cheval est vicieux : défiez-vous-*EN. — Complément adverbial : *Vient-il de la ville ? Oui, il*
EN *vient* (Ac.). — *Sors-tu d'ici ? Oui, j'*EN *sors.* — Complément d'agent : *Quitter une femme te
coûtait quelques larmes ;* EN *être quitté te coûtait un sourire* (MUSSET, *Nuit vénitienne*, I). —
Objet direct comportant l'article indéfini ou partitif : *Il demande du pain ; on lui* EN *donne.*

Le sujet réel peut sur ce point être assimilé à l'objet direct : *Tous les livres sont-ils là ?
Non, il* EN *manque.*

Certains compléments introduits par *de* ne sont pas susceptibles d'être représentés par
en. C'est le cas des compléments de manière : *Il a fait cela de sa propre initiative.* → **Il* EN *a
fait cela.* — La substitution n'est guère possible non plus quand les verbes sont pris au
figuré : *Vous deviez être mort de faim ! *Oui, j'*EN *étais mort.* — Cf. J. Larochette, dans
Linguistique en Belgique, V, 1982, pp. 110-118.

b) Attribut.

En représente un nom comportant l'article indéfini ou partitif (cf. § 648, *b*, Rem. 1) : *Est-
ce de l'or ou n'*EN *est-ce pas ?* — *Ces fautes* EN *seront-elles encore dans un demi-siècle ?* (THI-
BAUDET, *Flaubert*, p. 273.) — *En* représente un complément marquant l'appartenance : *Êtes-
vous de mes amis ou n'*EN *êtes-vous pas ?*

Mais on ne dit pas : **Êtes-vous de mon avis ou n'*EN *êtes-vous pas ?*

c) Complément de nom :

*J'aime beaucoup cette ville et j'*EN *connais tous les vieux quartiers.* (On peut dire aussi :
... et je connais tous ses vieux quartiers. Cf. § 591, *b*.) — *La ville ayant décidé de donner à une
rue le nom des deux frères, la nouvelle plaque* EN *fut inaugurée [...] par [...]* (BERNANOS, *Grands
cimetières sous la lune*, Pl., p. 422).

Cette substitution n'est pas permise : 1° s'il s'agit du complément d'un nom introduit par
une préposition : °*Il ne s'*EN *souvenait plus du nom* ; pour les exceptions, voir § 695, *c* (*dont se*

trouve en effet dans le même cas) ; — 2° s'il s'agit d'un complément de caractérisation (§ 342, c) : *Il a exigé un homme de forte constitution.* → **Il EN a exigé un homme.*

d) Complément d'adjectif :

Elle est jolie et elle EN est fort consciente.

e) Complément de pronom (numéral ou indéfini) sujet réel, attribut ou objet direct :

Et s'il n'EN reste qu'un, je serai celui-là ! (HUGO, *Châtim.*, VII, 16.) — *On manquait de porteurs ; il s'EN présenta un* (LITTRÉ). — *Oh ! les beaux fruits que vous avez, donnez-m'EN quelques-uns* (AC.). — *On EN attaque certains de ne pas souffrir assez* (MONTHERLANT, *Solstice de juin*, p. 120). — *Parmi ces conditions, l'expérience EN a dévoilé quelques-unes* (TAINE, *De l'intelligence*, t. I, p. 263). — *De ces quatre formes essentielles du drame, les Anciens EN ont connu trois* (FAGUET, *En lisant Corneille*, p. 173). — À remarquer aussi l'expression *En voilà un qui* ...

Dans certains de ces ex., un complément nominal pourrait être employé après le pronom au lieu de *en* : *Donnez-moi quelques-uns DE CES FRUITS.* — Le complément nominal est redondant (langue familière) : *Que j'en trouve encore une, DE MONTRE !* (COURTELINE, cité § 367, *b*, Rem. 3.) [Rem. la virgule.]

Parfois, *en* peut manquer : voir § 712, *a*, 1° et Rem., ainsi que § 695, *a*, 2° et *e*, 3°.

Remarque. — *En* est parfois absent par haplologie devant lui-même : *Il EN a rempli un* pour **Il EN EN a rempli un.* Cf. § 635, *e*, 3°.

652   **Fonctions de *y*.**

a) Complément d'objet indirect d'un verbe.

Y correspond à un syntagme nominal introduit par *à* : *Le vase où meurt cette verveine / D'un coup d'éventail fut fêlé ; / [...] / N'Y touchez pas, il est brisé* (SULLY PRUDHOMME, *Stances et poèmes*, Vase brisé). — *Voici une lettre, vous Y répondrez. Le mal est grave : peut-on Y remédier ?*

b) Complément adverbial d'un verbe.

Y correspond à des syntagmes nominaux introduits par diverses prépositions. Il s'agit ordinairement de lieu : *Quelle grande maison ! on Y vit à l'aise.* — *Il a un grand jardin ; il Y cultive toutes sortes de légumes.* — *J'ai visité [...] une école installée à cinq cents mètres des tranchées* [...]. *Un caporal Y enseignait la botanique* (SAINT EXUPÉRY, *Terre des hommes*, p. 210). — *La table était grise de poussière ; il Y écrivit son nom avec l'index.*

Par analogie avec des compléments de lieu. Ex. pop. : *Voulez-vous parier qu'elle couche avec cette vipère de Fauchery ?... Je vous dis qu'elle Y couche* (ZOLA, *Nana*, VI). [Comp. aux ex. cités dans le § 653, *c*, 2°, Hist.] — Tour assez courant : *J'Y insiste.*

c) Complément d'adjectif.

L'adjectif est attribut et *y* précède le verbe : *La défiance ? Je n'Y suis pas enclin.*

Il est plus rare (sauf dans *y compris*) que *y* soit placé immédiatement devant un adjectif ou un participe passé : *Dès que vous aurez fait une dépense, vous me ferez parvenir l'état Y relatif* (STENDHAL, *Corresp.*, t. VIII, p. 301). — Voir d'autres ex. aux §§ 356, *a*, et 638, *b*, 4°.

d) Attribut : cf. § 648, *b*, Rem. 2.

Remarques. — 1. Dans le fr. parlé de la région franco-provençale, *y* s'emploie comme objet direct : °*J'*Y *sais* = *Je* LE *sais.*

2. Y disparaît par haplologie devant lui-même et devant le futur ou le conditionnel d'*aller : J'irai* pour °*J'*Y *irai* ; etc. Cf. § 635, *e.*

653   L'antécédent de *en* et de *y.*

a) Ce peut être un adverbe de lieu :

Vient-il de là ? Oui, il EN *vient. — Sors-tu d'ici ? Oui, j'*EN *sors. — N'allez pas là, il* Y *fait trop chaud* (AC.). — *Va-t-il partout ? Oui, il* Y *va. — Est-il ici ? Oui, il* Y *est.*

En inclut la préposition *de.* Mais elle n'accompagne pas nécessairement l'antécédent : *Entre ici. Non, j'*EN *viens.*

b) Ce peut être un nom ou un syntagme nominal indiquant un lieu :

Entrez dans la cuisine : il Y *fait plus chaud. — Tu reviens de Paris ? J'*EN *reviens aussi.*

La préposition impliquée par *y* et *en* n'est pas nécessairement présente dans l'antécédent, soit que celui-ci soit construit sans préposition, soit qu'il ait une autre préposition : *Le mur était trop haut pour que l'enfant pût* EN *descendre seul. — Je connaissais trop les vices du gouvernement de Juillet pour ne pas savoir que la cruauté ne s'*Y *rencontrait point* (TOCQUE-VILLE, *Souvenirs,* p. 78). — *Les vieux joueurs [...] s'étaient soulevés de leurs fauteuils. Ils* Y *retombèrent vite* (COCTEAU, *Thomas l'imposteur,* L.P., p. 16).

c) Ce peut être un syntagme nominal n'indiquant pas le lieu.

1° Le plus souvent, *en* et *y* désignent des choses ou des animaux :

*Les jolies fleurs ! Donne-m'*EN. — *Ce cheval est vicieux : il faut s'*EN *défier. — Avez-vous reçu sa lettre et* Y *avez-vous répondu ? — J'ai recueilli un chien et je m'*Y *suis attaché.*

Cependant, il n'est pas rare que la langue littéraire emploie *lui, leur, à lui, à elle(s), à eux,* ou *de lui, d'elle(s), d'eux* au lieu de *en* et de *y,* à propos d'animaux et de choses (même s'il n'y a pas de personnification ni de risque d'équivoque) :

Ces vacances ! il jouissait D'ELLES (LARBAUD, *Fermina Márquez,* XVI). — *Ces journées de Catharona, qu'on me laisse un instant m'attarder* À ELLES (P. BENOIT, *Dame de l'Ouest,* p. 196). — *Quelles années ! Elle ajouta en riant : Je ne les regrette pas, je ne pense jamais* À ELLES (E. JALOUX, *Alcyone,* I). — *Pour amortir les secousses du volant [...], il s'était cramponné* À LUI, *de toutes ses forces. Il s'y cramponnait toujours* (SAINT EXUPÉRY, *Vol de nuit,* p. 139). — *Le sentiment de la possession des choses m'est d'ailleurs inconnu ; je jouis* D'ELLES *comme si elles m'étaient prêtées* (BENDA, *Exercice d'un enterré vif,* p. 204). — *J'avais toutes les peines du monde [...] à écouter un texte immobile et à* LUI *consacrer mon attention* (COCTEAU, *Difficulté d'être,* p. 65). — *Le théâtre où Paule devait jouer n'était vraiment pas un grand théâtre. Je n'avais jamais entendu parler* DE LUI (CHAMSON, *La neige et la fleur,* p. 279).

L'emploi de *lui* et de *leur* est normal, même à propos d'animaux ou de choses, quand il y a un objet direct (avec *donner, demander, devoir, préférer,* etc.), *lui* et *leur* étant des objets seconds :

Le cheval rua et le charretier LUI *donna un coup de fouet* (LITTRÉ). — *Ce cuir ne vaut rien, on* LUI *a donné un mauvais apprêt* (AC., s.v. *apprêt*). — *Je peux bien avouer ces larmes-là ; je* LEUR *dois le meilleur instant de ma vie* (G. DUHAMEL, *Confession de minuit,* p. 53).

Cependant, même dans ce cas, on trouve parfois *y*. Ex. littéraires : *J'ignore de quoi nous sommes faits, et peu importe le nom qu'on* Y *donne* (J. ROSTAND, *Pensées d'un biologiste*, p. 114). [L'équivalent ordinaire serait *à cela*.] — *Dans sa passion, il ne s'en aperçoit pas. Nous* Y *devons une des analyses les plus aiguës* [...] *de l'âme nue de Péguy* (R. ROLLAND, *Péguy*, t. II, p. 158). [Même remarque.] — *C'est pourquoi la langue littéraire* Y *préfère* [...] (R. LE BIDOIS, dans le *Monde*, 14 déc. 1964).

2° *En* et *y* désignent des personnes.

— Régulièrement, pour *en* complément d'agent ou complément d'un numéral ou d'un indéfini : *Pascal plaisait peut-être à quelques femmes, il* EN *était admiré* (Fr. MAURIAC, *Bl. Pascal*, p. 121). — *A-t-il des amis ? Il n'*EN *a qu'un seul* (AC.).

— Régulièrement, pour *y*, comme objet indirect quand les pronoms conjoints objets indirects sont exclus (cf. § 638, *b*, 2° et 3°) : *C'est un homme équivoque, ne vous* Y *fiez pas* (AC.). — Mais on peut dire avec la préposition et le pronom disjoint : *Ne vous fiez pas* À LUI. — Les deux constructions se suivent dans cet ex. : *Vous vous intéressez* À LUI *? Je ne m'*Y *intéresse pas* (AUGIER, *Effrontés*, II, 10).

— De façon plus occasionnelle, surtout dans la langue littéraire : *C'est un véritable ami, je ne pourrai oublier les services que j'*EN *ai reçus* (AC.). — *La privation de sa fille lui fut d'abord très douloureuse. Mais trois fois la semaine elle* EN *recevait une lettre* (FLAUB., *Tr. contes, Cœur simple*, III). — *Guisolphe avait le désir de parler de Mme Ambrière et d'*EN *entendre parler* (E. JALOUX, *Fête nocturne*, V). — *Si mon prince le désirait, moi, barbier du roi et médecin, qui* EN *approche tous les jours, je pourrais* [...] (GIDE, *Saül*, III, 2). — *Je n'obtenais jamais d'eux* [= des coiffeurs] *la coupe ni les soins que j'*EN *demandais* (G. DUHAMEL, *Pierre d'Horeb*, p. 119). — *Il y a des milliers d'enfants comme celui-là, tu n'*Y *arrêtes même pas ta pensée* (Fr. MAURIAC, *Agneau*, p. 85). [Comp. § 652, *b*.]

Dans une assez grande partie de la France, le langage populaire emploie *y* comme objet second à propos de personnes. Les écrivains font souvent parler ainsi leurs personnages du peuple : *J'*Y *achetai des bonnets, des robes* (MAUPASS., *C.*, Fermier). — *« Tu viens ? » j'*Y *dis* [= lui dis-je] (GIONO, *Un de Baumugnes*, II). — Même intention chez PÉGUY : *Elle se sauvait comme une pauvre vieille bonne femme toute seule. C'était affreux.* [...] *On aurait eu envie d'*Y *prêter des enfants* (*Mystère de la char. de J. d'Arc*, p. 38).

Hist. — *En* et *y* se rapportaient autrefois à des personnes bien plus librement qu'ils ne font dans l'usage moderne :

⁺*Marius battit* [...] *les Teutons, les Cimbres* [...]. *Les victoires qu'il* EN *remporta* [...] (BOSS., *Disc. hist. univ.*, I, 9). — ⁺*Images de Dieu, vous* EN *imitez l'indépendance* (ID., *Or. fun.*, Le Tellier). — *Son Époux* EN [= de sa femme] *cherchoit le corps* (LA F., *F.*, III, 16). — ⁺*Est-ce peu de Camille ?* Y *joignez-vous ma sœur ?* (CORN., *Hor.*, II, 6.) — ⁺*Ils ont trompé le diable à force de s'*Y *abandonner* (PASCAL, *Prov.*, IV). — ⁺*Rien ne me peut distraire de penser à vous ; j'*Y *rapporte toutes choses* (SÉV., 20 mars 1680). — ⁺*L'on me dit tant de mal de cet homme et j'*Y *en vois si peu* (LA BR., VIII, 39). — *Je romps avecque vous, et j'*Y *romps pour jamais* (MOL., *Dép. am.*, IV, 3). — ⁺*de gagner le mal de la reine en continuant de coucher avec elle, et poussèrent jusqu'à l'inquiéter d'*Y [= avec elle] *manger* (SAINT-SIMON, *Mém.*, Pl., t. III, p. 1114). — ⁺*On se fait un plaisir de vivre avec eux* [= les comédiens] *et on ne veut pas* Y [= avec eux] *être enterré* (VOLT., *Corresp.*, 18 juillet 1762).

On observera en outre qu'il ne s'agit pas toujours d'objets indirects.

Remarque. — Un autre trait populaire relevé par les écrivains dans leurs dialogues consiste à ajouter à *leur* (ou plutôt à °*leurs*, avec [z]) un *y* redondant :

Je leux Y *dirai la chose, histoire de rire* (BALZAC, *Birotteau*, XIII). — *Il leur z'*Y *a dit ousqu'était notre cabane* (PERGAUD, *Guerre des boutons*, III, 7). — *Aux poulets* [= policiers] *tu pourrais toujours leur-z-*Y *expliquer* (J. GENET, *Querelle de Brest*, p. 149).

d) Ce peut être un verbe, une phrase, etc.

*Je ne ferai pas ce voyage, je n'*EN *ai pas la force.* — *Je voulais vous apporter ce livre, je n'*Y *ai plus songé.*

On observera qu'en remplaçant *en* par le membre de phrase qui convient, on n'obtient pas nécessairement l'antécédent tel qu'il a été exprimé d'abord.

654　　　*En* **et** *y* **ont une valeur imprécise** dans un grand nombre d'expressions telles que :

S'en aller, s'en venir, s'en retourner (pour ces trois verbes, voir § 656, *b*), *en vouloir à qqn, s'en prendre à qqn* (cf. 4°), *je n'en reviens pas, ce qu'il en coûte, c'en est fait, en imposer* (cf. 2°), *s'en tenir à qq. ch., en rester là, en être, il en est (ainsi, de même, autrement,* etc.*), en finir, en avoir assez, c'en est trop, il en a menti, en prendre à son aise, en user avec qqn, en croire qqn, s'en tirer, s'en faire, en faire de même, en faire à sa tête, n'en rien faire, n'en pas finir, s'en tenir à, en user mal avec qqn, il s'en faut de beaucoup ;* — *il y a, il y va de l'honneur, il n'y paraît pas, n'y voir goutte, vous n'y êtes pas, y regarder à deux fois, il s'y prend mal,* etc.

Quelques expressions demandent des commentaires particuliers.

1° *En agir,* « condamné par Racine et Bouhours, l'est justement, dit Littré (*Suppl.,* s.v. *agir,* Rem. 1) ; car on ne peut pas dire *agir de,* tandis qu'on dit *user de,* ce qui justifie *en user* ». — Sans doute on peut préférer *agir* (sans *en*) ou *en user,* mais, en dépit de la logique, *en agir* a été reçu par le bon usage :

*Il eût cru manquer de respect d'*EN AGIR *autrement* (STENDHAL, *Chartr.,* I). — *C'est ainsi que j'*EN AGIS, *lorsque j'habitais parmi les hommes* (CHAT., *Natchez,* VII). — *Elle n'*EN AGI-RAIT *pas si familièrement avec moi* (MUSSET, *Barberine,* III, 9). — *L'exemple des gardiens, qui* EN AGISSENT *avec les bêtes féroces comme des piqueurs avec les chiens* (VALLÈS, *Réfractaires,* p. 277). — *Vous* EN AGISSEZ *bien mal avec moi !* (A. DAUDET, *Port-Tarascon,* II, 1.) — *Joseph n'*EN AGIT *pas ainsi avec moi* (JAMMES, *Livre de saint Joseph,* p. 61). — *C'est ainsi que la Providence* EN AGIT *encore aujourd'hui pour nous rendre idéalistes* (BARRÈS, *Homme libre,* p. XIX). — *J'ai toujours cru que les gens de notre état devaient* EN AGIR *honnêtement avec Dieu* (BERNANOS, *Dialogues des carmélites,* I, 3). — *Qu'ils* EN AIENT AGI *autrement me remplit de fureur* (M. TOURNIER, *Gaspard, Melchior et Balthazar,* p. 30).

Autres ex. : THIERS, COUSIN, SAINTE-BEUVE, cit. Littré ; MÉRIMÉE, *Colomba,* XIV ; GOBI-NEAU, *Nouvelles asiatiques,* p. 108 ; J. VERNE, *Michel Strogoff,* I, 12 ; GIDE, *Et nunc manet in te,* Pl., p. 1124 ; GROUSSET, *Épopée des croisades,* L.P., p. 417 ; ARAGON, *Beaux quartiers,* III, 7 ; Ch. DU BOS, *Journal 1921-1923,* p. 46 ; etc.

Hist. — Littré cite aussi VOLTAIRE. Il faut ajouter MARIV., *Marianne,* p. 276 ; MONTESQ., *Considér.,* VI ; BERN. DE SAINT-P., *La vie et les ouvrages de J.-J. Rouss.,* p. 66 ; — et déjà RICHELET (1680), s.v. *acommoder.*

2° *En imposer.* L'Acad. signale que *imposer,* pris absolument, signifie « inspi-rer du respect, de l'admiration, de la crainte » ; — elle ajoute que *en imposer* a été pris souvent dans le sens précédent, mais qu'il signifie plus exactement « tromper, abuser, surprendre, en faire accroire ». — Cette opinion ne paraît pas fondée : « L'usage des auteurs et aussi l'usage du public, dit Littré, ne permettent aucune distinction » ; *imposer* et *en imposer* veulent dire, soit « commander le respect », soit « faire illusion, tromper ». Mais la deuxième expression l'emporte aujourd'hui, quel que soit le sens.

« Commander le respect, la soumission, la crainte » : *La majesté du sacerdoce m'*IMPOSAIT (CHAT., *Mém.*, I, III, 16). — *La richesse ne lui* IMPOSAIT *pas. Devant la richesse, le sentiment le plus ordinaire n'est pas le respect, c'est l'envie* (FUSTEL DE COULANGES, *Cité antique*, IV, 10). — *Elle* IMPOSE *par un ton de simplicité noble, et de dignité discrète* (SAINTE-BEUVE, *Caus. du lundi*, t. IV, p. 369). — *Il a des breloques, il* IMPOSE *aux gens de menu* (BALZAC, *Gaudissart*, p. 10). — *Magistral, Barrès l'était partout* [...]. *Il* IMPOSAIT (GIDE, *Feuillets d'automne*, p. 190). — *La fortune ni la naissance ne lui* IMPOSENT (BARRÈS, *Dérac.*, p. 219). — *Molinari avait un air de fierté et de noblesse qui* IMPOSAIT (J. MISTLER, *Hoffmann le fantastique*, 1982, p. 58).

Les navires trônant dans la majesté du soleil EN IMPOSAIENT *à Janot* (JAMMES, *Janot-poète*, p. 74). — *Le caractère insolite de la circonstance lui* EN IMPOSAIT (BOYLESVE, *Élise*, p. 153). — *Sa gloire* [de Brahms] *lui* EN IMPOSAIT (R. ROLLAND, *Jean-Chr.*, t. IV, p. 78). — *La carrure et l'autorité de son gendre lui* EN IMPOSAIENT (É. HENRIOT, *Aricie Brun*, I, 4). — *Il ne s'*EN *laissait nullement* IMPOSER *par la majesté royale* (J. et J. THARAUD, *Rayon vert*, p. 195).

« Faire illusion, tromper » : *Mais vous, docteur,* [...] *après tout ce que vous savez, vous ne pouvez pas vous laisser* IMPOSER *par cet air-là* (BARBEY D'AUR., *Diaboliques*, Pl., p. 124).

[Catherine II] *ne put qu'*EN IMPOSER *à Voltaire en lui vantant les pâles imitateurs de ses œuvres* (VOGÜÉ, *Roman russe*, p. 23). — *Ma débile raison s'*EN *laissait* IMPOSER *par mes désirs* (GIDE, *Retour de l'enf. prod.*, p. 229). — *Cet envers invisible de la beauté* EN IMPOSE *aux personnes qui ne distinguent que l'endroit* (COCTEAU, *Poésie critique*, p. 122). — *On ne m'a jamais trompée, les grands mots ne m'*EN IMPOSENT *pas* (BERNANOS, *Joie*, p. 129).

Hist. — L'hésitation régnait déjà au XVIIe s. On lit par ex. chez BOSS. : ⁺*Il* IMPOSAIT *par la taille et par le son de la voix* (*Hist. des var.*, III, 3). — ⁺*Ils* IMPOSÈRENT *par ces artifices au pape Honorius I* (*Disc. hist. univ.*, I, 11). — ⁺*L'homme ne peut-il pas, selon sa coutume, s'*EN IMPOSER *à lui-même ?* (*Or. fun.*, Anne de Gonz.) — MONTESQ. s'est corrigé : *Hier, j'avois espéré de briller avec trois ou quatre vieilles femmes qui certainement ne m'*EN IMPOSENT *point* (*L. pers.*, LIV). [Les 1res éd. n'avaient pas *en.*]

3° *N'y pouvoir rien* signifie « ne pouvoir rien changer à cela » ou « ne pas en être responsable » :

*Je suis ainsi ; je n'*Y *peux rien* (ALAIN, *Propos sur le bonheur*, XXIV). — *Tu vois bien que je n'*Y *peux rien. Rien à faire contre ma « cruelle destinée »* (GIDE, *Attendu que...*, p. 194). — *Cela ne m'intéresse plus ; je suis dégoûté ; je n'*Y *peux rien* (MAUROIS, *Bernard Quesnay*, p. 219). — *Je n'*Y *peux rien, je n'ai pas peur* (G. DUHAMEL, *Suzanne et les jeunes hommes*, p. 8). — *Comment puis-je les en* [= d'attaquer] *empêcher ?* [...] *Ils cognent avec des bancs contre la porte du couvent* [...]. *Je n'*Y *puis rien* (SARTRE, *Le diable et le bon Dieu*, I). — *Comme il semblait vilain* [...] *! Elle n'*Y *pouvait rien, elle l'aimait* (J. GREEN, *Malfaiteur*, p. 149). — *Il ouvrit les bras et les laissa retomber, comme renonçant à prendre son essor : — Je n'*Y *peux rien* (TROYAT, *Grive*, p. 202).

*Ce n'était pas sa faute ! Il n'*Y *pouvait rien* (FLAUB., *Sal.*, VII). — *À mesure que le soleil s'élève sur l'horizon, les vents du pôle nous arrivent ; de là ces vagues de froid qui suivent les beaux printemps. Vous voyez que le soleil n'*Y *peut rien ; il nous chauffe honnêtement ; c'est un dieu juste et raisonnable* (ALAIN, *Propos*, Pl., pp. 50-51). — *Si on vous révoque, dit le garde, ce sera de votre faute. Moi, je n'*Y *puis rien !* (PAGNOL, *Château de ma mère*, p. 266.) — *Je n'*Y *peux rien, je n'ai pas d'éducation* (KESSEL, *Amants du Tage*, p. 132).

En Belgique, dans l'est de la France et en Suisse, on dit couramment °*n'en pouvoir rien* dans le sens « ne pas en être responsable » :

*Maman n'*EN *peut rien si elle reçoit des lettres non signées* (Fr. HELLENS, *Marées de l'Escaut*, p. 157). — *Si vous n'avez pas compris, je n'*EN *peux cependant rien !* (AYMÉ, *Gusta-*

lin, XVI.) — *Il n'*EN *peut rien, cet homme-là. Ne lui faites pas un crime d'un défaut de sa nature* (R.-L. PIACHAUD, trad. de : Shakespeare, *Coriolan,* I, 1). — °*Je n'en peux pas* se dit dans le Hainaut.

°*En pouvoir* existe aussi dans des tours interrogatifs : *Calme-toi, maman... Est-ce que j'*EN *peux, moi ?* (SIMENON, *Vérité sur Bébé Donge,* p. 48.) — *C'est la nature chétive, qu'est-ce qu'il* EN *peut, pauvre conard* (AYMÉ, *Passe-muraille,* L.P., p. 239).

C'est sans doute dû à l'influence de *n'en pouvoir mais* (cf. § 977, Rem. 1). Cette dernière expression est concurrencée en fr. commun, sous l'influence inverse, par °*n'*Y *pouvoir mais :*

« N'être pas responsable » : *Il devient gros et s'essouffle vite ; elle le persiffle* [sic] *après dîner, quand il s'endort* [...]. *Le pauvre homme, sanguin et replet, n'*Y *peut mais* (TAINE, *Vie et opinions de Fr.-Th. Graindorge,* p. 180). — *Ici le président exprime d'un geste vague le regret de l'homme qui n'*Y *peut mais* (COURTELINE, *Article 330,* dans *Théâtre,* G.-F., p. 135). — *M. Toesca n'*Y *peut mais : l'intérêt du livre est ailleurs* (É. HENRIOT, dans le *Monde,* 19 juillet 1950). — [...] *sans qu'il soit honnête d'accabler le traducteur, qui n'*Y *pouvait mais* (Fr. NOURISSIER, dans les *Nouv. litt.,* 6 mars 1969).

« Être impuissant » : *Annette ne suffisait plus à sa double charge : sa vaillance n'*Y *pouvait mais* (R. ROLLAND, *Âme enchantée,* L.P., t. II, p. 283). — *Chaque fois que l'art languit, on le renvoie à la nature, comme on mène un malade aux eaux. La nature, hélas ! n'*Y *peut mais* (GIDE, *Nouveaux prétextes,* cit. Damourette-Pichon, § 3162).

4° L'Acad. distingue *se prendre à qqn,* « l'attaquer », et *s'en prendre à qqn,* « lui attribuer quelque faute, vouloir l'en rendre responsable » :

Il ne faut pas se prendre à plus fort que soi. — *Je m'*EN *prendrai à vous de tout ce qui pourra arriver.*

655   *En* **et** *y* **redondants.**

a) De la même façon que d'autres pronoms personnels (cf. § 367, *b*), *en* et *y* peuvent reprendre devant le verbe des compléments détachés au début ou en fin de phrase. Cette façon de s'exprimer, courante dans la langue parlée, se rencontre aussi dans la langue écrite pour la mise en relief :

Dans les discours les plus indifférents des hommes politiques, les amis ou les ennemis de ces hommes croient toujours Y *voir reluire* [...] *un rayon de leur pensée* (Al. DUMAS, *Tulipe noire,* XXXI). — *Partout où l'oiseau vole, la chèvre* Y *grimpe* (HUGO, *Lég.,* XXII, Prologue). — *Hélas ! que j'*EN *ai vu mourir de jeunes filles !* (ID., *Orient.,* XXXIII.)

Le complément détaché peut être construit sans la préposition attendue : *La vérité historique, celle des mœurs, du langage, du costume, Saint-Évremond* EN *parle continuellement* (J. LEMAITRE, *J. Racine,* p. 153).

b) Il faut se garder de mettre, dans la subordonnée introduite par le pronom relatif *où,* le pronom *y* pléonastique :

°*Il recherche des plaisirs où l'âme n'*Y *trouve nulle paix.* Dites : ... *où l'âme ne trouve nulle paix.* — Ex. à ne pas imiter : [...] *une gamelle, où il* Y *mit une cuisse d'oie* (ZOLA, *Débâcle,* I, 4). — [...] *à Prague* [...] *où on* Y *jouait en même temps deux pièces de moi* (SARTRE, dans S. de Beauvoir, *Entretiens avec Sartre,* p. 468). [L'ex. de CHAT. cité par Stapfer, *Récréations grammat. et littér.,* pp. 218-219, d'après l'éd. Biré des *Mém.,* n'est pas confirmé par l'éd. Levaillant, IV, III, 8.]

Hist. — Ce pléonasme ne semblait pas heurter les classiques : *⁺Force pas dangereux* [...] / *Où souvent un rival s'en vient nous Y jeter* (LA F., *Épîtres*, cit. Haase, § 6, E).

c) Le fait que *en* et *y* soient, dans certaines expressions, difficilement analysables (§ 654) amène assez naturellement des redondances.

1° *S'y connaître en ..., s'y entendre en ... :*

Le chambellan de Sa Majesté [...] *me donna des preuves qu'elle s'Y connaissait en peinture* (HERMANT, *Confession d'un enfant d'hier*, V). — *C'était un vieux singe qui s'Y connaissait en grimaces* (MAUROIS, *Discours du Dʳ O'Grady*, p. 61). — [Il] *s'Y connaît en prolétaires* (M. BEDEL, *M. le Prof. Jubier*, p. 125). — *Il s'Y connaissait en décors* (COCTEAU, *Maalesh*, p. 218). — *Je m'Y connais en âmes* (Fr. MAURIAC, *Asmodée*, II, 4). — *Lauzun, qui s'Y connaissait en bravoure* (LA VARENDE, *Belles esclaves*, p. 95). — *Joseph, qui s'Y connaissait en bois d'œuvre et de menuiserie* (A. ARNOUX, *Calendrier de Flore*, p. 187). — *Ce huron s'Y connaît en peinture* (R. KEMP, dans les *Nouv. litt.*, 22 avril 1954). — *Je crois m'Y connaître en hommes* (IKOR, *Semeur de vent*, p. 69). — Comp. : *En fait d'âmes, je m'Y connais* (Th. GAUTIER, *Mˡˡᵉ de Maupin*, X).

Il ne s'Y entend pas en peinture (R. KEMP, dans les *Nouv. litt.*, 31 juillet 1958).

Les tours classiques étaient *se connaître en* ou *à* ; ils sont encore attestés : *Je me connais en physionomies* (A. FRANCE, *Crainquebille*, p. 88). — *Se connaître aux délices* (VALÉRY, *M. Teste*, p. 91). — De même : *Il ne s'entendait guère plus en culture qu'en indienne* (FLAUB., *Mᵐᵉ Bov.*, I, 1).

2° *C'en est fait de ...,* blâmé par Littré, mais admis par l'Acad. :

C'EN était fait de moi (CHAT., *Mém.*, I, VII, 8). — *C'EN était fait du courageux noir* (HUGO, *Bug-Jargal*, VIII). — *C'EN est fait alors pour toujours de cette éducation tant vantée de Port-Royal* (SAINTE-BEUVE, *Port-Royal*, t. V, p. 185). — *C'EN était fait de l'heureux fonctionnement de toute société humaine* (BREMOND, *Pour le Romantisme*, p. 80). — *C'EN était fait de lui* (BAUDEL., *Paradis artif.*, Mangeur d'opium, II). — *Si je pense à toi, c'EN est fait de mon repos* (COLETTE, *Vrilles de la vigne*, p. 19). — *C'EN était fait de son élection à l'Académie* (HERMANT, *Grands bourgeois*, X).

Le tour classique *C'est fait de* est encore attesté au XIXᵉ s. : *Dégaine-moi ton sabre, ou c'est fait de ta vie* (MUSSET, *Prem. poés.*, La coupe et les lèvres, I, 3). — L'Acad. continue à le signaler.

3° *En avoir soupé de ...* (fam.) :

Il EN avait soupé des soupeuses (MONTHERLANT, *Célibataires*, I, 2). — Sans *en* : *Les jeunes ne savent plus s'amuser gentiment. Lorsque j'en fais la remarque à ma fille, elle me répond qu'elle a soupé de la petite fleur bleue* (BERNANOS, *Grands cimetières sous la lune*, Pl., p. 504).

656   Agglutination et semi-agglutination de *en*.

a) Le pronom *en* est agglutiné au verbe dans *enlever, entraîner, emporter, emmener* et dans les pronominaux *s'enfuir, s'envoler, s'ensuivre*. Il reste donc attaché au verbe dans toute la conjugaison, même à l'impératif (contrairement à ce qui est décrit au § 658, *a*) :

Il s'est ENVOLÉ. ENFUIS-toi vite. Je l'ai EMMENÉE au cinéma. — *Il avait célébré* [...] *le succès d'un camarade en ses examens, et les libations s'étaient ENSUIVIES sans mesure* (É. HENRIOT, *Aricie Brun*, III, 1).

Une autre conséquence est que l'on ne considère pas comme un pléonasme de joindre à ces verbes un complément introduit par *de*, ou même un second *en* représentant un tel complément :

La joie / *S'enfuit* DE *ton front terrassé* (BAUDEL., *Fl. du m.*, Madrigal triste). — *S'enfuir* DE *la prison* (AC.). — *La poussière blonde s'envolait* DE *son outil* (FLAUB., *Mᵐᵉ Bov.*, III, 7). — DE *tout cela, il ne s'ensuit pas que je doive accepter votre amour aussi vite qu'il est né* (Th. GAUTIER, *Jean et Jeannette*, VII). — DE *ce que M. Vinteuil connaissait peut-être l'inconduite de sa fille, il ne s'ensuit pas que son culte pour elle en eût été diminué* (PROUST, *Rech.*, t. I, p. 148). — *On l'a enlevé* DE *sa maison* (AC.). — *Comme si* / *La fièvre à leurs talons les emportait* D'ici (MUSSET, *Prem. poés.*, Marrons du feu, III).

Si vous laissez la cage ouverte, l'oiseau s'EN enfuira (LITTRÉ, s.v. *ensuivre*, Rem. 1). [Mais s.v. *enfuir*, il considère *Il s'EN sont enfuis* comme une « grosse faute ».] — [...] *pose pelle et pincette sur le papier flambant pour empêcher la cendre de s'EN envoler* (É. HENRIOT, cit. Robert). — *Mon imagination* [...] *conçut tout le drame et même ce qui s'EN ensuivrait* (J. de LACRETELLE, *Silbermann*, IV). — *Il est permis d'éviter aujourd'hui, lors des transfusions de sang, les accidents qui jadis s'*EN *ensuivaient si fréquemment* (J. ROSTAND, dans le *Figaro litt.*, 17 nov. 1951). — *La politique économique ne pouvait manquer d'être affectée* [...] *par une grève qui a immobilisé neuf millions de travailleurs pendant plus d'un mois, par les rajustements de salaires et de traitements qui s'*EN *sont ensuivis* (Fr. MITTERRAND, dans le *Monde*, sélection hebdom., 21-27 nov. 1968). — Autres ex. du type *s'en ensuivre :* BILLY, dans le *Figaro litt.*, 17 déc. 1949 ; — du type *s'en est ensuivi :* É. HENRIOT, dans le *Monde*, 17 nov. 1948 ; HÉRIAT, *Enfants gâtés*, VII, 2 ; P.-H. SIMON, *Hist. de la litt. fr. au XXᵉ s.*, t. II, p. 145. — Voir aussi Hist., 4.

Dans le verbe *s'ensuivre*, il n'est pas rare[5] que l'on sépare *en* du verbe, notamment pour éviter le pléonasme en question. Cela est blâmé par plus d'un grammairien, notamment par Littré et A. Hermant, qui pourtant manquent eux-mêmes à la règle qu'ils énoncent :

Il s'EN *est* SUIVI *quelques propos un peu vifs* (VIGNY, *Cinq-Mars*, XIV). — *Il* s'EN *est* SUIVI *inévitablement que* demi *n'a plus eu d'emploi au féminin que placé après le nom* (LITTRÉ, Suppl., s.v. *demi*, Rem. 5). — *Il ne* s'EN SUIVRAIT *nullement que sur ces sphères d'aspect terrestre, régnerait un être d'apparence humaine* (MAETERLINCK, *Grande féerie*, p. 166). — *Et je sais trop ce qui* s'EN *serait* SUIVI *si je n'étais à temps intervenu* (HERMANT, *Daniel*, p. 147). — *Concile de Latran, en 1215, développement des techniques de confession qui* s'EN *est* SUIVI (M. FOUCAULT, *Hist. de la sexualité*, t. I, p. 78). — *Un verbiage oiseux, partiel et méchant* s'EN *peut* SUIVRE *et parfois s'ensuit* (G. GUILLAUME, dans le *Fr. mod.*, janv. 1960, p. 47). [Rem. le double procédé.]

Autres ex. du type *s'en suivre :* H. de RÉGNIER, *Flambée*, Épil. ; FARRÈRE, *Chef*, p. 87 ; A. SUARÈS, *Vues sur l'Europe*, p. 183 ; A. BOSQUET, *Bonnes intentions*, p. 66 ; — du type *s'en est suivi :* SAND, *Mauprat*, XXVIII ; SAINTE-BEUVE, lettre publiée dans la *Revue d'hist. litt. de la Fr.*, juillet-août 1978, p. 627 ; ZOLA, *Bête hum.*, I ; FAGUET, *En lisant Mol.*, p. 277 ; J. LEMAITRE, *Impressions de théâtre*, t. I, p. 136 ; R. MARTIN DU GARD, *Thib.*, Pl., t. I, p. 915 ; A. MEILLET, Préf. de : Bloch-Wartburg, *Dict. étym.* [Voir déjà MARIV., *Paysan parv.*, p. 127 ; BERN. DE SAINT-P., *Paul et Virg.*, p. 223.]

Certains préfèrent employer *suivre : Le nègre* [...] *est fait pour servir aux grandes choses voulues et conçues par le blanc. Il ne* SUIT *pas de là que cet abominable esclavage américain fût*

---

5. Martinon écrit (p. 294, note 1), non sans quelque exagération : « On ne dit plus *il s'en est ensuivi*, mais plutôt, malgré l'incorrection certaine, *il s'en est suivi.* »

légitime (RENAN, *Dialogues et fragm. philos.*, p. XVII). — *De ce que cent piques peuvent vaincre de mauvais mousquets, il ne* SUIT *pas que cent fusils de chasse puissent vaincre un bon avion* (MALRAUX, *Espoir*, Pl., p. 529). [Déjà au XVIIIᵉ s. : MONTESQ., *L. pers.*, CVI ; TURGOT, *Étymologie*, p. 4 ; J.-J. ROUSS., *Rêver.*, IV.]

Remarques. — 1. °*S'encourir* (ou *s'en courir*) est aujourd'hui (cf. Hist.) surtout un régionalisme (Belgique, Normandie, Bretagne, Saintonge, Berry, Périgord, Provence) :

*Ce n'étaient que [...] des ombres de flammes qui s'*EN *étaient* COURU *[sic] brûler ailleurs* (PROUST, *Les plaisirs et les jours*, p. 189). — *Elle a poussé un cri, arraché ses mains et s'est enfuie, et s'est* ENCOURUE, *laissant ses vêtements en désordre* (SEGALEN, *Fils du ciel*, 1975, p. 144). — *Je sautai à terre et m'*ENCOURUS *vers la maison sinistre* (ALLAIS, *Allais...grement*, L.P., p. 97). — *Puis il bondit à l'ombre des arbres, s'*ENCOURUT *comme un lièvre* (D. ROLIN, *Marais*, I, 2). — *« Mᵐᵉ Jeanne, vite ! » Elle s'*ENCOURUT *aussitôt, laissant là son repassage en train* (CESBRON, *Mais moi je vous aimais*, p. 238).

Autres ex. : CHAT., *Essai sur les révol.*, cit. Brunot, *Hist.*, t. X, p. 791 ; SAND, *Pet. Fadette*, V ; BARBEY D'AUR., *Prêtre marié*, Pl., p. 1110 ; A. DAUDET, *Petit Chose*, II, 16 ; Eug. LE ROY, *Jacquou le croquant*, L.P., p. 61 ; CHÂTEAUBRIANT, *M. des Lourdines*, I ; LA VARENDE, *Homme aux gants de toile*, I, 7 ; P.-H. SIMON, *Les hommes ne veulent pas mourir*, p. 164 ; G. ESNAULT, dans *Romania*, 1951, p. 297.

On a aussi °*s'ensauver* en fr. populaire (disparu à Paris ?), d'après *s'enfuir :*

Ma mère avait de l'intelligence, mais pas de conduite. Elle s'est ENSAUVÉE *un jour avec un chef de la Garde* [dit un mendiant] (BERNANOS, *Imposture*, Pl., p. 455). — *Tout le lait [...]* s'ENSAUVE *dans les charbons* [dit un serviteur] (VALÉRY, *« Mon Faust »*, Pl., p. 352). — *La gamine lui a chipé un billet et s'est* ENSAUVÉE [dit une paysanne] (H. BAZIN, *Cri de la chouette*, p. 79).

Autres ex. : MUSSET, *Prem. poés.*, Marrons du feu, III ; SAND, *Pet. Fadette*, XIII ; BARBEY D'AUR., *Ensorcelée*, Pl., p. 762 ; ZOLA, *Argent*, III ; P. ARÈNE, *Domnine*, III ; MAUPASS., *C.*, Vente ; PERGAUD, *Guerre des boutons*, I, 4 ; R. MARTIN DU GARD, *Gonfle*, II, 1 ; GENEVOIX, *Raboliot*, p. 102 ; CENDRARS, cit. Robert ; etc.

°*S'engaloper* paraît avoir été forgé par Eug. Le Roy, sur le modèle de *s'encourir : Je le* [= un lièvre] *ramassai et m'*ENGALOPAI *chez nous* (*Jacquou le croquant*, L.P., p. 107).

2. *En* s'est agglutiné à *vouloir* dans le fr. populaire du Centre, d'où l'emploi pléonastique du pronom :

*Parce que j'ai braconné sur eux, ils m'*EN ENVOULENT *à ma perdition. Maintenant, au moins, ils m'*EN ENVOUDRONT *pour quelque chose* (GENEVOIX, *Raboliot*, III, 1).

b) Dans les verbes *s'en aller, s'en retourner, s'en venir, s'en revenir* [6], *en* a perdu sa valeur première comme le montrent les phrases où il fait double emploi avec un complément introduit par *de :*

*Allez-vous-*EN D'*ici* (AC.). — *Va-t'*EN D'*ici* (*Bible de Maredsous*, Amos, VII, 12). — *Du fond de l'étendue / S'*EN *venait quelque couple* (VERHAEREN, *Heures du soir*, II). — *Les enfants qui s'*EN *revenaient* DE *la classe* (FLAUB., *Mᵐᵉ Bov.*, II, 14). — *Je l'ai rencontré au moment où il s'*EN *revenait* DU *marché* (*Dict. contemp.*).

---

6. Dans d'autres verbes pronominaux, la construction avec *en* n'est qu'une réalisation particulière du complément : *Je m'éloigne* DE L'OBSTACLE. → *Je m'*EN *éloigne.* — *En* garde ici sa pleine valeur.

Mais le figement n'est pas complet :

La succession des deux *en* est impossible : **Je m'EN EN vais* (voir cependant plus loin), **Je m'EN EN retourne.*

On dit à l'impératif : *Va-t'EN. Allons-nous-EN. Allez-vous-EN. Retournez-vous-EN.* — *Viens-t'EN, ma petiote !* (CHÂTEAUBRIANT, *M. des Lourdines*, II, 4.) — [Comp. : *Enfuis-toi.*]

Aux temps composés, *en* est séparé du participe passé : *Il s'EN est* RETOURNÉ, *Il s'EN est* VENU (et non : **Il s'est* EN RETOURNÉ, **Il s'est* EN VENU).

Cependant, pour le verbe *s'en aller*, s'il reste très correct de dire *Il s'EN est* ALLÉ, on trouve fort souvent dans la langue littéraire, depuis le XVIIe s. (cf. Hist.), malgré les blâmes des grammairiens, *Il s'est* EN ALLÉ (sur le modèle de *Il s'est enfui*), parfois même avec un second *en* :

Type *Il s'en est allé : Ma bonne aventurière s'*EN *était allée* (CHAT., *Mém.*, I, x, 1). — *Où donc s'*EN *sont allés mes jours évanouis ?* (HUGO, *Contempl.*, V, 13.) — *Le douleur s'*EN *était allée* (MAUPASS., *Sur l'eau*, p. 136). — *Elle s'*EN *était allée* (R. ROLLAND, *Jean-Chr.*, t. III, p. 151).

Type *Il s'est en allé : Il s'est* EN ALLÉ *avec une ère entière du monde* (CHAT., *Mém.*, IV, x, 9). — *Dieu ! comme il se sera brusquement* EN ALLÉ ! (HUGO, *Le roi s'amuse*, V, 3.) — *Il se serait peut-être* EN ALLÉ (FLAUB., *Sal.*, XIII). — *Quand le docteur se fut* EN ALLÉ (A. DAUDET, *Jack*, t. I, p. 222). — *Le gentilhomme [...] s'était à coup sûr* EN ALLÉ (Th. GAUTIER, *Partie carrée*, VI). — *Il ne s'est pas* EN ALLÉ (CLAUDEL, *Emmaüs*, p. 238). — *Ils se sont* EN ALLÉS (H. BOSCO, *Rameau de la nuit*, p. 176).

Autres ex. : VIGNY, lettre citée dans la *Revue d'hist. litt. de la Fr.*, janv.-févr. 1979, p. 102 ; NERVAL, *Illuminés*, Pl., p. 955 ; SAND, *Mare au d.*, XIII ; ZOLA, *Madel. Férat*, I ; VALLÈS, *Enfant*, XXII ; BOURGET, *Étape*, p. 147 ; BOYLESVE, *Sainte-Marie-des-Fleurs*, p. 96 ; J. LEMAITRE, *Député Leveau*, I, 3 ; L. DAUDET, *Jour d'orage*, p. 253 ; J. et J. THARAUD, *Notre cher Péguy*, t. I, p. 115 ; GENEVOIX, *Marcheloup*, III, 1 ; etc.

Type °*Il s'en est en allé : Qu'aurai-je regretté ? Peut-être la douleur, / [...] qui s'*EN *est* EN ALLÉE (JAMMES, *Clairières dans le ciel*, p. 127). — *Alors je m'*EN *suis* EN ALLÉE (LA VARENDE, *Centaure de Dieu*, p. 298).

De même, alors que **en retourné*, **en venu* ne s'emploient pas non plus sans auxiliaire, *en allé* comme épithète ou attribut (comp. *envolé, enfui*[7], etc.) est assez fréquent et passe même pour une élégance poétique :

Les bleus [...] ne trouveraient plus personne [...] et vous croiraient EN ALLÉS *en fumée* (HUGO, *Quatrevingt-tr.*, III, IV, 12). — *Une âme* EN ALLÉE (VERL., *Jadis et nag.*, Art poét.). — *Le soleil des beaux jours* EN ALLÉS (SAMAIN, *Chariot d'or*, p. 102). — *Nous écoutons, l'esprit et les regards* EN ALLÉS (DORGELÈS, *Croix de bois*, VI). — *Son épaule sentit le froid de cette tête* EN ALLÉE (GENEVOIX, *Raboliot*, p. 61). — *Je me souviens des heures* EN ALLÉES (GIDE, *Nourrit. terrestres et nouv. nourr.*, p. 174). — *Il n'avait jamais l'air de rien voir, toujours* EN ALLÉ *au cœur de l'absolue bonté* (M. DURAS, *Douleur*, p. 48). — *Elle songe avec douceur à la patronne* EN ALLÉE [= morte] (D. BOULANGER, *Nacelle*, p. 144).

Autres ex. : J. RICHEPIN, *Chemineau*, V, 5 ; BOURGET, *Danseur mondain*, p. 55 ; PÉGUY, *Morceaux choisis*, Poésie, p. 8 ; VERHAEREN, *À la vie qui s'éloigne*, p. 14 ; PROUST, *Rech.*,

---

7. *Ensuivi* est exceptionnel : *La procédure du droit de réponse à la télévision sera utilisée, [...]* ENSUIVIE *d'un débat* (GISCARD D'ESTAING, interviewé dans le *Monde*, 20 avril 1979).

t. III, p. 426 ; R. BAZIN, dans la *Mode illustrée*, 9 mars 1890, p. 79 ; JAMMES, *Géorgiques chrét.*, VI ; MONTHERLANT, *Songe*, XVIII ; JOUHANDEAU, *Chaminadour*, p. 414 ; P.-H. SIMON, dans le *Monde*, sélection hebdom., 11-17 juillet 1968 ; etc.

Remarque. — °*Se rentourner* pour *s'en retourner* (avec *en* agglutiné entre le préfixe *re-* et le verbe) est du fr. popul. de plusieurs provinces de France et du Canada :

Tu te RENTOURNES, *Ravanat ?* (FRISON-ROCHE, *Premier de cordée*, I, 5.)
°*Je me renvais* (pour *Je m'en revais*, cf. Hist., 1) est aussi un régionalisme populaire assez répandu.

Hist. — 1. L'anc. fr. employait un grand nombre de verbes de mouvement avec *s'en ;* quelques-uns ont survécu jusqu'à nos jours ; d'autres ont été courants jusqu'au XVIe ou jusqu'au XVIIe s. :

De Rome S'EN ISSI (*Chevalerie Ogier*, 2609). — TROTTER M'EN *fault en fuyte* (VILLON, *Test.*, 953). — S'EN PARTIT *de la court et vint en sa maison* (N. de TROYES, *Grand parangon des nouvelles nouvelles*, XXVI). — *Luy* [...] S'EN MONTA *legierement par les degretz* (MARG. DE NAVARRE, *Hept.*, XXVII). — *Elles* S'EN REVONT *a pied* (Fr. de SALES, *Introd. à la vie dév.*, I, 5). — *Il te laisse au Roy Jean et* S'EN COURT *au Roy Charles* (RÉGNIER, *Sat.*, XI). — *À la fin le pauvre homme* / S'EN COURUT *chez celuy qu'il ne réveilloit plus* (LA F., *F.*, VIII, 2).

Certaines survivances appartiennent aujourd'hui aux parlers régionaux : *Ne* T'EN REVA *point* (DE COSTER, *Ulenspiegel*, IV, 3). — Pour *s'encourir*, voir ci-dessus. — *S'en partir*, chez PÉGUY, est dans un passage transposé de Joinville : *Il attend que les deux frères* S'EN *soient* PARTIS (*Myst. des saints Innoc.*, p. 85). — Formation occasionnelle d'après *s'en retourner : Il y a de fortes chances pour que cette fillette* [...] S'EN REPARTE *comme elle est venue* (P. BENOIT, *Toison d'or*, p. 218).

2. Le pronom *en* pouvait manquer avec des verbes de cette espèce en anc. et moyen fr. : *Et Genes* SE RETOURNAT *en France* (JEAN D'OUTREMEUSE, éd. G., 7662). — *Les dieux* [...] SE *sont* FUIZ *d'icy* (A. SEVIN, cit. Huguet). — Pour *se partir*, voir § 304, *b*, Hist.

Cela est exceptionnel en fr. moderne : *Nous serons mangés par les loups en* NOUS ALLANT (SAND, *Mauprat*, IV). — RETOURNEZ-VOUS, *ce n'est pas la peine de me conduire* (CHAMSON, *Hommes de la route*, L.P., p. 32).

3. Le pronom réfléchi pouvait aussi manquer en anc. et moyen fr. : ENSUYT *l'évangille sainct Luc* (J. MICHEL, *Passion*, 1486). — Dans l'ex. suivant, on peut voir ce phénomène, mais c'est plutôt l'annonce de l'emploi d'*en allé* pris adjectivement (cf. ci-dessus) : *Ils sont* EN ALLÉS, *Dieu merci, tous les indifférents qui nous séparoient* (DIDEROT, *Corresp.*, 20 oct. 1760).

4. *S'ensuivre* (cf. 5 ci-dessous), *emporter, enlever, emmener* se sont agglutinés dès l'anc. fr. Mais la fusion de *s'enfuir* et de *s'envoler* n'était pas encore acquise au XVIIe s. : *La Justice et la Paix* [...] / [...] *au ciel* S'EN *sont* VOLÉES (RÉGNIER, *Disc. au roy*). — *Viste,* FUY T'EN (LA F., *C.*, Lunettes). — *Il* S'EN *est* FUY *de chez moy* (MOL., *Pourceaugnac*, II, 2).

L'emploi de *en* avec *s'ensuivre* est ancien : *J'attens ce qu'il* S'EN *ensuivra* (A. CHARTIER, *Belle dame sans mercy*, 471). — ⁺*Vous étonnerez-vous* [...] *s'il* S'EN *est ensuivi un changement si épouvantable ?* (BOSS., *Œuvres orat.*, t. III, p. 224.)

Dans *s'en aller*, *en* n'était plus compris, dès l'anc. fr., comme marquant l'origine, ainsi que le montre le pléonasme : *Li marchis* S'EN EN *ala en son païs* (ROBERT DE CLARI, VI).

Je me suis en allé, blâmé déjà par Ménage, se trouve chez des auteurs considérables au XVIIe et au XVIIIe s., mais surtout dans des écrits de caractère familier : *Il s'est* EN ALLÉ *satisfait de luy mesme* (BOIL., *Lettres à Racine*, 3 juin 1693). — ⁺*Je désire plus mon retour que ceux qui me condamnent de m'être* EN ALLÉ (VOLT., *Corresp.*, 24 déc. 1751).

5. Wartburg considère *s'ensuivre* comme issu du lat. *insequi*, plus exactement du lat. vulg. **insequere*. Mais, dans Bloch-Wartburg, le verbe est rangé parmi les « dérivés » de *suivre*, ce qui est l'avis de la plupart des étymologistes. — Il y a eu un autre verbe *ensuivre*, qui, lui, continue sûrement *insequi* : cf. § 840.

Place du pronom conjoint autre que sujet

657 **Le verbe est à un autre mode que l'impératif (affirmatif) et l'infinitif.**

a) S'il y a **un seul pronom conjoint,** il se met devant le verbe (devant l'auxiliaire si le verbe est à un temps composé) :

On LE *voit. On ne* NOUS *verra pas. Nous* LEUR *obéirons. Qu'on* LUI *obéisse ! Nous* LUI *avons répondu. Ne* L'*écoutez pas. En* TE *regardant. Elle* EN *a ri. Il* Y *travaille. N'*EN *parle jamais.*

Cette position n'est pas permise avec le participe passé (°*Un livre* LUI *destiné*), sauf si le pronom est *y (*Y *compris).* Cf. § 638, *b,* 4°.

Remarque. — Dans les fr. populaires où le *ne* de la négation a tout à fait disparu, on constate une tendance à traiter l'impératif négatif comme l'impératif affirmatif (§ 658) :

°*Dérangez-*VOUS *pas* (dans Bauche, p. 109) pour *Ne* VOUS *dérangez pas.* — °*Vas-*Y *pas* [dit une petite fille de la campagne] (M. PONS, *M^(lle) B.*, dans les *Temps modernes,* févr. 1973, p. 1356). — Cela est particulièrement fréquent au Québec.

b) Il y a **plusieurs pronoms conjoints.**

1° **Groupements interdits.** Les pronoms conjoints *me, te, se, nous* et *vous* ne peuvent pas (sauf les pronoms explétifs : § 647, *e*) se trouver juxtaposés deux à deux, ni se joindre aux pronoms *lui* et *leur.* Le pronom objet indirect doit prendre la forme disjointe avec préposition.

Au lieu de **Tu* ME LUI *présenteras,* on dit : *Tu* ME *présenteras* À LUI. — Ex. : *J'écris au baron de T*** [...] pour* VOUS *recommander* À LUI (B. CONSTANT, *Ad.,* VII). — *Le ciel fut sans pitié de* TE *donner* À MOI ! (HUGO, *Le roi s'am.,* V, 4.) — *Celui qui osera* VOUS *disputer* À MOI (SAND, *Mauprat,* XIII). — *Il m'offrit de* ME *présenter* À VOUS (DUMAS fils, *Fils naturel,* I, 3). — *Dieu veuille* VOUS *garder* À NOUS, *ma Mère !* (BERNANOS, *Dialogues des carmélites,* II, 4.) — *Vous m'avez fait l'honneur de* ME *présenter* À LUI (BILLY, *Madame,* p. 180).

Des manquements à cette règle sont faits dans des formules plaisantes stéréotypées : *Je ne peux pas me dispenser d'y* [= dans le monde] *aller ; on* SE M'*arrache* (BECQUE, *Corbeaux,* I, 11). — *Elles* SE T'*arrachent* (LA VARENDE, *Cœur pensif...,* p. 276).

2° Quand le verbe est précédé de deux pronoms personnels objets, l'un direct, l'autre indirect, celui-ci se place le premier. — Toutefois *lui* et *leur* font exception ; ils viennent en second.

Tu ME LE *dis. Ces fautes, je* TE LES *pardonne.* — *Nous* LE LUI *dirons. Qu'on* LES LEUR *envoie.*

Hist. — Dans l'ancienne langue, et jusque dans le XVIIe s., quand on avait à placer conjointement avant un verbe un des pronoms objets directs *le, la, les,* et un pronom personnel objet indirect, on mettait le pronom objet direct avant le pronom objet indirect :

LA TE *vueil je doner* [= Je veux te la donner] *(Couronnement de Louis*, 64). — *Je* LE TE *di* (*Renart*, éd. M., IV, 311). — *Je* LES VOUS *monstre* (FROISSART, *Chron.*, éd. K., t. V, p. 408). — *Si tu* LE ME *conseilles* (J. DU BELLAY, t. II, p. 78). — *Comme je* LE VOUS *dis* (MALHERBE, t. II, p. 515). — Cela se fait encore de nos jours lorsque le pronom personnel objet indirect est de la 3ᵉ personne *(lui, leur)*.

Remarque. — Sur la suppression de *le, la, les* devant *lui* ou *leur* (*Je* LUI *donne* pour *Je* LE LUI *donne*), voir § 635, *e*, 1°.

3° Quand un des pronoms est *y* ou *en*, il se met en seconde position :

Il vous EN *parlera. Je ne vous* EN *parlerai pas. Ne nous* EN *parlez pas. Il nous* Y *a conduits. Qu'il les* Y *contraigne !*
°*Il* Y *s'agit de* est incorrect : cf. § 749, Rem. 1.

4° Quand un verbe est accompagné à la fois de *en* et de *y*, on place *y* devant *en* :

Dans la langue courante, cela ne se trouve que dans *Il y en a* (aux divers temps). — Autres ex., dans la langue écrite : *Il doit s'y dire furieusement d'infamies — et peut-être s'*Y EN *faire* (BARBEY D'AUR., *Diaboliques*, Pl., p. 188). — *J'ai tenu à ce que tous les ouvrages mentionnés dans le texte figurassent [...] dans le* Tableau *chronologique. [...] il ne faut pas* Y EN *chercher d'autres* (G. PARIS, *Littér. franç., au moyen âge*, Avant-pr.) — *Certains pourraient trouver dans cette répétition quelque charme, et [...] moi-même, à force de me redire ce vers, je finis par* Y EN TROUVER (GIDE, *Journal*, t. I, p. 663). — *Puis ce fut 1914 et la guerre, où je m'en fus. / Je m'*Y EN *fus, après avoir pris l'air de la classe de rhétorique* (M. THIRY, *Romans, nouvelles, contes, récits*, p. 487). — *Ce numéro du jeudi après-midi est celui du* Monde *des livres. C'est dire que les intellectuels décadents s'*Y EN *donnent à plume joie* (J. CELLARD, dans le *Monde*, 12 juillet 1976). [Nous avons cité ici des ex. où le verbe est à l'infinitif.]

Hist. — Dans l'ancienne langue, *en* précédait *y : Tant* EN Y *ad que mesure n'en set* (*Rol.*, 1035). — *Mout* EN Y *od de noiez* (JOINVILLE, § 201). — Peu à peu *y en* est entré en concurrence avec *en y*, qui s'est maintenu cependant assez longtemps. Les deux constructions se trouvent encore chez Montaigne, par ex. : *Et* EN Y *eut qui passèrent la nuict ensemble* (I, 44). — *Eux, [...] attirez par la bonté et fertilité du terroir, s'*Y EN *allèrent avec leurs femmes et enfans* (I, 31). — La construction *y en* ne s'est vraiment imposée qu'après le XVIᵉ s.

658   **Le verbe est à l'impératif affirmatif.**

N.B. — Le cas où l'impératif est suivi d'un infinitif est traité dans le § 659.

a) Il y a **un seul pronom conjoint.** Il se met après le verbe, auquel il est joint par un trait d'union.

Les formes conjointes de la 3ᵉ personne, ainsi que *en* et *y* prennent alors l'accent tonique : *Donne-*LE. *Prends-*LES. *Suis-*LA. *Prends-*EN. *Vas-*Y (sur la forme du verbe, voir § 765, Rem. 1).
Les formes conjointes de la 1ʳᵉ et de la 2ᵉ personne sont remplacées par les formes disjointes : *Tu* TE *regardes.* → *Regarde-*TOI. — *Tu* ME *suis.* → Suis-MOI.

Hist. — Jusqu'au XVIIIᵉ s., quand deux impératifs sans négation étaient coordonnés par une conjonction, le pronom personnel dépendant du second impératif se plaçait généralement avant lui : ⁺*Porte-lui ma réponse et* ME *laisse en repos* (CORN., *Hor.*, II, 2). — ⁺*Gardez ma lettre et* LA *relisez* (SÉV., 26 juillet 1668). — ⁺*Faites-moi vivre d'abord, et* ME *divertissez* *après* (MARIV., *Vie de Mar.*, p. 87). — De même avec plusieurs pronoms : *Mettez sous enveloppe les fragments de* Clarisse *et* ME LES *renvoyez* (DIDEROT, *Corresp.*, 19 oct. 1761).

Cela se trouve encore au XIXᵉ et au XXᵉ s. Archaïsme littéraire dans la plupart des cas, mais usage régional dans d'autres :

> *Poète, prends ton luth et* ME *donne un baiser* (MUSSET, *Poés. nouv.*, Nuit de mai). — *Va-t'en à mon logis, chercher la musette, et* L'*apporte-là, sous le porche de l'église* (SAND, *Maîtres sonneurs*, VII). — *Taisez-vous et* M'*aimez* (VERL., *Jadis et nag.*, Les uns et les autres, VI). — *Vite, apportez la plus belle robe et* L'EN *revêtez* (*Bible*, trad. CRAMPON, Luc, XV, 22). — *Accusez-m'en réception et* ME LES *retournez dès que vous les aurez lus* (CLAUDEL, dans Claudel et Massignon, *Corresp.*, p. 203). — *Souvenez-vous du psaume et* LE *répétez* (THÉRIVE, *Plus grand péché*, p. 265). — *Mettez une arme aux mains d'un adolescent, et* LE *fuyez* (VALÉRY, trad. des *Bucoliques* de Virgile, p. 29).

b) Il y a **plusieurs pronoms conjoints.**

1° Lorsque le verbe est accompagné de deux pronoms personnels objets, l'un direct, l'autre indirect, ils se mettent après le verbe avec des traits d'union. (Les interdictions signalées au § 657, *b,* 1°, s'appliquent aussi à l'impératif.)

— Si les pronoms sont tous deux de la 3ᵉ personne, l'objet indirect est en seconde position :

> *Donne*-LE-LUI. *Donne*-LA-LUI. *Envoyez*-LES-LUI.

— Si un des pronoms est de la 1ʳᵉ ou de la 2ᵉ personne, l'objet indirect prend la forme du pronom disjoint [8] et se place ordinairement en seconde position, mais il y a sur ce point du flottement dans l'usage.

L'objet indirect est en seconde position : *Tiens*-LE-TOI *pour dit* (GIDE, *Faux-monn.*, p. 463 ; R. MARTIN DU GARD, *Thib.*, Pl., t. I, p. 724). — *L'architecte, au téléphone. Enfin ! Passez*-LA MOI [*sic*] *au bout du fil* (IONESCO, *Tueur sans gages*, p. 78). - *Allons, montre*-LES-MOI *ces livres* (S. de BEAUVOIR, *Mandarins*, p. 232). — *Dis*-LE-MOI, *je t'en prie* (Fr. SAGAN, *Merveilleux nuages*, p. 126).

L'objet indirect est en première position : *Rends*-MOI-LES *avec leur indigence* (BÉRANGER, *Alchimiste*). — *Rends*-NOUS-LES (HUGO, *Lég.*, t. IV, p. 153). — *Épargne*-NOUS-LA (AUGIER, *Effrontés*, V, 6). — *Montrez*-MOI-LA (PROUST, *Rech.*, t. III, p. 245). — *Faites*-NOUS-LE (J. RENARD, *Coquecigrues*, Pl., p. 477). — *Rends*-NOUS-LA (BERNANOS, *Lettre aux Anglais*, p. 59). — *Dites*-NOUS LE [*sic*] *encore* (MONTHERLANT, *Port-Royal*, p. 53). — *Dis*-NOUS-LE (HÉRIAT, *Famille Boussardel*, X). — *Tiens*-TOI-LE *pour dit* (ID., *Temps d'aimer*, p. 110 ; GENEVOIX, *Vaincre à Olympie*, 1977, p. 116). — *Tenez*-VOUS-LE *pour dit* est particulièrement fréquent : NERVAL, *Marquis de Fayolle*, II, 8 ; J. RENARD, *Écornifleur*, XLII ; GIDE, *Thésée*, p. 94 ; Fr. MAURIAC, *Passage du Malin*, p. 62 ; COCTEAU, *Aigle à deux têtes*, I, 1 ; AC., s.v. *tenir ;* etc.

2° *En* et *y,* construits avec un autre pronom conjoint, se placent après celui-ci ; *le, la,* ainsi que *me* et *te* (qui se substituent à *moi, toi :* cf. 1° et *a ;* voir aussi § 44, *a,* Rem. 3), s'élident phonétiquement et graphiquement. — Sauf lorsqu'il y a élision (et apostrophe), il faut un trait d'union entre le verbe et le pronom et entre les pronoms.

---

8. Ex. non conforme à l'usage : *Mets*-TE-*le dans la tête* (LAUTRÉAMONT, *Ch. de Mald.*, p. 118).

Va-T'EN. *Allons*-NOUS-EN. *Allez*-VOUS-EN. — *Retirez*-LES-EN (LITTRÉ s.v. *en*, Rem. 4). — *Parlez*-LUI-EN *la première* (ZOLA, *Au Bonheur des Dames*, VII). — *Tenons*-NOUS-EN *là* (COURTELINE, *Boubouroche*, II, 4). — *Gardez*-VOUS-EN *bien* (BALZAC, *Illus. perdues*, Pl., p. 736). — *Menez*-LES-Y (LITTRÉ, s.v. *y*). — *Tenons*-NOUS-Y (COURTELINE, *Le commissaire est bon enfant*, V). — *Prenez*-VOUS-Y *comme vous voudrez* (A. FRANCE, *Orme du mail*, XI). — *Commande*-M'EN *un* (S. de BEAUVOIR, *Belles images*, F°, p. 108). — *Mettez*-M'EN *dix kilogs de chaque* (A. SARRAZIN, *Cavale*, III, 3). — *Dites*-M'EN *davantage sur votre pièce* (IONESCO, *Impromptu de l'Alma*, p. 13). — *Souviens*-T'EN (HUGO, *Lég.*, t. IV, p. 329 ; APOLLIN., *Alcools*, Adieu). — *Fais*-M'Y *penser* (J. ROMAINS, *Hommes de b. vol.*, t. I, p. 287). — *Réfugie*-T'Y (LITTRÉ, s.v. *tu*, Rem. 3). — *Laissons*-L'Y *en paix* (Ch. BRUNEAU, dans *Combat*, 25 avril 1949).

À part l'impératif de *s'en aller*, ces formes ne sont guère fréquentes dans la langue parlée.

Parfois, *en* est placé en première position, ce qui n'est pas admis par le bon usage : *Félicitons*-EN-LE ; *félicitons*-EN-NOUS (CRITICUS, *Style au microscope*, t. III, p. 181).

On évite surtout *m'y* et *t'y*. Des juges sévères acceptent, avec *y* en tête : *Mènes*-Y-MOI. *Confies*-Y-TOI. Voir Littré, s.v. *y*, Rem. 3 (voir aussi l'Hist. ci-dessous). — Mais ces formes elles-mêmes sont évitées dans l'écrit, sauf chez des auteurs assez proches de la langue parlée quotidienne : *Mets-toi à leur place à ces deux femmes, mets*-Y-TOI *un peu* (CÉLINE, *Voy. au bout de la nuit*, p. 445). — La plupart du temps, on choisit une autre tournure, par ex. : *Je vous prie de ...*, etc. — L'usage populaire connaît la construction : pronom disjoint + *y* ou *en* avec un [z] entre les deux pronoms. G. SAND écrit par badinage : *Si donc vous n'êtes pas forcé de quitter la rue Pigale* [sic] *avant mon arrivée, attendez*-MOI-Z'Y [imprimé en italiques] (*Corresp.*, 9 oct. 1841).

Hist. — Pour Vaugelas (p. 95), « il faut dire, *menez y moy*, et non pas, *menez m'y* ». CORN., dans sa traduction de l'*Imitation*, écrit : [+]*Tiens*-Y-TOI. [+]*Prepares*-Y-TOI (cf. Littré, *l.c.*). — Mais, comme nous l'avons vu, l'usage n'a pas vraiment ratifié ces façons de s'exprimer.

3° L'impératif est accompagné à la fois de *y* et de *en*.

Y précède : *Expédiez*-Y-EN (LITTRÉ, s.v. *y*, Rem. 6). Mais en fait personne ne parle ou n'écrit comme cela. — Le groupe pronom personnel + *y* + *en*, recommandé aussi par Littré (*ib.*, Rem. 7), est sorti de l'usage : °*Retournez*-VOUS-Y-EN.

Hist. — Ex. du XVIIe s. : Pluton. [...] *As tu faict quelque figure dans le Monde ? T'y a ton jamais veu ?* / [...] / Ostorius. *Eh, une fois.* / Pluton. *Retourne* T'Y EN (BOIL., *Héros de roman*, p. 43). — Autres ex. dans Littré.

659 **Le verbe est à l'infinitif.**

La plupart des règles données dans le § 657 s'appliquent au cas où le verbe est à l'infinitif. Nous devons examiner seulement deux phénomènes particuliers.

a) Si l'infinitif est précédé d'un des pronoms indéfinis *tout* ou *rien* ou d'un adverbe (*assez, bien, beaucoup, mieux, trop*, etc.), le pronom personnel conjoint est placé après le pronom indéfini ou l'adverbe dans l'usage ordinaire, mais assez souvent devant dans la langue littéraire.

Pour mieux LE *voir. C'est mal* SE *comporter. Il a fallu tout* LEUR *laisser.* — *En repoussant un des oreillers pour mieux* M'*étendre* (FLAUB., *Éd. sent.*, III, 1). — *Il avoue ne rien* Y *comprendre.*

Des personnes se levèrent pour LE *mieux voir* (ZOLA, *Bête hum.*, XII). — *On devrait passer la vie à* LEUR *tout expliquer* (COLETTE, *Maison de Claud.*, XXIX). — *Mme Dézaymeries s'accoutumait à* LE *moins observer* (Fr. MAURIAC, *Mal*, p. 55). — *Par malheur, sans* Y *rien pouvoir, je souffre de mille objets saugrenus* (MONTHERLANT, *Service inutile*, Pl., p. 584). — *Est-ce un crime d'aimer son métier et de* LE *bien faire ?* (AYMÉ, *Passe-muraille*, L.P., p. 212.) — *Madeleine et Henri* [...] *faisaient effort pour* SE *bien tenir* (BUTOR, *Modification*, 10/18, p. 185). — *Vous avez fait aussi votre valise pour un coin perdu,* [...] *pour* VOUS *mieux aimer* (D. BOULANGER, *Connaissez-vous Maronne ?* pp. 65-66).

L'antéposition de *y* et de *en* est particulièrement fréquente. Une expression *C'est à n'*Y *rien comprendre* appartient même à l'usage ordinaire.

Hist. — L'antéposition du pronom est conforme à l'usage classique : [...] *sans pourtant* LUY *rien oster de cette grandeur d'ame* (RAC., *Phèdre*, Préf.). — *Pour* LE *bien entendre* (VOLT., *Lettres phil.*, XXII). — *⁺Je lui proposai de se coucher pour* SE *mieux reposer* (MARIV., *Vie de Mar.*, p. 529).

b) Le pronom est complément d'un infinitif qui lui-même est complément essentiel d'un verbe.

Bibl. — A. GOOSSE, *Notes de grammaire franç. Sur la place du pronom personnel complément d'un infinitif*, dans la *Revue des langues vivantes*, 1952, pp. 258-275. — Y. GALET, *L'évolution de l'ordre des mots dans la phrase française de 1600 à 1700. La place du pronom personnel complément d'un infinitif régime.* P., Presses Universitaires de France, 1971.

1° Lorsque le support de l'infinitif est un des verbes *voir, entendre, écouter, laisser, faire, regarder, envoyer, mener,* le pronom complément de l'infinitif se met ordinairement devant le verbe support :

Ce paquet, je LE *ferai prendre, je* LE *laisserai prendre. Cette maison, je* L'*ai vu bâtir. Cette histoire, je* L'*ai entendu raconter.* — *Je* L'*enverrai prendre tout à l'heure* (VIGNY, *Quitte pour la peur*, III). — *On va peut-être* ME *mener pendre* (STENDHAL, *Chartr.*, XIX). — *C'était bien adroit d'*Y *avoir fait mettre* [...] *une serrure compliquée !* (GIDE, *Caves du Vat.*, V, 1.) — De même si l'infinitif a plusieurs pronoms compléments : *Il ne prononça plus qu'avec effort les dernières syllabes, et encore après* SE LES *être fait répéter trois fois* (SAND, *Mare au d.*, IX).

Si le verbe support et l'infinitif ont chacun leur pronom complément, ils se placent tous deux devant le verbe support : *Ce livre, il* ME LE *laisse lire.* [On peut aussi considérer que *me* est l'agent de l'infinitif.] — *Je* VOUS EN *regarde manger* (G. DUHAMEL, *Les plaisirs et les jeux*, IV, 3). — Cela n'est pas obligatoire : voir ci-dessous.

— Le pronom complément de l'infinitif ne peut être placé devant le verbe support :

1) Si le verbe support est à l'impératif affirmatif (comp. § 658). Le pronom est placé après le verbe support, auquel il est joint par un trait d'union : *Laissez-*VOUS *conduire* (MUSSET, *Lorenzaccio*, IV, 4). — *Ce paquet, faites-*LE *prendre.*

2) Si cela a pour résultat un groupement interdit (§ 657, *b*, 1°) : *Toi seule peux adoucir, par ton aveu, ce qui me fait* TE *haïr* (PROUST, *Rech.*, t. I, p. 363).

3) S'il s'agit d'un pronom réfléchi : *Elle verse la poésie et la beauté à tous les êtres, à toutes les plantes qu'on laisse* S'*y développer à souhait* (SAND, *Mare au d.*, II).

— On a le choix entre deux constructions :

1) Quand le verbe support et l'infinitif ont chacun leur complément : *Depuis combien de temps m'as-tu vu* L'*aimer ?* (MUSSET, *André del Sarto*, I, 3.) — *Je ne vous aurais pas laissé* LE *reprendre* (PROUST, *Rech.*, t. I, p. 222).

Ceci a son application quand l'infinitif dépend d'un impératif. Si cet impératif et cet infinitif ont chacun un pronom personnel complément, on peut joindre les deux pronoms immédiatement après l'impératif, avec deux traits d'union (d'abord le pronom objet de l'infinitif : *le, la, les ;* puis le pronom complément de l'impératif : *moi, toi, lui, nous, vous, leur*) : *Ce livre, laisse-*LE-MOI *lire. Ces livres, regardez-*LES-LUI *relier.* De même : *Faites-*M'EN *connaître les détails* (MUSSET, *Caprices de Mar.*, I, 12). — On peut aussi mettre immédiatement après l'impératif son pronom complément, avec trait d'union (*moi, toi, le, la, nous, vous, les*), et placer le pronom objet de l'infinitif (*me, te, le, la, nous, vous, les*) immédiatement devant cet infinitif : *Ce livre, laisse-*MOI LE *lire. Ces livres, regardez-*LE LES *relier.* — [Cette main] *laissez-*MOI LA *poser contre ma joue* (VERCORS, *Armes de la nuit*, p. 61). — *Cette bonne grand-mère, voyez-*LA ME *caresser, voyez-*MOI LA *caresser. Ce travail, regardez-*MOI L'*achever.*

2) Quand le pronom complément de l'infinitif représente le même être que le sujet du verbe support, ou bien ce pronom reste devant l'infinitif : *Elle pria son tuteur de la laisser* L'*y accompagner une seule fois* (BALZAC, *Urs. Mirouët*, XI) ; — ou bien ce pronom est placé sous la forme réfléchie devant le verbe support, l'agent de ce verbe étant construit avec *par : ... de s'y laisser accompagner* PAR ELLE.

Si le pronom complément de l'infinitif est objet indirect, il reste nécessairement devant l'infinitif : *Ils sentaient [...]* LEUR *entrer dans l'âme comme l'orgueil d'une vie plus libre* (FLAUB., *Éd. sent.*, III, 1).

3) Avec *envoyer*, le pronom peut rester devant l'infinitif : *Il m'a laissé son hideux chapeau plat ; qu'un peu plus, d'un coup de pied, j'allais envoyer* LE *rejoindre* (GIDE, *Caves du Vat.*, V, 2).

2° Le support est un autre verbe que ceux qui sont énumérés dans le 1°. L'usage ordinaire laisse le pronom devant l'infinitif :

Je veux LE *voir. Il saura* ME *comprendre. Je vais* LA *rencontrer. Tu peux* EN *sortir. Je dois* Y *renoncer.* — Si le support est à l'impératif, on écrit sans trait d'union : *Viens* LE *voir.*

Cependant l'ancien usage (cf. Hist.) a laissé des traces dans les parlers régionaux (surtout Midi, Lorraine, Wallonie, Normandie) et dans la langue littéraire.

Usage régional : *Ils vous rattrapent au tournant s'ils* LE *veulent faire* (un dialectologue liégeois, 29 janv. 1968). — *On* LE *sait dire* (une vieille paysanne du Brabant wallon, 1976). — *Je pense qu'un de ces jours je t'enverrai un saucisson, mais il faut que ma mère* ME L'*aille acheter, parce qu'autrement on me couyonnerait* (CÉZANNE, *Corresp.*, 1978, p. 124). — *J'*TE *vas claquer à gifles* (LA VARENDE, *Centaure de Dieu*, p. 34.). — En outre, SAND, *Maîtres sonneurs*, XXVII. — Voir aussi Damourette-Pichon, t. III, p. 582.

Dans la langue littéraire, si le tour consistant à placer le pronom devant le verbe support est bien moins fréquent que l'autre, il n'empêche qu'il se trouve, au moins d'une façon occasionnelle, pour ainsi dire chez tous les écrivains du XIXe et du XXe s., et même chez certains érudits dont les ambitions ne sont pas proprement littéraires. Nous avons cité, dans l'article indiqué plus haut, des ex. pris à une soixantaine d'auteurs s'échelonnant de 1800 à 1950. Nous ne donnerons ici que des ex. postérieurs à cette date :

Je pensais M'*aller coucher* (G. DUHAMEL, *Cri des profondeurs*, p. 201). — *Antoine Le Maistre [...] s'*alla *construire un petit ermitage dans le jardin de Port-Royal* (DANIEL-ROPS, *Hist. de l'Égl.*, Grand siècle des âmes, p. 392). — *Tonio entra dans la maison et s'*alla *coucher*

(R. VAILLAND, *Loi*, L.P., p. 130). — *Vingt-cinq papillons in-folio s'en échapperaient* [...] *pour s'aller poser sur un rayon de la Bibliothèque Nationale* (SARTRE, *Mots*, p. 161). — *Rien n'indiquait que ma vie s'allait jouer* (Chr. ROCHEFORT, *Repos du guerrier*, L.P., p. 7). — *Comme sa fille à elle L'allait faire* (YOURCENAR, *Souvenirs pieux*, p. 131). — *Pour ne pas se placer tout à fait où je L'avais cru voir, le miracle ne s'était pas moins produit* (JOUHANDEAU, dans le *Figaro litt.*, 2 juillet 1955). — *Les malices que j'Y croyais lire* (F. MARCEAU, *Années courtes*, p. 112). — *J'Y devais faire* [...] *ma première communion solennelle* (LE ROY LADURIE, *Paris-Montpellier*, p. 13). — *Il LE faut traverser* (BUTOR, *Modification*, 10/18, p. 239). — [...] *s'il LES pouvait lire dans leur séduisant désordre* (GUILLEMIN, dans le *Figaro litt.*, 20 déc. 1952). — *La science de la matière animée* [...] *ne SE peut fonder que sur la certitude d'un inflexible déterminisme expérimental* (J. ROSTAND, *ib.*, 15 mars 1952). — *La blessure et la souffrance* [...] *ne SE peuvent imaginer* (AUDIBERTI, *Maître de Milan*, VI). — *Sa vie, il LA pouvait citer en exemple* (M. TOESCA, dans le *Figaro*, 4 juin 1971). — *Je ne crois pas qu'une grande âme s'EN puisse contenter* (P.-H. SIMON, dans le *Monde*, 11 mai 1966). — *Son odeur intime* [...] *lui a toujours paru l'une des plus agréables qui SE puissent flairer* (PIEYRE DE MANDIARGUES, *ib.*, 14 mai 1971). — *Les maladies à germes vivants ne SE peuvent contracter que par contagion externe* (*Grand Lar. enc.* et *Grand dict. enc. Lar.*, s.v. *contagionnisme*). — [...] *toute occupation qui LES pût souiller* (Fr. PARTURIER, *Calamité, mon amour*, p. 9). — *Je n'Y pouvais consentir* (DE GAULLE, *Mém. de guerre*, t. I, p. 115). — *On n'EN peut faire un dictionnaire* (THÉRIVE, *Libre hist. de la langue fr.*, p. 28). — *Ce qu'il EN pourrait gagner* (É. GILSON, *La société de masse et sa culture*, p. 95). — *On n'Y peut pas chercher une base suffisante* (M. ROQUES, dans *Romania*, 1955, p. 406). — [...] *l'individu qui cherche tout simplement à exprimer sa pensée, et n'Y peut parvenir sans cette tournure familière* (Cl. BLANCHE-BENVENISTE et A. CHERVEL, *Orthographe*, p. 219). — *Mon père M'était venu chercher* (M. NOËL, *Cru d'Auxerre*, p. 166). — *Une erreur est donc de LA vouloir retrouver sous son espèce première* (G. GUILLAUME, dans le *Fr. mod.*, janv. 1951, p. 39). — *Egas Coelho* [...], *LE voulant convaincre de tuer Inès* [...] (MONTHERLANT, *Port-Royal*, p. 208). — *Ce fut pour LE vouloir convaincre* (A. SALMON, *Souvenirs sans fin, 1903-1908*, p. 274). — *Il LE veut franchir* (D. BOULANGER, *Nacelle*, p. 95). — *M. Jean Marx, qui EN veut démontrer l'action prépondérante* [...] (E. FARAL, dans *Romania*, 1952, p. 264). — *Les conclusions qu'elle EN voudrait tirer* (F. LECOY, *ib.*, p. 418). — *Si votre Père n'Y veut pas consentir* (C. PAYSAN, *Nous autres, les Sanchez*, L.P., p. 123). — *J'Y veux trouver des exemples* (A. REY, *Littré, l'humaniste et les mots*, p. 24). — Etc.

Le déplacement de *en* et de *y* est particulièrement répandu, notamment dans certaines expressions : *Autant qu'on EN peut juger. Il n'EN pouvait douter. Elle n'EN voulait rien savoir. Je n'Y puis tenir. Il n'Y faut pas compter.*

Lorsque le pronom placé devant le verbe support représente le même être que le sujet de celui-ci, le verbe support prend l'auxiliaire *être* aux temps composés : *L'Allemagne s'EST voulu venger* (CHAT., *Mém.*, IV, IX, 2). — *Il ne s'EST pas voulu dédire* (A. SUARÈS, *Sur la vie*, t. II, p. 245). — *J'avais invité* [...] *Nane, avec qui il ne s'ÉTAIT encore pu résoudre à rompre* (TOULET, *Mon amie Nane*, II, 2). — *Il ne peut croire que Nounette se SOIT voulu anéantir pour l'amour de lui* (A. BEAUNIER, dans le *Lar. mensuel*, févr. 1925, p. 708). — *Rousseau s'est peint lui-même tel qu'il S'EST voulu voir* (R. KEMP, dans les *Nouv. litt.*, 29 mai 1952). — Cette construction est rare aujourd'hui. — *Avoir* dans ce cas ne se trouve que chez CHAT. : *Je m'AURAIS voulu battre contre l'assassin* (*Mém.*, I, II, 4). [Autres ex. : *ib.*, Avant-pr. ; *ib.*, I, V, 5.]

Il est rare aussi que le pronom soit placé devant le verbe support quand l'infinitif est joint à celui-ci par une préposition : *Pour L'achever de peindre, il faudrait lui planter à l'endroit ordinaire un nez long et carré du bout* (NERVAL, *Contes et facéties*, Main enchantée, I). — *Une paire de grègues bouffantes que LUI vient d'apporter Eustache Bouteroue* (*ib.*, III). — *J'EN viens d'avoir l'éblouissante certitude* (ZOLA, *Travail*, cité par Gougenheim, *Étude sur les périphrases verbales,* p. 182). — *Une douceur de voix presque enfantine qui* LES *achevait d'abasourdir* (COURTELINE, *Train de 8 h 47,* cit. Sandfeld, t. I, § 5). — *La vieille cuisine* [...] *n'inspirait plus à Gabriel un sentiment de sécurité* [...]. *Comme si quelqu'un* Y *venait d'entrer* (Fr. MAURIAC, *Anges noirs,* p. 83). — *La révélation* LUI EN *venait d'être faite* (BERNANOS, *Imposture,* p. 55).

Hist. — En anc. fr., le pronom complément de l'infinitif était placé devant le verbe support quel que soit celui-ci. Une distinction s'est peu à peu instaurée entre les verbes énumérés dans le 1° et les autres. Au XVII° s. encore, Vaugelas écrivait (pp. 376-377) : « *Je ne le veux pas faire,* sera meilleur que *je ne veux pas le faire,* parce qu'il est incomparablement plus usité. » Cela n'est plus vrai au XIX° et au XX° s., même chez les écrivains qui pratiquent fréquemment le tour ancien.

SECTION 3. — LES PRONOMS NUMÉRAUX

660 Les **numéraux cardinaux,** qui indiquent le nombre (§ 572), s'emploient aussi pronominalement, sans être accompagnés d'un nom.

Ils n'ont pas alors de forme particulière, sinon, parfois, dans la prononciation : cf. § 574, *c.*

Pour *un,* voir aussi §§ 714-715.

a) Le nom a été exprimé antérieurement (ou, parfois, est exprimé ensuite), et le numéral est employé comme **représentant ;** quoiqu'il n'en porte pas les marques (à l'exception de *un*), il a le genre du nom représenté :

Des ouvriers arrivaient ; il en aborda DEUX *ou* TROIS (FLAUB., *Éd. sent.,* II, 3). — *De ces îles,* DEUX *sont inhabitées.*

b) Le numéral est employé comme **nominal.** Il y a ellipse du nom, que le contexte permet de suppléer :

Toutes les voitures [...] *allaient à quatre-vingts* [kilomètres] *à l'heure* (MALRAUX, *Espoir,* p. 14). — *Simon de Montfort* [...] *mit en déroute complète* [...] *toute l'armée aragonaise près de Muret, le matin du 13 septembre 1213.* MILLE [hommes] *battirent* QUARANTE MILLE, *dont vingt mille périrent* (J. GUITTON, *Crises dans l'Église,* 1981, pp. 126-127). — Le numéral est ici masculin. On pourrait imaginer des contextes où le féminin serait requis ; par ex. un coiffeur de dames dirait : QUATRE *se sont* INSCRITES *pour ce matin.*

Descendre un escalier QUATRE *à* QUATRE : voir § 579, *a.*

Dans le langage de l'arithmétique, le nom qui n'est pas exprimé est un nom quelconque : DEUX *et* DEUX *font* QUATRE.

Remarque. — Sur *combien,* numéral indéfini (interrogatif et exclamatif), voir § 699, *b.* — Sur les autres numéraux (ou *quantifiants*) indéfinis, voir la section 8 (§§ 705 et suiv.).

SECTION 4. — LES PRONOMS POSSESSIFS

661 Les **pronoms possessifs** sont des représentants qui indiquent que l'être ou la chose dont il s'agit sont en rapport avec une *personne* grammaticale : celui qui parle, celui à qui l'on parle, celui ou ce dont on parle.

Cette maison est plus confortable que LA MIENNE, ... *que* LA VÔTRE.

Cette relation peut être celle de la possession ou de l'appartenance, mais aussi n'importe quel type de rapport que marque le complément déterminatif du nom :

La disgrâce de son protecteur a entraîné LA SIENNE. — *Mes ennemis et* LES TIENS. — *Ton métro est arrivé avant* LE MIEN. — Cf. § 588.

662   **Le pronom possessif varie selon diverses conditions.**

a) D'après le nombre de « possesseurs », plus exactement le nombre de personnes ou de choses servant de référence. On parle d'*unipossessif* s'il y a un seul « possesseur » et de *pluripossessif* s'il y en a plusieurs :

Tu as tes soucis. J'ai les MIENS. *Nous avons* LES NÔTRES.
Le pluripossessif s'emploie parfois pour un seul « possesseur » : voir § 631.

b) Selon la personne grammaticale : *Voici* LE MIEN, LE TIEN, LE SIEN. Sur ce que représentent ces personnes grammaticales, voir § 631.

c) En genre, d'après le nom qu'il représente : *Sa robe est plus belle que* LA MIENNE.

d) En nombre, d'après les besoins de la communication : *Leurs robes sont plus belles que* LA MIENNE.

Pour la première et la deuxième personne grammaticale, on se réfère à la situation, tandis que pour la troisième on se réfère à un élément du contexte. On est donc fondé à considérer que le pronom possessif peut avoir deux antécédents : celui qui lui donne sa personne et celui qui lui donne son genre grammatical.

663   **Formes du pronom possessif.**

		Représentant un sing.		Représentant un plur.	
		Masculin	Féminin	Masculin	Féminin
Unipos-sessifs	1re pers. 2e pers. 3e pers.	le mien le tien le sien	la mienne la tienne la sienne	les miens les tiens les siens	les miennes les tiennes les siennes
Pluripos-sessifs	1re pers. 2e pers. 3e pers.	le nôtre le vôtre le leur	la nôtre la vôtre la leur	les nôtres les vôtres les leurs	

Le pronom possessif est constitué de l'article défini et de l'adjectif possessif (§ 594). Les deux éléments varient en nombre et, ordinairement, en genre.

Du point de vue de sa formation, le pronom possessif n'est qu'une réalisation particulière de la construction décrite au § 217, *d* : article + adjectif avec nom implicite *(Prendez-vous la robe bleue ou* LA *rouge ?).* Cependant, il est légitime de considérer que *le mien, le tien,* etc. sont aujourd'hui des pronoms : *Mien* et les autres adjectifs possessifs appartiennent au registre soigné où ils n'ont d'ailleurs que des emplois limités (§§ 594-595), alors que les pronoms possessifs font partie de la langue générale, aussi bien populaire (voir, par ex., Bauche, p. 95) que littéraire. La construction signalée plus haut concerne d'ailleurs d'autres déterminants *(Cette robe rouge ou* CETTE *bleue),* ce qui ne peut se réaliser avec *mien (*Ta maison est plus belle que cette mienne).*

Hist. — Voir § 595, Hist.

664   **Observations diverses sur les pronoms possessifs.**

a) Le pronom possessif peut être précédé de *tout* ou inclure un numéral cardinal entre ses éléments :

Donne-moi un bonbon : Pierre a mangé TOUS *les miens.* — *Les* DEUX *nôtres* [= des hirondelles] *vivaient perchées sur l'épaule, sur la tête* (COLETTE, *Maison de Claudine,* X). — *C'est le cas de M. Mégret avec ses quatre voix, tandis que Mme Sainte-Soline, avec les* QUATRE *siennes, va marquer le pas de l'infortune et de l'insuccès* (É. HENRIOT, dans le *Monde,* 11 déc. 1957).

Hist. — Dans l'ancienne langue, le numéral cardinal accompagnant le pronom possessif se plaçait après lui : *Messire Enguerrant n'en rompit que quatre* [de lances], *et Saintré les siennes* CINQ (Ant. de LA SALE, *Jehan de Saintré,* cit. Damourette-Pichon, § 2609).

b) Le pronom possessif peut être renforcé par l'addition de *propre* :

Préoccupé du bien public autant ou plus que du mien PROPRE (GIDE, *Thésée,* p. 92).

On trouve occasionnellement d'autres épithètes : *Tu es dans sa chambre. Pendant qu'on cambriole la* PAUVRE *mienne* (MALRAUX, *Noyers de l'Altenburg,* p. 76). — *Cette durée collective qui englobe et dépasse les nôtres* INDIVIDUELLES (P. EMMANUEL, *L'arbre et le vent,* p. 197).

c) Sur l'hésitation entre *le sien* et *le leur* après *chacun,* voir § 719, *a.*

d) Le pronom possessif s'emploie parfois sans représenter un nom exprimé auparavant :

Au masculin pluriel, pour désigner les proches, les parents, les partisans : *Il est plein d'égards pour moi et pour* LES MIENS (AC.). — *Ne serez-vous pas des* NÔTRES ? (AC.) — *On ne peint bien que soi et* LES SIENS (A. FRANCE, *Pierre Nozière,* p. 175).

Dans des locutions : *Y mettre* DU SIEN « faciliter qq.ch. par sa bonne volonté ». *Faire des siennes* « commettre des fredaines ». — L'Acad. signale encore *Je ne demande que* LE MIEN, « ce qui m'appartient en propre », mais cela est vieilli.

SECTION 5. — LES PRONOMS DÉMONSTRATIFS

Bibl. — Voir avant le § 596.

665   **Les pronoms démonstratifs** désignent un être ou une chose en les situant dans l'espace, éventuellement avec un geste à l'appui (fonction *déictique*) ; ils peuvent aussi renvoyer à un terme qui précède (fonction *anaphorique*) ou qui suit (fonction *cataphorique*) dans le contexte :

> Prenez CECI. — *Si vous cherchez un beau livre, prenez* CELUI-CI *plutôt que* CELUI-LÀ. — [À Don Carlos, qui demande la tête de Hernani] Don Ruy Gomez. (Montrant sa tête.) *Je donne* CELLE-CI. / *Prenez-la* (HUGO, *Hern.*, III, 6). — *J'ai écrit à Pierre et à Paul ;* CELUI-CI [= Paul] *m'a répondu le premier.* — *Frédéric entendait des phrases comme* CELLES-CI : / — *« Avez-vous été à la dernière fête de charité de l'hôtel Lambert, Mademoiselle ? »* / — *« Non, Monsieur ! »* (FLAUB., *Éd. sent.*, II, 2.)

Dans certains emplois, l'idée démonstrative est fort atténuée :

> CEUX *qui vivent, ce sont* CEUX *qui luttent ; ce sont* / CEUX *dont un dessein ferme emplit l'âme et le front* (HUGO, *Châtim.*, IV, 9).

Le pronom démonstratif peut être nominal ou représentant, comme le montrent les ex. qui précèdent.

666   **Variabilité des pronoms démonstratifs.**

a) Les pronoms démonstratifs varient en **genre,** d'après la réalité désignée (pour les nominaux) ou d'après l'antécédent (pour les représentants).

Le masculin et le féminin s'emploient d'après le sexe de l'être désigné (le masculin étant aussi le genre indifférencié) ou le genre du mot représenté :

> *Je ne félicite pas* CELLE *qui a fait cette robe !* — CEUX *qui sont absents ont toujours tort.* — *Ma voiture est en panne : je prendrai* CELLE *de ma sœur.*

On a aussi une forme que l'on appelle neutre et qui est employée surtout pour désigner des choses ou pour représenter un terme dépourvu de genre (infinitif, proposition, phrase). Les mots qui s'accordent avec ce pronom neutre se mettent au masculin singulier :

> CECI *est mon testament.* — *Je me suis trompé,* CELA *est vrai.*
>
> *Ce* employé comme sujet avec le verbe *être* (§ 675) convient aussi bien pour des personnes que pour des choses : C'*est mon meilleur ami.* — Sur *cela* et *ça,* pour des personnes, voir § 671, *b ;* sur *ce* + pronom relatif à propos de personnes, voir § 674, *a.*

b) Les pronoms démonstratifs varient en **nombre,** d'après les besoins de la communication :

Lisez attentivement cette scène et CELLES *qui suivent. — Si vous aimez les livres amusants, lisez* CELUI-CI.

c) Il existe des formes **simples,** qui ont souvent perdu la valeur démonstrative, — et des formes **composées,** qui explicitent la valeur démonstrative grâce à un adverbe de lieu, *ci* (= ici), qui sert pour des êtres ou des objets proches (démonstratif *prochain*), ou *là,* qui sert en principe pour des êtres ou des objets éloignés (démonstratif *lointain*).

Sur l'emploi de ces formes, voir ci-dessous §§ 669-676 ; nous commençons par les formes composées parce qu'elles ont plus nettement la valeur démonstrative.

667   Formes des pronoms démonstratifs.

	SINGULIER			PLURIEL	
	Masculin	Féminin	Neutre	Masculin	Féminin
Formes simples	**celui**	**celle**	**ce**	**ceux**	**celles**
Formes composées	**celui-ci** **celui-là**	**celle-ci** **celle-là**	**ceci** **cela, ça**	**ceux-ci** **ceux-là**	**celles-ci** **celles-là**

Ci et *là* sont joints par un trait d'union à *celui, celle, ceux, celles.* Ils sont agglutinés dans *ceci* et dans *cela.* L'accent grave disparaît dans *cela* (et dans *ça*).

Sur les emplois de *cela* et *ça,* voir § 671. — Aux formes figurant dans le tableau il faut encore ajouter *icelui,* etc. (cf. § 668, *e*) et *ci = ceci* (cf. § 671, *e,* 4°).

N.B. — Ne pas confondre le pronom *ça* et *çà,* adverbe et interjection, qui prend l'accent grave :

Les vêtements étaient jetés ÇÀ *et là. — Ah* ÇÀ ! *vous allez bientôt avoir fini de crier ? (Dict. contemp.)*

Hist. — 1. Les démonstratifs du latin classique ont laissé quelques traces en anc. fr. ; par ex. *hoc* se trouve dans *o ïl,* d'où vient *oui* (cf. § 1052, *c,* Hist.). Mais ce sont des formes renforcées par l'introducteur latin *ecce* qui l'ont emporté.

2. L'ancienne langue avait trois séries de démonstratifs : 1° les démonstratifs prochains (marquant la proximité par rapport au locuteur), issus de la combinaison latine *ecce iste ;* c'est le type *cist,* dont la déclinaison a été décrite au § 597, *a,* Hist. 1 ; — les démonstratifs lointains, issus de *ecce ille :* masc. sing. *cil ;* cas régime *cel, celi, celui ;* plur. *cil,* cas régime *cels, ceux ;* fém. sing. *cele,* plur. *celes ;* — 3° le démonstratif neutre *ço, ce* (parfois *cen,* cf. ci-dessous, 3). — En outre, toutes ces formes avaient des variantes *icist, icil,* etc. (cf. § 668, *e*).

Jusque dans le XVIᵉ s. et même dans le XVIIᵉ, les formes des deux premières séries ont servi aussi bien de déterminants que de pronoms. Sur le type *cil* comme déterminant, cf. § 597, *a*, Hist. 2. Ex. du type *cist* comme pronom : *La tresgrande beaulté de* CESTE, *sa femme* (*Cent nouv. nouv.*, I). — CESTE *me soit, dy je, derniere excuse* (SCÈVE, *Délie*, LVII). — Vaugelas, en 1647, notait que *cettuy-cy* « commence à n'estre plus gueres en usage » (p. 367). On note encore chez LA F. : CETUY *me semble à le voir Papimane* (*C.*, Diable de Papefiguiere). — *Cesti* a persisté dans des emplois dialectaux : ⁺*Ne faut pas peser sur* CETI*-ci, pour alléger* CETI-*là* [dit un fermier] (MARIV., *Épreuve*, II).

Vers la fin du moyen âge, l'opposition entre démonstratifs prochains et démonstratifs lointains a été exprimée par les adverbes *ci* (parfois *ici :* cf. § 597, *b*, Hist.) et *là*. Les démonstratifs de la première série se sont spécialisés comme déterminants, et ceux de la seconde comme pronoms, en perdant une partie de leurs formes. — « ⁺*Cil*, écrit LA BR. (XIV, 73), a été dans ses beaux jours le plus joli mot de la langue française ; il est douloureux pour les poètes qu'il ait vieilli. » Diderot l'emploie encore par archaïsme : ⁺CIL, *qui était assis entre la Gaine et le Coutelet, prit la parole* (*Jacques le fat.*, Pl., p. 598). [Jacques raconte une fable villageoise.]

3. Le pronom *ce* avait une variante *cen* (souvent expliquée par une analogie avec l'alternance *nen-ne :* cf. § 973, Hist.), encore employée par les paysans de Molière et de Marivaux : *Je sçavons* CEN *que je sçavons* (MOL., *Méd. m. l.*, I, 5). — ⁺*Velà* CEN *que c'est* (MARIV., *Mère confidente*, III, 1). Elle est d'ailleurs encore dans les patois aujourd'hui. — En particulier, les locutions *ce dessous dessus, ce dessus dessous, ce devant derrière* (attestées avec *ce* jusqu'au XVIᵉ s.), se trouvaient aussi avec la variante *cen : Ce petit paillard tousjours tastonnoyt* [= caressait] *ses gouvernantes,* CEN *dessus dessoubz,* CEN *devant derriere* (RAB., *Garg.*, éd. princeps, X). — Autres ex. : cf. Wartburg, t. XII, p. 371 ; t. XXIV, p. 7.

La forme nasalisée l'a emporté, mais elle n'a plus été comprise, et l'on trouve au lieu de *cen* les graphies *c'en, s'en, sans* (que Vaugelas, p. 44, préférait), *cens, sens :* voir Littré, s.v. *sens²*, Hist., ainsi que Vaugelas et Wartburg. *Sans* était répandu avant Vaugelas : RONS., éd. V., t. VI, p. 259 ; RÉGNIER, *Sat.*, XIV. *Sens* est attesté dès le XVIᵉ s.

Balzac voulait revenir à la forme de Rabelais : CEN *dessus dessous* (*Urs. Mirouët*, I ; etc.). — Littré souhaitait que l'Acad. ressuscitât *c'en ;* il se fondait sur une analyse contestable (il voyait ici la locution *en dessus*). Quelques auteurs ont cru devoir suivre Littré : *On a mis l'Université* C'EN *dessus dessous (ainsi doit-on écrire)* (GAXOTTE, *Mon village et moi*, p. 61). — Autres ex. : FAGUET, *En lisant Molière*, p. 82 ; POURRAT, *Gaspard des Montagnes*, p. 124.

Ces tentatives paraissent vaines, car la forme *sens* [sɑ̃] s'est imposée dans les dictionnaires (par ex. celui de l'Acad., dès le XVIIIᵉ s.) et dans l'usage. Voir par ex. : STENDHAL, *Chartr.*, XVIII ; Al. DUMAS, *Reine Margot*, XXXV ; FROMENTIN, *Domin.*, XIV ; HERMANT, *Trains de luxe*, p. 183 ; GIDE, *Faux-monn.*, p. 204 ; BERNANOS, *M. Ouine*, p. 222 ; LE ROY LADURIE, *Carnaval de Romans*, p. 357 ; etc.

Pour ce qui concerne l'ordre des adverbes, on a dit d'abord *Ce dessous dessus.* Cet ordre est rare aujourd'hui : *Pas un porteur sur vingt ne prend soin de ne point placer sens dessous dessus les valises, dans les filets* (VAUDOYER, *Laure et Laurence*, p. 214). [Ce n'est pas le sens habituel, « en désordre », mais « le dessous dessus ».]

4. Pour *ça*, voir § 671, *a*, Hist.

668 Observations sur les formes du pronom démonstratif.

a) Dans la langue parlée familière, **celui** est souvent prononcé [sɥi].

b) *Ce* et la phonétique syntaxique.

1° Devant une proposition relative. Il s'amuït phonétiquement devant consonne : *Il fait ce qu'il veut* [s ki(l) vǝ]. — Il ne s'élide ni phonétiquement ni graphiquement devant voyelle : CE [sǝ] *à quoi je pense ne saurait vous concerner* (AC.).

2° Quand il est sujet, *e* peut s'amuïr phonétiquement devant consonne. — Phonétiquement et graphiquement, il subit l'élision devant toute forme du verbe *être* commençant par une voyelle ; devant un *a*, on écrit *ç'*, avec la cédille ; *ce* subit aussi l'élision devant le pronom *en* et devant le semi-auxiliaire *aller : C'est ici ; c'eût été difficile.* — *Ç'a été la cause de bien des malheurs* (Ac.). — *Ç'avait été rude.* — *C'en est fait.* — *Une porte a claqué ; et ç'a été tout* (Arland, *Plus beaux de nos jours,* p. 105). — *On sentait que la grande affaire ç'allait être les colis* (Fr. Nourissier, *Histoire française,* p. 108). — *C'en devient insupportable* (Vercors, *Chevaux du temps,* p. 218). — *Ç'aurait été dans son village* (P. Lainé, *Dentellière,* p. 149).

Si *ce* est placé après le verbe, *e* n'est pas prononcé devant voyelle et souvent devant consonne, mais cela ne se marque pas dans l'écriture : *Est-ce arrivé* [ɛ s aʀive] *souvent ?* — *Est-ce vrai* [ɛ s vʀɛ] *?*

3° Dans les autres situations, *ce* reste intact phonétiquement et graphiquement : *Sur* ce [sə] *il sortit.* — *Il est entré, et* ce [sə] *par hasard.* — *À* ce *autorisés* (Stendhal, *Abbesse de Castro,* V).

c) **Ça,** régulièrement, ne s'élide pas :

Ça *allait mal ?* (Dumas fils, *Question d'argent,* II, 5.) — Ça *a passé en un clin d'œil* (Flaub., *Corresp.,* t. II, p. 99). — Ça *obtient tout ce que ça veut* (A. Daudet, *Évangéliste,* p. 247). — Ça *a des bérets à cause de ses mèches* (Montherlant, *Olympiques,* p. 225). — *Oh !* ça *arrive* (Giono, *Batailles dans la montagne,* p. 235). — Ça *aurait été une charité* (J. de Lacretelle, *Le pour et le contre,* t. I, p. 191). — Ça *a été dur, par ce froid de chien ?* (Kessel, *Heure des châtiments,* p. 136.) — Ça *oblige à le montrer* (Malraux, *Temps du mépris,* p. 163). — Ça *a débuté comme ça* (Céline, *Voy. au bout de la nuit,* F°, p. 15). — Ça *aurait pu être aussi bien une étude de notaire* (Fr. Mauriac, *Mal,* p. 159). — Voir au § 671, *d,* 2°, d'autres ex. où *ça* est sujet de *être.*

Parfois, pourtant, il subit l'élision, soit par analogie avec *ce* (voir d'ailleurs § 676, *a*), soit par un phénomène d'haplologie (§ 218), surtout devant *a* (voir dans l'ex. de Billy l'opposition entre *ça ira* et *ç'alla*) : *Quel bonheur que ç'ait attendu !* (R. Rolland, *Jean-Chr.,* t. IV, p. 260.) — *Ç'avait l'air d'une blague !* (Fr. Mauriac, *Anges noirs,* p. 212.) — *Ç'avait fait une flamme verte* (Pourrat, *Tour du Levant,* p. 113). — *Ç'avait débuté par la fameuse commode de laque* (La Varende, *Hommes et mondes,* mars 1947, p. 525). — *« Ça ira bien »,* répondit seulement Napoléon III. *Ç'alla bien, en effet* (Billy, dans le *Figaro litt.,* 10 mars 1969). — *C'est tellement hors de toute proportion avec* [...] *la réalité que c'en perd toute portée* (Id., *ib.,* 20 déc. 1952). — *Ç'a de la gueule* (H. Bazin, *Vipère au poing,* XIX). — *Ç'a l'air encore vivant* (Troyat, *Grive,* p. 31). — *Ç'a eu lieu cet après-midi* (J.-L. Bory, *Peau des zèbres,* p. 319). — *Ce n'était rien, ç'allait s'arranger tout seul* (P. Lainé, *Dentellière,* p. 167).

d) La prédominance de *celui-là* sur *celui-ci* (cf. § 670) a pour résultat que la valeur de *là* s'efface. On en arrive à distinguer dans la langue populaire *celui-là* et *celui-là là-bas* ou même °*celui-là-là* avec un double adverbe.

e) Les anciennes formes (cf. § 667, Hist. 2) *icelui* « celui-ci », *iceux, icelle(s)* ont été conservées jusqu'à nos jours dans la langue de la procédure. Les écrivains y recourent parfois, généralement avec une intention badine :

Pourra pareillement le mari, du consentement de sa femme, et après avoir pris l'avis des quatre plus proches parents d'ICELLE [...] (*Code civil,* art. 2144). — *Les huissiers seront tenus de mettre à la fin de l'original et de la copie de l'exploit, le coût d'ICELUI* (*Code de procéd. civ.,* art. 67). — *Celui qui se prétendra propriétaire des objets saisis ou de partie d'ICEUX* (*ib.,* art. 608). — *Le devoir de ces Messieurs était* [...] *de se saisir de tous papiers, lettres et documents, de lire* ICEUX [...], *comme il appert aux termes du susdit mandat* (CHAT., *Mém.*, IV, II, 4). — *Même forme de cases et même disposition d'*ICELLES *en petits groupements* (GIDE, *Voy. au Congo*, Pl., p. 783). — *Au moment précis où ce haut personnage pénétrait dans la classe, entouré de tout un état-major de bons frères, ne voilà-t-il pas qu'à l'effroi et grande admiration d'*ICEUX, *le tableau noir s'écroulait avec un bruit épouvantable* (P. CAZIN, *Décadi*, p. 89). — *Tous* [...] *suivirent Chloé qui pénétra la première dans l'ascenseur. Les câbles d'*ICELUI *s'allongèrent* [...] *sous le poids* (VIAN, *Écume des jours*, XXI). — *Nous étions* [...] *trop naïfs pour décoder son message ; et lui, trop timoré pour nous donner la clef d'*ICELUI (LE ROY LADURIE, *Paris-Montpellier*, p. 206). — *Avec une graphie d'un autre âge : Le brusque et turbulent appel d'Althusser à la liberté dans le parti vient de l'échec d'*ICELUY (M. CLAVEL, dans le *Monde*, 5 mai 1978).

Emploi des formes composées

669   **Quand le démonstratif lointain** (*cela, celui-là*, etc.) **est opposé au démonstratif prochain** (*ceci, celui-ci*, etc.)**, le démonstratif prochain désigne ce qui est le plus proche dans la réalité ou dans le contexte :**

[...] *étendant* [...] *sa main droite vers le livre imprimé ouvert sur sa table et sa main gauche vers Notre-Dame* [visible par la fenêtre], *et promenant son triste regard du livre à l'église : / — Hélas ! dit-il*, CECI *tuera* CELA (HUGO, *N.-D. de Paris*, V, 1). [Commentaire : *Le livre tuera l'édifice* (V, 2).]

Sombart oppose la sociologie occidentale naturaliste [...] *à la sociologie allemande spiritualiste.* CELLE-LÀ *s'efforce de réduire le spirituel au psychique, le psychique au physiologique et au social.* CELLE-CI, *au contraire, respecterait la spécificité des faits spirituels* (Raym. ARON, *Sociologie allem. contemp.*, 4ᵉ éd., p. 127). — *Estragon et Vladimir se sont remis à examiner,* CELUI-LÀ [= Estragon] *sa chaussure,* CELUI-CI *son chapeau* (S. BECKETT, *Théâtre*, I, En attendant Godot, p. 53). — *Il s'informe* [...] *des études des garçons et des leçons des grandes demoiselles, et* CEUX-LÀ *et* CELLES-CI, *interloqués, n'ont pas toujours la présence d'esprit de répondre* (YOURCENAR, *Souvenirs pieux*, p. 224).

Parfois aussi le démonstratif lointain indique ce qui précède par opposition au démonstratif prochain, qui concerne ce qui suit : *Je suis certain que je vous fâcherais ; alors* CELA *n'aboutira qu'à* CECI : [...] *j'aurai perdu une bonne camarade* (PROUST, *Rech.*, t. II, p. 831).

Les démonstratifs composés peuvent avoir une valeur distributive comme *L'un ... l'autre ... ;* de même, nominalement, comme *Un tel ... un tel ... :*

J'écoutais, CELUI-CI *grave,* CELUI-LÀ *argentin, le double \ronron* (COLETTE, *Maison de Claud.*, X). — *Dans toutes les familles on faisait des plans. L'un rêvait des persiennes vertes, l'autre un joli perron ;* CELUI-CI *voulait de la brique,* CELUI-LÀ *du moellon* (A. DAUDET, *Port-Tarascon*, I, 2). — Comp. *ceci ... cela ...* au § 671, *e*, 4°.

Dans la langue parlée, l'opposition entre *-ci* et *-là* n'est pas toujours respectée. On emploie souvent *-là* même quand les réalités sont inégalement distantes du locuteur : *Prendrez-vous celle-*LÀ ? *ou celle-*LÀ ? Cf. § 668, *d*.

670   **Les démonstratifs prochain et lointain ne sont pas opposés l'un à l'autre.**

a) Les démonstratifs prochains désignent normalement **dans la réalité** (fonction *déictique*) ce qui est proche du locuteur, et les démonstratifs lointains ce qui est éloigné :

« *Je bois à la destruction complète de l'ordre actuel, [...] que je voudrais briser comme* CECI *!* » *en lançant sur la table le beau verre à patte, qui se fracassa en mille morceaux* (FLAUB., *Éd. sent.*, II, 2). — *Quelle robe préférez-vous ? Je préfère* CELLE-LÀ.

Dans la langue parlée quotidienne, *ceci, celui-ci,* etc. sont assez peu fréquents. *Cela, celui-là* les supplantent dans bien des cas.

b) Il s'agit de **contexte.**

1° Les formes avec *-ci* renvoient à ce qui précède immédiatement. Les formes en *-là* à ce qui est plus éloigné :

> *La justice* [...] *est un principe commun à l'individualisme et à l'universalisme mais alors que* CELUI-LÀ [= l'individualisme] *l'interprète faussement comme justice commutative, égalisatrice, l'universalisme pose à la base la justice distributive* (Raym. ARON, *Sociologie allem. contemp.*, 4ᵉ éd., p. 38). — *L'ouvrière redit naïvement son mensonge à* Mˡˡᵉ *Vatnaz ;* CELLE-CI [= Mˡˡᵉ Vatnaz] [...] *vint en parler au brave commis* (FLAUB., *Éd. sent.*, III, 4). — *Ce pouvait être un bon souvenir de M. le cardinal. /* [...] */ Ce pouvait être une vengeance de Milady. /* CECI, *c'était plus probable* (Al. DUMAS, *Tr. mousq.*, XLI).

Les ex. suivants ne respectent pas cette règle et expriment la pensée de l'auteur d'une manière confuse : *Entre l'esprit oriental et l'esprit occidental s'appliquant à penser, je crois saisir d'abord une différence de direction* [...]. CELUI-LÀ [= l'esprit occidental] *veut dresser un plan de l'univers.* [...] *L'esprit oriental, au contraire* [...] (MALRAUX, *Tentation de l'Occident*, p. 93). — *Le barbu dictateur a* [...] *couvert de fleurs Ben Bella puis Boumediène après qu'il ait renversé et incarcéré* CELUI-CI [= Ben Bella] (SOUSTELLE, *Lettre ouverte aux victimes de la décolonisation*, p. 151). — *Il faudrait se souvenir d'écrire à Madame de B.,* [...] *chez qui Azélie travaillait en ce moment, pour remercier celle-ci* [= Mᵐᵉ de B.] *de la lui avoir cédée* (YOURCE-NAR, *Souvenirs pieux*, p. 24).

2° Les formes en *-ci* annoncent ce qui suit (fonction *cataphorique*), et les formes en *-là* rappellent ce qui précède (fonction *anaphorique*) [§ 598] :

> *Dites* CECI *de ma part à votre ami : qu'il se tienne tranquille* (AC.). — *Que votre ami se tienne tranquille : dites-lui* CELA *de ma part* (AC.).

Cette règle n'a rien de rigide. D'une part, les formes en *-ci* sont assez souvent utilisées pour quelque chose qui précède (sans qu'il y ait une opposition avec quelque chose de plus éloigné) :

> *Il faut songer dans la jeunesse aux besoins de la vieillesse ;* CECI (ou CELA) *s'adresse aux prodigues* (LITTRÉ). — *Un héritier gênant, en bas âge, qu'ils prenaient et qu'ils maniaient, perdait sa forme.* CECI *facilitait les confiscations* (HUGO, *Homme qui rit*, I, 2ᵉ chap. prélim., 6). — *Ce jour-là tu pourras me pleurer comme un homme mort. /* — *Mort, non, reprit Olivier, mais tombé de haut. N'importe,* CECI *est funèbre* (FROMENTIN, *Domin.*, IX).

En particulier, comme l'observe A. Thérive (*Querelles de lang.*, t. III, p. 95), « *ceci dit* a presque évincé *cela dit.* C'est que le paragraphe précédent est considéré non pas comme fini, mais comme encore tout proche » : CECI *dit, j'ajoute que Pereda est, comme écrivain, le plus révolutionnaire de nous tous* (R. BAZIN, *Terre d'Espagne*, p. 69). — CECI *dit, que le gouvernement prenne ses responsabilités* (J. ROMAINS, *Hommes de b. vol.*, t. XXIV, p. 253). — CECI *dit, on peut faire correspondre à chaque individu un domaine remarquable de son existence* (VALÉRY, *Variété*, Pl., p. 1406).

D'autre part, l'usage oral tend à généraliser le démonstratif lointain. Même des écrivains soigneux l'emploient parfois pour annoncer quelque chose qui va suivre :

> *Il faut qu'un jeune Prince français sache* CELA. *Dans un monde dominé par le Réalisme, il y aurait peut-être place encore pour une sorte de dictature héréditaire* [...], *mais elle serait* [...] *vite absorbée par les régimes totalitaires* (BERNANOS, *Nous autres Français*, Pl., p. 705). — *Catholiques et révolutionnaires, vous avez au moins* CELA *en commun : l'acte de Foi* (Fr. MAURIAC, *Journal*, Œuvres compl., p. 52).

En particulier, on a le choix entre *ceci* et *cela (celui-ci* et *celui-là)* quand le pronom démonstratif annonce une proposition conjonctive introduite par *que :*

> *La Faculté* [...] *le poursuivit, mêlant à d'autres griefs* CELUI-LÀ, *que Paré avait écrit en français* (BRUNOT, *Hist.*, t. II, p. 43). — *Or, il arriva* CECI *que la fête fut très belle* (G. DUHAMEL, *Désert de Bièvres*, p. 206). — CELA *seul lui importait que Paule ne rouvrît pas le débat* (Fr. MAURIAC, *Sagouin*, p. 37). — *Les récits de famille ont* CELA *de bon qu'ils se gravent plus fortement dans la mémoire que les narrations écrites* (VIGNY, *Serv. et gr. mil.*, I, 1). — *Ils ont* CELA *de charmant qu'ils sont pauvres* (A. FRANCE, *Livre de mon ami*, p. 263). — *Car la bêtise a* CECI *de terrible qu'elle peut ressembler à la plus profonde sagesse* (LARBAUD, *Fermina Márquez*, XIII). — *Ce tripot avait* CECI *de perfide, que tout s'y passait entre gens du monde* (GIDE, *Faux-monn.*, p. 52). — *L'écriture a* CECI *de mystérieux qu'elle parle* (CLAUDEL, *Connaissance de l'Est*, Religion du signe). — *De même : La bourgeoisie a* CECI *de bon,* C'EST *qu'elle a ses garde-fous, ses rampes solides qui nous empêchent de nous jeter à l'eau* (CAYROL, *Vent de la mémoire*, p. 12).

Si le pronom démonstratif annonce par redondance un élément nominal, *cela* (ou *ça*) s'impose : CELA *vous plaît, les vacances ?*

Remarques. — 1. Dans un certain nombre d'emplois décrits ci-dessus, le pronom démonstratif pourrait être remplacé par un pronom personnel. Le démonstratif (correctement employé) a l'avantage d'identifier mieux l'antécédent. Il sert aussi à attirer une attention particulière :

> *Et s'il n'en reste qu'un, je serai* CELUI-LÀ (HUGO, *Châtim.*, VII, 16).

2. La fonction anaphorique est parfois assumée dans la langue administrative par *ledit* (normalement déterminant : cf. § 607, *f*).

> *Certains écrivains l'emploient par badinage : Le vestiaire des garçons, établi dans le bureau du père d'Isis, consistait en la suppression des meubles* DUDIT [bureau] (VIAN, *Écume des jours*, XI). — *La réponse* [...] *que l'on trouvera en tête de la seconde partie de ce recueil, sert donc* [...] *de charnière entre les deux parties* DUDIT [recueil] (QUENEAU, *Voyage en Grèce*, p. 11). — [...] *pour faire des recherches historiques à l'université de Nanterre, dont les professeurs communistes — prédominants dans le corps enseignant de* LADITE [université] — *s'efforçaient de faire un modèle de modernité pragmatique et libérale* (SEMPRUN, *Algarabie*, p. 129).

c) Une langue littéraire assez recherchée (cf. Hist.) emploie *celui-là, ceux-là, celle(s)-là* au lieu de *celui, ceux, celle(s)* (§ 672, *a)* devant une relative déterminative :

> *Car nous sommes* CEUX-LÀ *qui pour amante n'ont / Que du rêve soufflé dans la bulle d'un nom !* (E. ROSTAND, *Cyr.*, II, 10.) — CELUI-LÀ *qui veille modestement quelques moutons sous les étoiles, s'il prend conscience de son rôle, se découvre plus qu'un serviteur. Il est une sentinelle* (SAINT EXUPÉRY, *Terre des hommes*, p. 210).

Ce tour appartient aussi à la langue populaire de diverses régions, par ex. de Paris : ÇUI-ˈ LÀ *qu'est pas là, l'en aura pas* (dans Bauche, p. 92).

Le tour avec *-là* est plus naturel (sans être obligatoire) quand il y a un élément entre le pronom démonstratif et la relative :

Mais les vrais voyageurs sont CEUX-LÀ *seuls qui partent* / *Pour partir* (BAUDEL., *Fl. du m.*, Voyage). — *Elle* [= l'Église] *répond encore aux besoins profonds de* CEUX-LÀ *mêmes qui semblent les plus réfractaires à son paisible rayonnement* (BARRÈS, *Grande pitié des égl. de Fr.*, 1914, p. 92). — *L'Histoire qu'on va lire est* CELLE-LÀ *même qu'Albert Thibaudet se préparait à publier* (L. BOPP et J. PAULHAN, dans Thibaudet, *Hist. de la litt. fr. de 1789 à nos jours*, p. VI).

Le tour avec *-là* est obligatoire lorsque le verbe principal est intercalé entre le pronom démonstratif et la relative (tour littéraire) [cf. Hist.] :

CELUI-LÀ *seul pouvait être propriétaire du sol, qui avait un culte domestique* (FUSTEL DE COULANGES, *Cité ant.*, IV, 4). — CEUX-LÀ *furent des cuistres qui prétendirent donner des règles pour écrire* (A. FRANCE, *Pierre Nozière*, p. 146).

Les formes composées sont obligatoires aussi quand la relative n'est pas déterminative :

Mes yeux cherchent en vain un brave au cœur puissant, / *Et vont* [...] / *De* CEUX-LÀ *qui sont morts à* CEUX-CI *qui sont lâches !* (HUGO, *Lég.*, X, 3.) — *Quel est* CELUI-CI, *disaient-ils, à qui obéissent même les vents et la mer ?* (*Bible*, trad. SEGOND, Matth., VIII, 27.)

N.B. Le pronom démonstratif mis en évidence par *C'est ... que, C'est ... qui* peut évidemment avoir la forme composée : *C'est* CELUI-CI (ou CELUI-LÀ) *que je veux.*

Hist. — 1. Pour Vaugelas (p. 325), « Jamais on ne doit user du pronom demonstratif avec la particule *là*, quand il est immediatement suivi du pronom relatif ». Cela se trouve pourtant chez les classiques : *Elle approchoit vingt-ans ; et venoit d'enterrer* / *Un mary* (*de* CEUX-LÀ *que l'on perd sans pleurer* [...]) (LA F., *C.*, Gascon puni).

Inversement, jusqu'au début du XVIIᵉ s., on pouvait employer la forme simple du démonstratif quand le verbe principal était intercalé : ⁺CELUI *vraiment les a perdus qui les a estimés perdus* (MALHERBE, t. II, p. 6).

2. *Celui-ci* (et parfois *celui-là*) a eu au XVIIIᵉ s. le sens de *un tel* : ⁺[...] *comment se portait* [*sic*] *le père un tel, la mère une telle, monsieur* CELUI-CI, *monsieur* CELUI-LÀ (MARIV., *Paysan parv.*, p. 196). — *Mʳ un tel avoit le plus bel attelage* [...] *qu'il soit possible d'imaginer. La belle madame* CELLE-CY *commence à passer* (DIDEROT, *Neveu de Ram.*, p. 98).

671   **Observations particulières sur** *cela* **et** *ça.*

Bibl. — A. HENRY, *Études de syntaxe expressive*, pp. 75-110.

a) La concurrence de *cela* et *ça.* Les deux formes sont, du point de vue syntaxique, presque toujours interchangeables, mais la première prédomine dans la langue écrite et la seconde dans la langue parlée. Il serait exagéré pourtant de considérer que, dans l'écrit, *ça* n'apparaît que là où l'auteur fait parler un personnage. Relevons notamment :

Pellisson avait trop de goût pour parler de ÇA (CHAT., *Vie de Rancé*, S.T.F.M., p. 227). — *Les criminels dégoûtent comme des châtrés : moi, je suis intact, et* ÇA *m'est égal* (RIMBAUD, *Saison en enfer*, Mauvais sang). — *Il* [= Bourbon Busset] *a choisi de témoigner sur la réussite de sa vie privée, de ne faire que* ÇA, *sur tous les tons !* (POIROT-DELPECH, dans le *Monde*, 8 mars 1985.)

Les psychanalystes ont fait de *ça* un nom : ils opposent le *ça* au *moi* et au *surmoi*.

Sur l'élision de *ça*, voir § 668, *c*.

Hist. — *Ça* est une forme contractée de *cela :* comp. les prononciations [py] pour *plus* et [sɥi] pour *celui*. Il y a peut-être eu une interférence avec *çà* adverbe. — La première attestation de *ça* est de 1585 : *Il n'y a rien impossible de* ÇA (René de LUCINGE, *Lettres sur les débuts de la Ligue*, éd. Dufour, p. 151). Mais l'éditeur signale que le passage est chiffré ; cela ne rend-il pas la leçon douteuse ? — Le mot est bien attesté au XVIIᵉ s. : Molière le met dans la bouche de ses paysans (*D. Juan*, II, 3 ; etc.) ; La Fontaine l'emploie dans une lettre de 1661 : ⁺*On a de l'inquiétude pour M. Pellisson : si* ÇA *est, c'est encore un grand surcroît de malheur* (cit. Henry). Mᵐᵉ de Sévigné se moque de quelqu'un qui répétait sans cesse : ⁺*Vous deviez bien m'avertir de* ÇA (13 mai et 6 juin 1680). — Il faut attendre le XIXᵉ s. pour que le mot pénètre vraiment dans la langue écrite (quoique, nous l'avons dit, il n'y ait pas ses libres entrées).

b) Cela et *ça* peuvent, dans la langue familière, désigner des personnes ; dans ce cas, ils expriment souvent quelque mouvement affectif, qui peut aller du mépris à la tendresse (une tendresse plutôt protectrice, par ex. à l'égard des femmes ou des enfants).

Elle me tue à petit feu, et se croit une sainte ; ÇA *communie tous les mois* (BALZAC, *Lys dans la vallée*, p. 130). — ÇA *venait du couvent,* ÇA *ne savait ni entrer ni sortir,* ÇA *saluait tout d'une pièce ; de la fraîcheur seulement, la beauté du diable* (VIGNY, *Quitte pour la peur*, VIII). — *Elle* [= une enfant] *allait et venait dans un gai rayon d'or ; /* CELA *jouait toujours, pauvre mouche éphémère !* (HUGO, *Lég.*, XVIII, III, 14.) — ÇA, *une marquise !* (PROUST, *Rech.*, t. I, p. 244.) — *Qu'est-ce que tu as l'intention de faire de* ÇA ? *reprit-elle après que la petite* [une petite aveugle] *fut installée. / Mon âme frissonna en entendant l'emploi de ce neutre et j'eus peine à maîtriser un mouvement d'indignation* (GIDE, *Symphonie past.*, M.L.F., p. 19). — ÇA *fait du bruit, les innocents.* ÇA *proteste,* ÇA *crie,* ÇA *pleure,* ÇA *renifle et* ÇA *n'a jamais de mouchoir* (PAGNOL, *Temps des amours*, p. 34).

Quand *cela* et *ça* reprennent devant le verbe un sujet détaché, la nuance affective peut disparaître : *Une fée,* CELA *va sur les eaux* (A. FRANCE, *Livre de mon ami*, p. 48). — *Un juge,* ÇA *a des hauts et des bas* (A. CAMUS, *Justes*, p. 120). — *Maurras, Hermant,* ÇA *savait écrire le beau français filandreux qui faisait Céline tourner de l'œil* (QUENEAU, *Bâtons, chiffres et lettres*, Id., p. 54).

c) Les démonstratifs neutres *cela, ça* s'emploient fréquemment pour désigner un être ou une chose qu'on ne veut ou ne peut nommer avec précision.

Il s'agit de quelque chose qui est mal identifié : *Devant moi, quelque chose apparaissait* [...] *;* ÇA *semblait instable, perfide, engloutissant ;* ÇA *remuait et* ÇA *se démenait partout à la fois* (LOTI, *Roman d'un enf.*, IV). — ÇA *avait glissé dans mes jambes,* ÇA *avait frôlé mes mollets, et c'étaient des vipères* (SAINT EXUPÉRY, *Terre des hommes*, p. 86).

Il s'agit d'un ensemble complexe : *Les serviteurs s'élancèrent dehors en faisant résonner avec des bâtons, des fourches, des fléaux, tous les ustensiles de métal qui leur tombaient sous la main, des chaudrons de cuivre, des bassines, des casseroles. Les bergers soufflaient dans leurs trompes de pâturage. D'autres avaient des conques marines, des cors de chasse.* CELA *faisait un vacarme effrayant* (A. DAUDET, *Lettres de m. m.*, p. 240).

Il s'agit d'une réalité que l'on veut désigner d'une manière euphémique : *Puisque c'est son métier, à cette gueuse, de faire* ÇA [= l'amour] *avec tous les hommes, je trouve qu'elle n'a pas le droit de refuser l'un plutôt que l'autre* (MAUPASS., *C.*, Boule de suif).

Le sujet est vague, non identifié, et le pronom démonstratif est proche de *il* impersonnel, avec lequel il peut parfois commuter : ÇA *sent la résine, la menthe, l'écorce brûlée* (Fr. MAURIAC, *Asmodée,* II, 1). — ÇA *pleut fort* [dit la servante Françoise] (PROUST, *Rech.,* t. I, p. 102). — *Cette année-là, il avait fait mauvais.* [...] *Tous les matins, cette angoisse machinale avant d'ouvrir les rideaux : et si* ÇA *faisait beau pour changer ?* (ARAGON, *Blanche ou l'oubli,* F°, p. 13.) — Voir aussi § 753.

d) Cela et *ça* (parfois *ceci*) ont remplacé *ce* dans la plupart de ses emplois. Voir les ex. donnés ci-dessous, ainsi qu'au § 668, *c.* Mais il y a des cas où *ce* est encore possible dans la langue soignée (cf. § 676).

1° Notamment, en coordination avec une phrase que le pronom représente, afin que puisse s'y ajouter une précision supplémentaire (cf. § 259, *d,* 1°) :

Nous reprîmes, sur son ordre, cette fameuse lecture et CELA *dans des conditions morales tout à fait inquiétantes* (CÉLINE, *Voy. au bout de la nuit,* F°, p. 548). — *Je saisis la bête par le cou, vivement. Oui, par le cou et,* CECI, *par le plus grand des hasards* (H. BAZIN, *Vipère au poing,* I).

2° Avec *être* suivi d'un attribut ou d'un complément, on prend comme sujet *cela* (ou *ceci*) au lieu de *ce,* si l'on veut accentuer ou souligner l'expression :

CELA *est admirable* (comp. : *C'est admirable*). CELA *est sans importance* (comp. : *C'est sans importance*). — CELA *est une affaire grave.* CELA *est dans les journaux.* CELA *est partout.* — CELA *seul est important.* CELA *aussi est nécessaire.* — *Il a fait cette démarche, cela est certain* (ou : ... *c'est certain*), ... CELA *est vrai* (ou ... *c'est vrai,* ... *il est vrai*).

Cela (ça) se trouve notamment pour annoncer par redondance un sujet exprimé par la suite.

Le sujet est un nominal : CELA *est beau, la franchise* (comp. : *C'est* ...).

Le sujet est un infinitif ou une proposition conjonctive : *Comme* CELA *doit être doux et consolateur d'être malade* [...] (MIRBEAU, *21 jours d'un neurasthénique,* cit. Sandfeld, t. I, p. 287). — ÇA *leur est désagréable de donner leur argent* (TR. BERNARD, *Danseur inconnu, ib.*). — On peut aussi avoir *ceci* avec une proposition : CELA *ou* CECI *est vrai que Galilée fut condamné par l'inquisition* (LITTRÉ, s.v. *ceci,* Rem. 2). — Dans ces cas, *il* impersonnel est possible, aussi bien que *ce.*

Ça s'emploie assez couramment au lieu de *cela* ou de *ce,* devant une **forme composée** du verbe *être* suivie d'un attribut ou d'un complément :

ÇA *a été une triste affaire* (SAINTE-BEUVE, lettre publiée dans la *Revue d'hist. litt. de la Fr.,* juillet-août 1978, p. 628). — ÇA *aura été plus vite que je ne croyais* (DUMAS fils, *Ami des femmes,* IV, 7). — ÇA *a été une excellente étude* (FLAUB., *Corresp.,* t. II, p. 99). — ÇA *a été un succès* (J. RENARD, *Journal,* 15 mars 1898). — ÇA *aurait été stupide* (PROUST, *Rech.,* t. III, p. 613). — ÇA *a été une belle fête* (GIONO, *Regain,* p. 222). — *Mais tu disais tout à l'heure que* ÇA *a été un ratage* (Fr. MAURIAC, *Passage du Malin,* p. 114). — ÇA *a été pareil* (G. MARCEL, *Chapelle ardente,* II, 4). — ÇA *a été pour lui une vie nouvelle* (GAXOTTE, dans le *Figaro litt.,* 23 avril 1960). — *Contre notre parler,* ÇA *a été une lutte constante* (R. SABATIER, *Noisettes sauvages,* p. 243). — ÇA *aurait été dérisoire d'essayer de s'en expliquer* (S. de BEAUVOIR, *Mandarins,* p. 16). — *Comme* ÇA *a été le cas* (P. GUIRAUD, *Mots étrangers,* p. 108). — Avec élision : § 668, *c.*

Ça s'emploie aussi devant une forme simple du verbe *être :* 1) si celle-ci commence par une consonne ; 2) si elle est précédée de *ne* ou d'un pronom

personnel complément conjoint ; 3) si elle est introduite par l'un des semi-auxiliaires *devoir, pouvoir, aller ;* 4) si *ça* est précédé de *tout :*

> *Cette femme-là,* ÇA *sera ta mort* (NERVAL, *Nuits d'octobre,* X). — ÇA *serait mieux que tu
> la voies avant le spectacle* (S. de BEAUVOIR, *Invitée,* L.P., p. 137).
>
> ÇA *n'est pas nouveau,* ÇA *n'est pas original* (DUMAS fils, *Demi-monde,* Avant-pr.). — ÇA
> *n'était pas la réponse de Dieu* (BARRÈS, *Colline insp.,* 1913, p. 90). — ÇA *n'est pas elle qui m'a
> répondu* (G. CHÉRAU, *Enfant du pays,* p. 173). — ÇA *m'est égal* (RIMBAUD, cit. *a,* ci-dessous).
>
> ÇA *peut bien être* (VIGNY, *Quitte pour la peur,* VIII). — ÇA *doit être* [...] *la chèvre d'or*
> (A. DAUDET, *Lettres de m. m.,* p. 62). — *Chacun comprit que* ÇA *allait être du Bach* (SUPER-
> VIELLE, *Enfant de la haute mer,* p. 91).
>
> *Tout* ÇA *est préhistorique* (HERMANT, *Grands bourgeois,* IV). — *Tout* ÇA *est de ma faute*
> (R.-V. PILHES, *Imprécateur,* p. 107).

Si ces conditions ne sont pas remplies, *ça* est assez nettement populaire : ÇA *était d'une
violence inouïe* (BARBEY D'AUR., *Lettres à Trebutien,* t. I, p. 106). — ÇA *est une ancienne qu'a
fait son temps* (MAUPASS., *C.,* Miss Harriett, I). — *Un fil* ÇA *est toujours trop* (H. CIXOUS,
dans *Samuel Beckett,* Édit. de l'Herne, p. 334). — Cet emploi est fréquent dans le parler des
Bruxellois et des Flamands. — [Ex. anciens, dans la bouche de paysans : ÇA *est si biau, que
je n'y entens goute* (MOL., *Méd. m. l.,* II, 4). — *⁺Lorgnez-moi un peu, que je voie si* ÇA *est vrai*
(MARIV., *Épreuve,* XIII).]

Ça suivi du pluriel du verbe *être* est propre au français des Flamands : °*Si* ÇA *sont des
Anglais.*

N.B. — Devant *être* pris au sens absolu de « exister, être vraiment », on met
nécessairement comme démonstratif neutre sujet *cela, ça* ou *ceci* (*ce* ferait avec
être une simple formule) :

> *Je vous dis que* CELA *est, que* CELA *sera. Puisque* CECI *est, ne chicanons pas.* — *Il faut
> qu'une femme aime toujours un homme qui lui soit supérieur, ou qu'elle y soit si bien trompée
> que ce soit comme si* ÇA *était* (BALZAC, *Lettres à l'Étrangère,* t. I, p. 466). — ÇA *est, ou* ÇA
> *n'est pas ; ça n'a pas besoin d'être expliqué* (DUMAS fils, *Visite de noces,* III). — *Il y a des
> choses qui ne se discutent pas plus que la vie ou que la mort.* ÇA *est ou* ÇA *n'est pas* (BOURGET,
> *Drames de famille,* p. 75). — *Il ne dit pas ça parce qu'il l'a vu ça dans les livres ni parce qu'on
> lui a dit de le dire. Il dit ça parce que* ÇA *est* (PÉGUY, *Myst. des saints Inn.,* p. 68).

e) Emplois divers.

1° *Cela* et *ça* accompagnent les mots interrogatifs, surtout dans des phrases
interrogatives averbales :

> « *Tournez-vous donc pour qu'elle vous voie !* » / — « *Qui* CELA *?* » / — « *Mais la fille de
> M. Roque !* » (FLAUB., *Éd. sent.,* III, 2.) — « *[...] Quel gredin tu es !* » / *Il demanda : « Pour-
> quoi* ÇA *? [...]* » (MAUPASS., *Bel-Ami,* II, 10.) — Autres ex. au § 384, *c.*

2° *Comme cela, comme ça,* épithètes ou attributs, au sens de « pareil, semblable » :

> *Arnoux se lamentait* [...] *sur l'humeur de sa femme* [...]. *Elle n'était pas* COMME CELA
> *autrefois* (FLAUB., *Éd. sent.,* II, 3). — *C'est éreintant, un métier* COMME ÇA ! — *Que voulez-
> vous ? je suis* COMME ÇA.

Populairement, avec le nom ellipsé (cf. § 556, Rem. 2) : *Une* [valise] *comme on n'en fait
plus, sûrement, puisque, d'après elle, on n'en faisait déjà plus de* COMME ÇA (DANINOS,
Vacances à tous prix, p. 84). — *Il en fallait aussi des* COMME ÇA *pour réussir le coup*
(J.-P. CHABROL, *Gueuse,* p. 350).

Dans la langue populaire, *comme ça* est souvent une formule explétive accompagnant un verbe : *Faut* COMME ÇA *de temps en temps que je boive un verre pour me donner des forces* (A. FRANCE, *Crainquebille*, p. 56). — *Monsieur m'a dit* COMME ÇA *de lui mettre le lit de fer dans son cabinet* (ID., *Mannequin d'osier*, p. 146).

Familièrement, *comme ça* (ou *cela*), *comme ci comme ça* (cf. 4°), « ni bien ni mal », « plus ou moins » : *Comment se porte-t-il ?* COMME CELA (AC.). — *Étiez-vous en bons termes avec les époux Fraizier ? / — * COMME ÇA. / *— Comme ça ? / — On a bien eu des petites chicanes* [dit un paysan] (H. BORDEAUX, *Lac noir*, p. 91). — *« Elle était vieille ? » J'ai répondu : «* COMME ÇA *», parce que je ne savais pas le chiffre exact* (A. CAMUS, *Étranger*, Pl., p. 1134). — *« Voyons, franchement, vous aimez la musique ? » lui demanda-t-il* [...]. / *Elle haussa les sourcils, ayant l'air de dire : «* COMME CI, COMME ÇA... *»* (MONTHERLANT, *Jeunes filles*, p. 192.)

3° *Ça* « d'autant » devant un comparatif est un wallonisme :

°*Tu ne manges pas ta part ? Les autres en auront* ÇA *plus.*

4° *Ceci* et *cela* (ou *ça*) employés corrélativement dans le langage familier tiennent la place de termes que l'on ne juge pas utile ou possible d'expliciter. Ils peuvent avoir la fonction normale d'un pronom, par ex. celle d'objet direct. Mais on les traite comme des substituts universels ; par ex., ils sont parfois attributs, comme des adjectifs ; ils sont parfois précédés d'un déterminant, comme des noms, ou d'une conjonction de subordination, comme des propositions.

[...] *accompagnent tous leurs gestes de commentaires : « Alors, j'ai fait* CECI, *j'ai fait* CELA. *Je me suis dit que* CECI *et que* CELA. *Et maintenant je vais faire* CECI *et* CELA [...] » (R. SABA-TIER, *Trois sucettes à la menthe*, p. 75). — *Germain, c'était en telle année... Il faisait partie de tel numéro... Il était comme* CECI *et comme* ÇA (SIMENON, *Maigret à New-York*, p. 110). — *Je sais bien, elle est une* CECI, *une* CELA (POURRAT, cit. *Trésor*, s.v. *ceci*). — *Elle se plaint toujours de ses enfants : elle les trouve trop* CECI *ou trop* CELA.

Au lieu de *ceci*, on peut, dans le langage familier, avoir *ci* (cf. Hist.), et au lieu de *cela*, on peut avoir *là* :

Il faut faire CI, *il faut faire ça* (AYMÉ, *Gustalin*, IV). — *Il n'aurait pas à dire, comme d'habitude, « si je te quitte, je te quitte à cause de* CI *», ou « si je m'en vais, c'est à cause de ça »* (SAGAN, *Yeux de soie*, p. 187). — *Comme* CI *comme ça*, voir 2°. — *Et de commencer à raconter* [...] *dans sa boutique que l'Adèle c'était jamais qu'une* CI *et une* LÀ (G. CHEVALLIER, *Clochemerle*, XVIII).

Hist. — Rabelais emploie déjà *ceci* et *cela* comme des adjectifs : *Ma tant bonne femme est morte, qui estoit la plus* CECY *et* CELA *qui feust au monde* (*Pant.*, III).

Ci n'est sans doute pas une contraction de *ceci* (qui n'appartient plus à la langue familière, dont *ci* fait partie). Il semble avoir été tiré de *ça* sur le modèle des expressions qui connaissent l'alternance *i/a, couci couça, et patati et patata*, etc. Comme le montre l'ex. de Chevallier, l'adverbe *ci*, en tant qu'élément des démonstratifs composés, a pu jouer un rôle.

Emploi des formes simples

672   *Celui, celle, ceux, celles* **comme nominaux,** pour représenter des personnes. Le féminin est usité quand le contexte montre qu'il s'agit uniquement de femmes.

a) Devant une proposition relative (comp. *qui* nominal au § 687, *a).*

CEUX *qui pieusement sont morts pour la patrie / Ont droit qu'à leur cercueil la foule vienne et prie* (HUGO, *Ch. du crép.,* III). — *Béni soit* CELUI *qui a préservé du désespoir un cœur d'enfant !* (BERNANOS, *Journal d'un curé de camp.,* Pl., p. 1070.) — *Elle était de* CELLES *qui savent repousser les larmes amollissantes* (B. CLAVEL, *Lumière du lac,* p. 206).

Notamment, *faire celui* « jouer le rôle de celui », « se donner les apparences de celui » : *J'ai pourtant voulu tâcher de la bousculer en* FAISANT CELLE *qui ne se doutait de rien* (J. SCHLUMBERGER, *Saint-Saturnin,* p. 89). — *Le chien qui* FAIT CELUI *qui boite pour n'être pas battu* (MONTHERLANT, *Fils de personne,* III, 3). — *Et tu* FERAS CELUI *qui passait par hasard* (PAGNOL, *César,* p. 12). — *Manneret* FAIT CELUI *qui n'a pas entendu* (ROBBE-GRILLET, *Maison de rendez-vous,* p. 174). — Avec ellipse du prédicat de la relative : § 217, *c,* Rem. 2.

Hist. — On disait jadis *Il n'y a celui qui* pour « Il n'y a personne qui » : CEL *nen i ad* KI *de pitet ne plurt* [= il n'y a celui qui de pitié ne pleure] (*Rol.,* 822). — *Il n'y eut* CELLUY QUI *ne beust vingt cinq ou trente muys* [= muids] (RAB., *Pant.,* XX). — ⁺*Il n'y avait* CELUI QUI *ne prévît une prochaine rupture* (SAINT-SIMON, *Mém.,* Pl., t. I, p. 231).

On disait aussi *comme celui qui* « comme une personne qui », souvent avec une nuance de cause : *Prenant garde qu'ils marcheoyent en desordre comme* CEUX QUI *cuidoient* [= pensaient] *bien estre hors de tout dangier* (MONTAIGNE, *Ess.,* I, 45). — ⁺*Elle vous parle comme* CELLE QUI *n'est pas savante* (LA BR., XII, 28).

b) Au pluriel, devant un complément introduit par *de,* surtout dans la langue familière :

CEUX *de Nancy, qui voyaient tout du haut des murs, furent si éperdus* [...] (MICHELET, cit. Le Bidois, § 174). — CEUX DU *bâtiment* [= ceux qui connaissent la partie, c'est-à-dire l'édition] *disent que les articles en question « c'est des fours »* (VALLÈS, *Insurgé,* VI). — *Se venger, se venger !* [...] *Elle enviait* CELLES *du peuple qui guettent l'homme sous une porte, lui envoient par la figure une potée de vitriol* (A. DAUDET, *Immortel,* XII). — *Tonnerre ! si* CEUX *de Tarascon avaient pu le voir !...* (ID., *Tart. de Tar.,* III, 4.) — CEUX *de 14* (titre d'un livre de GENEVOIX) [= les soldats de 1914]. — *Atroce angoisse pour* CEUX *de Cuverville* (GIDE, *Journal,* 11 juin 1940). — La langue soignée préfère un nom : *Les habitants de Nancy, Les gens du bâtiment,* etc.

Très rare au sing. : *Une voix sérieuse et douce murmura près de son oreille : / « N'y va pas... »* / CELLE *de tout à l'heure était là, tout contre lui* (A. DAUDET, *Sapho,* I).

Hist. — À l'époque classique, le tour *ceux de* se manifestait dans tous les styles : [...] *comme parlent et escrivent presque tous* CEUX *de delà Loire* (VAUGELAS, p. 405). — CELLES *de ma naissance ont horreur des bassesses* (CORN., *Rodog.,* III, 3). — *Cresus* [...] *fit dénoncer à* CEUX *de Samos qu'ils eussent à se rendre ses tributaires* (LA F., *F.,* Vie d'Esope). — ⁺CEUX *de Crotone ont perdu contre lui deux batailles* (FÉN., *Tél.,* t. II, p. 53).

Remarque. — À cause de cette valeur nominale, la langue populaire joint volontiers l'article au démonstratif :

LES CEUX *qui ont énormément du talent* (PÉGUY, *Esprit de système,* p. 180). — *Mais* LES CELLES *qui, comme ça, dans cette gazette, se plaignaient, il les trouvait toujours soit trop dindes, soit trop tartes* (QUENEAU, *Zazie dans le métro,* p. 15).

Hist. — 1. *Les ceux de la maison* existait déjà au XVIe s. : usage populaire pour H. Estienne (cité par Huguet, s.v. *celuy,* avec d'autres ex.).

2. En anc. fr., *de* partitif accompagnait parfois le démonstratif : *Assez i ot* DE CEUS *qui blasmerent la reïne* [= il y en eut beaucoup qui ...] (*Mort le roi Artu,* § 74). — *Assez en i ot* DE CEUS *qui en* [= du butin] *retinrent* (VILLEHARDOUIN, § 254).

Cet usage a subsisté dans le français de Belgique : °*J'en connais* DE CEUX (ou, plus nettement populaire, DES CEUX) *qui ne seront pas contents.* — Sainte-Beuve (*Port-Royal*, Pl., t. I, p. 275) cite cette lettre de Jansénius, écrite en « mauvais français flamand » : ⁺*J'en connais ici* DE CEUX *qui* [...] *sont tombés en désordre.*

673   ***Celui, celle, ceux, celles* comme représentants.**

a) Devant une proposition relative ou devant un complément introduit par *de :*

Amer savoir, CELUI *qu'on tire du voyage !* (BAUDEL., *Fl. du m.*, Voyage, VII.) — *Elle avait la chevelure poisseuse comme* CELLE *des Gitanes* (MONTHERLANT, *Petite infante de Castille,* I, 2).

On peut intercaler, entre le démonstratif et le relatif, soit une épithète, ordinairement détachée, soit un complément : *Les arbres fruitiers qui meurent,* CEUX *mêmes qui sont arrachés ou brisés par accident, appartiennent à l'usufruitier (Code civil,* art. 594). — *Les horreurs que nous venons de voir, et* CELLES *pires que nous verrons bientôt* (BERNANOS, *France contre les robots,* p. 217). — *Ils passaient là, chaque jour, une heure bénie qu'ils avaient l'impression d'arracher à toutes les tyrannies conjurées :* CELLE, *farouche, de l'argent, et* CELLE, *caressante et souveraine, du foyer* (G. DUHAMEL, *Deux hommes,* p. 131). — *Au souci de rajeunir son Dictionnaire l'Académie a joint* CELUI, *non moins vif, de lui conserver sa physionomie* (AC. Préf.). — CEUX *des parlementaires qui ne m'avaient rallié ni en fait, ni en esprit, ne laissaient pas de s'agiter* (DE GAULLE, *Mém. de guerre,* t. II, p. 198).

Si l'élément intercalé est assez long, la clarté de l'expression en souffre : *Comment ne pas dire à* CEUX, *si munis qu'ils soient de savoir humain et quelque importance qu'ils aient ou qu'ils s'attribuent, qui s'érigent avec tant d'assurance en juges du christianisme* [...] (P. SANSON, *Inquiétude humaine,* p. 12).

Remarque. — Au lieu de représenter un nom par un pronom démonstratif, on peut se contenter, dans certaines conditions, du complément seul :

Mes sentiments n'étaient point d'un esclave (A. FRANCE, *Livre de mon ami,* p. 157). [On pourrait dire : ... CEUX *d'un esclave.*] — Voir § 217, *e,* 1°, ainsi que, pour d'autres cas, 3°, 4°, les Rem. et l'Hist.

b) Devant un participe ou un adjectif accompagnés d'un élément subordonné ou devant un complément introduit par une autre préposition que *de*. Cette construction a été contestée, par Girault-Duvivier, par Littré, par l'Acad. (mise en garde du 18 février 1965), etc., mais à tort, car elle existait déjà à l'époque classique et même plus tôt (voir Hist.), et elle appartient à un usage très général, notamment parmi les académiciens :

+ participe passé : *Les immeubles, même* CEUX POSSÉDÉS *par des étrangers, sont régis par la loi française (Code civil,* art. 3). — *Tant pis pour* CEUX CULBUTÉS *dans le fossé ou* ÉCRASÉS *en route* (CHAT., *Guerre d'Esp.,* XXXVIII). — *J'eus l'idée de prendre d'abord mon chocolat, et ensuite* CELUI DESTINÉ *à mon camarade* (Th. GAUTIER, *Voy. en Esp.,* p. 189). — *Je fus frappé d'un chapitre qui traitait à fond des amitiés, de* CELLES PRÉTENDUES *solides et de* CELLES PRÉTENDUES *innocentes* (SAINTE-BEUVE, *Volupté,* XV). — *Il n'est pas de plus grands crimes que* CEUX COMMIS *contre la foi* (A. FRANCE, *Orme du mail,* p. 22) — *Une niche grossière, un peu plus grande que* CELLES CREUSÉES *dans le mur* (LOTI, *Mort de Philae,* p. 123). — *Les masses les plus nombreuses furent vraisemblablement* CELLES APPORTÉES *par les courants de l'Est* (VALÉRY, *Regards sur le monde actuel*, p. 121). — *Les personnes* [...] *étaient* CELLES CHARGÉES *de son éducation* (HERMANT, *Souven. du vicomte de Courpière*, II). — *Choisir entre la position chrétienne et* CELLE PRISE *par Gœthe* (GIDE, *Attendu que...*, p. 131). — *Tous* CEUX ASSIS *à l'âtre ou debout priaient bas* (JAMMES, *Géorgiques chrét.*, I). — *Les séquelles dépendant de l'ypérite, comparées à* CELLES DUES *aux autres gaz* (R. MARTIN DU GARD, *Thib.*, Pl., t. II, p. 952). — *Aucune autre limite que* CELLES ASSIGNÉES *par la santé de l'enfant* (Fr. MAURIAC, *Pharisienne*, p. 45). — *Politique toute contraire à* CELLE SUIVIE *en Indo-Chine* (MAUROIS, *Lyautey*, p. 83). — *Un autre empire que* CELUI PROMIS *aux Latins* (É. HENRIOT, *Fils de la Louve*, p. 117). — *Sur l'étendue d'un jour plus long que* CELUI NÉ *de nos ténèbres* (SAINT-JOHN PERSE, *Oiseaux*, XI). — *Une autre nature que* CELLE IMPOSÉE *par le monde* (MALRAUX, *Voix du silence*, p. 275). — *Un autre univers que* CELUI DÉCRIT *par le marxisme* (GISCARD D'ESTAING, *Démocratie française*, p. 42). — *La politique de M. Voizard, à la différence de* CELLES PRATIQUÉES *par Hautecloque et par Guillaume* (Edgar FAURE, *Mémoires*, t. I, p. 593).

+ participe présent : *Ici c'est un instinct brutal et plat qui opère :* CELUI TENDANT *à secouer un fardeau trop lourd pour une conscience trop petite ou trop faible* (L. DAUDET, *Rêve éveillé*, p. 194). — *Mais quelle voie avait-il suivie d'ici là ? Peut-être* CELLE, *si poétique*, DÉVALANT *de ce village des Angles ?* (JAMMES, *M. le curé d'Ozeron*, p. 117.) — *Comme* CEUX CACHANT *un secret* (GIDE, *Retour de l'enf. prodigue*, p. 110). — *Tous* CEUX AYANT *la même maladie* (VALÉRY, *M. Teste*, p. 37). — *C'est un état proprement anarchique, de même que* CELUI RÉSULTANT *de la constitution militaire aboutit à l'autocratie* (ESTAUNIÉ, *Vie secrète*, p. 175). — *Aucun des protagonistes de ce théâtre, et même* CELUI TENANT *l'emploi de spectateur, n'avait conscience de jouer un rôle* (COCTEAU, *Enfants terribles*, p. 70). — *Les souvenirs que je gardais de cette existence illusoire n'étaient ni moins sûrs, ni moins attachants que* CEUX SE RAPPORTANT *à la période antérieure* (AYMÉ, *Passe-muraille*, p. 99) — [...] *la bombe à hydrogène dont la puissance peut être considérablement plus grande que* CELLE UTILISANT *l'uranium* (L. LEPRINCE-RINGUET, *Des atomes et des hommes*, p. 167).

Autres ex. (+ part. passé ou part. prés.) : NERVAL, *Voy. en Or.*, Pl., p. 641 ; DUMAS fils, *Dame aux cam.*, XI ; MÉRIMÉE, *Portr. hist. et litt.*, p. 24 ; BALZAC, *Muse du département*, p. 228 ; GOBINEAU, *Essai sur l'inégalité*, I, 15 ; BAUDEL., *Paradis artif.*, Poème du haschisch, IV ; MAUPASS., *Fort comme la mort*, I, 1 ; PROUST, *Rech.*, t. II, p. 1058 ; R. BAZIN, *Terre d'Esp.*, p. 337 ; R. ROLLAND, *Beethoven*, 9ᵉ symphonie, p. 53 ; CLEMENCEAU, *Grandeurs et misères d'une victoire*, p. 84 ; Ch. DU BOS, *Journal 1921-1923*, p. 113 ; HENRI-ROBERT, *Avocat*, p. 26 ; VOGÜÉ, *Roman russe*, p. 4 ; BLOY, *Désespéré*, p. 317 ; MONTHERLANT, *Célibataires*, p. 188 ; BERNANOS, *Sous le soleil de Satan*, p. 270 ; J. de PESQUIDOUX, *Sur la glèbe*, p. 7 ; CLAUDEL, *Ville*, 2ᵉ version, p. 231 ; L. MADELIN, *Danton*, p. 34 ; LA VARENDE, *Roi d'Écosse*, p. 202 ; M. GARÇON, *Louis XVII*, p. 316 ; A. SIEGFRIED, *Aspects du XXᵉ siècle*, p. 119 ; TROYAT, *Araigne*, p. 273 ; DANIEL-ROPS, *Éléments de notre destin*, p. 206 ; LÉAUTAUD, *Journal littér.*, 10 mars 1904 ; F. GREGH, *Âge de fer*, p. 45 ; H. BORDEAUX, *Paris aller et retour*, p. 134 ; J. GREEN, *Journal*, 18 mars 1948 ; A. ARNOUX, *Crimes innocents*, p. 47 ; R. KEMP, dans les *Nouv. litt.*, 24 juin 1954 ; MARITAIN, *Paysan de la Garonne*, p. 316 ; A. CAMUS, *Essais*, p. 1401 ; SARTRE, *Les jeux sont faits*, p. 176 ; GUITTON, *L'Église et l'Évangile*, p. 77 ; TEILHARD DE CHARDIN, *Apparition de l'Homme*, p. 91 ; R. SABATIER, *Allumettes suédoises*, p. 17 ; J. CHASTENET, *En avant vers l'Ouest*, p. 75 ; M. BOEGNER, *Exigence œcuménique*, p. 102 ; PAGNOL, *Masque de fer*, p. 191 ; H. BAZIN, *Cri de la chouette*, p. 238 ; J. DUTOURD, *École des jocrisses*, p. 88 ; ROBBE-GRILLET, *Voyeur*, p. 15 ; P. VALLERY-RADOT, *Rép. au Disc. de réc. de J. Delay à l'Ac. fr.* ; J. DELAY, *Avant mémoire*, t. II, p. 258 ; etc.

+ adjectif : [...] *sans autre préparation que* CELLE NÉCESSAIRE *à Christian lui-même* (SAND, *Homme de neige*, t. II, p. 171). — *Tout ceci se passa dans un temps moins long que* CELUI NÉCESSAIRE *pour l'écrire* (Th. GAUTIER, *Capit. Fracasse*, XV). — *Jamais son esprit* [...] *n'avait plus d'autres pensées, d'autres espoirs, d'autres rêves, que* CEUX RELATIFS *à son ministère* (MAUPASS., *C.*, En famille). — *Ses parties claires et* CELLES *plus* MYSTÉRIEUSES (BARRÈS, *Grande pitié des égl. de Fr.*, 1914, p. 312). — *Elle* [= la science] *développe l'amour-propre, qui est un second aveuglement ajouté à* CELUI INHÉRENT *à l'homme* (L. DAUDET, *Stupide XIXᵉ s.,* p. 231). — *Les régions dont je parlais ne sont pourtant pas inhabitées ; ce sont* CELLES SUJETTES *à d'importantes évaporations,* [...] CELLES VOISINES *des embouchures des grands fleuves* (GIDE, *Faux-monn.,* p. 194). — *Si j'avais souci d'autres lecteurs que de* CEUX *assez* INTÉRIEURS *pour le comprendre* (VALÉRY, trad. des *Bucoliques* de Virgile, p. 28). — *Les odeurs !* [...] *Il y avait aussi* CELLES CHÈRES *aux chiens* (VIALAR, *Homme de chasse,* p. 117). — *Des wagons* [...], CEUX *tout* PLATS *remplis de silex rouillés pour aménager d'autres voies* (BUTOR, *Modification,* p. 72).

+ complément prépositionnel : *Mon père et Séraphie avaient comprimé les deux* [passions] [...], CELLE POUR *la chasse* [...] *devint une fureur* (STENDHAL, *Vie de H. Brulard,* t. I, p. 209). — *Tauzin compta les piles de blé,* CELLES POUR *la vente* [...] (J. de PESQUIDOUX, *Chez nous,* t. I, p. 65). — *La sonate en C dur de Beethoven (op. 53) et le rondo de* CELLE EN *mi (op. 90)* (GIDE, *Si le grain ne meurt,* I, 6). — *La distinction* [...] *est aussi confuse que* CELLE ENTRE *forme et contenu* (MALRAUX, *Voix du silence,* p. 52). — *Une comparaison établira mieux les précautions rurales prises contre l'ébranlement communiqué par les toitures :* CELLE AVEC *le clocher* (LA VARENDE, *Normandie en fleurs,* p. 153). — *Je n'ai pas parlé de la plus malaisée des patiences :* CELLE ENVERS *soi-même* (MAUROIS, dans les *Nouv. litt.,* 12 juillet 1956). — *Je ne savais pas que son érudition en droit civil égalait* CELLE EN *astronomie* (H. BORDEAUX, *Garde de la maison,* p. 21). — Autres ex. : LAMART., lettre citée dans L. Bertrand, *Lamart.,* p. 69 ; SAINTE-BEUVE, *Mes poisons,* p. 69 ; M. de GUÉRIN, t. I, p. 77 ; GIRAUDOUX, *Bella,* VIII ; etc.

La construction est plus rarement attestée quand le participe et surtout l'adjectif ne sont pas accompagnés d'un élément subordonné, et les ex. suivants ne sont pas des modèles à suivre :

Vous aimez les Juifs italiens et CEUX FRANÇAIS (APOLLIN., *Hérésiarque et Cⁱᵉ,* p. 120). — *Elle le dégoûta tellement* [...] *des tomates, même de* CELLES COMESTIBLES (PROUST, *Rech.,* t. II, p. 855). — *On m'a tant reproché* [...] *de me désintéresser du sort de la Patrie, des élections législatives et de* CELLES MUNICIPALES (LÉAUTAUD, *Petit ami,* I). — *Nul n'a été plus méconnu de la génération qui l'a suivi (je ne dis pas de la mienne, mais de* CELLE INTERMÉDIAIRE*)* (R. ROLLAND, *Voyage intérieur,* p. 73). — [...] *en supposant d'autres constantes que* CELLES ADMISES (VALÉRY, *Variété,* Pl., p. 1220).

Lorsqu'il s'agit d'un adjectif, la construction régulière consiste à utiliser l'article défini, par ex. dans la phrase de Léautaud : *... et* DES *municipales.* Voir § 217, *d* (ainsi que la Rem. 2, qui concerne des adjectifs accompagnés d'un élément subordonné). — En revanche, l'article est interdit devant un complément prépositionnel : °*Les robes en laine et* LES EN SOIE. Voir § 556, Rem. 2.

Hist. — Le pronom démonstratif suivi d'un participe, d'un adjectif, d'un complément prépositionnel (autre qu'un complément de relation) est un tour que l'on trouve dès le moyen âge. Il n'est pas fréquent au XVIIᵉ s., mais paraît le devenir au XVIIIᵉ :

Voiz ci deus voies, l'une a destre et l'autre a senestre. CELE A *senestre te deffent je que tu n'i entres* [...] *et se tu en* CELE A *destre entres, tost i porras perir* (*Queste del s. Graal,* p. 41). — *Religions* [= monastères] *rentees et* CELLES *nient* [= non] RENTEES (GILLES LI MUISIS, cit. Tobler-Lommatzsch, II, 90). — *Le barat* [= tromperie] *de* CELLES NOMMEES (VILLON, *Test.,* 574). — *Aux Unze Vingtz Sergens / Donne* [...] / *A chascun une grant cornete /* [...] / ; *J'entends a* CEULX A PIÉ (*ib.,* 1094). — *Qui fut semblable a* CELUY DONNÉ *par l'oracle d'Apollon au Roy Croesus* (TABOUROT DES ACCORDS, cit. Brunot, *Hist.,* t. II, p. 422). — ⁺*J'ai joint à ma dernière lettre* CELLE ÉCRITE *par le prince* (RACINE, cit. Bescherelle [qui cite aussi FLORIAN, DELILLE, etc.]). — CELLE [= la stance] SUR *la plume blanche du Roi est un peu encore en maillot* (BOIL., *Lettres à Racine,* 6 juin 1693). — ⁺*Il se mit à la copie pour lui et à* CELLE POUR *la Trappe* (SAINT-SIMON, *Mém.,* Pl., t. I, p. 343). — *On confondoit* [...] *la blessure faite à une bête et* CELLE FAITE *à un esclave* (MONTESQ., *Espr.,* XV, 17). — *La preuve négative par le serment avoit des inconvéniens ;* CELLE PAR *le combat en avoit aussi* (*ib.,* XXVIII, 18). —

⁺*Cette remarque ainsi que* CELLES *purement* GRAMMATICALES *sont pour les étrangers* (VOLT., *Comment. sur Corn.*, Nicomède, v. 1409). [La 11ᵉ éd. du présent ouvrage, n° 1143, citait aussi la *Corresp.*, 24 oct. 1737, mais le texte est différent dans la Pl.] — *Les comices par Curies étoient de l'institution de Romulus,* CEUX PAR *Centuries de Servius,* CEUX PAR *Tribus des Tribuns du peuple* (J.-J. ROUSS., *Contrat soc.*, IV, 4). — ⁺*C'est de cette correspondance, de* CELLE REMISE *pareillement à la mort de Madame de Tourvel* [...] *qu'on a formé le présent Recueil* (LACLOS, *Liaisons dang.*, CLXIX, note). — ⁺*La première chose qui se fait là est de lire le cahier des fautes* [...]; *d'abord* CELLES COMMISES *à ce dernier souper* (SADE, *Infortunes de la vertu*, p. 124). — ⁺*Le corbeau piquait les jambes de* CELUI [= le maître] *à danser* (prince de LIGNE, *Mémoires*, p. 166).

674 *Ce* **devant une proposition relative** commençant par *qui, que, quoi* prépositionnel, *dont*.

a) **Comme nominal,** *ce* est un pronom neutre désignant d'ordinaire des choses :

CE *qui vient de la flûte s'en retourne au tambour* (prov.). — *Réfléchissez à* CE *que vous allez dire. Il est très attentif à* CE *qu'on dit de lui. Il faut* CE *qu'il faut. Voici* CE *dont j'ai besoin.* — [...] *la passion fanatique de gens qui défendaient* CE *à quoi ils avaient donné leur vie* (MALRAUX, *Noyers de l'Altenburg*, p. 82).

Comme à l'époque classique (cf. Hist.), la langue littéraire emploie parfois *ce* à propos de personnes : *Le commissaire royal fit arrêter tout* CE *qui habitait dans la forteresse* (STENDHAL, *Chron. ital.*, Cenci). — CE *qui n'a pu émigrer s'oriente désespérément vers la frontière* (BARRÈS, *Appel au soldat*, t. II, p. 96). — *Être dur et fourbe envers* CE *qu'on aime est si naturel !* (PROUST, *Rech.*, t. III, p. 111.) — *Tout* CE *qui pouvait marcher montait de San-Francisco* (CENDRARS, *Or*, XXXI).

Hist. — *Ce* pour des personnes a été très courant de l'anc. fr. au XVIIIᵉ s. :

Qui fu CE *qui vos delivra ? / — Certes, Tristans* (*Folie Tristan* de Berne, 383, éd. Bédier). — [...] *esperant desconfire tout* CE *qui estoit logé en cedict faulxbourg* (COMMYNES, t. I, p. 155). — *Il peut, dans ce desordre extreme, / Epouser* CE *qu'il hait et punir* CE *qu'il aime* (RAC., *Andr.*, I, 1). — ⁺*Rien ne sera si bon pour sa santé* [...] *que d'y accoucher au milieu de* CE *qu'il y a de plus habile* (SÉV., 6 août 1670). — [...] *la plus respectable partie des hommes, composée de ceux qui étudient les lois et les sciences, des Négocians, des Artisans, en un mot de tout* CE *qui n'étoit point tiran* (VOLT., *Lettres phil.*, IX).

Remarque. — *Ce que, ce qui* servent dans l'interrogation indirecte comme équivalent de *que* (ou de *qu'est-ce que*) et de *qu'est-ce qui* de l'interrogation directe :

QUE *veut-il ?* → *Demande-lui* CE QU'*il veut.* — *Qu'est-ce* QUI *est préférable ?* → *Demande-lui* CE QUI *est préférable.*

b) Ce **comme représentant une phrase ou une partie de phrase** et constituant avec une relative un élément incident (cf. § 372, *d*) :

Ils ne sont pas toujours pauvres, mais ils sont mal habillés, CE *qui est pire* (R. NIMIER, *Épées*, L.P., p. 133). — *Ceux qui ne savent pas croient que les biens désignent uniquement les objets matériels* [...], CE *en quoi ils se trompent lourdement* (R.-V. PILHES, *Imprécateur*, p. 14). — *Les deux gestes* [...] *ne pourraient plus être tracés de la même façon* (CE *pour quoi je renonce à le corriger*) (BARTHES, *Mythologies*, p. 7). — Avec agglutination de *pour* et de *quoi* (cf. § 691, *a*) : *Philippe* [...] *réussit à s'emparer de la Normandie et de l'Anjou,* CE *pourquoi on le dit Auguste* (G. DUBY, *Dimanche de Bouvines*, p. 47).

Le lien avec l'antécédent se relâche facilement, et les auteurs mettent alors une ponctuation forte devant le démonstratif : *Il pouvait apercevoir l'Anglaise sans bouger, rien qu'en déplaçant les pupilles sous ses paupières baissées.* CE *qu'il fit* (R. MARTIN DU GARD, *Thib.*, Pl., t. I, p. 1098). — *C'est un moraliste ; il cherche à intégrer.* CE *pourquoi il ne peut être dit vraiment moderne* (H. FESQUET, dans la *Revue nouvelle*, avril 1982, p. 470).

c) Un cas particulier, résidu d'une syntaxe ancienne, fait suivre *ce* de *que* et d'un participe présent (ou gérondif sans *en*). *Ce* est souvent précédé d'une ponctuation forte.

Ce que voyant est la formule la plus courante ; on trouve aussi *ce qu'entendant* : *Georgette* [...] *se mit à déchiqueter* [...] *la grande page en petits morceaux.* / CE *que voyant, René-Jean et Gros-Alain en firent autant* (HUGO, *Quatrevingt-tr.*, III, III, 6). — *Les parents poussèrent le cheval dans la cour et firent avancer leur mulet,* CE *que voyant, les petites protestèrent* (AYMÉ, *Contes du chat perché,* Mouton). — [...] *en disant très haut* [...] *que le Roi n'assisterait point à la prière,* CE *qu'entendant, les belles dames se hâtèrent* [...] *de quitter la chapelle* (DANIEL-ROPS, *Hist. de l'Égl.,* Grand siècle des âmes, p. 234).

Plus rarement avec un temps composé ou avec un autre verbe : *Il enseignait, en disant :* « [...]. » CE *qu'ayant entendu, les grands prêtres et scribes cherchaient comment le faire périr* (*Bible,* trad. CRAMPON, Marc, XI, 17-18). — *Des mages d'Orient arrivèrent à Jérusalem, disant :* « [...] ». CE *que le roi Hérode ayant appris, il fut troublé* (*ib.,* Matth., II, 1-3). — CE *que faisant, il délivra les Séquanes d'une grande honte* (JULLIAN, *Vercingétorix,* p. 75). — *Ils lui ont fait décerner un beau prix par l'Académie.* CE *qu'apprenant, on s'étonnera* [...] (BILLY, dans le *Figaro litt.,* 15 juillet 1965). — CE *que disant, il décachetait le télégramme* (MIOMANDRE, cit. Sandfeld, t. II, p. 325).

675   *Ce* **avec le verbe** *être.*

a) Ce renvoie à ce qui précède ou à la situation.

— + participe passé : *On en multipliait* [...] *des copies soigneusement faites. M. de Séricourt fut un des premiers solitaires qui s'y appliqua ;* [...] *c'était devenu sa tâche favorite* (SAINTE-BEUVE, *Port-Royal,* II, 3). — *« À propos, voyez-vous toujours* [...] *Delmar ? »* / *Elle répliqua sèchement :* / — *« Non ! c'est fini »* (FLAUB., *Éd. sent.,* II, 4). — *Vous m'avez demandé de l'avertir ;* CE *sera fait aujourd'hui même.* — CE *ne m'était pas adressé* (VERCORS, *Armes de la nuit,* p. 121).

— + attribut : *C'est beau !* — CE *fut une grande joie* (AC.). — *Ç'avait été terrible. C'eût été une catastrophe.* — *Une porte a claqué : et ç'a été tout* (ARLAND, *Plus beaux de nos jours,* p. 105). — *Qui est là ? C'est moi.*

Être à l'infinitif est précédé de *devoir, pouvoir, sembler, aller, paraître :* CE *devait être une grâce d'état* (E. et J. de GONC., *Ch. Demailly,* XXIV). — *Ç'allait être gai* (VAUDOYER, *Laure et Laurence,* p. 4). — CE *paraît être en vain* (J.-M. JEANNENEY, dans le *Monde,* 19 oct. 1979).

Hist. — Dans l'ancienne langue, on disait *Ce sui je* et non *C'est moi.* Le sujet et l'attribut ont donc été apparemment intervertis (cf. § 241, Hist., et, pour l'accord du verbe, § 898, *a* et Hist.), du moins selon le sentiment ordinaire.

b) Devant le verbe *être,* souvent *ce* reprend par redondance un terme déjà exprimé (cf. § 236, *a*) :

Le premier des biens, pour l'homme de la rue, c'est la santé.

Cette reprise est particulièrement fréquente :

1° Quand *être* est suivi d'un infinitif ou d'une proposition : *L'héroïsme du pauvre, c'est d'immoler l'envie* (MICHELET, *Peuple*, p. 210). — *Une chose regrettable, c'est qu'il a manqué de politesse.*

Sans reprise : *Ce qui m'a frappé est de voir cette insistance presque lassante sur la nécessité de l'unité* (J. GUITTON, *L'Église et l'Évangile*, p. 183).

2° Quand le sujet et l'attribut sont tous deux des infinitifs, sauf si le verbe copule est accompagné d'une négation : *Partir, c'est mourir un peu* (E. HARAUCOURT, *Seul*, Rondel de l'adieu). — *L'expérience nous montre qu'aimer CE n'est point nous regarder l'un l'autre mais regarder ensemble dans la même direction* (SAINT EXUPÉRY, *Terre des hommes*, VIII, 3).

Sans reprise : *Braconner n'est pas voler* (GENEVOIX, *Raboliot*, III, 1).

3° Quand *être* est suivi d'un pronom personnel ou d'un pluriel : *Mon meilleur auxiliaire, c'est vous.* — *Pas besoin de gril : l'enfer, c'est les Autres* (SARTRE, *Huis clos*, F°, p. 92). — Voir cependant § 897.

c) Très souvent *ce* forme une redondance avec le sujet qui est exprimé après le verbe.

1° Tantôt le sujet postposé est détaché (après virgule dans l'écrit) :

Est-CE bête, les convenances ! (FLAUB., *Éd. sent.*, II, 5.) — *C'est chic, la vie* (R. MARTIN DU GARD, *Thib.*, Pl., t. I, p. 1129). — *C'est aimable, ce que Lydie t'écrit là* (J. LEMAITRE, *Flipote*, I, 3).

2° Tantôt le sujet n'est pas détaché.

— Le sujet est un nom ou un pronom précédé de *que : C'est un chef-d'œuvre que cette sculpture. C'est une noble cause que celle-là.*

— Le sujet est une proposition introduite par *que*, parfois par *comme, si, quand, où : C'est une dure loi [...] / Qu'il nous faut du malheur recevoir le baptême* (MUSSET, *Poés. nouv.*, Nuit d'oct.). — *C'est vrai que je suis vieux et fatigué* (AYMÉ, *Contes du chat perché*, Le canard et la panthère). — *C'est bien rare si quelque chose ne tombe pas du ciel* (ARLAND, *Terre natale*, p. 101). — *C'est fort rare quand il se grise* (LOTI, *Pêch. d'Isl.*, p. 59). — *C'est singulier comme je savoure les minutes qui me restent* (J. LEMAITRE, *Mariage blanc*, I, 3). — *C'est incroyable où est allé ce peloton* (MUSSET, *Il ne faut jurer de rien*, II, 1).

— Le sujet est un infinitif introduit par *de, que de* (parfois *que* : § 880) : *C'est beau d'être la puce d'un lion* (HUGO, *Homme qui rit*, II, I, 10). — *C'est imiter quelqu'un que de planter des choux* (MUSSET, *Prem. poés.*, Namouna, II, 9). — *C'est une grande erreur que faire une confiance illimitée à la méchanceté des hommes* (MONTHERLANT, *Célibataires*, p. 307).

Remarques. — 1. Quand le sujet est un infinitif ou une proposition et que l'attribut est un adjectif, on peut aussi employer *il : IL est évident qu'il a raison.* C'est même l'usage ordinaire dans la langue écrite, sauf si l'on veut insister sur l'adjectif : *C'est odieux d'opprimer le faible.* — Voir aussi § 753.

2. Sur l'analyse de *que* dans les ex. du 2°, voir § 689, *c*, Hist.

d) *C'est* constitue avec *qui* ou *que* l'introducteur permettant de mettre en évidence tel ou tel élément de la phrase (§ 447) ; avec inversion *(est-ce)*, il constitue avec *qui* ou *que* l'introducteur de l'interrogation (§ 389).

C'est votre mère qui est venue tout à l'heure. C'est tout à l'heure que votre mère est venue.
— Est-CE qu'il pleut encore ? Qu'est-CE qui s'est passé ?

e) Du point de vue syntaxique, *ce* a souvent le comportement d'un pronom personnel, notamment dans les inversions : voir §§ 377, 386, 396.

L'inversion de *ce* est impossible après une forme verbale terminée par un *e* muet :

*Furent-CE de bons résultats ? *Fussent-CE vos parents ? *Eussent-CE été vos souhaits ?

D'une manière générale, l'inversion ne se pratique guère quand *être* est à un temps composé :

*A-CE été vrai ? *Ont-CE été vos amis ? — Si l'auxiliaire a deux syllabes (sans *e* muet), l'inversion est rare, mais non inusitée : *Avait-CE été des choses réelles ?* (BOURGET, *Laurence Albani*, cité dans le *Lar. mensuel*, févr. 1920, p. 47.) — *Peut-être, sans de Gaulle, aurait-CE été pire* (Raym. ARON, interviewé dans le *Magazine litt.*, sept. 1983, p. 27).

Pour d'autres associations relativement rares sans être exclues, voir § 898, *a*, Rem. 1, et *b*, 2°.

L'inversion de *ce* n'est guère pratiquée aujourd'hui quand *être* est précédé d'une forme de *devoir, pouvoir*, etc. : *Encore devait-CE être le nôtre* (THÉRIVE, *Voyage de M. Renan*, p. 127). — *Penser comme tout le monde, c'est penser sottement. Quant à sentir comme tout le monde, [...] que doit-CE être ?* (A. SUARÈS, *Debussy*, p. 154.)

Hist. — L'usage de jadis admettait des inversions aujourd'hui inconnues ou rares : *N'a CE pas esté luy qui te l'a faict cognoistre ?* (CORN., *Mélite*, IV, 1.) — ⁺*Peut-CE être autre chose [...] ?* (PASCAL, Pl., p. 801.) — *Que peut-c'estre ?* (MOL., *Av.*, IV, 7.) — *Que pourroit-CE estre ?* (ID., *D. Juan*, IV, 6.) — *Que devoit-CE être [...] ?* (J.-J. ROUSS., *Conf.*, Pl., p. 99.)

Remarque. — Par une inadvertance très fâcheuse, certains auteurs écrivent °*fusse* ou °*fussent* pour *fut-ce, fût-ce* :

Pour *fut-ce* : FUSSENT *les lecteurs, trop rares, de Minerva qui firent le succès de mon roman, toujours est-il qu'il surpassa bien vite les deux autres* (H. BORDEAUX, *Garde de la maison*, p. 152).

Pour *fût-ce* : *Pour peu que celui que vous avez touché le manifeste,* FUSSE *même par un clin d'œil ou un grognement, il se découvre ainsi par ce qu'il a approuvé ou désapprouvé* (GIONO, *Voy. en It.*, p. 237). — *Quand on avait deux femmes dans sa vie et qu'elles l'apprenaient, on les gardait,* FUSSENT *deux sœurs* (BOURGET, *Deux sœurs*, cit. Høybye, p. 94).

676   Autres emplois de *ce*.

a) Ce s'emploie comme sujet d'autres verbes qu'*être* dans la langue littéraire.

Régulièrement dans les sous-phrases incidentes *ce me semble, ce semble* (plus recherché) : *Toute vraie passion ne songe qu'à elle. C'est pourquoi,* CE *me semble, les passions sont si ridicules à Paris, où le voisin prétend toujours qu'on pense beaucoup à lui* (STENDHAL, *Rouge*, II, 1). — *À mesure que je me rapproche des morts, ils me deviennent,* CE *me semble, un peu moins sacrés* (J. ROSTAND, *Pensées d'un biologiste*, p. 2C2). — *Point d'esprit, ni,* CE *semble, d'idées* (TAINE, *Notes sur l'Anglet.*, p. 56). — *La première explication [...] paraît tout à fait plausible ; on pourrait,* CE *semble, s'en tenir à celle-là* (GREVISSE, *Problèmes de lang.*, t. II, p. 20).

Occasionnellement, au lieu de *cela* (et de *ça,* jugé trop familier) : CE *devenait une manie* (R. ROLLAND, *Jean-Chr.,* t. III, p. 27). — *Jusqu'à ce moment* CE *lui avait semblé un jeu* (*ib.,* t. IX, p. 117). — CE *devient une grande difficulté* (BARRÈS, *Jardin de Bérénice,* p. 74). — CE *pourrait se corriger adroitement à la plume* (BARBEY D'AUR., *Lettres à Trebutien,* t. I, p. 105). — CE *pourrait, à la longue, devenir désespérant* (G. DUHAMEL, *Le bestiaire et l'herbier,* LXXXI). — CE *nous parut un travail tout aisé* (ID., *Désert de Bièvres,* p. 146). — CE *n'a pas la moindre importance* (ID., *Refuges de la lecture,* p. 226). — CE *resta longtemps le grand secret de nos adolescences* (ALAIN-FOURNIER, *Gr. Meaulnes,* p. 55). — CE *ne veut pas dire du tout qu'on soit généreux* (LA VARENDE, *Don Bosco,* IV). — CE *ne suffit pas à combler les déficits* (G. BAUËR, dans le *Soir,* Bruxelles, 4 nov. 1959). — CE *peut signifier que le ciel est vide* (R. KEMP, dans les *Nouv. littér.,* 19 févr. 1953). — *Ce que tu fais est admirable* [...] *!* CE *doit devenir une règle* (J. LAURENT, *Bêtises,* p. 467).

Un certain nombre d'ex. où nous avons vu des *ça* élidés (§ 668, *c*) sont peut-être des *ce* analogues à ceux que nous venons de citer.

Hist. — *Ce* a servi de sujet dans des compléments absolus : *ce dessus dessous* (§ 667, Hist., 3) ; *ce nonobstant* ou *nonobstant ce, cependant* (§ 310, Hist.).

Ce néanmoins paraît avoir été fait sur le modèle de *ce nonobstant.* À voir les ex. classiques, le tour appartenait à la langue juridique : MOL., *Comtesse d'Esc.,* V ; RAC., *Plaid.,* III, 3. On en trouve encore quelques attestations au XXᵉ s. :

Et, CE NÉANMOINS, *les ordres reçus étaient des ordres* (FARRÈRE, *Onzième heure,* p. 166). — *Mais comment conserver une attitude empruntée en face d'un plaisantin qui* [...] *vous déclarait avec une emphase faussement irritée : /* — CE NÉANMOINS, *madame, je vous tiens pour la plus cruelle, la plus indifférente,* [...] *la pire enfin des coquettes* (Y. GANDON, *Léone,* p. 243).

b) Ce objet direct dans quelques formules stéréotypées :

Ce disant, ce faisant : CE *disant, il regardait fixement le pauvre Berlaudier* (PAGNOL, *Temps des secrets,* p. 382). — *M'étant donné comme tâche* [...] *d'être le spectateur engagé de l'histoire,* CE *faisant il m'a fallu comprendre l'économie* (Raym. ARON, *Spectateur engagé,* p. 218). — Sur ce modèle, on trouve occasionnellement d'autres gérondifs : CE *rêvant* (BARRÈS, *Mes cahiers,* t. X, p. 117) ; — CE *lisant* (P. BOST, dans le *Figaro litt.,* 8 janv. 1949) ; — CE *voyant* (SCHWARZ-BART, *Dernier des justes,* p. 249). — Le pronom suit le gérondif : *Voyant* CE (POURRAT, *Gaspard des Montagnes,* t. I, 1931, p. 143).

Pour ce faire : Il avait dessein d'attaquer et [...], *pour* CE *faire, il commanda...* (AC.). — Par imitation : *Tâchez de* CE *faire* (FLAUB., *Corresp.,* Suppl., t. II, p. 35).

Ce dit-on (archaïque) comme incise : cf. § 374, Hist.

c) Ce régime de préposition.

Sur ce appartient à la langue courante : *Le général Giraud* [...] *déclara à ce moment :* « [...]. » / *Sur* CE, *je me levai, quittai la pièce et rentrai chez moi* (DE GAULLE, *Mém. de guerre,* t. II, p. 243). — L'Acad. donne *pour ce* comme synonyme de *pour ce faire.* Cette expression est vieillie : *On y voit un anachorète* [...] *perdre tout à coup la grâce et pour* CE *tomber dans la damnation* (BARRÈS, *Du sang...,* p. 65). — *À ce* + participe passé est un tour des juristes : *Les lieux à* CE *destinés* (*Code civil,* art. 1767). — *À* CE *autorisés* (STENDHAL, *Chron. ital.,* Abbesse de Castro, V). — *En ce compris* « y compris » est courant dans la langue administrative de Belgique. — Emploi isolé : *D'après* CE, *je crois* [...] (VIGNY, *Shylock,* III, 5).

d) Ce coordonné à une phrase qu'il est chargé de représenter, pour que puisse s'y ajouter une précision supplémentaire (§ 259, *d, 1°) :

Il [= le prince qui se serait marié sans le consentement du roi] *pourra être relevé de cette déchéance par le Roi ou par ceux qui, à son défaut, exercent ses pouvoirs dans les cas prévus par la Constitution, et* CE *moyennant l'assentiment des deux Chambres (Constitution belge*, art. 60). — Sans conjonction de coordination : *Ebert prenait sa succession,* CE *pendant que l'Empereur s'enfuyait en Hollande* (DE GAULLE, *Discorde chez l'ennemi*, p. 180). [Cf. § 1081, *b*.]

e) Faits divers.

CE *que tu es jolie !* cf. § 394, *a*. — *Ce* annonçant une proposition conjonctive : *Il insiste beaucoup sur* CE *que ces deux imprudentes n'ont pas emmené de chauffeur* (Fr. MAURIAC, *Pèlerins de Lourdes*, p. 133). Cf. § 365, *b*, 2°, Hist.

SECTION 6. — LES PRONOMS RELATIFS

Bibl. — H. BONNARD, Lequel/qui (quoi) *pronoms relatifs*, dans *Mélanges Grevisse*, pp. 39-46.

677   Les **pronoms relatifs,** qu'on appelle parfois *conjonctifs*, servent à introduire une proposition, qu'on appelle elle-même *relative ;* mais à la différence des conjonctions de subordination (qui introduisent aussi une proposition), 1° ils ont une fonction dans cette proposition : celle de sujet, de complément, parfois d'attribut ; — 2° ils ont un genre, un nombre, une personne, même s'ils n'en portent pas visiblement les marques (cf. § 680).

Ceux QUI *vivent, ce sont ceux* QUI *luttent ; ce sont / Ceux* DONT *un dessein ferme emplit l'âme et le front* (HUGO, *Châtim.*, IV, 9). — *L'hiver s'achevait, je vis pour la première fois cette chose exquise* QU'*est le printemps de Paris et* DONT *je ne soupçonnais pas le charme* (J. MISTLER, *Bout du monde*, p. 165). — *Il me semble que la principale de nos occupations était l'attente d'une catastrophe sur* QUOI *nous ne pouvions plus rien* (J. d'ORMESSON, *Au plaisir de Dieu*, p. 245).

678   **Nominaux et représentants.**

Si le pronom relatif est **nominal** (ou sans antécédent : cf. § 627), la proposition relative elle-même a dans la phrase (ou, éventuellement, dans une proposition) la fonction de sujet ou de complément :

QUICONQUE DEMANDE *reçoit,* QUI CHERCHE *trouve, et l'on ouvrira* À QUI FRAPPE (*Bible*, trad. CRAMPON, Matth., VII, 8). — *Je choisirai* QUI JE VEUX.

Si le pronom est **représentant** (§ 626), la proposition est complément de l'**antécédent,** c'est-à-dire du terme représenté :

Il ne faut pas réveiller le chat QUI DORT (prov.).

Quiconque est toujours nominal. — *Qui, que, quoi, où* sont parfois nominaux. — *Dont* et *lequel* sont toujours représentants.

679   **Formes des pronoms relatifs.**

On distingue ceux qui ont une forme simple et ceux qui ont une forme composée.

a) Formes **simples** : *Qui, que, quoi, dont, où.*

Qui, que, quoi peuvent être considérés comme des formes différentes, selon la fonction, du pronom *qui*. — Aucun de ces cinq pronoms ne varie en genre et en nombre. Voir cependant § 680.

Qui s'élide souvent devant voyelle dans la langue populaire : § 44, *c*, 2°.

Hist. — *Qui* et *que* proviennent des formes du pronom relatif latin *qui* et *quem* ; *quoi* du pronom interrogatif neutre *quid*. — *Dont* et *où* sont originairement des adverbes : latin *de unde* « d'où » (§ 693, *b*, Hist.) et *ubi* « où ». *Où* est encore considéré comme un adverbe dans certains de ses emplois ; c'est pourquoi on l'appelle parfois *adverbe relatif* ou *adverbe conjonctif* lorsqu'il a le rôle étudié dans ce chapitre.

b) Formes **composées.**

1° Dans *lequel,* composé de l'article défini et du déterminant interrogatif, les deux éléments varient en genre et en nombre, genre et nombre qui sont communiqués par l'antécédent.

> La maison dans LAQUELLE *j'ai passé mon enfance a été détruite pendant la guerre.*

L'article défini que contient *lequel* se contracte avec les prépositions *à* et *de* (cf. § 565, *b*) au masculin singulier et au pluriel :

> *Le livre* AUQUEL *je pense. Les livres* AUXQUELS *je pense. Le livre à propos* DUQUEL *vous m'avez interrogé. Les livres à propos* DESQUELS *vous m'avez interrogé.*

2° On considère souvent *quiconque* comme une forme composée (ce qu'il est par l'étymologie : cf. § 697, Hist.). Il ne connaît pas de variation de forme.

680   **Les pronoms relatifs et l'accord.**

Les pronoms relatifs sont à la fois des donneurs et des receveurs d'accord.

Lequel varie en genre et en nombre en fonction de son antécédent et communique ce genre et ce nombre aux mots qui s'accordent avec lui :

> *Ma tante me contait, à dîner, sa brouille avec le docteur Germond, laquelle,* SURVENUE *dix ans en çà, l'*OCCUPAIT *encore* (A. FRANCE, *Pierre Nozière,* I, 9).

Les autres pronoms relatifs ne portent pas les marques de la personne, du genre et du nombre.

Lorsqu'ils sont représentants, *qui* et *que* ont la personne, le genre et le nombre de leur antécédent et transmettent cette personne, ce genre et ce nombre aux mots qui s'accordent avec eux :

Les personnes qui SONT MAÎTRESSES *d'elles-mêmes ont souvent le dernier mot.* — *C'est moi qui* IRAI. — *Toi qui* SÈCHES *les pleurs des moindres graminées* (E. ROSTAND, *Chantecler*, I, 2). — *Toute la peine que vous vous êtes* DONNÉE *a été perdue.*

Qui comme nominal désignant des personnes et *quiconque*, qui ne portent pas les marques du genre et du nombre, sont ordinairement du masculin singulier. Voir cependant §§ 687, *a*, et 697, Rem. 1.

Quoi est une forme que l'on appelle neutre, à cause de sa valeur ordinaire (§ 691, *a*). Il en est de même pour certains emplois de *qui* (§§ 685, *b*, et 687, *c*). Dans la mesure où un mot s'accorde avec ces pronoms neutres, il se met au singulier et au masculin : *Voilà qui* EST *bien* DIT.

681   **Nature de l'antécédent du pronom relatif représentant.**

a) Nom ou syntagme nominal :

Rends-moi LE LIVRE *que je t'ai prêté.* VOTRE AMI *est là qui attend.* — *Frédéric se rendit* CHEZ LE CÉLÈBRE POMADÈRE, *où il commanda trois pantalons, deux habits, une pelisse de fourrure et cinq gilets* (FLAUB., *Éd. sent.*, II, 1).

Remarque. — Le pronom relatif ne peut, en général, avoir pour antécédent un nom commun sans déterminant :

°*Il demande* JUSTICE, *qui ne lui a pas été faite.* — Cf. § 626, 1°.

b) Pronom :

*Ô lac ! rochers muets ! grottes ! forêt obscure ! / * VOUS, *que le temps épargne ou qu'il peut rajeunir, / Gardez de cette nuit, gardez, belle nature, / Au moins le souvenir !* (LAMART., *Médit.*, XIII.) — *J'ai entendu raconter par ma mère* CECI, *que j'ignorais alors* [...] (PROUST, *Rech.*, t. III, p. 353). — TEL *est pris qui croyait prendre* (prov.).

c) Adjectif ou participe, avec *que* attribut :

INQUIETS *et* AGITÉS *que nous sommes* (BREMOND, *Âmes religieuses*, p. 82). — Cf. § 689, *c*.

d) Adverbe, dans des cas limités :

LÀ *où vous êtes, vous ferez du bon travail.* — Cf. § 1059, *c*.

e) Phrase ou partie de phrase.

— Dans des expressions figées : *Qui plus est, Qui mieux est, Qui pis est* (§ 685, *b*) ; — *Que je sache* (§ 690, *b*) ; — *Dont acte* (§ 693, *a*).

— Avec *quoi* précédé d'une préposition (§ 691, *c*), et avec *d'où* (§ 696, *b*, 3°) : *Mme de Sévigné écrira par exemple des troupes qui occupent et rançonnent la Bretagne* (CONTRE QUOI *elle peste*) [...] (Fr. MAURIAC, dans le *Figaro litt.*, 12 janv. 1957). — *Il a refusé,* D'OÙ *il résulte maintenant que nous sommes dans l'impasse* (*Dict. contemp.*).

— Dans une langue littéraire archaïsante, avec *qui* (§ 685, *b*) et *dont* (§ 693, *a*) : *Je risquerais de me faire* [...] *suspecter, au choix, de pédantisme ou d'ironie ;* QUI, *entre parenthèse, serait injuste* (HERMANT, *Discorde*, p. 1). — *Silvia ne le connaissait plus,* / DONT *il sentit une douleur extrême* (MUSSET, *Poés. nouv.*, Silvia).

Dans l'usage ordinaire, quand l'antécédent est une phrase ou une partie de phrase, il est rappelé devant le relatif par le démonstratif neutre *ce* ou par un nom de sens vague comme *chose, fait,* etc. ; dans ce cas, *ce, chose,* etc. sont les antécédents du pronom relatif : *Il me pria de donner mon adresse,* CE *que je fis* (G. DUHAMEL, *Cri des profondeurs*, p. 105). — *Il se leva et,* CHOSE *qu'il n'avait pas faite depuis longtemps, il alla l'embrasser* (A. de CHÂTEAUBRIANT, *M. des Lourdines*, p. 142). [Dans cet ex., *chose* annonce ce qui suit.]

682 Place du pronom relatif.

Le pronom relatif se place d'ordinaire en tête de la proposition relative, à l'exception des cas suivants.

1° Il est précédé par la préposition qu'il réclame :

L'enfant À QUI *j'ai parlé est orphelin.* — *J'ai été choqué par la violence* AVEC LAQUELLE *il m'a répondu.*

[Sur *C'est lui* À QUI *je pense* (pour *C'est à lui que je pense*), cf. § 447, 3°.]

Le problème ne se pose pas pour *dont*, qui équivaut à un syntagme prépositionnel introduit par *de*.

2° Si le relatif est complément d'un nom introduit par une préposition, il est précédé par ce syntagme prépositionnel :

[...] *en s'asseyant devant le poêle* À LA BOUCHE DUQUEL *elle présenta ses souliers* (BALZAC, *Goriot*, p. 46). — *Les* [= des fleurs] *peindre vous faisait vivre dans la société des fleurs naturelles,* DE LA BEAUTÉ DESQUELLES [...] *on ne se lassait pas* (PROUST, *Rech.*, t. I, p. 709). — *Cet étendard glorieux,* PAR LE SECOURS DE QUI *René II déconfit les Bourguignons et leur téméraire chef devant sa ville de Nancy* (BARRÈS, *Colline insp.*, I, 3). — *La critique est mort-née,* AU PRINCIPE ET AU COURS DE LAQUELLE *ne soit présent l'amour des lettres* (THIBAUDET, *Hist. de la litt. fr. de 1789 à nos jours*, Préf.). — Voir au § 344, *a*, 1°, Rem., d'autres ex. de ce tour (qui paraît lourd dans certains cas).

Dont dans ce cas est exclu.

Valéry, par caprice, a mis devant le relatif un syntagme non prépositionnel : *Les psychologues modernes n'ont pas touché, je crains, aux difficultés de ce genre,* LA RÉSOLUTION DESQUELLES *éclairerait presque tout le langage* (*Œuvres*, t. II, p. 1449).

Remarque. — Sur la place de la proposition relative par rapport à l'antécédent, voir § 1060.

683 Répétition du pronom relatif dans la coordination.

a) Le pronom relatif sujet peut être répété ou non.

Le pronom n'est pas répété : *L'homme est le seul animal* [...] QUI *hésite et tâtonne* (BERGSON, *Deux sources de la mor. et de la rel.*, p. 216). — *La main* QUI *sort de la poche et lentement s'élève ne leur désigne-t-elle pas* [...] *le passant qui s'éloigne* [...] ? (ROBBE-GRILLET, *Projet pour une révolution à New York*, p. 23.) — *Son visage se fend dans un sourire maximum* QUI *se fige, dure un bon moment, puis subitement s'éteint* (S. BECKETT, *En attendant Godot*, Théâtre, I, p. 13).

Le pronom est répété : *Deux petits traits noirs,* QUI *dépassaient le mur de la Belle-Étoile et* QUI *devaient être les deux brancards dressés d'une voiture, ont disparu* (ALAIN-FOURNIER, *Gr. Meaulnes,* I, 4). — *Des flocons de neige, mais* QUI *brillaient d'un feu éblouissant et* QUI *brûlaient comme des bouffées de vapeur, passaient devant ses yeux* (PIEYRE DE MANDIARGUES, *Motocyclette,* F°, p. 100).

Certains grammairiens exigent la répétition quand le temps des verbes est différent. L'usage ne tient pas compte de cette règle arbitraire : *Cette œuvre, la France,* QUI *est et demeurera son propre mandataire, la poursuivra* (DE GAULLE, *Discours et mess.,* 15 févr. 1945).

b) Les autres pronoms se répètent :

[...] / *Ou l'adieu du chasseur* QUE *l'écho faible accueille* / *Et* QUE *le vent du nord porte de feuille en feuille* (VIGNY, *Poèmes ant. et mod.,* Cor). — *Ils ont conservé leurs Rois-Prêtres,* DONT *le pouvoir n'est plus que spirituel, mais* DONT *le prestige demeure* (MALRAUX, *Antimémoires,* p. 76). — *Cette rue du Bronx* [...], *où un vieillard faisait sa promenade à petits pas et* OÙ *une auto s'élançait sauvagement...* (SIMENON, *Maigret à New-York,* p. 78.)

Toutefois, si les verbes ont le même sujet, on se dispense ordinairement de répéter le sujet et le pronom relatif : *Je ne voulais pas engager cette bataille, en malade* QUE *l'adversaire ménage et protège* (Fr. MAURIAC, *Nœud de vip.,* XVII). — *Ces traces instruisent* [...] *sur le milieu culturel au sein* DUQUEL *l'événement vient éclater, puis survit à son émergence* (G. DUBY, *Dimanche de Bouvines,* p. 13).

Remarque. — Par un phénomène inverse, le pronom relatif est parfois répété, dans la langue littéraire, devant chacun des sujets alors qu'il n'y a qu'un seul verbe :

Et quelle variété, DONT *un regard,* DONT *une mémoire, non hébétés par l'abus, non violentés par l'hétéroclisme, ont tout le temps de se nourrir* (CLAUDEL, dans le *Figaro litt.,* 6 sept. 1952).

Emploi des pronoms relatifs

684   Dans la langue commune.

a) Relatifs **nominaux** : *Qui,* surtout dans les proverbes (§ 687, *a*), et *quiconque* (§ 697).

b) Relatifs **représentants.**

1° Comme sujet : *Qui* (§ 685, *a*).

2° Comme objet direct, attribut, sujet réel et complément adverbial non prépositionnel : *Que* (§ 689).

3° Comme complément prépositionnel : *Lequel* (§ 692, *a*) ; — remplacé par *quoi* quand l'antécédent est un pronom neutre (§ 691, *a*) ; — concurrencé par *qui* quand l'antécédent désigne une personne (§ 686, *a*). — En outre, *duquel* est concurrencé par *dont* (§ 693, *b*), qui est obligatoire si l'antécédent est *ce, cela, rien*.

Mais la situation est plus complexe si l'on tient compte de la langue littéraire et de divers emplois figés. Voir ci-dessous.

685 *Qui* [lat. *qui*], **représentant, comme sujet.**

a) Dans la langue ordinaire, il a pour antécédent un nom ou un pronom qui peuvent désigner aussi bien des personnes que des choses. Il a, de manière implicite, les deux genres, les deux nombres et les trois personnes.

> *Dans la nuit du tombeau, toi* QUI *m'as consolé, / Rends-moi* [...] / *La* fleur QUI *plaisait tant à mon cœur désolé* (NERVAL, *Chim.*, Desdichado). — *Les femmes* QUI *sont occupées à ce travail ne sont pas assez payées.*

Lequel fait concurrence à *qui* d'une manière limitée : § 692, *b.* — Sur *qui* représentant un adverbe, phénomène rare, voir § 1059, *c*, Rem.

b) Qui plus est, qui mieux est, qui pis est sont des éléments incidents (§ 372, *d*) ; *qui* est ici un pronom neutre ayant pour antécédent la phrase elle-même ou une partie de celle-ci.

> *Panne d'électricité, quel ennui ! Et* QUI PLUS EST, *nous n'avons pas de bougies (Dict. contemp.).* — *Le plus grand esprit de ce temps ! Et,* QUI MIEUX EST, *grand esprit et grand cœur* (G. DUHAMEL, *Cécile parmi nous,* p. 40). — *La présence de cette lampe* [...] *changea radicalement l'aspect des Aubignettes.* QUI PIS EST, *on y vit un signe, et néfaste* (H. BOSCO, *Balesta,* p. 174).

> *Qui mieux est* et *qui pis est* sont concurrencés, dans la langue ordinaire, par *ce qui est mieux, ce qui est pis* (ou *pire*).

Des écrivains continuent (cf. Hist.) à employer, en dehors de ces trois expressions, *qui* ayant pour antécédent la phrase ou une partie de celle-ci :

> *Elle ne connaissait pas encore l'amour. Peu de temps après, elle en souffrit,* QUI *est la seule manière dont on apprenne à le connaître* (PROUST, *Les plaisirs et les jours,* p. 55). — *Ils* [= les Allemands] *ont,* QUI *doit les faire à la fin trébucher, qu'ils n'ont rien à dire* (J. RIVIÈRE, *Allemand,* p. 249). — *Germaine savait aimer (non point rêver d'amour,* QUI *n'est qu'un jeu de société)* (BERNANOS, *Sous le soleil de Satan,* Pl., p. 68). — *M. Dandillot était encore assez vivant pour se contredire furieusement,* QUI *est la vie même* (MONTHERLANT, *Pitié pour les femmes,* L.P., p. 167). — *Le divin Arétin mourut de fou rire et ça ne fait ni un tableau gai, ni un tableau fou, ni un tableau funèbre.* QUI *prouve bien que le sujet en peinture n'est rien* (NORGE, *Peinture écrite,* Mort de l'Arétin). [Au sujet de la ponctuation, comp. § 691, *c*.]
> L'usage ordinaire recourt à *ce qui, chose qui,* etc.

Hist. — Ce tour était encore assez courant au XVIIe s., non seulement dans la littérature, mais aussi dans des écrits ordinaires :

> *Ordinairement on parle ainsi,* QUI *est la raison decisive* (VAUGELAS, p. 83). — ⁺*Nous aurons le plaisir* [...] *de voir notre ami* [...] *avec la vie sauve,* QUI *est une grande affaire* (SÉV., 19 déc. 1664). — *Ainsy on ira tout de suite à complies,* QUI *est ce que Mme de Montespan demande* (MAINTENON, *Corresp.,* 4 mars 1687).

686 *Qui,* **comme représentant et complément,** est toujours introduit par une préposition.

a) Dans l'usage ordinaire, il s'applique à des personnes :

> *L'homme* À QUI *je parle. Ceux* POUR QUI *je travaille,* CONTRE QUI *je lutte.* — *Mon père,* DE QUI *je voyais, sous la lampe, le crâne piqueté d'une rosée de sueur, se leva* (Fr. MAURIAC,

Préséances, I, 6). — *Ceux qu'on appelle savants sont des gens* DE QUI *l'ignorance a des limites* (M. DONNAY, cité par Hermant, *Chroniques de Lancelot du « Temps »*, t. I, p. 405).

Qui est concurrencé par *lequel* (§ 692, *a*) et *de qui* par *dont* (§ 693, *b*).

b) Beaucoup de grammairiens admettent que *qui* soit employé pour les choses personnifiées, parfois aussi à propos des animaux (surtout des animaux domestiques, souvent considérés presque comme des personnes) :

Ô Soleil ! Toi sans QUI *les choses / Ne seraient que ce qu'elles sont* (E. ROSTAND, *Chantecler*, I, 2).

Un chien À QUI *elle fait mille caresses* (AC.). — *La Bretonnière dit qu'il a découvert [...] une espèce de cochon sauvage* À QUI *la barbe vient comme aux oiseaux les plumes* (MUSSET, *Nouvelles*, Secret de Javotte, II). — *Le chien basset* DE QUI *l'appétit ne s'éveille que parmi les éclairs et le tonnerre d'une fureur qu'il simule* (COLETTE, *Fanal bleu*, p. 165). — *Les rossignols* DE QUI *l'on crève les yeux* (BARRÈS, *Dérac.*, p. 116). — *[Le] chevreuil mort dont j'ouvre moi-même la gorge et* SUR QUI *je verse l'hémoglobine* (COCTEAU, *La belle et la bête*, p. 112). — *Les images donnaient à s'y méprendre le bruit fade et creux des carpes* À QUI *l'on jette du pain* (D. BOULANGER, *Nacelle*, p. 36).

c) Si archaïque que cela puisse paraître, pas mal d'écrivains continuent (cf. Hist., 1) à rapporter occasionnellement *qui* à un nom de chose, même dans des cas où le nom ne se prête guère à la personnification :

La dorure du baromètre, sur QUI *frappait un rayon de soleil [...]* (FLAUB., *Mme Bov.*, II, 9). — *Il est un air pour* QUI *je donnerais / Tout Rossini, tout Mozart et tout Weber* (NERVAL, *Odelettes*, Fantaisie). — *Cette eau limpide à* QUI *l'ombre, le silence, la solitude semblaient avoir refait une vraie physionomie d'eau vivante* (A. DAUDET, *Jack*, t. I, p. 149). — *Un cirque de montagnes, de* QUI *les noms si durs lui échappèrent* (BARRÈS, *Ennemi des lois*, p. 205). — *Le nouveau* [carnet] *sur* QUI *j'écris ceci* (GIDE, *Faux-monn.*, p. 202). — *La nation française fait songer à un arbre greffé plusieurs fois, de* QUI *la qualité et la saveur de ses fruits résultent d'une heureuse alliance de sucs et de sèves très divers* (VALÉRY, *Regards sur le monde actuel*, p. 122). — *On sait qu'il y a des fleurs de* QUI *l'épanouissement est nocturne* (COLETTE, *Paris de ma fenêtre*, p. 49). — *Elle n'a vu de tableaux et de paysages que ceux devant* QUI *je l'ai mise* (GIRAUDOUX, *Pour Lucrèce*, I, 5). — *Des murs solides et sur* QUI *les balles les plus violentes ne marquent pas* (COCTEAU, *Poésie critique*, p. 67). — *Il n'est rien qu'aborde Marivaux de* QUI *ne vienne aussitôt matière romanesque* (ARLAND, Préf. de : Mariv., *Vie de Marianne*, Stock, p. 15). — *[...] les objets familiers, à* QUI *la brusque ouverture des volets va donner leur douche de lumière* (H. BAZIN, *Qui j'ose aimer*, XII). — *[...] l'Énéide, à* QUI *allaient ses préférences* (J. MADAULE, dans le *Monde*, 28 mars 1975).

Autres ex. : CLAUDEL, dans Claudel et Gide, *Corresp.*, p. 113 ; R. ROLLAND, *Léonides*, Préf. ; G. DUHAMEL, *Civilisation*, p. 71 ; JAMMES, *Clairières dans le ciel*, p. 17 ; Cl. MAURIAC, dans le *Figaro litt.*, 20 sept. 1947 ; P. LÉPINE, *ib.*, 18 mars 1950 ; etc.

Hist. — 1. Il était courant, dans l'ancienne langue, de rapporter *qui* prépositionnel à un nom de chose. Cet usage était encore assez suivi à l'époque classique (notamment par Vaugelas), même après que Vaugelas l'eut condamné (p. 55).

Et se partirent par une autre porte que par celle devant QUI *li Flammencq estoient* (FROISSART, *Chron.*, éd. K., t. III, p. 297). — *La ville de* QUI *parle Sophocles* (AMYOT, *Antonius*, 6). — *Le mestier en* QUI *l'homme est expert* (RONSARD, éd. L., t. X, p. 292). — *Toute cette pureté à* QUI *ils en veulent tant* (VAUGELAS, Préf., IX, 2). — *Afin qu'*oblige *regisse le* de, *avec* QUI *le* verbe *porte, ne s'accommoderoit pas* (ID., p. 216). — +*Un faix sous* QUI *Rome succombe* (CORN., *Pompée*, I, 1). — *Deux pivots sur* QUI *roule aujourd'huy nôtre vie* (LA F., F., V., 1). — *Un Livre abominable, / Et de* QUI *la lecture est mesme condamnable* (MOL., *Mis.*, V, 1). — *Les plantes, en* QUI *nous ne remarquons ni connoissance ni sentiment, les* [= les lois naturelles] *suivent mieux* (MONTESQ., *Espr.*, I, 1). — +*C'était ma coiffe à* QUI *j'avais recours* (MARIV., *Vie de Marianne*, p. 62).

2. Le relatif *qui* introduit par une préposition s'est substitué à l'anc. fr. *cui* (du lat. *cui*) : *Li dus* [= le duc] [...] / A CUI *il sovient de sa fame* (*Châtelaine de Vergi*, 212). — La confusion apparaît très tôt : *Olivier,* EN QUI *il tant se fiet* (*Rol.*, 586).

Cui s'employait aussi pour *à qui, de qui* et même comme objet direct : *Le castelain* CUI *il* [= *i l'* « il l' »] *ot comandé* [= confié] (*Chevalerie Ogier*, 104). — *Li Troïens* [...] / *Par* CUI *amor ge perc la vie* [= le Troyen par l'amour de qui je perds la vie] (*Eneas*, 2062). — *Uns chevaliers,* CUI *ge molt pris* [= que j'apprécie beaucoup] (CHRÉT. DE TROYES, *Erec*, éd. R., 3214).

687   ***Qui* comme nominal** apparaît surtout dans des expressions figées et dans la langue littéraire.

a) Qui s'emploie comme sujet singulier (représentant des personnes) de propositions relatives qui, elles-mêmes, peuvent être sujets, compléments ou attributs. La langue ordinaire recourt plutôt à *celui qui, ceux qui.*

QUI *a bu boira.* (De même, beaucoup d'autres proverbes.) — *Ne lapidez pas* QUI *vous ombrage* (HUGO, *Cromw.*, Préf., Pl., p. 453). — *Dieu choisit ou réserve* QUI *lui plaît* (BERNA-NOS, *Dialogues des carmélites*, V, 16). — *À* QUI *perd tout, Dieu reste encore* (MUSSET, *Poés. nouv.*, Nuit d'août). — *Pour* QUI *s'aime, parler est tellement inutile* (GIRAUDOUX, *Menteuse*, p. 16). — Autres ex. au § 1058, *a*, 2°.

Qui est le plus souvent masculin. Le féminin est possible s'il s'agit explicitement et exclusivement de femmes : *Qui veut être* BELLE *doit surveiller son poids.*

Ce pluriel est exceptionnel : [...] *le temps de feuilleter ces lettres et de reconnaître les noms de qui, chez Lou, lui* TÉMOIGNAIENT *le plus de sympathie* (Edm. CHARLES-ROUX, *Elle, Adrienne*, p. 545).

La proposition relative, parfois, n'a pas de fonction dans la phrase : QUI *de six ôte cinq, reste un.* Voir § 1058, *a*, 2°, Rem.

Sur la reprise par *il* de la proposition relative *(Qui délasse hors de propos,* IL *lasse)*, voir § 236, *b*, Hist.

b) Qui s'emploie comme objet direct dans *qui vous savez* ou quand la relative contient les verbe *pouvoir* ou *vouloir*, plus rarement dans d'autres cas ; assez rarement aussi, comme attribut ou comme complément prépositionnel.

Cet argent [...] / *Vient de* QUI *vous savez pour ce que vous savez* (HUGO, *R. Blas*, IV, 3). — *J'imite* QUI *je veux* (J. RENARD, *Journal*, 19 nov. 1898). — *Que l'on nuit sciemment à* QUI *l'on aime* (ARAGON, *Anicet*, cit. Robert). — *On hait devant* QUI *l'on ment* (HUGO, *Trav. de la mer, ib.*). — *Deviens* QUI *tu es* (G. MARCEL, *Déclin de la sagesse*, p. 70). — Autres ex. au § 1058, *a*, 2°.

Dans le premier de ces ex., *qui* a en réalité une double valeur : pronom relatif en tant qu'introduisant la proposition relative ; pronom interrogatif en tant qu'introduisant une proposition averbale d'interrogation indirecte, laquelle proposition est objet direct de *savez* (comp. § 1101, Rem. 1) : *Cela vient de qui vous savez qui (c'est)*. — Dans le deuxième de ces ex., *qui* est complément d'objet direct du verbe *imiter* sous-entendu après *veux*.

En ce qui concerne le genre, voir *a)* ci-dessus.

Remarques. — 1. Dans le français de Belgique, on emploie fréquemment °*Tout qui* avec les valeurs qui sont décrites ci-dessus *(a* et *b) :*

Une femme qui donne à TOUT QUI *passe la vue de deux longs bras nus blancs jusqu'aux épaules* [...] (M. THIRY, *Romans, nouvelles, contes, récits,* p. 386).

2. On considère généralement que dans *qui que ce soit, qui* est un relatif :

À QUI *que ce soit que nous parlions, nous devons être polis* (LITTRÉ). — *Je n'y ai trouvé* QUI *que ce soit* (AC.).

c) Qui est nominal neutre dans deux cas.

Après *voici, voilà : Voilà* QUI *est fait* (= C'est fait). — *Et voilà* QUI *est entendu, n'est-ce pas, vous tous ?* (ZOLA, *Terre,* I, 2.) — *Mais voici* QUI *comble la mesure. Là, en face d'elle et de l'enfant royal, cette fille installée à un rang de reine, quel outrage !* (A. DAUDET, *Rois en exil,* p. 298.)

Dans la formule figée QUI *fut dit fut fait :* BALZAC, *Médecin de camp.,* III ; CÉLINE, *Voy. au bout de la nuit,* F°, p. 139.

688   *Qui* **a perdu sa fonction de pronom relatif** dans certains cas :

Qui répété distributif *(Ils portaient* QUI *une épée,* QUI *un couteau),* voir aux pronoms indéfinis : § 729. — *Qui de droit* est aussi une locution servant de pronom indéfini : § 708, *c.* — *À qui mieux mieux* est une locution adverbiale : cf. Hist.

Hist. — On a dit d'abord *Qui mieux mieux : Et s'en alerent, cascuns* QUI MIEUX MIEUX, *vers Gand* (FROISSART, *Chron.,* S.H.F., t. IX, p. 59). Wartburg, t. VI, 1re partie, p. 677, y voit un *qui* mis pour *cui* « à qui » (cf. § 686, Hist., 2) ; mais on peut aussi penser à *qui* « si on » (§ 1058, *a,* 2°, Rem.) : *Si l'un [fait] mieux, [l'autre fait] mieux [encore].* — Cette forme a disparu au XVIe s., remplacée par *À qui mieux mieux.* On la trouve pourtant encore chez Céline : *Cent petits enfants qui piaillaient* QUI MIEUX MIEUX *(Guignol's band,* L.P., p. 119).

689   *Que* [de l'accusatif latin *quem*] **dans la langue commune** peut être objet direct et sujet réel. Il est parfois aussi attribut ou complément adverbial.

a) Comme **objet direct,** *que* concerne aussi bien des personnes que des choses. Il a les deux genres et les deux nombres.

Ce QUE *femme veut, Dieu le veut* (prov.). — *Car j'ignore où tu fuis, tu ne sais où je vais, / Ô toi* QUE *j'eusse aimée, ô toi qui le savais !* (BAUDEL., *Fl. du m.,* À une passante.) — *Les feuilles / Qu'on foule / Un train / Qui roule / La vie / S'écoule* (APOLLIN., *Alc.,* Automne malade).

Suivi d'un gérondif : *Ce* QUE *voyant.* Cf. § 674, *c.*

Remarque. — Lorsqu'une proposition infinitive est amenée par la construction relative, comme dans la phrase *Le train* QUE *j'entends siffler est encore loin,* le relatif *que,* qui désigne l'agent de l'infinitif, est traité comme objet direct du verbe dont l'infinitif dépend.

b) Comme **sujet « réel »** :

Les orages QU'*il y a eu la semaine dernière ont fait du tort aux moissons. — Comment a-t-elle trouvé l'argent* QU'*il a fallu pour restaurer la maison ? — Gueule d'Amour vient de la vendre et l'colis, à l'heure* QU'*il est, navigue pour l'Amérique* (CARCO, *Jésus-la-Caille,* II, 4).

N.B. — Avec les verbes impersonnels, *que* peut avoir une autre fonction que celle de sujet réel : *L'argent* QU'*il a fallu dépenser* (objet direct de *dépenser*). *Du temps* QU'*il y avait des fées* (complément adverbial).

Remarque. — Avec les verbes susceptibles d'être construits, soit personnellement, soit impersonnellement, il y a parfois hésitation entre *qu'il* et *qui* (qui se prononcent d'ailleurs de la même façon dans l'usage familier : cf. § 635, *c*).

Qui est le sujet du verbe construit personnellement : *Prends ce* QUI *te plaît. — Qu'il* apparaît dans le tour impersonnel ; le relatif est tantôt complément d'un infinitif exprimé ou sous-entendu : *Nous ferons le chemin* QU'*il convient de parcourir. Je fais ce* QU'*il me plaît* [*de faire*] ; — tantôt sujet « réel » : *Il arrivera ce* QU'*il arrivera.*

Qu'il s'impose quand ce qui suit le verbe ne peut être analysé que comme sujet réel.

Je prendrai ce QU'IL *me plaira de prendre.*

Des phrases comme les suivantes ne sont pas régulières : *Il me rendait le service d'apprendre à Jacques ce* QUI *importait qu'il sût* (RADIGUET, *Diable au corps,* p. 165). — *J'imagine* [...] *qu'elle connaît ce* QUI *lui est certainement impossible de connaître* (QUENEAU, *Saint-Glinglin,* 1981, p. 30).

Avec *plaire,* il serait logique de distinguer *Choisis ce* QUI *te plaît « ... ce qui te donne du plaisir »* et *Choisis ce* QU'IL *te plaît « ... ce que tu voudras »,* *qu'* étant complément de l'infinitif sous-entendu :

Il fait de ses amis tout ce QU'IL *lui plaît* (AC.). — *L'État fait les lois* QU'IL *lui plaît* (CHÂ-TEAUBRIANT, *Brière,* p. 35). — *Faites ce* QU'IL *vous plaira !* (ESTAUNIÉ, *Vie secrète,* p. 48.) — *Vous pouvez me dire tout ce* QU'IL *vous plaira* (ARLAND, *Ordre,* t. II, p. 71). — *Des maximes générales où chacun peut comprendre ce* QU'IL *lui plaît* (BAINVILLE, *Napoléon,* p. 111). — *Il ne dit jamais rien qu'à l'instant* QU'IL *lui plaît* (GIDE, *Incidences,* p. 175). — *Nous avions le droit de lire ce* QU'IL *nous plaisait* (Fr. MAURIAC, dans le *Figaro litt.,* 12 déc. 1959).

Mais l'usage est hésitant : *Elle fait ce que je veux, bien sûr, pendant tout le temps que j'y pense. Mais si je me laisse distraire, si je rêve, si je te parle, l'auto fait ce* QUI *lui plaît, elle en profite, tout de suite, pour faire tout ce qu'elle peut faire* (G. DUHAMEL, *Querelles de famille,* p. 238). — *Un notaire montre ce* QUI *lui plaît !* (ESTAUNIÉ, cit. Sandfeld, t. II, p. 169.)

Dans beaucoup d'autres circonstances, le choix est libre, et les auteurs partagés :

Qu'il : Voici ce QU'IL *advint* (É. HENRIOT, *Aricie Brun,* I, 3). — *Lui* [...] *s'était demandé ce* QU'IL *arriverait, s'il la prenait un beau soir entre ses bras* (ZOLA, *Argent,* II). — *Qu'est-ce* QU'IL *t'arrive ?* (A. DAUDET, *Rois en exil,* p. 272.) — *Ce* QU'IL *lui était arrivé* (A. FRANCE, *Sept femmes de la Barbe-bleue*, pp. 158-159). — *Arrivera ce* QU'IL *pourra !* (G. DUHAMEL, *Fables de mon jardin*, p. 84.) — *Elle ne comprend pas ce* QU'IL *lui arrive* (ARAGON, *Mise à mort*, p. 314). — *Elle dit en somme ce* QU'IL *convenait pour que chacun de nous trouvât à peu près naturelles sa propre présence et celle des autres* (J. ROMAINS, *Lucienne*, p. 69). — *Que l'État sache ce* QU'IL *en est du sexe des citoyens et de l'usage qu'ils en font* (M. FOUCAULT, *Hist. de la sexualité*, t. I, p. 37). — *Ce* QU'IL *se passa, je l'ignore* (É. HENRIOT, *Livre de mon père*, p. 256). — *Qu'est-ce* QU'IL *vous prend ?* (RAMUZ, *Vie de Samuel Belet*, I, 6 ; IONESCO, *Rhinocéros*, p. 72.) — *Qu'est-ce* QU'IL *leur prend ?* (CHAMSON, *Petite Odyssée*, p. 61.) — *Ce* QU'IL *restait de fromage d'Auvergne dans son assiette* (A. DAUDET, *Immortel*, I). — *Tous les livres* QU'IL *me reste à lire* (J. RENARD, *Journal*, 25 juin 1902). — *Durant les trente années* QU'IL *lui restait à vivre* (A. FRANCE, *Crainquebille*, p. 181). — *Ce* QU'IL *lui restait à faire* (R. ROLLAND, *Jean-Chr.*, t. VI, p. 60). — *Tout ce* QU'IL *vous reste à découvrir* (G. DUHAMEL, *Paroles de médecin*, p. 176). — *C'est tout ce* QU'IL *restait de l'ancienne chapelle de Royaumont* (É. HENRIOT, *Temps innocents*, p. 2). — *Ce* QU'IL *résultait d'un entretien si important* (BOY-LESVE, *Élise*, p. 163).

Qui : Qui sait ce QUI *peut advenir de la fragilité des femmes ?* (MUSSET, *André del Sarto*, II, 3.) — *Voyez ce* QUI *m'arrive* (AC.). — *Qu'est-ce* QUI *arrive ?* (J. LEMAITRE, *Mariage blanc*, II, 8.) — *Quoi* QUI *arrivât dans sa vie* (MONTHERLANT, *Célibataires*, p. 118). — *Il en arrivera* CE QUI *pourra*[9] (NODIER, *Contes*, p. 578). — *Je ne saurais dire ce* QUI *se passait en moi* (AC.). — *Qu'est-ce* QUI *lui a pris ?* (AYMÉ, *Chemin des écoliers*, p. 97.) — *Qu'est-ce* QUI *te prend ?* (RAMUZ, *Vie de Samuel Belet*, I, 8.) — *Qu'est-ce* QUI *vous prend ?* (IONESCO, *Rhinocéros*, p. 82.) — *Nous ne savons pas ce* QUI *lui a pris* (N. SARRAUTE, *Vous les entendez ?* p. 198). — *Le peu d'argent* QUI *lui restait* (STENDHAL, *Chartr.*, II). — *Ce* QUI *me restait à tenter* (A. DAUDET, *Petite paroisse*, p. 198). — *Le peu d'énergie* QUI *lui reste* (R. MARTIN DU GARD, *Jean Barois*, p. 312). — *Le peu d'heures* QUI *me restent à vivre* (BENDA, *Exercice d'un enterré vif*, p. 69). — *Ce* QUI *lui reste de sainteté* (MAUROIS, *Ce que je crois*, p. 134). — *Le peu de courage* QUI *lui reste* (J. ROMAINS, *Hommes de b. vol.*, t. XVIII, p. 56).

Avec *falloir*, verbe toujours impersonnel, on emploie obligatoirement *qu'il : J'ai l'homme* QU'IL *vous faut, ce* QU'IL *vous faut* (AC.). — Dans l'ex. suivant, *qui* est destiné à rendre l'usage populaire : *On y a tout ce* QUI *vous faut* (A. FRANCE, *Crainquebille*, VI).

Hist. — Au XVIIe et au XVIIIe s., on trouve assez fréquemment *qui* au lieu de *qu'il : *[+]*Il est impunément dans sa province tout ce* QUI *lui plaît d'être, assassin, parjure* (LA BR., *Car.*, XIV, 62). — [+]*Elles ont tout ce* QUI *leur faut pour moi* (MARIV., *Journaux et œuvres diverses*, p. 306).

c) **Comme attribut :**

L'obscurité devint complète, augmentée QU'elle *était par l'ombre portée des arbres* (Th. GAUTIER, *M*[lle] *de Maupin*, V). — *Deux rangées de hautes maisons centenaires qui se taisent comme des vieillards* QU'elles *sont* (HUGO, *Misér.*, IV, XV, 1). — *Échauffé d'ailleurs* QUE *j'étais par mon propre style, je ressentais, en finissant d'écrire, un peu de la passion que j'avais cherché à exprimer* (B. CONSTANT, *Ad.*, II). — *Insensé* QUE *je suis !* (MUSSET, *Prem. poés.*, *Namouna*, II, 39.) — *Le vieillard* QUE *je suis devenu* (Fr. MAURIAC, *Nœud de vip.*, p. 14). — *C'est donc à la grâce de Dieu que j'accumule ces feuillets, privés* QU'ils *sont du trait déformant*

---

9. Littré (s.v. *arriver*, Rem.) condamne *en arrive ce* QUI *pourra* : « Il faut, déclare-t-il : *ce* QU'IL *pourra.* Car l'ellipse étant remplie, on a : *en arrive ce* QU'IL *pourra arriver.* » — La raison est vaine ; en remplissant l'ellipse, on peut fort bien avoir : *en arrive ce* QUI *pourra arriver*.

et agréable [...] (COLETTE, *Étoile Vesper*, p. 179). — *Elles ne l'aiment point passionnément, incapable* QU'*elles le sentent de leur rendre la pareille* (BILLY, dans le *Figaro*, 24 déc. 1958). — Autres ex. aux §§ 327, *d*, 1°, et 1059, *b*.

Hist. — D'un point de vue historique, on peut considérer que l'on a de même un *que* attribut dans *Qu'est-ce* QUE *la vérité ?* — dans *Si j'étais* QUE *de vous ;* — dans *Ce que c'est* QUE *de nous !* — dans l'adverbe *presque : La viande est presque cuite* = ... *près* [*de ce*] *que* [*est*] *cuite* (cf. Tobler, *Mél.*, p. 17, note 3) ; — dans *C'est une belle fleur* QUE *la rose* (= ... *que est la rose ;* cf. Nyrop, t. V, § 23) ou *C'est horrible* QUE *de haïr.* — Mais ces analyses sont contestées par d'autres grammairiens. De toute façon, ces expressions sont figées, et le locuteur y sentirait plutôt la conjonction *que*.

d) Comme **complément adverbial**.

1° De mesure, dans la langue commune :

Ce QUE *m'a coûté cette voiture n'est rien à côté de* CE *que m'ont coûté les réparations.* — *Les dix grammes* QUE *cette lettre pèse.* — Cf. § 911.

2° De temps.

— Obligatoirement, quand le relatif a pour antécédent une indication de durée précédée de *depuis, voilà* (ou *voici*), *il y a, cela* (ou *ça*) *fait* (plus familier) : *Depuis un mois* QU'*elle a fui la maison de santé* (Fr. MAURIAC, *Nœud de vip.*, XX). — *Depuis quatre mois* QU'*on est ensemble* (CARCO, *Jésus-la-Caille*, II, 4). — *Voilà longtemps* QU'*il n'a tué quelqu'un* (HUGO, *Lég.*, XVII, 4). — *Il y a combien de temps* QUE *tu n'as pas bu ?* (SARTRE, *Le diable et le bon Dieu*, X, 2.) — *Cela fait bientôt neuf mois* QU'*il est là-bas* (R. MARTIN DU GARD, *Thib.*, Pl., t. I, p. 676).

Souvent aussi quand l'indication de durée est précédée de *durant, pendant : Pendant les quatre mois* QU'*ils furent enfermés ensemble* (A. FRANCE, *Livre de mon ami*, cit. Sandfeld, t. II, p. 170). — *Elle fait ce que je veux, bien sûr, pendant tout le temps* QUE *j'y pense* (G. DUHAMEL, *Querelles de famille*, p. 238).

— Obligatoirement, après les adverbes *maintenant, à présent, aujourd'hui : Maintenant* QUE *le temps s'est remis au beau, nous allons pouvoir sortir (Dict. contemp.).*

— Souvent, après une indication de temps formée d'un nom précédé de l'article indéfini : *Un matin* QUE *l'heure où Marthe entrait d'ordinaire dans le cabinet de Charles était passée* [...] (E. et J. de GONC., *Ch. Demailly*, XLIX). — *Une nuit* QUE *j'étais près d'une affreuse Juive* (BAUDEL., *Fl. du m.*, Une nuit...) — *Une nuit* QU'*on savait plus du tout où aller* (CÉLINE, *Voy. au bout de la nuit*, F°, p. 43). — *Où* se trouve aussi.

— Dans la langue littéraire, après une indication de temps formée d'un nom précédé de l'article défini ou d'un démonstratif : *Les jours* QU'*il faisait beau* (FLAUB., *Mme Bov.*, I, 9). — *Le noble souvenir du temps* QU'*on n'avait rien* (PÉGUY, *Ève*, p. 88). — *Hors le temps* QUE *fleurissent les tilleuls et les châtaigniers* (MAETERLINCK, *Vie des abeilles*, III, 9). — *Jusqu'à l'instant* QUE *le cordonnier* [...] *montait sonner l'angélus* (ARLAND, *Antarès*, p. 66). — *Au moment* QUE *je pénétrais dans la clarté d'un lampadaire* (G. DUHAMEL, *Biogr. de mes fantômes*, p. 26). — *Il n'a pas revu son ami depuis cette nuit* QUE *Bernard est venu chercher refuge dans sa chambre* (GIDE, *Faux-monn.*, III, 5). — *Aux instants* QUE *la vie nous apparaît intolérable, nous ne lui demandons pas d'avoir un sens* (J. ROSTAND, *Pensées d'un biologiste*, p. 124). — *Pendant la saison d'été* QUE *les enfants étaient tenus loin de l'école pour garder les troupeaux, ils ne manquaient pas de mettre à profit leurs loisirs et leur liberté* (AYMÉ, *Jument verte*, VII). — *Mes auditeurs de la B.B.C., au moment* QU'*ils tournaient le bouton de leur radio, ignoraient la pièce* (SARTRE, *Qu'est-ce que la littérature ?* Id., p. 294). — *Petit cours de langue française pour ce temps présent* QU'*on l'écrit si fautivement* (titre d'un article de LÉAUTAUD, dans le *Mercure de Fr.*, 1ᵉʳ nov. 1955).

C'est un tour classique (cf. Hist.), qui a triomphé dans les locutions conjonctives *du moment que, dès l'instant que* (où l'idée temporelle s'est affaiblie). — Dans la langue ordinaire, on se sert de *où*. Mais *que* n'est pas ignoré de la langue populaire, pour la raison exposée ci-dessous (Rem.) : *Le jour* QUE *tu me diras quelque chose avec autorité, je te dirai : merde* (ex. oral, dans Damourette-Pichon, § 1330).

— Assez souvent, lorsque l'antécédent est *fois* : *C'est bien la première fois* QUE *je te vois passer volontairement à côté d'un esclandre* (HÉRIAT, *Enfants gâtés*, VI, 4).

Où se rencontre pourtant : La seule fois OÙ *j'ai cru que tu t'étais trompé* (LACRETELLE, cit. Sandfeld, t. II, p. 172).

3° De manière, dans une langue littéraire assez recherchée :

Toutes les choses se passèrent de la façon QUE *Justine les avait réglées* (Th. GAUTIER, *Jean et Jeannette*, XV). — La construction ordinaire est avec *dont*.

4° A la suite d'une ellipse, le *que* corrélatif de *même* donne l'impression d'introduire une proposition relative :

Je m'en retournai chez moi, par le même chemin QUE *j'étais venu* (HERMANT, *Confession d'un enfant d'hier*, VII) [= ... que celui par lequel ...]. — Cf. § 217, *e*, 4°, Rem. 2.

Hist. — *Que*, complément de manière et de temps, était tout à fait courant au XVIIᵉ s. : *Me voyoit-il de l'œil* QU'*il me voit aujourd'huy ?* (RAC., *Andr.*, II, 1.) — *Dans la saison /* QUE *les tiedes Zephyrs ont l'herbe rajeunie* (LA F., *F.*, V, 8).

Remarque. — Une tendance populaire largement répandue est d'utiliser *que* au lieu de tous les autres relatifs. Les écrivains n'ont pas manqué de l'observer :

C'est même moi qui lui avais donné ses boutons de manchettes ; vous savez, ceux QU'*on a lu leur description dans le journal* (GIDE, *Caves du Vat.*, V, 4). — *Nous tous* QU'*on l'a vue grandir* (AYMÉ, *Gustalin*, XVI). — Cf. aussi § 269, Rem. 2.

Cela est particulièrement répandu quand la relative est séparée de son antécédent : *Je l'entends* QU'*elle bourdonne* (J. RENARD, *Poil de Car.*, Pl., p. 745).

690   **Emplois divers de *que* neutre.**

a) Que est sujet.

— ... *ce que bon te semble* (le pronom personnel et le temps du verbe s'adaptent aux circonstances) : *Faites ce que bon vous semblera*. — Dans cette expression, la place de l'attribut est aussi un archaïsme. — Par imitation maladroite de ce tour : *Ce que j'aime, c'est d'être libre, de faire ce que bon me* PLAÎT (J. BOREL, *Dépossession*, p. 414).

Avec la forme moderne du pronom : *Faites ce* QUI *bon vous semblera* (A. LICHTENBERGER, *Le cœur est le même*, p. 33).

— *Advienne que pourra* ou *Arrive que pourra* : *J'ai pris de la vie tout ce que j'ai pu prendre* [...], *à grandes lampées, la gorge pleine ! Je l'ai bue à la régalade :* ADVIENNE QUE POURRA ! (BERNANOS, *Sous le soleil de Satan*, Pl., p. 292.) — *Tant pis si la flamme se répand plus loin que besoin n'est ;* ARRIVE QUE POURRA (MÉRIMÉE, *Mosaïque*, Mateo Falcone). [Autre ex. : CÉLINE, *Voy. au bout de la nuit*, F°, p. 592.]

On a aussi des expressions plus rares, sans doute régionales : *Eh bien, tant pis !* ARRIVE QU'ARRIVE, *j'envoie la lettre demain matin* (Al. DUMAS, *Reine Margot*, XLIV). — VIENNE QUE

VIENNE [= quoi qu'il en soit ?], *comment feindre à ce point le plaisir* (JOUHANDEAU, *Chroniques maritales*, p. 373). — La relative est averbale : VACHER QUE VACHER [= Tout vacher que je suis]; cf. § 1095, *a*.

— *Ce que dessus* dans le style juridique : TOUT CE QUE DESSUS *sera fait de suite* (*Code civil*, art. 976). — Parfois imité par les écrivains, par ex. GIDE, dans Sandfeld, t. II, p. 114, qui cite aussi : [...] *qui pria* [...] *la Faculté de délibérer* CE QUE DE RAISON (BRUNOT, *Hist.*, t. II, p. 25). [Passage sans doute inspiré d'un texte du XVIᵉ s.]

Hist. — *Que* s'est employé comme sujet neutre du XIIᵉ au XVIᵉ s. : *Or dites ce* QUE *vos plaira* (VILLEHARDOUIN, § 16). — *Son precepteur repetoit ce* QUE *avoit esté leu* (RAB., *Garg.*, XXIII). — *Ce* QUE *s'executoit* (D'AUBIGNÉ, t. I, p. 25). — Dans cette valeur, *que* continue sans doute le neutre latin *quid*.

Cela est à distinguer de *que* substitué sporadiquement à *qui* masculin ou féminin : *A cele* QUE *plus l'amereit* [= à celle qui l'aimerait le plus] (WACE, *Brut*, 1684). — *Et tous ceulz de leur compaignie /* QUE *d'oiseaux n'ont pas la maistrie* [= compétence] */* [...] (GACE DE LA BUIGNE, 2428). — [...] *des enormes abus* QUE *sont forgez ceans* (RAB., *Garg.*, éd. princeps, XIX). — Ce fait est peut-être en rapport avec l'élision de *qui* que l'on observe encore dans la langue populaire : cf. § 44, *c*, 2°.

b) Que est complément.

— *Coûte que coûte* [= que cela coûte ce que cela coûte]. *Vaille que vaille.*

— *Que je sache* (la personne peut varier) : *Jamais utopie n'a servi de rien, ni fait aucun mal,* QUE L'ON SACHE (MUSSET, *Contes*, Lettres de Dupuis et Cotonet, II). — Voir aussi § 1063, *b*, 5°.

Plus rarement avec d'autres verbes : *Ma tête encore est belle, / Et vaut bien,* QUE JE CROIS, *la tête d'un rebelle* (HUGO, *Hern.*, III, 6). — *Le roi mettra la main dessus,* QUE JE SUPPOSE (ID., *Le roi s'amuse*, II, 5). — *Louis XIV n'a pas eu,* QUE JE ME RAPPELLE, *un seul acte de sévérité à faire pour maintenir sa souveraineté absolue* (RENAN, *Avenir de la science*, p. 347). — Sur ce modèle, mais avec un verbe qui n'appelle pas d'objet direct : *Jamais,* QU'IL M'EN SOUVIENNE (A. FRANCE, *Île des pingouins*, III, 6).

— Dans la langue parlée familière, l'incise est souvent introduite par *que* (§ 374, Rem. 1) : *Tu vas voir !...* QU'*il me fait* (CÉLINE, *Voy. au bout de la nuit*, Fᵒ, p. 388).

Hist. — On retrouve aussi *que* comme complément dans l'ancienne construction du type *faire que sage* (déjà archaïque au XVIIᵉ s.), qui peut s'expliquer par *« faire ce* que *ferait un sage » : Il fist* QUE *beste* (BÉROUL, *Tristan*, 1309). — *Vous dites* QUE *sages* (RUTEBEUF, *Théophile*, 62). — *Disant qu'il feroit* QUE *sage* (LA F., *F.*, V, 2).

691　　*Quoi* [du lat. *quid*] s'applique presque toujours à des choses (voir cependant *b*, Rem.). Il s'emploie normalement comme complément prépositionnel.

On ne le trouve sans préposition que dans les formules concessives *quoi que*, parfois *quoi qui* (§ 1092, *c*, 2°, Hist.), dans lesquelles d'ailleurs il n'est pas sûr que *quoi* soit un relatif. — Sur *comme quoi*, voir ci-dessous, *c*, Rem.

a) Quoi comme représentant des pronoms neutres *ce, rien, quelque chose, grand-chose, autre chose, peu de chose* appartient à la langue commune :

Il m'a répondu brutalement, ce à QUOI *je ne m'attendais pas.* — *Il ne voyait rien à* QUOI *il puisse se raccrocher* (*Dict. contemp.*). — *J'avais arraché de moi quelque chose à* QUOI *je tenais*

[...] *par de profondes attaches* (Fr. MAURIAC, *Nœud de vip.*, XVII). — *Les deux gestes* [...] *ne pourraient plus être tracés aujourd'hui de la même façon (ce pour* QUOI *je renonce à le corriger)* (BARTHES, *Mythologies*, p. 7). — Dans ces divers ex., *lequel* ne peut guère être substitué à *quoi*. Voir § 692, *a*.

Au lieu de *pour quoi*, on écrit souvent en un mot *pourquoi* (qui est d'ailleurs issu de *pour quoi*) [voir aussi *b* et *c* ci-dessous et § 702, *b*, 3°] : *Dans les lettres que je reçois d'elle, ce qui me touche le plus, ce* POURQUOI *je donnerais tout le reste, c'est le post-scriptum* (A. BRETON, *Nadja*, p. 76). — *Je connaîtrai ce* POURQUOI *je combats encore* (SAINT EXUPÉRY, *Pilote de guerre*, p. 240). — *Philippe* [...] *réussit à s'emparer de la Normandie et de l'Anjou, ce* POUR-QUOI *on le dit Auguste* (G. DUBY, *Dimanche de Bouvines*, p. 47).

b) Dans la langue écrite, surtout littéraire, *quoi* fait une forte concurrence à *lequel*, lorsque l'antécédent est un nom inanimé, non seulement un mot vague comme *chose, point*, etc., mais aussi des noms de sens tout à fait précis :

La grosse rose d'après QUOI *j'avais fait tant d'aquarelles* (Th. GAUTIER, Mlle *de Maupin*, V). — *C'est un incident à* QUOI *Eustache n'avait nullement songé* (NERVAL, *Main enchantée*, VIII). — *Au moment des toasts, par* QUOI *ils se rappelaient éloquemment leur raison d'être commune* [...] (BARRÈS, *Appel au soldat*, t. II, p. 214). — *L'art du réalisateur à* QUOI *ne saurait suppléer aucune habileté* [...] (CLAUDEL, dans le *Figaro litt.*, 27 sept. 1947). — *Bernis regarde cette montre par* QUOI *s'opère un tel miracle* (SAINT EXUPÉRY, *Courrier sud*, p. 204). — *Je m'asseyais sur une de ces bornes à* QUOI *l'on amarre les bateaux* (Fr. MAURIAC, *Robe prétexte*, XIV). — *Cette case, vers* QUOI *convergeaient les regards de presque tous les joueurs,* [...] (MALRAUX, *Condition hum.*, p. 290). — *Deux tas de pommes de terre sur* QUOI *couraient de longs germes violets* (H. BAZIN, *Cri de la chouette*, p. 78). — *C'était une idée à* QUOI *je ne pouvais pas me faire* (A. CAMUS, *Étranger*, II, 1). — *L'effronterie et la faconde andalouses à* QUOI *se réduisent fréquemment, hélas, les propos de Picasso* [...] (CAILLOIS, dans le *Monde*, 28 nov. 1975). — *On suppose une certaine frontière après* QUOI *l'humanité cesse enfin d'être un tumulte insensé* (MERLEAU-PONTY, *Aventures de la dialectique*, Id., p. 12). — [...] *la clef magique grâce à* QUOI *il entrera dans l'œuvre* (J. DUTOURD, *Paradoxe du critique*, p. 20).

Autres ex. : LOTI, *Désenchantées*, I ; VALÉRY, *Regards sur le monde actuel*, p. 117 ; GIDE, *Incidences*, p. 95 ; BENDA, *Exercices d'un enterré vif*, p. 109 ; COCTEAU, *Poésie critique*, p. 78 ; BERNANOS, *Joie*, p. 307 ; MONTHERLANT, *Songe*, II ; J. ROMAINS, *Hommes de b. vol.*, t. I, p. 35 ; H. BOSCO, *Mas Théotime*, p. 28 ; ARAGON, *Mise à mort*, p. 314 ; Fr. NOURISSIER, *Histoire française*, IV ; ÉTIEMBLE, dans la *Nouv. revue fr.*, 1er avril 1969, p. 523 ; M. FOUCAULT, *Les mots et les choses*, p. 162 ; POIROT-DELPECH, dans le *Monde*, 25 nov. 1981 ; A. FONTAINE, *ib.*, 18 juin 1983 ; G. DUBY, *Dimanche de Bouvines*, p. 9 ; M. DURAS, *Douleur*, p. 10 ; etc.

On observera que dans l'ex. de Claudel, le recours à *quoi* permet d'identifier le bon antécédent.

Au même usage il faut rattacher la formule *la raison pour quoi* ou *pourquoi* (l'Acad. accepte les deux graphies ; comp. *a*, ci-dessus) : *Là serait peut-être la raison* POUR QUOI *son travail sur les Souris n'a jamais été publié* (J. ROSTAND, *Aux sources de la biologie*, p. 190). — *C'est une des raisons* POURQUOI *j'ai eu quelquefois du plaisir à la guerre* (MONTHERLANT, *Olympiques*, p. 137).

Autres ex. de *pourquoi :* E. ROSTAND, *Princesse lointaine*, III, 2 ; MAETERLINCK, *Vie des abeilles*, II, 27 ; GIDE, *Journal*, 9 mai 1918 ; HERMANT, *Xavier*, p. 136 ; etc.

Hist. — Au moyen âge, il était courant de représenter par *quoi* un nom de sens tout à fait précis. Vaugelas (p. 54) préférait *quoi* à *lequel, laquelle*, qui « sont des mots assez rudes ».

Les ex. abondent au XVIIe s. et restent fréquents au XVIIIe : [...] *la base sur* QUOI *est fondée la vertu de votre peuple* (MONTESQ., *L. pers.*, S.T.F.M., p. 320). — ⁺*Je m'en vais chercher mon aune, avec* QUOI *vous vous soutiendrez* (MARIV., *Vie de Mar.*, p. 107). — Mais des grammairiens de XVIIIe s. rejettent cet emploi : cf. Brunot, *Hist.*, t. VI, p. 1678.

Remarque. — Il est exceptionnel que *quoi* concerne des personnes :

Un extraordinaire gentilhomme campagnard auprès de QUOI *ceux de Barbey d'Aurevilly n'étaient rien* (PROUST, *Rech.*, t. I, p. 745). — *Cet être éternel à* QUOI *se reportent toutes mes pensées* (GIDE, dans le *Figaro litt.*, 31 juillet 1948).

Hist. — *Quoi* pour des personnes a été relativement fréquent jusqu'au XVIe s. : *Ce Labienus de* QUOY *je parle* (MONTAIGNE, *Ess.*, II, 8). — Vaugelas condamne cet emploi en ajoutant : « Il n'y a que les Estrangers, qui puissent avoir besoin de cét aduis » (p. 54). — Comp. pourtant [⸓] *On vous obéira,* QUOI *qu'il vous plaise élire* (CORN., *Don Sanche*, I, 2).

c) Quoi s'emploie plus souvent que les autres relatifs (cf. § 681, *e*) avec une phrase ou une partie de phrase comme antécédent :

Je sortis et au lieu d'aller regarder la colonne d'affiches, pour QUOI *on me laissait aller seul, je courus jusqu'à lui* (PROUST, *Rech.*, t. I, p. 75). — *Elle* [...] *partit sans me dire adieu, à* QUOI *je fus très sensible* (H. BORDEAUX, *Pays sans ombre*, p. 68). — *C'était concession de pure forme aux idées du jour, moyennant* QUOI *Brüning, sans être suspect aux nazis, pourrait aller aux conférences* (BAINVILLE, *Allemagne*, t. II, p. 175). — *Elle n'en avait plus fait d'autres, pour*QUOI *sans doute elle avait perdu toute habileté* (GIDE, *Porte étr.*, VII). [Pour la graphie, comp. *a* et *b*.] — *Mme de Sévigné écrira par exemple des troupes qui occupent et rançonnent la Bretagne (contre* QUOI *elle peste)* [...] (Fr. MAURIAC, dans le *Figaro litt.*, 12 janv. 1957). — *Prêtez-moi un peu d'argent, sans* QUOI *je ne pourrai payer le taxi* (*Dict. contemp.*). — Dans une langue plus courante, on dirait : ... CE *pour quoi*, etc. (cf. *a*), — sauf avec *moyennant* et *sans*, qui n'admettent pas cette construction.

Il est fréquent que les auteurs fassent précéder le groupe préposition + *quoi* d'une ponctuation forte, point-virgule, point, voire alinéa. *Quoi* perd alors sa fonction proprement relative, pour prendre une valeur anaphorique pareille à celle des démonstratifs. (Comp. *auquel cas* au § 600 ; *dont acte* au § 693, *a*.) Le groupe joue même parfois le rôle d'un adverbe et certains auteurs le font alors suivre d'une virgule.

Il lui reprochait surtout un grain de peau trop gros. À QUOI *Thérèse répliqua* [...] *que, pourtant, le soir, la princesse Séniavine effaçait les autres femmes* (A. FRANCE, *Lys rouge*, XXX). — *On s'étonnera peut-être de me voir conserver cette catégorie purement grammaticale.* À QUOI *je répondrai que mon but n'est nullement d'abolir l'ancienne méthode* (BRUNOT, *Pensée*, p. 227). — *Le général Weygand prend acte de mes dispositions.* APRÈS QUOI, *il me parle de la bataille* (DE GAULLE, *Mém. de guerre*, t. I, p. 53). — *Balzac enchaîne sans aucune transition : /* [...]. / ENSUITE DE QUOI, *Balzac expose la science du mariage* (S. de BEAUVOIR, *Deuxième sexe*, t. II, p. 211). — *J'avais soin de choisir.* MALGRÉ QUOI, *dès le mois de juin, nous avions dix pensionnaires* (RAMUZ, *Vie de Samuel Belet*, II, 6). — *Parlons d'autre chose, lui dis-je.* SANS QUOI *je vous rétorquerai mon propre exemple* (THÉRIVE, *Voyage de M. Renan*, p. 127). — *Il avait fallu mobiliser le village pour ramener au maire ses enfants couverts de contraventions... /* SUR QUOI, *au passage du cirque suivant, il avait enfermé les enfants* (MALRAUX, *Antimémoires*, p. 28). — *Elle sera faite à la requête des parties intéressées* [...] ; à L'EFFET DE QUOI *l'officier de l'état civil en donnera avis* [...] *au procureur du Roi* [...] (*Code civil*, art. 49).

Le groupe préposition + *quoi* peut être précédé de *C'est : Les poupées de monsieur d'Astarac n'avaient pas besoin de baptême, n'ayant pas eu de part au péché originel.* / — *C'est À QUOI je n'avais pas songé, dit ma mère* (A. FRANCE, *Rôtisserie de la reine Pédauque*, IX). — La préposition et le pronom sont agglutinés dans *C'est pourquoi.*

Quoi représente un ensemble de phrases dans la formule *De tout quoi,* souvent utilisée par la langue juridique, mais non inconnue ailleurs :

DE TOUT QUOI *nous avons dressé le présent constat pour la requérante en faire tel usage que de droit* (COURTELINE, *Article 330*, G.-F., p. 132). [Conclusion d'un constat d'huissier.] — DE TOUT QUOI *il est permis de conclure que les Gaulois apprirent le latin sans oublier leurs dialectes* (M. WILMOTTE, dans le *Bull. de la Classe des lettres* de l'Acad. roy. de Belg., 1934, p. 70). [Début d'un alinéa donnant la conclusion des pages qui précèdent.]

Remarque. — Dans *comme quoi,* l'antécédent de *quoi* peut être une phrase ; l'expression a un sens comme « ainsi, donc ».

Le front largement dégarni [du défunt] *annonçait une calvitie irrémédiable,* COMME QUOI, *tu vois, il avait eu raison de mourir* (SAN-ANTONIO, *Meurs pas, on a du monde,* p. 14). — *Vu de Paris ou de Blois en 1537-1538, le Dauphiné est un pays de cocagne où l'on ne paie pas d'impôts. Vu de Grenoble, ou de Romans, il est très lourdement taxé.* COMME QUOI *la seule considération des budgets centraux ou des comptabilités nationales* [...] *ne suffit point pour comprendre les vastes luttes* (LE ROY LADURIE, *Carnaval de Romans,* p. 69).

Hist. — Primitivement, dans *comme quoi, quoi* était un interrogatif : voir § 410, Rem. et Hist.

d) Quoi s'emploie sans antécédent dans la formule *de quoi* suivie d'un infinitif :

Il n'y a pas là DE QUOI *fouetter un chat* (AC., s.v. *chat*). — *Il lui fallait au moins accepter* DE QUOI *se vêtir décemment* (MAUPASS., *Pierre et Jean,* IX).
L'infinitif peut être ellipsé : *Sa cervelle en est restée détraquée. Le fait est qu'il y avait* DE QUOI... (A. DAUDET, *Lettres de m. m.,* p. 110). — *Il n'y a pas* DE QUOI, *répond-on à quelqu'un qui s'excuse ou qui remercie.*
Avoir de quoi signifie aussi, dans la langue familière, « être dans l'aisance » : *C'est un homme qui a* DE QUOI (AC., comme popul.). — *De quoi* est même nominalisé dans le fr. popul. de diverses régions : *Elle a du* DE QUOI, *elle ; son frère n'a pu toucher à son bien* (SAND, *Fr. le champi,* XVIII).

Remarques. — 1. *Quoi* s'emploie aussi sans antécédent après *voici* et *voilà (Voici* À QUOI *je pense).* — Mais on a des raisons de voir ici l'interrogatif : comp. § 1103, *a.*

2. *Quoi* pour *ce à quoi* dans l'ex. suivant semble être un emploi isolé :

Contrairement à QUOI *Don Alvare s'était attendu, Valentine n'éleva aucune objection au départ de Miguel* (YOURCENAR, *Anna, soror...,* pp. 13-14). — Comp. § 217, *e,* 4°, Rem. 2.

Hist. — *De quoi* pour « que, de ce que » était fréquent au XVIᵉ s., mais il ne s'agit pas d'une proposition relative : *Il ne faut t'esmerveiller, Lecteur,* DE QUOY *je n'ai composé ma Franciade en vers Alexandrins* (RONSARD, éd. V., t. VI, p. 532).

692   *Lequel.*

a) Dans la langue générale, *lequel* sert de **complément prépositionnel.**

— L'antécédent est un nom ou un pronom désignant des personnes :

Celui [...] AUQUEL *il a été volé une chose* (*Code civil*, art. 2279). — *L'homme sous* LEQUEL *la marine française s'était relevée contre l'Angleterre* (MICHELET, *Hist. de la Révol. fr.*, IV, 12). — *Mouvements instinctifs de quelqu'un* AUQUEL *on fait des propositions qui le révoltent* (AC., s.v. *haut-le-corps*). — *Léonie s'intéresse à la femme pour* LAQUELLE *est mort un homme qui l'avait aimée elle* (QUENEAU, *Pierrot mon ami*, F°, p. 99). — *Lui* AUQUEL *la monarchie absolue ne plaît guère, le voilà roi et tyran tout à coup* (MALLET-JORIS, *Trois âges de la nuit*, L.P., p. 293).

On peut aussi utiliser *qui* (§ 686, *a*), souvent préféré. — Mais *qui* ne s'emploie pas après *parmi* : *Là, il connut des jeunes gens instruits, parmi* LESQUELS *Maucroix* (FAGUET, *XVII*ᵉ *s.*, p. 234). — Inversement, il est assez rare que *lequel* ait pour antécédent un nom propre de personne (non lorsqu'il est sujet : *b*, Rem. 2).

Si la préposition est *de*, *duquel* est concurrencé par *dont*, mais celui-ci n'est pas toujours possible (cf. § 695, *c*).

— L'antécédent est un nom de chose :

Cette religion dans LAQUELLE *j'avais été élevé* (CHAT., *Mém.*, I, XI, 7). — *À la buée vaporeuse* [...] *avait succédé une sécheresse lumineuse et dure, sur* LAQUELLE *étincelaient crûment* [...] *les murs blancs et bas des fermes isolées* (GRACQ, *Rivage des Syrtes*, p. 17). — *Là le chemin devenait une place au milieu de* LAQUELLE *se trouvait* [...] *le platane mort* (M. DURAS, *Petits chevaux de Tarquinia*, p. 19).

La langue littéraire utilise parfois *quoi* (§ 691, *b*) et même *qui* (§ 686, *c*). — Si la préposition est *de*, *duquel* est concurrencé par *dont*, mais celui-ci est parfois exclu (cf. § 695, *c*).

— Il est exceptionnel que l'antécédent soit un pronom neutre :

Quelque chose pour LEQUEL *je ne trouve que le mauvais qualificatif d'« ineffable »* (Fr. MAURIAC, *Ce que je crois*, p. 125). — *C'était bien* [...] *ce pour* LEQUEL *les seconds accusaient les premiers de mauvaise foi* (SAGAN, *Femme fardée*, p. 212). — On se sert normalement de *quoi* (§ 691, *a*).

Remarque. — *Lequel* est rarement précédé de *en* dans l'usage ordinaire, mais ceci concerne, d'une façon plus générale, l'emploi de l'article défini après cette préposition : cf. § 1002, *b*.

b) Comme **sujet**, *lequel* appartient à la langue écrite. Parce qu'il porte les marques du nombre et souvent du genre, il permet d'éviter des équivoques. D'autre part, il rattache la relative à son antécédent d'une façon plus souple que ne le ferait *qui* ; il s'emploie notamment quand la relative est une indication accessoire, adventice.

Elle était avec son mari, madame Homais et le pharmacien, LEQUEL *se tourmentait beaucoup sur le danger des fusées perdues* (FLAUB., *Mᵐᵉ Bov.*, II, 8). — *Vous vous penchez sur votre avenir et en même temps sur celui de la bourgeoisie cossue,* LEQUEL *n'est peut-être pas aussi sombre que vous le prétendez* (AYMÉ, *Confort intellectuel*, p. 204). — *La lettre était déposée dans un coffret clos,* LEQUEL *se dissimulait dans la mousse* (GIDE, *Si le grain ne meurt*,

I, 6). — *Alors Simon le saisit par une de ses mains*, LAQUELLE *s'arracha aussitôt à cette étreinte* (J. GREEN, *Moïra*, p. 18). — *Il reconnut ainsi la justesse d'un des mots favoris du maire, gros industriel de notre ville*, LEQUEL *affirmait avec force que* [...] (A. CAMUS, *Peste*, p. 58).

Remarques. — 1. *Lequel* ne s'emploie pas normalement après *et.*

Ex. non conforme à l'usage : *C'est sa manière* [...] *de grappiller ici et là des petites sensations qu'il consigne d'un bout de crayon dans son carnet et* LESQUELLES, *une fois rentré, deviendront le point de départ d'un voyage à travers la peinture* (J. MICHEL, dans le *Monde*, 23 févr. 1984).

2. Considérant que *lequel* contient l'article, on a contesté qu'il puisse avoir pour antécédent un nom propre ne s'accommodant pas de l'article ; cette opinion, toute théorique, n'a pas de fondement dans l'usage (comp. *a*) :

Ce mécanisme [...] *amusa beaucoup Sigognac*, LEQUEL, *bien que spirituel par nature, était fort neuf en beaucoup de choses* (Th. GAUTIER, *Capit. Fracasse*, XI). — *Il amena plusieurs fois avec lui* [...] *le Père Esprit de l'Oratoire*, LEQUEL, *en cette circonstance, disaient les Jansénistes, fit peu d'honneur à son nom* (SAINTE-BEUVE, *Port-Royal*, V, 11).

Autres ex. : FLAUB., *Éd. sent.*, I, 5 ; PROUST, *Rech.*, t. I, p. 204 ; BREMOND, *Divertissements devant l'arche*, p. 201 ; DANIEL-ROPS, *Deux hommes en moi*, p. 205 ; R. GARY, *Tête coupable*, p. 216 ; etc. — [Voir déjà MOL., *Étourdi*, IV, 7.]

3. *Lequel* sujet d'un complément absolu est un archaïsme isolé :

On résolut d'attendre quelques minutes, LESQUELLES *passées, on irait à sa recherche* (Th. GAUTIER, *Capit. Fracasse*, VI).

4. Ce qui a été dit ci-dessus au sujet du caractère accessoire de la relative introduite par *lequel* est peu conciliable avec l'utilisation de ce pronom au début de relatives déterminatives. Un ex. comme le suivant ressortit à une syntaxe archaïsante :

Il n'y a pas un air de music-hall LEQUEL *ne soit un souvenir poignant et délicieux* (ARAGON, *Anicet ou le panorama*, L.P., p. 165).

c) Comme **objet direct**, *lequel* est un archaïsme assez rare :

Je ne pourrais avoir que mon opinion particulière, LAQUELLE *on ne consulterait pas* (CHAT., *Mém.*, III, II, IV, 10). — *Vous verriez tomber dans votre cellule rien moins que votre mère elle-même*, LAQUELLE *si je ne me trompe, vous aimez encore mieux que le père Regnault* (SAND, *Corresp.*, 13 mars 1832). — *Ce détail grotesque ne fut pas remarqué par ces spectateurs naïfs, tout occupés de l'affabulation de la comédie et du jeu des personnages*, LESQUELS *ils tenaient pour véritables* (Th. GAUTIER, *Capit. Fracasse*, VII). — *J'ai cédé, me dit-il, à un mouvement de fureur, il est vrai ;* LAQUELLE *je ne pouvais tourner que contre moi* (GIDE, *Thésée*, p. 106). — *Il ne jouait que de bonnes choses et il les jouait avec respect ; les sonates de Bach pour violon seul, les sonates pour violon et piano*, LESQUELLES *il esquissait, on le devine, sans accompagnement* (G. DUHAMEL, *Pesée des âmes*, p. 133). — *Il y a des replis de nous-mêmes* LESQUELS *nous n'épousseterons pas, de peur de faire tomber les étoiles qui s'y accrochent* (ARAGON, *Anicet ou le panorama*, L.P., p. 228). [La relative est déterminative : cf. *b*, Rem. 4.]

Hist. — *Lequel*, très fréquent à la Renaissance, restait au XVIIᵉ s. usité dans des constructions aujourd'hui archaïques, comme avec la fonction d'objet direct ou devant une relative déterminative : *Ce me sera un autre tresor plus precieux que celuy* LEQUEL *nous avons trouvé* (LA F., *F.*, Vie d'Ésope). — ⁺*Voilà trois circonstances de notre évangile*, LESQUELLES, *Messieurs, si nous entendons, nous y lirons manifestement toute l'histoire de notre paix* (BOSS.,

Œuvres orat., t. III, p. 417). — *Il n'y avoit que ceux de cette Famille,* LESQUELS *pussent exercer la sacrificature* (RAC., *Ath.,* Préf.).

Vaugelas trouvait *lequel* « rude » et recommandait de choisir plutôt *que, quoi* (cf. § 691, *b,* Hist.), *où, dont,* chaque fois que c'était possible.

La langue juridique faisait grand usage de *lequel,* et cette caricature s'en amuse : *Un Chien vient dans une cuisine. / Il y trouve un Chapon,* LEQUEL *a bonne mine. / Or celuy pour* LEQUEL *je parle est affamé ; / Celuy contre* LEQUEL *je parle* autem *plumé ; / Et celuy pour* LEQUEL *je suis, prend en cachette / Celuy contre* LEQUEL *je parle* (RAC., *Plaid.,* III, 3).

693   Dont.

a) Il est toujours représentant. L'antécédent est d'ordinaire un nom ou un pronom, qui peuvent concerner aussi bien des personnes que des choses :

Le prétendant DONT *m'avait parlé Juliette* (GIDE, *Porte étr.,* IV). — *La maladie* DONT *il est mort. Ne faites rien* DONT *vous ayez à vous repentir.*

L'antécédent est une phrase (ou une partie de phrase) :

— Dans la relative averbale *Dont acte* « ce dont je vous donne acte », fréquente dans la langue juridique et administrative.

— Occasionnellement, dans la langue littéraire, par imitation de l'usage ancien : *La mère Barbeau se prit à pleurer,* DONT *le père Barbeau se mit fort en peine* (SAND, *Pet. Fadette,* I). — *Silvia ne le connaissait plus, /* DONT *il sentit une douleur extrême* (MUSSET, *Poés. nouv.,* Silvia). — *Elle passa à son tour sa main dans les cheveux de Julien, elle les embroussailla, les tira :* DONT *il avait horreur* (THÉRIVE, *Sans âme,* p. 23). — *Elle voudrait bien être la plus forte, mais elle ne peut pas,* DONT *elle rage !* (CLAUDEL, *Pain dur,* I, 3.) — *Le premier corps d'armée s'en allait, remplacé justement par le troisième.* DONT *nos Normands paraissaient fort émus* (G. DUHAMEL, *Pesée des âmes,* p. 156). — *Si par hasard vous obteniez un ticket,* DONT *je doute,* [...] (Ch. BRUNEAU, dans le *Figaro litt.,* 23 février 1952). — *Ces jeunes m'ont inquiété. Non parce qu'ils revendiquent, contestent et chahutent —* DONT *leurs devanciers ne se privaient pas — mais par la démesure de leurs espoirs* (E. BERL, dans le *Figaro,* 16 juin 1973).

Hist. — *Dont* avec une phrase comme antécédent a été courant jusqu'au XVIIe s. : *Ainsi croissoit Pantagruel* [...], DONT *son père s'esjouyssoit par affection naturelle* (RAB., *Pant.,* V). — *Il veut avoir trop d'Esprit,* DONT *j'enrage* (MOL., *Mis.,* II, 4). — *⁺Hélène est arrivée depuis deux jours,* DONT *je suis ravie* (SÉV., 19 févr. 1676).

b) Dont équivaut à un complément introduit par *de,* complément du sujet, du verbe, de l'attribut (attribut adjectif ou nom), du complément d'objet direct :

L'homme dont LES BIENS *ont été vendus. — Les idéogrammes chinois, dont* CHACUN *exprime un concept* (ÉTIEMBLE, *Jargon des sciences,* p. 155). — *Les faveurs dont vous m'*AVEZ COMBLÉ. — *Il n'est rien dont je sois plus* CERTAIN (AC.). — *Une catastrophe dont nous sommes nous-mêmes* LES VICTIMES (CHAT., *Génie,* II, I, 3). — *Le livre dont j'ai lu* QUELQUES PASSAGES.

Dans la plupart des cas, *dont* peut être remplacé par *de qui, duquel,* parfois *de quoi,* selon les valeurs propres à chacun de ces pronoms : *L'homme* DE QUI *les biens ont été vendus. Les faveurs* DESQUELLES *vous m'avez comblé.* Etc.

Toutefois, quand l'antécédent est un pronom neutre, *dont* ne peut guère être remplacé par *de quoi* : *J'ai trouvé ce* DONT *j'avais besoin. Ne faites rien* DONT *vous ayez à rougir.*

Nous verrons plus loin certaines particularités concernant *dont* lorsqu'il est complément d'un verbe (§ 694), — d'un nom ou d'un pronom (§ 695).

Hist. — *Dont* vient du lat. vulg. *de unde,* avec un *de* pléonastique puisque *unde* signifiait en lat. classique « d'où », mais la valeur de *unde* lui-même s'était modifiée en lat. vulg., où il jouait souvent le rôle d'un pronom relatif. La nuance de lieu n'a pas disparu pourtant : cf. § 694, *c.* En outre, *dont* a servi d'interrogatif pour le lieu jusqu'au XVI⁰ s. : DONT *es-tu ?* (RAB., *Pant.,* VI.)

Ont (de *unde*) est attesté en anc. fr. au sens de « où » : [...] *un treu* [= trou], *par* ONT *il esgarda* [= regarda] (*Doon de Maience,* cit. Tobler-Lommatzsch).

Remarque. — *Dont* peut introduire une proposition relative complétée par une proposition conjonctive même lorsqu'il n'est complément que d'un terme de la proposition conjonctive :

La maison dont je sais que vous êtes PROPRIÉTAIRE (LITTRÉ, s.v. *dont,* Rem. 5). — [...] *le docteur ès sciences Stangstadius, dont il est bien impossible que vous n'ayez pas entendu* PARLER (SAND, *Homme de neige,* t. I, p. 118). — *Elle ne se donnait aucun mal pour combattre cette impression, dont il était impossible qu'elle n'*EÛT *pas* CONSCIENCE (R. ROLLAND, *Jean-Chr.,* L.P., t. III, p. 248). — *Le malheureux fait de grands efforts pour suivre le réquisitoire de l'avocat général, dont on voit qu'il ne comprend de-ci de-là que* QUELQUES PHRASES (GIDE, *Souv. de la Cour d'assises,* II). — *L'idée de quelque chose de meilleur* [...]*, / Dont il sent que toutes les choses autour de lui sont essentiellement* INCAPABLES (CLAUDEL, *Messe là-bas,* p. 104). — *Un homme dont on sait que* LE TALENT *se double de caractère* (A. SIEGFRIED, *Savoir parler en public,* p. 40).

A distinguer du phénomène décrit au § 694, *d.*

694　　　**Observations sur *dont* complément de verbe.**

a) La langue littéraire emploie encore *dont* pour exprimer le moyen, l'instrument :

Ces pêcheurs sont armés d'une baguette pointue DONT *ils piquent adroitement leur proie* (A. FRANCE, *Pierre Nozière,* p. 203). — *La pierre* DONT *il repassait le fil de son outil* (CHÂTEAUBRIANT, *Brière,* p. 275). — *Schlemer sortit de sa poche un journal* DONT *il commença par s'éventer* (G. DUHAMEL, *Voyage de Patrice Périot,* p. 124). — *Elle regardait* [...] *les grands caoutchoucs* DONT *son compagnon protégeait ses chaussures* (J. GREEN, *Minuit,* pp. 137-138). — *Elle-même s'aidait d'une canne assez longue* DONT *elle tâtait le sol devant elle* (H. BOSCO, *Balesta,* p. 172). — *La colonne* DONT *est soutenu le toit du perron* (R. KEMP, dans les *Nouv. litt.,* 12 sept. 1957).

b) Dans la mesure où l'on emploie la préposition *de* pour le complément d'agent du verbe passif (§ 313, *b*), *dont* peut avoir cette fonction dans la langue écrite :

Ceux DONT *il se croyait attaqué* (FAGUET, *XVIIᵉ s.,* p. 304). — *L'un aime sans oser le dire à celui* DONT *il ne se croit pas aimé* (JANKÉLÉVITCH, cit. *Trésor,* t. VII, p. 425).

c) La *Grammaire de l'Acad.* (p. 59) reprend la vieille distinction (cf. Hist.) selon laquelle *dont* s'emploie lorsqu'il s'agit de descendance et d'extraction, mais *d'où* est requis dans les autres cas (lieu au sens propre, cause).

D'où : Le principe d'autorité D'OÙ *sortent les deux forces sociales* (A. FRANCE, *Orme du mail*, p. 221). — *À côté de l'armoire minuscule* D'OÙ *il avait sorti les lettres* (GIDE, *Si le grain ne meurt*, I, 5). — *La chambre* D'OÙ *je sortais* (COLETTE, *Fanal bleu*, p. 203).

Dont : L'archidruide DONT *elle était descendue* (CHAT., *Mart.*, IX). — *La famille distinguée* DONT *il sortait* (PROUST, *Rech.*, t. I, p. 203). — *Je sais qu'il est peu convenable* [...] *de prendre avantage du sang* DONT *je sors* (BERNANOS, *Dialogues des carmélites*, I, 3).

Cette distinction est rejetée par Littré (s.v. *dont*, Rem. 1) au nom de l'usage. Il faut reconnaître qu'elle est peu respectée dans la langue écrite et que des écrivains très variés continuent d'employer *dont* alors qu'il ne s'agit pas de descendance :

La chambre DONT *Justin se retirait* (G. DUHAMEL, *Désert de Bièvres*, p. 106). — *Quelle douceur aujourd'hui répandait cette lampe* DONT *coulait une lumière d'huile* (SAINT EXUPÉRY, *Courrier sud*, p. 27). — *Une période de demi-perplexité, d'examen, de doutes,* [...] DONT, *à présent, vous voyez qu'il est sorti* (GIDE, *Attendu que...*, p. 76). — *Ces turbines* DONT *s'échappaient des gerbes de cristal* (JAMMES, *M. le curé d'Ozeron*, p. 224). — *Il a dû attraper ça dans les pays* DONT *il sort* (ARLAND, *Ordre*, t. III, p. 143). — *La séance* DONT *il sortait* (MALRAUX, *Espoir*, p. 232). — *À une place* DONT *il semblait ne plus pouvoir bouger* (F. MARCEAU, *Années courtes*, p. 294). — *Le corps gigantesque saille ou s'enfonce selon les lumières et les ombres dans cette nature* DONT *il ne se détache jamais* (Cl. SIMON, *Corps conducteurs*, p. 77). — *L'Internationale est la donnée première* DONT *découle* [...] *l'établissement de sections nationales* (A. KRIEGEL, *Internationales ouvrières*, p. 6). — [...] *dans le fauteuil* DONT *ils venaient tout juste de se lever* (J. DUTOURD, *Réponse au Disc. de réc. de J. Soustelle à l'Ac. fr.*).

Autres ex. : B. CONSTANT, *Ad.*, V ; MUSSET, *Contes*, Mimi Pinson, V ; VIGNY, *Poèmes ant. et mod.*, Déluge, I ; MICHELET, *Insecte*, p. 5 ; ZOLA et A. DAUDET, cit. Sandfeld, t. II, p. 186 ; BLOY, *Désespéré*, L.P., p. 219 ; J. ROMAINS, *Lucienne*, p. 139 ; R. MARTIN DU GARD, *Thib.*, Pl., t. I, p. 596 ; A. BRETON, *Nadja*, pp. 72-73 ; HÉRIAT, *Temps d'aimer*, p. 30 ; SIMENON, cit. *Trésor*, t. VII, p. 426 ; GRACQ, *Presqu'île*, p. 239 ; PIEYRE DE MANDIARGUES, dans le *Monde*, 14 mai 1971 ; etc.

D'autre part, on met parfois *d'où* dans des phrases où il s'agit de descendance, d'extraction : *La famille* D'OÙ *il est sorti* (AC., s.v. *sortir*). — *La race* D'OÙ *ils tirent leur origine (Dict. gén.)*. — *La race de marins* D'OÙ *elle sortait* (P. GINISTY, *Petit ménage*, p. 27).

Hist. — Jusque dans le XVIe s., avec les verbes marquant sortie ou extraction, on employait indifféremment *dont* ou *d'où : Je retourne faire scale au port* DONT *suis yssu* (RAB., *Garg.*, IX). — *Il s'en retourna* DONT *il estoit parti* (AMYOT, *Thes.*, 5). — Vaugelas (p. 344), après Malherbe, a établi la distinction marquée plus haut. Cependant l'usage classique ne s'y est guère conformé :

⁺*Le mont Aventin /* DONT *il l'aurait vu faire une horrible descente* (CORN., *Nicom.*, V, 2). — *Menelas trouve sa Femme en Egypte*, DONT *elle n'estoit point partie* (RAC., *Andr.*, Préf.). — *Souviens-toi toujours du néant* DONT *je t'ai fait sortir* (MONTESQ., *L. pers.*, II). — *L'amour-propre est un ballon gonflé de vent*, DONT *il sort des tempêtes quand on lui a fait une piqûre* (VOLT., *Contes et rom.*, Zadig, p. 5). — *Comme dans une auberge* DONT *j'aurois du partir le lendemain* (J.-J. ROUSS., *Rêver.*, V). — Inversement : ⁺*La grandeur de la maison* D'OÙ *elle est sortie* (BOSS., *Or. fun.*, Duch. d'Orl.).

d) Au lieu du tour classique *Sa mère que j'avoue que je redoute fort* (MONTHERLANT, cité au § 1062), on emploie très souvent aujourd'hui une construction avec *dont*, celui-ci recevant ainsi un sens comme « au sujet duquel » et l'antécédent étant rappelé par un pronom dans la proposition conjonctive :

[...] *user d'une tournure* DONT *on peut dire seulement qu'elle est présentement moins usitée* (LITTRÉ, s.v. *attendre*). — *Il serait un de ces Allemands* [...] DONT *il faudrait croire qu'ils sont les plus fins connaisseurs en délicatesses d'art* (BARRÈS, *Col. Baudoche,* p. 136). — *Deux armées* DONT *je suppose fort qu'elles se battaient sans savoir pour quoi* (MONTHERLANT, *Solstice de juin,* p. 305). — *Un luxe* DONT *j'imagine aujourd'hui qu'il devait être affreux* (Fr. MAURIAC, *Nœud de vip.,* p. 35). — *Décide-toi à habiter ta propre maison* DONT *tu t'es aperçu à la fin qu'elle n'était pas vide* (CLAUDEL, *Seigneur, apprenez-nous à prier,* p. 53). — [...] *la psychanalyse, méthode* [...] DONT *je pense qu'elle ne vise à rien moins qu'à expulser l'homme de lui-même* (A. BRETON, *Nadja,* p. 25). — *Trop de livres dans la maison.* [...] *je me débarrasse de ceux* DONT *je suis à peu près sûr que je ne les lirai plus jamais* (J. GREEN, *Journal,* 20 mai 1951). — [...] *une soirée pugilistique* DONT *il affirme qu'elle sera appréciée par les vrais amateurs* (A. CAMUS, *Été,* p. 33). — [...] *l'humilité,* DONT *mon père assurait qu'elle était la politesse des petites gens* (H. BAZIN, *Mort du petit cheval,* I).

Autres ex. : VALÉRY, *Pièces sur l'art,* Pl., p. 1183 ; BERNANOS, *Essais et écrits de combat,* t. I, p. 1283 ; THÉRIVE, *Essai sur A. Hermant,* p. 67 ; G. DUHAMEL, *Refuges de la lecture,* p. 102 ; BILLY, *Madame,* p. 252 ; ARAGON, *Anicet ou le panorama,* Préf. ; Ét. GILSON, *La société de masse et sa culture,* p. 68 ; MALRAUX, *Espoir,* p. 68 ; SARTRE, *Mots,* p. 48 ; F. MARCEAU, *Années courtes,* p. 291 ; MALLET-JORIS, *Lettre à moi-même,* J'ai lu, p. 237 ; etc.

N.B. À ne pas confondre avec la construction signalée au § 693, *b,* Rem.

Hist. — Ce tour n'est pas récent : *Touz ceus* DONT *on le feroit certein qu'il eussent tort* (JOINVILLE, cit. Le Bidois, § 582). — ⁺*Ces étoiles extraordinaires* [...] DONT *on sait encore moins ce qu'elles deviennent* (LA BR., II, 22). — Mais il s'est généralisé au XX⁶ s., à la désapprobation d'Abel Hermant : « Faute avérée et grossière » ; « Entre les horreurs d'aujourd'hui l'une de celles qui attristent le plus aux champs élysées les trépassés d'une certaine culture » (*Chron. de Lancelot du « Temps »,* t. II, p. 308).

695   **Observations sur *dont* complément de nom et de pronom.**

a) Dont peut être complément d'un pronom numéral, cardinal ou indéfini.

1° Le pronom est sujet : *Vous m'avez prêté des romans* DONT *trois m'ont intéressé,* DONT *plusieurs m'ont plu,* DONT *quelques-uns m'ont charmé.*

2° Le pronom est objet direct (cela a été contesté, à tort, car l'usage, sur ce point, est bien déclaré) : *Des adorateurs,* DONT *on a droit de nommer quelques-uns* (SAINTE-BEUVE, *Caus. du lundi,* t. I, p. 205). — *Il* [...] *possède sept ou huit villas* DONT *il habite une* (TAINE, *Voy. en Italie,* t. II, p. 93). — *Puis on répandit devant eux des saphirs* DONT *il fallut choisir quatre* (MAUPASS., *Fort comme la mort,* II, 4). — *Trop méprisé les journaux* DONT *je lis quatre ou cinq chaque jour* (J. RENARD, *Journal,* 1ᵉʳ janv. 1895). — *Ceci n'ira pas sans de terribles conséquences,* DONT *nous ne connaissons encore que quelques-unes* (A. CAMUS, *Homme révolté,* p. 42). — *Des pauvretés assez surprenantes,* DONT *je montrerai quelqu'une* (VALÉRY, trad. des *Bucoliques* de Virgile, p. 31).

Autres ex. : BAUDEL., *Paradis artif.,* Mangeur d'opium, I ; BRUNETIÈRE, *Bossuet,* p. 66 ; A. FRANCE, *Rôtisserie de la reine Pédauque,* p. 172 ; BLOY, *Désespéré,* p. 42 ; BARRÈS, *Dérac.,* p. 332 ; MAURRAS, *Musique intérieure,* p. 21 ; THÉRIVE, dans le *Temps,* 24 mars 1938 ; BILLY, dans le *Figaro,* 19 août 1939 ; LA VARENDE, *Belles esclaves,* p. 149 ; F. GREGH, *Âge de fer,* p. 45 ; etc.

3° Le pronom est régime de *voici* ou *voilà : J'ai reçu deux lettres,* DONT *voici l'une* (HERMANT, *Samedis de M. Lancelot,* p. 159). — *L'abondance de mes écrits a son excuse dans quelques idées inépuisables,* DONT *voilà une* (ALAIN, *Histoire de mes pensées,* p. 84).

4° Le pronom est sujet « réel » : *Les gens* [...] DONT *il n'y a pas un sur cent mille à qui je voulais ressembler* (VIALAR, *M. Dupont est mort*, p. 278). — Pour le tour *dont il y en a deux,* voir *e*, 3°.

b) *Dont* au sens de « parmi lesquels » peut introduire une relative averbale :

Nous avons eu des bals masqués, DONT *quatre charmants* (STENDHAL, *Corresp.*, t. V, p. 298). — *Il leur restait environ dix mille francs de rente,* DONT *deux mille trois cents à lui* (FLAUB., *Éd. sent.*, I, 5). — *Il avait huit enfants,* DONT *six filles* (FAGUET, *Hist. de la poésie fr.*, t. VI, p. 147). — *Deux personnes attendent,* DONT *Marcel Boulenger* (J. ROMAINS, *Amours enfantines*, cit. Le Bidois, § 1368). — *Il y a là six personnes,* DONT *l'ancêtre* (CRITICUS, *Style au microscope*, t. II, p. 77). — *Trois juges,* DONT *moi, décerneront des prix* (J. GREEN, *Journal*, t. III, p. 89).

c) *Dont* ne peut, en principe, dépendre d'un complément introduit par une préposition.

Au lieu de °*Les traités* DONT *il se repose sur la foi ;* °*Le prochain* DONT *le calomniateur nuit à la réputation*, l'usage normal d'aujourd'hui demande qu'on dise : *Les traités sur la foi* DESQUELS *il se repose ; Le prochain à la réputation* DE QUI (ou DUQUEL) *le calomniateur nuit.*

Ex. irréguliers : *Ce William Rayne,* DONT *elle n'est pas même certaine de l'existence* (E. de GONC., *Faustin*, cit. Tobler, *Verm.*, t. III, p. 43). — *Combien d'autres* DONT *il ne se souvenait plus des noms !* (HUYSMANS, *Cathédrale*, p. 390.) — *Pauvre vieux* DONT *on avait douté de l'honneur !* (M. RHEIMS, *Haute curiosité*, p. 122.)

Dont est cependant correct dans les cas suivants :

1° Il est complément d'un objet direct introduit par *jusqu'à* « même » (*jusqu'à* n'a pas ici un rôle de préposition) : *Elle, si innocente,* [...] DONT *nous surveillons jusqu'aux pensées* (ZOLA, *Terre*, II, 7). — *Je me représentais cette enfant* [...] DONT *j'ignorais jusqu'au visage* (Y. GANDON, *Monsieur Miracle*, p. 82).

2° *Dont* est en même temps complément d'un syntagme non prépositionnel (sujet ou objet direct) : *Il y a ceux* [...] DONT *on lit la pensée dans les yeux* (DUMAS fils, *Fils nat.*, Prologue, V). — *L'autre,* DONT *les cheveux flottent sur les épaules* [...] (A. FRANCE, *Pierre Nozière*, p. 187). — *Ces hommes* DONT *les vingt-cinq ans d'uniforme sont collés à la peau* (R. MARTIN DU GARD, *Jean Barois*, p. 311). — *La vieille marquise du Badoul,* DONT *les mèches grises pendaient sous le tricorne* (VIALAR, *Grande meute*, I, 6). — *Tous ces symboles* DONT *la grâce atténue le caractère démesuré des proportions* (É. HERRIOT, *Sanctuaires*, p. 63). — *Ceux* DONT *les soucis ont dévoré les premières années de la vie* (J. GREEN, *Léviathan*, I, 1). — *Un écrivain* DONT *l'œuvre* [...] *est à peu près inséparable de la vie* (ARLAND, *Essais critiques*, pp. 86-87).

Toute difficulté disparaît si le complément prépositionnel inclut un déterminant possessif ; dans ce cas, *dont* ne se rapporte plus qu'au syntagme non prépositionnel : *Les vrais grands écrivains sont ceux* DONT *la pensée occupe tous les recoins de* LEUR *style* (HUGO, *Pierres*, p. 195). — *Les trois invitées, personnes* [...] DONT *la tenue, froidement correcte, contrastait avec l'exubérance de* LEUR *mise* (JALOUX, *Sous les oliviers de Bohême*, p. 119). — *Le vœu confiant du poète* DONT *tant de lecteurs fêtent, en 1947, le 150ᵉ anniversaire de* SA *naissance* (R. LALOU, dans les *Nouv. litt.*, 1ᵉʳ mai 1947). — *L'insecte,* DONT *l'innombrable vibration de* SES *ailes soutient indéfiniment la fanfare, le poids et le courage* (VALÉRY, *Eupali-*

nos, p. 154). — *L'histoire d'une femme* DONT *la mort de* SON *fils avait dérangé l'esprit* (J. GREEN, *Vers l'invisible*, p. 166).

La difficulté disparaît aussi s'il y a un pronom personnel objet indirect (comp. § 647, *c*) : *Une jeune fille* DONT *les cheveux* LUI *retombaient sur le dos* (MAC ORLAN, *Ancre de miséricorde*, p. 204).

Dans l'ex. suivant, *dont* peut être considéré comme le complément de *connaît* : *Une personne* DONT *on ne* CONNAÎT *que l'haleine, les pantoufles et la couleur des yeux* (A. DAUDET, *Tart. de Tar.*, II, 8). — Ou bien on peut le considérer comme le complément des premiers termes de la coordination, explication qui vaudrait aussi pour ce texte de Gide : *Ce petit livre* [...] DONT *je ne sais plus le titre ni le nom de l'auteur* (*Nourrit. terrestres et nouv. nourr.*, p. 293).

3° Le complément prépositionnel est un pseudo-complément (§ 342, *b*) et constitue en fait l'élément principal du syntagme nominal dont il fait partie : *Le jeu de puzzle* DONT *la moitié des pièces étaient d'ailleurs perdues* (G. DUHAMEL, *Voyageurs de « L'Espérance »*, p. 46). [L'accord du verbe confirme qu'il s'agit d'un pseudo-complément : cf. § 422.] — *Gide*, DONT *elle avait traduit en anglais une grande partie de l'œuvre* (J. SCHLUMBERGER, dans le *Figaro litt.*, 18 juin 1960). — *Les êtres de qualité* DONT *une partie de l'existence a été donnée au désert* (KESSEL, *Mermoz*, p. 55). — *La « Revue internationale d'Onomastique »* DONT *une bonne partie des articles sont signés de ses anciens élèves* (P. LEBEL, dans *L'hist. et ses méthodes*, p. 678). — *Émission de télévision* [...] DONT *on trouvera une partie du texte dans le dernier numéro des* Cahiers de la télévision (KANTERS, dans le *Figaro litt.*, 23 mars 1964). — *Une jeune fille de 23 ans* DONT *le reste de la réponse est à peu près nul* (J. PERRY, *Rue du Dragon*, p. 74). [L'accord du verbe se fait pourtant avec *reste*.]

On peut en dire autant des ex. suivants : *La bouchère*, DONT *elle a élevé un des petits* (J. RENARD, *Ragotte*, I, En ménage). — *La banque*, DONT *il est un des directeurs* (VAUDOYER, *Reine évanouie*, p. 196).

4° *Dont* est complément d'un nom composé ou d'une locution nominale : *Un peintre* DONT *les chefs-d'œuvre sont au Louvre. Un homme* DONT *on admire la force d'âme. Un roi* DONT *les gardes du corps s'étaient mutinés.*

Mais on trouve *dont* chez des écrivains soigneux dans des cas où il est difficile de parler de noms composés : *La grève fuit jusqu'au Ploc'h*, DONT *on aperçoit* [...] *le toit des premières maisons* (MIRBEAU, *Calvaire*, IX). — *La propre maison* DONT *elle ignorait le nom des locataires* (R. ROLLAND, *Jean-Chr.*, t. VI, p. 214). — *Un cheval* [...] DONT *l'artiste a seulement retenu la forme du contour* (BENDA, *Rapport d'Uriel*, p. 143). — *Amoureux, du lat.* amorosus, *dont « amour » a empêché la contraction de la contre-finale* (DAUZAT, *Dict. étym.*). — *Un monde* [...] DONT *la mise en question le rend furieux* (MALRAUX, *Antimémoires*, p. 14). — *Les jeunes*, DONT *il est devenu banal de regretter la pauvreté de la langue* (*Gramm. Lar. fr. contemp.*, p. 4). — *L'inconduite de la reine Marguerite* (DONT *il obtint l'annulation du mariage*) (*Grand Lar. enc.*, s.v. Henri IV [France]). — *Le fameux Collège William and Mary* [...] DONT *nous craindrons de fouler le gazon du parc* (F. DESONAY, *Air de Virginie*, p. 87).

Parfois *dont* est employé alors que le complément prépositionnel est lui-même accompagné d'un déterminant possessif, ce qui ajoute un pléonasme à la première irrégularité : *Une figure* DONT *la diversité de* SES *parties s'arrangent* [...] (VALÉRY, *Regards sur le monde actuel*, p. 133). [Rem. l'accord du verbe.] — *Le papillon* DONT *on voit miroiter au soleil la diaprure de* SES *ailes* (É. HENRIOT, *Aricie Brun*, I, 6). — *Notre temps, celui* DONT *je sens encore la tiédeur de* SES *midis* (PROUST, *Jean Santeuil*, t. I, p. 184). — *Les institutions*, DONT *il* [= M. Debré] *fut au premier rang de* LEURS *architectes, ont fait leurs preuves* (DE GAULLE, *Mémoires d'espoir*, L.P., t. I, p. 347). — *Roland* [Dorgelès] *n'aimait guère Pablo* [Picasso] *parce que l'Espagnol détournait ses amis, surtout Mac Orlan,* DONT *Picasso avait fait le beau portrait de* SA *femme, Marguerite* (A. LANOUX, *Adieu la vie, adieu l'amour,* p. 30) — *Une étude* [...] DONT *les raisons de* SON *intégration à ce volume nous échappent totalement* (Jean DUBOIS, dans *Revue belge de philologie et d'hist.,* 1968, p. 1458). — [Déjà chez Bossuet : ⁺*Osymanduas,* DONT *nous voyons* [...] *de si belles marques de* SES *combats* (*Disc. hist. univ.,* III, 3.] — Quelle que soit l'autorité de ces auteurs, de telles phrases ne doivent pas être prises pour modèles.

Dans l'ex. suivant, *dont* n'est pas complément d'*ange* et d'*or,* qui font partie de compléments de caractérisation assimilables à des adjectifs, mais de *figure* et de *boucles : Jean* DONT *chacun admirait la figure d'ange, les courtes boucles d'un or brûlé, les dents aiguës de son frais rire* (Fr. MAURIAC, *Genitrix,* p. 38). [Le possessif *son,* du fait de la coordination, est moins discutable que dans les ex. reproduits ci-dessus.]

5° Avec *venir à bout, dont* est admis : *Des difficultés* DONT *il ne viendra jamais à bout* (HANSE, 1983, p. 339). On dit d'ailleurs : *Il* EN *viendra à bout* [déjà chez LA F., *F.,* V, 9].

Hanse admet *dont* aussi avec *à l'écart* (outre *faire du cas,* où *du* est l'article partitif), — et Plattner (t. V, p. 451) avec *en possession : Les biens* [...] DONT *il se trouvera en possession* (*Code civil,* art. 33). — Comp. : *Ne trouvant pas de contrepoids dans la réalité, puisqu'il* EN *vivait à l'écart* (MONTHERLANT, *Célibataires,* I, 2).

Hist. — *Dont,* au XVIIᵉ s., dépendait quelquefois d'un nom précédé d'une préposition : *Il est des nœuds secrets, il est des sympathies, /* DONT *par le doux rapport les ames assorties / S'attachent l'une à l'autre* (CORN., *Rodog.,* I, 5). — *Luy* DONT *à la maison / Vôtre imposture enlève un puissant héritage* (MOL., *Dépit am.,* II, 1).

d) *Dont* peut être complément à la fois du sujet d'une part, de l'objet direct ou de l'attribut d'autre part :

Il plaignit les pauvres femmes DONT *les époux gaspillent la fortune* (FLAUB., *Éd. sent.,* II, 5). — *Vous avez trop de raison pour un âge* DONT *l'ingénuité est à la fois le seul attrait et la seule excuse* (FROMENTIN, *Domin.,* VI). — *C'était un vieillard* DONT *la barbe blanche couvrait la poitrine* (A. FRANCE, *Balthasar,* p. 32). — *Un homme jeune* [...] DONT *la chemise ouverte fort bas laissait voir la poitrine lisse* (MAUROIS, *Bern. Quesnay,* p. 137). — *Un homme* DONT *le corps a l'habitude d'aider la pensée* (J. ROMAINS, *Salsette découvre l'Amérique,* p. 72).

Parfois, *dont* est complément d'un seul des deux noms, l'autre est accompagné d'un déterminant possessif, ce qui rend la phrase plus claire : *Cette malheureuse créature,* DONT *la mort prématurée attriste aujourd'hui* SA *famille* (HELLO, *Contes extraordin.,* Regard du juge). — *Venu à Thonon voir ma mère toujours malade, mais* DONT *la maladie n'a pas interrompu* SON *activité* (H. BORDEAUX, *Garde de la maison,* p. 272).

De même, dans l'ex. suivant, *dont* est complément du verbe et son antécédent est représenté devant le sujet par un possessif : *Un puits rempli de cadavres de petites filles* DONT LEURS *parents se sont débarrassés* (CLAUDEL, *Connaissance de l'Est,* Pagode).

e) Redondances à éviter.

1° *Dont* et un pronom personnel objet direct ayant le même antécédent : *J'ai l'intention* [...] *de réunir ici quelques-uns de ses amis,* DONT *les parents ne manqueront pas de* LES *accompagner* (É. HENRIOT, *Aricie Brun,* II, 1). [Il vaut mieux écrire : ... QUE LEURS *parents ne manqueront pas d'accompagner.*] — *Une diseuse de bonne aventure* DONT *les anneaux d'or aux oreilles et le turban soyeux sur le front* LA *transformaient en une reine des ténèbres* (CAYROL, *Enfants pillards,* p. 155). [En outre, *dont* semble complément d'*oreilles* et de *front,* ce qui est contraire à la règle donnée dans le *c,* ci-dessus.]

Dans la phrase suivante, il n'y a pas de redondance, mais le verbe n'a pas l'objet direct qu'il réclame : *Des artisans rangés et paisibles,* DONT *les mœurs douces et un peu molles tenaient plus éloignés encore de la cruauté que de l'héroïsme* (TOCQUEVILLE, *Souvenirs,* p. 248). [Il faudrait : ... QUE LEURS *mœurs ... tenaient ... éloignés ...*]

2° *Dont* et un déterminant possessif : voir *c,* 4°. — Voir aussi dans *c,* 2°, et dans *d* des ex. où il n'y a pas vraiment redondance.

3° *Dont* et *en : De ce genre de meubles* DONT *l'élégante sobriété des lignes et la simplicité des éléments décoratifs* EN *font le prix* (M. RHEIMS, *Haute curiosité,* p. 289). — *Sa vie familiale* DONT *le désordre* EN *faisait tout le charme* (CAYROL, *Enfants pillards,* p. 16). — On pourrait considérer que, dans ces deux ex., *dont* est complément à la fois du sujet et du complément (cf. *d* ci-dessus). Dans le texte de Rheims, *dont* serait alors complément d'un nom introduit par une préposition (cf. *c*).

Dans l'ex. suivant, *en* pourrait être supprimé sans difficulté (cf. § 693, Rem.), mais peut-être l'auteur a-t-il donné à *dont* le sens « au sujet duquel » (§ 694, *d*), ce qui ôte la redondance : *C'était [...] un de ces livres* DONT *on sent immédiatement que l'auteur peu fortuné* EN *a fait les frais* (BELLESSORT, *V. Hugo,* p. 1).

La redondance, est assez fréquente quand *dont* est complément d'un numéral objet direct ou sujet réel ; les auteurs hésitent peut-être à recourir au tour signalé ci-dessus (*a,* 2° et 4°) parce que ces numéraux s'appuient d'ordinaire sur *en* (§ 651, *e*) : *25 à 26 pages in-folio* DONT *il n'y* EN *a pas trois de Du Camp* (FLAUB., *Corresp.,* t. II, p. 261). — *De toutes ces raisons, —* DONT *il n'y* EN *a pas une qui résiste à l'examen* (BRUNETIÈRE, *Bossuet,* p. 70). — *Elle a dû avoir quelques petites aventures supplémentaires* DONT *je n'*EN *connais que deux* (J. LAURENT, *Bêtises,* p. 392). — Cas analogue : *Tu ne te serviras point de tous les mots,* DONT *il* EN *est de rares et de baroques qui tirent à eux toute l'attention* (VALÉRY, *Variété,* Pl., p. 741).

Hist. — L'usage classique admettait qu'un antécédent fût, dans une même relative, représenté à la fois par *dont* et par *en,* notamment lorsqu'il y a un numéral cardinal ou indéfini :

⁺*Elle demandait cinq villes,* DONT *Metz* EN *était l'une* (MALHERBE, t. III, p. 582). — ⁺*Elle a deux mille cinq cents louis* DONT *elle ne veut pas* EN *remporter un* (SÉV., 11 juin 1676). — ⁺*Il faut faire un grand choix pour lire ses lettres* [de Voiture] DONT *il y* EN *a plusieurs qui ne vous feraient pas grand plaisir* (RAC., G.E.F., t. VII, p. 71). — *Un secret [...]* DONT *je luy deffendois d'*EN *parler* (LA FAYETTE, *Princ. de Clèves,* p. 61).

696   *Où* [de l'adverbe latin *ubi*].

a) Dans la langue générale, c'est un complément adverbial marquant le lieu, la situation, le temps :

J'ai rêvé dans la grotte OÙ *nage la sirène...* (NERVAL, *Chimères,* Desdichado.) — *Dans l'état* OÙ *vous êtes.* — *Le jour* OÙ *la patrie me demandera de verser mon sang pour elle, elle me trouvera* (CÉLINE, *Voy. au bout de la nuit,* F°, p. 17).

Remarques. — 1. *Où* peut être précédé des prépositions *de* (élidé), *par* ou *jusque* (élidé) :

C'est alors qu'elle est venue à Paris, D'OÙ *elle lui a écrit* (A. BRETON, *Nadja,* p. 73). — *Le chemin* PAR OÙ *il faut passer. La page* JUSQU'OÙ *vous avez lu.*

Lorsqu'il s'agit de destination, *où* se passe de préposition : *L'endroit* OÙ *vous allez.* — *Un cabinet de lecture* OÙ *le jeune homme s'achemine* (BARRÈS, *Dérac.,* p. 74). — *[...] des collines* OÙ *les bêtes semblaient maintenant se diriger* (H. BOSCO, *Mas Théotime,* 1947, p. 155).

Cependant, on trouve parfois *pour*, surtout avec *partir*, et *vers*[10] : *À mon retour de la Tunisie*, POUR OÙ *je partais* (MONTHERLANT, *Exil*, Préf.). — *Fongueusemare*, VERS OÙ *revolait sans cesse ma pensée* (GIDE, *Porte étr.*, p. 33). — *L'onomastique* VERS OÙ *l'avaient porté ses goûts personnels* (J. HERBILLON, dans le *Bulletin de la Commission roy. de toponymie et de dialectol.*, 1962, p. 27).

Hist. — *Vers où* a cherché à s'introduire au XVIIᵉ s. : *Le bien* VERS OÙ *vous allez* (SCUDÉRY, *Cyrus*, cit. Littré). — Vaugelas (p. 355) et d'autres grammairiens ont condamné cette expression.

2. La langue populaire emploie parfois avec *où* relatif des formules qui s'expliquent par *où* interrogatif (§§ 389-390) :

> *Votre petit papier* OUSQUE *vous avez écrit votre promesse, il faut l'oublier* (GIDE, *Isabelle*, Fᵒ, p. 120).

3. Pour *où* et *y* formant redondance, voir § 655, *b*.

4. Pour la concurrence entre *que* et *où* lorsqu'il s'agit du temps, voir § 689, *d*, 2ᵒ ; — entre *d'où* et *dont* lorsqu'il s'agit de l'origine, voir § 694, *c*.

b) L'antécédent de *où* est ordinairement un nom. Notons certains faits particuliers.

1ᵒ Si ordinairement *où* s'applique à des choses, il peut avoir comme antécédent un syntagme formé d'une préposition de lieu suivie d'un nom ou d'un pronom qui désignent des personnes :

> *Elle a d'abord perdu connaissance et ne l'a reprise que* CHEZ LE PHARMACIEN OÙ *on l'a* [...] *transportée* (GIDE, *Journal*, 31 mars 1943). — *Ils retrouvèrent le Patron* AUPRÈS DU BÉBÉ, OÙ *l'avait conduit Studler* (R. MARTIN DU GARD, *Thib.*, Pl., t. I, p. 1070). — *Le rendement fonctionnel de ces oppositions corrélatives est faible* CHEZ CEUX OÙ *elles existent* (A. MARTINET, cit. Sandfeld, t. II, p. 193).

2ᵒ *Où* peut avoir un adverbe pour antécédent : *Ici, là, là-bas, partout, aujourd'hui*. Voir § 1059, *c*.

3ᵒ L'antécédent est une phrase quand *d'où* marque la conclusion :

> *Il a refusé*, D'OÙ *il résulte maintenant que nous sommes dans l'impasse* (*Dict. contemp.*).
> Avec une relative averbale : *Il avait un égal amour pour le rêve et le réel.* D'OÙ *ses tourments*, D'OÙ *ses combats* (G. DUHAMEL, *Désert de Bièvres*, p. 188). — *Ces grands caractères, ainsi mis à la retraite, avaient besoin d'occuper leurs loisirs. Il était nécessaire qu'ils fussent domptés.* D'OÙ *les Précieuses, l'Hôtel de Rambouillet et, plus tard, ces analyses de*

---

10. Aussi lorsque *où* est un interrogatif : *Julien se hâta de lui annoncer son départ. /* POUR OÙ ? *dit M. de La Mole* (STENDHAL, *Rouge*, II, 17). — *La souffrance est certainement ce qui va le plus loin, mais* VERS OÙ ? (J. ROSTAND, *Pensées d'un biologiste*, p. 196.) — Autres ex. de *pour où* interrogatif : DUMAS fils, *Visite de noce*, VII ; GIDE, *Journal*, 14 mai 1943 ; TROYAT, *Tant que la terre durera...*, p. 651 ; etc. — De *vers où* interrogatif : BARRÈS, dans la *Cocarde*, 2-3 janv. 1895 ; S. GROUSSARD, dans *Hommes et mondes*, mars 1952, p. 341 ; R. KEMP, dans les *Nouv. litt.*, 26 mars 1953 ; M. JOBERT, *Vie d'Hella Schuster*, p. 77 ; L. BODARD, *Anne Marie*, p. 143 ; etc.
Avec *sur* : *Le Ravitaillement, déjà évacué de Paris sur Pougues, va être replié de nouveau.* SUR OÙ ? (F. GREGH, *Âge de fer*, p. 144.)

sentiments qui vous étonnent (MAUROIS, *En Amérique*, p. 90). — *Ils sont poètes, et ne sont que poètes* [...]. D'OÙ *leur immense prestige* (P. EMMANUEL, dans le *Figaro*, 2 avril 1971). — *Dans le jardin d'Academos* (D'OÙ *nos « académies »*)*, il* [= Platon] *a institué une école* (J. GUITTON, *ib.*, 21 juillet 1980).

La ponctuation forte (souvent un point) qui précède *d'où* dans ces ex. montre que le relatif est traité comme un démonstratif (comp. *quoi* au § 691, *c*) et que la locution est proche des adverbes anaphoriques (§ 921).

L'assimilation de *d'où* à *de là* a entraîné la création de la locution conjonctive *d'où que*, analogue à *de là que :* cf. § 1067, Rem.

4° *Où* s'emploie aussi sans antécédent :

Les Fleuves m'ont laissé descendre OÙ *je voulais* (RIMBAUD, *Premiers vers*, Bateau ivre).

Dans les formules concessives (OÙ *que vous alliez, vous ne serez pas seul*), il n'est pas certain que *où* soit, originairement, un relatif.

c) *Où* comme complément d'objet indirect est un archaïsme (cf. Hist.) de la langue littéraire :

Les suppositions OÙ *vous vous livrez* (Th. GAUTIER, *Partie carrée*, VII). — *Un des journaux* OÙ *collabore Renaudin* (BARRÈS, *Dérac.*, p. 171). — *C'est un toutou, cette fois,* OÙ *son cœur s'intéresse* (TOULET, *Mon amie Nane*, XI, 2). — *Elle* [= la nouvelle] *est en train d'échapper aux périls* OÙ *le roman est exposé* (MORAND, *Ouvert la nuit*, Préf. de 1957). — Autres ex. : HERMANT, *Daniel*, p. 68 ; THÉRIVE, *Procès de littérature*, p. 127 ; G. TRUC, dans Saint-Simon, *Mém.*, Pl., t. IV, p. 1106 ; Fr. AMBRIÈRE, dans le *Figaro litt.*, 19 avril 1947 ; CAILLOIS, *ib.*, 25 sept. 1948.

Hist. — L'usage que nous venons de décrire était encore courant chez les auteurs du XVIIe et du XVIIIe s. : *C'est là l'unique étude* OÙ *je veux m'attacher* (BOIL., *Ép.*, V). — +*Il y a des maux effroyables et d'horribles malheurs* OÙ *l'on n'ose penser* (LA BR., XI, 30). — *Des honneurs* OÙ *ils ne peuvent atteindre* (VOLT., *Lettres phil.*, VI). — *Des soins* OÙ *sa piété l'engage pour vous* (MARIV., *Vie de Mar.*, p. 28).

Ils pouvaient aussi donner à *où* un nom de personne comme antécédent : *Vous avez veu ce fils* OÙ *mon espoir se fonde ?* (MOL., *Étourdi*, IV, 2.) — +*Ce commissaire* OÙ *il nous renvoyait* (SÉV., 13 juin 1684). — +*Les Égyptiens sont les premiers* OÙ *l'on ait su les règles du gouvernement* (BOSS., *Disc. hist. univ.*, III, 3).

697   *Quiconque* comme pronom relatif est nominal et représente des personnes. Il a la valeur de « celui, quel qu'il soit, qui » ou de *qui* nominal (§ 687). Il est singulier et de la 3e personne (cf. Hist.). La proposition relative qu'il introduit peut être sujet ou complément.

QUICONQUE *m'a fait voir cette route a bien fait* (MUSSET, *Poés. nouv.*, Sur la paresse). — *Je pense* [...] / [...] / *À* QUICONQUE *a perdu ce qui ne se retrouve / Jamais !* (BAUDEL., *Fl. du m.*, Cygne, II). — [...] *en revenant pour un jour au sommeil naturel — le plus étrange de tous pour* QUICONQUE *a l'habitude de dormir avec des soporifiques* (PROUST, *Rech.*, t. III, p. 124). — *Il sera critiqué par* QUICONQUE *a un peu de connaissances en la matière* (*Dict. contemp.*). — Autres ex. au § 1058, *a*, 1°.

Hist. — *Quiconques* (qui s'écrit avec un *s* jusqu'au XVIe s.) est l'agglutination de l'anc. fr. *qui qui onques* ou *qui qu'onques* « qui jamais ». Le latin *quicumque* a exercé une influence.

Le mot a servi parfois d'adjectif : *Depuis ce temps, caphart* QUICONQUES *n'est auzé entrer en mes terres* (RAB., *Garg.*, XLV). — Il a eu le sens concessif de *qui que :* QUICONQUES *sois, cruel, ne nous menace plus* (RONSARD, t. VIII, p. 307). — Il a pu, à l'époque classique, représenter une autre personne que la 3ᵉ personne du singulier : *O quiconque des deux* AVEZ *versé son sang, / Ne vous préparez plus à me percer le flanc* (CORN., *Rodog.*, V, 4). — Dans cet ex., *quiconque*, par syllepse, est rappelé par un pronom pluriel :⁺ *Quiconque n'est pas d'accord* AVEC LA RÈGLE, *elle* LES *repousse et* LES *condamne* (BOSS., cit. Littré). — Sur *il* reprenant devant le verbe principal la proposition relative introduite par *quiconque*, voir § 236, *b*, 1°, Hist. *(Quiconque veut prier,* IL *doit ...).* — On observera aussi que, dans l'ex. de Bossuet, la proposition introduite par *quiconque* est objet direct et qu'elle est rappelée par un pronom conjoint devant le verbe principal. Une autre analyse serait de rapprocher cet emploi de *qui* « si on » (§ 1058, *a*, 2°, Rem.).

Remarques. — 1. D'habitude, les mots qui s'accordent avec *quiconque* se mettent au masculin. Mais le féminin ne serait pas impossible lorsque le pronom concerne manifestement des femmes :

Quiconque sera PARESSEUSE *ou* BABILLARDE *sera* PUNIE (LITTRÉ).

2. En Belgique, on emploie °*tout quiconque* (comme *tout qui :* § 687, *b*, Rem. 1) comme équivalent de *quiconque :*

TOUT QUICONQUE *de Wallonie réaliserait un autobus à pédales serait prié de se faire connaître au ministère des transports* (J. BEAUCARNE, *Écrit pour vous*, p. 39).

3. Sur *quiconque* employé comme pronom indéfini (... *plus que quiconque*), voir § 730. — Cet emploi entraîne parfois un *qui* superflu après *quiconque :* °QUICONQUE QUI *ferait cela...*

SECTION 7. — LES PRONOMS INTERROGATIFS

Bibl. — G. GOUGENHEIM, *Études de gramm. et de vocab. fr.*, pp. 108-129.

698   **Les pronoms interrogatifs** s'emploient au lieu d'un nom au sujet duquel le locuteur (ou le scripteur) demande une information, notamment quant à l'identification :

QUI *donc es-tu, morne et pâle visage, / Sombre portrait vêtu de noir ? /* QUE *me veux-tu, triste oiseau de passage ?* (MUSSET, *Poés. nouv.*, Nuit de déc.)

Dans le cas de *combien*, la question porte sur le nombre : COMBIEN *êtes-vous ?*

Comme il n'est pas possible de faire porter l'interrogation directement sur le verbe prédicat lui-même, on utilise un pronom interrogatif neutre et le verbe *faire*, qui est apte à remplacer n'importe quel verbe (§ 745) : QUE FAIT *Marie ? Elle dort.*

Ainsi que nous l'avons fait remarquer à propos des déterminants (§ 557), la catégorie des interrogatifs ne répond pas au même critère que d'autres pronoms.

Remarques — 1. *Combien* peut s'employer aussi comme pronom exclamatif, nominal (« combien de personnes ») ou représentant : cf. § 699, *b*.

2. *Qui, quoi* et *combien* servent à former les locutions pronominales indéfinies *je ne sais qui, n'importe quoi,* etc. Cf. § 708, *b.*

699   **Formes des pronoms interrogatifs.**

a) Les **pronoms interrogatifs proprement dits** présentent les formes suivantes.

Formes simples : *Qui,* pour des personnes ; — *que* et *quoi,* pour des choses. Ce sont des nominaux.

Formes composées : *Lequel,* dont les deux éléments varient en genre et en nombre (fém. sing., *laquelle ;* masc. plur., *lesquels ;* fém. plur., *lesquelles*) et qui se contracte avec les prépositions *à* et *de* au masculin singulier et au pluriel *(auquel, duquel ; auxquels, desquels ; auxquelles, desquelles).* — Ce sont des représentants.

Hist. — *Qui* provient du relatif latin *qui* (qui a supplanté l'interrogatif *quis*). *Que* et *quoi* viennent tous deux de l'interrogatif neutre latin *quid :* le premier a évolué comme atone, le second comme tonique.

Remarques. — 1. Ces interrogatifs correspondent aux pronoms relatifs (§ 679). — *Dont* aujourd'hui n'est plus que relatif (cf. 693, *b,* Hist.). — Quant à *où,* quand il est interrogatif, on le range traditionnellement parmi les adverbes, avec *pourquoi, quand* et *comment* (pour *combien,* voir *b,* ci-dessous).

2. Dans l'interrogation indirecte, on emploie *ce que, ce qui* pour interroger sur les choses : cf. § 703.

b) Comme d'autres adverbes (§ 707), *combien* peut jouer le rôle d'un pronom et avoir les fonctions de sujet, d'attribut et de complément d'objet.

— Nominal. Au pluriel, pour des personnes, surtout comme exclamatif : COMBIEN *voudraient être à votre place !* (Ac.) — Au singulier, pour de l'argent (comp. *tant,* § 707, *a,* Rem. 1) : « COMBIEN *as-tu encore ? » /* — « *Deux pièces de cent sous ! »* (FLAUB., *Éd. sent.,* I, 5.)

— Représentant, pour des personnes comme pour des choses : *Parmi vos timbres,* COMBIEN *ont vraiment de la valeur ?* — Exclamatif : *Oh ! combien de marins, combien de capitaines / Qui sont partis joyeux pour des courses lointaines, / Dans ce morne horizon se sont évanouis ! /* COMBIEN *ont disparu, dure et triste fortune !* (HUGO, *Rayons,* XLII.)

Comme objet direct ou comme « sujet réel », *combien* s'appuie sur le pronom *en* (cf. § 651, *e*) : COMBIEN *en avez-vous mangé ?* COMBIEN *en faut-il ?*

c) Comme les autres interrogatifs (§ 389, *b*), les pronoms interrogatifs sont, souvent dans la langue parlée et parfois dans la langue écrite, suivis de *est-ce qui* (si le pronom est sujet), *est-ce que* (si le pronom a une autre fonction, y compris celle de sujet réel).

Ce qui est particulier aux pronoms, c'est 1) la fréquence de *Qui est-ce qui* (ou *que*) ... ? *Qu'est-ce qui* (ou *que*) ... ? — 2) le caractère presque obligatoire de *Qu'est-ce qui* (ou *que*) ... ? dans certaines circonstances : voir §§ 702, *a,* 1°, et aussi

389, *b.* — Ces périphrases sont pourtant parfois mal jugées, et des auteurs recourent à des constructions inconnues de l'usage ordinaire : voir §§ 701, *b ;* 702, *a,* 2° et 3°.

Remarque. — Sur le renforcement des pronoms (*Qui donc ... ? Qui diable ... ?* etc.), voir § 383, *b,* Rem. 3. — Sur *Qui cela ?* voir § 384, *c.*

700   **Place des pronoms interrogatifs :** voir §§ 383, *b,* Rem. 4 ; 391, *b,* 1°.

701   *Qui.*

a) **Dans la langue commune,** *qui* **interroge sur les personnes,** tant dans l'interrogation directe que dans l'interrogation indirecte. Il peut être sujet, sujet réel, attribut, complément direct de verbe, complément prépositionnel (de verbe, de nom, etc.) :

QUI *a frappé ? Je demande* QUI *a frappé.* — QUI *faut-il en plus ?* — *Qui es-tu ? Dis-moi* QUI *tu es.* — QUI *désignera-t-on ? J'ignore* QUI *on désignera.* — *À* QUI *obéirons-nous ? Chez* QUI *loges-tu ? De* QUI *as-tu demandé l'avis ? De* QUI *est-il digne ?*

Qui est parfois mot en apostrophe, notamment quand on veut reprocher à un enfant de n'avoir pas donné le mot en apostrophe requis par la politesse (§ 370, Rem. 1) : *Tu te rappelles tout de même hein ? [...] / — Oui. / — Oui* QUI *donc ? / — Oui, maman* (ARLAND, *Terre natale,* I).

Qui suit le prénom quand on interroge sur le nom de famille : *C'est Bill... Bill* QUI *? je n'en sais rien...* (SIMENON, *Maigret à New-York,* p. 60.) — Autre ex. : SAND, *Fr. le champi,* I.

Qui ne porte pas les marques du genre et du nombre. Les mots qui s'accordent avec ce pronom se mettent d'ordinaire au masculin singulier, genre et nombre indifférenciés — ce qui est normal, puisque dans la plupart des cas on ignore le sexe et le nombre des êtres au sujet duquel on interroge.

Il arrive pourtant que le contexte ou la situation imposent le féminin (il s'agit manifestement de femmes) et le pluriel (il s'agit manifestement de plusieurs personnes) :

Il avait observé et jugé la pauvre Jeanne [...] ; *si cette créature-là devait être perdue,* QUI *donc serait* SAUVÉE *?* (THÉRIVE, *Fils du jour,* p. 107.) — *Agnès : Quelles idiotes ? /* Le *Secré-taire général :* QUI *est idiote ? Ma sœur, ma mère, ma nièce ?* (GIRAUDOUX, *Apollon de Bellac,* V.) — QUI *pouvait être plus glorieuse ?* (VAN DER MEERSCH, *Compagne,* p. 114.) — *Et* QUI *donc est allée à Chaumont dernièrement ? Et* QUI *donc est restée depuis deux mois enfermée ?* (ARLAND, *Terre natale,* V). [Interrogations fictives.]

Je ne saurais vous dire QUI *sont les plus vilains* (SARTRE, *Mouches,* III, 5). — *J'ignore* QUI *sont les plus méprisables* (J. ROSTAND, *Pensées d'un biologiste,* p. 188). — *Et* QUI *étaient embêtés alors ? C'étaient les autres* (Yv. ESCOULA, *Sur la piste du mûrier,* p. 10). — QUI *furent contents ? Ce furent les Dutreil* (Fr. PARTURIER, *Calamité, mon amour,* p. 271). — *Une trentaine de matafs de toutes les nationalités se battaient pour savoir* QUI *monteraient les premiers* (M. OLIVIER-LACAMP, *Chemins de Montvézy,* p. 44).

N.B. — Ne pas confondre ces pluriels et ceux qui sont dus à un accord normal, *qui* étant attribut : QUI *étaient ces dames et d'où venaient-elles ?* (H. BOSCO, *Balesta,* p. 179). — Cf. : QUI *était ce Le Dantec ? Un homme de taille moyenne, brun, aux yeux très noirs, portant des costumes sombres rayés* (R.-V. PILHES, *Imprécateur,* p. 79). [Ex. où l'on voit que *qui* est manifestement attribut.]

Remarque. — Sur les éléments subordonnés à *qui,* voir §§ 352, *b (Qui d'autre),* et 353, *c (Qui de nous).*

b) **Dans la langue littéraire,** on trouve encore (cf. Hist.) *qui* **interrogeant sur les choses,** avec la valeur d'un pronom neutre, là où l'usage ordinaire mettrait *qu'est-ce qui* (interrog. directe), que certains auteurs cherchent à éviter, — ou *ce qui* (interrog. indirecte) :

QUI *peut vous faire croire cela ? / — Ce qui peut me le faire croire, c'est que vous rompez l'amitié qui vous attachait à mon mari* (Al. DUMAS, *Reine Margot,* XI). — *Vous croirez avoir fait un beau rêve.* QUI *vous en empêche ? La vision s'est évanouie avant le jour* (Th. GAUTIER, *M*ˡˡᵉ *de Maupin,* XVII). — QUI *diable vous amène ?* (FLAUB., *Éd. sent.,* I, 5.) — *Alors, je m'en vais. / —* QUI *vous presse tant ? / — J'ai besoin de marcher* (MAUPASS., *Fort comme la mort,* II, 6). — QUI *nous vaut cette bonne visite ?* (A. DAUDET, *Petite paroisse,* p. 73.) — *Je ne sais* QUI *m'émeut davantage : la colère d'être joué ou le danger que courait Étienne* (ARLAND, *Étienne,* p. 127). — QUI *prédestine l'Allemagne et l'Autriche à conduire le chœur européen ?* (BAINVILLE, *Allemagne,* t. I, p. 48.) — QUI *donc, sinon cet amour, nous soutient [...] ?* (COLETTE, *Fanal bleu,* p. 225.) — QUI *de la terre ou du soleil tourne autour de l'autre, cela est profondément indifférent* (A. CAMUS, *Mythe de Sisyphe,* p. 16). — QUI *nous prouve qu'Hitler s'en tiendra là ?* (TROYAT, *Rencontre,* p. 120.) — *Il ne savait pas* QUI *le frappait le plus : tant de ridicule ou une certaine admiration pour la violence dont il était capable* (J. ROY, *Saison des za,* p. 125). — QUI *est unicorne, le rhinocéros d'Asie ?* (IONESCO, *Rhinocéros,* p. 39.)

Autres ex. : MUSSET, *Poés. nouv.,* Nuit d'oct. ; VIGNY, *Poèmes ant. et mod.,* Fille de Jephté ; HUGO, *Orient.,* XVIII ; MÉRIMÉE, *Corresp.,* 18 déc. 1842 ; LOTI, *Désenchantées,* II ; A. FRANCE, *Île des pingouins,* V, 1 ; *Bible de Jérus.,* Ép. aux Rom., VIII, 35 ; BERNANOS, *Joie,* pp. 48-49 ; GIDE, *Caves du Vat.,* V, 3 ; P. BENOIT, *Toison d'or,* p. 106 ; MONTHERLANT, *Jeunes filles,* p. 81.

Hist. — *Qui* neutre a été courant jusqu'au XVIIᵉ et même jusqu'au XVIIIᵉ s. :

QUI *faict les coquins mandier ? C'est qu'ilz n'ont en leur maison dequoy leur sac emplir* (RAB., III, 14). — *On demandoit à un Lacedemonien* QUI *l'avoit fait vivre sain si long temps : L'ignorance de la medecine, respondit-il* (MONTAIGNE, II, 37). — *Je ne sçay* QUI *je doibs admirer davantage / Ou de ce grand amour, ou de ce grand courage* (CORN., *Illus.,* V, 3). — QUI *fait l'Oyseau ? c'est le plumage* (LA F., *F.,* II, 5). — QUI *peut donc déterminer les soldats, les maçons et tous les ouvriers mécaniques, sinon ce qu'on apelle hazard et la coutume ?* (VOLT., *Lettres phil.,* XXV, 21.) — QUI *interesse dans le vicaire savoyard ? c'est sa bonté, ses soins penibles, charitables* (BERN. DE SAINT-P., *Vie et ouvr. de J.-J. Rouss.,* p. 105).

Qui s'employait aussi comme pluriel, soit à propos de personnes, soit à propos de choses : ⁺*Je ne sais* QUI *sont plus redevables, ou ceux qui ont écrit l'histoire [...]* (LA BR., I, 12). — *Entre tant d'Animaux,* QUI *sont ceux qu'on estime ?* (BOIL., *Sat.,* V.)

702   **Le pronom neutre dans l'interrogation directe.**

a) Comme **sujet.**

1° On utilise d'ordinaire la formule dite périphrastique *Qu'est-ce qui ... ?*

QU'EST-CE QUI *distingue ici le comique du laid ?* (BERGSON, *Rire,* p. 17.) — *Cela ne saurait durer. Mais* QU'EST-CE *donc* QUI *peut durer ?* (A. CAMUS, *Été,* p. 62.) — Autres ex. au § 389, *b.*

2° *Quoi* est courant dans les phrases averbales :

QUOI *de plus grisant que de retrouver Paris après une sorte d'exil ?* (J. GREEN, *Jeunesse*, p. 18.)

On le trouve aussi quand *quoi* fait partie d'un syntagme, soit parce qu'il est suivi de *donc* ou d'une épithète (à laquelle il est uni par *de :* § 352, *b*), soit parce qu'il est coordonné à un autre interrogatif :

QUOI *donc t'étonne ?* (FLAUB., *Mme Bov.*, II, 13.) — QUOI *donc vous arrive ?* (VERL., *Rom. sans par.*, Ariettes oubliées, VIII.) — QUOI *donc vous étonne ?* (É. BOURGES, *Les oiseaux s'envolent...*, Biblioth. Plon, t. II, p. 119.) — QUOI *donc m'oppresse et me ravit à la fois ?* (WILLY et COLETTE, *Claud. à Paris*, p. 203.) — QUOI *donc t'a poussée ?* (CHÂTEAUBRIANT, *Brière*, V.) — *Mais* QUOI *donc, alors, ou qui donc* [...] *secouera assez cette nation* [...] *?* (MONTHERLANT, *Service inutile*, Pl., p. 612.) — QUOI *donc a bien pu te séduire dans cette fille !* (GIRAUDOUX, *Ondine*, III, 1.) — QUOI *donc avait pu retenir George plusieurs années dans un pareil endroit ?* (BOURNIQUEL, *Abois*, p. 106.) — Autres ex. de *Quoi donc :* LAMART. et les GONC., cités par Gougenheim, p. 111 ; Wl. WEIDLÉ, *Abeilles d'Aristée*, p. 54 ; Cl. MAURIAC, dans le *Figaro litt.*, 12 mai 1951.

QUOI *de nouveau allait apparaître dans leur vie ?* (BARRÈS, *Dérac.*, p. 197.) — QUOI *d'autre pourrait m'amener chez toi à cette heure ?* (MIRBEAU, cit. Sandfeld, t. I, p. 320.)

Qui ou QUOI *vous a donné cette idée ?* (Ch. MÉRÉ, cit. Sandfeld.) — Cf. dans une interrog. indirecte : *Je ne voyais jamais qui ou* QUOI *en était la cause* (M. VÉRON, trad. de : D. Lessing, *Mémoires d'une survivante*, p. 73).

Quoi seul en tête reste assez surprenant : QUOI *était plus intolérable que cette dérision ?* (BAUDEL., trad. de : Poe, *Nouv. hist. extr.*, Calmann-Lévy, p. 111.) — QUOI *bruissait / Comme des sistres ?* (VERL., *Rom. sans par.*, Charleroi.) — *Car* QUOI *résiste au regard humain* [...] *?* (CLAUDEL, *Repos du 7e jour*, p. 86.) — QUOI *a détourné, un moment, le théâtre français de son caractère original ?* (LÉAUTAUD, *Propos d'un jour*, p. 122.) — *Mais, à la fin,* QUOI *vous autorise à croire...* (CROMMELYNCK, *Chaud et froid*, 1943, p. 18.) — QUOI *te manquerait alors ?* (A. SARRAZIN, *Passe-peine*, p. 128.) — Faut-il attribuer cet emploi au discrédit (souvent excessif) qui frappe dans certains milieux toutes les périphrases avec *est-ce qui, est-ce que* ?

3° *Que* est très rare (il s'explique sans doute par la cause qui vient d'être donnée) :

QUE *me vaut tant d'honneur ?* (M. GARÇON, *Disc. de réc. à l'Ac. fr.*, cité par Gide, dans le *Littéraire*, 8 févr. 1947.) — *Qu'avait bien pu pousser papa à quitter brusquement sa tribu* [...] *?* (M. RAGON, *Ma sœur aux yeux d'Asie*, p. 260.)

4° *Qui :* voir § 701, *b*.

b) Comme **complément essentiel direct** (objet ou autre) de verbe, comme **attribut** et comme **sujet réel**.

1° *Que* est la forme ordinaire :

QUE *veux-tu ?* QUE *mangerez-vous ?* — QUE *murmuraient les chênes ?* (HUGO, *Contempl.*, IV, 12.) — QUE *coûte cette voiture ?* — QUE *pèse ce colis ?* — QUE *pèserait la protestation de Weygand ?* (DE GAULLE, *Mém. de guerre*, t. I, p. 196.) — *Ce professeur* [...], QUE *vaut-il ?* (R. MARTIN DU GARD, *Thib.*, Pl., t. I, p. 730.)

QUE *sera, ensuite, son avenir ?* (DE GAULLE, *op. cit.*, p. 326.) — QUE *deviendrais-je ?* — *Mais* QU'*est une foi sans les œuvres ?* (DANIEL-ROPS, *Église des temps classiques*, t. I, p. 107.) — Ce dernier ex. est d'une langue assez apprêtée ; on dira plutôt : *Qu'est-ce qu'une foi ... ?* Cf. § 388, *b*, 2°, Rem.

QUE *s'est-il passé ?* QUE *faut-il ?* QU'*y a-t-il ?* QUE *se passe-t-il ?* QU'*arrivera-t-il ?* QUE *manque-t-il ?* — Sans *il :* QUE *vous importe ?* QUE *vous en semble ?* — On peut avoir les tours périphrastiques : *Qu'est-ce qu'il se passe ?* ou *Qu'est-ce qui se passe ?* § 689, *b*, Rem.

Remarque. — *Que* est un objet indirect avec *servir :* QUE *me sert ton sang ?* (VIGNY, *Maréchale d'Ancre*, V, 12.) — Voir § 272, Hist., 3.

2° *Quoi* est utilisé quand l'interrogatif n'est pas en tête de phrase, mais occupe la place qui est d'ordinaire celle d'un complément, d'un attribut, d'un sujet réel ; cela est surtout fréquent dans la langue parlée (cf. § 391, *b*, 1°) :

Il t'a dit QUOI, *mon fils ?* (LOTI, *Ramuntcho*, p. 268.)

Quoi est parfois utilisé en tête quand il fait partie d'un syntagme (cf. *a*, 2°) : *Et la trotteuse* [d'une montre], *qui ou* QUOI *poursuit-elle de ses saccadés sauts de puce ?* (S. KOSTER, *Homme suivi*, p. 16.)

Cet ex.-ci reproduit le langage enfantin : *Loup y es-tu ? m'entends-tu ?* QUOI *fais-tu ?* (AYMÉ, *Contes du chat perché*, Loup.)

3° Quand le verbe de la phrase interrogative est à l'infinitif, le pronom est *que* d'ordinaire ; *quoi* paraît d'une langue plus familière :

QUE *dire ?* QUE *faire ?* (BERNANOS, *Journal d'un curé de camp.*, Pl., p. 1160.) — QUOI *faire,* QUE *résoudre, quels hommes aller trouver, je ne puis le savoir encore* (MUSSET, *Lorenz.*, III, 3). — QUOI *devenir ?* (H. LAVEDAN, *Jeunes*, p. 69.) — *Mais* QUOI *vous raconter ?* (SAINT EXUPÉRY, *Lettres à l'amie inventée*, p. 89.) — QUOI *répondre ?* (DANIEL-ROPS, *Cœur complice*, p. 77.) — *Mais pourquoi parler,* QUOI *dire et comment le dire ?* (CASAMAYOR, *Mystification*, p. 58.) — QUOI *penser ?* (M. DURAS, *Douleur*, p. 52.)

Quoi est nécessaire s'il y a un complément nominal avant l'infinitif : QUOI *sur la terre mettre en balance avec les joies d'un pareil moment ?* (BALZAC, *Mém. de deux jeunes mariées*, XLV.)

Si l'infinitif est introduit par une préposition, *quoi* s'impose aussi ; d'ordinaire il se met entre la préposition et l'infinitif :

Il quitte ses tissus. Mais pour QUOI *prendre, devinez-le* (HÉRIAT, *Enfants gâtés*, V, 2). — *La liberté, pour* QUOI *faire ?* (Titre d'un livre de BERNANOS.) [*Pour faire quoi ?* serait de la langue plus familière : 2°.]

Pour quoi faire s'écrit souvent, quoique de façon peu logique, *Pourquoi faire ?* (Comp. § 691.)

Ex. de *pour quoi :* FLAUB., *Éd. sent.*, III, 1 ; TAINE, *Voy. aux Pyrén.*, p. 178 ; R. ROLLAND, *Jean-Chr.*, t. I, p. 189 ; MONTHERLANT, *Malatesta*, I, 8 ; Fr. MAURIAC, *Feu sur la terre*, p. 155 ; VERCORS, *Silence de la mer et autres récits*, p. 131 ; etc. — De *pourquoi :* HUGO, *Misér.*, I, I, 2 ; R. MARTIN DU GARD, *Thib.*, Pl., t. I, p. 14 ; MALRAUX, *Condition hum.*, p. 236 ; P. BENOIT, *Dame de l'Ouest*, p. 213 ; TROYAT, *Les semailles et les moissons*, p. 104 ; etc.

On observe des différences selon les éditions : *Apprendre à lire,* POURQUOI *faire ?* (AYMÉ, *Contes du chat perché*, 1952, p. 30.) [= *pour quoi*, 1966, p. 102.]

c) Comme **complément prépositionnel,** *quoi* est le seul usité :

À QUOI *pensez-vous ? De* QUOI *êtes-vous mécontent ? À la suite de* QUOI *est-il handicapé ? Sur* QUOI *pouvons-nous compter ?*

d) Emplois particuliers de *quoi :*

1° *Quoi* peut tenir la place de n'importe quel mot ou syntagme que l'on veut faire répéter (si l'on n'a pas compris) ou dire (si l'interlocuteur n'a pas exprimé sa pensée de façon complète) :

La parthéno, jeta-t-il du bout des lèvres. / — La QUOI *? / — La parthéno. La parthénogenèse, enfin !* (CURTIS, *Saint au néon,* F°, p. 86.) — Autres ex. aux §§ 220, *b,* 1° ; 391, *b,* 1°, Rem. 2.

Quoi s'emploie aussi pour faire répéter une phrase entière, ce qui est considéré comme impoli. On doit dire : *Plaît-il ? Pardon ?* etc. Cf. § 1051, *d,* 3°. Très familier aussi, *quoi* répondant à une interpellation : *Emma ! dit-il. / —* QUOI *? / — Eh bien, j'ai passé cette après-midi chez M. Alexandre* (FLAUB., *Mme Bov.,* II, 9).

2° *Quoi* suivi d'un point d'exclamation (parfois d'un point d'interrogation) est un mot-phrase exprimant l'étonnement ; il est usité même dans le style noble :

Eh QUOI *! n'en pourrons-nous fixer au moins la trace ? /* QUOI *! passés pour jamais !* QUOI *! tout entiers perdus !* (LAMART., *Médit.,* XIII.)

Dans le lang   familier, pour souligner un terme : *Il s'est enfui dans les bois ; réfractaire* QUOI, *comme on les appelait* (BALZAC, *Curé de vill.,* IV).

Ou quoi, dans le langage familier, sert aussi à souligner, comme *Oui ou non ?* sans qu'il y ait une véritable interrogation : *Non mais sans blague, elle est devenue dingue,* OU QUOI *?* (É. AJAR, *Angoisse du roi Salomon,* p. 273.) — Autre ex. au § 381, Rem. 1.

3° *De quoi* sert parfois d'équivalent à *quoi* pour faire répéter l'interlocuteur.

Dans le fr. populaire parisien, il exprime un refus méprisant : *Tu ferais mieux de dormir à cette heure-ci. / —* DE QUOI *? observa le jeune homme avec cet accent des voyous parisiens qui semble un râle* [...] : *est-ce qu'il ne faut pas que je fasse mon état ?* (NERVAL, *Nuits d'oct.,* X.)

Remarques. — 1. *Que* et *quoi* peuvent avoir des éléments subordonnés : *Quoi* D'AUTRE *fera-t-il ? Que fera-t-il* D'AUTRE *?* — Voir § 352, *b* et Rem. 1 et 3.

2. Avec *diable* ou *diantre* comme renforcements (§ 383, *b,* Rem. 3), on utilise *que* et non *quoi :* QUE *diable faire de ses enfants ?* (J. GREEN, *Journal,* 17 mai 1957.)

3. Sur la place du sujet avec *que (Que serait devenu* CELA *? Que* CELA *serait-il devenu ?),* voir § 388, *b,* 2°.

4. *Que* « pourquoi » (QUE *ne suis-je à votre place !*) doit être considéré plutôt comme un adverbe exclamatif : voir § 394, *d.*

703   Le pronom neutre dans l'interrogation indirecte.

a) Comme sujet, on emploie *ce qui* (par analogie avec la construction de la proposition relative) :

Qu'est-ce qui t'intéresse ? → Je demande CE QUI *t'intéresse.*

Hist. — On a employé *qui* jadis, et il s'en trouve encore des traces aujourd'hui : § 701, *b* et Hist.

b) Comme complément essentiel direct, comme attribut et comme sujet réel.

1° Si le verbe de la proposition n'est pas à l'infinitif, on emploie *ce que* (dû aussi à l'analogie avec la proposition relative) :

Je me demande CE QUE *nous ferons ...* CE QUE *cela coûtera, ...* CE QUE *nous deviendrons, ...* CE QU'*il faudrait.*

Hist. — On a employé *que* encore assez souvent au XVIIᵉ s., bien que Vaugelas eût estimé que cela ne se disait plus guère (p. 173) : *Je ne sçay* QU'*est devenu son Fils* (RAC., *Plaid.*, II, 7). — ⁺*Permettez-moi de leur demander* QUE *leur a fait ce saint lieu* (BOSS., *Œuvres orat.*, t. III, p. 471). — *Vous sçavez bien par votre experience* / QUE *c'est d'aimer* (LA F., *C.*, Faucon).

Au XXᵉ s., c'est un archaïsme rarissime : *Il demanda* QUE *pouvait bien entendre le R.P. de Sales, en parlant de restrictions* (LA VARENDE, *M. le duc*, p. 284).

2° Si le verbe de la proposition est à l'infinitif, on a le choix entre *que* et *quoi* :

Ex. avec *que* : *Je ne savais* QUE *répondre* (CHAT., *Mém.*, III, II, XI, 9). — *La pauvre mère ne sait plus* QU'*inventer* (A. DAUDET, *C. du lundi*, p. 76). — *Je cherchais* QUE *lui répondre* (G. DUHAMEL, *Maîtres*, p. 118). — *N'est-il pas doux de savoir* QUE *faire* [...]*?* (ID., *Deux hommes*, XV.) — *Elle vacilla sous le coup, ne sut* QUE *répondre* (Fr. MAURIAC, *Genitrix*, II). — *Je ne savais plus* QUE *penser* (MAC ORLAN, *Ancre de miséricorde*, p. 111). — *Ils ne savent* QU'*inventer sur nous, égoutiers* (GIRAUDOUX, *Folle de Chaillot*, p. 101). — *Moi qui cherche toujours* QUE *répondre* (MAUROIS, *Lettres à l'inconnue*, p. 100).

Ex. avec *quoi* : *Elle ne savait qu'imaginer,* QUOI *faire,* QUOI *dire, pour se donner et se donner encore* (MUSSET, *Conf.*, IV, 1). [Rem. *que* avec le 1ᵉʳ infin.] — *Elle ne sait plus* QUOI *inventer* (GIDE, *Faux-monn.*, p. 156). — *Ils auraient su* QUOI *défendre* (GIRAUDOUX, *Combat avec l'ange*, IX). — *Je n'étais jamais embarrassé pour savoir* QUOI *donner à mon fils* (VAU-DOYER, *Laure et Laurence*, p. 314). — *Je ne savais plus* QUOI *dire* (KESSEL, *Lion*, p. 108). — *Lui non plus ne trouvait* QUOI *dire* (P. LAINÉ, *Dentellière*, p. 115). — *Tu trouveras bien* QUOI *faire* (M. DURAS, *Petits chevaux de Tarquinia*, p. 200).

Que est plus littéraire que *quoi* ; il est parfois équivoque : *Il ne sait que chercher* peut signifier « Il ne sait quelle chose chercher » ou « Il ne sait rien faire d'autre que chercher ». — Comme l'a noté Gougenheim (p. 127), il y a une certaine tendance à spécialiser les deux mots : *ne savoir* entraîne plutôt *que*, *ne pas savoir* (« portant sur une réalisation concrète »), plutôt *quoi*. « Un homme qui se trouve dans une situation difficile exprimera son embarras en disant *Je ne sais que faire* ; un enfant qui s'ennuie dira *Je ne sais pas quoi faire.* »

3° Si la proposition est averbale, on emploie *quoi.*

Cela se trouve surtout avec *savoir* : *Vous devriez..., en causant de Rosanette..., lâcher à ma femme quelque chose... je ne sais* QUOI, *mais vous trouverez* (FLAUB., *Éd. sent.*, II, 3). — Cf. § 708, *b*. — *Elle m'a rapporté... Devinez* QUOI.

c) Comme complément prépositionnel, on emploie *quoi* :

Savez-vous à QUOI *je pense ?* — *J'ignore sur* QUOI *il se fonde.* — *Il ne sait par* QUOI *commencer.* — *Dites-moi en* QUOI *je puis vous être utile.*

d) Emplois particuliers de *quoi.*

1° *Quoi* est rarement précédé de *tout* et un ex. comme le suivant paraît dû à l'analogie avec *tout quoi* comme relatif (§ 691, *c*) : *J'ai dit quelle lumière Mme Edwige Feuillère apporte au rôle d'Ysé* [dans une pièce de Claudel]. *Elle en comprend et en rend sensible chaque aspect, et l'on sait de* TOUT QUOI *est riche, et lourde, Ysé De Ciz* (J. LEMARCHAND, dans le *Figaro litt.,* 8 juin 1957).

Dans une proposition averbale, cela semble du fr. régional (Est et Nord) : *À présent, c'est l'Abyssinie, c'est Pascal, c'est la politique, les preuves de Dieu, les philosophes, les peuples, et je ne sais pas* TOUT QUOI (AYMÉ, *Gustalin,* XVI). — Comp. dans une interrogation directe : *On le traitait de girouette et de* TOUT QUOI *encore ?* (J. FRANCIS, *Mes belges années,* p. 28.)

2° *Comme quoi :* voir § 410, Rem. et Hist.

704   *Lequel* est toujours représentant. Il peut remplir toutes les fonctions d'un nom, tant dans l'interrogation directe que dans l'interrogation indirecte.

a) D'ordinaire, il représente un nom ou un pronom qui peuvent concerner des personnes ou des choses. Ce nom peut figurer dans le contexte qui précède ou comme noyau d'un complément prépositionnel qui accompagne *lequel.*

De ton cœur ou de toi LEQUEL *est le poète ?* (MUSSET, *Poés. nouv.,* Nuit d'août.) — *Parmi ces étoffes, voyez* LAQUELLE *vous plairait le plus* (AC.). — *S'il avait à former deux élèves, l'un qui aurait à mener une vie quelconque et l'autre qui serait destiné à commander,* AUQUEL *des deux enseignerait-il à être « maître de ses désirs amoureux »* [...] *?* (M. FOUCAULT, *Hist. de la sexualité,* t. II, p. 72.) — *Par* LEQUEL *des deux livres commencerez-vous ?*

Phrases interrogatives averbales : *« Ne seriez-vous pas l'auteur d'un tableau très remarquable ? »* / — *« Peut-être !* LEQUEL *? »* / — *« Cela représente une dame dans un costume... ma foi !... un peu... léger* (FLAUB., *Éd. sent.,* III, 2). — *L'Interrogateur. Mais est-ce que vous regrettez quelque chose de votre vie passée ?* / *Claire. De* LAQUELLE *?* (M. DURAS, *Amante anglaise,* p. 63.) — Interrogation indirecte averbale : *Il faudra leur faire un cadeau de noces. Je me demande* LEQUEL *?* (IONESCO, *Cantatrice chauve,* p. 23.) [Avec un point d'interr. non justifié.]

b) Dans la langue littéraire, *lequel* est parfois un pronom neutre.

Soit qu'il porte sur des termes qui n'ont pas de genre (des infinitifs par ex.) : LEQUEL *vaut mieux : gagner dans une partie où tous les autres joueurs sont faibles, ou perdre dans une partie où tous les joueurs sont forts* (PÉGUY, *Note conjointe sur M. Descartes,* Pl., p. 1437).

Soit qu'il porte sur des termes dont le genre n'est pas pris en considération : *De ces plaintes et félicitations,* LEQUEL *faut-il écouter de préférence ?* (MUSSET, *Contes,* Lettres de Dupuis et Cotonet, II.)

Hist. — Ex. classiques : *Dans les coins d'une roche dure, / Ou dans les trous d'une mazure, (Je ne sçais pas* LEQUEL *des deux)* (LA F., *F.,* V, 18). — *⁺*LEQUEL *pèse le plus de cent livres d'or ou de cent livres de plume ?* (SÉV., 14 août 1680.)

Remarque. — La langue littéraire continue (cf. Hist.) à utiliser sporadiquement *quel* comme pronom interrogatif :

Il eût été difficile de dire QUEL *était le plus rose du pied de Georgette ou de l'aurore* (HUGO, *Quatrevingt-tr.,* III, III, 1). — *Mais avec ceux-ci marchaient des hommes non moins aguerris, aussi furieux tout au moins, de plus ulcérés d'une blessure récente.* QUELS *?* (MICHE-LET, *Hist. de la Révol. fr.,* VII, 2.) — *Je vous livre un secret. /* — QUEL *?* (E. ROSTAND, *Cyr.,* I, 3.) — *On ne savait jamais* QUEL *des deux serait vainqueur* (R. ROLLAND, *Jean-Chr.,* t. X, p. 108). — *Quel traitement aurait-il dû suivre ?* QUEL *a-t-il suivi ?* (BREMOND, *Pour le Romantisme,* p. 56.) — *Ils marquent* [...] *quelles conditions sont possibles provisoirement,* QUELLES *sont définitivement impossibles* (SARTRE, *Situations,* VIII, p. 137). — *Cela est lourd de signification. /* — QUELLE *?* (IKOR, *Cœur à rire,* p. 17.)

Autres ex. : TOCQUEVILLE, *Souvenirs,* p. 143 ; CLAUDEL, dans Claudel-Gide, *Corresp.,* p. 222 ; DANIEL-ROPS, *Péguy,* p. 234 ; COLETTE, *Fanal bleu,* p. 127 ; THÉRIVE, *Procès de langage,* p. 11 ; R. KEMP, dans les *Nouv. litt.,* 10 avril 1958 ; P. GUTH, dans le *Figaro litt.,* 2 mars 1957 ; P.-H. SIMON, dans le *Monde,* sélection hebdom., 9-15 juillet 1970 ; etc.

Hist. — Ex. classiques : ⁺QUELS *de vos diamants me faut-il lui porter ?* (CORN., *Suite du Ment.,* II, 3.) — Covielle. *Je viens vous annoncer la meilleure nouvelle du monde. /* M. Jourdain. QUELLE *?* (MOL., *Bourg.,* IV, 3.) — *Plusieurs d'entreux ne vouloient que faire un livre, n'importoit* QUEL (J.-J. ROUSS., *Rêveries,* III).

SECTION 8. — LES PRONOMS INDÉFINIS

705   On range sous le nom de **pronoms indéfinis** des mots variés indiquant, soit une quantité non chiffrée (par ex., *plusieurs*), soit une identification imprécise (par ex., *quelque chose*), ou même un refus d'identification *(un tel) :*

TOUT *dit dans l'infini* QUELQUE CHOSE *à* QUELQU'UN (HUGO, *Contempl.,* VI, 26).

706   **Pronoms proprement dits.**

— *Aucun, certains, maints* (rare), *nul, plusieurs, tel* et *tout* sont aussi des déterminants indéfinis.

— *Chacun* et *quelqu'un* correspondent aux déterminants indéfinis *chaque* et *quelque.*

— *Autre* et *même* sont aussi des adjectifs indéfinis.

— *Autrui, on, personne, rien* et *néant* ne correspondent pas à des déterminants indéfinis.

Personne est d'abord un nom. *Néant* est aussi un nom.

— *Quiconque* et *qui* sont d'abord des relatifs.

Ces divers pronoms font l'objet ci-dessous d'études particulières. Notons ici que les uns sont seulement nominaux *(autrui, on, personne, quiconque, rien, néant, tel, tout),* que *qui* est seulement représentant et que les autres sont tantôt nominaux, tantôt représentants.

707   **Adverbes employés comme pronoms indéfinis.**

La plupart des adverbes de degré qui, suivis de *de* servent de déterminants indéfinis (§ 607, *a*), s'emploient aussi seuls comme des équivalents de pronoms indéfinis, mais ils sont invariables, même si, comme donneurs d'accord, ils peuvent être des féminins ou des pluriels (§ 429, *a*, 3°).

a) Comme des nominaux masculins singuliers à valeur de neutres :

Vous croyez sans doute avoir fait BEAUCOUP *pour moi* (B. CONSTANT, *Ad.*, III). — *J'ignorais* BEAUCOUP *de son existence* (J. ROMAINS, *Violation de frontières*, p. 8). — *Bossuet savait* BEAUCOUP *du grand Condé* (MALRAUX, *Antimémoires*, p. 16). — BEAUCOUP *dépend des États-Unis* (dans le *Monde*, sélection hebdom., 8-14 janv. 1976, p. 1). — *La bête est* PEU, / *L'homme n'est rien* (HUGO, *Contempl.*, VI, 26). — *Ils avaient très* PEU *à faire* (MAUROIS, *Mes songes que voici*, p. 216). — *Je ne crois pas avoir* ASSEZ *obtenu. C'est* ASSEZ *dire*. — *C'est* TROP *dire,* TROP *demander*. — *On rirait, on se fâcherait à* MOINS (LITTRÉ). — *Elle avait peut-être* PLUS *à dire à son petit livre que son petit livre n'avait à lui dire* (A. FRANCE, *Pierre Nozière*, p. 144). — *Nous avons, dans cet ordre d'idées, bien* DAVANTAGE *à nous reprocher* (MIOMANDRE, *Mon caméléon*, p. 78). — *Je te dois* TANT [...] *!* (A. DAUDET, *Sapho*, VI.) — *Ah ! qu'aurais-je besoin de* TANT *une fois seul ?* (GIDE, *Immor.*, III.) — *Il n'a pas obtenu* AUTANT *qu'il espérait*. — *Pour combien*, voir § 699, *b*. — Voir les Rem.

Avec *guère*, cet emploi est littéraire : *Le nom d'Alain ne me disait* GUÈRE (É. HENRIOT, dans le *Monde*, 4 juin 1958). — *Si Balzac* [...] *avait décrit la société de son temps, il ne subsisterait plus* GUÈRE *de sa peinture* (Fr. MAURIAC, dans le *Figaro litt.*, 27 juin 1959). — *La société ne peut* GUÈRE *offrir aux pauvres, si elle ne veille, d'abord, à la prospérité collective* (Al. PEYREFITTE, *Quand la rose se fanera*, p. 144).

Remarques. — 1. *Tant* s'emploie notamment pour une quantité qu'on ne veut ou ne peut préciser, ainsi que pour le nombre des unités (et, éventuellement, des dizaines) dans une somme ou une date :

Ils ont TANT *par écureuil, fouine ou renard* (TAINE, *Vie et opinions de Fr.-Th. Graindorge*, p. 282). — [...] *le testament caché qu'on découvrira page trois cent nonante et* TANT (ARAGON, *Mise à mort*, p. 345). — *L'an de grâce mille six cent et* TANT (A. DAUDET, *C. du lundi*, Trois messes basses). — De même : *Votre lettre du* TANT (AYMÉ, *Passe-muraille*, L.P., p. 7).

En Belgique, on emploie °*autant* pour une quantité non précisée : *François, tu m'as remis* AUTANT *pour le ménage... voici les comptes... voici ce qui reste* (A. BAILLON, *Hist. d'une Marie*, 1929, p. 126).

2. *Tant* s'emploie comme nominal en particulier dans les expressions *Avoir tant fait que de* « avoir poussé les choses jusqu'à » ; *À tant faire que de* « supposé qu'on pousse les choses jusqu'à » :

C'est grand dommage vraiment que ce sentiment-là [= l'amour] *ne me soit pas venu plutôt à moi, puisque j'*AI TANT FAIT QUE DE *l'épouser* (LOTI, Mme *Chrysanth.*, XXIV). — *Lorsque j'*AI TANT FAIT QUE DE *trouver une place pour ma voiture* (J. DUTOURD, *Paradoxe du critique*, p. 12).

À TANT FAIRE QUE DE *le rencontrer, j'aime mieux qu'il me voie autrement* (COLETTE, *Chéri*, M.L.F., p. 151). — À TANT FAIRE QUE DE *jouer du Jules Renard, M. Debauche* [...] *aurait pu choisir la* Bigote (J. DUTOURD, *Paradoxe du critique*, p. 73).

Variantes plus rares : À TANT FAIRE DE *créer un mot* [...], *autant le réserver à un usage précis* (J. CELLARD, dans le *Monde*, 29 janv. 1984). — POUR TANT FAIRE QUE *prendre une maîtresse, je ne me fusse pas contenté d'une aussi peu huppée que mon initiatrice* (HERMANT, *Confession d'un enfant d'hier*, VII).

Emplois absolus : *Ce n'est pas le tout d'être dans le train de la vie. Il faut encore y gagner une place — « assise »* À TANT FAIRE (L. ESTANG, dans le *Figaro litt.*, 29 oct. 1960). — *Ronse fait tenir tous les rôles d'homme par des femmes, qu'il a affublées de barbe et moustache. Ce sont des femmes adultes, et,* À TANT FAIRE QUE, *il aurait pu choisir des jeunesses* (M. COURNOT, dans le *Monde*, 14 déc. 1979). [Comp. *faire comme si*, etc., § 217, *c*, Rem. 2.]

Sur les équivalents *quant à faire, tant qu'à faire*, voir § 1044, *d*, 4° et Rem. 4.

D'autres expressions s'expliquent par la valeur pronominale de *tant* (valeur assez proche de *cela*), mais elle n'est plus perçue : *Si tant est que* (cf. § 1097, *a*, Rem. 2), les adverbes *partant* et *pourtant*, etc.

3. Sur la place de ces adverbes employés comme nominaux objets directs, voir § 289, *d*, Rem. 2.

b) Comme des pluriels, tantôt représentants (équivalant à des masculins ou à des féminins, selon le genre de l'antécédent, qui peut concerner des choses ou des personnes), — tantôt nominaux (désignant des personnes et ordinairement masculins, le féminin étant possible lorsqu'il s'agit exclusivement de femmes).

Cela est fréquent pour *beaucoup, peu, pas mal* (et *combien* : § 699, *b*) : *J'ai acheté un lot de vieilles vestes ;* BEAUCOUP *n'ont plus de boutons* (ROBERT). — *Les deux tiers des avortées étaient des femmes mariées,* BEAUCOUP *ayant déjà un ou deux enfants* (S. de BEAUVOIR, *Deuxième sexe*, t. I, p. 202). — BEAUCOUP *vivaient bien qui n'avaient pas de fortune* (FLAUB., *Éd. sent.*, I, 6). — BEAUCOUP *sont appelés, mais* PEU *sont élus* (*Bible*, trad. OSTY-TRINQUET, Matth., XXII, 14). — PEU *comprirent notre situation* (MICHELET, *Hist. de la Révol. fr.*, IV, 3). — *Sur les bancs de la Chambre, on peut comprendre la haine. Bien* PEU *la manifestaient* (BARRÈS, *Du sang...*, p. 105). — *Nous tous, parmi les ruines, préparons une renaissance. Mais* PEU *le savent* (A. CAMUS, *Homme révolté*, Pl., p. 707). — *Le régiment de chasseurs* [...] *était presque tout entier dans la rue, les officiers mêlés aux cavaliers sur la chaussée* [...]. PAS MAL *avaient l'air éméché, sentaient au moins l'alcool* (ARAGON, *Semaine sainte*, L.P., t. I, pp. 204-205). — Voir d'autres ex. au § 429, *a*, 3°.

Cela est plus rare pour d'autres adverbes : *Quelques personnes, ici et là, en disent du bien,* DAVANTAGE *crachent dessus* (C. RIHOIT, dans le *Monde*, 9 oct. 1981). — *Don magique refusé à* TANT, *accordé à quelques-uns* (G. BEAUMONT, dans les *Nouv. litt.*, 18 déc. 1958). — *Antoine, si détaché aujourd'hui, eut-il, comme* TANT, *des opinions sur la marche du monde* [...] ? (L. NUCERA, *Chemin de la Lanterne*, p. 223.) — TANT *et* TANT *s'étaient rapidement engraissés de la mort des héros* (Renée MASSIP, dans Renée et Roger Massip, *Passants du siècle*, p. 83). — *Il* [= Montherlant] *a souhaité que son visage mort soit revêtu d'un masque romain. Et* TROP *se sont laissés* [*sic*] *prendre à ce masque* (J. DANIÉLOU, dans le *Figaro*, 30 sept. 1972).

Comme nominaux, ils s'emploient surtout comme sujets et comme attributs :

Comme sujet : voir la plupart des ex. donnés ci-dessus. — Comme attribut : *Ils étaient* BEAUCOUP *à cette réunion. Ils sont* TROP.

On emploie *beaucoup* aussi comme complément prépositionnel (ce que n'admettait pas Littré) :

Le malheur de BEAUCOUP *est de ne pas savoir passer les soirs dans sa chambre* (SAINTE-BEUVE, *Volupté*, XV). — *Pour* BEAUCOUP [...] *l'agriculture semblait un avilissement* (FLAUB.,

Éd. sent., III, 1). — *Il était parvenu* [...] *à passer aux yeux de* BEAUCOUP *pour la fine fleur du* high-life (MAUPASS., *Fort comme la mort*, I, 2). — *Pourquoi le poète ne se plaisait-il pas à être écouté de* BEAUCOUP ? (A. FRANCE, *Vie litt.*, t. II, p. 212.) — *Il est demandé à* BEAUCOUP *de boire le calice goutte à goutte* (Fr. MAURIAC, *Pèlerins de Lourdes*, p. 55). — *Elle est violée par* BEAUCOUP *qui l'ignorent* (R. GEORGIN, *Guide de la langue fr.*, p. 181).

Autres ex. de *à beaucoup* : DANIEL-ROPS, *Hist. de l'Église*, Grand siècle des âmes, p. 224 ; J. ROMAINS, *Lettre ouverte contre une vaste conspiration*, p. 142. — De *pour beaucoup* : DE GAULLE, *Mém. de guerre*, t. I, p. 116 ; S. de BEAUVOIR, *Deuxième sexe*, t. I, p. 173. — De *chez beaucoup* : L. DAUDET, *Jour d'orage*, p. 76 ; etc.

Les autres mots sont plus rarement employés comme compléments prépositionnels : voir un ex. de G. Beaumont ci-dessus et un autre de Pascal dans l'Hist.

Comme compléments d'objet direct ou comme sujets réels, ces mots doivent être précédés du pronom *en* (cf. § 651, *e*) :

J'en connais BEAUCOUP *qui prétendent...* (LITTRÉ). — *Il en est* PEU *qui aient le bonheur de s'endormir aussitôt la tête sur l'oreiller* (J. ROMAINS, cit. Robert). — *Il y en a* TANT *qui voudraient être à votre place !*

Hist. — Vaugelas, p. 485, estimait que *beaucoup* au sens de « plusieurs » ne pouvait s'employer seul, sauf comme attribut. Il blâmait explicitement *à beaucoup*, exigeant *beaucoup de personnes* ou *beaucoup de gens*. Pourtant *beaucoup* comme sujet était déjà courant au XVII⁰ s. : *⁺*BEAUCOUP *par un long âge ont appris comme vous / Que le malheur succède au bonheur le plus doux ; / Peu savent comme vous appliquer ce remède* (CORN., *Hor.*, V, 2).

Peu se construisait souvent avec une préposition au XVII⁰ s. : *⁺Il est arrivé à* PEU *de prétendre connaître toutes choses* (PASCAL, *Pens.*, 84, Pl.). — Cela est rare aujourd'hui.

708 **Autres indéfinis occasionnels.**

a) Des **syntagmes nominaux** dans lesquels le nom a perdu sa valeur propre.

Autre chose, grand-chose, quelque chose, peu de chose, qui, en tant que donneurs d'accord, sont traités comme des neutres, c'est-à-dire comme des masculins singuliers, alors que *chose* comme nom est féminin. Voir § 734.

La plupart, qui, comme donneur d'accord, est un pluriel, ordinairement masculin, parfois féminin : *La plupart sont venus ;* il en est de même, mais moins fréquemment, pour *bon nombre* et pour *quantité.* Voir § 429, *a*, 4°.

Tout le monde lorsqu'il signifie simplement « tous », « chacun » : TOUT LE MONDE *ne peut pas être orphelin* (J. RENARD, *Poil de Car.*, Pl., p. 742). — Le bon usage n'accepte pas que, donneur d'accord, *tout le monde* soit considéré comme un pluriel : voir § 429, *c*, 2°.

D'autres expressions avec *monde* pourraient être citées comme locutions indéfinies, notamment *grand monde,* qui correspond, pour des personnes, à *grand-chose* : *Il n'y avait pas* GRAND MONDE *à l'enterrement.*

b) Des **locutions à noyau verbal** contenant les interrogatifs *qui, quoi, lequel, combien* (ce sont des sous-phrases incidentes qui ont perdu leur caractère originel : § 373). Le genre et le nombre sont ceux de l'interrogatif.

Avec *savoir* : IL NE SAIT QUOI *se passe au plus secret de sa chair* (Fr. MAURIAC, *Journal 1932-1939*, p. 96). — *Beaux yeux de mon enfant, par où filtre et s'enfuit /* JE NE SAIS QUOI *de bon, de doux comme la Nuit !* (BAUDEL., *Fl. du m.*, Yeux de Berthe.) — *Un beau coussin rose, amené là* [...] *par* ON NE SAIT QUI (DORGELÈS, *Croix de bois*, VI). — *Après cela nous devons nous attendre à* DIEU SAIT QUOI. — JE NE SAIS COMBIEN *se sont trouvés mal.*

Avec *importer* : *Ce n'est pas* N'IMPORTE QUI, *qui fait ça. Et on ne fait pas ça pour* N'IMPORTE QUI (SIMENON, *Maigret et l'inspecteur Malgracieux*, p. 151). — *Plus il avait trompé* N'IMPORTE LAQUELLE *des deux, plus elle l'aimait* (FLAUB., *Éd. sent.*, III, 4). — *Il m'a répondu* N'IMPORTE QUOI (AC.).

c) Mots ou syntagmes divers.

Qui de droit « celui qui exerce l'autorité » : *Le Gouverneur adresse leurs justes revendications à* QUI-DE-DROIT (CENDRARS, *Or*, XXXVII). [Les traits d'union, qui ne sont pas conformes à l'usage reçu, montrent que l'auteur voit ici une sorte de composé.] — Sens élargi, °« celui que cela concerne (juridiquement) » : *L'avocat* [...] *envisagera toutes les poursuites contre* QUI DE DROIT *afin de déterminer les responsabilités* (dans le *Monde*, 29 oct. 1976, p. 16).

Qui que ce soit « n'importe qui », *quoi que ce soit* « n'importe quoi » : *Je fais ce que je crois devoir faire, en toute conscience, et n'ai de compte à rendre à* QUI QUE CE SOIT (R. MARTIN DU GARD, *Thib.*, Pl., t. I, p. 724). — QUOI QUE CE SOIT *ne cesse d'être faux que lorsqu'on affirme le contraire* (MONTHERLANT, *Marée du soir*, p. 36).

Pour *X, N, tutti quanti, et cetera, et alii*, voir § 220.

709   **Place des pronoms indéfinis.**

Ils occupent dans la phrase la place qu'auraient des syntagmes nominaux de même fonction. Voir cependant pour certains objets directs (*tout, rien*, adverbes de degré) au § 289, *d* et Rem.

710   *Aucun* [okœ̃] [11], fém. *aucune.*

a) Aucun peut encore s'employer avec son ancienne valeur positive.

1° Comme nominal au pluriel, précédé de *d'*, dans la langue écrite soignée, mais aussi dans la langue parlée de certaines régions (notamment de l'Orléanais). Le sens est « quelques-uns, certains » (il s'agit de personnes) :

D'AUCUNS *y avaient amené leur famille* (R. de GOURMONT, *Belgique littéraire*, p. 15). — *De ces hommes, il n'était pas un qui fût méchant,* D'AUCUNS *même étaient capables de générosité* (AYMÉ, *Aller retour*, p. 58). — *Celle-là, disait-il* [= un personnage à qui l'auteur prête des régionalismes]*, c'est l'effraie.* D'AUCUNS *disent la chouette religieuse* (GENEVOIX, *Raboliot*, II, 3). — *Ce que* D'AUCUNS *désignent parfois par « Lancelot propre »* (Al. MICHA, dans *Romania*, 1960, p. 145). — D'AUCUNS *suggèrent même que Moscou a délibérément limité son soutien à Hanoï* (Al. JACOB, dans le *Monde*, 13 mars 1979). — *Une dissension s'établit dans le mouvement.* / — D'AUCUNS *veulent abattre Rabier sans tarder.* / — D'AUTRES *veulent que je quitte très vite Paris* (M. DURAS, *Douleur*, p. 96).

---

11. Prononciation traditionnelle, fortement concurrencée par [okɛ̃] : cf. § 25, *a*, Rem.

Plus rarement comme complément : *Un temps dont le prophétisme cacophonique paraîtra à* D'AUCUNS *annoncer bien des paroxysmes du nôtre* (Georges CESBRON, dans les *Lettres romanes,* févr. 1977, p. 80). — Occasionnellement au fém. : *Si parmi vous, pourtant,* D'AUCUNES / *Le comprenaient différemment* [...] (A. DAUDET, *Amoureuses,* Prunes). — *Venez* D'AUCUNES / *Et d'aucuns* (VERL., *Jadis et nag.,* Images d'un sou).

L'Acad. signale encore *aucuns* sans *d'* (« quelquefois familièrement »). Au XIXᵉ s., on en trouve des ex. assez nombreux ; mais ils sont très rares au XXᵉ : *Pour écrire, il faut d'abord penser, bien qu'*AUCUNS *s'en dispensent journellement* (NODIER, lettre, dans *Europe,* juin-juillet 1980, p. 135). — *Comme* AUCUNS *le prétendaient* (SAND, *Maîtres sonneurs,* XXXI). — AUCUNS *t'appelleront une caricature* (BAUDEL., *Fl. du m.,* Danse macabre). — *Cette ville méconnue par* AUCUNS (JAMMES, *De l'âge divin à l'âge ingrat,* IV). — Autres ex. : SAINTE-BEUVE, PROUDHON, cit. *Trésor.*

2° Comme représentant au singulier, dans certaines conditions qui lui sont communes avec d'autres auxiliaires de la négation (§ 981). Le sens est « un, quelqu'un » (il s'agit de personnes ou de choses) :

Il était presque aussi dangereux de s'en remettre complètement à AUCUNE *d'elles* [= les classes sociales] *du sort des autres, que de faire d'un peuple l'arbitre des destinées d'un autre peuple* (TOCQUEVILLE, *De la démocr. en Amér.,* I, II, 6). — *Le caporal Aubry évitait de parler à* AUCUN *des officiers* (STENDHAL, *Chartr.,* IV). — *D'un mouvement de l'âme aussi pur, aussi innocent qu'*AUCUN *de ces gestes inhabiles qui ravissent* [...] *le cœur des mères* [...] (BERNANOS, *Joie,* p. 249).

Rarement comme nominal : *Je ne crois pas qu'*AUCUN *en connaisse l'entrée* (GIDE, *Saül,* IV, 1). — Au féminin : *Plus qu'*AUCUNE *Mᵐᵉ de Burne se sentait née pour le rôle de fétiche* (MAUPASS., *Notre cœur,* II, 5).

b) Le plus souvent, *aucun* est employé dans un contexte explicitement négatif, — soit dans la dépendance de *sans* ou *sans que,* — soit comme auxiliaire de l'adverbe *ne :*

Aucun est représentant et prend le genre de son antécédent (qui concerne des personnes ou des choses) : *Barrès, cette abeille au bord de l'encrier, que les politiciens maçons de la IIIᵉ République, pendant plus de trente ans, ont replongé dans l'encre, sans qu'*AUCUN *ait jamais eu la fantaisie d'en faire un ambassadeur au Vatican* (Fr. MAURIAC, dans le *Figaro litt.,* 19 juin 1948). — *De toutes vos raisons,* AUCUNE *ne me convainc.*

On observera quelques usages particuliers et plus rares : 1° *Aucun* redondant par rapport au sujet (cf. § 365, *c*) : *Robert veut partir : vous n'osez* AUCUN *le prier de rester* (Fr. de CUREL, *Fossiles,* cit. Sandfeld, t. I, p. 363). — 2° *Aucun* nominal : *J'aime tous et n'accuse* AUCUN (VERL., *Sagesse,* I, 2). — *Il n'oubliait la fête d'*AUCUN *de la famille* (R. ROLLAND, *Jean-Chr.,* t. I, p. 184). — Féminin : AUCUNE *n'a jamais été aimée comme moi !* (FLAUB., *Éd. sent.,* III, 6.) — 3° *Aucun* au pluriel : AUCUNS *de ces caractères indispensables à l'Église* [...] *ne sauraient lui appartenir* (LAMENNAIS, *De la religion,* VI, 1). — [...] *sous la condition de faire bien constater leurs droits, ne renoncer à* AUCUNS (BALZAC, *E. Grandet,* G.-F., pp. 127-128). — [...] *que vous finissiez peut-être par croire vous-même que vous avez des droits chez moi et sur moi ; mais vous savez bien que vous n'en avez* AUCUNS (DUMAS fils, *Étrangère,* III, 3). — *Ces yeux* [...] *n'étaient comparables à* AUCUNS (LOTI, *Désenchantées,* XLIII). — *Ah ! je n'avais plus besoin des vers des poètes, maintenant.* AUCUNS *n'avaient pleuré comme pleuraient mon amour, ma pensée et mes souvenirs* (LÉAUTAUD, *Petit ami,* VI).

c) Comme d'autres auxiliaires de la négation (§ 982), *aucun* a pris par contagion le sens négatif de l'adverbe *ne* qu'il accompagne d'ordinaire :

Lui connaissez-vous des ennemis ? AUCUN (AC.).

Hist. — 1. Sur l'étymologie d'*aucun*, voir § 608, *a*, Hist. — *Aucun* s'employait assez souvent comme nominal sujet avec la négation *ne* : ⁺*On entreprend assez, mais* AUCUN *n'exécute* (CORN., *Cinna*, II, 1). — AUCUN *n'est prophete chez soy* (LA F., *F.*, VIII, 26). — *Qu'*AUCUN *par un zele imprudent* / [...] / *Ne sorte avant le temps* (RAC., *Ath.*, IV, 5).

Jusque dans le XVIᵉ s. le pluriel *aucuns* a pu être précédé de l'article défini : LES AULCUNS *le plaindoient* (FROISSART, *Chron.*, éd. K., t. XVII, p. 260). — LES AUCUNS *sont mors et roidis* (VILLON, *Test.*, 229). — LES AULCUNS *disoient que* [...] (RAB., *Pant.*, II).

2. Sur *pas un* comme synonyme d'*aucun*, voir § 714, *c*.

711   *Nul* appartient à la langue écrite ; oralement, on le remplace par *personne* ou par *aucun*. Il se construit presque toujours avec *ne* ou avec *sans que* (voir Rem.).

a) Comme nominal, il ne se dit que des personnes.

Il est ordinairement masculin ; il est d'ailleurs souvent employé dans l'expression de vérités générales (morales ou juridiques) :

NUL *n'est tenu d'accepter une succession qui lui est échue* (*Code civil*, art. 775). — NUL *n'est exempt de mourir* (AC.). — NUL *ne sait votre sort* (HUGO, *Rayons*, XLII). — NUL *ne peut être arbitrairement détenu* (*Constitution de la Vᵉ République*, art. 66).

Il se met au féminin quand la situation indique explicitement qu'il s'agit seulement de femmes :

NULLE *ne sait mieux éconduire un galant* (Th. GAUTIER, *Capit. Fracasse*, VIII). — *Imaginez le plus laid des hommes.* NULLE *ne l'aimera* (J. RENARD, *Journal*, 10 déc. 1896). — NULLE *ne fut dans de meilleures conditions que cette petite fille* (BARRÈS, *Jardin de Bérén.*, p. 100). — *Je finirai par me passer de toi, jeune fat que toute la ville adore et que* NULLE *ne fait pleurer* (LOUŸS, *Aphrodite*, II, 7). — *Peut-être Robert a-t-il voulu me rassurer, me dire que je n'avais rien à craindre, que* NULLE *dans ton passé ne pouvait rivaliser avec moi* (M. OLIVIER-LACAMP, *Chemins de Montvézy*, p. 133).

Il s'emploie ordinairement comme sujet singulier. Certains auteurs en font un complément, ou le mettent au pluriel : *Pierre se croyait seul avec elle* [= sa souffrance] *sans* NUL *à qui s'ouvrir* (R. ROLLAND, *Pierre et Luce*, p. 20). — *Il* [= ton avenir] *est déjà si grand que tu ne peux empêcher* NUL *de le voir* (A. GIDE, *Saül*, III, 7). — *Il est certain qu'il ne se serait adressé à* NULS *autres qu'à Barrault et à sa troupe* (G. BAUËR, dans le *Soir*, Bruxelles, 4 nov. 1959). — NULS *ne furent plus constants dans leur haine de nazisme* (Fr. AMBRIÈRE, *Grandes vacances*, p. 193). — Cf. Hist.

Remarque. — *Nul* avec un sens positif (« n'importe qui ») est très rare :

À meilleur titre que NUL, *j'aurais le droit* [...] *de récuser le reproche d'exagération* (CLAUDEL, *Figures et paraboles*, p. 69).

b) Comme représentant, il se dit des personnes et des choses et s'emploie aux deux genres :

> *Plusieurs explorateurs sont allés dans ces régions ;* NUL *n'en est revenu.* — NULLE, *parmi les femmes françaises, n'a possédé à ce degré l'imagination et l'esprit* (SAINTE-BEUVE, *Nouv. lundis,* t. I, p. 287). — *Ces maisons se présentent à l'œil comme les branches d'un éventail grand ouvert.* NULLE *ne masque l'autre* (MAURRAS, *Anthinéa,* p. 137).

Hist. — Étymologiquement, *nul* inclut la négation (lat. *nullus = ne + ullus*). C'est par analogie avec *aucun* qu'il se construit avec *ne* en fr. — Comme nominal, il a pu s'employer couramment au pluriel jusque dans le XVIIe s. : ⁺*Afin que* NULS *de ceux qui ont de la justesse, de la vivacité* [...] *ne se reprochent pas même ce petit défaut* (LA BR., *Disc. sur Théophr.*).

712   *Autre.*

N.B. Comme *autre* est aussi un adjectif (§ 622), on ne considérera pas automatiquement comme pronominal tout emploi où *autre* se trouve accompagné d'un déterminant sans être suivi d'un nom, étant donné que cette construction se présente aussi avec un adjectif quelconque (§ 217, *d*).

> Ex. où *autre* n'est pas pronominal : *Votre habit est usé, il faut en acheter* UN AUTRE (AC.). [Comp. : ... *il faut en acheter* UN NOUVEAU.] — *Une odeur trop douce dont on a peur qu'elle en cache* UNE AUTRE (Fr. MAURIAC, *Robe prétexte,* XXX). — *Voici deux livres ; je prends le grand ; prenez* L'AUTRE (Comp. : ... *prenez* LE PETIT.)

Autre doit surtout être considéré comme pronominal quand il est employé comme nominal ou construit sans déterminant.

*a) **Autre* comme nominal avec un déterminant.** Il s'agit de personnes.

1° Avec l'article indéfini.

> — Comme sujet : *À votre place* UN AUTRE *se serait empressé de venir* (AC.). — *Hussonnet* [...] *inspira l'envie à Rosanette d'avoir, comme* UNE AUTRE, *ses soirées* (FLAUB., *Éd. sent.,* III, 4). — D'AUTRES *vont maintenant passer où nous passâmes* (HUGO, *Rayons,* XXXIV).

> — Comme complément prépositionnel : *Adressez-vous à* UN AUTRE, *à* D'AUTRES. — *La place que j'occupais était celle d'*UNE AUTRE (GIDE, *Symphonie pastor.,* M.L.F., p. 153). — *On voit son Ange, jamais l'Ange d'*UN AUTRE (RIMBAUD, *Saison en enfer,* Délires, I).
> L'article partitif disparaît par haplologie après la préposition *de* (§ 568, Rem.). Il est anormal que l'on supprime la préposition : *Pour nos morts point de tombe* [...], *seulement la croix du Christ pour les signaler au mépris de certains, à l'oubli* DES AUTRES, *à la prière de beaucoup* (CAYROL, dans le *Figaro litt.,* 8 mai 1948).
> On dit *Bien d'autres* (§ 569, *b*) : *Je pense aux matelots oubliés dans une île, / Aux captifs, aux vaincus !... À bien* D'AUTRES *encor !* (BAUDEL., *Fl. du m.,* Cygne, II.)

> — Comme objet direct, attribut ou sujet réel : *Quant à ses chansons,* [...] *elles célébraient* D'AUTRES *que Gabrielle* (NERVAL, *Filles du feu,* Angélique, XI). — *Et si j'aimais* UN AUTRE, *tu m'aimerais toujours ?* (R. ROLLAND, *Jean-Chr.,* t. III, p. 210.) — *Il lui était indifférent qu'on aimât* D'AUTRES (*ib.,* t. III, p. 126). — *Promène-toi ; tu promènes* UN AUTRE (GIRAUDOUX, *Contes d'un matin,* p. 40). — *Elle l'aurait aimé si elle avait pu aimer* UN AUTRE (LA VARENDE, *Sorcière,* p. 33). — *Elle se fait une gloire de ce qui remplirait* D'AUTRES *de confusion* (M. GARÇON, *Plaidoyers chimériques,* p. 19). — *Sa sagesse personnelle* [...] *a aidé beaucoup*

D'AUTRES *à établir leur équilibre* (É. HENRIOT, dans le *Monde,* 16 mai 1956). — *Lorsque celui qui parle invite* UN AUTRE *à l'accompagner* (AC., S.V. *venir*).

Le pronom peut aussi s'appuyer sur le pronom *en* qui précède (cf. § 651, *e*) : *Il* EN *aimait* UNE AUTRE *!* (FLAUB., *M*^{me} *Bov.,* I, 1.) — *Tu* EN *aimes* UN AUTRE *?* (A. DAUDET, *Jack,* t. II, p. 328.) — *Vous l'aimiez ? La belle affaire ! Vous* EN *aimerez* UN AUTRE*, voilà tout* (Fr. MAURIAC, *Feu sur la terre,* p. 159).

Hist. — *Un autre* objet direct sans *en* est attesté à l'époque classique : ⁺*Hélas ! elle aime* UN AUTRE (CORN., *Pol.,* II, 1). — Malherbe (t. IV, p. 364), critiquant l'expression *pourchasser autres,* déclarait : « ⁺Il devait dire : *en pourchassait d'autres.* »

Remarques. — 1. Le pronom *en* manque parfois alors qu'*autre* n'est pas nominal :

Je revérifie beaucoup de mes idées ; j'aperçois beaucoup D'AUTRES *que je croyais neuves* (STENDHAL, *Corresp.,* t. II, p. 62). — *Nous aimions un objet ou un acte, c'est-à-dire que la pensée nous en était douce. Nous détestions* UN AUTRE (VALÉRY, *Variété,* Pl., p. 747). — *Il y avait derrière cette idée une* AUTRE *qui se faisait lentement jour dans ma tête* (J. GREEN, *Autre,* p. 340). — *L'auteur de cette lettre — combien d'*AUTRES *ai-je reçues ! —* [...] (MALRAUX, *Chênes qu'on abat...,* p. 88).

2. *Un autre, d'autres* concernant des choses et appuyé sur *en,* lequel n'a pas d'antécédent (cf. § 654). Ce sont des expressions figées.

Cette folle de grande maîtresse n'en fait jamais D'AUTRES *!* (STENDHAL, *Chartr.,* XXVI.) — *À croire qu'il a dormi du matin au soir. / — Dormir ? En voilà d'*UNE AUTRE *! Est-ce qu'il se figure, ce fainéant, qu'on le nourrit à dormir et à ne rien faire ?* (AYMÉ, *Contes du chat perché,* Vaches.) — *Tu en entendras bien* D'AUTRES*, si tu vis longtemps* (BERNANOS, *Sous le soleil de Satan,* Pl., p. 88). — *J'en ai vu bien* D'AUTRES.

2° Avec l'article défini.

Les autres « les autres personnes en général, autrui » : *Vous rejetez toujours la faute sur* LES AUTRES (AC.). — *Il se méfie toujours* DES AUTRES (AC.).

Comme dit l'autre (ou ... *cet autre*) est une formule que l'on emploie quand on énonce un proverbe ou une autre locution bien connue : *Allons, courage de brebis ! comme dit* L'AUTRE (MÉRIMÉE, *Chron. du règne de Ch. IX,* XXVII). [*L'autre* = Rabelais, notamment *Garg.,* VI.] — De même : *M. Eyssette, heureux et désolé du même coup, se demandait, comme* L'AUTRE*, s'il devait pleurer pour la disparition du client de Marseille, ou rire pour l'heureuse arrivée du petit Daniel* (A. DAUDET, *Petit Chose,* I, 1). [Allusion à Rabelais, *Pant.,* III.]

L'autre s'emploie par euphémisme pour *l'amant.* Il s'est dit aussi par euphémisme pour *le diable :* Germain. [...] *Les anciens, qui étaient plus sages que nous, ont bien connu qu'il fallait laisser le gouvernement de l'âme à Dieu, et celui du corps... à* L'AUTRE. / Pierre. *Qui donc, l'autre ? Le... / — Germain. Tais-toi. Ça porte malheur de le nommer* (SAND, *Diable aux champs,* I, 2). — Sous la Restauration, on a dit *l'autre* pour *Napoléon :* cf. STENDHAL, *Rouge,* I, 29.

3° Avec d'autres déterminants.

Elle pourrait [...] *lui téléphoner, à lui ou à* QUELQUE AUTRE (A. BRETON, *Nadja,* p. 106). — TOUT AUTRE *à la place de Lévis aurait enragé* (A. DAUDET, *Rois en exil,* p. 166). — *« Eh bien, et l'autre ? » / — « QUELLE AUTRE ? » / — « La femme du faïencier ! »* (FLAUB., *Éd. sent.,* III, 4.)

b) *Autre* sans déterminant.

1° *Autre* peut s'ajouter aux pronoms *nous, vous,* quand on veut distinguer plus précisément ceux qui parlent ou ceux à qui l'on s'adresse :

> *Nous n'avons pas lieu,* NOUS AUTRES, *de faire une révolution de cette sorte* (G. DUHAMEL, *Turquie nouvelle,* p. 32). — *Peut-être bien que chez* VOUS AUTRES *les mots n'ont pas le même sens qu'ici* (M. BEDEL, *Mariage des couleurs,* p. 45).

Dans la langue populaire, *nous autres, vous autres* s'emploient au lieu de *nous, vous,* sans qu'il y ait une véritable opposition. — Avec un numéral : VOUS AUTRES DEUX, *vous voyez ça de trop haut* (A. STIL, *Seize nouvelles,* p. 132). — Avec *tous : Le reniement de tout le monde ;* [...] de TOUT [*sic*] VOUS AUTRES, de TOUT NOUS AUTRES (PÉGUY, *Myst. de la char. de J. d'Arc,* p. 193).

°*Eux autres* est de la langue courante dans diverses régions et de la langue populaire à Paris : EUX AUTRES [...], *c'est tous des flics ?* (QUENEAU, *Zazie dans le métro,* XVI.) — Autres ex. : PÉGUY, *op. cit.,* p. 82 ; POURRAT, *Gaspard des Montagnes,* t. I, 1931, p. 139 ; GIONO, *Lanceurs de graines,* II, 7 ; G. DUHAMEL, *Scènes de la vie du paradis,* p. 160 ; N. SARRAUTE, *Vous les entendez ?* p. 151 ; un curé d'Ille-et-Vilaine, août 1976. — [Déjà dans MOL., *Étourdi,* IV, 9.]

2° *Et autres* « et cetera », à propos de personnes (comp. *et alii* au § 220, *a,* 3°) :

> *On se demande pourquoi* [...] *on continue à ennuyer des gosses avec Virgile, Molière, Descartes* ET AUTRES (AYMÉ, *Confort intellectuel,* p. 141).

3° *Entre autres* s'emploie lorsqu'on veut désigner d'une façon particulière une personne ou une chose parmi d'autres personnes ou d'autres choses :

> *J'ai vu les plus beaux tableaux de Rome,* ENTRE AUTRES « *la Transfiguration* » *de Raphaël* (AC., s.v. *entre*).

Deharveng (p. 113) enseigne que le tour *Il m'a raconté,* ENTRE AUTRES, *ceci* n'est pas correct : *entre autres* devrait toujours être en rapport avec un nom ou un pronom exprimé avant ou après. — Cette règle ne correspond pas à l'usage réel. Depuis longtemps (cf. Hist.), *entre autres* s'emploie absolument au sens de *par exemple, notamment :*

> *Corps dur et solide, de la nature des roches, qu'on emploie,* ENTRE AUTRES, *pour bâtir* (LITTRÉ, s.v. *pierre,* 1°). — *Je me souviens,* ENTRE AUTRES, *que M. Dubois nous récitait* [...] (STENDHAL, *Vie de H. Brulard,* t. II, p. 23). — *Je lis ceci* ENTRE AUTRES : « *Monsieur, au cours d'un voyage* [...] » (HERMANT, *Ainsi parla M. Lancelot,* p. 134). — *Voltaire,* ENTRE AUTRES, *a même écrit* brute *au masculin* (MARTINON, *Comment on prononce le fr.,* p. 329, note 2). — *Nous avons capturé,* ENTRE AUTRES, *plusieurs batteries antichars* (DE GAULLE, *Mém. de guerre,* t. I, p. 49).

Autres ex. : TAINE, *Notes sur l'Anglet.,* p. 55 ; FAGUET, *Hist. de la poésie fr.,* t. VI, p. 19 ; GIDE, *Journal,* 20 janv. 1892 ; LANSON, dans Volt., *Lettres phil.,* t. I, p. 109 ; GIRAUDOUX, *Bella,* VIII ; COCTEAU, *Poésie critique,* p. 207 ; GIONO, *Moulin de Pologne,* p. 203 ; É. HENRIOT, dans le *Monde,* 18 avril 1951 ; F. GREGH, *Âge de fer,* p. 65 ; DANIEL-ROPS, *Hist. de l'Égl.,* Grand siècle des âmes, p. 382 ; DAUZAT, *Génie de la langue fr.,* p. 76 ; G. GOUGENHEIM, dans le *Fr. mod.,* juillet 1971, p. 257 ; IONESCO, *Présent passé, passé présent,* p. 256 ; J. DUTOURD, dans la *Revue d'hist. litt. de la Fr.,* janv.-févr. 1971, p. 8 ; etc.

La graphie °*entre autre* montre bien le figement de l'expression. Ex. : S. de BEAUVOIR, *Mandarins,* p. 331 (mais *entre autres* dans d'autres livres : *Tout compte fait,* p. 424 ; etc.) ; SAGAN, *Merveilleux nuages,* L.P., p. 150.

Hist. — Ex. classiques d'*entre autres*, où *autres* n'a pas d'antécédent : +*Je me souviens,* ENTRE AUTRES, *qu'un jour Varicarville m'écrivait que* [...] (RETZ, *Mém.,* p. 29). — *Elle a,* ENTRE AUTRES, *un petit phaéton léger comme une plume* (VOLT., *Corresp.,* t. I, p. 507). — *Il en passa une Colonne par Chambéri et* ENTRE AUTRES *le Régiment de Champagne* (J.-J. ROUSS., *Conf.,* Pl., p. 182).

En moyen fr., on disait aussi *entre les autres : Ilh vowat* [= il fit le vœu], ENTRES LES ALTRES, *que ilh fonderoit* [...] *une engliese* [= église] (JEAN D'OUTREMEUSE, éd. B., t. II, p. 532). — *Et,* ENTRE LES AUTRES, *y en avoit ung nommé Amadour* (MARG. DE NAVARRE, *Hept.,* X). — On lit encore chez un spécialiste du moyen âge : *C'est un indice,* ENTRE LES AUTRES, *que la Chanson de Roland n'est pas un commencement* (BÉDIER, *Chanson de Rol. commentée,* p. 61).

Le latin avait l'expression *inter alia,* avec un pluriel neutre. Les formules franç. pourraient en être des calques, et ainsi s'expliquerait qu'*autres* n'y ait pas nécessairement d'antécédent.

4° *Autre* pour *un autre* « une autre personne » est rare et littéraire :

Françoise en voulait surtout à Albertine d'être commandée par AUTRE *que nous* (PROUST, *Rech.,* t. III, p. 99). — *Louis XIV n'aimait pas que la lumière de la mode éclairât* AUTRE *que lui* (DANIEL-ROPS, *Hist. de l'Égl.,* Grand siècle des âmes, p. 453).

Hist. Ex. classiques : +*AUTRE n'a mieux que toi soutenu cette guerre* (CORN., *Hor.,* II, 5). — +*Je ne vois pas qu'*AUTRE *que vous ait jamais conseillé à son maître de laisser dans l'exil son petit serviteur* (SÉV., 27 juin 1679).

5° **Sans autre** « sans plus » est très fréquent en Suisse, mais n'est pas inconnu ailleurs :

Il convient de se mettre au travail SANS AUTRE (CHABAN-DELMAS, le 3 avril 1947). — *Il se mit donc* SANS AUTRE *à mordiller son épouse* (A. COHEN, *Belle du Seigneur,* p. 198). — *Le Conseil d'Administration entendait* [...] *éviter que celui-ci puisse* SANS AUTRE *demander un avis sur la sanction prise* (*Bulletin d'information du corps académique de l'univ. de Louvain,* août-nov. 1972, p. 7).

6° Dans diverses locutions adverbiales, *autre* est construit sans régime, le nom sous-jacent ayant été exprimé dans la première partie de la locution :

De temps à AUTRE. — *De fois à* AUTRE (« vieillit », selon l'Acad.) : DE FOIS À AUTRE, *l'une d'elles se levait pour aller prendre un plat sur le feu* (BARRÈS, *Colline insp.,* V). — *De part et d'*AUTRE. — *De côté et d'*AUTRE (plus rare) : *Les troupes d'opéra sont formées par un* impresario *qui engage de côté et d'*AUTRE *les sujets qu'il peut payer ou qu'il trouve libres* (STENDHAL, *Chartr.,* VIII).

c) L'un ... l'autre ... : voir § 715.

713   **Autrui** est un nominal masculin qui appartient surtout à la langue écrite (religieuse, juridique, littéraire). La langue courante dit *les autres, un autre.* Il s'agit toujours de personnes.

Conformément à son origine (cf. Hist.), *autrui* s'emploie comme complément.

Complément prépositionnel : *La vente de la chose d'*AUTRUI *est nulle : elle peut donner lieu à des dommages-intérêts lorsque l'acheteur a ignoré que la chose fût à* AUTRUI (*Code civil,* art. 1599). — *Il ne faut pas désirer le bien d'*AUTRUI (AC.). — *Vivre, s'amuser aux dépens* d'AUTRUI (AC.). — *Ne fais pas à* AUTRUI *ce que tu ne voudrais pas qu'on te fît.* — *Il n'est pas plus exigeant pour* AUTRUI *que pour soi-même* (G. DUHAMEL, *Prince Jaffar*, p. 18).

Objet direct : *Causer, c'est amuser* AUTRUI *en s'amusant soi-même* (TAINE, *Orig. de la Fr. contemp.*, t. I, p. 193). — *C'est* AUTRUI *qu'on a doté d'un pouvoir réfrigérant* (SARTRE, *Baudelaire*, p. 137). — *Il ne faut jamais traiter* AUTRUI *comme un objet* (MAUROIS, *Ce que je crois*, p. 131). — *Si attentive à observer* AUTRUI [...], *je me demande comment elle est si désintéressée d'elle-même* (É. HENRIOT, dans le *Monde*, 8 mai 1957). — *On qualifie volontiers d'égoïstes ceux qui n'utilisent pas* AUTRUI *à se faire valoir* (J. ROSTAND, *Pensées d'un biologiste*, p. 251).

L'emploi d'*autrui* comme sujet n'est pas si rare que certains grammairiens le disent.

Autrui sujet reprend un *autrui* complément exprimé auparavant : *Envisageons donc le langage comme expression d'une pensée communiquée à autrui ou exprimée avec la représentation d'autrui ; il importe peu d'ailleurs qu'*AUTRUI *soit un individu, une foule ou tout le monde* (BALLY, *Traité de stylist. fr.*, § 9). — *L'être vulgaire ne se connaît lui-même qu'à travers le jugement d'autrui, c'est* AUTRUI *qui lui donne son nom* (BERNANOS, *Crime*, III, 1). — *C'est qu'on respecte les opinions d'autrui* [...] *et de plus on souhaite qu'*AUTRUI *respecte les opinions d'autrui* (QUENEAU, dans *Hist. des litt.*, t. III, p. IX). — Le second *autrui* est nominalisé : *Les années plus encore que les voyages m'apprennent à me passer d'autrui, même quand* CET AUTRUI [imprimé en italiques] *est fertile en grâces* (SAINTE-BEUVE, *Corresp.*, 10 sept. 1839). — *Une occasion de plus pour Browning de se dépersonnaliser pour s'incarner momentanément dans autrui.* CET AUTRUI *n'est pas ici Wordsworth* (GIDE, *Journal*, janv. 1936).

En dehors de la condition spéciale qui vient d'être signalée : *En société, ce n'est pas* AUTRUI *qui me fatigue et qui m'irrite ; c'est moi-même* (GIDE, *Journal*, 5 janv. 1902). — AUTRUI *nous est indifférent* (PROUST, *Rech.*, t. III, p. 111). — *Si on n'a pas la conviction qu'*AUTRUI *est dans des embêtements sans nombre, on n'est pas soi-même très heureux* (GIONO, dans la *Table ronde*, oct. 1951, p. 38). — *C'était à moi d'éviter ces déviations* [...] *ou* [...] *l'utilisation qu'*AUTRUI *essaye d'en faire* (J. ROMAINS, *Violation de frontières*, p. 260). — *Il existe une sympathie triste et ardente devant le monde qu'*AUTRUI *porte en soi* (Fr. MAURIAC, *Journal*, t. V, p. 137). — *Je n'ai jamais été pleinement satisfait de la façon dont* AUTRUI *exprime la sienne* [= son angoisse d'être] (J. ROSTAND, *Inquiétudes d'un biologiste*, p. 72). — *On se sent quand même un peu chleuhs, dans la famille... L'Alsace, la Suisse... Mais on déteste qu'*AUTRUI *nous le fasse sentir* (Fr. NOURISSIER, *Allemande*, p. 145). — AUTRUI *existe, au même titre que nous, et avec autant d'évidence* (S. de BEAUVOIR, *Force de l'âge*, p. 267).

Autres ex. : JALOUX, *Chute d'Icare*, p. 55 ; MALÈGUE, *Augustin*, t. I, p. 365 ; J. MARITAIN, *Humanisme intégral*, p. 237 ; PAULHAN, interviewé dans le *Figaro litt.*, 23 juin 1966 ; R.-L. WAGNER, *Gramm. fr.*, t. I, p. 29 ; M. TOURNIER, *Vendredi ou les limbes du Pacifique*, F°, p. 36 ; G. DELEUZE, Postface de : Tournier, *op. cit.*, p. 260.

Hist. — *Autrui* est un ancien cas régime de *autre*. En moyen fr., il s'est parfois employé comme sujet : *Ja Dieu ne me laisse tant vivre que* AULTRUY *que vous ait une part ne demye en ce qui est tout entiere vostre* (*Cent nouv. nouv.*, XXXIII).

Autrui a été employé jusqu'au début du XVIIe s. avec la valeur d'un génitif, *l'autrui* = celui d'autrui, le bien d'autrui : [...] / *Qui, sans prendre* L'AUTRUY *vivent en bon chrestien* (RÉGNIER, *Sat.*, X).

714   *Un.*

N.B. Le numéral *un*, comme les autres numéraux (§ 660), est susceptible d'être employé pronominalement. Il présente toutefois, comme pronom, des particularités qui justifient sa présence parmi les pronoms indéfinis.

a) *Un* comme **représentant**.

1° *Un*, ou *l'un* dans la langue soutenue, désignent une unité faisant partie d'un ensemble mentionné ensuite sous la forme d'un complément introduit par *de* :

Henri IV fut L'UN *ou* UN *des plus grands rois de France* (LITTRÉ). — *Les deux grand'mères vinrent ensuite* [...]. UNE *d'elles était veuve* (MAUPASS., *C.*, Baptême). — L'UN *de nous eut l'idée de fixer au mur de planches d'une baraque une tringle* (G. DUHAMEL, *Pesée des âmes*, p. 209). — UN *des deux bois du cerf est effacé* (BENDA, *Songe d'Éleuthère*, p. 29). — L'UN *des uhlans avait allumé une cigarette* (TROYAT, *Le sac et la cendre*, p. 605). — *L'autobiographie dont je venais de lui parler, la sienne ou celle d'*UN *de ses camarades* [...] (SARTRE, *Situations*, t. IX, p. 261). — *Ce ministre était* L'UN *des moins patibulaires du domestique de l'État* (CURTIS, dans l'*Express*, 25 mars 1983) [pastiche de Saint-Simon].

2° *Un* renvoie à un antécédent qui précède. (Lorsqu'il est objet direct, attribut, sujet réel, *un* s'appuie sur *en* [§ 651, *e*].)

On manquait de porteurs ; il s'en présenta UN (LITTRÉ). — *Je voyais décroître / Les ombres que j'avais autour de moi debout ; /* UNE *de temps en temps tombait* (HUGO, *Lég.*, t. IV, p. 73). — *Les bouquets, rafraîchis, avaient un éclat de neige ; et elle en respirait* UN, *heureuse* (ZOLA, *Nana*, XI). — *De quel royaume prétend-il être le roi ?* D'UN *qui n'est pas de ce monde* (BOURGET, *Au service de l'ordre*, p. 271). — *Les orchidées tourmentées se penchent anxieusement vers Honoré ;* UNE *a l'air méchant* (PROUST, *Les plaisirs et les jours*, p. 86). — *Elle avait les moyens d'aller* [...] *dans un hôtel. Elle entra dans* UN *au hasard* (Yv. DAVET, trad. de : I. Murdoch, *Homme à catastrophes*, p. 378). — *Parfois une feuille de platane tombe.* [...] *on l'entend rebondir sur d'autres feuilles avant de toucher le sol.* UNE *se pose sur les cheveux de Jeanne* (A. PHILIPE, *Été près de la mer*, pp. 138-139). — *Aucun parti ne réunit la majorité des suffrages dans les élections britanniques, bien qu'*UN *obtienne presque toujours la majorité des sièges* (M. DUVERGER, dans le *Monde*, 11 juillet 1984).

b) *Un* **nominal** est senti aujourd'hui (cf. Hist.) comme familier :

Ce n'est pas à une morte que je dédie ce petit livre ; c'est à UNE *qui, quoique malade, est toujours active et vivante en moi* (BAUDEL., *Paradis artif.*, Dédic.) — *Il y avait même Le Hir l'idiot,* UN *de l'île de Sein* (LOTI, *Mon frère Yves*, XXV). — *Ce n'est pas la tête d'*UNE *qui se repent* (J. RENARD, *Journal*, 27 juillet 1908). — *Avec la patience d'*UN *qui se réveille* (SAINT EXUPÉRY, *Citadelle*, p. 379). — *Elle n'avait pas du tout l'air d'*UNE *qui vient de quitter son blondinet* (Fr. NOURISSIER, *Histoire française*, p. 119). — *L'écrivain veut s'épargner la déplaisante allure d'*UN *qui, la veille un peu en dehors, se précipite en dedans sous l'effet du panégyrique dont il a été gratifié* (H. GUILLEMIN, *Regards sur Bernanos*, p. 70).

Comme un(e) qui ... est une expression particulièrement fréquente : *Ô vous, comme* UN *qui boite au loin* [...] (VERL., *Sag.*, I, 6). — *Comme* UN *qui s'enivre des taches de vin sur la nappe* (BERNANOS, *Crépuscule des vieux*, p. 143). — Autres ex. : CLAUDEL, *Tête d'or*, Dédic. ; GENEVOIX, *Beau-François*, p. 45 ; ARAGON, *Roman inachevé*, Parenthèse 56 ; AUDIBERTI, *Maître de Milan*, XX ; PIEYRE DE MANDIARGUES, *Marge*, p. 175 ; etc.

Hist. — *Un qui ...* appartenait, chez les classiques, au style noble : +*Ma fantaisie me fait haïr* [...] UN *qui souffle en mangeant* (PASCAL, *Pens.*, 86). — +*Au milieu* [sur le Calvaire], *l'auteur de la grâce ; d'un côté* UN *qui en profite, de l'autre* UN *qui la rejette* (BOSS., *Œuvres orat.*, t. III, p. 77). — Voir encore CHÉNIER, *Élégies*, LXIV.

c) Certains auteurs suivent encore l'usage classique consistant à donner à *pas un* les emplois d'*aucun* (§ 710) :

> *Je vous les cite sans en omettre* PAS UN (BRUNETIÈRE, *Bossuet*, p. 60). — *Quand l'autorité paternelle se fait sentir, il est rare que* PAS UN *de nous résiste* (HERMANT, *Discorde*, p. 255). — *Vous avez sûrement beaucoup plus d'esprit que* PAS UN *de nous autres* (MONTHERLANT, *Port-Royal*, p. 135). — *Ce fut pour entamer la série des maladies d'enfance. Il semblait qu'il n'eût échappé à* PAS UNE (D. BOULANGER, *Nacelle*, p. 67).
>
> Dans l'usage ordinaire, *pas un* a la syntaxe de *pas deux*, etc.

> **Hist.** — Ex. classiques : *Mon cœur n'est à* PAS UN, *et se promet à tous* (CORN., *Place Royale*, I, 1, variante). — *À* PAS UN *d'eux elle ne convenoit* (LA F., *F.*, VI, 6). — *Si j'en connoy* PAS UN, *je veux estre étranglé* (RAC., *Plaid.*, II, 5). —⁺ *Ceux des Pays-Bas ne se sont tenus à* PAS UNE *de celles* [= des confessions de foi] *qu'on avait faites devant eux* (BOSS., *Hist. variat.*, Préf., XIV). — *On permuta cent fois sans permuter* PAS UNE (LA F., *C.*, Cas de conscience).

715   *Un ... autre ...* Ces mots précédés de l'article ont un rôle distributif : ils distinguent deux sous-ensembles dans un ensemble. Ils peuvent être au singulier ou au pluriel, au masculin ou au féminin.

a) Lorsqu'ils sont employés comme nominaux, ils concernent des personnes dont il n'a pas été fait mention encore :

> *Une atmosphère obscure enveloppe la ville,* / AUX UNS *portant la paix,* AUX AUTRES *le souci* (BAUDEL., *Fl. du m.*, Recueillement). — *L'imagination éveillée me proposait sans fin mille curiosités, sur* L'UN *ou* L'AUTRE, *sur telle chose, tel événement, tel mystère* (É. HENRIOT, *Livre de mon père*, p. 197).

b) Lorsqu'ils sont employés comme représentants, ils peuvent concerner des personnes ou des choses.

1° Ils explicitent un terme extérieur à la phrase ou à la proposition :

> *Bientôt des yeux de tous votre ombre est disparue.* L'UN *n'a-t-il pas sa barque et* L'AUTRE *sa charrue ?* (HUGO, *Rayons*, XLII.) — *J'ai entendu deux beaux chênes qui parlaient entre eux* / [...]. / *Maintenant, à la proue d'une drôme,* L'UN *fait la guerre aux Turcs* [...] /, L'AUTRE, *coupé par mes soins, au travers de la Tour de Laon,* / *Soutient Jehanne la bonne cloche* (CLAUDEL, *Ann. faite à M.*, Prol.).

2° Ils explicitent le terme complément soit de l'un soit des deux pronoms :

> — UN *des consuls tués,* L'AUTRE *fuit vers Linterne* (HEREDIA, *Troph.*, Après Cannes).
> — *Un bon accident, un petit scandale, une mort* [...] *chez* L'UN *ou* L'AUTRE *de nos collègues, si nous sommes employés, c'est une diversion agréable* (LÉAUTAUD, *Propos d'un jour*, pp. 125-126). — *En levant la main, en allumant une lampe, en accomplissant* L'UN *ou* L'AUTRE *des rites de notre profession* [...] (G. DUHAMEL, *Paroles de médecin*, p. 194). — *Comme j'aimais voir son regard de lumière se poser sur* L'UN *ou* L'AUTRE *d'entre nous !* (M. BOEGNER, *Exigence œcuménique*, p. 89.)

3° *L'un* et *l'autre* explicitent un nom ou un pronom (ou des noms ou des pronoms coordonnés) contenus dans la même phrase ou dans la même proposition (redondance par explicitation : § 365, *c*) :

> *J'y vois deux chevaliers :* L'UN *mort,* L'AUTRE *expirant* (VIGNY, *Poèmes ant. et mod.*, Cor). — *Ils boitaient* L'UN *et* L'AUTRE (FLAUB., *Éd. sent.*, I, 1). — *En pathologie certains états d'apparence semblable sont dus,* LES UNS *à un excès,* D'AUTRES *à une insuffisance de tension, de sécrétion, etc.* (PROUST, *Rech.*, t. I, p. 558).

En particulier, *l'un l'autre* indiquent la réciprocité, c'est-à-dire que chacun des deux pronoms représente chacun des êtres ou des choses désignés, qui sont à la fois agents et patients (ou compléments) :

> *Comme deux rois amis, on voyait deux soleils / Venir au-devant* L'UN *de* L'AUTRE (HUGO, *Orient.*, I, 4). — *Ah ! comme elle eût voulu qu'il la regardât* [...] *! Mais ils s'étaient promis* L'UN L'AUTRE, *lui de ne point le faire, elle de ne pas le désirer* (VERCORS, *Animaux dénaturés*, p. 240). — *Comme je vous ai aimés, vous aussi, aimez-vous* LES UNS LES AUTRES (*Bible*, trad. SEGOND, Évang. s. Jean, XIII, 34). — Sur la place de la préposition éventuelle, voir § 993, *c*.

Remarques. — 1. Lorsque *l'un* et *l'autre* renvoient à deux termes distincts, d'ordinaire *l'un* renvoie au terme le plus éloigné et en garde le genre, *l'autre* renvoie au terme plus proche :

> *La nature et l'art sont deux choses, sans quoi* L'UNE *ou* L'AUTRE *n'existerait pas* (HUGO, *Cromwell*, Préf., Pl., p. 436). — *L'ancienneté ne saurait composer avec l'usage ; il faut que* L'UNE *ou* L'AUTRE *ait le dernier mot* (HERMANT, *Xavier*, p. 25). — *L'entreprise et l'État* [...] *réagissent* L'UNE *sur* L'AUTRE (A. SIEGFRIED, dans les *Annales*, avril 1954, pp. 47-48). — *Flaubert a la poésie et l'humour. Bourget n'a ni* L'UNE *ni* L'AUTRE (G. DUHAMEL, *Refuges de la lecture*, p. 194). — *Ils mettent la charrue devant les bœufs parce que* L'UNE *est plus facile à manier que* LES AUTRES (CESBRON, *Ce que je crois*, p. 105).

On trouve parfois l'ordre inverse : *En quoi la souveraineté du peuple serait-elle plus sacrée que le droit divin ?* L'UN *et* L'AUTRE *sont deux fictions !* (FLAUB., *Éd. sent.*, II, 3.) — *La morale et le savoir ne sont pas nécessairement liés* L'UN *à* L'AUTRE (A. FRANCE, *Pierre Nozière*, p. 145). — *Elle aussi* [...] *préféra toujours la perfection au succès, mais elle rencontra* L'UN *et* L'AUTRE (H. BORDEAUX, *Paris aller et retour*, p. 81).

Mais peut-être, comme il s'agit de choses, l'expression est-elle prise neutralement, interprétation qui s'impose dans les ex. suivants, puisque les deux antécédents sont féminins : *Ouvrages dramatiques où il y a reconnaissance ou péripétie, ou* L'UN *et* L'AUTRE (AC., s.v. *implexe*). — *Est-ce une habitude qu'ils ont prise eux-mêmes ou une appellation qu'on leur a donnée ?* L'UN *et* L'AUTRE *sans doute* (DAUZAT, cit. Sandfeld, t. I, p. 450).

L'un invariable (masculin à valeur de neutre) s'impose si les pronoms renvoient à des syntagmes dépourvus de genre, à des adjectifs, des phrases, etc. : *Est-elle sévère et juste ? Ni* L'UN *ni* L'AUTRE. — *Ont-elles menti ? Ont-elles trahi ? Elles ont fait* L'UN *et* L'AUTRE.

2. Les phrases étudiées dans ce § 715 présentent *un* et *autre* tous deux comme pronoms. On peut aussi avoir des phrases dans lesquelles *autre* est pronom et *un* déterminant :

> *Ils se disaient bien que Jacques reviendrait* UN *matin ou* L'AUTRE (ZOLA, *Madel. Férat*, XII). — UNE *main ne doit pas savoir ce que* L'AUTRE *donne.*

On se gardera de dire avec l'article défini : °L'UNE *main ne doit pas savoir...* Cette façon de s'exprimer s'entend en Belgique et même se lit, non seulement chez des auteurs d'origine flamande (et influencés par le néerlandais), mais parfois aussi chez des Wallons : L'UNE *hypothèse est somme toute aussi vraisemblable, aussi invérifiable que l'autre* (MAETERLINCK, *Vie des termites*, p. 109). — *Et* L'UNE *chimère remplace l'autre aisément* (MALLET-JORIS, *Marie Mancini*, p. 238). — [...] *qui se sont longtemps exercés à* L'UNE *école après l'autre* (M. THIRY, *Romans, nouvelles, contes, récits*, p. 507).

Hist. — *L'un a pu s'employer avec un nom jusque dans le* XVI⁰ s. : *De* L'UNE *mer a l'altre mer* (WACE, *Brut*, 5313). — *Mout en y ot de noiez en* L'UN *fleuve et en l'autre* (JOIN-VILLE, § 201). — *On pouoit aller de* L'UNG *costé à l'autre* (COMMYNES, t. II, p. 61). — *Le moyne se deffist de tout son arnoys et getta* L'UNE *pièce après l'autre parmy le champ* (RAB., *Garg.*, XLII). — L'UN *asne appelle l'autre roigneux* (*Proverbes franç.*, 1123, éd. Morawski). — L'UN *membre sera perclus, l'autre en vigueur* (MONTAIGNE, III, 6).

716   *Certains*, fém. *certaines*, ne s'emploie qu'au pluriel (voir cependant *a*, Rem.).

a) Comme **représentant**, il désigne une partie imprécise d'un ensemble. Il se dit des personnes comme des choses et il a le genre du nom représenté.

Souvent, le nom représenté est complément de *certains* : CERTAINS *de ces suffixes sont à peu près abandonnés* (BRUNOT, *Hist.*, t. I, p. 111). — *Si nous restions passifs en Afrique, nos adversaires, tôt ou tard, s'attribueraient* CERTAINES *de nos possessions* (DE GAULLE, *Mém. de guerre*, t. I, p. 114). — *En face de l'inconnu*, CERTAINS *de nos rêves n'ont pas moins de signification que nos souvenirs* (MALRAUX, *Antimémoires*, pp. 17-18).

Parfois, le nom représenté a été utilisé dans ce qui précède : *Il avait bien rencontré [...] quelques personnes qui se trouvaient comme lui à cette soirée [...] ; mais plusieurs étaient arrivées après la musique ou parties avant ;* CERTAINES *pourtant étaient là pendant qu'on l'exécutait* (PROUST, *Rech.*, t. I, p. 211). — *J'épouse ses étonnements et ses joies... Je crois que je serais encore capable de* CERTAINES (GIDE, *Ainsi soit-il*, Pl., p. 1169).

Remarque. — *Certain au singulier est exceptionnel : Il n'y avait pas de lettre de Jacque-line, mais seulement quelques billets dont* CERTAIN *sur lequel [...] Laurent reconnut l'écriture de Schleiter* (G. DUHAMEL, *Combat contre les ombres*, XVII).

b) Comme **nominal**, il désigne un nombre indéterminé de personnes ; il équivaut à *certaines personnes, quelques-uns, d'aucuns :*

Certains est sujet : CERTAINS *prétendent que...* (LITTRÉ). — CERTAINS *se figurent et pré-tendent que l'esprit humain est illimité* (L. DAUDET, *Jour d'orage*, p. 65). — CERTAINS *m'ont reproché, par la suite, ma conduite envers Ariane* (GIDE, *Thésée*, p. 88). — *Depuis un temps*, CERTAINS *se sont mis en devoir de découvrir l'Amérique* (BENDA, *Rapport d'Uriel*, p. 162). — *Il ne sera donc pas question d'interdire les gestes, comme le voudraient* CERTAINS (A. SIEGFRIED, *Savoir parler en public*, p. 155). — CERTAINS *ont tous les talents* (JOUHANDEAU, *Carnets de l'écrivain*, p. 37).

Certains est complément : Pour CERTAINS *il [= Aristote] est comme une transition entre le génie grec [...] et le génie romain* (FAGUET, *Initiation philos.*, p. 23). — *Le souvenir de ses extraordinaires confidences est encore trop vivant au cœur de* CERTAINS (BERNANOS, *Sous le soleil de Satan*, p. 149). — *Cette secrète euphorie que provoque chez* CERTAINS *une situation excessive* (MONTHERLANT, *Célibataires*, p. 221). — *Elle [= la souffrance] ne guette que* CER-TAINS (ESTAUNIÉ, *Appel de la route*, p. 69). — *Le non-acquiescement à des dogmes a pu mener* CERTAINS *jusqu'au martyre* (GIDE, *Attendu que...*, p. 132). — *Et cela semble si étrange à*

CERTAINS (SUPERVIELLE, *Premiers pas de l'univers*, p. 163). — *J'ai énoncé, contre ce genre des confessions, des jugements qui ont paru sévères à* CERTAINS (P.-H. SIMON, dans le *Monde*, 17 avril 1963). — *Il* [= Jarry] *émerveille* CERTAINS, *il en exaspère d'autres* (DORGELÈS, *Au beau temps de la Butte*, p. 58). — *J'ai peut-être même aidé* CERTAINS *à s'accrocher à la vie* (CHAMSON, *Suite pathétique*, pp. 403-404). — *Ces questions plongent* CERTAINS *dans des abysses d'angoisse* (CESBRON, *Ce que je crois*, p. 186). — *L'idée que l'on doit son prix au jugement de* CERTAINS *m'est insupportable* (SARTRE, *Carnets de la drôle de guerre*, p. 407).

Certains se met au féminin quand la situation ou le contexte indiquent qu'il s'agit de femmes :

> *Danjou gardait une attitude à l'écart, amusant la duchesse de ses potins de coulisses, la faisant rire, ce qui, avec* CERTAINES, *réussit quelquefois très bien* (A. DAUDET, *Immortel*, p. 283). — *Elle avait cette élégance subtile qui s'attache à* CERTAINES (ESTAUNIÉ, *Vie secrète*, p. 149). — *Mariette ne conserve pas tout, comme* CERTAINES (H. BAZIN, *Matrimoine*, p. 139).

Hist. — Sur l'origine, voir à *certain* déterminant (§ 609, Hist.). — Le développement de *certains* comme pronom (représentant ou nominal) ne doit pas être très ancien. Littré est le premier dictionnaire à l'enregistrer. L'Acad. l'ignore encore. — Mais on trouve *un certain* au XVIIᵉ s. : *Il me souvient avoir lu dans Tacite qu'*UN CERTAIN, *estant venu à Rome* [...] (*Caquets de l'accouchée*, cit. Spillebout). — *En nommant celles cy, tu caches finement / Qu'*UN CERTAIN *l'entretint assez paisiblement* (CORN., *Veuve*, I, 3). — Le *Dict. gén.* mentionne sans réserves (s.v. *de*, II, 2°) : DE CERTAINS, *d'aucuns disent que*.

717   *Chacun* [ʃakœ̃] [12], féminin *chacune* [ʃakyn], n'a pas de pluriel (cf. Hist.). Il a une valeur distributive, c'est-à-dire qu'il s'emploie quand on considère un à un, isolément, les éléments d'un ensemble. Il correspond au déterminant *chaque*. Il peut être représentant (§ 718) ou nominal (§ 720). Il peut avoir dans la phrase les fonctions du nom : sujet, complément de verbe (objet direct et indirect, adverbial, agent), de nom, d'adjectif...

Quoique *chacun* soit un singulier, il concerne une réalité qui comprend nécessairement plusieurs éléments. Cela explique qu'il soit employé dans des constructions où l'on attend l'expression d'une pluralité : comme sujet d'un verbe pronominal réciproque (§ 748, Rem. 1), comme régime de la préposition *entre* (§ 1012), comme objet direct de *séparer* ou de verbes analogues : *Une pause séparait chacun des cris* (Th. GAUTIER, *Capit. Fracasse*, IV). — [Déjà chez Diderot ⁺ *Un sanglot séparant chacun de ses mots* (*Jacques le fatal.*, Pl., p. 631).]

Hist. — 1. *Chacun*, anc. fr. *chascun* (attesté depuis *Alexis*), vient du latin vulg. *cascunus, croisement de *catunus et de *quisque*. *Quisque* « chacun » appartient au latin classique. *Catunum, qui a donné en anc. fr. *chaün*, *cheün*, très tôt disparus (cf. *in cadhuna cosa* « en chacune chose » dans les Serments de Strasbourg), est formé de *unus* « un » et de *cata*, préposition que le latin tardif avait empruntée du grec et qui avait un sens distributif (cf. CATA *mane mane* « chaque matin » dans la Vulgate, Ézéchiel, XLVI, 14). — *Cata* (qui a donné aussi l'esp. *cada*) subsiste dans certains dialectes et même dans le fr. régional, par ex.

---

12. C'est la prononciation traditionnelle. Elle est fortement concurrencée par [ʃakɛ̃]. Voir § 25, *a*, Rem.

dans l'Isère : °*À* CHA *deux* « deux par deux ». °*Il économise à* CHA *sou* « sou par sou » (cf. *Revue de ling. rom.*, janv.-juin 1978, p. 163).

2. *Chacun* comme déterminant : cf. § 611, Hist.

3. *Chacun* a pu autrefois être employé exceptionnellement au pluriel : *Comencerent* CASCUN *lur chevalz a ferir* (*Dialogue Grégoire*, dans Tobler-Lommatzsch). —⁺ *Encore que* CHACUNES [des preuves] *à part puissent subsister par leurs propres forces* (BOSS., cit. Nyrop, t. V, § 424). — Comparez : *D'Olympe les jeux tant illustres / Qui retournoyent par* CHASCUNS *Lustres / Anoblir les bords Piseans* (RONS., t. III, p. 108).

Il arrivait aussi que, sans avoir la forme du pluriel, *chacun* fût suivi d'un verbe au pluriel, par syllepse : *Chascun se* FEUENT [= s'enfuient] (JEAN D'OUTREMEUSE, éd. G., p. 222). — *Chascune se* MIRENT *à luy dire les meilleures parolles qu'elles peurent* (MARG. DE NAVARRE, *Hept.*, LXXII).

Parfois l'accord se faisait avec le complément déterminatif de *chacun* (comp. § 422, *d*, Rem.) :

Ung chascun d'entre eulx [...] DRESSERENT *ung grand boys* (RAB., *Pant.*, 1532, XVII). — ⁺*Chacun desquels plans, étant multiplié par les petites portions de l'axe*, FORMENT *autant de petits solides prismatiques* (PASCAL, *Lettre de Dettonville à Carcavi*, Pl., p. 118). — *Chacun de ses filets* SONT *autant de Pactoles* (DELILLE, cit. Brunot, *Hist.*, t. VI, p. 1663).

On trouve encore de ces négligences à l'heure actuelle :

Chacun de nous, écrivains d'imagination, AVONS *une tendresse comme instinctive pour tel ouvrage qui nous a plu d'entrée* (Fr. HELLENS, dans *Julien Gracq*, Cahiers de l'Herne, p. 226). — *Chacun à leur manière* SURENT *tenir ensemble la ferveur des charismes apostoliques, la fidélité à l'Église et la confiance dans la nouveauté d'un monde* (M.-D. CHENU, cité dans *Problèmes de l'Église en marche*, t. II, p. 32). — *Chacun de ses deux prédécesseurs* ONT, *tour à tour, occupé des appartements différents* (P. VIALAR, *Jeunesse du monde*, p. 361). — [...] *dès que* CESSENT *d'être* MOTIVÉES *chacune de ses manifestations* (Cl. MAURIAC, *Malraux ou le mal du héros*, p. 14). — *Chacune des deux marques* [...] PEUVENT *apparaître séparément* (Jean DUBOIS, *Gramm. struct.*, Verbe, p. 169). — *L'humanité a bien connu et connaît une foule de croyances qui, toutes et* CHACUNES, *ont bien engendré et soutenu des civilisations* (J. FOURASTIÉ, *Ce que je crois*, p. 8).

718   ***Chacun* représentant.**

Chacun représente d'ordinaire un nom ou un pronom dont il prend le genre (mais non le nombre). Il peut aussi représenter, d'une manière sylleptique, des singuliers à sens collectif, comme *on, la plupart*, etc., ou une suite de noms ou de pronoms singuliers coordonnés.

Nous distinguons trois cas :

a) *Chacun* n'a pas de lien syntaxique avec le nom ou le pronom représentés :

C'étaient les convives du jeudi. CHACUN *avait apporté quelque cadeau* (FLAUB., *Éd. sent.*, I, 5). — *Lorsque deux catégories humaines sont en présence,* CHACUNE *veut imposer à l'autre sa souveraineté* (S. de BEAUVOIR, *Deuxième sexe*, t. I, p. 107). — *J'ai rêvé que je tuais tous les gens avec qui j'ai vécu* [...]. *Et plusieurs fois* CHACUN (M. DURAS, *Amante anglaise*, p. 60). — *Vous me diriez de* [...] *raconter une de ces fois... comment voulez-vous ? Je n'ai de* CHACUNE *gardé que la terreur* (ARAGON, *Blanche ou l'oubli*, II, 6). — *La représentation commençait à six heures du soir : une comédie, un vaudeville, un drame, et tout cela à la suite... Je jouais dans* CHACUN (R. SABATIER, *Trois sucettes à la menthe*, p. 221). — *Assembler toutes les bien-aimées dans l'immense salon,* [...] *et être courtois avec* CHACUNE (A. COHEN, *Carnets*, 15 mars 1978). — *Je ne savais pas que les dix-huit panneaux de laine racontaient tous l'histoire de Thésée ; il n'y a pas d'étiquettes sur le mur pour indiquer le sujet de* CHACUN (BUTOR, *Emploi du temps*, p. 97).

Dans cette construction, *chacun* est rarement objet direct : à *Il se promenait avec ses deux sœurs, en tenant* CHACUNE *par la main*, il semble que l'on préfère le tour décrit ci-dessous *(c)* : *... en* LES *tenant* CHACUNE *par la main.*

b) Le nom ou le pronom représentés sont les noyaux d'un complément prépositionnel de *chacun :*

À CHACUNE *des mansardes du château parurent des domestiques* (FLAUB., *Éd. sent.*, III, 1). — CHACUN *d'entre vous a fait son devoir* (*Dict. contemp.*). — [...] *ce « Don » fatal* [= le pressentiment] *qui surcharge* CHACUNE *de nos pensées d'une crainte inévitable* (H. BOSCO, *Balesta*, p. 229).

De même avec *dont : Les idéogrammes chinois, dont* CHACUN *exprime un concept* (ÉTIEMBLE, *Jargon des sciences*, p. 155).

c) Chacun explicite un nom ou un pronom (ou des noms ou pronoms coordonnés) contenus dans la même phrase (cf. § 365, *c*, redondance par explicitation) :

La fenêtre et la petite porte se font face et sont CHACUNE *précédées d'une légère architecture de poutres* (COCTEAU, *Bacchus*, indic. du décor). — *Nous avons eu peur*, CHACUN, *de l'apport de l'autre* (H. BAZIN, *Matrimoine*, p. 42). — *De toutes ces beautés diverses qui* CHACUNE *avaient leur défaut, il fit une beauté unique* (MUSSET, *Conf.*, I, 5). — *Arrivent deux énormes chiens au nez rose et truffé, et qui mangeraient* CHACUN *un enfant pour leur souper* (J. RENARD, *Journal*, 2 janv. 1896). — *Il* [= votre père] *a bien travaillé pour vous donner à* CHACUN *une situation* (G. DUHAMEL, *Œuvre des athlètes*, I, 3). — *Les Siennoises constituèrent trois troupes de trois mille femmes* CHACUNE (S. de BEAUVOIR, *Deuxième sexe*, t. I, p. 172).

D'habitude, le nom et le pronom explicités par *chacun* le précèdent, mais ils le suivent parfois : *Après avoir avalé* CHACUN *deux tasses de café* [...] *nous partîmes* (MAUPASS., *C.*, cit. Sandfeld, t. I, p. 386). — *Un même mouvement a entraîné*, CHACUNE *à son rythme propre, les législations européennes* (M. FOUCAULT, *Surveiller et punir*, p. 17). — CHACUN *sur un versant du toit, ils se font face* (J. GENET, *Querelle de Brest*, p. 12). — *Il arrive que l'antécédent de chacun soit le sujet implicite d'un impératif : Vivez* CHACUN *de votre côté* (AC.).

719   **Observations sur *chacun* représentant.**

a) Quand *chacun* explicite un nom ou un pronom (§ 718, *c*), le **possessif** qui suit peut être rapporté, soit à *chacun,* soit au nom ou pronom (comp. § 729, Rem. 3 : *qui* distributif).

1º Lorsque *chacun* explicite un pronom personnel (qui, avec un impératif, reste sous-jacent) de la 1ʳᵉ ou de la 2ᵉ **personne**, l'usage ordinaire est de rapporter le possessif à ce pronom personnel et donc de choisir le pluripossessif [13] de la 1ʳᵉ ou de la 2ᵉ personne *(notre, nos, votre, vos* [14]*) :*

---

13. Nous rappelons (cf. § 589, *a*) que les *pluripossessifs* sont les possessifs de la pluralité, qui concernent plusieurs possesseurs : *notre, votre, leur, nos, vos, leurs ; le nôtre, le vôtre, le leur,* etc. Ils s'opposent aux *unipossessifs* ou possessifs de l'unité, qui concernent un seul possesseur : *mon, ton, son, ma, ta, sa, mes, tes, ses ; le mien, le tien, le sien,* etc.

14. Sur le choix entre le singulier *(notre, votre)* et le pluriel *(nos, vos)*, voir § 592.

Vous vous retirerez [...] / *Chacun dans* VOS *États* (HUGO, *Ruy Blas*, III, 2). — *Nous nous faisions vis-à-vis, avec chacun* NOTRE *lampe et* NOTRE *fauteuil Voltaire* (BARRÈS, *Homme libre*, p. 29). — *Nous quittâmes Genève, Romains et moi, pour suivre chacun* NOTRE *route* (G. DUHAMEL, *Les espoirs et les épreuves*, p. 59). — *Nous demeurâmes un moment rêveurs, chacun dans* NOTRE *coin* (J. DUCHÉ, *Elle et lui*, p. 220). — *Vivez chacun de* VOTRE *côté* (AC.).

Cet usage est le seul possible quand le déterminant possessif accompagne le complément essentiel du verbe à la 1re ou à la 2e personne ou quand le pronom possessif est ce complément essentiel :

Nous suivions chacun NOTRE *chemin* (LAMARTINE, *Raphaël*, VI). — *Oublions chacun* LES NÔTRES [= nos chagrins] (FLAUB., *Éd. sent.*, II, 4).

Mais lorsque le syntagme que précède *chacun* a un lien moins étroit avec le groupe pronom + verbe, il n'est pas rare que le possessif soit rapporté à *chacun* et soit donc l'unipossessif de la 3e personne *(son, sa, ses)* ; en particulier, l'expression *chacun de* SON *côté* est fréquente :

Nous travaillons, chacun à SA *besogne* (SAND, *Corresp.*, t. IV, p. 624). — *Nous vivons bien à l'aise, chacun dans* SON *absurdité* (VALÉRY, *M. Teste*, p. 86). — *Ayant mangé solidement et bien bu, chacun selon* SA *taille, nous ressortons* (JAMMES, *Solitude peuplée*, p. 221). — *Il faut que nous nous mettions devant la nécessité absolue* [...] *de nous débrouiller ensuite chacun de* SON *côté* (MONTHERLANT, *Célibataires*, p. 26). — *Nous sommes six cents* [...] *chacun sur* SON *cheval* (A. de CHÂTEAUBRIANT, *Les pas ont chanté*, p. 52). — *Nous sommes, chacun à* SA *mesure, le cerveau de ce monde* (A. SUARÈS, *Sur la vie*, t. I, p. 172). — *Nous sommes tous partis, chacun de* SON *côté* (G. DUHAMEL, *Nuit de la Saint-Jean*, p. 96).

Autres ex. : BOURGET, dans Nyrop, t. V, § 241, 1° ; M. PRÉVOST, *Sa maîtresse et moi*, p. 27 ; H. BORDEAUX, *Pays sans ombre*, p. 294 ; J. BOREL et Fr. NOURISSIER, dans Togeby, § 463, 3. — [Voir déjà BOSSUET dans l'Hist.]

2° Lorsque *chacun* explicite un nom ou un pronom de la **3e personne** du pluriel (ou des noms ou pronoms coordonnés), on peut, — soit rapporter le possessif à *chacun* (c'est l'usage le plus suivi, semble-t-il) et lui donner la forme de l'unipossessif *(son, sa, ses)*, — soit le rapporter au nom ou au pronom et lui donner la forme du pluripossessif *(leur, leurs)* :

— *Les deux sexes mourront chacun de* SON *côté* (VIGNY, *Dest.*, Colère de Samson). — *Les deux clercs écrivaient, chacun à* SA *table* (HUGO, *Homme qui rit*, II, VIII, 1). — *Les guerriers* [...] *rentraient chacun dans* SA *guérite* (MICHELET, *Mer*, II, 10). — *Ils reprirent chacun* SA *route* (BARRÈS, *Leurs figures*, p. 375). — *Ils auront chacun* SON *chauffeur* (P.-J. TOULET, *Béhanzigue*, p. 76). — *Ils fondent chacun* SON *existence sur l'inexistence des mots* (VALÉRY, *M. Teste*, p. 64). — *Charles et Ariane possédaient, naturellement, chacun* SA *voiture* (J.-L. CURTIS, *Jeune couple*, p. 80). — *Ils auraient mieux fait de s'en aller délirer chacun dans* SON *coin* (S. de BEAUVOIR, *Mandarins*, p. 22). — *De ces configurations spéciales qui décrivent chacune à* SA *manière la continuité taxinomique* [...] (M. FOUCAULT, *Les mots et les choses*, p. 162).

Autres ex. : A. FRANCE, *Balthasar*, pp. 158-159 ; PROUST, *Rech.*, t. I, p. 138 ; BÉDIER, *Fabliaux*, 5e éd., p. 109 ; LARBAUD, *Enfantines*, p. 117 ; MAUROIS, *Byron*, t. I, p. 148 ; AYMÉ, *Contes du chat perché*, L'âne et le cheval ; etc.

— *Ma mère et ma sœur déjeunaient chacune dans* LEUR *chambre* (CHAT., *Mém.*, I, III, 3). — *L'employé et l'ancien commissaire avaient jugé chacun de* LEUR *côté qu'ils pouvaient reprendre leurs chères habitudes* (ZOLA, *Th. Raquin*, XV). — *Les instruments s'essaient chacun de* LEUR *côté* (LARBAUD, *Enfantines*, p. 224). — *Il semblait que les choses eussent perdu chacune* LEUR *sens particulier* (BERNANOS, *Imposture*, p. 35). — *Presque tous nos régiments d'infanterie ont eu chacun* LEUR *soldat Bayet* (GENEVOIX, *Joie*, p. 163). — *Ils s'y préparent, chacun selon* LEUR *tempérament* (H. BAZIN, *Vipère au poing*, XXIII). — *Ils mènent chacun* LEUR *campagne* (J.-P. CHABROL, *Embellie*, p. 125). — *Léopold et Cyrille se séparèrent afin de faire le guet chacun de* LEUR *côté* (A. DHÔTEL, *Des trottoirs et des fleurs*, p. 220).

Le choix peut être déterminé par le souci d'être clair : *Des paysages qui font contraste lui dirent chacun* LEUR *mot* (BARRÈS, *Appel au soldat*, t. I, p. 4). Voir aussi les ex. de Musset et de Renard au § 718, *c*.

Si *chacun* est le sujet d'une proposition participe (complément absolu), il n'a plus pour fonction grammaticale d'expliciter un nom ou un pronom, et c'est *chacun* qui donne au possessif sa forme :

De féroces oiseaux perchés sur leur pâture | *Détruisaient avec rage un pendu déjà mûr,* | *Chacun plantant, comme un outil,* SON *bec impur* / *Dans tous les coins saignants de cette pourriture* (BAUDEL., *Fl. du m.*, Voy. à Cythère).

Lorsque le participe précède *chacun*, on a le choix entre *son, sa, ses* ou *leur, leurs* :

Les goums dissidents se séparèrent emmenant chacun SES *prisonniers* (MAUPASS., *Au soleil*, p. 55). — *On voyait défiler lentement de grands chariots portant chacun* SON *acacia* (A. DAUDET, *Rois en exil*, p. 162).

Le maître de Nemours put voir son oncle donnant le bras à la jeune fille nommée Ursule, tenant chacun LEUR *Paroissien* (BALZAC, *Ursule Mirouët*, I). — *Tous deux étaient arrivés rue de l'Homme-Armé* [...], *absorbés chacun dans* LEUR *préoccupation personnelle* (HUGO, *Misér.*, IV, XV, 1).

Ce que nous venons de dire des possessifs s'applique aussi aux pronoms personnels, qui peuvent être rapportés, soit à *chacun*, soit au nom ou au pronom explicités par *chacun*. Martinon (p. 167) laisse à juste titre le choix dans : *Ils s'en tenaient chacun à l'opinion qui* LEUR *ou qui* LUI *paraissait la meilleure*.

Le pronom réfléchi lorsque le sujet est *nous* ou *vous* est ordinairement *nous* ou *vous :* *Nous partirons chacun droit devant* NOUS. On trouve parfois *soi* cependant, surtout dans *chacun pour* SOI : *Nous recommencions à exister, chacun pour* SOI (S. de BEAUVOIR, *Mandarins*, p. 27).

Pour le choix entre *soi* et *lui* (ou *elle, elles, eux*) quand le sujet est *chacun*, voir § 640, *b*, 1°.

3° Lorsque *chacun* explicite le pronom indéfini *on*, on ne peut évidemment avoir que l'unipossessif : *C'était mieux quand on* [= nous] *vivait chacun de* SON *côté* (S. de BEAUVOIR, *Mandarins*, p. 80).

Hist. — Les hésitations décrites ci-dessus sont anciennes. À l'époque classique :

+*Les peuples marchaient chacun en* SA *voie* (BOSS., *Hist.*, I, 3). — +*Ils leur offrent leur maison pour s'y exercer chacun dans* SON *art* (LA BR., *Car. de Théophr.*, V). — *Elles s'envolent chacune de* SON *coté* (DIDEROT, *Rêve de d'Alembert*, p. 49).

+*Je les ai envoyés tous deux chacun de* LEUR *côté* (SÉV., 14 déc. 1689). — +[...] *la liberté qu'auraient plusieurs excellents maîtres de faire, chacun dans* LEUR *genre et selon* LEUR *génie, de très beaux ouvrages* (LA BR., *Car.*, I, 49). — *Ils rejaillirent, chacun de* LEUR *CÔTÉ* (MONTESQ., *L. pers.*, CXXVIII). — *Tous les domestiques avaient fui chacun de* LEUR *côté* (VOLT., *Contes et romans*, Jeannot et Colin).

Notons particulièrement, avec un pronom personnel de la 1ʳᵉ personne :⁺ *Nous nous mettrons M. Claude et moi à soutenir chacun* SON *récit* (Boss., *Confér. avec M. Claude,* Avertiss.).
Les grammairiens ont vainement tenté de mettre de l'ordre dans l'usage.

b) Plus d'un auteur accorde avec *chacun* et laisse donc abusivement au singulier le verbe qui a pour sujet *qui,* suivi et explicité par *chacun :*

C'étaient des documents divers [...], réunis dans des chemises de fort papier bleu, qui chacune PORTAIT *un nom écrit en gros caractères* (ZOLA, *Dʳ Pascal,* I). — *Autour d'eux descendent douze autres parachutes qui, chacun,* PORTE *un container de la taille d'un cercueil* (A. DECAUX *raconte,* t. II, p. 209).

L'attribut s'accorde avec le sujet, même si cet attribut est précédé de *chacun :* voir l'ex. de Proust au § 419, N.B.

c) Quand *chacun* explicitant un nom ou un pronom accompagne un syntagme prépositionnel introduit par *avec,* il peut se mettre entre *avec* et son régime (comp. § 993, *a*) :

Les autres sont cloués à la muraille AVEC *chacun une baïonnette sur la poitrine* (Al. DUMAS, cit. Plattner, III, 2, p. 192). — Voir l'ex. de Barrès ci-dessus, *a,* 1°.

Cette intercalation se rencontre parfois aussi après *de : Il composa trente articles* DE *chacun deux colonnes* (BALZAC, cit. Plattner). — Voir aussi Sandfeld, t. I, p. 386.

d) Sous l'influence des phrases averbales signalées plus loin (§ 720), la langue familière supprime parfois la préposition dans *à son tour* placé après *chacun* explicitant un nom ou un pronom :

Dieu nous travaille CHACUN NOTRE TOUR (PÉGUY, *Myst. de la charité de J. d'Arc,* p. 66). — *L'on s'en va* CHACUN SON TOUR (SAINT EXUPÉRY, *Pilote de guerre,* I).

Il vaut mieux s'en tenir à la construction régulière : *Il* [un chien] *marchait auprès des deux petites qui le tenaient* CHACUNE À LEUR TOUR *par sa ficelle* (AYMÉ, *Contes du chat perché,* Chien).

e) **Chaque** est souvent employé pour *chacun* dans la langue populaire de diverses régions, et aussi dans la langue commerciale. Cet emploi ne peut être considéré comme entré dans le bon usage.

On le trouve pourtant chez des écrivains, non seulement dans la correspondance (STENDHAL, t. VII, p. 177 ; SAND, 1ᵉʳ juillet 1846 ; BARRÈS, *Départ pour la vie,* p. 77 ; PROUST, lettre publiée dans le *Figaro* du 9 juillet 1971) ou dans des notes peu élaborées (FLAUB., *Voyages,* t. II, p. 508 ; BARRÈS, *Mes cahiers,* t. XI, p. 170), mais aussi dans des livres préparés pour la publication :

— *Chaque* suit une indication numérique (prix, poids, etc.), ce qui vient vraisemblablement de la langue commerciale : *Quatre-vingt-dix billets à 1.000 francs* CHAQUE (CHAT., *Mém.,* III, II, I, 6). — *Amenant quinze moutons qui valaient plus de vingt piastres* CHAQUE (LAMARTINE, *Voy. en Orient,* Bruxelles, 1835, t. IV, p. 73). — *Les carrosses de louage [...] taxés cinquante-deux livres par an* CHAQUE (HUGO, *Homme qui rit,* II, VIII, 6). — *Deux morceaux de lest de cinq livres* CHAQUE (BAUDEL., trad. de : Poe, *Hist. extraord.,* G.-F., p. 182). — *Nous sommes sûrs d'en vendre dix mille, à vingt sols* CHAQUE (A. FRANCE, *Les dieux ont soif,* III). — *Cent fioles d'une contenance de deux onces* CHAQUE (HUYSMANS,

Cathédrale, p. 147). — *150 kilos de* CHAQUE *à l'hectare* (J. de PESQUIDOUX, *Livre de raison*, t. I, p. 90). — *Leurs téléphonages quotidiens* [...] *d'un quart d'heure* CHAQUE (MONTHERLANT, *Jeunes filles*, p. 105). — *Tables des matières, t. à p.* [= tirées à part] *à 100 ex.* [= exemplaires] CHAQUE (VAN GENNEP, *Manuel de folklore franç. contemp.*, t. III, p. 144).

— Autres cas (où l'influence commerciale est plus douteuse) : *Elle avait beau diminuer la durée des stations et marcher entre* CHAQUE *le plus longtemps possible* (HUGO, *Misér.*, II, III, 5). — *J'ai deux raisons, dont* CHAQUE *est suffisante seule* (E. ROSTAND, *Cyr.*, I, 4). — *Et les uns se croyaient prêtres et pontifes, les autres prophètes, les autres Césars, ou bien martyrs, ou un peu de* CHAQUE (VALÉRY, *M. Teste*, p. 75). — *Les ferrures déclouées qu'il recloua d'un coup de marteau sur* CHAQUE (COCTEAU, *Poésie critique*, p. 120). — *Tous les toits gardaient leur fourrure de neige, et tous fumaient, tous ; sous* CHAQUE, *devait cuire une bonne soupe chaude* (LA VARENDE, *Centaure de Dieu*, p. 285). — *Trois secteurs, trois jours dans* CHAQUE (GENEVOIX, *Routes de l'aventure*, p. 197). — *Trois vieux récipients troués et rouillés contenaient de la poudre blanche. Je prélevai un peu de* CHAQUE (J. PERRY, *Mouton noir*, p. 235).

Hist. — Quoiqu'on ait quelques traces antérieures, cet emploi de *chaque* pour *chacun* se répand surtout à partir du XVIIIᵉ s. : *Il y a dans* CHAQUE *un conduit* (DIDEROT, *Éléments de physiologie*, p. 176).

720   *Chacun* **comme nominal.**

Chacun s'emploie pour désigner toute personne, sans distinction, tout le monde, — soit d'un ensemble indéterminé, pouvant inclure l'humanité entière, — soit d'un ensemble plus restreint, déterminé par la situation [15] (comp. *tout le monde, personne*, etc.) :

CHACUN *prend son bien où il le trouve* (prov.). — *Dans un pays, comme dans une maison, il faut un maître ; autrement,* CHACUN *fait danser l'anse du panier* (FLAUB., *Éd. sent.*, III, 1). — *Dieu envoie des tentations à* CHACUN *selon sa force* (GIDE, *Journal*, 13 oct. 1894). — *Je me définissais la Révolution pour tous les hommes par l'effort que j'avais moi-même accompli. Elle consistait à amener* CHACUN *à penser sa vie* (GUÉHENNO, *Changer la vie*, p. 190).

CHACUN *s'en retourna l'âme calme et ravie* (BAUDEL., *Fl. du m.*, Calumet de paix). — *Elle avait pénétré dans ce petit monde mouvant où les camaraderies se nouaient les unes aux autres, où se faisaient et se défaisaient les réputations, où* CHACUN *s'essayait aux jeux de la renommée* (A. CHAMSON, *Rendez-vous des espérances*, p. 56). — *Je lui demandai s'il n'apercevait pas* [...] *quelque transaction honorable qui permît à* CHACUN *de reculer* (TOCQUEVILLE, *Souvenirs*, pp. 59-60).

Il est généralement au masculin. Mais le féminin se trouve lorsque la situation montre qu'il s'agit uniquement de femmes :

Il régnait [dans une classe de filles] *une atmosphère de recherche où* CHACUNE *donnait le meilleur d'elle-même.* — *Nous rendrons hommage à chacun et à* CHACUNE (BAUDEL., cit. Damourette-Pichon, § 2870). — *Dans mon âme ravagée par les souvenirs, je revoyais* CHACUNE *à l'heure de l'abandon* (MAUPASS., *C.*, Suicides).

_____

15. Les deux valeurs se succèdent dans le texte suivant : *Il ne s'agissait plus de l'histoire de l'homme, mais de la nature de* CHACUN [= de tout homme] ; *et* CHACUN [des participants à ce colloque] *se sentait mis en jeu* (MALRAUX, *Noyers de l'Altenburg*, p. 101).

Chacun nominal apparaît notamment dans des phrases averbales, proverbes ou sentences :

CHACUN *pour soi, Dieu pour tous.* — CHACUN *son métier, les vaches seront bien gardées,* proverbe transformé par L.-P. Fargue en : CHACUN *son métier, les métiers seront bien gardés* (dans le *Figaro litt.,* 24 mai 1947). — CHACUN *ses droits* (J. RENARD, *Journal,* 16 nov. 1906). — *Oh ! je ne fais aucun reproche à qui que ce soit, c'était ainsi, voilà tout, une fatalité.* CHACUN *la sienne* (BERNANOS, *Joie,* p. 90). — *Mais, bien sûr,* CHACUN *sa folie, et il faut l'admettre, sinon la vie ne serait pas vivable* (E. TRIOLET, *Manigances,* L.P., p. 61). — CHACUN *sa musique,* CHACUN *sa place* (B. POIROT-DELPECH, dans le *Monde,* 28 mars 1975).

Chacun peut aussi, dans des formules analogues à celles qui viennent d'être citées, être précédé de *à :* À CHACUN *son tour !* [...] À CHACUN *son avertissement !* (J.-M. COLOMBANI, dans le *Monde,* 15 mars 1983.)

721   Observations diverses sur *chacun.*

a) Selon un usage ancien (cf. Hist.), *chacun* nominal (voir Rem.) peut être précédé de l'article indéfini ou de *tout un : un chacun, tout un chacun.*

Ces locutions ont fait l'objet de jugements contradictoires : « très vulgaires » (M. Schöne, dans le *Fr. mod.,* janv. 1947, p. 71) ; « langue familière » (Martinon, p. 167) ; « encore parfois, par plaisanterie » [de *un chacun*] (Foulet, § 273) ; « vieux » (petit *Robert*) ; « style soutenu » [de *tout un chacun*] *(Dict. contemp.).* À vrai dire, elles apparaissent par écrit dans tous les styles :

Un chacun : Celui [...] *qui sait les dessous de cartes d'*UN *chacun* (SAINTE-BEUVE, *Caus. du lundi,* t. I, p. 50). — *L'amour, c'est* [...] */ Un calembour dont* UN CHACUN *prend ce qu'il veut* (VERL., *Jadis et nag.,* Amoureuse du diable). — *Elle est à la portée d'*UN CHACUN (BLOY, *Mon journal,* t. I, p. 166). — *Je ne me mêle jamais des affaires d'*UN CHACUN [dit une concierge] (BERNANOS, *Imposture,* p. 253). — *Je sais, comme* UN CHACUN, *qu'il est en prison depuis cinq mois* (Raym. ARON, dans l'*Express,* 22 nov. 1980).

Autres ex. : SAND, *Maîtres sonneurs,* II ; TAINE, *Littér. angl.,* dans Nyrop, t. V, § 426, 1° ; HERMANT, *Chron. de Lancelot du Temps,* t. II, p. 293 ; LE BIDOIS, t. II, p. IX ; J. SARMENT, *Mme Quinze,* II ; GIONO, *Un de Baumugnes,* I ; GENEVOIX, *Raboliot,* I, 1 ; POURRAT, *Gaspard des Montagnes,* p. 155 ; J. SCHLUMBERGER, *Mad. et A. Gide,* p. 113 ; J. ROSTAND, *Pensées d'un biologiste,* p. 65 ; LE ROY LADURIE, *Carnaval de Romans,* p. 400 ; etc.

Tout un chacun : Elle dansait si joliment, ma Brulette, que TOUT UN CHACUN *la mangeait des yeux* (SAND, *Maîtres sonneurs,* II). — TOUT UN CHACUN *pouvait vous approcher* (PÉGUY, *Myst. de la charité de J. d'Arc,* p. 58). — *Je veux pour* TOUT UN CHACUN *une vie qui ne se qualifie pas par ce qu'il exige des autres* (MALRAUX, *Espoir,* p. 86). — *Pourquoi avoir mis tant de hargne à dénoncer* malgré que *qui, sans une agitation intempestive, serait aujourd'hui considéré par* TOUT UN CHACUN *comme aussi acceptable que la préposition correspondante ?* (A. MARTINET, *Franç. sans fard,* p. 31.) — *Comme* TOUT UN CHACUN, *elle aurait sans doute préféré se faire servir par une fille accorte* (M. TOURNIER, *Coq de bruyère,* p. 200).

Autres ex. : COLETTE, *Fanal bleu,* p. 21 ; É. HENRIOT, *Temps innocents,* p. 160 ; QUENEAU, *Bâtons, chiffres et lettres,* Id., p. 149 ; Fr. AMBRIÈRE, *Grandes vacances,* p. 215 ; Ph. SOUPAULT, dans les *Lettres franç.,* 31 janv. 1947 ; Fr. d'EAUBONNE, dans le *Figaro litt.,* 23 juillet 1949 ; DANIEL-ROPS, dans la *Cité* (Bruxelles), 13 oct. 1951 ; H. GUILLEMIN, dans les *Études classiques,* janv. 1957, p. 57 ; G. ANTOINE, dans le *Fr. mod.,* janv. 1958, p. 68 ; J. DURON, *Langue franç., langue humaine,* p. 25 ; M. DRUON, *Reine étranglée,* p. 86 ;

M. Chapelan, dans le *Figaro litt.*, 9 févr. 1967 ; M. Nadeau, dans la *Quinzaine litt.*, 1er avril 1968, p. 3 ; P. Emmanuel, dans le *Figaro*, 1er déc. 1973 ; etc.

Tout chacun est plus rare, sauf dans l'est de la France [c'est en Lorrain que Brunot, *Pensée*, p. 131, écrit : « On dit aujourd'hui : *tout chacun* (et quelquefois *tout un chacun*) »]. C'est sans doute surtout un régionalisme :

Ces injures dont TOUT CHACUN *ici l'abreuve à la journée* (A. Daudet, *Nabab*, 1878, p. 50). — *Ce que je souhaite à* TOUT CHACUN, *c'est la petite blessure coquette avec trois semaines d'hostau* (Dorgelès, *Croix de bois*, V). — *Nous* [...] *recevions les compliments de* TOUT CHACUN (Farrère, *Seconde porte*, p. 178). — TOUT CHACUN *connaissant mes travaux* [...] *le découvre d'emblée* (G. Guillaume, dans le *Fr. mod.*, janv. 1960, p. 47).

Auteurs originaires de l'Est (Champagne, Lorraine, Franche-Comté) : les Goncourt, *Journal*, 1870, cit. *Trésor ;* Claudel, *Protée*, cit. *Trésor* et Damourette-Pichon, § 2873 ; É. Moselly, cit. Damourette-Pichon ; Aymé, *Aller retour*, I ; J. Lanher, transcription en fr. rég. de Lorraine des *Contes de Fraimbois*, n° 5. — Auteurs originaires de Vendée : Clemenceau, cit. *Trésor ;* A. de Châteaubriant, *Meute*, I, 1. — L'ex. de R. Martin du Gard, *Gonfle*, I, 5, concerne un fr. dialectal, en principe du Berry, mais en réalité composite.

Remarque. — Il est exceptionnel aujourd'hui qu'*un chacun* ait la valeur de représentant et soit suivi d'un complément contenant le nom ou le pronom représentés par *un chacun : Cet homme unique, pour* UN CHACUN D'ENTRE NOUS, *c'est : Soi* (Gide, *Œdipe*, II). — Cela se trouvait plus souvent jadis : voir l'ex. de Pascal dans l'Hist.

Hist. — *Un chacun* est très ancien : *Des or mais gart* UNS CHASCUNS *son ostal !* [= Que chacun reste chez soi !] (Colin Muset, XX, var.) — Pendant la plus grande partie du XVIIe s. il reste en pleine vitalité : +*Et cela est vrai d'*UN CHACUN *de tous les hommes* (Pascal, *Pens.*, 712, Pl.). — *D'*UN CHACUN *il doit estre aprouvé* (Mol., *Tart.*, II, 4). — Autres ex. dans Haase, § 47, B. Pour Furetière (1690), *un chacun* est bas (comme *tout chacun*). Il est déclaré hors d'usage dans Richelet en 1706 (il n'était pas mentionné en 1680). On le trouve encore parfois au XVIIIe s. : *Comme* UN CHACUN *sait* (Volt., *Ingénu*, I). — *Je renverrai* UN CHACUN *content* (prince de Ligne, *Contes immoraux*, VIII). Ce dernier ex. est peut-être le reflet d'un usage provincial qui va rendre la locution à la vie.

Tout chacun apparaît au XIVe s. : *Que* TOUT CHASCUN *soit sus sa garde* (Froissart, *Chron.*, S.H.F., t. XIII, p. 174). Malherbe l'emploie encore : cf. Brunot, *Hist.*, t. IV, p. 701. On ne le signale pas chez les grands classiques.

Tout un chacun est très rarement attesté avant le XIXe s. : *Ce que fait un tout seul*, TOUT UN CHACUN *le sçache* [...] *?* (Régnier, *Élégie II* [1613].) C'est sans doute un croisement entre les deux autres formules.

b) Pour désigner les personnes d'un couple, la langue familière emploie *chacun* en corrélation avec le féminin *chacune* précédé du déterminant possessif de la 3e personne du singulier, **sa chacune** :

Chacun avait l'air de retrouver SA CHACUNE (La Varende, *Sorcière*, p. 121). — *Chacun enlaçant* SA CHACUNE, *il nous fut donc permis d'attaquer le rigaudon d'un bon pied* (Y. Gandon, *Captain Lafortune*, p. 160.) — *Après cinq actes de péripéties chacun découvrira* SA CHACUNE (J. Duché, dans le *Figaro litt.*, 29 nov. 1947). — *Chacun s'affaire pour* SA CHACUNE [il s'agit de planter un arbre devant ou sur la maison de celle qu'on aime] (Van Gennep, *Manuel de folklore fr. contemp.*, t. I, p. 1538). — On trouve plus rarement l'inverse, *chacune ... son chacun : Le mystère qui lie chacune à* SON CHACUN (R. Billetdoux, *Lettre d'excuse*, p. 22).

Appliqué aux animaux, plaisamment : *Cette douce sonnerie d'une cachette à l'autre est l'oratorio matrimonial, la convocation discrète de chacun à* SA CHACUNE (J.-H. FABRE, *Scènes de la vie des insectes*, p. 33).

Il est exceptionnel que *chacune* soit construit sans *chacun* et avec un autre possessif que *sa : Ils amenèrent* [...] *avec soi* LEUR CHACUNE (M. YOURCENAR, *Archives du Nord*, p. 106).

Autre emploi exceptionnel : *Elles prennent chacune* SA CHACUNE (C. CLÉMENT, *Vies et légendes de Jacques Lacan*, p. 83) [= chacune des deux servantes attaque l'une des deux patronnes].

Hist. — Ce tour date du moyen âge. À cette époque, *sa chacune* s'employait aussi dans le sens de « son logis » : *Et retournerent les Englois à Margasse et les Portingalois à Cousson, chascun à* SA CHASCUNE (FROISSART, *Chron.*, S.H.F., t. XIII, p. 50). — [Le monastère de Saint-Laurent à Liège était si ruiné] *qu'ilh estoit tou prés que chascons ralaist à* SA CHAS-CONNE [= qu'il s'en fallait de peu que les moines ne dussent retourner chez eux] (JEAN DE STAVELOT, *Chron.*, p. 5).

On disait parfois *sa chacunière* dans le même sens : *Ainsi chascun s'en va à* SA CHASCU-NIÈRE (RAB., *Pant.*, XIV). Cela est encore mentionné par l'Académie, « dans le langage familier et plaisant ». En fait, on ne trouve guère cet emploi que dans des textes archaïsants : *Les comédiens, comme il se faisait tard, se retirèrent chacun en* SA CHACUNIÈRE (Th. GAUTIER, *Capit. Fracasse*, IX). — A. Billy a employé *sa chacunière* pour « sa compagne » : *Dans mon pays, dans le vôtre aussi, j'en suis sûr, chaque jeune homme a ce qu'on appelle* SA « CHACU-NIÈRE » (cit. *Trésor*). Ce sens est relevé par Wartburg, t. II, p. 483, dans le patois du Dauphiné.

c) Chacun ne peut être accompagné d'une proposition relative.

Ces exemples ne sont pas bons à imiter : *On n'en finit pas de dérouler la liste des hommes, des groupes ou des croyances* [...] *qu'il faudrait éliminer de la nation si chacun* QUI *réclame l'épuration de la France voyait son vœu exaucé* (Ph. BOUCHER, dans le *Monde*, 24 oct. 1980). — *Mon enfance morcelée s'est passée tour à tour chez chacun* [de mes oncles] QUI *retombait sur ses pieds* (B. BECK, dans *Europe*, juin-juillet 1984, p. 9).

722 *Maint* est plus rare comme pronom que comme déterminant (§ 614). — Comme pronom aussi, il a un sens identique au singulier et au pluriel. Nominal, il signifie « beaucoup de personnes ». Représentant, il signifie « beaucoup » et peut concerner des personnes ou des choses.

Nominal : *Prions, entre les morts, pour* MAINTS / *De la terre et du Purgatoire* (VERL., *Liturgies intimes*, XVII). [Le sens n'est pas tout à fait clair : peut-être *maints* a-t-il *morts* pour antécédent.] — *Comme* MAINTS *l'assurent* (BENDA, *Exercice d'un enterré vif*, p. 34). — *Les difficultés temporelles augmentaient, pour* MAINT *et* MAINT (G. DUHAMEL, *Pesée des âmes*, p. 254).

Représentant : *Dans* MAINTE *de nos provinces* (DAUZAT, *Suisse moderne*, p. 272). — *Une philosophie, dont se réclame* MAINT *d'entre eux* (BENDA, *France byzantine*, p. 37). — MAINT *de leurs coreligionnaires oublient* [sic] [...] (ID., *Trahison des clercs*, p. 35). — *Un assez grand nombre de mythes dont* MAINTS *n'ont aucune chance de se réaliser bientôt* (DANIEL-ROPS, *Par-delà notre nuit*, p. 95). — *Dans un grand nombre de communes du Boulonnais, dans* MAINTES *de celles de l'Artois et du Ponthieu qui sont limitrophes de cette contrée* (VAN GENNEP, *Folklore de la Flandre et du Hainaut fr.*, t. I, p. 184).

Hist. — Pour l'origine du mot, voir § 614, Hist. — *Maint* a été employé comme pronom dans l'ancienne langue jusqu'au XVIIe s. : MAINT *en i chiet* [= Maint y tombe à cause de cela] (BÉROUL, *Tristan*, 3673). — *Par ce faire ont eü* MAINT */ De lor dames joies et solaz* [= plaisirs] (JEAN RENART, *Lai de l'ombre*, 174-175). — *Ainsi en prent à* MAINS *et* MAINTES (VILLON, *Test.*, 532). — MAINT *d'entre-vous souvent juge au hazard* (LA F., *C.*, Conte du juge de Mesle).

On a dit aussi dans le même sens *maint un* (formé comme *quelqu'un* : § 728, Hist.) : *Elles* [...] *voyent bien maintenant* MAINT'UNE *qui dedaigne son mary* (LA BOÉTIE, cit. Huguet).

723   **Le même.**

a) Le même représentant, concernant des personnes ou des choses et prenant le genre de l'antécédent :

Je suis allé dans plusieurs théâtres, tour à tour [...]. *Puis j'ai fini par aller toujours dans* LE MÊME (J. ROMAINS, *M. Le Trouhadec saisi par la débauche*, I, 1). — *Je fais souvent ce rêve étrange* [...] */ D'une femme inconnue, et que j'aime, et qui m'aime, / Et qui n'est, chaque fois, ni tout à fait* LA MÊME */ Ni tout à fait une autre* (VERL., *Poèmes saturn.*, Melancholia, VI).

b) Le même nominal désignant des personnes et variant en genre et en nombre :

Moi, je voudrais aimer LA MÊME, *toujours !* (FLAUB., *Éd. sent.*, I, 5.) — *Pourquoi la vie ouvre-t-elle ses corbeilles toujours* AUX MÊMES *?* (ESTAUNIÉ, cit. Robert.)

c) Le même nominal neutre (= la même chose) :

Cela revient au même appartient à l'usage général. — On peut en rapprocher l'expression familière tautologique *C'est du pareil au même : Gangster ou banquier, c'est du pareil* AU MÊME (DORGELÈS, *À bas l'argent !* p. 85).

Dans le fr. popul. de Belgique, on entend : °*Faites comme ceci ou comme cela : c'est* LE MÊME ou ... *c'est* TOUT LE MÊME. °*Vous redites toujours* LE MÊME. — Autre tour régional : *Il faisait très beau* [...]. *Mais beau ou pas beau, c'était* DU MÊME (AYMÉ, *Gustalin*, I).

Les philosophes emploient aussi *le même* pour « ce qui est le même » : *Il n'y a de variable que ce qui demeure constant à quelques égards ;* LE MÊME *seul peut être dit varier* (RENOUVIER, cit. Littré). — *Une sensation, par cela seul qu'elle se prolonge, se modifie* [...]. LE MÊME *ne demeure pas ici le même* (BERGSON, *Essai sur les données imméd. de la consc.*, p. 115).

Hist. — Sur l'origine de *même*, voir § 623, *b*, Hist. — *Le même* « la même chose » était assez courant au XVIIᵉ s. ; voir Littré, s.v. *même*, 9°, qui cite notamment : ⁺*Vous deviendrez cher à mes yeux, / Et j'espère de vous* LE MÊME (CORN.).

724   *On* est toujours nominal et sujet, le verbe se mettant au singulier. Il ne concerne que des personnes.

a) Tantôt il a un sens tout à fait vague : soit « un homme (quelconque) », « les hommes » (*homme* étant pris ici au sens d'« être humain ») ; — soit un groupe d'hommes plus particulier mais non précisé ; — soit un individu indéterminé (« quelqu'un ») :

ON *ne prête qu'aux riches* (prov.). — *Toutes les fois qu'*ON *se fait craindre* ON *risque d'être trompé* (SAND, *Mauprat*, X). — *Le heaume du XIVᵉ s., très haut, s'en va en s'effilant ;* ON *le coiffait au moment de charger* (*Grand dict. enc. Lar.*, s.v. *heaume*). — *Si* ON *a besoin de moi, je serai dans mon bureau* (S. de BEAUVOIR, *Invitée*, L.P., p. 55).

Hist. — *On* « représente le nominatif latin *homo,* développé en position atone » (Bloch-Wartburg) ; le cas régime était *ome* (aujourd'hui *homme*). La même évolution sémantique s'est produite dans les langues germaniques : allem. *Mann* « homme » et *man* « on ». Mais on trouve déjà en lat. class. des ex. où *homo* est assez proche du sens « on ». — *L'homme* peut aussi s'employer de cette façon : L'HOMME *ne vit pas seulement de pain* (*Bible,* trad. CRAMPON, Matth., IV, 4).

b) Tantôt *on* désigne une ou plusieurs personnes bien déterminées.

1° Soit, avec une nuance stylistique (discrétion, modestie, ironie, mépris, etc.), même dans la langue la plus soignée, au lieu de *je, tu, nous, vous, il(s), elle(s) :*

Don Ruy Gomez. *Votre père / Fut archiduc d'Autriche* [...] / [...] / Don Carlos. *Et puis,* ON [= je] *est bourgeois de Gand* (HUGO, *Hern.,* I, 3). — *Un couplet qu'*ON [= vous] *s'en va chantant / Efface-t-il la trace altière / Du pied de nos chevaux marqué dans votre sang ?* (MUSSET, *Poés. nouv.,* Rhin allem.) — *Elle est vraiment offensée. Il rit encore : / « Ha ! Ha ! Ça m'a échappé, dites donc.* ON [= vous] *est fâché ? Elle est fâchée »,* dit-il en s'adressant vaguement à moi (SARTRE, *Nausée,* M.L.F., p. 95). [Rem. la différence d'accord.] — ON [= je] *a cherché à obtenir des renseignements sur le lieu et la durée d'occupation des domiciles successifs* (A. MARTINET, *Prononc. du fr. contemp.,* p. 14).

Hist. — Cet emploi, au XVIIᵉ s., appartenait au style noble : *Commandez qu'on* [= elle, c'est-à-dire Junie] *vous aime, et vous serez aimé* (RAC., *Brit.,* II, 2). — *Le soin de son repos est le seul qui vous presse ? /* ON [= vous] *me ferme la bouche ?* ON *l'excuse ?* ON *le plaint ? / C'est pour luy que l'*ON *tremble, et c'est moy que l'*ON *craint ?* (ID., *Iph.,* III, 6.)

2° Soit, sans nuance particulière, comme concurrent de *nous,* surtout dans la langue parlée familière :

Dans la littérature, cela est attesté fréquemment quand l'auteur veut reproduire ou imiter l'oral : *Mais tu ne peux rien me dire de plus précis, maintenant que l'*ON *va se quitter ?* (ARLAND, *L'eau et le feu,* p. 44.) — ON *est demeuré là assis, ravis, à regarder les dames du café* (CÉLINE, *Voy. au bout de la nuit,* Fº, p. 15).

Mais *on* pour *nous* se répand même en dehors de cette circonstance : *À Neuengamme, de l'autre côté des barbelés, les gardes SS s'égayaient le matin à les* [= les chiens] *exciter. Nous,* ON *regardait avec envie leur pitance* (D. ROUSSET, dans le *Figaro litt.,* 12 nov. 1949).

Hist. — Cet emploi de *on* pour *nous* semble s'être répandu au cours du XIXᵉ s. Il est aujourd'hui extrêmement fréquent dans la langue parlée. Beaucoup de grammairiens ont beau le déplorer, *on* est devenu un véritable pronom personnel.

725   Observations diverses sur *on*.

a) Si le verbe qui suit *on* est toujours au singulier, il y a des problèmes d'accord en genre et en nombre pour les adjectifs et les participes passés dont l'accord dépend de *on :* voir § 429, *b,* 1°.

b) Du point de vue syntaxique, *on* (comme *ce*) se comporte souvent comme un pronom personnel, notamment dans les inversions : cf. §§ 377, 386, 396.

c) Les grammairiens exigent que *on* soit répété devant les verbes coordonnés. Tel est, en effet, l'usage le plus courant :

On *saute ou* ON *ne saute pas* (MALRAUX, *Noyers de l'Altenburg*, p. 181). — On *laisse apparaître une plate tunique lamée d'or* [...], *et* ON *se sent prête à passer une bonne demi-nuit dehors* (COLETTE, *Voyage égoïste*, p. 80).

Mais la langue littéraire ne respecte pas toujours cette règle : On *les* [= des étangs] *vide, les pêche et les met en culture toutes les trois années* (BARRÈS, *Au service de l'Allem.*, p. 3). — [...] *pour le plaisir de peindre les gens qu'*ON *n'aime par vocation ni ne hante par habitude* (THÉRIVE, *Essai sur A. Hermant*, p. 26). — *Les dames à qui l'*ON *enlevait ou remettait leurs manteaux* (HÉRIAT, *Famille Boussardel*, XIII). — On *retourna son portrait contre le mur et fit défense de prononcer son nom* (SARTRE, *Mots*, p. 3).

d) Les grammairiens n'admettent pas qu'une même phrase contienne plusieurs *on* désignant des personnes différentes ou des groupes différents.

Quoique ces mélanges nuisent à la clarté, on les trouve parfois chez des auteurs réputés attentifs : On *vint dire à* M*ᵐᵉ de Kerkaradec qu'elle était servie, et l'*ON *passa dans la salle à manger* (Th. GAUTIER, *Jean et Jeannette*, XXII). — On *voit par deux passages de Plaute et de Columelle que dans le langage ordinaire* ON *disait indifféremment foyer ou Lare domestique* (FUSTEL DE COULANGES, *Cité antique*, I, 3).

Hist. — De pareils mélanges ne gênaient pas les classiques : *Dés qu'*ON *voit* [= nous voyons] *qu'*ON *nous mesle avec tout l'Univers* (MOL., *Mis.*, I, 1). — ⁺*Si ces personnes étaient en danger d'être assassinées s'offenseraient-elles de ce qu'*ON *les avertirait de l'embûche qu'*ON *leur dresse ?* (PASCAL, *Prov.*, XI.)

e) S'il faut exprimer un pronom personnel ou un possessif renvoyant à *on*[16] pris dans le sens indéfini, on se sert de *nous, notre* (quand le locuteur se met dans la collectivité : d'autres + moi), ou, plus souvent, de *vous, votre* (quand le locuteur s'efface et ne se met pas dans la collectivité) :

Pour dire l'avenir à NOTRE *âme débile,* / *On a l'écumante Sibylle* (HUGO, *Odes et ball.*, Odes, III, 1).

Des jets d'eau VOUS *inondaient quand on se posait sur le sopha* (FLAUB., *Bouv. et Péc.*, éd. L., p. 68). — *On n'ose plus se demander si cela* VOUS *plaît* (PROUST, *Rech.*, t. III, p. 953). — *Quand on se plaint de tout, il ne* VOUS *arrive rien de bon* (J. CHARDONNE, *Claire*, p. 13). — *On ne refuse pas le bonheur quand il frappe à* VOTRE *porte* (CHAMSON, *Adeline Vénician*, p. 94).

Nous, notre, s'imposent quand *on = nous* (§ 724, *b*, 2°) : *L'herbe qu'on enlevait étant mouillée, on l'étendait avec* NOS *fourches sur le grand plancher du fenil* (H. BOSCO, *Mas Théotime*, 1947, p. 137).

Si le pronom personnel est complément du verbe dont *on* est le sujet, on emploie *se* et *soi* (cf. § 640, *b*, 2°) : voir les ex. de Flaubert, de Proust et de Chardonne ci-dessus. On dira de même : *On ne pense qu'à* SOI. — On met *son* aussi quand le possessif accompagne le complément du verbe dont *on* est le sujet : *On lave* SON *linge sale en famille.*

---

16. Le même choix existe lorsqu'on doit renvoyer à un *on* implicite, à une collectivité indéterminée qui n'a pas fait l'objet d'une explicitation : *Se plaindre de tout ce qui* NOUS *afflige ou* NOUS *irrite, c'est se plaindre de la constitution même de l'existence* (FLAUB., *Corresp.*, t. II, p. 128). — *J'eus une émotion — oh ! ce n'était pas le coup violent au cœur, qui arrête la respiration,* VOUS *casse les veines et* VOUS *étourdit* (MIRBEAU, *Calvaire*, III). — *Il venait près d'elle et s'y trouvait bien, exactement comme un chien qui s'installe à* VOS *pieds* (LA VARENDE, *Troisième jour*, p. 128).

f) De son état ancien de nom (§ 724, *a,* Hist.), *on* garde la faculté d'être accompagné de l'article défini dans la langue écrite. Ignorant l'histoire, les grammairiens y ont vu une consonne euphonique dont ils exigeaient la présence pour éviter l'hiatus, après des mots comme *et, ou, où, qui, quoi, si* (ils étaient obligés d'ajouter *que* quoiqu'il n'y ait pas d'hiatus). En fait, les auteurs en usent assez librement, soit qu'ils mettent *on* seul alors qu'il y a un hiatus, soit qu'ils emploient *l'on* après un mot terminé par une consonne articulée ou par un *e* muet ou encore après un point.

On alors qu'il y a hiatus : *Mme Du Deffand* [...] *a très-bien rendu l'effet que font les lettres de Mme de Maintenon, et* ON *ne saurait mieux les définir* (SAINTE-BEUVE, *Caus. du lundi,* t. IV, 1852, p. 298). — *Il donnait l'impression* [...] *d'un de ces vastes magasins où* ON *ne rencontre jamais les objets rares* (MAUPASS., *Fort comme la mort,* I, 2). — *Je pensais que si* ON *pouvait aller plus loin, on apercevrait Dieu le père en robe bleue* (A. FRANCE, *Pierre Nozière,* 1899, p. 11). — [...] *aux bonnes affaires à quoi* ON *prétendait l'intéresser* (Fr. MAURIAC, *Fin de la nuit,* I). — *Si* ON *veut agir efficacement, si* ON *veut vaincre, un moment vient toujours où* ON *est obligé de sauter le pas* (MONTHERLANT, *Service inutile,* Pl., p. 675). — *Voilà précisément pourquoi* ON *ne saurait comparer la Révolution française à la Révolution russe de 1917* (BERNANOS, *France contre les robots,* p. 130). — *Comme si* ON *n'en avait pas vu beaucoup, au cours des siècles, se mettre au service de l'erreur* (MAULNIER, dans le *Figaro litt.,* 26 nov. 1955). — *Ce pourquoi* ON *agit* (AC., s.v. *fin*). — Etc.

L'on après une consonne phonétique : *Le Midi et les pays vineux n'ont pas, comme* L'ON *dit, le privilège de l'éloquence* (MICHELET, *Tableau de la France,* T.F., p. 87). — [...] *comme* L'ON *frissonne dans les ĭgnĕs sous le parfum des fleurs mêlé au froid des marbres* (FLAUB., *Mme Bov.,* II, 5). — *Tôt ou tard* L'ON *ne se plaît plus qu'avec Dieu* (BARRÈS, *Mystère en pleine lumière,* p. 248). — [...] *si, quelque temps encore,* L'ON *s'interrogera sur sa fin* (ARLAND, *L'eau et le feu,* p. 100). — *Il a fallu vivre comme* L'ON *pouvait* (J. GREEN, *Mont-Cinère,* XVIII). — Etc.

L'on en tête de phrase : L'ON *m'apporta tous les papiers d'Ellénore* (B. CONSTANT, *Ad.,* X). — L'ON *m'a pris le bras et l'on m'a serré la main* (TAINE, *Vie et opinions de M. Fr.-Th. Graindorge,* p. 43). — L'ON *comprend que lorsqu'il se tait, c'est pour penser* (GIDE, *Thésée,* pp. 51-52).

Autres ex. : STENDHAL, *Chartr.,* III ; BALZAC, *Goriot,* p. 152 ; HUGO, *Bug-Jargal,* XII ; Th. GAUTIER, *Jean et Jeannette,* XXIV ; LITTRÉ, s.v. *entretènement ;* BOURGET, *Eau profonde,* II ; J. ROMAINS, *Knock,* I ; SAINT EXUPÉRY, *Vol de nuit,* XIII ; *Lar. XXe s.,* s.v. *coussin ;* MONDOR, dans le *Figaro litt.,* 15 oct. 1955 ; E. FARAL, dans *Romania,* 1951, p. 190 ; etc.

Pour l'euphonie on conseille d'éviter *l'on* après *dont* ou devant un mot commençant par [l] et de l'employer après *que* si la syllabe qui suit est [kɔ̃]. Mais si la première prescription (après *dont*) est assez bien respectée, les manquements aux deux autres sont loin d'être rares : *Ses yeux noirs où* L'ON LISAIT *une parfaite assurance* (BARRÈS, *Dérac.,* p. 259). — *Il ne possède rien même si* L'ON LUI *donne* (JAMMES, *Clairières dans le ciel,* p. 121). — [...] *que l'on prend, que* L'ON LAISSE (VALÉRY, *Mon Faust,* p. 163). — *Lieu où* L'ON LOGE *des bœufs* [...] (AC., s.v. *étable*). — *Et telle est son insistance* QU'ON COMPREND [...] (Fr. MAURIAC, *Vie de Jésus,* p. 184). — *Ce* QU'ON CONCÉDERAIT *à la vérité* (A. CAMUS, *Homme révolté,* p. 233).

Autres ex. de *qu'on* devant [kɔ̃] : VIGNY, *Stello,* VI ; BRUNOT, *Hist.* t. I, p. 18 ; MONTHERLANT, *Solstice de juin,* p. 46 ; BERNANOS, *Liberté, pour quoi faire ?* p. 84 ; MALRAUX, *Noyers de l'Altenburg,* II, 3 ; GIONO, *Moulin de Pologne,* p. 224 ; H. BOSCO, *Balesta,* p. 241 ; etc.

Sur tout cela, voir A. Goosse, *Les emplois modernes de* l'on, dans la *Zeitschrift für romanische Philologie,* 1959, pp. 269-305.

Hist. — En anc. et moyen fr., *on* pouvait prendre l'article *l'* après une forme verbale se terminant par une voyelle : à côté de *aime on* on avait *aime l'on : Et n'y toucha* L'ON *point de* *prime face* (COMMYNES, t. III, p. 169). — *Bien, me dira* L'ON, *vostre regle serve à la mort* (MONTAIGNE, I, 14). — Cet usage disparaît au début du XVIIᵉ s., tandis que s'instaure l'emploi d'un *t* analogique (cf. § 766, Rem. et Hist.).

Les règles limitant l'emploi de *l'on* au cas d'hiatus n'étaient pas appliquées non plus au XVIIᵉ s., même par Vaugelas (qui pourtant avait contribué à les établir : voir pp. 9-15) : *C'est pourquoy* ON *ne peut manquer* [...] (p. 384). — *Car* L'ON *ne dira pas* [...] (p. 338). — *Comme* L'ON *dit* [...] (p. 323). — *De mesme* L'ON *dit* [...] (p. 61). — Etc.

726   *Personne* est un pronom nominal ordinairement masculin (voir la Rem. 1).

a) Conformément à son origine (cf. Hist.), *personne* peut encore avoir un sens positif, « quelqu'un » « n'importe qui », mais dans des conditions particulières qui lui sont communes avec d'autres auxiliaires de négation (§ 981) :

Elle *cherchait le sucrier sans flambeau, de peur de réveiller* PERSONNE (BARBEY D'AUR., *Diabol.*, Pl., p. 49). — *Il l'a dit au public longtemps avant que* PERSONNE *songeât à m'attaquer* (E. ABOUT, *Tolla*, 1856, p. v). — *Je suis meilleur juge que* PERSONNE (AUGIER, *Effrontés*, V, 4). — *Devant sa* [= de Saussure] *grâce aristocratique et jeune, on ne pouvait imaginer que* PERSONNE *reproche à la linguistique de manquer de vie* (A. MEILLET, *Linguist. histor. et linguist. générale*, t. II, p. 179). — *Les missionnaires de la turne Utopie ont-ils converti* PER-SONNE *?* (J. et J. THARAUD, *Notre cher Péguy*, t. I, p. 85.)

b) Dans l'usage ordinaire, *personne* s'emploie dans un contexte explicitement négatif, soit dans la dépendance de *sans, sans que*, soit comme auxiliaire de l'adverbe *ne* :

Nous nous sommes arrêtés au milieu de la seconde place, sans presque PERSONNE *ce jour-là dans ses grands restaurants bon marché* (BUTOR, *Emploi du temps*, p. 208). — *Un vieil écrivain nous a quittés sur la pointe des pieds, sans que presque* PERSONNE *y prête attention* (Fr. MAURIAC, dans le *Figaro litt.*, 14-23 juin 1968). — *Non, l'avenir n'est à* PERSONNE *! / Sire ! l'avenir est à Dieu !* (HUGO, *Ch. du crép.*, V, 2.) — PERSONNE *ne sera assez hardi pour le faire* (AC.).

c) Comme d'autres auxiliaires de la négation (§ 982), *personne* a pris par contagion le sens négatif de l'adverbe *ne* qu'il accompagne d'ordinaire :

PERSONNE *dans les rues,* PERSONNE *aux portes de la ville* (CHAT., *Itinér.*, Pl., p. 1125). — *Qui vient ? qui m'appelle ?* PERSONNE (MUSSET, *Poés. nouv.*, Nuit de mai).

Remarques. — 1. Devenu pronom indéfini, *personne* est ordinairement masculin :

Je ne connais [...] *personne de plus* DISTINGUÉ [...] *et de plus* DÉVOUÉ *à ses pupilles qu'elle* (JOUHANDEAU, *Carnets de l'écrivain*, p. 309).

Certains grammairiens estiment que lorsque le sens est « aucune femme », les mots qui s'accordent avec *personne* peuvent se mettre au féminin : *Personne n'est plus que moi votre* SERVANTE, *votre* OBLIGÉE (LITTRÉ). — *Personne de ces demoiselles n'est* SORTIE (SANDFELD,

t. I, p. 355). — *Je ne connais personne* HEUREUSE *comme cette femme* (LE BIDOIS, § 393). — Mais les ex. observés manquent. Il semble que l'on dirait plutôt, dans ces divers cas, *aucune femme* ou *aucune personne*.

2. Sur les compléments accompagnant *personne*, voir § 353 ; — sur les épithètes *(personne d'autre, personne autre)*, § 352, *b*.

3. On ne peut plus dire °PERSONNE *n'est* PAS *venu*. Cf. § 979, *b*.

Hist. — *Personne* vient du lat. *persona* (lui-même d'origine étrusque), d'abord « masque de théâtre », puis « rôle », enfin « être humain ».

Il est déjà attesté au moyen âge dans le rôle de pronom indéfini, tout en gardant le genre féminin, que l'on trouve encore sporadiquement au XVIIe s. : *On l'*[= le pestiféré] *enferme dedans sa maison sans qu'il puisse sortir, ny que personne y soit* ADMISE *pour le secourir* (PARÉ, cit. Littré). — ⁺*Il n'y a personne au monde si bien* LIÉE *avec nous* [...] *qui n'ait en soi* [...] *des dispositions très proches à rompre avec nous* (LA BR., VI, 59).

Inversement, même quand il était employé comme nom, avec un déterminant, les mots qui s'accordent avec *personne* se mettaient parfois au masc. :

Vous voyez une personne, luy respondis-je, CONSTERNÉ *de tant de miracles, que je ne sçay par lequel debuter mes admirations* (CYRANO DE BERGERAC, *Autre monde*, p. 37). — *Jamais je n'ay veu deux personnes estre si* CONTENS *l'un de l'autre, et faire éclater plus d'amour* (MOL., *D. Juan*, I, 2). — ⁺[...] *témoignages rendus* [...] *par des millions de personnes les plus sages, les plus* MODÉRÉS *qui fussent alors sur la terre* (LA BR., XVI, 34). — *Le peu de personnes qui l'ont vu en sont bien* CONTENTS (MAINTENON, *Corresp.*, 6 nov. 1697).

Cette syllepse était particulièrement fréquente si *personne* est repris par un pronom plus ou moins éloigné (comp. § 629, *b*, 1°) : ⁺*Une personne me disait un jour qu'*IL *avait une grande joie et confiance en sortant de confession* (PASCAL, *Pens.*, 530). — ⁺*Les personnes d'esprit ont en* EUX *les semences de toutes les vérités et de tous les sentiments* (LA BR., I, 36). — Cette syllepse se produit encore parfois en fr. contemporain : *Que voulez-vous qu'on devienne auprès des personnes dont on sait que, dès leur naissance et par leur naissance,* ILS *seront toujours* SÛRS *d'être plus que vous ?* (P. HERVIEU, *Armature*, VI.)

727 **Plusieurs** [plyzjœR], toujours au pluriel, mais pouvant avoir les deux genres sans changer de forme, indique un nombre indéfini supérieur soit à un, soit à deux (cf. § 613).

a) Comme nominal, il ne se dit que des personnes :

Si PLUSIEURS *ont conjointement emprunté la même chose, ils en sont solidairement responsables envers le prêteur* (*Code civil*, art. 1887). — *Ceci nous fut redit par* PLUSIEURS (GIDE, *Voy. au Congo*, 28 oct. 1925).

Il est le plus souvent masculin. Mais le féminin est possible quand il s'agit exclusivement de femmes : PLUSIEURS *étaient amoureuses de lui*.

b) Comme représentant, il se dit des personnes et des choses et il a les deux genres. Le nom ou le pronom représentés peuvent être le noyau d'un complément prépositionnel de *plusieurs*.

Elle le pria de lui indiquer des ouvrages à lire. Il en nomma PLUSIEURS (FLAUB., *Éd. sent.*, II, 5). — *Il arrive souvent qu'au lieu de comparer à un ou à* PLUSIEURS, *on compare à la totalité des êtres ou des objets de l'espèce* (BRUNOT, *Pensée*, p. 741). — *Des barques, mollement, se balançaient.* [...] PLUSIEURS *étaient allongées sur les dalles huileuses, pêle-mêle avec des charrettes à bras dételées* (E. JALOUX, dans Grevisse, *300 dictées progressives commentées*,

11ᵉ éd., p. 53). — *J'ai reproduit au long de mon ouvrage* PLUSIEURS *des feuilles de signatures* (J. DELAY, *Avant mémoire*, t. I, p. 22).

Hist. — Voir § 613, Hist.

728   *Quelqu'un* [kɛlkœ̃] [17], fém. *quelqu'une* [kɛlkyn] ; plur. *quelques-uns* [kɛlkəzœ̃], fém. *quelques-unes* [kɛlkəzyn]. Ce pronom s'emploie toujours pour des réalités nombrables.

a) Comme **représentant,** *quelqu'un* se dit des personnes comme des choses, et il a le genre du nom ou du pronom représentés avant ou après (notamment comme noyau d'un complément prépositionnel de *quelqu'un*).

1° Dans la langue courante, il s'emploie au pluriel pour désigner un nombre indéterminé et peu considérable :

> On apercevait le ciel, entre les cimes des arbres. QUELQUES-UNS, *d'une altitude démesurée, avaient des airs de patriarches et d'empereurs* (FLAUB., *Éd. sent.*, III, 1). — *Il trouvait ouverts sur son piano* QUELQUES-UNS *des morceaux qu'elle préférait* (PROUST, *Rech.*, t. I, p. 236). — *Hier, il ramassait les miettes tombées sur son pantalon* [...]. *Aujourd'hui il en laisse* QUELQUES-UNES (M. DURAS, *Douleur*, p. 73).

2° Dans la langue littéraire, *quelqu'un* s'emploie aussi au singulier, pour désigner, comme *l'un*, un représentant non précisé de l'ensemble mentionné avant ou après (surtout comme noyau d'un complément prépositionnel de *quelqu'un*) :

> L'oiseau qui [...] rapportait au ciel [...] QUELQU'UN de ces monstres [serpents, etc.] (MICHELET, *Insecte*, X). — *Si quelqu'un, homme ou femme, commet* QUELQU'UN *de tous les péchés qui causent un préjudice au prochain* [...] (*Bible*, trad. CRAMPON, Nombres, V, 6). — [...] *en passant* [...] *sous* QUELQU'UN *de ces portiques sacrés* (LOTI, *Mᵐᵉ Chrysanth.*, XXI). — [...] *la faim de* QUELQU'UN *de ces animaux que nous avons domestiqués* (GIDE, *Journal*, t. I, p. 809). — *Elle lui demanda s'il n'avait pas trouvé* [...] QUELQU'UNE *de ces personnes, auxquelles il s'adressait le plus volontiers* (A. FRANCE, *Lys rouge*, XVII). — *Je devinais* QUELQU'UNE *de ces occupations où je ne pouvais suivre Gilberte* (PROUST, *Rech.*, t. I, p. 406). — *Il m'arrive souvent de sourire aimablement à* QUELQU'UNE *de ces enfants* (LÉAUTAUD, *Petit ami*, I). — *Il avait laissé là-bas un gamin qu'il payait vingt sous par jour, à tâche de surveiller le passage des autos et de l'avertir si* QUELQU'UNE *s'arrêtait* (AYMÉ, *Gustalin*, IX). — *Il y en* [= des enfants] *avait dans les plis de sa robe, d'autres sur le dossier de son fauteuil qui jouaient au trapèze,* QUELQU'UN *presque sous son bonnet* (JOUHANDEAU, *Prudence Hautechaume*, 1980, p. 150). — Cf. Hist.

b) Comme **nominal,** *quelqu'un* ne se dit que des personnes.

1° Dans la langue ordinaire, il s'emploie surtout au masculin singulier pour désigner une personne indéterminée :

---

17. Prononciation traditionnelle, concurrencée par [kɛlkɛ̃], plur. [kɛlkəzɛ̃] : cf. § 25, *a*, Rem.

Tout dit dans l'infini quelque chose à QUELQU'UN (HUGO, *Contempl.*, VI, 26). — QUEL-
QU'UN *a frappé à la porte.*

Accompagné d'une épithète, *quelqu'un* sert aussi d'attribut avec le sens de *une personne* :
Mon père était QUELQU'UN *d'intelligent.*

L'épithète *important*, ou *remarquable*, peut être sous-jacente : *Il s'adressait l'éternel
reproche de n'avoir pas su être* QUELQU'UN (MAUPASS., *Notre cœur*, I, 1).

Dans ces emplois, la forme masculine *quelqu'un* est usitée aussi à propos de
femmes :

Deslauriers leur apprit qu'il [= Frédéric] *aimait* QUELQU'UN, *qu'il avait un enfant, qu'il
entretenait une créature* (FLAUB., *Éd. sent.*, III, 4). — *Auprès d'elle* [= Jane Austen], *Charlotte
Brontë paraît* QUELQU'UN *d'échevelé* (J. GREEN, *Journal*, 26 déc. 1932). — *Michelle était*
QUELQU'UN *de discret* (J.-J. GAUTIER, *Homme fait*, p. 256). — *Mme Monge est* QUELQU'UN
(R. KEMP, dans les *Nouv. litt.*, 5 juin 1947). — *Mais quand même, Madame, c'est* QUEL-
QU'UN *!* (J.-P. CHABROL, *Rebelles*, p. 357.)

Le féminin *quelqu'une* n'est toutefois pas sans exemple : *Tu veux faire croire à quelqu'un
ou à* QUELQU'UNE [imprimé en italiques] *que notre liaison n'existe plus* (J. DROUET, lettre à
Hugo, citée dans : H. Juin, *V. Hugo*, t. I, p. 778). — *Tu ne voudrais pas, répondait-il, si*
QUELQU'UNE *lui reprochait de n'avoir pas de femme* (CARCO, *Jésus-la-Caille*, II, 1). — *C'est
bien la première fois qu'on aura vu M. William faire à* QUELQU'UNE *un brin de cour*
(J. SCHLUMBERGER, *Saint-Saturnin*, I, 7). — *Vous avez l'air de* QUELQU'UNE *qui ne soit pas
loin de pleurer* (VALÉRY, « *Mon Faust* », Lust, II, 5). — « *Mon mari a sûrement trouvé* QUEL-
QU'UNE *par là, en bas, une ouvrière* », *disait Ernestine* (R. VAILLAND, *Beau Masque*, II, 3). —
Si QUELQU'UNE *savait quelque chose d'une autre,* [...] *qu'elle avertisse la Mère Supérieure*
(CHAMSON, *Superbe*, p. 468). — Voir aussi l'Hist.

Dans les ex. suivants, il y a une discordance entre *quelqu'un* (employé pour une femme)
et le participe passé dont *quelqu'un* devrait déterminer le genre : QUELQU'UN [= l'impératrice
Joséphine] *qui en savait autant, qui eut le tort d'en parler mal à propos, malgré son rang en est*
MORTE (Aimée de COIGNY, *Journal*, éd. Grangé, p. 117). — *Cette seule pensée d'épouser*
QUELQU'UN *que j'ai* VUE *poupée me paraît comique* (FROMENTIN, *Domin.*, XIV).

2° Dans la langue soignée, on emploie aussi *quelques-uns* au pluriel,
en ajoutant à l'indétermination quant à l'identité une indétermination
quant au nombre (comp. *certains*, mais *quelques-uns* indique un nombre
peu élevé) :

D'inutile à tous, je devins utile à QUELQUES-UNS (FROMENTIN, *Domin.*, I). — *Nous voulons
belle l'idée révolutionnaire, qui a pu molester* QUELQUES-UNS (BARRÈS, *Dérac.*, p. 297). — [...]
une harmonie assez complexe qui n'a pas laissé d'émerveiller ou d'embarrasser QUELQUES-UNS
(VALÉRY, *Variété*, Pl., p. 727). — *Cette vision qui m'est propre du monde ou des êtres, je ne
veux pas mourir sans qu'il en demeure après moi l'expression écrite,* [...] *fixée dans l'esprit de*
QUELQUES-UNS, *du plus grand nombre possible* (Fr. MAURIAC, *Dieu et Mammon*, IV). — *Sa*
[= de Nerval] *légende, qui aide* QUELQUES-UNS *à vivre* (A. CAMUS, *Été*, p. 124). — *Mais qu'est-
ce que cette fin de l'histoire dont* QUELQUES-UNS *font tout dépendre ?* (MERLEAU-PONTY,
Aventures de la dialectique, Id., p. 12.)

Le féminin est possible, s'il s'agit exclusivement de femmes, mais il est peu fréquent.

Remarques. — 1. Sur la construction de l'épithète se rapportant à *quelqu'un*
(*Quelqu'un de gentil*), voir § 352, *b*.

2. *Quelqu'un*, reprenant un autre *quelqu'un* qui précède, est parfois précédé d'un déterminant démonstratif ou d'un article :

Il faut bien que quelqu'un paie et personne ne veut être CE *quelqu'un* (BAINVILLE, *Journal*, 22 août 1922). — *Vous savez que j'aime quelqu'un* [...]. *Lors, quelqu'un...* UN *autre quelqu'un :* UN *quelqu'un masculin... s'est mis en travers de ma route... et* CE *quelqu'un me porte exagérément sur les nerfs* (FARRÈRE, cit. Sandfeld, t. I, p. 343). — *Quelqu'un a dû les renseigner* [...]. */ Et* CE *quelqu'un était renseigné de longue date* (SIMENON, *Maigret à New-York*, p. 76).

En dehors de ce cas, l'article est exceptionnel : *La modernité serait le privilège* DES *quelques-uns qui, détachés de leurs contemporains, sont en posture* [...] *de défricheurs* (M. LEIRIS, *Ruban au cou d'Olympia*, p. 241). [*Quelques-uns* est traité comme un numéral.]

°*Un quelqu'un* pour *quelqu'un* chez G. Sand est du franç. régional : cf. Wartburg, t. II, p. 1412.

Hist. — *Quelqu'un* a été formé au XIVᵉ s. par composition de *quelque* et de *un*. *Chacun* a sans doute servi de modèle. — Le pluriel *quelcuns* a été usité au XVIᵉ s. : voir Huguet. C'était encore parfois la prononciation au XVIIᵉ s. : voir Brunot, *Hist.*, t. IV, p. 700.

Quelqu'un au singulier comme représentant (ci-dessus, *a*, 2°) appartenait à l'usage classique : ⁺*Je tâche de l'ajuster sur* QUELQU'UN *de tous les airs que j'ai jamais sus* (SÉV., 12 sept. 1656). — *Le peintre a voulu exprimer* QUELQU'UNE *de ses fantaisies* (MONTESQ., *L. pers.*, XCIX).

Quelqu'une nominal féminin (cf. *b*, 1°) a toujours été sporadique : *Il* [= Ronsard] *prie* QUELQU'UNE (*je ne puis penser que ce soit Cassandre* [...]) *de luy accorder rondement ce qu'il demande* (MURET, dans Ronsard, éd. V., t. I, p. 141). — ⁺*C'est une loi commune / Qui veut que tôt ou tard je coure après* QUELQU'UNE (BENSERADE, cit. Littré).

729   La langue soignée emploie *qui* **répété dans un sens distributif,** pour répartir les personnes d'un ensemble.

a) D'ordinaire *qui* explicite un nom (pluriel ou collectif) [ou des noms] ou un pronom contenus dans la même phrase (cf. § 365, *c*, redondance par explicitation) :

Culs-de-jatte, aveugles, boiteux, pullulaient autour de lui, [...] QUI *sortant des maisons,* QUI *des petites rues adjacentes,* QUI *des soupiraux des caves* (HUGO, *N.-D. de P.*, II, 6). — *Les clients de l'hôtel prenaient,* QUI *du thé,* QUI *du porto,* QUI *un cocktail,* QUI *un whisky au soda* (BOURGET, *Danseur mondain*, p. 32). — *Les adolescents étaient sortis,* QUI *sur l'âne savant,* QUI *sur le cheval dressé,* QUI *sur le chameau, et mon père sur l'éléphant* (MALRAUX, *Antimémoires*, p. 28). — *Saint Louis, Chilpéric, Childebert, bref les Capétiens et les Mérovingiens, ont taxé d'impôt* QUI *la noblesse,* QUI *le clergé* (LE ROY LADURIE, *Carnaval de Romans*, p. 397).

b) Parfois, selon un usage ancien (cf. Hist.), *qui* est suivi d'un verbe et ne développe pas un terme qui précède dans la phrase :

QUI *apportait un fromage,* QUI *un sac de noix,* QUI *un quartier de chèvre, ou un cochon de lait* (SAND, *Maîtres sonneurs*, VIII). — QUI *cherche un sarment,* QUI *fend du bois,* QUI *fourbit les chaudrons* (J. de PESQUIDOUX, *Chez nous*, t. I, p. 80). — QUI *le critiquait,* QUI *le louait* (P. HAZARD, *Crise de la conscience européenne*, p. 7). — QUI *l'avait entendu conter le fait au Pialou,* QUI *dans une auberge* (POURRAT, *Gaspard des Montagnes*, t. I, 1931, p. 195). — QUI *porte une croix,* QUI *un sabre* (TROYAT, *Ivan le Terrible*, p. 48). — *On imaginait déjà la colline du Pincio en proie à la plus extrême agitation,* QUI *créant,* QUI *animant,* QUI *échangeant,* QUI *diffusant et rayonnant par-delà les monts et les mers* (dans le *Monde*, 10 juillet 1983, p. 12).

Remarques. — 1. Il est exceptionnel que chacun des *qui* représente une seule personne : *Tous deux partent,* QUI *en sabots,* QUI *chaussé à la muette* (POURRAT, *Gaspard des Montagnes,* t. I, 1931, p. 71).

2. Il est rare aussi que les *qui* soient accompagnés d'appositions :

Pour être lauréats, ils devaient avoir fait, dans un temps donné, QUI *sculpteur, le modèle en terre glaise d'une statue ;* QUI *peintre, l'un des tableaux que vous pouvez voir à l'École des Beaux-Arts ;* QUI *musicien, une cantate ;* QUI *architecte, un projet de monument* (BALZAC, *Rabouilleuse,* III).

3. Si *qui* est accompagné d'un syntagme contenant un possessif, on peut avoir l'unipossessif ou le pluripossessif, selon les mêmes règles qu'après *chacun* (§ 719, *a*) :

Reine de cette cour pleine de solliciteurs empressés autour d'elle, qui pour SON *livre, qui pour* SA *pièce, qui pour* SA *danseuse, qui pour* SON *théâtre, qui pour* SON *entreprise* [...] (BALZAC, *Fille d'Ève,* Pl., t. II, p. 133). — *L'auditoire gémit, en voyant, dans l'enfer tout ouvert, qui* SON *père et qui* SA *mère, qui* SA *grand'mère et qui* SA *sœur* (A. DAUDET, *Lettres de m. m.,* Curé de Cucugnan). [Le fait que les *qui* explicitent un nom singulier collectif favorise le choix de l'unipossessif.]

Ils avaient perdu qui LEUR *couronne, qui* LEUR *sceptre, qui* LEUR *pourpre* (Th. GAUTIER, *Cap. Fracasse,* XIX).

Hist. — *Qui ... qui ...* était déjà usité au XIIᵉ s. ; on trouvait aussi *cui* [= à qui] *... cui ...* et *que* (neutre) *... que ... «* soit *...* soit *... »* : *Chascuns a point* [= éperonné] QUI *cheval,* QUI *destrier* (*Couronnem. de Louis,* 1504). — CUI [= à celui-ci] *perce piz* [= poitrine], *et* CUI *mamelle,* / CUI *brise braz, et* CUI *chanole* [= clavicule] (CHRÉT. DE TROYES, *Perceval,* éd. H., 2450-51). — *Tant a* [= il y a] *haus homes el borc* [= dans le bourg] *de Saint-Omer,* / QUE *duc,* QUE *conte,* QUE *prince* (*Chevalerie Ogier,* 81).
Ce type de construction, où l'on a au départ des pronoms relatifs, est déjà attesté en latin.
Qui pouvait être suivi d'un verbe : QUI *porte hache,* QUI *maçue,* / QUI *flaël* [= fléau], QUI *baston d'espine* (*Renart,* éd. R., 654-55). — QUI *casse le museau,* QUI *son rival éborgne,* / QUI *jette un pain, un plat, une assiette, un couteau,* / QUI *pour une rondache empoigne un escabeau* (RÉGNIER, *Sat.,* XI).
Sur *qui ... qui ...,* Vaugelas avait un jugement peu favorable : « fort en usage, mais non pas parmy les excellens escrivains » (p. 51). Les autres grammairiens du XVIIᵉ s. étaient partagés.
Que ... que ... se rencontre encore parfois au XVIIᵉ s., spécialement dans *que bien que mal : La volatile malheureuse,* / [...] / *Demi-morte et demi-boiteuse,* / *Droit au logis s'en retourna.* / QUE BIEN QUE MAL *elle arriva* (LA F., *F.,* IX, 2). — Cette locution a été remplacée par *tant bien que mal.* On a sans doute un souvenir de La Fontaine dans ces ex. : QUE BIEN, QUE MAL, *Athènes voulait suivre Démosthène* (CLEMENCEAU, *Démosthène,* p. 32). — *Les mots et les idées se cherchent et finissent,* QUE BIEN QUE MAL, *par se trouver* (A. SECHEHAYE, cit. Sandfeld, t. II, p. 103).

730   *Quiconque,* pronom relatif nominal (§ 697), est aussi employé comme pronom indéfini signifiant « qui que ce soit, n'importe qui, personne ». Cet emploi, rare avant le XIXᵉ s. (cf. Hist.), est reçu aujourd'hui par le meilleur usage :

Un valet de l'auberge [...] *contenait la foule* [...], *ne laissant passer* QUICONQUE *qu'il n'eût craché au bassinet* [= payé le prix de sa place] (Th. GAUTIER, *Capit. Fracasse*, IX). — *Défense absolue de parler à* QUICONQUE (A. DAUDET, *Port-Tar.*, III, 3). — *Aujourd'hui, Dumas fils aurait sans doute bien du talent, plus que* QUICONQUE (J. RENARD, *Journal*, 31 oct. 1900). — *La moindre nouvelle prenait toujours plus au dépourvu que* QUICONQUE *cet homme qui se croyait perpétuellement préparé à tout* (PROUST, *Rech.*, t. I, p. 201). — *Il est impossible à* QUICONQUE *de se procurer quoi que ce soit touchant cet ouvrage* (G. DUHAMEL, *Lettres au Patagon*, p. 154). — *La vieille* [...] *ne lui adressait jamais la parole, non plus qu'à* QUICONQUE (GIDE, *Symphonie past.*, p. 16). — *Et elle défie* QUICONQUE *parmi vous de se lever et de prétendre* [...] (GIRAUDOUX, *La guerre de Troie n'aura pas lieu*, II, 12). — *Comme il se produit chez* QUICONQUE *vivant à l'écart de la société* (J. de LACRETELLE, *Bonifas*, IX). — *Qui d'entre nous accorde à* QUICONQUE *le droit de juger?* (SAINT EXUPÉRY, *Pilote de guerre*, p. 144.) — *J'aurais dû plus qu'à* QUICONQUE *ne lui rien révéler du secret de cette lettre* (Fr. MAURIAC, *Pharisienne*, p. 21). — *Les « Français libres » conservaient, vis-à-vis de* QUICONQUE, *une fierté assez exclusive* (DE GAULLE, *Mém. de guerre*, t. III, p. 43). — *Cette répartition des rôles n'implique aucune exclusive contre* QUICONQUE (Fr. MITTERRAND, interviewé dans le *Monde*, 2 juillet 1981).

Autres ex. : VILLIERS DE L'ISLE-ADAM, *Contes cruels*, p. 160 ; P. HERVIEU, *Tenailles*, I, 6 ; MIRBEAU, *Dingo*, IV ; APOLLIN., *Anecdotiques*, p. 328 ; PÉGUY, *Esprit de système*, p. 147 ; R. ROLLAND, *Jean-Chr.*, t. VII, p. 143 ; CHÂTEAUBRIANT, *Brière*, p. 51 ; JAMMES, *M. le curé d'Ozeron*, p. 40 ; ESTAUNIÉ, *Labyrinthe*, p. 142 ; CLEMENCEAU, *Démosthène*, p. 99 ; L. MADELIN, *Foch*, p. 214 ; R. MARTIN DU GARD, *Thib.*, Pl., t. II, p. 350 ; L. DAUDET, *Stupide XIXᵉ s.*, p. 200 ; G. LECOMTE, *Le mort saisit le vif*, p. 255 ; J. MARITAIN, *Questions de conscience*, p. 65 ; MONTHERLANT, *Malatesta*, I, 7 ; CH. DU BOS, *Dialogue avec A. Gide*, p. 47 ; GAXOTTE, *Frédéric II*, p. 99 ; MORAND, *Papiers d'identité*, p. 23 ; DANIEL-ROPS, *Années tournantes*, p. 233 ; THÉRIVE, dans le *Temps*, 13 avril 1939 ; BÉRAUD, *Bois du Templier pendu*, p. 27 ; É. HENRIOT, *Temps innocents*, p. 33 ; BENDA, *Exercice d'un enterré vif*, p. 162 ; BERNANOS, *Enfants humiliés*, Pl., p. 778 ; LÉAUTAUD, *Propos d'un jour*, p. 95 ; CARCO, *Morsure*, p. 33 ; HENRI-ROBERT, *Avocat*, p. 43 ; SARTRE, *Réflexions sur la question juive*, p. 162 ; GENEVOIX, *Afrique blanche, Afrique noire*, p. 38 ; FARRÈRE, *Onzième heure*, p. 86 ; JOUHANDEAU, *Essai sur moi-même*, p. 194 ; J.-J. GAUTIER, *Hist. d'un fait divers*, p. 86 ; SALACROU, *Dieu le savait !* p. 48 ; M. BOEGNER, *Exigence œcuménique*, p. 197 ; TROYAT, *Barynia*, p. 235 ; PAGNOL, *Gloire de mon père*, p. 106 ; P. EMMANUEL, dans le *Figaro*, 2 avril 1971 ; VERCORS, *Silence de la mer et autres récits*, p. 123 ; CESBRON, *Souveraine*, p. 73 ; H. BAZIN, *Qui j'ose aimer*, XVIII ; S. de BEAUVOIR, *Deuxième sexe*, t. I, p. 177 ; PIEYRE DE MANDIARGUES, *Point où j'en suis*, p. 15 ; J. LACAN, *Écrits I*, p. 213 ; etc.

Hist. — Sur l'origine de *quiconque*, voir § 697, Hist. — Selon Wartburg (t. II, p. 1464), l'emploi de *quiconque* comme pronom indéfini est attesté une première fois au XVᵉ s., dans les *Quinze joyes de mariage*, puis à partir de 1793. Cette indication est erronée : dans les *Quinze joyes*, *quiconques* est un pronom relatif (voir l'éd. Rychner, p. 19). Littré cite Bourdaloue (sans faire de réserves) : ⁺*Il y en a qui se laissent tellement aller à une envie de railler de toutes choses et de* QUICONQUE, *qu'ils le font sans ménagement et sans égard.* — Voir aussi dans Brunot, *Hist.*, t. VI, p. 1665, un ex. de 1770, tiré d'un édit.

Remarques. — 1. Si *quiconque* comme pronom indéfini nominal appartient au bon usage, il n'est pas correct de le faire suivre de *qui* :

°QUICONQUE *de vous* QUI *restera en arrière sera regardé comme traître.* Il faut employer ici *quiconque* comme pronom relatif (§ 697) : *Quiconque de vous restera ...*

2. °*Un quiconque* au lieu de *quiconque* reflète-t-il un usage de l'Ouest ?

*Tu n'aimes point qu'*UN QUICONQUE *se lève sur ton horizon* (CHÂTEAUBRIANT, *Brière*, I). — Comp. *un chacun* au § 721, *a.*

731 **Rien** est un pronom nominal s'appliquant aux choses ; les mots qui s'accordent avec lui sont du masculin singulier (genre et nombre indifférenciés représentant le neutre en fr.).

Bibl. — R. MARTIN, *Le mot « rien » et ses concurrents en français*. P., Klincksieck, 1966.

a) Conformément à son origine (cf. Hist.), *rien* s'emploie encore avec un sens positif, « quelque chose », dans des conditions particulières qui valent aussi pour d'autres auxiliaires de la négation (§ 981) :

> *Désespérant de rencontrer* RIEN *d'inconnu* (MÉRIMÉE, *Colomba*, I). — *Ne va pas t'aviser de* RIEN *changer à ton costume* (VIGNY, *Serv. et gr. mil.*, II, 7). — *Vous me désobligeriez si vous touchiez à* RIEN (HERMANT, *Rival inconnu*, XVIII). — *Je vous rends responsable si* RIEN *s'ébruite dans la presse* (BARRÈS, *Au service de l'Allem.*, p. 189). — *Il m'était interdit d'y* RIEN *prendre* (A. FRANCE, *Livre de mon ami*, p. 43). — *La bonne vieille est loin de* RIEN *soupçonner* (J. GREEN, *Journal*, 14 août 1934). — *Il n'est plus temps de nous* RIEN *cacher* (ESTAUNIÉ, *Appel de la route*, p. 289).

b) Le plus souvent, *rien* s'emploie dans un contexte explicitement négatif, soit sous la dépendance de *sans* ou *sans que*, — soit comme auxiliaire de l'adverbe *ne* :

> *Un homme de mon âge ne doit pas vivre* SANS RIEN *faire* (DUMAS fils, *Question d'argent*, III, 1). — *[...] se consacra dès lors entièrement à ses travaux*, SANS QUE RIEN *vînt troubler sa studieuse retraite* (L. de BROGLIE, *Savants et découvertes*, p. 98). — *Qui* NE *risque* RIEN N'*a* RIEN (prov.). — RIEN NE *me verra plus, je* NE *verrai plus* RIEN (HUGO, *Lég.*, t. I, p. 49). — *Comme si de* RIEN N'*était* : § 244, *g*. — N'*être* RIEN *à* ..., N'*être de* RIEN *à* : § 244, *f*.

c) Plus souvent encore que d'autres auxiliaires de la négation (§ 982), *rien* a pris par contagion le sens négatif (« nulle chose ») de l'adverbe *ne* qu'il accompagne d'ordinaire :

> *Dieu a créé le monde de* RIEN (AC.). — *Ce que vous dites et* RIEN *c'est la même chose* (AC.). — *Que vous a coûté cela ?* RIEN (AC.). — *Voilà deux matinées que je passe à* RIEN *faire* (MUSSET, *Prem. poés.*, Trois pierres sur la dune). — *Inattentif à tout et attentif à* RIEN (HUGO, *Quatrevingt-tr.*, I, IV, 7). — *Je me retire de longues heures, dérangé par* RIEN, *calme, insoucieux de l'avenir* (GIDE, *Journal*, 27 août 1938). — *Le passé est réduit à* RIEN (A. CAMUS, *Été*, p. 33).

> *De rien* est une locution-phrase qui, dans la langue parlée familière, signifie « C'est sans importance » : *Excusez mon indiscrétion, dit Étienne. / —* DE RIEN, DE RIEN, *fit Pierre* (QUENEAU, *Chiendent*, F°, p. 191).

> Pour cette raison, *avec rien* et *sans rien* (cf. *a*) sont devenus synonymes : *Kiki a dit alors qu'il ne voyait pas d'inconvénients à ce que je jette tous mes vêtements par la fenêtre. Il a dit qu'*AVEC RIEN *sur moi je serais merveilleuse* (GIRAUDOUX, adaptation de : M. Kennedy et B. Dean, *Tessa*, I, I, 8). — *Elle a dit que Jacob avait dit qu'elle était bien mieux quand elle était* SANS RIEN *sur elle* (*ib.*, I, I, 13).

> Autres ex. d'*avec rien* (qui a été critiqué) : BAUDEL., *Petits poèmes en pr.*, XXXV ; BARRÈS, *Dérac.*, p. 126 ; H. BORDEAUX, *Croisée des chemins*, p. 243.

Un résultat de ce glissement de sens est que *rien* mot négatif peut être nié par *ne ... pas : Ce n'est **pas** rien*[18]. Les deux négations s'annulent : « C'est quelque chose ». On a critiqué cet emploi, mais il est entré dans l'usage général :

« *Rien ne se fait de rien* », *disent-ils ; mais la souveraine puissance de Dieu n'est* PAS RIEN (JOUBERT, *Pens.,* cit. Robert, s.v. *rien,* I, B, 6). — *Elle* [= la nature] *n'est pas tout, et nous ne sommes* PAS RIEN (BRUNETIÈRE, *Évol. de la poésie lyrique,* t. II, p. 135). — *Cette indépendance ne me coûte* PAS RIEN (J. RENARD, *Journal,* 31 janv. 1898). — *Je n'ai* PAS RIEN *qu'une façon de m'exprimer* (GIDE, *Journal,* t. I, p. 610). [= J'ai plusieurs ...] — *Ce petit cercle qui ne se croyait* PAS RIEN *et qui n'était* PAS RIEN (J. et J. THARAUD, *Notre cher Péguy,* t. I, p. 92). — *Ce que je t'apporte aussi n'est* PAS RIEN *!* (CLAUDEL, *Partage de midi,* p. 103.) — *La consolation* [pour de Gaulle], *ce n'est pas la tombe de sa fille (qui n'est* PAS RIEN, *puisqu'il m'a dit :* « *Je serai enterré avec Anne* ») (MALRAUX, dans le *Figaro,* 26 févr. 1971). — La formule *Ce* (ou *cela) n'est pas rien* est particulièrement fréquente :

HERMANT, *Grands bourgeois,* VI ; R. MARTIN DU GARD, *Thib.,* Pl., t. I, p. 1359 ; G. DUHA-MEL, *Maîtres,* p. 301 ; BREMOND, *Pour le Romantisme,* p. 231 ; MAUROIS, *Cercle de famille,* p. 281 ; THIBAUDET, *Hist. de la litt. fr. de 1789 à nos jours,* p. 182 ; Fr. MAURIAC, *Sagouin,* p. 61 ; MONTHERLANT, *Jeunes filles,* p. 239 ; BERNANOS, *Journal d'un curé de camp.,* Pl., p. 1223 ; DANIEL-ROPS, *Hist. de l'Église,* Grand siècle des âmes, p. 150 ; P.-H. SIMON, dans le *Monde,* sélection hebdom., 7-13 sept. 1967 ; BARTHES, *Mythologies,* Points, p. 245 ; etc.

Hist. — 1. *Rien* vient du lat. *rem,* accusatif de *res* « chose » (le nominatif *res* a aussi laissé quelques rares traces en anc. fr. : cf. A. Henry, dans *Romania,* 1971, pp. 388-391).

Rien s'est employé comme nom féminin signifiant « chose » jusqu'à la fin du XVIᵉ s. : *Amor veint tute* RIEN (*Proverbes franç.,* 89, éd. Morawski). — *Le conte d'Arondel qui desiroit la guerre sur toute* RIEN (FROISSART, *Chron.,* éd. K., t. XVI, p. 13). — *Car a nule* RIEN *je n'entens* (*Rose,* 586). — *Pour vous faire croire qu'il vous aime sur toutes* RIENS (*Satyre Ménippée,* Harangue de M. le Cardinal de Pelvé).

Dès le XIIᵉ s., il se construisait avec *ne.* — À partir du XIVᵉ s., on le trouve dans les textes avec un sens négatif : *Ay longuement séjourné à* RIENS *faire à grands despens* [= frais] (JEAN LE BEL, cit. Martin, p. 277). — *Les aucuns* [...] *eurete du gagnage* [= Certains eurent du gain] *bien et largement, les autres ung peu et les autres* RIENS (Jean de HAYNIN, *Mémoires,* éd. Brouwers, p. 81). — Ex. classiques : *J'y vendrai ma chemise, et je veux* RIEN *ou tout* (RAC., *Plaid.,* I, 7). — *Et comptez-vous pour* RIEN *Dieu qui combat pour nous ?* (ID., *Ath.,* I, 2.) — *Passer tranquillement, sans souci, sans affaire,* / *La nuit à bien dormir, et le jour à* RIEN *faire* (BOIL., *Sat.,* II). — *Tous les esclaves sont occupés à garder nos femmes et à* RIEN *de plus* (MONTESQ., *L. pers.,* CXV).

2. *Ne ... rien* a eu le sens de *ne ... pas* depuis l'anc. fr. jusqu'au XVIIᵉ s. : *J'ay si grant desir d'y venir* / *Que l'aler ne m'est* RIENS *grevable* [= désagréable] (GREBAN, *Passion,* 29454) [avec l's dit adverbial : § 923]. — Cet emploi subsiste en Suisse et en Franche-Comté : *Et force-moi ce feu, ça ne chauffe* RIEN *tout ce matin !* (B. CLAVEL, *Saison des loups,* p. 14.)

Pour RIEN *ne sert de,* voir § 272, Hist., 3.

732   **Observations particulières sur *rien*.**

a) Sur la construction de l'épithète *(rien d'autre, rien autre),* voir § 352, *b ;* — sur *rien autre chose,* voir *ib.,* Rem. 2 ; — sur *rien de plus,* etc., voir *ib.,* Rem. 3 ; — sur *rien (de) moins que,* voir *ib.,* Rem. 4.

---

18. À distinguer du cas où les deux négations forment redondance : *Ce n'est pas rien = ce n'est rien.* Cf. § 979, *b.*

b) Sur la place de *rien* objet direct, voir § 289, *d.*

c) *Rien* négatif est renforcé dans diverses formules, certaines hyperboliques :

Absolument rien. Rien du tout (nominalisé : cf. *e,* ci-dessous). — *Il faudra dès demain lui faire un trousseau, dit Sylvie, elle n'a* RIEN DE RIEN (BALZAC, *Pierrette,* V). — *Les trouvailles de ces loustics sont ordinairement* TROIS FOIS RIEN (HERMANT, *Ainsi parla M. Lancelot,* p. 41). — *Moins que rien.*

d) *Rien* s'emploie souvent par exagération pour « peu de chose » :

Il a eu cette maison, ce domaine pour RIEN (AC.). — *Il ne m'a donné que cent francs,* [...] *c'est moins que* RIEN (AC.).
Aussi pour « peu de temps » : *Il a mangé son bien en moins de* RIEN (AC., S.V. *moins*).

e) Autres valeurs de *rien.*

1° Le pronom indéfini a été renominalisé au masculin, dans le sens « chose de peu d'importance » ; ce nom varie au pluriel : *Il dit toutes sortes de* RIENS (G. DUHAMEL, *Civilisation,* p. 244).

Les syntagmes *rien du tout* et *rien qui vaille* ont été aussi nominalisés (le second est vieilli) dans le sens « chose ou personne sans importance ». Ces noms ne varient pas au pluriel : *Les enfants en meurent quelquefois de ces petits* RIEN DU TOUT *qui leur manquent* (A. DAUDET, *Évangéliste,* p. 37). — *Des revenants,* [...] *des fantômes, des* RIEN DU TOUT (IONESCO, *Chaises,* p. 165).

Ex. à ne pas imiter : [...] *faut-il qu'il traite Racine et Shakespeare de* RIENS *du tout* (MON-THERLANT, *Carnets,* cité par Aristide, dans le *Figaro,* 14 juillet 1973). — *Comme des pleutres ou des* RIENS *qui* VAILLENT (J. SANDEAU, *Roche aux mouettes,* XIII).
Rien du tout appliqué à une femme est féminin : *Et pour qui ? reprenait Denise, pour* UNE *rien du tout* (ZOLA, *Au Bonheur des Dames,* VIII). — Cf. § 481, *a.*

2° *Rien* adverbe : « nullement » : cf. § 731, Hist., 2 ; — « très » en fr. pop. parisien, voir § 954, *f.*

Rien que a pris le sens de « seulement » :

Devant un nom : RIEN QUE *le silence répond* (BARRÈS, *Union sacrée,* p. 154). — RIEN QUE *ce petit vol d'oiseaux faisait mieux ressortir notre solitude* (GIONO, *Vraies richesses,* p. 161).
Devant un infinitif précédé de *à : Mon sang bout /* RIEN QU'à *songer au temps où, rêveuse bourrique, / Grand diable de seize ans, j'étais en rhétorique !* (HUGO, *Contempl.,* I, 13.) — *L'autre,* RIEN QU'à *voir le camarade, comprit qu'il y avait du bon tabac* (POURRAT, *Gaspard des Montagnes,* p. 219).

733 *Néant* comme pronom nominal n'a plus que des emplois limités.

Les principaux sont la locution *réduire à néant* et *néant* comme mot-phrase négatif, surtout du langage administratif : *Signes particuliers :* NÉANT.

Hist. — De l'anc. fr. *nient* (var. *neient,* etc.), lui-même du lat. vulg. **ne gentem* (de *gens* « peuple »). — A été évincé par *rien : Jo n'en ferai* NIENT (*Rol.,* 787). — Avec *ne,* il servait aussi d'adverbe comme *pas* aujourd'hui : *Jo ne vus aim* NIENT (*Rol.,* 307).

734 *Autre chose, grand-chose, quelque chose, peu de chose* servent de pronoms nominaux, dans lesquels *chose* a perdu sa valeur et son genre de nom. Les mots qui s'accordent avec ces locutions se mettent au masculin singulier (genre et nombre indifférenciés à valeur de neutre) [voir cependant *a*, Rem. ; *c*, Rem. 1 ; *d*, Rem.].

Sur la construction de l'épithète *(quelque chose de beau)*, voir § 352, *b*.

a) *Autre chose :*

AUTRE CHOSE *allait suivre* (J. GREEN, *Chaque homme dans sa nuit*, p. 339). — *Le trouble, ici, vient d'*AUTRE CHOSE, *que nous avons dit* (LE BIDOIS, § 1226). — Sur *rien autre chose*, voir § 352, *b*, Rem. 2.

Attribut répété en tête de sous-phrases coordonnées (la seconde étant souvent averbale) : AUTRE CHOSE *est en effet une simple variation de grandeur,* AUTRE CHOSE *un changement de forme* (BERGSON, *Évolution créatrice*, p. 84). — AUTRE CHOSE *est la culture,* AUTRE CHOSE *la conduite de la vie* (M. BRION, *Laurent le Magnifique*, p. 144).

Remarque. — *Chose* garde sa valeur de nom féminin dans des phrases telles que les suivantes :

TOUTE *autre chose me plairait mieux.* QUELLE *autre chose désirez-vous encore ?*

Il n'est pas fréquent de trouver *autre chose* sans déterminant traité comme s'il contenait le nom *chose : Il y avait* AUTRE CHOSE — *plus grave, plus* BLESSANTE — *que je devinais [...] et qui autorisait tous les espoirs* (M. TOURNIER, *Météores*, p. 341).

b) *Grand-chose* (ancienne orthographe : *grand'chose ;* cf. § 529, Rem. 3, Hist.) s'emploie le plus souvent avec la négation :

Ni vous ni moi ne connaissons GRAND'CHOSE *de la guerre* (MALRAUX, *Espoir*, p. 105). — *Il n'a jamais fait* GRAND-CHOSE. — *Je me suis agité pour pas* GRAND-CHOSE (GIDE, *École des femmes*, M.L.F., p. 76).

Sur °*rien grand-chose*, voir § 352, *b*, Rem. 2.

Grand-chose peut, dans les mêmes conditions que les auxiliaires de la négation (§ 981) s'employer avec un sens positif : *Cela veut-il dire* GRAND-CHOSE *?* (= Cela ne veut pas dire grand-chose.) — Il y a aussi implicitement une idée négative dans cet ex.-ci : *Vraiment il semblait que j'eusse là du mérite et que ce que je supprimais fût* GRAND'CHOSE *!* (GIDE, *Porte étr.*, Journal d'Alissa, 4 juillet.) — En revanche, *grand-chose* purement positif est un archaïsme rare : *Elles ne sont rien et paraissent* GRAND'CHOSE (A. SUARÈS, *Sur la vie*, t. II, p. 159).

Hist. — *Grand-chose* positif à l'époque classique : *Je voudrois, m'en coûtast-il* GRAND'CHOSE, */ Pour la beauté du Fait, avoir perdu ma Cause* (MOL., *Mis.*, I, 1).

Remarque. — La langue familière emploie *pas grand-chose* comme nom des deux genres, invariable, au sens de « homme de peu, femme de peu, gens de peu » :

Pour leur mettre le pied sur la gorge, à toutes ces PAS GRAND'CHOSE (ZOLA, *Au Bonheur des Dames*, VI). — *Depuis qu'il avait eu le malheur de tuer une nuit, d'un coup de poing, un* PAS GRAND CHOSE (COURTELINE, *Boubouroche*, III). — *De la voir acheter des choux au petit Martin, un sale coco, un* PAS GRAND'CHOSE, *il en avait reçu un coup dans l'estomac* (A. FRANCE, *Crainquebille*, p. 53). — *C'était bien une* PAS GRAND-CHOSE (É. HENRIOT, *Livre de mon père*, p. 240).

c) *Quelque chose :*

QUELQUE CHOSE *a gémi dans ton cœur* (MUSSET, *Poés. nouv.*, Nuit de mai). — QUELQUE CHOSE *de mystérieux se présentait tout naturellement à mon esprit* (BARRÈS, *Grande pitié des égl. de Fr.*, 1914, p. 330). — *Pour bien juger de* QUELQUE CHOSE *il faut s'en éloigner un peu, après l'avoir aimé* (GIDE, *Journal*, 27 mars 1924). — Par euphémisme : *S'il m'arrivait* QUELQUE CHOSE (= un malheur, surtout la mort).

Quelque chose, attribut, au sens de « personnage ou chose considérables » : *Vous serez* QUELQUE CHOSE *dans le monde* [...] *quand vous serez porté par deux ou trois salons* (STENDHAL, *Vie de H. Brulard*, XL). — [Comp. *quelqu'un* au § 728, *b*, 1°.] — *Une somme pareille, c'est* QUELQUE CHOSE (*Dict. contemp.*, avec la mention peu justifiée « pop. »).

Remarques. — 1. *Chose* garde sa valeur de nom féminin dans des phrases comme les suivantes :

C'est assommant, quelque chose INSIGNIFIANTE *qu'on fasse, de penser que des yeux vous voient* (PROUST, *Rech.*, t. I, p. 151). — *Il y a toujours* [...] *quelque chose* URGENTE *qui doit être* FAITE (MAUROIS, *Art de vivre*, p. 118).

Dans les ex. suivants, comme au XVIIᵉ s. (cf. Hist.), *quelque chose*, quoique pouvant être considéré comme pronominal, est traité en féminin :

Quelque chose ne m'est pas SOUMISE (CLAUDEL, *Tête d'or*, 2ᵉ version, p. 340). — *On ne peut agrandir quelque chose qu'*ELLE *ne se transforme bientôt jusque dans sa qualité* (VALÉRY, *Regards sur le monde actuel*, p. 173). — *Quelque chose de plus intime que la vie même était comme* SUSPENDUE *en lui* (BERNANOS, *Sous le soleil de Satan*, Pl., p. 142). — *Quelque chose qui se déroule moins qu'*ELLE *ne s'arrache* (Fr. PONGE, *Rage de l'expression*, Poésie, p. 197). — *Chaque mur de brique vous rappellera quelque parole de Cécile, quelque chose que vous avez* LUE *ou* APPRISE *pour pouvoir lui en faire part* (BUTOR, *Modification*, 10/18, p. 87). — *Ce qui s'est passé dans la chambre ne s'est pas arrêté. Quelque chose ne s'est pas* INTERROMPUE. *Une douleur à laquelle je veille* (H. CIXOUS, *Angst*, p. 151).

Hist. — Au moyen âge, *chose* gardait, dans les expressions nominales, son genre étymologique. Corneille a pu écrire encore : ⁺*Je vous voulais tantôt proposer quelque chose, / Mais il n'est plus besoin que je vous* LA *propose, / Car* ELLE *est impossible* (*Ment.*, III, 5). Et Molière : *Cela n'est-il pas merveilleux* [...] *que j'aye quelque chose dans la teste qui* [...] *fait de mon corps tout ce qu'*ELLE *veut ?* (*D. Juan*, III, 1.) — Vaugelas (pp. 220 et *464 suiv.), tout en admettant que l'oreille demande parfois qu'on donne un adjectif féminin à *quelque chose*, estimait qu'il était « beaucoup plus fréquent, plus François, et plus beau » de lui donner un adjectif masculin.

2. *Quelque chose* est transformé en nom masculin quand il est précédé d'un déterminant :

Ce QUELQUE CHOSE *de gai, de rieur, qui frappait en elle dès l'abord* (R. MARTIN DU GARD, *Thib.*, Pl., t. I, p. 910).

Avec l'adjectif *petit* (fam.) : *Je ferai ce que je dois, et même un petit* QUELQUE CHOSE *en plus* (MALLET-JORIS, *Mensonges*, p. 120).

d) *Peu de chose :*

Le talent sans génie est PEU DE CHOSE. *Le génie sans talent n'est rien* (VALÉRY, *Mélange*, Pl., p. 375).

Remarque. — Dans cet ex., *peu de chose* est traité comme un féminin :

> *Il vous* [à Diderot] *restera tout court le titre de l'*Encyclopédie, *le titre, pas la doctrine, que vous ne pouvez guère reprendre à votre compte. Peu de chose et bien* REFROIDIE (BARRÈS, *Maîtres*, p. 179).

735   *Tel* [19] marque une identification volontairement imprécise.

a) Comme nominal, à propos de personnes.

1° Dans les expressions *tel ou tel, tel et tel* (plus rare) pour des personnes qu'on ne veut pas désigner plus précisément (synonymes : *X* ou *Y*) :

> *Je sais bien que* TEL OU TEL *est avare* (H. de RÉGNIER, *Bon plaisir*, p. 213). — *Je ne m'occupe pas de savoir ce que penseront de ceci* TELS OU TELS (BERNANOS, *Essais et écrits de combat*, t. I, p. 1069). — *Un cercle se forme autour de moi, tandis que je picore* TEL OU TELLE (P. GUTH, dans le *Figaro litt.*, 7 juillet 1951). — *On comptait parmi les coupables* TELS ET TELS (AC., s.v. *compter*).

2° Devant une proposition relative, dans des proverbes ou des vérités générales, où l'on pourrait traduire *Tel qui* (au singulier) par *Celui qui* ou *Il y en a qui* :

> TEL *est pris* QUI *croyait prendre* (prov.). — TEL QUI *rit vendredi dimanche pleurera* (prov.). — TEL, *aujourd'hui,* QUI *commande impunément un dîner de six louis pour lui seul dans un restaurant de Paris eût été jugé par eux* [= des moralistes grecs] *aussi coupable* [...] *que* TEL *autre* QUI *donnerait en pleine rue un rendez-vous trop intime* (P. LOUŸS, *Aphrodite*, Préf.). [Comp. *b*, 1°.]
>
> Appliqué à un cas particulier : *Et* TEL QUI *se croyait détesté de moi n'en revenait pas de se voir salué avec un grand sourire* (A. CAMUS, *Chute*, Pl., p. 1499).

b) Tel comme représentant à propos de personnes ou de choses, dans la langue écrite.

1° *Tel... tel autre* (ou *un autre*) ..., s'emploie d'une manière distributive, comme *Celui-ci ... celui-là ...* ou *L'un ... l'autre ... :*

> *On trouve en moyenne 24 religieuses par maison de femmes.* TELLE, *à Saint-Flour, élève cinquante pensionnaires ; une autre, à Beaulieu, instruit cent externes ; une autre* [...] (TAINE, *Orig. de la Fr. contemp.*, t. III, p. 260). — *Plusieurs* [dames] [...] *soupçonnaient que son aventure avec M. Roux n'était pas tout à fait innocente ; quelques-unes le disaient.* TELLE *l'en blâmait,* TELLE *autre l'en excusait ;* TELLE *autre enfin l'en approuvait* (A. FRANCE, *Anneau d'améthyste*, p. 9). — *Onze sections !* [...] TELLE *concerne la géographie et la navigation,* TELLE *autre l'anatomie et la zoologie* (G. DUHAMEL, *Manuel du protestataire*, p. 112). — *Sur tous les meubles étaient posés d'extraordinaires petits personnages* [...]. TELS *étaient bénéfiques,* TELS *autres maléfiques* (MALRAUX, *Noyers de l'Altenburg*, p. 76).
>
> Comme nominal, à propos de personnes : *Dans la même séance où l'Assemblée décréta l'abolition de la Noblesse, elle avait reçu une députation étrange qui se disait celle des députés du genre humain.* [...] TELS *furent émus, d'autres riaient* (MICHELET, *Hist. de la Révol. fr.*, III, 12).

---

19. Sur *tel* comme déterminant et adjectif, voir §§ 619-620.

2° Devant un syntagme nominal introduit par *de*, avec le même sens que *un* (au singulier), *certains* (au pluriel) :

> *Sa robe de dessus était de mousseline de Siam brodée en or passé, grand luxe, car* TELLE *de ces robes de mousseline valait alors six cents écus* (HUGO, *Homme qui rit*, II, III, 7). — *En dormant j'avais* [...] *retrouvé* TELLE *de mes terreurs enfantines comme celle que mon grand-oncle me tirât par mes boucles* (PROUST, *Rech.*, t. I, p. 4). — *À diverses époques,* TELS *d'entre eux* [= les noms propres] *sont refaits* [...] *sur un modèle plus ancien* (DAUZAT, cit. Sandfeld, t. I, § 237).

c) Un tel s'emploie à la place d'un nom propre, lorsqu'on ne veut ou ne peut nommer la personne plus précisément :

> *En l'an 1600 ou en l'an 1500,* UN TEL, *de tel village, a bâti cette maison pour y vivre avec* UNE TELLE *son épouse* (LOTI, *Ramuntcho*, p. 163).

On écrit aussi *Un tel* ou *Un Tel* ou *un Tel*, avec une ou des majuscules ; *untel* ou *Untel* en un mot : *Madame* UNE TELLE *s'est levée et a dit* [...] (J. GREEN, *Journal*, 30 mars 1943). — *Ils me donnaient des nouvelles de* UNTEL (J. HOUGRON, *Anti-jeu*, p. 119). — *Le problème ne se présentait à lui que sous une forme théorique. Tel homme a été tué dans telles et telles conditions.* UNTEL *et* UNTEL *sont suspects* (SIMENON, *Maigret à New-York*, p. 147).

À propos d'une femme, on dit *une telle* comme ci-dessus (ex. de Loti, Green) ; parfois *un tel* après un titre : *Mademoiselle le Dr.* UN TEL (BRUNOT, *Pensée*, p. 90). — *Je suis Mademoiselle Untel* (M.-Th. HUMBERT, *À l'autre bout de moi*, p. 158).

Au pluriel, *un tel* reste invariable, comme les noms de familles : *Tiens... les* UN TEL (A. DAUDET, *Immortel*, VI).

Un tel s'emploie parfois de manière distributive, comme *tel* (cf. *b,* 1°) : UN TEL *néglige le bain rituel, tel autre n'est pas exact à la prière* (J. et J. THARAUD, cit. Sandfeld).

Hist. — *Un tel* était déjà employé pour suppléer un nom propre au XVIIe s. : *Madame* UNE TELLE (MOL., *Mis.*, III, 5). — Mais *tel* seul suffisait : +TEL *vient de mourir à Paris de la fièvre qu'il a gagnée à veiller sa femme, qu'il n'aimait point* (LA BR., XI, 64). — Avec un titre, *tel* était encore usité au XIXe s., mais surtout dans les expressions *tel ou tel, tel et tel* (comp. *a,* 1°) :

> *De vieux révolutionnaires ne marchent plus qu'avec une épithète comme les dieux d'Homère : c'est toujours le respectable Monsieur* TEL, *c'est toujours l'inflexible citoyen* TEL (CHAT., *Mém.*, III, II, VI, 15). — *Si j'étais madame la duchesse* TELLE OU TELLE (DUMAS fils, *Dame aux cam.*, XV). — *Les œuvres de messieurs* TELS OU TELS (Th. GAUTIER, *Jean et Jeannette*, XIX). — *Messieurs* TELS ET TELS (HUGO, *Nap.-le-Petit*, V, 9).

736   *Tout.*

Bibl. — Voir § 615.

a) Tout [tu] masculin singulier à valeur de neutre s'emploie comme nominal au sens de « toutes les choses » :

> *Vous mesurez* TOUT *à votre toise* (VIGNY, *Chatt.*, I, 2). — TOUT *est bien qui finit bien* (prov.). — TOUT *vient à point à qui sait attendre* (prov.) [cf. § 1058, *a,* 2°, Rem.]. — *D'un homme pareil, on peut s'attendre à* TOUT. — *Une bonne à* TOUT *faire.*

La langue littéraire emploie parfois *tout* pour des personnes (« tout le monde ») : TOUT *avait fui, même les médecins* (CHAT., *Mém.*, IV, I, 15). — *Qu'on m'ouvre bien vite, ou je ferai* TOUT *pendre* (Al. DUMAS, *Reine Margot*, XXXV). — *Les femmes en sabots cirés, les paysans en blouse neuve, les petits enfants qui sautillaient nu-tête devant eux,* TOUT *rentrait chez soi* (FLAUB., *Mme Bov.,* I, 9). — [Cet emploi aujourd'hui assez rare, était courant chez les classiques : *Femmes, Moine, vieillards,* TOUT *estoit descendu* (LA F., *F.,* VII, 8).]

Sur la place de *tout* objet direct, voir § 289, *d,* Rem. 1.

Tout s'emploie souvent pour annoncer ou rappeler un ensemble explicité après ou avant : TOUT *tournait autour d'eux, les lampes, les meubles, les lambris, et le parquet* (FLAUB., *Mme Bov.,* I, 8). — *Les citernes, les bassins, les viviers,* TOUT *était infecté* (A. DAUDET, *Lettres de m. m.,* p. 242). — Sur les problèmes d'accord, voir § 439, *c,* 2°.

Tout entre dans un grand nombre de formules figées et de locutions : *Envers et contre tout, à tout prendre, avant tout, après tout, malgré tout, comme tout* (qui marque le haut degré : § 954, *h*), etc. — Il est agglutiné dans *partout, surtout.*

Sur *et tout* équivalent de *etc.,* cf. § 220, *a,* 6°. — Sur *tout* suppléant universel, voir *ib., b,* 3° ; par ex. avec la fonction d'un adjectif : *Il est* TOUT, *sauf intelligent.*

b) Au pluriel, *tous* [tus] peut être nominal ou représentant.

1° Comme nominal, il désigne des personnes (la totalité, soit du genre humain, soit d'une collectivité particulière) :

Jésus-Christ est mort pour le salut de TOUS (AC.). — *Donnez à* TOUS. *Peut-être un jour* TOUS *vous rendront !* (HUGO, *Ch. du crép.,* XV.) — *Le tumulte s'apaisait* [sur un bateau] ; TOUS *avaient pris leur place* (FLAUB., *Éd. sent.,* I, 1).

Comme objet direct, seulement pour marquer des oppositions : *J'aime* TOUS *et n'accuse aucun* (VERL., *Sag.,* I, 2). — *Tous les connaissent et ils connaissent* TOUS (SAINTE-BEUVE, *Mes poisons,* p. v). [Formule analogue : R. ROLLAND, *Âme enchantée,* t. II, p. 343.] — *Mais aimer tout au monde, aimer* TOUS, *quelle vocation inconfortable !* (F. DESONAY, *Roman fr. d'aujourd'hui,* p. 104.)

Tous se met au féminin *(toutes)* s'il s'agit exclusivement de femmes : *Elle* [= Aphrodite] *le transforma en un beau jeune homme qui plairait à* TOUTES (É. HENRIOT, dans le *Monde,* 4 avril 1956). — *Toutes* est coordonné à *tous* quand on veut spécifier qu'il s'agit aussi bien des femmes que des hommes : *M. Gaston Defferre qui serre les mains de* TOUTES *et de tous* *(ib.,* 11 mars 1983, p. 11).

Comme *tout (a* ci-dessus), *tous* peut annoncer ou rappeler des termes qui l'explicitent avant ou après : TOUS, *les hommes et les femmes ... — Les hommes et les femmes,* TOUS ...

2° Comme représentant, *tous* concerne des choses aussi bien que des personnes, et il prend le genre du nom ou du pronom représentés :

Son cœur battait vite sous l'étreinte de ses espérances. TOUTES *étaient mortes, maintenant !* (FLAUB., *Éd. sent.,* I, 5.) — *Il fut fêté par ses concitoyens,* TOUS *vinrent au-devant de lui* (AC.).

Tous, toutes s'emploient en particulier par redondance (§ 365, *c*) pour expliciter l'extension d'un nom ou d'un pronom : *Je crois que l'odeur des cerises les avait* TOUS *un peu grisés* (A. DAUDET, *Lettres de m. m.,* p. 146). — *Les journées se passèrent* TOUTES *ainsi* (AC.).

Dans ce dernier emploi, certains grammairiens voient *tous* adjectif. Mais la prononciation [tus] et la comparaison avec *chacun* (qui n'est que pronom : § 718, *c*) contredisent cette opinion.

Hist. — *Tretous,* forme renforcée de *tous* (avec *très*), qui a appartenu jusqu'au XVIe s. à la langue générale, aussi bien comme déterminant que comme pronom ou comme adverbe, et qui subsiste dans les dialectes de presque tout le domaine d'oïl, n'est guère attesté dans des textes écrits, depuis le XVIIe s., que pour représenter le parler paysan : LA F., *Je vous prends sans verd,* XIV ; MARIVAUX, *Mère confidente,* II, 1 ; SAND, *Petite Fadette,* XL.

C'est sans doute par plaisanterie ou pour imiter la langue de Montaigne que Mme du Deffand écrivait à Voltaire en 1759 : ⁺*Savez-vous l'envie qu'elle* [= votre lettre] *m'a donnée ? c'est de jeter au feu tous les volumes de philosophie, excepté Montaigne, qui est le père à* TRETOUS (dans E. Ritter, *Quatre dict. franç.*, p. 230).

La forme masculine à valeur de neutre est dans Ramuz : *Je repris : / — Comme ça, tout a été raclé. / Il me dit : / —* TRÈS TOUT (*Vie de Samuel Belet*, II, 12).

CHAPITRE V

LE VERBE

SECTION 1. — GÉNÉRALITÉS

737   **Le verbe** est un mot qui **se conjugue,** c'est-à-dire qui varie en mode (§ 738), en temps (§ 739), en voix (§ 741), en personne et en nombre (§ 743). (Au participe, il varie parfois en genre.) — Le verbe est susceptible de servir de **prédicat,** — ou de faire partie du prédicat lorsqu'il y a un attribut du sujet, le verbe s'appelant alors **copule** (cf. § 242) :

L'enfant DORT. Les enfants DORMENT. L'enfant A DORMI. Qu'il DORME. DORS. Où DOR-MIR ? — La terre EST ronde.

Si le prédicat est complexe, le verbe est l'élément principal, le noyau de ce prédicat : Les loups | ne se MANGENT pas entre eux (prov.).

Sous la forme de l'infinitif, le verbe est susceptible d'avoir les fonctions du nom ; sous la forme du participe, il est susceptible d'avoir les fonctions de l'adjectif ; sous la forme du gérondif, on le considère souvent comme un complément adverbial. Voir ci-dessous, § 738, b.

Du point de vue sémantique, on dit que le verbe exprime une action faite ou subie ou qu'il exprime l'existence ou un état. Mais le nom peut exprimer lui aussi une action ou un état : L'appel, la souffrance, la vieillesse.

On dit aussi que le verbe exprime un procès, quelque chose qui se déroule dans le temps ; le nom, lui, est statique, en quelque sorte. On pourrait comparer le verbe à un film cinématographique, le nom à une photographie.

Remarque. — Sur le problème de la locution verbale, équivalent d'un verbe, voir § 181 (ainsi que § 269, Rem. 2).

738   **Les modes** se divisent en modes personnels et en modes impersonnels, selon que le verbe varie ou non d'après la personne grammaticale.

a) Les modes **personnels** ou *conjugués :* le verbe varie selon la personne grammaticale et sert de prédicat. On les subdivise d'après la nature de la communication et l'attitude du locuteur à l'égard de ce qu'il énonce.

1° L'**indicatif** est le mode des phrases énonciatives et des phrases interrogatives. Il s'emploie aussi pour des verbes qui sont prédicats de propositions (et non de phrases). C'est le mode du fait :

Nous MANGEONS, *nous* AVONS MANGÉ. MANGERONT-*ils ? — Je sais qu'il* A RÉUSSI.

Le **conditionnel** a été souvent considéré comme un mode. Les linguistes le placent généralement aujourd'hui à l'intérieur de l'indicatif. Cf. § 859, note.

2° L'**impératif** est le mode des phrases injonctives et des phrases optatives. Il ne s'emploie qu'aux deuxièmes personnes et à la première personne du pluriel :

MANGE. DORMEZ *en paix.* DORMONS.

3° Le **subjonctif** est le mode des phrases injonctives et des phrases optatives, pour les personnes manquant à l'impératif. Il est fréquent aussi pour les verbes qui sont des prédicats de propositions, et non de phrases : il indique alors que le locuteur ne s'engage pas sur la réalité du fait.

Qu'il MANGE. *Qu'ils* DORMENT *en paix ! — Je veux (Je crains, etc.) qu'il* RÉUSSISSE.

b) Les modes **impersonnels** ou *non conjugués :* le verbe ne varie pas selon la personne grammaticale et il a généralement dans la phrase une autre fonction que celle de prédicat. On les distingue d'après le genre de mots dont ils prennent la fonction.

1° L'**infinitif** a les fonctions du nom (sujet, attribut, objet direct, etc.) :

BRACONNER *n'est pas* VOLER (GENEVOIX, *Raboliot,* III, 1). — *J'aime* LIRE.

2° Le **participe** a les fonctions de l'adjectif :

Un homme AVERTI *en vaut deux* (prov.). — *On demande un employé* PARLANT *l'anglais.*

3° Le **gérondif** a les fonctions d'un adverbe :

C'est EN FORGEANT *qu'on devient forgeron* (prov.).

Pour tous ces modes, on trouvera plus de détails aux §§ 849 et suivants.

739   **Les temps** sont les formes par lesquelles le verbe situe l'action dans la durée, soit par rapport au moment où s'exprime le locuteur, soit par rapport à un repère donné dans le contexte, généralement par un autre verbe (voir Rem. 2). Ils indiquent aussi d'autres nuances, que l'on appelle l'*aspect* (§ 740).

— Temps de l'**indicatif** : présent ; — imparfait, passé simple, passé composé, passé surcomposé, plus-que-parfait, plus-que-parfait surcomposé, passé antérieur ; — futur simple, futur antérieur, futur antérieur surcomposé ; — conditionnel présent, conditionnel passé, conditionnel passé surcomposé.

— Temps de l'**impératif** : présent, passé.

— Temps du **subjonctif** : présent, passé, passé surcomposé, imparfait, plus-que-parfait.

— Temps de l'**infinitif** : présent, passé, passé surcomposé.

— Temps du **participe** : présent, passé, passé composé, passé surcomposé.

— Temps du **gérondif** : présent, passé (rare).

Sur la valeur de ces temps, cf. §§ 850 et suivants. — Sur la distinction entre les temps simples et les temps composés ou surcomposés, voir §§ 758, *c* ; 787-788.

Remarques. — 1. Le mot *temps,* dans le sens qui vient d'être défini, est ambigu (*les temps* concernent *le temps*). Aussi Damourette et Pichon ont-ils proposé de lui substituer le mot **tiroir,** qui a été adopté par d'autres linguistes (voir un ex. dans la Rem. 2).

Damourette et Pichon désignent chacun des *tiroirs* par la 2ᵉ personne du plur. du verbe *savoir* : *le savez* (prés. de l'indic.), *le saviez* (imparf. de l'indic.), *le sachiez* (prés. du subj.), etc.

2. Une certaine tradition distingue les temps *absolus,* qui datent l'événement par rapport au moment de la parole, et les temps *relatifs,* qui le datent par rapport au moment où se place un autre événement. — Mais, comme l'a montré H. Yvon (dans le *Fr. mod.,* juillet 1951, pp. 265-276), « il n'y a pas dans le verbe français de tiroirs adaptés spécialement les uns à la chronologie absolue, les autres à la chronologie relative ».

3. On parle parfois de temps *fictif* lorsqu'il n'y a pas de correspondance avec le moment réel de la parole :

L'empereur PLEURE *de la souffrance / D'*AVOIR PERDU *ses preux* [...] / *Et surtout de songer, lui, vainqueur des Espagnes, / Qu'on* FERA *des chansons dans toutes ces montagnes* (HUGO, *Lég.,* t. I, p. 286).

Hist. — Au point de vue de la *forme,* les temps suivants remontent aux temps latins correspondants : le présent de l'indicatif, du subjonctif, de l'impératif, de l'infinitif et du participe, l'imparfait de l'indicatif, le parfait de l'indicatif (= passé simple), le plus-que-parfait du subjonctif (devenu notre imparfait du subjonctif), le gérondif, le participe passé. — Les très anciens textes fr. avaient un autre temps, issu de l'indicatif plus-que-parfait du latin : *Buona pulcella fut Eulalia : / Bel* AURET *corps* (*Eulalie*).

Par contre, on a créé des formes nouvelles, principalement en joignant *habere* à l'infinitif ou au participe passé du verbe à conjuguer : ainsi sont nées les formes du futur simple, du conditionnel présent (voir § 779, Hist.) et les temps composés.

740   **L'aspect** est la manière dont s'expriment le déroulement, la progression, l'accomplissement de l'action :

> Cela se marque notamment dans l'opposition entre l'indicatif imparfait et le passé simple, l'action étant considérée comme inachevée dans un cas, comme achevée dans l'autre. — Cela est réalisé aussi par les temps composés, qui expriment l'accompli.
>
> L'aspect se manifeste en outre par les semi-auxiliaires (§§ 789-791), ou encore par des suffixes (*buvoter* opposé à *boire*) ou des préfixes (*retravailler*) ou par le sens même des verbes (*éclater* présente l'aspect instantané) [cf. § 744, *e*]. — Il y a aussi des adverbes d'aspect : cf. § 965.
>
> **Remarque.** — La notion d'aspect n'a pris qu'assez récemment une grande place dans les études sur la grammaire française. Les linguistes présentent à ce sujet des vues souvent divergentes.

741   **Les voix** indiquent la relation existant entre le verbe d'une part, le sujet (ou le complément d'agent) et le complément d'objet direct d'autre part.

a) Les verbes transitifs, c'est-à-dire qui sont construits avec un objet direct, se trouvent à la voix **active** :

> *Un chauffard* A RENVERSÉ *un piéton.*

On dit aussi que les verbes intransitifs sont à la voix active, mais cette notion n'est vraiment utile que lorsqu'on veut opposer l'actif et le passif.

b) Les phrases contenant un verbe transitif peuvent, sans que le sens profond change, être transformées de telle sorte que le complément d'objet devient le sujet, le sujet devient complément d'agent, et le verbe prend une forme spéciale, au moyen de l'auxiliaire *être* et du participe passé. C'est la voix **passive** :

> *Un piéton* A ÉTÉ RENVERSÉ *par un chauffard.*

N.B. — La présence de l'auxiliaire *être* ne suffit pas à indiquer que l'on a affaire à un passif, puisque certains verbes forment leurs temps composés avec *être* (§ 782, *b*) : *Il est tombé. Il est venu.* On voit bien que l'on ne peut transformer ces phrases en phrases actives. — D'autre part, le participe passé sans auxiliaire ressortit à la voix passive : *Un piéton* RENVERSÉ *par un chauffard.*

c) Certains grammairiens considèrent les verbes pronominaux (§§ 746-751) comme exprimant la voix **réfléchie** ou **moyenne** :

> *Je* ME SUIS BLESSÉ. *Elle* SE REGARDE *dans le miroir.*

Mais, pour d'autres, on n'a là qu'un cas particulier de la voix active.

742   Observations diverses sur le passif.

a) Sur la construction du complément d'agent du verbe passif, voir § 313. —
Si le sujet du verbe actif est *on*, ce pronom disparaît dans la mise au passif,
lequel, dès lors, ne comporte pas de complément d'agent :

> *On interrogea l'accusé.* → *L'accusé fut interrogé.*

Quand il n'y a pas de complément d'agent, si le verbe est à l'indicatif présent, imparfait ou futur, il est fréquent que le participe passé soit l'équivalent
d'un simple adjectif attribut ; on n'envisage que le résultat :

> *Le magasin est fermé le dimanche. La rue était obstruée. Vous entrerez facilement : la
> porte sera ouverte.*

Au passé simple et au passé composé, on a d'ordinaire un vrai passif, décrivant une
action, évoquant un agent : *La porte fut fermée. La rue a été barrée.*

b) La transformation passive n'est pas toujours possible, notamment :

> Avec les verbes *avoir* (voir ci-dessous), *comporter, pouvoir* et *valoir.*
> Pour beaucoup d'expressions figurées : *Prendre la fuite, perdre la tête, garder la tête
> froide, faire le fou. Cela me regarde. Elle tient de son père un caractère calme. Etc.*
> Lorsque l'objet est un infinitif : *Je crois me tromper. Elle aime se promener. Ils com-
> mencent à travailler.*

Il existe beaucoup d'autres cas où la transformation passive est rare sans être
impossible :

> *J'ai trouvé une montre.* → *Une montre a été trouvée par moi.* La forme passive paraît
> gauche ; elle n'est justifiée que lorsqu'on veut marquer une opposition : *La montre a été
> trouvée par moi, et non par ma sœur ;* — ou lorsque le participe passé est construit sans
> auxiliaire : *Tel qui se croyait détesté de moi* (A. CAMUS, *Chute*, Pl., p. 1499).

Les écrivains emploient parfois ***avoir*** au passif, avec une intention badine
ordinairement, le sens étant souvent « duper », parfois « posséder sexuelle-
ment » :

> *Louason se défendait de tout cela comme une femme aimable qui* A ÉTÉ EUE [imprimé en
> italiques] (STENDHAL, *Journal*, 11 févr. 1805) [= possédée charnellement]. — *Autrefois ils
> avaient des danseuses, aujourd'hui... ils* SONT EUS *par elles* (A. KARR, *Guêpes*, cit. Brunot,
> *Pensée*, p. 362, note). — *Mme Marguerite Yourcenar a été kidnappée, enlevée au prix des
> critiques par un brusque coup de main du jury féminin* [du prix Vacaresco, moins important
> que le prix des Critiques]. *Il s'agissait de l'avoir avant les autres. Elle* A ÉTÉ EUE (É. HENRIOT,
> dans le *Monde*, 28 mai 1952) [= dupée]. — *Ils m'ont eue, bon :* SOYONS « EUE » *de bonne
> grâce* (A. SARRAZIN, *Cavale*, III, 8). — *L'adjoint, qui travaillait secrètement à un échelon
> inférieur, comprit qu'il* AVAIT ÉTÉ EU (P.-H. SIMON, *Hist. d'un bonheur*, pp. 288-289). — *Si elle
> n'arrive pas à la volupté, c'est alors qu'elle se sent « EUE »,* jouée (S. de BEAUVOIR, *Deuxième
> sexe*, t. II, p. 536) [= à la fois, possédée charnellement et dupée]. — *Je sens qu'elle* [= la
> mort] *n'est pas désintéressée, qu'elle jouit de moi, et qu'il ne tient qu'à moi d'*ÊTRE EUE *ou de
> l'avoir* (H. CIXOUS, *Commencements*, p. 22).

On a contesté que ***concerner*** pût s'employer au passif. Déjà Littré avait pris la
défense de cet emploi au nom de la grammaire et au nom de l'usage. Les adversaires n'ont pas désarmé, tantôt parce qu'ils y voient une transposition de

l'anglais, tantôt parce qu'on y recourt trop souvent, notamment de façon absolue (c'est-à-dire sans complément d'agent). L'usage n'a cure de ces résistances :

Votre ami est CONCERNÉ dans cette affaire (LITTRÉ). — Les intérêts CONCERNÉS par cette mesure (ID.). — Tout le monde réagit à la fois, en même temps, se mêle à la confusion, se trouve CONCERNÉ, se compromet (J. COPEAU, Journal, 16 juillet 1919, cité dans : Copeau et Martin du Gard, Corresp., p. 842). — Les camarades ne se sentirent pas CONCERNÉS dans cet épisode (G. DUHAMEL, Pesée des âmes, p. 161). — Elle [= la peinture] cessa de se sentir CONCERNÉE par ce qui s'était appelé sublime ou transcendance (MALRAUX, Voix du silence, p. 110). — Cette part de lui-même [...] n'est en rien CONCERNÉE par ces écrous qu'il serre (Fr. MAURIAC, Paroles catholiques, p. 54). — Je n'étais CONCERNÉ par aucun jugement (A. CAMUS, Chute, p. 32). — Un Grec était CONCERNÉ par ses héros historiquement (MAUROIS, Ce que je crois, p. 21). — Toute activité sociale, collective, peut être appelée vie, tandis qu'autrefois l'existence individuelle semblait seule CONCERNÉE dans cette syllabe prestigieuse (THÉRIVE, Clinique du langage, p. 309). — Je voudrais que l'on coupe la racine de ces mots étrangers avant qu'ils n'aient repris dans notre sol. Je voudrais qu'à leur approche les mots de chez nous qui se sentent CONCERNÉS réagissent, qu'ils étendent leur champ sémantique (J. POMMIER, Spectacle intérieur, p. 381). — [...] un domaine où chacun de nous est non seulement CONCERNÉ, mais aussi responsable (MAULNIER, dans le Figaro, 28 juillet 1977).

Autres ex. de concerné par : J. PAULHAN, cité dans le Monde, 13 août 1971 ; S. de BEAUVOIR, Tout compte fait, p. 279 ; NADEAU, Roman fr. depuis la guerre, Id., p. 102 ; J. LACAN, Écrits I, p. 213. — De concerné sans compl. d'agent : ARAGON, Blanche ou l'oubli, F°, p. 16 ; R. VAILLAND, Jeune homme seul, II, 7 ; P.-H. SIMON, dans le Monde, sélection hebdom., 12-18 janv. 1967 ; Cl. MAURIAC, dans le Figaro litt., 6 mai 1968 ; Fr. MAURIAC, ib., 29 sept. 1969 ; H. BEUVE-MÉRY, dans le Monde, sélection hebdom., 15-21 mai 1969 ; P.-A. LESORT, Vie de Guillaume Périer, p. 39 ; IONESCO, Rhinocéros, p. 88 ; J. DURON, Langue franç., langue humaine, p. 10 ; J. BOREL, Adoration, p. 442 ; R.-V. PILHES, Rhubarbe, p. 144 ; D. BOULANGER, Connaissez-vous Maronne ? p. 96 ; H. BONNARD, dans Grand Lar. langue, p. 1701 ; etc.

c) Le complément d'objet indirect ne peut pas normalement devenir sujet du verbe au passif.

Des ex. comme les suivants sont contraires à l'usage régulier : La première chute [d'Emma] EST RÉSISTÉE (FLAUB., scénario de Mme Bov., dans Mme Bov., éd. M., p. 473). — Le P. de Lézey A ÉTÉ SUCCÉDÉ à Koyama par le P. Iwashita (CLAUDEL, Journal, t. I, p. 967). — [...] des recommandations que les artistes et les écrivains ÉTAIENT « CONSEILLÉS » de suivre (IONESCO, dans le Figaro, 3 août 1974). [L'auteur a mis des guillemets non pas à cause de la construction, mais parce que conseiller veut dire ici ordonner.] — Pour jouir, substituer, le passif s'explique par des emplois transitifs (qui n'appartiennent pas non plus à l'usage régulier) : voir § 272, Hist. ; 274, a, 13°.

En revanche, on emploie régulièrement obéir, désobéir (plus rarement), pardonner au passif :

Je savais [...] que ses larmes n'AURAIENT pas ÉTÉ DÉSOBÉIES (B. CONSTANT, Ad., V). — Votre Altesse SERA OBÉIE (STENDHAL, Chartr., XX). — C'était son plaisir aussi, de se voir OBÉIE (AYMÉ, Gustalin, XVII). — L'ordre [...] n'EST OBÉI que par condescendance (J. LAURENT, Bêtises, p. 293). — Roussainville [...] ÉTAIT déjà PARDONNÉ par Dieu le Père (PROUST, Rech., t. I, p. 152). — Duclos EST PARDONNÉ de ses opinions pour avoir confié qu'il admirait l'auteur (POIROT-DELPECH, dans le Monde, 8 juillet 1977). — Autres ex. avec obéir : Al. DUMAS, Tr. mousq., XVII ; BLOY, Désespéré, L.P., p. 44 ; M. DEBRÉ, dans le Monde, 20 août 1976 ; H. BEUVE-MÉRY, ib., 5 février 1974 ; etc. — Avec pardonner : STENDHAL, Chron. ital., Cenci ; VERL., Rom. sans par., Birds in the Night ; MAUROIS, Bernard Quesnay, p. 136 ; etc.

Cette construction s'explique par le fait que ces verbes ont été jadis transitifs (cf. § 272, Hist.), ce que *pardonner* est d'ailleurs encore assez souvent aujourd'hui (§ 275, *f*).

On dit aussi *se faire obéir* : *Les rois normands réalisèrent le miracle de* SE FAIRE *accepter et* OBÉIR *par tous* (GAXOTTE, *Hist. des Français*, t. I, p. 267).

Être moqué, de même, est l'emploi au passif de *moquer* transitif (qui reste assez vivant dans la langue littéraire : § 749, Rem. 2) :

> *Il ne me déplaît pas d'*ÊTRE MOQUÉ (GIDE, *Journal*, 15 févr. 1918). — *Il se crut* MOQUÉ (COLETTE, *Chéri*, M.L.F., p. 12.) — *Thalès aussi* FUT MOQUÉ *d'une servante* (ALAIN, *Propos de litt.*, V).

On dit dans la langue juridique *répondre une requête*, etc. On a pu dire aussi et on dit encore parfois dans la langue courante *répondre une lettre* [1] (pour « y faire réponse »). Cela explique la construction passive, que l'on trouve très rarement dans d'autres circonstances :

> *Néanmoins les requêtes présentées au tribunal* [...] SERONT RÉPONDUES *par le président de cette chambre* (*Code judiciaire belge*, 1967, art. 708). — *J'ai reçu* [...] *vos deux lettres du 13 et du 16, qui se trouvent déjà en grande partie* RÉPONDUES (LAMENNAIS, lettre publiée dans la *Revue d'hist. litt. de la Fr.*, mai-juin 1970, p. 408). — *Je l'*[une lettre] *ai mise* [...] *dans le dossier des lettres non* RÉPONDUES (G. MARCEL, *Homme de Dieu*, I, 6).
>
> *Le vaisseau tira sa caronade, qui* FUT *aussitôt* RÉPONDUE *par quatre ou cinq canons rouillés, en batterie devant le château* (É. BOURGES, *Les oiseaux s'envolent...*, Biblioth. Plon, t. II, p. 111).

C'est encore le reste d'une ancienne construction transitive (restée dans la langue populaire ou relâchée [2]) que l'on a dans *bien* **appris,** *mal appris* (aussi employé comme nom en un mot), expressions d'ailleurs vieillies en fr. commun, mais encore vivantes dans le fr. provincial :

> *Il se peut qu'on m'ait fait la leçon, et que je ne sois qu'un perroquet mal* APPRIS (MUSSET, *On ne badine pas avec l'amour*, II, 5). — *Un petit rayon* [de soleil] *qui semble domestiqué et bien* APPRIS (LOTI, cit. *Trésor*). — *C'est un homme mal* APPRIS (AC.).
>
> En outre : *Dès l'enfance* APPRIS *à cela* [= à mendier] (P.-L. COURIER, cit. Littré). — *Elle dit à propos des leçons que la vie nous donne* : / — *Il faut être pris pour être* APPRIS (J. RENARD, *Nos frères farouches*, cit. *Trésor*).

L'Acad. signalait encore en 1878 *Avoir été bien* **montré,** *mal montré*, Avoir eu un bon ou un mauvais maître, mais en ajoutant : « Dans ce sens il a vieilli » ; elle a supprimé l'alinéa en 1935. Reflet d'un usage provincial : *Il montrait son portrait en zouave qu'il avait crayonné lui-même, comme ça, sans* AVOIR *jamais* ÉTÉ MONTRÉ (GENEVOIX, *Raboliot*, p. 127).

---

1. *Ma lettre est aisée à répondre* (STENDHAL, *Corresp.*, t. I, p. 12). — À distinguer du sens « écrire en réponse » : *Je vous envoie* [...] *un fragment de la lettre que j'avais répondue à votre mot* (ALAIN-FOURNIER, dans Péguy et Alain-Fournier, *Corresp.*, p. 132).

2. *Il l'*[= un oiseau] *apprend à venir se reposer sur un perchoir* (J. DELAITE, dans le *Bulletin de la Soc. liégeoise de litt. wallonne*, 1889, p. 148). — *Elle apprend ses sœurs* (A. DAUDET, cit. Plattner, t. III, fasc. 2, p. 54). — *Vous l'avez appris à jurer en russe* [dit une cuisinière normande] (BERNANOS, *Joie*, p. 150). — Voir aussi Bauche, p. 132. — [Ex. ancien : *Qui apprendroit les hommes à mourir leur apprendroit à vivre* (MONTAIGNE, *Ess.*, I, 20).]

d) Les verbes intransitifs n'admettent le passif que quand ils sont employés de façon impersonnelle sans agent. Ce tour est surtout fréquent dans la langue administrative :

Il SERA SURSIS *à toute procédure (Code de procéd. civ.,* art. 357). — *Il* AVAIT ÉTÉ PROCÉDÉ *à la cérémonie le plus discrètement possible* (BERNANOS, *Imposture,* p. 39). — *Jeanne [...] dont il* A ÉTÉ *et* SERA PARLÉ *ailleurs* (YOURCENAR, *Souvenirs pieux,* p. 121).

Dans la transformation passive, les compléments restent tels quels : *On procédera à* L'INAUGURATION. → *Il sera procédé à* L'INAUGURATION. — On observera que, dans le passif impersonnel, un objet direct peut devenir sujet réel : *Celui auquel on a volé* UNE CHOSE. → *Celui [...] auquel il a été volé* UNE CHOSE (*Code civil,* art. 2279). — *Il a été tué, ce soir,* UN HOMME *qu'il vaudrait mieux certes tenir vivant* (SAND, *Homme de neige,* t. III, p. 199).

Remarque. — En outre, certains verbes intransitifs peuvent devenir transitifs et, dès lors, être construits au passif : *Ces heures d'angoisse* ONT ÉTÉ VÉCUES *par d'autres que par nous.*

e) Quand un infinitif est précédé d'un des semi-auxiliaires *achever* ou *finir,* l'expression peut être mise au passif par la transformation passive du semi-auxiliaire :

*Il n'*EST *pas encore* ACHEVÉ *d'habiller* (AC.). — *Le château n'*ÉTAIT *pas* ACHEVÉ *de meubler* (CHAT., *Mém.,* II, II, 1). — *Le petit volume in-12 des* Pensées, ACHEVÉ *d'imprimer le 2 janvier 1670, parut dans le mois* (SAINTE-BEUVE, *Port-Royal,* III, 19). — *Et les funérailles de Ripault-Babin qui n'*ÉTAIENT *pas* FINIES *de régler* (A. DAUDET, *Immortel,* p. 349). — *L'Art poétique de Vauquelin de la Fresnaye [...] dont nous savons qu'il* ÉTAIT ACHEVÉ *d'écrire dès 1590* (BRUNE-TIÈRE, *Évol. des genres,* t. I, p. 41). — *Les lettres* FINIES *de lire* (LOTI, *Pêch. d'Isl.,* p. 71). — *J'ai une nouvelle petite Fiat qui* EST *juste* FINIE *de roder* (J.-L. VAUDOYER, *Laure et Laurence,* p. 238). — *[Des manches] ballonnées, et qui avaient l'air de n'*ÊTRE *pas* FINIES *de coudre* (ARAGON, *Voyageurs de l'impériale,* p. 101). — *L'édifice* ACHEVÉ *de bâtir, on le voulut décoré aussi magnifiquement que possible* (M. BRION, *Ombrie,* p. 52). — *Elle* [une bouquiniste] *se mit à fouiller dans une boîte qui n'*ÉTAIT *pas tout à fait* FINIE *d'installer* (R. GRENIER, *Une maison place des Fêtes,* p. 165).

Il est plus rare que l'on mette à la fois au passif le semi-auxiliaire et l'infinitif : *Il n'*ÉTAIT *pas* ACHEVÉ *d'*ÊTRE BÂTI (FLAUB., *Mme Bov.,* II, 5). — Voir aussi l'Hist.

Il n'est pas fréquent que l'on mette au passif le semi-auxiliaire *commencer,* du moins dans la langue écrite, car Brunot (*Pensée,* p. 363) estime que l'on dit couramment : *Ma robe* EST COMMENCÉE *de garnir.*

Avec d'autres verbes que des semi-auxiliaires, la mise au passif de verbes introduisant un infinitif est un phénomène exceptionnel et peu recommandable : *Où sont les limites* PERMISES *d'atteindre,* DÉFENDUES *de dépasser ?* (SAND, *Hist. de ma vie,* cit. Sandfeld, t. III, p. 15.) — *[...] moi, qui me demandais si une Banshee venue d'Irlande n'*AVAIT *pas* ÉTÉ ENTENDUE *pleurer* (YOURCENAR, *Souvenirs pieux,* p. 96).

Hist. — La mise au passif d'*achever* devant un infinitif n'est pas un tour nouveau : *Avant que l'un ou l'autre* [= les pleurs ou le rire] *soyent* ACHEVEZ *d'exprimer, regardez à la conduicte de la peinture* (MONTAIGNE, *Ess.,* II, 20). — *⁺Cette barbe de M. de Grignan [...] est apparemment* ACHEVÉE *de raser* (SÉV., 29 déc. 1675). — Avec *commencer : ⁺Le Dôme,* COM-MENCÉ *à bâtir en 1294* (MONTESQ., *Voyages,* Florence, II). — Avec double passif : *⁺Ses dettes* SERONT ACHEVÉES *d'*ÊTRE PAYÉES (SÉV., 27 juin 1678).

Vaugelas (pp. 251-252) et les autres grammairiens du XVIIe s. ont blâmé le tour passif *Il* FUT FAIT *mourir,* que l'on trouve dans Malherbe : cf. Haase, § 71, Rem. II. — La langue populaire connaît encore des faits analogues.

f) Pour le tour *Dîner prêt à servir,* voir § 883, Rem.

g) La valeur passive peut s'exprimer autrement que par l'auxiliaire *être,* notamment par le recours à la construction pronominale (le complément d'agent étant normalement exclu : cf. § 312, Rem. 3) :

ON PARLE *encore cette langue dans les montagnes.* → *Cette langue* SE PARLE *encore dans les montagnes.* — *Il* SE FAIT *une nouvelle estimation du cheptel (Code civil,* art. 1817). — Cf. § 750.

La construction pronominale peut se combiner avec des semi-auxiliaires, *faire, laisser, voir* (§ 791) :

On l'a battu. → *Il* S'EST FAIT *battre* ou ... LAISSÉ *battre.* — *D'autres* [...] SE VOIENT *imposer une image affligeante d'eux-mêmes* (S. de BEAUVOIR, *Tout compte fait,* p. 16).

Comme on voit par le dernier ex., cette construction permet de transformer un complément d'objet *indirect* en sujet, le complément d'objet direct restant tel quel.

Se voir joue d'ailleurs parfois le rôle d'auxiliaire du passif dans d'autres constructions : voir § 791, *n,* 1°.

Remarques. — 1. Certains grammairiens considèrent que l'on a aussi une transformation passive dans *Le soleil jaunit le papier.* → *Le papier jaunit au soleil.* Pour eux, *au soleil* serait un complément d'agent.

2. Notons la construction curieuse **se faire moquer de soi,** dans laquelle *moquer* garde en même temps une valeur transitive directe, comme dans *se faire blâmer* (et alors *de soi* est inexplicable logiquement), et une valeur intransitive, comme dans *faire rire de soi* (et alors *se* est inexplicable logiquement) :

Ne compte pas que je reviendrai ici pour me faire moquer de moi (MAUPASS., *Boule de suif,* p. 117). — *Il se ferait moquer de lui* (BAINVILLE, *Napoléon,* p. 247). — *Brion se fit moquer de lui* (LÉVIS MIREPOIX, *Aventures d'une famille française,* p. 144).

Hist. — Tout illogique qu'elle est, cette construction a pour elle d'éminents répondants. Littré (s.v. *moquer,* Rem. 2) cite notamment La Fontaine, Bossuet, La Bruyère, Saint-Simon, Montesquieu, d'Alembert, et, malgré cela, recommande de l'éviter. Mais l'Acad. l'accepte sans réserves.

743   La personne et le nombre.

Le verbe varie en personne et en nombre, — selon, d'une part, que le sujet est, soit de la première personne, soit de la deuxième, soit de la troisième ; — selon, d'autre part, que le sujet est au singulier ou au pluriel.

Je SUIS *content. Il* EST *content. Nous* SOMMES *contents. Ils* SONT *contents.*

Sur les valeurs des personnes, voir § 631.

744   Espèces de verbes.

a) Selon leur fonction grammaticale, on distingue des verbes **copules** (§ 242), qui servent à rattacher l'attribut du sujet à celui-ci ; — des verbes **auxiliaires**

(§§ 780-784), qui servent à former les temps composés et le passif ; — des verbes **semi-auxiliaires** (§§ 789-791), qui marquent le temps et l'aspect.

b) Selon la fonction des éléments qui leur sont subordonnés, on distingue des verbes **transitifs** (§ 269, Rem. 1), qui appellent un complément d'objet direct, et des verbes **intransitifs.**

c) Selon leur relation avec leur sujet ou avec leur complément, on distingue des verbes **impersonnels** (§§ 752-757) et des verbes **pronominaux** (§§ 746-751).

d) À cause de son rôle particulier, on appelle *faire* un verbe **substitut** (§ 745).

e) En raison de leur signification liée à l'expression de l'aspect, on fait à l'intérieur des verbes certaines distinctions.

1° Un verbe **inchoatif** indique le passage dans un état :

Rougir (= devenir rouge) et autres verbes dérivés d'adjectifs de couleur ; *grandir, se liquéfier, tarir...*

2° Un verbe **duratif** indique une action qui dure, au contraire du verbe **momentané** (ou *instantané*).

Verbes duratifs : *Attendre, demeurer, posséder, réfléchir...* Verbes momentanés : *Éclater, exploser, mourir, sursauter...*

3° Un verbe **factitif** (on dit aussi *causatif*) est un verbe dont le sujet fait faire l'action exprimée par le verbe.

Verbes de sens ordinairement factitif, l'objet du verbe étant à la fois agent et patient : *Tuer qqn* = faire mourir qqn ; *mourir* est aujourd'hui (cf. § 272, Hist., 1) non factitif.

Verbes employés implicitement comme factitifs : *François construit une maison dans les environs de Genève* (alors qu'il recourt en fait à un entrepreneur, à des maçons, etc.).

Certains verbes sont intransitifs quand ils sont employés comme non factitifs, et transitifs quand ils sont employés comme factitifs : *La représentation commence. Les acteurs commencent la représentation.* — Voir § 276, où l'on examine d'autres changements dans la construction à la suite du passage au sens factitif ou au sens non factitif.

Un verbe comme *manger* n'est jamais factitif.

Le verbe *faire* suivi d'un infinitif est un semi-auxiliaire transformant n'importe quel verbe en verbe factitif ; même *faire* lui-même :

L'opium FAIT *dormir.* — *Il* FAIT FAIRE *ses costumes à Londres.*

Le verbe *laisser* a une fonction analogue, avec une différence de sens ; il implique une attitude passive du sujet (Damourette et Pichon, § 1682, l'appellent *tolératif*) :

Sa mère l'a LAISSÉ *dormir jusqu'à dix heures.* — *Il a* LAISSÉ *battre son petit frère.* — *Je me suis* LAISSÉ *dire que ...,* = on m'a dit que ..., mais je ne garantis pas que c'est vrai.

Les Flamands prendront garde de ne pas transposer en français le fait que leur langue utilise *laten* (équivalent de *laisser*) là où il faut *faire* en fr. : °*Ce verre est à vous ? Je vais le laisser laver* (dans Pohl, p. 80). — La même confusion se produit ailleurs sous l'influence de l'allemand ou de l'anglais.

Les suffixes *-iser, -fier* (§ 169, *a*) ont aussi une valeur factitive : *neutraliser, vitrifier.*

745   *Faire* **comme substitut.**

Bibl. — G. MOIGNET, *Études de psycho-systématique fr.*, pp. 13-35. — J. PINCHON, ouvr. cité avant le § 650, pp. 168-188. — O. ERIKSSON, *Notes sur l'emploi de* faire *comme « verbum vicarium »*, dans le *Fr. mod.*, avril 1984, pp. 48-60.

Faire est ce que les grammairiens appellent un *verbum vicarium*, c'est-à-dire qu'il s'emploie pour éviter la répétition d'un verbe qui précède (ou, parfois, qui suit : ex. de Mauriac, ci-dessous). On dit aussi que c'est un *pro-verbe* parce qu'il joue par rapport aux verbes le rôle que joue le pronom par rapport aux noms ou à d'autres éléments. Voir § 219.

Faire joue ce rôle, soit seul (*a*), soit avec un pronom ou un autre suppléant (*b* et *c*). — Il a souvent un autre temps, un autre mode, une autre personne que le verbe suppléé.

a) Dans la proposition de comparaison (qu'elle soit introduite par *comme* ou qu'elle soit corrélative [§ 1075]), la langue commune emploie *faire* comme substitut lorsque le verbe n'a pas d'objet direct, soit parce qu'il est construit intransitivement, soit parce que l'objet n'est pas exprimé, étant identique à celui du verbe principal, en particulier quand celui-ci est pronominal :

> *Ils* [= les morts] *doivent trouver les vivants bien ingrats, / À dormir, comme ils* FONT, *chaudement dans leurs draps* (BAUDEL., *Fl. du m.*, Servante au grand cœur). — *Les officiers de justice, jadis, ne grouillaient pas comme ils* FONT *aujourd'hui, en 1600* (LE ROY LADURIE, *Carnaval de Romans*, p. 375). — *Il court moins bien que je ne* FAISAIS *à son âge* (*Dict. contemp.*, s.v. *faire*³). — *Françoise employait le verbe « plaindre » dans le même sens que* FAIT *La Bruyère* (PROUST, *Rech.*, t. II, p. 26). — *Il leur distribua de gros sourires, comme il* EÛT FAIT *à des enfants* (DORGELÈS, *Cabaret de la Belle Femme*, p. 217). — *Elle se déclara pour la République — comme* AVAIT *déjà* FAIT *Monseigneur l'Archevêque de Paris* (FLAUB., *Éd. sent.*, III, 1). — *Les parties du crépuscule se rassemblaient peu à peu comme* FONT *les murmures d'une foule* (J. ROMAINS, *6 octobre*, p. 185).

Lorsqu'il y a dans la proposition un objet direct différent de l'objet direct du verbe principal, la langue littéraire continue (cf. Hist.) à utiliser *faire*, si recherché que paraisse le tour :

> *Elle saisit l'échelle, et l'enleva comme elle* EÛT FAIT *une chaise* (STENDHAL, *Rouge*, I, 30). — *[...] quel doigt amincit ces longs fuseaux de pierre, / Comme* FAIT *son fuseau de lin la filandière* (SAINTE-BEUVE, *Joseph Delorme*, Promenade). — *J'interrogeais Bute, comme j'*AVAIS FAIT *les informes chroniques des Goths* (GIDE, *Immoraliste*, II, 3). — *L'absolu, [...] c'est le réel, une matière de prise immédiate et certaine, à saisir avec les mains nues, comme je* FAISAIS *le ballon* (MONTHERLANT, *Petite infante de Castille*, II, 3). — *[...] des Américains ou des Anglais qui comprenaient parfaitement notre langue et la parlaient mieux que ne* FAISAIENT *l'anglais nos esprits colonisés* (ÉTIEMBLE, *Jargon des sciences*, p. 172). — *Je fécondais cette terre comme j'*AURAIS FAIT *une épouse* (M. TOURNIER, *Vendredi ou les limbes du Pacifique*, F°, p. 229).

> Autres ex. : NODIER, *Contes*, p. 579 ; BOURGET, dans Sandfeld, t. II, p. 448 ; VALÉRY, *Variété*, Pl., p. 1137 ; HERMANT, *Daniel*, p. 80 ; A. SUARÈS, *Sur la vie*, t. II, p. 268 ; JALOUX,

Le reste est silence, X ; DUHAMEL, *Les espoirs et les épreuves,* p. 265 ; BILLY, dans le *Figaro litt.,* 24 mai 1952 ; GENEVOIX, cit. Sandfeld ; THÉRIVE, *Essai sur Abel Hermant,* p. 29 ; LALOU, *Hist. de la litt. fr. contempor.,* t. I, p. 343 ; J. ROSTAND, *Pensées d'un biologiste,* p. 87 ; BEDEL, *Touraine,* p. 134 ; TROYAT, *Amélie,* p. 344 ; R. PICARD, dans la *Revue des deux mondes,* sept. 1971, p. 525 ; — en outre, DAMOURETTE et PICHON (dont les ambitions ne sont pas proprement littéraires), § 2345.

Il est très rare aujourd'hui (cf. Hist.) que l'objet direct soit un pronom personnel : *Si vous y allez, les balles vous tueront, comme elles* ONT FAIT EUX, *ou elles vous blesseront, comme elles* ONT FAIT NOUS (GENEVOIX, *Sous Verdun,* cit. Sandfeld). [On observera 1° que le contexte ne paraît pas spécialement littéraire ; 2° que les pronoms personnels disjoints sont employés d'une manière exceptionnelle : cf. § 637, Rem.]

L'usage général choisit plutôt d'autres solutions : — soit la répétition du verbe ou l'utilisation d'un synonyme (ce sont les tours les plus clairs), — soit la suppression du verbe, — soit l'emploi de *faire,* mais suivi d'un complément introduit par *de,* moins souvent par *pour,* ou *avec* (l'usage de cette préposition paraît plus récent), ou *à* (rarement cité par les grammairiens, et pourtant ancien [cf. Hist.]) :

> *Il vous tuerait* [...] *de meilleur cœur qu'il n'*A TUÉ *le Portugais* (A. FRANCE, *Rôtisserie de la reine Pédauque,* p. 173). — *Mme de Sévigné aimait Mme de La Fayette presque autant qu'elle* AIMAIT *Mme de Grignan* (MAUROIS, *Cinq visages de l'amour,* p. 24). — *Les ménagères réunissaient leurs mioches pour donner la pâtée, comme des gardeurs d'oies* ASSEMBLENT *leurs bêtes* (MAUPASS., cit. Sandfeld, t. II, § 267).
>
> *Le soleil la pénétrait comme le soleil cette eau* (JAMMES, *M. le curé d'Ozeron,* p. 179). — *Mon âme attend le Seigneur plus que les veilleurs l'aurore* (*Bible,* trad. CRAMPON, Psaumes, CXXX). — Autres ex. au § 217, *c.*
>
> [...] *suivre l'exemple qu'ils* [= les étrangers] *nous ont donné, en étudiant profondément nos poëtes primitifs, comme ils* ONT FAIT DES *leurs* (NERVAL, *Œuvres compl.,* t. V, Calmann-Lévy, p. 280). — *Il baisa l'invitation comme il* EÛT FAIT D'*une lettre d'amour* (MAUPASS., *Bel-Ami,* I, 6). — *Je comprends mieux de tels intermèdes que je ne* FAIS DU *général Boulanger baisant le portrait de sa maîtresse dans les suspensions des séances du Comité national* (BARRÈS, *Du sang...,* p. 190). — *Comme il* FAIT D'*Albertine, il attire l'univers dans sa chambre de malade* (Fr. MAURIAC, *Du côté de chez Proust,* IV). — [...] *me secoua comme on* FAIT D'*un prunier* (VERCORS, *Silence de la mer et autres récits,* p. 120). — *Ils veulent le* [= le pape] *toucher comme ils* FONT POUR *la statue de saint Pierre* (TAINE, *Voy. en It.,* t. I, p. 352). — *Il l'invita comme il* FAISAIT POUR *ses élèves préférés* (Jér. THARAUD, *Disc. de récept. à l'Ac. fr.*). — *Nous l'* [= un grain de maïs] *examinions comme un bijoutier* FAIT AVEC *une pierre* (P. GASCAR, *Meilleur de la vie,* p. 147). — *Il le prit à part, mais comme il* EÛT FAIT AVEC *un homme de son âge* (J.-P. CHABROL, *Rebelles,* p. 368). — *Je n'ai jamais aimé* [...] *ces bégueules* / [...] / *Qu'une duègne toujours* [...] / *Talonne, comme* FAIT *sa mule* AU *muletier* (MUSSET, *Prem. poés.,* Don Paez, I). — *Elle le repoussait* [...] *comme on* FAIT À *un enfant qui se pend après vous* (FLAUB., *Mme Bov.,* I, 5). — *Je veux parler d'Armand Point qui pousse le souci de la maîtrise jusqu'à patiner ses tableaux comme le temps* A FAIT AUX *peintures des musées* (APOLLIN., *Chroniques d'art,* 13 avril 1912). — *Elle me déshabilla complètement et* [...] *me flatta un peu de la main, comme on* FAIT À *un cheval* (MALLET-JORIS, *Rempart des Béguines,* L.P., p. 53).

Hist. — 1. *Facĕre* avait déjà le rôle de substitut en latin, et *faire* l'a en fr. dès les origines. — Sa construction avec un objet direct dans les propositions de comparaison est, elle aussi, très ancienne ; elle a gardé sa vitalité jusqu'au XVIIIe s. (moment où elle trouve ses premiers adversaires, alors que Vaugelas, p. *486, l'approuvait explicitement) :

Plus aimet il traïsun e murdrie / Qu'il ne FESIST *trestut l'or de Galice* (*Rol.*, 1476). [Trad. de Moignet : Il aime plus la trahison et le meurtre qu'il ne *ferait* tout l'or de Galice.] — *Ainsi l'emporta en tapinoys* [= à la dérobée], *comme* FEIST *Patelin son drap* (RAB., *Garg.*, éd. princ., XIX). — *Il s'en alloit la* [= une cigale] *tuer, comme il* AVOIT FAIT *les Sauterelles* (LA F., *F.*, Vie d'Ésope). — *Et l'on vous aime autant en un quart d'heure, qu'on* FEROIT *une autre en six mois* (MOL., *D. Juan*, II, 2). — +*Charles voulait braver les saisons comme il* FAISAIT *ses ennemis* (VOLT., *Charles XII*, IV). — *Ils* [= les mots] *dissèquent et étalent toutes les moindres de nos pensées comme un prisme* FAIT *les couleurs* (A. CHÉNIER, *Hermès*, Notes, II). — Autres ex. : LA BR., *Car.*, III, 49 ; J.-J. ROUSS., *Conf.*, Pl., p. 161 ; etc.

Avec un pronom personnel comme objet direct : +*Albe montre en effet / Qu'elle m'estime autant que Rome* VOUS A FAIT (CORN., *Hor.*, II, 3). — En anc. fr., on employait dans ce cas la forme disjointe : *Bele douce amie, ce ne porroit estre que vos m'amissiés* [= aimassiez] *tant que je* FAC VOUS (*Aucassin et Nic.*, XIV).

2. L'utilisation d'une préposition daterait, selon Moignet, du début du XIXe s. et serait contemporaine de l'introduction du pronom *le* (cf. *b*) ; ce fut d'abord *de*, un *de* « inverseur » (cf. § 1004, *a*) transformant l'objet en complément de propos. Avec *à*, Moignet cite déjà un ex. d'anc. fr. : *Ele fu enterree, si hautement comme l'an* [= on] *doit* FERE A *si haute dame.*

3. *Faire* comme verbe substitut s'employait sans *le* en anc. fr. dans d'autres cas qu'en fr. mod., par ex. : *Je ne di pas* [...] *que en tous cas vous ne vous soiiés grandement acquités, et* FERÉS *encores* (FROISS., *Chron.*, S.H.F., t. IX, p. 47) [= Je ne dis pas que vous ne vous êtes pas très bien acquitté (de votre tâche) en toutes circonstances, et vous *le ferez* encore]. — En particulier, *faire* accompagné de *si* ou de *non* tenait lieu, dans les réponses, du verbe de la phrase précédente : *Ce cuit vos n'en gouteriez* [= je pense que vous n'en goûteriez pas]. / — *Si* FEROIE. — *Non* FERÍEZ (*Renart*, éd. R., 824). C'est l'origine de la locution-phrase *si fait* (§ 1054, *a*, Hist.).

Remarque. — La phrase suivante implique une comparaison (= lui rapporte moins que), ce qui a entraîné l'utilisation de *faire* dans une relative, comme dans les propositions comparatives :

Nous [= Gide et la mère de François] *parlions du petit François en apprentissage chez un mécanicien de Montivilliers. Mais il ne lui rapporte pas le peu qu'il* FERAIT *s'il était goujat* [= valet] *de ferme* (GIDE, *Journal*, 27 janv. 1931).

On peut aussi reconnaître à *faire* la valeur de substitut quand on répond : *Faites*, à quelqu'un qui demande une permission :

Frédéric [...] *voulut la baiser sur le col* [= cou]. *Elle dit froidement : / — « Oh !* FAITES ! *Ça ne coûte rien ! »* (FLAUB., *Éd. sent.*, II, 2.)

Mais il faut tenir compte du fait que ce verbe, à cause de sa signification extrêmement vague, est susceptible de tenir la place d'un verbe quelconque sans qu'on puisse parler de suppléance :

Comment se FAIT-*il que vous ne l'ayez pas reconnu ? — À tant* FAIRE *que d'employer un mot latin, il n'y a point de raison pour le changer de genre* (THÉRIVE, *Querelles de lang.*, t. I, p. 92). [Cf. § 707, *a*, Rem. 2.] — °*Quant à faire* (§ 1044, *d*, 4°), °*Tant qu'à faire* (*ib.*, Rem. 4).

Faire se substitue même à un verbe précis quand il signifie « dire » ou, par euphémisme, « déféquer » :

« Nom de Dieu ! » FAIT *Arbaud, quand il a compris* (GIONO, *Colline*, Pl., p. 210). — *Il* FAISAIT *sous lui* (M. TOURNIER, *Vendredi ou les limbes du Pacifique*, F°, p. 38).

b) En dehors du cas traité dans le *a*, le verbe non répété est repris par *faire* accompagné du pronom neutre *le* :

> *S'il avait fallu risquer sa vie pour son ami, Frédéric* L'EÛT FAIT (FLAUB., *Éd. sent.*, I, 5). — *L'auteur de la Grammaire des Langues romanes, qui montre une constante préoccupation de distinguer les phénomènes de syntaxe de ceux de stylistique a perdu une bonne occasion de* LE FAIRE (DAMOURETTE-PICHON, t. I, p. 294). — *Théobald* [...] *n'avait jamais entrepris le moindre travail d'art et ne se souciait pas de* LE FAIRE (M. YOURCENAR, *Souvenirs pieux*, p. 15).

L'Acad. (ainsi que Littré, à sa suite) estime que, dans cet emploi, *faire*, « conservant la signification qui lui est propre, celle d'exécuter, d'opérer, d'effectuer, etc., a pour complément le pronom *le*, qui représente un verbe précédent : *Il voudrait partir, mais il ne peut le faire sans autorisation* ». — Dans cet ex. comme dans la plupart de ceux que nous avons cités plus haut, le remplacement de *faire* par *exécuter*, *opérer* ou *effectuer* n'est guère possible. La fonction de représentation est assumée à la fois par *faire* (pour la valeur verbale) et par *le* (pour le contenu sémantique), selon G. Moignet, tandis que, pour J. Pinchon, la fonction de suppléance est exercée par le verbe seul, le pronom servant à marquer que le verbe n'a pas sa valeur ordinaire. — *Le faire* représente, selon les circonstances, soit un verbe, soit un verbe avec ses compléments : *risquer sa vie* dans l'ex. de Flaubert.

Le s'est introduit aussi par analogie dans les propositions comparatives, où l'on a le choix entre *faire* (voir *a* ci-dessus) et *le faire* (comp. § 646, *a*) lorsque le verbe est construit sans objet direct, soit qu'il n'y ait pas d'objet, soit que l'objet soit construit indirectement (pour Sandfeld, t. I, p. 67, *le* est « presque toujours omis » dans ce dernier cas) :

> *Fabrice n'eut aucun effort à faire* [...] *pour se conduire comme* L'EÛT FAIT *Fénelon en pareille occurrence* (STENDHAL, *Chartr.*, XXVI). — *Je consumerai vos trésors avec un peu plus de suite et de génie que vous* LE FAITES (VALÉRY, *Eupalinos*, p. 125). — *Et si vous me parlez à nouveau comme vous venez de* LE FAIRE, *je vous ferai goûter de ma canne* (A. CAMUS, *Possédés*, V).
>
> *Regardant du coin de l'œil l'entaille ainsi qu'il* L'EÛT FAIT D'*une bête aux aguets* (MALRAUX, *Voie royale*, II, 2). — *Jamais je n'avais regardé, détaillé un être humain comme je* LE FAISAIS DE *celui-ci* (HÉRIAT, *Enfants gâtés*, I, 4). — *On ne me grondait pas comme on* L'EÛT FAIT POUR *les autres* (MALLET-JORIS, *Rempart des Béguines*, L.P., p. 222). — *Les nombreux sports en marge desquels j'ai poursuivi mes études* [...] *ne m'ont pas développé plus qu'ils ne* LE FONT *de coutume* AVEC *mes concitoyens* (DANINOS, *Carnets du major Thompson*, p. 13). — *Marcel Jouhandeau publie de lui quelques lettres sublimes, presque trop belles, au point que nous nous demandons s'il ne les a pas récrites, comme il* LE FIT AVEC *celles de sa mère* (Cl. MAURIAC, dans le *Figaro*, 30 déc. 1972).
>
> La présence de *le* avec un objet direct doit résulter d'une faute d'impression : *Il nous restera* [...] *à souhaiter qu'aucun disciple de Jean-Paul Sartre ne vienne un jour l'.*[= la tombe de J.-J. Rousseau] *arroser, comme son maître* L'A FAIT, *la tombe de Chateaubriand, sur le rocher du Grand-Pré* (BILLY, dans le *Figaro litt.*, 3 déc. 1960). [Billy a sûrement écrit : *son maître a fait la tombe* (cf. *a*), ce qui, à l'impression, n'a pas été compris et a été corrigé maladroitement.]

Si réduite que soit la signification de *faire*, il peut difficilement représenter aujourd'hui (cf. Hist.) un verbe qui n'inclut pas du tout la notion d'action, comme *valoir*, *être* ou un passif. On répète le verbe à moins qu'on ne le supprime :

> *Il est plus grand que ne l'*ÉTAIT (ou : ... *que n'*ÉTAIT) *sa sœur au même âge.* — *Le franc suisse vaut plus qu'il ne* VALAIT *l'an dernier* ou : ... *que l'an dernier.* — *À seize ans l'élève en*

somme n'en saura pas plus que n'en SAVAIT *autrefois à quatorze l'enfant qui quittait l'école*
(R. PICARD, dans la *Revue des deux mondes*, sept. 1971, p. 525).

On a relevé pourtant les ex. suivants : [...] *une scène* [...] *mieux dite que ne* L'*eût pu* FAIRE *aucune actrice du Théâtre-Français* (A. KARR, cit. Brunot, *Pensée*, p. 373). — *Le mystère de la Passion ne redeviendra pas une œuvre nationale comme a pu* LE FAIRE *la Chanson de Roland* (G. PARIS, cit. Sandfeld, t. II, p. 447). — *Alors que j'étais à ma fenêtre comme il m'arrive souvent de* LE FAIRE (M. DURAS, cit. Togeby, § 1344, 6).

Hist. — Sur ce dernier point, l'anc. fr. usait *de faire* avec une grande liberté : *Par la en sont trait* [= enlevés]. / — *Par Dieu, Renart, si* [= ainsi] *sont il* FAIT (*Renart*, éd. R., 4054). Voir aussi l'ex. cité dans *a*, Hist., 1, à la fin. — Malherbe blâmait Desportes d'avoir écrit : ⁺*Être sage en aimant, Dieu ne* LE *saurait* FAIRE (dans Haase, § 71, B). — Autres ex. : *Il faut que les gerondifs estant et ayant, soient tousjours placez apres le nom substantif qui les regit, et non pas devant, comme* FAIT *d'ordinaire un de nos plus celebres Escrivains* (VAUGELAS, p. 514). — ⁺*Je lui prête mon bras et veux dès maintenant, / S'il daigne s'en servir, être son lieutenant. / L'exemple des Romains m'autorise à* LE FAIRE ; / *Le fameux Scipion le fut bien de son frère* (CORN., *Nicomède*, II, 3).

c) Faire s'emploie aussi avec d'autres pronoms neutres ou avec certains adverbes :

— Avec *en*, dans *en faire autant* et son équivalent négatif *n'en rien faire* : *D'Artagnan s'habilla, Athos* EN FIT AUTANT (Al. DUMAS, *Tr. mousq.*, XXXVIII). — *Les ateliers devaient être balayés toutes les semaines ;* [...] *et, comme les ouvriers* N'EN AVAIENT RIEN FAIT, *Sénécal leur déclara qu'ils auraient à rester une heure de plus* (FLAUB., *Éd. sent.*, II, 3).

— Avec le démonstratif (qui est exclu dans les comparatives) : *On mettra de l'arsenic dans un verre.* ÇA SE FAIT *quelquefois ; je l'ai lu* (FLAUB., *Éd. sent.*, II, 4). — *M'étant donné comme tâche* [...] *d'être le spectateur engagé de l'histoire,* CE FAISANT *il m'a fallu comprendre l'économie* (Raym. ARON, *Spectateur engagé*, p. 218).

— Avec le relatif : *Raoul* [...] *conseilla à Michel d'attendre encore, ce* QU'il FIT (R. ABELLIO, cit. *Trésor*, s.v. *faire*⁴). — *Ce n'est pas crier qu'il* FAIT, *c'est hurler. C'est hurler qu'il* FAIT (§ 447).

— Avec l'interrogatif, si l'on veut interroger sur le verbe : QUE FAIT *Paul ? — Il dort.* Cf. § 383, *b*, Rem. 2.

— Avec un adverbe comme *de même* : *Dittmer, qui arrivait, la baisa sur le front ; Lovarias* FIT DE MÊME (FLAUB., *Éd. sent.*, I, 5).

Remarques. — 1. Parmi les formules suppléantes, on a les constructions impersonnelles *en aller de même* (ou : *... ainsi*), *en être de même* :

Elle [= la morphine] *a bien assourdi les douleurs* [...], *mais sans apporter en surplus rien du paradisiaque que j'avais escompté.* (*Rouveyre m'explique qu'*IL EN VA *toujours* DE MÊME *avec elle lorsqu'on lui demande un travail* [...]) (GIDE, *Journal*, 1ᵉʳ mai 1940). — *Puis il alla se coucher tranquillement. /* IL N'EN FUT *pas* DE MÊME *de Cisy* (FLAUB., *Éd. sent.*, II, 4).

Dans les phrases interrogatives, quand l'interrogation porte sur le verbe et que *faire* ne convient pas, on emploie : *Que se passe-t-il ?* ou *Qu'y a-t-il ?* Cf. § 383, *b*, Rem. 2.

2. Le verbe *vouloir* s'emploie apparemment d'une manière supplétive quand on répond à un ordre, surtout négativement : *Mange ta soupe. — Je ne* VEUX *pas.* — Mais en fait on a ici l'ellipse de l'infinitif *manger* (§ 217, *f*).

La langue populaire parisienne emploie *Je veux* avec le sens de *oui*, comme réponse à une interrogation :

Vous la connaissez ? demanda la veuve Mouaque avec indifférence. / — JE VEUX, *dit le type* (QUENEAU, *Zazie dans le métro*, X). — *Tonton trimbale toujours sa quincaillerie* [= ses armes] *sur lui, s'pas ?* / — JE VEUX, *mon neveu, dit le costaud en tapotant son baudrier* (S. KOSTER, *Homme suivi*, p. 194).

3. *Avoir* est aussi une sorte de *verbum vicarium* dans les interrogations comme *Qu'est-ce que tu as ?* alors qu'on attend une réponse avec *être* : *Je suis fatigué.*

Les verbes pronominaux

Bibl. — J. STEFANINI, *La voix pronominale en anc. et en moyen fr.* Aix-en-Provence, Ophrys, 1962. — A. GOOSSE, *Jeux du singulier et du pluriel dans les verbes pronominaux*, dans *Linguistique romane et linguistique franç.*, *Hommages à Jacques Pohl*, Bruxelles, Éditions de l'Université, 1980, pp. 99-108. — N. RUWET, *Théorie syntaxique et syntaxe du franç.*, pp. 87-125.

746 **Les verbes pronominaux** sont construits avec un pronom conjoint de la même personne que le sujet. À la 3ᵉ personne, ce pronom a une forme propre *(se)* pour indiquer qu'il concerne bien le même être ou la même chose (ou les mêmes êtres ou les mêmes choses) que le sujet.

Je me cache. Tu t'habilles. Il se nuit. Nous nous taisons. Vous vous plaignez. Ils se meurent. Elle s'évanouit. Les souffrances s'oublient. Les promeneurs se reposent.

Tantôt le pronom conjoint est analysable, a une fonction précise (celle de complément d'objet), et tantôt non. Parmi les verbes pronominaux à pronom analysable, on distingue les *réfléchis* (§ 747) et les *réciproques* (§ 748). Parmi les verbes pronominaux à pronom inanalysable, on distingue les *subjectifs* (§ 749) et les *passifs* (§ 750).

Remarque. — Devant un gérondif ou un infinitif, la langue populaire met souvent le pronom réfléchi de la 3ᵉ personne alors que le sujet implicite est de la 1ʳᵉ ou de la 2ᵉ :

°*Nous étions toujours à* SE *disputer.* °*En* SE *pressant un peu vous arriverez à temps.* — Voir cependant des ex. écrits au § 631, *c*, Rem. 3.

747 **Les verbes pronominaux sont dits réfléchis** quand l'être (ou chacun des êtres, au pluriel) dont il s'agit exerce une action sur lui-même.

Tantôt le pronom réfléchi est objet direct : *Elle* SE LAVE *soigneusement. Ils* SE SONT COUPÉS *en se rasant. Ils* SE SONT ADJOINTS *à nous.*

Tantôt le pronom réfléchi est objet indirect : *Elle* SE NUIT. — Dans ce cas, il peut y avoir un objet direct distinct (et le pronom réfléchi est objet second) : *Je* ME COUPE *une tranche de jambon.* LAVEZ-VOUS *les mains. Je* ME SUIS ADJOINT *un aide. Je* ME RÉSERVE *ce droit.*

Remarques. — 1. Dans des verbes comme *se rassembler* ou *se disperser*, c'est un ensemble d'êtres qui, en tant qu'ensemble, exerce et subit l'action. Le sujet est ordinairement un pluriel, parfois un collectif ou un singulier à valeur de pluriel, *on* surtout, parfois *qui, chacun* (qui paraît moins facile à admettre) :

Les badauds s'ATTROUPAIENT (ZOLA, *Assomm.*, XI). — *Nous* NOUS ÉGAILLÂMES *dans les allées du parc* (HERMANT, dans la *Revue de Paris*, 1ᵉʳ juin 1937, p. 603). — *Le troupeau* s'ÉGAYE *[sic] aux champs* (M. de GUÉRIN, *Corresp.*, 10 sept. 1834). — *La foule* SE DISPERSE (LAUTRÉAMONT, *Ch. de Mald.*, p. 102). — *On* SE DISPERSA (R. NELLI, *Hist. secrète du Langue-doc*, p. 129). — *Qui se ressemble* s'ASSEMBLE (prov.). — *Chacun* SE DISPERSA *sous les profonds ombrages* (HUGO, *Contempl.*, I, 22). — *Chacun* s'ÉGAILLE *de son côté* (YOURCENAR, *Archives du Nord*, p. 321).

Normandisme : *Tu* T'ÉGAILLES *trop* [en italiques], *ma sœur* [...] *Tu chouannes... jusque dans ta manière de raconter* (BARBEY D'AUR., *Chev. des Touches*, IV).

2. En principe, un être peut exercer une action sur un groupe dont il fait partie ou, inversement, un groupe peut exercer une action sur un de ses membres. Dans les verbes pronominaux, les diverses possibilités sont de fréquences très diverses.

Je nous ... n'est pas rare : JE NOUS *croyais seuls* (ZOLA, *Bête hum.*, III). — JE NOUS *chercherai un appartement* (SAGAN, *Merveilleux nuages*, L.P., p. 109). — *Que j'étais loin de lui quand* JE NOUS *croyais proches !* (S. de BEAUVOIR, *Mém. d'une jeune fille rangée*, p. 316.) — Autres ex. : PAGNOL, *Temps des secrets*, p. 94 ; QUENEAU, *Zazie dans le métro*, I ; JOUHAN-DEAU, dans le *Figaro*, 4 juin 1971 ; J. CAU, dans le *Bulletin Gallimard*, janv.-mars 1975, p. 4 ; M. DROIT, *Clartés du jour*, p. 119 ; SIMENON, *À l'abri de notre arbre*, p. 142 ; etc.

Nous me ... est plus rare : *J'aime assez que ce soir /* NOUS ME *fassions cocu, tous les deux, — à mon tour !* [dit La Fontaine, faisant la cour à sa propre femme] (S. GUITRY, *Jean de La Fontaine*, IV.) — NOUS ME *faisions penser, dit Marat, à une image d'un grand livre illustré sur Bonaparte que j'ai eu comme prix d'excellence* (R. VAILLAND, *Drôle de jeu*, II, 4).

Tu vous ... et *Vous te ...* n'ont pas été relevés. Voir cependant dans Damourette et Pichon (§ 2007) un ex. de *Vous vous ...* dans lequel le 1ᵉʳ *vous* équivaut à un *tu* et le second à un *te + lui.*

Notons aussi ces ex. où l'on a *Tu nous ...* avec un *nous* équivalant à *me + te* : TU NOUS *vois, la main dans la main* [...], *sur la route couleur de fer bleu* (COLETTE, *Voyage égoïste*, p. 8). — *Viens*-NOUS-*en* (HUGO, *Lég.*, XXII, 1 ; ID., *Contempl.*, V, 11 ; DE COSTER, *Légende d'Ulens-piegel*, I, 10 ; etc.). [Le pronom sujet étant absent, comme il est de règle à l'impératif.] — *Veux*-TU NOUS *marier ? Avec moi, tu feras tout ce que tu voudras* (BALZAC, *Honorine*, Pl., p. 272).

748 **Les verbes pronominaux sont dits réciproques** lorsque les êtres exercent une action, non pas sur eux-mêmes, mais chacun sur chacun des autres :

Les soldats romains [...] SE CHERCHAIENT *dans les ténèbres ; ils* s'APPELAIENT, *ils* SE DEMAN-DAIENT *un peu de pain ou d'eau* (CHAT., *Mart.*, VI).

Le sens réciproque est parfois souligné par l'élément *entre* ajouté au verbe, ou par les syntagmes ou mots *l'un l'autre, mutuellement, réciproquement, entre eux* (ou un autre pronom) :

Les prisonniers [...] *se mirent à table* [...]. *Ils* s'ENTRE-*regardèrent et devinrent tristes* (VIGNY, *Stello*, XXVIII). — *Ces anges laïques* [...] *s'étaient* ENTRE-*guillotinés eux-mêmes*

(PAGNOL, *Gloire de mon père*, p. 22). — *Elle embrassa Chloé et ils* s'ENTREBAISÈRENT *tous pendant quelques instants* (VIAN, *Écume des jours*, XXX). — *Écrivains, journalistes, intellectuels, encore étroitement liés par le proche passé, nous étions enclins à nous* ENTRE-*aduler* (S. de BEAUVOIR, *Force des choses*, p. 49). [On attendrait *entr'aduler* : cf. § 45, *b*, 3°. D'une façon générale, l'orthographe n'est pas bien fixée dans ce type de composés.]

Les loups ne se mangent pas ENTRE EUX (prov.) [On pourrait dire : ... *l'un l'autre.*] — *Ils se rendent* RÉCIPROQUEMENT (ou MUTUELLEMENT) *de grands services.*

Remarques. — 1. Une relation réciproque suppose au moins deux participants. Le sujet des verbes réciproques est donc le plus souvent un pluriel. Cependant on trouve parfois comme sujet un nom collectif ou un singulier à valeur de pluriel, comme *on, qui, plus d'un, chacun, aucun, personne* (mais certaines de ces phrases paraissent étranges) :

[...] *la jeunesse héroïque du monde, qui mutuellement* S'ENTR'ÉGORGEAIT (R. ROLLAND, *Péguy*, t. II, p. 308). [Rem. en outre le pléonasme.] — *Qui* SE RESSEMBLE *s'assemble* (prov.). — *Elle ne pouvait comprendre ce qu'il disait, car elle ne savait pas le français. Mais pour qui* S'AIME, *parler est tellement inutile* (GIRAUDOUX, *Menteuse*, p. 16). — *Mon camarade et moi on* S'EST EMBRASSÉ (C. DETREZ, *Herbe à brûler*, p. 123). [Voir d'autres ex. avec *on* au § 429, *b*, 1°, à propos de l'accord.] — *Chacun* S'OBSERVAIT *méchamment* (DE GAULLE, *Discorde chez l'ennemi*, p. 167). — *Le récit que chacune* SE FAISAIT *à l'oreille* (BALZAC, *Illus. perdues*, Pl., p. 1002). — *Chacun* SE SALUE *à voix forte* (D. BOULANGER, *Enfant de bohème*, p. 167). — *Aucune église ne* SE RESSEMBLE *!* (HUYSMANS, *Cathédrale*, p. 148.) — *Tous ces Français, dont aucun ne* SE RESSEMBLE (R. VAILLAND, *Écrits intimes*, p. 585). — *Personne jamais ne* S'EST AIMÉ *comme nous* [deux] (R. MARTIN DU GARD, *Thib.*, Pl., t. I, p. 1330).

Il arrive aussi qu'une action logiquement réciproque soit présentée selon le point de vue de l'être le plus directement intéressé, le partenaire se camouflant sous les apparences d'un complément introduit par *avec* (comp. § 261, *b*, 2°, Rem.) :

Avec *se croiser* et *se rencontrer*, cela appartient à la langue la plus châtiée : *Il* SE CROISA *avec Courfeyrac sous les arcades de l'Odéon* (HUGO, *Misér.*, III, VI, 6). — *Je* ME SUIS RENCONTRÉ *en cela avec un tel* (AC.).

Se disputer et *se battre* se construisent même sans l'indication du partenaire : *Il* S'EST BATTU *courageusement* (AC.). — *Il vit enfin Arnoux qui* SE DISPUTAIT *au milieu de cinq à six personnes* (FLAUB., *Éd. sent.*, I, 8). — La valeur de réciprocité s'est fort atténuée.

Les ex. suivants paraissent, en revanche, d'une langue assez relâchée : *Une fille* S'ÉTAIT EMPOIGNÉE *avec son amant* (ZOLA, *Assomm.*, XII). — *Nana apercevait* [...] *Victor* [...], *avec lequel elle* S'EMBRASSAIT *dans les coins noirs* (*ib.*, XI). — *Je sais bien que je* ME SUIS AIMÉE *avec toi* (BARBUSSE, cit. Sandfeld, t. I, § 75). — *Elle a encore dû* S'ENGUEULER *avec Ludi* (M. DURAS, *Petits chevaux de Tarquinia*, p. 23).

2. Une catégorie particulière est constituée par les verbes *se succéder* et *se suivre* : ils indiquent que les sujets constituent une série et que chacun des éléments de celle-ci est à la fois agent (sauf le premier) et patient (sauf le dernier), mais il n'y a ni réflexivité ni réciprocité (sinon une sorte de réflexivité globale).

Trois desservants S'ÉTAIENT *déjà* SUCCÉDÉ *à Cernès* (Fr. MAURIAC, *Sagouin*, p. 25).

749 **Les verbes pronominaux sont dits subjectifs** lorsque le pronom complément n'a pas de fonction grammaticale précise. C'est un élément pour ainsi dire incorporé au verbe (cf. Rem. 1). Il indique souvent que l'être désigné par le sujet est en même temps concerné plus ou moins par l'action.

S'apercevoir (de), se connaître (à), se douter, s'écrouler, s'emparer, s'évanouir, se jouer, se moquer, se mourir, se pâmer, se prévaloir, se repentir, se souvenir, se taire, etc. — Certains verbes pronominaux subjectifs sont formés d'un verbe de mouvement précédé du pronom *en*, soudé ou non avec le verbe : *s'en aller, s'en retourner, s'envoler, s'enfuir*, etc. (cf. § 656).

Remarques. — 1. Que le pronom complément ait perdu son autonomie est illustré par le verbe *s'agir.*

Celui-ci est traité dans la langue parlée négligée comme si on avait le verbe *sagir* : °Il A S'AGI de ... (un cuisinier bordelais, à la télévision française, le 25 juin 1956), au lieu de *Il s'est agi de.*

°*Il y s'agit* et °*il en s'agit* se glissent même dans la langue écrite : *Il Y S'AGIT aussi bien d'une explication* [...] *que d'une énumération* (J. DAMOURETTE, *Traité moderne de ponctuation*, p. 58). — *Il n'Y S'AGISSAIT pas de tientas* [= épreuves, en tauromachie] *mondaines* (J. PEYRÉ, dans le *Figaro litt.*, 19 juillet 1952). — *Il n'EN S'AGIT moins d'être à l'affût* (L. E[STANG], *ib.*, 13 août 1960). — *Il Y S'AGISSAIT justement...* (ARAGON, *Mise à mort*, p. 174.)

2. On appelle *essentiellement pronominaux* les verbes qui se rencontrent exclusivement sous la forme pronominale : *s'abstenir, s'arroger, se désister, se repentir*, etc.

Il y a des verbes essentiellement pronominaux dans la langue ordinaire, mais qui, dans la langue littéraire, connaissent des emplois non pronominaux.

— *Moquer* par ex. « se moquer de » est ignoré de l'Acad. ; il a retrouvé pourtant une grande vitalité dans la langue écrite : *Cette ironie de son fils l'appelant : Maître, cher maître,... pour MOQUER ce titre* (A. DAUDET, *Immortel*, I). — *Elle les insultait, les MOQUAIT comme des démons désarmés* (BARRÈS, *Colline insp.*, VII). — *L'action MOQUE la pensée* (GIDE, *Incidences*, p. 51). — *Cette obscurité de surface intrigue ; on le MOQUE* (COCTEAU, *Rappel à l'ordre*, p. 268). — *Il a défié, nargué, MOQUÉ les polices qui le pourchassaient* (Raym. ARON, dans l'*Express*, 18 févr. 1983).

Autres ex. : MAURRAS, cité dans Bernanos, *Essais et écrits de combat*, t. I, p. 1270 ; AYMÉ, *Aller retour*, p. 19 ; Fr. MAURIAC, *Mal*, p. 22 ; THIBAUDET, *Hist. de la litt. fr. de 1789 à nos jours*, p. 319 ; GAXOTTE, dans le *Figaro litt.*, 18 juin 1949 ; JOUHANDEAU, *ib.*, 15 sept. 1951 ; DANIEL-ROPS, *Saint Paul*, p. 27 ; H. BAZIN, *Qui j'ose aimer*, IX ; SARTRE, *Idiot de la famille*, t. I, p. 825 ; S. de BEAUVOIR, *Force des choses*, p. 343 ; LE ROY LADURIE, *Carnaval de Romans*, p. 343 ; DUBY, *Dimanche de Bouvines*, p. 38 ; etc. — *Être moqué* : § 742, c.

— *Soucier* « donner du souci à », ignoré lui aussi de l'Acad. : *Cela ne me SOUCIAIT pas davantage* (PROUST, cité et critiqué par Gide, *Journal*, 30 janv. 1949). — *Assurément le monde entier ne le SOUCIE guère* (L. FOULET, *Glossaire de la 1re continuation de Perceval*, p. 122). — [...] *dont la santé ne laisse pas de me SOUCIER* (G. DUHAMEL, *Les espoirs et les épreuves*, p. 246). — [...] *ce qui le SOUCIAIT peu* (J.-P. CHABROL, *Embellie*, p. 273).

Autres ex. : VILLEMAIN, cité et critiqué par Baudel., *Art romant.*, XXVI ; HERMANT, *Daniel*, p. 13 ; BERNANOS, *Grands cimetières sous la lune*, Pl., p. 447 ; J. GREEN, *Malfaiteur*, p. 124. — [Ex. classiques : MOL., *Dépit am.*, IV, 3 ; LA F., *F.*, II, 9. Aussi dans DIDEROT, *Corresp.*, t. IV, p. 65.]

Impersonnellement : *Ce n'était pas qu'il lui SOUCIÂT de voir M. Bernard* (J. GREEN, *Minuit*, p. 184).

3. Les verbes pronominaux subjectifs ont souvent, s'ils sont occasionnellement pronominaux, une signification plus ou moins différente de celle du verbe à l'état simple :

S'apercevoir de qq. ch. = remarquer qq. ch. qui n'avait pas d'abord frappé le regard ou l'esprit. — *Apercevoir qq. ch.* = le voir.

Se mourir = être sur le point de (ou en train de) mourir. — *Mourir* = cesser de vivre.

S'enfuir = fuir loin de qq. ch. ou qqn. — *Fuir* = s'éloigner à la hâte pour éviter (qqn ou qq. ch.).

Se plaindre de qqn = exprimer qu'on est mécontent de lui. — *Plaindre qqn* = le prendre en pitié.

S'oublier = ne plus penser à ce qu'on est, à ce qu'on a à faire. — *Oublier* = ne plus avoir présent à l'esprit, ne pas penser (à qqn ou à qq. ch.) par négligence.

Dans d'autres cas, il n'y a pas de différence sémantique : *Achopper* et *s'achopper*, etc.

4. Les usages régionaux ne sont pas toujours identiques à ceux du fr. commun.

En Belgique. °*S'accaparer qq. ch.* (ou *qqn*) ou *de qq. ch.*, connus aussi au Québec et même sporadiquement en France : *De quel droit les Montois* SE SONT-ILS ACCAPARÉS DE *ce monument ?* (A. MARINUS, *Folklore belge*, t. I, p. 63.) — *Ottawa ne cherche pas à* S'ACCAPARER DU *plus grand nombre de compétences possibles* [sic] (Cl. MORIN, *Combat québécois*, p. 136). — *Et si l'Espagne* S'ACCAPARAIT *les montagnes suisses* [...] *?* (Cl. LEPIDIS, dans *Europe*, oct. 1981, p. 25.) — °*S'accoucher* pour *accoucher* (intrans.), archaïsme survivant aussi dans le Midi : *Pour* S'ACCOUCHER *facilement, il ne faut jamais manger copieusement au souper, sinon l'enfant aura une grosse tête* (M. LEJEUNE, dans *Bulletin de la Société liégeoise de litt. wall.*, 1900, p. 321). — *Mme Excourbaniès* S'EST *heureusement* ACCOUCHÉE *d'un gros garçon* (A. DAUDET, *Port-Tar.*, II, 1). [En note : « locution tarasconnaise ».] — °*Se divorcer* pour *divorcer*, autre archaïsme connu aussi au Québec et non ignoré en France : *Le quatrième avait été sous-loué* [...] *aux occupants légitimes* [...], *qui* S'ÉTAIENT DIVORCÉS (THÉRIVE, *Fils du jour*, p. 8). — °*Se trébucher* pour *trébucher*. — En revanche, on entend en Belgique °*purger* au lieu de *se purger*.

En Suisse. °*S'aider* pour *aider*, aussi dans le Dauphiné : *Tu* T'ÉTAIS AIDÉ *à le* [= le vin] *faire* (RAMUZ, *Farinet ou la fausse monnaie*, p. 114). — °*Se luger* pour *luger* « faire de la luge » (mais les Suisses disent aussi, transitivement, *luger du bois*).

C'est surtout chez les Méridionaux que l'on trouve des pronoms superflus :

Je dictai la lettre [...]. *Je* ME SIGNE *au nom des menuisiers* (A. PERDIGUIER, *Mémoires d'un compagnon*, 1914, p. 292). — *En allant à Marseille, je* ME SUIS ACCOMPAGNÉ *avec Monsieur Gibert* (P. CÉZANNE, *Corresp.*, 14 avril 1878). — *Le territorial* SE MANGE *une salade* / *À l'anchois en parlant de sa femme malade* (APOLLIN., *Calligr.*, À Nîmes). — *D'ici que je* ME *l'obtienne, mon diplôme...* [dit un Provençal] (HÉRIAT, *Temps d'aimer*, p. 92). — Cf. aussi § 647, *c*.

Se languir est souvent rangé parmi les provençalismes ; pourtant, des auteurs d'origines très diverses l'emploient : *Elle* SE LANGUISSAIT [...] *du besoin de rencontrer quelqu'un qui eût une analogie de sentiments avec elle* (BOURGET, *Disciple*, IV, 3). — *Au lycée, on n'avait pu la laisser pensionnaire, parce qu'elle* SE LANGUISSAIT *trop de ses parents* (MONTHERLANT, *Pitié pour les femmes*, L.P., p. 18). — [Déjà chez BOSS. : ⁺*Je me meurs, je* ME LANGUIS, *je n'en puis plus* (*Corresp.*, octave de l'Ascension 1659).]

Autres ex. : WILLY et COLETTE, *Claud. à Paris*, p. 61 ; GIDE, *Faux-monn.*, I, 12 ; GENE-VOIX, *Raboliot*, III, 1 ; A. LURKIN, *Ménagerie rustique*, p. 18 ; S. de BEAUVOIR, *Mémoires d'une jeune fille rangée*, p. 265 ; Fr. GIBAULT, *Céline*, t. I, p. 10 ; etc.

° *Se penser* (cf. Hist.) est du fr. populaire de diverses régions, notamment de l'Est (plus la Suisse) et du sud de la France : *Je* ME SUIS PENSÉ *que* [...] [dit le barbier] (B. CLAVEL, *Saison des loups*, p. 253). — Ex. d'AYMÉ dans Robert.

Hist. — Le pronom complément des verbes pronominaux subjectifs est plus ou moins inanalysable. On peut sans trop de peine découvrir un sens réfléchi dans *se promener, s'effrayer*, etc. Dans d'autres cas, il faut, pour le trouver, remonter à l'ancienne langue et à l'étymologie.

D'autres pronominaux subjectifs ont existé : *Carles* SE GIST (*Rol.*, 2513). — SE DORMENT *li Franc* (*ib.*, 2521). — *Le premier qui les vid de rire* S'ÉCLATA (LA F., *F.*, III, 1). — On disait de même *se penser, se blêmir, se dîner, se consentir, se demeurer*, etc.

Inversement, des verbes aujourd'hui essentiellement pronominaux pouvaient s'employer sans pronom complément : *La chaleur fut si grande qu'il en* ESVANOUÏT (D'AUBIGNÉ, t. II, pp. 497-498). — *Nous nous amusons trop, hastons nous d'*EVADER (CORN., *Illus.*, IV, 9). — ⁺*Harley* [...] *pensa* ÉVANOUIR (SAINT-SIMON, *Mém.*, G.E.F., t. IV, pp. 291-292).

Même des pronoms qui paraissent aujourd'hui proprement réfléchis manquaient parfois : *De passion pour moy deux Sultanes* TROUBLERENT (CORN., *Illus.*, II, 2). — *Vous avez pû voir / Combien je* RELÂCHOIS *pour vous de mon devoir* (RAC., *Andr.*, III, 2). — ⁺*Il* MASQUE *toute l'année* (LA BR., VIII, 48).

750   **Les verbes pronominaux sont dits passifs** lorsque le sujet subit l'action sans l'accomplir lui-même, mais l'agent, ordinairement, n'est pas indiqué (voir cependant § 312, Rem. 3 et Hist.).

On peut distinguer trois cas.

1° Verbes employés uniquement à la 3ᵉ personne et surtout pour des choses :

Jéricho S'APERÇOIT (VIGNY, *Poèmes ant. et mod.*, Moïse). — *Une voix du côté de Rhodes* S'ENTENDIT (HUGO, *Lég.*, t. I, p. 355). — *Ses premiers tableaux de fleurs* SE VENDIRENT *bien* (H. de RÉGNIER, *Mariage de minuit*, III). — *Des cigares* S'ALLUMÈRENT (J. GREEN, *Jeunesse*, p. 222).

L'emploi du pronominal passif avec un sujet de personne n'est pas possible dans les phrases où ce sujet risquerait d'être compris comme désignant celui qui *fait* l'action : les phrases *On jette à l'eau le coupable, On pendra le coupable* ne sauraient, à cause de l'équivoque, être tournées par le pronominal passif : *Le coupable se jette à l'eau, Le coupable se pendra.*

2° Verbes du type de *s'appeler* employé avec un attribut ; dans ce cas, cela peut s'appliquer à des personnes et se construire en dehors de la 3ᵉ personne :

« *Tu es Simon, le fils de Jean : tu* T'APPELLERAS *Céphas* » — *ce qui se traduit Pierre* (*Bible*, trad. CRAMPON, *Évang. s. Jean*, I, 42). [La Vulgate emploie une forme passive, *vocaberis ;* la trad. SEGOND recourt au passif ordinaire : *Tu* SERAS APPELÉ *Céphas.*]

3° Verbes pronominaux impersonnels (pouvant concerner des personnes) :

Il SE BRÛLE *par an dans la cathédrale vingt mille livres de cire* (Th. GAUTIER, *Voy. en Esp.*, p. 329). — *Il dut* SE FAIRE *beaucoup d'enfants, cette nuit-là* (ZOLA, *Germ.*, III, 2). — *Il* S'EFFEUILLAIT *d'innombrables carnets de chèques sur le Palais-Bourbon* (A. FRANCE, *Manne-*

quin d'osier, p. 239). — *Il* SE PENSE *toujours bien plus de choses qu'il ne s'en* DIT (É. HENRIOT, *Au bord du temps*, p. 1). — Voir aussi § 755.

Remarques. — 1. Certains grammairiens refusent de considérer ces pronominaux comme de véritables passifs (spécialement la 2ᵉ catégorie : cf. Sandfeld, t. I, p. 133). — Voir cependant Stefanini, pp. 123-127.

2. Beaucoup de verbes pronominaux concernant les choses peuvent se présenter, soit sous la forme pronominale, soit, plus fréquemment, sous la forme non pronominale, sans grande différence de sens :

Moisir, se moisir. Grossir, se grossir. Gonfler, se gonfler, Pourrir, se pourrir. Etc.

Littré a condamné *Les jours* ***allongent*** (ou *rallongent*), au lieu de *s'allongent*. Ce tour est entré vigoureusement dans l'usage : *C'était le mois de mars, les jours* ALLONGEAIENT (HUGO, *Misér.*, IV, IV, 1).

Autres ex. : A. de NOAILLES, *Cœur innombrable*, p. 65 ; PROUST, *Jean Santeuil*, t. II, p. 316 ; Fr. MAURIAC, *Robe prétexte*, IV ; COLETTE, *Blé en herbe*, III ; SAINT EXUPÉRY, *Courrier sud*, p. 180 ; HÉRIAT, *Innocent*, 1954, p. 115 ; ARLAND, *Terre natale*, p. 126 ; BOSCO, *Rameau de la nuit*, p. 182 ; etc.

Plus rarement, lorsqu'il ne s'agit pas du temps : *Ses cheveux* ALLONGÈRENT (MALLET-JORIS, *Maison de papier*, p. 93).

3. Flaubert avait une prédilection toute particulière pour les verbes pronominaux :

Sa robe de lin, alourdie par les grelots qui S'ALTERNAIENT *sur ses talons avec des pommes d'émeraude* (*Sal.*, III). — *Les jupes* SE BOUFFAIENT (*Mᵐᵉ Bov.*, I, 8). — Etc.

751 **Observations diverses sur les verbes pronominaux.**

a) Les verbes pronominaux prennent l'auxiliaire *être* aux temps composés : *Elle* S'EST *lavée.* Voir § 782, *b*, 1°.

b) Lorsque plusieurs verbes pronominaux sont coordonnés, le pronom conjoint complément est ordinairement répété devant chacun d'eux : *Ils se haïssent et* SE *craignent.* Voir cependant § 649.

c) Dans le verbe pronominal à l'infinitif après le semi-auxiliaire *faire*, on omet souvent le pronom réfléchi ; on l'omet assez souvent aussi après *envoyer, laisser, mener, emmener :*

Vous me feriez repentir (FLAUB., *Éd. sent.*, II, 6). — *Un acide pour faire en aller les taches* (AC.). — *De peur de faire en aller mon rêve* (A. DAUDET, *Lettres de m.˙ m.*, p. 63). — *Il cherchait des araignées qu'il faisait battre ensemble* (LARGUIER, *Fâchés, solitaires et bourrus*, p. 85). — *On a laissé échapper ce prisonnier* (AC.). — [...] *ralluma la cigarette qu'il avait laissé éteindre* (GIDE, *Corydon*, p. 75). — *On menait les écoliers baigner* (CHAT., *Mém.*, I, III, 2). — *Le vieux mène son chien promener* (A. CAMUS, *Étranger*, p. 42). — *Il s'était arrangé pour m'emmener promener au jardin du Luxembourg* (J. LANZMANN, *Baleine blanche*, p. 33). — *Sa sœur* [...] *lui fit un long sermon et l'envoya coucher* (LOTI, *Aziyadé*, IV, 18). [Au sens propre. — Envoyer coucher (ou promener) est très vivant pour « envoyer au diable, se débarrasser de ».]

Mais, dans ces divers cas, l'omission du pronom réfléchi n'est jamais obligatoire : *Nous essayons de le faire s'asseoir* (LOTI, *Mon frère Yves*, p. 264). — *Tout à coup un mouvement de mes voisins* [...] *me fait* ME *retourner* (R. BAZIN, *Terre d'Espagne,* p. 15). — *Laisse-le donc plutôt* SE *coucher* (Ch.-L. PHILIPPE, *Père Perdrix,* p. 218). — *Le bruit de la serrure le fit* SE *lever* (R. MARTIN DU GARD, *Thib.,* Pl., t. II, p. 852). — *On m'enverrait* ME *coucher sitôt ma soupe prise* (PROUST, *Rech.,* t. I, pp. 182-183).

Après *aller,* régulièrement le pronom réfléchi est exprimé : *Allons* NOUS *promener.* — Cependant, le tour °*aller promener,* que Littré critiquait chez J.-J. Rousseau, reste usité dans bien des régions :

Pendant que tu iras promener (SAND, citée par Maurois, *Lélia,* p. 92). — *Je vais sur les collines promener, où je vois de beaux spectacles de panorama* (P. CÉZANNE, *Corresp.,* 11 mars 1885). — *Mettez-vous en selle que nous allions promener* (QUENEAU, *Fleurs bleues,* I). — *Où vas-tu avec ton grand chapeau ? / — Promener avec papa* (D. ROLIN, *Marais,* I, 3). — *Allons promener, lui dis-je* (M. CLAVEL, *Tiers des étoiles,* p. 148). — Autres ex. : VEUILLOT, *Historiettes et fantaisies,* p. 36 ; R. BAZIN, *Mme Corentine,* XI ; O. AUBRY, *Sainte-Hélène,* t. I, p. 276 ; M. VAN DER MEERSCH, *Maison dans la dune,* p. 25.

On trouve aussi °*aller coucher :* SAND, *Fr. le champi,* XXIV ; JOUHANDEAU, *Chaminadour,* p. 130 ; G.-E. CLANCIER, *Éternité plus un jour,* p. 506.

À noter que °*promener* d'une manière générale s'emploie pour *se promener* chez les Méridionaux et chez les locuteurs influencés par le néerlandais : *Je promenais avec mon père dans ses champs* (STENDHAL, *Vie de H. Brulard,* IX). — *J'ai promené un peu dans Paris, ce 14 juillet 1965, seul* (Jean VILAR, *Mot pour mot,* p. 249). — *Adrian reparaît, toujours promenant en rond* (GHELDERODE, *Adrian et Jusemina,* VIII). — *Ils se mirent à promener de long en large* (A. RUYTERS, trad. de : J. Conrad, *Jeunesse,* 1978, p. 148). — Plus étonnant : *Les champs à promener tout le jour me convient* [= invitent] (HUGO, *Contempl.,* Autrefois, II, 6). — Autre ex. encore : GENEVOIX, *Marcheloup,* II, 2.

d) Verbes particuliers.

1° *S'activer* comme verbe pronominal n'est pas mentionné par l'Acad. ; A. Hermant le trouvait « détestable » (*Chron. de Lancelot,* t. I, p. 294). Il est pourtant de plein usage ; il est d'ailleurs plus ancien que ne le dit Robert (2e éd. : 1927) : *La comtesse de Spalato* [...] S'ACTIVAIT *de sa chambre à son boudoir* (A. DAUDET, *Rois en exil,* p. 364). — *On les* [= des machines de manœuvre] *entendait à peine* S'ACTIVER, *comme des ménagères vives et prudentes* (ZOLA, *Bête hum.,* I).

Autres ex. : GIDE, *Voy. au Congo,* 6 août 1925 ; CHÉRAU, *Valentine Pacquault,* t. II, p. 231 ; POURRAT, *Gaspard des Montagnes,* t. I, 1931, p. 43 ; Aymé, *Uranus,* XXII ; LA VARENDE, *Manants du roi,* Biblioth. Plon, p. 22 ; A. CAMUS, *Théâtre, récits, nouvelles,* p. 900 ; DORGELÈS, *Tout est à vendre,* p. 319 ; LE CLÉZIO, *Déluge,* p. 183 ; M. RHEIMS, *Haute curiosité,* p. 46 ; H. BAZIN, *Mme Ex,* p. 205 ; etc.

2° Certains prétendent qu'il est peu courtois de dire *Je m'excuse* et qu'il faudrait dire *Excusez-moi.* Cela est fondé sur une interprétation de l'expression comme si elle signifiait « Je me pardonne », alors qu'elle veut dire traditionnellement « présenter ses raisons pour se disculper » (avec un complément indiquant ces raisons : cf. § 282, *c*), puis « présenter ses excuses, ses regrets ». Quoi qu'il en soit, *je m'excuse* abonde, et sous les plumes les plus distinguées. (Mais *excusez-moi* est courant lui aussi.)

Ex. : VIGNY, lettre publiée dans la *Revue d'hist. litt. de la Fr.,* 23 févr. 1846 ; LITTRÉ, Addit., p. 353 ; BARRÈS, dans Barrès et Maurras, *La République ou le roi,* p. 414 ; HERMANT, *Xavier,* p. 28 ; VALÉRY, *Variété,* Pl., p. 916 ; LE BIDOIS, t. II, p. V ; LA VARENDE, *Nez-de-Cuir,* III, 4 ; MONTHERLANT, *Démon du bien,* p. 51 ; P.-H. SIMON, dans le *Monde,* sélection hebdom., 30 oct.-5 nov. 1969 ; J. MARITAIN, *Paysan de la Garonne,* p. 36 ; J. GREEN, *Ce qui reste de jour,* 28 nov. 1968 ; M. de SAINT PIERRE, *Aristocrates,* p. 299 ; M. BOEGNER, *Exigence œcuménique,* p. 243 ; GISCARD D'ESTAING, *Démocratie franç.,* p. 115 ; etc.

3° *Sortir* étant usité depuis longtemps (§ 276, *a*, 6°) comme transitif *(Sortez-moi de cette affaire)*, il n'est pas surprenant que la même construction se retrouve dans le verbe pronominal *se sortir*. Celui-ci reste cependant plutôt cantonné dans le registre familier, car *sortir* seul remplit le même office : *Comment voulez-vous que je* M'EN SORTE *?* (J. ROMAINS, *Copains*, p. 221). — *On ne peut* SE SORTIR *de là que par la haine* (GIONO, *Voy. en Italie*, p. 185). — *Il* S'EST *également bien* SORTI *de l'une et de l'autre* [mise en scène] (J. LEMARCHAND, dans le *Figaro litt.*, 25 déc. 1954). — *Un jour, je pourrai* M'EN SORTIR (ANOUILH, *Valse des toréadors*, p. 162). — *Un officier peut être tué à la guerre — celui-ci* S'EN ÉTAIT SORTI (VIALAR, *Robes noires*, p. 88.) — *Il a menti, disant n'importe quoi pour* SE SORTIR *d'affaire* (M. GARÇON, *Louis XVII*, p. 453). — *Je sentais que j'étais au bout de mes mensonges. Je ne pouvais plus* M'EN SORTIR (CHAMSON, *La neige et la fleur*, p. 99). — *Dans un engrenage tel qu'il ne puisse* S'EN SORTIR *que par une catastrophe* (DANIEL-ROPS, *Carte d'Europe*, p. 96). — *Vous pouvez très normalement* VOUS EN SORTIR (DRUON, *Grandes familles*, I, 3).

Autres ex. : R. VAILLAND, *Drôle de jeu*, L.P., p. 287 ; IONESCO, *Présent passé, passé présent*, p. 255 ; S. de BEAUVOIR, *Force des choses*, p. 466 ; M. CHAPELAN, dans le *Figaro litt.*, 18 mars 1968, p. 18 ; Fr. SAGAN, *Merveilleux nuages*, L.P., p. 42 ; J. PIATIER, dans le *Monde*, 16 oct. 1971 ; etc.

Hist. — Montesquieu avait d'abord écrit : *Je n'ai jamais vu d'homme qui* S'EN SOIT *mieux* SORTI *que celui-ci* (*Hist. véritable*, p. 14). Puis il a substitué *tiré* à *sorti*.

4° *Se suicider* (dérivé de *suicide*, littéralement : meurtre de soi), venu en usage à la fin du XVIII° s., est pléonastique, puisqu'il contient deux fois le pronom réfléchi : *se* et *sui* (= de soi). Cela n'empêche pas que Bescherelle l'a accueilli et fort bien justifié ; que Littré lui a fait sa place, quoique à regret ; que l'Acad., tout en faisant observer qu'il était incorrectement formé, a reconnu qu'il était d'un usage courant. Il est incontestablement en plein usage, et ceux qui prétendraient le proscrire et maintenir les expressions classiques *se détruire, se défaire, se tuer, se tuer soi-même, se faire mourir, se donner (soi-même) la mort* perdraient leur peine. Ex. : *Ne* TE SUICIDE *donc pas* (SAND, *Lélia*, XLVIII). — *C'était par désespoir, comme on* SE SUICIDE (FLAUB., *Éd. sent.*, III, 3). — *C'est* SE SUICIDER *que d'écrire des phrases comme celle-ci* [...] (RENAN, *Avenir de la science*, p. 474). — *Ceux qui* SE SONT SUICIDÉS (A. DAUDET, *Lettres de m. m.*, p. 165). — *De me relire, c'est* ME SUICIDER (J. RENARD, *Journal*, 28 nov. 1898). — Autres ex. : HUGO, *Quatrevingt-tr.*, III, I, 7 ; BAUDEL., trad. de : Poe, *Hist. extraord.*, G.-F., p. 72 ; LAUTRÉAMONT, *Ch. de Mald.*, p. 125. — Pour le XX° s., il est superflu de donner des références : *se suicider* est partout.

Suicider qqn s'emploie parfois dans des phrases où l'on veut badiner ou produire un effet de style : *Vous n'osez plus vous suicider, ce qui manquerait de sublime, et vous avez voulu vous faire* SUICIDER *par moi* (COCTEAU, *Aigle à deux têtes*, II, 5).

Les verbes impersonnels

Bibl. — P. PIELTAIN, *La construction impersonnelle en franç. moderne*, dans *Mélanges M. Delbouille*, 1964, pp. 469-487. — A. ESKÉNAZI, *Note sur les constructions impersonnelles du franç. contemporain*, dans la *Revue romane*, 1968, pp. 97-115. — D. GAATONE, *La transformation impersonnelle en franç.*, dans le *Fr. mod.*, oct. 1970, pp. 390-411. — R. MARTIN, *La transformation impersonnelle*, dans *Revue de linguist. rom.*, juillet-déc. 1970, pp. 377-394. — ID., *La tournure impersonnelle : essai d'une interprétation sémantique*, dans *Festschrift K. Baldinger*, 1979, pp. 208-219.

752 Les **verbes impersonnels** sont des verbes employés seulement à la troisième personne du singulier ; ils ont ordinairement (cf.

Rem. 1 et 2) comme sujet *il* impersonnel, c'est-à-dire qui ne désigne aucun être ou aucune chose : IL *pleut.*

Comme ces verbes ne s'emploient qu'à la 3ᵉ personne du singulier, on leur donne parfois le nom de verbes *unipersonnels.* — À distinguer des verbes qui, se disant seulement des choses *(consister)* ou des animaux *(coasser)*, se trouvent rarement en dehors de la 3ᵉ personne du singulier ou du pluriel. Cf. § 847, *c.*

Les verbes impersonnels peuvent s'employer aussi à l'infinitif : cf. Rem. 2 ; — plus rarement au participe présent : Rem. 3.

Pour certains linguistes, il n'est pas exact que *il* ne désigne aucun être ou aucune chose : cf. § 230.

Parmi les verbes impersonnels, certains le sont ordinairement (§ 754) et d'autres occasionnellement (§ 755).

Remarques. — 1. Sur l'omission du pronom *il*, voir § 234.

2. Les verbes impersonnels se trouvent régulièrement à l'infinitif lorsqu'ils dépendent de verbes semi-auxiliaires (§ 789) et c'est devant ceux-ci que se place le sujet *il :*

Il va pleuvoir. Il vient de pleuvoir. Il commence à pleuvoir. Il devrait pleuvoir. Il semblait pleuvoir.

Dans les autres cas, cela est plus rare et parfois ambigu (comp. § 879, *d*), quoique cet usage ne soit pas toujours récent :

Il [= Dieu] *fait* PLEUVOIR *sur les justes et les injustes* (*Bible*, trad. SEGOND, Matth., V, 45) [comp. § 754, *a*, Rem. 2, Hist.]. — *Il faut faire comme on fait à Paris, il faut laisser* PLEUVOIR (proverbe, cit. Littré). — [...] *Pourront, s'ils ne veulent la* [= la tutelle] *conserver, faire convoquer* [...] *un conseil de famille, pour y* ÊTRE PROCÉDÉ *à leur remplacement* (*Code civil*, art. 431). — *Notre pays* [= la Bretagne] *avait* [...] *la réputation de* PLEUVOIR (Ch. LE QUINTREC, *Château d'amour*, p. 58).

Littré fait cette remarque à propos de *s'agir :* « Les grammairiens disent que *s'agir* n'est pas usité [à l'infinitif] ; cependant on ne voit pas pourquoi on ne dirait pas : Il doit s'agir d'affaires importantes dans cette réunion. » — De fait, *s'agir* se trouve assez souvent après *aller, devoir, pouvoir, savoir, sembler :*

Il va S'AGIR *d'être oseur et prudent !* (MONTHERLANT, *Petite infante de Castille*, p. 68.) — *Il ne pouvait* S'AGIR *de poser des questions que je n'aurais même pas su comment formuler* (J. GREEN, *Partir avant le jour*, p. 66). — *Il ne saurait* S'AGIR *d'une coquille* (ARISTIDE [= M. CHAPELAN], dans le *Figaro litt.*, 29 sept. 1966). — *En fait, il semble* S'AGIR *de brumes matinales* (Cl. SIMON, *Corps conducteurs*, p. 70).

Autres ex. : BARRÈS, *Mes cahiers*, t. I, p. 25 ; HERMANT, *Confession d'un enfant d'hier*, V ; R. MARTIN DU GARD, *Thib.*, Pl., t. I, p. 730 ; BREMOND, *Poésie pure*, p. 62 ; J. ROSTAND, *Pensées d'un biologiste*, p. 65 ; VAUDOYER, *Laure et Laurence*, p. 153 ; FOUCHÉ, *Traité*, p. 496.

3. L'emploi de *s'agissant* a retrouvé (cf. Hist.) une nouvelle vigueur au XXᵉ s. dans la langue écrite :

[...] *si l'on entend par « composition » en poésie tout autre chose que ce qu'on désigne par ce mot*, S'AGISSANT *d'œuvres en prose* (VALÉRY, *Pièces sur l'art*, Pl., p. 1369). — S'AGISSANT *des femmes, le bon vieux phallocratisme gaulois s'affiche sans vergogne* (POIROT-DELPECH, dans le *Monde,* 6 août 1976).

Autres ex.: HERMANT, *Chron. de Lancelot,* t. I, p. 405; LE BIDOIS, § 379; ARLAND, *Marivaux,* p. 109; SIEGFRIED, *Suez, Panama,* p. 127; CLAUDEL, dans le *Figaro litt.,* 2 août 1952; E. FARAL, dans *Romania,* 1952, p. 264; J. ROSTAND, dans les *Nouv. litt.,* 1ᵉʳ mars 1962; P.-H. SIMON, *Hist. de la litt. fr. au XXᵉ s.,* t. II, p. 60; ÉTIEMBLE, *Parlez-vous franglais?* 1964, p. 71; etc.

Y ayant est rare et proprement littéraire (cf. Hist.):

> *On ne peut* [...] *entendre par mariage infamant un mariage d'argent, n'*Y AYANT *point d'exemple d'un ménage où la femme ou bien le mari se soient vendus et qu'on n'ait fini par recevoir* (PROUST, *Rech.,* t. I, p. 470). — *Je fus ravi de ce début,* Y AYANT *longtemps que je n'avais aimé d'une façon amusante* (HERMANT, *Confession d'un enfant d'hier,* VII). — *Petit bourgeois, ce serait mal parler encore, n'*Y AYANT *rien chez lui de trivial ni de populaire* (THÉRIVE, *Essai sur A. Hermant,* p. 25). — *N'*Y AYANT *pas de mauvais sujets, je ne dirai rien contre celui qu'a choisi cette année Mme Montupet* (P.-H. SIMON, dans le *Monde,* 15 sept. 1965).

S'il s'agit d'un verbe occasionnellement impersonnel, il est difficile de savoir, lorsqu'il est employé au participe présent, si ce n'est pas en tant que verbe personnel: *Il n'avait cessé d'entretenir avec elle des intelligences secrètes,* ÉTANT *toujours* BON *de maintenir un espion dans la place* (Th. GAUTIER, *Cap. Fracasse,* XIII). [On pourrait dire: *... maintenir ... étant toujours bon.*] — En tout cas, *étant donné que* est tout à fait courant: cf. § 309, *b;* assez courants aussi *étant entendu, étant établi,* etc.

Hist. — L'emploi des verbes impersonnels au participe présent ne gênait pas les classiques:

> *Quelle obligation ne luy* [= à Amyot] *a point nostre langue, n'*Y AYANT *jamais eu personne, qui en ayt mieux sceu le genie et le caractere* (VAUGELAS, Préf., X). — *Mais, luy* FALLANT *un pic* [au jeu de piquet], *je sortis hors d'effroy* (MOL., *Fâch.,* II, 2). — ⁺S'AGISSANT *de combattre les démons, un ange nous prêtera volontiers ses paroles pour implorer son* [= de Marie] *secours* (BOSS., *Œuvr. orat.,* t. III, p. 220). — ⁺*Après une grande sécheresse,* VENANT À PLEUVOIR, *comme il ne peut se plaindre de la pluie, il s'en prend au ciel de ce qu'elle n'a pas commencé plus tôt* (LA BR., *Car. de Théophr.,* XVII). — ⁺*Ne* S'AGISSANT *pas là de fonction, elles n'y purent trouver de prétexte* (SAINT-SIMON, *Mém.,* Pl., t. II, p. 254). — ⁺*Les soldats même étaient jaloux de la liberté de leur patrie, quoiqu'ils la détruisissent sans cesse, n'*Y AYANT *rien de si aveugle qu'une armée* (MONTESQ., *Consid.,* XIII).

De *s'agissant* ainsi employé, Littré disait: « Bonne locution, et qui abrège beaucoup. » Cette approbation a peut-être contribué au retour de faveur.

753   **Observations sur *ce, cela, ça.***

Au lieu de *il,* la langue parlée populaire et familière emploie parfois *ça* avec des verbes essentiellement impersonnels exprimant des phénomènes météorologiques (§ 754, *a*), surtout si le phénomène a une intensité particulière:

> *C'est* Mᵐᵉ *Amédée* [...] *qui a dit qu'elle allait faire un tour.* ÇA *pleut pourtant fort* [dit la servante Françoise] (PROUST, *Rech.,* t. I, p. 102).
>
> Plus rarement au lieu de *Il fait beau,* etc.: *Cette année-là, il avait fait mauvais.* [...] *Tous les matins, cette angoisse machinale avant d'ouvrir les rideaux: et si* ÇA *faisait beau pour changer?* (ARAGON, *Blanche ou l'oubli,* F°, p. 13.)

On trouve aussi *ça* ou *cela* avec des verbes qui, dans des usages régionaux, se construisent impersonnellement avec *il* (§ 755, Rem. 2), mais on peut reconnaître ici la valeur démonstrative du pronom :

ÇA *sentait l'ail* (ARAGON, *Beaux quartiers*, I, 25). — ÇA *puait là-dedans* (*ib.*, I, 18). — *Là-bas, dit Charles,* ÇA *brûle depuis deux jours* (Fr.-R. BASTIDE, *Palmeraie*, p. 112). — CELA *manque d'air ici.*

On peut estimer que le pronom démonstratif a sa valeur normale quand il rappelle ou qu'il annonce, par redondance, un sujet qui n'est pas à sa place ordinaire ou qui n'a pas sa forme la plus habituelle, c'est-à-dire la forme nominale ou pronominale (cf. § 236, *a*, 2°) :

— Tantôt le remplacement par *il* serait impossible : *C'est une belle fleur que la rose.*

— Tantôt ce remplacement donnerait un équivalent fort littéraire : CELA *m'ennuierait d'arriver en retard* (ROBERT, s.v. *ennuyer*). — CELA *me fâche de voir un tel désordre* (ID., s.v. *fâcher*). — CELA *me fâche qu'il ait agi de la sorte* (*ib.*). — CELA *m'étonnerait qu'il se réveille* (Chr. ROCHEFORT, *Repos du guerrier*, I, 1).

Avec *il,* conformément à l'usage classique (cf. § 643, *b*) : IL *m'ennuie d'être seul dans l'univers* (Th. GAUTIER, *Roman de la momie*, p. 247). — IL *ne la gênait pas du tout de me laisser entendre* [...] (BOYLESVE, *Souven. du jardin détruit*, p. 89). — IL *l'amusait de nous exciter contre l'Académie Goncourt* (BILLY, dans le *Figaro litt.*, 10 févr. 1966).

— Avec le verbe *être* + un adjectif, ce remplacement donnerait un équivalent normal : *C'est fâcheux qu'on ne puisse pas avoir toutes les satisfactions ensemble* (ERCKMANN-CHATRIAN, *Ami Fritz*, cit. *Trésor*, s.v. *fâcheux*). — *C'est facile de vouloir rejoindre le maquis* (CENDRARS, *Bourlinguer*, *ib.*, s.v. *facile*).

— Avec le verbe *être* + nom, sans déterminant : voir § 756, *b*.

Il neutre a eu d'ailleurs la valeur de *cela,* et il l'a encore parfois : *S'il vous plaît, Il est vrai.* Cf. § 643, *c*.

Remarques. — 1. Dans l'indication de l'heure, au lieu du tour ordinaire *Il est ...,* on trouve parfois *c'est*. Dans certains cas, le démonstratif pourrait marquer un rapport avec ce qui précède, mais cette analyse n'est pas toujours possible. Il y a sans doute des influences régionales, notamment chez les auteurs du Midi :

C'ÉTAIT *quatre heures* (BARRÈS, *Leurs figures*, p. 52). — C'ÉTAIT *midi* (GIDE, *Nourr. terr. et nouv. nourr.*, p. 160). — C'EST *minuit ; on vient d'éteindre le gaz* (PROUST, *Rech.*, t. I, p. 4). — *La journée s'écoulait.* CE FUT *deux heures, puis* CE FUT *trois heures* (CHÂTEAUBRIANT, *Brière*, p. 219). — [...] *et regarda l'heure.* C'ÉTAIT *minuit* (GIONO, *Chant du monde*, Pl., p. 513). — *Il était en retard.* C'ÉTAIT *le quart après dix heures* (P. BENOIT, *Lac Salé*, p. 235).

Autres ex. : H. BOSCO, *Rameau de la nuit*, p. 9 ; PAGNOL, *Temps des secrets*, p. 130 ; LE CLÉZIO, cit. Togeby, § 405, 2.

On dit : *Il est tôt. Il est tard.*

Avec d'autres indications temporelles, *ce* est seul usité : *C'était un soir d'été* (FLAUB., 1re *Éd. sent.*, XIX). — *Est-ce que c'est vraiment dimanche ?* (GIONO, *Batailles dans la montagne*, Pl., p. 1079.) — *C'est dimanche* (J. MISTLER, *Hoffmann le fantastique*, 1982, p. 57). — *C'est donc le soir* (S. BECKETT, *Mal vu mal dit*, p. 56).

2. Tours régionaux : °*C'était marqué « Espèce curieuse, étudiante étudiant »* (dans la *Libre Belgique*, 29 sept. 1973, p. 26). — °*C'est bon que vous l'avez dit* (en Belgique) [= Heureusement que ...].

754   Les verbes **essentiellement impersonnels.**

a) Verbes exprimant des phénomènes météorologiques : *Il pleut, il tonne, il grêle, il neige, il vente, il bruine.*

Il faut y ajouter les dérivés avec le préfixe *re-: repleuvoir,* etc., — et un certain nombre de verbes moins courants, souvent vieillis ou régionaux :

°*Il bise,* en fr. régional (Wallonie, est de la France).

Il brume et *il brumasse* (si la brume est légère) appartiennent surtout au langage des marins : *Les hommes* [sur un bateau] *se précipitèrent sur leur ciré, car il* BRUMAIT (MAC ORLAN, *Chant de l'équipage,* XII). — Comme verbe personnel et au fig. : *Dans le parc allemand où* BRUMENT *les ennuis* (PROUST, *Les plaisirs et les jours,* p. 140).

°*Il chaline* « il fait des éclairs de chaleur » [de *chalin* « éclair de chaleur »] (Poitou : cf. M. Cohen, dans *Mélanges M. Grevisse,* p. 55).

Il crachine « il tombe du crachin », mot venu de l'Ouest et qui tend à se répandre (*crachin,* de même provenance, est entré dans l'usage général) : *La nuit est sur Paris, il* CRACHINE (P. FISSON, dans le *Figaro litt.,* 3 déc. 1960).

Il éclaire « il fait des éclairs », encore donné sans réserves par l'Acad., mais passé sous silence par le *Trésor,* est devenu un mot régional, usité notamment en Wallonie, en Picardie, en Normandie : *Sitôt qu'il* ÉCLAIRE, *on lit l'évangile de Saint-Jean* [sic] (E. MONSEUR, *Folklore wallon,* p. 63). — *Il tonnait, il* ÉCLAIRAIT (Y. DÉLÉTANG-TARDIF, trad. de Grimm, dans *Romantiques allemands,* Pl., t. II, p. 862). — Avec sujet personnel : *L'orage y modifie ses données : il* [= l'orage] *n'*ÉCLAIRE *plus et il ne fait plus de bruit* (GIONO, *Ennemonde et autres récits,* p. 10). — [Ex. classiques : LA F., Pl., t. I, p. 320. — Avec sujet personnel : ⁺*Dieu a-t-il tonné et* ÉCLAIRÉ *sur une montagne ?* (BOSS., cit. Littré.)]

Il grésille « il tombe du grésil » est devenu rare : *Quel temps fait-il ce matin ? /* — *Il* GRÉSILLE (D. BOULANGER, *Nacelle,* p. 82). — Comp. : *Quelques dandies misanthropes, rêvant dans un jour d'hiver derrière des vitres* GRÉSILLÉES (BARRÈS, *Sous l'œil des barb.,* 1888, p. 5) [« couvert de grésil », ou « givré » ?].

°*Il lune* « il fait clair de lune » est attesté plusieurs fois chez H. BOSCO : *Une nuit qu'il faisait très chaud et qu'il* LUNAIT *doucement* (*Mas Théotime,* 1947, p. 47). — *Il va* LUNER (*Malicroix,* p. 151). — Est-ce un provençalisme ?

Il neigeote « il neige légèrement » est dans peu de dict. (Robert, Suppl. ; *Gr. Lar. langue*). Il est courant en Suisse, au Canada (où on dit aussi °*Il neigeasse,* °*Il neigeaille*) et sans doute dans plusieurs régions de France : *Il* NEIGEOTE. *Nous prenons un fiacre* (les GON-COURT, *Journal,* cit. Robert). — *Il pluvine, il* NEIGEOTTE [sic], / *L'hiver vide sa hotte* (VERL., *Bonheur,* XXIII).

Il pluvine et *il pluvine* « il pleut légèrement » se trouvent chez des écrivains originaires de régions variées. — *Il pluvine :* CHAT., *Mém.,* I, IX, 13 ; C. LEMONNIER, *Vent dans les moulins,* XX ; GENEVOIX, *Raboliot,* I, 3 ; RAMUZ (cf. dans *Etymologica,* 1958, p. 353, note) ; GRACQ, *Balcon en forêt,* La Guilde du livre, p. 65. En outre, *pluvination* chez QUENEAU, *Derniers jours,* I. — *Il pluvine :* VERL., *Bonheur,* XXIII ; RODENBACH, *Miroir du ciel natal,* Lampes ; S. de BEAUVOIR, *Force des choses,* p. 67. — °*Il pleuvigne,* plus nettement régional, se dit notamment en Suisse : RAMUZ, *Découverte du monde,* III. — On trouve aussi *Il pleuvote :* APOLLINAIRE, *Lettres à Lou,* 21 avril 1915 ; ARNOUX, cit. *Grand Lar. langue ;* H. QUEFFÉLEC, *Enfants de la mer,* p. 17 ; — *Il pleuviote :* O. TODD, *Année du crabe,* p. 44 ; Cl. CHONEZ, *Giono,* p. 16 ; P. GEORGES, dans le *Monde,* 12 août 1977, p. 8 ; — *Il pluviote :* J. ROMAINS, cit. *Grand Lar. langue.* — Robert et d'autres dict. après lui mentionnent aussi *Il pleuvasse.*

Il verglace, déjà noté comme vieux par Bescherelle en 1846, n'est plus mentionné que par le *Grand Lar. enc.* et le *Grand Lar. langue.* Nous n'avons relevé qu'un seul ex. au XXe s.,

et avec la graphie *verglasse : Il neige et il pleut et il grêle et il vente et il* VERGLASSE (GIRAU-
DOUX, *Littérature*, p. 317). — *Verglacé* « couvert de verglas » est vivant.

Geler et *dégeler* ne sont pas des verbes essentiellement impersonnels. — Jammes emploie
de même **glacer** impersonnellement : *Il nous quitta vers minuit. Il* GLAÇAIT *à pierre fendre*
(*Caprices du poète*, V).

Remarques. — 1. Les verbes impersonnels décrivant un phénomène météorologique peuvent être accompagnés d'une séquence nominale, qu'on appelle traditionnellement sujet réel (§ 230) ; ils sont, soit au sens propre, quand on veut
indiquer quelque condition particulière du phénomène météorologique, spécialement de la pluie, — soit plus souvent au figuré, surtout dans la langue littéraire :

Il PLEUT *de grosses gouttes.* — Pour indiquer une forte pluie : *Il* PLEUT *des cordes, Il*
PLEUT *des hallebardes.* — *Il* PLEUVAIT *des seaux* (Fr. SAGAN, *Yeux de soie*, p. 12). — *Il* AVAIT
PLU *toute la nuit une sorte de pluie folle* (GIONO, *Jean le Bleu*, IV). — *Il* NEIGE *de gros
flocons.* — *Il* AVAIT BRUINÉ *une poussière d'eau* (ZOLA, *Au Bonheur des Dames*, IV).
Il y PLEUT *des guitares et des messages secrets* (MUSSET, *Caprices de Mar.*, I, 2). — *Il*
PLEUT *des livres et des journaux partout* (HUGO, *Napol.-le-P.*, II, 2). — *Il* PLEUT *de grosses
pierres dans son jardin* (A. FRANCE, *Pierre Nozière*, p. 205). — *Quand on les* [= les feuilles]
secoue, il vous PLEUT *sur les mains des centaines de claires gouttelettes d'eau* (H. BOSCO, *Mas
Théotime*, 1947, p. 179). — *Il* NEIGE *des feuilles* (HUGO, *Orient.*, XLI). — *Il* NEIGE *lentement
d'adorables pâleurs* (SAMAIN, *Au jardin de l'infante*, Soir). — *Dans le tableau où l'on dirait
qu'il a* NEIGÉ *des roses* (JAMMES, *Clairières dans le ciel*, p. 139).

2. Les verbes décrivant des phénomènes météorologiques sont parfois
employés personnellement, — soit au sens propre dans la langue littéraire, —
soit au sens figuré, dans la langue commune pour certains verbes *(pleuvoir,
tonner)*, dans la langue littéraire pour d'autres. Ils sont alors susceptibles d'être à
diverses personnes et aux divers modes, notamment à l'impératif :

Eau, quand donc PLEUVRAS-*tu ? Quand* TONNERAS-*tu, foudre ?* (BAUDEL., *Fl. du m.*, Cygne.)
— *Le ciel s'affirmait sans espoir de consolations, tout en larmes. Il* PLEUVAIT *à jets ininterrom-
pus, dévidait interminablement ses écheveaux de pluie* (HUYSMANS, *Cathédrale*, p. 111). —
L'air brillait de lumière diffuse comme si l'azur du ciel devenait liquide et PLEUVAIT (GIDE,
Nourr. terr., III). — *Dieu* PLEUT *sur mes sillons* (CLAUDEL, *Ann. faite à Marie*, I, 1) [cf. Hist.].
— *Le ciel* PLEUVAIT *sur les allées feuillues* (Fr. MAURIAC, *Genitrix*, XII). — *Ah* PLEUS *pluie ah*
PLEUS *à pleins bords dans la coupe des horizons* (ARAGON, *Brocéliande*, dans : P. Seghers, *La
Résistance et ses poètes*, p. 409). — *La nuit* PLEUT (S. KOSTER, *Homme suivi*, p. 191). — *À
trois heures du matin, il n'entendrait pas Dieu* TONNER (BERNANOS, *Sous le soleil de Satan*, Pl.,
p. 112). — *Une pluie salée, fine comme le sable des dunes, toujours* BRUINAIT (C. LEMONNIER,
Petit homme de Dieu, I). — Voir ci-dessus un ex. de Giono, à propos d'*éclairer*.
Les coups PLEUVENT. — *Boulets, mitraille, obus, mêlés aux flocons blancs, /* PLEUVAIENT
(HUGO, *Châtim.*, V, XIII, 1). — *La mousseline* PLEUT *abondamment devant les fenêtres* (BAU-
DEL., *Pet. poèmes en pr.*, V). — *Il est étendu dans l'herbe, sous la nue, / Pâle dans son lit vert
où la lumière* PLEUT (RIMBAUD, *Premiers vers*, Dormeur du val). — *Le canon* TONNE. —
TONNER *contre les abus* (*Dict. contemp.*). — *Nous avons entendu Mirabeau* TONNER (BRUNOT,
Hist., t. X, p. 869). — *Dans les comptoirs de lingerie, où l'exposition de blanc* NEIGEAIT *de
toutes les cases* (ZOLA, *Au Bonheur des Dames*, XIV). — *Des pétales* NEIGENT *sur le tapis*
(GIDE, *Immor.*, III). — *Je veux voir* [...] *vos pieds* [...] *sur la mousse* NEIGER (JAMMES, *Clai-
rières dans le ciel*, p. 68). — *Un terrible combat* [à coups de cailloux] *s'engagea. Les silex*
GRÊLAIENT (ZOLA, *Faute de l'abbé Mouret*, III, 5). — *Un petit Américain dégourdi sur qui*
GRÊLENT *les mésaventures* (R. KEMP, dans les *Nouv. litt.*, 23 août 1951).

On les trouve même, dans une langue assez recherchée, construits avec un objet direct :

Dans ses profonds yeux noirs, qui PLEUVAIENT *leur feu dans les miens* (BARBEY D'AUR., *Vieille maîtresse,* I, 9). — *Et que les nuages* PLEUVENT *le juste* (PÉGUY, *Myst. des saints Innoc.,* p. 193) [cf. Hist.]. — *La lune* NEIGE *sa lumière sur la couronne gothique de la tour* (CHAT., *Mém.,* IV, v, 5). — *Tout le verger semblait avoir* NEIGÉ *ses frimas roses et blancs sur sa robe et dans ses cheveux* (C. LEMONNIER, *Vent dans les moulins,* XXIX). — *N'allaient-elles* [= les étoiles] *pas* NEIGER *leur or* [...] *jusque sur le sol ?* (M. PRÉVOST, *La nuit finira,* t. I, p. 193.) — *Les hauts poiriers avaient déjà* NEIGÉ *tous leurs pétales* (F. DESONAY, *Ange,* p. 209). — [...] *lorsque je vois le célébrant monter en chaire, lorsque je l'entends* TONNER *l'événement du matin de Pâques* (D. DECOIN, *Il fait Dieu,* p. 78).

Autre emploi, d'inspiration populaire (cf. § 631, *a,* 1°) : *Il pleuvait dessus à grands flots...* [...] *Et que* JE *te* PLEUS *des pleines cascades...* (CÉLINE, *Mort à crédit,* F°, p. 605.)

Pour *grêler,* voir Rem. 3.

Hist. — Ces tours littéraires se rencontrent à l'époque classique, surtout chez Bossuet, familier du style biblique :

Nostre homme [qui a obtenu ce pouvoir de Jupiter] / [...] PLEUT, VENTE, *et fait en somme / Un climat pour luy seul* (LA F., *F.,* VI, 4). — *D'où cet enfant* [naturel] *est-il* PLU *?* (ID., *C.,* Lunettes). [L'auxiliaire est dû à l'analogie avec *tomber.*] — +*Lui* [= Dieu] *qui* [...] PLEUT *sur les justes et les injustes* (BOSS., *Œuvr. orat.,* t. III, p. 296). — +*Je* PLEUVRAI *des pains du ciel* (ID., *ib.,* t. IV, p. 425). — +*Dieu a-t-il* TONNÉ *et* ÉCLAIRÉ *sur une montagne ?* (ID., cit. Littré, s.v. *éclairer.*)

Cf. notamment : *Et nubes pluant justum* (Isaïe, XLV, 8). Littéralement : Que *les nuées pleuvent le juste.* — *Ego pluam super terram quadraginta diebus et quadraginta noctibus* (Genèse, VII, 4). Littér. : *Je pleuvrai* (dit Dieu) *sur la terre pendant quarante jours et quarante nuits.* — *Ego pluam vobis panes de caelo* (Exode, XVI, 4). Littér. : *Je pleuvrai* pour vous (dit Dieu) *des pains* du ciel. — [...] *Patris vestri, qui* [...] *pluit super justos et injustos* (Matth., V, 45). Littér. : De votre père, *qui pleut* sur les justes et sur les injustes.

3. *Grêler* peut se construire avec un sujet personnel et avec un complément d'objet direct indiquant le lieu endommagé par la grêle. De là, au figuré, « cribler de cicatrices » en parlant de la petite vérole ; puis, par une nouvelle figure, « cribler de trous, de taches ». C'est surtout le participe passé qui a ces emplois figurés.

Je crains que cet orage ne GRÊLE *nos vignes* (AC.). — *Sa vigne avait été* GRÊLÉE *cette année-là* (Fr. MAURIAC, *Fleuve de feu,* I). — *Un visage* GRÊLÉ. — *Une peau* GRÊLÉE (PROUST, *Rech.,* t. I, p. 797). — *Son vieux porche* [...], *noir,* GRÊLÉ *comme une écumoire* (*ib.,* p. 59).

Selon l'Acad., on dit quelquefois : *Cet homme a été* GRÊLÉ, pour « il a fait de grandes pertes » [comme si ses biens avaient subi la grêle]. Cela est sorti de l'usage. Voir encore chez Balzac : *Ces pauvres Ragonnins m'ont l'air d'avoir été bien* GRÊLÉS *depuis quelque temps* (*Birotteau,* I).

Hist. — *Neigé* s'est dit là où nous mettons *enneigé : Cimes* NEIGÉES (H.-B. de SAUSSURE, dans Littré, qui cite aussi CHAT.).

b) Parmi les autres verbes essentiellement impersonnels, on a principalement *falloir. Apparoir* est un verbe défectif, surtout employé dans la langue juridique. On peut considérer *y avoir* et *s'agir* comme des verbes distincts d'*avoir* et d'*agir.*

1° **Falloir** se construit avec ce que l'on appelle traditionnellement un sujet réel (§ 230) : nom, pronom, infinitif ou proposition. S'il s'agit d'un pronom personnel, relatif ou interrogatif, il revêt la forme qu'il a comme objet direct.

Il faut DU COURAGE. *Il me fallait* CELUI-LÀ. *Il faut* SOURIRE *malgré tout. Il faut* QUE VOUS SOURIIEZ *malgré tout. — Il* LE *faut, il* LES *faut. Prenez ce* QU'*il vous faut.* QUE *faut-il ?*

Il s'emploie aussi absolument, mais on peut considérer qu'il y a ellipse de l'infinitif ou de la proposition (§ 217, *f*) : *Il parle plus qu'il ne faudrait.*

Comme il faut joue depuis longtemps dans la langue familière le rôle d'un adjectif invariable, « conforme aux bons usages » ; il est presque toujours figé au présent :

Il s'était dit qu'aucune femme COMME IL FAUT *ne daignerait lui parler que quand il aurait un bel uniforme* (STENDHAL, *Rouge*, I, 6). — *C'est un jeune homme très* COMME IL FAUT (MÉRIMÉE, *Colomba*, IV). — *On trouvait à Yonville qu'il avait des manières* COMME IL FAUT [en italiques] (FLAUB., *Mme Bov.*, II, 3). — [Voir un ex. avec *fallait* au § 850, *b*, Rem. 1.]

Aussi comme adverbe : *On se tenait très* COMME IL FAUT (BOYLESVE, *Meilleur ami*, I).

2° **Il y a,** souvent réduit à *y a* [jA] dans la langue parlée familière, se construit soit avec un élément nominal ou pronominal appelé traditionnellement sujet réel, soit avec *à* + infinitif ou *de quoi* + infinitif (§ 691, *d*) :

— IL Y A *de l'électricité dans l'air.* IL N'Y AVAIT *rien dans l'armoire.* IL Y *en* AURA. *Qu'*Y A-T-IL ? *Dites-moi ce qu'*IL Y A *dans votre sac.*

— IL Y A *à parier qu'il réussira* (AC., S.V. *avoir*). — IL Y A *à boire et à manger* (AC., S.V. *boire*). — IL N'Y A *pas à dire* (AC., S.V. *dire*). — IL N'Y A *pas à sortir de là* (AC., S.V. *sortir*). — *Il n'y a qu'à* « il suffit de » : IL N'Y A QU'À *parler et vous serez obéi* (ROBERT, S.V. *avoir*).

Il n'y a pas à dire se réduit à *il n'y a pas* (ou *à y a pas*) dans la langue parlée familière : IL N'Y A PAS ! *Très rigolo, Malaville* [= nom de l'endroit] !... (H. BERNSTEIN, *Après moi*, I, 5.) — Y A PAS, Y A PAS, *il faut rendre visite à ma tante Cœur, sinon, elle se fâchera* (WILLY et COLETTE, *Claud. à Paris*, p. 38).

— IL N'Y A *pas là de quoi fouetter un chat* (AC., S.V. *chat*). — IL Y A *de quoi manger dans l'armoire.* — Avec infinitif implicite, notamment dans la formule *Il n'y a pas de quoi*, par laquelle on répond à des remerciements ou à des excuses.

En français régional de Belgique : °*Il y a* POUR *perdre la tête* = Il y a de quoi ...

Remarques. — 1. La langue parlée construit parfois *il y a* avec une proposition (cf. § 1070, *b*).

Ordinairement, il y a reprise de *il y a*, qui était construit antérieurement avec un nom ou un pronom : *Qu'y a-t-il donc, monsieur Dominique ? me demanda André* [...]. / — IL Y A QUE *je vais partir dans trois jours pour le collège, mon pauvre André* (FROMENTIN, *Domin.*, III). — *Il y avait quoi ?* [...] IL Y AVAIT QUE *c'était son tour* (SIMENON, *Vérité sur Bébé Donge*, p. 245). — *La fatigue leur était venue. Il y avait cette grande chaleur ;* IL Y AVAIT QU'*ils n'avaient pas dormi et qu'ils ne mangeaient presque plus* (RAMUZ, *Grande peur dans la montagne*, p. 181).

Parfois, *il y a* n'a pas été exprimé auparavant : *Mon mari est revenu.* / — *Oh, fait Didier. Je... Et alors ?... / —* IL Y A QUE *je ne l'aime pas, Didier* (P. GADENNE, *Hauts-quartiers*, p. 495).

2. *Il est* et *il y a* étant souvent en concurrence (cf. § 756, *a*), *il y a* s'est introduit dans des constructions où la tradition se servait de *il est* :

— **Il n'y a pas besoin** (ou *Qu'y a-t-il besoin ... ?*), omis par beaucoup de dictionnaires : IL N'Y A PAS BESOIN *d'insister* (G. LANSON, dans Volt., *Lettres philos.*, S.T.F.M., t. I, p. XXIII). — IL N'Y A PAS BESOIN [...] *d'avoir une longue expérience de la vie pour apprécier des œuvres qui bornent leurs prétentions à chatouiller les nerfs* (AYMÉ, *Confort intellectuel*, p. 140). — IL N'Y A PAS BESOIN *de te donner tant d'explications* (PAGNOL, *Château de ma mère*, p. 85). — Autres ex. dans Deharveng, t. VI, p. 76 (Veuillot, G. Sorel, A. France, Bainville). — [Pour *Il n'est pas besoin*, voir § 756, *b*, 3°.]

— *Il y a* + participe passé : *Le gentilhomme sera manié délicatement, comme une caisse où il y a* ÉCRIT : *« Fragile »* (Th. GAUTIER, *Partie carrée*, III). — *Il y a* ÉCRIT : *tendresses* (Fr. MAURIAC, *Nœud de vip.*, X). — *Tout au sommet de la bulle de verre, il y a* ÉCRIT *quelque chose* (LE CLÉZIO, *Guerre*, p. 80). — *Sur la fiche il y avait* MARQUÉ : *« État comateux »* (S. de BEAUVOIR, *Tout compte fait*, p. 110).

Autres ex. : VALLÈS, *Enfant*, VI ; PAGNOL, *Fanny*, III, 5 ; CLAUDEL, cit. Togeby, § 411, 3 ; SABATIER, *Trois sucettes à la menthe*, p. 61.

3. Sur divers rôles d'*il y a*, voir § 1045, *b*.

3° *S'agir* se construit ordinairement avec une séquence nominale introduite par *de* (cf. § 230, Rem. 2), avec un infinitif introduit par *de* ou avec une proposition introduite par *que* :

Il S'AGIT *de votre avenir. Il* S'AGIT *de travailler sérieusement.* — *Il ne* S'AGIT *pas que vous écriviez, il faut que vous alliez vous-même* (LITTRÉ).

Avec une proposition, c'est un tour enregistré par très peu de dict., même récents, alors que Littré le relevait déjà : voir § 1073, *a*, 2°.

Pour *s'agir* à l'infinitif, voir § 752, Rem. 2 ; — au participe présent, voir § 752, Rem. 3. — °*Il y s'agit de :* § 749, Rem. 1.

4° *Apparoir,* à peu près exclusivement usité à l'indicatif présent, se construit avec une proposition, ou d'une manière absolue, dans des propositions introduites par *comme* ou *ainsi que ;* il appartient à la langue écrite, surtout juridique.

L'Ange n'emploie que le français, avec une pointe d'accent, d'où il APPERT *que ce n'est pas là* [...] *sa langue maternelle* (H. BOSCO, *Oubli moins profond*, p. 328). — *Aussi les passagers choisissent-ils encore* [...] *la ligne Cunard* [...], *ainsi qu'il* APPERT *d'un relevé fait sur les documents officiels des dernières années* (J. VERNE, *Vingt mille lieues sous les mers*, I). — Voir d'autres ex. au § 848, 3.

Hist. — 1. *Il conste,* empr. du latin *constat* « il est établi », se rencontre encore au XVIIe s., et même au XVIIIe, dans le fr. central : +*Des témoignages par lesquels il* CONSTE *que cet usage était établi* (BOSS., cit. Littré, avec un autre ex. de Boss.). — *Il* CONSTE *dès lors que la demande* [...] (abbé GRÉGOIRE, rapport de 1792, cit. Brunot, *Hist.*, t. X, p. 869).

Par la suite, le verbe ne survit qu'en Belgique, où des documents administratifs usent encore de formules comme : *Il* CONSTE *des pièces ci-jointes qu'une somme de ... a été portée en recette au profit du Trésor.* — *Il conste de* y a le sens « il résulte de ».

Claudel atteste un autre sens du verbe construit personnellement, « exister » : *Dieu, en qui toutes choses* CONSTENT *et subsistent (Emmaüs,* p. 211). — *Toutes choses* CONSTENT *en lui* [= le Christ] *(Un poète regarde la croix,* cit. *Trésor).* — Latinisme plutôt qu'archaïsme.

2. *Il me souvient* a été d'abord un verbe impersonnel, avant d'être concurrencé, puis à peu près évincé par *je me souviens.* La langue littéraire continue pourtant à recourir de temps à autre au tour impersonnel :

IL SOUVENAIT *encore au vieux Brotteaux de la princesse Mondragone* (A. FRANCE, *Les dieux ont soif,* p. 148). — IL *ne* ME SOUVIENT *pas d'en avoir jamais triomphé* (GIDE, *Journal,* 17 juin 1914). — IL *ne* ME SOUVIENT *pas, au lycée, d'avoir trouvé le moindre plaisir à étudier Virgile ou Racine* (Fr. MAURIAC, *Nœud de vip.,* II). — IL ME SOUVIENT *comme si c'était hier de ses gentillesses* (CÉLINE, *Voy. au bout de la nuit,* Fº, p. 291). — *De mon petit coin,* IL M'*en* SOUVIENT, *je la surveillais* (C. PAYSAN, *Nous autres, les Sanchez,* L.P., p. 107). — Autres ex. : A. MAUROIS, *Cours de bonheur conjugal,* p. 242 ; G. DUHAMEL, *Pesée des âmes,* p. 236 ; etc. — Voir aussi § 230, Rem. 2, Hist.

755   Un grand nombre de **verbes personnels** (intransitifs, passifs, pronominaux [§ 750, 3º], ainsi que *être* + adjectif attribut) peuvent être **construits impersonnellement** ; ils sont alors généralement suivis d'un nom, d'un pronom, d'un infinitif, d'une proposition conjonctive, séquence qu'on appelle traditionnellement sujet réel (§ 230) :

Tous les lundis, il PART *maintenant pour Grenoble plus de soixante charrettes* (BALZAC, *Médecin de camp.,* p. 60). — *Il* EST VENU *quelqu'un.* — *Il* EST *amer et doux* [...] / *D'écouter près du feu qui palpite et qui fume / Les souvenirs lointains lentement s'élever / Au bruit des carillons* [...] (BAUDEL., *Fl. du m.,* Cloche fêlée). — *Il* CONVIENT *que vous veniez.* — *Celui* [...] *auquel il* A ÉTÉ VOLÉ *une chose* (*Code civil,* art. 2279). — *Il* S'EST PASSÉ *bien des choses en votre absence.*

Si le « sujet réel » est un pronom relatif, il précède naturellement le verbe : *L'énorme chaleur* QU'*il faisait sur toute la côte* [...] (RENAN, *Ma sœur Henriette,* V).

Le choix de la tournure impersonnelle permet de transformer le sujet (le thème) en propos (cf. § 228) : UNE AVENTURE *m'est arrivée.* → *Il m'est arrivé* UNE AVENTURE.

Beaucoup de grammairiens considèrent que le verbe se trouve ainsi mis en relief ; on constate pourtant que ce verbe a parfois bien peu de poids sémantique : *S'il* EST *des jours amers, il en* EST *de si doux !* (A. CHÉNIER, *Odes,* Jeune captive.)

Il est vrai que pour les verbes impersonnels passifs, l'effacement de l'agent peut être total : *Il en sera parlé.* — Comp. : *On en parlera,* avec *on* indéfini.

L'impersonnel convient pour tout ce qui concerne la météorologie, l'atmosphère, les productions naturelles, etc., c'est-à-dire quand il n'y a pas de véritable agent :

Il SOUFFLE *un vent terrible* (J. ROMAINS, *Quand le navire...,* p. 147). — [...] *dans le désert où il ne* POUSSE *rien, par manque d'eau* (MAUPASS., *Bel-Ami,* I, 2).

C'est aussi pour effacer l'agent que Verlaine a construit *pleurer* impersonnellement : *Il* PLEURE *dans mon cœur / Comme il pleut sur la ville* (*Romances sans par.,* Ariettes oubliées, III).

D'autres facteurs encore interviennent, comme la longueur du groupe sujet et le souci de rattacher la phrase (et surtout des pronoms anaphoriques [§ 221]) à ce qui précède :

IL LOGEAIT *chez nous, à Passy, un jeune garçon de sept ou huit ans qui nous était apparenté* (J. GREEN, dans le *Figaro litt.*, 1ᵉʳ sept. 1951). — *Le goût du poivre n'est pas seul.* IL S'Y MÊLE *celui de la cendre* (J. ROMAINS, cit. Gaatone).

Les mêmes facteurs expliquent certaines inversions du sujet (cf. § 379, *b*, 4° et Rem. 2), mais l'inversion est plus nettement littéraire, alors que la construction impersonnelle appartient à la langue générale. Celle-ci préfère aussi l'impersonnel quand le sujet est un infinitif et surtout une proposition (§ 231, *b* et *c*) : *Il est honteux de mentir. Il est certain que vous vous trompez.*

Remarques. — 1. Les verbes impersonnels sont parfois accompagnés d'un objet indirect, beaucoup plus rarement d'un objet direct :

Il ME *vient une idée.* — *Il* LUI *prend des accès d'humeur* (AC.). — *Il ne* ME *souvient pas de m'être ennuyé un jour avec toi* (A. MAUROIS, *Cours de bonheur conjugal*, p. 242). — *Il* VOUS *est nécessaire de prendre un peu de repos.*
Il M'*ennuie de partager avec les filles d'Opéra et les impures* (Th. GAUTIER, *Jean et Jeannette*, II). — *Il* M'*étonne, direz-vous, que M. Mauriac vous représente un idéologue et un théoricien* (THÉRIVE, *Opinions littéraires*, p. 202). — Autres ex. au § 753.

2. Certains emplois impersonnels sont des usages régionaux, par ex. en Belgique :

°*Comment vous* VA-*t*-IL*?* [= Comment allez-vous ?] — °IL *me* VA *bien* (tours populaires). — °*Il* BRÛLE « *il y a un incendie* » (calque du flamand) : *Quand je* [= une cloche] *tinte, c'est qu'*IL BRÛLE (DE COSTER, *Ulenspiegel*, I, 28). — IL MANQUE *d'air ici.* — IL PUE *ici.* — IL SENT *le brûlé dans la cuisine,* encore donné par Littré, s.v. *sentir,* 10°, paraît sorti de l'usage, sauf en Belgique. — °*Il* SONNE pour annoncer la messe, la fin d'un cours, etc. Comp., chez un auteur suisse : IL SONNE *onze heures.* IL SONNE *minuit* (RAMUZ, *Grande peur dans la montagne,* p. 136). — Voir aussi § 643, *c.*

3. On trouve chez des écrivains des emplois non conformes à l'usage ordinaire :

D'un bout de votre création jusqu'à l'autre, / IL *ne* CESSE *point continuité* (CLAUDEL, *Cinq gr. odes,* II). — IL EST INCROYABLE *la clarté que donnait cet amas de diamants* (É. BOURGES, *Crépuscule des dieux,* IV). [*Il est incroyable* devrait être suivi d'un infinitif ou d'une proposition.]

Hist. — *Il s'en va,* impersonnel, avec une indication de temps, s'est employé au sens de « il est bientôt » : ⁺*J'ai hâte,* IL S'EN VA *nuit* (CORN., *Suite du Ment.,* II, 6). — IL S'EN VA *temps que je reprenne / un peu de forces et d'haleine* (LA F., *F.,* VI, Épilogue). — L'Acad. n'a supprimé qu'en 1932 ces ex. qu'elle donnait encore en 1878 : IL S'EN VA *onze heures,* IL S'EN VA *midi.* IL S'EN VA *temps,* IL S'EN VA *grand temps qu'il parte.* — °*Il s'en va temps* se lit encore chez des auteurs d'origine méridionale : IL S'EN VA *temps que tu travailles seul* (POURRAT, *Gaspard des Montagnes,* t. I, 1931, p. 71). — *J'ai pris enfin un peu d'ascendant sur elle.* IL S'EN ALLAIT *temps* (J.-L. CURTIS, *Parade,* VII).

756   *Être* comme verbe impersonnel. Cas particuliers.

a) La langue littéraire continue à employer *il est* + un syntagme nominal, là où la langue ordinaire se sert de *il y a :*

IL N'EST *pire douleur / Qu'un souvenir heureux dans les jours de malheur* (MUSSET, *Prem. poés.*, Saule, I). — IL EST *des parfums frais comme des chairs d'enfants* (BAUDEL., *Fl. du m.*, Correspondances). — IL N'EST *pas jusqu'aux poètes qui ne s'en soient emparé* [sic] (AYMÉ, *Confort intellectuel*, p. 71) [cf. § 1063, *b*, 3°]. — IL EST *d'autres monuments oranais* (A. CAMUS, *Été*, p. 51).

Il était une fois est une formule habituelle pour introduire un conte : IL ÉTAIT *une fois une petite servante qui lavait la vaisselle toute la journée* (B. BECK, *Contes à l'enfant né coiffé*, p. 137).

Il est ne peut être substitué à *il y a* quand celui-ci marque le temps, la distance : *Il est venu me voir il y a dix jours. Il y a un mètre entre les deux haies.*

Hist. — *Il est* a profité de l'ostracisme qui frappait *il y a* dans la poésie classique, à cause de l'hiatus.

b) Il est + nom sans déterminant, suivis de *de* et d'un infinitif ou de *que* et d'une proposition.

1° *Il est (grand) temps* et ***Il est question*** appartiennent à la langue courante, et *il* ne peut pas, normalement, être remplacé par *ce :*

IL EST TEMPS *de partir.* IL EST TEMPS *que vous partiez.* — IL EST QUESTION *de lui donner cette place* (AC.). — IL N'EST *pas* QUESTION *que l'État prenne à sa charge cette dépense* (petit Robert).

Il est question de se construit aussi avec un nom ou un pronom : *De quoi est-il question ?* (AC.)

Ex. exceptionnel : CE *n'était question que de radars* (ARAGON, *Mentir-vrai*, p. 433).

2° ***Il est dommage,*** omis par beaucoup de dictionnaires, a toujours été moins courant que *C'est dommage*. Littré a pris sa défense, quoiqu'il le reconnût « un peu archaïque » :

IL SERAIT DOMMAGE *de laisser ce jeune homme courir à sa perte* (MÉRIMÉE, *Colomba*, IV). — IL EST *bien* DOMMAGE *que vous n'ayez pu arriver à temps* (AC.). — IL SERAIT DOMMAGE *que ces mots* [...] *expriment la vérité* (J. MONTAURIER, *Comme à travers le feu*, p. 101).

3° *Il* ne peut être remplacé par *ce* dans ***Il est besoin,*** tour qui appartient à la langue écrite et qui ne s'emploie plus guère que dans des contextes négatifs ou dubitatifs (phrase interrogative, proposition conditionnelle, etc.) :

IL N'EST *pas* BESOIN *de chercher longtemps pour trouver ce que tu demandes (Dict. contemp.).* — *Sans qu'*IL SOIT BESOIN *de prévenir* (petit Robert). — IL EST *à peine* BESOIN *de le dire.* — EST-IL BESOIN *de dire que le malade doit se reposer ? (Grand dict. enc. Lar.)* — *Qu'*EST-IL BESOIN *de s'appesantir sur des disputes logographiques* [...] *?* (CHAT., cit. *Trésor*.) — *S'*IL EST BESOIN *de le rappeler.*

Avec omission de *il : Point ne* SERA BESOIN [...] *de nous présenter effectivement les deux expressions de la même idée* (BERGSON, *Rire*, p. 93). — *Il m'a offert de me seconder si* BESOIN ÉTAIT (SIMENON, *Vérité sur Bébé Donge*, p. 67).

On ne trouve pas souvent, même dans la langue écrite, des ex. comme ceux-ci, que donne Littré : IL EST BESOIN *de partir.* IL EST BESOIN *que je parte.*

La langue littéraire construit parfois *il est besoin de* avec un syntagme nominal ou un pronom : IL *n'*EST BESOIN [...] *que d'un peu d'attention pour en venir à bout* (HERMANT, *Nouvelles remarques de M. Lancelot*, p. 40). — *C'est cela même* DONT IL ÉTAIT *ici tellement* BESOIN (Ch. DU BOS, *Grandeur et misère de B. Constant*, p. 89). [Ni négatif ni dubitatif.] — Avec omission de *il* : *Pas n'*EST BESOIN *de dogmes pour faire balayer les rues !* (FLAUB., *Éd. sent.*, II, 3.)

Il est de besoin : voir § 243, *d*, Hist., 3. — *Il n'y a pas besoin :* § 754, *b*, 2°, Rem. 2.

c) Il n'est que de + infinitif a parfois encore le sens classique « il n'y a rien de tel que de », « le mieux est de », « il convient de », mais l'expression est surtout usitée aujourd'hui dans le sens de « il suffit de », « il n'y a qu'à » :

« Il convient de » : [...] *Tous à la file selon la mode du pays, cette mode que suivent les girafes, les antilopes, les indigènes, et que nous adoptons là-bas, car* IL N'EST QUE DE *se soumettre aux usages dont la raison nous est cachée* (GIDE, *Feuillets d'automne*, Pl., p. 1116).

« Il suffit de » : IL N'ÉTAIT QUE DE *pousser la grille* [...], *et l'on se perdait dans un parc* (DERÈME, *Libellule violette*, p. 13). — *Oui, c'est la vérité :* IL N'EST QUE DE *regarder ce moignon* (GENEVOIX, *Rroû*, p. 245). — *Quelques vers restaient à composer :* IL N'ÉTAIT QUE DE *s'y mettre* (G. DUHAMEL, *Temps de la recherche*, XII). — *Cet homme paisible* [= Érasme] *n'est pas brave* [...]. IL N'EST QUE DE *le voir du reste. De petite santé, souffrant de la gravelle, il est tenu à mille précautions* (L. LARGUIER, *Fâchés, solitaires et bourrus*, p. 63). — *Tout prenait une âme ;* IL N'ÉTAIT QUE DE *rester silencieux, immobile, pour la sentir* (ARLAND, *Terre natale*, p. 79). — Autres ex. : Fr. JAMMES, *M. le curé d'Ozeron*, II ; DE GAULLE, *Mém. de guerre*, t. II, p. 352 ; DAUZAT, dans le *Monde*, 15 oct. 1952 ; etc.

Hist. — *Il est* pouvait se construire avec une proposition conjonctive dans la langue classique ; on en trouve encore des ex. avec négation dans la première moitié du XIXᵉ s. :

⁺*Dans un si grand auditoire,* IL *n'*EST *pas* QU'*il ne s'y rencontre plusieurs courtisans* (BOSS., *Œuvres orat.*, t. III, p. 323). — *Or* EST-IL QU'*un corps grave* [= pesant] *tombe en effet de quinze pieds dans la première seconde* (VOLT., *Lettres philos.*, XV). — *Quoique nous ne les ayons jamais vus,* IL *n'*EST *point* QUE *vous n'ayez entendu parler de ces bons cobolds* [sic] (Al. DUMAS, *Contes*, Bouillie de la comtesse Berthe, I). — IL *n'*EST *pas* [...] QUE *vous n'ayez gardé quelque souvenir de Stephen* (A. KARR [1832], cit. *Trésor*, t. VIII, p. 292).

Cette tournure paraît se continuer dans l'expression figée *Toujours est-il que ...,* mais l'apparition tardive de celle-ci peut obliger à chercher une autre explication : cf. § 967, *e*, Hist.

757 *Faire* **comme verbe impersonnel.**

a) **Avec un nom,** *faire* sert à former de nombreuses expressions concernant l'atmosphère ou le temps :

— Le nom est accompagné d'un déterminant : IL FAIT *du soleil, du verglas, du vent, de la pluie, du brouillard, de l'orage, des éclairs.* — IL FAIT *un temps de chien, un temps épouvantables. Quel temps* FAIT-IL *?* — IL FAISAIT *un beau soleil* (STENDHAL, *Rouge*, II, 1). — IL A FAIT *hier un grand coup de vent* (LITTRÉ). — IL FAISAIT *une douce et molle matinée d'automne* (G. DUHAMEL, cit. *Grand Lar. langue*). — IL FAISAIT *un froid de canard, une chaleur torride. Quelle chaleur* IL FAIT *!* — IL FAIT *trente degrés à l'ombre.*

— Le nom n'est pas accompagné d'un déterminant : IL FAIT *jour, nuit.* IL FAIT *nuit noire.* — IL FAIT *clair de lune* (AC.). — IL FAIT *déjà grand soleil* (AC.). — IL FAIT *beau temps.*

— Il FAIT *soleil, maintenant* (Fr. MAURIAC, *Sagouin*, p. 93). — Autres ex. de *Il fait soleil* (que certains considèrent, à tort, comme un régionalisme) :

VALLÈS, *Enfant*, VI ; J. RENARD, *Histoires natur.,* Au jardin ; HERMANT, *Confidences d'une aïeule*, XIII ; G. DUHAMEL, *Possession du monde*, IV, 8 ; GIRAUDOUX, *Intermezzo*, II, 6 ; P. GAXOTTE, dans le *Figaro*, 10 mars 1973 ; GRACQ, *Balcon en forêt*, p. 119 ; M. TOURNIER, *Vendredi ou les limbes du Pacifique*, F°, p. 166. [Cela est déjà dans MONTAIGNE, *Ess.*, I, 36.]

Avec *tempête* et *orage*, cela est plus rare : IL FAIT TEMPÊTE *dans le port* (MONTHERLANT, *Treizième César*, p. 132). — IL AVAIT FAIT ORAGE *la veille* (G.-E. CLANCIER, *Drapeaux de la ville*, p. 119).

On dit dans la langue familière, surtout par plaisanterie, *Il fait faim, Il fait soif* : *Midi était sonné, et ce fut une nouvelle lamentation, car* IL *commençait à* FAIRE grand-FAIM (ZOLA, *Bête hum.*, VII). — IL FAIT *froid et* FAIM (P.-H. SIMON, *Parier pour l'homme*, p. 82) [ex. qui n'est ni plaisant ni même familier]. — En outre, *Il fait sommeil* : ARAGON, *Cloches de Bâle*, II, 13.

b) Avec un adjectif.

1° À propos de la température, du temps qu'il fait, de l'atmosphère :

— *Il fait* CHAUD, ÉTOUFFANT, FROID, BON, FRAIS, DOUX, TIÈDE. — *Il fait* GLACIAL (VERL., *Amour*, Bournemouth). — *Il fait* TORRIDE (COLETTE, *Maison de Claudine*, XIII). — *Il fait* PESANT, *l'ouest est noir* (WILLY et COLETTE, *Claud. à Paris*, p. 207). — *Il fait* LOURD (DABIT, *Hôtel du Nord*, XXX ; J. GENET, *Notre-Dame-des-Fleurs*, Œuvres compl., p. 84 ; Cl. SIMON, *Herbe*, p. 159).

L'expression est suivie d'un infinitif : *Il fait trop* CHAUD MARCHER (PROUST, *Rech.*, t. III, p. 815).

À propos d'une chaleur orageuse, on dit dans le fr. populaire de Belgique °*Il fait* MALADE, FADE, GRAS. À propos d'un froid humide, on dit dans beaucoup de régions (Nord et Est, Belgique, Suisse, Québec) °*Il fait* CRU.

— *Il fait* BEAU, VILAIN, SEC, HUMIDE. — *Cette année-là, il avait fait* MAUVAIS (ARAGON, *Blanche ou l'oubli*, F°, p. 13). — *Il faisait beau, froid et* VENTEUX (SAGAN, *Merveilleux nuages*, L.P., p. 105).

Il fait LAID est plus rare (sauf en Belgique) ; Robert le relève chez Diderot, et le *Grand Lar. langue* chez Gide. — En Belgique on dit aussi : *Il fait* PLUVIEUX.

— *Il fait* CLAIR, SOMBRE, NOIR.

Par analogie : *Le ciel était rouge ; sur terre,* IL FAISAIT *clair et* BLEU (SARTRE, cit. Robert, s.v. *faire*). — *Il fait bon* IL FAIT BLEU (CLAUDEL, *Dodoitzu*, Mon petit nom). — IL FAIT ROSE [...] *sur les grands rochers* (RAMUZ, *Règne de l'esprit malin*, I, 1).

— De l'état du sol : *Il y a du verglas, il fait bien* GLISSANT (AC.). — L'expression est suivie d'un infinitif : *Il faisait* GRAS MARCHER, *et les fossoyeurs* [...] *rejetaient avec peine la terre lourde qui collait sur leurs louchets* (FLAUB., *Voy.*, t. I, p. 239).

— *Comme il fait* CALME ! [...] *On ne voit pas remuer une feuille* (GENEVOIX, *Tête baissée*, III, 1).

2° À propos de l'état des lieux.

L'Acad. a donné jusqu'en 1878 cet ex. : *Il fait fort* SALE *dans les rues* (s.v. *sale*). Cela se dit encore en Belgique ; aussi d'une maison, etc. ; de même : *Mon Dieu, Mademoiselle, comme il fait* PROPRE *dans votre chambre* (A. BAILLON, *Hist. d'une Marie*, 1929, p. 102). — Mais cela n'a pas disparu non plus en France : *La pluie était mêlée de neige. Il faisait froid et* SALE (ARAGON, *Semaine sainte*, L.P., t. I, p. 28).

3° Pour décrire des impressions affectives.

Il fait GAI, *Il fait* TRISTE (ou autres adjectifs synonymes) ne sont pas dans les dict. Courantes en Belgique, ces expressions ne sont pas inconnues en France : *Il fait* TRISTE *sans toi* (ARAGON, *Beaux quartiers*, II, 19).

4° *Il fait* + adjectif + infinitif.

Il fait BON, dans cet emploi, est du français commun, l'infinitif étant ou non précédé par la préposition *de* : *Il fait* BON *vivre* ou *de vivre chez vous.* Cf. § 881, *a.* — *Il fait* BEAU *voir* est aussi du fr. commun. Formules moins courantes : *Il fait* CHER *vivre dans cette ville* (AC., s.v. *cher*). — *Il faisait* MAUVAIS *les provoquer* (ROBERT). — *Il fait* DUR *voyager* (HUGO, *Misér.*, I, II, 4). — *Il fait* DANGEREUX, SÛR sont dans peu de dict., et toujours avec des ex. anciens : Montaigne (dans Robert), Corneille et Molière (dans Littré). — On n'a relevé qu'en Belgique °*Il fait* FACILE, DIFFICILE *(de) marcher.* Voir en outre les ex. de Proust et de Flaubert cités dans le 1°.

c) **Avec un participe passé :** °*Il fait marqué que* ... (voir § 791, *e,* 3°).

d) **Avec un adverbe.**

°*Il fait tard* chez CLAUDEL : *Maintenant ce n'est plus le soleil du matin,* IL FAIT TARD, *il y a un beau clair de lune* (*Soulier de satin*, II, 2). — On dit ordinairement : *Il se fait tard.*

N.B. — L'analyse des expressions décrites dans ce § est particulièrement difficile. Cf. Damourette-Pichon, § 1533.

SECTION 2. — LES FORMES DU VERBE

Bibl. — P. FOUCHÉ, *Morphologie historique du français. Le verbe.* Nouv. éd. P., Klincksieck, 1967. — M. CSECZY, *De la linguistique à la pédagogie : le verbe français.* P., Hachette-Larousse, 1968. — J.-P. JAFFRÉ, *La morphologie thématique du verbe,* dans *Heso, liaisons,* juin 1982, pp. 7-17. — *Le nouveau Bescherelle. L'art de conjuguer.* Nouv. éd. P., Hatier, 1966. — J. PINCHON et B. COUTÉ, *Le système verbal du français.* P., Nathan, 1981.

758   Les notions de mode, de temps, de voix, de personne et de nombre qui caractérisent le verbe sont exprimées par celui-ci de trois façons.

a) Par des finales ou **désinences** ou **terminaisons** (§§ 764-779) :

*Chant*ER, *nous chant*ONS, *nous chant*ÂMES, *nous chant*ERONS.

Les désinences s'opposent au radical *(chant-),* qui est constant pour l'ensemble des formes d'un verbe comme celui auquel nous avons emprunté les ex. ci-dessus. C'est le radical qui porte le sens que le verbe garde à travers toutes ses formes.

Les désinences distinctes sont plus nombreuses à l'écrit qu'à l'oral. Un verbe comme *chanter* a la même désinence orale, d'ailleurs désinence absente ou désinence *zéro,* pour quatre formes de l'indicatif présent, quatre formes du subjonctif présent et une forme de l'impératif présent : [ʃãt] = (je, il) *chante, chantes, chantent.* Il est vrai que certaines consonnes muettes peuvent reparaître en liaison, notamment lorsqu'il y a inversion : *Chantent-ils* [ʃãttil] ; de même, *prends* [pʀã], homonyme de *prend*, peut s'en distinguer : *prends-en* [pʀãzã], *prend-il* [pʀãtil].

b) Par des modifications portant sur le **radical** (§§ 759-763) :

— Soit par l'addition d'une suite phonique, ou **affixe**, entre le radical et la désinence : *Je fin-is, nous fin-*ISS*-ons.*

— Soit par des variations dans le radical lui-même, qui garde, d'autre part, une partie constante. Cela se produit surtout pour les verbes irréguliers : VEN-*ir, ils* VIENN-*ent. Je* MEUR-*s, nous* MOUR-*ons.*

— Soit, pour quelques verbes tout à fait irréguliers, par des radicaux absolument différents : *Il* VA, *nous* ALL-*ons, nous* IR-*ons.*

Dans ces verbes très irréguliers, il est souvent fort difficile de distinguer le radical et la désinence. Si l'on prend un cas extrême : *j'ai, tu as, il a, ils ont,* ces formes — constituées par une seule syllabe, et même par un seul son, [e], [A], [ɔ] — ne peuvent évidemment pas se partager entre radical et désinence.

c) Par l'utilisation d'un **auxiliaire.**

Ces auxiliaires, *avoir* (§ 781) ou *être* (§ 782), permettent de former les temps **composés** et le **passif** en se combinant avec le participe passé :

Il A *travaillé. Il* EST *tombé.* — *Il* EST *critiqué par ses camarades.*

Avec un double auxiliaire (le premier étant nécessairement *avoir*), on obtient les temps **surcomposés** (§ 788) :

*Vous n'*AVEZ *pas* ÉTÉ *plus tôt parti qu'il est arrivé.* (AC.)

Les temps qui ne sont ni composés ni surcomposés sont dits **simples.**

Les **semi-auxiliaires**, qui se combinent avec l'infinitif, parfois avec le gérondif ou le participe, expriment surtout l'aspect. Cf. §§ 789-791.

N.B. Le présent ouvrage décrit la morphologie du verbe en se fondant surtout sur les formes écrites. Dans cette 12ᵉ édition, l'oral est cependant pris en considération aussi souvent que possible.

I. — OBSERVATIONS SUR LE RADICAL

759   **Hist.** — Dans un grand nombre de verbes, au présent de l'indicatif, du subjonctif et de l'impératif, la voyelle du radical avait, au moyen âge, des développements différents suivant qu'elle était accentuée ou atone. De là, des radicaux *toniques* ou *forts* (avec voyelle accentuée) et des radicaux *atones* ou *faibles* (avec voyelle non accentuée). Ainsi l'on avait :

parol	pleur	lef	aim, ain
paroles	pleures	leves	aimes
parole(t)	pleure(t)	leve(t)	aime(t)
parlons	plorons	lavons	amons
parlez	plorez	lavez	amez
parolent	pleurent	levent	aiment

Par les forces de l'analogie, la plupart des verbes ont pris la même forme de radical à toutes les personnes. Dans la majorité des cas, c'est la voyelle atone qui a été généralisée : *lEf, lIEf, cUEvre, trUEf*, etc. se sont modifiés sous l'influence de *lAvons, lEvons, cOUvrons, trOUvons*, etc. Parfois c'est la voyelle accentuée qui a supplanté la voyelle atone : *plOrons, AMons, demOrons*, etc. se sont modifiés sous l'influence de *plEUr, AIm, demEUr*, etc.

Ces réductions ne se sont pas faites d'un coup ni sans hésitations. Un certain nombre de verbes ont gardé le changement de voyelle (ou *apophonie* : § 39, *a*, Rem. 3) selon les personnes : *J'acquiErs, nous acquErons ; je bOIs, nous bUvons ; je mEUrs, nous mOUrons ; je dOIs, nous dEvons ; je pEUx, nous pOUvons*, etc.

Pour certains verbes comme *trouver, prouver, éprouver, pleuvoir*, au XVIIᵉ s. encore, existaient concurremment deux séries complètes de formes, les unes avec *ou* : *trouver, prouver, éprouver, plouvoir* — les autres avec *eu* : *treuver, preuver, épreuver, pleuvoir*. — Cf. : *J'en* TREUVAI *l'occasion fort honnête* (RAC., t. VI, p. 457). — Vaugelas (p. 133) déclarait : « *Trouver*, et *treuver*, sont tous deux bons, mais *trouver* avec *o*, est sans comparaison meilleur, que *treuver* avec *e*. » — Les poètes, à l'occasion, exploitaient ces commodités : *treuve* rime avec *veuve* chez La Fontaine (*F.*, II, 20) et chez Molière (*Mis.*, I, 1).

760   Verbes en -*er* : observations purement graphiques.

a) Les verbes en -*cer* prennent une cédille sous le *c* devant *a* et *o*, afin de conserver au *c* la même prononciation [s] qu'à l'infinitif :

AvanCer. Nous avançons, je plaçais, il acquiesÇa.

b) Les verbes en -*ger* prennent un *e* après le *g* devant *a* et *o*, cet *e* ne se prononçant pas, mais servant à conserver au *g* la même prononciation [ʒ] qu'à l'infinitif :

PartaGer. Je partagEais, songEant, nous mangEons.

Remarques. — 1. Les verbes en -*guer* [ge] conservent le *u* dans toute la conjugaison (cf. § 93, Rem. 1) :

NaviGUer, nous naviGUons, il naviGUait.

De même les verbes en -*quer* [ke] gardent le digramme *qu* dans toute la conjugaison (cf. § 92, *b*, 1°, Rem. 1) :

CommuniQUer, nous communiQUons, il communiQUait.

Dans ces deux catégories, le participe présent diffère de l'adjectif qui y correspond : *Le personnel* NAVIGANT, *une attitude* PROVOCANTE. — Cf. § 887, *b*.

2. Pour éviter une mauvaise prononciation °[ARge] du verbe *arguer* [ARgɥe], l'Acad. a décidé en 1975 de mettre un tréma sur le *u* (*argüer*) dans toute la conjugaison de ce verbe. (C'était déjà le souhait de Littré.)

761   Verbes en -*er* : observations phonétiques et graphiques.

a) Les verbes qui ont un *e* muet à l'avant-dernière syllabe de l'infinitif changent cet *e* en [ɛ] écrit *è* (avec accent grave) devant une syllabe contenant un *e* muet :

SEmer [s(ə)me], *je sÈme* [sɛm], *je sÈmerai* [sɛmRe], *nous sÈmerions* [sɛməRjɔ̃].

Cependant, les verbes en *-eler* et *-eter* connaissent deux procédés graphiques :

— *Appeler* (et *rappeler*), *chanceler, renouveler, ruisseler, jeter* et les verbes de sa famille redoublent le *l* ou le *t* devant une syllabe contenant un *e* muet :

J'appeLLe, je renouveLLerai. Je jeTTe, nous jeTTerons.

— *Celer, geler, peler, acheter* et les verbes de leurs familles prennent un accent grave sur le *e* devant une syllabe contenant un *e* muet :

Il gèle, il pèlera [pɛlRa], *nous achèterions* [aʃetərjɔ̃].

Pour les autres verbes, il y a beaucoup d'hésitations, dans les dictionnaires et/ou dans l'usage :

Littré donne des indications qui contredisent celles de l'Acad. pour les verbes *agneler, botteler, canneler, ciseler, épeler, griveler, harceler, aiguilleter, banqueter, becqueter, breveter, caqueter, colleter, craqueter, crocheter, dépaqueter, étiqueter, fureter, haleter, trompeter.*

Ex. où les verbes sont traités autrement que ne l'indiquent l'Acad. ou, à son défaut, Littré :

Démantellent : TAINE, *Voy. en It.*, t. II, p. 77 ; *pantèle* : GENEVOIX, *Rroû*, p. 23 ; *épous-sètent* : *ib.*, p. 243 ; *déchiquète* : FLAUB., *Corresp.*, t. I, p. 252 ; *craquèle* : J. ROMAINS, *Vie unanime*, p. 243 ; *feuillèterait* : Fr. MAURIAC, *Sagouin*, p. 128 ; *volètent* : GIDE, *Nourr. terr. et nouv. nourr.*, p. 166 ; *bossèle* : F. GREGH, *Âge de fer*, p. 242 ; *harcèle* : MONTHERLANT, *Demain il fera jour*, I, 1 ; *ficèle* : LA VARENDE, *Cœur pensif...*, p. 264 ; *cliquètent* : TROYAT, *Cahier*, p. 85 ; *étiquète* : R.-L. WAGNER, dans le *Fr. mod.*, janv. 1942, p. 66 ; *collète* : CESBRON, dans le *Monde*, 16 sept. 1977 ; etc.

Aussi l'Acad. a-t-elle décidé en 1975 d'adopter les terminaisons en *-èle* et en *-ète* pour tous les verbes en *-eler* et en *-eter*. Comme il n'est pas certain que, dans la prochaine édition, elle appliquera cette mesure aux verbes très courants *appeler*, etc., énumérés ci-dessus, la sagesse conseille de ne pas encore leur appliquer la réforme.

Remarques. — 1. La tendance populaire est de généraliser, dans les verbes qui ont un *e* muet à l'avant-dernière syllabe de l'infinitif et surtout dans les verbes en *-eter*, le radical bref tel qu'il se présente à l'infinitif.

On entend [RəlvRɛ] au lieu de [R(ə)levRɛ] pour *relèverait*, [ãpʌkt] au lieu d'[ãpakɛt] pour *empaquette*, [epust] au lieu d'[epusɛt] pour *époussette*, [dekɔlt] au lieu de [dekɔlɛt] pour *décollette*, [deʃikt] au lieu de [deʃikɛt] pour *déchiquette*, [fyrt] au lieu de [fyRɛt] pour *furète*.

Ces prononciations apparaissent d'ordinaire par écrit seulement lorsque l'auteur veut reproduire le parler populaire : *Quand-t' [sic] est-ce que tu m'*ACH'T'RAS *mes bottes ?* (R. IKOR, *Tourniquet des innocents*, p. 249.) — G. Sand veut-elle se moquer de la personne dont elle parle dans l'ex. suivant ? *Sa conscience est selon lui si pure et si délicate que le plus petit guillemet, le plus léger accent circonflexe le* BOURLE *de remords* (*Corresp.*, t. IV, p. 696). — [Voir déjà *Je l'*ESPOUSTERAY chez MOL. (*Ét.*, IV, 5) dans la bouche d'un valet.]

Le verbe *becqueter* a donné le doublet, d'origine populaire et encore très familier, *becter* « manger » : *Il faut que je* BECTE, *moi* (ARAGON, *Cloches de Bâle*, III, 7). — De même, *débecter* « dégoûter » : *Parce qu'il nous dégoûte, qu'il nous* DÉBECTE, *que sa physionomie nous coupe l'appétit* (VERCORS, dans les *Lettres fr.*, 4 avril 1947). — *Jacter* « parler » est aussi pour *jaqueter.*

2. Notons l'infinitif *interpeller*, qu'il est préférable de prononcer [-pele] ou [-pɛle], au lieu de °[-pəle]. (On n'entend jamais *[-ple].)

b) Les verbes qui ont un *é* [e] à l'avant-dernière syllabe de l'infinitif ne changent cet *é* en *è* que devant une syllabe muette finale (donc pas au futur et au conditionnel, malgré la prononciation) :

Altérer [alteʀe], *j'altère, nous altérerons* [alteʀʀɔ̃], *nous altérerions* [alteʀəʀjɔ̃].

Les verbes en *-éer* conservent [e] dans toute la conjugaison et donc la graphie *é* : *Créer* [kʀee], *je crée* [kʀe], *nous créerons* [kʀeʀɔ̃].

Hist. — Quand *téter* était écrit *teter* (encore dans le dict. de l'Acad. en 1878), il se conjuguait comme *jeter* : *La dormeuse* [...] / [...] / Tette *dans la ténèbre un souffle amer de fleur* (Valéry, *Album de vers anciens,* Anne). — Aujourd'hui, *tète.*

c) Les verbes en *-yer* [je] changent *y* en *i* quand disparaît le [j].

1° Les verbes en *-oyer* et en *-uyer* changent *y* en *i* devant un *e* muet :

Employer [ɑ̃plwaje], *j'emploie* [ɑ̃plwa], *j'emploierai* [ɑ̃plwaʀe]. — *Ennuyer* [ɑ̃nɥije], *j'ennuie* [ɑ̃nɥi], *j'ennuierai* [ɑ̃nɥiʀe].

2° Pour les verbes en *-ayer,* on admet, quand il y a un *e* muet dans l'orthographe, deux prononciations et deux graphies : *Je paie* [pɛ] et *je paye* [pɛj].

Les formes avec *y* restent très fréquentes : *Se raye* [rimant avec *Reille*] (E. Rostand, *Aiglon,* V, 5). — *On essaye* (Barthes, *Éléments de sémiologie,* I, 1, 7 ; J. Dutourd, *Paradoxe du critique,* p. 27). — *Il essaye* (S. Prou, *Méchamment les oiseaux,* p. 179). — *Je balaye* (D. Boulanger, *Enfant de bohème,* p. 178). — *Il débraye* (Pieyre de Mandiargues, *Marge,* p. 125). — *Elle égaye* (M. Pons, dans les *Temps modernes,* févr. 1973, p. 1334). — *Payent* (Le Roy Ladurie, *Carnaval de Romans,* p. 53). — *Payeront* (Raym. Aron, dans le *Figaro,* 2 juin 1973). — *Nous l'essayerons* (J.-M. Domenach, dans *Esprit,* nov. 1974, p. 627). — Etc.

Bayer garde le radical [baj] dans toute sa conjugaison ; l'*y* doit donc s'y maintenir aussi : *Une fille qui a jeté son bonnet par-dessus les moulins !... qui* baye *aux grues...* (Villiers de l'Isle-Adam, cit. *Trésor.*) — [Ne pas confondre avec *bâiller,* comme dans cet ex. : *Jamais on ne la voyait rêver,* bâiller *aux corneilles* (C. Bourniquel, *Retour à Cirgue,* p. 64).]

3° Pour les verbes en *-eyer,* [j] se maintient toujours, et donc aussi l'*y : Je grasseye* [gʀasɛj], *je grasseyerai.*

Cas particulier : **planchéier.** Littré donne les formes suivantes : *Je planchéiais, nous planchéiions, que je planchéie, que nous planchéiions.* Il indique pour l'infinitif la prononciation *planchè-ié.* Comment faudrait-il prononcer *planchéie* ? L'orthographe rationnelle serait *plancheyer, je plancheye,* etc. Mais nous n'avons relevé dans l'usage que l'infinitif *planchéier* et le participe *planchéié* (par ex., Balzac, *Goriot,* p. 6 ; P. Lar., s.v. *éléphant* ; J. Borel, *Retour,* p. 109).

Faseyer (écrit ainsi par ex. par Y. Navarre, *Je vis où je m'attache,* p. 11) reçoit parfois des graphies peu défendables : *faséyer* (Cl. Ollier, *Vie sur Epsilon,* p. 228), *fazéièrent* (Balzac, *Femme de trente ans,* Pl., p. 815), *fasaye* (Cl. Ollier, *Our ou vingt ans après,* p. 8).

Les règles données ci-dessus pour l'alternance *y/i* valent aussi pour d'autres verbes : cf. § 763, *a.*

762   **Verbes en *-ir*** (du type *finir*).

a) ***Fleurir*** a un second radical, *flor-,* qui sert uniquement dans le sens figuré de « prospérer, être en honneur ».

— À l'indicatif imparfait : *Au temps où les arts et la licence* FLORISSAIENT (BALZAC, *Peau de ch.*, p. 24). — *Le professeur Charcot, qui* FLORISSAIT *à la Faculté de Médecine autour de 1880-1890* (L. DAUDET, *Rêve éveillé*, p. 112). — *Le charme qu'elle* [= la ville] *avait jadis, quand y* FLORISSAIENT *les bons Balesta, paraissait intact* (H. BOSCO, *Épervier*, p. 20). — *Elle montrait à son père les deux marchands de drap leurs concurrents* [...] *qui* FLORISSAIENT (JOUHANDEAU, *Prudence Hautechaume*, 1980, p. 166). — *J'appris qu'il* [= un érudit] FLORISSAIT *vers 1890* (SARTRE, *Nausée*, M.L.F., p. 46).

Le radical *fleur-* est rare : *Dites-moi où sont maintenant ces maîtres et ces docteurs que nous avons connus lorsqu'ils vivaient encore et qu'ils* FLEURISSAIENT *dans leur science* (LAMENNAIS, trad. de l'*Imitation*, I, 3). — *Ce style roman qui* FLEURISSAIT *encore en Aquitaine au XIIᵉ siècle* (A. FRANCE, *Balthasar*, p. 84).

— Au participe présent (comme forme verbale ou encore adjectif) : *Autant l'hôtel était bien tenu, autant était* FLORISSANTE *la Normandie* (PROUST, *Rech.*, t. II, p. 788). — *Raoul pouvait citer tel parlementaire de sa famille,* FLORISSANT *sous la Régence* (J. GREEN, *Malfaiteur*, p. 42). — *Une santé* FLORISSANTE.

Le radical *fleur-* est très rare : *Elles* [= les mœurs antiques] *différaient notablement des mœurs bourgeoises* FLEURISSANTES *alors en la bonne ville d'Orléans* (PÉGUY, *Souvenirs*, p. 35).

— Parfois, à d'autres temps : *Ce n'est donc pas une raison* [...] *pour que l'art* [...] *ne continue pas de verdoyer et de* FLORIR (HUGO, *F. d'aut.*, Préf.). — *Encore aujourd'hui, en Belgique,* FLORISSENT *une infinité d'associations pareilles* (TAINE, *Philos. de l'art*, t. I, p. 240). — *Cette aire illuminée où* FLORIRENT *nos morts* (MAURRAS, *Secrets du soleil*, p. 11). — *La France est un pays où le conte moral et la tragédie ont* FLORI *comme rosiers sur les haies* (THÉRIVE, *Retour d'Amazan*, p. 50). — *Pendant les grandes époques où elle* [= l'architecture française] *a* FLORI (VALÉRY, *Regards sur le monde actuel*, p. 130). — *Le « Siècle d'Or », celui qui a vu* FLORIR *tous les grands peintres* (CLAUDEL, *L'œil écoute*, p. 19).

Hist. — Vaugelas (p. 472) recommandait déjà pour le figuré les formes *florissant* et *florissoit*, mais de façon non catégorique. Le radical *fleur-* est attesté au XVIIᵉ et au XVIIIᵉ s. : ⁺*Notre siècle me semblait aussi* FLEURISSANT (DESCARTES, *Disc. sur la méth.*, I). — ⁺*Hésiode* FLEURISSAIT *trente ans avant lui* (BOSS., *Disc. hist. univ.*, I, 6). — *Shakespear qui passoit pour le Corneille des Anglais,* FLEURISSOIT *à peu près dans le tems de Lopez de Vega* (VOLT., *Lettres phil.*, XVIII).

b) **Haïr** ne garde pas son radical au singulier du présent de l'indicatif et de l'impératif et perd le tréma en conséquence :

Je hais [ɛ], *tu hais, il hait. Hais.*

Au passé simple et à l'imparfait du subjonctif, à cause du tréma, on écrit sans accent circonflexe : *nous haïmes, vous haïtes, qu'il haït.* (Ces formes sont d'ailleurs à peu près inusitées.)

c) **Agonir** « accabler » se conjugue en principe comme *finir* :

C'est un famélique jeune gars de dix-huit ans, que Brague secoue, ahurit, AGONIT *d'injures* (COLETTE, *Vagabonde*, II, 1). — *Je l'*AGONIS *d'injures, le traitai d'assassin* (J. PERRY, *Mouton noir*, p. 226). — *Elle m'a presque* AGONIE *de sottises* (BALZAC, *Pons*, LXV).

Pourtant, on trouve rarement les formes avec l'affixe *-iss-*. À leur place, des formes en *-is-* empruntées à *agoniser* : *La mère Tuvache les* AGONISAIT *d'ignominies* (MAUPASS., *C.*, Aux champs). — *Les Léonard nous* AGONISAIENT *d'injures* [dit un gendarme] (Mᵐᵉ de SÉGUR, *Vacances*, 1861, p. 61). — *Vos publicistes* AGONISENT *le néophyte de propos vertueux* (BARRÈS, dans la *Vie parisienne*, 19 sept. 1885). — *Il y avait là deux mégères et un garçon en manches* *de chemise qui me frictionnaient, m'*AGONISAIENT, *me maltraitaient plus qu'ils ne me soignaient* (JOUHANDEAU, *Élise*, III).

Quand -*is*- n'est pas substitué à -*iss*-, les formes empruntées à *agoniser* sont plus nettement populaires : *La vlà qui m'*AGONISE *maintenant* (QUENEAU, *Zazie dans le métro*, XVII).

Voici, inversement, °*agonit* pour *agonisa* : *Le Marais n'a pas oublié la masse grise du donjon du Temple où* AGONIT *le Dauphin* (J. PRASTEAU, dans le *Figaro*, 26 mai 1973).

Hist. — L'origine de ce verbe, qui date du XVIIIe s., n'est pas claire. On l'explique souvent par une réfection de l'ancien verbe *ahonnir* « insulter » d'après le nom *agonie*. Les formes en -*is*- sont aussi attestées au XVIIIe s. Littré considérait *agonir* comme un mot « du plus mauvais langage ».

763   **Notes sur le radical de certains verbes irréguliers.**

a) **Les verbes qui ont un yod [j] à certaines formes** connaissent l'alternance qui a été signalée pour les verbes en -*er* (§ 761, *c*) : un *y* quand le [j] est présent, un *i* sinon.

*Croire, il cro*YAIT [kʀwajɛ], *nous cro*YONS, *ils croient* [kʀwa], etc. — *Fuir, il fu*YAIT, *fu*YANT, *ils fuient.* — *Traire, nous tra*YONS. — *Que j'aie* [ɛ], *que tu aies, qu'il ait, que nous a*YONS [ɛjɔ̃], *que vous a*YEZ, *qu'ils aient* [ɛ] ; *a*YANT. — *Que je sois, que tu sois, qu'il soit, que nous so*YONS, *qu'ils soient.* — Voir aussi § 817 (*asseoir*, etc.).

La langue populaire tend à introduire un yod indu à la finale, comme le montrent ceux qui reproduisent cette langue : *Le sergot répondit avec une austère douceur : — Que ce* SOYE *pour une idée ou pour autre chose, ce n'était pas à dire* (A. FRANCE, *Crainquebille*, p. 63). — *Que je les* VOYE *un peu ces téméraires !* (J. PERRET, *Bande à part*, p. 279.) — *C'est quoi des besoins ? C'est* [...] *qu'on* AYE *la sécurité* (CÉLINE, *Beaux draps*, p. 90).

b) **Les verbes en** -*indre* **et en** -*soudre* ne gardent le *d* qu'au futur simple et au conditionnel présent :

*Peindre, je peins, il peint, je pein*DRAI. *Plaindre, tu plains, il plaint, il plain*DRAIT. *Résoudre, je résous, il résout, tu résou*DRAS.

Ne pas écrire donc : °*Je résouds,* °*il résoud* (formes qui ne sont pas rares dans les livres ou les journaux).

Hist. — À -*indre* et -*soudre* correspondent en latin -*ngĕre* et -*solvĕre*. Un *d* intercalaire s'est développé à l'infinitif (§ 76, *a*) et dans les temps qui en dérivent, le futur simple et le conditionnel prés. La réfection d'après le latin qui est signalée ci-dessous (*c*, Hist.) n'avait donc pas d'application ici : lat. *plangit*, anc. fr. *plaint*, forme conservée telle quelle.

Remarque. — Dans les verbes en -*indre*, les consonnes -*nd* du radical de l'infinitif se changent en -*gn* (*n* mouillé) devant une désinence commençant par une voyelle : *Peindre, nous pei*GN-*ons, je pei*GN-*ais, vous pei*GN-*iez, qu'il pei*GN-*e*, etc.

c) **Au singulier du présent de l'indicatif et de l'impératif, la consonne finale du radical de l'infinitif**

— Se maintient dans les verbes en -*dre* (autres que les verbes en -*indre* et en -*soudre* : cf. *b*), dans **rompre, vaincre** (et les verbes de leurs familles) : *Prend-re, je pren*D-*s. Répond-re, tu répon*D-*s. Répand-re, je répan*D-*s. Mord-re, il mor*D. *Moud-re, mou*D-*s. Romp-re, je rom*P-*s, il rom*P-*t. Vainc-re, je vain*C-*s, il vain*C.

— Se simplifie dans **battre, mettre** et les verbes de leurs familles : *Je bats, tu bats, il bat. Bats. Je mets*, etc.

— Disparaît dans les autres verbes devant les désinences *s* et *t* : *Ment-ir, je men-s, il men-t. Craind-re, je crain-s, crain-s. Vivre, je vi-s, il vi-t. Bouill-ir* (jadis *l* mouillé noté par *ill* et prononcé maintenant comme un yod), *je bou-s, il bou-t.*

Hist. — En anc. fr., on écrivait : *Je prent, tu prens, il prent ; je romp, tu rons, il ront ; je veinc, tu veins, il veint.* C'est parce qu'il y avait un *d*, un *p*, un *c* dans les formes correspondantes du latin (cf. § 89, *b*) que les formes ont été refaites comme elles sont maintenant. Certains verbes (*mentir*, etc.) ont échappé à la réfection (qui ne s'appliquait pas aux verbes en *-indre* et *-soudre* : cf. *b*, ci-dessus).

d) Les verbes en **-aître** et en **-oître** ont l'accent circonflexe sur l'*i* du radical chaque fois que cette voyelle est suivie d'un *t* :

Il paraît. Tu connaîtras. (Mais : *Tu parais, je connais.*)

Croître a l'accent circonflexe non seulement quand la voyelle *i* est suivie d'un *t*, mais encore dans toute forme homonyme d'une forme correspondante du verbe *croire*, excepté *crus, crue, crues* au partic. passé (pour les verbes de la famille de *croître*, voir § 778, *a*) :

Tu croîs en sagesse. Il crût en vertu. La rivière a crû. [Mais : *Les ruisseaux sont crus.* — *La rivière est crue* (Ac.). — *Les rivières sont crues.*]
L'Acad. écrit, à tort, sans accent circonflexe l'imparfait du subjonctif *Je crusse.*

Remarque. — Au partic. prés., au pluriel du prés. de l'indic., à l'imparf. de l'indic., au prés. du subj., les verbes en *-aître* et en *-oître* remplacent par deux *s* le *t* du radical de l'infin. : *Paraître, paraissant, vous paraissez, je paraissais, que je paraisse.*

e) Au présent de l'indicatif, *Il* **clôt**, *il* **gît**, *il* **plaît** (*il déplaît, il complaît*) ont l'accent circonflexe sur la voyelle qui précède le *t*.

L'Acad. ne met pas le circonflexe sur l'*o* dans *Il éclot, il enclot :* elle est, en cela, inconséquente avec elle-même, puisqu'elle écrit *Il clôt.*

f) En général, dans les verbes en *-ire* (sauf *rire, sourire* et *écrire*), le participe présent, le pluriel du présent de l'indicatif, l'imparfait de l'indicatif, le présent du subjonctif, le passé simple, l'imparfait du subjonctif ont un *s* sonore entre le radical et la désinence :

Conduire, condui-s-ant, nous condui-s-ons, je condui-s-ais, que je condui-s-e, je condui-s-is, que je condui-s-isse.
Rire, sourire ne prennent aucune consonne entre le radical et la désinence : *Ri-ant, nous ri-ons, que nous ri-ions,* etc.
Écrire et les verbes de sa famille ont un *v* entre le radical et la désinence aux temps indiqués ci-dessus : *Nous écri-v-ons, qu'il décri-v-e, il inscri-v-ait.*

II. — LES FINALES

Finales des personnes (aux temps simples)

764   La **1ʳᵉ personne du singulier** se termine :

a) Par *-e* muet à l'indicatif présent de tous les verbes dont l'infinitif est en *-er*
(sauf *je vais*) et des verbes *assaillir, couvrir* (et sa famille [3]), *cueillir* (et sa
famille), *défaillir, offrir, ouvrir* (et sa famille), *souffrir, tressaillir ;* — ainsi qu'aux
temps simples du subjonctif de tous les verbes (sauf *que je sois*) :

> **Hist.** — Les verbes en *-er* n'avaient pas de désinence au présent de l'indic. et du sub-
> jonctif : *port, ain* ou *aim, pri.* Cependant quelques verbes avaient un *e* d'appui après un
> groupe de consonnes : *tremble,* etc. et aussi *ouvre, offre.* C'est par analogie avec ces formes
> mais surtout avec les secondes et les troisièmes personnes (et, pour le subjonctif, avec le
> subjonctif des autres verbes que les verbes en *-er*) que s'est généralisé le *e.* Les formes sans *e*
> sont devenues l'exception au XVIᵉ s. : *Je vous* SUPPLY (RAB., III, 21).

> **Remarque.** — Lorsque le pronom *je* est placé après le verbe, notamment dans
> la phrase interrogative (§ 386), dans la sous-phrase incise (§ 374) ou dans la
> phrase énonciative commençant par *peut-être,* etc. (§ 377), le *e* final du verbe est
> remplacé dans l'écriture par *é,* qui, d'ailleurs, en dépit de l'accent aigu, se pro-
> nonce [ɛ] :

> *Me* TROMPÉ-*je ?* (D. BOULANGER, *Connaissez-vous Maronne ?* p. 96.) — *« Je vais être*
> *obligé... »* COMMENCÉ-*je en cherchant mes mots* (ROBBE-GRILLET, *Projet pour une révolution à*
> *New York,* p. 44). — *Du moins n'*ÉPROUVÉ-*je [...] jamais l'ombre d'un doute* (J. DUTOURD,
> dans le *Monde,* 25 juin 1976). — EUSSÉ-*je autant aimé l'enfant née d'un mariage heureux ?*
> (Fr. MAURIAC, *Fleuve de feu,* IV.) — *Ô* PUISSÉ-*je, en expiation [...] souffrir de longues heures*
> *[...] !* (PROUST, *Rech.,* t. III, p. 902.)
> Il va de soi que, dans ce cas, on ne fait pas subir au radical les modifications qu'il
> subirait devant une syllabe muette ou devant un *e* muet (§ 761) : *Aussi bien* PRÉFÉRÉ-*je [...]*
> (GIDE, dans le *Figaro litt.,* 31 juillet 1948). — *Employé-je, semé-je, acheté-je, jeté-je,* etc.

Toutes ces tournures appartiennent exclusivement à la langue littéraire.
Puissé-je et *dussé-je* paraissent pourtant plus répandus. — La langue parlée
recourt à d'autres constructions ; par ex., dans l'interrogation, à l'introducteur
est-ce que qui maintient le pronom devant le verbe : *Est-ce que je me trompe ?*
[Cf. § 389.]

> Le tour avec inversion et sans *é* donne des effets plaisants : *Que ne vous* ASSOM'*je, Mère*
> *Ubu !* (JARRY, *Ubu roi,* I, 1.) — *Il me restait une chose, toi ! / — Ne te* RESTE *je pas ?* (GHEL-
> DERODE, *Trois acteurs un drame,* dans *Théâtre,* t. II, 1971, p. 144.)

---

3. Cette formule réunit des verbes dérivés en fr. par préfixation, mais aussi des verbes
qui ressortissent plutôt à la composition et d'autres encore qui ont un étymon latin distinct
de l'étymon du verbe simple (comme *accueillir* ⟨ lat. vulg. **accolligere*).

Hist. — Dans le groupe phonétique formé par le verbe suivi de *je*, l'accent ne peut tomber sur l'antépénultième ; on a donc dû accentuer la pénultième et, pour cela, transformer [ə] en [e] devenu ensuite [ɛ].

La transcription de ce phénomène ne s'est pas faite facilement. On trouve souvent, du XVe au XVIIIe s., *ai* au lieu de *é* (pourtant exigé par Vaugelas, p. 210) : DÛSSAY-*je estre roüé tout vif* (MOL., *Fourb.*, II, 6). — EUSSAI-*je rêvé* (FONTENELLE, *Entretiens sur la pluralité des mondes*, I). — PUISSAI-*je* (DIDEROT, *Corresp.*, t. II, p. 156). — *Quels traitemens cruels n'*EUS-SAI-*je point essuyés ?* (J.-J. ROUSS., *Conf.*, Pl., p. 33.) — Au XXe s., c'est un accident isolé : *Où suis-je ?* RÊVAI-*je ? d'où viens-je ? et que fais-je ici ?* (J. PERRET, *Ernest le rebelle*, L.P., p. 174.)

b) Par *-ai* dans *J'ai*, ainsi qu'au futur simple de tous les verbes et au passé simple de tous les verbes en *-er* : *J'aimer*AI, *je prendr*AI ; — *j'aim*AI.

J'ai se prononce [ʒɛ] ou [ʒe]. Au passé simple et au futur simple, *-ai* se prononce souvent [ɛ] aussi, mais la prononciation [e] est préférable pour éviter la confusion avec l'indicatif imparfait et avec le conditionnel présent.

Ex. de confusions : *C'est un ami pour moi,* [...] *un frère.* J'APPRENDRAI *qu'il a assassiné quelqu'un que je cacherais le cadavre dans ma chambre* (PROUST, lettre, dans le *Figaro litt.*, 9 juillet 1971). — *Tous les tabous, toutes les précautions, je* SERAI *tenté de dire toutes les « astuces », n'empêcheront jamais la langue de changer* (A. MARTINET, *Franç. sans fard*, p. 27).

c) Par *-x* dans *Je peu*X, *je vau*X (et sa famille), *je veu*X.

Cet *x* est muet. En liaison, dans une langue soutenue, on entend [z] : *Je peux aller.*

Hist. — On pourrait ajouter la forme *Je faux*, du verbe *faillir*, si elle n'était tombée en désuétude (cf. § 809, Hist.). Assez curieusement, Littré écrivait *Je faux*, mais *Je défau*s (s.v. *défaillir*). — Pour l'origine de l'*x*, voir § 90, *e*, Hist. — *Je peux* a été refait d'après *Tu peux :* la forme primitive était *Je puis*, qui existe encore (cf. § 812, *g*).

d) Par *-s* à l'indicatif présent en dehors des cas ci-dessus ; — au passé simple de tous les verbes autres que les verbes en *-er ;* — à l'imparfait de l'indicatif et au conditionnel présent de tous les verbes ; — dans *Que je soi*s.

*Je fini*s, *je reçoi*s, *je ren*ds, *je vai*s ; — *je dormi*s, *je reçu*s, *je senti*s ; — *je pensai*s, *je disai*s ; — *je chanterai*s, *je croirai*s.

Cet *s* est muet, sauf en liaison, où il se prononce [z] : *Je suis allé.*

Hist. — Certains verbes présentent à la 1re pers. de l'indic. présent un *s* étymologique : les verbes de la 2e conjugaison *(fini*s de *finisco), connai*s, *nai*s, *fai*s, *pui*s, etc. Par analogie, cet *s* a commencé dès le XIIe s. à s'introduire dans les formes qui en étaient dépourvues : *di*s, *dor*s, etc. Il ne s'est imposé que lentement (les formes terminées par *-e* et par *-ai* ont échappé à la réfection). Au XVIe s., Ronsard considérait les formes en *s* comme une licence poétique : « Tu pourras [...] adjouster par licence une *s* à la première prsonne, pourveu que la ryme du premier vers le demande ainsi », ou pour éviter un hiatus *(J'*ALLOIS *à Tours)* [*Abbregé de l'art poét.*, éd. V., t. IV, p. 486].·

Au XVIIe s., la situation se renverse. Pour Vaugelas (qui ne sait pas que les formes sans *s* perpétuent une graphie étymologique), « Ce n'est pas que ce fust une faute, quand on osteroit l'*s*, mais il est beaucoup mieux de la mettre tousjours dans la prose » (p. 132). Pourtant, on trouve encore sporadiquement des formes anciennes, même en prose, jusque dans le XVIIIe s., ainsi que des formes privées de l'*s* auquel elles avaient droit par l'étymologie : *Je* SÇAY [...]. *Je ne* VOY *pas* [...] (MOL., *Tart.*, Préf.). — *Je* SÇAI (FONTENELLE, *Entretiens sur la pluralité des mondes*, II). — *Je n'y* CONNOY *plus rien* [...]. *Je le* RENDROY [...]. *Je vous* CROY (SÉV., 5 nov. 1684). — *Je* VOI (VOLT., *Lettres phil.*, I). — *Je* CROI (*ib.*, XXV). — *Je* SAI (TURGOT, *Étymologie*, p. 17).

Les poètes du XIXᵉ s. continuent à pratiquer cette licence poétique : *Je* VOI rime avec *moi* chez Hugo (*Odes et ball.*, Odes, V, 25) et chez Musset (*Prem. poés.*, Mardoche, XXX) ; *je* CROI avec *moi* chez Nerval (*Faust*, p. 101), avec *foi* chez Verlaine (*Chans. pour ellé*, XX) ; *je* SAI avec *passé* chez Hugo (*Lég.*, VI, VI, 1) ; *je les* REÇOI avec *soi* chez E. Rostand (*Cyr.*, III, 7) ; *j*'ENTREVOI avec *moi* chez Jarry (*Ubu-roi*, V, 1) ; etc.

Remarque. — En dehors des formes en -*e* (cf. *a*, Rem.), l'inversion n'est admise à l'indicatif présent que pour quelques verbes très usités : *Ai, dis, dois, fais, puis, sais, suis, vais, veux, vois :*

Peut-être AI-JE [εʒ] *tort. Vous viendrez, vous* DIS-JE. — SUIS-JE *le gardien de mon frère?* (*Bible de Maredsous*, Genèse, IV, 9.)

Plus rarement : *Sens-je* (MUSSET, *Prem. poés.*, Saule, II ; J. BOREL, *Dépossession*, p. 29). — *Lis-je* (GIDE, *Journal*, 10 févr. 1922). — *Mets-je* (ANOUILH, *Orchestre*, p. 108). — *Viens-je* (WILLY et COLETTE, *Claud. à Paris*, p. 25 ; GIDE, *Retour de l'enfant prod.*, p. 151). — *Prends-je* (Raym. ARON, dans l'*Express*, 25 mai 1984).

Parmi les formes de plus d'une syllabe, *Entends-je* est assez courant. Formes plus rares : *Connais-je* (STENDHAL, *Rouge*, I, 13 ; RIMBAUD, *Saison en enfer*, Mauvais sang ; MALRAUX, *Noyers de l'Altenburg*, p. 193). — *Attends-je* (E. MORIN, *Vif du sujet*, Points, p. 47). — *Entreprends-je* (MALRAUX, *Antimémoires*, p. 18). — *Interviens-je* (C. DETREZ, *Herbe à brûler*, p. 41). — *Réponds-je* (WILLY et COLETTE, *Claud. à Paris*, p. 220 ; R. BENJAMIN, *Aliborons et démagogues*, p. 50). — *Ressens-je* (COLETTE, *Maison de Claud.*, XXVII). — *Souviens-je* (MALRAUX, *Condition hum.*, p. 399).

Au lieu de **Cours-je, *Mens-je, *Peux-je, *Sors-je*, etc., on prend un tour sans inversion : *Est-ce que je cours?* ou une formule permettant l'inversion : par ex., *Suis-je en train de courir?*

Certains emplois sont destinés à faire rire : *D'où* SORS-JE *?* (LABICHE, *Cagnotte*, V, 3.) — *Je vous le ferai parvenir*, PROMETS-JE (SAN-ANTONIO, *Meurs pas, on a du monde*, p. 143).

Non sans raison, on considère comme un « barbarisme littéraire » la solution consistant à modeler les verbes irréguliers sur les verbes en -*er* : *Aussi* METTÉ-je *toujours quelques chiffons rouges dans ma parure* (BALZAC, *Peau de ch.*, p. 86). — *Que* VOULÉ-je *faire d'elle?* (GIRAUDOUX, *Judith*, p. 14.) — *Ai-je cousu,* COUSÉ-je, *coudrai-je dans du cuir?* (COLETTE, *Fanal bleu*, p. 28.) — *« Dans le cas d'une crise suscitée par les Soviets »,* ÉCRIVÉ-je *à Kennedy* [...] (DE GAULLE, *Mémoires d'espoir*, p. 272). — *Aussi* ÉCRIVÉ-je *un roman aérien* (QUENEAU, *Vol d'Icare*, p. 53).

Hist. — Ce barbarisme n'est pas récent (Vaugelas, p. 211, le censure vivement) : ⁺*Que ne* PERDÉ-*je point !* (Mᵐᵉ de GRIGNAN, dans Sév., G.E.F., t. X, p. 287.) — Avec la graphie signalée ci-dessus (*a*, Rem., Hist.) : LISAI-*je* (DIDEROT, *Corresp.*, t. III, p. 54). — Au XXᵉ s., c'est un accident : *L'homme ne vit pas seulement de spoutniks,* ÉCRIVAI-*je* (Cl. ROY, *Somme toute*, p. 126).

765   La **2ᵉ personne du singulier** se termine par -*s :*

Tu chantes, tu fus, tu lirais ; — que tu viennes. — Cet *s*, généralement muet, se prononce [z] en liaison : *Tu es allé.*

Excepté : 1° Dans *tu peux, tu vaux* (et sa famille), *tu veux*, où l'on a un *x*, généralement muet, sauf en liaison, dans une langue soutenue. Voir § 764, *c*, ainsi que l'Hist.

2° À l'impératif des verbes en -er (sauf *aller*) et des verbes *assaillir, couvrir* (et sa famille), *cueillir* (et sa famille), *défaillir, offrir, ouvrir* (et sa famille), *souffrir, tressaillir, avoir, savoir, vouloir,* où l'on a un *e* :

PlantE, couvrE, aiE, sachE, veuillE (parfois *veux* : § 812, *h*, Rem. 1).

3° Dans l'impératif *Va.*

Remarques. — 1. La 2ᵉ personne du singulier de l'impératif de tous les verbes en -er et des verbes *assaillir, couvrir,* etc. prend un *s* final (prononcé [z]) devant les pronoms *en, y,* non suivis d'un infinitif :

PlanteS-en, penseS-y, vaS-y. (Remarquez le trait d'union.)

Mais devant les pronoms *en, y,* suivis d'un infinitif, et devant la préposition *en,* on n'a ni *s* final ni trait d'union :

OSE *en dire du bien.* VA *y mettre ordre.* — VA *en savoir des nouvelles.* (Acad.) — LAISSE *y porter remède.* PARLE *en maître.*

Littré (s.v. *aller,* Rem. 4) trouvait cela arbitraire : la règle de l'euphonie aurait dû s'appliquer dans tous les cas. Cf. : *VAS-y voir* (VOGÜÉ, *Jean d'Agrève,* p. 11). — Pourtant, dans un certain nombre de cas, on peut sentir assez nettement que *y* et *en* font partie du groupe qui les suit et pourraient être séparés du verbe qui précède par une pause, si brève soit-elle.

N.B. Dans *Va-t'en, retourne-t'en,* etc., on remarquera l'apostrophe : le *t,* en effet, n'est pas une consonne analogique, comme dans *Aime-t-il* (§ 766, Rem.) ; c'est le pronom *te* dont l'*e* est élidé (comp. : *Allez-vous-en*). Vu l'apostrophe, on se dispense de mettre le second trait d'union.

2. La locution-phrase *À Dieu va !* est souvent écrite *À Dieu vat !* (avec un *t* prononcé dans ce cas) quoiqu'on ait affaire, semble-t-il, à un impératif. Cf. Nyrop, *Études de gramm. fr.,* n° 19.

Hist. — Sauf dans quelques verbes, comme *finis,* l'impér. présent n'avait pas de *s* à la fin de la 2ᵉ pers. en anc. fr. : *Voi* (lat. *vide*), *dor* (lat. *dormi*), etc. — Vers la fin du XIVᵉ s., *s* s'est introduit par analogie avec l'indic. prés., mais au XVIIᵉ s. l'usage était encore indécis, comme le constate Vaugelas (p. 189) : tantôt les formes en *s* sont plus fréquentes (par ex. *crains*), tantôt ce sont les formes sans *s (voy, connoy, tien, vien, fuy).* C'était une commodité pour les poètes : *revien* rime avec le nom *entretien* chez RACINE, *Phèdre,* II, 4 ; etc.
Les poètes supprimaient aussi l'*s* final à d'autres temps qu'à l'impératif, pour les besoins de la rime ou du mètre, mais sans avoir la même justification historique que pour l'impératif, puisque, en dehors de ce temps, on avait un *s* d'origine latine : *Cantas > (tu) chantes.* — Encore au XIXᵉ s. : *Tu te* RÉVEILLE [rimant avec *oreille*] (NERVAL, *Élég. et sat.,* En avant marche, I). — *Tu me* POSSÈDE [rimant avec *je cède*] (LAMART., *Ch. d'un ange,* III). — *Que tu ne* PUISSE *encor sur ton levier terrible / Soulever l'univers* (MUSSET, *Prem. poés.,* La coupe et les lèvres, II, 1).

66 La **troisième personne du singulier** se termine :

a) Par un *e* muet à l'indicatif présent des verbes en -er (sauf *il va*) et des verbes *assaillir, couvrir* (et sa famille), *cueillir* (et sa famille), *défaillir, offrir, ouvrir* (et sa famille), *souffrir*, *tressaillir* ; — au subjonctif présent de tous les verbes (sauf *il ait* et *il soit*) :

> *Il entr*E. *Il envoi*E. *Il couvr*E. — *Il faut qu'il entr*E, *qu'il part*E, *qu'il croi*E, *qu'il l'exclu*E.

b) Par un *a* au futur simple de tous les verbes ; — au passé simple de tous les verbes en *-er ;* — dans *Il* A, *il* VA :

> *Il chanter*A, *il boir*A, *il viendr*A, *il ir*A, *il verr*A. — *Il aim*A, *il all*A.

c) Par un *d,* au présent de l'indicatif des verbes en *-dre* autres que ceux qui se terminent à l'infinitif par *-indre* et *-soudre :*

> *Il défen*D, *il fon*D, *il répan*D, *il mor*D, *il pren*D. — Mais : *Il plain*T, *il pein*T, *il résou*T.

d) Par un *c* dans *Il vain*C, *il convain*C.

e) Par un *t* dans les autres cas :

> *Il fini*T, *il par*T, *il me*T. *Il parti*T, *il mi*T, *il couru*T. *Il plantai*T, *il dormai*T. *Il aurai*T, *il viendrai*T. *Il fallait qu'il vîn*T, *qu'il courû*T, *qu'il dormî*T, *qu'il chantâ*T.

Hist. — Le *t* était en latin la caractéristique de la 3ᵉ pers. du sing. Conservé à toutes les formes dans la très ancienne langue (qui notait d'ailleurs la dentale finale tantôt par *t*, tantôt par *d*), ce *t* a disparu vers la fin du XIᵉ s. après *e* muet et après *a* : *chante*T, *va*T sont devenus *chante, va*. Il n'a pas tardé non plus à disparaître après *i* et *u* : *dormi*T, *couru*T devinrent *dormi, couru*. — Mais il s'est constamment maintenu à l'indic. imparfait et au conditionnel ainsi que dans toutes les formes où il était appuyé par une consonne : *chantoi*T, *chanteroi*T, *par*T, *pren*T, *fis*T. — C'est par analogie avec ces dernières formes qu'à partir du XIVᵉ s. le *t* a été repris, après *i* et *u* : *dormi*T, *couru*T.

D'autre part, le *t* de *prent* et de *vaint*, etc. a été remplacé par un *d* ou par un *c* conformément au radical latin, réfection à laquelle échappaient *plaint* et *résout :* cf. § 763, *b,* Hist., et *c,* Hist. — Dans *Il rompt*, on a introduit le *p* du latin, en gardant le *t*.

Remarque. — Lorsque les pronoms *il, elle* ou *on* sont placés après le verbe, notamment dans la phrase interrogative (§ 386), dans la sous-phrase incise (§ 374) ou dans la phrase énonciative commençant par *peut-être*, etc. (§ 377), un *t* analogique écrit entre traits d'union s'intercale entre les verbes terminés par *e*, *a* ou *c* et le pronom sujet :

> *Aussi a*-T-*il perdu son temps. Viendra*-T-*elle ? Aime*-T-*on ce poème ? Je suis d'accord, a*-T-*il répondu. Convainc*-T-*il facilement ? Puisse*-T-*elle réussir !* De même, par analogie, dans *Ne voilà*-T-*il pas que* ... (cf. § 387).

Le *d,* se prononçant [t] en liaison, n'a pas besoin de consonne intercalaire : *Prend-il* [prɑ̃til].

Hist. — Jusqu'au XVIᵉ s., on écrivait généralement : *Que m'en reste-il ?* (VILLON, *Test.,* 484.) — *Rejettera-il* (CALVIN, *Instit.,* III, II, 17). — *Aussi se maria-il* (MONTAIGNE, *Ess.,* II, 2). — *Ainsi mourra-il sans regret* (RAB., III, 26). — Toutefois, dans de telles formes, la prononciation intercalait un *t* analogique ; parfois on l'écrivait : *L'a*-T-*on lancé* (J. MICHEL, *Passion,* 20527). [Les traits d'union sont de l'éditeur.] — Vaugelas (p. 10) a exigé le *t* entre deux traits d'union, rejetant à la fois *Aime il* et *Aime-t'il.* — Sur *dira l'on,* voir § 725, *f,* Hist.

767 La **1ʳᵉ personne du pluriel** se termine par *-ons* [ɔ̃] :

> *Nous plant*ONS, *nous suivr*ONS, *nous rendr*IONS, *que nous fussi*ONS.

Sauf au passé simple de tous les verbes et à l'indicatif présent du verbe *être*, où la finale est *-mes :*

*Nous eû*MES, *nous plantâ*MES, *nous prî*MES, *nous vîn*MES. — *Nous som*MES.

Hist. — La désinence *-ons*, qui paraît provenir du lat. *sumus* (= nous sommes), a évincé, dans la très ancienne langue, les désinences *-amus, -emus, -ĭmus, -īmus* du lat. classique. — *Sommes* lui-même, ainsi que les passés simples, ne résultent pas d'un développement normal.

768   La **2ᵉ personne du pluriel** se termine par *-ez* [e] :

*Vous a*VEZ, *vous chant*EZ, *vous lis*IEZ, *que vous ven*IEZ, *que vous vins*SIEZ.

Sauf au passé simple de tous les verbes et à l'indicatif présent de *être, dire, redire, faire* (et sa famille), où la finale est *-tes :*

*Vous chantâ*TES, *vous fû*TES. — *Vous ê*TES, *vous di*TES (mais : *Vous médis*EZ, etc. : § 827), *vous fai*TES.

Hist. — Il y avait en latin classique cinq désinences différentes pour la 2ᵉ pers. du plur. : *-atis, -etis, -ītis, -ĭtis, -stis.* — *-atis* a donné *-ez* (après une palatale : *-iez*), qui a fini par supplanter les diverses désinences issues de *-etis, -itis, -ītis.* Parmi ces dernières désinences, *-etis* avait donné *-eiz*, et plus tard *-oiz*, évincé par *-ez* à partir du XIIIᵉ s. — La désinence *-stis* se retrouve dans les passés simples. — *Êtes, dites, faites* s'expliquent par les formes latines *estis, dicitis, facitis.*

769   La **3ᵉ personne du pluriel** se termine par *-ent :*

*Ils chant*ENT, *ils finissai*ENT, *ils suivrai*ENT, *ils eur*ENT, *qu'ils soi*ENT, *qu'ils fuss*ENT.

Sauf au futur simple de tous les verbes et à l'indicatif présent de *avoir, être, faire* (et sa famille), *aller,* où la finale est *-ont :*

*Ils planter*ONT, *ils recevr*ONT. — *Ils* ONT, *ils* SONT, *ils f*ONT, *ils v*ONT.

Hist. — Les trois désinences du lat. class., *-ant, -ent, -unt,* ont eu le même aboutissement phonétique en fr., *-ent*, devenu aujourd'hui purement graphique : *Chantent* [ʃɑ̃t], *soient* [swa], — sauf en liaison : *Chantent-ils* [ʃɑ̃til], *soient-elles* [swatɛl]. — La finale *-ont* provient de formes monosyllabiques : *Sunt* (qui est du lat. class.), **aunt, *faunt, *vaunt* (au lieu du lat. class. *habent, faciunt, vadunt*). La finale *-ont* du futur est l'indicatif présent d'*avoir*.

On constate dès le moyen âge une tendance à remplacer *-ent* par une finale tonique, surtout *-ont* et *-ant.* Les paysans parlent ainsi dans les comédies du XVIIᵉ et du XVIIIᵉ s. : *Je pense que vla des hommes qui* NAGEANT *là-bas* (MOL., *D. Juan*, II, 1). — *Ceux qui le* SERVONT *sont des Monsieux eux-mesme* (*ib.*). — ⁺*Est-ce que les vartus ne* MARIONT *pas ensemble ?* (MARIV., *Triomphe de l'amour*, II, 9.)

Observations sur les désinences des temps simples

⁑70   **Indicatif présent.** Voir §§ 764-769.

⁑71   **Le subjonctif présent** se termine par *-e, -es, -e, -ions, -iez, -ent :*

*Que je plant*E, *que tu plant*ES, *qu'il plant*E, *que nous plant*IONS, *que vous plant*IEZ, *qu'ils plant*ENT.

EXCEPTIONS : *Avoir* et *être* ont un *t* à la 3ᵉ personne du singulier : *Qu'il ai*T, *qu'il soi*T ; aux deux premières personnes du pluriel, ils n'ont pas d'*i* après l'*y : Que nous ay*ONS, *que nous soy*ONS, *que vous ay*EZ, *que vous soy*EZ.

Des formes comme °*ayions,* °*ayiez,* °*soyions,* °*soyiez* sont des négligences typographiques assez fréquentes. Elles disparaissent souvent d'une édition à l'autre d'un même livre : *Elle avait* [...] *peur que vous n'*AYIEZ *de la méfiance* (PROUST, *Albertine disparue,* t. II, p. 74) ; ... *que vous n'*AYEZ ... (*Rech.,* t. III, p. 601). — *Il faut accepter que nous* SOYIONS *différents* (A. CAMUS, *Justes,* p. 36) ; ... *que nous* SOYONS ... (*Théâtre, récits, nouvelles,* p. 320).

Remarque. — On prendra garde de ne pas omettre le *i* de *-ions* et de *-iez* quand le radical se termine lui-même par *-i,* par *-y,* par *-ll* dits mouillés [j], par *-gn* [ɲ] :

*Que nous pri*ions, *que vous li*iez, *que nous envoy*ions, *que vous essuy*iez, *que nous croy*ions, *que vous ri*iez, *que nous travaill*ions, *que vous éveill*iez, *que nous craign*ions.

Excepté : *Que nous soyons, que nous ayons, que vous soyez, que vous ayez.*

Sur la prononciation des formes comme *croyions,* les orthophonistes sont assez divisés : Grammont, par ex. (*Traité de prononc.,* p. 90) considérait le redoublement du yod comme « artificiel et pédant ». Ce redoublement paraît pourtant fort répandu (cf. Martinet, *Prononc. du fr. contemp.,* pp. 165-166), et il a l'avantage de distinguer *croyons* et *croyions* (ce qui est surtout précieux lorsque celui-ci est l'indicatif imparfait).

Hist. — Le latin avait, au subj. prés., trois désinences pour la 1ʳᵉ pers. du sing. : *-em, -am (-eam), -iam.* Les subj. latins du type en *-em* (1ʳᵉ conjug.) ont donné, en anc. fr., des formes sans *-e : Chant, chanz, chant,* — sauf quand il y avait un *e* de soutien comme dans *tremble.* L'analogie avec les autres subjonctifs (où il y avait un *e* provenant de *-am*) a développé des formes en *-e : Chante, chantes, chante.*

Les formes primitives ont survécu assez longtemps dans des locutions toutes faites. Par ex., *gard* et *doint* (de *donner*) sont attestés jusqu'au XVIIIᵉ s. dans des souhaits pieux : *Dieu* GARD' *de mal celles qu'en cas semblable / Il ne faudroit nullement consoler* (LA F., *C.,* Quiproquo). — ⁺*Dieu vous* GARD *en ces lieux* (REGNARD, *Légat. univ.,* II, 11). — *À tous Epoux Dieu* DOINT *pareille joye* (LA F., *C.,* Diable en enfer). — ⁺*Or prions Dieu qu'il leur* DOINT *paradis* (J.-B. ROUSSEAU, cit. Littré [qui accepte encore la forme « dans le style épigrammatique »]).

À la 1ʳᵉ pers. du plur. on avait, au moyen âge, les désinences *-ons* et *-iens.* C'est par un compromis entre ces deux désinences qu'on a abouti à *-ions,* qui a triomphé au XVᵉ s. — À la 2ᵉ pers. du plur., on a eu d'abord *-eiz,* puis *-oiz,* remplacé à son tour par *-ez.* C'est à la fin du XVIᵉ s. que s'est imposée la désinence *-iez.*

772 **L'indicatif imparfait** se termine toujours par *-ais, -ais, -ait, -ions, -iez, -aient :*

*Je plant*AIS, *tu plant*AIS, *il plant*AIT, *nous plant*IONS, *vous plant*IEZ, *ils plant*AIENT.

Remarque. — On appliquera à l'imparfait la mise en garde donnée ci-dessus pour le subjonctif présent (§ 771, Rem.).

*Nous pri*ions, *vous employ*iez, *nous fuy*ions, *vous travaill*iez, *nous craign*ions.

Hist. — Le latin vulgaire avait trois types d'imparfaits : le 1ᵉʳ en *-abam,* le 2ᵉ en *-ebam,* le 3ᵉ en *-ibam.* — *-abam* a donné en anc. fr. *-eve* et *-oue ; -ebam* a donné *-eie,* qui, dès l'anc. fr., a supplanté les deux autres désinences. Au XIIIᵉ s., on avait les désinences *-oie, -oies, -oit,*

-iens, -iez, -oient ; et au XIVᵉ : *-oi, -ois, -oit, -ions, -iez, -oient.* — Sur l'*s* ajouté à la 1ʳᵉ pers. du sing., voir § 764, *d,* Hist. — Alors que *oi* dans les imparfaits était devenu [ε] dès le XIVᵉ s., prononciation qui s'est tout à fait imposée au XVIIᵉ s., les graphies *-ais, -ait,* etc. n'ont été adoptées par l'Acad. qu'en 1835. Cf. § 60, *a.*

773   Le **passé simple** présente trois séries de désinences :

    a) -ai, -as, -a, -âmes, -âtes, -èrent. Ces désinences sont propres aux verbes en *-er.*

    b) -is, -is, -it, -îmes, -îtes, -irent. Ces désinences appartiennent aux verbes en *-ir* (sauf *courir* et *mourir*), à la plupart des verbes en *-re,* ainsi qu'à *asseoir, surseoir, voir* et les verbes de sa famille (sauf *pourvoir : Je pourvus*) :

    *Je fin*IS, *tu fin*IS, *il fin*IT, *nous fin*ÎMES, *vous fin*ÎTES, *ils fin*IRENT.

    EXCEPTIONS : *Je tins, je vins* et leurs familles. — Le tréma tient lieu de l'accent circonflexe dans *Nous haïmes, vous haïtes* (formes rares au demeurant).

    c) -us, -us, -ut, -ûmes, -ûtes, -urent. Ces désinences appartiennent aux verbes en *-oir* (sauf ceux de *b*), à *courir* et à *mourir,* ainsi qu'à une quinzaine de verbes en *-re* et à leur famille : *boire, conclure, connaître, croire, croître, être, exclure, lire, moudre, paraître, plaire, repaître, résoudre, taire, vivre :*

    *Je cour*US, *tu cour*US, *il cour*UT, *nous cour*ÛMES, *vous cour*ÛTES, *ils cour*URENT. *Je par*US, *tu par*US, *il par*UT, *nous par*ÛMES, *vous par*ÛTES, *ils par*URENT.

    Hist. — L'anc. fr. possédait des passés simples de type régulier et des passés simples de type irrégulier.

    — Les passés simples de type *régulier* avaient la désinence frappée de l'accent d'intensité ; cette désinence contenait une des voyelles *a, i, u : je chant*AI, *je dorm*I, *je val*UI (plus tard : *je val*U). C'est après la Renaissance que les formes telles que *Je dormi, je valu* ont pris un *s* final : *Je dormis, je valus.* Cf. § 764, *d,* Hist. — Pour la 3ᵉ pers. du sing., voir § 766, *e,* Hist.

    Les formes en *-it* ont failli se généraliser au XVIᵉ s. : *Lors d'un coup luy* TRANCHIT *la teste* (RAB., *Garg.,* XLIV). — Au XVIIᵉ s., c'est du parler paysan, que l'on trouve parfois encore dans certaines chansons populaires.

    À la 1ʳᵉ pers. du plur. on avait primitivement *-ames, -imes. -umes,* et, à la 2ᵉ pers., *-astes, -istes, -ustes.* Au XIIIᵉ s., un *s* analogique s'est introduit à la 1ʳᵉ pers. : *-asmes, -ismes, -usmes.* L'accent circonflexe, dans les formes modernes, note le souvenir de l'ancien *s* (supprimé par l'Acad. en 1740).

    — Dans les passés simples de type *irrégulier,* l'accent d'intensité tombait sur la désinence à la seconde pers. du sing. et aux deux premières pers. du plur. (formes *faibles*), tandis qu'aux autres personnes, il tombait sur le radical (formes *fortes*) : *dis, desis, dist, desimes, desistes, distrent.* Peu à peu ces passés simples irréguliers se sont modelés sur les passé simples réguliers.

    Remarque. — Dans les désinences *-âmes, -âtes, -îmes, -îtes, -ûmes, -ûtes* du passé simple, les voyelles *a, i, u,* quoique surmontées de l'accent circonflexe, sont brèves. — Chez E. Rostand (*Cyr.,* I, 4), *préoccupâtes* rime avec *pattes.*

774   L'**imparfait du subjonctif** offre, dans les verbes en -*er*, les désinences
-*asse, -asses, -ât, -assions, -assiez, -assent.* Dans les autres verbes, la
voyelle *a* de ces désinences est remplacée tantôt par *i*, tantôt par *u*,
selon la répartition décrite au § 773 :

> *Que je sort*ISSE, *que je pr*ISSE, *que je val*USSE, *que je conn*USSE, etc.

EXCEPTIONS : *Tenir, venir* et leur famille : *Que je tinsse, que je vinsse, que je
devinsse, que je retinsse,* etc.

N.B. — Dans tous les verbes, la 3ᵉ personne du singulier de l'imparfait du
subjonctif a l'accent circonflexe sur la voyelle de la désinence : *Qu'il all*Ât, *qu'il
e*Ût, *qu'il v*Îɴt.

Dans les deux formes *qu'il haït, qu'il ouït,* à cause du tréma, on ne met pas l'accent
circonflexe.

Hist. — L'imparf. du subj. dérive du plus-que-parf. du subj. latin : *chantasse* remonte à
cantassem (cantavissem). L'ancienne langue avait, pour l'imparf. du subj., trois désinences,
selon les verbes : -*asse,* -*isse,* -*usse.* À la 1ʳᵉ et à la 2ᵉ pers. du plur. les formes avec -*iss-* étaient
les seules existantes au moyen âge. Par analogie, l'*i* de la désinence des deux premières pers.
du plur. s'est même introduit, surtout au XVIᵉ s., dans les autres personnes pour certains
verbes en -*er : que je donisse,* etc. Comp. § 773, Hist. — Ces formes en -*iss-* ont subsisté dans
les patois, auxquels certaines œuvres littéraires font une place : *Il serait à souhaiter que vous
leur* DEMANDISSIEZ *pardon* (SAND, *Fr. le champi,* XXI). — Sur la vitalité actuelle du subj.
imp., voir § 869, *f.*

775   **L'impératif présent.**

a) La seconde personne du singulier de l'impératif se distingue de la
personne correspondante du présent de l'indicatif par l'absence d'*s*
final, dans les verbes en -*er* et dans les verbes *assaillir, couvrir* (et sa
famille), *cueillir* (et sa famille), *défaillir, offrir, ouvrir* (et sa famille),
souffrir, tressaillir :

> *Avance. Commence. Marche. Ouvre. Cueille. Offre. Souffre.* — Pour *Plantes-en, cherches-
> y,* etc., voir 765, Rem. 1.

Dans les autres verbes, il y a identité de formes à l'impératif et au
présent de l'indicatif : *Finis, tu finis. Viens, tu viens. Prends, tu prends.*

Toutefois, *être, avoir, savoir, vouloir* empruntent leur impératif au ̀subjonctif
présent (pour les trois derniers, avec suppression de l'*s* final) :

> *Sois; aie* [ε], *sache, veuille* (parfois *veux :* § 812, *h,* Rem. 1). — Pour *Aies-en,* voir § 765,
> Rem. 1.

b) Aux deux personnes du pluriel, les formes de l'impératif se confondent avec les formes correspondantes du présent de l'indicatif :

> *Plantons, nous plantons. Allons, nous allons. Voyons, nous voyons. Buvez, vous buvez.
> Vivez, vous vivez.*

Cependant, *avoir* et *être* empruntent au subjonctif présent les formes qui doivent exprimer l'idée impérative : *Ayons, ayez. Soyons, soyez.* — *Savoir* et *vouloir* font : *Sachons, sachez ; veuillons, veuillez* (parfois *voulons, voulez* : § 812, *h*, Rem. 1).

Hist. — *Sachons, sachez, veuillons, veuillez* sont d'anciennes formes du subj. prés. : *Car on y trouve des nations n'ayans, que nous* SACHONS, *ouy nouvelles de nous* (MONTAIGNE, II, 12). — *Vous prions qu'en* VEUEILLEZ *sententier* [= rendre un jugement] (RAB., III, 43).

776 L'**infinitif présent** a quatre finales différentes, *-er, -ir, -oir, -re.*
Aimer, finir, recevoir, rendre.

Le verbe *ficher* servant d'euphémisme, dans la langue familière, au verbe trivial °*foutre*, souvent prononcé [fut], a reçu, par analogie avec celui-ci, un infinitif *fiche*. Les deux formes sont en concurrence pour les sens « faire, mettre », (pronominalement) « se moquer », etc. : *Allez-vous me* FICHER *la paix !* (ZOLA, *Œuvre*, I.) — *Les deux autres le trouvèrent une fameuse canaille, mais rigolo, à la condition de ne pas se laisser* FICHE *dedans par lui* (ID., *Terre*, IV, 4). — *Si* [...] *les quémandeurs voulaient bien me* FICHER *la paix* (GIDE, *Journal*, 4 oct. 1928). — *Tout cela risque de* FICH' *[sic] la pièce par terre* (*ib.*, 4 oct. 1931). — *La* FICHER *une bonne fois dehors. C'est tout ce qu'elle mérite* (CARCO, *Ténèbres*, I). — *Qu'est-ce que tu viens* FICHE *ici ?* (M. de SAINT PIERRE, *Écrivains*, IV.) — *Était-ce pour se* FICHE *de moi ?* (MONTHERLANT, *Le chaos et la nuit*, p. 39.) — *Je lui demanderai de te* FICHER *la paix* (J. ROY, *Navigateur*, p. 127). — *La mise du vieux hors circuit risquait de tout* FICHER *par terre* (C. BOURNIQUEL, *Empire Sarkis*, p. 42). — Comp. § 778, *a* (partic. passé *fichu*).

Relevons aussi la phrase injonctive *Pas touche !* réduction, d'abord dans la langue des enfants, de *Ne pas toucher ! Elle refusa sa bouche au baiser et, comme il posait les mains sur les hanches, se dégagea d'un geste onduleux assez joli. / — Pas* TOUCHE *! dit-elle* (J. DUTOURD, *Au Bon Beurre*, p. 71).

Hist. — Les quatre finales résultent de l'évolution des finales latines : *Cantare > chanter ; habēre > avoir ; perdĕre > perdre ; servire > servir.* — Les verbes empruntés au latin ont *-er* ou *-ir* : *Exceller* (lat. *excellere*), *applaudir* (lat. *applaudere*). — Voir aussi § 792.

Au cours de l'histoire de la langue, nombre d'infinitifs ont pu passer d'un groupe à un autre ; de là des doublets qui ont vécu côte à côte un certain temps jusqu'au moment où l'une des deux formes l'a emporté sur l'autre : *Taisir, taire ; courir, courre* (cf. § 825, Rem.) ; *nasquir, naître ; assaillir, assaudre*, etc.

777 Le **participe présent** et le **gérondif** ont une désinence unique : *-ant :*
*Part*ANT. *En part*ANT.

Hist. — Il y avait en latin trois désinences pour le partic. prés. : *-ans, -ens, -iens.* — *-ans* (ou plutôt l'accusatif *-antem*) a donné *-ant*, qui, dès avant le Xe s., s'est imposé à tous les partic. prés. — À l'imitation du latin, on écrivait parfois *-ent* au XVIe s. : *Homere,* ESCRIVENT *l'Iliade et Odyssée* (RAB., *Garg.*, Prol.). — L'adjectif *négligent*, le nom *président*, etc. sont des emprunts au latin.

Le gérondif latin avait aussi trois désinences, suivant les verbes, et présentait à l'ablatif *-ando, -endo, -iendo.* — *-ando* a donné *-ant*, désinence qui s'est imposée à tous les gérondifs.

778 Le **participe passé** a, selon les verbes, une finale vocalique ou une finale consonantique.

a) Finale vocalique : *-é* dans les verbes en *-er* et dans *naître ;* — *-i* dans la plupart des verbes en *-ir ; -u* dans les verbes en *-oir* (sauf *seoir* et sa famille), dans la plupart des verbes en *-re,* dans quelques verbes en *-ir* (*courir, férir, tenir, venir, vêtir* et leurs familles).

> Chanté, louÉ ; nÉ. — FinI, partI, bouillI. — ReçU, vU ; rendU, tordU ; courU, vêtU.

En outre, *ficher* (ou *fiche :* § 776), servant d'euphémisme au verbe trivial °*foutre,* a reçu, dans la langue familière, par analogie avec *foutu,* un participe passé *fichu : Venez ! Ils s'en sont allés. Ils ont filé, fusé, fouiné,* FICHU *le camp* (HUGO, *Quatrevingt-tr.,* III, IV, 14). — *Girard disait : « Quand on parle d'une affaire dans un journal, elle est* FICHUE *»* (BARRÈS, *Dérac.,* p. 169.) — *J'eusse été* FICHU *de me « convertir »* [...] *afin de ne pas lui causer trop de peine* (GIDE, *Journal,* 15 févr. 1940).

Fiché reste possible dans ces emplois parallèles à foutu *: S'il n'y avait pas Véronique, il y a longtemps que j'aurais tout* FICHÉ *en l'air* (J. CABANIS, *Profondes années,* p. 75).

Dû, redû, mû, crû (de *croître*), **recrû** (de *recroître* [4]) ont l'accent circonflexe au masculin singulier seulement :

> L'honneur dÛ. Il m'est redÛ dix francs. MÛ par l'intérêt. La rivière a crÛ. — L'herbe a recrÛ (Dict. gén.). — La somme dUe. Les intérêts dUs. Une volonté mUe par la passion. — La rivière est crUe (AC.). — Les ruisseaux sont crUs. — Dû comme nom : Je ne demande que mon DÛ (AC.).

On écrit sans accent circonflexe *accru, décru, ému, indu, promu : Les eaux ont bien* DÉCRU (AC.). — *Ce que je puis avoir de bonté sera encore* ACCRU (R. BENJAMIN, *Palais,* p. 350). — De même, le nom *cru* signifiant « ce qui croît ou a crû dans un terroir déterminé » ou, au figuré « les facultés créatrices, le fonds personnel de qqn » (qui n'est rien d'autre que le partic. passé substantivé de *croître*) : *Les crus du Bordelais. Du vin de mon cru. Cette histoire est de votre cru. Bouilleur de cru.*

b) Finale consonantique.

Participes en *-s : AcquiS, conquiS, enquiS, requiS, circonciS, miS, occiS, priS, siS, incluS, cloS, absouS, dissouS, résouS,* et les participes des verbes de leurs familles, tels que *remiS, surpriS, assiS, sursiS,* etc.

Participes en *-t : ConfiT, diT, écriT, friT, faiT, traiT, morT, couverT, ouverT, soufferT, offerT,* et les participes des verbes en *-indre* et en *-uire* (sauf *fui, lui, nui*). Il faut y ajouter des formes des mêmes familles, comme *rediT, défaiT,* etc.

Pratiquement, on peut trouver la lettre finale du partic. passé masc. en retranchant l'*e* du fém. : *AcquiSE, acquiS. ConfiTE, confiT. OfferTE, offerT.* — EXCEPTIONS : *Absous, dissous, résous* (§ 813, *b*) sont terminés au masc. par *s,* quoique leur fém. soit en *-te : absouTE, dissouTE, résouTE.*

Hist. — Les participes passés latins présentaient, d'une part, des formes *faibles* (accent sur la désinence) en *-átum, -étum, -útum, -ítum ;* d'autre part, des formes *fortes* (accent sur le radical) en *-sum* ou en *-tum.*

-átum est devenu *-é ; -étum* a disparu ; *-útum* a donné *-u,* qui s'est imposé, par analogie, à beaucoup de participes ; *-ítum* a donné *-i.* — En anc. fr., beaucoup de participes passés en *-u*

---

4. À ne pas confondre avec *recru* « excédé (de fatigue ; etc.) », qui, venant d'un ancien verbe *recroire,* s'écrit sans accent circonflexe. Voir des ex. au § 15, Rem. 2.

présentaient la finale -*eü* : *eü* (d'*avoir*), *deü, meü, creü* (à la fois de *croire* et de *croître*), *peü* (de *pouvoir*), etc. Le *e* en hiatus a cessé de se prononcer. Cependant, *eu* a gardé le *e* malgré la prononciation [y]. Dans d'autres participes, on a marqué la chute du *e* par un accent circonflexe : par ex., *vû* et *pû* (RAC., *Iphig.*, III, 6). Cet accent s'est perpétué jusqu'à nos jours pour éviter des homographies dans *dû* et *crû*, mais sans aucune raison dans *mû*.

Les formes fortes en -*sum* ou en -*tum* ont donné des participes irréguliers en -*s* ou en -*t*, comme *mors, tors* (et *tort* : § 531, *c*, Rem.), *pert*, etc. Certaines de ces formes se sont maintenues (voir *b* ci-dessus) ; d'autres, en bon nombre, ont été remplacées par des formes faibles analogiques : *Mordu, tordu, perdu*, etc.

Remarque. — Le participe passé de *bénir* est *béni* :

« *Soyez donc en paix, ma fille* », *lui dis-je. Et je l'ai* BÉNIE (BERNANOS, *Journal d'un curé de camp.*, p. 212). — *Un curé catholique avait* BÉNI *le mariage* (MAUROIS, *Chateaubriand*, p. 188). — *Notre double mariage* BÉNI *par le pasteur Vautier* (GIDE, *Porte étroite*, p. 82). — *Un chapelet* BÉNI *par le pape* (BARRÈS, *Jardin de Bérénice*, p. 60). — *Prends cette médaille. Elle a été* BÉNIE *par le pape* (A. FRANCE, *Hist. comique*, X). — *Le prêtre nous a* BÉNIS (TROYAT, *Cahier*, p. 69).

Béni a un doublet *bénit*, qui s'emploie uniquement comme *adjectif* (épithète ou attribut) et qui se dit de *choses* consacrées par une bénédiction rituelle :

Une saye blanche étendue sous l'arbre reçut la plante BÉNITE [= le gui] (CHAT., *Mart.*, IX). — *C'est ici une maison chrétienne, eau* BÉNITE *et buis* BÉNIT (MICHELET, *Peuple*, p. 176). — *Elles* [= des images] *sont* BÉNITES (A. FRANCE, *Rôtisserie de la reine Péd.*, p. 285). — *Je veux qu'une branche* BÉNITE *orne ma chambre* (JAMMES, *Solitude peuplée*, p. 210). — *La sonnerie éclatante des bronzes* BÉNITS (J. de PESQUIDOUX, *Chez nous*, t. II, p. 120). — *Des taupes crevaient la terre* BÉNITE [du cimetière] (Fr. MAURIAC, *Mystère Frontenac*, II). — *Des médailles* BÉNITES *furent données* (YOURCENAR, *Souvenirs pieux*, p. 58). — S'il ne s'agit pas d'une bénédiction rituelle, l'adjectif est *béni* : *Qui a vu le pays basque veut le revoir. C'est la terre* BÉNIE (HUGO, *Homme qui rit*, I, I, 1). — *Oh ! les bonnes, les délicieuses journées passées dans cette maison* BÉNIE ! (A. DAUDET, *Jack*, t. II, pp. 185-186.) En réalité, il y a, dans l'usage, une certaine confusion : *Il* [= un crucifix] *a été* BÉNIT *par le pape* (VEUILLOT, *Historiettes et fantaisies*, p. 431). — *Une épée* BÉNITE *par un prêtre* (MÉRIMÉE, *Chron. du règne de Ch. IX*, XII). — *Les drapeaux ont été* BÉNITS (AC.). — *Les drapeaux furent* BÉNITS *par le prêtre (Dict. gén.).* — *Son chapelet de corail que le pape avait* BÉNIT (R. ROLLAND, *Jean-Chr.*, t. IX, p. 85). — *Parmi ces créations pieuses* [= des cierges] *qui seront* BÉNITES, *qui s'épanouiront en fleurs de lumière, à l'entour des hosties* (LA VARENDE, *Roi d'Écosse*, p. 65). — *Il expliquait comment les objets* BÉNIS *sont transformés de ce fait en sacramentaux* (BILLY, *Narthex*, p. 57). — *Ces objets, ayant été* BÉNITS *par un moine de mes relations, sont, en fait, de véritables reliques* (TROYAT, *Barynia*, p. 49). — *Au chevet de mon lit,* [...] *j'avais accroché une petite croix que le Père X avait* BÉNITE (J. GREEN, *Terre lointaine*, p. 30). — *Où voulait-elle en venir, cette famille, avec sa bigoterie, ses radotages et ses buis* BÉNIS ? (Edm. CHARLES-ROUX, *Oublier Palerme*, p. 126.) — *Cet anneau qui a été* BÉNIT *à l'église des Augustins de Vienne* (A. CASTELOT, *Marie-Antoinette*, p. 355).

Hist. — Le latin *benedictum* a donné en anc. fr. *beneoit* : *Aigue* [= eau] BENEOITE *ont jeté / Par les rues de la cité ; / Tote ont la cité* BENEÏ (RENAUT DE BEAUJEU, *Bel inconnu*, 3479-3481). — On remarquera dans cet ex. une annonce de l'usage moderne, puisque le texte distingue *beneoit* comme adjectif et *beneï* comme partic. passé. *Benoît* n'a pas disparu en tant qu'adjectif. On le trouve encore, soit comme un archaïsme de la langue religieuse, surtout à propos de la Vierge, comme dans l'ex. suivant : *N'était-elle pas surtout l'active et la* BENOÎTE *Mère ?* (HUYSMANS, *Cathédrale*, p. 9) — soit dans des sens figurés (« calme », etc.) [et aussi comme prénom]. — *Benêt* est une variante régionale de *benoît*. — La forme *bénit* est peut-être due à l'influence de *maudit*, tandis que *béni* est dû à l'analogie avec le participe passé des autres verbes en -*ir*.

Pendant longtemps, *bénit* et *béni* se sont employés indifféremment : ⁺*Ce* BÉNIT *enfant* (Boss., *Disc. hist. univ.*, II, 2). — ⁺*Dieu promit au saint patriarche qu'en lui et en sa semence toutes ces nations aveugles* [...] *seraient* BÉNITES *(ib.).* — ⁺*Mme de Fontevrault fut* BÉNITE *hier* [comme abbesse] (SÉV., 9 févr. 1671).

En réalité, *béni* a achevé de triompher de *bénit,* celui-ci ne survivant que comme adjectif féminin dans des expressions figées comme *eau bénite,* ce que les grammairiens ont essayé au XIXᵉ s. de traduire dans la règle donnée ci-dessus, règle qui ne s'est pas vraiment établie dans l'usage.

779   Le futur simple et le conditionnel présent.

Le futur simple a toujours les désinences -*rai, -ras, -ra, -rons, -rez, -ront.*
Le conditionnel présent a toujours les désinences -*rais, -rais, -rait, -rions, -riez, -raient.*

Hist. — Ces deux temps ont été formés, en latin vulgaire, de l'infinitif suivi respectivement de l'indicatif présent et de l'indicatif imparfait du verbe *habere* (> *avoir*), les formes dissyllabiques de ce verbe étant, par contraction, réduites à une seule syllabe : *Cantare habeo* « j'ai à chanter » > **cantaraio* > *chanterai ; cantare habebam* > **cantaravea* > **cantarea* > anc. fr. *chantereie* >*chanterais.*

Dès l'époque prélittéraire, certaines formes du futur simple et du condit. prés. ont été constituées, non par le développement phonétique du composé *infinitif* + *habeo* (ou *habebam*), mais par addition des désinences à l'infinitif. Ainsi *sentir,* qui aurait donné régulièrement **sentrai, *sentrais,* fait au futur, dès les plus anciens textes, *sentir*AI, etc. Pareillement, d'anciennes formes étymologiques comme *bevrai, crerai,* etc. ont été remplacées par des formes analogiques refaites sur l'infinitif : *boirai, croirai,* etc.

Du latin classique, l'anc. fr. a conservé une seule forme (jusqu'au XVᵉ s.), le futur de *esse* « être » : *Ja n'*YERT *la fleiche veüe, / Jusques atant qu'elle soit cheüe* [= La flèche ne sera pas vue jusqu'à ce qu'elle soit tombée] (GACE DE LA BUIGNE, 4691-4692).

Dans le sentiment actuel, le futur simple et le conditionnel présent des verbes en -*er* apparaissent comme constitués, non plus de l'infinitif et des désinences -*ai, -ais,* mais de la 1ʳᵉ personne de l'indicatif présent et des désinences -*rai, -rais : Je jette-rai, j'appelle-rais.* — Quant aux verbes en -*ir* ou -*re,* ils peuvent encore souvent être sentis comme formant leur futur et leur conditionnel sur l'infinitif : *Je finir-ai(s), je lir-ai(s), je mettr-ai(s).* — Mais il y a des exceptions : *Je courrais,* etc. Cf. N.B., 2, ci-dessous.

N.B. — 1. Dans les verbes en -*éer, -ier, -ouer, -uer, -yer,* on ne doit pas omettre l'*e* devant les désinences -*rai, -rais,* du futur et du conditionnel : *Je* créE*rai, tu* priE*ras, nous* échouE*rions, il* remuE*rait, vous* nettoiE*rez.* — Il faut se garder d'introduire cet *e* au futur et au conditionnel des verbes *conclure, exclure* : *Je conclurai, il exclurait.*

2. *Acquérir, courir, envoyer, mourir, pouvoir, voir* (et les verbes de leurs familles), ont deux *r* au futur et au conditionnel : *J'acque*RRAi*. Nous cou*RRON*s. Vous enve*RR*iez. Ils mou*RR*aient. Tu pou*RR*ais. Je ve*RR*ai. Ils ve*RR*aient.* — Cependant, *pourvoir, prévoir* font *je pourvoirai(s), je prévoirai(s).* — Voir aussi *choir* et sa famille au § 848, 9.

III. — LES VERBES AUXILIAIRES

780   On appelle **verbes auxiliaires** des verbes qui, dépouillant leur signification propre, servent de simples éléments morphologiques en se combinant avec d'autres formes verbales (surtout le participe passé).

Les verbes auxiliaires principaux sont *avoir* (§ 781) et *être* (§ 782), qui se combinent avec le participe passé pour donner les temps composés et surcomposés, ainsi que le passif :

> *J'*AI *chanté. Je* SUIS *tombé. — La porte* A ÉTÉ *ouverte par le concierge.*

Il faut y ajouter les verbes dits **semi-auxiliaires,** qui, construits avec un infinitif, parfois avec un gérondif ou un participe, servent à exprimer diverses nuances de temps, d'aspect (§ 740) ou de mode. Voir §§ 789-791.

781   Le verbe **avoir** est l'auxiliaire principal des **temps composés :** pour tous les verbes transitifs, pour la plupart des verbes intransitifs (y compris *être :* voir Rem.), pour les verbes impersonnels proprement dits, — ainsi que l'auxiliaire des **temps surcomposés** (§ 788).

> *Elle* A *fermé la porte. Il* A *dormi longtemps. Elle n'*AVAIT *pas obéi à sa mère. J'*AI *eu peur.*
> *Nous* AVONS *été inquiets. Il* A *plu, neigé. Il* AVAIT *fallu le suivre. — Quand Sartre* A *eu fini de parler* (S. de BEAUVOIR, *Tout compte fait,* p. 284).

Les verbes pris impersonnellement (§ 755) reçoivent l'auxiliaire qu'ils ont dans la construction personnelle : *Il* A *circulé des bruits alarmants. Il* EST *venu quelqu'un.*

Les temps qui ne sont pas formés au moyen d'un auxiliaire sont des temps *simples.*

Remarque. — Le fr. populaire, à Paris (cf. Bauche, p. 111) et en province, mais surtout dans les domaines franco-provençal et provençal, conjugue *être* avec l'auxiliaire *être :*

> *Non, je n'y* SUIS *pas été. Mais j'irai ! J'irai rien que pour leur dire, là-bas, que j'y* SUIS *été* [dit une habilleuse de music-hall] (COLETTE, *Envers du music-hall,* Sel., p. 46).

Aussi en langage philosophique : *Ce n'être-pas n'est ni constaté, ni jugé, mais suivant la formule que nous employions l'autre jour, il* EST ÉTÉ [imprimé en italiques] (SARTRE, *Carnets de la drôle de guerre,* p. 218).

Hist. — *Être* était assez souvent conjugué avec lui-même au XVIe s., parfois par imitation de l'italien : voir Huguet.

782   Le verbe *être*

a) Est l'auxiliaire de la voix passive :

> *Le voleur* FUT *emmené par les gendarmes malgré sa résistance. — Passif impersonnel* (§ 742, *d*) : *Il en* SERA *dressé un procès-verbal détaillé* (Code civil, art. 58).

Dans les formes passives, *être* n'a pas un rôle foncièrement différent de celui qu'il a en tant que copule, et il ne perd pas sa valeur temporelle : comp. *Je suis blâmé* (qui est un présent) et *Je suis parti* (qui est un passé).

Hist. — En latin, le passif était tantôt marqué par des désinences : *Amor = je suis aimé ;* — tantôt par l'auxiliaire *esse* « être » : *Amatus sum = j'ai été aimé.*

b) Est l'auxiliaire des temps composés.

1° Des verbes pronominaux :

*Elle s'*EST *blessée. Ils se* SONT *détestés dès qu'ils se* SONT *vus. Elle s'*EST *évanouie. Cette langue s'*EST *parlée en Inde.*

Cela s'applique aussi quand le pronom personnel complément de l'infinitif est placé devant le verbe dont dépend cet infinitif (§ 659, *b*) : *Cette femme s'*EST *fait peindre* (AC.). *Je me* SUIS *entendu blâmer par mes amis. Ils se* SONT *laissé ravir leur place. Elle s'*EST *senti m̃ordre.* — Il en est de même quand ce déplacement appartient exclusivement à la langue littéraire : *Rousseau s'est peint lui-même tel qu'il s'*EST *voulu voir* (KEMP, cité au § 659, *b,* 2° [où nous mentionnons des ex. avec *avoir* chez Chateaubriand]).

Remarque. — La langue populaire conjugue souvent les verbes pronominaux avec *avoir.* Les écrivains n'ont pas manqué de l'observer :

*C'est quelqu'un qui s'*AURA *trompé* (LABICHE, *Cagnotte,* I, 8). — *Vous allez voir comment je m'*AI *aveuglé* (J. RENARD, *Poil de Car.,* Pl., p. 698). — *Le type avec qui je m'*AI *cavalé* (COLETTE, *Vagabonde,* I, 2). — *Il s'*AURA *planqué* (CARCO, *Jésus-la-Caille,* III, 7). — *Quand j'm'*AI *installé* (BARBUSSE, *Feu,* p. 17). — *Je m'*AURAIS *tourné les sangs* (BERNANOS, *Imposture,* p. 233). — *Je m'*AI *écrié* [...] (JOUHANDEAU, *Chaminadour,* p. 386). — *Je m'*AI *senti pas satisfait* (ARAGON, *Mentir-vrai,* p. 492). — *Après s'*AVOIR *bien soulagé* (CÉLINE, *Voy. au bout de la nuit,* F°, p. 569).

Ce qui n'est pas uniquement populaire, c'est une certaine hésitation quand il y a un autre pronom personnel conjoint complément. On n'imitera pas les écarts que voici : *Ces instruments de puissance, l'Europe se les* A *laissé ravir* (A. SIEGFRIED, dans le *Figaro litt.,* 26 mars 1960). — *Ces objections me viennent d'autant plus facilement sous la plume que je me les* AVAIS *faites moi-même* (SARTRE, *Situations,* t. VIII, p. 91).

°*Il a s'agi de* relève d'une autre explication : § 749, Rem. 1.

Hist. — L'anc. fr. hésitait déjà entre *être* et *avoir* pour les verbes pronominaux.

2° De quelques verbes intransitifs exprimant, pour la plupart, un mouvement ou un changement d'état :

aller	devenir	mourir	rester	tomber
arriver	échoir	naître	retourner	venir
décéder	entrer	partir	sortir	

ainsi que *redevenir, rentrer, repartir* « partir de nouveau » (cf. § 811 et Rem. 2), *ressortir* « sortir de nouveau » (cf. § 811 et Rem. 3), *retomber, revenir, parvenir, survenir.*

Oh ! que de vieux parents, qui n'avaient plus qu'un rêve / SONT *morts en attendant tous les jours sur la grève / Ceux qui ne* SONT *pas revenus !* (HUGO, *Rayons,* XLII.)

Remarques. — 1. Certains de ces verbes sont parfois employés avec *avoir*, soit par archaïsme littéraire (cf. Hist.), soit par imitation d'usages locaux ou populaires :

Échoir : Une part [de l'alacrité de la comtesse] *en* AURAIT *échu à sa fille* (LA VARENDE, *Amour de M. de Bonneville*, p. 88).

Partir : Voilà qu'il en est redevenu si amoureux fou que la tête lui en A *parti* [en italiques] (SAND, *Mauprat*, XXV). — *Je lui demande quand le lièvre* A *parti* (LITTRÉ). — *Le fusil* A *parti tout à coup* (ID.). — *Il* A *reparti ce matin à six heures* (ID.).

Rentrer : Par sa mort il A *rentré dans l'ordre* (FAGUET, *Initiation philosophique*, p. 111).

*Rester : J'*AI *resté ensuite sur mon lit et au soleil, car je me sentais encore très malade* (M. DESBORDES-VALMORE, *Lettres à Pr. Valmore*, 31 mai 1833). — *Pour me punir de m'être laissé aller à mon ressentiment* [...], *il ne m'*A *resté qu'à m'immoler* (CHAT., *Mém.*, II, II, I, 6). — *Dès lors il ne m'*EÛT *plus resté qu'à abandonner Arles et la vie active* (BARRÈS, *Jardin de Bérén.*, p. 91). — *Je n'y* [= dans une maison] AI *resté que peu de jours* (HERMANT, *Confession d'un homme d'aujourd'hui*, I).

*Sortir : Nous n'*AVONS *pas sorti du coupé, durant tout le chemin* (M. DESBORDES-VALMORE, *op. cit.*, 16 avril 1837). — *Il* A *sorti ce matin* (LITTRÉ). — *Il a fait un été affreux : j'*AI *peu sorti dans mon jardin* (SAND, *Corresp.*, 12 sept. 1845).

Tomber : Ce grand courage A *tombé tout à coup* (AC.). — *Comme une toile d'araignée sur laquelle la pluie* A *tombé* (HUGO, *N.-D. de Paris*, VII, 8). — *Il n'*AVAIT *pas tombé de pluie* (SAND, *Pet. Fadette*, XI). — *Le ciel* EÛT *tombé sur la terre, que les constitutionnels n'auraient pas été plus frappés* (MICHELET, *Hist. de la Révol. fr.*, VI, 1). — *En cette année il* A *tombé tant d'eau* [...] (É. HENRIOT, *Livre de mon père*, p. 156). — *Pendant la nuit la neige* AVAIT *tombé* (ARLAND, *Étienne*, p. 155). — *Pendant sept heures, la neige qui brillait maintenant au soleil* AVAIT *tombé* (J. GREEN, *Moïra*, p. 232). — *L'ennui m'*EÛT *tombé dessus* [...] *s'il n'y avait eu les sauterelles* (GENEVOIX, *Bestiaire sans oubli*, p. 247). — *La pluie qui* A *tombé durant des heures* (Cl. COUFFON, trad. de : M. A. Asturias, *Larron qui ne croyait pas au ciel*, p. 38). — Autres ex. : Th. GAUTIER, *Jean et Jeannette*, XV ; FLAUB., *Sal.*, XII ; LAMENNAIS, *De la religion*, VI ; Ch.-L. PHILIPPE, *Marie Donadieu*, p. 184.

Hist. — Les verbes mentionnés dans la Remarque 1 ont été considérés comme appartenant à la catégorie décrite dans le § 783 : verbes prenant *avoir* ou *être*, suivant que l'on voulait marquer l'action ou l'état. Littré plaide pour *avoir tombé* en invoquant cette nuance. *Avoir* était encore fréquent au XVIIᵉ et même au XVIIIᵉ s. : *Combien de noms* [...] *qui n'ont duré qu'un instant, et dont il n'*A *resté aucun vestige* (TURGOT, *Étymologie*, p. 47). — *Je suis ici comme chez moi : je n'en* AI *sorti qu'un seul jour* (FLORIAN, *Nouvelles*, Bathmendi). — *Les plus grands écrivains* ONT *tombé dans ce défaut* (BERN. DE SAINT-P., *Vie et ouvrages de J.-J. Rouss.*, p. 126). — *La foudre* A *tombé sur ma tête* (A. CHÉNIER, *Bucol.*, VII).

2. À la liste donnée ci-dessus (*b*, 2°), on joint parfois *éclore* (à rattacher plutôt aux verbes du § 783) et **choir**. — Ce dernier reçoit aujourd'hui plus souvent l'auxiliaire *avoir* que l'auxiliaire *être* :

Une goutte de rosée ÉTAIT *chue* (J. DELTEIL, *Sacré corps*, p. 14). — *Chuintain finit par saisir sa femme.* [...] *Elle* ÉTAIT *chue* (LA VARENDE, *Sorcier vert*, p. 101). — *Sur la robe* ONT *chu des pétales* (APOLLIN., *Callig.*, À travers l'Europe). — *L'embuscade dans laquelle Isabelle* AVAIT *chu* (MORAND, *Ouvert la nuit*, F°, p. 120). — *Les soldats replacent autour de sa tête la couronne qui* AVAIT *chu sur le sol* (ROBBE-GRILLET, *Souvenirs du triangle d'or*, p. 212).

Autres ex. d'*avoir* : HUGO, *Trav. de la mer*, 1882, p. 20 ; VERHAEREN, *Toute la Flandre*, III, Jour des rois ; CLAUDEL, *Feuillets de saints*, S. Martin ; J. ROMAINS, *Copains*, L.P., p. 245 ; JOUHANDEAU, *Prudence Hautechaume*, 1980, p. 31 ; POURRAT, *Trésor des contes*, Le diable et ses diableries, p. 277 ; DANIEL-ROPS, *Péguy*, p. 64 ; QUENEAU, *Pierrot mon ami*, III ; F. MARCEAU, *Années courtes*, p. 238 ; S. de BEAUVOIR, *Force des choses*, p. 282 ; G. DUBY, *Dimanche de Bouvines*, p. 179 ; etc.

3. Quand les verbes sont employés avec un objet direct, ils se construisent toujours avec *avoir* :

> *On* A *entré le piano par la fenêtre. On* A *rentré les récoltes. Cette sentence* A *sorti son effet.* — Voir aussi § 276, *a*, 6° *(sortir)* et 7° *(tomber)*.

4. *Être* n'est verbe auxiliaire ni quand il est copule (§ 242, *a*) ni quand il signifie « exister » (cf. § 756, *a*), « se trouver », « aller » (§ 803, Rem. 3), « appartenir » :

> *L'homme* EST *mortel.* — *Il* EST, *près de ces lieux, une retraite ignorée* (AC.). — *Mon père* EST *au bureau.* — AVEZ-*vous* ÉTÉ *à Paris la semaine dernière ?* (AC.) — *Elle* FUT *ensuite trouver Madame qui buvait son chocolat* (J. GREEN, *Malfaiteur*, p. 18). — *Non, l'avenir n'*EST *à personne* (HUGO, *Ch. du crép.*, V, 2).

783   **Verbes ayant *avoir* ou *être* selon le sens.**

Certains verbes intransitifs ou pris intransitivement se conjuguent avec *avoir* quand ils expriment l'action — et avec *être* quand ils expriment l'état résultant de l'action accomplie :

aborder	changer	dégénérer	empirer	pourrir
aboutir	chavirer	déménager	enchérir	rajeunir
accoucher	commencer	dénicher	enlaidir	récidiver
accourir	crever	descendre	expier	ressusciter
accroître	croître	diminuer	faillir	résulter
alunir	crouler	disparaître	finir	sonner
apparaître	croupir	divorcer	grandir	trébucher
atterrir	déborder	échapper	grossir	trépasser
augmenter	décamper	échouer	maigrir	vieillir
baisser	déchoir	éclater	monter	etc.
camper	décroître	éclore	paraître	
cesser	dégeler	embellir	passer	

> *Les eaux* ONT *bien décru*, SONT *bien décrues* (AC.). — *Si la tige des primates avait été sectionnée à sa base par quelque accident géologique, la conscience réfléchie n'*AURAIT *jamais apparu sur la terre* [...]. *Quoi qu'il en soit, l'homme* EST *apparu* (J. ROSTAND, *Pensées d'un biologiste*, p. 101).

Dans beaucoup de cas, cette règle est plus théorique que pratique. D'une part, certains verbes ont *avoir* quand ils sont vraiment conjugués : *Il* A *changé, grandi*, etc. ; quand ils prennent *être*, le participe se rapproche de l'adjectif (comp. § 742, *a*) : *Il* EST *changé, grandi.* — D'autre part, pour plusieurs de ces verbes *(descendre, monter, passer, ressusciter...)*, l'usage, sans distinguer l'état d'avec l'action, semble faire prévaloir l'auxiliaire *être* :

> *Où le père n'*EST *pas passé, l'enfant imaginaire passera* (Fr. MAURIAC, *Province*, p. 50). — *Il s'est alité et, en une semaine, il* EST *passé progressivement de ce monde dans l'autre*

(H. Bosco, *Malicroix*, p. 77). — *Le concierge me l'a remise* [= une lettre] *quand je* SUIS *passée devant la loge* (G. Marcel, *Rome n'est plus dans Rome*, p. 10). — *C'est encore le thème d'un romancier dont le premier livre* EST *paru l'an dernier* (M. Druon, dans les *Annales*, nov. 1951, p. 49). — *Quand* SERA *paru le second tome* (R. Kemp, dans les *Nouv. litt.*, 18 déc. 1958).

Ou bien les deux auxiliaires sont en concurrence, sans qu'on voie nettement une différence de sens : *Le spectre qui lui* AVAIT *apparu, qui lui* ÉTAIT *apparu* (Ac.).

Certains estiment qu'on dit toujours à la 3ᵉ pers. du sing. *est apparu* parce que *a apparu* serait cacophonique. Il se trouve pourtant : *Enfin le soleil* A *apparu* (J. de Lacretelle, *Âme cachée*, p. 229). — *C'est ici que le petit prince* A *apparu sur terre* (Saint Exupéry, *Petit prince*, XXVII). — [Voir déjà Mariv., *Dispute*, XIV.]

N.B. — Si ces verbes ont un objet direct, *avoir* s'impose :

On A *descendu plusieurs passagers dans cette île* (Ac.). — *Vous* AVEZ *descendu vos bagages sur la banquette* (Butor, *Modification*, p. 94). — *Les épreuves l'*ONT *grandi*. — *Il* A *monté l'escalier* (Ac.).

Hist. — La liste donnée plus haut comptait d'autres verbes jadis, comme *cesser* ou *périr :* ⁺*Ma surprise* EST *bientôt cessée* (Boss., *Œuvres orat.*, t. III, p. 355). — ⁺*Ainsi* EST *péri devant nos yeux cet homme si aimable* (Sév., 25 août 1679). — *Être* est aujourd'hui à peu près inusité avec ces verbes : *Le soir vient, les rumeurs du monde* SONT *cessées* (A. de Noailles, *Éblouissements*, p. 202). — *La ballade et le rondeau* SONT *péris* (Queneau, *Bâtons, chiffres et lettres*, Id., p. 28).

784   Observations diverses sur les auxiliaires.

a) En général, lorsque plusieurs verbes coordonnés sont à un même temps composé et ont le même sujet, on exprime l'auxiliaire avec le premier verbe seulement, si les divers verbes se conjuguent avec le même auxiliaire — et surtout quand ces verbes forment corps :

Nous AVIONS *fait, selon l'habitude, la promenade au polygone, assisté à l'étude du tir à ricochet, écouté et raconté paisiblement les histoires de guerre* (Vigny, *Serv. et grand. mil.*, II, 2). — *Moinel lui* A *pris son billet à la gare et donné un peu d'argent* (Alain-Fournier, *Gr. Meaulnes*, p. 245). — *L'auto* AVAIT *traversé la ville, traversé le fleuve et gagné la rive gauche* (G. Duhamel, *Cri des profondeurs*, p. 110). — *Il était ce petit enfant qu'elle* AVAIT *bercé, grondé, lavé, nourri, caressé jadis* (H. Troyat, *Tant que la terre durera...*, p. 609). — *Je n'*AI *ni tué ni volé.*

Quand on passe d'une proposition affirmative à une proposition négative avec *ne*, la répétition de l'auxiliaire est nécessaire : *L'appareil militaire m'*A *toujours plu et ne m'*A *jamais imposé* (Chat., *Mém.*, I, IV, 10). — *Elle* A *vu ta blessure et n'*A *pu la fermer* (Musset, *Poés. nouv.*, Nuit d'oct.)

Mais quand on passe de l'affirmative à la négative au moyen de *non, non pas, et non, et non pas, mais non*, etc., l'auxiliaire ne peut pas se répéter : *Il* A *fui, mais non trahi.*

Quand on passe de la négative à l'affirmative, sans conjonction de coordination, on doit répéter l'auxiliaire : *Il n'*A *pas seulement menacé, il* A *frappé.*

Il n'est pas conforme au bon usage de ne pas exprimer le second auxiliaire quand il est différent du premier : *Il* AVAIT *tant été et venu tout le jour* (Aragon, *Voyageurs de l'impériale*, I, 54). — *Après s'*ÊTRE *gratté la tête, caressé le menton et regardé son interlocuteur du haut en bas* (Giono, *Hussard sur le toit*, p. 84) ; — de ne pas exprimer le second auxiliaire à la voix active quand le premier est à la voix passive : *J'*AVAIS *en passant de cape un petit*

taureau, ÉTÉ *renversé*, ÉTÉ *piétiné, et reçu une estafilade à la hauteur d'une omoplate* (MON-
THERLANT, *Petite infante de Castille*, p. 14) ; — de n'exprimer qu'une seule fois *avoir*, alors
qu'il joue tantôt le rôle d'auxiliaire et tantôt non : *Sextius* AVAIT *le bras cassé et perdu
connaissance* (É. HENRIOT, *Temps innocents*, p. 260).

b) Verbes particuliers.

1° *Accoutumer* « prendre l'habitude » ne se trouve plus normalement (voir
Hist.) qu'aux temps composés, avec l'auxiliaire *avoir*. Cet emploi, quoique donné
pour vieilli par l'Acad. et par beaucoup de grammairiens et de lexicographes
(déjà par Bescherelle en 1845), appartient encore à la langue soignée :

> *Il s'enfonça, comme il* AVAIT *accoutumé, dans le coin des bouquins* (A. FRANCE, *Orme du
> mail*, XIV). — *Édouard* AVAIT *accoutumé de dire* [...] (G. DUHAMEL, *Deux hommes*, p. 205).
> — *Ce qu'on* A *accoutumé d'appeler le théâtre du boulevard* (Fr. MAURIAC, *Discours de réc. à
> l'Acad. fr.*). — *Elle* A *accoutumé de s'exprimer avec franchise* (TOULET, *Béhanzigue*, p. 119).
> — *Ces terres, ces arbres* AVAIENT *accoutumé de produire beaucoup* (AC.). — *Robinson se
> dégagea doucement du trou de rocher où il* AVAIT *accoutumé de dormir* (M. TOURNIER,
> *Vendredi ou les limbes du Pacifique*, Fᵒ, p. 30).

> Autres ex. : ALAIN-FOURNIER, *Gr. Meaulnes*, I, 6 ; BERNANOS, *Imposture*, p. 32 ;
> R. MARTIN DU GARD, *Thib.*, Pl., t. I, p. 1304 ; AYMÉ, *Aller et retour*, p. 74 ; A. ROUSSIN,
> *Réponse au discours de réc. de F. Marceau à l'Acad. fr.* ; S. PROU, *Méchamment les oiseaux*,
> p. 182 ; H. BOSCO, *Hyacinthe*, p. 192 ; etc.

La langue courante dit *être accoutumé*, que Littré considère comme irréprochable : *Elle
ÉTAIT accoutumée à avoir ses fils couchés dans sa chambre* (STENDHAL, *Rouge*, I, 5). —
Quelqu'un lui désigna une allée où Beethoven ÉTAIT *accoutumé de se promener* (BARRÈS, *Du
sang...*, p. 273). — *Nous ne voyons pas ce que nous* SOMMES *accoutumés à voir* (Fr. MAURIAC,
Nœud de vip., XVIII).

Hist. — Le *Trésor* analyse *accoutumé* dans *Il a accoutumé de faire* comme un adjectif
attribut de l'infinitif complément d'objet direct (comp. *avoir aisé de*, etc., au § 294). Cela est
défendable selon le sentiment d'un usager d'aujourd'hui, mais non d'un point de vue
historique. En effet, *accoutumer*, dans le sens de « prendre l'habitude de », s'employait aussi,
jadis, aux temps simples (et avec un complément autre qu'un infinitif) : *Nous nous durcissons
à tout ce que nous* ACCOUSTUMONS (MONTAIGNE, cit. Huguet).

Accoutumer à un temps simple est tout à fait exceptionnel aujourd'hui avec cette valeur :
Boussardel, un peu déchargé de sa besogne, ACCOUTUMA *de se rendre chez Ramelot* (HÉRIAT,
Famille Boussardel, XIII).

De l'usage ancien, nous avons gardé aussi le participe passé *accoutumé* pris comme
synonyme d'*habituel* : *Faire sa promenade* ACCOUTUMÉE (*Dict. contemp.*).

Le tour concurrent *être accoutumé de* (parfois *à*, cf. § 878, *a*, 2°) était déjà courant à
l'époque classique, et même avant : voir Littré, qui cite Pascal, Voltaire, Saint-Simon, ainsi
que Commynes (dans l'Hist.).

2° *Convenir* se conjugue avec *avoir* quand il signifie « être approprié,
plaire » : *Cette maison m'*A *convenu* (AC.). — *On délibéra sur ce qu'il* AURAIT
convenu de faire (LITTRÉ). — Quand il signifie « reconnaître la vérité de,
admettre » ou « tomber d'accord, faire avec qqn un accord », il se conjugue soit
avec *être*, conformément à la règle classique, soit avec *avoir*, qui l'emporte dans
l'usage courant d'aujourd'hui :

> Avec *être* : *Nous savons bien, et je gage que Mlle de Scudéry en* SERAIT *convenu [sic] avec
> nous, que Tendre-sur-Inclination est la seule capitale de l'amour* (R. KANTERS, *Des écrivains et*

des hommes, p. 98). — *On* ÉTAIT *convenu de donner un spectacle composé, sans plus, du* Fils *et du premier acte de* La Ville (MONTHERLANT, *Tragédie sans masque*, p. 243). — *Voilà vingt ans que je me tue à le dire : on ne peut plus voyager en sécurité... Tu en* ES *convenu cependant : on chantait* L'Internationale (HÉRIAT, *Enfants gâtés*, II, 3). — *C'est avec lui qu'il y a trois semaines le ministre de l'économie et des finances* ÉTAIT *convenu* [...] *de dévaluer* (J. FAUVET, dans le *Monde*, 10 août 1969). — *Térèse* ÉTAIT [...] *convenue avec son mari de passer la fin de la semaine dans leur propriété* (A. HURÉ, *Descente en enfer*, p. 84).

AVEC *avoir : Nous* AVONS *convenu que je ne t'écrirais qu'au bout d'un certain temps* (STENDHAL, *Corresp.*, t. II, p. 123). — *Ils* AVAIENT *convenu de se retrouver à Rome* (R. ROLLAND, *Jean-Chr.*, t. X, p. 26). — *N'*AVAIT*-il pas convenu de quitter l'état militaire?* (THÉRIVE, *Plus grand péché*, p. 47.) — *Andromaque et moi* AVONS *déjà convenu de moyens secrets* (GIRAUDOUX, *La guerre de Troie n'aura pas lieu*, II, 6). — *Bien que de cela il n'*EÛT *jamais convenu* (MONTHERLANT, *Célibataires*, p. 281). — *J'*AVAIS *convenu avec Verbeke qu'on tirerait* [...] *tout le reste du livre* (GIDE, dans Claudel et Gide, *Corresp.*, p. 165). — *Il ne pouvait se défendre d'une tristesse dont il n'*EÛT *jamais convenu* (FR. MAURIAC, *Thér. Desqueyroux*, XIII). — *Mouchette* EÛT *volontiers convenu avec elle-même n'avoir jamais connu la douceur d'une caresse* (BERNANOS, *Nouvelle hist. de Mouchette*, p. 210). — *Nous* AVIONS *convenu que mon départ coïnciderait avec celui des Haume* (COLETTE, *Chambre d'hôtel*, p. 70).

Autres ex. : BOURGET, cité par Gide, *Journal*, 23 juin 1930 ; JAMMES, *M. le curé d'Ozeron*, p. 127 ; É. HENRIOT, *Rose de Bratislava*, XVIII ; BÉDIER, dans *Hist. de la litt. fr.* sous la direction de Bédier et Hazard, t. I, p. 125 ; P. BENOIT, *Agriates*, p. 59 ; ARLAND, *Étienne*, p. 126 ; CHAMSON, *La neige et la fleur*, p. 218 ; J. GREEN, *Journal*, 4 sept. 1941 ; MIOMANDRE, *Écrit sur de l'eau*, p. 16 ; DANIEL-ROPS, *Cœur complice*, p. 52 ; LÉAUTAUD, *Journal litt.*, 15 juin 1926 ; AYMÉ, *Contes du chat perché*, p. 176 ; BENDA, *France byzantine*, p. 171 ; LA VARENDE, *Belles esclaves*, p. 179 ; MAULNIER, *Profanateur*, III, 1 ; GIONO, *Voy. en Italie*, p. 239 ; A. ARNOUX, *Calendrier de Flore*, p. 333 ; DHÔTEL, *Ce jour-là*, p. 95 ; A. PEYREFITTE, *Mal français*, p. 491 ; etc. — [Déjà J.-J. ROUSS., cit. Littré, Suppl.]

Les mêmes observations s'appliquent à l'antonyme *disconvenir*, à la réserve que le sens « déplaire, être mal approprié » est vieilli.

3° *Courir* avec *être* est un usage ancien (cf. Hist.) qui subsiste dans certaines régions (comme en Belgique). — En revanche, *accourir* admet les deux auxiliaires :

Il AVAIT *accouru pour la surprendre* (HERMANT, *Grands bourgeois*, IX). — *Ses amis* ONT *accouru pour le féliciter de son succès* (AC.). — *Toute la population* ÉTAIT *accourue pour nous voir* (CHAT., *Mém.*, I, VIII, 12). — *Je* SERAIS *accouru vers vous* (GIDE, dans Claudel et Gide, *Corresp.*, p. 51). — *Je* SUIS *accouru pour la fête* (AC.).

Hist. — *Courir* avec l'auxiliaire *être* est parfois encore attesté au XVIIᵉ s. : Antigone. *Hé bien, ma chere Olympe, as-tu vû ce forfait ?* / Olympe. *J'y* SUIS *couruë en vain c'en estoit déja fait* (RAC., *Théb.*, V, 2). — ⁺*Dès que mon fils, qui est encore mal avec elle, a été à Rennes, elle* EST *courue ici d'une bonne amitié* (SÉV., 14 févr. 1685).

4° *Demeurer* se conjugue avec *avoir* quand il signifie « habiter », ou « tarder », ou « mettre du temps à faire qq. ch. » ; — avec *être* quand il signifie « s'arrêter, rester en quelque endroit, rester en un certain état » :

*Pendant le temps que j'*AI *demeuré à Paris* (M. DONNAY, *Torrent*, I, 6). — *Sa plaie* A *demeuré longtemps à guérir* (AC.). — *Il n'*A *demeuré qu'une heure à faire cela* (AC.). — *Je* SUIS *demeuré fort peu de temps à Mantoue* (MUSSET, *Fantasio*, I, 1). — *Il* EST *demeuré muet* (AC.).

5° **Échapper** prend toujours l'auxiliaire *avoir* quand il signifie « n'être pas saisi, remarqué » :

> *Le véritable sens* AVAIT *échappé à tous les traducteurs* (AC.). — *Votre observation m'*AVAIT *d'abord échappé* (AC.). — *Cette distinction m'*AVAIT *échappé* (NODIER, *Contes*, p. 430). — *Pas un mot ni un geste ne lui* AVAIT *échappé* (R. MARTIN DU GARD, *Thib.*, Pl., t. I, p. 1219). — *Je suppose néanmoins que ce qui s'est passé en moi ne lui* A *pas tout à fait échappé* (J.-L. VAUDOYER, *Laure et Laurence*, p. 221).

Quand il s'applique à ce qu'on dit, à ce qu'on fait par imprudence, par mégarde, etc., souvent il prend l'auxiliaire *être* :

> *Ces paroles* SERAIENT *échappées à Bonaparte* (CHAT., *Mém.*, II, IV, 6). — *Son secret lui* EST *échappé* (SAINTE-BEUVE, *Port-Royal*, III, 15). — *Il est impossible qu'une pareille bévue lui* SOIT *échappée* (AC.). — *Quelques fautes, quelques négligences vous* SONT *échappées par-ci par-là* (AC.). — *Cette exclamation lui* ÉTAIT *échappée* (JAMMES, *M. le curé d'Ozeron*, p. 219).
> Avec *avoir : Si quelques paroles désobligeantes m'*ONT *échappé, croyez bien, Monsieur, que j'en suis désolée* (NERVAL, *Marquis de Fayolle*, II, 9). — *Il lui* A *même échappé une bêtise* (L. HALÉVY, *Petites Cardinal*, p. 64). — *Cela lui* AVAIT *échappé ; il n'avait pas réfléchi* (Fr. MAURIAC, *Thér. Desqueyroux*, p. 232). — *À peine ces mots lui* EURENT-*ils échappé qu'il les regretta* (J. GREEN, *Moïra*, p. 103).

Dans les autres cas, il prend *avoir* ou *être*, et souvent l'un ou l'autre selon qu'il marque l'action ou l'état :

> *Cela m'*AVAIT, *m'*ÉTAIT *échappé de la mémoire* (AC.). — *Un cri lui* A *échappé, lui* EST *échappé* (AC.). — *Les quelques habitants qui* ÉTAIENT *échappés aux massacres* (IKOR, *Semeur de vent*, p. 97). — *Je jouais machinalement avec cette bague, quand elle m'*A *échappé des mains* (É. HENRIOT, *Rose de Bratislava*, I).

6° **Émaner** s'emploie rarement aux temps composés. Quand c'est le cas, l'auxiliaire est traditionnellement *être* (de là l'emploi d'*émané* sans auxiliaire : § 889, *b*). Mais *avoir* le concurrence.

> *Qu'importe [...] / qu'une loi* SOIT *émanée hier de ma volonté, si aujourd'hui ma volonté change ?* (GUIZOT, cit. Plattner, t. II, fasc. 2, p. 107.) — *Elle étincelait comme si la lumière* FÛT *émanée d'elle* (Th. GAUTIER, *Mlle de Maupin*, XI). — *De ce Paris des profondeurs nocturnes duquel* AVAIT *déjà émané [...] le message invisible [...]* (PROUST, *Rech.*, t. II, p. 734). — *De nombreux indices rassurants* AYANT *émané des pays du Golfe* (L. GEORGES, dans le *Monde*, 18 mai 1983).

7° Avec le verbe **sonner,** les grammairiens de naguère exigeaient l'auxiliaire *être* lorsqu'on a une désignation de l'heure comme sujet, mais *avoir* quand *horloge* est sujet, « parce que c'est l'horloge qui sonne, au lieu que ce sont les heures qui sont sonnées » (Girault-Duvivier, 1863, p. 429). — *Avoir* est admis par l'usage même dans le premier cas :

> *L'heure* A *sonné tout à l'heure* (LITTRÉ, s.v. *sonner*, Rem. 1). — *Le quart de six heures* AVAIT *sonné* (Fr. MAURIAC, *Chemins de la mer*, XII).

785   Conjugaison du verbe **AVOIR**

INDICATIF		IMPÉRATIF	
Présent	*Passé composé*	*Présent*	*Passé* (rare)
J'ai [§ 764, *b*]	J'ai eu	Aie [ɛ]	Aie eu
Tu as	Tu as eu	Ayons [ɛjɔ̃]	Ayons eu
Il a	Il a eu	Ayez [ɛje]	Ayez eu
Nous avons	Nous avons eu		
Vous avez	Vous avez eu	**SUBJONCTIF**	
Ils ont	Ils ont eu		
		Présent	*Passé*
Imparfait	*Plus-que-parfait*	J'aie [ɛ]	J'aie eu
J'avais	J'avais eu	Tu aies [ɛ]	Tu aies eu
Tu avais	Tu avais eu	Il ait [ɛ]	Il ait eu
Il avait	Il avait eu	Nous ayons [ɛjɔ̃]	Nous ayons eu
Nous avions	Nous avions eu	Vous ayez [[ɛje]	Vous ayez eu
Vous aviez	Vous aviez eu	Ils aient [ɛ]	Ils aient eu
Ils avaient	Ils avaient eu		
		Imparfait	*Plus-que-parfait*
Passé simple	*Passé antérieur*	J'eusse [ys]	J'eusse eu
J'eus [y]	J'eus eu	Tu eusses	Tu eusses eu
Tu eus	Tu eus eu	Il eût	Il eût eu
Il eut	Il eut eu	Nous eussions	Nous eussions eu
Nous eûmes	Nous eûmes eu	Vous eussiez	Vous eussiez eu
Vous eûtes	Vous eûtes eu	Ils eussent	Ils eussent eu
Ils eurent	Ils eurent eu		
		INFINITIF	
Futur simple	*Futur antérieur*		
J'aurai	J'aurai eu	*Présent*	*Passé*
Tu auras	Tu auras eu	Avoir	Avoir eu
Il aura	Il aura eu		
Nous aurons	Nous aurons eu		
Vous aurez	Vous aurez eu	PARTICIPE	
Ils auront	Ils auront eu		
			Passé
Condit. présent	*Condit. passé*	*Présent*	*Passé* *composé*
J'aurais	J'aurais eu	Ayant	Eu, eue Ayant eu
Tu aurais	Tu aurais eu		
Il aurait	Il aurait eu	GÉRONDIF	
Nous aurions	Nous aurions eu		
Vous auriez	Vous auriez eu	*Présent*	*Passé* (rare)
Ils auraient	Ils auraient eu	En ayant	En ayant eu

Pour les temps surcomposés (rares), cf. § 796.

Conjugaison du verbe ÊTRE

INDICATIF		IMPÉRATIF	
Présent	*Passé composé*	*Présent*	*Passé* (rare)
Je suis	J'ai été	Sois	Aie été
Tu es	Tu as été	Soyons	Ayons été
Il est	Il a été	Soyez	Ayez été
Nous sommes	Nous avons été		
Vous êtes	Vous avez été	SUBJONCTIF	
Ils sont	Ils ont été		
		Présent	*Passé*
Imparfait	*Plus-que-parfait*	Je sois	J'aie été
J'étais	J'avais été	Tu sois	Tu aies été
Tu étais	Tu avais été	Il soit	Il ait été
Il était	Il avait été	Nous soyons	Nous ayons été
Nous étions	Nous avions été	Vous soyez	Vous ayez été
Vous étiez	Vous aviez été	Ils soient [swa]	Ils aient été
Ils étaient	Ils avaient été		
		Imparfait	*Plus-que-parfait*
Passé simple	*Passé antérieur*	Je fusse	J'eusse été
Je fus	J'eus été	Tu fusses	Tu eusses été
Tu fus	Tu eus été	Il fût	Il eût été
Il fut	Il eut été	Nous fussions	Nous eussions été
Nous fûmes	Nous eûmes été	Vous fussiez	Vous eussiez été
Vous fûtes	Vous eûtes été	Ils fussent	Ils eussent été
Ils furent	Ils eurent été		
		INFINITIF	
Futur simple	*Futur antérieur*		
Je serai	J'aurai été	*Présent*	*Passé*
Tu seras	Tu auras été	Être	Avoir été
Il sera	Il aura été		
Nous serons	Nous aurons été		
Vous serez	Vous aurez été	PARTICIPE	
Ils seront	Ils auront été		
			Passé
Condit. présent	*Condit. passé*	*Présent*	*Passé* *composé*
Je serais	J'aurais été	Étant	Été Ayant été
Tu serais	Tu aurais été		
Il serait	Il aurait été	GÉRONDIF	
Nous serions	Nous aurions été		
Vous seriez	Vous auriez été	*Présent*	*Passé* (rare)
Ils seraient	Ils auraient été	En étant	En ayant été

Pour les temps surcomposés, cf. § 796.

787 Les **temps composés** sont ceux dans lesquels le verbe se conjugue à l'aide d'un auxiliaire.

Ils sont formés, à l'actif, d'un des temps simples de l'auxiliaire *avoir* ou de l'auxiliaire *être*, suivi du participe passé du verbe à conjuguer. Au passif, ils sont formés d'un des temps simples ou composés de l'auxiliaire *être*, suivi du participe passé du verbe à conjuguer :

*J'*AI *chanté. Que j'*EUSSE *chanté. Je* SUIS *venu.* — *J'*AI ÉTÉ *loué.*

Les temps composés sont :

Indicatif :	passé composé, passé antérieur, plus-que-parfait, futur antérieur.
Conditionnel :	passé.
Impératif :	passé.
Subjonctif :	passé, plus-que-parfait.
Infinitif :	passé.
Participe :	passé composé.
Gérondif :	passé (rare).

N.B. — Au passif, toutes les formes sont composées (sauf le participe passé). On prendra garde de ne pas confondre : *Je suis blâmé,* indicatif présent, et *Je suis venu,* passé composé, et ainsi de suite.

Hist. — Les temps composés ont été formés en latin vulgaire. Toutefois certains temps passés du passif avaient déjà des formes composées en lat. class. : *Amatus sum* (= j'ai été aimé).

788 Les **temps surcomposés** [5] sont les temps où le verbe est conjugué avec un double auxiliaire [6] ou, si l'on veut, des temps composés dont l'auxiliaire est lui-même composé (cf. cependant *c* ci-dessous), ou encore des temps obtenus en ajoutant un auxiliaire de plus à un temps déjà composé :

J'ai planté. → *J'ai eu planté.*
Je suis parti. → *J'ai été parti* (cf. Rem. 2).

Ces temps marquent le *bisantérieur,* comme disent Damourette et Pichon (§§ 1775 et suiv.), c'est-à-dire des faits *antérieurs* et *accomplis* par rapport à des faits qui, eux-mêmes antérieurs par rapport à d'autres faits, s'exprimeraient par les temps composés correspondants. Cette antériorité est explicite lorsque les temps surcomposés apparaissent dans des propositions temporelles (introduites par *après que, aussitôt que, dès que, lorsque, quand*). Elle peut aussi être indiquée par des compléments qui précisent le délai d'accomplissement (*bientôt, vite,* etc.).

---

5. Cf. M. CORNU, *Les formes surcomposées en franç.*, Berne, Francke, 1953.
6. Les temps composés du passif contiennent aussi un double auxiliaire (cf. § 787), mais ce n'est pas de ces formes qu'il s'agit ici.

Les temps surcomposés appartiennent surtout au langage parlé. On les trouve pourtant dans la langue écrite, à la voix active, en particulier l'indicatif passé surcomposé.

a) La **voix active.**

— **Indicatif passé surcomposé.** Verbes dont les temps composés sont formés avec *avoir :* *Quand M. Bonaparte* A EU FAIT *le tour de ses valets, de ses complices et de ses victimes, et empoché le serment de chacun, il s'est écrié : Tiens ! j'ai oublié quelque chose !* (HUGO, *Nap.-le-Petit,* VII, 4.) — *Quand la France* A EU RÉALISÉ *son programme révolutionnaire, elle a découvert à la Révolution toute espèce de défauts* (RENAN, *Hist. du peuple d'Israël,* t. IV, p. 186). — *Ce petit vin nouveau* [...] A EU *vite* GRISÉ *tous ces buveurs de bière* (A. DAUDET, *Rob. Helmont,* p. 80). — *Aussitôt qu'elle* A EU CONNU *notre projet, Sa Sainteté a voulu l'encourager* (BRUNETIÈRE, *Bossuet,* p. 217). — *À peine* AI-*je* EU MANIFESTÉ *l'intérêt que je prenais à l'histoire de ces fondations que l'archiviste passionné se révéla* (R. BAZIN, *Terre d'Espagne,* p. 217). — *Le peuple* A EU *bientôt* FAIT *de décider que le mot* [= *automobile*] *était féminin* (VENDRYES, *Langage,* p. 284). — *Quand j'*AI EU *bien* REGARDÉ *les étranges toupies plantées là comme des quilles* [...], *un malaise m'a pris* (R. KEMP, dans le *Monde,* 8 mai 1957). — *Quand il m'*A EU QUITTÉ, *j'ai réfléchi que* [...] (J. GREEN, *Journal,* 10 juin 1948). — *Quand madame Phyllis* A EU FINI *sa petite vaisselle,* [...] *elle a enlevé son tablier* (BUTOR, *Passage de Milan,* 10/18, p. 115). — *Quand nous* AVONS EU FINI *de goûter, j'ai fait goûter Noël* (M. DURAS, *Vie tranquille,* Fᵒ, p. 101). — *Je n'*AI *pas* EU *plutôt* LÂCHÉ *cette parole que je me suis mordu la langue* (AC., s.v. *langue*).

Autres ex. : BALZAC, *Mém. de deux jeunes mariées,* I ; SAINTE-BEUVE, *Consolations,* Préf. ; DUMAS fils, *Père prodigue,* I, 9 ; FLAUB., *Mᵐᵉ Bov.,* I, 3 ; ZOLA, *Bête hum.,* III ; H. de RÉGNIER, *Flambée,* XXX ; A. BELLESSORT, *V. Hugo,* p. 240 ; Fr. MAURIAC, *Feu sur la terre,* p. 127 ; CHAMSON, *Désordres,* III, 9 ; MONTHERLANT, *La ville dont le prince est un enfant,* II, 2 ; A. CAMUS, *Étranger,* II, 3 ; S. de BEAUVOIR, citée au § 781 ; etc.

Verbes dont les temps composés sont formés avec *être : Quand mad. de Vernon* A ÉTÉ PARTIE, *je me suis retrouvée plus mal qu'avant son arrivée* (Mᵐᵉ de STAËL, *Delphine,* II, 3). — *Quand mon père* A ÉTÉ MORT, *ils lui ont retiré de dessous la tête la pierre de l'exil qu'il avait pour oreiller* (HUGO, *Homme qui rit,* II, v, 5). — Autres ex. : BARBEY D'AUR., *Memoranda,* 19 juin 1837 ; M. PRÉVOST, *Automne d'une femme,* p. 101 ; GIONO, *Un de Baumugnes,* I ; SARTRE, *Mur,* Intimité, II.

— **Indicatif plus-que-parfait surcomposé.** Verbes dont les temps composés sont formés avec *avoir : Quand il* AVAIT EU RASSEMBLÉ *les plus effrontés de chaque métier, il leur avait dit : régnons ensemble* (STENDHAL, *Rouge,* I, 22). — *Un instant après que Zanga* AVAIT EU RAP-PORTÉ *chez elle le coffre de ses marchandises, un homme* [...] *s'était élancé dans sa chambre* (ID., *Chron. ital.,* Le coffre et le revenant). — *Les seize hommes de la barricade, depuis seize heures qu'ils étaient là,* AVAIENT EU *vite* ÉPUISÉ *les maigres provisions du cabaret* (HUGO, *Misér.,* V, I, 2). — *À peine l'*AVAIS-*je* EU QUITTÉE *qu'ils s'étaient reformés* (PROUST, ˋRech., t. II, p. 29). — *M. de Montmort avait convoqué leur capitaine, aussitôt que la Superbe* AVAIT EU REPRIS *sa place au long du quai* (CHAMSON, *Superbe,* p. 289). — Autres ex. : RAMUZ, *Vie de Samuel Belet,* I, 3 ; Fr. MAURIAC, *Genitrix,* p. 21 ; R. VERCEL, *Ceux de la « Galatée »,* p. 255.

Verbes dont les temps composés sont formés avec *être : Si Roger n'*AVAIT *pas* ÉTÉ MORT, *j'en aurais presque sauté de joie* (PILHES, *Imprécateur,* p. 77). — *J'avais un fils qu'on appelait mort.* [...] *Comme s'il n'*AVAIT *jamais* ÉTÉ NÉ (H. CIXOUS, *Angst,* p. 147).

— **Futur antérieur surcomposé :** *On pense que M. Tardieu en* AURA EU FINI *hier soir avec les résistances du Dr Schacht, il aura pris le train de 20 heures pour être à 6 h 30 à Paris, tenir à 10 le conseil des ministres* (MAURRAS, cit. Damourette-Pichon, § 1859).

— **Passé antérieur surcomposé**, inconnu de la langue parlée, très rare dans l'écrit : *Son fils était resté à terre pour fermer la barrière. Quand il eut manœuvré et que la voiture* l'EÛT [*sic*] EU FRANCHIE, *le petit courut pour grimper auprès de son père* (VIALAR, *Fusil à deux coups*, p. 15). — Autre ex. dans Damourette-Pichon, § 1856.

— **Conditionnel passé surcomposé :** *Lorsqu'ils* AURAIENT EU DIT : « *Le roi de France et trois cent mille citoyens furent égorgés, fusillés, noyés* »... *quels mots auraient-ils mis au-dessous de pareilles choses ?* (HUGO, *Litt. et phil. mêlées*, cit. *ib.*, § 1862.) — *Sans lui j'*AURAIS EU DÎNÉ *de meilleure heure* (AC., 1878, s.v. *avoir*). — *En cas d'alerte, chacun* AURAIT EU *vite* FAIT *de retrouver son bien* (R. BAZIN, *Closerie de Champdolent*, p. 119). — *Elle n'*AURAIT *pas* ÉTÉ *plutôt* ARRIVÉE *qu'elle s'en serait aperçue* (PROUST, *Rech.*, t. II, p. 597).

— **Subjonctif passé surcomposé :** *Avant qu'elle* AIT EU PROTESTÉ, *je suis parti.*

— **Subjonctif plus-que-parfait surcomposé** à valeur de conditionnel (temps inconnu de la langue parlée, rare dans la langue écrite) : *Gustin se soumettait à toutes mes volontés, comme s'il* EÛT ÉTÉ NÉ *pour m'obéir* (E. QUINET, *Histoire de mes idées*, I, 5). — *De par la rage de sa passion Jacques* EÛT EU ACQUIS *des boutons sur la face s'il n'eût eu Martine pour s'exercer* (QUENEAU, *Loin de Rueil*, F°, p. 156). [Plaisant.] — Ex. surprenant à tous égards : *Après que j'*EUSSE EU FINI *nous fûmes invités [...] à une soirée* (VERL., *Quinze jours en Hollande*, cit. Damourette-Pichon, § 1915, C, *c*). Cf. § 1082, *a.*

— **Participe passé surcomposé :** AYANT EU TERMINÉ *son travail avant midi, il a pu avoir son train ordinaire.*

— **Infinitif passé surcomposé :** *Le plombier est parti sans* AVOIR EU ACHEVÉ *son travail.*

b) La **voix passive :**

*Quand j'*AI ÉTÉ NOMMÉ (passé composé). → *Quand j'*AI EU ÉTÉ NOMMÉ (passé surcomposé). — Cela n'est pas attesté fréquemment dans l'écrit : *Quand il [= le Dict. gén.]* A EU ÉTÉ TERMINÉ, *M. Paris en a donné un compte rendu* (E. RITTER, *Quatre dictionnaires fr.*, p. 41).

c) Les **verbes pronominaux** ne présentent pas les formes attendues (si l'on compare à *b* ci-dessus) :

Quand je me suis assis (passé composé) → **Quand je m'ai été assis*, mais → *Quand je me suis eu assis* (passé surcomposé). Il y a comme une permutation des auxiliaires, à cause du fait que le pronom réfléchi ne peut pas être suivi de l'auxiliaire *avoir*. — Peut-être faut-il partir de la forme non réfléchie : *Quand ils* ONT EU DIT *à Jean* → *Quand ils se* SONT EU DIT.

Les formes surcomposées pronominales n'apparaissent guère que dans l'usage parlé : *Quand il s'*EST EU EMBARQUÉ, *quand il l'a eu fait, il a vu...* (ex. oral, cit. Damourette-Pichon, § 2010).

Remarques. — 1. Dans certains usages régionaux, notamment dans le Midi, le passé surcomposé s'emploie au lieu du passé composé :

Mais comment que t'en AS EU ENTENDU *causer, toi, de Méséglise ? [...] Comme M. le curé nous l'*A EU FAIT *ressortir bien des fois, s'il y a une femme qui peut compter d'aller près du bon Dieu, sûr et certain que c'est elle* [dit la servante Françoise] (PROUST, *Rech.*, t. II, pp. 25-26).

2. En Suisse romande, on dit °*Il est eu parti* au lieu de *Il a été parti :* cf. Wartburg-Zumthor, § 340.

Hist. — L'origine des temps surcomposés est souvent expliquée par le recul du passé simple et du passé antérieur : comme *Je mangeai* est concurrencé par *J'ai mangé, J'eus mangé* le serait par *J'ai eu mangé*. Mais les temps surcomposés sont attestés dès le début du XIIIe s., avant le recul du passé simple, et ils sont employés couramment dans des dialectes où le passé simple et le passé antérieur sont bien vivants, par exemple en wallon (cf.

Remacle, t. II, pp. 78-79). Il est donc préférable de penser que les temps surcomposés sont nés pour marquer l'accompli par rapport aux temps composés.

À l'époque classique (comme de nos jours), les formes surcomposées étaient d'un emploi restreint dans la langue littéraire. Ni Corneille, ni Racine, ni La Fontaine, ni Boileau, par ex., ne s'en sont servis. Mais on les trouve chez d'autres auteurs :

⁺*S'il s'est fatigué exprès pour être par là dispensé du jeûne, y sera-t-il tenu ? Encore qu'il* AIT EU *ce dessein* FORMÉ [cf. § 290, c, Hist.], *il n'y sera point obligé* (PASCAL, *Prov.*, V). — ⁺*Après que la mort de notre Sauveur* A EU RÉTABLI *la justice par la rémission des péchés, la paix, sa fidèle compagne, a commencé de paraître aux hommes* (BOSS., *Œuvres orat.*, t. III, p. 415). [Autre ex. : p. 355.] — ⁺*Je ne vois que cet habit bleu : vos hardes n'*AURONT *point* ÉTÉ ARRIVÉES (SÉV., 11 mars 1671). — ⁺*Quand M. Foucquet* A EU CESSÉ *de parler, Pussort s'est levé impétueusement* (EAD., 3 déc. 1664). — *Cependant la barbe me venoit ; et quand elle* A ÉTÉ VENUE, *je l'ai fait raser* (DIDEROT, *Neveu de Rameau*, p. 7). — ⁺*L'espérance n'est qu'un charlatan qui nous trompe sans cesse. Et, pour moi, le bonheur n'a commencé que lorsque je l'*AI EU PERDUE (CHAMFORT, cité dans *Marche romane*, 1951, p. 59). — ⁺*Il a tout lu* [...] : *mais* [...] *il n'a rien eu à changer au fond de son système depuis qu'il* A EU LU (RÉTIF DE LA BRETONNE, *Philosophie de M. Nicolas*, cité dans la *Revue d'hist. litt. de la Fr.*, mars-avril 1980, p. 298). — ⁺*Quand je lui* AI EU *tout* EXPLIQUÉ, *elle est convenue que c'était bien différent* (LACLOS, *Liaisons dang.*, XXIX).

789   Les semi-auxiliaires.

Bibl. — G. GOUGENHEIM, *Étude sur les périphrases verbales de la langue fr.* P., Champion, 1929. — A.-J. HEINRICHSEN, *Les périphrases verbales du fr. moderne*, dans *Revue romane*, n° spécial 1, 1967, pp. 45-56. — D. WILLEMS, *Analyse des critères d'auxiliarité en fr. mod.*, dans *Travaux de linguistique* (Gand), 1969, pp. 87-96. — G.-R. ROY, *Contribution à l'analyse du syntagme verbal. Étude morpho-syntaxique et stylistique des coverbes.* Québec, Presses de l'Univ. Laval ; P., Klincksieck, 1976.

On appelle *semi-auxiliaires* des verbes qui, construits avec un infinitif, parfois avec un participe ou un gérondif, perdent plus ou moins leur signification propre et servent à exprimer diverses nuances de temps, d'aspect ou de mode.

Le concept de semi-auxiliaire a donné lieu à beaucoup de discussions et les listes varient en conséquence. On ne trouvera pas ci-dessous un inventaire systématique, mais des observations sur divers cas particuliers.

Sur l'emploi impersonnel des verbes semi-auxiliaires *(Il va pleuvoir)*, voir § 752, Rem. 2. — Sur l'emploi au passif d'*achever*, etc. *(Un livre achevé d'imprimer)*, voir § 742, e.

790   *Aller* comme semi-auxiliaire est particulièrement fréquent.

a) Comme auxiliaire de futur devant un infinitif.

1° À l'indicatif présent, il marque souvent un futur proche, parfois aussi un futur relativement lointain mais considéré comme inéluctable :

Montez, monsieur, il VA *mourir* (VIGNY, *Chatt.*, III, 9). — *Je* VAIS *vous la raconter, ma fièvre cérébrale* (M. ACHARD, *Patate*, I). — *Si la crise se prolonge encore plusieurs années, elle* VA *provoquer bien des difficultés au gouvernement.*

S'en aller s'emploie aussi pour un futur proche, mais surtout à la 1re pers. du sing. :

Je M'EN VAIS *faire moi-même au lecteur les honneurs de ma personne* (TAINE, *Vie et opinions de Fr.-Th. Graindorge*, p. 12). — À d'autres personnes, cela est archaïque (cf. Hist.) : *Bientôt une partie de ceux que nous n'avons pu rompre* [...] S'EN VONT *être appelés par le péril russe* (BARRÈS, *Union sacrée*, p. 98).

2° *Aller* se trouve parfois au subjonctif présent dans la langue littéraire :

Oh ! mon Dieu ! pourvu qu'il N'AILLE *rien arriver !* (HUGO, *M. Tudor*, III, I, 6.) — *Mais, penses-tu réellement que j'*AILLE *mourir ?* (JAMMES, *Antigyde*, p. 209.) — *Ah ! croyez-vous que j'*AILLE *dormir* ↑(VALÉRY, « *Mon Faust* », Lust, III, 7). — *Bien qu'elles n'y* AILLENT *probablement rien comprendre* (É. HENRIOT, *Diable à l'hôtel*, XXVIII).

3° À l'indicatif imparfait, *aller* indique un fait futur par rapport à des faits passés :

*Comme j'*ALLAIS *avoir quinze ans* (MUSSET, *Poés. nouv.*, Nuit de déc.). — Il peut s'agir d'une action imminente, mais qui ne s'est pas réalisée, qui a été contrecarrée : *Il glissait peu à peu, il* ALLAIT *tomber dans l'eau, Frédéric fit un bond et le rattrapa* (FLAUB., *Éd. sent.*, I, 1). *S'en aller* est archaïque (cf. Hist.) : *Depuis longtemps malade, leur souveraine, disaient-elles,* S'EN ALLAIT *mourir* (LOTI, *Mariage de Loti*, II, 4).

Hist. — *S'en aller* s'employait plus librement au XVIIe s. : ⁺*Tu t'*EN VAS *régner* (CORN., *Perth.*, V, 5). — *Le Vautour* S'EN ALLOIT *le lier* (LA F., *F.*, IX, 2). — *Que de biens, que d'honneurs sur toi* S'EN VONT *pleuvoir !* (BOIL., *Sat.*, VIII.) — ⁺*Un de ses fils* S'EN VA *mourir encore* (SÉV., 31 mai 1675). — L'Acad. donne encore : *Cet homme* S'EN VA *mourir.*

Remarques. — 1. Qu'*aller* comme auxiliaire soit distinct d'*aller* dans son sens ordinaire est attesté par le fait que l'un peut servir d'auxiliaire à l'autre :

Où VAIS-*je aller à présent ?* (SARTRE, *Mouches*, II, I, 4.) — On recommande d'éviter dans l'écrit la succession de deux radicaux identiques comme dans : *Nous* ALLONS ALLER *aux sources de la Hure* (Fr. MAURIAC, *Journal 1932-1939*, La Table ronde, p. 333). — Si des mots s'intercalent, le désagrément s'atténue : *Nous* ALLONS *y* ALLER (DORGELÈS, *Réveil des morts*, p. 31 ; ANOUILH, *Antigone*, p. 126).

2. L'infinitif est parfois au passé :

Il se demandait même, bien qu'il n'eût pas très faim, ce que Marie ALLAIT *avoir préparé* (ARAGON, *Mentir-vrai*, p. 193).

b) Aller, avec un infinitif, s'emploie à tous les temps et à toutes les personnes, quand il signifie « se disposer à », « se trouver dans la situation de » :

ALLER *devenir amoureux de Mlle de Griesheim, que pouvais-je espérer d'une demoiselle noble, fille d'un général en faveur deux mois auparavant, avant la bataille d'Iéna !* (STENDHAL, *Vie de H. Brulard*, I.) — *Je n'*IRAI *pas vous fournir un prétexte* (LITTRÉ). — *N'*ALLEZ *pas vous imaginer...* (AC.) — *Pourvu qu'en ce moment / Il n'*AILLE *pas me prendre un éblouissement !* (HUGO, *Hern.*, IV, 2.) — *Si les électeurs* ALLAIENT *en ce moment / Le nommer empereur ?* (ib., IV, 3.) — AVOIR ÉTÉ *se créer des tourments, des chagrins* (E. et J. de GONC., *Charles Demailly*, LXXII). — *Et puis les grands couteaux* [...] *si tranchants que l'on craint que celui qui s'en sert n'*AILLE *se couper les doigts* (Ch.-L. PHILIPPE, *Père Perdrix*, pp. 186-187). — *Que* *n'*IRA-*t-il pas supposer ?* (J. ROMAINS, *Boën,* II, 3.) — *Vois-tu, dès qu'elle* [= la maison] *sera couverte, que j'*AILLE *tomber malade et mourir ?* (JOUHANDEAU, *Élise architecte,* p. 80.)

c) *Aller pour,* avec un infinitif, indique une action qu'on se dispose à faire :

Folle ! ALLA POUR *dire l'abbé,* — *mais il s'arrêta devant ce mot cruel* (BARBEY D'AUR., *Prêtre marié,* Pl., p. 1125). — *Sampeyre* VA POUR *répondre, et peut-être pour contredire* [...]. *Mais en levant la tête, il voit les traits anxieux de Clanricard* (J. ROMAINS, *Hommes de b. vol.,* t. I, p. 113). — *Quand l'un* [= un cierge] VA POUR *s'éteindre* (VAN GENNEP, *Manuel de folklore fr. contemp.,* t. I, p. 709).

Ce tour est fréquent dans les indications scéniques : *Il* VA POUR *sortir et voit la marquise* (MUSSET, *Il faut qu'une porte soit ouverte ou fermée*). — *Chatterton* VA POUR *répondre, puis y renonce* (VIGNY, *Chatt.,* II, 4). — *Comme Sevrais* VA POUR *sortir, Sandrier, au passage, lui tend la main* (MONTHERLANT, *Ville dont le prince est un enfant,* II, 7).

Aller à + infin. est rare : *Sous peine d'une accusation de pédantisme, nous* IRIONS À *dire que bien des mouvements, des réactions, dans la* Comédie humaine, *sont* sous-corticales, *comme disent les spécialistes* (R. FERNANDEZ, *Balzac,* 1980, p. 119). [= Au risque d'être accusé ..., nous irions jusqu'à dire ...] — *Ces scènes sont deux, dont nous* IRONS *aussitôt* À *désigner la première sous le nom de scène primitive* (J. LACAN, *Écrits I,* p. 21). [= ... nous irons jusqu'à ...]

d) *Aller* suivi d'un gérondif marque l'aspect duratif, la continuité de l'action. Le gérondif peut être précédé ou non de *en.* Certains estiment qu'avec *en, aller* conserve quelque chose de sa valeur d'action et est moins nettement auxiliaire ; mais, dans la plupart des cas, cette nuance n'est pas sensible. Sans *en,* le tour semble plus littéraire.

« *Le mal, l'inquiétude, etc. va croissant, va toujours croissant* [...] On dit aussi *Aller en augmentant, en diminuant, en déclinant, etc.* » (AC.)

— EX. sans *en* : *Quand le génie gothique s'est à jamais éteint* [...], *l'architecture* VA SE TERNISSANT, SE DÉCOLORANT, S'EFFAÇANT *de plus en plus* (HUGO, *N.-D. de Paris,* V, 3). — *Dans tout ce siècle,* VA CROISSANT *le désir, le besoin de la sté-ilité* (MICHELET, *Sorcière,* t. II, p. 44). — *Le canal* ALLAIT SE PERDANT (GIDE, *Paludes,* p. 155). — *Une onde sonore qui* ALLAIT S'ÉLARGISSANT (A. CAMUS, *L'exil et le royaume,* Pl., p. 1567). — *La pratique des sacrifices humains* EST ALLÉE S'AMPLIFIANT *au Mexique* (J. SOUSTELLE, *Aztèques,* p. 88).

Certains voient ici un participe présent variable : *La lutte des classes va* CROISSANTE *avec la concentration du capital* (J.-P. CHEVÈNEMENT, *Les socialistes, les communistes et les autres,* p. 351). — [...] *pallier la pénurie de prêtres qui va aller* GRANDISSANTE (H. FESQUET, dans la *Revue nouvelle,* avril 1982, p. 465).

S'en aller appartient à une langue plus recherchée : *Le pauvre roi Charles IX qui* S'EN ALLAIT *mourant* (STENDHAL, *Rouge,* II, 10). — *Le christianisme* S'EN VA *recherchant dans les décombres de la civilisation antérieure tous les étages de la société* (HUGO, *N.-D. de Paris,* V, 2). — *Quelle fut cette musique délicieuse et qui* S'EN VA *déclinant ?* (BARRÈS, *Maîtres,* p. 249.) — *Cet homme* S'EN VA *mourant* (AC.).

— EX. avec *en* : *Le monde va* EN SE *gâtant* (LITTRÉ, *Hist. de la langue fr.,* t. II, p. 23). — *Un long rayon de lune, qui allait* EN *s'élargissant* (PROUST, *Rech.,* t. I, p. 133). — *Les affaires de la maison Coiffard allaient* EN *empirant* (AYMÉ, *Confort intellectuel,* p. 119). — *Le pouvoir explosif de toute œuvre va* EN *s'affaiblissant* (MONTHERLANT, *Port-Royal,* p. 206). — *Il suffisait de creuser* [...] *une sorte de canal qui* [...] *irait* EN *s'approfondissant régulièrement* (M. TOURNIER, *Vendredi ou les limbes du Pacifique,* Fᵒ, p. 37).

Les deux constructions existent aussi quand *être* est mis pour *aller* (§ 803, Rem. 3) : *La plupart des difficultés* ONT ÉTÉ *s'aggravant, de saison en saison* (G. DUHAMEL, *Paroles de médecin,* p. 130). — *En dépit des critiques, le succès de Littré* A ÉTÉ *en s'affirmant* (G. MATORÉ, *Hist. des dictionn. fr.,* p. 124).

Hist. — *S'en aller,* avec un participe passé, servait autrefois à marquer l'accomplissement prochain de l'action : +*La conjuration* S'EN ALLAIT DISSIPÉE (CORN., *Cinna,* III, 4). — Littré (s.v. *aller,* 31°) mentionne encore : *La chose* S'EN VA FAITE, mais ce tour est hors d'usage.

791　　Autres semi-auxiliaires.

a) Avoir à + infinitif « devoir » n'a peut-être pas tous les caractères du semi-auxiliaire, mais *avoir* y est assez éloigné de son sens premier :

Nous AVONS À *causer tous les deux.*

b) Devoir marque notamment la vraisemblance et le futur :

1° *La campagne* DOIT *être belle maintenant* (AC.). — *Le courrier* DOIT *être ici dans peu de jours* (AC.). — *La ville a été presque entièrement rasée par la guerre : d'après les quelques maisons de bois peint qui ont subsisté, elle* DEVAIT *avoir été charmante* (S. de BEAUVOIR, *Tout compte fait,* p. 360).

On observera que lorsque *devoir* a cette valeur, il peut se mettre au temps composé qui devrait être celui de l'infinitif : *C'est là qu'il* A DÛ *s'asseoir et il se peut que la chose n'ait commencé que longtemps après* (GIONO, *Un de Baumugnes,* X).

2° *Le Roi avait de nombreuses maîtresses, dont la plus célèbre était cette belle Rosamonde, sur la tombe de laquelle les moines* DEVAIENT *écrire :* « Hic jacet in tumba rosa mundi, non rosa munda. » (MAUROIS, *Hist. d'Anglet.,* p. 138.) — *Si cela* DOIT *se reproduire, je sévirai.* — *Il semblait que les forces révolutionnaires* DUSSENT *triompher* (SARTRE, *Situations,* t. VIII, p. 196). — *Je ne crois pas qu'il* DOIVE *pleuvoir.*

c) Être entre dans diverses périphrases, notamment les suivantes.

1° *Être sur le point de, être près de* (sur la confusion avec *prêt,* voir § 357, *b*), *être en passe de, être en voie de* indiquent un futur proche : *Hélas ! ce sont ces mêmes hommes qui sont* EN PASSE DE *nous gouverner maintenant* (GIDE, *Journal,* 20 mai 1943).

2° *Être en train de, être à* marquent l'aspect duratif de l'action : *Seul dans ma chambre comme maintenant, pendant que tous les autres* ÉTAIENT À *dîner* (PROUST, *Rech.,* t. II, p. 390). — *Puisque nous sommes* EN TRAIN DE *visiter les monuments* [...] (Th. GAUTIER, *Voy. en Esp.,* p. 335).

L'Acad. signale encore, mais comme vieilli : *Il* EST APRÈS À *bâtir sa maison.* Selon les Le Bidois (§ 1932), cela s'emploierait encore dans la langue familière. Il faudrait ajouter : de certaines régions. — D'autre part, on dit dans le fr. régional du Berry, de la Franche-Comté et de la région franco-provençale °*être après* sans à : *Je sais que vous n'aimez pas les enfants malpropres et que vous* ÊTES *toujours* APRÈS *laver et peigner Jeannie* (SAND, *Fr. le champi,* IV). — *J'*ÉTAIS *justement* APRÈS *parler de Marie-Louise, dit l'homme* (B. CLAVEL, *Voyage du père,* XVIII).

3° *Être pour* peut indiquer un futur proche : *Quand elle* FUT POUR *mourir, elle ordonna* [...] (MONTHERLANT, *Jeunes filles,* p. 114). — [Autres ex. avec le même infinitif : L. BERTRAND, *Lamartine,* p. 378 ; R. ESCHOLIER, *Cantegril,* XIII]. — *Un moment, je* FUS POUR *ne pas partir* (LÉAUTAUD, *Petit ami,* VI). — *Quand le temps* EST POUR *changer* (J. ROMAINS, *Lucienne,* p. 169).

Autre sens, « être destiné à, être de nature à » : [...] *la vie mondaine du soir, qui prend une importance exceptionnelle pendant ce mois de carême : grands dîners d'apparat* [...] *qui* SONT POUR *compenser l'abstinence du jour* (LOTI, *Désenchantées*, XXXII). — *Seul, ce silence des sables* ÉTAIT POUR *impressionner* (ID., *Reflets sur la sombre route*, p. 65). — *Ce jour-là, ceux qui veulent entrer en condition* [= en service] *viennent sur la place. On y voit* [....] *les petits bergers avec leur bâton ; les garçons plus forts qui* SONT POUR *aller labourer en champs* (POURRAT, *Gaspard des Montagnes*, t. I, 1931, p. 19). — *La compagnie qui m'est donnée n'*EST *pas* POUR *me déplaire* (G. DUHAMEL, *Défense des lettres*, p. 45). — *Il ne faudra pas l'* [= un livre] *envoyer ici, je ne* SUIS *pas* POUR *rester* (Fr. MAURIAC, *Agneau*, p. 92).

*d) **Faillir, manquer*** indiquent qu'un fait a été tout près de se produire. La langue littéraire emploie encore ***penser*** dans ce sens (parfois même avec un nom de chose comme sujet) :

J'AI FAILLI *mourir. La pendule* A MANQUÉ *tomber* ou *de tomber* (cf. § 878, *a*, 9°). — *L'abbé Égault m'appelait l'*Élégiaque, *nom qui me* PENSA *rester parmi mes camarades* (CHAT., *Mém.*, I, II, 3). — *Il allait pour la seconde fois baiser en imagination la blanche main de miss Nevil, quand il* PENSA *baiser en réalité la tête de son cheval qui s'arrêta tout à coup* (MÉRIMÉE, *Colomba*, XVII). — *Il entra dans le bateau, que son poids* PENSA *faire tourner* (Th. GAUTIER, *Cap. Fracasse*, XVII). — *Le directeur de la* Vraie République PENSA *pleurer* (BARRÈS, *Dérac.*, p. 354). — *Il regrette la visite au presbytère, qui* PENSA *l'égarer* (BERNANOS, *Sous le sol. de Satan*, Pl., p. 300). — *J'ai raconté cela à quelqu'un qui* [...] A PENSÉ *en être malade* (J. GREEN, *Journal*, 16 mai 1956). — *Une famille distinguée se devait de compter au moins un enfant délicat. J'étais le bon sujet puisque j'*AVAIS PENSÉ *mourir à ma naissance* (SARTRE, *Mots*, p. 71).

*e) **Faire**.* — 1° Il sert à former une périphrase factitive, de sens causatif : *Je* FERAI *venir cet homme* signifie « je ferai en sorte qu'il viendra, je serai cause qu'il viendra » :

Et l'on FIT *traverser tout Paris à ces femmes* (HUGO, *Châtim.*, V, 11). — *Un coup de poing à la mâchoire la* FIT *lâcher prise* (AYMÉ, *Chemin des écoliers*, p. 76). — *Personne au monde ne le* FERA *changer d'avis* (COCTEAU, *Bacchus*, III, 7). — Cf. § 744, *e*, 3°.

N.B. — On dit bien : *faire avoir, faire obtenir qq. ch. à qqn* (= le lui procurer) : *Depuis que le rayon s'était ligué pour lui* FAIRE AVOIR *la place de Robineau* (ZOLA, *Au Bonheur des Dames*, IX). — Mais on peut se passer du factitif-causatif *faire*, du moins quand l'objet indirect a la forme d'un pronom personnel conjoint (cf. § 647, *b*) : *Tâchez de m'*AVOIR *de mon volume plus de 6 000 francs* (SAND, *Corresp.*, t. VII, p. 667). — *Tâchez de m'*AVOIR *des détails* (BARBEY D'AUR., *Vieille maîtresse*, I, 3). — *Je tâcherai de vous* OBTENIR *cet ouvrage gratuitement* (*Dict. contemp.*).

Hist. — Au XVIIe s., l'objet indirect pouvait être un nom : +*Le crédit de la reine* OBTINT *aux catholiques ce bonheur singulier* (BOSS., *Or. fun.*, Reine d'Angl.). — On emploie *pour* aujourd'hui.

2° ***Ne faire que de*** sert à exprimer un passé très proche :

Le soleil NE FAISAIT QUE DE *paraître à l'horizon, lorsque le frère d'Amélie ouvrit les yeux dans la demeure d'un Sauvage* (CHAT., *Natchez*, II).

Ne faire que de ne doit pas être confondu avec ***ne faire que***, qui sert à marquer, soit la continuité, soit la restriction :

Il NE FAIT QUE *jouer* (= il joue sans cesse). — *La pauvre enfant* NE FAISAIT QUE *descendre de sa chambre et y remonter* (MUSSET, *Nouvelles*, Margot, VII). — *Je* NE FIS QUE *le toucher, et il tomba* (Ac.). — *Je* NE FAIS QU'*exécuter les ordres que j'ai reçus* (Ac.). — *Ils expliqueront beaucoup de choses que nous* NE FAISONS *encore* QUE *sentir* (BREMOND, *Poésie pure*, p. 99).

Hist. — Au XVIIᵉ s., la distinction n'était pas encore établie : *Hola ! ne pressez pas si fort la cadence ; je* NE FAIS QUE *sortir de maladie* (MOL., *Préc.*, XII).

3° Construit impersonnellement et suivi du participe passé, *faire* sert d'auxiliaire du passif dans le fr. relâché de Wallonie :

Dans la brochure que nous avons sous les yeux, il FAIT *marqué que* [...] (un médecin de Verviers, à la radio belge, 5 sept. 1970). — De même, °*Il* FAISAIT *fermé* « c'était fermé ».

f) Laisser. — 1° Il peut servir à marquer une action permise par le sujet :

Je LAISSE *partir mon chien.* — Cf. §§ 744, *e*, 3°, et, pour divers problèmes de construction, 873.

2° *Ne pas laisser de* suivi d'un infinitif signifie « ne pas cesser de, ne pas manquer de, n'être pas sans » ; cette construction est surtout littéraire :

Il ne LAISSA *pas* DE *mêler un peu d'ironie bienveillante à son remerciement* (HERMANT, *Xavier*, p. 13). — *Il y a là une conception de l'artiste qui ne* LAISSE *pas* D'*étonner* (BENDA, *Précision 1930-1937*, p. 89). — *La naissance de l'enfant ne* LAISSAIT *pas* DE *me préoccuper* (G. DUHAMEL, *Cri des profondeurs*, p. 53). — *Je ne* LAISSAIS *pas* D'*être gênée de me trouver ainsi* [= nue] *auprès d'une autre personne* (MALLET-JORIS, *Rempart des Béguines*, L.P., p. 53).

Ne pas laisser que de se dit aussi, dans les mêmes sens ; ce tour vieillit, dit l'Acad. ; il a même « cessé de vivre », selon Thérive (*Procès de langage*, p. 275). En fait, il reste assez fréquent dans l'usage littéraire : *Ce qui par ce temps de sainte. bohème ne* LAISSAIT *pas* QUE D'*avoir un petit fumet de paradoxe* (A. DAUDET, *Trente ans de Paris*, p. 210). — *Les insectes symboliques* [...] *auxquels la vie courante ne* LAISSE *pas* QUE DE *nous fournir des analogies* (CLAUDEL, *Introd. à l'Apocalypse*, p. 34). — *Je ne* LAISSAIS *pourtant pas* QUE D'*être embarrassé* (GIDE, *Faux-monn.*, p. 432). — *Une panique honteuse qui ne peut pas* LAISSER QUE DE *l'humilier ensuite au plus vif* (MONTHERLANT, dans les *Nouv. littér.*, 17 juillet 1958). — *Cette indulgence* [...] *ne* LAISSE *pas* QUE D'*être un peu suspecte* (SARTRE, *Idiot de la famille*, t. I, p. 306).

Autres ex. : MAURRAS, dans Barrès et Maurras, *La République ou le roi*, p. 59 ; BREMOND, *Apologie pour Fénelon*, p. 306 ; E. JALOUX, *Éventail de crêpe*, I ; Ch. DU BOS, *Dialogue avec Gide*, p. 168 ; L. DAUDET, *Partage de l'enfant*, p. 200 ; É. HENRIOT, *Temps innocents*, p. 27 ; GIONO, *Moulin de Pologne*, p. 192 ; H. BOSCO, *Oubli moins profond*, p. 74 ; etc.

g) Paraître, sembler, être censé, passer pour, qui s'emploient ordinairement avec un attribut (§ 242, *b*), peuvent aussi être suivis, avec un sens analogue, d'un infinitif (*être* compris) :

Je tirais de l'existence et des faits qui nous [= au narrateur et aux autres enfants] *étaient communs des sensations qui toutes* PARAISSAIENT *leur être étrangères* (FROMENTIN, *Domin.*, III). — *L'hiver* SEMBLE *charger l'été de lui garder le givre jusqu'à son prochain retour* (CHAT., *Mém.*, IV, III, 14). — *S'il n'est savant, du moins il* PASSE POUR *l'être* (Ac.). — Sur la coordination d'un attribut et d'un infinitif, voir § 245, *a*, 3°, Rem.

h) Partir à, repartir à (tous deux surtout avec l'infinitif *rire*) et *se prendre* marquent, à peu près comme *commencer* et *se mettre à*, l'entrée dans l'action :

Avec *(re)partir*, c'est un tour fort recherché : *Il* REPARTAIT *à déchiqueter sa proie* (G. DUHAMEL, *Biographie de mes fantômes*, p. 175). — Autres ex. au § 878, *d*, 4°.

Avec *se prendre,* le tour est littéraire, mais moins exceptionnel : *Emma* SE PRIT *à rire* (FLAUB., *Mme Bov.,* II, 12). — Avec le même infinitif : ALAIN-FOURNIER, *Gr. Meaulnes,* I, 3 ; G. DUHAMEL, *Scènes de la vie fut.,* I ; MONTHERLANT, *Service inutile,* Pl., p. 606. — *La mère Barbeau* SE PRIT *à pleurer* (SAND, *Pet. Fadette,* I). — *Un honorable député tomba d'une crise épileptiforme et* SE PRIT *à aboyer* (BARRÈS, *Leurs figures,* p. 145). — *Je* ME PRENAIS *à courir* (ARLAND, *Terre natale,* p. 217).

i) Pouvoir sert à exprimer une probabilité, une simple approximation, une action permise, ou qu'on est en état d'accomplir, une éventualité ou un fait acceptable :

Il PEUT *avoir quinze ans.* — *Il* POUVAIT *être une heure du matin* (STENDHAL, *Chartr.,* XIII). — *Vous* POUVEZ *partir.* — *Il est blessé, mais il* PEUT *marcher.* — *Attention ! un accident* PEUT *arriver.* — *Vous* POUVEZ *vous confier à lui.*

Le subjonctif *puisse,* avec sujet postposé, sert, aux différentes personnes, à exprimer le souhait :

PUISSIEZ-*vous réussir dans vos projets !* (AC.) — PUISSENT *vos projets réussir !* (AC.)

j) Risquer, qui, normalement, suppose une éventualité malheureuse (*Il* RISQUE *de tomber*), est de plus en plus employé à propos d'une éventualité quelconque, même heureuse. La plupart des grammairiens déplorent ce glissement.

À chercher dans la terre un caillou qui ressemble à un autre tout en ne lui ressemblant pas, on RISQUE *de découvrir un trésor* (COCTEAU, *Rappel à l'ordre,* p. 214). — *Ce travail* RISQUE *d'intéresser une partie du public* (MONTHERLANT, *Tragédie sans masque,* p. 7). — *Ceux-ci* RISQUAIENT *fort de le renseigner utilement sur la mentalité de la secte* (CAILLOIS, *Ponce Pilate,* p. 38). — [...] *un tacticien qui savait qu'il risquait de perdre tout, mais aussi qu'il* RISQUAIT *de tout gagner* (Fr. MAURIAC, dans le *Figaro litt.,* 14-23 juin 1968). — *La présence d'un médecin* RISQUAIT *d'ailleurs d'être utile* (BARJAVEL, *Nuit des temps,* p. 53). — *Il est souhaitable d'aider les autres, pour qu'ils m'aident, et qu'ils* RISQUENT *de faire pour moi ce que je ferai pour eux* (J. CABANIS, *Profondes années,* p. 37). — *Elle* [= la gloire] RISQUE *même de vous prolonger, non seulement dans l'espace, mais dans le temps* (J. d'ORMESSON, *Au revoir et merci,* 1976, p. 110).

Autres ex. : GIDE, *Prétextes,* p. 9 ; GIRAUDOUX, *Amphitryon 38,* III, 1 ; ARAGON, *Beaux quartiers,* I, 18 ; St. FUMET, *Claudel,* p. 124 ; A.-M. SCHMIDT, *Poésie scientif. en Fr. au XVIe s.,* 1970, p. 217 ; M.-Fr. GUYARD, *Littér. comparée,* p. 81 ; CESBRON, *Mais moi je vous aimais,* p. 278 ; P. GRAINVILLE, *Abîme,* p. 61 ; M. DROIT, dans le *Figaro litt.,* 22 janv. 1968 ; P. MOINOT, *Guetteur d'ombre,* p. 113.

k) Savoir. Il convient de faire une distinction entre *savoir* et *pouvoir,* construits avec un infinitif.

Cette distinction est, en gros, perceptible dans l'ex. suivant : *Ceux qui ne* SAVENT [= les illettrés] *ou ne* PEUVENT [par ex. les aveugles] *lire ne pourront faire de dispositions dans la forme du testament mystique* (*Code civil,* art. 978).

1° *Savoir faire qq. ch.,* c'est en avoir la science, être habile ou accoutumé, ou apte à le faire, avoir le moyen de le faire (ainsi *savoir,* en principe, n'admet pas pour sujet un nom de chose, mais ce n'est pas une règle absolue : il peut y avoir métonymie) :

SAVOIR *jouer du violon* (AC.). — *Il* SAIT *se tirer d'affaire* (AC.). — *Je* SAURAI *bien me défendre* (AC.). — *Je* SUS *bientôt lire couramment* (PÉGUY, *Souvenirs,* p. 17). — *Cette sublime figure de songeur n'a jamais* SU *s'accommoder du quotidien* (E. JALOUX, *Visages français*, p. 123). — *On peut faire crédit à un équipement génétique qui a* SU, *en quelques dizaines de millénaires, passer de l'âge des cavernes à l'âge des laboratoires* (J. ROSTAND, *Pensées d'un biologiste*, pp. 41-42).

2° *Pouvoir*, avec un infinitif, signifie « avoir la faculté ou la permission de, être en état de » ; il peut marquer aussi la possibilité de quelque événement :

Il n'a PU *réussir dans cette affaire* (AC.). — *Je ne* PUIS *vous répondre* (AC.). — *Je* POURRAIS *sortir* (AC.). — *Je ne* PEUX *pas dormir* (AC.). — *Un accident* POURRAIT *arriver* (AC.). — *La mule n'avait pas* PU *se mettre en route à cause du mauvais état des chemins* (A. DAUDET, *Lettres de m. m.*, p. 60). — *Je lisais mon âge sur des visages que je reconnaissais sans* POUVOIR *les nommer* (A. CAMUS, *Été*, p. 144). — *Je ne* PUS *pas apprendre à écrire ; aussitôt qu'on me mettait une plume entre les doigts, je me barbouillais d'encre et je faisais passer la plume au travers du papier* (PÉGUY, *Souvenirs*, p. 18). — *Que se passa-t-il ? Je ne* POURRAIS *le dire au juste* (J. GREEN, *Autre*, p. 458).

Quand il s'agit d'exprimer l'idée d'« avoir le moyen de » ou d'« être en état de », *savoir*, par chevauchement sémantique (celui qui *sait* faire une chose *peut* généralement la faire), prend parfois le sens de *pouvoir*, dans des phrases négatives, avec le simple *ne* :

Il n'a SU *en venir à bout* (AC.). — *De quoi était-elle* [= une souffrance] *faite ? Je n'aurais* SU *le dire* (Fr. MAURIAC, *Agneau*, p. 72). — *Je n'aurais* SU *dire de laquelle* [de deux amies] *j'étais jalouse* (GIDE, *École des femmes*, p. 187). — *Quel écho ? Il n'eût* SU *le dire* (BERNANOS, *Imposture*, p. 74). — *Voir aussi Je ne saurais* = je ne puis pas, au § 859, *b*, 2°.

Hist. — Dans l'ancienne langue, les aires sémantiques de *savoir* et de *pouvoir* empiétaient l'une sur l'autre ; même à l'époque classique, le chevauchement n'était pas encore oublié : *Car c'estoit bien la plus trompeuse femme / Qu'en ce poinct-là l'on eust sceu rencontrer* (LA F., C., *Rémois*). — Ce chevauchement est resté courant en Wallonie, en Picardie, en Lorraine, et il s'observe parfois même ailleurs, en France.

l) Sortir de, surtout dans la langue familière, sert à marquer un passé récent (et non seulement quand on quitte un lieu comme dans *Je sors d'entendre le sermon,* — condition exigée par Littré). Cf. *venir (m).*

Ah ! dit-il joyeusement, car il SORTAIT DE *faire une expérience dont il était content* (BARBEY D'AUR., *Prêtre marié*, Pl., p. 1059). — *Il* SORTAIT DE *débiter une nouvelle robe* (ZOLA, *Au Bonheur des Dames*, IV). — *Il* SORTAIT DE *lire Rousseau. Il était plein d'élans* (R. BENJAMIN, *Prodigieuse vie de Balzac*, p. 54). — *Dans des événements comme ceux que nous* SORTONS DE *vivre* (Fr. AMBRIÈRE, *Grandes vacances*, p. 273). — *Quand on* SORT DE *le* [= Bernanos] *lire, on n'est plus maître de soi* (R. KEMP, dans les *Nouv. litt.*, 14 mars 1946). — Formule figée : *Je* SORS D'*en prendre* « j'en ai assez » (PROUST, *Rech.*, t. II, p. 900 ; GIRAUDOUX, *La guerre de Troie n'aura pas lieu*, I, 6).

m) Venir. Venir à sert à marquer un fait fortuit, inattendu ; — *venir de* un passé récent :

Les vivres VINRENT *à manquer.* — *Si Mme Arnoux* VENAIT *à l'effleurer du doigt seulement, l'image de l'autre, tout de suite, se présentait à son désir* (FLAUB., *Éd. sent.*, II, 2).

Je VIENS DE *quitter un ami* (CHAT., *Mém.*, I, XI, 7). — *Elle* VENAIT DE *prendre son chocolat* (MUSSET, *Contes*, Croisilles, IV). — *Mettez-vous à la place d'une jeune femme à qui vous* VIENDRIEZ DE *faire une déclaration* (J. ROMAINS, *M. Le Trouhadec saisi par la débauche*, I, 3).

n) Voir. — 1° *Se voir* sert d'auxiliaire du passif, soit avec le participe passé, soit avec l'infinitif :

Quatre hommes portaient les brancards et SE VOYAIENT RELAYÉS *par d'autres* (Al. DUMAS, *Tulipe noire*, XXXI). — *D'autres* [...] SE VOIENT IMPOSER *une image affligeante d'eux-mêmes* (S. de BEAUVOIR, *Tout compte fait*, p. 16). [Ceci permettant de maintenir l'objet direct.]

Dans la langue parlée et dans les journaux, *se voir* est ainsi employé avec des noms de choses, ce qui est critiqué au nom de la logique (des choses ne pouvant pas voir) : comp. § 295, *a*, Rem. 1.

2° °*Voir de* « essayer de » appartient au français du Midi :

Si le malheur est là, on VERRA DE *faire ce qu'il faut* (CHAMSON, *Hommes de la route*, L.P., p. 152). — *Allons* VOIR DE *nous faire inviter !* (J.-P. CHABROL, *Bouc du désert*, p. 263.)

o) Vouloir. — 1° Ce verbe peut servir à indiquer une action qui est près de se réaliser et qui est présentée comme si elle dépendait de la volonté de l'agent, volonté qui est, à l'occasion, prêtée aussi à des choses :

Tu portes au cœur une blessure qui ne VEUT *pas guérir* (MUSSET, *Conf.*, IV, 3). — *La blessure semblait* VOULOIR *se fermer* (G. DUHAMEL, *Tel qu'en lui-même*, XXIX). — *Celle* [= la peau] *des yeux, par exemple, ne* VEUT *pas se décoller* (Fr. de MIOMANDRE, *Mon caméléon*, p. 200). — Comp. : *On frappe le tuyau très fort contre le rebord de la boîte à fumer, pour faire tomber cette cendre qui ne* VEUT *jamais sortir* (LOTI, *Mme Chrysanth.*, XXVI).

Dans le fr. de la Franche-Comté et de la Suisse, *vouloir* sert vraiment d'auxiliaire du futur : *Jésus ! Marie ! Joseph ! qu'est-ce qu'on* VEUT *devenir avec des « gouillants »* [= vauriens] *comme ça ?* (PERGAUD, *Guerre des boutons*, II, 7.) — Une phrase comme *On dirait qu'il* VEUT *pleuvoir* se dit dans beaucoup de régions, notamment en Wallonie.

Hist. — Ex. anciens : *Li solaus* VOLOIT *ja coucier* [= le soleil *voulait* déjà se coucher] (1re continuation de *Perceval*, t. III, L 6794). — *Le soloil plux ne luyt, / Il veult pleuvoir* (*Passion de Semur* [XVe s., Bourgogne], citée dans le *Fr. mod.*, oct. 1955, p. 280). — *Ils sont plus tourmentés sans comparaison de leurs douleurs quand il* VEUT *pleuvoir* (A. PARÉ, cit. Littré).

2° La formule interrogative *Voulons-nous ... ?* avec un infinitif est une sorte de phrase injonctive :

Philinte. VOULONS-*nous nous asseoir ?* / *Oronte. Grand merci* (COURTELINE, *Conversion d'Alceste*, II). — VOULONS-*nous* [...] *faire provisoirement le point de la période considérée ?* (M. COHEN, *Grammaire et style*, p. 122.) — [Voir déjà MOL., *Mis.*, III, 4.]

Vouloir, vouloir bien, dans des phrases interrogatives ou exclamatives, servent à exprimer un ordre catégorique : VEUX-*tu te taire !* — VOULEZ-*vous* BIEN *vous taire*, VOULEZ-*vous* BIEN *finir !* (AC.). — Ils s'emploient aussi pour atténuer l'expression d'une volonté, pour adoucir une demande : VEUILLEZ *me suivre. Je vous prie de* VOULOIR BIEN *me renseigner.* — (Pour la distinction entre *vouloir bien* et *bien vouloir*, voir § 936, Rem. 3.)

IV. — LES VERBES RÉGULIERS

792   Les verbes **réguliers** sont ceux qui suivent des règles dans leur conjugaison, qui sont conformes à un **paradigme** que l'on peut appliquer du moment que l'on sait qu'ils appartiennent à la première ou à la deuxième conjugaison (et pour les verbes en *-er*, cela est automatique, sauf pour *aller* et *envoyer*).

Certains verbes en *-er* connaissent des modifications de radical (§§ 760-761). Mais celles-ci, étant constantes (à part les hésitations graphiques entre *-èle* et *-elle, -ète* et *-ette*), n'enlèvent pas aux verbes leur caractère régulier.

On distingue deux conjugaisons régulières :

a) La **première conjugaison** réunit tous les verbes dont l'infinitif est en *-er* (sauf *aller* et *envoyer*). Ils ont les mêmes désinences, et leur radical reste constant, à part les modifications graphiques et phonétiques décrites dans les §§ 760 et 761.

Les verbes en *-er* constituent la vraie conjugaison régulière en français ; ce sont de beaucoup les plus nombreux : on en compte environ 4 000, c'est-à-dire à peu près les neuf dixièmes des verbes que possède le français. C'est aussi la vraie conjugaison vivante, car presque tous les verbes de création nouvelle sont formés sur cette conjugaison : *doper, informatiser, privatiser, materner,* etc. — D'autre part, c'est devant des verbes en *-er* que reculent les verbes irréguliers : *clore* devant *clôturer,* etc. Cf. § 801, Hist.

Hist. — Parmi ces verbes, les uns sont d'origine latine et nous sont venus, soit par formation populaire (verbes latins en *-are*), soit par formation savante (verbes latins en *are, -ēre, -ĕre*) ; — d'autres sont d'origine étrangère, soit qu'ils appartiennent au fonds primitif (*changer,* du gaulois ; *graver, garder,* etc., du germanique), soit qu'ils aient été empruntés par la suite (*affaler* au néerl. *afhalen, héler* à l'angl. *to hail, improviser* à l'ital. *improvvisare, escamoter* à l'esp. *escamotar,* etc.) ; — d'autres encore sont formés sur des noms et adjectifs français : *bois*ER, *chagrin*ER, *poignard*ER, *pioch*ER, *profit*ER, *meubl*ER, *activ*ER, *téléphon*ER, *débarqu*ER, *attrist*ER, *ensanglant*ER, *dédommag*ER, *empoisonn*ER, etc.

b) La **deuxième conjugaison** réunit les verbes en *-ir* dont le radical s'accroît, à certaines formes, de l'affixe *-iss-* (sauf *haïr,* verbe irrégulier) :

Présent de l'indicatif (pluriel) : *Nous fin-*ISS*-ons, vous fin-*ISS*-ez, ils fin-*ISS*-ent.*
Imparfait de l'indicatif : *Je fin-*ISS*-ais,* etc.
Présent de l'impératif (pluriel) : *Fin-*ISS*-ons, fin-*ISS*-ez.*
Présent du subjonctif : *Je fin-*ISS*-e, tu fin-*ISS*-es, nous fin-*ISS*-ions, ils fin-*ISS*-ent.*
Présent du participe : *Fin-*ISS*-ant.*

Ces verbes ne dépassent guère le nombre de 300. Les formations nouvelles ne sont pas très nombreuses : *Surir* (1872 ; plus ancien en dialecte normand), *aveulir* (1876), *vrombir* (1894), *amerrir* (1912), *alunir* (1921). — Les deux derniers, faits d'après *atterrir,* ont été l'objet de discussions. *Amerrir* a supplanté °*amérir*, pourtant mieux formé, ainsi qu'°*aquarir* et °*aflottir*. — *Alunir* est critiqué par l'Acad. et par l'Acad. des sciences : il faudrait dire *atterrir sur la lune* (*terre* signifiant « sol » et ne désignant pas notre planète, dans *atterrir*) ; mais *alunir* s'est imposé dans l'usage. La graphie °*allunir*, qui avait ses partisans, a disparu (comp. *aligner, aliter, alourdir*).

Hist. — L'affixe -*iss*- provient du latin -*esc*-, qui se trouve dans des verbes *inchoatifs* (cf. § 744, *e*, 1°) comme *flor*ESCO, devenu *flor*ISCO, je fleuris. Cet affixe n'a nullement conservé en français la valeur inchoative : ce n'est plus qu'un élément de flexion, sans influence aucune sur la signification du verbe.

Parmi les verbes de la 2ᵉ conjugaison, les uns sont venus de verbes latins en -*ire*, -*ēre*, -*ĕre*, la plupart par formation populaire, un petit nombre par formation savante ; — d'autres appartiennent au superstrat germanique (§ 151, *b*) : *bannir, garnir, rôtir*, etc. ; — quelques-uns sont tirés de noms français : *meurtrir, garantir, atterrir, endolorir, lotir, aguerrir, enorgueillir, anéantir*, etc. ; — d'autres enfin, plus nombreux, sont tirés d'adjectifs français : *chérir, jaunir, enrichir, aplatir, rancir, durcir, faiblir*, etc.

En outre, un certain nombre de verbes en -*ir*, qui n'intercalaient pas autrefois l'affixe -*iss*-, sont passés à la 2ᵉ conjugaison : *avertir, bénir, convertir, croupir, déguerpir, emplir, enfouir*, etc. Voir aussi §§ 807 (*haïr*), 822 (*bruire*), 828 (*maudire*), etc.

Remarques. — 1. Les autres verbes sont des verbes irréguliers : voir §§ 801 et suiv. — La tradition a longtemps maintenu pour les verbes français la classification latine en quatre conjugaisons caractérisées par les désinences de l'infinitif : -*er*, -*ir*, -*oir*, -*re*. Cette classification est abandonnée aujourd'hui : elle est purement historique, en effet, et ne saurait s'appliquer à la langue moderne, qui ne présente pas, en réalité, quatre systèmes de flexions différents selon les quatre conjugaisons traditionnelles.

Acquérir, mourir, ouvrir, sentir, tenir, par exemple, offrent à certains temps des formes tellement dissemblables que la simple identité de désinence à l'infinitif ne saurait justifier le groupement de ces verbes sous une même rubrique :
Indicatif présent : *J'acquiers, je meurs, j'ouvre, je sens, je tiens.*
Passé simple : *J'acquis, je mourus, j'ouvris, je sentis, je tins.*
Participe passé : *Acquis, mort, ouvert, senti, tenu.*

2. Jean Dubois (*Gramm. structurale*, Verbe, pp. 60-79) distingue sept conjugaisons d'après le nombre de *radicaux* ou *bases* que contiennent les verbes dans la langue *parlée* (et non d'après les désinences) :

Verbe à sept bases : *être* (huit bases en langue soutenue, si l'on compte le passé simple). — Verbes à six bases : *avoir, aller*. — Verbes à cinq bases : *faire, vouloir, pouvoir*. — Verbes à quatre bases : *savoir, venir*... — Verbes à trois bases : *devoir, boire, envoyer*... — Verbes à deux bases : *finir, nuire, jeter*... — Verbes à une base : *chanter, ouvrir, conclure*...

793   Première conjugaison : **AIMER** (voix active).

INDICATIF		IMPÉRATIF	
Présent	*Passé composé*	*Présent*	*Passé*
J'aime	J'ai aimé	Aime	Aie aimé
Tu aimes	Tu as aimé	Aimons	Ayons aimé
Il aime	Il a aimé	Aimez	Ayez aimé
Nous aimons	Nous avons aimé		
Vous aimez	Vous avez aimé		
Ils aiment	Ils ont aimé	**SUBJONCTIF**	
Imparfait	*Plus-que-parfait*	*Présent*	*Passé*
J'aimais	J'avais aimé	J'aime	J'aie aimé
Tu aimais	Tu avais aimé	Tu aimes	Tu aies aimé
Il aimait	Il avait aimé	Il aime	Il ait aimé
Nous aimions	Nous avions aimé	Nous aimions	Nous ayons aimé
Vous aimiez	Vous aviez aimé	Vous aimiez	Vous ayez aimé
Ils aimaient	Ils avaient aimé	Ils aiment	Ils aient aimé
Passé simple	*Passé antérieur*	*Imparfait*	*Plus-que-parfait*
J'aimai	J'eus aimé	J'aimasse	J'eusse aimé
Tu aimas	Tu eus aimé	Tu aimasses	Tu eusses aimé
Il aima	Il eut aimé	Il aimât	Il eût aimé
Nous aimâmes	Nous eûmes aimé	Nous aimassions	Nous eussions aimé
Vous aimâtes	Vous eûtes aimé	Vous aimassiez	Vous eussiez aimé
Ils aimèrent	Ils eurent aimé	Ils aimassent	Ils eussent aimé
Futur simple	*Futur antérieur*	INFINITIF	
J'aimerai	J'aurai aimé	*Présent*	*Passé*
Tu aimeras	Tu auras aimé	Aimer	Avoir aimé
Il aimera	Il aura aimé		
Nous aimerons	Nous aurons aimé		
Vous aimerez	Vous aurez aimé	PARTICIPE	
Ils aimeront	Ils auront aimé		*Passé*
		Présent	*Passé* *composé*
Condit. présent	*Condit. passé*	Aimant	Aimé Ayant aimé
J'aimerais	J'aurais aimé		
Tu aimerais	Tu aurais aimé		
Il aimerait	Il aurait aimé	GÉRONDIF	
Nous aimerions	Nous aurions aimé	*Présent*	*Passé* (rare)
Vous aimeriez	Vous auriez aimé	En aimant	En ayant aimé
Ils aimeraient	Ils auraient aimé		

Pour les temps surcomposés, cf. § 796.

794 Deuxième conjugaison : **FINIR** (voix active).

INDICATIF		IMPÉRATIF	
Présent	*Passé composé*	*Présent*	*Passé*
Je finis	J'ai fini	Finis	Aie fini
Tu finis	Tu as fini	Finissons	Ayons fini
Il finit	Il a fini	Finissez	Ayez fini
Nous finissons	Nous avons fini		
Vous finissez	Vous avez fini	SUBJONCTIF	
Ils finissent	Ils ont fini		
		Présent	*Passé*
Imparfait	*Plus-que-parfait*	Je finisse	J'aie fini
Je finissais	J'avais fini	Tu finisses	Tu aies fini
Tu finissais	Tu avais fini	Il finisse	Il ait fini
Il finissait	Il avait fini	Nous finissions	Nous ayons fini
Nous finissions	Nous avions fini	Vous finissiez	Vous ayez fini
Vous finissiez	Vous aviez fini	Ils finissent	Ils aient fini
Ils finissaient	Ils avaient fini		
		Imparfait	*Plus-que-parfait*
Passé simple	*Passé antérieur*	Je finisse	J'eusse fini
Je finis	J'eus fini	Tu finisses	Tu eusses fini
Tu finis	Tu eus fini	Il finît	Il eût fini
Il finit	Il eut fini	Nous finissions	Nous eussions fini
Nous finîmes	Nous eûmes fini	Vous finissiez	Vous eussiez fini
Vous finîtes	Vous eûtes fini	Ils finissent	Ils eussent fini
Ils finirent	Ils eurent fini		
		INFINITIF	
Futur simple	*Futur antérieur*		
Je finirai	J'aurai fini	*Présent*	*Passé*
Tu finiras	Tu auras fini	Finir	Avoir fini
Il finira	Il aura fini		
Nous finirons	Nous aurons fini	PARTICIPE	
Vous finirez	Vous aurez fini		
Ils finiront	Ils auront fini		*Passé*
		Présent	*Passé* *composé*
Condit. présent	*Condit. passé*	Finissant	Fini Ayant fini
Je finirais	J'aurais fini		
Tu finirais	Tu aurais fini	GÉRONDIF	
Il finirait	Il aurait fini		
Nous finirions	Nous aurions fini	*Présent*	*Passé* (rare)
Vous finiriez	Vous auriez fini	En finissant	En ayant fini
Ils finiraient	Ils auraient fini		

Pour les temps surcomposés, cf. § 796.

795   **Conjugaison des verbes intransitifs qui prennent l'auxiliaire** *être* (cf. §§ 782-783).

INDICATIF	SUBJONCTIF
Passé composé : Je suis tombé	*Passé :* Je sois tombé
Plus-que-parfait : J'étais tombé	*Plus-que-parfait :* Je fusse tombé
Passé antérieur : Je fus tombé	INFINITIF *passé :* Être tombé
Futur antérieur : Je serai tombé	
Conditionnel passé : Je serais tombé	PARTICIPE *passé composé :* Étant tombé
IMPÉRATIF *passé :* Sois tombé	GÉRONDIF *passé* (rare): En étant tombé

Pour les temps surcomposés, cf. § 796.

Remarque. — Mis à part leur participe passé, les verbes irréguliers comme *partir, venir,* etc. se conjuguent de la même façon.

796   Les **temps surcomposés** sont formés de l'auxiliaire *avoir* joint à un temps composé, lui-même formé d'*avoir* ou parfois d'*être* (type *tomber*). Cf. § 788.

INDICATIF		
Passé surcomposé :	J'ai eu aimé	J'ai été tombé
Plus-que-parf. surcomposé :	J'avais eu aimé	J'avais été tombé
Futur antér. surcomposé :	J'aurai eu aimé	J'aurai été tombé
Condit. passé surcomposé :	J'aurais eu aimé	J'aurais été tombé

SUBJONCTIF		
Passé surcomposé :	J'aie eu aimé	J'aie été tombé

INFINITIF		
Passé surcomposé :	Avoir eu aimé	Avoir été tombé

PARTICIPE		
Passé surcomposé :	Ayant eu aimé	Ayant été tombé

Cela s'applique aussi aux verbes irréguliers : *J'ai eu pris, j'ai été parti.*

797 La **voix passive** (§ 741, *b*) se forme au moyen de l'auxiliaire *être* suivi du participe passé du verbe (cf. § 782, *a*). Cela concerne aussi les verbes irréguliers.

INDICATIF			
Présent :	Je suis aimé	*Passé composé :*	J'ai été aimé
Imparfait :	J'étais aimé	*Plus-que-parf. :*	J'avais été aimé
Passé simple :	Je fus aimé	*Passé antérieur :*	J'eus été aimé
Futur simple :	Je serai aimé	*Futur antérieur :*	J'aurai été aimé
Condit. présent :	Je serais aimé	*Condit. passé :*	J'aurais été aimé

IMPÉRATIF	
Présent :	Sois aimé

SUBJONCTIF			
Présent :	Je sois aimé	*Passé :*	J'aie été aimé
Imparfait :	Je fusse aimé	*Plus-que-parf. :*	J'eusse été aimé

INFINITIF			
Présent :	Être aimé	*Passé :*	Avoir été aimé

PARTICIPE			
Présent :	Étant aimé	*Passé composé :*	Ayant été aimé

GÉRONDIF			
Présent :	En étant aimé	*Passé* (rare) :	En ayant été aimé

Le participe passé s'accorde en genre et en nombre avec le sujet : *Elle est* AIMÉE, *ils sont* AIMÉS, *elles sont* AIMÉES. — Pour les temps surcomposés dans la conjugaison passive, voir § 788, *b*.

798 **Conjugaison des verbes pronominaux.**

Ces verbes (cf. § 746) se caractérisent seulement : — par la présence d'un pronom conjoint complément, de la même personne grammaticale que le sujet ; — par l'emploi de l'auxiliaire *être* aux temps composés (§ 782, *b*, 1°). Cela concerne aussi les verbes irréguliers (*se repentir*, etc.). — Ex. :

INDICATIF PRÉSENT	PASSÉ COMPOSÉ
Je me lave	Je me suis lavé
Tu te laves	Tu t'es lavé
Il se lave	Il s'est lavé
Nous nous lavons	Nous nous sommes lavés
Vous vous lavez	Vous vous êtes lavés
Ils se lavent	Ils se sont lavés

IMPÉRATIF PRÉSENT	
Affirmatif	*Négatif*
Lave-toi	Ne te lave pas
Lavons-nous	Ne nous lavons pas
Lavez-vous	Ne vous lavez pas

Pour la forme du pronom après l'impératif affirmatif au singulier, cf. § 637, *f.* S'il y a un pronom *en* ou *y,* le pronom réfléchi est *t' : Lave-t'y* (rare). *Va-t'en.* — Pour les temps surcomposés, voir § 788, *c.* — Pour l'accord du participe passé, voir § 916.

799   Conjugaison des verbes impersonnels.

Il n'y a rien de spécial à remarquer, sinon que ces verbes ne s'emploient qu'à la troisième personne du singulier et à l'infinitif (§ 752 et Rem. 2) :

Il neige, il neigeait, il neigera, il a neigé. Il suffit qu'il neige. Il suffisait qu'il neigeât. — Pour l'emploi au participe présent, voir § 752, Rem. 3. — Pour le choix de l'auxiliaire, voir § 781. — Le participe passé est invariable (§ 912). — Tout cela concerne aussi les verbes irréguliers (*pleuvoir*, etc.).

800   Conjugaison interrogative (verbes réguliers et verbes irréguliers).

a) Si l'interrogation est marquée par l'inversion du sujet (§ 386), on observe les faits suivants :

— À la 1ʳᵉ personne du singulier, transformation du *e* en *é* dans la langue littéraire : *Aimé-je ?* — et interdiction de certaines formes : **Peux-je ?* etc. Cf. § 764, *a,* Rem., et *d,* Rem.

— À la 3ᵉ personne, liaison de la consonne finale du verbe avec le pronom personnel et avec *on :*

Aimait-il ? Aimaient-ils ? Aimait-elle ? Aimait-on ?

— et introduction d'une consonne analogique lorsque le verbe se termine par *-e* ou *-a* ou *-c :*

Aime-т-il ? Aimera-т-elle ? Vainc-т-on ? — De même, en cas de reprise du sujet par un pronom personnel (§ 388) : *Votre frère aime-т-il ?* Cf. § 766, Rem.

b) Si l'interrogation utilise l'introducteur *est-ce que* (§ 389) ou si elle est marquée seulement par le ton (§ 391), il n'y a aucune particularité dans la conjugaison :

Est-ce que j'aime ? Est-ce qu'il aime ? Etc. — J'aime ? Tu aimes ? Il aime ? Etc.

V. — LES VERBES IRRÉGULIERS

801 On appelle verbes **irréguliers** :

1° Ceux qui, tout en gardant le même radical à tous les temps, présentent à certaines formes des particularités de terminaisons, par ex. :

Cueill-ir. Indic. prés. : *Je cueill-*E (comme *j'aim-*E). — Mais partic. passé : *Cueilli ;* etc.

2° Ceux dont le radical ne reste pas le même à tous les temps ; par ex. *tenir :*

— Radical *tien-* [tjɛ̃]. Indic. pr. : *Je tiens, tu tiens, il tient.*
                          Impér. pr. : *Tiens.*
— Radical *tienn-* [tjɛn]. Indic. pr. : *Ils tiennent.*
                          Subj. pr. : *Je tienne, tu tiennes, il tienne, ils tiennent.*
— Radical *ten-* [t(ə)n]. Indic. pr. : *Nous tenons, vous tenez.*
                          Imparf. : *Je tenais, tu tenais,* etc.
                          Impér. pr. : *Tenons, tenez.*
                          Subj. pr. : *Nous tenions, vous teniez.*
                          Part. pr. : *Tenant.*
                          Part. passé : *Tenu.*
— Radical *tiend-* [tjɛ̃d]. Fut. s. : *Je tiendrai, tu tiendras,* etc.
                          Cond. pr. : *Je tiendrais, tu tiendrais,* etc.
— Radical *tin-* [tɛ̃]. Passé s. : *Je tins, tu tins,* etc.
                          Subj. imparf. : *Je tinsse, tu tinsses,* etc.

Les verbes irréguliers comprennent : les verbes *aller* et *envoyer,* auxquels on peut joindre *ficher* et *laisser ; —* le verbe *haïr ; —* une trentaine de verbes dont l'infinitif est en *-ir,* mais qui ne connaissent pas l'affixe *-iss- ; —* une trentaine de verbes dont l'infinitif est en *-oir ; —* une centaine dont l'infinitif est en *-re.*

Ces catégories, non seulement ne s'enrichissent plus d'aucun verbe nouveau, mais elles s'appauvrissent peu à peu ; c'est pourquoi on parle à ce sujet de conjugaison *morte.* On y trouve cependant quelques-uns des verbes les plus usités en français.

Hist. — Presque tous ces verbes proviennent directement du latin. Les verbes défectifs (§ 846 et suiv.) sont des verbes irréguliers qui, pour la plupart, se sont effacés devant des verbes de sens analogue, mais dont la flexion se présente plus aisément à l'esprit : *Choir, faillir, poindre, quérir* cèdent ou ont cédé devant *tomber, manquer, piquer, chercher.* Certains verbes non défectifs sont menacés : par ex., *vêtir* par *habiller.* — Des verbes dérivés de noms se trouvent parmi les concurrents : *Démissionner, émotionner, solutionner, clôturer,* etc. pour *démettre, émouvoir, résoudre, clore,* etc. Voir aussi § 169, *a.*

802   **N.B.** — 1. L'inventaire qui va suivre commence par des verbes dont l'infinitif est en *-er,* auxquels succède *haïr.* Puis nous signalons, parmi les verbes à infinitif en *-ir* (sans *-iss-* à certains temps), *-oir, -re,* ceux qui peuvent être groupés d'après certaines particularités communes. Enfin nous donnerons, en général dans l'ordre alphabétique, les verbes irréguliers qui présentent des particularités propres.

2. On se dispense d'indiquer ici le conditionnel et le gérondif : chaque fois que le futur simple existe, le conditionnel présent existe aussi, et il a le même radical ; le gérondif présent a toujours la même forme que le participe présent. — D'autre part, pour les temps composés, il suffit de connaître l'auxiliaire et la forme du participe passé. Celle-ci suffit également pour le passif (§ 797).

803   ***Aller*** se conjugue sur trois radicaux :

a) INDIC. PR., 1ʳᵉ, 2ᵉ, 3ᵉ pers. du sing., 3ᵉ pers. du plur. : *Je vais* [vɛ], *tu vas, il va, ils vont.* — IMPÉR., 2ᵉ pers. du sing. : *Va.* (Pour *vas,* devant *en* et *y,* voir § 765, Rem. 1.)

Hist. — À côté de *je vais,* on a °*je vas,* qui a appartenu au fr. distingué jusqu'au début du XIXᵉ s. : *Je ne sais où* JE VAS (prince de LIGNE, *Mémoires,* p. 60). — *Je m'en* VAS [dit la mère de l'auteur] (SAND, *Hist. de ma vie,* IV, 8). — Aujourd'hui, c'est du fr. populaire que les auteurs mettent dans la bouche de leurs personnages : voir par ex. PROUST, *Rech.,* t. II, p. 18 ; GENEVOIX, *Raboliot,* p. 155 ; BERNANOS, *M. Ouine,* Pl., p. 1411 ; etc. — Au Québec, c'est de la langue familière.

b) INDIC. PR., 1ʳᵉ, 2ᵉ pers. du plur. : *Nous allons, vous allez.* — IMPARF. : *J'allais,* etc. — IMPÉR., plur. : *Allons, allez.* — PASSÉ SIMPLE : *J'allai,* etc. — SUBJ. PR. : *J'aille, tu ailles, il aille, nous allions, vous alliez, ils aillent.* — SUBJ. IMPARF. : *J'allasse,* etc. — INFIN. : *Aller.* — PARTIC. PR. : *Allant.* — PARTIC. PASSÉ : *Allé, -e.*

c) FUTUR : *J'irai,* etc.

Hist. — Le 3ᵉ radical se rapporte au latin *ire ;* le 1ᵉʳ au latin *vadĕre ;* le 2ᵉ à un verbe *alare,* attesté dans les gloses de Reichenau. L'origine de ce dernier a fait l'objet de nombreuses conjectures. La plus souvent retenue est une contraction du lat. *ambulare,* peut-être d'abord dans des impératifs du langage militaire. Le provençal *anar,* l'ital. *andare,* l'espagnol *andar* peuvent s'expliquer par un lat. *andare* (attesté au IXᵉ s.), pour lequel on propose un lat. vulg. **ambitare.*

Remarques. — 1. Les temps composés se forment avec l'auxiliaire *être : Je* SUIS *allé.*

2. Sur diverses particularités concernant *s'en aller* (*Je m'*EN *suis* ALLÉ. *Je me suis* EN ALLÉ. *Les heures* EN ALLÉES. Etc.), cf. § 656, *b.*

3. Le verbe *être* peut remplacer le verbe *aller*, dans la langue courante aux temps composés ; dans l'usage littéraire au passé simple et au subjonctif imparfait :

> *Le brigadier* [...] *avoua qu'il* AVAIT ÉTÉ *chercher dans une pièce voisine une feuille de papier* (MÉRIMÉE, *Colomba*, VI). — *Cette fille* [...] *l'*AVAIT ÉTÉ *trouver chaque nuit dans sa hutte* (MAUPASS., *C.*, Lapin). — *Notre chauffeur* A ÉTÉ *ramasser des brassées de bois mort et les a jetées dans les flammes* (S. de BEAUVOIR, *Tout compte fait*, p. 347). — AVEZ-*vous* ÉTÉ *à Paris la semaine dernière ?* (AC.) — *Il oublia de dîner et* FUT *à Médrano* (Fr. MAURIAC, *Mal*, p. 162). — *Elle* FUT *ensuite trouver Madame* (J. GREEN, *Malfaiteur*, p. 18). — *Je* FUS *me coucher* (M. TOURNIER, *Vendredi ou les limbes du Pacifique*, F°, p. 168). — *On* FUT *querir et informer Renaud* (Chr. ROCHEFORT, *Repos du guerrier*, L.P., p. 198). — *Il était temps que chacun* FÛT *se coucher.*

Pour *s'en aller*, c'est seulement dans la langue littéraire, au passé simple et au subjonctif imparfait, que cette particularité s'observe :

> *Le petit prince* S'EN FUT *revoir les roses* (SAINT EXUPÉRY, *Petit prince*, XXI). — *Je* M'EN FUS *au théâtre, la* [= *sa médaille*] *montrer aux civils pendant les entractes* (CÉLINE, *Voy. au bout de la nuit*, F°, p. 68). — *Le jeune homme* [...] S'EN FUT *par une petite porte* (ARAGON, *Aurélien*, p. 35). — *C'est l'imagination qui veut que l'on s'en aille. C'est le fait qui voudrait qu'on ne* S'EN FÛT *pas* (A. SUARÈS, *Sur la vie*, t. II, p. 217).

Ces emplois ont fait l'objet de discussions. Plus d'un grammairien a repris le jugement de Voltaire (cf. Hist.) sur *Je fus.* D'autres ont prétendu faire pour les temps composés une distinction logique, encore entérinée par Littré (s.v. *être*, 19°) : « Il *est allé* à Rome exprime simplement qu'il a fait le voyage de Rome, sans dire s'il est de retour ; il *a été* à Rome exprime qu'il est revenu. » Cette distinction est de peu d'intérêt dans la pratique, et elle n'est pas respectée même dans cet ex. où le non-retour est explicité : *Tous ceux qui* ONT ÉTÉ *à la Roche-Mauprat n'en sont pas revenus. Moi,* J'AI ÉTÉ, *non y subir la mort, mais me fiancer avec elle* (SAND, *Mauprat*, XI). — Inversement, le retour est manifeste dans ces ex. d'*être allé* : *Parmi ces hommes qui* ÉTAIENT ALLÉS *bouder dans leurs terres et qui revenaient altérés de vengeance* (STENDHAL, *Chartr.*, I). — *Ah ! pour être revenu de tout, mon ami, il faut* ÊTRE ALLÉ *dans bien des endroits* (MUSSET, *Fantasio*, I, 2). — *Un jour, je suis parti pour la Suisse, non pas tant pour voir la Suisse que pour y* ÊTRE ALLÉ (A. KARR, *Voy. autour de mon jardin*, XXIV). — *Je sais, pour y* ÊTRE ALLÉ, *que le Caire a une certaine physionomie française* (HERMANT, *Chroniques de Lancelot*, t. II, p. 146). — *En sortant du Palais de Justice, où j'*ÉTAIS ALLÉ *pour que Fargue ne pût douter de mon zèle* (GIDE, *Journal*, 6 janv. 1911).

Une phrase comme la suivante montre bien la synonymie des deux formules : *Moi aussi je* SUIS ALLÉ *là où vous* AVEZ ÉTÉ. *J'assistais à cette fête extraordinaire* (ALAIN-FOURNIER, *Gr. Meaulnes*, p. 454). — La seule différence est que *avoir été* prédomine dans l'usage familier et *être allé* dans l'usage soigné.

En outre, dans les emplois figurés, *avoir été* l'emporte largement : *Cette horloge va bien, elle n'*A *jamais si bien* ÉTÉ. — *Cette robe vous allait bien, mais du jour où vous l'avez transformée, elle ne vous* A *plus* ÉTÉ. — *Le feu va trop fort ; toute la matinée il* A ÉTÉ *trop vite.* — *Vous demandez comment je vais ? J'*AI *déjà* ÉTÉ *mieux.* — Les phrases suivantes, à cet égard, paraissent étranges : *Et tu as quitté librement Ferbannes ?* — *Oh ! ce n'*EST *pas* ALLÉ *tout seul !* (BILLY, *Madame*, p. 250.) — *Comme l'habit vert lui* SERAIT *bien* ALLÉ ! (ID., dans le *Figaro litt.*, 14 oct. 1961.) — *Tout* SERAIT *donc bien* ALLÉ *sans la nouvelle dame Barbaz* (RAMUZ, *Vie de Samuel Belet*, I, 3). — *La fille de ce Chinois ignorant* EST ALLÉE *mieux* (G. BELMONT et H. CHABRIER, trad. de : A. Burgess, *Puissances des ténèbres*, p. 303).

Hist. — Ces emplois d'*être* pour *aller* remontent aux origines de la langue et même au latin. Ex. classiques : ⁺*Je* FUS *retrouver mon janséniste* (PASCAL, *Prov.*, I). — *Et nous* FUSMES *coucher* (MOL., *Fâch.*, II, 7). — *Non, je ne reviens pas ; car je n'*AY *pas* ESTÉ (ID., *Dépit am.*, I, 4). — ⁺*Ils les* [= des exemples] ONT ÉTÉ *chercher parmi les Juifs* (BOSS., *Disc. hist. univ.*, II, 5). — *Je* FUS *l'autre jour dans un couvent de ces dervis* (MONTESQ., *L. pers.*, LVII). — Voltaire, qui a reproché vivement (*Comment. sur Corn.*, *Pompée*, I, 3) à Corneille ⁺*Il* FUT *jusques à Rome implorer le sénat*, a écrit lui-même : *Je* FUS *le chercher dans sa retraite* (*Lettres phil.*, I).

4. *Raller :* voir § 172, 8, *b*, 1°.

804 *Envoyer* n'a d'irrégulier que le futur et le conditionnel : *J'enverrai*, etc.

Hist. — *Enverrai* est une réfection (attestée au XIV⁰ s.), d'après le futur de *voir*, des anciennes formes *envoi(e)rai*, etc., encore fréquentes au XVII⁰ s. et parfois attestées par la suite : *Envoyera* (MOL., *Mal im.*, III, 3) ; *envoyray* (ID., *Amphitr.*, III, 2) ; *envoiray* (SÉV., 5 nov. 1684) [corrigé en *envoierai* dans la Pl., t. III, p. 27 !] ; *envoyeray* (VOLT., *Corresp.*, 9 août 1731). — Plus surprenant : *La Sicile m'*ENVOYERA *son rythme plus mouillé de nos brouillards* (BARRÈS, *Mes cahiers*, t. III, p. 149).

805 *Ficher*, quand il sert d'équivalent euphémique, dans la langue familière, au verbe trivial °*foutre*, prend souvent une forme spéciale à l'infinitif et au participe passé : *Fiche, fichu*. Voir §§ 776 et 778, *a*.

806 *Laisser* a chez Marie Noël un futur *lairez : Comme un agneau perdu me* LAIREZ-*vous manger ?* (*Les chansons et les heures*, À sexte.) C'est soit un archaïsme, soit un trait régional.

Hist. — Le futur *lairai* est encore attesté plusieurs fois chez Corneille (*Place roy.*, I, 1 ; etc.). Pour Vaugelas (p. 119), il « ne vaut rien, quoy qu'une infinité de gens le disent et l'escrivent ». Il subsiste dans beaucoup de dialectes, notamment en Bourgogne (pays de M. Noël).

807 *Haïr* au sing. de l'indic. pr. et de l'impér. cesse de suivre la conjugaison de *finir : Je hais* [ɛ]*, tu hais, il hait. Hais*. — Notons aussi ces formes (peu courantes d'ailleurs) du passé simple et du subj. imp. qui n'ont pas l'accent circonflexe : *Nous haïmes, vous haïtes ; qu'il haït*.

Hist. — Au moyen âge, *haïr* ne se conjuguait pas comme *finir ;* on disait : *Nous hayons, vous hayez, ils haient*, etc., formes encore attestées au XVII⁰ s., mais condamnées par Vaugelas, p. 20.

808 *Chauvir*, verbe peu fréquent, usité seulement dans l'expression *chauvir des oreilles* « remuer ⁷ les oreilles », à propos des chevaux, des ânes, des mulets, se conjugue comme *finir :*

---

7. Les dictionnaires disent d'ordinaire « *dresser* les oreilles » ; mais cela ne convient pas à un ex. comme celui de Pourrat. — *Chauvir* a un homonyme, « devenir chauve », assez rare lui aussi : *Il avait un peu* CHAUVI (ARAGON, *Beaux quartiers*, I, 6). — *Jean a légèrement* CHAUVI (E. TRIOLET, *Bonsoir, Thérèse*, p. 133).

On m'avait donné une jument [...] ; *assez vive image de ma fortune, qui* CHAUVIT *sans cesse des oreilles* (CHAT., *Mém.*, I, IV, 10). — *L'alezane qui* [...] CHAUVISSAIT *des oreilles* (C. LEMON-NIER, *Hallali*, XVII). — *Il s'amenait,* CHAUVISSANT *des oreilles, lui, qui, d'ordinaire, les portait droites comme des cierges* (POURRAT, *Trésor des contes*, t. XI, p. 125).

Pour Littré, *chauvir* ne doit pas prendre l'affixe *-iss-* : *Ils chauvent, qu'il chauve, il chauvait, chauvant.* Mais ces formes sont très rares : *Le cheval d'Akim* [...] CHAUVAIT *des oreilles* (TROYAT, *Tant que la terre durera...*, p. 492).

Hist. — C'est à cause de Rabelais que les dictionnaires recommandent les formes sans *-iss-* : *Ceulx qui* [...] CHAUVENT *des aureilles comme asnes de Arcadie* (III, Prol.). Cela vient d'une confusion avec la 1re conjug. (comp. l'infin. *tchawer* en wallon liégeois). — D'autres auteurs employaient des formes avec *-iss-* : *Chauvissant* (TAHUREAU, cit. Huguet), *chauvis-soient* (BÉROALDE DE VERVILLE, *ib.*), etc.

809 *Faillir* a deux séries de formes, mis à part le PASSÉ SIMPLE *je faillis* et les temps composés au moyen du partic. passé *failli*.

a) Quelques auteurs emploient encore d'anciennes formes : l'INDIC. PRÉS. *il faut, ils faillent ;* l'IMPARFAIT *je faillais*, etc. ; le PARTIC. PR. *faillant ;* le FUTUR *je faudrai*, etc. :

Le cœur me FAUT (GIDE, *Symphonie pastor.*, M.L.F., p. 139 ; G. DUHAMEL, *Confessions sans pénitence*, p. 26). — *La mémoire me* FAUT (J. GREEN, *Partir avant le jour*, pp. 334-335). — *La chaussette haute faut trop souvent à sa fonction* (M. TOURNIER, *Roi des aulnes*, p. 326). — *Tout* FAUT. *Sauf la chair à souffrances* (H. CIXOUS, *Angst*, p. 9). — *Si les assemblées* FAILLENT *à leur rôle* (P. COPPENS, *Cours de droit commercial*, Louvain, 1975, t. II, p. 285). — *Je* FAILLAIS *à la besogne* (CHÂTEAUBRIANT, *Brière*, p. 286). — *Le cœur lui* FAILLAIT (J. GREEN, *Mont-Cinère*, XXXVII). — *Vite essoufflé, le gars avait perdu sa prodigieuse souplesse et* FAILLAIT [...] *par les jarrets autant que par les coudes* (L. CLADEL, cit. *Trésor*). — FAILLANT *téter le doux gave* (A. BRETON, *Mont de piété*, coll. Poésie, p. 21). — *Nous arri-vâmes, moi, le cœur* FAILLANT (J. GREEN, *Autre sommeil*, 1973, p. 69). — *Je ne te* FAUDRAI *point* (BALZAC, *Contrat de mar.*, cit. *Trésor*).

b) La tendance générale est d'aligner *faillir* sur *finir*. Elle a triomphé pour le FUTUR *et le* CONDIT. (ce que prévoyait déjà Littré). Aux autres temps, elle n'est pas encore assurée :

Je sens bien en quoi je FAILLIS (FLAUB., *Corresp.*, t. II, p. 189). — *Cèlle qui a raison, celle qui ne* FAILLIT *pas* (GIRAUDOUX, *Ondine*, III, 5). — *La chasteté me fait peur et pourtant je ne* FAILLIS *jamais* (C. DETREZ, *Herbe à brûler*, p. 67). — *Un plaisir furtif s'annonce* [...]. *L'instinct ne* FAILLIT *pas* (L. NUCERA, *Chemin de la Lanterne*, p. 189). — *Si vous autres* [...] FAILLISSEZ *à votre tâche* (A. CAMUS, *Essais*, p. 965). — *Ceux qui* FAILLISSENT *à leur mission* (dans le *Point*, 15-21 mars 1982, p. 62). — *Si je* FAILLISSAIS *à ma tâche* (VIALAR, *Petit garçon de l'ascenseur*, p. 70). — *Je ne* FAILLISSAIS *pas à verser quelques larmes émues* (R. NIMIER, *Hussard bleu*, p. 64). — *Que votre cœur ne* FAILLISSE *point, qu'il ne s'effraie point* (BARRÈS, dans le *Journal*, 17 août 1894). — *Que le peuple russe ne* FAILLISSE *pas à son devoir* (TROYAT, *Le sac et la cendre*, p. 401).

Ex. du futur et du condit. *je faillirai*, etc. : FLAUB., *Corresp.*, t. I, p. 119 ; ESTAUNIÉ, *Labyrinthe*, p. 92 ; BRUNOT, *Hist.*, t. I, p. 42 ; H. BORDEAUX, *Déclassés*, p. 175 ; Fr. MAURIAC, *Galigaï*, XV ; COCTEAU, *Bacchus*, I, 2 ; BERNANOS, *Corresp.*, 15 mai 1944 ; etc.

Certains grammairiens mettent à part le sens « faire faillite » en considérant que dans ce cas *faillir* se conjugue comme *finir*. Mais le verbe dans ce sens ne se trouve guère qu'à l'infinitif et aux temps composés.

Hist. — *Faillir* a d'abord été *falir* (lat. vulg. **fallire*, lat. class. *fallĕre*). Celui-ci, qui subsiste en wallon et en picard, est devenu dès le moyen âge *faillir*, sous l'influence des formes qui avaient un *l* mouillé dû aux lois phonétiques (par ex., le subj. prés. *je faille*). — *Falloir* était à l'origine une simple variante de *faillir* et il en a gardé certains emplois : cf. § 831, Hist.

Cela a entraîné une répartition des formes. *Faillir* avait pourtant encore au XVIIe s. les formes régulières *Je faux, tu faux, il faut*, ainsi que le futur *faudrai*, mais surtout chez un auteur archaïsant comme La Fontaine.

Littré les donnait encore en 1865, mais en constatant qu'elles vieillissaient, — et le petit *Robert* continue à les donner, y compris *Je faux, tu faux, que je faille*, pourtant disparus tout à fait. Dès 1845, Bescherelle présentait comme un « usage général » l'alignement sur *finir*. — Aux survivances signalées plus haut, ajoutons le proverbe *Au bout de l'aune* FAUT *le drap* et le nom de lieu *Montereau*-FAUT-*Yonne* (où l'Yonne se jette dans la Seine).

Une autre analogie (avec l'infinitif) a donné au XVIIe et au XVIIIe s. : *Je* FAILLE *lourdement* (LA F., C., Climène). — ⁺*C'est que la mémoire vous* FAILLE (MARIV., *Surpr. de l'am.*, II, 5). — Comp. *défaillir* au § 810, *a*, 2°.

810   **Verbes en -*ir* (sans -*iss*- à certains temps) qui ont au présent de l'indicatif, de l'impératif et du subjonctif les mêmes désinences que les verbes en -*er* :**

a) Avec participe passé en -*i* :

1° **Assaillir** et **tressaillir**. INDIC. PR. : *J'assaille, nous assaillons.* — IMPARF. : *J'assaillais, nous assaillions.* — PASSÉ SIMPLE : *J'assaillis.* — FUTUR : *J'assaillirai.* — IMPÉR. : *Assaille.* — SUBJ. PR. : *J'assaille, nous assaillions.* — SUBJ. IMP. : *J'assaillisse.* — PART. PR. : *Assaillant.* — PART. PASSÉ : *Assailli, -e.*

Le futur (et le conditionnel), surtout pour *tressaillir*, est parfois hésitant : *Je* TRESSAILLE-RAI (SAND, *Corresp.*, t. IV, p. 38). — *Ils* TRESSAILLERAIENT (MUSSET, *Poés. nouv.*, Sur la paresse). — *Tu* TRESSAILLERAIS (LAFORGUE, *Poèmes inédits*, Angoisse sincère). [Corrigé par l'éditeur : cf. p. 631.] — *Qui* TRESSAILLERAIT (BARRÈS, *Sous l'œil des barb.*, 1892, p. 128).

Saillir se conjugue ordinairement comme *assaillir*.

Certains grammairiens estiment que lorsque le sens est « jaillir », le verbe se conjugue comme *finir*. Mais l'usage ne paraît pas entériner cette façon de voir : *Les racines prenaient vie et* SAILLAIENT *d'elles-mêmes hors de terre* (M. TOURNIER, *Vendredi ou les limbes du Pacifique*, F°, p. 189). — Pour le futur, on observe les mêmes hésitations que ci-dessus.

Plus d'un auteur conjugue *saillir* comme *finir* dans le sens « être en saillie, déborder » : *Sa poitrine abondante* SAILLISSAIT *sous sa chemise* (FLAUB., *Éd. sent.*, II, 3). — *Du gris de ses journées monotones* SAILLISSAIENT *des reliefs ou se détachaient des points de repère* (YOURCENAR, *Œuvre au noir*, p. 147).

Autres ex. : VOGÜÉ, *Roman russe*, p. 89 ; BARRÈS, *Dérac.*, p. 357 ; R. BAZIN, *Terre d'Espagne*, p. 35 ; LARBAUD, *Beauté, mon beau souci*, Pl., p. 555 ; ARAGON, *Paysan de Paris*, p. 107 ; LA VARENDE, *Sorcière*, p. 241 ; R. VAILLAND, *325 000 francs*, p. 102.

Hist. — D'abord *salir* (lat. *salire*), le verbe a été refait d'après les formes comme *ils saillent*. — *Tressaillir* lui aussi a failli passer à la conjugaison de *finir* : voir par ex. MONTESQ., *L. pers.*, CXXXII ; DIDEROT, *Neveu de Rameau*, p. 23. Zola écrit encore dans une lettre : *Je la sens qui y* TRESSAILLIT (dans Cézanne, *Corresp.*, 1978, p. 69).

2° **Défaillir** se conjugue ordinairement comme *assaillir,* mais on trouve encore quelques traces des anciennes formes *il défaut, il défaudra.*

— *Mon ardeur si intense* DÉFAILLE (BARRÈS, *Homme libre,* p. 65). — *Lorsque son courage* DÉFAILLE (BERNANOS, *M. Ouine,* p. 196). — *Allons ! le voilà qui* DÉFAILLE *!* (GIDE, *Saül,* I, 7.) — *Cet homme qui* [...] DÉFAILLE *de bonheur* (ARLAND, *Essais critiques,* p. 61). — *À les voir, je* DÉFAILLE (GIRAUDOUX, *Apollon de Bellac,* 2).

Autres ex. : FLAUB., *Tent. de s. Ant.,* VI ; LEC. DE LISLE, *Poèmes barb.,* Ximena ; E. et J. de GONC., *Ch. Demailly,* XVII ; TAINE, *Vie et opinions de Fr.-Th. Graindorge,* Préf. ; MAUPASS., *Notre cœur,* I, 2 ; VALÉRY, *Disc. de réc. à l'Ac. fr.* ; J. GUITTON, *Journal de ma vie,* t. II, p. 192 ; H. BAZIN, *Qui j'ose aimer,* XIX ; etc.

L'hésitation indiquée dans le 1° à propos du futur et du condit. se retrouve ici : *Le vent* DÉFAILLERA (FLAUB., *Corresp.,* t. I, p. 269). — *Je ne* DÉFAILLERAIS *pas* (E. PSICHARI, *Voyage du centurion,* p. 90). — *La Force des martyrs* DÉFAILLERAIT (BLOY, *Désespéré,* L.P., p. 127). — *Il ne* DÉFAILLERAIT *point !* (H. QUEFFÉLEC, *Recteur de l'île de Sein,* p. 251.)

— *Elle a de si blanches dents pointues ! sa rousse amoureuse* DÉFAUT *rien qu'à la regarder* (WILLY et COLETTE, *Claud. à l'école,* p. 131). [L'éd. Ollendorff de 1911 portait *défaille.*] — *L'inconnu ne* DÉFAUT *point* (G. DUHAMEL, *Possession du monde,* p. 75). — *Déjà le cœur lui* DÉFAUT (H. BORDEAUX, *Tuilette,* p. 248). — *Si le cœur ne me* DÉFAUT (THÉRIVE, *Retour d'Amazan,* p. 225). — *Si quelqu'un de ces humbles auxiliaires* DÉFAUT (LA VARENDE, *Normandie en fleurs,* p. 48). — *Le corps que tu as tant nourri, un jour,* DÉFAUDRA, / *L'esprit où tu as tant veillé, un soir, sombrera* (M. NOËL, *Notes intimes,* p. 194).

Au sing. de l'indic. pr., Littré ne citait que *Je défaus* (mais *Je faux :* § 809, Hist.), *tu défaus, il défaut,* ne mentionnant même pas *Je défaille,* etc. — Pour l'Acad., *défaillir* n'est plus guère usité qu'au plur. de l'indic. pr., à l'imparf., au passé simple, au passé composé, à l'infin. et au part. pr. ; cette restriction, que le dictionnaire faisait déjà au XVIII° s., ne correspond pas à l'usage.

3° **Cueillir (accueillir, recueillir).** INDIC. PR. : *Je cueille, nous cueillons.* — IMPARF. : *Je cueillais, nous cueillions.* — PASSÉ SIMPLE : *Je cueillis.* — FUTUR : *Je cueillerai.* — IMPÉR. : *Cueille, cueillons.* — SUBJ. PR. : *Je cueille, nous cueillions.* — SUBJ. IMP. : *Je cueillisse.* — PART. PR. : *Cueillant.* — PART. PASSÉ : *Cueilli, -e.*

Hist. — Vaugelas (p. *482) tenait qu'il fallait dire, au futur, *cueillira, recueillira,* comme à la cour, et non *cueillera, recueillera,* comme à la ville. L'usage s'est prononcé contre lui ; déjà Thomas Corneille affirmait qu'à la cour les habitudes avaient changé et qu'on y disait, comme tout le monde : *Je cueillerai.*

b) Avec participe passé en *-ert :*

Offrir. INDIC. PR. : *J'offre, nous offrons.* — IMPARF. : *J'offrais.* — PASSÉ SIMPLE : *J'offris.* — FUTUR : *J'offrirai.* — IMPÉR. : *Offre.* — SUBJ. PR. : *J'offre.* — SUBJ. IMP. : *J'offrisse.* — PART. PR. : *Offrant.* — PART. PASSÉ : *Offert, -e.*

Couvrir, ouvrir, souffrir et leurs dérivés se conjuguent comme *offrir.*

811   **Verbes en *-ir*** (sans *-iss-* à certains temps) **qui perdent au singulier du présent de l'indicatif la consonne finale du radical.**

Dormir (s'endormir). INDIC. PR. : *Je dors, tu dors, il dort, nous dormons.* — IMPARF. : *Je dormais.* — PASSÉ SIMPLE : *Je dormis.* — FUTUR : *Je dormirai.* —

IMPÉR. : *Dors, dormons.* — SUBJ. PR. : *Je dorme.* — SUBJ. IMP. : *Je dormisse.* — PART. PR. : *Dormant.* — PART. PASSÉ : *Dormi.* Le féminin et le pluriel sont rares : *Trois nuits mal* DORMIES (MUSSET, *Prem. poés.*, Marrons du feu, IV). Les féminins *endormie, rendormie* sont courants ; de même, le plur.

Mentir, sentir (et leur famille), *se repentir, servir, desservir, resservir, sortir, partir* se conjuguent comme *dormir.* — *Menti* n'a pas de féminin. Les féminins *démentie, sentie, repentie, servie, desservie, resservie, sortie, partie* sont courants.

Pour l'emploi de l'auxiliaire avec *partir, sortir,* voir § 782, *b,* 2° (plus les Rem. et l'Hist.).

Remarques. — 1. *Sortir* signifiant « produire » appartient au langage de la jurisprudence. Il ne s'emploie qu'aux 3ᵉˢ personnes et se conjugue comme *finir : Il sortit, il sortissait, qu'il sortisse, sortissant. La sentence* SORTISSAIT *son plein et entier effet* (ROBERT). — Il prend l'auxiliaire *avoir.*

2. *Repartir* « partir de nouveau » et « répondre » et *départir* se conjuguent comme *partir ; repartir* « répondre » et *départir* (sauf quand il est pronominal) prennent l'auxiliaire *avoir.*

Ah ! tu n'as pas l'esprit très vif, à ce que je vois. / — Je l'ai plus que toi, REPARTAIT *son compagnon* (AYMÉ, *Contes du chat perché,* Bœufs). — *Il ne se* DÉPART *jamais d'un étrange sourire* (J. GREEN, *Années faciles,* 15 mai 1932). — *Elle [...] se* DÉPARTANT *de son mutisme* (Cl. SIMON, *Vent,* p. 50).

On constate une tendance à conjuguer *repartir* « répondre » (qu'on écrit parfois °*répartir*) et *départir* comme *finir.* Pour *départir,* cette tendance est très forte, même dans la langue littéraire : *Le Paradis, c'est la merveille. Dans aucune des parties de son poème, Dante ne se* DÉPARTIT *d'une façon tout à fait naturelle et humaine* (BARRÈS, *Maîtres,* p. 17). — *De tels hommes [...] sont avertis des parties de la réalité sur lesquelles leurs dons spéciaux leur* DÉPARTISSENT *une lumière particulière* (PROUST, *Pastiches et mélanges,* p. 155). — *Quand Nicolas le réveille et s'informe comment il a dormi, sa réponse est celle dont il ne se* DÉPARTIT *jamais* (J. SCHLUMBERGER, *Saint-Saturnin,* p. 197). — *Sans qu'aucun des visages se* DÉPARTISSE *de cette indestructible impossibilité* (Cl. SIMON, *Vent,* p. 216).

Autres ex. : R. de GOURMONT, *Belgique littér.,* p. 63 ; R. BENJAMIN, *Palais,* p. 68 ; H. BORDEAUX, *Sur le Rhin,* p. 304 ; COLETTE, *Étoile Vesper,* pp. 26-27 ; J. et J. THARAUD, *Vienne la Rouge,* p. 8 ; É. HENRIOT, *Temps innocents,* p. 126 ; R. MARTIN DU GARD, *Thib.,* II, p. 128 (= *départait,* Pl., t. I, p. 733) ; GIDE, *Nourrit. terrestres et nouv. nourr.,* p. 75 ; KESSEL, *Heure des châtiments,* p. 360 ; VERCORS, *Moi, Aristide Briand,* p. 213 ; M. BRION, *Goethe,* p. 414 ; etc.

Hist. — *Partir* lui-même a été conjugué jadis comme *finir,* mais surtout dans le sens de « partager » : cf. § 848, 21, Hist.

3. *Répartir* et *impartir* (empruntés au latin), *asservir* (dérivé de *serf*), *assortir* (dérivé de *sorte*), *ressortir* « être du ressort de, relever de » (dérivé de *ressort*) se conjuguent comme *finir.*

Certains auteurs, confondant *ressortir* « être du ressort de » avec *ressortir* « sortir de nouveau » (qui se conjugue comme *sortir*), conjuguent le premier comme le second (d'autres construisent le premier comme le second : cf. § 279, *d*) : *L'Art poétique de Caillois* RESSORTAIT *plus de l'essai et de la théorie que de la critique directe* (É. HENRIOT, dans le *Monde,* 25 nov. 1959). — *Tout ce qui* RESSORT *au départ, à l'élan* (CLAUDEL, *L'œil écoute,* p. 208). — *Cela* RESSORTANT *au domaine moral* (LÉAUTAUD, *Journal littér.,* t. XVII, p. 293). — *La propagande révolutionnaire* RESSORT *à une autre pédagogie* (P.-H. SIMON, dans le *Monde,*

24 juillet 1968). — *Quelque chose qui n'est ni de la grammaticalisation ni de la lexicalisation mais* RESSORT *plutôt du style* (M. COHEN, *Une fois de plus des regards sur la langue franç.*, p. 130).

Ex. corrects : *Dans toutes les questions qui* RESSORTISSENT *à la souveraineté collective* (HUGO, *Misér.*, IV, x, 2). — *Son jeu correct, luisant, glacé,* RESSORTISSAIT *plutôt à l'arithmétique qu'à l'art* (GIDE, *Si le grain ne meurt*, I, 6). — *Dans tout ce qui* RESSORTIT *au music-hall* (COLETTE, *Étoile Vesper*, p. 197). — *Le cas de Mme Chantelouve ne* RESSORTIT *pas à la compétence d'un tribunal laïc* (M. GARÇON, *Plaidoyers chimériques*, p. 151).

812   **Verbes en** *-ir* (sans *-iss-* à certains temps) **et en** *-oir* **dans lesquels le radical varie suivant qu'il est accentué ou atone.**

a) ***Acquérir (conquérir, s'enquérir, requérir).*** INDIC. PR. : *J'acquiers, tu acquiers, il acquiert, nous acquérons, vous acquérez, ils acquièrent.* — IMPARF. : *J'acquérais.* — PASSÉ SIMPLE : *J'acquis.* — FUTUR : *J'acquerrai.* — IMPÉR. : *Acquiers, acquérons, acquérez.* — SUBJ. PR. : *J'acquière, tu acquières, il acquière, nous acquérions, vous acquériez, ils acquièrent.* — SUBJ. IMP. : *J'acquisse.* — PART. PR. : *Acquérant.* — PART. PASSÉ : *Acquis, -e.*

Quérir est défectif : § 848, 23.

Hist. — 1. Ces verbes ont d'abord eu des infinitifs en *-querre* (ils viennent du lat. *-quīrĕre*), dont on trouve des traces au XVIIᵉ s. : *D'où venez-vous presentement ? / Commença-t-elle de* S'ENQUERRE (VOITURE, *Poésies*, XCIII). L'Acad. continuait à signaler en 1878 *à enquerre* pour « à vérifier ». La langue du blason garde cette forme : des *armes à enquerre* sont des armes qui contreviennent aux règles héraldiques.

2. Notons le futur *acquerera* chez MONTESQUIEU, *L. pers.*, XLVIII.

3. *Conquérir* et *s'enquérir* ont été concurrencés par *conquêter* et *s'enquêter* (dérivés de *conquête* et *enquête*) : *Ce bras tout aussitost vous* CONQUESTE *un Empire* (CORN., *Ill.*, II, 4). — *Ils ne* S'ENQUESTENT *point de cela* (MOL., *Pourc.*, III, 2).

Ces formes n'ont pas totalement disparu : *Sentiment puéril, mais différant seulement par la grandeur de celui où ce César et tous les autres avaient puisé la force de* CONQUÊTER (MONTHERLANT, *Bestiaires*, L.P., p. 109). — *Il ne* S'ENQUÊTE *pas / Si c'est pluie ou gravier dont s'attarde son pas* (MUSSET, *Prem. poés.*, Mardoche, XLI). — *Rien de plus cocasse que la scène où l'on voit Proust [...]* S'ENQUÊTER *[...], auprès des maîtres d'hôtel, sur le cabinet particulier où une courtisane célèbre [...] avait l'habitude de souper* (J. de LACRETELLE, dans le *Figaro*, 24 juin 1972).

b) ***Mourir.*** INDIC. PR. : *Je meurs, tu meurs, il meurt, nous mourons, vous mourez, ils meurent.* — IMPARF. : *Je mourais.* — PASSÉ SIMPLE : *Je mourus.* — FUTUR : *Je mourrai.* — IMPÉR. : *Meurs, mourons, mourez.* — SUBJ. PR. : *Je meure, tu meures, il meure, nous mourions, vous mouriez, ils meurent.* — SUBJ. IMP. : *Je mourusse.* — PART. PR. : *Mourant.* — PART. PASSÉ : *Mort, -e.*

Les temps composés se conjuguent avec *être*. *Se mourir* est défectif (§ 847, *e*).

c) ***Tenir*** (et sa famille). INDIC. PR. : *Je tiens, tu tiens, il tient, nous tenons, vous tenez, ils tiennent.* — IMPARF. : *Je tenais.* — PASSÉ SIMPLE : *Je tins, nous tînmes, vous tîntes.* — FUTUR : *Je tiendrai.* — IMPÉR. : *Tiens, tenons.* — SUBJ. PR. : *Je tienne, nous tenions, ils tiennent.* — SUBJ. IMP. : *Je tinsse, il tînt.* — PART. PR. : *Tenant.* — PART. PASSÉ : *Tenu, -e.*

Venir et les verbes de sa famille se conjuguent comme *tenir*. — *Venir, revenir, survenir, intervenir, provenir, advenir* (§ 847, *c*), *devenir, parvenir* prennent l'auxiliaire *être ; circonvenir, contrevenir, subvenir* prennent *avoir ;* pour *convenir, disconvenir,* voir § 784, *b*, 2°.

d) Recevoir, apercevoir, concevoir, décevoir, percevoir. INDIC. PR. : *Je reçois, tu reçois, il reçoit, nous recevons, vous recevez, ils reçoivent.* — IMPARF. : *Je recevais.* — PASSÉ SIMPLE : *Je reçus.* — FUTUR : *Je recevrai.* — IMPÉR. : *Reçois, recevons.* — SUBJ. PR. : *Je reçoive, nous recevions.* — SUBJ. IMP. : *Je reçusse.* — PART. PR. : *Recevant.* — PART. PASSÉ : *Reçu, -e.*

Hist. — *Ramentevoir* « remettre en mémoire » est vieux et presque hors d'usage, selon l'Acad. Il dérive de l'anc. fr. *amentevoir,* même sens, lui-même tiré de l'anc. fr. *mentevoir* « rappeler », du lat. tardif *(in) mente habere* « penser à ». Il se conjuguait comme *recevoir : Je me* RAMENTOY / *L'autre* (SAINT-AMANT, t. I, p. 52). — *Ne* RAMENTEVONS *rien* (MOL., *Dépit am.,* III, 4). — ⁺*Je vous* RAMENTEVRAI *qu'un jour* [...] (VOLT., lettre, cit. Littré).

Littré donne encore une conjugaison complète. Mais, déjà vieilli au XVII⁰ s., le verbe est devenu très rare au XIX⁰ et au XX⁰ (quoiqu'il subsiste dans certains patois picards et normands) : *Je me* RAMENTEVAIS *de votre amour* (VERL., *Liturgies intimes,* Final). [Avec une construction irrégulière : comp. *se rappeler* au § 274, *b,* 7°.] — *Toutes et quantes fois, Billy, que midi sonne / Je me* RAMENTEVOIS [sic] *votre chat qui ronronne* (L. de G. FRICK, cit. *Grand Lar. langue*).

e) Devoir (redevoir). INDIC. PR. : *Je dois, tu dois, il doit, nous devons, vous devez, ils doivent.* — IMPARF. : *Je devais.* — PASSÉ SIMPLE : *Je dus.* — FUTUR : *Je devrai.* — IMPÉR. (à peu près inusité) : *Dois, devons.* — SUBJ. PR. : *Je doive, nous devions, ils doivent.* — SUBJ. IMP. : *Je dusse.* — PART. PR. : *Devant.* — PART. PASSÉ : *Dû, due, dus, dues.*

f) Mouvoir. INDIC. PR. : *Je meus, tu meus, il meut, nous mouvons, vous mouvez, ils meuvent.* — IMPARF. : *Je mouvais.* — PASSÉ SIMPLE : *Je mus.* — FUTUR : *Je mouvrai.* — IMPÉR. : *Meus, mouvons.* — SUBJ. PR. : *Je meuve, tu meuves, il meuve, nous mouvions, vous mouviez, ils meuvent.* — SUBJ. IMP. : *Je musse.* — PART. PR. : *Mouvant.* — PART. PASSÉ : *Mû, mue, mus, mues.*

Émouvoir et **promouvoir** se conjuguent comme *mouvoir,* mais les partic. passés *ému* et *promu* s'écrivent sans accent circonflexe.

Selon l'Acad., *promouvoir* ne s'emploie guère qu'à l'infin. et aux temps composés. La langue écrite n'ignore pas les autres formes : *Toi qui, dans l'or très pur,* PROMEUS [= tends vers l'avant] / *Tes bras durs* (VALÉRY, *Charmes,* Ébauche d'un serpent). — *C'est peut-être le meilleur témoignage de la fécondité d'une doctrine que d'engendrer la contradiction qui la* PROMEUT (É. BENVENISTE, *Problèmes de linguist. générale,* p. 55). — [...] *organisations qui pratiquent ou* PROMEUVENT *l'avortement* (dans le *Monde,* 10 août 1984, p. 19). — *Le titre seul du chapitre VII le* PROMOUVAIT *à tous les postes et les grades que ses ministres lui avaient refusés* (GIRAUDOUX, *Littérature,* p. 11). — *L'autorité unificatrice de l'État,* [...] PROMOUVANT *les règles et les principes collectifs* (R. HUYGHE, dans le *Figaro,* 30 déc. 1971). — *On me* PROMUT *attaché de presse* (J. LAURENT, *Bêtises,* p. 241).

Autres ex. de *promeut* : GIDE, *Journal,* 18 janv. 1932 ; A. ROUSSEAUX, dans le *Figaro litt.,* 25 sept. 1948 ; O. JODOGNE, dans *Revue intern. d'onomastique,* juin 1952, p. 152 ;

P. GUIRAUD, *Structures étymol. du lexique fr.*, p. 48 ; M. RAYMOND, dans le *Monde*, 22 oct. 1971. — De *promouvait :* dans la *Libre Belgique*, 15 mai 1970. — De *promouvant :* B. GUETTA, dans le *Monde*, 12 mars 1984.

g) Pouvoir. INDIC. PR. : *Je peux* (ou *je puis*), *tu peux, il peut, nous pouvons, vous pouvez, ils peuvent.* — IMPARF. : *Je pouvais.* — PASSÉ SIMPLE : *Je pus.* — FUTUR : *Je pourrai.* — IMPÉR. : inusité. — SUBJ. PR. : *Je puisse.* — SUBJ. IMP. : *Je pusse.* — PART. PR. : *Pouvant.* — PART. PASSÉ : *Pu* (sans féminin ni plur.).

Je peux appartient à la langue courante ; *je puis* à l'usage soigné. En cas d'inversion, *puis-je* seul est possible. — Claudel a risqué cette forme curieuse (dans le *Figaro litt.*, 7 mars 1953) : *Face à l'ouragan il me manquait encore l'horreur et la joie sous mes pieds de ce bateau pourri qui n'en PUIT plus et qui craque et qui s'effondre !* — Plaisanterie ? Retour à l'ancienne langue ?

h) Vouloir. INDIC. PR. : *Je veux, tu veux, il veut, nous voulons, vous voulez, ils veulent.* — IMPARF. : *Je voulais.* — PASSÉ SIMPLE : *Je voulus.* — FUTUR : *Je voudrai.* — IMPÉR. : *Veuille, veuillons, veuillez,* et *Veux, voulons, voulez* (voir Rem. 1). — SUBJ. PR. : *Je veuille, tu veuilles, il veuille, nous voulions, vous vouliez* (voir Rem. 2), *ils veuillent.* — SUBJ. IMP. : *Je voulusse.* — PART. PR. : *Voulant.* — PART. PASSÉ : *Voulu, -e.*

Remarques. — 1. À l'impératif, les formes ordinaires sont modelées sur le subjonctif. Celles qui sont modelées sur l'indicatif sont condamnées par Littré comme « récentes et à peine intelligibles ». Elles ne sont pas récentes (cf. Hist.). On les trouve surtout dans deux circonstances :

— Lorsqu'il s'agit d'exprimer l'idée de « faire acte de ferme volonté » (cela est accepté par l'Acad.) : VEUX-*le bien* (COUSIN, cit. Littré). — *Faites un effort,* VOULEZ *seulement : celui qui donne le bon vouloir vous donnera aussi de l'accomplir* (LAMENNAIS, cit. Bescherelle). — *Mais tu as beau faire, je te connais, tu combattras...* VEUX *ou ne* VEUX *pas !... Qui naît taureau, taureau il meurt* (R. ROLLAND, *Âme enchantée*, L.P., t. II, p. 448). — *Acceptons les moments de la vie, dit Nietzsche,* VOULONS-*les* (G. POULET, *Métamorphoses du cercle*, p. 158).

Dans les ex. suivants, *veuillez* (qui est ordinairement réduit au rôle de semi-auxiliaire dans les formules de politesse) n'a pas la vigueur signifiante qu'il faudrait : VEUILLEZ *fortement, et vous serez secourue* (DUMAS fils, *Étrangère*, II, 4). — *Vous êtes un consacré :* VEUILLEZ *ce que veut la vérité* (A.-D. SERTILLANGES, *Vie intellectuelle*, 3ᵉ éd., p. 22). — *Je fléchis. Soyez fort et bon.* VEUILLEZ *pour moi, / Tandis que je prierai, les yeux sur vos saints Livres* (J. MALÈGUE, *Augustin*, t. I, p. 286).

— Dans les formules *Ne m'en veux pas* « ne m'en garde pas rancune », *Ne m'en voulez pas,* qui sont assez fréquentes dans les dialogues des romans ou des pièces de théâtre et dans la correspondance : *Ne m'en* VEUX *pas de fuir* (HUGO, *Hern.*, III, 4). — *Oh ! Seine ! Ne m'en* VEUX *pas / si je me jette dans ton lit* (J. PRÉVERT, *Histoires*, Encore une fois sur le fleuve).

Autres ex. : BALZAC, *Goriot*, p. 270 ; FLAUB., *Corresp.*, t. I, p. 122 ; VEUILLOT, *Corresp.*, t. I, p. 329 ; É. BOURGES, *Crépuscule des dieux*, VII ; ZOLA, *Madel. Férat*, VII ; HUYSMANS, *Lettres inédites à J. Destrée*, p. 164 ; BARRÈS, *Colline insp.*, 173 ; R. ROLLAND, *Amies*, p. 161 ; CLAUDEL, dans Suarès et Claudel, *Corresp.*, p. 122 ; BERNANOS, *Corresp.*, t. II, 1971, p. 488 ; SAINT EXUPÉRY, *Lettres à l'amie inventée*, p. 48 ; etc.

Ne m'en veuille pas, Ne m'en veuillez pas sont cependant très fréquents eux aussi :

HUGO, *Pierres*, p. 61 ; DUMAS fils, *Fils naturel*, I, 5 ; MALLARMÉ, lettre publiée dans la *Table ronde*, janv. 1951, p. 77 ; R. ROLLAND, *Jean-Chr.*, t. X, p. 127 ; GIRAUDOUX, *Apollon de*

Bellac, IX; Van der Meersch, *Empreinte du dieu,* p. 162 ; Valéry, *« Mon Faust »,* Lust, I, 1 ; Bernanos, *Corresp.,* 7 juin 1943 ; etc.

Hist. — Les impératifs *veux* et *voulons* sont signalés par divers grammairiens du XVIᵉ et du XVIIᵉ s. : cf. Fouché, p. 172. — Ex. du XVIIᵉ s. : *Croyés moy, ma chère fille, prenés un confesseur arresté, laissés vous conduire par luy, et ne* voulés *pas, en tout, vous suffire a vous mesme* (Maintenon, *Corresp.,* déc. 1692). — *Ne m'en voulez pas :* Laclos, *Liaisons dang.,* XCIV ; prince de Ligne, *Contes immoraux,* VI.

2. Pour le subjonctif présent, les anciennes formes *nous veuill(i)ons, vous veuill(i)ez* (jugées préférables aux autres par Littré) ont gardé chez des écrivains de l'autre siècle et du nôtre une certaine faveur :

Ce motif me fait vivement désirer que vous veuillez *bien presser un peu la Chambre des Domaines* (Stendhal, *Corresp.,* t. III, p. 18). — *Je désire, monsieur le Baron, que vous* veuilliez *bien me faire la réponse la plus prompte* (Chat., dans Maurois, *Chateaubr.,* p. 319). — *Pour peu que vous* veuilliez *attendre* (Villiers de l'Isle-Adam, *Ève future,* I, 13). — *Que vous le* veuilliez *ou non, nous travaillons tous en commun* (R. Rolland, *Jean-Chr.,* t. X, p. 45). — *Je suis profondément touché que vous* veuillez *bien faire ainsi attention à moi* (Proust, *Rech.,* t. II, p. 285). — *Je me félicite encore que vous* veuilliez *bien lui rendre sa liberté* (Thérive, *Fils du jour,* p. 271). — *En attendant que vous* veuilliez *vous décider* (É. Henriot, *Rose de Bratislava,* XIII). — *Sans que vous* veuillions *écouter* (Genevoix, *Afrique blanche, Afrique noire,* p. 52). — *À moins que vous ne* veuilliez *faire prendre mesure de la veste qui vous attend* (R. Vercel, *Ceux de la « Galatée »,* p. 259).

Hist. — C'est depuis le XVIIᵉ s. que *nous veuill(i)ons, vous veuill(i)ez* sont concurrencés par *voulions, vouliez* (« barbarisme assez récent et désormais autorisé par l'usage », disait Littré), qui sont aujourd'hui les formes normales.

813 **Verbes en -*indre* (-*aindre,* -*eindre,* -*oindre*) et en -*soudre* (cf. § 763, *b*).**

a) 1° *Craindre (plaindre, contraindre).* Indic. pr. : *Je crains, tu crains, il craint, nous craignons, vous craignez, ils craignent.* — Imparf. : *Je craignais, nous craignions.* — Passé simple : *Je craignis.* — Futur : *Je craindrai.* — Impér. : *Crains, craignons.* — Subj. pr. : *Je craigne, nous craignions.* — Subj. imp. : *Je craignisse.* — Part. pr. : *Craignant.* — Part. passé : *Craint, -e.*

2° *Atteindre.* Indic. pr. : *J'atteins, tu atteins, il atteint, nous atteignons, vous atteignez, ils atteignent.* — Imparf. : *J'atteignais, nous atteignions.* — Passé simple : *J'atteignis.* — Futur : *J'atteindrai.* — Impér. : *Atteins, atteignons.* — Subj. pr. : *J'atteigne, nous atteignions.* — Subj. imp. : *J'atteignisse.* — Part. pr. : *Atteignant.* — Part. passé : *Atteint, -e.*

Se conjuguent de même *astreindre, ceindre, enfreindre, éteindre, étreindre, feindre, geindre, peindre* (et ses dérivés), *restreindre, teindre* (et ses dérivés), — ainsi que les verbes rares et vieillis *aveindre, empreindre, enceindre, épreindre.*

Hist. — Le nom *fainéant* est l'altération par fausse étymologie *(fait néant)* de *feignant,* participe présent de *feindre* au sens ancien de « paresser ». La forme ancienne est restée dans l'usage populaire avec le sens de *fainéant.*

3° *Joindre* (et sa famille). Indic. pr. : *Je joins, tu joins, il joint, nous joignons, vous joignez, ils joignent.* — Imparf. : *Je joignais, nous joignions.* — Passé simple : *Je joignis.* — Futur : *Je joindrai.* — Impér. : *Joins, joignons.* — Subj.

PR. : *Je joigne, nous joignions.* — SUBJ. IMP. : *Je joignisse.* — PART. PR. : *Joignant.* — PART. PASSÉ : *Joint, -e.*

Oindre se conjugue de la même façon, mais il est assez rare en dehors de l'infin. et du partic. passé.

b) Absoudre (dissoudre). INDIC. PR. : *J'absous, tu absous, il absout, nous absolvons, vous absolvez, ils absolvent.* — IMPARF. : *J'absolvais.* — PASSÉ SIMPLE (rare) : *J'absolus.* — FUTUR : *J'absoudrai.* — IMPÉR. : *Absous, absolvons.* — SUBJ. PR. : *J'absolve.* — SUBJ. IMP. (rare) : *J'absolusse.* — PART. PR. : *Absolvant.* — PART. PASSÉ : *Absous, absoute.*

J'absolus et *que j'absolusse* sont peu usités, mais, comme dit Littré, on ne doit pas les exclure de l'usage, puisqu'on dit *Je résolus* et *que je résolusse.* — De même, pour *dissoudre.* — Ces formes sont parfois attestées : *La parole qui* ABSOLUT *Minuit* (MALLARMÉ, *Igitur,* I). — *Un de nos prêtres* [...] *m'*ABSOLUT *de toute ma vie* (THÉRIVE, *Plus grand péché,* cit. Thomas). — *Cette popote se* DISSOLUT *soudain* (ID., *Noir et or, ib.*). — *Le MPL se* DISSOLUT *et M. Labor sollicita son admission dans le parti socialiste maximaliste* (dans la *Libre Belgique,* 3 janv. 1973, p. 6). — *En 1653, il* DISSOLUT *le Parlement* (J. ZIEGLER, *Retournez les fusils !* Points, p. 125). — Apollinaire a risqué °*absolvit (Alc.,* Loreley), *absolvirent* (*Hérésiarque et Cⁱᵉ,* 1910, p. 34), qui sont moins choquants qu'°*absolva* (NERVAL, *Œuvres complément.,* t. VI, p. 270), °*dissolvèrent* (MONTHERLANT, *Solstice de juin,* p. 15). — Autre forme aventurée, le subj. pr. °*dissoude : Jusqu'à ce qu'il s'en aille en cendre et se* DISSOUDE (HUGO, *Dieu,* I, II, 11).

Résoudre a les mêmes flexions, mais le passé simple et le subj. imp. sont bien attestés et le PART. PASSÉ ordinaire est *résolu : J'ai* RÉSOLU *de partir. Un problème* RÉSOLU. *Le contrat est* RÉSOLU.

Rappelons que *résoudre* ne conserve le *d* qu'au futur simple et au condit. prés. et qu'il est fautif d'écrire : °*Je résouds,* °*il résoud.*

Une autre forme du part. passé, *résous,* fém. *résoute,* se dit des choses changées en d'autres : *Brouillard* RÉSOUS *en pluie* (LITTRÉ). — *Vapeur* RÉSOUTE *en petites gouttes d'eau* (ID.). — Ce part. est rare, et l'Acad. ne le signale plus. — *Résous* « décidé, hardi » est du fr. régional du Québec et de plusieurs provinces franç. : *Un gaillard de bon jugement, un homme solide et bien* RÉSOUS (GENEVOIX, *Raboliot,* p. 164).

Hist. — *Résolu,* ainsi qu'*absolu* et *dissolu,* qui ne sont plus des participes, remontent au part. passé lat. *-solutus.* — Dans *absous, dissous, résous* on a des formes issues d'un latin vulg. **-solsus.*

Absoudre, dissoudre, résoudre sont de la famille du vieux verbe *soudre* (lat. *solvĕre*) qui s'est employé jusqu'au XVIIᵉ s., dans le sens de *dissoudre* ou de *résoudre :* ⁺*Cette eau extrêmement forte qui peut* SOUDRE *l'or* (DESCARTES, cit. Littré). — *Pour* SOUDRE *l'argument* (RÉGNIER, *Sat.,* XI). — *Les rois d'alors s'envoyoient les uns aux autres des Problêmes à* SOUDRE *sur toutes sortes de matieres* (LA F., *F.,* Vie d'Esope).

814   **Verbes en *-dre* (autres que les verbes en *-indre* et en *-soudre*), *rompre* et *vaincre.***

Ces verbes gardent au sing. du prés. de l'indic. et de l'impér. la consonne finale du radical de l'infinitif (voir § 763, *c*). — À la 3ᵉ pers. du sing. de l'indic. prés., ils ont remplacé le *t* final par un *d* étymologique (par un *c* dans *vaincre*) ; exception : *il rompt.* (Pour les détails, voir § 766, et Hist.)

a) **Rendre.** INDIC. PR. : *Je rends, tu rends, il rend, nous rendons, vous rendez, ils rendent.* — IMPARF. : *Je rendais.* — PASSÉ SIMPLE : *Je rendis.* — FUTUR : *Je rendrai.* — IMPÉR. : *Rends, rendons.* — SUBJ. PR. : *Je rende.* — SUBJ. IMP. : *Je rendisse.* — PART. PR. : *Rendant.* — PART. PASSÉ : *Rendu, -e.*

Ainsi se conjuguent **défendre, descendre, fendre, pendre, tendre, vendre ; épandre, répandre ; fondre, pondre, répondre, tondre ; perdre ; mordre, tordre,** — ainsi que les verbes de leur famille. — Pour *prendre,* voir *d* ci-dessous.

b) **Coudre** (et ses dérivés). INDIC. PR. : *Je couds, tu couds, il coud, nous cousons, vous cousez, ils cousent.* — IMPARF. : *Je cousais.* — PASSÉ SIMPLE : *Je cousis.* — FUTUR : *Je coudrai.* — IMPÉR. : *Couds, cousons, cousez.* — SUBJ. PR. : *Je couse.* — SUBJ. IMP. : *Je cousisse.* — PART. PR. : *Cousant.* — PART. PASSÉ : *Cousu, -e.*

c) **Moudre (remoudre).** INDIC. PR. : *Je mouds, tu mouds, il moud, nous moulons, vous moulez, ils moulent.* — IMPARF. : *Je moulais.* — PASSÉ SIMPLE : *Je moulus.* — FUTUR : *Je moudrai.* — IMPÉR. : *Mouds, moulons, moulez.* — SUBJ. PR. : *Je moule.* — SUBJ. IMP. : *Je moulusse.* — PART. PR. : *Moulant.* — PART. PASSÉ : *Moulu, -e.*

Moudre, dit l'Acad. n'est plus guère usité qu'aux trois 1res pers. de l'indic. prés., à l'infin., à la 1re pers. de l'impér., au futur et au partic. passé.

Émoudre (= aiguiser) est vieux ; l'Acad. (1932) a supprimé ce verbe (ainsi que *rémoudre*), dont elle ne garde que le participe-adjectif *émoulu,* resté courant dans l'expression figurée *frais émoulu* (= tout nouvellement sorti). Le *Trésor* cite un ex. de l'infin. *émoudre : Une grande meule à* ÉMOUDRE *de sabotier* (LA VARENDE) et quelques ex. d'*émoulu* en dehors de l'expression *frais émoulu : Un sabre* ÉMOULU (P. BOREL). — *Les javelots et les flèches de l'amour sont si cruels, si* ÉMOULUS [...] (LA VARENDE). — *Des combats à fer* ÉMOULU (HUGO). — *Un tournoi à fer* ÉMOULU (GOBINEAU). — *Émoulu* « sorti » est parfois employé sans *frais : Quant à moi, pauvre petit garçon* ÉMOULU *de ma province* (CLAUDEL, dans le *Littéraire,* 14 déc. 1946). — *Jeune chercheur (vingt-cinq ans),* ÉMOULU *de la Sorbonne et docteur de Cambridge* (LE ROY LADURIE, dans le *Monde,* 10 déc. 1976).

d) **Prendre** (et sa famille). INDIC. PR. : *Je prends, tu prends, il prend, nous prenons, vous prenez, ils prennent.* — IMPARF. : *Je prenais.* — PASSÉ SIMPLE : *Je pris.* — FUTUR : *Je prendrai.* — IMPÉR. : *Prends, prenons.* — SUBJ. PR. : *Je prenne, nous prenions.* — SUBJ. IMP. : *Je prisse.* — PART. PR. : *Prenant.* — PART. PASSÉ : *Pris, -e.*

e) **Rompre** (et sa famille). INDIC. PR. : *Je romps, tu romps, il rompt, nous rompons, vous rompez, ils rompent.* — IMPARF. : *Je rompais.* — PASSÉ SIMPLE : *Je rompis.* — FUTUR : *Je romprai.* — IMPÉR. : *Romps, rompons.* — SUBJ. PR. : *Je rompe.* — SUBJ. IMP. : *Je rompisse.* — PART. PR. : *Rompant.* — PART. PASSÉ : *Rompu, -e.*

f) **Vaincre (convaincre).** INDIC. PR. : *Je vaincs, tu vaincs, il vainc, nous vainquons, vous vainquez, ils vainquent.* — IMPARF. : *Je vainquais.* — PASSÉ SIMPLE : *Je vainquis.* — FUTUR : *Je vaincrai.* — IMPÉR. : *Vaincs, vainquons.* — SUBJ. PR. : *Je vainque.* — SUBJ. IMP. : *Je vainquisse.* — PART. PR. : *Vainquant.* — PART. PASSÉ : *Vaincu, -e.*

815 Verbes en *-aître* et en *-oître* (§ 763, *d*).

a) Connaître (et sa famille), *paraître* (et sa famille), *repaître*. INDIC. PR. : *Je connais, il connaît, ils connaissent.* — IMPARF. : *Je connaissais.* — PASSÉ SIMPLE : *Je connus.* — FUTUR : *Je connaîtrai.* — IMPÉR. : *Connais, connaissons.* — SUBJ. PR. : *Je connaisse.* — SUBJ. IMP. : *Je connusse.* — PART. PR. : *Connaissant.* — PART. PASSÉ : *Connu, -e.*

Pour *paître*, voir § 848, 20.

b) Naître. INDIC. PR. : *Je nais, tu nais, il naît, nous naissons, vous naissez, ils naissent.* — IMPARF. : *Je naissais.* — PASSÉ SIMPLE : *Je naquis.* — FUTUR : *Je naîtrai.* — IMPÉR. : *Nais, naissons.* — SUBJ. PR. : *Je naisse.* — SUBJ. IMP. : *Je naquisse.* — PART. PR. : *Naissant.* — PART. PASSÉ : *Né, -e.* — Les temps composés prennent *être*.

Renaître se conjugue comme *naître*, mais il est peu usité au part. passé et aux temps composés :

> *Te voici donc, ô mon âme,* RENÉE *encore une fois pour dormir de nouveau dans un corps* (MICHELET, cit. Bescherelle [avec un autre ex. de cet auteur]). — *Un rythme d'allégresse et d'espoir,* RENÉ *du cœur même du monde, emportait les âmes* (P.-H. SIMON, *Les hommes ne veulent pas mourir*, p. 89). — *On dit partout qu'un enfant est né l'autre nuit, et qu'avec lui* EST RENÉ *l'espoir du monde* (J. GUÉHENNO, dans le *Figaro*, 7 janv. 1972). — *En ce jour de Noël 1886, Claudel* EST RE-NÉ [*sic*] (Wl. d'ORMESSON, *Disc. de récept. à l'Ac. fr.*). — [⁺*(...) enfants de Dieu en tant que* RENÉS *du Saint-Esprit par la volonté de Dieu, et non pas en tant que nés de la chair et du sang par la volonté des hommes* (PASCAL, *Abrégé de la vie de Jésus-Christ*, Préf.).]

> *Surnaître,* « naître par-dessus ou auprès », ne se rencontre plus que chez des auteurs qui aiment l'archaïsme : *Elle* [= la neige] *est froide et se refuse à la vie ; je sais qu'elle la couve et la protège, mais la vie n'en* SURNAÎT *qu'en la fondant* (GIDE, *Nourrit. terrestres*, IV, 3).

c) Croître (pour l'accent circonflexe, voir §§ 763, *d*, et 778, *a*). INDIC. PR. : *Je croîs, tu croîs, il croît, nous croissons, vous croissez, ils croissent.* — IMPARF. : *Je croissais.* — PASSÉ SIMPLE : *Je crûs, tu crûs, il crût, nous crûmes, vous crûtes, ils crûrent.* — FUTUR : *Je croîtrai.* — IMPÉR. : *Croîs, croissons, croissez.* — SUBJ. PR. : *Je croisse.* — SUBJ. IMP. : *Je crûsse* (cf. § 763, *d*). — PART. PR. : *Croissant.* — PART. PASSÉ : *Crû, crue, crus, crues.*

Accroître (décroître). INDIC. PR. : *J'accrois, tu accrois, il accroît, nous accroissons, vous accroissez, ils accroissent.* — IMPARF. : *J'accroissais.* — PASSÉ SIMPLE : *J'accrus, tu accrus, il accrut, nous accrûmes, vous accrûtes, ils accrurent.* — FUTUR : *J'accroîtrai.* — IMPÉR. : *Accrois, accroissons, accroissez.* — SUBJ. PR. : *J'accroisse.* — SUBJ. IMP. : *J'accrusse.* — PART. PR. : *Accroissant.* — PART. PASSÉ : *Accru, accrue, accrus, accrues.*

Recroître se conjugue comme *accroître*, mais son part. passé est *recrû, recrue, recrus, recrues.*

Aux temps composés, *croître* et les verbes de sa famille prennent *avoir* ou *être* selon le sens (§ 783).

816   Verbes en -*uire*.

*a) **Conduire** (**reconduire**).* INDIC. PR. : *Je conduis, tu conduis, il conduit, nous conduisons, vous conduisez, ils conduisent.* — IMPARF. : *Je conduisais.* — PASSÉ SIMPLE : *Je conduisis.* — FUTUR : *Je conduirai.* — IMPÉR. : *Conduis, conduisons.* — SUBJ. PR. : *Je conduise.* — SUBJ. IMP. : *Je conduisisse.* — PART. PR. : *Conduisant.* — PART. PASSÉ : *Conduit, -e.*

Se conjuguent de même les autres verbes en **-*duire*** *(déduire, enduire, induire, introduire, produire, réduire, séduire, traduire)* ; **construire, instruire, détruire** ; **cuire** (cf. *b*, avant l'Hist.), — ainsi que leurs dérivés.

Parmi les dérivés de *conduire*, il y a des mots régionaux : °*se méconduire* (§ 172, 6), et °*acconduire* « amener » ; ce dernier est vivant dans le Hainaut : *Le grand-père* ACCONDUIT *de loin* (Ch. PLISNIER, *Enfant aux stigmates*, VII). — Il y avait aussi le verbe simple **duire** « plaire », encore employé par quelques auteurs au XIXe s. : *Il faudrait, si la proposition vous* DUIT, *me venir prendre jeudi soir avant 9 h^{res}* (MÉRIMÉE, *Corresp.*, 17 nov. 1828). — *Le voyage vous* DUIT-*il ?* (Al. BERTRAND, *Gaspard de la nuit*, cit. *Trésor.*) — Ce dernier a un homonyme [du lat. *docere*], qui a subsisté en Normandie dans le sens « corriger, châtier » : *Liline a été mauvaise comme le diable. J'avais conseillé de la renvoyer à Olympe pour la* DUIRE *un peu* (FLAUB., *Corresp.*, cit. *Trésor* [où l'on n'a pas vu le caractère régional]).

*b) **Luire** (**reluire**)* et **nuire** suivent aussi la conjugaison de *conduire*, sauf que leur participe passé n'a ni féminin ni pluriel et s'écrit sans *t : lui, relui, nui*.

Certains grammairiens ne donnent pas le passé simple *je (re)luisis* ni l'imparfait du subjonctif *je (re)luisisse*, mais, comme dit Littré, rien n'empêche d'employer ces formes. Il est vrai qu'elles sont peu usitées : *Plusieurs pièces d'or, qui* RELUISIRENT *et sonnèrent sur le comptoir* (BALZAC, *Peau de ch.*, I, 3). — *La dalle du seuil* LUISIT *comme sous la pluie* (COLETTE, *Naissance du jour*, Sel., p. 53). — *Les yeux de saint Pierre* LUISIRENT *d'une petite flamme malicieuse* (ALLAIS, *Allais...grement*, L.P., p. 113). [L'auteur ajoute ce commentaire : « Le verbe *luire* ne s'emploie pas au passé défini. Il est temps, je crois, de faire cesser cet ostracisme, et j'engage les hommes de cœur de tous les partis à suivre mon exemple. »]

Plus d'un auteur écrit à la 3e pers. du plur. du passé simple *(re)luirent* (cf. Hist.) : *Soudain, deux prunelles* LUIRENT *dans l'ombre* (FLAUB., 1re *Éd. sent.*, XXXVI). — *Des fusils* RELUIRENT (VILLIERS DE L'ISLE-ADAM, *Contes cruels*, p. 211).

Autres ex. : HUYSMANS, *Cathédrale*, p. 32 ; FARRÈRE, *Civilisés*, IX ; R. BENJAMIN, *Sous le soleil de France*, p. 175 ; P. HAMP, *Mektoub*, p. 35 ; SAINT EXUPÉRY, *Courrier sud*, p. 133 ; LA VARENDE, *Troisième jour*, p. 233 ; A. LANOUX, *Nef des fous*, p. 54 ; A. SCHWARZ-BART, *Dernier des justes*, p. 140 ; REZVANI, *Canard du doute*, p. 154.

On trouve aussi *cuirent :* JAMMES, *Géorgiques chrét.*, I ; MAUROIS, *Études anglaises*, p. 257.

Hist. — En moyen fr., on avait, pour le passé simple des verbes en *-uire*, deux séries de formes : *Luis, luis, luist, luisimes, luisistes, luirent ;* — *luisis, luisis, luisit, luisimes, luisistes, luisirent.* — Ces deux séries étaient encore employées concurremment au XVIe s., et même au XVIIe (cf. Fouché, §§ 147, *c*, 148, *b*, et 152).

LE VERBE [§ 817]

Autres verbes

817 La famille de *seoir*.

a) Seoir lui-même est défectif, ainsi que *messeoir :* cf. § 848, 28.

b) Asseoir a, pour beaucoup de ses temps, deux séries de formes. INDIC. PR. :
J'assieds, tu assieds, il assied, nous asseyons, vous asseyez, ils asseyent, ou *J'assois*
(voir Rem. 1), *tu assois, il assoit, nous assoyons, vous assoyez, ils assoient.* —
IMPARF. : *J'asseyais,* ou *J'assoyais.* — PASSÉ SIMPLE : *J'assis.* — FUTUR : *J'assiérai,*
ou *j'assoirai.* (Cf. Rem. 2.) — IMPÉR. : *Assieds, asseyons, asseyez,* ou *Assois,
assoyons, assoyez.* — SUBJ. PR. : *J'asseye, nous asseyions,* ou *J'assoie, nous
assoyions.* — SUBJ. IMP. : *J'assisse.* — PART. PR. : *Asseyant,* ou *Assoyant.* — PART.
PASSÉ : *Assis, -e.*

Les jugements portés sur les deux séries diffèrent d'une grammaire (ou d'un dictionnaire)
à l'autre. Il y a des préférences régionales : les formes en *-oi-, -oy-* sont peu usitées en Belgique ;
par contre, à Paris, le langage populaire ignore *assieds, assiérai,* etc. (cf. Bauche, p. 114).

Dans la langue écrite, *assied, asseyent, assiérai,* etc. sont plus fréquents que *assoit,
assoient, assoirai.* Par ex., à la 3ᵉ pers. de l'indic. prés., nous avons relevé 91 fois *assied* (ou
rassied) et 28 fois *assoit* (ou *rassoit*), dans les indications scéniques des pièces de théâtre.

Assied : VIGNY, *Chatt.,* I, 5 ; MUSSET, *Lorenz.,* III, 3 ; HUGO, *Hern.,* I, 2 ; LABICHE, *Chap.
de paille d'It.,* I, 8 ; E. ROSTAND, *Aiglon,* II, 3 ; COURTELINE, *Le commissaire est bon enfant,*
III ; CLAUDEL, *Tête d'or,* 1ʳᵉ version, II ; BERNSTEIN, *Rafale,* II, 4 ; S. GUITRY, *Faisons un
rêve,* I ; R. MARTIN DU GARD, *Taciturne,* I, 4 ; J. ROMAINS, *Knock,* I ; J. SARMENT, *Couronne
de carton,* I ; PAGNOL, *Fanny,* I, I, 2 ; GIRAUDOUX, adapt. de : M. Kennedy et B. Dean,
Tessa, I, I, 7 ; M. ACHARD, *Pétrus,* III, 1 ; VALÉRY, *« Mon Faust »,* Lust, II, 1 ; A. CAMUS,
Malentendu, I, 5 ; SARTRE, *Le diable et le bon Dieu,* I, III, 4 ; J.-L. CURTIS, adapt. de :
P. Luke, *Hadrien VII,* I, 1 ; R. de OBALDIA, *Du vent dans les branches de sassafras,* I, 4 ; etc.

Assoit : MUSSET, *Lorenz.,* I, 5 ; LABICHE, *Chap. de paille d'It.,* I, 5 ; J. ROMAINS, *Knock,* II,
2 ; PAGNOL, *Fanny,* I, I, 13 ; MONTHERLANT, *Demain il fera jour,* I, 2 ; ANOUILH, *Y'avait un
prisonnier,* I, 2 ; Fr. MAURIAC, *Mal aimés,* I, 4 ; R. de OBALDIA, *Air du large,* Théâtre, t. II,
p. 43 ; IONESCO, *Rhinocéros,* II, 1 ; etc.

Les formes en *-oi-* l'emportent au figuré : *Situation fausse et dangereuse qui* ASSOIT *la
puissance publique sur la misère privée* (HUGO, *Misér.,* IV, I, 4). — *Des événements-clefs
allaient [...] se succéder, qui* ASSOIRAIENT *définitivement la fortune des Boussardel* (HÉRIAT,
Famille Boussardel, XVIII). — *La prophétie [...] a pour elle ce qui* ASSOIT *la solidité des
religions* (A. CAMUS, *Homme révolté,* Pl., p. 594).

Les formes en *-oy-* [waj] sont évitées dans la langue écrite. Un ex. comme celui-ci est
exceptionnel : *Je ne sais si son trouble venait de cet homme qui* s'ASSOYAIT *familièrement
auprès d'elle* (J. CHARDONNE, *Vivre à Madère,* p. 138).

Remarques. — 1. On observe une certaine tendance à écrire °*-eoi-* ailleurs
qu'à l'infinitif :

Asseoit (ou *rasseoit*) : FLAUB., *Corresp.,* t. I, p. 280 ; MICHELET, *Mer,* IV, 4 ; LA VARENDE,
Centaure de Dieu, p. 195 ; BERNANOS, *M. Ouine,* p. 130 ; COLETTE, *Paris de ma fenêtre,*
p. 144 ; MONTHERLANT, *Malatesta,* III, 3 ; BUTOR, *Modification,* p. 19 ; GUITTON, *Dialogues
avec Paul VI,* p. 135 ; Jean DUBOIS, *Gramm. structurale,* Verbe, p. 71. — *Asseois :* SAINT
EXUPÉRY, *Terre des hommes,* p. 147. — *Asseoient :* Ch.-L. PHILIPPE, *Père Perdrix,* p. 211 ;
G. DUHAMEL, *Lieu d'asile,* p. 132 ; Jean DUBOIS, *l.c.* — *Asseoirons :* JAMMES, *Clairières dans
le ciel,* p. 37. — *Asseoirait :* GENEVOIX, *Fatou Cissé,* p. 204. Etc.

Mais ces écarts restent nettement minoritaires et résultent plutôt d'inadvertances. On trouve les graphies correctes dans d'autres passages : par ex. *assoit* chez LA VARENDE, *op. cit.*, p. 50 ; etc. — ou dans d'autres éditions : par ex. *assoit*, BERNANOS, *op. cit.*, Pl., p. 1458 ; MONTHERLANT, *op. cit.*, Pl., p. 486 ; etc.

2. Au futur, divers dictionnaires (AC., *Grand Lar. langue*, *Dict. contemp.*, etc.) donnent encore, sans réserves, la troisième forme *J'asseyerai.*

Elle est devenue (cf. Hist.) très rare, sauf dans des usages régionaux : *Nous ne nous* ASSEYERONS *plus à une table de négociation avec la Volksunie* (déclaration d'un député wallon, dans la *Libre Belgique*, 2 mai 1974, p. 2).

Hist. — L'indic. prés. de *seoir* (lat. *sedēre*) était en anc. fr. *sié, siez* ou *siés, siet, seons, seez, sieent.* Le singulier se continue dans *assieds, assied* (où on a introduit un *d* par imitation du latin). Un yod a été inséré pour supprimer l'hiatus dans *asseyons, asseyez*, ainsi que dans *asseyait, asseyant ;* d'où, par analogie, *asseyent* à l'indic. prés. et les diverses formes en -*ey*- du subj. prés. et du futur. On trouve même *je m'asseye* à l'indic. prés. chez J.-J. Rousseau (*Conf.*, VII, Pl., p. 320).

Les formes en -*oi*-, -*oy*- sont dues à l'influence de l'infinitif. Elles ne sont pas récentes : *Assoyoient* (RAB., III, Prol.). — *Assoyront* (MOL., *Impr.*, IV). — *Assoyez-vous* (MARIV., *Journaux et œuvres div.*, p. 100). — *Assoira* (A. CHÉNIER, *Élégies*, X). — Mais les grammairiens les signalent rarement avant le XVIIIᵉ s. — L'Acad. ne les mentionne que depuis 1835 (« quelquefois »).

Le futur primitif *serrai* a été remplacé par diverses formes analogiques : *Assiérai* d'après *il assied, assoirai* d'après l'infinitif, *asseyerai* d'après *nous asseyons.* Cette troisième forme est notamment chez Diderot, *Jacques le fat.*, Pl., p. 620.

Le verbe a connu au cours de son histoire d'autres formes encore. Notons le radical en -*i*- à l'indic. prés. et à l'impér., attesté encore chez des auteurs classiques : ASSY-*toy sur mes genoux* (RONSARD, éd. V., t. II, p. 294). — *Elle s'*ASSIT [indication scénique] (RAC., *Phèdre*, I, 3). — ⁺*Il s'*ASSIT, *il se repose* (LA BR., XI, 7). — Vaugelas, quoiqu'il critiquât d'autres formes en -*i*-, exigeait à la 3ᵉ pers. du pluriel « *ils s'assient*, et non pas, *ils s'asseient* » (p. 165), mais les grammairiens du temps l'ont contredit. Le franç. populaire de Paris et de diverses régions emploie encore : °*Je m'assis*, °*Assis-toi*, etc.

c) Rasseoir se conjugue comme *asseoir.*

Le participe passé *rassis*, féminin *rassise*, s'emploie au figuré pour du pain ou une pâtisserie qui ne sont plus tendres ou, par une nouvelle figure, pour une personne pondérée ou pour une chose qui n'est plus neuve : *Des brioches* RASSISES (HÉRIAT, *Main tendue*, p. 284). — *Figures expressives, décidées, [...] moins usées que chez nous, [...] mais plus* RASSISES (TAINE, *Notes sur l'Anglet.*, p. 26). — *Des questions ressassées et* RASSISES (GIDE, dans le *Littéraire*, 8 févr. 1947). — *Nous fréquentions des personnes* RASSISES *qui parlaient haut et clair, fondaient leurs certitudes sur de sains principes* (SARTRE, *Mots*, p. 39). — *Des émotions* RASSISES *qui font partie du train-train quotidien* (S. de BEAUVOIR, *Belles images*, Fᵒ, p. 63).

Mais le rapport avec *rasseoir* n'est plus compris et on entend un féminin °*rassie*, comme *moisie.* Cela se lit même parfois : *Tartines* RASSIES (J. MISTLER, *Route des étangs*, p. 113). — *Toute la vieille sagesse* RASSIE *de la Côte* (M. SIBON, trad. de : Gr. Greene, *Fond du problème*, p. 324).

De là est venu un infinitif °*rassir*, déjà admis par le *Dict. contemp.* (1966) et par le *Dict. du fr. vivant* (1972), mais qui reste très rare dans la langue écrite : *Du pain qu'on faisait* RASSIR (ZOLA, *Argent*, II). — [Je] *laisse* RASSIR *mon pain plusieurs jours* (BERNANOS, *Journal d'un curé de camp.*, p. 120). — *La bonne viande trouve-t-elle ses ferments préférés, ceux qui la font* RASSIR *à souhait, dans les gaz d'échappement des autos et de la gent canine ?* (J. de

Coquet, dans le *Figaro litt.*, 25 nov. 1968.) — Les autres formes de ce nouveau verbe sont plus rares encore : *En dépit de ses idées un peu follettes, qui se* RASSIRAIENT *avec l'âge* (É. Henriot, *Aricie Brun*, I, 4). — *Un petit bout de croissant rassis*, [...] *ça se laisse manger moins facilement que vous. Prenez modèle,* RASSISSEZ (R. Dubillard, *Naïves hirondelles*, II, 1). — Le *Dict. du fr.* vivant écrit, avec une hardiesse que l'usage n'appuie pas — ou pas encore : °*C'est un esprit rassi.*

d) **Surseoir** n'a qu'une série de formes : Indic. pr. : *Je sursois, tu sursois, il sursoit, nous sursoyons, vous sursoyez, ils sursoient.* — Imparf. : *Je sursoyais.* — Passé simple : *Je sursis.* — Futur : *Je surseoirai.* — Impér. : *Sursois, sursoyons, sursoyez.* — Subj. pr. : *Je sursoie, nous sursoyions.* — Subj. imp. : *Je sursisse.* — Part. pr. : *Sursoyant.* — Part. passé : *Sursis* (sans fém.).

On remarquera que le futur (*surseoirai*) diffère par la graphie de celui d'*asseoir* (*assoirai*). Littré a déjà protesté contre cette disparate. Le *Dict. contemp.* donne la forme *sursoirai*. Comme pour *asseoir*, on trouve parfois *-eoi-* à d'autres formes encore.

818   **Battre** (et sa famille). Indic. pr. : *Je bats, tu bats, il bat, nous battons, vous battez, ils battent.* — Imparf. : *Je battais.* — Passé simple : *Je battis.* — Futur : *Je battrai.* — Impér. : *Bats, battons, battez.* — Subj. pr. : *Je batte.* — Subj. imp. : *Je battisse.* — Part. pr. : *Battant.* — Part. passé : *Battu, -e.*

On retrouve le partic. passé *battu* dans l'adjectif **courbatu**, que Colin déclare archaïque, ce qui est excessif, même si *courbaturé* est aujourd'hui plus fréquent (§ 169, *a*, 1) : *Il redescend mortifié,* COURBATU (Sartre, *Idiot de la famille*, t. I, p. 562). — *Vous vous redressez,* COURBATU, *déjà fatigué* (Butor, *Modification*, 10/18, p. 156). — Autres ex. : Péguy, *Ève*, p. 136 ; R. Martin du Gard, *Thib.*, Pl., t. I, p. 1315 ; La Varende, *Nez-de-cuir*, II, 4 ; Saint Exupéry, *Terre des hommes*, p. 48 ; Hériat, *Enfants gâtés*, V, 2 ; etc.

Courbatu s'emploie parfois comme participe passé (comp. § 847, *f*) : *La fièvre vous a-t-elle* COURBATU *?* (R. Maran, *Batouala*, XI.) — COURBATUS *par tant de secousses* (A. Camus, *Théâtre, récits, nouvelles*, p. 2067). — COURBATU *par son inconfortable position* (M. Déon, *Déjeuner de soleil*, p. 161).

Hist. — Littré signale que le verbe *courbattre* existait de son temps « dans les campagnes des environs de Paris » : *La fièvre le* COURBAT. — Comp. *corbattre* « tourmenter » ; (à la forme pronominale) « se débattre, lutter contre », en normand et en picard : cf. Wartburg, t. I, p. 293 (qui y voit un autre mot, dont le premier élément serait *corps*). Il est vrai que l'origine de *courbatu* n'est pas sûre. On y voit généralement l'adjectif *court* et on suppose que le sens premier aurait été « battre à bras raccourcis ». *Courbatu* (1350) est en tout cas antérieur à *courbature* (1588) et ne peut dériver de celui-ci, comme certains le proposent, en rattachant *courbature* au provençal.

819   **Mettre** (et sa famille). Indic. pr. : *Je mets, tu mets, il met, nous mettons, vous mettez, ils mettent.* — Imparf. : *Je mettais.* — Passé simple : *Je mis.* — Futur : *Je mettrai.* — Impér. : *Mets, mettons, mettez.* — Subj. pr. : *Je mette.* — Subj. imp. : *Je misse.* — Part. pr. : *Mettant.* — Part. passé : *Mis, -e.*

820   **Boire.** Indic. pr. : *Je bois, tu bois, il boit, nous buvons, vous buvez, ils boivent.* — Imparf. : *Je buvais.* — Passé simple : *Je bus.* — Futur : *Je boirai.* — Impér. :

Bois, buvons. — SUBJ. PR. : *Je boive, nous buvions, ils boivent.* — SUBJ. IMP. : *Je busse.* — PART. PR. : *Buvant.* — PART. PASSÉ : *Bu, -e.*

Emboire « imprégner » se conjugue comme *boire,* mais c'est un mot rare : *Ils* [= les caméléons] *s'*EMBOIVENT *et s'empreignent de la teinte des objets les plus rapprochés d'eux* (Th. GAUTIER, *Voy. en Esp.,* p. 355). — *Des yeux* EMBUS *de larmes* (WILLY et COLETTE, *Claud. en ménage,* p. 53).

*Imboire n'est plus attesté qu'au partic. passé *imbu,* adjectif dans la langue commune, exceptionnellement forme verbale : [...] *par la restitution de l'eau qu'elle* [= la plante] *a* IMBUE (CLAUDEL, *Art poét.,* Traité de la co-naissance, II). — Voir aussi *Trésor.*

Fourbu s'emploie surtout comme adjectif au sens « harassé de fatigue » en parlant d'un animal (surtout d'un cheval) ou d'un être humain. — Mais on trouve parfois *fourbu* employé comme participe : *À quoi donc avez-vous* FOURBU *votre meilleure jument comme la v'là ?* (BARBEY D'AUR., *Ensorcelée,* XI.) — *Un grand bai, qui aurait eu des chances* [aux courses], *si on ne l'avait pas* FOURBU *à l'entraînement* (ZOLA, *Nana,* XI). — *J'avais* FOURBU *deux chevaux sous moi* (R. MARTIN DU GARD, *Devenir !* Pl., p. 165). — *Les quatre jours de Paris m'ont* FOURBU (GIDE, *Journal,* 10 juillet 1913). — Voir aussi *Trésor :* ex. de BALZAC (à propos d'un cheval), de R. ROLLAND et de BUTOR (de personnes). — Il est tout à fait exceptionnel de trouver d'autres formes que le partic. passé : *C'était aux plus forts* [...] *étalons qu'il s'attaquait* [...]. *Il les montait avec un mors de bride ordinaire ; il les* FOURBUVAIT (LA VARENDE, *Centaure de Dieu,* p. 235).

Hist. — *Se forboire* (avec *fors* : cf. § 171, Hist.), c'était boire avec excès ou à contretemps. Comp. : *Un cheval* FORBEU, *c'est celuy qui a beu ayant trop chaud* (H. ESTIENNE, cit. Huguet). — Le participe a pris un sens différent dans la langue des vétérinaires : « (cheval) dont le pied est enflammé », ce qui existe encore (c'est sans doute le sens dans l'ex. de Zola cité plus haut). Un nouveau glissement a conduit au sens actuel.

821   **Bouillir.** INDIC. PR. : *Je bous, tu bous, il bout, nous bouillons, vous bouillez, ils bouillent.* — IMPARF. : *Je bouillais, nous bouillions.* — PASSÉ SIMPLE : *Je bouillis.* — FUTUR : *Je bouillirai.* — IMPÉR. : *Bous, bouillons, bouillez.* — SUBJ. PR. : *Je bouille, nous bouillions, ils bouillent.* — SUBJ. IMP. : *Je bouillisse.* — PART. PR. : *Bouillant.* — PART. PASSÉ : *Bouilli, -e.*

M. Cohen note (*Toujours des regards sur la langue fr.,* pp. 167-168) qu'à côté de l'usage littéraire, il y a, et non pas uniquement dans le parler populaire, une conjugaison de *bouillir* où *-ill-* est amuï, par allongement de *-ou-,* notamment au futur et au condit. : °*Les haricots* BOÛENT, BOÛRONT, BOÛRAIENT, etc. — Bauche, p. 114, signale pour le futur : °*Je* BOUILLERAI *(bouy'rai) ;* — pour le subj. : °*Que je* BOUS, °*que tu* BOUS, °*qu'il* BOUT ; — et pour le part. passé : °*Bouillu.* — Il y aussi le dicton populaire : °*Café* BOULU, *café foutu.*

822   **Bruire,** dans l'usage soigné, se conjugue aujourd'hui comme *finir* ; il est rare en dehors de la 3ᵉ personne (cf. § 847, *c*).

Indic. pr. : *Midi ! Tout repose et tout vit ; tout se tait et tout* BRUIT (G. LEROUX, *Parfum de la dame en noir,* XVIII). — *Le moteur* BRUIT, *vibre, tempête* (PIEYRE DE MANDIARGUES, *Motocyclette,* Fᵒ, p. 206). — *Les arbres* [...] BRUISSENT *dans le vent* (NERVAL, trad. de : Goethe, *Faust,* p. 22). — *Ces natures si rapides de Thiers et de quelques autres sont comme des torrents qui* BRUISSENT *et n'écoutent pas* (SAINTE-BEUVE, *Mes poisons,* p. 208).

Autres ex. de *bruit :* HUGO, *Odes et ball.,* Odes, V, XXV, 4 ; MICHELET, *Insecte,* p. 131 ; TAINE, *Vie et opinions de Fr.-Th. Graindorge,* p. 192 ; VERL., *Poèmes sat.,* Melancholia, II ; WILLY et COLETTE, *Claud. à l'école,* p. 221 ; etc. — De *bruissent :* E. et J. de GONC., *Charles*

Demailly, LXXXIV ; TAINE, *op. cit.*, p. 126 ; LOTI, *Galilée*, p. 110 ; BARRÈS, *Grande pitié des égl. de Fr.*, 1914, p. 7 ; R. BAZIN, *Terre d'Espagne*, p. 230 ; TOULET, *Mon amie Nane*, VII, 1 ; DORGELÈS, *Bouquet de bohème*, L.P., p. 246 ; É. HENRIOT, *Rencontres en Île-de-France*, p. 151 ; etc.

Indic. imp. : *Il* BRUISSAIT, *ils* BRUISSAIENT (AC.). — *Les serpents à sonnettes* BRUISSAIENT *de toutes parts* (CHAT., *Atala*, Pl., p. 61). — *La Thève* BRUISSAIT *à notre gauche* (NERVAL, *Sylvie*, VIII). — Etc.

Passé simple (rare) : *Que voulez-vous, monsieur ? demanda-t-elle au jeune homme d'une voix qui* BRUIT *à ses oreilles comme une musique délicieuse* (Al. DUMAS, *Reine Margot*, V). — *Ses oreilles* BRUIRENT *avec persistance* (HÉRIAT, *Main tendue*, p. 308).

Subj. pr. : *Il n'y a pas une feuille qui frémisse, pas un insecte qui* BRUISSE *sous l'herbe immobile* (NODIER, cit. Bescherelle).

Part. pr. : *Elle* [= la pluie] *est tombée tantôt par ondées violentes, tantôt par rosées fines* BRUISSANT *légèrement* (M. de GUÉRIN, *Cahier vert*, 2 avril 1833). — *Lorsque le vent souffle, les algues courent en* BRUISSANT *le long de la plage* (A. DAUDET, *C. du lundi*, Nelson, p. 332). — *Dans le salon carré, c'est une bouillie de monde grouillante et* BRUISSANTE (MAUPASS., *Fort comme la mort*, I, 4).

Autres ex. : Th. GAUTIER, *Poés. 1830-1832*, Demoiselle ; LEC. DE LISLE, *Poèmes ant.*, Mort de Valmiki ; E. et J. de GONC., *Charles Demailly*, XXX ; A. FRANCE, *Balthasar*, p. 112 ; LOTI, *Mme Chrysanth.*, I ; GIDE, *Nourrit. terr.*, VIII ; Fr. MAURIAC, *La chair et le sang*, III ; MONTHERLANT, *Petite infante de Castille*, II, 2 ; GENEVOIX, *Raboliot*, p. 14 ; A. CAMUS, *Été*, p. 182 ; etc.

Part. passé : *L'aurore a* BRUI *du ressac des vallées* (ARAGON, *Roman inachevé*, Prose du bonheur et d'Elsa). — *Ma femme* [...] *sort, si brutalement que les tubes en ont* BRUI *pendant bien trois minutes* (F. MARCEAU, *Élans du cœur*, VII). — *Des rumeurs lointaines, assourdies, imperceptibles, accompagnaient le souffle du phagocère agonisant* [...], *en un mot, tout ce qui* [...] *avait* BRUI *pendant la journée* (P. GASCAR, *L'homme et l'animal*, p. 84). — *La ville* [...] *avait* BRUI *d'une joie lâchée comme l'eau d'une vanne* (G. BAUËR, dans le *Littéraire*, 29 mars 1947).

Alors que l'ancien participe *bruyant* ne subsiste que comme adjectif, l'ind. imparf. *bruyait*, recommandé par Littré, est encore employé par quelques auteurs : *Ma tête* BRUYAIT *comme la mer* (MAC ORLAN, *Ancre de miséricorde*, p. 37). — *Ses compagnons, comme des bêtes*, BRUYAIENT (BARRÈS, *Dérac.*, p. 83). — *Quelques débits ouverts* BRUYAIENT *vaguement* (THÉRIVE, *Sans âme*, p. 11). — *C'était un pays accidenté, creusé de gorges profondes, où* BRUYAIENT *des ruisseaux impétueux* (CHÂTEAUBRIANT, *Réponse du Seigneur*, p. 275).

Par une autre analogie, un infinitif °*bruisser*, avec les formes que cela implique, cherche à s'établir : *Les pas sur l'herbe font* BRUISSER *les feuilles mortes* (LOTI, *Désenchantées*, XLI). — *On entendait des voix* BRUISSER (BARBUSSE, *Feu*, p. 263). — *Le marchand d'oiseaux en papier dormait sur une natte, dans un courant d'air qui faisait* BRUISSER *sa fragile marchandise* (MALLET-JORIS, *Mensonges*, p. 99). — *Aux brises de l'Avril il* [= un nom] BRUISSE *doucement* (APOLLIN., *Il y a*, Dicts d'amour à Linda). — *Quelque chose* [...] BRUISSA *sous la table* (SAINT EXUPÉRY, *Terre des hommes*, p. 85).

Autres ex. de *bruisser* : H. BAZIN, *Lève-toi et marche*, VIII ; LE CLÉZIO, *Livre des fuites*, p. 203 ; CRITICUS, *Quatre études de « style au microscope »*, p. 77. — De *bruisse* (indic.) : A. LICHTENBERGER, *Portraits de jeunes filles*, p. 225 ; BUTOR, *Passage de Milan*, 10/18, p. 210 ; P. GRAINVILLE, *Lisière*, p. 114. — De *bruissa* : GIDE, trad. de : J. Conrad, *Typhon*, p. 219 ; CESBRON, *Je suis mal dans ta peau*, p. 50 ; J. d'ORMESSON, *Illusions de la mer*, p. 39 ; P. MOINOT, *Guetteur d'ombre*, p. 282. — De *bruissèrent* : FARRÈRE, *Civilisés*, IX.

Hist. — *Bruire* remonte au lat. vulg. **brugere*, venu par croisement du lat. *rugire* avec **bragere* (qui a donné *braire*). Il s'est d'abord conjugué comme *fuir*. Depuis le XVIIe s. au moins (et même plus tôt si l'on tient compte des dérivés *bruissement*, attesté à la fin du XVᵉ s., et *esbruissement*, attesté au XIVᵉ), il a pris des formes calquées sur *finir* : *Un caillou* BROÜISSANT (SAINT-AMANT, *Moïse sauvé*, X). — *Les douleurs des femmes grosses sont causées par des vents, qui vont et viennent en* BRUISSANT *par tout le ventre* (MAURICEAU, *Traité des femmes grosses*, cit. Richelet [qui donne aussi les formes *Nous bruissons, vous bruissez, ils bruissent*]). Mais les lexicographes du XVIIᵉ s. considèrent que le verbe, d'une façon générale, n'est pas très usité, jugement que confirme La Bruyère, XIV, 73.

823　　*Circoncire.* INDIC. PR. : *Je circoncis, nous circoncisons, vous circoncisez, ils circoncisent.* — IMPARF. : *Je circoncisais.* — PASSÉ SIMPLE : *Je circoncis, nous circoncîmes.* — FUTUR : *Je circoncirai.* — IMPÉR. : *Circoncis, circoncisons, circoncisez.* — SUBJ. PR. : *Je circoncise.* — SUBJ. IMP. : *Je circoncisse.* — PART. PR. : *Circoncisant.* — PART. PASSÉ : *Circoncis, -e.*

Cette conjugaison est plutôt théorique : le verbe n'est guère attesté qu'à l'infin. et au part. passé.

824　　*Conclure* et *exclure.* INDIC. PR. : *Je conclus, tu conclus, il conclut, nous concluons, vous concluez, ils concluent.* — IMPARF. : *Je concluais, nous concluions.* — PASSÉ SIMPLE : *Je conclus.* — FUTUR : *Je conclurai.* — IMPÉR. : *Conclus, concluons.* — SUBJ. PR. : *Je conclue, que nous concluions.* — SUBJ. IMP. : *Je conclusse.* — PART. PR. : *Concluant.* — PART. PASSÉ : *Conclu, -e.*

Occlure et *inclure* se conjuguent comme *conclure*, mais leur partic. passé est en *-s : occlus, occluse ; inclus, incluse.*

Le premier de ces deux verbes appartient surtout à la langue de la médecine, et on le trouve généralement au partic. passé. Cet ex.-ci est donc remarquable : *Si la nuit* OCCLUT *notre œil, c'est afin que nous n'écoutions plus* (CLAUDEL, *Connaissance de l'Est*, La lampe et la cloche). — Sur le synonyme °*occlusionner*, voir § 169, *a*, 1.

Inclure, pour l'Acad., « n'est guère usité qu'au participe passé [...], qui est le plus souvent précédé de *ci-* ». Cela ne correspond pas à l'usage d'aujourd'hui : *Il s'était* [...] *sagement* INCLUS *dans l'existence quotidienne* (C. PAYSAN, *Nous autres, les Sanchez*, L.P., p. 68). — *Le loyer que je paie est* [...] *fort modeste, puisqu'il* INCLUT *ménage, chauffage, petit déjeuner et lessive* (BUTOR, *Emploi du temps*, p. 158). — *Tout ce que cela* INCLUAIT (PROUST, *Rech.*, t. III, p. 89). Etc.

Reclure : voir § 848, 26.

Perclure est signalé par Littré, qui note qu'on le conjugue comme *conclure ;* « ce verbe, ajoute-t-il, n'est plus dans les dictionnaires ; mais l'adjectif *perclus* permet de le faire rentrer sans peine dans l'usage. » — En fait, *perclure* n'est pas rentré dans l'usage. — Pour ce qui est de l'adjectif *perclus*, son féminin est, normalement, *percluse*. Brunot fait observer que « par analogie, le masculin *perclus*, sans aller jusqu'à *perclu*, a pris un féminin *perclue* » (*Pensée*, p. 592) ; ce féminin est surtout populaire.

Ex. de *percluse* : BALZAC, *Urs. Mirouët*, VI ; MAUPASS., *C.*, Serre ; M. PRÉVOST, *Retraite ardente*, XVII ; THÉRIVE, *Voyage de M. Renan*, p. 15 ; Fr. MAURIAC, *Robe prétexte*, Œuvres compl., p. 47 ; G. DUHAMEL, *Combat contre les ombres*, XVIII ; TROYAT, *Les semailles et les moissons*, p. 417 ; S. de BEAUVOIR, *Force des choses*, p. 255 ; M. TOURNIER, *Coq de bruyère*, p. 200 ; LARTÉGUY, *Sauveterre*, p. 255.

Ex. de °*perclue* : SAND, *Corresp.*, t. IV, p. 642 ; ZOLA, *Dʳ Pascal*, II ; J. SCHLUMBERGER, *Saint-Saturnin*, p. 245 ; CHAMSON, *Tour de Constance*, p. 80 ; CÉLINE, *Mort à crédit*, L.P., p. 240.

N. B. — On prendra garde de ne pas conjuguer *conclure*, etc. comme si l'infinitif était **concluer* : °*Il concluera*, etc.

Hist. — *Conclure* et *exclure* ont eu un partic. passé *conclus, exclus* (qui a persisté jusqu'à la fin du XVIII⁰ s.) : *Excluse* est par ex. chez RAC., *Baj.*, III, 3 et chez LA F., *Psyché*, II. — La rareté de cette finale dans les partic. passés a entraîné sa réfection, réfection à laquelle ont échappé *perclus* et *reclus*, qui n'étaient pas des formes verbales, *inclus*, qui a cessé d'en être une pendant un certain temps, et *occlus*, surtout employé adjectivement.

825   ***Courir*** (et sa famille). INDIC. PR. *Je cours, nous courons.* — IMPARF. : *Je courais.* — PASSÉ SIMPLE : *Je courus.* — FUTUR : *Je courrai.* — IMPÉR. : *Cours, courons.* — SUBJ. PR. : *Je coure, nous courions.* — SUBJ. IMP. : *Je courusse.* — PART. PR. : *Courant.* — PART. PASSÉ : *Couru, -e.*

Courir et les verbes de sa famille prennent normalement l'auxiliaire *avoir. Accourir* reçoit *avoir* et *être.* Cf. § 784, *b,* 3°. — *S'encourir*, verbe vieilli et surtout régional (§ 656, *a,* Rem. 1), se conjugue avec *être.*

Remarque. — L'ancien infinitif ***courre*** (cf. Hist.) subsiste comme terme cynégétique.

Chasse à courre est une locution nominale appartenant à l'usage commun. Les spécialistes disent aussi transitivement *courre un cerf,* etc. : *Les débutants ne pouvant* COURRE *que la première bête, j'allai attendre au Val* [...] *le retour de la chasse* (CHAT., *Mém.*, I, IV, 10). — *Il ne lui aurait pas déplu de* COURRE *le cerf* (CHÂTEAUBRIANT, *Meute,* L.M.I., p. 96). — E. Rostand se sert de *courre* pour donner à *bravoure* une rime plaisante et archaïque : *Pour le nouvel exploit dont le bruit vient de* COURRE (*Cyr.*, II, 7).

De cet infin., on tire parfois °*courre* comme 3⁰ pers. de l'indic. prés. : *Il* [= Louis XV] *ne court pas, on* [= les femmes] *le* COURRE. *C'est un chasseur chassé* (J. SARMENT, *Mᵐᵉ Quinze,* I). — *C'est la même chasse mortelle qui se* COURRE *aujourd'hui dans nos rues* (A. CAMUS, *Peste,* p. 112). — *C'est la première fois que je suis mal reçu depuis que je* COURRE *le monde* (COCTEAU, *Passé défini,* t. I, p. 242).

Hist. — *Courre* continue régulièrement le lat. *currĕre. Courir,* dû à l'influence d'un infin. comme *mourir,* lui a fait concurrence du XIII⁰ au XVII⁰ s. Vaugelas (p. 256) trouvait les deux infin. « fort bons » ; des distinctions qu'il propose, on pourrait déduire que *courre* convenait plutôt au sens propre et *courir* au figuré.

826   ***Croire.*** INDIC. PR. : *Je crois, tu crois, il croit, nous croyons, vous croyez, ils croient.* — IMPARF. : *Je croyais, nous croyions.* — PASSÉ SIMPLE : *Je crus.* — FUTUR : *Je croirai.* — IMPÉR. : *Crois, croyons.* — SUBJ. PR. : *Je croie, nous croyions, ils croient.* — SUBJ. IMP. : *Je crusse.* — PART. PR. : *Croyant.* — PART. PASSÉ : *Cru, -e.*

Recroire a disparu, ne laissant que l'adj. *recru* : cf. § 15, Rem. 2. — *Mécroire* : § 172, 6.

827   ***Dire (redire).*** INDIC. PR. : *Je dis, tu dis, il dit, nous disons, vous dites, ils disent.* — IMPARF. : *Je disais.* — PASSÉ SIMPLE : *Je dis.* — FUTUR : *Je dirai.* — IMPÉR. : *Dis, disons, dites.* — SUBJ. PR. : *Je dise.* — SUBJ. IMP. : *Je disse.* — PART. PR. : *Disant.* — PART. PASSÉ : *Dit, -e.*

Contredire, dédire, interdire, médire, prédire se conjuguent comme *dire*, sauf à la 2ᵉ pers. du plur. de l'indic. présent et de l'impér. : *Contredisez, dédisez, interdisez, médisez, prédisez.*

Hist. — Au moyen âge, le subjonctif présent de *dire* était *die, dies, die(t), diions, diiez, dient.* Au XVIᵉ s., ces formes ont été supplantées par *dise, dises, dise,* etc. La forme *die* a persisté toutefois jusque dans le XVIIᵉ s. : *Qu'on me* DIE / *En quoy vous valez mieux* (LA F., *F.,* XI, 7). — *S'il faut que je le* DIE (RAC., *Baj.,* II, 5). — ⁺*Sans qu'il soit nécessaire que je le vous* DIE (BOSS., *Œuvres orat.,* t. III, p. 440). — *Je seray bien aise que Mr du Plessis* DIE *la messe* (MAINTENON, *Corresp.,* 26 juillet 1677). — Vaugelas (p. 349) admettait *quoy que l'on die* (forme qu'il emploie souvent pour son compte) et *quoy qu'on dise, quoy qu'ils dient* et *quoy qu'ils disent,* mais *quoy que vous diiez* lui semblait « insupportable ».

Quelques auteurs modernes ont repris la formule *quoi qu'on die* (peut-être à MOL., *F. sav.,* III, 2). C'est une coquetterie d'érudit : *La Renaissance littéraire, quoi qu'on* DIE, *n'a pas tellement forgé de mots nouveaux « pour l'amour du grec »* (F. DESONAY, *Vivante hist. du fr.,* p. 62). — Autre ex. : HERMANT, *Discorde,* p. 185.

828 **Maudire** a perdu tout contact avec *dire* et, sauf l'infinitif et le participe passé *maudit,* toutes ses formes se rattachent à la conjugaison de *finir : Nous maudissons, vous maudissez, je maudissais, que je maudisse, maudissant.*

829 **Écrire.** INDIC. PR. : *J'écris, nous écrivons.* — IMPARF. : *J'écrivais.* — PASSÉ SIMPLE : *J'écrivis.* — FUTUR : *J'écrirai.* — IMPÉR. : *Écris, écrivons.* — SUBJ. PR. : *J'écrive.* — SUBJ. IMP. : *J'écrivisse.* — PART. PR. : *Écrivant.* — PART. PASSÉ : *Écrit, -e.*

Se conjuguent de même : **Décrire, récrire ; circonscrire, inscrire, prescrire, proscrire, souscrire** et **transcrire.**

830 **Faire** (et sa famille). INDIC. PR. : *Je fais, nous faisons* [f(ə)zɔ̃], *vous faites, ils font.* — IMPARF. : *Je faisais* [f(ə)zɛ]. — PASSÉ SIMPLE : *Je fis.* — FUTUR : *Je ferai.* — IMPÉR. : *Fais, faisons* [f(ə)zɔ̃], *faites.* — SUBJ. PR. : *Je fasse.* — SUBJ. IMP. : *Je fisse.* — PART. PR. : *Faisant* [f(ə)zɑ̃]. — PART. PASSÉ : *Fait, -e.*

Forfaire, parfaire, surfaire sont rares en dehors de l'infin. et des temps composés : *Je préfère que tu* PARFASSES *ta tâche* (JARRY, *Les jours et les nuits,* V, 2). — *Je* PARFERAI *la réparation* (J. LOTH, *Mabinogion,* t. I, p. 129, cité par J. Markale, *Femme celte,* p. 272). — PARFAISANT *avec respect les tentatives de ses prédécesseurs* (A.-M. SCHMIDT, *Poésie scientif. en Fr. au XVIᵉ s.,* 1970, p. 142).

Méfaire est même rare à ces temps-là : *Celui-là doit scandaliser par ses paroles qui* A MÉFAIT *par ses œuvres* (FLAUB., *Tent. de s. Ant.,* IV). — *Elle n'*A *de sa vie* MÉFAIT *à quiconque* (POURRAT, *Gaspard des Montagnes,* t. I, 1931, p. 111).

831 **Falloir,** verbe impersonnel. INDIC. PR. : *Il faut.* — IMPARF. : *Il fallait.* — PASSÉ SIMPLE : *Il fallut.* — FUTUR : *Il faudra.* — Pas d'IMPÉR. — SUBJ. PR. : *Il faille.* — SUBJ. IMP. : *Il fallût.* — Pas de PART. PR. (cf. § 752, Rem. 3, Hist.). — PART. PASSÉ : *Fallu* (sans fém. ni plur.).

Hist. — *Falloir* n'est au départ qu'une variante de *faillir* (§ 809, Hist.). Dans des expressions comme *Tant s'en faut,* etc., il présente encore le sens « manquer ».

832　　°*Foutre,* verbe trivial (qu'on écrivait souvent *f...*). INDIC. PR. : *Je fous, tu fous, il fout, nous foutons, vous foutez, ils foutent.* — IMPARF. : *Je foutais.* — PASSÉ SIMPLE (rare) : *Je foutis.* — FUTUR : *Je foutrai.* — IMPÉR. : *Fous, foutons, foutez.* — SUBJ. PR. : *Je foute.* — SUBJ. IMP. (rare) : *Je foutisse.* — PART. PR. : *Foutant.* — PART. PASSÉ : *foutu, -e.*

On comprend que pour un verbe de cette espèce (cf. § 847, *d*), le passé simple et le subj. imp. soient rares : *Le bouffon de Méhémet prit une femme dans un bazar et la* F... *sur le devant de la boutique* (FLAUB., *Voy.,* t. II, p. 47). — *J'*FOUTIS *Polyte coucher dehors* [dit un paysan normand] (MAUPASS., *C.,* Lapin). — *Elle dit qu'il faudrait qu'ils* FOUTISSENT *le camp* (JAMMES, *De l'angélus de l'aube à l'ang. du soir,* Jour, III). — *Il se félicitait qu'on lui* FOUTÎT *la paix* (QUENEAU, *Rude hiver,* XII).

833　　*Fuir (s'enfuir).* INDIC. PR. : *Je fuis, nous fuyons, ils fuient.* — IMPARF. : *Je fuyais, nous fuyions.* — PASSÉ SIMPLE : *Je fuis.* — FUTUR : *Je fuirai.* — IMPÉR. : *Fuis, fuyons.* — SUBJ. PR. : *Je fuie, nous fuyions, ils fuient.* — SUBJ. IMP. : *Je fuisse.* — PART. PR. : *Fuyant.* — PART. PASSÉ : *Fui, -e.*

834　　*Lire (élire, réélire, relire).* INDIC. PR. : *Je lis, nous lisons.* — IMPARF. : *je lisais.* — PASSÉ SIMPLE : *Je lus.* — FUTUR : *Je lirai.* — IMPÉR. : *Lis, lisons.* — SUBJ. PR. : *Je lise.* — SUBJ. IMP. : *Je lusse.* — PART. PR. : *Lisant.* — PART. PASSÉ : *Lu, -e.*

835　　*Plaire* (et sa famille). INDIC. PR. : *Je plais, tu plais, il plaît, nous plaisons, vous plaisez, ils plaisent.* — IMPARF. : *Je plaisais.* — PASSÉ SIMPLE : *Je plus.* — FUTUR : *Je plairai.* — IMPÉR. : *Plais, plaisons.* — SUBJ. PR. : *Je plaise.* — SUBJ. IMP. : *Je plusse.* — PART. PR. : *Plaisant.* — PART. PASSÉ : *Plu* (sans fém. ni plur.).

836　　*Pleuvoir,* comme verbe impersonnel, s'emploie seulement à l'infin. et à la 3e pers. du sing. ; au figuré aussi à la 3e pers. du plur. et au part. prés. INDIC. PR. : *Il pleut, ils pleuvent.* — IMPARF. : *Il pleuvait.* — PASSÉ SIMPLE : *Il plut.* — FUTUR : *Il pleuvra.* — SUBJ. PR. : *Il pleuve.* — SUBJ. IMP. : *Il plût.* — PART. PR. : *Pleuvant.* — PART. PASSÉ : *Plu* (sans fém. ni plur.).

Dans certains emplois stylistiques, on peut trouver : *Je pleus, tu pleus,* etc. Cf. § 754, *a,* Rem. 2.

837　　*Rire (sourire).* INDIC. PR. : *Je ris, nous rions.* — IMPARF. : *Je riais, nous riions.* — PASSÉ SIMPLE : *Je ris.* — FUTUR : *Je rirai.* — IMPÉR. : *Ris, rions.* — SUBJ. PR. : *Je rie, nous riions.* — SUBJ. IMP. : *Je risse.* — PART. PR. : *Riant.* — PART. PASSÉ : *Ri* (sans fém. ni plur.).

On se mettra en garde contre des formes aberrantes modelées, pour le passé simple ou le subj. imparf., sur la conjugaison des verbes en *-er* : °*Qu'on* SOURIÂT (H. MASSIS, dans la *Table ronde,* nov. 1960, p. 92).

838　　*Savoir.* INDIC. PR. : *Je sais, nous savons.* — IMPARF. : *Je savais.* — PASSÉ SIMPLE : *Je sus.* — FUTUR : *Je saurai.* — IMPÉR. : *Sache, sachons, sachez.* — SUBJ.

PR. : *Je sache, nous sachions.* — SUBJ. IMP. : *Je susse.* — PART. PR. : *Sachant.* — PART. PASSÉ : *Su, -e.*

Pour *Je ne sache pas que, que je sache,* voir §§ 865, *d,* et 1063, *b,* 5°.

Assavoir ne se trouve qu'à l'infinitif après *faire.* C'est un tour resté vivant dans le français populaire de diverses régions (ainsi qu'au Canada) et que l'on emploie dans la langue écrite pour imiter ces usages régionaux ou par archaïsme.

Si j'ai eu du contentement à être auprès d'elle et à la faire danser, elle ne m'a jamais donné le courage de le lui faire ASSAVOIR *par mes paroles* (SAND, *Pet. Fadette,* XX). — *On fait savoir aux personnes de la paroisse. Qu'il y a promesse de salut... Entre Dieu et sa créature. On fait* ASSAVOIR (PÉGUY, *Myst. de la char. de J. d'Arc,* p. 34). — *Le Prince a purement et simplement fait une algarade à Swann et lui a fait* ASSAVOIR, *comme disaient nos pères, de ne plus avoir à se montrer chez lui* (PROUST, *Rech.,* t. II, p. 676). — *Il n'a pas seulement l'intention de faire* ASSAVOIR *à l'ami Marcel Schwob comment se passe son séjour en Angleterre* (F. DESONAY, *Exercices pratiques sur l'art d'écrire une lettre,* p. 142). — *Comme s'il s'agissait de faire* ASSAVOIR *à chacun que ce prodigue était après tout montrable* (YOURCENAR, *Œuvre au noir,* p. 127).

Selon le *Trésor,* la langue populaire altère la formule en °*faire les assavoirs.*

Hist. — *Assavoir* est l'agglutination de *à savoir* : *Sire, je vos fais* À SAVOIR / *Je n'ai de quoi de pain avoir* (RUTEBEUF, *Povreté Rutebeuf,* 37). — ⁺*Je ferais publier à son de trompe : On a fait* À SAVOIR *que [...]* (PASCAL, *Prov.,* I). — L'Acad. donnait encore *faire à savoir* en 1878, avec cette précision : « Il ne s'emploie guère que dans les proclamations, les publications, les affiches, etc. ». — Pour *assavoir* comme conjonction de coordin., voir § 1040.

839 ***Suffire.*** INDIC. PR. : *Je suffis, nous suffisons.* — IMPARF. : *Je suffisais.* — PASSÉ SIMPLE : *Je suffis.* — FUTUR : *Je suffirai.* — IMPÉR. : *Suffis, suffisons, suffisez.* — SUBJ. PR. : *Je suffise.* — SUBJ. IMP. : *Je suffisse.* — PART. PR. : *Suffisant.* — PART. PASSÉ : *Suffi* (sans fém. ni plur.).

Confire se conjugue comme *suffire,* mais le partic. passé *confit* se termine par *t* et s'emploie au fém. (*confite*) et au plur.

840 ***Suivre*** (et sa famille). INDIC. PR. : *Je suis, nous suivons.* — IMPARF. : *Je suivais.* — PASSÉ SIMPLE : *Je suivis.* — FUTUR : *Je suivrai.* — IMPÉR. : *Suis, suivons.* — SUBJ. PR. : *Je suive.* — SUBJ. IMP. : *Je suivisse.* — PART. PR. : *Suivant.* — PART. PASSÉ : *Suivi, -e.*

Pour *s'ensuivre,* voir § 656, *a.* — °***Ensuivre*** non pronominal appartient au fr. régional : *Dans les premiers temps qui* ENSUIVIRENT *l'aventure de Landry avec la petite Fadette* (SAND, *Pet. Fadette,* XI). — On trouve surtout le partic. prés. : *Les jours* ENSUIVANTS (EAD., *Fr. le champi,* XIII). — *Le dimanche* ENSUIVANT (POURRAT, *Gaspard des Montagnes,* t. I, 1931, p. 143). — Parfois écrit *en suivant* : *Pas plus de deux heures de « fourche »* [= interruption entre les cours] EN SUIVANT [= consécutives] (dans la *Libre Belgique,* 22 janv. 1981, p. 3).

841 ***Taire*** se conjugue comme *plaire.* Toutefois la forme *il tait,* du prés. de l'indic., n'a pas l'accent circonflexe, et le partic. passé *tu* est variable :

Une vérité qu'on a TUE. — *Jehanne s'est toujours* TUE *là-dessus* (A. DECAUX, *Hist. des Françaises,* t. I, p. 414).

842   *Valoir (équivaloir, revaloir).* INDIC. PR. : *Je vaux, tu vaux, il vaut, nous valons, vous valez, ils valent.* — IMPARF. : *Je valais.* — PASSÉ SIMPLE : *Je valus.* — FUTUR : *Je vaudrai.* — IMPÉR. (peu usité) : *Vaux, valons, valez.* — SUBJ. PR. : *Je vaille, tu vailles, il vaille, nous valions, vous valiez, ils vaillent.* — SUBJ. IMP. : *Je valusse.* — PART. PR. : *Valant.* — PART. PASSÉ : *Valu, -e.* (*Équivalu* n'a pas de fém. ni de plur.)

Prévaloir se conjugue comme *valoir,* sauf au SUBJ. PRÉS. : *Je prévale, nous prévalions.* — Le partic. passé du pronominal *se prévaloir* a un fém. *prévalue :* *Elle s'est* PRÉVALUE *de ces avantages* (LITTRÉ).

Le subj. prés. *prévaille* (d'après *valoir*) se rencontre : *Pour que mon sentiment* PRÉVAILLE (ARAGON, *Mentir-vrai,* p. 66). — Autres ex. : R. ROLLAND, *Péguy,* t. I, p. 205 ; GIDE, *Journal,* t. I, p. 90 ; É. HENRIOT, *Temps innocents,* p. 178 ; M. COHEN, *Subj. en fr. contemp.,* 2ᵉ éd., p. 70.

Hist. — Au prés. du subj., on avait autrefois, pour les deux 1ʳᵉˢ pers. du plur., *Nous vaillions, vous vailliez ;* ces formes ont été supplantées par *Nous valions, vous valiez,* refaites sur le prés. de l'indic. Les anciennes formes reparaissent parfois sporadiquement, même à notre époque : *Il ne faut pas que nous* VAILLIONS *moins qu'en 1918* (COLETTE, *Paris de ma fenêtre,* p. 233). — D'autre part, il a existé, au XVIᵉ et au XVIIᵉ s., un prés. du subj. *Je vale, tu vales,* etc. (qui se retrouve dans la conjugaison de *prévaloir* et qui s'est maintenu dans l'usage popul.) : ⁺*De bien des gens il n'y a que le nom qui* VALE *quelque chose* (LA BR., II, 2).

843   *Vêtir* (et ses dérivés). INDIC. PR. : *Je vêts, tu vêts, il vêt, nous vêtons, vous vêtez, ils vêtent.* — IMPARF. : *Je vêtais.* — PASSÉ SIMPLE : *Je vêtis.* — FUTUR : *Je vêtirai.* — IMPÉR. : *Vêts, vêtons, vêtez.* — SUBJ. PR. : *Je vête.* — SUBJ. IMP. : *Je vêtisse.* — PART. PR. : *Vêtant.* — PART. PASSÉ : *Vêtu, -e.*

Comme dans les périodes antérieures, *vêtir* est assez souvent conjugué sur *finir* à l'époque romantique ; par la suite, cela se trouve encore parfois : *les sauvages vivaient et se* VÊTISSAIENT *du produit de leurs chasses* (CHAT., *Mém.,* I, VII, 10). — *Les sillons* [...] *se* VÊTISSENT (LAMART., *Harm.,* II, 9). — [...] VÊTISSANT *la terre* (SAINTE-BEUVE, *Volupté,* IV). — *Il se* VÊTISSAIT *de la nuit* (HUGO, *Misér.,* III, V, 1). — *Le curé se* DÉVÊTISSAIT *de ses habits sacerdotaux* (APOLLIN., *Hérésiarque et Cⁱᵉ,* p. 161). — *Je restais toujours au magasin en attendant qu'on me* VÊTISSE (CÉLINE, *Mort à crédit,* L.P., p. 235). — Autres ex. : LAMENNAIS, *Livre du peuple,* I ; P. ADAM, *Contre l'Aigle,* p. 93 ; ALLAIS, *Allais...grement,* L.P., p. 45 ; M. BEDEL, *Touraine,* p. 162 ; ESTAUNIÉ, *Vie secrète,* p. 254 ; LA VARENDE, *Roi d'Écosse,* p. 79. — « *Vêtissait,* dit André Gide, est assez difficile à défendre ; mais dans certains cas, il paraît tellement plus expressif et plus beau que *vêtait,* qu'on ne s'étonne pas qu'il ait été préféré par Lamartine [...] ; je ne le repousserai pas s'il vient naturellement sous ma plume. » (*Incidences,* p. 75.) — Sainte-Beuve a écrit en note à propos de l'ex. cité plus haut : « On en demande pardon pour Amaury à la grammaire, mais l'expression nous a semblé commandée ; *vêtant,* qui passe pour exact, n'est pas possible. »

Hist. — Il y a eu, dès l'anc. fr., de l'hésitation dans la conjugaison de *vêtir.* Les formes de type *finir* se sont répandues surtout à partir du XVIᵉ s. : *Vestissent* (RAB., III, 51), *vestisse* (D'AUBIGNÉ, *Tragiques,* III, 221). — Blâmées par les grammairiens (Vaugelas, pp. 232 et 234 ; etc.), elles n'ont pas réussi à l'emporter, bien qu'on les trouve chez de grands écrivains : BOSS., cit. Brunot, *Hist.,* t. IV, pp. 719-720 ; MONTESQ., *Espr.,* XIV, 11 ; VOLT., cit. Littré ; DIDEROT, BUFFON, cit. Brunot, *Hist.,* t. VI, p. 1459.

N.B. : Investir, travestir se conjuguent comme *finir.*

844   *Vivre* (et sa famille). INDIC. PR. : *Je vis, nous vivons.* — IMPARF. : *Je vivais.* — PASSÉ SIMPLE : *Je vécus.* — FUTUR : *Je vivrai.* — IMPÉR. : *Vis, vivons.* — SUBJ. PR. : *Je vive.* — SUBJ. IMP. : *Je vécusse.* — PART. PR. : *Vivant.* — PART. PASSÉ : *Vécu, -e.*

845   *Voir (revoir, entrevoir).* INDIC. PR. : *Je vois, nous voyons, ils voient.* — IMPARF. : *Je voyais, nous voyions.* — PASSÉ SIMPLE : *Je vis.* — FUTUR : *Je verrai.* — IMPÉR. : *Vois, voyons.* — SUBJ. PR. : *Je voie, nous voyions, ils voient.* — SUBJ. IMP. : *Je visse.* — PART. PR. : *Voyant.* — PART. PASSÉ : *Vu, -e.*

Prévoir se conjugue comme *voir*, sauf au FUTUR et au CONDIT. : *Je prévoirai.*

Pourvoir se conjugue comme *voir*, sauf aux temps suivants. FUTUR : *Je pourvoirai.* — PASSÉ SIMPLE : *Je pourvus.* — SUBJ. IMP. : *Je pourvusse.*

°*Dépourvoir*, selon Littré, peut se conjuguer à tous ses temps comme *pourvoir*. En fait, l'usage ne connaît que le part. passé *dépourvu*, employé comme adjectif.

VI. — LES VERBES DÉFECTIFS

846   Les **verbes défectifs** sont des verbes dont la conjugaison est incomplète.

Certains d'entre eux, qui ne manquent que d'un petit nombre de formes (ces formes sont d'ailleurs rarement tout à fait inusitées), ont été étudiés ci-dessus, notamment : *absoudre* et *dissoudre* (§ 813, *b*), *pouvoir* (§ 812, *g*), *devoir* (§ 812, *e*), *renaître* (§ 815, *b*), *accoutumer* (§ 784, *b*, 1°). Voir aussi *oindre* (§ 813, *a*), etc.

La plupart des verbes défectifs sont condamnés à disparaître ou du moins à ne subsister que dans des locutions toutes faites. Déjà, parmi les formes que la tradition maintient pieusement dans les grammaires, il en est beaucoup que la langue parlée ignore absolument et auxquelles la langue écrite ne conserve qu'artificiellement un certain souffle de vie.

N.B. — Quand le futur est usité, le conditionnel l'est aussi (et avec le même radical). De même, si le passé simple existe, le subjonctif imparfait existe aussi.

847   **Catégories particulières.**

a) Le participe passé des verbes intransitifs qui se conjuguent avec l'auxiliaire *avoir* n'a ni féminin ni pluriel : par ex., *ri.*

b) Les verbes essentiellement impersonnels (§ 754) ne sont usités normalement qu'à l'infinitif (cf. § 752, Rem. 2) et à la 3ᵉ personne du singulier (on les appelle aussi *unipersonnels*) :

Il commence à BRUINER. *Il* BRUINAIT. *Il* FAUT. *Il* FAUDRAIT.

Cependant, certains verbes concernant la météorologie se construisent parfois personnellement : cf. § 754, *a*, Rem. 2. — Sur le participe présent (*s'agissant* surtout), voir § 752, Rem. 3.

c) Les verbes qui ont normalement comme sujet un nom de chose ou d'animal ne s'emploient guère qu'à la 3ᵉ personne (pour les temps qui varient en
personne) :

> *Advenir, concerner, découler, éclore, émaner, s'ensuivre* (§ 656, *a*), *importer* « être impor-
> tant », *luire, pulluler, résulter,* etc. ; *barrir, croasser, vêler,* etc.

Il s'agit plutôt d'une absence de besoin. Il est possible que ce besoin reparaisse dans des
emplois métaphoriques ou si l'on traite les choses et les bêtes comme des personnes (ou les
personnes comme des choses ou des bêtes) : *Ô buffet du vieux temps, tu sais bien des histoires,
/ Et tu voudrais conter tes contes, et* TU BRUIS */ Quand s'ouvrent lentement tes grandes portes
noires* (RIMBAUD, *Premiers vers,* Buffet). — *Je serrai les poings, je fronçai le nez,* JE CHAUVIS
des oreilles comme un âne en colère (A. ARNOUX, cit. *Trésor*). — JE BRAME *après la solitude*
(GIDE, *Journal,* p. 164). — Voir aussi au § 848, 7 *(braire).*

d) Les verbes qui appartiennent à la langue populaire ou qui ne sont usités
que dans le registre très familier sont rares aux temps propres à l'usage littéraire,
comme le passé simple et le subjonctif imparfait : *Débecter, se carapater, engueuler, emmerder, picoler,* etc.

Ici encore, il s'agit plutôt d'une absence de besoin. Des écrivains employant ces verbes
leur donnent à l'occasion les temps en cause : J'EUSSE ÉTÉ FICHU *de me « convertir »* (GIDE,
Journal, 15 févr. 1940). — *Si j'*EUSSE PIGÉ *sur-le-champ, j'eusse fait la même chose*
(Chr. ROCHEFORT, *Repos du guerrier,* L.P., p. 127). — Voir d'autres ex. au § 832 *(foutre).*

e) Certains verbes sont inusités à certains temps en raison de leur signification.

Un verbe duratif (§ 744, *e*, 2°) comme *se mourir* ne s'emploie guère qu'au présent et à
l'imparfait de l'indicatif, ainsi qu'à l'infinitif. — *Puer* est rare au passé simple et aux temps
composés. — *Provenir* est rare aux temps composés.

f) Certains verbes ne se trouvent plus que sous la forme du participe passé
ou du participe présent devenus adjectifs :

> *Carabiné, éclopé, recru* (§ 15, Rem. 2), etc. — Voir aussi *censé* au § 242, *c ; courbatu* au
> § 818 ; *contondant* et *contus* au § 848, 12 ; *fourbu* au § 820 ; *mi-parti* au § 848, 21. — *Suranné*
> a précédé le verbe *suranner.* — *Être enneigé* est présenté par le *Dict. contemp.* comme un
> verbe passif, tandis que la plupart des autres dictionnaires considèrent simplement l'adjectif
> *enneigé ;* cette vue-ci est conforme à l'histoire, puisque le verbe *enneiger* n'a jamais existé en
> fr. commun. On le trouve cependant en Suisse avec le sens « couvrir de neige ».

On constate une certaine tendance, surtout dans la langue littéraire à rendre
à certains participes-adjectifs leur caractère verbal.

> 1° *Contrit* [du partic. passé lat. *contritus*] : *Ces péchés-là un simple acte de contrition les
> efface de l'âme. Et je m'étais* CONTRIT (C. DETREZ, *Dragueur de Dieu,* pp. 129-130).

> 2° *Controuvé,* partic. passé d'un verbe qui appartient à la famille de *trouver* et qui
> signifiait « inventer, imaginer », est devenu un adjectif équivalant à *inexact, mensonger.* Il a
> été interprété comme s'il contenait l'élément *contre,* et il a pris le sens « contredit, contro-
> versé, démenti, contesté ». C'est l'usage ordinaire aujourd'hui ; pourtant, peu de diction-
> naires le signalent, et, quand ils le font, c'est avec la mention « rare » (*Trésor,* Robert).

La nouvelle (heureusement aujourd'hui CONTROUVÉE*) du subit décès de notre illustre ami* (VILLIERS DE L'ISLE-ADAM, *Tribulat Bonhomet,* Œuvres complètes, p. 209). — *L'immortalité de l'âme, chacun le sait, a été* CONTROUVÉE *par la science* (CLAUDEL, *Réflexions sur la poésie,* Id., p. 177). — *Il* [= Valéry] *décrète que « le diplôme est l'ennemi mortel de la culture » (chose cent fois* CONTROUVÉE*)* (BENDA, *France byzantine,* p. 216). — *Littré croyait que le latin* obliviscí *venait de* lividus *(hypothèse aujourd'hui* CONTROUVÉE*)* (DAUZAT, dans le *Monde,* 20 avril 1955). — *Tout cela, considéré par la généralité des commentateurs comme le principal, serait* CONTROUVÉ*, ramené à l'accessoire par l'essayiste dernier venu* (L. E[STANG], dans le *Figaro litt.,* 3 sept. 1960). — *Proposition d'ailleurs* CONTROUVÉE *par l'exemple d'Aragon luimême* (P.-H. SIMON, dans le *Monde,* 31 mai 1960). — *Un enseignement de paresse intellectuelle, déjà peu soutenable à sa date, mais totalement* CONTROUVÉ *à l'expérience des régimes collectivistes* (J. CHIRAC, *ib.,* 4 nov. 1977). — *L'aura pseudo-scientifique qui s'attache, aux yeux du vulgaire, aux formes les plus* CONTROUVÉES *par l'expérience, de la doctrine du matérialisme historique* (Fr. DELOFFRE, dans la *Revue des deux mondes,* sept. 1971, p. 547). — *La sagesse des vieillards est sans doute aujourd'hui une des notions les plus* CONTROUVÉES (R. KANTERS, dans le *Figaro litt.,* 8-14 juin 1970). — *Cette opinion est* CONTROUVÉE *par Bettelheim* (S. de BEAUVOIR, *Tout compte fait,* p. 427).

Comme on le voit par ces exemples, *controuvé* est souvent accompagné d'un complément d'agent. Il redevient même parfois un verbe conjugué : *S'ils* [= des documents] *ne sont pas apocryphes, d'autres, non moins certains se déterrent plus tard qui les* CONTROUVENT*, en attendant qu'eux-mêmes soient démonétisés par l'exhumation d'archives non moins sûres* (HUYSMANS, *Cathédrale,* p. 20). — *Louis Dumont* [...] *s'est vu obligé* [...] *de* CONTROUVER *les dates, souvent affirmées, de 1474 et 1478* (VAN GENNEP, *Manuel de folklore fr. contemp.,* t. I, p. 2596).

Thérive a essayé de ressusciter l'usage ancien (au partic. passé et à d'autres formes) : *Il* [= Restif de la Bretonne] *se déclarait tout prêt à* CONTROUVER *des mots, et il ne s'en est pas fait faute (Libre hist. de la langue fr.,* p. 189). — *Ces métaphores supposent une entité, une pure essence* CONTROUVÉE *par l'esprit (ib.,* p. 17). — On voit que Thérive supprime la nuance péjorative qui était habituelle chez les classiques et que Boiste explicite dans ce rapprochement avec *inventer : L'imagination invente les faits ; la fourberie les* CONTROUVE.

Hist. — À l'époque classique, *controuver* avait le sens « inventer », le plus souvent avec une nuance péjorative : *Tout en est vray, rien n'en est* CONTROUVÉ (LA F., C., *Quiproquo*). — [+]*L'homme est né menteur* [...]. *Voyez le peuple : il* CONTROUVE*, il augmente, il charge par grossièreté et par sottise* (LA BR., XVI, 22). — Le *Trésor* a relevé encore deux ex. au début du XIXe s. (COURIER, BARANTE). — J.-J. Rousseau est le premier qui donne à *controuvé* le sens de « démenti » : *Mon prétendu jugement contre vous a été* CONTROUVÉ *et je le premier* (lettre, cit. Littré, Suppl.). Il emploie aussi *controuver* au sens ancien, parfois dans une construction qui semble propre à cet auteur, avec un objet indirect : *Il me* CONTROUVA *je ne sais quelle histoire qui me fît juger que sa présence étoit nécessaire dans son pays (Conf.,* Pl., p. 617). — Voir aussi *Émile,* Pl., p. 599.

3° **Dénué.** *Oscar est là pour* DÉNUER *chaque tableau de tout lyrisme* (M. TOURNIER, dans le *Monde,* 17 janv. 1975).

4° **Dévolu** [empr. au lat. *devolutus,* part. passé de *devolvere*] a donné naissance à des formes barbares, comme s'il y avait un verbe **dévoluer* : *Il* DÉVOLUE *au siège apostolique le capital moral de Rome* (B. VOYENNE, *Hist. de l'idée européenne,* 1964, p. 34). — *La disposition fâcheuse qui* DÉVOLUE *aux inquisiteurs les biens des condamnés* (R. POMEAU, *Europe des lumières,* p. 160). — *Des rôles inégaux que la société et l'éducation traditionnelle* DÉVOLUENT *à l'homme et à la femme* (dans le *Bulletin de la N.R.F.,* févr. 1981, p. 4). — Moins étrange : *Si vous aviez* DÉVOLU *votre pouvoir à l'administration des beaux-arts* (G. RAVON, cité par Le Bidois, *Mots trompeurs,* p. 60).

5° **Éperdu.** Traité comme participe : *Ce jeune homme, qu'elle avait* ÉPERDU *de sa provocante beauté* (BARRÈS, *Du sang...,* p. 118). — *S'éperdre* (très recherché) : *Ses couchers de soleil qui* S'ÉPERDENT *dans l'étendue des pins* (HUYSMANS, cit. Le Bidois, *op. cit.,* p. 59). — *Je m'oubliais, m'*ÉPERDAIS *dans une volupté imprécise* (GIDE, *Journal,* t. I, p. 101). [Verbe fréquent chez Gide.] — *S'*ÉPERDRE *dans l'infini* (BENDA, *Rapport d'Uriel,* p. 176). — Plus rarement non pronominal : *L'œuvre qui ne l'*ÉPERDAIT *guère* (HUYSMANS, cit. *Trésor*). — Un monstre : *Les générations futures s'*ÉPERDUERONT *de rêveries devant les figures qu'il* [= un peintre] *fait* (FLAUB., *Tent. de s. Ant.,* version de 1849, *ib.*)

6° **Récalcitrant.** Le verbe *récalcitrer* est encore donné par l'Acad., mais Robert a renoncé à lui ouvrir un article ; il fait au locuteur d'aujourd'hui l'effet d'être tiré de l'adjectif : *Des hypothèses si singulières que l'esprit, tout d'abord,* RÉCALCITRE (J. ROSTAND, dans le *Figaro litt.,* 23 avril 1955). — *Il maniait le verrou, qui* RÉCALCITRAIT *aussi bien à son autorité qu'à mes efforts* (M. THIRY, *Romans, nouvelles, contes, récits,* p. 474).

7° **Stupéfait** [empr. du lat. *stupefactus,* part. passé de *stupefacere*] se rencontre dans la langue littéraire comme participe de formes composées : *Suppression qui l'*AVAIT STUPÉFAITE *la veille* (PROUST, *Rech.,* t. II, p. 819). — *Le Maître l'*AVAIT STUPÉFAIT *par sa naïve perfidie* (Fr. MAURIAC, *Enfant chargé de chaînes,* XV). — *L'héroïsme du ventre, chez une femme, m'*A *toujours* STUPÉFAIT (H. BAZIN, *Matrimoine,* p. 275).

Autres ex. : FLAUB., *Corresp.,* t. III, p. 288 ; KESSEL, *Équipage,* p. 89 ; VERCORS, *Radeau de la Méduse,* p. 295 ; H. YVON, dans le *Fr. mod.,* avril 1952, p. 101 ; IKOR, *Semeur de vent,* p. 291 ; J. LARTÉGUY, *Tambours de bronze,* p. 118 ; S. LILAR, *Enfance gantoise,* p. 183.

Il reste plus correct de recourir à *stupéfié.* — *Stupéfait* comme 3ᵉ pers. est fort rare : *Cela me* STUPÉFAIT (FLAUB., *Corresp.,* t. II, p. 282).

8° **Usité :** voir § 312, Rem. 2.

Hist. — L'Acad. mentionne encore *Il s'est intrus dans cet évêché, cette tutelle.* Cet emploi est hors d'usage. On n'a gardé qu'*intrus* comme nom et parfois comme adjectif. C'est un emprunt au lat. médiéval *intrusus.* °*Intrure* a été refait sur *intrus.*

g) Mentionnons les formes latines suivantes utilisées dans des contextes français :

Exit « sort », rarement *exeunt* « sortent », dans les indications scéniques des pièces de théâtre : ex. au § 379, *b,* 1°. — Parfois dans le sens « disparaît » : *On constate avec surprise l'absence de gloires du panthéon scolaire.* EXIT *Pasteur, Champollion et Parmentier* (dans le *Magazine littér.,* déc. 1981, p. 49) [compte rendu d'un dictionnaire].

Dixit « a dit » : *Quant aux socialistes « qui ne pensent qu'aux élections présidentielles »* (DIXIT *Georges Marchais*) (dans le *Soir,* Bruxelles, 11 sept. 1979, p. 3).

848   **Principaux verbes défectifs.**

1. ***Accroire*** n'est usité qu'à l'infinitif avec le verbe *faire :*

Vous ne m'en avez jamais fait ACCROIRE (SARTRE, *Nausée,* M.L.F., p. 233).

2. ***Adirer*** « perdre, égarer » s'emploie parfois encore dans la langue administrative et juridique, mais seulement à l'infinitif ou au participe passé pris adjectivement :

ADIRER *les pièces d'un procès* (*Lar. XXᵉ s.*). — *Titre* ADIRÉ (AC.).

Hist. — Verbe tiré de la locution de l'anc. fr. *estre à dire* « manquer ». Il est sorti de l'usage commun au XVIIᵉ s., mais il existe encore dans les dialectes normand et poitevin.

3. **Apparoir** « être évident, manifeste » [lat. *apparēre*, apparaître] n'est usité qu'à l'infinitif (très rare) et, impersonnellement, à la 3ᵉ personne de l'indicatif présent, surtout dans le langage juridique, parfois dans la langue littéraire :

> Il APPERT *que je n'ai rien à leur dire, rien à apprendre d'eux* (GIDE, *Journal*, 17 mai 1907).
> — Il APPERT *d'abord que l'interjection n'est nullement, à y bien regarder, une partie du discours* (LE BIDOIS, § 27). — Il APPERT *des événements récents que M. Chick a fait son choix le premier* (VIAN, *Écume des jours*, IX) [plaisant]. — Autres ex. au § 754, *b*, 4°.

4. **Ardre** « brûler » n'a gardé de son ancienne conjugaison que l'infinitif *ardre* (très rare) et l'indicatif imparf. *J'ardais*, etc. :

> La Terre sent la flamme immense ARDRE *ses flancs* (HEREDIA, *Troph.*, Chasse). — [...] *Serge, dont toute la figure* ARDAIT *de contentement* (TROYAT, *Étrangers sur la terre*, p. 216). — J'ARDAIS *de tous les feux de l'enfer* (M. TOURNIER, *Météores*, p. 35).

Autres ex. de l'indic. imparf. : A. DAUDET, *Rois en exil*, p. 376 ; HUYSMANS, *Cathédrale*, p. 401 ; GIDE, *Nourrit. terrestres*, I, 1 ; JAMMES, *Géorgiques chrét.*, IV ; MAC ORLAN, *Ancre de miséricorde*, p. 228 ; JOUHANDEAU, *Chaminadour*, p. 202 ; YOURCENAR, *Œuvre au noir*, p. 41 ; etc.

Cet indic. imparf. comme le subj. prés. *arde*, attesté jusqu'au XVIIIᵉ s., ont été pris pour des formes d'un infin. *arder* (enregistré par l'Acad. à partir de 1762), qui, à son tour, s'est créé une conjugaison qui n'est plus défective, mais qui reste cantonnée dans une langue littéraire assez recherchée : *Je payais les enfants un franc l'heure pour faire* ARDER *la braise toute la journée* (LARBAUD, *Barnabooth*, Journal intime, Pl., p. 174). [La scène étant en Italie, ce pourrait être une adaptation de l'it. *ardere*.] — [...] *obligés de se mettre tout nus pour éteindre leur pan de chemise qui* ARDE *et brûle* (LA VARENDE, *Centaure de Dieu*, p. 193). — *Il doit les arroser de mai à octobre, tant la canicule* ARDE (P. GUTH, dans le *Figaro litt.*, 14 juin 1952). — *Le Paradis* ARDA *comme un essaim qui bout* (JAMMES, *Géorgiques chrét.*, VII). — *Les eaux baissèrent et la canicule* ARDA (L. WEISS, *Tempête sur l'Occident*, 1976, p. 484). — *La flamme attendue n'*A *pas* ARDÉ (Rob. ANDRÉ, *L'amour et la vie d'une femme*, p. 288).

Hist. — Du lat. *ardēre*, qui a donné *ardoir* en anc. fr. Mais *ardre* est attesté dès le XIIᵉ s. — L'indic. prés. *j'ars* (ou *j'ards*), *il ard*, etc. était encore de quelque usage au XVIIᵉ s.

5. **Béer** « ne s'emploie plus guère, dit le *Lar. XXᵉ s.*, que dans les formes de participe *béant*, *bée*, qui sont devenues des adjectifs ». Rien n'empêche d'employer ce verbe dans toute sa conjugaison :

> Là, je m'amusais à voir voler les pingouins et les mouettes, à BÉER *aux lointains bleuâtres* (CHAT., *Mém.*, I, I, 7). — *Une salle à manger* [...] *dont tout Claquebue* BÉA *d'admiration* (AYMÉ, *Jument verte*, p. 13). — *Cette sorte de trappe* [un catafalque] *dont* [...] *on voyait* BÉER *la petite gueule quadrangulaire* (VIALAR, *M. Dupont est mort*, p. 22). — *On a l'impression que l'enfer s'ouvre tout à coup et* BÉE (J. GREEN, *Journal*, 18 avril 1949). — *Au flanc de la maison* BÉAIENT *la porte neuve, et deux autres fenêtres* (COLETTE, *Chatte*, p. 107). — *La fenêtre* BÉE *encore sur le monde extérieur* (R. HUYGHE, *Dialogue avec le visible*, p. 344). — *Les narines* BÉAIENT *sous l'arête du nez décharné* (GENEVOIX, *Fatou Cissé*, p. 177). — *La sage-femme en* BÉAIT *d'admiration* (LA VARENDE, *Cœur pensif...*, p. 25).

Hist. — Variante de *bayer* (§ 761, *c*, 2°), du lat. vulg. *batare*, d'origine onomatopéique.

6. **Bienvenir** ne se dit qu'à l'infinitif, après *se faire* :

> Je m'occupais même des bébés, pour me faire BIENVENIR (LARBAUD, *Barnabooth*, Journal intime, Pl., p. 173). — On écrit aussi *bien venir* : *Les personnes flatteuses savent se faire* BIEN

VENIR *et ramasser les pépettes* [dit la servante Françoise] (PROUST, *Rech.*, t. I, p. 108). — Autres ex. en deux mots : HERMANT, *Vérités*, p. 29 ; DOUMIC, *Misanthrope de Molière*, p. 78 ; etc.

Bien venu est parfois écrit en un mot (en dehors de l'emploi comme nom) : *Vous êtes* BIENVENU *à me parler de vos cheveux !* (HERMANT, *Confidences d'une aïeule*, XII.)

7. **Braire** [lat. vulg. **bragĕre*, peut-être d'origine gauloise] ne s'emploie guère qu'à l'infinitif et aux 3ᵉˢ personnes (cf. § 847, *c*) du présent de l'indicatif, du futur et du condit. : *Il brait, ils braient. Il braira, ils brairont. Il brairait, ils brairaient.*

Les formes suivantes sont peu usitées : IMPARF. : *Il brayait, ils brayaient.* — SUBJ. PR. : *Il braie.* — PART. PR. : *Brayant.* — PART. PASSÉ, dans les temps composés : *Il a brait*, etc. — On lit chez A. FRANCE : *Je* BRAYAIS *des blasphèmes contre la géométrie et l'algèbre (Vie en fleur*, p. 82) ; — chez GENEVOIX : *Qu'il* BRAIE, *cet âne ! (Fatou Cissé*, p. 174.)

8. **Chaloir** [lat. *calēre*, être chaud] s'emploie surtout à la 3ᵉ pers. du sing. de l'indic. prés., *chaut :*

Que le coche arrive au haut ou roule en bas, point ne m'en CHAUT (CHAT., *Mém.*, III, I, 13). — *Une seule chose lui* CHAUT (BARRÈS, *Dérac.*, p. 300). — *Peu nous en* CHAUT (N. SARRAUTE, *Planétarium*, p. 18). — *Que nous* CHAUT *de vivre sous une tente, ou dans un château...* (R. de OBALDIA, *Théâtre*, t. II, p. 53.)

Suivant Littré, on pourrait employer aussi, outre l'infin., le FUTUR et le CONDIT. : *Il chaudra ;* le SUBJ. PR. : *Il chaille.* — Ex. : *Peu doit nous* CHALOIR *ce que l'on pense* (LA VARENDE, *Roi d'Écosse*, p. 122). — *Pour peu qu'il vous en* CHAILLE (A. FRANCE, *Révolte des anges*, p. 12). — En outre : *Peu me* CHALAIT *de voir tomber la nuit* (BARBEY D'AUR., *Ensorce-lée*, Pl., p. 559). — À la famille de *chaloir* appartiennent *nonchaloir* (infin. nominalisé), *nonchalant*, le nom *chaland* « client » et son dérivé *achalander*, le fr. régional de l'Ouest et du Canada °*achaler* « importuner ».

9. **Choir** appartient à la langue courante à l'infinitif après *laisser* et reste assez fréquent à la 3ᵉ personne de l'INDIC. PR. : *Il choit, ils choient*, et du PASSÉ SIMPLE : *Il chut, ils churent*, ainsi qu'au PART. PASSÉ : *Chu, chue*, et aux temps composés (avec *être* ou *avoir :* § 782, *b*, 2°, Rem. 2).

Il fallait faire bien attention pour la pas cogner dans les marches, ni la laisser CHOIR (CÉLINE, *Mort à crédit*, L.P., p. 251). — Autres ex. de *laisser choir :* BERGSON, *Rire*, p. 10 ; MAETERLINCK, *Morceaux choisis*, p. 102 *(Double jardin) ;* RAMUZ, *Vie de Samuel Belet*, II, 4 ; Fr. MAURIAC, *La chair et le sang*, VI ; J. CHARDONNE, *Vivre à Madère*, p. 151 ; M. E. COIN-DREAU, trad. de : W. Styron, *Proie des flammes*, p. 211. — *Les deux moitiés du corps, sépa-rées, commençaient de* CHOIR (SARTRE, *Mots*, p. 59). — *L'averse* CHOIT *soudain en rideau déroulé* (COLETTE, *Paix chez les bêtes*, p. 217). — *De temps en temps une pomme de l'arbre* CHOIT *comme une pensée lourde et mûre* (CLAUDEL, *Connaissance de l'Est*, Pl., p. 67). — *La coupe de cristal* [...] CHOIT *sur le sol de marbre* (ROBBE-GRILLET, *Maison de rendez-vous*, p. 38). — *Ils* [= *des jumeaux*] CHOIENT *l'un de l'autre* (M. TOURNIER, *Vendredi ou les limbes du Pacifique*, F°, p. 231). — *Elle se leva brusquement, tant que son ouvrage et ses ciseaux en* CHURENT *à terre* (CHÂTEAUBRIANT, *Brière*, p. 182). — *L'arbre* [...] CHUT *dans une autre direction* (E. JALOUX, *Chute d'Icare*, p. 11). — *Et me voilà* CHUE, *assise sur le dallage* (COLETTE, *Journal à rebours*, p. 64). — Ex. avec des temps composés au § 782, *b*, 2°, Rem. 2.

Formes rares : CHERRONT *les masques* (APOLLIN., *Alc.*, Larron). — *Elle ne* CHOIRA *pas dans le néant* (VERHAEREN, *À la vie qui s'éloigne*, p. 96). — *Tout en* CHEYANT *je n'ai pu faire choix / De mon point d'arrivée, — et j'ignore où je* CHOIS *!* (E. ROSTAND, *Cyr.*, III, 13.)

Hist. — Du lat. vulg. *cadēre*, lat. class. *cadĕre.* Le mot est resté courant jusqu'au XVIIᵉ s. Il subsiste aussi dans des usages régionaux. — Le rival heureux est *tomber.* Voir aussi *chuter* au § 169, *a,* 1.

Déchoir connaît les temps suivants (outre l'infinitif). INDIC. PR. : *Je déchois, tu déchois, il déchoit, nous déchoyons, vous déchoyez, ils déchoient.* — PASSÉ SIMPLE : *Je déchus.* — FUTUR : *Je déchoirai.* — SUBJ. PR. : *Je déchoie, nous déchoyions, ils déchoient.* — SUBJ. IMP. : *Je déchusse.* — PART. PASSÉ : *Déchu, -e.* — Pour les temps composés, on peut recourir à *avoir* ou à *être,* selon le sens (§ 783).

Échoir a les formes suivantes (outre l'infinitif). INDIC. PR. : *Il échoit* (ou *il échet,* surtout juridique), *ils échoient.* — IMPARF. : *Il échoyait, ils échoyaient* (ou *il échéait, ils échéaient).* — PASSÉ SIMPLE : *Il échut, ils échurent.* — FUTUR : *Il échoira, ils échoiront* (ou *il écherra, ils écherront).* — PART. PR. : *Échéant.* — PART. PASSÉ : *Échu, -e.* — Les temps composés prennent l'auxiliaire *être ;* voir cependant § 782, *b,* 2°, Rem. 1.

*Le tribunal pourra, dans les cas où il le croira nécessaire, ordonner que l'un des juges se transportera sur les lieux ; mais il ne pourra l'ordonner dans les matières où il n'*ÉCHOIT *qu'un simple rapport d'experts (Code de procéd. civ.,* art. 295). — *La preuve, s'il y* ÉCHET, *sera ordonnée par le tribunal (ib.,* art. 290). — *C'est à ce fils qu'*ÉCHOIRONT *les 5 ou 6 millions qu'il possède* (STENDHAL, *Chartr.,* VIII). — *À qui* ÉCHERRA *cet héritage ?* (LOTI, *Roman d'un enf.,* LIII.) — *Après la victoire de l'Allemagne, des avantages [...] tangibles [...]* ÉCHERRONT *au monde* (J. RIVIÈRE, *Allemand,* p. 225). — *C'est aux poètes qu'il* ÉCHERRAIT *de transcender l'agressivité en dialogue* (S. LILAR, *Enfance gantoise,* p. 67). — *Il y avait des juges de camp qui décidaient s'il* ÉCHÉAIT *gage* (CHAT., *Mém.,* I, II, 9). — *Celui à qui le rôle* ÉCHÉAIT (BARRÈS, *Mes cahiers,* t. X, pp. 20-21). — *Les mêmes besognes qui* ÉCHÉAIENT *autrefois aux traînards des baraques disciplinaires* (Fr. AMBRIÈRE, *Grandes vacances,* p. 181).

N.B. — Ne pas employer *échouer* à la place *d'échoir :* cf. § 204.

10. *Clore* [lat. *claudĕre,* fermer] ne s'emploie qu'à l'infin. et dans les formes suivantes. INDIC. PR. : *Je clos, tu clos, il clôt, ils closent.* — FUTUR (rare) : *Je clorai,* etc. — IMPÉRAT. : *Clos.* — SUBJ. PR. (rare) : *Je close,* etc. — PART. PR. (rare) : *Closant.* — PART. PASSÉ : *Clos, -e.*

Ils closent est parfois donné comme rare ; voir pourtant BARRÈS, *Du sang...,* p. 54 ; APOLLIN., *Alc.,* Ermite ; Al. DAVID-NÉEL, *Voyage d'une Parisienne à Lhassa,* 1972, p. 14 ; etc. — Littré admet demande pourquoi on ne dirait pas au prés. de l'indic. : *Nous closons, vous closez ;* — à l'imparf. : *Je closais ;* — au passé simple : *Je closis ;* — à l'imparf. du subj. : *Je closisse.* « Ces formes, dit-il, n'ont rien de rude ni d'étrange, et il serait bon que l'usage ne les abandonnât pas ». — Certaines d'entre elles ne sont pas tout à fait abandonnées : *Il* CLOSIT *son laïus de la façon suivante* (QUENEAU, *Saint Glinglin,* 1981, p. 169). — *Le baron se pencha davantage sur le visage,* CLOSIT *lui-même les paupières* (H. BÉRAUD, *Bois du Templier pendu,* p. 86). — *Il a fallu [...] qu'on la* CLOSÎT *de trois fils barbelés* (M. BEDEL, *Géographie de mille hectares,* p. 27).

Sur la rivalité de *clôturer,* voir § 169, *a,* 1.

Reclore se conjugue, naturellement, comme *clore,* mais peu de dictionnaires le mentionnent : *Cellules qui se* RECLOSENT *sur de l'esprit* (GIDE, *Nourrit. terr.,* VI). — *Que se* RECLOSENT *sur leurs secrets les bouches entr'ouvertes des morts* (ID., *Saül,* III, 7). — *Un de ces hommes un peu secrets et* RECLOS (G. DUHAMEL, *Cri des profondeurs,* p. 108).

Déclore, pour l'Acad., ne s'emploie qu'à l'infin. Le partic. passé se trouve aussi dans la langue littéraire : *Je veux le baiser sur sa* [= d'un enfant] *bouche à peine* DÉCLOSE (JAMMES, *Clairières dans le ciel,* p. 96). — *Que j'aimais ce Guizot* [un livre], *de vert et d'or paré, jamais* DÉCLOS *!* (COLETTE, *Maison du Claud.,* VII.) — Quand il s'agit de roses (BARRÈS, *Mes cahiers,* t. V, p. 211 ; A. LAFON, dans M.-Th. Goosse-Grevisse, *Textes fr.,* 1971, p. 57), on a sans doute un souvenir d'un poème célèbre de Ronsard. — En outre : *Ils ne* DÉCLOSENT *pas entièrement ces âmes divines* (BARBEY D'AUR., cit. *Grand Lar. langue*).

Éclore a aussi la conjugaison de *clore,* mais il est rare en dehors de la 3ᵉ personne (cf. § 847, *c*). — Le futur a dans Littré un accent circonflexe injustifié : °*J'éclôrai.* — D'autre part, l'Acad. écrit °*Il éclot* sans circonflexe, ce qui n'est pas défendable non plus. — Jean Dutourd a forgé un passé simple bien curieux : *Quand les œufs de cygne* ÉCLORENT, *il y eut cinq petits cygnes et un caneton* (dans le *Figaro litt.,* 31 juillet 1967).

Enclore (renclore) se conjugue comme *clore,* mais on mentionne comme normales les formes *Nous enclosons, vous enclosez.*

Forclore ne s'emploie qu'à l'infin. et au partic. passé : *Forclos, -e.*

11. *Comparoir,* terme de procédure, n'est usité qu'à l'infinitif :

Nous faisons COMPAROIR *les deux plantons* (GIDE, *Voy. au Congo,* Pl., p. 811). — On préfère, même à l'infin., *comparaître,* qui a une conjugaison complète.

Hist. — *Comparoir* a été emprunté au lat. juridique du moyen âge *comparere.* — *Comparaître* résulte d'une contamination de *comparoir* et de *paraître.*

12. *Contondre* [empr. du lat. *côntundere*] a été remplacé par *contusionner* (§ 169, *a,* 1). Il nous a laissé ses participes, *contondant* et *contus,* comme adjectifs.

Hugo emploie encore, par archaïsme, *contus* avec l'auxiliaire *avoir : Qu'est-ce que c'est que cette batterie où vous avez* CONTUS *de bastonnade un petit vicomte Albert de Ramonchamp ?* (HUGO, *N.-D. de Paris,* VII, 4.) — Les Goncourt ont recouru à l'indic. pr. : *[...] aux moyens meurtriers qui* CONTONDENT, *coupent ou brisent* (*Hist. de la société fr. pendant la Révolution,* 1928, p. 431).

13. *Ester* (juridique) ne s'emploie qu'à l'infinitif :

La femme ne peut ESTER *en jugement sans l'autorisation de son mari* (*Code civil,* art. 215).

Hist. — Emprunté du lat. juridique du moyen âge *stare.* Le même verbe latin a donné par voie populaire un certain nombre de formes à *être : été, étant, étais,* etc.

14. *Férir* [lat. *ferire,* frapper] n'est plus usité qu'à l'infinitif, dans l'expression *sans coup férir.*

On a en outre l'adjectif *féru.* — *Sans coup férir* est parfois employé en contradiction avec son sens originaire, comme un équivalent de « sans délai » ou « sans hésitation » : *Et Juste* SANS COUP FÉRIR *de partir pour Bettens, de voir la petite fille, de la prendre en affection, de l'emmener en chaise de poste sur ses genoux* (Ch. DU BOS, *Grandeur et misère de B. Constant,* p. 74). — *Ces colons isolés qu'on massacre* SANS COUP FÉRIR (A. CAMUS, *Essais,* p. 1865).

Quelques auteurs emploient le verbe en dehors de cette expression : FÉRIR *un coup d'épée* (A. DAUDET, *Rois en exil,* p. 459) [pour des faits du moyen âge]. — *Que ces deux grands hommes* [= Pascal et Descartes] *ne puissent respirer en même temps sur la terre sans chercher à se diminuer, à se* FÉRIR, *à s'anéantir même* [...] (G. DUHAMEL, *Confessions sans pénitence,* p. 128). — *César fut si vigoureusement* FÉRU *par la beauté de Constance* [...] (BALZAC, *Birotteau,* II). — *L'émoi / Dont l'Été* FÉRUT *nos cervelles* (VERL., *Fêtes gal.,* En patinant).

Voir aussi °*franc* [pour *ferant*] *battant* au § 926, *f,* Hist.

15. **Frire** [lat. *frigēre*] n'est couramment utilisé qu'à l'infinitif et au PARTIC. PASSÉ : *Frit, -e.* — On trouve parfois, outre les temps composés, l'INDIC. PR. au singulier : *Je fris, tu fris, il frit ;* le FUTUR et le CONDIT. : *Je frirai,* etc.

On peut suppléer les formes marquantes par la périphrase *faire frire.* — L'adjectif *friand* est un ancien partic. prés.

16. **Gésir** [lat. *jacēre*, être étendu, être couché] ne s'emploie guère qu'au prés. et à l'imparf. de l'indic., et au partic. prés. : *Je gis, tu gis, il gît* (notamment, *ci-gît* dans les inscriptions funéraires ; souvent remplacé par *Ici repose*), *nous gisons, vous gisez, ils gisent. Je gisais,* etc. *Gisant.*

L'infinitif se rencontre : *La couche moelleuse où ils laissaient choir, puis* GÉSIR, *leurs membres désarticulés* (R. MARTIN DU GARD, *Devenir !* Pl., p. 60). — *Il est impossible aux mêmes feuilles de* GÉSIR *dans les bois et de courir dans le jardin* (BILLY, dans le *Figaro litt.*, 9 sept. 1965). [Remarque à propos de HUGO, *Rayons,* XXXIV, où l'on a *gisaient.*] — Autres ex. : Th. GAUTIER, *Cap. Fracasse,* VI ; BARRÈS, *Dérac.,* p. 400.

Divers futurs (ou conditionnels) ont été essayés : *Je* GÎRAI *par terre* (CLAUDEL, *Tête d'or,* 2ᵉ version, p. 293). — *Il* GIRA, *blessé* (E. LASSERRE, trad. de : Homère, *Iliade,* VIII). — *Elle* GISERAIT *à jamais dans cette caisse hermétiquement close* (YOURCENAR, *Mémoires d'Hadrien,* p. 306).

17. **Issir** [lat. *exire*] n'est plus usité, normalement, qu'au PART. PASSÉ *issu, -e.*

Issant existe comme adjectif en héraldique. — Les écrivains ressuscitent à l'occasion d'anciennes formes : *Quelle surprise pourrait en* ISSIR *?* (R. PINGET, *Monsieur Songe,* p. 69.) — *Le tuyau de poêle* [...] ISSANT *d'un appareil rudimentaire* (Vl. VOLKOFF, *Humeurs de la mer,* Intersection, p. 208). — *Tout ce qui en nous du péché originel* ISSIT (CLAUDEL, *Emmaüs,* p. 162). — *Sept* [passereaux] ISSIRENT, *couleur de souris, de dessous mon lit* (COLETTE, *Fanal bleu,* p. 33).

18. **Occire** [lat. *occidēre*] ne s'emploie plus que par plaisanterie, à l'infinitif, au PART. PASSÉ *occis, -e* et aux temps composés, au FUTUR *J'occirai,* etc.

19. **Ouïr** [lat. *audire*] est surtout utilisé, dans la langue littéraire et dans la langue juridique, à l'infinitif et au partic. passé *ouï, -e,* ainsi qu'aux temps composés.

On rencontre parfois certaines formes faites (généralement par badinage ou par fantaisie) sur le modèle de la conjugaison de *finir :* OUÏS *ceci* (FLAUB., *Corresp.,* t. III, p. 201). — OUÏSSEZ *ceci* (*ib.,* p. 380). — *On mange, on boit, on* OUÏT, *sans faim, sans soif, sans besoin* (R. ROLLAND, *Jean-Chr.,* t. IV, p. 82). — OUÏS *du chœur des vents les cadences plagales* (APOLLIN., *Alc.,* Larron). — *Ces clameurs terribles, qu'on entend à jamais quand on les* OUÏT *une fois* (A. SUARÈS, *Sur la vie,* t. II, p. 166).

Plus régulières, mais archaïques, des formes comme les suivantes : OYEZ *cette recette merveilleuse* (BREMOND, *Divertissements devant l'arche,* p. 202). — *Il* ORRA *le chant du pâtre* (APOLLIN., *Alc.,* Brasier). — *Boussardel en* OUÏT *parler par son notaire* (HÉRIAT, *Famille Boussardel,* XIV). — *En* OYANT *ces paroles* (A. FRANCE, *Orme du mail,* XVI). — On prononce [ɔje], [ɔjã].

20. **Paître** [lat. *pascēre*] ne s'emploie ni au passé simple, ni au subj. imp., ni aux temps composés. INDIC. PR. : *Je pais, tu pais, il paît, nous paissons,* etc. — IMPARF. : *Je paissais.* — FUTUR : *Je paîtrai.* — IMPÉR. : *Pais, paissons, paissez.* — SUBJ. PR. : *Que je paisse.* — PART. PR. : *Paissant.*

C. Lemonnier a fabriqué abusivement le part. passé °*paît* : [...] *du vieux curé qui, pendant un demi-siècle, avait* PAÎT *ses ouailles dans le chemin de l'Évangile* (*Comme va le ruisseau,* XX). — La forme régulière serait **pu* : cf. *repu*, de *repaître*, qui n'est pas défectif (§ 815, *a*).

21. ***Partir*** « partager » ne s'emploie plus ordinairement qu'à l'infinitif, dans la locution figée *avoir maille à partir avec qqn*, littéralement « avoir une maille (petite pièce de monnaie) à partager ».

Par goût de l'archaïsme, Valéry a ressuscité le verbe : *Il me semblait indigne* [...] *de* PARTIR *mon ambition entre le souci d'un effet à produire sur les autres, et la passion de me connaître et reconnaître tel que j'étais* (*M. Teste*, Préf.).

On doit signaler aussi *faire partir* « faire éclater » dans des langues techniques : *faire partir des haricots*, les faire bouillir, les faire crever (LITTRÉ) ; *faire partir une pierre*, la séparer et l'ouvrir avec des coins de fer (encore dans le *Gr. Lar. enc.*). La plupart des dict. rattachent ces emplois de *faire partir* à *partir* « s'en aller », alors que Wartburg (t. VII, p. 679) y reconnaît *partir* « partager ».

Le partic. passé *parti* se dit, en termes de blason, soit de l'écu divisé perpendiculairement en parties égales, soit d'un aigle à deux têtes : *Il porte* PARTI *d'or et de gueules. Il porte de sable à l'aigle d'or au chef* PARTI. M. Aymé l'emploie à propos d'un jockey qui porte la couleur de son écurie : *Le jockey qui montait Théodore VI portait une émouvante casaque* PARTIE *de blanc et de vert* (*Passe-muraille*, p. 35).

L'Acad. enregistre encore, à l'entrée *partie*, adj. fém., *charte-partie*, « contrat de louage d'un navire ». — Un autre emploi figé est *jeu-parti* (genre littéraire au moyen âge).

Le partic. passé *parti* s'emploie aussi dans la langue écrite, précédé de *mi* (avec trait d'union), pour marquer le partage d'une chose en deux parties. Tantôt ***mi-parti*** est construit absolument (ce qui est devenu rare) : *Les avis ont été* MI-PARTIS (AC.). — Tantôt il est suivi de compléments introduits par *de* (cf. *parti* ci-dessus) : *Ces cordes* [...] MI-PARTIES *de chanvre et de soie* (STENDHAL, *Chartr.*, XXI). — *Ils* [= les auditeurs] *me parurent* MI-PARTIS *d'Anglais et de rentiers oisifs* (THÉRIVE, *Voyage de M. Renan*, p. 80). — Tantôt les éléments qui suivent *mi-parti* sont construits sans préposition, et ils s'accordent, si leur nature le permet, avec le nom, comme *mi-parti* lui-même (ce cas n'est pas prévu par l'Acad.) : *Des êtres chauves-souris,* MI-PARTIS *brigands et valets* (HUGO, *Misér.*, II, I, 19). — *Beaucoup de ses pièces* [...] *sont* MI-PARTIES *politique et amour* (FAGUET, *En lisant Corneille*, p. 101). — *La rotation d'une sphère* MI-PARTIE *bleue et rouge* (H. POINCARÉ, *Valeur de la science*, III). — *Comme un tison* MI-PARTI *feu et charbon* (COLETTE, *Paris de ma fenêtre*, p. 140). — *Mainville a passé près de sa tante deux années, deux années* MI-PARTIES *blanches et noires* (BERNANOS, *Mauvais rêve*, I, 3).

Dans ce dernier emploi, la fonction de *mi-parti* est devenue difficilement analysable, d'autant que *partir* « partager » a disparu. De là, diverses altérations. La Varende laisse *mi-parti* invariable comme une espèce d'adverbe : *Des bedeaux* MI-PARTI *rouges et noirs* (*Roi d'Écosse*, p. 281). — Plus souvent, on écrit *mi-partie*, quels que soient le genre et le nombre du nom qui précède. Dans certains cas, les auteurs paraissent y voir une locution adverbiale contenant le nom *partie* et signifiant « à moitié », mais, dans d'autres cas, il est plus difficile de savoir à quoi ils ont pensé. *Mi-partie* est parfois répété, sous l'influence de *partie ... partie ...* — Ex. : *Un justaucorps* [...] MI-PARTIE *vert-pomme et bleu* (A. DAUDET, *Trente ans de Paris*, p. 135). — *Lui s'efforce* [...] *pour s'intéresser à mes recherches* MI-PARTIE *rustiques et sarrazines* (P. ARÈNE, *Chèvre d'or*, XVII). — *Relevé, le chirurgien disposait de huit heures, tantôt de jour, tantôt de nuit et tantôt* MI-PARTIE (G. DUHAMEL, *Paroles de médecin*, p. 232). — *Jouet étrange* [= un polichinelle] *entre le monarque et le magot,* MI-PARTIE *de satin jaune, comme les fauteuils, et de satin grenat comme les rideaux* (G. BEAUMONT, dans les *Nouv. littér.*, 19 oct. 1950). — *Le soleil était encore fort bas sous les collines ; le ciel était* MI-PARTIE *de nuit* (GIONO, *Hussard sur le toit*, p. 89). — *Aristoclès* [à qui on a greffé une jambe noire] *ne quittait plus des yeux le membre* MI-PARTIE, *élégant, musclé et bizarre, dont il était con-damné à s'accommoder* (GHÉON, *Jambe noire,* p. 36). — *Une croisée* MI-PARTIE *en carreaux rouges,* MI-PARTIE *en carreaux bleus* (J. RENARD, *Journal,* 20 juin 1895). — *En filant à toute vitesse sur le pont* MI-PARTIE *français,* MI-PARTIE *espagnol* (R. BAZIN, *Terre d'Espagne,* p. 2).

Hist. — *Partir* « partager », quoique de même origine que *partir* « s'en aller » (§ 304, *b,* Hist.), doit être considéré comme un verbe distinct. Il a été usité jusqu'au XVIIᵉ s. et se conjuguait souvent comme *finir : Rumpent* [= rompent] *e* PARTISSENT (*Rol.,* 3529). — PARTIS-SONS *ceste cy* [= cette robe] (J. MICHEL, *Passion,* 28047). — *La dicte vene se* PART *en deux* (RAB., *Garg.,* éd. princeps, V). — *Mercure le premier /* PARTISSOIT *l'air* (RONS., éd. V., t. IV, p. 36). — ⁺*Les soldats* PARTISSENT *son vêtement et le jettent au sort* (PASCAL, *Abrégé de la vie de J.-C.,* 272). — *Sur le point de* PARTIR *leur chevance* [ici = butin] (LA F., *C.,* Oraison de s. Julien).

En 1680, Richelet distingue encore *nous partons,* etc. « nous nous en allons » et *nous partissons,* etc. « nous partageons », mais en reconnaissant qu'on emploie plutôt *partager.* En effet, *partir* dans ce sens a été évincé par *partager,* dérivé de *partage,* lui-même dérivé de *partir.* De *partir* « partager » viennent aussi *départir* et *répartir.* — Cette résurrection est une coquetterie de professeur : *Une scie dont se pouvaient compter les dents* PARTISSAIT *lentement le tronc d'un quatrième* [martyr] (ÉTIEMBLE, *Trois femmes de race,* p. 27).

Mi-parti est le partic. passé d'un verbe *mipartir,* qui a vécu jusqu'au XVIIᵉ s. (et qui a toujours été usité surtout au partic. passé) : *Il faut* MIPARTIR *cela* (RICHELET [qui observe que l'on dit plus ordinairement *partager par le milieu*]). — Ce verbe est encore chez Gide, par archaïsme ou par reconstitution sur *mi-parti* (comp. § 847, *f*) : *Véronique et Marguerite* MI-PARTISSAIENT *l'année entre Tarbes et Pau* (cit. *Gr. Lar. langue*).

Pour les adjectifs empruntés du lat. *bipartitus,* etc., voir § 532, Rem. 1.

22. *Poindre* [lat. *pungĕre,* piquer] se conjugue en principe comme *joindre* (§ 813, *a,* 3°).

Dans le sens intransitif de « pointer » ou de « commencer à paraître », il ne se trouve guère qu'à l'infinitif et à la 3ᵉ pers. du sing. de l'indic. prés., de l'indic. imparf. et du futur : *On voit* POINDRE *les bourgeons.* — *Dès que le désir* POINT, *l'enfant parle à sa mère comme à une esclave* (L. LAVELLE, *La parole et l'écriture,* p. 77). — *Le jour* POINT, POINDRA. — *Comme l'aube* POIGNAIT (PERGAUD, *De Goupil à Margot,* L.P., p. 21). — *Le jour* POIGNAIT (HÉRIAT, *Famille Boussardel,* XI ; S. BECKETT, *Mercier et Camier,* p. 203).

Au sens transitif de « piquer », il ne se trouve guère que dans le proverbe *Oignez vilain, il vous* POINDRA ; POIGNEZ *vilain, il vous oindra.* — Il a pris plutôt le sens de « faire souffrir, étreindre », et il se trouve à la 3ᵉ pers. de divers temps : *M. Maeterlinck* [...] *nous prend, nous* POINT *et nous enlace, pieuvre faite des doux cheveux des jeunes princesses endormies* (R. de GOURMONT, *Belgique littéraire,* p. 105). — *Elle banda son énergie pour se tenir debout ; mais la douleur la* POIGNIT, *le cœur lui défaillit* (R. ROLLAND, *Âme enchantée,* L.P., t. II, p. 230). — [...] *comme ces douleurs qui* POIGNENT *l'estomac de l'homme au soir d'une journée sans nourriture* (G. DUHAMEL, *Hommes abandonnés,* p. 181). — *Une indicible douleur qui me* POIGNAIT *le creux de l'âme* (ID., *Cri des profondeurs,* p. 216). — *Non que l'envie ne l'en* POIGNE (ID., *Fables de mon jardin,* p. 98). — *Tu jetas vers moi* [...] *un seul regard qui me* POIGNIT (P.-H. SIMON, *Raisins verts,* p. 116). — *Quand Louise et François eurent disparu, la solitude le* POIGNIT *au cœur* (H. QUEFFÉLEC, *Un feu s'allume sur la mer,* I, 10). — *Une détresse me* POIGNAIT *le cœur quand on soufflait la bougie* (M. NOËL, *Petit-jour,* p. 88). — *Marat a beaucoup bu, lui aussi, les questions ont perdu de leur tranchant, les événements de la journée se sont décolorés, ne le* POIGNENT *plus* (R. VAILLAND, *Drôle de jeu,* IV, 6). — *Cette vague de tristesse* [...] *qui me* POIGNAIT (J. BOREL, *Dépossession,* p. 232).

L'analogie sémantique avec *empoigner* a même donné naissance à un verbe °*poigner*, que l'Acad. (mise en garde du 13 nov. 1969) tient pour un barbarisme : *Un sentiment profond de regret a* POIGNÉ *mon cœur* (CHAT., *Mém.,* IV, III, 12). — *L'anxiété de ses enfants commence à la* POIGNER *à son tour* (A. DAUDET, *Petite paroisse,* p. 381). — POIGNÉ *par une terreur qu'il ne s'explique pas* (HUYSMANS, *Là-bas,* VI). — *Les poitrines ne respiraient plus,* POIGNÉES *d'angoisse* (ESTAUNIÉ, *Simple,* p. 46). — *Un nouveau malaise le* POIGNA *au ventre* (TROYAT, *Araigne,* p. 277). — *Il s'en échappait une odeur qui lui* POIGNA *le ventre* (CESBRON, *Notre prison est un royaume,* p. 16).

23. *Quérir,* parfois *querir,* ne s'emploie plus qu'à l'infinitif, surtout après les verbes *aller, envoyer, venir.* Tantôt les écrivains s'en servent pour leur propre compte et tantôt ils le mettent dans la bouche de gens du peuple :

Va les QUÉRIR, *Polyte. All' viendront point avant midi* (MAUPASS., *C.,* Baptême). — *Non que le désir m'eût manqué de fréquenter les milieux littéraires et d'y* QUÉRIR *des amitiés* (GIDE, *Si le grain ne meurt,* I, 10). — [...] *étaient obligés de l'aller* QUÉRIR *à la fontaine la plus proche* (J. CARCOPINO, *Vie quotidienne à Rome à l'apogée de l'Empire,* pp. 56-57). — *La pensée d'aller ainsi* QUERIR *à la Morgue le cadavre de son enfant* (G. DUHAMEL, *Voyage de Patrice Périot,* p. 195). — *On fut* QUERIR *et informer Renaud* (Chr. ROCHEFORT, *Repos du guerrier,* L.P., p. 198).

Selon l'Acad., on dit encore, en termes de palais : *L'argent se* QUIERT.

Hist. — De l'anc. fr. *querre,* par changement de conjugaison. Du lat. *quaerĕre,* chercher. Évincé en fr. par *chercher,* le verbe subsiste dans beaucoup de dialectes : *Je vas le* QU'RI (GENEVOIX, *Raboliot,* II, 4). — H. Queffélec emploie le passé simple °*quérit* (*Enfants de la mer,* p. 45), qui n'est pas régulier : comp. *conquérir* au § 812, *a.*

24. *Raire* n'a ni passé simple ni subjonctif imparf. Les autres formes ne sont guère plus fréquentes. INDIC. PR. : *Il rait, ils raient.* — IMPARF. : *Il rayait, ils rayaient.* — FUTUR : *Il raira, ils rairont.* — SUBJ. PR. : *Il raie, ils raient.* — PART. PR. : *Rayant.* — PART. PASSÉ : *Rait* (sans fém. ni plur.).

Réer est un peu plus fréquent : *Ce fut lui* [= un cerf] *qui* RÉA *le premier* (GENEVOIX, *Dernière harde,* p. 113). — Il se conjugue comme *créer* (§ 761, *b*). [Le futur *réra* donné par Littré est aberrant.] — Mais le terme usuel est *bramer,* quoique certains aient voulu réserver celui-ci au moment où le cerf est en rut.

Hist. — *Raire* provient du lat. tardif *ragĕre. Réer* est dû à un changement de conjugaison. On a en outre *raller* dans le même sens ; c'est une variante de *râler.*

Il a existé un autre verbe *raire* « raser » (lat. *radĕre*), que le *Lar. XXᵉ s.* signalait encore, notamment pour des proverbes comme *À barbe de fou on apprend à* RAIRE.

25. *Raller* et *ravoir* : cf. § 172, 8, *b.*

26. *Reclure* est encore parfois employé par la langue littéraire à l'infin. et aux temps composés (PART. PASSÉ *reclus,* fém. *recluse*) :

Il quittait La Flèche [...] *pour se* RECLURE *dans la triste maison de son père* (THÉRIVE, *Plus grand péché,* p. 28). — *Le plus sûr serait de* RECLURE *l'impératrice dans un monastère* (A. et M. AUCOUTURIER, G. NIVAT, J.-P. SÉMON, trad. de : Soljénitsyne, *Août quatorze,* Fᵒ, t. II, p. 449). — *Un jeune Lyonnais qu'une maladie de poitrine* A RECLUS *dans une clinique de la Suisse allemande* (G. BAUËR, dans le *Lar. mensuel,* avril 1931, p. 669). — *Les déceptions, les deuils, la maladie* [...] *l'*AVAIENT *peu à peu* RECLUSE *dans cet asile sans beauté* (G. DUHAMEL, *Possession du monde,* VI, 9).

Dans l'usage ordinaire, on a seulement *reclus* adjectif et nom.

Hist. — Du lat. *recludĕre*, « ouvrir » en lat. class., « enfermer » en lat. ecclésiastique. — Voltaire a employé *reclues* comme nom fém. (cf. Littré). Le *Grand Lar. enc.* distingue, parmi les espèces de soles, la *sole reclue.*

27. **Semondre** se trouve encore parfois à l'infin. et à l'indic. pr. :

Je viens vous faire l'honneur de vous SEMONDRE [en italiques] [= inviter à une noce] (SAND, *Mare au diable*, Append., I). — *Je vous* SEMONDS [= prie] *de me laisser aller de bonne amitié* (EAD., *Fr. le champi*, XV). — *Formule du « prieur » qui passe dans les rues du faubourg pour* SEMONDRE *à un enterrement* (J. HAUST, *Dict. liégeois*, s.v. *ètèr'mint*). [La formule wallonne contient l'équivalent de *prier.*]

Hist. — Du lat. vulg. *submonēre* (lat. class. *submonēre*). *Semonce* est le partic. passé fém. nominalisé. L'infinitif *semondre* était encore assez fréquemment utilisé au XVIIᵉ s.

28. °**Seoir** [lat. *sedēre*, être assis]. Comme réfléchi, on trouve encore l'impér. *sieds-toi, seyez-vous* au XIXᵉ s. : cf. HUGO, *Mar. de Lorme*, I, 2 ; LABICHE, *Station Champbaudet*, II, 11 ; TAINE, *Origines de la Fr. contemp.*, t. VI, p. 33.

Le PART. PR. *séant* s'emploie dans la langue juridique pour « siégeant ». — Le PART. PASSÉ *sis* « situé » est encore assez courant.

Au sens « convenir », *seoir* n'est usité qu'au PARTIC. PR. *seyant* et aux 3ᵉˢ pers. des temps suivants. INDIC. PR. : *Il sied, ils siéent* (plus rare). — IMPARF. : *Il seyait*, etc. — FUTUR : *Il siéra*, etc. — SUBJ. PR. (rare) : *Il siée, ils siéent.*

Ex. : *Ces appréciations* SIÉENT *aussi bien au cinéma d'Yves Boisset qu'un napperon à un char d'assaut* (D. HEYMANN, dans l'*Express*, 7 mars 1981). [Autres ex. de cette forme : VERL., *Odes en son honneur*, II ; J. ROMAINS, *Copains*, L.P., p. 29.] — *Le noir lui* SEYAIT *mal* (S. PROU, *Méchamment les oiseaux*, p. 164). — *Prenez le costume des épousées frisonnes, [...] il vous* SIÉRA *fort bien* (Al. DUMAS, *Tulipe noire*, XXX). — *Pourvu que cela* [= se peindre les yeux] SIÉE *à la figure* (DUMAS fils, *Demi-monde*, I, 2).

Formes non reçues : *Ces gens qui vont, viennent ou* SEIENT [= sont assis] *sous les arbres* (PIEYRE DE MANDIARGUES, *Marge*, p. 158). — *Les orages* SEYENT [= conviennent] *à Rome* (S. de BEAUVOIR, *Force des choses*, p. 453).

Hist. — Voir § 817.

°**Messeoir** « n'être pas convenable », s'emploie, dit l'Acad., dans les mêmes temps que *seoir* « convenir ». — *Il messied* est bien attesté dans la langue littéraire :

Elle [= ma vie] *est rustique, ce qui ne lui* MESSIED *pas* (FROMENTIN, *Domin.*, I). — *Ce que vous venez de risquer annonce un peu de braverie, qui ne vous* MESSIED *pas* (GIDE, *Caves du Vat.*, II, 5).

Robert relève l'indic. pr. *messiéent* chez J. Romains *(Copains)* ; les imparf. *messeyait* chez G. Nouveau et *messeyaient* chez Balzac.

29. °**Souloir** « avoir coutume » était, pour Littré, un « terme vieilli dont il ne reste que l'imparfait, à peine encore usité quelquefois ».

Le dernier ex. qu'il cite est de CHAT. : *Il* [= le peuple de saint Louis] *regrettera toujours la tombe de quelques messieurs de Montmorency, sur laquelle il* SOULAIT *de se mettre à genoux durant la messe* (*Génie*).

Hist. — Du lat. *solēre.* — L'imparfait était encore de quelque usage au XVIIᵉ s. : *J'ay perdu la clarté souveraine / De deux Soleils, les beaux yeux de ma Reine, / Pour qui les miens*

SOULOIENT *estre conduits* (VOITURE, *Poés.*, LVII). — Pour Furetière (1690), « on le dit encore en Pratique ». — Vaugelas (p. 241) et Littré (« une des plus grandes pertes que la langue ait faites ») ont regretté cette disparition. On trouve pourtant encore le verbe dans divers patois.

30. **Sourdre** [lat. *surgĕre*, jaillir] a gardé quelques formes dans la langue littéraire, outre l'infin. :

> *Le long du poignard, le sang commençait à* SOURDRE (MALRAUX, *Condition hum.*, p. 12). — *Leur technique ne leur procurera jamais ce frémissement ineffable d'où* SOURD *la magie de la musique* (M. DEL CASTILLO, *Nuit du décret*, p. 149). — *Des sources glacées* SOURDENT *d'entre les menthes* (Fr. MAURIAC, *Mal*, p. 24). — *Le soleil* SOURDAIT *de tout l'espace* (GENEVOIX, *Raboliot*, p. 186). — *Des sentiments nouveaux* [...] SOURDAIENT *ensemble* (BERNANOS, *Imposture*, p. 38). — *Vous devinez les sentiments qui* SOURDIRENT *en mon cœur* (BALZAC, *Lys dans la vallée*, p. 20). — *Des larmes non* SOURDIES (J. GENET, *Notre-Dame-des-Fleurs*, Œuvres compl., p. 157). — *Choses* SOURDIES *du profond inconnu de la vase* (SEGALEN, *René Leys*, 1962, p. 47).

31. °**Tître** n'est usité qu'au PART. PASSÉ *tissu, -e*, surtout dans les temps composés, et le plus souvent au figuré :

> *Deux belles voiles filées par elle*, TISSUES *de son propre chanvre* (LAMART., *Graz.*, I, 14). — *Le buffle sauvage* [...] *n'est pas entouré de plus de filets, de plus de nœuds coulants que je n'en ai* TISSU (MUSSET, *Lorenz.*, III, 3). — *La robe blanche qu'elle avait* TISSUE *de ses mains* (A. FRANCE, *Thaïs*, p. 88). — *On aurait dit que cette prairie était* TISSUE *seulement avec des pétales de poiriers en fleurs* (PROUST, *Rech.*, t. III, p. 736). — *Toutes les misères dont est* TISSUE *la vie sociale* (R. ROLLAND, *Pierre et Luce*, p. 112). — *Il fallait que ce destin fût* TISSU *de passions et d'épreuves* (MAUROIS, *Destins exemplaires*, p. 163). — *Son autobiographie est comme* TISSUE *de lumière* (J. GREEN, *Bel aujourd'hui*, p. 172). — *Ils prisent les beaux lainages* TISSUS *dans les ateliers atrébates* (YOURCENAR, *Archives du Nord*, p. 25). — *Pauvre Mademoiselle ! Elle n'était pas* TISSUE *d'une étoffe à martyrs* (Vl. VOLKOFF, *Humeurs de la mer*, Intersection, p. 112).

Hist. — Anc. fr. *tistre*, du lat. *texĕre*, tisser. Ce verbe a été évincé par *tisser*, réfection de *tistre* par changement de conjugaison.

32. **Traire** n'est pas usité au passé simple ni au subj. imp. — INDIC. PR. : *Je trais, tu trais, il trait, nous trayons, vous trayez, ils traient.* — IMPARF. : *Je trayais*, etc. — FUTUR : *Je trairai*, etc. — IMPÉR. : *Trais, trayons, trayez.* — SUBJ. PR. : *Je traie*, etc. — PART. PR. : *Trayant.* — PART. PASSÉ : *Trait, -e.*

J. Green a écrit hardiment : *Il ne voulait pas que les filles de ferme* TRAYASSENT *les vaches* (*Journal*, 19 déc. 1948).

Abstraire, distraire, extraire, retraire, soustraire se conjuguent comme *traire*.

Pour *abstraire*, l'Acad. ne mentionne que le prés. et l'imparf. de l'indic. et les temps composés ; elle ajoute que ce verbe est inusité aux autres temps. Cette opinion ne paraît pas fondée : on suivra plutôt celle de Littré, selon qui *abstraire* n'est inusité qu'au passé simple et à l'imp. du subj. — Au sujet de *distraire*, Littré fait cette remarque : « Si le parfait défini et l'imparfait du subjonctif manquent aujourd'hui, c'est seulement par défaut d'habitude. Autrefois ces temps existaient [mais il n'en donne pas d'exemples], et l'on pourrait les reprendre : *Je distrayis, que je distrayisse.* » Il fait une observation analogue pour *extraire*. Mais cela n'a pas eu d'effet.

Dans sa correspondance, Stendhal emploie *distraisant* (26 janv. 1806) et *extraisant* (20 août 1805). C'est du fr. régional. [Voir déjà dans J.-J. Rouss., *Conf.*, Pl., p. 246 ; etc.]

Portraire « faire le portrait de » se conjugue en principe comme *traire*. Mais on ne le trouve guère qu'à l'infinitif :

> *Walckenaer* [...] *s'éprit de ce livre où je devais le* PORTRAIRE (GIDE, *Si le grain ne meurt*, I, 10). — Autres ex. de l'infin. : Th. GAUTIER et G. DUHAMEL dans Robert.
> On trouve aussi l'infin. *pourtraire :* NERVAL, *Sylvie*, VI ; BALZAC, *Pierrette*, Préf. de 1840.
> — Le partic. passé est employé par Balzac : *Madame Clapart qui vient de vous être* POUR-
> TRAITE (*Début dans la vie*, T.L.F., p. 39).

Rentraire est à peu près évincé par *rentrayer* (on dit aussi *stopper* et même °*rentrer*) : *Un grand château* [...] *dont on dirait qu'un patient amateur en a* RENTRAYÉ *ou, comme on dit,* STOPPÉ *les déchirures et accrocs que les siècles y avaient faits* (M. BEDEL, *Touraine*, p. 69).

Attraire (qui est vieilli) ne se trouve guère qu'à l'infin. et au passif : ATTRAIRE [...] *une vaste clientèle* (BLOY, *Désespéré*, L.P., p. 21). — *Le défendeur ne peut être* ATTRAIT *que devant le juge de sa nationalité* (dans le *Journal officiel*, 8 déc. 1875, cit. Littré, Suppl.). — Cependant, le *Trésor* a relevé à l'indic. pr. *attrait* chez Claudel et *attrayez* chez Balzac.

Fortrait « épuisé » (d'un cheval) est un adjectif, originairement participe d'un ancien verbe *fortraire*.

Hist. — *Traire* vient du lat. *trahĕre*, tirer, par l'intermédiaire du lat. vulg. **tragere*. Il signifiait simplement « tirer » en anc. fr., puis il s'est spécialisé en évinçant l'anc. fr. *moudre* (du lat. *mulgĕre*). — On dit aussi °*tirer la vache* dans divers fr. régionaux : *À treize ans, elle* TIRAIT *vingt vaches dans une ferme* (J. RENARD, *Journal*, Ier août 1908).

33. *Transir* se conjugue régulièrement comme *finir*. Ce verbe est présenté dans certaines grammaires comme défectif, mais rien n'empêche de l'employer dans toutes les formes de sa conjugaison.

SECTION 3. — EMPLOI DES MODES ET DES TEMPS

I. — L'INDICATIF

Bibl. — G. GUILLAUME, *Temps et verbe*. P., Champion, 1929. — H. STEN, *Les temps du verbe fini (indicatif) en franç. moderne*. Copenhague, Munksgaard, 1952. — P. IMBS, *Les temps du verbe franç*. P., Klincksieck, 2e éd., 1960. — A. KLUM, *Verbe et adverbe. Étude sur le système verbal indicatif et sur le système de certains adverbes de temps*. Stockholm-Göteborg-Uppsala, Almqvist et Wiksell, 1961. — H. WEINRICH, *Tempus. Besprochene und erzählte Welt*. Stuttgart, Kohlhammer, 1964. — R. MARTIN, *Temps et aspect. Essai sur l'emploi des temps narratifs en moyen franç*. P., Klincksieck, 1971. — M. WILMET, *Le système de l'indicatif en moyen franç*. Genève, Droz, 1970. — ID., *Études de morpho-syntaxe verbale*. P., Klincksieck, 1976. — J. LAROCHETTE, *Le langage et la réalité*. II. *L'emploi des formes de l'indicatif en franç*. München, Fink, 1980.

849　L'**indicatif** est le mode des phrases énonciatives et des phrases interrogatives, ainsi que des phrases exclamatives :

> *Marie* SE PROMÈNE. *Marie* SE PROMENAIT. *Marie* SE PROMÈNERA. — *Quand* REVIENDRA-*t-elle ?* — *Comme il* PARLE *bien !*

C'est le mode du fait. Cela apparaît aussi quand, pour le prédicat d'une proposition, il s'oppose au subjonctif :

Il est certain qu'il VIENDRA. — Mais : *Il n'est pas certain qu'il* VIENNE.

Remarque. — L'indicatif a une richesse de temps que n'a aucun autre mode. On notera que les emplois particuliers de divers temps résultent surtout :

— Soit d'une obligation spéciale de la langue, après *si* conditionnel : §§ 850, *b,* 3° ; 851, *b,* 4° ; 853, *b,* 2° ; 854, *b,* 2°.

— Soit de réalisations stylistiques par lesquelles on décale les relations temporelles objectives : par exemple, en élargissant le domaine du présent (§ 850, *b,* 1° et 2°) ou en rejetant les faits hors du présent pour les atténuer (§§ 851, *b,* 3° ; 854, *b,* 1° ; 857, *b,* 2°).

Présent

850 *a)* **Valeur générale.** Le **présent** est le temps de ce qui n'est ni futur ni passé, c'est-à-dire qu'il convient à la fois pour les faits qui se passent au moment de la parole et pour les faits intemporels (faits habituels ; — vérités générales : maximes, proverbes, théorèmes ; c'est le présent dit *gnomique*).

*Moi, Général de Gaulle, soldat et chef français, j'*AI *conscience de parler au nom de la France* (DE GAULLE, *Discours et messages,* 19 juin 1940). — *J'*AIME *le son du Cor, le soir, au fond des bois* (VIGNY, *Poèmes ant. et mod.,* Cor). — *Qui se* RESSEMBLE *s'*ASSEMBLE. — *Les corps s'*ATTIRENT *en raison directe de leur masse.*

b) **Emplois particuliers.**

1° Certains faits du passé récent ou du futur proche peuvent être présentés comme faisant partie du présent. Le verbe est alors généralement accompagné d'un complément de temps :

Votre père ? Je le QUITTE *à l'instant.* — *J'*ARRIVE *dans cinq minutes.*

On peut mettre aussi au présent des faits futurs présentés comme une conséquence inévitable d'un autre fait, comme déjà réalisés en quelque sorte :

Eh bien ! prends Narbonne, et je t'en FAIS *bailli* (HUGO, *Lég.,* t. I, p. 291). — *Deux mots de plus, duègne, vous* ÊTES *morte !* (ID., *Hern.,* I, 1.)

Sans doute on peut concevoir un fait localisé rigoureusement dans l'instant actuel, mais comme cet instant tombe dans le passé au moment même où l'esprit entre en contact avec lui, et que les actions réelles s'étendent plus ou moins en deçà et au-delà de cet instant actuel, on considère pratiquement le moment présent comme s'il avait une certaine étendue. — « Cet instant [= le présent] n'est que la limite, purement théorique, qui sépare le passé de l'avenir ; il peut à la rigueur être conçu, il n'est jamais perçu. Ce que nous percevons en fait, c'est une certaine épaisseur de durée qui se compose de deux parties : notre passé immédiat et notre avenir imminent. » (Bergson, *Énergie spirituelle,* pp. 5-6.)

2° Dans un récit, on peut employer le **présent historique** (ou *narratif*), qui donne l'impression que le fait, quoique passé, se produit au moment où l'on parle :

> *Le comte Maréchal n'en* PEUT *plus. La charge maintenant l'*ÉCRASE (G. DUBY, *Guillaume le Maréchal ou le meilleur chevalier du monde*, p. 7). [Début du livre.]

Le présent historique peut se trouver associé à un temps passé, soit que l'on passe de celui-ci (le passé simple, par ex.) à celui-là pour donner au récit une vivacité particulière, — soit que le présent exprime les faits essentiels et le passé (l'imparfait notamment, conformément à son rôle habituel) les faits accessoires, les explications.

> *« Merci,* CRIA *Roland ; tu m'as fait un chemin. » / Et jusqu'au pied des monts le roulant d'une main, / Sur le roc affermi comme un géant s'*ÉLANCE, */ Et, prête à fuir, l'armée à ce seul pas* BALANCE (VIGNY, *Poèmes ant. et mod.*, Cor). — *Je* REGARDAIS *avec inquiétude la lumière des lampes presque consumées qui* MENAÇAIENT *de s'éteindre. Tout à coup une harmonie semblable au chœur lointain des esprits célestes* SORT *du fond de ces demeures sépulcrales : ces divins accents* EXPIRAIENT *et* RENAISSAIENT *tour à tour ; ils* SEMBLAIENT *s'adoucir encore en s'égarant dans les routes tortueuses du souterrain. Je me* LÈVE *et je m'*AVANCE [...] (CHAT., Mart., V).

3° Après *si* conditionnel, on emploie obligatoirement le présent pour un fait futur (le verbe principal étant, lui, au futur) :

> *Si vous* PARTEZ *demain, je vous suivrai.* — On ne peut dire : °*Si vous* PARTIREZ *demain ...*

Remarques. — 1. On trouve le présent figé dans un bon nombre d'expressions, telles que *Est-ce que, qui est-ce qui* (ou *que*), *qu'est-ce qui* (ou *que*), *si ce n'est, si tant est que, c'est ... que, on ne peut plus* (ou *... mieux*), *comme il faut* (§ 754, *b*, 1°), *toujours est-il, n'importe* (§ 373), etc. Voir aussi § 1045, *a*.

> *Son costume lui allait on ne* PEUT *mieux* (Th. GAUTIER, *Mlle de Maupin*, X). — *On ne voyait rien si ce n'*EST *le ciel* (BARBEY D'AUR., *Chev. des Touches*, V).

Mais le présent sort parfois de son figement : *Clotilde ne cachait pas que la vieille demoiselle [...] ne s'intéressait plus à rien, si ce n'*ÉTAIT *aux menus incidents de l'hospice* (R. MARTIN DU GARD, *Thib.*, Pl., t. II, p. 640). — *Qui grimperait dans le haut Sérianne, si ce n'*ÉTAIENT *des amoureux ?* (ARAGON, *Beaux quartiers*, I, 26.) — *C'était quelqu'un de très bien, Égée, mon père ; de tout à fait comme il* FALLAIT (GIDE, *Thésée*, p. 13). — *Ce* SERA *nous qui jouirons de ces bienfaits ; ce* FUT *Cicéron qui sauva la république* (LITTRÉ, s.v. *ce*, Rem. 1). — *Ce ne* FUT *que dans la rue qu'Olivier prit connaissance de cette épigraphe manuscrite* (GIDE, *Faux-monn.*, p. 181). — *Rieux n'était même pas sûr que ce* FÛT *lui qu'elle attendît* (A. CAMUS, *Peste*, p. 141). — *Si l'on voulait se convertir, ce ne* SERAIT *pas dans les églises qu'il faudrait aller, mais dans les lieux dits lieux de plaisir* (J. GREEN, *Journal*, 29 juillet 1937).

2. Le présent peut se trouver dans une proposition dépendant d'un verbe au passé quand il s'agit d'un fait qui dure encore au moment de la parole (et notamment d'un fait vrai dans tous les temps). Ce n'est qu'une application de la valeur générale.

> *Nous disions que vous* ÊTES *l'orateur le plus éminent du diocèse* (A. FRANCE, *Orme du mail*, p. 6). — *La Fontaine a dit que l'absence* EST *le plus grand des maux* (HERMANT, *Rival inconnu*, XVIII). — *Shelling a parlé beau quand il a dit que la nature* EST *comme l'Odyssée de*

l'esprit (ALAIN, *Propos sur le christianisme,* p. 68). — *La terre n'avait pas besoin de Galilée pour tourner ; mais on ne savait pas qu'elle* TOURNE (GIDE, *Attendu que...,* p. 98). — Mais on trouve aussi le passé : § 851, *b,* 5°, Rem. 2.

3. On rencontre parfois chez les poètes le présent dans des propositions relatives dépendant d'une principale au passé, alors que les faits sont simultanés :

> *Je voulais retenir l'âme qui s'*ÉVAPORE (LAMART., *Méd.,* II). — *C'est alors qu'apparut* [...] / *Superbe, maîtrisant son cheval qui s'*EFFARE, / *Sur le ciel enflammé l'Imperator sanglant* (HEREDIA, *Troph.,* Soir de bataille). — *La Déroute apparut au soldat qui s'*ÉMEUT (HUGO, *Châtim.,* V, XIII, 2).

Ce présent, appelé parfois présent *pittoresque,* Nyrop (t. VI, p. 283) en explique l'emploi par l'influence de la rime. C'est à tort, semble-t-il ; on a là un emploi particulier du présent *historique.* Il a pris faveur chez les romantiques, mais il est maintenant à peu près hors d'usage. D'ailleurs, « il était, dit Brunot (*Pensée,* p. 789), la plupart du temps injustifié ».

Temps du passé

851 L'imparfait.

a) **Valeur générale.** L'imparfait montre un fait en train de se dérouler dans une portion du passé, mais sans faire voir le début ni la fin du fait :

> *Comme le soir* TOMBAIT, *l'homme sombre arriva* (HUGO, *Lég.,* t. I, p. 47). — *À l'intérieur du lavoir où le mince ruisseau* ÉTALAIT *des eaux plus larges, il* FAISAIT *bon frais* (R. SABATIER, *Noisettes sauvages,* p. 195).

Étant donné cette valeur générale, l'imparfait convient bien pour des faits qui se répètent : *S'il* VOYAIT *un ivrogne chanceler et choir, il le* RELEVAIT *et le* RÉPRIMANDAIT (A. FRANCE, *Pierre Nozière,* p. 87).

Il convient aussi pour la description, pour peindre les circonstances, le milieu où un fait se produit : *Il* NEIGEAIT. *On* ÉTAIT *vaincu par sa conquête. / Pour la première fois l'aigle* BAISSAIT *la tête* (HUGO, *Châtim.,* V, XIII, 1). — *Sa forte moustache blonde, très cosmétiquée, sa face large et pâle lui* DONNAIENT *l'air d'un mousquetaire malade* (A. DAUDET, *Jack,* t. I, p. 55).

N.B. — Beaucoup de grammairiens ont attribué à l'imparfait diverses valeurs particulières, qui tantôt ne sont que de simples applications de sa valeur fondamentale ou tantôt résultent du contexte : cf. L. Warnant, *Le rôle du contexte dans les valeurs de l'imparfait,* dans les *Mélanges M. Delbouille,* pp. 656-673.

b) **Emplois particuliers.**

1° Certains faits de peu antérieurs ou postérieurs à un fait passé sont présentés comme simultanés par rapport à ce dernier fait. Le verbe à l'imparfait est généralement accompagné d'un complément de temps (comp. § 850, *b,* 1°) :

> *Nous* SORTIONS *à peine qu'un orage éclata.* — *Je repris courage : dans deux heures du renfort* ARRIVAIT.

On met aussi à l'imparfait un fait qui devait être la conséquence inévitable d'un autre fait (qui ne s'est pas produit). L'imparfait équivaut ici à un conditionnel passé :

> Elle mit la main sur le loquet. Un pas de plus, elle ÉTAIT dans la rue (HUGO, Misér., I, V, 13). — Si vous n'étiez pas venu, je vous FAISAIS appeler (A. FRANCE, Orme du mail, p. 62). — Sans moi, vous LAISSIEZ éteindre le feu ! (R. MARTIN DU GARD, Jean Barois, p. 35.) — Il n'avait qu'à parler et je lui CHANGEAIS son verre (J. RENARD, Poil de Car., Honorine).

Remarque. — Avec les verbes marquant une idée d'obligation, de possibilité, de convenance ou quelque idée analogue (devoir, falloir, pouvoir, etc.), l'imparfait peut exprimer un fait qui devait ou qui pouvait avoir lieu à un moment déterminé du passé, mais qui ne s'est pas accompli. Dans cet emploi encore, il se substitue à un conditionnel passé pour exprimer la certitude :

> Je DEVAIS le prévoir ! (= j'aurais dû ...) — Il FALLAIT (= il aurait fallu) me faire part de vos projets : je vous aurais appuyé. — L'entreprise a réussi, mais votre incurie POUVAIT (= aurait pu) tout gâter.

Hist. — Cet emploi de l'imparfait avec devoir, falloir, etc., suivis d'un infinitif, est une imitation de la syntaxe latine. Il était fréquent au XVIIᵉ s. (comp. § 853, b, Hist.) : Je DEVOIS par la Royauté / Avoir commencé mon Ouvrage (LA F., F., III, 2). — Ah ! vous DEVIEZ du moins plus long-temps disputer ! (RAC., Brit., III, 7.) — ⁺Maint est un mot qu'on ne DEVAIT jamais abandonner (LA BR., XIV, 73). — Autre cas : Pyrrhus VIVOIT heureux, s'il eust pu l'écouter (BOIL., Ép., I).

2° L'**imparfait narratif** ou **historique,** au contraire de la valeur fondamentale, marque un fait qui a eu lieu à un moment précis du passé (indiqué par un complément de temps) :

> Tout CHANGEAIT à cinq heures par l'arrivée de Desaix (BAINVILLE, Napoléon, p. 176). — Gianni REVENAIT au bout d'une heure (E. de GONC., Frères Zemganno, XXIII). — Une demi-heure plus tard, [...] il se DÉSHABILLAIT pour se mettre au lit (J. GREEN, Moïra, p. 13).

Hist. — Cet emploi de l'imparfait existait déjà en moyen fr. (cf. Wilmet, Système..., pp. 337-338), mais il s'est surtout développé au XIXᵉ s. ; il est particulièrement fréquent chez les Goncourt, chez Maupassant, chez A. Daudet, etc.

On l'appelle parfois aussi pittoresque, de rupture, de clôture. — Sa valeur a été décrite par Brunetière dans une heureuse formule : « C'est un procédé de peintre [...]. L'imparfait, ici, sert à prolonger la durée de l'action exprimée par le verbe, et l'immobilise en quelque sorte sous les yeux du lecteur » (Roman naturaliste, cité par Ch. Muller, Pour une étude diachronique de l'imparfait narratif, dans Mélanges Grevisse, pp. 253-269).

3° L'**imparfait d'atténuation** concerne un fait présent que l'on rejette en quelque sorte dans le passé, pour ne pas heurter l'interlocuteur.

> Il s'emploie surtout avec quelques verbes introduisant un infinitif et jouant le rôle de semi-auxiliaires : Messieurs, en commençant ce cours, je VOULAIS vous demander deux choses [...] : votre attention d'abord, ensuite et surtout votre bienveillance (TAINE, Philos. de l'art, t. I, p. 1). — Bonjour, monsieur. Je VENAIS voir si vous aviez réfléchi (J. ROMAINS, Musse, I, 4). — Écoute, Caroline, avant que tu me quittes, je VOULAIS te demander quelque chose (Fr. MAURIAC, Feu sur la terre, p. 162).

4° L'imparfait s'emploie obligatoirement après le *si* conditionnel pour marquer un fait hypothétique présent ou futur (le verbe principal étant au conditionnel présent) :

> *Si j'*AVAIS *de l'argent* (aujourd'hui, demain), *je vous en donnerais.* — On ne peut dire : °*Si j'aurais de l'argent* ...

5° Limité à un type particulier de communication, l'**imparfait hypocoristique** ou *mignard* (avec transposition de personnes) exprime un fait présent, comme si on donnait à ce fait plus d'étendue en l'étirant dans le passé :

> *Comme il* ÉTAIT *sage ! comme il* AIMAIT *bien sa maman !* dira une mère à son enfant.

Remarques. — 1. Un autre emploi curieux et qui n'a été observé qu'en Belgique est l'imparfait dont usent les enfants dans leurs propositions de jeu pour indiquer que les faits futurs qu'ils imaginent sont déjà devenus comme réels et qu'ils continueront de l'être pendant la durée du jeu :

> [*Si on joue au docteur :*] *J'*ÉTAIS *malade, et tu* APPELAIS *le docteur.* — [*Si on joue au gendarme et au voleur :*] *Moi, j'*ÉTAIS *le gendarme, et tu* VOLAIS *un vélo.* — Comp. § 859, *a*, 2°. À la suite de L. Warnant (« *Moi, j'étais le papa...* », dans les *Mélanges Grevisse*, pp. 344-366), on appelle souvent cet imparfait *préludique*, c'est-à-dire « précédant le jeu ».

2. Le verbe d'une proposition peut être à l'imparfait (après un verbe principal au passé) alors qu'il exprime un fait qui dure encore au moment de la parole ou même qui est vrai dans tous les temps ; l'esprit, par une sorte d'accommodation, considère la simultanéité du fait subordonné par rapport au fait principal :

> *Je voyais bien que vous n'*ÉTIEZ *pas un profane* (BANVILLE, *Gringoire,* 4). — *Roussin* [...] *répondit qu'il pensait que le cheval* ÉTAIT *le roi de la création* (A. FRANCE, *Crainquebille,* p. 249). — *Disons donc qu'il était louable que Tarrou et d'autres eussent choisi de démontrer que deux et deux* FAISAIENT *quatre plutôt que le contraire* (A. CAMUS, *Peste,* p. 151). — *M. Guillemot m'a dit que vous* ÉTIEZ *un avocat remarquable* (J. CHARDONNE, *Épithalame,* II, 3). — *J'ai dit que le peuple anglais n'*ÉTAIT *pas un peuple logicien* (Fr. MAURIAC, *Asmodée,* I, 2). — La logique ferait attendre le présent : cf. § 850, Rem. 2.

3. Pour les sous-phrases de valeur conditionnelle commençant par *N'était* (ou *N'étaient*) ou par *N'eût été*, voir § 1079, *d*, 3°.

852   Le **passé simple** (ou passé *défini*) exprime un fait complètement achevé [8] à un moment déterminé du passé, sans considération du contact que ce fait, en lui-même ou par ses conséquences, peut avoir avec le présent.

---

8. Le passé simple n'implique ni l'idée de continuité ni celle de simultanéité par rapport à un fait passé. Cela a de l'importance si l'on veut, en comparant le français aux langues germaniques, distinguer clairement le passé simple d'avec l'imparfait. Ces deux temps du français correspondent, en effet, à un seul et même temps, le *prétérit*, dans les langues germaniques : les formes *Je prenais, Je pris*, par exemple, se traduisent l'une et l'autre en néerlandais par *Ik nam*, en allemand par *Ich nahm*, en anglais par *I took*.

Je sais que l'an dernier, un jour, le douze mai, / Pour sortir le matin tu CHANGEAS *de coiffure* (E. ROSTAND, *Cyr.*, III, 6).

On parle souvent d'une *action-point* à propos du passé simple (que l'on oppose à l'*action-ligne* exprimée par l'imparfait). Cela ne veut pas dire que le fait est dépourvu de durée, mais cette durée n'est pas prise en considération.

Quand durée il y a, elle est souvent indiquée de façon précise et limitée : *Il* MARCHA *trente jours, il* MARCHA *trente nuits* (HUGO, *Lég.*, t. I, p. 48). — *Il* FUT, *pendant vingt ans qu'on l'*ENTENDIT *marcher, / Le cavalier superbe et le puissant archer* (*ib.*, t. I, p. 272). — *Il* CONTEMPLA *longtemps les formes magnifiques / Que la nature prend dans les champs pacifiques ; / Il* RÊVA *jusqu'au soir ; / Tout le jour il* ERRA *le long de la ravine* (ID., *Rayons*, XXXIV).

De même, il n'est nullement interdit que le passé simple concerne un fait qui s'est répété ; dans ce cas, il exprime l'action pure et simple et vue du présent (l'imparfait présenterait l'action comme relative à une autre, et vue du passé). Dans cet emploi, le passé simple est ordinairement accompagné d'une détermination temporelle comme *bien des fois, souvent, chaque fois*, etc. : *Cent fois, dans mes rêveries, je vous* VIS *prendre le voile, je vous* ENTENDIS *me dire adieu, et je ne* PLEURAI *point* (VEUILLOT, *Historiettes et fantaisies*, p. 91).

Le passé simple a presque totalement disparu de la langue parlée (cf. Hist.). Les gens cultivés utilisent pourtant, en parlant, certaines formules comme *Il fut un temps, s'il en fut.* — Dans le Midi, le passé simple est encore vivant. Il l'était encore, il n'y a pas longtemps, en Normandie (cf. M. Cohen, *Grammaire et style*, p. 221).

Dans la langue écrite, il reste de plein usage : tant dans les journaux, quelle que soit leur couleur politique (il y a même plus de passés simples dans l'*Humanité* que dans le *Monde* : cf. M. Pfister, dans la *Revue de linguist. rom.*, 1974, p. 400), que dans la littérature. Certains linguistes ont parfois estimé que le temps était rare en dehors de la 3ᵉ personne. Cela paraît une exagération. Sans doute, l'espèce de distance qu'implique le passé simple est-elle plus fréquente quand le scripteur ne parle pas de soi, mais on trouve la 1ʳᵉ personne (moins souvent la 2ᵉ) dans des écrits fort divers :

Nous nous BORNÂMES *donc à reproduire nos articles. Nous y* JOIGNÎMES *simplement* [...] (BERGSON, *Rire*, Préf.). — *À l'égard d'une des jolies femmes de l'endroit, Molly, j'*ÉPROUVAI *bientôt un exceptionnel sentiment de confiance* [...]. *Nous* DEVÎNMES *intimes par le corps et par l'esprit* (CÉLINE, *Voy. au bout de la nuit*, F°, p. 291). — *Nous* CONCLÛMES *un autre pacte* (S. de BEAUVOIR, *Force de l'âge*, p. 28). — *Un jeune éditeur* [...] *me proposa un contrat mirifique que je ne* SIGNAI *pas, par bonheur, car il devait faire faillite deux ans après* (SIMENON, *Mémoires intimes*, p. 131). — *Je ne* RENCONTRAI *jamais Charles Viatte au cours de la campagne* (Edgar FAURE, *Mémoires*, t. I, p. 173). — *Je m'*ADONNAI *avec passion à l'étude des ciliés* (A. LWOFF, *Jeux et combats*, p. 22). — *Je m'y* RENDIS *en pèlerinage, à pied, peu de temps avant mon baccalauréat ; je l'*OBTINS *sans difficulté* (LE ROY LADURIE, *Paris-Montpellier*, p. 12). — *Je* FIS *toujours des réserves sur la comparaison, tout en reconnaissant la similitude de certains phénomènes* (Raym. ARON, *Spectateur engagé*, p. 52).

Un ex. comme celui-ci reflète l'usage méridional : *Ne t'apitoie pas davantage sur ces notes que je* PUBLIAI (JAMMES, dans Jammes et Th. Braun, *Corresp.*, p. 60). [Cette lettre du 12 mars 1901 concerne des notes publiées par Jammes en mars 1901.] — Notons aussi cette critique intéressante : « Il [= J. Maritain] proteste contre le passé défini des traducteurs, auquel il préfère le passé indéfini. Pourquoi dire : 'Dieu créa le ciel' ? Oui, dis-je, c'est enfermer l'Éternel dans le temps. Il faudrait dire : 'Dieu a créé le ciel.' Ce passé-là n'a rien de totalement révolu : la création continue. » (J. Green, *Journal*, 20 oct. 1967.)

Hist. — Sur les causes du recul, il y a plusieurs hypothèses. On a mis en avant la bizarrerie des formes ou leur complexité. Mais c'est prendre la conséquence pour la cause : ces formes n'étaient pas moins complexes quand elles étaient bien vivantes ; elles paraissent difficiles ou étranges parce qu'elles sont rares. La cause principale est que le passé composé, par ses liens avec le présent, concrétise en quelque sorte les faits en les rapprochant du moment où l'on parle et du locuteur lui-même.

Remarques. — 1. Quand il s'agit d'actions multiples, le passé simple les présente comme successives ; c'est pourquoi il convient particulièrement à la *narration :*

Claire ÉCRIVIT *la lettre. Mais, le soir, elle se* PLAIGNIT [...] *d'être fatiguée et elle* MONTA *dans sa chambre plus tôt qu'à l'ordinaire* (J. de LACRETELLE, *Bonifas*, VII).

L'imparfait, au contraire, les présente comme simultanées, comme formant un tableau continu ; c'est pourquoi il convient particulièrement à la *description* dans le passé (combiné avec le passé simple, il fait voir comme un fond de décor) : *L'automne* S'AVANÇAIT. *L'herbe, chaque matin plus trempée, ne* SÉCHAIT *plus au revers de l'orée ; à la fine aube elle* ÉTAIT *blanche. Les canards, sur l'eau des douves,* BATTAIENT *de l'aile ; ils* S'AGITAIENT *sauvagement* (GIDE, *Immor.*, II, 1).

2. Le passé simple, accompagné de quelque précision temporelle (*toujours, jamais, souvent,* etc.) marquant la portée générale de la pensée, peut exprimer un fait d'expérience, une vérité constante ; c'est le passé d'habitude ou *gnomique* (comp. § 850, *a*) :

Jamais gourmand ne MANGEA *bon hareng* (prov.).

3. Dans l'expression *s'il en fut*, on a un passé simple figé :

J'ai connu votre père, un digne homme s'il en FUT (VIGNY, *Chatt.*, III, 6). — *La maîtresse, courageuse femme s'il en* FUT, *vint à mourir* (RENAN, *Souv. d'enf. et de jeun.*, III, 1). — *Campement délicieux s'il en* FUT, *où nous terminons le jour* (LOTI, *Galilée*, p. 116).

Le verbe sort parfois de son figement : *Un coquin s'il en* EST (LITTRÉ, s.v. *être*, 13°). — *Elle* [...] *offrait alors quelque image d'une créature du vent, s'il en* EST (H. BOSCO, *Mas Théotime*, p. 13). — *Les erreurs auxquelles* [...] *M. Bayle était exposé* [...] *n'étaient imputables qu'à sa passion professionnelle, passion noble s'il en* EST (H. TORRÈS, *Accusés hors série*, p. 132). — Cela est très rare en dehors du présent : *Ordre impératif, s'il en* AVAIT *jamais* ÉTÉ (FARRÈRE, *Condamnés à mort*, p. 90).

Au lieu de *s'il en fut* on dit parfois *s'il y en eut : Aventure grotesque et complot d'opéra* SI *jamais* IL Y EN EUT (A. SOREL, *Essais d'histoire et de critique*, p. 187).

N.B. — Se garder d'écrire *s'il en fût*, en mettant l'accent circonflexe, comme dans les ex. suivants (fautes typographiques ?) : *Nul n'y réussit pourtant comme Marcel Proust, Parisien de Paris s'il en* FÛT *jamais* (Fr. MAURIAC, *Province*, p. 53). [*Œuvres compl.*, p. 478 : *fut.*] — *Shakespeare, homme de théâtre s'il en* FÛT (MAUROIS, *Dialogues des vivants*, p. 77).

853   Le **passé composé** (ou passé *indéfini*).

a) **Valeurs générales.**

1° Dans la langue écrite, où il existe en même temps que le passé simple, le passé composé exprime un fait passé, achevé au moment où l'on parle, et que l'on considère comme en contact avec le présent, — soit que le fait ait eu lieu dans une période non encore entièrement écoulée, — soit que le fait ait des résultats dans le présent :

Aujourd'hui 5 janvier, je SUIS PARTI de Naples à sept heures du matin (CHAT., Voy. en Italie, 5 janv. 1804). — Il nous semble qu'un esprit curieux peut s'intéresser à notre exposé, même s'il n'A REÇU aucune formation ni phonétique, ni même linguistique (A. MARTINET, Prononciation du fr. contemp., Préf.).

Notons ces considérations de G. Duhamel : « Je murmure alors, dans mon cœur, quelques-uns de ces vers ailés, déliés, musicaux et tendres que Vildrac a composés au temps de notre jeunesse. — Je m'aperçois que je viens d'employer le passé indéfini à l'endroit même où mon lecteur pouvait attendre l'imparfait. L'instinct de l'écrivain répond ici à des nécessités profondes. « Composait » donnerait à entendre que Vildrac faisait ordinairement une chose qu'il ne fait plus et ce serait inexact car, par la grâce du ciel, Vildrac nous montre parfois qu'il est encore un poète. Mais ce passé indéfini prend à mon sens un autre pouvoir. Disant qu'il a « composé » ces poèmes, j'entends donc qu'ils « sont » composés et qu'ils vont le demeurer pour longtemps, pour cette période pendant laquelle une œuvre humaine peut nous paraître, à nous chétifs, digne de l'immortalité. » (Biographie de mes fantômes, pp. 43-44.)

2° Le passé composé peut avoir aussi la valeur qu'a le passé simple dans la langue écrite (§ 852) :

Mon père, Ælius Afer Hadrianus, était un homme accablé de vertus. Sa vie S'EST PASSÉE dans des administrations sans gloire (YOURCENAR, Mémoires d'Hadrien, L.P., p. 50). — Guy de Maupassant EST NÉ le 5 août 1850, près de Dieppe (A. LANOUX, Maupassant, le Bel-Ami, p. 13).
Cela est même habituel dans la langue parlée, puisqu'elle ignore le passé simple.

b) **Emplois particuliers.**

1° Le passé composé peut indiquer un fait futur, mais présenté comme s'il était déjà accompli. Le verbe est généralement accompagné d'un complément de temps :

Un peu de patience : j'AI FINI [= j'aurai fini] dans un instant.

2° Après si conditionnel, on emploie obligatoirement le passé composé pour exprimer un fait futur, antérieur à un autre fait futur exprimé par le verbe principal :

Si dans deux heures la fièvre A MONTÉ, vous me rappellerez. — On ne doit pas dire : °Si ... la fièvre aura monté ...

Hist. — Au XVIIᵉ s., par imitation de la syntaxe latine (comp. § 851, b, 1°, Rem.), le passé composé se trouve souvent, avec les verbes marquant possibilité, obligation, convenance ou quelque idée analogue : devoir, falloir, pouvoir, etc., au sens du conditionnel passé, pour exprimer un fait qui aurait dû ou pu avoir lieu, mais qui ne s'est pas accompli : Vous *dont* j'AY PÛ [= j'aurais pu] *laisser vieillir l'ambition* / *Dans les honneurs obscurs de quelque legion* (RAC., *Brit.*, I, 2). — ⁺*On* A DÛ [= aurait dû] *faire du style ce qu'on a fait de l'architecture* (LA BR., I, 15). — *Vous* AVEZ DÛ *premierement* / *Garder vostre Gouvernement* (LA F., *F.*, III, 4). — Cet emploi est rare aujourd'hui.

854   **Le plus-que-parfait.**

a) **Valeur générale.** Le plus-que-parfait exprime un fait accompli qui a eu lieu avant un autre fait passé, quel que soit le délai écoulé entre les deux faits :

> *Dès Bodenbach, où sont les douanes autrichiennes, les allures des employés de chemin de fer m'*AVAIENT MONTRÉ *que la raideur allemande n'existe pas dans l'empire des Habsbourg* (APOLLIN., *Hérésiarque et Cᵏ*, p. 105). — *Alain tourna la tête* [...] *vers la porte-fenêtre béante d'où venait une douce odeur d'épinards et de foin frais, car on* AVAIT TONDU *les gazons dans la journée* (COLETTE, *Chatte*, p. 203).

b) **Emplois particuliers.**

1° Le plus-que-parfait *d'atténuation* (comp. § 851, *b*, 3°) concerne un fait présent, que l'on feint en quelque sorte de rejeter dans le passé :

> J'ÉTAIS VENU [...] *pour vous rappeler ma pension* (H. BECQUE, *Michel Pauper*, I, 4).

2° Après *si* conditionnel, on emploie obligatoirement le plus-que-parfait pour exprimer un fait irréel situé dans le passé, le verbe principal étant au conditionnel passé :

> *Si vous m'*AVIEZ APPELÉ, *je serais venu.* — On ne dit pas, régulièrement : °*Si vous m'*AURIEZ APPELÉ ...

855   Le **passé antérieur** est propre à la langue écrite. Il exprime un fait accompli, soit par rapport à un autre fait passé, soit par rapport à un repère appartenant au passé et explicité par un complément de temps.

> — Le verbe est prédicat d'une proposition de temps : *Depuis que la réimpression des Pensées* EUT *entièrement* ÉCHAPPÉ *au contrôle de la famille et des amis* [...], *on compta quelques éditions principales* (SAINTE-BEUVE, *Port-Royal*, III, 20). — *À Tahiti où il vivait après qu'il nous* EUT QUITTÉS (Fr. MAURIAC, *Robe prétexte*, VIII). — *Après que les la Trave* EURENT RAMENÉ *Anne vaincue à Saint-Clair, Thérèse* [...] *n'avait plus quitté Argelouse* (ID., *Thér. Desqueyroux*, p. 135). — *Après que Jacques* FUT REPARTI, *je me suis agenouillé près d'Amélie* (GIDE, *Symphonie pastor.*, p. 140). — *À peine* EUT-il DÉCIDÉ *ce voyage, que son humeur changea* (E. JALOUX, *Alcyone*, p. 148).
>
> Le verbe principal est souvent au passé simple (mais parfois à un autre temps du passé). Les deux faits se succèdent immédiatement, sauf indication explicite : *Longtemps après qu'il* EUT ÉCRIT, *il sortit.*
>
> — Le verbe est prédicat de phrase : *Cependant la douceur de la température, la beauté du ciel, nous* EURENT *bientôt* DISTRAITS *de nos pensées* (VEUILLOT, *Historiettes et fantaisies*, p. 215). — *En quelques semaines, le notaire* EUT ACHEVÉ *de régler la situation de Marie Bonifas* (J. de LACRETELLE, *Bonifas*, VI). — *Enfin l'écureuil* EUT MANGÉ (GENEVOIX, *Rroû*, p. 181). — *En quatre mois, il* EUT DÉPENSÉ *ainsi près d'un dixième de sa fortune* (AYMÉ, *Passe-muraille*, p. 239).

Dans la langue parlée, le passé surcomposé (§ 856, *a*) remplace le passé antérieur.

N.B. — Il faut éviter de confondre le passé antérieur avec le subjonctif plus-que-parfait :

*Quand j'*EUS *écrit* ..., *quand il* EUT *écrit* ... (passé antérieur). — *Avant que j'*EUSSE *écrit* ..., *avant qu'il* EÛT *écrit* ... (subj. plus-que-parfait). — Ex. de confusion : § 865, *e*, 1°, *N.B.*

856   Les **temps surcomposés du passé** (surtout usités dans la langue parlée) marquent des faits accomplis par rapport à d'autres temps passés.

a) Le **passé surcomposé** s'emploie le plus souvent par rapport à un passé composé :

*Quand il m'*A EU QUITTÉ, *j'ai réfléchi que* [...] (J. GREEN, *Journal,* 10 juin 1948). — Autres ex. au § 788.

On trouve aussi d'autres temps du passé pour le verbe principal. Le passé simple est assez rare, puisque le passé antérieur (§ 855) appartient davantage à son registre : *À peine* AI-*je* EU MANIFESTÉ *l'intérêt que je prenais à l'histoire de ces fondations que l'archiviste passionné se révéla en effet* (R. BAZIN, *Terre d'Espagne,* p. 217).

Remarque. — Dans certains usages régionaux, le passé surcomposé équivaut à un passé composé : cf. § 788, Rem. 1.

b) Le **plus-que-parfait surcomposé** s'emploie surtout par rapport à un plus-que-parfait.

Un instant après que Zanga AVAIT EU RAPPORTÉ *chez elle le coffre de ses marchandises, un homme tout sanglant s'était élancé dans sa chambre* (STENDHAL, *Chron. ital.,* Le coffre et le revenant). — *Si on lui* AVAIT EU [...] PRÉSENTÉ *un autre prisonnier, il s'en serait aperçu* (M. GARÇON, *Louis XVII,* p. 540). — Autres ex. au § 788.

Temps du futur

857   **Le futur simple.**

a) **Valeur générale.** Le futur simple marque un fait à venir par rapport au moment de la parole :

Car la jeunesse de cinquième est terrible. L'année prochaine, elle IRA *en quatrième, rue Caumartin,* MÉPRISERA *la rue d'Amsterdam,* JOUERA *un rôle et* QUITTERA *le sac (la serviette) pour quatre livres noués par une sangle et un carré de tapis* (COCTEAU, *Enfants terribles,* Sel., p. 5).

b) **Emplois particuliers.**

1° Le futur simple peut s'employer au lieu de l'impératif, ce qui est logique puisque l'impératif concerne le futur, même si celui-ci peut être très proche :

Vous FEREZ *tenir cette lettre à monsieur X. Vous* VOUDREZ *bien m'excuser, je vous prie. Le bien d'autrui tu ne* PRENDRAS. — *Tu* SAURAS [= sache] *seulement que j'ai réussi dans mon entreprise* (MUSSET, *Lorenz.,* III, 3).

2° Le futur simple peut s'employer au lieu de l'indicatif présent, par politesse, pour atténuer :

Je vous DEMANDERAI *une bienveillante attention.*

3° *Avoir* et *être* peuvent s'employer au futur simple pour exprimer un fait présent que l'on considère comme simplement probable, comme si on se plaçait au moment où l'opinion se trouvera vérifiée (langue familière) :

Pour qui donc a-t-on sonné la cloche des morts ? Ah ! mon Dieu, ce SERA *pour Mme Rousseau* (PROUST, *Rech.,* t. I, p. 55).

4° Dans les exposés historiques, on peut employer le futur simple pour énoncer un fait futur par rapport aux événements passés que l'on vient de raconter (notamment quand ceux-ci sont exprimés par le présent historique) :

Son œuvre AURA *peu d'échos et il ne* VENDRA *qu'une seule toile de son vivant* (*Grand dict. enc. Lar.,* s.v. *Van Gogh*).

Remarques. — 1. Sur les équivalents périphrastiques du futur, voir §§ 790 *(aller)* et 791 *(devoir, vouloir,* etc.).

2. Des grammairiens ont prétendu qu'*espérer,* puisqu'il suppose un bien que l'on croit qui arrivera, ne pouvait se construire qu'avec un temps marquant la postériorité ; ils ont donc condamné *espérer* avec le présent ou le passé ou, plus exactement, avec un temps marquant la simultanéité ou l'antériorité. Cette condamnation est nulle, comme le montre l'usage des auteurs et comme le donnerait déjà à penser la simple constatation qu'*espérer,* ainsi construit, change un peu de sens et se prend dans l'acception de « aimer à croire » ou de « penser ».

J'espère qu'il TRAVAILLE (LITTRÉ). — *J'avais espéré qu'il* TRAVAILLAIT (ID.). — *J'espère qu'il se* REPENT (HUGO, *Théâtre en lib.,* Épée, I). — *J'espère qu'ici on ne se* SERT *jamais de ces incroyables expressions* (VIGNY, *Stello,* XXX). — *J'espérai que c'*ÉTAIT *la voiture d'une cantinière* (ID., *Servit. et gr. mil.,* I, 4). — *J'espère que vous* ÊTES *bien couverte* (G. DUHAMEL, *Suzanne et les jeunes hommes,* p. 98). — *Justin espérait que l'on ne* CONNAISSAIT *pas les causes de cette hostilité* (ARLAND, *Ordre,* t. III, p. 143). — *Je viens te dire bonne nuit. J'espère que tu ne* DORMAIS *pas* (J. GREEN, *Léviathan,* p. 184). — *J'espère que tu n'*AS *rien* DÉCIDÉ *sans mon avis ?* (Fr. MAURIAC, *Chemins de la mer,* p. 257.) — *J'espère qu'on lui* A TÉLÉGRAPHIÉ *de ne pas venir* (J. SCHLUMBERGER, *Saint-Saturnin,* p. 37). — *Alors il osa lever les yeux* [...] *espérant que peut-être il* AVAIT RÉUSSI *à changer l'aspect de cette pièce* (HERMANT, *Aube ardente,* XIV). — Etc.

Ces observations s'appliquent également à *promettre,* pris, surtout dans l'usage populaire ou familier, au sens de « assurer » : *Vous me promettez que vous ne vous* BATTEZ *pas aujourd'hui ?* (DUMAS fils, *Demi-monde,* V, 2.) — *Ce qui se passe ? Ah ! ben, je vous promets que c'*EST *rigolo* (J. LEMAITRE, *Flipote,* II, 9). — *Je ne vous promets pas que la balance* SOIT *exacte* (HERMANT, *Xavier,* p. 42). — *Je vous promets qu'ils* [= les pronoms] *ne* SAURAIENT *troubler ma digestion* (*ib.,* p. 133). — *Je te promets que cette partie de mon roman n'*ENGENDRE *pas la mélancolie* (G. DUHAMEL, *Cécile parmi nous,* p. 101).

858   **Le futur antérieur.**

a) **Valeur générale.** Le futur antérieur exprime un fait futur considéré comme accompli, soit par rapport à un autre fait futur, soit par rapport à un repère appartenant au futur et explicité par un complément de temps :

> *Je te promets de t'écrire, dès demain... dès que tu* SERAS PARTI (GIDE, *Porte étr.*, II). — *Chacun récoltera ce qu'il* AURA SEMÉ. — *Le vaisseau* AURA SOMBRÉ *dans une heure.*

b) **Emploi particulier.** Le futur antérieur peut exprimer un fait passé que l'on transporte en quelque sorte dans le futur, — soit pour marquer une supposition, — soit pour atténuer, — ou encore pour souligner le caractère exceptionnel d'un fait accompli, vu d'un point du futur où l'on se met en imagination pour mieux juger du relief que ce fait peut avoir :

> *Pauvre enfant ! On t'a maltraitée, c'est ta femme de chambre qui t'*AURA TRAHIE (MUSSET, *Il ne faut jurer de rien*, III, 4). — *Je viens de tomber à mon insu dans quelque action qui vous* AURA DÉPLU ?* (STENDHAL, *Rouge*, t. II, p. 345). — J'*AURAI LAISSÉ *mes lunettes en haut. Courez vite me les chercher* (BOYLESVE, Mlle *Cloque*, II). — *En vérité, dit-il, je n'entends rien. Vous* AUREZ RÊVÉ, *Madame* (GENEVOIX, *Forêt perdue*, p. 181). — *Ah ! mon cher maître, en quelques jours, j'*AURAI VU *mourir deux mondes !* (E.-M. de VOGÜÉ, *Les morts qui parlent*, p. 442.)

859   **Le conditionnel [9] présent.**

a) **Valeurs générales.**

1° Le conditionnel présent marque un fait futur par rapport à un moment passé :

— Dans le discours indirect : *Il m'a dit qu'il* REVIENDRAIT *ce soir.* — *Celui-ci, dès qu'il fut sûr que notre père ne le* VERRAIT *plus, tomba sous la domination de deux femmes, pourvoyeuses de ses vices* (JOUHANDEAU, *Chaminadour*, p. 398). — Discours indirect libre : *Elle souhaitait un fils ; il* SERAIT *fort et beau, et s'*APPELLERAIT *Georges* (FLAUB., Mme *Bov.*, II, 3).

C'est la transposition, dans le discours indirect, du futur simple du discours direct : *Il m'a dit : « Je* REVIENDRAI *ce soir. »*

— En dehors du discours indirect : *Néel emportait ailleurs qu'à la tête une blessure dont il ne* GUÉRIRAIT *pas* (BARBEY D'AUR., *Prêtre marié*, VI). — *Les femmes portaient les râteaux, mon frère le bissac du déjeuner et moi le baril qui* NICHERAIT *tout le jour dans un coin de la rivière* (ARLAND, *Terre natale*, p. 128). — *Rose, interdite, considérait dans le cercle d'une*

---

9. Le conditionnel a longtemps été considéré comme un mode (du moins pour certains de ses emplois, car on distinguait souvent un conditionnel-temps [de l'indic.] et un conditionnel-mode). Les linguistes s'accordent aujourd'hui pour le ranger parmi les temps de l'indicatif, comme un futur particulier, futur dans le passé ou futur hypothétique. On notera 1° que le conditionnel n'est pas propre à un type de phrase : comme l'indicatif, il apparaît dans les phrases énonciatives, interrogatives et exclamatives ; — 2° que, dans les propositions, il est toujours possible quand l'indicatif futur est admis : *Il dit qu'il* IRA. / *Il a dit qu'il* IRAIT. *Il est certain qu'il* IRA. / *Il était certain qu'il* IRAIT. Etc. — Nous avons cependant gardé le nom de *conditionnel.* On observera que, malgré son nom, le conditionnel (comme le futur d'ailleurs) est exclu des propositions de condition introduites par *si :* cf. §§ 851, *b*, 4° ; 854, *b*, 2°.

lumière étroite, cette ombre qui parlait. Que de fois REVIENDRAIT-*elle en pensée vers ce soir de septembre* (Fr. MAURIAC, *Chemins de la mer*, p. 258). — On pourrait dire : ... *dont il ne devait pas guérir* (cf. § 791, *b*).

2° Le conditionnel présent marque un fait conjectural ou imaginaire, dans le futur (parfois dans le présent ou un futur si proche qu'il est difficile de le distinguer du présent) :

— Le fait conjectural dépend de la réalisation d'une condition : *Si vous alliez, Madame, au vrai pays de gloire, / [...] / Vous* FERIEZ *[...] / Germer mille sonnets dans le cœur des poètes* (BAUDEL., *Fl. du m.*, À une dame créole). — *Elles* [= des maisons] *nous* DIRAIENT *des choses à pleurer et à rire, si les pierres parlaient* (A. FRANCE, *Pierre Nozière*, p. 239).

La condition peut avoir des expressions diverses (§ 1079, *d*) : *N'étaient les hirondelles qui chantent, on n'*ENTENDRAIT *rien* (LOTI, *Vers Ispahan*, p. 58). — *Un geste un peu douteux et ils* RECEVRAIENT *une balle dans la tête* (P. MILLE, *Sous leur dictée*, p. 167).

— Autres cas : SERAIS-*je malade ?* — *Une expédition* PARTIRAIT *bientôt pour le pôle sud.* — *Cela dépasse notre pouvoir, ne s'*AGIRAIT-*il que de nous-mêmes* (Fr. MAURIAC, *Vie de J. Racine*, p. 8). — *Il semble maintenant que l'on regarde à travers une vitre fumée qui* CHANGERAIT *en un bleuâtre uniforme toutes les nuances de ce pays fauve* (LOTI, *Mort de Philae*, p. 248). — *Les seuls traités qui* COMPTERAIENT *sont ceux qui* CONCLURAIENT *entre les arrière-pensées* (VALÉRY, *Regards sur le monde actuel*, p. 36). — *Ça, ce* SERAIT *la montagne, dit le gamin blond. Alors vous* SERIEZ *les Indiens et Ian* ARRIVERAIT *par-derrière en rampant avec Basil* (H. BAZIN, *Bienheureux de la Désolation*, p. 84). — *Ils étaient quelques-uns en qui remontait encore par surprise le conditionnel magique des enfants : alors on* SERAIT *des Peaux-Rouges, et alors, moi, je* SERAIS *le Grand Chef des Aucas* (J.-P. CHABROL, *Rebelles*, p. 24). — [Comp. § 851, *b*, 5°, Rem. 1.]

b) **Emplois particuliers.**

1° Pour atténuer une volonté, un désir, un conseil :

Je DÉSIRERAIS *vous parler.* VOUDRIEZ-*vous me prêter ce livre ? Vous* DEVRIEZ *travailler un peu plus.*

2° La langue soignée emploie *savoir* au conditionnel présent avec le sens de *pouvoir* au présent (cf. § 791, *k*). Cela se fait normalement dans des phrases négatives, avec la négation simple *ne* (sans *pas*) : *Je ne saurais* = je ne peux.

Je ne SAURAIS *en venir à bout* (LITTRÉ, s.v. *savoir*, Rem. 1). — *On ne* SAURAIT *imaginer un coup d'œil plus étrange* (Th. GAUTIER, *Voy. en Esp.*, p. 273). — *Il estimait que bon sang ne* SAURAIT *mentir* (A. FRANCE, *Crainquebille*, p. 147). — *Les hommes ne* SAURAIENT *se passer de religion* (G. DUHAMEL, *Biographie de mes fantômes*, p. 222). — *Les mots ayant la même orthographe et une prononciation différente ne* SAURAIENT *rimer ensemble* (Ph. MARTINON, *Dict. des rimes franç.*, p. 46). — *Un pareil départ, de l'avis des turfistes, ne* SAURAIT *faire présumer du résultat de la course* (AYMÉ, *Passe-muraille*, L.P., p. 30). — *Les problèmes politiques ne* SAURAIENT *être exclus des conversations* (DE GAULLE, *Mém. de guerre*, t. II, p. 124). — *Genet est incapable de commettre un meurtre : nous le savons puisqu'il nous l'a dit sur tous les tons, puisqu'un des thèmes favoris de ses pièces, c'est qu'on ne* SAURAIT *devenir assassin* (SARTRE, *Saint Genet comédien et martyr*, p. 358). — *Celle-ci* [= la trésorerie] *ne* SAURAIT *se passer d'eux* [= les impôts indirects] (LE ROY LADURIE, *Carnaval de Romans*, p. 176). — *Prétendre que cet ouvrage est immortel, je ne* SAURAIS (M. CLAVEL, dans le *Nouvel observateur*, 3 nov. 1975).

À noter que, dans cet emploi, *savoir* admet pour sujet un nom de chose : voir plusieurs des ex. qui précèdent.

À côté de l'usage régulier qui vient d'être décrit, on trouve aussi *saurait* dans le sens de *peut* sans négation, — ou avec la négation complète [10], — ou encore *saurait = pourrait*. S'agit-il d'archaïsmes ou d'emplois régionaux ?

Saurait sans négation : *Connaissez-vous des aumônes qui les* SAURAIENT *assouvir ?* (VEUIL-LOT, *Historiettes et fantaisies*, p. 326.) — *La patrie, si on continue à l'entamer,* SAURAIT *trouver un solide refuge dans de telles consciences* (BARRÈS, *Appel au soldat*, t. II, p. 87). — *La mort, la destruction seule y* [= au visage de l'homme] SAURAIT *changer quelque chose* (G. DUHAMEL, *Pierre d'Horeb*, p. 65). — *Ce n'est pas parce qu'il part du local que Williams* SAURAIT *être comparé à un régionaliste volontiers sentimental comme Carl Sandburg* (S. FAUCHEREAU, dans l'*Actualité littéraire*, mars-avril 1981). — Voir aussi BAUDEL., *Fl. du m.*, Tonneau de la haine.

Négation complète : *Il arrive que la violence nous écrase, et que la force des méchants ait le dessus ; mais elles ne* SAURAIENT *pas ébranler notre âme* (A. SUARÈS, *Sur la vie*, t. I, p. 266). — *Un corps n'affirme pas, on ne* SAURAIT *même pas dire qu'il s'affirme lui-même : c'est un être qui persévère dans son être* (SARTRE, *Saint Genet comédien et martyr*, p. 340). — Cela est très courant en Belgique.

Saurait = pourrait : *Du moment qu'il ne s'agit plus que d'une syllabe longue, pourquoi ne* SAURAIT-*elle trouver place à l'intérieur du vers ?* (DAUZAT, *Génie de la langue fr.*, p. 334.) — *Si j'épousais quelqu'un comme papa, moi je ne* SAURAIS *pas me résigner comme maman. Je me vengerais* (A. LICHTENBERGER, *Le cœur est le même*, p. 32). — *Je vais être bientôt tellement chargé que je ne* SAURAIS *marcher si j'étais poursuivi* (JARRY, *Ubu roi*, III, 8).

Sur cette question, voir M. Wilmet, *Études ...*, pp. 107-128.

860   Le **conditionnel passé** exprime dans le passé les mêmes valeurs que le conditionnel présent exprime dans le présent ou le futur :

a) Soit qu'il marque un fait qui est à la fois futur par rapport à un moment du passé, mais antérieur à un autre fait exprimé par un conditionnel présent ou à un autre moment explicité par une indication de temps.

*Il déclara qu'il partirait dès qu'on l'*AURAIT APPELÉ. — C'est la transposition, dans le discours indirect, du futur antérieur du discours direct : *Il déclara : « Je partirai dès qu'on m'*AURA APPELÉ. »

Hier à l'aube, je savais qu'à dix heures, le bateau AURAIT SOMBRÉ.

b) Soit qu'il marque un fait imaginaire (et donc irréel) ou conjectural concernant le passé :

— Le fait conjectural dépend d'une condition : *Si tu avais mené la moindre enquête à Paris, tu en* AURAIS APPRIS *de belles* (Fr. MAURIAC, *Ce qui était perdu*, IV). — La condition peut être exprimée par des tournures diverses : *Un siècle plus tôt, on l'*AURAIT MIS *à la Bastille. — N'étaient ses sentiments religieux, il se* SERAIT JETÉ *dans la Seine* (BALZAC,

---

10. Si *saurait* a sa valeur ordinaire de conditionnel de *savoir*, *ne* ... *pas* est la négation normale : *Mon excellent camarade ne* SAURAIT *probablement pas distinguer une clef de fa d'une clef de sol* (Y. GANDON, dans les *Nouv. litt.*, 16 juin 1949). — *Ils ne* SAURAIENT *pas traduire les présages, parce qu'ils sont dépourvus d'imagination* (Fr. MAURIAC, dans le *Figaro*, 10 sept. 1947).

Birotteau, p. 39). — Parfois la condition n'est pas exprimée : *Nos cœurs d'enfants étaient trop tendres* [...]. *Ils se* SERAIENT BRISÉS (M. PRÉVOST, *Mlle Jaufre*, II, 5).

— Autre cas : *Le tremblement de terre du Pérou. La catastrophe* AURAIT FAIT *trente mille morts* (titre, dans le *Monde*, 3 juin 1970).

Remarque. — Sur le subjonctif plus-que-parfait comme équivalent du conditionnel passé, voir § 865, *e*, 1°. (On l'appelle parfois *seconde forme du conditionnel passé*.)

861 Les **formes surcomposées du futur** (surtout usitées dans la langue parlée : cf. § 788).

a) Le **futur antérieur surcomposé** souligne l'achèvement d'un fait par rapport à un moment du futur :

Il AURA EU *vite* FAIT *cela.*

b) Le **conditionnel surcomposé** ajoute à la valeur propre du conditionnel passé une insistance sur l'idée d'accomplissement :

*Sans lui, j'*AURAIS EU DÎNÉ *de meilleure heure* (AC.). — *Elle n'*AURAIT *pas* ÉTÉ *plutôt* ARRIVÉE *qu'elle s'en serait aperçue* (PROUST, *Rech.*, t. II, p. 597).

II. — L'IMPÉRATIF

862 L'**impératif** est le mode des phrases injonctives (§ 399, *a*) et des phrases optatives (§ 400). Il n'existe qu'à deux personnes : à la première, seulement au pluriel ; à la deuxième, au singulier et au pluriel. Il s'emploie sans sujet exprimé.

Partons. Pars. Partez. — *Dors bien. Dormez bien.*

Sur l'emploi de ces personnes, notamment quand l'agent est de la 1re personne du singulier, voir § 399, *a*. — Si l'agent est de la 3e personne, on recourt au mode subjonctif : § 865, *a*.

Hist. — L'impératif a pu avoir jadis un sujet exprimé : cf. § 399, *a*, Hist.

Remarques. — 1. Certains verbes sont dépourvus d'impératif : par ex., *pouvoir, devoir.*

2. Les impératifs peuvent être renforcés par des adverbes comme *un peu, donc*, etc., par un pronom personnel explétif (§ 647, *e*) :

Aide-moi DONC *!* — *Enlevez-*MOI *ça tout de suite !*

3. On peut avoir un impératif fictif dans une sous-phrase qui est coordonnée (avec ou sans conjonction) et qui prend la valeur d'une proposition conditionnelle ou concessive :

GRATTONS *la surface,* EFFAÇONS *ce qui nous vient d'une éducation de tous les instants : nous retrouverons au fond de nous, ou peu s'en faut, l'humanité primitive* (BERGSON, *Deux sources de la mor. et de la rel.*, p. 132).

4. Un autre impératif fictif sert à marquer la répétition d'une action (langue familière) :

CRIBLE, CRIBLE. *Pourquoi cribles-tu ce sucre, Léonide ? / — C'est pour Mme Château qui ne le trouve jamais assez fin. / — Tu perds ton temps* (JOUHANDEAU, *Chaminadour*, p. 103). — *J'avais jadis [...] une sacristaine épatante [...]. Les huit premiers jours,* ASTIQUE *que j'astique, la maison du bon Dieu s'était mise à reluire comme un parloir de couvent* (BERNANOS, *Journal d'un curé de camp.*, Pl., p. 1038). — *Ça va bien le jour, mais la nuit les choses de la cervelle ont tout de suite plus d'importance.* TOURNE-*toi que je te tournerai, je sautais dans mon lit comme vif sur la braise* (GIONO, *Un de Baumugnes*, VI). — Comp. § 690, *a.*

5. Les pronoms relatifs et les conjonctions perdent parfois leur caractère subordonnant, ce qui explique qu'ils soient suivis d'un verbe à l'impératif. On pourrait aussi parler d'anacoluthe.

Ma femme se rappelle à votre bon souvenir et à celui de Madame Gide, à laquelle VEUILLEZ *me rappeler* (CLAUDEL, dans Claudel et Gide, *Corresp.*, p. 122). — *Je pense que l'air de la ville, pour maman, ça ne vaut rien. C'est toi qui l'as dit. Oui, oui, tu l'as dit. Tandis qu'ici,* REGARDE *comme elle est belle !* (PAGNOL, *Château de ma mère*, p. 80.)

Avec *c'est pourquoi,* cette construction est fréquente (cf. § 1031, *b*, Rem.) : *C'est pourquoi,* FAISONS *la guerre* (A. DAUDET, cit. Nyrop, t. VI, § 267, 2°). — [Déjà chez LA F.: *C'est pourquoy, leur dit l'Hirondelle, /* MANGEZ *ce grain* (*F.*, I, 8).]

Hist. — Sur l'impératif dans l'injonction indirecte, cf. § 413, Hist.

863   Temps de l'impératif.

a) On emploie d'ordinaire le **présent,** qui concerne le futur ou le présent (c'est-à-dire un futur immédiat) :

PARTEZ *la semaine prochaine.* — PARTEZ *tout de suite.*

b) Le **passé** est d'un emploi restreint. Il concerne un fait qui devra être accompli à tel moment du futur (par rapport auquel il sera passé). Ce moment du futur est exprimé par un complément de temps (proposition, syntagme nominal, adverbe) :

AIE TERMINÉ *ce travail quand je reviendrai* (ou : *... avant midi*). — SOYEZ PARTIS *demain* (HUGO, *Ruy Blas*, III, 2).

III. — LE SUBJONCTIF

Bibl. — M. COHEN, *Le subjonctif en franç. contemporain,* 2ᵉ éd. P., S.E.D.E.S., 1965. — J. HANSE, *La valeur modale du subjonctif.* Bruxelles, Palais des Académies, 1960. — P. IMBS, *Le subjonctif en franç. moderne.* Mayence, Publications de « La classe de franç. », 1953. — E. TANASE, *Essai sur la valeur et les emplois du subjonctif en franç.* Montpellier, Rouvière, 1943. — G. MOIGNET, *Essai sur le mode subjonctif en latin postclassique et en anc. fr.* P., P.U.F., 1959. — L. WARNANT, *Le subjonctif imparfait en franç. et en wallon,* dans le *Fr. mod.,* janv. 1974, pp. 42-69. — P. WUNDERLI, *Die Teilaktualisierung des Verbalgeschehens (Subjonctif) im Mittelfranzösischen.* Tübingen, Niemeyer, 1970. — M. BARRAL, *L'imparfait du subjonctif. Étude sur l'emploi et la concordance des temps du subjonctif.* P., Picard, 1980.

864　　**Valeur fondamentale du subjonctif.** — Le subjonctif indique que le locuteur (ou le scripteur) ne s'engage pas sur la réalité du fait.

Il apparaît le plus souvent comme prédicat de proposition (ou comme noyau de ce prédicat) : § 866 ; mais il s'emploie aussi comme prédicat de phrase (ou comme noyau de ce prédicat) : § 865.

Au contraire de l'indicatif, le subjonctif dispose de moyens limités pour l'expression du temps : en particulier, il n'a pas de futur. Ces moyens sont encore plus réduits dans la langue courante que dans le registre soigné : cf. §§ 867-869.

Remarque. — On parle parfois du déclin du subjonctif à propos du français moderne. Mais cela ne paraît pas fondé.

Si l'indicatif concurrence le subjonctif dans certains cas (voir par ex. § 1093), il en est d'autres où l'on observe le mouvement contraire : dans les propositions commençant par *après que* (§ 1082, *a*), *suivant que* (§ 1100, *c*), *à la condition que*, etc. (§ 1100, *b*), *tout ... que* (§ 1094). Ce qui est plus exact, c'est que certains temps du subjonctif, l'imparfait et le plus-que-parfait, ont à peu près disparu de la langue parlée et sont même concurrencés dans l'écrit : §§ 867-869.

865　　**Le subjonctif comme prédicat de phrase.**

a) Il se trouve dans les phrases impératives (§ 399, *b*) et dans les phrases optatives (§ 400), surtout lorsque l'impératif n'est pas disponible, c'est-à-dire à la troisième personne :

Qu'il REVIENNE *un autre jour !* — *Que personne ne* SORTE *!* — *Que le Ciel vous* ENTENDE *!*

Remarques. — 1. Ce subjonctif est ordinairement précédé de *que*. Celui-ci manque pourtant dans diverses expressions figées et parfois dans la langue littéraire : cf. §§ 399, *b*, et 400.

2. On trouve parfois aussi la 1re et la 2e personne dans la phrase optative, notamment avec le verbe *pouvoir* : cf. § 400.

3. Sur l'emploi du subjonctif imparfait et plus-que-parfait, cf. § 869, *a*.

4. La valeur verbale de certains subjonctifs sans *que* a pu s'effacer ; ils sont devenus des mots-phrases (§ 1054, *b*) : *Soit !* — ou des introducteurs (§ 1045, *c*, *d*) : SOIT *un triangle rectangle.* — VIVE *les vacances !*

b) Le subjonctif — comme l'impératif (§ 862, Rem. 3), mais surtout à des personnes où l'impératif n'est pas disponible — peut faire partie d'une sous-phrase coordonnée qui a la valeur d'une proposition de condition ou de concession :

Qu'un poignard, un pistolet ATTEIGNENT *le but, qui succédera au général Bonaparte ?* (BAINVILLE, *Napoléon*, p. 183.) — *Que les chênes fatidiques* SOIENT COUPÉS [...], *ces solitudes ne sont pas déchues de pouvoir* (BARRÈS, *Colline insp.*, p. 2). — *Qu'on le* POUSSE *et il peuplera ce désert* (A. CAMUS, *Été*, pp. 26-27).

Venir s'emploie sans *que* et avec inversion du sujet : VIENNE *une invasion, le peuple est écrasé* (BALZAC, *L. Lambert*, p. 79). — Plus rarement avec des synonymes : *Ursule et Ida ne se comprenaient plus ;* SURVÎNT *la moindre crise, peut-être même deviendraient-elles ennemies* (ESTAUNIÉ, *Mme Clapain*, p. 36). — SURGISSE *l'événement, il faisait face* (H. BEUVE-MÉRY, dans le *Monde*, sélection hebdom., 21-27 févr. 1974).

Vienne s'emploie même avec une valeur purement temporelle, à propos d'événements qui se produisent nécessairement, et la sous-phrase où il figure peut venir en second lieu : *Elle aura quinze ans* VIENNENT *les prunes* [= l'été prochain] (AC.). [Cette expression est donnée comme popul. par l'Acad. ; elle paraît surtout désuète.]

c) Dans des phrases exclamatives, le subjonctif exprime une hypothèse qu'on envisage avec réprobation :

Moi, que je VENDE *cette voiture !*

d) Le verbe *savoir* au subjonctif présent et avec la négation, surtout à la première personne du singulier, exprime une affirmation atténuée (langue littéraire) :

Je ne SACHE *point que les catholiques de Tourcoing m'aient acclamé* (A. FRANCE, *Orme du mail*, p. 60). — *Je ne* SACHE *pas qu'il m'ait empoisonné* (Fr. COPPÉE, *Souvenirs d'un Parisien*, p. 105). — *Je ne* SACHE *pas que ce travail ait paru* (BRUNOT, *Hist.*, t. I, p. 393). — *Je ne* SACHE *pas que* [...] *Mao-Tsö-tong ait à Pékin célébré la mémoire du vieux réformateur* (ÉTIEMBLE, *Confucius*, III, Concl.). — Autres ex. : GIDE, *Corydon*, p. 156 ; BREMOND, *Apologie pour Fénelon*, p. 260 ; BILLY, dans le *Figaro litt.*, 23 août 1952 ; etc.

Parfois à la 3e pers. du sing., avec *on* comme sujet : *On ne* SACHE *pas que M. de Boutiaguine eût besoin de se faire masser !* (ARAGON, *Semaine sainte*, L.P., t. I, p. 157.) — *On ne* SACHE *pas qu'elle ait jamais protesté autrement* (BILLY, dans le *Figaro*, 2 août 1961). — *On ne* SACHE *pas qu'aucun puriste ait reproché à Racine d'avoir écrit* [...] (R. LE BIDOIS, dans le *Monde*, 25 sept. 1968). — *On ne* SACHE *pas que l'Union des Républiques Soviétiques* [...] *ait jamais refusé d'être le fournisseur des plus affreux capitalistes* (DANINOS, *Snobissimo*, p. 38).

Rarement à la 1re pers. du pluriel : *La remarque ne nous paraît pas superflue. Nous ne* SACHIONS *pas qu'on l'ait jamais faite en ces termes* (L. FEBVRE, *La terre et l'évolution humaine*, 1970, p. 17). — *Nous ne* SACHIONS *pas que l'expression relevée à Fosses soit attestée ailleurs* (M. PIRON, dans les *Enquêtes du Musée de la vie wallonne*, juillet-déc. 1946, p. 199). — Un subjonctif °*sachons* est difficilement défendable : *Nous ne* SACHONS *pas qu'on ait fait des mots nouveaux* (HUGO, *Litt. et philos. mêlées*, But de cette publicat.). — *Nous ne* SACHONS *pas qu'elle* [= une distinction] *se trouve suffisamment indiquée* (BESCHERELLE, s.v. *à*) [autre ex. s.v. *pédant*]. — [Il s'agit, aussi bien pour *nous* que pour *on*, d'équivalents de *je*.]

Je ne sache pas que se trouve aussi dans une proposition relative : [...] *une règle certaine, à laquelle je ne* SACHE *pas qu'un seul bon écrivain ait manqué* (HERMANT, *Ainsi parla M. Lancelot*, p. 202). — *Une chose qui me paraît digne de remarque et que je ne* SACHE *pas que l'on ait, du moins suffisamment, remarquée* (GIDE, dans le *Soir* [Bruxelles], 12 sept. 1946).

Dans tous les ex. donnés ci-dessus, le complément est suivi d'une proposition conjonctive. D'autres types de compléments sont plus rares aujourd'hui (cf. Hist.) : *Je n'en* [= de nom] SACHE *pas de plus remarquable* (AUGIER, *Effrontés*, I, 2). — *Je ne* SACHE *guère d'orateur que l'on n'ait accusé de déclamation* (BRUNETIÈRE, *Essais sur la litt. contemp.*, p. 300). — *Sauf la création du Galoubet à Marseille, je ne* SACHE *rien de neuf* (CÉZANNE, *Corresp.*, fin nov. 1868). — *Bien que ce mariage remonte à plus de trente ans, je n'en* SACHE *pas qui ait pu depuis prétendre davantage à cette appellation* [...] *de « noce »* (JAMMES, *L'amour, les muses et la chasse*, II).

Hist. — La construction que nous avons ici doit être sortie de la relative *que je sache* (cf. § 1063, *b*, 5°). Elle est ancienne et elle pouvait avoir d'autres compléments qu'une proposition conjonctive :

Je ne SÇAICHE *chose qui me doibve empescher* [...] (MARG. DE NAVARRE, *Hept.*, X). — ⁺*Je ne* SACHE *rien qui me puisse mieux consoler de mon éloignement de Paris* (RAC., *Corresp.*, 4 juillet 1662). — *Je ne* SÇACHE *pas avoir à présent dans ma maison un seul meuble qui n'ait été fait avant la décadence de l'Empire* (MONTESQ., *L. pers.*, CXLII). — ⁺*Je n'en* SACHE *pas d'autre* (MARIV., *Paysan parv.*, p. 105).

Dans une relative : *Cause que je ne* SÇACHE *pas que l'on ait encore remarquée* (MONTESQ., *Espr.*, XVII, 3).

e) Le subjonctif à valeur de conditionnel.

1° Le plus-que-parfait du subjonctif s'emploie dans la langue soignée avec la valeur du conditionnel passé (on l'appelle parfois *seconde forme du conditionnel passé*) [voir aussi § 866, Rem.] :

*J'*EUSSE AIMÉ *vivre auprès d'une jeune géante* (BAUDEL., *Fl. du m.*, Géante). — *Si on leur avait offert de les faire inviter chez ces deux grandes dames, l'ancienne concierge et la cocotte* EUSSENT *dédaigneusement* REFUSÉ (PROUST, *Rech.*, t. I, p. 189). — *Je* FUSSE TOMBÉ *s'il ne m'eût tenue* (Chr. ROCHEFORT, *Repos du guerrier*, L.P., p. 163). — *Pourquoi les* EUSSÉ-je LOUÉS *d'être grands ?* (SARTRE, *Mots*, p. 51.) — *Je n'*EUSSE *pas* SONGÉ *à exiger de lui de la pitié* (MALLET-JORIS, *Lettre à moi-même*, J'ai lu, p. 138).

Cet emploi est assez fréquent à la 3ᵉ personne du singulier : *On* EÛT DIT *que toute la faune des régions arctiques s'était fait représenter dans cette décoration par un échantillon de ses plus belles peaux* (J. VERNE, *Pays des fourrures*, I, 1). — *Il* EÛT ÉTÉ *plus normal qu'elle soit tombée sans* (ROBBE-GRILLET, *Voyeur*, p. 252).

N.B. — Il faut se garder de confondre le subjonctif plus-que-parfait avec le passé antérieur de l'indicatif.

Les auteurs suivants n'y ont pas été attentifs : *L'accueil reçu par* Âmes modernes *aurait dû me dicter ma conduite en littérature : me consacrer tout entier à une œuvre unique, roman ou essai, d'un seul jet* [...]. *Alors j'*EUS BÉNÉFICIÉ *de la faveur qui m'avait été si libéralement accordée* (H. BORDEAUX, *Paris aller et retour*, p. 271). — *Comment ne l'*EUS-je *pas* RECONNUE ? (J. et J. THARAUD, *Quand Israël n'est plus roi*, p. 248.) — *Moins averti que je ne l'étais, je n'y* EUS *pas* PORTÉ *attention et je les* EUS TRAITÉS [...] (M. DRUON, *Mémoires de Zeus*, t. I, p. 325). — *Je me demandais parfois* [...] *si je n'*EUS *pas* DÛ *courir vers lui* (Fr. SAGAN, *Garde du cœur*, p. 77).

Confusion inverse : *Car ce titre à peine l'*EUSSÉ-je LU, *je sautai sur mes pieds* (VERCORS, *Sable du temps*, p. 57). — *À peine* FUSSÉ-je ENTRÉ *qu'il m'avait pris à partie avec insolence* (ID., *Bataille du silence*, p. 215).

2° L'imparfait du subjonctif peut, dans une sous-phrase ayant la valeur d'une proposition commençant par *même si*, équivaloir à un conditionnel présent. Ce tour appartient à la langue littéraire, sauf avec *fût-ce*.

Si le sujet est un pronom personnel, *ce* ou *on*, il y a inversion : FUSSÉ-je *devant la mort, je ne le dirais pas* (HUGO, *Quatrevingt-tr.*, I, II, 2). — DUSSÉ-je, *pour qu'Albertine soit ici ce soir, donner la moitié de ma fortune à* Mᵐᵉ *Bontemps, il nous restera assez* [...] *pour vivre agréablement* (PROUST, *Rech.*, t. III, p. 421). — *Par le suffrage universel la fréquentation directe des électeurs* [...] *obligea les classes sociales à se mêler,* FÛT-CE *pour se mieux combattre* (VAN GENNEP, *Folklore,* p. 16). — *Ce recueil ne prétend apporter aucune révélation, mais simplement, avec le rappel des faits,* PARÛT-*il aujourd'hui fastidieux, la critique qu'en fit à l'époque un éditorialiste* (H. BEUVE-MÉRY, dans le *Monde,* 5 févr. 1974).

Si le sujet n'est ni un pronom personnel, ni *ce,* ni *on,* il reste en tête, mais il est repris par un pronom personnel à la suite du verbe : *Toutes les portes de la terre se* FERMASSENT-*elles contre vous avec des malédictions, il en est une, grande ouverte, au seuil de laquelle vous nous trouverez toujours* (BLOY, *Désespéré,* L.P., p. 186).

Dût et *dussent* acceptent l'inversion dans une langue assez recherchée : *Dussé-je* [...] / *Reprendre l'habitude austère de l'absence,* / DÛT *se refermer l'âpre et morne isolement,* / DUSSENT *les cieux* [...] / *Redevenir sur moi dans l'ombre inexorables,* / *Que du moins un ami vous reste, ô misérables !* (HUGO, *Année terrible,* cit. *Trésor,* s.v. *devoir.*)

866   Le **subjonctif comme prédicat de proposition** complément, sujet, etc.

a) Dans les propositions relatives, dans certains cas : cf. § 1063, *b.*

b) Dans les propositions conjonctives :

1° Propositions conjonctives essentielles, dans certains cas : § 1072.

2° Propositions corrélatives, dans certains cas : § 1077.

3° Propositions adverbiales.

— Marquant le temps et introduites par *avant que, en attendant que, jusqu'à ce que :* § 1082, *b.*

— Marquant le but : § 1089 ; voir aussi § 1085, *a.*

— Marquant la concession : § 1093.

— Marquant la condition ou la supposition et introduites par une locution conjonctive composée à l'aide de *que :* § 1100, *a* ; voir aussi § 1099.

— Après *sans que :* § 1085, *d.*

Remarque. — Le subj. plus-que-parfait à valeur de conditionnel passé (§ 865, *e,* 1°) peut servir de prédicat dans les propositions qui impliquent l'indicatif, notamment dans les propositions de condition (§ 1097, *b*).

Emploi des temps du subjonctif

867   **Dans la langue parlée,** et même dans la langue écrite ordinaire, le subjonctif a trois temps : le présent, le passé et le passé surcomposé.

a) **Le présent.**

— Si le subjonctif est prédicat de phrase, le présent s'emploie quand il s'agit du présent ou du futur : *Qu'il* SORTE *!*

— Si le subjonctif fait partie d'une proposition, le présent s'emploie pour exprimer un fait simultané ou postérieur par rapport au verbe principal (présent, futur ou passé) : *Je veux, je voulais qu'il* VIENNE.

b) **Le passé.**

— Si le subjonctif est prédicat de phrase, le passé s'emploie quand il s'agit d'un fait passé par rapport au moment de la parole ou par rapport à un autre fait (qui peut être futur) :

> *Moi ! que j'*AIE FAIT *cela !* — *Qu'il* SOIT PARTI *quand je rentrerai.*

— Si le subjonctif fait partie d'une proposition, le passé s'emploie pour exprimer un fait antérieur par rapport au verbe principal (présent, futur ou passé), ou par rapport à un autre fait :

> *Je doute qu'il* AIT ÉCRIT *hier,* ... *qu'il* AIT ÉCRIT *quand je reviendrai.* — *Je doutais qu'*IL AIT ÉCRIT *la veille.*

c) Le **passé surcomposé** s'emploie lorsqu'on veut insister sur l'idée d'achèvement :

> *Je suis parti avant qu'il* AIT EU FINI *de manger.* Cf. § 788.

868　　　**Dans la langue écrite,** et surtout dans la langue littéraire, le subjonctif a quatre temps : le présent, le passé, l'imparfait et le plus-que-parfait. Leur usage dans les propositions est régi par ce que l'on appelle la **concordance des temps.**

Brunot a écrit, dans une formule percutante : « Ce n'est pas le temps principal qui amène le temps de la subordonnée, c'est le sens. Le chapitre de la concordance des temps se résume en une ligne : Il n'y en a pas. » (*Pensée,* p. 782.) Il ne s'agit pas, en effet, de quelque chose de mécanique : voir par ex. § 869, *b* et *c.* — D'autre part, on parlait aussi de concordance des temps dans la phrase complexe lorsque les verbes sont à l'indicatif ; mais les relations du verbe d'une proposition avec le verbe principal ne diffèrent aucunement de celles qui unissent les verbes se trouvant dans des phrases successives ; en outre, le rapport avec le moment de la parole est un élément essentiel. C'est parce que le subjonctif est employé surtout dans des propositions que l'on a voulu établir à son sujet des concordances mécaniques avec le verbe principal.

a) Lorsque *le verbe principal est au présent ou au futur,* on suit les règles données au § 867 : on met le **présent** quand le subjonctif exprime un fait qui est simultané ou postérieur par rapport au verbe principal ; on met le **passé** quand il s'agit d'un fait antérieur.

b) C'est quand *le verbe principal est au passé* qu'il y a un usage propre à la langue écrite. Elle emploie :

1° L'**imparfait** quand le subjonctif exprime un fait qui est simultané ou postérieur par rapport au verbe principal :

> *J'ordonnais, j'ordonnai, j'ai ordonné, j'avais ordonné, quand j'eus ordonné — qu'il* PARTÎT *sur le moment, qu'il* PARTÎT *sans tarder.*

2° Le **plus-que-parfait** quand le subjonctif exprime un fait qui est antérieur par rapport au verbe principal :

> *Je regrettais, je regrettai,* etc. *— qu'il* FÛT PARTI *depuis une heure.*

869   **Observations diverses.**

a) Nous avons envisagé ci-dessus (§ 868) seulement le subjonctif prédicat de proposition. Le subjonctif prédicat de phrases optatives se trouve parfois à l'imparfait ou au plus-que-parfait si cela concerne un vœu irréalisable ou du moins fort aléatoire :

> *Oh ! que mon génie* FÛT *une perle, et que tu* FUSSES *Cléopâtre !* (MUSSET, *Contes,* Hist. d'un merle blanc, VIII.) — *Ah ! qu'elle ne* FÛT *jamais née !* (JAMMES, *Roman du lièvre,* p. 138.) — *Ah ! que m'*EMPORTÂT *une lame assez forte !* (GIDE, *Amyntas,* p. 128.) — Cela n'est courant qu'avec le subjonctif imparfait *plût :* PLÛT *au ciel que vous n'ayez pas à vous repentir de votre décision* (M. BLANCPAIN, *Plus long amour,* p. 73).

On peut aussi avoir ces temps dans des phrases injonctives du discours indirect libre : *Aux inquiets, le nouveau personnel jeta ces quatre mots : « culte de la personnalité » : qu'ils se* CONTENTASSENT *de cette formule bureaucratique* (SARTRE, *Situations,* t. IX, p. 252). — Autres cas : § 865, *e.*

b) Après un verbe principal au présent, on a parfois un subjonctif imparfait ou plus-que-parfait dans une langue assez recherchée.

1° L'imparfait quand le fait exprimé est présenté comme continu dans le passé ; cet imparfait correspond ordinairement à un indicatif imparfait (parfois à un autre passé) qu'on aurait si l'on transformait la proposition en phrase :

> *Il ne faut pas croire que sa raison* FÛT *en désordre* (HUGO, *Misér.,* IV, II, 1). — *Il faut qu'il* FÛT *riche alors, car il acheta une superbe maison* (STENDHAL, *Vie de H. Brulard,* t. I, p. 37). — *S'il se distingua [...] parmi les brancardiers de Lourdes, on craint que ce* FÛT *pour plaire à madame de la Verdelière* (A. FRANCE, *Révolte des anges,* p. 8). — *Mais, quand ils le disaient, je crains qu'ils n'en* FUSSENT *eux-mêmes qu'à moitié convaincus* (BRUNETIÈRE, *Évolution des genres,* t. I, p. 137). — *Je ne crois pas qu'elle* MÉRITÂT *tout à fait ces compliments* (G. BOISSIER, *Mme de Sévigné,* p. 37). — *Comment veut-on qu'il* FÎT *?* (P. VALÉRY, *Variété,* Pl., p. 731). — *J'aime qu'Herbert Spencer* TRAVAILLÂT *avec le portrait de la reine Victoria au-dessus de sa table* (BENDA, *Exercice d'un enterré vif,* p. 149).

2° L'imparfait ou le plus-que-parfait quand le fait exprimé est hypothétique ; ces subjonctifs correspondent à un conditionnel présent ou passé qu'on aurait si l'on transformait la proposition en phrase :

> *Je doute que la cataracte de Niagara me* CAUSÂT *la même admiration qu'autrefois* (CHAT., *Voy. en Italie,* 10 janv. 1804). — *On craint que la guerre, si elle éclatait, n'*ENTRAÎNÂT *des*

maux incalculables (LITTRÉ). — *Il est douteux que, sans cette précaution, nous* EUSSIONS PU *faire le trajet de Tolède à Madrid en une journée* (Th. GAUTIER, *Voy. en Esp.*, p. 176). — *Il n'y a rien que je ne* FISSE *pour vous obliger* (MUSSET, *Contes*, Secret de Javotte, IV). — *Personne ne doute que, mis en vente, il* [= un tableau] n'ATTEIGNÎT *aux enchères de l'Europe un prix fabuleux* (FROMENTIN, *Maîtres d'autref.*, p. 162). — *Nous agissons en financiers, suivant les plus étroites règles de la morale financière. Pas un seul financier qui n'*APPROUVÂT *notre conduite* (É. FABRE, *Ventres dorés*, II). — *En est-il un seul parmi vous qui* CONSENTÎT *?* (AC.) — *Il n'y a pas de saint qui ne* DEVÎNT *enragé si on le traitait comme un petit enfant* (A. LICHTENBERGER, *Contes de Minnie*, p. 191). — *Il n'est pas un homme sensé qui ne se* TROUVÂT *lui-même ridicule de reprocher aux Abyssins de n'avoir donné au monde ni Dante ni Michel-Ange* (A. SUARÈS, *Vues sur l'Europe*, p. 218). — *Je crains que, dans un cas semblable, la « renaissance » amoureuse ne s'*EFFECTUÂT *pas facilement* (R. KEMP, dans les *Nouv. litt.*, 12 sept. 1957). — *Il m'arrive de me demander si deux erreurs qui se combattent ne sont pas plus fécondes qu'une vérité qui* RÉGNÂT *sans conteste* (J. ROSTAND, *Pensées d'un biologiste*, p. 153).

Sur le subj. plus-que-p. à valeur de conditionnel passé, voir § 865, *e.*

Hist. — L'éventuel du subjonctif était fréquent à l'époque classique : *Séparons nous, de peur qu'il* ENTRAST *en cervelle* [= ait des soupçons] (CORN., *Veuve*, I, 2). — *On craint qu'il n'*ESSUYÂT *les larmes de sa Mere* (RAC., *Andr.*, I, 4). — +*Je vous l'ai tant dit, / Prince, que ce discours vous* DÛT *être interdit* (CORN., *Nicom.*, I, 2). — +*Il n'y a personne au monde qui ne* DÛT *avoir une forte teinture de philosophie* (LA BR., XI, 132). — *Je n'y veux point aller / De peur qu'elle ne* VINST *encor me quereller* (MOL., *Tart.*, I, 2).

c) Après un verbe principal au passé, on peut avoir un subjonctif présent.

1° Si le fait exprimé est, par rapport au moment où l'on parle, présent ou futur, ou encore s'il s'agit d'un fait qui se vérifie dans tous les temps :

Chaque siècle a jeté dans ce courant limpide, ses modes, ses archaïsmes prétentieux et ses préciosités, sans que rien SURNAGE *de ces tentatives inutiles* (MAUPASS., *Pierre et Jean*, Introd.). — *De ce que les corps ecclésiastiques avaient besoin d'être réformés, il ne s'ensuivait pas qu'il fallût les détruire, ni qu'en général les corps propriétaires* SOIENT *mauvais dans une nation* (TAINE, *Origines de la Fr. contemp.*, t. III, p. 255). [Rem. la différence entre les deux propos. coordonnées et *en général* dans la seconde.] — *Je n'ai jamais dit qu'aucune société* SOIT *parfaite* (Raym. ARON, *Spectateur engagé*, p. 238).

Hist. — À l'époque classique, le temps de la subordonnée était souvent « attiré » par le temps de la principale : *Les Dieux n'ont pas voulu qu'il vous* AIT RENCONTRÉE (RAC., *Iphig.*, IV, 4). — *Vous avez voulu aussi que nous* SOYONS ENTREZ *jusqu'icy* (MOL., *Préc.*, VII). — +*Mlle de Guise n'a rien à se reprocher que la mort de son neveu : elle n'a jamais voulu qu'il* AIT ÉTÉ SAIGNÉ (SÉV., 5 août 1671). — +*Une impression qu'il eût été à souhaiter qu'ils* EUSSENT CONSERVÉE (MONTESQ., *Consid.*, 10). — +*On eût dit que ce monarque* [...] EÛT CRAINT [...] (VOLT., *L. XIV*, XXV). — Comp. cet ex. moderne, où le conditionnel passé dans la proposition est dû au conditionnel passé du verbe principal : *Je n'aurais jamais cru que vous m'*AURIEZ QUITTÉE (Fr. MAURIAC, *Asmodée*, IV, 13).

2° Dans des expressions comme *rien qui vaille, âme qui vive, coûte que coûte, vaille que vaille*, parfois aussi *quoi que ce soit*, on a un présent figé :

Nous marchions depuis un bon bout de temps sans rencontrer âme qui VIVE, *quand Huriel nous dit* [...] (SAND, *Maîtres sonneurs*, XII). — *L'ordre était de s'emparer du Mort-Homme* COÛTE *que coûte* (J. ROMAINS, *Hommes de b. vol.*, t. XVI, p. 272). — *Ce canot ne lui disait rien qui* VAILLE (MAUROIS, *Olympio*, p. 313). — *Ils voulaient se débarrasser de moi* COÛTE *que coûte* (Fr. MAURIAC, *Asmodée*, I, 4).

d) Après un conditionnel présent, on peut mettre le verbe de la proposition soit à l'imparfait, soit au présent du subjonctif, comme Littré le notait déjà, ajoutant même que le présent « vaut mieux que l'imparfait et est moins apprêté et moins puriste » (s.v. *que*, Rem. 2).

> *Peut-être voudrait-on que le style y* FÛT *moins soutenu* (A. FRANCE, *Génie latin*, p. 208). — *Il faudrait que chacun* DONNÂT *son superflu aux pauvres* (ID., *Vie en fleur*, p. 3). — *Ces mots* [...], *il voudrait que les pierres elles-mêmes les* CRIENT (Fr. MAURIAC, *Pèlerins de Lourdes*, p. 29). — *La politesse voudrait que je vous* DISE *merci* (MONTHERLANT, *Celles qu'on prend dans ses bras*, I, 1).

Si l'on est soucieux des nuances (elles sont d'ailleurs bien subtiles ici), on mettra l'imparfait lorsqu'il s'agit d'un fait irréel : *Je voudrais qu'il* VÎNT (mais il ne vient pas) ; et le présent s'il s'agit d'un fait simplement possible : *Je voudrais qu'il* VIENNE (il viendra peut-être, cela est possible).

Remarque. — On se gardera de mettre le conditionnel au lieu du subjonctif dans la subordonnée dépendant d'un conditionnel :

> °*Je voudrais qu'il* VIENDRAIT ; °*Il aurait fallu qu'on* AURAIT CHANTÉ. — Ce conditionnel est fréquent dans l'usage populaire de diverses provinces et du Canada.

e) Avant que est souvent suivi d'un temps marquant l'antériorité par rapport au verbe principal, alors que, logiquement, le verbe de la proposition exprime un fait postérieur.

> *Mathias* [...] *la perdit de vue avant qu'elle ne* FÛT ARRIVÉE *en bas* (ROBBE-GRILLET, *Voyeur*, p. 259). [Mathias la perd de vue, puis elle arrive en bas.] — Le locuteur (ou le scripteur) réagit comme s'il considérait que le sens est : « ... au moment où elle n'était pas encore arrivée en bas ». C'est pour une raison analogue que l'on a un *ne* explétif (§ 983, *g*, 1°).

f) Si l'on observe l'usage d'aujourd'hui, on doit rejeter comme inexactes deux opinions opposées : l'imparfait et le plus-que-parfait du subjonctif sont morts ; — leur emploi est obligatoire selon les règles données dans le § 868.

Beaucoup d'écrivains vivants restent fidèles aux deux temps, qui sont comme une marque de la langue littéraire.

> Quelques ex. (qui ne proviennent pas tous d'auteurs vivants) : *Je tâchais tant bien que mal de les identifier sans qu'ils s'en* APERÇUSSENT (CÉLINE, *Voy. au bout de la nuit*, F°, p. 151). — *Le hasard voulut que, ce dimanche-là, un petit poisson s'*ACCROCHÂT *au bout de sa ligne* (SIMENON, *Vérité sur Bébé Donge*, p. 12). — *On hésitait à les* [= des envois] *provoquer de crainte que les colis ne s'*ÉGARASSENT (A. MARTINET, *Prononc. du fr. contemp.*, p. 9). — *Elles disparaissaient avant que j'*EUSSE PU *les comprendre* (SARTRE, *Mots*, p. 35). — *Ils n'avaient pas conçu seulement que les divisions allemandes, françaises, belges, hollandaises,* EUSSENT *un commandement commun, ils voulaient que les détachements nationaux* FUSSENT RÉDUITS *le plus possible* (Raym. ARON, *Spectateur engagé*, p. 158). — *Il trouvait injuste* [...] *que d'anciens camarades de lycée* [...] EUSSENT *déjà* RÉUSSI (S. de BEAUVOIR, *Force de l'âge*, p. 257). — *Il était aussi bon qu'ils se* DÉSIRASSENT, *se* SUPPORTASSENT *et se* QUITTASSENT *au bout de deux ans* (SAGAN, *Yeux de soie*, p. 175). — *Si fatiguée que je* FUSSE, *je sortis* (Chr. ROCHEFORT, *Repos du guerrier*, p. 92). — *Il arrivait qu'à des journées fondues* [...] SUCCÉDASSENT *de pures géométries nocturnes* (D. BOULANGER, *Nacelle*, p. 90). — *Tout procédait* [...] *comme il trouvait naturel que les choses se* PASSASSENT (YOURCENAR, *Souvenirs pieux*, p. 20). — *Il était rare que des mendiants* VINSSENT *quémander à domicile* (D. DECOIN, *Ceux qui vont s'aimer*, p. 143). — *Régine, Pauline, Julien, Lila, ne m'ont-ils pas grignoté jour après jour* [...] *jusqu'à ce que, enfin,*

je FISSE *cette chute étrange qu'on appelle dépression* (S. PROU, *Méchamment les oiseaux,*
p. 92). — *Il semblait que les femmes grasses et lascives, sur toile,* VALUSSENT *cher* (C. RIHOIT,
Portrait de Gabriel, p. 313). — *Il fallait que ces gens* DÉSIGNASSENT *un orateur* (LE ROY
LADURIE, *Carnaval de Romans,* p. 131). — *J'aimais que mes vingt ans* FUSSENT *au commence-
ment d'un monde dont la délivrance m'exaltait sans que j'*EUSSE APPROCHÉ *ses douleurs*
(Fr. MITTERRAND, *Ma part de vérité,* cité dans le *Monde,* sélection hebdom., 7-13 mai 1981).
— *Il fallait que les organisations communistes* ATTACHASSENT *le plus grand prix à la coopéra-
tion avec le grand romancier bourgeois par excellence* (J. LACOUTURE, *Fr. Mauriac,* p. 434). —
Il fallut qu'Oscar Bloch me RÉVÉLÂT *plus tard l'intérêt* [...] *de chroniques réputées mineures* [...]
pour que je MISSE *le nez dans maints textes passionnants* [...] *qui n'*EUSSENT *jamais* FIGURÉ *aux
programmes de la licence et de l'agrégation* (R.-L. WAGNER, dans *Romania,* 1980, p. 117). —
Ses propres propositions [...] *ont été prises en compte trop partiellement* [...] *pour qu'elles*
FUSSENT *entraînantes aux yeux de l'électorat chiraquien* (A. PASSERON, dans le *Monde,* 12 mai
1981). — *Il annonça sa venue, de peur que ses hôtes ne* FUSSENT *absents* (*Dict. contemp.,* S.V.
peur).

Mais, d'autre part, peu d'auteurs contemporains respectent systématiquement
les règles de la concordance, même lorsqu'ils ne font pas parler des personnages ; ils remplacent l'imparfait par le présent et le plus-que-parfait par le
passé. Quelques ex. parmi une infinité d'autres :

J'allais [...] *dire qu'on* APPORTE *les sirops* (PROUST, *Rech.,* t. I, pp. 14 et 956). [Les éditeurs
se sont arrogé le droit de corriger systématiquement ces présents.] — *La* lettre écrite à un
Provincial [...] *parut le 23 janvier 1656, suivie de dix-sept autres* [...] *sans que personne n'*AIT PU
soupçonner le nom de l'auteur (Fr. MAURIAC, *Bl. Pascal et sa sœur Jacqueline,* XII). — *Il a dû
se demander si leurs mains tremblaient avant qu'elles ne* COMMENCENT *le chant* (MONTHER-
LANT, *Songe,* VIII). — *Il fallait que l'enfant se* DÉBROUILLE *avec ces textes mystérieux*
(J. GREEN, *Partir avant le jour,* p. 122). — *Il était juste qu'il leur* FASSE *une place de choix
dans sa vie* (M. TOURNIER, *Vendredi ou les limbes du Pacifique,* Fᵒ, p. 28). — *Il avait tellement souhaité que j'*ENTRE *au Monde* (ARON, *op. cit.,* p. 136). — *Scynos devinait que cette
foule applaudirait le verdict, quel qu'il* SOIT (DECOIN, *op. cit.,* p. 236). — *Il craignait que les
langues ne se* DÉLIENT (LE ROY LADURIE, *op. cit.,* p. 153). — [...] *qui se plaignait que, sous
l'Occupation, Mauriac lui* AIT MARQUÉ *du dédain* (LACOUTURE, *op. cit.,* p. 391). — *Avant
qu'elle ne se* SOIT *entièrement* VIDÉE, *l'éclat en fut obscurci soudain* (ROBBE-GRILLET, *Voyeur,*
p. 16). — *Peu s'en fallut que les insurgés ne s'*EMPARENT *de la personne même du dauphin*
(R. PERNOUD, *Jeanne d'Arc,* Q.S., p. 9). — *Avant que j'*AILLE *à Zeist, je dus me rendre à
Genève* (M. BOEGNER, *Exigence œcuménique,* p. 109). — *La Machine de 1900 exigeait qu'un
ouvrier la* SERVE (FOURASTIÉ, *Grand espoir du XXᵉ s.,* p. 351). — Etc. — Nous n'avons pas
mentionné d'ex. où le verbe principal est au passé composé parce que la valeur particulière
de ce temps (§ 853, *a,* 1ᵒ) amène assez naturellement un subjonctif présent.

Le refus est parfois explicite : *Il fallait bien que Marie me lâchât la main et que Loulou
s'arrêtât pour que je l'*EMBRASSE... *le subjonctif serait si laid !* (LÉAUTAUD, *Petit ami,* III.) —
*La question est de savoir si j'écris les livres que Dieu voulait que j'*ÉCRIVE *(impossible de
mettre : écrivisse !)* (J. GREEN, *Bel aujourd'hui,* p. 122).

Sauf cas particuliers (comme peut-être les deux qui viennent d'être mentionnés), l'idée selon laquelle le subjonctif imparfait ou plus-que-parfait serait contraire à l'euphonie est subjective : c'est seulement la rareté de ces formes qui les
rend surprenantes, et *fascinassions* n'est pas moins harmonieux que *fascination.*
— C'est aussi leur rareté qui les rend difficiles, et non leur difficulté qui les rend
rares.

Quoique les exemples reproduits ci-dessus ne proviennent pas tous de textes littéraires *stricto sensu,* on peut dire que dans les écrits non littéraires, dans un rapport par ex., ces deux temps sont rares, sauf peut-être certaines formes, comme l'imparfait d'*avoir* et d'*être* ou la 3ᵉ personne du singulier des autres verbes. Parmi les expressions particulières, *fût-ce, ne fût-ce que* et *plût au ciel* ont une vitalité certaine.

Quant à la langue parlée, elle a perdu tout à fait ces deux temps, sauf dans le Midi.

Quelques opinions :

« Les imparfaits du subjonctif. C'est affaire de mesure. Il n'est pas plus ridicule de se servir de l'imparfait du subjonctif que de dire : « Je fus... Je fis... Nous partîmes... » Mais il ne faut pas abuser ; le passé défini nous lasse vite. De beaux parleurs ne cessent pas de s'en servir. » (J. Renard, *Journal,* 4 mai 1909).

« On risque de tout perdre en voulant trop exiger. Il importe que la langue écrite ne s'éloigne pas trop de la langue parlée ; c'est le plus sûr moyen d'obtenir que la langue parlée ne se sépare pas trop de la langue écrite. J'estime qu'il est vain, qu'il est dangereux, de se cramponner à des tournures et à des significations tombées en désuétude, et que céder un peu permet de résister beaucoup. Considérez l'aventure du subjonctif : quand la règle est trop incommode, on passe outre. L'enfant dit : tu voulais *que je vienne,* ou : *que j'aille,* et il a raison. Il sait bien qu'en disant : *tu voulais que je vinsse,* ou : *que j'allasse,* ainsi que son maître, hier encore, le lui enseignait, il va se faire rire au nez par ses camarades, ce qui lui paraît beaucoup plus grave que de commettre un solécisme. Que ne réserve-t-on l'imparfait du subjonctif au service du plus-que-parfait et du conditionnel passé ? *(il avait voulu,* ou *il aurait voulu que je vinsse, que j'allasse)* moins fréquent, et, partant, à la suite duquel il paraîtra plus naturel. C'est le moyen de le sauver. — Pour quelque temps du moins. Car le subjonctif, si élégant qu'il soit, qu'il puisse être, est appelé, je le crains, à disparaître de notre langue, comme il a déjà disparu de la langue anglaise — plus expéditive et prête à prendre les devants, mais dont le français tend à se rapprocher de plus en plus. Certains le déplorent ; et moi aussi, sans doute ; mais cela vaut *tout de même* mieux que de voir notre langue se scléroser, — et Thérive, avec son « français, langue morte ? », nous a donné la chair de poule. » (Gide, *Incidences,* p. 76.)

« L'imparfait du subjonctif n'a pas cessé de décliner, au point qu'on ne le trouve plus régulièrement que chez des écrivains prétentieux. La plupart l'emploient au hasard, même les académiciens, en le confondant d'ailleurs avec le passé simple. » (Thérive, *Libre hist. de la langue fr.,* p. 222).

« Quand je vivais en France, je ne pouvais rencontrer un homme d'esprit sans qu'aussitôt j'en FISSE ma société. Ah ! je vois que vous bronchez sur cet imparfait du subjonctif. J'avoue ma faiblesse pour ce mode, et pour le beau langage, en général. Faiblesse que je me reproche, croyez-le. Je sais bien que le goût du linge fin ne suppose pas forcément qu'on ait les pieds sales. N'empêche. Le style, comme la popeline, dissimule trop souvent de l'eczéma. Je m'en console en me disant qu'après tout, ceux qui bafouillent, non plus, ne sont pas purs. » (A. Camus, *Chute,* p. 10.)

Hist. — Des raisons diverses ont été mises en avant pour expliquer le recul de l'imparf. et du plus-que-p. : notamment, le fait que les formes sont irrégulières et peu harmonieuses ; mais, comme nous l'avons dit, elles sont senties comme peu harmonieuses à cause de leur raréfaction. L'évolution semble montrer la « tendance à réserver au seul mode indicatif l'expression de la temporalité et, de ce fait, à expulser celle-ci du mode subjonctif » (Warnant).

Quand ces deux temps ont-ils disparu de la langue parlée ? Cela varie selon les régions, puisqu'ils subsistent dans le Midi ainsi qu'en wallon liégeois. Dès le XVIIIᵉ s., les grammairiens se lamentent sur les manquements à la règle, lesquels apparaissent déjà au siècle précédent : cf. Brunot, *Hist.*, t. VI, pp. 1457-1458 et 1799-1800.

IV. — *L'INFINITIF*

870 L'infinitif est un mode qui ne porte ni l'indication de nombre, ni celle de personne. Il s'emploie parfois comme prédicat (§§ 871-873), mais le plus souvent il remplit les mêmes fonctions que le nom (§§ 874-883).

Nous ne considérons pas ici le cas où l'infinitif est nominalisé par la présence de déterminants : *Un* PARLER *étrange.* Cf. § 196.

Remarque. — On notera que l'infinitif est souvent précédé par *de*, introducteur (§ 1044, *d*, 2°) plutôt que préposition : infinitif de narration (§ 871, *c*), infinitif sujet (§ 880) ou sujet réel (§ 881), infinitif objet direct (§ 876).

A. — L'infinitif comme prédicat

871 **L'infinitif comme prédicat de phrase.**

a) Infinitif *interrogatif* sans sujet (cf. § 384, *b*) :

Que FAIRE *? Où* ALLER *? Comment* RÉSISTER *à une pareille exigence ?*

b) Infinitif *exclamatif* (§ 393, *b*) avec ou sans sujet :

Ô tourment ! Doña Sol SOUFFRIR *et moi le* VOIR *!* (HUGO, *Hern.*, V, 6.) — *Et* DIRE *qu'on me croit faible !* (MONTHERLANT, *Reine morte*, III, 7.) [Cf. § 394, *e.*]

c) Infinitif *de narration* ou *historique,* introduit par *de,* avec ou sans sujet exprimé (langue littéraire).

La phrase (ou la sous-phrase) est généralement liée par *et* à ce qui précède : *Je m'écriai : « Voilà notre homme ! »* et mes collègues d'APPLAUDIR, et le roi d'AGRÉER M. de Damas (CHAT., *Mém.*, III, II, v, 18). — *Le lendemain, pas de Salavin. Et, cette fois, Édouard de* S'INQUIÉTER (G. DUHAMEL, *Deux hommes*, XVIII). — *Justice est alors rendue, non par l'épée, mais par le·plaid. Et les clercs de* GLORIFIER *le lieutenant de la puissance divine* (G. DUBY, *Dimanche de Bouvines*, p. 96). — *C'est une araignée, tiens bon, serre les jambes ! / Et de* RIRE *plus fort, de* LÂCHER *de vilains mots qui les faisaient se tordre* (ZOLA, *Terre*, II, 4). [= Et ils riaient ...] — *Elle ne manque pas [...] d'estimer au passage les automobiles qui roulent sur le Sillon. « [...]. » Et de me* RETOURNER, *abasourdie, sur ce jeune oiseau de garage que j'ai pourtant couvé* (COLETTE, *Voyage égoïste*, p. 99). [= Et je me retourne ...] — *Il trouve dans les Proverbes (chap. 29) la théorie du bon roi, ami des petits : [...]. Et d'*ENCHAÎNER *sur la théorie de l'éminente dignité des pauvres, comme sur le mystère de la prospérité des méchants : [...]. Et de* CITER *le Psaume 72 : [...]. Et de se* TOURNER *vers Dieu, dont le roi n'est que l'image terrestre : [...]* (LE ROY LADURIE, *Carnaval de Romans*, pp. 391-392).

Hist. — L'infin. de narration s'est développé au XIVe s. ; considéré comme familier au XVIIe s., il passe aujourd'hui pour élégant et pour un peu recherché. — Il a pu autrefois être introduit, mais exceptionnellement, par à : ⁺*Il demanda au Nostre ce qu'il en était, et le Nostre à balbutier* (Saint-Simon, *Mém.*, Pl., t. IV, p. 947). — Ex. sans conjonction de coordination : *Apres les bons partis les mediocres gens / Vinrent se mettre sur les rangs. / Elle de se* moquer (La F., *F.*, VII, 4).

d) Infinitif *injonctif* sans sujet. Il s'agit ordinairement d'un ordre général et impersonnel, notamment dans les proverbes, les avis adressés au public, les recettes :

Bien faire *et* laisser *dire. Pour renseignements, s'*adresser *à M. X. Ne pas se* pencher *au dehors.* Prendre *trois cuillerées à soupe par jour.* Battre *les blancs d'œufs en neige.* — Peindre *d'abord une cage / avec une porte ouverte /* peindre *ensuite / quelque chose de joli* (J. Prévert, *Paroles,* Pour faire le portrait d'un oiseau). Infin. optatif : Chantecler. *Oh !* Être *un son qui berce ! /* Le Rossignol. Être *un devoir qui sonne !* (E. Rostand, *Chantecler,* IV, 6.)

Hist. — Dans l'ancienne langue, l'infin., précédé de la négation *ne,* pouvait servir à exprimer une défense ; il était parfois accompagné d'un sujet : *Amis, ne le* dire *ja* [= jamais] *! (Rol.,* 1113.) — *Ne t'*esmaier *tu mie !* [= Ne t'effraye pas] (*Renart,* éd. M., VI, 45.) — Précédé de *or* et de *de* avec l'article défini, l'infin. servait à exprimer une exhortation pressante : *Baron, or dou* haster [= hâte-toi donc !] (Adenet, *Buevon de Conmarchis,* 1930). — *Pinchedé, or du bien* pinchier *!* [= Pincedé, veille à bien pincer !] (J. Bodel, *Jeu de S. Nicolas,* 175.)

Remarques. — 1. Sur *Savoir si,* réduction de *C'est à savoir si,* voir § 119, Rem. 1.

2. La sous-phrase incidente *révérence parler* [qui paraît une altération des formules plus anciennes comme *parlant en révérence*] est une formule un peu vieillie par laquelle on s'excuse d'user de termes qui pourraient choquer l'auditeur (ou le lecteur) :

Ce sont des huguenots, révérence parler, *mon père, que l'on brûle au bord de l'eau* [dit une cabaretière] (Mérimée, *Chron. du règne de Ch. IX,* XXIII). — *Les contemporains de Louis XIV nous ont tous l'air,* révérence parler, *de vieux tableaux* (Hermant, *Bourgeois,* II).

3. Dans le fr. parlé de Wallonie et du nord de la France, il est assez fréquent qu'un infinitif soit coordonné à un verbe conjugué dont il devrait avoir le mode, le temps et la personne :

Pourquoi que t'apportes pas une balance et me laisser *te peser* [...] (J.-A. Lacour, trad. d'une nouvelle de Caldwell, dans *Les vingt meilleures nouvelles américaines,* Marabout, p. 432). — Cf. A. Goosse, *À propos de l'infinitif « substitut »,* dans les *Dialectes de Wallonie,* 1975-1976, pp. 41-55.

872   **L'infinitif comme prédicat de proposition** [11].

a) Dans l'interrogation indirecte (cela correspond à l'infinitif dans l'interrogation directe : § 871, *a*) :

Je ne sais à QUI M'ADRESSER, OÙ ALLER. *Vous trouverez* à'QUI PARLER. *Il a* DE QUI TENIR. *Il possède* DE QUOI PAYER. — *Il ne savait* QUE DIRE *à cette enfant désolée* (MAUPASS., *Mont-Oriol*, p. 295). — *Elle ne sait plus* QUOI INVENTER (GIDE, *Faux-monn.*, p. 156). — *Madame Manchon se demanda* PAR QUELLES VOIES CONFESSER *son fils* (ESTAUNIÉ, *Appel de la route*, p. 185).

b) Dans la relative, où il implique l'idée de *devoir* ou de *pouvoir* :

Aucun visage sur qui REPOSER *ses yeux dans cette foule* (Fr. MAURIAC, *Thér. Desqueyroux*, p. 57).

c) Dans la proposition infinitive, avec un sujet exprimé (sur sa place, cf. § 873).

1° Après des verbes exprimant des perceptions des sens *(écouter, entendre, regarder, voir, sentir...)* :

J'entends les oiseaux CHANTER. — *Je vois* RÊVER *Platon et* PENSER *Aristote* (MUSSET, *Poés. nouv.*, Espoir en Dieu). — *Il est amer et doux* [...] / *D'écouter* [...] / *Les souvenirs lointains lentement* S'ÉLEVER / *Au bruit des carillons qui chantent dans la brume* (BAUDEL., *Fl. du m.*, Cloche fêlée).

Avec certains verbes, cela est proprement littéraire : *Il aperçut Emma* PÂLIR (FLAUB., *M*^me *Bov.*, II, 9). — *On apercevait de loin les angles vifs* RUTILER *au soleil* (J. de PESQUIDOUX, *Sur la glèbe*, p. 8). — *Il distingue* S'AVANCER *sur le perron sa mère* (GIDE, *Retour de l'enfant prod.*, p. 199). — *Nous écoutons ceux-ci* [= des vers] *sans lassitude comme nous contemplons sur un rivage* VENIR *se reposer les vagues d'une mer apaisée* (ID., *Attendu que...*, p. 118). — *Les bateaux, malmenés, menaçaient de s'enfuir. On les apercevait* SAUTER, BALLOTTER *sur les vagues* (H. QUEFFÉLEC, *Recteur de l'île de Sein*, p. 134).

2° Après *faire* ou *laisser* :

J'ai fait ENTRER *les étudiants. Laissez* PASSER *la voiture.*

3° Après l'introducteur *voici*, surtout avec l'infinitif *venir* (tour littéraire) ; généralement, le sujet suit l'infinitif.

Voici VENIR *les temps où vibrant sur sa tige / Chaque fleur s'évapore ainsi qu'un encensoir* (BAUDEL., *Fl. du m.*, Harmonie du soir). — *Et voici* COMMENCER *le rêve de Shakespeare* (J. LEMAITRE, *Impressions de théâtre*, t. I, p. 116). — *Voici, de la maison,* SORTIR *un Salavin épineux et glacé* (G. DUHAMEL, *Deux hommes*, p. 209).

---

11. Les grammairiens ne sont pas d'accord sur les caractères propres de la proposition infinitive. Avec Al. Lorian (*La proposition infinitive en franç. mod.*, dans *Vox romanica*, 1962, pp. 285-294), nous considérons que « seul l'infinitif de *proposition subordonnée* peut former une proposition infinitive, pourvu qu'il jouisse d'une certaine autonomie par rapport au verbe régent — ce qui arrive [...] : *a)* lorsque l'infinitif est introduit par un outil de subordination, relatif ou interrogatif ; ou *b)* lorsque son sujet, exprimé ou non, est différent de celui du verbe principal ».

4° Parfois, dans la langue écrite, après les verbes *dire, croire, savoir* et leurs synonymes, mais surtout quand le sujet est le pronom relatif *que :*

*Je ramenai la conversation sur des sujets que je savais l'*INTÉRESSER (B. CONSTANT, *Ad.,* II). — *Je servais les idées que je savais* ÊTRE *vitales* (MAURRAS, *Musique intérieure,* p. 48). — [...] *ne pensait qu'au serpent de mer, qu'on dit* HANTER *les gorges d'Ollioules* (L. DAUDET, *Jour d'orage,* p. 173). — *Comment ne pas se résigner à ce que l'on « sait » ne* POUVOIR *changer ?* (ESTAUNIÉ, *Appel de la route,* p. 122.) — *Parmi ces Français que vous dites* AVOIR ÉTÉ DÉNON-CÉS *par Chèvremont* (G. MARCEL, *Rome n'est plus dans Rome,* p. 105). — *Des hommes que je savais* ÊTRE *de grands pécheurs ne me donnaient à aucun moment l'idée qu'ils pouvaient être possédés* (Fr. MAURIAC, *Ce que je crois,* pp. 136-137).

Ex. où le sujet est un nom ou un pronom personnel : *Il jugeait cette récréation lui* DEVOIR *être profitable* (FLAUB., *M*ᵐᵉ *Bov.,* II, 14). — *Elle* [= une certaine « maison du Greco »] *a été construite, il y a longtemps, par un admirateur du maître, sur l'emplacement de la vraie maison où on le sait* AVOIR VÉCU (É. HENRIOT, dans le *Monde,* 20 janv. 1960).

Hist. — La proposition infinitive avec sujet exprimé était d'un emploi très fréquent au XVIᵉ s. ; elle se trouvait avec beaucoup de verbes qui ne l'admettent plus aujourd'hui ; c'est au XVIIᵉ s. que cet usage s'est restreint aux cas que nous avons indiqués : *Comme vous sçavez* ESTRE *du mouton le naturel, tousjours suyvre le premier* (RAB., IV, 8). — ⁺*Quoiqu'il soit à présumer telles résolutions ne* PASSER *pas le bout des lèvres* (PASC., *Prov.,* X). — ⁺*Puis donc que vous reconnaissez ce défaut* ÊTRE *une source de discorde* (BOSS., cit. Haase, § 89).

5° Dans le style du Palais (par archaïsme) et aussi dans une langue plus spontanée, d'inspiration populaire, après la préposition *pour :*

Le propriétaire peut exiger que les meubles qui dépérissent par l'usage soient vendus, pour le prix en ÊTRE PLACÉ *comme celui des denrées* (*Code civil,* art. 603). — *De tout quoi nous avons dressé le présent constat pour la requérante en* FAIRE *tel usage que de droit* (COURTELINE, *Article 330).*

Une grande toile sur châssis pour les peintres DÉPOSER *leurs ordures* (CORBIÈRE, *Amours jaunes,* Casino des Trépassés). — *Je veux les chiens du juif pour David* ALLER *dans la forêt* (M. DURAS, *Abahn, Sabana, David,* p. 66). — [...] *pour qu'au bout de tout ça elle* [= la plume] *devienne des boas très beaux pour les dames* SE METTRE *autour du cou* (CAVANNA, *Ritals,* Au bout d'une fourche). — *Le sujet est un pronom personnel que l'on supprimerait sans peine : C'est pour moi* RIGOLER, *mon Lou* (APOLLIN., *Lettres à Lou,* 21 avril 1915). — *Il y a de l'eau chaude courante, maman trouve que c'est commode pour elle* FAIRE *la vaisselle* (AYMÉ, *Maison basse,* p. 37). — *C'est pas une raison parce qu'il vient de mourir, pour toi en* PERDRE *le boire et le manger !* (CÉLINE, *Mort à crédit,* L.P., p. 496.) — *Par souci de clarté : Il* [= Butor] *laisse à Beethoven le soin des variantes pour, lui* [= Butor], DISTRIBUER *et* ORCHESTRER *à sa manière ces admirables pièces pour piano* (J. PIATIER, dans le *Monde,* 23 juillet 1971).

Hist. — Au moyen âge, l'infinitif prépositionnel, notamment avec *pour,* pouvait être accompagné d'un sujet : *Por le vilain* CREVER *d'envie,* / *Chanterai de cuer* [= cœur] *liement* [= joyeusement] (*Chastelaine de Saint Gille,* cit. Nyrop, t. VI, § 213, 1°).

873 **Construction de l'agent de la proposition infinitive objet direct.**

N.B. — Dans l'exposé qui va suivre, on emploiera, pour plus de commodité, les mots de *datif* et d'*accusatif :* le sujet, ou plutôt l'agent, de la proposition

infinitive est au *datif* quand il prend la forme d'un complément d'objet indirect :
Je fais bâtir ma maison À CET ARCHITECTE ; *je* LUI *fais bâtir ma maison ;* — il est à
l'*accusatif* quand il prend la forme d'un complément d'objet direct : *Je vois venir*
MON PÈRE ; *je* LE *vois venir.*

a) Lorsque l'infinitif se présente **sans objet direct,** son agent se met à
l'accusatif :

> *Je vois* CET ENFANT *obéir à ses parents, je* LE *vois obéir. Je vois venir* VOTRE PÈRE, *je*
> L'*entends parler. Laissons faire* NOS PARENTS. *Je sens battre* MON CŒUR. — *Il fait trembler* LES
> MÉCHANTS, *il* LES *fait trembler.* — *Je ferai renoncer* CET HOMME *à ses prétentions* (LITTRÉ). —
> *Cette aventure* [...] *contribua beaucoup à* LE *faire croire aux visions miraculeuses de Sweden-*
> *borg* (BALZAC, *L. Lambert,* p. 61). — *Personne au monde ne* LE *fera changer d'avis* (COCTEAU,
> *Bacchus,* III, 7). — *Il n'y a pas eu moyen de* LE *faire renoncer à son mystère ridicule* (ROBBE-
> GRILLET, *Gommes,* p. 152).

L'agent qui est exprimé par autre chose qu'un pronom personnel ou un pronom relatif
se place soit avant soit après l'infinitif : *Vois se pencher* LES DÉFUNTES ANNÉES / [...] ; / *Surgir*
du fond des eaux LE REGRET SOURIANT ; / *Le Soleil* MORIBOND *s'endormir sous une arche*
(BAUDEL., *Fl. du m.,* Recueillement). — Si le verbe support est *faire,* intercaler l'agent entre
celui-ci et l'infinitif est littéraire : *Ce que j'ignore* [...], *c'est la nature des évidences* [...] *qui*
faisaient CE DÉCOURAGEMENT *lui apparaître* (M. DURAS, *Amant,* p. 22). — Comp. *b,* 1°.

Parfois, notamment après *faire* et *laisser,* l'infinitif sans objet direct a son
agent au datif (cf. Hist.) :

> *Si vous croyez que c'est commode de* LUI *faire changer d'idée* (P. BENOIT, *Axelle,* p. 171).
> — *Cela, peu à peu,* LUI *laissait espérer dans la clémence du sort* (CARCO, cit. Sandfeld, t. III,
> p. 175). — *Laissons faire* AUX POÈTES (GIDE, *Attendu que...,* p. 167). — *Il s'est porté un coup*
> *d'allure bénigne qui l'a pourtant suffisamment effrayé pour* LUI *faire renoncer à son projet*
> (ROBBE-GRILLET, *Gommes,* p. 145). — Certains de ces infinitifs intransitifs sont proches d'un
> infinitif transitif (cf. *b,* ci-dessous) : *changer d'idée, espérer dans la clémence* sont très voisins
> de *changer son idée, espérer la clémence.*

Hist. — Dans l'ancienne langue, même quand l'infin. se présentait sans objet direct,
l'agent pouvait se mettre au datif : *Laissons faire un peu* À NATURE (MONTAIGNE, III, 13). —
⁺*Faites votre devoir et laissez faire* AUX DIEUX (CORN., *Hor.,* II, 8). — ⁺*J'aurais fait changer*
d'avis À LUCILE (MARIV., *Serments indiscrets,* III, 5).

b) Lorsque l'infinitif **a un objet direct.**

1° Après *faire,* en général l'agent se met au datif (voir cependant
Rem. 1 et 2), ou bien il se construit avec *par :*

> *Vous faites dire* À CICÉRON *une chose qu'il n'a jamais dite* (LITTRÉ). — *Je ferai bâtir ma*
> *maison* À *ou* PAR CET ARCHITECTE (ID.). — *L'architecte* À QUI, PAR QUI *j'ai fait bâtir ma*
> *maison. Je ferai examiner l'affaire* À CELUI-CI, PAR CELUI-CI, À CHACUN D'EUX, PAR CHACUN
> D'EUX. — *Et l'on fit traverser tout Paris* À CES FEMMES (HUGO, *Châtim.,* V, 11). — *La*
> *romance que je* LUI *ai fait chanter.* — *Il* LUI *fit boire un liquide* (BRIEUX, *Foi,* II, 3).

Quand l'agent est un pronom personnel, il se met parfois à l'accusatif (cf.
Hist.) :

> *Et c'étaient des joies, des douceurs qui* LA *faisaient bénir Dieu de son sort* (SAINTE-BEUVE,
> *Vol.,* XIII). — *Les femmes les plus naïves ont un sens merveilleux qui* [...] LES *fait ressaisir*

bientôt tout l'empire qu'elles ont laissé perdre (R. MARTIN DU GARD, *Jean Barois*, p. 114). — *L'inquiétude naturelle aux malades qui* LES *fait essayer sans cesse de nouveaux régimes* (BOUR-GET, *Détours du cœur*, p. 329). — *Des nouvelles un peu moins bonnes* LES *firent précipiter leur départ* (GIDE, *Porte étr.*, p. 129). — *Je* L'*avais fait jurer qu'il viendrait* (BILLY, *Madame*, p. 166). — *Il m'est impossible de* LE *faire aborder ce sujet* (G. DUHAMEL, *Problèmes de civilisation*, p. 13).

Cela arrive même, dans une langue littéraire assez recherchée, quand l'agent est un nom ou un pronom indéfini : [...] *les profondes raisons qui ont fait* RACINE *rejeter tout ce qui fut tant recherché après lui* (VALÉRY, *Variété*, Pl., p. 739). — *Est-ce Virgile, ou moi, qui gonfle de signification profonde ces quelques mots qu'il fait* NISUS *adresser à son Euryale* (GIDE, *Journal 1942-1949*, p. 306). — *Le courage de gorille qui est celui du héros ou du saint, et qui fait* L'HOMME *dominer sa peur* (IKOR, *Poulains*, p. 125). — [...] *précisa pour moi certains faits concernant Dunkerque, ce qui fit* TOUT LE MONDE *croire que j'y avais été* (VIALAR, *Ligne de vie*, p. 170). — *Un Dieu qui gémit, c'est le genre de choses qui faisait* NIETZSCHE *se gausser* (BRUCKBERGER, *Monde renversé*, p. 82).

Hist. — L'accusatif se trouvait à l'époque classique bien plus souvent qu'aujourd'hui : [+]*Les vrais Juifs et les vrais Chrétiens ont toujours attendu un Messie qui* LES *ferait aimer Dieu* (PASCAL, *Pens.*, 607). — [+]*On ne* LA *fera point dire ce qu'elle ne dit pas* (SÉV., 17 janv. 1680).

2° Après un **autre verbe que** *faire*, l'agent se met indifféremment à l'accusatif ou au datif, ou bien il se construit avec *par* :

On LE *vit briser ses meubles* (SAND, *Lélia*, VIII). — *S'ils ont laissé toute la mèche que je* LES *ai vus acheter* (MAUPASS., *Mont-Oriol*, p. 38). — *En* LA *voyant faire l'aumône* (É. AUGIER, *Effrontés*, II, 6). — *Il avisa Émilia de* LE *laisser conduire l'intrigue* (É. BOURGES, *Crépuscule des dieux*, III). — *Comme une souris* QUE *le chat laisse faire quelques pas en liberté* (CHÂTEAU-BRIANT, *M. des Lourdines*, p. 132). — *Je* L'*entends remuer la casserole* (J. ROMAINS, *Lucienne*, p. 65). — *Comme certains mendiants* QUE *j'ai vu* [sic] *humer l'odeur des plats* (ESTAUNIÉ, *Infirme aux mains de lumière*, p. 95). — *Je* LA *sentis serrer mon bras* (ARLAND, *Vigie*, p. 119).

Je LUI *ai même entendu dire qu'il avait appris la flûte* (J. ROMAINS, *Lucienne*, p. 64). — *Il n'était plus possible de* LUI *laisser tout ignorer* (*ib.*, p. 145). — *Il resta toujours fidèle aux exercices de piété qu'il* LUI *avait vu pratiquer* (BREMOND, *Âmes religieuses*, p. 10).

Un garde [...] *a laissé admirer* PAR MA FEMME *son poignard* (GENEVOIX, *Afrique blanche, Afrique noire*, p. 62). — *J'ai vu, j'ai laissé planter des choux* PAR CES JARDINIERS. *Les jardiniers* PAR QUI *j'ai laissé planter des choux.*

Remarques. — 1. Quand l'agent et l'objet direct de l'infinitif sont tous deux des pronoms personnels, si les deux pronoms sont joints devant le verbe principal (§ 659, *b*, 1°), le pronom agent se met au datif :

Ce devoir, je le LUI *ferai recommencer, ne le* LUI *faites pas recommencer. Ce livre, ne le* LEUR *laissez pas lire.*

Mais si les deux pronoms ne sont pas joints devant le verbe principal, le pronom exprimant l'agent se met à l'accusatif :

Ce mot d'« estime » [...] LA *faisait me remercier* (SAINTE-BEUVE, *Vol.*, XIX). — *Je* L'*ai vu la battre* (M. PRÉVOST, *La nuit finira*, t. II, p. 50). — *Elle ne veut pas, peut-être, qu'on* LA *voie me regarder* (J. SARMENT, *Jean Jacques de Nantes*, p. 247). — *Il* LES *regarde le regarder* (*ib.*, p. 234).

En particulier, lorsque le verbe principal est à l'impératif et qu'il n'est pas précédé des deux pronoms conjoints, le pronom agent peut être : 1° au datif, dans des phrases comme les suivantes : *Ce livre, laissez-le-*LUI *lire. Ce devoir, faites-le-*LEUR *recommencer ;* — 2° à l'accusatif, dans des phrases comme les suivantes : *Ce livre, laissons-*LES *le lire en paix. Laisse-*LE *te guider. Ne* LES *laisse pas nous injurier. Ne* LE *laisse pas te perdre. Voyez-*LES *nous accuser* [Cf. § 659, *b,* 1°.]

2. Quand l'infinitif est un verbe pronominal, son agent se met à l'accusatif :

Je LA *vis se rapprocher de sa sœur* (FROMENTIN, *Dom.,* XIII). — *Elle* LES *entendait se disputer* (M. PRÉVOST, *La nuit finira,* t. I, p. 162). — *Une mollesse parfois* LA *faisait s'étendre sur l'herbe drue d'une pente* (MAUPASS., *Vie,* II).

Il est exceptionnel que l'agent soit au datif : *Une résolution qui* LUI *fait se diriger vers la place de la Concorde* (BOURGET, cit. Sandfeld, t. III, p. 175).

3. Lorsque les verbes *apercevoir, écouter, entendre,* etc., surtout *faire* et *laisser,* sont à la forme pronominale, l'agent de l'infinitif s'introduit par une des prépositions *par* ou *de :*

Il se laisse entraîner PAR LE COURANT. *Il se fait estimer* DE TOUS. *Il se sentait envahir* PAR UNE TRISTESSE MORTELLE.

Hist. — Chez les auteurs classiques, après *faire* et surtout après *laisser* employés à la forme pronominale, l'agent de l'infinitif se trouve construit avec *à* plutôt qu'avec *par* ou *de :* ⁺*Je me laissais conduire* À MON CHEVAL (RAC., G.E.F., t. VII, p. 34). — ⁺*Tous se laissent entraîner* AU TORRENT *qui les emporte* (LA BR., VIII, 32). — ⁺*Mais je me laisse emporter* AU PLAISIR *de grêler sur vous de deux cents lieues loin* (SÉV., 19 avril 1690). — *Et ne vous laissez point séduire* À VOS BONTEZ (MOL., *F. sav.,* V, 2). — ⁺*Elle se laissa emporter* À SA VIVACITÉ (DIDEROT, *Jacques le fat.,* Pl., p. 605). — Cette construction se retrouve parfois dans la littérature moderne : *Je me laissais emporter* À LA FOUGUE *des désirs* (SAND, *Lélia,* XXIII). — *Jean ne se laissait plus tromper* À CE SOPHISME (BOURGET, *Étape,* pp. 147-148). — *Si j'osais me laisser séduire* AUX RÊVERIES *qu'on décore du beau nom de philosophie historique* (VALÉRY, *Regards su· le monde actuel,* p. 123). — *Énée s'est laissé séduire* AUX DOUCEURS *de l'amour* (É. HENRIOT, *Fils de la Louve,* p. 116).

En construisant l'agent au moyen d'une préposition lorsqu'il y a un autre syntagme nominal (ou pronominal) non prépositionnel, la langue se prémunit contre les risques de confusion. Mais le procédé peut s'introduire, par analogie, quand il n'y a pas de tels risques (cf. *a,* ci-dessus). — La préposition *à* dans cette fonction a été souvent considérée comme remontant au lat. *ab.*

B. — L'infinitif dans les fonctions du nom

L'infinitif complément de verbe

874 L'infinitif peut être complément essentiel ou non essentiel, complément adverbial ou complément d'objet (direct ou indirect).

L'opposition entre objet direct et objet indirect est fondée sur la construction des syntagmes nominaux. L'infinitif objet *direct* peut être introduit par une préposition : *Il craint* DE *s'endormir.*

Un nombre assez considérable de verbes présentent plusieurs constructions différentes pour l'infinitif qui leur sert de complément essentiel.

Parfois, cela correspond à des significations distinctes (§ 878). — Des grammairiens ont essayé de découvrir des nuances sémantiques pour d'autres verbes : par ex., entre *commencer à* et *commencer de, continuer à* et *continuer de* (§ 877) ; entre *s'efforcer de* et *s'efforcer à, tâcher de* et *tâcher à* (§ 876). Il est assez naturel que des écrivains sentent des différences, mais celles-ci ne sauraient être considérées comme générales et constantes. Le plus souvent, c'est l'usage écrit, surtout littéraire, qui a d'autres possibilités que la langue commune et qui, en particulier, maintient plus ou moins en vie des tours classiques (cf. Hist.) ; en outre, la préposition *de* a l'avantage, pour les auteurs qui ont l'oreille délicate, d'éviter les hiatus qu'amène la préposition *à (Il continua à apporter).* — Ces survivances, dans d'autres cas, se trouvent dans des parlers régionaux.

N.B. — Dans les listes des §§ 875-878, nous avons introduit certaines locutions verbales. Quand elles contiennent un nom, on pourrait, surtout du point de vue historique, soutenir que la préposition est celle d'un complément du nom.

Hist. — La langue classique donnait à beaucoup de verbes une autre construction que celle qui est suivie ordinairement aujourd'hui (et qui est indiquée dans les §§ 875-878) :

On ne S'ATTENDOIT *guere /* DE *voir Ulysse en cette affaire* (LA F., *F.,* X, 2). — *+Vous ne* BALANCERIEZ *pas* DE *la* [= la vie] *risquer* (VOLT., *Corresp.,* 16 sept. 1765). — *+Voici tantôt le bout de cette année, que vous* COMPTIEZ DE *terminer par un retour* (SÉV., 21 juillet 1680). — *+C'est qu'ils* COMPTENT DE *n'être jamais hommes* (J.-J. ROUSS., *Ém.,* IV, cit. Littré). — *Je* CONSENS D'*oublier le passé* (RAC., *Andr.,* IV, 5). — *Je* ME SUIS ENGAGÉ DE *faire valoir la Piece* (MOL., *Préc.,* IX). — *+*ESSAYEZ *sur ce point* À *le faire parler* (CORN., *Hor.,* I, 1). — *+Il les* EXHORTA D'*avoir bon courage* (VAUGELAS, trad. de Quinte-Curce, cit. Haase, p. 288). — *+Elle m'*EXHORTA DE *consulter d'habiles gens* (J.-J. ROUSS., *Conf.,* cit. Littré). — *+Cette proposition* FAILLIT À *reculer les affaires* (VOLT., *Ch. XII,* VIII). — *Loin des lieux où le temps l'*HABITUA DE *vivre* (CHÉNIER, *Élég.,* VI). — *+Ils n'*HÉSITENT *pas* DE *critiquer des choses qui sont parfaites* (LA BR., XI, 145). — *+Je vous* INVITE D'*accompagner le Sauveur jusques au tombeau de Lazare* (BOSS., *Sermon sur la mort,* Ex.). — *Il m'*INVITA DE *prendre part au sien* [= à son dîner] (J.-J. ROUSS., *Conf.,* Pl., p. 154). — *+J'*AI *toujours* OUBLIÉ À *vous dire* [...] (PASCAL, *Prov.,* VIII). — *+J'*OUBLIAIS À *vous donner de l'argent* (MARIV., *Vie de Mar.,* p. 35). — *Elle* SE RESOLUT / D'*imiter la Nature* (LA F., *F.,* IV, 22). — Etc.

Pour presque tous ces verbes, on trouve, au moins occasionnellement, dans la langue littéraire moderne, des survivances de l'usage classique. Voir les commentaires des §§ 875-878, dans lesquels nous n'avons introduit qu'une partie des références dont nous disposions.

875   Verbes se construisant d'habitude avec un infinitif sans préposition.

adorer ↓	compter	écouter	oser	savoir
affirmer	confesser	entendre	penser	sentir
aimer ↓	croire	espérer ↓	pouvoir	supposer
apercevoir	daigner	estimer	préférer ↓	voir
assurer	déclarer	faillir ↓	présumer	vouloir
avoir beau	désirer ↓	faire	reconnaître	
avouer	détester ↓	se figurer	regarder	

Adorer de se trouve parfois : *Minnie, qui aime bien se salir, adore* D'*être lavée* (A. LICH-TENBERGER, *Notre Minnie,* cit. Sandfeld, t. III, p. 110).

Aimer à est fréquent aussi : *J'aime* à *prier à genoux* (CHAT., *Mém.,* III, II, IX, 14). — *Il aime* à *écrire des lettres* (TOULET, *Béhanzigue,* p. 145). — *Elle est heureuse, j'aime* à *croire ?* (RICHEPIN, *Chemineau,* III, 9.) — *S'il aimait* à *avoir du monde à Réveillon, il aimait avant tout* à *ne pas compromettre la réputation de Réveillon* (PROUST, *Jean Santeuil,* t. II, p. 241). — *Il aimait d'ailleurs* à *jardiner* (LA VARENDE, *Roi d'Écosse,* p. 57).

Aimer de, tour classique, subsiste dans la langue littéraire (et aussi dans l'usage courant de certaines régions) : *Janot aimait* DE *s'y rendre* (JAMMES, *Janot-poète,* p. 24). — *Julius aimait* D'*obliger* (GIDE, *Caves du Vat.,* p. 216). — *Il aimait* D'*embrasser brusquement un inconnu, un adversaire* (BARRÈS, *Mes cahiers,* t. XII, p. 307). — *Édouard n'aimait pas* D'*épuiser son jugement dans les petites causes* (G. DUHAMEL, *Deux hommes,* p. 35). — *J'ai dit que le soldat français aime* DE *comprendre, il n'aime pas moins* D'*être compris* (VALÉRY, *Variété,* Pl., p. 1103). — *J'aimerais* DE *mourir* (A. de NOAILLES, *Forces éternelles,* IV, Attends encore un peu...). — *J'aime* D'*être méconnu* (MONTHERLANT, *Maître de Santiago,* I, 4). — *C'est au langage des arts plastiques que j'eusse aimé* DE *recourir* (GENEVOIX, *Jeux de glaces,* p. 34). — *J'aime* DE *travailler* [dit une paysanne] (AYMÉ, *Jument verte,* IX). — Autres ex. : SAND, *Fr. le champi,* XV ; BENDA, *France byzantine,* p. 118 ; JOUHANDEAU, *Chaminadour,* p. 214 ; HÉRIAT, *Enfants gâtés,* p. 243 ; etc.

Après *aimer bien, aimer mieux, aimer autant,* la préposition *de* paraît moins affectée ; ce sont des personnages qui parlent dans les ex. suivants : *J'aimerais autant* D'*être curé !* (BERNANOS, *M. Ouine,* Pl., p. 1395.) — *Moi, j'aimerais bien* DE *rester couché* (PAGNOL, *Merlusse,* Petite Illustration, p. 24). — *J'aurais bien aimé* DE *vous les montrer* (M. DURAS, *Petits chevaux de Tarquinia,* p. 217). — *À* paraît rare après ces expressions : *J'aurais bien aimé* à *être infirmier* (CÉLINE, *Voy. au bout de la nuit,* Fº, p. 387).

Désirer de est littéraire : *Vous ne désireriez pas* DE *vous reposer* [...] ? (MUSSET, *Nuit vénitienne,* II.) — *Si vous désirez* DE *méditer* (H. BORDEAUX, *Chartreuse du reposoir,* p. 100). — *Elle désirait* DE *voir Marcel Coutre* (É. HENRIOT, *Aricie Brun,* III, 2). — *Il désirait* DE *voir Bouteiller furieux ou suppliant* (BARRÈS, *Leurs figures,* p. 323). — *Sa cause ne l'eût pas lâché, même s'il avait désiré* DE *rompre avec elle* (J. ROY, *Métier des armes,* p. 243). — *Vous avez désiré* DE *me parler* (MONTHERLANT, *Malatesta,* II, 4). — *Il articulait avec force des mots sur lesquels il désirait* D'*attirer l'attention de l'auditoire* (G. DUHAMEL, *Compagnons de l'Apocalypse,* p. 48). — *Peut-être désirait-elle simplement* DE *ne plus être* (D. BOULANGER, *Connaissez-vous Maronne ?* p. 56).

Détester de est assez courant : *Je ne déteste pas* DE *généraliser la notion de moderne* (VALÉRY, *Variété,* Pl., p. 992). — *Il déteste* D'*écrire* (Fr. MAURIAC, *Fin de la nuit,* p. 121). — *Je ne déteste pas* D'*accompagner les chasseurs* (G. DUHAMEL, *Biographie de mes fantômes,* p. 123). — *Je déteste* D'*être réveillé en sursaut quand je rêve* (É. HENRIOT, *Rose de Bratislava,* II). — *J'avais même un tel plaisir à donner que je détestais* D'*y être obligé* (A. CAMUS, *Chute,* Pl., p. 1485).

Espérer de se trouve parfois, dit l'Acad., quand *espérer* est lui-même à l'infin. ; cette condition n'est nullement indispensable, mais la construction est littéraire (cf. J. Hanse, dans les *Mélanges Grevisse,* pp. 187-206) : *Espérant par vous* DE *devenir baron* (STENDHAL, *Chartr.,* XVII). — *Je ne puis espérer* DE *faire comprendre cette réponse* (NERVAL, *Aurélia,* I, 4). — *Ils espérèrent bientôt* D'*en faire des fidèles* (SAINTE-BEUVE, *Caus. du lundi,* t. I, p. 191). — *Cette ceinture d'officier dans laquelle j'avais espéré* DE *mourir* (BARBEY D'AUR., *Diabol.,* Pl., p. 227). — *N'espérez pas* DE *les tromper* (MAETERLINCK, *Vie des abeilles,* II, 25). — *Au milieu des malades qu'il espérait* DE *soigner* (G. DUHAMEL, *Biographie de mes fantômes,* p. 140). — *Ce secret du génie, je n'espère pas* DE *le comprendre* (ALAIN, *Propos de littérat.,* LXXXIII). — *Les* *phénomènes qu'on peut espérer* D'*expliquer* (BENDA, *Exercice d'un enterré vif*, p. 20). — *Puis-je même espérer* DE *les revoir tous ?* (GIDE, *Journal*, 30 janv. 1943.) — *Comment pouvait-il espérer* DE *se faire comprendre ?* (J. GREEN, *Chaque homme dans sa nuit*, p. 209.) — *Puis-je espérer* DE *vous rendre ce qui m'appartenait ?* (BERNANOS, *Dialogue d'ombres*, p. 108.) — *Je n'espérais plus* DE *voir un enfant les ramasser* (Fr. MAURIAC, dans le *Figaro litt.*, 12 juin 1960). — *Ne peut-on pas espérer* DE *vous voir à nouveau sur la Superbe ?* (CHAMSON, *Superbe*, p. 61.) — *La bête trop chargée, qui espère en se secouant* DE *faire tomber son fardeau* (RAMUZ, *Règne de l'esprit malin*, II, 2). [Reflet d'un usage régional ?]

Faillir *à* « être sur le point de » est vieilli (cf. § 874, Hist.), tout autant que *(ne pas) faillir à* « (ne pas) manquer de » : *En cet appartement que la Commune faillit* À *brûler* (LITTRÉ, *Études et glanures*, p. 430). — *Je faillis* À *m'évanouir tout à fait* (HERMANT, *Confidences d'une aïeule*, IX). — *Il tomba* [...], *et ne faillit pas* À *se ficher dans le corps une partie des tiges* (MALRAUX, *Lunes en papier*, I). — *Rosita Bacheret ne faillit pas* À *s'écrier* (COLETTE, *Chambre d'hôtel*, p. 117). — *Il connaissait tout ce qu'il avait failli dans sa vie* À *comprendre* (MONTHER-LANT, *Songe*, X). — *Adrienne et moi* [...] *ne faillîmes point* À *rire de compagnie* (Y. GANDON, *Léone*, p. 102). — *Faillir de*, signalé encore par Littré *(J'ai failli* DE *tomber)*, est hors d'usage.

Préférer *de* reste utilisé par quelques écrivains : *Il préféra* DE *s'avancer par le Nord* (SAINTE-BEUVE, *Général Jomini*, p. 170). — *M. Lancelot m'excusa : il semblait préférer* DE *rester seul* (HERMANT, *Xavier*, p. 210). — *Il préféra donc* DE *les dissuader en douceur* (JAMMES, *Antigyde*, p. 85). — *Elle préférait* DE *rire* (G. DUHAMEL, *Passion de Jos. Pasquier*, III). — *D'autres préfèrent* DE *rester debout* (J. ROSTAND, *Inquiétudes d'un biologiste*, p. 77).

876 **Verbes construisant d'habitude l'infinitif avec *de* :**

s'abstenir	comploter	dispenser	gémir	offrir
accepter	conjurer	dissuader	se glorifier	omettre
accuser	conseiller	douter	haïr	ordonner
achever	se contenter	écarter	hasarder	oublier
admettre	convenir	s'efforcer ↓	se hâter	pardonner
affecter	convoiter	s'embarrasser ↓	imposer	parier
s'affliger	craindre	empêcher	imputer	parler
ajourner	déconseiller	enjoindre	inaugurer	permettre
ambitionner	dédaigner	enrager	incriminer	persuader
s'applaudir	défendre	entreprendre	s'indigner	plaindre
appréhender	défier	envisager	s'ingérer	préméditer
arrêter ↓	dégoûter	épargner	inspirer	prescrire
avertir	délibérer	s'étonner	interdire	presser
s'aviser	se dépêcher ↓	éviter	s'interrompre	prétexter
avoir droit ↓	désaccoutumer	excuser	inventer	prévoir
n'avoir garde	désapprendre	exempter	louer	prier
avoir regret ↓	désespérer	feindre ↓	méditer	projeter
blâmer	déshabituer	féliciter	se mêler	promettre
brûler	détourner	finir ↓	menacer	proposer
cesser	différer	se flatter	mériter	protester
charger	discontinuer	frémir	négliger	réclamer
choisir	disconvenir	gager	nier ↓	recommander
commander	se disculper	garder	obtenir	récompenser

redouter	reprocher	ruminer	se soucier	tâcher ↓
regretter ↓	se réserver	savoir gré	soupçonner	tenter
se réjouir	retenir	signifier	se souvenir ↓	tenu (être ~) ↓
remercier	rêver ↓	simuler	suggérer	valoir
remettre	rire	solliciter ↓	supplier	vanter
se repentir	rougir	sommer	supporter	

Arrêter, a-t-on prétendu, ne peut signifier « cesser » que lorsqu'il est employé absolument dans le sens de « cesser de marcher, de parler, d'agir » ; on a déduit de là que le tour *Il n'arrête pas de fumer* n'était pas bon. Cette opinion est démentie par l'usage : *Il n'a pas arrêté* DE *vomir toute la nuit* (GIDE, *Voy. au Congo*, p. 171). — *Ils n'arrêtaient pas* DE *fumer* (Fr. MAURIAC, *Fleuve de feu*, p. 132). — *On n'arrête pas* DE *nous le dire* (PAULHAN, dans le *Figaro littér.*, 30 sept. 1950). — *La terre n'arrête pas* DE *tourner* (PRÉVERT, *Paroles*, Chanson dans le sang). — Autres ex. : A. CAMUS, *Étranger*, p. 73 ; R. MERLE, *Week-end à Zuydcoote*, p. 112 ; J.-J. GAUTIER, *Hist. d'un fait divers*, p. 149 ; KESSEL, *Cavaliers*, p. 219 ; É. HENRIOT, *Tout va recommencer sans nous*, p. 8 ; etc.

On dit bien également *s'arrêter de*, avec un infinitif : *Elle s'arrêta* DE *parler* (LOTI, *Ramuntcho*, p. 74). — *Elle me reprenait sans s'arrêter* DE *travailler* (PÉGUY, *Souvenirs*, p. 17). — *Et ce sang qui ne s'arrête* DE *couler* (LARBAUD, *Enfantines*, Couperet, VIII).

Avoir droit ou *avoir le droit de faire qq. ch.* : *Avoir droit* DE *voter* ou *le droit* DE *voter* (AC., s.v. *droit*). — *La famille seule avait droit* D'*y prendre part* (FUSTEL DE COULANGES, *Cité antique*, III, 6).

Avoir regret à est mentionné par l'Acad. : *J'ai regret* À *vous le dire.* — On a contesté qu'on pût *être au regret de*, avec un infinitif ; ce tour est correct : *Je suis au regret* D'*avoir dit*, D'*avoir fait cela* (AC.) — *Je suis bien au regret* D'*avoir dû tailler et couper à travers la magnifique dissertation de M. Lionel Landry* (BREMOND, *Poésie pure*, p. 151).

Se dépêcher à se trouve parfois : *Se dépêchant* À *monter nos lits de sangles* (LOTI, *Vers Ispahan*, p. 26).

S'efforcer à est fréquent dans la langue littéraire : *Tandis qu'ils s'efforçaient* À *trouver des phrases banales* (FLAUB., *Mme Bov.*, II, 3). — *Elle était gaie ; lui, s'efforçait* À *l'être* (R. MARTIN DU GARD, *Thib.*, Pl., t. II, p. 572). — *Elle s'efforçait en vain* À *sourire* (A. GIDE, *Porte étr.*, p. 64). — *Son art s'efforce* À *capter toute la poésie qui jaillit des choses présentes* (APOLLIN., *Chron. d'art*, p. 407). — *Je m'efforce* À *séparer votre tourment de celui de la conquête* (MALRAUX, *Tentation de l'Occident*, p. 54). — *Malgré qu'il s'efforçât, raide dans son complet neuf,* À *mettre le jour du Seigneur au ras des autres jours, Justin gardait un air des dimanches* (AYMÉ, *Aller retour*, p. 118). — *Je m'efforce* À *laisser à la parole qu'il profère sa signifiance souveraine* (J. LACAN, *Écrits I*, p. 288). — *S'efforcer pour* est rare : *Lui s'efforce* [...] POUR *s'intéresser à mes recherches* (P. ARÈNE, *Chèvre d'or*, XVII).

S'embarrasser, embarrassé se construisent aussi avec *pour* : *Elle ne serait pas embarrassée* POUR *amener un Américain où elle voulait* (P. de COULEVAIN, *Noblesse américaine*, p. 139). — *Être bien embarrassé* POUR *répondre* (ROBERT). — Parfois avec *à* : *Je serais bien embarrassé* À *vous donner mon avis* (FAGUET, dans D'Harvé, *Parlons mieux*, p. 94).

Feindre se construit parfois sans prépos. : *Elle feignit ne pas* COMPRENDRE (Fr. MAURIAC, *Fin de la nuit*, p. 125). — *Feignant* AVOIR VU *l'apprentie* [...] (COURTELINE, *Linottes*, II). — *Les femmes qui dansaient ensemble feignaient, de dépit,* S'AMUSER *follement* (CESBRON, *Souveraine*, p. 146). — [Voir déjà LA F., *F.*, XII, 18.]

Feindre à « hésiter à », dans cet ex., paraît plutôt un régionalisme qu'un archaïsme [cf. MOL., *Av.*, I, 4] : *Je ne feindrai pas* À *vous dire* [...] *que ma mère* [...] *a commencé par désap-*

prouver hautement le projet d'union de mon frère (A. LICHTENBERGER, *Portraits de jeunes filles*, p. 7).

Finir par : voir § 879, c.

Nier + infin. sans prépos. est donné comme familier par le *Dict. gén.* ; ce tour est courant dans la littérature moderne : *M. de Talleyrand a longtemps nié* ÊTRE VENU (SAINTE-BEUVE, *M. de Talleyrand*, p. 30). — *Ils nièrent* ÊTRE VENUS *dans la nuit* (NERVAL, *Aurélia*, I, 3). — *Elle nia* AVOIR *jamais* DONNÉ *d'œillets rouges à personne qu'à Évariste* (A. FRANCE, *Les dieux ont soif*, p. 236). — *M. Clemenceau a toujours nié* AVOIR REÇU *ces documents* (BARRÈS, *Leurs figures*, p. 71). — *Il nia* AVOIR *jamais* ÉCRIT *à Mlle de Jussat* (BOURGET, *Disciple*, p. 43). — *Je demandai des explications au général qui nia* ÊTRE *l'auteur de l'article* (CLEMENCEAU, *Grandeurs et misères d'une victoire*, p. 103). — *Votre associé Erza nie* AVOIR PRIS *l'argent* (MORAND, *New-York*, p. 185). — *L'aïeul nia, bien entendu,* CONNAÎTRE *le premier mot du complot* (ESTAUNIÉ, *Tels qu'ils furent*, p. 6). — *Il nia depuis* AVOIR FRAPPÉ *la bête aux naseaux* (BERNANOS, *M. Ouine*, p. 180). — *Ils* [...] *nieront* AVOIR *rien* VU (GIDE, *Voy. au Congo*, p. 95). — *La Voisin niait la* CONNAÎTRE (M. GARÇON, dans les *Nouv. litt.*, 14 juin 1954).

Regretter + infin. sans prépos. est rare : *Je regrette* [...] *ne pas* l'ENTENDRE *ce soir* (M. HARRY, cit. Sandfeld, t. III, p. 96).

Rêver, dans le sens « imaginer », construit parfois sans prépos. l'infinitif complément : *Il n'y a pas de grimaud sortant du collège qui n'aît rêvé* ÊTRE *le plus malheureux des hommes* (CHAT., *Mém.*, II, I, 11).

Solliciter *qqn à faire qq. ch.* est encore mentionné par l'Acad.

Se souvenir, sous l'influence du synonyme *se rappeler*, se construit couramment sans prépos. : *Je me souviens* l'AVOIR PROMENÉ *encore dans le salon de Mme la comtesse de Chodsko* (A. DAUDET, *Trente ans de Paris*, p. 99). — *L'abbé, quoiqu'il se souvienne* AVOIR VU *l'inscription presque entière, ne peut pas m'en dire le sens* (P. ARÈNE, *Chèvre d'or*, XVIIII). — *Il ne doit pas se souvenir nous* AVOIR DIT *qu'elle demeurait à deux kilomètres de là* (PROUST, *Rech.*, t. I, p. 129). — *Il se souvint* AVOIR MARCHÉ *devant lui très vite et très loin* (BOURGET, *Disciple*, p. 356). — *Je me souviens* AVOIR ÉTÉ *premier en rhétorique* (Ch. DU BOS, *Journal 1921-1923*, p. 28). — Autres ex. : G. DUHAMEL, *Pesée des âmes*, p. 236 ; J. GREEN, *Sud*, I, 2 ; BILLY, dans le *Figaro litt.*, 12 nov. 1960 ; GIDE, *Journal*, 1ᵉʳ sept. 1937 ; GIRAUDOUX, *Littérature*, p. 121 ; etc. — [Déjà au XVIIᵉ s. : ⁺*Il me souvint même* AVOIR SU *que le prince d'Assyrie n'était point à Babylone* (Mˡˡᵉ de SCUDÉRY, cit. Haase, p. 203).]

Tâcher *à* reste fréquent dans la langue littéraire : *Mlle Emma tâchait* À *coudre des coussinets* (FLAUB., *Mᵐᵉ Bov.*, I, 2). — *Tâche* À *résoudre l'énigme du bonheur que je te propose* (PROUST, *Rech.*, t. III, p. 867). — *Je tâchais* À *les y voir encore* (É. HENRIOT, *Temps innocents*, p. 74). — *Je n'ai jamais bien compris que le plus désirable des bas soit le bas dit « invisible » et qu'il faille payer si cher ce qui tâche* À *ne pas exister* (COLETTE, *Paris de ma fenêtre*, p. 106). — *C'est* À *retrouver ce point de départ individuel que tâchent les savants* (VAN GENNEP, *Folklore*, p. 25). — *Septime-Sévère dut remettre sur le métier le travail de Dioclétien, comme Domitien avait tâché* À *reprendre celui d'Auguste* (CARCOPINO, *Vie quotidienne à Rome à l'apogée de l'Empire*, p. 118). — *Elle tâchait* À *ressusciter M. R.* (CESBRON, *Souveraine*, p. 256). — [Cf. § 874.]

Autres ex. : MIRBEAU, *Journal d'une femme de chambre*, VII ; PÉGUY, *Mystère de la char. de J. d'Arc*, p. 198 ; A. de NOAILLES, *Honneur de souffrir*, XCVI ; GIDE, *Journal*, 3 janv. 1921 ; A. SUARÈS, *Sur la vie*, t. I, p. 196 ; H. BORDEAUX, *Captifs délivrés*, p. 312 ; AYMÉ, *Aller retour*, p. 19 ; LA VARENDE, *Amour de M. de Bonneville*, p. 83 ; LE BIDOIS, § 580 ;

J. Rostand, *Pensées d'un biologiste*, p. 180 ; M. Thiry, *Le poème et la langue*, p. 23 ;
Ambrière, *Grandes vacances*, p. 26 ; etc.

Être tenu à se rencontre : *Vous n'étiez pas tenu à me raconter votre vie* (Bourget,
Lazarine, p. 161).

Remarque. — *N'avoir (pas* ou *point) de cesse* se construit normalement avec
que + ne et le subjonctif (voir §§ 983, *g*, Rem. ; 1081, *e*) ; mais, influencés par *ne
pas cesser de*, quelques-uns construisent cette locution avec *de* (ou *que de*) et
l'infinitif, pour exprimer l'idée de « faire des tentatives répétées pour » :

> *Je n'eus de cesse* DE *le* RENCONTRER *de nouveau* (Arland, *Grand pardon*, p. 66). —
> *Distrait par une mite importune qu'il n'avait eu de cesse d'abord* D'ÉCRABOUILLER (Vercors,
> *Bataille du silence*, p. 165). — *Il* [...] *n'a eu de cesse* QUE DE TROUVER, *sous les réflexions, les
> anecdotes,* [...], *l'allusion à des faits précis* (M. Rat, dans le *Figaro litt.*, 4 août 1951). —
> *D'Hauterive n'eut de cesse* DE *les* CONVAINCRE (J. Orieux, *Talleyrand*, p. 509). — *Si je lui
> bats froid, elle n'a de cesse* DE *me* RECONQUÉRIR (J. Roy, *Amour fauve*, p. 72). — *Cette
> légende l'irritait, et il n'eut de cesse* QUE DE S'EN DÉFAIRE (A. Peyrefitte, *Disc. de récept. à
> l'Acad. fr.*).

877   Verbes construisant d'habitude l'infinitif avec *à* :

s'abaisser	s'avilir	donner	hésiter ↓	réduire
aboutir	avoir	dresser	inciter	se refuser
s'abuser	avoir bonne	employer	induire	renoncer
s'acharner	grâce ↓	encourager	s'ingénier	répugner
admettre	balancer	engager ↓	inviter	se résigner
s'adonner	se borner	ennuyer ↓	mettre ↓	réussir ↓
aguerrir	chercher	enseigner	monter	servir
aider	commencer ↓	s'entendre	s'obstiner	songer
s'amuser	se complaire	être bien (ou	s'offrir	se soumettre
s'animer	concourir	mal) venu ↓	parvenir	tarder ↓
s'appliquer	condamner	être fondé	pencher	tendre
apprendre	consentir ↓	s'évertuer	persévérer	tenir
s'apprêter	conspirer	exceller	persister	travailler
s'arrêter	se consumer	exciter	se plaire	trouver
arriver	continuer ↓	exhorter ↓	se plier	se tuer
aspirer	contribuer	s'exposer	porter	veiller
assigner	convier ↓	faire attention ↓	pousser	viser
assujettir	destiner	se fatiguer	se prendre	
astreindre	déterminer	habiliter	préparer	
s'attacher	se dévouer	habituer ↓	prêter	
autoriser	disposer	se hasarder	provoquer	

Avoir bonne (ou *mauvaise*) *grâce de* est vieilli : *J'aurais mauvaise grâce* DE *refuser* (Stendhal, *Corresp.*, t. IV, p. 353). — *Nous aurions mauvaise grâce* DE *lui reprocher, au XXᵉ siècle,
des choses que couvre certainement la prescription* (Hermant, *Platon*, p. 104).

Commencer de est très fréquent dans la langue écrite, au point que l'on peut considérer
qu'elle a le libre choix ; c'est l'oreille qui décide : *Son père avait commencé* DE *lui enseigner le
latin* (Sainte-Beuve, *Portraits littér.*, Pl., p. 945). — *L'imprimerie a commencé* DE *les* [= les

écrits du moyen âge] *rendre à la lumière* (LITTRÉ, *Hist. de la langue franç.*, t. I, p. 257). — *La bossue commença* DE *fuir* (BARRÈS, *Du sang...*, p. 127). — *Coffin* [...] *commençait* DE *grimper* (ALAIN-FOURNIER, *Gr. Meaulnes*, I, 3). — *L'arbuste cessa vite de croître, et commença* DE *préparer une fleur* (SAINT EXUPÉRY, *Petit prince*, VIII). — *Arsène* [...] *commençait* DE *creuser une fosse* (BERNANOS, *Journal d'un curé de camp.*, Pl., p. 1063). — *Il commença* DE *raconter des histoires* (AYMÉ, *Contes du chat perché*, Loup). — *J'ai commencé* D'*entrevoir ces faces gothiques* (MALRAUX, *Noyers de l'Altenburg*, p. 24). — *C'est une révolution* [...] *que la France* [...] *a commencé* D'*accomplir* (DE GAULLE, *Mém. de guerre*, t. I, p. 271). — *Des pénitents* [...] *commencèrent* DE *descendre les marches* (A. CAMUS, *L'exil et le royaume*, Pl., p. 1679). — *Les premiers vrais réfugiés* [...] *commencèrent* D'*arriver* (Fr. NOURISSIER, *Histoire franç.*, XI). — *Je commençai* DE *m'interroger* (G. FRIEDMANN, *La puissance et la sagesse*, p. 275). — Etc.

Consentir *de* subsiste (cf. § 874, Hist.) dans la langue littéraire : *Quelques esprits distingués n'ont consenti* DE *voir en ce drame que l'exposé d'un cas bizarre* (GIDE, *Immor.*, Préf.). — *Je consens* D'*être le parrain* (J. SCHLUMBERGER, *Fils Louveigné*, I, 9). — *La grandeur, pour se faire reconnaître, doit trop souvent consentir* D'*imiter la grandeur* (J. ROSTAND, *Pensées d'un biologiste*, p. 163). — [...] *sur une terre qu'il ne consent jamais* DE *laisser écraser* (Cl. ROY, dans les *Lettres françaises*, 31 janv. 1947). — *Tous les écrivains célèbres* [...] *ont consenti* DE *poser pour elle* (M. CHAPELAN, dans le *Figaro litt.*, 17 août 1970). — Etc.

Continuer *de* est plus fréquent encore que *commencer de* dans la langue écrite, même non littéraire, et le choix est donc plus libre encore : *Elle continue* D'*exister* (*Code civil*, art. 694). — *Il continua* DE *galoper vers la cantinière* (STENDHAL, *Chartr.*, III). — *L'un continuait* DE *rire et l'autre* DE *maugréer* (J. VERNE, *M. Strogoff*, I, 11). — *Je continuais* D'*interroger le marinier* (H. MALOT, *Sans famille*, II, 19). — *Il continuait* DE *faire chaud* (ZOLA, *Bête hum.*, I). — *Le latin* [...] *a continué* D'*exister longtemps après la chute de l'empire romain* (M. BRÉAL, *Essai de sémantique*, 3e éd., p. 311). — *Le problème de l'âme des bêtes* [...] *continue* D'*être discuté* (G. LANSON, dans Volt., *Lettres phil.*, S.T.F.M., t. I, p. 186). — *Il continue toujours* DE *pleurer* (PÉGUY, *Myst. des saints Innoc.*, p. 121). — *Je continuerai* DE *m'y référer* (Ét. GILSON, *La société de masse et sa culture*, p. 77). — *Il avait continué* D'*y adhérer longtemps* (S. de BEAUVOIR, *Force des choses*, p. 111). — *Il continue* DE *regarder les rhinocéros* (IONESCO, *Rhinocéros*, p. 97). — *L'Encyclique de Paul VI* [...] *continue* D'*entretenir une certaine agitation dans les esprits* (P. GASCAR, dans le *Figaro litt.*, 13 avril 1967). — Etc.

Convier *de* est fort rare : *Tout le conviait* DE *prêter à sa miraculeuse arrivée* [...] *un sens mystique* (L. MARTIN-CHAUFFIER, *Épervier*, p. 52).

Engager *de* est peut-être un régionalisme : *M. le Baron m'a engagé* DE *me charger de cette dépense* (STENDHAL, *Corresp.*, t. VII, p. 178). — Cf. § 874, Hist.

S'ennuyer *d'attendre* est encore mentionné par l'Acad. Le *Trésor* cite Bloy.

Être bien (ou *mal*) *venu de* se rencontre aussi : *L'homme à qui il est question de couper une jambe gangrenée serait mal venu* DE *dire à son chirurgien* [...] (STENDHAL, *Rouge*, t. II, p. 267). — *On est mal venu* DE *chercher des représentations plastiques* (E.-M. de VOGÜÉ, *Roman russe*, p. 187). — *Nous serions certes mal venus* DE *lui reprocher des préférences qui, pour la plupart, sont aussi les nôtres* (Fr. MAURIAC, *Journal 1932-1939*, Table ronde, p. 393). — *Il serait donc mal venu* DE *s'étonner* (COCTEAU, *Maalesh*, p. 82). — *On sera mal venu* DE *rapporter les inégalités apparentes aux inégalités originelles* (J. ROSTAND, *Pensées d'un biologiste*, p. 22).

Exhorter *de* est rare et vieilli : *Il l'exhorte* D'*admirer, plutôt que les œuvres d'art* [...], *l'activité qui les produit* (BENDA, *Songe d'Éleuthère*, p. 59). — Cf. § 874, Hist.

Faire attention *de* est assez fréquent ; *Il faudra faire attention* DE *ne pas glisser* (BRASILLACH, *Sept couleurs*, p. 5). *C'est te dire s'il fallait faire attention* DE *ne pas les casser* (J.-P. CHABROL, *Crève-Cévenne*, p. 47). — Etc.

Habituer de est rare et archaïque (cf. § 874, Hist.) : *La France n'était pas habituée* DE *courir si souvent à Reims* (DRUON, dans le *Figaro*, 5-6 févr. 1977).

Hésiter de est devenu rare (cf. § 874, Hist.) : *Ma femme n'a jamais hésité* D'*approuver* [...] (CHAT., *Mém.*, III, II, x, 3). — *Je songe* [...] *au jeune voyageur qui* [...] *n'hésite pas* D'*assaillir l'ange* (BARRÈS, *Grande pitié des égl. de Fr.*, 1914, p. 177). — Ex. non littéraire : *N'hésite pas* D'*en user à l'occasion* (lettre d'un jeune Parisien, milieu bourgeois, 10 nov. 1947). — *Hésiter pour* n'est pas fréquent : *Il hésitait cependant, malgré les prières des frères,* POUR *la faire sortir d'Ollioules et* POUR *l'ôter à Girard* (MICHELET, *Sorcière*, t. II, p. 164).

Mettre sécher du linge se dit aussi : cf. LITTRÉ, S.V. *mettre*. [S.v. *égoutter : Mettre* À *égoutter.*] Ex. : *La « chemise rouge » qu'on avait mise* SÉCHER (CHAT., *Mém.*, I, v, 14). — *Un gros paquet de linge, qu'elle avait dû mettre* SÉCHER (ALAIN-FOURNIER, *Gr. Meaulnes*, p. 249). — *Ces mêmes délicieuses prunes qu'on mettait* SÉCHER *sur les toits* (LOTI, *Roman d'un enfant*, XLV). — *Il* [...] *tordait son mouchoir en rentrant et le mettait* SÉCHER *sur le fil* (AYMÉ, *Jument verte*, p. 7). — Cette construction est plus rare au passif : *Les quenouilles de maïs, mises* BOUILLIR *dans de l'eau de fontaine* (CHAT., *Voy. en Amér.*, Pl., p. 762).

Réussir de est rare : *Quelques Kikuyus avaient réussi* D'*aller en Europe* (KESSEL, *Nouvelle saison*, p. 340). — *Barrès n'a jamais réussi* DE *satisfaire certaine manie* (A. SALMON, *Souvenirs sans fin, 1903-1908*, p. 261).

Tarder de est littéraire (ou régional : en Dauphiné, notamment) : *Après ce dernier orage de poésie, Byron ne tarda pas* DE MOURIR (CHAT., *Mém.*, III, II, VIII, 7). — *M. de Pont-Cassé et son ami ne tardèrent pas* D'ARRIVER (Cl. TILLIER, *Mon oncle Benjamin*, XIX). — *Je ne tardai pas* D'ALLER *mieux* (GIDE, *Immor.*, I, 3). — *Que le soleil tarde* DE *vous* TIRER *hors de la nuit tendre !* (SAINT EXUPÉRY, *Citadelle*, p. 144.)

Tarder pris impersonnellement (tour littér.) se construit toujours avec *de* devant l'infinitif : *Il me tarde enfin* D'EN FINIR *avec ces premiers bégaiements de santé* (GIDE, *Immor.*, I, 3).

878 **Verbes ayant une construction différente selon les conditions syntaxiques ou selon le sens.**

a) Verbes construisant l'infinitif avec *à* ou avec *de.*

1° Opposition entre la forme pronominale et la forme non pronominale.

Accorder de « concéder la faveur de » : *Dieu ne lui a pas accordé* DE *vivre assez longtemps pour voir ses enfants établis* (AC.). — Dans ce sens, le verbe peut être réfléchi avec la même préposition : *Il s'est accordé* DE *se reposer quelques jours.* — *S'accorder* « se mettre d'accord » construit l'infinitif avec *à* (littéraire) ou avec *pour*, rarement avec *de : Tous les témoins interrogés s'accordent* À *reconnaître même que* [...] (G. DUHAMEL, *Turquie nouvelle*, p. 64). — *Ils s'accordent tous* POUR *lui donner tort* (*Robert méthod.*). — *Ils s'accordèrent tous* DE *prendre ce parti* (LITTRÉ).

N.B. — *Être* (*demeurer, tomber*) *d'accord* construit l'infinitif complément avec *pour : C'est dommage que tous les Français ne sont pas d'accord* POUR *réclamer la justice impartiale pour tous* (CLEMENCEAU, cit. Sandfeld, t. III, p. 489). — *Nous tomberons facilement d'accord* POUR *convenir que de tous les talismans* [...]*, il n'y en a point de plus sûr que le travail* (NODIER, *Contes*, p. 771). — [Archaïque : +*Ne sommes-nous pas demeurés d'accord* DE *ne point expliquer ce mot ?* (PASCAL, dans Bescherelle.)]

Attendre de / *S'attendre à : En attendant* D'*être reçu* (*Dict. contemp.*). — *Il s'attend* À *perdre sa place* (*ib.*). — [Cf. § 874, Hist.]

Essayer de / S'essayer à : J'essaie en vain DE *l'atteindre.* — *S'essayer* à *parler en public (Robert méthod.).* — *Emmanuel Arène et cinquante autres s'essayent* à *lui fabriquer une popularité* (BARRÈS, dans la *Presse,* 23 janv. 1890). — *Il donne à certains moments l'impression pénible de s'essayer* à *persifler* (M. ROQUES, dans *Romania,* 1950, p. 269). — *Essayer à* est archaïque (cf. § 874, Hist.) : *On essayait* à *soulever les charrettes sur ses épaules* (FLAUB., *Mme Bov.,* I, 4). — *Essayant* à *justifier ma sympathie* (É. HENRIOT, dans le *Monde,* 20 sept. 1950).

Refuser de / Se refuser à ou *de, selon le sens. Se refuser à,* c'est « ne pas vouloir » : *Il se refuse* à *travailler.* — *Se refuser de,* c'est « ne pas se permettre », « se priver » : *Je n'écrirai pas. Je me refuse* DE *penser au film. C'est une halte, une parenthèse de calme* (COCTEAU, *La belle et la bête,* p. 131). — *Je me refuse, à beaucoup de titres et pour beaucoup de raisons,* DE *me prononcer sur ce point* (J. d'ORMESSON, *Au plaisir de Dieu,* p. 113). — *Notre enfer quotidien, il y croyait. Mais il se refusait* DE *croire que Dieu en avait créé un cent fois plus horrible pour nous punir d'avoir fabriqué le premier* (J. ORIEUX, *La Fontaine,* p. 616).

Résoudre à ou *de / Se résoudre à. Résoudre* prend *à* quand il y a un complément d'objet direct indiquant la personne : *On ne saurait le résoudre* à *faire cette démarche* (AC.), comme *Il s'est résolu* à *faire cette démarche.* — Mais *Il a résolu* DE *faire cette démarche.* — Le participe *résolu* admet *à* (qui est plus fréquent) et *de : Il est résolu* D'*empêcher ce mariage* (AC.). — *Je suis résolu* à RESTER (AC.). — *Salavin est bien résolu* à *ne pas s'agacer* (G. DUHAMEL, *Deux hommes,* p. 173). — *Résolu* DE ·*ne point céder à des suggestions décevantes* (É. ESTAUNIÉ, *Vie secrète,* p. 170). — *Résolu* à *rester plus fort qu'elle* (*ib.,* p. 223).
Se résoudre de est archaïque (§ 874, Hist.) : *Il s'était résolu* DE *collaborer à leur œuvre* (BARRÈS, *Dérac.,* p. 223).

Risquer de / Se risquer à : Vous risquez DE *perdre votre montre.* (Pour le sens, voir § 791, *j*). — *Je ne me risquerais pas* à *lui faire des observations sur sa conduite* (*Dict. contemp.*). — On trouve parfois *se risquer de : Elle* [...] *ne peut se risquer* D'*emmener partout la Signora Borgo* (Z. OLDENBOURG, *Procès du rêve,* p. 184). — Autre ex. : M. THIRY, dans le *Bulletin de l'Acad. royale* [belge] *de langue et de litt. fr.,* 1977, p. 155.

2° *Accoutumer* « habituer » se construit avec *à ; avoir accoutumé* « avoir coutume » avec *de :*

On ne l'a pas accoutumé à *travailler (Robert méthod.).* — [...] *du trou du rocher où il avait accoutumé* DE *dormir* (M. TOURNIER, *Vendredi ou les limbes du Pacifique,* F°, p. 30). — Voir au § 784, *b,* 1°, d'autres ex., ainsi que des ex. du tour concurrent *être accoutumé de* ou *à : Abattre un arbre qu'il était accoutumé* DE *voir depuis sa plus petite enfance* (CHÂTEAUBRIANT, *M. des Lourdines,* I, 1). — *Il n'était pas accoutumé* à *se servir de mots pour exprimer sa pensée* (VIALAR, dans les *Nouv. litt.,* 29 mai 1952).
Dans la phrase suivante, Proust a construit avec *à* l'infinitif complément de *avoir accoutumé* (= avoir coutume) : *C'était comme des yeux qui n'auraient jamais rien regardé de tout ce que tous les yeux humains ont accoutumé* à *refléter* (*Les plaisirs et les jours,* p. 73).

3° *Décider qqn à* « le déterminer à » ; de même, *se décider à. Décider de* « prendre la décision de ».

Cette raison m'a décidé à *partir* (AC.). — *Il ne s'est décidé* à *quitter les lieux que lorsqu'il a vu l'heure* (ROBBE-GRILLET, *Gommes,* p. 190). — *Vous avez décidé* DE *déjeuner dehors* (BUTOR, *Modification,* p. 53).
On trouve parfois *se décider de : Il ne se décida* DE *parler que lorsqu'il sentit que* [...] (J. ROMAINS, cit. Sandfeld, t. III, p. 381). — *On se décida* DE *prendre une chambre dans un hôtel* (ARAGON, *Cloches de Bâle,* II, 22).

4° **Défier** *à* signifie « provoquer à » ; *défier de* « déclarer incapable de » :

Défier qqn À *boire.* — *Je vous défie* DE *distinguer la copie de l'original (Dict. contemp.).*

5° **Demander** construit l'infinitif avec *à* quand les deux verbes ont le même agent, et avec *de* dans le cas contraire (ordinairement, l'agent de l'infinitif est alors exprimé par l'objet indirect du verbe *demander*) :

Il demanda À *s'asseoir sur un fauteuil* (PROUST, *Rech.,* t. III, p. 853). — *[Il] m'a demandé* À *voir ce que j'écrivais* (GIDE, *École des femmes,* p. 75). — *Cette pièce de poésie demande* À *être lue tout haut* (AC.).

Un maître d'hôtel me demanda D'*entrer un instant dans un petit salon-bibliothèque* (PROUST, *Rech.,* t. III, p. 868). — *Je ne t'ai pas demandé* DE *venir* (SARTRE, *Huis clos,* V). — *Il me demanda* D'*écrire une petite comédie* (G. DUHAMEL, *Pesée des âmes,* p. 201). — *Sans objet indirect :* Simon *n'osa pas se faire conduire jusqu'à sa porte misérable et demanda* D'*arrêter place du Panthéon* (DRUON, *Grandes familles,* II, 10).

Pour Littré, on met *demander à* ou *demander de,* suivant les exigences de l'oreille. Il faut convenir que *demander de* se trouve assez fréquemment dans des phrases où l'agent de l'infin. est celui qui fait la demande : *Rancé demanda* D'*être enterré dans la terre la plus abonnée et la plus déserte* (CHAT., *Rancé,* IV). — *Je ne demande que* DE *vivre jusque-là* (J. RENARD, *Journal,* 7 nov. 1901). — *Il [...] demanda* D'*être enterré sans témoins dans la mosquée* (J. et J. THARAUD, *Rayon vert,* p. 15). — *Elle ne demande pas* D'*être aimée* (Fr. MAURIAC, *Enfant chargé de chaînes,* IX). — *Des citoyens paisibles [...] qui ne demandent [...] que* DE *pratiquer une religion [...]* (BERNANOS, *Enfants humiliés,* p. 158). — *Tu ne demandes que* DE *réfléchir* (VIALAR, *M. Dupont est mort,* p. 133). — *M. de Maroulles demanda* D'*être autorisé à prendre sa part de ce privilège* (CHAMSON, *Superbe,* p. 62).

En particulier, si *demander* a un objet indirect, la construction avec *de* se présente si fortement à l'esprit que, le plus souvent, on l'emploie même dans les cas où *demander* et l'infinitif complément ont le même agent : *J'ai écrit à ma mère jeudi dernier, pour lui demander* DE *finir mes études à Paris* (ALAIN-FOURNIER, *Gr. Meaulnes,* p. 194). — *Et c'est elle qui me demande* DE *s'en aller* (JAMMES, *Antigyde,* p. 44). — *Mais restez donc dans mon cabinet, fit le vieux secrétaire à barbiche, quand Augustin lui eut demandé* DE *voir deux ou trois copies des dernières licences. [...] Je vais faire porter la liasse devant vous* (J. MALÈGUE, *Augustin,* t. II, p. 464). — *Vous avez demandé à Tien* DE *voir le dictateur* (FARRÈRE, *Onzième heure,* p. 239). — *Il me demanda, un jour,* DE *se servir du téléphone* (G. DUHAMEL, *Les espoirs et les épreuves,* p. 95).

On dit assez souvent en Belgique °*Il demande pour parler* au lieu de *... à parler.*

6° **S'empresser** « user de zèle, montrer de l'ardeur » construit l'infinitif avec *à ; s'empresser* « se hâter » avec *de :*

S'empresser À *faire sa cour* (AC.). — *Une petite servante [...] s'empressait* À *nous servir* (J. et J. THARAUD, *Bataille à Scutari,* p. 164). — *Directeurs et artistes s'empressèrent* À *lui plaire* (R. ROLLAND, *Jean-Chr.,* t. V, p. 237). — *La mer prévoyante apporte [...] des flots de varech noir que toute la population s'empresse* À *recueillir* (CLEMENCEAU, *Grand Pan,* p. 31). *Je m'empresserai* DE *l'avertir* (AC.).

7° **Forcer, obliger, contraindre** construisent l'infinitif avec *à* dans la langue courante, mais le participe est suivi de la préposition *de* s'il est pris adjectivement :

Elle se force À *manger. Elle l'oblige* À *répondre.* — *Se voyant déjà contraints [...]* DE *verser des sacs pleins d'or* (MAUPASSANT, *Boule de suif,* p. 46). — *La ville fut contrainte* DE *se rendre* (AC.). —

Forcé justement ce jour-là D'*aller coucher à Chartres* (ZOLA, *Terre,* II, 7). — *Je suis bien forcée*
DE *me dire que* [...] (J. ROMAINS, *Lucienne,* p. 212). — *Ils furent obligés* DE *finir la campagne*
(LITTRÉ, s.v. *obliger,* Rem. 3). — *Il tomba et fut obligé* DE *se changer* (A. DAUDET, *Tart. sur*
les Alpes, II). — *Je serai obligé* DE *vous punir* (AC.).

Le participe a sa valeur verbale : *Nul ne peut être contraint à faire ce qu'elle* [= la loi]
n'ordonne pas (*Déclar. des droits de l'homme,* 1789, art. 5). — *Je ne connaissais pas le plus*
cruel de tous les malheurs ; c'est d'être contraint par une force morale plus puissante que celle
des événements à renoncer volontairement, heureux, au bonheur, vivant, à la vie (HUGO, *Bug-*
Jargal, XLIX).

La langue écrite, surtout littéraire, continue à employer *forcer de, obliger de,*
contraindre de. Nous donnons seulement des ex. avec *obliger* :

Un détail nécessaire [...] *nous oblige* D'*interrompre pour un instant l'histoire de cette*
entreprise délicate (STENDHAL, *Chartr.,* XX). — *Augustin m'obligea* DE *sortir dès le matin*
(FROMENTIN, *Domin.,* XVII). — *Un métier qui oblige* DE *se lever à bon matin* (COLETTE,
Chéri, M.L.F., p. 44). — *Les troubles religieux l'obligèrent* DE *se retirer à Leyde* (*Lar. XXᵉ s.,*
s.v. *Plantin*). — *L'orgueil de Chick l'obligeait* D'*être prudent* (VIAN, *Écume des jours,* I). — *On*
ne peut vous obliger DE... (IONESCO, *Rhinocéros,* p. 103.)

Autres ex. : MÉRIMÉE, *Colomba,* XVII ; MICHELET, *Hist. de la Révol. fr.,* I, 1 ; G. PARIS,
trad. de : Fr. Diez, *Introd. à la Gramm. des langues romanes,* p. 81 ; BOURGET, *Divorce,* II ;
BARRÈS, *Dérac.,* p. 110 ; LOTI, *Désenchantées,* V ; JAMMES, *M. le curé d'Ozeron,* V ;
Fr. MAURIAC, *Anges noirs,* p. 29 ; A. VAN GENNEP, *Folklore,* p. 75 ; SAINT EXUPÉRY, *Pilote de*
guerre, p. 226 ; H. BOSCO, *Hyacinthe,* p. 9 ; AYMÉ, *Jument verte,* I ; GAXOTTE, *Siècle de*
Louis XV, L.P., p. 82 ; etc.

N.B. — *Obliger* signifiant « faire plaisir » veut toujours *de* avec l'infinitif : *Vous m'oblige-*
rez D'*y* [= à un souper] *prendre part* (A. FRANCE, *Rôtisserie de la reine Péd.,* p. 39).

8° *Se lasser de,* c'est « se dégoûter de, renoncer à » ; *se lasser à* (vieilli) « se
fatiguer à » :

Je ne me lasserai pas DE *vous le répéter.* — *On se lasse* À *essayer de vous comprendre.*

9° *Manquer à faire* « ne pas faire, ne pas réussir à faire » est vieilli, mais se
trouve encore :

Manquer À *exécuter, à faire une chose* (AC., s.v. *faillir*). — *Si le vendeur manque à faire la*
délivrance dans le temps convenu entre les parties (*Code civil,* art. 1610). — *Aux étrennes ou*
au jour de sa fête, ses amis ne manqueraient jamais à lui offrir quelques raretés (BALZAC, *Muse*
du départ., p. 84). — *Il le rappela, lui fit signe de se pencher, comme s'il craignait que sa voix*
manquât à se faire entendre (GIDE, *Faux-monn.,* p. 397). — *L'hérédité la plus favorable peut*
manquer à se manifester si elle rencontre un milieu par trop contraire (J. ROSTAND, *Pensées*
d'un biologiste, pp. 22-23). — *Tous ceux dont il évoque les noms manquent à lui répondre : ils*
ont péri (E. FARAL, *Chanson de Roland,* p. 200). — *Sigismond a recours à Sergine, qui jamais*
n'a manqué à venir à son secours (PIEYRE DE MANDIARGUES, *Marge,* p. 139). — *Nous*
passions de ce côté, déclara Léopold, et je n'ai pas voulu manquer à vous saluer (DHÔTEL, *Des*
trottoirs et des fleurs, p. 140).

Dans la langue courante, au lieu de *ne pas manquer à,* on dit *ne pas manquer de : Je ne*
manquerai pas DE *faire ce que vous voulez* (AC.). — *Ils* [...] *ne manqueraient pas, s'ils vivaient,*
DE *devenir un jour sergents et capitaines* (A. FRANCE, *Génie latin,* p. 220). — *De est plus rare*
lorsque le verbe support n'est pas négatif : [...] *manquait* DE *vendre un cheval à bon prix pour*
le plaisir de le garder huit jours de plus (AYMÉ, *Jument verte,* III).

Manquer de signifie « courir le risque de, être sur le point de ». Cela est fortement concurrencé par *manquer* sans préposition, construction que Littré déclarait fautive, mais que l'Acad. admet.

Ex. avec *de : J'ai manqué* DE *faire une faute de costume* (Th. GAUTIER, *Jean et Jeannette,* XIII). — *Il manque* DE *tomber dans une attaque de nerfs* (E. et J. de GONC., *Ch. Demailly,* LXVI). — [...] *une vache, qui a manqué* DE *faire dérailler un train* (ZOLA, *Bête hum.,* II). — *Il ne voyait pas les autobus qui manquaient à chaque instant* DE *l'écraser* (AYMÉ, *Aller retour,* p. 81). — *Il manque* DE *n'être pas agréé par le Capitaine Fitz-Roy* (J. ROSTAND, *Esquisse d'une hist. de la biologie,* Id., p. 139). — *Marc manque* D'*être tué par son rival* (É. HENRIOT, dans le *Monde,* 7 nov. 1951).

Sans prépos. : *Les doigts défaillants de Marius avaient manqué* LAISSER *tomber le pistolet* (HUGO, *Misér.,* III, VIII, 20). — *Ledoux manqua* TOMBER *à la renverse* (MÉRIMÉE, *Mosaïque,* p. 52). — *Pendant une éclipse, elle avait manqué* MOURIR (FLAUB., *Sal.,* III). — *Il manqua* TOMBER *à la renverse* (A. DAUDET, *Nabab,* t. I, p. 222). — *J'ai manqué* GLISSER (GIRAUDOUX, *Électre,* II, 8). — *Des poutres avaient manqué lui* CHOIR *sur la tête* (H. de RÉGNIER, *Bon plaisir,* p. 207). — *Son fils manqua l'*ÉTOUFFER *sous les baisers* (MAUROIS, *Lélia,* p. 133). — *Vous manquez vous* TROUVER *mal de fatigue* (COCTEAU, *Aigle à deux têtes,* I, 6). — *La Bugatti manque* ACCROCHER *une charrette à âne* (J. MISTLER, *Route des étangs,* p. 209). — *Il a manqué* MOURIR (AC.).

10° *S'occuper à faire une chose,* c'est « y travailler, en faire l'objet de son activité ». *S'occuper de* marque une activité plus attentive, préoccupante, qui remplit la pensée, comporte des plans, des calculs.

Ex. avec *à : Assuré par elle, le croira-t-on ? je ne m'occupais qu'*À *tout éluder* (B. CONSTANT, *Ad.,* IX). — *Je m'occupais* À *revoir les épreuves d'*Atala (CHAT., *Mém.,* II, I, 6). — *Les Barbares, pendant toute la nuit, s'occupèrent* À *manger* (FLAUB., *Sal.,* IX). — *En ce moment, on s'occupait* À *semer les fourrages* (M. PRÉVOST, *La nuit finira,* t. II, p. 131). — *Les actifs matelots s'occupèrent* À *faire rougir la pointe de fer d'un énorme épieu* (GIRAUDOUX, *Contes d'un matin,* p. 26).

Ex. avec *de : Il s'occupe* DE *détruire les abus* (AC.). — *On y rencontrait seulement des paysans occupés* DE *rentrer leur récolte* (B. CLAVEL, *Cœur des vivants,* p. 290). — *Il ne s'occupe que* DE *gérer sa fortune* (AC.). — *Shade* [...] *s'assit à une table près de la porte et s'occupa* D'*envoyer différentes ombres de sa pipe sur le mur de la cathédrale de Tolède* (MALRAUX, *Espoir,* p. 134).

Littré précise en disant que *s'occuper de* marque une opération intellectuelle, et *s'occuper à,* une action extérieure. Les auteurs n'observent pas toujours cette distinction : *Pendant sa convalescence, elle s'occupa beaucoup* À *chercher un nom pour sa fille* (FLAUB., *Mme Bov.,* II, 3). — *Elle s'occupait surtout* DE *dresser les jeunes chevaux,* DE *pêcher et* DE *chasser* (É. PEISSON, *Écumeurs,* p. 61).

11° **Prendre garde à** signifie « avoir soin de, faire attention à » :

Prenez garde À *ne pas trop vous engager* (AC.). — *Prenez bien garde* À *ne pas tomber* (A. SUARÈS, *Sur la vie,* t. II, p. 80). — *Prenez garde* À *éviter les cahots* (DRUON, *Grandes familles,* V, 1).

Prendre garde de, complété par un infinitif négatif, a le même sens que *prendre garde à :*

J'étais anxieuse (...). *Je prenais bien garde* DE *ne pas le montrer* (MAUROIS, *Nouv. disc. du D^r O'Grady,* p. 203). — *Qu'il prenne garde* DE *ne pas la* [= la gloire] *confondre avec les succès*

(J. GREEN, *Années faciles*, 27 mai 1931). — *Il prenait bien garde* DE *ne pas mesurer ses enjambées à celles d'Isabelle* (CESBRON, *Tradition Fontquernie*, p. 112).

Mais, quand l'infinitif complément est construit sans négation, *prendre garde de* signifie « s'efforcer d'éviter, craindre de » :

Prends garde DE *m'égratigner comme hier* (BALZAC, *Peau de ch.*, p. 195). — *Prenez garde* DE *tomber* (AC.). — *Prends garde* DE *manquer d'intelligence et de bonté* (J. LEMAITRE, *Révoltée*, II, 7). — *Il prenait garde* DE *faire du bruit dans la chambre voisine du silencieux Olivier* (R. ROLLAND, *Jean-Chr.*, t. VII, p. 26).

12° *Trembler* introduit ordinairement par *de* l'infinitif régime : *Je tremble* DE *le voir*, DE *ne pas le voir* (LITTRÉ). — Il l'introduit parfois par *à*, mais alors, comme dit Littré : « Le sens est un peu différent : *Je tremble* DE *le voir* veut dire : je crains de le voir ; et *je tremble* À *le voir*, j'éprouve de la crainte en le voyant. » — Dans la construction avec *de*, l'infinitif régime marque une action encore à venir, et dans la construction avec *à*, *trembler* et l'infinitif régime marquent des actions concomitantes : *Je tremble* DE *t'ennuyer* (Fr. MAURIAC, *Nœud de vipères*, I). — *Je tremble* À *le voir faire cela* (AC.).

b) Verbes se construisant avec *de* ou sans préposition.

1° Opposition entre la forme pronominale et la forme non pronominale.

Devoir faire / *se devoir de faire* : *Je devais me construire un abri.* — *Ayant désormais pour compagnon le plus* domestique *des animaux, il se devait* DE *se construire une maison* (M. TOURNIER, *Vendredi ou les limbes du Pacifique*, F°, p. 65.)

Imaginer de faire / *S'imaginer faire* : *Les élèves avaient imaginé* DE *séquestrer leur institutrice (Robert méthod.).* — *L'homme éprouve ce qu'il s'imagine* ÉPROUVER (GIDE, *Faux-monn.*, I, 8). — La langue littéraire ne respecte pas toujours cette répartition : *Le docteur imaginait* ENTENDRE [...] *le sifflement doux et régulier* [...] (A. CAMUS, *Peste*, p. 311). — *Aucun de nous ne se fût imaginé* D'*être une sorte de curé* (BERNANOS, *Enfants humiliés*, Pl., p. 778).

Rappeler à qqn DE *faire qq. ch.* / *se rappeler avoir fait qq. ch.* : *As-tu rappelé à ton frère* DE *prendre les billets ? (Robert méthod.)* — *Je me rappelle* ÊTRE *déjà* PASSÉ *par là (ib.).* — *Se rappeler de* + infin. (à distinguer de °*se rappeler de qqn* ou *de qq. ch.* : § 274, *b*, 7°) est vieilli : *Circé des bois et d'un rivage* / (...) *Dont je me rappelle* D'*avoir* / *Bu l'ombre et le breuvage* (TOULET, *Contrerimes*, XIX). — *Je me rappelle* D'*avoir aimé les femmes* (LA VARENDE, *Cœur pensif...*, p. 225). — [Construction fréquente au XVIIIe s. : MARIV., *Jeu de l'am. et du has.*, I, 7 ; J.-J. ROUSS., *Nouv. Hél.*, I, 22 ; etc.]

2° *Dire* se construit sans préposition quand l'infinitif exprime une énonciation indirecte et avec *de* quand l'infinitif exprime une injonction indirecte :

*Je ne pouvais arriver à les croire quand ils disaient m'*AIMER (MAUROIS, *Climats*, p. 161). — *On lui dit* DE *repasser le lendemain* (FLAUB., *Éd. sent.*, II, 1).

3° *Jurer* construit avec *de* l'infinitif qui exprime un fait futur par rapport au temps du verbe support ; il construit sans préposition l'infinitif qui exprime un fait passé par rapport au temps du verbe support :

Je jure DE *dire la vérité.* — *Que de chansons wallonnes je retrouve tout à coup que j'aurais juré* [...] *n'*AVOIR *jamais* ENTENDUES *!* (SIMENON, *À l'abri de notre arbre*, pp. 11-12.)

On trouve parfois *de* dans le second cas : *Je jure* DE *l'avoir vu jeter un gros Quicherat à la tête d'un d'entre nous* (BILLY, *Introïbo*, p. 25). — *Caroline jurait* DE *n'avoir pas fauté* (C. DETREZ, *Dragueur de Dieu*, p. 184).

4° *Laisser* se construit sans préposition, sauf dans la formule *ne pas laisser de* (ou ... *que de*) « ne pas manquer de » : cf. § 791, *f,* 2°.

5° *Souhaiter,* dans la langue ordinaire, construit son infinitif sans préposition, sauf quand *souhaiter* a un objet indirect :

> *Je souhaiterais* POUVOIR *vous rendre service (Dict. contemp.).* — *Je vous souhaite* DE *réussir dans votre entreprise.*
> Dans la langue écrite, *souhaiter de* est fréquent même quand il n'y a pas d'objet indirect : *Elle souhaitait* D'*imiter leur fierté* (PROUST, *Rech.*, t. I, p. 265). — [...] *en souhaitant* DE *mourir en route* (RADIGUET, *Bal du comte d'Orgel,* p. 232). — *Dietrich a-t-il souhaité* D'*être enterré religieusement ?* (MALRAUX, *Noyers de l'Altenburg,* p. 66.) — *Je me demande si elle ne souhaite pas, quelquefois,* D'*être délivrée de cette douleur monotone* (SARTRE, *Nausée,* M.L.F., p. 24). — *J'ai souhaité* D'*éveiller en eux une conscience claire des ressources d'une langue illustrée par tant de chefs-d'œuvre* (M. CRESSOT, *Le style et ses techniques,* Préf.). — Etc.

c) Verbes se construisant avec *à* ou sans préposition.

1° *Prétendre,* suivi d'un infinitif sans préposition, signifie « avoir l'intention, la ferme volonté de » ou « affirmer » ; *prétendre à* « aspirer à » (littér.).

> *Il prétendait* SE LANCER *dans la diplomatie* (FLAUB., *Éd. sent.,* I, 6). — *Il prétendait* SE CONNAÎTRE *en artillerie* (*ib.*, I, 5). — *Cette révolution qui* [...] *prétendait* À *recommencer l'histoire du monde* (Mme *de* STAËL, *Corinne,* XII, I). — *Les artistes prétendent justement* À *modeler et* À *diriger les sentiments du public* (BARRÈS, *Union sacrée,* p. 230). — *Il prétendait* À *épouser madame Jourd'heuil* (HERMANT, *Grands bourgeois,* X).

2° *Rester à faire,* c'est « devoir encore être fait » :

> *Vous savez ce qui vous reste* À *faire. — Reste encore* À (ou D') *examiner cet article :* voir § 881, *b.*

Rester « demeurer (dans un lieu) » construit avec *à* ou sans préposition l'infinitif exprimant le but :

> *Restez ici* À *dîner* (AC., s.v. *porter*). — *M. de La Marche restait* À *dîner* (SAND, *Mauprat,* XIII). — *Restez* À *dîner avec nous* (BARBEY D'AUR., *Prêtre marié,* VIII). — *Vous resteriez* À *coucher* (GIDE, *Paludes,* p. 63). — *Il ne voulut pas rester* À *dîner avec moi* (H. BORDEAUX, *Le cœur et le sang,* p. 55). — *Restez* À *souper* (GIONO, *Angelo,* p. 154).
> *Reste* DÉJEUNER *avec nous* (SAND, *Maîtres sonneurs,* XXVII). — *Il fit si bien* [...] *que Nestor resta* DÉJEUNER (COCTEAU, *Grand écart,* p. 108). — *Alors l'homme et la femme insistèrent si longtemps pour qu'il restât* COUCHER [...] *que Meaulnes finit par accepter* (ALAIN-FOURNIER, *Gr. Meaulnes,* p. 65). — *Il lui arrive même* [...] *de rester* DÎNER *avec elle* (ARLAND, *Ordre,* t. III, p. 83). — *La cadette* [...] *resta* SOIGNER *sa mère* (LA VARENDE, *Centaure de Dieu,* p. 29). — *Vous restez* DÎNER *avec nous* (É. HENRIOT, *Livre de mon père,* p. 55). — *Il faudrait* [...] *que je reste* COUCHER *à la ferme* (TROYAT, *Les semailles et les moissons,* p. 48). — *Il fut prié de rester* SOUPER (H. QUEFFÉLEC, *Recteur de l'île de Sein,* p. 153).

d) Les verbes de mouvement.

1° *Envoyer* construit sans préposition ou avec *pour* l'infinitif de but, — *pour* étant nécessaire quand l'objet direct d'*envoyer* n'est pas l'agent de l'infinitif :

> *Elle envoyait une infirmière la* REMPLACER (BOURGET, *Sens de la mort*, p. 228). — *J'envoyai mon fils au-devant de lui l'*ASSURER.... ou POUR *l'assurer* (LITTRÉ, s.v. envoyer, Rem. 1). — *J'envoyai mon fils au-devant de lui* POUR *l'empêcher de venir* (*ib.*).

2° La plupart des autres verbes de mouvement construisent ordinairement l'infinitif de but sans préposition, mais acceptent aussi *pour* :

> *Je rentre* TRAVAILLER. *Je rentre* POUR *travailler.* Etc.

3° *Aller* et *venir :* voir diverses constructions aux §§ 790 et 791, *m.*

4° *Partir* (ou *repartir*), indiquant le fait de s'éloigner d'un lieu, se construit tout naturellement avec un infinitif précédé de *pour* et qui indique le but :

> *Sapho, qui partit /* POUR *savoir si la mer est indulgente et bonne* (BAUDEL., *Fl. du m.*, Lesbos).

Mais, en franç. contemporain, *partir* s'emploie souvent, non plus seulement en fonction du lieu qu'on quitte, mais en rapport avec la destination (cf. § 304, *b*). Avec cette valeur, *partir* se construit couramment avec un infinitif sans préposition :

> *Je m'en vais partir en Italie* VOIR *les tableaux des grands maîtres* (Th. GAUTIER, *Mlle de Maupin*, VIII). — *Sa femme* [...] *était partie* S'INSTALLER *dans une petite maison de campagne* (FLAUB., *Éd. sent.*, II, 6). — *Son mari était parti* PASSER *huit jours à Paris* (MAUPASS., *C.*, Mal d'André). — *Le Hérissé venait de partir à Bruxelles* SUPPLIER *le fugitif* (BARRÈS, *Appel au soldat*, t. I, p. 235). — *Je leur promettais* [...] *de partir dans la campagne* VOIR *les premières aubépines* (PROUST, *Rech.*, t. I, p. 145). — *Les Barville partirent à Honfleur* S'EMBARQUER (LA VARENDE, *Centaure de Dieu*, p. 90).

Pour la raison donnée ci-dessus, *partir* s'emploie parfois avec un infinitif introduit par la préposition *à*, avec un sens analogue à celui de *commencer à, se mettre à :*

> *Et me voilà partie* À *généraliser, bien fémininement* (COLETTE, *Entrave*, p. 3). — [Les oiseaux] *retournèrent à leurs tâches et à leurs divertissements. Le bouvreuil recommença d'imiter le bruit du serrurier qui pousse la lime,* [...] *l'hirondelle repartit* À *tracer des figures invisibles dans l'espace* (G. DUHAMEL, *Souvenirs de la vie du paradis*, p. 99). [Autre ex. de cet auteur au § 791, *h.*] — *Ils partirent* À *papoter en vrais larrons* (D. BOULANGER, *Enfant de bohème*, p. 292).
> On trouve surtout cette construction dans *partir à rire :* G. DUHAMEL, *Suzanne et les jeunes hommes*, p. 157 ; AYMÉ, *Passe-muraille*, L.P., p. 194 ; Y. GANDON, *Léone*, p. 159 ; SARTRE, *Mur*, L.P., p. 85 ; VERCORS, *Les yeux et la lumière*, p. 201. — Cela semble issu de l'expression plus ancienne *partir d'un (grand) éclat de rire.*
> La Varende met *partir de rire* dans la bouche d'un paysan normand (*Sorcier vert*, p. 20).

e) Être mis pour *aller* (§ 803, Rem. 3) se construit sans préposition :

> *J'ai été le* TROUVER. — *Chacun fut* SE COUCHER (MÉRIMÉE, *Colomba*, I).
> Pour diverses constructions de l'infinitif dépendant d'*être*, voir § 791, *c.*

879 Beaucoup d'**autres prépositions** peuvent introduire un infinitif complément de verbe.

a) Notamment des compléments adverbiaux, ordinairement non essentiels, analogues aux propositions conjonctives adverbiales :

> *Conduisez-vous* DE FAÇON À *vous faire aimer. Il est parti* SANS *faire de bruit. Il faut réfléchir* AVANT DE *parler.*

La préposition est souvent la même pour un complément nominal et pour un infinitif. *Avant de* (*avant* si le complément est nominal) fait exception ; sur *avant que de,* voir § 991.

Hist. — Certaines prépositions ont perdu la faculté de se construire avec un infin. : par ex. *depuis, dès* (cf. § 991, Hist., 2). — Voir aussi ci-dessous, *c,* Hist.

b) Certains compléments adverbiaux ont été mentionnés dans les §§ précédents. En particulier, c'est le cas de certains compléments introduits par *à,* parfois par *de.* Ils sont possibles avec d'autres verbes que ceux qui ont été cités :

> *J'eus l'impression* À *écouter le moteur que nous étions parvenus à un sommet* (Fr. NOURISSIER, *Histoire française,* p. 136).

De introduit aussi un complément non essentiel dans cet ex. (il s'agit d'un verbe dont nous avons parlé au § 875 pour son complément d'objet) : *Aussi Rivière le félicita-t-il :* « *Comment avez-vous réussi ?* » *Et il l'aima* DE *parler simplement métier,* DE *parler de son vol comme un forgeron de son enclume* (SAINT EXUPÉRY, *Vol de nuit,* p. 41).

c) *Commencer, finir* ont souvent comme complément adverbial un infinitif précédé de *par :*

> *Il commença* PAR *me montrer le poing* (G. DUHAMEL, *Pesée des âmes,* p. 208). — *Je finis pourtant* PAR *me lever* (J. ROMAINS, *Quand le navire...,* p. 198).

Débuter par est littéraire : [Cauchon] *débuta* PAR *tenir une sorte de consultation* (MICHELET, *Jeanne d'Arc,* p. 264). — *Il débuta ce jour-là* PAR *brûler la patente de comte dressée en faveur de Rassi* (STENDHAL, *Chartr.,* t. II, p. 335). — *Il débutait toujours* PAR *poser à Philippe la question délicate* (HERMANT, *Grands bourgeois,* II). — *Il débuta* PAR *me dire sa souffrance* (BARRÈS, *Mes cahiers,* t. XIII, p. 107).

Terminer par est très rare : *Il a terminé son agréable et docte Mémoire* PAR *y joindre un Éloge* [...] (SAINTE-BEUVE, *Caus. du lundi,* cit. Le Bidois, § 1857).

Tout à fait hors d'usage : *Il bavarda beaucoup,* CONTINUA PAR *chanter,* ACHEVA PAR *pleurer.*

Dans la langue populaire, le complément adverbial est parfois confondu avec le complément d'objet : °*Il commence* PAR *m'embêter, celui-là !*

Hist. — *Par* + infin., comme équivalent d'un gérondif ou d'une proposition conjonctive adverbiale, se trouvait chez les classiques avec n'importe quel verbe support : *Ne confondons point,* PAR *trop approfondir, / Leurs affaires avec les vostres* (LA F., *F.,* III, 17). — *Ne le faittes jamais,* PAR *croire que vous le devés* (MAINTENON, *Corresp.,* 25 déc. 1691). — *À quelle autorité ne parvient-on pas* PAR *être putain ?* (VOLT., *Lettres phil.,* t. II, p. 103.) — *Cela est exceptionnel aujourd'hui : L'animal se trompe donc* PAR *être trop fidèle* (ALAIN, *Propos,* 25 nov. 1935).

d) Pour la clarté, il est souhaitable que l'agent de l'infinitif soit identique au sujet du verbe support :

> *Il m'a parlé avant de* PARTIR (= avant qu'il parte). — *Il a envoyé ses enfants chez leurs grands-parents pour* AVOIR *l'esprit en paix pendant son voyage.*

Il faut cependant reconnaître que cette règle n'est pas toujours respectée ; tantôt l'agent de l'infinitif est identique à l'objet direct ou indirect du verbe support ; tantôt il est indiqué par un autre complément ou par un possessif ; tantôt encore (surtout *on*) il est laissé implicite. Voir aussi l'Hist.

De beaux vers de Corneille [...] *plaisent à* RENCONTRER (LITTRÉ, Préf., p. XVII). — *Et moi que t'ai-je fait pour m'*OUBLIER *ainsi ?* (MUSSET, *La coupe et les lèvres*, IV, 1.) — *On s'écrit des lettres pour* ÊTRE MONTRÉES (SAINTE-BEUVE, *Nouv. lundis*, t. IV, p. 17). — *Que vous ai-je fait pour me* HAÏR *?* (BARBEY D'AUR., *Vieille maîtresse*, I, 7.) — *Toute la vie se passe à* DÉSIRER (AC., s.v. *désirer*). — *Vous aurez deux jours de salle de police pour vous* APPRENDRE *à mentir* (COURTELINE, *Gaietés de l'escadron*, III, 6). — *Ce qui lui demandait des efforts comparables à ceux du géant Atlas pour* PORTER *le monde* (J. DUTOURD, *Au Bon Beurre*, L.P., p. 145). — *Ne comptez pas sur moi pour vous* PRÊTER *cent francs* (*ib.*, p. 421). — *Il n'y a qu'un pas ou deux à faire pour* TROUVER *le coupable originel* (R. KANTERS, dans le *Figaro litt.*, 22 mai 1967). — *Le loquet était trop compliqué pour le* ROUVRIR *en un instant* (CAYROL, *Vent de la mémoire*, p. 97). — *Les choses trop abstraites ou trop élevées pour moi ne m'ennuient pas à* ENTENDRE (VALÉRY, *M. Teste*, pp. 83-84). — Comp. § 883, Rem.

Hist. — Cette règle n'était pas respectée non plus par les auteurs de jadis : *Le tans leger s'enfuit sans m'en* APERCEVOIR (DESPORTES, *Cleonice*, XXI). — +*La vie est trop courte pour s'*ARRÊTER *si longtemps sur le même sentiment* (SÉV., 14 mai 1686). — *Ay-je mis dans sa main le timon de l'Estat / Pour le* CONDUIRE [= pour qu'il le conduise] *au gré du Peuple et du Senat ?* (RAC., *Brit.*, I, 1.) — *Rens-le-moy sans te* FOÜILLER [= sans que je te fouille] (MOL., *Av.*, I, 3). — +*Je t'en crois sans* JURER [= sans que tu jures] (CORN., *Ment.*, I, 4).

Autres fonctions de l'infinitif

880   **Infinitif sujet** (voir § 231, *b*) :

Sans préposition : PASSER *comme un troupeau, les yeux fixés à terre, / Et* RENIER *le reste, est-ce donc être heureux ?* (MUSSET, *Poés. nouv.*, Espoir en Dieu.) — Avec *de* comme introducteur (surtout pour les faits particuliers) : *Et* DE PENSER *à toi me soutiendra* (GIDE, *Retour de l'enf. prodigue*, p. 234).

Avec un attribut (notamment pour le mettre en évidence), on peut rejeter le sujet à la fin, en le suppléant par un *ce* redondant devant la copule (§ 675, *c*). Lorsque ce sujet est un infinitif, il est introduit par *de*, par *que de* (littéraire), parfois (à l'imitation des classiques) par *que* :

De : *C'est beau* D'*être la puce d'un lion* (HUGO, *Homme qui rit*, II, I, 10). — *C'est le propre du génie* DE *découvrir la splendeur des choses* (A. FRANCE, *Étui de nacre*, p. 164).
Que de : *C'est imiter quelqu'un* QUE DE *planter des choux* (MUSSET, *Prem. poés.*, Namouna, II, 9). — *C'est une grande force pour un homme politique* QUE DE *bien écrire* (MAUROIS, *Chantiers américains*, p. 65). — *C'est horrible* QUE DE *haïr* (Fr. MAURIAC, *Asmodée*, II, 4). — *Ce n'est pas grand'chose* QUE D'*aimer un être* (A. CAMUS, *Peste*, p. 317).
Que : *Est-ce diminuer une chose* QU'*en montrer les difficultés ?* (J. et J. THARAUD, *Petite histoire des Juifs*, p. 253.) — *C'est manquer d'amour envers une femme* QUE *ne pas lui laisser l'illusion de son pouvoir bien ou malfaisant sur celui qui l'aime* (R. ROLLAND, *Jean-Chr.*, t. III, p. 207). — *C'est bien mal traiter cette boisson merveilleuse* QUE *la jeter ainsi dans le gosier*

(M. Bedel, *Touraine*, p. 134). — *Serait-ce résoudre la difficulté* [...] QUE *nous livrer* [...]
(Fr. Mauriac, *Journal*, t. IV, p. 84). — *C'est un bel hommage rendu à sa* [= de Malraux]
pensée QUE *se contenter seulement de l'exposer* (É. Henriot, dans le *Monde*, 25 nov. 1959).
Sur la valeur primitive de *que*, voir § 689, *c*, Hist.

881   **Infinitif sujet réel (cf. § 230) d'un verbe impersonnel.**

a) Il s'emploie sans préposition après *il faut, il vaut mieux, mieux vaut, il vaut
autant, autant vaut, il (me) semble, il fait cher, il fait bon* et dans *il fait beau
voir* ... :

Il faut PARTIR. *Mieux vaut* ATTENDRE. — *Il vaut mieux* ATTENDRE *un peu* (Ac.). — *Il me
semblait les* VOIR (P. Mille, *Barnavaux*, p. 170). — *Il fait cher* VIVRE *dans cette ville* (Ac.). —
Il fait bon VIVRE *chez vous* (Vigny, *Chatt.*, III, 6). — *Alors il fera bon* VIVRE (A. France, *Sur
la pierre blanche*, p. 66). — *Qu'il fait bon* AIMER *un maître !* (Barrès, *Dérac.*, p. 40.)

Le tour **Il fait bon de**, formé par analogie avec *il est bon de*, se répand de plus en plus :
Quel plaisir d'être au monde, et qu'il fait bon DE *vivre !* (Hugo, *Le roi s'amuse*, I, 2.) — *Qu'il
fait bon* DE *se promener sur le boulevard Montmartre !* (Taine, *Voy. en It.*, t. I, p. 19.) — *Il
devait faire bon* DE *connaître* [...] (H. Bordeaux, *Pays sans ombre*, p. 2). — *Comme il fait bon
DE revenir après qu'il a fait si bon* DE *s'éloigner* (É. Henriot, *Pèlerinage espagnol*, p. 110). —
Il ne fait pas bon D'*avoir affaire à vous* (Morand, *Lewis et Irène*, II, 10). — *Il fait bon* DE
vivre (Arland, *Ordre*, t. II, p. 166). — *Il n'aurait pas fait bon pour l'épicier* DE *se tromper à
son avantage en rendant la monnaie* (Aymé, *Contes du chat perché*, p. 189). — *Il fera bon* DE
se reposer dans le sable brûlant de la sablière (Fr. Mauriac, *Feu sur la terre*, p. 136).

Avec *cela, ça* comme sujet, l'infin. prend *de* : *Ça vaut toujours mieux d'avoir quelqu'un de
sûr* (A. Daudet, *Tart. sur les Alpes*, cit. Sandfeld, t. III, p. 39).

Hist. — L'ancienne langue mettait parfois *de* devant l'infin. dans des cas où on ne le
met plus normalement aujourd'hui : *Il m'a semblé* D'*entendre* (Mol., *Dépit am.*, V, 1). — *Il
me faudroit bien mieux* D'*estre au diable, que d'estre à luy* (Id., *D. Juan*, I, 1).

b) **Il reste** (ou *reste*, sans *il*) construit ordinairement l'infinitif avec la préposition *à* :

Il nous reste à *dire comment ce régime a disparu* (Fustel de Coulanges, *Cité antique*, V,
1). — *Il reste encore* à *prouver que...* (Ac.). — *Reste* à *savoir* (Ac.). — *Il me reste* à *dire
quelques mots de ce que l'on nomme les dispositions naturelles* (G. Duhamel, *Problèmes de
l'heure*, p. 172).

Cependant la construction avec *de* s'impose si l'infinitif exprime un fait qui a
eu lieu ou qui a lieu (la construction avec *à* indiquerait une action encore à faire,
et le sens serait autre) :

Si ce que j'ai fait est vain, qu'il me reste au moins DE *m'être dépassé en le faisant* (Montherlant, *Pitié pour les femmes*, L.P., p. 168). — *Que pouvais-je faire, moi qui n'ai plus de
voix pour crier? Que pouvais-je faire, que de quitter la salle? Il me reste* D'*écrire*
(Fr. Mauriac, dans le *Figaro litt.*, 29 déc. 1951).

En dehors de ce cas, la construction avec *de* est archaïque et rappelle un usage classique : *Il reste aux vivants* DE *parachever l'œuvre magnifique des morts* (Clemenceau, *Grandeurs et misères d'une victoire*, p. 42). — *Une fois sortie de sa loge, la Comtesse Casali obtint
les applaudissements d'une tragédienne illustre à son entrée en scène. Restait* DE *jouer la pièce*
(Cocteau, *Difficulté d'être*, pp. 114-115). — *Il me restait* D'*attendre* (H. Bosco, *Malicroix*,

p. 135). — *Il reste donc* DE *prendre un précepteur à domicile, ou une institutrice* (Fr. MAURIAC, *Sagouin*, p. 41). — *Il lui restait* DE *prendre congé* (Ph. ERLANGER, *Louis XIV*, p. 168).

c) L'infinitif se construit avec *de* après les autres expressions impersonnelles :

Il vous suffirait DE *l'entendre* (ESTAUNIÉ, *Infirme aux mains de lumière*, p. 111). — *Il me souvient* D'*avoir lu* (AC.). — *Il ne me souvient pas* DE *m'être ennuyé un jour avec toi* (MAUROIS, *Cours de bonheur conjugal*, p. 242). — *Il convient, il importe, il me plaît* D'*agir ainsi.* *Il me souvient* est parfois construit sans préposition : voir § 876.

Il me plaît, selon l'usage classique, est parfois construit sans préposition dans la langue littéraire : *Plaît-il à Votre Altesse* OUVRIR *cette cassette ?* (HUGO, *Cromwell*, II, 2.) — *Jusqu'au jour où il te plaira me* MARIER (É. AUGIER, *Effrontés*, I, 2). — *Mais... s'il me plaît* RISQUER, *au fond du parc, un pas* (E. ROSTAND, *Aiglon*, II, 2). — *S'il lui plaisait* RELIRE *l'épître dédicatoire* (HERMANT, *Samedis de M. Lancelot*, p. 93). — *Plaise au ciel vous* TENIR *en sa faveur commune* (COURTELINE, *Conversion d'Alceste*, 4). — *Plaise humblement Votre Seigneurie* ACCEPTER *que je n'aie pas confiance en Votre Seigneurie* (CLAUDEL, *Soulier de satin*, I, 7).

882　　**Infinitif attribut,** assez rare, sauf quand le sujet est lui-même un infinitif (cf. § 245, *a*, 3°). Il est construit sans préposition :

Vouloir, c'est POUVOIR. — *Mourir n'est pas* MOURIR *! mes amis ! c'est* CHANGER *!* (LAMART., *Mort de Socrate*, Pl., p. 91.) — *Voilà ce qui s'appelle* PARLER. — *Je n'appelle pas cela* CHANTER.

883　　**Infinitif complément de nom ou d'adjectif,** avec préposition :

Le plaisir de ROMPRE (titre d'une pièce de J. RENARD). — *La peur de* VIVRE (titre d'un roman de H. BORDEAUX). — *Une machine à* RACCOMMODER *les chaussettes. Des efforts pour* RIRE. *Je suis impatient de le* REVOIR. *Je suis prêt à* PARTIR. *Les choses nécessaires pour* SUBSISTER.

Remarque. — Dans certains emplois, l'infinitif actif a l'air d'avoir la valeur passive :

Maison à VENDRE. *Curieux à* VOIR. *Texte facile à* EXPLIQUER. *Besogne à* TERMINER. — *De bons troupeaux de moutons prêts à* TONDRE (NODIER, *Contes*, p. 654). — *Quarante stères de bois prêt à* SCIER (H. BAZIN, *Huile sur le feu*, p. 52). — *Le dîner est prêt à* SERVIR (AC.). — *Le prêt-à-*PORTER.

En réalité, nous avons plutôt des infinitifs dont l'agent est laissé implicite : comp. § 879, *d.* — Voir aussi Brunot, *Pensée*, p. 367, qui allègue notamment que les verbes peuvent être de ceux qui n'ont pas de passif : *Bête à* PLEURER, *triste à* MOURIR.

C. — Les temps de l'infinitif

884　　Le *présent* s'emploie pour un fait présent ou futur. Le *passé,* pour un fait passé, ou antérieur à un autre fait. Le *passé surcomposé* (surtout usité dans la langue parlée) insiste sur l'idée d'accomplissement :

Il aime PÊCHER. *Elle désire vous* REVOIR. — *Pierre croit* AVOIR OBTENU *la place. Après* AVOIR HÉSITÉ, *il a choisi une voiture bleue.* — *Le plombier est parti sans* AVOIR EU FINI *son travail.*

V. — LE PARTICIPE ET LE GÉRONDIF

Bibl. — B. H. WEERENBECK, *Participe présent et gérondif.* P., Champion, 1927. — J.-O. HALMØY, *Le gérondif. Éléments pour une description syntaxique sémantique.* Trondheim, Tapir, 1982.

885   Le **participe** et le **gérondif** ont en commun d'avoir, dans la phrase, des fonctions analogues à celles de l'adjectif et d'avoir, comme l'adjectif, au moins en général (cf. Rem.), un support nominal ou pronominal. En outre, le participe présent et le gérondif ont la même forme.

En tant que formes verbales, et contrairement à l'adjectif, ils sont susceptibles 1° d'avoir des compléments d'objet et d'autres compléments spécifiques au verbe ; — 2° d'être mis au passif ; — 3° d'exprimer certaines nuances temporelles.

Remarque. — Pour la clarté de la phrase, le participe en tant qu'épithète détachée et le gérondif, qui est toujours détaché du nom (ou du pronom) support, doivent se construire de telle sorte que leur rapport avec le nom (ou le pronom) ne prête à aucune équivoque. Il est souhaitable, notamment, que le participe ou le gérondif détachés, surtout en tête d'une phrase ou d'une proposition, aient comme support le sujet de cette phrase et de cette proposition :

ACCOUDÉ *à un coin des remparts de la forteresse où s'accrochait sur le vide quelque touffe de fleurs sèches, je cernais d'un seul coup d'œil son étendue menacée* (GRACQ, *Rivage des Syrtes*, p. 28). — *En* SE PLAIGNANT, *on se console* (MUSSET, *Poés. nouv.*, Nuit d'oct.). — *Et j'ai deux fois vainqueur traversé l'Achéron :* / MODULANT *tour à tour sur la lyre d'Orphée* / *Les soupirs de la sainte et les cris de la fée* (NERVAL, *Chim.*, Desdichado).

On constate pourtant que, dans l'usage des meilleurs auteurs, cette règle est loin d'être toujours respectée, le participe et le gérondif se rapportant, soit à un autre terme que le sujet, soit à un nom (ou à un pronom) que l'on perçoit à travers un déterminant possessif, soit encore à un nom (ou à un pronom) qui n'est pas présent dans la phrase mais doit être cherché dans le contexte. Voir au § 328.

Le participe

886   Le **participe** peut être, soit épithète, souvent détachée, soit prédicat (ou attribut) dans un complément absolu. Pour ce dernier cas, on parle souvent de *proposition participe :*

Il lui a opposé un argument ENTRAÎNANT *la conviction.* — CONJUGUÉ *avec* être *le participe passé s'accorde avec le sujet.* — *La patience* AIDANT, *vous réussirez. Le chat* PARTI, *les souris dansent.*

En outre, le participe passé sert parfois d'attribut et fait partie des formes verbales composées : § 889.

Remarques. — 1. Parce qu'il a les fonctions de l'adjectif, le participe devient facilement un adjectif pur et simple, qu'on appelle souvent *adjectif verbal :* Une *fille* CHARMANTE. Une *fleur* PARFUMÉE.

Sur les différences formelles entre le participe présent et l'adjectif, voir § 887. — Pour le participe passé, les formes se confondent, à l'exception du cas de *béni* et *bénit* (§ 778, *b,* Rem.).

La transformation du participe en adjectif n'est pas automatique.

C'est ainsi que l'adjectif *ennuyant* fait l'objet de jugements contradictoires : certains grammairiens le croient en passe de sortir de l'usage (Acad., Colin, Dupré...), tandis que d'autres le jugent « très courant en France » (R. Arveiller, dans le *Fr. mod.,* oct. 1957, p. 320), ce que Bauche (p. 191) confirme pour le fr. popul. de Paris et que l'on peut dire aussi de l'usage belge de niveau familier et de l'usage canadien. Les ex. écrits sont assez rares au XIXᵉ et au XXᵉ s., et l'on préfère sûrement *ennuyeux* dans le registre soigné (la distinction sémantique que l'on a voulu établir entre les deux adjectifs est « plutôt théorique », selon Hanse).

D'autre part, le sens de l'adjectif n'est pas toujours exactement celui du participe présent.

On parle d'adjectifs verbaux à sens passif : *Couleur voyante, billet payant, médecin consultant ; —* et d'adjectifs verbaux qui ne sont ni actifs ni passifs : *Rue passante, poste restante, café chantant, soirée dansante. —* En fait, ces expressions s'expliquent par le fait que l'agent implicite n'est pas le nom auquel ces adjectifs sont joints : il faut comprendre « couleur que l'on voit », etc. (ou peut-être : « ... qui se voit »), « rue où l'on passe », etc. Comp. § 883, Rem. — Voir aussi § 889, Rem. 2.

2. Le participe, lorsqu'il est détaché, est compatible avec une idée de temps, de cause, de condition, de concession, et pourrait donc, dans ce cas, être remplacé par une proposition adverbiale marquant explicitement ces relations : voir § 327, *a,* ainsi que § 326, Rem. 3.

887   Le **participe présent** diffère de l'adjectif qui y correspond (ainsi que du nom éventuel),

a) Par le fait qu'il est invariable :

Il connaît les collines ENVIRONNANT *la ville.* [Comp. : ... *les collines* ENVIRONNANTES.] — *Il réveilla ses fils* DORMANT (HUGO, *Lég.,* t. I, p. 47). — *Ces nues,* PLOYANT *et* DÉPLOYANT *leurs voiles* [...] (CHAT., *Génie,* I, v, 12).

Hist. — L'ancienne langue faisait varier le partic. prés. en cas et en nombre, mais non en genre, conformément à la règle des adjectifs ayant une forme unique pour les deux genres (voir § 529, Rem. 3, Hist.). Du XIIᵉ au XVᵉ s., quoique les adjectifs dont il vient d'être parlé prissent, par analogie, un *e* au féminin, les partic. prés. ont maintenu, en général, leur invariabilité. Cependant on faisait parfois l'accord en genre : *J'aime la bouche* IMITANTE *la rose* (RONSARD, t. I, p. 4). — *Le fruit des lèvres* CONFESSANTES *son Nom* (CALVIN, *Inst.,* IV, XVIII, 17). — Au XVIIᵉ s., cet accord, comme d'ailleurs l'accord en nombre, quoique condamnés par Vaugelas (pp. 426 et suiv., avec une argumentation discutable), puis par l'Acad. (3 juin 1679) d'une façon plus nette et plus cohérente, sont encore assez fréquents : *La Veuve d'Hector* PLEURANTE *à vos genoux* (RAC., *Andr.,* III, 4). — *Les morts se* RANIMANS *à la voix d'Elisée* (ID., *Ath.,* I, 1). — *Donner la chasse aux gens /* PORTANS *bastons* *et* MENDIANS (LA F., *F.*, I, 5). — *Des Laquais, l'un l'autre s'*AGAÇANS (BOIL., *Sat.*, VI). — *+Ces âmes* VIVANTES *d'une vie brute et bestiale* (BOSS., *Disc. hist. univ.*, II, 1). — *+Les corps* TOMBANTS *de fort haut* (LA BR., XVI, 43). — *+Je vous trouve* [...] *si* MÉPRISANTE *les choses de ce monde* (SÉV., 3 avril 1680). — On trouve même encore au XVIII⁰ s. : *+La propriété* NAISSANTE *d'ailleurs que de la main-d'œuvre* (J.-J. ROUSS., *Orig. de l'inég.*). — Et au XIX⁰ : *Le bruit de la pierre* SONNANTE *sous le marteau* (LAMART., *Tailleur de p. de Saint-Point*, IV).

L'Acad. écrit encore : *Une proposition* TENDANTE *à l'hérésie. Semer des libelles* TENDANTS *à la sédition.* — En outre, le participe est variable, selon l'usage d'autrefois, dans certaines locutions de la langue juridique : *Les* AYANTS *cause, les* AYANTS *droit, les* RENDANTS *compte* et *les* OYANTS (du verbe *ouïr*) *compte, maison à lui* APPARTENANTE (ordinairement invariable : voir les ex. du § 638, *b*, 4°, Rem. 1), *toute(s) affaire(s)* CESSANTE(S), *tous empêchements* CESSANTS, *toutes choses* CESSANTES, *fille majeure* USANTE *et* JOUISSANTE *de ses droits, deux requêtes* TENDANTES *à même fin, la partie* PLAIGNANTE. — *La Cour d'appel* SÉANTE *à Paris* (AC.). [L'Acad. voit ici, à tort, un adj.]

Autre exception, *Moi vivante*, dira une femme : *Un petit cadre en thuya jaune moucheté pend à mon mur, et je pense qu'il n'en bougera plus, moi* VIVANTE (COLETTE, *Étoile Vesper*, p. 96).

b) Par l'orthographe dans certains cas :

ADJECTIF	PART. PRÉS.	ADJECTIF	PART. PRÉS.
1° *en* **-ent**	**-ant**	2° *en* **-cant**	**-quant**
		(cf. § 92, *b*, 1°, Rem. 1)	
adhérent	adhérant		
affluent	affluant	communicant	communiquant
coïncident	coïncidant	convaincant	convainquant
confluent	confluant	provocant	provoquant
convergent	convergeant	suffocant	suffoquant
déférent	déférant	vacant	vaquant
détergent	détergeant		
différent	différant		
divergent	divergeant		
émergent	émergeant	3° *en* **-gant**	**-guant**
équivalent	équivalant	(cf. § 93, *b*, Rem. 1)	
excellent	excellant		
expédient	expédiant	délégant	déléguant
influent	influant	divagant	divaguant
interférent	interférant	extravagant	extravaguant
négligent	négligeant	fatigant	fatiguant
précédent	précédant	intrigant	intriguant
somnolent	somnolant	navigant	naviguant
violent	violant	zigzagant	zigzaguant

Il y a aussi des emplois adjectivaux occasionnels : *Une intensité de vie* SUBJUGANTE (G. CHEVALLIER, *Clochemerle Babylone*, L.P., p. 79). — *Une forte femme aux jambes courtes et lourdes, à la démarche* TANGANTE (B. CLAVEL, *Lumière du lac*, p. 239). — On a reproché, à tort (cf. Hanse, 1983, pp. 892-893), à Verlaine d'avoir écrit : *Tout* SUFFOCANT / *Et blême quand* / *Sonne l'heure* / *Je me souviens* / *Des jours anciens* / *Et je pleure* (*Rom. sans par.*, Chanson d'automne).

Hist. — Les adjectifs qui se distinguent, par leur terminaison en **-ent**, des partic. prés., doivent leur forme aux partic. prés. latins auxquels ils ont été empruntés. Cela a joué aussi pour certains des adjectifs en *-cant* et en *-gant*.

D'autres adjectifs encore sont d'anciens partic. prés. qui, dans leur valeur verbale, ont été remplacés par des formes analogiques : *puissant (pouvant), vaillant (valant)*. De même, le nom *savant (sachant)*. On a aussi le doublet *séant-seyant :* cf. § 848, 28.

Le nom *différend* n'est qu'une variante graphique de l'adj. *différent*.

Remarques. — 1. Les dérivés des adjectifs qui viennent d'être cités présentent les mêmes particularités orthographiques que ces adjectifs eux-mêmes : *Afflu*En*ce, coïncid*En*ce, extrava*Gance, *négli*Gence, etc.

2. Plusieurs de ces adjectifs s'emploient comme noms :

Un adhérent, un affluent, un confluent, un équivalent, un expédient, un intrigant, un extravagant, etc.

Certaines formes participiales, de formation savante, appartiennent exclusivement à la catégorie des noms : *Un excédent* (l'adjectif verbal est *excéd*Ant *: sommes excéd*Antes). *Un président. Un résident. Un fabricant.* Etc.

Selon l'Acad., *résident*, adjectif, s'écrit aussi *résidant : Les membres* RÉSIDENTS OU RÉSIDANTS *d'une académie.*

3. Qu'elle soit employée comme participe présent, ou comme adjectif verbal, ou comme nom, la forme en *-ant* correspondant à un verbe en *-quer* s'écrit par *-quant :*

Les troupes ATTAQUANT *l'ennemi. Repousser les* ATTAQUANTS. *Les mouches* PIQUANT *les chevaux. Des mots* PIQUANTS. *Les* PIQUANTS *du chardon.* — Toutefois on écrit par *-cant* les adj. verbaux *communicant, confiscant* (terme de jurisprudence féodale), *provocant, suffocant, vacant* et le nom *fabricant.*

Exigeant, partic. présent ou adj. verbal, s'écrit par *-geant.*

888   **Comment distinguer le participe présent de l'adjectif correspondant.**

D'une façon générale, le participe présent exprime souvent une *action* qui progresse, nettement délimitée dans la durée, simplement passagère ; — tandis que l'adjectif verbal exprime un *état,* sans délimitation de la durée, et indique, en général, une qualité plus ou moins permanente.

On peut aussi tenir compte des faits suivants.

a) La forme en *-ant* est **participe présent**

1° Quand elle a un objet direct :

Deux servants, LÂCHANT *leurs culasses, s'étaient jetés en avant* (FARRÈRE, *Bataille*, XXIX).

Remarques. — 1. *Soi-disant* reste invariable, parce que *disant* est, dans cette expression, un participe présent ayant pour objet direct *soi :*

De SOI-DISANT *docteurs* (AC.). — *Ces ex-républicains,* SOI-DISANT *martyrs de la liberté* (MICHELET, *Hist. de la Révol. fr.*, I, 3).

Hist. — Cette expression était autrefois variable (cf. § 887, *a,* Hist.) : *+Quand on revient de chez ces sorcières ou* SOI-DISANTES (SÉV., 29 janv. 1680). — *La tourbe vulgaire des* SOI-

DISANS *grands et des* SOI-DISANS *sages* (J.-J. ROUSS., *Conf.*, Pl., p. 362). — L'expression s'étant figée et ayant pris des valeurs contredisant son origine (cf. § 641), il n'est pas étonnant que des auteurs la fassent varier (mais cela n'est pas l'usage admis) : *Les* SOI-DISANTES *preuves* (MIRBEAU, cit. Sandfeld, t. I, p. 123). — *La* SOI-DISANTE *orpheline* (M. HARRY, *Vie de J. Lemaître*, p. 71). — *Cette* SOI-DISANTE *inspirée* (Fr. DUHOURCAU, *Jeanne d'Arc*, p. 68).

2. La présence d'un objet indirect ou d'un complément adverbial n'empêche pas que l'on ait affaire, éventuellement, à l'adjectif :

Rendre ses passions OBÉISSANTES *à la raison* (LITTRÉ). — *Il avait trouvé la première Vendée* EXPIRANTE *dans son sang* (SAINTE-BEUVE, *Vol.*, III). — *Ils se voyaient,* MOURANTS *par les fièvres, dans des régions farouches* (FLAUB., *Éd. sent.*, III, 1). — *La vue d'une pauvre famille* ERRANTE *au milieu d'humbles aventures* (FROMENTIN, *Été dans le Sahara*, p. 78). — *Elle était là* [...] BRÛLANTE *d'une grande fièvre* (LOTI, *Ramuntcho*, p. 224). — *J'entends distinctement le grondement des armées* CHEMINANTES *là-haut* (L. DAUDET, *Jour d'orage*, p. 99). — *C'était une belle nuit* [...] RUISSELANTE *d'une pluie fine et molle* (GENEVOIX, *Raboliot*, p. 174).

2° Quand elle est précédée de la négation *ne* :

Ne POUVANT *sortir de ces bois, nous y avons campé* (CHAT., *Voy. en Amér.*, Journal sans date). — *Nous allions, ne* SONGEANT *à rien.*

3° Ordinairement, quand elle est *suivie* d'un adverbe qui la modifie :

Clarté FUYANT *toujours, et toujours poursuivie* (MUSSET, *La coupe et les lèvres*, IV). — *Il marche entre deux lignes de peupliers encore sans feuilles, mais* VERDISSANT *déjà* (J. ROMAINS, *Lucienne*, p. 227).

Cela s'explique par le fait que l'adverbe se place ordinairement après le verbe. Toutefois l'observation n'a rien d'absolu. Ainsi on écrira : *Nous marchions,* HÉSITANTS *parfois, mais non découragés,* si c'est l'*état* qu'on veut exprimer.

4° Quand elle appartient à un verbe pronominal :

La répétition double ou multiple de certaines syllabes sourdes ou sonores SE CORRESPONDANT (FROMENTIN, *Domin.*, V).

5° Dans le complément absolu (§ 307, *a*) :

Il devrait, toute honte CESSANT, *enfourcher un âne* (TAINE, *Voy. aux Pyrén.*, p. 213). — *Les circonstances* AIDANT, *nous réussirons.*
Exceptions (cf. § 887, *a*, Hist.) : *Toutes affaires* CESSANTES. *Moi* VIVANTE.

Remarque. — Précédée de la préposition *en*, la forme verbale en -*ant* est toujours invariable. C'est alors un gérondif : § 891. — *Les difficultés vont* CROISSANT : cf. § 790, *d*.

b) La forme en -*ant* est **adjectif,**

1° Quand elle est attribut :

La terre était RIANTE *et dans sa fleur première* (VIGNY, *Poèmes ant. et mod.*, Déluge).

2° Ordinairement, quand elle est *précédée* d'un adverbe (autre que *ne*) qui la modifie :

Ce sont deux couleurs fort APPROCHANTES *l'une de l'autre* (AC.). — *Tous les hommes instruits et bien* PENSANTS (AC.). — *Ces difficultés toujours* RENAISSANTES *le décourageaient.*

Cette observation se fonde sur le fait que l'adverbe se place ordinairement devant l'adjectif. Néanmoins on écrira : *Ils vont, viennent, jamais* FUYANT, *jamais lassés* (HUGO, *Lég.,* t. I, p. 282). — *Elle avait toujours été pauvre, toujours* EMPRUNTANT, *toujours* DÉPENSANT (ALAIN-FOURNIER, *Gr. Meaulnes,* p. 239). — *Laure se rapprocha d'Andrée, toujours* PLEU-RANT, *les coudes sur la table* (Fr. MAURIAC, *Feu sur la terre,* p. 115). — C'est que, dans ces phrases, on exprime l'action.

Remarque. — Sur les expressions *(tout) flambant neuf, à dix heures tapant(es)* et autres semblables, voir § 926, *b,* 10°, et *e,* 2°.

889 **Le participe passé.**

a) Tantôt le participe passé fait partie d'une forme verbale, soit dans les temps composés ou surcomposés, soit dans le passif :

J'ai COMPRIS. — *Ils sont* PARTIS. — *Quand j'ai* EU FINI *mon travail.* — *Le coupable sera* PUNI.

b) Tantôt le participe passé s'emploie seul, — soit comme épithète, éventuellement détachée, — soit comme attribut, notamment dans un complément absolu (§ 307, *b*) :

Les sommes PERÇUES *en trop seront remboursées.* PARTI *à huit heures de Lausanne, je suis arrivé chez moi avant midi.* — *Je reste* ÉTONNÉ *par votre obstination. Son travail* TERMINÉ, *il est sorti.*

Dans cet emploi, le participe équivaut à une forme construite avec l'auxiliaire *être,* éventuellement composé, — soit qu'il s'agisse d'un passif : *Les sommes ayant été perçues* ... (§ 890, *a*). *Son travail étant terminé* ... ; — soit qu'il s'agisse d'un verbe qui se conjugue avec *être* (§ 782, *b*) : *Étant parti* ... ; — soit encore qu'il s'agisse d'un verbe pronominal (qui se conjugue aussi avec *être*) ; ceci appartient surtout à la langue littéraire :

Il regrette sans cesse sa jeunesse ENFUIE (AC.). — *Les notes,* ENVOLÉES *de ses doigts engourdis* (AYMÉ, *Passe-muraille,* L.P., p. 18). — *J'aurais dit au poète,* ÉLANCÉ *vers la gloire* [...] (HUGO, *Odes et ball.,* II, 1). — [...] *sous les traits d'un compositeur* [...] — SUICIDÉ *l'année dernière* — [...] (COLETTE, *Heures longues,* p. 231). — *Je franchissais juste à temps l'entrée A du palais* [...], *bien* EFFORCÉ *à mettre sans précipitation un pied devant l'autre* (M. THIRY, *Romans, nouvelles, contes, récits,* p. 495). — *En allé :* voir § 656, *b,* — *Évanoui, fiancé, repenti* et d'autres appartiennent à la langue générale.

Certains participes s'emploient ainsi parce qu'ils appartiennent à un verbe qui se conjugue tantôt avec *avoir,* tantôt avec *être* (§ 783) : *Un navire* ÉCHOUÉ. — *Cette croupe* JAILLIE *des linges, rebondie de santé* (J. GRACQ, *Rivage des Syrtes,* p. 156).

Dans le cas d'*émané,* il s'agit d'un verbe qui s'est jadis conjugué avec l'auxiliaire *être :* *Les rayons magnétiques* ÉMANÉS *de moi-même ou des autres traversent sans obstacle la chaîne infinie des choses créées* (NERVAL, cit. *Trésor*). — *Le rayon noir* ÉMANÉ *de ses yeux* (PROUST, *Rech.*, t. I, p. 794). — *Les déclarations que contiennent ces documents,* ÉMANÉES *des habitants* (LE ROY LADURIE, *Carnaval de Romans,* p. 363). — [Voir déjà DIDEROT, *Rêve de d'Alembert,* p. 81.]

Remarques. — 1. Puisque le participe passé employé sans auxiliaire équivaut tantôt à un participe présent passif, tantôt à un participe passé composé, le fait qu'il exprime est tantôt simultané, tantôt antérieur, par rapport au fait exprimé par le verbe principal.

2. Certains participes devenus adjectifs ont un sens actif analogue à celui du participe présent ou du participe passé composé :

Un homme RÉFLÉCHI. *Un interprète* JURÉ. *Une écriture* TREMBLÉE. Comp. § 886, Rem. 1.

3. Le participe passé *dit* agglutiné à l'article défini rappelle des êtres ou des choses dont il a été question déjà : cf. § 607, *f.*

4. Le syntagme nom + participe passé *(Après les Maures défaits)* équivaut parfois, dans la langue littéraire, au syntagme qu'on obtiendrait en tirant un nom du participe et en lui donnant pour complément le nom qui précède ce participe *(Après la défaite des Maures) :*

Une semaine environ après CES MESURES PRISES (HUGO, *Misér.*, IV, II, 2). — [...] *des Musulmans qui ne lui pardonnent pas* L'ISLAMISME ÉCROULÉ *en Espagne* (BARRÈS, *Du sang...,* p. 57). — *La cloche* [...] *annonçant* LES CLASSES FINIES (ESTAUNIÉ, *Empreinte,* p. 83). — *Dès* LA TROISIÈME LIGNE LUE, *l'auteur affirme* [...] (R. de GOURMONT, *Livre des masques,* p. 117). — *Jusqu'à* SON ADOLESCENCE FORMÉE, *il a été hanté par des visions* (LA VARENDE, *Roi d'Écosse,* p. 194). — *Une petite lumière rouge s'allume sur la chaire cinq minutes avant* L'HEURE ACHEVÉE (A. SIEGFRIED, *Savoir parler en public,* p. 187). — *À l'instant de* L'ANCRE LEVÉE, *de* LA DERNIÈRE AMARRE ROMPUE (Fr. MAURIAC, *Mal,* p. 82). — *Suzanne* [...] *rendait grâce au Seigneur de* LA MÉSALLIANCE ÉVITÉE (ARAGON, *Beaux quartiers,* I, 3).

Cela se trouve parfois avec un participe présent et même avec un adjectif : *Pendant* LE SIÈGE VACANT (STENDHAL, *Abbesse de Castro,* VII). — *Elle se plaignit de* SES RARES VISITES (FLAUB., *Éd. sent.*, II, 2).

Hist. — Cette tournure était beaucoup plus fréquente au XVIIe s., mais elle existait déjà en anc. fr. C'était alors une survivance du latin.

5. Sur l'accord du participe passé, voir §§ 904 et suiv.

890   Formes composées du participe.

a) Le **participe passé composé** s'emploie pour marquer l'antériorité par rapport à un autre fait :

Le jeune homme s'excusa, AYANT VOULU *finir de ranger les flanelles* (ZOLA, *Au Bonheur des Dames,* I).

b) Le **participe surcomposé** insiste sur l'idée d'accomplissement :

AYANT EU FINI *à temps, il a pu avoir son train ordinaire.*

Le gérondif

891   Le **gérondif,** qui a la même forme que le participe présent et qui est invariable comme lui, est généralement construit avec la préposition *en* (elle-même parfois précédée de *tout*). Il se rapporte d'ordinaire à un nom ou à un pronom de la phrase (idéalement, le sujet : cf. § 885, Rem.), lesquels sont les agents de cette forme verbale, mais, en même temps, détaché qu'il est de ce nom ou de ce pronom, il équivaut souvent à un complément adverbial (de temps, de manière, etc.) :

> EN DÉBARQUANT, *je l'avais déjà remarqué* (A. DAUDET, *Lettres de m. m.,* p. 121). — *Je regarde* EN RÊVANT *les murs de ton jardin* (MUSSET, *Poés. nouv.,* Nuit d'août). — *Et rien qu'*EN REGARDANT *cette vallée amie, / Je redeviens enfant* (*ib.,* Souvenir). — *Tout* EN BADINANT, *il raconta son aventure.* — EN TERGIVERSANT *comme vous avez fait, vous avez tout compromis.* — *C'est* EN FORGEANT *qu'on devient forgeron* (prov.).
> *Aller* EN DIMINUANT, *ou aller diminuant :* cf. § 790, *d.*

Certaines locutions présentent le gérondif non précédé de *en ;* ce sont des restes d'un ancien usage (voir Hist.) :

> *Chemin* FAISANT. *Argent* COMPTANT. DONNANT DONNANT. *Tambour* BATTANT. *Généralement (strictement, etc.)* PARLANT. — *Ce* DISANT, *il appliquait de larges tapes sur les épaules de Salavin* (G. DUHAMEL, *Deux hommes,* p. 202) [cf. § 676, *b*]. — *Ce que* VOYANT, *etc. :* § 674, *c.*

Remarques. — 1. Les gérondifs (ou participes présents, il est difficile de décider) *pesant, vaillant* (de *valoir*), dans des expressions archaïques ou figées comme *dix livres pesant, n'avoir pas un sou vaillant,* sont des espèces d'adverbes équivalant à peu près à « en poids », « en valeur » :

> *Une morue de cinquante livres en a* [des œufs] *jusqu'à quatorze livres* PESANT *!* (MICHELET, *Mer,* II, 1.) — *Vous connaissez l'épisode des quatre livres* PESANT *d'yeux crevés qui furent apportés, sur deux plats d'or, au shah Nasser-Eddin ?* (VILLIERS DE L'ISLE-ADAM, *Contes cruels,* p. 124.) — *On paya à un tribun militaire vingt livres* PESANT *d'argenterie* (L. BERTRAND, *Sanguis martyrum,* p. 111). — *Il a dix mille écus* VAILLANT *(Dict. gén.).* — *Il n'a plus un sou* VAILLANT (AC.).

Comptant, dans les expressions du type *cent francs comptant,* a pu et peut encore être pris comme une sorte d'adverbe (= en compte) et rester invariable :

> *Il les vendait à beaux deniers* COMPTANT (LITTRÉ, s.v. *vendre,* 1°). — *Je crois savoir* [...] *que le grand-père Montech s'est laissé soutirer cent cinquante mille francs* COMPTANT (J. ROMAINS, *Hommes de b. vol.,* t. VIII, p. 228). — *Il les paie 40.000 dollars* COMPTANT (CENDRARS, *Or,* p. 94).

Mais, dans des expressions de cette sorte, *comptant* est généralement senti comme adjectif et varie ; toutefois, il ne s'emploie qu'au masculin :

> *Il fallait d'abord l'acheter* [une terre] *à beaux deniers* COMPTANTS (J. et J. THARAUD, *Petite hist. des Juifs,* p. 249). — *Il* [...] *s'engagea à verser dans les six mois 5.000 livres tournois en deniers* COMPTANTS (Fr. MAURIAC, *Bl. Pascal,* p. 114). — *S'ils prennent pour dollars* COMPTANTS *ce qui est écrit* (R. KEMP, dans les *Nouv. litt.,* 16 juillet 1955). — *Il le vendra à beaux deniers* COMPTANTS (LITTRÉ, s.v. *denier,* 6°). — *Il a acheté cela à beaux deniers* COMPTANTS (AC., s.v. *denier).*

Dans *payer comptant, vendre comptant, payer une somme comptant* (AC.), *comptant*, rapporté au verbe, est évidemment adverbe. — De même, vraisemblablement, dans cet ex. : *Casquez dix louis* COMPTANT (GIONO, *Hussard sur le toit*, p. 84).

2. Du gérondif (invariable), il faut, évidemment, distinguer le participe présent nominalisé (et variable) construit avec la préposition *en :*

Elle le remit respectueusement sur mes genoux [...] *en me regardant en* SUPPLIANTE (LAMART., *Graziella*, II, 15).

Hist. — 1. Le gérondif est, étymologiquement, bien distinct du participe présent : cf. § 777, Hist.

2. Le gérondif pouvait, dans la vieille langue, se construire non seulement avec *en*, mais aussi avec *à, de, par, sans*. Un reste de cet usage se retrouve dans l'expression *à son corps défendant*, qui s'est présentée aussi avec les prépos. *sur, en : Et ki fiert de colp de baston, il est a 100 s.* [= sous] *douaisiens se ce n'est* SOUR SEN CORPS DEFFENDANT (texte de 1248, dans *Privilèges et chartes de franchises de la Flandre*, éd. Espinas, Verlinden et Buntinx, t. I, p. 185). — *Ces gens-là* [...] *ne prennent de l'eau beniste, en entrant en l'église, qu'*EN LEUR CORPS DEFFENDANT (*Satire Ménippée*, cit. Huguet, s.v. *corps*). — Le sens premier était « en se défendant » (sur cet emploi de *corps*, voir § 220, *c*, 1°, Hist.) ; on le trouve encore au XIXᵉ s. : *L'homme qui en a tué un autre, fût-ce même* À *son corps défendant* (STENDHAL, *Chartr.*, XI). — Aujourd'hui, la locution ne signifie plus que « malgré soi, à contrecœur » (déjà au XVIᵉ s., voir ci-dessus). De là la variante *à cœur défendant* (où *cœur* paraît pris pour sujet) : *Cette étrange partie que voici que nous jouons sur terre (sans le vouloir, sans le savoir, et souvent* À CŒUR DÉFENDANT*)* (GIDE, *Journal*, t. II, p. 310).

Le gérondif a pu aussi, jusque dans le XVIIᵉ s., s'employer sans préposition : *Il eust cru s'abaisser* SERVANT *un Medecin* (LA F., *F.*, VI, 7). — ⁺*Comme le Seigneur s'est réjoui vous* ACCROISSANT, *vous* BÉNISSANT, *vous* FAISANT *du bien, il se réjouira de la même sorte en vous ruinant, en vous ravageant* (BOSS., *Sermon sur l'ardeur de la pénitence*).

3. Le gérondif pouvait anciennement s'employer comme nom ; il était alors couramment précédé d'un déterminant : article, démonstratif, possessif : *En mon* SEANT *lores* [= alors] *m'assis* (*Rose*, 1777). — *En mon* DORMANT *vi une vision* (E. DESCHAMPS, t. III, p. 26). — *De mon* VIVANT, *sur son* SÉANT subsistent.

A mon escient (altéré aujourd'hui en *à bon escient*) est parfois rangé dans cette catégorie. C'est en fait un emprunt au lat. médiéval *meo sciente*, qui analysait déjà *sciente* comme un nom, alors que l'expression est une altération de l'ablatif absolu du lat. class. *me sciente* « moi le sachant »

892   Les temps du gérondif.

a) Le **gérondif présent**, qu'on appelle souvent gérondif tout court, marque la concomitance par rapport au fait exprimé par le verbe principal.

b) Le **gérondif passé**, qui est peu courant, marque l'antériorité :

EN AYANT TERMINÉ *pour six heures, vous aurez une heure de repos.*

SECTION 4. — ACCORD DU VERBE

893   Observations générales.

a) Il s'agit de l'accord du verbe à un temps conjugué, c'est-à-dire : — soit du verbe à un temps simple, — soit de l'auxiliaire dans les temps composés et au passif, — soit du premier auxiliaire dans les temps surcomposés et dans les temps composés du passif.

L'infinitif ignore la variation en nombre et en personne ; de même le participe présent et le gérondif. — L'accord du participe passé a ses règles propres (§§ 904 et suiv.) ; il peut donc y avoir divergence quant au nombre entre le participe passé et l'auxiliaire :

Ils ONT REGARDÉ *la scène avec intérêt.* — *La scène qu'ils* ONT REGARDÉE *avec intérêt.* — *Pierre, vous* SEREZ REÇU *par le directeur à midi.*

b) Nous étudions successivement le cas où le sujet est unique (§§ 894-901) et le cas où le sujet est multiple (§§ 902-903).

I. — LE SUJET EST UNIQUE

894   Règle générale. — Le verbe s'accorde en nombre et en personne avec son sujet :

L'enfant EST *malade. Les enfants* SONT *malades. Je* SUIS *malade. Tu* ES *malade. Elle* EST *malade. Nous* RÊVONS. *Vous* RÊVEZ.

Remarque. — Le verbe à la 1re et à la 2e personne a normalement un pronom personnel comme sujet (ou un des sujets : § 902, *b*).

Cependant, ce pronom n'est pas exprimé à l'impératif ; le nombre et la personne résultent des intentions du locuteur :

Dors. Dormons. Dormez. — Voir aussi au § 233 d'autres cas où le pronom n'est pas exprimé.

Il arrive qu'un sujet autre qu'un pronom personnel soit suivi d'un verbe à la 1re et à la 2e personne :

— C'est régulièrement le cas de *qui,* précédé d'un mot en apostrophe : *Notre père, qui* ES *aux cieux* ... Cf. § 896, *b*.

— C'est occasionnellement le cas avec *tous deux : Tous deux* AVEZ *tort* [...] / [...] / *Et tous deux* SOUFFRIREZ (VERL., *Jadis et nag.,* Les uns et les autres, VIII).

C'est une espèce de syllepse. Pour Sv. Andersson (dans *Moderna Språk,* 1965, pp. 338-350), il s'agit d'un reste d'une époque où le pronom sujet n'était pas exprimé et où il était impliqué dans la forme verbale ; l'accord se ferait avec le pronom personnel sous-entendu.

— On peut aussi voir une analogie, soit avec la 3e personne, où *tous deux* joue régulièrement le rôle de sujet : *Tous deux sont morts* (HUGO, *Ch. du crép.,* V, 5), soit avec *Nous* + numéral : *Nous quatre vous embrassons bien fort* (lettre citée dans Damourette et Pichon, t. VI, p. 503).

— C'est parfois le cas avec *l'un et l'autre, ni l'un ni l'autre :* cf. § 902, *b,* Rem. 2.

895   Le **pronom impersonnel** *il* commande l'accord du verbe, lequel reste donc au singulier :

> *Il* NEIGE *des papillons* (HUGO, *Contempl.*, I, 14). — *Il nous* SERAIT *venu des lassitudes* (FLAUB., *Mme Bov.*, II, 12). — *Il n'y* A *pas de grandes personnes* (MALRAUX, *Antimémoires*, p. 10).

> **Hist.** — En anc. fr., le pronom impersonnel *il* restait souvent inexprimé (§ 234, *d*, Hist.), de là l'impression d'une discordance entre un verbe au singulier et le sujet réel (seul exprimé) au pluriel (§ 420, Hist.).
>
> Il arrivait d'autre part, surtout en moyen fr., que le verbe s'accordât avec le sujet réel, même lorsque le pronom *il* était présent : cf. § 230, Hist.

896   **Pronom relatif *qui* sujet.**

a) **Règle générale.** — Le verbe ayant pour sujet le pronom relatif *qui* se met au même nombre et à la même personne que l'antécédent de ce pronom :

> *Dans les trois jours qui* SUIVRONT (*Code civil*, art. 240). — *Vous qui* PLEUREZ, *venez à ce Dieu, car il pleure* (HUGO, *Contempl.*, III, 4). — *Toi qui* SÈCHES *les pleurs des moindres graminées* (E. ROSTAND, *Chantecler*, I, 2). — *Il est dommage* [...] *que ce ne soit pas moi qui* AIE *fait les deux rencontres* (J. ROMAINS, *Violation de frontières*, p. 47).

> Le pronom personnel nominalisé est de la 3e personne : *C'était toujours* [...] *le pauvre moi qui* RÉPONDAIT *de tout* (DE GAULLE, *Mém. de guerre*, t. I, p. 280).

> **Hist.** — 1. On a pu autrefois mettre le verbe à la 3e personne alors que l'antécédent de *qui* est un pronom de la 1re ou de la 2e :
>
> ⁺*Il n'y aura que vous qui* SOIT *noble* (MALHERBE, t. II, p. 420). — *C'est moy qui lui* DIRA (SCARRON, *Héritier ridicule*, I, 1). — *Je n'ay trouvé que vous qui* FUST *digne de moy* (CORN., *Psyché*, IV, 3). — *Ce ne seroit pas moy qui* SE FEROIT *prier* (MOL., *Sgan.*, II). — *Valere. Je vous demande, si ce n'est pas vous, qui* SE NOMME *Sganarelle.* / [...] / *Sganarelle. En ce cas, c'est moy, qui* SE NOMME *Sganarelle* (ID., *Méd. m. lui*, I, 5). [Valère avait dit d'abord : *N'est-ce pas vous, qui* VOUS APPELLEZ *Sganarelle ?*] — [...] / *Et ne verrons que nous qui* SÇACHE *bien écrire* (ID., *F. sav.*, III, 2). — *Il ne voit dans son sort que moy qui* S'INTERESSE (RAC., *Brit.*, II, 3). — ⁺*Encore si c'était vous qui* FÛT *le Prince !* (MARIV., *Double inconst.*, II, 12.)

> Quand on a le tour *ne ... que ...*, sans doute l'accord se faisait-il avec un mot comme *personne : Je ne vois (personne) que vous qui* FÛT *digne de moi.* Comp. §§ 248, *b*, 1°, et 297, *a*, Rem. 4.
>
> L'accord signalé ci-dessus chez les classiques est encore courant dans la langue populaire actuelle, que veulent reproduire des ex. comme les suivants : *Il n'y a que moi qui* EST *parfait* (PÉGUY, *Myst. des saints Innoc.*, p. 92). — *À moi qui n'*EST *de rien* (ID., *Myst. de la char. de J. d'Arc*, p. 181).
>
> En revanche, les ex. suivants ne montrent que des négligences graphiques (observez la discordance entre le pronom réfléchi et le verbe chez M. Cardinal) : *Il n'y a plus que toi qui m'*AIME *dans la famille* (STENDHAL, *Corresp.*, t. IV, p. 151). — *Il n'y a que moi* [...] *qui* SOIT *capable d'une chose aussi extraordinaire* (J. ROMAINS, *Lucienne*, p. 199). — *C'est moi qui* FAISAIT *le septième* (CHAMSON, *Petite Odyssée*, p. 235). — *C'était moi qui nous* AVAIT *mis dans cette situation* (J. ORIEUX, *Aigle de fer*, p. 145). — *C'était moi qui m'*ÉTAIT *allongée nue sur la table* (M. CARDINAL, *Mots pour le dire*, p. 126).

2. Dans *Qui est* signifiant « c'est-à-dire », le verbe ne s'accordait pas avec l'antécédent, peut-être parce que l'on considérait *qui* comme neutre (= *ce qui* : § 685, *b*) :

⁺*Cliton n'a jamais eu en toute sa vie que deux affaires, qui* EST *de dîner le matin et de souper le soir* (LA BR., XI, 122). — *Me de St Pars luy avoit envoyé, hier au soir, trois personnes à héberger, qui* EST *un organiste, sa femme et une autre* (MAINTENON, *Corresp.*, t. III, p. 284 ; autre ex., p. 326).

b) Quand l'antécédent est un mot mis en apostrophe, le verbe est à la 2ᵉ personne (du singulier ou du pluriel, selon que l'on tutoie ou vouvoie l'interlocuteur ; du pluriel quand on parle à plusieurs) :

Ah ! insensé, qui CROIS *que je ne suis pas toi !* (HUGO, *Contempl.*, Préf.) — *Qui donc es-tu, mon frère, / Qui n'*APPARAIS *qu'au jour des pleurs ?* (MUSSET, *Poés. nouv.*, Nuit de déc.) — *Dors, pauvre enfant malade, / Qui* RÊVES *sérénade...* (NERVAL, *Odelettes*, Sérénade.) — *Ô Père qui* ÊTES *dans les cieux, que votre douceur est reconnaissable à ce trait !* (VEUILLOT, *Parfum de Rome*, VII, 4.) — *Adieu, vilain chat qui* AURAIS *tant voulu avoir des ailes pour nous courir après dans l'azur et piller nos nids* (É. HENRIOT, *Livre de mon père*, p. 172).

[Dans l'ex. suivant, le locuteur a assimilé un complément prépositionnel à un mot en apostrophe : *À tous ceux et à toutes celles qui m'*ÉCOUTEZ *ce soir* (GISCARD D'ESTAING, à la télévision, le 26 juin 1977).]

Ex. apparemment non conformes : *Souvent je vis ta douce mère / [...] / Dans mes vers t'enseigner à lire, / Enfant qui* JOUE *avec le feu !* (LAMART., *Œuvres poét.*, Pl., p. 797.) — *Imbécile ! qui* ARRÊTE *un Strozzi sur la parole d'un Médicis !* (MUSSET, *Lorenzaccio*, III, 3.) — *Heureux enfant, qui* DEMANDE *où est le bonheur* [...] *!* (G. SAND, *Lélia*, V.) — *Mais comment espérer qu'elles* [...] *ne lui diraient pas en riant : « Vilain jaloux qui* VEUT *priver les autres d'un plaisir »?* (PROUST, *Rech.*, t. I, p. 367.)

Chez Lamartine, on a une licence poétique, pour gagner un pied (cf. § 765, Hist.). — Dans les autres ex., on pourrait dire que ce qui précède le *qui* n'est pas vraiment un mot en apostrophe, mais une exclamation.

c) Lorsque *qui* a pour antécédent un attribut dont le verbe est à la 1ʳᵉ ou à la 2ᵉ personne, l'usage hésite entre l'accord avec l'attribut (3ᵉ pers.) et l'accord avec le pronom de la 1ʳᵉ ou de la 2ᵉ personne. — Il est difficile de donner une vue simple des choses.

1° Si le verbe principal est négatif ou interrogatif, l'accord se fait avec l'attribut :

Vous n'êtes pas un homme qui AIME *la flatterie. Êtes-vous un homme qui* SAIT *réfléchir ? Êtes-vous Dupont qui m'*A *écrit hier ?* — *Êtes-vous celui qui* A *commis le crime ?* (HUGO, *Lucr. Borgia*, II, ɪ, 3.) — *Es-tu celui qui* PEUT *quelque chose pour son bonheur ?* (BARRÈS, *Dérac.*, p. 394.) — *Suis-je la femme qui te* CONVIENT *?*

Ex. non conforme à cette règle : *N'êtes-vous pas l'homme qui* COMPRENEZ *tous les rêves de l'esprit ?* (HUGO, *Rhin*, XXVIII.) [Une interrogation négative est fort proche de l'affirmation.] — Dans l'ex. suivant, l'accord se fait avec le pronom personnel, mais le verbe principal est à la 3ᵉ personne : *C'est bien vous le jeune homme qui* ÊTES *venu me voir ?* (QUENEAU, *Pierrot mon ami*, Épil.)

2° Quand le verbe principal n'est ni négatif ni interrogatif, l'accord se fait le plus souvent avec l'attribut, si celui-ci est un pronom démonstratif ou un nom précédé de l'article défini (sauf avec un numéral) ou du démonstratif :

Je suis celui qui TIENT *le globe* (HUGO, *Lég.,* XIX, 2). — *Nous sommes ceux qui* VONT *tous les vendredis soir chez Angèle* (GIDE, *Paludes,* p. 113). — *Tu seras celui qui* GARDERA *la barque* (LOTI, *Ramuntcho,* p. 99). — *Nous sommes tous ceux qui* ONT *sauvé ou créé une plante* (GIRAUDOUX, *Folle de Chaillot,* p. 182). — *Je suis celui qui* VOIT (H. BOSCO, *Malicroix,* p. 204). — *Vous êtes l'élève* (ou *cet élève*) *qui* A *le mieux répondu. Vous êtes ce Dupont qui m'*A *écrit.*

On trouve pourtant l'accord avec le pronom personnel, surtout si l'attribut est un pronom démonstratif (comme dans l'usage classique : cf. Hist.) :

*Je suis le Seigneur, qui t'*AI *fait sortir d'Ur en Chaldée* (*Bible de Maredsous,* Genèse, XV, 7) [Vulgate : *Ego Dominus qui* EDUXI *te de Ur Chaldeorum.* — *Le Seigneur* est plus proche des noms propres que d'un nom commun avec article défini.] — *Nous sommes aujourd'hui toute la bande de jeunes qui* VOULONS *faire vivant et vrai à n'importe quel prix* (HUYSMANS, lettre, dans *Revue des sciences humaines,* 1975, p. 591). — *Je ne suis plus l'innocente jeune fille qui m'en* SUIS *rapportée à toi plus qu'à moi-même* (P. HERVIEU, cit. Sandfeld, t. II, § 139).
Vous êtes ceux qui SAVEZ *dire « oui » et qui* SAVEZ *dire « non »* (BARRÈS, *Mes cahiers,* t. XII, p. 91). — *Nous sommes ceux qui* AVONS *trouvé le moyen de maintenir la tête hors de l'eau !* (CLAUDEL, *La rose et le rosaire,* p. 16.) — *Je suis celui qui* CONÇOIS *ce que vous voulez* (VALÉRY, *Eupalinos,* p. 124). — *Nous étions ceux qui* ALLIONS *vaincre Hitler* (Fr. AMBRIÈRE, *Grandes vacances,* p. 16). — *Feuilles mortes,* [...] *vous n'êtes pas seulement celles qui* DÉMAS-QUEZ *les nids* (G. BEAUMONT, dans les *Nouv. litt.,* 12 oct. 1950). — *Tu es celui qui* FAIS *entrer dans les âmes de tout le diocèse une personne de la Trinité* (H. QUEFFÉLEC, *Faute de Monsei-gneur,* p. 176). — *Je suis celui qui* VOIS *; je suis celui qui* SUIS *vu* (G. POULET, *Métamorphoses du cercle,* p. 408). — *Je suis celui qui* SUIS (*Bible de Jérus.,* Exode, III, 14 ; trad. CRAMPON ; etc.). [Vulgate : *Ego sum qui* SUM.]
De même : *Nous sommes de ceux qui ne* DOUTONS *pas de sa bonne foi* (LÉVIS MIREPOIX, *Aventures d'une famille franç.,* p. 210). — *Vous êtes de ceux qui m'*EMPÊCHEZ *de mourir* (J. BOUSQUET, lettre, dans *Revue d'hist. litt. de la Fr.,* mars-avril 1971, p. 283).

3° Quand les conditions signalées dans le 1° et le 2° ne sont pas remplies, l'usage est indécis.

Accord avec l'attribut : *Nous sommes* [...] *de tristes papillons qui se* BRÛLENT *au feu des idées* (J. et J. THARAUD, *Quand Israël est roi,* p. 274). — *Nous sommes de pauvres époux qui* ONT *failli* (GIRAUDOUX, *Sodome et Gom.,* p. 143). — *Je suis une fille du Carmel qui* VA *souffrir pour vous* (BERNANOS, *Dialogues des carmélites,* III, 8). — *Nous devînmes des gens qui se* CONTREDISENT (COCTEAU, *Poésie critique,* p. 81). — *Nous sommes des chemins qui* MÈNENT *plus haut que nous* (G. MARCEL, *Rome n'est plus dans Rome,* p. 75). — *Nous sommes* [...] *quelques-uns qui* SACRIFIERAIENT *sans marchander leur peau !* (R. MARTIN DU GARD, *Thib.,* Pl., t. II, p. 300.) — *Nous étions trois amis, trois galopins qui* USAIENT *encore leurs culottes sur les bancs de l'école* (ZOLA, *Documents littér.,* cit. Høybye, § 114). — *Nous sommes ainsi quelques fossiles qui* SUBSISTENT (FLAUB., *Corresp.,* t. IV, p. 111).
Accord avec le pronom (c'est surtout fréquent lorsque l'attribut est un numéral ou un adjectif précédé de l'article défini) : *Vous êtes une nymphe antique qui vous* IGNOREZ (NER-VAL, *Sylvie,* VIII). — *Vous êtes des chiens qui* COUREZ *chacun après son os* (TAINE, *Vie et opinions de Fr.-Th. Graindorge,* p. 57). — *Vous êtes un enfant qui* PRÉTENDEZ *agir comme un homme* (FROMENTIN, *Domin.,* VI). — *Je suis un paresseux qui ne me* PLAIS *qu'à dormir au soleil* (AYMÉ, *Contes du chat perché,* p. 93). — *Nous sommes des pies qui nous* JETONS *à l'étourdie sur tout ce qui brille* (J. et J. THARAUD, *Quand Israël est roi,* p. 274). — *Nous sommes des gens honnêtes qui n'*AVONS *jamais eu affaire à la police* (SIMENON, *Maigret et l'inspecteur Malgracieux,* p. 62). — *Vous êtes un homme, un homme quelconque, mais un*

homme qui vous ÊTES *conduit comme un homme* (P. BOURGEADE, *Armoire*, p. 56). — *J'étais le seul* [...] *qui* POURRAIS *tirer l'affaire de ce pétrin* (VERCORS, *Moi, Aristide Briand*, p. 86). — *Vous êtes la seule de la maison qui ne* RÊVIEZ *pas* (Fr. MAURIAC, *Asmodée*, II, 7). — *Nous sommes* [...] *les deux personnes de la paroisse qui* AVONS *le plus à faire* (FLAUB., *M*^{me} *Bov.*, II, 6). — *Vous êtes bien pour Marthe les deux personnes qui* COMPTEZ *le plus au monde* (J. ROMAINS, *Lucienne*, p. 165). — *Nous sommes* [...] *cinquante, cent morts qui* DORMONS (R. DORGELÈS, *Croix de bois*, XII). — *Vous êtes deux qui* VENEZ *vous rendre* (VIGNY, *Cinq-Mars*, XXIV). — *Nous sommes deux qui ne* CROYONS *pas à la pièce* (J. RENARD, *Journal*, 4 oct. 1909). — *Nous sommes deux bossus qui* SOURIONS [...] *de la bosse de l'autre* (Fr. MAURIAC, *Bâillon dénoué*, p. 278). — *Nous sommes une centaine qui* REGARDONS (BARRÈS, *Greco*, p. 84). — *Nous sommes toute une bande qui* RENTRONS *de la promenade* (LOTI, *Mon frère Yves*, LXX). — *Nous sommes quelques écrivains qui ne vous* LÂCHERONS *plus* (R. BENJAMIN, *Aliborons et démagogues*, p. 59). — *Nous avons été ainsi nombre de jeunes hommes qui* RESPIRIONS *l'atmosphère nietzschéenne* (R. ROLLAND, dans le *Mercure de Fr.*, juin 1947, p. 205). — *Je suis Yahvé qui t'*AI *fait sortir d'Ur des Chaldéens* (*Bible de Jérus.*, Genèse, XV, 7).

Hist. — Dans les phrases du type *Je suis celui qui ...*, l'usage ancien (maintenu dans les traductions de la Bible) accordait souvent le verbe de la relative avec le pronom personnel :

Je suis celluy qui AY *fait et creé les sainctz* (*Internelle consolacion*, II, 58). — *Je suis celluy qui* AY *faict maint escript* (MAROT, cit. Gougenheim, p. 248). — ⁺*Je suis celle qui vous* AI *formés* (PASCAL, *Pens.*, 430). — ⁺*Je suis, dit-il, Celui qui* SUIS (BOSS., *Disc. hist. univ.*, II, 3). — ⁺*Je pense être celui de tous qui l'*AI *le plus rigoureusement éprouvé* (Mlle de SCUDÉRY, cit. Haase, § 62, B).

d) Si ce qui précède le relatif est un syntagme complexe, on doit déterminer où se trouve effectivement l'antécédent.

1° Après des formules du type *Un homme comme moi qui*, le verbe peut être accordé soit avec le nom soit avec le pronom :

J'en crois un homme comme vous qui A *vu par ses yeux*, ou : *qui* AVEZ *vu par vos yeux* (LITTRÉ, s.v. *qui*, 5°). — [*Il y a des gens comme moi qui ne* REGARDE *pas la richesse comme la chose du monde la plus précieuse* (DIDEROT, *Neveu de Rameau*, p. 95).]

2° Le pronom relatif est précédé de *un de* + nom ou pronom pluriels :

*Il répondit à un des professeurs qui l'*INTERROGEAIT ... ou ... *qui l'*INTERROGEAIENT. Cf. § 425.

Si, au lieu de *un*, on a le pronom démonstratif, le choix disparaît : ... *à celui des professeurs qui l'*INTERROGEAIT ... — Les ex. suivants ne sont pas à prendre pour modèles :

Ceux d'entre nous qui SOMMES *allés dans les camps de concentration l'avons senti plus cruellement encore* (L. MARTIN-CHAUFFIER, dans le *Figaro litt.*, 9 sept. 1950). — *Pour ceux d'entre nous qui* AVONS *commencé à lire dans les années 20, Charles Du Bos est une grande figure* (P.-H. SIMON, dans le *Monde*, 25 août 1965).

3° Le pronom relatif est précédé d'un nom suivi de son complément :

Il vint une nuée de barbares qui DÉSOLÈRENT *tout le pays* (AC., s.v. *nuée*). — *Le peu de meubles qui se* TROUVENT *dans les habitations espagnoles sont d'un goût affreux* (Th. GAUTIER, *Voy. en Esp.*, p. 105). — Etc. Voir § 422.

4° Le pronom relatif est précédé de noms coordonnés (avec ou sans conjonction) : voir §§ 432-445.

e) Quand *chacun* s'intercale après le pronom relatif qui a un pluriel comme antécédent, c'est ce pluriel qui doit déterminer l'accord :

J'ai deux sœurs qui chacune ONT leur voiture. Cf. § 719, b.

897   Accord avec l'attribut.

a) Accord avec l'**attribut antéposé.** — Au lieu de *La pêche était son seul plaisir,* on peut inverser les termes : *Son seul plaisir était la pêche ;* cf. § 241. — L'attribut ainsi antéposé détermine généralement l'accord :

Son lit EST deux matelas par terre (BALZAC, Lettres à l'Étrangère, t. I, p. 553). — Le lit ordinaire de M. de Pontchâteau ÉTAIT des fagots (SAINTE-BEUVE, Port-Royal, V, 8). — Le trait dominant de sa vibratile physionomie ÉTAIT les yeux (BLOY, Désespéré, p. 196). — Son vrai désespoir ÉTAIT ses mains aux doigts trop courts et trop larges (J. ROY, Femme infidèle, p. 130). — La vraie cause de son départ FUT ses dettes (BILLY, dans le Figaro litt., 17 sept. 1955). — La seule chose concrète que je voyais dans tout cela ÉTAIT les gâteaux sur le plateau (GARY, Promesse de l'aube, p. 136). — Le seul inconvénient ÉTAIT [...] les droits de douane à acquitter (YOURCENAR, Souvenirs pieux, p. 38).

Comme les classiques (cf. Hist.), certains auteurs accordent le verbe avec le sujet postposé :

Un élément moins pur encore du club des Jacobins, ÉTAIENT les Orléanistes (MICHELET, Hist. de la Révol. fr., IV, 9). — Sa seule distraction ÉTAIENT les visites fréquentes de M. de Serpigny (H. de RÉGNIER, Mariage de minuit, VI). — La véritable proie de l'Injustice SONT précisément ceux-là qui répondent à son défi (BERNANOS, Grands cimetières sous la lune, Pl., p. 406). — Ce qu'il lui importe de noter SONT les idées qui lui viennent en formules bien trempées (C. BOURNIQUEL, Enfant dans la cité des ombres, p. 114).

Hist. — À l'époque classique, l'accord avec le sujet postposé était fréquent, quoiqu'on trouvât aussi l'autre usage :

⁺La plus grande des preuves de Jésus-Christ SONT les prophéties (PASCAL, Pens., 706). — ⁺Mon mal SONT des vapeurs (SÉV., 5 sept. 1674). — ⁺Le partage de l'homme SONT les douleurs et les maux (RAC., G.E.F., t. VI, p. 309). — L'effet du commerce SONT les richesses (MONTESQ., Espr., XXI, 6). ⁺Le plus grand des maux EST les guerres civiles (PASCAL, Pens., 313). — ⁺Ce qui piquait sa poitrine ÉTAIT des sérosités (SÉV., 1ᵉʳ juin 1679). — ⁺Le signal ÉTAIT deux fusées (VOLT., Ch. XII, II).

b) Sans doute par analogie avec les faits décrits dans le § suivant, il arrive qu'on accorde avec l'attribut le verbe *être* (parfois une autre copule) qui a pour sujet, soit *ceci* ou *cela ;* — soit *(tout) ce* suivi d'une proposition relative ; — soit un nom de sens vague comme *le reste :*

Tout cela SONT des peut-être (STENDHAL, Corresp., t. II, p. 263). — Mère Ubu. Tout ceci SONT des mensonges [...]. / Père Ubu. Tout ceci SONT des vérités (JARRY, Ubu roi, V, I). — Tout cela ne SONT que des ignorances (J. LECLERCQ, Grandes lignes de la philos. morale, 1947, p. 255). — Ce que vous dites là SONT autant de fables (LITTRÉ, s.v. tout, 35°). — Le reste SONT des horreurs (PROUST, Rech., t. I, p. 900).

Avec le singulier : *Ceci* EST *des souhaits* (LITTRÉ, Suppl., s.v. *ceci*). — *Tout cela n'*EST *pas des preuves (ib.*, s.v. *cela).* — *Tout cela* ÉTAIT *peines perdues* (BAUDEL., *Jeune enchanteur*, Pl., p. 1333). — *Tout le reste* ÉTAIT *des bêtises* (MONTHERLANT, *Démon du bien*, p. 115).

Le plus souvent, on reprend le sujet *ceci, cela,* etc. par le simple *ce* devant le verbe *être* (§ 675, *b*) : *Tout ceci,* CE *sont des découvertes* (STENDHAL, *Vie de H. Brulard*, t. II, p. 202). — *Tout cela,* CE *sont des mots* (R. ROLLAND, *Jean-Chr.*, t. II, p. 163).

Hist. — Cet accord avec l'attribut était beaucoup plus fréquent jadis :

Tout cela SONT *des fautes contre la pureté du langage* (VAUGELAS, p. 573). — *Tout cela ne* SONT *que des arguties* (J.-J. ROUSS., *Rêveries*, III). — *Tout ce qu'il dit* SONT *autant d'impostures* (RAC., *Plaid.*, II, 9). — *Tout ce qu'il y a d'agreable,* SONT *effectivement les idées qui ont esté prises de Moliere* (MOL., *Impromptu*, V). — ⁺*Ce que tu dis là* SONT *autant de vérités éternelles* (DIDEROT, *Jacques le fat.*, Pl., p. 676). — De même : *Tout ce qu'il disoit me* SEMBLOIENT *des oracles* (J.-J. ROUSS., *Conf.*, Pl., p. 125).

898 **Pronom neutre** *ce* **sujet** [12].

a) Le verbe *être* (ou la périphrase contenant *être : Ce doit être, ce peut être*) est **précédé** du pronom *ce.*

1° Le verbe suivi de *moi, toi, nous, vous* se met à la 3ᵉ personne du singulier :

*C'*EST *moi. C'*EST *toi. C'*EST *vous. Ce* DOIT *être toi.* — *C'*EST *nous les savants !* (A. FRANCE, *Pierre Nozière*, 1899, p. 165.)

Ex. exceptionnels d'accord avec le pluriel inclus dans *nous, vous,* mais non avec la personne ; il ne s'agit que de graphies : *Ceux qui auraient pu lui* [= à Hitler] *barrer la route dès les premiers signes de démence, c'*ÉTAIENT *vous, les Français* (A. PEYREFITTE, *Mal français*, p. 13). — *C'est un peu comme si c'*ÉTAIENT *nous qui racontions des histoires à l'Escrivain* (R. SABATIER, *Enfants de l'été*, p. 118). — Autre ex. : CÉLINE, *Voy. au bout de la nuit*, L.P., p. 179.

2° Le verbe suivi de *eux* ou de *elles* se met à la 3ᵉ personne du singulier ou du pluriel, mais le singulier semble prévaloir (surtout à la forme négative) :

Ex. du pluriel : *Ce* SONT *eux qui seront plus tard écoutés* (GIDE, *Feuillets d'automne*, p. 211). — *Ce* SONT *eux qui fermaient la porte* (CAYROL, *Enfants pillards*, p. 14). — *Ce* FURENT *eux qui plus tard nous rapportèrent le pourquoi des choses* (VERCORS, *Sable du temps*, p. 110). — *Ce* SONT *elles* [= les femmes] *qui ont créé la chevalerie* (HUGO, *Litt. et phil. mêlées*, Idées au hasard, II). — Avec la négation : *Ce ne* SONT *pas eux qui ont inventé le symbole* [...] (BARBEY D'AUR., *Bague d'Annibal*, LXVI).

Autres ex. de *Ce sont eux :* Fr. MAURIAC, *Asmodée*, II, 6 ; J. CALVET, *Polyeucte de Corneille*, p. 279 ; AYMÉ, *Confort intellectuel*, p. 200 ; A. SIEGFRIED, *Âme des peuples*, p. 30 ; M. PONS, *Mˡˡᵉ B.*, dans les *Temps modernes*, févr. 1973, p. 1336 ; J. PIATIER, dans le *Monde*, 15 oct. 1976 ; etc.

Ex. du singulier : *C'*EST *eux qui le poussaient aux ordonnances* (CHAT., *Mém.*, III, II, XII, 7). — *C'*EST *eux qui ne valent rien* (BERNANOS, *Lettre aux Anglais*, p. 116). — *Je crois que c'*EST *elles qui m'ont porté secours* (COLETTE, *Étoile Vesper*, pp. 165-166). — Avec la négation : *On se demande* [...] *si ce n'*EST *pas eux qui ont raison* (DUMAS fils, *Femme de Claude*, Préf.). — *Ce n'*EST *pas eux que je combats* (SAINT EXUPÉRY, *Vol de nuit*, p. 89).

---

12. Ou senti comme tel en franç. moderne. Cf. l'Hist.

Autres ex. de *C'est eux :* J. LEMAITRE, *Rois,* p. 160 ; PÉGUY, *Notre jeunesse,* p. 61 ;
A. LICHTENBERGER, *Line,* p. 152 ; BENDA, *Précision, 1930-1937,* p. 78 ; GIRAUDOUX, *Folle de
Chaillot,* p. 113 ; A. CAMUS, *Justes,* p. 77 ; etc.

3° Le verbe suivi d'un nom (ou d'un pronom autre qu'un pronom personnel)
pluriel s'accorde généralement avec celui-ci :

Ceux qui vivent, ce SONT *ceux qui luttent* (HUGO, *Châtim.,* IV, 9). — *Puis ce* FURENT *des
insomnies, des alternatives de colère et d'espoir, d'exaltation et d'abattement* (FLAUB., *Bouv. et
Péc.,* I). — *Ce ne* SONT *pas des heures frivoles que j'aurai vécues* (Fr. MAURIAC, *Journal,* t. III,
p. 111). — *Ce qui manque, ce ne* SONT *pas les choses à faire, c'est la volonté de les faire*
(MAUROIS, *Portrait de la France et des Franç.,* p. 94). — *Ce* PEUVENT *être les jeux méchants
d'un enchanteur* (BÉDIER, *Roman de Tristan et Iseut,* cit. Høybye, § 96). — *Ce* DOIVENT *être
deux Orientaux* (PROUST, *Rech.,* t. II, p. 696). — *Ce* DOIVENT *être les journaux turcs* [...] *qui
les renseignent* (COCTEAU, *Maalesh,* p. 159).

Toutefois, le singulier, qui est l'usage ordinaire de la langue parlée non
soignée, n'est pas tellement rare dans l'écrit, soit parce que l'auteur veut reproduire cet usage populaire, soit parce qu'il se réfère à la tradition classique (cf.
Hist.) :

Et ce FUT *des baisers, des caresses sans fin* (BALZAC, *Lys dans la vallée,* p. 126). — *C'*EST
des mystères pleins d'aperçus (VERL., *Jadis et nag.,* Amoureuse du diable). — *Ce n'*EST *des
visages, c'*EST *des masques* (A. FRANCE, *Rôtisserie de la reine Péd.,* p. 314). — *Mais ce n'*EST
*pas les fermiers, c'*EST *les goujats les plus distants de nous qu'il fréquente* (GIDE, *Retour de
l'enf. prod.,* p. 222). — *Ce n'*EST *pas les théories qui font les œuvres* (THÉRIVE, *Retour d'Amazan,* p. 209). — *C'est nous qui sommes capables d'avoir faim, ce n'*EST *pas vos Anges !* (CLAU-
DEL, *Messe là-bas,* p. 30.) — *C'*EST *les pédants qui ont raison* (HERMANT, *Xavier,* p. 160). —
*Ce n'*EST *que ruines* (BAINVILLE, *Allemagne,* t. II, p. 188). — *C'*EST *les grands qui les ramasse-
ront* (CASAMAYOR, *Mystification,* p. 23).

Le singulier est particulièrement fréquent dans certains cas :

— Lorsqu'il est identique au pluriel pour l'oreille : *Ce n'*ÉTAIT *pas des confidences qu'elle
murmurait* (BARRÈS, *Jardin sur l'Oronte,* p. 28). — *Ç'*AVAIT *été d'abord de ces petits manquements involontaires qui ressemblent à des distractions* (BERNANOS, *Imposture,* p. 218). —
Sinon, ce SERAIT *des soins perdus* (H. MICHAUX, *Ailleurs,* p. 231). — *Ce* POURRAIT *être deux
amis* (SAINTE-BEUVE, *Caus. du lundi,* t. IX, p. 156). — Autres ex. avec *était :* PROUST, *Rech.,*
t. I, p. 164 ; R. MARTIN DU GARD, *Thib.,* Pl., t. II, p. 630 ; Fr. MAURIAC, *Asmodée,* I, 4 ;
J. GUÉHENNO, dans le *Figaro litt.,* 23 janv. 1964 ; etc.

— Lorsque le pronom *ce* reprend un nom ou un pronom singuliers qui précèdent : *Le
plus crâne monument, ce* SERA *toujours les Pyramides* (FLAUB., *Éd. sent.,* I, 4). — *Le catholicisme en France* [...], *c'*EST *les congrégations* (BARRÈS, *Dérac.,* p. 296). — *Ce qui semble périr*
[...], *c'*EST *les formes et les modes sous lesquels nous percevons la matière périssable* (MAETER-
LINCK, *Morceaux choisis,* p. 211). — *Ce que je sens surtout, c'*EST *mes limites* (GIDE, *Journal,*
4 août 1930). — *Ce qui est réel dans la perception et qui la distingue du rêve, ce n'*EST *pas les
sensations, c'est la nécessité* (S. WEIL, *La pesanteur et la grâce,* p. 60). — *Tout cela* [...], *c'*EST
des réflexions que je fais aujourd'hui (J. DUTOURD, *Demi-solde,* p. 90).

— Dans les expressions *ce peut être, ce doit être : Ce ne* PEUT *être encore les gens que
nous attendons* (LITTRÉ, s.v. *ce,* 2°). — *Ce* DOIT *être mes tantes et mon oncle (ib.).* — Voir ci-
dessus des ex. avec le pluriel.

— Lorsque l'attribut est formé de plusieurs noms coordonnés dont le premier au moins est un singulier (comp. § 435, *b*) : *C'*EST *la gloire et les plaisirs qu'il a en vue* (LITTRÉ, s.v. *ce,* 2°). — *Ce n'*EST *pas la misère, la maladie, la guerre, le travail excessif, qui m'affligent* (J. CHARDONNE, *Claire*, p. 231). — *Quelles sont les séductions de ces lieux ? C'*EST *sans doute la solitude et, peut-être, la créature* (A. CAMUS, *Été*, p. 33).

Mais le pluriel n'a rien de surprenant : *Ce* FURENT *d'abord*, — *ainsi j'ai vu, ainsi je raconte*, — *une abbaye aux murailles lézardées par la lune*, — *une forêt percée de sentiers tortueux*, — *et le Morimont grouillant de capes et de chapeaux* (Al. BERTRAND, *Gaspard de la nuit, Rêve*). — *Ce* SONT *d'abord la maladresse et la pauvreté qui donnent aux catacombes leur accent chrétien* (MALRAUX, *Voix du silence*, p. 175). — *Ce* SONT *l'esprit et le cœur qui emportent les victoires* (DE GAULLE, *Disc. et messages*, t. I, p. 211). — *Fisher [...] dit que ce* SONT *la Bible et la mer qui ont formé l'Angleterre* (J. GREEN, *Journal*, 19 août 1969).

Il est même obligatoire quand l'attribut multiple développe un pluriel ou un collectif qui précède : *Il y a cinq parties du monde, ce* SONT : *l'Europe, l'Asie*, etc. — *Un seul groupe s'avança, causant. C'*ÉTAIENT *le Ministre, le Père Jousselin ; le Procureur, le Père Darbois, et le Préfet des études, le Père Sixte* (ESTAUNIÉ, *Empreinte*, p. 13).

Hist. — On disait en anc. fr. *Ce sui je, Ce es tu, Ce est il*, etc. (cf. § 241, Hist.), et donc *Ce sont les hommes.* Le tour moderne *C'est moi, C'est toi* implique l'accord avec le pronom démonstratif et donc *C'est les hommes.* Cette dernière construction, qui n'a pas réussi à triompher, était fréquente à l'époque classique : +*C'*EST *des péchés légers* (BOSS., *Or. fun.*, Mar.-Thér.). — +*C'*EST *eux qui ont bâti ces douze palais* (ID., *Disc. hist. univ.*, III, 3). — *Ce n'*EST *pas les Troyens, c'est Hector qu'on poursuit* (RAC., *Andr.*, I, 2). — *Tous les Hommes sont semblables par les paroles ; et ce n'*EST *que les actions, qui les découvrent differens* (MOL., *Av.*, I, 1). — *C'*ÉTOIT *leurs delices suprêmes* (LA F., *F.*, XII, 1). — +*L'occasion prochaine de la pauvreté, c'*EST *de grandes richesses* (LA BR., VI, 49).

Non sans logique, Balzac (*Corresp.*, t. III, p. 425) considérait comme une véritable faute l'accord avec l'attribut. Comp. pourtant le § précédent.

Remarques. — 1. Certaines formes passent pour peu euphoniques, par ex. *Ç'ont été, C'eussent été, C'en sont*, et des grammairiens recommandent le singulier :

*Comme si c'*EÛT *été des morsures* (HUGO, *N.-D. de Paris*, IX, 6). — *De telles paroles sont des injures ; oui, c'en* EST.

N'est-ce pas plutôt la crainte du jeu de mots ? En tout cas, ces délicatesses ne doivent pas être érigées en règles : *Ç'*ONT ÉTÉ *des soifs étanchées* (GIDE, *Nourrit. terr. et nouv. nourr.*, p. 128). — *Elles sont sur l'échelle d'or de la poésie, bien plus haut que les petites filles modèles de Mme de Ségur. C'*EN SONT *les insectes parfaits à côté de larves* (R. KEMP, dans les *Nouv. litt.*, 31 mars 1955). — *Mais* Les Écrivains *[...] de Michel de Saint Pierre sont plutôt un portrait en pied ou, plutôt, c'*EN SONT *deux* (BILLY, dans le *Figaro*, 5 juin 1957). — [Voir dans Littré, s.v. *ce*, 2°, un ex. de Pascal.]

2. Dans l'indication de l'heure, d'une somme d'argent, etc., quand l'attribut de forme plurielle est pensé comme exprimant un singulier, un tout, une quantité globale, on met le verbe au singulier (comp. § 431) :

*C'*EST *onze heures qui sonnent* (LITTRÉ, s.v. *ce*, 2°) [on indique *l'*heure, non *les* heures]. — *C'*EST *cent mille francs environ qui me sont nécessaires* (H. BECQUE, *Michel Pauper*, II, 10) [idée d'*une* somme, d'*un* nombre]. — *C'*EÛT *été là assurément quatorze ans de perdus* (VIGNY, *Serv. et gr. mil.*, I, 1). [Voir aussi Rem. 1.] — *C'*EST *quarante francs jetés à l'eau* (P. MILLE, *Sous leur dictée*, p. 3).

Mais, selon l'usage ordinaire, quand l'attribut est pensé comme une pluralité, on met le verbe au pluriel : *Ce* FURENT *quatre jours bien longs qu'il eut à passer* (MAUPASS., *Notre cœur,* II, 1). — *C'*ÉTAIENT *quatre-vingts ou cent personnes établies à demeure* (G. BOISSIER, *Mme de Sév.,* p. 137). — *Ce* FURENT *pour moi quatre jours de stupeur* (R. BENJAMIN, *Aliborons et démagogues,* p. 33). — *Ce* SONT *cinquante mille dollars, avant le premier coup de poing* (MORAND, *Champions du monde,* p. 114). — *On me doit 10.000 francs, mais ce* SONT *10.000 francs fictifs* (J. GREEN, *Journal,* 30 janv. 1950).

3. Le singulier s'impose dans l'expression figée *si ce n'est* « excepté » :

Jésus leur défend de rien emporter si ce n'est des sandales et un bâton (FLAUB., *Tent.,* III). L'expression sort parfois de son figement (cf. § 850, Rem. 1). Dans ce cas, le pluriel devient possible : *Si ce n'*ÉTAIENT *les monticules de terre qu'elle* [= la taupe] *élève* [...], *on ne soupçonnerait pas sa présence* (PESQUIDOUX, *Chez nous,* t. I, p. 221).

4. Si le complément pluriel inséré dans l'introducteur *c'est ... que* n'est pas attribut de *ce* (et notamment quand il est introduit par une préposition), le verbe se met au singulier :

*C'*EST *des malades qu'ils prient que l'on ait pitié* (G. DUHAMEL, *Tribulations de l'espérance,* p. 384). — *C'*EST *pour eux que je travaille* (LITTRÉ, s.v. *ce,* 2°). — *C'*EST *de ces hommes que j'attends du secours* (ib.). — *C'*EST *des yeux d'Hilaire que serait tombé le mépris* (R. de GOURMONT, *Merlette,* XVII). — *Ce* FUT *en ces lieux qu'il vécut. C'*EST *contre des ombres qu'il combat. C'*EST *les larmes aux yeux qu'il parla. C'*EST *pieds et poings liés qu'il faudra le livrer.*

Faux accord : *Je vois que tu ne te désintéresses pas des affaires sérieuses. Ce* SONT *d'elles, justement, que nous allons avoir à parler* (P. BENOIT, *Toison d'or,* p. 167). — *Ce ne* SONT *pas sur les gens modestes* [...], *mais sur les gens brillants* [...] *que fait quelque effet le grand seigneur* (PROUST, *Rech.,* t. II, p. 904). — *Ce* SONT *par compagnies, par tribus entières que se réunissent les singes* (A. DEMAISON, *Vie privée des bêtes sauvages,* p. 19). — *Ce ne* SONT *pas dans les grands événements que nous devons chercher le signe* [...] *du progrès* (M. FOUCAULT, dans le *Magazine littér.,* mai 1984, p. 37).

b) Le verbe *être* [13] est **suivi** du pronom *ce.*

1° Le verbe se met à la 3ᵉ personne du singulier dans : EST-*ce moi ?* EST-*ce toi ?* EST-*ce nous ?* EST-*ce vous ?*

2° Les singuliers *fut-ce* et *fût-ce* [14] s'imposent pour éviter les formes **furent-ce, *fussent-ce* (§ 675, *e*) :

FUT-*ce mes sœurs qui le firent ?* (LITTRÉ, s.v. *être,* Rem. 2.) — *Les mauvais riches,* FÛT-*ce les pires, prennent une assurance sur l'avenir, en prodiguant les dons* (A. SUARÈS, *Sur la vie,* t. I, p. 172).

On évite aussi les formes composées, qu'elles soient au singulier ou au pluriel, *a-ce été, ont-ce été* (outre **eussent-ce été*) : cf. § 675, *e*.

Certains préfèrent *sera-ce* et *est-ce* à *seront-ce, sont-ce :* SERA-*ce des artistes ?* (BENDA, *France byzantine,* p. 269.)

---

13. L'inversion n'est plus guère usitée quand *être* est précédé d'une forme de *devoir, pouvoir,* etc. : cf. § 675, *e*.

14. On prendra garde de ne pas écrire ces formes °*fusse* ou °*fussent :* cf. § 675, *e*, Rem.

Brunot *(Pensée*, p. 288) décrète : « *Sont-ce* n'est guère moins barbare que *seront-ce* ou *furent-ce.* » C'est traiter de la même façon des cas fort dissemblables. *Sont-ce* est loin d'être rare (dès le XVIIᵉ s., cf. Hist.) : SONT-*ce là des habitants de la lune ?* (LAUTRÉAMONT, *Ch. de Mald.*, p. 87.) — *Ces spectres agités,* SONT-*ce donc la pensée / Du poète ivre, ou son regret ou son remords, / [...] / Ou bien, tout simplement des morts ?* (VERL., *Poèmes saturn.*, Paysages tristes, IV.) — SONT-*ce des déjeuners intimes ?* (PROUST, *Rech.*, t. I, p. 217.) — SONT-*ce bien là vos aptitudes ?* (DE GAULLE, *Mém. de guerre*, t. II, p. 100.) — SONT-*ce là tes gamins ?* (H. BAZIN, *Vipère au poing*, XIV.) — SONT-*ce les mêmes ?* (SARTRE, *Mots*, p. 31.) — Autres ex. : BARRÈS, dans le *Figaro*, 9 août 1892 ; *Nouveau Lar. illustré*, s.v. *A. Daudet ;* G. FRIEDMANN, *La puissance et la sagesse*, p. 281 ; POIROT-DELPECH, dans le *Monde*, 22 févr. 1974 ; SIMENON, *Maigret à New-York*, p. 65.

Hist. — Ex. classiques de *sont-ce :*

Ne SONT-*ce pas vos noms de baptesme ?* (MOL., *Préc.*, IV.) — *Sa haine ou son amour* SONT-*ce les premiers droits, / Qui font monter au Trosne [...] ?* (RAC., *Théb.*, II, 3.) — SONT-*ce ces sœurs, dis-moy* (LA F., *C.*, Lunettes). — ⁺SONT-*ce là les successeurs des Apôtres ?* (BOSS., *Œuvres orat.*, t. III, p. 214.)

3° Quand le singulier et le pluriel sont identiques pour l'oreille, le choix est libre, mais le singulier paraît plus fréquent.

Ex. du pluriel : ÉTAIENT-*ce vos amis ?* (LITTRÉ, s.v. *ce*, 3°.) — *Des jardins même très anciens laissent des traces, ne* SERAIENT-*ce que des buis alignés* (GIONO, *Voy. en It.*, p. 224).

899   **Le sujet est un syntagme complexe.**

a) Adverbe + *de* + complément *(Peu de gens le* SAVENT. *Bien des gens ...) :* voir § 421.

b) Nom collectif + *de* + complément *(La plupart des gens le* SAVENT. *Une foule de gens ... Une dizaine de personnes ... Un troupeau de cerfs nous* CROISENT. Etc.) : voir § 422.

c) Lorsque le sujet est une expression de quantité comme *la plupart, un grand nombre, beaucoup, plusieurs, certains, quelques-uns, combien, trop*, etc., ayant pour complément l'un des pronoms *nous, vous*, le verbe se met presque toujours à la 3ᵉ personne du pluriel :

Plusieurs d'entre vous ONT *même obtenu de ces lettres* (FLAUB., *Tent.*, IV). — *La plupart d'entre nous [...]* RECONNAÎTRONT *[...]* (BOURGET, *Drames de famille*, p. 5). — *Beaucoup d'entre vous* OFFRENT *plus volontiers leur sang qu'ils ne versent celui des autres* (R. ROLLAND, *Au-dessus de la mêlée*, p. 31). — *Beaucoup d'entre nous* ONT *l'air de penser que [...]* (R. MARTIN DU GARD, *Thib.*, Pl., t. II, p. 81). — *Une trentaine d'entre nous* AVAIENT *formé un club* (MAUROIS, *Mémoires*, t. I, p. 72). — *Un grand nombre d'entre vous* SERAIENT *bien surpris* (BERNANOS, *Lettre aux Anglais*, p. 202). — *Beaucoup d'entre nous* SE TIENNENT *en équilibre précaire* (COLETTE, *Paris de ma fenêtre*, p. 200). — *Trois d'entre nous* S'EMBARQUENT *pour le Nouveau-Monde* (MONTHERLANT, *Maître de Santiago*, I, 2). — *La plupart d'entre nous* ÉTAIENT *trouvés trop légers* (CHAMSON, *La neige et la fleur*, p. 79). — *Nombre d'entre nous* N'ONT *jamais eu à éprouver leur féminité comme une gêne ou un obstacle* (S. de BEAUVOIR, *Deuxième sexe*, t. I, p. 29).

Il est tout à fait exceptionnel que *la plupart de nous* soit suivi de la 3ᵉ personne du singulier : *Et la plupart de nous* MEURT *sans l'avoir trouvé* (MUSSET, *À quoi rêvent les j. filles*, I, 4). — Comp. § 429, *a*, 4°.

Il arrive que l'accord se fasse avec le complément *nous* (rarement avec *vous*) :

*La plupart de nous n'*ÉTIONS *que des enfants* (FARRÈRE, *Seconde porte*, p. 149). — *Deux de nous treize y* GAGNÂMES *pourtant, moi et un autre* (*ib.*, p. 168). — *Nous avons tenu nos lecteurs au courant des travaux de l'*Office de la langue française, [...] *dont plusieurs d'entre nous* FAISONS *partie* (DAUZAT, dans le *Fr. mod.*, juillet 1943, p. 164). — *Combien d'entre nous, chrétiens,* AVONS *vraiment conscience d'être à l'image et à la ressemblance de Dieu ?* (BERNA-NOS, *La liberté, pour quoi faire ?* p. 277.) — [...] *l'entretien que cinq ou six d'entre nous* AVONS *eu avec l'Oberkirchenrat Birnbaum* (M. BOEGNER, *Exigence œcuménique*, p. 62). — *Certains d'entre nous* ÉTIONS *inquiets de l'élargissement de la fêlure* (R.-V. PILHES, *Imprécateur*, p. 236).

Cas analogue : *Ceux d'entre nous qui sommes allés dans les camps de concentration l'*AVONS *senti plus cruellement encore* (MARTIN-CHAUFFIER : cf. § 896, *d*, 2°).

Remarque. — Si le sujet est un singulier comme *chacun, aucun, l'un, pas un, personne, qui,* ayant pour complément *nous* ou *vous,* le verbe s'accorde avec le premier terme :

L'un de vous me LIVRERA (*Bible*, trad. SEGOND, Matth., XXVI, 21). — *Pas un de nous ne* FIT *un mouvement* (É. PEISSON, *Aigle de mer*, p. 287). — *Chacun de nous* [...] SUT *faire ce qu'il avait à faire* (*ib.*, p. 340).

d) Pour les phrases du type *Ce qui restait d'élèves* BATTAIENT *la semelle,* voir § 424, *a.*

900   Accords sylleptiques.

Avec *la plupart* et autres expressions de quantité : *La plupart* SONT *venus ;* § 429, *a*, 4° ; *b*, 3° ; *c*, 2°. — Avec un titre de livre : *Les mandarins* A *eu le prix Goncourt ;* § 430. — Avec des indications numériques : *Cinq minutes de paradis* ARRANGERA *tout ;* § 431. De même : *Trois plus trois* ÉGALE *six.*

901   Le verbe précède le sujet.

On observe dans le cas du verbe des applications de la tendance générale selon laquelle les receveurs d'accord restent invariables lorsque les donneurs suivent ceux-ci (voir § 420). — Cette tendance est particu-lièrement vigoureuse si le verbe perd sa valeur normale.

a) N'était, n'eût été, verbes de sous-phrases de valeur conditionnelle, restent parfois au singulier avec un sujet au pluriel :

*Le visage aurait paru passable, n'*EÛT *été les yeux gonflés de batracien, une bouche épaisse toujours ouverte sur des dents mal plantées, cette masse de cheveux qu'elle disposait en échafau-dages de tresses* (Fr. MAURIAC, *Anges noirs*, p. 20). — *Tu n'entendrais même rien du tout, n'*ÉTAIT *les briques des faîtes* (BERNANOS, *Nouv. hist. de Mouchette*, p. 31). — *Lorsqu'il y a plusieurs sujets dont le premier est au singulier, on pourrait avoir l'application du § 435, b :* N'ÉTAIT *son regard et sa voix mouillée, tout, en son corps, sent précocement le cadavre* (G. DUHAMEL, *Vie des martyrs*, p. 30). — *Peut-être aurais-je fait demi-tour, n'*EÛT *été ce froid et ce vent* (MALLET-JORIS, *Rempart des Béguines*, L.P., p. 15).

Le pluriel est plus fréquent : N'ÉTAIENT *ton enfer ou ton paradis, je ne t'aimerais pas* (RENAN, *Ma sœur Henriette*, p. 94). — N'ÉTAIENT *cette chaleur, ces mouches qui l'énervent, ce bruit d'amertume qui lui martèle le crâne, il se sentirait calme* (R. MARTIN DU GARD, *Thib.,*

Pl., t. II, p. 684). — *Les cases rondes seraient toutes semblables, n'*ÉTAIENT *les peintures qui les décorent extérieurement* (GIDE, *Voy. au Congo*, p. 70). — *N'*ÉTAIENT *ces malheureuses jambes insensibles et inertes, je me croirais à peine en danger* (BERNANOS, *Dialogues des carmélites*, II, 7). — *Il ne l'aurait pas reconnue, n'*EUSSENT *été sa coiffure et ce sourire navré* (CESBRON, *Notre prison est un royaume*, L.P., p. 280).

Autres ex. de *n'étaient :* LOTI, *Vers Ispahan*, p. 204 ; BARBUSSE, *Feu*, p. 230. — De *n'eussent été :* L. DAUDET, *Jour d'orage*, p. 183 ; J. et J. THARAUD, *Oiseau d'or*, p. 20 ; H. BÉRAUD, *Bois du Templier pendu*, p. 248.

b) Qu'importe, peu importe restent parfois au singulier quoique suivis d'un sujet pluriel, mais il s'agit le plus souvent de graphie :

*Que m'*IMPORTE / *Tous vos autres serments ?* (HUGO, *Hern.*, V, 6.) — *Mais qu'*IMPORTE *les miens* [= mes vers]! (ID., *Voix int.*, XXII.) — *Qu'*IMPORTE *ces pierres de taille ?* (PÉGUY, *Notre jeunesse*, p. 109.) — *Qu'*IMPORTE *les sens, pourvu que la foi règne ?* (DELTEIL, *Sacré corps*, p. 90.) — *Qu'*IMPORTE *quelques milliers de cadavres ?* (Raym. ARON, dans le *Figaro litt.*, 25 août 1956.) — *Que leur* IMPORTE *les autres ?* (REZVANI, *Canard du doute*, p. 15.) — *Qu'*IMPORTE *« tous ces détails théoriques »* (A. LWOFF, *Jeux et combats*, p. 141). — *Peu* IMPORTE *les soldats* (R. MARTIN DU GARD, *Thib.*, Pl., t. II, p. 726). — *Peu leur* IMPORTE *les circonstances* (H. MASSIS, *Réflexions sur l'art du roman*, p. XV). — *Peu* IMPORTE *les noms* (VERCORS, *Sable du temps*, p. 119).

En outre, ex. avec plusieurs noms coordonnés, dont le premier est au singulier, ce qui peut aussi s'expliquer par le § 435, *b :*

CHAT., *Congrès de Vérone*, XXXVIII ; MUSSET, *Prem. poés.*, Saule ; VIGNY, *Dest.*, Bouteille à la mer, XXIV ; HEREDIA, *Troph.*, Tombeau du conquérant ; MAUPASS., *C.*, Amour ; BERNANOS, *Journal d'un curé de camp.*, Pl., p. 1154.

Le pluriel reste fréquent :

*Qu'*IMPORTENT *ces folies ?* (MUSSET, *Il ne faut jurer de rien*, IV.) — *Qu'*IMPORTAIENT *les paroles ?* (MAUROIS, *Chateaubr.*, p. 435.) — *Que t'*IMPORTENT *leurs cris ?* (BRIEUX, *Foi*, I, 6.) — *Peu* IMPORTENT *les mobiles* (BARRÈS, *Dérac.*, p. 228). — *Peu lui* IMPORTAIENT *les chicanes philosophiques* (BLOY, *Désespéré*, p. 163). — *Peu* IMPORTENT [...] *les sentiments auxquels il a obéi* (BAINVILLE, *Hist. de trois générations*, p. 182). — *Peu* IMPORTENT *les raisons qui vous font tenir à ce départ* (COCTEAU, *Aigle à deux têtes*, III, 2). — *Que nous* IMPORTENT, *à nous, ces mignardises ?* (BERNANOS, *Dialogues des carmélites*, III, 3.) — *Peu* IMPORTENT *les dégâts !* (J. ORIEUX, *Aigle de fer*, p. 191.)

c) Reste, sans doute considéré comme impersonnel (cf. § 234, *b*), est parfois laissé au singulier :

RESTAIT *les contes de fées* (FLAUB., *Bouv. et Péc.*, éd. Ch., p. 378). — RESTAIT *ces gens de Poitiers* (J. de LACRETELLE, *Années d'espérance*, p. 231). — RESTAIT *apparemment quelques points à éclaircir* (G. DUHAMEL, *Voyage de Patrice Périot*, p. 183). — RESTE *les acquisitions de l'homme* (É. HENRIOT, *Tout va recommencer sans nous*, p. 50). — RESTE *les procédures* (B. DETHOMAS, dans le *Monde*, 9 oct. 1981, p. 11). — En outre, avec plusieurs sujets dont le premier est au singulier (comp. § 435, *b*) : RESTERA *le vin et les chevaux* (CHAT., *Mém.*, III, II, x, 3). — Autre ex. : CHÂTEAUBRIANT, *Brière*, p. 76.

Le pluriel est nettement plus fréquent :

RESTENT *les pures sensations d'odeur* (TAINE, *De l'intelligence*, t. I, p. 240). — RESTENT *les apparences* (J. RENARD, *Journal*, 4 nov. 1889). — RESTENT *deux solutions* (BREMOND, *Apologie pour Fénelon*, p. 158). — RESTAIENT *les frères du sultan* (MAUROIS, *Lyautey*, p. 202). — RESTENT *les films composés par des spécialistes modernes* (G. DUHAMEL, *Défense des lettres*,

p. 43). — Autres ex. : J. et J. THARAUD, *Fête arabe*, p. 188 ; J. GREEN, *Léviathan*, p. 242 ; BERNANOS, *M. Ouine*, p. 97 ; MONTHERLANT, *Lépreuses*, p. 272 ; CHAMSON, *La neige et la fleur*, p. 190.

Cas curieux, avec accord en nombre, mais pas en personne : RESTENT *nous deux* (VERCORS, *Radeau de la Méduse*, p. 164).

Reste est toujours laissé invariable dans le langage mathématique : *Qui de six ôte deux,* RESTE *quatre* (AC., s.v. *ôter*). Cf. § 431, *a*.

d) **Soit** (à l'origine, subjonctif du verbe *être*).

1° *Soit*, employé comme mot-phrase (§ 1054, *b*) et comme conjonction de coordination (§ 1041), est un mot invariable :

Vous le voulez ? SOIT, *j'irai avec vous (Dict. contemp.).* — *Trois amis,* SOIT, *comme dira Renan, trois lobes de son cerveau, viennent voir le critique* (THIBAUDET, *Hist. de la litt. fr. de 1789 à nos jours*, p. 356). — *On expliquera* SOIT *deux tragédies,* SOIT *deux comédies.*
Le mot-phrase se prononce [swat] ; la conjonction ordinaire [swa]. — Comp. 2°.

2° Quand *soit* signifie « supposons, prenons », il sert d'introducteur (§ 1045, *c*). Sa valeur verbale est assez estompée pour qu'on le laisse invariable, mais plus d'un auteur, surtout parmi les mathématiciens, continue à le traiter comme un verbe.

Soit introducteur laissé invariable : SOIT n *l'ordre le plus élevé des dérivées de* y, *et* p *celui des dérivées de* z (H. VOGT, *Éléments de mathém. supér.*, t. I, p. 728). — SOIT x *et* y *les mesures des deux arcs considérés* (G. FOULON, *Trigonométrie*, 6ᵉ éd., p. 20). — SOIT *par exemple trois parlers voisins* (GILLIÉRON et ROQUES, *Géographie linguist.*, cit. Høybye, p. 96). — SOIT *les propositions* [...] (BRUNOT, *Pensée*, p. 362). — SOIT *quatre catégories* (BREMOND, *Poésie pure*, p. 82). — SOIT *muer et* remuer (H. MITTERAND, *Mots franç.*, p. 26). — SOIT, *en français moderne, les phonèmes* /e/ *et* /ɛ/ (J. PICOCHE, *Précis de lexicologie franç.*, p. 105). — SOIT, *pour situer les recherches à venir, quelques propositions générales* (M. FOUCAULT, *Hist. de la sexualité*, t. I, p. 105).

Soit est au pluriel : SOIENT *deux grandeurs égales ajoutées à deux grandeurs égales* (TAINE, *De l'intelligence*, t. II, p. 351). — SOIENT *par exemple* [...] *trois ensembles dénombrables* (É. BOREL, *Paradoxes de l'infini*, p. 101). — SOIENT *deux équations algébriques à deux inconnues* (H. VOGT, *op. cit.*, t. I, p. 378). — SOIENT C, D, *deux points conjugués* (G. PAPELIER, *Exercices de géométrie moderne*, t. III, p. 13). — SOIENT x *et* y *les poids à prendre dans le premier et le second lingot* (J. BERTRAND et H. GARCET, *Traité d'algèbre*, p. 138). — SOIENT M *et* M' *deux points d'abscisses curvilignes* x *et* x' (G. FOULON, *op. cit.*, p. 13). — SOIENT *deux droites quelconques* AB *et* XY (E. ROUCHÉ et Ch. de COMBEROUSSE, *Traité de géométrie*, p. 385). — SOIENT *les collèges d'enseignement du XVIIIᵉ siècle* (FOUCAULT, *op. cit.*, t. I, p. 39).

La prononciation ordinaire est [swa] comme lorsque le mot sert de verbe ; mais en Belgique, on prononce souvent [swat], ce qui montre qu'il est senti comme distinct du verbe.

e) **Vive**, lorsqu'il signifie « Bravo » ou « Honneur à », perd son sens premier et se dit, notamment, de ce qui n'est pas doué de vie. Il joue alors le rôle d'un introducteur (§ 1045, *d*) et reste logiquement invariable :

VIVE *les gens d'esprit !* (LITTRÉ, s.v. *esprit*, 15°.) — *Les groupes criaient :* VIVE *les Jacobins* (THIERS, cit. Høybye, p. 97). — VIVE *les nouilles, malgré tout !* (R. MARTIN DU GARD, lettre à Gide, dans le *Figaro litt.*, 22 janv. 1968.) — *J'ai fendu la cohue qui s'écrasait place de l'Opéra, hurlant «* VIVE *les morts ! » à me casser la voix* (DORGELÈS, *Au beau temps de la*

Butte, p. 305). — VIVE *les Fédérés !* (L. GUILLOUX, *Batailles perdues,* p. 495.) — *Et* VIVE *les récipiendaires* (VIAN, *Herbe rouge,* XIX). — *Je chantonnais* VIVE *les juifs, ma mère* (A. COHEN, *Ô vous, frères humains,* p. 103). — VIVE *mes contradictions, si j'en vis !* (H. BAZIN, *Cri de la chouette,* p. 154.) — VIVE *les préadamites !* (QUENEAU, *Fleurs bleues,* XIII.) — VIVE *les produits de la ferme !* (J. de COQUET, dans le *Figaro,* 27-28 août 1977.)

Mais la langue écrite le considère encore assez souvent comme un verbe et le fait alors varier en nombre graphiquement :

VIVENT *les patriotes !* (RENAN, *Caliban,* III, 2.) — VIVENT *l'Amour et les feux de paille !...* (LAFORGUE, *Derniers vers,* IV.) — *Ah !* VIVENT *les charcutiers, nom d'une pipe !* (VALLÈS, *Enfant,* XV.) — VIVENT *ces jeunes gens que ne satisfait pas une vie plate et monotone* (BAR-RÈS, dans le *Gaulois,* 4 mai 1913). — VIVENT *les ruelles* [...] *où l'on peut se permettre encore de naître tout nu* (JOUHANDEAU, *Chaminadour,* p. 190). — VIVENT *donc les enterrements !* (A. CAMUS, *Chute,* p. 45.) — VIVENT *les draps et l'eau de Cologne !* (MALRAUX, *Antimémoires,* p. 601). — VIVENT *la Champagne et la Bourgogne pour les bons vins !* (AC.)

Autres ex. : RIMBAUD, *Œuvres,* p. 246 (texte archaïsant) ; PROUST, *Rech.,* t. I, p. 189 ; BENDA, *Exercice d'un enterré vif,* p. 138 ; G. DUHAMEL, *Manuel du protestataire,* p. 175 ; R. KEMP, dans les *Nouv. litt.,* 16 avril 1953 ; M. CHAPELAN, dans le *Figaro,* 3 févr. 1973.

Quand le mot qui suit n'est pas de la 3ᵉ personne, *vive* reste invariable (**Vivons !* aurait un tout autre sens) : VIVE *nous ! / — Vivent les Longevernes !* (PERGAUD, *Guerre des boutons,* III, 3.) [Les deux verbes sont traités de façon différente.] — VIVE *nous tous !* (A. CASTELOT, *Louis XVII,* p. 37.) — VIVE *nous, au diable la honte, et que les pauvres se débrouillent !* (POIROT-DELPECH, dans le *Monde,* 27 mai 1983.)

Accords insolites : VIVENT *nous et vive l'amour !* (VERL., *Chansons pour elle,* I.) — VIVENT *nous !* (R. ROLLAND, *Âme enchantée,* L.P., t. I, p. 505.)

f) Dans les ex. suivants, le non-accord du verbe peut être considéré comme occasionnel, accidentel. Y aurait-il inadvertance, qu'elle illustrerait pourtant la tendance générale que nous avons signalée ci-dessus et qui n'est d'ailleurs pas nouvelle (cf. Hist.). Peut-être certains auteurs traitent-ils le verbe comme impersonnel, bien qu'ils n'expriment pas le *il :*

SUIT *cinq à six autres accidents de chevaux* (CHAT., *Rancé,* S.T.F.M., p. 63). [*Suivent,* Pl., p. 1010.] — *Et même dans l'*Éducation sentimentale [...] *se* GLISSAIT *encore çà et là des restes, infimes d'ailleurs, de ce qui n'est pas Flaubert* (PROUST, *Chroniques,* p. 196). — *C'était une belle pension militaire, où ne* POUVAIT *entrer que des filles de généraux* (LA VARENDE, *Centaure de Dieu,* p. 31). — *Dans une ville* VIVAIT *deux hommes : un riche et un pauvre* (DANIEL-ROPS, *Histoire sainte,* Peuple de la Bible, t. II, p. 34). — *D'où* S'ENSUIVIT *pour elle beaucoup d'épreuves et de chagrins* (É. HENRIOT, dans le *Monde,* 24 janvier 1951). — [...] *de quoi se* DÉDUIRA [...] *quantité de conséquences* (J. FOURASTIÉ, *Ce que je crois,* p. 133). [Ou accord irrégulier (§ 422, *b*) avec *quantité* ?]

Hist. — En anc. fr., *il* impersonnel restant souvent non exprimé, le phénomène qu'on a ici ressortissait le plus souvent à la règle du § 895. — Cela vaut-il encore pour l'ex. suivant : *De tous costez luy* VIENT *des donneurs de receptes* (LA F., *F.,* VIII, 3) ?

II. — IL Y A PLUSIEURS SUJETS COORDONNÉS

902 **Règles générales.** — *a)* Le verbe qui a plusieurs sujets coordonnés se met au pluriel.

La Maladie et la Mort font des cendres / De tout le feu qui pour nous flamboya (BAUDEL., Fl. du m., Fantôme, IV).

Voir les exceptions ci-dessous, § 903.

Les sujets multiples sont d'habitude coordonnés, soit de manière explicite, avec une conjonction de coordination, soit de manière implicite, sans conjonction : voir des ex. divers au § 432. — Les conjonctions ou locutions conjonctives marquant la comparaison ainsi que la préposition *avec* sont parfois traitées comme des conjonctions de coordination : voir § 445.

b) Si les sujets ne sont pas de la même personne, le verbe s'accorde avec la personne qui a la priorité, la 1re personne l'emportant sur les deux autres et la 2e personne l'emportant sur la 3e :

Vous et moi en ASSUMERONS alternativement la présidence (DE GAULLE, lettre au général Giraud, dans Mém. de guerre, t. II, p. 445). — Maman, mon frère et moi ÉTIONS assis l'un près de l'autre (ARLAND, Terre natale, p. 168). — Ton frère et toi ÊTES mes meilleurs amis (AC., s.v. toi). — Est-ce toi, ou la casserole, ou toutes les deux, qui SENTEZ si bon ? (MALLET-JORIS, Empire céleste, p. 244.) — Toutes les fois que le curé, ou moi, ou quelque autre chrétien, ALLONS visiter cette pauvre famille [...] (VEUILLOT, Historiettes et fantaisies, p. 221). — J'espère que ni moi ni mes enfants ne VERRONS ces temps-là (VIGNY, Cinq-Mars, I). — Ni mes cousines ni moi n'AVIONS avec elle une grande intimité (GIDE, Porte étr., p. 45). — Ni lui ni moi ne SOMMES innocents (H. BAZIN, Cri de la chouette, p. 147). — J'espère que ni vous ni mes autres nombreux amis juifs ne vous en FÂCHEREZ (CLAUDEL, lettre, dans Europe, mars 1982, p. 160).

Dans la langue courante, quand les sujets sont de différentes personnes, on les rappelle par le pronom personnel pluriel de la personne qui a la priorité. Cela peut aussi se faire dans la langue littéraire (cf. § 636, *c*, et Rem. 2) :

Mes deux frères et moi, NOUS étions tout enfants (HUGO, Contempl., V, 10). — Vous ou moi, NOUS ferons telle chose (AC., s.v. ou).

Remarques. — 1. La priorité des personnes n'est pas toujours respectée (il s'agit dans plus d'un cas, il est vrai, de lettres ou d'autres écrits peu élaborés) :

— Si les sujets suivent, la 3e personne l'emporte nécessairement : Qu'en PENSENT Antuña et vous ? (BERNANOS, Corresp., t. II, 1971, p. 229.) — Comme l'ONT montré Ferdinand Brunot et moi-même (DAUZAT, dans le Monde, 17 nov. 1954). — [...] une association que président Michel Leiris et moi-même (S. de BEAUVOIR, Tout compte fait, p. 480). — [...] des efforts que FAISAIENT Damien et moi-même pour comprendre (DHÔTEL, Je ne suis pas d'ici, p. 40).

Mais on pourrait annoncer les sujets par un pronom personnel, et dans ce cas la priorité reprendrait ses droits : Qu'en pensez-VOUS, Amélie et vous ? — NOUS l'avons montré, Ferdinand et moi.

— Dans cet ex., l'auteur semble avoir voulu éviter de faire prévaloir *moi* sur *Dieu : Le courage, je l'ai. La force, Dieu me la donne. Mais la foi, ni Dieu ni moi ne* PEUVENT *me la donner* (MONTHERLANT, *Reine morte*, III, 6).

— On observe aussi une certaine tendance à faire prévaloir la 3ᵉ personne quand c'est la personne du sujet le plus proche (ce serait une sorte d'accord de voisinage : comp. § 434) : *Je ne puis avoir quelque succès qu'autant que vous, Monsieur, ainsi que MM. de Pastoret et de Villeblanche* DAIGNERONT *venir à mon secours* (STENDHAL, *Corresp.*, t. IV, p. 86). — *J'avais vu les personnes varier d'aspect selon l'idée que moi ou d'autres s'en faisaient* (PROUST, *Rech.*, t. III, p. 912). [Avec *ou*, l'accord avec le sujet le plus proche n'est pas rare : § 440.] — *La tienne* [= ta situation] *est plus simple que toi-même et le public ne le* CROIENT (JAMMES, lettre, dans Claudel et Gide, *Corresp.*, p. 229). — *[...] en faveur d'un écrivain que vous et les vôtres* AIMENT *profondément* (L. de G. FRICK, lettre, dans *Bulletin de l'Acad. roy. de langue et de litt. fr.* [de Belg.], 1974, p. 44). — *Puis-je [...] vous assurer que vous-même* [= le roi Baudouin] *et la reine Fabiola* SONT *particulièrement chers aux cœurs des Parisiens* (POMPIDOU, discours cité dans la *Libre Belgique*, 20 déc. 1972). — *[...] lorsque toi et tes frères* OUVRAIENT *à Noël leurs paquets de cadeaux somptueux* (SIMENON, *Mémoires intimes*, p. 11).

— D'autres ex. n'ont pas de justification visible : *Mes enfants et moi vous* DISENT *mille tendresses* (SAND, *Corresp.*, 20 juillet 1845). — *Toute la question est de savoir si [...] Régnier, Pourtalès et moi,* POURRONT *lui faire comprendre l'impossibilité de la chose* (Ch. DU BOS, *Journal 1921-1923*, p. 76). [Simple lapsus orthographique au lieu de *pourrons* ?] — *Sir Geoffrey Knox — et vous-même —* POURRONT *ainsi faire le choix* (BERNANOS, *Corresp.*, t. II, 1971, p. 396). — *[...] auxquelles maintenant pas plus elle que moi ne* PRÊTENT *attention* (Cl. SIMON, *Sacre du printemps*, L.P., p. 99). — *[...] une vie charmante dont mes frères et moi* FINIRENT *par hériter les goûts* (M. ROBIDA, *Monde englouti*, p. 47).

— Voir aussi au § 903 ce que devient la priorité des personnes quand on accorde avec un seul des sujets.

Hist. — Ex. où le pronom personnel n'est pas le sujet le plus proche (cf. ci-dessus) : *Dites-lui [...] que les libraires et moi et tous nos collègues* ONT *résolu d'achever* (DIDEROT, *Corresp.*, 18 juillet 1759). — Dans l'ex. suivant, les deux sujets sont mis sur le même pied, parce que la personne (Cunégonde) et la maison sont traitées comme des objets de marché : *Enfin mon Juif [...] conclut un marché, par lequel la maison et moi leur* APPARTIENDRAIENT *à tous deux en commun* (VOLT., *Contes et rom.*, Candide, VIII).

2. Si le verbe est à la 1ʳᵉ ou à la 2ᵉ personne du pluriel, c'est d'ordinaire parce qu'un des sujets au moins est un pronom personnel de la 1ʳᵉ ou de la 2ᵉ personne. Il arrive pourtant que les locutions pronominales *ni l'un ni l'autre* et *l'un et l'autre* équivaillent à *nous* ou à *vous*, ce qui entraîne, par syllepse, un verbe à la 1ʳᵉ ou à la 2ᵉ personne du pluriel :

Ni l'un ni l'autre ne VOULIONS *aborder ce sujet* (É. PEISSON, *Aigle de mer*, p. 118). — *Plus ma maison se vidait de moi, plus je me vidais d'elle [...]. Ni l'un ni l'autre n'*ÉTIONS *plus capables de piège* (COCTEAU, *Difficulté d'être*, p. 109). — *Que nous en* [= d'un danger] *fussions menacés chaque jour davantage, ni l'un ni l'autre n'en* DOUTIONS (H. BOSCO, *Mas Théotime*, p. 165). — *Mark et moi buvions debout un milk-shake, et l'un et l'autre* AVIONS *payé les quinze cents que coûtait cette boisson* (J. GREEN, *Terre lointaine*, p. 300). — *L'un et l'autre* ÉTIONS *des exaltés, ne vivant que pour et par les idées* (M. DEL CASTILLO, *Nuit du décret*, p. 304).

(Ordinairement, dans de telles circonstances, on mettrait *nous* et *vous* devant le verbe : *Ni l'un ni l'autre* NOUS *ne voulions aborder ce sujet.*)

Un même phénomène se produit avec *tous deux :* voir les commentaires, § 894, Rem. Comp. aussi ce qui se passe lorsque le sujet est le pronom relatif *qui* (§ 896).

903   **L'accord avec un seul sujet,** qui est souvent le plus proche du verbe, se pratique dans diverses circonstances. Comme cela concerne générale-ment aussi l'attribut, ainsi que d'autres éléments encore, ces faits ont été traités dans la 2ᵉ partie (chap. VIII).

Voir notamment les §§ 435 (sujets placés après le verbe), 438 (les sujets représentant un seul être ou objet), 439 (un des sujets se substitue aux autres), 440 (sujets unis par *ou*), 441 (sujets unis par *ni*), 434 (sujets unis par *et*), 442 (sujets coordonnés sans conjonction), 443 (sujets accompagnés de déterminants distributifs ou négatifs), 444 (*tel et tel, l'un et l'autre*, etc.).

Signalons aussi le cas où un des sujets est implicite (§ 436), celui où les sujets sont des éléments « neutres » (§ 437).

Que se passe-t-il s'il y a un problème pour le **choix de la personne** ?

— Si l'un des sujets englobe dans son extension le pronom de la 1ʳᵉ ou de la 2ᵉ personne, ce sujet entraîne l'accord à la 3ᵉ personne. C'est le cas avec *personne : Ni vous ni personne n'*AURA [...] *à se réjouir* (J. et J. THARAUD, ex. cité au § 439, *c*, 1°, avec des ex. où l'accord se fait cependant avec l'ensemble des sujets).

— Lorsque les sujets sont unis par *ou*, il arrive qu'un des sujets prédomine dans la pensée, surtout dans des interrogations oratoires où l'on feint d'ignorer quel est le véritable agent : *Est-ce moi, ou elle, qui lui* AI *procuré l'argent néces-saire à son entreprise fatale ?* (A. ARNOUX, cité au § 440, *b*, 2° avec des ex. ana-logues [qui concernent le sujet *qui* ayant des antécédents de personnes diffé-rentes].) — Lorsqu'aucun des sujets ne prédomine dans la pensée et que le verbe doit être au singulier, il faudrait tourner la phrase autrement : *C'est Pierre ou moi qu'on nommera ambassadeur à Rome* (**Pierre ou moi serons nommés ...,* ou **... sera nommé ...,* ou **... serai nommé ...*).

— Lorsque les sujets sont unis par *ni*, les grammairiens prévoient des situa-tions où le choix serait indispensable et où la langue ne fournirait pas de moyen satisfaisant. Par ex., étant donné qu'un régiment ne compte qu'un colonel, il serait impossible d'écrire *Ni Pierre ni moi ne serons colonel(s) de ce régiment,* et il faudrait recourir à des artifices comme *Ce n'est ni Pierre ni moi qu'on nommera colonel.* Ce sont des arguties de logiciens. La phrase tenue pour impossible n'aurait rien de choquant. — De même le choix du singulier et de la 3ᵉ personne n'avait rien de nécessaire dans cet ex. : *Ni elle ni moi ne* PARLERA (DHÔTEL, *Je ne suis pas d'ici,* p. 249). On recommandera, dans ce cas comme dans la plupart des autres, de suivre la règle générale donnée ci-dessus.

SECTION 5. — ACCORD DU PARTICIPE PASSÉ

I. — ACCORD DU PARTICIPE PASSÉ EMPLOYÉ SANS AUXILIAIRE OU AVEC L'AUXILIAIRE ÊTRE

904   **Règle générale.** — Le participe passé employé sans auxiliaire ou avec l'auxiliaire *être* s'accorde comme un adjectif.

Il s'accorde en genre et en nombre, soit avec le nom ou le pronom auxquels il sert d'épithète, — soit avec le sujet si le participe est conjugué avec l'auxiliaire *être* ou s'il est attribut du sujet, — soit avec le complément d'objet direct s'il est attribut de ce complément.

> *Elle recueille les enfants* ABANDONNÉS *par leurs parents. L'affaire a été* PORTÉE *devant les tribunaux. Elle est* ENTRÉE *sans frapper. Ces fleurs paraissent* FLÉTRIES. *Une besogne qu'on croit* TERMINÉE.

> Pour ces trois catégories, voir §§ 329-333, 248, 297, et, en outre, §§ 311 (attribut du complément absolu), 311, *b*, 2° *(passé six heures).* — D'autres faits encore concernent l'accord en général : §§ 415-445.

Nous traitons seulement ci-dessous de deux cas qui n'ont pas été envisagés ailleurs. — Quant au participe des verbes pronominaux, quoiqu'ils se conjuguent avec *être,* il fait l'objet d'un examen particulier (§ 916).

905   **Lorsqu'il y a ellipse du sujet et de l'auxiliaire** *avoir,* comme cela se pratique dans des journaux intimes, dans des annotations marginales, sur des reçus, etc. (comp. § 233, *a*), le participe passé se trouve apparemment sans auxiliaire, mais il suit en fait la règle qui concerne le participe passé conjugué avec *avoir* (§ 907) :

> REÇU *une lettre de L.* (BARBEY D'AUR., *Memoranda,* 16 juillet 1838). — REÇU *la somme de ...* — APPROUVÉ *les corrections ci-dessus* (HANSE, 1983, p. 675). — Ceci est à distinguer des attributs antéposés dans les compléments absolus (§ 311, *b*).

906   Les participes des expressions figées *ci-joint, ci-inclus, ci-annexé* sont variables quand ils sont nettement adjectifs, c'est-à-dire lorsqu'ils ont la place d'une épithète ou d'un attribut du sujet avec copule :

> *Vous devinez pour qui est la lettre ci-*INCLUSE (B. CONSTANT, *Journal intime,* p. 437). — *N'ouvre la lettre ci-*INCLUSE *qu'en cas d'accident* (STENDHAL, *Rouge,* II, 15). — *Les deux modèles ci-*ANNEXÉS, *dessinés et coloriés par M. Oscar* (L. REYBAUD, cit. *Trésor,* s.v. *ci*). — *Votre lettre est* CI-JOINTE. — CI-INCLUSES, *ces pièces vous parviendront sûrement* (dans HANSE [qui reconnaît que ces expressions s'emploient rarement comme épithètes détachées]).

Ils sont invariables et traités comme les adverbes *ci-contre, ci-après :* 1) quand ils sont en tête d'une phrase averbale : *Ci-*JOINT *l'expédition du jugement* (AC., s.v. *joindre*). Voir § 248, *a*, 2° ; — 2) quand, dans le corps de la phrase, ils précèdent un nom sans déterminant :

> *J'ai l'honneur de vous transmettre ci-*JOINT *copie de la réponse de M. Carlo Nepoti* (STEN-DHAL, *Corresp.*, t. VIII, p. 108). — *Vous recevrez ci-*INCLUS *copie de...* (AC., s.v. *ci*).

Dans les autres cas, l'usage n'est pas fixé, particulièrement quand, dans le corps de la phrase, *ci-joint, ci-inclus*, etc. précèdent un nom accompagné d'un déterminant :

> Avec accord : *Je te l'*[= une adresse] *envoie ci-*JOINTE (NERVAL, *De Paris à Cythère*, VI). — *Ces lettres* [...], *il les renvoyait ci-*JOINTES (BOYLESVE, *Élise*, p. 105). — *J'ai l'honneur de vous transmettre ci-*JOINTES *la réclamation de M. le Capitaine, ma lettre à M. le Délégué et sa réponse* (STENDHAL, *Corresp.*, t. VIII, pp. 324-325). — *Je vous envoie ci-*INCLUSES *des paroles prononcées ici par moi au moment de la proscription* (HUGO, lettre publiée dans la *Revue d'hist. litt. de la Fr.*, sept.-oct. 1978, p. 804). — *Je prends la liberté de vous envoyer ci-*JOINTES *des rillettes* (MUSSET, *Nouvelles*, Margot, I). — *J'ai donc l'honneur de vous adresser ci-*JOINTE [...] *ma demande de mise en disponibilité* (LYAUTEY, cité par A. Maurois, *Lyautey*, p. 133). — *Vous trouverez ci-*INCLUSE *la copie que vous m'avez demandée* (AC., s.v. *ci*).
>
> Sans accord : *Les pièces que vous trouverez ci-*JOINT. — *J'ai l'honneur d'adresser ci-*JOINT *à Votre Excellence deux états descriptifs de la dernière foire de Sinigaglia* (STENDHAL, *Corresp.*, t. VII, p. 234). — *J'ai l'honneur de vous envoyer ci-*INCLUS *la déclaration que vous me demandez* (HUGO, *Corresp.*, cit. *Trésor*, s.v. *ci*). — *Vous trouverez ci-*JOINT *les pages dactylographiées de mon roman* (BERNANOS, *Corresp.*, 22 déc. 1934). — *Trouvez ci-*JOINT *les 2000 francs que nous vous devons* (H. BAZIN, *Tête contre les murs*, p. 127). — *Vous trouverez ci-*INCLUS *une lettre de votre père* (AC., s.v. *inclure*).

L'Acad. (aux mots *inclure* et *joindre*) pose en règle que *ci-inclus* et *ci-joint* restent invariables quand ils précèdent le nom auquel ils se rapportent. Cette règle n'est pas sûre, et l'Acad. elle-même ne la respecte pas, comme le montre un des ex. que nous avons reproduits.

II. — ACCORD DU PARTICIPE PASSÉ CONJUGUÉ AVEC AVOIR

907   **Règle générale.** — Le participe passé conjugué avec *avoir* s'accorde en genre et en nombre avec son objet direct quand cet objet le précède ; — il ne varie pas s'il est suivi de son objet direct ou s'il n'a pas d'objet direct.

> *Les efforts que nous avons* FAITS. *Ces conséquences, je les avais* PRÉVUES. *Ils étaient coupables : on les a* PUNIS. — *La porte que quelqu'un a* OUVERTE / *La porte que quelqu'un a* REFERMÉE / [...] / *La lettre que quelqu'un a* LUE. / *La chaise que quelqu'un a* RENVERSÉE (PRÉVERT, *Paroles*, Message).
>
> *Nous avons* FAIT *des efforts. J'avais* PRÉVU *ces conséquences. On a* PUNI *les coupables.* — *Elles ont toujours* ESPÉRÉ ; *jamais elles n'ont* DOUTÉ *du succès.*

Dans les temps surcomposés, le dernier participe seul varie :

> *Ce vin les a eu vite* GRISÉS. — *Dès que vous m'avez eu* QUITTÉE (H. LAVEDAN, *Leur cœur*, p. 16). — *Lorsque la vie nous a eu* SÉPARÉS (AYMÉ, *Confort intellectuel*, p. 105).

Hist. — En anc. fr., l'accord du participe passé pouvait se faire avec l'objet direct, précédant ou non : ESCRITES ou ESCRIT *ai lettres ; letres ai* ESCRITES ou ESCRIT. Cependant lorsque l'objet direct était inséré entre l'auxiliaire et le participe, l'accord avait presque toujours lieu : *Ai letres* ESCRITES.

Au XVIᵉ s., Marot, le père de la règle actuelle, enseignait « à ses disciples » :

« Enfants, oyez une leçon : / Nostre langue a ceste façon, / Que le terme qui va devant / Voluntiers regist le suyvant. / Les vieulx exemples je suyvray / Pour le mieulx : car, à dire vray, / La chanson fut bien ordonnée / Qui dit : *M'amour vous ay* DONNÉE, / Et du bateau est estonné / Qui dit : *M'amour vous ay* DONNÉ. / Voyla la force que possede / Le femenin, quand il precede. / Or, prouveray par bons tesmoings, / Que tous pluriers n'en font pas moins ; / Il fault dire en termes parfaictz, / *Dieu en ce monde nous a* FAICTZ ; / Fault dire en parolles parfaictes, / *Dieu en ce monde les a* FAICTES ; / Et ne fault poinct dire, en effect : / *Dieu en ce monde les a* FAICT, / Ne *nous a* FAICT pareillement, / Mais *nous a* FAICTZ, tout rondement. / L'Italien (dont la faconde, / Passe les vulgaires du monde) / Son langage a ainsi basty / En disant : *Dio noi a* FATTI. » (*Épigr.*, CIX.)

Au XVIIᵉ s., la règle de Marot fut minutieusement étudiée et longuement discutée. C'est Vaugelas notamment (pp. 175 et suiv.) qui la fit prévaloir. D'une manière générale, on tendait à laisser le partic. passé invariable quand il était suffisamment soutenu par les mots placés après lui, et notamment : 1° quand le sujet était postposé : *La peine que m'a* DONNÉ *cette affaire ;* — 2° quand le partic. était suivi d'un attribut : *Les habitants nous ont* RENDU *maîtres de la ville ; le commerce l'a* RENDU *puissante ;* — 3° quand le partic. était suivi d'un complément prépositionnel : *Les lettres que j'ai* REÇU *de vous ;* — 4° quand le partic. était suivi d'un infinitif prépositionnel : *C'est une fortification que j'ai* APPRIS *à faire.* — Quand il venait après le sujet *cela,* le partic., au sentiment de Ménage, ne devait pas varier : *La peine que cela m'a* DONNÉ. — Pour le partic. suivi d'un infinitif pur, Malherbe et Vaugelas le laissaient invariable ; ils disaient, parlant à une femme : *Le mauvais estat où je vous ay* VEU *partir,* ou : *Ce que je vous ay* VEU *faire,* ou : *La Reyne la plus accomplie que nous eussions jamais* VEU *seoir dans le Throsne des fleurs de Lys.*

Ces règles — qui d'ailleurs n'étaient pas strictement observées — se trouvent appliquées dans les ex. suivants :

⁺*Toutes les misères / Que durant notre enfance ont* ENDURÉ *nos pères* (CORN., *Cinna,* I, 3). — *La veneration que j'ay toûjours* EU *pour les Ouvrages qui nous restent de l'Antiquité* (RAC., *Iph.,* Préf.). — ⁺*Combien de fois a-t-elle en ce lieu remercié Dieu humblement de deux grandes grâces ; l'une, de l'avoir* FAIT *chrétienne : l'autre* [...] *de l'avoir* FAIT *reine malheureuse* (BOSS., *Or. fun.,* Reine d'Anglet.). — *J'ai leu des Vers de vous qu'il n'a point* TROUVÉ *beaux* (MOL., *F. sav.,* IV, 2). — ⁺*On ne les a jamais* VU *assis* [...] ; *qui même les a* VU *marcher ?* (LA BR., VIII, 19.)

Remarque. — La règle d'accord du part. passé conjugué avec *avoir* est passablement artificielle. La langue parlée la respecte très mal, et, même dans l'écrit, on trouve des manquements, mais ils restent minoritaires (certains sont mis, à dessein, dans la bouche de personnages) :

Toutes les injures que l'on s'est DIT (FLAUB., 1ʳᵉ *Éd. sent.,* XXVII). — *As-tu vu la tête qu'il a* FAIT *?* (PROUST, *Rech.,* t. I, p. 226.) — *Quelle idée a* EU *le patron* (G. DUHAMEL, *Suzanne et les jeunes hommes,* p. 68). — *Quelle pousse ont* FAIT *vos arbres, Amélien !* (LA VARENDE, *Centaure de Dieu,* p. 136.) — *Et pourtant c'était cette pensée même qu'il avait* DÉVELOPPÉ *ce matin dans son devoir* (GIDE, *Faux-monn.,* p. 335). — *C'est celle* [= une doctrine] *que nous ont* TRANSMIS *nos ancêtres* (*ib.,* p. 440). — *C'est une des rares paroles raisonnables que j'aurai* ENTENDU *de ce côté-là* (Fr. MAURIAC, dans le *Figaro litt.,* 2 nov. 1963). — *Mais combien de serrures cela lui a* OUVERT (J. GRACQ, cité par A. Maurois, dans les *Nouv. litt.,* 26 nov. 1964). — *Et quelle guerre as-tu* FAIT *à ton âge pour en être si glorieux ?* (GIONO, *Angelo,* p. 99.) —

Je ne peux pas vous dire l'impression que cela m'a FAIT (DRUON, *Bonheur des uns...,* p. 97). — *Tu imagines la tête qu'elle aurait* FAIT (R. MARTIN DU GARD, *Taciturne,* III, 3). — *Combien d'heures aurai-je* PASSÉ *à rêver éveillé ?* (Cl. ROY, *Somme toute,* p. 314.) — *Quand il se remémorera les impressions que lui a* CAUSÉ Le Chaos et la Nuit (MONTHERLANT, *Le chaos et la nuit,* p. 11).

À côté des ex. ci-dessus, où le participe est laissé invariable malgré la règle, on observe le phénomène inverse : le participe est accordé malgré la règle ; voir notamment §§ 910, 915 (surtout Rem. 3), 916 (surtout la note).

908 Quand l'objet direct est un pronom relatif, des difficultés apparaissent, dans certains cas, pour déterminer avec précision l'antécédent de ce pronom et donc le terme avec lequel l'accord doit se faire. Mais ces difficultés ne concernent pas seulement l'accord du participe passé.

L'antécédent est formé de plusieurs noms coordonnés : voir §§ 432-444. — La coordination peut être assurée par une conjonction de subordination impliquant l'idée de comparaison : § 445, *a.* — L'antécédent est un syntagme complexe (collectif + complément prépositionnel ; adverbe + syntagme prépositionnel ; *un des* + nom) : §§ 422, 421, 425.

909 Quand l'objet direct est le pronom personnel élidé *(l'),* on prendra garde au fait que celui-ci peut être un pronom neutre équivalent à *cela* et représentant une proposition :

Cette étude est moins difficile que je ne L'*avais* PRÉSUMÉ (= que je n'avais présumé *cela,* c.-à-d. *qu'elle était difficile).* — *Ma joie n'était ni aussi grande ni aussi franche que je me* L'*étais* PROMIS (A. FRANCE, *Vie en fleur,* p. 178). — *Ma soirée [...] fut aussi agréable que je* L'*avais* ESCOMPTÉ (J. ROMAINS, *Lucienne,* p. 62). — *Janot trouva plus dure qu'il ne* L'*aurait* CRU *tout d'abord la vie de caserne* (JAMMES, *Janot-poète,* p. 205). — *Elle lui parut plus grande qu'il ne* L'*avait* IMAGINÉ (H. de RÉGNIER, *Vacances d'un jeune homme sage,* p. 132). — *L'étape est beaucoup plus longue que Labarbe ne nous* L'*avait* DIT (GIDE, *Voy. au Congo,* p. 141). — *La solitude hautaine des Tragédiens est pire que je ne* L'*aurais* CRU *d'abord* (COCTEAU, *Poésie critique,* p. 205).

Dans tous ces exemples, *le* est facultatif : cf. § 646, *a.*

Remarques. — 1. On fera attention que l'objet direct *l'* représente éventuellement un nom et que, dans certaines phrases, il peut y avoir accord ou invariabilité suivant le point de vue où l'on se place :

Nous montâmes à ma chambre, qui était telle que je l'avais LAISSÉE (Tr. BERNARD, *Secrets d'État,* XXIX). — *Fermina Márquez n'était pas telle qu'il se l'était* IMAGINÉE (LARBAUD, *Fermina Márquez,* X). — *La maison était certes grande, et moins pourtant que nous ne l'avions* JUGÉE (G. DUHAMEL, *Désert de Bièvres,* p. 98). — *La gare de Novosibirsk était encore plus étonnante que je ne l'avais* IMAGINÉE (VIALAR, *Jeunesse du monde,* p. 435). — *La nature apparaîtra plus généreuse qu'on ne l'avait* CRUE (J. ROSTAND, *Inquiétudes d'un biologiste,* p. 68).

2. Le participe passé reste invariable dans les expressions *Il l'a* ÉCHAPPÉ *belle, Vous me l'avez* BAILLÉ *belle* ou *bonne, Vous me l'avez* DONNÉ *belle* (vieux), *Il l'a* MANQUÉ *belle* (vieux), ainsi que dans *Elle s'est* FAIT *fort de.*

Ce sont des formules figées, dans lesquelles le participe reste invariable selon l'usage ancien (cf. § 907, Hist.), d'autant plus facilement que, pour les premières, le pronom *l'* n'est plus identifiable (il représentait le nom *balle :* cf. § 646, *b*) et que, pour la dernière, *fort* est invariable aussi, en genre au moins, pour une autre raison (cf. 297, *a*, Rem. 3). — Voir en outre le § 914.

910　　**Quand l'objet direct est le pronom personnel *en*,** le participe reste d'ordinaire invariable :

> *Voyez ces fleurs, en avez-vous* CUEILLI *?* (LITTRÉ.) — *Des yeux de statue, on en avait* VU *par milliers* (LOTI, *Mort de Philae,* p. 5). — *Une demoiselle entre deux âges, avec des cheveux acajou comme je n'en avais jamais* VU *à personne* (H. BORDEAUX, *Maison,* I, 4). — *Ses imprudences à lui, s'il en a* COMMIS, *furent élevées* (H. BREMOND, *Apologie pour Fénelon,* p. 81). — *Des gens pareils, je n'en ai* VU *que dans les tableaux vénitiens* (J. et J. THARAUD, *An prochain à Jérusalem !* p. 39). — *Des hommes admirables ! Il y en a. J'en ai* CONNU (G. DUHAMEL, *Maîtres,* p. 302). — *Voulant déjà mettre mes résolutions (car j'en avais* PRIS*) à l'épreuve* (GIDE, *Porte étr.,* p. 31).

Il en est de même si *en* est associé à un adverbe de degré jouant le rôle d'un pronom indéfini (cf. §§ 651, *e ;* 707, *b*) :

> *J'en ai tant* VU, *des rois !* (HUGO, *F. d'aut.,* III.) — *Tu m'as dit que les romans te choquent ; j'en ai beaucoup* LU (MUSSET, *Il ne faut jurer de rien,* III, 4). — *Si l'on donnait une couronne civique à celui qui sauve une vie humaine, combien n'en eût-il pas* REÇU *!* (MICHELET, *Mer,* Notes.) — *Que j'en ai* ENTENDU, *miséricorde ! que j'en ai* SUBI, *l'an dernier de ces magnifiques dissertations sur la trombe de Monville !* (FLAUB., *Corresp.,* t. I, p. 136.) — *Tolède a possédé dans le Greco un de ces artistes, comme l'Italie de la Renaissance en a tant* CONNU (BARRÈS, *Greco,* p. 32). — *Les images de cette sorte, on nous en a tant* MONTRÉ (G. DUHAMEL, *Tribulations de l'espérance,* p. 101). — *J'en avais tant* EU *depuis, des élèves* (MORAND, *Champions du monde,* p. 47).

En est senti comme un pronom personnel un peu particulier : il correspond à un syntagme introduit par *de* (même si ce *de* est dans le cas présent un article partitif), et il indique une quantité qui peut être non nombrable *(Du vin, j'*EN *ai bu)* ou qui, si elle est nombrable, peut être l'unité *(Combien* EN *as-tu pris ? Une).* Exprimant ainsi une portion imprécise de quelque chose, il est assez normal qu'on hésite à considérer qu'il représente un pluriel.

Cependant, la règle n'est pas toujours appliquée, et il n'est pas rare qu'on traite *en* comme un autre pronom personnel et qu'on lui attribue le genre et le nombre du nom représenté [15] :

> *Ses ordres, s'il en a* DONNÉS, *ne me sont pas parvenus* (STENDHAL, *Corresp.,* t. II, p. 380). — *Un homme capable de découvrir en douze ans autant de choses et de si utiles que Suzanne en a* DÉCOUVERTES *en douze mois serait un mortel divin* (A. FRANCE, *Livre de mon ami,* p. 211). — *J'ai déchiré de mes brouillons bien plus de feuillets que je n'en ai* GARDÉS (BARRÈS, *Génie du Rhin,* Préf.). — *Il quitte, sans plus de formes qu'il n'en a* SUIVIES *pour y entrer, cette armée* [...] (MAUROIS, *Mes songes que voici,* p. 94). — *La peur a détruit plus de choses en ce monde que la joie n'en a* CRÉÉES (MORAND, *Rond-point des Champs-Élysées,* p. 28). — *Ma*

---

15. Quand on considère des phrases comme la suivante, où le participe précédé de *en* et laissé invariable se trouve tout à côté d'un autre participe, accordé, lui, avec le nom représenté par *en*, on doit bien reconnaître qu'il y a là une étrange discordance : *En ai-je* VU *jetés à terre par les politiciens de ces courageux officiers !* (BARRÈS, *Union sacrée,* p. 69.)

mère ? mais jusqu'alors je n'en avais point EUE (ARLAND, *Étienne,* p. 63). — *Des connaissances, des conseils, mes trois fils en ont* REÇUS (G. DUHAMEL, *Musique consolatrice,* p. 87). — *Une joie discrète, mais telle qu'il n'en avait jamais* MONTRÉE *en ma présence* (H. BOSCO, *Malicroix,* p. 152). — *Une immense muraille telle que les hommes n'en ont jamais* CONSTRUITE (J. GREEN, *Années faciles,* 9 déc. 1934). — *Une remonte comme on n'en avait jamais* VUE (GIONO, *Deux cavaliers de l'orage,* p. 38). — *Sur les tombes des chefs, ils dressaient des statues en bois... Vous en avez* VUES *au musée de Kaboul* (KESSEL, *Jeu du roi,* p. 112). — Etc.

De même, lorsqu'il y a un adverbe de degré : *On saurait [...] combien de gens il a convertis, combien il en a* CONSOLÉS (VEUILLOT, *Historiettes et fantaisies,* p. 136). — *M. Spronck pourra répondre qu'en fait de questions difficiles, il en a déjà trop* TOUCHÉES *dans son livre* (BRUNETIÈRE, *Essais sur la littér. contemp.,* p. 230). — *Ce sont vos lettres qui m'ont grisée ! Ah ! songez / Combien depuis un mois vous m'en avez* ÉCRITES (E. ROSTAND, *Cyr.,* IV, 8). — *C'était là une de ces constructions psychologiques comme j'en ai tant* BÂTIES (BOURGET, *Sens de la mort,* p. 220). — *Ce n'est qu'un crachat de plus sur la face ruisselante d'une société soi-disant chrétienne, qui en a déjà tant* REÇUS (BLOY, *Désespéré,* p. 271). — *Des gens comme nous en avons tant* CONNUS (PÉGUY, *Souvenirs,* p. 101). — *Un de ces documents confirmatifs, comme les derniers temps en ont tant* PRODUITS (BAINVILLE, *Bismarck et la France,* p. 136). — *C'est une de ces explications politiques, telles que Corneille en a tant* ÉCRITES (J. SCHLUMBERGER, *Plaisir à Corneille,* p. 222). — *Combien n'en avait-il pas* CONNUS, *lui, Péguy, qui, grâce au bergsonisme, avaient cheminé vers la foi !* (H. MASSIS, *Notre ami Psichari,* p. 188.) — *On condamne des hérétiques plus qu'on n'en a jamais* CONDAMNÉS (CHAMSON, *Superbe,* p. 83). — Etc.

N.B. — Dans des phrases comme la suivante, l'accord est commandé non par le mot *en,* mais par un pronom relatif objet direct placé avant le participe : *Il retournait contre sa mère les armes qu'il en avait* REÇUES (R. ROLLAND, *Jean-Chr.,* t. IV, p. 31).

Hist. — Avec le partic. passé précédé de *en,* que ce pronom fût ou non en liaison avec un adverbe, l'accord était autrefois facultatif : *Et de ce peu de jours si long-temps attendus, / Ah malheureux ! combien j'en ay déja* PERDUS *!* (RAC., *Bér.,* IV, 4.) — *Combien en as-tu* VEU, *je dis des plus hupez /* [...] (ID., *Plaid.,* I, 4). — *Combien en a-t-on* VUS */ Qui du soir au matin sont pauvres devenus* (LA F., *F.,* V, 13). — ⁺*Je ne veux pas vous faire pitié, puisque vous n'en avez pas déjà* EUE *pour moi* (RAC., G.E.F., t. VI, p. 385, note 3).

911 **Certains verbes intransitifs,** *coûter, valoir, peser, mesurer, marcher, courir, vivre, dormir, régner, durer, reposer,* etc., peuvent être accompagnés d'un complément adverbial de mesure (cf. § 301, *a*), qu'il faut se garder de prendre pour un objet direct ; le participe passé de ces verbes est invariable :

Les trois mille francs que ce meuble m'a COÛTÉ (AC.). — *La moitié de la dépense qu'il a* COÛTÉ (*Code civil,* art. 660). — *La somme que le Narcisse m'avait* COÛTÉ (J. GREEN, *Terre lointaine,* p. 109). — *Ce cheval ne vaut plus la somme qu'il a* VALU *autrefois* (AC.). — *Les dix grammes que cette lettre a* PESÉ. *Les vingt minutes que j'ai* MARCHÉ, COURU. *Les vingt-quatre ans que le roi Albert a* RÉGNÉ. — *Elle songea aux années qu'elle avait* VÉCU *ensuite* (J. de LACRETELLE, *Bonifas,* XII). — *Pendant les quarante-trois jours qu'a* DURÉ *notre marche* (J. ROMAINS, *Dieu des corps,* p. 16). — *Les heures que j'ai* DORMI, *que j'ai* REPOSÉ.

Mais certains de ces verbes peuvent aussi être employés transitivement :

Peser dans le sens « constater le poids » ou, au figuré, « examiner » : *Les paquets que j'ai* PESÉS. *Ces paroles, les avez-vous* PESÉES *? — De même, mesurer.*

Courir dans les sens « poursuivre » ou « s'exposer à » : *Les lièvres qu'il a* COURUS. *Les dangers que j'ai* COURUS.

Valoir à *qqn* « lui procurer » : *La gloire que cette action lui a* VALUE (AC.). — *Les nombreuses réflexions que m'ont* VALUES *la lecture et la méditation des œuvres de Paul Claudel* (G. DUHAMEL, *P. Claudel*, p. 13).

Coûter à *qqn* au figuré « lui occasionner », « lui causer comme perte » : *Les efforts que ce travail m'a* COÛTÉS (AC.). — *Nous y aurions perdu les 100.000 hommes que nous a* COÛTÉS *la défaite* (F. GREGH, *Âge de fer*, p. 138).

En 1878, l'Académie donnait *coûter* comme toujours intransitif ; elle écrivait : *Les efforts que ce travail m'a* COÛTÉ. — Pour Littré, *coûté* doit toujours rester invariable : *La somme que cette maison m'a* COÛTÉ. *Les pleurs que la mort de cet enfant a* COÛTÉ *à sa mère.* — Cette façon de voir était fort défendable : *les pleurs* est-il vraiment un objet direct [16] ?

Vivre est considéré par beaucoup d'auteurs comme un verbe transitif signifiant « passer, mener » quand on envisage, non pas la durée en elle-même, mais la nature, la qualité de ce qui a été expérimenté au cours de cette période (qualité souvent exprimée par une épithète, un complément déterminatif, etc.) [voir aussi § 286, 12°] : *Les heures qu'il avait* VÉCUES *loin de Dieu* (A. FRANCE, *Thaïs*, p. 11). — *Un grand nombre des jours et des années que j'ai* VÉCUS *moi-même* (BARRÈS, *Souvenirs d'un officier de la Grande Armée*, Préf., p. II). — *Un souvenir trop précis des atroces minutes qu'elle avait* VÉCUES *dimanche soir* (R. MARTIN DU GARD, *Thib.*, Pl., t. II, p. 264). — *Ceux qui vont mourir [...] revivent une par une, avec une rapidité de météore, toutes les heures qu'ils ont* VÉCUES (FARRÈRE, *Condamnés à mort*, p. 270). — *Tant d'années qu'ils ont* VÉCUES *sous le même toit* (GENEVOIX, *Rroû*, p. 56). — *Les années que j'ai* VÉCUES *au front* (Cl. VAUTEL, *Mon curé chez les riches*, p. 16). — *Ce ne sont pas des heures frivoles que j'aurai* VÉCUES (Fr. MAURIAC, *Journal*, t. III, p. 111).

Même dans ce cas, certains auteurs répugnent à considérer qu'il s'agit d'un véritable objet direct : *Quelles étranges minutes elle avait* VÉCU *!* (J. GREEN, *Léviathan*, I, 9.) — *En faisant appel aux instants de bonheur qu'elle avait* VÉCU (*ib.*, II, 7). — *Quelles heures il avait* VÉCU *!* (Fr. MAURIAC, *Chemins de la mer*, p. 254.) — *Pour que les temps qui viennent nous soient moins amers [...] que ceux que nous avons* VÉCU *en 1940* (P. VALÉRY, *Variété*, Pl., p. 883).

En revanche, quand le complément n'exprime plus la durée, l'évolution sémantique du verbe, son caractère transitif et, par conséquent, la variabilité du participe ne sont pas contestables : *Il revient sur des affaires qu'il a* VÉCUES (VALÉRY, *Regards sur le monde actuel*, Pl., p. 956). — *Ses convictions, il les a vraiment* VÉCUES. — *Ses rêves, il les a* VÉCUS.

Dormir étant parfois employé au passif : *Trois nuits mal* DORMIES (MUSSET, *Marrons du feu*, IV). — *Las d'une nuit mal* DORMIE (VIAN, *Arrache-cœur*, IX), — il ne serait pas impossible d'écrire : *Les trois nuits que j'ai mal* DORMIES. Mais cela reste de la pure théorie.

912   **Le participe passé des verbes impersonnels** ou pris impersonnellement est invariable :

Les inondations qu'il y a EU. *Les chaleurs qu'il a* FAIT. — *Pour avoir une Phèdre parfaite, il l'aurait* FALLU *écrite par Racine sur le plan de Pradon* (R. de GOURMONT, *Chemin de*

---

16. On raisonne souvent en arguant des interrogatifs substituables : *... a coûté quoi ?* ou *... a coûté combien ?* Mais *quoi* n'est pas exclusivement objet direct (cf. § 702, *b*) ni *combien* complément adverbial : COMBIEN *t'a-t-il donné ?*

velours, p. 132). — *Quels soins il a* FALLU *pour maintenir sous un ciel implacable cette végéta-tion luxuriante !* (J. et J. THARAUD, *Fête arabe*, p. 17.)

On peut discuter de la fonction des éléments qui accompagnent les verbes impersonnels (cf. § 230), mais, pour l'accord au moins, on ne traite pas ces éléments comme des objets directs.

913   Les participes *dit, dû, cru, su, pu, voulu, permis, pensé, prévu* et autres semblables restent invariables lorsqu'ils ont pour objet direct un infinitif ou une proposition à sous-entendre après eux (cf. § 217, *f*). Le pronom *que* qui précède est alors objet direct du verbe à sous-entendre, et non du participe :

> *J'ai fait tous les efforts que j'ai* PU (sous-ent. : *faire*). *Il m'a donné tous les renseignements que j'ai* VOULU (sous-ent. : *qu'il me donnât*). — *Elle* [= la mer] *n'est pas* [...] *la solitude qu'il avait* CRU (P. MILLE, *Mém. d'un dada besogneux*, p. 137).

À l'exception de *pouvoir*, ces verbes peuvent aussi avoir un objet direct placé avant eux et commandant l'accord du participe. Il importe donc de consulter le sens : *Il débita des histoires que nous n'avons pas* CRUES. *Il a cité toutes les paroles que j'avais* DITES. *Vous avez obtenu la réparation que vous avez* VOULUE. — *Bien que l'ancien curé d'Abrecave lui eût fait jadis part de ces premières grandes charités que le collier de perles avait* PERMISES [...] (Fr. JAMMES, *M. le curé d'Ozeron*, p. 224). — *Ils* [= des cataplasmes] *n'avaient pas sur la paresse des organes l'action que la religieuse avait* ESPÉRÉE (R. MARTIN DU GARD, *Thib.*, Pl., t. I, p. 1136).

Remarques. — 1. Le participe passé précédé du pronom relatif *que* est inva-riable lorsque ce pronom est objet direct d'un verbe placé après le participe (qui a alors pour objet direct la proposition qui vient après lui) :

> *C'est une faveur qu'il a* ESPÉRÉ *qu'on lui accorderait* (Il a espéré qu'on lui accorderait *que*, c.-à-d. la faveur). — *À travers les portes que Lyonnette avait* COMMANDÉ *qu'on fermât* (É. BOURGES, *Crépuscule des dieux*, IX). — *Comment obtenir de Fernand les volets qu'elle n'avait pas* VOULU *qu'il accordât à Mathilde ?* (Fr. MAURIAC, *Genitrix*, VIII.)

Mais on écrira, en faisant l'accord : *Ceux que l'on a* INFORMÉS *que leur demande était accueillie*. En effet, *que* est ici objet direct du participe : on a informé qui ? — *que*, c.-à-d. *ceux*. — On les a informés de quoi ? *Que leur demande était accueillie :* la proposition est objet indirect.

2. Pareillement, le participe est invariable dans les phrases où il est précédé de *que* et suivi d'une relative introduite par *qui* (§ 1062) : *Nous subissons les malheurs qu'on avait* PRÉVU *qui arriveraient*.

914   **Le participe passé suivi d'un attribut d'objet direct** s'accorde souvent avec cet objet si celui-ci précède le participe :

> *Tout le monde l'a* CRUE *morte* (HUGO, *Angelo*, III, II, 3). — *Un défilé de menues pensées que j'ai* CRUES *étrangères* (J. ROMAINS, *Lucienne*, p. 36). — *Tous ceux qu'il avait* FAITS *grands* (BLOY, *Âme de Napol.*, p. 90). — *Une affreuse barbe de chèvre, qu'on eût* DITE *postiche* (R. MARTIN DU GARD, *Thib.*, Pl., t. I, p. 1065). — *Ma mère* [...] *nous eût* PRÉFÉRÉS *souffrants* (G. DUHAMEL, *Désert de Bièvres*, p. 86). — *Laura était vêtue très simplement, tout de noir ; on l'eût* DITE *en deuil* (GIDE, *Faux-monn.*, p. 164). — *Des choses qu'on n'aurait pas* CRUES

possibles (J. GREEN, *Moïra*, p. 36). — *Dieu m'a peut-être* VOULUE *lâche* (BERNANOS, *Dialogues des carmélites*, IV, 6). — *On les eût* CRUS *imberbes* (Fr. MAURIAC, *Robe prétexte*, XXVII). — *Ses lèvres, qu'on eût* DITES *teintées de pastel rose* (TOULET, *Béhanzigue*, p. 80). — *Une mort qu'on lui a* PRÉDITE *héroïque* (JOUHANDEAU, *Élise architecte*, p. 31). — *Je l'avais* CRUE *toute à son deuil* (ARLAND, *Vigie*, p. 179). — *Je vous fais porter quelques fruits, je les aurais* VOULUS *plus beaux* (COLETTE, *Étoile Vesper*, p. 163). — *C'était de bonnes jumelles, qu'il eût* VOULUES *meilleures encore* (GENEVOIX, *Fatou Cissé*, p. 166). — Autres ex. au § 916, *a*, Rem. 1.

Cependant, il n'est pas rare que ce participe soit laissé invariable, et cela se défend fort bien, puisqu'on peut estimer que le véritable objet direct est constitué par l'ensemble formé par le nom (ou le pronom) et son attribut (cf. § 287, *e*) :

Ses petites mains blanches et qu'on eût DIT *moulées par Coustou* (HUGO, *Choses vues*, p. 271). — *Deux grands plis circulaires* [...] *qu'on eût* DIT *creusés par l'habitude de parler en public* (MAUPASS., *Fort comme la mort*, I, 1). — *Ces sons du cor que jamais je n'ai* TROUVÉ *tristes* (Fr. MAURIAC, *Préséances*, I, 1). — *Une vie qu'on aurait* VOULU *belle* (MAUROIS, *Byron*, XXVIII). — *Bien des choses renaissent que l'on avait* CRU *mortes* (BAINVILLE, *Chroniques*, p. 2). — *Ceux d'entre eux qu'ils ont* CRU *les plus sages* (GAXOTTE, *Frédéric II*, p. 393). — *Qui les eût* CRU *si pleins de sang ?* (MONTHERLANT, *Bestiaires*, IV.) — *Ces petits fruits* [...] *qu'on aurait* VOULU *plus sucrés* (GIDE, *Nourr. terr. et Nouv. nourr.*, p. 97). — *Est-ce que tu m'as* FAIT *bien belle ce soir ?* (CLAUDEL, *Père humilié*, p. 18.) — *Les sourcils formaient deux longs traits noirs qu'on eût* CRU *dessinés au charbon* (J. GREEN, *Moïra*, p. 11). — *Des cheveux qu'on eût* DIT *frisés au fer* (THÉRIVE, *Fils du jour*, p. 226). — *Ces meubles qu'on eût* DIT *usés à force d'être frottés* (J.-J. GAUTIER, *Hist. d'un fait divers*, p. 114). — *J'assistais à des événements que mon grand-père eût certainement* JUGÉ *invraisemblables* (SARTRE, *Mots*, p. 40). — Etc.

Hist. — C'est un des cas où l'invariabilité était recommandée par les grammairiens du XVIIᵉ s. : cf. § 907, Hist.

915   **Le participe passé** conjugué avec *avoir* et **suivi d'un infinitif** pur ou prépositionnel s'accorde lorsque le pronom objet direct [17] qui précède peut se rapporter à ce participe :

Les violonistes que j'ai ENTENDUS *jouer* (J'ai entendu qui ? — *que*, c.-à-d. les violonistes, qui jouaient). — *Je les ai* VUS *partir comme trois hirondelles* (HUGO, *F. d'aut.*, VI). — *J'aurais eu* [...] *des chèvres que j'aurais* MENÉES *brouter dans les buissons* (SAND, *Valentine*, XIV). — *On les a toutes* LAISSÉES *aller* (AC., s.v. *aller*) [Rem. 3]. — *Elle s'est* LAISSÉE *mourir* (BERNA-NOS, *M. Ouine*, p. 224). — *Des hommes que l'on avait* [...] ENVOYÉS *combattre* (J. DUTOURD, *Taxis de la Marne*, II, 13). — *Les comédiens qu'on a* EMPÊCHÉS *de jouer, qu'on a* AUTORISÉS *à jouer*.

Mais le participe reste invariable lorsque le pronom objet direct qui précède se rapporte à l'infinitif :

Les airs que j'ai ENTENDU *jouer* (J'ai entendu quoi ? *jouer que*, c.-à-d. jouer les airs). *La mauvaise humeur qu'il a* LAISSÉ *voir*. *Les mesures qu'il a* VOULU *prendre, qu'il a* OSÉ *prendre, qu'il a* PRÉFÉRÉ *prendre*. *Ces personnes n'arrivaient pas ; je les ai* ENVOYÉ *chercher* Les brebis

---

17. L'agent de la proposition infinitive prend parfois la forme de l'objet indirect (§ 873) ; dans ce cas, il n'est plus considéré comme objet direct et n'influence pas le participe : *Je leur ai* ENTENDU *dire que...*

qu'on a MENÉ *égorger. Les comédies qu'on a* EMPÊCHÉ *de jouer, qu'on a* AUTORISÉ *à jouer. —
La matière [...] que j'ai* CHERCHÉ *à pétrir* (BARRÈS, *Mes cahiers,* t. XIV, p. 170). — *Il voyait
s'écrouler une société qu'il avait* ESPÉRÉ *réformer* (MAUROIS, *Dialogues des vivants,* p. 96).

N.B. — Pratiquement on peut recourir à un des moyens suivants pour reconnaître si le pronom objet direct se rapporte au participe ou à l'infinitif :

1° Intercaler le pronom (ou le nom qu'il remplace) entre le participe et l'infinitif, puis tourner l'infinitif, soit par le participe présent, soit par une proposition relative à l'imparfait, soit par l'expression *en train de :* si la phrase garde son sens, faire l'accord : *Je les ai* VUS *sortir : j'ai vu eux sortant, j'ai vu eux qui sortaient, je les ai vus en train de sortir.*

2° Si l'infinitif est suivi ou peut être suivi d'un complément d'agent introduit par la préposition *par,* laisser le participe invariable : *Ces arbres, je les ai* VU *abattre* (par le bûcheron).

3° Si le pronom objet direct représente l'être qui fait l'action marquée par l'infinitif, accorder le participe.

4° Si l'infinitif a un objet direct, accorder le participe : *Ces bûcherons, je les ai* VUS *abattre des chênes.*

Hist. — Cf. § 907, Hist.

Remarques. — 1. Nous avons donné ci-dessus la règle reçue, et il vaut mieux s'y tenir. Mais son fondement n'est pas assuré : 1° dans *Je les ai vus partir,* on pourrait considérer que le véritable complément d'objet est la proposition infinitive (cf. § 287, *d,* 2°) [voir aussi Rem. 4] ; — 2° dans *Les brebis qu'on a mené égorger,* rien n'empêche absolument de considérer que le *que* est un objet direct de *a mené.*

2. Le participe *fait* suivi immédiatement d'un infinitif est toujours invariable, parce qu'il fait corps avec l'infinitif et constitue avec lui une périphrase factitive :

Je les ai FAIT *chercher partout* (AC.). — *Cette femme s'est* FAIT *peindre* (AC.). — *Je les ai*
FAIT *combattre, et voilà qu'ils sont morts !* (HUGO, *Hern.,* III, 4.)

3. Certains grammairiens et certains auteurs, estimant que *laissé* et l'infinitif qui suit forment une périphrase analogue à *fait* + infinitif (comp. § 744, *e,* 3°), ne font pas l'accord, et Littré ne leur donne pas tort, même s'il reconnaît que la règle de l'accord prévaut aujourd'hui :

Je les aurais LAISSÉ *faire* (MAUPASS., C., Trou). — *Diverses sauces que j'y ai* LAISSÉ *couler*
(A. FRANCE, *Rôtisserie de la reine Pédauque,* p. 113). — *Reprenez la cognée où nous l'avons*
LAISSÉ *tomber* (R. ROLLAND, *Précurseurs,* p. 30). — *Mes chers collègues, je vous ai* LAISSÉ
parler (BOULENGER et THÉRIVE, *Soirées du Grammaire-Club,* p. 106). — *Toutes les heures que*
[...] *j'ai* LAISSÉ *choir dans l'infini* (G. DUHAMEL, *Pierre d'Horeb,* p. 258). — *Jeannot, Paul,
Michel Auclair, sont venus me voir. On les a* LAISSÉ *entrer* (COCTEAU, *La belle et la bête,*
p. 132). — *Virginie regarde sa main blanche qu'elle a* LAISSÉ *glisser sur sa robe* (BERNANOS,
Dialogue d'ombres, p. 153). — *Des branches de gui que j'avais* LAISSÉ *macérer* (P. GASCAR,
Chimères, p. 125).
Dans l'usage, il règne en ceci une grande confusion : non seulement, comme on vient de le voir, *laissé* reste souvent invariable là où la règle des grammairiens demanderait l'accord, mais, par un mouvement contraire, on l'accorde fréquemment là où ladite règle le voudrait invariable (il s'agit de la forme réfléchie : cf. § 916, *a,* Rem. 1) : *En supposant même que le*

souverain des Tartares ou ses ministres se fussent LAISSÉS *gagner par des promesses* (MÉRIMÉE, *Cosaques d'autrefois,* p. 140). — *Je me suis souvent demandé* [...] *comment il se faisait que la littérature se soit ainsi* LAISSÉE *distancer* (GIDE, *Faux-monn.,* p. 422). — *Si l'on peut admettre que les braves gens* [...] *se soient* LAISSÉS *duper* (R. ROLLAND, *Au-dessus de la mêlée,* pp. 11- 12). — *La maison s'était* LAISSÉE *pétrir par cette mort* (J. ROMAINS, *Mort de quelqu'un,* p. 148). — *L'Inconnue qui s'est* LAISSÉE *vaincre* (A. FRANCE, *M. Bergeret à Paris,* p. 249).

Autres ex. : E. JALOUX, *Dernier acte,* p. 155 ; P.-H. SIMON, *Elsinfor,* p. 167 ; CHAMSON, *La neige et la fleur,* p. 271 ; MAULNIER, *Profanateur,* III, 1 ; TROYAT, *Tant que la terre durera...,* p. 610 ; GENEVOIX, *Mort de près,* p. 60 ; M. BRION, *Laurent le Magnifique,* p. 59 ; etc.

4. L'observation que nous avons faite dans la Rem. 1 est appliquée par l'usage aux participes marquant opinion *(cru, pensé, espéré...)* ou déclaration *(dit, affirmé...),* pour lesquels on est contraint de considérer que l'objet direct est la proposition infinitive ; par conséquent, on laisse les participes invariables :

Ces lettres, que vous m'avez DIT *être de madame d'Ange* (DUMAS fils, *Demi-monde,* III, 12). — *Une éducation que j'ai* SU *depuis avoir été brillante* (BOURGET, *Drames de famille,* p. 41). — *Des sublimités qu'on a* RECONNU *être des fautes du copiste* (A. FRANCE, *Jardin d'Épicure,* p. 223). — *Une petite coupe de porcelaine, vieille et qu'on eût* CRU *venir d'un Orient plus lointain* (GIDE, *Incidences,* p. 107). — *Une chambre* [...] *qu'elle leur avait* CRU *le petit salon* (BILLY, *Nathalie,* p. 326). — *Il se sentait la proie d'une émotion* [...] *qu'il eût* SOUHAITÉ *être la crainte* (LA VARENDE, *Man' d'Arc,* p. 67). — *Une de ces choses qu'il lui avait* DIT *lui faire si plaisir* (PROUST, *Jean Santeuil,* t. III, pp. 127-128).

5. *Eu, donné* et *laissé,* suivis d'un infinitif introduit par *à,* sont tantôt laissés invariables, tantôt accordés avec le pronom objet direct qui précède (quoique l'on puisse, comme dans la règle énoncée plus haut, le rapporter à l'infinitif) :

Ex. où le partic. est laissé invariable : *La rançon qu'il avait* EU *à payer* (E. et J. de GONC., *Renée Mauperin,* XXXV). — *La seule turpitude que les doctrinaires et les républicains lui eussent* LAISSÉ *à désirer* (BLOY, *Désespéré,* p. 341). — *Les combats qu'il a* EU *à soutenir* (PROUST, *Chroniques,* p. 146). — *La contrainte qu'elle avait* EU *à subir* (J. GREEN, *Adrienne Mesurat,* p. 166). — *Quelque course que précisément il avait* EU *à faire* (GIDE, *Faux-monn.,* p. 100). — *Les luttes qu'elles ont* EU *à soutenir* (J. et J. THARAUD, *Rayon vert,* p. 169). — *Ceux* [= les problèmes] *qu'avaient* EU *à résoudre Louis XI et même saint Louis* (BENDA, *Précision, 1930-1937,* p. 56). — *Les cas qu'il avait* EU *à examiner* (IKOR, *Tourniquet des innocents,* p. 309). — *Dans les pages que j'avais innocemment* DONNÉ *à lire autrefois à Janson* (J. ROY, *Maître de la Mitidja,* p. 16).

Ex. où le part. varie : *Les difficultés qu'il eût* EUES *à surmonter* (STENDHAL, *Chartr.,* t. II, p. 370). — *De la laine qu'on lui avait* DONNÉE *à filer menu* (SAND, *Fr. le champi,* III). — *La première lettre de ce genre que j'aie* EUE *à écrire* (R. ROLLAND, *Au-dessus de la mêlée,* p. 69). — *Ces troupeaux fabuleux que l'on m'a* DONNÉS *à égorger* (CLAUDEL, dans le *Figaro litt.,* 27 sept. 1947). — *J'ai eu faim de toute la terre et vous ne me l'avez pas* DONNÉE *à manger* (BLOY, *Sang du pauvre,* p. 32). — *Les problèmes qu'il nous a* LAISSÉS *à résoudre* (SALACROU, *Archipel Lenoir,* II). — *Cependant Émily travaillait aux chemises que Miss Easting lui avait* DONNÉES *à coudre* (J. GREEN, *Mont-Cinère,* XXVIII). — *Tous les blessés que j'avais* EUS *à traiter* (G. DUHAMEL, *Pesée des âmes,* p. 178). — *Il se rappela les lettres qu'elle lui avait* DONNÉES *à mettre à la poste* (PROUST, *Jean Santeuil,* t. III, p. 133). — *J'apporte les serviettes que tu m'avais* DONNÉES *à repasser* (TROYAT, *Cahier,* p. 86). — *La leçon que je lui ai* DONNÉE *à étudier* (AC., s.v. *donner*).

N.B. — Le pronom objet direct qui précède le participe ne peut évidemment se rapporter qu'à ce participe lorsque l'infinitif a un objet direct distinct : *Les peines que nos parents ont* EUES *à nous élever* [nos parents ont eu *que* (c.-à-d. des peines) à nous élever].

6. Quand le participe suivi d'un infinitif a pour objet direct le pronom *en* (§ 910), on le laisse invariable :

Hélas ! que j'en ai VU *mourir de jeunes filles !* (HUGO, *Orient.*, XXXIII, 1.) — *Que j'en ai* VU *sortir sous les huées !* (BARRÈS, *Mes cahiers*, t. XIV, p. 140.)

III. — ACCORD DU PARTICIPE PASSÉ DES VERBES PRONOMINAUX

916 *a)* Quoique les verbes pronominaux se conjuguent avec l'auxiliaire *être*, ils peuvent être transitifs et assimilables aux verbes conjugués avec *avoir*, c'est-à-dire que leur participe s'accorde avec le complément d'objet direct si celui-ci précède [18].

L'objet direct est le pronom réfléchi : *Ils se sont* BAIGNÉS (Ils ont baigné *se*, c.-à-d. eux-mêmes). *Nous nous sommes* DÉGAGÉS *de toute responsabilité. Pierre et Paul se sont* BATTUS, *puis se sont* RÉCONCILIÉS. *Ils se sont* ENTRAIDÉS.

L'objet direct est un autre élément que le pronom réfléchi : *Les pénitences qu'il s'est* IMPOSÉES (Il a imposé *que*, c.-à-d. *les pénitences*, à lui-même). *Tous ceux qu'il s'est* CONCILIÉS. *Les choses qu'ils se sont* IMAGINÉES. *Cette permission, il se l'est* ACCORDÉE. *Les droits qu'il s'est* ARROGÉS. *Les doigts qu'elle s'est* COUPÉS.

Il n'y a pas d'objet direct, et le participe est nécessairement invariable (le pronom est objet indirect) : *Ils se sont* NUI. *Ils se sont* SUFFI *à eux-mêmes. Ils se sont* PLU *l'un à l'autre. Les rois qui se sont* SUCCÉDÉ *sur le trône.* — *D'après des experts [...] qui s'en seraient* VOULU *d'estimer trop haut une fortune [...]* (ARAGON, *Cloches de Bâle*, III, 6).

Remarques. — 1. Certaines des règles vues plus haut s'appliquent aussi aux verbes pronominaux.

— Si l'objet direct est *en*, le participe est invariable (cf. § 910) : *Des directives, ils s'en sont* DONNÉ. *Ils s'en sont* DONNÉ *à cœur joie.*

— Si le participe est suivi d'un infinitif, on applique ce qui est dit au § 915 (et remarques) : *Elle s'était* LAISSÉE *mourir* (A. BELLESSORT, *Virgile*, p. 200). — *Elle s'était* LAISSÉ *murer dans ce tombeau* (LOTI, *Ramuntcho*, p. 223). — *Leurs leçons se sont* FAIT *entendre* (FROMENTIN, *Été dans le Sahara*, p. 70). — *Elle ne s'est pas* SENTIE *mourir* (ARLAND, *Terre natale*, p. 108). — *Elle s'est* SENTI *piquer par un moustique.*
Sur certains accords peu réguliers avec *se laisser*, voir § 915, Rem. 3.

---

18. Ex. irréguliers : *La France s'est* ASSIMILÉE *les conquêtes artistiques de la Renaissance italienne* (GAXOTTE, *Hist. des Français*, t. I, p. 508). — *Eugénie Smirnoff s'était* COMMANDÉE *un chapeau* (TROYAT, *Le sac et la cendre*, p. 386). — *On dirait que toutes les tempêtes possibles se sont* SUCCÉDÉES *très vite dans la première moitié de notre existence* (ID., *Éléphant blanc*, p. 230). — *Il déçoit Dora qui s'était* FORMÉE, *elle aussi, une image merveilleuse de l'époux absent* (Fr. AMBRIÈRE, dans le *Mercure de Fr.*, janv. 1947, p. 134). — *Virginie s'était* IMAGINÉE *que c'était elle, dans sa loge, qu'on applaudissait* (ARAGON, *Semaine sainte*, p. 111).

— Le participe suivi d'un attribut du pronom réfléchi s'accorde ordinairement avec ce pronom (cf. § 914) : *Je me suis* CRUE *à l'abri de l'outrage* (G. SAND, *Elle et lui*, II). — *Je me suis* CRUE *morte* (BERNANOS, *M. Ouine*, p. 79). — *Ils se sont* CRUS *des jurés chargés de condamner ou d'absoudre* (GIRAUDOUX, *Impromptu de Paris*, III). — *Elles s'était* RENDUE *intéressante* (J.-J. GAUTIER, *Hist. d'un fait divers*, p. 171). — *Les horreurs dont les hommes se sont* RENDUS *coupables* (A. SIEGFRIED, *Âme des peuples*, p. 22). — *Les Goncourt se sont* FAITS *l'écho de certaines de ses confidences à ce sujet* (BILLY, dans le *Figaro litt.*, 25 sept. 1967). — *Une légende* [...] *dont une revue hôtelière suisse s'est* FAITE *dernièrement l'écho* (DAUZAT, dans le *Monde*, 17 janv. 1951).

Mais, comme on l'a vu au § 914, il y a dans l'usage une hésitation assez compréhensible : *La littérature s'est surtout* VOULU *cela* (BARTHES, *Degré zéro de l'écriture*, II, 5). — Certains dict. considèrent (à tort) que dans ... *s'est fait l'écho*, le participe doit rester invariable.

2. Certains verbes transitifs directs offrent une construction double : *assurer, persuader qq. ch. à qqn ; assurer, persuader qqn de qq. ch.* Lorsque ces verbes ont la forme pronominale, il faut examiner si le pronom réfléchi est objet direct ou objet indirect :

Nous nous sommes ASSURÉ *des vivres pour six mois* (nous avons assuré des vivres à nous). *Nous nous sommes* ASSURÉS *de cette nouvelle* (nous avons assuré nous de cette nouvelle). *Ils se sont difficilement* PERSUADÉ *nos malheurs. Ils se sont* PERSUADÉS *de notre innocence.*

Lorsque *se persuader* est suivi d'une subordonnée objet introduite par *que*, l'accord du participe est facultatif : *Ils se sont* PERSUADÉ(S) *que l'occasion était bonne* (ils ont persuadé eux que ... ; ou bien : ils ont persuadé à eux que ...). — *Ils s'étaient* PERSUADÉ *qu'on n'oserait les contredire* (AC.). — *Elle s'est* PERSUADÉ *que la gloire de la femme est de s'élever au-dessus des sens* (FAGUET, *En lisant Molière*, p. 227). — *Jacques était en retard ;* [...] *elle s'était* PERSUADÉE *qu'il lui était arrivé quelque chose* (R. MARTIN DU GARD, *Thib.*, Pl., t. II, p. 540). — *Amélie s'était* PERSUADÉE *qu'il n'aurait pas avant longtemps l'occasion de se représenter à elle* (TROYAT, *Les semailles et les moissons*, p. 251).

b) Le pronom conjoint faisant partie des verbes pronominaux peut être inanalysable, dépourvu de fonction, que ce soient des verbes pronominaux dits *subjectifs* (§ 749) ou dits *passifs* (§ 750). Le participe passé s'accorde alors avec le sujet :

Pronominaux subjectifs : *Ils se sont* ÉCHAPPÉS. *Elles se sont* SOUVENUES *de nos promesses. Nous nous sommes* APERÇUS *de notre erreur. Ils se sont* DOUTÉS *de la chose. Elles se sont* PLAINTES *de leur mémoire. Ils se sont* TROMPÉS. *Elles se sont* PROMENÉES. *Ils se sont* ENFUIS. *Elles se sont* TUES. *Elles se sont* REPENTIES *de leurs fautes.* — [Clavaroche à Jacqueline :] *Comment vous y êtes-vous* PRISE ? (MUSSET, *Chandelier*, II, 1.) — *Comment s'y serait-elle* PRISE ? (A. DAUDET, *Jack*, t. I, p. 366.) — *Elle s'était* JOUÉE *de lui* (E. JALOUX, *Alcyone*, XIII). Pronominaux passifs : *La bataille s'est* LIVRÉE *ici. Ces livres se sont bien* VENDUS. *La langue latine s'est* PARLÉE *en Gaule.*

Exceptions. — Le participe passé des quatre verbes pronominaux subjectifs *se rire, se plaire* (au sens de « trouver de l'attrait, se trouver bien »), *se déplaire* (= ne pas se trouver bien) et *se complaire* (= se délecter) est invariable :

Ils se sont RI, *elles se sont* RI *de tous ces projets* (LITTRÉ). — *Elle s'était tant* PLU *dans la solitude du musée du roi René* (BARRÈS, *Jardin de Bérénice*, p. 54). — *Elle s'est* PLU *à vous contredire* (AC.). — *Elle s'est* DÉPLU *dans ce lieu.* — *Les travaux où elle s'est* COMPLU *(Dict. gén.).* — *Ils se seraient* COMPLU *dans la dissection de ces membres roidis* (E.-M. DE VOGÜÉ, *Roman russe,* p. 162).

Il y a dans l'usage une certaine tendance à accorder *plu, complu, déplu* comme le participe des autres pronominaux subjectifs : *Chez tous elle s'était* PLUE *à éveiller l'amour* (MAUROIS, *Chateaubriand,* p. 294). — *Les romantiques se sont* PLUS *à camper un Français du seizième siècle, élégant, sceptique, raffiné* (GAXOTTE, *Hist. des Français,* t. I, p. 464). — *Elle* [= *une vieille] venait de l'« Aigue » où elle s'est* DÉPLUE (VEUILLOT, *Corresp.,* t. II, p. 462). — *Le souvenir des divines fantaisies* [...] *où s'est* COMPLUE *la nature au Liban* (J. et J. THARAUD, *Chemin de Damas,* p. 25). — *Cette époque* [...] *s'était* COMPLUE *à laisser sur elle une abondance de témoignages de détail* (THIBAUDET, *Hist. de la litt. fr. de 1789 à nos jours,* p. 364). — *Mme de Staël, qui longtemps s'y était* DÉPLUE, *avait animé peu à peu la paix de cette résidence* (HERRIOT, *Mme Récamier et ses amis,* p. 106). — *Presque jamais les hommes ne s'étaient* COMPLUS *à un aspect aussi barbare de la destinée et de la force* (ARAGON, *Paysan de Paris,* p. 145). — *Vous êtes-vous* COMPLUE *à ces pensées ?* (J. MISTLER, *Route des étangs,* p. 83.)

Nous avons constaté qu'une des difficultés principales auxquelles achoppent les usagers est la notion de pronom analysable ou non ; ils ont tendance, non sans raison, à élargir ce domaine et, par conséquent, à accorder avec le sujet des participes bel et bien accompagnés d'un objet direct, comme dans *Ils se sont* ARROGÉ *le droit de ..., Ils se sont* RENDU *compte de leur erreur,* etc. — La démarche la plus sûre nous paraît être celle-ci :

1° Indépendamment de la fonction du pronom, y a-t-il un objet direct ? Si oui, cet objet détermine l'accord, selon la règle générale des participes conjugués avec *avoir :*

La main qu'elle s'est ESSUYÉE (mais : *Elle s'est* ESSUYÉ *la main*). — *Les droits qu'ils se sont* ARROGÉS (mais : *Ils se sont* ARROGÉ *des droits*). — *La noble famille qu'il s'est* IMAGINÉE (mais : *Il s'est* IMAGINÉ *une noble famille, Elle s'est* IMAGINÉ *qu'elle gagnerait le gros lot*).

2° Sinon, examiner la fonction du pronom personnel. S'il est objet direct, le participe s'accorde avec lui : *Elle s'est* REGARDÉE *dans le miroir.* — S'il est objet indirect, nous rejoignons le 1°. — Si le pronom est inanalysable, le participe s'accorde avec le sujet (sauf le participe de *se rire, se plaire, se complaire* et *se déplaire,* qui est toujours invariable).

Hist. — Le participe passé des verbes pronominaux s'accordait souvent, chez les classiques, avec le pronom réfléchi, quelle que soit la fonction de celui-ci et malgré la présence d'un complément d'objet direct : +*Ils se sont* PARLÉS (LA BR., VIII, 86). — *Ils se sont* DONNEZ *l'un et l'autre une Promesse de Mariage* (MOL., *Av.,* V, 5). — Les grammairiens ont introduit la règle moderne, mais elle n'était pas nécessairement respectée au XVIIIᵉ s. : +*Sans doute nous serions-nous* JURÉS *de nous aimer toujours !* (MARIV., *Journaux et œuvres diverses,* p. 122.)

Remarque. — Pour les accords sylleptiques, voir §§ 426-431. Rappelons ces faits :

On s'est SÉPARÉS *à regret* (H. BOSCO, *Tante Martine,* p. 84). — *Mademoiselle, vous vous êtes* TROMPÉE. — *Nous nous sommes* TROMPÉ *sur l'étendue de notre sujet* (écrira un auteur masculin). *Nous nous sommes* TROMPÉE ... (écrira un auteur féminin).

CHAPITRE VI

L'ADVERBE

Bibl. — J. FEUILLET, *Peut-on parler d'une classe de l'adverbe ?* dans *La linguistique*, 17, 1981, pp. 19-27. — H. NILSSON-EHLE, *Les adverbes en -ment compléments d'un verbe en français moderne.* Lund, Gleerup, 1941. — O. MØRDRUP, *Une analyse non transformationnelle des adverbes en -ment.* Copenhague, Akademisk Forlag, 1976. — M. ŁOZÍNSKA, *La formation des adverbes en -ment dans le français contemporain.* Varsovie, Państwowe Wydawnictwo Naukowe, 1978. — *Adverbes en -ment, manière, discours,* présenté par N. DANJOU-FLAUX et M.-N. GARY-PRIEUR. Lille, Presses Universitaires, 1982.

SECTION 1. — GÉNÉRALITÉS

917   L'**adverbe** est un mot invariable qui est apte à servir de complément à un verbe, à un adjectif, à un autre adverbe :

Il parle BIEN. *Un homme* TRÈS *pauvre. Il écrit* FORT *mal.*

L'adverbe, et surtout l'adverbe de manière, joue, à l'égard du verbe, le même rôle que l'adjectif à l'égard du nom ; on a pu dire que c'était l'adjectif du verbe :

Il peint DÉLICATEMENT. *C'est un peintre* DÉLICAT. — *Il chante* BIEN. *C'est un* BON *chanteur.*

L'adverbe sert parfois de complément à une préposition, à une conjonction de subordination, à un introducteur ou à un mot-phrase :

BIEN *avant la nuit.* BIEN *avant qu'il revienne. Voici* DÉJÀ *la nuit. Merci* BIEN. — Cf. §§ 359-361.

Remarques. — 1. Certains adjectifs employés adverbialement varient : cf. § 926.

2. Un adverbe peut être formé de plusieurs mots (§ 927) : *Bientôt, toujours.* Lorsque ces mots restent séparés dans l'écriture, on parle de **locution adverbiale** (§ 928) : *D'ores et déjà, en vain, ne pas, tout à fait.* — Dans certains cas, ces mots sont unis par des traits d'union : *Sur-le-champ, avant-hier.*

918 Certains adverbes ont, en outre, **d'autres emplois** que ceux qui sont prévus par la définition du § précédent :

a) Les adverbes qui s'emploient avec le verbe *être* s'emploient aussi avec des noms :

> *Un passé déjà très* LOIN (FLAUB., *Éd. sent.*, II, 3). — *Il voudrait une maison* AILLEURS. — *Isabelle est une fille* BIEN. — *J'ai trouvé dans la cuisine un homme* DEBOUT. — *M. Clemenceau m'écrivait la lettre* CI-DESSOUS (FOCH, *Mémoires*, cit. *Trésor*, s.v. *ci*).

On peut parler d'emploi adjectival (cf. § 316, *a*) ; ces adverbes commutent en tout cas avec des adjectifs : *Loin* → *lointain ; ci-dessous* → *ci-jointe ;* etc.

On rangera dans la même catégorie des cas où l'adverbe est complément prépositionnel d'un nom : *Les gens* D'ICI. *Les gens* D'ALORS. — *Antan* ne se construit plus guère que de cette façon : cf. § 966, *a*.

De *Paule était jadis sa fiancée*, on tire sans difficulté *Paule, jadis sa fiancée, l'avait tout à fait oublié*. — *Ci-devant* a connu une évolution plus poussée et est devenu une locution adjectivale invariable : *Les troupes de la* CI-DEVANT *province des Trois-Évêchés* (ERCKMANN-CHATRIAN, cit. *Trésor*).

b) Les noms correspondant à des verbes peuvent recevoir les mêmes compléments (cf. § 343, *a*), et notamment des adverbes, que ces verbes :

> *On dirait que le passage* ICI *des consommateurs barbares vient de faire deux ou trois victimes parmi les pensionnaires* (ROBBE-GRILLET, *Souvenirs du triangle d'or*, p. 113). — *Je me rappelle mon séjour* LÀ-BAS.

Les adverbes d'aspect (§ 919, *a*) se prêtent moins bien à cet emploi. *Il séjourne toujours (souvent) à la montagne.* → **Son séjour* TOUJOURS (SOUVENT) *à la montagne m'étonne* (on dira : *Son séjour* CONTINUEL OU FRÉQUENT). — À *Son retour* TOUT DE SUITE *est souhaité*, on préfère *Son retour* IMMÉDIAT ...

c) Cas divers :

Il a TRÈS *peur* (§ 964) est dû à l'analogie avec *il a* TRÈS *chaud*. — *Il est très enfant* (§ 963) : le nom attribut sans article se rapproche de l'adjectif.

Le jour avant (§ 992) : *avant* est une préposition à régime implicite plutôt qu'un adverbe. — *La roue avant :* nous avons ici le nom *avant*, et non un adverbe (ou une préposition à régime implicite). — *Le temps jadis* est une locution figée : on ne peut remplacer ni *jadis* par *autrefois*, etc. ni *temps* par *époque*, etc.

Les adverbes de degré s'emploient souvent, accompagnés de *de*, comme déterminants indéfinis (§ 607, *a*) : TROP DE *gens se fient aux apparences.* BIEN DES *gens se fient aux apparences.* — Certains s'emploient aussi comme pronoms indéfinis (§ 707) : BEAUCOUP *sont de cet avis.* — *Non, presque, quasi* s'emploient comme éléments de noms composés (§ 178, *b*, 2°) : *La* NON-*exécution. La* PRESQUE *totalité. Une* QUASI-*certitude.*

Les adverbes marquant l'approximation s'emploient avec des déterminants ou des pronoms indiquant la quantité, et aussi avec des syntagmes nominaux qui expriment une notion de quantité, explicite ou implicite : *Ils étaient* PRESQUE *vingt*, ... À PEU PRÈS *une douzaine.* PRESQUE *tous les élèves* (ou PRESQUE *tous*) *étaient absents.* PRESQUE *la moitié des élèves* ... — *Ceux des Japonais qui ont* ENVIRON *mon âge* (ÉTIEMBLE, dans la *Nouv. revue fr.*, 1er avril 1969, p. 519).

Demain, hier et *aujourd'hui* peuvent, comme si l'on avait *le jour de demain*, etc., s'employer comme sujets, comme objets directs, etc. : DEMAIN *est un jour de fête* (AC.). — *Nous attendrons* DEMAIN. — De même, *trop*, comme si l'on avait *l'excès :* TROP *est trop.*

919   Classification des adverbes.

Nous distinguons trois espèces principales d'adverbes, du point de vue sémantique :

a) Les adverbes de **manière** : *Il travaille* BIEN ; — auxquels on peut joindre les adverbes de **degré** : *Il travaille* BEAUCOUP, parmi lesquels les adverbes de **négation,** qui indiquent le degré nul : *Il* NE *travaille* PAS.

La parenté de ces trois catégories apparaît dans la formule que l'on récite en effeuillant la marguerite : *Je l'aime un peu, beaucoup, tendrement, à la folie, pas du tout,* formule où se trouvent coordonnés des adverbes appartenant aux trois catégories.

Les adverbes d'**aspect** sont proches à la fois des adverbes de manière et des adverbes de temps (cf. *b*) : *Le train a surgi* SOUDAIN. *Il a dormi* LONGTEMPS.

b) Les adverbes de **lieu** et de **temps** : *Julie habite* AILLEURS. *Jean partira* DEMAIN.

c) Les adverbes marquant une **relation logique** : *Sa fille partira* DONC. *Elle est* POURTANT *intelligente.*

Nous revenons plus loin sur ces diverses catégories.

Remarques. — 1. Nous avons écarté des adverbes les mots qui servent essentiellement de **mots-phrases** (§ 1048) : *Oui.* — Nous considérons que ce qu'on appelle souvent **adverbes de phrase** ou *de modalité (peut-être, sans doute)* se rapproche aussi des mots-phrases : ils peuvent servir à cet usage ; quand ils sont introduits dans une phrase, ils ne peuvent être considérés comme en relation avec un terme particulier ; ce sont des éléments libres, plus exactement des éléments **incidents** (§ 372, *b*). — *Est-ce que* (EST-CE QUE *tu reviendras ?*) est étudié parmi les **introducteurs** : § 1044, *b*.

2. Indépendamment de la classification suivie ci-dessus, il faut signaler que certains adverbes servent à interroger : *Quand, comment, pourquoi, où, combien, que* (QUE *ne le disiez-vous tout de suite ?*). — D'autres sont des adverbes exclamatifs (§ 394, *a*) : QUE *ta sœur est jolie !* — D'autres adverbes ont une fonction anaphorique (§ 219), c'est-à-dire qu'ils se réfèrent à quelque chose qui précède : *C'est* ALORS *que j'ai compris.* Voir aussi § 921.

3. Plus d'un adverbe peut, selon l'acception, appartenir tantôt à une catégorie, tantôt à une autre :

Guère et *peu* adverbes de degré marquent parfois le temps : voir § 965, Rem. — *Ici* et *là,* qui concernent surtout le lieu, peuvent s'appliquer au temps : *D'*ICI *à demain. Jusque-*LÀ *il s'était contenté de le regarder.* — *Bien,* adverbe de manière *(Elle chante bien),* peut exprimer le degré : *Il est* BIEN *malheureux.* — Etc.

920 Certains adverbes sont **explétifs,** c'est-à-dire qu'ils peuvent être supprimés sans modifier le contenu de la communication. Ils servent seulement à renforcer ou à atténuer l'expression. Ils participent aussi à la fonction phatique (§ 1, Rem. 1) du langage.

a) Sur *ne* explétif, voir § 983.

b) **Bien** et **donc** servent dans tous les niveaux de langue :

Voulez-vous BIEN *m'obéir, saprelotte !* (FLAUB., *Éd. sent.,* II, 1.) — *Je crois* BIEN *qu'il est en voyage.* — *Il faut* BIEN *le reconnaître, il s'est trompé.* — *Comment un si petit événement a-t-il* BIEN *pu être capable de renouveler biologiquement la face de la Terre ?...* (TEILHARD DE CHARDIN, *Apparition de l'Homme,* p. 195.) — *Sur vouloir bien* et *bien vouloir,* cf. § 936, Rem. 3. — *Ou bien* équivalent de *ou,* cf. § 1036, Rem. 1. — *Oui bien* pour *oui :* § 361, *b.*
Ma pauvre Muse, hélas ! qu'as-tu DONC *ce matin ?* (BAUDEL., *Fl. du m.,* Muse malade.) — *Où* DONC *va-t-il ? Où va-t-il* DONC *?* Cf. § 383, *b,* Rem. 3. — *Prenez* DONC *un cigare* (FLAUB., *Éd. sent.,* I, 4). — *Mon Dieu ! que vous êtes* DONC *fraîche et jolie ce matin !* (LABICHE, cit. Trésor.)

c) **Un peu** appartient surtout à la langue parlée, *un petit peu* (§ 952) étant plus familier encore :

Devine UN PEU (MÉRIMÉE, *Chron. du règne de Charles IX,* XI). — *Apportez une chaise que je descende* UN PEU *de cette mule-ci sans me casser le cou* (MUSSET, *On ne badine pas avec l'am.,* I, 1). — *Je me demande* UN PEU *de quoi se mêle le gouvernement de la République !* (HERMANT, *Xavier,* 1923, p. 121.) — *Descends* UN PETIT PEU, *que je te parle.*

d) °***Une fois*** « un peu », dans le franç. pop. de Belgique ; il est particulièrement fréquent à Bruxelles et en pays flamand ; aussi le considère-t-on souvent comme un flandricisme, comme une sorte de transposition de *eens.* — Le même phénomène existe dans d'autres régions soumises à l'influence de langues germaniques, notamment en Alsace et en Suisse.

Si nous allions voir UNE FOIS *les pigeons ?* [dit un Flamand] (C. LEMONNIER, *Vent dans les moulins,* XVIII.) — *Rentrez* UNE FOIS, *Mélie, criait la grande Trinette, vous allez attraper froid avec ce brouillard* (comtesse de VILLERMONT, *Contes belges,* p. 31) [dans l'Entre-Sambre-et-Meuse]. — *Elle attendait encore, mais il fallait bien s'en aller* UNE FOIS [= à la fin] (RAMUZ, *Aline,* II). — Comp. : *Donne-moi ça* UNE FOIS *!* (dans DESMARAIS, *Fr. à l'île Maurice.*)

Une fois appartient au franç. commun, parlé et écrit, quand il souligne l'accomplissement d'un fait dans les propositions temporelles ou conditionnelles et dans les compléments absolus :

Quand UNE FOIS *la liberté a explosé dans une âme d'homme, les Dieux ne peuvent plus rien contre cet homme-là* (SARTRE, *Mouches,* II, II, 6). — *Madeleine* UNE FOIS *sortie, la présidente regarda le cousin Pons* (BALZAC, *Pons,* XI).

e) °***Seulement*** avec un impératif est condamné ici comme belgicisme, là comme helvétisme, mais on le trouve aussi ailleurs, ordinairement dans des dialogues :

Brûle SEULEMENT *! Pas un feu n'est perdu, dans la nuit...* (R. ROLLAND, *Âme enchantée,* L.P., t. III, p. 448) [ce n'est pas un personnage qui parle]. — *Mais non, mais non, vous ne dérangez pas du tout. Entrez* SEULEMENT (GIDE, *Faux-monn.,* I, 18). — *Monte* SEULEMENT, *mon petit gars* (G. Duhamel, *Notaire du Havre*, XI). — *Allons, Monsieur Warfield, descendez* SEULEMENT (Frison-Roche, *Premier de cordée*, I, 11) [en Savoie].

Hist. — Cet emploi est chez Molière : *L'Air est aussi beau qu'il s'en puisse faire. Écoutez* SEULEMENT (*Bourg. gent.*, I, 2).

f) ° *Voir,* surtout avec un impératif, dans le français parlé de bien des régions (plus rarement en Belgique). Les écrivains le mettent ordinairement dans la bouche de leurs personnages ; certains écrivent *voire :*

Dis VOIR *un peu que je ne t'ai pas vu* (J. Renard, *Poil de Car.*, Pl., p. 739). — *Demandez* VOIRE *à une chaise : Qu'est-ce qu'un homme ? — C'est un cul* (Apollin., *Hérésiarque et Cie,* Que vlo-ve ?). — *Allons, aboutonnez* VOIR *votre paletot et filons* (Proust, *Rech.*, t. I, p. 395). — *Essaie* VOIR (Bernanos, *Sous le soleil de Satan*, Pl., p. 92). — *Voyons* VOIR, *se dit-il* (A. Schwarz-Bart, *Dernier des justes*, p. 256).

Plus rarement avec un autre mode : *Je veux* VOIRE *les regarder* (ex. oral, cit. Damourette-Pichon, § 2175).

Hist. — 1. Ce tour apparaît au XVIe s. : *Desplie le, et regarde* VOIR *que c'est* (B. des Périers, cit. Littré, s.v. *voir*). — Son origine est discutée : E. Staaf (dans *Studier i modern Språkvetenskap*, 1924, pp. 227-241), suivi par beaucoup de linguistes, y reconnaît l'infinitif *voir*, qui aurait marqué primitivement le but : = *Regarde pour voir ;* — Wartburg (t. XIV, p. 332) considère que c'est l'anc. mot-phrase *voire* « vraiment » (cf. § 1054, *b*), du lat. *vera*, neutre pluriel de l'adj. *verus*, « vrai ».

2. *Car* jouait le rôle de renforcement devant un impératif ou un subjonctif en anc. fr. : QUER *oüsse un sergant !* [= *Puissé-je donc avoir un serviteur !*] (*Alexis*, 226.) — *Sains Nicolais,* CAR *me regarde !* (J. Bodel, *Jeu de s. Nicolas*, 1259.)

g) Dans la langue parlée, *déjà* accompagne des questions relatives à quelque chose qu'on a oublié momentanément (qu'on a su *déjà*) :

Il ne sait pas versifier, cet homme-là ! Comment donc s'appelle-t-il DÉJÀ *?* (Hugo, *Dernier jour d'un cond.*, Comédie.) — *Qui est-ce,* DÉJÀ, *qui a eu l'idée de tout ça ?* (J. Romains, *Hommes de b. vol.*, t. VII, p. 253.) — Autres ex. : Colette, *Chéri*, M.L.F., p. 64 ; Fr. Mauriac, *Asmodée*, I, 1 ; Giraudoux, *Combat avec l'ange*, IX ; Fr. Sagan, *Merveilleux nuages*, L.P., p. 28.

° *Encore,* dans la même situation, paraît régional ; il est fréquent en Belgique : *Cet atoll maudit, comment s'appelle-t-il* ENCORE, *Bikini ?* (A. Bosquet, *Bonnes intentions*, p. 102.) — Cf. *Revue de ling. rom.*, 1978, p. 170 (en Bretagne).

921   Les **adverbes anaphoriques** sont des adverbes qui établissent un lien avec ce qui précède dans le discours : cf. § 221.

Les uns sont des adverbes de temps : *ensuite, alors, auparavant... ;* — d'autres de lieu : *ailleurs... ;* la plupart concernent des relations logiques : *donc, partant, pourtant, en outre...*

Si vous voulez vous en aller, dites-nous AUPARAVANT *ce qu'il faut faire* (Ac.) — *S'il ne se trouve pas bien où il est, que ne va-t-il* AILLEURS *?* (Ac.) — *Il avait [...] le nez large,* PARTANT *les yeux écartés l'un de l'autre* (Colette, *Seconde*, coll. Pourpre, p. 73). — *Il est malheureux,* DONC *nous devons l'aider.*

Ensuite et les adverbes concernant les relations logiques sont souvent rangés parmi les conjonctions de coordination.

a) Cela nous paraît tout à fait exclu pour ceux qui ne présentent aucun des caractères (cf. § 1030) de la catégorie dans laquelle on veut les introduire :

1° Alors que la conjonction de coordination a une place fixe, entre les termes qu'elle unit ou devant chacun d'eux, les adverbes dont nous parlons se mettent à des endroits variés (sans changer de sens ni de nature), même s'ils sont en rapport avec une coordination :

> *Travaillez d'abord, vous vous amuserez* ENSUITE (AC.). — *Le froid est intense, nous essaierons* CEPENDANT *de partir en voiture pour Lille (Dict. contemp.).* — *J'avais fini mon travail, vous ne me dérangez* DONC *point (ib.).* — *Ma grand'mère repartait triste, découragée, souriante* POURTANT (PROUST, *Rech.,* t. I, p. 12).

2° Alors que les conjonctions de coordination ne peuvent se combiner, les adverbes dont nous parlons peuvent se joindre à des conjonctions de coordination :

> [...] *amabilité heureuse de verser un baume sur le sentiment d'infériorité de ceux à l'égard desquels elle s'exerce,* MAIS *pas* POURTANT *jusqu'au point de la dissiper* (PROUST, *Rech.,* t. II, p. 662). — *Moins que l'Américain de l'Ouest,* MAIS CEPENDANT *encore trop [...]* (MORAND, cit. Trésor). — *Il est habile,* ET POURTANT *il a fait une grande faute* (AC.). — *Ce n'est encore qu'un enfant* ET NÉANMOINS *il est déjà très raisonnable* (AC.). — *Tous les hommes recherchent les richesses,* ET TOUTEFOIS *on voit peu d'hommes riches qui soient heureux* (AC.). — *Nous n'en avons pas seuls la charge* NI, PARTANT, *l'entière responsabilité* (A. HERMANT, *Chron. de Lancelot du « Temps »,* t. I, p. 58).

Remarque. — *Et donc* n'est plus usité, déclarait Littré, s.v. *donc,* Rem. 1. Les auteurs ne confirment pas ce jugement :

> *Je sais que les demoiselles sont bien plus à craindre que les dames, étant nécessairement plus spontanées,* ET DONC *plus moqueuses* (VALÉRY, *Variété,* Pl., p. 1419). — *Elle devait avoir vingt-deux ans,* ET DONC, *elle était majeure* (G. DUHAMEL, *Cri des profondeurs,* p. 140). — *J'avais cru bon d'informer les rimbaldistes qu'il était question de déplacer le cimetière de Charleville* ET DONC *la tombe d'Arthur Rimbaud* (A. BILLY, dans le *Figaro litt.,* 8 sept. 1962). — *La France choisira un candidat résolu à la maintenir, ou un candidat décidé à l'édulcorer* ET DONC *à la détruire* (Fr. MAURIAC, *ib.,* 11 mars 1965). — *Au total, une économie exagérément morcelée,* ET DONC *exagérément coûteuse* (POMPIDOU, *Nœud gordien,* p. 124).

Hist. — *Et donc,* tenu pour gascon par Vaugelas (p. 488), était néanmoins, selon lui, établi par l'usage.

3° Les adverbes en question peuvent, sans changer de signification, jouer leur rôle en dehors de toute coordination :

> *Une telle confusion d'images l'étourdissait, bien qu'il y trouvât du charme* POURTANT (FLAUB., *Éd. sent.,* III, 1). — *Frustré dans ses ambitions,* DU MOINS *entendait-il vivre à sa guise* (A. FRANCE, *Orme du mail,* VII). — *S'il est laid,* PAR CONTRE *il est intelligent (Dict. gén.).* — *Tout ce monde ayant perdu la raison, il faut* DONC *que vous soyez juges* (A. CAMUS, adaptation de : Larivey, *Esprits,* Prol.). — *Elle se demanda pourquoi la réaction d'Alan lui importait tant puisqu'elle devait* AUSSI BIEN *le quitter dans dix jours* (Fr. SAGAN, *Merveilleux nuages,* L.P., p. 65).

4° Les adverbes en question jouent dans la phrase ou la proposition où ils se trouvent le rôle d'un complément ; ils peuvent commuter avec un syntagme prépositionnel et avec une proposition :

> *Il a* DONC *réussi.* → *Il a réussi* À CAUSE DE CELA ou *Il a réussi* PARCE QUE ...
> *Il était pauvre ;* POURTANT *il est devenu quelqu'un d'important.* → ... MALGRÉ CELA ou MALGRÉ CE HANDICAP, *il est devenu* ... ou QUOIQU'IL FÛT PAUVRE, *il est devenu* ...

b) Il y a des mots pour lesquels on a des raisons d'hésiter davantage à les exclure des conjonctions de coordination : *puis, aussi* (exprimant la conséquence), *seulement* (exprimant l'opposition), *tantôt ... tantôt ...,* — parce qu'ils ont toujours un rôle de lien entre des termes que l'on peut considérer comme coordonnés et parce qu'ils sont toujours placés entre les éléments qu'ils unissent (ou devant chacun d'eux, pour *tantôt* répété) :

> *Je m'habituai à l'hallucination simple* [...]. / PUIS *j'expliquai mes sophismes magiques avec l'hallucination des mots !* (RIMBAUD, *Saison en enfer,* Délires II.) — *Le style n'est jamais que métaphore* [...]. AUSSI *le style est-il toujours un secret* (BARTHES, *Degré zéro de l'écriture,* I, 1). — *L'orgueil et l'ambition de l'universalité d'esprit l'ont fait germer et grandir en vous.* SEULEMENT *vous n'osez pas vous avouer sa présence* (VIGNY, *Stello,* XIX). — *C'est elle-même qui vient faire ses provisions,* TANTÔT *en selle,* TANTÔT *en voiture* (ALAIN-FOURNIER, *Gr. Meaulnes,* III, 2).

Cependant, il est possible de les combiner avec *et* ou *mais,* ce qui est exclu pour des conjonctions de coordination (§ 1030) :

> *Le Loup le quitte alors* ET PUIS *il nous regarde* (VIGNY, *Dest.,* Mort du loup, I). — *Il travaille avec ardeur,* ET PUIS *il se relâche (Dict. contemp.).* — ET AUSSI *le style est-il toujours un secret.* — MAIS SEULEMENT *vous n'osez pas vous avouer sa présence.* — *Tantôt en selle,* ET TANTÔT *en voiture.* — *Tantôt en selle,* OU TANTÔT *en voiture.*

Alias [AljAs], adverbe latin, a aussi certains caractères des conjonctions de coordination, mais il a un contenu sémantique très précis (« autrement appelé ») qui l'écarte de cette catégorie : *Laetorius,* ALIAS *Labienus, est un des hommes les plus riches de l'Italie* (MONTHERLANT, *Tragédie sans masque,* p. 274).

Bref, qui amène une sorte de conclusion, est plutôt un élément incident, qui conserve une bonne part de son sens primitif (cf. *en bref*) : *Le narcissisme, selon moi, est une certaine manière de se contempler réflexivement, de s'aimer, c'est une façon de vouloir se retrouver tel qu'on s'imagine être dans ce qu'on fait,* BREF, *c'est un rapport constant à soi* (SARTRE, *Situations,* t. X, p. 198). — *Saint Louis, Chilpéric, Childebert,* BREF *les Capétiens et les Mérovingiens, ont taxé d'impôt qui la noblesse, qui le clergé* (LE ROY LADURIE, *Carnaval de Romans,* p. 397).

Comp. aussi *total,* dans la langue populaire : *[Après un long récit]* TOTAL, *j'ai été cuistot dans c'bazar* (BARBUSSE, cit. *Fr. mod.,* janv. 1939, p. 20).

Remarque. — Les pronoms relatifs *quoi* et *où,* précédés d'une préposition, ont parfois un lien assez lâche avec leur antécédent et se rapprochent des adverbes anaphoriques (cf. §§ 691, *c,* et 696, *b,* 3°). Le syntagme préposition + *quoi* peut alors être précédé d'une ponctuation forte, et notamment d'un point ; il est parfois suivi d'une virgule :

> *Le général Weygand prend acte de mes propositions.* APRÈS QUOI, *il me parle de la bataille* (DE GAULLE, *Mém. de guerre,* t. I, p. 53). — *Ils sont poètes, et ne sont que poètes, tout intégrés à leur vocation.* D'OÙ *leur immense prestige* (P. EMMANUEL, dans le *Figaro,* 2 avril 1971). — Cf. aussi *auquel cas* au § 600.
> Pour *comme quoi* « ainsi, donc », voir § 691, *c,* Rem.

Origine des adverbes

922   Une bonne trentaine d'adverbes, presque tous très courants, proviennent du **fonds primitif.**

   a) La plupart sont d'origine **latine :**

   Lat. classique : *Bien, comme, dehors, ensemble, hier, là, loin, lors, mal, mieux, moins, ne,
non, oncques* (archaïque), *où, par* (dans *par trop), pis, plus, puis, quand, si, souvent, tant, tard,
volontiers.*
   Lat. vulgaire ou tardif : *Assez, ci, demain, donc, encore ;* — anciens adjectifs : *ailleurs,
peu, près ;* — ancien participe passé : *tôt ;* — ancienne préposition : *très ;* voir aussi § 992 sur
les prépositions à régime implicite.

   b) Guère et *trop* sont d'origine **francique.**

923   **L's adverbial.** — Plusieurs adverbes ont un *s* final qui s'explique par l'étymologie :

   Plus, moins, pis : du lat. *plus, minus, peius. Jadis,* contraction de l'anc. fr. *ja a dis* « il y a
déjà des jours ». En outre, le mot-phrase *certes* (lat. vulg. *certas*) et les prépositions *dans* et
vers (lat. *-intus* et *versus*).

   La langue du moyen âge a, par analogie, ajouté cet *s,* qu'on appelle *s* adverbial, à beaucoup de mots (adverbes, prépositions, conjonctions) qui, étymologiquement, n'y avaient pas droit. Certaines de ces formes existent encore :

   Nous avons conservé *lors, on(c)ques* (dans la mesure où l'on emploie encore ce vieux
mot : § 965, Hist.), *ores* (dans *d'ores et déjà* et parfois *ailleurs), tandis, volontiers, sans,* du lat.
illa hora, umquam, hac hora, tamdiu, voluntarie, sine ; — outre *jusques* (§ 1015, *a).*

   Mais d'autres adverbes ou prépositions ont gardé plus ou moins longtemps
une variante en *s,* non seulement chez les poètes, où cela facilitait le mètre et la
rime, mais même en prose :

   Avecques, blâmé par Vaugelas (p. 311), quoiqu'on le trouve chez « de bons Autheurs »
en prose.
   Doncques est préconisé par Vaugelas (p. 392), aux dépens de *doncque.* Corneille, qui s'en
était servi dans ses premières pièces, s'est corrigé en 1660 : cf. Brunot, *Hist.,* t. III, p. 348.
   Encores est lui aussi rejeté par Vaugelas (p. 252). — Ex. dans BROSSE, *Songes des
hommes esveillez,* III, 2 ; malgré la rime, l'éditeur de la S.T.F.M. a malencontreusement
corrigé.
   Mesmes et *mesme* étaient admis tous deux par Vaugelas (pp. 23-24), le premier quand il
est proche d'un substantif singulier, et inversement, « pour empescher que *mesme,* adverbe,
ne soit pris pour *mesme,* pronom ». *Mesmes* adverbe est encore chez Boileau devant un mot
commençant par une voyelle, en vers *(Ép.,* X), mais aussi en prose *(Ép. nouvelles,* Préf.) ; les
deux fois, il y a dans le voisinage un nom singulier.
   Presques est encore chez Corneille *(Médée,* II, 4) devant voyelle.
   Guères a subsisté bien plus longtemps, non seulement en vers, où il rime avec *guerres*
(BÉRANGER, *Vieux caporal),* avec *vulgaires* (APOLLIN., *Poèmes à Lou,* XIV), mais aussi en
prose, même devant consonne : MONTESQ., *L. pers.,* LVII ; MÉRIMÉE, *Corresp.,* 23 juin 1833 ;
BARBEY D'AUR., *Vieille maîtresse,* Pl., p. 281... ; C. PELLETAN, Préf. des *Œuvres* de Valade ;

HUYSMANS, *Lettres inédites à J. Destrée*, pp. 92, 153...; A. MOCKEL, dans Gide et Mockel, *Corresp.*, p. 44.

De même, les poètes font rimer *naguères* avec *guerres* (HUGO, *Lég.*, XX, 1), avec *passagères* (NERVAL, *Élég. et sat.*, Nord); mais il se trouve aussi parfois en prose : MALLARMÉ, *Médaillons et portraits*, Pl., p. 524 ; HERMANT, *Théâtre (1912-1913)*, p. 59 ; ID., *Bourgeois*, p. 57.

Inversement, *certe* remplace parfois *certes* chez les poètes, pour la rime : E. ROSTAND, *Aiglon*, I, 1 et I, 9 ; — ou pour le mètre : HUGO, *Lég.*, LV ; VERHAEREN, cité au § 44, Rem. 2.

924   Adverbes empruntés.

a) Au latin :

Gratis [gRAtis], *ibidem, illico, impromptu* [ɛ̃pRɔ̃pty], parfois [ɛ̃pRɔ̃ty], *passim, quasi* [kAzi], *recta ; — incontinent* (lat. *in continenti*) ; — en Belgique, *partim* « pour une part » : *M. le professeur J. Étienne remplace M. le professeur A. Houssiau pour le cours* theologia moralis fundamentalis (PARTIM) (Université catholique de Louvain, *Annuaire 1962-1963*, t. II, p. 175). — En outre, les adverbes marquant l'ordre : *Primo*, etc. (cf. § 583, *b*). — Formation plaisante des écoliers, passée dans le fr. populaire : *Rasibus*.

Beaucoup de locutions, notamment : *Ab ovo, ad libitum* [Adlibitɔm], *ad patres* [AdpAtRɛs], *a fortiori* [AfɔRsjɔRi], *a posteriori, a priori* (parfois écrits *à :* § 102, *b*, Rem. 1), *de visu* [devisy], *ex abrupto, ex cathedra, grosso modo* (que l'Acad. écrit avec un trait d'union : § 108, *c*, Rem.), *in extenso, in extremis, in fine* [infine], *ipso facto, manu militari, sine die* [sine dje], *urbi et orbi, vice versa* [vise vɛRsA], etc. — Avec adaptation : *Ab intestat* [ɛ̃tɛstA] (lat. *ab intestato*).

°*Ad interim* n'est pas dans les dictionnaires : [...] *à moins qu'ils* [= les officiels importants de Washington] *ne soient là qu'*AD INTERIM [en italiques], *en attendant la nomination d'un nouveau « patron »* [= un nouveau président] (M. TATU, dans le *Monde*, sélection hebdom., 17-23 mai 1973). — *Nous n'avions à Formose qu'un chargé d'affaires* AD INTÉRIM [en italiques] (Edgar FAURE, dans *Espoir*, sept. 1972, p. 24). — C'est du latin de piètre qualité. On dit plus couramment *par intérim*.

b) À l'italien :

Franco, incognito.

Termes de musique surtout employés comme mots-phrases ou comme locutions-phrases sur les partitions : *Adagio, allegro, andante, dolce, forte, piano, presto ; allegro non troppo, mezzo forte, mezza voce*, etc.

Comme adverbes : *Elle* [= une mélodie], *s'exhale* MEZZA VOCE [en italiques] (R. ROLLAND, *Vie de Beethoven*, cit. Robert). — *Le pauvre rebelle converti* LARGO PRESTO *à l'idolâtrie* (S. KOSTER, *Homme suivi*, p. 59). — Voir aussi les superlatifs signalés au § 933, *b*.

Subito a pu être emprunté à l'italien ou au latin. — On dit aussi, dans le style familier, *subito presto* et *illico presto*. — *À l'improviste* a été tiré de l'it. *improvisto*, d'après le procédé signalé au § 928, *g*, 1°.

c) Usages régionaux.

Quelques adverbes ont été empruntés à l'arabe par les soldats séjournant en Afrique du Nord ; ils appartiennent à l'argot ; même s'ils sortent de ce domaine, cela reste du français régional ignoré hors de France : *Bessif* « par la force ». *Bézef* « beaucoup ». — *Grouille-toi, fais* FIÇA [= vite], *magne-toi le pot* (QUENEAU, *Pierrot mon ami*, III).

Le fr. de Belgique, surtout à Bruxelles, a emprunté des locutions adverbiales au flamand, comme *half en half* [Alvənʌlf], « moitié moitié ». — L'équivalent anglais de cette locution, *half and half,* a été emprunté par le fr. du Québec, et aussi par le fr. populaire de Paris : *afnaf* dans Bauche, p. 165 ; *afanaf* dans A. Simonin, *Le petit Simonin illustré : C'est un petit casse* [= cambriolage] *de père de famille, je te prends* AFANAF.

925   **Adverbes résultant d'un changement de catégorie,** outre ceux qui étaient primitivement des syntagmes : § 927.

a) Quelques noms sont devenus adverbes :

Matin dans *se lever matin.* — *Prou* (§ 954, *d*, 3°) ; en anc. fr. « avantage, abondance ». — *Moitié* (§ 956, *c*) : MOITIÉ *mort.*

Pile, d'abord « sur le côté pile (revers d'une pièce de monnaie) » quand on joue à pile ou face : *Il décida de jouer son départ à pile ou face... il prit la pièce de quarante sous, pile je pars ; il la lança en l'air* [...]. *Elle retomba* PILE (SARTRE, cit. Robert) ; — puis « sur le dos » : *Un soulard tomba* PILE, *les quatre fers en l'air* (ZOLA, cit. *Grand Lar. langue) ;* — puis « brusquement » *(s'arrêter pile)* et « exactement » *(tomber pile).* Venus du langage populaire, ces derniers emplois ont eu rapidement un grand succès : *Nous devons nous arrêter* PILE (MAUROIS, *Roses de septembre,* p. 22). — *J'admirai cette rencontre étonnante qui m'avait fait tomber* PILE *sur une telle exécution* (Fr. MAURIAC, dans le *Figaro litt.,* 31 juillet 1967). — *À neuf heures* PILE, [...] *elle se carapatte* (TROYAT, *Eygletière,* p. 29).

Autres ex. de *s'arrêter pile :* MONTHERLANT, *Olympiques,* p. 225 ; É. HENRIOT, *Tout va recommencer sans nous,* p. 118 ; LA VARENDE, *Cœur pensif...,* p. 300 ; AYMÉ, *Tiroirs de l'inconnu,* p. 9 ; J.-J. GAUTIER, *Hist. d'un fait divers,* p. 21 ; H. BAZIN, *Huile sur le feu,* p. 72. — De *tomber pile :* J. PERRET, *Caporal épinglé,* p. 193 ; R. MALLET, dans le *Figaro litt.,* 9 févr. 1957 ; GIONO, *Voy. en Italie,* p. 92 ; R. IKOR, *Murmures de la guerre,* p. 146 ; etc.

b) Les échanges entre adverbes et prépositions sont un phénomène très fréquent : voir § 992.

c) Adjectifs employés comme adverbes : voir § suivant.

926   **Adjectifs employés adverbialement.**

a) Adjectifs employés comme adverbes de degré :

Fin (familier) [§ 954, *e*, 1°] ; dans des usages régionaux, *beau, bon, grand* (§ 954, *e*, 2°) ; — *demi, mi* (qui sont suivis d'un trait d'union) [§ 956] ; — *tout* (§ 955) ; — *tout plein* (familier) [§ 954, *e*, 3°].

Certains de ces adjectifs doivent à leur origine d'être parfois variables malgré leur emploi comme adverbes : c'est le cas de *fin, bon, tout.*

b) Des épithètes détachées du nom et attachées au verbe sont traitées comme des adverbes, jusqu'à l'invariabilité, mais celle-ci n'est pas obligatoire :

La pluie tombait DRU *et* MENU (AC.). — *Les amendes tombèrent* DRU *comme grêle* (A. DAUDET, *Trente ans de Paris,* p. 216). — *Une bergerie d'enfant, aux arbres posés* DROIT (SAINT EXUPÉRY, *Courrier sud,* p. 26). — *Les cuivres, ciselés* FIN *comme des dentelles* (LOTI, *Galilée,* p. 138). — *De la pierre pilée* MENU (MAUPASS., *Au soleil,* p. 135). — *Des coups de feu claquèrent* SEC (TROYAT, *Jugement de Dieu,* p. 127). — *La soupe au fromage est* [...] *servie* CHAUD (A. DAUDET, *C. du lundi,* Soupe au fromage). — [...] *ramasse les œufs de tortue, les fait cuire* MOLLET (M. TOURNIER, *Vendredi ou les limbes du Pacifique,* F°, p. 148). — *La science sonne* CREUX [1] (HUGO, *N.-D. de Paris*, VIII, 4). — *Il suffit que retentisse l'ordre « Un bond en avant ! » pour que l'espace et le temps sonnent* PLEIN (J. LAURENT, *Bêtises*, p. 284). — *Le Pyrénéen va dans un autre article dresser* HAUT *et* FIER *les fanions de Pétain et de Giraud* (Rob. ARON, *Hist. de l'Épuration*, t. I, p. 58).

Emplois littéraires avec des adjectifs de couleur [2] : *Des feux de joie qui flambent* ROUGE (LOTI, *Vers Ispahan*, p. 63). — *Des cierges innombrables brûlent* JAUNE (F. GREGH, *Âge de fer*, p. 78).

Ex. où le mot varie : *Chaque tartine coupée trop* ÉPAISSE *lui attirait des paroles dures* (ZOLA, *Terre*, IV, 2). — *Cette grêle d'insectes tomba* DRUE *et* BRUYANTE (A. DAUDET, *Lettres de m. m.*, p. 241). — *La neige tombait* DRUE (Al. DAVID-NEEL, *Voy. d'une Parisienne à Lhassa*, 1972, p. 263). — *La pluie tombait si* SERRÉE [...] (AYMÉ, *Contes du chat perché*, Éléphant). — *Une graine de nature à pousser* HAUTE *et* DROITE (BARRÈS, *Au service de l'Allemagne*, p. 78). — *Les bougies de l'autel montèrent plus* DROITES (ESTAUNIÉ, *Empreinte*, p. 10). — *Madame* [...] *était* [...] *corsetée* SERRÉE (GIONO, *Moulin de Pologne*, p. 30). — *De laborieuses extravagances qui sonnent si* AFFECTÉES *et* LITTÉRAIRES *que c'en devient insupportable* (VERCORS, *Chevaux du temps*, p. 218).

Cas particuliers :

1° Dans les expressions *coupé court, coupé ras*, etc., jointes à un nom, les écrivains mettent la marque du pluriel (qui est purement graphique), mais non celle du féminin (qui est aussi phonétique), ce qui semble montrer que l'invariabilité l'emporte en fait.

Court (et *ras*) ne varient pas : *Cheveux* [...] *coupés court* (R. MARTIN DU GARD, *Thib.*, Pl., t. II, p. 421). — *Moustache, coupée* COURT (MONTHERLANT, *Démon du bien*, p. 116). — *Moustache coupée* RAS (J. ROMAINS, *Violation de frontières*, p. 10). — *Moustache* [...] *taillée* COURT (J. de LACRETELLE, *Silbermann*, II). — *Pelouses* RAS *tondues* (MAUROIS, *De Gide à Sartre*, p. 53). — Autres ex. : LOTI, *Roman d'un enfant*, XXIV ; JOUHANDEAU, *Carnets de l'écrivain*, p. 259 ; J. ROY, *Femme infidèle*, p. 76 ; etc.

Court varie : *Il avait les cheveux coupés* COURTS (G. DUHAMEL, *Temps de la recherche*, XIII). — Autres ex., avec *cheveux :* Tr. BERNARD, *Mémoires d'un jeune homme rangé*, XIII ; R. VERCEL, *Ceux de la « Galatée »*, p. 14 ; TROYAT, *Les semailles et les moissons*, p. 240.

L'invariabilité s'impose dans *couper court à, s'arrêter court, tourner court,* ainsi que dans *tout court* mis après un nom pour signifier que ce nom est une appellation réduite (cf. *tout simplement*) :

Là n'est peut-être pas la « vérité dramatique », mais là est la vérité TOUT COURT (MONTHERLANT, *Fils de personne*, Préf.). — *Il y a cent mille personnes à Paris qui disent, en parlant de vous, Suzanne,* TOUT COURT, *comme si vous leur apparteniez* (G. DUHAMEL, *Suzanne et les jeunes hommes*, p. 46). — *Anarchiste et philosophe, il avait donné asile à des anarchistes-*TOUT-COURT [*sic*] (MALRAUX, *Noyers de l'Altenburg*, p. 85).

---

1. Dans *sonner creux, creux* a été interprété comme un nom, et cela a donné naissance à la variante *sonner le creux : La gloire !* [...] / *C'est un mot bien ronflant, mais qui sonne* LE *creux* (NERVAL, *Élég. et sat.*, Épître à Villèle). — *La grande maison avait l'air de sonner* LE *creux* (MAUPASS., *Vie*, VII).

2. Comp. : *L'étoile a pleuré* ROSE *au cœur de tes oreilles,* / *L'infini roulé* BLANC *de ta nuque à tes reins ;* / *La mer a perlé* ROUSSE *à tes mammes vermeilles* / *Et l'Homme saigné* NOIR *à ton flanc souverain* (RIMBAUD, *Œuvres*, p. 70).

Expressions analogues : *Dire* TOUT NET *sa pensée* (LITTRÉ). — *Non, pas madame... mademoiselle... Non ! Je dirai notre Suzanne,* TOUT NET *et* TOUT ROND *comme une prune* (G. DUHAMEL, *op cit.,* p. 52). — *Elle peut bien être marquise* LONG *comme le bras pour ses domestiques* (PROUST, *Rech.,* t. III, p. 676).

Pour *demeurer court, rester court, se trouver court,* voir § 248, d.

2° *Droit* dans *se tenir droit* est traité comme un adj. attribut ou comme un adverbe :

Droit varie : *Jane ! relevez votre tête, tenez-vous* DROITE *là* (HUGO, *Marie Tudor,* III, I, 7). *Droit* ne varie pas : *Elle se tenait très* DROIT (BALZAC, *Curé de Tours,* p. 39). — *Elle se tient* DROIT *comme un lys* (JAMMES, *M. le curé d'Ozeron,* V).

3° Dans *né mort, mort* varie, mais il ne varie pas dans *mort-né :*

Une littérature rachitique et malsaine, née MORTE (DUMAS fils, *Fils naturel,* Préf.). — *Une langue littéraire et fabriquée est une langue née* MORTE (HERMANT, *Savoir parler,* p. 95). *Chefs-d'œuvre* MORT-*nés* (Th. GAUTIER, *Ém. et camées,* Après le feuilleton). — *Souches* MORT-*nées* (ÉTIEMBLE, *Jargon des sciences,* p. 119). — *La critique est* MORT-*née* (THIBAUDET, *Hist. de la litt. fr. de 1789 à nos jours,* p. VII). — *Enfants* MORT-*nés* (YOURCENAR, *Souvenirs pieux,* p. 23).

Au contraire, *premier* et *dernier* varient ordinairement dans *premier-né, dernier-né,* aussi bien quand l'expression est adjectivale que quand elle est nominale (le trait d'union manque souvent) :

Les enfants PREMIERS-*nés* (LITTRÉ, s.v. *né*). — *Il menait avec lui les généraux* PREMIERS-*nés de sa gloire* (CHAT., *Mém.,* III, I, I, 14). — *L'Italie,* PREMIÈRE *née de l'Europe à l'État, au droit civil, à l'ordre et aux routes* (A. SUARÈS, *Vues sur l'Europe,* p. 98). — *Salut Femme à genoux dans la splendeur,* PREMIÈRE-*née entre toutes les créatures !* (CLAUDEL, *La rose et le rosaire,* cité dans le *Figaro litt.,* 3 mai 1952.) — *Mme Pasquier disait parfois à sa petite fille* DERNIÈRE *née [...]* (G. DUHAMEL, *Suzanne et les jeunes hommes,* p. 258). — *Dans une famille dont la fille* DERNIÈRE-*née serait la plus gâtée* (F. GREGH, *Âge de fer,* p. 72). — *Yahweh fit mourir tous les* PREMIERS-*nés dans le pays d'Égypte, depuis les* PREMIERS-*nés des hommes jusqu'aux* PREMIERS-*nés des animaux* (*Bible,* trad. CRAMPON, Exode, XIII, 15). — Pour *première-née, dernière-née* comme noms, voir § 475, c.

Claudel se départ de l'usage quand il écrit : *Tous les* PREMIER-*nés d'Israël* (*Figures et paraboles,* p. 85). — *Sa créature* PREMIER-*née* (*Emmaüs,* p. 183). — Certains *Larousse* (*Grand Lar. enc.,* par ex.) signalent pourtant cette dernière forme. Comp. *nouveau-né* ci-dessous. — On accorde toujours dans *aveugles-nés,* où *aveugle* est senti comme le mot principal.

4° *Grand* est le plus souvent variable dans des formules comme *ouvrir la fenêtre toute* GRANDE*, ouvrir toute* GRANDE *la fenêtre, la fenêtre est* GRANDE *ouverte.* Toutefois, on ne doit pas considérer comme fautive l'invariabilité, qui n'est pas tellement rare dans l'écrit et qui est, pour le troisième cas, l'usage ordinaire dans l'oral ; on dit en effet, d'après Fouché, *Traité,* p. 449 : *Des yeux* [grãt uvɛr]*, des portes* [grãt uvɛrt]. (D'autres prononciations existent cependant.)

Grand varie : *J'ouvris toute* GRANDE *la fenêtre* (MAUPASS., *C.,* Miss Harriet). — *Le docteur Oswald [...] a ouvert la fenêtre plus* GRANDE (HÉRIAT, *Enfants gâtés,* VI, 2). — *Le domestique ouvrit* GRANDS *les rideaux* (A. DAUDET, *Rose et Ninette,* cit. Tobler, *Mél.,* p. 102). — *Il ouvre* GRANDS *les yeux* (E. ROSTAND, *Princesse lointaine,* II, 7). — *Rebendart [...] avait ouvert toute* GRANDE *la porte* (GIRAUDOUX, *Bella,* IV). — *Il ouvrit tout* GRANDS *les rideaux* (BERNANOS, *Imposture,* p. 72). — *Les portes toutes* GRANDES *ouvertes* (MICHELET, *Hist. de la Révol. fr.,* t. I, p. 95). — *Les yeux* GRANDS *ouverts* (J. GREEN, *Moïra,* p. 232). — *Ma fenêtre est* GRANDE *ouverte* (GIDE, *Journal,* 3 juin 1893).

Autres ex. de *grandes ouvertes :* HUGO, *F. d'aut.,* XXXIV, 1 ; MAUPASS., *Fort comme la mort,* I, 4 ; MONTHERLANT, *Service inutile,* Pl., p. 606 ; J. ROMAINS, *Lucienne,* p. 77 ; COCTEAU, *Thomas l'imposteur,* L.P., p. 10 ; D. BOULANGER, *Connaissez-vous Maronne ?* p. 95. — De *grands ouverts :* ZOLA, *Terre,* V, 1 ; BARRÈS, *Du sang...,* p. 40 ; Fr. MAURIAC, *La chair et le sang,* VIII ; LA VARENDE, *Roi d'Écosse,* p. 304 ; R. MARTIN DU GARD, *Thib.,* Pl., t. II, p. 709 ; G. DUHAMEL, *Paroles de médecin,* p. 227. — De *grande ouverte :* FLAUB., *Éd. sent.,* II, 2 ; LOTI, *Aziyadé,* II, 5 ; COLETTE, *Chatte,* p. 160 ; H. BOSCO, *Âne Culotte,* M.L.F., p. 8 ; etc.

Grand ne varie pas : *Agnès* [...] *ouvrit la fenêtre tout* GRAND (TROYAT, *Faim des lionceaux,* p. 215). — *L'espoir* [...] *n'ose ouvrir tout* GRAND *les ailes* (GIDE, *Journal,* 28 sept. 1915). — [...] *qui m'ouvre* GRAND *les yeux* (ÉLUARD, *Leçon de morale,* Langage des couleurs). — *Elle ouvre* GRAND *la lumière* (CESBRON, *Souveraine,* p. 180). — *En ouvrant* GRAND *la bouche* (B. CLAVEL, *Lumière du lac,* p. 52). — *On ouvrait tout* GRAND *les portes* (M. OLIVIER-LACAMP, *Chemins de Montvézy,* p. 117). — *Je naviguais jusqu'à ma fenêtre que j'ouvrais* GRAND (D. ROLIN, *Gâteau des morts,* p. 213). — *La fenêtre et les persiennes* GRAND *ouvertes* (BUTOR, *Modification,* p. 110). — *Yeux* GRAND *ouverts* (TOULET, *Béhanzigue,* p. 105). — *La grille est* [...] GRAND *ouverte* (Y. NAVARRE, *Portrait de Julien devant la fenêtre,* p. 89).

Autres ex. de *grand ouvertes :* BOURGET, *Lazarine,* p. 7 ; CLAUDEL, *Écoute, ma fille,* p. 27 ; PEISSON, *Dieu te juge,* p. 102 ; LA VARENDE, *Roi d'Écosse,* p. 44 ; S. de BEAUVOIR, *Mandarins,* p. 493. — De *grand ouverts :* A. FRANCE, *Sept femmes de la Barbe-bleue,* p. 107 ; H. BOSCO, *Mas Théotime,* 1947, p. 99. — De *grand ouverte :* H. BOSCO, *Malicroix,* p. 154 ; B. CLAVEL, *Saison des loups,* p. 81. — En outre, avec une apostrophe, qui n'a pas la moindre justification (car il n'y a pas eu d'amuïssement) : °GRAND'*ouverte* (LA VARENDE, *Roi d'Écosse,* p. 69 ; MALRAUX, *Antimémoires,* p. 383) ; °GRAND'*ouvertes* (H. BAZIN, *Mort du petit cheval,* p. 25) ; °GRAND'*ouverts* (VIALAR, *M. Dupont est mort,* p. 66).

5° *Large* dans le même emploi est moins fréquent ; il ne varie qu'en nombre, et l'on prononce toujours [lARƷ] selon Fouché. Dans les textes, on trouve aussi bien *larges ouverts* ou *larges ouvertes* que *large ouverts* ou *large ouvertes ;* on constate des contradictions chez un même auteur :

On laissait LARGES *ouvertes les deux fenêtres et la porte* (ZOLA, *Terre,* II, 7). — *Fenêtres* LARGES *ouvertes* (A. DAUDET, *Tart. sur les Alpes,* cit. Tobler, *Mél.,* p. 104). — *Yeux* LARGES *ouverts* (Fr. MAURIAC, *La chair et le sang,* XVII). — *Tout* LARGES *ouverts qu'ils sont* (WILLY et COLETTE, *Claud. à l'école,* p. 54). — *Les yeux et la bouche* LARGES *ouverts* (COCTEAU, *Enfants terribles,* p. 49). [Cf. déjà au XIIIᵉ s. : LARGES *ouvertes sont les portes d'anfer* (PHILIPPE DE NOVARE, *Quatre temps d'âge d'homme,* S.A.T.F., § 117).]
Ses yeux gris LARGE *ouverts* (A. DAUDET, *Sapho,* I). — *Leurs épis* LARGE *ouverts* (R. BAZIN, *Closerie de Champdolent,* p. 207). — *Élites* [...] LARGE *ouvertes au cosmopolitisme* (F. GREGH, *Âge de fer,* p. 255). — *Fenêtres* LARGE *ouvertes* (Fr. MAURIAC, *Genitrix,* p. 102).

6° *Frais* au masculin ne peut varier en nombre. Avec un adjectif féminin, on prononce toujours [fRɛʃ] selon Fouché, quel que soit le nombre. On trouve pourtant *frais* dans cette circonstance, mais moins souvent que *fraîche* ou *fraîches :*

Fraîche ou *fraîches :* [Déjà chez MARIVAUX : ⁺*Toutes* FRAÎCHES *écloses* (*Vie de Mar.,* p. 24).] — FRAÎCHE *coupée* (HUGO, *Chât.,* IV, 4). — FRAÎCHE *épanouie* (MUSSET, *Prem. poés.,* Portia, I). — FRAÎCHE *écrite* (FLAUB., *Mᵐᵉ Bov.,* II, 11). — FRAÎCHE *peinte* (A. DAUDET, *Numa Roumestan,* p. 266). — FRAÎCHES *cueillies* (ID., *C. du lundi,* Alsace ! Alsace !). —

Fraîches *écloses* (Hermant, *Xavier*, 1928, p. 146). — Fraîches *débarquées* (Farrère, *Civilisés*, XXIII). — Fraîche *arrivée* (Malraux, *Espoir*, p. 125). — *Toute* fraîche *repassée* (F. Gregh, *Âge de fer*, p. 66). — Fraîche *remuée* (Jouhandeau, *Prudence Hautechaume*, 1980, p. 145).

Frais devant un adjectif féminin : Frais *écorchées* (P. Arène, *Chèvre d'or*, L). — Frais *émoulue* (R. Rolland, *Âme enchantée*, L.P., t. II, p. 274). — Frais-*pondue* [*sic*] (Colette, *Fanal bleu*, p. 43). — *Tout* frais *sortie de l'enfance* (J. Sarment, *Peau d'Espagne*, Petite Illustr., p. 23). — Frais *repeinte* (Thérive, *Revanche*, p. 23). — Frais *lavée* (R. Martin du Gard, *Vieille France*, III). — Frais *épluchées* (G. Beaumont, *Silsauve*, p. 35). — Frais *cueillie* (R. Kemp, dans les *Nouv. litt.*, 1ᵉʳ mars 1951 ; J. Borel, *Retour*, p. 150). — Frais *vernissée* (M. Chapelan, dans Jouhandeau, *Carnets de l'écrivain*, p. 131).

7° *Nouveau* est invariable devant un adjectif ou un participe et il s'y joint ordinairement par un trait d'union :

Des insectes nouveau-*nés* (Fromentin, *Domin.*, V). — *Beautés* nouveau-*nées* (Maurras, *Secrets du soleil*, p. 35). — *Gloire* nouveau-*née* (G. Duhamel, *Les espoirs et les épreuves*, p. 179). — Autres ex. de *nouveau-née(s)* : P. Arène, *Chèvre d'or*, XI ; Colette, *Trois... six... neuf...*, p. 58 ; J.-P. Chabrol, *Rebelles*, p. 162 ; Delteil, *Sacré corps*, p. 151. — *Tourangelle* nouveau-*venue* (La Varende, *Belles esclaves*, p. 86). — *Une épreuve* nouveau-*tirée* (Thérive, *Opinions littér.*, p. 266). — *Vins* nouveau *percés* [*sic*] (Littré).

Ex. non conformes à la règle : *Fleurs* nouvelles-*nées* (Péguy, *Ève*, p. 12). — *Petite fille* nouvelle-*née* (Mallet-Joris, *Trois âges de la nuit*, L.P., p. 362).

Nouveau devant un nom est considéré comme un adjectif variable (et non suivi d'un trait d'union). Seul *nouveau-né* fait exception puisque les dict. exigent le trait d'union et l'invariabilité ; mais l'usage fait souvent varier *nouveau* même dans ce cas.

La compagnie des nouveaux *venus* (Flaub., *Mᵐᵉ Bov.*, II, 2). — *Il y eut un court colloque èntre les* nouvelles *venues* (R. Martin du Gard, *Thib.*, Pl., t. I, p. 938). — *Je suis ici une* nouvelle *venue* (Sand, *Homme de neige*, t. I, p. 162). — *Les* nouveaux *arrivés* (Gide, *Incidences*, p. 117). — *La* nouvelle *mariée* (Colette, dans le *Figaro litt.*, 31 mars 1951). — *Les* nouveaux *mariés* (Arland, *Terre natale*, III). — *Avant 1914, l'Allemagne était orgueilleuse comme une* nouvelle *riche. Depuis 1918, elle se fait humble comme une* nouvelle *pauvre* (Bainville, *Journal*, 21 janv. 1919). — *Une* nouvelle *convertie* (Littré).

Nouveau-nés comme nom : Coppée, *Souvenirs d'un Parisien*, p. 12 ; Claudel, *Tête d'or*, 1ʳᵉ version, p. 27 ; J. Romains, *Knock*, I ; Jouhandeau, *Chaminadour*, p. 372.

Nouveaux-nés comme nom : Taine, *Vie et opinions de Fr.-Th. Graindorge*, XX, 2 ; Apollin., *Chron. d'art*, 15 mai 1905 ; Colette, *Sido*, p. 141 ; A. Suarès, *Sur la vie*, t. II, p. 63 ; A. Arnoux, *Calendrier de Flore*, p. 295 ; R. Martin du Gard, *Thib.*, Belle saison, t. I, p. 193 (= *nouveau* : Pl., t. I, p. 906) ; Jouhandeau, *Essais sur moi-même*, p. 187.

Nouvelle-née : voir des ex. de Colette, R. Rolland, Yourcenar, etc. au § 476, *b*, 1°, Rem. 2 (ainsi qu'un ex. de *nouveau-née* chez Sartre).

8° Il ne semble pas que les locuteurs sentent une adverbialisation dans *ivre mort, fou furieux, amoureux fou* (ou, tour plus récent, *fou amoureux* ³) et *raide mort*, dans lesquels les deux éléments sont variables :

---

3. Remarquez que l'on ne dit pas **fol amoureux : Moi qui étais fou amoureux de toi* (Fr. Sagan, *Merveilleux nuages*, L.P., p. 89). — Autre ex. : Chr. de Rivoyre, *Belle Alliance*, p. 49.

Une bordée de marins qui se saoulent jusqu'à s'entretuer et à rester dans le ruisseau IVRES MORTS (A. SUARÈS, Sur la vie, t. I, p. 126). — J'ai trouvé Nadine [...] IVRE-MORTE [sic] (S. de BEAUVOIR, Mandarins, p. 61). — Elle resta FOLLE FURIEUSE (MICHELET, Hist. de la Révol. fr., t. I, p. 993). — Je suis amoureuse de Michel, AMOUREUSE FOLLE (COCTEAU, Parents terribles, cit. Høybye, § 221). — Camille tombe FOLLE AMOUREUSE de Rodin (M. COURNOT, dans le Monde, 1er mars 1984). — J'étais FOLLE AMOUREUSE de Paul (dans Femme pratique, mai 1984, p. 48). — Elles sont tombées RAIDES MORTES (ROBERT).

9° Le premier élément est toujours invariable dans *court-vêtu* (le trait d'union manque souvent) et dans les termes de manège *long-jointé, court-jointé, court-monté* :

Elle était COURT vêtue [sic] (G. DUHAMEL, Passion de Jos. Pasquier, p. 46). [Court-vêtue a été fixé dans les mémoires par la formule de La Fontaine : Legere et court vestuë (F., VII, 9).] — Des juments LONG-jointées (Grand Lar. langue).

Formations occasionnelles : L'héroïne de l'estampe se renversait, HAUT troussée, dans un pré fleuri (FARRÈRE, Civilisés, XI). — Dents [...] HAUT cerclées de tartre verdâtre (CÉLINE, Voy. au bout de la nuit, F°, p. 426). — Gens CHAUD vêtus (CESBRON, Traduit du vent, p. 47). — Régiments [...] BLANC vêtus (MAC ORLAN, Ancre de Miséricorde, p. 19). — Tout NOIR-vêtue de dentelle (TOULET, Mon amie Nane, X). [Noir et blanc sont-ils sentis comme des adverbes ou comme des compléments ?]

10° Dans les expressions familières *(tout) battant **neuf**, (tout) flambant neuf,* le participe présent reste ordinairement invariable, tandis que *neuf* s'accorde ou non avec le nom auquel se rapportent ces expressions :

Neuf varie : Un groupe de douze 75, tout battant NEUFS (Ch. LE GOFFIC, Dixmude, p. 194). — Que devaient être, tout BATTANT NEUFS, ces monuments admirables ? (G. d'HOUVILLE, Temps d'aimer, p. 301.) — Des titres de propriété FLAMBANT NEUFS (CENDRARS, Or, p. 193.) — Des Saint-Cyriens FLAMBANT NEUFS (TROYAT, Étrangers sur la terre, p. 351). — Sabots [...] FLAMBANT NEUFS (R. SABATIER, Enfants de l'été, p. 221). — Pavillons FLAMBANT NEUFS (ARAGON, Blanche ou l'oubli, F°, p. 387). — Souliers [...] FLAMBANT NEUFS (J.-P. CHABROL, Bout-Galeux, p. 237). — Hôtels FLAMBANT NEUFS (J. CAYROL, Vent de la mémoire, p. 108). — Mots [...] FLAMBANT NEUFS (M. MOREAU, Moreaumachie, p. 168). — Maison [...] toute FLAMBANT NEUVE (Fr. de CROISSET, Dame de Malacca, p. 282). — Villa FLAMBANT NEUVE (THÉRIVE, Fils du jour, p. 220). — La devanture [...] est FLAMBANT NEUVE (ROBBE-GRILLET, Gommes, II, 6). — Stations FLAMBANT NEUVES (D. de ROUGEMONT, dans le Figaro litt., 8 nov. 1947). — Cuisinières FLAMBANT NEUVES (H. BAZIN, Bienheureux de La Désolation, p. 86). — Valises [...] FLAMBANT NEUVES (BUTOR, Modification, I).

Neuf ne varie pas : Meubles [...] BATTANT NEUF (ESTAUNIÉ, Labyrinthe, p. 72). — Phrase BATTANT NEUF (J. RENARD, Journal, 20 oct. 1892). — Façade BATTANT NEUF (BOURGET, Envers du décor, p. 31). — Demeure [...] tout BATTANT NEUF (É. HENRIOT, Rencontres en Île-de-France, p. 25). — Chapelle BATTANT NEUF (CÉLINE, Voy. au bout de la nuit, p. 98). — Voiture tout BATTANT NEUF (G. PEREC, Vie mode d'emploi, p. 303). — Bâtiments FLAMBANT NEUF (CHAMSON, Superbe, p. 287). — Cubes FLAMBANT NEUF (J. ROY, Amour fauve, p. 151). — Deux lames [...], l'une ébréchée, l'autre FLAMBANT NEUF (J. de LACRETELLE, Années d'espérance, p. 151). — Il portait, FLAMBANT NEUF, une élégante tenue de capitaine (VERCORS, Bataille du silence, p. 70). — Dans les salles de sciences, FLAMBANT NEUF, des appareils de démonstration (M. CHADOURNE, Chine, p. 57).

Il est rare que le participe varie, surtout en genre, et dans ce cas neuf varie aussi dans la plupart des ex. : Deux édifices gothiques BATTANTS NEUFS (VEUILLOT, Historiettes et fantaisies, p. 407). — Soldats BATTANTS NEUFS (BARRÈS, Colette Baudoche, Juven, 1909, p. 116 ;

Plon, 1923, p. 110). [Dans la *Revue hebdomadaire*, 21 nov. 1908, p. 284, le texte porte : *battant neuf.*] — *Habits* tout FLAMBANTS NEUFS (Al. DUMAS, *C. de Monte-Cristo*, cit. Høybye, § 228). — *Bâtiments* [...] *tout* FLAMBANTS NEUFS (F. LECOY, dans la *Romania*, 1942-1943, p. 22). — *La* Belle-France [= un bateau] *est* FLAMBANTE NEUVE (G. CHÉRAU, *Champi-Tortu*, I, 7). — Il est tout à fait exceptionnel que le participe varie et non *neuf : Les types de la haute sont tout* BATTANTS NEUF *d'équipements, de cuirs et de quincaillerie* (BARBUSSE, *Feu*, cit. Robert, s.v. *mariol*).

Hist. — On a d'abord dit (XVIIᵉ s.) *tout battant neuf,* expression qui, selon Rey et Chantreau, « fait allusion au cuivre fraîchement battu par le chaudronnier ». *(Tout) flambant neuf* s'est introduit ensuite (au début du XIXᵉ s.) et concurrence fortement la première formule. — Un ex. comme le suivant est une tentative individuelle pour faire sortir l'expression de son figement : *Tout cet arroi* BATTAIT NEUF (Y. GANDON, *Léone*, p. 44).

c) Autres adjectifs employés comme adverbes unis étroitement au verbe et toujours invariables.

— Adjectifs, surtout monosyllabiques, servant de compléments de manière :

Voler BAS OU HAUT, *tenir* BON, *voir* CLAIR, *filer* DOUX, *marcher* DROIT, *travailler* DUR, *chanter* FAUX OU JUSTE, *parler* FRANC, *creuser* PROFOND, *tourner* ROND... — *La feinte douceur de son accent sonnait trop* FAUX (BERNANOS, *Journal d'un curé de camp.*, Pl., p. 1151).
Souvent, les adverbes en *-ment* qui correspondent à ces adjectifs employés adverbialement ont un sens figuré : *Parler bassement, parler hautement.*

— Adjectifs servant de compléments adverbiaux essentiels :

Coûter CHER, *peser* LOURD, *sentir* BON, MAUVAIS. — *Les cheveux des jeunes garçons sentent plus fort et* MEILLEUR *que ceux des femmes* (MONTHERLANT, *Démon du bien*, p. 120).

— Adjectifs tenant lieu d'un complément d'objet direct :

Manger GRAS, *boire* SEC.

En dehors des expressions consacrées énumérées ci-dessus, la langue littéraire fait de cette construction un emploi fort large et parfois hardi :

Qu'est-ce que cela veut dire, la réalité ? Les uns voient NOIR, *d'autres* BLEU, *la multitude voit* BÊTE (FLAUB., *Éd. sent.*, I, 4). — *S'efforcer de penser* UNIVERSEL (BERNANOS, *Liberté, pour quoi faire ?* p. 16). — *Renan pensait* COSMIQUE (BARRÈS, *Mes cahiers*, t. XIV, p. 196). — *Je défiais les défenseurs de la prohibition de nommer six États qui voteraient* HUMIDE (MAUROIS, *Chantiers américains*, p. 98). — *Il avait de mauvaises dents ; il souriait* GRIS (Edm. CHARLES-ROUX, *Oublier Palerme*, p. 47). — *Il souriait* LARGE (H. BAZIN, *Huile sur le feu*, p. 85) [d'après *un large sourire*]. — Comp. aussi §§ 286, 7°, Rem. 2, et 304, *d.*

d) Adjectifs employés au lieu de l'adverbe en *-ment* qui en dérive :

— Le français populaire de Paris, à l'imitation de l'argot, emploie souvent l'adjectif au lieu de l'adverbe en *-ment* qui y correspond ; on peut penser à une suppression du suffixe, à une réduction du mot, selon la tendance bien connue en fr. pop. et en argot (§ 187, *b*) :

T'es attaché SOLIDE (CAVANNA, *Ritals*, Maladie). — *Je me prends* MACHINAL *au jeu* (A. BOUDARD, *Combattants du petit bonheur*, p. 134). — *On les confond* FACILE *avec les concierges* (ID., *ib.*, p. 78). — *Mon goût du luxe me perdra,* FATAL (SAN-ANTONIO, *Meurs pas, on a du monde*, p. 19).

Mais les adj. employés adverbialement dans des écrits qui se réclament de la langue populaire ne correspondent pas tous à des adverbes en -*ment :* *Pour un même déjà trop porté à s'examiner* CRITIQUE (CAVANNA, *Ritals,* Camion). [*Critiquement,* toutefois, n'est pas inconnu de la langue littéraire.]

— En dehors du fr. pop. parisien : *Il se fâchait* BRUSQUE (H. QUEFFÉLEC, *Breton bien tranquille,* p. 69). — *Je suis retourné* DIRECT *chez moi* (en fr. pop. de Belgique).

— °*Pareil* pour « de même, pareillement » est du français populaire d'un peu partout ; il pénètre dans la langue familière, et même parfois dans l'écrit :

Et ces camarades qui pensent toujours PAREIL *m'empoisonnent* (SAINT EXUPÉRY, *Lettres à l'amie inventée,* p. 18). — *Nous nous entendions bien, nous pensions toujours* PAREIL (VIALAR, *M. Dupont est mort,* p. 115). — *Elles sont là* [...] *à travailler* PAREIL (M. NOËL, *Notes intimes,* p. 184). — *Ne sont-elles pas habillées toutes plus ou moins* PAREIL *?* (Fr. NOURISSIER, *Allemande,* p. 378.) — *Son œil ne vrille plus* PAREIL (POIROT-DELPECH, dans le *Monde,* 29 oct. 1976).

Notons aussi °*faire pareil : Il eût* FAIT *tout* PAREIL (VERCORS, *Bataille du silence,* p. 76). — *On m'a raconté qu'à Paris, à Sainte-Clotilde, le curé* FAISAIT PAREIL *avec César Franck* (J. MISTLER, *Orgues de Saint-Sauveur,* p. 38). — Autres ex. : GIONO, *Bout de la route,* I, 1 ; IONESCO, *Cantatrice chauve,* VII.

Pareil comme terme suppléant d'éléments exprimés auparavant (cf. § 219, *f*) : *Emma, pour ses amis remuait Ciel et Terre, contre ses ennemis* PAREIL (JOUHANDEAU, *Essai sur moi-même,* p. 33). — *Col Robespierre rayé vert et blanc, revers aux manches rayé* PAREIL (D. ARBAN, dans le *Figaro litt.,* 28 juin 1952).

Au Québec, °*pareil* s'emploie pour « malgré cela ».

— Pour *probable* « probablement » et *possible* « peut-être », voir § 1051, *d,* 4° et 5°.

e) Adjectifs divers.

1° *Exprès* adverbe a été tiré de *par exprès :* cf. § 941.

2° *Juste* s'emploie adverbialement avec les sens d'*exactement, précisément* (voir en outre *c,* ci-dessus) :

Deviner JUSTE. *Peser* JUSTE. — *Et il faut que ça commence, et que ce soit* JUSTE *avec celui-là !* (MONTHERLANT, *Ville dont le prince est un enfant,* I, 1.) — *Par instant l'ondée tombe si fort que je ferme tout bien* JUSTE (LOTI, Mme *Chrysanth.,* III). — [*À propos de l'ombre d'une femme*] *Qu'elle est belle sur le mur !* JUSTE *assez étirée,* JUSTE *comme je l'aimerais...* (COLETTE, *Chatte,* p. 10). — *Voilà trois semaines que vous êtes parti* [...]. / — *Trois semaines* JUSTE (DUMAS fils, *Dame aux cam.,* VI).

En particulier, avec l'indication de l'heure : *À huit heures bien* JUSTE (FLAUB., *Tr. contes,* Cœur simple, II). — *À onze heures* JUSTE (MAUPASS., *Pierre et Jean,* IX).

Par analogie avec *À six heures juste,* le participe présent des expressions *À six heures sonnantes, tapantes, toquantes, battantes, pétantes* [4] tend à devenir invariable :

---

4. Dans ces expressions, *sonnant* est la forme traditionnelle et distinguée, mais *tapant* (qui date de la fin du XIXe s.) se répand de plus en plus, en perdant son caractère familier ; *pétant* est très familier ; *battant* et *toquant* sont rares. Cf. : *Sept heures vont* TOQUER (HUGO, *N.-D. de Paris,* VII, 7).

À dix heures SONNANT (STENDHAL, *Vie de H. Brulard*, t. II, p. 55). — *À six heures* BATTANT (FLAUB., *Mme Bov.*, II, 1). — *À neuf heures* TAPANT (MONTHERLANT, *Le chaos et la nuit*, p. 118). — *C'était le samedi à onze heures et demie. Je dis bien onze heures et demie,* PÉTANT (M. CERF, *Les rois et les voleurs*, p. 98).

Autres ex. avec *sonnant :* HUGO, *Misér.*, IV, VIII, 6 ; ZOLA, *Page d'amour*, I, 3 ; HERMANT, *Serge*, V ; BARRÈS, *Colline insp.*, p. 245 ; COURTELINE, *Gaietés de l'escadron*, II, 3 ; J. RENARD, *Journal*, 14 juillet 1903 ; CESBRON, *Notre prison est un royaume*, p. 47. — Avec *tapant :* H. LAVEDAN, *Nouveau jeu*, II, I, 7 (1892) ; BOYLESVE, *Becquée*, X ; HERMANT, *Trains de luxe*, p. 105 ; PROUST, *Rech.*, t. III, p. 267 ; BERNANOS, *Mauvais rêve*, Pl., p. 875 ; R. MARTIN DU GARD, *Thib.*, Pl., t. I, p. 824 ; J.-J. GAUTIER, *Hist. d'un fait divers*, p. 191 ; P. de BOISDEFFRE, dans le *Figaro litt.*, 24 août 1970 ; etc.

L'accord reste tout à fait régulier : *À trois heures* SONNANTES (MAUPASS., *C.*, Amour). — *Demain, neuf heures* TAPANTES (MALLET-JORIS, *Allegra*, p. 223). — *À l'heure* TOQUANTE (COLETTE, *Fanal bleu*, p. 159). — *À neuf heures* PÉTANTES (QUENEAU, *Pierrot mon ami*, II).

Autres ex. avec *sonnantes :* STENDHAL, *Corresp.*, t. II, p. 228 ; E. et J. de GONCOURT, *Sœur Philomène*, II ; LOTI, *Mon frère Yves*, III ; R. VERCEL, *Ceux de la « Galatée »*, p. 250 ; etc. — Avec *tapantes :* G. DUHAMEL, *Manuel du protestataire*, p. 186 ; J. GREEN, *Visionnaire*, p. 132 ; H. BOSCO, *Sanglier*, p. 26 ; J. SCHLUMBERGER, *Éveils*, Œuvres, t. VI, p. 394 ; B. BECK, *Contes à l'enfant né coiffé*, p. 185.

On accorde avec le nom qui précède *précis, passé, (bien) sonné*, qui suivent une indication d'heure : *Il est dix heures et demie* PASSÉES (G. MARCEL, *Rome n'est plus dans Rome*, p. 54). — *À sept heures et demie* PRÉCISES (ROBBE-GRILLET, *Gommes*, p. 154). — *Il est midi* SONNÉ, *trois heures bien* SONNÉES (ROBERT). — Ex. isolé : *Il regarda sa montre. Cinq heures et demie* PASSÉ (Fr. ROSSET, trad. de : A. Bioy Casares, *Héros des femmes*, p. 122). [Sur PASSÉ *deux heures*, voir § 311, *b*, 2°.]

Rond dans *tout rond,* avec une indication de somme, s'accorde : *Lui* [...] *additionnait à voix haute. / — Deux cent trente, et soixante-dix, trois cents* TOUT RONDS (ZOLA, *Terre*, V, 1). En revanche, *tout craché* est laissé invariable : *J'entendais dire, quand j'étais petite : « C'est tante Dide* TOUT CRACHÉ *»* (ZOLA, *Conquête de Plassans*, VII). — *C'est une Frontenac* TOUT CRACHÉ (Fr. MAURIAC, *Mystère Frontenac*, XVII).

3° *Même :* voir § 623, Rem. 3.

4° *Proche* comme adverbe survit dans la locution *de proche en proche ;* il ne se trouve, en dehors de cela, soit dans le syntagme *ici proche*, soit dans le syntagme *tout proche*, que chez des écrivains qui cultivent l'archaïsme :

Les sentinelles, DE PROCHE EN PROCHE, *s'alertaient l'une l'autre par un grand cri réglementaire* (SAINT EXUPÉRY, *Terre des hommes*, VI, 1). *Il demeure ici* PROCHE (AC.). [L'Acad. ajoute : « On dit plutôt aujourd'hui *Ici près* ». — On dit plus souvent encore *Ici tout près* ou *près d'ici*.] — *Il allait, tout* PROCHE, *s'étendre dans les ajoncs* (A. FRANCE, *Jocaste*, cit. Robert). — *Il fit construire tout* PROCHE *un autre château* (HERMANT, *Serge*, I). — Voir aussi § 998, *d* (*proche de* et *proche* comme prépositions).

Après le verbe *être* ou un verbe analogue, *proche* est parfois traité en adverbe (comme *près*) et laissé invariable ; mais on le considère plus souvent comme un adjectif attribut et donc variable.

Proche considéré comme adverbe : *La foule des manifestants est donc* TOUT PROCHE (P. AUDIAT, dans le *Figaro litt.*, 24 avril 1948). — De même : TOUT PROCHE, *mais invisible* [...], *la mer chantait sa chanson sourde* (FARRÈRE, *Petites alliées*, II).

Proche variable : *Les tours du Trocadéro qui semblaient si* PROCHES *des degrés de turquoise* (PROUST, *Rech.*, t. III, p. 762). — *Ces deux maisons sont fort* PROCHES (AC.). — *Les fêtes étaient* PROCHES (MALLET-JORIS, *Rempart des Béguines*, L.P., p. 15). — Voir aussi Robert (ex. de Chardonne et de Fr. Mauriac).

Hist. — *Proche* invariable après *être* au XVIIᵉ s. : ⁺*Plusieurs pensent se porter bien quand ils sont* PROCHE *de mourir* (PASCAL, cit. Le Bidois, § 1028) [mais certaines éd. portent *proches*]. — ⁺*Lorsque les jeunes filles furent* PROCHE *du fleuve* (FÉNELON, cit. Robert, s.v. *dételer*).

5° *Soi-disant :* cf. § 641.

6° *Soudain* subsiste à la fois comme adjectif et comme adverbe ; il n'a pas éliminé *soudainement*.

7° *Vite* a évincé *vitement* comme adverbe (§ 931, *f*, Rem.) et il n'a plus qu'une vitalité réduite comme adjectif (§ 198, *b*).

°*Vite fait* concurrence *vite*, selon une tendance populaire récente d'origine parisienne : *Démêlez-moi donc ce sac de nœuds,* VITE FAIT *!* (J. FAIZANT, dans le *Point*, 11 mars 1984, p. 37). — *Il se barre* VITE FAIT (CAVANNA, *Ritals*, Bourbaki).

f) Battant « vivement, sans relâche » est un ancien gérondif qui s'emploie surtout avec des verbes de mouvement et spécialement *mener :*

La longue nouvelle [...], cet art de dessein formé qui sait où il va et [...] mène le lecteur BATTANT (P. MORAND, *Ouvert la nuit*, Préf. de 1957).

Cet emploi, devenu rare, a été remplacé par *tambour battant : Maman, d'ordinaire intraitable sur les questions d'heure et qui m'envoyait coucher* TAMBOUR BATTANT *[...]* (GIDE, *Si le grain ne meurt*, I, 3).

Hist. — D'autres gérondifs s'employaient de la même façon en anc. fr., notamment *ferant* (de *ferir*, frapper), parfois en se combinant : *ferant battant*. Cette combinaison se retouve sous la forme altérée °*franc battant* « avec hardiesse, impétuosité » en fr. de Belgique et du nord de la France : *Il est entré* FRANC BATTANT *dans le salon.*

927   **Adverbes composés.**

Beaucoup d'adverbes résultent de la fusion de syntagmes, soit qu'il y ait agglutination pure et simple, soit qu'un trait d'union joigne les éléments.

Adverbe + adverbe : *Jamais, aussitôt, bientôt, sitôt, tantôt, plutôt, céans* (*çà* + anc. fr. *ens* « dedans »), *combien ; — ci-dessus, là-dessus* (etc. ; cf. § 969, *c*).

Préposition + préposition ou adverbe : *Dedans, dessus* (anc. fr. *sus*), *depuis, déjà* (= *dès ja*) ; — *par-devant, par-dessus*, etc. ; *avant-hier, après-demain.* — Il y a en outre un article contracté : *Auparavant* (= *au par avant*) ; — *au-dedans, au-dehors*, etc.

Préposition + nom : *Debout, davantage, entre-temps* (voir Rem.), *enfin, derechef* (= *de rechef : chef* « bout »), *parfois.* — Le nom avec un article : *Autour, alentour ; — sur-le-champ.*

Préposition + pronom : *Partout, pourtant, partant.*

Adjectif + nom : *Autrefois, longtemps, beaucoup.* — Déterminant + nom : *Toujours, toutefois, quelquefois.*

Syntagmes divers : *Aujourd'hui* (= *au jour d'hui*), *dorénavant* (= *d'or en avant*), *désormais* (= *dès or mais*), *aussi* et *autant* (= anc. fr. *al* « autre chose » + *si, tant*), *cependant* (= *ce pendant*, complément absolu), *jadis* (= anc. fr. *ja a dis* « il y a déjà des jours »), *naguère* (= anc. fr. *n'a guère*).

En outre : *Cahin-caha*, onomatopée ; *dare-dare*, d'origine obscure ; *pêle-mêle*, altération de *mêle-mêle* ; etc.

N.B. — Il arrive que le syntagme non agglutiné subsiste à côté de l'adverbe coagulé, l'un et l'autre ayant des valeurs particulières qu'il importe de ne pas confondre :

Aussitôt « immédiatement » (et *aussitôt que* « dès que ») et *aussi tôt*, qui s'oppose à *aussi tard : On envoya chercher le médecin, il arriva* AUSSITÔT (AC.). — AUSSITÔT *qu'il m'aperçut, il vint à moi* (AC.). — *Cette question s'adressait à Élisabeth qu'une timidité subite empêcha de répondre* AUSSI TÔT *qu'elle l'aurait voulu* (J. GREEN, *Minuit*, p. 221). — *Il ne se lève pas* AUSSI TÔT *que sa sœur.*

Autrefois « jadis » et *une autre fois : Les mœurs d'*AUTREFOIS. — *Nous reviendrons une* AUTRE FOIS.

Longtemps et *un long temps* (l'article seul fait la différence) : *Vous attendrez* LONGTEMPS. — *Sitôt le cap franchi d'un baccalauréat hasardeux, on perdit sa trace un* LONG TEMPS (BERNANOS, *Imposture*, p. 5).

Quelquefois « parfois » et *quelques fois* « un petit nombre de fois » sont assez proches l'un de l'autre, le second insistant sur l'idée de nombre : *Je le rencontre* QUELQUEFOIS. — *Je l'ai rencontré* QUELQUES FOIS *pendant les vacances.*

Bientôt « dans peu de temps » et *bien tôt*, qui s'oppose à *bien tard : J'irai vous voir* BIENTÔT. — *Vous arrivez* BIEN TÔT *aujourd'hui.*

Sitôt, logiquement, est distinct de *si tôt*. On devrait écrire en un mot l'adverbe synonyme d'*aussitôt ;* en deux mots le syntagme qui s'oppose à *si tard :*

SITÔT *que les cloches de l'angélus s'étaient tues* (BARRÈS, *Du sang...*, p. 108). — SITÔT *le papier signé, il faudra qu'on s'exécute* (A. DAUDET, *Rois en exil*, p. 332). — SITÔT *près de la vieille dame, il résuma sans ambages la situation* (YOURCENAR, *Souvenirs pieux*, p. 38).

Hé, vous voilà ? je ne vous attendais pas SI TÔT (AC., s.v. *hé*). — *Le matin,* SI TÔT *que nous partions, ils sont levés avant nous* (H. BORDEAUX, *Sur le Rhin*, p. 169). — *Vous partez* SI TÔT ? (J. GREEN, *Mont-Cinère*, XXIII.) — Autres ex. : H. HOUSSAYE, *1815*, t. II, p. 279 ; COLETTE, *Vagabonde*, p. 311 ; BOYLESVE, *Élise*, p. 263 ; R. MARTIN DU GARD, *Thib.*, Pl., t. II, p. 571 ; ARLAND, *Étienne*, p. 13.

Mais, malgré les protestations de Littré, l'Acad. continue à écrire : *Votre affaire ne sera pas* SITÔT *finie que la mienne. Je n'arriverai pas* SITÔT *que vous.*

L'Acad. écrit aussi : *Il ne partira pas de* SITÔT (= prochainement). Comme *de si tard* n'existe pas, l'orthographe de l'Acad. se défend. Pourtant, les auteurs séparent souvent les deux mots dans cette expression : *Il ne se couchera pas* DE SI TÔT (COCTEAU, *Aigle à deux têtes*, I, 2). — Autres ex. : A. FRANCE, *Sur la pierre blanche*, p. 219 ; M. VAN DER MEERSCH, *Corps et âmes*, t. I, p. 66 ; CLAUDEL, *Emmaüs*, p. 150 ; GIDE, *Journal*, 20 mars 1943.

Plutôt « plus exactement », « de préférence » et *plus tôt*, qui s'oppose à *plus tard :*

Il est indolent PLUTÔT *que paresseux* (AC.). — *Elle serait morte* PLUTÔT *que d'en* [= de l'argent] *demander à Frédéric* (FLAUB., *Éd. sent.*, III, 3). — *Un peu* PLUS TÔT, *un peu plus tard, de toute façon il faut y passer (Dict. contemp.).*

Littré a reproché au dict. de l'Acad. (6e éd.) d'écrire : *Il n'eut pas* PLUTÔT *dit, il n'eut pas* PLUTÔT *fait telle chose qu'il s'en repentit*, et l'Acad. s'est corrigée, en adoptant la graphie logique : *Il n'eut pas* PLUS TÔT *dit, il n'eut pas* PLUS TÔT *fait telle chose qu'il s'en repentit* (7ᵉ éd.) ; — *Il n'eut pas* PLUS TÔT *aperçu son père qu'il courut à lui* (8ᵉ éd.). Mais l'usage — et l'Acad. elle-même — reste hésitant :

> *Plus tôt : Je ne fus pas* PLUS TÔT *seul devant lui, qu'il commença de m'interroger* (GIDE, *Thésée*, p. 25). — *Vous n'avez pas été* PLUS TÔT *parti qu'il est arrivé* (AC., s.v. *partir*). — *Il ne fut pas* PLUS TÔT *dans son fauteuil qu'il s'endormit comme un malheureux* (ARAGON, *Semaine sainte*, p. 165). — Autres ex. : BRUNETIÈRE, *Évolution des genres*, t. I, p. 95 ; BOURGET, *Sens de la mort*, p. 85 ; A. FRANCE, *Pierre Nozière*, p. 192 ; A. BRETON, *Nadja*, p. 107 ; AYMÉ, *Contes du chat perché*, Problème ; etc.
>
> *Plutôt : Édouard n'eut pas* PLUTÔT *prononcé ces paroles qu'il en sentit l'inconvenance* (GIDE, *Faux-monn.*, p. 235). — *Je n'ai pas eu* PLUTÔT *lâché cette parole que je m'en suis mordu la langue* (AC., s.v. *langue*). — *Elle n'avait pas* PLUTÔT *vu sa belle-fille et les enfants installés au pavillon qu'elle avait filé* (ARAGON, *Aurélien*, p. 462). — Autres ex. : A. FRANCE, *Sept femmes de la Barbe-bleue*, p. 173 ; P. MILLE, *Barnavaux*, p. 180 ; R. MARTIN DU GARD, *Thib.*, Pl., t. I, p. 635 ; AYMÉ, *Contes du chat perché*, Chien.

Par haplologie, on dit *plus tôt que plus tard* « le plus vite possible » au lieu de **plutôt plus tôt que plus tard : Il s'agit donc de me jeter cela dehors, et* PLUS TÔT QUE PLUS TARD (SAND, *Fr. le champi*, IX). — *Faut-il vous parler franchement ?... Eh bien, allez-y* PLUS TÔT QUE PLUS TARD... (LABICHE, *Célimare le bien-aimé*, III, 6.)

Hist. — On se gardera pour ces problèmes d'invoquer les classiques. Leur orthographe différait souvent de la nôtre, et de l'orthographe suivie par les éditeurs modernes :

> SUR TOUT, *qu'en vos écrits la Langue reverée / Dans vos plus grands excez vous soit toûjours sacrée. / ENVAIN vous me frappez d'un son melodieux, / Si le terme est impropre, ou le tour vicieux. / [...] / Ajoûtez* QUELQUE FOIS, *et souvent effacez* (BOIL., *Art p.*, I). — *Un jour* PLUSTOST, *un jour plus tard, / Ce n'est pas grande différence* (LA F., *F.*, X, 3).

Remarque. — *Entre-temps* est l'orthographe de l'Acad. et de Littré. Elle est suivie par certains auteurs (ou leurs imprimeurs). La plupart préfèrent *entre temps*, orthographe de l'Acad. en 1878 (s.v. *temps*). *Entretemps*, proposé par quelques dictionnaires depuis le *Dict. gén.*, n'a pas été relevé dans nos sources. Des auteurs ont tenté de faire revivre (cf. Hist.) *entre tant* (ou *entretant*) :

> *Entre-temps :* MONTHERLANT, *Pitié pour les femmes*, p. 90 ; DE GAULLE, *Mém. de guerre*, t. I, p. 100 ; POMPIDOU, *Anthologie de la poésie fr.*, L.P., p. 26 ; TROYAT, *Cahier*, p. 187 ; S. de BEAUVOIR, *Mémoires d'une jeune fille rangée*, p. 78 ; R. PERNOUD, *Jeanne d'Arc*, Q.S., p. 33.
> *Entre temps :* GIDE, *Faux-monn.*, p. 260 ; Fr. MAURIAC, *Anges noirs*, Prol. ; HENRIOT, dans Fromentin, *Domin.*, Garnier, p. XIX ; GIRAUDOUX, *Bella*, IX ; G. DUHAMEL, *Cri des profondeurs*, p. 60 ; COLETTE, *Fanal bleu*, p. 59 ; J. ROSTAND, *Esquisse d'une hist. de la biologie*, Id., p. 149 ; YOURCENAR, *Souvenirs pieux*, p. 70 ; R. PERNOUD, *op. cit.*, p. 114 ; etc.
> *Entre tant :* TOULET, *Béhanzigue*, p. 51 ; THÉRIVE, dans le *Temps*, 4 mai 1939 ; HENRIOT, *Romanesques et romantiques*, p. 112 ; J. LEMARCHAND, dans le *Figaro litt.*, 17 mars 1951 ; P.-H. SIMON, *Hist. de la littér. fr. au XXᵉ s.*, t. I, p. 210 ; J. MADAULE, dans le *Monde*, 1ᵉʳ déc. 1965 ; R.-L. WAGNER, *Vocabulaires fr.*, t. II, p. 133 ; F. MARCEAU, *Années courtes*, p. 322 (« comme écrit Balzac »). — *Entretant :* MIOMANDRE, *Mon caméléon*, p. 98.

Des partisans de *entre tant* ont allégué qu'il voulait dire « dans ces grandes conjonctures », tandis que *entre-temps* marquerait une simple coïncidence temporelle. La raison est spécieuse, et la distinction imaginée pour les besoins de la cause.

Hist. — La première attestation sûre de l'adverbe *entre-temps* est de 1842 ; cf. Wartburg, t. XIII, 1ʳᵉ partie, p. 186. L'ex. des *Cent nouvelles nouv.*, I, donné par Littré porte en fait *entretant*. L'ex. d'*entretemps que* de Chastellain, dans Wartburg, t. IV, p. 748, provient d'une édition à la graphie fort peu sûre. On peut donc se demander si *entre-temps* adverbe est bien une altération de l'ancien *entre tant*, qui a vécu du XIIe au XVIe s., — à moins que les patois (picard, occitan) où *entre tant* s'est maintenu aient servi d'intermédiaire. Il ne paraît pas impossible que *entre-temps* adverbe ait été tiré du nom *entre-temps*, qui existe depuis le début du XVIIe s., mais qui est aujourd'hui devenu rare, sauf en Belgique : *Le mazout*, DANS L'ENTRE-TEMPS, *était devenu une liqueur fabuleuse* (G. DUHAMEL, cit. *Grand Lar. langue*). — *Housset, remis* DANS L'ENTRE-TEMPS *en liberté provisoire, fit défaut* (dans le *Soir*, Bruxelles, 1er juin 1968).

928   Les **locutions adverbiales** sont extrêmement nombreuses ; beaucoup d'entre elles contiennent des mots qui, en dehors de cet emploi, ne font pas partie de l'usage, soit qu'ils en aient disparu, soit qu'ils n'aient jamais existé que dans la locution ; d'autres résultent d'altérations qui ont plus ou moins oblitéré l'étymologie. Les procédés sont les mêmes que ceux qui ont été décrits au § 927 (adverbes composés). Notons particulièrement (outre les emprunts signalés au § 924) :

a) Préposition + nom.

En catimini [proprement « chat »], *à part, de conserve, d'habitude, sans cesse, sans contredit, sans conteste.*
Le nom est accompagné d'un déterminant : *À l'envi, à la volée. À vau-l'eau* [*à vau* = anc. fr. *aval* « en descendant »]. *Sur ces entrefaites* (§ 929, *e*).
Le nom est accompagné d'un adjectif : *À bon escient* [altération d'*à mon escient*] et *à mauvais escient, à plat ventre, de bonne heure.* — Le nom est accompagné d'un complément : *À tire-d'aile, d'entrée de jeu.* Il est précédé d'un complément sans préposition : *À cœur joie.*
La préposition est précédée d'un adverbe : *Tout à coup, tout à fait, tout de go* [anciennement *gob*, de *gober*].
Double syntagme prépositionnel : *Au fur et à mesure.*

b) Préposition + infinitif :

À loisir, sans désemparer. — L'infinitif a un complément : *Sans coup férir* (§ 848, 14).

c) Préposition + adjectif :

À découvert, à présent [déjà *ad praesens* en lat.] ; *d'ordinaire ; en général, en particulier ; $^°$par exprès* (§ 941). — Le syntagme est précédé de *tout* : *Tout de bon* (§ 929, *b*).
— Avec adjectif ou participe au féminin : *En définitive* (§ 929, *c*). *D'affilée* [*affiler* « planter en ligne »], *d'emblée* [*embler* « voler »], *de plus belle.* — Il y a un article : *Au dépourvu.*

d) Préposition + forme verbale + objet (comp. § 178, *a*) :

À brûle-pourpoint, à tire-larigot [sorte de flûte], *à tue-tête. D'arrache-pied* (synonyme : $^°$*d'arrache-poil*, au Québec).

e) Préposition et adverbe (ou préposition).

— *Là contre*, etc. : cf. § 969, *c*.

— *En avant, en arrière, en dehors*, etc. ; *en outre ; en aval* et *en amont ; pour lors.*

Outre *par-dessus*, etc. (§ 927), *par ailleurs* (§ 986, *c*), *par trop* (§ 954, *h*, Hist.), diverses formations avec *par* appellent des commentaires particuliers.

1° *Par ainsi* « ainsi », quoique n'appartenant plus (cf. Hist.) à l'usage commun, continue à apparaître sporadiquement dans la littérature, soit comme archaïsme, soit comme régionalisme, parfois inconscient :

Th. GAUTIER (*Cap. Fracasse*, VII) et VERLAINE (*Jadis et nag.*, Grâce) pastichent l'ancienne langue. — STENDHAL (*Vie de H. Brulard*, II) ajoute : *comme disent les enfants*. — BALZAC (*Médecin de camp.*, Pl., p. 384), SAND (*Fr. le champi*, XV), H. MALOT (*Sans famille*, II, 5), CLAUDEL (*Jeune fille Violaine*, p. 22), J. ROMAINS (*Copains*, p. 230) font parler leurs personnages. — En revanche, les ex. suivants paraissent engager les auteurs : *Les physionomies familiales des portraits subitement éclairés,* PAR AINSI, *en pleines figures* [...] (VILLIERS DE L'ISLE-ADAM, *Hist. insolites*, p. 38). — *Ce n'est pas qu'il n'ait eu aussi à subir les additions et les retranchements* [...] *et que,* PAR AINSI, *il ne soit souvent difficile de le distinguer des lapidaires dont j'ai déjà parlé* (L. PANNIER, *Lapidaires fr. du moyen âge*, p. 189). — PAR AINSI *la victoire est le signe de la supériorité morale d'un peuple* (É. FAGUET, *Initiation philosoph.*, p. 146). — PAR AINSI *vous savez à quoi tout homme pense* (PÉGUY, *Ève*, p. 92). — *Aoustin* [...] *attrapait un falot* [...] *et éclairait* PAR AINSI *les deux bêtes* (CHÂTEAUBRIANT, *Brière*, p. 115). — *Je mettais des semelles d'amiante dans mes souliers, qui* PAR AINSI *devenaient trop étroits* (COLETTE, *Étoile Vesper*, p. 230). — *Au temps de notre jeunesse, la plupart des écrivains avaient payé leurs premiers livres et* [...] *ils entendaient,* PAR AINSI, *sauvegarder leur liberté* (DUHAMEL, *Biogr. de mes fantômes*, p. 219). — *Il* [= l'examen de conscience] *définit nos remords, les nomme, et* PAR AINSI *les retient dans l'âme* (BERNANOS, *Imposture*, p. 28). — *Je ne puis que me réjouir d'être* PAR AINSI *promis à partager un peu de sa gloire posthume* (M. CHAPELAN, dans le *Figaro litt.*, 11 nov. 1968).

Hist. — Pour Vaugelas (p. 82), *par ainsi* « n'est presque plus en usage ». Pourtant, Furetière donne encore la locution sans réserves en 1690. Marivaux la met dans la bouche de ses paysans (*Triomphe de l'amour*, I, 3 ; etc.) ; cf. aussi RESTIF DE LA BRETONNE, *Paysan perverti*, 1776, t. I, p. 26 (d'après un mémoire inédit d'A. Collet).

2° *Par après* « ensuite », qui avait disparu du franç. commun, mais qui s'était maintenu notamment en Belgique et au Québec, a retrouvé une certaine vitalité, vers le milieu du XXe s., dans des écrits d'érudition, de critique, de philosophie ; plutôt qu'à une influence régionale, n'a-t-on pas affaire à un archaïsme repris à un auteur comme Descartes ?

Comme nous l'indiquerons PAR APRÈS, *la plupart des écrivains qui tentent d'harmoniser poésie et science imitent son propos à l'envi* (A.-M. SCHMIDT, *Poésie scientif. en Fr. au XVIe s.*, 1970, p. 61). — *Même si les siècles nous donnent tort* PAR APRÈS, *ce n'est pas une raison pour nous donner tort par avance* (SARTRE, *Qu'est-ce que la littér. ?* Id., p. 44). — *Nous prions que s'arrêtent en ce point même de nos lignes, pour les reprendre* PAR APRÈS, *tous ceux de nos lecteurs qui* [...] (J. LACAN, *Écrits II*, pp. 122-123). — *Une langue est moins une somme de signes* [...] *qu'un moyen* [...] *de construire* [...] *un univers de langage, dont nous disons* PAR APRÈS [...] *qu'il exprime un univers de pensée* (MERLEAU-PONTY, *Prose du monde*, p. 45). — *Prétendre que Proust avait l'idée même confuse de l'unité préalable de la Recherche, ou bien qu'il l'a trouvée* PAR APRÈS, *mais comme animant dès le début l'ensemble, c'est le lire d'un mauvais œil* (G. DELEUZE, *Proust et les signes*, 1971, p. 124). — *Le troisième vient* PAR APRÈS *s'ajouter aux deux premiers* (G. GENETTE, dans *Poétique*, n° 11, 1972, p. 376). — *Le jugement fut corrigé* PAR APRÈS (C. CLÉMENT, *Vies et légendes de Jacques Lacan*, p. 86).

Auteurs belges : J. FELLER, dans le *Bulletin de la Société liégeoise de litt. wallonne*, 1897, p. 198 ; GHELDERODE, *Théâtre*, t. II, 1971, p. 213 ; Ch. de TROOZ, dans les *Lettres romanes*, févr. 1947, p. 94 ; etc.

Ces ex. de France pourraient refléter des usages régionaux : A.-M. Desrousseaux, trad. de : Nietzsche, *Humain, trop humain,* t. II, p. 193 ; G. Esnault, dans le *Fr. mod.,* janv. 1947, p. 41 ; Pourrat, cité dans le *Trésor,* qui donne *par après* comme « vieux, inusité ou régional » [formule étrange]). — Le *Trésor* cite aussi Milosz.

Hist. — Au début du XVII⁰ s., *par après* est encore vivant ; il est fréquent par ex. chez François de Sales et chez Descartes : [...] *pour se rafraischir, reprendre haleine et reparer ses forces, affin qu'elle puisse* PAR APRES *plus heureusement gaigner païs* (Fr. de Sales, *Intr. à la vie dév.,* Préf.). — ⁺*Qu'est-ce qu'un homme ? Dirai-je que c'est un animal raisonnable ? Non certes : car il faudrait* PAR APRÈS *rechercher ce que c'est qu'animal, et ce que c'est que raisonnable* (Desc., *Médit.,* II). — Pour Vaugelas, il a vieilli « et l'on dit *apres* tout seul » (p. 223). Cependant, il est encore chez Molière (*Étourdi,* III, 4) et même dans les dict. de la fin du siècle (Furetière, Acad.).

Vaugelas émet le même jugement sur le synonyme °*en après,* qui est encore employé par La Fontaine (*C.,* Feronde). Cette locution-ci a disparu plus complètement, sauf au Canada : *Je vas au magasin ;* EN APRÈS, *j'irai faire un tour* (dans Bergeron).

3° °*Par avant* « auparavant » survit aussi au Canada. Nous avons noté en outre ces deux ex., qui sembleraient représenter des usages régionaux de France :

Le vicaire-général [...] *ne pouvait pas deviner* [...] *si la mère était* PAR AVANT *jalouse* (Balzac, *Albert Savarus,* Pl., p. 764). — *Aucune des objections que tu m'as faites ne m'a surprise ; j'y avais songé moi-même* PAR AVANT (A. Lichtenberger, *Portraits de jeunes filles,* p. 2).

Hist. — *Par avant* a vieilli plus vite que *par après :* au XVII⁰ s., Brunot (*Hist.,* t. III, p. 365) ne l'a plus trouvé que chez les burlesques.

4° *Par contre,* qui n'est pas récent (cf. Hist.), est entré dans l'usage général, même le plus exigeant, dans la seconde moitié du XIX⁰ s., malgré la résistance des puristes et le revirement de l'Acad., qui l'a exclu en 1932 après l'avoir admis en 1835 et en 1878 (« dans le style commercial ») :

Je lirai les deux Moniteurs *où bavardent les provinciaux ; je vous indique,* PAR CONTRE, *le* Moniteur *du 31 octobre sur la « liberté » et l'« arbitraire »* (Stendhal, *Corresp.,* t. V, p. 83). — *Duroy,* PAR CONTRE, *dînait tous les jeudis dans le ménage* (Maupass., *Bel-Ami,* I, 8). — *S'il est laid,* PAR CONTRE *il est intelligent (Dict. gén.).* — PAR CONTRE, *le néerlandais a fait, à nos procédés de dérivation suffixale, plus d'un emprunt* (Brunot, *Hist.,* t. I, p. 395). — PAR CONTRE, *le glissement qui s'est produit pour* tout de même *ne me paraît pas déplorable* (Gide, *Incidences,* p. 74). — *Elle avait* PAR CONTRE *une mémoire de fourmi* (Giraudoux, *Bella,* III). — *L'exercice de cette charité,* PAR CONTRE, *n'était jamais hommage rendu à la médiocrité* (Saint Exupéry, *Pilote de guerre,* XXVI). — *L'individualisme à l'occidentale n'a pas de racines dans les masses chinoises. L'espoir de transformation,* PAR CONTRE, *est un sentiment très puissant* (Malraux, *Antimémoires,* p. 517). — *Nous ne voyons pas vos consciences !* PAR CONTRE, *votre vocabulaire* [...] *nous est plus accessible* (Bernanos, *Grands cimetières sous la lune,* Pl., p. 510). — *Aucune de ces assertions ne s'appuie sur des arguments probants.* PAR CONTRE, [...] *R. Van Waard a établi un rapprochement intéressant* (J. Frappier, *Chansons de geste du cycle de Guillaume d'Orange,* t. II, p. 58). — *Il en est resté une trentaine [= des chars] sur l'itinéraire.* PAR CONTRE, *de précieux compléments nous ont rejoints en chemin* (de Gaulle, *Mém. de guerre,* t. I, p. 48). — PAR CONTRE, *permettez-moi de le dire, quelle tristesse quand je vois des Français accepter d'être payés afin de publier des diatribes contre la politique algérienne de la France* (Pompidou, interview à la télévision, dans le *Monde,* 25 juin 1971).

Nous pourrions citer plus d'une centaine d'auteurs. Nous nous limiterons aux membres de l'Acad. fr. :

TOCQUEVILLE, *Souvenirs*, p. 334 ; TAINE, *Notes sur l'Anglet.*, 1890, p. 311 ; A. VANDAL, *Avènement de Bonaparte*, t. I, p. 257 ; H. de RÉGNIER, *Flambée*, III ; BOURGET, *Études et portraits*, t. I, p. 313 ; THEURIET, *Tante Aurélie*, p. 217 ; COPPÉE, *Souvenirs d'un Parisien*, p. 226 ; LOTI, *Exilée*, p. 122 ; FAGUET, *Hist. de la poésie fr.*, t. IV, p. 9 ; A. FRANCE, *Pierre Nozière*, p. 229 ; BÉDIER, *Fabliaux*, 5ᵉ éd., p. 128 ; HERMANT, *Vérités*, p. 54 ; BARRÈS, *Jardin sur l'Oronte*, VII ; M. PRÉVOST, *La nuit finira*, t. I, p. 268 ; L. MADELIN, *Danton*, p. 45 ; BOYLESVE, *Mˡˡᵉ Cloque*, VII ; FARRÈRE, *Civilisés*, III ; Éd. HERRIOT, *Sanctuaires*, p. 218 ; ESTAUNIÉ, *Appel de la route*, p. 331 ; VALÉRY, *Degas danse dessin*, Pl., p. 1214 ; G. LECOMTE, dans le *Larousse mensuel*, avril 1931, p. 681 ; VAUDOYER, *Laure et Laurence*, p. 43 ; É. HENRIOT, *Diable à l'hôtel*, II ; MONTHERLANT, *Service inutile*, p. 264 ; BAINVILLE, *Journal*, 10 déc. 1919 ; MORAND, *Champions du monde*, p. 154 ; DUHAMEL, *Possession du monde*, p. 235 ; Fr. MAURIAC, *Sᵗᵉ Marguerite de Cortone*, p. 141 ; COCTEAU, *Rappel à l'ordre*, p. 13 ; P. HAZARD, *Les livres, les enfants et les hommes*, p. 51 ; JALOUX, *Branche morte*, p. 37 ; DANIEL-ROPS, *Vouloir*, p. 9 ; GAXOTTE, *Hist. des Franç.*, t. I, p. 14 ; A. SIEGFRIED, *Aspects du XXᵉ s.*, p. 109 ; TROYAT, *Faux jour*, p. 90 ; J. RUEFF, dans la *Libre Belgique*, 13 févr. 1970.

On notera particulièrement la présence d'Abel Hermant dans cette liste ; nous avons relevé neuf fois chez lui la locution, que, comme grammairien, il rejette avec vigueur : « Façon de parler boutiquière » (*Samedis de M. Lancelot*, p. 236) ; etc. — Les puristes recommandent d'user d'*en compensation* ou d'*en revanche*, lesquels ne conviennent pas toujours, comme Gide le fait remarquer : « Trouveriez-vous décent qu'une femme vous dise : ' Oui, mon frère et mon mari sont revenus saufs de la guerre ; *en revanche* j'y ai perdu mes deux fils ' ? ou ' La moisson n'a pas été mauvaise, mais *en compensation* toutes les pommes de terre ont pourri ' ? » (*Attendu que...*, p. 89.)

Hist. — *Par contre* est parfois attesté au XVIᵉ s. : chez Calvin en 1545 (cf. Dauzat, dans le *Monde*, 28 juin 1950) et chez M. de l'Hospital (cf. Brunot, *Hist.*, t. VI, p. 1504). Depuis la même époque, l'anglais a *per contra* et l'italien *per contro*. — La locution franç. est critiquée vivement par Voltaire à partir de 1737 (cf. *Revue de philol. fr.*, 1912, pp. 97-98) ; c'est ce blâme que répercuteront Littré et les puristes, rejetant la locution dans le langage commercial. Littré reconnaissait d'ailleurs qu'elle n'était pas mal formée « puisque la langue française admet, en certains cas, de doubles prépositions », mais il l'aurait trouvée logique seulement si elle avait signifié « contrairement ».

f) Syntagmes divers.

Vaille que vaille. À qui mieux mieux (§ 688, Hist.). *À bouche que veux-tu* (§ 120, *b*). *Tant bien que mal. Ce nonobstant* (§ 310, Hist.). *Au prorata* [au lieu de *pro rata*, locution latine]. *Sens dessus dessous* (§ 667, Hist., 3). *Côte à côte, tête à tête* (§ 929, *g*). *Bel et bien* (§ 46, *e*). *Bon gré mal gré. Petit à petit.*

On pourrait citer aussi *Dieu sait où* (*... quand, ... pourquoi, ... comment*), *on ne sait où*, etc., *n'importe quand, n'importe où, n'importe comment*. Cf. § 373, *a*. Mais le figement de ces expressions n'est pas complet d'ordinaire. — *Dieu sait comme* est pourtant plus vivant que ne l'est en général *comme* par rapport à *comment* (§ 940).

N'importe comment, d'abord « d'une manière quelconque », a cessé d'être analysable quand il signifie « de toute façon », selon un usage qui paraît né au XXᵉ s. : *À part ça, N'IMPORTE COMMENT, qu'on ait des tarares ou qu'on n'en ait point, la vie de tous les jours, c'est quand même de travailler* (AYMÉ, *Jument verte*, IX). — *Le lecteur doit lire la citation dans son entier, N'IMPORTE COMMENT* (J. REY-DEBOVE, dans le *Fr. mod.*, janv. 1974, p. 79). —

N'IMPORTE COMMENT, *le service militaire était indispensable* (M. DROIT, *La coupe est pleine*, p. 80). — N'IMPORTE COMMENT *la situation n'était pas facile* (Fr. PARTURIER, *Calamité, mon amour...*, p. 265).

g) Formations de type **parasynthétique** (comp. § 175) au moyen d'une préposition (éventuellement accompagnée d'un article) et d'un suffixe.

1° *À la* + adjectif féminin :

Regarder À LA DÉROBÉE. *Filer* À L'ANGLAISE. *S'habiller* À L'EUROPÉENNE. *Agir* À LA LÉGÈRE, À L'ÉTOURDIE. *Un appartement meublé* À L'ANCIENNE. *Aller* À LA DOUCE (pop.) « passablement ».

Ces expressions ont peut-être pour origine l'ellipse d'un nom comme *manière* ou *mode*. Mais le procédé est devenu autonome dans tous les niveaux de langue, *à la* s'appliquant : — parfois à des noms qui reçoivent une finale féminine, — ordinairement et librement à des noms féminins ou à des noms masculins laissés tels quels, notamment des noms propres, — et aussi à des noms formés pour la circonstance.

— *Faire l'amour* À LA HUSSARDE (AC.). — *Il monte* [à cheval] À LA UHLANE (LA VARENDE, *Centaure de Dieu*, p. 112).

— *Être habillé* À LA DIABLE. *Conduire sa voiture* À LA PAPA.
Aussi dans des emplois adjectivaux ; par ex. *à la manque* « mauvais, raté » (fam.), *à la noix (de coco)* « faux » (pop.), °*à la con* « ridicule » (vulgaire) : *Que diable ce maître d'équipage* À LA MANQUE *venait-il faire sur la passerelle ?* (GIDE, trad. de : J. Conrad, *Typhon*, p. 117.) — *Françoise lui ayant dit que je venais de chez une princesse : « Ah ! sans doute une princesse* À LA NOIX DE COCO. » (PROUST, *Rech.*, t. II, p. 728.) [Présenté comme de l'argot parisien.] — *Il* [= Napoléon] *m'intéresse pas du tout, cet enflé, avec son chapeau* À LA CON (QUENEAU, *Zazie dans le métro*, I).

Emplois occasionnels : *Chaque vendeur accroupi* À LA SINGE (LOTI, *M*^{me} *Chrysanth.*, II). — *Une redingote* À LA PRÊTRE (VALLÈS, *Enfant*, XXII). — *Des scènes analogues,* À LA KEAN *et* À LA FRÉDÉRICK (BAUDEL., *Du vin et du haschisch*, II). — *Moustaches énormes* À LA GUILLAUME (Fr. MAURIAC, *Chemins de la mer*, XV). — *Des référendums* À LA SUISSE (Fr. MITTERRAND, cité dans le *Monde*, 14 juillet 1984, p. 5).

— *Conclure une affaire* À LA VA-VITE. *Enfants élevés* À LA VA-COMME-JE-TE-POUSSE.

Des expressions masculines comme les suivantes n'appartiennent pas à l'usage régulier, puisque le féminin est possible : *J'avais fini par aller voir la belle Hélène* [au théâtre à Berlin]. *Vous voyez ça en allemand — et joué* À L'ALLEMAND, *c'est-à-dire avec conviction et un inébranlable sérieux* (RAMUZ, *Lettres*, 18 janv. 1910). — *J'avais agi fort* À L'ÉTOURDI (J. PERRET, *Ernest le rebelle*, L.P., p. 176).

On a aussi des formations isolées avec d'autres prépositions : *En douce.*

2° Avec le suffixe *-ons* (parfois *-on*) et la préposition *à* pour désigner une position, un mouvement du corps : *À croupetons, à reculons, à tâtons, à califourchon.*

La variante *à croupeton*, seule forme donnée par Littré, est devenue rare : voir par ex. E. FARAL, *Vie quotidienne au temps de s. Louis*, p. 160. — On trouve aussi *à croppetons* :

VILLIERS DE L'ISLE-ADAM, *Nouveaux contes cruels,* Torture par l'espérance ; C. LEMONNIER, *Petit homme de Dieu,* XXIV ; HUYSMANS, cité par M. Cressot, *La phrase et le vocab. de J.-K. Huysmans,* p. 348 ; PÉLADAN et BOYLESVE, cit. *Trésor ; — à cropetons :* VERHAEREN, *Soir,* Chaumes ; CHÂTEAUBRIANT, *Meute,* II, 2 ; F. DESONAY, *Air de Venise,* p. 32 ; BARBUSSE, cit. *Trésor.*

Hist. — C'est un emploi particulier du suffixe *-on* (§ 168, 51). — On disait aussi dans l'ancienne langue *À bouchon* ou *à boucheton* « la bouche contre terre », *à genouillons, à ventrillons* « à plat ventre », *à chevauchons,* même sens que *à califourchon* (où *cali-* est d'origine discutée : du breton *kall* « testicules » ?), etc. — Certaines de ces expressions subsistent dans des usages régionaux.

3° Avec le suffixe *-ette* et la préposition *à :*

À l'aveuglette. — *Vendre à la sauvette* « en fraude, prêt à se sauver si la police arrive » ; de là *à la sauvette* « hâtivement » : *Les costumes se portent élimés, les repas se prennent* À LA SAUVETTE (R. KANTERS, *Des écrivains et des hommes,* p. 245). — *À la franquette* [par ex., chez MOL., *Méd. m. lui,* I, 5] a été remplacé par *à la bonne franquette.* Variante pop. °*à la bonne flanquette :* HUYSMANS, *Cathédrale,* p. 457. Variante rare °*en bonne franquette : Ses visites* EN BONNE FRANQUETTE *à la nature* (A. BRAGANCE, *Soleils rajeunis,* p. 46).

Avec d'autres prépositions : *En cachette.* — *Depuis belle lurette,* altération de °*depuis belle heurette : Une femme qui avait dépassé* DEPUIS BELLE HEURETTE *l'âge canonique* (A. PIER-HAL, *Antimachiavel,* p. 127). [°*Depuis lurette* (J. SEMPRUN, *Algarabie,* p. 217) n'est pas usité.]

Avec un autre suffixe : *De guingois* [de *guinguer,* sauter]. *En tapinois* [de *tapir,* par l'intermédiaire d'*en tapin*].

929　　**Locutions adverbiales de formes concurrentes.**

a) On a aujourd'hui le choix entre *d'avance* (le plus fréquent), *par avance* (surtout usité dans la langue écrite) et *à l'avance.* Ce dernier, qui n'est pas récent (cf. Hist.), « n'est pas conforme au bon usage », selon Littré ; mais cela n'était pas exact de son temps, comme le montrent, outre Littré lui-même, les plus grands auteurs du XIX° s., ainsi que l'Acad. (quoiqu'elle ignore *à l'avance* dans l'article *avance*), et cela ne l'est pas plus aujourd'hui.

D'avance : Beaucoup de jeunes filles ne se marient pas, et [...] il faut leur préparer D'AVANCE *une occupation* (TAINE, *Notes sur l'Anglet.,* 1890, p. 96). — *D'AVANCE il se la représentait* (PROUST, *Rech.,* t. I, p. 222). — *Le premier mois payé* D'AVANCE *[...] est [...] écoulé* (BERNANOS, *Imposture,* Pl., p. 486). — *On n'a pas des chemins tracés* D'AVANCE (S. de BEAUVOIR, *Mandarins,* p. 177). — *« Ah ! » faisait l'auditoire ravi* D'AVANCE (CESBRON, *Notre prison est un royaume,* L.P., p. 192). — *Elle ferma les yeux, épuisée* D'AVANCE (SAGAN, *Merveilleux nuages,* L.P., p. 144).

Par avance : Si j'avais su PAR AVANCE... (ARAGON, *Mise à mort,* p. 58.) — *[...] but que son âpre et patient désir a* PAR AVANCE *possédé* (BERNANOS, *Imposture,* Pl., p. 362). — *Ce n'est pas une raison pour nous donner tort* PAR AVANCE (SARTRE, *Qu'est-ce que la littérature ?* Id., p. 44). — *On lui porte le feuillet requis, qui pour être venu si vite avait dû être préparé* PAR AVANCE (PIEYRE DE MANDIARGUES, *Marge,* p. 153). — *Le son de ma propre voix [...] m'effrayait* PAR AVANCE (MALLET-JORIS, *Rempart des Béguines,* L.P., p. 20). — Autres ex. : MAUROIS, *Meïpe,* p. 32 ; G. DUHAMEL, *Pesée des âmes,* p. 219 ; MALRAUX, *Musée imaginaire,* Id., p. 56 ; G. MARCEL, *Homo viator,* p. 66 ; etc.

A l'avance : Coup monté, *coup préparé* À L'AVANCE, *prémédité* (AC., 1878 et 1935, s.v. *coup). — Faire des habillements* À L'AVANCE (LITTRÉ, s.v. *confection*) [voir aussi s.v. *monté,* 8°, et Suppl., s.v. *revolver]. — M. Mérimée s'y est pris* À L'AVANCE (SAINTE-BEUVE, *Portr. contemp.,* t. II, p. 363). *— Tous les joueurs de violon sont retenus trois semaines* À L'AVANCE (A. FRANCE, *Les dieux ont soif,* p. 355). *— J'écris huit jours* À L'AVANCE (GIDE, *Paludes,* p. 27). *— Le front était,* À L'AVANCE, *tracé par les ouvrages de la ligne Maginot* (DE GAULLE, *Mém. de guerre,* t. I, p. 10). *— Au lieu de s'engager docilement dans le lit préparé* À L'AVANCE *par la société* [...] (M. TOURNIER, *Vendredi ou les limbes du Pacifique,* F°, p. 119).

Autres ex. : NAPOLÉON, *Lettres inédites,* 6 janv. 1811 ; *Code civil,* art. 1748 ; STENDHAL, *Chartr.,* XXIV ; MUSSET, *Contes,* Pierre et Camille, IV ; NERVAL, *Illuminés,* Pl., p. 1097 ; J. JANIN, dans le *Journal des débats,* 10 janv. 1848 ; MÉRIMÉE, *Corresp.,* 3 nov. 1842 ; V. COUSIN, lettre publiée dans la *Revue des sciences humaines,* oct.-déc. 1970, p. 539 ; TOCQUEVILLE, *De la démocratie en Amér.,* I, I, 8 ; BARBEY D'AUR., *Vieille maîtresse,* Pl., p. 242 ; DUMAS fils, *Dame aux cam.,* I ; BAUDEL., *Art romant.,* XXI, 4 ; GOBINEAU, *Nouvelles asiat.,* p. 305 ; MAUPASS., *Notre cœur,* II, 6 ; LOTI, *Prime jeunesse,* XII ; BRÉAL, *Essai de sémantique,* p. 219 ; BARRÈS, *Dérac.,* p. 271 ; FAGUET, *Hist. de la poésie fr.,* t. X, p. 66 ; A. HERMANT, *Confidences d'une aïeule,* XII ; MAURRAS, *Anthinéa,* p. IX ; BERGSON, *Rire,* p. 116 ; PROUST, *Rech.,* t. I, p. 57 ; THIBAUDET, *Hist. de la litt. fr. de 1789 à nos jours,* p. 337 ; GIRAUDOUX, *Littérature,* p. 106 ; BERNANOS, *France contre les robots,* p. 180 ; MONTHERLANT, *Port-Royal,* p. 143 ; DAUZAT, *Dict. étymol. des noms de famille,* p. VII ; SAINT EXUPÉRY, *Pilote de guerre,* p. 65 ; J. ROMAINS, *Lettre ouverte contre une vaste conspiration,* p. 19 ; MALRAUX, *Antimémoires,* p. 503 ; A. CAMUS, *Justes,* p. 46 ; SARTRE, *Mots,* p. 10 ; H. BAZIN, *Vipère au poing,* XXII ; J. POMMIER, *Spectacle intérieur,* p. 118 ; BARTHES, *Éléments de sémiologie,* Introd. ; Cl. SIMON, *Bataille de Pharsale,* p. 96 ; etc.

Par l'avance est exceptionnel : *Pendant la mauvaise saison, ne pas s'engager* [...] *sur la route du col* [...] *sans s'être renseigné* PAR L'AVANCE (*Pyrénées,* Guides verts Michelin, 1969, p. 104).

Hist. — *À l'avance* est employé par Mme de SÉVIGNÉ (7 oct. 1676), mais elle ajoute : « comme on dit en Provence ». Avant cela, la locution est chez le Languedocien FERMAT en 1654 (lettre citée par Fr. Mauriac, *Bl. Pascal et sa sœur Jacqueline,* X), ainsi que chez MOLIÈRE (*Amph.,* II, 1). Pour le XVIIIe s., on peut citer LACLOS (*Liaisons dang.,* XCIX) et NECKER (cf. Brunot, *Hist.,* t. VI, p. 1516). — Les deux autres locutions sont attestées à la fin du XVIe s. : *par advance* dans une ordonnance de 1587 (Godefroy, Compl.), *d'avance* chez MONTAIGNE (*Ess.,* II, 37).

Remarque. — Sur *préparer, prévenir,* etc., *d'avance* (ou *par avance* ou *à l'avance*), voir § 172, 7, Rem.

b) La locution classique *tout de bon* « vraiment, réellement, sérieusement » est encore utilisable dans le registre distingué, mais on préfère, même dans la langue littéraire, *pour tout de bon* (ignoré par le *Trésor* et par beaucoup de dict.) et surtout *pour de bon* (considéré comme populaire par Littré, comme familier par le *Dict. gén.,* comme tout à fait normal par Robert), bien que l'Acad. ne signale que *tout de bon :*

Tout de bon : Christophe se fâcha, TOUT DE BON (R. ROLLAND, *Jean-Chr.,* t. VIII, p. 3). — *Il va périr* TOUT DE BON (MONTHERLANT, *Malatesta,* I, 2). — *Ce que nous sommes* TOUT DE BON, *nous n'avons pas besoin que les autres le croient* (J. ROSTAND, *Pensées d'un biologiste,* p. 239). — Autres ex. : SAND, *Fr. le champi,* I ; A. HERMANT, *Xavier,* 1923, p. 14 ; PROUST, *Les plaisirs et les jours,* p. 75 ; LARBAUD, *A. O. Barnabooth,* Journal intime, Pl., p. 245 ; THÉRIVE, *Libre hist. de la langue fr.,* p. 18 ; S. KOSTER, *Homme suivi,* p. 75.

Pour tout de bon : *Il en avait [...] la larme à l'œil* POUR TOUT DE BON (MUSSET, *Chandelier*,
II, 8 [1835]). — *Y aller* POUR TOUT DE BON, *sans arrière-pensée* (LITTRÉ, s.v. *franc*, adj., 12°).
— *Le Président* POUR TOUT DE BON *démissionna* (BARRÈS, *Appel au soldat*, t. I, p. 100). — *Il
l'a vu* POUR TOUT DE BON (BERGSON, *Rire*, p. 124). — *Elle allait s'enfuir* POUR TOUT DE BON
(J.-J. GAUTIER, *Hist. d'un fait divers*, p. 215). — Autres ex. : SAND, *Homme de neige*, t. I,
p. 119 ; FLAUB., *Mme Bov.*, I, 8 ; ZOLA, *Fortune des Rougon*, I ; VALLÈS, *Enfant*, XXII ; LOTI,
Aziyadé, III, 24 ; A. FRANCE, *Petit Pierre*, V ; BERNANOS, *Dialogues des carmélites*, II, 8 ;
AUDIBERTI, *Maître de Milan*, XVII ; QUENEAU, *Pierrot mon ami*, L.P., p. 94.

Pour de bon : *Mon ami, vous n'étiez donc pas triste* POUR DE BON [imprimé en italiques]*?
tant mieux* (SAND, *Corresp.*, 18 sept. 1831). — *Les enfants [...] prirent la fuite* POUR DE BON
(HUGO, *Trav. de la mer*, I, v, 5). — *Jean de Falaise a donné la sienne* [= son âme] POUR DE
BON (BAUDEL., *Art romant.*, I). — *Je la lui ai cachée pour rire, et c'est* POUR DE BON *qu'il ne
l'a pas trouvée* (A. FRANCE, *Crainquebille*, Cravate). — *Encore si les Cottard avaient pu savoir
qu'ils n'étaient pas invités* POUR DE BON, *mais pour l'amusement !* (PROUST, *Rech.*, t. I, p. 522.)
— *Simplifions* POUR DE BON, *regardons de près les réalités du langage et évitons le pédantisme*
(BRUNOT, *Pensée*, p. XI). — *Les voilà étendus autour de moi,* POUR DE BON *et à tout jamais*
(Fr. MAURIAC, dans le *Figaro litt.*, 12 nov. 1960). — *Moitié jeu, moitié* POUR DE BON, *le père
et le fils en vinrent aux mains* (YOURCENAR, *Œuvre au noir*, p. 38).

Autres ex. : MUSSET, *Contes*, Secret de Javotte, IV ; VERL., *Dédicaces*, XXXVIII ;
A. DAUDET, *Immortel*, p. 21 ; J. RENARD, *Journal*, 17 nov. 1893 ; LOTI, *Aziyadé*, IV, 1 ;
FAGUET, *Hist. de la poésie fr.*, t. XI, p. 19 ; HERMANT, *Grands bourgeois*, I ; GIDE, *Journal*,
3 oct. 1916 ; LÉAUTAUD, *Petit ami*, VI ; J. ROMAINS, *Lucienne*, p. 166 ; DORGELÈS, *Bouquet de
bohème*, L.P., p. 366 ; R. MARTIN DU GARD, *Thib.*, Pl., t. I, p. 1020 ; THÉRIVE, *Noir et or*,
p. 162 ; DUHAMEL, *Deux hommes*, p. 95 ; A. MAUROIS, *Cercle de famille*, p. 59 ; J. et
J. THARAUD, *Petite hist. des Juifs*, p. 115 ; MONTHERLANT, *Bestiaires*, L.P., p. 22 ; J. SCHLUM-
BERGER, *Éveils*, Œuvres, p. 303 ; Ch. DU BOS, *Grandeur et misère de B. Constant*, p. 13 ;
J. FRAPPIER, dans *Lumière du Graal*, p. 205 ; G. ANTOINE, dans le *Figaro litt.*, 27 oct. 1966 ;
IONESCO, *Rhinocéros*, p. 37 (indic. scénique) ; SARTRE, *Mots*, p. 208 ; ÉTIEMBLE, *Parlez-vous
franglais ?* 1973, p. 226 ; LE ROY LADURIE, *Carnaval de Romans*, p. 40 ; POIROT-DELPECH,
dans le *Monde*, 4 mai 1979 ; J.-Fr. REVEL, dans le *Point*, 25 juin 1984, p. 72 ; etc.

°*Du bon* et °*pour du bon* sont des variantes régionales : *Figurez-vous un peu un vieux type
— celui-là il était vieux* DU BON (GIONO, *Un de Baumugnes*, IV). — *Pour ces quelques-uns qui
ont veillé, et surveillé « *POUR DU BON* », comme vous dites, guettant sur la côte d'Azur, dans le
Verdon* (J. FAURE-COUSIN, *Une de Provence : Marie Mauron*, p. 91). — Autre ex., d'une Normande : A. ERNAUX, *Femme gelée*, p. 84. — Cela se dit aussi en Belgique.

Hist. — *Tout de bon* est un renforcement de *de bon*, que l'on trouve du XVe au XVIIe s.,
mais le premier l'emporte dès le XVIIe s. : *Puisqu'il vous plait que je die* DE BON, / *Je le feray
à vo commandement* (E. DESCHAMPS, cit. Littré). — +*Qu'il ait été promis ou* DE BON *ou par jeu*
(LA F., cité par Andersson, *Nouv. études sur... tout*, p. 230). — *Parlez-vous* TOUT DE BON *?*
(MOL., *Éc. des f.*, II, 5.) — *Mais c'est demain qu'il faut* TOUT DE BON *écouter* (LA F., *F.*, IV,
22).

Pour tout de bon *et* pour de bon *ne semblent pas antérieurs au XIXe s. Le premier est
pour Sandfeld (t. I, p. 418) un croisement de* tout de bon *et de* pour de bon. *Cependant, au
XIXe s.,* pour tout de bon *semble appartenir à un registre plus relevé que* pour de bon.

Remarque. — *Pour de bon* a servi de modèle aux locutions synonymes *pour
de vrai*, °*pour de sûr* et aux locutions antonymes °*pour de rire*, °*pour de rien*.

Pour de vrai, d'abord populaire (par ex., chez SAND, *Pet. Fadette*, XIX [1849]), est
devenu simplement familier ; certains auteurs l'emploient même dans des contextes sérieux :
La plus grande [...] devint ma femme POUR DE VRAI (MAUPASS., *C.*, Châli). — *Il y alla* POUR
DE VRAI (GIDE, *Journal*, t. I, p. 286). — *Il allait épouser* POUR DE VRAI *une cousine du*

Périgord (GIRAUDOUX, *Bella*, IV). — *Lucidor n'avait pas l'air méchant* POUR DE VRAI (É. HENRIOT, dans le *Monde*, 6 févr. 1952). — *Ils ne se sont pas demandé si Baudelaire souffrait* POUR DE VRAI (SARTRE, *Baudelaire*, p. 102). — *Elle ne rêvait pas, cette fois ; c'était* POUR DE VRAI *qu'elle le tenait tout éveillé, serré contre elle* (S. de BEAUVOIR, *Invitée*, L.P., p. 467). — *On ne lui permet sans doute pas de les* [= des blue-jeans] *porter* POUR DE VRAI *au lieu de cette robe à quarante mille francs* (Cl. SIMON, *Vent*, p. 62). — *Son père, fakir de cirque, a scié sa mère* POUR DE VRAI *par suite d'une erreur d'accessoire* (POIROT-DELPECH, dans le *Monde*, 26 sept. 1975).

Les Canadiens disent °*pour vrai : Ils vont penser qu'on fait des farces mais ça va être* POUR VRAI (R. DECHARME, *Hiver de force*, p. 15). — Avec le sens « vraiment » : *C'est beau* POUR VRAI (dans BERGERON, S.V. *pour*).

°***Pour de sûr*** est purement populaire : *Le mieux, à mon avis, ça serait que tu repartes gagner ta croûte pendant un temps au moins à l'étranger. De cette façon t'en seras* POUR DE SÛR *débarrassé... Elle ira pas te suivre là-bas n'est-ce pas ?* (CÉLINE, *Voy. au bout de la nuit*, F°, p. 586.)

°***Pour de rire*** est surtout du langage enfantin, parfois employé par badinage dans la langue des adultes, parfois aussi reflet du parler populaire : *C'est* POUR DE RIRE, *n'est-ce pas, la noce d'aujourd'hui ?* [dit un enfant de 10 ans] (VALLÈS, *Enfant*, II [1878].) — *Je vous affirme que je le rengueulerais et pas* POUR DE RIRE (CÉLINE, *Beaux draps*, p. 156). — *On allait donc se battre à Beauvais ? Et pas* POUR DE RIRE : *Cette cavalerie d'Exelmans, c'étaient de rudes soldats* (ARAGON, *Semaine sainte*, L.P., t. I, p. 367). — *Alors on triche. On dit : c'est* POUR DE RIRE. *Ou : c'est pour se souvenir* (D. DECOIN, *Il fait Dieu*, p. 106). — *Bref, on ne joue pas « pour rien », ni « POUR DE RIRE ». Et Lacan ne joua jamais gratuitement* (C. CLÉMENT, *Vies et légendes de Jacques Lacan*, p. 188). — Autres ex. : COLETTE et WILLY, *Claud. à Paris*, p. 170 (entre anciennes compagnes de classe) ; J.-J. GAUTIER, *Chambre du fond*, p. 53 (c'est un enfant qui parle).

°***Pour de rien*** est de la langue populaire : *Ah ! tu vas voir si je tolère qu'on vienne me tâter* POUR DE RIEN (CÉLINE, *Bagatelles pour un massacre*, cit. Damourette et Pichon, § 3031). — *Alors j'ai pris des comprimés... Mais tout ça* POUR DE RIEN... (J. AMSLER, trad. de : G. Grass, *Turbot*, p. 90).

c) Quoique ***en définitive*** « en conclusion » l'ait emporté sur °*en définitif*, cette dernière expression est parfois encore attestée au XIXe et au XXe s. :

EN DÉFINITIF, *je dois prévenir Votre Excellence que* [...] (STENDHAL, *Corresp.*, t. IV, p. 262). — *« L'effervescence » merveilleuse dont l'*Émile, *le* Contrat social, *la* Nouvelle Héloïse *furent* EN DÉFINITIF *le produit* (GUÉHENNO, *Jean-Jacques*, 1962, t. I, p. 329).

Hist. — *En définitive* est une réduction de *en sentence définitive ; en définitif*, de *en jugement définitif.* La première expr. paraît avoir toujours été plus fréquente. De la seconde, Girault-Duvivier cite des attestations du XVIIIe s. (Linguet, Malesherbes).

d) ***D'entrée de jeu*** « d'emblée » est courant et ancien ; *en entrée de jeu* est exceptionnel. En Suisse, on dit dans le même sens °*d'entrée de cause* et *d'entrée* tout court ; ce dernier, qui a été fréquent jadis, n'est pas inusité en France :

[...] *un manuel où* D'ENTRÉE DE JEU *on a moins visé à être complet qu'à donner l'essentiel* (FOULET, *Avertissement de 1928*). — *Cette intransigeance, la Chine populaire l'annonce et la souligne* EN ENTRÉE DE JEU, *dès l'ouverture de la négociation* (R. GUILLAIN, dans le *Monde*, sélection hebdom., 19-25 août 1971). — *D'*ENTRÉE, *Henri Médard* [...] *nous a prévenus* (L. ESTANG, dans le *Figaro litt.*, 20 avril 1967). [Autre ex. : Hellens, § 717, Hist. 3.]

e) On dit ordinairement ***sur ces entrefaites*** « juste à ce moment-là », mais on trouve diverses variantes :

Ils étaient en train de se disputer, SUR CES ENTREFAITE⸱ *survint un de leurs amis qui les sépara (Dict. contemp.).*

Sur les entrefaites : P. SOUVESTRE et M. ALLAIN, *Fantômas.* XVII ; DE GAULLE, *Mém. de guerre,* t. II, p. 76. — *Dans ces entrefaites :* BRUNETIÈRE, *Études sur le XVIIIᵉ s.,* p. 104, cité dans *Revue de philol. fr.,* 1914, p. 295. — *Sur l'entrefaite :* HERMANT, *Théâtre (1912-1913),* p. 291. — °*Sur ces entrefaits :* cf. *Trésor* (J. Verne, Goncourt, Sartre) et aussi *Fr. mod.,* janv. 1950, p. 60 (en Alsace).

Hist. — Littré relève *dans ces entrefaites* chez MARIVAUX *(Vie de Mar.)* et *sur l'entrefaite* chez LA FONTAINE *(F.,* VI, 8). Il y a eu d'autres variantes encore.

f) L'Acad. laisse le choix entre *à la perfection* et *en perfection* « parfaitement » ; c'est la première locution qui est surtout usuelle ; l'autre est littéraire, comme *dans la perfection,* que l'Acad. ne signale pas, non plus qu'*avec perfection,* qui est rare.

Le reste de la phrase est tourné À LA PERFECTION (HERMANT, *Chron. de Lancelot du « Temps »,* t. I, p. 355). — *Parlant notre langue* EN PERFECTION (J. GREEN, *Autre,* p. 44). — *Vous travaillez* DANS LA PERFECTION, *je le sais, dit* Mᵐᵉ *Goujet* (ZOLA, *Assomm.,* VI). — *Il serait injuste de négliger les écrivains « européens » qui savaient user de notre langue* DANS LA PERFECTION (Ch. BRUNEAU, *Petite hist. de la langue fr.,* t. I, p. 271). — *Ils écrivent* AVEC PERFECTION (H. CLOUARD, *Hist. de la litt. fr. du symbolisme à nos jours,* 1962, t. II, p. 622).

Autres ex. de *à la perfection :* J. RENARD, *Journal,* 6 sept. 1904 ; APOLLIN., *Flâneur des deux rives,* p. 18 ; TOULET, *Mon amie Nane,* IX ; ARLAND, *Étienne,* p. 138 ; G. DUHAMEL, *Lieu d'asile,* p. 117 ; Fr. MAURIAC, *Asmodée,* I, 6 ; etc. — De *en perfection :* CHAT., *Mém.,* III, I, IV, 11 ; MAUPASS., *Notre cœur,* I, 1 ; MIRBEAU, *Calvaire,* VI ; R. de GOURMONT, *Chemin de velours,* p. 189 ; HERMANT, *Confession d'un enfant d'hier,* III. — De *dans la perfection :* Al. DUMAS, *Tr. mousq.,* XXVII ; SAND, *Homme de neige,* t. I, p. 204 ; FLAUB., *Bouv. et Péc.,* éd. L., p. 181 ; RENAN, *Ma sœur Henriette,* III ; H. MALOT, *Sans famille,* I, 6 ; H. BECQUE, *Corbeaux,* I, 6 ; J. RENARD, *Coquecigrues,* Pl., p. 477 ; R. BAZIN, *Oberlé,* p. 54 ; M. AUDOUX, *Atelier de Marie-Claire,* VII ; MORAND, *Champions du monde,* p. 89 ; HÉRIAT, *Famille Boussardel,* XXIV.

Hist. — Les quatre formules sont attestées déjà au XVIIᵉ s. Mᵐᵉ de Sévigné en emploie trois : *à la* ... (12 févr. 1676) ; *en* ... (17 mars 1680) ; *dans la* ... (1ᵉʳ juin 1689).

g) On dit ***tête à tête,*** en parlant de deux personnes seules ensemble, comme on dit *face à face, nez à nez* (avec une idée d'imprévu), *bec à bec* [5] (familier), — et aussi *dos à dos, coude à coude, côte à côte,* etc. :

Nous passions TÊTE À TÊTE *de monotones soirées* (B. CONSTANT, *Ad.,* VIII). — *Mama Doloré laissa bientôt les jeunes gens* TÊTE À TÊTE (LARBAUD, *Fermina Márquez,* X). — *Pierre ne voyait plus beaucoup France* TÊTE À TÊTE (Fr. PARTURIER, *Calamité, mon amour...,* p. 307). — Autres ex. du XXᵉ s. : J. GREEN, *Adrienne Mesurat,* p. 38 ; R. MARTIN DU GARD, *Thib.,* Pl., t. I, p. 1099 ; COCTEAU, *Machine infernale,* L.P., p. 141 ; TROYAT, *Malandre,* p. 206 ; GAXOTTE, *Révolut. fr.,* L.P., p. 162 ; F. MARCEAU, *Années courtes,* p. 207 ; etc.

---

5. *Dans ce placard, nous étions* BEC À BEC, *comme tu aimes dire* (Fr. MAURIAC, *Adolescent d'autrefois,* p. 199). — Cette expr. est devenue peu courante.

Mais *tête-à-tête,* comme *coude à coude,* s'emploie aussi, nominalement, pour désigner la situation de deux personnes ainsi réunies :

Ils ont de fréquents TÊTE-À-TÊTE (AC.). — AVEC préposition : *Un bon souper,* EN TÊTE-À-TÊTE AIMABLE (HUGO, *N.-D. de Paris,* II, 7). — *Je n'ai jamais pu avoir de dextérité que* DANS LE TÊTE-À-TÊTE (TOCQUEVILLE, *Souvenirs,* p. 140). — *Il* [= Mallarmé] *m'a bien lu le « Coup de Dés » en 1897 ; mais c'était* DANS LE TÊTE-À-TÊTE (VALÉRY, *Degas danse dessin,* Pl., p. 1183). — DANS *notre court* TÊTE-À-TÊTE (GIDE, *Journal,* 26 juin 1943).

Il n'est donc pas anormal qu'*en tête-à-tête* serve d'équivalent de la locution adverbiale *tête à tête* (comme *au coude à coude* pour *coude à coude*), et l'on ne comprend pas pourquoi les puristes se sont effarouchés. Au demeurant, *en tête-à-tête* est reçu par le meilleur usage, dès le XIXᵉ s. ou même avant (cf. Hist.) ; on l'écrit souvent sans traits d'union, ce qui est moins satisfaisant.

Seul à seul, EN TÊTE-À-TÊTE (LITTRÉ, s.v. *seul,* 1°). — *Un peu étonnée de se trouver ainsi soutenant un beau jeune homme,* EN TÊTE-À-TÊTE *au milieu d'un mâquis* [*sic*] (MÉRIMÉE, *Colomba,* XIX). — *Armand Dubernet et Mᵐᵉ Agathe «finissaient» le gigot froid* EN TÊTE-À-TÊTE, *comme un vieux ménage* (Fr. MAURIAC, *Galigaï,* p. 151). — *Au cours des entretiens que nous eûmes* EN TÊTE-À-TÊTE (DE GAULLE, *Mém. de guerre,* t. III, p. 63).

Sans traits d'union : *Ils ont été se promener maritalement,* EN TÊTE À TÊTE (AC., 1835 et 1878, s.v. *maritalement*). — *Bec à bec,* EN TÊTE À TÊTE (LITTRÉ, s.v. *bec*). — *Entre quatre yeux* [...] EN TÊTE À TÊTE (AC. s.v. *œil*). — *Il m'arrive si rarement d'être* EN TÊTE À TÊTE *avec elle* (GIDE, *Symphonie past.,* p. 81).

Autres ex., du XIXᵉ s., avec traits d'union : SAND, *Diable aux champs,* IV, 5 ; BALZAC, *Pierrette,* IV ; MUSSET, *Il ne faut jurer de rien,* I, 1 ; Th. GAUTIER, *Mˡˡᵉ de Maupin,* IV ; BARBEY D'AUR., *Bague d'Hannibal,* XCIX ; FLAUB., *Mᵐᵉ Bov.,* I, 5 ; BAUDEL., *Petits poèmes en pr.,* XLII ; FROMENTIN, *Dom.,* IX ; MAUPASS., *Notre cœur,* II, 4 ; TAINE, *Notes sur l'Anglet.,* 1890, p. 301 ; GOBINEAU, *Adélaïde,* L.P., p. 48 ; A. DAUDET, *Petit Chose,* I, 1 ; BOURGET, *Voyageuses,* 1897, p. 209 ; etc. — Sans traits d'union : Prince de LIGNE, *Mémoires,* p. 137 ; STENDHAL, *Chartr.,* XXIII ; SAINTE-BEUVE, *Caus. du lundi,* t. I, p. 251 ; ZOLA, *Madeleine Férat,* VIII ; VALLÈS, *Insurgé,* XXXII ; A. FRANCE, *Crime de S. Bonnard,* p. 145 ; LOTI, *Mᵐᵉ Chrysanth.,* LI ; J. RENARD, *Journal,* 21 mars 1892 ; P. ARÈNE, *Domnine,* XXXII ; A. HERMANT, *Confidences d'une aïeule,* II ; etc.

Quoique *face à face* existe aussi comme nom, °*en face à face* est extrêmement rare : *D'Annunzio n'a pas daigné dire ce qu'il pensait d'Hérelle balancé sur la mer,* EN FACE À FACE *avec l'Hippodamie et l'Hermès d'Olympie* (R. KEMP, dans les *Nouv. litt.,* 20 mai 1948).

Vis-à-vis est un cas un peu différent : d'une part, les traits d'union montrent que l'expression n'est plus analysée, ce qui est normal, puisque *vis* « visage » a disparu ; d'autre part, *vis-à-vis* comme adverbe n'est pas très usité [6] ; enfin, comme *vis-à-vis,* en tant que nom, désigne soit la position de deux personnes ou de deux choses qui se font face, soit la personne ou la chose se trouvant en face, *en vis-à-vis* (qui ne semble pas avoir été contesté) équivaut tantôt à *face à face,* tantôt à *en face* :

Ces petits chevaux, EN VIS-À-VIS *par rangs de quatre, partaient d'une volée* (C. LEMONNIER, *Au beau pays de Flandre,* VI). — *La plupart des prisonniers arabes ainsi que leurs familles*

---

6. Littré, Robert, le *Grand Lar. langue* ne donnent que des ex. forgés, et les deux derniers déclarent l'emploi vieilli. En voici une attestation : *Sur la rive, un groupe d'hommes qui causent en regardant le coteau vis-à-vis* (A. DAUDET, *Contes du l.,* Aux avant-postes). — C'est plutôt un emploi absolu de la préposition *vis-à-vis de* « en face de » (§ 1022, 16).

s'étaient accroupis EN VIS-À-VIS (A. CAMUS, *Étranger*, II, 2). — *Longue et profonde, elle* [= une pièce] *unissait les ailes de l'appartement et avait des fenêtres* EN VIS-À-VIS *sur la cour, et dans le fond des jardins* (ARAGON, *Semaine sainte*, L.P., t. I, p. 52). — *Il suffit* [...] *de mettre* EN VIS-À-VIS, *en deux colonnes parallèles, mon authentique et cohérente théorie* [...] *et l'inauthentique chose* [...] *que mon détracteur déclare audacieusement être ma théorie* (G. GUILLAUME, dans le *Fr. mod.*, janv. 1960, p. 43). — [Voir déjà J.-J. ROUSS., *Conf.*, Pl., p. 354.]

Zabeth et sa fille [...] *prirent place, avec le commissaire et l'avocat* EN VIS-À-VIS (C. LEMONNIER, *Au beau pays de Flandre*, III). — *Marinette ne fut pas moins surprise d'avoir une face d'âne* EN VIS-À-VIS (AYMÉ, *Contes du chat perché*, L'âne et le cheval). — *On pourra lire* [dans une anthologie] *un passage du discours de Robespierre* [...] *et,* EN VIS-VIS, *la Marseillaise et la Carmagnole* (P. GARDETTE, dans *Revue de ling. rom.*, janv.-juin 1966, p. 209).

Hist. — Le nom *tête-à-tête*, au sens donné ci-dessus, date du XVIIᵉ s. *En tête à tête* est attesté dès le XVIIIᵉ : DIDEROT, *Rêve de d'Alembert*, p. 149 ; LACLOS, *Liaisons dang.*, LXXIX.

h) Dans *à mon insu,* on est fondé à voir une locution adverbiale, puisqu'*insu* ne s'emploie pas librement comme nom. Il faudrait alors faire remarquer que le possessif varie selon les besoins du message : *À ton insu, à leur insu,* etc. — Le phénomène est à envisager en relation avec la locution prépositive *à l'insu de,* comme avec d'autres locutions prépositives dont le régime peut être remplacé par un déterminant possessif : § 990, *a.*

i) De nouveau, à nouveau : § 967, *a.* — *Tout à coup, tout d'un coup :* § 967, *f.*

930   **Les adverbes en -*ment.***

Beaucoup d'adverbes sont des dérivés en -*ment* sur des adjectifs. Le procédé continue à être productif :

Sportivement, mondialement, planétairement, artisanalement, caractériellement sont du XXᵉ s.

Cette dérivation ne peut être considérée comme automatique ; il y a beaucoup d'adjectifs auxquels ne correspond pas d'adverbe en -*ment* dans l'usage ordinaire :

Concis (voir cependant plus loin § 931, *c*), *content, fâché, mobile, tremblant, vexé,* etc. — On doit recourir à des tours nominaux : *Avec concision, d'une manière concise, d'un ton fâché, d'un air fâché,* etc.

Les adjectifs de couleur n'ont pas de dérivé en -*ment,* sauf *vertement* au figuré (cf. cependant ci-dessous). Les restrictions s'appliquent aussi aux adjectifs concernant la forme (*rondement, carrément* au figuré seulement), moins nettement aux adjectifs exprimant une qualité d'un être animé, aux participes passés.

Les auteurs se risquent parfois à fabriquer des adverbes qui manquent dans la langue usuelle :

L'on se battit ACHARNÉMENT (LA VARENDE, *Heureux les humbles*, 1947, p. 129). — *Qu'est-ce que tu as là ? lui demanda le bonhomme en désignant* BOURRUMENT *du bout de son bâton la main* [...] (CHÂTEAUBRIANT, *Brière*, I). [Autres ex. : M. THIRY, *Romans, nouvelles, contes, récits,* p. 297 ; A. ARNOUX, cit. *Trésor.*] — *Je rêverais* CREUSEMENT [= chimériquement] *la liberté germanique* (CHAT., *Mém.*, IV, II, 11). [Déjà au sens « profondément » dans une lettre de FR. DE SALES, cit. Littré, Add.] — *Il écrivit à sa mère longuement,* DÉSOLÉMENT

(HERMANT, *Serge*, VII). [Autres ex. : GIDE, CARCO, dans le *Trésor ;* au début du XVIe s. : cf. Godefroy.] — [...] *dit Nehru à mi-voix, comme* MARGINALEMENT (MALRAUX, *Antimémoires*, p. 348). — *De plus en plus enclin à croire* MATÉRIALISTEMENT *qu'une part notable de la beauté réside dans les choses* (PROUST, *Rech.*, t. III, p. 770). — *Un être* MILLÉNAIREMENT *formé* (J. FOURASTIÉ, *Long chemin des hommes*, p. 278). — *Croire qu'ils ont pensé, et pensé* NEUVE-MENT (MONTHERLANT, *Solstice de juin*, p. 165).

On trouve de temps à autre dans la langue littéraire des adverbes tirés d'adjectifs de couleur : *Lavez-moi* BLANCHEMENT *de mes souillures* [prière d'une Japonaise] (LOTI, *Mme Chrysanth.*, XXVII). — *Le sang jaillit* ROUGEMENT *dans un verre* (E. et J. de GONC., *Mme Gervaisais*, LXXIX).

Hist. — Certains adverbes en *-ment* ont disparu de l'usage : par ex., *tremblamment* a existé en moyen fr. D'autres survivent plus ou moins dans la langue littéraire, comme *inespérément*, que Gide emploie encore à plusieurs reprises : *Il* [= un papillon] *s'est* INESPÉRÉ-MENT *posé sur le pupitre* [...] *où je parviens à le saisir sans l'abîmer* (*Voy. au Congo*, 24-25 août 1925). Voir aussi *Trésor* (ex. d'A. LHOTE).

Les poètes du XVIe s. recouraient volontiers à des adverbes tirés d'adjectifs de couleur : *Sa Deesse* [...] BLANCHEMENT *onctueuse* (SCÈVE, *Microcosme*, III). — *Peignant les siens* [= ses cheveux] JAUNEMENT *longz* (RONSARD, éd. L., t. IV, p. 42) [variante : BRUNEMENT].

Remarque. — Conformément à son origine (voir § suivant), *-ment* sert à former un grand nombre d'adverbes de manière, mais il donne aussi des adverbes appartenant à d'autres catégories.

Les adverbes en *-ment* étaient souvent considérés comme lourds selon le goût classique. Les auteurs modernes ne partagent ordinairement pas ce sentiment. Ces adverbes sont fréquents aussi dans la langue scientifique et technique.

931   **Procédés de formation des adverbes en *-ment*.**

a) **Règle générale :** le suffixe s'ajoute au féminin de l'adjectif.

*Grand, grande*MENT ; *beau, belle*MENT ; *vif, vive*MENT ; *grossier, grossière*MENT ; *doux, douce*MENT ; *sot, sotte*MENT ; *public, publique*MENT ; *sec, sèche*MENT ; *trompeur, trompeuse*MENT. *Chiquement* (de *chic*) s'est imposé alors que le féminin *chique* est fort rare (§ 546).

Hist. — Les adverbes en *-ment*, en dépit de leur apparence de mots dérivés, sont, à l'origine, des mots composés. On avait en latin des syntagmes constitués d'un adjectif féminin et de l'ablatif *mente* (du nom féminin *mens*, esprit) : *sana mente* « avec un esprit sensé » (CICÉRON, *De officiis*, III, 25). Peu à peu *mente* s'est affranchi et a perdu, dès le latin vulgaire (comme le montre l'usage des diverses langues romanes), sa signification d'« esprit » pour prendre celle de « manière », si bien qu'il ne fut plus qu'un simple suffixe, apte à s'attacher à toutes sortes d'adjectifs. C'est ainsi que le glossaire de Reichenau (VIIIe s.) traduit *singulariter* par *solamente*, d'où le fr. *seulement*. Comme *-ment* était, dans le principe, l'ablatif d'un nom féminin, on comprend pourquoi c'est à la forme féminine de l'adjectif qu'il s'est joint.

b) Quand l'adjectif est terminé au masculin par *-ai, -é, -i, -u*, le suffixe *-ment* s'ajoute à cette forme masculine :

*Vrai, vrai*MENT ; *aisé, aisé*MENT ; *poli, poli*MENT ; *éperdu, éperdu*MENT.

Exception : *gaiement ;* l'Acad. a renoncé à la variante *gaîment,* qui est encore dans des dictionnaires récents (Robert, par ex.). — Ils laissent aussi le choix entre *nûment* et *nuement ;* le *Dict. gén.* ne donnait que *nument.*

Un certain nombre d'adverbes dérivés d'adjectifs ou participes en *-u* ont un accent circonflexe sur le *u,* selon l'Acad. : *Assidûment, congrûment, continûment, crûment, dûment, goulûment, incongrûment, indûment, nûment.*

Certains dict. écrivent *drûment* et *fichûment.* Il vaut mieux écrire sans accent ces deux adverbes, d'ailleurs assez rares (l'Acad. les ignore) : *Fenêtres [...]* DRUMENT *treillissées d'épais barreaux de fer* (HUGO, *N.-D. de Paris,* X, 5).

Hist. — On a écrit jadis *vraiement, aiseement,* etc. selon la règle générale. L'*e* « muet », qui avait cessé de se prononcer après voyelle sans doute dès le XVᵉ s., n'a disparu que lentement dans l'écriture des adverbes. Le dict. de Nicot en 1621 présente un usage peu cohérent : *Poliement,* mais *hardiment, joliment ; aiseément* et *aisément ;* etc. En 1647, Vaugelas rejette « *esperduement, ingenuement,* comme l'escrivoient les Anciens, et encore aujourd'huy quelques uns de nos Autheurs » (p. 442) ; par contre, il demande un accent circonflexe sur *polîment* et *absolûment* pour marquer la suppression de l'*e.* — De là vient l'accent que l'Acad. maintient sur *assidûment,* etc., mais non sur *éperdument, ingénument, résolument,* etc. On ne voit pas la justification de cette disparate, qui complique inutilement l'orthographe française.

c) Certains adverbes présentent la finale *-ément* au lieu de la finale *-ement* qu'on attendrait suivant la règle générale (cf. *a)* :

aveuglément	diffusément	importunément	opportunément
commodément	énormément	incommodément	précisément
communément	expressément	indivisément	profondément
conformément	exquisément	intensément	profusément
confusément	immensément	obscurément	uniformément

L'Acad., jusqu'en 1878, comme Littré et le *Dict. gén.,* écrivait *exquisement* et *opiniâtrément.* Elle a opté pour *exquisément* et *opiniâtrement* en 1932-1935. L'usage reste partagé.

Exquisement : PROUST, *Rech.,* t. I, p. 249 ; GIDE, *Journal,* 14 sept. 1941 ; MONTHERLANT, *Jeunes filles,* p. 119 ; J. RIVIÈRE et M. VAN DER MEERSCH, cit. *Trésor.* — *Exquisément :* R. ROLLAND, cit. *Trésor ;* R. KEMP, dans le *Monde,* 15 oct. 1952 ; Le Cyclope [= M. CHAPELAN], dans le *Figaro litt.,* 29 déc. 1969 ; Cl. MAURIAC, *Espaces imaginaires,* p. 195. *Opiniâtrement :* Th. GAUTIER, *Voy. en Russie,* p. 124 ; MALRAUX, *Temps du mépris,* p. 46 ; A. FRANÇOIS-PONCET, dans le *Figaro litt.,* 15 oct. 1960 ; R.-L. WAGNER, dans *Mélanges Grevisse,* p. 336 ; PIEYRE DE MANDIARGUES, *Marge,* p. 12 ; GAXOTTE, dans le *Figaro,* 16 juin 1973. — *Opiniâtrément :* HUGO, *Avant l'exil,* Nelson, p. 34 ; BARBEY D'AUR., *Vieille maîtresse,* Pl., p. 275 ; BAUDEL., *Pet. poèmes en pr.,* XX ; Ch. BALLY, *Traité de stylist.,* § 114 ; S. de BEAUVOIR, *Force des choses,* p. 110.

Intensément, rare avant la fin du XIXᵉ s., s'est imposé depuis dans l'usage littéraire, malgré l'opposition des puristes :

Hier je travaillai assez INTENSÉMENT *tout le jour* (BARBEY D'AUR., *Memoranda,* 17 nov. 1837). — *Prier* INTENSÉMENT (VERL., *Bonheur,* XXIV). — *Quand nous vivons* INTENSÉMENT, *sans doute prenons-nous la part des autres, dont la vie doit diminuer* (J. RENARD, *Journal,* 29 févr. 1896). — *C'est du fusain pilé dans l'encre de Chine, de manière à faire un mortier presque sec, qui tache les doigts [...]* INTENSÉMENT (WILLY et COLETTE, *Claud. à l'école,* p. 78). — *Des hommes [...] qui poursuivent un même résultat auquel ils s'intéressent* INTENSÉMENT

(BARRÈS, dans la *Patrie*, 23 janv. 1903). — *Je sentais* INTENSÉMENT *que cette détresse était beaucoup trop forte pour cette petite âme palpitante* (GIDE, *Porte étr.*, I).

Autres ex. : PROUST, *Rech.*, t. II, p. 605 ; BOURGET, *Drame dans le monde*, p. 52 ; J. BOULENGER et A. THÉRIVE, *Soirées du Grammaire-Club*, p. 203 ; Fr. MAURIAC, *La chair et le sang*, VIII ; MONTHERLANT, *Démon du bien*, p. 151 ; GENEVOIX, *Rroû*, p. 14 ; LA VARENDE, *Roi d'Écosse*, p. 215 ; G. DUHAMEL, *Archange de l'aventure*, p. 207 ; MALRAUX, *Condition hum.*, p. 86 ; H. BOSCO, *Malicroix*, p. 245 ; SARTRE, *Les jeux sont faits*, p. 183 ; TROYAT, *Signe du taureau*, p. 159 ; Ét. GILSON, *Société de masse et sa culture*, p. 65 ; BILLY, dans le *Figaro litt.*, 12 nov. 1960 ; VAILLAND, *Loi*, L.P., p. 138 ; POMPIDOU, *Anthologie de la poésie fr.*, L.P., p. 35 ; S. de BEAUVOIR, *Deuxième sexe*, t. I, p. 214 ; P.-H. SIMON, dans le *Monde*, sélection hebdom., 17-23 avril 1969 ; GRACQ, *Au château d'Argol*, p. 58 ; LE CLÉZIO, *Guerre*, p. 212 ; etc.

Thérive (*Querelles de lang.*, t. I, pp. 30-32) aurait voulu faire prévaloir *intensement* (qui a été attesté une fois au XIVᵉ s. : Wartburg, t. IV, p. 746) ; mais en vain. Les puristes prônent d'habitude *intensivement* (dérivé d'*intensif*) parce qu'il est dans Littré ; il est, naturellement, encore disponible :

S'il est un type d'anecdotes qui semblent INTENSIVEMENT *drôles à ceux qui les ont vécues, mais ne le sont que pour eux, ce sont bien les souvenirs de régiment* (P.-H. SIMON, dans le *Monde*, 18 mars 1964). — *On commence à emprunter* INTENSIVEMENT *au grec* (P. GUIRAUD, *Mots savants*, p. 10). — *Avant 1940, les Français craignaient de perdre une position politique dont ils éprouvaient* INTENSIVEMENT *la précarité* (Raym. ARON, dans le *Figaro*, 10 nov. 1973).

Autres adverbes en *-ément* :

Obtusément « avec un esprit obtus » (donné par Bescherelle) est à peine moins rare qu'*obtusement* (dans Littré, etc.) : *Elle demeurait* OBTUSÉMENT *convaincue* (GIDE, *Symphonie past.*, M.L.F., p. 39). — *La compagne aveugle et* OBTUSÉMENT *éprise* (DAUDET, cit. *Grand Lar. langue*).

°*Cochonnément* « comme un cochon » : *Se cocarder* [= s'enivrer] COCHONNÉMENT (ZOLA, *Assomm.*, III).

°*Concisément :* LÉAUTAUD, cit. *Trésor*.

Au lieu d'**inversement,** on trouve parfois °*inversément*, surtout chez des auteurs belges ou suisses : A. CARNOY, *Science du mot*, p. 109 ; R. BÉGUELIN, *Un faux témoin : la Suisse*, p. 195. — Auteur fr. : VAN GENNEP, *Manuel de folklore fr. contemp.*, t. IV, p. 716.

Littré, se citant lui-même, donne **posthumement** (Suppl.) : *Des lettres et des papiers publiés* POSTHUMEMENT. Voir aussi H. CLOUARD, *Hist. de la littér. fr. du symbolisme à nos jours*, 1962, t. II, p. 586 ; J.-L. BORY, *Eugène Sue*, p. 124. — On trouve aussi *posthumément :* VERL., *Épigrammes*, XVI, 2 ; GIDE, *Geneviève*, I ; GHELDERODE, *Christ. Colomb*, III ; R. GROUSSET, *Empire des steppes*, p. 339 ; M. FOMBEURE, dans le *Bulletin de la N.R.F.*, janv. 1967, p. 4 ; Le Cyclope [= M. CHAPELAN], dans le *Figaro litt.*, 8 sept. 1969.

Hist. — La substitution de *-ément* à *-ement* est surtout due à l'influence analogique des adverbes où *-ément* résulte d'une application du *b)* ci-dessus : *assurément, aisément,* etc. dérivés d'*assuré, aisé,* etc. — Certains des adverbes cités dans le *c)* peuvent avoir été tirés de participes passés en *-é : Aveuglé, conformé,* etc. Voir Tobler, *Mél.*, pp. 118-129, qui croit aussi à l'influence d'adverbes latins comme *confuse* prononcé [kɔ̃fyze], etc.

L'hésitation entre *opiniâtrément* et *opiniâtrement* existait déjà au XVIIᵉ s. À cette époque, d'autres adverbes ont eu une forme en *-ément : extrémément* est dans Vaugelas, p. 444 ; Voltaire critique en 1769 *intimément* (encore relevé au XXᵉ s. par des collaborateurs de Wartburg, t. IV, p. 766) et *unanimément :* cf. Tobler.

d) Aux adjectifs en *-ant* et *-ent,* correspondent des adverbes terminés en *-amment* et en *-emment ;* on prononce dans les deux cas -[Amã].

*Puissant, puiss*AMMENT. *Prudent, prud*EMMENT.

Exceptions : *Lent, lentement ; présent, présentement ; véhément, véhémentement.*

Notamment, précipitamment viennent des participes présents *notant, précipitant.*

Hist. — Aux adjectifs qui en anc. fr. n'avaient qu'une forme pour les deux genres (cf. § 529, Rem. 3, Hist.), *fort, grant, mortel,* etc. correspondaient régulièrement des adverbes *forment, gramment, mortelment,* etc., lesquels ont été refaits en *fortement, grandement, mortellement,* etc. lorsque les adjectifs ont reçu par analogie les féminins *forte, grande, mortelle,* etc. Les anciennes formes n'ont disparu que peu avant l'époque classique.

Gentiment est la seule survivance. °*Gentillement* n'a pas réussi à s'imposer, sinon dans des usages populaires et régionaux : SAND, *Pet. Fadette,* XXI ; FLAUB., *Corresp.,* cit. *Trésor* [avec la mention peu adéquate « vieux »] ; P. GRAINVILLE, *Forteresses noires,* p. 19.

Les participes présents en *-ant,* qui avaient eux aussi une forme unique, ont donné des adverbes sans *e* féminin : *puissamment, vaillamment,* etc. (= *puissant-ment,* le *t* s'amuïssant dans cette position et *n* s'assimilant à *m*) ; de même pour les adjectifs empruntés au latin : *élégamment,* etc. Ces formes se sont conservées jusqu'à nos jours, avec dénasalisation : -[ãmã] > -[Amã]. Elles ont résisté aux formes analogiques que l'on trouve parfois en moyen fr. ou dans des parlers régionaux (°*pesantement* au Québec, par ex.). On a même continué à faire des adverbes sur ce modèle : *épatamment.*

Parmi les adjectifs empruntés en *-ent* (lat. *-ens*), quelques-uns ont suivi la règle générale : *présentement, véhémentement.* La plupart se sont rangés, non sans que l'usage hésite, dans la même catégorie que *puissamment* et ont suivi la même évolution phonétique : *négligemment, prudemment,* etc. [-Amã]. Cette catégorie inclut aussi des adverbes tirés d'adjectifs qui avaient un féminin en *-e : dolemment,* de *dolent,* du lat. vulg. **dolentus* (comme le montre le fém. *dolente,* déjà dans *Alexis,* 132) ; *violemment,* de *violent,* emprunté au lat. *violentus.* — Cette analogie n'a pas eu d'influence sur *lentement* (de *lent,* lat. *lentus*).

e) Adverbes provenant d'adjectifs tombés en désuétude :

Brièvement, grièvement, journellement, de *brief* (aujourd'hui *bref*), *grief, journel. Neutralement, prodigalement,* assez rares, de *neutral, prodigal* (à moins que ce ne soient des calques des adverbes latins *neutraliter, prodigaliter*). — *Traîtreusement,* de *traîtreux,* qui n'est pas tout à fait tombé en désuétude : *Lésions* TRAÎTREUSES (R. MARTIN DU GARD, *Thib.,* Épil., p. 56). — *Petits coups de griffe* TRAÎTREUX (R. ROLLAND, dans le *Figaro litt.,* 26 avril 1952). — *Confidemment* « en confidence » (vieilli) remonte à un anc. adj. *confident.*

Gentiment vient d'une ancienne forme féminine *gentil :* cf. Hist. de *d).*

f) Quelques adverbes en *-ment* ne sont pas tirés d'adjectifs :

De noms : *Vachement* (très fam.), *bougrement* (très fam.), *diablement, diantrement* (de *diantre,* euphémisme pour *diable*), mais *bougre, diable* et *diantre* servent aussi de mots-phrases. — Formations rares ou occasionnelles : *Elle alla* CHATTEMENT [= d'une manière enjôleuse] *à lui* (BALZAC, *Pons,* XXXIV) [ex. de THEURIET, dans Nyrop, III, § 612]. — *Chiennement* « impudiquement » : BLOY, cit. *Trésor.* — *Ce qu'il pense pouvoir appeler un peu* CUISTREMENT *une « systase »* (POIROT-DELPECH, dans le *Monde,* 15 nov. 1973) [mais *cuistre* est parfois adjectif]. — *On ne tarde pas à s'apercevoir que l'on suit* MOUTONNEMENT *un bien grand lieu commun* (QUENEAU, *Bâtons, chiffres et lettres,* Id., p. 101).

De déterminants : *Aucunement, nullement, mêmement* (§ 986, *d*).

De mots-phrases : *Bigrement* (fam.) [mais *bigre* a été nom], *fichtrement* (fam.), °*foutrement* (trivial).

D'adverbes (dérivation pléonastique : cf. § 164, *a*, Rem.) : *Comment, quasiment ;* au Québec, °*presquement.* (Pour *vitement,* voir Rem.) — *Prématurément* vient d'un anc. adverbe *prématuré* empr. du lat. (§ 173, *c*, Rem.). De même *impunément,* d'abord attesté au sens « sans inconvénient » (en 1545, PELETIER DU MANS, cit. Brunot, *Hist.*, t. II, p. 223), doit avoir été tiré de l'adverbe latin *impune,* de même sens. *Impuni(e)ment,* qui n'est attesté qu'ensuite (et qui a disparu au XVIIᵉ s.), signifiait « sans être puni » et dérive régulièrement d'*impuni.* — *Nuitamment* est une altération de l'anc. fr. *nuitantre* (du lat. *noctanter*) sous l'influence des adv. en -*amment* (cf. *d*, ci-dessus). — *Sciemment,* réfection, d'après le lat. *scire* « savoir », de l'anc. fr. *esciemment,* lequel pourrait avoir été tiré de la loc. adv. *a escient* (*à bon escient* aujourd'hui).

De la locution adjectivale *tel quel* avec double suffixation : *tellement quellement* « tant bien que mal ». Cette locution adverbiale est devenue rare au XXᵉ s., même dans la langue littéraire : *Ce sont les faits qui obligent à ne pas se contenter de la correction que les mœurs apportent* TELLEMENT QUELLEMENT *aux abus* (G. LANSON, *Essais de méthode, de critique et d'hist. litt.*, p. 330). — *Sa cravate était nouée* TELLEMENT QUELLEMENT (BOURGET, *Drame dans le monde*, p. 13). — *Je rapprochais,* TELLEMENT, QUELLEMENT, *les lèvres des déchirures* (G. DUHAMEL, *Biographie de mes fantômes*, p. 133). — Ex. du XIXᵉ s. : CHAT., *Mém.*, I, VII, 3 ; MÉRIMÉE, *Corresp.*, 3 août 1840 ; MICHELET, *Bible de l'humanité,* 1864, p. 317 ; LITTRÉ, Préf., p. XXIX ; TAINE, *Origines de la Fr. contemp.*, t. V, 1906, p. 291.

Remarque. — *Vitement* ne dérive pas de l'adv. *vite*, mais de l'ancien adj. *vite* (§ 198, *b*). Il est « familier et peu usité » pour l'Acad. Il se trouve encore au lieu de *vite* dans la langue littéraire comme archaïsme et dans certains usages régionaux (notamment au Canada) :

Elle sortit VITEMENT *des abords de la carrière* (SAND, *Pet. Fadette*, XX). — *Tu pleureras l'heure où tu pleures / Qui passe trop* VITEMENT (APOLLIN., *Alc.*, À la Santé, V). — Autres ex. : BAUDEL., PÉROCHON, cit. *Grand Lar. langue.*

Degrés des adverbes

932   Comme les adjectifs (§§ 549-555), certains adverbes admettent des **degrés.**

Ce sont : *loin, près, longtemps, souvent, tôt, tard ;* — les adjectifs employés adverbialement avec des verbes (§ 926) ; — certaines locutions adverbiales ; — la plupart des adverbes en -*ment ;* — *beaucoup, peu, bien, mal.*

À l'exception du comparatif des quatre derniers cités (voir § suivant), les degrés se marquent par des adverbes : *C'est un peu loin, assez loin, très loin, moins loin, plus loin, trop loin,* etç. — Ces adverbes sont présentés plus loin (§§ 943 et suiv.).

Remarques. — 1. Sur la locution-phrase *Plus souvent !* signifiant « Jamais de la vie ! » voir § 1050, *a*.

2. Les écrivains donnent parfois des degrés à des adverbes qui en sont dépourvus dans l'usage ordinaire. Il s'agit de surenchérir sur l'adverbe déjà exprimé :

Et parlait-elle de moi ? — JAMAIS, *répondit Sancha, et* TELLEMENT JAMAIS, *que* [...] *le vieux don Jaime lui avait fait une fois le reproche d'avoir oublié un voisin si aimable* (STENDHAL, *Chron. ital.*, Le coffre et le revenant). — *C'étaient* AUTREFOIS *des Élysées-Montmartre* [...] ; *et* TRÈS, TRÈS AUTREFOIS, *des Idalies, des Tivolis* (LÉAUTAUD, *Petit ami*, V).

L'adverbe n'a pas été exprimé sans degré dans le contexte immédiat, mais cela est implicite : [...] *ce projet à peine conscient de m'en aller aussi, de m'en aller même plus loin que mon frère, et* PLUS PARTOUT, *par le monde* (LOTI, *Roman d'un enfant*, LXXIV).

Autre cas, mais *notamment* n'est pas un véritable adverbe : *Toute la distribution — Arlette Schreiber et Irène Chabrier,* TRÈS NOTAMMENT [...] — *trouve le ton exact* (J. LEMARCHAND, dans le *Figaro litt.*, 13 avril 1963).

La langue parlée emploie **au grand jamais** pour renchérir sur *jamais,* **au grand plus tard** pour renchérir sur *au plus tard,* mais parfois le premier adverbe n'est pas exprimé :

JAMAIS, AU GRAND JAMAIS, *il ne se serait attendu à être torturé par un bourreau* (LAUTRÉAMONT, *Chants de Mald.*, p. 154). — *J'y serai à deux heures moins le quart deux heures :* AU PLUS TARD, AU GRAND PLUS TARD, *deux heures* (ex. oral, cit. Damourette-Pichon, § 723). *Du diable, si,* AU GRAND JAMAIS, *elle a mis plus de six secondes à venir ouvrir la porte !* (COURTELINE, *Boubouroche*, I, 3.) — *Toi que mes bras* AU GRAND JAMAIS *n'enlaceront* (ARAGON, *Yeux d'Elsa*, p. 66).

3. Lorsque *bien* marque le degré, il est incorrect de lui adjoindre *très :*

M. Paul Alexis, garçon TRÈS BIEN *mieux, et on peut dire pas fier* (P. CÉZANNE, *Corresp.*, fin nov. 1868).

Dans *bientôt,* qui forme une unité aujourd'hui, *bien* a perdu sa valeur de marque de degré et est souvent précédé de *très* dans la langue familière pour marquer un futur tout proche :

Je serai, TRÈS BIENTÔT, *l'objet d'un scandale retentissant* (VERCORS, *Animaux dénaturés*, p. 130). — *Mais elle allait le revoir bientôt,* TRÈS BIENTÔT (TROYAT, *Les semailles et les moissons*, p. 423). — *Ce qu'il écrit est la préfiguration de ce qu'il va être. Bientôt.* TRÈS BIENTÔT (A. LANOUX, *Maupassant le Bel-Ami*, p. 248).

Lorsque *bien* ne marque pas le degré, il peut être précédé de *très :*

Une femme TRÈS BIEN. — *Sa fabrique marche* TRÈS BIEN (FLAUB., *Éd. sent.*, II, 2). — *Bravo !* TRÈS BIEN ! — *Il peut* TRÈS BIEN *avoir raison.* — *Notre homme est* TRÈS BIEN *capable de te faire coffrer* (R. ESCHOLIER, *Quand on conspire*, p. 206). — On entend parfois : *Vous êtes le très bienvenu* (par ex., dans un discours de J. TORDEUR, dans le *Bull. de l'Acad. royale de langue et de litt. fr.* [de Belgique], 1983, p. 291), comme si on rendait à *bien* une autonomie qu'il a perdue, puisqu'il est aggluttiné.

On ne dit pas °*très beaucoup.* — Sur *très fort,* voir § 954, *b*, Rem. 1.

4. °***Tout partout*** est resté (cf. Hist.) dans le parler de bien des régions, et certains auteurs s'en servent pour représenter ce langage :

Elle expose à Brasilia, à Paris, TOUT PARTOUT (R. DUCHARME, *Hiver de force*, p. 19). — Autres ex. : VERL., *Invectives*, VII ; COLETTE, *Envers du music-hall*, Sel., p. 47 ; POURRAT, *Trésor des contes,* Le diable et ses diableries, p. 402 ; CÉLINE, *Guignol's band,* L.P., p. 120 ; CAVANNA, *Ritals,* Tu m'as compris. — Sartre l'emploie sans intention particulière dans des notes qu'il prenait pour lui-même : *Moi qui étais jusqu'à hier* [...] *étendu* TOUT PARTOUT *sur mon univers comme une toile d'araignée* (*Carnets de la drôle de guerre*, p. 402).

On dit régulièrement : *Absolument partout, vraiment partout.*

Hist. — *Tout partout* a appartenu au français commun jusqu'au début du XVIIᵉ s. : il est déjà chez Chrétien de Troyes (*Perc.*, éd. R., 1752) et encore chez Montaigne (I, 18 ; II, 17...), chez M. Régnier (*Sat.*, VI), chez Malherbe (cf. Wartburg, t. XIII, 2ᵉ partie, p. 126). Mᵐᵉ de Sévigné s'en amuse, en évoquant le langage d'une couturière (8 et 26 févr. 1690).

5. *Si* est pléonastique dans les formules °*si tant,* °*si tellement,* °*si beaucoup,* qui appartiennent au langage populaire de partout.

Les auteurs mettent °*si tellement* dans la bouche de leurs personnages : *Ils s'entendaient* SI TELLEMENT *bien entre eux autrefois* (CLAUDEL, *Pain dur*, I, 3). De même, LA VARENDE, *Cœur pensif...*, p. 100. [En revanche dans Sade, c'est le narrateur qui écrit : *Un comte de Lorsange* [...] *devint* SI TELLEMENT *épris d'elle qu'il se résolut de lui donner son nom* (*Infortunes de la vertu*, p. 86).]

°*Très tellement* est tout à fait inattendu chez un académicien : *Mais je traîne surtout avec moi une agaçante et encombrante image d'«homme de télévision», ce qui n'est pas* TRÈS TELLEMENT *bien vu ici* (M. DROIT, *Clartés du jour*, p. 26).

933 Certains adverbes ont des **formes synthétiques** pour marquer des degrés :

a) Beaucoup, peu, bien, mal ont comme comparatifs de supériorité respectivement *plus, moins, mieux* et *pis,* qui s'emploient aussi comme superlatifs relatifs, ordinairement avec l'article (cf. § 949) :

Il travaille BIEN. *Il travaille* MIEUX *que son frère. C'est lui qui travaille* LE MIEUX.

Plus sert de comparatif de supériorité aussi à *très* et à *bien* (quand celui-ci marque le degré).

Comme on ne peut dire *moins beaucoup (ou *moins très), **moins peu, moins* et *plus,* qui remplissent cette fonction, servent donc de comparatifs d'infériorité. — De même, *autant* sert de comparatif d'égalité à *beaucoup* et à *très,* car **aussi beaucoup,* *aussi très sont exclus.

Alors que l'on dit plus souvent *plus mal* que *pis* (§ 942), *plus* n'est pas usité avec *beaucoup, très, bien,* sauf s'il y a des mots qui s'intercalent entre *plus* et *bien* (comp. avec *bon* au § 552, *a*) :

[*Plus il y a de malheurs particuliers, et* PLUS *tout est bien* (VOLT., *Contes et rom.*, Cand., IV.] — PLUS *le* cash-flow *se portait* BIEN, *plus le langage se détériorait* (R.-V. PILHES, *Imprécateur*, p. 227). — *Les psychiatres et les médecins repèrent ce qui ne va pas. Comment repérer ce qui va* PLUS *que* BIEN ? (L. PAUWELS et J. BERGIER, *Matin des magiciens*, L.P., p. 611.)

Remarques. — 1. La langue littéraire emploie *moindrement* avec l'article défini au sens de « le moins du monde, si peu que ce soit » :

Ordinairement, dans des contextes négatifs : *Sans baisser* LE MOINDREMENT *la voix* (Al. DUMAS, *Tr. mousq.*, XV). — *On peut aussi peinturer de vert ou de rouge les ailes du mâle sans pour cela diminuer* LE MOINDREMENT *ses chances de succès* (J. ROSTAND, dans le *Figaro litt.*, 29 nov. 1952). — *L'on s'y trouvait incorporé sans l'avoir* LE MOINDREMENT *cherché*

(S. GROUSSARD, *ib.*, 7 nov. 1953). — *Il n'est pas* LE MOINDREMENT *étonné* (AC.). — Variante renforcée : *Je n'ai pas* LE MOINDREMENT DU MONDE *l'intention de vous blesser (Dict. contemp.).*

Les dictionnaires ne prévoient pas que *le moindrement* soit employé dans un contexte non négatif : *Je sentis qu'en insistant* LE MOINDREMENT, *j'allais passer pour un maréchaliste* (AYMÉ, *Confort intellectuel,* p. 87). — *Que, dans l'œuf dont nous sommes issu* [sic]*, un seul de ces éléments eût* LE MOINDREMENT *différé de ce qu'il est,* [...] *c'était un autre homme qui naissait* (J. ROSTAND, *Pensées d'un biologiste,* p. 16). — [...] *l'amitié la plus aisée,* [...] *la plus libre en tout cas de ce qui peut* LE MOINDREMENT *gauchir le naturel* (J. SCHLUMBERGER, *Éveils,* dans *Œuvres,* t. VI, p. 402). — Cet emploi est courant dans le français du Québec, notamment *le moindrement de* avec valeur de déterminant : *S'il avait* LE MOINDREMENT DE *cœur* (dans BERGERON).

Sans *le* (comp. § 949), ce qui n'est pas prévu non plus par les dictionnaires : *J'avais fait le projet de visiter le Musée postal de la France* [...]. *Non pas que la technologie des P.T.T. me passionne* MOINDREMENT (H. CALET, dans le *Figaro litt.,* 22 avril 1950). — *Elle va un train encore plus fou, sans que sa voix s'essouffle* MOINDREMENT (G. CONCHON, *Apprenti gaucher,* p. 122). — *Une imprécation sauvage dans laquelle un auditeur* MOINDREMENT *attentif n'eût pas été trop en peine de reconnaître des fragments de* La Marseillaise *(ib.,* p. 189). — Ceci est relevé par Wartburg (t. VI, 2ᵉ partie, pp. 123-124) dans des dialectes de l'Ouest, en franc-comtois et en franco-provençal.

2. Alors que °*plus bon* est incorrect (sauf dans les cas examinés au § 552), *plus bonnement* peut être admis :

> *Sans doute, sans doute, fit M. Montessant de l'air grave qu'il prenait* [...] *lorsqu'un problème le dépassait. / — Écoutez, reprit* PLUS BONNEMENT *sa femme, si vous m'assurez qu'il s'agit seulement d'attention et d'affection...* (CESBRON, *Mais moi je vous aimais,* p. 121.) — Cela reste exceptionnel, car *bonnement* s'emploie surtout aujourd'hui dans *tout bonnement.*

b) Le vocabulaire de la musique a emprunté à l'italien des adverbes et leur haut degré (superlatif absolu) : *Forte* [fɔʀte] « avec force », *fortissimo ; piano* « doucement », *pianissimo ; presto* « vite », *prestissimo ;* etc. Les uns et les autres servent surtout de mots-phrases sur les partitions. Mais on les trouve parfois en fonction d'adverbes :

> *Nous écoutons* [...] *le triste orchestre qui joue tout le temps* FORTISSIMO, *avec une rigueur morne et sans nuances* (WILLY et COLETTE, *Claud. s'en va,* p. 167). — *Soyez très prudent, allez-y* PIANO, PIANO, PIANISSIMO ! (ROBERT.)

Place de l'adverbe

934   Vu la variété des adverbes, il est difficile de donner des règles rigoureuses au sujet de leur place dans la phrase. Il faut d'ailleurs tenir compte des intentions des locuteurs (mise en évidence, lien avec ce qui précède) et des choix des écrivains (notamment pour le rythme).

La longueur des adverbes joue aussi un rôle important : les adverbes courts sont moins mobiles que les adverbes longs. L'adverbe accompagné d'un complément peut avoir une place que le même adverbe non complété occuperait difficilement.

935 **Place de l'adverbe avec un verbe conjugué.**

a) Place de l'adverbe dans le syntagme verbal.

1° Si le verbe est à un temps simple, l'adverbe qui s'y rapporte se place généralement après lui :

L'oiseau qui a perdu ses petits chante ENCORE (CHAT., *Génie,* I, v, 5). — *Un navire y passait* MAJESTUEUSEMENT (VIGNY, *Dest.,* Bouteille à la mer, XVIII). — *Réfléchis* LONGTEMPS *avant de te faire applaudir par tes ennemis* (HUGO, *Pierres,* p. 191). — *L'énorme poêle à charbon rougeoyait* DÉJÀ (YOURCENAR, *Souvenirs pieux,* p. 26). — *Je répondis* POURTANT (SARTRE, *Mots,* p. 35).

2° Si le verbe est à un temps composé, les adverbes de manière, de degré, d'aspect et les adverbes marquant une relation logique se mettent le plus souvent entre l'auxiliaire et le participe, mais peuvent aussi se placer après le participe, surtout s'ils ont une certaine longueur (les adverbes monosyllabiques sont rarement postposés) :

J'ai PEU *et* MAL *appris à me créer moi-même* (MALRAUX, *Antimémoires,* p. 10). — *Les mailles s'étaient, sans que je le susse,* PEU À PEU DÉMESURÉMENT *distendues* (GRACQ, *Rivage des Syrtes,* p. 8). — *Vous aurez* LONGTEMPS *suivi la Loire paisible avec enchantement* (VIGNY, *Cinq-Mars,* I). — *Chuck s'est* DONC *lancé dans une théorie* (Ém. AJAR, *Angoisse du roi Salomon,* p. 32).
J'ai trouvé FACILEMENT *l'époque historique de l'alliance des deux religions* (CHAT., *Mart.,* Préf.). — *Ils ont perché* AINSI *leurs vieilles maisonnettes à coupoles* (LOTI, *Galilée,* p. 37). — *Je me suis plu* ASSEZ *durant la première partie* (Fr. MAURIAC, dans le *Figaro litt.,* 8 juin 1963). — *Les auteurs semblent avoir craint* NÉANMOINS *que ne subsiste parfois quelque obscurité* (Al. DECAUX, *L'Empire, l'amour et l'argent,* 1982, p. 217).

Les adverbes de lieu et de temps (à l'exclusion des adverbes d'aspect) se mettent ordinairement après le participe ; de même, la plupart des adjectifs monosyllabiques employés adverbialement :

Il est revenu HIER. *On a fouillé* PARTOUT. — *Il a chanté* JUSTE. *Il a marché* DROIT.
Pourtant, *cher* précède assez souvent *payé* dans l'usage familier : *Il s'ensuivait une longue digression permettant au spécialiste de rappeler que, s'il était* CHER *payé, ce n'était pas pour des prunes* (R.-V. PILHES, *Imprécateur,* pp. 46-47). — *Six ans d'exil et à peine autant d'oubli, était-ce si* CHER *payé pour quelqu'un* [= Céline] *qui s'était proclamé en 1942 « le plus nazi des collaborateurs »* ? (POIROT-DELPECH, dans le *Monde,* 20 mai 1977.) — *Certains d'entre eux ont* CHER *payé leur engagement* (*ib.,* 10 mars 1978, p. 24). — Comp. : *Un peuple qui a payé* CHER *son indépendance* (*Dict. contemp.*).

Remarque. — Lorsque le verbe a plusieurs compléments, les adverbes de degré et d'aspect viennent souvent en premier lieu. Les adverbes de lieu, de temps et les adverbes marquant une relation logique sont plus mobiles ; leur place dépend de l'ordre des faits dans la pensée. Mais, dans tous les cas, les adverbes longs se mettent souvent en dernier lieu si les autres compléments sont assez courts.

Il aime TROP *le vin.* — *La joie venait* TOUJOURS *après la peine* (APOLLIN., *Alc.,* Pont Mirabeau). — *J'irai à Paris* DEMAIN. *J'irai* DEMAIN *à Paris.* — *Elle se moque de lui* CONTINUELLEMENT. *Il aime le vin* EXAGÉRÉMENT.

b) Mais il est fréquent, pour des raisons de rythme, d'insistance ou pour établir un lien avec ce qui précède, que l'adverbe [7] se détache du syntagme verbal, soit qu'il le suive après une pause, soit qu'il s'intercale entre le sujet et le prédicat, soit qu'il vienne en tête de la phrase ou de la proposition :

— *Le moulin tourne au fond du soir, très* LENTEMENT (VERHAEREN, *Soirs,* Moulin). — *Costals la regarde encore,* INTENSÉMENT (MONTHERLANT, *Démon du bien,* p. 151).

— *Le Président* POUR TOUT DE BON *démissionna* (BARRÈS, *Appel au soldat,* t. I, p. 100). — *Mais sa raison* SANS CESSE *lutte et* SOUVENT *l'emporte contre son cœur* (GIDE, *Symphonie past.,* M.L.F., p. 19). — *Les événements sont comme l'écume de l'histoire, des bulles* [...] *dont l'éclatement suscite des remous qui* PLUS OU MOINS LOIN *se propagent* (G. DUBY, *Dimanche de Bouvines,* p. 8). — *La piste* SOUDAIN *redevint route* (GRACQ, *Rivage des Syrtes,* p. 19).

— EN VAIN, *dans nos champs cultivés, l'imagination cherche à s'étendre* (CHAT., *Génie,* I, v, 12). — SOUVENT *ils venaient se chercher à leur comptoir* (FLAUB., *Bouv. et Péc.,* éd. Ch., p. 11). — JAMAIS *but ne me parut à la fois ni plus haut ni plus visible* (TOCQUEVILLE, *Souvenirs,* p. 173). — LONGTEMPS, *je me suis couché de bonne heure* (PROUST, *Rech.,* t. I, p. 3). — LÀ, *en un mois j'écrirais un chef-d'œuvre.* LÀ, *j'aurais beaucoup plus de talent, si je ne mourais pas d'ennui* (J. RENARD, *Journal,* 18 oct. 1908). — POURTANT *un bruit de volière entrait dans la chambre* (PIEYRE DE MANDIARGUES, *Motocyclette,* F°, p. 12). — MACHINALE-MENT *le voyageur allait commander une absinthe, quand il se ravisa* (ROBBE-GRILLET, *Voyeur,* p. 128). — *Seul, Léon Blum, à qui,* POURTANT, *nulle place n'avait été offerte, parla avec élévation* (DE GAULLE, *Mém. de guerre,* t. I, p. 35). — *Jamais, vis-à-vis d'elle, il ne saurait être naturel ; et il n'y avait personne avec qui* PLUS ARDEMMENT *il eût désiré l'être* (R. MARTIN DU GARD, *Thib.,* Pl., t. I, p. 925). — *Avec chiasme : Nous allions ensemble à l'hôpital ;* ENSEMBLE *nous déjeunions* (G. DUHAMEL, *Pierre d'Horeb,* XII).

L'adverbe est régulièrement placé avant le verbe dans certaines formules de la langue courante, mais aussi dans des proverbes et dans des expressions figées de la langue écrite :

— *Puis* est toujours entre les éléments qu'il a pour mission de coordonner. Aussi pourrait-on le joindre aux conjonctions de coordination. Cf. § 966, *e.*

Si jamais ... : Allez lui dire bonjour, SI JAMAIS *vous passez par là.* — De même, dans la langue populaire : *...* SI DES FOIS *vous passez par là.*

Autres formules de la langue courante : *Dans ces cas-là,* AUTANT *vaut se taire* ou *...* MIEUX *vaut se taire.* — TOUJOURS *est-il que j'ai revu Robinson au café de Martrodin ce même soir-là* (CÉLINE, *Voy. au bout de la nuit,* F°, p. 396). — Dans les sous-phrases corrélatives : PLUS *il mange,* PLUS *il maigrit* (cf. § 948, *e*).

Proverbes : *Qui* TROP *embrasse* MAL *étreint.* MIEUX *vaut tard que jamais.* TANT *va la cruche à l'eau qu'à la fin elle se brise.*

— Tours de la langue écrite : PEU *nous en chaut* (N. SARRAUTE, *Planétarium,* p. 18) [autres ex. : § 848, 8]. — *Si* TANT *est que ce mot ait un sens* (MALRAUX, *Noyers de l'Altenburg,*

---

7. Les adverbes servant de compléments essentiels (§ 301) sont peu mobiles : *Il ira* AILLEURS. *Il vient* D'AILLEURS. *Il se porte* BIEN. — Les adverbes de manière sont moins mobiles que les adverbes de temps et de lieu. — La longueur du groupe adverbial favorise le déplacement.

p. 94). — *Je ne sais pas bien ce qui donna lieu à leur querelle*, TANT *il y a qu'ils se battirent* (AC., s.v. *tant*).

Tant s'en faut, peu s'en faut (courants), *bien s'en faut* (rare), *beaucoup s'en faut* (rare), et (par contamination de *tant s'en faut* et de *loin de là*) °*loin s'en faut : Les nobles et le clergé ne sont pas automatiquement*, TANT *s'en faut, solidaires des bourgeoisies urbaines contre les campagnards* (LE ROY LADURIE, *Carnaval de Romans*, p. 67). — PEU *s'en fallut qu'un pape ne le nommât cardinal (Grand Lar. enc.,* s.v. *Arétin).* — *Nous ne sommes pas encore arrivés ;* BIEN *s'en faut* (LITTRÉ, s.v. *bien* adv., Rem. 5). — *Les savoirs* [...] *prolifèrent sans conduire,* BEAUCOUP *s'en faut, jusqu'à l'une ou l'autre des portes de la connaissance* (Fr. BILLETDOUX, dans le *Monde*, 4 janv. 1980). — *Ce n'est pas le pire,* LOIN *s'en faut* (J.-E. HALLIER, dans le *Figaro magazine*, 10 mars 1979). — *Cette récompense au Concours général n'était pas — et* LOIN *s'en faut — le premier prix* (duc de CASTRIES, *Réponse au disc. de réception d'Edgar Faure à l'Ac. fr.*).

Si mieux il n'aime ou *Si mieux n'aime* + sujet postposé, dans la langue juridique : *Il peut demander la résiliation du contrat, si* MIEUX *il n'aime se contenter d'une indemnité (Code civil*, art. 1638). — *Le propriétaire en sera cru sur son serment, si* MIEUX *n'aime le locataire demander l'estimation par experts (ib.,* art. 1716). — Littré, s.v. *mieux*, 6°, forge encore cet ex. : *Écrivez-moi, si* MIEUX *n'aimez venir.*

Tant est parfois placé après le pronom relatif dans des textes littéraires : *Cette facilité d'élocution et cette promptitude à la répartie qui* TANT *le séduisaient chez son oncle* (AYMÉ, *Aller retour*, p. 110). — *C'est celui qui* TANT *lutta pour ses fidélités chrétiennes* (DANIEL-ROPS, *Hist. de l'Église*, Grand siècle des âmes, p. 310). — Avec *mieux* dans un roman qui cherche à reproduire les tours régionaux : *Celui qui* MIEUX *lui plaisait* (SAND, *Maîtres sonneurs*, XVIII).

— *Ainsi soit-il* dans la langue religieuse.

936   Place de l'adverbe avec un infinitif.

Les adverbes de lieu et de temps, les adjectifs monosyllabiques employés adverbialement suivent l'infinitif. Les autres adverbes peuvent être placés avant ou après, la langue courante préférant l'antéposition pour les adverbes courts (notamment de degré) et la postposition pour les adverbes longs (notamment de manière), tandis que la langue littéraire est plus libre :

Il faut chercher AILLEURS *la solution. Vous devez vous attendre à partir* DEMAIN. *Il aime boire* SEC *et parler* HAUT. — *Sans* PLUS *attendre. Il va* BIEN *rire en vous voyant.* — *Tu ferais mieux de ne pas* TROP *attirer l'attention sur ta pomme* (QUENEAU, *Zazie dans le métro*, XVI). — *Il faut intervenir* ÉNERGIQUEMENT. — La longueur du groupe adverbial est un élément important : *Pour* MIEUX *réussir,* — mais : *Pour réussir* MIEUX QUE VOUS.

Il est amer et doux [...] / *D'écouter* [...] / *Les souvenirs lointains* LENTEMENT *s'élever* (BAUDEL., *Fl. du m.*, Cloche fêlée). — *C'est là que je voudrais* LENTEMENT *me promener* (BARRÈS, *Ennemi des lois*, p. 77). — *J'entends Granier pleurer* PRESQUE (J. RENARD, *Journal*, 15 mars 1897). — *La maltraiter, la faire souffrir, la tuer* PRESQUE (PROUST, *Les plaisirs et les jours*, p. 155). — *Se bien montrer, se montrer* MAL (LITTRÉ, s.v. *montrer*, 11°). — *On voulait connaître la vérité, pour la cacher* MIEUX, *s'il était nécessaire* (ZOLA, *Bête humaine*, IV). — *C'est sans doute pour l'apprivoiser* MIEUX (MONTHERLANT, *Ville dont le prince est un enfant*, II, 2). — *Ce qui n'empêchait point Vendresse* [...] *de l'apprécier* FORT (VERCORS, *Silence de la mer et autres récits*, p. 150).

Formules figées : *À* PROPREMENT *parler, pour* AINSI *dire.*

Remarques. — 1. Sur la place de l'adverbe par rapport au pronom personnel *(pour le* MIEUX *supporter, pour* MIEUX *le supporter)*, cf. § 659, *a.*

2. L'adverbe se rapportant à un infinitif est parfois placé devant le verbe dont dépend cet infinitif, lorsque ce verbe est *faire, laisser* ou un verbe de sensation *(voir, entendre...)* [comp. § 659, *b*, 1°] :

> *Je ne serais pas étonné que M. Jean Cassou se soit* QUELQUE PEU *laissé influencer par cette immense liberté qui apparaît dans les livres de l'écrivain espagnol* (E. JALOUX, cit. Blinkenberg, *Ordre des mots en fr. mod.*, t. II, p. 181).

3. Chez les militaires et les gens d'administration, il est assez d'usage de distinguer entre ***bien vouloir*** et ***vouloir bien*** [8] construits avec un infinitif ; selon eux, cette dernière formule, plus impérative, convient dans les relations de supérieur à inférieur, et *bien vouloir* est de mise dans les relations d'inférieur à supérieur : cf. R. Catherine, *Style administratif*, p. 28 ; général Pamart, dans *Vie et langage*, juin 1960, p. 308. — Dauzat *(Guide du bon usage*, p. 197) reconnaît qu'on peut voir entre les deux expressions une légère nuance, « parce que *bien vouloir* se rapproche de *bienveillance* », et que « dans *bien vouloir* l'accent tonique est sur le verbe ; l'adverbe est atone, effacé, tandis que dans *vouloir bien* il porte l'accent de phrase, qui le met en relief... ». Cependant Dauzat estime que l'opposition entre les deux formules est factice ; il fait observer qu'elle n'est d'ailleurs pas admise unanimement dans l'armée française : les *Notes sur la correspondance militaire de l'École de l'infanterie et des chars de combat* (éd. 1933) s'opposent aux instructions de l'École spéciale militaire (éd. 1936). — Dans la pratique, on peut négliger la distinction entre *vouloir bien* et *bien vouloir* (cette dernière construction est, semble-t-il, plus récente que l'autre) :

> *Vouloir bien : Je vous prie, Monsieur l'Intendant général, de* VOULOIR BIEN *me donner vos ordres à ce sujet* (STENDHAL, *Corresp.*, t. II, p. 338). — *Je vous prie de* VOULOIR BIEN *vous considérer comme parfaitement libre dans cette maison* (MUSSET, *Barberine*, III, 5). — *Le duc de Réveillon* [...] *lui avait demandé de* VOULOIR BIEN *faire pour lui deux ou trois commissions* (PROUST, *Jean Santeuil*, t. II, p. 149). — *Elle la priait de* VOULOIR BIEN *veiller sur son frère* (R. ROLLAND, *Jean-Chr.*, t. VI, p. 210). — *Je vous prie de* VOULOIR BIEN *agréer, avec mes vœux les plus fervents, mes sentiments respectueux* (SAINT-JOHN PERSE, lettre au président Roosevelt, 3 nov. 1943, Pl., p. 618). — *Je ne vous demande donc que de* VOULOIR BIEN *me lire* (THÉRIVE, *Revanche*, II).

> *Bien vouloir : Je vous prie de* BIEN VOULOIR *sortir* (Fr. MAURIAC, *Asmodée*, V, 2). — *Je prie mes nombreux correspondants de* BIEN VOULOIR *prendre patience* (Ch. BRUNEAU, dans le *Figaro litt.*, 22 sept. 1951). — *J'ai fait la guerre de 1914 — je vous prie de* BIEN VOULOIR *m'en excuser* (BERNANOS, *Liberté, pour quoi faire ?* p. 55). — *Je vais vous demander de* BIEN VOULOIR *considérer ma visite comme terminée* (G. DUHAMEL, *Compagnons de l'Apocalypse*, p. 29). — *Je vous prie de* BIEN VOULOIR *cesser les leçons que vous donniez à mon fils* (P. GUTH, *Naïf aux 40 enfants*, p. 179). — *Il pria le capitaine de* BIEN VOULOIR *lui donner un guide* (J. ROY, *Chevaux du soleil*, p. 166).

---

8. Il ne s'agit que des formules infinitives. Pour les autres formes, *bien* vient toujours après le verbe (après l'auxiliaire dans les temps composés) : *Je veux bien, je voulais bien, je voudrais bien, que je veuille bien, en voulant bien admettre le fait. Vous avez bien voulu me dire ...*

Hist. — Au XVIIᵉ et au XVIIIᵉ s., on ne semble connaître que *vouloir bien :* par ex., un fils s'adressant respectueusement à son père (MOL., *D. Juan*, V, 1) ; Voltaire écrivant au duc d'Orléans (*Corresp.*, Pl., t. I, p. 51) ou à son ancien professeur, le P. Porée (*ib.*, p. 231) ; Montesquieu à Mᵐᵉ du Deffand (*Corresp.*, 12 sept. 1751) ; etc.

937   **Place de l'adverbe avec un adjectif, un adverbe, un participe.**

a) L'adverbe se place en général avant l'adjectif ou l'adverbe qu'il accompagne :

> Des enceintes de grandes pierres antiques sont restées debout, ENCORE imposantes et PRESQUE indestructibles (LOTI, *Galilée*, p. 23). — Ce sont des pièces ÉTONNAMMENT spacieuses (Edgar FAURE, *Mémoires*, t. I, p. 9). — Il compose EXTRÊMEMENT vite (AC.).

Sur l'antéposition d'une épithète qui est elle-même précédée d'un adverbe *(Ces presque insensibles meurtrissures)*, voir § 322, *b*, Rem. 3.

Il arrive pourtant que certains adverbes expressifs soient placés après l'adjectif ou l'adverbe, pour être mis en relief :

> Et sa voile couleur de lie / Est triste et faible et lourde et lasse, INFINIMENT (VERHAEREN, *Soirs*, Moulin).

Certains adverbes d'aspect sont assez facilement postposés : *À cause de sa taille mince, il pouvait sembler jeune ENCORE* (FLAUB., *Éd. sent.*, I, 3).

Les adverbes *plus* et *moins* peuvent être postposés quand ils sont accompagnés d'une proposition corrélative, de forme complète ou de forme réduite (§§ 1075-1077) :

> Il est malade PLUS que je ne croyais. — La vie y est chère deux fois PLUS qu'à Paris (BALZAC, cit. Blinkenberg, *Ordre des mots en fr. mod.*, t. II, p. 155).

Pour une raison analogue, *assez* est parfois postposé quand il est accompagné de *pour* + infinitif ou de *pour que* + proposition :

> La trappe est large ASSEZ pour qu'en un brusque éclair / L'homme étonné qu'on pousse y tombe à la renverse (HUGO, *Lég.*, XV, III, 15). — Riche ASSEZ pour repousser avec de l'or ce qu'elle a de mauvais (Al. DUMAS, *Angèle*, I, 4, cit. Dory, p. 106). — Quand on est riche ASSEZ pour se croiser les bras (M. ZAMACOÏS, *M. Césarin*, II, 1). — Le chien porte un grelot d'un son léger. Doux ASSEZ pour ne point donner trop tôt l'éveil à l'oiseau (PESQUIDOUX, *Chez nous*, t. I, p. 206). — Une peau intelligente ASSEZ pour percevoir les défauts de la toile fine qui la couvre (COLETTE, *Voyage égoïste*, p. 33). — Il n'est pas patient ASSEZ pour attendre que les deux robinets soient accordés comme il faudrait (PIEYRE DE MANDIARGUES, *Marge*, p. 189).
>
> De même, avec le tour plus rare *assez que : Fortes ASSEZ que toute la violence de mon corps ne suffise à les briser* (ARAGON, *Mentir-vrai*, p. 510). — Comp. avec *suffisamment pour (que) : Je ne vois personne en France dont l'esprit soit membré SUFFISAMMENT POUR entendre que* [...] *il n'y a pas de justice sans société* (MAURRAS, dans Barrès et Maurras, *La République ou le roi*, p. 174). — *Plus aucune de mes convictions n'est solide SUFFISAMMENT pour que la moindre objection aussitôt ne l'ébranle* (GIDE, *Journal*, 26 juin 1940).

En dehors de ce cas, la postposition d'*assez* est un tour archaïque resté vivant dans certaines régions :

> Elle est outrageuse ASSEZ (Th. GAUTIER, *Cap. Fracasse*, X). — Ah ! voisin, répondit-elle, ils sont ce que le ciel les a faits, beaux ASSEZ s'ils sont assez bons (NODIER, *Vicaire de Wake-*

field, I, cité par Dory, p. 106). — *La pénitence fut longue* ASSEZ (Ch. DE COSTER, *Ulenspiegel,* III, 30). — *L'édifice sonore, s'il est joint, indivisible et ample* ASSEZ, *fera ressortir une pensée assurée, vigoureuse, affirmative* (ALAIN, *Propos,* Pl., p. 655). — *Je suis intelligente, Alexandre ?* / — *Oui, mais maladroite. Tu n'es donc pas intelligente* ASSEZ (C. PAYSAN, *Feux de la Chandeleur,* p. 23) [dans la Sarthe]. — *Il n'est pas riche* ASSEZ (dans BAUCHE, p. 120).

Hist. — En anc. fr., c'était le tour normal : *La route ert* [= était] *longue et granz* ASSEZ (HUON LE ROI, *Vair palefroi,* 896). — Au XVIIᵉ s. : *Trou, ny fente, ny crevasse, / Ne fut large* ASSEZ *pour eux* (LA F., *F.,* IV, 6). — [...] *telle de nos Remoises / Friande* ASSEZ *pour la bouche d'un Roy* (ID., *C.,* Remois).

b) L'adverbe se rapportant à un participe peut le précéder ou le suivre ; le premier tour est ordinaire pour les adverbes de degré et d'aspect.

L'adverbe précède : *Une maison* TOUT À FAIT *détruite.* — *Un espoir* LONGTEMPS *caressé.* — *Ils devenaient plus denses, bien que* TOUJOURS *perdus dans l'immensité* (MALRAUX, *Antimémoires,* p. 174). — *Un plancher très* BAS *situé* (LE ROY LADURIE, *Territoire de l'historien,* p. 503). — *Un nom* CORRECTEMENT *orthographié (Dict. contemp.).* — *Un devoir* ENTIÈREMENT *copié sur le voisin (ib.).* — *Un touriste* ÉLÉGAMMENT *habillé (ib.).* — *Un ouvrage* IMPARFAITEMENT *rédigé (ib.).* — *Le palais est* INTÉRIEUREMENT *décoré de façon magnifique (ib.).*

L'adverbe suit : *C'est un homme osseux, blême, toujours vêtu* SÉVÈREMENT (VALLÈS, *Enfant,* XIX). — *La maison a été un peu endommagée* EXTÉRIEUREMENT, *mais elle reste intacte intérieurement (Dict. contemp.,* s.v. *extérieurement).*

La place de l'adverbe est un critère pour distinguer le participe présent de l'adjectif verbal : cf. § 888.

Sur la place de *aussitôt, une fois, à peine* dans les compléments absolus *(Ma besogne* UNE FOIS *achevée.* UNE FOIS *ma besogne achevée),* cf. § 310, Rem.

Certains adjectifs à fonction adverbiale sont ordinairement antéposés : *Grand ouvert, haut placé, nouveau-né,* etc. Voir notamment § 926.

938   **Place de l'adverbe : cas particuliers.**

a) En et *y* suivent les règles des pronoms personnels conjoints, parmi lesquels nous préférons les ranger : cf. §§ 657-659.

b) Adverbes de négation : voir §§ 980 et 986, *b,* 1°.

c) Les adverbes interrogatifs ou exclamatifs se placent souvent en tête de la phrase (voir cependant §§ 391, *b,* 1° ; 395) :

COMMENT *se peut-il que je sois à la fois comme une aiguille aimantée et comme un corps indifférent ?* (VALÉRY, *M. Teste,* Pl., p. 39.) — COMME *il fait noir dans la vallée !* (MUSSET, *Poés. nouv.,* Nuit de mai.)

d) Presque se rapportant à un syntagme prépositionnel.

1° Il se met, en principe, devant la préposition : *Ils s'évanouirent* PRESQUE *en même temps.* On observera que cela est ambigu : *presque* pourrait, en effet, être rapporté à *s'évanouirent.*

2° Quand le régime de la préposition contient un des mots *tout, chaque, chacun, aucun, nul,* il est plus logique et plus clair de placer *presque* immédiatement devant ces mots ; c'est ce que voulait Littré (s.v. *presque,* Rem. 2 et 3). Mais un usage ancien (cf. Hist.) permet aussi de mettre *presque* devant la préposition.

Presque suit la préposition : *Moroni a des correspondants dans* PRESQUE *toutes les villes* (STENDHAL, *Corresp.,* t. IX, p. 155). — *L'opposé du commandant Perrin sous* PRESQUE *tous les rapports* (MÉRIMÉE, *Double méprise,* III). — *Dans* PRESQUE *tous les chapitres ou couplets dont se compose le récit* (SAINTE-BEUVE, *Caus. du lundi,* t. I, p. 76). — *Le ressort de* PRESQUE *tous les drames* (É. HENRIOT, dans les *Annales,* déc. 1950, p. 45). — *À* PRESQUE *chacune de ses pages* (ID., dans le *Monde,* 2 juillet 1951). — *Comme dans* PRESQUE *toutes ses comédies* (Fr. MAURIAC, *Trois grands hommes devant Dieu,* p. 14). — *Sans* PRESQUE *aucun moment de fatigue ou d'ennui* (GIDE, *Journal,* 18 févr. 1943). — *À* PRESQUE *toutes, il manquait une roue* (R. MERLE, *Week-end à Zuydcoote,* p. 26). — *Dans* PRESQUE *chaque maison de la ville* (GIONO, *Moulin de Pologne,* p. 125). — *Un nom commun accepté désormais par* PRESQUE *toutes les langues du monde* (G. DUHAMEL, *Manuel du protestataire,* p. 122).

Presque précède la préposition : *Cette cérémonie, qui se renouvelait* PRESQUE *à chaque soirée* (R. ROLLAND, *Jean-Christ.,* t. VI, p. 38). — *Devant cet homme [...] qui souriait d'un air entendu* PRESQUE *à chaque phrase* (J. GREEN, *Moïra,* p. 87). — PRESQUE *en tous les sens* (PÉGUY, *Notre jeunesse,* p. 135). — *Abandonné* PRESQUE *de tous* (DANIEL-ROPS, *Saint Paul,* p. 145). — *Il trébuchait* PRESQUE *à chaque pas* (AYMÉ, *Contes du chat perché,* Cygnes). — Comp. avec *quasi : Elle le trompait,* QUASI, *avec chaque homme qu'elle regardait* (GENEVOIX, *Raboliot,* p. 33). [La 2ᵉ virgule est de trop.]

Hist. — Vaugelas (p. 324) condamnait *l'avis de presque tous les casuistes :* il ne voulait pas qu'il y eût « rien d'estranger » entre *de* et le nom. — L'usage était déjà partagé au XVIIᵉ et au XVIIIᵉ s. ; Diderot écrit dans un compte rendu : ⁺PRESQUE *pour toutes les femmes* [...] *Dans* PRESQUE *toutes les contrées* (*Œuvres,* Pl., pp. 984-985).

3° Lorsque le régime est un infinitif, *presque* peut suivre la préposition, surtout *sans :*

Sans PRESQUE *la voir* (STENDHAL, *Rouge,* II, 9 ; TAINE, *Voy. en Italie,* 1866, t. II, p. 333). — *Il se força à écrire [...] et parvint ainsi [...] à ne* PRESQUE *pas penser à* Mˡˡᵉ *de La Mole* (STENDHAL, *Rouge,* II, 25). — *Sans* PRESQUE *y songer* (GIDE, *Faux-monn.,* III, 15). — *Sans* PRESQUE *mouvoir les lèvres* (R. MARTIN DU GARD, *Thib.,* cit. Robert, s.v. *balbutier*).

Presque précède la préposition : PRESQUE *sans y songer* (STENDHAL, *Chartr.,* VIII). — PRESQUE *sans se lever* (BALZAC, *Femme abandonnée,* Pl., p. 218). — PRESQUE *sans ralentir* (SARTRE, *Mort dans l'âme,* cit. Robert, s.v. *freiner*).

Lorsque le régime est un nom, c'est dans une langue assez recherchée que l'on place *presque* après *sans* (ce qui entraîne l'intercalation d'un *de* entre *presque* et le nom : § 569, *c,* Rem. 2) :

Sans PRESQUE *d'efforts* (BOURGET, *Drames de famille,* p. 23). — *Sans* PRESQUE *de comparaison possible* (LA VARENDE, *Centaure de Dieu,* p. 188). — *Sans* PRESQUE *d'accent* (Fr. MAURIAC, *Pharisienne,* p. 232).

e) La logique demande que la locution adverbiale *non seulement* et les mots corrélatifs *mais, mais encore, mais aussi, mais même* se placent de façon symétrique relativement aux termes que ces expressions servent à mettre en opposition ; mais il faut reconnaître que d'excellents auteurs ne respectent pas cette logique.

Ex. réguliers : Non SEULEMENT *je l'ai payé*, MAIS ENCORE *je lui ai fait un cadeau* (AC.). — *Un chrétien doit aimer* NON SEULEMENT *ses amis*, MAIS MÊME *ses ennemis* (AC.). — *Il avait commencé,* NON SEULEMENT *par faire l'éloge de leur ami,* MAIS *par l'imiter d'allures et de langage* (FLAUB., *Éd. sent.*, III, 4). — *Lui-même se montrait,* NON SEULEMENT *confiant dans ses propres dispositions et dans la valeur de ses forces,* MAIS *satisfait et impatient, même, de les voir mettre à l'épreuve* (DE GAULLE, *Mém. de guerre*, t. I, p. 39).

Ex. irréguliers : *Il lui avait donné* NON SEULEMENT *toutes ses économies,* MAIS *il s'était même endetté gravement* (MAUPASS., *Bel-Ami*, I, 5). — *Tomber dans ce défaut de proportion est* NON SEULEMENT *une faute contre l'art,* [...] MAIS *contre la méthode* (BRUNOT, *Hist.*, t. I, p. XIX). — *C'est là ce qui fait qu'il se défend si âprement,* NON POINT SEULEMENT *quand on l'attaque,* MAIS *qu'il proteste même à chaque restriction des critiques* (GIDE, *Faux-monn.*, I, 8). — Voir d'autres ex. dans Le Gal, *Parlons mieux*, pp. 119-121. — Comp. §§ 254, *a*, Rem. ; 966, *f* ; 1041, *b*, Rem.

SECTION 2. — LES ADVERBES DE MANIÈRE

939　　Appartiennent à la catégorie des **adverbes de manière** :

ainsi	ensemble	incognito	recta
bien	exprès	mal	vite
comme	franco	mieux	volontiers
comment	gratis	pis	
debout	impromptu	plutôt	

Il faut y ajouter un très grand nombre d'adverbes en *-ment : doucement, lentement*, etc. ; — quantité de locutions adverbiales : *à l'envi, à dessein, à tort, à loisir, à propos, cahin-caha, mine de rien*, etc. ; — les adverbes italiens employés comme termes de musique : *piano*, etc. (§ 924, *b*) ; — un certain nombre d'adjectifs neutres employés adverbialement avec des verbes : *bon, bas, cher*, etc. (§ 926).

940　　***Comme,*** qui sert d'adverbe de degré (§ 958), est encore (cf. Hist.) utilisé par la langue littéraire comme équivalent de *comment* dans l'interrogation indirecte :

Ce grand ouvrier qui savait COMME *on fonde* (HUGO, *Ch. du crép.*, V, 3). — *Vous verrez* COMME *il faut qu'on gouverne* (GIDE, *Saül*, I, 7). — *Le Seigneur va leur apprendre* COMME *il faut leur parler* (Fr. MAURIAC, *Vie de Jésus*, p. 176). — *Saint Paul tient les deux bouts et ne nous dit pas* COMME *ils s'accordent* (J. GUITTON, *L'Église et l'Évangile*, p. 221). — *Je ne sais plus* COMME *il me soigna* (G. DUHAMEL, *Pesée des âmes*, p. 187).

La proposition est réduite au mot interrogatif (cela est encore assez vivant dans *Dieu sait comme*) : *Une ancienne chapelle, enclavée on ne sait* COMME *dans cet immeuble singulier* (THÉRIVE, *Sans âme*, p. 62). — *Vers deux heures, sans savoir* COMME, *Poulby se retrouva devant sa porte* (É. HENRIOT, *Tout va finir*, p. 128). — *J'attendais la catastrophe. Elle vint et l'on sait* COMME (G. DUHAMEL, *Cri des profondeurs*, p. 87).

Hist. — Dans l'interrogation directe, *comme* s'est employé jusque vers le milieu du XVIIe s. : ⁺COMME *est-il mort ?* (CORN., *Pol.*, III, 5.) — COMME *est-ce que chez moy s'est* *introduit cet Homme?* (MOL., *Éc. des f.*, II, 2.) — Vaugelas (p. 334) a condamné cet emploi et préconisé le tour : COMMENT *êtes-vous venu ?*

Dans l'interrogation indirecte, *comme* s'est maintenu plus longtemps (et se trouve même encore, on l'a vu) : +*Mais Rome ignore encor* COMME *on perd des batailles* (CORN., *Hor.*, I, 1). — *Je ne sçay* COMME *il est demeuré sur ma table* (MOL., *D. Garcie*, II, 6). — +*Mandez-moi* COMME *vous dormez et* COMME *vous vous portez* (SÉV., 28 mai 1676). — +*Je ne sais point encor* COMME *on manque de foi* (VOLT., *Œdipe*, III, 2).

Remarque. — Les propositions de manière introduites par *comme* sont souvent averbales (cf. § 1085, *b*, Rem. 1). L'usager d'aujourd'hui peut ne plus y voir des propositions et, par conséquent, ne plus voir dans *comme* une conjonction. En particulier, *comme* exprimant l'approximation est très proche des adverbes :

Je sens COMME *une condamnation invisible qui pèse sur ma tête* (VIGNY, *Mar. d'Ancre*, V, 11). — *J'étais* COMME *appelée par un mystère tout proche* (J. ROMAINS, *Quand le navire...*, p. 127).

941　　*Exprès* (éventuellement renforcé par *tout*) signifie « avec intention formelle » :

Laissez tomber EXPRÈS *des épis, disait-il* (HUGO, *Lég.*, t. I, p. 66). — *Il était venu chez nous* EXPRÈS *pour m'apprendre cette nouvelle* (A. DAUDET, *Jack*, t. II, p. 159). — *Était-elle donc venue tout* EXPRÈS *?* (BLOY, *Femme pauvre*, p. 277.)

Expressément est un synonyme d'*exprès* : *Composée* EXPRESSÉMENT *pour nous* [...] *une crème au chocolat* [...] *nous était offerte* (PROUST, *Rech.*, t. I, p. 71). — *On y* [= à Paris] *vient* EXPRESSÉMENT *pour s'y délivrer, pour s'y divertir* (VALÉRY, *Regards sur le monde actuel*, p. 142). — *Les tas de sable des squares sont faits* EXPRESSÉMENT *pour que les enfants y montent* (MONTHERLANT, *Équinoxe de septembre*, p. 259).

Il peut aussi signifier « d'une manière explicite, avec insistance » : *Il est* EXPRESSÉMENT *défendu de fumer dans la salle (Dict. contemp.).* — *La plus grande prudence est* EXPRESSÉMENT *recommandée aux automobilistes (ib.).*

°*Par exprès*, comme synonyme d'*exprès*, est une locution ancienne (cf. Hist.) restée vivante dans la langue populaire et que certains écrivains ne craignent pas d'employer encore, quoique Littré ait estimé que « le bon usage rejette » cette expression :

Le disciple direct de Flaubert, Maupassant, a décrit PAR EXPRÈS *un monde grossier et bas* (THÉRIVE, *Retour d'Amazan*, p. 334). — *Le grand écrivain arbore ici,* PAR EXPRÈS, *comme il y a tendance, une trivialité propre à scandaliser les académiques* (ID., *Querelles de lang.*, t. III, p. 143). — *L'a-t-il omis* PAR EXPRÈS *?* (BILLY, dans le *Figaro litt.*, 8 août 1959.) — *Comme reflet de l'usage canadien : Il l'avait perdue par sa faute en un sens, quoique non* PAR EXPRÈS *comme il m'avait dit* (Gabr. ROY, *Ces enfants de ma vie*, p. 202).

°*En exprès* est un wallonisme populaire. °*À l'exprès* est du franç. régional du Périgord et des provinces voisines : *Allant querir dans le fournil une souche de noyer gardée* À L'EXPRÈS (Eug. LE ROY, *Jacquou le croquant*, L.P., p. 9).

Hist. — L'adverbe *exprès* est sorti, au XVIe s., de la locution *par exprès* (XIVe s.).

942　　*Pis* [lat. *peius*], comparatif de supériorité de *mal*, a été supplanté par *plus mal*, sauf dans diverses locutions. Il est concurrencé aussi par *pire*, comparatif de supériorité de l'adjectif *mauvais*.

a) *Pis* est **adverbe** dans les locutions adverbiales *(aller) de mal en pis* ou *de pis en pis, au pis aller* (d'où la locution nominale *un pis-aller*). On peut aussi le considérer comme un adverbe dans la locution-phrase *Tant pis,* qui s'oppose à *Tant mieux.*

°*Tant pire* est nettement populaire, et les écrivains qui l'emploient le mettent dans la bouche de gens du peuple : BALZAC, *Père Goriot,* p. 233 ; ZOLA, *Pot-bouille,* IX ; J. RENARD, *Poil de Car.,* Pl. p. 741. [Voir déjà MARIV., *Épreuve,* XIII.]
°*De mal en pire,* °*de pire en pire* sont généralement condamnés. Pourtant, plus d'un écrivain reprend ces expressions à son compte : *Tout va de mal en* PIRE (NERVAL, *Poés. compl.,* Fragm. de Faust). — *Chaque année de* PIRE *en* PIRE, *jusqu'à la fin. L'an prochain, cette année-ci me paraîtra un paradis* (MONTHERLANT, *Tragédie sans masque,* p. 188). — *Tous les quinze jours il présente un spectacle nouveau, et c'est de* PIRE *en* PIRE (J. DUTOURD, *Paradoxe du critique,* p. 81). — *Personne ne prendra la défense de Il va de* PLUS PIRE *en* PLUS PIRE (PAGNOL, *Fanny,* I, I, 2).
Cela n'allait pas mieux. [...] *Cela allait* PIRE (Éd. PEISSON, *Sel de la mer,* p. 212) : cet ex. n'est pas régulier non plus. On ne dirait pas pourtant **Cela allait pis,* mais *Cela allait plus mal.*

b) *Pis* est **adjectif** quand il se rapporte (comme attribut, ou comme épithète construit avec la préposition *de*) à un pronom neutre :

Elle n'était pas entièrement nue ; mais c'était PIS ! (BARBEY D'AUR., *Diaboliques,* Pl., p. 239.) — *Ailleurs, c'était bien* PIS (BRUNOT, *Hist.,* t. IX, p. 500). — *Il n'y a rien de* PIS *que cela* (AC.). — *Ce qu'il y a de* PIS ...
On peut considérer *qui* comme un pronom neutre dans *qui pis est* [kipizɛ] : *Il est paresseux, et qui* PIS *est, très bête (Robert méthod.).*
Cette expression peut se réduire à *pis,* souvent accompagné d'*encore : Une plate série de lieux communs, de maximes, de sentences, de préceptes, ou* PIS *encore, de descriptions enthousiastes de mécaniques* (LEC. DE LISLE, *Ch. Baudelaire,* dans *Derniers poèmes,* p. 280). — PIS *encore, elle était peureuse* (YOURCENAR, *Souvenirs pieux,* p. 19).

Dans ces divers cas (sauf *qui pis est*) *pis* est fortement concurrencé par *pire :*

La mort a donné tort à l'une, la vie se chargera de donner tort aussi à l'autre, mais ce sera PIRE (JOUHANDEAU, *Chaminadour,* p. 301). — *Je suis le dinosaure. Claire, c'est* PIRE (J. ROY, *Amour fauve,* p. 34). — *Serait-elle obligée d'aller comme ouvrière à la journée, ou, ce qui serait* PIRE *encore, d'entrer quelque part en condition ?* (BARBEY D'AUR., *Ensorcelée,* V.) — *Rien n'est* PIRE *que de se sentir désarmé* (H. BAZIN, *Qui j'ose aimer,* VII). — *Ce qu'il y a de* PIRE (AC., s.v. *pis*). — *Rien ne peut arriver de* PIRE *que cette indifférence* (Fr. MAURIAC, *Th. Desqueyroux,* IX). — *Il y a quelque chose de* PIRE (TAINE, *Orig. de la Fr. contemp.,* t. III, p. 81). — *Quoi de* PIRE *au monde que de perdre son père* (SARTRE, *Idiot de la famille,* t. I, p. 449). — *Ils me méprisaient ;* PIRE, *ils m'ignoraient* (S. de BEAUVOIR, *Mémoires d'une jeune fille rangée,* p. 63). — *Le déchiffrement de la dépêche avait eu lieu trop tard* [...]. *Bien* PIRE ! [...] *rien n'avait été fait pour arrêter les dangereux navires* (DE GAULLE, *Mém. de guerre,* t. I, p. 140).
Comme attribut d'un nom, *pis* a toujours été rare : *L'avenir ne peut être* PIS *que le passé* (CENDRARS, dans le *Figaro litt.,* 29 déc. 1956). — *Ce* [= des phrases de Mallarmé] *sont des feuilles mortes, pis que mortes* [...]. *Mais celles-là sont* PIS *que des feuilles d'automne* (QUENEAU, *Voyage en Grèce,* p. 184). — [Voir déjà MOL. : *La Prose est* PIS *encor que les Vers* (*Impr.,* I).]

c) Pis est considéré comme un nom quand il est précédé de l'article défini :

En mettant tout au PIS, *il lui restera encore de quoi vivre* (AC.). — *Le* PIS, *c'est qu'elle n'était pas la seule qui le traitât comme un galeux* (A. FRANCE, *Crainquebille*, p. 53).

Pire s'emploie de la même façon : *En mettant les choses au* PIRE, [...] *j'ai une heure devant moi* (MALRAUX, *Condition hum.*, p. 35). [Autre ex. : Fr. MAURIAC, *Anges noirs*, p. 215.] — *Le* PIRE *était qu'à rêver sans cesse, il oubliât* [sic] *la moitié du temps de boire et de manger* (AYMÉ, *Contes du chat perché*, Bœufs).

d) Pis sans article peut avoir dans certaines expressions la fonction d'un nom (« quelque chose de pis ») :

Il y a PIS. *Dire* PIS *que pendre de qqn. Il a fait* PIS *que cela. Par crainte de* PIS. — *Mais j'ai fait* PIS *que l'aimer* (BERNANOS, *Dialogue d'ombres*, p. 120). — *Les explosions nucléaires font* PIS *que tuer ; elles préparent de la mauvaise vie* (J. ROSTAND, *Inquiétudes d'un biologiste*, p. 62). — « *Allons,* [...] *dis-moi ce que tu vois dans les lignes de cette main.* » *Et il me la tendit* [...], *comme s'il m'avait mise à* PIS *faire* [Note : *Au défi*] *de l'épouvanter* (BARBEY D'AUR., *Prêtre marié*, X).

Pire est un concurrent discuté, mais vigoureux : *J'avais fait* PIRE *qu'oublier son nom* (Fr. MAURIAC, *Mém. intérieurs*, p. 31). — *Ils avaient redouté bien* PIRE (DE GAULLE, *Mém. de guerre*, t. III, p. 116).

SECTION 3. — LES ADVERBES DE DEGRÉ

943 Une espèce particulière des adverbes de manière concerne l'intensité d'une action exprimée par un verbe, d'une qualité ou d'une caractéristique exprimées par un adjectif ou un adverbe. C'est ce que nous appelons **adverbes de degré.**

Nous distinguons le degré **relatif** (§§ 944-950), qui est apprécié par comparaison explicite avec d'autres choses, d'autres êtres, d'autres situations, etc. : *Jeanne est* PLUS PATIENTE *que son frère ;* — et le degré **absolu** (§§ 951-961), qui n'est pas fondé sur une telle comparaison : *Jeanne est* TRÈS PATIENTE. — Nous examinons ensuite (§§ 962-964) les cas où les degrés concernent le nom.

Remarques. — 1. Beaucoup d'adverbes de degré s'appliquent aussi bien à des verbes qu'à des adjectifs et à des adverbes. Certains sont spécialisés : voir notamment les oppositions *beaucoup / très* (§ 954, *a*), *autant / aussi* (§ 947), *tant / si* (§ 957).

2. La plupart des adverbes de degré peuvent, suivis de *de* ou de *des,* accompagner des noms en marquant la quantité : BEAUCOUP DE *femmes.* BIEN DES *femmes.* — Nous considérons qu'ils perdent alors leur fonction spécifiquement adverbiale et qu'ils équivalent à des déterminants indéfinis : cf. § 607, *a.*

Certains s'emploient aussi comme pronoms indéfinis marquant la quantité : BEAUCOUP *le savent.* Voir § 707.

Nous ne revenons pas, ci-dessous, sur ces deux applications.

3. On peut assimiler aux adjectifs divers syntagmes prépositionnels (cf. §§ 245, *b*, 4° ; 316, *c*) :

[...] *pourquoi nous sommes* SI EN RETARD (SAND, *Homme de neige*, t. III, p. 163). — *Rien n'est* PLUS SANS DÉFENSE *que l'œuf* (HUGO, *Quatrevingt-tr.*, III, VII, 5). — *On est* TRÈS EN COLÈRE (LOTI, *Mme Chrysanth.*, III). — *C'est quelqu'un de* TRÈS EN COLÈRE (PROUST, *Rech.*, t. I, p. 341). — *Cette façon de parler est* TROP SANS CÉRÉMONIE (HERMANT, *Xavier*, p. 47). — *Aucune méchanceté ; bonne plutôt et* TRÈS À PLAINDRE (BREMOND, *Divertissements devant l'arche*, p. 183). — *Une petite brune ramassée,* TRÈS EN FESSES (AYMÉ, *Travelingue*, p. 69). — *Ma bonté est* AUSSI SANS BORNES *que la mer* (JOUVE et G. PITOËFF, trad. de : Shakespeare, *Roméo et Juliette*, II, 2). — Cf. aussi § 955, Rem. 3 *(tout)*.

D'autres syntagmes prépositionnels équivalent à des adverbes : *Quand on l'a vu prendre* SI AU SÉRIEUX *Génin comme philosophe* (SAINTE-BEUVE, cité dans A. Rey, *Littré, l'humaniste et les mots*, p. 279). — *La lampe* [...] *l'éclaire très peu, de très loin et* TRÈS DE CÔTÉ (GIDE, *Journal*, 20 oct. 1910). — *[...] que vous accusez* SI À TORT (MAURRAS, dans Barrès et Maurras, *La République ou le roi*, p. 140).

Mais, si le syntagme prépositionnel contient un adjectif, c'est auprès de celui-ci que doit prendre place l'adverbe de degré. Au lieu de dire : °*Il est* TROP DE BONNE HEURE *pour dîner*, ou : °*Elle s'apprêtait* TROP DE BONNE HEURE, — dites : *Il est venu de* TROP BONNE HEURE (AC., s.v. *heure*). — *Elle s'apprêtait de* TROP BONNE HEURE (FLAUB., *Mme Bov.*, III, 5). — Autres ex. : PAGNOL, *Temps des secrets*, p. 28 ; GIONO, *Regain*, p. 100 ; etc. — Comp. : *Elle avait eu* DE TRÈS BONNE HEURE *un chez-soi* (HUGO, *Misér.*, I, III, 2). — *Nous nous acheminâmes vers N'Gaoundéré le lendemain,* D'ASSEZ BONNE HEURE (GIDE, *Ainsi soit-il*, Pl., p. 1221).

I. — LE DEGRÉ RELATIF

944   Le **degré relatif** prévoit une comparaison explicite avec d'autres choses, d'autres êtres, d'autres situations, etc. Il peut marquer l'égalité, l'infériorité ou la supériorité :

J'aime AUTANT *le vin que la bière. J'aime* MOINS *le vin que la bière. J'aime* PLUS *le vin que la bière.*

On distingue le **comparatif,** où la comparaison se fait avec un certain nombre de choses, d'êtres, de situations, etc. qui sont mentionnés, comme dans les ex. ci-dessus, — et le **superlatif,** où la comparaison se fait avec la totalité d'un ensemble de choses, d'êtres, de situations, etc. :

C'est le vin que j'aime LE PLUS *de toutes les boissons. C'est alors qu'il est* LE PLUS *heureux.*

Le comparatif

945   Le **comparatif de supériorité** est exprimé parfois par une forme particulière de l'adjectif (*bon-meilleur, mauvais-pire, petit-moindre :* §§ 551-554) et de l'adverbe (*beaucoup-plus, peu-moins, bien-mieux, mauvais-pis :* § 933) ; on l'appelle alors *comparatif synthétique.* — En dehors de ces cas, le comparatif de supériorité se marque par un adverbe ; on l'appelle alors *comparatif analytique.*

a) L'adverbe ordinairement usité est **plus.**

Il travaille PLUS *que son frère. Il travaille* PLUS *qu'il ne se repose. Il travaille* PLUS *que je ne croyais.* — *Il réussira* PLUS *brillamment que son frère.* — *Il est* PLUS *petit que sa sœur.*

La prononciation est [ply] quand l'adverbe précède l'adjectif ou l'adverbe auxquels il se rapporte, — et [plys] dans les autres cas.

Sur *plus* [ply] auxiliaire de la négation, voir § 977.

Hist. — Cet emploi de *plus* remonte au lat. vulg. Le latin classique se servait plutôt de *magis* (qui subsiste en fr. dans la locution figée *n'en pouvoir mais* [§ 977, Rem. 1], ainsi que dans la conjonction de coordination *mais*). — Toutefois avec les adjectifs et les adverbes, le latin classique marquait ordinairement le comparatif de supériorité par des désinences : *longus* « long », *longior* « plus long » ; *longe* « loin », *longius* « plus loin ». Comme le superlatif relatif de supériorité des adjectifs et des adverbes s'exprimait aussi au moyen d'une désinence, la grammaire française, traditionnellement, considère les degrés comme un problème morphologique étudié dans le chapitre de l'adjectif : cf. § 549. — Pour certains adjectifs ou adverbes, le latin avait des formes spéciales : *bonus, melior* « *plus bon » (d'où le fr. *meilleur*), etc.

b) **Davantage** sert surtout avec les verbes ; plus étoffé que *plus* (et aussi moins polyvalent), *davantage* est plus expressif et il est souvent préféré à la fin du prédicat.

Rosanette n'avouait pas tous ses amants pour qu'il l'estimât DAVANTAGE (FLAUB., *Éd. sent.,* III, 1).

Davantage ne peut concerner un adverbe. On ne dirait pas : °*Marchons davantage lentement.* Il faut dire : *Marchons plus lentement.*

Il arrive, mais rarement, qu'il s'applique à un adjectif : *Il dut faire un effort pour n'être pas* DAVANTAGE ODIEUX (MONTHERLANT, *Garçons,* p. 304).

Davantage peut se rapporter au pronom neutre *le,* attribut, représentant un adjectif : *Le cadet est riche, mais l'aîné* L'*est* DAVANTAGE (AC.).

Hist. — *Davantage* n'est que l'agglutination de *d'avantage.* — À l'époque classique, il pouvait signifier « de plus » ou, comme élément incident, « bien plus » : +*Que demandons-nous* DAVANTAGE ? (BOSS., cit. Haase, p. 243). — +DAVANTAGE, *je ne les vois pas dans les grandes places* (ID., cit. Littré). — Ce dernier emploi reste possible dans la langue littéraire : *Qui jugera de l'avenir d'un inconnu et de son œuvre* [...] ? DAVANTAGE : *une production purement inutile* [...] *échappe à toute estimation sociale* (VALÉRY, *Variété,* Pl., p. 681).

c) **Mieux,** avec les verbes, est simplement la forme de *bien* au comparatif :

Je l'aime MIEUX. ← *Je l'aime* BIEN. — De même, pour le participe.

Mais on le trouve parfois avec des adjectifs comme équivalent de *plus* (langue littéraire) : *Rien* [...] *ne me paraît* MIEUX DIGNE *de ce nom* (GIDE, *Porte étr.,* p. 34). — [Cf. dans le superlatif relatif : *Le bassin* [du Mississippi] [...] *le* MIEUX HUMAIN *de la planète* (FARRÈRE, *Seconde porte,* p. 133). — *L'emploi des mots les* MIEUX EXPRESSIFS (GIDE, *Feuillets d'automne,* p. 236).]

d) **Autrement,** avec des verbes et surtout avec des adjectifs ou des adverbes, est plus affectif que *plus :*

C'est un paresseux : sa femme travaille AUTREMENT *que lui.* — AUTREMENT *graves sont les faits sur lesquels il nous reste à appeler l'attention* (BRUNOT, *Pensée,* p. 521). — *Elle s'est décidée à aller voir, sans pour cela paraître* AUTREMENT *surprise ni effrayée* (A. ROBBE-GRIL-LET, *Projet pour une révolution à New York,* p. 60).

946   Le **comparatif d'infériorité** est exprimé par l'adverbe *moins* [mwɛ̃] :

Elle est MOINS *expansive que sa sœur. Je désire* MOINS *vous parler que vous écouter.*

Remarque. — *De moins,* parfois *en moins,* se disent pour exprimer l'idée de manque ou de diminution :

Trois dents qu'il avait DE MOINS *s'ajoutaient à son sourire* (HUGO, *Homme qui rit,* II, I, 12). — *Il y a dans ce sac dix francs* DE MOINS [= il y manque dix francs] (LITTRÉ). — *J'attendais mille francs, et je trouve cent francs* DE MOINS. — *Il avait un billet de* MOINS *dans son portefeuille* (AC.). — *J'ai trouvé dans votre compte vingt-cinq francs* DE MOINS (*Lar. XX*ᵉ *s.*). — *Marchandez, vous aurez cela pour quelque chose* DE MOINS (LITTRÉ). — *J'ai reçu* EN MOINS *trois francs* (ID.). — *Beau profit, une jambe* EN MOINS (É. HENRIOT, *Tout va finir,* p. 144).

De manque est vieilli : *Que tout le destin, physique et moral, d'un individu soit commandé par un grain chromosomique de trop ou* DE MANQUE, *c'est là, assurément, quelque chose de troublant pour le moraliste* (J. ROSTAND, dans le *Figaro litt.,* 5 sept. 1959).

On dit en Belgique : °*Il y a dix francs* TROP PEU (ou : °DE TROP PEU). °*Vous me rendez cinq francs* TROP PEU, — ou encore, à Bruxelles et en Flandre : °*Il y a dix francs* TROP COURT. °*J'ai vingt francs* TROP COURT.

947   Le **comparatif d'égalité** est exprimé par *aussi* avec des adjectifs et des adverbes, par *autant* avec des verbes :

C'est un homme qui parle AUSSI *bien qu'un avocat.* — *Je ne connais rien d'*AUSSI *ennuyeux.* — *Il ne travaille pas* AUTANT *que vous.*

Autant s'emploie avec les participes passés quand ils ont la valeur verbale : *Il est* AUTANT *loué que blâmé.*

Autant est possible avec un adjectif, si l'adverbe est placé après l'adjectif ou si, placé devant, il ne le précède pas immédiatement :

Il est modeste AUTANT *qu'habile* (Ac.) [cf. : *Il est* AUSSI *modeste qu'habile*]. — *La vie n'est jamais romanesque* AUTANT *qu'on l'imagine* (J. de LACRETELLE, *Âme cachée,* p. 57). — *Il est* AUTANT *que vous digne de cette faveur.*

Archaïsme de la langue littéraire : *Je ne suis pas aussi sûr que M. Adam, par exemple, que l'aventure Letinois [...] ait été* AUTANT *paternelle,* AUTANT *idéale, qu'il semble le croire* (É. HENRIOT, dans le *Monde,* 8 juillet 1953).

Hist. — Au XVIIᵉ s., *autant* pouvait précéder l'adjectif : ⁺*Le nom d'Assuérus,* AUTANT *inconnu aux Grecs que connu aux Orientaux* (BOSS., *Disc. hist. univ.,* I, 7). — ⁺*Il est* AUTANT *difficile à subjuguer qu'il est incapable de vouloir subjuguer les autres* (FÉN., *Tél.,* t. I, p. 339).

Remarque. — *Si, tant* équivalent à *aussi, autant* dans les phrases négatives ou interrogatives :

Nulle part [...] je n'ai trouvé SI *bon accueil qu'à Paris* (TAINE, *Vie et opinions de Fr.-Th. Graindorge,* p. 20). — *Il ne l'aime pas* TANT *qu'on croirait.*

Parfois aussi dans certaines formules affirmatives : SI *peu que rien.* — *Il frappe* TANT *qu'il peut* (Robert méthod.). — *Je le sers* TANT *pour lui que pour me faire plaisir* (AC.).

948 **Observations diverses sur les comparatifs.**

a) Les comparatifs appellent d'ordinaire une proposition conjonctive corrélative (§ 1076, *a*) ; celle-ci est souvent elliptique, par suppression des éléments déjà exprimés (cf. § 217, *c*) :

> *Elle n'était pas* AUSSI *libre qu'elle le disait* (É. HENRIOT, *Occasions perdues*, p. 128). — *J'ai* PLUS *de souvenirs que si j'avais mille ans* (BAUDEL., *Fl. du m.*, Spleen) [= ... que je n'en aurais si ...].

Cette proposition peut aussi rester implicite, le terme avec lequel on compare ayant été exprimé auparavant ou étant facile à déduire du contexte :

> *Je n'aurais jamais cru qu'un château* AUSSI *délabré* [...] *fût* AUSSI *habitable* (A. FRANCE, *Rôtisserie de la reine Pédauque*, p. 71). — *On ne saurait, sans péril, mépriser l'enseignement d'une histoire* AUSSI *féconde,* AUSSI *riche,* AUSSI *glorieuse* (G. DUHAMEL, *Défense des lettres*, p. 43). — *Depuis que le malheur l'a frappé, il n'est plus* SI *orgueilleux* (cf. § 947, Rem.).

Des grammairiens ont proscrit ***davantage que.*** Ni l'usage classique (cf. Hist.) ni l'usage moderne ne justifient cette décision.

> *La fille d'Agamemnon* [...] *intéresse bien* DAVANTAGE QU'*Iphigénie pleurant son trépas* (CHAT., *Génie*, II, II, 8). — *Nul* [pays] *ne m'attire* DAVANTAGE QUE *cette région des étangs lorrains* (BARRÈS, *Au service de l'Allem.*, p. 1). — *Elle causait peut-être* DAVANTAGE QUE *les deux autres* (LOTI, *Désenchantées*, XIV). — *Rien ne prouve que les choses que Platon lui aurait fait dire ne lui eussent point agréé* DAVANTAGE QUE *les choses qu'il avait dites* (HERMANT, *Platon*, p. 98). — *La plupart d'entre nous ont bien* DAVANTAGE *besoin de paix intérieure* QUE *de vérité* (R. MARTIN DU GARD, *Jean Barois*, p. 484). — *Rien ne flatte les gens* DAVANTAGE QUE *l'intérêt que l'on prend, ou semble prendre, à leurs propos* (GIDE, *Journal*, 29 janv. 1943). — *Rien ne dérange* DAVANTAGE *une vie* QUE *l'amour* (Fr. MAURIAC, *Trois grands hommes devant Dieu*, p. 104). — *Rien n'attire* DAVANTAGE QUE *le mystère* (CLAUDEL, *L'œil écoute*, p. 162). — *Les planches m'intéressent* DAVANTAGE QUE *le supplice* (COCTEAU, *Difficulté d'être*, p. 108). — *Comme on a parlé* DAVANTAGE *du siège de Paris, de la Commune, de l'« année terrible »,* QU'*on ne parle de l'occupation !* (R. KEMP [9], dans les *Nouv. litt.*, 29 mars 1956.) — *Cet homme de taille moyenne* [...] *me plaisait* DAVANTAGE QUE *son frère aîné* (YOURCENAR, *Souvenirs pieux*, p. 126).

Autres ex. : MAUPASS., *Notre cœur*, II, 1 ; R. ROLLAND, *Jean-Chr.*, t. II, p. 161 ; MIRBEAU, *Dingo*, XII ; MONTHERLANT, *Petite infante de Castille*, p. 59 ; BENDA, *France byzantine*, p. 123 ; COLETTE, *Journal à rebours*, p. 55 ; É. HENRIOT, *Aricie Brun*, II, 4 ; PROUST, *Rech.*, t. III, p. 888 ; ARLAND, *Essais critiques*, p. 150 ; P. ARÈNE, *Tor d'Entrays*, IV ; E. JALOUX, *Figures étrangères*, p. 48 ; AYMÉ, *Confort intellectuel*, p. 70 ; Fr. AMBRIÈRE, *Grandes vacances*, p. 50 ; A. SIEGFRIED, *Âme des peuples*, p. 129 ; GIRAUDOUX, *Contes d'un matin*, p. 126 ; DANIEL-ROPS, *Vouloir*, p. 123 ; TROYAT, *Dostoïevsky*, p. 371 ; P.-H. SIMON, *Raisins verts*, p. 34 ; H. BORDEAUX, *Paris aller et retour*, p. 275 ; H. BOSCO, *Balesta*, p. 232 ; J. ROSTAND,

---

9. R. Kemp, parlant d'*Éveils*, de J. Schlumberger, déclare : « Je n'ai trouvé dans ce volume exemplaire qu'un *davantage... que* dont je m'effarouche. Mais *davantage... que* a des défenseurs. Je crois qu'ils s'égarent... » (dans les *Nouv. litt.*, 18 mai 1959). — Il déclare encore (dans les *Nouv. litt.*, 31 mai 1956) : « Sur ces questions, il faut tenir compte de l'*équation personnelle...* L'un aime et l'autre déteste. Ainsi jamais, sauf à la hâte, et plusieurs idées en tête, je n'écrirais ' davantage... que... ' » — et un peu plus loin (à propos du fait que *davantage... que* était courant à l'époque classique) : « J'en conviens. Mais tant pis. Je ne l'aime pas ! »

Pensées d'un biologiste, p. 17 ; GUITTON, *L'Église et l'Évangile*, p. 172 ; DE GAULLE, *Mém. de guerre*, t. I, p. 6 ; SIMENON, *45° à l'ombre*, p. 19 ; J. GREEN, *Années faciles*, 14 mai 1934 ; POMPIDOU, dans le *Monde*, 16 août 1969 ; R.-L. WAGNER, *Vocabulaires franç.*, t. I, p. 41 ; J. DUTOURD, *Paradoxe du critique*, p. 11 ; M. TOURNIER, *Vendredi ou les limbes du Pacifique*, F°, p. 20 ; etc.

Hist. — C'est le grammairien Andry de Boisregard (1689) qui a le premier critiqué *davantage que*. L'Acad. ne parle pas de cette construction ; le *Dict. gén.* la donne comme vieillie ; Littré en appelle de la sentence des grammairiens à l'autorité des bons écrivains, et il cite douze ex. de *davantage que*, notamment de Descartes, Malherbe, Mol., Pascal, Boss., J.-J. Rouss. En outre : *Que peut-on souhaiter* DAVANTAGE QUE *ces deux points ?* (LA F., F., Dédic.) — ⁺*Il n'y a rien qui mette plus subitement un homme à la mode et qui le soulève* DAVANTAGE QUE *le grand jeu* (LA BR., XIII, 7). — ⁺*Ceux qui admirent* DAVANTAGE *le protecteur* QUE *le persécuteur du roi Jacques* (VOLT., cit. Bescherelle). — *Rien n'a plu* DAVANTAGE, *dans les* Lettres persanes, QUE *d'y trouver [...] une espèce de roman* (MONTESQ., *L. pers.*, Préf.).

Remarque. — Devant un numéral cardinal, on emploie généralement *plus* [ply] *de, moins de,* mais on peut aussi employer *plus* [plys] *que* et *moins que* pour donner au second terme de la comparaison un relief plus accusé ou lui faire prendre une signification mathématique :

Ce cep portait plus de vingt grappes, c'est-à-dire plus QUE *vingt grappes* (LITTRÉ, S.V. *de,* 24°). — *Dix, c'est plus* QUE *neuf.* — *Napoléon était renié beaucoup plus* QUE *trois fois* (L. MADELIN, cité par Thérive, *Clinique du langage*, p. 118). — *Il ne m'avait pas fallu moins* QUE *ces sept années [...] pour mettre au point cet énorme livre* (F. GREGH, *Âge de fer*, p. 108).

Devant *à demi, à moitié, aux trois quarts,* on peut dire *plus de, moins de* (surtout littéraires) ou *plus que, moins que* :

Cela est plus D'*à demi fait* (AC.). — *Cela est plus* QU'*à demi fait* (AC.). — *Des arbres plus* QU'*à moitié effeuillés* (Th. GAUTIER, *Partie carrée*, XIV). — *Élodie [...] plus* QU'*à demi résolue* (A. FRANCE, *Les dieux ont soif*, p. 353). — *Toute question ajournée est souvent plus* QU'*à moitié résolue* (MAUROIS, *Mes songes que voici*, p. 216). — *En face, un château énorme. Plus* QU'*à demi ruiné* (MALRAUX, *Espoir*, p. 288). — *La bougie qui brûlait sur la cheminée sans feu de la chambre bleue était plus* D'*à moitié consumée* (MÉRIMÉE, *Chambre bleue*, Pl., p. 709).

Hist. — L'ancienne langue, jusqu'au XVIᵉ s., employait régulièrement *de* pour amener le nom ou le pronom complément du comparatif ; ce tour correspondait à l'ablatif latin de comparaison : *Meillors vassals* DE *vos unkes ne vi* [= Jamais je ne vis meilleurs vassaux que vous] (*Rol.*, 1857). — *Nul plus vaillant* DE *lui* (ADAM LE BOSSU, *Jeu de la feuillée*, 715). — *Car* DE *moi n'est plus amoureux en France* (E. DESCHAMPS, t. III, p. 262). — De là le tour actuel avec un numéral ; de là aussi la locution prépositionnelle *à moins de.* (En outre : *Je suis le même d'hier,* cf. § 623, *b,* Hist., 2.)

b) Le comparatif de supériorité ou d'infériorité est susceptible de recevoir des indications de degré, exprimées par les adverbes *bien, beaucoup, un peu, infiniment, autrement* (voir ci-dessous), ou par des expressions nominales comme *de la moitié, moitié,* etc. (cf. § 956, *c*) :

L'avenir est BIEN (ou BEAUCOUP) *plus inquiétant que je ne pensais. Faites un discours* UN PEU *moins long.* — *Tellement dans les phrases exclamatives :* C'est TELLEMENT *plus beau* [de jouer du piano] *quand on est seul !* (R. ROLLAND, *Jean-Chr.*, t. I, p. 123.)

Avec les comparatifs synthétiques *meilleur* et *moindre, beaucoup* est devenu moins courant (on préfère *bien*) ; il n'a rien d'incorrect cependant : *Ce vin est* BEAUCOUP MEILLEUR (AC.). — *Mahomet a rendu la condition des femmes* BEAUCOUP MEILLEURE *qu'elle ne l'était avant lui* (NERVAL, *Voy. en Orient*, Pl., p. 625). — *Les phrases de* la Tentation de saint Antoine [...] *sont* BEAUCOUP MEILLEURES (CLAUDEL, *Mémoires improvisés*, Id., p. 51). — *La situation faite aux indigènes* [...] *n'est pas* BEAUCOUP MEILLEURE *que celle que l'on nous peignait ci-dessus* (GIDE, *Voy. au Congo*, Pl., p. 859). — *Un effort lingual* BEAUCOUP MOINDRE (M. GRAMMONT, *Traité pratique de prononc. fr.*, p. 77). — *Le phénomène concentrationnaire en Chine est* BEAUCOUP MOINDRE *qu'en U.R.S.S.* (SARTRE, *Situations*, t. X, p. 221). — °*Beaucoup pire* et °*beaucoup pis* sont devenus très rares. — *Beaucoup mieux* reste courant.

Beaucoup davantage est rare aussi : *Nous n'en savons pas sur elle* BEAUCOUP DAVANTAGE (BARBEY D'AUR., *Chev. des Touches*, IV). — *Il semble que vous ne les connaissiez pas* BEAUCOUP DAVANTAGE (BERNANOS, *Grands cimetières sous la lune*, Pl., p. 509). — Autre ex. : FARRÈRE, *Seconde porte*, p. 65.

Notons aussi *beaucoup plutôt,* plus rare que *bien plutôt : Ce qui miroite dans l'espace de leur discours, c'est* BEAUCOUP PLUTÔT *l'a priori historique des sciences de l'homme* (M. FOUCAULT, *Les mots et les choses*, p. 390). — Autres ex. : FAGUET, *Hist. de la poésie fr.*, t. V, p. 131 ; M. BLOCH, *Rois thaumaturges*, p. 60 ; H. QUEFFÉLEC, *Breton bien tranquille*, p. 138).

Beaucoup placé après l'adjectif au comparatif doit être *précédé* de la préposition *de*. Elle est facultative quant *beaucoup* est placé devant :

Vous êtes plus savant DE BEAUCOUP (AC.). — *Il est* DE BEAUCOUP *plus savant* (AC.) ou *Il est* BEAUCOUP *plus savant*.

L'usage de renforcer le comparatif de supériorité au moyen d'**autrement** s'est introduit au XXe s. Gide (*Journal*, 14 juin 1941) trouvait cela « déplorable », puisque « *autrement* suffisait » (cf. § 945, *d*).

Les échecs grandioses sont AUTREMENT PLUS *précieux que ce qu'on nomme le succès* (THÉRIVE, dans le *Temps*, 8 déc. 1938). — *Il était devenu* AUTREMENT PLUS *souple* (J. et J. THARAUD, dans *Conferencia*, 15 avril 1947, p. 157). — *Un merveilleux,* AUTREMENT PLUS *vaste* (R. MARTIN DU GARD, *Thib.*, Pl., t. II, p. 965). — *Pour voir mon rôle et mon apport réduits à des proportions* AUTREMENT PLUS *modestes que celles que vous leur prêtez* (MONTHERLANT, *Petite infante de Castille*, p. 178). — *Vous oubliez, dit lentement Grant, que l'enjeu était* AUTREMENT PLUS *cher* (VERCORS, *Les yeux et la lumière*, p. 126). — *Vous saurez la soigner,* AUTREMENT MIEUX *que ma mère* (MIOMANDRE, *Mon caméléon*, p. 21). — *Je suis bien sûr que ton mari s'y entendait* AUTREMENT MIEUX *que moi* (KESSEL, *Amants du Tage*, p. 108).

Hist. — Sur *trop* accompagnant anciennement le comparatif, voir § 954, *d*, 1°, Hist.

c) Pour marquer le rapport d'une grandeur A à une grandeur B en se servant du nom *fois* et de *aussi, autant, plus, moins* (cf. aussi § 956, *c*, 4°) :

— Si A est la moitié de B, on peut dire, pour la valeur de B, soit avec idée de multiplication : *B est deux fois aussi grand que A*, ou *vaut deux fois autant*, ou *est deux fois plus grand*, ou *vaut deux fois plus, —* soit avec idée d'addition : *B est une fois plus grand* (rare : *une fois aussi grand*) *que A*, ou *vaut une fois plus ; —* pour la valeur de A, on dira, soit avec idée de division : *A est deux fois moins grand que B*, soit avec idée de soustraction (formule rare) : *A est une fois moins grand que B*.

— Si A est le tiers (ou le quart, etc.) de B, on peut dire, pour la valeur de B, toujours avec idée de multiplication : *B est trois fois aussi grand que A,* ou *vaut trois fois autant,* ou plus ordinairement *est trois fois plus grand,* ou *vaut trois fois plus ;* — et pour la valeur de A, toujours avec idée de division : *A est trois fois moins grand que B,* ou *vaut trois fois moins.*

Ex. : *Ce corps est une fois plus long que l'autre* (LITTRÉ, s.v. *fois,* 3°). — *Son raisin revient une fois moins cher que celui du grand domaine* (P. HAMP, cit. Damourette-Pichon, § 2564). — *J'ai fait deux fois plus, deux fois moins, deux fois autant de chemin que vous* (LITTRÉ, *l.c.*). — *Il entre deux fois autant de monde dans cette salle que dans l'autre* (AC., s.v. *fois*). — *Il est deux fois plus grand que vous* (*Dict. gén.*). — *Lampe qui éclaire trois fois plus que les autres* (*Lar. XXᵉ s.,* s.v. *fois*). — *Décupler : rendre dix fois aussi grand* (LITTRÉ). — *Une part cinq fois plus grande que celle des autres* (CHAT., *Génie,* II, v, 3). — *On ne s'inquiétera pas de savoir* [...] *si la longueur A B est égale à la longueur BC, ou si elle est deux fois plus grande* (H. POINCARÉ, *Valeur de la science,* chap. III, Géom. qualitative). — *De façon à ce qu'elles gagnassent deux fois plus qu'elles n'avaient gagné* (SAINT EXUPÉRY, *Citadelle,* LXVIII). — *Le toit était deux fois plus haut que la façade* (LA VARENDE, *Sorcière,* p. 20). — *L'infanterie* [...] *représentait alors des effectifs au moins trois fois supérieurs à ceux de la cavalerie* (GAXOTTE, *Hist. des Français,* t. I, p. 440).

À noter que *une fois et demie plus grand* est à éviter, comme équivoque : on pourrait comprendre : « augmenté de moitié » (idée de multiplication) ou : « augmenté d'un entier et demi » (idée d'addition) : *Cette poutre* [2 m], *il la faudrait une fois et demie plus longue* [3 m ? ou 5 m ?].

Hist. — Le latin disait *altero tanto longior* (littéralement : « plus long d'encore une fois autant » ; ce que nous exprimons par *deux fois aussi long, deux fois plus long*), *bis tanto longior* (« plus long d'encore deux fois autant » ; donc *trois fois aussi long, trois fois plus long*) ; ainsi il *ajoutait* à la quantité regardée comme unité le produit marqué par le numéral multiplicatif. — En anc. fr., on considérait simplement la multiplication, et on faisait suivre le numéral cardinal d'un des noms *fois, double, coup,* etc., ou de *tant,* pour exprimer une quantité à prendre autant de fois que l'indiquait le nom de nombre ; *trois doubles (trois tans)* signifiait : « trois fois autant » : *Car sa joie li iert* [= sera] *a* CENT DOUBLES *doublee* (ADENET, *Berte,* 1986). — *Qu'ele m'aime* MIL TANS *que vous* (*Roman du comte de Poitiers,* cit. Tobler, *Mél.,* p. 229). — *De galies* [navires de guerre] *et de uissiers* [navires de transport pour la cavalerie] *bien a* TROIS TANZ *que il n'aüst* [= *y* eût (cf. § 1077, *a,* Hist.)] *en l'ost* [= armée] *de genz* (VILLEHARDOUIN, § 56). — *Il i avoit d'oisiaux* TROIS TANZ / *Qu'en tot le reiaume de France* (*Rose,* 482-483).

d) Si plusieurs adjectifs au comparatif sont coordonnés, *aussi, plus, moins* s'expriment devant chaque adjectif :

Il est PLUS *doux,* PLUS *patient et* PLUS *actif que son frère.*

Toutefois, dans la langue littéraire, on se borne parfois à mettre *aussi, plus, moins* devant le premier adjectif : *Par son ardente inquiétude Lucrèce est des nôtres —* AUSSI *beau et grand que Pascal* (É. HENRIOT, *Fils de la Louve,* p. 80). — *Je n'en* [= de ville] *vois point où la diversité des occupations, des industries* [...] *soit* PLUS *riche et mêlée qu'ici* (VALÉRY, *Regards sur le monde actuel,* p. 141). — *Claudel était beaucoup* PLUS *fin et intelligent que M. Roy ne le dit* (R. KEMP, dans les *Nouv. litt.,* 10 avril 1958). — *La vieillesse du poète-historiographe ne fut pas* MOINS *triste et morose que celle du monarque* (SAINTE-BEUVE, *Critiques et portr. littér.,* t. I, p. 13).

e) Les comparatifs analytiques ou synthétiques s'emploient d'une manière corrélative au début de deux sous-phrases coordonnées, pour indiquer un rapport proportionnel ou inversement proportionnel :

AUTANT *la mer me trouble et m'indispose,* AUTANT *ce fleuve* [= la Seine] *m'est cher* (J. GREEN, *Partir avant le jour,* p. 108). — PLUS *on est de fous,* PLUS *on rit* (prov.). — MOINS *il avait d'argent,* PLUS *il buvait d'eau-de-vie* (A. FRANCE, *Crainquebille,* p. 55). — AUSSI *vite s'est-il attendri,* AUSSI *vite il se rebiffe et me griffe* (JOUHANDEAU, *Carnets de l'écrivain,* p. 342). — TANT *vaut l'homme,* TANT *vaut la terre* (prov.). — PLUS *leurs relations se compliqueraient,* MIEUX *il les tiendrait* (J. ROMAINS, cit. Robert, s.v. *compliquer*). — PLUS *les grives sont grasses,* MEILLEURES *elles sont.*

Selon un usage ancien et critiqué à tort, la deuxième sous-phrase peut être précédée de *et* : cf. § 254, *b,* 1°, Rem.

Davantage est rarement substitué à *plus : Pour les* [= les bêtes] *connaître, il faut les aimer, et* PLUS *on les aime et* DAVANTAGE *on les tue* (KESSEL, *Lion,* p. 91). — PLUS *il me regardait,* DAVANTAGE *j'avais le sentiment qu'il lisait en moi la même volonté décidée* (J. GENET, cité dans Sartre, *Saint Genet comédien et martyr,* p. 357).

Variantes populaires ou régionales :

Type °*Le plus ..., le plus ...,* populaire : LE PLUS *tard il arriverait,* LE PLUS *il aurait de chance* (ARAGON, *Aurélien,* p. 402). — LE PLUS *tôt tu l'épouseras,* LE MIEUX *ce sera* (A. BOSQUET, *Bonnes intentions,* p. 43). — LE MOINS *on nous associerait,* LE MIEUX *ce serait* (S. FASQUELLE, *Falaises d'Ischia,* p. 221).

Type °*Au plus ..., au plus ...,* régional (Midi et Afrique du Nord ; région picarde ; Bruxelles et pays flamand) : *Vous savez le proverbe :* AU PLUS *la vieille allait,* — AU PLUS *elle apprenait,* — *et pour ce, mourir ne voulait* [en italiques]. *Je ferai comme elle* [dit Tartarin] (A. DAUDET, *Port-Tar.,* III, 6). — *Il a senti qu'*AU PLUS *son autorité s'affermissait,* AU MOINS *il communiait avec ses camarades* (A. VANDEGANS, dans la *Revue des sciences humaines,* mars 1975, p. 100).

Type °*Tant plus ..., tant plus ...,* aujourd'hui (cf. Hist.) populaire, malgré des ex. comme ceux-ci : TANT PLUS *il s'écarte de la réalité,* TANT PLUS *il répond à son propre programme* (PÉGUY, *Esprit de système,* p. 16). — TANT PLUS *il s'élabore,* TANT PLUS *s'approfondit pour le sujet l'aliénation de sa jouissance* (J. LACAN, *Écrits I,* p. 126). — D'habitude, les écrivains mettent cela dans la bouche de gens du peuple : SAND, *Diable aux champs,* I, 2 ; MIRBEAU, *Journal d'une femme de chambre,* IX ; WILLY et COLETTE, *Claud. à l'école,* p. 233 ; GIDE, *Immor.,* II, 3 ; M. ACHARD, *Pétrus,* I, 1 ; P. MORAND, *Ouvert la nuit,* F°, p. 137 ; BERNANOS, *M. Ouine,* p. 191 ; GIONO, *Lanceurs de graines,* I, 5 ; etc.

Type °*Plus que ..., plus (que) ...,* populaire : PLUS QUE *t'attends,* PLUS QUE *c'est vexatoire* (R. MARTIN DU GARD, *Thib.,* Pl., t. I, p. 640). — PLUS QUE *ça sera loin, mieux ça vaudra* (CÉLINE, *Voy. au bout de la nuit,* F°, p. 147).

Le type *Plus ..., d'autant plus ...* est rare plutôt que populaire : PLUS *la sociologie chancelait,* D'AUTANT PLUS *il se raidissait* (PÉGUY, *Esprit de système,* p. 77).

Hist. — 1. Le type *Tant plus ... tant plus ...* a appartenu jadis à la meilleure langue : Haase, § 98, B, cite Malherbe, Guez de Balzac, Corneille, Pascal, La Fontaine. On disait aussi *D'autant plus ..., d'autant plus ...* : ⁺D'AUTANT PLUS *longuement et soigneusement j'examine toutes ces choses,* D'AUTANT PLUS *clairement et distinctement je connais qu'elles sont vraies* (DESCARTES, *Médit.,* III).

2. Dans l'usage ancien (jusqu'au XVIIᵉ s.) l'adverbe pouvait ne pas être en tête dans la première sous-phrase : *Je suis* PLUS *insolent, moins je le veux parestre* (MALLEVILLE, *Œuvres poét.,* éd. Ortali, p. 225). — ⁺*Et l'heur de vous revoir lui semblera* PLUS *doux, / Plus elle aura pleuré pour un si cher époux* (CORN., *Pol.,* I, 1).

Le superlatif relatif

949   Le **superlatif relatif** a la même forme que le comparatif de supériorité ou d'infériorité. Il s'en distingue seulement par la présence de l'article défini :

> *Il est* PLUS *aimable.* → *Il est* LE PLUS *aimable.* — *Il travaille* PLUS *à la maison qu'au bureau.* → *Il travaille* LE PLUS *à la maison.*

Cependant, le superlatif n'a pas de marque le distinguant du comparatif :
1° quand l'adjectif au superlatif relatif précède le nom :

> *C'est le* PLUS *beau film que j'aie vu* (l'article est celui qui détermine le nom). — *Mon* PLUS *grand souhait est de vous épouser.*

Cela se produit plus rarement quand le déterminant est autre que l'article défini ou le possessif : *La folie de ce* PLUS *doux des hommes* [= Nerval] *était brutale quelquefois* (É. HENRIOT, dans le *Monde*, 21 mai 1958).

2° quand l'adjectif au superlatif accompagne *ce* suivi d'une proposition relative :

> *Voilà ce que j'ai trouvé de* MOINS *cher. Ce qu'il y a de* PLUS *beau n'est pas visible. Ce qu'il a vu de* PLUS *étrange, il n'ose pas le raconter.* — *Tout ce que l'Idylle a de* PLUS *enfantin* (BAUDEL., *Fl. du m.*, Paysage).

3° dans certaines phrases optatives averbales : *Meilleurs vœux.*

Hist. — Le superlatif relatif s'exprimait d'ordinaire en latin pour les adjectifs et les adverbes par une désinence (que le fr. a empruntée à plusieurs reprises : *rarissime*, etc., cf. § 555 et Hist.) : *doctus* « savant », *doctissimus* « le plus savant ». Comme cette forme marquait aussi le haut degré (« très savant »), la grammaire française a gardé l'appellation de *superlatif* pour les deux constructions, en les distinguant par les épithètes de *relatif* et d'*absolu* (§ 954).

En anc. fr., le superlatif relatif était identique au comparatif ; il s'en est distingué progressivement par l'introduction de l'article défini. Celui-ci manquait encore assez souvent au XVIIᵉ s. : *Je vais employer mes efforts* PLUS *puissants* (MOL., *Étourdi*, V, 7). — *Chargeant de mon débris les reliques* PLUS *cheres* (RAC., *Baj.*, III, 2). — *Son cœur sçait, quand* MOINS *on y pense, / D'une bonne action verser la récompense* (MOL., *Tart.*, V, 7).

Remarques. — 1. *Moindrement* ne s'emploie que comme superlatif relatif, avec l'article et parfois sans l'article : cf. § 933, *a*, Rem. 1.

2. Comme à l'époque classique (où le comparatif servait encore tel quel pour le superlatif relatif : cf. Hist. ci-dessus), *davantage* s'emploie assez fréquemment avec la valeur du superlatif relatif :

> *Celui qui de tous plaisantait et piaffait* DAVANTAGE *était M. de Cantilly* (BARBEY D'AUR., *Chev. des Touches*, VI). — *Celles de ses grandeurs qui nous plaisent* DAVANTAGE (BREMOND, *Pour le Romantisme*, p. 171). — *De toutes les maisons qu'il examina, celle de la place Martin-Grivoire lui plut* DAVANTAGE (H. de RÉGNIER, *Plateau de laque*, p. 279). — *Je ne sais qui de nous deux cette conversation oppressait* DAVANTAGE (GIDE, *Symphonie pastor.*, p. 125). — *C'était cette indifférence* [...] *qui me pesait* DAVANTAGE (L. DAUDET, *Partage de l'enfant*, p. 181). — *Mais je ne sais de sa leçon ce qui me transporte* DAVANTAGE : *cette loi des oppositions ou le choix même des sujets* (ARAGON, *Semaine sainte*, p. 102). — *Ils s'empressaient à qui lui plairait* DAVANTAGE (AC., S.V. *à*).

950   **Observations sur le superlatif relatif.**

a) L'article du superlatif relatif d'un adjectif reste invariable quand il y a comparaison entre les différents degrés d'une qualité, quand un être ou un objet est comparé avec lui-même, spécialement dans des moments ou des lieux distincts d'un même état ; plus généralement, quand l'idée est « au plus haut degré, au plus bas degré, au meilleur degré » :

C'est au milieu de ses enfants qu'une mère est LE *plus heureuse* (c.-à-d. heureuse au plus haut degré). — *Les deux sœurs qui se montrèrent* LE *plus attachées à elle* (SAINTE-BEUVE, *Port-Royal*, V, 3). — *Mais c'est sur l'Odyssée que ses notes* [...] *sont* LE *plus abondantes et significatives* (J. LEMAITRE, *J. Racine*, p. 53). — *D'où vient que ceux-là mêmes qui semblent* LE *moins faits pour écrire des romans soient sollicités par cette forme d'invention littéraire ?* (MAS-SIS, *Réflexions sur l'art du roman*, p. 14.) — *C'est souvent lorsqu'elle est* LE *plus désagréable à entendre qu'une vérité est* LE *plus utile à dire* (GIDE, *Journal*, 5 juillet 1944). — *Le matin, à l'heure où les enfants sont* LE *plus légers* (H. BOSCO, *Mas Théotime*, p. 14). — *C'est alors que la ville est* LE *plus étrange* (CURTIS, *Étage noble*, p. 41).

Dans ce cas, la proposition contient souvent quelque complément marquant la circonstance (temps, lieu, etc.) qui coïncide avec le degré extrême de la qualité considérée.

Mais l'article s'accorde avec le nom exprimé ou sous-entendu lorsqu'on fait la comparaison entre des êtres ou des objets différents :

Cette femme est LA *plus heureuse des mères, la mère* LA *plus heureuse* (elle est comparée ici aux autres mères). — *Les questions qui paraissent* LES *plus dangereuses se trouvent un jour résolues par les circonstances* (MAUROIS, *Mes songes que voici*, p. 217).

Dans certains cas, on peut faire accorder l'article ou le laisser invariable, selon le point de vue où l'on se place : *Les hommes* LE *mieux doués ou* LES *mieux doués* (LITTRÉ). — *Les ouvrages qui nous ont été* LES *plus* (ou LE *plus*) *utiles.*

Il est parfois difficile de décider si la comparaison est établie entre les différents degrés d'une qualité ou si elle se fait entre des êtres ou objets différents. Dans la pratique, on peut observer :

— Que l'article varie si l'adjectif peut admettre après lui les mots *de tous, de toutes : Les ouvrages qui nous ont été* LES *plus utiles* (de tous) ;

— Que l'article reste invariable si l'on peut placer après l'adjectif les expressions *le plus possible, le moins possible, le mieux possible,* ou encore les expressions *au plus haut degré, au plus bas degré, au meilleur degré : Les ouvrages qui nous ont été* LE *plus utiles* (... utiles au plus haut degré).

Les deux cas se trouvent réunis dans la phrase suivante : *Nous sommes dans une époque prodigieuse où les idées* LES *plus accréditées et qui semblaient* LE *plus incontestables se sont vues attaquées, contredites, surprises et dissociées par les faits* (VALÉRY, *Regards sur le monde actuel*, Pl., p. 942).

Ces nuances, qui n'étaient pas appliquées à l'époque classique, ne le sont pas toujours aujourd'hui, même dans l'usage littéraire :

Il faut aller à Chicago, l'une des villes des États-Unis où l'immigration allemande a été LA *plus forte* (BOURGET, *Au service de l'ordre*, p. 135). — *C'était naturellement autour du Théâtre-Français que* [...] *la fermentation était* LA *plus grande* (L. MADELIN, *Danton*, p. 69). — *Elle* [...] *chercha la place d'où l'esquisse était* LA *mieux en lumière* (MAUPASS., *Fort comme la mort*, I, 1).

— *C'est dans les périodes les plus troublées et les plus violentes que leur action* [de la parole et de l'écriture] *est* LA *plus puissante* (L. LAVELLE, *La parole et l'écriture*, p. 8). — *L'hiver, c'est la saison où les nuits sont* LES *plus longues* (GIONO, *Femme du boulanger*, II, 2). — *Je me caressais la main là où la peau est* LA *plus douce, pour me réveiller* (H. BOSCO, *Malicroix*, p. 126). — *L'influence du curé de campagne sembla avoir été* LA *plus forte vers la fin du XVIIIᵉ siècle* (LA VARENDE, *Normandie en fleurs*, p. 67). — *C'est en hiver que ces jardins sont* LES *plus beaux* (É. HENRIOT, *Rencontres en Île-de-France*, p. 67). — *C'est de loin que les bêtes sont* LES *plus jolies* (KESSEL, *Lion*, p. 114). — *En France, c'est en général au mois de juillet que la température est* LA *plus chaude* (AC., S.V. *général*).

L'article reste toujours invariable quand *le plus, le moins, le mieux* modifient un verbe, un adverbe ou une locution adverbiale :

Ce sont les raisons que ' nous avons nous-mêmes trouvées qui nous persuadent LE *mieux. Ceux qui sont venus* LE *plus souvent. C'est nous qui partons* LE *plus à regret.*

Lorsque l'adverbe modifié par *le plus, le moins, le mieux* modifie lui-même un adjectif ou un participe, l'article varie si la comparaison est établie entre des êtres ou objets différents : *Les Égyptiens et les Chaldéens sont les nations* LES *plus anciennement policées* (LITTRÉ).

Il reste invariable si c'est le degré que l'on a en vue et que la comparaison ne porte que sur ce degré plus ou moins élevé, envisagé dans un seul être ou objet, ou dans un seul ensemble d'êtres ou d'objets : *Les monuments des nations* LE *plus anciennement policées* (LITTRÉ) (c.-à-d. le plus anciennement qu'il est possible).

b) L'article du superlatif relatif se répète d'ordinaire dans la coordination :

Il paraît difficile / Au regard LE *plus dur et* LE *plus immobile / De soutenir le sien* (MUSSET, *Prem. poés.*, Saule, I).

Dans l'ex. suivant, l'auteur n'a pas répété non plus la préposition introduisant le syntagme nominal : *Témoigner* DU *plus fier et plus stoïque amour* (A. de NOAILLES, *Forces éternelles*, I, Verdun). — Dans celui-ci, l'adverbe n'est pas répété : *La précision* LA PLUS *savante et rigide* (BREMOND, *Poésie pure*, p. 66). [Voir aussi Lemaitre, cité dans *a*.]

c) Le superlatif relatif peut être renforcé par *tout, de beaucoup, de (bien) loin, du monde,* etc. :

C'est un de nos TOUT *meilleurs acteurs de composition* (G. MARCEL, dans les *Nouv. litt.*, 26 sept. 1957). — *Voici le* Roman de Genji *que Thibaudet un jour me disait* [...] *ranger avec les* TOUT *plus grands* (ÉTIEMBLE, *C'est le bouquet !* p. 228). — *Il est* DE BEAUCOUP *le plus riche des séminaristes* (Fr. MAURIAC, *Feu sur la terre*, p. 26).

Comp. *tout le premier* (*premier* est aussi une sorte de superlatif) : *Nous avons cru à cette nouvelle, nous* TOUS *les premiers* (AC.). — *Je hais toute votre abominable famille des Borgia, et vous* TOUTE *la première* (HUGO, *L. Borgia*, II, I, 4). — *Bette,* TOUTE *la première,* [...] *est une de ces exagérations* (SAINTE-BEUVE, *Caus. du lundi*, t. II, p. 458). — *Je me dis cela dans ma haine des vies médiocres, comme la mienne* TOUTE *la première* (LÉAUTAUD, *Propos d'un jour*, p. 113).

d) Sur la place de l'adjectif au comparatif, cf. § 551, Rem.

e) L'adverbe au superlatif s'emploie parfois avec la préposition *à* ou *de* :

À : Je n'exagère rien et pèse mes mots AU PLUS JUSTE (G. DUHAMEL, *Cécile parmi nous*, p. 61). — *On a déjà mesuré, évalué ses joies* AU PLUS JUSTE (BERNANOS, *Dialogue d'ombres*, p. 172). — *Naviguez* AU PLUS LOIN *de ce dangereux compagnon* (MICHELET, *Mer*, III, 3). —

AU PLUS LOIN *qu'elle retrouvât Étienne* (THÉRIVE, *Revanche*, II). — *La religion est* AU PLUS LOIN *du sentiment religieux* (M. CLAVEL, *Tiers des étoiles*, p. 31). — *Il s'entendait* AU PLUS MAL *avec son chef de brigade* (MAUROIS, dans les *Annales*, déc. 1952, p. 8). — *Tenant sa bouche* AU PLUS PRÈS *de l'oreille de l'abbé Chevance* (BERNANOS, *Imposture*, p. 311). — *Pour rester* AU PLUS PRÈS *de la petite Dolorès* (É. HENRIOT, dans le *Monde*, 17 juin 1959). — *Partez* AU PLUS TÔT (AC., S.V. *plus*). — *Je me croyais comme obligé de marcher* AU PLUS VITE *vers le but que je m'étais proposé* (B. CONSTANT, *Ad.*, II). — *La séparation s'était passée* AU MIEUX (M. BEDEL, *Mariage des couleurs*, p. 191). — *Toutes ces canailles s'en tirent* AU MIEUX (É. HENRIOT, dans le *Monde*, 24 juillet 1957).

De est plus rare : *Le chat* [...] *les appela* DU PLUS FORT *qu'il put* (AYMÉ, *Contes du chat perché*, L'âne et le cheval). — *Avec le pluriel dans des mieux* (cf. § 954, *g*) : *Voilà qui est* DES MIEUX (MAETERLINCK, *Oiseau bleu*, I). — *Voilà qui va* DES MIEUX (R. KEMP, dans les *Nouv. litt.*, 2 juillet 1953). — [Cette expression, que Vaugelas jugeait « très basse » (p. 123), est chez MOL. (*F. sav.*, II, 2) et chez RAC. (G.E.F., t. VI, p. 440).]

Comp. *de plus belle*, locution adverbiale formée avec un adjectif féminin : *Il avait promis de ne plus jouer et il a recommencé* DE PLUS BELLE (AC.).

Remarque. — *Au plus* avec un adjectif est aujourd'hui un belgicisme : °*J'ai trois petits chats, tous* AU PLUS *jolis.* — [Damourette et Pichon, § 723, 1°, citent des ex. du XVIIIe s., notamment : *Votre princesse est* AU PLUS *belle, mais elle est trop bête* (VOISENON).] — En franç. régulier, on dit : *J'ai trois petits chats, (tous) plus jolis les uns que les autres.*

II. — LE DEGRÉ ABSOLU

951   Le **degré nul** s'exprime par la négation : §§ 970 et suivants.

Pour indiquer que l'on approche de la réalisation, on se sert des adverbes *presque, à peu près, quasi* et *quasiment :*

Il est PRESQUE *chauve. Elle a* À PEU PRÈS *terminé sa lecture.*

Presque et *à peu près* appartiennent à l'usage général. Pour *quasi* [kAzi] et *quasiment,* les dictionnaires et les grammaires émettent des jugements assez contradictoires, certains allant jusqu'à considérer que *quasi* est « en voie de disparition » et que *quasiment* « ne s'emploie plus guère que dans les parodies du langage paysan » (Wartburg-Zumthor, § 719). Ces deux adverbes conservent dans la langue écrite, et pas seulement littéraire, une grande vigueur :

Farou ne dormait, ne mangeait, ni ne rentrait, QUASI, *depuis une semaine* (COLETTE, *Seconde*, M.L.F., p. 95). — *Quelque chose de décourageant qui parvenait à rendre terne,* QUASI *lugubre, jusqu'au soleil qui pénétrait par la fenêtre* (SIMENON, *Maigret et l'inspecteur Malgracieux*, p. 148). — *Corot* [...] *avait* QUASI *disparu des murs du Louvre !* (Cl. ROGER-MARX, dans le *Figaro litt.*, 2 juillet 1960.) — *Une demeure* QUASI *seigneuriale* (GAXOTTE, *ib.*, 23 avril 1960). — *Ce film a été tourné* QUASI *clandestinement* (Cl. MAURIAC, *ib.*, 23 janv. 1960). — *Un énoncé* QUASI *instantané* (MAROUZEAU, *Précis de stylist. fr.*, p. 80). — *Je ne comprends* QUASI *rien* (S. de BEAUVOIR, *Force de l'âge*, p. 470). — *Un avertissement* QUASI *solennel* (G. ANTOINE, dans le *Fr. mod.*, juillet 1956, p. 176). — *Une opposition* QUASI *générale* (R.-L. WAGNER, *Vocabul. franç.*, t. I, p. 125). — *Une société* QUASI *médiévale* (J. LE GOFF, dans l'*Express*, 25 mars 1983). — Etc.

Les États-Unis [...] *se sont donné les deux* general tariffs, QUASIMENT *prohibitifs, de 1890 et 1897* (M. BLOCH, dans le *Bulletin de la Faculté des lettres de Strasbourg*, 1953-1954, p. 250). — QUASIMENT *porté par les sbires* (J. DUTOURD, *Au Bon Beurre*, p. 176). — *L'état de jeune est devenu une profession, se grave* QUASIMENT *sur les cartes de visite* (IKOR, dans le *Figaro litt.*, 26 sept. 1959). — *C'est la littérature* QUASIMENT *tout entière qui devrait ici figurer* (ÉTIEMBLE, dans *Hist. des littér.*, t. I, p. 60). — *Un examen attentif* [...] *ne révèle rien, ou* QUASIMENT *rien* (P. GUIRAUD, *Structures étymol. du lexique fr.*, p. 27). — *Une bizarre mais* QUASIMENT *tendre sympathie pour leur recherche* (MARITAIN, *Paysan de la Garonne*, p. 151). — *Les marchands de journaux* [...] *restent ouverts* QUASIMENT *toute la nuit* (TROYAT, *Case de l'oncle Sam*, I, 3). — *Un domaine mental, qu'ils avaient* QUASIMENT *ignoré* (MALRAUX, *L'homme précaire et la littér.*, p. 232). — *L'anxieux Littré, qui se voyait déjà ruiné, et* QUASIMENT *à la rue avec sa famille* (A. REY, *Littré, l'humaniste et les mots*, p. 130). — Etc.

952   Le **degré faible** est surtout marqué par *peu* et *un peu*. Le premier considère le degré faible comme se rapprochant du degré nul, et le second comme s'en éloignant :

Il est PEU *avare de ses compliments* est à peu près synonyme de *Il n'est pas avare de ses compliments*. — *Il est* UN PEU *avare de ses compliments* ne diffère guère de l'affirmation pure et simple *Il est avare de ses compliments*. — *J'ai* PEU *dormi la nuit dernière* équivaut à *Je n'ai presque pas dormi la nuit*. — *J'ai* UN PEU *dormi la nuit dernière* (alors que je m'attendais à ne pas dormir).

De *peu*, on rapprochera *mal*. En dehors de quelques emplois plus ou moins figés (jusqu'à l'agglutination : *malsain, malpropre, malhonnête, malcommode*, où le sens est presque identique à la négation), le tour n'appartient plus à la langue commune : il reste vivant dans l'Est et en Suisse ; quelques auteurs s'en servent par imitation de l'usage ancien.

Le texte MAL *satisfaisant qui sortit de cette conférence* (BARRÈS, *Diverses familles spirit. de la Fr.*, 1917, p. 99). — *Un objet que le contre-jour rendait* MAL *distinct* (G. DUHAMEL, cit. *Grand Lar. langue*). — *Le dominicain est* MAL *explicite sur ce qui se passa entre Bernanos et lui* (H. GUILLEMIN, dans le *Monde*, 15 déc. 1978). — *En Souabe, on dit à l'enfant* MAL *sage que l'on veut effrayer : « Obéis, sinon je fais venir les Suisses ! »* (H. BÉGUELIN, *Un faux témoin : la Suisse*, p. 202.) — *Ce témoignage est* MAL *sûr* (DUBY, *Dimanche de Bouvines*, p. 24). — Cf. *pas mal* au § 953.

Un peu connaît un grand nombre de synonymes, surtout dans la langue familière :

Un petit peu, un tout petit peu, quelque peu, tant soit peu (§ 373, *b*) ou *un tant soit peu, un rien, un tantinet*, etc.

Expressions plus rares, archaïques ou régionales : *Landry était* UNE MIETTE *plus grand et plus fort* (SAND, *Pet. Fadette*, II). — *Un sourire qui finit* [...] *par devenir* UN TANTET *gouailleur* (HUYSMANS, *Cathédrale*, p. 389). [Autre ex. : F. DESONAY, *Villon*, p. 125.] — *Il eût été parfait* [...] *si sa tête eût été* UNE IDÉE *plus grosse* (J. GREEN, *Mille chemins ouverts*, p. 98). — *J'ai ri* UN PETIT [dit une servante normande] (LA VARENDE, *Manants du roi*, Bibl. Plon, p. 30).

Hist. — *Peu*, du lat. *paucus*, présente diverses variantes en anc. fr. : *po, pou, poi*. Cette dernière forme, dont l'origine est controversée, est encore chez Rabelais (cf. Huguet, s.v. *poy*), qui l'a prise sans doute aux dialectes qui l'ont conservée.

Remarques. — 1. Sur *un peu* explétif, voir § 920, *c.*

2. *Un peu beaucoup, un peu bien* (plus littéraire) équivalent, avec une intention ironique, à *beaucoup, bien :*

> *Six litres d'avoine* [pour un cheval], *ce qui me paraît* UN PEU BEAUCOUP (É. HENRIOT, dans le *Monde,* 14 oct. 1959). — *Tout cela est* UN PEU BIEN *confus* (TOULET, *Béhanzigue,* p. 128). — *Je le trouve* UN PEU BIEN *souriant, l'Oiseau fatal* (COLETTE, *Étoile Vesper,* p. 200). — *Il est* UN PEU BIEN *artificiel de trouver accablante l'idée d'occuper un logis identique à des centaines d'autres* (IKOR, *Semeur de vent,* p. 61).

3. Les tours négatifs *ne ... guère* (§ 954, *d,* 2°), *ne ... pas autrement* (cf. § 945, *d*) équivalent à *peu :*

> *Le soir me prit en pleine forêt, ce qui* NE *m'eût* PAS AUTREMENT *déplu, si j'avais trouvé quelque repère* (ARLAND, *Vivants,* p. 153). — *Après ces quelques traits préliminaires, dont vous* NE *semblez* PAS AUTREMENT *affecté* [...] (PAGNOL, *Rép. au disc. de récept. de M. Achard à l'Ac. fr.*).

4. *Un portrait au naturel, et* DES MOINS *flatteurs* (SAINTE-BEUVE, *Général Jomini,* p. 19), cela veut dire à l'origine « parmi les portraits les moins flatteurs ». On a donc, dans cette analyse, un superlatif relatif d'infériorité (§ 949). Mais aujourd'hui les usagers comprennent *des moins* plutôt comme un équivalent de *peu* (ou de *très peu*), comme le montre le fait que certains accorderaient *flatteur* avec *portrait* (voir des ex. avec *des plus* au § 954, *g*) et que cette construction est possible dans des cas où il est exclu de sous-entendre un nom après *des moins :* *Cela est* DES MOINS *acceptable. Il parle* DES MOINS *correctement.*

953   Le **degré moyen** est exprimé surtout par des adverbes dont ce n'est pas l'emploi premier.

> *Assez* (qui marque surtout la suffisance : § 960) : *Elle fit une halte* ASSEZ *longue devant une ferme isolée* (AYMÉ, *Contes du chat perché,* Vaches). — *Je crois que je vais m'amuser* ASSEZ (SAGAN, *Merveilleux nuages,* L.P., p. 131).
> *Pas mal* (négation d'un adverbe de manière) : *Il n'est* PAS MAL *effronté (Dict. gén.).* — *Vous ne vous moquez* PAS MAL *qu'il soit heureux ou malheureux* (COCTEAU, *Parents terribles,* II, 9). — Souvent employé sans *ne* (cf. § 982, *b*) : *On s'en moquait* PAS MAL (HERMANT, *Grands bourgeois,* VII). — *Ce n'est peut-être pas tout à fait un miracle, mais ça y ressemble déjà* PAS MAL (BERNANOS, *Liberté, pour quoi faire ?* p. 263).
> °*Assez bien* (d'abord adverbe de manière) en Belgique et dans le nord de la France : *Le blason* [...] *qui diffère* ASSEZ BIEN *de celui voulu par le citoyen Brutus* (H. JUIN, *V. Hugo,* t. I, p. 138).
> *Passablement* (d'abord adverbe de manière) : *Elle a* PASSABLEMENT *changé (Robert méthod.).*
> *Plutôt* (qui exprime la préférence) : *Il donnait* [...] *un ton* PLUTÔT *vulgaire à des sentiments* PLUTÔT *nobles* (BARRÈS, *Appel au soldat,* t. II, p. 270). — *C'était un enfant d'aspect* PLUTÔT *frêle* (GIDE, *Si le grain ne meurt,* I, 6).

954   Le **haut degré** (souvent appelé *superlatif absolu*), domaine de l'exagération, de l'hyperbole, dispose d'un grand choix de moyens.

a) Les adverbes **beaucoup,** pour les verbes, et **très,** pour les adjectifs et les adverbes, appartiennent à tous les niveaux de langue.

Je l'aime BEAUCOUP. Il est TRÈS vaniteux. Elle roule TRÈS vite.

Avec le pronom *le* représentant un adjectif, *beaucoup* s'impose (ni *très* ni *bien* ne sont acceptés) : *Aimable, il l'est* BEAUCOUP.

Sur *beaucoup* devant un adjectif au comparatif, voir § 948, *b.*

On rapporte parfois *très* à un verbe à un temps composé, ce qui n'est pas recommandable : *Mon maître Victor Delbos, que j'ai* TRÈS *aimé !* (MALÈGUE, *Augustin*, t. II, p. 189.) — *Un homme que ce drame a certainement* TRÈS *excité dans sa jeunesse* (É. HENRIOT, *Fils de la Louve*, p. 45). — *Ses obsèques m'ont* TRÈS *ému* (GAXOTTE, dans le *Figaro*, 14-15 janv. 1978). — Ex. de LEC. DE LISLE, cité et critiqué par Gide, *Journal*, 30 mai 1930.

Hist. — Autrefois, et jusqu'à la fin du XVIIe s., *beaucoup* pouvait renforcer un adjectif au positif : *Leur sçavoir à la France est* BEAUCOUP *necessaire* (MOL., *F. sav.*, IV, 3). — [+]*Je veux croire que vous avez écrit fort vite les deux lettres que j'ai reçues de vous, car le caractère en paraît* BEAUCOUP *négligé* (RAC., G.E.F., t. VII, p. 85).

Remarque. — La langue parlée familière fait parfois l'ellipse de l'adjectif auquel *très* se rapporte :

Carradine. *Je n'étais pas très agréable moi-même.* / Véronique. *Pas* TRÈS (M. ACHARD, *Patate*, I). — Henriette. *Denis est très intelligent.* / Gabrielle. TRÈS (H. BERNSTEIN, *Secret*, I, 5).

b) **Fort** et **bien** s'appliquent à des verbes, à des adjectifs, à des adverbes. *Fort* reste vivant dans le fr. parlé en Belgique et dans certaines provinces de France ; il est très courant dans la langue écrite :

Il ne fit aucune observation nouvelle et se montra FORT *courtois* (DE GAULLE, *Mém. de guerre*, t. I, p. 59). — *Un homme* FORT *sympathique* (PAGNOL, *Gloire de mon père*, p. 302). — FORT *aimable et très jolie, quoique légèrement boiteuse* (*Grand Lar. enc.*, s.v. *La Vallière*). — *Rendue* FORT *riche par un premier mariage avec un Américain* (M. TOURNIER, *Coq de bruyère*, p. 95). — *Il fronça les sourcils, qu'il avait* FORT *épais* (IKOR, *Cœur à rire*, p. 8). — *Hier s'est* FORT *bien passé* (*Dict. contemp.*, s.v. *hier*). — *Jeannot s'était levé [...] de* FORT *bonne humeur* (P. LAINÉ, *Si on partait...*, p. 36). — *Succès dont personnellement je doute* FORT (COURTINE, dans le *Monde*, 19 nov. 1979). — Etc.

G. et R. Le Bidois (§ 1689) disent que *fort* s'emploie plutôt pour des choses que pour des personnes. Cet avis n'est pas corroboré par nos observations.

Remarques. — 1. « *Fort* peut être [...] modifié par un adverbe de quantité *très, trop, si* » (Le Bidois, § 1688, avec ex. de Beaumarchais) :

La comédie a réussi TRÈS FORT (Th. GAUTIER, cit. Plattner, t. IV, § 151).

2. Que *bien* dans le rôle que nous venons de voir soit distinct de *bien* adverbe de manière est prouvé par le fait que *bien* est apte à marquer le haut degré de *mal* :

J'ai BIEN MAL *dormi* (HUGO, *M. de Lorme*, IV, 6). — *Il faudrait donc qu'il eût été* BIEN MAL *entouré* (BARRÈS, dans la *Cocarde*, 21 sept. 1894). — *M. Mauriac m'a* BIEN MAL *lu* (A. CAMUS, *Actuelles*, Pl., p. 286).

3. Notons l'expression *avoir fort à faire* [fɔʀtafɛʀ] « avoir des difficultés ».

Nous avions FORT À FAIRE *d'en animer une partie* (GIDE, *Immor.*, II, 1). — *Il avait* FORT À FAIRE, *l'étalon, car sur son dos, rageait un écuyer intrépide* (LA VARENDE, *Centaure de Dieu*, p. 245).

[Cette expr., qui est déjà chez Molière (*Mis.*, III, 5), n'est pas facile à expliquer. On pourrait penser qu'il s'agit du nom *affaire*, qui a été masculin ; d'ailleurs, *fort* a été aussi une forme féminine : § 529, Rem. 3, Hist.]

c) Un très grand nombre d'**adverbes** de manière **en -*ment*** sont susceptibles de marquer le haut degré. Le choix varie selon les époques, selon les milieux, selon les niveaux, selon les régions. Le sens premier des adverbes n'a pas toujours beaucoup de rapport avec leur emploi pour le haut degré.

Grandement, infiniment, extrêmement, divinement, diablement, rudement, terriblement, carrément, vachement (très familier), *salement* (très familier ; à Paris), *drôlement*, etc.

Excessivement (cf. § 960) « est à chaque page dans Balzac, avec le sens de *très* [...]. De même chez Flaubert, de même partout. » (Brunot, *Pensée*, p. 690.) Même si la formule de Brunot est un peu exagérée, l'emploi en cause est si fréquent qu'on ne saurait taxer d'incorrections des phrases comme les suivantes (comp. *trop, d,* 1°, ci-dessous) :

Bonhomme néanmoins, quoique EXCESSIVEMENT *heureux* (CHAT., *Mém.*, II, v, 3). — *Le cardinal Fesch* [...], *toujours* EXCESSIVEMENT *pieux* (STENDHAL, *Mém. d'un touriste*, t. I, p. 221). — *L'archidiacre était* EXCESSIVEMENT *pâle* (HUGO, *N.-D. de Paris*, VII, 5). — *MM. de Polignac et de Rivière, de qui la conduite fut, comme chefs,* EXCESSIVEMENT *remarquable* (BALZAC, *Ténébreuse affaire*, p. 61). — *On la* [= une statue] *voit d'*EXCESSIVEMENT *loin* (Th. GAUTIER, *Voy. en Esp.*, p. 333). — *Il* [= Rembrandt] *exécute* EXCESSIVEMENT *bien* (FROMENTIN, *Maîtres d'autref.*, p. 267). — *Elle* [= une observation] *est naturelle, ce qui est* EXCESSIVEMENT *rare* (FAGUET, *Politiques et moralistes du XIXᵉ s.*, t. III, p. 8). — *D'autres se parlaient à l'oreille, se confiant des nouvelles* EXCESSIVEMENT *mystérieuses* (A. DAUDET, *Nabab*, t. II, p. 49). — *Combien de temps me donnes-tu pour plaire* EXCESSIVEMENT *à madame Pélisson ?* (A. FRANCE, *Orme du mail*, XIV.)

Autres ex. : FLAUB., *Mᵐᵉ Bov.*, II, 3 ; VIGNY, *Stello*, XV ; MICHELET, *Sorcière*, t. I, p. 144 ; RENAN, *Œuvres compl.*, t. I, 1947, p. 928 ; GIDE, *Corydon*, p. 9 ; PROUST, *Rech.*, t. I, p. 518 ; VALÉRY, *Regards sur le monde actuel*, p. 183 ; G. DUHAMEL, *Cri des profondeurs*, p. 226 ; É. HENRIOT, *Aricie Brun*, II, 1 ; etc. — [En outre, avant le XIXᵉ s. : MONTAIGNE, *Ess.*, I, 2 ; SÉV., 22 nov. 1679 ; MAINTENON, *Corresp.*, 5 nov. 1701 ; VOLT., *Lettres phil.*, XIII ; J.-J. ROUSS., *Conf.*, Pl., p. 377 ; etc.]

d) Adverbes divers.

1° ***Trop*** (§ 960) prend le sens de *très* dans certaines phrases de politesse, devant un adjectif, — et aussi quand il est associé à *ne ... que.*

Vous êtes TROP *aimable* (AC.). — *Cela n'est que* TROP *vrai.*
En dehors de ces cas, cette valeur est un régionalisme continuant l'usage ancien (cf. Hist.) : *C'est un enfant* TROP *gentil que vous avez là, Germain* (SAND, *Mare au d.*, VI).

Hist. — L'emploi de *trop* pour le haut degré était très courant jadis, notamment avec un comparatif ; on le trouve encore parfois au XVIIᵉ s. : *Grant paour a dou vent qui menoit* TROP *grand bruit* (ADENET, *Berte*, 908). — *Lisiés souvent ce livre, car ce sont* TROP *bonnes paroles* (JOINVILLE, § 260). — *Echo* [...] */ Qui beaulté ot* TROP *plus qu'humaine* (VILLON, *Test.*, 333-335). — *La Paix est* TROP *plus belle / Et meilleure aux humains que n'est pas la querelle* (RONS., t. IX, p. 113). — *Aymer* TROP *mieux son ennemi que soy* (ID., t. IV, p. 26). — *Vous* *vivrez* TROP *contente avec un tel mari* (MOL., *Tart.*, II, 3). — *⁺Et puis ils* [= les boutons] *poussent tous une petite feuille ; et* [...] *cela fait un mélange* TROP *joli de vert et de rouge* (SÉV., 19 avril 1690).

2° **Guère,** qui signifie « beaucoup » à l'origine, s'emploie ordinairement dans un contexte explicitement négatif, soit comme auxiliaire de l'adverbe *ne,* soit sous la dépendance de *sans* ou *sans que :*

Si mon siècle se trompe il ne m'importe GUÈRE (MUSSET, *Prem. poés.*, La coupe et les lèvres, Dédic.). — *Nous mangeons comme autant de petits loups, sans* GUÈRE *parler* (COLETTE, *Claud. à l'école,* cit. *Trésor*).

Comme d'autres auxiliaires de la négation (§ 982), *guère* a pris par contagion le sens négatif de l'adverbe *ne* qu'il accompagne d'ordinaire :

Il gagnera 50 ou 60 francs, mais GUÈRE *plus.* — *La ville avait une demi-lieue de tour ou* GUÈRE *moins* (LITTRÉ). — *Je vais vous verser du vin.* — GUÈRE, *je vous prie* (ID.). — *J'ai rôdé autour de ces petits cottages aux poutres noires,* GUÈRE *plus hauts que les haies qui les entourent* (LARBAUD, dans le *Figaro litt.*, 7 juillet 1951).

Hist. — *Guère* (d'origine francique) a signifié « beaucoup » ou « très » dans des con-textes non négatifs jusque dans le XVIIᵉ s. : *⁺En un âge où il est malaisé que ma vie soit plus* GUÈRE *longue* (MALHERBE, t. I, p. 351). — Il pouvait s'associer à *pas :* cf. § 979, *b,* Hist. — Il peut aussi, dit Littré, se construire avec *rien,* qui a alors le sens de « quelque chose » : *On ne sait* GUÈRE RIEN *de l'ensemble en toutes choses qu'à l'aide des détails* (Mᵐᵉ de STAËL, *De l'Allem.*, III, 10). — Cela n'est plus en usage.

Sur la variante *guères,* voir § 923.

3° **Prou** « beaucoup » ne subsiste plus qu'en coordination avec *peu,* dans les expressions *peu ou prou, ni peu ni prou :*

Je n'en ai ni peu ni PROU (AC.). — *J'essaie donc d'oublier que je suis peu ou* PROU *engagé dans cette bagarre* (Fr. MAURIAC, *Mémoires intérieurs,* p. 208).

Hist. — 1. Le mot a été un nom en anc. fr. signifiant « profit, avantage ». Il provient du lat. vulg. *prode,* tiré du lat. *prodesse* « être utile », analysé de travers en *prode esse.*

2. **Moult** (lat. *multum,* voir aussi § 606, Hist., 1), équivalent habituel de *beaucoup* en anc. fr., s'emploie encore parfois par archaïsme plaisant dans la langue littéraire (Littré regrettait fort sa disparition) : *Je t'embrasse* MOULT (FLAUB., *Corresp.*, 30 mai 1855). — *C'est* MOULT *beau* (CLAUDEL, cit. *Grand Lar. langue*). — Il survit dans certains dialectes avec la pronon-ciation ancienne [mu] et même dans le fr. régional, par ex. en Lorraine : *Elle est* MOULT *belle, taisez !* (cf. J. Pohl, dans *Hommage à la Wallonie. Mélanges M.-A. Arnould et P. Ruelle,* p. 418.)

e) Adjectifs employés adverbialement avec d'autres adjectifs.

1° **Fin** (familier), ordinairement invariable :

Nous sommes seuls, FIN *seuls* (J. RICHEPIN, *Chemineau,* I, 8). — *Quand elle était* FIN *prête* (H. DUVERNOIS, *Morte la bête,* I). — *Ils sont rentrés à l'aube, tous* FIN *saouls* (BERNANOS, *Nouv. hist. de Mouchette,* p. 140). — FIN *prêts ! dit Regoult* (VAN DER MEERSCH, *Corps et âmes,* t. I, p. 110). — *Les troupes de couverture* [...] *étaient* FIN *prêtes* (DANINOS, *Major tricolore,* p. 169). — *Octave, le garçon, dissimulait ses haricots* FIN *cuits en un journal* (CÉLINE, *Voy. au bout de la nuit,* p. 250). — *Nous étions* FIN *prêts à reprendre le collier* (P. DAIX, *J'ai cru au matin,* p. 174).

Parfois *fin* s'accorde avec l'adjectif, selon l'usage ancien : *Elle* [= une balle] *était* FINE *bonne, celle-là* (G. DUHAMEL, *Vie des martyrs*, p. 203). — *Ils étaient* FINS *saouls* (LA VARENDE, *Man' d'Arc*, p. 212). — *Elle* [= la bête, un cochon] *est* FINE *grasse* (J. de PESQUIDOUX, *Sur la glèbe*, p. 47). — *Aussi* FINS *saouls les uns que les autres* (R. VERCEL, *Ceux de la « Galatée »*, p. 25). — *Les chevaux, ils sont* FINS *prêts* (B. CLAVEL, *Saison des loups*, p. 194).

2° Emplois régionaux :

Un lait BEAU *blanc, un lait mousseux* (RAMUZ, *Farinet ou la fausse monnaie*, d'après un mémoire inédit de M. Soille). — *Cette main toute froide, cette main comme de la pierre, au lieu qu'elles étaient si* BONNES *chaudes avant, si douces à tenir avant...* (ID., *Grande peur dans la montagne*, p. 218). — *Il y avait toujours ce même* GRAND *beau temps* (*ib.*, p. 166). — *Elle avait* GRAND *chaud quand elle arriva* (PÉROCHON, *Gardiennes*, p. 34).

3° *Tout plein* a été tiré de *tout plein de* fonctionnant comme déterminant indéfini (§ 607, *c*) :

Il [= un chien] *est mignon* TOUT PLEIN (J. ROMAINS, *Hommes de b. vol.*, t. III, p. 168). — *Je l'aime déjà* TOUT PLEIN (Th. GAUTIER, *Capit. Fracasse*, VIII).

f) °*Rien* « très » dans le langage populaire parisien (par antiphrase) :

À la sortie de l'église, il lui dit : « Tu es RIEN *chouette là-dedans »* (TOULET, *Béhanzigue*, p. 52). — *Il est* RIEN *moche son bahut, dit Zazie* (QUENEAU, *Zazie dans le métro*, p. 15).

g) Des plus, originairement superlatif relatif (*Une vie des plus nobles* = ... parmi les plus nobles vies), sert simplement à exprimer un haut degré, ce que montrent les faits suivants.

— L'adjectif qui suit est traité, non comme faisant partie d'un syntagme prépositionnel pluriel, mais comme un adjectif attribut s'accordant avec son sujet ou comme une épithète s'accordant avec le nom qui précède *des plus :*

L'état sanitaire de cette ville [= Marseille] *et de Lyon est* DES PLUS SATISFAISANT (STENDHAL, *Corresp.*, t. VIII, p. 14). — *Bien que ma cuisine soit* DES PLUS SIMPLE (THÉRIVE, *Sans âme*, p. 176). — *M. Coutre était* DES PLUS SATISFAIT *de sa femme* (É. HENRIOT, *Aricie Brun*, I, 3). — *La situation était* DES PLUS EMBARRASSANTE (G. DUHAMEL, *Maîtres*, p. 260). — *Plus d'une n'est pas* DES PLUS EXACT (CRITICUS, *Quatre études de style au microscope*, p. 34). — *Cette version de l'incident me parut* DES PLUS VRAISEMBLABLE (J. ROMAINS, dans le *Figaro litt.*, 21 nov. 1959). — *Au point de vue du linguiste, l'argot, langue vivante, est* DES PLUS INTÉRESSANT (Ch. BRUNEAU, dans le *Figaro litt.*, 25 déc. 1964). — *Rimbaud, poète* DES PLUS DOUÉ (M. COHEN, *Hist. de la langue franç.*, p. 293). — *De même, avec des mieux*, qui équivaut à « très bien » : *L'exemple est* DES MIEUX *choisi* (Ch. DU BOS, *Dialogue avec A. Gide*, p. 178).

Le pluriel reste cependant très fréquent et très correct : *L'intérêt était des plus* MINIMES (STENDHAL, *Corresp.*, t. IX, p. 269). — *Notre souper fut des plus* SIMPLES (Th. GAUTIER, *Voy. en Esp.*, p. 268). — *Une circonstance des plus* VULGAIRES (FROMENTIN, *Domin.*, I). — *L'opération était des plus* DÉLICATES (A. FRANCE, *Pierre Nozière*, p. 195). — *La nuit est des plus* OBSCURES (GIDE, *Voy. au Congo*, p. 33). — *La question est des plus* SIMPLES (G. DUHAMEL, *Défense des lettres*, p. 92). — *L'outillage des praticiens qui taillaient ces meubles est des plus* SIMPLES (GAXOTTE, *Hist. des Français*, t. I, p. 223). — *L'enterrement fut des plus* SIMPLES (BILLY, *Narthex*, p. 209). — *Ce travail est des plus* DÉLICATS (AC.).

— Le syntagme se rapporte à un pronom neutre, ce qui rend difficile l'analyse de *des plus* comme équivalent de *parmi les plus* (qui implique l'ellipse d'un nom exprimé auparavant) :

> *Il s'est vraiment voué à ne rien faire, ce qui n'est pas* DES PLUS AISÉ (E. JALOUX, dans les *Nouv. litt.*, 7 juillet 1934). — *Il lui était* DES PLUS PÉNIBLE *de recevoir leurs adieux* (CHÂTEAU-BRIANT, *M. des Lourdines*, p. 132). — *C'était, en effet,* DES PLUS INTÉRESSANT (VIALAR, *M. Dupont est mort*, p. 176).
>
> Dans ce cas, le pluriel est un peu surprenant, mais il se trouve pourtant : *Ce n'est pas des plus* COMMODES (J. ROMAINS, *Hommes de b. vol.*, t. III, p. 221). — *Ceci, qui me paraît des plus* IMPORTANTS, *il ne le dit pas* (GIDE, *Journal 1942-1949*, p. 259). — *Ce que je connais du meilleur nom est des plus* FRANCS *sur ses intérêts* (MONTHERLANT, *Maître de Santiago*, II, 1). — *C'est aussi des plus* EXCITANTS (É. HENRIOT, dans le *Monde*, 23 avril 1958). — *Tout ce qui se passe là est des plus* PROSAÏQUES (J.-J. GAUTIER, dans le *Figaro litt.*, 21-27 sept. 1970).

— Le syntagme contient un adverbe et non un adjectif, ce qui rend tout à fait impossible l'ellipse dont nous parlons ci-dessus :

> *Si je pensais à ce que vous dictez, j'écrirais* DES PLUS MAL (VALÉRY, *« Mon Faust »*, Lust, I, 1). — L'invariabilité du mot qui suit *des plus* va de soi. — Cf. *des mieux* au § 950, *e*.

h) Autres expressions du haut degré.

— Les comparaisons figées : *Blanc comme neige, noir comme jais* (cf. § 203), *fort comme un Turc, fier comme Artaban* (§ 181), etc. La connaissance des réalités n'est pas requise, ce qui montre bien qu'il s'agit simplement de marquer le haut degré. — La comparaison peut même être d'une généralité absolue : *Il est maigre* COMME TOUT, *ce paroissien-là !* (HUGO, *Misér.*, IV, VI, 2.)

— *Tout ce qu'il y a de* (§ 248, *b*, 2°) : *C'est une femme mariée,* TOUT CE QU'IL Y A DE SÉRIEUSE (PROUST, *Rech.*, t. III, p. 813).

— Locutions diverses : *La police est vigilante* EN DIABLE *en pays autrichien* (STENDHAL, *Chartr.*, t. I, p. 288). — *Et tout* : § 220, *a*, 6°. — *Au grand jamais* : § 932, Rem. 2. — Etc.

— Formations lexicales (§ 185, *b*) : ARCHI*fou*, EXTRA-*fin*, HYPER*sensible*, SUPER*fin*, ULTRA-*chic*.

— Formes synthétiques en *-issime* pour les adjectifs (§ 555), en *-issimo* pour les adverbes (§ 933, *b*).

— Le redoublement : *Tapis dont les dessins* SERRÉS, SERRÉS, *ont pour nous je ne sais quoi d'énigmatique* (LOTI, *Vers Ispahan*, p. 235). — Cf. § 367, *a*.

— Nominalisation de l'adjectif (avec l'article indéfini *un*) : *Votre escalier est d'*UN RAIDE *!* (CURTIS, *Jeune couple*, p. 194.)

Hist. — Le latin se servait, pour les adjectifs, de la désinence *-issimus*, qui marquait à la fois le haut degré et le superlatif relatif : cf. § 949, Hist. — L'ancien fr. utilisait aussi *par*, souvent combiné avec un autre adverbe : *Tant* PAR *ert blancs cum flur en estet* (*Rol.*, 3162). — *Molt* PAR *es fole* (*Renart*, éd. M., II, 261). — Il nous reste *par trop*.

955   Le **degré complet** s'exprime par les adverbes *totalement, entièrement, complètement, absolument, tout à fait*.

En outre, par l'indéfini *tout*, qui reste invariable dans cet emploi, sauf devant un mot féminin commençant par une consonne ou se comportant comme s'il commençait par une consonne (phénomène de la disjonction [§ 47], réalisé notamment par *h* aspiré).

Les pensées, les émotions TOUTES *nues sont aussi faibles que les hommes* TOUT *nus.* / *Il faut donc les vêtir* (VALÉRY, *Tel quel,* Pl., p. 546). Ex. où *tout* est invariable : *Ils sont* TOUT *nus. Les murs* TOUT *entiers. La maison* TOUT *entière. Les maisons* TOUT *entières.* — *Les confréries de femmes,* TOUT *de blanc vêtues* (A. DAUDET, *Port-Tar.,* I, 5). — *Je l'ai trouvée* TOUT *habillée* (M. DURAS, *Amante anglaise,* p. 18). — *Ils sont* TOUT-*puissants.* — De même : *Les* TOUT *petits.*

Ex. où *tout* varie : *Mais n'te promène donc pas* TOUTE *nue* (titre d'un vaudeville de G. FEYDEAU). — [...] *cette intarissable adolescence qui continuait à passer,* TOUTE *hérissée de drapeaux rouges* (MALRAUX, *Temps du mépris,* p. 110). — *Elle est* TOUTE-*puissante.*

La même règle s'applique dans le tour *tout ... que ...* exprimant la concession (§ 1092, *a,* 4°) : TOUT *chrétiens qu'ils étaient restés* (É. HENRIOT, dans le *Monde,* 25 juillet 1951). — TOUT *habiles et* TOUT *artificieux qu'ils sont* (AC.). — TOUT *étonnée qu'elle était.* — TOUTE *peu éclairée que la prétendaient les adversaires* (SAINTE-BEUVE, *Port-Royal,* V, 11). — TOUTE *vertueuse et* TOUTE *tendue à la sainteté qu'elle est* (J. de LACRETELLE, *Silbermann,* p. 118). — TOUTE *Véronique Pincengrain que je suis* (JOUHANDEAU, *Élise architecte,* p. 169). — TOUTES *hardies qu'elles sont,* TOUTES *hautaines qu'elles paraissent.*

La règle a partiellement un fondement phonétique : *toute nue* se prononce évidemment [tut ny] ; *tous entiers, toutes entières* (qui existent avec la valeur pronominale de *tous : Ils sont tous* [tus] *entiers = Tous sont entiers ;* § 736, *b,* 2°) se prononceraient autrement que *tout entiers, tout entières.* — Ce qui n'est pas phonétique, c'est le traitement devant un féminin singulier à initiale vocalique : *tout entière* et °*toute entière* se prononcent de même. Cette exception explique que l'on trouve dans l'imprimé des formes comme °*toute entière.* Mais elles restent bien moins fréquentes que les graphies régulières. On doit penser dans la plupart des cas à des négligences typographiques, comme le montrent les divergences chez un même auteur d'un livre à l'autre, d'un passage à l'autre ou d'une version à l'autre : *Je suis* TOUTE *entourée de coups de fusil* (HUGO, *Quatrevingt-tr.,* Garnier, 1957, p. 18) [le manuscrit porte : *tout*]. — *Elle est* TOUTE *entière ainsi résumée* (A. CAMUS, *Mythe de Sisyphe,* p. 53) [= TOUT *entière* (Pl., p. 123)].

Les manquements sont plus rares au pluriel (parce qu'ils contredisent la prononciation) : *Ces familles grecques qui se déplaçaient* TOUTES *entières* (MORAND, *Lewis et Irène,* II, 7).

Hist. — La règle donnée ci-dessus n'a été consacrée par l'Acad. qu'en 1704. Il est donc inutile de relever des manquements à l'époque classique. Mais ils restent très nombreux au XVIIIᵉ s. : *toute entière,* par ex., se lit chez SAINT-SIMON (*Mém.,* Pl., t. III, p. 1166), chez DIDEROT (*Neveu de Rameau,* p. 78), chez TURGOT (*Étymologie,* p. 2), etc.

Remarques. — 1. Selon Littré, lorsque l'expression concessive *tout ... que* est construite avec un nom féminin commençant par une consonne, *tout* reste invariable si ce nom est un nom de chose ; sans doute cette règle a certains fondements dans l'usage ; cependant elle ne paraît pas très certaine.

Mais TOUT *rêverie que soit l'invisible, en existe-t-il moins pour cela ?* (É. HENRIOT, *Diable à l'hôtel,* XXIII.) — *Cette clarté, l'histoire, est impitoyable ;* [...] TOUTE *lumière qu'elle est et précisément parce qu'elle est lumière, elle met souvent de l'ombre là où l'on voyait des rayons* (HUGO, *Misér.,* II, I, 4). — *Ces belles boules* [...] *sont battues, Monsieur l'abbé, battues,* TOUTES *boules bretonnes qu'elles sont* (VEUILLOT, *Corresp.,* t. IV, p. 423).

2. *Tout* exprimant plénitude et renforçant un nom épithète ou attribut s'emploie comme adverbe et reste invariable dans les expressions consacrées :

Elles étaient TOUT *yeux et* TOUT *oreilles* (AC.). — *Elles sont* TOUT *feu,* TOUT *flamme ;* — de même dans les locutions commerciales *tout laine, tout soie,* etc.

Ces cas exceptés, l'usage hésite sur la valeur syntaxique de *tout* renforçant placé devant un nom : tantôt il le prend adverbialement et le laisse invariable, même devant un nom féminin commençant par une consonne ; tantôt il le considère comme un déterminant indéfini et l'accorde avec le nom qui suit ; tantôt il le considère comme une épithète détachée et l'accorde avec le sujet.

Tout traité en adverbe : *La vie n'est pas* TOUT *roses* (A. FRANCE, *Jocaste,* p. 23). — *Ces petits êtres* TOUT *spontanéité* (BOURGET, *Laurence Albani,* p. 290). — *Elle avait été à Venise* TOUT *force et* TOUT *orgueil* (MAURRAS, *Amants de Venise,* p. 230). — *Ça lui est bien égal !* *« Ganz wurst ! » C'est* TOUT *saucisse pour elle !* (CLAUDEL, *Pain dur,* III, 4.) — *Moi* [Marie Ladouet] *qui suis* TOUT *antennes,* TOUT *nerfs,* TOUT *prémonitions* (J. GREEN, *Minuit,* p. 127).

Tout traité en déterminant ou en épithète détachée : voir les ex. au § 616, *b*, 1°.

3. Dans *tout d'une pièce, tout de travers, tout d'une traite, tout d'un bloc, tout d'une haleine, tout d'un jet, tout d'une venue,* etc., on laisse *tout* invariable quand ces expressions, prises comme locutions adverbiales, sont rapportées à un verbe :

Elle se dressa debout TOUT *d'une pièce* (HUGO, *Misér.,* I, v, 13). — *Cette sacro-sainte antiquité n'est peut-être pas à avaler* TOUT *d'une pièce* (É. HENRIOT, *Fils de la Louve,* p. 264). — *Esther s'était levée* TOUT *d'une pièce* (ARAGON, *Beaux quartiers,* II, 10). — *La phalange se mouvait* TOUT *d'une pièce* (AC.). — *Elles vont* TOUT *de travers.* — *Vous prenez les choses* TOUT *de travers.* — *Et lui-même, d'ailleurs, m'avait raconté l'histoire* TOUT *d'une traite* (J. de LACRE-TELLE, *Silbermann,* p. 152). — *Il la débita* [= une phrase] TOUT *d'une haleine* (HUGO, *N.-D. de Paris,* VII, 8).

Quand ces expressions sont rapportées à un nom ou à un pronom, *tout* est traité soit comme adverbe, soit comme adjectif :

Je suis une femme, [...] je ne suis pas TOUT *d'une pièce* (HUGO, *M. Tudor,* III, I, 4). — *Ces âmes* TOUT *d'une pièce* (R. ROLLAND, *Jean-Chr.,* t. VII, p. 68). — *Ces gens* TOUT *d'une pièce* (G. DUHAMEL, *Lettres au Patagon,* p. 137). — *Les hommes sont-ils* TOUT *d'une pièce ?* (MONTHERLANT, *Fils de personne,* Préf.) — *Jugements* TOUT *d'une pièce* (GENEVOIX, *Deux fauves,* p. 51). — *Des tentures* TOUT *de travers.* — *Il a la jambe* TOUT *d'une venue* (LITTRÉ). *Il* [= Tourguénef] *prête à ces rudes natures,* TOUTES *d'une pièce, une délicatesse de senti-ments qui les poétise* (E.-M. de VOGÜÉ, *Roman russe,* p. 189). — *Monique se leva soudain, froide, raide,* TOUTE *d'une pièce* (G. DUHAMEL, *Cri des profondeurs,* p. 219). — *Cette colonne, cette table de marbre est* TOUTE *d'une pièce* (AC.). — *Ces garnitures sont* TOUTES *de travers.*

4. Dans certaines phrases, il faut consulter le sens pour reconnaître la valeur de *tout :*

Ils sont TOUT *petits* (tout à fait petits). *Ils sont* TOUS [tus] *petits* (tous sont petits). — *Cette mère est* TOUT *à son devoir* (tout à fait à son devoir). *Elle est* TOUTE *à ses enfants* (toute sa vie, toute sa tendresse sont à ses enfants).

En particulier, ***tout autre*** a deux interprétations à distinguer : *tout* est détermi-nant et variable quand il signifie « n'importe quel » (et *autre* pourrait être placé après le nom) ; *tout* est adverbe et invariable quand il signifie « tout à fait ».

Tout déterminant : TOUTE *autre histoire est mutilée, la nôtre seule est complète* (MICHE-LET, *Peuple,* p. 246). — TOUTE *autre vue eût été mesquine* (BAINVILLE, *Bismarck et la France,* p. 159). — *J'ai parlé de* TOUTE *autre chose que des livres* (PROUST, *Pastiches et mélanges,*

p. 242). — *À nous cette grande Coopérative de guerre, pour détruire* TOUTE *autre chose que Dieu !* (CLAUDEL, *Messe là-bas,* p. 14.)

Tout adverbe : *Les villes et villages ont ici une* TOUT *autre apparence* (CHAT., *Voy. en It.,* Pl., p. 1435). — *Une* TOUT *autre idée vint traverser mon esprit* (NERVAL, *Filles du feu,* Sylvie, XI). — *Le sanctuaire où aboutissent ces dédales a de* TOUT *autres proportions* (Th. GAUTIER, *Roman de la momie,* p. 40). — *Il y a de* TOUT *autres aspects* (VALÉRY, *Regards sur le monde actuel,* p. 58). — *Tout* est encore adverbe dans la tournure suivante, peu employée d'ailleurs : *Ce serait* TOUT *une autre étude* (P. HAZARD, *Les livres, les enfants et les hommes,* p. 60).

5. Sur *tout* renforçant le superlatif relatif, voir § 950, *c.*

956   Adverbes indiquant des fractions.

a) Demi. — 1° La langue littéraire emploie *demi* comme adverbe devant un adjectif ou un participe ; il reste invariable et est suivi d'un trait d'union :

Un sourire DEMI-*ironique* (Th. GAUTIER, *Militona,* I). — *Sourires* DEMI-*moqueurs* (DUMAS fils, *Dame aux camélias,* X). — *Bras* DEMI-*tendus* (BERNANOS, *Imposture,* p. 175). — DEMI-*courbée, traînante, pas à pas, elle parvint jusqu'à la dernière borne* (LA VARENDE, *Roi d'Écosse,* p. 315).

En dehors de la langue littéraire : *Petits pois* DEMI-*fins* (ROBERT). — *Aiguille* DEMI-*fine* (ID.). — *Chaudières* DEMI-*fixes* (L. SER, *Traité de physique industrielle,* cit. *Trésor*).

Hist. — En anc. et moyen fr., *demi* s'accordait souvent, mais il restait parfois invariable, ce qui était l'usage dominant au XVIIe s. : *Se fust* DEMIE *morte* (ADENET, *Berte,* 2128). — *Une cauche* [= chausse, sorte de bas] *de fer avoit* / [...] / *Qui deslachie* [= délacée] *estoit* DEMIE (1re contin. de *Perceval,* T 10579). — *Elle* [= une porte] *fut* DEMIE *enfoncée* (D'AUBIGNÉ, cit. Huguet). — *La volatile malheureuse,* / [...] / DEMI-*morte et* DEMI-*boiteuse* (LA F., *F.,* IX, 2). — *Ais* DEMI-*pouris* (BOIL., *Lutrin,* III).

2° La langue courante préfère *à demi* (et surtout *à moitié :* cf. *c*), qui suit ou, le plus souvent, précède l'adjectif ou le participe ; il peut aussi accompagner un verbe :

Il existe une classe À DEMI *vertueuse,* À DEMI *vicieuse,* À DEMI *savante, ignorante* À DEMI, *qui sera toujours le désespoir des gouvernements* (BALZAC, *Médecin de camp.,* p. 85). — *La démarche lourde de gens* À DEMI *sommeillant* (LARBAUD, *Fermina Márquez,* V). — *Les rares images qui subsistent sont* À DEMI *muettes* (G. DUHAMEL, *Pesée des âmes,* p. 164). — *La tête* [...] *disparaît* À DEMI *sous les plis d'un cache-nez de laine grise* (BERNANOS, *Mauvais rêve,* Pl., p. 946).

N.B. — *À demi* n'est pas suivi de trait d'union. Ne pas confondre cet emploi avec les syntagmes prépositionnels comme *à demi-mot,* où *demi* est adjectif (§ 547, *a*).

b) Mi. — 1° La langue littéraire emploie *mi* comme adverbe devant un adjectif ou, ordinairement, un participe ; il reste invariable et est suivi d'un trait d'union :

MI-*couchée, appuyée d'une main sur le sol* (JAMMES, *Clairières dans le ciel,* p. 70). — *Il* [= un chien] *s'arrêtait, les yeux timides* MI-*cachés sous les oreilles tombantes* (ARLAND, *Terre natale,* III). — *Yeux* MI-*clos* (R. MARTIN DU GARD, *Thib.,* Pl., t. II, p. 451).

En dehors de la langue littéraire : *Petits pois* MI-*fins* (ROBERT). — *Une note* MI-*longue.* Sur *mi-parti,* cf. § 848, 21.

2° *Mi* peut être répété, non seulement devant des adjectifs ou des participes avec trait d'union, — mais aussi devant des syntagmes prépositionnels auxquels il n'est pas joint par un trait d'union ; ceci est d'une langue assez recherchée.

Les cheveux pâles, MI-*blonds,* MI-*blancs* (S. de BEAUVOIR, *Belles images,* I). — *Des campagnards qui ont mal tourné,* MI *par leur faute,* MI *par celle des circonstances* (J. ROMAINS, *Hommes de b. vol.,* t. VIII, p. 229). — MI *par respect du monde,* MI *par indifférence* (Fr. AMBRIÈRE, dans les *Annales,* févr. 1953, p. 43). — *Elle achète d'autres objets,* MI *pour son plaisir,* MI *pour le déplaisir de Juliette* (CESBRON, *Souveraine,* p. 122). — *Mon père devait assister,* MI *par courtoisie,* MI *par curiosité, à un après-midi du colloque* (MALRAUX, *Antimémoires,* p. 41).

Remarque. — *Semi* est un élément de composition emprunté du latin et comme tel invariable : *Des fêtes* SEMI-*doubles,* dans l'ancienne liturgie catholique. Cf. § 185, *b.*

c) Moitié. — 1° *À moitié* s'emploie comme *à demi,* dans tous les niveaux de langue :

Le tonneau est À MOITIÉ *vide* (AC.). — *Son verre est rempli* À MOITIÉ *(Dict. contemp.).* — *Elle ne lui plaisait qu'*À MOITIÉ (S. de BEAUVOIR, *Mandarins,* p. 53).

2° *Moitié* sert aussi d'adverbe, notamment dans la formule corrélative *Moitié ..., moitié ...,* qui, courante à l'époque classique, est mentionnée par tous les dictionnaires actuels :

Avec son air MOITIÉ *niais,* MOITIÉ *goguenard* (CHAT., *Mém.,* I, II, 9). — *Quatre cachots de pierre,* MOITIÉ *sous terre,* MOITIÉ *sous l'eau* (HUGO, *Misér.,* II, VII, 2). — *Un groupe de touristes* MOITIÉ *Allemands,* MOITIÉ *Suisses (Dict. contemp.).*
Variante, *à moitié ... à moitié ... : Ses fonctions* À MOITIÉ *civiles,* À MOITIÉ *militaires* (R. MARTIN DU GARD, *Thib.,* Pl., t. II, p. 884). — *[...] en vous regardant dormir, [...]* À MOITIÉ *dans l'ombre et* À MOITIÉ *dans la lumière* (BERNANOS, *Imposture,* pp. 527-528).
Il est contraire à la logique d'employer *moitié* trois fois : MOITIÉ *tristesse réelle,* MOITIÉ *énervement de cette vie,* MOITIÉ *simulation chaque jour plus audacieuse* (PROUST, *Rech.,* t. III, p. 700). — Il est ambigu de ne l'exprimer qu'une fois : *Ces petites chroniques,* MOITIÉ *d'un humaniste et d'un musicien* [= ... et moitié d'un musicien] (*ib.,* p. 221).

3° De *moitié ..., moitié ...* (2°) est sortie la locution familière *moitié-moitié,* qui sert aussi d'adverbe, soit au sens « par moitié », — soit, usage récent, au sens de « ni bien ni mal, pas très bien » (cf. *comme ci comme ça, couci-couça*) :

Ce collège est géré MOITIÉ-MOITIÉ *par la municipalité et par le chapitre des chanoines de Saint-Bernard* (LE ROY LADURIE, *Carnaval de Romans,* p. 41). — *Êtes-vous content de votre voyage ? —* MOITIÉ-MOITIÉ (ROBERT).

4° *Moitié* **non répété** peut précéder un adjectif (ou un adverbe) qui est au comparatif (ou qui est précédé d'un adverbe de degré) et exprimer la mesure de la différence ou de l'excès. Seule l'Acad. mentionne ce tour :

Vous avez acheté ce livre MOITIÉ *trop cher* (AC.). — *La Merlaude [...] n'est pas* MOITIÉ *si forte et si saine que moi* (SAND, *Pet. Fadette,* I). — *Il avait fait prendre des parterres qui coûtaient* MOITIÉ *moins* [que des fauteuils d'orchestre] (PROUST, *Rech.,* t. I, p. 776). — *[...] une variété d'œillets laquelle n'était pas* MOITIÉ *aussi belle [...] que celles qu'ils avaient obtenues depuis longtemps* (*ib.,* t. II, p. 437). — *Ce livre est en fait* MOITIÉ *moins gros qu'il n'en a l'air*

(Cl. MAURIAC, dans le *Figaro*, 21 sept. 1955). — *Auteur d'une monumentale* [...] Anatomie de l'Angleterre, *Anthony Sampson* [...] *nous propose aujourd'hui un livre qui, pour être* MOITIÉ *moins épais, présente encore des proportions impressionnantes* (A. FONTAINE, dans le *Monde*, 28 mars 1970). — *La baisse de la production mondiale est* MOITIÉ *moindre qu'il y a cinq ans* (*ib.*, 16 févr. 1979, p. 1).

En revanche, les dictionnaires signalent *de moitié*. On a aussi d'autres formules qui, elles, sont communes avec les autres noms désignant une fraction et qui ne sont guère mentionnées par les dictionnaires : *une moitié, la moitié, de la moitié, d'une moitié ;* en outre, *à moitié.* Lorsque *moitié* est accompagné d'une préposition, il peut soit précéder, soit suivre l'adjectif (ou l'adverbe) au comparatif ou le syntagme adjectival (ou adverbial) ; lorsqu'il n'est pas accompagné d'une préposition, il les précède nécessairement (comp. § 948, *b*).

Il a été trop long DE MOITIÉ *dans son discours* (AC.). — *Quand on a pour soi sa conscience, on est plus fort* DE MOITIÉ *(Grand Lar. enc.).* — *Nous étions* DE MOITIÉ *moins nombreux* (P. BENOIT, cit. Le Bidois, § 1841). — *Je voudrais bien parler l'allemand* LA MOITIÉ *aussi bien* (J. LAURENT, *Bêtises*, p. 63). — *Je ne crois pas* [...] *que, parmi toutes nos abortives impressions d'art ou de littérature, on en puisse trouver d'aussi puissantes,* À MOITIÉ, *sur l'intime de l'âme* (BLOY, *Désespéré*, L.P., p. 130). — *Ça n'était pas même* À MOITIÉ *assez bon* (D. GUINSBOURG, trad. de : W. Saroyan, *Aventures de Wesley Jackson*, p. 319). — On préfère aujourd'hui d'autres formules : *Deux fois trop cher,* etc. Comp. § 948, *c.*

Hist. — Le choix entre *de moitié, de la moitié, la moitié* existait déjà avant le XIXe s. : *La belle les trouva trop chetifs* DE MOITIÉ (LA F., *F.*, VII, 4). — *Un métal qui étoit devenu* LA MOITIÉ *moins précieux* (MONTESQ., *Espr.*, XXI, 22). — *Les Caraïbes sont* DE LA MOITIÉ *plus heureux que nous* (J.-J. ROUSS., *Émile*, I).

5° *Moitié* pour *à demi* **devant un adjectif** ou un participe n'est mentionné nulle part. Il appartient à la langue familière :

Il regarde d'un air si railleur, et MOITIÉ *colère !* (NERVAL, trad. de : Goethe, *Faust*, p. 135). — *Je saute du lit,* MOITIÉ *nue* (FARRÈRE, *Petites alliées*, VIII). — *Des sortes de chroniques* MOITIÉ *humoristiques sur la musique* (PROUST, *Rech.*, t. III, p. 221). — *Telle autre* [...], *grosse et* MOITIÉ *nue* (R. BILLETDOUX, *Lettre d'excuse*, p. 21). — *Bien qu'Yvonne tînt la porte* MOITIÉ *fermée* (QUENEAU, *Pierrot mon ami*, Épilogue).

Remarques. — 1. Sous l'influence de *demi* et de *mi*, *moitié* se construit parfois comme ceux-ci devant des noms (*à mi-voix*, etc. : § 547, *a*), mais sans être suivi d'un trait d'union.

À moitié prix, à moitié chemin appartiennent à la langue commune. — *À moitié route* est rare : *Il est* À MOITIÉ *route* (ZOLA, *Bête hum.*, XI). Autre ex. : Th. GAUTIER, cit. Robert, s.v. *isolé.*

2. Au XXe siècle se sont répandues, peut-être sous l'influence de l'anglais d'Amérique, des expressions indiquant le pourcentage (lesquelles primitivement concernaient le revenu de l'argent), *à quatre-vingts pour cent,* etc., — surtout *à cent pour cent,* c'est-à-dire « complètement », souvent construit sans préposition :

Beaucoup d'entre eux sont 100 % *derrière ce plan* (MAUROIS, *Chantiers américains*, p. 120). — *Shakespeare est Anglais* CENT POUR CENT (POURRAT, *École buissonnière*, p. 90). — *Nous avons devant nous un raffiné* CENT POUR CENT (CRITICUS, *Style au microscope*, t. IV, p. 65). — *Et ainsi* taximètre *redevint hellénique* À CENT POUR CENT (THÉRIVE, *Clinique du langage*,

p. 100). — *Il est sûr du succès* À CENT POUR CENT (A. FRANÇOIS-PONCET, dans le *Figaro litt.*, 15 oct. 1960). — *Elle me regardait [...], victime* À CENT POUR CENT (H. BAZIN, *Matrimoine*, p. 126). — *La récolte est perdue* À QUATRE-VINGTS POUR CENT (TROYAT, *Cahier*, p. 101).

957   Les **degrés impliquant une conséquence** (parfois non explicitée, ce qui donne souvent à la phrase un ton exclamatif) sont exprimés par *si* pour les adjectifs et les adverbes, par *tant* pour les verbes, par *tellement* pour les uns et pour les autres.

La conséquence est exprimée par une proposition corrélative (§ 1076, *a*) : *Je trouve cela* SI *beau, que je me sens vraiment très émue* (MAUPASS., *Notre cœur*, II, 1). — *Il souffre* TANT *qu'il ne peut plus se lever (Robert méthod.).* — *Il allait* TELLEMENT *vite qu'il ne nous a pas vus (ib.)* — Pour TANT *il y a que*, voir §§ 234, *a* ; 935, *b*.

La conséquence n'est pas exprimée par une proposition corrélative : *Je l'embrassai, intimidé de le retrouver* SI *différent de l'image qui m'était restée de lui* (LOTI, *Roman d'un enfant*, LXXII). — *Rends-moi [...] / La fleur qui plaisait* TANT *à mon cœur désolé* (NERVAL, *Chim.*, Desdichado). — *Sans barbe, tu n'es plus* TELLEMENT *respectable* (GIDE, *Saül*, IV, 2).

En particulier, *tant* et *tellement* peuvent se trouver en tête d'une sous-phrase qui suit immédiatement la sous-phrase où la conséquence est donnée : *Aucun ne releva cette malice,* TANT *on était fatigué* (FLAUB., *Éd. sent.*, II, 1).

Remarques. — 1. Les participes passés s'accommodent de *si* dans la langue littéraire, même quand ils ont la valeur verbale :

Le chef de cet état-major, SI *laissé à lui-même et si peu conduit* (SAINTE-BEUVE, *Général Jomini*, p. 61). — *L'alchimie,* SI *niée et* SI *raillée depuis deux siècles* (HUGO, *Pierres*, p. 76). — *Un personnage* SI *fait pour l'exaspérer* (BLOY, *Femme pauvre*, p. 143). — *Il le sait [...] d'une science* SI *entrée dans le profond de son cœur* (PÉGUY, *Souvenirs*, pp. 103-104). — *Cette femme* SI *aimée* (PROUST, *Les plaisirs et les jours*, p. 131). — *Iphigénie en Tauride* SI *admirée par Maurice Barrès* (CLAUDEL, *Figures et paraboles*, p. 196). — *Une blessure [...] que la pluie a* SI *lavée qu'elle est maintenant à vif* (BERNANOS, *Nouv. histoire de Mouchette*, p. 43). — *Les petites « congrégations » de quakers,* SI *admirés de Voltaire* (J. GUITTON, *Christ écartelé*, p. 222).

2. *Tant* devant un adverbe ou un adjectif est, soit un archaïsme littéraire (cf. Hist.), soit un régionalisme :

Je trouvai la philosophie qu'on m'avait enseignée TANT *sotte,* TANT *inepte,* TANT *absurde,* TANT *niaise, que je ne crus rien des vérités qu'elle établit* (A. FRANCE, *Vie en fleur*, p. 177). — *Pauvre Molière ! Lui,* TANT *silencieux au fort de cette cage à perruches, un théâtre !* (A. SUARÈS, *Sur la vie*, t. II, p. 38.) — *Et voilà que mes mains étaient* TANT *fortes que toutes les joies sont venues* (GIONO, *Bout de la route*, I, 6).

Hist. — 1. Cet emploi est ancien ; il restait très fréquent au XVIIᵉ s. : ⁺*Il n'y a point d'autre animal,* TANT *parfait et* TANT *heureusement né qu'il puisse être, qui fasse le semblable* (DESCARTES, *Méth.*, V). — *Tu ne fais pas* TANT *mal* (CORN., *Veuve*, IV, 8). — *Elle n'est pas* TANT *sotte* (MOL., *Fourb.*, I, 3).

2. °*Tant seulement*, renforcement de *seulement*, n'appartient plus de nos jours qu'à la langue populaire ; il était autrefois du bon usage : *Il enrage, / De n'avoir pas chez soy pour luy donner /* TANT SEULEMENT *un mal-heureux disner* (LA F., C., Faucon).

3. Sur l'emploi de *si* dans les propositions concessives *(Si grand qu'il soit)* et sur son concurrent *aussi,* voir § 1092, *a,* 1° et 2°.

4. *Si, tant* concurrencent *aussi, autant* dans les constructions négatives ou interrogatives : § 947, Rem.

5. L'élément corrélatif peut aussi être, dans la langue littéraire (comme chez les classiques), un infinitif amené par *de* ou *que de :*

> *Je ne suis pas* SI *cuistre* QUE DE *préférer des phrases à des êtres* (FLAUB., *Corresp.,* t. IV, pp. 98-99). — *Si le parti intellectuel avait été* SI *malin,* (si *fort),* QUE DE *faire une aussi grande affaire que l'affaire Dreyfus* [...] (PÉGUY, *Notre jeunesse,* p. 169). — *Es-tu* SI *méchante* DE *tourner en dérision mes voiles de veuve ?* (A. SUARÈS, *Cressida,* p. 27.) — *Les rieurs ne seront pas de mon côté si je me montre* SI *naïf* DE *prendre au sérieux cette légende* (HERMANT, *Ainsi parla M. Lancelot,* p. 143). — *Il n'était pas* SI *neuf* QUE D'*ignorer quel trafic se faisait du camp à la ville* (Fr. AMBRIÈRE, *Grandes vacances,* p. 329). — *Je ne suis pas* SI *naïf* QUE DE *confondre* [...] (G. DUHAMEL, *Temps de la recherche,* VII). — *Nous ne sommes pas* SI *pharisiens* QUE DE *le prétendre !* (Fr. MAURIAC, *Cahier noir,* p. 12.) — *Il n'était pas* SI *sot* QUE DE *ne pas prévoir la lutte* (VERCORS, *Marche à l'étoile,* p. 25).

958   **Adverbes exclamatifs :** *Comme, combien* (plus recherché, sauf dans l'exclamation indirecte), *que, ce que* (familier), *qu'est-ce que* (très familier), °*comment que* (populaire).

> COMME *il fait noir dans la vallée !* (MUSSET, *Poés. nouv.,* Nuit de mai.) — *Ces pauvres diables d'hommes, ces gros garçons, / Cela n'aime rien tant que parler, mentir, montrer son noble cœur, /* COMBIEN *j'ai souffert,* COMBIEN *je suis beau* (CLAUDEL, *Partage de midi,* pp. 43-44). — *Vous ne savez pas* COMBIEN *je suis las de moi-même* (VIGNY, *Cinq-Mars,* XI). — *« Ah !* QU'*il est mauvais, cet an qu'on est à vivre ! » / « Et* QUE *le grain est léger ! » / « Et* QUE *peu il y en a ! »* (GIONO, *Regain,* II, 3.) — *Et ce qu'on met dedans* [= dans la vie], CE QUE *c'est peu !* (A. FRANCE, *Lys rouge,* p. 79). — QU'EST-CE QUE *ça pue quand on l'ouvre !* (Fr. NOURISSIER, *Allemande,* p. 35.) — COMMENT QUE *tu l'as mouché, dit Zazie à Gabriel* (QUENEAU, *Zazie dans le métro,* XI).

Voir d'autres ex. au § 394, *a.* Pour la place de l'adjectif ou de l'adverbe auxquels se rapportent ces exclamatifs, voir § 394, *a,* Rem. 1.

Remarques. — 1. *« Combien peu,* affirme A. Thérive (*Clinique du langage,* p. 190), est inusité, barbare, et très inférieur au brave *ce que ! »* — Opinion tout à fait contestable :

> *À* COMBIEN PEU *il tient que les esprits humains ne soient sages, et pourquoi ne le sont-ils pas ?* (SAINTE-BEUVE, *Port-Royal,* V, 11.) — *Vois donc* COMBIEN *c'est* PEU *que la gloire ici-bas* (MUSSET, *Poés. nouv.,* Sonnet). — *À mesure qu'on avance dans sa connaissance, on voit* COMBIEN *l'on sait* PEU *de choses sur lui* (E. JALOUX, *Visages français,* p. 184). — *Jamais les hommes ne sauront assez* [...] *à* COMBIEN PEU *ils doivent de n'être pas ce qu'ils méprisent* (J. ROSTAND, *Pensées d'un biologiste,* p. 22).

Hist. — *Combien peu* s'employait déjà à la période classique : *Avec* COMBIEN PEU *d'orgueil un chrétien se croit-il uni à Dieu !* (PASCAL, *Pens.,* 538.) — *Cette grande Charte* [...] *fait bien voir elle-même* COMBIEN PEU *la liberté étoit connue* (VOLT., *Lettres phil.,* IX).

2. Il est rare que *combien* serve d'adverbe interrogeant sur le degré :

Un homme injustement condamné, COMBIEN *souvent cela s'est-il vu ?* COMBIEN *souvent cela se verra-t-il encore ?* (CLEMENCEAU, cit. *Trésor.*) — COMBIEN LONGTEMPS *dure ?... jusqu'où s'élève ?... et comment se termine ?... la vie d'une planète vivante ?* (TEILHARD DE CHARDIN, *Apparition de l'Homme,* p. 338.)

959   **Adverbes indiquant l'approximation :** *À peu près, environ, quelque.*
[Autres procédés : §§ 584 et 940, Rem. *(comme).*]

À propos *d'environ,* notons que, pour certains grammairiens, il est superflu dans des expressions comme *Il a* ENVIRON *trente ou quarante ans,* etc. Cela se rencontre pourtant chez d'excellents écrivains : *Vers la page 310 ou 320* ENVIRON (Th. GAUTIER, *Fortunio,* XII). — [Chez J.-J. ROUSS. : *Une fille de son pays, d'*ENVIRON *vingt deux à vingt trois ans* (*Conf.,* Pl., p. 330).] — Pour l'emploi prépositionnel *d'environ,* voir § 1013.

Quelque (langue soignée) se distingue de *quelque* déterminant (§ 610, *a* et Rem.) par l'invariabilité : *Falcone marcha* QUELQUE *deux cents pas dans le sentier* (MÉRIMÉE, *Mosaïque,* Mateo Falcone). — *Ces* QUELQUE *quinze lieues* (YOURCENAR, *Souvenirs pieux,* p. 135). — On est surpris de le trouver chez CÉLINE : *Il y a* QUELQUE *vingt ans* (*Voy. au bout de la nuit,* F°, p. 98).

Hist. — C'est Vaugelas (p. 4) qui a prescrit cette invariabilité. Elle était loin d'être constante au XVIIᵉ s. : ⁺QUELQUES *huit jours* (CORN., *Clit.,* II, 2). — ⁺QUELQUES *neuf à dix mille hommes* (LA BR., X, 11). [Cet ex. présente en outre la superfluité dont nous parlons ci-dessus à propos *d'environ.*]

960   La **suffisance** est marquée par *assez, suffisamment ;* l'**excès** par *trop, excessivement, à l'excès ;* l'**insuffisance** par *insuffisamment, trop peu* (voir aussi § 946, Rem.).

On a vu que plusieurs de ces adverbes servaient aussi à indiquer le degré moyen (§ 953) ou le haut degré (§ 954, *c* et *d,* 1°). — Sur la formule renforcée *par trop,* voir § 954, *h,* Hist.

Remarques. — 1. Sur la place *d'assez* avec un adjectif ou un adverbe, voir § 937, *a.* — °*Il est* TROP *de bonne heure,* voir § 943, Rem. 3.

2. *Trop,* complément d'un verbe autre que *être,* n'admet pas, normalement, devant lui les prépositions *de* ou *en :*

Vous parlez TROP. — *De l'argent, dit l'avare, on n'en a jamais* TROP. — *Des soucis, j'en ai* TROP. — *Je bois du lait, j'en bois* TROP (J. RENARD, *Journal,* 15 mars 1897). — *Vous avez* TROP *pour vivre* (R. ROLLAND, *Jean-Chr.,* t. IX, p. 63).
Cet ex. reflète une langue parlée négligée : *Garde donc ton argent ! Si tu en as* DE TROP, *ce trop m'appartient* (BALZAC, *Bette,* p. 340).

Quand il est complément d'un nom ou d'un pronom ou d'une expression numérale indiquant la mesure de l'excès, il se fait précéder de la préposition *de* (parfois de *en*) :

Rien DE TROP. — *Si vous avez du sang* DE TROP *dans les veines* (Cl. TILLIER, *Mon oncle Benjamin,* XVIII). — *Ce n'est jamais bon de boire un coup* DE TROP (A. CAMUS, *Justes,* p. 122). — *Vous m'avez donné cent francs* DE TROP (AC.). — *Il n'y a pas dans son discours un mot* DE TROP (ID.). — *Recevoir dix francs* EN TROP *(Grand Lar. enc.).* — *Vous dites quelques mots* DE TROP, EN TROP. *Il y en a quelques-uns* DE TROP, EN TROP.

Toutefois on dit *beaucoup trop, un peu trop, bien trop,* sans *de* ni *en : Il en a beaucoup* TROP, *un peu* TROP (AC.). — *Il en a bien* TROP. (Dans ces cas, *beaucoup,* etc. sont compléments de *trop.*)

Quand *trop* est employé comme attribut avec *être* :

— *En trop, de trop* peuvent exprimer l'idée d'une présence inopportune ou gênante ou inutile : *Je crois que nous sommes* DE TROP *dans cette petite fête de famille* (FLAUB., *Éd. sent.,* II, 4). — *Venez, marquise, vous n'êtes pas* DE TROP (HERMANT, *Trains de luxe,* p. 68). — *J'étais* DE TROP, *comme toujours* (A. ARNOUX, *Crimes innocents,* p. 248). — *Ôtez ces livres de ce rayon : ils sont* EN TROP. — *Il faut retrancher ce qui est* EN TROP (AC.). — *Cette épithète est* DE TROP (PÉGUY, *Esprit de système,* p. 284). — *Il me semble que ces rubans sont* DE TROP (J. GREEN, *Journal,* t. I, p. 292). — *Il faut se faire à cette vue grave* [...]. *Cinq minutes ne sont pas* DE TROP (R. BAZIN, *Terre d'Espagne,* p. 42). — *Il en est du bien et du mal comme de la civilisation : trente siècles ne sont pas* DE TROP *pour l'édifier* (A. SUARÈS, *Vues sur l'Europe,* p. 123). — *À nous deux nous n'étions pas* DE TROP *pour porter le groupe désarmé sur nos épaules* (J. ROY, *Métier des armes,* p. 163). — *Trente-quatre pages ne sont pas* DE TROP *pour l'inventaire de son commerce* (R. KEMP, dans les *Nouv. litt.,* 25 déc. 1952).

— *Trop* seul s'impose quand on envisage simplement l'idée d'un nombre excessif : *À chacun le sien n'est pas* TROP (prov.). — *Ils étaient* TROP, *il ne pouvait rien contre eux* (R. ROLLAND, *Jean-Chr.,* t. IV, p. 169). — *Puisque vos bourreaux sont les coupables, Fabrice, il n'y a qu'à les supprimer. — Ils sont* TROP, *Madame* (GIRAUDOUX, *Folle de Chaillot,* p. 86).

Hist. — On pouvait autrefois placer après *trop* l'expression quantitative indiquant la mesure de l'excès : *C'est* TROP DE LA MOITIÉ (MOL., *Tart.,* I, 5). — *On le fit* TROP *boire* D'UN COUP (LA F., *C.,* Roi Candaule). — *Nous sommes trois chez vous ! C'est* TROP DE DEUX, *madame !* (HUGO, *Hern.,* I, 3.) — *C'est* TROP DE DOUZE (É. AUGIER, *Gendre de M. Poirier,* I, 5). — Cette tournure est à peu près sortie de l'usage ; on dit, de nos jours : *un de trop* ou *un en trop, deux de trop* ou *deux en trop,* etc. — *Une fois, deux fois trop grand* : § 948, *c.*

3. Avec les adverbes marquant la suffisance, l'insuffisance ou l'excès, la conséquence ou le résultat sont amenés par la préposition *pour,* qui est suivie d'un infinitif ou d'une proposition conjonctive (avec *que*) :

Dieu sait que je vous estime assez POUR *ne pas mentir* (STENDHAL, *Rouge,* t. II, p. 344). — *Ma vie est trop occupée* POUR *que je puisse entreprendre de vous guérir d'une grave passion* (SAND, *Valentine,* XXXIV). — *C'est un enjeu trop cher* POUR *le jouer aux dés* (MUSSET, *Lorenz.,* III, 3). — *Je ne suis pas suffisamment intime dans la maison* POUR *recommander quelqu'un* (FLAUB., *Éd. sent.,* II, 4). — *Je t'aime trop* POUR *être habile* (GIDE, *Porte étr.,* p. 145).

On trouve parfois encore dans la langue littéraire le tour classique *assez ... que de* + infinitif : *Je ne suis plus assez naïf* QUE DE *parler de l'année* (G. DUHAMEL, *Pesée des âmes,* p. 260).

Une contamination des deux tours explique la construction, très courante en Belgique, °*assez* (ou *trop,* etc.) *... que pour : Nous aimons trop le surnaturel* QUE POUR *ne voir en ce minime incident qu'une simple coïncidence* (GHELDERODE, *Choses et gens de chez nous,* p. 12).

Hist. — Au XVIIᵉ s., on trouve souvent *assez ... de* ou *que de* + infin. : ⁺*Il s'en trouvera qui seront assez malheureux* DE *le contredire ouvertement* (BOSS., *Œuvres orat.,* t. II, p. 296). — ⁺[...] *dévorait ceux qui étaient assez téméraires* QUE D'*en approcher* (LA F., *Psyché,* cit. Haase, § 139, 2°).

Le tour *assez ... que pour* (cf. ci-dessus) n'est pas récent ; au moyen âge, il était plus répandu qu'aujourd'hui : cf. *Zeitschrift für roman. Philologie,* t. III, p. 457, et t. V, pp. 371-372.

4. L'expression *en avoir assez* « être excédé » a, dans la langue familière, de nombreux équivalents : *en avoir marre, en avoir ras le bol,* etc.

961 Adverbes d'intensité **dans les propositions concessives** (SI *grand qu'il soit,* etc.), voir § 1092, *a.*

III. — DEGRÉS DES NOMS

962 Les **degrés des noms** se marquent par des adjectifs ou des équivalents de l'adjectif :

Petit, grand ; faible, fort ; bon ; insuffisant, excessif ; etc. : *Une* FORTE *peur. Un* BON *moment.*

Adjectifs détournés, par exagération, de leur sens propre : *Une soif* ÉPOUVANTABLE, FORMIDABLE. — *Il y avait à ce bal un monde* FOU (AC.), *... un monde* AFFREUX (au Québec). — *Voilà une* FAMEUSE *bêtise* (AC.).

Syntagmes équivalant à des adjectifs : *Une faim* DE LOUP.

Autres procédés :

— Degrés marqués par un adverbe : voir §§ 963-964 (outre la Rem. 1 ci-dessous).

— Haut degré marqué seulement par le ton : *Ces domestiques sont d'une paresse !* (ARLAND, *Ordre,* t. III, p. 132).

— Éléments de composition marquant le haut degré : *Minijupe, maxijupe, hypermarché, supermarché, ultrason* (§ 185, *b*) ; — marquant l'excès ou l'insuffisance : *Surproduction, sous-équipement* (§ 178, *b,* 2°.)

— Le nom est suivi d'un complément qui le reprend, généralement au pluriel, et qui est introduit par la préposition *de ;* cette expression du superlatif relatif se trouve dans quelques locutions bibliques et dans quelques autres formées sur ce modèle : *Le saint des saints. Le Cantique des cantiques.* — *Vanité des vanités ! Tout est vanité* (*Bible,* trad. CRAMPON, *Ecclésiaste,* I, 2). — *L'as des as. À la fin des fins. Le fin du fin.* — *Mère des souvenirs, maîtresse des maîtresses* (BAUDEL., *Fl. du m.,* Balcon).

— La formule *un de ces* marque le haut degré dans la langue familière : *Tu peux te vanter de m'avoir fichu* UNE DE CES FROUSSES ! (IKOR, *Frères humains,* p. 118.) — *Sans un : Vous nous faites* DE CES PEURS ! (RADIGUET, *Bal du comte d'Orgel,* p. 139.) — *Le nom reste parfois au singulier : Je me suis levé vers les midi, avec un de ces* MAL *aux crins* (QUENEAU, *Saint Glinglin,* 1981, p. 151). — Autres ex. au § 599, *f.*

Remarques. — 1. *Matin,* employé comme adverbe au sens de « tôt » (§ 198), admet tout naturellement les degrés :

Il s'est levé matin, FORT *matin,* TRÈS *matin* (AC.). — *On partait,* ASSEZ *matin pour être sorti de la plaine chaude avant les heures ardentes* (LOTI, *Roman d'un enfant,* XLV). — *C'est pour lire cette courte pièce [...] que je me suis levé* SI *matin* (GIDE, *Journal,* 30 oct. 1931).

Hist. — Cet emploi a été parfois critiqué, par ex. par Girault-Duvivier (Rem. détachées, s.v. *très*). — Il remonte pourtant à l'ancienne langue, comme l'emploi de *matin* au sens de « tôt », et n'a cessé d'être en usage : *Elle a veü l'escuier / Si matin entrer en son estre* [= maison] (JEAN RENART, *Galeran de Bret.*, 725). — *Venés à Versailles, LE PLUS matin que vous pourés* (MAINTENON, *Corresp.*, 26 déc. 1694).

2. *Généralissime* est emprunté de l'italien. Sur ce modèle, on a fait *amiralissime*, titre aujourd'hui abandonné en France, et, par plaisanterie, *cheffissime : Le* CHEFFISSIME *des brigands de la Calabre* (G. CHÉRAU, *Fra Camboulive*, p. 99).

963   Les **noms attributs sans article** se rapprochent des adjectifs et, surtout *ami* et *enfant,* sont parfois construits avec des adverbes de degré :

M. Habert et le colonel Gouraud que tout Provins croyait TRÈS AMIS (BALZAC, *Pierrette,* IX). — *Je me sens* TRÈS ENFANT *auprès d'un homme qui a tant réfléchi* (SAND, *Corresp.,* 18 avril 1862). — *Je suis bien barbare,* BIEN TYRAN ! (MUSSET, *Carmosine,* II, 5.) — *Pourquoi* [...] *une femme est-elle* TELLEMENT MÈRE *qu'elle est* [...] MOINS AMIE, MOINS FILLE, MOINS ÉPOUSE *même ?* (VIGNY, *Stello,* XXV.) — *Ils sont devenus* SI AMIS *que cela m'amuse* (LOTI, *Mme Chrysanth.,* XVIII). — *C'est* TRÈS *théâtre, c'est-à-dire très faux* (J. RENARD, *Journal,* 21 sept. 1908). — *Robert Cozal demeuré* TRÈS BÉBÉ *malgré ses vingt-cinq ans* (COURTELINE, *Linottes,* I). — TROP PARENTS *pour être amis* (COLETTE, *Julie de Carneilhan,* p. 137). — *Je me sens ce matin un peu* MOINS ÉPAVE (GIDE, *Journal,* 20 janv. 1929). — *Tu es encore* PLUS HOMME *que je le croyais* (GIRAUDOUX, *Sodome et Gomorrhe,* II, 8). — *Les poètes de cour* [...] *se montrent souvent* LES PLUS ARTISTES *et* [...] LES PLUS POÈTES (CAILLOIS, dans le *Figaro litt.,* 1er mai 1948). — *Quel chef fut* PLUS CHEF *que lui ?* (DE GAULLE, *Disc. et messages,* t. III, p. 316.) — *Vous n'étiez pas* TRÈS BELLE-MÈRE (Cl. LONGHY, *Fruit de vos entrailles,* p. 163).

Il est plus rare que le nom précédé d'un adverbe de degré soit dans la dépendance directe d'un nom, sauf si les deux noms sont identiques :

Ce dignitaire, alors TRÈS VIEILLARD (BALZAC, *Petites misères de la vie conjugale,* Pl., p. 1046). — [...] *ces figures des préraphaélites légères comme des ombres, ces dames, ces cavaliers isolés, indifférents* [...] ; *mieux plaisants ainsi, et* PLUS AMIS *dans leur douce léthargie* (A. FRANCE, *Lys rouge,* X). — TRÈS PAPA, TRÈS MARI, *très brave garçon, il trouve ravissant le rôle de Granier* (J. RENARD, *Journal,* 15 févr. 1897). — *Certaines femmes aux formes pleines,* TRÈS MAILLOL (GIDE, *Retour du Tchad,* 31 mars 1926). — *Un homme* [...] *qui n'a jamais fait de mal à personne ; et* SI CURÉ (PÉGUY, *Myst. de la charité de J. d'Arc,* p. 190). — *On ne pouvait rêver d'élève* PLUS MODÈLE (M. DÉON, *Déjeuner de soleil,* p. 10) [apposition traitée comme épithète].
Une Sévigné PLUS SÉVIGNÉ *qu'elle ne l'avait jamais été jusqu'ici* (SAINTE-BEUVE, *Nouv. lundis,* t. I, p. 285). — *La France a été* [...] *une patrie* PLUS PATRIE *que les autres* (BERNANOS, *La liberté, pour quoi faire ?* p. 47).

Ce qui paraît assez naturel, c'est que le nom accompagné d'un adverbe de degré soit joint par *de* à un pronom indéfini :

Jamais il n'y a rien eu de si pur, de SI ANGE, de SI AGNEAU et de SI COLOMBE *que cette chère nonnain* (MUSSET, *On ne badine pas avec l'am.,* I, 1). — *Tu as... je ne sais quoi de* MOINS JEUNE FILLE (HÉRIAT, *Enfants gâtés,* II, 1).

On trouve aussi assez souvent un nom précédé de *le plus* (ou *le moins*) et suivi d'un complément nominal (spécialement s'il contient le même nom) :

Dechartre [...] *parlait* [...] *de Dante avec enthousiasme, comme* DU PLUS SCULPTEUR *des poètes* (A. FRANCE, *Lys rouge,* XIII). — [...] *en se donnant l'air* DU PLUS CHIEN DES CHIENS

(CHÂTEAUBRIANT, *Meute*, I, 1). — *Le grillon* [...] *s'empare* DES PLUS MIETTES DE NOS MIETTES (D. DECOIN, *Il fait Dieu*, p. 26). — LA PLUS SCIENCE DES SCIENCES, *la mathématique* (A. GLUCKSMANN, *Cynisme et passion*, p. 115).

Hist. — La langue classique construisait déjà avec un adverbe de degré des noms attributs sans article :

Vous estes Sergent, Monsieur, et TRES-SERGENT (RAC., *Plaid.*, II, 4). — *Elles* [= des particularités] *ne sont pas* SI BAGATELLES *qu'elles le paraissent* (MARIV., *Vie de Marianne*, p. 31). — *On dit que l'homme est un animal sociable. Sur ce pied-là, il me paroît qu'un Français est* PLUS HOMME *qu'un autre* (MONTESQ., *L. pers.*, LXXXVII). — ⁺*Guise* [...] / *Fut plus grand,* PLUS HÉROS (VOLT., *Henr.*, III).

Ce qui est plus surprenant, c'est que *homme de bien* (ou *femme de bien* ou *gens de bien, de goût*, etc.) construit avec un adverbe de degré exerce les fonctions proprement nominales (sujet, objet direct...). Ce tour, antérieur à la période classique, y était resté fréquent ; au XIXᵉ et au XXᵉ s., c'est une imitation consciente de la langue classique :

Vous avez une SI FEMME DE BIEN (MARG. DE NAVARRE, *Hept.*, XV). — ⁺*Il ne laisse pas de se fier à celui-ci, comme à un* TRÈS HOMME DE BIEN (GUEZ DE BALZAC, cit. Littré, s.v. *très*). — ⁺*Il semble même vouloir contenter* LES PLUS GENS DE BIEN (BOSS., *Polit.*, VII, III, 9). — *Après avoir en notre vie amusé* LES PLUS GENS DE BIEN (Th. GAUTIER, *Cap. Fracasse*, VI). — *La cour, où sont* LES PLUS GENS DE GOÛT (*ib.*, XV). — *Un des* PLUS HOMMES DE BIEN *de l'Empire, le comte Mollien* (VILLEMAIN, cité et critiqué par Baudel., *Art romantique*, XXVI). — *Malgré que* [...] LES PLUS GENS D'ESPRIT *d'Europe y fussent réunis* (PROUST, *Les plaisirs et les jours*, p. 33).

Notons aussi les formules : *A* MON PLUS QUE PERE, / *Maistre Guillaume de Villon* (VILLON, *Test.*, 849-850). — ⁺*Avec toute sa timidité et* SA PLUS QUE DÉFÉRENCE (SAINT-SIMON, *Mém.*, Pl., t. I, p. 908).

Remarques. — 1. Une phrase comme la suivante ne ressortit pas au phénomène décrit ci-dessus : *Il se montra fort religieux,* PLUS PRÊTRE QUE GUERRIER (FUSTEL DE COULANGES, *Cité antique*, IV, 3). On n'envisage pas le degré d'une qualité en soi, mais on compare deux qualités, deux caractéristiques. On pourrait déplacer *plus* sans difficulté et le remplacer par *plutôt : ... prêtre* PLUS *que guerrier, ... prêtre* PLUTÔT *que guerrier*. On pourrait aussi mettre un déterminant devant *prêtre : ... plus* UN *prêtre qu'un guerrier*.

En revanche, cette phrase-ci n'appartient pas au français régulier : *Il vous admire beaucoup, et est* TRÈS L'AMI *de René Boylesve* (MAURRAS, dans Barrès et Maurras, *La République ou le roi*, 4 déc. 1895).

2. Dans *le Très-Haut* et *le Tout-Puissant*, périphrases pour *Dieu*, on a la nominalisation de syntagmes adjectivaux. — De même, dans *le plus-que-parfait*, terme grammatical.

964   Dans des **locutions verbales constituées d'un verbe et d'un nom,** la langue familière et. même la langue littéraire introduisent souvent un adverbe de degré, sans doute par analogie avec des locutions où le second élément peut être analysé comme un adjectif *(avoir froid, avoir chaud)* :

Je vous ferais PLUS *pitié encore, si vous connaissiez une histoire qu'il ne m'est pas permis de raconter !* (NODIER, *Contes*, p. 702.) — *Il a raison,* TRÈS *raison* (MAUPASS., *Mont-Oriol*,

p. 343). — *Il avait* AUSSI *hâte que quiconque de savoir Christophe en France* (R. ROLLAND, *Jean-Chr.*, t. IV, p. 309). — *A-t-il* SI *tort?* (LA VARENDE, *Normandie en fleurs*, p. 94.) — *Jamais elle n'avait eu* SI *envie de les* [= des cahiers] *tenir dans ses mains* (J.-L. VAUDOYER, *Reine évanouie*, p. 171). — *La tranquillité d'esprit dont j'aurais pourtant* SI *besoin* (Ch. DU BOS, *Journal 1921-1923*, p. 101). — *J'avais* TRÈS *mal à la tête* (A. FRANCE, *Jardin d'Épicure*, p. 192). — *Il faut prendre* TRÈS *garde ici aux paroles qu'on prononce* (COCTEAU, *Maalesh*, p. 54). — *Musset nous faisait* TRÈS *plaisir* (É. HENRIOT, *De Lamartine à Valéry*, p. 223). — *La plupart en ont* SI *peur qu'ils l'étouffent* (SARTRE, *Idiot de la famille*, t. I, p. 198). —
Les puristes exigent : *A-t-il* SI GRAND *tort? J'ai* GRAND *besoin de*, etc.

Hist. — Cela est ancien, surtout avec *si* : *Chascun n'a pas* SI *fain de rire que vous* (*Pathelin*, 538). — *Il a* SI *peur qu'on ne les méconnoisse, qu'il a soin de rapporter jusqu'à leur surnom* (BOIL., *Sat.*, Disc. sur la sat.). — +*J'ai* SI *envie de vous voir jouer* (SÉV., 7 juin 1671).

SECTION 4. — LES ADVERBES DE TEMPS ET D'ASPECT

965 Les **adverbes de temps** situent les faits dans la durée par rapport au moment de la parole ou à un autre repère. — Les **adverbes d'aspect** concernent à la fois le temps et la manière : ils font intervenir des nuances de soudaineté, de répétition, etc. (comp. § 740).

alors	avant-hier	encore	longtemps	sitôt
après	bientôt	enfin	lors	soudain
après-demain	déjà	ensuite	maintenant	souvent
aujourd'hui	demain	entre-temps	naguère	subito
auparavant	depuis	hier	parfois	tantôt
aussitôt	derechef	incontinent	puis	tard
autrefois	désormais	jadis	quand ?	tôt
avant	dorénavant	jamais	quelquefois	toujours

On y joint un certain nombre de locutions adverbiales : *Tout de suite, de suite, dans la suite, tout à coup, à l'instant, à jamais, à présent, à temps, de temps en temps, tout le temps, jusque-là, sur-le-champ, tout à l'heure*, etc.

Hist. — Des adverbes anciens sont parfois utilisés par des écrivains du XIXe et du XXe s., soit par archaïsme, soit pour rendre des usages régionaux.

Adonc (souvent [adɔ̃] dans les parlers locaux) ou *adoncques*, etc. « alors » : ADONCQUES *le pauvre Landry, en se retournant*, [...] *vit la petite Fadette* (SAND, *Pet. Fadette*, IX). — ADONC *la Madelon avait déjà eu deux amoureux* (*ib.*, XXVIII). — ADONC *il faut quelque jour une fois remonter / À celle qui intercède* (PÉGUY, *Porche du myst. de la deuxième vertu*, p. 79). — Composé de *à* et de *donc*, encore attesté au XVIIe s., mais surtout chez des auteurs archaïsants. La Fontaine l'emploie dans des « stances en vieil stile » : ADONC *me dit la bachelette : / Que vostre coq cherche poulette* (C., *Janot et Catin*).

Anuit « aujourd'hui » [= *à nuit*, d'abord « la nuit passée »] subsiste surtout dans les parlers de l'Ouest, que reflètent les textes suivants (qui font parler des personnages), avec des graphies variables : *Tu pourrais commencer la tournée* ANUIT (MAUPASS., *C.*, Vieux). —

Mon frère n'est pas loin, à NUIT. *Il bine les betteraves* (H. BAZIN, *Vipère au poing*, XXII). — *Toutes les filles avaient donc vingt ans* ANUY ? (LA VARENDE, *Nez-de-Cuir*, I, 6.)

Devant « auparavant » subsiste dans la langue commune dans l'expression *Rester* (ou *être*) *Gros-Jean comme* DEVANT. Par analogie, des écrivains emploient *comme devant* ou *aussi ... que devant* dans d'autres circonstances : [...] *reprend, aussi doucement que* DEVANT, *Véronique* (GIDE, *Caves du Vat.*, I, 4). — *Les rapports se renouaient comme* DEVANT (DE GAULLE, *Mém. de guerre*, t. I, p. 178). — *En outre : Le pauvre enfant se mettait en l'esprit un souci, que*, DEVANT, *il n'avait eu* (SAND, *Pet. Fadette*, VI).

Oncques « jamais » (du lat. *umquam* ; avec *s* adverbial [§ 923]) : ONCQUES *ne fut plus complet abandon* (CHAT., *Mém.*, III, I, VII, 1). — *En Afrique du Nord*, [...] ONCQUES *ne vit-on un feu qui chauffe* (MONTHERLANT, *Lépreuses*, XIV).

Souventes fois (formé sur *souvent*) est resté vivant dans divers français régionaux (Picardie, Ouest surtout), mais des écrivains l'emploient plutôt par archaïsme : *J'ai fait* SOUVENTES FOIS *cette prière* (VIGNY, *Stello*, XVIII). — SOUVENTES FOIS, *vous êtes venue me voir* (JOUHANDEAU, *Prudence Hautechaume*, pp. 110-111). — Var. *souvente fois* : VILLIERS DE L'ISLE-ADAM, *Contes cruels*, Demoiselles de Bienfilâtre.

En outre, *tandis* « pendant ce temps » (tiré de *tandis que*) a été condamné par Vaugelas, p. 64. On le trouve encore chez LA F. : TANDIS *la vieille a soin du demeurant* (*C.*, Faucon).

Remarque. — Les adverbes de degré, quand ils s'emploient comme pronoms indéfinis neutres exprimant la quantité (§ 707), peuvent se rapporter au temps :

N'ai-je point parlé, il n'y a GUÈRE, *de lambeaux rosâtres et froids* [...] ? (GENEVOIX, *Routes de l'aventure*, p. 197.) [Comp. *naguère*, § 966, *d*.] — *Il arrivera sous* PEU, *dans* PEU (AC.). — *Un peu* est régional : *Au bout d'*UN PEU *il retombait immobile dans la boue* (GIONO, *Grand troupeau*, p. 117). — *Ne restez pas* DAVANTAGE.

Ici et *là* sont parfois utilisés pour *maintenant* et *alors : Cela ne s'était pas vu jusqu'*ICI (AC.). — *À quelques jours de* LÀ (AC.).

Sous l'influence du néerlandais *daar straks*, des Flamands et des Bruxellois disent °*là tantôt*, °*là tout de suite* pour « il y a un instant » : *On parlait de cinéma* LÀ TOUT DE SUITE (un présentateur de la radio belge, 18 août 1983).

966   **Observations sur certains adverbes de temps.**

a) **Antan** est devenu rare dans le sens premier « l'année dernière ». Il signifie ordinairement « naguère ». Il s'emploie surtout comme complément prépositionnel d'un nom.

« L'année dernière (ou précédente) » : *Les Goths promenaient avec eux quelques troupes des Huns qui l'hiver* D'ANTAN *avaient passé le Danube sur la glace* (CHAT., *Études historiques*, 1886, p. 323). — *Il y a des feuilles sèches* D'ANTAN (HERMANT, *Xavier*, p. 111).

« Naguère » : *Je paye aujourd'hui mes dénis* D'ANTAN (GIDE, *Journal*, 17 sept. 1935). — *Justin se sentit ramené à ses proportions* D'ANTAN (AYMÉ, *Aller retour*, p. 31) [= d'il y a quelques instants]. — Autres ex. : CHAT., *Mém.*, I, x, 11 ; LOTI, *Exilée*, p. 39 ; DE GAULLE, *Mém. de guerre*, t. II, p. 178 ; R.-L. WAGNER, dans le *Fr. mod.*, juillet 1960, p. 223 ; BUTOR, *Emploi du temps*, p. 109 ; etc.

Complément de verbe : *Un canal qui*, ANTAN, *charriait détritus, chiens crevés et cadavres de nouveau-nés* (L. WEISS, *Tempête sur l'Occident*, 1976, p. 492). — *Un corbillard 1925 spécialement construit par son père* ANTAN (P. MORELLE, dans le *Monde*, 24 févr. 1978).

En outre, *antan* est parfois nominalisé, avec le sens premier : *Là où l'ancien Marc-de-l'Évêque a été brûlé cet* ANTAN (CLAUDEL, *Ann. faite à M.*, Prologue). — *Elle* [= la neige] *est de la même couleur que celle de* CET ANTAN (POURRAT, *Gaspard des Montagnes*, t. I, 1931, p. 27).

Hist. — Certains grammairiens pensent que le glissement sémantique est dû à une mauvaise interprétation du vers de Villon, *Mais où sont les neiges d'antan ?* qui sert de refrain à la *Ballade des dames du temps jadis.* Le glissement paraît antérieur : cf. Wartburg, t. XXIV, p. 641.

b) Aujourd'hui. Au jour d'aujourd'hui exprime trois fois l'idée de *jour.* On le trouve parfois dans la langue littéraire :

Et nous n'avons à nous que le JOUR D'AUJOURD'HUI ! (LAMART., *Méd.,* II.) — *Tout ce qui est français d'origine et de bon aloi ne passe-t-il pas pour archaïque* AU JOUR D'AUJOURD'HUI ? (HERMANT, *Chron. de Lancelot,* t. I, p. 549.) — *Jusqu'*AU JOUR D'AUJOURD'HUI, *tout ce beau monde est encore dans les montagnes* (CHAMSON, *Superbe,* p. 304). — *Pour en recevoir de pareilles* AU JOUR D'AUJOURD'HUI, *il faudrait y mettre un bon prix* (B. CLAVEL, *Fruits de l'hiver,* p. 339). — *Madeleine aurait aimé Régis jusqu'à sa mort, jusqu'*AU JOUR D'AUJOUR-D'HUI (E. TRIOLET, *Grand jamais,* p. 135). — *Une riche plaine bien de chez nous, aussi belle qu'*AU JOUR D'AUJOURD'HUI (GENEVOIX, *Forêt perdue,* p. 12). — *Vous trouvez qu'*AU JOUR D'AUJOURD'HUI, *c'est vain ?* (S. de BEAUVOIR, *Mandarins,* p. 190.)

Hist. — *Hui* lui-même, qui en anc. fr. signifiait « aujourd'hui », vient du lat. *hodie = hoc die* « ce jour ».

c) Alors que *cependant* est adversatif (« néanmoins ») dans le français commun, la langue littéraire lui donne encore le sens primitif « pendant ce temps, entre-temps » :

Les valets rentrent avec des flambeaux. Le duc les range sur deux haies [...]. CEPENDANT *doña Sol s'approche lentement d'Hernani* (HUGO, *Hern.,* I, 3). — *Nous nous amusons, et* CEPENDANT *la nuit vient* (AC.). — *Une affaire montée de toutes pièces par le gouvernement afin de détourner l'attention des bévues du traité de Versailles qui se négociait* CEPENDANT (AYMÉ, *Silhouette du scandale,* p. 53). — Avec la graphie *ce pendant,* voir § 310, Hist.

Même lorsque le sens est temporel, il y a souvent une nuance d'opposition : *Tranquilles* CEPENDANT, *Charlemagne et ses preux / Descendaient la montagne* (VIGNY, *Poèmes ant. et mod.,* Cor, III). [La sérénité de Charlemagne contraste avec la situation de Roland aux prises avec les Maures.] — À comparer avec les conjonctions *pendant que* et *tandis que.* Voir aussi *cependant que* au § 1081, *b.*

Hist. — *Ce pendant* a d'abord été un complément absolu (§ 310, Hist.), « cela étant pendant ». Le sens temporel restait courant chez les classiques : +*Allez, et* CEPENDANT *au pied de nos autels, / J'irai rendre pour vous grâces aux immortels* (CORN., *Hor.,* I, 4). — *Raton avec sa pate / [...] / Tire un maron, puis deux, et puis trois en excroque. / Et* CEPENDANT *Bertrand les croque* (LA F., *F.,* IX, 17).

d) Naguère [anc. fr. *n'a guère = il n'y a guère,* cf. § 965, Rem.] indique normalement un passé peu éloigné (s'opposant ainsi à *jadis*) :

Dieu ! que tes bras sont froids ! rouvre les yeux... NAGUÈRE */ Tu nous parlais d'un monde où nous mènent nos pas* (HUGO, *Odes et b.,* Ball., III). — *Je ne suis plus obsédé comme je le fus* NAGUÈRE *par la petite place du Christianisme dans le monde* (FR. MAURIAC, *Dieu et Mammon,* p. 107). — *Mais il est beaucoup de fautes analogues, que l'on faisait couramment jadis et même* NAGUÈRE, *et que l'on ne fait plus aujourd'hui* (HERMANT, dans le *Temps,* 27 juillet 1939). — *C'est aux choses de jadis bien plus qu'à celles de* NAGUÈRE *qu'elle* [= ma mémoire] *aime d'appliquer sa volonté de résurrection* (G. DUHAMEL, *Pierre d'Horeb,* p. 81). — *Jadis et même* NAGUÈRE, *la conclusion explicite ou implicite tenait dans la formule dérisoire : « Ils se marièrent et eurent beaucoup d'enfants. »* (THÉRIVE, *Foire littéraire,* p. 193.)

Les ex. suivants montrent que *naguère* est en danger de perdre son sens étymologique et d'être pris comme synonyme de *jadis : Là fut* NAGUÈRE, *il y a trois siècles, un des plus beaux palais du monde* [...]. *Là ont* JADIS *étincelé des onyx de toutes nuances* (J. et J. THARAUD, *Marrakech*, p. 88). — *Si la nation fut victime d'une telle aberration technique, comme elle l'avait été* NAGUÈRE *à Crécy et à Sedan* [...] (DE GAULLE, *Disc. et messages*, t. I, p. 72).

e) Puis [pɥi], popul. °[pi], s'emploie toujours, en fr. commun, dans le contexte d'une coordination, et il se place entre les éléments coordonnés, ce qui fait qu'on le range souvent parmi les conjonctions de coordination.

Les pas se rapprochent, PUIS *s'éloignent* (PROUST, *Rech.*, t. I, p. 4).

Il peut perdre sa nuance de succession temporelle pour marquer simplement une succession logique : *On trouvait à Yonville qu'il avait des manières comme il faut. Il écoutait raisonner les gens mûrs* [...]. PUIS *il possédait des talents* (FLAUB., *Mme Bov.*, II, 3).

Puis est employé dans la meilleure langue avec *et* (ce qui l'oppose aux conjonctions de coordination : § 1030, *c*) :

Le loup le quitte alors ET PUIS *il nous regarde* (VIGNY, *Dest.*, Mort du loup). — *Tu me déchires, ma brune, / Avec un rire moqueur, /* ET PUIS *tu mets sur mon cœur / Ton œil doux comme la lune* (BAUDEL., *Fl. du m.*, Chanson d'après-midi). — *C'est encore plus joli quand elles retombent.* ET PUIS *aussitôt elles se fondent* (A. BRETON, *Nadja*, p. 99).

L'Acad. ne signale *et puis* que dans le sens « d'ailleurs, au reste, en outre » : *Vous ne l'y détermineriez que difficilement ;* ET PUIS, *à quoi cela servirait-il ?* — et dans les phrases interrogatives averbales : *Et puis ? Et puis quoi ?*

Sur les redondances *puis alors, puis après, puis ensuite*, voir § 368, *a*.

Dans le fr. populaire de la région franco-provençale, *puis* est utilisé de façon redondante à l'intérieur de la phrase quand celle-ci commence par un complément de temps : °*Hier, j'étais* PUIS *au marché de Voiron.* °*Demain j'irai* PUIS *à Voiron.* Cf. *Travaux de linguist. et de litt.*, 1977, p. 24.

f) Tantôt [agglutination de *tant tôt*] présente une assez grande variété d'emplois, avec des divergences régionales importantes, les dictionnaires considérant parfois l'usage parisien comme le seul usage.

1° Le sens « bientôt » passe pour vieilli. Des ex. comme les suivants ne confirment pas cette appréciation :

Depuis TANTÔT *deux ans, il ne lui avait pas écrit* (LOTI, *Mon frère Yves*, III). — *Il y a longtemps que vous êtes dans le pays, Monsieur ? demanda-t-il. / —* TANTÔT *quatorze ans pour vous servir* (P. BENOIT, *Lac Salé*, p. 84). — *Voudrais-tu me dire* [...] *pour quelle raison, m'ayant annoncé que tu rentrerais de bonne heure, tu te présentes bravement à* TANTÔT *neuf heures* (IKOR, *Tourniquet des innocents*, p. 50). — *J'ai* TANTÔT *trente-cinq ans* (SARTRE, *Carnets de la drôle de guerre*, p. 341).

2° *Tantôt* continue à désigner un moment proche (soit futur soit passé) chez des auteurs variés ; c'est l'usage ordinaire aussi en Belgique et au Canada.

Elle lui dit qu'elle était chez elle TANTÔT *quand il avait sonné* (PROUST, *Rech.*, t. I, p. 278). — *Elle rougit encore au souvenir de son mensonge de* TANTÔT (FARRÈRE, *Civilisés*, XVII). — *Je parlerai* TANTÔT [= après que l'interlocuteur aura achevé] (GIDE, *Caves du Vat.*, IV, 7). — *Elle qui avait* TANTÔT *demandé le silence, elle haussait le ton* (G. DUHAMEL, *Cri des profondeurs*, p. 20). — *Il me semble que je ne vous ai pas vus* TANTÔT (J. ROMAINS, *Knock*, II, 6). — *Donne voir encore un peu d'argent pour moi. La femme a mis la main sur celui de* TANTÔT

(POURRAT, *Trésor des contes*, Le diable et ses diableries, p. 277). — *Sais-tu* [...] *ce que je vais dire* TANTÔT [dans la matinée] (H. BOSCO, *Mas Théotime*, 1947, p. 228). — TANTÔT [...] *il lui avait pris les mains* (J. CABANIS, *Bonheur du temps*, III).

Une application voisine, « plus loin » ou « plus haut » dans un écrit : *Les propos de Mlle Anaïs illustrent parfaitement ce que nous disions* TANTÔT (AYMÉ, *Confort intellectuel*, p. 184). — *Chaque critique de Jean-Jacques* [...], *c'est celle-là même que nous faisions* TANTÔT (MONTHERLANT, *Service inutile*, Bruxelles, La Toison d'or, p. 70). — *Je remets à* TANTÔT *d'examiner les conditions déterminantes d'un tel malheur* (G. DUHAMEL, *Musique consolatrice*, p. 132).

3° L'Acad., en dehors des sens signalés ici 1° et 4°, ne connaît que *tantôt* « cet après-midi » ; cet usage est prédominant dans la région parisienne.

Surtout n'oublie pas, TANTÔT, *trois heures* (MAUPASS., *Bel-Ami*, I, 3). — *À* TANTÔT, *ma chérie, je ne serai pas rentré avant sept heures au plus tôt* (*ib.*, II, 5). — Aussi « l'après-midi » (d'un autre jour) : *Avant-hier* TANTÔT (AYMÉ, *Vaurien*, p. 87). — *Dès hier* TANTÔT (L. ESTANG, *Cherchant qui dévorer*, p. 394). — *Le lendemain* TANTÔT (CÉLINE, *Mort à crédit*, L.P., p. 124). — *Depuis samedi* TANTÔT (A. SARRAZIN, *Lettres et poèmes*, L.P., p. 44). — Et même *tantôt* nominalisé « après-midi » : *Sur le* TANTÔT *(Dict. gén.)*. [Autre ex. : MAUPASS., *C.*, Menuet.] — *Le quignon de miche qu'on lui avait passé le* TANTÔT (CHÂTEAU-BRIANT, *Brière*, p. 209). — *Nous irons en cueillir toutes les deux, ce* TANTÔT (J. GREEN, *Minuit*, p. 184). — *Dimanche, au* TANTÔT (PÉGUY, lettre citée par B. Guyon, *Péguy*, p. 26). — *Chaque* TANTÔT (CÉLINE, *Mort à crédit*, L.P., p. 412). — *Tout le* TANTÔT (ARAGON, *Blanche ou l'oubli*, F°, p. 299). — *Vers les quatre heures du* « TANTÔT », *comme on dit chez nous* (H. VINCENOT, *Pape des escargots*, p. 228). [Ce commentaire montre que l'auteur ne sent pas cela comme du franç. régulier.]

4° *Tantôt* ..., *tantôt* ..., pour exprimer l'alternative, la succession, appartient au français commun :

Leur chair [des cactus] *était* TANTÔT *une pulpe molle et aqueuse,* TANTÔT *un caoutchouc coriace,* TANTÔT *encore des muqueuses verdâtres* (M. TOURNIER, *Vendredi ou les limbes du Pacifique*, F°, p. 159).

Le second *tantôt* est rarement remplacé par *ou, parfois, puis* : [...] *pour m'apparaître,* TANTÔT *dans une robe de chambre écarlate* OU *en habit* (JOUHANDEAU, *Carnets de l'écrivain*, p. 259). — TANTÔT *elle souffrait au cœur,* PUIS *dans la poitrine, dans le cerveau, dans les membres* (FLAUB., *Mme Bov.*, II, 13). [Sur la place des éléments corrélatifs, comp. § 938, *e*.]

g) Tout à l'heure désigne un moment proche, parfois dans le passé, plus souvent dans le futur (seul signalé par le *Dict. gén.*) :

Je suis à vous TOUT À L'HEURE, *j'ai quelques papiers à brûler* (VIGNY, *Chatt.*, III, 6). — *Ce que je vous disais* TOUT À L'HEURE *est si vrai !* (MAUPASS., *Notre cœur*, I, 1.)

Hist. — *Tout à l'heure* a signifié « sur-le-champ » : *Je dis que je veux avoir de l'argent,* TOUT À L'HEURE (MOL., *Préc.*, VII). — *Si vous ne vous éveillez* TOUT À L'HEURE, *je vous coiffe du pot à l'eau* (MUSSET, *Chandelier*, I, 1).

967 **Observations sur certains adverbes d'aspect.**

a) L'Acad. fait une distinction entre *de nouveau* « une fois de plus » : *On l'a emprisonné* DE NOUVEAU ; — et *à nouveau* « de façon complètement différente » :

Ce travail est manqué, il faut le refaire À NOUVEAU. — Les grammairiens, arbitrairement, ont attribué un rôle particulier à la seconde locution, lorsqu'elle est apparue au XIXe s., alors qu'elle a eu dès le début la même signification que la première locution, comme Littré le reconnaissait déjà. L'usage des auteurs n'a pas suivi cette distinction artificielle :

Agréez À NOUVEAU, *Monsieur le Vicomte* [...], *l'assurance des sentiments les plus respectueux* [...] (LAMART., lettre, 29 sept. 1829, dans les *Lettres romanes*, févr. 1950, p. 33). — *Don Ricardo, s'inclinant* À NOUVEAU (HUGO, *Hern.*, II, 1). — *L'autre lève sa masse et frappe comme il faut.* / [...] *Mais la masse de fer est brandie* À NOUVEAU, / *Retombe, rompt la nuque* (LEC. DE LISLE, *Poèmes trag.*, Romance de don Fadrique). — *Je viens d'écrire* À NOUVEAU *à ce sujet* (BAUDEL., *Corresp.*, 26 mars 1865). — *La nature m'ajourne* À NOUVEAU *et j'ai profité pour terminer* (LITTRÉ, cité par A. Rey, *Littré, l'humaniste et les mots*, p. 198). — [...] *m'interdit,* À NOUVEAU, *toute familiarité avec un tel malappris* (A. FRANCE, *Petit Pierre*, XVI). — *Je montai* À NOUVEAU *sur la tour Constance* (BARRÈS, *Jardin de Bérénice*, p. 83). — *Il suffit de me rappeler certaines émotions vives pour que je les éprouve* À NOUVEAU (COLETTE, *Vrilles de la vigne*, p. 83). — *Au moment de se perdre* À NOUVEAU *dans la foule des invités* (ALAIN-FOURNIER, *Gr. Meaulnes*, p. 106). — *Comme il tournait* À NOUVEAU *le corridor* (GIDE, *Caves du Vat.*, p. 58). — *Germaine ne dîne pas ? demanda* À NOUVEAU *M. Mesurat* (J. GREEN, *Adrienne Mesurat*, p. 15). — *S'efforçant* À NOUVEAU *de sourire* (G. DUHAMEL, *Nuit de la Saint-Jean*, p. 108). — *Il lui était pénible de se voir* À NOUVEAU *condamné à trouver sa place dans une société rigide* (MAUROIS, *Lyautey*, p. 90). — *Cette expérience nous évitera de commettre* À NOUVEAU *telles erreurs* (DANIEL-ROPS, *Vouloir*, p. 75). — *Il pleuvait* À NOUVEAU (ARAGON, *Semaine sainte*, p. 33).

À neuf se rencontre parfois (souvent chez Gide) au sens « de nouveau » : *Grâce à son étonnement j'éprouve* À NEUF *de la surprise* (GIDE, *Feuillets d'automne*, p. 48). — *Je crus que tout serait sauvé : le bonheur semblait jaillir* À NEUF *de son rire et du mien* (VERCORS, *Bataille du silence*, p. 88).

À neuf est tout à fait normal quand il est employé en parlant de choses qu'on rend comme neuves : *L'église a été rebâtie* À NEUF (FLAUB., *Mme Bov.*, II, 1).

Derechef « de nouveau » est vieux pour l'Acad. ; il conserve pourtant de bonnes positions dans la langue soignée :

Sœur Épine, sans un mot, tend son verre vide à Franklin. Ce dernier le remplit DERECHEF (R. de OBALDIA, *Théâtre*, t. V, p. 137). — *Le brigadier,* DERECHEF, *est en train de considérer les losanges verts sur le col de la capote* (ROBBE-GRILLET, *Dans le labyrinthe*, p. 192). — Autres ex. : PROUST, *Rech.*, t. II, p. 863 ; COLETTE, *Chatte*, p. 36 ; LE ROY LADURIE, *Carnaval de Romans*, p. 73 ; P. GRAINVILLE, *Lisière*, p. 315 ; G. FRIEDMANN, *La puissance et la sagesse*, p. 195 ; etc.

b) **De suite** et sa forme renforcée *tout de suite* ont concerné d'abord une série ininterrompue, comme *d'affilée, à la suite* (cf. Hist.), puis ils se sont appliqués à une succession temporelle ininterrompue, comme *immédiatement*. Assez curieusement, les grammairiens ont accepté le glissement pour *tout de suite* et l'ont refusé pour *de suite*. Ce refus a eu peu d'effet sur l'usage :

La résolution de la vente d'immeubles est proposée DE SUITE, *si le vendeur est en danger de perdre la chose et le prix* (Code civil, art. 1655). — *Je me mis* DE SUITE *à travailler à mon discours* (CHAT., *Mém.*, II, VII, 4). — *Je n'ai jamais causé avec un Italien sans que la conversation ne tournât* DE SUITE *à la politique* (TAINE, *Voy. en Italie*, t. I, p. 335). — *Nous fîmes* DE SUITE *une charte* (VEUILLOT, *Çà et là*, t. II, p. 82). — *Un instinct de rage lui fit juger* DE SUITE *que c'était lui* (SAND, *Mare au d.,* XIV). — *Tu vas m'aller chercher* DE SUITE *le garde champêtre* (Cl. TILLIER, *Mon oncle Benjamin,* III). — *L'aspect aimable de Bouvard charma* DE SUITE *Pécuchet* (FLAUB., *Bouv. et Péc.,* p. 2). — *Il fallait* DE SUITE *s'en aller en Beauce, en Chine, au Pérou* (VALLÈS, *Réfractaires,* p. 134). — *On ne comprend pas* DE SUITE *un mot semblable* (LOTI, *Aziyadé,* p. 310). — *Il était arrivé à ce résultat presque* DE SUITE (E. de GONC., *Frères Zemganno,* LVII). — *Elle se mit* DE SUITE *à l'œuvre* (R. BAZIN, *Stéphanette,* XVIII). — *Je songeai* DE SUITE *qu'une pareille bouche n'était pas faite pour prononcer ce nom de Lavinie* (A. FRANCE, *Étui de nacre,* p. 183). — *Attendant la fin du morceau pour en parler* DE SUITE *au marquis de Trailles* (PROUST, *Jean Santeuil,* t. III, pp. 83-84). — *Allez* DE SUITE *vous restaurer* (GIDE, *Thésée,* p. 26). — *On doit entrer* DE SUITE *dans le vif du sujet* (A. SIEGFRIED, *Savoir parler en public,* p. 114). — *Le présent décret sera porté* DE SUITE *à la sanction royale* (BERNANOS, *Dialogues des carmélites,* IV, 1).

Autres ex. : NAPOLÉON, *Corresp.,* 19 juin 1815 ; STENDHAL, *Corresp.,* t. II, p. 249 ; Th. GAUTIER, *Militona,* VII ; SAINTE-BEUVE, *Corresp.,* 8 janv. 1834 ; BARBEY D'AUR., *Œuvres romanesques compl.,* t. II, p. 1463 ; GOBINEAU, *Nouvelles asiatiques,* p. 222 ; BARRÈS, dans le *Journal,* 12 mai 1893 ; BOYLESVE, *Meilleur ami,* p. 90 ; VALÉRY, Pl., t. II, p. 1453 ; KESSEL, *Nouvelle saison,* p. 353 ; DE GAULLE, *Discorde chez l'ennemi,* p. 180 ; MONTHERLANT, cit. Le Bidois, § 1716 ; etc.

Hist. — *Tout de suite* « d'affilée » était courant au XVIIᵉ et au XVIIIᵉ s. : ⁺*Il ne faut point d'autre livre que ces abominables lettres que je vous écris : je vous défie de les lire* TOUT DE SUITE (SÉV., 16 août 1675). — ⁺*Un abbé Trublet a imprimé qu'il ne pouvait lire un poème* TOUT DE SUITE ; *eh ! monsieur l'abbé, que peut-on lire, que peut-on entendre, que peut-on faire longtemps et* TOUT DE SUITE ? (VOLT., *Dict. philos.,* Vers et poés.) — ⁺*Je l'ai relue quatre fois* TOUT DE SUITE (LACLOS, *Liaisons danger.,* XVI).

Tout de suite « immédiatement » est attesté pour la première fois chez La Bruyère, selon Wartburg (t. XI, p. 490) : ⁺*Elle va venir* TOUT DE SUITE (*Car.,* cit. Le Bidois, § 1716). — *De suite* « immédiatement » date de 1793, selon Wartburg. En réalité, on le trouve dès le XVIIᵉ s. : voir un ex. de 1647 dans L. Remacle, *Notaires de Malmedy, Spa et Verviers. Documents lexicaux,* p. 239. Mais cet emploi n'a pas eu la chance d'être immédiatement ennobli par un auteur comme La Bruyère.

La même évolution s'est produite pour **incessamment,** qui signifie à la fois « sans interruption » (langue écrite) et « immédiatement » :

La mer en train de déferler INCESSAMMENT *d'un bout à l'autre* (LE CLÉZIO, *Guerre,* p. 18). — *Toujours ces mêmes griefs,* INCESSAMMENT *ressassés* (J. BOREL, *Retour,* p. 20). — *Il doit arriver* INCESSAMMENT (AC.).

Un autre synonyme de *immédiatement,* **incontinent** [empr. au lat. *in continenti*], que Wartburg (t. II, p. 1107) considère comme disparu à la fin du XVIIIᵉ s., reste usité dans la langue littéraire : *Je veux que tout soit réglé* INCONTINENT (CLAUDEL, *Ann. faite à M.,* I, 1). — Ex. de BARRÈS dans le *Trésor,* de FLAUB. (*Corresp.*), ANOUILH dans Robert ; etc.

c) Au lieu de *parfois* ou de *quelquefois,* la langue populaire emploie **des fois :**

DES FOIS *cependant il semble que c'est tout arrangé* (GIONO, *Femme du boulanger,* I, 3). Équivalents régionaux : *J'en étais* PAR DES FOIS *tourmenté* (SAND, *Maîtres sonneurs,* XX). — À DES FOIS, *il s'imaginait voir et entendre son besson* (EAD., *Pet. Fadette,* VI).

d) Jamais. — 1° Comme d'autres auxiliaires de la négation, *jamais* peut encore, dans certaines conditions (§ 981), s'employer avec son ancienne valeur positive (« en un temps quelconque ») :

Si vous venez JAMAIS *me voir, je vous montrerai mes bibelots* (AC.). — *Vit-on* JAMAIS *au bal une taille plus mince ?* (BAUDEL., *Fl. du m.*, Danse macabre.)
À jamais, pour jamais, à tout jamais signifient « pour toujours ».

2° Le plus souvent, *jamais* s'emploie dans un contexte explicitement négatif, soit sous la dépendance de *sans* ou *sans que,* — soit comme auxiliaire de l'adverbe *ne :*

Il a parlé, sans JAMAIS *s'arrêter, pendant plus d'une heure.* — *Il a parlé, sans que* JAMAIS *je l'interrompe.* — *Je découvris ce jour-là mon profil, que je n'avais encore* JAMAIS *vu* (PAGNOL, *Temps des secrets*, p. 295).

3° À force de s'employer dans un contexte négatif, *jamais*, comme d'autres auxiliaires de la négation (§ 982) a pris le sens négatif « en nul temps » :

Son style est élégant, JAMAIS *recherché* (AC.). — *Ne te verrai-je plus que dans l'éternité ? / Ailleurs, bien loin d'ici ! trop tard !* JAMAIS *peut-être !* (BAUDEL., *Fl. du m.*, À une passante.)

Hist. — *Jamais* pouvait s'employer en dehors de toute nuance négative : *Incontinent que l'homme est mort, / Ou* JAMAIS [= toujours] *ou long temps il dort / Au creux d'une tombe enfouye* (RONSARD, cit. Huguet).

e) Toujours. — 1° Dans sa valeur principale, *toujours* marque la permanence, que ce soit par une véritable continuité ou par répétition :

L'initiative vient TOUJOURS *d'en haut ! Le peuple est mineur, quoi qu'on prétende !* (FLAUB., *Éd. sent.*, III, 3.) — *Homme libre,* TOUJOURS *tu chériras la mer !* (BAUDEL., *Fl. du m.*, L'homme et la mer.) — *Le facteur sonne* TOUJOURS *deux fois.*
Ne dites pas : °TOUJOURS *de plus en plus.*

Toujours peut s'employer avec une préposition qui limite la durée, soit au futur : *à toujours* (vieilli), *pour toujours ;* — soit au passé : *depuis toujours* (souvent employé, par exagération, pour *depuis longtemps*). — *On ne le considère pas comme le maître* À TOUJOURS *de la maisonnée* (R. PERNOUD, *Lumière du moyen âge*, p. 16). — *C'est peu de chose que de savoir courir au feu quand on s'y prépare* DEPUIS TOUJOURS (A. CAMUS, *Lettres à un ami allemand*, p. 23).
Depuis toujours a été critiqué par Gide (*Journal*, 6 juin 1937), mais surtout quand *toujours* suffirait, comme dans l'ex. qu'il cite : *La différence entre la main ouvrière et la main non ouvrière a* DEPUIS TOUJOURS *été un des symboles les plus usités de la distinction entre les classes* (H. DE MAN).
De toujours, avec un nom ou parfois avec le verbe *être*, concerne aussi le passé : *Un ami* DE TOUJOURS. — *Elles* [= les lois non écrites] *n'existent ni d'aujourd'hui ni d'hier. Elles sont* DE TOUJOURS. *Personne ne sait d'où elles datent* (COCTEAU, cit. Grand Lar. langue).

2° *Toujours* peut aussi indiquer la persistance du fait jusqu'au moment indiqué par le temps du verbe. Il équivaut alors à *encore* ou bien à la périphrase *continuer à :*

Et bien ! petite, est-on TOUJOURS *fâchée ?* (MAUPASS., *Notre cœur*, III, 1.) — *Jacques dormait* TOUJOURS *et la bonne aussi* (M. DURAS, *Petits chevaux de Tarquinia*, p. 10).
Dans cet emploi, *toujours* précède *pas* auxiliaire de la négation : *Il ne comprenait* TOU-JOURS *pas le succès du Bonheur des Dames* (ZOLA, *Au Bonheur des Dames*, XIII). — *Le docteur Irving n'était* TOUJOURS *pas arrivé* (P. BENOIT, *Lac Salé*, p. 121).
En Belgique et dans l'est de la France (cf. Damourette-Pichon, § 2976), on emploie de façon pléonastique °*encore toujours : Bernard Thévenet, qui souffre* ENCORE TOUJOURS *de la*

grippe contractée lors de Paris-Nice (dans la *Libre Belgique,* 27 mars 1976, p. 20). — Il convient de rapprocher cette formule de ses équivalents flamand *(nog altijd)* et allemand *(noch immer).* — Dans l'Est et dans le Sud, on dit aussi °*toujours encore : Une violence qui a* TOUJOURS ENCORE *le caractère collectif et unanime du meurtre fondateur qu'elle répète* (R. GIRARD, *Bouc émissaire,* p. 127).

3° *Toujours* peut perdre toute valeur temporelle, pour prendre le sens « en tout cas, en attendant, cependant, du moins » :

Je vais TOUJOURS *commencer ma lettre* [...] *sans savoir quand j'aurai le temps de la finir* (CHAT., *Voy. en It.,* Pl., p. 1434). — *Descendez* TOUJOURS *; je prends mon manteau et je vous rejoins* (GIDE, *Faux-monn.,* I, 16). — *C'est* TOUJOURS *ça de gagné.*

Toujours est parfois isolé en fin de phrase : *J'ai eu bien peur,* TOUJOURS ! (MUSSET, *L'âne et le ruisseau,* Scène dern.) — *Tu n'es pas allé chez moi,* TOUJOURS ? (GENEVOIX, *Raboliot,* III, 5.)

Les ex. qui précèdent viennent surtout de dialogues. — Mais *Toujours est-il que ...* (cf. Hist.) appartient, lui, à tous les styles : *Avait-il été emporté dans une assomption ?* TOU-JOURS EST-IL *qu'il avait disparu* (PROUST, *Rech.,* t. II, p. 976). — TOUJOURS EST-IL *que j'ai filé bien en douce de mon entresol* (CÉLINE, *Voy. au bout de la nuit,* F°, p. 439).

Hist. — *Toujours* n'est que l'agglutination de *tous jours.* L'anc. fr. avait d'autres péri-phrases : *Tous dis (di* vient du lat. *dies),* qui subsiste en wallon et en picard ; *tous tens (= temps),* etc. Notons les anciens synonymes : *sempres* (du lat. *semper),* qui n'a le sens « toujours » que dans les premiers textes ; *adés* (sans doute du lat. *ad id ipsum* [*tempus*] = à ce même [temps]), encore attesté au XVI⁰ siècle (et aujourd'hui dans les dialectes, surtout de l'Est).

Les sens secondaires de *toujours* (ci-dessus, 2° et 3°) existaient déjà à l'époque classique et même avant : *Je l'ay voulu sans doute, / Et je le veus* TOÛJOURS, *quelque prix qu'il m'en couste* (RAC., *Baj.,* III, 1). — *Allez* TOUSJOURS *a l'ostel ; si m'y laissez aller (Cent nouv. nouv.,* XXXII) — *Le ministère païa le reste en promesses et s'empara* TOUJOURS *du gouvernement* (VOLT., *Lettres phil.,* IV).

Toujours est-il que pourrait être une survivance du tour impersonnel *Il est que* (§ 756, Hist.), mais l'expression est attestée fort tard, seulement au XIX⁰ s. semble-t-il (cf. AC. 1835, s.v. *toujours),* et serait plutôt une réduction des formules *Toujours est-il vrai (certain, assuré), que ... :* ⁺*Qu'il y ait, si l'on veut, de l'exagération dans ce nombre,* TOUJOURS EST-IL ASSURÉ *que son peuple était innombrable* (BOSS., cit. Littré). — ⁺*Qu'on l'appelle attention, méditation, réflexion, comme on voudra,* TOUJOURS EST-IL VRAI *qu'elle est en moi et non dans les choses* (J.-J. ROUSS., cit. Andersson, *Études sur* tout, p. 89). — *Mais* TOUJOURS EST-IL VRAI *que je n'exhume rien* (MUSSET, *Prem. poés.,* La coupe et les lèvres, Dédic.). — *Que les générations directes* [...] *aient ou n'aient pas réellement lieu* [...] ; TOUJOURS EST-IL CERTAIN, *selon moi, que la nature en exécute de réelles au commencement de chaque règne de corps vivans* (LAMARCK, cit. *Trésor,* t. VIII, p. 291). — Voir aussi § 377, *a,* Hist.

En dehors de *toujours est-il que,* on n'emploie plus aujourd'hui *toujours* en tête de la phrase avec une valeur adversative. Un ex. comme le suivant paraît une réfection indivi-duelle de *toujours est-il que : De cet état équivoque* [...] *un naturaliste* [...] *a dit qu'il n'avait de nom dans aucune langue.* TOUJOURS *il y a que, pour le désigner, on a épuisé les ressources du vocabulaire* (J. ROSTAND, dans les *Nouv. litt.,* 2 nov. 1961). [Comp. *Tant (il) y a que ... :* § 234, *a.*]

f) Les grammairiens distinguent ***tout à coup*** « soudainement » : *Ce mal l'a pris* TOUT À COUP (AC.), — et ***tout d'un coup*** « tout en une fois » : *Il fit sa fortune* TOUT D'UN COUP (AC.). — Mais l'Acad. reconnaît que *« tout d'un coup* s'emploie aussi quelquefois pour *tout à coup »* :

TOUT D'UN COUP, *un bruit léger s'éveilla longuement comme une inquiétude* (PROUST, *Les plaisirs et les jours*, p. 195). — TOUT D'UN COUP *il éprouva une constriction à la poitrine* (BOURGET, *Lazarine*, p. 84). — TOUT D'UN COUP *une porte de cuir s'ouvrit* (MAUROIS, *Cercle de famille*, p. 53). — *Le bras étendu devant elle, les yeux écarquillés, elle avança de quelques pas.* TOUT D'UN COUP, *elle poussa un cri* (J. GREEN, *Mont-Cinère*, XXIV).

Du coup exprime l'idée d'une cause agissant brusquement ; il est proche d'*aussitôt : Ah ! mon Dieu !... Elle aussi ! cria M. Seguin stupéfait, et* DU COUP *il laissa tomber son écuelle* (A. DAUDET, *Lettres de m. m.*, p. 50). — *Partout il* [= l'orgue] *paraît au début du XVIIᵉ siècle* [...]. DU COUP, *la décadence du chant grégorien* [...] *se précipite* (DANIEL-ROPS, *Église des temps classiques*, t. I, pp. 142-143). — *Le spectacle ne laissait pas de doute, et Stendhal, dégrisé* DU COUP, *dit qu'il en éclata de rire* (É. HENRIOT, dans le *Monde*, 8 avril 1959).

SECTION 5. — LES ADVERBES DE LIEU

968　　Appartiennent à la catégorie des **adverbes de lieu** :

ailleurs	çà	dehors	ici	partout
alentour	céans (vieux)	derrière	là	près
arrière	ci	dessous	loin	proche
autour	contre	dessus	où	sus
avant	dedans	devant	outre	

À cette liste il faut ajouter un certain nombre de locutions adverbiales, comme : *au-dedans, au-dehors, ci-contre, en arrière, en avant, quelque part, là-bas, là-dedans*, etc.

N.B. — Plusieurs des adverbes mentionnés ci-dessus peuvent être considérés comme des prépositions à régime implicite : cf. § 992.

969　　**Observations sur certains adverbes de lieu.**

a) Alentour « aux environs » s'écrit parfois *à l'entour* (seule graphie donnée par le *Dict. gén.*) quand il n'est pas précédé de la préposition *de :*

*Les bois d'*ALENTOUR (AC.). — *La tristesse et l'âpreté de la terre bretonne s'étendaient* ALENTOUR (A. FRANCE, *Génie latin*, p. 293). — *Rôder* À L'ENTOUR (AC.). — *Ils promenaient à* L'ENTOUR *leurs gros yeux ivres* (FLAUB., *Sal.*, I). — *Ces ombrages* À L'ENTOUR *sont pleins d'ombres* (É. HENRIOT, *Rencontres en Île-de-France*, p. 49). — *Un peu de duvet sur le sommet* [du crâne] *et une couronne de cheveux* À L'ENTOUR (CURTIS, *Roseau pensant*, p. 141).

Cela peut être considéré comme l'emploi absolu de la locution prépositive *à l'entour de* (ou *alentour de*) [§§ 992 et 1022, 2].

Alentour a été nominalisé au plur. : *Les* ALENTOURS *du château.* — Au point de départ de toutes ces formules se trouve le nom *entour*, qui existe encore, surtout au plur., dans la langue littéraire : *Les milieux populaires affluaient en camions de la place de la République et de ses* ENTOURS (MONTHERLANT, *Le chaos et la nuit*, p. 66). — *Napoléon lui-même ni ses* ENTOURS *ne donnent guère l'exemple* (A. DECAUX, *Hist. des Françaises*, t. II, p. 642).

b) **Çà** [lat. *ecce hac*] (à distinguer de *ça* sans accent, pronom démonstratif), adverbe de lieu, ne s'emploie plus aujourd'hui que dans la locution *çà et là.*

On le trouve aussi en composition dans *deçà,* qui est, soit en opposition avec *delà,* soit précédé de *en : Et je m'en vais / Au vent mauvais / Qui m'emporte /* DEÇÀ, *delà, / Pareil à la / Feuille morte* (VERL., *Poèmes sat.,* Chanson d'automne). — *Le projectile tomba* EN DEÇÀ (ROBERT), avant d'avoir atteint l'objectif.

Hist. — *Çà* s'employait autrefois après un verbe de mouvement pour signifier *ici : Venez-*ÇÀ *! chien maudit* (MOL., *Étourdi,* III, 4).

On s'en servait dans les constructions comme *Depuis quinze ou vingt ans en* ÇA (RAC., *Plaid.,* I, 7). — Dans *Il y a de çà cinq ans,* le mot *çà,* primitivement adverbe (*de çà* = à compter de maintenant, qui passe au sens de : « à compter de tel événement du passé ») s'est identifié avec le pronom *ça, cela : Il y a de cela cinq ans, Il y a cinq ans de cela.*

Pour *çà !* mot-phrase, voir § 1051, *d,* 2°.

c) L'opposition entre *ici,* endroit où se trouve le locuteur, et *là* paraît tout à fait simple et utile. On constate pourtant que *là* tend à remplacer *ici,* peut-être parce que *là-bas* reçoit le rôle propre de *là.* (*Ici-bas* signifie « en ce monde, sur la terre » par opposition à l'au-delà.)

Être là pour *être ici* appartient à la langue commune. D'autres emplois de *là* restent géographiquement limités. Des emplois comme les suivants surprennent un Wallon : *Bonjean ! Venez donc par* LÀ *! Y a de la place !* (QUENEAU, *Saint Glinglin,* 1981, p. 61.) — *D. a dormi* LÀ [= ici] (M. DURAS, *Douleur,* p. 39). — La même évolution favorise *celui-là, cela* (§§ 597, *b ;* 669-670), *voilà* (§ 1047) au détriment de *celui-ci, ceci, voici.*

Là sert à former diverses locutions : *Là-haut ; là-bas ; jusque-là ; de-ci, de-là ; dès là que ; par là ; par-ci par-là.*

En particulier *là* suivi d'une préposition employée sans régime est l'équivalent du syntagme constitué par cette préposition + *cela :*

Là-dedans = dans cela. L'Acad. cite aussi *là-dessous, là-dessus* et, sans trait d'union, *là devant ;* Littré mentionne sans trait d'union, *là contre, là auprès, là dehors ;* le *Grand Lar. langue là-devant,* avec trait d'union.

Plus d'un auteur écrit *là-contre* avec trait d'union, et on ne saurait critiquer cette graphie : *Tout son être se soulevait* LÀ-CONTRE (GENEVOIX, *Raboliot,* p. 220). — LÀ-CONTRE, *il n'y a rien à faire* (R. MARTIN DU GARD, *Jean Barois,* p. 402). — *Certains s'insurgent* LÀ-CONTRE (BENDA, *Rapport d'Uriel,* p. 12). — *Votre raison se révolte* LÀ-CONTRE (MONTHERLANT, *Équinoxe de septembre,* p. 226). — *Je n'ai pas grand'chose à dire* LÀ-CONTRE (BERNANOS, *M. Ouine,* p. 202). — *Je n'ose pas aller* LÀ-CONTRE (ARLAND, *Grâce,* p. 43).

En outre : *Tous les arbres du jardin se tenaient* LÀ AUTOUR (M. NOËL, *Petit-jour,* p. 122). — *Des rendez-vous rares,* [...], *avec,* LÀ ENTRE, *des lettres détruites* (H. JUIN, *V. Hugo,* t. I, p. 704). — Régionalismes ?

Ci « ici » n'a plus que des emplois limités :

Il forme les démonstratifs composés, en s'opposant à *là : Celui-ci, celui-là. Ce livre-ci, ce livre-là.* Il est agglutiné dans *ceci,* qui s'oppose à *cela.*

Comme *là,* il s'ajoute à certaines prépositions sans régime : *Ci-dessus, ci-dessous, ci-devant, ci-après, ci-contre,* °*ci-avant* (seulement usité en Belgique ?). — Autres locutions adverbiales : *De-ci, de-là ; par-ci, par-là.*

Ci s'emploie aussi devant les participes-adjectifs *annexé, joint, inclus* (§§ 248, *a,* 2° ; 906), — devant l'adjectif *présent* (en termes de pratique), et devant la forme verbale *gît* (sur les tombes). Les expressions ainsi formées ont le trait d'union : *Les documents* CI*-joints.* — *Les témoins* CI*-présents* (Ac.). — CI*-gît Jacques Dupont.*

Hist. — *Ci* vient du lat. *ecce hic*, littéralement « voici ici ». *Ici* est tiré de *ci*, peut-être sous l'influence de l'ancien adverbe *iluec* « là » (lat. *illoc*). *Là* continue le lat. *illac*.

Ci « maintenant » dans l'expression *entre ci et ...* : ⁺*Nous voirons* [= verrons] *entre* CI *et Pâques* (Sév., 16 mars 1672).

d) Proche, voir § 926, *e*, 4°.

e) Sus ne se dit plus que dans l'expression *courir sus à qqn* (cf. § 647, *d*) ; comme mot-phrase d'exhortation, il est fort vieilli ; il entre aussi dans les locutions *en sus de, en sus.*

SECTION 6. — LES ADVERBES DE NÉGATION

Bibl. — D. Gaatone, *Étude descriptive du système de la négation en franç. contemporain.* Genève, Droz, 1971. — I. Stauf, *Recherches sur « ne » redondant.* P., Rousseau, 1927.

970   **Remarque préliminaire.** — La négation peut utiliser d'autres procédés que l'adverbe : la préposition *sans*, la locution conjonctive de subordination *sans que*, la conjonction de coordination *ni*, les mots-phrases *non* et *nenni ;* — des préfixes comme *a-* et *in- (asocial, impossible) ;* — le sens des mots : *refuser*, par rapport à *accepter*, etc.

La présence simultanée de plusieurs mots ou procédés négatifs entraîne parfois des contresens. Par ex., *Vous* N'*êtes* PAS SANS IGNORER veut dire « Vous ignorez » et ne doit pas être confondu avec *Vous* N'*êtes* PAS SANS SAVOIR « Vous savez ».

Ex. corrects : *Vous* N'*êtes* PAS SANS *avoir entendu parler de la Tarasque* (A. Daudet, *Port-Tar.*, I, 4). — *Vous* N'*êtes* PAS SANS *savoir le malheur qui m'a frappé il y a deux ans* (P. Guth, *Naïf aux 40 enfants*, p. 234).

I. — LA NÉGATION PORTE SUR UN MOT OU UN SYNTAGME AUTRES QUE LE VERBE

971   **La négation traditionnelle est *non :***

La contestation [...] était restée NON *sanglante* (Le Roy Ladurie, *Carnaval de Romans*, p. 150). — *Des débiteurs* NON *solvables. Une leçon* NON *sue.* — NON *content de vouloir la place, il la voulait pour lui seul.* — *Il s'est arrêté* NON *loin de là.* — *Il l'introduisit*, NON *dans le boudoir ou dans sa chambre, mais dans la salle à manger* (Flaub., *Éd. sent.*, I, 5). — NON *sans peine, il retira la clé de la serrure.* — *Il a accepté*, NON *sans qu'on doive insister.* — *Il est sévère*, NON *injuste.* — *Votre avis*, NON *le mien, doit prévaloir.*

Remarquez l'absence de trait d'union. — Rappelons qu'avec un nom (§ 178, *b*, 2°), il en faut un : *En cas de* NON-*paiement*.

L'élément nié est implicite : *Romanesque ou* NON, *elle était le soir consternée* (A. DAUDET, *Sapho*, VIII).

Dans la langue soignée, *non* peut être renforcé par *pas* ou *point* (plus littéraire que *pas :* cf. § 976), lorsqu'il s'agit d'opposer un syntagme à un autre :

Il s'arrête, NON PAS *inquiet, mais curieux* (BERNANOS, *Sous le soleil de Satan*, Pl., p. 165). — *Bernard Lazare* [...] *était un juif de Nîmes,* NON POINT *petit, mais d'aspect court* (GIDE, *Si le grain ne meurt*, I, 10).

Non peut aussi avoir la valeur de mot-phrase : cf. § 1052.

972   *Non* **est concurrencé par** *pas,* surtout dans la langue parlée, mais aussi dans la langue écrite (qui emploie ***point*** de la même façon).

Cela est fréquent devant un adjectif coordonné à un adjectif positif et devant un participe employé adjectivement. Cela est même tout à fait régulier devant un syntagme formé d'un adverbe et d'un adjectif et devant *même*.

Les écoliers se hâtent eux aussi avec [...] *ce cœur* [...] *plus lourd que leur giberne avec ses leçons* PAS *sues et ses devoirs* PAS *finis* (Fr. MAURIAC, dans le *Figaro litt.*, 24 déc. 1960). — *Il ne savait pas s'il fallait trouver ces aspects-là vraiment* PAS *beaux* (A. FRANCE, *Anneau d'améthyste*, p. 309). — *Julien était silencieux et* POINT *trop troublé* (STENDHAL, *Rouge*, II, 20). — *C'est à F... qu'un train cahoteur et* PAS *pressé nous jette* (COLETTE, *Envers du music-hall*, Sel., p. 5). — *Quelque chose de militaire et de* PAS *franc* (A. DAUDET, *Rois en exil*, p. 329). — *M*ᴵˡᵉ *Jeanne, une jeune personne* PAS *timide* (LÉAUTAUD, *Amours*, F°, p. 26). — *L'homme, tout en parlant, le suivait d'un regard* PAS *tendre* (SIMENON, *Feux rouges*, I). — *Dans le parc de La Haye circulent des daims* POINT *trop sauvages* (GIDE, *Nourrit. terr.*, III). — *Le digne homme n'avait jamais aimé personne,* PAS *même un chien* (SAND, *Homme de neige*, t. I, p. 148). — *Le charretier avait été tué, mais* PAS *exprès* (HUGO, *Quatrevingt-tr.*, III, IV, 4). — *C'est pour lui qu'il travaille,* PAS *pour les autres* (AC., s.v. *lui*).

L'élément nié reste implicite : *La tapisserie, c'est du souvenir fixé, le travail permanent que telle image, tel spectacle, concerté ou* PAS, *accompli à l'intérieur de la mémoire* (CLAUDEL, *L'œil écoute*, p. 93). — *Que de mains, jeunes ou* PAS, *ont dû trembler d'attente ou de douleur* (JAMMES, *Solitude peuplée*, p. 79). — *Civile ou* PAS, *mon œuvre prétend ne concurrencer rien* (GIDE, *Faux-monn.*, p. 237). — *Le capitaine Sturtmeyer devait se moquer que sa cause fût juste ou* PAS (J. ROY, *Métier des armes*, p. 243).

On trouve aussi dans cette situation les adverbes *nullement, aucunement, jamais, guère, plus :*

Les débuts du siège de Châteaudouble étaient le fait de décisions populaires et paysannes, NULLEMENT *approuvées par le pouvoir* (LE ROY LADURIE, *Carnaval de Romans*, p. 143). — *Il remuait et agissait par gestes courts,* JAMAIS *complets* (MAUPASS., *Pierre et Jean*, II). — *Leurs yeux,* JAMAIS *fatigués, plongeaient là-bas* (BARRÈS, *Du sang...*, p. 42). — *Ils nous ont semblé aussi vraisemblables, mieux écrits et* GUÈRE *plus ridicules que certains romans de nos jours* (MUSSET, *Contes*, Lettres de Dupuis et Cotonet, I). — *Un vieux père, une fille* PLUS *très jeune* (SARTRE, Préf. de : N. Sarraute, *Portrait d'un inconnu*).

Le phénomène décrit dans ce § s'explique par l'évolution de la négation portant sur un verbe : cf. § 982.

Remarque. — *Ne ... non plus que ...* a aujourd'hui une teinte archaïque :

Il ne bougeait NON *plus qu'une statue* (HUGO, *N.-D. de Paris*, VII, 1). — *On n'en parle* NON *plus que s'il n'eût jamais existé* (AC.). — L'usage s'est déclaré pour ... PAS *plus que ...*

II. — *LA NÉGATION PORTE SUR UN VERBE*

973   **Observation générale.** — Primitivement, la négation portant sur un verbe est exprimée par l'adverbe *ne*, et celui-ci peut encore suffire dans certaines circonstances (§§ 974-975). Le plus souvent cependant, on recourt à la fois à *ne* et à un auxiliaire, adverbe, déterminant ou pronom (§§ 976-978). Ces auxiliaires, qui n'avaient pas de sens négatif à l'origine (§ 981), ont fini par prendre eux-mêmes ce sens négatif et par pouvoir s'employer négativement sans *ne* (§ 982). — Nous parlerons enfin (§ 983) du *ne* explétif ou facultatif, qui n'est pas une véritable négation.

Hist. — Le latin *non* a donné à la fois *non*, forme accentuée, et *ne*, forme atone. Devant voyelle, *nen* s'employait pour *ne* en très anc. fr. : *Ço est une gent ki Deu* NEN *amat unkes* (*Rol.*, 3261). [= C'est un peuple qui jamais n'aima Dieu.] — De là *nenni* = *nen il* (§ 1054, *c*, 3°).

Non pouvait se placer devant un verbe en très anc. fr. Cet usage s'est maintenu plus longtemps devant un infinitif ou un participe présent : d'où les composés *nonchaloir, nonchalant, nonobstant.* — *Non* s'employait aussi, notamment dans les répliques, avec le verbe *être* ou *avoir* reprenant l'auxiliaire de la phrase précédente ou avec le verbe *faire* se substituant à n'importe quel autre verbe (cf. § 745) : *Ja Dé ne place / Qu'il m'amor ait !* NON *avra il (Eneas*, cit. Tobler-Lommatzsch, s.v. *non).* [= À Dieu ne plaise qu'il ait mon amour ! Il ne l'aura pas.] — *Ne doit pas estre sans peör* [= peur], / *Qui ce m'a feit, et il* NON *est il* (CHRÉTIEN DE TR., *ib.*). — *Non* + le verbe *faire* à diverses personnes et à divers temps a subsisté jusqu'au début du XVIIIᵉ s. : ⁺*On pensera peut-être que je craigne les antagonistes.* NON FAIS (MALHERBE, t. IV, p. 93). — *Valère. Je proteste de ne pretendre rien à tous vos biens, pourveu que vous me laissiez celuy que j'ay. / Harpagon.* NON FERAY, *de par tous les Diables, je ne te le laisseray pas* (MOL., *Av.*, V, 3). — ⁺NON FERAI-*je parbleu* (REGNARD, *Légataire univ.*, V, 7). — Cet emploi s'est figé à la 3ᵉ personne (°*Non fait*, comme *Si fait* : § 1054, *a*) dans des usages régionaux.

L'emploi de *non* comme mot-phrase est issu de ces emplois de *non* avec *être, avoir, faire*.

Ne *employé seul*

974   *Ne* **s'emploie obligatoirement seul :**

1° Dans certaines phrases proverbiales ou sentencieuses et dans certaines **expressions toutes faites :**

Il N'*est pire eau que l'eau qui dort* (prov.). — *À Dieu* NE *plaise !* NE *vous déplaise. Si ce* N'*est* (= excepté). — *Il* NE *m'en chaut.* — *N'ayez crainte. Il* N'*a garde. Il* N'*en a cure. Il* N'*a de cesse qu'il ne réussisse. Qu'à cela* NE *tienne. Qui ce fut, il* N'*importe.*

Sur le modèle du proverbe cité : *Il N'est pire douleur / Qu'un souvenir heureux dans les jours de malheur* (MUSSET, *Prem. poés.*, Saule, I). — *Il N'est si modeste besogne qui ne demande beaucoup de tendresse* (G. DUHAMEL, *Positions franç.*, p. 112).

Dans ces ex., *de* partitif est omis aussi. Il est rare qu'il soit exprimé : *Il n'est DE si bonne plaisanterie qui n'ait sa fin* (MONTHERLANT, *Malatesta*, IV, 4).

Hors les proverbes figés, *ne ... pas* est possible dans des phrases sentencieuses : *Il n'est PAS si humble plante qui ne soit capable de fleurir* (GIDE, *Journal*, 28 avril 1943).

Notons cette variante, assez rare, de *Qu'à cela ne tienne : Le prix en* [= d'un livre] *est cher, et Lamb est pauvre. Qu'à cela NE FASSE. Il se privera de manger à sa faim quelques jours, il fumera moins* (J. GREEN, *Suite anglaise*, p. 77).

2° Avec *ni*, — soit devant chacun des verbes coordonnés (le premier ne prenant pas *ni*), — soit devant le verbe de la phrase (ou de la proposition) où sont coordonnés des syntagmes (accompagnés chacun de *ni*) :

Je NE l'estime ni NE l'aime (LITTRÉ, s.v. *ne*, 8°). — *Il NE boit ni NE mange* (AC., s.v. *ni*). — *La prison NE lui parut ni douloureuse ni humiliante* (A. FRANCE, *Crainquebille*, p. 20). — *Il est avantageux de N'être ni trop pauvre ni trop riche* (LITTRÉ). — *Heureux qui N'a ni dettes ni procès !* (ID.) — *Puisque ni l'un ni l'autre NE le savent.*

De même, souvent, quand la langue littéraire ne met qu'un seul *ni* là où la langue ordinaire en met deux (§ 1033, *b*, 3°) : *Vous ni personne N'avez qualité pour juger si une œuvre peut servir ou desservir la nation* (A. CAMUS, *Théâtre, récits, nouvelles*, p. 1926).

Toutefois le verbe peut être accompagné de *ne ... pas* (ou *point*) quand il précède les éléments coordonnés ou une partie de ceux-ci (coordination différée : § 261) : *Sa gerbe N'était POINT avare ni haineuse* (HUGO, *Lég.*, t. I, p. 65). — *La douane NE date PAS d'hier, ni le fisc* (J. ROMAINS, *Musse*, I, 4). — Autres ex. au § 1033, *b*, 4°.

Cette construction est la seule possible avec des objets directs (ou des « sujets réels ») précédés de *de* partitif et coordonnés par *ni* : *Il N'a PAS de parents ni d'amis. Il N'y a PAS de parents ni d'amis.*

Elle est possible aussi avec des verbes coordonnés, quand il y a une pause entre les deux syntagmes, *ne ... pas* se joignant au premier verbe : *Elle N'était PAS revenue chez Isabelle, ni ne lui avait téléphoné* (Y. GANDON, *Terres chaudes*, p. 238).

Hist. — 1. On trouvait autrefois la négation complète là où *ne* seul s'impose aujourd'hui :

Ni ... ni ... ne ... pas ... : Ni les éclairs, ni le tonnerre / N'obéïssent POINT à vos Dieux (RAC., *Esther*, I, 5). — ⁺*Ni vos grilles, ni votre clôture NE l'étonnent PAS* (BOSS., *Œuvres orat.*, t. III, p. 28). — ⁺*Ni l'habitude ni le temps NE les ruinent PAS aisément, ces cœurs-là* (MARIV., *Cabinet du philosophe*, II). — ⁺*Puisque ni Dieu ni les hommes NE m'ont POINT condamnée à mourir* (DIDEROT, *Religieuse*, Pl., p. 323).

Avec un seul *ni* : *Vostre maistre ny vous / N'estes PAS gens* [...] *à me rendre jaloux* (CORN., *Ill.*, II, 6).

Ne ... pas ... ni ... ni ... : voir § 1033, *b*, 4°, Hist.

Ne ... pas ... ni ne ... dans la coordination de verbes : *Il N'a POINT d'autre but, ni n'en veut connoître* (MONTESQ., *L. pers.*, CXXVII).

Ces usages sont parfois imités par des auteurs plus récents : *Ni lui, ni sa femme, ni Mᵐᵉ Justel N'avaient PAS dû y donner cours* (BOURGET, *Voyageuses*, 1897, p. 214). — *La grâce ni la poésie apparente NE sont PAS ses objets* (VALÉRY, *Pièces sur l'art*, Pl., p. 1198). — *Le temps ni les victimes NE se ressemblent PAS* (J. et J. THARAUD, *Tragédie de Ravaillac*, pp. 245-246). — *Il n'hésita ni NE délibéra POINT un instant de plus* (HERMANT, *Rival inconnu*, XIX).

2. On se dispensait parfois du *ne* devant le second de deux verbes coordonnés par *ni :*
Elle n'oste à pas un NY *donne d'esperance* (CORN., *Cid,* I, 1). — *+Une douceur que rien*
n'émeut NI *aigrit* (BOURDALOUE, cit. Littré, s.v. *ni,* 16°). — *Lorsque le père n'instituoit* NI
exhérédoit son fils (MONTESQ., *Espr.,* XXVII). — Littré, qui cite ces trois ex., estime que c'est
un « archaïsme tombé en désuétude et qui est aujourd'hui considéré comme une faute ».
Barrès a fait état de ces trois ex. (mais non de l'avis de Littré) pour se disculper d'avoir
écrit : *Il voit les horizons de son pays, des lignes simples, où rien ne l'étonnerait* NI *le domine-
rait* (*Leurs figures,* p. 346) [voir la note 5 à la fin de l'ouvrage]. — Autre ex. : [...] *jugement
inné qui n'altère pas la pureté de l'émotion profonde* NI *la délaie* (M. BLANCHOT, *Digressions
sans suite,* p. 304).

3° Avec *que,* adverbe interrogatif ou exclamatif :

Que NE *le disiez-vous plus tôt ? Que* NE *puis-je partir !* — Autres ex. au § 394, *d.*

4° Avec *savoir* ou *avoir,* suivis de *que* interrogatif et d'un infinitif :

Il NE *sait que devenir. Je* N'*ai que faire de vos promesses.*

975   *Ne* **s'emploie facultativement seul :**

1° Dans des **propositions au subjonctif, le verbe principal étant négatif** (parfois interrogatif), notamment des propositions conjonctives exprimant la conséquence, des relatives impliquant la même nuance, des
propositions dépendant de *ce n'est pas que* (ou de *non que*) :

Y *a-t-il quelqu'un qui* N'*en soit persuadé ?* — *Il n'est choc si menu qu'il* NE *provoque* [...] *un
vaste remuement* (CLAUDEL, dans le *Figaro litt.,* 6 sept. 1952). — *Ce n'est pas qu'on* N'*eût
essayé de l'en débarrasser* (A. FRANCE, *Lys rouge,* VI). — *Je n'ai rien vu au théâtre depuis* La
Folle de Chaillot. *Non que je* N'*en aie eu envie* (COLETTE, *Fanal bleu,* p. 68).

2° Avec *cesser, oser, pouvoir,* surtout aux temps simples et avec un
infinitif complément :

Elle N'*osa tourner la tête* (A. FRANCE, *Hist. comique,* XVI). — *Je* NE *peux sortir une
minute !* (FLAUB., *Mme Bov.,* II, 6.) — *Il* N'*osait bouger. Elle* NE *cessait de la contempler au
visage* (VERCORS, *Les yeux et la lumière,* p. 178).
     On met *ne pas, ne point,* quand on veut appuyer sur la négation : *Il* NE *cesse* PAS *de
gronder* (LITTRÉ). — *Maria* NE *cessa* PAS *de tousser* (MAUROIS, *Meïpe,* p. 184). — *Je* N'*osais*
PAS *lui parler* (R. BENJAMIN, *Printemps tragique,* p. 242). — *Je* NE *pus* PAS *voir son visage*
(BAUDEL., trad. de : Poe, *Hist. extraord.,* p. 297). — *Vincent* [...] NE *put* PAS *jouer gros jeu*
(GIDE, *Faux-monn.,* p. 52).

Remarques. — 1. Pris négativement, *savoir* se construit souvent avec le
simple *ne* quand on veut exprimer l'idée de « être incertain » :

Il NE *sait s'il doit partir.* — *Au téléphone, je* NE *sais pourquoi, elle me vouvoie*
(F. MARCEAU, *Creezy,* p. 97). — *Que faut-il qu'il fasse ? Je* NE *sais* (VIGNY, *Chatt.,* Dern. nuit
de travail).
     Quand *savoir* signifie « connaître, posséder la science, l'art, la pratique de qq. ch. », il
demande la négation complète s'il est pris négativement : *Il* NE *sait* PAS *lire.* — *Je* NE *savais*
POINT *ce que vous racontez* (LITTRÉ). — *Je* NE *sais* PAS *deviner les énigmes* (MAUPASS., *Fort
comme la mort,* II, 3).

Au conditionnel, comme équivalent de *pouvoir* au présent, il veut le simple *ne :* Les *hommes* NE *sauraient se passer de religion* (G. DUHAMEL, *Biographie de mes fantômes*, p. 222). — Autres ex. au § 859, *b*, 2°.

2. ***Daigner*** et ***bouger*** sont parfois accompagnés du simple *ne :*

Ceux qui venaient NE *daignaient s'asseoir* (MICHELET, *Hist. de la Révol. fr.*, I, 5). — *La mercière me regarda. D'habitude elle* NE *daignait* (H. BOSCO, *Jardin des Trinitaires*, p. 60). NE *bougez de là* (AC.). — *C'est une bête égarée, dit-il, ou morte, car elle* NE *bouge* (SAND, *Mare au d.*, VI). — *Dès que l'engin tombe, elle* [= la carpe] *se tasse et* NE *bouge* (CHÂTEAU-BRIANT, *Brière*, p. 83). — *Maillard* NE *bougeait, disant : « Non, cela ne suffit pas »* (MICHELET, *op. cit.*, II, 8).

3° Après *si* conditionnel :

Aucune parole n'est possible [...] *si elle* N'*est prélevée dans le « trésor » de la langue* (BAR-THES, *Éléments de sémiologie*, I. 2. 6). — Avec négation complète : *Il* [= Gandhi] *avait annoncé qu'il se priverait de nourriture si l'on* NE *reconnaissait* PAS *les droits des Intouchables* (MALRAUX, *Antimémoires*, p. 190).

On met nécessairement *ne* seul dans *N'était, n'eût été* (et dans les variantes, plus rares, *Ne serait, N'était-ce,* etc.) employés dans la langue soignée pour *Si ce n'était* (cf. § 1079, *d*, 3°) : *N'eût été sa toilette verte, on l'eût pris pour un magistrat* (A. FRANCE, *Pierre Nozière*, p. 69).

4° Devant *autre* suivi de *que :*

Je N'*ai d'autre désir que d'être encore avec vous* (CHAMSON, *Superbe*, p. 175). — Avec négation complète : *Je* N'*ai pas d'autre désir que ...* (LITTRÉ). — Comp., sans *autre : Je* N'*ai de volonté que la tienne* (LITTRÉ). Cf. §§ 569, *c ;* 978.

5° Après le pronom et le déterminant **interrogatifs :**

Qui NE *le sait ? Quel plaisir* N'*a son amertume ?*

6° Après *depuis que, il y a* (tel temps) *que, voici* ou *voilà* (tel temps) *que, cela fait* (tel temps) *que :*

Il y avait bien trois semaines que je NE *l'avais vu* (P. BENOIT, *Soleil de minuit*, p. 158). — *Voilà longtemps qu'il* N'*a tué quelqu'un* (HUGO, *Lég.*, XVII, 4). — *Il a bien changé depuis que je* NE *l'ai vu.*

Avec la négation complète : *Voilà deux ans qu'il* NE *m'a* PAS *vue* (Fr. MAURIAC, *Feu sur la terre*, p. 15). — *Votre mère va bien ? Voilà longtemps que je* NE *l'ai* PAS *vue* (ARLAND, *Terre natale*, p. 155). — *Il y a combien de temps que tu* N'*as* PAS *bu ?* (SARTRE, *Le diable et le bon Dieu*, X, 2.) — *Il y avait cinq ans qu'elle* NE *l'avait* PAS *aperçu* (DRUON, *Grandes familles*, IV, 7). — *Il y a si longtemps que nous* NE *nous sommes* PAS *vues !* (TROYAT, *Les semailles et les moissons*, p. 417.) — *Il y a des années que je* N'*avais* PAS *vu Audiberti* (P. GUTH, dans le *Figaro litt.*, 14 janv. 1956). — *Il y avait longtemps qu'il* N'*avait* PAS *plu* (LANOUX, *Berger des abeilles*, p. 229).

On met toujours la négation complète quand le verbe dépendant est au présent ou à l'imparfait : *Depuis que nous* NE *nous voyons* PAS (LITTRÉ). — *Il y avait un an que je* NE *lui parlais* POINT (ID.).

7° Quand le verbe a un **complément de temps** introduit par *de* (parfois par *depuis*) :

Vous êtes un vieux sot, et je NE *vous reverrai de ma vie* (MUSSET, *Il ne faut jurer de rien*, II, 13). — *De ma vie je* NE *m'étais senti plus gourd* (GIDE, *Journal*, 1ᵉʳ juillet 1910). — *Depuis longtemps même, il* NE *s'était senti si dispos* (BERNANOS, *Imposture*, p. 244).

Avec négation complète : *Depuis bien des années Gauvain* NE *l'avait* PAS *vu de si près* (HUGO, *Quatrevingt-tr.*, III, V, 2). [Le manuscrit porte : ...* NE *l'avait vu.*] — *Il faut oser de vrais saccages, dont les arbres* NE *se remettront* PAS *de longtemps* (GIDE, *Journal*, 22 mars 1916).

Remarque. — Conformément à l'usage classique, on trouve encore chez quelques auteurs *non plus* accompagné de *ne* sans auxiliaire :

Je ne me trouvai pas moins désheuré à Paris et N'*y cherchai non plus de remède* (HERMANT, *Confession d'un enfant d'hier*, VII). — *Sans doute, chez d'autres insectes comme l'Abeille, on* N'*avait non plus assisté à la rencontre des sexes* (J. ROSTAND, *Esquisse d'une hist. de la biologie*, Id., p. 67). — [Ex. classique : ⁺*Mais sachez que la bonté* N'*est non plus associée à la justice* (BOSS., *Œuvres orat.*, t. III, p. 601).]

Hist. — Au XVIIᵉ et au XVIIIᵉ s., le simple *ne* s'employait assez souvent dans des phrases où l'usage ordinaire mettrait aujourd'hui la négation complète : *Le bien d'autrui tu* NE *prendras* (version catholique traditionnelle du Décalogue). — ⁺*Le jeu* N'*est sûr* (BOIL., *Épigr.*, III). — ⁺*Combien y en a-t-il dont le nom* NE *mérite de se trouver ailleurs que dans les tables chronologiques ?* (VOLT., *Ch. XII*, Discours.)

Il est vrai que, dans la langue écrite d'aujourd'hui, on trouve bien plus de *ne* seuls qu'il n'en est prévu dans les développements de ce §. Quelques ex. :

Il est extrêmement rare que la compagnie des femmes NE *me divertisse* (SARTRE, *Carnets de la drôle de guerre*, p. 341). — *Il s'était toujours contracté, raidi, pour que quelque chose en lui de trop fort, de trop violent,* NE *rompe les barrières et* NE *déferle* (N. SARRAUTE, *Portrait d'un inconnu*, Fᵒ, p. 63). — *Je* NE *parvenais à pencher d'un côté ou de l'autre* (M. SCHNEIDER, *Lumière du Nord*, p. 20). — *Le* [= Adam] *voyant déçu de* NE *trouver parmi elles la compagne qui lui fut* [sic] *assortie, Dieu l'endort, prend une de ses côtes et forme un tissu de chair autour* (Él. BADINTER, *Amour en plus*, p. 21). — *Le pain est celui qu'il* N'*a mangé* (M. DURAS, *Douleur*, p. 17). — *Comment peut-elle être sûre de* N'*être supplantée un jour par une autre, plus jeune et plus jolie ?* (M. FOUCAULT, *Hist. de la sexualité*, t. II, p. 180.) — Etc.

Ne + *auxiliaire*

976   **Lorsque la négation est absolue,** c'est-à-dire lorsque le fait lui-même est nié, on joint à *ne* des adverbes ou des mots devenus adverbes. Le plus courant de ces auxiliaires est *pas.* Mais il a divers concurrents.

Point reste vivant dans la langue parlée de certaines régions. Il est aussi fort employé dans la langue écrite. Parfois, *point* sert à marquer une négation plus vigoureuse que *pas.*

En la *et* en l' *ne se contractent* POINT (BRUNOT, *Pensée*, p. 424). — *Écoulement de sang auquel les femmes qui ne sont* POINT *grosses sont sujettes tous les mois* (AC., s.v. *menstrues*). — *N'était-ce* POINT *une mauvaise lecture de manuscrits* [...]? (DAUZAT, dans les *Mélanges Ch. Bruneau*, p. 2.) — [...] *complètement refroidi de ce que je ne m'occupasse* POINT *de sa personne* (Chr. ROCHEFORT, *Repos du guerrier*, L.P., p. 239). — *Je ne les en blâme* POINT (ÉTIEMBLE, dans le *Monde*, 23 juillet 1976). — *J'avais fini mon travail, vous ne me dérangez donc* POINT (*Dict. contemp.*, s.v. *donc*). — Etc.

Point et *pas* ont des formules renforcées : *Point du tout, pas du tout, absolument pas*, etc.

Nullement et *aucunement* (plus rare) nient plus fortement que *pas* :

L'écriture n'est NULLEMENT *un moyen de communication* (BARTHES, *Degré zéro de l'écriture*, I, 2). — *On veut voir dans sa définition ce qui ne s'y trouve* AUCUNEMENT (ARAGON, *Yeux d'Elsa*, p. 152).

Mie, tout archaïque qu'il peut paraître, se trouve encore dans la littérature : *Je ne le dirai* MIE (VERL., *Jadis et nag.,* Les uns et les autres, VII). — *Tu n'es* MIE *raisonnable* (A. SUARÈS, *Cressida,* p. 101). — *Aussi le vent ne soufflait-il* MIE *sans que ce fût sur la contrée grande joie* (CHÂTEAUBRIANT, *Meute,* L.M.I., p. 16). — *L'averse dont elle semblait ne se soucier* MIE (GRACQ, *Balcon en forêt,* p. 45).

Rien, voir § 731, Hist. 2.

Remarque. — *Ne ... pas, ne ... point* s'emploient assez souvent dans des interrogations oratoires ou dans des exclamations qui, les unes et les autres, équivalent à des affirmations :

N'*était-ce* PAS *une juste vengeance ?* (MUSSET, *Lorenz.,* III, 2.) — *Quels prodiges de valeur* N'*ont* PAS *déployés les soldats gaulois contre César !* (DUTOURD, *Taxis de la Marne,* I, 26.)

Hist. — La forme atone *ne,* négation ordinaire dans la langue du moyen âge, a été de très bonne heure renforcée par des noms désignant une petite quantité, une petite étendue, une chose de valeur insignifiante [10] : *pas, point, mie* (= miette), *goutte, mot, noix, pois, espi, dé, bouton, denier, pomme, grain, cive* (= ciboulette), *festu,* etc. On disait : *Il ne marche* PAS (c.-à-d. *il n'avance pas d'un pas), il ne boit* GOUTTE, *il n'estime* NOIX, *il ne mange* MIE, etc. — *Quel part qu'il alt, ne poet* MIE *chaïr* (*Rol.,* 2034). [= Où qu'il aille, il ne peut tomber.] — *Entre vus tuz ne veez* GUTE (WACE, *Brut,* 516). — *Tieus* [tel] *hom menace qui ne vaut* UN DENIER (*Charroi de Nîmes,* 714). — Les plus fréquents de ces compléments ont perdu leur valeur propre pour devenir de simples auxiliaires de la négation. Le choix ne s'est pas opéré de la même façon partout : il y a des dialectes où l'auxiliaire normal est *point ;* d'autres où c'est *mie ;* etc.

Sur la construction de ces auxiliaires *(Je n'ai pas* DE *voiture),* voir § 569, *c.*

977   **Lorsque la négation est relative,** c'est-à-dire lorsqu'on limite la négation ou qu'on la fait porter seulement sur un aspect du fait, *ne* se combine avec des déterminants indéfinis ou des pronoms indéfinis *(aucun, nul, personne, rien)* ou des adverbes *(guère, jamais, plus, nulle part)* :

Il N'*a* AUCUNE *compétence.* PERSONNE NE *le connaît. Il* NE *mange* GUÈRE. *Elle* NE *reviendra* JAMAIS. *Il* NE *pleut* PLUS [ply].

On peut y ajouter (outre *mais :* Rem. 1), *goutte* et *mot,* équivalents de *rien,* mais usités seulement avec des verbes déterminés : *goutte* avec *voir, comprendre, entendre ; mot* avec *dire, répondre, sonner, souffler.* — *Qui ne dit* MOT *consent* (prov.).

Aux pronoms indéfinis cités plus haut, on joint parfois *âme qui vive, qui que ce soit, quoi que ce soit.* Mais le premier s'emploie tantôt avec *ne* seul, tantôt avec *ne pas* (comp. § 975) : *Je* N'*y connaissais* ÂME QUI VIVE (GIDE, *Porte étr.,* V). — *Il n'y a* PAS *âme qui vive (Grand Lar. langue).* — *Qui que ce soit, quoi que ce soit* s'emploient couramment en dehors de toute négation ; cependant, quand ils sont dans une phrase négative, ils sont construits avec *ne*

10. Comme équivalents de *ne ... rien,* on a en fr. moderne diverses expressions familières analogues à celles de l'anc. fr. : *Cela ne vaut pas* TRIPETTE, *... pas* UN CLOU. *Il n'a pas fait* UNE PANSE D'A. Etc. — Pour *ne ... personne : Il n'y avait pas* UN CHAT *dans la rue.* Etc.

seul (comme *personne* et *rien*) : *Je fais ce que je crois devoir faire* [...] *et* N'*ai de compte à rendre à* QUI QUE CE SOIT (R. MARTIN DU GARD, *Thib.*, Pl., t. I, p. 724).

Remarques. — 1. *Mais* ne subsiste (cf. Hist.) que dans la locution littéraire *n'en pouvoir mais* (parfois *n'y pouvoir mais :* § 654, 3°), qui signifie, — tantôt « ne pas être responsable » (seule signification mentionnée par Bescherelle et Littré), — tantôt « être impuissant » (seule signification mentionnée par l'Acad., s.v. *pouvoir,* et par le *Dict. gén.*), — tantôt « n'en pouvoir plus », par confusion avec cette dernière expression :

— *Voilà comme je suis fait : ce n'est pas être bien fait sans doute, mais que voulez-vous ? la faute en est aux dieux, et non à moi, pauvre diable, qui n'*EN *peux* MAIS (Th. GAUTIER, *Mlle de Maupin*, VI). — *L'incroyable et sotte Affaire du collier compromettait la reine qui n'*EN *pouvait* MAIS (MAUROIS, *Adrienne*, p. 170).

— *Il conviendra de fournir aux Français de bonne volonté les quelques outils qui leur permettraient de lutter contre ceux qui prétendent* [...] *que l'on n'*EN *peut* MAIS, *car notre langue serait pauvre et doit absolument plagier l'américain* (ÉTIEMBLE, *Parlez-vous franglais ?* 1973, p. 292). — *Je me souviens d'une nuit, à Chambord, où les vociférations, les fanfares de « son et lumière » n'*EN *pouvaient* MAIS *contre ces cris sauvages* (GENEVOIX, *Bestiaire enchanté*, p. 163).

— *Mon imprimeur crie à tue-tête / Que sa machine est toujours prête, / Et que la mienne* N'*en peut* MAIS (MUSSET, Prem. poés., À Julie). — *Tandis qu'elle* [= Jeanne d'Arc] *proteste de son innocence et invoque la Vierge et les saints, la foule qui n'*EN *peut* MAIS, *fond en larmes* (J. CALMETTE, cité par Ph. Baiwir, dans le *Soir* [Bruxelles], 30 nov. 1955). — *Rapporté par Alain, qui n'*EN *peut* MAIS *d'admiration* (BENDA, *ib.*).

Hist. — *Mais* vient du lat. *magis* « plus, davantage », sens que *mais* avait aussi au moyen âge et parfois après : *Cinc anz vesqui puis* [= vécut ensuite] *Charles et ne* MAIS (*Couronnem. de Louis*, 163). — *C'est son parler, ne moins ne* MAIS (VILLON, *Test.*, 215). — Ce sens existe encore dans certains dialectes, et même dans certains franç. régionaux : voir notamment *Revue de linguist. rom.*, 1978, p. 84. C'est à cette signification que se rattache *n'en pouvoir mais.*

Pouvoir mais se construisait aussi interrogativement et sans *en*, au XVIIe s. : *Suis-je donc gardien* [...] / *De la virginité des filles de la ville ? /* [...] / *Et* PUIS-*je* MAIS, *chetif, si le cœur leur en dit ?* (MOL., *Dépit am.*, V, 3.) — *Et* PUIS-*je* MAIS *des Soins qu'on ne va pas vous rendre ?* (ID., *Mis.*, III, 4.)

N'en pouvoir mais était, pour Vaugelas (p. 142), une façon de parler « bien basse », admissible seulement dans le burlesque. Littré cite, outre Molière, La Fontaine (*F.*, II, 9 et VI, 3 ; *C.*, Faucon) et Regnard.

Mais a eu aussi un sens temporel, « à partir de ce moment » (que l'on retrouve dans *jamais, désormais*) : *Vous ne la verrez* MES *en piece* (J. MICHEL, *Passion*, 28288).

2. Comme on dit bien, avec *jamais* en tête de la phrase, *Jamais gourmand* NE *mangea bon hareng* (prov.), un certain voisinage de sens entre *jamais* et *rarement* amène parfois, dans une construction semblable, °*Rarement ... ne ... :*

Constatons que RAREMENT *écrivain* NE *fut maître aussi tôt et aussi complètement de son instrument* (J.-L. VAUDOYER, Th. Gautier, dans la *Nouv. revue des deux mondes*, juillet 1972, p. 95). — RAREMENT *polémiste* NE *fut aussi bassement injurié* (J. DANIEL, dans le *Monde*, 11 nov. 1977).

Un phénomène analogue explique °*Moins que ... ne ... :* MOINS *encore* QUE *Véronique, il* NE *se soucie de donner à ce ménage si bien pensant* [...] *le spectacle des dissensions* [...] (GIDE, *Caves du Vat.*, I, 2). — MOINS QUE *Belle, en Hollande elle* N'*eût été déplacée* (Ch. DU BOS, *Grandeur et misère de B. Constant*, p. 137).

978   *Ne ... que* n'a pas vraiment un sens négatif, puisque cette locution
équivaut à *seulement* :

> *Qui* N'entend QU'*une cloche* N'entend QU'*un son* (prov.). — *C'est un de ces hôtels où* NE
> *peuvent résider* QUE *des milliardaires. Il* NE *voit* QUE *par vos yeux. Il* NE *rentrera* QUE *demain.*
> *Je* NE *partirai* QUE *quand vous serez revenu.* — *Je* NE *suis* QUE *triste* (J.-J. BERNARD, *Camp de
> la mort lente*, p. 14).

Comme on le voit par les ex. ci-dessus, la restriction marquée par *ne ... que*
peut porter sur n'importe quel mot ou élément à condition que celui-ci soit placé
après le verbe. — Elle peut même porter sur le participe d'un verbe à un temps
composé :

> *Mais je vais la quitter, cette indigente terre,* / *N'ayant* QUE *soulevé ce manteau de misère* /
> *Qui l'entoure à grands plis* (VIGNY, *Dest.*, Mont des Oliviers, II). — *Un repas délectable* /
> *Auquel l'ange* N'*aura lui-même* QU'*assisté* (VERL., *Sag.*, II, IV, 7). — *Un oiseau tomba* [...], *que
> ma flèche* N'*avait* QUE *blessé* (GIDE, *Retour de l'enfant prod.*, p. 140). — *Ils* N'*auront* QUE
> *perdu leur temps* (COCTEAU, *Difficulté d'être*, p. 137). — *Robert Brasillach qui* N'*avait* QUE
> *bravé l'opinion en étant convaincu et désintéressé* (H. BORDEAUX, *Garde de la maison*, p. 107).
> — *L'homme* N'*aura* QU'*agi* (MONTHERLANT, *Marée du soir*, p. 87). — [Déjà au XVIIᵉ s. : *Pour
> mon frere l'Ours, on* NE *l'a* QU'*ébauché* (LA F., *F.*, I, 7).]

Toutefois on recourt le plus souvent, dans ce cas, à l'expression *ne faire que* suivie de
l'infinitif (§ 791, *e*, 2°) : *Le Mazar* N'A FAIT QU'*effleurer la carcasse au dernier instant* (KESSEL,
Jeu du roi, p. 387). — Ou bien on emploie *seulement :* ... *a* SEULEMENT *effleuré* ... — Ces deux
procédés servent aussi lorsque la restriction porte sur un verbe à un temps simple (circonstance dans laquelle *ne ... que* est impossible) : *Je* NE FAIS *pas* QUE *vous aimer : je vous admire*
(MONTHERLANT, *Reine morte*, I, 4). — *Il ne tuera pas le sanglier : il le blessera* SEULEMENT.

Hist. — « On doit considérer *ne ... que* comme ancien et comme remontant au latin
tardif *non ... quam*, représentant *non aliud quam* influencé par *non ... nisi* » (G. MOIGNET,
Les signes de l'exception dans l'histoire du franç., p. 50). — Pour G. Moignet — qui cite,
entre autres exemples : *Duze demies hures* / *Ço* NE *sunt* QUE *sis hures* [= ne sont autre chose
que six heures, font six heures exactement] (PHIL. DE THAON, *Comput*, 2075) —, « le tour
ne ... que n'est pas spécifiquement exceptif à l'origine [...]. Il exprime seulement un rapport
de non-hétérogénéité, c'est-à-dire d'identité » (p. 51).

Remarque. — On a contesté si *seulement* pouvait s'adjoindre à *ne ... que*. Ce
pléonasme est fréquent et ancien (cf. Hist.) :

> *Cette version* NE *pouvait être utile* QU'*à une partie* SEULEMENT *des populations lithua-
> niennes* (MÉRIMÉE, *Lokis*, I). — *Dans une population qui se consumait à la recherche du
> remède mystique, alors qu'elle* N'*avait* SEULEMENT *besoin* QUE *d'une intendance* (GIRAUDOUX,
> *Sans pouvoirs*, p. 55). — *Elle* NE *s'en aperçut* SEULEMENT QU'*à l'Évangile* (LA VARENDE, *Belles
> esclaves*, p. 218). — *L'enseignement scolaire du latin n'est pas fait pour rendre attachante
> l'étude de ces hommes illustres qu'il* NE *nous invitait à admirer* QU'*en buste* SEULEMENT
> (É. HENRIOT, *Fils de la Louve*, p. 10). — *Simon* NE *faisait* SEULEMENT QUE *renouer son lacet*
> (DRUON, *Grandes familles*, VI, 3).
> De même avec *seul* : *Il* N'*y avait* QU'*un* SEUL *moyen praticable à cet effet* (CHAT., *Mém.*, I,
> I, 2). — *Quand un fait* N'*est connu* QUE *par un* SEUL *témoignage* (A. FRANCE, *Île des pin-
> gouins*, Préf.).
> Comp. : *Cette route* [...] NE *sert* EXCLUSIVEMENT QU'*à l'auto qui mène une fois par mois, au
> marché de Bambio, M. M., représentant de la Forestière* (GIDE, *Voy. au Congo*, p. 89).

Dans certains cas d'ailleurs, *seulement* est nécessaire pour la clarté de l'expression : *Cette fois je* N'*ai plus fait* SEULEMENT QUE *le voir, je lui ai parlé.* — *Il n'y avait pas une heure qu'elle savait,* — *et, déjà, elle* NE *faisait plus* SEULEMENT QUE *de se résigner* (R. MARTIN DU GARD, *Thib.*, Pl., t. I, p. 944).

Hist. — Ce pléonasme, qui est ancien, n'était pas rare chez les classiques : *Ils* NE *feirent* SEULEMENT QUE *changer maistre* (RAB., *Pant.*, XVII). — *Lisander* NE *gaigna* SEULEMENT QUE *deux batailles navales* (MONTAIGNE, II, 32). — *C'est merveille / Qu'il* N'*ait eu* SEULEMENT QUE *la peur pour tout mal* (LA F., *F.*, V, 20). — *Je* NE *fais* SEULEMENT QUE *demander son crime* (MOL., *F. sav.*, II, 6). — *Je* N'*ai* SEULEMENT QU'*à dire ce que vous êtes* (MARIV., *Disc. de récept. à l'Acad. fr.*).

979　　**Combinaison d'auxiliaires.**

a) L'usage admet la présence simultanée, à côté de *ne*, soit des auxiliaires *jamais* ou *guère* et *plus* ou *que*, — soit de *jamais* ou de *plus* et de *personne, aucun, nul* ou *rien*, — sans que ces négations s'annulent.

Il ne reviendra JAMAIS PLUS. *Il n'y a* JAMAIS QU'*un plat. Il n'y a* PLUS PERSONNE. *Il n'y a* JAMAIS PERSONNE. *Vous n'aurez* JAMAIS AUCUN *succès.* — *Je n'y vois* PLUS AUCUN *remède* (AC.).

Il y a une seule négation, un des deux auxiliaires gardant le sens positif (cf. § 981).

Que « si ce n'est » peut très bien corriger une formule négative : *Lucette* NE *fit* AUCUN *commentaire,* QUE *de regarder Luigi* (COLETTE, *Chambre d'hôtel*, p. 9). — *Cet art, qui* NE *prétend à* AUCUNE *profondeur,* QUE *sentimentale* (GIDE, *Journal*, 28 sept. 1929). — *Il* NE *trouva* PERSONNE QUE *M. Binet* (FLAUB., *Mme Bov.*, II, 3). — PERSONNE NE *se levait,* QUE *moi* (M. DURAS, *Vie tranquille*, F°, p. 30). — *Je* N'*ai* RIEN *oublié d'elle,* QUE *sa mort* (J. RENARD, *Journal*, 6 mars 1894). — *Elle* N'*en sortait* PLUS JAMAIS, QU'*au premier jour de sa vieillesse* (P. LOUŸS, *Aphrodite*, II, 1). — *La nature* NE *semblait* GUÈRE *capable de donner* QUE *des maladies* (PROUST, *Rech.*, t. III, p. 182). — Rarement après *(ne)* ... *pas* : PAS *un mot de regret* QUE *pour elle* (GIDE, *Isabelle*, VII). Cf. *b*, ci-dessous.

b) L'usage normal d'aujourd'hui n'admet plus qu'avec un même verbe on trouve à la fois les auxiliaires *pas* (ou *point*) et *aucun, nul, rien, personne, jamais, guère*, pour exprimer une seule négation (comp. *c*, ci-dessous) :

°*Il n'a* PAS AUCUN *ami.* °PERSONNE *n'est* PAS *venu.*
Des ex. comme les suivants sont insolites aujourd'hui (cf. Hist.) : *Des dépenses qui ne sont* PAS *portées sur* AUCUN *budget* (STENDHAL, *Corresp.*, t. IV, p. 16). — *Je n'ai* PAS *besoin d'*AUCUNE *preuve* (CLAUDEL, *Messe là-bas*, p. 46). — *Ne te défends* POINT *contre* NUL *plaisir de l'oreille* (BEDEL, *Traité du plaisir*, p. 169). — Le tour est un peu moins surprenant quand un des deux auxiliaires se rapporte à un infinitif complément : *Il* [= Nietzsche] *ne recommandait* PAS *de tuer* PERSONNE *au nom de cette nouvelle suprématie* (É. HENRIOT, dans le *Monde*, 26 déc. 1951). — Voir aussi le 2ᵉ ex. de Gide dans *a*).

Hist. — À l'époque classique, *pas* ou *point* étaient assez souvent associés à *aucun, personne, que, rien* (à distinguer des tours signalés ci-dessous, dans le *c*), la négation étant unique : ⁺*Vous ne pouvez* PAS *tirer* AUCUN *avantage de l'opinion de Vasquez* (PASCAL, *Prov.*, XIII). — ⁺*Je ne vous connais* PAS *capable d'*AUCUNE *infidélité* (FÉN., *Abrégé des vies des anc. philos.*, Solon). — ⁺AUCUNE *dame assise ne se trouva à* PAS UN *de ces festins* (SAINT-SIMON,

Mém., G.E.F., t. IV, p. 311). — ⁺[...] / *Et ne l'auront* POINT *vue obéir* QU'*à son prince* (CORN., *Hor.*, III, 6). — *Ne faites* PAS *semblant de* RIEN (MOL., *Bourg.*, V, 6). — *Tous vos biaux dictons ne servent* PAS *de* RIEN (ID., *F. sav.*, II, 6). — Ce dernier ex. est mis dans la bouche de la servante Martine, laquelle se fait rappeler à l'ordre par Bélise : *De* pas, *mis avec* rien, *tu fais la récidive,* / *Et c'est, comme on t'a dit, trop d'une négative.*

c) Mais les auxiliaires se sont chargés, par contamination, de la valeur négative (cf. § 982) et, dès lors, pour l'usager d'aujourd'hui, la présence de deux négations les annule et équivaut à une affirmation. Cela se réalise notamment dans deux cas.

1° *Ce n'est pas rien* = c'est quelque chose (et non « ce n'est rien », comme dans l'Hist. ci-dessus). Voir § 731, *c.*

2° *Il n'y a pas* (ou *point*) *que* = il y a autre chose que, emploi qui a reçu incontestablement la pleine sanction de l'usage :

Il N'*y avait* PAS QUE *les forêts, il y avait les bois* (HUGO, *Quatrevingt-tr.*, III, I, 3). — *Il* N'*y avait* PAS QUE *des hommes dans cette cohue* (Th. GAUTIER, *Capit. Fracasse*, XII). — *Il* N'*y a* PAS QUE *les manches plates* (MUSSET, *Caprice*, VI). — *Je* NE *regrette* PAS QUE *Mme Vernet* (J. RENARD, *Écornifleur*, XXVI). — *Je* NE *regarde* PAS QU'*en moi-même* (HERMANT, *Confess. d'un enfant d'hier*, p. 5). — NE *pensez* PAS QU'*à vous* (A. FRANCE, *Rôtisserie de la reine Pédauque*, p. 172). — *Il* NE *s'agit* PAS *là* QUE *de fantaisies d'artistes* (LOTI, *Mort de Philae*, p. 29). — *La Divine Comédie* N'*est* PAS QU'*une éjaculation mystique* (BARRÈS, *Maîtres*, p. 38). — *Mais il* N'*y a* PAS QUE *Rouen* (PROUST, *Chroniques*, p. 145). — *Il* N'*est* POINT QUE *fougue gymnastique dans la passion de l'escalade* (G. DUHAMEL, *Deux hommes*, p. 169). — *Ce travers inoffensif* [...] N'*a* PAS *servi* QUE *les brocanteurs* (BREMOND, *Pour le Romantisme*, p. 76). — *Il* N'*y a* POINT QUE *le vice à peindre* (Fr. MAURIAC, *Dieu et Mammon*, p. 159). — *Il* N'*y a* PAS QUE *le premier pardon qui coûte* (COLETTE, *Vagabonde*, p. 35). — *Mais l'homme* NE *vit* PAS QUE *de miracles et de surprises* (VALÉRY, *Variété*, Pl., p. 1424). — *Il* N'*y a* PAS QUE *les hommes ici-bas* (GIRAUDOUX, *Folle de Chaillot*, p. 185). — *J'ai naturellement écouté mon goût.* — *Je* N'*ai* PAS *écouté* QUE *lui* (GIDE, *Anthol. de la poés. fr.*, Préf.). — *L'homme* NE *vit* PAS QUE *dans les forêts* (MAUROIS, *Alain*, p. 112). — *Mais la France* N'*a* PAS QU'*une tradition* (GAXOTTE, *Hist. des Français*, t. I, p. 495). — *Sachez seulement qu'il* N'*y a* PAS QUE *des nombres* (IONESCO, *Leçon*, Théâtre, I, p. 68).

Autres ex. : DUMAS fils, *Femme de Claude*, Préf. ; A. DAUDET, *Petite paroisse*, p. 162 ; CHÂTEAUBRIANT, *Brière*, p. 44 ; J. LEMAITRE, *Député Leveau*, II, 7 ; L. DAUDET, *Stupide XIXᵉ siècle*, p. 274 ; JAMMES, *M. le curé d'Ozeron*, p. 68 ; ESTAUNIÉ, *Appel de la route*, p. 31 ; ALAIN, *Propos sur le bonheur*, X ; A. SUARÈS, *Sur la vie*, t. I, p. 122 ; R. MARTIN DU GARD, *Jean Barois*, p. 31 ; R. ROLLAND, *Voyage intérieur*, p. 91 ; DORGELÈS, *Croix de bois*, III ; MONTHERLANT, *Célibataires*, p. 158 ; M. PRÉVOST, *Scorpion*, p. 229 ; Ch. DU BOS, *Journal, 1921-1923*, p. 169 ; BERNANOS, *M. Ouine*, p. 240 ; J. et J. THARAUD, *Passant d'Éthiopie*, p. 250 ; VAUDOYER, *Laure et Laurence*, p. 238 ; LARBAUD, *Enfantines*, p. 234 ; J. ROMAINS, *Mort de quelqu'un*, p. 150 ; É. HENRIOT, *Temps innocents*, p. 209 ; LA VARENDE, *Normandie en fleurs*, p. 32 ; VAN DER MEERSCH, *Corps et âmes*, t. I, p. 202 ; MALRAUX, *Voie royale*, p. 185 ; COCTEAU, *Aigle à deux têtes*, II, 5 ; AYMÉ, *Confort intellectuel*, p. 117 ; ARLAND, *Ordre*, t. II, p. 127 ; SARTRE, *Les jeux sont faits*, p. 158 ; G. MARCEL, *Rome n'est plus dans Rome*, p. 14 ; POURRAT, *École buissonnière*, p. 195 ; GIONO, *Hussard sur le toit*, p. 40 ; A. CAMUS, *Homme révolté*, p. 121 ; VERCORS, *Armes de la nuit*, p. 24 ; ARAGON, *Semaine sainte*, p. 76 ; A. LANOUX, *Maupassant le Bel-Ami*, p. 370 ; etc.

Eurydice deux fois perdue [ouvrage de Paul Drouot] *n'a pas fait une seule victime : il y en a deux* (É. HENRIOT, dans le *Monde*, 4 févr. 1953). Cette phrase n'est pas franche : au

premier abord *n'a pas fait une seule victime* semble vouloir dire : « n'a fait aucune victime » ;
n'a pas fait QU'*une victime eût été plus net.* — Semblablement : *C'est qu'il n'y avait pas un
seul Gide. D'ailleurs quel homme est un seul homme ?* (MAUROIS, *De Gide à Sartre*, p. 18.)

Hist. — À l'époque classique, le tour *ne ... pour un, ne ...
pas pour un,* s'employait au
sens de « pas seulement un », « pas un uniquement » (il a pour équivalent dans la langue
moderne *ne ... pas qu'un*) : ⁺*Ce* N'*est* PAS POUR UNE *fois seulement que la grandeur et la piété
se sont jointes* (BOSS., *Œuvres orat.*, t. II, p. 157). — *Les autres* [= les religieuses] N'*ont* POUR
UN *seul adversaire* (LA F., *C.*, Mazet de Lamporechio). — *Nous avons des coquettes, /* NON
PAS POUR UNE, *dieu merci* (*ib.*, Roy Candaule). — *On est faite d'un air je pense à pouvoir dire
/ Qu'on* N'*a* PAS POUR UN *Cœur soûmis à son empire* (MOL., *F. sav.*, II, 3). — ⁺*On* N'*avait* PAS
alors POUR UN *seul prophète* (VOLT., *Dict. phil.*, Prophéties, 2).

980   **Place de *ne ... pas, ne ... point, ne ... plus,* etc.**

a) Le verbe est à un **autre mode que l'infinitif.**

1° Quand le verbe est à un temps simple, la négation composée
encadre la forme verbale et les pronoms conjoints compléments :

> *Je* NE *chante* PAS. NE *parle* PAS. *Tu* NE *me le dis* PAS. NE *me le dis* PLUS. NE *chantes-tu*
> PAS ? NE *me le dis-tu* JAMAIS ? *Est-ce que tu* NE *le crois* PLUS ?

2° Quand le verbe est à un temps composé, la négation encadre
l'auxiliaire et les pronoms conjoints compléments :

> *Je* N'*ai* PAS *chanté, Tu* NE *me l'as* POINT *dit.* N'*as-tu* PAS *chanté ?* NE *me l'as-tu* JAMAIS
> *dit ?* — *On* N'*avait* JAMAIS *encore tourné de film en Afghanistan* (KESSEL, *Jeu du roi*, p. 292).

b) Le verbe est à **l'infinitif.**

1° Si le verbe est à l'infinitif présent, le plus souvent les éléments de
la négation se placent tous deux avant l'infinitif (et les pronoms conjoints compléments, s'il y en a) :

> *Je voudrais* NE PAS *partir.* — *Permettez-moi de* NE PAS *être de votre avis* (DUMAS fils, *Ami
> des femmes*, I, 8). — *Il faut jouer ou* NE PAS *jouer le jeu* (MONTHERLANT, *Treizième César*,
> p. 118). — *Mieux vaut* NE PAS *te le dire.* — *Je dis cela pour* NE POINT *vous inquiéter* (AC.).
>   Assez fréquemment, dans la langue littéraire, les deux éléments de la négation encadrent
> l'infinitif (et les pronoms conjoints compléments), mais cela donne à la phrase une certaine
> teinte archaïque (voir l'Hist.) : *Tout [...] marquait son affectation de* N'*exister* PAS (ESTAUNIÉ,
> *Empreinte*, p. 82). — *J'aurais mauvaise grâce à* N'*engraisser* POINT (J. de PESQUIDOUX, *Chez
> nous*, t. I, p. 77). — *Pour* NE *s'abuser* POINT (G. DUHAMEL, *Défense des lettres*, p. 184). — *Sa
> plus grande singularité était de* N'*aimer* POINT *Paris* (HERMANT, *Savoir parler*, p. 75). —
> *L'entente d'Élise et du professeur était trop manifeste pour* N'*éclater* PAS (P. MILLE, *Détresse
> des Harpagon*, p. 133). — *On peut être très intelligent et* N'*aimer* PAS *les vers* (GIDE, *Porte étr.*,
> p. 56). — *Elle semblait* NE *bouger* PLUS (MONTHERLANT, *Petite infante de Castille*, p. 68). —
> De même lorsque l'infinitif est suivi d'un autre infinitif : *C'est bien pis que de* N'*oser* PAS *dire,
> c'est ne pas pouvoir exprimer* (BOYLESVE, *Sainte-Marie-des-Fleurs*, p. 50).
>   Un autre tour littéraire consiste à placer les deux éléments devant l'infinitif, mais avec le
> pronom conjoint complément entre ces deux éléments : *Pascal paraît vouloir dire qu'il y
> a également inconvénient à louer l'enfance, et à* NE *la* PAS *louer* (SAINTE-BEUVE, *Port-Royal*,

IV, 1). — *Ceux qui l'entourent font silence pour* NE *le* POINT *troubler* (G. DUHAMEL, *Manuel du protestataire*, p. 40). — C'est une application d'un phénomène plus général : cf. § 659, *a*.

Hist. — À l'époque classique, avec un infinitif accompagné ou non d'un pronom conjoint complément, *pas, point,* etc. se plaçaient souvent après l'infinitif ou après le pronom complément : ⁺*Et tantôt je le perds pour* NE *me perdre* PAS (CORN., *Pol.*, III, 5). — ⁺*Prenez garde de* N'*écouter* PAS *avec mépris l'ordre des avertissements divins* (BOSS., *Œuvres orat.*, t. VI, p. 307). — ⁺*Vous le* [= rare] *serez davantage par cette conduite que par* NE *vous* PAS *laisser voir* (LA BR., VI, 12). — *Peut-on en le voyant* NE *le connoistre* PAS ? (RAC., *Esth.*, III, 3.) — *L'art de* NE *rimer* PLUS (BOIL., *Sat.*, II). — *Ce devroit être une loi de* NE *les imprimer* PAS (VOLT., *Lettres phil.*, XXIV).

Remarque. — Il arrive que, par un déplacement curieux, des verbes tels que *falloir, vouloir, devoir, aller, faire semblant,* etc., prennent la négation qui logiquement porte sur la proposition ou l'infinitif qui les accompagnent :

Il NE *faut* PAS *qu'il périsse* (= il faut qu'il ne périsse pas). — *Je* NE *veux* PAS *que ton père me quitte* (VIGNY, *Stello*, XXXIV). — *Il* NE *veut* PAS *que les petits enfants aient froid* (A. FRANCE, *Crime de S. Bonnard*, p. 21). — *Je* NE *veux* PLUS *que tu restes là* (A. DAUDET, *Sapho*, VII).

Dans *Je* **n'ai garde** *de trahir* (= je me garde de ..., j'ai soin de ne pas ..., je suis bien éloigné de ...), la négation qui, logiquement, porte sur l'infinitif, se trouve déplacée :

Il n'avait garde de contredire sa fille (MÉRIMÉE, *Colomba*, XVIII). — *Il n'avait eu garde de dessiner lui-même les épures du château* (HÉRIAT, *Famille Boussardel*, XI). — *Je n'ai garde d'omettre le grand prix de l'Académie française* (P.-H. SIMON, dans le *Monde*, 20 déc. 1961). — *Nous n'avons garde de rappeler les acceptions plus vulgaires du terme* (THÉRIVE, *Procès de lang.*, p. 99).

Pour Damourette et Pichon (§ 2236), « cette bizarrerie (...) s'explique aisément : *se garder,* c'est prendre des précautions pour éviter le danger ; *n'avoir garde,* au sens originel, c'est ne même pas prendre de précautions, tant on considère le péril comme négligeable ».

Au lieu du tour classique et vraiment vivant *je n'ai garde de trahir* on trouve parfois *j'ai garde de trahir* (mais ce dernier tour n'est pas recommandable : il engendre de la confusion) : *Nous avions garde de l'aborder brusquement, de peur de le faire tomber du haut de son rêve* (Th. GAUTIER, cit. Littré, Suppl.). — *J'ai garde de dédaigner une existence que tu es [...] ravi de posséder encore* (ESTAUNIÉ, *Appel de la route*, p. 5). — *J'ai garde surtout de m'aveugler sur les tares du régime capitaliste* (Fr. MAURIAC, dans le *Figaro litt.*, 4 nov. 1965). — *Comme la police fédérale a garde de se manifester, des comités de Vigilants armés s'organisent* (J. CHAS-TENET, *En avant vers l'Ouest*, p. 213). — *J'avais garde de bouger tant je me plaisais dans cette pénombre* (H. BOSCO, *Jardin des Trinitaires*, p. 35).

2° Si le verbe est à l'infinitif passé, le second élément se place avant le verbe auxiliaire dans la langue ordinaire, mais souvent après dans la langue soignée :

Je crains de NE PAS *avoir compris* (AC.). — *Je crains de* NE PAS *être compris, de* N'*être* PAS *compris.* — *J'avoue* NE PAS *m'être occupé de cela,* NE *m'être* PAS *occupé de cela.* — *Je vous demande pardon de* NE *vous avoir* PAS *vu en entrant* (DUMAS fils, *Père prodigue*, IV, 5). — *Il faut que vous ne soyez guère musiciens, pour* NE *vous en être* PAS *avisés* (R. ROLLAND, *Jean-Chr.*, t. VII, p. 159). — *Cette lettre que vous me reprochez de* NE *vous avoir* PAS *montrée* (ARLAND, *Vigie*, p. 185).

c) Régulièrement, dans les propositions finales négatives introduites par *pour que,* les deux éléments de la négation composée doivent encadrer le verbe (l'auxiliaire si le verbe est à un temps composé) et les pronoms personnels objets qui le précèdent, s'il y en a :

> *Elle couchait avec* [ses quatre robes] *pour qu'on* NE *les saisît* PAS (MUSSET, *Contes,* Mimi Pinson, VI). — *Je pris une pilule d'opium pour qu'une insomnie toujours déprimante* NE *vînt* PAS *me désespérer à nouveau* (BARRÈS, *Homme libre,* p. 228). — [Comp. : *... afin qu'on* NE *les saisît* PAS, etc.]

La construction °*pour ne pas que,* formée par analogie avec *pour ne pas* + infinitif, tend à passer de la langue populaire dans la langue littéraire, mais elle reste suspecte d'incorrection : *Elle sema, devant, le contenu des corbeilles qu'elle avait vidées dans son tablier* POUR NE PAS QUE *la rue, à cette place seule, fût sans corolles sous les pas de la procession* (RODENBACH, *Bruges-la-Morte,* p. 202). — *Il avait pleuré toute la nuit d'avant, sous sa capote,* POUR NE PAS QUE *les autres l'entendent* (J.-L. BORY, dans les *Nouv. litt.,* 13 déc. 1945). — *Je l'ai pris* POUR NE PAS QU'*Armand le voie* (GIDE, *Faux-monn.,* p. 143). — POUR NE POINT QU'*il fût étouffé* (CARCO, dans les *Nouv. litt.,* 21 nov. 1946). — *On éclaire surtout en dessous* POUR NE PAS QU'*il y ait de distorsion* (VIAN, *Écume des jours,* p. 143). — POUR NE PAS QU'*on le plaigne* (CESBRON, *Souveraine,* p. 227). — Autre ex. : H. MICHAUX, *Ailleurs,* p. 177.

°*Pour pas que* appartient à la langue populaire (cf. § 982, *c*) : *Il leur avait coupé leurs bretelles* POUR PAS QU'*ils se cavalent* (R. VERCEL, *Capitaine Conan,* p. 209).

981 *Aucun* (parfois *nul*), *personne* (pronom), *rien, jamais* peuvent avoir un sens positif.

Les auxiliaires de la négation apparaissent ordinairement dans des contextes explicitement négatifs, notamment avec *ne* (§§ 976-978), — ou encore dans la dépendance de *sans* ou de *sans que :*

> *Il a parlé sans que* PERSONNE *le contredît* (AC.). — *Un homme de mon âge ne doit pas vivre sans* RIEN *faire* (DUMAS fils, *Question d'argent,* III, 1).

Cependant, ils gardent encore, surtout dans la langue soignée, certains emplois positifs hérités de leur valeur primitive. Mais le contexte est presque toujours plus ou moins négatif ou dubitatif. Comp. § 983 (*ne* explétif).

1° Dans des phrases interrogatives (interrogations oratoires : cf. § 381, Rem. 2) : *Y a-t-il* PERSONNE *d'assez hardi ?* (AC.) [L'idée est : Il n'y a personne ...] — *Sait-on* JAMAIS ? est de la langue courante.

Ce phénomène apparaît aussi avec *pas* ou *point : Viens-tu* PAS *demander asile ?* (HUGO, *Hern.,* III, 2.) — *Dirait-on* PAS *que je t'ai battue ?* (COLETTE, *Vagabonde,* II, 2.) — *Croirait-on* PAS *que je te demande la lune ?* (BERNANOS, *Sous le soleil de Satan,* Pl., p. 103.) — *En distraire des troupes, serait-ce* PAS *commettre une infidélité ?* (DE GAULLE, *La France et son armée,* p. 211.) — *Feraient-ils* PAS *mieux de s'attacher à couronner un auteur plutôt qu'un livre ?* (BILLY, dans le *Figaro litt.,* 31 déc. 1955.) — *Dirait-on* PAS *de l'huile [...]?* (QUENEAU, *Derniers jours,* I.) — *Voilà-t-il* PAS*... ?* cf. § 387.

Hist. — Ces ex. avec *pas* ou *point* sans *ne* sont souvent rattachés au fait que les auxiliaires ont pu se charger du sens négatif (cf. § 982). Mais ce type d'interrogation est attesté bien avant que *pas* ou *point* deviennent des mots négatifs : *Sui je ore* POINT *coloree ?* (1ʳᵉ continuation de *Perceval*, t. I, T 12 649.) — *Resanble je* POINT *a celui / Qui* [...] */ Vos secorut* [...]*?* (*Folie Tristan de Berne*, 388, éd. Bédier.) — *Sire de Korasse, avez-vous* POINT *encores veu vostre messager ?* (FROISSART, *Chron.*, S.H.F., t. XII, p. 177.) — Il y a une autre différence importante : d'une part un tour de la langue parlée familière ; de l'autre un tour traditionnel de la langue écrite soignée (Vaugelas, p. 210, trouvait cela « plus élégant ») : *Suis-je* PAS *vostre Frere ?* (RAC., *Esther*, II, 7.) — *Viendras-tu* POINT *aussi pleurer sur mon tombeau ?* (CHÉNIER, *Bucol.*, VI.)

2° Dans des propositions ou avec des infinitifs dépendant d'un verbe construit avec une négation ou d'un verbe de sens négatif (ou dubitatif) : *Ce n'est pas moi qui t'ai demandé* RIEN (CLAUDEL, *Jeune fille Violaine*, p. 75). — *Croyez-vous qu'on écrive* JAMAIS RIEN *de définitif ?* (S. de BEAUVOIR, *Mandarins*, p. 107.) — *Je doute que* PERSONNE *y réussisse* (AC.). — *Il ne veut pas que* PERSONNE *soit lésé* (AC.). — *Désespérant de rencontrer* RIEN *d'inconnu* (MÉRIMÉE, *Colomba*, I). — *Ne va pas t'aviser de* RIEN *changer à ton costume* (VIGNY, *Serv. et grand. mil.*, II, 7). — *La bonne vieille est loin de* RIEN *soupçonner* (J. GREEN, *Journal*, 14 août 1934).

3° Dans une proposition de condition : *Comme si la raison pouvait mépriser* AUCUN *fait d'expérience !* (BARRÈS, *Colline insp.*, p. 3.) — *Je vous rends responsable si* RIEN *s'ébruite dans la presse* (ID., *Au service de l'Allem.*, p. 189). — *Si vous venez* JAMAIS *me voir, je vous montrerai mes bibelots* (AC.).

4° Dans une proposition corrélative en relation avec un comparatif : *Il parle mieux qu'*AUCUN *orateur.* — *Je suis meilleur juge que* PERSONNE (É. AUGIER, *Effrontés*, V, 4). — *Le secret de Mme la Comtesse, qui ne m'a jamais appartenu tout entier, m'appartient moins que* JAMAIS (BERNANOS, *Journal d'un curé de camp.*, Pl., p. 1168).

5° Ex. divers : *C'était le seul espoir qui leur restait, d'échapper à ce cauchemar et de revoir* JAMAIS *leur famille* (GIDE, *Journal*, 13 mai 1943). — *C'était un animal oratoire extraordinaire, qui bénéficiait du registre le plus étendu dont, de son temps,* NUL *orateur ait disposé* (Rob. ARON, *Hist. de l'épuration*, t. I, p. 359). — *Il est trop juste pour que* PERSONNE *le soupçonne.* — *Partez avant que* PERSONNE *vous voie.*

Hist. — Voir les Hist. des §§ 608, *a ;* 710 ; 726 ; 731 ; 954, *d*, 2° ; 967, *d.*

L'auxiliaire seul prend un sens négatif

982   À force d'être employés avec *ne*, **la plupart des auxiliaires de négation** signalés dans les §§ 976-978 **ont pu prendre une valeur négative** à eux seuls, surtout dans la langue parlée.

a) Dans des phrases averbales, où le *ne* est impossible puisqu'il s'appuie nécessairement sur un verbe :

Qui vient ? qui m'appelle ? PERSONNE (MUSSET, *Poés. nouv.*, Nuit de mai). — JAMAIS *deux sans trois* (prov.). — RIEN *de nouveau sous le soleil* (prov.). — *L'abandonner ?* JAMAIS ! — *Qu'est-ce qui s'est passé entre toi et moi... pour l'âme ?* QUE *du péché,* QUE *du mal* (G. MAZELINE, *Amour d'Italie*, p. 61). — *Et* RIEN *de vivant* NULLE *part :* PAS *une bête,* PAS *un oiseau,* PAS *un insecte* (LOTI, *Désert*, p. 13). — PERSONNE *dans les rues,* PERSONNE *aux portes de la ville* (CHAT., *Itinér.*, Pl., p. 1125). — [Déjà chez les classiques : PAS *un seul petit morceau / De moûche ou de vermisseau* (LA F., *F.*, I, 1).]

Autre cas où le *ne* est impossible : *Son élégance froissée par* AUCUN *contact et son ignorance prodigieuse de toute intrigue faisaient d'elle le plus précieux des repos* (BARRÈS, *Jardin de Bérénice*, p. 94).

De même, quand, dans la coordination, le verbe n'est pas repris : *Il faut choisir de faire cela ou* RIEN (A. CAMUS, *Été*, p. 54). — Voir en outre §§ 972 (négation portant sur un mot ou sur un syntagme) et 1054, *c*, 1° et 2° (mot-phrase).

Du tout, auxiliaire de l'auxiliaire (puisqu'il renforce *pas*), devient lui aussi parfois négatif : *Croyez-vous que je le blâme ?* DU TOUT (BALZAC, *Goriot*, p. 123).

b) Cela se trouve aussi dans des phrases verbales, dans la langue écrite :

— Avec *rien*, très couramment : *L'âme, ce n'est pas grand'chose, mais cette école-là* [de Senancour] *arrivait à en faire* RIEN *du tout* (J. RENARD, *Journal*, 24 sept. 1889). — Autres ex. au § 731, *c* et Hist. — Avec *rien (de) moins que* (§ 352, *b*, Rem. 4) : *Ce dernier parla, en plein conseil, de* RIEN MOINS QUE *d'abandonner Dortmüde* (H. de RÉGNIER, *Bon plaisir*, p. 161). — *Les premiers résultats furent cependant* RIEN MOINS QU'*encourageants* (DORGELÈS, *Partir...*, p. 250). — *J'étais* RIEN MOINS QUE *sûr de lui faire plaisir* (VERCORS, *Armes de la nuit*, p. 89). — *J'accours vous demander* RIEN MOINS QU'*un faux témoignage* (LA VARENDE, *Roi d'Écosse*, p. 223). — *Mme de Gondi le menaçait de* RIEN DE MOINS QUE *de « le charger devant Dieu de tout le bien qu'elle manquerait à faire* [...]*»* (DANIEL-ROPS, *Église des temps classiques*, t. I, p. 18). — *La conduite de Naundorff à la prison était* RIEN DE MOINS QUE *suspecte* (M. GARÇON, *Louis XVII*, p. 317). — *Il* [= Roosevelt] *est* RIEN MOINS QUE *sûr de la rénovation de notre régime* (DE GAULLE, *Mém. de guerre*, t. II, p. 293). — *Il s'agit de* RIEN DE MOINS [...] QUE *de nous interroger* [...] (Fr. MAURIAC, dans le *Figaro litt.*, 12 févr. 1968, p. 4).

— Avec *pas mal*, très couramment : *Courte réponse qui contenait* PAS MAL *de dédain* (FROMENTIN, *Domin.*, VI). — *Quand on est déjà* PAS MAL *avancé dans la vie* (LOTI, *Roman d'un enfant*, XLIX). — *Nous avons avalé* PAS MAL *de poussière* (A. FRANCE, *Crainquebille*, p. 168). — *J'ai aujourd'hui* PAS MAL *de confidences à te faire* (GIRAUDOUX, *Siegfried et le Limousin*, p. 31). — *Ma toilette avait dispersé* PAS MAL *d'objets autour de moi* (J. ROMAINS, *Lucienne*, p. 158). — *Et puis on s'en moquait* PAS MAL (HERMANT, *Grands bourgeois*, VII). — *Il reste encore* PAS MAL *de chemin à faire* (COCTEAU, *Poésie critique*, p. 206). — *Ce n'est peut-être pas tout à fait un miracle, mais ça y ressemble déjà* PAS MAL (BERNANOS, *Liberté, pour quoi faire ?* p. 263). — *Cette personne a* PAS MAL *de petits côtés* (AC., s.v. *côté*).

— Avec *nul*, malgré la justification étymologique (cf. § 711, Hist.), cela reste exceptionnel : *Attendez-vous / À des milliards de prodiges / Qui n'ont fait naître aucune fable /* NUL *les ayant imaginés* (APOLLIN., *Calligr.*, Collines). — Avec *aucun*, ce n'est pas moins exceptionnel, et la justification historique manque : *Stanislas et André ont constamment laissé cette question de côté, affectant de la négliger, de la considérer d'*AUCUNE *importance* (M. DÉON, *Déjeuner de soleil*, p. 19). — Comp. avec *pas un* : *C'est tout autre chose de faire marcher neuf personnages* [...] *en sorte que* PAS UN *de leurs mouvements concertés soit inutile* (CLAUDEL, dans le *Figaro litt.*, 25 nov. 1950).

Remarque. — *Dirait-on pas ... ?* nous paraît ressortir à un autre phénomène : cf. § 981, 1°.

c) Dans la langue populaire, et souvent dans la langue parlée familière au Québec, à Paris, dans le Berry (moins en Lorraine et en Wallonie), le *ne* disparaît presque systématiquement. Ce phénomène ne se manifeste dans l'écrit que pour reproduire des paroles :

C'est PAS *rigolo. Elle tremblait encore. C'était* PAS *ordinaire. Ce n'est pas une aventure ordinaire de perdre un garçon de douze ans* (PÉGUY, *Mystère de la char. de J. d'Arc*, p. 141).

[Rem. la différence entre les paroles et le commentaire.] — *J'étais* PAS *comme ça dans le civil, vous savez !* (G. DUHAMEL, *Civilisation,* p. 15.) — *Pour des revenants, on se porte* PAS *trop mal, les gars !* (DRUON, *Bonheur des uns...,* p. 45.) — *On nous a apporté des écrevisses. Je savais* PAS *ce que c'était* (J.-P. CHABROL, *Embellie,* p. 347). — *J'ai* PAS *pu trouver Jean-Paul. Pas chez lui. Je pouvais* PAS *prendre la traction, j'ai* PAS *la clef. Alors, j'ai pris ce tank qui doit être à un client de son père. J'espère qu'il tombera* PAS *en panne* (B. CLAVEL, *Cœur des vivants,* p. 215).

On observera que, chez beaucoup de locuteurs, il y a alternance de formes sans *ne* et de formes avec *ne* (voir, par ex., D. François, *Franç. parlé,* p. 695). En particulier lorsqu'un locuteur veut insister ou lorsqu'il répète une phrase mal comprise, il réintroduit le *ne,* faisant même entendre le *e* muet : *Je ne veux pas* [ʒə nə vø pA]. — Comp. aussi l'hypercorrectisme °*Si je n'étais que toi* pour *Si j'étais que toi* (cf. § 244, *a*).

Dans le fr. de la Haute-Loire, *que* est devenu un équivalent de *seulement* et peut même porter sur le verbe : °*J'arrive* QUE (cf. *Revue de linguist. rom.,* janv.-juin 1978, p. 182).

Remarques. — 1. Il faut se garder d'omettre, dans l'écriture, *n'* après *on,* dans des phrases telles que :

On N'*est pas plus aimable. On a fait cent promesses, mais on* N'*en a tenu aucune. On* N'*a rien sans peine.* — Pour se rendre compte de la nécessité de mettre *n',* il suffit de substituer à *on* un autre sujet, non terminé par *n,* par ex. *l'homme* (ou *je, il,* etc.) : *L'homme n'est pas plus aimable ; l'homme a fait cent promesses, mais l'homme n'en a tenu aucune,* etc.

2. Un phénomène curieux est représenté par la phrase populaire (ou très familière) °*T'occupe,* réduction de *Ne t'occupe pas de ça.* Ex. : A. SARRAZIN, *Astragale,* L.P., p. 128 ; J.-P. CHABROL, *Homme de trop,* L.P., p. 32.

Ne *explétif*

983   Lorsque le locuteur sent dans le contexte une idée de négation, il introduit parfois dans les propositions conjonctives un *ne* que l'on appelle **explétif,** à la fois parce qu'il peut toujours être omis et parce qu'il ne correspond pas à une négation objective. Ce *ne* est donc facultatif, même si les grammairiens ont essayé de rendre son emploi plus rigide.

Dans une phrase comme *Je crains qu'on* NE *me trompe,* la pensée du locuteur s'arrête sur l'idée de *n'être pas trompé.* De même, *Avant que Louis* NE *parte* implique l'idée que *Louis n'est pas parti.* — On a donc là quelque chose d'assez spontané, comme le prouve d'ailleurs sa présence dans les dialectes (voir par ex., pour le wallon, Remacle, t. II, pp. 261-263), et aussi dans les langues fort diverses. — Le *ne* explétif a reçu des noms variés : redondant, modal (Brunot, *Pensée,* p. 525), abusif (Vendryes, dans le *Bulletin de la Soc. de linguist. de Paris,* 1950), etc.

Ce *ne* explétif apparaît surtout dans les cas suivants.

a) Souvent, dans les propositions dépendant d'un verbe ou d'un nom qui expriment **la crainte** et qui sont construits sans négation :

Je tremblais que le moindre mouvement NE *prévînt notre rencontre* (B. CONSTANT, *Ad.,* II). — *Je crains qu'il* NE *vienne* (AC.). — *Je craignis que mes soins* NE *fussent mauvais*

(A. France, *Étui de nacre*, p. 174). — *De peur qu'il n'y mette obstacle* (Ac.). — *Crainte que* [...] *vous ne reprissiez vos esprits* (Montherlant, *Célibataires*, p. 169). — *J'ai peur que* [...] *ce ne soit contre-indiqué de le déranger* (Vian, *Écume des jours*, LXIV).

Ex. sans *ne* : *Il avait peur que Colette les entendît* (A. Daudet, *Rois en exil*, p. 33). — *Craignant que la jalousie le rendît injuste et méchant* (A. France, *Balthasar*, p. 241). — *Il appréhendait* [...] *que sa supercherie fût découverte* (Alain-Fournier, *Gr. Meaulnes*, p. 117). — *Le vieillard comptait les revues, comme s'il craignait que son neveu en eût volé une* (Montherlant, *Célibataires*, p. 22). — *Sans doute pourrais-je craindre que tu déchires cette lettre* (Fr. Mauriac, *Nœud de vip.*, p. 18). — *De crainte qu'une dame de ses amies* [...] *vînt la surprendre (ib.*, p. 5). — *De peur que le cri les éveille* (Gide, *Voyage d'Urien*, p. 32). — *Elle semblait redouter que je la quittasse* (Bernanos, *Journal d'un curé de camp.*, Pl., p. 1148). — *Vous craignez que la « Ville éternelle » vous semble désormais bien vide* (Butor, *Modification*, 10/18, p. 86).

Si le verbe de crainte est accompagné d'une négation, il ne faut pas de *ne* ; le *ne* est possible pourtant si le verbe de crainte est à la fois interrogatif et négatif : *Je ne crains pas qu'il fasse cette faute* (Littré). — *Ne craignez-vous pas qu'il ne vienne ?... qu'il vienne ?* (Id.) — *Tu ne crains pas qu'il n'envoie des échos aux journaux ?* (Pagnol, *Topaze*, III, 3.) Dans tous les cas, on met la négation complète s'il y a vraiment négation, c'est-à-dire s'il s'agit d'un effet que l'on craint de voir *ne pas* se produire : *Je crains que vous ne soyez pas juste envers ces messieurs* (Fr. Mauriac, *Asmodée*, I, 4). — *Je ne crains pas que ce sujet n'aboutisse pas.* — [Comp., dans la syntaxe latine, *Timeo ne socius non veniat*, Je crains que l'allié *ne* vienne *pas*, et *Timeo ne hostis veniat*, Je crains que l'ennemi *ne* vienne.]

b) Facultativement, après *éviter que, empêcher que :*

Il évitait qu'elle ne le touchât (Zola, *Bête hum.*, VIII). — *Il empêche, s'il n'est pas effacé, que la transformation active ne s'effectue* (Jean Dubois, *Gramm. structur. du fr.*, Phrase, p. 41). — *Peut-elle empêcher qu'on ne chante sous ses croisées ?* (Musset, *Caprices de Mar.*, I, 8.) — *Tout cela n'empêche pas que je n'aie faim et que je ne commence à sentir la petite fraîcheur de cette nuit de décembre* (Sand, *Homme de neige*, t. I, p. 90).

Ex. sans *ne* : *Helvius* [...] *empêchera qu'on leur fasse aucun mal* (A. France, *Balthasar*, p. 111). — *Rien n'empêche qu'ils soient aussi nombreux qu'on le voudra* (Claudel, *Présence et prophétie*, p. 279). — *Mais la main empêchait qu'on vît la bague* (Colette, *Fanal bleu*, p. 186). — *Tous les efforts de la couturière n'empêchèrent pas que le grand pied de bois allât se prendre dans les barreaux* (J. Green, *Malfaiteur*, p. 21). — *Tout cela n'empêcha pas que l'erreur ait eu la vie dure* (Gaxotte, *Hist. des Français*, t. I, p. 170). — *Rien n'empêche que vous tombiez d'accord* (J. Romains, *Violation de frontières*, p. 204).

Après *Il n'empêche* impersonnel, *n'empêche*, la proposition à l'indicatif ne prend pas *ne* : voir les ex. du § 1073, *a*, 4°.

Remarques. — 1. Avec *prendre garde que*, on peut avoir : *Prenez garde qu'on vous voie* ou *Prenez garde qu'on ne vous voie* ou *Prenez garde qu'on ne vous voie pas.* Ces phrases sont synonymes, mais le premier tour est rare et le troisième (où *prendre garde* signifie « veiller ») est souvent considéré comme peu correct.

Quand *prendre garde* signifie « remarquer », il se construit avec l'indicatif et sans *ne* explétif : *Prenons garde que cet esprit émeut toutes nos puissances* (Barrès, *Colline insp.*, p. 288).

Sur *prendre garde de* ou *à* + infinitif, voir § 878, *a*, 11°.

2. Après *défendre que, interdire que*, il n'y a pas de *ne* explétif : *J'ai défendu que vous fissiez telle chose* (Ac.).

c) Assez souvent, dans les propositions dépendant d'un verbe exprimant **le doute** ou **la négation** (*douter, désespérer, nier, disconvenir,* etc.) et construit négativement ou interrogativement ; de même après *Il n'y a pas de doute que, Il n'est pas douteux que, Nul doute que,* etc.

Je ne doutai plus alors qu'elle N'eût confié son chagrin à sa maîtresse (A. FRANCE, *Vie en fleur,* p. 35). — *Xavier ne doutait pas qu'il* NE *fît semblant de lire* (Fr. MAURIAC, *Agneau,* p. 13). — *Doutez-vous que cela* NE *soit vrai ?* (LITTRÉ.) — *Je ne doute pas qu'il* NE *vienne bientôt* (AC.). — *Nierez-vous que Canova et Rossini* NE *soient de grands artistes ?* (STENDHAL, *Corresp.,* t. VI, p. 125.) — *Je ne nie pas que ces interprétations* NE *soient ingénieuses* (A. FRANCE, *Livre de mon ami,* p. 289). — *Nierez-vous que ce* NE *soit du gazon ?* (A. ARNOUX, *Calendrier de Flore,* p. 283.)

Ex. sans *ne* : *Je ne doutai pas que le nouvel appartement fût un gîte pour rire* (COLETTE, *Trois... six... neuf...,* p. 99). — *Nul doute que cette souffrance ait été à la mesure de ses forces* (BERNANOS, *Mauvais rêve,* I, 1). — *On ne pouvait douter que David fût sauvé* (J. GREEN, *Moïra,* p. 149). — *Il ne douta pas que l'« événement » en fût la cause* (H. BOSCO, *Balesta,* p. 178). — *Il n'est pas douteux que les grands États modernes aient fait [...] des efforts ordonnés* (G. DUHAMEL, *Paroles de médecin,* p. 21). — *Il n'y a pas de doute que la France, alors, ait été heureuse* (É. HENRIOT, *Livre de mon père,* p. 40). — *Doutez-vous que je sois malade ?* (AC.) — *On ne peut nier qu'un soir de novembre 1654, il [= Pascal] soit tombé dans une sorte de ravissement* (BARRÈS, *Maîtres,* p. 157). — *Nierez-vous qu'il y ait dans votre classe un élève nommé Gigond ?* (PAGNOL, *Topaze,* I, 13.) — *Il ne niait pas que son désir fût démesuré* (Fr. MAURIAC, *Dieu et Mammon,* p. 192). — *On ne peut nier que partout la position du Portugal soit en recul* (MONTHERLANT, *Reine morte,* II, 1).

Lorsque les verbes de doute ou de négation sont construits sans négation et sans interrogation, il ne faut pas de *ne* : *Je doute fort que cela soit* (AC.). — *Il n'en faut pas non plus quand la proposition n'est pas au subjonctif* : *Serge ne doutait pas qu'il succomberait* (Fr. MAURIAC, *Pèlerins de Lourdes,* p. 130).

d) Très souvent, dans les **propositions corrélatives** (§§ 1075-1077) **appelées par un adverbe d'inégalité ou par** *meilleur, moindre, pire, autre* :

Raphaël [...] n'aurait pas été plus électrisé par son chef-d'œuvre que je NE *l'étais* (CHAT., *Mém.,* II, v, 3). — *Il n'est pas plus grand que vous* N'*êtes* (HUGO, *Lég.,* t. II, p. 287). — *Il n'est pas plus assassin que je* NE *le fus à Reims, moi* (VIGNY, *Serv. et gr. mil.,* IX). — *Vouloir faire les choses autrement que Dieu* NE *les a faites* (RENAN, *Eau de jouvence,* IV, 1). — *Paris était alors plus aimable qu'il* N'*est aujourd'hui* (A. FRANCE, *Vie en fleur,* p. 45). — *Je n'agirais pas autrement que je* NE *l'ai fait* (MONTHERLANT, *Démon du bien,* p. 150). — *Se désoler que les choses ne soient pas autrement qu'elle* NE *sont* (GIDE, *Journal,* 10 mai 1940). — *On ne saurait être moins que vous* NE *l'êtes, incorporée à la famille* (Fr. MAURIAC, *Sagouin,* p. 44).

Ex. sans *ne* : *Elle nous croyait plus nombreux que nous l'étions* (CHAT., *Mém.,* I, IX, 12). — *Huysmans, naturellement, tout autre que je pensais* (J. RENARD, *Journal,* 18 oct. 1891). — *Il agissait tout autrement qu'il eût voulu* (GIDE, *Faux-monn.,* p. 236). — *Je consumerai vos trésors avec un peu plus de suite et de génie que vous le faites* (VALÉRY, *Eupalinos,* p. 125). — *Elle jeta plutôt qu'elle quitta sa robe* (H. BORDEAUX, *Remorqueur,* XX). — *Monsieur le Prince fut moins complaisant que le Roi l'avait espéré* (J. et J. THARAUD, *Tragédie de Ravaillac,* p. 54). — *De manière à les faire voir autrement qu'ils sont* (AC., s.v. *jour*). — *Pourquoi en userait-il autrement que font les Muses ?* (COCTEAU, *Difficulté d'être,* p. 77.) — *Ils n'agiraient pas autrement que je les vois agir* (G. DUHAMEL, *Voyage de Patrice Périot,* p. 77). — *On ne peut pas être plus heureuse que je le suis* (CHAMSON, *Désordres,* III, 10).

La proposition corrélative amenée par un adverbe d'**égalité** ne prend pas de *ne*, normalement, même quand cet adverbe est nié : *Votre mère n'est peut-être pas aussi malade que vous croyez* (A. DAUDET, *Jack*, t. II, p. 207). — *La vie n'est jamais romanesque autant qu'on l'imagine* (J. de LACRETELLE, *Âme cachée*, p. 57). — *Elle n'était pas aussi libre qu'elle le disait* (É. HENRIOT, *Occasions perdues*, p. 128).

Cependant, on observe une tendance assez nette à introduire le *ne* quand il y a une idée d'inégalité : *Il n'y a pas d'année qui ait fait autant de théories* [...] *que N'en a fait cette année 1832 en un seul de ses jours* (VIGNY, *Stello*, XX). — *La maison d'enfance de Fromentin n'est pas si spacieuse ni si belle qu'il* NE *nous l'a donné à lire* (É. HENRIOT, Introd. de : *Fromentin, Domin.*). — *La table n'est pas aussi petite que la locutrice* NE *le craignait* (DAMOURETTE et PICHON, t. VI, p. 128). — *Mais ce n'était encore rien, pas même autant que* NE *présage de pluie le vol bas des hirondelles* (QUENEAU, *Pierrot mon ami*, I). — *Chacun d'eux ne trouble point tant qu'il* N'*avertit* (GIDE, *Journal*, 18 avril 1928). — *Lawrence n'est donc pas si simple qu'il* N'*apparaissait* (Cl. MAURIAC, *Malraux ou le mal du héros*, p. 114). — *Entre la cause du prolétariat et celle des femmes il n'y a pas eu une solidarité aussi immédiate que Bebel et Engels* NE *le prétendaient* (S. de BEAUVOIR, *Deuxième sexe*, t. I, p. 196). — *Cette rêverie n'est pas* [...] *si vaine ou si puérile qu'elle* NE *tend parfois à m'apparaître* (J. BOREL, *Retour*, p. 120).

Hist. — Autrefois la proposition corrélative appelée par un adverbe d'inégalité pouvait avoir la négation complète *ne ... pas* : *Vous avez plus faim que vous* NE *pensez* PAS (MOL., *Étourdi*, V, 2). — ⁺*Il faut avoir l'esprit plus libre que je* NE *l'ai* PAS (RAC., G.E.F., t. VI, p. 485). — Cet usage subsiste encore dans le fr. populaire de certaines régions (par ex. au Québec). On est surpris de le trouver dans une circonstance tout à fait solennelle : *Vous avez regardé l'œuvre d'art avec plus d'angoisse qu'il* N'*est* PAS *habituel* (M. DRUON, *Réponse au disc. de réc. de M. Rheims à l'Ac. fr.*).

Quand la proposition corrélative était averbale, on employait *non* ou *non pas* : *Je creu que mes jours / Devoient plus tost finir que* NON PAS *son discours* (RÉGNIER, *Sat.*, VIII). — *Tout ce que vous m'avez dit, je l'ayme bien mieux une feinte, que* NON PAS *une verité* (MOL., *Princ. d'Él.*, V, 2). — Au XIXᵉ et au XXᵉ s., cela est tantôt un archaïsme littéraire, tantôt un tour populaire : *Elle aimait mieux que le prince lui fût redevable que* NON PAS *elle redevable au prince* (Th. GAUTIER, *Capit. Fracasse*, VI). — *Ce sera plus long à réaliser que* NON *la fable d'Icare volant* (APOLLIN., *Calligr.*, Merveilles de la guerre). — *Il aurait mieux valu me la laisser ôter plutôt que* NON PAS *la gâter ainsi* [dit la servante Françoise] (PROUST, *Rech.*, t. II, p. 729).

e) Facultativement, après *Il s'en faut que, peu s'en faut que* et expressions semblables :

Il s'en faut de beaucoup que la somme entière N'*y soit* (AC.). — *Peu s'en faut que la tempête* NE *les engloutisse* (FUSTEL DE COULANGES, *Cité antique*, III, 5).

Ex. sans *ne* : *Il s'en faut de beaucoup que leur nombre soit complet* (AC.). — *Il s'en fallait que leur goût fût excellent* (R. ROLLAND, *Jean-Chr.*, t. VI, p. 37). — *Peu s'en fallut qu'il abandonnât tout* (ID., *Vie de Michel-Ange*, p. 48). — *Peu s'en fallut qu'il vidât les étriers* (Y. GANDON, *Captain Lafortune*, p. 145).

f) Souvent, après *Il tient à ... que, il dépend de ... que,* si ces verbes sont pris négativement ou interrogativement :

Il n'a tenu à rien que je NE *reprisse le chemin de Falan* (SAND, *Homme de neige*, t. I, p. 34). — *Il n'avait tenu qu'à un fil qu'elle* NE *répondît : la guerre* (GIRAUDOUX, *Combat avec l'ange*, II). — *Sans ne : Il ne tiendrait pas à eux qu'il ne reste au monde des malheureux* (GUÉHENNO, dans le *Figaro litt.*, 26 avril 1947).

Si ces verbes sont construits sans négation et sans interrogation, on ne met pas de *ne* ou on met la négation complète selon le sens : *Il tient à moi que cela se fasse, que cela* NE *se fasse* PAS (LITTRÉ).

g) Après certaines locutions conjonctives.

1° Facultativement, après la locution conjonctive *avant que* :

. *Avant qu'ils* NE *soient écrits* (VIGNY, *Cinq-Mars*, XX). — *Avant qu'on* NE *bâtît des temples* (MICHELET, *Bible de l'humanité*, p. 138). — *Avant que nous* N'*ayons sonné* (ESTAUNIÉ, *Tels qu'ils furent*, p. 178). — *Avant que son frère* NE *vînt* (R. ROLLAND, *Jean-Chr.*, t. III, p. 149). — *Avant que la perche* NE *touche le fond* (GIDE, *Voy. au Congo*, p. 220). — *Avant que* NE *chante le coq* (G. DUHAMEL, *Temps de la recherche*, I). — *Avant qu'on* NE *s'aperçoive du fait* (MONTHERLANT, *Malatesta*, I, 8). — *Avant qu'ils* N'*eussent atteint la galerie* (J. GREEN, *Moïra*, p. 179). — *Avant qu'ils* NE *soient remis debout* (LA VARENDE, *Roi d'Écosse*, p. 33). — *Avant que je* N'*atteigne les pins* (CLAUDEL, *Connaissance de l'Est*, Novembre). — *Il existait un monde où l'artiste trouve avant qu'il* NE *cherche* (COCTEAU, *Difficulté d'être*, p. 49). — *Dieu l'a visité et occupé avant qu'il* NE *fût détaché* (Fr. MAURIAC, *Agneau*, p. 122). — *Avant qu'il* N'*eût ouvert la bouche* (J. ROMAINS, *Violation de frontières*, p. 41). — *Avant qu'elle* [= la route] NE *soit toute défoncée par les ornières* (CHAMSON, *Adeline Vénician*, p. 138). — *Avant qu'il* NE *fasse froid* (AC.).

Ex. sans *ne* : *L'épopée échoue avant qu'elle commence* (HUGO, *Châtim.*, VII, II, 4). — *Avant que Grimm commençât sa correspondance* (SAINTE-BEUVE, *Caus. du lundi*, t. VII, p. 317). — *Avant qu'elle se mariât* (FLAUB., *Mme Bov.*, I, 5). — *Avant qu'il eût tiré son dictionnaire* (A. DAUDET, *Tart. sur les Alpes*, p. 219). — *Avant que les officiers préposés à ces divers services daignassent se déranger* (G. DUHAMEL, *Scènes de la vie future*, I). — *Avant que la sonnerie ait alerté personne* (Fr. MAURIAC, *Agneau*, p. 225). — *J'irai le voir avant qu'il parte* (AC.).

On a souvent tenté de voir une nuance entre les deux constructions : le *ne* s'introduirait « toutes les fois qu'il y a du doute sur la réalité de l'action » exprimée dans la proposition (Girault-Duvivier) ; — lorsqu'on « insiste sur la durée qui s'est écoulée avant l'intervention du fait nouveau » et lorsque « ce fait nouveau met fin à l'état de fait antérieur » (Damourette-Pichon, § 115 ; voir aussi § 2207) ; — « lorsque l'antériorité de l'action principale [...] est donnée comme voulue » (Wartburg-Zumthor, 2e éd., § 54). — Voir aussi Le Bidois, § 1415 ; Boulenger et Thérive, *Soirées du Grammaire-Club*, 1924, pp. 256-257 ; etc. — Il est possible que certains auteurs sentent des nuances de ce genre, mais elles n'ont aucun caractère général.

Hist. — Ce *ne* explétif est rare avant le XVIIIe s., mais à partir de ce moment, il est attesté chez des auteurs importants : MONTESQ., *L. pers.*, CXXX ; MARIV., *Épreuve*, I ; DIDEROT, *Neveu de Rameau*, p. 90 ; SADE, *Infortunes de la vertu*, p. 70 ; etc.

2° Souvent, après *à moins que* (comp. *d* ci-dessus) :

Il n'en fera rien, à moins que vous NE *lui parliez* (AC.). — *Et c'est la Mort, à moins que ce* NE *soit le Roi* (HUGO, *Lég.*, XXVI). — *Il se peut que l'on pleure, à moins que l'on* NE *rie* (MUSSET, *Prem. Poés.*, Pl., p. 152).

Ex. sans *ne* : *À moins qu'il les ramène* (A. DAUDET, *Nabab*, t. I, p. 170). — *À moins que l'instituteur ait maintenu son refus* (Fr. MAURIAC, *Sagouin*, p. 87). — *À moins qu'on admette que la constitution physique pouvait justifier la formation morale* (DANIEL-ROPS, *Carte d'Europe*, p. 28). — *On ne méditait pas dans les caves ou les cellules des prisons (à moins qu'elles fussent situées dans une tour, avec une vue étendue)* (A. CAMUS, *Chute*, p. 32).

3° Assez souvent, après la locution **sans que,** lorsqu'elle dépend d'un verbe négatif :

Je ne pouvais faire un mouvement sans qu'ils N'*en fussent avertis* (CHAT., *Atala,* Chasseurs). — *Onde sans cesse émue / Où l'on ne jette rien sans que tout* NE *remue !* (HUGO, *Hern.,* IV, 2.) — *Je ne saurais te dire un mot de près* [...] *sans qu'un grand sabre crochu* NE *s'embarrasse dans mes jambes* (MUSSET, *Chandelier,* I, 1). — *Je n'ai jamais causé avec un Italien sans que la conversation* NE *tournât de suite à la politique* (TAINE, *Voy. en It.,* t. I, p. 355). — *Peu de jours se passaient sans que Paris, épouvanté,* N'*apprît quelque meurtre mystérieux* (A. FRANCE, *Révolte des anges,* p. 31). — *Il ne se tue pas un cochon dans la paroisse sans que je* N'*en aie ma part* (Fr. MAURIAC, *Agneau,* p. 195). — *Il ne se passe pas de semaine sans qu'un universitaire à la page* NE *parte en guerre contre la littérature antérieure à notre temps* (P. GAXOTTE, dans le *Figaro,* 15-16 avril 1972).

Autres ex. : STENDHAL, *Rouge,* II, 31 ; MÉRIMÉE, *Colomba,* I ; MAUPASS., *Pierre et Jean,* VII ; BOURGET, *Disciple,* IV, 1 ; HERMANT, *Daniel,* p. 102 ; PROUST, *Rech.,* t. I, p. 961 (corrigé par l'éditeur : cf. p. 286) ; GIDE, *Journal,* 26 juin 1940 ; SAINT EXUPÉRY, *Citadelle,* p. 290 ; G. DUHAMEL, *Travail, ô mon seul repos,* p. 38 ; J. MARITAIN, *Paysan de la Garonne,* p. 174 ; CHAMSON, dans le *Figaro,* 2 avril 1971 ; etc. — [Voir déjà LA BR., *Car.,* Préf. ; SÉV., cit. Littré ; MONTESQ., *L. pers.,* CXII ; DIDEROT, *Traité du beau,* Pl., p. 1139 ; LA CURNE DE SAINTE-PALAYE, *Mémoires sur l'ancienne chevalerie,* 1826, t. II, p. 267 ; SADE, *Infortunes de la vertu,* p. 120.]

On trouve aussi *ne* parfois quand la proposition contient un terme ordinairement auxiliaire de la négation mais positif en l'occurrence (cf. § 981) : *Elle entrait au salon sans qu'aucun craquement* N'*eût annoncé sa venue* (Fr. MAURIAC, *Pharisienne,* p. 100). — *Il se donnait tout entier, sans que personne* N'*en sût rien* (VAUDOYER, *Laure et Laurence,* pp. 50-51). — *Des semaines peuvent s'écouler, sans que personne* N'*y passe* (J. SCHLUMBERGER, *Saint-Saturnin,* p. 325). — *Sans que rien entre nous* N'*eût été dit, je me redressai* (DANIEL-ROPS, *Mort, où est ta victoire ?* p. 262). — *La journée s'écoulait sans que personne* NE *vînt* (TROYAT, *Faux jour,* pp. 157-158). — *Le port sarrasin y était fidèlement reproduit, sans que rien* NE *trahisse sa noblesse précieuse* (A. LANOUX, *Commandant Watrin,* II, 5). — *Elle était grande, sans que nul* NE *puisse dire qu'elle l'était trop* (CHAMSON, *Superbe,* p. 117). — *Des choses pareilles arrivaient tous les jours, sans que nul* NE *songeât à s'en scandaliser* (M. BRION, *Laurent le Magnifique,* p. 226).

L'Acad., dans une « mise en garde » du 17 février 1966, déclare que « *sans que* doit se construire sans négation, même s'il est suivi d'un mot comme *aucun, personne* ou *rien,* qui ont dans ces phrases un sens positif ».

On trouve même parfois *ne* en dehors des deux situations que nous venons d'exposer : *Le lieutenant répondit militairement au salut sans qu'un muscle de sa figure* NE *bougeât* (PROUST, *Jean Santeuil,* t. III, p. 61). — *Les portes restent béantes sans que* NE *se lise sur ses traits cette crispation* [...] (MORAND, *Papiers d'identité,* p. 160). — *Il eût souhaité* [...] *d'être respecté, honoré, et s'il eût été possible, sans que cela* NE *lui coûtât trop cher, aimé* (BERNANOS, *Lettre aux Anglais,* p. 89). — *Je crus entendre, très haut, grincer une espagnolette, sans qu'un visage* N'*apparût* (J. PERRET, *Objets perdus,* p. 31). — *Le plus ardu sera de garder cette écervelée en votre pouvoir, sans que les siens* NE *poussent des cris* (CHAMSON, *Superbe,* p. 404). Sur *ne* après *sans que,* voir H. Glättli, dans *Vox romanica,* 1961, pp. 300-318.

Remarque. — Dans une phrase comme *Tu ne sortiras pas que tu* N'*aies demandé pardon,* le *ne* n'est pas explétif et ne peut être supprimé. De même *Il n'a de cesse qu'elle* NE *lui réponde :* § 1081, *e.*

SECTION 7. — LES ADVERBES DE RELATION LOGIQUE

984   **Adverbes d'opposition** (ou de concession, au sens discuté au § 1090).

Pourtant, cependant (cf. § 966, *c*), *néanmoins* (parfois *ce néanmoins :* § 676, *a,* Hist.), *toutefois, par contre* (§ 928, *e,* 4°), *en revanche, seulement (Parlez librement,* SEULEMENT *respectez les convenances).* — Certaines locutions et certains adverbes appellent des commentaires particuliers.

1° Quoique vieilli, **nonobstant** conserve, comme adverbe, certaines positions dans la langue littéraire :

> *Bien que turcophage, mon père avait* NONOBSTANT *rancune au cœur contre les* polissons russes (CHAT., *Mém.,* I, IV, 7). — *Les nuages nous ont jeté de la pluie tout le long du jour.* [...] *tous les oiseaux chanteurs sifflent, gazouillent, rossignolent* NONOBSTANT (M. de GUÉRIN, *Cahier vert,* 2 avril 1833). — *Il culbuta* NONOBSTANT *en novembre 87* (BARRÈS, dans le *Drapeau,* 17 mai 1901). — *Ces questions de langage et le souci de bien s'exprimer tiennent à cœur aux Français. Comment alors se fait-il que notre langue,* NONOBSTANT, *se corrompe ?* (GIDE, dans le *Littéraire,* 28 déc. 1947.) — NONOBSTANT, *les* Caprices de Marianne *sont un chef-d'œuvre de poésie* (J. DUTOURD, *Paradoxe du critique,* p. 55). — Autres ex. : MUSSET, *Contes,* Lettres de Dupuis et Cotonet, II ; BARBEY D'AUR., *Diaboliques,* Pl., p. 230 ; FLAUB., *Corresp.,* 18 avril 1869 (etc.) ; J. ROMAINS, *Copains,* L.P., p. 38.

Hist. — *Nonobstant* s'employait déjà comme adverbe en moyen fr. : *Se il sont tant de gens,* NONOBSTANT *ilz vivent habundelment* [= dans l'abondance] (E. PILOTI, *Traité sur le passage en Terre sainte,* éd. Dopp, p. 26) [1441]. — *Mais* NONOBSTANT, *Vierge belle et plaisant, / Ne porroie estre ma langue taisant / En ton loer* [= louange] (MOLINET, *Faictz et dictz,* S.A.T.F., t. II, p. 463). — *Et* NONOBSTANT *aucun mot n'en sonnoie* (LEMAIRE DE BELGES, *Épîtres de l'amant vert,* I, 125). — Il est assez fréquent au XVIᵉ s., puis se fait plus rare. Il est pourtant chez Pascal (*Prov.,* IV) et plusieurs fois chez Marivaux (*Double inconst.,* III, 5 ; etc.).

Dans cet emploi, *nonobstant* est une réduction de *ce nonobstant,* ancien complément absolu (§ 310, Hist.) ; *obstant* signifiait « faisant obstacle ».

2° **Pour autant** s'emploie à peu près uniquement dans un contexte négatif, interrogatif ou dubitatif :

> [*Ma raison*] *ira même jusqu'à remarquer* [...] *que cette ruine est quelque chose de déplorable. Pleurera-t-elle* POUR AUTANT ? (BREMOND, *Poésie pure,* p. 46.) — *Je passai de la colère au désespoir, sans restreindre* POUR AUTANT *la durée de ma triste promenade* (H. BORDEAUX, *Pays sans ombre,* p. 293). — *N'allez pas conclure* [...] *qu'elles* [= ces réflexions] *aient* POUR AUTANT *toute ma complaisance* (Y. GANDON, *Mascarades littéraires,* p. 162). — *Le problème de la vie n'est pas résolu* POUR AUTANT (É. HENRIOT, dans le *Monde,* 28 juillet 1948). — *Il en est* [...] *qui déploient un vrai zèle apostolique et qui ne sont pas,* POUR AUTANT, *des couteaux prestigieux ou des cliniciens hors pairs* (G. DUHAMEL, *Biographie de mes fantômes,* p. 82). — *Je ne me détourne pas de la jeunesse* POUR AUTANT (MONTHERLANT, *Solstice de juin,* p. 279). — *Le plus âgé ne cessa pas* POUR AUTANT *de commenter le prêche* (A. CAMUS, *Peste,* p. 251). — *Pensera-t-on qu'ils s'ignorent* POUR AUTANT ? (GENEVOIX, *Afrique blanche, Afr. noire,* p. 34.) — *Sa Révérence ne veut pas dire* POUR AUTANT *qu'il nous est interdit de le souhaiter*

(BERNANOS, *Dialogues des carmélites*, IV, 8). — *Désormais le regard au fond de l'orbite était clair et serein. Non point rassurant* POUR AUTANT (VERCORS, *Armes de la nuit*, p. 83).

Il est rare que *pour autant* soit pris au sens instrumental : *Pourquoi les noirs se masquent-ils, et de cette sorte ? Pour* [...] *apparaître revêtus de pouvoirs surnaturels, et en imposer* POUR AUTANT [= par ce moyen], *par l'idée de la force incluse dans ces simulacres* (É. HENRIOT, dans le *Monde*, 9 juin 1948).

Hist. — *Pour autant* n'est ni dans Littré ni dans le dict. de l'Acad., quoique l'expression soit ancienne : *Et* POUR AULTANT *on pourroit dire* [...] *que ce livre, parlant en vain de l'estat d'amours, peult estre cause de tourner les entendements à mal* (MAROT, t. II, pp. 147-148). — Voir aussi Godefroy, t. VI, p. 280. — Mais elle a subi une curieuse éclipse entre le XVIe s. et le XXe. — Pour le XIXe s., nous avons relevé un ex., qui paraît isolé : *En France, quand on n'a pas les bras assez longs pour envelopper une idée nouvelle dans toute son intensité, on ne renonce pas* POUR AUTANT *à la prétention de la soumettre et de se l'approprier* (NODIER, *Rêveries littéraires, morales et fantastiques*, Bruxelles, 1832, p. 54).

Le sens premier est causal, mais, comme *pour autant* ne s'emploie que dans des contextes négatifs, il a pris un sens adversatif. *Pourtant* a connu la même évolution, mais le sens adversatif a supplanté le sens causal et il apparaît aussi en dehors de toute négation.

3° *Tout de même* « malgré cela » est un emploi abusif du langage familier, selon l'Acad., mais elle reconnaît que le sens premier, équivalant à celui de *de même*, est vieux.

« De même » : *Je reconnais la bonne pierre sous les genévriers et le bon bois comme un maître-pivert :* / TOUT DE MÊME *les hommes et les femmes* (CLAUDEL, *Ann. faite à M.*, Prol.). — *N'eussé-je connu ni Dostoïevsky, ni Nietzsche, ni Freud, ni X. ou Z., j'aurais pensé* TOUT DE MÊME (GIDE, *Journal*, t. I, p. 781). — Autres ex. : BÉDIER, *Fabliaux*, 5e éd., p. 224 ; THÉRIVE, *Essai sur Abel Hermant*, p. 36.

« Cependant » : *C'était un bon homme* TOUT DE MÊME [dit la servante à propos de Vautrin, que la police vient d'arrêter] (BALZAC, *Goriot*, p. 228). — *Ce départ est fâcheux* [...]. *Nous nous en tirerons* TOUT DE MÊME (Th. GAUTIER, *Capit. Fracasse*, VI). — « *Donne-lui* TOUT DE MÊME *à boire* », *dit mon père* (HUGO, *Lég.*, XLIX, 4). — *Ruisselant d'une certaine intelligence, ils étaient laids* TOUT DE MÊME (BARRÈS, *Dérac.*, p. 309). — *Elle relut sa lettre. Il lui sembla que, si elle avait réfléchi, elle ne l'aurait pas écrite comme cela. Elle la trouvait gentille* TOUT DE MÊME (HERMANT, *Serge*, VI). — *Celui qui ne l'attirait plus, Fabien* TOUT DE MÊME *savait qu'Il était là* (Fr. MAURIAC, *Mal*, p. 64).

Pour *quand même* [tiré de la locution conjonctive de subordination], l'Acad. ne fait aucune réserve.

Elle ne signale pas que *quand même*, comme d'ailleurs *tout de même*, peuvent avoir un sens adversatif fort atténué et signifier « il faut l'avouer, à vrai dire » : *Une nuit de réflexion, c'est* QUAND MÊME *trop peu* (G. DUHAMEL, *Semailles au vent*, p. 79). — *Il a une belle tournure,* TOUT DE MÊME, *notre Jean* (MAUPASS., *Pierre et Jean*, IX).

985   **Adverbes exprimant le rapport de cause à conséquence.**

Donc (voir ci-dessous), *en effet, par conséquent, en conséquence, conséquemment* (langue écrite), *par voie de conséquence, par suite, partant* (voir ci-dessous). — Adverbes interrogeant sur la cause : *Pourquoi, que* (interrogation fictive proche de l'exclamation : § 394, *d*).

Autre valeur de *donc*, voir § 920, *b ; et donc* : § 921, *a*, 2°, Rem.

Partant [déjà considéré comme vieillissant du temps de Vaugelas (p. 225)] garde des positions fermes dans la langue écrite : *M. Génin a établi quelques règles générales qui ont déjà rendu de notables services à la lecture, et,* PARTANT, *à l'intelligences des textes* (LITTRÉ, *Hist. de la langue fr.,* t. II, p. 20). — *Mais, alors, il n'y aurait plus de surprise, et* PARTANT *plus d'émotion !* (J. VERNE, *Tribulations d'un Chinois en Chine,* IX.) — *Elle observait qu'il avait* [...] *le nez large,* PARTANT *les yeux écartés l'un de l'autre* (COLETTE, *Seconde,* M.L.F., p. 73). — *Les disciples de G. Guillaume s'ingénient à compliquer l'argumentation, et* PARTANT, *exposent la théorie aux critiques et aux incompréhensions* (B. POTTIER, dans *Romania,* 1960, p. 123). — *Autre thèse distincte des idées reçues par sa génération et,* PARTANT, *courageuse* (POIROT-DELPECH, dans le *Monde,* 20 avril 1979).

Autres ex. : SAND, *Homme de neige,* t. I, p. 4 ; MICHELET, *Sorcière,* t. II, p. 77 ; GOBI-NEAU, *Nouvelles asiatiques,* p. 50 ; TAINE, *Philos. de l'art,* t. I, p. 236 ; BRUNOT, *Hist.,* t. I, p. 357 ; BARRÈS, dans le *Journal,* 27 oct. 1893 ; R. MARTIN DU GARD, lettre, dans le *Figaro litt.,* 22 janv. 1968 ; A. CAMUS, *Peste,* p. 16 ; DE GAULLE, *Mém. de guerre,* t. III, p. 315 ; ARAGON, *Beaux quartiers,* I, 6 ; R. LE BIDOIS, dans *Mélanges Ch. Bruneau,* p. 20 ; Cl. PICHOIS, dans la *Revue d'hist. litt. de la Fr.,* janv.-mars 1961, p. 49 ; S. de BEAUVOIR, *Deuxième sexe,* t. II, p. 20 ; F. DELOFFRE, dans les *Cahiers de l'Assoc. intern. des études fr.,* 1963, p. 177 ; A. SAUVAGEOT, *Portrait du vocabulaire fr.,* p. 242 ; P. CHAUNU, *Temps des Réformes,* p. 229 ; etc.

986 **Observations sur divers adverbes ou locutions adverbiales.**

a) Au demeurant « n'est plus qu'un archaïsme, utilisable par plaisanterie » (Wartburg-Zumthor, 2ᵉ éd., § 94). Ce jugement est contredit par l'usage du XXᵉ s. :

Ce qui fait son plein mérite, ce n'est pas ce métier, AU DEMEURANT *un simple moyen, c'est son idée elle-même* (BARRÈS, dans le *Gaulois,* 20 févr. 1908). — *Le père répondit d'un air assez gêné qu'il s'agissait d'un simple coup de tête et qu'*AU DEMEURANT *une opinion en vaut une autre* (AYMÉ, *Confort intellectuel,* p. 112). — *La vue n'est-elle pas,* AU DEMEURANT, *le plus riche de nos sens ?* (J. ROMAINS, *Lettre ouverte contre une vaste conspiration,* p. 61.) — *Les vers de Molière sont* AU DEMEURANT *admirables d'aisance, de fermeté, de sûreté* (POMPIDOU, *Anthologie de la poésie fr.,* L.P., p. 19). — [...] *quand se leva en tempête une brise de nord-ouest* AU DEMEURANT *inégale et variable* (M. TOURNIER, *Vendredi ou les limbes du Pacifique,* F°, p. 10). — *La plus profonde raison du divorce* [entre la gauche et les intellectuels] *réside* [...] *dans l'insensibilité de la gauche politique au mouvement des idées depuis une dizaine d'années. Mouvement international,* AU DEMEURANT, *et non pas seulement hexagonal* (J.-Fr. REVEL, dans le *Point,* 5 sept. 1983).

Autres ex. : MAURRAS, dans *Barrès et Maurras, La République ou le roi,* p. 101 ; APOL-LIN., *Anecdotiques,* p. 478 ; BREMOND, *Divertissements devant l'arche,* p. 150 ; MAETERLINCK, *Vie des termites,* p. 64 ; GIDE, *Journal,* 10 avril 1942 ; DAUZAT, *Génie de la langue fr.,* p. 80 ; DE GAULLE, *Mém. de guerre,* t. I, p. 7 ; LE BIDOIS, t. I, p. XIII ; HÉRIAT, *Enfants gâtés,* VI, 3 ; GENEVOIX, *Routes de l'aventure,* p. 216 ; DANIEL-ROPS, *Carte d'Europe,* p. 78 ; MAUROIS, *Adrienne,* p. 325 ; H. BOSCO, *Jardin des Trinitaires,* p. 189 ; A. CAMUS, *Peste,* p. 15 ; ARLAND, dans le *Figaro litt.,* 16 avril 1960 ; R. BOSSUAT, *Moyen âge,* p. 275 ; R. VAILLAND, *Loi,* L.P., p. 33 ; G. ANTOINE, dans le *Fr. mod.,* janv. 1958, p. 67 ; SOUSTELLE, *Disc. de réc. à l'Ac. fr. ;* J. DELAY, *Avant mémoire,* t. I, p. 27 ; etc.

b) Aussi et ses équivalents.

1° *Aussi* est normalement remplacé par *non plus* dans une phrase ou une sous-phrase négative (éventuellement averbale) :

On ne peut pas vivre sans pain ; / On ne peut pas NON PLUS *vivre sans la patrie* (HUGO *Châtim.,* VII, 14). — *Vous ne le voulez pas, ni moi* NON PLUS (LITTRÉ, s.v. *aussi,* Rem. 1).

Ex. où la négation est simplement dans l'idée : *Le Lord Chancelier se garda bien de les confier* NON PLUS *aux détestables Westbrook* (MAUROIS, *Ariel*, II, 7).

Malgré la forme négative de la phrase, *aussi* se rencontre après la forme disjointe du pronom personnel sujet : *Moi* AUSSI, *je ne suis pas de son opinion !* (FLAUB., *Corresp.*, t. IV, p. 238.) — *Mais l'Administration n'avait pas le sou* [...]. *Moi* AUSSI, *je n'avais pas le sou* (PÉROCHON, *Chemin de plaine*, p. 7). — *Et vous* AUSSI, *mon cher Augustin*, [...] *vous n'êtes pas heureux ?* (FROMENTIN, *Domin.*, X.) — *Moi* AUSSI, *je ne connais pas le bonheur* (ESTAUNIÉ, *Labyrinthe*, p. 90). — *Elle* AUSSI *n'avait plus faim* (JALOUX, *Le reste est silence*, VII). — *Moi* AUSSI, *Aline, je n'ai plus rien* (Fr. MAURIAC, *Anges noirs*, p. 66).

Hist. — *Aussi* s'employait couramment autrefois dans les phrases négatives : +*Je ne suis pas un être nécessaire. Je ne suis pas* AUSSI *éternel, ni infini* (PASCAL, *Pens.*, 469). — +*La faveur des princes n'exclut pas le mérite, et ne le suppose pas* AUSSI (LA BR., XII, 6). — +*Elle ne disait mot, ni lui* AUSSI (SÉV., 28 févr. 1689).

Non plus, avec un verbe à un temps composé, se place ordinairement, selon l'harmonie de la phrase, tantôt après, tantôt avant le participe :

Je n'ai pas menti NON PLUS. *Je n'ai pas* NON PLUS *menti. Je ne l'ai pas vu* NON PLUS. — *Il se souvint qu'il n'avait pas* NON PLUS *dîné la veille* (HUGO, *Misér.*, IV, IV, 2). — *Elle n'avait pas* NON PLUS *écrit à son mari* (ARLAND, *Ordre*, t. II, p. 103). — *De même : Il n'est jamais* NON PLUS *désagréable de se rendre en pays inconnu* (ESTAUNIÉ, *Appel de la route*, p. 150).

Il arrive qu'on le place entre l'auxiliaire et le second élément de la négation composée : *Je n'ai* NON PLUS *jamais menti !* (ESTAUNIÉ, *Appel de la route*, p. 269.) — *Il n'avait* NON PLUS *jamais tué rien* (BARJAVEL, *Nuit des temps*, p. 104).

2° *Également* « aussi » n'est pas dans Littré, et l'Acad. ne le signale pas non plus dans l'article consacré à ce mot. L'emploi, qui date de la 1ʳᵉ moitié du XIXᵉ s., se rencontre sous les plumes les plus exigeantes :

Il se dit ÉGALEMENT *en parlant des Animaux et des Choses* (AC., s.v. *ramener*). [Voir déjà en 1835 et en 1878. Les éd. précédentes employaient *aussi*.] — *On rencontre* ÉGALEMENT *de* (THOMAS, s.v. *divorcer*). — *C'est des latins* ÉGALEMENT *que nous tenons notre conception du droit* (A. SIEGFRIED, *Âme des peuples*, p. 65). — *La préface, qu'il invite* ÉGALEMENT *Montesquieu à supprimer* [...] (CAILLOIS, Introd. de : Montesq., *Hist. véritable*, p. XI). — [...] *des fauteuils* [...] *recouverts d'un damas bleu et vieil or, dont étaient faits* ÉGALEMENT *les rideaux* (GIDE, *Si le grain ne meurt*, I, 6).

3° *Itou* est tantôt mis dans la bouche de paysans, tantôt employé par badinage :

C'est-i véridique ITOU *qu'on l'a trouvé sous mon lit ?* (MAUPASS., *C.*, Lapin.) — *Il y avait là un duo désuni* [...]. *Et* ITOU *un célibataire branleur, un mari bafoué* [...] (M. MOREAU, *Moreaumachie*, p. 155).

Hist. — *Itou* est généralement considéré comme une altération de *atout* (ancienne préposition signifiant « avec »), sous l'influence de *itel*, ancienne variante de *tel*.

4° *Pareil :* § 926, *d* (ex. de Jouhandeau).

c) Aussi bien sert à rendre raison d'une proposition qui précède ; cette locution est, pour le sens, assez voisine de *d'ailleurs* ou de *en effet*, mais elle implique essentiellement l'idée d'une égalité, et son vrai sens est plutôt « somme toute » ou « tout compte fait » ou « quel que soit le cas » :

Vous avez le droit de vous retirer puisque AUSSI BIEN *vous n'avez pas encore parlé* (SAND, *Mare au d.*, XIII). — *Allons, sois de la fête, puisque* AUSSI BIEN *te voilà tout pâlot, tout défaillant* (F. FABRE, *Mon oncle Célestin*, I, 2). — *Ne croyez pas que je vous en veuille.* AUSSI BIEN *je veux être joyeux aujourd'hui* (GIDE, *Paludes*, p. 160). — AUSSI BIEN, *telle est la richesse de ce livre, que chacun peut y satisfaire son humeur* (ARLAND, *Lettres de France*, p. 124). — *Puisque,* AUSSI BIEN *on le tient,* [...] *rien n'empêche de le mettre à même de justifier ce qu'il dit* (G. DUHAMEL, *Cri des profondeurs*, p. 197).

d) Même : cf. § 623, Rem. 3. — *Mêmement* (qui est vieilli, sauf dans certains parlers régionaux) signifie ordinairement « de même, aussi », mais parfois « même ».

« De même » : *Comme il est au ciel avec tous ses anges et dans le cœur de la Vierge sans péché, / Il est* MÊMEMENT *ici, dans la gare de chemin de fer et l'usine* (CLAUDEL, *Cinq gr. odes*, Processionnal). — *La mère avait demandé pardon à tous, et aux domestiques* MÊMEMENT, *des torts qu'elle pouvait avoir faits* (POURRAT, *Gaspard des Montagnes*, t. I, 1931, p. 105). — *Le président de la République était l'un des vôtres.* MÊMEMENT *le président du Conseil* (BERNANOS, *Grands cimetières sous la lune*, Pl., p. 413). — *Vendredi chair ne mangeras, / Ni le samedi* MÊMEMENT (*Commandements de l'Église* catholique, version reçue jusqu'au début du XXᵉ s.).
« Même » : *Vous m'appelez bien souvent, presque toujours comme ça* [= Mon enfant]. *Et* MÊMEMENT *vous me dites souvent, quand nous sommes seuls : Appelle-moi ma mère* (SAND, *Fr. le champi*, VII).

e) Par ailleurs peut signifier « par une autre voie » (c'est le seul sens signalé par Littré) : *Il faut faire venir vos lettres* PAR AILLEURS (LITTRÉ). — La langue moderne, quoi qu'en disent les puristes, lui fait aussi signifier « d'un autre côté, d'autre part, pour un autre motif, par un autre moyen, pour le reste », et l'Acad. l'a reconnu elle-même :

Je l'ai trouvé très irrité et, PAR AILLEURS, *décidé à se retirer* (AC.). — *Pour accueillir ceux dont le métier* PAR AILLEURS *est devenu impossible* (BARRÈS, *Union sacrée*, p. 58). — *Fussent-ils* PAR AILLEURS *de fins lettrés, ils sont pour lui des étrangers et des adversaires* (H. BREMOND, *Pour le Romantisme*, p. 109). — *La méthode grammaticale dont M. Brunot,* PAR AILLEURS *si critiquable, se fait l'innovateur est au contraire logique et vivante* (THÉRIVE, *Français, langue morte ?...* p. VI). — PAR AILLEURS, *les malheureux lui étaient indifférents* (MONTHERLANT, *Célibataires*, p. 208). — *Des scènes de sang qui lui rendaient pénible à lire le récit,* PAR AILLEURS *si beau, de la Révolution Française* (MAUROIS, *Ariel*, II, 7). — *Le boxeur à l'entraînement est,* PAR AILLEURS, *soigné comme un objet de cristal* (G. DUHAMEL, *Paroles de médecin*, p. 216). — PAR AILLEURS, *sa technique et ses installations* [de notre peuple] *étaient les plus négligées du monde* (GIRAUDOUX, *Sans pouvoirs*, p. 78). — *Une assemblée de messieurs âgés,* PAR AILLEURS *fort courtois* (Fr. MAURIAC, *Journal*, t. IV, p. 6). — PAR AILLEURS, *les deux toitures étaient peu inclinées* (J. ROMAINS, *Violation de frontières*, p. 114).

CHAPITRE VII

LA PRÉPOSITION

Bibl. — V. Brøndal, *Théorie des prépositions. Introduction à une sémantique rationnelle*, trad. fr. par P. Naert. Copenhague, Munksgaard, 1948. — E. Spang-Hanssen, *Les prépositions incolores du fr. moderne.* Copenhague, Gads Forlag, 1963.

SECTION 1. — GÉNÉRALITÉS

987   La **préposition** est un mot invariable qui établit un lien de subordination entre des mots ou des syntagmes :

Le jardin DE *mon voisin est plein* DE *mauvaises herbes. Ma sœur est partie* POUR *l'Afrique* EN *avion.*

On appelle **régime** de la préposition l'élément subordonné qu'elle rattache au mot complété.

Une préposition peut être **composée** de plusieurs mots : *Depuis.* — Si les mots sont séparés dans l'écriture, on parle de **locution prépositive** : *À cause de.* — Il y a parfois un trait d'union entre les éléments : *Par-delà.*

Remarques. — 1. Il arrive que la préposition soit utilisée pour des fonctions qui, normalement, se passent de préposition : épithète, apposition, attribut, sujet, complément d'objet direct. On l'appelle parfois alors *préposition vide :*

Rien DE *nouveau ne s'est produit. La ville* DE *Genève. Si j'étais* DE *vous.* — DE *t'avoir parlé m'a fait du bien* (Gide, *Porte étr.*, LV). — *Il ne cesse* DE *bavarder.* — On peut considérer le *de* comme une sorte d'introducteur de l'infinitif : § 1044, *d*, 2°.

2. Certaines prépositions peuvent avoir un complément (§ 359) : Bien *avant le jour.*

3. Les prépositions *de* et *à* se contractent avec l'article défini masculin singulier devant consonne et avec l'article défini pluriel :

La maison DU *berger. La maison* DES *bergers. Parler* AU *médecin. Parler* AUX *médecins.* — Mais : *La maison* DE L'*horloger,* DE LA *boulangère.* — La contraction se fait aussi avec le relatif *lequel, lesquels : Le livre* AUQUEL *vous pensez. Les livres* AUXQUELS *vous pensez.* — Sur *ès = en les,* voir § 565, *b.*

988 **Liste des principales prépositions.**

À	De	Envers	Par	Sous
Après	Depuis	Hormis	Parmi	Suivant
Avant	Derrière	Hors	Pendant	Sur
Avec	Dès	Jusque	Pour	Touchant
Chez	Devant	Malgré	Près	Vers
Concernant	Durant	Moyennant	Sans	Via
Contre	En	Nonobstant	Sauf	
Dans	Entre	Outre	Selon	

On y ajoute souvent *ès*, à l'origine article contracté (*en + les* : § 565, *b*) : *Docteur* ÈS *lettres ;* — et certains adjectifs (*plein*) ou participes (*attendu, excepté, passé, supposé, vu*) invariables lorsqu'ils sont employés comme attributs antéposés dans des compléments absolus (§ 310). La nature première de ces adjectifs ou participes ne nous paraît pas vraiment oblitérée. — En revanche, elle nous paraît l'être pour *hormis, sauf,* ainsi que pour *durant, nonobstant,* etc. — Certains emplois de *voici* et *voilà* peuvent être rapprochés des prépositions, § 1046, *a,* 1°.

D'autres prépositions sont d'usage restreint :

°*Bicause* « à cause de » (souvent écrit, à l'anglaise, *because*), dans le fr. familier parisien : *Dominique lui tint pendant quelque temps compagnie puis finit par l'abandonner* BICAUSE *l'arrivée de nouveaux invités* (QUENEAU, *Loin de Rueil,* VII).

Deçà et *delà,* vieux : *La Provence est* DEÇÀ *les Alpes* (ROBERT). — DELÀ *la mer j'étais avec vous et rien ne nous séparait* (CLAUDEL, *Soulier de satin,* cit. *Trésor*). — Après *de,* l'emploi de *delà* est moins archaïque : *L'odeur d'aujourd'hui vient de delà les Pyrénées* (VEUILLOT, *Odeurs de Paris, ib.*).

Dedans, dessous, dessus, vieux ou régionaux : DEDANS *ces langes seront toutes les souillures de ma vie* (D. DECOIN, *Il fait Dieu,* p. 48). — *Je me sentais* DEDANS *la vie* (RAMUZ, *Vie de Samuel Belet,* II, 8). — *Son sein* [...] *sauta hors du corsage et sortit. Il resta là,* DESSOUS *l'ombre du corsage* (GIONO, *Que ma joie demeure,* VIII). — *Tant et tant d'hommes, couchés* DESSUS *le sol* (DE GAULLE, *Discours et messages,* t. III, p. 325). [Souvenir de PÉGUY, *Ève,* p. 133.] — *En montant* DESSUS *son dos* (CÉLINE, *Voy. au bout de la nuit,* F°, p. 39).

Après *de,* ces trois prépositions appartiennent à l'usage normal : *Il ne retirait pas volontiers ses mains de* DEDANS *ses poches* (FLAUB., *Mme Bov.,* I, 3). [*De dans* serait moins clair.]

Devers « vers », vieux ou régional (notamment Ouest) : [...] *alla jeter un coup d'œil* DEVERS *une grande caisse à claire-voie* (CHÂTEAUBRIANT, *Meute,* L.M.I, p. 24).

°*Endéans* « dans l'intervalle de, dans le délai de », en Belgique : *Les bouchers, les tisserands et les foulons s'insurgent, mais tous sont écrasés* ENDÉANS *quelques heures* (F. FAVRESSE, dans *Revue belge de philol. et d'hist.,* 1957, p. 381). — Littré (Suppl.) cite deux ex. qui paraissent sans rapport avec la Belgique. — Sur *sous* avec cette valeur, voir § 1020.

Fors « excepté », vieilli : *Je vous fais confiance, oui,* FORS *sur ce point-ci* (MONTHERLANT, *Reine morte,* II, 2). -- Maintenu en vie grâce à la formule célèbre attribuée à François Ier : *Tout est perdu,* FORS *l'honneur.*

Joignant « tout près de », vieux : *Une maison* JOIGNANT, *tout* JOIGNANT *la sienne* (AC.).

Jouxte, de même sens, resté comme terme de procédure, est parfois utilisé dans la langue littéraire : [Florence] *se trouvait* JOUXTE *tous ses ennemis* (M. BRION, *Laurent le Magnifique,* p. 141).

Lez « près de » ne se trouve plus que dans des noms de lieux : *Plessis-*LEZ*-Tours.* — Cette graphie est toujours conservée en Belgique ; en France, on écrit souvent *les* ou *lès* :

Villeneuve-LÈS-Avignon est sur la rive droite du Rhône (G. DUHAMEL, *Temps de la recherche*, XVII).

Proche : cf. § 998, *d.*

°*Quand* « avec » est du fr. régional de l'Est (Champagne, Savoie, etc.) : *Je suis arrivé* QUAND *lui* (cf. *Revue de linguist. romane*, janv.-juin 1978, p. 182). — Comp. : *Vous pouvez venir avec la lionne et* QUAND *l'hercule blagueur* (BALZAC, *Corresp.*, 2 nov. 1839).

°*Quand et* (souvent écrit *quant*) est du fr. régional de l'Ouest (Normandie, Bretagne, etc., ainsi que Canada) : *Mon père me menait* QUANT ET *lui à la chasse* (CHAT., *Mém.*, I, III, 6). — *Venez* QUANT ET *nous* (LA VARENDE, *Centaure de Dieu*, p. 41). — Autre ex. normand : BARBEY D'AUR., *Ensorcelée*, Pl., p. 561. — Archaïsme plutôt que régionalisme : *Nous arrivâmes à Giromagny* QUAND ET *les premières bourrasques de l'arrière-saison* (G. DUHAMEL, *Biographie de mes fantômes*, p. 243).

[On a dit aussi °*quand et quand*, qui subsiste, régionalement, dans des emplois adverbiaux : *Je continuai à tourner et à retourner dans ma tête les vers de mes stances, improvisant* QUAND ET QUAND *un air qui me semblait charmant* (CHAT., *Mém.*, IV, II, 4). — *Elle n'avait plus personne pour lire avec elle, pour s'intéresser à la misère du monde avec elle, pour prier d'un même cœur, et même pour badiner honnêtement* QUAND ET QUAND, *en paroles de bonne foi et de bonne humeur* (SAND, *Fr. le champi*, XI).]

°*Quoique ça* (popul.) : § 1091.

Rez « à ras de » dans les locutions figées *rez-pied, rez-terre* : *Partie de l'arbre qui reste sur et dans le sol après abattage, lorsqu'il n'a pas été coupé* REZ-*terre* (A. MÉTRO, *Terminologie forestière*, s.v. *étoc*). — *On mit* REZ-*pied,* REZ-*terre, le temple de Canope* (CHAT., *Études histor.*, III, 2). — *Il* [= un incendiaire] *mit* REZ-*terre la jolie rue large aux gaies peintures* (J. AMSLER, trad. de : G. Grass, *Années de chien*, pp. 522-523).

Hist. — Quelques prépositions de haute fréquence viennent du latin. Certaines existaient en latin classique : *Ad* > *à* (aussi influencé par *ab* : cf. §§ 313, *c*, Rem. ; 873, *b*, 2°, Hist.) ; *contra* > *contre* ; *de* > *de* ; *in* > *en* ; *inter* > *entre* ; *iuxta* > *jouste*, refait en *jouxte* d'après le latin ; *ultra* > *outre* ; *per* > *par* ; *pro* > *pour* ; *sine* > *sans* (avec l's dit adverbial : § 923) ; *super* (ou *supra*) > *sur.* — D'autres sont du latin vulg. : *Abante* > *avant* ; **ab hoc* > *avec* ; *ad pressum* (d'abord partic. passé, « serré ») > *après* ; *de ex* > *dès* ; *de foris* > *dehors* (d'où *hors*) ; *de intus* > *dans* ; *de retro* > *derrière* ; *inde usque* > *enjusque* (d'où *jusque*) ; **sub longum* > *selon.* — *Fors, sous* et *vers* proviennent des adverbes latins *foris, subtus* et *versus.*

Via est un emprunt au lat. *via* « voie » (XIXe s.). — *Bicause* est l'angl. *because.*

Prépositions résultant de l'agglutination d'une préposition et d'un adverbe : *Dedans, dehors, depuis*, etc. ; *envers.* — *Endéans* = *en de ens* (adverbe signifiant « à l'intérieur », du latin *intus*). — Autres agglutinations : *Parmi, malgré.*

Prépositions résultant d'un changement de catégorie. De noms : *Chez*, anc. fr. *chiés* (lat. *casa*, maison) ; *lez*, anc. fr. *lez* « côté », aujourd'hui *lé* (lat. *latus*). En outre, *malgré*, littéralement « mauvais gré ». — D'un adjectif : *Sauf.* — De participes : *Concernant, durant, pendant, suivant, touchant* ; en outre : *hormis* = *hors mis* ; *nonobstant* = *non obstant* « ne faisant pas obstacle ». Cf. § 310, Hist.

989   Liste des principales locutions prépositives.

À bas de	À fleur de	À l'encontre de	À l'insu de
À cause de	À force de	À l'entour de	À même
À côté de	À la faveur de	À l'exception de	À moins de
À défaut de	À la merci de	À l'exclusion de	À partir de
Afin de	À l'égard de	À l'instar de	À raison de

À seule fin de	Aux dépens de	En dépit de	Par-dessus
À travers	Aux environs de	En dessous de	Par-devant
Au-dedans de	Avant de	En face de	Par-devers
Au défaut de	D'après	En faveur de	Par le moyen de
Au-dehors de	D'avec	En guise de	Par rapport à
Au-delà de	De façon à	En outre de	Par suite de
Au-dessous de	De la part de	En plus de	Près de
Au-dessus de	De manière à	En sus de	Proche de
Au-devant de	D'entre	Face à	Quant à
Au lieu de	De par	Faute de	Quitte à
Au moyen de	De peur de	Grâce à	Sauf à
Auprès de	Du côté de	Hors de	Sous couleur de
Au prix de	En bas de	Loin de	Vis-à-vis de
Autour de	En deçà de	Lors de	Etc.
Au travers de	En dedans de	Par-delà	
Aux alentours de	En dehors de	Par-dessous	

On peut avoir aussi deux prépositions qui se suivent, mais dont chacune a sa propre fonction : *Il revenait* DE CHEZ *sa tante.*

Jusque se construit souvent avec une autre préposition : § 1015, *b.*

Certains linguistes considèrent qu'*il y a* peut jouer le rôle d'une préposition.

990   Observations sur les locutions prépositives.

a) Certaines des locutions prépositives comportant un nom précédé de l'article défini et suivi de la préposition *de* admettent que *de* et le pronom personnel régime soient remplacés par le déterminant possessif, même dans des cas où le nom n'est pas usité en dehors de ces formules :

L'époque me les a fourrés dans la tête à MON *insu* (J. GREEN, *Vers l'invisible,* 15 juillet 1962). — *Cette tendresse à* SON *endroit* [= pour son mari] *l'* [= Léon] *étonna d'une façon désagréable* (FLAUB., Mme *Bov.,* II, 5). — *Vous ne vouliez pas de cette liberté-là pour l'Algérie. La lui jeter comme l'affranchissement à un esclave vous paraissait la plus mauvaise action que l'on pût commettre à* SON *encontre* (J. DUTOURD, *Réponse au disc. de réc. de J. Soustelle à l'Ac. fr.*). [Autres ex. au § 1022, 1.] — De même : *À mon sujet, à mes dépens, à mon égard, de ma part,* etc.

Plus hardiment : *Vous avez témoigné, à* MON *contraire, une certaine vénération pour les choses consacrées* (LÉAUTAUD, *Entretiens avec R. Mallet,* p. 393). — *Les gens, à* SON *entour, changeaient aussi* (Fr. MAURIAC, *Baiser au lépreux,* L.P., p. 52). — *On reniflait* À SON ENTOUR *un relent de traîtrise* (GENEVOIX, *Raboliot,* p. 24). — *Elle constitue un procédé de style. Par* SON *moyen on allège la phrase* (WAGNER et PINCHON, 1973, p. 429). — *L'urgence est d'un autre ordre dans l'esprit du médecin, et sans doute dans l'inconscient du malade, à la frontière où se situe le combat et qui passe sans doute à* SON *travers* (P. EMMANUEL, *L'arbre et le vent,* p. 173). — *Je faisais quelques pas sur la route, à* SON *devant* (Y. GROSRICHARD, *Haut du pavé,* p. 131). — *Joinville, scandalisé, alla à* LEUR *devant* (POURRAT, *Saints de France,* p. 94). — *Le marchand qui s'était précipité à* SON *devant, quand elle était entrée* (DANIEL-ROPS, *Cœur complice,* p. 137). — *J'ai envie d'aller à* LEUR *devant jusqu'à la halle* (B. CLAVEL, *Pirates du Rhône,* XIX). — *Morand vint à* NOS *devants* (A. PEYREFITTE, *Disc. de réc. à l'Ac. fr.*).

On dit aussi À CET égard pour à l'égard de cela. — De QUELLE part... ? pour De la part de qui... ? est vieilli, selon Robert (s.v. part, III, 1°).

b) Certaines locutions prépositives admettent l'intercalation d'un adverbe (comp. § 1026) :

Tu es très bien, ma petite Julie, dit-il à sa cousine avant MÊME d'avoir examiné sa toilette (FROMENTIN, Domin., XII). — Ce phénomène est appelé tmèse.

991   Nature du régime de la préposition.

La préposition peut introduire un nom, un pronom, un gérondif, un infinitif, un adverbe, un groupe de mots déjà précédé d'une préposition ou même une proposition entière :

L'amour de la PATRIE. Renversé par l'ORAGE. Louer une maison à DEUX. Aucun d'EUX. Antérieurement à l'EXPÉRIENCE. Bon à MANGER. Partir pour TOUJOURS. Sortir de CHEZ UN AMI. — Boule de suif, se baissant vivement, retira de SOUS LA BANQUETTE un large panier (MAU-PASS., Boule de suif, p. 24). — La très célèbre cathédrale, dès EN ARRIVANT, elle s'indique (LOTI, Figures et choses qui passaient, p. 150). — C'est pour DANS HUIT JOURS (BOURGET, Nouveaux pastels, p. 150). — Levant les yeux de SUR LES CARTES (É. HENRIOT, Aricie Brun, II, 5). — Elle [...] tira de DESSOUS LE LIT un saladier de cristal (COCTEAU, Enfants terribles, p. 72). — Dès APRÈS LE MARIAGE de la cadette (MALLET-JORIS, Mensonges, p. 85). — Mon costume de QUAND J'ÉTAIS EN PLACE [= servante], dit-elle (R. MARTIN DU GARD, Thib., Pl., t. I, p. 1018).

Il y a des locutions prépositives qui ne servent que devant un infinitif : À condition de, afin de, au point de, de manière (ou façon) à, quitte à.

Généralement, les prépositions ont la même forme, quelle que soit la nature du régime : APRÈS être parti. APRÈS son départ. APRÈS moi. Avant fait exception et est remplacé par avant de devant un infinitif : AVANT son départ. AVANT moi. AVANT DE partir. — De même, moyennant, mais la construction avec un infinitif n'est pas mentionnée par les dictionnaires : Peuvent être reconnues par le gouvernement, MOYENNANT DE se conformer aux dispositions de la présente loi [...] (loi belge sur les sociétés mutualistes, 23 juin 1894, art. 2).

Certains écrivains et la langue parlée de certaines régions (voir notamment, pour l'Île-de-France et l'Orléanais, M.-R. Simoni-Aurembou, dans Langue fr., mai 1973, p. 133) utilisent encore avant que de pour avant de :

AVANT QUE DE se mettre à l'ouvrage, François [...] s'en vint regarder comment dormait la malade (SAND, Fr. le champi, XIX). — Je la retoucherai AVANT QUE DE partir pour Aix (CÉZANNE, Corresp., 27 févr. 1864). — J'espérais voir des anges AVANT même QUE DE mourir (BARRÈS, Jardin sur l'Oronte, p. 22). — Et s'il me reste encore un jour AVANT QUE D'être vieux (ÉLUARD, Leçon de morale, Préf.). — Il sera crevé dix fois, AVANT QUE D'arriver au bistro ! [dit une paysanne] (R. MARTIN DU GARD, Vieille France, XIII.) — J'aurais été mort AVANT même QUE D'être né, tué avant même d'avoir été conçu (Cl. SIMON, Sacre du printemps, L.P., p. 21). — AVANT QUE DE vous engager, regardez bien à ce que vous avez dessein de faire (AC., s.v. regarder).

Autres ex. : STENDHAL, Rouge, II, 19 ; J. RENARD, Journal, 1er janv. 1897 ; CLEMENCEAU, Démosthène, p. 96 ; COLETTE, Envers du music-hall, Sel., p. 39 ; CLAUDEL, Ann. faite à M., I, 3 ; JAMMES, Janot-poète, p. 169 ; G. DUHAMEL, Vie des martyrs, p. 134 ; MAUROIS, Art de *vivre*, p. 99 ; BERNANOS, *Imposture*, p. 157 ; D. BOULANGER, *Nacelle*, p. 129 ; SARTRE, *Qu'est-ce que la littérature ?* Id., p. 44 ; A. REY, dans *Langue fr.*, déc. 1969, p. 23 ; etc.

Avant que et *avant* tout court sont nettement plus archaïques : *Et vous avez touché vers un ancien village* / AVANT QUE *retourner dans nos pauvres hameaux* (PÉGUY, *Ève*, p. 116). — *La voir*, AVANT *mourir, pour qu'endormi j'en rêve* (E. ROSTAND, *Princesse lointaine*, I, 4). — AVANT *dire droit* est une formule qui reste en usage parmi les juristes.

Devant que de peut aussi paraître fort archaïque : *Les Allemands, traqués,* DEVANT QUE D'*évacuer la ville, font sauter leurs dépôts* (GIDE, *Journal 1942-1949*, p. 148). — *Elle entre, et* DEVANT QUE DE *dénouer sous son menton l'écharpe qui économise un chapeau et ménage une permanente, elle parle* (COLETTE, *Fanal bleu*, p. 112). — Pourtant cette locution continue d'être vivante dans le parler de l'Île-de-France et de l'Orléanais (cf. Simoni-Aurembou, *l.c.*).

Hist. — 1. L'infinitif dépendant de *avant* pouvait anciennement et jusque dans le XVI⁰ s. se joindre à cette préposition, soit immédiatement, soit au moyen de *que* ou de *que de*. — La construction directe devint rare au XVII⁰ s. : ⁺*Avant partir de Turquie* (SAINT-SIMON, *Mém.*, G.E.F., t. III, p. 199). — ⁺*Ma tante avait payé les dettes de son fils avant mourir* (SÉV., 15 janv. 1687). — À cette époque, on n'admettait plus guère que les tours *avant que mourir, avant que de mourir : Mais avant* QUE *partir, je me feray justice* (RAC., *Mithr.*, III, 1). — ⁺*Il faut examiner si les enfants sont des charretiers, avant* QUE *les traiter comme des charretiers* (SÉV., 16 juillet 1677). — ⁺*Il y a des gens qui parlent un moment avant* QUE D'*avoir pensé* (LA BR., V, 15). — *J'ay voulu qu'il sortist avant* QUE *vous parler* (MOL., *Fâch.*, III, 3). — *Avant donc* QUE D'*écrire, apprenez à penser* (BOIL., *Art p.*, I). — La construction *avant de* + infinitif, rare au XVI⁰ et au XVII⁰ s., est devenue générale au XVIII⁰ s. : *Avant* DE *mourir* (MONTAIGNE, III, 6). — ⁺*Avant* DE *prendre congé de lui* (LA BR., XI, 7). — ⁺*Mais avant* DE *mourir, elle sera vengée* (VOLT., *Tancr.*, III, 2). — Vaugelas (pp. 319-320) déclarait : « Il faut dire *avant que de mourir*, et *devant que de mourir*, et non pas *avant que mourir*, ny *devant que mourir*, et beaucoup moins encore *avant mourir*, comme disent quelques-uns en langage barbare. »

On disait aussi **auparavant** *de* ou *que de* : AUPARAVANT D'*importuner Mr Joli pour mes escrits, il faudroit savoir de luy s'il voudroit me donner ses conseils en secret* (MAINTENON, *Corresp.*, 14 mars 1686). — AUPARAVANT QUE DE *venir* (MOL., *Escarb.*, III). — En outre, *auparavant* servait de préposition avec un nom ou un pronom comme régime. — Ces emplois existent encore en Suisse.

2. *Depuis* et *dès* ont pu jadis avoir un infinitif comme régime : *J'ay vescu en trois sortes de condition,* DEPUIS ESTRE SORTY *de l'enfance* (MONTAIGNE, I, 14). — DEPUIS AVOIR CONNU *feu Monsieur vostre Pere* (MOL., *Bourg.*, IV, 3). — ⁺DEPUIS *vous* AVOIR ADRESSÉ *la lettre* (RAC., G.E.F., t. VI, p. 494). — *Ces cimens resistent à l'eau* DÈS *incontinent* ESTRE POSÉS (O. de SERRES, cit. Littré).

992   **Préposition à régime implicite.**

a) Lorsqu'**il s'agit de choses,** il est fréquent que, par économie, on ne répète pas le régime d'une préposition s'il a déjà été exprimé peu avant ou si on peut le déduire facilement du contexte.

On peut aussi le reprendre par un démonstratif comme *cela* (ou *ça*) : *Avant cela, malgré cela, sans cela* ; — ou, plus rarement, par un pronom personnel : voir des ex. au § 638, *a.*

L'emploi de locutions adverbiales permet aussi de ne pas exprimer le régime ; notamment *là contre* (ou *là-contre*), *là-dessus, là-dessous, là autour,* etc., au lieu de *contre cela,* etc. ou de *contre* sans régime (cf. 1° ci-dessous) : voir § 969, *c.*

1° Avec les prépositions *après, avant, contre, depuis, derrière, devant,* l'omission du régime appartient à l'usage normal :

Les uns attendent les emplois, les autres courent APRÈS (AC.). — AVANT, *nous étions souillés par l'envahisseur. Maintenant, nous sommes souillés par nous-mêmes* (MONTHERLANT, *Maître de Santiago,* I, 4). — *Quand on fit cette proposition, tout le monde s'éleva* CONTRE (AC.). — *Le chameau était lancé* [...]. *Quatre mille Arabes couraient* DERRIÈRE (A. DAUDET, *Tart. de Tar.,* III, 4). — *Un cierge brûlait, et une femme se tenait agenouillée* DEVANT (LOTI, *Pêcheur d'Isl.,* p. 34).

On construit aussi *outre* sans régime dans l'expression *passer outre : Cette faute est trop grave : je ne puis passer* OUTRE. — Lorsque *outre* a le sens de « en plus » on emploie la locution adverbiale *en outre* pour *outre cela : Il a emporté son parapluie et* EN OUTRE *son imperméable.*

2° À la place des prépositions *dans, hors, sur* et *sous,* on emploie sans régime *dedans, dehors, dessus* et *dessous* (qui sont d'anciennes prépositions : cf. § 988) :

Je le croyais hors de la maison, il était DEDANS (AC.).

3° Avec les locutions prépositives dont le dernier élément est *de,* on omet régulièrement le régime en même temps que le *de :*

Le palais était fermé, AUTOUR *veillait une garde nombreuse* (AC.).

4° Avec les prépositions *avec, entre, pendant, pour, sans,* l'omission du régime appartient plutôt à l'usage familier, mais cela se trouve pourtant dans la langue littéraire (surtout *avec*) :

Avec : Il a pris mon manteau et s'en est allé AVEC (AC.). — *Il a été bien traité et il a encore eu de l'argent* AVEC (AC.). — *Nous possédons de grands titres, mais bien peu* AVEC (MUSSET, *Barberine,* I, 3). — *Que le diable t'emporte et moi* AVEC ! (ID., *Il ne faut jurer de rien,* I, 1.) — *Les deux boucles de fil de fer* [...], *il les a reprises, parce qu'elles se rouillaient et qu'il était las de ne rien attraper* AVEC (J. RENARD, *Ragotte,* Merlin, II). — *Vite elle arrachait une rose* [...] *et elle se sauvait* AVEC (R. ROLLAND, *Jean-Chr.,* t. VI, p. 27). — *La gloire est soumise à des lois de perspective. Impossible de tricher* AVEC (COCTEAU, *Poésie critique,* pp. 170-171). — *Il vivait dans l'épouvante que la vieille dame ne fît flamber la maison de bois, et la sienne* AVEC (A. FRANCE, *Orme du mail,* XII). — *Il tenait un mouchoir à pois noirs et s'éventait* AVEC (GIDE, *Caves du Vat.,* V, 3). — *Cela se disloquait, et lui* AVEC (MONTHERLANT, *Songe,* XV). — *« La Démocratie coule à pleins bords. » C'est maintenant qu'elle coule. Et vous coulez* AVEC (BERNANOS, *Grands cimetières sous la lune,* Pl., p. 450). — *La maison brûlera en 1914, et les précieux papiers de Littré* AVEC (A. REY, *Littré, l'humaniste et les mots,* p. 153).

Autres prépos. : *C'est la ville qui te lasse, dit Isaïe. Tu n'es pas fait* POUR (TROYAT, *Neige en deuil,* p. 86). — *Voilà mon excuse : l'intérêt, le plus bas intérêt personnel. J'ai été payé* POUR (MAULNIER, dans la *Table ronde,* mars 1953, p. 73). — *Elle avait enlevé son chapeau, moins bien* SANS (É. HENRIOT, *Occasions perdues,* p. 7). — *C'est l'analogue de l'amour, une aspiration* VERS (BARRÈS, *Mes cahiers,* t. XIV, p. 92). — *Quelque chose qui vaille* [...] *qu'on se batte* POUR (P. BARBÉRIS, *Lectures du réel,* p. 11). — *Si on peut accélérer la croissance, je suis* POUR (Raym. ARON, *Spectateur engagé,* p. 264). — *Puisqu'elle l'*[= un gilet] *avait enlevé elle-même, il eût été plus normal qu'elle soit tombée* SANS (ROBBE-GRILLET, *Voyeur,* p. 252). — *Il a écrit des poèmes avec rimes* [...] *et des poèmes* SANS (J. FOLLAIN, *Pierre Albert-Birot,* p. 41).

5° Avec les prépositions *à* et *de,* l'omission du régime est impossible parce que les pronoms conjoints *y* et *en* remplacent ce type de syntagmes :

Parti pour le Québec en janvier, il Y *est resté plus de deux mois et il* EN *est revenu à Pâques.* — Cf. §§ 651-652.

Le pronom *y* peut représenter aussi des syntagmes prépositionnels de lieu introduits par une autre préposition (*dans, derrière, sur,* etc.) : *Il a oublié la bêche derrière la haie et elle* Y *est restée tout l'hiver.*

b) Lorsqu'**il s'agit d'un nom de personne,** le tour normal est de remplacer le nom par un pronom personnel, soit conjoint (préposition omise), soit disjoint, selon les prépositions (cf. § 638) :

Si *je rencontre votre mère, je* LUI *parlerai. Pour que le professeur ne me voie pas, je passerai* DERRIÈRE LUI.
On peut avoir *en* et *y* dans certains cas : cf. § 653, *c*, 2°.

Il arrive cependant que l'on utilise les prépositions à régime implicite.

1° Pour *après, dessus,* etc. (cf. ci-dessus, *a*, 1°-3°), cela est assez courant :

Il court DERRIÈRE *pour la rattraper* (*Dict. contemp.*). — *La protectrice était absente ; elle court* APRÈS (MICHELET, *Hist. de la Révol. fr.*, Introd., II, 9). — *Et pour l'échauffer dans sa crèche, / L'âne et le bœuf soufflent* DESSUS (Th. GAUTIER, *Ém. et cam.*, Noël).
Plus familier, avec le pronom personnel conjoint objet indirect : *Dès qu'elle met le nez dehors, les enfants* LUI *courent* APRÈS (BERNANOS, cité, avec d'autres ex., au § 647, *d*).

2° Avec les prépositions *avec, sans, pour,* la construction sans régime apparaît surtout dans la langue parlée très familière :

Vous savez bien, explique Nestor, qu'on lui [= au roi] *dressait son couvert un peu au hasard. / — Comment voulez-vous que je sache ça ? Je n'ai jamais dîné* AVEC (TOULET, *Béhanzigue*, p. 115). — *Prends-moi ! Et prends Carthage* AVEC (GIRAUDOUX, *Ondine*, II, 13). — *Pourquoi as-tu offert des chips à Séverin le vendredi 9 octobre ? Couchais-tu* AVEC ? (SAGAN, *Merveilleux nuages*, L.P., p. 110.) — *Le Pompier prend M*ᵉ *Daisy dans ses bras* [...] *et disparaîtra* AVEC (IONESCO, *Rhinocéros*, p. 63). — *Maman dévorait des yeux son mari, et nous* AVEC (C. PAYSAN, *Nous, les Sanchez*, L.P., p. 49). — *Je l'aurais bien donné aux requins à bouffer moi, le commandant Pinçon, et puis son gendarme* AVEC, *pour leur apprendre à vivre* (CÉLINE, *Voy. au bout de la nuit*, F°, p. 38).
Dans la phrase suivante, où il s'agit d'animaux, si l'on avait fait suivre *avec* du régime *eux,* l'effet eût été étrange : *Si j'avais une paire de chevaux, nous irions* AVEC *à la messe* (MUSSET, *Barberine*, I, 3).

993   Place de la préposition.

a) L'usage ordinaire demande que la préposition soit suivie immédiatement de son régime, qui forme souvent avec elle une unité sémantique et syntaxique.

On intercale quelquefois entre certaines prépositions et leur régime, un adverbe ou même tout un groupe de mots :

POUR *ensuite* NOUS ENGAGER *entre des murs de vingt pieds de haut* (LOTI, *Vers Ispahan*, p. 188). — SANS *très bien* CONCEVOIR *que je suis venu* (J. CHARDONNE, *Claire*, p. 72). — *Tu m'aimes assez* POUR, *dans cet apparent désordre,* TROUVER *le fil conducteur, saisir le fil de ma vie* (G. DUHAMEL, *Maîtres*, p. 201). — *C'est peut-être au célibat qu'il dut* DE, *petit à petit,*

DEVENIR *un maniaque* (ID., *Cri des profondeurs*, p. 33). — *Peint ou doré* (AVEC, *sans doute*, L'ASPECT *des rois précolombiens*) [...] (MALRAUX, *Noyers de l'Altenburg*, p. 92). — Autres ex. aux §§ 344, *c* ; 719, *c.*

Dans presque tous les cas ou *presque dans tous les cas* : § 938, *d.*

b) Durant et *nonobstant* doivent au fait qu'ils étaient, à l'origine, des prédicats de compléments absolus (cf. § 310, Hist.) la particularité de pouvoir suivre ce que l'on considère comme leur régime quand ils sont prépositions.

Pour *durant,* voir § 1011. — Pour *nonobstant,* le phénomène ne se produit que dans *ce nonobstant,* qui, bien que vieilli, a plus de vitalité que *nonobstant ce.*

c) Avec les locutions *l'un l'autre, les uns les autres,* exprimant la réciprocité ou quelque rapport analogue, lorsque le second élément est régime d'une préposition, celle-ci s'interpose entre les deux éléments de ces locutions :

Puis tous deux / Marchent droit l'un VERS *l'autre* (HUGO, *Lég.,* t. I, p. 280). — *Immobiles l'un* DEVANT *l'autre* (FLAUB., *Mᵐᵉ Bov.,* III, 5). — *Une couche épaisse de lettres entassées les unes* SUR *les autres* (MAUPASS., *Fort comme la mort,* II, 6).

Phrase insolite : *Des hommes mis un à un* DERRIÈRE *les uns les autres se nomment une file* (LITTRÉ, s.v. *file*).

L'un l'autre se construit parfois sans préposition quand cette expression est redondante par rapport à un pronom personnel réfléchi mis devant le verbe : *Le soir d'une défaite qu'ils s'attribuent* L'UN L'AUTRE (BARRÈS, *Union sacrée,* p. 211). — *Ils se prêtent leur livret* L'UN L'AUTRE (DORGELÈS, *Réveil des morts,* p. 28). — *Ce ne serait pas la peine* [...] *de se confronter* L'UN L'AUTRE (ALAIN, dans les *Nouv. litt.,* 21 mai 1959). — *Ils se lancèrent* L'UN L'AUTRE *à la tête de multiples écrits* (DANIEL-ROPS, *Église des temps classiques,* t. I, p. 448).

Lorsque le second élément de ces locutions est régime d'une locution prépositive terminée par *de,* ce *de,* d'une manière générale, s'interpose de même :

On voyait deux soleils / Venir au-devant l'un DE *l'autre* (HUGO, *Orient.,* I, 4). — *Rien qu'en restant près l'un* DE *l'autre* (LOTI, *Ramuntcho,* p. 119). — *À côté l'un* DE *l'autre* (A. FRANCE, *Crainquebille,* p. 114). — *Assis en face l'un* DE *l'autre* (A. DAUDET, *Sapho,* VII).

Certaines locutions prépositives, et notamment *à côté de, en face de, vis-à-vis de, près de, auprès de, autour de, au-dessus de, au-dessous de, loin de,* peuvent se mettre tout entières en interposition : *Ils déjeunaient l'un* EN FACE DE *l'autre* (FLAUB., *Tr. contes, Cœur simple,* III). — *Elles s'étaient assises l'une à* CÔTÉ DE *l'autre* (L. BERTRAND, *Mˡˡᵉ de Jessincourt,* II, 2). — *Le peintre* [...] *les contemplait l'une* AUPRÈS DE *l'autre* (MAUPASS., *Fort comme la mort,* I, 3). — *Nous avons passé vingt fois l'un* PRÈS DE *l'autre* (G. DUHAMEL, *Maîtres,* p. 284).

d) De je ne sais où ou *je ne sais d'où* ; *à n'importe quelle heure* ou *n'importe à quelle heure* : voir § 373, *a.*

994   Prépositions à régime commun.

On peut coordonner deux prépositions qui ont le même régime, lequel n'est exprimé qu'une fois :

Se laver les mains avant et après LE REPAS. — *Soutenir quelque chose envers et contre* TOUS (AC.). — *Il y avait eu un conciliabule secret* [...] *chez et avec* CE CORNELIUS HERZ (BARRÈS, *Leurs figures,* p. 187). — *Ces paroles parvenues jusqu'à moi dans et par* L'ÉGLISE (Fr. MAURIAC, *Ce que je crois,* p. 22).

Lorsqu'il s'agit de locutions prépositives, on n'exprime que dans la dernière locution l'élément qu'elles ont en commun : *En dedans et en dehors* DE *la ville* (AC.). — *Tout autour et au-dessus* DE *la ville, la nature brutale de l'Afrique est* [...] *parée de ses brûlants prestiges* (A. CAMUS, *Été*, p. 31).

Mais il est peu correct de dire : °*Aux environs ou dans* LA VILLE. °*À cause ou par rapport* À LUI. °*En dehors et devant* LA MAISON (cela prive la première locution d'un de ses éléments). — On répétera le régime après chacune des locutions : *Aux environs de* LA VILLE *ou dans* LA VILLE. *À cause de* LUI *et par rapport à* LUI. *En dehors de* LA MAISON *et devant* LA MAISON. — Au lieu de répéter le régime, on peut le reprendre sous la forme d'un pronom personnel (surtout s'il s'agit d'un nom animé : cf. § 638, *a*) ou démonstratif : *Aux environs de la ville ou dans* CELLE-CI. *À cause de mon père et pour* LUI. — Lorsque le régime est un nom inanimé, il est possible de l'omettre dans le second membre, la seconde préposition s'employant absolument ou prenant la forme de l'adverbe correspondant : *En dehors de la maison et* DEVANT. *Aux environs de la ville ou* DEDANS. Cf. § 992, *a*.

Il n'est pas incorrect, mais cela se fait peu, de dire : AUX ENVIRONS DE *ou* DANS *la ville*.

En revanche, l'ordre inverse (préposition + locution prépositive) est tout à fait normal : MALGRÉ *ou peut-être* À CAUSE DE *ses excentricités* (ARAGON, *Cloches de Bâle*, II, 8). — *Une masse fluide d'hommes et de matériel clapotait* SUR *et* LE LONG DE *la route* (MONTHERLANT, *Solstice de juin*, p. 138).

Répétition des prépositions

995   **Répétition des prépositions dans la coordination.**

a) Les prépositions *à, de, en* se répètent ordinairement devant chaque terme :

Les rues d'Oran sont vouées À *la poussière,* AUX *cailloux et* à *la chaleur* (A. CAMUS, *Été*, p. 18). — *Il parle* DE *tout* ET *de rien.* — *Elle fut surprise* EN *lisant,* EN *relisant,* EN *recommençant encore ces quatre pages de prose* (MAUPASS., *Notre cœur*, I, 2).

À, de, en ne se répètent pas :

1° Quand les termes coordonnés constituent une locution toute faite :

École DES *arts et métiers. Condamner* AUX *frais et dépens.* — *Être* AU *lieu et place de quelqu'un.* — *Toute obligation de faire ou de ne pas faire se résout* EN *dommages et intérêts, en cas d'inexécution de la part du débiteur* (*Code civil*, art. 1142). — *Il se mit* À *aller et venir* (R. MARTIN DU GARD, *Thib.*, Pl., t. I, p. 1225). — *Didier passa plusieurs jours* EN *allées et venues* (G. DUHAMEL, *Cri des profondeurs*, p. 162). — EN *mon âme et conscience.*

2° Quand ces termes représentent le même ou les mêmes êtres ou objets :

J'ai écrit À *mon collègue et ami Jean Dubois.* — Certains ex. du 1° pourraient figurer ici.

Lorsqu'on a une explicitation marquée par une forte pause, on peut répéter la préposition : *Ma poitrine, mes sens sont largement ouverts* À *celui que j'aime :* À *l'Enthousiasme* (BARRÈS, *Homme libre*, p. 41).

3° Quand ces termes doivent être considérés globalement comme désignant un groupe ou une idée unique :

Aux *officiers, sous-officiers et soldats. Les adresses* DES *amis et connaissances.* — *Il importe* DE *bien mâcher et broyer les aliments* (LITTRÉ). — *Mais ces hommes n'étaient pas destinés* à *vivre et mourir dans la retraite* (GAXOTTE, *Hist. des Français,* t. I, p. 158).

Remarque. — Avec *distinguer en, diviser en, subsidiviser en,* la répétition de *en* devant chacun des termes coordonnés est facultative :

Le poème dramatique se divise EN *tragédie et* EN *comédie* (LITTRÉ, s.v. *diviser,* Rem.). — *On divise d'ordinaire les phonèmes* EN *consonnes et* EN *voyelles* (VENDRYES, *Langage,* p. 25). — *Il est divisé* EN *prologue, récit et épilogue* (CHAT., *Atala,* Préf.). — *On distingue la ligne directe* EN *ligne directe descendante et ligne directe ascendante* (*Code civil,* art. 736). — *Les participes se distinguent* EN *participes présents et participes passés* (LITTRÉ, s.v. *participe,* Rem. 1). — *Les consonnes se divisent* EN *sourdes et sonores* (*Gramm. de l'Acad. fr.,* p. 5).

4° Quand ces termes présentent deux noms de nombre joints par *ou* et marquant approximation :

Un délai DE *trois ou quatre mois.* à *cinq ou six mètres d'un précipice.*

b) D'une manière générale, les **prépositions autres que** *à, de, en* ne se répètent pas, surtout lorsque les différents membres du régime sont intimement unis par le sens ou lorsqu'ils sont à peu près synonymes :

J'avance à TRAVERS *les herbes, les orties, les mousses, les lianes et l'épais humus* (CHAT., *Voy. en Amér.,* Journal sans date). — DERRIÈRE *les ennuis et les vastes chagrins* (BAUDEL., *Fl. du m.,* Élévation).

Elles se répètent quand on veut donner à chaque partie d'un régime multiple un relief particulier, ou quand les divers éléments du régime présentent une opposition ou une alternative :

Un enfant SANS *couleur,* SANS *regard et* SANS *voix* (HUGO, *F. d'aut.,* I). — *Réponds-moi seulement* PAR *oui ou* PAR *non* (BOURGET, *Lazarine,* p. 121).

Remarques. — 1. On ne répète pas la préposition quand le régime est un titre (de livre, de poème, etc.) :

Nous lisons DANS Le coche et la mouche. — *Parmi tous les romans de l'antiquité, je donne la préférence* à Théagène et Chariclée (LITTRÉ, s.v. *à,* Rem. 7). — *Sa tragédie* DE Phèdre et Hippolyte *est à l'avenant* (J. LEMAITRE, *J. Racine,* p. 262).

En se dispensant de répéter *à* ou *de* contractés avec l'article dans des titres comprenant plusieurs noms, on produit des constructions qui ont quelque chose de bizarre : voir § 565, *b,* Rem. 3.

2. Avec **ni l'un ni l'autre,** si *l'un* est précédé d'une préposition, elle doit se répéter devant *l'autre :*

Je n'en veux ni à *l'un ni* à *l'autre. Je n'irai ni* CHEZ *l'un ni* CHEZ *l'autre.*

Avec **l'un ou l'autre,** la préposition se répète à peu près indispensablement :

Il est CHEZ *l'un ou* CHEZ *l'autre* (AC.). — *Il devait combattre* AVEC *l'un ou* AVEC *l'autre* (FUSTEL DE COULANGES, *Cité antique,* III, 18). — *Sur le sol sacré* DE *l'un ou* DE *l'autre* (PROUST, *Rech.,* t. I, p. 135). — *Les chefs des tribus prirent parti* POUR *l'un ou* POUR *l'autre* (J. et J. THARAUD, *Rayon vert,* p. 175).

Avec *l'un et l'autre,* on répète la préposition lorsque les deux termes sont pensés comme nettement distincts :

C'est que je crains beaucoup [...] *les conséquences de ce retard* POUR *l'un et* POUR *l'autre* (B. CONSTANT, *Ad.,* IV). — CHEZ *l'un et* CHEZ *l'autre* (A. FRANCE, *Étui de nacre,* p. 162). — *Il en veut* à *l'un et* à *l'autre* (AC.). — *Des clameurs s'élevèrent* DANS *l'une et* DANS *l'autre armée* (AC.). — *Une singularité que j'ai observée* CHEZ *l'un et* CHEZ *l'autre* (VALÉRY, *Disc. sur É. Verhaeren*). — *Ce sujet est touché* PAR *l'un et* PAR *l'autre* (ALAIN, *Propos de littér.,* LXXXII).

Mais quand l'esprit considère ces termes globalement ou ne s'arrête pas à les distinguer l'un de l'autre, la préposition ne se répète pas :

POUR *l'une et l'autre de vous* (A. FRANCE, *Étui de nacre,* p. 48). — SOUS *l'un et l'autre de ces deux aspects* (BREMOND, *Pour le Romantisme,* p. 171). — DANS *l'un et l'autre camp* (H. BERNSTEIN, *Secret,* II, 7). — CHEZ *l'un et l'autre le dévouement était égal pour le service du roi* (P. de LA GORCE, *Charles X,* p. 121). — À *l'un et l'autre titre* (J. ROMAINS, *Dictateur,* III, 5).

Avec *l'un comme l'autre,* la préposition doit se répéter :

DANS *l'une comme* DANS *l'autre circonstance il a agi en véritable homme d'État* (PROUST, *Rech.,* t. II, p. 475).

3. *Entre* ne se répète jamais :

Nous devons choisir ENTRE *la peste et le choléra. Il est placé* ENTRE *sa mère et son père.*

4. Lorsque le dernier élément d'une locution prépositive est *à* ou *de,* on le répète d'ordinaire :

Caniveau conseillait toujours de mêler de l'eau-de-vie à l'eau, AFIN DE *griser et* D'*endormir la bête,* DE *la tuer peut-être* (MAUPASS., *C.,* Bête à Maît' Belhomme). — *Les devoirs* VIS-À-VIS DE *soi-même et* D'*autrui* (SAINT EXUPÉRY, *Pilote de guerre,* XXVI). — *Nous resterons peut-être plus longtemps en Égypte que nous ne l'avions décidé,* QUITTE À *sacrifier ou à bâcler le reste de notre voyage* (FLAUB., *Corresp.,* t. I, p. 219).

Hist. — À l'époque classique, il arrivait fréquemment que la répétition des prépositions *à* et *de* n'eût point lieu (avec les autres prépositions aussi, l'usage était hésitant) : *Je n'en dois rien* [...] *qu'au talent / DE risquer à propos et bien placer l'argent* (LA F., *F.,* VII, 13). — *Reduit à te déplaire ou souffrir un affront* (CORN., *Cid,* III, 4).

996	**Répétition de la préposition en dehors de la coordination.**

a) Lorsque **autre** faisant partie du régime d'une préposition est **suivi de** *que,* on peut ne pas répéter la préposition, mais le plus souvent, on la répète [1] :

Ne parlez pas de cela à d'autres que vos amis (LITTRÉ). — *Cet amour* POUR *une autre que la duchesse* (STENDHAL, *Chartr.,* t. I, p. 339). — *Tu ne seras touché* PAR *un autre que moi*

---

1. Littré tient pour incorrecte la répétition de *à* après *à autre* suivi d'un *que.* Selon Martinon (p. 169), si *autre,* complément prépositionnel, est suivi de *que,* on répète ordinairement la préposition, par ellipse du verbe : *J'aime mieux avoir affaire à d'autres qu'à vous* (= que d'avoir affaire à vous) ; mais si l'ellipse du verbe n'est pas possible, on ne peut plus correctement répéter la préposition : *Adressez-vous à d'autres que moi.* — L'usage ne tient pas compte de ces règles.

(HUGO, *Hern.*, II, 3). — *Rien de ce qui se dit à ce saint tribunal ne vient* D'*un autre que lui* (ESTAUNIÉ, *Empreinte*, p. 51). — *Il n'est pas sûr que le beau doive être compris* PAR *d'autres que l'artiste qui le crée* (J. RENARD, *Journal*, 20 févr. 1908). — *Il ne chercherait plus* AUPRÈS D'*autres que nous l'aide et la protection dont il avait besoin* (LARBAUD, *Enfantines*, p. 198). — *Hochedé ne rejette pas la défaite* SUR *d'autres que lui* (SAINT EXUPÉRY, *Pilote de guerre*, p. 210). — *Vous ne me pardonnez pas d'avoir tourné les yeux* SUR *un autre que vous* (MAULNIER, *Profanateur*, III, 2).

Il nous semble que l'on nous parle D'*un autre homme que* DE *nous* (CHAT., *Mém.*, IV, XI, 1). — *Ces hommes qui osent me parler* D'*autre chose que* DE *vous* (B. CONSTANT, *Ad.*, III). — *Servira-t-elle à d'autres qu'à moi ?* (J. RENARD, *Journal*, 1ᵉʳ janv. 1897.) — [Elle] *venait* POUR *un autre que* POUR *moi* (A. FRANCE, *Rôtisserie de la reine Pédauque*, p. 252). — *Dans la situation* [...] *dont les prémisses ont été posées* PAR *d'autres que* PAR *lui* (BAINVILLE, *Napol.*, p. 193). — *Fardeau écrasant* POUR *tout autre que* POUR *vous* (G. HANOTAUX, *Rép. au disc. de réc. de l'amiral Lacaze à l'Ac. fr.*). — *Elle avait seulement un petit carnet de notes presque incompréhensibles* POUR *tout autre que* POUR *elle* (R. ROLLAND, *Jean-Chr.*, t. VI, p. 218). — *Voilà ce qui était habitable* PAR *d'autres précisément que* PAR *toi* (CLAUDEL, *Messe là-bas*, p. 73). — *Ce qui* [...] *se dérobe indéfiniment à tout autre qu'à vous* (VALÉRY, « *Mon Faust* », Lust, II, 1). — *Il aurait eu parfois envie de parler de lui à d'autres qu'à soi-même* (VAUDOYER, *Laure et Laurence*, p. 62). — *Ses yeux* [...] *regardaient des images invisibles à tout autre qu'à lui* (GENEVOIX, *Rroû*, p. 159). — *Avec une insolence qui serait intolérable* DE *tout autre que* D'*un enfant* (GIDE, *Journal*, Noël 1942). — *Croyez-vous que j'en aie parlé à d'autres qu'à vous ?* (FR. MAURIAC, *Agneau*, pp. 57-58.) — *Le miel était mangé, mais* PAR *d'autres que* PAR *elle* (CHAMSON, *Adeline Vénician*, p. 206).

b) Avec les tours **ce dont** *je me plains*, **c'est** ..., *ce à quoi je m'intéresse*, *c'est* ..., la règle traditionnelle est de ne pas répéter la préposition devant l'attribut, mais il y a, dans l'usage moderne, une forte tendance à la répéter [observer que *dont* inclut *de*] :

Ce DONT *je suis redevable à cette confession* [...], *c'est l'apaisement de notre conscience* (FR. MAURIAC, *Nœud de vip.*, p. 299). — *Ce à quoi il faut toujours revenir, c'est l'organisation minutieuse du lendemain et la prévision* (CH. DU BOS, *Journal 1921-1923*, p. 70). — *Ce à quoi je tiens le plus, c'est ma mercerie* (GIRAUDOUX, *Folle de Chaillot*, p. 166).

Ce DONT *elle avait besoin, c'était* DE *ce mouvement autour d'elle* (MAUROIS, *Climats*, p. 124). — *Savez-vous ce* DONT *j'avais le plus horreur, là-bas ? C'est* DU *luxe* (GIDE, *Faux-monn.*, p. 256). — *Ce à quoi je parviens le plus difficilement à croire, c'est à ma propre réalité* (*ib.*, p. 94). — *Ce* DONT *Jerphanion s'avisait*, [...] *c'était* DE *la merveilleuse fécondité de sa rêverie* (J. ROMAINS, *Hommes de b. vol.*, t. XV, p. 101). — *Ce* DONT *Gühler* [...] *est profondément atteint, ce n'est pas seulement* DU *désastre et* DE *la ruine de sa patrie* (A. ROUSSEAUX, dans le *Figaro litt.*, 31 mars 1951). — *Ce* DONT *j'étais surtout dépourvu, c'était* DES *moyens de manifester mes sentiments* (G. DUHAMEL, *Cri des profondeurs*, p. 220). — *Ce* DONT *la plupart ont soif, c'est* D'*une parole qui ne soit pas dirigée* (FR. MAURIAC, *Journal*, t. IV, p. 193). — *Ce* DONT *elle rêvait c'était* D'*élégance* (BILLY, *Narthex*, p. 263). — *Ce* DONT *tu aurais besoin, ce serait* D'*un verre de bon vin* (J. PEYRÉ, *Fille de Saragosse*, p. 77).

c) Tant qu'*excepté, hors, hormis, sauf, y compris, non compris* ont été sentis comme des attributs de compléments absolus (cf. § 308, *c*), on ne répétait pas devant le sujet de ce complément absolu la préposition qui introduit le terme qui précède (c'est-à-dire celui duquel on excepte ou écarte ou dans lequel on inclut). Mais l'effacement de la valeur primitive fait que l'on répète souvent cette préposition.

Ex. sans répétition de la préposition : *Carlotta fut blâmée par tous,* Y COMPRIS *son propre mari* (MAUROIS, *Lélia,* p. 329).

Ex. avec répétition de la préposition : *Un enfant* [...] / *Abandonné* DE *tous,* EXCEPTÉ DE *sa mère* (HUGO, *F. d'aut.,* Ce siècle avait deux ans). — *Des hommes libres, libres* DE *tout,* SAUF DE *leurs femmes* (COLETTE, *Étoile Vesper,* p. 176).

d) *C'est à vous à qui je veux parler,* voir § 447, 3°.

Omission ou absence de la préposition

997 **Omission ou absence de la préposition** *à.*

a) Cas traités ailleurs.

§ 303, *c* : *Arrivé rue Neuve.* — § 304 : *Nous sommes le 1ᵉʳ janvier. Cela s'est passé l'hiver. Cela s'est passé début novembre. Chaque fois.* — § 244, *e* : *C'est mon tour.* — § 1044, *d,* 4°, Rem. 1 : *Quant à présent.* — § 719, *d* : *Chacun son tour.*

b) *Bon marché* et *meilleur marché.* Littré (s.v. *marché,* Rem. 2) exprime l'opinion suivante : « On dit souvent dans le parler vulgaire : *j'ai acheté ce livre bon marché ;* sans la préposition *à.* Cette suppression n'est pas autorisée ; il faut dire *à bon marché,* comme on dit *à bon compte, à vil prix,* etc. » — Opinion démentie par l'usage (et par l'usage de Littré lui-même) :

On *l'a donné pour un morceau de pain, se dit de quelque chose de valeur vendu très-*BON MARCHÉ (LITTRÉ, s.v. *pain,* 1°). [Autre ex. s.v. *vendre,* 3°.] — *Il y a une édition de ce livre laquelle se vend fort* BON MARCHÉ (AC., s.v. *lequel*). — *Le secret est d'acheter* BON MARCHÉ (P. MILLE, *Détresse des Harpagon,* p. 100). — *Produire* MEILLEUR MARCHÉ *suppose, dans l'industrie, la concentration des entreprises* (A. SIEGFRIED, dans le *Figaro,* 25 juillet 1956). — [*Il acheta le cheval* BON MARCHÉ (VOLT., *Contes et rom.,* Candide, X).]

De même avec un nom, dans une fonction adjectivale : *Un jeune Grenoblois* [...] *cherchait un logement* BON MARCHÉ (STENDHAL, *Mém. d'un touriste,* t. I, p. 211). — *Qu'est-ce qui est* BON MARCHÉ *à présent ?* (HUGO, *Pierres,* p. 137.) — *Un objet* BON MARCHÉ (PROUST, *Rech.,* t. I, p. 18). — *Des livres* BON MARCHÉ *sur l'étagère* (Fr. MAURIAC, *Fin de la nuit,* p. 169). — *J'ai acheté du terrain qui est très* BON MARCHÉ (MAUROIS, *Silences du col. Bramble,* p. 57). — *Alors pourquoi les tissus anglais sont-ils* MEILLEUR MARCHÉ *que les nôtres ?* (ID., dans *Réalités,* août 1954, p. 43.) — *Tu t'offres le luxe* BON MARCHÉ *de l'indignation* (G. MARCEL, *Rome n'est plus dans Rome,* p. 74). — *De la main-d'œuvre* BON MARCHÉ (A. ARNOUX, *Bilan provisoire,* p. 95). — *Le silence n'est pas* BON MARCHÉ *dans cette famille* (CHAMSON, *La neige et la fleur,* p. 219).

N.B. — *À bon marché* (comparatif : *à meilleur marché*) s'emploie figurément au sens de « à peu de frais, sans beaucoup de peine » : *Ne donner que son superflu, c'est être généreux à* BON MARCHÉ (AC.). — *Je m'aperçus que je n'en étais pas quitte à si* BON MARCHÉ : *j'avais le bras gauche cassé* (CHAT., *Mém.,* I, VII, 8).

c) Après **d'ici,** quand il s'agit de marquer soit un laps de temps, soit une distance, on peut mettre *à* pour introduire l'indication de la limite considérée, mais il y a, dans l'usage, une tendance générale à ne pas le mettre :

D'ici à 8 ou 10 jours, j'espère pouvoir faire partir la seconde moitié de ce travail (STENDHAL, *Corresp.,* t. X, p. 350). — *D'ici à peu il y aurait peut-être un grand changement dans sa vie* (FLAUB., *Éd. sent.*, III, 5). — *Il est vraisemblable que, d'ici à peu, ceux que l'on appelait jadis* [...] *les honnêtes gens les auront bannis à perpétuité de leur conversation* (HERMANT, *Chroniques de Lancelot*, t. II, p. 158). — *D'ici à cinq minutes* (FARRÈRE, *Chef*, p. 99). — *D'ici à demain je tâcherai d'imaginer quelque chose qui sauve au moins mon amour-propre* (J. ROMAINS, *Dictateur*, I, 3). — *Si tu savais ce que j'ai à faire d'ici à ce soir !* (A. MAUROIS, *Terre promise*, p. 170.) — *Nous verrons bien des choses d'ici à ce temps-là* (AC.). — *D'ici à Angkor* (P. BENOIT, *Roi lépreux*, p. 62).

D'ici la prochaine vacance de fauteuil (A. DAUDET, *Immortel*, VII). — *Le monde d'ici peu connaîtra une nouvelle tuerie* (L. DAUDET, *Jour d'orage*, p. 98). — *D'ici les élections sénatoriales* (FR. MAURIAC, *Thér. Desqueyroux*, I). — *D'ici huit mois* (MONTHERLANT, *Célibataires*, p. 26). — *Je vais y réfléchir d'ici demain* (THÉRIVE, *Fils du jour*, p. 76). — *D'ici quelques minutes* (GIRAUDOUX, *Amphitryon 38*, II, 3). — *D'ici une heure* (J. GREEN, *Moïra*, p. 245). — *D'ici peu de temps* (G. MARCEL, *Rome n'est plus dans Rome*, p. 22). — *D'ici le soir fatal* (GIDE, *Porte étr.*, p. 150). — *D'ici la fin de l'année* (G. DUHAMEL, *Manuel du protestataire*, p. 235). — *D'ici la Saint-Jean* (CHAMSON, *Adeline Vénician*, p. 100). — *Nous avons cinq heures de chemin de fer d'ici Erquelines* (VILLIERS DE L'ISLE-ADAM, *Contes cruels*, p. 275). — *D'ici après-demain, j'aurai sans doute réalisé qu'il est mort* (CURTIS, *Roseau pensant*, p. 60). — *Y a-t-il loin d'ici Athènes ?* (DHÔTEL, *Ce jour-là*, p. 50.)

On dit presque toujours *d'ici là*, sans *à*. Ces ex. sont isolés : *À jeudi, Pinchet ! D'ici à là nous chercherons* (FLERS et CAILLAVET, *Habit vert*, cité par M. Achard, dans les *Annales*, mars 1951, p. 54). — *La vie ne coulait pas d'ici à là, comme l'eau sur une pente* (J. ROMAINS, *Mort de quelqu'un*, p. 44). — Comp. : *Les flammes vont d'ici à là-bas* (M. GALLO, *Oiseau des origines*, p. 225).

Avec une proposition conjonctive, on a *d'ici à ce que* ou *d'ici que* : voir les ex. au § 1082, *b*.

Quand *d'ici* est postposé, le complément de temps ou de distance s'introduit toujours par une préposition (*à, dans, avant, après...*) : *Je m'imagine,* DANS *vingt ans* D'ICI, *confronté à un petit-fils qui serait un Einstein en herbe* (CURTIS, *Roseau pensant*, p. 151).

d) On dit *hier au matin, hier au soir*, ou, plus souvent, **hier matin, hier soir** (même observation pour *avant-hier, demain, après-demain, le lendemain, le surlendemain* et les noms des jours de la semaine précédés ou non d'un déterminant) :

Le dimanche AU MATIN [...] *j'aperçus Jean de la Sorgue* (MAC ORLAN, *Ancre de Miséricorde*, p. 51). — *Hier* AU MATIN (AC.). — *Torlonia est parti hier* AU SOIR (CHAT., *Mém.*, III, II, IX, 4). — *À la fête d'hier* AU SOIR (RENAN, *Caliban*, III, 3). — *Des vases antiques achetés aux marchands d'hier* AU SOIR (LOTI, *Galilée*, p. 58). — *Il s'est battu hier* AU SOIR (ALAIN-FOURNIER, *Gr. Meaulnes*, p. 162). — *Hier* AU SOIR, *j'ai vu quelque chose que je ne peux taire* (G. DUHAMEL, *Journal de Salavin*, p. 218). — *Je les ai entendus parler* [...] *hier* AU SOIR (SAGAN, *Femme fardée*, p. 182). — Autres ex. de *hier au soir* : AYMÉ, *Passe-muraille*, L.P., p. 110 ; CURTIS, *Saint au néon*, F°, p. 12 ; BERNANOS, *Journal d'un curé de camp.*, Pl., p. 1086 ; etc.

Si j'allais porter votre lettre demain MATIN *?* (HUGO, *Misér.*, IV, XIV, 7.) — *On résolut de partir un mardi* MATIN (MAUPASS., *Boule de suif*, p. 13). — *La grand'rue au village un dimanche* MATIN (SAMAIN, *Chariot d'or*, J'aime l'aube...). — *Le lendemain* MATIN, *il voulut lui montrer les limites du domaine* (H. BORDEAUX, *Remorqueur*, XIX). — *Hier* MATIN (AC.). — *Je les* [= des statues] *ai admirées avant-hier* SOIR *et hier* MATIN (STENDHAL, *Corresp.*, t. X, p. 188). — *Elle est partie, et revenue dimanche* SOIR (FLAUB., *Éd. sent.*, II, 4). — *Je suis allé, à six heures, hier* SOIR, *là-bas* (G. DUHAMEL, *Passion de Jos. Pasquier*, XIII). — *Hier* SOIR [...] *la carapace de mon front s'est mise à couler* (COCTEAU, *Difficulté d'être*, p. 129). — *Nous devons nous revoir demain* SOIR (GIDE, *Faux-monn.*, p. 499). — *Le dimanche* SOIR, *tout le monde joue aux lotos* (ID., *Paludes*, p. 61). — *Elle aurait voulu être au lendemain* SOIR (VAUDOYER, *Reine* *évanouie,* p. 210). — Voir d'autres ex. au § 499, *e,* 1° (à propos des hésitations graphiques entre *Tous les lundis matin* ou *matins*).

Mais quand il s'agit du jour où l'on est, on préfère *Ce matin, ce soir* à °*Aujourd'hui (au) matin* (ou *soir*).

On dit : *Hier* à *midi, demain* à *midi, le lundi* à *midi,* etc. ; — mais on peut dire aussi, sans à : *Hier midi, demain midi,* etc. : *La barricade* [...] *ne sera pas prise avant demain midi* (HUGO, *Misér.,* IV, XIV, 7). — *Au moins jusqu'au lundi midi* (G. DUHAMEL, *Passion de Jos. Pasquier,* X). — *On leur laissa un rendez-vous pour le lendemain midi* (A. CAMUS, *Peste,* p. 181). — *Je ne sais pas si même au frigo ils* [= des rougets] *pourront résister jusqu'à demain midi* (A. COHEN, *Belle du Seigneur,* p. 26). — On dit toujours sans à : *Hier après-midi, le lundi après-midi, demain après-midi,* etc. — Mais à est demandé dans : *Hier* à *minuit, demain* à *minuit,* etc. — *Aujourd'hui* à *midi* est signalé par l'Acad. Pourtant, *ce midi* existe : cf. § 570, 4°.

Après *la veille, l'avant-veille, le 15* (ou un quantième quelconque), *ce jour-là, le jour de...,* tous les jours, chaque jour,* on introduit par *au,* obligatoirement, les compléments *soir* et *matin : La veille* AU SOIR (FLAUB., *Éd. sent.,* I, 6). — *Même le 22* AU SOIR, *il était trop tard* (R. MARTIN DU GARD, *Thib.,* Pl., t. II, p. 419). — *Un journal de la veille* AU SOIR (BARRÈS, *Dérac.,* p. 358). — *Le quatrième jour* AU MATIN (SAINT EXUPÉRY, *Petit prince,* VI). — *Le 2 novembre* AU MATIN (VAUDOYER, *Laure et Laurence,* p. 126).

Hist. — *Hier matin* et *hier soir* sont très anciens : ER MATIN *sedeit* [= était assis] *li emperere suz l'umbre* (*Rol.,* 383). — HUI [= aujourd'hui] MATIN *mui* [= je suis parti] / *De Belrepeire* (CHRÉT. DE TROYES, *Perceval,* éd. H., 3088). — *Cil fut ocis* HER SEIR (*Rol.,* 2745).

Remarque. — Quand il s'agit de la mention générale d'un moment marqué au moyen des mots *matin* ou *soir,* non précédés de l'indication du jour, on dit *Au matin, au soir,* ou *Le matin, le soir : La diane* AU MATIN *fredonnant sa fanfare* (HUGO, *Ch. du crép.,* V, 4). — *Le* SOIR, *quand son regard se perdait dans l'alcôve* (*ib.*). — *Il ne me laissa le quitter qu'*AU MATIN (GIDE, *Faux-monn.,* p. 409). — *Le* MATIN, *quand il s'en va* (*ib.,* p. 456).

e) Tours du français populaire de Belgique.

°*Sauter bas du lit* au lieu de *Sauter* à *bas* (ou EN *bas :* § 1003, *d,* 1°) *du lit.* — °*J'ai mal la tête* ou °*J'ai mal ma tête,* °*J'ai froid les pieds* ou °*... mes pieds,* au lieu de *J'ai mal à la tête, J'ai froid aux pieds.* — °*Jouer soldat* pour *Jouer* AU *soldat :* § 285, *b.*

998   Omission ou absence de la préposition *de.*

a) Avec le complément d'un nom, voir divers cas au § 348. — *Ils étaient vingt à trente :* § 584, *b,* Rem.

b) On dit aujourd'hui *Le 3 janvier, Le 10 août,* ainsi que *Le 13 courant* (c'est-à-dire le 13 du mois où l'on est).

Le tour ancien *Le 13 de janvier,* encore assez courant au début du XIXe s., est devenu exceptionnel : *Le 29* D'*août* (CHAT., *Mém.,* IV, II, 20). — *Je suis allé te voir le 10* DE *mai* (CÉZANNE, *Corresp.,* 3 juin 1879). — *L'une est morte un soir, et le trois* DE *janvier* (PÉGUY, *Ève,* p. 326). — *Palma, 14* DE *mars 1937* (BERNANOS, *Corresp.,* date citée).

c) Le tour classique *Elle viendra* DE *demain en huit* est concurrencé, surtout dans la langue familière, par le tour sans *de :*

Elle peut être ici dimanche en huit (Fr. de CROISSET, *Dame de Malacca,* p. 279). — *Mais c'est mardi en quinze !* (Tr. BERNARD, *Mémoires d'un jeune homme rangé,* XXIX.) — *Nous prendrons date. Merci. À mercredi en huit* (G. MARCEL, *Monde cassé,* I, 8). — *Charles et Ariane nous invitent à dîner au Relais jeudi en huit* (CURTIS, *Jeune couple,* p. 64). — *J'irai* [...] *jeudi en huit* (MARTINON, p. 50).

d) Après *en face, près, proche, vis-à-vis,* suivis d'un nom de lieu, il y a parfois ellipse de la préposition *de,* surtout dans la langue familière :

EN FACE *le pont de la Tournelle* (FLAUB., *Bouv. et Péc.,* p. 8). — *L'église sise* EN FACE *le magasin de nouveautés* (PROUST, *Jean Santeuil,* t. I, p. 226). — EN FACE *le bordel réquisitionné par les Allemands* (R. VAILLAND, *Drôle de jeu,* V, 3). — PRÈS *la forteresse* (STENDHAL, *Pages chois.,* p. 140). — PRÈS *le jet d'eau* (FLAUB., *Éd. sent.,* II, 1). — PRÈS *l'escalier du potager* (GIDE, *Porte étr.,* p. 35). — *Dans son village d'Andes,* PRÈS *Mantoue* (É. HENRIOT, *Fils de la Louve,* p. 92). — PROCHE *la paroisse de Saint-Nicolas* (SAINTE-BEUVE, *Port-Royal,* t. I, p. 415). — *À l'orée d'un petit bois,* PROCHE *la poterne* (A. FRANCE, *Balthasar,* p. 281). — *L'entrée du vieux bourg* PROCHE *le calvaire* (H. BORDEAUX, *Maison morte,* p. 269). — VIS-À-VIS *le champ des fusillades des Brotteaux* (CHAT., *Mém.,* II, V, 4). — VIS-À-VIS *le numéro 50-52 se dresse* [...] *un grand orme* (HUGO, *Misér.,* II, IV, 1). — VIS-À-VIS *les fenêtres de M. le Roy* (STENDHAL, *Vie de H. Brulard,* t. II, p. 45). — *Francine d'Aubigné* [...] *demeurait* VIS-À-VIS *la maison de Scarron* (A. FRANCE, *Génie latin,* p. 65).

Quand *vis-à-vis* a le sens « à l'égard de, envers », l'absence de *de* est exceptionnelle : *C'est l'habitude du vainqueur barbare* VIS-À-VIS *le vaincu* (HUGO, *Homme qui rit,* I, I, 2).

Dans les expressions citées, le *de* n'est jamais supprimé devant un pronom personnel : *En face* DE *moi,* etc.

Dans la langue de la diplomatie *près* sans *de* remplace souvent *auprès de* : *Notre ambassade* PRÈS *le Saint-Siège* (MONTHERLANT, *Treizième César,* p. 49).

e) Crainte de + nom ou infinitif est admis par le bon usage, à côté de *de crainte de* (ou *par crainte de* ou encore *dans la crainte de*). Voir aussi § 1088, *a.*

Les persécutés redoutaient la visite de leurs amis, CRAINTE DE *les compromettre* (CHAT., *Mém.,* III, II, VII, 11). — *Veillez,* CRAINTE DU *Suborneur !* (VERL., *Sag.,* I, 2.) — *Je ne les* [= des pages] *déchire pas, par superstition :* CRAINTE DE *porter la guigne au carnet* (GIDE, *Journal,* 5 mai 1942). — *Elle* [...] *se ravisa aussitôt,* CRAINTE D'*une réponse qui fît tomber sa joie* (J. GREEN, *Minuit,* p. 178). — *On n'allait à peu près jamais au bout de sa pensée,* CRAINTE D'*y faire toujours la même rencontre* (GUÉHENNO, *Mort des autres,* p. 177). — CRAINTE DE *malheur,* D'*accident,* CRAINTE DE *pis* (AC.).

On trouve parfois aussi, dans le même emploi, *peur de* : *Il nageait entre deux eaux, sans trop découvrir,* PEUR DES *coups, son manège* (R. KEMP, dans les *Nouv. litt.,* 27 nov. 1958). — *Il n'ose pas regarder Noëlle,* PEUR DE *ne pas deviner en elle la même colère qui tressaille en lui* (Fr. NOURISSIER, *Allemande,* p. 92).

Hist. — Pour Vaugelas (p. 45), *crainte,* pour *de crainte,* était « une faute condamnée de tous ceux qui sçavent parler et escrire » ; — quant à *peur* pour *de peur,* il le déclarait « insupportable ». — *Crainte de* est chez Mme de SÉV. (26 mai 1676), chez VOLT. (*Contes et rom.,* Cand., XIII), BEAUMARCHAIS (*Barb.,* I, 6). — *Peur de* chez MOL. (*Éc. des f.,* I, 2).

f) Retour de, pour « de retour de », en dépit des puristes, est passé de la langue parlée dans la langue écrite :

Rencontré, hier, sur le trottoir, Mme Bonnetain RETOUR DU *Soudan* (J. RENARD, *Journal,* 26 mai 1894). — *C'était un certain Beust,* RETOUR DE *la Calédonie* (TOULET, *Demoiselles La Mortagne,* p. 129). — *Des Briérons passaient, sans bruit, poussant leur pirogue,* RETOUR DES *lieux de tourbages* (CHÂTEAUBRIANT, *Brière,* p. 73). — *Déjeuné avec Gide* RETOUR D'*Algésiras* (J. GREEN, *Journal,* 17 juin 1935). — *Je me trouvais au Havre, à la gare maritime,* RETOUR

D'un voyage au Mexique (AYMÉ, Passe-muraille, p. 99). — Des officiers anglais, RETOUR DE Pantellaria, apportent quelques renseignements sur la reddition de la petite île (GIDE, Journal, 27 juin 1943). — Elle aussi s'était peut-être fait, ou refait, des illusions sur son héros RETOUR DU front (J. ROMAINS, Hommes de b. vol., t. XVIII, p. 115). — Je les [= vos mères] vois qui vous attendent le soir RETOUR DES matches (MONTHERLANT, Olympiques, p. 285). — Éloi Roussel était resté en France, et, ma foi, RETOUR D'Allemagne, je ne l'y ai plus guère retrouvé (ARLAND, L'eau et le feu, p. 76).

999   Omission ou absence de prépositions diverses.

a) °Rapport à (au lieu de par rapport à), au sens de « à cause de », « au sujet de », « à propos de », est de la langue populaire ou très familière :

Il avait pris par les rives de l'ouest, RAPPORT AU coup d'œil qu'il avait à donner par là (CHÂTEAUBRIANT, Brière, p. 80). — Je demande cela, RAPPORT À la nourriture (ESTAUNIÉ, Mᵐᵉ Clapain, p. 145). — Si madame voulait me donner un congé de huit jours, RAPPORT À ma femme qui a le mal du pays (H. DUVERNOIS, Crapotte, p. 99). — D'abord essuie-toi les pieds, RAPPORT AU tapis (BERNANOS, Journ. d'un curé de camp., p. 17).

À rapprocher, les locutions conjonctives de cause °rapport à ce que, °rapport que, qui appartiennent elles aussi au langage populaire ou très familier : Il est utile à Maurice RAPPORT À CE QU'il connaît un tas de bookmakers (H. BATAILLE, Enfant de l'amour, cit. Sandfeld, t. III, § 191). — Moins belle que la Judith... mais d'approche plus facile (RAPPORT QU'elle tient un café) (G. CHEVALLIER, Clochemerle, VIII).

b) Cent kilomètres-heure, voir § 1000, c.

SECTION 2. — EMPLOI DE CERTAINES PRÉPOSITIONS

1000   Observations diverses sur à.

a) À marquant la possession, l'appartenance : § 346, b. — À indiquant l'agent : avec un verbe passif (§ 313, c) ; dans la proposition infinitive (§ 873).

b) À pour chez (°Aller au médecin) est généralement condamné. On le trouve surtout, dans la littérature, lorsque les auteurs reproduisent les paroles des personnages :

J'ai dû m'interrompre pour mener Gustave AU docteur (GIDE, École des femmes, p. 58). — Maman allait le moins possible « AU boucher » (Fr. MAURIAC, Nœud de vip., II). — Ils m'ont conduit AU pharmacien (VERCORS, Silence de la mer et autres récits, p. 179). — Notons aussi le proverbe Il vaut mieux aller AU boulanger qu'AU médecin (variante avec chez dans Littré).

Mais on admet Aller au ministre « aller trouver le ministre, s'adresser au ministre » : Pour cela, il vous faut aller AU ministre (AC.). — Il alla AU roi même, se jeta à ses genoux (MICHELET, Sorcière, t. II, p. 80).

Littré et l'Acad. enregistrent sans réserves aller AU bois, À l'eau, etc. « aller faire provision de bois, etc. ».

c) **Au lieu de *par* distributif** indiquant l'unité par rapport à une autre donnée quantitative *(Il gagne cent francs* PAR *heure)*, la langue courante emploie souvent la préposition *à* et l'article défini, — ou encore simplement l'article défini sans préposition :

> *En 1894, l'étape Paris-Rouen est parcourue à la vitesse moyenne de 21 kilomètres* à *l'heure (Lar. XXᵉ s., s.v. automobile). — Ce navire file dix nœuds* à L'*heure* (AC., s.v. *nœud*). — *Vous vous représentez une véritable voiture* [...] *qui fait du cent vingt à* L'*heure* (A. HERMANT, *Xavier*, p. 113).
>
> *Ses trois demoiselles* [...] *prenaient des leçons moyennant cinquante sous la séance* (FLAUB., *Mᵐᵉ Bov.*, III, 4). — *Il lui donna trois heures de leçons par semaine, à deux francs l'heure* (R. ROLLAND, *Jean-Chr.*, t. V, pp. 260-261). — À *vendre, terres à 5 francs l'hectare* (A. DAUDET, *Port-Tar.*, I, 2). — *Je payais les enfants un franc l'heure* (LARBAUD, *Barnabooth*, Journal intime, Pl., p. 174). — *Des journées régulières qu'on lui payait vingt centimes l'heure* (GENEVOIX, *Marcheloup*, III, 5). — *Cette étoffe coûte cingt francs le mètre* (AC.).
>
> La langue populaire, dans ces cas, emploie °*de* et l'article défini. On le trouve parfois dans la littérature : *Elle* [= une bonne] *demandait dix sous* DE *l'heure* (G. DUHAMEL, *Pierre d'Horeb*, p. 28). — *Ces hommes* [...] *touchent six sous* DE *l'heure* (M. AUCLAIR, *Vie de Jaurès*, p. 292).

Pour noter de manière abrégée des indications de vitesse comme *cent kilomètres par heure, cinq mètres par seconde*, les techniciens, les journalistes, etc., usent souvent de symboles séparés par une barre oblique représentant la préposition *par : Une vitesse de 100 km/h, de 5 cm/s, de 2 000 tr/min* [ce qui s'énonce : ... 100 kilomètres *par* heure, ... 5 centimètres *par* seconde, ... 2 000 tours *par* minute]. Mais beaucoup de gens, considérant cette barre oblique (qui est une barre de fraction) comme un simple trait d'union, n'énoncent pas la préposition *par*, ou même remplacent la barre oblique par le trait d'union : À *huit cents* KILOMÈTRES-HEURE *et à trois mille cinq cent trente* TOURS-MINUTE, *je perds mon altitude* (SAINT EXUPÉRY, *Pilote de guerre*, p. 107). — *Les voitures passent à près de cent* KILOMÈTRES-HEURE (G. DUHAMEL, *Problèmes de civilisation*, p. 173). — *Il aborda le sol à une vitesse de 14* MÈTRES-SECONDES [*sic*] (KESSEL, *Mermoz*, p. 229).

Pour l'Association française de normalisation (*Journal officiel*, 10 oct. 1951), « en aucun cas, on ne doit omettre le mot *par*, ni le remplacer par un trait d'union, en raison de la convention faite pour l'expression des produits. À l'intérieur d'un nom d'unité, le mot *par* ne doit pas non plus être remplacé par l'un des symboles de la division (/ : —), ceux-ci n'étant à employer qu'entre symboles d'unités. »

d) On dit *considérer une chose à un point de vue*, ou *d'un point de vue* ou *sous un point de vue* (plus rare aujourd'hui) :

> *L'émeute* [...] *était envisagée* à *un autre point de vue encore* (HUGO, *Misér.*, IV, x, 1). — *Vos découragements vaudront mieux* AU *point de vue moral* (FROMENTIN, *Domin.*, VI). — *Et* à *ce point de vue, l'avantage appartient incontestablement à l'Espagne* (A. FRANCE, *Anneau d'améthyste*, p. 228). — AU *point de vue esthétique, je vote pour le liseron* (G. DUHAMEL, *Désert de Bièvres*, p. 165). — *Péguy, lui, se plaçait* à *un point de vue mystique* (J. et J. THARAUD, *Notre cher Péguy*, t. I, p. 137). — AU *point de vue de la structure* (VALÉRY, *Regards sur le monde actuel*, p. 133). — *Se mettre* à *un point de vue* (AC.). — *Chacun envisage la question* à *son point de vue personnel* (AC.).
>
> *Elle* [= une démarche] *peut se défendre* DU *point de vue social* (BARRÈS, *Au service de l'Allem.*, p. 61). — *Tout regarder* DU *point de vue moral* (BREMOND, *Âmes religieuses*, p. 149). — DU *point de vue de l'idée* (A. CAMUS, *Justes*, p. 136). — *Il faut considérer la chose* DE *ce point de vue* (AC., s.v. *vue*).

Sous *le point de vue politique, on pourrait regarder cette entreprise comme le crime irrémissible et la faute capitale de Napoléon* (CHAT., *Mém.*, III, I, VI, 1). — *Buffon peint la nature* SOUS *tous les points de vue qui peuvent élever l'âme* (SAINTE-BEUVE, *Caus. du lundi*, t. IV, p. 363). — *Considérons sainement les choses* SOUS *un point de vue philosophique* (MUS-SET, *Contes*, Mimi Pinson, VIII). — *Revoir,* SOUS *le point de vue du style, un ouvrage* (FLAUB., *Éd. sent.*, II, 1). — [*L'Église*] *est,* SOUS *tout point de vue, un corps savant* (LACORDAIRE, *3ᵉ Conf. de N.-D., 1835*). — *Ayant pris la question* SOUS *ce point de vue* (BAUDEL., trad. de : Poe, *Hist. extraord.*, p. 237). — *Jugeant les choses* SOUS *le point de vue de l'éternité* (BARRÈS, *op. cit.*, p. 11). — *Si l'on considère le projet* SOUS *d'autres points de vue* (A. VANDAL, *Avènem. de Bonaparte*, t. I, p. 500). — *Cela dépend beaucoup du point de vue* SOUS *lequel on l'apprécie* (HENRI-ROBERT, *Avocat*, p. 47).

Pour l'absence de la préposition *de* après *point de vue*, voir § 348, *b*, 1°.

Hist. — *Sous un point de vue* date du XVIIᵉ s. : voir Littré (s.v. *vue*, 25°), à qui cet emploi « ne paraît pas très exact », car l'observateur ne se place pas *sous* un point de vue, mais *à* un point de vue ou *dans* un point de vue. — Cet emploi de *dans* est bien attesté au XVIIᵉ et au XVIIIᵉ s. : *Les chrétiens ne le* [= le mariage] *regardent pas* DANS *ce point de vue* (MONTESQ., *L. pers.*, CXVI).

e) Selon Littré, *à terre* se dit de ce qui est ou de ce qui tombe sur le sol à nos pieds, avec cette idée que ce qui tombe ne touchait pas le sol auparavant ; *par terre* se dit dans le même sens, mais avec cette idée que ce qui tombe touchait le sol auparavant. Ni cette distinction ni certaines autres qu'on a cherché à établir ne sont ratifiées par l'usage ; hors le cas de certaines expressions consacrées comme *aller ventre à terre, mettre pied à terre,* les auteurs emploient librement *à terre* ou *par terre :*

Se jeter à *terre* (AC.). — *Se coucher* à *terre* (AC.). — *L'enfant d'Emma dormait* à *terre* (FLAUB., *Mᵐᵉ Bov.*, I, 3). — [*Il*] *avait jeté* à *terre sa belle chemise blanche* (LOTI, *Mon frère Yves*, XLVIII). — *Dépité de n'avoir pu jeter* à *terre son ennemi* (ALAIN-FOURNIER, *Gr. Meaulnes*, p. 148). — *Jetez-vous* à *terre* (BRIEUX, *Foi*, II, 8). — *Il se couchait* à *terre* (R. ROLLAND, *Jean-Chr.*, t. III, p. 161). — *Il manqua choir* à *terre d'étonnement* (P. BENOIT, *Dame de l'Ouest*, p. 225). — *Sa couronne a roulé* à *terre* (GIDE, *Saül*, IV, 5). — *Le mouchoir tomba* à *terre* (ID., *Caves du Vat.*, p. 240). — *Je sautai* à *terre* (H. BOSCO, *Âne Culotte*, p. 62).

Se jeter PAR *terre* (AC.). — *Il se coucha* PAR *terre en sanglotant* (SAND, *Fr. le champi*, III). — *Il se coucha* PAR *terre* (FLAUB., *Mᵐᵉ Bov.*, II, 3). — *Il laissait tomber son Code* PAR *terre* (*ib.*, III, 1). — *Il posa son fardeau* PAR *terre* (LOTI, *Mon frère Yves*, XLIX). — *Il avait envie de se coucher* PAR *terre* (R. ROLLAND, *Jean-Chr.*, t. V, p. 157). — *Des chameliers* [...] *gisaient* PAR *terre* (A. CHEVRILLON, *Puritains du désert*, p. 262). — *Il la* [= sa calotte] *jeta* PAR *terre* (G. DUHAMEL, *Désert de Bièvres*, p. 261).

Hist. — Le domaine de la préposition *à* était autrefois beaucoup plus étendu qu'il n'est aujourd'hui. Cette préposition pouvait s'employer dans bien des phrases où nous mettons *avec, dans, de, en, par, pour, selon, sur,* etc. : *À quelle utilité ?* (LA F., *F.*, II, 1.) — *L'échange en estant fait* AUX *formes ordinaires* (*ib.*, III, 13). — *Il n'attend qu'un pretexte* à *l'éloigner de luy* (RAC., *Andr.*, II, 3). — ⁺*Il n'est responsable de ses inconstances qu'*à *ce cercle d'amis* (LA BR., I, 24). — *La licence* à *rimer alors n'eut plus de frein* (BOIL., *Art p.*, I).

1001   *À, sur* et *dans* **marquant le lieu.**

a) D'une manière générale, *à* envisage le lieu comme un point, *sur* comme une surface et *dans* comme un volume.

S'asseoir à SON *bureau. Déposer un objet* SUR *son bureau. Enfermer une lettre* DANS *son bureau. — Se coucher* SUR *son lit,* DANS *son lit.*

Applications particulières.

1° Le français régulier distingue, d'une part, *dans la rue* (les maisons qui la bordent formant un volume) et *sur le chemin, sur la route, sur l'avenue* (ou *dans l'avenue*), *sur la place, sur le boulevard.*

Il distingue, d'autre part, *dans la rue* pour les emplois ordinaires ; — *sur la rue* lorsqu'il s'agit d'une maison, d'une fenêtre, d'une porte donnant sur la rue ; — *à la rue* dans des expressions comme *être à la rue,* c'est-à-dire sans logis, ou *jeter à la rue* « chasser, réduire à la misère » :

Je ne veux pas qu'on nous voie porter des valises DANS *la rue* (MONTHERLANT, *Fils de personne,* IV, 1). — *Il vagabonda* DANS *les rues* (FLAUB., *Éd. sent.,* I, 5).

Il [= un hôtel] *était situé dans la rue de Grenelle,* SUR *laquelle nous n'avions d'ailleurs qu'un petit pavillon à un étage* (HERMANT, *Confidences d'une aïeule,* III). — *La porte est entrouverte* SUR *la rue* (ARLAND, *Terre natale,* I). — *Ma chambre d'enfant était au premier* SUR *la rue* (LOTI, *Roman d'un enfant,* XXVIII).

Le père Baptiste, le vieux tourneur, que l'on jette À *la rue après l'avoir mis en prison* (A. BILLY, dans le *Figaro,* 8 juillet 1959). — *Gopal sentit qu'il était sur le point de perdre son travail. Il vit sa famille* À *la rue* (P. DANINOS, *Tout l'humour du monde,* p. 161). — Ex. avec *dans : Quand ils t'auront jeté* DANS *la rue, il ne te restera plus un kopek* [sic] (M. ACHARD, *Patate,* III).

L'usage régulier qui vient d'être décrit n'est pas universellement respecté. En particulier, °*sur la rue* pour *dans la rue* se dit couramment en Belgique et au Canada, et les grammairiens y voient un calque du néerlandais et de l'anglais. Mais cet emploi s'observe aussi dans des régions où toute influence germanique est exclue : *Jusqu'aux petits souillons de cuisine et aux vendeuses de bibelots* SUR *les rues* (PÉROCHON, *Gardiennes,* p. 107). — *Suzanne, enceinte,* SUR *la rue, est quand même curieuse du repas qui lui est promis* (R. MOREL, *Joyeuse,* p. 211) [= à la rue]. — *Ce matin-là se tenait une foire aux chevaux. Devant la forge,* SUR *la rue, tout un escadron était aligné* (SABATIER, *Noisettes sauvages,* pp. 253-254). — *Ne va pas* SUR *la rue. Viens là* (un cafetier de Rochepaule [Ardèche], à une chienne qui est allée se coucher au milieu de la rue, 15 juillet 1983). — L'analogie de *sur la place, sur la route* a pu jouer.

En Belgique, cet emploi de *sur* pour *dans* se combine avec un emploi de *à* pour *sur : La porte* À *rue n'est jamais verrouillée* (dans la *Libre Belgique,* 10 janv. 1978, p. 5). — On dit aussi en Belgique °*à front de rue : Une haute tour carrée datée de 1713 domine une longue construction qui se dresse* À FRONT DE *rue* (É. POUMON, *Châteaux du Brabant,* p. 18).

Pour *en rue,* voir § 1003, *e,* 2°.

2° °*Sur la cour* se dit aussi en Belgique pour *dans la cour.*

3° Dans l'usage français régulier, *à la côte* se dit lorsqu'on envisage la réalité du côté de la mer, mais *sur la côte* plutôt quand le littoral est vu du côté de la terre (*sur* se trouve parfois dans l'autre cas) :

Pierre [...] *entra à la marine et se noya* À *la côte d'Afrique* (CHAT., *Mém.,* I, I, 8). — *Là peut-être, le capitaine Grant, son navire déjà désemparé, son équipage réduit,* [...] *se sentait entraîné* À *la côte avec une irrésistible force* (J. VERNE, *Enfants du cap. Grant,* II, 4). — *Le courant porte enfin les naufragés* À *la côte* (J. GREEN, *Journal,* 5 mai 1946). — *À la côte* se dit aussi au figuré, « sans ressources » : *Une gouape, voilà. Et plutôt* À *la côte quand il est parti* (MALRAUX, *Voie royale,* I, 4).

C'est SUR *la côte d'Azur que nous achevâmes de passer l'hiver* (GIDE, *Si le grain ne meurt,* I, 5). — *Comme d'autres consacrent ce temps et cet argent à un voyage* SUR *la côte d'Azur* (GIONO, dans le *Figaro litt.,* 21 oct. 1961). — *Avec nos vacances* SUR *la Côte basque, nous ne savions plus où nous mettre* (DANINOS, *Daninoscope,* p. 344). — *Il a préféré revenir* SUR *la Côte d'Azur* (PAGNOL, *Masque de Fer,* p. 200). — *Pour passer d'agréables vacances* SUR *la côte, il faut un bateau* (TROYAT, *Extrême amitié,* p. 33). — *Mes parents vont voir des cousins* SUR *la côte* (H. BOSCO, *Jardin des Trinitaires,* p. 233). — *J'ai rêvé que Satan était trop beau joueur pour demeurer* SUR *la Côte* (M. CLAVEL, *Tiers des étoiles,* p. 51).

En Belgique, on emploie couramment *à* pour *sur :* Cramique *est naturellement connu à Gand, à Bruges et* à *la côte* (A. HENRY, *Études de lexicologie fr.,* p. 69).

b) Dans et *sur* sont parfois en concurrence sans que le sens soit différent, la réalité acceptant d'être considérée comme une surface ou comme un volume.

1° On dit tantôt *Dans un fauteuil* (en envisageant le volume) ou *Sur un fauteuil* (en envisageant la surface sur laquelle on s'assied) :

Je m'assis DANS *un fauteuil* (MUSSET, *Confess.,* III, 7). — *Il dormait* DANS *un fauteuil* (GAXOTTE, *Frédéric II,* p. 528). — *Il s'assit* DANS *un fauteuil* (MAUPASS., *Vie,* IV). — *Elle s'écroula* DANS *un fauteuil* (DANIEL-ROPS, *Mort, où est ta victoire ?* p. 98).
Il trouva l'abbé SUR *son fauteuil de bois* (STENDHAL, *Chartr.,* t. I, p. 240). — SUR *un fauteuil de cuir vert* [...] *mon second malade de la journée était assis* (VIGNY, *Stello,* XXX). — *Assis* [...] SUR *un fauteuil en velours d'Utrecht jaune* (BALZAC, *Ill. Gaudissart,* p. 37). — *Quand l'obésité l'eut clouée* SUR *un fauteuil* (MAUPASS., *Vie,* II). — *On l'assit* [...] SUR *un fauteuil* (E. et J. de GONC., *Germ. Lacerteux,* LXIV). — *Ils retombaient* [...] SUR *leurs fauteuils* (DORGELÈS, *Partir...,* p. 271). — *M. Henriot s'asseyait* SUR *un fauteuil de paille* (ARLAND, *Ordre,* t. I, p. 60). — *M. Vandémanque trônant* [...] SUR *un fauteuil surélevé* (MORAND, *Lewis et Irène,* I, 1).
Même usage pour *bergère : Sa femme était assise* DANS *une bergère* (J. de LACRETELLE, *Âme cachée,* p. 39). — *L'abbé s'était installé* DANS *la bergère* (R. ESCHOLIER, *Dansons la trompeuse,* p. 27). — *Bonaparte,* SUR *sa bergère,* [...] *écoutait* (O. AUBRY, *Brumaire,* p. 127). — *L'on s'assied* SUR *une bergère Louis XV* (É. HENRIOT, *Diable à l'hôtel,* II).
On dit *Sur un canapé, sur un divan, sur un sofa : Le prince dormait* SUR *un canapé* (L. HALÉVY, *Criquette,* p. 73). — *Charlotte, assise* SUR *le divan* (A. DAUDET, *Jack,* t. II, p. 345). — *Je la fis asseoir* SUR *le divan* (G. DUHAMEL, *Cri des profondeurs,* p. 170). — *Il la fit asseoir près de lui* SUR *le sopha de la favorite* (A. FRANCE, *Île des Pingouins,* p. 352). — *Elles prirent place, la mère* SUR *un sofa, la fille sur le bras de ce meuble énorme* (J. GREEN, *Malfaiteur,* p. 38).
Certains linguistes considèrent que l'on dit nécessairement *Sur une chaise.* C'est l'usage ordinaire, sans doute, mais il y a des chaises qui enferment (les chaises d'enfants notamment), et *dans* se trouve : *On est si bien tout nu,* DANS *une vaste chaise* (MUSSET, *Prem. poés.,* Namouna, I, 5). — *Une jeune personne blonde se tenait à côté,* DANS *une chaise à dossier long* (FLAUB., *Mme Bov.,* I, 8). — *Mlle Genseigne* [l'institutrice] *est assise toute droite* DANS *sa haute chaise* (A. FRANCE, *Pierre Nozière,* 1899, p. 44). — *Miraud* [...] *s'assit* DANS *une grande chaise de chêne* (J. ROMAINS, *6 oct.,* p. 277). — *La deuxième servante apporte un plateau avec des mets au maître de maison qui va s'installer* DANS *sa chaise à accoudoirs* (IONESCO, *Jeux de massacre,* 1970, p. 29). — *Dans une chaise longue :* Th. GAUTIER, *Jean et Jeannette,* XVIII ; A. FRANCE, *Crainquebille,* Signora Chiara ; P. MOINOT, *Guetteur d'ombre,* p. 262.

2° Selon Littré (s.v. *sur,* Rem. 1), on pourra dire *Sur un journal,* si l'on a ce journal étendu devant soi. Il est rare que la situation prévue par Littré soit nettement réalisée. La langue soignée préfère *dans un journal,* quoique l'autre tour se rencontre dans la littérature, mais ordinairement pour rendre l'usage parlé :

> *Quand il avait lu,* SUR *ce journal* [...], *son nom* (H. BORDEAUX, *Neige sur les pas,* p. 70). — *C'était* SUR *le journal* (H. LAVEDAN, *Beaux dimanches,* p. 30). — *Il croit dur comme fer ce qui est* SUR *le journal* (HERMANT, *Ainsi parla M. Lancelot,* p. 210). — *Tristan Derème, en 1935, lisait* SUR *un journal de province la même funèbre nouvelle* (L. TREICH, dans le *Soir* [Bruxelles], 12 févr. 1947). — *Un « quinquagénaire ». On voit ça* SUR *le journal* (MONTHER-LANT, *Demain il fera jour,* II, 1). — *Il dit son nom, Félix et Tiburce ne l'ignoraient pas tout à fait. Peut-être l'avaient-ils lu* SUR *un journal* (DHÔTEL, *Pays natal,* p. 126). — *Je ne comprends pas pourquoi toi-même tu as été si étonné de voir ça* SUR *le journal* (IONESCO, *Cantatrice chauve,* I).

3° On dit *Sur un registre* ou, moins souvent, *Dans un registre :*

> *La signature du grand maréchal* SUR *le modeste registre de la commune* (A. DAUDET, *Petite paroisse,* p. 16). — *J'ai lu ce nom* SUR *le registre de mes prédécesseurs* (É. BAUMANN, *Baptême de Pauline Ardel,* p. 126). — *Nous inscrivons volontiers notre signature* SUR *les registres des hôtels où nous passons* (É. HENRIOT, *Diable à l'hôtel,* I). — *Une note retrouvée* [...] SUR *un ancien registre* (HERRIOT, *Mme Récamier et ses amis,* p. 336). — *Ces colonnes de chiffres qu'il additionne* SUR *des registres* (Fr. MAURIAC, *Paroles catholiques,* p. 54). — *Votre nom, que j'ai lu* DANS *les registres de ma paroisse* (J. GREEN, *Mont-Cinère,* XIX).

On trouve aussi *au registre : On l'inscrit* AU *registre de l'église Notre-Dame* (ESTAUNIÉ, *Tels qu'ils furent,* I, 1).

Notons : *Écrivez cela* SUR *votre agenda* (LITTRÉ, S.V. *sur,* 8°). — *Je lis,* SUR *le prospectus d'un cinéma oranais, l'annonce d'un film de troisième qualité* (A. CAMUS, *Été,* p. 21). — *Il chercha le numéro* SUR *l'annuaire* (BERNANOS, *Imposture,* p. 39).

4° Au lieu de *Dans le train* (*le tram,* etc.), on entend et on lit parfois °*Sur le train,* etc. (fréquemment en Belgique et au Canada) :

> *Et le voilà parti* SUR *l'express de Marseille à la recherche du préfet* (A. DAUDET, *Contes du l.,* Défense de Tarascon). — [...] *qui n'ont pas voyagé* SUR *les rapides internationaux* (BERNA-NOS, *Essais et écrits de combat,* t. I, p. 1248). — *Et déjà tu te retrouves* [...] SUR *un tram bondé qui te ramène à la maison* (D. ROLIN, *Lettre au vieil homme,* p. 124). — *Je ne sais si la S.N.C.F. a maintenu ses annonces* [...] *en anglais* SUR *le train joignant Paris à... l'Italie* (M. JOBERT, dans le *Monde,* 27 août 1979).

5° °*Sur le grenier* pour *Dans le grenier* est du franç. régional du Nord (Belgique incluse) et de l'Est :

> *On peut retrouver* SUR *le grenier des presbytères des saints mis à la réforme* (BARRÈS, dans *l'Écho de Paris,* 8 oct. 1913). — *Nous avons encore un lit de cette taille-là* SUR *le grenier* (J. RENARD, cit. D'Harvé, *Parlons bien !* p. 464).

c) La clé ne pénétrant pas entièrement dans la serrure, il est plus logique de dire *À la serrure* ou *Sur la serrure* que *Dans la serrure,* qui se trouve pourtant :

> *La clé était* à *la serrure* (É. ESTAUNIÉ, *Labyrinthe,* p. 133). — *La clef était* SUR *la serrure* (P. BOURGET, *Drames de famille,* p. 40). — *La clef est* SUR *la serrure* (MONTHERLANT, *Garçons,* p. 57). — *Elle voyait les panneaux de la porte et la clef* DANS *la serrure* (J. GREEN, *Mont-Cinère,* XXIV).

On trouve aussi *La clé est* À *la porte* (BALZAC, *Muse du département*, p. 214) ou SUR *la porte* (G. DUHAMEL, *Passion de Jos. Pasquier*, XIV). — De même : *Les clefs étaient* AUX *meubles* (R. MARTIN DU GARD, *Thib.*, Pl., t. I, p. 602). — *Après la porte :* § 1005, *b.*

De même *A voir la pipe, la cigarette dans la bouche* ou *en bouche* sont moins satisfaisants que ... *à la bouche,* plus fréquent d'ailleurs :

> *Il fit le geste de la* [= une cigarette] *jeter, la regarda et la remit* EN *bouche* (THÉRIVE, *Sans âme*, p. 36). — *Je remets la pipe* EN *bouche* (J. PERRET, *Caporal épinglé*, p. 369). — *Il s'asseyait par terre devant l'âtre, pipe* EN *bouche* (VERCORS, *Animaux dénaturés*, p. 28). — *Il ferme les yeux, met une cigarette* DANS *sa bouche* [...]. *Il l'allume* (P. GUTH, dans le *Figaro littér.*, 4 mars 1950).

d) Il y a de l'hésitation pour d'autres cas encore.

1° On emploie couramment, surtout dans la langue du journalisme et de l'administration, *Sur le plan* (avec un nom ou un adjectif abstrait), au sens de « au point de vue » :

> *Faire son salut* SUR *le plan spirituel* (MAUROIS, *Terre promise*, XXXVI). — SUR *le plan des idées, ils sont indulgents* (AYMÉ, *Confort intellectuel*, p. 127). — SUR *le plan de la santé physique du conducteur* (A. SOUBIRAN, dans les *Nouv. litt.*, 22 juillet 1965). — SUR *ce plan,* Un homme fait *s'impose absolument* (BILLY, dans le *Figaro*, 23 juin 1965). — *Berrion avait pleinement raison* SUR *le plan des faits* (IKOR, *Murmures de la guerre*, p. 209).

Au plan, soutenu sans doute par l'analogie de *Au point de vue*, cherche à s'introduire :

> AU *plan de la conscience et de la culture* (P.-H. SIMON, dans le *Monde*, 26 janv. 1966). — *Même si je ne participais à la lutte qu'*AU *plan de la prière et de l'écrit* (G. MARCEL, dans les *Nouv. litt.*, 15 oct. 1970). — *Pour mettre les Musulmans à même de prendre en mains leurs affaires locales, en attendant qu'il puissent les prendre* AU *plan du Gouvernement* (DE GAULLE, *Disc. et messages*, t. III, p. 290). — *Si une opposition existe, elle n'existe pas* AU *plan de la réalité même des choses* (DANIÉLOU, *Scandaleuse vérité*, p. 158).

On dit parfois aussi *Dans le plan : Laurent se place* DANS *un plan plus vaste et plus haut* (M. BRION, *Laurent le Magnifique*, p. 263).

2° L'usage hésite entre *Des œufs sur le plat* et *Des œufs au plat* :

> Ex. avec *sur le :* VALLÈS, *Enfant*, XXIII ; M. CARDINAL, *Autrement dit*, p. 48 ; H. QUEFFÉ-LEC, *Breton bien tranquille*, p. 274 ; G. DORMANN, *Mickey l'ange*, p. 13. — Ex. avec *au :* GIDE, *Si le grain ne meurt*, I, 2 ; AUDIBERTI, *Dimanche m'attend*, p. 211 ; M. PONS, *Mlle B.*, dans les *Temps modernes*, févr. 1973, p. 1372 ; S. de BEAUVOIR, *Force de l'âge*, p. 270.

1002　　*En et dans.*

a) Lorsqu'il s'agit d'un volume, d'un espace à trois dimensions, *dans* est la préposition normale en français moderne. Elle peut être suivie d'un nom accompagné de n'importe quel déterminant :

> *Elle entre* DANS *le bureau,* DANS *son bureau. On trouve ce meuble* DANS *plusieurs bureaux.*
>
> *Dans* peut avoir d'autres valeurs. Il exprime notamment le temps : *Il a été scout* DANS *sa jeunesse ;* — et aussi le délai : *Revenez* DANS *trois jours* ou DANS *les trois jours. Je vous paierai*

DANS *la semaine.* — Le point de départ est le moment de la parole. Sinon, il est explicité : *Les déclarations de naissance seront faites* DANS *les trois jours de l'accouchement* (*Code civil,* art. 55).

Dans les peut marquer l'approximation : *Cela coûte* DANS *les deux mille francs* (ROBERT). Cf. § 584, *d.* — Parfois avec un singulier (langue familière) : *Ça leur fait* DANS LES *quel âge, aux D. ?* (Fr. NOURISSIER, dans le *Figaro litt.,* 7-13 déc. 1970.) — Familièrement aussi avec *aller chercher ;* plus familièrement avec *aller tirer : Ça va chercher* DANS LES *mille francs* (ROBERT). — [...] *une forte localité qui va tirer* DANS LES *deux mille habitants* (ARAGON, *Cloches de Bâle,* II, 9).

Hist. — *Dans* (lat. vulg. *deintus, de* + *intus,* à l'intérieur) est rare en anc. fr. ; ou préférait *en* ou *dedans* (§ 988). C'est à partir de Ronsard que *dans* s'installe vraiment dans l'usage littéraire.

Remarque. — *Dans un but* est condamné par Littré, par l'Acad. (séance du 21 févr. 1957) et par les puristes ; selon eux, il faudrait dire *dans un dessein, dans une intention,* etc. Il est hors de doute que *dans un but* a reçu la pleine sanction du bon usage, même académique :

> DANS *le but de chasser le comte Mosca* (STENDHAL, *Chartr.,* t. II, p. 170). — DANS *le but de rompre une majorité* (CHAT., *Mém.,* III, II, VI, 16). — DANS *le but de prévenir les dangers de la petite vérole* (BESCHERELLE, s.v. *inoculation*). — DANS *quel but ?* (HUGO, *Misér.,* V, II, 1 ; MAUPASS., *Boule de suif,* p. 46 ; BARRÈS, *Union sacrée,* p. 23 ; GIDE, *Journal,* 13 mars 1943.) — *M. d'Andilly [...] s'était adressé* DANS *le même but à Mme de Guemené* (SAINTE-BEUVE, *Port-Royal,* III, 2). — DANS *le but de changer de point de mire* (Th. GAUTIER, *Capit. Fracasse,* XVII). — *Tu as pris,* DANS *un but sublime, une route hideuse* (MUSSET, *Lorenz.,* III, 3). — DANS *le but de faire une opposition* (BALZAC, *Peau de ch.,* p. 52). — DANS *le but de s'entendre* (TOCQUEVILLE, *Souvenirs,* p. 47). — DANS *le but de faire une chasse à la loutre* (NERVAL, *Nuits d'octobre,* XXIV). — DANS *le but de composer l'ouvrage plus vite* (BAUDEL., *Paradis artif.,* Mangeur d'opium, IV). — DANS *le seul but de lui complaire* (FLAUB., *Mme Bov.,* III, 5). — DANS *le but d'exaspérer son frère* (MONTHERLANT, *Célibataires,* p. 76). — *Un assez grand nombre de personnes, choisies expressément* DANS *ce but* (MARTINON, *Comment on prononce le fr.,* p. VIII). — *Il a dépensé* DANS *ce but des sommes énormes* (BERNANOS, *Lettre aux Anglais,* p. 115). — DANS *un but de diagnostic* (AC., s.v. *inoculation*).

Autres ex. : Al. DUMAS, *Tulipe noire,* Concl. ; BARBEY D'AUR., *Vieille maîtresse,* Pl., p. 408 ; DUMAS fils, *Diane de Lys,* IV, 5 ; GOBINEAU, *Mlle Irnois,* L.P., p. 154 ; TAINE, *Notes sur l'Anglet.,* p. 208 ; ZOLA, *Nana,* VII ; VILLIERS DE L'ISLE-ADAM, *Contes cruels,* p. 148 ; LOTI, *Mme Chrysanth.,* XXX ; JAMMES, *M. le curé d'Ozeron,* p. 130 ; BRUNOT, *Hist.,* t. VI, p. 663 ; FAGUET, *Hist. de la poésie fr.,* t. X, p. 188 ; DAUZAT, *Argots,* p. 155 ; F. FABRE, *Mon oncle Célestin,* I, 3 ; P. de NOLHAC, *Louis XV et Marie Leczinska,* p. 307 ; PROUST, *Rech.,* t. III, p. 33 ; L. DAUDET, *Partage de l'enfant,* p. 274 ; J. RENARD, *Poil de Car.,* Agathe ; G. DUHAMEL, *P. Claudel,* p. 103 ; LA VARENDE, *Normandie en fleurs,* p. 150 ; CHÂTEAU-BRIANT, *Brière,* p. 36 ; A. ARNOUX, dans le *Figaro litt.,* 12 mai 1956 ; GIONO, *Moulin de Pologne,* p. 214 ; P. BENOIT, *Agriates,* p. 97 ; H. BORDEAUX, *Flambeau renversé,* p. 185 ; H. BAZIN, *Mort du petit cheval,* p. 108 ; M. GARÇON, *Plaidoyers chimériques,* p. 91 ; PAGNOL, *Château de ma mère,* p. 211 ; DE GAULLE, *Mém. de guerre,* t. III, p. 97 ; A. CAMUS, *Théâtre, récits, nouvelles,* p. 742 ; P. EMMANUEL, dans le *Figaro,* 5 sept. 1973 ; J. GREEN, *Mont-Cinère,* XVII ; ROBBE-GRILLET, *Maison de rendez-vous,* p. 163 ; etc.

On rencontre moins souvent *pour un but, avec un but : Je n'ai pourtant pas l'intention de me contredire* POUR *le simple but de ne pas lui déplaire* (LÉAUTAUD, *Journal litt.,* I, p. 122). — *Poursuivre la guerre ? Oui, certes ! Mais* POUR *quel but ?* (DE GAULLE, *Mém. de guerre,* t. I, p. 88). — *Un effort est tenté [...]* AVEC *le but non seulement de mieux comprendre [...]* (M. COHEN, *Encore des regards sur la langue fr.,* Av.-propos).

b) ***En*** est moins courant que *dans.* Il s'emploie surtout dans certaines expressions plus ou moins figées et son régime est souvent sans déterminant (surtout sans article défini).

Comp. : EN *mon nom et* AU *vôtre.* — EN *été,* EN *automne,* EN *hiver et* AU *printemps* (voir ci-dessous). — EN *enfer et* AU *ciel,* mais EN ou AU *paradis,* EN ou AU *purgatoire* (voir ci-dessous).

On dit aussi assez souvent *à l'automne,* plus rarement *à l'été, à l'hiver : Pas même un saule vert qui s'effeuille* à *l'automne* (HUGO, *Ray.,* XLII). — *Chaque année, au printemps et* à *l'automne* (E.-M. de VOGÜÉ, *Jean d'Agrève,* p. 134). — *Je traverse,* à *l'automne, un canton forestier* (G. DUHAMEL, *Pierre d'Horeb,* p. 8). — *Le jujubier, couvert de feuilles* à *l'automne* (GIDE, *Amyntas,* p. 30). — *Si vous vous promenez en forêt* à *l'automne* (AYMÉ, *Confort intellect.,* p. 15). — *Au printemps et* à *l'automne* (J. GREEN, *Moïra,* p. 238). — *Nous étions* à *l'hiver* (MUSSET, *Conf.,* IV, 6). — *Dans une plaine que recouvrent* à *l'été des moissons* (HERRIOT, *Dans la forêt normande,* p. 170). — À *l'hiver, le parti Mermet faiblissait* (GENEVOIX, *Forêt voisine,* p. 243).

Dans l'été, etc. rend l'indication temporelle plus concrète ; cette façon de parler s'impose quand le nom de la saison est nécessairement précédé de l'article (parce que le nom est accompagné d'un élément subordonné) : *Lorsque,* DANS *l'hiver, à l'heure du salut, la cathédrale se remplissait de la foule* (CHAT., *Mém.,* I, I, 7). — *Nous sommes* DANS *l'hiver* (LITTRÉ, s.v. *dans,* 5°). — DANS *l'été qui suit* (GIDE, *Porte étr.,* p. 35). — *Nous étions* DANS *l'hiver 1940-1941* (J. d'ORMESSON, *Au plaisir de Dieu,* p. 284). — Sans préposition, cf. § 304, *a,* 2°.

De même *dans l'enfer* a une valeur topographique plus précise : *On entendait aller et venir* DANS *l'enfer* (HUGO, *Lég.,* t. I, p. 52). — C'est ainsi qu'on dit ordinairement *dans le paradis* pour le paradis décrit dans la Genèse. — Avec le pluriel *les enfers,* on dit *aux* ou *dans les : Énée descendit* AUX *Enfers* (AC.).

En s'emploie parfois avec l'article indéfini, lorsque le nom régime est accompagné d'une épithète ; — parfois aussi avec d'autres déterminants que l'article, surtout dans des expressions plus ou moins figées :

EN *des temps tels que* ... (LITTRÉ). — EN *un lieu agréable* (ID.). — EN *telle année,* EN *cette situation,* EN *quel temps,* EN *quelque sorte.* EN *mon pouvoir.*

Avec l'article défini élidé ou féminin singulier, *en* se trouve aussi dans des locutions toutes faites, — parfois dans d'autres cas, mais cela est de la langue littéraire :

EN L'*honneur de,* EN L'*absence de,* EN L'*air,* EN L'*espace de,* EN L'*espèce,* EN L'*état,* EN L'*église de,* EN L'*an* ..., EN L'*occurrence,* EN LA *matière, il y a péril* EN LA *demeure,* EN LA *présence de Dieu,* EN LA *personne de,* EN LA (ou EN) *Chambre du Conseil,* etc.
Il n'avait pas de fange EN L'*eau de son moulin* (HUGO, *Lég.,* t. I, p. 65). — *Le rôle de l'intuition est le même* EN L'*esprit du chef qu'en celui de l'artiste* (MAUROIS, *Mémoires,* I, p. 210). — *[...] mit la pièce* EN LA *sébile* (Th. GAUTIER, *Capit. Fracasse,* XV). — *Ramener les religieuses* EN LA *maison des Champs* (SAINTE-BEUVE, *Port-Royal,* IV, 1). — *Dîner* EN LA *compagnie des nouveaux venus* (FLAUB., *Mme Bov.,* II, 2). — *Une confiance passionnée* EN LA *lettre imprimée* (TAINE, *Voy. aux Pyrén.,* p. 283). — *C'est une école de dessin que j'admire surtout* EN LA *France* (GIDE, *Feuillets d'automne,* p. 200). — *J'oubliais presque que j'étais venu au foyer de ce prêtre changer l'aridité de mes remords* EN LA *rosée féconde du repentir* (A. FRANCE, *Balthasar,* p. 78). — *J'étais dans cette campagne,* EN LA *société de ces bergers* (LOTI, *Roman d'un enf.,* LXVI). — *Sa croyance* EN LA *bonté de la foi devait se trouver*

renforcée (PROUST, *Pastiches et mélanges*, p. 171). — *La foi* EN LA *France est de l'ordre du cœur* (Fr. MAURIAC, *Bâillon dénoué*, p. 71). — *L'âme de Pan éparse* EN LA *tiède vapeur* (P.-H. SIMON, *Recours au poème*, p. 46). — EN LA *saison des pluies (Dict. gén.*, s.v. *en).*

Les écrivains ne reculent même pas devant °*en le* et °*en les* (de même *en lequel* et *en lesquels*), malgré les jugements sévères prononcés par les grammairiens et les linguistes quasi unanimes : « Affreux barbarisme, contraire à la fois à l'usage et à la tradition », écrit par ex. Brunot (*Pensée*, p. 425).

EN LES *petites localités des provinces arriérées* (E. de GONC., *Frères Zemganno*, XVII). — EN LES *lueurs de cette vesprée* (VILLIERS DE L'ISLE-ADAM, *Hist. insolites*, p. 43). — *J'avais annoncé une nouvelle œuvre d'Henry de Groux* EN LES *lignes que voici* (BLOY, *Mendiant ingrat*, t. I, p. 14). — *Bloqué comme* EN LES *murs d'une étroite prison* (COURTELINE, *Conversion d'Alceste*, I). — *Un peu confiante* EN LE *retour de son ami* (LOTI, *Désenchantées*, V). — *Elle excelle* EN LES *questions abstraites* (R. de GOURMONT, *Chemin de velours*, p. 237). — *Confiant* [...] EN LE *monde entier* (G. DUHAMEL, *Civilisation*, p. 99). — EN LES *jours de deuil* (ID., *Refuges de la lecture*, p. 126). — *La valeur de l'« antiquité » consiste pour Bossuet* [...] EN LE *maintien d'une présence intacte* (THIBAUDET, *Hist. de la litt. fr.*, p. 28). — *Il trouva* EN LES *femmes de l'Inde* [...] *des aides intelligentes* (R. ROLLAND, *Mahatma Gandhi*, p. 107). — *Comment laisser perdre une telle citation*, EN LE *présent sujet ?* (MONTHERLANT, *Fils de personne*, p. 154.) — *Si tu crois* EN LE *paysage* (SAINT EXUPÉRY, *Citadelle*, CLXII). — *Elle* [...] *ne voyait*, EN LE *miroir de leur esprit* [...] (GIDE, *Anthol. de la poésie fr.*, Préf., p. XLIII). — *Il est peu de romans contemporains où les pêcheurs aient plus d'attraits qu'*EN LES *siens* (ARLAND, *Essais crit.*, p. 165). — EN LES *années présentes* (J. MARITAIN, *Questions de conscience*, p. 218). — *Les naïves croyances de nos ancêtres* EN LES *fantômes* (J. FOURASTIÉ, *Long chemin des hommes*, p. 170). — *Les sensations* EN LES*quelles cette représentation se prolonge* (BERGSON, *Énergie spirituelle*, p. 184).

Hist. — Comme nous l'avons dit dans l'Hist. de *a), en* a été généralement supplanté par *dans*, surtout dans les emplois concrets. — D'autre part, il se contractait avec *le* en *ou* et avec *les* en *es :* voir § 565, *b* et Hist. — *Ou* s'est confondu avec *au : Ou printemps* (E. DESCHAMPS, cit. Littré) est devenu *au printemps*, etc. (cf. ci-dessus). — *Aux*, par analogie, se trouve dans certaines expressions : *Tomber* AUX *mains de ses ennemis. Mettre* AUX *fers* (ou *dans les fers*).

Remarques. — 1. Devant un pronom personnel, on emploie *en* et non *dans :*

Il sentit EN *soi une gêne et un froid bizarre* (FARRÈRE, *Condamnés à mort*, p. 134). — [*Dans* se rencontrait au XVIIᵉ s. : ⁺*Quand un discours naturel peint une passion* [...]*, on trouve* DANS *soi-même la vérité de ce qu'on entend* (PASCAL, *Pens.*, 14).]

2. *En* sert à former le gérondif : *Il lisait* EN *marchant.*

3. *En* est constant dans la locution *en plein :* EN *pleine figure*, EN *pleine rue*, EN *plein printemps*, EN *plein midi*, etc.

1003   Emplois particuliers de *en.*

a) En et les noms propres de lieux.

1° Les **noms de pays** se construisent avec *en* quand ils sont féminins ou quand ils commencent par une voyelle, avec *au* quand ils sont masculins et à initiale consonantique (comp. § 571, *b*, 3°).

EN *Afghanistan*, EN *Iran*, EN *Israël*, EN *Uruguay*, EN *Équateur ;* EN *Inde* (ou *dans l'Inde*). *Aller* EN *France*, EN *Chine*, EN *Égypte*, EN *Suisse*. — *Aller* AU *Pérou*, AU *Honduras*, AU *Vietnam*, AU *Sénégal*, AU *Canada*. *Une émeute* AU *Mexique*. *Faire un voyage* AU *Maroc*.

En Danemark, en Portugal, en Luxembourg et même *en Canada* se rencontrent encore parfois au XXe s. : EN *Danemark, rien de pareil* (BLOY, *Mon journal*, t. I, p. 164). — *Il est réfugié* EN *Danemark* (R. ROLLAND, *Précurseurs*, p. 182). — *Ce qui advint à Hamlet qui* [...] *avait passé pour un peu fou* EN *Danemark* (P. de LA GORCE, *Napol. III et sa polit.*, pp. 7-8). — *Beaucoup allèrent chercher un refuge* EN *Portugal* (J. et J. THARAUD, *Petite hist. des Juifs*, p. 78). — *Il y avait* EN *Portugal une vice-reine, lors de la révolution de 1640* (AC., s.v. *vice-reine*). — *Peut-être n'a-t-elle pas envie d'aller* EN *Luxembourg* (TOULET, *Béhanzigue*, p. 19). — *Il se rendit* EN *Luxembourg* (S. de BEAUVOIR, *Vieillesse*, p. 533). — *Aller* EN *Canada* (LAR-BAUD, dans la *Revue de Paris*, 1934, p. 663).

Hist. — Jusque dans le XVIIIe s., et même dans le XIXe, devant un nom féminin singulier de pays lointain, au lieu de *en*, on employait *à la, à l' :* *Allant* À L'*Amerique* (LA F., F., XI, 8). — À LA *Chine, les voleurs cruels sont coupés en morceaux* (MONTESQ., *Espr.*, VI, 16). — *Tuer un homme* À LA *Chine* (CHAT., *Génie*, I, VI, 2). — *La céramie des salanganes dont on mange les nids* À LA *Chine* (MICHELET, *Mer*, II, 11). — [...] *des salons de Paris où le don de seconde vue de la beauté vraie n'existe pas plus qu'*À LA *Chine* (BARBEY D'AUR., *Prêtre marié*, Introd.). — Littré mentionnait encore *aller* à LA *Chine ;* et il ajoutait : « mais on commence à dire de préférence : EN *Chine*. » — Au XXe s. encore, on trouve par archaïsme : *Rousseau* [le Douanier] *avait été* à L'*Amérique* (APOLLIN., *Anecdotiques*, 1er mai 1911). — *Il atterrit* À LA *Chine* (CLAUDEL, *Soulier de satin*, I, 6). — *On méprisait les marchands,* à LA *Chine* (ÉTIEMBLE, *Confucius*, I, 1).

2° Devant les noms féminins de grandes **îles** proches ou lointaines, pour indiquer le lieu (situation ou direction), on emploie *en :* EN *Sardaigne*, EN *Islande*, EN *Nouvelle-Guinée*. — Toutefois on dit : À *Terre-Neuve*.

Devant les noms féminins de petites îles lointaines, on emploie *à la :* À *la Réunion*, à *la Martinique*. — Devant les noms de petites îles d'Europe et devant les noms masculins de grandes îles lointaines, on emploie *à :* À *Malte*, à *Chypre*, à *Cuba*, à *Madagascar*.

3° Les **noms de provinces** se construisent avec *en* quand ils sont féminins ou quand ils commencent par une voyelle (*dans* est possible). Quand ils sont masculins et à initiale consonantique, ils prennent *en* ou *dans le ;* rarement *au*.

EN *Normandie*. — EN *Anjou*. — DANS *l'Anjou* (VAN GENNEP, *Manuel de folklore fr. contemp.*, t. I, p. 196). — DANS *l'Artois* (M. ROQUES, dans *Aucassin et Nic.*, p. XXXVI).

EN *Piémont* (A. HENRY, *Chrestomathie*, t. I, p. 162). — EN *Périgord* (MAUROIS, dans le *Figaro litt.*, 28 août 1967). — EN *Dauphiné* (LE ROY LADURIE, *Carnaval de Romans*, p. 95). — EN *Limousin* (S. de BEAUVOIR, *Mém. d'une jeune fille rangée*, p. 337). — EN *Berry* (GIRAUDOUX, *Intermezzo*, I, 1). — EN *Poitou* (P. RÉZEAU, dans *Revue de ling. rom.*, juillet-déc. 1983, p. 488). — EN *Brabant* (L. REMACLE, *Atlas linguistique de la Wallonie*, t. I, p. 12). — EN *Hainaut* (PIRENNE, *Hist. de Belg.*, 4e éd., t. II, p. 461 ; HALPHEN, *Essor de l'Europe*, 3e éd., p. 534).

DANS *le Brabant* (REMACLE, *op. cit.*, p. 15). — DANS *le Limousin* (GIRAUDOUX, *ib.*). — DANS *le Berry* (R. MARTIN DU GARD, *Souvenirs*, Pl., p. LXXXII).

AU *Berry* (J. PRASTEAU, dans le *Figaro litt.*, 28 août 1967).

On dit d'ordinaire : *Dans les Flandres ;* — mais *en Flandres* n'est pas inusité : VAN GENNEP, *Folklore de la Flandre et du Hainaut fr.*, t. I, p. 330 ; P. GROULT, dans les *Lettres romanes*, mai 1952, p. 179 ; MALRAUX, *Musée imaginaire*, I.

4° Devant les noms de **départements** français formés de deux termes coordonnés par *et*, on emploie *en* ou *dans :* EN *Seine-et-Marne.* — *Conversations* DANS LE *Loir-et-Cher* (titre d'un livre de CLAUDEL). — Devant les noms des autres départements, on emploie *dans* et l'article : DANS LA *Gironde*, DANS L'*Ain*, DANS LA *Seine-Maritime.*

5° Par imitation de l'usage occitan (pour *Avignon, Arles,* etc.) ou par archaïsme [2], divers auteurs utilisent *en*, au lieu de *à*, devant un nom de **ville** commençant par *A :*

> *Quand les rats prétendront s'installer à Paris* [...], EN *Alger* [...] (A. SUARÈS, *Vues sur l'Europe*, p. 23). — *Il s'en faut de tout qu'on soit aussi « miéterran » à Rome, à Gênes, à Valence et Madrid, à Bucarest ou à Fiume qu'*EN *Arles,* EN *Aix ou au Martigue* (*ib.,* p. 88). — EN *Arles* (R. LALOU, *M. Barrès,* p. 66). — *Rose* [...] *s'était* [...] *installée* EN *Amiens* (G. DUHA- MEL, *Pesée des âmes,* p. 173). — *Les gens qui s'arrêtaient ou séjournaient à la réserve du personnel,* EN *Aubervilliers* [...] (*ib.,* p. 213). — *Son voyage de noces* [...] *l'avait conduite jusqu'*EN *Alès* (J.-P. CHABROL, *Rebelles,* p. 45). — *J'ai été joué à Orange et* ẸN *Arles* (MON- THERLANT, dans les *Nouv. litt.,* 31 juillet 1969). — *De Marseille jusqu'*EN *Arles* (PAGNOL, *Fanny,* III, 10).

En Avignon est particulièrement fréquent (mais *à Avignon* l'est plus encore) : *Les poètes provençaux publient* EN *Avignon un joyeux petit livre* (A. DAUDET, *Lettres de m. m.,* p. 125). — EN *Avignon, les platanes déjà feuillus murmuraient* (COLETTE, *Journal à rebours,* p. 181). — *C'est peut-être* EN *Avignon, chez Aubanel, qu'eut lieu la première lecture du récitatif du* Faune (MONDOR, *Hist. d'un Faune,* p. 99). — EN *Avignon on dut organiser un service d'ordre* (LA VARENDE, *Don Bosco,* XX). — *Je bus du café à Brignoles, j'en bus* EN *Avignon* (Fr. NOURISSIER, *Histoire française,* p. 137). — *Une petite brune qu'on aurait crue née* EN *Avignon ou à Nice* (J. MISTLER, *Bout du monde,* L.P., p. 125). — *Elle m'annonça qu'elle devait passer trois jours* EN *Avignon* (P.-H. SIMON, *Somnambule,* p. 150).

Hist. — Devant un nom de ville, on employait généralement au moyen âge, et jusque dans le XVIIe s., la préposition *en :* Li *reis Marsilie esteit* EN *Sarraguce* (*Rol.,* 10). — *Et li roys et la royne entrèrent* EN *Callais* (FROISSART, éd. K., t. V, p. 216). — *On t'emmène Esclave* EN *Alger* (MOL., *Fourb.,* II, 7). — [+]*Irène se transporte* [...] EN *Épidaure* (LA BR., XI, 35). — *J'écrivis* EN *Argos* (RAC., *Iph.,* I, 1). — Mais *en,* dans cet emploi, s'est trouvé de bonne heure en concurrence avec *à : Carles serat* AD *Ais* (*Rol.,* 52). — *En Alger* est un cas particulier, car l'expression voulait dire « en Algérie ». De même, *en Avignon* a pu désigner l'État papal.

Remarque. — *Dans* s'emploie quand on veut dire explicitement « à l'intérieur de » :

> *Trouver* DANS *Sparte une âme et voir un cœur* DANS *Rome* (HUGO, *Année terr.,* Enterrement). — *Les taxis roulaient* DANS *Paris* (ARAGON, *Cloches de Bâle,* III, 19). — *Est-ce que vous ne savez pas que les armées allemandes sont* DANS *Paris ?* (COLETTE, *Étoile Vesper,* p. 27.) — *L'armée entra ainsi* DANS *Alger* (J. ROY, *Chevaux du soleil,* p. 326). — Sur l'emploi de *sur,* voir § 1021, *a.*

b) Dans quelques expressions toutes faites, *en* suivi d'un nom sans article a conservé le sens ancien de « sur » :

> *Portrait* EN *pied, mort* EN *croix, casque* EN *tête.* — *Les convives ont tous une couronne* EN *tête* (HUGO, *Ch. du crép.,* IV). — *Le magistrat l'avait reçu debout* [...], *toque* EN *tête* (FLAUB.,

---

2. « Pour moi, quitte à me faire traiter de pédant ignorantin, j'ai choisi dès longtemps d'écrire : en Arles, en Alger, en Alep, en Alexandrie, car j'ai pour moi Racine et son choix d'*en Argos,* dont à bon escient le louait Marmontel. » (ÉTIEMBLE, *Poètes ou faiseurs ?* p. 81.)

Mme Bov., II, 3). — *Voici Thomas qui traverse la Manche, mitre* EN *tête* (HERRIOT, *Dans la forêt normande*, p. 128). — *Il mit un genou* EN *terre* (G. DUHAMEL, *Cécile parmi nous*, p. 250).

c) *En* par analogie.

1° Sur le modèle de *en voiture, en auto, en charrette*, etc., on emploie *en* à propos de moyens de transport pour lesquels cette préposition n'est pas logiquement justifiée (comme le prouve, quand il y a un déterminant, le recours à la préposition *sur* et non à *dans*) :

— **En traîneau, en luge** ne semblent contestés par personne (*à traîneau* et *à luge* paraissant inusités). [Il s'agit du traîneau qui n'est pas une voiture.]

Faire une glissade, une descente EN *luge* (ROBERT). — *Il ne leur offrirait pas le spectacle d'un théosophe* EN *luge* (BEDEL, *Jérôme 60° lat. nord*, III).

— En revanche, **en bicyclette, en vélo, en moto**, etc. ont suscité une vive opposition, qui a contribué à introduire et à maintenir dans l'usage les tours avec *à*, mais qui n'a pas empêché les tours avec *en* d'être tout à fait courants dans la langue parlée et de se trouver par écrit sous la plume d'écrivains réputés :

À pied, en voiture, en omnibus, EN *vélocipède* [...], *une centaine de mille hommes accouraient* (BARRÈS, *Appel au soldat*, t. II, p. 138). — *Il* [...] *s'était fatigué à cheval*, EN *bicyclette, aux armes* (PROUST, *Les plaisirs et les jours*, p. 252). — *Leur père est passé* EN *bicyclette* (GIDE, *Journal*, 14 juin 1914). — EN *bicyclette, ce serait agréable, pensa-t-il* (J. ROMAINS, *Mort de quelqu'un*, p. 204). — *Même* EN *bicyclette, je n'aurais pu revenir à temps* (BERNANOS, *Journal d'un curé de camp.*, p. 111). — *C'était un jeune homme distingué* [...] *roulant* EN *vélocipède* (É. HENRIOT, *Temps innocents*, p. 147). — *Quand je me promenais* EN *motocyclette* (MAUROIS, *Silences du col. Bramble*, p. 59). — *Deux sous-offs*, EN *vélo, me croisèrent* (MONTHERLANT, *Équinoxe de septembre*, p. 187). — *Un agent suivait* EN *vélo* (TROYAT, *Tant que la terre durera...*, p. 498). — *Il était* EN *vélo* (Fr. MAURIAC, *Agneau*, XV).

Si *bicyclette, vélo*, etc. sont construits avec un déterminant, ils s'introduisent par *sur : Si* [...] *vous avez appris à monter* SUR *une bicyclette* (A. HERMANT, *Savoir parler*, p. 52). — *Il partit* SUR *sa bicyclette* (COLETTE, *Blé en herbe*, IX). — *Parce qu'ils ont voyagé ensemble à douze* SUR *six bicyclettes* (G. DUHAMEL, *Lieu d'asile*, p. 107). — *Les paysans se rendent au marché* SUR *des scooters* (J. PRASTEAU, dans le *Figaro*, 14 mai 1958).

2° L'analogie avec *en chaussures, en sabots, en pantoufles*, etc. a amené aussi de l'hésitation pour les noms **patin** et **ski**, qui ne désignent pas des chaussures à proprement parler (dans ce cas aussi, quand il y a un déterminant, on recourt à la préposition *sur*) : le pied n'est pas enfermé dans le patin ou dans le ski. On dit pourtant : *chausser ses patins, ses skis* (il est vrai qu'on dit aussi, plaisamment, *chausser ses lunettes*[3]).

Le tour le plus fréquent est *en patins*, d'une part. Mais, avec *ski*, la préposition *à* paraît l'emporter, le nom étant souvent laissé au singulier (sous l'influence d'expressions comme *faire du ski*) : *Gerda avait* [...] *de magnifiques dispositions pour le saut* À *ski* (BEDEL, *Jérôme 60° lat. nord*, X). — *On circulait* À *skis* (B. BECK, *Léon Morin, prêtre*, X). — *Tous mes malheurs* À *ski* (DANINOS, *Vacances à tous prix*, p. 222). — *Les promenades* À *ski* (TROYAT,

---

3. *Il me regarde par-dessus les lunettes de fer qu'il* CHAUSSE *pour lire ou pour repriser* (H. BAZIN, *Huile sur le feu*, p. 208). — [Déjà, RAB., IV, Prol.]

Tendre et violente Élisabeth, p. 141). — *Mais lui-même, devant ces pentes magnifiques, s'irritait de ne pouvoir les dévaler à ski* (IKOR, *Frères humains*, p. 158). — *Le dimanche, il descend à skis les pentes des Tatras* (M. BLANCPAIN, *Fiancés d'Olomouc*, p. 28).

d) Expressions diverses où *à* et *en* sont en concurrence.

1° *À bas de*, *en bas de*, avec verbe de mouvement : *Fabrice avait sauté à bas de son cheval* (STENDHAL, *Chartr.*, t. I, p. 352). — *Tomber* EN *bas d'une échelle* (*Dict. gén.*). — *Napoléon jeté* EN *bas de son trône* (BLOY, *Âme de Napol.*, p. 12). — *Riquet avait sauté* EN *bas du fauteuil* (A. FRANCE, *Anneau d'améthyste*, p. 188). — °*Bas de :* § 997, *e*.

2° On a le choix entre *Valeur cotée à la Bourse* ou ... EN *Bourse*. — *Jouer* EN *Bourse* (CURTIS, *Quarantaine*, p. 249), ou ... à *la Bourse*, etc. — Mais quand il s'agit du bâtiment lui-même, on utilise normalement *à : Je ne suis jamais allé à la Bourse* (HERMANT, *Savoir parler*, p. 134). — *En* dans ce cas paraît un belgicisme.

3° *Remettre en place* et *remettre à sa place* sont synonymes. (En Belgique, on entend °*remettre à place*.) — Au figuré, *remettre qqn à sa place*, c'est lui faire sentir qu'il s'écarte des convenances. — *En place* se disait pour *en service*, à propos d'un domestique : *Elle prit ses guenilles d'habits, en fit un petit baluchon et partit* EN *place* (PÉGUY, *Souvenirs*, p. 15).

4° En parlant de quelqu'un qui s'est retiré d'une fonction ou d'un emploi, tout en continuant à toucher une pension, on dit qu'il est *en retraite* ou *à la retraite : Officier, fonctionnaire* EN *retraite, à LA retraite* (ROBERT). — *Des ambassadeurs à LA retraite* (Raym. ARON, dans le *Figaro*, 20-21 juillet 1974). — C'est *à la retraite* qui est demandé après *mettre* ou *mise, admettre* ou *admission : Cet officier a été mis à LA retraite* (AC.). — *Être admis à LA retraite* (LITTRÉ). — *La mise à LA retraite* (ID.).

e) Expressions régionales.

1° °*En confesse*, variante normande et picarde d'*à confesse :* FLAUB., *Mme Bov.*, II, 1, éd. G.-M., p. 79 (voir aussi la variante de la page 37) ; BERNANOS, *Sous le soleil de Satan*, Pl., pp. 68-69.

2° °*En rue* pour *dans la rue* (§ 1001, *a*, 1°) est un archaïsme resté courant en Belgique et en Suisse. [Cf. : *Sortant* EN *ruë avec une arbaleste et une harquebouze* (MONTAIGNE, II, 3). — Avec un nom particulier : ^+*Chez M. Barcellon*, [...] EN *rue Basse* (J.-J. ROUSS., *Corresp.*, 23 oct. 1737). — Cela aussi subsiste en Belgique : par ex., à Liège, *en Féronstrée*.] — *En pleine rue* est normal : cf. § 1002, Rem. 3. — Autre construction exceptionnelle : *Il paraît nécessaire qu'*EN LA *rue les filles ne soient que de passage* (PIEYRE DE MANDIARGUES, *Marge*, p. 69).

f) Expressions diverses.

1° *En semaine*, en dehors du dimanche : EN *semaine cette partie de la ville était assez peu fréquentée* (J. GREEN, *Léviathan*, I, 6). — Au Canada, on dit : °*Sous semaine*, °*Sur semaine*.

2° *La pipe en bouche :* § 1001, *c*.

3° On dit, à propos d'un artisan, qu'il travaille *en chambre*, lorsqu'il n'a pas de boutique ou d'atelier : *Le travail de l'artiste est à la fois semblable à celui des artisans* EN *chambre et différent de lui* (MAUROIS, *Art de vivre*, p. 129). — Mais on dit ordinairement, en dehors de ce cas particulier, *être dans sa chambre, garder la chambre*, plutôt que *être, rester en chambre : Après être resté* EN *chambre jusqu'à midi moins un quart* (SAINTE-BEUVE, *Vol.*, XXIII).

1004   Observations diverses sur *de*.

a) On appelle *de* **inverseur** un *de* servant à indiquer que le terme qui le suit n'a pas la fonction attendue :

— Un attribut là où on attend une épithète (§ 243, *d*) : *Il y a un enfant* DE *malade.*
— Un sujet là où on attend un attribut (§ 244, *g*) : *Si ce n'était* D'*Alain.*
— Un sujet précédé de l'attribut là où on attend un terme précédé de son épithète (§ 404, *a*) : *Pauvre* DE *moi !*
De même, *de* indique que l'on n'a pas le sens attendu : *Si j'étais* DE *vous* (§ 244, *a*). — *Comme si* DE *rien n'était* (§ 244, *g*). — *Il le traitait comme on fait* D'*un enfant* (§ 745, *a* et Hist.).

b) Le *de* nobiliaire n'est autre qu'un *de* marquant l'origine [4], mais une origine liée à la possession d'une terre, du moins en principe.

1° Il se maintient pour unir le nom au prénom, au titre de noblesse ou aux titres de *monsieur, madame, monseigneur, mademoiselle, abbé, cardinal, maréchal, amiral,* etc., — au mot *famille,* aux noms de parenté (*frère, oncle, tante, neveu, cousin,* etc.) :

> *C'est Alfred* DE *Musset qui le dit. Le comte* DE *Vigny fut élu. Monsieur* DE *Pourceaugnac se fâche ; le cardinal* DE *Retz a dépeint malignement le duc* DE *La Rochefoucauld ; le maréchal* DE *Créqui ; l'amiral* DE *Bonnivet. La famille* DE *Ventadour. Son oncle* DE *Sévigné,* etc.

2° Il disparaît normalement en dehors de ces conditions :

> MUSSET *le dit.* VIGNY *fut élu.* Etc.

Cependant, selon Littré, « on laisse le *de,* même sans prénom, qualification ou titre : 1) devant les noms d'une syllabe ou de deux avec un *e* muet : DE *Thou a bien écrit, j'ai vu* DE *Sèze ;* 2) devant les noms qui commencent par une voyelle ou un *h* muet : *l' «Armorial» de* D'*Hozier ; à moi* D'*Auvergne ; le fils de* D'*Orléans* ».
Ces règles ne sont pas toujours rigoureusement observées.

— Maintien du *de* devant des noms polysyllabiques et à initiale consonantique : *Il exècre Sainte-Beuve et* DE *Vigny* (BALZAC, *Lettres à l'Étrangère,* t. II, p. 245). — *Ne craignez pas de me gêner, mon cher* DE *Roncourt* (DUMAS fils, *Question d'argent,* III, 2). — *Cela amusa beaucoup* DE *Saint-Aulaire* (FAGUET, *Hist. de la poésie franç.,* t. VI, p. 139). — DE *Heredia, ce sonnettiste inférieur à Soulary* (J. RENARD, *Journal,* 24 oct. 1899). — *Les* DE *Champcenais méritaient-ils mieux que les* DE *Saint-Papoul le reproche d'avarice ?* (J. ROMAINS, *Hommes de b. vol.,* t. III, p. 178.) — *Voilà* DE *Vigny à l'Académie* (SAINTE-BEUVE, cité par M. Paléologue, *A. de Vigny,* p. 61). — *Il a manqué à Dumas, comme à* DE *Fleury, un fonds de culture philosophique pour traiter de pareils sujets* (L. DAUDET, *Rêve éveillé,* p. 94). — *Comme l'indique* DE *Laprade* (HERRIOT, M*ᵐᵉ Récamier et ses amis,* p. 163). — *J'ai lu* DE *Bonald* (BLOY, *Désespéré,* p. 181). — *Bitos est donc un objet d'exécration pour* DE *Jaucourt* (G. MARCEL, dans les *Nouv. litt.,* 18 oct. 1956).
On observera que la disparition du *de* est fonction du caractère plus ou moins illustre de la personne. Dans les ex. ci-dessus, Balzac et Sainte-Beuve parlent de Vigny en tant que confrère. Aujourd'hui, tout le monde écrit *Vigny* sans *de.*

---

4. Ex. d'un surnom marquant l'origine traité comme un nom de famille : *Deux arnaqueurs de génie lui vendirent [...] le vase dans lequel* D'ARIMATHIE *avait recueilli le sang du Christ* (PEREC, *Vie mode d'emploi,* p. 116). — En français, les noms d'origine devenus noms de familles ont souvent agglutiné la préposition : *Deliège,* etc. — Voir A. Goosse, *La particule nobiliaire en français,* dans les *Mélanges Grevisse,* pp. 143-178.

— Omission du *de* dans les deux cas où Littré prévoit son maintien : *Un* MAISTRE *et un Bonald sont d'heureux accidents* (BENDA, dans les *Nouv. litt.*, 14 juillet 1934). — *Il fallait quelque temps encore avant que Bonald et* MAISTRE *donnassent à cette aristocratie quelques idées plus conformes à ses intérêts* (MAUROIS, *Chateaubr.*, p. 86). — *L'influence de* MAISTRE *sur Baudelaire est surtout de façade* (SARTRE, *Baudel.*, p. 118). — MAISTRE *justifie sans doute l'ordre établi* (A. CAMUS, *Homme révolté*, p. 238). — *À dîner chez* MUN (BARRÈS, *Mes cahiers*, t. VI, p. 288). — *Tout le monde dit :* Sade. — *Comme si personne d'autre n'eût jamais connu les* ORLÉANS (PROUST, *Rech.*, t. I, p. 407). — *Ce furent les* ORGEL *qui* [...] *ouvrirent le bal* (RADIGUET, *Bal du comte d'Orgel*, p. 11).

Remarques. — 1. Quand le *de* est contracté avec l'article défini, on n'omet pas *du* et *des :*

Je me récitais les jolis vers de DU *Bellay* (A. DAUDET, *Immortel*, p. 57). — *La consolation à* DU *Périer* (LANSON, *Hist. de la litt. fr.*, p. 358). — *Les grands traités théoriques de* DU *Vair* (F. STROWSKI, *Sagesse française*, p. 50). — *La terre de* DES *Lourdines* (CHÂTEAUBRIANT, *Les pas ont chanté*, p. 124). — *Les troupes de* DES *Pallières* (P. et V. MARGUERITTE, *Tronçons du glaive*, p. 109). — *Clara voulait qu'elle vînt chez les* DES *Bruyères* (BOYLESVE, *Élise*, p. 270). — Sur la majuscule ou la minuscule, voir § 100, *c*, 3°.

2. On dit *duc* EN *Bavière* (en allem., *Herzog in Bayern*) pour la branche cadette des Wittelsbach, parce qu'elle avait le titre et non la possession, tandis que la branche aînée (branche royale) a droit au titre de *duc* (ou, naguère, de *roi*) DE *Bavière* (en allem., *von Bayern*) :

Son père [de la reine Élisabeth de Belgique] *Charles-Théodore, duc* EN *Bavière, aimait les poètes russes, les musiciens juifs, les médecins* (MAUROIS, dans le *Figaro litt.*, 2 déc. 1965).

3. L'*e* du *de* nobiliaire ne s'amuït pas devant consonne.

Proust se moque de Mme Verdurin qui *disait* [...] *les* D'*La Trémoïlle, mais elle se rattrapait en disant : « Madame la Trémoïlle »* (*Rech.*, t. I, p. 265).

c) Cas divers.

1° °*Aller de pied* est un archaïsme survivant dans beaucoup de régions (Nord et Wallonie, Champagne, Ouest et Canada, Suisse) : *Ils s'en allèrent* DE *pied à Turin* (LA VARENDE, *Don Bosco*, VIII). — Autres ex. : É. SOUVESTRE, cité par d'Harvé, *Parlons bien !* p. 440 ; R. MARTIN DU GARD, *Thib.*, Pl., t. I, p. 651 (dans la bouche d'une Méridionale).

Hist. — *Vers la bonté* [...], *il* [= notre zèle] *ne va ny* DE *pied ny d'aile* (MONTAIGNE, II, 12). — On a dit aussi °*aller de son pied*, qui n'a pas disparu non plus des parlers provinciaux : *Première apparition d'Augustine* [...]. *L'aspect d'une bonne fille de ferme. Elle est venue « DE SON PIED ». On s'étonne qu'elle n'ait pas amené sa vache* (J. RENARD, *Journal*, 30 juillet 1908). — Autres ex. : LA BR., VII, 22 ; BALZAC, *Pierrette*, X ; SAINTE-BEUVE, *Port-Royal*, V, 5 (s'inspirant d'un texte du XVIIᵉ s. ?). — On dit très bien avec une épithète : *Il marcha* D'*un pied assuré*, etc.

2° On dit en Belgique °*Prendre de bonne* (ou *mauvaise*) *part*. L'usage régulier est *Prendre* EN *bonne part*.

3° °*Il gagne deux cents francs* DE *l'heure :* § 1000, *c*.

Hist. — *De* était autrefois d'un emploi plus étendu qu'aujourd'hui : ⁺*Je forme des soupçons* D'*un* [= sur] *trop léger sujet* (CORN., *Hor.*, I, 1). — ⁺*Cette foi* DU [= au] *Messie* (BOSS., *Disc. hist. univ.*, II, 15). — ⁺*Et traitait* DE [= avec] *mépris les dieux* (CORN., *Pol.*, III, 2). — *Excité* D'*un* [= par un] *desir curieux* (RAC., *Brit.;* II, 2). — ⁺*Je me hasarde* DE [= à] *dire*

(LA BR., II, 3). — *Je connais Mopse D'une [= par] visite qu'il m'a rendue (ID., II, 38). — *DE [= quant à] moi, déjà deux fois d'une pareille foudre, / Je me suis vu perclus (MALHERBE, t. I, p. 42). — *DE [= par] bonheur pour elle, ces gens partirent presque aussitôt (LA F., Psyché, II).

1005   Observations sur après.

a) Après peut être suivi de l'infinitif passé lorsque les deux verbes de la phrase ont le même sujet :

APRÈS avoir chanté, il nous récita une fable (AC.). — On dit exceptionnellement avec l'infinitif présent après boire, au lieu de après avoir bu (AC.). L'Acad. signale aussi après déjeuner, après dîner, après souper, mais ces expressions sont mises pour après le déjeuner, etc.

b) Après « sur, à » (lieu) est du français familier d'une grande partie de la France. Certains auteurs l'emploient même quand ils ne reproduisent pas des paroles.

À qui veux-tu donc que je donne ma main ? [...] Il y a du sang APRÈS la tienne (MUSSET, André del Sarto, II, 3). — Je grimpe aux assauts, / Comme APRÈS un cadavre un chœur de vermisseaux (BAUDEL., Fl. du m., Je t'adore...). — Elle le repoussait, à demi souriante et ennuyée, comme on fait à un enfant qui se pend APRÈS vous (FLAUB., Mᵐᵉ Bov., I, 5). — Des veuves avec du cuivre APRÈS leur front (VERL., Jadis et nag., Kaléidoscope). — Elle rapportait APRÈS l'étoffe de cette robe une odeur des champs, comme les femmes qui viennent de sortir rapportent les parfums de l'extérieur fixés à leur voilette (HERMANT, Serge, VII). — Pourquoi avez-vous noué ce velours « nwâr » APRÈS (sic) votre cou (WILLY et COLETTE, Claud. à l'école, p. 118). [Le sic est des auteurs.] — Quand [...] tu verras la grande porte craquer et remuer, c'est moi de l'autre côté qui suis APRÈS (CLAUDEL, Ann. faite à M., IV, 2, Variante). — Jukes eut la vision des deux paires de bossoirs [...] ; APRÈS eux pendait un bout de filin (GIDE, trad. de : Conrad, Typhon, p. 105). — Littré considérait avec indulgence La clef est APRÈS la porte (s.v. après, Rem. 3).

c) Sur divers verbes construits avec après, voir §§ 274, d ; 280. — Il lui court après : § 647, d.

1006   Avant peut concerner le temps ou le lieu. — Devant ordinairement le lieu :

Il faudrait mettre ce chapitre AVANT l'autre (AC.). — AVANT ma naissance. — Être assis DEVANT le feu.
Avant de, que de, devant que de + infinitif, voir § 991.

Hist. — Devant a pu, jusque vers la fin du XVIIᵉ s., se rapporter au temps : On le faisoit lever DEVANT l'Aurore (LA F., F., VI, 11). — *Les autres arts que nous voyons DEVANT le déluge (BOSS., Disc. hist. univ., III, 3). — Cet emploi n'a pas tout à fait disparu quand devant est employé sans régime : cf. § 965, Hist.

1007   Observations sur avec.

a) La prononciation °[AVe] au lieu d'[AVɛk] est aujourd'hui surtout méridionale.

Hist. — La forme avecque s'est employée fréquemment en vers jusqu'à la fin du XVIIᵉ s. : Le possesseur du champ vient AVECQUE son fils (LA F., F., IV, 22). — Il en use, ma *foy, / Le plus honestement du Monde* AVECQUE *moy* (MOL., *Mis.*, I, 2). — *Tous les jours je me couche* AVECQUE *le Soleil* (BOIL., *Sat.*, VI). — Par la suite, c'est un archaïsme rare : *Le roi Salomon / N'eût point départagé l'homme d'*AVECQUE *l'ange* (PÉGUY, *Ève*, p. 11). — Sur la variante *avecques,* voir § 923.

b) Avec peut introduire un complément de moyen.

1° *Tel mot s'écrit avec deux* n *ou par deux* n :

*Ce mot ne devrait s'écrire qu'*AVEC *une* n (LITTRÉ, s.v. *honneur*). — *Cela ne s'écrit qu'*AVEC *une* l, *lui dit le marquis* (STENDHAL, *Rouge*, II, 2). — *Il nous faisait écrire notre vieux nom en deux mots,* AVEC *un H majuscule* (G. DUHAMEL, *Biographie de mes fantômes*, p. 54). — *Un véritable savant* [...] *n'écrit point Science* AVEC *un grand S* (PÉGUY, *Pensées*, p. 29). — *Si vous écrivez Pennsylvanie,* AVEC *une seule* n (HERMANT, *Savoir parler*, p. 104).
Pourquoi l'Académie écrit-elle ralentir PAR *une seule* l? (LITTRÉ.) — *Elle écrit catégorie* PAR *un* th (FLAUB., *Éd. sent.*, II, 2). — PAR *un K, monsieur le supérieur,* PAR *un K ! Le nom s'écrit et se prononce à l'anglaise... comme ceci, Djack...* (A. DAUDET, *Jack*, t. I, p. 11). — *Chez mon oncle Mouillard. / — Oui,* PAR *un* t, *n'est-ce pas ? / — Non,* PAR *un d* (R. BAZIN, *Tache d'encre*, p. 18). — *Monsieur Harry ? C'est* PAR *un H ? ou un A ?* (ARAGON, *Beaux quartiers*, III, 1.) — *Soixante-dix-sept s'écrit* PAR *deux sept* (AC.).

2° *Dîner de soupe* est « plus élégant et plus correct » que *dîner avec de la soupe,* déclare Littré (s.v. *dîner*, 3°), *avec* devant être réservé pour les personnes en compagnie de qui l'on mange. — *Dîner avec* est pourtant la construction vraiment vivante, et on la trouve chez beaucoup d'auteurs soigneux, quoique *de* reste possible.

Ex. avec *de : Il avait dîné* D'*un os où il restait un peu de viande et* D'*un morceau de pain* (HUGO, *Misér.*, IV, II, 3). — *Il dînait* D'*une tasse de chocolat ou de café* (VALLÈS, *Réfractaires*, p. 150). — *Il dîna* D'*un croissant* (R. MARTIN DU GARD, *Thib.*, III, 1, p. 39). — *Je déjeunai* DE *figues et* DE *noix* (H. BOSCO, *Âne Culotte*, p. 97). — *Je dînais* [...] D'*une tranche de jambon ou* D'*un œuf dur* (BILLY, *Narthex*, p. 135). — *Nous déjeunâmes* [...] DE *coquillages et* DE *crevettes* (F. GREGH, *Âge de fer*, p. 273).

Ex. d'avec : *Il dînait* AVEC *du pain et des pommes de terre* (HUGO, *Misér.*, IV, IX, 3). — *L'étudiant Garnier* [...] *déjeune* AVEC *des raves* (MUSSET, *Contes*, Lettres de Dupuis et Cotonet, IV). — *Sa mère lui envoyait chaque semaine* [...] *un morceau de veau cuit au four,* AVEC *quoi il déjeunait le matin* (FLAUB., *Mme Bov.*, I, 1). — *Déjeunant seul* AVEC *du thé* (BAUDEL., *Paradis artif.*, Mangeur d'opium, II). — *Les gens du peuple* [...] *dînent* AVEC *du pain et un oignon* (TAINE, *Voy. en Italie,* t. I, p. 98). — *Je déjeune* AVEC *une tasse de lait* (LABICHE, *Vivacités du capit. Tic,* I, 5). — *Alban déjeuna* AVEC *un bouillon, un doigt de pain, un verre de cognac* (MONTHERLANT, *Bestiaires,* VII). — *Pour achever de souper* AVEC *une pomme* (R. BAZIN, *Terre qui meurt,* I). — *Souper* AVEC *du riz* (LOTI, *Japoneries d'automne,* p. 102). — *Nous avions déjeuné* [...] AVEC *des sandwiches et des fruits* (P.-H. SIMON, *Somnambule,* p. 97). — *Maman me fit goûter* AVEC *du pain et une poire* (J. MISTLER, *Bout du monde,* p. 52). — *Déjeuner* AVEC *du chocolat* (Dict. gén.).

c) Avec introduisant le régime de divers verbes, voir §§ 274, *e ;* 277 ; 280, *d ;* 284, *b ; — d'avec :* § 278.

1008   *Chez*, c'est proprement « dans la maison de » (cf. Hist.), mais la préposition s'emploie pour diverses indications de lieu en rapport avec des personnes, « dans le pays de » et même « dans la personne de, dans l'œuvre de ».

Il habite CHEZ *ses parents.* — *Ça me donne envie d'aller vivre* CHEZ *les anthropophages !* (FLAUB., *Éd. sent.*, II, 2.) — *La mer Morte* [...] *ne manque pas de faire vibrer* CHEZ *le pèlerin les cordes les plus douces* (P. LEYRIS, trad. de : Melville, *Benito Cereno*, p. 92). — Excessivement *est à chaque page dans Balzac, avec le sens de* très [...]. *De même* CHEZ *Flaubert* (BRUNOT, *Pensée*, p. 690).

Parfois avec des noms collectifs représentant des personnes : CHEZ *quelques nations* (BESCHERELLE, s.v. *heure*). — CHEZ *la noblesse et la bourgeoisie, on blâma la clémence impériale* (J. VERNE, *Drame en Livonie*, XIII). — *Cette réaction se voit surtout* CHEZ *la jeunesse* (BENDA, *France byzantine*, p. 9).

Selon Littré, *chez* ne prend pour régime que des noms de personnes ou d'êtres personnifiés. On trouve pourtant la préposition avec des noms d'animaux, voire (ce qui choque plus d'un usager) avec des noms de choses.

Il est certains animaux CHEZ *qui la transparence des tissus laisse voir à l'œil nu les veines courantes* (SAINTE-BEUVE, *Mes poisons*, p. 11). — *Et même la femelle* CHEZ *les bêtes* [...] *n'ignore pas le pouvoir que lui attribue la courbe inouïe où se concrète* [...] *le sens de la vie* (C. LEMONNIER, *Homme en amour*, XXIII). — *Comandon et de Fonbrune* [...] *arrivent à pratiquer l'ablation du noyau* CHEZ *une amibe* (J. ROSTAND, *Esquisse d'une hist. de la biologie*, Id., p. 227). — *Porc* CHEZ *lequel la base de l'élevage est le régime à l'extérieur (Lar. XXe s.*, s.v. *nourrain).*

CHEZ *les yeux, le noir est la couleur du feu* (RAMUZ, *Vie de Samuel Belet*, I, 3). — *L'auxiliaire* CHEZ *l'adjectif* (DAUZAT, *Génie de la langue fr.*, p. 152). — *Son attitude était celle de la pudeur féminine* CHEZ *les statues* (M. SIBON, trad. de : Gr. Greene, *La puissance et la gloire*, p. 297). — *Tendance à l'amalgame* CHEZ *le syntagme autonome* (A. MARTINET, *Éléments de ling. génér.*, 4-14). — *Une baie comestible* CHEZ *l'arbousier et* CHEZ *l'airelle (Grand Lar. enc.*, s.v. *éricacées).* — CHEZ *le pin*, [...] *le cône femelle (Grand dict. enc. Lar.*, s.v. *cône).*

Dans le français familier de Belgique, on entend : °*Viens chez ta maman* (laquelle tend les bras), pour *auprès de.*

Hist. — *Chez* est venu de locutions telles que *en chiés, a chiés* de l'anc. fr., *chiés* représentant le latin *casa* « maison ». Comp. liégeois *amon* « chez » (*mon* = *mohon* « maison »).

1009   *Contre.*

Le *Trésor* relève ces helvétismes : °*Aller contre la ville* (= vers) ; °*Contre le soir* (= vers) ; — ces canadianismes : °*Venir de contre qqn*, près de lui ; °*Parler de contre*, dire du mal.

1010   *Dès* et *depuis* marquent tous deux le moment ou le lieu à partir desquels une action a commencé, mais *dès* y ajoute une nuance de précocité (« déjà depuis ») :

Il neige DEPUIS *le 15 novembre. Il a neigé* DÈS *le 15 novembre.* — DEPUIS *Avignon jusqu'à Paris, la circulation était fort dense.* DÈS *Avignon, la circulation était fort dense.*

Cette nuance disparaît dans le fr. de Suisse, où l'on emploie °*dès* au lieu de *depuis, à partir de* : DÈS *la page 18 : notre nouveau roman* (table des matières, dans *Bouquet*, 3 mars 1971).

Depuis pour le lieu s'emploie traditionnellement avec une indication corrélative introduite par *jusqu'à* : *La France s'étend* DEPUIS *les Alpes jusqu'à l'Océan.* — Dans l'usage moderne, *depuis* marque souvent le lieu alors que l'indication corrélative fait défaut. Cela rencontre une vive opposition (mise en garde de l'Acad., 20 mai 1965). Voir cependant les ex. suivants :

Depuis *sa fenêtre, Sturel plongeait sur un jeu de croquet installé dans une pelouse* (Bar-rès, *Leurs figures,* p. 242). — *On l'entendit qui appelait : Berthe ! Berthe !* depuis *la salle à manger* (Tr. Bernard, *Mémoires d'un jeune homme rangé,* XXIII). — *Il s'avance jusqu'à l'église et aperçoit* depuis *le seuil* [...] *tout un petit peuple* (J. et J. Tharaud, *Ombre de la croix,* p. 155). — *La nuit,* depuis *sa fenêtre, il regardait leur manège* (Arland, *Ordre,* t. I, p. 166). — Depuis *le perron, je les voyais aller et venir* (Fr. Mauriac, *Pharisienne,* p. 85). — *Elle s'était avancée vers la cour assez pour qu'on l'aperçût* depuis *mon escalier* (Estaunié, *Tels qu'ils furent,* p. 62). — Depuis *la porte, en s'en allant, elle vérifie qu'on ne peut rien voir* (Genevoix, *Rroû,* p. 260). — *Une petite poule blanche qui la regardait* depuis *le seuil du poulailler* (Aymé, *Contes du chat perché,* 1952, p. 143). — *La collinette forestière qu'elle voyait* depuis *son lit* (Daniel-Rops, *Ombre de la douleur,* p. 152). — Depuis *les camions, tout en roulant, les repéreurs pêchaient à la ligne dans une rivière qui longeait la route* (P. Guth, dans le *Figaro litt.,* 10 avril 1954). — *Quand,* depuis *la bibliothèque* [...], *le cortège* [...] *se mit en marche* (F. Gregh, *Âge de fer,* p. 280). — *Il ne saurait être question* [...] *de leur* [= aux forces clandestines] *fixer* depuis *Alger ou Londres des missions précises* (De Gaulle, *Mém. de guerre,* t. II, p. 310). — *Tu pourras me voir sur la plage* depuis *ton lit* (Hériat, *Temps d'aimer,* p. 139). — *Ils ont mis ta charrette derrière pour qu'elle ne soit pas visible* depuis *le chemin* (B. Clavel, *Fruits de l'hiver,* p. 95).

1011   *Durant* et *pendant*.

On peut observer, sans toutefois donner à la distinction un caractère absolu, que *durant,* conformément à l'étymologie, implique l'idée de durée, tandis que *pendant* n'implique pas cette idée et indique un moment, une portion limitée d'un laps de temps :

Durant *la campagne, les ennemis se sont tenus enfermés dans leurs places* (Littré). — *C'est* pendant *cette campagne que s'est livrée la bataille dont vous parlez* (id.).

Une autre différence est que *durant* appartient plutôt à la langue soignée, alors que *pendant* s'emploie dans tous les registres.

En outre, *durant* garde de son ancienne valeur (cf. Hist.) la faculté de se placer après le nom, surtout dans l'expression *sa vie durant* ou avec un nom précédé d'une indication quantitative (cardinal, *des* ou déterminant indéfini) :

Il naviqua vingt ans durant, *à travers une sorte de poudre grise* (Michelet, *Mer,* II, 1). — *Huit jours* durant, *elle avait sollicité de sa part une ouverture* (Flaub., *Éd. sent.,* I, 6). — *Et cela cinq années* durant (A. Camus, *Chute,* p. 157). — *Il n'était guère, des mois* durant, *de domaine qui échappât à la critique* (B. Brigouleix, dans le *Monde,* 11 févr. 1981). — [...] *qui a finalement tenu tête à la conjoncture politique sept ans* durant (N.-J. Bergeroux, *ib.,* 4 mars 1981).

Emplois plus particuliers : [...] *la basse-cour, où remuaient tout le jour* durant *des troupeaux de poules* (Fromentin, *Domin.,* II). [Le nom n'est pas précédé d'une indication quantitative.] — [...] *un pauvre petit qui délayait, des douze pages* durant, *un amour bavard et humilié* (Colette, *Vagabonde,* I, 1). [Il ne s'agit pas de temps, à proprement parler.] — *Ce durant :* § 310, Hist.

Hist. — *Durant* et *pendant* ont été d'abord des prédicats de compléments absolus (§ 310, Hist.) ; de là la place que peut encore occuper *durant.* — *Durant* postposé a parfois été considéré comme variable : *Dans une autre vie une séparation qui me tue, n'en continuera pas moins l'éternité* durante (Chat., *Natchez,* Pl., p. 500).

1012   Les divers sens de la préposition *entre* impliquent des régimes pluriels, ces pluriels pouvant être des coordinations de singuliers.

> *Les loups ne se mangent pas* ENTRE *eux* (prov.). — ENTRE *deux mots, il faut choisir le moindre* (VALÉRY, *Tel quel*, Pl., p. 555). — *Vous m'avez baisé le poignet* ENTRE *le gant et la manchette* (FLAUB., *Éd. sent.*, III, 6).
> °*Entre parenthèse* est une simple négligence graphique : cf. § 131, Rem. 2.
> Le fr. de Belgique connaît l'expression °*entre l'heure de midi* ou, par réduction, °*entre l'heure*, pour désigner la période où l'on interrompt le travail pour le repas de midi. — °*Entre moi-même* pour *en moi-même* est un wallonisme populaire.

On trouve cependant comme régime ou comme accompagnant le régime les termes distributifs *chacun* et *chaque* ; ce sont des singuliers du point de vue formel, mais des pluriels du point de vue sémantique. Ce tour, qui est ancien dans la langue (voir l'Hist.), est attesté chez les meilleurs auteurs, malgré les protestations des puristes (comp. § 717) :

> *Il faisait des pauses* ENTRE *chacune de ses phrases* (Th. GAUTIER, *Jettatura*, V). — ENTRE *chacune des grandes familles*, [...] *la Nature a ménagé des points d'union* (J. ROSTAND, *Esquisse d'une hist. de la biologie*, Id., p. 46). — ENTRE *chaque phrase elle retombait dans une distraction* (CHAT., *Mém.*, I, VII, 9). — *Poussant des soupirs* ENTRE *chaque mot* (FLAUB., *Mme Bov.*, II, 3). — ENTRE *chaque pavé de la même rangée* (LITTRÉ, s.v. *joint*[2], 8°). — *J'attendais* ENTRE *chaque phrase* (GIDE, *Paludes*, p. 48). — ENTRE *chaque tableau, des ulémas* [...] *donnent de ce drame le commentaire métaphysique* (Fr. MAURIAC, *Dramaturges*, p. 76).

Autres ex. : LAMART., *Chute d'un ange*, VIII ; HUGO, *Choses vues*, p. 52 ; SAND, *Lélia*, LVIII ; BALZAC, *Urs. Mirouët*, p. 93 ; NERVAL, *Nuits d'octobre*, IX ; DUMAS fils, *Princesse Georges*, I, 8 ; MAUPASS., *Vie*, VI ; A. DAUDET, *Lettres de m. m.*, p. 119 ; E. ROSTAND, *Aiglon*, IV, 14 ; BARRÈS, *Mes cahiers*, t. XII, p. 297 ; R. de GOURMONT, *Songe d'une femme*, p. 174 ; MAETERLINCK, *Vie des fourmis*, p. 19 ; ALAIN-FOURNIER, *Gr. Meaulnes*, p. 6 ; PROUST, *Rech.*, t. II, p. 930 ; BLOY, *Mendiant ingrat*, t. I, p. 228 ; R. ROLLAND, *Jean-Chr.*, t. IX, p. 135 ; L. MADELIN, *Foch*, p. 172 ; ESTAUNIÉ, *Vie secrète*, II, Intermède ; J. SCHLUMBERGER, *Césaire*, II, 4 ; VAUDOYER, *Laure et Laurence*, p. 153 ; MORAND, *Champions du monde*, p. 35 ; R. MARTIN DU GARD, *Thib.*, Pl., t. I, p. 1346 ; SAINT EXUPÉRY, *Courrier sud*, p. 191 ; J. de LACRETELLE, *Années d'espérance*, p. 227 ; COCTEAU, *La belle et la bête*, p. 165 ; VALÉRY, « *Mon Faust* », Lust, I, 3 ; A. CAMUS, *Été*, p. 31 ; PAGNOL, *Temps des secrets*, p. 334 ; GENEVOIX, *Raboliot*, p. 156 ; GAXOTTE, *Frédéric II*, p. 448 ; CHAMSON, *Superbe*, p. 339 ; BILLY, dans le *Figaro litt.*, 17 août 1957 ; R. VAILLAND, *Jeune homme seul*, L.P., p. 104 ; J. CABANIS, *Bonheur du temps*, F°, p. 147 ; R. SABATIER, *Trois sucettes à la menthe*, p. 44 ; J.-P. RICHARD, *Stendhal et Flaubert*, Points, p. 176 ; J. DUTOURD, *Paradoxe du critique*, p. 80 ; etc.

Bien entendu, *entre chaque ... et chaque ...*, avec deux compléments, n'a rien qui puisse offusquer : *Entre chaque barrique et chaque cheval, un vidangeur est assis* (TROYAT, *Cahier*, p. 276).

Par contre, il est très rare qu'*entre* soit suivi d'*aucun* : *Sans faire de différence sensible* ENTRE *aucun de ces meubles* (H. BOSCO, *Chemin de Monclar*, p. 217).

Au lieu de coordonner deux noms identiques accompagnés chacun d'un élément subordonné (§ 217, *e*, 3°), on exprime une seule fois le nom, ce qui donne l'impression qu'*entre* est suivi d'un seul nom singulier : ENTRE *la manière que l'un ou l'autre avait de débiter, de nuancer une tirade* [...] (PROUST, *Rech.*, t. I, p. 74). [= Entre la manière que l'un ... et la manière que l'autre ...]

Hist. — *Entre chacun* (avec *chacun* déterminant : § 611, Hist.) est attesté depuis le XVIe s. : *Et avoit* ENTRE *chascun arbre bien l'espace de dix dextres* (*Perceforest*, XXXIV, cité dans *Romania,* 1953, p. 63). — ENTRE *chascune tour estoit espace de troys cens douze pas* (RAB., *Garg.,* LIII). — *En laissant dix jours d'intervalle* ENTRE *chaque deliberation* (MABLY, *Des droits et des devoirs du citoyen,* VII). — ENTRE *chaque tilleul* (DIDEROT, *Corresp.,* t. II, p. 198).

Remarque. — *Entre* introduit parfois un terme qui en explicite un autre. Cela paraît être un trait régional.

Entre eux : Les deux ours morts [...] *étaient d'un poids considérable, plus de quatre cents livres* ENTRE *eux deux* (SAND, *Homme de neige,* t. III, p. 76). [La langue ordinaire dirait : ... *à eux deux.*] — *Dix ouvriers* [...] *pourraient faire* ENTRE *eux plus de quarante-huit millions d'épingles dans une journée* (M. FOUCAULT, *Les mots et les choses,* p. 236).

Entre ... et ... : ENTRE *Boylesve et moi, il arrivait assez souvent que l'on s'entretînt de nos commencements littéraires* (VALÉRY, *Disc. de récept. à l'Ac. fr.*). — *Nous étions quatorze* ENTRE *filles et garçons pour servir la clientèle* (GIONO, *Âmes fortes,* F°, p. 76). — *La Grande-Bretagne ne disposait* [...] *que de vingt mille hommes de troupes régulières* [...] ENTRE *Anglais, soldats des dominions, Belges et Français libres* (M. RODINSON, dans le *Monde,* 13 sept. 1974).

Hist. — Cette construction était très courante au moyen âge, et se présentait dans diverses situations : ENTRE *duc Namle et le Danois Ogier / Devant le roi se vont agenollier* [= le duc N. et O. le D. vont s'agenouiller] (*Aspremont,* 7350, éd. Brandin).

1013　　*Environ,* qui est un adverbe dans l'usage ordinaire (§ 959), est employé comme préposition de temps dans la langue littéraire, usage courant à l'époque classique (cf. Hist.). L'Acad. n'en fait plus mention en 1932, après l'avoir introduit en 1878.

ENVIRON *ce temps* (A. FRANCE, *Génie latin,* p. 351). — *C'est* ENVIRON *le même temps qu'elle avait quitté son père* (TOULET, *Béhanzigue,* p. 22). — *Cette excellente femme était née* ENVIRON *1800* (É. HENRIOT, *Temps innocents,* p. 85). — ENVIRON *ma quinzième année* (J. de LACRETELLE, *Âme cachée,* p. 20). — *Nous aurons à voir quels hommes pouvaient,* ENVIRON *1919, se proposer pour des maîtres* (DANIEL-ROPS, *Années tournantes,* p. 194). — ENVIRON *le XVe siècle* (COLETTE, *Journal à rebours,* p. 41). — *L'action se déroule* ENVIRON *1900* (FR. AMBRIÈRE, *Galerie dramatique,* p. 372). — ENVIRON *le début du siècle* (G. DUHAMEL, *Manuel du protestataire,* p. 26). — *Apache fut lancé* ENVIRON *1900* (THÉRIVE, *Clinique du langage,* p. 22). — *C'était* ENVIRON *les années où Adler concevait son Avion* (GENEVOIX, *Bestiaire sans oubli,* p. 247).

Environs, nom pluriel, s'emploie avec son sens ordinaire, « lieux circonvoisins », dans les locutions prépositives *aux environs de, dans les environs de* :

Il cherche à acheter une maison de campagne dans les ENVIRONS *de Paris* (*Dict. contemp.*). — *Il habite aux* ENVIRONS *de Tours* (*ib.*).

Aux environs de s'emploie aussi depuis le XIXe s. pour marquer l'approximation. Dans l'application au temps, cela est trop fréquent chez les bons écrivains modernes pour qu'on accepte le jugement de Littré (« Ces phrases vulgaires sont inusitées dans le style soigné »). — En dehors du sens temporel, cela n'apparaît que dans le registre familier.

Sens temporel : AUX ENVIRONS DE *1750* (R. de GOURMONT, *Promenades litt.,* III, p. 255). — AUX ENVIRONS DE *1850* (J. LEMAITRE, *Impress. de théâtre,* t. XI, p. 118). — AUX ENVIRONS DU *15 novembre* (P. BENOIT, *Axelle,* p. 302). — AUX ENVIRONS DE *1900* (MAUROIS, *Cercle de famille*, p. 15). — AUX ENVIRONS DE *vingt ans* (R. BOYLESVE, *Sainte-Marie-des-Fleurs*, Préf.). — *Un religieux* AUX ENVIRONS DE *1700 se fût tiré avec une grâce charmante des difficultés intellectuelles de 1956* (J. GREEN, *Bel aujourd'hui*, p. 274). — AUX ENVIRONS DE *1660, l'art de la chaire en France est dans sa plénitude* (DANIEL-ROPS, *Église des temps classiques*, t. I, p. 296). — *Il devait être* AUX ENVIRONS DE *huit heures, huit heures et demie* (ROBBE-GRILLET, *Gommes*, p. 162).

Non temporel : *La dépense s'élève* AUX ENVIRONS DE *deux mille francs* (*Dict. contemp.*).

Hist. — En anc. fr., *environ* s'est d'abord employé pour le lieu comme préposition (jusqu'au XVIIe s.) et comme adverbe (jusqu'au XVIe s.). — À partir du XIIIe s., il a pris la valeur de « à peu près », qui existe encore. Comme préposition de temps, *environ* est attesté au XIVe s. et était fréquent chez les classiques : ENVIRON *le temps / Que tout aime* (LA F., *F.*, IV, 22). — ⁺ENVIRON *l'an 1402* (VOLT., *Ch. XII*, I).

1014 *Hors* se construit d'ordinaire avec la préposition *de*. *Hors* sans *de* subsiste dans des expressions figées (souvent sans article), ainsi que dans le sens « excepté » (emploi littéraire).

— *Hors* « en dehors de » : *Hors barrière, hors cadre(s), hors catégorie, hors classe, hors commerce, hors concours, hors jeu, hors la loi, hors ligne, hors rang, hors série, hors texte, hors la ville.*

On dit *hors de pair* ou *hors pair* : *Quand on est promis à un avenir* HORS DE PAIR (J.-P. CHABROL, *Gueuse*, p. 46). — *Cuénot fut un professeur* HORS PAIR (J. ROSTAND, *Aux sources de la biologie*, p. 232).

En Belgique, °*hors cause*, pour *hors de cause* du français commun.

— *Hors* « excepté » : *La jeune femme, à travers les vitres, ne distingue rien* HORS *le reflet de sa figure morte* (Fr. MAURIAC, *Thér. Desqueyroux*, II).

Avec un infinitif, on a ordinairement *de* : HORS DE *le battre, il ne pouvait le traiter plus mal* (AC.). — *Sans de* : [...] *qui ne savaient rien*, HORS *cultiver les champs* (J. BOULENGER, *Merlin l'enchanteur*, XXXIV).

1015 *Jusque.*

Bibl. — P. FALK, *Jusque et autres termes en ancien français et en ancien provençal marquant le point d'arrivée*. Uppsala, Almqvist, 1934.

a) Jusque a une variante *jusques* [ʒyskəz], employée quand le mot suivant commence par une voyelle. Elle est usitée dans les locutions *jusques et y compris, jusques et non compris*. En dehors de cela, elle est propre à une langue écrite assez recherchée. Les poètes y recourent pour des raisons métriques.

Ex. en prose : JUSQUES *aujourd'hui, les souvenirs de cette grande catastrophe se sont conservés* (MÉRIMÉE, *Cosaques d'autrefois*, p. 56). — *Elle y demeura* JUSQUES *après Pâques* (FLAUB., *Mme Bov.*, II, 14). — JUSQUES *au ciel* (AC.). — JUSQUES *à un excès comique* (HERMANT, *Aube ardente*, I). — JUSQUES *au fond du cœur* (ALAIN-FOURNIER, *Gr. Meaulnes*, p. 315). — *Puisque vous critiquez depuis mes pieds* JUSQUES *aux cornes de la langouste* (JAMMES, *Rosaire au soleil*, p. 70). — JUSQUES *à quand ?* (J.-J. GAUTIER, *Hist. d'un fait divers*, p. 77.)

Ex. en vers : *Et les bois étaient noirs* JUSQUES *à l'horizon* (VIGNY, *Dest.*, Mort du loup, I).
— *J'irai* JUSQUES *au bout de ma funeste route* (LEC. DE LISLE, *Poèmes ant.*, Hélène, VI). —
Vous qui dans les mortels plongez JUSQUES *aux larmes* (VALÉRY, *Poés.*, p. 74).

Jusque et y compris, quoique ce soit la seule forme donnée par le *Dict. contemp.*, est une
variante rare : ex. de Chaunu ci-dessous (*c*, 1°).

Hist. — L'étymologie de *jusque* n'est pas sûre : on considère généralement qu'il a été tiré
de la préposition *enjusque* de l'anc. fr. (même sens), laquelle représente le lat. *inde usque* ; *en-*
aurait disparu parce qu'il était senti comme inutile. — L's intérieur aurait dû s'amuïr : il s'est
maintenu comme dans *puisque, presque, lorsque*.

L's final de *jusques* est ce qu'on appelle un *s* adverbial (cf. § 923). Dans l'ancienne
langue, il se trouvait aussi devant consonne : JUSQUES *dans son cœur* (MONTAIGNE, *Ess.*, II,
5). — Dans cet ex. du XIXe s., c'est un pur archaïsme : JUSQUES *dans la rivière* (DE COSTER,
Ulenspiegel, I, 12).

b) Jusque se construit habituellement avec une préposition.

Souvent *à*, aussi bien avec un syntagme nominal ou ses équivalents : *Jusqu'*AU *bout.*
*Jusqu'*À *Montréal. Jusqu'*À *deux heures. Jusqu'*À *minuit. Jusqu'*À *trois personnes. Jusqu'*À *moi* ;
— qu'avec un adverbe : *Depuis le milieu de la nuit jusqu'*À *maintenant* (J. GREEN, *Moïra*,
p. 232). — *Jusqu'*À *quand souffrirez-vous que...* (AC.). — *Vanneroy* [...] *m'accorde jusqu'*À
demain (FLAUB., *Éd. sent.*, II, 3). — *Jusqu'*À *hier ils ont donné signes de vie* (GIDE, *Journal*,
23 déc. 1927). — *Jusqu'*À *tantôt. Jusqu'*À *tout à l'heure.* — Voir cependant *c)*, ci-dessous.

Avec d'autres prépositions : *Jusqu'*EN FACE DE *la porte* (MALRAUX, *Voie royale*, p. 113).
— *Nous allâmes ainsi jusque* SOUS *les combles* (H. BOSCO, *Mas Théotime*, p. 72). — *Ô toison,
moutonnant jusque* SUR *l'encolure !* (BAUDEL., *Fl. du m.*, Chevelure.)

Remarques. — 1. Un adverbe ou un syntagme adverbial peuvent s'intercaler
entre *jusque* et la préposition :

Depuis l'aube jusque BIEN AVANT *dans la nuit* (A. DAUDET, *Fromont jeune et Risler aîné*,
I, 2). — *La fesse à fossette, le sein haut suspendu pouvaient tenir* [...] *jusque* BIEN *après le
mariage de Chéri* (COLETTE, *Chéri*, M.L.F., p. 11). — *Le commandement* [...] *commençait de
multiplier à bord les exercices de toutes sortes, jusqu'*UN PEU *par delà la satiété* (FARRÈRE,
Seconde porte, pp. 151-152). — *Ils restèrent là jusque* TARD *dans la nuit* (PIEYRE DE MAN-
DIARGUES, dans le *Figaro litt.*, 17 juillet 1967).

Jusqu'à est exceptionnel dans ce cas : *Jusqu'*À FORT TARD *dans la nuit* (L. NUCERA, dans
le *Magazine litt.*, juin 1982, p. 36).

2. *Il y a* et *passé* glissant vers le rôle de prépositions, on trouve *jusqu'il y a*,
jusque passé, — mais aussi *jusqu'à il y a, jusqu'à passé* :

*Jusqu'*IL Y A *cinq minutes* (MALRAUX, *Condition hum.*, p. 61). — *Jusqu'*IL Y A *peu
d'années* (ARISTIDE [= M. CHAPELAN], dans le *Figaro litt.*, 6 janv. 1969). — *Jusque* PASSÉ
minuit (COLETTE, *Fanal bleu*, p. 25).

Jusqu'à IL Y A PEU *de temps* (Al. CLÉMENT, dans le *Monde*, sélection hebdom., 31 juillet-
6 août 1969). — *Jusqu'*À PASSÉ *onze heures* (GIDE, cit. *Grand Lar. langue*, s.v. *passé*).

Ex. curieux : *Cloué sur l'oreiller* JUSQUES ET PASSÉ *midi* (MUSSET, *Prem. poés.*, Marrons du
feu, V).

3. Dans *après-demain, avant-hier* et surtout *aujourd'hui*, la préposition a perdu
son autonomie. On emploie donc *jusqu'à* :

Jusqu'à après-demain : L. DAUDET, cit. Deharveng, t. I, p. 44 ; ARAGON, cit. Hanse, 1949,
p. 395 [et déjà MARIV., *Paysan parv.*, p. 205].

Jusqu'à aujourd'hui : HERMANT, *Serge,* XIII ; PROUST, *Rech.,* t. I, p. 184 ; BARRÈS, *Génie du Rhin,* p. 195 ; AYMÉ, *Passe-muraille,* p. 73 ; SAINT EXUPÉRY, *Pilote de guerre,* p. 89 ; MORAND, *Ouvert la nuit,* Préf. de l'éd. de 1957 ; Fr. MAURIAC, *Asmodée,* I, 7 ; J. LAURENT, *Bêtises,* p. 371 ; LE CLÉZIO, *Guerre,* p. 245.

Cependant, quelques auteurs restent fidèles à *jusqu'aujourd'hui* : A. FRANCE, *Vie en fleur,* p. 203 ; P. LOUŸS, cit. Colin ; APOLLIN., *Anecdotiques,* 16 févr. 1916 ; GIDE, *Journal,* 7 nov. 1915 ; FARRÈRE, *Seconde porte,* p. 39 ; M. FOUCAULT, *Hist. de la sexualité,* t. I, p. 82.

Cela peut s'expliquer par le souvenir de l'usage ancien [cf. RAC., *Phèdre,* I, 1 ; etc.] ou par une sorte d'haplologie (§ 218). C'est en tout cas par haplologie que l'on dit *jusqu'à présent* et non **jusqu'à à présent.*

4. Il y a une certaine tendance à généraliser *à* même devant d'autres prépositions ou locutions prépositives. C'est devenu l'usage habituel dans *jusqu'à près de* ; cela reste exceptionnel dans les autres cas :

*Sa toilette la tenait jusqu'*À PRÈS DE *cinq heures* (ZOLA, *Nana,* X). [Autres ex. : SAINTE-BEUVE, MAUROIS, etc. cit. Deharveng, t. II, pp. 43-44 ; GIDE, *Voy. au Congo,* Pl., p. 829 ; BUTOR, *Modification,* VIII.] — *Jusqu'*À PAR DELÀ *le trépas* (GIDE, *Journal,* 18 juin 1914). — *Jusqu'*À CHEZ *elle* (ARAGON, *Beaux quartiers,* I, 6). — *Jusqu'*À CHEZ *nous* (TROYAT, *Les semailles et les moissons,* p. 45).

c) Jusque construit sans préposition.

1° Dans les locutions figées *jusques et y compris, jusques et non compris* :

Depuis l'un des parents JUSQUES ET NON COMPRIS *l'auteur commun* (*Code civil,* art. 738). — *L'angoisse sous toutes ses formes,* JUSQUES ET Y COMPRIS *la peur* (DRUON, *Grandes familles,* IV, 2).

La préposition peut être nécessaire avec certains types de compléments : *Il* [= Hus] *tient ferme* JUSQUE [*sic*] ET Y COMPRIS SUR *la transsubstantiation* (P. CHAUNU, *Temps des Réformes,* p. 282). — *Phrase non satisfaisante :* [...] *dont les dires ont été repris inlassablement* JUSQUES ET Y COMPRIS *notre époque* (R. PERNOUD, *Jeanne d'Arc,* Q.S., p. 14).

2° Avec les adverbes *ici, là, où, alors* :

JUSQU'OÙ *m'emporteras-tu, taureau noir ?* (PIEYRE DE MANDIARGUES, *Motocyclette,* F°, p. 18.) — *Jusque* s'élide devant *ici, ou, alors.* — On écrit *jusque-là* avec un trait d'union.

Robert ajoute à ces adverbes « *contre, loin, récemment, tard,* etc. », mais il ne donne pas d'ex. Ce que l'on trouve en fait, ce sont des syntagmes formés d'un adverbe de lieu ou de temps précédé d'un adverbe de degré : *Je m'étais arrangée pour faire durer* JUSQU'ASSEZ TARD *ma soirée* (J. ROMAINS, *Lucienne,* p. 150). — *Il* [= un régime] *était resté,* JUSQUE TOUT RÉCEMMENT, *aristocratique* (A. SIEGFRIED, *Âme des peuples,* p. 105). — Voir aussi *b,* Rem. 1.

On trouve parfois *jusque même : L'été fut lourd. Tout Paris s'enfuit,* JUSQUE MÊME *M. Angelus* (BOYLESVE, *Élise,* p. 302). — *Il était fort, il était beau ; il plaisait ; sachant s'arracher,* JUSQUE MÊME *avoir l'air de fuir* (É. HENRIOT, dans le *Monde,* 16 déc. 1959).

Dans ce cas, l'omission de la préposition n'appartient pas à l'usage régulier, de même pour les ex. ci-dessous [5], dont un certain nombre paraissent refléter des faits régionaux (Paris, Nord et Est de la France, Belgique) : *Je suis confus de m'être instruit gratuitement auprès de Pascal, Rousseau, Chateaubriand et des autres* JUSQUE *Leconte de Lisle* (BARRÈS,

---

5. C'est par une faute d'impression (une parenthèse mal placée) que Martinon, p. 488, Note, paraît donner son aval à *jusqu'hier, jusque demain, jusque maintenant.* Son opinion est exprimée sans ambiguïté p. 581.

dans le *Journal*, 23 oct. 1900). — JUSQUE *ce matin, le propriétaire avait un candidat* [dit une concierge] (COLETTE, *Chambre d'hôtel*, p. 47). — *Pas une fontaine* JUSQUE *la forêt* (ARAGON, *Voyageurs de l'impériale*, I, 33). — *L'a de pât mesure* JUSQUE *38 centièmes de seconde* (Ch. BRUNEAU, dans la *Zeitschrift für romanische Philologie*, 1937, p. 182). — JUSQUE *maintenant (*G. POULET, *Métamorphoses du cercle*, p. 320). — *Dans les temps modernes et* JUSQU'*hier même* (A. SIEGFRIED, *Savoir parler en public*, p. 176). — JUSQUE *Halle*, [...] *elles* [= des voitures] [...] *rouleront jour et nuit* (GAXOTTE, *Frédéric II*, p. 84). — *Germain travailla* JUSQUE *neuf heures et demie* (VAN DER MEERSCH, *Maria, fille de Flandre*, p. 81). — *Les Blancs paient ça* JUSQUE *six cents dollars* (GARY, *Chien blanc*, p. 39).

Hist. — *Jusque*, dès l'anc. fr., était suivi habituellement d'une préposition. Elle pouvait manquer cependant : *De son houstel* JUSQUES *Orliens* [= Orléans] (JEAN RENART, *Galeran de Bretagne*, 134). — *Des XL anz* JUSQUES *L* (PHILIPPE DE NOVARRE, *Quatre âges de l'homme*, § 193). — D'autre part, la préposition tendait à s'introduire même dans des cas où la tradition s'en passait : par ex., *jusqu'à là* (cf. Huguet), ce qu'on trouve parfois dans la langue populaire actuelle, plus rarement dans la langue écrite (voir pourtant LA VARENDE, *Manants du roi*, Biblioth. Plon, p. 17).

L'hésitation entre *jusqu'aujourd'hui* et *jusqu'à aujourd'hui* est ancienne. Les grammairiens ont échangé des arguments. Vaugelas s'en fait l'écho largement (pp. 521-525).

d) Parmi les emplois de *jusque*, notons la valeur de soulignement, au sens de « même » ; devant un sujet ou un complément d'objet, il appelle après lui la préposition *à*.

JUSQU'AU *son de leur voix m'étonnait* (SALACROU, *Frénétiques*, I). — *Il séduit* JUSQUES AUX *chevaux* (É. HENRIOT, *Temps innocents*, p. 139). — [Les peuples] *seront dépouillés* [...] JUSQUE *de l'auréole funèbre de leur sacrifice* (R. ROLLAND, *Précurseurs*, p. 20). — JUSQUE *dans sa colère, il sait être juste. — Il répandait* JUSQUE *sur les pauvres animaux la pitié qui remplissait son cœur* (A. FRANCE, *Pierre Nozière*, p. 211). — *Les traits m'échappent et* JUSQU'À *la couleur des yeux* (GIDE, *Porte étr.*, p. 21). — *Je surveillais* JUSQU'À *ses regards* (Fr. MAURIAC, *Nœud de vip.*, p. 100). — *On est venu* JUSQUE *de Milan pour prendre parti* (GIONO, *Voy. en Italie*, p. 74).

On emploie parfois *jusque* avec un objet indirect introduit par *à*, mais il y faut du discernement. Ainsi la phrase °*Il prête jusqu'à ses valets* n'est pas bonne si l'on veut lui faire signifier « il prête même à ses valets », car le premier sens qui se présentera à la pensée du lecteur ou de l'auditeur sera « il prête même ses valets ». Avec des verbes qui n'admettent jamais d'objet direct, cette sorte d'équivoque ne serait pas à craindre ; et cependant on ne dirait pas bien, parce que l'expression ne serait pas parfaitement nette : °*Il nuit jusqu'à ses amis* ; °*Il obéit jusqu'à ses valets*. Mais *jusqu'à* avec un objet indirect est plausible si cet objet indirect révèle clairement et dès le premier abord sa fonction : *Celle-là* [= une nourriture] *me parut médiocre, encore que l'odeur de la truffe y fût mêlée à tout*, JUSQUES À *la salade* (É. HENRIOT, *Diable à l'hôtel*, III). — *Ils ont donné la clef des champs* JUSQU'AUX *derniers de leurs esclaves* (J. GREEN, *Sud*, I, 2).

1016   *Outre* n'a guère conservé le sens local de « au-delà de » que dans certaines locutions figées :

Aller OUTRE-*mer. Louis d'*OUTRE-*mer* (= Louis IV, roi de France). OUTRE-*monts* (= en Italie, en Espagne). *Les pays d'*OUTRE-*Meuse, d'*OUTRE-*Rhin. Mémoires d'*OUTRE-*tombe* (de CHATEAUBRIAND). *Une voix d'*OUTRE-*tombe. Boire* OUTRE *mesure. Lésion d'*OUTRE *moitié* (locut. juridique). *Outre-Quiévrain* (= en Belgique, par rapport à la France ; et inversement).

En dehors de ces expressions figées, *outre*, au sens de « au-delà de », surprend un peu le lecteur : OUTRE *ses frontières visibles, la grande nation a des frontières invisibles* (HUGO, *Disc. de récept. à l'Ac. fr.*). — *Là-bas,* OUTRE *l'Océan* (M. PRÉVOST, *La nuit finira*, t. I, p. 8). — *Le plus souvent le courage passe* OUTRE *la réflexion* (GIDE, *Feuillets d'automne*, p. 236). — *Il passe* OUTRE *la jonglerie* (COCTEAU, *Difficulté d'être*, p. 78).

Outre signifie le plus souvent « en plus de » : OUTRE *ce domaine, il possède plusieurs maisons* (*Dict. gén.*). — OUTRE *ses névralgies, elle souffrait de maux de cœur fréquents* (BOYLESVE, *Becquée*, p. 117).

Outre s'emploie aussi sans régime explicite (§ 992) mais seulement avec des verbes de mouvement (*aller, passer,* etc.) : *Il n'alla pas plus* OUTRE (AC.). — *Malgré les défenses et les oppositions, ils n'ont pas laissé de passer* OUTRE (AC.). — *La conversation n'alla pas* OUTRE (G. DUHAMEL, *Désert de Bièvres*, p. 85). — *Je n'avais pas encore poussé mon observation plus* OUTRE (ID., *Pesée des âmes*, p. 94).

Passer outre à qq. ch., c'est, au sens classique, « l'entreprendre sans se laisser arrêter » : *C'est ce qui me permettra de passer* OUTRE AUX *préliminaires* (BRUNETIÈRE, *Évolut. des genres,* t. I, p. 246). — Mais, au sens moderne, *passer outre à qq. ch.,* c'est « n'en pas tenir compte », « en faire fi », « dédaigner l'opposition de » : *Il passa* OUTRE À *ces observations pourtant si justes, à ces scrupules pusillanimes* (AC.). — *Passer* OUTRE AUX *traditions* (COURTELINE, *Linottes,* VII). — *La dialectique de l'amour passe* OUTRE AUX *résistances,* AUX *réticences même de l'esprit d'examen* (MAURRAS, *Musique intérieure,* p. 80). — *Tota a passé* OUTRE À *la volonté de sa mère* (Fr. MAURIAC, *Ce qui était perdu,* II). — *Une protestation polie à laquelle je n'ose passer* OUTRE (BERNANOS, *Journal d'un curé de camp.,* p. 48).

Sur *en outre de,* voir § 308, Rem.

1017   Emplois particuliers de *par*.

a) Indiquant l'agent : avec un verbe passif (§ 313, *a*), dans la proposition infinitive (§ 873).

b) Distributif : *Deux fois par semaine* ou *... la semaine* : §§ 304, *a*, 6° ; 1000, *c.* — *Par moments* ou *par moment* : § 499, *f.*

c) Au lieu de *deux* (*trois, quatre*) *fois* (complément adverbial), on peut dire, pour souligner, *par deux* (*trois, quatre*) *fois* : *Le père respira* PAR *trois fois, profondément* (R. KEMP, *Vie du théâtre,* p. 12). — Régional, °*par des fois* « parfois » : § 967, *c.*

d) Étouffer *s'écrit* PAR *deux* f : § 1007, *b*, 1°.

e) *De par* : § 1022, 7.

1018   *Parmi* au sens propre marque le lieu : « au milieu de ». Mais souvent il indique simplement l'appartenance à un ensemble.

Il s'emploie surtout avec un pluriel : *Je ne puis trouver* PARMI *ces pâles roses / Une fleur qui ressemble à mon rouge idéal* (BAUDEL., *Fl. du m.,* Idéal). — *Mon frère fut le seul* PARMI *nous, pour qui l'Oncle Octave parut un instant s'attendrir* (J. CABANIS, *Bonheur du jour,* VII).

S'il y a une indication numérique, elle ne peut pas être inférieure à trois. — La règle selon laquelle on admet *Parmi vingt personnes* (quelconques), mais non *Parmi ces vingt personnes* (précises), est sans fondement.

Il peut aussi être suivi d'un nom collectif (tour littéraire) : PARMI *le cortège on remarquait une troupe d'Américains* (CHAT., *Mém.,* IV, XI, 3). — *Si je n'eusse pas vu* PARMI *leur troupe obscène / [...] / La reine de mon cœur* (BAUDEL., *Fl. du m.,* Béatrice).

La langue littéraire l'emploie parfois encore (cf. Hist.) avec un nom singulier impliquant l'idée d'une certaine étendue (même abstraite) : *Et* PARMI *sa pâleur éclate* / *Une bouche aux rires vainqueurs* (Th. GAUTIER, *Ém. et cam.*, Carmen). — PARMI *ce grand bonheur* (M. PRÉVOST, *La nuit finira*, t. II, p. 208). — PARMI *le grand silence à peine troublé* (A. LAFON, *Élève Gilles*, p. 233). — *Des frémissements* PARMI *l'herbe* (GIDE, *Retour de l'enf. prodigue*, p. 34). — *Le point de beauté* PARMI *un duvet noir* (Fr. MAURIAC, *Sagouin*, p. 9).

Hist. — 1. *Parmi*, formé de *par* et de *mi*, signifiait étymologiquement « par le milieu de, au milieu de ». Il avait des emplois variés dans l'ancienne langue. De là certaines survivances dans les français régionaux : par ex. en Wallonie °*l'un parmi l'autre*, en fr. ordinaire *l'un dans l'autre*, synonyme vieilli *l'un portant l'autre*, « en faisant la moyenne ». — *Parmi* est régulièrement suivi d'un singulier non collectif jusqu'au XVIIᵉ s. : ⁺PARMI *ce grand amour* (CORN., *Pol.*, I, 3). — PARMY *ce plaisir quel chagrin me devore !* (RAC., *Brit.*, II, 6.)

2. L'ancienne langue, à côté de *parmi*, avait le synonyme *emmi* (*en mi*) : *Fiert Oliver derere* EN MI *le dos* [= Il frappe Olivier par derrière au milieu du dos] (*Rol.*, 1945). — *Met* ENMI *l'eschekier un pois* [= Mets un pois au milieu de l'échiquier] (J. BODEL, *Jeu de s. Nicolas*, 1079). — ⁺*S'étant tout du long du jour promené* EMMI *la place* (MALHERBE, t. I, p. 457). — Cette ancienne préposition était, pour Vaugelas et pour Ménage, un terme populaire, à bannir de la langue écrite (cf. Haase, § 131, Rem. 3). — *Emmi* est, de nos jours, purement archaïque : *La libellule erre* EMMI *les roseaux* (VERL., *Jadis et nag.*, Pantoum négligé). — *Valdo s'était mis à prêcher dans les rues, sur les places,* EMMI *les carrefours* (Fr. FUNCK-BRENTANO, *Moyen âge*, p. 256).

1019   **Emplois particuliers de *pour*.**

a) On dit *cinq* **pour** *cent, six pour cent*, etc., en parlant d'un intérêt, d'un gain, d'un escompte, qui est de cinq francs, de six francs, etc., pour cent francs placés ou prêtés : *Prêter à cinq* POUR *cent d'intérêt*, ou, simplement, *à cinq* POUR *cent*, ou, plus simplement encore, *à cinq* (LITTRÉ, s.v. *cent*, 3°).

La langue populaire dit *du cent* : *Tous les fournisseurs vous donnent cinq* DU *cent* [dit un valet de chambre] (A. DAUDET, *Rois en exil*, VI). — *Elle avait trois mille francs d'économies, et bien placés, en bons billets, à cinq* DU *cent* [dit une servante] (BOYLESVE, *Becquée*, p. 131). — *Vous ne pouvez me faire cinq* DU *cent en sus de la remise ordinaire ?* [dit un marchand de porcelaines] (A. FRANCE, *Crainquebille*, p. 150.) — *Comme ces corbeaux se faisaient donner un* DU *cent pour dresser le dossier* (DORGELÈS, *Réveil des morts*, p. 86). — *Il y aurait dix* DU *cent pour lui, une fois l'affaire faite* (R. MARTIN DU GARD, *Vieille France*, V).

Hist. — *Denier* s'est employé autrefois au sens de « intérêt d'une somme » : le denier cinq, dix, vingt désignait l'intérêt valant le cinquième, le dixième, le vingtième du capital (= 20 %, 10 %, 5 %) : *Au* DENIER *dix-huit ? Parbleu, voila qui est honneste* (MOL., *Av.*, II, 1). — *Les rentes, qui étoient au* DENIER *dix, tombèrent au* DENIER *vingt* (MONTESQ., *Espr.*, XXII, 6).

b) L'usage admet *avoir des raisons* (ou *motifs*) *pour* partir ou ... *de partir* :

Je n'aurais point eu de motif POUR *refuser* (B. CONSTANT, *Ad.*, IV). — *Il n'y a aucune raison* POUR *ne pas admettre le singulier* (LITTRÉ, s.v. *impense*). — *J'avais d'autres raisons* POUR *lui résister* (Fr. MAURIAC, dans le *Figaro litt.*, 2 déc. 1961). — *Vous n'avez pas de raisons* DE *vouloir la mort de cet homme ?* (HUGO, *Lucr. Borgia*, II, I, 4.) — *Quand on a des raisons* DE *se méfier* (AYMÉ, *Tiroirs de l'inconnu*, p. 138).

c) *Pour* devant un objet direct en cas d'ellipse ou de suppléance : voir §§ 217, *c*, Rem. 3 ; 745.

1020   *Sous* peut exprimer le délai, mais, en dehors de *sous peu,* cet emploi est moins fréquent qu'au XIXᵉ s. :

Il a promis [...] *de lui porter ledit fromage* SOUS *quinze jours* (STENDHAL, *Corresp.,* t. II, p. 187). — *L'arrêt est exécutoire* SOUS *trois jours* (HUGO, *N.-D. de Paris,* X, 1). — *Le Lieutenant-civil Daubray* [...] *signifia l'intention de Sa Majesté qu'on renvoyât* SOUS *trois jours toutes les pensionnaires* (SAINTE-BEUVE, *Port-Royal,* III, 18).

1021   **Emplois particuliers de *sur*.**

a) La valeur fondamentale de cette préposition a été décrite au § 1001 dans ses rapports avec *dans* et *à.* Il faut signaler en outre que, dans la seconde moitié du XXᵉ s., *sur* tend à se répandre et se trouve dans des emplois nouveaux :

J'ai moi-même SUR *Paris doublé les crédits consacrés à la création de crèches en 1981* (J. CHIRAC, cité dans *Femme pratique,* mai 1981, p. 70). — *Ils* [= des soldats] *étaient trois mille huit cent* [sic] SUR *le Finistère, deux mille deux cent* [sic] *dans les Côtes-du-Nord* (P. GEORGES, dans le *Monde,* 16 mai 1978). — *Présent* SUR *le stand des Éditions du Seuil* (*ib.,* 19 mai 1978, p. 24).

b) Expressions diverses.

1° *Aller, marcher sur (ses) trente ans : Cet enfant va* SUR *quatre ans,* SUR *ses quatre ans* (AC.). — *Elle marchait* SUR *ses vingt ans* (É. HENRIOT, *Aricie Brun,* III, 2). — *Vous marchiez alors* SUR *soixante-cinq ans* (H. LAVEDAN, *Vieux marcheur,* p. 7). — *Il allait* SUR *ses dix-sept ans* (P.-H. SIMON, *Somnambule,* p. 132).

On dit moins souvent *Aller, marcher vers : Frankie marchait* VERS *ses neuf ans* (G. CONCHON, *Apprenti gaucher,* p. 46).

2° On dit *Vivre de ses revenus, de ses rentes,* ou *Vivre sur son revenu* (*Dict. gén.*), *vivre* SUR *ses rentes,* etc. : *Il vécut deux ou trois ans* SUR *la fortune de sa femme* (FLAUB., *Mᵐᵉ Bov.,* I, 1). — *Il nous faudra vivre* SUR *notre capital* (Fr. MAURIAC, *Nœud de vip.,* p. 305).

Au figuré, on emploie couramment *sur : Vivre* SUR *sa réputation* (LITTRÉ). — *Il vécut jusqu'à la fin* SUR *un vieux fonds de culture assez sommaire* (H. BREMOND, *Âmes religieuses,* p. 178). — *Il pourra vivre* SUR *ses souvenirs* (J.-J. BROUSSON, *A. France en pantoufles,* p. 327). — *On y vivait* SUR *cette idée* [...] *qu'il existait un contrat sourd entre l'homme et le sort* (J. et J. THARAUD, *Notre cher Péguy,* t. I, p. 243).

3° *Propre sur soi,* signalé comme un « provincialisme français » par Englebert et Thérive, *Ne dites pas... Dites...,* est enregistré sans réserves par Littré (s.v. *propre,* 13°, et s.v. *soi,* 10°) et par l'Acad.

4° °*Il a fait ce travail sur deux heures, sur deux jours* est un wallonisme, pour ... *en deux heures.*

Mais *sur* « pendant » n'est pas régional : SUR *six jours et six nuits, il me souvient de n'avoir dormi qu'un petit nombre d'heures* (G. DUHAMEL, *Pesée des âmes,* p. 236). — *L'État consacrera entre 27 et 30 milliards de francs à la sidérurgie* SUR *la période 1984-1987* (dans le *Monde,* 7 déc. 1984, p. 40).

1022   **Remarques sur diverses locutions prépositives.**

1. Pour *à l'encontre de,* l'Acad. ne signale que le sens « en opposition à » : À L'ENCONTRE DU *précédent orateur, je dirai que...* — La locution se prend couramment au sens plus large de « contre » :

Il redoutait quelque lâche et subtile machination À L'ENCONTRE DE *la jeune comédienne* (Th. GAUTIER, *Capit. Fracasse*, XI). — *Les coalitions* À LEUR ENCONTRE [des commerçants] *sont formellement interdites* (CLAUDEL, *Sous le signe du Dragon*, p. 136). — *Cette émotion que l'on affecte me paraît tellement excessive et tellement artificielle que je ne puis y voir autre chose qu'une manœuvre arbitraire* À L'ENCONTRE DE *mon pays* (DE GAULLE, *Discours et messages*, t. III, p. 133). — *Le langage qu'elle tenait* À MON ENCONTRE, *les caprices que j'avais à subir ne marquaient-ils pas une insidieuse tentative de mise au pas ?* (Y. GANDON, *Monsieur Miracle*, p. 192.) — Ex. de J. DUTOURD au § 990, *a*.

2. *Alentour* ou *à l'entour* servent d'adverbes dans l'usage ordinaire (§ 969, *a*). Cependant *à l'entour de* (parfois *alentour de*) reste bien vivant dans la langue littéraire (et aussi dans la langue parlée de certaines régions) :

Mets tes bras À L'ENTOUR DE *mon cou !* (HUGO, *Le roi s'amuse*, II, 3.) — *De petits effluves glacials circulaient* À L'ENTOUR DE *l'astre ébréché* (BLOY, *Désespéré*, p. 187). — *Une douleur minuscule* [...] *s'était installée* [...] À L'ENTOUR DE *ses yeux* (MONTHERLANT, *Célibataires*, p. 227). — À L'ENTOUR D'*elle* [= une auto], *comme autour de nous maintenant, flottait l'humide et vieille odeur de la petite ville* (M. E. COINDREAU, trad. de : W. Styron, *Proie des flammes*, p. 123). — *S'il faut absolument le* [= un poème] *lire à haute voix, ce ne peut être qu'avec une extrême lenteur, en laissant aux silences le temps de s'agglutiner* ALENTOUR DES *mots* (J. ONIMUS, *Connaissance poétique*, p. 193).

Autres ex. d'*à l'entour de* : NERVAL, *Lettres des Flandres*, II, 2 ; Al. DUMAS, *Tulipe noire*, IX ; SAND, *Fr. le champi*, XV ; BAUDEL., *Fl. du m.*, La servante au grand cœur... ; FLAUB., *Bouv. et Péc.*, éd. L., p. 445 ; PROUST, *Rech.*, t. II, p. 204 ; BARRÈS, *Dérac.*, p. 52 ; HERMANT, *Daniel*, p. 4 ; GIDE, *Retour du Tchad*, Pl., p. 1036 ; CHÂTEAUBRIANT, *Meute*, L.M.I., p. 85 ; GENEVOIX, *Raboliot*, p. 89 ; LA VARENDE, *Centaure de Dieu*, p. 36 ; etc. — D'*alentour de* : MUSSET, *Prem. poés.*, Portia, III ; FLAUB., 1ʳᵉ *Éd. sent.*, XXI ; SAMAIN, *Au jardin de l'infante*, Mon âme est une infante ; LOTI, *Exilée*, p. 162 ; HERMANT, *Petite femme*, p. 222 ; GIDE, *Journal*, t. I, p. 409 ; GENEVOIX, *op. cit.*, p. 123 ; DANIEL-ROPS, *Hist. de l'Égl.*, Grand siècle des âmes, p. 485 ; P. GRAINVILLE, *Lisière*, p. 122 ; PILHES, *Imprécateur*, p. 211 ; etc.

3. *À même le goulot* équivaut à *au goulot même* (cf. § 318, Rem. 1, Hist.). Mais l'expression s'est figée, et la valeur première tend à s'effacer.

— *À même* s'emploie couramment au lieu d'une autre préposition que *à* : *Une espèce d'autre vêtement, qu'il aurait porté* À MÊME *la chair* (RAMUZ, *Règne de l'esprit malin*, I, 1). — *Des petites filles* [...] *glissaient sur des patins à roulettes* À MÊME *un large trottoir* (AUDIBERTI, *Dimanche m'attend*, p. 208). — Dans ce dernier ex., *à même* devient un synonyme de *sur*. Cela est courant au Québec : *Cet ouvrage a été publié grâce à une subvention que le Conseil canadien de recherches sur les humanités lui a accordée* À MÊME *les fonds reçus du Conseil des Arts du Canada* (dans L. Somville, *Devanciers du surréalisme*, p. 8).

— *À même* est parfois suivi d'une autre préposition : *Boire* À MÊME D'*une bouteille* (CHAT., *Mém.*, I, IX, 13). — [...] *mord à belles dents* À MÊME DU *prochain* (SAINTE-BEUVE, *Nouv. lundis*, t. I, p. 65). — *Emma mangea* À MÊME DANS *sa main la poudre blanche qu'elle venait de prendre* (J. POMMIER, *Spectacle intérieur*, p. 372).

4. *À travers* (sans de[6]), *au travers de* ont le même sens quoique des grammairiens aient essayé de découvrir des nuances (par ex. qu'*au travers de* supposerait un obstacle).

_____

6. Si *à travers* ne peut être suivi de la préposition *de*, il peut fort bien être suivi des partitifs ou indéfinis *du, de la, de l', des*, ce qui fait une construction tout autre : *Je ne vois plus Henriette* À TRAVERS DU *rêve, je la vois, avec mes yeux, dans la vieille lumière de la vie !* (H. BERNSTEIN, *Secret*, II, 12.)

Quelques-uns [...] *se mirent en marche pour gagner le Volga* AU TRAVERS DE *la steppe* (MÉRIMÉE, *Cosaques d'autrefois*, p. 314). — AU TRAVERS DE *cette foule* [...], *Bouteiller s'éloigna à pied* (BARRÈS, *Appel au soldat*, t. I, p. 67). — *Nous devons nous frayer un passage corps à corps* AU TRAVERS DES *pions hostiles* (CLAUDEL, *Présence et prophétie*, p. 116). — *Il avait longtemps marché* AU TRAVERS DE *la ville* (GIDE, *Caves du Vat.*, p. 286). — *Le visage de Nicole* [...] *tentait de regarder* AU TRAVERS DE *la vitre poussiéreuse* (VERCORS, *Armes de la nuit*, p. 44). — *Dans le lointain* AU TRAVERS DE *ces brumes âcres apparaissait une certaine argenture* (BUTOR, *Modification*, p. 183).

Il sourit À TRAVERS *ses larmes* (HERMANT, *Caravansérail*, XII). — *Georges eut d'abord envie de passer sa pelle* À TRAVERS *le corps de l'écuyer* (A. FRANCE, *Balthasar*, p. 158). — *Il lui donna d'un bâton* À TRAVERS *les jambes* (LITTRÉ). — *On ne voyait le soleil qu'*À TRAVERS *les nuages* (AC.).

Hist. — *À travers de* qq. ch., *au travers* qq. ch., déjà condamnés au XVIIᵉ s., ont été employés par certains écrivains classiques et par quelques autres : ⁺À TRAVERS DE *ces affaires et de ces épines, que de péchés, que d'injustices !* (BOSS., cit. Littré.) — ⁺*Un bois épais*, À TRAVERS DUQUEL *le général saxon sauva son infanterie fatiguée* (VOLT., *Ch. XII*, III). — *Je me serois précipité tout* À TRAVERS DE *ces besognes* (DIDEROT, *Corresp.*, t. II, p. 176). — *Cette Bête* [...] *dégageait de tout son corps une vapeur enivrante* À TRAVERS DE *laquelle elle apparaissait* (DUMAS fils, *Femme de Claude*, Préf.). — *Il se donna de l'espée* AU TRAVERS *le corps* (MONTAIGNE, II, 3). — ⁺*Le lynx ne voit pas* AU TRAVERS *la muraille* (BUFFON, cit. Littré.).

Remarque. — *En travers de* signifie « d'un côté à l'autre, dans le sens de la largeur » :

On avait mis EN TRAVERS DU *chemin une corde, une poutre* (*Dict. gén.*). — *Il a comme une barre* EN TRAVERS DU *front* (BARRÈS, *Dérac.*, p. 56). — *Un dispositif militaire déployé* EN TRAVERS DE *l'Europe* (Gén. BÉTHOUART, dans le *Figaro*, 12 oct. 1961). — Au fig. : *se mettre* EN TRAVERS DE *quelque chose* (AC.).

5. *Au niveau de* est une locution venue à la mode au milieu du XXᵉ s. et que l'on emploie à tort et à travers au lieu de diverses autres prépositions :

[...] *le caractère superficiel et futile des zones de conversation où l'accord se fait* AU NIVEAU DES *lieux communs répandus par la mode et des slogans imposés par la publicité* (P.-H. SIMON, dans le *Monde*, sélection hebdom., 16-22 nov. 1967). — *C'est* AU NIVEAU DE *l'attribut que nous voyons le problème* [*on* à valeur de pluriel] *rebondir* (A. DOPPAGNE, *Trois aspects du franç. contemporain*, p. 161). — Voir l'ex. de Chaunu cité au § 347, *a*, Rem.

6. *Auprès de* et *près de* expriment tous deux la proximité :

La rivière passe AUPRÈS DE *cette ville* (AC.). — *Il ne put être admis* AUPRÈS DU *ministre* (AC.). — *Il demeure* PRÈS DE *l'église* (*Dict. gén.*). — *Échouer* PRÈS DU *port* (*ib.*).

Auprès de exprime aussi l'assiduité à l'égard d'une personne : *Ce précepteur n'est plus* AUPRÈS DE *mes enfants* (AC.).

Auprès de signifie encore figurément « dans l'esprit, dans l'opinion de » : *Il est fort bien* AUPRÈS DE *ses chefs* (AC.).

Près de peut concerner non seulement l'espace, mais encore le temps, le nombre, le degré : *Il y a* PRÈS D'*une heure que j'attends. Ils étaient* PRÈS DE *cinquante.* — *Rien n'est si* PRÈS DE *la sottise que la vanité* (*Dict. gén.*).

Pour la construction *près le rivage*, voir § 998, *d*. — Sur les rapports entre *près* et *prêt*, voir § 357, *b*.

Auprès de dans le sens « en comparaison de » a comme concurrent *au prix de* dans la langue écrite :

Il [= Hugo] *trouve au monstrueux Océan une harmonie qui lui semble comme une lyre* AU PRIX DE *la voix des générations vivantes* (SAINTE-BEUVE, *Portr. litt.,* t. II, p. 68). — *Qu'est-ce que la vérité, pensais-je,* AU PRIX DE *l'amitié ?* (J. ROMAINS, *Lucienne,* p. 65.) — *Mais* AU PRIX DES *terreurs qu'elle avait ressenties, son inquiétude présente n'était rien* (J. GREEN, *Adrienne Mesurat,* p. 169). — *Ces outrages n'étaient rien* AU PRIX DE *ceux que subissaient ses disciples* (J. et J. THARAUD, *Passant d'Éthiopie,* p. 8). — *L'inégalité sociale, si frappante dans le monde visible, qu'est-elle donc* AU PRIX DE *l'inégalité dans le monde spirituel ?* (Fr. MAURIAC, *Journal,* t. III, p. 45.) — *Les bienfaits personnels qu'ils tirent de cette invention* [= l'aviation], *merveilleuse en soi, sont bien peu de chose* AU PRIX DE *l'épouvante qu'elle leur inspire* (G. DUHAMEL, *Paroles de médecin,* p. 45).

Auprès s'emploie sans régime dans le fr. de Bruxelles avec le sens « outre cela » : °*Cette voiture coûte deux cent mille francs. — Oui, et quelques mille* AUPRÈS (cf. néerlandais *daarbij*).

7. *De par* [altération de *de part*] a encore son sens premier « de la part de », « au nom de » dans des formules figées. Il se trouve aussi dans l'expression *de par le monde* « (quelque part) dans le monde ». Dans l'usage actuel, il signifie surtout « à cause de », jouant le rôle d'une forme renforcée de *par*.

DE PAR *le roi,* DE PAR *la loi.* — *Par analogie : Ouvrez la porte,* DE PAR *le diable !* (MÉRIMÉE, *Colomba,* XV.)
Il n'y a pas, DE PAR *le monde entier,* [...] *deux mains ou deux nez absolument pareils* (MAUPASS., *Pierre et Jean,* Introd.). — *Il a* DE PAR *le monde un cousin qui a fait une grande fortune* (AC.).
Après avoir DE PAR *sa longue expérience reconnu et affirmé l'authenticité du manuscrit* (A. DAUDET, *Immortel,* XI). — *J'ai connu des êtres qui,* DE PAR *une existence exceptionnelle, avaient perdu l'habitude de la peur* (COLETTE, *Paris de ma fenêtre,* p. 234). — *De* PAR *une vocation foncière,* DE PAR *son essence même, Israël répugne* [...] *à devenir une nation* (J. MARITAIN, *Questions de conscience,* p. 56). — *L'abbesse de Fontevrault était,* DE PAR *ses immenses revenus, la seconde femme de France* (LA VARENDE, *Belles esclaves,* p. 216). — *Tout individu,* DE PAR *sa constitution héréditaire, possède une originalité de principe* (J. ROSTAND, *Pensées d'un biologiste,* p. 11). — *Son suicide* [de Drieu La Rochelle] *n'a pas été l'effet d'une fuite ou d'un accident ; il était* DE PAR *sa nature prévu et commandé de loin* (É. HENRIOT, dans le *Monde,* 21 janv. 1953). — *Il n'arrivait pas,* DE PAR *les liens qui unissaient cette tête à la sienne, à comprendre que ce malheur fût possible* (CHÂTEAUBRIANT, *Brière,* p. 306). — *Investi,* DE PAR *sa valeur et* DE PAR *la force des choses, d'une sorte de mission permanente de coordination* (DE GAULLE, *Mém. de guerre,* t. I, p. 186).

8. °*À comparaison de* est une variante archaïque de *en comparaison de* :

Mince est leur objectif À COMPARAISON DE *celui que s'assigne* [...] *le jeune « Institut de la vie »* (J. ROSTAND, dans les *Nouv. litt.,* 1er mars 1962). — [Ex. de DESCARTES et de BOSS. dans Haase, § 123, A.]

9. *En raison de* peut signifier, soit « à proportion de », soit « à cause de » :

L'ambition s'accroît EN *raison des succès que l'on obtient* (LITTRÉ). — *Il doit être payé* EN *raison du temps qu'il y a mis* (ID.). — *En raison directe, en raison inverse, en raison composée* sont des expressions usitées surtout dans la langue scientifique : *La hauteur des sentiments est* EN RAISON DIRECTE *de la profondeur de l'intelligence* (HUGO, *Rép. au disc. de récept. de Saint-Marc Girardin à l'Ac. fr.*).

On s'irrite moins EN *raison de l'offense reçue qu'*EN *raison de l'idée qu'on s'est formée de soi* (CHAT., *Mém.*, II, VII, 1). — *Ces défauts nous font rire* EN *raison de leur* insociabilité *plutôt que de leur* immoralité (BERGSON, *Rire*, p. 106). — *Il* [...] *ne peut avancer davantage,* EN *raison de la résistance du Petit Dépôt* (H. BORDEAUX, *Captifs délivrés*, p. 254). — *Une entrevue diplomatique à elle confiée par ses parents* « EN *raison, lui avait dit M. de La Hote, de ta qualité d'aînée* » (BOYLESVE, *Élise*, p. 146). — *J'avais refusé, et* EN *raison des arguments mêmes qu'elle me donnait* (J. de LACRETELLE, *Amour nuptial*, p. 88). — EN *raison de son extrême jeunesse* (AC.).

À raison de a aussi les deux sens ; mais il s'emploie surtout dans le premier sens et lorsqu'il s'agit d'un prix, d'une quantité ; dans le sens « à cause de », il est vieilli.

On paya cet ouvrier à raison de l'ouvrage qu'il avait fait (AC.). — *Vous m'en tiendrez compte à raison du profit que vous en tirerez* (AC.). — *Je vous paierai cette étoffe à raison de dix francs le mètre* (AC.). — *Sur ce vaisseau, la disette de l'eau obligea de ne la distribuer qu'à raison d'un demi-litre par tête* (LITTRÉ). — *Louer une maison à raison de tant par mois* (*Dict. gén.*)
Il put circuler librement à raison de son passeport (LITTRÉ). — *Cet employé, à raison de ses bons services, vient de recevoir une gratification* (ID.). — *À raison même de ses vertus et de ses passions, cette armée n'était pas aisément maniable* (A. VANDAL, *Avènem. de Bonaparte*, t. I, p. 474). — *À raison des services exceptionnels qu'il a rendus, le Père lui a donné tout un canton* (G. DUHAMEL, *Souvenirs de la vie du paradis*, p. 215).

10. **Ensuite de** ou *en suite de*, courants à l'époque classique, survivent dans la langue juridique et parfois dans la littérature (ainsi que dans des usages régionaux de France, au Québec et en Suisse) :

Ce qu'il blâme vivement, c'est qu'on prétende éliminer des hommes d'État EN SUITE D'*un déballage public* (BARRÈS, *Appel au soldat*, t. I, p. 92). — EN SUITE DE *certains renseignements* [...], *j'ai lieu de croire* [...] [*dit un magistrat*] (PLISNIER, *Mort d'Isabelle*, p. 146). — *La durée de vie moyenne va s'allonger* [...], *tout comme elle s'est allongée* EN SUITE DE *la découverte des vaccins, des sérums* [...] (J. ROSTAND, dans le *Figaro litt.*, 24 mars 1956). — EN SUITE DE *Guillaume Apollinaire, Sic publie Drieu la Rochelle, Reverdy, Soupault, Tzara* (J. FOLLAIN, *Pierre Albert-Birot*, p. 13). — *Il fut entendu entre nous,* ENSUITE DE *cela, que nous nous marierions après la Noël* (E. LE ROY, *Jacquou le croquant*, L.P., p. 349). — *Le rythme* [des générales, au théâtre] [...] *reprend avec les festivals du mois de juin.* ENSUITE DE *quoi on se repose jusqu'à la saison suivante* (J. DUTOURD, *Paradoxe du critique*, p. 15). — *Ensuite de quoi* est fréquent : SAND, *Fr. le champi*, XVIII ; PERGAUD, *Guerre des boutons*, III, 5 ; P.-H. SIMON, dans le *Monde*, 9 févr. 1966 ; S. de BEAUVOIR, *Deuxième sexe*, t. II, p. 211 ; *Dict. contemp.* ; etc.

11. À côté d'*en face de* (parfois sans *de* : § 998, *d*), on trouve parfois *face à face de* (comp. *vis-à-vis de*, 16 ci-dessous) et assez souvent, depuis le milieu du XXᵉ s., *face à* (qui est encore contesté).

Face à face de : Je me trouvai FACE À FACE DE *M. le duc d'Orléans* (CHAT., *Mém.*, III, II, I, 11). — *Me voici donc* FACE À FACE DE *mon petit homme de cuivre* (MICHELET, *Insecte*, IX). — On dit, dans l'usage ordinaire, *face à face avec* : [...] *le laisser* FACE À FACE AVEC *la hideuse Peur* (BERNANOS, *Joie*, p. 251). — [Pour *face à face* locution adverbiale, voir § 929, *g*.]
Face à : Assise FACE AUX *jeunes gens* (TROYAT, *Eglietière*, p. 47). — *Martyr de l'individualisme* FACE À *tous les systèmes de coercition* (POIROT-DELPECH, dans le *Monde*, 19 mai 1965).

12. *Grâce à* implique l'idée d'un résultat heureux. On ne dira pas, par exemple (à moins qu'on ne s'exprime par ironie) : *C'est* GRÂCE À *un maître ignorant que j'eus une enfance ignorante.*

13. Dans *quitte à* [7] (« au risque de, à charge de, en acceptant de subir le seul inconvénient de, en se réservant de »), on peut garder à *quitte* sa valeur originelle d'adjectif et le faire variable ; une phrase telle que *Ils agissent d'abord,* QUITTES *à réfléchir ensuite* se résoudrait en : « ils agissent d'abord, considérant qu'ils seront *quittes,* absous, libérés en réfléchissant ensuite » :

C'étaient comme des morts qui s'en allaient, QUITTES *à renaître le lendemain* (HUGO, *Homme qui rit,* II, II, 12). — *Les deux hommes courbaient le dos comme sous un orage des tropiques,* QUITTES *à maudire ensemble leur despote en jupon vert* (A. DAUDET, *Numa Roum.,* p. 295). — *On nous dit que bientôt* [...] *nous la* [= la machine] *regarderons faire et que nous ne ferons rien d'autre,* QUITTES *à inventer d'inutiles activités des doigts pour les garder de l'ankylose* (M. BEDEL, dans les *Nouv. litt.,* 15 nov. 1945). — *Nous devons nous contenter de ce que la vie réelle nous offre,* QUITTES *à la magnifier* (LARBAUD, *Enfantines,* p. 237). — *Nous pouvons donc admettre qu'en règle générale ce sont les défauts d'autrui qui nous font rire* — QUITTES *à ajouter* [...] *que ces défauts nous font rire en raison de leur* insociabilité *plutôt que de leur* immoralité (BERGSON, *Rire,* p. 106). — *N'eussent-ils pas fait bonne figure aux environs de Londres,* QUITTES *à ne pas s'entendre avec Cromwell ?* (A. SUARÈS, *Sur la vie,* t. I, p. 196.) — *Techniquement rien n'empêchait une cinquantaine de gros bombardiers de franchir l'océan,* QUITTES *à ne pas rejoindre leurs bases* (J. ROMAINS, *Violation de frontières,* p. 198).

Mais fréquemment aussi, on prend *quitte à* (invariable) comme une locution prépositive (cf. *sauf à* [8]) :

Nous resterons peut-être plus longtemps en Égypte que nous ne l'avions décidé, QUITTE À *sacrifier ou à bâcler le reste de notre voyage* (FLAUB., *Corresp.,* t. I, p. 219). — *Séparons donc les deux lois* [...] QUITTE À *les étudier ensuite l'une après l'autre* (DUMAS fils, *Femme de Claude,* Préf.). — *Quand l'un d'eux est obligé d'abattre une bête mangeable, tous lui en achètent,* QUITTE À *jeter le morceau* (J. RENARD, *Journal,* 16 juillet 1903). — *Les plus honnêtes, à une heure donnée, écoutent complaisamment la voix de la folie,* QUITTE À *s'enfuir ensuite* (ESTAUNIÉ, *Appel de la route,* p. 157). — *Ma sympathie va aux Anglo-Saxons, qui la* [= l'organisation] *pratiquent modérément,* QUITTE À *n'en point recueillir tous les fruits* (BENDA, *Exercice d'un enterré vif,* p. 179). — *D'autres brûlent d'un térébrant désir de marquer leur indépendance* [...] QUITTE À *se trouver, par la suite, des raisons déterminantes* (G. DUHAMEL, *Voyage de Patrice Périot,* p. 73). — *Ils contrôlaient tout de même ses actes,* QUITTE À *n'y rien comprendre* (DORGELÈS, *Réveil des morts,* p. 147). — *Si, d'instinct* [...] *ils ne s'étaient jetés sur la roche,* QUITTE À *s'écorcher les genoux et les paumes, ils allaient à la mer* (H. QUEFFÉLEC, *Un feu s'allume sur la mer,* I, 5). — *C'est toujours les mêmes gens qui tirent leur temps de mortels, en saluant la Croix, le Drapeau rouge ou le chapeau de Gessler,* QUITTE À *n'y jamais penser réellement* (THÉRIVE, *Retour d'Amazan,* p. 121).

Quitte, simple épithète ou attribut, est variable : *Des biens francs et* QUITTES *de toutes dettes et hypothèques.* — *Nous sommes* QUITTES (AC.). — *Je les tiens* QUITTES *envers nous.*

---

7. Littré mentionne aussi *quitte pour* (qui est, en ce sens, hors d'usage) : QUITTE POUR *être grondé.*

8. *Il* [= Roosevelt] *sait* [...] *que les Britanniques,* SAUF À *perdre leurs dominions, doivent se plier à sa politique* (DE GAULLE, *Mém. de guerre,* t. II, p. 291).

Dans *être quitte à quitte, faire quitte à quitte* (elliptiquement : *quitte à quitte*), le singulier est naturel : il s'agit de deux personnes, de deux parties dont *chacune* est quitte envers l'autre : *Nous sommes* QUITTE À QUITTE (AC.).

Pour *quitte(s) à ce que*, voir § 1070, *e*.

14. *Sous le rapport de.* Selon Littré, cette locution ne paraît pas bonne à employer : « Une chose, dit-il, est en rapport avec une autre, est dans un certain rapport, a rapport avec ; mais elle n'est pas *sous* un rapport ; si elle était sous un rapport ou sur un rapport, elle serait en dehors du rapport. » Cela est fondé en raison, mais *sous le rapport de*, déjà employé au XVIIᵉ s., s'est répandu, surtout depuis le XIXᵉ s., en dépit des grammairiens, l'Acad. elle-même l'a reconnu.

Son style, admirable SOUS *le rapport de la clarté* (J. de MAISTRE, *Soirées*, II). — *Les ordres religieux n'ont été,* SOUS *beaucoup de rapports, que des sectes philosophiques* (CHAT., *Génie*, IV, III, 4). — *Accusez-moi de faiblesse* SOUS *d'autres rapports, j'y consens* (SAND, *Lélia*, LV). — *Valence,* SOUS *le rapport pittoresque, répond assez peu à l'idée qu'on s'en fait* (Th. GAUTIER, *Voy. en Esp.*, p. 370). — SOUS *ce rapport, Popinot n'avait pas mal choisi* (BALZAC, *Birotteau*, p. 171). — *Les rues et les carrefours laissaient peut-être à désirer* SOUS *le rapport du pavé et des réverbères* (J. SANDEAU, *Roche aux mouettes*, X). — *Les grandes manœuvres sont une image de la guerre, mais c'est une image infidèle* SOUS *ce rapport que tout y est prévu* (A. FRANCE, *Crainquebille*, p. 161). — *Les habitants de ce globe les plus favorisés* SOUS *le rapport de l'intelligence* (MAETERLINCK, *Vie des abeilles*, I, 8). — *Cette voiture est excellente* SOUS *le rapport de la commodité, de la vitesse* (AC.). — SOUS *le rapport de la technique* (G. DUHAMEL, *Semailles au vent*, p. 185). — SOUS *le rapport de l'odorat* (BERNANOS, *M. Ouine*, p. 64). — *Il envisageait toutes les affaires* SOUS *le seul rapport de la pratique et des procédés* (VALÉRY, *Eupalinos*, p. 104). — [Ex. de BOURDALOUE, dans Littré.]

On fera attention que *de* et l'article sont demandés dans le tour *sous le rapport* DE LA *clarté* (voir § 348, *b*, 1°).

15. Au lieu de la locution *sous peine de*, on trouve parfois *à peine de* dans la langue juridique *(à peine de nullité)* et aussi dans la littérature :

À PEINE DE *tâtonner, il faut les leçons assidues d'un habile professeur* (G. DUHAMEL, *Musique consolatrice*, pp. 80-81).

Comp. *à peine que, sous peine que* au § 1087, Rem.

Hist. — Sur *peine de, à peine de*, parfois *en peine de*, se disaient à l'époque classique : ⁺*On les a obligés à absoudre leurs pénitents qui ont des opinions probables,* SUR PEINE DE *péché mortel* (PASC., *Prov.*, V). — ⁺*L'hoca est défendu à Paris* SUR PEINE DE *la vie* (SÉV., 9 oct. 1675). — *À condition [...] que vous n'en ouvrirez la bouche à personne du monde* SUR PEINE DE *la vie* (MOL., *Amants magn.*, II, 2). — ⁺*Les parties [...] s'engagèrent, de part et d'autre,* À PEINE DE *la vie, à justifier leurs prétentions* (BOSS., *Disc. hist. univ.*, I, 9). — ⁺*Puissé-je vous devoir plus que je ne vous dois, /* EN PEINE D'*y* [= dans une prison] *languir le reste de ma vie* (CORN., cit. Haase, p. 345).

16. Le nom *vis* « visage » étant sorti de la langue, ***vis-à-vis de*** s'emploie depuis longtemps dans le sens « en face de », qu'il s'agisse de choses ou de personnes (comp. le verbe *envisager*) :

Il est en retard, dit Céline qui se planta VIS-À-VIS DU *pont* (HUYSMANS, *Sœurs Vatard*, XVIII, 2). — *Durant plus d'un quart de siècle, il* [= un bouquiniste] *posa ses boîtes sur le parapet du quai Malaquais,* VIS-À-VIS DE *l'hôtel de Chimay* (A. FRANCE, *Pierre Nozière*, 1899, p. 85). — Sur l'omission de *de*, voir § 998, *d*.

La locution a pris aussi le sens de « à l'égard de, envers » (aussi bien à propos de personnes que de choses), ce qui a suscité une très vive opposition (notamment de Littré), dont on ne voit pas bien le fondement et qui, en tout cas, n'a eu aucune influence sur l'usage, même littéraire (l'Acad. elle-même en témoigne) :

L'Angleterre a été trop modeste VIS-À-VIS DE *Wellington* (HUGO, *Misér.*, II, I, 16). — *Pour ne pas vous mettre dans une position difficile* VIS-À-VIS DE *moi* (DUMAS fils, *Idées de Mme Aubray*, II, 6). — *Mais cette manipulation extra-légale le compromettait* VIS-À-VIS DE *son régisseur* (FLAUB., *Éd. sent.*, II, 4). — *Il était alors devenu très réservé* VIS-À-VIS DE *cet énigmatique ami* (MAUPASS., *Mont-Oriol*, p. 292). — *Il avait,* VIS-À-VIS DE *son maître, autant de privautés que de tendresse* (FROMENTIN, *Domin.*, II). — *Je suis* VIS-À-VIS DE *vous dans une situation bien gênante* (BARRÈS, *Leurs figures*, p. 51). — *Il se sentait* VIS-À-VIS D'*elle dans un état d'hostilité latente* (R. ROLLAND, *Jean-Chr.*, t. III, p. 35). — *Je puis paraître avoir eu des torts irréparables* VIS-À-VIS DE *votre mère et de vous* (R. MARTIN DU GARD, *Jean Barois*, p. 392). — VIS-À-VIS DE *soi-même en garder le mérite* (E. ROSTAND, *Cyr.*, II, 8). — *Les Espagnols gardèrent* VIS-À-VIS DE *lui* [= Philippe II] *leur indépendance morale* (E. JALOUX, *Figures étrangères*, p. 40). — *Rien n'égale l'impertinence de cet enfant* VIS-À-VIS DE *ses parents* (AC., s.v. *impertinence*). — *Silbermann n'avait pas* VIS-À-VIS DE *ses parents la situation d'un fils* (J. de LACRETELLE, *Silbermann*, p. 40). — *M. le docteur Gallet a usé* VIS-À-VIS DE *nous de la plus haute courtoisie* (BERNANOS, *Sous le soleil de Satan*, p. 246). — *Si tu t'imagines que* VIS-À-VIS DE *toi je me sentirai désormais moins libre* (Fr. MAURIAC, *Feu sur la terre*, p. 153). — *N'avoir* VIS-À-VIS DE *l'argent qu'une âpreté simplement aryenne* (MONTHERLANT, *Célibataires*, p. 212).

CHAPITRE VIII

LA CONJONCTION DE SUBORDINATION

1023   La **conjonction de subordination** (parfois appelée *subjonction* [1]) est un mot invariable qui sert à unir deux éléments de fonctions différentes, dont l'un est une proposition (sujet ou complément).

Le pronom relatif unit aussi une proposition à un autre élément, mais le pronom a un antécédent et il a une fonction dans la proposition ; ces deux caractères le distinguent de la conjonction de subordination. — La préposition unit aussi des éléments de fonctions différentes, mais il s'agit de mots ou de syntagmes et non de propositions.

La conjonction de subordination peut être composée de plusieurs mots : *quoique.* Lorsque les mots sont séparés dans l'écriture, on parle de **locution conjonctive** : *Bien que, parce que.*

Remarques. — 1. Certaines conjonctions peuvent avoir un complément (§ 359) : BIEN *avant qu'il fasse clair.*

2. La proposition introduite par la conjonction peut être averbale :

Il est des vérités qui sont évidentes BIEN QU'INFORMULABLES (SAINT EXUPÉRY, *Pilote de guerre*, p. 145).

3. Sur les divers rapports marqués par les conjonctions et locutions conjonctives de subordination, voir la quatrième partie (§§ 1064 et suivants).

1024   **Liste des conjonctions de subordination :**

Comme, lorsque, puisque, quand, que, quoique, si.

On y joint souvent *combien, comment* et *pourquoi,* qui servent uniquement dans l'interrogation indirecte, mais on ne peut dire que ces mots sont des conjonctions de subordination : 1° ils existent aussi quand il n'y a pas de subordination, c'est-à-dire dans l'interrogation directe : POURQUOI *part-il ?* → *Je demande* POURQUOI *il part ;* — 2° ces mots ont une fonction dans la proposition ; ce sont donc des adverbes. — Au contraire de la plupart des conjonctions (§ 1027, *b,* 2°), ils sont généralement répétés devant des propositions coordonnées : *Je demande* POURQUOI *tu pars et* POURQUOI *je reste.*

Sur la distinction entre *quoique* et *quoi que,* cf. § 1092, *c,* 2°, N.B. et Hist.

----

1. Appellation proposée par Marcel Cohen en 1955 dans le *Bulletin de la Société de linguistique de Paris,* pp. XVI-XVII.

Hist. — *Si* (anc. fr. *se*, d'où les formes élidées *s'il* et *s'ils* : § 44, *c*, 1°) < lat. *si*. — *Quand* < lat. *quando*. — Pour *que*, il paraît continuer le latin *quia*, influencé par *quid* (qui a donné *que* pronom interrogatif). — *Comme* < lat. *quomodo*, agglutination de *quo modo*, de quelle manière. — *Lorsque, puisque* et *quoique* sont des agglutinations de locutions françaises. L'*s* s'est maintenu dans la prononciation de *lorsque* et de *puisque*.

N.B. — Distinguez *que*, conjonction, de *que*, pronom, et de *que*, adverbe.

Conjonction : *Je vois* QUE *vous comprenez.* — Pronom : *La maison* QUE *vous habitez.* QUE *faire ?* — Adverbe : QUE *n'est-il venu à temps ?* — QUE *vous êtes jolie !*

Distinguez *si*, conjonction, dans les phrases conditionnelles et dans l'interrogation indirecte, de *si*, adverbe de degré, et de *si*, mot-phrase.

Conjonction : *Je le ferai* SI *vous l'ordonnez. Dites-moi* SI *vous viendrez.* — Adverbe de degré : *Il est* SI *faible que...* — Mot-phrase : *Vous ne ferez pas cela ?* — SI.

1025   **Liste des principales locutions conjonctives de subordination.**

À cause que	Avant que	En attendant que	Pour que
À ce que	Bien que	En cas que	Pourvu que
À condition que	Cependant que	Encore que	Quand même
Afin que	Comme quoi	En sorte que	Sans que
Ainsi que	Comme si	Étant donné que	Sauf que
Alors que	D'autant plus que	Excepté que	Selon que
À mesure que	D'autant que	Jusqu'à ce que	Si ce n'est que
À moins que	De ce que	Loin que	Si peu que
Après que	De crainte que	Lors même que	Si tant est que
À proportion que	De façon que	Maintenant que	Sitôt que
Attendu que	De manière que	Malgré que	Soit que
Au cas que (où)	De même que	Non moins que	Suivant que
Au fur et à mesure que	De peur que	Non plus que	Supposé que
Au lieu que	Depuis que	Outre que	Tandis que
Aussi bien que	De sorte que	Parce que	Tant que
Aussitôt que	Dès que	Pendant que	Vu que
Autant que	Durant que	Plutôt que	Etc.

Sur les emplois et sur la vitalité de ces diverses locutions, voir la quatrième partie, §§ 1069 et suivants. — On y mentionne aussi, dans les Hist., diverses locutions du passé.

Hist. — Ces diverses locutions conjonctives sont formées de *que* précédé soit d'un syntagme nominal prépositionnel (*à condition que*), — soit d'un adverbe (*bien que*), — soit d'une préposition (*avant que*) ou d'une préposition et du pronom démonstratif *ce* (*parce que*) [cf. § 365, *b*, 2°, Hist.], — soit d'une forme verbale, surtout participe, d'abord prédicat d'un complément absolu (*vu que*).

Le degré de cohésion de ces diverses locutions est variable. Dans plus d'un cas, il reste possible de donner aux éléments constitutifs leur valeur habituelle (*en attendant que*, par ex.). — D'autre part, *comme si* peut être considéré comme la suite de deux conjonctions plutôt que comme une véritable locution.

N.B. — Distinguer *parce que*, locution conjonctive, et le syntagme *par ce que* (avec pronom démonstratif) :

Vous êtes mal jugé PARCE QUE *vous agissez sans réfléchir.* — *Si l'on en juge* PAR CE QUE *vous dites, le succès est certain.*

1026 **Tmèses.** — En principe, les locutions conjonctives n'admettent pas l'intercalation d'un ou de plusieurs mots dans l'assemblage qui les constitue. Cependant, *même* s'introduit assez souvent dans *sans que, avant que, alors que.* On trouve aussi dans la langue littéraire *lors même que, lors donc que, puis donc que.* Dans les autres cas, la coupure (qu'on appelle *tmèse*) est exceptionnelle.

Il lui arrivait, désormais, sans MÊME *que Tonton la battît, d'avoir de ces crises de larmes* (CARCO, *Rue Pigalle,* cit. Sandfeld, t. II, p. 419). — *Avant* MÊME *que sa vision pût se formuler en pensée, il reconnut que* [...] (YOURCENAR, *Œuvre au noir,* p. 178). — *Avant* MÊME *qu'Abéraud* [...] *ne donnât son avis, je me déclarai d'accord avec la position de Chavégnac* (PILHES, *Imprécateur,* p. 346). — *Mais alors* MÊME *qu'elle se laissait aller à la pente de sa mémoire, elle éprouva quelque chose qui ressemblait à une secousse* (J. GREEN, *Adrienne Mesurat,* p. 301). — *Cela ne se peut sans un double et douloureux travail intérieur, portant sur les mentalités et les sensibilités, alors* MÊME *que les obstacles dogmatiques seraient résolus* (J. GUITTON, *Christ écartelé,* p. 248).

Beaucoup, lors MÊME *qu'ils approuvaient l'entreprise, ne voulaient pas qu'elle fût autre chose qu'un concours* [...] (DE GAULLE, *Mém. de guerre,* t. I, p. 88). — *Les linguistes, lors* MÊME *qu'ils restent convaincus du caractère scientifique et désintéressé de leur entreprise, cèdent assez naturellement aux pressions d'ordres divers* [...] (A. MARTINET, Préf. de : H. Walter, *Enquête phonologique et variétés régionales du franç.*). — *Lors* DONC *qu'on prétend que ce joli conte est d'origine indienne, on entend que, seule, la tradition parlée l'a porté du Kachemir ou du Népâl au clerc Henri d'Andeli* (BÉDIER, *Fabliaux,* 5ᵉ éd., p. 204). — *Lors* DONC *que Murdoire* [...] *eut obtenu pour la première fois les faveurs de la servante, il recueillit sur sa palette l'essence de son plaisir* (AYMÉ, *Jument verte,* I). — *Puis* DONC *qu'il y avait peu de chances qu'il revînt à moi, c'était donc à moi d'aller à lui* (M. TOURNIER, *Météores,* p. 94).

Bien, DIT-ON, *qu'il nous ait nui* (BÉRANGER, *Souvenirs du peuple*). — *Oiseau qui saute avant* TOUT À FAIT *qu'il s'envole* (E. ROSTAND, *Cyr.,* IV, 8). — *Lors,* EN REVANCHE, *que l'on découvre une vérité subitement* (HERMANT, *Rival inconnu,* XIX). — *Pendant* DONC *que toute la troupe s'installait* (J. MARTET, *Azraël,* p. 55).

Parce que devient *par cela même que* dans cette phrase : *Mes parents déplorèrent avec M. Vinteuil·le mariage de Swann au nom de principes et de convenances auxquels* (PAR CELA MÊME QU'*ils les invoquaient en commun avec lui, en braves gens de même acabit) ils avaient l'air de sous-entendre qu'il n'était pas contrevenu à Montjouvain* (PROUST, *Rech.,* t. I, p. 149).

Hist. — Les tmèses étaient fréquentes au XVIIᵉ et au XVIIIᵉ s. : ⁺*Les hommes parlent de manière,* SUR CE QUI LES REGARDE, *qu'ils n'avouent d'eux-mêmes que de petits défauts* (LA BR., XI, 67). — ⁺*Puis* DONC, MON CHER POLICLÈS, *qu'à l'âge de 99 ans* [...] *j'ai assez vécu* (ID., *Car. de Théophr.*). — *Un autre qui est un j consonne, qu'on apelle un j à queuë parce* EN EFFET, *qu'il en a une* (RICHELET, 1706, s.v. *i*). — *Par ce,* DISOIENT-ILS, *que le Christianisme rend tous les hommes égaux* (MONTESQ., *L. pers.,* LXXV). [Texte des 1ʳᵉˢ éd. — Montesq. a corrigé en : ... *parce que, disoient-ils* ...] — *Lors,* PAR EXEMPLE, *qu'il y a partage entre les sentiments* (DIDEROT, *Neveu de Rameau,* p. 50).

Il est vrai que certaines conjonctions n'étaient pas agglutinées au XVIIᵉ s. : *J'estois sur le Balcon à travailler au frais :* / LORS QUE *je vis passer* [...] / *Un jeune homme bien fait* (MOL., *Éc. des f.,* II, 5). — Pour *quoi que,* voir § 1092, *c,* 2°, Hist.

1027 **Répétition des conjonctions de subordination.**

a) Lorsque l'on coordonne, non deux propositions complètes, mais deux éléments à l'intérieur d'une proposition, la conjonction n'est pas répétée d'ordinaire :

Elle passa dans la chambre de Jacques s'assurer QUE *celui-ci dormait et ne s'était pas découvert* (SIMENON, *Vérité sur Bébé Donge*, p. 183). — *Il se leva* QUAND *Pierre et Jeanne entrèrent.*

Cependant, *que* introduisant une proposition corrélative averbale et *comme* introduisant une proposition comparative averbale se répètent souvent : *Julie est aussi grande* QUE *Jeanne et* QUE *Marthe* (ou ... QUE *Jeanne et Marthe*). — *André est médecin* COMME *son frère et* COMME *son père* (ou ... COMME *son frère et son père*).

Quand les deux éléments coordonnés se trouvent en tête de la proposition, il arrive que la langue littéraire répète la conjonction devant chacun d'eux : *Je crus* QU'*un être ou* QU'*une force invisible l'attirait doucement au fond de l'eau* (MAUPASS., *C.*, Sur l'eau). — *Si cette religion,* SI *cette culture,* SI *cette échelle de valeurs,* SI *cette forme d'activité et non telles autres, favorisent dans l'homme cette plénitude* (SAINT EXUPÉRY, *Terre des hommes*, p. 190). — QUAND *les Italiens avec Croce,* QUAND *les Anglo-Saxons avec Bradley et Bosanquet connaissaient un réveil du hégélianisme, l'Université française faisait bonne garde* (SARTRE, *Situations*, t. VII, p. 132). — *De là son acharnement* [...] *à vouloir* QUE *Mme Guyon,* QUE *Fénelon soient coupables non seulement d'erreurs et d'hérésie, mais encore de mauvaises mœurs* (MALLET-JORIS, *Jeanne Guyon*, p. 277).

b) Coordination de deux propositions complètes.

1° *Si* de l'interrogation indirecte et *que* se répètent nécessairement :

[...] *sans bien savoir s'il était secouru ou* SI *au contraire il portait secours* (YOURCENAR, *Œuvre au noir*, p. 322). — *On dit* [...] QUE *le climat progressivement s'y assèche, et* QUE *les rares taches de végétation d'année en année s'y amenuisent d'elles-mêmes* (GRACQ, *Rivage des Syrtes*, p. 10).

2° Les autres conjonctions peuvent, ou bien être répétées (surtout si les propositions sont nettement distinctes), ou bien être reprises par *que*, ou bien, plus rarement, n'être ni répétées ni reprises par *que*.

— La conjonction est répétée : SI *j'étais toujours professeur et* SI *je siégeais dans un jury, les ignorances ne me surprendraient pas* (GAXOTTE, *Les autres et moi*, p. 141). — *Nous ne pourrons plus nous voir sans rougir tous les deux,* SANS QUE *je me sente mourir de honte et* SANS QUE *tes yeux ne fassent baisser les miens* (MAUPASS., *Pierre et Jean*, VII).

— La conjonction est reprise par *que* : *Comme le maître était absent et* QU'*ils se trouvaient nombreux, ils mangeaient et ils buvaient en pleine liberté* (FLAUB., *Sal.*, I). — *Lorsqu'il faisait noir,* QUE *les chiens de la ferme voisine commençaient à hurler et* QUE *le carreau de notre petite cuisine s'illuminait, je rentrais enfin* (ALAIN-FOURNIER, *Gr. Meaulnes*, I, 2). — *Même quand la pluie faisait rage et* QUE *Françoise avait précipitamment rentré les précieux fauteuils d'osier* (PROUST, *Rech.*, t. I, p. 11). — *Comme si vous bandiez un arc et* QUE *soudain vous ayez lâché votre corde* (BUTOR, *Modification*, p. 223).

Plus rarement quand la coordination est implicite : *Lorsque la bise souffle sur les champs,* QUE *les bois perdent leurs dernières feuilles* (CHAT., *Génie*, I, V, 7). — *Cela se supporte* [...] *à la Sainte-Chapelle parce qu'elle est minuscule,* QU'*elle est un oratoire* (HUYSMANS, *Cathédrale*, p. 406).

Parfois même quand la locution conjonctive a *où* comme dernier élément : *Au moment où il ouvrit la porte et* QUE *le pêne grinçait, il s'excusa du délabrement de cette « baraque »* (REZVANI, *Canard du doute*, pp. 71-72).

— La conjonction n'est ni répétée ni reprise : SI *je les soutiens toujours et je les soutiens trop* (PÉGUY, *Mystère des saints Innocents*, p. 63). — [...] *en une longue plainte, comme celle du vent lui-même,* QUAND *il s'engage entre deux poutres ou il souffle au trou d'un mur* (RAMUZ, *Règne de l'esprit malin,* II, 2). — SI *vous aviez eu deux nez et je vous en aurais arraché un... combien vous en resterait-il maintenant ?* (IONESCO, *Leçon,* p. 70.)

Cet ex. est étrange, vu l'inversion du pronom personnel dans la deuxième proposition : QUOIQU'*il fût vieux et semblât-il, par la tenue, un personnage de comédie, on voyait* [...] (BARBEY D'AUR., *Diabol.,* Pl., p. 185).

Hist. — Dans l'ancienne langue, il était fréquent que la conjonction ne fût ni répétée (même *que*) ni reprise par *que* : SE *vos peres fait demain cerquier* [= littéral., chercher] *ceste forest et on me trouve* [...], *on m'ocira* (*Aucassin et Nic.,* XXV). — *Je vos pri* [...] */* [...] */* QUE *vous l'amoiz* [= aimiez] *et tenez chiere* [= chère] (CHRÉT. DE TR., *Erec,* 2723, éd. R.). — Encore au XVIIe s. : [+]*Si quelqu'un pour se revancher en votre endroit a fait ce qui lui est possible, mais votre bonne fortune l'en a gardé, vous n'avez point eu de sujet d'éprouver un ami* (MALHERBE, t. II, p. 230). — [+]*Et s'il* [= l'homme] *ne s'abaisse à cela et veuille toujours être tendu, il n'en sera que plus sot* (PASCAL, *Pens.,* 140).

Remarques. — 1. *Comme si* est parfois repris par *si* seul :

Il fallait, sans cesse, que je répète mes questions, comme si elle ne les comprenait plus, SI *chacune faisait le vide devant elle* (J. BOREL, *Dépossession,* p. 308). — *Comme si, aujourd'hui, porno et violence devenaient la pitance habituelle du grand public et* s'*il fallait se cacher pour contempler la beauté* (P. GUTH, *Notre drôle d'époque comme si vous y étiez,* p. 56).

2. Lorsqu'on coordonne un syntagme introduit par une préposition ou une locution prépositive et une proposition (cf. § 256, *b*) introduite par une locution ayant comme premier élément cette préposition ou la première partie de cette locution prépositive, cet élément commun peut ne pas être répété (littéraire) :

Il retrouvait de la force POUR *la soulever précautionneusement, et* QU'*elle souffrît moins* (LA VARENDE, *Centaure de Dieu,* p. 297). — APRÈS *avoir frappé et* QU'*elle fut venue m'ouvrir* [...], *j'entrai dans la chambre* (LÉAUTAUD, *Petit ami,* III). — *Je cachais la lettre sous mon habit,* DE PEUR DE *rencontrer quelqu'un sur l'escalier, et* QU'*une correspondance si fréquente ne parût suspecte à ma mère* (LAMART., *Raphaël,* LI).

c) La conjonction est parfois répétée par redondance (§ 366, *a*) quand un élément assez long s'interpose entre elle et le sujet :

SI, *par la suite, beaucoup plus tard, dans le grand débat intérieur que j'ai dû soutenir et qu'il me faudra sans doute raconter,* SI *donc, mis sans cesse en demeure de choisir entre les doctrines de force et les vertus de persuasion,* SI *j'ai pu conserver une position raisonnable, je le dois tant à ma nature que, sans doute, aux enseignements d'un honnête maître d'école* (G. DUHAMEL, *Notaire du Havre,* V).

Hist. — Cette répétition était d'une grande fréquence au moyen âge, notamment pour *que* : *Avoit esté deliberé* [...] QUE, *quant ilz orroient* [= entendraient] *tirer ung coup de bombarde et deux grosses serpentines, incontinent aprés,* QU'*ilz assaillissent hardiement* (COMMYNES, t. I, p. 153). — Encore au XVIIe s. : [+]*Je lui dis* QUE *quand il voudrait écrire* QU'*il m'envoyât ses lettres* (MALHERBE, cit. Haase, § 136, B). — Les grammairiens du temps se sont élevés contre cet usage.

1028   **Observations sur *que.***

a) Que est la conjonction de subordination par excellence.

1° Elle est la conjonction ordinaire pour les propositions conjonctives essentielles (§ 1069, *a*), pour les propositions corrélatives (§ 1075).

Le titre d'un chapitre commence parfois par *que*. Il faut sous-entendre une formule comme « Nous allons montrer » : QUE *la religion, en France, n'est aux yeux de la loi qu'une chose qu'on administre* (LAMENNAIS, *De la religion*, IV).

2° Elle s'emploie aussi, surtout dans la langue familière, à la place de diverses autres conjonctions ou locutions conjonctives :

Tout s'était envolé QUE *les Français tiraient toujours* (BARRÈS, *Union sacrée*, p. 216) [comp. § 1067]. — *Comme elle dort,* QU'*il faut l'appeler si longtemps !* (HUGO, *Lég.*, t. IV, p. 155.) — *Donne-moi ta main,* QUE *je la serre* (ID., *R. Blas*, I, 3). — *Les commandes pleuvaient à l'abbaye* QUE *c'était une bénédiction* (A. DAUDET, *Lettres de m. m.*, p. 257). — Ces emplois sont particulièrement fréquents dans le Midi, où *que* équivaut notamment à *car* du franç. commun : °*Je ne peux pas courir,* QUE *je suis trop vieux.* — Parfois, la valeur du *que* n'est pas facile à expliciter : *Que viens-tu faire ici ?... / — Je viens... Ah ! ne m'en parlez pas,* QUE *je ne puis plus me tenir sur mes jambes...* (A. DAUDET, *op. cit.*, p. 131.)

Dans le type suivant, on a plutôt une sous-phrase qu'une proposition (§ 865, *b*) : QUE *Brigitte meure demain, tu pleureras sur son cercueil* (MUSSET, *Conf.*, V, 6).

Hist. — En anc. fr., *que* avait des emplois variés : *Carles se dort,* QU'['= si bien qu'] *il ne s'esveillet mie* (*Rol.*, 724). — *Prist l'olifan,* QUE [= afin que] *reproce n'en ait* (*ib.*, 2263). — *Ne l'osai ferir ne tochier, / Mes nus nel me doit reprochier* [= Mais nul ne doit me le reprocher], / QUE [= car] *ge toz desarmez estoie* (CHRÉT. DE TR., *Erec*, 239, éd. R.).

3° *Que* remplace dans la coordination, n'importe quelle autre conjonction : voir § 1027, *b*, 2°.

Il est parfois employé abusivement pour reprendre autre chose que des conjonctions de subordination :

— La conjonction de coordination *car* (cf. § 259, *b*, 2°).

— L'adverbe *pourquoi* dans des interrogations indirectes coordonnées : *Voilà* POURQUOI [...], *avant de partager avec lui ce souper amer et suprême, elles pensèrent à lui offrir le leur et* QU'*elles en firent un chef-d'œuvre* (BARBEY D'AUR., *Diabol.*, Pl., p. 62). — *C'est* POURQUOI, *dans les crèches de Bahia, le bœuf et l'âne sont souvent, l'âne un dromadaire, et le bœuf, un taureau zébu et* QU'*un cortège d'animaux domestiques les entourent* (CENDRARS, *Trop, c'est trop*, cit. Georgin, *Jeux de mots*, p. 91). — [⁺*C'est* POURQUOI *il a souffert et est mort pour sanctifier la mort et les souffrances, et* QUE, *comme Dieu et comme homme, il a été tout ce qu'il y a de grand et tout ce qu'il y a d'abject* (PASCAL, cit. Littré, s.v. *que*², 17°). — Aussi avec *pourquoi* dans l'interrog. directe : § 259, *b*, 2°, Hist.]

4° La langue populaire tend à introduire un *que* explétif après les conjonctions *quand, comme, si*, etc. :

Quand même QUE *je ferais n'importe quoi, je m'arrête de le faire* (PÉGUY, *Myst. de la charité de J. d'Arc*, p. 17). — Ex. plus surprenant : *La renommée de La Joconde égalait sa beauté, si même* QU'*elle n'était pas en dessous* (APOLLIN., *Chron. d'art*, 24 août 1911).

Hist. — Cette tendance est ancienne. On trouvait même *que* après un pronom relatif : *Elles le donnent a qui* QU'*elles veulent* (MANDEVILLE, *Voyages*, p. 330).

Sur *que* s'introduisant entre des sous-phrases coordonnées sans conjonction de coordination, voir § 1067 (*Oui,* QUE *je le sais* ; etc.).

b) Sur *que* « si ce n'est, sinon » après une négation (*Il ne trouva personne* QUE *M. Binet*), cf. § 979, *a*. — De là, *ne ... que* (§ 978).

c) Dans certaines constructions, on devrait avoir deux *que* successifs, l'un qui fait partie de la proposition, l'autre qui est soit un terme corrélatif (cf. § 1075), soit le *que* accompagnant le sujet redondant et postposé dont *ce* tient la place devant le verbe (§ 675, *c*), soit le *que* faisant partie de la locution négative *ne ... que* (§ 978). Par haplologie, ces deux *que* se réduisent à un seul :

> *Périsse le dernier rejeton de notre maison plutôt* QU'*une tache soit faite à son honneur !* (MÉRIMÉE, *Âmes du purgatoire*, Pl., p. 355.) — *Je souffre trop d'avoir suivi vos mauvais conseils pour désirer autre chose* QUE *le Ciel juge bon de vous punir* (J. GREEN, *Mont-Cinère*, XXXVII). — *Je puis avoir des illusions. Je ne demanderais pas mieux* QU'*on m'en dépouille* (BERNANOS, *Dialogues des carmélites*, II, 1). — *C'est une dure loi* [...] / *Qu'il nous faut du malheur recevoir le baptême* (MUSSET, *Poés. nouv.*, Nuit d'oct.). — *Il ne manquait plus* QU'*elle vous vît arriver !* (DUMAS fils, *Diane de Lys*, II, 6.) — *Tolstoï ne sait dire d'Anna Karénine* QU'*elle a de belles épaules* (J. ROY, *Saison des za*, p. 67) [ambigu].

> Le *que* corrélatif est parfois remplacé par *si* (langue littéraire) : *Il vaut mieux tuer le diable que* SI *le diable nous tue* (prov. cité dans Stendhal, *Chartr.*, VI). — *Je me veux voir pendre* / *Plutôt que* SI *ma main de sa nuque approchait* (MUSSET, *Prem. poés.*, Marrons du feu, V). — *Il vaut mieux que ton mari fasse des choses grandes et puissantes sous la protection de l'Indien, que* SI, *par exemple, il s'en allait à la guerre* (GOBINEAU, *Nouvelles asiatiques*, p. 109). — *J'aimerais mieux la tuer que* SI *on devait lui donner des coups de pied* (TOULET, *Mon amie Nane*, VI). — *J'aime mieux mourir que* SI *vous deviez y mourir* (L. FOULET, Glossaire de la 1re contin. de *Perceval*, p. 12).

> **Hist.** — La présence de deux *que* a toujours été exceptionnelle : *Ils estimoient estre plus expedient* [...] *que leurs officiers et magistrats eussent en reverence les ceremonies du service des dieux,* QUE QU'*ils vainquissent en bataille leurs ennemis* (AMYOT, *Marcell.*, 2). — Généralement on n'en exprimait qu'un seul : *J'aimerois mieux souffrir la peine la plus dure,* / *Qu'il eût receu pour moy la moindre égratignûre* (MOL., *Tart.*, III, 6). — En anc. fr., on pouvait même n'avoir aucun des deux *que* : *Mius aim morir vos i morez* (voir la trad. de Foulet ci-dessus). — On se servait aussi de *que ce que* (cf. § 365, *b*, Hist.) : *Il amoit mieux mourir bons crestiens* QUE CE QUE *il vesquist ou* [= dans le] *courrous Dieu et sa Mere* (JOINVILLE, § 363). — Une autre solution encore était *que non pas que* : ⁺*Ils jugent plus sûr que Dieu approuve ceux qu'il remplit de son Esprit,* QUE NON PAS QU'*il faille observer la loi* (PASCAL, *Pens.*, 672). — Littré donne encore du proverbe cité par Stendhal (voir ci-dessus) la forme suivante : *Il vaut mieux tuer le diable* QUE NON PAS QUE *le diable vous tue* (s.v. *diable*, 23°).

d) Dans certains emplois, *que* a plutôt un rôle d'introducteur qu'un rôle de conjonction : voir § 1044, *e*, 1°.

CHAPITRE IX

LA CONJONCTION DE COORDINATION

1029   La **conjonction de coordination** est un mot invariable chargé d'unir des éléments de même statut, — soit des phrases ou des sous-phrases, — soit, à l'intérieur d'une phrase, des éléments de même fonction.

Ces éléments peuvent être de natures différentes : § 256. — Sur d'autres asymétries, voir § 257.

La présence d'une conjonction n'est pas indispensable pour qu'il y ait coordination. Celle-ci peut être implicite : § 253.

1030   **Caractéristiques des conjonctions de coordination.**

a) Elles se placent entre les éléments qu'elles sont chargées d'unir, ou parfois devant chacun de ces éléments (ou plusieurs d'entre eux). Cf. § 1033.

b) Elles n'ont pas de fonction à l'intérieur de la phrase ou de la proposition. Elles sont de purs liens.

c) Elles ne peuvent se combiner : **et ou, *et mais, *ou mais,* etc.

Remarques. — 1. Dans l'expression moderne *et/ou,* les deux conjonctions ne sont pas combinées, comme l'indique la barre oblique (§ 135) qui les sépare. Chacune d'elles a sa fonction normale, mais par économie, on réunit en une seule deux coordinations distinctes : il y a en même temps possibilité d'addition et de choix.

Il y a pause après « Camille » ET/OU *intonation démarcative sur « enfant »* (M. DESSAINTES, dans *Mélanges Grevisse,* 1966, p. 73). — *La définition du monème relève tour à tour d'une combinatoire sémique* ET/OU *d'une combinatoire formelle* (Jean DUBOIS, *Gramm. structurale du fr.,* La phrase et les transformations, p. 9). — *D'autres* [êtres] *sont nés plus tard, dans le même groupe* ET/OU *dans d'autres groupes d'hominiens* (J. FOURASTIÉ, *Long chemin des hommes,* p. 37). — Autres ex. : H. BONNARD, dans *Grand Lar. langue,* p. 211 ; G. MOUNIN, cité au § 135.

Cette expression n'appartient qu'à la langue écrite, technique et non littéraire. C'est un calque de l'anglais AND/OR, et il faut reconnaître que le procédé est assez commode. J. Pohl (dans *Langue et administration*, févr. 1969, p. 263) et P. Agron (dans *Vie et langage*, juin 1969, p. 332) ont proposé de recourir plutôt à la conjonction latine *vel*, que les logiciens emploient déjà avec cette valeur et qui, en latin, équivalait tantôt à *et*, tantôt à *ou*.

2. Dans °*et ni*, il y a bien combinaison et superfétation. C'est une invention des poètes symbolistes ; son succès dans une certaine langue littéraire est surprenant.

Il y a plusieurs *ni, et* accompagne le dernier : *Rien, ni les vieux jardins reflétés par les yeux / Ne retiendra ce cœur* [...] */* [...] *ni la clarté déserte de ma lampe /* [...] */ ET NI la jeune femme allaitant son enfant* (MALLARMÉ, *Poés.*, Brise marine). — *Je n'irai pas vers vos chênes / Ni le long de vos bouleaux et de vos frênes / ET NI vers vos soleils, vos villes et vos eaux* (H. de RÉGNIER, cit. Nyrop, t. VI, § 145, Rem.). — *Ni Moscou, ni Washington, ni Madrid, ni Berne ET NI Budapest ne me choient* (IONESCO, dans le *Figaro*, 24 août 1974).

Il y a plus de deux *ni, et* accompagne les derniers : *Pas votre squelette — ni votre foie* [...] *ET NI votre air bête ET NI ces yeux tard venus* (VALÉRY, *M. Teste*, p. 118). — *Ni le bouquet de la forêt la plus épaisse /* [...]. */ ET NI la claire-voie. ET NI le pont rustique /* [...] */ ne sont un sûr asile aux pauvres joies humaines* (JAMMES, *Clairières dans le ciel*, pp. 119-120).

Il y a un seul *ni*, et il est accompagné de *et : Ce n'était pas à la porte du quartier* [...] *ET NI au Palais de notre Justice* (PÉGUY, *Esprit de système*, p. 300). — [...] *auquel il ne pouvait échapper sans défaillance ET NI sans encourir le blâme d'autrui* (GIDE, *Journal*, t. I, p. 775). — *Je ne connaissais pas les écoles modernes ET NI même leurs écoliers* (G. DUHAMEL, *Biographie de mes fantômes*, p. 41). [Le tour est fréquent chez Duhamel.] — *Ni le jeune Désir, ni la Raison qui ruse, / Ni la Chimère ainsi qu'un cheval ébloui, / Ne m'ont été loyaux et sûrs ! tout m'a trahi ! / ET NI mon lâche cœur ne m'a servi d'excuse* (CLAUDEL, *Vers d'exil*, VII) [*et ni* réunit deux phrases ; il est indépendant des *ni* qui précèdent].

Et n'est pas superfétatoire quand il y a deux coordinations distinctes (*et ni* est alors plus facile à justifier) : *J'en profite mal ET NI ne travaille, ni me repose vraiment* (GIDE, *Journal*, 11 nov. 1915). [= J'en profite mal ‖ et ‖ je ne travaille ni ne me repose.] — Voir aussi l'ex. de Gide cité au § 259, *b*, 2°.

Hist. — Diderot a employé °*mais ni* : *Tu n'aurois jamais fait* Mahomet ; MAIS NI *l'eloge de Maupeoux* (*Neveu de Rameau*, p. 15).

1031   Liste des conjonctions de coordination.

a) Conjonctions de coordination proprement dites : *Et, ni, ou, mais, car, or*.

Les deux dernières ne servent qu'à unir des phrases ou des sous-phrases. Les quatre autres peuvent en outre unir des éléments de phrases : propositions, syntagmes, mots, — et même des parties de mots (cf. § 255).

b) Conjonctions ou locutions conjonctives occasionnelles (qui ont aussi d'autres valeurs) : *Voire* (§ 1042) ; *c'est-à-dire* [1] et ses synonymes *soit* (§ 1041, *a*) et *savoir* ou *à savoir* (§ 1040) ; la formule alternative *soit ... soit ...* (§ 1041, *b*).

---

1. Cette formule a pu se placer après le terme qu'aujourd'hui elle introduit : *Voici une dame compromise par vous. / — Par nous, C'EST-À-DIRE, s'écria d'Artagnan* (Al. DUMAS, *Tr. mousq.*, IV).

Un stage de quelques mois, VOIRE *de quelques années (Dict. contemp.).* — *Il m'a prêté l'argent dont j'avais besoin,* SOIT (ou C'EST-À-DIRE, ou SAVOIR) *dix mille francs.* — *J'irai en vacances,* SOIT *en Suisse,* SOIT *en Savoie.*

Au lieu de *c'est-à-dire,* certains reprennent la formule latine *id est,* parfois abrégée en *i.e.* : [...] *un matériau brut qu'il s'agit de rendre signifiant,* id est *lui faire traverser toutes les étapes qui séparent un « avant-projet » de sa réalisation* (R.-L. WAGNER, dans le *Bulletin de l'Acad. royale de langue et de litt. fr.* [de Belgique], 1977, p. 401). — [...] *probabilité d'être démonstratives,* i.e. *de pouvoir, effectivement, commuter* (D. FRANÇOIS, *Franç. parlé,* p. 47). [Peut-être y a-t-il, dans les ex. d'aujourd'hui, imitation de l'anglais, mais *id est* a été jadis tiré directement du latin : voir, notamment, SCARRON, *Poés. div.,* t. I, p. 324.]

Remarque. — Nous avons expliqué au § 921 pourquoi nous rangeons des mots comme *donc, pourtant, partant,* etc. parmi les adverbes plutôt que parmi les conjonctions de coordination. — Nous avons noté aussi qu'il y a des mots ou des locutions pour lesquels on peut hésiter davantage, parce qu'ils ont plusieurs des caractères (cf. § 1030) des conjonctions de coordination : notamment, *puis, aussi* (marquant la conséquence), *seulement* (marquant l'opposition), *tantôt ... tantôt ...,* *bref, alias.* — Nous avons signalé, de plus (§ 921, *b,* Rem.), que des syntagmes formés d'une préposition et de *quoi* ou de *où* ont un rôle qui se rapproche de celui des conjonctions de coordination.

On met aussi parfois *c'est pourquoi* parmi les locutions conjonctives de coordination, mais cette expression 1° n'est pas vraiment figée (comp. *c'est en quoi, c'est de quoi,* etc.) ; — 2° peut être précédée de *et* : *J'ai vu nombre de malheureux s'épuiser à des besognes stériles,* ET *c'est pourquoi je demande pour mes contemporains* [...] *une vie d'ordre et d'effort fécond* (G. DUHAMEL, cit. Robert, s.v. *arrière-neveu*). — Pourtant, *c'est pourquoi* est parfois suivi d'un impératif : cf. § 862, Rem. 5.

Les conjonctions de subordination *comme, ainsi que,* etc., et la préposition *avec* ont aussi des emplois proches de la coordination : cf. § 253, *a.*

Hist. — *Si* (parfois *se*), du latin *sic,* dont d'autres valeurs sont données aux §§ 957 et 1052, servait d'équivalent à *et* dans l'ancienne langue, jusqu'au XVIe s., rarement au XVIIe : *A mon vray Dieu* [...] / *Pseaumes feray tant que j'auray essence.* / SI *le supply qu'en propoz et en son,* / *Luy soit plaisante et doulce ma chanson* (MAROT, *Psaumes,* p. 192). — *Il se vid, aprés maints beaux exploits,* / *Fait chevalier en grand' ceremonie.* / [...] / SI *s'en revient tout fier en son Village* (LA F., *C.,* Mary confesseur). — Mais c'était plutôt un adverbe qu'une conjonction de coordination. Il se joignait souvent à *et* : *Helas ! je sçay,* ET SI *l'ay tousjours sceu* / *Qu'iniquité print* [= prit] *avec moy naiscence* (MAROT, *op. cit.,* p. 172). — +*On mangea* / *Tout ce qui fut mis sur la table,* / ET SI *but-on au préalable* (SCARRON, *Virg.,* cit. Haase, § 141, D). — Au XIXe s., cela paraît être un trait régional : *Il* [= l'animal populaire] *marchera en aveugle, emporté par son élan involontaire,* ET SI *écrasera de sa masse tout ce qu'il rencontrera sous les pieds* (TAINE, *Orig. de la Fr. contemp.,* t. V, p. 245).

Si, et si marquent surtout, au XVIIe et au XVIIIe s., l'opposition, comme *pourtant ;* quand *si* était en tête de la phrase, cela entraînait souvent l'inversion du pronom personnel sujet, de *ce* et de *on ;* on se servait aussi de la périphrase *si est-ce que.*

+*Vous avez beau faire ;* SI *faut-il ou croire, ou nier, ou douter* (PASCAL, *Pens.,* 249, Pl.). — *J'ay la teste plus grosse que le poing,* ET SI *elle n'est pas enflée* (MOL., *Bourg. gent.,* III, 5). — +*Cette bonne d'Escars était bien colère contre la douane : il en coûte près de cent francs !* ET SI, *elle a sur la conscience d'avoir fraudé la gabelle de plus de la moitié* (SÉV., 11 sept. 1676). — +*Ulysse, vous avez refusé l'immortalité pour revoir votre femme,* ET SI *avait-elle quarante bonnes années* (MONTESQ., *Mes pensées,* Pl., p. 1033). — *Je dîne dans votre voisinage,* ET SI, *je n'aurai pas le plaisir de vous voir* (DIDEROT, *Corresp.,* t. VIII, p. 168).

*Vous voyez que je ne suis plus dévote. Hélas ! j'aurais bien besoin des matines et de la solitude de Livry. SI EST-CE QUE je vous donnerai ces deux livres de la Fontaine, quand vous devriez être en colère (SÉV., 30 mars 1671).

L'Acad. enregistrait encore si, et si « pourtant » en 1878 ; mais, dès 1718, elle émettait des réserves sur leur vitalité. Les ex. suivants ressortissent, le premier à l'archaïsme, les autres au régionalisme : Peu s'en est fallu qu'il ne me fendît le moule du bonnet jusqu'au menton, ET SI n'avait-il qu'une épée de théâtre, émoussée et mornée, dont bien me prit (Th. GAUTIER, Cap. Fracasse, XIV). — Les chemins [...] n'avaient rien de bon. ET SI, François talonnait la jument et allait vite (SAND, Fr. le champi, VIII). — [...] rapportant ses quatre petits papiers fins qui valaient gros, et ne faisaient SI, pas plus de bruit dans sa poche qu'une miette de pain dans un bonnet (ib., XXII).

Ces formules faisaient souvent double emploi avec des adverbes comme pourtant : Moron. Non ! il n'en fera rien [...]. / La Princesse. SI faut-il POURTANT tenter toute chose (MOL., Princ. d'Élide, III, 5). — *Vous ne le comprenez pas, dites-vous ; SI est-ce NÉANMOINS qu'il le faut croire (BOSS., Œuvr. orat., t. III, p. 185). — Encore chez G. Sand : Vous faites comme si vous ne m'entendiez pas, madame Blanchet, ramena le fermier, ET SI POURTANT la chose est claire (op. cit., IX).

1032   Conjonction de coordination et ponctuation.

a) Sur l'emploi de la **virgule**, voir § 124.

b) Des esprits logiciens [2] considèrent comme une faute le fait de mettre une conjonction de coordination après un **point**. L'usage, notamment celui de Léautaud, ne tient aucun compte de cette interdiction, même après un alinéa. Il arrive d'ailleurs que le lien soit établi, non avec la phrase qui précède immédiatement, mais avec un ensemble comprenant plusieurs phrases.

« C'est une grange... », avait-il répété, dédaignant toute réponse. ET ils étaient enfin montés dans la voiture (MALRAUX, Antimémoires, p. 31). — Nous verrons ce que cela durera. ET naturellement, je n'en vois jamais la fin (LÉAUTAUD, Amours, p. 27). — Nous nous y étions même assis, si je ne me trompe. MAIS je ne savais pas, je n'y pensai pas (ib., p. 39). — C'est la Littérature qui est ironie, le langage constituant ici l'expérience profonde. OU plutôt, la Littérature est ramenée ouvertement à une problématique du langage (BARTHES, Degré zéro de l'écriture, II, 5). — Demandez et l'on vous donnera ; cherchez et vous trouverez ; frappez et l'on vous ouvrira. CAR quiconque demande reçoit ; qui cherche trouve ; et à qui frappe on ouvrira (Bible de Jérus., Matth., VII, 7-8).

Et au début d'un alinéa : HUGO, Misér., II, VIII, 6 ; VIGNY, Serv. et gr. mil., VI (début du chapitre) ; TAINE, Voy. aux Pyrénées, 1910, p. 74 ; LITTRÉ, Hist. de la langue fr., t. II, p. 3 ; J. RENARD, Lanterne sourde, Pl., p. 585 ; MONTHERLANT, Service inutile, Pl., p. 648. — Mais au début d'un alinéa : Code civil, art. 1796 ; FLAUB., Sal., VII ; A. FRANCE, Orme du mail, VII (aussi et) ; BERGSON, Énergie spirituelle, p. 198 ; BRUNOT, Pensée, p. IX ; DE GAULLE, Trois études, p. 156 ; AC., Préf. ; etc.

Or est presque toujours précédé d'une ponctuation forte : Il m'eût fallu tout d'abord prendre conscience du péril qu'elle courait. OR, je n'ai jamais supposé qu'elle pût perdre ou eût déjà perdu la faveur de cet instinct de conservation (A. BRETON, Nadja, pp. 167-168).

---

2. « Mais au commencement d'une phrase, grande faute. [...] Pas de phrases commençant par Et, à moins de certains cas, par exemple la reproduction de conversations. » (Léautaud, dans le Mercure de Fr., nov. 1955, p. 386.)

Remarque. — Il arrive même qu'un texte ou un dialogue (ou une réplique) commence par une conjonction de coordination, surtout *et, mais*. La coordination peut être considérée comme se faisant d'une manière assez lâche avec une phrase implicite (ou avec ce que vient de dire l'interlocuteur) :

ET *l'unique cordeau des trompettes marines* (APOLLIN., *Alcools*, Chantre [poème constitué de cet unique vers]). — *Est-il parti ?* — MAIS *oui.* — *Tout à coup le vieux se dresse sur son fauteuil :* « MAIS *j'y pense, Mamette... Il n'a peut-être pas déjeuné !* » (A. DAUDET, *Lettres de m. m.*, Vieux.)

Dans des emplois de ce genre, *mais, et* tendent à perdre leur rôle de coordinateurs, pour devenir des introducteurs, *et* marquant par ex. l'étonnement, *mais* renforçant notamment l'exclamation : ET *toi aussi mon fils !* (AC.) — ET *ainsi, vous osez me dire...* (AC.). — MAIS *quelle belle soirée !*

Pour le cas particulier de la phrase interrogative, voir § 381, Rem. 4.

Hist. — *Et* servait souvent en anc. fr. à introduire une réponse : *Va, se li di* [= et dis-lui] */ que je t'ai anvoié a li.* / — ET *je m'an vois* [= vais] (CHRÉT. DE TR., *Érec*, 1059, éd. R.). — Dans une interrogation, voir § 381, Rem. 4, Hist. — *Car* renforçant un impératif, § 920, *f*, Hist., 2.

1033   Répétition de la conjonction de coordination.

a) Et et *ou* (*ou bien*), dans l'usage ordinaire, ne se placent que devant le dernier terme de la coordination :

Il était accompagné de sa sœur ET *de sa mère. Il était accompagné de sa sœur, de sa mère* ET *de sa tante.* — *Quand la France aura fait entendre sa voix souveraine,* [...] *il faudra se soumettre* OU *se démettre* (GAMBETTA, cit. Dupré, *Encycl. des citations*).

Ils peuvent cependant se placer, pour l'énergie ou le relief de l'expression, devant chacun des termes, quel que soit leur nombre, — ou devant chacun des termes à l'exception du premier, s'il y en a plus de deux :

ET *les palais antiques,* / ET *les graves portiques,* / ET *les blancs escaliers* / [...], / ET *les ponts,* ET *les rues,* / ET *les mornes statues,* / ET *le golfe mouvant* / [...], / *Tout se tait* (MUSSET, *Prem. poés.*, Venise). — *Mes meilleurs amis n'en* [= de ses souvenirs] *auront point connaissance, car je veux conserver la liberté de peindre sans flatterie* ET *moi* ET *eux-mêmes* (TOCQUEVILLE, *Souvenirs*, p. 38) [le premier *et* permet de résoudre la difficulté signalée au § 261, *b*, 1°]. — OU *vous acceptez,* OU BIEN *je m'en vais faire cette proposition à un autre* (*Dict. contemp.*).

La terre était belle, ET *riche,* ET *féconde* (LAMENNAIS, *Paroles d'un croyant*, III). — *Voyez le ciel* ET *les champs,* ET *les arbres,* ET *les paysans surtout dans ce qu'ils ont de bon et de vrai* (SAND, *Mare au d.*, Notice). — *Je me mis à lire avec démesure les grands romans classiques* ET *Gide* ET *Malraux* ET *les premières traductions de Kafka et de Faulkner* (Fr. CHÂTELET, *Chronique des idées perdues*, p. 30). — Pour la ponctuation, voir § 124, *c*.

Les écrivains, et surtout les poètes, mêlent parfois librement la coordination explicite et la coordination implicite : *Ils ont nom Valençay, Saint-Aignan,* ET *Langeais,* / *Chenonceaux* ET *Chambord, Azay, Le Lude, Amboise* (PÉGUY, *Morceaux choisis, Poésie*, Châteaux de Loire).

b) Ni. — 1° Quand *ni* joint des sous-phrases, il est répété en tête de chacune d'elles, chaque verbe étant accompagné de la négation simple *ne* [3] :

NI *l'Allemagne ne triomphera de nous,* NI *nous ne triompherons de l'Allemagne* (GIDE, *Journal,* 3 mai 1917). — NI *le compromis ne me paraît justifié,* NI *l'acceptation pure et simple ne me paraît nécessaire* (*Dict. contemp.*).

C'est un tour de la langue écrite soignée. Ordinairement, on recourt plutôt à *et* : *Le compromis ne me paraît pas justifié,* ET *l'acceptation pure et simple ne me paraît pas nécessaire.* Cf. § 1034, *c,* 1°.

2° Quand *ni* coordonne des verbes (ou des prédicats), le premier de ceux-ci ordinairement n'est pas précédé de *ni* :

Je ne veux, NI *ne dois,* NI *ne puis obéir* (LITTRÉ). — *Il ne boit* NI *ne mange* (AC.). — *Je ne rassasie Jacques* NI *ne l'excite* (GIRAUDOUX, *Combat avec l'ange,* VII). — *On ne va pas changer* [...] *sa vie et ses goûts pour le plaisir de peindre les gens qu'on n'aime par vocation* NI *ne hante par habitude* (THÉRIVE, *Essai sur Abel Hermant,* p. 26).

De même, quand le premier verbe a la négation complète : *Elle ne se leva pas ce jour-là,* NI *ne fit sa toilette* (Fr. MAURIAC, *Th. Desqueyroux,* XI).

Toutefois il n'est pas incorrect de mettre *ni* après le sujet si celui-ci est autre chose qu'un pronom personnel conjoint, que *ce* ou que *on* :

Cela NI *ne nous surprend* NI *ne nous gêne* (BREMOND, *Pour le Romantisme,* p. 52). — *Or, le primaire* NI *ne médite,* NI *n'expérimente* (R. BENJAMIN, *Aliborons et démagogues,* p. 30).

3° Quand *ni* coordonne autre chose que des verbes ou des sous-phrases, la conjonction est exprimée ordinairement devant chacun des termes coordonnés, si le verbe est accompagné de la négation simple *ne* (cf. § 974, 2°) :

NI *sa maison* NI *son jardin ne sont entretenus.* — *Il n'avait encore* NI *gelé* NI *neigé* (HUGO, *Misér.,* II, III, 1). — *Il n'est* NI *beau* NI *laid. Il n'a* NI *père* NI *mère. Il ne viendra* NI *aujourd'hui* NI *demain. Elle ne sort* NI *quand il pleut* NI *quand il neige.*

Cependant, la langue littéraire, parfois même la langue écrite, se contente assez souvent de mettre *ni* devant le dernier terme comme dans l'usage classique (cf. Hist.) :

Le verbe suit la coordination : La vieillesse NI *la mort ne le peuvent exorciser* (BARRÈS, *Du sang...,* p. 119). — *L'instituteur* NI *le curé n'ont besoin d'avoir un nom qui les désigne* (Fr. MAURIAC, *Sagouin,* p. 32). — *L'albatros de Baudelaire* NI *l'oiseau supplicié de Coleridge ne furent leurs familiers* (SAINT-JOHN PERSE, *Oiseaux,* XII). — *La Beauté, les sacrifices humains* NI *les martyrs ne suffisent* (SARTRE, *Idiot de la famille,* t. III, p. 516). — [...] *personnage que sa morphologie* NI *son style ne destinaient* [...] (Fr. NOURISSIER, *Histoire franç.,* I). — *Le criminel* NI *le crime ne seraient prouvés* (D. BOULANGER, *Nacelle,* p. 150). — *La valeur,* NI

---

3. C'est-à-dire que *ne ... pas, ne ... point* sont exclus, dans l'usage actuel (cf. cependant § 974, 2°, Hist.). — Mais le sens peut demander *ne ... jamais, ne ... aucun,* etc. Par ex. : *Ni ils* NE *boudaient* AUCUNEMENT *le peuple. Ni ils* N'*entendaient* AUCUNEMENT *le gouverner* (PÉGUY, *Argent,* Pl., p. 1119) ; un tour comme celui-là reste très rare.

le mérite de Littré ou de Sainéan ne sont ici en cause (P. GUIRAUD, *Locutions franç.*, p. 107). — Autres ex. : MALRAUX, *Tentation de l'Occident*, p. 55 ; H. BORDEAUX, *Captifs délivrés*, p. 238 ; A. SIEGFRIED, *Âme des peuples*, p. 21 ; GENEVOIX, *Dernière harde*, p. 97 ; A. CAMUS, *Théâtre, récits, nouvelles*, p. 1926 ; AUDIBERTI, *Maître de Milan*, VII ; REMACLE, t. II, p. 260 ; etc.

Plus rarement, le verbe précède la coordination : *Vous ne me trouverez pusillanime* NI *lâche* (STENDHAL, *Rouge*, II, 33). — *Ne reculant devant fourrés* NI *marécages* (GIDE, *Si le grain ne meurt*, I, 6). — *Elle n'avait père, mère, frère,* NI *sœur* (GIRAUDOUX, *Siegfried et le Limousin*, p. 53). — *Depuis bien longtemps, Paris n'avait ri* NI *pleuré publiquement, librement* (COLETTE, *Étoile Vesper*, p. 35). — *[...] des termes que n'auraient employés Voltaire* NI *Laclos* (THÉRIVE, *Essai sur Abel Hermant*, p. 129). — *Je n'avais faim,* NI *soif* (H. BOSCO, *Mas Théotime*, 1947, p. 267).

Très rarement, avec coordination différée (de part et d'autre du verbe) : *Madame Anequin mère n'était là,* NI *ses brus* (PLISNIER, *Meurtres*, t. I, p. 213).

Hist. — Ex. classiques avec un seul *ni* : *Goufre, banc,* NY *rocher, n'exigea de péage* (LA F., *F.*, VII, 13). — *Je ne connoy Priam, Helene,* NI *Pâris* (RAC., *Iphig.*, IV, 6). — ⁺*Le soleil* NI *la mort ne se peuvent regarder fixement* (LA ROCHEF., *Max.*, 26). — *Ma retraite* NI *ma vertu ne sçauroient me mettre à l'abri de ses soupçons extravagans* (MONTESQ., *L. pers.*, IV). — *Votre imagination* NI *la mienne ne peuvent concevoir comment un corps a des idées* (VOLT., *Lettres phil.*, XIII).

4° Quand *ni* coordonne autre chose que des verbes ou des sous-phrases, le verbe ne peut aujourd'hui (cf. § 974, 2°, Hist.) être accompagné de la négation complexe *ne ... pas, ne ... point* que si les termes coordonnés (ou un des termes coordonnés) suivent le verbe ; ces termes sont précédés de *ni*, sauf le premier :

L'atmosphère qu'il laisse derrière lui à Sion n'est pas sainte NI *féconde* (BARRÈS, *Colline insp.*, p. 141). — *D'autres parmi nos concitoyens, et qui n'étaient pas toujours concierges* NI *pauvres* [...] (A. CAMUS, *Peste*, p. 34). — *On ne savait pas son nom* NI *son histoire* (FARRÈRE, *Civilisés*, XXVII).

Un des deux termes coordonnés suit le verbe (coordination différée : § 261) : *Il n'existait pas encore,* NI *la femme dont il était sorti* (YOURCENAR, *Œuvre au noir*, p. 174).

Hist. — Autrefois, le premier terme coordonné, aussi bien que les suivants, pouvait prendre *ni* : *Cela n'est pas capable,* NY *de convaincre mon esprit,* NY *d'ébranler mon ame* (MOL., *D. Juan*, V, 2). — *Je n'ay point exigé* NI *sermens* NI *promesses* (BOIL., *Lutrin*, II).

5° Quand le verbe est accompagné d'une autre négation complexe (*ne ... jamais, ne ... personne, ne ... rien, ne ... plus*, etc.), on peut ou non mettre *ni* devant le premier des termes coordonnés :

Jamais but ne me parut à la fois NI *plus haut* NI *plus visible* (TOCQUEVILLE, *Souvenirs*, p. 173). — *Je ne vois plus, je ne vois jamais* (NI) *son père* NI *sa mère. Il ne parle à personne* (NI) *de ses affaires* NI *de ses projets. Personne ne fut* (NI) *si éloquent* NI *si profond. Il n'y a là rien* (NI) *d'étonnant* NI *de rare.*

Quand la coordination précède le verbe, l'absence de *ni* devant le premier terme est plutôt un tour de la langue écrite : *Le temps* NI *les soins médicaux n'apportèrent aucun soulagement* (LITTRÉ, *Études et glanures*, p. 437). — *[...] des traits permanents auxquels le temps* NI *l'espace ne peuvent rien changer* (SAUSSURE, *Cours de ling. gén.*, p. 313). — *La cruauté même* NI *la sottise ne purent jamais tout à fait le désespérer* (J. GUÉHENNO, dans le *Figaro litt.*, 30 mars 1957).

Remarques. — 1. Quand les termes coordonnés sont objets directs ou « sujets réels », si le premier terme est un nom introduit par un *de* partitif, il n'est jamais précédé de *ni* :

Il n'a pas, il n'a plus, il n'a jamais eu d'amis NI de camarades. — Ses pauvres pierres n'ont plus de forme NI d'histoire (BARRÈS, Au service de l'Allem., p. 13). — Il n'y avait plus de lazzis NI de fausses alertes (ESTAUNIÉ, Simple, p. 46).

Le plus souvent on dirait : Il n'a (il n'a plus, il n'a jamais eu) NI amis NI camarades.

2. Dans une proposition introduite par *sans que, ni* se met facultativement devant le premier des éléments coordonnés :

Son père [...] restait là un quart d'heure sans que NI lui ni sa femme prononçassent une seule parole (MONTHERLANT, Garçons, pp. 337-338). — Sans qu'il soit (NI) riche ni influent. — Sans qu'on puisse le réduire (NI) par la force ni par la ruse. — Sans qu'elle eût sensiblement grandi NI grossi en devenant femme (BARRÈS, Appel au soldat, t. I, p. 154).

3. Dans les phrases averbales, la négation n'est représentée que par l'auxiliaire de la négation, et *ni* ne se met pas devant le premier terme de la coordination :

Plus besoin de dévouement NI d'amour divin (RIMBAUD, Saison en enfer, Mauvais sang).

4. *Sans force ni vertu,* etc., cf. § 1035, 2°.

c) Quand *mais* est suivi d'une autre coordination, les termes de celle-ci sont d'ordinaire unis par *ou, et* (placés comme il est dit dans le *a*), à moins que cette coordination ne reste implicite :

MAIS sa rougeur ET son air embarrassé le trahissaient. — Son succès n'était certainement pas dû à un travail opiniâtre, MAIS à son habileté OU à l'aide de ses amis.

La langue écrite répète parfois *mais* devant chacun des termes de la seconde coordination :

MAIS le pli amer de ses joues, MAIS le froncement de ses sourcils noirs sous le bourrelet rouge de sa longue cicatrice, MAIS son irritabilité démentaient ce silence (BOURGET, Lazarine, p. 156). — L'hyperbole n'est pas dans les termes, il va sans dire, MAIS dans l'esprit, MAIS dans le cœur, MAIS dans le bouillonnement du sang et de la sève (G. DUHAMEL, Biographie de mes fantômes, p. 118).

d) *Car* n'est jamais répété : voir § 259, *b*, 2°.

e) *Soit* : voir § 1041.

Observations sur certaines conjonctions de coordination

1034   *Et,* prononcé [e] même devant voyelle, sert à coordonner,

a) Soit deux phrases ou sous-phrases affirmatives, — soit deux éléments de même fonction d'une phrase affirmative (ou d'une proposition affirmative) :

La tempête s'éloigne, ET les vents sont calmés (MUSSET, Prem. poés., Saule, II). — Elle est aimable ET jolie. — Je suis celui qu'on aime ET qu'on ne connaît pas (VIGNY, Poèmes ant. et mod., Éloa, II). — Je ne connais pas de méthode qui soit à la fois pratique ET facile.

b) Soit deux phrases ou sous-phrases dont l'une seulement est négative, soit deux verbes (ou prédicats) dont l'un seulement est négatif :

On l'attendait ET il n'est pas venu. — Ma voiture est vieille ET ne parvient plus à dépasser le soixante à l'heure.

c) Et s'emploie au lieu de *ni.*

1° Très souvent, pour unir des phrases ou des sous-phrases négatives :

La journée n'était pas finie, ET les hommes ne se préparaient pas encore à partir. — Ne réfléchissez pas ET surtout ne raisonnez pas (BERGSON, Rire, p. 18). — Le tour avec *ni* répété appartient seulement à la langue écrite : cf. § 1033, *b,* 1°.

2° Souvent, pour unir des verbes (ou des prédicats) négatifs :

M. Guitrel ne parlait pas ET ne mangeait pas (A. FRANCE, Mannequin d'osier, p. 155). — On dirait aussi : M. Guitrel ne parlait ni ne mangeait.

3° Parfois, pour unir des éléments coordonnés dans une phrase ou dans une proposition négative :

Je n'ai point de paille ET point d'avoine (HUGO, Lég., t. I, p. 928). — Le lait ne manquait pas, ET non plus le fromage (G. DUHAMEL, Voyageurs de « l'Espérance », p. 172). — Sa libération ne s'encombre pas des diktats ET des rituels transgressés (POIROT-DELPECH, dans le Monde, 19 mars 1976). — Personne n'oserait soutenir qu'elle l'a toujours fait, ET qu'elle ne s'est pas servie de son autorité pour barrer la route aux nouveautés (BRUNOT, Pensée, p. VII).

Hist. — Cela n'est pas récent (quoique *et* se répande aux dépens de *ni*) : [+]Les rochers de Thrace et de Thessalie ne sont pas plus sourds ET plus insensibles (FÉN., Tél., t. II, p. 438). — Nous ne serions jamais assurés un moment de notre bien, de notre honneur ET de notre vie (MONTESQ., L. pers., LXXXIII).

Remarques. — 1. *Et* peut s'employer dans des cas où il y a une idée d'opposition entre les éléments coordonnés :

Nous t'hébergeons ET tu nous voles ! (ROBERT.)

2. Sur l'emploi de *et* dans les numéraux complexes (*vingt* ET *un, soixante* ET *onze*, etc.), voir § 576, *b.*

Lorsque la coordination mentionne les unités, on ne lie pas par *et* (on ne sépare pas non plus par une virgule) deux éléments consécutifs :

Cette règle a deux pieds six pouces quatre lignes de long (LITTRÉ, s.v. ligne, 6°). — 23 heures 56 minutes 4 secondes (Lar. XXe s., s.v. heure). — Un homme de cinq pieds six pouces (AC., s.v. pied).

Toutefois, quand il s'agit d'un nombre d'années auquel s'ajoute un nombre de mois et/ou de jours, il est d'usage de lier par *et* le dernier élément à celui qui précède :

Pascal rendit l'âme le 19 août 1662, âgé de trente-neuf ans ET deux mois (SAINTE-BEUVE, Port-Royal, III, 18). — Il y a aujourd'hui trois cent quarante-huit ans six mois ET dix-neuf jours (HUGO, N.-D. de Paris, I, 1). — Il cessa de se survivre, âgé de soixante-dix-huit ans trois mois ET vingt-quatre jours (FAGUET, En lisant Corneille, p. 40). Pour la coordination des fractions (*midi et un quart, midi un quart*, etc.), voir § 586, *b.*

3. Divers phénomènes concernant *et* ont été traités ailleurs :

La répétition de *et* : § 1033, *a.* — La ponctuation devant *et* : § 1032. — L'hendiadys (*Dans des patères* ET *de l'or* = dans des patères d'or) : § 263, Rem. 2. — *Et/ou* : § 1030, Rem. 1. — *Plus je le vois,* (ET) *plus je l'apprécie* : § 254, *b*, 1°. — *Et donc* : § 921, *a*, Rem.

Hist. — *Et* remonte au lat. *et.* Le *t* s'est amuï régulièrement, mais, si l'on trouve assez souvent la graphie *e* en anc. fr., on a restauré très tôt le *t* final dans l'écriture, afin d'étoffer le mot.

1035 *Ni* sert à coordonner, soit des phrases ou sous-phrases négatives (dans la langue littéraire : § 1033, *b*, 1°), — soit des verbes (ou des prédicats) négatifs, — soit des éléments faisant partie d'une phrase ou d'une proposition négatives :

Je ne bois NI *ne mange entre les repas.* — *La roue ne cessait pas de tourner* NI *les coups de pleuvoir* (HUGO, *N.-D. de Paris*, VI, 4). — NI *Pierre* NI *Lucienne ne viendront ce soir.* — *Il m'a raconté une histoire qui n'avait* NI *queue* NI *tête.*

La négation exprimée est généralement l'adverbe *ne* (parfois *ne ... pas*, etc. : cf. § 974, 2°), mais *ni* s'emploie parfois dans d'autres circonstances.

1° La négation, comme dans l'usage classique, est lexicale et non syntaxique :

Je suis fort éloigné de soutenir NI *l'un* NI *l'autre de ces deux faits* (J. de MAISTRE, *Soir. de Saint-Pét.*, IX). — *Impossibilité d'échanger avec elle une pensée, de lui parler* NI *de lui écrire* (LOTI, *Aziyadé*, I, 6). — *Cesse de me prêter ce mélange de nœuds /* NI *ta fidélité qui me fuit et devine* (VALÉRY, *Poésies*, Jeune Parque). — *Chantal était encore bien loin de pouvoir donner son nom à l'espèce de stupeur qui venait de la saisir,* NI *à cette impatience* [...] (BERNANOS, *Joie*, p. 239). — *Nous imaginons difficilement les héros dans les actes humbles,* NI *Roland le nez au mur et jambes écartées* (LA VARENDE, *Sorcier vert*, p. 47). — *Un des plus beaux chevaux que j'aie jamais eus,* NI *rencontrés* (ID., *Centaure de Dieu*, p. 153). — *Même le causse de Gramat* [...] *est loin d'atteindre les dimensions* NI *l'austérité du Larzac* (P. GRIMAL, *Quercy*, p. 38). — *Ce* T *que toi* NI *moi serions incapables de faire sortir comme lui* (A. STIL, *Seize nouvelles*, p. 120). — *Après sans que,* voir § 1033, *b*, Rem. 2.

Hist. — Ex. classiques : +*Désespérant de réduire Babylone* NI *par force* NI *par famine* (BOSS., *Disc. hist. univ.*, III, 4). — +*C'est une folie de s'imaginer que les richesses guérissent l'avarice,* NI *que cette eau puisse étancher cette soif* (ID., *Sermon sur l'impénit. fin.*, I). — +*Un désespoir éternel de connaître* NI *leur principe* NI *leur fin* (PASCAL, *Pens.*, 84, Pl.).

2° *Ni* s'emploie notamment avec des éléments coordonnés dépendant de *sans*.

— Dans la dépendance d'un verbe nié par *ne* seul, on a *ni sans ... ni sans ... ;*
— si le verbe est accompagné d'une négation complexe (*ne ... pas, ne ... point*) ou après *non*, on peut avoir *sans ... ni sans ...* ou *sans ... ni ...*

Ne seul : *Le spectacle ne serait* NI SANS *intérêt* NI SANS *charme* (HUGO, *N.-D. de Paris*, I, 1). — *Il arrive* [...] *qu'elles n'aillent* NI SANS *rhétorique* NI SANS *confusion* (ARLAND, dans *Hommes et mondes*, janv. 1946, p. 176). — [...] *un doux soleil qui ne fut d'ailleurs* NI SANS *mélanges* NI SANS *réticences* (G. DUHAMEL, *Biographie de mes fantômes*, p. 192). — *Ce stoïcisme gratuit n'est* NI SANS *beauté,* NI SANS *grandeur* (A. MAUROIS, *Ce que je crois*, p. 129). Négation complexe ou *non* : [...] *ne sont pas* SANS *tendresse* NI SANS *grâce* (J. LEMAITRE, J. Racine, p. 65). — *Ils ne furent point* SANS *inquiétude* NI SANS *émoi* (J. de PESQUIDOUX, *Chez nous,* t. II, p. 46). — *Le machinisme* [...] *ne serait donc pas possible* SANS *la science* NI SANS *le raisonnement à la grecque* (A. SIEGFRIED, *Âme des peuples,* p. 97). — *Ce n'était pas* SANS *intérêt* NI *beauté* (dans HANSE, s.v. *ni*). — [...] *trois quatre filles qui dansaient le chahut non* SANS *grâce* NI *impudeur* (LÉAUTAUD, *Petit ami*, I).

— Quand *sans* n'est ni précédé d'une négation ni dépendant d'un verbe négatif, on a le choix entre *sans... ni...* et *sans... (et) sans...,* tandis que *sans... ni sans...,* conforme à l'usage classique, appartient à la langue littéraire :

La rue Saint-Victor était toute sombre, SANS *un bec de gaz* NI *une lumière aux maisons* (FLAUB., *Éd. sent.,* III, 1). — *Un livre publié* SANS *lieu* NI *date.* — *Il a délogé* SANS *tambour* NI *trompette* (AC., s.v. *tambour*).

Ô vers ! noirs compagnons SANS *oreille* ET SANS YEUX, / *Voyez venir à vous un mort libre et joyeux* (BAUDEL., *Fl. du m.*, Mort joyeux). — *Et je restais* SANS *geste* ET SANS *parole* (GIDE, *Retour de l'enf. prodigue,* p. 92). — *Il l'aimait* SANS *arrière-pensée,* SANS *espoir de retour* (FLAUB., *Éd. sent.,* I, 5).

Très simplement, SANS *lâcheté* NI SANS *blasphème, / Nous nous sommes sauvés du monde et de nous-mêmes* (VERHAEREN, *Heures d'après-midi,* XXV). — *Il y parvint* SANS *erreur* NI SANS *retard* (A. HERMANT, *Rival inconnu,* II). — *Ils en sont tous restés* SANS *idées* NI SANS *souffle* (POURRAT, *Trésor des contes,* Le diable et ses diableries, p. 227). — *Je ne parle plus de cette Correspondance, mais de l'ensemble de son œuvre, qui en est la suite* SANS *disparates* NI SANS *ruptures* (R. KEMP, dans les *Nouv. litt.,* 22 avril 1954). — *Bien des juges militaires* [...] *frappèrent de peines légères des bourreaux* SANS *mesure* NI SANS *excuse* (L. MARTIN-CHAUFFIER, dans le *Figaro,* 3 oct. 1956). — *Il en parle* SANS *outrance,* NI SANS *inflation verbale* (Rob. ARON, *Hist. de l'Épuration,* t. I, p. 181).

Hist. — Ex. classiques de *sans... ni sans...* : +*Mon équipage est venu jusqu'ici* SANS *aucun malheur,* NI SANS *aucune incommodité* (SÉV., 27 juillet 1672). — +SANS *attendre qu'on l'interroge,* NI SANS *sentir qu'il interrompt, il parle* (LA BR., II, 38).

3° Dans des constructions averbales, *ni* peut se raccrocher à une négation tout à fait implicite (comp. Hist., 2) :

Pensez donc ! deux actrices, et farouches NI *l'une* NI *l'autre* (LÉAUTAUD, Amours, F°, p. 41). — *Il lui faut se débarrasser de tout ce qui l'avilit* [...]. *Expérience* NI *plus triste* NI *plus décevante* (Cl. MAURIAC, *Malraux ou le mal du héros,* p. 134).

Hist. — 1. Le latin *nec* avait donné *ne* en anc. fr. (à distinguer de l'adverbe *ne*, issu de *non*). La forme *ni*, apparue au XIIIᵉ s., et difficile à expliquer, a évincé *ne* peu à peu. Celui-ci subsiste au XVIIᵉ s. dans certaines expressions figées, notamment dans *ne plus ne moins* (que Vaugelas, p. 36, admettait encore), qui est par ex. chez Molière, *Mal. im.,* II, 6. Celui-ci fait dire aussi à une servante : *Et je veux* [...] / *Un mary* [...] / *Qui ne sçache A,* NE B (F. sav., V, 3). — Dans les *Contes,* La Fontaine, qui cultive l'archaïsme, écrit : *Sans croix* NE *pile* [= sans sou ni maille] (*Mazet de Lamporechio*). — *Il ne sçaura* [...] N'*en quelle part, / N'en quel logis* (*Mandragore*).

2. La conjonction *ne* était beaucoup plus usitée en anc. et moyen fr. que *ni* aujourd'hui. Elle apparaissait dès qu'il y avait quelque chose de négatif dans le contexte, fût-ce de façon tout à fait implicite :

De la plaie m'estut gesir [= il fallut que je restasse couché] */ Bien quatre mois* [...] */ Ainz* [= avant] *que fusse gariz* NE *sains* (1ʳᵉ contin. de *Perceval,* t. II, 13645). — *Dictes moy ou* N'*en* *quel pays / Est Flora la belle Rommaine* (VILLON, *Test.*, 329). — *Avoec le roi de France est toute la fleur de son roiaulme,* NE *il n'a nullui* [= nul] *laissiet derriere* (FROISS., *Chron.*, S.H.F., t. IX, p. 40). — *Vous i veés plus cler que je ne face,* NE *tout cil qui ont mis avant ces parolles* (*ib.*, p. 47) [= Vous y voyez plus clair que moi *et* que tous ceux qui ont eu l'initiative de cette proposition]. — Comp. chez La Fontaine : *Patience et longueur de temps / Font plus que force* NY *que rage* (*F.*, II, 11).

Pour le cas envisagé dans le 3° ci-dessus, voir déjà J.-J. Rousseau : ⁺[...] *me montrer* [...] *exactement tel que je suis,* NI *meilleur* NI *pire* (cit. Le Bidois, § 1799).

3. Dans l'usage classique, *ni,* au sens de *et,* pouvait joindre deux éléments négatifs construits avec *ne... pas, ne... point, ne... jamais,* etc. : *Il n'y a point d'inconvenient,* NY *l'oreille n'est point offensée* (VAUGELAS, p. 110). — *Ni l'un ni l'autre ne se dit jamais à la Cour,* NI *ne se trouve point dans les bons Autheurs* (ID., p. 251). — ⁺*Donc l'établissement de la vérité ne dépend point de leur assistance,* NI *l'empire de la vérité ne relève point de leur sceptre* (BOSS., *Sermon divin. de la relig.,* 1). — ⁺*Il n'y a pas une relation* NI *pas un homme qui ne parle de lui avec éloge* (SÉV., 12 août 1675).

Cela est, de nos jours, pur caprice d'archaïsme : *Ne sois pas trop craintif,* NI *point trop effrayé* (G. DUHAMEL, *Refuges de la lecture,* p. 51). — Autre caprice : *Tu ne t'étonnes point* [...] *quand l'eau que tu bois, le pain que tu manges, se font lumière des yeux.* POINT NI *quand le soleil se fait branchage* (SAINT EXUPÉRY, *Citadelle,* 1948, p. 352).

Remarque. — Sur la répétition de *ni,* voir ci-dessus, § 1033, *b.* — Sur °*et ni* : § 1030, Rem. 2. — Sur °*mais ni* : *ib.,* Hist.

1036   *Ou,* selon la grammaire sévère, ne devrait pas s'employer pour coordonner des termes dans une phrase ou une proposition négatives.

Au lieu de : *Je ne puis le louer* OU *le blâmer* ou *La douceur* OU *la force n'y peuvent rien,* on devrait dire : *Je ne puis* (NI) *le louer* NI *le blâmer* et NI *la douceur* NI *la force n'y peuvent rien.*

Mais, comme nous l'avons constaté pour *et* (§ 1034, *c*), *ou* s'introduit de plus en plus à la place de *ni* :

Les conseils OU *les reproches n'ont rien pu sur lui* (*Dict. contemp.*). — *Ni Dion, ni Spartien ne sont de grands historiens,* OU *de grands biographes* (YOURCENAR, *Mémoires d'Hadrien,* p. 431).

Remarques. — 1. *Ou* est souvent renforcé par *bien, alors* :

Il paiera, OU BIEN *il sera poursuivi* (AC.). — *Un livre n'est rien qu'un petit tas de feuilles sèches,* OU ALORS *une grande forme en mouvement* (SARTRE, *Situations,* cit. Robert, s.v. *livre* 1).

2. C'est une faute grossière de confondre la conjonction *ou* avec le pronom relatif ou adverbe *où* (avec accent) :

La ville OÙ *j'habite.* OÙ *allez-vous ?*

3. Sur la répétition de *ou,* voir § 1033, *a* ; — sur la ponctuation devant *ou,* § 1032.

Hist. — *Ou* vient du latin *aut.*

1037   *Mais* a deux valeurs principales.

a) Il coordonne deux mots, deux syntagmes, deux propositions, deux phrases (ou sous-phrases) que le locuteur (ou le scripteur) met en opposition (comme par les adverbes *pourtant, cependant,* etc.) :

> *Je suis comme le roi d'un pays pluvieux, / Riche,* MAIS *impuissant, jeune et pourtant très vieux* (BAUDEL., *Fl. du m.*, Spleen). — *Mon verre n'est pas grand,* MAIS *je bois dans mon verre* (MUSSET, *Prem. poés.*, La coupe et les lèvres, Dédic.).

b) Il coordonne à une formule négative, qui indique ce que l'on écarte, une formule positive exprimant ce que l'on tient pour exact :

> *Il n'était pas voûté,* MAIS *cassé* (BAUDEL., *Fl. du m.*, Sept vieillards). — *Il le considérait non comme un simple magasin,* MAIS *comme un véritable sanctuaire* (FLAUB., *M*ᵐᵉ *Bov.*, III, 2).

On peut renforcer *mais* en ajoutant *au contraire,* si le sens s'y prête. — *Mais bien* s'emploie lorsque le deuxième terme est elliptique, *bien* représentant les éléments ellipsés : *La* Puerta del Sol *n'est pas une porte, comme on pourrait se l'imaginer,* MAIS BIEN *une façade d'église* (Th. GAUTIER, *Voy. en Esp.*, p. 100). — Comp. § 1053, *b*, 2°.

Hist. — 1. *Mais* est l'adverbe latin *magis* « plus ». La valeur adverbiale est conservée dans l'expression figée *n'en pouvoir mais* (§ 977, Rem. 1). — On retrouve aussi *mais* adverbe dans les adverbes *jamais* et *désormais*.

2. Dans le deuxième sens (*b*) que nous donnons à *mais* ci-dessus, on se servait en anc. fr. de *ains* et de *ainçois*. *Ains* vient du lat. **antius,* comparatif de *ante* « avant » ; *ainçois* appartient aussi à la famille de *ante,* mais sa finale est difficile à expliquer. L'un et l'autre ont vécu jusqu'au début du XVIIᵉ s., et les burlesques ont continué d'en user quelque temps : *On ne fait que des petites, et courtes diversions, qui n'empeschent nullement,* AINS *servent de beaucoup à la poursuitte de ce que nous faisons* (FR. DE SALES, *Introd. à la vie dév.*, éd. princeps, II, 9). — *Que le mal que je luy veux / [...] / M'afflige, [...] / Si pour luy je garde aucun fiel* ; / AINÇOIS *je me sens tout de miel* (SCARRON, *Poés. div.*, t. I, p. 140).

La Bruyère (XIV, 73) et Littré regrettaient *ains*. Le *Trésor* le relève encore chez Stendhal (*Vie de H. Brul.*) et Moréas. Pour le premier ex., on lit *mais* dans l'éd. de la Pl., p. 384. Dans le second, *ains* est employé abusivement dans le sens *a)* de *mais* : *Déjà l'été décline sur ma tête, / [...] / AINS, de mes jeunes ans, ami, je n'ai regret.* — Balzac s'en sert judicieusement quand il pastiche la langue du XVIᵉ s. : [...] *dict ces paroles, non en patoys de souris,* AINS *en bon toscan de Muzaraignoys [...]* (*Contes drol.*, Pl., p. 693).

Remarques. — 1. Sur *mais* après un point ou même au début d'un discours, cf. § 1032. — Sur la répétition de *mais,* § 1033, *c.*

2. *Mais* sert parfois à renchérir, dans la langue courante avec reprise d'un mot (« vraiment »), dans la langue littéraire sans cette reprise (« voire ») :

> *Hassan était donc nu,* MAIS *nu comme la main* (MUSSET, *Prem. poés.*, Namouna, I, 2). *Une pure extase, [...] c'est* Le Lac *qui, pendant des mois,* MAIS *des années même, me la fit éprouver* (J. BOREL, *Retour,* p. 170). [La langue courante dirait plutôt : ... NON SEULEMENT *pendant des mois, mais ...* ; ceci rejoint le sens *b*) ci-dessus.] — *La psychiatrie,* MAIS *la jurisprudence, la médecine légale, les instances du contrôle social [...] ont fonctionné longtemps « à la dégénérescence »* (M. FOUCAULT, *Hist. de la sexualité,* t. I, p. 157).

Hist. — Comp., chez Bossuet, *mais* = mais aussi, mais même : ⁺*Celui* [= le don] *des larmes est à chaque page dans saint Augustin* ; MAIS *dans saint Paul,* MAIS *dans Jésus-Christ* (cité dans les *Cahiers de l'Assoc. internat. des études fr.*, mai 1959, p. 346). — *⁺Il l'a préférée à toutes les autres femmes ; et que dis-je à toutes les femmes ?* MAIS *aux anges,* MAIS *aux séraphins et à toutes les créatures (Œuvres orat.,* t. III, p. 20).

1038 *Car* appartient surtout à la langue orale de type soigné ou à la langue écrite.

Bibl. — J. HANSE, *Car, comme, parce que, puisque,* dans *Bulletin de l'Acad. royale de langue et de litt. fr.* [de Belgique], 1973, pp. 195-225.

ˌLa phrase ou plutôt la sous-phrase introduite par *car* exprime, non pas la cause réelle du fait énoncé auparavant (comme le ferait *parce que*), mais la justification de ce qui vient d'être énoncé :

Vous ne le trouverez pas chez lui, CAR *je viens de le voir dans la rue* (AC.). — *Elle suivait apparemment des fantaisies analogues,* CAR *ses paroles rejoignirent ma rêverie* (ÉTIEMBLE, *Trois femmes de race,* p. 82).

Le rôle de *car,* tel qu'on vient de l'indiquer, explique les raisons syntaxiques qui le font ranger parmi les conjonctions de coordination et non parmi les conjonctions de subordination : outre le fait que *car* exclut les autres conjonctions de coordination, la sous-phrase introduite par *car* 1° ne se met pas en tête de phrase (voir cependant un ex. de Scribe dans le *Trésor,* qui interprète la sous-phrase comme faisant partie d'une phrase elliptique) ; — 2° ne peut être mise en évidence par l'introducteur *c'est ... que ...* ; — 3° ne peut introduire une phrase répondant à la question *pourquoi ?* — 4° peut être interrogative (§ 257, *b*) : *Il nous a quittés — car pourquoi aurait-il hésité ?* — Tout cela montre que ce qui est introduit par *car* ne fait pas partie de la phrase, n'a pas une fonction dans la phrase (ce qui est le cas de la proposition introduite par *parce que*), mais est une phrase autonome, ou, plus exactement, une sous-phrase.

À cause de sa ressemblance sémantique avec *parce que* et *puisque, car* est parfois construit abusivement comme ceux-ci : °*Il parlait du nez,* CAR *il était enrhumé* ET QUE *cette église était glaciale* (cf. § 259, *b,* 2°). °*Il parlait du nez,* CAR *enrhumé* (cf. § 259, *c,* Rem.). *Car* introduit normalement une phrase (ou une sous-phrase).

Hist. — De l'adverbe latin *quare,* agglutination de *qua re,* littéralement « par quelle chose ». — En anc. fr., *car* servait aussi d'adv. renforçant un impératif : cf. § 920, *f,* Hist., 2. Au XVIIᵉ s., *car* a été l'objet d'une querelle fameuse (cf. LA BR., XIV, 73) : des puristes voulaient le proscrire. Voiture prit sa défense dans une lettre célèbre à Mˡˡᵉ de Rambouillet.

Remarque. — °*Car en effet* est généralement condamné comme pléonastique (par ex. dans une mise en garde de l'Acad., 13 nov. 1969). Mais ce tour se trouve déjà chez les classiques (cf. Hist.). Aujourd'hui, il appartient surtout à la langue parlée, même des intellectuels.

CAR EN EFFET *il n'y a que deux états dans la vie : le célibat et le mariage* (CHAT., *Génie,* I, I, 8). — *Un jour il m'a été donné d'assister à une exécution, je ne peux pas dire de la voir* CAR EN EFFET *c'est un spectacle intolérable* (BARRÈS, discours à la Chambre sur la peine de mort, dans *Mes cahiers,* t. VII, p. 28).

Certains ex. peuvent être justifiés si l'on donne à *en effet* son sens premier « dans la réalité, dans l'acte », ce qui fait disparaître le pléonasme. Mais il est douteux que ceux qui emploient *car en effet* prêtent toujours à *en effet* ce sens archaïque.

Hist. — Ex. du XVIIe s. : ⁺CAR EN EFFET, *Chrétiens, la seule immensité de cette douleur lui aurait donné le coup de la mort* (BOSS., cit. Le Bidois, § 1144). — ⁺*Il y a longtemps que considérant l'extrême respect qu'il a pour ce saint mystère, et avec quelle rigueur il en conçoit les préparations, dont il ne veut rien rabattre, je suis tentée de lui dire :* basta la metà [= la moitié suffit] ; CAR EN EFFET, *si tous les fidèles suivaient ses idées là-dessus, il ne faudrait plus penser à l'exercice extérieur de la religion* (SÉV., 17 avril 1682).

Alain se réfère explicitement à Descartes : [Descartes] *apercevait un bout du fil, et tirait dessus, faisant de hasard pensée.* CAR, EN EFFET, *comme il aimait à dire, je ne dois pas oublier que je suis un homme* (*Propos,* 18 févr. 1933).

1039   *Or* est une espèce de relais. Il relance en quelque sorte le récit ou le raisonnement :

Sa mère dit aux servants : « Ce qu'il vous dira, faites-le. » OR *il y avait là six urnes de pierre* [...]. *Jésus leur dit : « Remplissez d'eau les urnes. »* (*Bible,* trad. CRAMPON, Évang. Jean, II, 6.) — *Ce n'est pas n'importe qui, qui fait ça. Et on ne fait pas ça pour n'importe qui.* OR *Tremblet aurait pu s'appeler Monsieur N'Importe-Qui* (SIMENON, *Maigret et l'inspecteur Malgracieux,* p. 151).

Or coordonne des phrases, plutôt que des sous-phrases : il est généralement précédé d'une ponctuation forte, point ou point-virgule. Dans l'oral, il arrive qu'il porte un accent et qu'il soit suivi d'une pause, que la virgule représente dans l'écrit : cf. § 124, *b,* Rem. 1. Son appartenance aux conjonctions de coordination est parfois contestée. En tout cas, il joue son rôle, non à l'intérieur de la phrase, mais à l'intérieur d'un discours.

Hist. — *Or* signifiait « maintenant » dans l'ancienne langue. Du latin *hac hora* « à cette heure », avec une évolution phonétique irrégulière.

1040   *À savoir,* moins souvent *savoir,* sont des équivalents de *c'est-à-dire.*

À savoir : Il implora une autre faveur, À SAVOIR *des billets de spectacle* (FLAUB., *Éd. sent.,* III, 4). — *N'était-il pas temps qu'un conteur accueillît ce principe* [...], À SAVOIR *que l'amour consiste à vêtir la première venue qui s'y prête un peu des qualités que nous recherchons cette saison-là ?* (BARRÈS, *Sous l'œil des barb.,* Examen, I, δ.) — [...] *me faisant remarquer un aspect essentiel des tapisseries* [...], À SAVOIR *qu'elles ne sont pas des instantanés* (BUTOR, *Emploi du temps,* p. 309). — Autres ex. : BRUNOT, *Pensée,* p. XIX ; E. FARAL, dans *Romania,* 1953, p. 476 ; LE ROY LADURIE, *Carnaval de Romans,* p. 332 ; etc.

La graphie *assavoir* est rare et archaïque : *Il allait lui-même avec une perche à crochet émonder,* ASSAVOIR *ôter le mort et le rompu, et élaguer,* ASSAVOIR *couper les branches inutiles et nuisantes empêchant l'arbre d'avoir bonne grâce* (POURRAT, *Gaspard des Montagnes,* t. I, 1931, p. 131).

Savoir : La date de l'année 1823 était pourtant indiquée par les deux objets à la mode alors dans la classe bourgeoise qui étaient sur une table, SAVOIR *un kaléidoscope et une lampe de ferblanc moiré* (HUGO, *Misér.,* II, III, 1). — *Le mode que la logique appellerait,* SAVOIR *l'indicatif sans ne, se rencontre* (BRUNOT, *Pensée,* p. 536). — Autres ex. : *Code civil,* art. 59 ; A. HERMANT, *Théâtre 1912-1913,* p. 179 ; THÉRIVE, *Essai sur Abel Hermant,* p. 110.

Hist. — Ces formules sont issues de *C'est à savoir,* que l'Acad. donne encore, avec cet ex. : *On a vendu pour dix mille francs de meubles ;* C'EST À SAVOIR : *deux tapisseries pour tant, etc.* — Pour la graphie *assavoir,* comp. § 838.

1041   *Soit,* [swA] devant consonne, [swAt] devant voyelle (cf. Hist.).

a) Non répété, comme équivalent de *c'est-à-dire,* selon un usage que l'Acad. ne signale pas encore en 1935, quoiqu'il soit déjà chez Littré, avec cet ex. :

> *Un capital d'environ quatre cent mille florins,* SOIT *un million de livres italiennes.*

b) Répété, dans une alternative, comme *ou ... ou ...* :

> *Les rois ont compris* [...] *la nécessité d'arracher à leur ignorance traditionnelle les grands qui les entouraient,* SOIT *afin d'augmenter l'éclat et l'agrément de leur cour,* SOIT *dans l'intention* [...] *de développer l'intelligence de ceux qui étaient les conseillers et les agents de la royauté* (BRUNOT, *Hist.,* t. II, p. 28). — *Elle leur rendait visite* SOIT *à l'hôpital Buffon,* SOIT *aux Peupliers,* SOIT *au Val-de-Grâce* (COCTEAU, *Thomas l'imposteur,* L.P., pp. 58-59). — SOIT *le Pape* SOIT *Venise mettrait sans grande peine la main sur Rimini* (MONTHERLANT, *Malatesta,* I, 4). — *Il mettait son point d'honneur à ne se reconnaître aucune dette envers qui que ce fût,* SOIT *de haine,* SOIT *d'amour* (BERNANOS, *Imposture,* Pl., p. 444). — SOIT *que l'expression de ce regard lui eût échappé,* SOIT *qu'il n'y trouvât pas une excuse à la désobéissance, l'agent demanda d'une voix brève et rude si c'était compris* (A. FRANCE, *Crainquebille,* II). — Cf. § 1100, *a.*

Le second *soit* peut être remplacé dans la langue littéraire par *ou,* comme à l'époque classique :

> *Plusieurs,* SOIT *paresse* OU *prudence, étaient restés au seuil du défilé* (FLAUB., *Sal.,* XIV). — SOIT *rapide disparition du mal* OU *sursaut de volonté* (H. BORDEAUX, *Revenante,* p. 151). — SOIT *faiblesse* OU *bonté* (AC.). — SOIT *qu'il le fasse* OU *qu'il ne le fasse pas* (AC.). — *J'aime le son du Cor* [...], / SOIT *qu'il chante les pleurs de la biche aux abois,* / OU *l'adieu du chasseur* (VIGNY, *Poèmes ant. et mod.,* Cor). — *Tout à coup,* SOIT *qu'il eût saisi quelques mots du débat,* OU *par une de ces curieuses divinations dont s'élucident parfois les surdités les plus hermétiques, le vieux Réhu* [...] *proféra* [...] (A. DAUDET, *Immortel,* XV) [cf. § 256, *b*]. — SOIT *qu'elle ne comprît pas* OU *qu'elle ne voulût pas comprendre* (Th. GAUTIER, *Militona,* II). — Cf. § 1100, *a.*

Ou non comme seconde partie de l'alternative appartient à une langue plus courante : SOIT *qu'il se meuve* OU *non* (petit *Robert*).

Lorsqu'il y a plus de deux termes dans l'alternative, certains grammairiens n'admettent *ou* que devant le dernier terme : *Je viendrai* SOIT *demain,* SOIT *après-demain,* OU *dimanche* (THOMAS). On ne voit pas bien la justification de cette exigence.

Le bon usage n'admet pas encore *soit ... soit ...* quand l'alternative porte sur des sous-phrases : SOIT *on l'aimait,* SOIT *on le détestait* (C. RIHOIT, dans le *Monde,* 9 oct. 1981). — On doit dire : *ou (bien) ... ou (bien).*

Remarque. — Dans l'ex. de Vigny cité plus haut et dans celui de Mme de Sévigné cité dans l'Hist., le premier *soit* n'est pas placé devant le premier des éléments coordonnés, mais en tête de la proposition. Cela n'est pas conforme à la logique stricte. Comp. §§ 254, *a,* Rem. ; 938, *e.*

Hist. — *Soit* est le subjonctif présent du verbe *être.* Déjà en anc. fr., il s'employait dans une alternative, mais comme on dirait aujourd'hui *Que ce soit : A noz pooirs* [= selon notre pouvoir] *vos eiderons,* / *Ou* SOIT *de bien ou* SOIT *de mal* (CHRÉT. DE TR., cit. Tobler-Lommatzsch, III, 1452). — Le figement n'a été que progressif. Jusqu'au début du XVIIe s., *soit* pouvait varier en nombre et en temps :

> *Nous voulons d'ores en avant que tous arrests, ensemble toutes autres procedures,* SOIENT *de nos cours souveraines et autres* [...], SOIENT *de registres, enquestes, contrats* [...], *soient prononcez, enregistrez et delivrez aux parties en langaige maternel françois* (ordonnance de

1539, cit. Brunot, *Hist.*, t. II, p. 30). — SOIENT *ceux* [= les animaux] *des bois, ou* SOIENT *ceux des montagnes* (RONSARD, éd. L., t. V, p. 225, variante). — *Il* [= saint Paul] *se cognoissoit detteur de Dieu à glorifier son nom*, FUST *par vie* FUST *par mort* (CALVIN, *Inst.*, III, IX, 4). — *Et* FUST *pour estriller ses galles* OU *ses crottes* (M. RÉGNIER, *Sat.*, XI).

Il pouvait aussi se combiner avec *ou*, sous les formes *ou soit ... ou soit ..., ou soit ... ou ..., soit ... ou soit ..., soit ou ... ou ...*, ce que Vaugelas considérait comme une redondance (ce ne l'était pas au regard de l'étymologie) et condamnait, du moins en prose : « Les Poëtes ne font point de difficulté d'en user, leur estant commode d'avoir une syllabe de plus, ou de moins, pour le vers » (pp. 30-31). Les poètes en usent encore, en effet, jusqu'à la fin du XVIIIᵉ s. :

SOIT *que déja l'attente du plaisir / L'eust disposée ;* OU SOIT *par sympathie* (LA F., *C.*, Oraison de s. Julien). — *Pour un nombre de mots,* SOIT OU *verbes,* OU *noms* (MOL., *F. sav.*, III, 2). — SOIT OU *crime* OU *devoir* (VOLT., cit. Brunot, *Hist.*, t. VI, p. 1924). — SOIT *que ta main* [...] / *Veuille aux roses tes sœurs prodiguer leur culture, /* [...] / OU SOIT *que ton beau corps* [...] / *Aime mieux habiter sous les ondes limpides* (CHÉNIER, *Poésies div.*, À D'. Z...).

Vaugelas admettait *soit ... soit ...* et *soit ... ou ...* Ce dernier semble plus fréquent au XVIIᵉ et au XVIIIᵉ s. qu'aujourd'hui :

⁺*J'avais mes desseins,* SOIT *que vous eussiez un fils* OU *une fille* (SÉV., 2 déc. 1671). — ⁺SOIT *caprice* OU *raison, jamais il ne me parut si bien* (LACLOS, *Liaisons dang.*, X). — ⁺SOIT *qu'il l'ait négligée* OU *que je lui plaise mieux* (BEAUMARCHAIS, *Mar. de Fig.*, V, 12). — Etc.

Comme équivalent de *c'est-à-dire, soit* est peut-être une extension de *soit* introducteur (§ 1045, *c*).

Avec les deux valeurs indiquées ci-dessus, *soit* se prononce ordinairement en Belgique [swat], même devant consonne, ce qui montre bien que le mot s'est émancipé de la forme verbale. — Pourtant, voici un ex. où l'auteur traite *soit* « c'est-à-dire » comme un verbe : *Péguy distingue deux « mentalités »,* SOIENT *les philosophes implicites de la communication que révèlent* [...] (A. GLUCKSMANN, *Cynisme et passion*, p. 110). — En revanche, *soit ... soit ...* avec des sous-phrases était impossible tant que *soit* était senti comme un verbe. C'est la dernière étape du figement ; elle n'est pas encore tout à fait acquise, comme nous l'avons dit.

1042   *Voire* s'emploie avec le sens de « et même » :

[...] *qui trouvaient les Bergotte bien bruyants,* VOIRE *un peu vulgaires* (PROUST, *Rech.*, t. I, p. 554). — *Ce sont de longs mois qu'il faudra encore,* VOIRE *des années* (R. MARTIN DU GARD, *Thib.*, Pl., t. II, p. 993). — *Les gens* [...] *désirent une voiture plus moderne ou une seconde,* VOIRE *une troisième voiture* (G. FRIEDMANN, *La puissance et la sagesse*, p. 100). — *Pour des intellectuels, la gauche signifie plus de vérité, de sincérité,* VOIRE *d'humilité* (J.-Fr. REVEL, dans le *Point*, 5 sept. 1983, p. 44).

On trouve plus souvent dans le même sens *voire même*, qui est parfois condamné comme pléonastique par les puristes, mais qui peut alléguer en sa faveur son ancienneté (cf. Hist.) et l'approbation de l'Acad. (depuis 1835), ainsi que celle de Littré :

Quelques-uns, VOIRE MÊME *beaucoup, ont voulu prendre leur part de sa gloire* (MÉRIMÉE, *Portr. hist. et litt.*, p. 17). — *Les couteaux et pipes,* VOIRE MÊME *les chaises, avaient fait leur tapage* [...] *à la fin de chaque couplet* (MUSSET, *Contes*, Mimi Pinson, IV). — *Je serais bien homme à la manger sans citron ni épices. /* — VOIRE MÊME *sans sel, répondit le Tyran* (Th. GAUTIER, *Cap. Fracasse*, VI). — *On est toujours plus faible que n'importe qui dans les chemins, même au comble de la puissance,* VOIRE MÊME *d'autant plus qu'on est plus puissant, si l'on n'est pas accompagné* (JOUHANDEAU, *Chaminadour*, p. 481). — *Le prolétariat inquiète,*

VOIRE MÊME *terrorise les dirigeants* (CURTIS, *Saint au néon,* F°, p. 210). — *Ce remède est inutile,* VOIRE MÊME *pernicieux* (AC.).

Autres ex. : BALZAC, *Goriot,* p. 137 ; SAINTE-BEUVE, *Corresp.,* 7 juin 1832 ; E. de GONC., *Faustin,* II ; A. THOMAS, *Essais de philologie fr.,* p. 203 ; LOTI, *Mme Chrysanth.,* XXXVIII ; BARRÈS, dans les *Annales de la patrie fr.,* 1er mai 1901, p. 2 ; LÉAUTAUD, *Petit ami,* I ; THÉRIVE, *Opinions littér.,* p. 124 ; P. HAZARD, *Les livres, les enfants et les hommes,* p. 16 ; FAGUET, *Hist. de la poésie fr.,* t. X, p. 9 ; A. MAUROIS, dans le *Figaro litt.,* 27 avril 1963 ; etc.

Céline place *voire* après le dernier terme de la coordination : *C'était des gens de partout : de Seine, Seine-et-Oise, des abonnés de la Province, des Colonies... de l'Étranger* VOIRE !... (*Mort à crédit,* L.P., p. 275). C'est un usage personnel.

Hist. — *Voire,* du lat. *vera,* pluriel neutre de l'adjectif *verus* « vrai », était en anc. fr. un nom féminin signifiant « vérité », — ou un mot-phrase signifiant « vraiment » (cf. § 1054, *b*), — ou une conjonction de coordination signifiant « et même » : *Bien s'en vestiroient as festes / Empereor, ou roi,* VOIRE *ange* (*Rose,* cit. Littré). — Dans ce dernier sens, *voire* paraît avoir subi une éclipse : Bescherelle en 1846, par ex., le présente comme un mot du passé.

Voire même, apparu au début du XVIIe s., est donc pléonastique. Vaugelas (p. 42) ne le trouvait pas d'un excellent usage, mais ne le condamnait pas cependant. Il est de fait assez fréquent à l'époque : [...] *paroistra en vos yeux, en vostre bouche, en vos mains,* VOYRE MESME *en vos cheveux* (Fr. de SALES, *Introd. à la vie dév.,* III, 23). — *Cette raison abbattue et endormie,* VOIRE MESME *morte et enterree* [...] (GUEZ DE BALZAC, *Socrate chrestien,* VI). — Autres ex. : RICHELIEU, dans Fr. Haschke, *Die Sprache Richelieus nach seinem Briefwechsel,* p. 25 ; CORN., *Clitandre,* Argum. ; VINCENT DE PAUL, cit. *Fr. mod.,* juillet 1953, p. 168 (avec d'autres ex., dont le plus ancien est de 1604) ; BOSS., *Œuvres orat.,* t. V, p. 446.

On a dit aussi *voire bien : Je veux bien avertir ceux qui aspirent à ceste gloire, d'immiter les bons aucteurs Grecz et Romains,* VOYRE BIEN *Italiens, Hespagnolz et autres* (DU BELLAY, *Deffence et illustr.,* II, 3).

CHAPITRE X

L'INTRODUCTEUR

1043 Nous appelons **introducteur** un mot invariable qui sert à introduire un mot, un syntagme, une phrase :

VOICI *votre journal.* — VOICI *qu'il revient.*

Il se distingue de la préposition ou des conjonctions en ceci qu'il ne sert pas à unir.

Cette notion recouvre en partie celle de **présentatif**, que l'on définit souvent de façon sémantique, en disant qu'il sert à désigner quelqu'un ou quelque chose. — Sous cette étiquette, les grammairiens mettent d'habitude *voici* et *voilà*, auxquels certains ajoutent *c'est* (C'EST *ici*) et *il y a* (IL Y A *dix places de libres*). Nous élargissons cette catégorie.

On appelle souvent complément du présentatif le mot ou le syntagme qu'il introduit. On peut parler de complément ou de régime de l'introducteur, sauf lorsque l'élément introduit a une autre fonction (comme celle de sujet, etc.). — La dénomination la plus adéquate serait **suite** de l'introducteur, si, dans le cas de *voilà* et de *voici*, certains mots ne pouvaient les précéder.

1044 **Les introducteurs proprement dits** (invariables).

*a) **Voici** et **voilà*** : voir §§ 1046-1047.

*b) **Est-ce que*** introduit la phrase interrogative (§ 389) :

EST-CE QUE *votre mère est là ?* — Dans l'interrogation partielle, *est-ce que* (ou *est-ce qui*) suit le mot interrogatif : *Qu'*EST-CE QUE *vous préférez ? Qui* EST-CE QUI *partira le premier ?*

*c) **Ô*** introduit le mot en apostrophe, dans la langue littéraire (§ 370) :

Ô *ma Nuit étoilée je t'ai créée la première* (PÉGUY, *Porche du myst. de la deuxième vertu*, p. 228). — Voir aussi § 122, Rem. 3.

*d) **Prépositions*** jouant le rôle d'introducteurs.

1° *À* (qui se contracte avec l'article) introduit un nom dans des appels :

AU *secours !* AU *feu !* À *la soupe !*

2° *De* introduit

— Un syntagme nominal ou un pronom, pour exprimer la notion de partitif (cf. § 568, Hist., 1) : *Il a goûté* DE *tous les plats.*

— Un infinitif, notamment un infinitif de narration (§ 871, *c*), un infinitif sujet (cf. §§ 880 et 231, *b*) : *Le lendemain, pas de Salavin. Et, cette fois, Édouard* DE *s'inquiéter* (G. DUHAMEL, *Deux hommes*, XVIII). — *Comme si* DE *pleurer avançait à quelque chose (Dict. contemp.).*

De introduit aussi des infinitifs sujets réels ou compléments d'objet direct : *Il importe* D'*être attentif.* — *On permet* DE *fumer.*

3° *En* introduit le gérondif (§ 891) et l'apposition détachée à valeur de complément adverbial (§ 337, *b*) [comp. *e*, 2°].

C'est EN *forgeant qu'on devient forgeron* (prov.). — *Il s'est conduit* EN *égoïste.*

4° *Quant à, pour,* ainsi que la périphrase *pour ce qui est de,* servent à mettre en relief un terme de la phrase ou de la proposition, généralement avec redondance (cf. § 367, *b*, Rem. 2, et *c*, Rem. 1) :

Je sortirai, QUANT À *moi, satisfait / D'un monde où l'action n'est pas la sœur du rêve* (BAUDEL., *Fl. du m.*, Reniement de s. Pierre). — QUANT AUX *tapisseries, elles étaient de Boucher* (PROUST, *Rech.*, t. II, p. 14). — *Valentin. Vous me paraissez savante, pour votre âge, et, en même temps, aussi étourdie que moi* [...]. / *Cécile.* POUR *étourdie, j'en dois convenir ici* [...]. POUR *savante, c'est une autre affaire* (MUSSET, *Il ne faut jurer de rien*, III, 5). — POUR CE QUI EST DE *l'argent, il le méprise.*

Sur les divers emplois de *pour,* voir A. Henry, *Études de syntaxe expressive,* pp. 111-124.

Avec un infinitif : QUANT À *chercher celle qu'il me faudrait, j'y renonce !* (FLAUB., *Éd. sent.*, I, 2.) — Cet infinitif peut être *faire,* verbe substitut (§ 745) : QUANT À *faire, nous aurions eu mieux à emprunter* (Fr. GIROUD, *Comédie du pouvoir,* p. 155). [Voir aussi la Rem. 4.]

Hist. — On a dit au moyen âge, au lieu de *quant à, quant de* et *quant est de.* Cette dernière expression est encore attestée au XVIIe s. : QUAND EST DE *moy* [...] / [...] / *Je devrois bien reüssir aysément, / En cas d'Amour* (VOITURE, *Poés.*, LXV) [1650]. — L'Acad. continue à citer la périphrase *Quant à ce qui est de,* qui n'est plus guère en usage. — L'ex. suivant paraît ressortir au fr. régional : *Et maintenant,* QUANT ET QUANT DE CE QUI EST DE *son apparence et des mondes qu'elle contient, voici l'envers de la question* (S. SCHWARZ-BART, *Ti Jean l'horizon,* p. 117).

Remarques. — 1. *Quant à présent,* d'ailleurs vieilli, est une haplologie pour **quant à à présent* :

Notre rôle ne peut, QUANT À PRÉSENT, *qu'être passif* (TOCQUEVILLE, *Souvenirs,* p. 365). — QUANT À PRÉSENT, *on ne saurait encore s'en servir pour infirmer les principes admis* (GOBINEAU, *Essai sur l'inégalité des races humaines,* I, 10). — [...] *le petit succès de cabotinage auquel se bornait* QUANT À PRÉSENT *leur ambition* (HERMANT, dans la *Revue de Paris,* 15 mai 1937, p. 397).

Hist. — *Quant à présent* a été plus répandu jadis : MONTESQ., *L. pers.*, XXIV ; J.-J. ROUSS., *Rêveries,* IV ; etc.

2. Le syntagme *quant à soi* a été nominalisé et s'écrit alors d'ordinaire avec des traits d'union. Peu importe la personne du verbe :

Elle [= la logique] *n'a qu'à rester sur son* QUANT-À-SOI (HERMANT, *Chron. de Lancelot*, t. II, p. 52). — *Je suis restée sur mon* QUANT À SOI (J. GREEN, *Minuit*, p. 128). — *Nous le savions capable de garder son* QUANT-À-SOI (É. HENRIOT, dans le *Monde*, 7 févr. 1951).

Hist. — Jusqu'au XVIIIe s., on a dit *le quant à moi*, quelle que soit la personne du verbe : *Il se met sur un pied et sur le quant à* MOY (RÉGNIER, *Sat.*, XI). — ⁺*Si elle se tient sur son quant-à-*MOI (LA F., *Psyché*, Pl., p. 210). — *Il se met sur son quant à* MOY (VAUGELAS, p. 193). — ⁺*Voilà à quoi je mettrais ma gloire et non pas à me tenir douloureusement sur mon quant-à-*MOI (MARIV., *Serments indiscr.*, III, 7).

3. *Quant à* peut aussi servir de préposition au lieu de *sur, de*, etc.

Je lui avais, moi-même, donné des instructions QUANT À *la conduite à tenir* (DE GAULLE, *Mém. de guerre*, t. I, p. 197). — *Je suis inquiet* QUANT AUX *conséquences de cet incident* (*Grand Lar. langue*).

4. °*Tant qu'à* s'emploie pour *quant à* dans la langue populaire. Cela apparaît rarement dans la littérature, en dehors du cas où les auteurs veulent reproduire ou imiter l'usage populaire ; ce n'est certainement pas l'intention de Chateaubriand. Voir aussi l'Hist.

TANT QU'*à toi il sera beau de t'être fait un parti de toi-même* (CHAT., *Mém.*, I, I, 5) [passage traduit de Dante]. — TANT QU'*à moi, ce sont les premiers bessons que je vois* (SAND, *Pet. Fadette*, I). — TANT QUA [*sic*] *ton ami médecin ce n'est qu'une pure blague* [écrit une prostituée] (Ch.-L. PHILIPPE, *Bubu-de-Montparnasse*, V). — *Et* TANT QU'*au chameau qu'avons-nous besoin de cet alambic à quatre pattes ?* (CLAUDEL, *Positions et propositions*, cit. Thérive, *Querelles de langage*, t. III, p. 143.) — *Ta sûreté est certaine,* / TANT QU'*à la mienne, y pourvoira un dieu* (trad. de : Sophocle, *Œdipe à Colone, ib.*). — TANT QU'*à moi, j'aurais cru que mon arme aurait fait long feu* (CHAMSON, *Superbe*, p. 489). — °*Tant que de est plus rare :* TANT QUE DE *tués et de blessés, il n'y a personne de mort* [dit une bonne] (ZOLA, *Pot-bouille*, XVI).

Tant qu'à faire (que) de résulte sans doute d'un croisement de l'expression précédente avec l'expression régulière *À tant faire que de* « supposé qu'on pousse les choses jusqu'à » (§ 707, *a*, Rem. 2). On dit souvent d'une manière absolue *Tant qu'à faire* ou on emploie *tant qu'à* avec d'autres infinitifs. Ces tours sont sans doute d'origine populaire, mais ils pénètrent dans la langue littéraire, surtout le dernier.

Tant qu'à faire (que) de : TANT QU'À FAIRE D'*être ta victime, j'aime autant ne pas t'en avoir obligation* (COURTELINE, *Paix chez soi*, II). — TANT QU'À FAIRE DE *mourir pour des mots, autant mourir pour les initiales* (J. PERRET, *Bande à part*, p. 33). — TANT QU'À FAIRE QUE DE *vouloir, elle avait décidé de viser haut* (VIALAR, *Robes noires*, p. 39). — TANT QU'À FAIRE QUE DE *me dépayser, il vaut mieux y aller bon cœur bon argent* (GIONO, *Voy. en Italie*, p. 27). — TANT QU'À FAIRE DE *n'être pas heureux, j'observe de près* [...] *ce qu'aura été notre malheur* (Fr. MAURIAC, dans le *Figaro litt.*, 16 sept. 1965).

Tant qu'à faire absolument : Je me suis laissé dire que dans la lune on trouvait des hommes charmants... Il faudra creuser cette idée, ma chérie ; un Lunois, TANT QU'À FAIRE, *il me semble que pour une petite maboul* [sic] *comme toi, ce serait plus indiqué* (LOTI, *Désenchantées*, IV). — TANT QU'À FAIRE, *puisqu'il le* [= un coq] *tenait, il pouvait le faire cuire* [dit un curé] (Fr. JAMMES, *M. le curé d'Ozeron*, p. 62). — *Il n'y avait aucun inconvénient* [...] *à inviter une amie.* / TANT QU'À FAIRE, *je la choisis jeune, jolie, intelligente et sensible* (Cl. MAURIAC, dans le *Figaro litt.*, 25 sept. 1948). — *C'est égal, j'aime mieux que tu sois là,* TANT QU'À FAIRE ! (P. BENOIT, *Agriates*, p. 205.)

Tant qu'à + autre verbe que *faire* : TANT QU'À *avoir une religion, l'ancienne me suffirait* (MAUPASS., *C.*, Mon oncle Sosthène). — TANT QU'À *marcher, autant se diriger du côté de la délivrance* (GIDE, *Journal*, 31 mars 1931). — TANT QU'À *construire des usines au-dehors avec des crédits d'État, pourquoi les construire en Union soviétique* [...] ? (Raym. ARON, dans le *Figaro*, 25 juillet 1973.) — TANT QU'À *jouer les prolongations, autant prendre pour absolu une parcelle sublime de passé* (POIROT-DELPECH, *Grands de ce monde*, p. 280).

Autres ex. du 3ᵉ type : LOTI, *Mᵐᵉ Chrysanth.*, III ; AYMÉ, *Contes du chat perché*, Patte du chat ; TROYAT, *Cahier*, p. 15 ; S. de BEAUVOIR, *Mandarins*, p. 129 ; IKOR, *Semeur de vent*, p. 59 ; R. ESCARPIT, dans le *Monde*, 17 mai 1972 ; J. PIATIER, *ib.*, 7 juin 1973 ; etc.

On trouve aussi avec la même valeur *quant à faire* : voir ci-dessus l'ex. de Fr. Giroud ; autre ex. : DRIEU LA ROCHELLE, *Chiens de paille*, p. 226. — *Quitte à faire* est plus rare : QUITTE À *faire, dit Kassner, j'aimerais mieux tomber de l'autre côté de la frontière* (MALRAUX, *Temps du mépris*, p. 129).

Hist. — *Tant qu'à* + nom ou pronom se rencontrait déjà au moyen âge, ainsi que diverses variantes : TANT QUE A *moy, je ne le feray ja morir* (FROISSART, *Chron.*, cit. Godefroy). — TANT QUE POUR *ma partie, / Sus toutes flours, j'aime la margherite* (ID., *Poés.*, t. I, p. 49). — TANT QU'EN *moy. je ne demoray mie de vostre conselhe tant qu'ilh y ait nuls des trahitres* (JEAN D'OUTREMEUSE, éd. B., t. II, p. 491). — *Je vous conseille*, TANT QU'A *moy* [...] (*Croniques et conquestes de Charlemaine*, éd. Guiette, t. I, p. 207). — Voir aussi Tobler-Lommatzsch, t. X, col. 93.

5. Au lieu de *quant à* + nom ou pronom, on dit aussi *en ce qui concerne, pour ce qui concerne*, ou ... *regarde*, ou ... *touche* :

Vous prendrez lecture des ordres que je donne au gouverneur, et EN CE QUI *vous* REGARDE *vous les exécuterez* (Al. DUMAS, *Tulipe noire*, XXX). — POUR CE QUI REGARDE *la formation du caractère, l'éducation anglaise est meilleure* (TAINE, *Notes sur l'Anglet.*, p. 142). — EN CE QUI TOUCHE *les œuvres, il importe d'attendre après chaque* [*sic*] (COCTEAU, *Difficulté d'être*, 1947, p. 156). — *Le Gouvernement français ne peut accepter*, POUR CE QUI *le* CONCERNE, *une telle retraite* (DE GAULLE, *Mém. de guerre*, t. III, p. 409). — EN CE QUI CONCERNE *votre demande* [...], *je la prends en considération* (*ib.*, t. II, p. 432).

e) **Conjonctions** jouant le rôle d'introducteurs.

1° *Que* introduit des phrases où le subjonctif est employé comme prédicat de phrase (§ 865), notamment des phrases injonctives ou optatives :

QUE *tout le monde sorte !* QUE *votre souhait se réalise !*

2° *Comme, en tant que* introduisent des appositions détachées à valeur de compléments adverbiaux (§ 337, *d*, 3°) :

Tout ce que j'endure COMME *épouse et* COMME *mère* (FLAUB., *Éd. sent.*, III, 3).

3° *Si* introduit une interrogation équivalant à une suggestion :

SI *on allait manger un morceau ?*

f) Diverses formules vidées de leur signification introduisent des phrases exclamatives :

Elle a demandé à revoir mes photos de lui, et elle soupirait en les regardant : « DIRE QUE *je n'aurai plus jamais un petit garçon comme cela à caliner !* » (MONTHERLANT, *Ville dont le prince est un enfant*, II, 2.) — Voir d'autres ex. au § 394, *e*.

On peut y joindre *À bas* introduisant un nom dans des cris d'exécration (antonyme : *Vive*, cf. § 1045, *d*) : *Je me moque de la ressemblance ! À* BAS *le Réalisme ! C'est l'esprit qu'on peint !* (FLAUB., *Éd. sent.*, III, 4.)

g) On pourrait aussi considérer comme des introducteurs *le fait de* et *le fait que* servant à nominaliser, l'un un infinitif, l'autre une proposition : cf. § 365, *b*, Rem.

1045   **Autres introducteurs** (tendant à l'invariabilité).

a) C'est « présentatif », et spécialement *c'est... que* (ou : *... qui*) servant à la mise en relief (§ 447). Ils introduisent un nom ou un syntagme nominal, un pronom, un infinitif, un adverbe, une proposition :

C'EST *le facteur.* C'EST *ici.* CE *n'*EST *pas* QUE *nous soyons satisfaits.* C'EST *le facteur* QUI *l'a apporté.* C'EST *ici* QUE *l'accident s'est produit.* C'EST *seulement quand vous serez parti* QUE *nous serons tranquilles.*
L'invariabilité en personne est acquise : C'EST *moi.* C'EST *vous.* — En nombre, l'accord est souvent menacé : cf. § 898. — Le figement est plus net pour le temps : *Et qui est-ce qui n'a plus su quoi dire ?* C'EST *M. le maire* (J. ROMAINS, *Knock*, II, 1) [= *Ç'a été...*]. — C'EST *bien plus tard* [...] *qu'elle s'informa systématiquement* (MALLET-JORIS, *Jeanne Guyon*, p. 121). — Voir cependant § 850, Rem. 1.
Bibl. — M.-L. MOREAU, *C'est. Étude de syntaxe transformationnelle.* Mons, Université, 1976.

b) Il y a « présentatif » introduit un nom ou un syntagme nominal, un pronom (nom ou pronom pouvant être accompagnés d'un attribut), parfois une proposition :

IL *n'*Y A *personne.* IL Y A *une dame qui veut vous voir.* — *Tout au sommet de la bulle de verre,* IL Y A *écrit quelque chose* (LE CLÉZIO, *Guerre*, p. 80). — *La fatigue leur est venue.* / IL Y AVAIT *cette grande chaleur ;* IL Y AVAIT *qu'ils n'avaient pas dormi et qu'ils ne mangeaient presque plus* (RAMUZ, *Grande peur dans la montagne*, p. 181).
Il y a, qui ne peut varier en nombre (comme tous les verbes impersonnels), varie en mode et en temps. C'est le moins figé des introducteurs du point de vue formel. — Il s'emploie aussi comme une sorte de préposition : *Il est parti* IL Y A *une heure.*

c) Soit [swa] introduit un syntagme nominal, pour exprimer une hypothèse ou un exemple dans une argumentation :

SOIT *les propositions :* Il a de l'argent, il peut tout (BRUNOT, *Pensée*, p. 362).
Soit est souvent invariable, comme dans l'exemple ci-dessus. Pourtant, bien des mathématiciens continuent à écrire : SOIENT *deux triangles...* Voir § 901, *d*.

d) Vive introduit un syntagme nominal dans un cri d'exaltation (antonyme : *À bas*, cf. § 1044, *f*) : VIVE *les vacances !*

Le figement est manifeste puisque ce qui suit *vive* peut être un nom inanimé. Cependant, certains font varier *vive* dans l'écriture, c'est-à-dire en nombre, mais non pas en personne : voir § 901, *e*.

1046   **Construction de *voici* et *voilà*.**

a) **Après** *voici* et *voilà*, on peut avoir :

1° Un nom ou un pronom autre qu'un pronom personnel :

Voilà *Pierre.* Voici *votre manteau.* Voilà *quelqu'un.* — Avec un *que* exclamatif : *Que* Voilà *un beau raisonnement !*

Ce nom ou ce pronom peuvent être accompagnés, notamment, d'une relative, d'un attribut, d'un infinitif introduit par *à :* Voilà *quelqu'un qui entre.* Voilà *notre homme tout penaud.* Voici *quelque chose à boire.*

Lorsqu'il s'agit du pronom neutre *quelque chose,* on peut l'omettre avec l'infinitif ou avec un adjectif au comparatif : Voici *à boire.* — Voici *plus étonnant.*

On considère parfois *voici* et *voilà* comme des prépositions quand ils introduisent un complément de temps à l'intérieur d'une phrase : *Je l'ai connu* Voici *deux ans.*

Notons l'expression marquant la surprise *En voici bien d'une autre !* Variante plus rare : *En* Voilà *d'une autre !* (Voir l'ex. d'Aymé au § 712, *a,* 1°, Rem. 2.)

2° Une proposition, soit conjonctive, soit relative (avec un pronom relatif sans antécédent), soit une interrogation indirecte (aussi sous la forme de l'infinitif) :

Voilà *que le mur s'écroule tout à coup.* — Voilà *qui est fait.* — Voici *de quoi nous parlons.* Voici *comment c'est arrivé.* Voici *que répondre.*

La proposition interrogative est laissée implicite dans : Voici *comment.* Voici *avec qui.* Voici *dans quelles circonstances.*

3° Une proposition infinitive après *voici* dans la langue littéraire, surtout avec *venir* (§ 872, *c,* 3°) :

Voici *venir une voix* (Chat., *Génie,* I, II, 4). — Voici *venir le temps où vibrant sur sa tige / Chaque fleur s'évapore ainsi qu'un encensoir* (Baudel., *Fl. du m.,* Harmonie du soir). — Voici, *de la maison, sortir un Salavin épineux et glacé* (G. Duhamel, *Deux hommes,* p. 209).

b) **Avant** *voici* et *voilà*, on peut avoir :

1° Un pronom personnel conjoint (sous la forme de l'objet direct), y compris *en.*

Me voici. *Te* voilà *enfin. Les* voici. *En* voilà. — *En veux-tu, en* voilà : cf. § 120, *c.* — Le pronom personnel peut être suivi de *y : M'y* voilà.

Avec un attribut, une relative, un infinitif : *Le* voilà *tout étonné.* — *Le* voilà *qui vient par ici* (Giraudoux, *Impromptu de Paris,* I). — *La* voici *qui revient* (Fr. Mauriac, *Anges noirs,* p. 187). — *Nous* voilà *à les regarder avec stupéfaction.*

Remarques. — 1. Par confusion avec le tour *Voilà* qu'il *vient* (*a,* 2°), *voilà* qu'elle *vient,* on entend °*Le voilà qu'il vient.* °*La voilà qu'elle vient.* (Comp. § 689, *d,* 4°, Rem.)

Cela est rare dans l'écrit : *Et le corps* [...], *le voici* qu'il *ne peut plus se contenir dans l'étendue !* (Valéry, *L'âme et la danse,* Pl., p. 171.) [Peut-être par imitation de l'usage du XVIIᵉ s. : ⁺*La voilà* qu'elle *est à la porte* (Boss., cit. Haase, § 35, C, Rem. 1). — Cela a été critiqué par Vaugelas, p. 353.]

2. Il est exceptionnel que *voici, voilà* soient précédés d'un pronom conjoint objet indirect :

Nous *voici présenté le roman de l'Europe* (Al. Peyrefitte, dans le *Monde*, 25 mai 1979).

2° Un pronom relatif, avec un nom ou un pronom comme antécédent :

La belle affaire que VOILÀ ! *L'homme que* VOICI *vous sera utile.*

c) *Voici* et *voilà* avec **régime implicite.**

« Voici », *me dit-il en me donnant la clé.* — Cf. § 1051, *d*, 3°.

Remarques. — 1. *Voilà* s'emploie dans une phrase interrogative (à valeur exclamative), mais uniquement avec la négation *ne ... pas* ou *pas* seul ; par analogie avec l'interrogation ordinaire, caractérisée par l'inversion du pronom personnel sujet, on insère le pronom *il*, précédé de *t*, analogique lui aussi, que l'on met entre deux traits d'union :

À mon grand étonnement, NE VOILÀ-T-IL PAS *qu'il se fâche !* (Ac.) — VOILÀ-T-IL PAS *une instructive histoire ?* (Barrès, *Maîtres*, p. 270.) — Voir d'autres ex. et des commentaires au § 387 et Hist.

Avec *est-ce que* et sans *-t-il* : *Est-ce que ne* VOILÀ *pas de la pourpre ?* (Hugo, cité § 389, *a*.)

2. Ce qui est dit de *voici* et de *voilà* s'applique aussi à *revoici* et à *revoilà*.

Hist. — La première partie de *voici, voilà* est certainement une forme de *voir*, mais ce peut être l'impératif ou l'indicatif. On trouvait aussi le pluriel : Veez *cy nostre homme* (*Cent nouv. nouv.*, I). — Voyez *cy argent content* (Rab., IV, 6). — Le pronom personnel conjoint pouvait s'intercaler : *Voy* me *la prest à boyre* (Id., *Garg.*, XLI). — De la variante *vela* (XIVe s.) provient la prononciation populaire [vlA].

Au lieu de *voici*, l'anc. fr. utilisait *ez, es* (du lat. *ecce*) : *El* [= dans le] *vergier* es *les venus* (2e continuation de *Perceval*, 28791, variante).

1047   **Le choix entre *voici* et *voilà*** suit les mêmes règles que le choix entre *celui-ci* et *celui-là*, *ceci* et *cela* : cf. §§ 669-670.

a) *Voici* désigne ce qui est le plus proche du locuteur, *voilà* ce qui est plus éloigné :

Mon sillon ? Le VOILÀ. *Ma gerbe ? La* VOICI (Hugo, *Contempl.*, IV, 13).

b) Dans le contexte, *voici* désigne ce qui suit, et *voilà* ce qui précède :

Voici *la chose : c'est samedi prochain, 24, la fête de Mme Arnoux* (Flaub., *Éd. sent.*, I, 5). — *Aimer, prier, chanter,* VOILÀ *toute ma vie* (Lamart., *Nouv. médit.*, XIII).

En réalité, *voilà* est beaucoup plus fréquent que *voici*, peu usité dans la langue parlée et concurrencé par *voilà* même dans la langue écrite :

VOILÀ *l'image de la gloire : / D'abord, un prisme éblouissant, / Puis un miroir expiatoire, / Où la pourpre paraît du sang !* (Hugo, *Odes et ball.*, Odes, III, 6.) — VOILÀ *ce qu'ont chanté les filles d'Israël* (Vigny, *Poèmes ant. et mod.*, Fille de Jephté) [début du poème]. — VOILÀ *comment les choses se passent : le pays limitrophe s'avance jusque sur les bords de la frontière* [...] (Aymé, *Silhouette du scandale*, p. 149). — VOILÀ *comment les choses se sont passées : lorsque j'ai été démobilisé, je me trouvais en zone libre* [...] (Fr. Mauriac, *Feu sur la terre*, p. 80). — VOILÀ *mon excuse : l'intérêt, le plus bas intérêt personnel* (Maulnier, dans la *Table ronde*, mars 1953, p. 73).

CHAPITRE XI

LE MOT-PHRASE

1048   Le **mot-phrase** est un mot invariable qui sert ordinairement à lui seul de phrase :

Merci. Bonjour. Bravo ! Allô ! Oui. Zut !

On parlera de **locution-phrase** à propos d'une suite de mots qui constitue une phrase, sans que le locuteur puisse attribuer une fonction à chacun de ces mots pris séparément :

Au revoir. À la bonne heure ! Tant mieux. À quoi bon ?

Remarques. — 1. Une phrase, et notamment la phrase verbale, peut être autonome, présenter un sens complet en elle-même et constituer à elle seule un discours : *L'eau bout à cent degrés* ; — ou bien se rattacher explicitement à un discours, à une suite de phrases : *Il l'a vue aussi* ; cf. § 210, Rem. 1. Il en est de même du mot-phrase : *Bonjour*, d'une part, se suffit à lui-même ; — *Oui*, d'autre part, implique un discours commencé (souvent par un interlocuteur).

2. La phrase à l'impératif, parce qu'elle se passe de sujet, est assez souvent constituée d'un seul mot : *Partez. Obéissez.* Ces impératifs ne sont pas considérés comme des mots-phrases.

En revanche, *tiens, allez, allons, voyons, gare,* etc., dans certains de leurs emplois, cessent d'être de véritables impératifs et deviennent des mots-phrases (voir aussi § 1049, *b,* 2°) ; de même, *dis donc* est parfois une simple locution-phrase. — Sont aussi des mots-phrases ou des éléments de locutions-phrases d'autres formes verbales comme *soit* (cf. *ib.*), — ou comme *importe* dans *n'importe, fait* dans *si fait.* À plus forte raison, *hallali* ou des éléments empruntés à d'autres langues comme *vivat, baste, alleluia,* qui, originairement, sont des verbes ou contiennent un verbe.

1049   Il convient de distinguer le mot-phrase *essentiel* et le mot-phrase *occasionnel* ou *accidentel.*

a) Le **mot-phrase essentiel** (ou locution-phrase essentielle) n'a pas d'autre fonction que de servir de mot-phrase (ou de locution-phrase) :

Allô. Hélas ! O.K. Zut ! Tant pis. — On y joindra les mots-phrases que l'écriture distingue des syntagmes homonymes : *Adieu. Bonjour* [qui s'opposent aux syntagmes *à Dieu* et *bon jour*).

Remarque. — Comme tout élément de la langue, les mots-phrases peuvent être nominalisés.

Pour quelques-uns d'entre eux, cette nominalisation est fréquente : *Oui, non, bravo, hourra, merci, bonjour,* etc. — Cela pose un problème de graphie quand ces noms sont au pluriel : cf. § 507, *b.* — *Hallali,* d'abord cri lancé aux chiens, est surtout employé comme nom aujourd'hui.

b) Le **mot-phrase accidentel** (ou locution-phrase accidentelle) a d'autres fonctions que celle de mot-phrase.

En théorie, presque tous les mots peuvent, dans des situations particulières, servir de mots-phrases : *Imbécile !* comme injure. — *Gaston !* comme appel ou sur un ton désapprobateur. — *Magnifique !*

Cependant, certains d'entre ces mots-phrases (ou locutions-phrases) seront retenus dans ce chapitre :

1° Lorsque, comme mots-phrases, ils ont un sens particulier, le locuteur sentant l'une et l'autre réalisation comme de simples homonymes.

Flûte ! comme exclamation et *flûte* comme nom commun (certains Belges prononcent [flyt] dans le premier cas, [fly:t] dans le second). — *Merci* comme mot-phrase exprimant la gratitude, et *merci* dans des syntagmes comme *tenir à sa merci.* — *Voire* comme réponse évasive et *voire* comme conjonction de coordination (§ 1042). — *Fouette cocher !* s'emploie sans que l'on parle à un cocher et sans qu'on donne à qqn l'ordre de *fouetter* ; il n'est qu'un synonyme de *En avant !*

2° Lorsqu'ils n'ont pas les caractères morphologiques qu'ils ont dans leur emploi normal :

Soit ! prononcé [swAt] (et non [swA] comme en tant que forme verbale). — *À Dieu vat* : § 765, Rem. 2. — *Tiens !* à une personne que l'on vouvoie : TIENS, *vous voilà déjà !* (RAMUZ, *Derborence,* p. 241.) — *Allez !* à une personne que l'on tutoie. — *Allons !* alors que l'on ne s'associe pas à l'impératif (comp. § 399, *a*) : ALLONS, *Monsieur, des excuses !* (LABICHE, *Chapeau de paille d'It.,* I, 6.)

3° Lorsque le locuteur ne sent pas la phrase constituée par le mot-phrase ou la locution-phrase comme une phrase incomplète ; il aurait même de la peine à suppléer les éléments qui manquent pour obtenir une phrase verbale :

Au feu ! Adieu. Salut ! (Au sens de *Bonjour.*) *Chapeau !* (= Bravo !)

4° Lorsque c'est la formule normale, attendue, pour telle situation de communication :

Au secours ! (À qqn qui éternue :) *À vos souhaits ! Pardon. Très bien,* comme appréciation d'un travail scolaire, etc.

1050   **Espèces de mots-phrases.** — En tenant compte de leur rôle dans la communication, on peut distinguer trois espèces de mots-phrases.

a) Le mot-phrase que nous appelons **objectif** est destiné à un interlocuteur, soit pour établir une communication avec lui *(Allô),* soit pour lui faire un message, acquiescement *(Oui)*, dénégation *(Non)*, salutation *(Bonjour)*, ordre *(Stop)*, félicitation *(Bravo)*, etc.

Les principaux mots-phrases de ce type sont :

Adieu	Bravo !	Hosanna !	Oui	Stop !
Alleluia !	Chiche !	Hourra !	Ouste !	Vivat ! [viva]
Allô	Chut !	Merci	Pouce !	Voire
Amen	Gare !	Motus [mɔtys]	Psstt !	
Bis [bis]	Halte !	Nenni	Si	
Bonjour	Hello !	Non	Soit	
Bonsoir	Hep !	O.K. [oke]	S.O.S. [ɛsoɛs]	

Il y a aussi de nombreuses locutions : *À la bonne heure ! À quoi bon ? Au revoir. Mea culpa. Jamais de la vie. Si fait. Tant mieux. Tant pis. Fouette cocher !* etc., — auxquelles il faut ajouter de nombreuses locutions du registre familier ou très familier : *Tu parles ! Mon œil ! Sans blague ! Et ta sœur ?* (= Ça ne te regarde pas, etc.) *Plus souvent !* (= Jamais de la vie !)

Il y a aussi des faits régionaux. Littré cite comme du français normal : **Habile ! habile !** *dépêchez-vous.* C'est un emploi picard, berrichon et lorrain (cf. Wartburg, t. IV, p. 366). Dans la région wallonne, l'usage familier dit [ˈabiːj] : Habie, *on tue le cochon !* (M. Remy, *Ceux de chez nous*, titre d'un des récits.) — [C'est le même mot que l'adjectif *habile*, pris dans le sens de « vite ». Déjà en 1649 : Or sus, habille, *Viste, preste !* (Furetière, *Æneide travestie*, cité par F. Bar, *Genre burlesque en Fr.*, p. 165, avec une interprétation erronée.)]

Nous rangerions aussi dans cette catégorie des mots ou des locutions que l'on appelle souvent *adverbes de phrase : Certes, peut-être, sans doute, à coup sûr, bien sûr*, etc. Ils jouent dans la phrase le rôle d'élément incident (§ 372, *b*), mais ils peuvent aussi servir à eux seuls de phrases :

Une panne de lumière de bord, ça peut être grave ! / — Bien sûr (Saint Exupéry, *Vol de nuit*, p. 88).

Un certain nombre de ces mots ou locutions peuvent être suivis d'une proposition (§ 1067, 2°) : Peut-être *que le pharmacien s'était trompé* (Flaub., *Éd. sent.*, II, 6).

Hist. — L'étymologie de *peut-être* appuie cette analyse. C'est une sous-phrase qui se présentait ordinairement en anc. fr. sous la forme *peut cel estre*, littéralement « cela peut être ».

b) Le mot-phrase que nous appelons **subjectif** et qui rejoint ce qu'on désigne habituellement par **interjection**. C'est l'expression comme irrésistible d'une sensation ou d'un sentiment (tristesse, joie, etc.). L'interlocuteur joue ici un rôle négligeable. Ces mots-phrases équivalent à des phrases exclamatives.

Principaux mots-phrases de ce type :

Ah !	Chic !	Hein !	Na !	Pouah !
Aïe !	Fi !	Hélas !	Oh !	Zut !
Bah !	Flûte !	Merde ! (vulg.)	Ouf !	
Bof !	Foutre ! (vulg.)	Miam miam !	Ouille !	
Brrr !	Hé !	Mince !	Peuh !	

On peut y joindre diverses locutions : *Bon sang ! Par exemple !* — les invocations : *Ciel ! Mon Dieu ! Grand Dieu ! Dame !* [Cf. § 7, note 10.] — les jurons : *Nom de Dieu ! Tonnerre de Dieu !*

Les jurons se présentent souvent sous des formes euphémiques, soit par altération phonétique : *Morbleu ! Corbleu ! Parbleu ! Pardi ! Sapristi !* — soit par réduction : *Tonnerre !* — soit par substitution de termes anodins : *Nom d'une pipe ! Nom d'un chien ! Nom d'un petit bonhomme !* — *Ne bougez pas,* BON SANG DE BONSOIR ! (COURTELINE, *Boulingrin,* VII.) — Autres altérations euphémiques : *Diantre !* pour *Diable ! Mince !* pour *Merde !* — On peut aussi, dans l'écriture, réduire les mots à l'initiale suivie de points de suspension.

À côté des formes euphémiques, il y a des formes renforcées : *Sacré nom de Dieu ! Nom de Dieu de nom de Dieu ! Mille milliards de noms de Dieu !*

Les mots-phrases subjectifs varient selon les temps, selon les lieux (et selon les individus) : CHARRETTE ! *elles t'auront pris du temps cette année* (RAMUZ, *Aline,* VII). — CHÂCRE ! *dit-elle, j'ai cru que le diable sortait de dessous terre* (J. RENARD, *Poil de Car.,* Pl., p. 691). — *Lui donneriez-vous des soins, femme charitable ? / — BÈKE non ! Pas à celle-là !... Mes mains qui touchèrent le Christ ne doivent pas toucher une prostituée* (GHELDERODE, *Femmes au tombeau,* V). — Le franç. popul. du Québec est riche en jurons particuliers : *Calice ! Calvaire ! Tabernacle !* etc.

Certains mots-phrases de cette catégorie expriment des sentiments différents selon la situation. *Ah !* par ex., « sert à marquer, suivant les cas, la joie, la douleur, l'admiration, l'amour, etc. AH ! *que je suis aise de vous voir !* AH ! *que vous me faites mal !* AH ! *que cela est beau !* Il ne sert quelquefois qu'à rendre la phrase plus expressive, plus animée. AH ! *madame, gardez-vous de le croire* » (AC.).

Des mots-phrases subjectifs sont, à l'occasion, des messages précis ; par ex., pour un refus énergique : *Un général anglais [...] leur cria : Braves Français, rendez-vous ! Cambronne répondit :* MERDE ! (HUGO, *Misér.,* II, I, 14.) — De façon plus générale, la limite entre *a)* et *b)* n'est pas très nette. Un mot comme *Hein !* devrait figurer des deux côtés. *Hélas !* aussi.

c) Le mot-phrase que nous appelons **suggestif,** utilisé par un observateur pour rendre, par imitation approximative, un bruit, parfois un mouvement ; c'est un moyen auquel la bande dessinée recourt souvent.

Je me trouve sur moi [...] un scélérat de pistolet chargé. PAF !... (SAND, *Mauprat,* XXVII.) [= Je tire.]

Hist. — Les mots-phrases de la dernière catégorie sont de pures onomatopées. Ceux de la deuxième sont parfois de simples cris. D'autres mots-phrases ont une étymologie précise : mots ou syntagmes français, souvent détournés de leur signification première. *Peste !* est la réduction d'une imprécation comme *Que la peste t'étouffe !* — Parmi les syntagmes, notons *hélas !* [elAS] = *hé* + adjectif *las,* lui-même employé comme mot-phrase, mais d'abord variable en genre : LASSE, *por coi ne sui ge morte ?* (*Eneas,* 1822.) — « *Hé* LASSE ! » *fait elle* (E. DESCHAMPS, t. IX, p. 131). — *Las !* était encore employé seul au XVIIᵉ s. ; ensuite, c'est par archaïsme : Cléante. *Ou voulez-vous courir ? /* Orgon. LAS ! *que sçay-je ?* (MOL., *Tart.,* V, 1.) — LAS, *je suis seul* (VERL., *Premiers vers,* cit. *Trésor*).

Un certain nombre de mots-phrases sont des emprunts : *Alleluia ! Amen, Hosanna !* à l'hébreu par les traductions de l'Évangile ; *Bis, Motus* (cf. § 153, Rem.), *Vivat !* au latin ; *Halte !* à l'allemand ; — *Hello ! Allô ! O.K., Stop ! Hourra !* à l'anglais ; — *Baste, Ciao* [tʃiAO] « au revoir » et *Bravo,* à l'italien. Notons que ce dernier (dont *brave* est un doublet) a d'abord été traité comme variable en fr. : cf. § 523, *a,* Hist. — Pour *S.O.S.,* voir § 200.

1051   Observations diverses.

a) Comme ils se rapprochent du cri, certains mots-phrases présentent une forme phonétique différente des mots ordinaires.

C'est le cas des mots-phrases constitués seulement de consonnes : *Cht ! Pst !*

b) La forme graphique de beaucoup de mots-phrases est instable.

Les mots signalés dans *a)* ci-dessus ont des transcriptions arbitraires et donc variables : *Chut !* est parfois écrit *chtt !* (J. RENARD, *Poil de Car.*, Pl., p. 664), etc. — À côté de *Pst !* (E. ROSTAND, *Cyr.*, I, 1), on a *Pstt ! Psstt !* etc. — Au lieu de *Oh !* Salacrou écrit : *Ooh !* ou *Ooooh ! (Femme trop honnête,* F°, pp. 21 et 66.). — Il y a des confusions entre *ô* (§ 1044, *c*) et *Oh !* qui ont d'ailleurs une même origine. — Les grammairiens ont essayé de répartir les rôles entre *Ah !* et *Ha ! Eh !* et *Hé !* etc.

Pour les mots-phrases qui ont une origine non onomatopéique, il y a aussi des hésitations parce que leur provenance n'apparaît plus clairement : pour *À Dieu vat,* voir § 765, Rem. 2. — *Au temps !* employé pour les exercices militaires (aussi en gymnastique, etc.), est peut-être une altération de *autant* (cf. Damourette-Pichon, § 2690).

c) La phrase ne se limite pas nécessairement au mot-phrase.

Il peut être accompagné d'un élément subordonné : cf. § 361 ; — d'un mot en apostrophe : *Merci, Madame.* (La politesse prescrit même la présence de ce mot en apostrophe : cf. § 370, Rem. 1.)

Il peut être répété : *Voici l'État bafoué, la nation défiée, notre puissance ébranlée [...]. Et par qui ?* HÉLAS ! HÉLAS ! *par des hommes dont c'était le devoir, l'honneur, la raison d'être, de servir et d'obéir* (DE GAULLE, *Discours et messages,* 23 avril 1961). — Avec coordination : *Non ! que je te dis.* NON ET NON ! (CÉLINE, *Voy. au bout de la nuit,* F°, p. 585.) Autres coordinations : *Y croyez-vous,* OUI OU NON ? (Fr. MAURIAC, *Agneau,* p. 32.) — *Kaliayeu. Si la terre était libre, tu ne serais pas là.* / *Faka.* OUI ET NON (A. CAMUS, *Justes,* Pl., p. 361).

Le mot-phrase s'emploie très souvent comme élément incident, comme sous-phrase : voir ci-dessus l'ex. de Gaulle. — L'intégration de *diable* et de *diantre* est si forte qu'ils sont devenus simplement des renforçatifs des mots interrogatifs : cf. § 383, *b,* Rem. 3. — Voir aussi § 1052, *b.*

Certains mots-phrases peuvent s'employer comme compléments d'objet sans pause après des verbes comme *dire, crier : Dire bonjour. Dire merci. Dire amen. Sans crier gare. — Nous allons nous dire* ADIEU (Fr. MAURIAC, *Agneau,* p. 50). — Cf. aussi § 1053.

d) Quelques cas particuliers.

1° *Adieu* se dit surtout, dans le fr. commun, à quelqu'un qu'on ne doit plus revoir : ADIEU ! *je crois qu'en cette vie* / *Je ne te reverrai jamais* (MUSSET, *Poés. nouv.,* Adieu). — Dans le Midi, on l'emploie en abordant quelqu'un ou en prenant congé de lui.

Bonsoir se dit pour *Au revoir* dans certaines régions de France, même dans la matinée ; nous l'avons observé notamment dans l'Indre, dans le Loiret, dans le Loir-et-Cher.

2° *Çà !* doit être distingué de *çà* adverbe de lieu et de *ça* pronom démonstratif : ÇÀ ! *te défendras-tu ?* (HUGO, *Hern.,* II, 3.) — *Or* ÇÀ, *docteur, dites-moi la vérité* (MÉRIMÉE, *Chron. du règne de Ch. IX,* XXVII). — *Ah !* ÇÀ, *pour qui me prenez-vous ?* (AC.)

3° *S'il vous plaît (s'il te plaît)* se dit pour demander quelque chose à quelqu'un ou pour le prier de faire quelque chose : *Dites,* S'IL VOUS PLAÎT, *au Père bibliothécaire que je n'ai pas perdu sa liste* (VEUILLOT, *Corresp.,* t. I, p. 367). — *S'il vous plaît* s'emploie aussi pour recommander avec énergie ou pour souligner ce qu'on dit : *Il nous faisait écrire notre vieux nom en deux mots, avec un H majuscule,* S'IL VOUS PLAÎT (G. DUHAMEL, *Biographie de mes fantômes,* p. 54).

En Belgique, cette expression est utilisée couramment en présentant quelque chose à quelqu'un ou pour le prier de répéter ce qu'il a dit.

Dans le premier cas, on recourt plutôt dans le français commun à *Voici* ou *Voilà,* ou encore à *Je vous en prie.* Mais l'emploi de *s'il vous plaît* n'est pas inconnu en France : *Il crut deviner que le jeune homme aux lunettes cherchait, de l'œil, un objet, sur la table. Édouard saisit aussitôt la salière et la tendit à bout de bras, en inclinant le buste.* / — S'IL VOUS PLAÎT, *Monsieur* (G. DUHAMEL, *Deux hommes,* V). — *Monsieur cherche-t-il son petit carnet et le crayon qui va avec ?* S'IL VOUS PLAÎT (Il lui remet les deux objets [...]) (J. AMSLER, trad. de : G. Grass, *Tonton,* II). — Nous l'avons observé à Auch (Gers), à Saint-Pierre d'Entremont (Isère), à Nice, à Cambrai, à Belleville (Meurthe-et-Mos.), à Cambrai et même à Paris, etc.

Pour faire répéter, on dit ordinairement *Plaît-il ?* ou *Pardon ?* ou *Comment ?* (moins poli) ou *Hein ?* (peu poli) ou *Quoi ?* (très peu poli) outre des phrases verbales. — Cependant *S'il vous plaît* n'est pas inconnu en France : *Pas de délire !* / — S'Y VOUS PLAÎT. — / *Il n'a pas eu de délire ?* (MIRBEAU, *Contes de la chaumière,* Mort du père Dugué, I.) — Barillier. [...] *J'aime...* / Jeannine, étonnée. S'IL VOUS PLAÎT ? / Barillier. *J'aime une personne...* (Tr. BERNARD, *Sa sœur,* III, 21.) — *Croyez-vous qu'en s'y prenant plus habilement on aurait pu démasquer le coupable ?* / — S'IL VOUS PLAÎT ? / — *C'est pourtant simple* (CARCO, *Homme de minuit,* VIII). — Le gendarme. [...] *Là nous tombons dans Condillac.* / Amédée. S'IL VOUS PLAÎT ? / Le gendarme [...]. *Nous tombons dans Condillac. Vous n'avez jamais entendu parler du philosophe Condillac, naturellement* (AUDIBERTI, *Quoat-Quoat,* Théâtre, t. I, p. 53).

4° **Possible** « peut-être » reste assez courant comme mot-phrase véritable. Comme élément incident, c'est tantôt un archaïsme, tantôt un régionalisme : POSSIBLE, *reprit le barbier, je ne dis pas non* (MUSSET, *Contes,* Mimi Pinson, VI). — *Seul M. Psichari, qui est un malin, en soupçonna* POSSIBLE *quelque chose* (THÉRIVE, *Voy. de M. Renan,* p. 75). — *On voyait en s'approchant que leurs yeux étaient en verre, bien imités,* POSSIBLE, *mais en verre* (GENEVOIX, *Raboliot,* p. 124).

Hist. — Vaugelas écrivait déjà (p. 149) : « Les uns l'accusent d'estre bas, les autres d'estre vieux. Tant y a que pour une raison, ou pour l'autre, ceux qui veulent escrire poliment, ne feront pas mal de s'en abstenir. » On le trouve pourtant encore après Vaugelas : *Nôtre mort* / [...] / *Ne tardera* POSSIBLE *gueres* (LA F., *F.,* III, 6). — *C'est à vous* POSSIBLE / *Qu'est reservé l'honneur de la rendre sensible* (MOL., *Princ. d'Élide,* I, 4).

5° **Probable,** surtout employé comme élément incident, passe du français populaire au français familier : *Il gélera* [sic], PROBABLE (H. GHÉON, *Jeux et miracles pour le peuple fidèle,* p. 364). — *Demain soir* PROBABLE (ARAGON, *Aurélien,* cit. *Fr. mod.,* avril 1948, p. 100).

6° **Sans doute** a quasi perdu sa valeur première (il faut recourir à *sans aucun doute*) ; il signifie le plus souvent aujourd'hui « probablement » : *Ici, maintenant, au milieu de ces réalités, je me trouvais, comme lui* SANS DOUTE, *dépaysé et mal à l'aise* (P. LOTI, *Mon frère Yves,* LX). — *Il s'est trouvé mal,* SANS DOUTE, *est venu jusqu'à ma porte où il a succombé* (LA VARENDE, *Nez-de-cuir,* III, 4).

Hist. — *Sans doute* signifiait encore « assurément » au XVIIe s. : *Et ta beauté* SANS DOUTE *emportoit la balance* (CORN., *Cid,* III, 4). — *Monsieur Jourdain. Vous l'avez fort connu ?* / Covielle. *Assurément.* / *Monsieur Jourdain. Et vous l'avez connu pour Gentilhomme ?* / Covielle. SANS DOUTE (MOL., *Bourg.,* IV, 3). — Mais le sens « probablement » existait aussi : [+]*Vous avez* SANS DOUTE *pris cette pensée de quelques opinions de nos Pères* (PASCAL, *Prov.,* V).

1052   *Oui, non, si,* **comme mots-phrases.**

a) Selon l'usage ordinaire, *oui* sert à approuver une phrase affirmative ; *non,* à nier une phrase affirmative ou à confirmer une phrase négative ; *si,* à nier une phrase négative :

> *Irez-vous ?* OUI. (= J'irai.) — *Irez-vous ?* NON. (= Je n'irai pas.) — *Vous n'irez pas.* NON. (= Je n'irai pas.) — *Vous n'irez pas.* SI. (= J'irai.)

Cependant, 1° *Oui* sert parfois à confirmer une phrase négative (au lieu de *non*) :

> *Il n'a pas le sou.* — OUI. *Mais c'est l'homme de Paris le plus fort aux armes* (H. LAVEDAN, *Viveurs,* cit. *Fr. mod.,* janv. 1939, p. 48).

2° *Oui* s'emploie parfois après une interrogation de forme négative, mais qui implique une idée positive (cf. § 433, *a,* Rem. 2) :

> *Ne sonne-t-on pas le tocsin ?* demanda le marquis. / — OUI (HUGO, *Quatrevingt-tr.,* I, IV, 4). — *Et ne vous a-t-on pas donné un papier ?* / — OUI, madame (MUSSET, *Contes,* Mouche, VII). — *Vous n'êtes donc pas seul ici ?* / — *Mais* OUI, *monsieur Grabu !* (MAUPASS., *C.,* Clochette.) — *Mon fils, n'avez-vous pas une déclaration à faire ?* / — OUI, *monsieur, dit l'abbé Coignard* (A. FRANCE, *Rôtisserie de la reine Péd.,* p. 358). — *Ne seriez-vous pas Catherine Bastard ?* / — OUI, *monsieur* (H. BORDEAUX, *Barrage,* III, 1). — *Tu n'es pas contente d'être revenue ici ?* [...] / — *Mais* OUI, *mon petit* (E. JALOUX, *Le reste est silence,* XI). — *N'est-ce pas anormal ?* / — OUI (LA VARENDE, *Man' d'Arc,* p. 188).

> **Remarques.** — 1. Une phrase interrogative avec *ne ... que* est sentie aussi comme positive. *Oui* sert à l'approuver ; *non* à la nier :
>
> *N'apprends-tu que l'anglais ?* OUI. (= Je n'apprends que l'anglais.) — ... NON (= Je n'apprends pas que l'anglais.)
>
> **Hist.** — Dans l'usage classique, *non* s'employait aussi pour approuver dans cette circonstance : *Comment ! vous ne savez que cela ? Hélas !* NON, *reprit Rinconet, et vous nous voyez tout honteux de notre ignorance* (FLORIAN, *Nouvelles,* S.T.F.M., p. 339). — Il convient de rappeler que *ne ... que* peut aujourd'hui être nié par *pas* (*ne ... pas que*) : cf. § 979, *c,* 2°.
>
> 2. Comme *si* détruit une opinion exprimée par l'interlocuteur, il y a des cas où la politesse interdit de l'employer. On peut alors le remplacer par *Je vous demande bien pardon,* ou par quelque autre formule déférente. — Notons que certaines formules, déférentes en soi, peuvent, à cause du ton, devenir sèches et cassantes.
>
> 3. Sur l'emploi de *oui, non, si,* voir d'autres observations au § 219, *e* et *f.*

b) *Oui* et *non* s'emploient aussi comme sous-phrases pour marquer plus nettement l'affirmation ou la négation de la sous-phrase à laquelle ils sont joints :

> OUI ! *telle vous serez, ô la reine des grâces* (BAUDEL., *Fl. du m.,* Charogne). — NON, *l'avenir n'est à personne !* (HUGO, *Ch. du crép.,* V, 2.) — *Ce n'est pas un irréfléchi,* NON. — La dernière sous-phrase est parfois transformée en proposition : *Oui, que ...* Cf. § 1067, 2°.

c) Dans la langue parlée, un *non* interrogatif équivalant à *N'est-ce pas ?* suit assez souvent une autre phrase, qui n'est pas nécessairement interrogative :

> *Et si vous étiez mort, est-ce que vous toucheriez quelque chose,* NON ? (DORGELÈS, *Réveil des morts,* p. 138.) — *Vous n'allez pas faire le jeu de M. Jouhaux,* NON ? (BERNANOS, *Grands cimetières sous la lune,* p. 117.) — *Mermoz a tout de même le droit d'avoir une belle bagnole,* NON ? (KESSEL, *Mermoz,* p. 256.) — *Il a beau être bénédictin, il reste ton copain !* NON ? (BILLY, *Madame,* p. 117.) — *C'était gentil,* NON ? (MAUROIS, *Prométhée,* p. 89.) — *J'ai le droit de parler aussi,* NON ? (GENEVOIX, *Routes de l'aventure,* p. 35.) — *J'ai été gentil...* NON ? (Fr. MAURIAC, *Asmodée,* V, 1.) — *Ils avaient perdu la tête,* NON ? (ARAGON, *Semaine sainte,* p. 15.) — *Tu ne comprends pas le français,* NON ? (DANINOS, *Vacances à tous prix,* p. 190.)
>
> Au lieu de ce *non* interrogatif, on emploie parfois *si* (après une phrase négative) : *Je ne peux pas passer ma vie à te tenir la main,* SI ? (G. CONCHON, *Apprenti gaucher,* p. 56.)
>
> On emploie aussi *oui* : *Tu te tiens tranquille,* OUI !... (H. BAZIN, *Huile sur le feu,* p. 185.) [On attendrait plutôt un point d'interrogation.]

Hist. — *Oui,* anc. fr. *oïl,* est l'agglutination de *o,* pronom neutre (lat. *hoc,* cela), et du pronom personnel. On disait, selon les besoins, *o je, o tu, o il, o nous,* etc. *Oïl* a évincé les autres combinaisons. — *Non* (lat. *non*), *si* (lat. *sic*) sont aussi des réductions de combinaisons, soit de *non il* (resté dans *nenni* : § 1054, *c,* 3°), soit de *non fait, si fait* (§ 1054, *a* et Hist.).

1053 **Autres emplois de *oui, si* et *non*** [1].

a) *Oui, si* et *non* ne servent pas seulement de phrases. Ils peuvent constituer une proposition dans le style indirect :

> *Il dit que* OUI, *... que* SI, *... que* NON.

Après un *si* conditionnel, *oui* tient lieu aussi d'une proposition ; *non,* dans le même emploi, est agglutiné à la conjonction :

> *Est-il satisfait de son travail ?* SI OUI, *il n'est pas difficile.* — *Sors-tu maintenant ?* SINON, *je partirai sans toi.*
>
> On peut dire *ou sinon* : *Obéis à l'instant,* OU SINON *tu seras châtié* (LITTRÉ). — En Belgique, *ou sinon* devient °*aussi non,* qui apparaît même alors que *ou sinon* est impossible, notamment après *parce que* : cf. A. Doppagne, *Trois aspects du franç. contemp.,* pp. 188-190.
>
> *Sinon* s'emploie aussi pour *si ce n'est* : *Il valait autant qu'eux,* SINON *mieux* (MAUPASS., *Pierre et Jean,* III). — Pour *si pas,* voir § 1054, *c,* 2°.

b) *Oui, si* et *non* s'emploient aussi comme prédicats, lorsqu'il s'agit de contredire une phrase antérieure.

1° *Non* contredit une affirmation : *Je resterai. Toi,* NON.

2° *Si* contredit une formule négative : « [...] *Nous ne nous déroberions pas.* » / *Jacques ouvrait la bouche pour crier : « Moi,* SI ! » (R. MARTIN DU GARD, *Thib.,* Pl., t. II, p. 524.) — *Antoine Nicodel* [...] *ne nous apparaîtra pas comme propriétaire. Sa veuve,* SI (LE ROY LADURIE, *Carnaval de Romans,* p. 30). — *Si* ne représente que le verbe de la phrase précédente : *L'archiduchesse.* [...] *Je n'aime pas vos yeux, ce soir.* / *Le duc. Moi* SI, *les vôtres* (E. ROSTAND, *Aiglon,* IV, 5).

---

1. *Non* peut en outre être un adverbe (§ 971) ou un élément de composition (§ 178, *b,* 2°).

Oui est possible aussi : *Je ne crois pas, Françoise, que notre grand'mère ait été très malheureuse. Notre mère,* OUI, *parce qu'elle était Parisienne* (MAUROIS, *Bernard Quesnay*, p. 103). — *Elle* [= la soupe] *n'était pas bonne ; mais le lait,* OUI (LA VARENDE, *Roi d'Écosse*, p. 109). — *Tu ne te damnerais'pas pour moi. Moi* OUI *pour toi* (J. ROY, *Saison des za*, p. 68).

Oui bien est vieilli ou régional : *Un peintre, un sculpteur, un compositeur de musique n'est pas tenu de « dire son mot »*, *à tout bout de champ, sur tout et sur rien* [...]. *Mais un écrivain,* OUI BIEN (MONTHERLANT, *Solstice de juin*, pp. 160-161). — *La politique ne l'intéresse pas plus que la métaphysique. Les questions d'argent,* OUI BIEN (R. KEMP, dans les *Nouv. litt.*, 8 sept. 1955). — Il est plus archaïque encore de mettre le sujet ensuite : *Vous en étonneriez-vous, monsieur ?* OUI BIEN *moi* (MUSSET, *Contes*, Lettres de Dupuis et Cotonet, III). — [Ex. de RAC. dans Brunot, *Hist.*, t. IV, p. 748.]

On dit aussi dans la langue commune *mais bien : La* Puerta del Sol *n'est pas une porte, comme on pourrait se l'imaginer,* MAIS BIEN *une façade d'église* (Th. GAUTIER, *Voy. en Esp.*, p. 100). — *Mais oui, mais oui bien* sont des formules vieillies : *Je ne sache pas* [...] *qu'une flûte pût être fabriquée avec du jonc,* MAIS OUI BIEN *avec un roseau* (ARISTIDE [= M. CHAPELAN], dans le *Figaro*, 17 sept. 1971). — *Mais oui :* L. ESTANG, dans le *Figaro litt.*, 10 nov. 1969.

En Belgique, on dit couramment *bien* au lieu de *si* (et cela a souvent été considéré comme un calque du néerlandais, mais les expressions indiquées ci-dessus suffisent à expliquer l'emploi) : *Mais pas d'or monnayé... Des ciboires d'or, des châsses, des reliquaires, cela* BIEN (GHELDERODE, *Magie rouge*, Théâtre, t. I, 1973, p. 161).

c) Autres emplois de *non* :

Un voyage en Provence ? Pourquoi NON ? — *Viendrez-vous ou* NON ? — *Aller en pension ? J'aimerais mieux* NON.

1054   Autres expressions de l'acquiescement et de la dénégation.

a) Formes renforcées de *oui, si* et *non.*

Ils peuvent être suivis ou précédés de *vraiment, certes, assurément,* etc ; — précédés de *mais, oh ! que :* Jupiter. *Tu n'as pas désiré être déesse, ou presque déesse ? /* Alcmène. CERTES NON. *Pour quoi faire ?* (GIRAUDOUX, *Amphitryon 38*, II, 2.) — *N'êtes-vous pas de mon avis ?* OH ! SI (ARLAND, *Vigie*, p. 211). — *Je ne prétextai pas de voyage, ah !* QUE NON (BOYLESVE, *Meilleur ami*, p. 63). — Variante méridionale : *« Mais, mon brave Combes, elles vont périr », disait-elle* [...]. « QUE DE NON, QUE DE NON », *répondait Combes* (CHAMSON, *Hommes de la route*, L.P., p. 77).

Non pas au lieu de *non* apparaît aujourd'hui comme littéraire : *Peut-être était-il pour la reine mère ? / —* NON PAS *; j'en suis sûr* (Al. DUMAS, *Reine Margot*, XXVIII). — *Elle est morte ? L'infirmier fait une grimace : «* NON PAS *», dit-il* (M. OLIVIER-LACAMP, *Chemins de Montvézy*, p. 16).

Oui bien (voir aussi § 1053, *b*, 2°) et *si bien* sont vieillis dans la langue commune ; ils subsistent dans certaines régions : *Il ne faut faire aucun appel à la raison ?* SI BIEN (FAGUET, *Initiation philos.*, p. 68). — *Oui bien :* ex. au § 361, *b*.

Oui-da (cf. Hist.) se trouve dans les reproductions du parler paysan ou pour marquer ironiquement sa surprise : *Cette Fadette avait bien prédit que la chose arriverait, reprit la mère Barbeau.* OUI-DA *qu'elle l'avait annoncé !* (SAND, *Pet. Fadette*, XL.) — *J'aurai un enfant d'elle. / — Peut-être. / — J'en aurai trois, j'ai lu cela dans ses yeux. / —* OUI-DA ! (CLAUDEL, cit. *Grand Lar. langue*, s.v. *oui*.)

Si fait (cf. Hist.) : *Mais, monsieur, m'écriai-je, le modèle ne pouvait être aussi beau que cela. —* SI FAIT, *il était aussi beau* (A. FRANCE, *Vie en fleur*, p. 218). — *Tu ne penses pas rester en ce trou ? —* SI FAIT (CLAUDEL, *Pain dur*, III, 3). — *N'y aura-t-il pas de moyen terme ?* SI FAIT (G. DUHAMEL, *Les plaisirs et les jeux*, p. 25).

Hist. — *Da* est une contraction de *dea, dia, diva* (formé des impératifs de *dire* et d'*aller*) : *Le feriez-vous ?* [...] / — Oüy-dea *Madame* (La F., C., Abbesse). On disait aussi *Non-da, Nenni-da.* — Autres emplois reproduisant le langage paysan : *Dis-moi donc ce que tu penses de ta jeune maîtresse, Mariette Blanchet ? / — Oh* da *! elle est jolie fille !* (Sand, *Fr. le champi*, XVIII.) — Da *! fit la jeune lorraine [sic] un peu étonnée* (E. de Gonc., *Élisa*, cit. *Trésor*).

Si fait n'est pas à l'origine un renforcement de *si* ; c'est, au contraire, *si* mot-phrase qui est sorti de cette formule et de formules analogues où *faire* (qui pouvait se trouver à d'autres personnes qu'à la 3ᵉ du sing. de l'indic. présent) se substitue (cf. § 745) au verbe exprimé auparavant. Cf. encore : *Je ne me pendray pas ? Et vrayment* si feray, */ Ou de corde je manqueray (*La F., *F.*, IX, 16). — Variante régionale °*Si fait bien : Vous n'étiez donc pas assassiné, maître Bertrand ? /* Si fait bien, *répondit l'inspecteur* (P. Féval, *Cavalier Fortune*, 1982, p. 314). — Autre ex. : Sand, *Diable aux champs*, II, 2. — Cf. : *Lélie. Je ne sçaurois manger. /* Gros-René. Si feray bien (Mol., *Sgan.*, VII).

On employait de la même façon *non* avec *faire* : voir les ex. au § 973, Hist. — °*Non fait* se dit encore pour *non* en Wallonie, en Picardie, dans le Midi.

b) Autres expressions de l'acquiescement.

Assurément, certainement, exactement, absolument, certes, précisément, volontiers... — *D'accord,* au XXᵉ s., réduit à °*D'ac* dans l'argot des jeunes. — *O.K.* [oke], emprunté à l'anglais d'Amérique (sigle pour *oll korrect*, variante de *all correct*). — °*Gy* [ʒi], mot d'argot aux graphies variées : *Elle avait adopté aussi, malheureusement, quelques expressions fâcheuses* [...]. *Elle ne disait plus : « Oui » mais « D'accord » ou, plus mystérieusement : «* Gy *»* (P. Gadenne, *Hauts-quartiers*, p. 81).

Il faut mentionner à part les acquiescements réservés, ironiques, voire marques prudentes d'incrédulité.

Ouais et *ouiche,* altérations de *oui : C'est bien samedi prochain ? —* Ouais (J.-P. Chabrol, *Bout-Galeux*, p. 108). — *Sais-tu que tu as l'air d'un bébé quand tu dors ?* Ouais. *Couvert de poils le bébé* (Fr. Nourissier, *Crève*, p. 11). — *On parle de pressentiments. Ah bien* ouiche *!* (J.-J. Gautier, *Chambre du fond*, p. 135.)

Soit [swat] : *Il nous a fait un sermon* [...] *: « Que le malheur était un bienfait de la Providence pour épurer nos âmes. »* Soit *! À ce compte, nous devons des remercîments à cet honnête agent de change qui a bien voulu nous épurer en nous emportant notre fortune* (Mérimée, *Abbé Aubain*, I).

Savoir : « [...] *Il serait facile* [...] *de faire vibrer cette corde-là. » / — «* Savoir *! »objecta Antoine* (R. Martin du Gard, *Thib.*, Pl., t. II, p. 355).

Voire sert, dans la langue littéraire, de réponse ironique et dubitative, «peut-être», «soit», «j'en doute», ou même «non» : *C'est le plus grand écrivain de cette époque. —* Voire (Ac.). — *L'imagination, impuissante à l'état de veille, prend dans le sommeil un miraculeux pouvoir. L'imagination ?* Voire. *Appelons-la comme ça, si vous voulez. J'ai d'autres idées là-dessus* (Vercors, *Silence de la mer et autres récits*, p. 99). — *Je mangerai tes petits dans l'œuf ! —* Voire, *dit l'autre. Je bâtirai mon nid si haut, si bas, que tu ne le trouveras pas* (Genevoix, *Raboliot*, II, 3) [ex. qui pourrait refléter un usage parlé régional]. — *Mascherini. Je me porte comme un charme. /* La femme malade. Voire *! /* Mascherini. *Comment « voire » ? /* La femme malade. *Moi, j'ai une certaine expérience.* [...] *Vous avez quelque chose d'autre, sans qu'ils vous l'aient dit* (A. Camus, trad. de : D. Buzzati, *Cas intéressant*, Pl., p. 642). — *Est-ce un de ces endroits où l'on distribue de la musique ? Non. Est-ce une salle de spectacle ? Point. Et quel spectacle ? Un gigantesque salon de décrottage et de cirage ?* Voire *! C'est un restaurant* (G. Duhamel, *Scènes de la vie fut.*, XIV).

Hist. — 1. *Voire* en anc. fr. (comme encore dans les dialectes de l'Ouest aujourd'hui) équivalait à un *oui* net : *Sa mere est ele ?* — VOIRE, *sire* (CHRÉT. DE TR., *Erec et Enide*, 6555, éd. R.). — Il a, dès le XVIᵉ s., servi pour des réponses plus nuancées : *Ils alleguerent que ce qu'ils en ont fait est pour la gloire de Dieu.* VOIRE, *mais il falloit que cela se feist sans le dommage d'autruy* (CALVIN, cit. Godefroy). — *Que l'on dresse un lict à ce gentilhomme ?* VOIRE *qui en auroit, dit l'hostesse ; il ne m'en restoit qu'un, que je viens de donner à un Marchand du bas Maine* (SCARRON, *Roman com.*, I, 6). — Au XVIIᵉ s., c'était de la langue très familière. Après une éclipse, le mot est revenu en faveur à notre époque. Il semble subsister aussi dans l'adverbe explétif qu'on a dans *Voyons voir*, etc. : cf. § 920, *f.* — Sur *voire* conjonction de coordination, cf. § 1042.

2. Le XVIIᵉ s. employait dans des contextes familiers *C'est mon* et *Çamon* comme marques d'approbation, souvent ironiques (« Ah ! oui ! ») : *Ardés* [= Regardez ! Voyez-moi ça !], *vrayement* C'EST MON (CORN., *Gal. du pal.*, IV, 10). — [Mᵐᵉ Jourdain à son mari :] ÇAMON *vraiment. Il y a fort à gagner à fréquenter vos Nobles* (MOL., *Bourg.*, III, 3).

Mon (que l'on rattache d'ordinaire au latin *munde*, purement) s'était employé comme renforcement avec d'autres verbes ; *savoir mon* est encore dans Furetière comme nom « bas et populaire » : *Il a laissé un sçavoir mon*, un doute. Le même lexicographe interprétait *C'est mon* comme une réduction de *C'est mon avis.* — *Çamon* est pour *Ce a mon* « Il a cela vraiment ».

c) Autres expressions de la dénégation.

1º L'évolution de la négation portant sur un verbe a fait que les auxiliaires comme *pas, point,* etc. sont devenus les marques essentielles de la négation aux dépens du *ne* : voir §§ 982 et aussi 972.

Non lui-même a subi cette concurrence. Comme mot-phrase, *pas* ne s'introduit que s'il est renforcé : *Et le plan de ce livre est fait ?* [...] / — *Naturellement* PAS (GIDE, *Faux-monn.*, II, 3). — *Serait-il venu à moi si j'avais été assis seul, à la terrasse de ce café ? Sûrement* PAS (TROYAT, *Extrême amitié*, p. 26). — *Vous dites que je me suis trompé ?* PAS *du tout.*

Pas seul est tout à fait exceptionnel : *Il n'y a donc pas de casuel pour les chanoines ?* / — PAS (HUYSMANS, *Cathédrale*, p. 57).

Au contraire, *point* seul est une élégance de la langue littéraire : *Ces hommes-là semblent distraits ; ils sont très attentifs* (HUGO, *Quatrevingt-tr.*, II, ɪ, 2). — *Vous la croyez changeante et diverse ?* POINT (COLETTE, *Voyage égoïste*, p. 79).

Aucunement, nullement servent aussi d'équivalents de *non* : *Frédéric lui demanda si ce n'étaient pas ses affaires qui le tourmentaient.* / — « NULLEMENT ! » (FLAUB., *Éd. sent.*, II, 1.)

Du tout auxiliaire de l'auxiliaire est parfois employé seul : *Croyez-vous que je le blâme ?* DU TOUT (BALZAC, *Goriot*, p. 123). — Il peut être répété : *Décidément, c'est de l'aversion !* / — DU TOUT, *Hamond*, DU TOUT ! (COLETTE, *Vagabonde*, II, 1.)

2º *Pas* s'introduit aussi au lieu de *non* dans des constructions signalées au § 1053 :

— *Si pas* reste moins élégant que *sinon*, mais il est difficile de le condamner sévèrement : *Il a au moins vingt-cinq ans,* SI PAS *plus* (BOURGET, *Eau profonde*, p. 248). — *À Barrès et à Bourges nous faisons depuis le début le service de la revue — à qui le ferions-nous* SI PAS *à ceux-ci !* (GIDE, dans Claudel et Gide, *Corresp.*, p. 159.) — *Il était en passe de devenir bienheureux,* SI PAS *tout à fait saint* (ARAGON, *Beaux quartiers*, I, 9). — *Qui pourrait vous dire cela,* SI PAS *moi ?* (R. MARTIN DU GARD, lettre à Gide, dans le *Figaro litt.*, 22 janv. 1968.) — *Qui la peindra* SI PAS *Faral ?* (CHAMSON, *La neige et la fleur*, p. 131.) — *Ils ont pris l'avion pour Nice. Ne rentreront que mercredi,* SI PAS *jeudi* (AYMÉ, *Tiroirs de l'inconnu*, p. 145). —

« *Ça nous promet une belle nuit !* » *pensa-t-elle amèrement. Et les sauts de carpe dans le lit, et les coups de pied électriques, et l'aspirine,* SI PAS *l'insomnie pure et simple* (IKOR, *Frères humains,* p. 210). — Autres ex. : M. CHAPELAN, dans le *Figaro litt.,* 1ᵉʳ déc. 1956 ; Chr. ROCHEFORT, *Rose pour Morrison,* p. 11 ; A. COHEN, *Belle du Seigneur,* p. 28 ; S. KOSTER, *Homme suivi,* p. 190 ; etc.

— Comme prédicat, *pas* est fréquent : *Gaillard me dit que les gens qui ont écouté hier sont enthousiasmés. Moi, toujours* PAS (J. RENARD, *Journal,* 4 oct. 1909). — *Ils se sont relevés. Lui,* PAS (BARRÈS, *Jardin sur l'Oronte,* p. 142). — *Il y a des gens qui voudraient nous faire croire qu'ils dressent des plans à longue échéance. Moi* PAS (J. ROMAINS, *Dictateur,* I, 6). — *La famille respectait sa solitude ; le démon* PAS (GIDE, *Faux-monn.,* p. 9). — *Cette généalogie le met en extase. Nous autres* PAS (BREMOND, *Poésie pure,* p. 37).

Dans ces sortes de phrases, *pas* est le plus souvent placé après le nouveau sujet ; mais il peut aussi, pourvu que le sens reste clair, être placé avant ce nouveau sujet : — *Vous m'en voyez navré. /* — PAS *moi, repartis-je* (COLETTE, *Chambre d'hôtel,* pp. 56-57). — *Car des gens trouvent l'expression absurde et abominable.* PAS *moi* (THÉRIVE, *Querelles de lang.,* t. I, p. 39). — *D'autres ont plaisir à pardonner ;* PAS *moi* (MONTHERLANT, *Reine morte,* I, 3).

— *Pourquoi non ?* subsiste dans la langue littéraire. *Pourquoi pas ?* est le tour normal, enregistré sans réserves par l'Acad., à côté de l'autre. EX. : CHAT., *Mém.,* III, II, II, 5 ; STENDHAL, *Rouge,* I, 30 ; LOTI, *Désench.,* X ; MAURRAS, dans Barrès et Maurras, *La République ou le roi,* p. 175 ; GIDE, *Paludes,* p. 150 ; etc.

— Autres tours familiers pénétrant dans la langue écrite : *Irez-vous ou* PAS ? — *[...] pour savoir si tout de même je pouvais me risquer. On m'assura qu'il valait mieux* PAS (LÉAUTAUD, *Petit ami,* VII). — *Le cas échéant, elle se rappelle qu'elle a une mère. Son père, elle préfère* PAS (ARAGON, *Blanche ou l'oubli,* Fᵒ, p. 12).

3° Diverses formules de dénégation.

Nenni n'est plus utilisé que pour imiter le parler paysan (ou par badinage), avec des prononciations variées [nani] (vieux), [nɛni], [neni]. — Sur l'origine, parallèle à celle de *oui* (§ 1052, *c,* Hist.), voir § 973, Hist. — Variante, plus paysanne encore, *nanain* : E. ROSTAND, *Cyr.,* I, 4 [cf. *nannain* dans MOL., *D. Juan,* II, 1].
Au contraire, bien au contraire, tout au contraire. — °*Que du contraire* en Belgique (§ 361, *b*). — Etc.

QUATRIÈME PARTIE

La phrase complexe

Bibl. — G. De POERCK et A. BOONE, *La syntaxe de la phrase complexe*, dans *Travaux de linguistique* (Gand), I, 1969, pp. 71-85 ; II, s.d., pp. 3-18.

1055   La **phrase complexe** peut être considérée comme la réunion de plusieurs phrases simples. Cela se concrétise d'ordinaire par la présence de plusieurs verbes à un mode personnel :

> *Vous* PARTIREZ | *quand vous* AUREZ FINI *votre travail.* — *Les petits enfants* IMAGINENT *avec facilité les choses qu'ils* DÉSIRENT *et qu'ils n'*ONT *pas. Quand ils* GARDENT, *dans l'âge mûr, cette faculté merveilleuse, on* DIT *qu'ils* SONT *des poètes ou des fous* (A. FRANCE, *Pierre Nozière,* 1899, pp. 56-57).

Nous disons : d'ordinaire, parce que la phrase complexe peut être averbale, c'est-à-dire que le verbe à un mode personnel se trouve uniquement dans la proposition sujet ou complément :

> *Merci pour les deux livres que vous m'*AVEZ OFFERTS.

Inversement, la proposition complément peut être averbale (cf. §§ 1061, *b* ; 1077, *a*, Rem. 1 ; 1079, *b*) : *La route devenait plus facile,* QUOIQUE GLISSANTE (A. CAMUS, *L'exil et le royaume,* Pl., p. 1659).

Les rapports entre les phrases simples réunies en une seule phrase peuvent être superficiels et laisser chaque phrase telle quelle. C'est le cas lorsque les phrases simples sont coordonnées. Nous disons que ces phrases sont constituées de deux *sous-phrases* :

> *Venez me voir, et nous causerons.* — *Aide-toi, le ciel t'aidera* (prov.).

Nous considérons aussi comme des sous-phrases, appelées **incidentes,** les phrases n'ayant pas de fonction à l'intérieur de la phrase où elles sont insérées (cf. §§ 371-372). Une forme particulière est la sous-phrase **incise** (cf. § 374).

> Ex. de sous-phrase incidente : *Il a fait,* JE VOUS ASSURE, *tout son possible.* — Ex. de sous-phrase incise : *Il a fait,* PRÉTEND-IL, *tout son possible.*

Nous ne considérons pas les phrases données ci-dessus comme de vraies phrases complexes. Celles-ci se réalisent quand une phrase joue dans la phrase où elle est introduite le rôle de sujet ou de complément, c'est-à-dire quand elle devient un élément, un membre de l'autre phrase :

> QUI VEUT NOYER SON CHIEN *l'accuse de la rage* (prov.). — *Il ne faut pas réveiller le chat* QUI DORT (id.). — QUAND LE CHAT EST PARTI, *les souris dansent* (id.).

Nous appelons **propositions** les membres de phrase qui contiennent un verbe à un mode conjugué et qui servent de sujet ou de complément. Les propositions sont dites *averbales* quand elles commencent par un mot de liaison typique de la proposition sans être suivies d'un verbe conjugué.

On parle aussi de **proposition infinitive** (cf. § 872, *c*) et de **proposition parti-cipe** (cf. § 886) quand l'infinitif ou le participe sont pourvus d'un sujet et quand ces groupes servent de compléments :

On voyait LA RIVIÈRE MONTER RÉGULIÈREMENT. — LE CHAT PARTI, *les souris dansent.*

1056   Classement des propositions.

Le classement des propositions suivi dans cette IVe partie est fondé sur le type de mot qui sert à les rattacher à la phrase dont elles font partie (plus exactement, à un mot de cette phrase) :

a) Les **propositions relatives** commencent par un *pronom relatif,* parfois par un nom accompagné d'un déterminant relatif :

Cœur QUI SOUPIRE *n'a pas ce qu'il désire* (prov.). — *Vous serez peut-être absent,* AUQUEL CAS VOUS ME PRÉVIENDREZ (ROBERT).

b) Les **propositions conjonctives** commencent par une *conjonction* (ou une locution conjonctive) de subordination :

QUAND LE BÂTIMENT VA, *tout va* (phrase attribuée au député M. NADAUD et devenue quasi proverbiale [cf. Dupré, *Encycl. des citations,* n° 2433]). — *Il faut battre le fer* PENDANT QU'IL EST CHAUD (prov.).

c) Il faut mettre à part les propositions que l'on appelle d'**interrogation indirecte** ou d'**exclamation indirecte** ; elles ne sont rattachées à la phrase par aucun mot particulier, à l'exception de l'interrogation globale, qui est rattachée à la phrase par la conjonction de subordination *si* :

Qui a fait cela ? → *Je demande* QUI A FAIT CELA. — *Comme il est patient !* → *Tu sais* COMME IL EST PATIENT.
Mais : *Viendra-t-elle ?* — *Je me demande* SI ELLE VIENDRA.

Remarques. — 1. Les propositions infinitives demanderaient une place parti-culière, mais nous ne leur consacrerons pas un chapitre, les indications essen-tielles ayant été données à propos des emplois de l'infinitif : §§ 872-873. — Les propositions participes ne sont qu'une des formes que prend le complément absolu : voir §§ 306-311 et 886.

2. La 11e édition du présent ouvrage divisait les propositions en trois catégo-ries fondées à la fois sur la nature du mot auquel elles sont assimilables et sur la fonction qu'elles remplissent dans la phrase par rapport à la principale :

1° Les *substantives,* assimilables à des noms et correspondant aux compléments d'objet ou aux compléments de l'adjectif ou de l'adverbe. Elles peuvent aussi être sujets, attributs ou termes complétifs d'un nom ou d'un pronom ;

2° Les *adjectives* ou *relatives,* assimilables à des adjectifs ou à des participes-adjectifs et correspondant aux compléments du nom ou du pronom ;

3° Les *adverbiales* ou *circonstancielles,* assimilables à des adverbes et correspondant aux compléments circonstanciels.

Nous signalerons seulement ici : 1) que la notion de *proposition relative* ainsi conçue oblige à ranger parmi les substantives des propositions commençant par un pronom relatif ; — 2) que les substantives — si l'on exclut celles qui commencent par un pronom relatif — correspondent à ce que nous appelons propositions conjonctives essentielles ; — 3) que les propositions circonstancielles ne méritent pas toutes ce nom : cf. § 1075.

D'autres types de classement ont été proposés.

Certains se fondent sur la fonction de la proposition et distinguent des propositions sujets, attributs, objets directs, objets indirects, compléments « circonstanciels » (cf. § 301, *a*), compléments d'agent, compléments du nom, compléments du pronom, compléments de l'adjectif, compléments de l'adverbe. — Ce procédé a le désavantage de multiplier les catégories et de regrouper des propositions dissemblables. Par ex., parmi les propositions sujets, il y a des relatives et des conjonctives ; elles diffèrent non seulement par le mot qui les rattache à la phrase, mais aussi par l'emploi des modes du verbe.

CHAPITRE I

LA PROPOSITION RELATIVE

Bibl. — C. TOURATIER, *La relative. Essai de théorie syntaxique.* P., Klincksieck, 1980. — B. ERIKSSON, *L'emploi des modes dans la subordonnée relative en fr. moderne.* Uppsala, Almqvist et Wiksell, 1979. — G. KLEIBER, *Relatives spécifiantes et relatives non spécifiantes,* dans le *Fr. mod.,* juillet 1981, pp. 216-233.

1057 La **proposition relative** est une proposition commençant par un pronom relatif (*qui, que, quoi, dont, où, lequel, quiconque*) ou par le syntagme contenant le pronom relatif (cf. § 682) ou, parfois, dans la langue écrite surtout, notamment juridique, par un nom accompagné du déterminant relatif (§ 600) :

> *Je connaissais cette œuvre célèbre, un des portraits* OÙ *Longhone passait pour avoir mis cette touche de jubilation dans l'angoisse profonde À* QUOI *se reconnaît sa manière suprême, et* QUE *matérialisent souvent dans les œuvres de la fin de sa vie le très léger strabisme du regard et la nuance imperceptible d'égarement dans le sourire* QUI *font voir à certains son chef-d'œuvre dans le portrait [...] du podestat Orseolo* (GRACQ, *Rivage des Syrtes,* p. 106). — *C'est une chose* DONT *je suis sûr.* — *Il suivit les cours de Jean Ier Bernoulli,* AVEC LES FILS DUQUEL *il se lia d'une profonde amitié* (*Grand Lar. enc.,* s.v. *Euler*). — QUICONQUE *s'élèvera sera abaissé* (*Bible,* trad. SEGOND, Matth., XXIII, 12). — *De l'arbre, être collectif, sort l'individu, le fruit détaché,* LEQUEL FRUIT *fera un autre arbre* (MICHELET, *Mer,* II, 6).

Remarque. — Au contraire de la conjonction, le pronom relatif a une fonction dans la proposition : il est sujet, attribut, complément, etc. Cf. § 677.

1058 **Fonctions de la relative sans antécédent.**

Cet usage apparaît surtout dans des tours figés ou dans la langue littéraire. La langue ordinaire préfère le pronom avec antécédent : *celui qui, là où,* etc.

a) Le cas le plus fréquent est celui où *qui* et *quiconque* représentent des personnes ; la proposition relative peut avoir les diverses fonctions d'un nom.

1° *Quiconque* (langue soignée) est sujet de propositions relatives qui, elles-mêmes sont sujets ou compléments :

QUICONQUE A BEAUCOUP VOYAGÉ *sait comme les heures des repas sont variables* (*Dict. contemp.*). — *Le maquis est la patrie des bergers corses et* DE QUICONQUE S'EST BROUILLÉ AVEC LA JUSTICE (MÉRIMÉE, *Mosaïque*, Mateo Falcone). — *Et l'on crevait les yeux* À QUICONQUE PASSAIT (HUGO, *Lég.*, II, 2). — *Oh ! mes yeux, d'une œillade hautaine, / Savent vaincre* QUICONQUE ATTAQUE MES VERTUS (E. ROSTAND, *Cyr.*, II, 4). — POUR QUICONQUE A L'HABITUDE DE LA PRIÈRE, *la réflexion n'est trop souvent qu'un alibi* (BERNANOS, *Journal d'un curé de camp.*, Pl., p. 1034). — Autres ex. au § 697.

2° Propositions introduites par *qui* nominal représentant des personnes.

— *Qui* est le sujet d'une proposition relative sujet, qui, le plus souvent, a une portée générale, proverbe ou sentence :

Proverbes : QUI VIVRA *verra.* QUI TROP EMBRASSE *mal étreint.* QUI AIME BIEN *châtie bien.* Etc. — Phrases sentencieuses (surtout langue littéraire) : QUI VEUT FAIRE DE GRANDES CHOSES *doit penser profondément aux détails* (VALÉRY, *Mauvaises pensées et autres*, Pl., p. 893). — QUI S'AVEUGLE VOLONTAIREMENT SUR LE PROCHAIN, SOUS PRÉTEXTE DE CHARITÉ, *ne fait souvent rien autre chose que de briser le miroir afin de ne pas se voir dedans* (BERNANOS, *Dialogues des carmélites*, II, 1). — Un tour assez fréquent est la phrase commençant par *Qui dit*, phrase par laquelle on indique une équivalence : QUI DIT SAINTETÉ *dit actions vertueuses* (G. DUHAMEL, *Vie et aventures de Salavin*, t. II, p. 20). — Un autre tour assez fréquent dans la langue littéraire est la phrase averbale commençant par *Heureux qui* ... : *Heureux* QUI FRISSONNE AUX MIRACLES DE CETTE POÉSIE (A. FRANCE, *Génie latin*, p. 295).

Phrases qui n'ont pas de portée générale, mais qui sont figées : QUI M'AIME *me suive !* (Phrase qui aurait été prononcée par le roi Philippe VI en 1328.) — *Sauve* QUI PEUT ! *La prenne* QUI VOUDRA. *Comprenne* QUI POURRA. — Sur ce modèle : *Explique cela* QUI POURRA (ESTAUNIÉ, *Infirme aux mains de lumière*, p. 23).

Autres ex. (langue littér.) : QUI EÛT PARLÉ NOTRE LANGAGE *nous aurait peut-être fait comprendre que nous étions dès ce moment marqués* (BERNANOS, *Enfants humiliés*, Pl., p. 778). — QUI POURRAIT CONNAÎTRE SA PENSÉE *n'y trouverait sans doute rien de blâmable* (*Dict. contemp.*). — Il est rare que le verbe de la relative ait une autre forme que le conditionnel ou le subjonctif à valeur de conditionnel : QUI VOULAIT SE FAIRE UN PEU DE PLACE *trimbalait en catimini quelques piles poussiéreuses* (J. SCHLUMBERGER, *Éveils*, Œuvres, t. VI, p. 330).

Sandfeld (t. II, p. 87) range ici une phrase comme : QUI FUT ÉTONNÉ DE CETTE CHARITÉ DE NOUVELLE ESPÈCE, *ce fut le pasteur.* Mais on pourrait considérer que la première partie de la phrase est une interrogation plus ou moins factice (§ 381, Rem. 2). Comp. : *Et qui est-ce qui n'a plus su quoi dire ? C'est M. le maire* (J. ROMAINS, *Knock*, II, 1).

— *Qui* est sujet, attribut ou complément d'une proposition relative qui, elle-même a une autre fonction que la fonction sujet.

La proposition est objet direct : *Il écrase* QUI NE LUI OBÉIT (BARRÈS, dans la *Presse*, 14 janv. 1890). — *Envoyez chercher* QUI VOUS VOUDREZ, *je ne payerai pas* (LABICHE, *Cagnotte*, II, 10). — Objet indirect : *Grâce à lui ce château et ce domaine resteraient* À QUI LES MÉRITAIT (R. PEYREFITTE, M*ⁱˡᵉ de Murville*, dans le *Figaro litt.*, 14 juin 1947). — Complément adverbial : *Les grands actes de guerre* [...] *veulent de la noblesse* DANS QUI LES ACCOMPLIT (HUGO, *Quatrevingt-tr.*, I, II, 3). — Complément d'agent : *Nous sommes attirés* PAR QUI NOUS FLATTE (RADIGUET, *Bal de comte d'Orgel*, pp. 96-97). — Complément de nom : *La salacité commence avec le regard* DE QUI NE S'EST PAS ACCEPTÉ COMME RÉSERVE DE SENSATIONS INOUÏES ET INEFFABLES (POIROT-DELPECH, dans le *Monde*, 19 mars 1976). — Complément d'adjectif : *La clientèle de choix se montre toujours reconnaissante* ENVERS QUI NE LA BRUSQUE POINT (P. BENOIT, *Soleil de minuit*, p. 66). — Attribut : *J'ai cherché de vous dire comment je devins* QUI JE SUIS (GIDE, *Immor.*, III). — Les propositions *à qui veut l'entendre, qui vous* *savez, qui vous voulez,* sont particulièrement fréquentes, ainsi que celles qui sont introduites par *pour qui* : *Cette question,* POUR QUI CONNAISSAIT ANNE, *prouvait qu'il portait déjà de l'intérêt à François* (RADIGUET, *op. cit.,* p. 47). — Voir aussi § 687, *a.*

Une proposition relative avec *qui* sujet peut être sujet d'une proposition averbale introduite par *comme* : *La jeune femme était troublée, comme* QUI PÉNÈTRE DANS UN SANCTUAIRE TRÈS VÉNÉRABLE (J.-L. CURTIS, *Saint au néon,* F°, p. 153). — *Il est heureux comme* QUI A TERMINÉ UN TRAVAIL IMPORTANT (MALLET-JORIS, *Lettre à moi-même,* J'ai lu, p. 132). — Sur *comme qui dirait,* voir la Rem. ci-dessous.

Remarque. — Il arrive parfois que la proposition relative dont *qui* est le sujet n'ait pas dans la phrase une des fonctions attendues d'un nom. Cela donne aujourd'hui l'impression d'une anacoluthe. L'équivalent normal de *qui* serait *si l'on, si quelqu'un.*

EX. littéraires : QUI *est une fois entré dans la grâce de Lisieux, dans la grâce de Lourdes, on peut dresser devant lui l'armée misérable des mercantis qui pullulent alentour* (FR. MAURIAC, *Pèlerins de Lourdes,* p. 56). — *Bah !* QUI *prévoirait tous les risques, le jeu perdrait tout intérêt* (GIDE, *Caves du Vat.,* p. 230). — QUI *a pris une épouse, ils ne sont plus qu'une âme en une seule chair* (CLAUDEL, *Ann. faite à M.,* II, 3). — *Pourquoi rêver,* QUI *peut agir ?* (G. DUHAMEL, *Les plaisirs et les jeux,* VI, 7.) — En outre : QUI *de six ôte deux, reste quatre* (AC., S.V. *ôter*).

Ce tour, qui est ancien (cf. Hist.), n'est pas inconnu de la langue de tous les jours : cf. Sandfeld, t. II, § 55. Il signale notamment qu'A. Daudet donne comme un proverbe méridional QUI *perd une femme et quinze sous, c'est bien dommage de l'argent.*

Ce qui est bien vivant dans la langue familière, c'est *comme qui dirait,* qui a la même origine, mais qui est senti aujourd'hui comme une locution adverbiale marquant l'approximation, une sorte de synonyme d'*à peu près, pour ainsi dire* :

Nous faisons encore un peu de folies, COMME QUI DIRAIT *de casser, de briser tout* [...] (SAND, *Corresp.,* t. I, p. 37). — *Le haut de forme, toujours mal peigné, avait l'air d'avoir de longues soies,* COMME QUI DIRAIT *un chapeau angora* (LOTI, *Prime jeunesse,* XVIII). — *Les publicains qui sont* COMME QUI DIRAIT *les percepteurs* (PÉGUY, *Myst. de la char. de J. d'Arc,* p. 122).

Hist. — La construction que nous venons de décrire était tout à fait commune au moyen âge et jusqu'au XVIᵉ s. ; elle se trouve même au XVIIᵉ : KI *lui veïst Sarrazins desmembrer* / [...] *De bon vassal li poüst remembrer* [= Si quelqu'un l'avait vu mutiler les Sarrasins, il aurait pu se souvenir d'un bon vassal] (*Rol.,* 1970-1972). — QUI *me paiast, je m'en alasse* (*Pathelin,* 603). — *C'est un vain estude,* QUI *veut ; mais* QUI *veut aussi, c'est un estude de fruit inestimable* (MONTAIGNE, *Ess.,* I, 26). — ⁺QUI *serait contraint d'y vivre on trouverait moyen d'y avoir du repos* (MALHERBE, t. II, p. 373). — *Bonne chasse, dit-il,* QUI *l'auroit à son croc* (LA F., *F.,* V, 8). — ⁺QUI *m'aurait fait voir tout d'une vue tout ce que j'ai souffert, je n'aurais jamais cru y résister* (SÉV., 24 mars 1676). — QUI *seroit entre la Lune et la Terre, ce seroit la vraye place pour les bien voir* (FONTENELLE, *Entretiens sur la pluralité des mondes,* II).

L'ancien proverbe *Tout vient à point* QUI *sait attendre* est d'ordinaire altéré en ... À QUI *sait attendre.* Voir par ex. BALZAC, *Pons,* XLIII, Titre ; BLOY, *Exégèse des lieux communs,* CXXXIV.

b) Autres cas.

— Avec *qui* nominal neutre comme sujet, proposition relative sujet dans QUI FUT DIT FUT FAIT, expression figée ; — proposition relative régime de *voici, voilà* : *Voilà* QUI EST FAIT. — Cf. § 687, *c.*

— Avec *que* nominal neutre dans des expressions figées : *Advienne* QUE POURRA. *Coûte* QUE COÛTE. *Vaille* QUE VAILLE. — Cf. § 690.

— Avec *quoi*, précédé d'une préposition, attribut après *c'est* : *C'est* À QUOI JE M'ATTENDS ; — dans la formule *de quoi* suivie d'un infinitif objet direct ou sujet réel : *Il possède* DE QUOI PAYER. *Il y a* DE QUOI SE FÂCHER. — Cf. § 691, *d.* — (Dans *Voici en quoi il se trompe, quoi* est plutôt un interrogatif : § 1103, *a.*)

— Avec *où* : *Allez* OÙ VOUS VOULEZ.

1059 **Fonctions de la relative avec antécédent.**

a) **L'antécédent est un nom ou un pronom,** et la proposition relative a la fonction d'une épithète. — On distingue traditionnellement deux espèces.

1° La relative **déterminative** ou *restrictive*, qui restreint l'extension (§ 202) du terme qu'elle accompagne (la suppression de la relative modifierait profondément le message) :

Rappelez-vous l'objet QUE NOUS VÎMES, *mon âme,* / *Ce beau matin d'été si doux* (BAUDEL., *Fl. du m.*, Charogne). — *Un homme* QUI PRÊTE UN SERMENT, QUI JURE DE... *ne peut être qu'un homme aveuglé* (VALÉRY, *Tel quel*, Pl., p. 535).

Il n'y a ni pause dans l'oral ni virgule dans l'écrit entre l'antécédent et la proposition.

2° La relative **non déterminative**, souvent appelée *explicative*, qui ne restreint pas l'extension du terme qu'elle accompagne (la suppression de la relative ne modifierait pas vraiment le message) ; on peut la rapprocher de l'épithète détachée (§ 326).

Son cocher, QUI ÉTAIT IVRE, *s'assoupit tout à coup* (FLAUB., *Mme Bov.*, II, 8). — *Merci de votre adhésion,* DONT JE NE DOUTAIS PAS (J. ROMAINS, *Knock*, II, 2). — *J'ai entendu raconter par ma mère ceci,* QUE J'IGNORAIS ALORS [...] : [...] (PROUST, *Rech.*, t. III, p. 353). — *Lequel,* comme sujet, introduit aujourd'hui une relative non déterminative : cf. § 692, *b*, Rem. 4.

La relative non déterminative est souvent séparée de l'antécédent par une pause dans l'oral et une virgule dans l'écrit.

Cependant, lorsque l'antécédent est parfaitement délimité par lui-même, la pause et la virgule ne sont pas indispensables pour la bonne compréhension du texte. Par ex., elles sont souvent absentes après un pronom personnel : *Dans la nuit du tombeau, toi* QUI *m'as consolé,* / *Rends-moi le Pausilippe* (NERVAL, *Chim.*, Desdichado).

Il n'y a pas non plus de virgule dans une phrase comme *J'ai trouvé ma sœur* QUI *lisait dans le jardin*. La relative *qui lisait dans le jardin*, qui n'est pas un attribut de l'objet (comp. § 287, *e*), équivaut à un complément adverbial non essentiel (cf. § 327) du type *alors qu'elle lisait dans le jardin*. Comp. avec l'épithète (§ 326, Rem. 3).

Mais on a une proposition attribut dans *Elle a les yeux* QUI PLEURENT (§ 293).

b) **L'antécédent est un adjectif,** soit attribut mis en évidence dans une phrase exclamative, soit épithète détachée. La relative sert surtout à identifier l'être ou l'objet auxquels se rapporte l'adjectif :

Insensé QUE JE SUIS ! (MUSSET, *Prem. poés.*, Namouna, II, 39). — *Il se passait de manteau, fier* QU'IL ÉTAIT *de sa poitrine large* (H. DUVERNOIS, *Morte la bête*, 1). — *Elles ne pouvaient se redresser, infléchies* QU'ELLES ÉTAIENT (PROUST, *Rech.*, t. III, p. 838). — *Abrité* QU'ON ÉTAIT, *on ne percevait plus les musiques et les rumeurs de Sérianne* (ARAGON, *Beaux quartiers*, I, 27). — *Elle n'eut pas le loisir d'en paraître confuse, occupée* QU'ELLE ÉTAIT *à gronder vertement sa petite chienne* (COLETTE, *Voyage égoïste*, p. 146). — *Ne voyez-vous pas, aveugle* QUE VOUS ÊTES, *le piège qui vous est tendu ?* (AC., s.v. *que*.) — Autres ex. aux §§ 327, *d,* 1°, et 689, *c.*

L'adjectif est précédé de la préposition *de,* pour marquer qu'il s'agit d'un état antérieur : *La duchesse [...] fit [...] la conquête de la princesse Clara-Paolina, qui,* DE *timide et* D'*interdite qu'elle avait été au commencement de l'audience, se trouva vers la fin tellement à son aise [...]* (STENDHAL, *Chartr.*, VI).

Ces constructions se trouvent aussi avec des attributs nominaux dans des situations diverses : *En jurant comme un vrai Provençal* QU'IL ÉTAIT (A. DAUDET, *Tart. de Tar.*, p. 112). — *Le nommé André Favereau* QUE JE SUIS, *quand il mourra, pourra se vanter de les avoir eues toutes* (JOUHANDEAU, *Chroniques maritales*, p. 375). — *Entre soldats —* QUE NOUS SOMMES — *il y a de tous temps un grand et noble domaine commun* (DE GAULLE, *Citations* présentées par J. Lacouture, p. 97). — Autres ex. au § 689, *c.*

Hist. — Le tour n'est pas récent : *Étranger* QUE J'ÉTOIS, *je n'avois rien de mieux à faire que d'étudier cette foule de gens* (MONTESQ., *L. pers.*, XLVIII). — Il appartient aujourd'hui à tous les styles. Le jugement suivant repose donc sur un sentiment purement subjectif : « Il sera toujours inélégant et prétentieux d'écrire : *Le grand observateur qu'était Balzac... ; Le grand philosophe que fut Kant... ;* Il ne nous a pas regardé, *distrait qu'il était ;* Il faut aimer ces idées, *imprégnées qu'elles sont* par ce pur idéalisme... » (ALBALAT, *Comment il ne faut pas écrire,* p. 44.)

Le tour examiné ci-dessus est à l'origine de diverses expressions qui seront étudiées avec la proposition concessive (§ 1092, *a*).

c) **L'antécédent est un adverbe de lieu ou de temps.**

— Adverbes de lieu (*ici, là, partout*) + *où* : *Ici* OÙ VOUS ÊTES (LITTRÉ, s.v. *où,* 8°). — *J'irai passer mes vacances là* OÙ VOUS ÊTES ALLÉ CET ÉTÉ (*Dict. contemp.*, s.v. *où,* 1°). — *J'irai là-bas* OÙ L'ARBRE ET L'HOMME, PLEINS DE SÈVE, / SE PÂMENT LONGUEMENT (BAUDEL., *Fl. du m.*, Chevelure). — *Partout* OÙ J'AI VOULU DORMIR, / *Partout* OÙ J'AI VOULU MOURIR, / *Partout* OÙ J'AI TOUCHÉ LA TERRE, / *Sur ma route est venu s'asseoir / Un malheureux vêtu de noir, / Qui me ressemblait comme un frère* (MUSSET, *Poés. nouv.*, Nuit de déc.).

°*Là que* pour *là où* est fréquent chez le Méridional AUDIBERTI : *Une ultime traînée [...] signale le rivage, qui devient, presque aussitôt, le rivage d'Antibes, là* QUE *le Var touche la mer* (*Dimanche m'attend,* p. 86).

— Adverbes de temps (*aujourd'hui, maintenant, à présent,* etc.) + *que* : *Aujourd'hui* QU'IL EST PUISSANT, *il pourra nous servir* (AC.). — *Maintenant* QU'ELLE ÉTAIT PLUS MALHEUREUSE, *il l'abandonnait* (FLAUB., *Éd. sent.*, I, 6). — *À présent* QUE SES YEUX ÉTAIENT CLOS, *plus rien ne restait, dans l'expression de ses traits, que d'austère* (GIDE, *Et nunc manet in te,* Pl., p. 1125). *Je ne me suis pas trompée hier* QUE JE VOUS DISAIS QU'IL Y AVAIT DE L'HOMME LÀ-DESSOUS (A. COHEN, *Belle du Seigneur*, p. 444). — De même, *Il y a* (ou *Voilà*) *longtemps* QUE...

Le recul de *que* au profit de *où* dans les relatives concernant le temps (§ 689, *d,* 2°) se marque aussi lorsque l'antécédent est un adverbe, notamment *aujourd'hui* : AUJOURD'HUI OÙ *la vie de salon a diminué, ils peuvent recourir au téléphone* (THÉRIVE, *Procès de littérature*, p. 213). — AUJOURD'HUI OÙ *les Français ont cessé de croire aux images traditionnelles du surréel* [...] (J. FOURASTIÉ, *Ce que je crois*, p. 175). — Autres ex. dans Sandfeld, t. II, p. 196, qui cite en outre avec *naguère : C'est un homme supérieur à ce qu'il m'avait paru* NAGUÈRE, OÙ *je ne le connaissais à vrai dire que comme champion de loto* (MIOMANDRE).

Maintenant que, etc., sont souvent considérés comme des locutions conjonctives introduisant les propositions adverbiales de temps (§ 1081, *b*).

Remarque. — *Aujourd'hui, hier* et *demain* ont souvent le comportement des noms (§ 918, *c*). Ils peuvent avoir une proposition relative introduite par *qui* :

Je me disposais à aller vous présenter mes hommages hier QUI ÉTAIT VOTRE JOUR (CAPUS et ARÈNE, cit. Sandfeld, t. II, p. 215).

En dehors de cela, la relative introduite par *qui* après un adverbe est exceptionnelle : *Je ne peux pas m'en aller d'ici* QUI EST LA MAISON DE MES PARENTS (cit. Sandfeld). — *Il* [= un journaliste] *commença* [...] *par les chiens écrasés, les commissariats et les faits divers. Nous avons tous passé par là,* QUI MÈNE, UN DEGRÉ AU-DESSUS, À L'INTERVIEW DES PERSONNAGES ILLUSTRES (É. HENRIOT, dans le *Monde*, 1er juillet 1959).

d) **L'antécédent est,** soit **la phrase elle-même** où la relative est insérée ou qu'elle termine, soit **une partie de phrase** (à l'exclusion des faits décrits ci-dessus). La relative peut être considérée comme un élément incident (cf. § 372, *d*).

— Dans des formules figées : *Que je sache*, etc., voir ci-dessous, § 1063, *b*, 5°. — *Qui pis est, qui mieux est, qui plus est* : § 685, *b*. — *Dont acte* : § 693, *a*.

— Dans la langue parlée populaire, ou très familière, au début des incises (§ 374, Rem. 1) : *J'y vais,* QU'*il a répondu Princhard* (CÉLINE, *Voy. au bout de la nuit*, F° p. 94).

— Dans une langue littéraire assez recherchée quand le pronom relatif est *qui* (§ 685, *b*), *dont* (§ 693, *a*) ; — d'une façon plus générale, quand le pronom est *quoi* (§ 691, *c*) précédé d'une préposition et *où* dans *d'où* (§ 696, *b*, 3°) : *Je voulais vous montrer ce que j'aime,* [...] QUI *est je crois la seule façon d'aimer* (D. BOULANGER, *Enfant de bohème*, p. 258). — *Prêtez-moi un peu d'argent, sans* QUOI *je ne pourrai payer le taxi* (*Dict. contemp.*). — Dans des formules avec *quoi* et avec *d'où*, la relative cesse parfois d'être sentie comme telle : voir §§ 691, *c* ; 696, *b*, 3°.

La langue ordinaire préfère généralement reprendre (ou annoncer) la phrase ou la partie de phrase par le pronom neutre *ce* ou par un nom de sens général, comme *chose, fait*, etc., que l'on place devant le relatif : *Il fallait pour cela commencer par vider la mare,* CE *qu'on n'avait pas fait depuis quinze ans* (GIDE, *Immor.*, II, 1). — *Mon père se versa un grand verre d'eau et le vida d'un trait avant d'avoir rien mangé,* ACTE *qu'il prohibait toujours sévèrement* (E. JALOUX, *Le reste est silence*, VII). — *Il transporta sa cantine chez son amie Madame Favre, et* CHOSE *qui, je crois, ne lui était arrivée de sa vie, il prit un fiacre à la journée* (J. et J. THARAUD, *Notre cher Péguy*, t. II, p. 237).

1060   **Place de la proposition relative.**

Dans l'usage ordinaire, la proposition relative suit immédiatement l'antécédent :

Je signalerai dans ce livre UN CHAPITRE QUI ME PARAÎT BEAU.

Il faut éviter, pour la clarté de la phrase, que la relative soit séparée de l'antécédent par un autre nom : °*Je signalerai* UN CHAPITRE *dans ce livre* QUI ME PARAÎT BEAU.

L'emploi de *lequel* (qui varie en genre et en nombre) permet souvent d'éviter les ambiguïtés : cf. § 692.

Dans la langue écrite surtout, la relative se rapportant au sujet est parfois rattachée au prédicat (comme l'épithète et l'apposition détachées : cf. §§ 326-327 et 337) :

> *Quelqu'un passait dans le corridor* QUI S'ÉLOIGNA (BOURGET, *Sens de la mort*, p. 120). — *Une servante entra,* QUI APPORTAIT LA LAMPE (GIDE, *Porte étr.,* Épilogue). — Avec *Celui-là ... qui,* voir § 670, c. — Lorsque la relative est très longue, le déplacement se justifie particulièrement : *La ligne est brisée* QUE DÉFINIRENT AUTREFOIS LES PÈRES FONDATEURS DU MOUVEMENT (dans le *Monde,* référence égarée).

Lorsque l'antécédent est un pronom personnel conjoint, il est impossible que la relative le suive immédiatement :

> *Nous le vîmes* QUI AVAIT JETÉ À TERRE SA BELLE CHEMISE BLANCHE (LOTI, *Mon frère Yves,* XLVIII). — *Il est là-bas* QUI ARROSE (BOYLESVE, *Mlle Cloque,* LX). — *Me voici* QUI ATTENDS LE JOUR (DORGELÈS, *Caravane sans chameaux,* p. 216).

Dans une langue littéraire assez recherchée, la relative précède parfois l'antécédent (qui ne mérite plus vraiment son nom : cf. § 626) : *Elle me montra,* QUI JOUAIT, *dans son jardin, un de ces ânes charmants de Provence, aux longs yeux résignés* (BARRÈS, *Jardin de Bérénice,* p. 49). — *Il regarde* QUI VIENT PAR LE SENTIER SINUEUX *Violaine toute dorée* (CLAUDEL, *Ann. faite à Marie,* II, 3). — *L'on vit, vers onze heures,* QUI SE FAUFILAIENT AVEC D'INFINIES PRÉCAUTIONS, *les dames Missourat, Juriat, Mègue et une Vidoulet-Bargeotte* (H. BOSCO, *Balesta,* p. 174). — *Il y avait là,* QUI S'ÉTAIT PLACÉ AUPRÈS DU TRIBUNAL, *un nommé Alexandre* (POURRAT, *Saints de France,* p. 23).

Dans l'ex. suivant, la proposition relative est placée, très hardiment, en tête de la phrase : QUI L'ACCOMPAGNAIT *il y avait une belle panthère à la robe jaune tachetée de noir et aux yeux dorés* (AYMÉ, *Contes du chat perché,* Le canard et la panthère).

Les incidentes *qui plus est,* etc. ont une place assez libre et peuvent notamment se trouver au début de la phrase où elles sont insérées : voir l'ex. de Bosco au § 685, *b.*

Hist. — C'est Vaugelas (p. 585) qui demanda, au nom de la clarté, que le pronom relatif fût toujours en contact immédiat avec son antécédent. — Il n'est pas rare de trouver, à l'époque classique, des phrases qui, aujourd'hui, ne sembleraient pas suffisamment claires : ⁺*Bien des* GENS *vont jusques à sentir le mérite d'un manuscrit qu'on leur lit,* QUI *ne peuvent se déclarer en sa faveur* (LA BR., I, 21). — ⁺*Mme Foucquet la mère a donné un* EMPLÂTRE *à la Reine,* QUI *l'a guérie de ses convulsions* (SÉV., 20 nov. 1664).

1061   **Observations diverses sur les relatives.**

a) Lorsque le sujet est autre qu'un pronom relatif (ou un syntagme déterminant relatif + nom), un pronom personnel, *ce* ou *on,* il est souvent placé après le verbe dans la langue écrite, surtout si le syntagme sujet est nettement plus long que le groupe verbal :

> *Dans la quinzaine du jour où sera révolue* L'ANNÉE (*Code civil,* art. 286). — *Les boutiques pleines de ténèbres sont autant de trous lugubres dans lesquels s'agitent* DES FORMES BIZARRES

(ZOLA, *Thér. Raquin,* I). — *Il devait me reconnaître à la façon qu'ont* LES BÊTES SAUVAGES *de reconnaître leur gibier* (CÉLINE, *Voy. au bout de la nuit,* F°, p. 243). — [...] *les villages qui restent soigneusement sur les pourtours où passe* LA ROUTE (GIONO, *Ennemonde et autres caractères,* p. 9). — *L'Internationale est la donnée première dont découle pour des raisons secondes de pratique politique* L'ÉTABLISSEMENT DE SECTIONS NATIONALES (A. KRIEGEL, *Internationales ouvrières,* p. 6). — [...] *une vitre poussiéreuse où se distinguent à peine* QUELQUES REFLETS DE MON PROPRE VISAGE ET D'UNE FAÇADE DE MAISON, SITUÉE DERRIÈRE MOI (ROBBE-GRILLET, *Projet pour une révolution à New York,* p. 11).

Si le verbe de la relative a un objet direct, on évite l'inversion du sujet. L'ex. suivant est d'un auteur qui aime les constructions insolites : [...] *cette montagne Sainte-Geneviève* [...] *où traîne* VILLON *son écritoire et ses âpres instincts* (F. DESONAY, *Villon,* p. 22).

Quand le pronom relatif est suivi par *peut-être* ou par un autre mot qui entraîne l'inversion du pronom sujet, de *ce* et de *on* dans la phrase énonciative, il arrive que par analogie cette inversion se produise dans la relative : cf. § 377, Rem. 4.

b) Relatives averbales. D'ordinaire, le verbe absent n'est pas un verbe déjà présent dans le contexte, mais un verbe de faible contenu sémantique, comme *être, se trouver.*

1° Dans la langue courante, après *parmi lesquels* et *dont* pris dans le même sens : *Là il connut des jeunes gens instruits,* PARMI LESQUELS *Maucroix* (FAGUET, *XVIIᵉ s.,* p. 234). — *Il leur restait environ dix mille francs de rente,* DONT *deux mille trois cents à lui* (FLAUB., *Éd. sent.,* I, 5).

2° Dans la langue courante, après *d'où,* qui joue le rôle d'un adverbe de liaison logique, comme *par conséquent : Elle* [= la littérature] *aussi doit signaler quelque chose, différent de son contenu* [...]. *D'où un ensemble de signes donnés sans rapport avec l'idée* (BARTHES, *Degré zéro de l'écriture,* Introd.). — Autres ex. au § 696, *b,* 3°.

3° Dans des expressions figées, certaines de la langue commune, d'autres de la langue juridique : *À qui mieux mieux* (§ 688), *tel quel* (§ 620, *a,* 4°), *ce que voyant* (§ 674, *c*), *à qui de droit* (§ 708, *c*), *ce que dessus* (§ 690, *a*), *dont acte* (§ 693, *a*). — En Belgique, on emploie aussi dans la langue juridique ou administrative °*dont question : Voici le texte* DONT QUESTION (dans la *Libre Belgique,* 12 juillet 1976, p. 11). — Comp. aussi *qui* répété à valeur distributive, que nous avons rangé parmi les pronoms indéfinis (§ 729). — Voir encore certaines formules avec *de quoi* au § 691, *d.*

4° Dans la langue littéraire, de façon occasionnelle (fréquemment, chez Gide) : *Mon oncle s'approcha d'un guéridon* [...], *sur* LEQUEL *un journal, dont il s'empara* (GIDE, *Journal,* 13 mai 1937). [Voir aussi *ib.,* 18 juin 1914 ; etc.] — *En bas, une sorte de caveau, au milieu* DUQUEL *un trou pareil à l'ouverture d'un puits* (R. ESCHOLIER, *Quand on conspire,* p. 90). — *L'homme était un voyou notoire, ce qui ne l'empêchait pas* [...] *d'être officier d'Académie, et* QUI *plus, délégué scolaire* (LA VARENDE, *Roi d'Écosse,* p. 139).

Avec ellipse d'un verbe donné auparavant : *Dort-il vraiment, ou ne ferait-il pas celui* QUI ? (MONTHERLANT, cité au § 217, *c,* Rem. 2.)

c) La relative peut faire partie d'une phrase averbale, généralement exclamative :

Heureux celui qui peut d'une aile vigoureuse / S'élancer vers les champs lumineux et sereins ! (BAUDEL., *Fl. du m.,* Élévation.)

Un ex. comme celui-là ne diffère pas du cas où on a un sujet sans relative : cf. § 397, *a.* — En revanche les deux constructions suivantes sont plus remarquables.

— La relative sert seulement à identifier le sujet : *Insensé* QUE JE SUIS ! (MUSSET, *Prem. poés.*, Namouna, II, 39.)

— On attire d'abord l'attention sur le sujet, le prédicat venant ensuite sous la forme de la relative (cf. § 404, *b*) : *Onze heures déjà ! et ma tante lady Éleanor Braybrooke* QUI N'ARRIVE PAS ! (Th. GAUTIER, *Partie carrée*, IV.) — *Oh ! ce monsieur* QUI MANGE TOUTE LA « BARQUETTE » ! (A. DAUDET, *Lettres de m. m.*, p. 143.) — *Un monsieur* QUI VIENT DÉJEUNER ! (COLETTE, *Blé en herbe*, II.) — *Dans l'air, une balle* QUI SIFFLE ! (LOTI, *Pêch. d'Isl.*, III, 1.) — *Maman, Edmée* QUI NE CONNAÎT PAS LES PAQUETS RUMATHON ! (VAUDOYER, *Reine évanouie*, p. 185.)

Le sujet est souligné par *jusqu'à* : *Jusqu'aux libraires* QUI SONT OBLITÉRÉES (LARBAUD, *Fermina Márquez*, XVI). — *Jusqu'à ses étouffements* QUI DIMINUAIENT (MALLET-JORIS, *Empire céleste*, p. 202). — *Jusqu'à la science* QUI L'ABANDONNAIT (J. d'ORMESSON, *Au plaisir de Dieu*, p. 391).

1062 **Propositions relatives imbriquées.** La langue littéraire emploie encore le tour classique (non inconnu du français parlé) dans lequel une relative est imbriquée dans une conjonctive objet ou dans une autre relative.

— *Un livre* [...] *qu'il n'est pas encore dit que je n'écrirai pas* (GIDE, *Si le grain ne meurt*, I, 6). — *Je me passionnais étrangement dans ma recherche ténébreuse, pour laquelle je sais que le chercheur devait abjurer et repousser de lui culture* [...] (ID., *Immor.*, III). — *Sauf les amis que ma folie espère qu'il me donnera, je hais l'avenir* (É. HENRIOT, *Livre de mon père*, p. 212). — *À cause de cette pièce d'argent qu'elle sait qu'elle a perdue !* (CLAUDEL, *Messe là-bas*, p. 65.) — *Sa mère que j'avoue que je redoute fort* (MONTHERLANT, *Incompris*, I). — *Par une chance que je n'ose dire que je mérite* (ALAIN, *Propos*, 10 déc. 1932). — *Pour vous le dire d'un mot que je suppose que vous allez comprendre* (A. CAMUS, *Lettres à un ami allem.*, p. 21). — *L'homme que les autres imaginent que nous sommes* (MAUROIS, *Mémoires*, I, p. 6). — *Un article de moi que je serais heureux que vous lisiez* (BERNANOS, *Corresp.*, 25 oct. 1946). — *La femme que l'on sait* [...] *qu'il aime* (ARAGON, *Mise à mort*, p. 28.) — *Ce qui dénote une vertu qu'il n'aurait pas aimé qu'on lui reconnût* (M. CLAVEL, dans le *Nouvel observateur*, 21-29 avril 1973).

Un tour semblable est celui où, au lieu d'un pronom relatif, on a un pronom interrogatif : *Que crains-tu donc qu'il m'apprenne ?* (VIGNY, *Stello*, XXXIV.) — *Qui dit-on que je suis ?* (Fr. MAURIAC, *Vie de Jésus*, p. 135.)

Parfois le pronom introduisant la relative est attribut du sujet de la proposition conjonctive : *Cette Maria-Pia* [...] *est exactement ce que je t'avais dit qu'elle était* (FARRÈRE, *Chef*, p. 110).

— *Cette rencontre assez étrange, que vous dites qui eut lieu ce matin* (A. FRANCE, *Rôtisserie de la reine Péd.*, p. 247). — *Ce démon que tu dis qui t'assiste* (HERMANT, *Platon*, p. 121). — *Pourtant c'est l'esprit et le génie de la France qu'on sent qui respire en ses toiles* (GIDE, *Feuillets d'automne*, p. 161). — *Elles se trahissent par cela même qu'elles pensaient qui leur ferait honneur* (MONTHERLANT, *Service inutile*, Pl., p. 645). — *Cette douleur ressemble plus à celle des rages dentaires, qu'on ne peut croire qui cesse* (ARAGON, *Aurélien*, cit. *Fr. mod.*, avril 1948, p. 107). — *Tous les objets qu'on ne voulait pas qui traînent* (une Parisienne, petite bourgeoisie, 28 juillet 1948).

Ici encore on peut, au lieu du relatif *que*, avoir un pronom interrogatif : *Qui croyez-vous, mon cher, qui parle de la sorte ?* (MUSSET, *Poés. nouv.*, Sur la paresse.) — *Qui crois-tu qui a fait cela ?* (BILLY, *Nathalie*, p. 56.)

Hist. — Dans les phrases du type *Cet enfant* QUE *je dis* QUE *j'ai vu*, le premier *que* est un pronom relatif objet direct, et le second *que*, une conjonction : *Je dis que j'ai vu que* (= cet enfant). L'interprétation est facile ; elle est facile également dans des phrases telles que : *L'endroit* OÙ *il sait* QU'*on le mène* (*que :* conjonction ; *où :* complém. adverbial de *mène*). *L'homme à* QUI *je sais* QUE *vous nuisez* (*que :* conjonction ; *qui :* objet indirect de *nuisez*).

Les phrases du second type (avec deux relatifs) ont été blâmées par Vaugelas (p. 101), mais Littré donne des exemples de La Fontaine, de Molière, de Saint-Simon, de Fontenelle, de Massillon, de Voltaire, et ajoute : « Cette construction a été employée, comme on le voit, par les meilleurs écrivains ; elle est vive et très commode ; il serait fort utile de la remettre en honneur. » — L'explication des phrases de ce second type est plus épineuse et a été fort controversée : voir notamment Tobler, *Mél.*, pp. 156-166 ; M.-L. Moreau, dans *Langue fr.*, sept. 1971, pp. 77-90.

La langue ordinaire préfère le tour *L'enfant dont je dis que je l'ai vu* (§ 694, *d*), qui n'est pas accepté par tous les grammairiens d'ailleurs, au tour *Cet enfant que j'ai dit que j'ai vu*.

1063　　**Le mode dans la proposition relative.**

a) La relative est le plus souvent à l'**indicatif** [1] :

*Dans la nuit du tombeau, toi qui m'*AS CONSOLÉ, */ Rends-moi le Pausilippe et la mer d'Italie, / La fleur qui* PLAISAIT *tant à mon cœur désolé* (NERVAL, *Chim.*, Desdichado).

b) Le **subjonctif** se met dans les cas suivants.

1° Quand la relative inclut une nuance de but :

Le roman comporte une certaine lenteur de cheminement qui PERMETTE *au lecteur de vivre avec les personnages et de s'habituer à eux* (GIDE, *Journal*, 12 juin 1931).

2° Ordinairement, quand l'antécédent contient un superlatif relatif ou un adjectif de sens analogue (*seul, premier, dernier, principal, unique,* etc.) :

*Un des premiers plaisirs que j'*AIE GOÛTÉS *était de lutter contre les orages* (CHAT., *Mém.*, I, I, 7). — *Le meilleur auxiliaire que* PUISSE *trouver la discipline, c'est le danger* (VIGNY, *Serv. et gr. mil.*, II, 12). — *Ô la plus chère tombe et la plus ignorée / Où* DORME *un souvenir !* (MUSSET, *Poés. nouv.*, Souvenir.) — *Cet épisode, le principal qu'*AIENT RETENU *les historiens quand ils parlent des troubles du Midi* (duc de CASTRIES, dans la *Nouv. revue des deux mondes*, mai 1974, p. 294).

Ex. avec l'indicatif : *Il a épousé la plus belle femme qu'il* A PU *trouver* (BLOY, *Désespéré*, L.P., p. 301). — *Les visites de Swann avaient été les dernières qu'elle* AVAIT REÇUES (PROUST, *Rech.*, t. I, p. 143). — *Ils* [= des bribes de faits] *sont* [...] *la seule bouée qui nous* SOUTIENT *tous deux sur la mer du temps* (YOURCENAR, *Souvenirs pieux*, p. 12). — *Dès lors que le président de la République, le seul qui* ÉTAIT RESTÉ *dans l'irrésolution et dans le doute, vient de dire* [...] (Fr. MITTERRAND, déclaration (à la radio) citée dans le *Monde*, 23 mars 1979).

Remarque. — Un emploi analogue du subjonctif se trouve parfois dans les relatives dont l'antécédent comporte la formule *un des* ... :

---

1. Rappelons que le conditionnel est aujourd'hui rangé parmi les temps de l'indicatif : voir la note du § 859.

Le Journal d'Arcachon [...] *est une des choses instructives que j'*AIE LUES (VEUILLOT, *Historiettes et fantaisies,* p. 352). — *Aimes-tu ce livre? C'est un des beaux qu'on* AIT FAITS (FLAUB., *Corresp.,* t. I, p. 170).

3° Souvent, lorsque la relative se trouve après un tour négatif ou dans une phrase interrogative ou dans une proposition conditionnelle :

Pas un [nom] *qu'avec des pleurs tu* N'AIES BALBUTIÉ ! (MUSSET, *Prem. poés.,* Namouna, II, 41.) — *Est-il un trésor qui* VAILLE *le sommeil?* (A. FRANCE, *Livre de mon ami,* p. 225.) — *Si vous rencontriez, par hasard, une jeune fille qui ne* SOIT *pas juive et qui vous* PLAISE (G. DUHA-MEL, *Les espoirs et les épreuves,* p. 161). — *Âme qui vive* est figé au point qu'on pourrait le considérer comme un auxiliaire de la négation au même titre que *personne.*

La négation peut être implicite : *Il est donc aussi difficile de concevoir une société où tous les hommes* SOIENT *très éclairés, qu'un État où tous les citoyens* SOIENT *riches* (TOCQUEVILLE, *De la démocr. en Amér.,* I, II, 5). — [...] *la faible proportion d'autochtones à qui* SOIT FOURNIE *l'occasion de s'élever à d'importantes fonctions* (SOUSTELLE, *Lettre ouverte aux victimes de la décolonisation,* p. 72).

On trouve parfois dans la langue littéraire le subjonctif imparfait ou plus-que-parfait exprimant l'éventualité : *Est-il un asile où j'*AIMASSE *mieux dormir pour toujours?* (CHAT., *Mém.,* I, VIII, 3.)

Ex. de l'indicatif : *Il n'est personne ici qui ne* VOUDRAIT *mourir pour lui* (KESSEL, *Équipage,* p. 44). — *Loin de « me perdre dans la vie des autres » comme si je m'enlisais dans une vase où je* SAVOURAIS *des voluptés incompréhensibles, je m'y nourris, je m'en nourris* (J.-L. BORY, *Peau des zèbres,* p. 30). — *Il n'était mendiant de Tolède ou de Salamanque qui ne* RÊVAIT *de découvrir une de ses œuvres* (L. DAUDET, *Mes idées esthétiques,* p. 236). — *Il n'est rien qui ne* CONCOURT *à en persuader* (CAILLOIS, Introd. de : Montesq., *Hist. véritable,* p. XIII).

Il n'est pas (ou *Il n'y a pas*) *jusqu'à* ... + pronom relatif + *ne* régit le subjonctif : *Il n'est pas jusqu'à ce haut chapeau sur la tête d'un personnage falot qui n'*AIT *l'air d'un phare* (CLAU-DEL, *L'œil écoute,* p. 49). — *Il n'y avait pas jusqu'aux domestiques qui ne* MONTRASSENT *un zèle inusité à me servir* (BOYLESVE, *Meilleur ami,* p. 119). — *Il n'était pas jusqu'aux chants et aux danses* [...] *où ils ne* PARUSSENT *s'adonner qu'à contre-cœur* (Y. GANDON, *Captain Lafortune,* p. 129). — *Sans pas : Il n'était jusqu'au dernier clerc aux écritures qui ne* VOULÛT *se donner la mine d'un dignitaire* (DRUON, *Reine étranglée,* p. 117).

Parfois le second *ne* est omis, et la locution est construite avec l'indicatif ; *il n'est pas* est alors comme effacé dans la pensée, où il ne reste que *jusqu'à* (= et même) [à comparer : § 1061, *c*] : *Il n'est pas jusqu'aux valets qui s'en* MÊLENT (BESCHERELLE, s.v. *jusque*). — *Il n'est pas jusqu'à ses lacets de souliers, qui* S'ACHÈVENT *juste avec le nœud* (GIDE, *Faux-monn.,* p. 330). — *Il n'était pas jusqu'aux désinfectants qui* AJOUTAIENT *à la plaie un air de sophistication* (M. TOURNIER, *Roi des aulnes,* p. 370).

Pour les phrases du type *Si c'était le loup qui* VENAIT (ou *qui* VÎNT), voir § 1097, *b*, Rem. 2.

4° Le subjonctif s'introduit, par attraction, après un verbe au subjonctif :

Quels que soient les services qu'elles AIENT *pu rendre* (MONTHERLANT, *Solstice de juin,* p. 148). — *Quelle que soit la réponse que nous* FASSIONS (PÉGUY, *Esprit de système,* p. 229). — *Quelle que soit la pièce où il* AIT *été reclus* (M. GARÇON, *Louis XVII,* p. 505). — *Vaille que vaille,* etc. : § 690, *b.*

Le cas se présente, en particulier, après les gallicismes *c'est ... qui, c'est ... que : Il ne faudrait pas croire que ce fût moi qui* FUSSE *à sa remorque* (HERMANT, *M. de Courpière,* cit. Sandfeld, t. II, p. 125). — *Je ne crois pas que ce soit cet homme que je* PRENNE *jamais pour conseiller.* — *Rieux n'était même pas sûr que ce fût lui qu'elle* ATTENDÎT (A. CAMUS, *Peste,* p. 141).

Ex. de l'indicatif : *Quelque abrupt que soit le roc que nous* GRAVISSONS, *c'est un poète qui nous conduit* (G. DUHAMEL, *P. Claudel,* p. 26).

5° *Que je sache* (*que tu saches,* etc.) est toujours au subjonctif (comp. lat. *quod sciam*).

Il s'emploie le plus souvent dans un contexte négatif ou interrogatif : *Les chefs de notre gouvernement ne forment point,* QU'ON SACHE, *des desseins immodérés* (A. FRANCE, *Mannequin d'osier,* p. 246). — *Est-il venu quelqu'un* QUE VOUS SACHIEZ ? *que tu* SACHES ? (LITTRÉ.) — *Vous ne me faites pas grâce de mon loyer,* QUE JE SACHE ? (BOYLESVE, Mlle *Cloque,* X.) — *Mallarmé,* QUE JE SACHE, *n'était pas mallarméen* (COCTEAU, *Poésie critique,* p. 86).

On le trouve parfois aussi, il est vrai, dans des phrases affirmatives : [*Il est le premier,* QUE JE SÇACHE, *qui en ayt usé* (VAUGELAS, p. 39).] — *Pierre le Grand, qui me valait bien,* QUE JE SACHE, *a été souvent dans sa vie,* [...] *le juge et le bourreau* (BARBEY D'AUR., *Chev. des Touches,* VIII). — *Il existe une science que seuls les médecins ont,* QUE JE SACHE, *introduite dans le programme normal des études. Elle porte le beau nom de déontologie* (G. DUHAMEL, *Discours aux nuages,* p. 116). — *Son gouvernement* [de Benès] *est,* QUE JE SACHE, *provisoire* (DE GAULLE, *Mém. de guerre,* t. III, p. 78). — *Ainsi en va-t-il de ce* Contre la plèbe, *dont l'auteur,* QUE JE SACHE, *est un homme* (M. CHAPELAN, dans le *Figaro litt.,* 24 avril 1967, p. 21). — *M. Louis Malle,* QUE JE SACHE, *fait du cinéma depuis longtemps* (IONESCO, dans le *Figaro litt.,* 17 juin 1972).

On trouve aussi (mais rarement) *à ce que je sache : M. Noël Devaulx,* À CE QUE JE SACHE, *n'en a pas tiré la moindre parcelle de la gloire tapageuse que la foire littéraire dispense à ses vedettes et à ses lauréats* (A. ROUSSEAUX, dans le *Figaro litt.,* 21 août 1948). — *Ta prétendue n'a pas un frère ministre,* À CE QUE JE SACHE ? (CHAMSON, *Tour de Constance,* p. 261.)

Il est douteux que, dans toutes ces formules, *que* soit senti par les locuteurs comme un pronom relatif. Voir d'ailleurs au § 690, *b,* d'autres expressions, et dans certaines *que* ne peut être analysé comme un pronom relatif. Dans d'autres, on a parfois l'indicatif.

c) L'infinitif sans sujet est employé dans des cas où la relative implique l'idée de *devoir* ou de *pouvoir* :

Il indique l'endroit OÙ PRATIQUER LA PLAIE (J. de PESQUIDOUX, *Chez nous,* t. I, p. 119). — *Il cherchait une main* À QUOI S'ACCROCHER (FARRÈRE, *Civilisés,* XXX). — *Aucun visage* SUR QUI REPOSER SES YEUX *dans cette foule* (Fr. MAURIAC, *Thér. Desqueyroux,* p. 57).

Mais n'a-t-on pas, dans ces exemples, la transformation d'une phrase interrogative ?

CHAPITRE II

LA PROPOSITION CONJONCTIVE

1064   Les **propositions conjonctives** sont des propositions commençant par une conjonction (ou une locution conjonctive) de subordination.

Nous traitons à part des interrogations indirectes commençant par *si* (§ 1101).

1065   **Espèces de propositions conjonctives.** Nous en distinguons trois :

a) Les **propositions conjonctives essentielles,** qui sont ordinairement introduites par *que* et qui remplissent des fonctions nominales essentielles, notamment celles de sujet et de complément d'objet :

QU'IL SE TROMPE *est certain.* — *Il est évident* QU'IL SE TROMPE. — *Je dis* QU'IL SE TROMPE.

b) Les **propositions corrélatives,** qui sont introduites par *que* et qui sont appelées par un terme (adverbe ou adjectif) de la phrase ou de la proposition dont elles font partie :

Il a une TELLE *faim* QU'IL MANGERAIT N'IMPORTE QUOI. — *Il est* PLUS *grand* QUE JE NE PENSAIS.

c) Les **propositions adverbiales,** qui sont ordinairement introduites par une autre conjonction de subordination que *que* et qui ont la fonction d'un complément adverbial :

QUAND LE CHAT EST PARTI, *les souris dansent* (prov.). — *Vous reviendrez* SI VOUS VOULEZ.

1066   **Les propositions peuvent être averbales,** notamment les corrélatives (§ 1077, *a,* Rem. 1), les adverbiales (§ 1079, *b*) de cause, de manière, d'opposition, de condition.

Tantôt, par économie, on se dispense de répéter des éléments déjà donnés dans le contexte :

Nous connaissons nos signaux mieux QU'UN PRÊTRE SON BRÉVIAIRE (CHAMSON, *Superbe,* p. 27). — *Cette caisse est plus haute* QUE LARGE. — *Il fait moins froid* QU'HIER. — *J'ai planté là le comptoir de mon père* COMME VOUS L'ÉCOLE DE THÉOLOGIE (YOURCENAR, *Œuvre au noir,* p. 14).

Tantôt on se dispense d'exprimer des éléments jugés non indispensables pour la communication :

Toute mélodie s'efface, DÈS QU'APPARUE (M. NOËL, *Notes intimes*, p. 161). — QUOIQUE ABSENTE, *je penserai souvent à vous* (Th. GAUTIER, *Mlle de Maupin*, XVII). — *Venez aussitôt* QUE POSSIBLE. — *Venez vous-même* SI POSSIBLE.

1067   Pseudo-propositions.

Lorsque des sous-phrases sont coordonnées d'une manière implicite, il y a entre elles une liaison logique. La langue semble ne pas se satisfaire de cette absence de lien visible, et elle tend à le marquer au moyen de la conjonction *que*, ce qui a souvent pour effet d'inverser la hiérarchie logique : la sous-phrase devenue proposition par l'introduction du *que* est souvent la partie la plus importante du message.

1° Le premier élément est une sous-phrase verbale :

J'étais gamine, QU'*elle achetait déjà des navets à mon père* (ZOLA, *Ventre de P.*, I). — *Tout s'était envolé* QUE *les Français tiraient toujours* (BARRÈS, *Union sacrée*, p. 216). — *À peine avait-il son bonheur entre les mains* QU'*on voulait le lui reprendre* (FLAUB., *Éd. sent.*, I, 6). — *Elle était à peine remise* QU'*elle retomba malade* (*Robert méthod.*, s.v. *peine*).
    Le diable entrerait dans la maison QU'*on le laisserait faire* (HUGO, *Misér.*, I, I, 9). — *Je serais ministre de l'Éducation nationale,* QUE *j'inscrirais au programme de l'agrégation d'histoire la sociologie, la psychologie, l'économie politique, etc.* (F. BRAUDEL, interviewé dans le *Magazine littér.*, nov. 1984, p. 22). — *Eût-il tort,* QU'*il se soumettrait sans effort* (BRUNOT, *Hist.*, t. III, p. 57). — *Partait-il seul pour Paris* QU'*elle s'empressait de prévenir Mme Marliani* (MAUROIS, *Lélia*, p. 321).

2° Le premier élément est un mot-phrase [cf. § 1050, *a*] (cela est surtout fréquent dans la langue familière) :

Bien sûr donc QUE *je n'étais pas la cause de l'accident funeste* (SAND, *Mauprat*, XXII). — *Peut-être* QUE *le pharmacien s'était trompé* (FLAUB., *Éd. sent.*, II, 6). — *Bien entendu* QUE *je paierai ce petit voyage* (ID., *Corresp.*, t. I, p. 213). — *Oui,* QU'*elle nous effraie* (A. DAUDET, *Tart. sur les Alpes*, cit. Tobler, *Mél.*, p. 76). — *Sans doute* QUE, *pour tenir parole* [...], *ils éviteront de nuire à autrui* (A. FRANCE, *Lys rouge*, XIX). — *Avec eux peut-être bien* QU'*il sera possible de faire accepter nos idées* (MAURRAS, dans Barrès et Maurras, *La République ou le roi*, p. 206). — *Certainement* QU'*à cette date-là* [...] *ils ne se seraient pas liés* (BARRÈS, *Appel au soldat*, t. II, p. 243). — *Apparemment* QU'*il viendra* (AC.). — *Heureusement* QU'*il n'a rien vu* (AC.). — *Peut-être* QU'*il viendra* (AC.).

Hist. — Cet usage n'est pas récent. Ex. classiques : ⁺*Peut-être* QU'*il le dit* (CORN., *Ment.*, IV, 9). — *Peut-estre* QUE *la mer courroucée sera encore plus belle dans l'éloignement* (BOUHOURS, *Entretiens d'Ariste et d'Eugène*, I). — ⁺*Peut-être* QU'*Alexandre n'était qu'un héros* (LA BR., II, 31). — *Assurement* QUE *vous avez raison* (MOL., *D. Juan*, I, 2). — *Sans doute* QU'*à la Foire ils vont vendre sa peau* (LA F., *F.*, III, 1). — Selon Dupré (p. 1954), « *peut-être que* est senti comme aussi vulgaire que *sans doute que* ». Ce jugement paraît excessif.

Remarque. — La langue populaire, ou très familière, introduit un *que* dans des cas où l'on ne peut parler de mot-phrase :

Je ne peux plus l'[= un réveil] *entendre, il me tire le nerf de l'estomac* [...]. AVEC ÇA QU'*il en est encore à marquer le quart moins de dix* (BERNANOS, *Imposture,* p. 253). — *Mais c'est que cela est vrai.* AVEC ÇA QUE *vous ne le savez pas !* (CLAUDEL, *Partage de midi,* p. 19.) [Pris par antiphrase ; le sens est « vous le savez bien ».] — *Et pourtant, Loup, on t'a bien défendu,* MÊME QUE *nos parents nous ont envoyées au lit sans souper* (AYMÉ, *Contes du chat perché,* Loup). — *Dire* [...] *que je l'ai tenue dans mes bras,* MÊME QUE *quelquefois ça me gênait un peu pour dormir* (LÉAUTAUD, *Petit ami,* V). — *J'imagine Jacques Duclos et Maurice Thorez cachés sous une robe longue et coiffés d'un turban ! Quel spectacle !* DÉJÀ QU'*ils sont laids !* (J. CHAMPION, *Passion selon Martial Montaurian,* p. 172.) — *Il n'en avait plus de dos ce grand malheureux,* TELLEMENT QU'*il avait mal* (CÉLINE, *Voy. au bout de la nuit,* F°, p. 39). — *À peine que :* voir l'ex. de Péguy cité au § 1082, *a.* — *Leur intervention passa pour miraculeuse,* D'OÙ QUE *de nos jours, elle ne rencontre que scepticisme* (G. BORDENOVE, *Hist. secrète de Paris,* t. I, pp. 51-52). [Influence de *de là que ?*]

SECTION 1. — LA PROPOSITION CONJONCTIVE ESSENTIELLE

1068   Nous appelons **conjonctives essentielles** des propositions conjonctives qui remplissent dans la phrase (ou, éventuellement, dans une proposition) des fonctions nominales essentielles : cf. § 1070.

On les appelle parfois *conjonctives pures.* On a proposé aussi *conjonctives par que,* mais cela ne paraît pas satisfaisant (il y a d'autres conjonctives par *que*), pas plus que les appellations plus traditionnelles de *complétives* (il ne s'agit pas toujours d'un complément) ou de *substantives* (le substantif a d'autres fonctions). — Que le sujet ou l'objet soient des fonctions essentielles, cela est visible. Pour les noms et les adjectifs, ils reçoivent des compléments équivalant à ceux des verbes auxquels ces noms et adjectifs correspondent.

1069   **Mots de liaison.**

a) C'est ordinairement la conjonction *que* :

Je crains QU'*on ne me trompe. Il faut* QUE *vous vous décidiez. Le malheur est* QU'*il est trop tard.*

b) Lorsque les propositions correspondent à un syntagme nominal (parfois à un infinitif) introduit par une préposition, elles peuvent être introduites par *à ce que, de ce que, sur ce que.*

— Ex. avec *à ce que : Aide-nous* À CE QUE *rien autour d'eux ne les tire l'un hors de l'autre* (GIRAUDOUX, *Sodome et Gomorrhe,* p. 19). — *Tous deux auraient aimé* À CE QU'IL *prît un jour la direction de leurs affaires* (SANDEAU, *Roche aux mouettes,* XXIV). — *Je n'aime pas* À CE QUE *nos sentiments soient connus du public* (FLAUB., *Corresp.,* t. II, p. 385). — *Il aime* À CE

QU'*on le considère comme un bon ouvrier* (J.-J. GAUTIER, *Hist. d'un fait divers*, p. 97). — *J'aurai l'œil, se dit-elle,* À CE QUE *Putois ne flâne point et ne me vole point* (A. FRANCE, *Crainquebille*, p. 83). — *Je* [...] *m'attendais* [...] À CE QUE *mes fautes fussent découvertes* (ID., *Vie en fleur*, p. 24). — *Il s'attend* À CE QUE *je revienne* (AC., s.v. *ce*). — *Je ne suis pas assez fou pour m'attendre* À CE QU'*une foule d'élèves sachent, par prodige, ce qui ne s'enseigne point* (COCTEAU, *Difficulté d'être*, p. 216). — *Je consens volontiers* À CE QU'*il vienne avec nous* (MÉRIMÉE, *Colomba*, II). — *Je demande* À CE QU'*on m'oublie* (FLAUB., *Lettres à sa nièce Caroline*, p. 457). — *Je demande* À CE QUE *l'on n'accroche pas la cinquième symphonie à tous les lampadaires* (G. DUHAMEL, *Musique consolatrice*, p. 100). — *Elle ne faisait pas toujours attention* À CE QU'IL *n'y eût personne dans la chambre voisine* (PROUST, *Rech.*, t. I, pp. 50-51). — *Il faut intéresser l'opinion publique du monde entier* À CE QUE *la paix future soit juste* (R. ROLLAND, *Au-dessus de la mêlée*, p. 111). — *Rien ne s'oppose* À CE QU'*on voie reparaître* [...] *les forces centrifuges qui ont détruit la civilisation antique* (THÉRIVE, *Libre hist. de la langue fr.*, p. 282). — *M. de Maupassant prend garde* À CE QUE *son peintre ne soit jamais un héros* (A. FRANCE, *Vie litt.*, t. III, p. 375). — *On ne me fera jamais croire que le mouvement industriel* [...] *tende* À CE QUE *les machines industrielles n'aillent pas jusqu'au bout de leur usure industrielle normale* (PÉGUY, *Esprit de système*, p. 154). — *Il ne tenait pas* À CE QUE *des visiteurs éventuels rencontrassent chez lui les « magots »* (MONTHERLANT, *Célibataires*, p. 75). — *Il croit* [...] *qu'il faut travailler* À CE QUE *Dieu* [...] *gouverne le monde de plus en plus* (RENAN, *Caliban*, I, 1).

À ce que s'emploie aussi, après des expressions comme *rien d'impossible, rien d'extraordinaire, quoi d'étonnant, il n'y a pas de mal, quitte*..., etc. ou après des participes ou adjectifs comme *accoutumé, résolu, décidé, habitué*, etc. : *Il n'y a rien d'extraordinaire* À CE QUE *le Pérugin ait été avare et probe* (A. FRANCE, *Lys rouge*, p. 153). — *Quoi d'étonnant* À CE QU'*il* [= l'absurde] *ne nous fournisse pas les valeurs qui décideraient pour nous de la légitimité du meurtre ?* (A. CAMUS, *Homme révolté*, p. 20.) — *Rien d'étonnant* À CE QUE *Maupassant retrouve aujourd'hui une double opposition* (A. LANOUX, *Maupassant le Bel-Ami*, p. 422). — *Nous sommes si accoutumés* À CE QUE *les spectres nous accablent de malédictions* [...] (PÉGUY, *Esprit de système*, p. 99). — *Il n'est pas habitué* À CE QUE *ses chefs lui témoignent tant de respect* (Fr. MAURIAC, *Journal*, t. IV, p. 84). — *Il y avait des fissures dans cette façade, et j'étais décidé* À CE QU'*on ne les aperçût pas* (H. BORDEAUX, *Garde de la maison*, p. 1). — *Quitte à ce que* : § 1070, *e*.

— Ex. avec *de ce que* : *Il leur sera donné acte, par le juge,* DE CE QU'*ils demandent le divorce* (*Code civil*, art. 283). — *La vieille bonne* [...] *s'excusa* DE CE QUE *le dîner n'était pas prêt* (FLAUB., *Mme Bov.*, I, 4). — *Je me félicitai d'abord* DE CE QU'*on me laissait en paix* (J. GREEN, *Visionnaire*, p. 187). — *Elle s'inquiétait* DE CE QU'*il allait nous manquer* (AYMÉ, *Chemin des écoliers*, p. 12). — *Jammes s'irrite* DE CE QUE *les critiques ne lui rendent pas justice* (Fr. MAURIAC, *Journal 1932-1939*, p. 253). — [Mon père] *se plaignait à d'autres* DE CE QUE *je ne l'aimais pas* (B. CONSTANT, *Ad.*, 1). — *Cela provient* DE CE QU'*il n'y a pas de surveillance* (AC.). — *Mes Français* [...] *remerciaient Dieu* DE CE QUE *je leur avais été envoyée* (MAULNIER, *Jeanne et les juges*, XI). — *Nous devons lui savoir gré* DE CE QU'[...] *il regrette cette carence* (BENDA, dans la *Table ronde*, nov. 1954, p. 56). — *Il me semblait la voir, souriant à mon approche* DE CE QU'*une courte absence avait calmé l'effervescence d'une jeune tête* (B. CONSTANT, *Ad.*, II). — Autres ex. au § 1073, *c*.

Après des participes ou des adjectifs marquant le sentiment : *Dégoûté* DE CE QUE *les rôdeurs volaient la nuit ses poules et ses lapins* (A. FRANCE, *Hist. comique*, VI). — *J'étais reconnaissant* DE CE QU'*elle n'exerçait pas sa puissance* (B. CONSTANT, *Ad.*, V). — *Stupéfait* DE CE QU'*un grand garçon pouvait pleurer encore* (Fr. MAURIAC, *Agneau*, p. 104).

— Ex. avec *sur ce que* : *Il s'excusa* SUR CE QU'*il avait été un peu souffrant* (A. FRANCE, *Sept femmes de la Barbe-bleue*, p. 146). — *Il insiste beaucoup* SUR CE QUE *ces deux imprudentes n'ont pas emmené de chauffeur* (Fr. MAURIAC, *Pèlerins de Lourdes*, p. 133).

Hist. — Le phénomène ici décrit est très ancien et il a été plus général encore : l'introduction de *ce* permettait de transformer les prépositions en conjonctions : cf. § 365, *b*, Hist.
— En particulier, *de ce que* n'était pas rare chez les classiques : +*Au lieu de vous plaindre* DE CE QUE *Dieu s'est caché* (PASCAL, *Pens.*, 839, Pl.). — +*Je loue Dieu, Monsieur, de tout mon cœur* DE CE QUE *sa bonté vous a préservé* (BOSS., *Corresp.*, 10 févr. 1658). — +[...] *querellant son valet* DE CE QU'*il ose le suivre sans porter de l'or sur lui* (LA BR., *Car. de Théophr.*, XXIII).

Remarques. — 1. Beaucoup des verbes signalés ci-dessus admettent aussi la construction avec *que* seul. Celle-ci est alors considérée comme plus élégante que la construction avec *à ce que* ou *de ce que*.

L'Acad. donne les constructions *conclure que* (*conclure à ce que*, en termes de procédure), *consentir que, demander que, faire attention que, prendre garde que, s'attendre que* (toutefois, voir ci-dessus). Pour les autres verbes de la série *à ce que*, elle ne donne aucune indication touchant la construction de la proposition.

Réfléchir se construit aussi avec *que* seul : *Ledoux réfléchit* QUE *les enfants ne payent et n'occupent que demi-place* (MÉRIMÉE, *Mosaïque*, p. 54). — *Madame Cornouiller* [...] *réfléchit* QUE, *puisque ma mère l'employait, elle qui n'était pas riche, c'était qu'il se contentait de peu* (A. FRANCE, *Crainquebille*, p. 83). — *Il réfléchit soudain* QUE *bien des choses allaient lui faire défaut* (R. MARTIN DU GARD, *Thib.*, VII, 3, p. 242).

Parmi les verbes admettant la construction avec *que*, à côté de la construction avec *de ce que*, notons : *S'affliger, se contenter, se désoler, s'effrayer, s'émerveiller, s'épouvanter, s'étonner, s'exaspérer, s'excuser, se féliciter, se frapper, frémir, se glorifier, s'indigner, s'irriter, s'offenser, s'offusquer, se plaindre, se réjouir,* — ainsi que les participes et adjectifs *étonné, fier, heureux, fâché, content, surpris,* etc.

2. On dit **informer que, avertir que, instruire que, faire part que,** et non °*informer de ce que,* etc.

Quelques mots jetés en hâte sur une carte postale avaient informé les Vasseur [...] QU'*il faisait à Nice une température admirable* (J. GREEN, *Malfaiteur*, p. 134). — Mme *Simone nous avertit* QUE *son intention n'a pas été de reconstituer l'atmosphère de la vie bourgeoise* (BILLY, dans le *Figaro*, 7 juillet 1954). — *La protestation d'un avocat à la cour, qui veut bien m'instruire* QUE *les réponses autorisées par la loi pourront toujours atteindre cinquante lignes* (A. HERMANT, *Chron. de Lancelot*, t. II, p. 177). — *J'ai l'honneur de vous faire part* [...] QUE [...] *j'ai été désigné* [...] (STENDHAL, *Corresp.*, t. II, p. 309).

3. *Se rendre compte que* est proscrit par certains puristes, comme Abel Hermant, qui range cela au nombre des « façons de parler barbares » (*Samedis de M. Lancelot*, p. 191). Cette construction est attestée par de nombreux écrivains modernes, parmi lesquels Abel Hermant :

Je me rends bien compte à présent QUE *ma confession était un peu étrange* (HERMANT, *Confession d'un enfant d'hier*, III). — *J'ai mis assez longtemps à me rendre compte* QUE, *dans ses lectures, il cherche surtout à se renseigner* (GIDE, *Journal*, 6 avril 1943). — *Réveille* [...] *se rendait compte* QUE *sa situation morale était extrêmement particulière* (LA VARENDE, *Roi d'Écosse*, p. 41). — *J'ai fini par me rendre compte* QUE *j'ai toujours moins joui de cette lumière que je ne l'ai affrontée* (BERNANOS, *Enfants humiliés*, p. 206). — *Soudain il se rendit compte* QUE *des gouttes de sueur lui roulaient sur le front* (J. GREEN, *Moïra*, p. 85).

Autres ex. : Fr. de CUREL, *Repas du lion*, II, 1 ; PROUST, *Rech.*, t. I, p. 99 ; FAGUET, *Hist. de la poésie cl.*, t. I, p. 379 ; BARRÈS, *Grande pitié des églises de Fr.*, 1914, p. 203 ; BOURGET, *Divorce*, Biblioth. Plon, p. 234 ; MAURRAS, *Amants de Venise*, p. 32 ; DOUMIC, *Misanthrope de Molière*, p. 79 ; R. ROLLAND, *Jean-Chr.*, t. III, p. 208 ; J. et J. THARAUD, *Rose de Sâron*,

p. 47 ; AYMÉ, *Confort intellectuel*, p. 120 ; GROUSSET, *Épopée des croisades*, L.P., p. 189 ; Fr. MAURIAC, *La chair et le sang*, II ; R. LE BIDOIS, dans le *Monde*, 10 juillet 1963 ; MALRAUX, *Antimémoires*, p. 354 ; SARTRE, *Mots*, p. 109 ; etc.

Se rendre compte de ce que est peu fréquent : [...] *qui tout à coup se rendit compte* DE CE QUE *le Duc allait lui rester sur les bras* (ARAGON, *Semaine sainte*, p. 473).

4. ***Tâcher que*** avait été condamné par Littré ; il a rétracté son opinion dans le Supplément. Cette construction est, en effet, de grand usage :

Je tâche QU'*elles se reposent le moins possible* (MUSSET, *Barberine*, III, 5). — *Tâchons* QU'*il ait aussi de quoi rendre sage un fou* (NERVAL, *Aurélia*, II, 6). — *Il faut tâcher* QUE *cela n'arrive plus* (RENAN, *Eau de Jouvence*, IV, 1). — *Tâchez* QU'*on ne vous voie pas* (A. FRANCE, *Crime de S. Bonnard*, II, 4, 28 déc.). — *Ma mère* [...] *tâchait* QUE *moi-même je ne tirasse pas tout de suite mon portefeuille* (PROUST, *Rech.*, t. III, p. 655). — *Il faut tâcher* QUE *je leur présente mes idées de manière qu'ils les accueillent* (BARRÈS, *Mes cahiers*, t. XII, p. 77). — *Tâchez* QU'*il nous aide le plus possible* (J. ROMAINS, *Hommes de b. vol.*, t. XVI, p. 272). — Etc.

Tâcher à ce que est plus rare : *Tâchant* À CE QUE *le contenu en demeurât invisible à la foule, elle ouvrit l'écrin* (MIRBEAU, *Journal d'une femme de chambre*, VI).

5. ***Veiller à ce que*** est l'usage régulier. *Veiller que* n'est guère en usage.

— *Je compte sur vous* [...] *pour veiller* À CE QU'*elle reçoive ce que sa vieille mère pourrait lui laisser* (VIGNY, *Serv. et gr. mil.*, I, 5). — *J'eus à veiller* À CE QUE *nos amis du village fussent assez prudents* (SAND, *Nanon*, XXIII). — *Veillez* À CE QUE *toutes les persiennes soient bien closes* (Fr. MAURIAC, *Asmodée*, I, 4). — *Voudriez-vous veiller* À CE QUE *cette lacune soit réparée ?* (CLAUDEL, dans Claudel et Gide, *Corresp.*, p. 71.) — *Sa mère veillait* À CE QUE, *dans son armoire, un coffret restât toujours plein de friandises* (GIDE, *Journal*, 14 janv. 1943). — *Je vous demande* [...] *de veiller* À CE QUE *tout soit parfait* (DRUON, *Grandes familles*, III, 4). — Etc.

— *Veille* QUE *surtout la cruche* [...] / *Garde longtemps* [...] / *Une vapeur légère à ses flancs suspendue* (SAMAIN, *Aux flancs du vase*, Repas préparé). — *Elle veillait* QUE *le petit vacher les fît courir dans la prairie* (R. PEYREFITTE, *Mlle de Murville*, dans le *Figaro litt.*, 26 avril 1947). — *Nous aurons des moyens puissants pour veiller* QUE *nos principes fondamentaux ne soient pas perdus de vue* (Al. PEYREFITTE, dans le *Figaro*, 11-12 mai 1974). — Autres ex. : BEDEL, *Traité du plaisir*, p. 121 ; B. BECK, *Contes à l'enfant né coiffé*, p. 167 ; A. LICHTENBERGER, cit. Sandfeld, t. II, p. 38.

c) La langue familière introduit parfois le discours indirect par ***comme quoi*** :

Germain raconta COMME QUOI *il avait été forcé de ramener la petite Marie* (SAND, *Mare au d.*, XV). — Cette locution conjonctive vient sans doute de l'interrogation. Cf. § 410, Rem. — Elle se trouve parfois après un nom : *Elle a reçu tout à l'heure un papier du gouvernement* COMME QUOI *son fils est mort* (H. LAVEDAN, cit. Sandfeld, t. II, p. 71).

Remarque. — Certaines propositions introduites par une conjonction temporelle *quand, lorsque*, etc. deviennent parfois de véritables propositions conjonctives essentielles :

Vous souvenez-vous QUAND *je vous emmenais dans la campagne ?* (FLAUB., *Éd. sent.*, II, 5.) — *Le moment solennel, ce fut* QUAND *les Pères Oblats soulevèrent la statue miraculeuse* (BARRÈS, *Colline insp.*, p. 247). — *Ma plus belle journée a été* LORSQUE *j'ai prononcé le discours d'inauguration* (Fr. de CUREL, *Repas du lion*, II, 1). — *Le plus mauvais moment pour elle était* QUAND *ses maîtres s'en allaient à la campagne* (R. ROLLAND, *Jean-Chr.*, t. V, p. 290). — *J'aime mieux* QUAND *vous parlez* (GIRAUDOUX, *Sodome et Gomorrhe*, p. 32).

1070   **Fonctions de la proposition conjonctive essentielle.**

a) Sujet :

QUE LES HEURES CONSACRÉES, À L'ÉCOLE, À LA DICTÉE ET À LA GRAMMAIRE PUISSENT AVOIR ÉTÉ DU TEMPS LAMENTABLEMENT PERDU *est une pensée absolument intolérable* (A. MARTINET, *Français sans fard*, pp. 82-83). — *À cela s'ajouta* QUE M. OCTAVE AVAIT REÇU LA VISITE DE BEAUPRÊTRE (MONTHERLANT, *Célibataires*, p. 139). — *D'où vient* QU'IL EST TOUJOURS EN RETARD ? (*Robert méthod.*, s.v. *venir*.)

La proposition sujet introduite par *que* et placée en tête de la phrase est le plus souvent reprise par un pronom neutre ou par un nom de sens général comme *la chose, le fait*, etc. (voir § 365, *b*, 1°) : *Que Segrais ait reproduit assez fidèlement le récit du comte de Cézy*, CELA *paraît probable* (J. LEMAITRE, *J. Racine*, p. 210).

Le sujet peut être placé après le prédicat et annoncé par *cela* devant le verbe : *Cela m'étonne* QU'IL NE M'AIT PAS AVERTI.

Dans une phrase comme *Le vrai est qu'il y a des abus* (Fr. MAURIAC, *Pèlerins de Lourdes*, p. 82), on se demande si la proposition est sujet ou attribut. D'après les critères adoptés au § 241, nous la considérons comme sujet.

On peut aussi considérer comme des sujets faisant partie d'un complément absolu les propositions qui suivent *vu, attendu, étant donné, étant entendu, excepté, sauf, hormis, hors, mis à part, à part, outre*, etc. :

[...] *à ne jamais consulter le programme — ce qui, du reste, ne m'avancerait guère, étant donné* QUE JE N'AI PU RETENIR LE NOM DE PLUS DE CINQ OU SIX INTERPRÈTES (A. BRETON, *Nadja*, p. 38). — *Elle faisait naître des pensées inavouables et qui l'eussent fait s'évanouir d'horreur, supposé* QU'ELLE EN EÛT EU CONNAISSANCE (J. GREEN, *Terre lointaine*, p. 12). — *Outre* QU'IL ÉTAIT TRÈS RICHE, *il descendait en ligne directe de Jean sans Terre* (AYMÉ, *Passe-muraille*, p. 38). — Voir d'autres ex. et des commentaires au § 309, *b*. — Pour *sauf à ce que*, voir *e)* ci-dessous.

b) Sujet réel :

Il faut QUE VOUS RÉPONDIEZ. — *Scientifiquement, il n'est pas exclu* QUE LES ASTRES INFLUENCENT NOS DESTINÉES (S. de BEAUVOIR, *Belles images*, F°, p. 146). — *Qu'y a-t-il, monsieur le curé ? / — Il y a, — me dit-il, — Madame,* QUE VOUS VOYEZ L'HOMME LE PLUS EMBARRASSÉ QU'IL Y AIT AU MONDE (BARBEY D'AUR., *Diabol.*, Pl., p. 76) [cf. § 754, *b*, 2°, Rem. 1, et comp. *c*, ci-dessous].

c) Complément d'objet, direct ou indirect, de verbe :

Je voudrais QUE TU NOUS ACCOMPAGNES. *Il a reconnu* QU'IL S'ÉTAIT TROMPÉ. *Je doute* QU'IL SOIT CONTENT. — *Qu'est-ce que tu as ?... [...] / Tu as* QUE C'EST DIMANCHE ET QU'IL PLEUT (COLETTE, *Voyage égoïste*, p. 5) [cf. § 288, *a*].

Pour les propositions introduites par *à ce que, de ce que, sur ce que*, voir § 1069, *b*.

d) Complément d'un nom (lequel correspond d'ordinaire à un verbe : cf. § 343, *a*) :

Gandhi exprime l'espoir QUE LE VICE-ROI RÉPARERA L'INIQUITÉ (R. ROLLAND, *Mahatma Gandhi*, p. 73). — *Je lui fis* [...] *le serment* QUE CETTE BAGUE NE ME QUITTERAIT JAMAIS (LOTI, *Aziyadé*, p. 241). — *L'idée* QUE POIL DE CAROTTE EST QUELQUEFOIS DISTINGUÉ *amuse la famille* (J. RENARD, *Poil de Car.*, Poux).

Un pronom peut tenir la place du nom : [...] *telle de mes terreurs enfantines comme celle* QUE MON GRAND ONCLE ME TIRÂT PAR MES BOUCLES (PROUST, *Rech.*, t. I, p. 4).

N.B. — 1. Nous ne considérons pas comme des compléments du nom (ou du pronom) : 1) les propositions coordonnées à des noms ou à des pronoms qu'elles développent (coordination souvent implicite, que l'on pourrait exprimer par *c'est-à-dire*) : *Elle ne demandait qu'une grâce,* [...] QU'IL REVÎNT DE TEMPS À AUTRE (A. DAUDET, *Sapho*, XIII) ; — 2) les propositions avec lesquelles un pronom personnel ou démonstratif forme redondance (§§ 365, *b* ; 367, *b*) : *La mort a ceci de bon* QU'ELLE RÉCONCILIE LES PIRES ENNEMIS (COPPÉE, *Bonne souffrance*, p. 169). — *Il le savait bien avant tous* QUE LA PIÈCE ÉTAIT REÇUE (A. DAUDET, *Nabab*, t. II, p. 64). — *Cela l'eût choqué* QU'UN OFFICIER À QUATRE GALONS PARLÂT DE DÉPOSER LES ARMES (DORGELÈS, *Cabaret de la Belle Femme*, p. 115).

Dans l'un et l'autre cas, la proposition a la fonction du terme auquel elle est coordonnée ou avec lequel elle forme redondance.

2. Dans *Le moment est venu* QUE JE VOUS METTE AU COURANT DE LA SITUATION (MONTHERLANT, *Célibataires*, p. 23), nous voyons une relative détachée.

e) Complément d'un adjectif (ou d'un participe employé adjectivement) :

Foureau [...] *souriait d'une façon narquoise, jaloux* DE CE QU'ILS AVAIENT UN DIVERTISSEMENT AU-DESSUS DE SA COMPÉTENCE (FLAUB., *Bouv. et Péc.*, éd. L., p. 95). — *Jean demeura un peu froissé* QUE SON FRÈRE EÛT PARLÉ DE CELA (MAUPASS., *Pierre et Jean*, I).

C'est par l'emploi de la conjonction *que* (ou *de ce que*) que l'on peut distinguer ce type de propositions compléments d'adjectifs de celles qui sont présentées dans le § 1078.

Quitte était primitivement un adjectif, notamment dans *quitte à* + infinitif ou *quitte à ce que* + proposition. Mais cette analyse n'est plus générale et *quitte* est souvent traité comme invariable dans ces expressions ; *quitte à* est alors plutôt une locution prépositive (voir § 1022, 13) et *quitte à ce que* une locution conjonctive, mais dans quelle sous-catégorie faire entrer la proposition ? — Ex. où le problème de l'accord ne se pose pas : *C'est l'homme* [...] *qui ne passe pas ses journées à guerroyer sur le forum* [...]*, quitte* À CE QU'IL SACHE FORT BIEN SE MONTRER AUX HEURES GRAVES (BENDA, *Précision*, p. 97).

Même difficulté d'analyse pour *sauf à ce que* : *Sauf* À CE QUE CETTE DERNIÈRE [= la machine bureaucratique] SE DÉTRAQUE [...]*, il n'y a pas la moindre chance pour qu'un véritable débat démocratique s'instaure dans le PCF* (Ph. ROBRIEUX, dans le *Point*, 4 févr. 1985, p. 81).

f) Suite des introducteurs *voici, voilà, c'est* :

Voilà QU'IL SE MET À PLEUVOIR. — *Basoche vient de basilica, cela est certain ; mais comment est-ce certain ? C'est* QUE TOUS LES LIEUX QUI PORTENT LE NOM DE BASOCHE ONT *basilica* POUR NOM LATIN (LITTRÉ, Préf., p. XXXIII). — *Quand je pense à moi, c'est* QUE JE NE PENSE À PERSONNE (J. RENARD, *Journal*, 16 déc. 1904). — *On peut trouver à Oran* [...] *une édifiante abondance de magasins funéraires. Ce n'est pas* QU'À ORAN ON MEURE PLUS QU'AILLEURS (A. CAMUS, *Été*, pp. 20-21).

Au lieu de *Ce n'est pas que*, on peut avoir *Non que, Non pas que* : *Parmi ces idées, celles de l'Est les tentent plus que celles des Occidentaux. Non* QU'ILS ADMIRENT L'UNION SOVIÉTIQUE PLUS QUE LES ÉTATS-UNIS (Raym. ARON, dans l'*Express*, 25 mai 1984). — [À distinguer de *Non, que je n'irai pas* : § 1067, 2°.]

Le mode dans la proposition conjonctive essentielle

1071 **L'indicatif** [1] **est le mode ordinaire,** lorsqu'il n'y a pas d'intention particulière, notamment dans les cas suivants.

a) Après les **verbes impersonnels marquant la certitude et la vraisemblance** :

Il est certain, sûr, vraisemblable que vous vous TROMPEZ. — *Il est évident que l'effet théâtral* RESTERAIT *le même* (CHAT., *Génie*, II, II, 8). — *Il est probable que cette idée* CHOQUERA *profondément M. le duc de Modène* (STENDHAL, *Corresp.*, t. VIII, p. 142). — *Il me paraît que vous vous* ÊTES TROMPÉ (AC.). — *Il y a apparence que le sort de l'homme* EST *de naître, de vivre et de mourir sur la même planète* (J. ROSTAND, *Inquiétudes d'un biologiste,* p. 60). — *Il y a apparence que cela* ARRIVERA (AC.). — *Il y a une chance sur trois qu'il* EST *Italien* (VALÉRY, *Mélange*, Pl., p. 292). — *Il s'ensuit de là que vous* AVEZ *tort* (LITTRÉ). — *Il est de fait qu'il n'a pas* RÉUSSI (M. COHEN, dans l'*Humanité*, 5 oct. 1970). — *Il ne lui échappe pas qu'une telle détresse* VIENT *pour une bonne part de son corps* (J. ROMAINS, *Hommes de b. vol.*, t. VI, p. 286). — *Il m'est avis que j'*AURAIS *peine à changer d'avis* (NODIER, *Contes.* p. 164). — *De même, M'est avis* (sans *il*) : *M'est avis qu'il* VA *faire de l'orage* (ARLAND, *Ordre*, t. I, p. 91). — *M'est avis, donc, que le bonheur intime et propre n'*EST *point contraire à la vertu* (ALAIN, *Propos sur le bonheur*, LXXXIX). — *M'est avis que nous ne les* ATTENDRONS *pas longtemps* (BERNANOS, *M. Ouine*, p. 48). — *M'est avis que ce* SERAIT *une sage précaution de les avertir* (J. GREEN, *Moïra*, p. 16).

Après les verbes exprimant la probabilité, la vraisemblance, le subjonctif n'est pas inusité, surtout après *Il est probable* : *Il est probable qu'il* CONSIDÉRÂT *que* [*que* est de trop ; erreur typographique ?] *ce que nous appelons logique, suite dans les idées, comme chose bonne tout au plus pour la pratique de l'action* (VALÉRY, *Histoires brisées*, Pl., p. 452). — *Martial avait pu espérer trouver un accueil favorable auprès de l'illustre Sénèque, son compatriote ; et il est probable qu'il en* AIT ÉTÉ *le bienvenu* (É. HENRIOT, *Fils de la Louve*, p. 241). — *Il est donc probable qu'en passant devant la cellule du Masque, il lui* AIT PARLÉ *à travers la porte* (PAGNOL, *Masque de Fer*, p. 146). — *Il est probable qu'il y* AIT *un poste de garde dans la maison à droite du barrage* (KESSEL, *Bataillon du ciel*, p. 89). — *Il est probable que le bonheur* SOIT *l'éclat de l'être qui n'imagine* [...] *rien d'autre que ce qui est* (J. FOURASTIÉ, *Long chemin des hommes*, p. 81). — *Il est vraisemblable que* [...] *cette nécessité-là* SOIT *devenue inutile* (E. JALOUX, *Chute d'Icare*, p. 186). — *Il paraît bien qu'à la fin de sa vie il* AIT JOUÉ *double jeu* (Fr. MAURIAC, *Mémoires intérieurs*, p. 234). — *Il y a toute apparence que le destin de l'homme ne* SUIVE *pas la même voie* (M. BEDEL, dans les *Nouv. litt.*, 5 déc. 1946). — *Il y a des chances qu'il* RÉUSSISSE.

Plus étonnant : *Il est exact, en effet, que l'École Normale* SOIT *une école spirituelle* (GIRAUDOUX, *Littérature*, p. 163).

Si les verbes impersonnels exprimant la certitude et la vraisemblance sont accompagnés d'une négation ou s'ils sont dans une phrase interrogative, ou dans une proposition conditionnelle, on recourt plutôt au subjonctif : cf. § 1072, *a.*

---

1. Rappelons que le conditionnel est aujourd'hui rangé parmi les temps de l'indicatif : cf. § 859, note.

Les **verbes de doute employés négativement** équivalent à l'idée de certitude. On trouve donc l'indicatif :

Il n'est pas douteux [...] *que les calculs de l'empereur* FURENT MODIFIÉS *par cet événement* (BAINVILLE, *Napol.*, p. 269). — *Il ne paraît pas douteux qu'elle s'*ÉTAIT MÉNAGÉ *des intelligences au Temple* (M. GARÇON, *Louis XVII*, p. 53). — *Il n'y a pas le moindre doute que nous ne* POUVONS *plus vivre ensemble* (MUSSET, *Conf.*, V, 6). — *Il n'y a donc aucun doute qu'après la mort nous* VERRONS *Dieu* (CLAUDEL, *Présence et prophétie*, p. 13). — *Il ne faisait pas de doute qu'il m'*AVAIT PERCÉ *à jour* (GIONO, *Moulin de Pologne*, p. 175). — *Il est hors de doute que nous nous* FAISONS *une idée très défectueuse du mégathérium* (VILLIERS DE L'ISLE-ADAM, *Ève future*, I, 10). — *Il est hors de doute que M. Maloyau et son compagnon m'*ATTENDAIENT (ALAIN-FOURNIER, *Gr. Meaulnes*, p. 82). — De même après *Nul doute* : *Nul doute qu'elle se* RÉVEILLA *lucide* (Fr. MAURIAC, *Préséances*, II, 10). — *Nul doute qu'il* REMETTRA *debout* (DE GAULLE, *Discours et messages*, t. I, p. 69).

Le subjonctif, pourtant, n'est pas rare dans ces cas (on le trouve même après *Il est hors de doute*), la présence des mots *doute*, *douteux*, etc. restant dans l'esprit :

Il n'est pas douteux que la règle ne DOIVE *s'y étendre* (LITTRÉ, Préf., p. XV). — *Il n'est pas douteux que les premiers soldats qui s'établirent dans les îles du Dniépr ne* FUSSENT ANIMÉS *d'un sentiment patriotique et religieux* (MÉRIMÉE, *Cosaques d'autrefois*, pp. 299-300). — *Nul doute que M. Ferry ne* SOIT *enchanté* (BARRÈS, *Jardin de Bérénice*, p. 9). — *Nul doute que ce ne* SOIT *un mage* (A. FRANCE, *Thaïs*, p. 121). — *Nul doute qu'Augustin* SENTÎT *monter l'orage* (Fr. MAURIAC, *Préséances*, I, 5). — *Il n'y a pas de doute que la famille* AIT JOUÉ *sa partie dans les combats pour la France* (R. BAZIN, *Il était quatre petits enfants*, XVI). — *Il n'y a point de doute que vous ne* SOYEZ *le flambeau même de ce temps* (VALÉRY, « *Mon Faust* », Lust, II, 1). — *Il n'est pas contestable que Candide* AIT PARU *d'abord à Genève* (BILLY, dans le *Figaro litt.*, 27 déc. 1952). — *En Normandie, il est hors de doute que les malheureux ne* SOIENT *toujours* PRÉSUMÉS *coupables* (LA VARENDE, *Cœur pensif...*, p. 204). — *Il est hors de doute que Audiberti* SOIT *un véritable poète* (M. BERNARD, dans les *Nouv. litt.*, 16 avril 1964).

b) Après un **verbe personnel** (ou un nom) **exprimant une opinion** *(croire, espérer* [2]*...),* **une déclaration** *(dire...)* [voir cependant § 1073, *b*, 4°], **une perception** *(entendre, voir...)* :

Je crois, je dis, je vois que nous nous SOMMES TROMPÉS. — *Je m'aperçois que nous nous* SOMMES TROMPÉS. — *Il lui a fait partager sa conviction que tout se* PASSERAIT *bien.* — *J'espère que votre femme vous* AIDERA. — *On se flatte que chacun* METTRA *de côté ses vues personnelles et ses vanités* (CHAT., *Mém.*, III, II, XII, 7). — *Nous sommes d'accord ensemble que nous* DEVONS *quitter Paris* (MUSSET, *Conf.*, V, 5). — *Gœthe lui-même était d'avis que les Allemands ne* CESSERAIENT *pas d'être barbares avant bien des siècles* (A. SUARÈS, *Vues sur l'Europe*, p. 149). — *Il est d'avis* [...] *que ces mascarades* ONT *leur bon côté* (G. MARCEL, dans les *Nouv. litt.*, 3 janv. 1952). — *Vous soupçonnez que je* VEUX *vous tromper* (LITTRÉ).

Le subjonctif se trouve pourtant quand le fait n'est pas situé sur le plan de la réalité : *J'admets que vous* AYEZ *raison dans ce que vous pensez* (A. CAMUS, *Justes*, p. 131). — *Je le crois, tonnerre de Dieu, bien, qu'il ne* PUISSE *se tenir sur ses pieds* (COURTELINE, *Coco, Coco et Toto*, Petit Malade). — *C'est ce que me dit ma mère pour m'expliquer que les Vautier* AIENT

---

2. Sur les *temps* de l'indicatif après *espérer que, promettre que,* voir § 857, *b,* Rem. 2.

ACCEPTÉ *la demande de son frère avec joie* (GIDE, *Porte étr.*, p. 15). — *On comprend que, dans ces heures mauvaises, ils* AIENT TROUVÉ *un bien autre réconfort dans une foi aveugle* (J. et J. THARAUD, *Petite hist. des Juifs*, p. 54). — *Votre jeune neveu s'était déjà commis précédemment dans une aventure* [...] *où je veux croire* [...] *que sa bonne foi, son innocence* AIENT ÉTÉ SURPRISES (GIDE, *Faux-monn.*, p. 429). — *Il importe* [...] *dès avant de battre les cartes* — *de s'assurer que celles-ci ne* SOIENT *pas* BISEAUTÉES (ID., *Journal*, 15 janv. 1946). — *On pouvait croire que le marquis* FÛT *bon chrétien* (LA VARENDE, *Centaure de Dieu*, p. 17). — *Je suis d'avis que nous* FILIONS *directement sur Vauquois* (J. ROMAINS, *Hommes de b. vol.*, t. XXV, p. 116).

Si ces verbes sont accompagnés d'une négation ou s'ils sont dans une phrase interrogative ou dans une proposition conditionnelle, le subjonctif est très fréquent : cf. § 1072, *c.*

On trouve le subjonctif après ***espérer que*** ou ***se flatter que*** pris affirmativement ; ces verbes se chargent alors d'une affectivité qui les fait tomber dans la même orbite syntaxique que *attendre* ou *souhaiter* :

Et l'âme de l'Amante /, Anxieuse, espérant qu'il VIENNE, *vole encor* (HEREDIA, *Troph.*, Regilla). — *Il espérait bien* [...] *que Dingo* FÛT *la cause de ces désastres* (MIRBEAU, *Dingo*, VIII). — *On pourrait espérer que sa malchance le* QUITTÂT (LA VARENDE, *Man' d'Arc*, p. 21). — *Murs d'argile* [...], *espérant qu'enfin vous* CÉDIEZ, *je vous longe* (GIDE, *Amyntas*, p. 20). — *J'avais pu espérer que ce* FÛT *d'elle que Luc fût amoureux* (E. JALOUX, *Chute d'Icare*, p. 109). — *Le docteur répondit* [...] *qu'il fallait espérer seulement que sa femme* GUÉRÎT (A. CAMUS, *Peste*, p. 96). — *Espérons que ce ne* SOIT *pas comme l'agneau dans la gueule du loup* (BERNANOS, *Liberté, pour quoi faire ?* p. 9). — *Il dénie tout réalisme à ceux qui espèrent que son redressement* PUISSE *être obtenu par l'enthousiasme d'un quatre Août* (GIRAUDOUX, *Sans pouvoirs*, p. 10). — *Je devais espérer qu'elle m'*APERÇÛT *de sa chambre* (M. CLAVEL, *Tiers des étoiles*, p. 41). — *Il* [...] *se flatte qu'il n'y* AIT *rien que sa constance ne pourra vaincre* (GIDE, *Porte étr.*, p. 111). — *Je me flattais donc qu'elle* SENTÎT *la disproportion de l'honneur que je lui avais fait* (HERMANT, *Savoir parler*, p. 145). — [*Puis que Thesée a veû les sombres bords, / En vain vous esperez qu'un Dieu vous le* RENVOYE (RAC., *Phèdre*, II, 5).]

De même après *espoir que, espérance que*, etc. : *A vait-elle* [...] *l'espoir qu'on* IGNORÂT *qu'elle était la fille de Swann ?* (PROUST, *Albertine disparue*, I, p. 53.) — *Si j'écris ces lignes, c'est avec quelque espoir qu'elles* PUISSENT *un jour tomber sous ses yeux* (GIDE, *Journal*, oct. 1943). — *Toute force* [...] *suscite chez le fidèle* [...] *l'espoir qu'elle* VIENNE *à son secours* (R. CAILLOIS, *L'homme et le sacré*, p. 39). — *Tout rentre précipitamment au fond de la coquille, dans l'espoir qu'elle* PARAISSE *vide à l'ennemi* (IKOR, *Ceinture de ciel*, p. 139).

c) Après ***voici, voilà, c'est*** :

Voici que le soir VIENT. *Voilà que tu* VEUX *me quitter !* — *Quand vous entendrez quatre violents, courts, coups de sifflet, c'est que le bateau* AURA ÉTÉ TORPILLÉ (MAUROIS, *Silences du col. Bramble*, IV).

1072 Le **subjonctif** est employé quand le locuteur ne s'engage pas sur la réalité du fait, et notamment dans les cas suivants.

a) Après les **verbes impersonnels marquant la nécessité** *(Il faut...),* la **possibilité** *(Il est possible...),* **le doute** *(Il est douteux...),* **la négation** *(Il est exclu...),* ou exprimant **un sentiment** [3] *(Il est heureux...)* :

---

3. Même quand le fait a une pleine réalité. On envisage sans doute que le fait aurait pu ne pas se réaliser.

Il faut, il est nécessaire, il importe que nous PARTIONS *très tôt. Il est douteux qu'il* VIENNE *encore aujourd'hui. Il est possible que le train* SOIT *en retard. Il est heureux que vous* SOYEZ *bien préparé.* — *Il se peut que votre projet* RÉUSSISSE (AC.).

De même : *C'est dommage qu'il* AIT *tant* PLU. — *C'est heureux que je n'*AIE *pas besoin de beaucoup de sommeil* (J. LEMAITRE, *Mariage blanc*, III, 2). — De même encore, dans des phrases averbales : *Dommage qu'il ne me* RESTÂT *plus de café* (Éd. PEISSON, *Démons de la haute mer*, p. 93).

L'indicatif se trouve parfois après *Il se peut que* : *Il se peut* [...] *que ses amis Leopardi et Lowry le* REGARDAIENT *avec tendresse* (G. CONCHON, *Apprenti gaucher*, p. 190). — *Celui qui pense ainsi est nécessairement seul dans la partie du monde où je me trouve, mais il se peut qu'en Chine on l'*ENTENDRAIT *mieux* (J. GREEN, *Journal*, 8 janv. 1941). — *Se peut-il que je t'*AI LIVRÉE, *sans le vouloir, à l'ineffable déchirement ?* (A. SUARÈS, *Rêves de l'ombre*, p. 81.)

On y joindra les verbes impersonnels exprimant la certitude ou la vraisemblance lorsqu'ils sont accompagnés d'une négation ou qu'ils sont dans une phrase interrogative ou dans une proposition conditionnelle :

Il n'est pas sûr, certain, vraisemblable, probable qu'il REPARTE *ce soir.* — *Est-il certain qu'il* AIT FINI *à temps ?* — *Tous ont pris l'accent de Paris, s'il est vrai que Paris* AIT *un accent en dehors du faubourg* (JAMMES, *Antigyde*, p. 13). — De même : *Il était bien peu probable que la mère se* MÎT *en travers du projet* (AYMÉ, *Chemin des écoliers*, p. 13). — *Il était peu probable qu'elle* ALLÂT *jamais dans ce fond de province* (M. TOURNIER, *Météores*, p. 22).

L'indicatif, toutefois, n'est pas impossible (cf. § 1071, *a*) : *Il n'est pas certain qu'il* VIENDRA *ce soir. Est-il certain qu'il* VIENDRA ? *S'il est certain que son intention* ÉTAIT *droite, on ne peut le condamner.*

b) Quand **la proposition** sujet ou complément **est placée en tête de la phrase** :

Que ses amis le MÉCONNUSSENT, *le remplissait d'amertume* (R. ROLLAND, *Jean-Chr.*, t. III, p. 200). — *Que Jacques* FÛT *vivant ne le surprenait guère* (R. MARTIN DU GARD, *Thib.*, V, p. 63). — *Que des vérités si simples* SOIENT DITES *et* RÉPÉTÉES, *n'est certainement pas inutile* (G. DUHAMEL, *Tribulations de l'espérance*, p. 189). — *Qu'il* AIT *aussi* REFUSÉ *les rubans va de soi* (MAUROIS, *Alain*, p. 18). — *Que le problème* SOIT *politique est hors de doute* (J.-J. SERVAN-SCHREIBER, *Défi américain*, p. 218). — *Qu'on* PUISSE *agir sur lui par cette crainte, Napoléon en est certain* (BAINVILLE, *Napol.*, p. 444). — *Et que ce pays honnête m'*ENNUYÂT, *c'est ce que je savais d'avance* (GIDE, *Immor.*, III).

L'indicatif, pourtant, est loin d'être rare :

*Que les pèlerins latins n'*ONT *jamais* ÉTÉ *nombreux, on le peut prouver par mille exemples* (CHAT., *Itinér.*, Pl., p. 1092). — *Que vous vous* BATTEZ *en duel demain, je le sais* (BOURGET, *Cosmopolis*, p. 325). — *Que le vieil Horace* EST *le personnage principal de cette tragédie, c'est la vérité* (FAGUET, *En lisant Corneille*, p. 121). — *Qu'elle l'*AIMAIT, *il le savait depuis longtemps* (BILLY, *Princesse folle*, p. 116). — *Que l'homme* EST NÉ *pour le bonheur, certes toute la nature l'enseigne* (GIDE, *Nourrit. terr. et nouv. nourr.*, p. 93). — *Que du Theil* SUIVIT *ce conseil, nous le savons* (MAUROIS, *Chateaubr.*, p. 115). — *Que l'insomnie* REND *maladroit plus que le sommeil, c'est l'avis d'Élise* (JOUHANDEAU, *Élise architecte*, pp. 116-117). — *Que l'humanité n'*EST *pas belle, on le sait* (É. HENRIOT, dans le *Monde*, 11 déc. 1957). — *Que Louis XVIII ne l'*AIMAIT *pas,* [...] *cela, il le savait* (ARAGON, *Semaine sainte*, p. 115). — *Qu'un jour* VIENDRAIT *où les travailleurs des entreprises étatisées, les travailleurs du secteur public feraient grève pour être aussi bien traités que les travailleurs du secteur privé, voilà ce que les partisans des nationalisations n'avaient certainement pas prévu !* (A. FRANÇOIS-PONCET, *Au fil* *des jours*, p. 38.) — *Que nous* SERIONS *de moins en moins nombreux à croire en ce royaume indestructible, le Seigneur le savait et l'a annoncé* (Fr. MAURIAC, dans le *Figaro litt.*, 30 oct. 1967). — *Qu'elle n'*ÉTAIT *pas* MARIÉE, *cela se voyait à son vêtement* (KESSEL, *Jeu du roi*, p. 312).

Les autres propositions sujets sont d'ordinaire à l'indicatif, mais le subjonctif apparaît quand on ne s'engage pas sur la réalité du fait (parfois aussi dans des cas où il ne s'explique pas parfaitement).

Ex. de l'indicatif : *D'où vient que personne jusqu'à présent, ne m'*A *jamais* EXPRIMÉ *des sentiments pareils ?* (FLAUB., *Mme Bov.*, III, 1.) — *À cela s'ajoute que M. Octave* AVAIT REÇU *la visite de Beauprêtre* (MONTHERLANT, *Célibataires*, p. 139). — *L'essentiel est qu'on* VIENT *à votre secours* (R. ROLLAND, *Tragédies de la foi*, Triomphe de la raison, p. 43).

Ex. du subjonctif : *Une chose qui me fait inquiéter beaucoup, c'est que personne ne* VIENNE *me voir dans ma prison* (A. DAUDET, *Port-Tar.*, III, 3). — *C'était un sujet de curiosité qu'il* LOGEÂT *dans un si petit corps tant d'ardeur militaire* (A. FRANCE, *Crainquebille*, p. 178). — *De là vient que, parent pauvre, il* AIT CONQUIS *la première place* (ARLAND, dans les *Nouv. litt.*, 18 sept. 1947). — *D'où vient qu'une parole, un geste* PUISSENT *faire des ronds à n'en plus finir, dans une destinée ?* (SAINT EXUPÉRY, *Pilote de guerre*, p. 99.) — *Cela m'ennuie beaucoup que vous* AYEZ ATTENDU (ARLAND, *Ordre*, t. I, p. 115) [comp. *a*, ci-dessus]. — *Le pire était qu'à rêver sans cesse, il* OUBLIÂT [...] *de boire et de manger* (AYMÉ, *Contes du chat perché*, pp. 37-38). — *L'essentiel, dis-je, est que vous les* SACHIEZ (HERMANT, *Xavier*, p. 184).

c) Après les **verbes personnels** (ou les noms) **exprimant la négation** *(nier...)* **ou le doute** *(douter...)* :

Il doute, il nie que les choses se SOIENT PASSÉES *ainsi.* — *Osez nier que vous* AYEZ ÉTÉ *le confident de ma fille !* (ESTAUNIÉ, *Appel de la route*, p. 125.)

Indicatifs insolites : *Je doute qu'ils vous* LAISSERAIENT *jouer contre votre propre monnaie* (BERNANOS, *Grands cimetières sous la lune*, p. 118). — *Pour la première fois le monde incroyant commence à douter que l'Église* TIENDRA (Fr. MAURIAC, dans le *Figaro litt.*, 13-19 oct. 1969). — Ces ex. sont dus sans doute au besoin d'exprimer le futur.

Si ces verbes sont accompagnés d'une négation ou s'ils sont dans une phrase interrogative ou dans une proposition conditionnelle, l'indicatif redevient possible (sans être obligatoire), surtout si on veut insister sur la réalité du fait :

Je ne doute pas qu'il FERA *tout ce qu'il pourra* (LITTRÉ). — *Il ne doutait pas qu'il y* SERAIT *accepté* (MONTHERLANT, *Célibataires*, p. 293). — *Ne doutez pas que son cerveau désorienté* [...] MANQUERA *sa naturelle destinée* (BARRÈS, *Appel au soldat*, t. II, p. 99). — *M. D'Amorotz* [...] *ne douta point qu'il se* TROUVAIT *en face d'un coup de dés prodigieux de la Fortune* (JAMMES, *Janot-poète*, p. 229). — *On ne doute plus qu'il y* A *des choses au-dessus de l'esprit* (BERNANOS, *Dialogue d'ombres*, p. 162). — *On ne peut nier que la méthode historique* EST *tout à fait impropre à lui procurer les certitudes dont il a besoin* (A. FRANCE, *Crainquebille*, p. 32). — *Tu ne nieras pas que tu m'*AS FORCÉ *la main* (G. MARCEL, *Rome n'est plus dans Rome*, p. 137). — *On ne pouvait pas nier que c'*ÉTAIT *là une belle vie* (DÉON, *Rendez-vous de Patmos*, p. 127). — *Nul ne contestera que Gacougnol* EST *un artiste impossible* (BLOY, *Femme pauvre*, p. 126). — *Je ne me dissimulais pas que je ne* POUVAIS *le trouver que dans de certaines conditions* (DUMAS fils, *Étrangère*, I, 1). — *Nous ne pouvons pas disconvenir que ma première petite jeunesse* A ÉTÉ *folle* (SAND, *Pet. Fadette*, XXIX). — *Douterais-tu que cette main que tu peux toucher* A TUÉ *Cragnasse ?* (Ch. SILVESTRE, *Manoir*, p. 249.) — *Si vous niez que vous* ÊTES *mon père, monsieur, je me retire* (DUMAS fils, *Fils naturel*, II, 4).

Aux verbes de négation et de doute, on joindra les verbes exprimant une opinion *(croire, espérer...)*, une déclaration *(dire...)*, une perception *(entendre, voir...)*, quand ils sont accompagnés d'une négation ou quand ils sont dans une phrase interrogative ou dans une proposition conditionnelle :

> *Je ne crois pas, je ne dis pas, je ne vois pas que nous nous* SOYONS TROMPÉS. — *Oh ! je ne savais pas qu'on* SOUFFRÎT *à ce point !* (HUGO, *Hern.*, V, 6.) — *Croyez-vous que nous nous* SOYONS TROMPÉS *?* — *Crois-tu que je ne* SACHE *pas la vérité sur Dicky ?* (GIRAUDOUX, *Folle de Chaillot*, p. 111.) — *Si vous croyez que nous nous* SOYONS TROMPÉS... — *Si j'avais un chien malade et si je savais qu'en me voyant il* ÉPROUVÂT *quelque plaisir, je croirais faire une mauvaise action en le laissant crever* (MÉRIMÉE, *Ars. Guillot*, Pl., p. 595). — *N'espère pas qu'il se* METTE *jamais en frais* (Fr. MAURIAC, *Feu sur la terre*, p. 66). — *Je n'espérais plus qu'elle* VÎNT (H. BOSCO, *Malicroix*, p. 267).

Cependant, même dans ce cas, l'indicatif est possible si l'on veut marquer la réalité du fait (comp. § 1071, *b*) :

> *Nous ne savions pas que la ville* ÉTAIT *si distante* (GIDE, *Incidences*, p. 118). — *Croyez-vous que j'*AI *peur ?* (HUGO, *F. d'aut.*, XV.) — *Si vous croyez [...] que le travail ne lui* FERA *pas de mal, il est temps de partir* (A. FRANCE, *Crainquebille*, p. 183). — *Est-ce que tu t'imagines qu'elle* VOUDRA *rentrer ?* (LOTI, *Ramuntcho*, p. 307.) — *Je ne crois pas que je* POUVAIS *faire autrement* (VAUDOYER, *Reine évanouie*, pp. 117-118). — *Croyez-vous qu'il arrive à temps et qu'on* POURRA *l'opérer ?* (J. et J. THARAUD, *Marrakech*, p. 264.) — *Je ne soutiens pas qu'ils* [= des vers] ÉTAIENT *admirables* (DERÈME, *Libellule violette*, p. 71). — *Croit-on que nous* SOMMES *sur un lit de roses... ?* (COLETTE, *Fanal bleu*, p. 226.) — *Vous ne croyez pas que c'*EST *une imprudence ?* (ARLAND, *Vigie*, p. 118.) — *Trouvez-vous qu'il n'y* A *pas déjà assez de morts ?* (VERCORS, *Armes de la nuit*, p. 92.) — *Je ne crois même pas que l'on* POURRAIT *lui reprocher une distraction* (G. DUHAMEL, *Maîtres*, p. 124). — *Je ne crois pas que j'*AURAIS ÉTÉ *Cathare si j'avais vécu dans ce temps-là* (É. HENRIOT, dans le *Monde*, 16 avril 1952). — *Si je pensais que Guillaume* SERAIT *plus heureux en menant une vie modeste et cachée, je fuirais avec lui loin de Paris* (MAUROIS, *Roses de septembre*, p. 45). — *France, un homme qui écrit trop en grec, en prévu, veux-je dire. On est trop tranquille, avec lui : on n'espère pas qu'il* MANQUERA *l'œuf* (J. RENARD, *Journal*, 9 déc. 1901). — *Oh ! je n'espérais pas qu'il me* REGARDERAIT *!* (E. ROSTAND, *Samaritaine*, III, 2.) — *Il n'espère pas qu'il* ENTENDRA *de nouveau l'ordre mystérieux* (BERNANOS, *Sous le sol. de Satan*, p. 299). — L'indicatif permet d'exprimer des nuances temporelles absentes au subjonctif (surtout si l'on évite l'imparfait et le plus-que-parfait).

N.B. — ***Désespérer*** veut toujours le subjonctif dans la proposition qui en dépend : *Je désespère que cette affaire* RÉUSSISSE (AC.). — *Je ne désespère pas qu'il* RÉUSSISSE (*Dict. gén.*). — *Le rêve de ma race est mal employé et je désespère qu'à moi seul je* PUISSE *l'amener à la vie* (BARRÈS, *Homme libre*, p. 142). — *Je me désespérais qu'une façon d'être ému, que j'avais entrevue, me* FÛT *irrémédiablement fermée* (*ib.*, p. 213). — *Il ne désespérait pas qu'elle* VÎNT *un jour* (R. BENJAMIN, *Prodigieuse vie d'H. de Balzac*, p. 101).

Hist. — Dans l'ancienne langue, les verbes d'opinion étaient souvent suivis du subjonctif dans des phrases où la langue moderne emploie normalement l'indicatif : *Sire, ce croi je bien / Qu'ele* SOIT MORTE (*Chastelaine de Vergi*, 875-876). — *Le peuple juge que ce* SOIT *tyrannie* (MONTAIGNE, I, 42). — ⁺*Tous présument qu'il* AIT *un grand sujet d'ennui* (CORN., *Cinna*, IV, 4). — ⁺*On croyait que son esprit* ALLÂT *revenir* (SÉV., 5 févr. 1672). — *Je pensois, Madame, qu'il* FALUST *pleurer* (MOL., *Mal. im.*, III, 12).

Cet usage se retrouve parfois encore à l'époque actuelle dans la langue littéraire : *Il pensait que ce* FÛT *un crime* (HERMANT, *Aube ardente*, XII). — *J'aurais cru volontiers que ce*

FUSSENT *les filles du directeur* (A. FRANCE, *Crainquebille*, p. 313). — *Vous pensiez que l'éloignement nous sépare de nos maux, et qu'il vous* RENDÎT *les années qui ne sont plus* (A. SUARÈS, *Sur la vie*, t. I, p. 84). — *Je pensai que le jour du jugement dernier* FÛT ARRIVÉ (É. HENRIOT, *Temps innocents*, p. 150). — *On eût pu croire* [...] *que notre siècle* IGNORÂT *le prodige des parapluies* (DERÈME, *Libellule violette*, p. 13). — *Il croyait qu'il* FÛT *onze heures* (THÉRIVE, *Fils du jour*, p. 180). — *Pensant qu'il* DÛT *être fâché* [...] (AYMÉ, *Contes du chat perché*, p. 53). — *Nous pensions tous que ce* FÛT *le pas décisif vers la libération* (AMBRIÈRE, *Grandes vacances*, p. 373). — On observera que dans tous ces exemples modernes on a le subjonctif imparfait ou plus-que-parfait et qu'il correspond plus d'une fois à un conditionnel du discours direct.

d) Après les **verbes personnels** (ou les noms) **exprimant la volonté** (ordre, prière, désir, souhait, défense, empêchement) et après les verbes (ou les noms ou les adjectifs) exprimant **un sentiment** [4] (joie, tristesse, crainte, regret, admiration, étonnement...) :

> *Je veux, j'ordonne, je demande, je désire, je souhaite qu'on me* RÉPONDE. *Empêchez qu'il ne* SORTE. *Je crains qu'il ne* FASSE *fausse route. Je me réjouis, je m'étonne qu'il* REVIENNE *déjà. La crainte qu'il ne* REVIENNE *pas me poursuit.*

Après un verbe de volonté, on a la transposition, dans le discours indirect, d'une phrase injonctive.

Sur la construction des verbes de sentiment avec *de ce que*, voir § 1073, *c*.

N.B. — Certaines expressions comme *Le Ciel permit que, Le malheur veut que, Le hasard voulut que*, etc., ou *Je veux bien que* (= j'admets que) servent parfois à introduire la simple constatation d'un fait ; elles se construisent alors avec l'indicatif :

> *Le malheur a voulu que tout dernièrement* [...] *on* A BRÛLÉ *une foule de papiers parmi lesquels le discours a péri* (CHAT., *Mém.*, II, VII, 4). — *Le dénouement* [...] *auquel on veut assez que Molière n'*A ATTACHÉ *aucune importance* (FAGUET, *En lisant Molière*, p. 21). — *La légende veut qu'à Bagdad il* RENCONTRA *l'illustre El Ghazali, et qu'en le voyant, celui-ci* [...] AURAIT DIT : *Voici un garçon destiné à devenir un jour souverain du Maghreb el Akça* (J. et J. THARAUD, *Rayon vert*, p. 3). — *Le malheur d'Alexandre avait voulu qu'après une longue suite de déveine et de coûteux apprentissage, il* COMMENÇAIT *à peine à rectifier son tir, quand un commissaire de police indiscret vint saisir les enjeux* (É. HENRIOT, *Livre de mon père*, p. 261). — *Le hasard voulut qu'en quittant le Luxembourg nous nous* INSTALLÂMES *à la terrasse d'une brasserie voisine* (DANIEL-ROPS, *Deux hommes en moi*, p. 96). — *Le malheur veut que les spécialistes ne* SAVENT *pas toujours écrire* (J. GREEN, *Bel aujourd'hui*, p. 9). — *Je veux donc bien que toute règle de justice* EST *vaine si l'on n'aime point* (ALAIN, *Propos*, Pl., p. 77).

Le subjonctif reste possible cependant : *Le hasard voulut qu'en allant et venant elle* REMARQUÂT *l'attitude de Riquet* (A. FRANCE, *Crainquebille*, p. 109). — *Le hasard voulut qu'à ce moment le fracas lointain du train d'Angoulême* DÉCHIRÂT *le silence doré de la vallée* (P.-H. SIMON, *Elsinfor*, p. 186). — *Le hasard avait voulu que le* FÛT *un poète qui préparât ce papier* (F. GREGH, *Âge de fer*, p. 199). — *Le sort voulut que ces paroles* FUSSENT *prophétiques* (H. BORDEAUX, *Garde de la maison*, p. 30). — *Le malheur voulut qu'un matin je l'*AIE RENCON-TRÉE (JOUHANDEAU, *Nouv. images de Paris*, p. 68).

---

4. Même quand le fait a une pleine réalité. Sans doute envisage-t-on qu'il aurait pu ne pas se produire.

Dans l'ex. suivant, *vouloir* se fait suivre successivement du subjonctif et de l'indicatif : *Une tradition d'une certaine authenticité* [...] *veut qu'il* AIT PLAIDÉ *une fois, que, parlant avec difficulté, il* PLAIDA *très mal* (FAGUET, *En lisant Corneille*, p. 5).

Hist. — Dans l'ancienne langue, les verbes de sentiment construits avec *que* étaient souvent suivis de l'indicatif :

J'ay peur que nous AVONS *les yeux plus grands que le ventre* (MONTAIGNE, I, 31). — *Je crains que c'*EST *un traistre* (ID., III, 5). — *Je suis bien ayse que vous* ESTES *de mon opinion* (MARG. DE NAVARRE, *Heptam.*, LXX). — [+]*L'ambassadeur d'Espagne* [...] *regrettait que tout cela se* FAISAIT *en la présence du prince d'Espagne* (MALHERBE, t. III, p. 489). — [+]*J'ai été toute étonnée que Gourville l'*ENVOYA *querir hier* (SÉV., 17 avril 1671). — *Vous serez ébahy que vos Juges* AURONT ESTÉ SOLLICITEZ *contre vous* (MOL., *Fourb.*, II, 5). — *Nous serions tout étonnez, que c'*EST *nous qui nous trompons* (BOIL., *Réfl. crit.*, V). — [+]*On craignait toujours qu'il* FINIRAIT *trop tôt* (FÉN., *Tél.*, t. I, p. 316).

Exceptionnellement, dans l'usage moderne : *On en vient à craindre que tous* VIVRONT *moins bien demain qu'hier* (J. d'ORMESSON, dans le *Figaro Magazine*, 27 oct. 1979).

e) Après les expressions *Non que, Non pas que, Ce n'est pas que :*

Je n'ai rien vu au théâtre depuis La Folle de Chaillot. *Non que je n'en* AIE EU *l'envie* (COLETTE, *Fanal bleu*, p. 68). — *Non pas que j'*ADMETTE *la compétence d'un écrivain à juger de son œuvre* (BOURGET, *Tribun*, p. XXXIX). — *Ce n'est pas que j'en* VEUILLE *le moins du monde à ces révolutions politiques* (CHAT., *Mém.*, IV, II, 14). — *Ce n'est pas que je* CRAIGNE *les hommes* (SAND, *Lélia*, XLVIII). — *Ce n'est pas que je* LUSSE *beaucoup* (COLETTE, *Maison de Claudine*, VII). — *Ce n'est pas que dans ses commencements* [...] *il n'*AIT CONNU *des abîmes de mélancolie* (VALÉRY, *Disc. sur Verhaeren*). — *Ce n'est pas qu'il n'y* AIT EU *d'autres poètes d'un souffle plus large* (AYMÉ, *Confort intellectuel*, p. 63).

L'indicatif se trouve (surtout le conditionnel, qui rend une nuance que n'a pas le subjonctif), mais cela paraît d'une langue un peu relâchée : *Ce n'est pas qu'il* EST *mauvais, reprit Michel* (A. FRANCE, *Hist. comique*, IV). — *Ce n'est pas que les autres choses ne* VALAIENT *rien puisqu'elles ont servi à acheter celle-là !* (CLAUDEL, dans Claudel et Gide, *Corresp.*, p. 246.) — *Ce n'est point qu'il* RECHERCHAIT *une intrigue* (GIRAUDOUX, *Contes d'un matin*, p. 137). — *Ce n'était pas que je* CRAIGNAIS *de me trouver seul avec lui* (VIALAR, *M. Dupont est mort*, p. 45). — *Ce n'est pas que ce ne* SERAIT *pas pour moi une tentation* (PROUST, *Rech.*, t. III, p. 454). — *Ce n'est pas qu'il n'y* AURAIT *pas de réserves à faire* (BILLY, dans le *Figaro*, 11 juillet 1956). — *Ce n'est pas que je n'*AURAIS *rien à dire des grèves en cours, mais j'ai de la peine à accorder les vues différentes que j'en prends* (Fr. MAURIAC, dans le *Figaro litt.*, 6-12 oct. 1969). — *Alors je me suis dit que j'irais me coucher ; non pas que j'*AVAIS *sommeil : il n'était que huit heures* (L. de VILMORIN, *Migraine*, p. 10.) — *Et moi ça m'agaçait. Pas que je l'*AIMAIS, *pas que j'*ENVIAIS Migraine *et, pourtant, quand il me parlait d'elle, j'en éprouvais du dépit* (*ib.*, p. 133). — *Non pas que cela* AURAIT CHANGÉ *quelque chose à la mort de Ted ou à celle de Régis* (E. TRIOLET, *Grand jamais*, p. 47).

Hist. — L'indic. se rencontrait parfois aussi au XVIIe s. après *ce n'est pas que*, mais le sens n'est pas le même qu'aujourd'hui, et nous introduirions *ne* ou *ne pas* dans la proposition : [+]*Si le titre ne vous plaît, changez-le : ce n'est pas qu'il m'*A PARU *le plus convenable* [= qu'il *ne* m'*ait* paru le plus convenable] (RAC., G.E.F. t. VI, p. 455). — [+]*Ce n'est pas qu'il* FAUT *quelquefois pardonner* [= qu'il *ne faille...*] (LA BR., II, 27). — Pour le sens, comp. *Il n'est pas que* au § 756, Hist.

1073   **Cas particuliers.**

a) Verbes impersonnels.

1° *Il semble.*

— Si ce verbe pris affirmativement est accompagné d'un objet indirect, on met le plus souvent l'indicatif :

Il me semblait [...] *que j'*ALLAIS *descendre aux enfers* (CHAT., *Atala*, Préf.). — *Il me semblait bien que ce temps* ÉTAIT VENU (SAND, *Mauprat*, XIII). — *Il lui semblait que les promeneurs le* REGARDAIENT *avec malveillance* (A. FRANCE, *Génie latin*, p. 277). — *Il lui semblait qu'un doigt se* POSAIT *sur son front* (CHÂTEAUBRIANT, *Brière*, p. 308). — *Il me semble que mes souvenirs* SONT *les lambeaux d'un rêve* (J. de LACRETELLE, *Silbermann*, p. 96). — *Il me semble que le physicien* EST *assez bien* GARDÉ *contre cette erreur-là* (ALAIN, *Entretiens au bord de la mer*, p. 52). — *Il me semble que ce ne* SERAIT *pas trop tard pour recommencer notre vie* (Fr. MAURIAC, *Nœud de vip.*, XI). — *Il me semblera, plus tard, que telle ou telle page de Montherlant sur le service inutile ou les chevaliers du néant* AURAIT PU *servir assez bien de devise à Philippe* (J. d'ORMESSON, *Au plaisir de Dieu*, pp. 251-252).

Le subj. se trouve pourtant dans la langue littéraire : *Il me semblait que ce* FÛT *mon devoir* (LOTI, *Roman d'un enfant*, XXIX). — *Il leur semblait qu'une malédiction* ACCABLÂT *ces bois* (BÉRAUD, *Bois du Templier pendu*, p. 19). — *Il m'a semblé pourtant qu'il m'*APPELÂT ? (VALÉRY, « *Mon Faust* », Lust, II, 4.) — *Il me sembla dès lors que je lui* DUSSE *des soins nouveaux* (GIDE, *Immor.*, II, 1). — *Il me semble que je vous* VOIE (MIOMANDRE, dans les *Nouv. litt.*, 20 mars 1947).

— Si ce verbe pris affirmativement n'est pas accompagné d'un objet indirect, on met l'indicatif ou le subjonctif (celui-ci étant plus fréquent après *Il semble que* qu'après *Il semblait que* : cf. B. Hasselrot, dans la *Revue romane*, 1973, pp. 70-80) :

Ex. de l'indic. : *Il semble qu'on* ENTEND *le silence de la campagne* (TAINE, *Voy. en Italie*, t. II, p. 13). — *Il semblait bien que c'*ÉTAIT *surtout la haine qui faisait parler Françoise* (PROUST, *Rech.*, t. III, p. 99). — *Il semble que son esprit ne* PEUT *plus se poser que sur un objet tout matériel* (J. CHARDONNE, *Claire*, p. 72). — *Il semblait que l'artiste* EST *par excellence celui qui choisit* (BENDA, *Précision, 1930-1937*, p. 89). — *Il semblait qu'on me* SCIAIT *le cou* (COCTEAU, *La belle et la bête*, p. 127). — *Il semble qu'on le* VOIT *déjà ce portrait* (GIONO, *Déserteur*, p. 44). — *Il semble qu'à force de vouloir estimer les autres, on en* EST VENU [...] *à se déprécier et à se dénigrer soi-même* (J. DANIÉLOU, *Pourquoi l'Église ?* p. 22). — *Il semble / Que rien n'*ÉVEILLERAIT *ces orphelins dormant* (HUGO, *Lég.*, LII). — *Il semblerait pourtant que* [...] *le sentiment d'une communauté de buts et de périls* DEVRAIT *inspirer d'un côté les précautions, et de l'autre les conversions nécessaires* (P.-H. SIMON, dans le *Monde*, 16 nov. 1966).

Ex. du subj. : *Il semble qu'on* SOIT TRANSPORTÉ *en Afrique* (Th. GAUTIER, *Voy. en Esp.*, p. 270). — *Il semble qu'on le* VOIE *couler* (A. FRANCE, *Livre de mon ami*, p. 199). — *Il semblait* [...] *que cet homme* FÛT *amphibie* (HERMANT, *Aube ardente*, VIII). — *Il sembla que tout d'un coup son corps entier se* DÉTENDÎT (J. GREEN, *Adrienne Mesurat*, p. 159). — *Il semblait que les forces révolutionnaires* DUSSENT *triompher* (SARTRE, *Situations*, VII, p. 196). — *Il semble que, du fond des eaux, on ne sait quelle matière* VIENNE *nourrir le reflet* (BACHELARD, *Droit de rêver*, p. 12).

— Si ce verbe, accompagné ou non d'un objet indirect, est employé négativement ou interrogativement, le subjonctif est plus fréquent, mais l'indicatif reste possible :

Il ne me semble pas qu'on PUISSE *penser différemment* (LITTRÉ). — *Il ne semble pas qu'en cette occasion il* AIT COMMIS *aucune faute* (AC.). — *Il ne me semble pas que je t'*AI HAÏE *dès la première année qui suivit la nuit désastreuse* (Fr. MAURIAC, *Nœud de vip.*, VI).

— Si ce verbe, accompagné ou non d'un objet indirect, est suivi d'un adjectif attribut, c'est le sens de cet adjectif qui détermine le choix du mode ; de même pour *Il paraît.*

*Il semblait évident que c'*ÉTAIT *un complot d'évasion qui était au moment de réussir* (HUGO, *Hist. d'un crime*, IV, 15, cit. Robert). — *Il (me) semble, il (me) paraît certain que vous* RÉUSSIREZ. — *Il (me) semble, il (me) paraît sûr que vous* POURRIEZ *réussir*. — *Il (me) semble douteux, il (me) paraît douteux qu'il* VIENNE.

N.B. — En dehors du cas traité ci-dessus, *il paraît que* est toujours suivi de l'indicatif : *Il paraît que vous* AVEZ ÉTÉ *étonnant d'esprit* (AUGIER, *Effrontés*, cit. Robert).

2° *Il s'agit que ...* est enregistré par peu de dictionnaires, quoiqu'il soit déjà dans Littré. La proposition est à l'indicatif ou au subjonctif selon le sens.

L'indicatif s'emploie quand on a la simple constatation du fait (« Le fait est que ... ») [*il s'agit* a d'ordinaire été employé dans ce qui précède, avec une autre construction] : *Il ne s'agit pas de ça. Il s'agit qu'il n'en* A *aucun ! Aucun sentiment* (SAGAN, cit. Togeby, § 406, 3).

Le subjonctif s'emploie quand on indique qq. ch. à accomplir (« Il faut que ... ») : *Il ne s'agit pas que vous* ÉCRIVIEZ, *il faut que vous alliez vous-même* (LITTRÉ). — *Il ne s'agissait pas seulement qu'on* RENDÎT *compte de l'argent reçu* (BRUNOT, *Hist.*, t. IX, p. 1051). — *Il s'agit que nous* FAVORISIONS *de toute notre ardente amitié l'épanouissement de ce qui toujours désire d'exister : le Génie du Rhin* (BARRÈS, *Mes cahiers*, t. XIV, p. 165). — *Il s'agit que la participation* DEVIENNE *la règle et le ressort d'une France renouvelée* (DE GAULLE, *Discours et messages*, t. V, p. 314).

3° *Il arrive* et les verbes de sens analogue (*il advient, il se fait, il se trouve, il survient*) se construisent ordinairement avec l'indicatif lorsqu'ils sont au passé (le verbe de la proposition exprime alors souvent un fait constaté) et avec le subjonctif quand ils sont au présent et au futur :

Il arrivait que l'hymne de l'alouette SUCCÉDAIT *au bruit de la mousqueterie* (CHAT., *Mém.*, I, IX, 12). — *Il arriva que je le* RENCONTRAI (LITTRÉ). — *Il arrivait que ces festins* FINISSAIENT *par des saouleries* (H. BORDEAUX, *Déclassés*, p. 88). — *Il arrivait maintenant que Zeyneb et Mélek* RELEVAIENT *leur voile* (LOTI, *Désenchantées*, XXV). — *Il arriva que je me* SENTIS *malade* (ALAIN, *Hist. de mes pensées*, p. 52). — *Il advenait aussi que souvent le ravage intérieur ne se* RÉVÉLAIT *par aucune balafre au dehors* (HUGO, *Misér.*, V, III, 5). — *Il advint que cette cour* FUT DÉPAVÉE (A. FRANCE, *Livre de mon ami*, p. 40). — *Il se trouva que Liliose* VINT *chercher son oncle* (JALOUX, *Chute d'Icare*, p. 252). — *Il se trouva que ces cailloux* ÉTAIENT *des phosphates* (É. HENRIOT, *Livre de mon père*, p. 25).

Il arrive souvent qu'une brebis PERDE *son agneau* (J. de PESQUIDOUX, *Chez nous*, t. I, p. 237). — *Il arrive que le feu* VIENNE *à bout de sa besogne* (J. et J. THARAUD, *Marrakech*, p. 12). — *Il advient ainsi que nos désirs s'en* AILLENT *vers l'Afrique* (H. BOSCO, *Sites et mirages*, p. 22). — *Il advient que l'on* PERDE *tout ce que l'on a* (M. BRION, *De l'autre côté de la forêt*, p. 130).

Après un passé, le subjonctif se trouve pourtant : *Il arrivait qu'on ne* RENTRÂT *qu'à l'aube* (R. ROLLAND, *Jean-Chr.*, t. II, p. 18). — *Et voilà comment il se trouvait que Tartarin de Tarascon n'*EÛT *jamais* QUITTÉ *Tarascon* (A. DAUDET, *Tart. de Tar.*, I, 6). — *Il survenait qu'en pleine opération, ses confrères de la « Chirurgie générale »* TOMBASSENT *sur un néoplasme* (VAN DER MEERSCH, *Corps et âmes*, t. I, p. 246). — *Il advint même* [...] *que le nouveau camp s'*AVÉRÂT *préférable à l'autre* (AMBRIÈRE, *Grandes vacances*, p. 269). — *Mon père était toujours plus malade. Il arriva qu'on le* TRANSPORTÂT *à l'hôpital de la ville même où j'étais* (GUÉHENNO, *Changer la vie*, p. 177).

Après *il se trouve* (au présent), l'indicatif est possible : *Il se trouve que, moi, je me* TAIS *depuis dix ans* (COCTEAU, *Aigle à deux têtes*, I, 6).

4° *Il n'empêche que, N'empêche que* sont des formules exprimant la constatation d'un fait et sont d'ordinaire suivis de l'indicatif :

N'empêche qu'ils SONT *des petits garçons de leur village* (BARRÈS, *Dérac.*, p. 42). — *Il n'empêche qu'à cause de vous, mes petits* AURONT *plus de peine à se faire une place dans la maison* (Fr. MAURIAC, *Mystère Frontenac*, p. 22). — *Il n'empêche que* [...] *si je te prenais au mot, tu ne me* PARDONNERAIS *jamais cette folie* (ID., *Mal aimés*, II, 9). — *N'empêche que cette aventure me* LAISSA *un certain sentiment de malaise* (G. DUHAMEL, *Positions franç.*, p. 200). — *N'empêche que cette très antique mesure* POURRAIT *et* DEVRAIT *être habillée de neuf* (MORAND, *Réflexes et réflexions*, p. 190).

Ex. du subj. : *Il n'empêche que la physionomie de l'église romane ne* SOIT *personnelle* (JULLIAN, *De la Gaule à la France*, p. 238). — *Il n'empêche* [...] *que nous* APPROCHIONS *de l'objectif qui est le nôtre* (DE GAULLE, dans le *Monde*, 7 févr. 1962).

N.B. — Ce qui vient d'être dit peut, à l'occasion, s'appliquer à *cela* (ou *ceci*, ou *ça*, ou *ce qui*) *n'empêche pas que* : *Cela n'empêche pas qu'il* EST *insupportable d'être commandé par un Coquereau, un Jean-Jean, un Moulins* [...] *!* (HUGO, *Quatrevingt-tr.*, I, II, 3.) — *Ce qui n'empêche pas que j'*AURAIS *aimé être belle* (E. et J. de GONC., *Renée Mauperin*, XI). — *Tout cela n'empêchait pas que, le samedi suivant, Arthur* MANGEAIT *sa paye* (A. DAUDET, *Contes du l.*, p. 168). — *Tout cela n'empêche pas que les gens du tripot* [...] VONT *le prendre d'abord pour un émule d'Arsène Lupin et de Fantômas* (G. MARCEL, dans les *Nouv. litt.*, 17 avril 1952). — *Tout cela n'empêcherait pas qu'il* IRAIT *voir Bertrand de Kervraz* (GUILLOUX, *Batailles perdues*, p. 112). — *Cela n'empêche que l'Angleterre* EST *peut-être* ENTRÉE *dans une crise de régime* (DE GAULLE, *Discours et messages*, t. II, p. 353). — Cela s'observe aussi (mais rarement) dans des phrases où *ne pas empêcher que* a pour sujet un nom désignant une chose particulière : *Ce naufrage n'empêche pas du reste, que, le problème posé, la conséquence* DEVAIT *suivre* (A. CAMUS, *Homme révolté*, p. 81).

Ex. du subj. : *Elle avait trois enfants, ce qui n'empêchait pas / Qu'elle ne se* SENTÎT *mère de ceux qui souffrent* (HUGO, *Châtim.*, V, 11). — *Cela n'empêche pas qu'il* AIT ÉCRIT *une histoire fort édifiante* (É. HENRIOT, *Diable à l'hôtel*, XXIII). — *Cela n'empêche pas que de grands thèmes moraux ne* PUISSENT *imprégner l'œuvre* (MAUROIS, *Aspects de la biographie*, p. 128).

5° Après *Il suffit que,* on met le plus souvent le subjonctif :

Il suffit que vous le DISIEZ *pour que je le croie* (LITTRÉ). — *Il ne leur suffit pas que tu* AIES *ton diplôme* (*Robert méthod.*).

On met parfois l'indicatif pour marquer la réalité du fait, mais c'est là une construction vieillie : *Suffit encore que nous* CROYONS *comprendre* (MUSSET, *Contes*, Lettres de Dupuis et Cotonet, II).

Hist. — Ex. classiques de l'indic. : ⁺*Il suffit que ta cause* EST *la cause de Dieu* (MAL-HERBE, t. I, p. 279). — *Ne vous suffit-il pas que je l'*AY CONDAMNÉ ? (RAC., *Andr.*, IV, 3.) — *Pour comprendre ce qu'elle est, il me suffit que vous l'*AIMEZ (MOL., *Av.*, I, 2).

b) Verbes personnels.

1° *Admettre, mettre* (au sens de « supposer »), *comprendre, concevoir, supposer* peuvent entraîner le subjonctif ou l'indicatif sans qu'il y ait de nuance bien nette :

J'admets qu'il y AIT *six mille graines semées qui germent* (LITTRÉ). — *L'Église admet que la Bible* SOIT *susceptible de trois interprétations différentes* (JOUHANDEAU, *Essai sur moi-même,* p. 119). — *L'avis de ma mère ? À quarante-cinq ans, tu admettras, j'espère, que je* SOIS *d'âge à pouvoir m'en passer* (P. BENOIT, *Agriates,* p. 49). — *D'où je comprends* [...] *que trop peu d'hommes* SACHENT *que le monde existe* (ALAIN, *Entretiens au bord de la mer,* p. 180). — *Elle ne s'inquiétera pas* [...], *elle comprendra que nous* SOYONS RESTÉS *ici* (GENEVOIX, *Fatou Cissé,* p. 153). — *Je conçois qu'il n'*AIT *pas* ÉTÉ SATISFAIT *de votre conduite* (AC.). — *Supposons que cela* SOIT *vrai* (AC.). — *Mettons que ce* SOIT *vrai* (AC.).

J'admets qu'il en EST *ainsi* (LITTRÉ). — *Admettez que la conversation entre nous* VA *être plutôt difficile* (M. ACHARD, *Gugusse,* p. 41). — *Vous comprenez que cela* DOIT *m'inquiéter* (AC.). — *Supposons que vous* AVEZ *dans votre cabinet d'étude un tableau de Raphaël* (MUSSET, *Conf.,* I, 5). — *Supposons que j'*AI *vingt ans* (A. VIDALIE, *Hussards de la Sorgue,* p. 197). — *Supposez que vous n'*AVEZ *qu'une seule oreille* (IONESCO, *Leçon,* p. 10). — *Mettez que je n'*AI *rien* DIT (AC.).

2° *Attendre.*

— *Attendre que* non pronominal régit le subjonctif :

J'attends que ce SOIT FINI (*Robert méthod.*). — *N'attendez pas, mon cher Astolphe, que je vous* DÉCRIVE *tous les salons de la ville* (ABOUT, *Madelon,* cité par H. Glättli, dans les *Mélanges Gossen,* p. 278 [article dans lequel on peut trouver d'autres ex. des divers sens d'*attendre que*]).

L'indicatif, assez fréquent au XVIIᵉ-XVIIIᵉ s., est devenu très rare ensuite : [*J'attens de vostre complaisance, / Que desormais par tout vous* FUIREZ *ma presence* (RAC., *Mithr.,* II, 6). — ⁺*On attend que le conseil* AGIRA *contre le livre séditieux* (VOLT., cité par H. Guillemin, dans le *Figaro litt.,* 17 mai 1947).] — *J'attends de votre sincérité que vous me* RASSUREREZ (NODIER, *Contes,* p. 894).

— *S'attendre que* se construit le plus souvent avec le subjonctif aujourd'hui :

Il faut s'attendre que de telles transformations DEVIENNENT *la règle* (VALÉRY, *Regards sur le monde actuel,* p. 46). — *Je m'attendais que M. Lancelot* JETÂT *les hauts cris* (HERMANT, *Xavier,* p. 79). — *Je m'étais attendu qu'elle* COMMUNIÂT (BILLY, *Narthex,* p. 199). — *Je m'attendais que M. Hornebec* FRONÇÂT *les sourcils* (G. BEAUMONT, dans les *Nouv. litt.,* 29 mai 1947). — *Je m'attendais qu'un matin nous* FUSSIONS CONDUITS *manu militari sur un chantier* (AMBRIÈRE, *Grandes vacances,* p. 341). — *On s'attend que Laval* REDEVIENNE *ministre de l'Intérieur* (F. GREGH, *Âge de fer,* p. 178). — *Mr Gore* [...] *s'attend qu'ensuite,* [...] *vous lui* FASSIEZ *une petite visite de gratitude* (J. GREEN, *Autre,* p. 110).

L'indicatif, encore fréquent au XIXᵉ s., n'est pas tout à fait sorti de l'usage (l'Acad. le donne encore) : *Je m'attendais que, parmi les textes similaires* [...], *il y en* AURAIT *quelques-uns sur la nuit* (J. de MAISTRE, *Soirées,* VII). — *Vous devez vous attendre, lui dit-elle, que je* VAIS *vous donner quelques milliers de francs* (STENDHAL, *Chartr.,* XXII). — *On s'attendait que le lendemain on* AURAIT *sur les bras toute l'armée du khan* (MÉRIMÉE, *Cosaques d'autrefois,*

p. 78). — *Je m'attendais qu'il* ALLAIT *m'éviter* (MUSSET, *Conf.*, IV, 1). — *Le petit troupeau s'attendait qu'on* NOMMERAIT *Fénelon à Paris* (BRUNETIÈRE, *Bossuet*, p. 114). — *On peut s'attendre maintenant que tous les dossiers* SERONT DÉBLOQUÉS *dans les semaines qui viennent* (M. TATU, dans le *Monde*, 4 nov. 1976).

— *S'attendre à ce que* régit d'ordinaire le subjonctif :

On pouvait s'attendre à ce que madame des Arcis MONTRÂT quelque embarras et quelque inquiétude (MUSSET, *Contes*, Pierre et Camille, IV). — *Il s'attend à ce que je* REVIENNE (AC., s.v. *ce*). — *Je* [...] *m'attendais* [...] *à ce que mes fautes* FUSSENT DÉCOUVERTES (A. FRANCE, *Vie en fleur*, p. 24). — *Il devait bien pourtant s'attendre à ce que M. de Gouvres* VÎNT *prendre de ses nouvelles* (PROUST, *Les plaisirs et les jours*, p. 263). — *Elle s'attendait à ce qu'il* VÎNT *à Paris* (A. MAUROIS, *Bern. Quesnay*, p. 107). — *Il ne s'attendait pas à ce qu'Antoine, un jour pareil,* PÛT *sourire* (R. MARTIN DU GARD, *Thib.*, VI, p. 127). — *Lewis s'attendait à ce que les trois fils* [...] FUSSENT *présents* (MORAND, *Lewis et Irène*, II, 11). — *Je m'attendis à ce qu'Alice* PENCHÂT *encore son front vers lui* (ESTAUNIÉ, *Labyrinthe*, p. 277). — *Ne t'attends pas à ce que je* PUISSE *te parler* (GIDE, *Porte étr.*, p. 135). — *Elle s'attendait à ce qu'il lui* OUVRÎT [...] *le cabinet de travail intime* (COLETTE, *Julie de Carneilhan*, p. 37). — *Je m'attendais si peu à ce que vous me* PARLIEZ *avec cette confiance !* (Fr. MAURIAC, *Asmodée*, III, 6.) — *L'officier-adjoint s'attendait à ce que le commandant* MULTIPLIÂT *les ordres* (A. LANOUX, *Commandant Watrin*, II, 6). — *On pouvait s'attendre à ce que la pluie* REPRÎT (ARAGON, *Semaine sainte*, p. 526).

L'indic. ne se trouve plus guère après le XIX⁰ s. : *Je m'attends à ce que Paris* VA *avoir le sort de Varsovie* (FLAUB., *Corresp.*, t. IV, p. 31). — *Je m'attends à ce qu'avant huit jours il* VIENDRA *me demander pardon* (SAND, *Corresp.*, t. IV, p. 487). — *Je m'attendais à ce que Georges* [...] VIENDRAIT *me demander refuge* (SAINTE-BEUVE, *Volupté*, XV). — *Il faut vous attendre à ce que le souvenir de vos erreurs ne* LAISSERA *pas de vous crucifier longtemps, longtemps encore* (E. et J. de GONC., *Mᵐᵉ Gervaisais*, LXVII). — *J'étais à mille lieues de m'attendre à ce que* [...] *je vous* CHOISIRAIS *pour confident* (VILLIERS DE L'ISLE-ADAM, *Ève future*, I, 11).

3° Après **On dirait que**, *Vous diriez que* et autres formules semblables, la langue littéraire met encore assez souvent le subjonctif, comme à l'époque classique, au lieu de l'indicatif usité dans la langue ordinaire :

On eût dit que ce FÛT un flot de pourpre (Th. GAUTIER, *Capit. Fracasse*, VI). — *On eût dit que chez ces Français du XXᵉ siècle* SURVÉCUSSENT *des âmes antiques* (R. ROLLAND, *Jean-Chr.*, t. VII, p. 48). — *On dirait qu'en cette fin de règne, le peuple de Paris et des grandes villes* VEUILLE, *à force d'attaques contre le souverain, s'amnistier d'avoir cru en lui* (P. de LA GORCE, *Nap. III et sa polit.*, p. 143). — *On dirait qu'arrivé au centre de son œuvre Wagner se* SOIT ENNUYÉ (CLAUDEL, *Figures et paraboles*, p. 197). — *On eût dit* [...] *que, de retour en enfance, il* JOUÂT *à « Savez-vous planter les choux ? »* (GIDE, *Caves du Vat.*, p. 259.) — *On eût dit qu'elle se* REPROCHÂT *de l'avoir entraîné sur une voie coupable* (ARLAND, *Ordre*, t. II, p. 193). — *On dirait qu'il n'*AIT *plus qu'un souci* (ID., *Essais critiques*, p. 174). — *On eût dit que, pour mieux comprendre, elle se* FÛT PLACÉE *le plus près possible de moi* (J. de LACRETELLE, *Amour nuptial*, p. 38). — *On eût dit que le seul contact de l'enclume le* [= le fer rougi] COUDÂT (LA VARENDE, *Normandie en fleurs*, p. 172). — *On eût dit que les sons échappés de ce souffle* FUSSENT ÉMIS *comme un signal* (H. BOSCO, *Rameau de la nuit*, p. 141).

4° Le discours indirect introduit par des verbes comme *dire* peut correspondre à une phrase énonciative ou à une phrase injonctive. Dans le premier cas, la proposition est à l'indicatif et dans le second, au subjonctif :

Il est sorti. → Je dis qu'il EST SORTI. — Qu'il sorte. → Je dis qu'il SORTE.

Consentir que est ordinairement suivi du subjonctif, même quand il équivaut à *admettre comme vrai*. Quelques auteurs recourent dans ce cas à l'indicatif (ce qui est prévu par peu de dictionnaires) : *Tout le monde consent que Louis XIV* SOIT MORT *en 1715* (VALÉRY, *Variété*, Pl., p. 1180). — *Je consens que c'*EST *une affaire de pure imagination* (ID., trad. de : Virgile, *Bucoliques*, p. 30). — *Je consens que le haut clergé n'*EST *pas coupable* (GIDE, *Caves du Vat.*, p. 206).

Les verbes du type de *décider* (*arrêter, décréter, exiger, ordonner,* etc.) sont ordinairement suivis du subjonctif, parce que la proposition correspond le plus souvent à une phrase injonctive (à l'impératif ou au subjonctif) : *Partez.* → *J'ordonne que vous* PARTIEZ. — Cependant la proposition peut aussi correspondre à une phrase de forme énonciative, et dans ce cas elle se met à l'indicatif (souvent à un des temps de futur) :

Aujourd'hui j'arrête que l'exécution AURA *lieu demain* (HUGO, *M. Tudor*, III, I, 4). — *La Commune arrêta que les églises et les temples des différents cultes existant à Paris* SERAIENT FERMÉS *sur-le-champ* (GAXOTTE, *Révol. fr.*, p. 369). — *Ils conviennent que cela* SERAIT FAIT (LITTRÉ). — *Le tribunal a décidé que la donation* ÉTAIT *nulle* (AC.). — *L'assemblée décidait que l'échafaud* SERAIT DRESSÉ *de nouveau sur la place de la Révolution* (A. FRANCE, *Les dieux ont soif*, p. 343). — *Elle avait décrété [...] qu'on le* SERVIRAIT *dans l'appartement* (HERMANT, *Caravansérail*, V). — *On a purement et simplement décrété que les fautes qu'il fait [...] ne* SONT *pas des fautes* (ID., *Xavier*, p. 99). — *Les juges ordonneront, s'ils l'estiment convenable, que les parties intéressées* SERONT APPELÉES (*Code de procédure civ.*, art. 919). — *Le Suffète ordonna que trente-deux des éléphants se* PLACERAIENT *dans le fleuve cent pas plus loin* (FLAUB., *Sal.*, VIII). — *Le conseil ordonne que la façade de la maison Commune* SERA *sur-le-champ* ILLUMI-NÉE (A. FRANCE, *Les dieux ont soif*, p. 338). — *Le colonel, furieux, ordonna que les vingt coupables* DEMEURERAIENT *au garde-à-vous* (AMBRIÈRE, *Grandes vacances*, p. 280). — *On a réglé que les choses se* PASSERAIENT *ainsi* (LITTRÉ). — *On a résolu que nous* PARTIRIONS (BESCHERELLE).

Comp. aussi : *J'entends bien que mes trois fils* SERONT *agiles, adroits, robustes, si la vie me prête assistance* (G. DUHAMEL, *Scènes de la vie fut.*, p. 184). [Correspond à une phrase : *Mes fils seront ... et non Que mes fils soient ...*]

5° *Ignorer et oublier.*

Ignorer que se construit d'ordinaire avec l'indicatif. Le subjonctif est possible aussi, surtout si *ignorer* est pris affirmativement ou si *ignorer* est à un temps du passé.

Ex. de l'indic. : *Il ignorait que j'*AVAIS DONNÉ *ma démission* (CHAT., *Mém.*, III, I, VI, 4). — *Le marquis ignorait [...] que vous lui* FERIEZ *visite aujourd'hui* (DUMAS fils, *Fils naturel*, III, 5). — *Ils ignoraient que Jean de Blaye* RESSEMBLAIT *au petit Lord* (Fr. MAURIAC, *Plongées*, p. 142). — *J'ignorais que les petits garçons* ONT *le loisir d'attendre une nouvelle guerre* (J. ROY, *Métier des armes*, p. 31). — *J'ignorais que la ville* AVAIT ÉTÉ RAVAGÉE *par un tel désastre* (A. SALACROU, *Dieu le savait !* p. 40). — *Vous n'ignorez pas qu'elle* EST *riche* (SAND, *Valentine*, XVI). — *Il n'ignorait pas que les Anglais* RESTAIENT *en guerre avec lui* (BAINVILLE, *Napol.*, p. 477). — *Ignore-t-il donc que je* SUIS *Jean Pesnel, fils de failli ?* (ESTAUNIÉ, *Laby-rinthe*, p. 39.) — *Ignorais-tu, par hasard, que j'*AVAIS *un mari ?* (KESSEL, *Équipage*, p. 123.) — *Ignorez-vous qu'il* EST *malade ?* (BERNANOS, *M. Ouine*, p. 88.)

Ex. du subj. : *On ignore communément qu'il en* SOIT *ainsi* (LITTRÉ). — *J'ignorais que la pneumonie* FÛT *contagieuse* (J. CHARDONNE, *Épithalame*, III, 1). — *J'ignorais qu'il* FÛT *arrivé* (AC.). — *Mais elle ignore, par bonheur ! que ce* SOIT *la Chèvre d'or qui, en réalité, nous divise*

(P. ARÈNE, *Chèvre d'or*, XXXVIII). — *Il ignorera* [...] *que Télémaque en* SOIT *l'auteur* (V. BÉRARD, *Odyssée d'Homère*, p. 231). — *Il n'avait pas ignoré que Félicie* EÛT *un amant* (A. FRANCE, *Hist. comique*, II). — *Il n'ignorait pas qu'Estelle et Célestin* DUSSENT *partir* (CHÂTEAUBRIANT, *M. des Lourdines*, p. 132). — *J'ignorais qu'il* EÛT *ce pouvoir* (H. BOSCO, *Mas Théotime*, L.P., p. 192).

Après *oublier que*, le subjonctif est plus rare encore ; on le trouve cependant dans la langue littéraire quand *oublier* pris affirmativement est à un temps du passé :

Il avait oublié qu'elle EÛT *le teint aussi fortement bistré* (R. MARTIN DU GARD, *Thib.*, VIII, p. 30). — *Depuis près de cinq ans, il avait oublié qu'elle* EÛT *un corps* (THÉRIVE, *Fils du jour*, p. 175). — *Mrs Fletcher, après avoir jeté un coup d'œil indifférent sur la petite Laura, semblait avoir oublié qu'elle* EXISTÂT (J. GREEN, *Mont-Cinère*, XXXVIII). — *Il devint dur aux incroyants, comme s'il avait oublié qu'il* l'EÛT ÉTÉ *lui-même* (R. KEMP, dans les *Nouv. litt.*, 18 sept. 1947).

6° *Se plaindre que* se construit d'ordinaire avec le subjonctif. Mais l'indicatif reste possible :

Il se plaint qu'on l'AIT CALOMNIÉ (AC.). — *Daniel se plaint que cet enfant* SOIT *difficile* (R. MARTIN DU GARD, *Thib.*, VIII, p. 139).

*Mes maîtres se plaignaient que j'*OUBLIAIS *tout mon latin* (STENDHAL, *Vie de H. Brulard*, t. I, p. 105). — *Mais le président Quatrefeuilles se plaignait que sa tête* ALLAIT *éclater* (A. FRANCE, *Sept femmes de la Barbe-bleue*, p. 289). — *Vous ne vous plaindrez pas que nous* AVONS FAIT *peu de besogne* (HERMANT, *Xavier*, p. 151). — *La charmante virtuose* [...] *se plaint qu'il n'y* A *pas beaucoup de fleurs à cueillir dans cette promenade littéraire* (THÉRIVE, *Retour d'Amazan*, p. 39). — *Il se plaint qu'il n'y* A *pas un artiste* (COCTEAU, *Difficulté d'être*, p. 53). — *Se plaindre que la mariée* EST *trop belle* (AC.). — *Il se plaignait qu'on ne lui* DONNAIT *pas assez à manger* (*Robert méthod.*).

Hist. — Les deux modes se trouvent chez les classiques : *La Mouche* [...] / *Se plaint qu'elle* AGIT *seule* (LA F., *F.*, VII, 9). — *Phedre se plaint que je* SUIS OUTRAGÉ (RAC., *Phèdre*, III, 5). — *Quelques-uns ont pris l'interest de Narcisse, et se sont plaints que j'en* EUSSE FAIT *un très méchant homme* (ID., *Brit.*, Préf. de 1670).

Pour *se plaindre de ce que*, voir *c)* ci-dessous.

c) Les verbes (ou les noms ou les adjectifs) de sentiment qui se construisent avec *de ce que* (§ 1069, *b*), y compris *se plaindre*, acceptent l'indicatif et le subjonctif, lequel tend à devenir plus fréquent :

Ex. de l'indic. : [...] *se plaignit de ce qu'on la* SERVAIT *horriblement* (FLAUB., *Éd. sent.*, III, 3). — *Le concierge, furieux de ce qu'un locataire* AVAIT PU *voir son autorité méconnue* (ZOLA, *Pot-bouille*, VI). — [...] *qui se réjouit* [...] *de ce que le maître* ÉTAIT *en verve* (BARRÈS, dans l'*Écho de Paris*, 15 déc. 1906). — *Fanny se réjouit de ce qu'elle ne l'*AVAIT *jamais* VU *si ardent à l'attendre* (Fr. MAURIAC, *Mal*, p. 129). — *Les habitants de Londres se plaignaient de ce que, dans certaines églises* [...], VIVAIENT *des troupes de criminels* (MAUROIS, *Hist. d'Anglet.*, p. 144).

Ex. du subj. : *Il s'étonne de ce qu'il ne* SOIT *pas* VENU (AC., S.V. *ce*). — *Darwin* [...] *s'émerveillait de ce que les petits enfants* PUSSENT *rire et pleurer* (A. FRANCE, *Livre de mon ami*, p. 204). — *Et son cœur éprouva de la peine de ce qu'un de ses anciens compagnons ne* FÛT *pas heureux* (JAMMES, *Roman du lièvre*, p. 54). — *Il s'enorgueillissait de ce que la souffrance acceptée avec foi lui* EÛT OUVERT *la vue profonde de lui-même et du monde entier*

(MAURRAS, *Amants de Venise*, p. 220). — *Il s'inquiétait* [...] *de ce qu'au mois de novembre l'air* FÛT *si doux* (BEDEL, *Jérôme 60° latit. Nord*, p. 21). — *Si ton voisin se courrouce de ce que tout* n'AILLE *pas d'un train plus honnête* (POURRAT, *Sous le pommier*, p. 113). — *Jacqueline s'indigna de ce qu'on* EÛT *le front d'exiger que Port-Royal la prît sans dot* (Fr. MAURIAC, *Bl. Pascal*, p. 107). — *Les philosophes s'irritaient de ce que l'on* PÛT *avec une telle impudence donner au sentiment le pas sur la raison* (ID., *Trois grands hommes devant Dieu*, p. 45). — *Ils étaient las de la course, et de ce qu'elle* EÛT ÉTÉ *vaine* (GIDE, *Retour de l'enf. prod.*, p. 52). — *Il était surtout indigné de ce que le vieil oncle Goislard se* PORTÂT *très bien* (BOYLESVE, *Becquée*, p. 148). — *Je souffrais de ce que mes frères y* FUSSENT *seuls à cueillir des lauriers* (J. ROY, *Métier des armes*, p. 30). — *Les parents se plaignirent de ce que le cochon ne* FÛT *pas encore* RENTRÉ (AYMÉ, *Contes du chat perché*, p. 192). — *La maréchale se plaignait de ce que sa robe* FÛT CHIFFONNÉE (MAUROIS, *Adrienne*, p. 300). — *Je vais être obligé de me plaindre de ce que la mariée* SOIT *trop belle* (P.-H. SIMON, *Questions aux savants*, p. 152). — *M. Thill se plaignit de ce que son père* EÛT VENDU *sa maison à la rente viagère* (CURTIS, *Quarantaine*, p. 149). — Etc.

Hist. — Dans l'usage classique, on mettait l'indicatif : *L'Asne d'un Jardinier se plaignoit au destin / De ce qu'on le* FAISOIT *lever devant l'Aurore* (LA F., *F.*, VI, 11). — *Le Père de la Chaise s'est plaint au Roy de ce que j'*AY ESCRIT, *pour mes amis, au Cardinal de Janson* (MAINTENON, *Corresp.*, 27 sept. 1700). — +*J'ai laissé Valville désespéré de ce que je* VOULAIS *partir sans me faire connaître* (MARIV., *Vie de Mar.*, p. 81). — *Je vois les peuples se réjouir de ce que ce prince* EST DEVENU *plus materiel* (MONTESQ., *L. pers.*, XL). — Autres ex. au § 1069, *b*, Hist.

d) Le fait que (procédé servant à nominaliser une proposition : cf. § 365, *b*, Rem.) est suivi de l'indicatif ou du subjonctif, sans qu'il soit toujours possible de voir une nuance.

Ex. de l'indic. : *Il faut convenir que les oppositions que j'ai pu susciter dans ma ville natale ne sont pas liées au fait que je* SUIS *Bordelais* (Fr. MAURIAC, dans le *Figaro litt.*, 21 oct. 1965). — *Il y a d'un côté le fait que la vie en son principe même* EST *en expansion* (IKOR, *Murmures de la guerre*, p. 109). — *Le fait que Dauger* AURAIT EMPOISONNÉ *son maître prouve, une fois de plus, que ce n'était qu'un valet criminel* (PAGNOL, *Masque de Fer*, p. 190). — *Le fait que la production* EST *croissante et que, par conséquent, la consommation* EST *aussi croissante, est ainsi vérifié* (FOURASTIÉ, *Grand espoir du XXᵉ s.*, p. 101).

Ex. du subj. : *Le fait que nous* AYONS *nos plus gros chagrins avec les femmes qui ne sont pas « notre genre » ne tient pas seulement à cette dérision du destin* (PROUST, *Rech.*, t. III, p. 1022). — *Jamais ne joue un rôle dans votre esprit le fait que cet enfant ne* SOIT *pas heureux* (MONTHERLANT, *Demain il fera jour*, I, 1). — *Toutes vos belles raisons ne changeront rien à mon idée, ni même le fait que ce* SOIT *la guerre* (DRUON, *Grandes familles*, Prol.). — *Il n'attache pas une grande importance au fait que Napoléon* AIT LAISSÉ *une France mutilée* (MALRAUX, *Chênes qu'on abat...*, p. 105). — *Le fait qu'il* FÛT *son compatriote la rendait doublement sévère à l'égard de ce petit personnage chauve et obséquieux* (TROYAT, *Barynia*, p. 134).

e) Il arrive qu'une proposition dépendant d'un verbe au subjonctif ait elle-même son verbe au subjonctif, par un phénomène d'attraction :

Quoiqu'il prétende qu'ils SACHENT *un peu l'anglais, ils n'en comprennent pas un mot* (FLAUB., *Corresp.*, cit. Brunot, *Pensée*, p. 520). — *Un livre qu'on m'avait vivement recommandé, bien qu'il prétende que l'Algérie n'*AIT *pas d'histoire* (J. LARTÉGUY, *Rois mendiants*,

p. 131). — Le cas se présente notamment quand le premier subjonctif concerne l'introducteur *c'est ... que : Tout est-il donc si peu que ce soit là qu'on* VIENNE ? (HUGO, *Hern.,* IV, 2.)

Notons ici que *Je ne sache pas que* est toujours suivi du subjonctif : *Je ne sache pas que
mettre tout en doute, préalablement,* VAILLE *mieux que tout croire* (H. BOSCO, *Sites et mirages,*
p. 115). — Autres ex. au § 865, *d.*

Hist. — Dans l'usage classique, il était fréquent qu'un verbe principal au conditionnel
amenât, par attraction, un conditionnel dans la proposition : *+Un roi qui rêverait* [...] *qu'il*
SERAIT *artisan* (PASCAL, *Pens.,* 386). — *Il se pourroit bien faire que les Gascons l'y* AUROIENT
APPORTÉ (VAUGELAS, p. 488). — *Il sembleroit que cette etymologie* SEROIT *bien* TIRÉE *par les
cheveux* (ID., p. 517). — *Je pourois dire que son succez* AUROIT PASSÉ *mes esperances* (RAC.,
Théb., Épître).

1074   La **proposition infinitive**, n'étant pas amenée par une conjonction de subordination, ne sera pas traitée ici : voir §§ 872-873.

SECTION 2. — LA PROPOSITION CORRÉLATIVE

1075   Nous appelons **propositions corrélatives** des propositions
introduites par *que* (ou *pour que :* § 1076, *a*) et qui sont com-
mandées par un mot de la phrase ou de la proposition dont elles
font partie :

Elle est PLUS *malade* QUE JE NE PENSAIS. *Il a* TELLEMENT *parlé* QU'IL EST ENROUÉ.

On range souvent ces propositions parmi les adverbiales (ou circonstancielles). Elles se distinguent pourtant de celles-ci : 1) elles sont appelées par un
mot corrélatif ; — 2) elles sont introduites par *que ;* — 3) elles ne dépendent pas
d'un verbe : *Il travaille avec* TANT *de passion qu'il oublie l'heure ;* — 4) elles sont
nécessaires ; si elles ne sont pas exprimées, elles sont suggérées par le contexte :
Il mange moins maintenant (= *qu'il ne mangeait auparavant*) ; — 5) elles ne
peuvent être mises en tête de la phrase ; s'il y a un déplacement, il entraîne aussi
le mot corrélatif : PLUS QUE TOUT, *j'aime la tranquillité.*

Cependant, des expressions comme *si bien que, de telle sorte que, de telle manière que, à
tel point que* sont dans certains cas des locutions conjonctives dont les éléments ne se
séparent plus et qui introduisent la proposition : *Pierre a trop mangé,* DE TELLE SORTE QU' (ou
SI BIEN QU') IL A ÉTÉ MALADE. — Les remarques présentées ci-dessus (sauf la 5ᵉ) ne sont plus
valables, et l'on est fondé à ranger ces propositions parmi les adverbiales : cf. § 1086, *b.*

De la même façon, *d'autant que* peut être considéré comme une locution de subordination marquant la cause : cf. § 1083.

Remarques. — 1. Le *que* corrélatif se superpose parfois à un autre *que*
(haplologie) : voir l'ex. de Hugo dans le § 1076, *a,* Rem. 1. Voir surtout § 1028, *c.*

2. Dans le cas de *Plus on est de fous, plus on rit,* il y a coordination, et nous
préférons parler de sous-phrases corrélatives.

1076　　**Les termes qui appellent une proposition corrélative.**

a) Adverbes :

— Adverbes de degré (§§ 945-948 ; 957 ; 960) : *plus, davantage* (§ 948, a), *moins, aussi, autant ;* — *si, tellement, tant, au point.* — En outre, *assez, suffisamment, trop ... pour que* (cf. § 960, Rem. 3).

— Adverbes comparatifs synthétiques (§ 933) : *mieux, pis.*

— *Ailleurs, autrement, plutôt* [de *plus tôt*].

Remarques. — 1. La proposition corrélative peut être réduite (comp. § 1077, a, Rem. 1) à un infinitif. Cet infinitif est précédé facultativement de *de* :

Il aimait mieux être vaincu avec des soldats que DE *vaincre avec des peuples* (CHAT., *Mém.*, III, I, VI, 14). — *J'ai bien d'autres choses à faire que* DE *regarder des tableaux* (DUMAS fils, *Étrangère*, III, 6). — *Plutôt mourir que* D'*y renoncer* (AYMÉ, *Contes du chat perché*, p. 42). — *Il aime mieux faire cela que* DE *faire autre chose* (LITTRÉ). — *Autant faire cela sur-le-champ que* DE *différer* (AC.). *Elle eût mieux aimé ne pas manger que sortir pour chercher son déjeuner* (R. ROLLAND, *Jean-Chr.*, t. VIII, p. 214). — *Plutôt que répéter sans cesse à l'enfant que le feu brûle* [...] (GIDE, *Faux-monn.*, p. 434). — *Que faire d'autre que créer ?* (MONTHERLANT, dans les *Nouv. litt.*, 26 janv. 1950.) — *Plutôt mourir qu'abandonner l'innocent* (G. DUHAMEL, *Les plaisirs et les jeux*, p. 154).

Avec *aimer mieux*, l'infinitif corrélatif peut être amené aussi par *plutôt que* ou par *plutôt que de : Si ce mariage doit se faire, j'aimerais mieux en courir la chance* PLUTÔT QUE DE *poser des conditions* (H. BECQUE, *Corbeaux*, IV, 6). — *Pour les esprits rapides qui* [...] *aiment mieux rester dans la confusion* PLUTÔT QUE DE *tâcher d'en sortir, Yves Bonnefoy peut paraître un hermétiste comme les autres* (É. HENRIOT, dans le *Monde*, 3 févr. 1960). — *J'aimerais mieux, PLUTÔT QU'être à ce point infâme,* [...] / *Qu'un chien rongeât mon crâne au pied du pilori !* (HUGO, *R. Blas*, I, 2.)

Bescherelle fait observer une différence de sens entre *aimer mieux ... que ...* et *aimer mieux ... que de ...* ; la première construction « se dit quand il s'agit d'une préférence de goût : *J'aime mieux danser* QUE *chanter ;* la seconde quand il s'agit d'une préférence de volonté : *J'aime mieux lui pardonner* QUE DE *le réduire au désespoir* ». — Cela s'appliquerait aussi aux constructions avec *plutôt que* et *plutôt que de.*

2. Avec *préférer,* l'infinitif corrélatif est amené, selon l'usage classique, par *plutôt que (de)* :

Il préférait s'aveugler PLUTÔT QUE DE *renoncer* (E. JALOUX, dans la *Revue belge*, 1er janv. 1933, p. 2). — *Il préférait m'admirer* PLUTÔT QUE *m'approuver* (H. BORDEAUX, *Paris aller et retour*, p. 304). — *Il préférait deviner les êtres* PLUTÔT QUE DE *les interroger* (J. de LACRETELLE, *Disc. de récept. à l'Ac. fr.*). — *Ils préfèrent souffrir dans leur chair* PLUTÔT QUE DE *perdre l'intégrité de leur pensée* (H. BORDEAUX, *Sur le Rhin*, p. 38). — *Vous préférez garder votre argent* PLUTÔT QUE DE *me voir en bonne santé* (J. GREEN, *Mont-Cinère*, XXV). — *Celui-là a préféré se couper les deux pouces* PLUTÔT QUE DE *casser des cailloux* (GIONO, *Iris de Suse*, p. 161). — *Tant de choses précieuses, fragiles, qu'on préfère abandonner* PLUTÔT QUE *risquer de les voir détruire* (BERNANOS, *Grands cimetières sous la lune*, p. 112).

La construction *préférer souffrir* QUE *(de) mourir,* venue par l'action analogique de *aimer mieux souffrir* QUE *(de) mourir* (Rem. 1), est condamnée par

Littré et par la plupart des grammairiens. Elle n'en trouve pas moins un accueil favorable chez nombre d'excellents écrivains :

Je préférais mourir QUE D'*y renoncer* (A. DAUDET, *Nabab*, t. I, p. 177). — *Fakir de la gloire, qui a préféré être ignoré* QUE D'*être incompris* (R. de GOURMONT, 2ᵉ *livre des masques*, p. 174). — *Il préfère tout louer* QUE DE *faire son choix* (E. JALOUX, *Figures étrangères*, p. 154). — *On peut [...] préférer risquer de n'intéresser point, le premier jour, avec des choses intéressantes* — QUE *passionner sans lendemain* (GIDE, *Immor.*, Préf.). — *Je préférais croire en Dieu* QUE DE *le voir* (VALÉRY, *M. Teste*, pp. 88-89). — *Elle a préféré mourir* QUE DE *vivre ainsi* (Fr. MAURIAC, *Ce qui était perdu*, XVII). — *Il est probable [...] qu'il a préféré courir ce risque* QUE DE *mourir de faim* (Tr. BERNARD, *Affaire Larcier*, XV). — *Le producteur préférait ne rien vendre* QUE DE *vendre contre ce papier* (L. MADELIN, *Danton*, p. 147). — *Elle aurait préféré mourir* QUE DE *céder à la force* (A. FRANCE, *Révolte des anges*, p. 267). — *Je préférerais coucher à l'auberge* QUE *rentrer dans un appartement aussi mal tenu* (MIOMANDRE, *Écrit sur de l'eau*, p. 57). — *Renaud qui eût préféré se passer de second* QUE DE *partir sans elle* (R. VERCEL, *Remorques*, II). — *Ces petites gens [...] ont préféré quitter les terres du roi de France* QUE D'*abjurer la foi protestante* (MORAND, *New-York*, p. 10). — *Je préfère devenir sourde* QUE D'*entendre une voix de mauvais ange me parler du Ciel* (H. BOSCO, *Balesta*, p. 305). — *Je préfère rester sur ma faim* QUE D'*avoir recours aux «faux aliments» de la conjecture métaphysique* (J. ROSTAND, *Ce que je crois*, p. 125). — *On préférait prévenir* QUE *châtier* (KESSEL, *Heure des châtiments*, p. 60). — *Je préfère vivre n'importe où* QUE DE *supporter ces reproches* (N. SARRAUTE, *Planétarium*, L.P., p. 70). — *L'ouvrier qui préfère voler* QUE D'*aller en Allemagne* (DRUON, *Bonheur des uns...*, p. 130).

La construction *préférer ... que* se trouve aussi avec une proposition corrélative où l'infinitif n'est pas répété : *Cette conversation toute simple, je préférais de beaucoup l'avoir avec Victorine* QU'*avec ses frères* (STENDHAL, *Vie de H. Brulard*, t. I, p. 295). — *Elle a préféré aller chez les vieux messieurs* QUE *chez la vieille dame* (M. DONNAY, *Affranchie*, III, 2). — *Certains préfèrent être premiers dans leur ville* QUE *seconds dans la capitale* (HENRI-ROBERT, *Le Palais et la ville*, p. 72). — *Jean Delord [...] préférait voir son fils avec des œillères* QU'*incapable d'aller au but qu'il s'était fixé* (CHAMSON, *La neige et la fleur*, p. 75). — *Il préfère y étaler son intelligence* QUE *ses dons* (M. ACHARD, *Disc. de récept. à l'Ac. fr.*). — *Je préfère me tromper par l'action* QUE *par l'inertie* (IKOR, *Semeur de vent*, p. 122). — *Quand on me traite de «poire», je réponds que je préfère être la poire* QUE *le couteau* (CESBRON, *Ce que je crois*, p. 75).

On trouve aussi *préférer ... à ...* avec deux infinitifs (tour constant chez Montherlant) : *Je crois que j'eusse préféré d'être jeté aux crocodiles de la fontaine à me trouver seul ainsi avec Atala* (CHAT., *Atala*, Chasseurs). — *Poète extatique préférant se taire à n'être point parfait* (C. MAUCLAIR, *Servitude et grandeur littéraires*, p. 28). — *J'ai préféré ne pas vous voir à vous voir comme cela* (MONTHERLANT, *Bestiaires*, V). — *Il préférait la voir monter au rang des Anges [...] à la voir rester sur terre* (BARBEY D'AUR., *Prêtre marié*, XXI). — *Mais un vieux professeur d'histoire [...] préfère [...] se taire à se tromper* (J. ROMAINS, *Hommes de b. vol.*, t. III, p. 170). — *Préférer ne penser point du tout à ne pas penser par moi-même* (GIDE, *Journal*, 1ᵉʳ mai 1940). — *Elle préfère les exterminer à les asservir* (A. SUARÈS, *Vues sur l'Europe*, p. 131). — *Tu sauras que ton petit Alain préfère te perdre à te désobéir* (L. MARTIN-CHAUFFIER, *Épervier*, p. 139). — [Voir déjà LACLOS, *Liaisons dang.*, LXII.]

Avec *il est préférable*, on dit, selon la construction classique : *Il est préférable de mourir* PLUTÔT QUE DE *trahir*. Mais on peut dire, en suivant l'usage moderne : *Il est préférable de mourir* QUE DE *trahir*. La construction *il est préférable de mourir à trahir* est rare : *Il est préférable de se taire, à lâcher des mots qu'on a privés de leur aiguillon* (MONTHERLANT, *Solstice de juin*, p. 172).

Avec deux noms (ou pronoms), on dit *préférer ... à ...* : *Il faut préférer l'honnête à l'utile* (AC.). — *Préférer ceci à cela.* — C'est aller contre l'usage que d'écrire, par ex. : *Le même mouvement fait dire à maître Eckart* [...] *qu'il préfère l'enfer avec Jésus* QUE *le ciel sans lui* (A. CAMUS, *Homme révolté*, p. 32).

b) Des adjectifs :

— Adjectifs comparatifs synthétiques (§§ 552-554) : *meilleur, moindre, pire.*

— *Autre, même, tel.*

Pareil est aussi construit de cette façon dans la langue populaire. Les textes suivants sont mis dans la bouche de personnages : *Tenez, les marguerites, eh bien, c'est pareil* QUE *les boutons d'or* (AYMÉ, *Contes du chat perché*, p. 56). — *C'est pareil* QUE *le jour d'avant* (J.-J. GAUTIER, *Chambre du fond*, p. 11).

Hist. — 1. En anc. fr., les adverbes marquant l'égalité étaient accompagnés d'une proposition corrélative introduite par *comme.* Cela est encore attesté dans la langue littéraire au XVIIᵉ s. : *Par un decret injuste autant* COMME *severe* (CORN., *Ill.*, IV, 1). — *Ce beau feu vous aveugle, autant* COMME *il vous brusle* (ID., *Rodog.*, III, 4). — Vaugelas (p. 63) ne permettait cette tournure qu'aux poètes.

Elle subsiste dans le franç. populaire de diverses régions de France (y compris Paris : Bauche, p. 182) et du Québec. Les ex. suivants reproduisent volontairement la langue du peuple : *Ils baissent innocemment la tête comme un poulain qui baisse la tête.* / *Aussi souples* COMME *un poulain* (PÉGUY, *Porche du myst. de la deuxième vertu*, p. 62). — *Ça fait combien de dames ?* / *Autant* COMME *de neveux* (B. PINGET, *Monsieur Songe*, p. 109).

2. Pour les tours *assez ... (que) de* + infin. (vieilli), °*assez* (ou *trop*) *... que pour que*, cf. § 960, Rem. 3.

1077   **Le mode dans la proposition corrélative.**

a) Si la proposition indique le repère à quoi l'on compare, elle se met à l'indicatif :

Il a ici plus d'avantages qu'il n'en AVAIT *ailleurs, ... qu'il n'en* A EU *ailleurs, ... qu'il n'en* AURAIT *ailleurs.* — De même, lorsque *d'autant* se combine avec un comparatif pour exprimer la proportion : *Il mérite d'autant moins vos bontés qu'il* PARAÎT *en faire peu de cas* (AC.).

Le subjonctif se trouve parfois pourtant, quand le verbe de la proposition est *pouvoir* :

On m'apporte tant d'eau claire que j'en PUISSE *désirer pour mes ablutions* (LOTI, *Japoneries d'automne*, p. 10). — *Marchenoir, aussi blessé et aussi saignant que* PUISSE *l'être un malheureux homme* [...] (BLOY, *Désespéré*, p. 102). — *M. Teste quelquefois me demande* [...] *de lui expliquer aussi exactement que je le* PUISSE, *comment je m'y mets* (VALÉRY, *M. Teste*, p. 107).

Hist. — Au moyen âge, le verbe de la proposition indiquant à quoi l'on compare pouvait se mettre au subjonctif : *Ele est plus gracieuse ne* SOIT *la rose en mai* (ADENET LE ROI, *Berte*, 1407). — *Plus ert plaine de grace que ne* SOIT *la panthere* (ID., *Buevon de Conmarchis*, 98). — *Je vos aim plus que vos ne* FACIÉS *mi* (*Aucassin et Nic.*, XIV).

Remarques. — 1. La proposition corrélative indiquant à quoi l'on compare est souvent averbale.

— On ne répète pas les éléments déjà présents dans le contexte (cf. § 217, *c*) : *Nous connaissons nos signaux mieux* QU'UN PRÊTRE SON BRÉVIAIRE (CHAMSON, *Superbe*, p. 27). — *Notre homme, au fond, n'est pas si sceptique* QUE PRUDENT (A. ROUSSEAUX, dans le *Figaro litt.*, 17 sept. 1955). — *Et saurai-je tirer de l'implacable hiver / Des plaisirs plus aigus* QUE LA GLACE ET LE FER ? (BAUDEL., *Fl. du m.*, Ciel brouillé.)

Le verbe peut aussi être remplacé par *faire* : *Amélie reconnut la main, mieux* QU'ELLE N'AVAIT FAIT LE VISAGE (TROYAT, *Amélie*, p. 344). — Pour les précisions, voir § 745, *a.*

— L'auxiliaire *être* (ainsi que le sujet, qui, lui, est souvent présent dans le contexte) n'est pas exprimé avec des participes passés. Cela est attesté surtout après *tel que* ou avec les participes *prévu* ou *convenu* : *L'hôpital,* TEL QU'ORGANISÉ *par les sociétés modernes* (R. de GOURMONT, *Chemin de velours*, p. 300). — *Puis la compagnie* [...] *décide d'appliquer le système du tonnage brut* [...] TEL QUE PRATIQUÉ *en Angleterre* (A. SIEGFRIED, *Suez, Panama,* p. 85). — *L'enterrement* TEL QUE PRATIQUÉ *par les catholiques est indéfendable du point de vue catholique* (MONTHERLANT, *Le chaos et la nuit*, p. 121). — *Il est arrivé plus tôt* QUE PRÉVU (*Robert méthod.*, comme fam.). — [...] *de la lui avoir cédée quelques jours plus tôt* QUE D'ABORD CONVENU (YOURCENAR, *Souvenirs pieux*, p. 24). — *Autant* QUE POSSIBLE est une expression figée. — Cf. aussi § 620, *a*, 1°.

C'est un tic de Claude Roy que de construire de cette façon des propositions corrélatives impliquant la conséquence : *Une évolution si rapide* QUE PRESQUE VERTIGINEUSE (dans le *Monde*, 4-10 déc. 1969). — *Une petite secte* [...] *tellement à l'avant-garde des Noirs américains* QUE COUPÉE D'EUX (*ib.*).

2. Lorsque le sujet de la proposition est autre qu'un pronom personnel ou *ce* ou *on*, il peut se placer avant ou après le verbe :

La mer était plus impressionnante que ne l'imaginait L'ENFANT. — Ou : ... *que* L'ENFANT *ne l'imaginait.*

S'il y a un complément d'objet direct de forme nominale, l'inversion ne se fait pas : *Il connaît mieux sa leçon qu'*UN ACTEUR *ne connaît son rôle.*

b) Si la proposition indique la conséquence, elle se met d'ordinaire à l'indicatif :

Frédéric avait tant de confiance en Deslauriers qu'il se SENTIT *ébranlé* (FLAUB., *Éd. sent.*, I, 2). — *M. B... est si petit et il a une bouche si grande qu'il* TIENDRAIT *aisément tout entier dans sa bouche* (J. RENARD, *Journal*, 5 oct. 1889).

On met le subjonctif : 1° si le verbe principal est négatif ou si la phrase est interrogative :

Il n'est pas si habile qu'il SOIT *sans rival. Est-il si habile qu'il* SOIT *sans rival ?*

2° si la proposition inclut une nuance de but, et notamment quand le verbe principal exprime la volonté ou la nécessité :

Il faut faire une enceinte de tours / Si terrible, que rien ne PUISSE *approcher d'elle* (HUGO, *Lég.*, II, 2). — [...] *qui ont pour matière* [...] *des questions si bien posées qu'il* SOIT *impossible de s'en défaire par des échappatoires* (CLAUDEL, *Réflexions sur la poésie*, Id., p. 91).

3° après *assez* (ou *suffisamment*, ou *trop*) ... *pour que* :

Cette affaire est trop grave pour que nous la PRENIONS *à la légère.*

SECTION 3. — LA PROPOSITION ADVERBIALE

1078   Les **propositions adverbiales** sont des propositions qui sont introduites par des conjonctions de subordination diverses (rarement *que* seul) et qui, dans la plupart des cas (voir ci-dessous), jouent dans la phrase le rôle de compléments non essentiels (§ 266, *a*) et adverbiaux (§ 266, *c*) de verbes. On les appelle aussi, quand elles ont cette fonction, propositions *circonstancielles*.

Nous partirons QUAND LA CLOCHE SONNERA, ... SI LA CLOCHE A SONNÉ, ... QUOIQUE LA CLOCHE N'AIT PAS SONNÉ.

Les propositions adverbiales peuvent être aussi compléments d'adjectifs (adjectifs qui souvent correspondent sémantiquement à des verbes) :

« Oui, qui le payera ? » reprit l'employé de commerce, furieux COMME SI ON EÛT PUISÉ CET ARGENT DANS SA POCHE (FLAUB., *Éd. sent.*, II, 6).

Parfois aussi, compléments de noms.

— Compléments de noms correspondant sémantiquement à des verbes : *Il sentait la joie de sa bien-aimée, sa joie* PARCE QU'IL N'ÉTAIT PLUS CONTRE ELLE COUCHÉ (Fr. MAURIAC, *Baiser au lépreux*, X).

— Autre cas : *J'ai hérité de mon père un canif* COMME ON N'EN FAIT PLUS AUJOURD'HUI.

1079   **Observations diverses sur les propositions adverbiales.**

a) Dans les propositions adverbiales, le sujet autre qu'un pronom personnel ou *ce* ou *on* peut se mettre après le verbe, dans la langue écrite. Cela est particulièrement fréquent dans les propositions de temps, de comparaison et d'opposition :

Dès que m'attire UN DÉCOR, UN OBJET [...] (S. de BEAUVOIR, *Belles images*, p. 195). — *Comme l'a écrit* PLATON. *Si grand que soit* CET AVANTAGE. — *L'effort avait été moins grand qu'elle n'eût osé l'imaginer, comme si l'eût miraculeusement devancée* LA CÉLESTE COMPASSION (BERNANOS, *Joie*, p. 35).

S'il y a un objet direct sous forme nominale, le sujet se met nécessairement devant le verbe : *Dès qu'*UN DÉCOR *attire les regards*. Mais non : °*Dès qu'attire* UN DÉCOR *les regards*.

On trouve parfois l'inversion du pronom personnel sujet, de *ce* et de *on* quand la conjonction de subordination est suivie de *peut-être*, *sans doute*, par analogie avec les phrases énonciatives commençant par ces mots : cf. § 377, Rem. 4.

b) La proposition adverbiale peut être averbale. On peut distinguer trois espèces.

1° Une véritable ellipse, surtout réalisée dans la proposition de comparaison :

Cela s'est passé aujourd'hui COMME HIER. — Voir les détails au § 1085, *b*, Rem. 1.

2° Le verbe *être* (copule ou auxiliaire) n'est pas exprimé, non plus que le sujet.

— Le sujet étant *il* impersonnel : voir § 1085, *b*, Rem. 1 ; — en outre, *si nécessaire, si possible, si besoin.* — Cas plus rare, où il faut restituer *c'était* : *Alors,* SI L'ÉTÉ, *mon père prenait le divertissement de la pêche* (CHAT., *Mém.*, I, III, 3).

— Le sujet ayant été exprimé dans le contexte. Cela est courant et ancien avec *quoique, bien que, encore que, parce que, puisque,* mais plus rare avec d'autres conjonctions : *Il était,* QUOIQUE RICHE, *à la justice enclin* (HUGO, *Lég.*, t. I, p. 65). — *Elle paraissait moins vieille qu'à l'ordinaire,* BIEN QUE DÉCOLORÉE (A. FRANCE, *Livre de mon ami*, p. 82). — BIEN QUE PHILOSOPHE, *M. Homais respectait les morts* (FLAUB., *Mme Bov.*, III, 9). — *Le puritanisme est faux* (PARCE QUE CONTRAIRE *à la nature humaine*) (MAUROIS, *Mes songes que voici*, p. 151). — *L'articulation des membres de phrases reste assez vague,* [...] *et* [...] *les conjonctions assez équivoques,* PUISQUE MAL SPÉCIALISÉES (THÉRIVE, *Libre hist. de la langue franç.*, p. 80). — *Nous faisions baiser le sol à nos petites filles,* DÈS QUE SORTIES *du lit* (MONTHERLANT, *Port-Royal*, p. 185). — AUSSITÔT QUE LAVÉ ET NOURRI *à l'hôtel Sacher, il alla* [...] (P. HAMP, *Chercheurs d'or*, p. 9). — *Rien de tel dans la* Confession *mais au contraire la chair provoquée* AVANT QUE MAÎTRISÉE (S. LILAR, *Confession anonyme*, Préf.). — *Pour moi, un seul bronze du Bénin, un seul Tiwenu des Hopis, un seul geste d'Uday Skangar* — POURVU QUE PARFAITS, *valent infiniment plus que toutes les Forteresses Volantes* (ÉTIEMBLE, *Trois femmes de race*, p. 77). — *Elle l'eût pu vaincre,* SI PLUS BELLE OU PLUS HARDIE (GIDE, *Faux-monn.*, p. 232). — *Est-ce à dire que certains hommes ne seraient pas attirés irrésistiblement vers la femme* [...] QUAND BIEN DÉNUÉE *de parure* (ID., *Corydon*, III, 6).

3° Conjonction + participe présent ou participe passé composé, et dans ce cas il n'est plus possible de rien suppléer. Ce doit être un croisement (blâmé par Littré) entre le tour précédent et l'épithète détachée :

Bien que SACHANT *à quoi m'en tenir sur la réalité du diable et de l'Autre, je consens volontiers à parler d'eux* (A. FRANCE, *Rôtisserie de la reine Péd.*, X). — Cf. §§ 327, *d*, 3°, et 1093, Rem.

c) Devant des propositions coordonnées, il arrive souvent que l'on ne répète pas la conjonction, mais qu'on la remplace par *que* (cf. § 1027, *b*, 2°).

Quand il reviendra et QU'*il verra...* — *S'il revient et* QU'*il voie...*
Cela n'a pas d'influence sur le mode, sauf quand *si* est remplacé par *que :* § 1099.

d) On peut substituer aux propositions conjonctives d'autres procédés [5], outre les compléments adverbiaux de forme nominale et les adverbes.

---

5. On dit souvent, par ex., que le gérondif marque ici le temps, là la cause, ailleurs encore l'opposition ou la condition, tout cela sans changer de forme. Cela prouve donc que le gérondif ne suffit pas à indiquer ces différentes valeurs et donc qu'il n'en indique en soi aucune. C'est le contexte, la situation qui font établir entre les faits une relation logique qui n'est pas exprimée grammaticalement.

1° La proposition participe (et, d'une manière générale, le complément absolu) joue le même rôle que la proposition adverbiale.

LES PREMIERS BROCS VIDÉS *il en réclama d'autres* (M. DURAS, *Petits chevaux de Tarquinia*, p. 7). — Comp. : *Quand les premiers brocs furent vidés...*

Comme la proposition participe n'est pas introduite par une conjonction de subordination, nous ne l'étudions pas ici ; voir §§ 886 et surtout 306 et suiv. (complément absolu).

2° Autres constructions (qui ne comportent pas l'association d'un sujet et d'un prédicat) :

— Le gérondif (§ 891) : EN FAISANT UN EFFORT, *vous y arriverez.* — Comp. : *Si vous faites un effort...*

— L'épithète détachée (§ 326) : ASSIS, *vous étendez vos jambes* (BUTOR, *Modification*, 10/18, p. 12). — Comp. : *Lorsque vous êtes assis...*

— L'apposition détachée (§ 337) : OBSERVATEUR ATTENTIF, *il ne laisse rien échapper.* — Comp. : *Parce qu'il est un observateur attentif...*

3° Si des phrases forment, à la suite de la coordination (implicite ou explicite), des sous-phrases, c'est, naturellement, parce que l'esprit établit entre elles un lien logique, et ce lien logique pourrait être, le plus souvent, marqué d'une autre façon, en transformant une des sous-phrases en proposition. Cf. § 254, *b*, 3°.

Les sous-phrases que l'on pourrait transformer en propositions peuvent être à l'indicatif (conditionnel compris) : *Hâtons-nous,* LE SOIR TOMBE. Comp. : *Hâtons-nous, parce que le soir tombe.* — LE DANGER SERAIT DIX FOIS PLUS GRAND, *je l'affronterais.* Comp. : *Même si le danger était dix fois plus grand...* [Sur la variante : *Le danger serait dix fois plus grand* QUE *je l'affronterais,* voir § 1067.] — À peine *le* TRAIN SE FUT MIS EN MARCHE, *je regardai par la portière* (J. CABANIS, *Cartes du temps*, L.P., p. 15). Comp. : *Dès que le train...* [Même variante que ci-dessus.] — Avec coordination explicite : *À peine avait-on commencé,* ET *c'était fini* (ZOLA, *Débâcle*, I, 2).

Elles peuvent être des interrogations fictives, le point d'interrogation manquant assez souvent : TROUVE-T-IL CE CHEMIN BARRÉ ? *Il accepte un détour* (MAUROIS, *Art de vivre*, p. 179). — TOUCHAIT-ON SON PANIER, *il* [= un chien] *reculait* (BARRÈS, *Ennemi des lois*, p. 134). — Comp. : *S'il trouve ce chemin barré...* — Autres ex. au § 120, *c.*

Sous-phrases injonctives à l'impératif ou au subjonctif : FAIS UN PAS, *je t'assomme !* (HUGO, *Lég.*, t. II, p. 361.) — VIENNE UNE INVASION, *le peuple est écrasé* (BALZAC, *L. Lambert*, p. 79). — Comp. : *Si tu fais un pas...* — Autres ex. au § 399, *a*, Rem. 3, et *b*, Rem.

Sous-phrases au subjonctif imparfait à valeur de conditionnel présent : LE DANGER FÛT-IL DIX FOIS PLUS GRAND, *je l'affronterais.* Cf. § 865, *e*, 2°.

Certaines sous-phrases ont une forme figée pour jouer le rôle dont nous parlons. C'est le cas de ***N'était (N'étaient)*** ou ***N'eût été (N'eussent été)*** + sujet, sous-phrases équivalant à une proposition de condition.

L'indicatif imparfait s'emploie en principe pour des faits situés dans le présent ou le futur : N'ÉTAIT *le mouvement léger de sa jambe levée, on croirait qu'il somnole* (ESTAUNIÉ, *Tels qu'ils furent*, p. 29). — *Les cases rondes seraient toutes semblables,* N'ÉTAIENT *les peintures qui les décorent* (GIDE, *Voy. au Congo*, p. 70). — N'ÉTAIENT *ces malheureuses jambes insensibles et inertes, je me croirais à peine en danger* (BERNANOS, *Dialogues des carmélites*, II, 7).

Le subjonctif pour des faits du passé : N'EÛT ÉTÉ *sa toilette verte, on l'eût pris pour un magistrat* (A. FRANCE, *Pierre Nozière*, p. 69). — N'EUSSENT ÉTÉ *les fumées des toits, le village eût semblé désert* (J. et J. THARAUD, *Oiseau d'or*, p. 20).

Parfois l'imparfait est figé (comp. l'invariabilité en nombre : § 901, *a*) et s'emploie pour le passé : *Il avoua plus tard* [...] *que plusieurs fois,* N'ÉTAIENT *ses sentiments religieux, il se serait jeté dans la Seine* (BALZAC, *Birotteau*, p. 39). — N'ÉTAIT *qu'il souffrait par moments de rhumatismes, il jouissait d'une santé robuste* (É. HENRIOT, *Aricie Brun*, I, 2). — N'ÉTAIENT, *en face du lit, l'angle à peine arrondi de la chambre à trois parois, et l'insolite obscurité verte, et la tige de clarté vive* [...], *Alain se fût rendormi* (COLETTE, *Chatte*, p. 49). — N'ÉTAIT *ce bruit de vitre, la détonation ne les eût pas autrement émus* (AMBRIÈRE, *Grandes vacances*, p. 252). — *Cette Crève-cœur eût été sans doute persécutée par ses congénères,* [...] N'ÉTAIENT *sa grosseur et sa force, qui imposaient* (MONTHERLANT, dans les *Nouv. litt.*, 23 juillet 1959). — N'ÉTAIT *la nécessité de retourner à la maison pour y retrouver Nathalie Ivanovna, il eût volontiers passé toute la soirée avec Catherine* (TROYAT, *Feux du matin*, pp. 67-68).

Hist. — Dans le français des XVᵉ et XVIᵉ s., le fait subordonné antérieur au fait principal a pu être exprimé parfois par les infinitifs *être* ou *avoir*, suivis d'un participe passé ou d'un adjectif, et non introduits par une préposition : *Le chevalier ala a la messe, laquelle* ESTRE *oye s'en ala au barbier* (*Roman des sept sages*, p. 111). — *Et ainsi ceste armée* ESTRE *preste* [...], *se mist le conte de Charroloys en chemin* (COMMYNES, t. I, p. 14). — *Les quelz* [mots gelés] ESTRE *quelque peu eschauffez entre nos mains, fondoient comme neige* (RAB., IV, 56). — *Pantagruel,* AVOIR *entierement conquesté le pays de Dipsodie, en icelluy transporta une colonie de Utopiens* (ID., III, 1).

1080   **Espèces de propositions adverbiales.**

On divise les propositions adverbiales en sept catégories, d'après le sens :

1° Propositions de **temps** (question *quand ?*) ;
2° Propositions de **cause** (question *pourquoi ?*) ;
3° Propositions de **manière** (question *comment ?*) ;
4° Propositions de **conséquence** ;
5° Propositions de **but** (question *pourquoi ?*) ;
6° Propositions de **concession** ;
7° Propositions de **condition**.

Il ne nous a pas paru nécessaire de définir ces catégories (sauf la 6ᵉ), qui empruntent leurs dénominations à la langue ordinaire.

Remarques. — 1. Les conjonctions de subordination seront réparties d'après leur valeur fondamentale. Dans certains contextes, elles peuvent être considérées comme équivalant à des conjonctions qui ont une autre valeur fondamentale : voir par ex. § 1096, *b*, Rem. 1.

2. On remarquera l'absence du lieu parmi les catégories énumérées ci-dessus. En effet, le lieu s'exprime, non par une proposition conjonctive, mais par une proposition introduite par *où*, c'est-à-dire une proposition relative (cf. § 1058, *b*) :

OÙ IL Y A DE LA GÊNE, *il n'y a pas de plaisir.* — *Allez* OÙ VOUS VOULEZ.

3. On range parfois parmi les adverbiales ou circonstancielles des propositions introduites par des locutions indiquant une sorte d'addition *(outre que)* ou de restriction *(sauf que, excepté que,* etc.) :

OUTRE QU'IL EST INTELLIGENT, *il est très actif.* — SAUF QU'IL AVAIT TELLEMENT GROSSI, *il avait gardé bien des choses d'autrefois* (PROUST, *Rech.,* t. III, p. 941).

Cependant, plus d'un grammairien considère que l'on n'a pas ici une véritable locution conjonctive, mais une préposition suivie d'une proposition conjonctive essentielle, comme, dans *Excepté quand il est absent,* on a une préposition suivie d'une proposition conjonctive adverbiale. — Une autre analyse encore a été proposée au § 1070, *a.*

Ce caractère de conjonctive essentielle apparaît clairement quand la proposition apporte une correction à un complément essentiel qui précède : *Il a tout prévu,* SAUF QU'IL PLEUVRAIT.

On observera en outre que les propositions en cause n'apportent pas une information sur les circonstances entourant le fait principal, mais une correction soit à ce fait principal, soit à un élément de la phrase. Autrement dit, la relation s'établit entre des faits de même niveau, ce qui, du point de vue logique, est du ressort de la coordination plutôt que de celui de la subordination. Comp. § 263bis.

4. Les réflexions émises à la fin de la Remarque précédente s'appliquent aussi aux propositions introduites par *au lieu que, (bien) loin que,* où il s'agit d'écarter un fait au profit d'un autre fait.

(Bien) loin que est suivi du subjonctif :

Loin que l'imagination DOIVE *se dépenser à inventer ce qu'elle souhaite qui l'excite, tout au contraire : elle défaille, elle renonce à soutenir tout ce que la mémoire immédiate la plus négligée lui propose à représenter* (VALÉRY, *Regards sur le monde actuel,* Pl., p. 1041). — *Bien loin qu'il se* REPENTE [...], *il s'obstine dans sa rébellion* (AC.).

Au lieu que est suivi de l'indicatif ou du subjonctif, selon que le fait écarté est celui qu'exprime le verbe principal ou bien celui qu'exprime le verbe qui suit la locution :

Voilà encore un exemple de cet élan des pensées qui semble dépasser le but, au lieu qu'il L'ATTEINT *à peine* (ALAIN, *Hist. de mes pensées,* p. 104). — *Une paix injuste peut, momentanément du moins, produire des fruits utiles, au lieu qu'une paix honteuse* RESTERA *toujours par définition une paix stérile* (BERNANOS, *France contre les robots,* pp. 16-17). *Il sentait [...] que la véritable extase, au lieu qu'elle* SOIT *une rupture de la raison, en est, au contraire, l'extrême pointe* (L. DAUDET, *Jour d'orage,* p. 58). — *En voyant Gilberte, au lieu qu'elle* VÎNT *aux Champs-Élysées, aller à une matinée* (PROUST, *Rech.,* t. I, p. 411). — *Les Turcs vont de l'abstrait au concret, contrairement à nos races qui vont du concret à l'abstrait et chez qui l'objet évoque, au lieu que l'objet* NAISSE *d'une longue évocation* (COCTEAU, *Maalesh,* pp. 155-156). — *Au lieu que Dieu* SOIT *connu à travers ses symboles visibles, il l'est à travers son image invisible qu'est l'âme humaine* (DANIÉLOU, *Dieu et nous,* p. 39).

I. — *LA PROPOSITION ADVERBIALE DE TEMPS*

1081   Mots de liaison.

a) Le fait exprimé par le verbe principal est antérieur au fait exprimé par le verbe de la proposition [6] : *Avant que, d'ici à ce que, d'ici que, jusqu'à ce que.*

En outre, *en attendant que,* qui n'est pas tout à fait figé et qu'on pourrait décomposer en un gérondif et un *que* introduisant une conjonctive essentielle.

Le temps que (fam.) a le même sens : *Certaines de ces cases, maléfiques, si on y tombe, obligent* [...] *à demeurer en attente, et l'une même, la prison, vous y retiendra* LE TEMPS QUE *vous soyez délivré par un plus malheureux qui prendra votre place* (É. HENRIOT, dans le *Monde,* 22 juin 1960).

Jusqu'à tant que (cf. Hist.) est archaïque ou régional : *J'engage donc ma correspondante* [...] *à continuer de parler comme les siens parlaient* — JUSQU'À TANT QU'*on lui apporte la preuve qu'ils parlaient mal* (HERMANT, *Chron. de Lancelot,* t. I, p. 211). — *Plusieurs années s'écoulèrent ainsi* [...] JUSQU'À TANT QUE *la mère mourût* (É. HENRIOT, *Aricie Brun,* III, 1). — *Et il commença à pratiquer son célèbre système de torsion de l'index* JUSQU'À TANT QUE *je ne croie plus au Père Noël* (DANINOS, *Sonia, les autres et moi,* p. 151). — *Quand nous avons la sécheresse, moi je n'y* [= à la messe] *vais pas,* JUSQU'À TANT QU'*il pleuve. Le bon Dieu a besoin qu'on lui fasse comprendre* [dit un paysan provençal] (PAGNOL, *Gloire de mon père,* p. 124). — *N'importe quelle bête sauvage a plus de dignité qui, blessée,* [...] *va se terrer* JUSQU'À TANT QU'*elle guérisse ou qu'elle meure* (E. CHARLES-ROUX, *Elle, Adrienne,* p. 212).

Quelques-uns écrivent, abusivement, °*jusqu'à temps que* : *Jusqu'à* TEMPS *qu'il dut émigrer* (É. HENRIOT, *Livres du second rayon,* p. 350). — *Laissez-moi vous regarder sans parole, jusqu'à* TEMPS *que mon front s'abaisse* (MONTHERLANT, *Olympiques,* p. 251). — *En lâchant les rênes, on livre le cheval à ses emballements jusqu'à* TEMPS *qu'il se blesse ou se harasse* (CESBRON, *Une sentinelle attend l'aurore,* p. 187).

Hist. — On disait encore au XVIᵉ s. *jusque* pour *jusqu'à ce que* : *Adieu* JUSQUES *je te revoye* (Ch. FONTAINE, cit. Huguet). — Claudel, par caprice, a repris ce tour : *Il faut descendre au fond de nous-mêmes* JUSQUE *nous trouvions le bleu pur* (*Présence et prophétie,* p. 37) [autre ex. : p. 17, etc.]. — Cela s'entend parfois dans le franç. pop. de Belgique.

Dans le même sens, on a jusqu'au XVIIᵉ s. *tant que* (mais cela était blâmé) : *Versez toûjours,* TANT QU'*on vous dise*₊*assez* (chanson à boire, dans MOL., *Bourg.,* IV, 1). — Autre ex. : CORN., *Cid,* III, 4. — Attestation isolée (avec indic.) : *Il reste détenu pendant plusieurs mois,* TANT QU'*enfin, après nouvelle enquête et procès, l'absurdité de l'accusation devenant trop palpable, on est obligé de l'élargir* (TAINE, *Origine de la Fr. contemp.,* t. IV, p. 190).

Jusqu'à tant que est le résultat du croisement de *jusqu'à* et *tant que.* Cette locution restait courante chez les classiques : ⁺*Il ne cesse de les travailler* JUSQU'À TANT QU'*il y ait imprimé Jésus-Christ* (BOSS., *Œuvres orat.,* t. I, p. 55).

Comme synonymes d'*avant que,* le XVIIᵉ s. connaissait encore *auparavant que, paravant que, devant que, premier que* : *Le galant passa pour sœur Colette /* AUPARAVANT QUE *la barbe*

---

6. Ou, si l'on veut, le fait exprimé dans la proposition est postérieur au fait exprimé par le verbe principal. Et l'inverse pour le *c.*

luy crust (LA F., C., *Lunettes*). — ⁺*Ta prompte guérison* / PARAVANT QU'*il soit peu t'en fera la raison* (CORN., *Clit.*, V, 3). — *Je crie tousjours* : Voila qui est beau ! DEVANT QUE *les chandelles soient allumées* (MOL., *Préc.*, IX). — *Lyrian* [...] / *A le temps de l'atteindre* [...] / PREMIER QU'*il expirast* (SAINT-AMANT, t. I, p. 107). — °*Paravant que* subsiste au Canada comme °*paravant* locution adverbiale (§ 928, *e*, 3°).

Si archaïque qu'il puisse paraître, *devant que* est encore employé au XIXᵉ et au XXᵉ s. : *Que n'avez-vous lavé* [...] / *Mon front ensanglanté* DEVANT QU'*il fût sanglant* (PÉGUY, *Ève*, p. 36). — *Démène-toi, Fanchon, si tu veux arriver* DEVANT QUE *les Poméraniens ne descendent* (LA VARENDE, *Heureux les humbles*, 1947, p. 230). — Autres ex. : MUSSET, *Prem. poés.*, *Mardoche*, L ; HERMANT, *Discorde*, p. 97. — Comme reflet d'un usage régional : DEVANT QUE *ça soit dit, ça fera un moment* (GIONO, *Un de Baumugnes*, VIII).

b) **Les deux faits sont simultanés** : *Comme, pendant que, tandis* [tɑ̃di] *que, en même temps que, tant que*, outre *alors que*, qui implique d'habitude une nuance d'opposition.

Tandis que implique souvent aussi une nuance d'opposition : *Les pintades sauvages s'envolaient devant eux*, TANDIS QUE *les perdreaux, écrasés par la chaleur, se contentaient de s'écarter un peu* (J. et J. THARAUD, *Randonnée de Samba Diouf*, p. 103). — *Tout le monde le croit heureux*, TANDIS QU'*il est rongé de soucis et de remords* (AC.).

En outre, des locutions qui ne sont pas vraiment figées et qu'on pourrait décomposer :

— Avec un *que* ou un *où* relatifs : *Au moment où, au moment que* (littéraire), *à l'heure où, à l'instant où* [7], etc. ; — *aujourd'hui que, à présent que, maintenant que* ; — *chaque fois que, toutes les fois que*.

— Avec un *que* introduisant une conjonctive corrélative (§ 1075) : *Aussi longtemps que*.

Locutions anciennes, encore attestées dans la langue écrite, surtout littéraire :

Cependant que (qui implique souvent une nuance d'opposition) : CEPENDANT QUE *ces délicatesses un peu puériles troublaient les deux Lorrains* (BARRÈS, *Appel au soldat*, t. II, p. 79). — CEPENDANT QU'*il dévalait vers la Seine* (G. DUHAMEL, *Deux hommes*, p. 21). — CEPENDANT QUE *Camille et ma tante cueillaient des fleurs* (Fr. MAURIAC, *Robe prétexte*, XIX). — CEPENDANT QUE *son goût du voyage et de l'évasion trouvait, en ce départ, l'occasion de se satisfaire* (MAUROIS, *Chateaubriand*, p. 316). — CEPENDANT QUE *se déroulent les épisodes de la lutte sublime* (DANIEL-ROPS, *Église des temps classiques*, t. I, p. 152).

Durant que (qui a retrouvé une vitalité assez grande au XXᵉ s.) : DURANT QUE *j'hésitais, elle me reconnut* (COLETTE, *Chambre d'hôtel*, p. 62). — *Un beau livre, c'est celui qui*, DURANT QU'*on lit, conjure l'impression d'inanité que donne, dans l'état de calme, toute littérature* (J. ROSTAND, *Pensées d'un biologiste*, p. 165). — *Je les ai bien regardées, tout* DURANT QU'*elles me bichonnaient* (M. TOURNIER, *Gaspard, Melchior et Balthazar*, p. 43). — Autres ex. : CLAUDEL, *Connaissance de l'Est*, Pl., p. 52 ; ESTAUNIÉ, *Appel de la route*, p. 87 ; H. de

---

7. *Au début que* n'est pas dans les dictionnaires : AU DÉBUT QUE *nous habitions ici*. Le *que* doit être analysé comme pronom relatif. Comp. : DÈS LES PREMIERS TEMPS QU'*on était mariés avec l'homme, on était du côté de Pignatello à travailler* (GIONO, *Regain*, Pl., p. 339). — [Voir déjà : ⁺AU COMMENCEMENT QUE *l'évêque avait tout seul entre les mains tout le revenu de son église, en était-il plus fastueux ?* (MASSILLON, cit. Littré.)]

RÉGNIER, *Flambée*, XIX ; Ac., Préf. ; JOUHANDEAU, *Chroniques maritales*, p. 184 ; R. VAIL-
LAND, *Loi*, L.P., p. 269 ; Chr. ROCHEFORT, *Repos du guerrier*, p. 112 ; MALLET-JORIS, *Rempart
des Béguines*, L.P., p. 66 ; etc.

Présentement que : PRÉSENTEMENT QUE *j'ai résolu de vivre tranquille* (Ac., qui ajoute : « Il
est vieux »).

Toutes et quantes fois que (plaisant) : *Nous le redirons encore* TOUTES ET QUANTES FOIS
QU'*il conviendra* (L. MICHEL, *Légendes épiques carolingiennes dans l'œuvre de Jean d'Outremeuse*, p. 11). [On a dit aussi *toutes fois et quantes* : ex. de BOSS. dans Littré.]

Hist. — *Tandis que* a signifié « aussi longtemps que » : TANDIS QUE *vous vivrez, le Sort
qui toûjours change, / Ne vous a point promis un bonheur sans meslange* (RAC., *Iph.*, I, 1).

c) Le fait exprimé par le verbe principal est postérieur au fait
exprimé par le verbe de la proposition : *Après que, dès que, aussitôt que,
sitôt que* (plus littéraire), *depuis que, une fois que.*

Du moment que a vieilli en ce sens : DU MOMENT QUE *je me fus assuré de ce point que
j'étais soumis aux épreuves de l'initiation sacrée, une force invincible entra dans mon esprit*
(NERVAL, *Aurélia*, II, 6). — On rencontre aussi, mais rarement, *du moment où* : *Athènes,
comme État, n'exista plus* DU MOMENT OÙ *elle eut été prise par les Lacédémoniens* (CHAT.,
Itinér., Pl., p. 904). — DU MOMENT OÙ *l'archidiacre eut aperçu cet inconnu, son attention
sembla se partager entre la danseuse et lui* (HUGO, *N.-D. de Paris*, VII, 2).

D'habitude, *du moment que* inclut une nuance de cause (« puisque ») : DU MOMENT QUE
vous êtes d'accord, nous pouvons risquer l'entreprise. — Il en est de même de *dès lors que* :
*Des quadrillions de cellules qui nous composent, chacune nous contient potentiellement tout
entier* DÈS LORS QUE, *pourvue de nos quarante-huit chromosomes, elle recèle au complet notre
patrimoine héréditaire* (J. ROSTAND, *Pensées d'un biologiste*, p. 55).

d) Quand et *lorsque* (surtout usité dans la langue écrite) servent aussi
bien pour la simultanéité que pour la postériorité.

e) On emploie le simple *que* (en dehors du cas où il remplace une
autre conjonction dans la coordination : § 1028, *a*, 3°)

1° Pour indiquer une simultanéité ou une quasi-simultanéité, une succession
immédiate :

La pluie avait cessé QUE [= alors que] *nous allions encore à toute vitesse* (G. DUHAMEL,
Hommes abandonnés, p. 71). — *Je n'avais pas ouvert la porte* QUE [= quand] *Pierre m'apos-
tropha durement. Il avait à peine terminé son repas* QUE [= quand] *la cloche sonna.*

On peut considérer que nous avons affaire à des pseudo-propositions : cf. § 1067.

2° Avec le sens « tant que » et le subjonctif, après un verbe construit négativement, et notamment après la locution *n'avoir de cesse* (où *cesse*, primitivement, équivaut à un mot comme *repos*) :

Je ne me relèverai pas QUE *vous ne m'ayez donné votre bénédiction* (MONTHERLANT, *Reine
morte*, I, 7). — *À votre place, je n'aurais de cesse* QUE *je ne sois définitivement fixé* (IKOR,
Murmures de la guerre, p. 127). — Le *ne* de la proposition ne peut être supprimé.

Remarques. — 1. La proposition temporelle est parfois la partie la plus
importante du message :

Le soir tombait QUAND MON PÈRE RENTRA ENFIN. — C'est le cas des ex. cités dans le *e*, 1°,
ci-dessus.

2. *Quand je (vous) le disais* s'emploie couramment sans verbe principal, dans la langue familière, comme une sorte de formule (souvent exclamative) signifiant à peu près : « Je le disais bien que... » ou : « Sans aucun doute » :

> *Hé bien, mes enfants,* QUAND JE VOUS LE DISAIS *qu'il reviendrait !* (A. DAUDET, *Port-Tar.,* II, 5.)

3. Sur les propositions averbales, voir § 1079, *b,* 2°.

1082   **Le mode dans la proposition adverbiale de temps.**

a) **Quand il y a postériorité ou simultanéité** (au sens défini dans le § 1081), on met l'indicatif :

> *Quand nous* AURONS FINI, *nous partirons. — Comme il me* DONNAIT *cet avis, la cloche sonna le déjeuner* (A. FRANCE, *Rôtisserie de la reine Péd.,* p. 263). *— J'écoutais le fracas croissant des roues et après qu'il* AVAIT ATTEINT *son maximum, je m'obligeais à l'entendre encore dans le lointain* (Fr. MAURIAC, *Robe prétexte,* XI). *— Ne reviendrait-il pas par un soir semblable après qu'il* AURAIT ÉTÉ *vraiment* TUÉ ? (MALRAUX, *Temps du mépris,* p. 152.) *— Par rapport à l'aveu, son pouvoir n'est pas seulement de l'exiger, avant qu'il soit fait, ou de décider, après qu'il* A ÉTÉ PROFÉRÉ (M. FOUCAULT, *Hist. de la sexualité,* t. I, p. 89).

Malgré la règle donnée ci-dessus, on observe une tendance, surtout forte depuis le deuxième tiers du XXᵉ s., à faire suivre *après que* du subjonctif :

> *Autrefois — longtemps même après qu'elle m'*AIT QUITTÉ *— j'ai pensé* [...] (SARTRE, *Nausée,* p. 21). *— Trois semaines après que cette phrase* AIT ÉTÉ ÉCRITE, *un fabricant de masques me dit* [...] (MONTHERLANT, *Équinoxe de septembre,* p. 199). *— S'il leur fallait se séparer maintenant, après qu'ils* AIENT VERSÉ *leur sang sous le même déluge de feu* [...], *ils auraient le sentiment de perdre les derniers débris de leur malheureuse patrie* (G. DUHAMEL, *Lieu d'asile,* p. 107). *— Un siècle et demi après que cette parole* AIT ÉTÉ PRONONCÉE, *nous savons que le bonheur en Europe est une illusion perdue* (Fr. MAURIAC, *Cahier noir,* pp. 27-28). *— Il est distrait au volant de son auto et laisse souvent ses flèches de direction levées, même après qu'il* AIT EFFECTUÉ *son tournant* (A. CAMUS, *Peste,* p. 41). [Pl., p. 1238 : *après qu'il* A.] *— Après que nous* EUSSIONS REFUSÉ *toute la nuit de mitrailler des rochers* (J. ROY, *Métier des armes,* p. 81). *— Pourquoi diable* [...] *ne me reproche-t-il ce silence qu'après que, précisément, j'*AIE PARLÉ ? (MAULNIER, dans la *Table ronde,* mars 1953, p. 74.) *— Quand il rentre de l'usine après que des tonnes de camelote lui* AIENT PASSÉ *par les bras* (CESBRON, *Les saints vont en enfer,* p. 79). *— Elle vole en éclats neuf ans après qu'*AIT ÉTÉ SCELLÉE *la fameuse Lettre* (DANIEL-ROPS, *Église des temps classiques,* t. I, p. 157). *— Après que les bougies* EUSSENT ÉTÉ ÉTEINTES (M. BRION, *De l'autre côté de la forêt,* p. 116). *— On ne le sert qu'après qu'il* AIT MONTRÉ *sa monnaie* (ARAGON, *Semaine sainte,* p. 454). *— La règle* [...] *a été élargie à d'autres domaines sur la décision du général de Gaulle et après qu'il* AIT REÇU *certains accords* (Fr. MITTERRAND, intervention à la radio citée par le *Figaro,* 17 févr. 1973).

Autres ex. : SAINT-JOHN PERSE, cité dans la *Revue d'hist. litt. de la Fr.,* mai-juin 1978, p. 415 ; PROUST, *Rech.,* t. I, p. 886 ; DE GAULLE, *Discours et messages,* 15 déc. 1965 ; IONESCO, *Jeux de massacre,* p. 27 ; R. VAILLAND, *325 000 francs,* p. 253 ; J. LACAN, *Écrits II,* p. 17 ; F. MARCEAU, *Années courtes,* p. 280 ; BUTOR, *Emploi du temps,* p. 63 ; ROBBE-GRILLET, *Dans le labyrinthe,* p. 146 ; G. MOUNIN, *Clefs pour la sémantique,* p. 138 ; GISCARD D'ESTAING, allocution à la télévision, dans le *Figaro,* 30 mai 1974 ; PEREC, *Vie mode d'emploi,* p. 287 ; IKOR, *Murmures de la guerre,* p. 24 ; SOUSTELLE, *Lettre ouverte aux victimes de la décolonisation,* p. 151 ; Cl. SIMON, *Vent,* p. 180 ; etc.

Cette tendance a fait l'objet de vives critiques (par ex., mise en garde de l'Acad., 19 nov. 1964). Elle paraît pourtant irrésistible.

Les explications sont diverses : la plus simple est l'analogie avec les conjonctions qui entraînent le subjonctif (notamment celles qui sont visées dans le *b*, ci-dessous). — Voir sur ce problème : J. Hanse, dans le *Bulletin de l'Acad. royale de langue et de litt. fr.* [de Belgique], 1976, pp. 7-20 ; J. Stefanini, dans les *Annales de la Faculté d'Aix*, 1953, pp. 65-87 ; P. Wunderli, dans *Vox romanica*, 1970, pp. 230-263 (art. suivi d'une discussion avec H. Glättli) ; M. Wilmet, *Études de morpho-syntaxe verbale*, pp. 129-152.

Comp. : *Quand nous marchons sur les routes, nos pas s'y effacent* À PEINE QUE *nous* SOYONS PASSÉS (PÉGUY, cité dans B. Guyon, *Péguy*, p. 140).

Hist. — La conjonction temporelle *comme*, qui ne s'emploie guère aujourd'hui qu'avec l'imparfait, admettait autrefois après elle les divers temps de l'indicatif : *Cum jo* SERAI *a Eis* [...] / *Vendrunt li hume* [= Comme je serai à Aix, les hommes viendront] (*Rol.*, 2917-2918). — *Comme ilz* EURENT ESTÉ *plusieurs jours ensemble, l'empereur s'en alla* (COMMYNES, t. I, p. 139). — *Comme il* FUT *en sa presence, il luy dict ainsi* (MONTAIGNE, I, 24). — +*Neptune* [...] / *Comme tu* PARAÎTRAS *au passage des flots,* / *Voudra que ses Tritons mettent la main aux rames* (MALHERBE, t. I, p. 281). — Cet usage se retrouve parfois jusque dans la langue actuelle : *Tu t'en iras comme il* ENTRERA (BOURGET, *Disciple*, p. 35).

D'autre part, du XIVᵉ s. jusqu'au début du XVIIᵉ, sous l'influence de la syntaxe latine de *cum*, notre *comme* temporel s'est construit, illogiquement (*comme* vient de *quomodo*), avec le subjonctif : *Et comme ja le Roy de Perse* FUST *en chemin* [...] *et les Atheniens* COMMEN-ÇASSENT *à deliberer* (AMYOT, *Themist.*, 4). — +*Comme quelques-uns* [...] *le* PRIASSENT *de se retirer* [...], *il leur répondit* [...] (MALHERBE, t. IV, p. 208).

b) **Quand il y a antériorité,** on met le subjonctif :

J'irai le voir avant qu'il PARTE (AC.). — *Je verrai cet instant jusqu'à ce que je* MEURE (HUGO, *Contempl.*, IV, 15). — *Tu l'entendras répéter au moins une fois par semaine jusqu'à ce que tu* SOIS *vieille* (MAUPASS., *Fort comme la mort*, I, 2). — *Tu ne bougeras pas d'ici que tu* N'AIES DEMANDÉ *pardon* (SAND, *Mare au d.*, XIV). — *D'ici à ce que ton neveu* AIT *l'âge de Péclet, la condition des travailleurs peut s'être améliorée* (J. ROMAINS, *Hommes de b. vol.*, t. I, p. 281). — *D'ici à ce que nos régiments* SOIENT OBLIGÉS *d'aller rétablir l'ordre* (TROYAT, *Barynia*, p. 122). — *D'ici que l'eau* VIENNE, *vous seriez bien gentil d'aller jusqu'à la route me faire un peu d'herbe pour mes lapins* (A. DAUDET, *Jack*, t. I, p. 242). — *D'ici que je* PUISSE *parler !* (LÉAUTAUD, *Journal litt.*, 23 août 1903.)

Après ***jusqu'à ce que***, on met encore (cf. Hist.) parfois l'indicatif quand on veut marquer la réalité du fait :

Et la Pedrina [...] *continuait à dévorer le parquet de ses pas* [...] *jusqu'à ce que, haletante, épuisée, anéantie, elle* TOMBA *entre les bras des comparses* (NODIER, *Contes*, p. 701). — *Je m'étais fait un grand magasin de ruines, jusqu'à ce qu'enfin* [...] *je m'*ÉTAIS TROUVÉ *une ruine moi-même* (MUSSET, *Conf.*, I, 4). — *Il marcha jusqu'à ce qu'il* FUT ARRIVÉ *à la ville* (*Dict. gén.*). — *L'abbé et Calixte regardèrent Néel et Sombreval monter sur les chevaux et les suivirent des yeux jusqu'à ce qu'ils ne les* VIRENT *plus* (BARBEY D'AUR., *Prêtre marié*, XIX). — *L'étoile qu'ils avaient vue en Orient les précédait jusqu'à ce que, venant au-dessus du lieu où était l'enfant, elle s'y* ARRÊTA (A. FRANCE, *Balthasar*, p. 33). — *Et je restais devant lui sans geste et sans parole, jusqu'à ce que tombant à ses pieds... je* SAISIS *de mes bras ses genoux frêles* (GIDE, *Retour de l'enf. prod.*, p. 92). — *Jusqu'à ce qu'un bruit trop connu les* ÉCARTA *brusque-ment l'un de l'autre* (BOURGET, *Drames de famille*, pp. 73-74). — *Jusqu'à ce que Domi-nique* [...] DEVINT *« maire » de la nouvelle commune* (L. MADELIN, *Foch*, p. 9). — *Des jours passaient sur ces foules, sur la ville grande ouverte comme un album inlassablement feuilleté* *près des hautes fenêtres, jusque sous la dernière clarté du jour, jusqu'à ce qu'on n'y* VOYAIT *plus* (LARBAUD, *Jaune bleu blanc*, XI). — *Nous grimpâmes sur le mur et marchâmes dessus jusqu'à ce que nous* EÛMES ATTEINT *la Tour Conique* (P. BENOIT, *Seigneur, j'ai tout prévu*, p. 55). — *Un fou couve tranquillement son délire jusqu'à ce qu'un cri* [...] *le* CONVAINC *de sa folie* (BERNANOS, *Imposture*, pp. 26-27). — *Ils reprenaient haleine ; jusqu'à ce qu'enfin Louis, s'étant à demi soulevé,* REGARDA *la fenêtre blanchissante* (Fr. MAURIAC, dans la *Revue des deux mondes*, 15 oct. 1926, p. 855). — *Le train s'arrêtait à chaque station de Sologne, jusqu'à ce qu'*APPARUT *la Loire* (VIALAR, *Fusil à deux coups*, p. 66). — *Elle* [= la menace] *grossira tout le temps jusqu'à ce qu'enfin* [...] *il se* LÈVERA *tout à coup avant l'heure* (N. SARRAUTE, *Planétarium*, L.P., p. 74). — D'autres ex. sont cités par H. Glättli, dans la *Revue de ling. rom.*, janv.-juin 1960, pp. 69-89.

Dans la phrase suivante : *Il avait combattu jusqu'à ce qu'il* FÛT TUÉ (MALRAUX, *Antimémoires*, t. I, p. 330), le subjonctif semble marquer, assez curieusement, un but à atteindre ; or c'est simplement une limite de temps qu'il s'agissait d'indiquer dans la réalité des faits, et c'est pourquoi l'indicatif *fut tué* aurait été parfaitement justifié.

De nos jours, au lieu de *jusqu'à ce que*, pour marquer un fait réel, on emploie ordinairement *jusqu'au moment où : J'ai compté des siècles sur la mer et sur la route d'Hyères,* JUSQU'AU MOMENT OÙ *la grille de la villa s'est ouverte devant moi* (E.-M. de VOGÜÉ, *Jean d'Agrève*, p. 152). — *Les danseurs frappaient le sol du pied* [...] JUSQU'AU MOMENT OÙ [...] *ils s'écroulaient à bout de forces* (Y. GANDON, *Captain Lafortune*, p. 131).

Semblablement, à *avant que, en attendant que,* qui régissent le subjonctif, correspondent *avant le moment où, en attendant le moment où,* qui s'emploient avec l'indicatif : *Il en était ainsi bien* AVANT LE MOMENT OÙ *j'ai fait la connaissance d'Ernest Himer* (G. DUHAMEL, *Complexe de Théophile*, p. 36). — *Restez coi : on vous reconnaîtrait même* AVANT LE MOMENT OÙ *vous parleriez.* — *Je lirai* EN ATTENDANT LE MOMENT OÙ *vous rentreriez.*

Hist. — *Jusqu'à ce que* est attesté, depuis qu'il existe, avec l'indicatif : *Ne la declairés a personne / Jusques ad ce que le Filz de l'omme /* SERA RESUSCITÉ *de mort* (J. MICHEL, *Passion*, 9591-9593). — *Le Roy S. Loys porta la here jusques à ce que, sur sa vieillesse, son confesseur l'en* DISPENSA (MONTAIGNE, I, 14). — ⁺*Jusqu'à ce qu'enfin il en* VIENDRA *un* [= un moment] *auquel nous ne pourrons arriver* (BOSS., *Sermon sur la mort*, 1ᵉʳ point). — *Jusqu'à ce qu'en fin elle* [= notre langue] EST PARVENUE *à ce comble de perfection, où nous la voyons aujourd'huy* (VAUGELAS, Préf., XV, 3). — *Jusqu'à ce que tu* VINS, *j'avois poussé ma veile* (MOL., *Amphitr.*, II, 3). — ⁺*Il resta dans l'île jusqu'à ce qu'un officier de confiance l'*ALLA *prendre à l'île Sainte-Marguerite* (VOLT., *L. XIV*, XXV). — *C'est parce qu'ils étoient malheureux chez eux, qu'ils devinrent les maîtres du monde, jusqu'à ce qu'enfin leurs divisions les* RENDIRENT *esclaves* (ID., *Lettres phil.*, VIII). — ⁺*Le voyage de Versailles fut différé de jour en jour, jusqu'à ce qu'il ne* CONVENAIT *presque plus de le faire* (DIDEROT, *Ceci n'est pas un conte*, Pl., p. 801).

Remarque. — Le franç. pop. ou relâché de certaines régions fait suivre *avant que* de l'indicatif : *Des mois passeront avant qu'il* REVERRA *la terre ferme* (dans la *Libre Belgique,* 1ᵉʳ févr. 1968). — *Plus d'une lune pleine leur aurait passé sur la tête avant qu'ils* PURENT *délier leurs bras du poteau qui les gardait prisonniers* (A. MAILLET, *Pélagie-la-Charrette*, p. 199).

II. — *LA PROPOSITION ADVERBIALE DE CAUSE*

1083   Les **mots de liaison** principaux sont *comme, parce que* et *puisque*.

Ce dernier n'indique pas toujours une véritable cause, mais sert à introduire la justification de ce que l'on dit : PUISQUE *vous le voyez souvent, assurez-le que je l'aime beaucoup* (FLAUB., *Éd. sent.*, III, 1).

On ajoute souvent *étant donné que, attendu que, vu que*, mais on peut ranger les propositions ainsi introduites parmi les propositions essentielles : cf. § 1070, *a*. — Même remarque pour *à preuve que*. — *Sous (le) prétexte que* n'est pas vraiment figé en locution. — *Du moment que, dès lors que* marquent fondamentalement le temps : § 1081, *c*.

Quelques locutions appellent un commentaire particulier.

— *À cause que* est resté vivant à Paris (comme populaire) et dans diverses régions. Des écrivains s'en servent, tantôt en souvenir des classiques (cf. Hist.), tantôt sous des influences régionales, conscientes ou non :

> *Je crains bien que c'est* À CAUSE QUE *je lui déplais* (SAND, *Mare au d.*, XVI). — *Si l'on trouve que la dérivation n'est pas aussi régulière,* À CAUSE QUE *la syllabe on a été changée en an* (LITTRÉ, *Hist. de la langue fr.*, t. I, p. 49). — *Écrire, c'est un plus gros effort,* À CAUSE QUE *la main est déjà lassée par toutes les polygraphies courantes* (BARRÈS, *Départ pour la vie*, p. 238). — *Il y avait déjà beaucoup de monde qui tournait,* À CAUSE QU'*il faisait beau temps* (RAMUZ, *Vie de Samuel Belet*, I, 6). — *Ce fut sans doute* À CAUSE QU'*elle était entrée [...] dans ce monde de fascination où je me complaisais* (H. BOSCO, *Jardin des Trinitaires*, p. 106).
>
> Autres ex. : HUGO, *Misér.*, III, II, 1 ; A. FRANCE, *Les dieux ont soif*, p. 181 ; APOLLIN., *Hérésiarque et Cie*, p. 119 ; JAMMES, *Caprices du poète*, I ; TOULET, *Mon amie Nane*, XIII ; É. HENRIOT, dans la *Revue des deux mondes*, 1er mars 1957, p. 73 ; SAINT EXUPÉRY, *Citadelle*, p. 161 ; AYMÉ, *Aller retour*, p. 71 ; CARCOPINO, *Vie quotidienne à Rome à l'apogée de l'Empire*, p. 156 ; ARAGON, *Aurélien*, cit. *Fr. mod.*, avril 1948, p. 106.

Hist. — *À cause que* était tout à fait courant au XVIe et au XVIIe s., dans tous les styles ; il est un peu plus rare au XVIIIe : CORN., *Ill.*, III, 1 ; RAC., cit. Brunot, *Pensée*, p. 810 ; VAUGELAS, p. 42 ; GUEZ DE BALZAC, PASCAL, MOL., BOSS., LA BR., FÉN., cit. Littré ; etc. ; — MARIV., *Paysan parvenu*, pp. 139, 166, 254 ; BERN. DE SAINT-P., *La vie et les ouvrages de J.-J. Rouss.*, p. 48. — La locution est généralement donnée comme vieillie depuis Bescherelle (1845). Littré a pris sa défense, mais l'usage ordinaire ne l'a pas suivi.

La variante °*à cause de ce que* a toujours été rare : ^+*À cause* DE CE *que la force règle tout* (PASCAL, *Pens.*, 306). — *Nous avons parlé de ses affaires, à cause* DE CE *que son père dit partout qu'il le déshéritera* (ZOLA, *Terre*, II, 3).

— *D'autant que* sert à ajouter une raison supplémentaire ; il est souvent précédé aujourd'hui d'une ponctuation forte (notamment d'un point).

> *Il faut qu'on me laisse traiter chaque scène amplement, sereinement, sans hâte,* D'AUTANT QU'*on ne gagnerait rien à passer au tableau suivant* (BARRÈS, *Col. Baudoche*, p. 18). — *J'avais un faible pour la psychologie,* D'AUTANT QUE *j'y croyais avoir quelques aptitudes* (HERMANT, *Xavier*, p. 18). — *Je n'osais pas l'interroger,* D'AUTANT QUE, *revenue soucieuse et taciturne, elle répondait distraitement à mes questions* (H. BOSCO, *Âne Culotte*, p. 116). — *L'espérance chez beaucoup l'emportait sur la crainte.* D'AUTANT QUE *l'adversaire hésitait* (Fr. MAURIAC, *Vie de Jésus*, p. 211). — *Ce reniement conscient ne fait qu'exalter sa valeur.* D'AUTANT QU'*il en vient de lui-même à se détacher de sa classe* (SARTRE, *Idiot de la famille*, t. III, p. 122). — *J'étais loin d'imaginer que ce qui n'était qu'une incidente deviendrait le principal [...].* D'AUTANT QUE, *dans mon esprit, il ne s'agissait que de prolonger [...] les pétitions de principe du programme commun* (Fr. MITTERRAND, cité dans le *Monde*, 24 juin 1977).

D'autant plus que peut s'employer après une principale négative ; c'est alors une locution toute faite équivalant à « surtout parce que » : *[Le duc] ne prit pas garde à elle,* D'AUTANT PLUS QU'*elle se dissimula bien vite dans un angle obscur de cette vaste salle* (Th. GAUTIER, *Capit. Fracasse*, XVII). — *Je n'aurais pas pris sa maison,* D'AUTANT PLUS QU'*elle est mauvaise*

(SAND, *Fr. le champi*, I). — *La notice ne sera pas commode à écrire*, D'AUTANT PLUS QU'*elle sera le plus possible une étude* (LÉAUTAUD, *Journal littér.*, 21 avril 1904). — *Oh ! non, ce n'est pas pour lui* (D'AUTANT PLUS QU'*il n'est pas Homère*) (É. HENRIOT, dans le *Monde*, 14 mai 1952). — *Ce n'était vraiment pas facile*, D'AUTANT PLUS QUE *ses gestes étaient encore un peu chevalins* (SUPERVIELLE, *Enfant de la haute mer*, p. 138). — *Non, je n'arrive pas à comprendre qu'elle puisse se méfier d'un être si noble, si brave, si pur...* D'AUTANT PLUS QU'*elle a beaucoup d'affection pour lui* (Fr. MAURIAC, *Asmodée*, V, 3).

— *Faute que* : voir § 1084, Rem.

— *Pour ce que* garde des positions dans la langue littéraire, et même, depuis peu, dans la langue écrite :

Sa modeste besogne de scribe, il l'a élue entre toutes, POUR CE QU'*elle retient, assise, à une table, sa seule et fallacieuse apparence d'homme* (COLETTE, *Sido*, p. 147). — *Le « charbon » : ce terme occupe une des plus vastes rubriques du dictionnaire*, POUR CE QU'*il est usité dans les vocabulaires de l'économie domestique, de l'industrie, de la géologie, de la pathologie* (M. THIRY, *Le poème et la langue*, p. 53). — *Il pâlissait d'une joue et, tout à la fois, rougissait de l'autre* POUR CE QU'*il avait vu le diable si à son avantage dans une culotte à festons* (AYMÉ, *Jument verte*, XVII). — *Cette hésitation peut se résoudre soit* POUR CE QU'*on admet que l'événement appartient à la réalité ; soit* POUR CE QU'*on décide qu'il est le fruit de l'imagination* (T. TODOROV, *Introd. à la littér. fantastique*, Points, p. 165). — *Il* [= Daumier] *affectionnait aussi le visage saisi de trois quarts-dos*, POUR CE QU'*il révèle sa ligne de force de la nuque au bout du nez* (M. TOURNIER, *Vues de dos*, non paginé).

Autres ex. : GIDE, *Journal*, 7 mai 1912 ; Ch. PLISNIER, *Faux passeports*, p. 172 ; GHELDE-RODE, *Théâtre*, Masques ostendais ; BR. PARAIN, *Recherches sur la nature et les fonctions du langage*, Id., p. 53 ; VERCORS, *Moi, Aristide Briand*, p. 60 ; A. GLUCKSMANN, dans le *Monde*, 11 nov. 1977 ; J. GENET, *Querelle de Brest*, p. 119 ; J. LACAN, *Écrits I*, pp. 423-424, note 58.

— *Soi-disant que* (langue familière) concerne une cause prétendue :

Un petit môme [...] *qui prétend m'envoyer rebondir du jour au lendemain*, SOI-DISANT QU'*il serait trop jeune pour avoir une femme* (AYMÉ, *Chemin des écoliers*, cit. Robert). — *Agnès s'est allongée :* SOI-DISANT QU'*elle voulait dormir* (CESBRON, *Une sentinelle attend l'aurore*, p. 116). — SOI-DISANT QU'*elle songerait à vendre sa bicoque ?* (R. MARTIN DU GARD, *Vieille France*, V.)

— °*Rapport (à ce) que* (pop.) : voir § 999, *a*.

— *Surtout que*, synonyme de *d'autant que, surtout parce que*, est une locution généralement condamnée par les grammairiens. Elle s'est implantée vigoureuse-ment dans l'usage littéraire, comme le montrent les ex. suivants (d'où nous avons exclu les dialogues) :

Cela nous amusait, SURTOUT QUE *c'était aux dépens des autres* (DORGELÈS, *Partir...*, p. 176). — SURTOUT QUE, *aujourd'hui, le prétendu progrès tend à supprimer les coutumes particulières* (MIOMANDRE, dans les *Nouv. litt.*, 14 août 1947). — SURTOUT QUE *je ne lis pas lesdits livres* (LÉAUTAUD, *Propos d'un jour*, p. 88). — SURTOUT QU'*il ne s'agit plus de l'inspira-tion* (COCTEAU, *Poésie critique*, p. 63). — SURTOUT QUE *si vraiment il Vous suffit* [...] *de ce pain, / Peut-être je Vous le donnerai* (CLAUDEL, *Écoute, ma fille*, p. 31). — *Je me sentais autorisé à me livrer sans contrainte au plaisir de l'exploration* [...], SURTOUT QUE *je me croyais tenu* [...] *à quelques accès de tristesse* (A. ARNOUX, *Calendrier de Flore*, p. 332). — *La coiffure de l'Infante consterna*, SURTOUT QU'*on sut bientôt qu'elle portait perruque d'apparat* (LA VARENDE, *Belles esclaves*, p. 66). — *Tous se sentirent menacés*, SURTOUT QUE, *pour deux cas au moins, les serviteurs kituyus avaient renseigné, aidé les assassins* (KESSEL, *Nouvelle saison,* p. 397). — *J'étais donc très excitée en arrivant au concert Armstrong,* SURTOUT QUE *les organisateurs avaient annoncé que ce serait une jam-session* (M. CARDINAL, *Mots pour le dire,* p. 52).

Remarques. — 1. Dans des phrases interrogatives ou exclamatives, *que* peut indiquer la cause, non du fait exprimé par le verbe principal, mais de la demande ou de l'exclamation que ce fait a suscitées de la part du sujet parlant :

Êtes-vous encore endormi, QUE *vous ne voyez pas l'éclat des bougies ?* (SAND, *Lélia,* XLVI.) — *Comme elle dort,* QU'*il faut l'appeler si longtemps !* (HUGO, *Lég.,* t. IV, p. 155.) — *Mais tu n'as pas faim,* QUE *tu ne finis pas tes huîtres ?* (BOURGET, *Lazarine,* p. 138.) — *Elle n'est donc pas belle, Raulin, votre luzerne,* QUE *vous voulez qu'on vous l'abîme ?* (A. FRANCE, *Crainquebille,* p. 162.)

2. *C'est que* peut s'employer pour une cause ; *ce n'est pas que, non que* servent à écarter une fausse cause. Il ne s'agit pas de propositions adverbiales. Cf. § 1070, *f.*

3. Sur les propositions averbales, voir § 1079, *b.* — *Parce que* tout court s'emploie parfois comme réponse à un *pourquoi ?* pour marquer qu'on refuse de donner ses raisons :

Père, pourquoi mangez-vous du vilain pain comme cela ? / — PARCE QUE, *ma fille* (HUGO, *Misér.,* IV, III, 4). — *Nous devrions nous tutoyer, comme autrefois : voulez-vous ? /* — *Non. /* — *Pourquoi ? /* — PARCE QUE (FLAUB., *Éd. sent.,* II, 5). — *Faire signe que est donc correct, mais rendre compte que, se rendre compte que sont des façons de parler barbares. Pourquoi ?* PARCE QUE (HERMANT, *Samedis de M. Lancelot,* p. 191).

4. La proposition de cause introduite par *comme* vient en tête de phrase :

COMME *ses raisons paraissaient bonnes, on s'y rendit* (AC.).

1084   Le **mode** dans la proposition de cause est l'indicatif.

Elle pleure, insensé, parce qu'elle A VÉCU ! */ Et parce qu'elle* VIT ! (BAUDEL., *Fl. du m.,* Masque.) — Voir aussi les ex. du § 1083.

Remarque. — La locution *faute que* (venue en usage dans le deuxième tiers du XXe s. et ignorée de la plupart des dictionnaires), est parfois considérée comme marquant une fausse cause. Elle est suivie du subjonctif :

S'ils la négligent, c'est en partie faute qu'on leur en AIT MONTRÉ *l'intérêt* (R.-L. WAGNER, *Ancien français,* p. 205). — *On se quittait sur des sommations, faute que nous* AYONS CÉDÉ (DE GAULLE, *Mém. de guerre,* t. I, p. 178). — *Faute que la Chine* AIT PU [...] *s'acclimater au monde par un processus progressif d'« acculturation », elle se trouve soudain plongée par la domination étrangère, dans un processus brutal de « déculturation »* (A. PEYREFITTE, *Quand la Chine s'éveillera...,* pp. 310-311). — Autres ex. : J. ROMAINS, cit. Le Bidois, § 1483 ; P. GUIRAUD, dans les *Cahiers de lexicologie,* 1970, 1, p. 71 ; J.-P. CHEVÈNEMENT, dans le *Monde,* 7 déc. 1984.

III. — *LA PROPOSITION ADVERBIALE DE MANIÈRE*

1085   **Les propositions répondant à la question comment ?** sont fort variées et nous croyons devoir traiter ensemble des conjonctions qui les introduisent et du mode employé.

a) De manière que, de façon que, de sorte que impliquent une conséquence, réalisée ou non. Si elle est réalisée, on met l'indicatif ; si elle ne l'est pas (ce qui revient à une idée de but), on met le subjonctif :

Il a partagé les gâteaux de manière que tout le monde EST *satisfait. Il a partagé les gâteaux de manière que tout le monde* SOIT *satisfait.*
    Il est parfois difficile de distinguer ces propositions de celles qui ressortissent plutôt au but ou à la conséquence. Cf. §§ 1088 et 1086.

De manière à ce que, de façon à ce que, locutions critiquées, mais courantes (elles sont dues à l'analogie avec *de manière à* + infinitif), sont toujours suivies du subjonctif et impliquent toujours le but :

Elle plaçait son éventail de façon À CE QU'*il pût le prendre* (STENDHAL, *Chartr.*, t. II, p. 365). — *Il s'arrangea de façon* À CE QUE *Josiane allât à la baraque Green-Box* (HUGO, *Homme qui rit,* II, v, 2). — *Soutenant Camille de façon* À CE QUE *les cahots ne pussent l'éveiller* (MUSSET, *Contes,* Pierre et Camille, V). — *Il ouvrit sa porte de façon* À CE QU'*une masse de clarté se projetât sur la muraille opposée du corridor* (Th. GAUTIER, *Capit. Fracasse,* XI). — *Ils s'arrangent de façon* À CE QU'*il n'en soit pas ainsi à la maison* (VALLÈS, *Réfractaires,* p. 171). — *L'auteur s'arrangeait de façon* À CE QUE *le premier mari reprît la femme* (R. ROLLAND, *Jean-Chr.,* t. V, p. 122). — *Il les fit payer de façon* À CE QU'*elles gagnassent deux fois plus qu'elles n'avaient gagné* (SAINT EXUPÉRY, *Citadelle,* p. 189). — *Guy* [...] *se dérangea un peu de façon* À CE QUE *la corbeille vînt le heurter* (ARAGON, *Cloches de Bâle,* I, 5). — *Sur mon lit je pliai ma capote de façon* À CE QUE *la doublure fût en dehors* (P. GUTH, dans le *Figaro litt.,* 10 avril 1954). — *Il se coucha* [...] *sans prendre même le soin d'arranger ses fers de manière* À CE QU'*ils lui fussent moins incommodes* (MÉRIMÉE, *Mosaïque,* Tamango). — *Le banc des Néhou* [...] *était* [...] *posé de manière* À CE QU'*on vît également sans se retourner et le prêtre qui officiait à l'autel et les fidèles priant dans la nef* (BARBEY D'AUR., *Prêtre marié,* VII). — *Un double portique, disposé de manière* À CE QU'*on trouvât de l'ombre à toute heure du jour* (A. FRANCE, *Sur la pierre blanche,* p. 104). — *Je dis* [...] *qu'il est économiquement injuste que l'on s'arrange de manière* À CE QUE *nos fourneaux soient industriellement annulés* (PÉGUY, *Esprit de système,* p. 153). — *Elle sait s'arranger de manière* À CE QU'*on lui manque* (GIDE, *Caves du Vat.,* p. 35). — Comp. § 1088, c.

b) Comme, ainsi que, de même que indiquent la comparaison ou la conformité et sont suivis de l'indicatif :

Il vous a traité comme il AURAIT TRAITÉ *son fils. Il vous a traité comme vous vous y* ATTENDIEZ.
    Selon que s'emploie encore parfois pour indiquer la conformité, notamment dans le style biblique : SELON QU'*il est écrit.*

Remarques. — 1. Après les conjonctions marquant la comparaison, la proposition est très souvent averbale (cf. § 1079, *b*). Le locuteur laisse tomber par économie tous les éléments déjà donnés dans le contexte[8]. Le verbe ainsi omis peut ne pas être de la même personne, du même nombre, au même temps, que le verbe exprimé auparavant. La proposition peut se réduire à un syntagme nominal, à un pronom personnel disjoint, à un adverbe, à un syntagme prépositionnel, à une proposition conjonctive adverbiale (incluse dans la conjonctive introduite par *comme*) :

> *Il est enthousiaste* COMME MOI, ... COMME SON FRÈRE. — *Elle le dorlotait* COMME JADIS, ... COMME DANS SON ENFANCE, ... COMME QUAND IL ÉTAIT ENFANT, ... COMME S'IL ÉTAIT ENCORE UN ENFANT.

D'autres propositions averbales ne résultent pas de l'ellipse décrite ci-dessus. On supprime *il* impersonnel et la copule.

> COMME *prévu* (par ex., DE GAULLE, *Mém. de guerre*, t. I, p. 40 ; YOURCENAR, *Souvenirs pieux*, p. 41), COMME *convenu* (par ex., PAGNOL, *Fanny*, II, 2 ; R. VAILLAND, *Bon pied bon œil*, II, 5), COMME *promis* (par ex., POIROT-DELPECH, dans le *Monde*, 1ᵉʳ févr. 1973) sont tout à fait courants.
> Plus rares : *Je te demanderai cent mille* COMME *entendu* (ARAGON, *Cloches de Bâle*, I, 11). — [...] *pour le saluer au passage* COMME *accoutumé* (AYMÉ, *Gustalin*, p. 174). — COMME *inévitable, les dîners chez la mère Agassen ont repris* (FARRÈRE, *Petites alliées*, X).
> On dit aussi *comme juste* (ce qui est signalé par Littré comme familier, avec un ex. de J.-J. Rousseau) : *L'accès de mon cabinet lui était,* COMME *juste, interdit aux heures de ma consultation* (HERMANT, *Daniel*, p. 144). — COMME *juste, l'homme but le premier* (AYMÉ, *Gustalin*, p. 114). — Autres ex. : FARRÈRE, *Onzième heure*, p. 61 ; É. HENRIOT, dans le *Monde*, 22 nov. 1950.

Mais on dit bien plus souvent encore **comme de juste**, vivement critiqué par les puristes. Cependant l'Acad. l'accepte (au mot *de*), et Littré, après avoir exclu cette locution du bon usage, est revenu sur son jugement dans le Supplément. Les ex. abondent :

> *Après deux heures de faction, il serait relevé,* COMME DE JUSTE (STENDHAL, *Chartr.*, IV). — *Ce soir, tu te reposes,* COMME DE JUSTE (J. RENARD, *Ragotte*, Petit gars de l'école). — *Quand le commissaire s'aventure sur la scène, il reçoit aussitôt,* COMME DE JUSTE, *un coup de bâton qui l'assomme* (BERGSON, *Rire*, p. 53). — COMME DE JUSTE, *la porte était fermée* (J. ROMAINS, *Copains*, p. 45). — *Ce Japonais était habillé,* COMME DE JUSTE, *à l'européenne* (HERMANT, *Grands bourgeois*, XII). — *Christophe se réservait,* COMME DE JUSTE, *la plus belle* (R. ROLLAND, *Jean-Chr.*, t. I, p. 172). — *La chose,* COMME DE JUSTE, *arriva aux oreilles de Théotiste* (CHÂTEAUBRIANT, *Brière*, p. 116). — COMME DE JUSTE, *on a gâché la vue en construisant un Casino en planches* (BOYLESVE, *Élise*, p. 2). — COMME DE JUSTE, *le comte Michel avait amené son ami* (P. BENOIT, *Axelle*, p. 91). — *Le marquis,* COMME DE JUSTE, *aurait été fêté* (MONTHERLANT, *Bestiaires*, I). — *Une grande part y est faite,* COMME DE JUSTE, *aux défiances humaines* (MAURRAS, *Mes idées politiques*, p. LXVIII). — Autres ex. : SAND, *Homme de neige*, t. III, p. 18 ; TAINE, *De l'intelligence*, t. I, p. 47 ; É. HENRIOT, *Livre de mon*

---

8. Cette réduction est si fréquente, si naturelle, qu'il est parfois difficile de restituer la proposition complète. Par exemple, dans *Elle le considérait* COMME UN ENFANT, on est fondé à analyser *un enfant* comme l'attribut du complément d'objet direct *le* (cf. § 295, *c*).

père, p. 60 ; COCTEAU, *Difficulté d'être*, p. 46 ; H. BOSCO, *Âne Culotte*, p. 67 ; G. SION, *Conversation française*, p. 146 ; etc.

Avec un nom (*comme de raison*), le *de* est plus facile à justifier : COMME DE RAISON, *don Juan tomba à ses genoux* (MÉRIMÉE, *Âmes du purgatoire*, Pl., p. 371). — [Comp. : ⁺*J'emporterai*, COMME DE JUSTICE, *les bijoux et près de soixante mille francs* (abbé PRÉVOST, *M. Lescaut*, éd. Allem, p. 49).]

°*Comme de bien entendu* résulte de la contamination de *comme de juste* et de la locution-phrase *bien entendu* ; l'expression est de la langue populaire ou très familière : *Je me suis immédiatement rendu à sa chambre, qu'il venait de quitter,* COMME DE BIEN ENTENDU, *pour se rendre Dieu sait où* (COURTELINE, *Gaietés de l'escadron*, VII, 1). — *Il n'y avait personne,* COMME DE BIEN ENTENDU (GIONO, *Hussard sur le toit*, p. 288). — COMME DE BIEN ENTENDU, *il en sait plus long que vous et moi* [dit une concierge] (BERNANOS, *Imposture*, p. 253). — COMME DE BIEN ENTENDU, *ses vacances, il les passe chez Yvette* [dit un tenancier de bar] (AYMÉ, *Chemin des écoliers*, p. 197). — *On reprend le vieux et cher moyen de locomotion : la voiture lancée à fond de train... qui verse* COMME DE BIEN ENTENDU (A. CASTELOT, *Louis XVII*, p. 276).

2. Une épithète ou une apposition détachées peuvent être suivies de *comme* et d'une proposition qui a surtout pour rôle d'identifier l'être ou l'objet auxquels se rapportent l'épithète ou l'apposition (comp. § 1059, *b*) :

Cela sert aussi à donner plus de consistance à l'épithète. *Malade* COMME *était la corvette, elle était peu résistante aux secousses* (HUGO, *Quatrevingt-tr.*, I, II, 7). — *Faible* COMME *elle est, j'ai peur de la voir tomber malade à chaque Carême* (BOURGET, *Drames de famille*, p. 19). — *Vaillante* COMME *elle était, cependant, elle ne tarda pas à se remettre complètement* (BLOY, *Femme pauvre*, p. 174). — *Fine* COMME *vous l'êtes, ce n'est pas possible que vous n'ayez pas vu d'abord ce qui naissait entre Gilles et moi* (Fr. MAURIAC, *Galigaï*, IV). — *Déréglé* COMME *il l'était, il succomberait sans retour à un vice dégradant* (G. DUHAMEL, *Cri des profondeurs*, p. 228).

Dans ce tour, on peut faire la reprise de l'attribut par le pronom neutre *le* (§ 648, *b*, Rem. 4) : *Faible comme il est*, ou *comme il* L'*est*...

N.B. — 1. Nous avons disjoint des propositions de comparaison les propositions (que nous avons appelées *corrélatives*) qui sont amenées par certains adverbes (*plus*...) ou certains autres mots : *Elle est moins jolie* QUE VOUS NE ME L'AVEZ DIT. Voir §§ 1075-1077.

2. On peut avoir dans la proposition de comparaison le subj. plus-que-parfait à valeur de conditionnel passé : *Ma mère me déshabilla [...] comme elle* EÛT FAIT *d'un très petit enfant* (G. DUHAMEL, *Biographie de mes fantômes*, p. 101).

3. Au lieu de reprendre dans la proposition de comparaison le verbe principal ou au lieu de l'omettre, on peut aussi le remplacer par *faire* : *Il répondit comme les autres avaient* FAIT (AC.). — Pour les précisions, voir § 745, *a*.

c) **À mesure que, au fur et à mesure que** indiquent une proportion et sont suivis de l'indicatif :

*Il reculait à mesure que j'*AVANÇAIS.

Locutions moins fréquentes : *Selon que, suivant que, à proportion que* : *Il sera payé* SELON QU'*il travaillera* (AC.). — *Je le récompenserai* SUIVANT QU'*il m'aura servi* (AC.). — À PROPORTION QUE *la science élargit son pouvoir, elle se tient moins assurée de son savoir* (J. ROSTAND, *Pensées d'un biologiste*, p. 139).

d) Sans que, qui est suivi du subjonctif, est difficile à classer. La proposition qui suit peut être considérée comme une adverbiale de manière, ou comme une adverbiale de conséquence (conséquence non réalisée) :

> *Les dents lui poussèrent sans qu'il* PLEURÂT *une seule fois* (FLAUB., *Tr. contes*, S. Julien, I).
> — Elle peut être précédée d'une négation : *On le relâcha bientôt* NON *sans qu'il ait protesté* (BAINVILLE, *Napol.*, p. 62).

Au lieu de *sans que,* la langue littéraire emploie *que ... ne* (plus le subjonctif) après un verbe construit négativement :

> *Il ne voit pas un brin d'herbe à terre,* QU'*il* NE *vous* DISE *comment cela s'appelle en latin* (MUSSET, *On ne badine pas avec l'am.*, I, 1).

Hist. — *Sans que* se construisait fréquemment au XVIIᵉ s. avec l'indicatif : *Sans que mon bon genie au devant m'*A POUSSÉ, / *Desjà tout mon bon-heur eust esté renversé* (MOL., *Ét.*, I, 9). — ⁺*Ils vous auraient écrit tous deux, sans qu'ils* SONT ACCABLÉS (SÉV., 25 mai 1689). — *Sans que,* ainsi construit, équivalait à *n'était que, n'eût été que, sans le fait que.*

IV. — *LA PROPOSITION ADVERBIALE DE CONSÉQUENCE*

1086   Les **mots de liaison** ne sont pas propres à la proposition de conséquence.

a) De façon que, de manière que, de sorte que, en sorte que (cf. § 1089, Rem.) sont des locutions qui impliquaient primitivement la manière et qui en sont arrivées à pouvoir exprimer la conséquence (la manière étant alors exprimée par un autre élément de la phrase) :

> *Il a mangé goulûment,* DE SORTE QU'IL A ÉTÉ MALADE.

b) Dans *Si bien que, tant et si bien que, de telle façon que, de telle manière que, de telle sorte que, au point que, à (un) tel point que,* un complément de manière contenant un mot corrélatif *(si, tant, tel, au point)* s'est réuni avec le *que* introduisant la proposition corrélative (cf. § 1075) :

> *Il a mangé goulûment,* SI BIEN QU'IL A ÉTÉ MALADE.

c) La conséquence est parfois introduite par *que* seul :

> *Les commandes pleuvaient à l'abbaye* QUE C'ÉTAIT UNE BÉNÉDICTION (A. DAUDET, *Lettres de m. m.*, p. 257).
> Cette proposition pourrait aussi être analysée comme une adverbiale de manière.
> Phrase insolite à la fois pour les mots de liaison et pour le mode (§ 1087) : *Et voilà pourquoi vous vivez dans une chambre dont un des murs a perdu tout son revêtement, sans qu'on le fasse remplacer. Et des trous* À CE QU'*on y mette le poing* (MONTHERLANT, *Maître de Santiago*, I, 1). — Tour normal : *... des trous à y mettre le poing.*

Hist. — Jusqu'au XVIᵉ s., la proposition de conséquence était souvent introduite par *si que* : *Montant dessus* [un cheval], *le feist courir encontre le soleil,* SI QUE *l'umbre tumboit par derrière* (RAB., *Garg.,* XIV). — *Il donna si grand coup d'espée à un sien ennemy* [...] *qu'il le fendit du haut de la teste jusques en bas,* SI QUE *le corps se partit en deux parts* (MONTAIGNE, II, 32). — Au XVIIᵉ s., *si que* était à peu près hors d'usage ; Malherbe le rejetait comme vieilli ; Vaugelas (p. 435) le déclarait « tout à fait barbare ». Il ne se trouvait plus guère que chez les burlesques et dans les *Contes* de La Fontaine : *Dont le mary puis après se vanta ; / Si* QUE *chacun glosoit sur ce mystere* (*Conte d'une chose arrivée à Château-Thierry*). — Quelques poètes, par la suite, ont eu recours à cet archaïsme : *Celle / Qu'épousa le comte Alexis /* [...] */ Sur le front ridé du burgrave / Grave /* [...] *des rameaux aussi ; / Si / Qu'au burg vous rentrez à la brune /* [...] */ Deux !* (HUGO, *Odes et ball.,* Ball., XI.) [Deux, c'est-à-dire le cerf et le chasseur, tous deux porteurs de cornes.] — *Nous étions tous deux sous les tremblantes roses / Qu'épanouissait le printemps, / Si* QUE *sans y penser nos amours sont écloses, / Comme elles, presque en même temps* (BANVILLE, *Cariatides,* Amours d'Élise, VI).

Remarques. — 1. Dans un ex. comme le suivant : *Elle* [= Votre Majesté] *est obligée de feindre la faiblesse* [...]. DE LÀ QUE, *partie à raison, partie à tort, le royaume passe pour faible* (MONTHERLANT, *Reine morte,* II, 1), on peut interpréter *de là que* de deux façons : comme une formulation réduite de *c'est de là que,* ou comme la transformation de la suite de la phrase en pseudo-proposition par l'introduction de *que* (§ 1067 et Rem.). — Voir aussi l'ex. de *d'où que* cité au § 1067, Rem.

2. *Ça fait que,* littéralement « Cela a pour résultat que », se fige dans la langue très familière ; le *ça* n'y représente plus rien de précis, l'indicatif présent s'emploie même à propos du passé, et la locution joue le rôle d'un adverbe comme *donc, ainsi donc, alors* :

Une pièce toute noire, on n'y voyait pas... ÇA FAIT QUE *je ne sais pas si elle pleurait ou si elle se taisait pour ne pas parler* (E. de GONC., *Journal,* cit. *Trésor,* t. VIII, p. 601). — *Elle fut surprise d'apprendre que j'arrivais de Bruxelles. / —* ÇA FAIT QUE *vous venez de Belgique ?* (G. THINÈS, *Vacances de Rocroy,* p. 22.)

3. La proposition introduite par *sans que* pourrait être analysée comme une conséquence non réalisée : cf. § 1085, *d.* — Le but (§ 1088) peut aussi être considéré comme une conséquence non réalisée.

1087   Le **mode** des propositions adverbiales de conséquence est l'indicatif :

Elle avait les bras chargés de divers paquets au point qu'elle ne PUT *relever sa robe dans cet escalier affreux* (Fr. MAURIAC, *Pharisienne,* p. 183). — Voir aussi les ex. du § 1086.

Subjonctif insolite : *Ce travail l'absorbait complètement, semblait-il, au point que ses lèvres en* PERDISSENT *toute expression et ses yeux toute lueur* (GIDE, *Porte étr.,* p. 161).

Remarque. — Les locutions (d'ailleurs assez rares) *à peine que, sous peine que* présentent une conséquence qui se réaliserait si le fait principal lui-même n'avait pas lieu. Elles sont suivies du subjonctif :

C' [= Homère] *est une lecture qu'on ne peut se contenter d'opérer à la pointe de l'œil, à* PEINE QU'*elle soit improductive et même fastidieuse* (G. DUHAMEL, *Refuges de la lecture,* p. 25). — SOUS PEINE QUE *la France perde l'indépendance, le système que les féodaux pratiquent* [...] *doit être balayé* (DE GAULLE, *Discours et messages,* 1ᵉʳ janv. 1949). — Comp. *de crainte que,* etc. (§ 1088, *a*) que l'on pourrait ranger ici.

V. — *LA PROPOSITION ADVERBIALE DE BUT*

1088   **Les mots de liaison.**

a) Locutions marquant exclusivement le but.

— *Afin que, pour que.*

— *À seule fin que* [cf. § 597, *a,* Hist.] implique un but unique ; on trouve aussi *à cette fin que.*

— *De crainte* (ou *peur*) *que, par crainte* (ou *peur*) *que* (qui pourraient être considérés comme non figés) équivalent à *afin que ... ne ... pas ;* de même **crainte que,** que Littré avait d'abord rejeté, puis qu'il a accueilli dans son Supplément [avec un ex. de Mᵐᵉ de Sévigné ; voir aussi Boss., *Œuvres orat.,* t. IV, p. 561]. *Crainte que* appartient plutôt à l'usage littéraire aujourd'hui :

> CRAINTE QU'*à la faveur de ce silence vous ne reprissiez votre esprit* (MONTHERLANT, *Célibataires,* p. 169). — *Ils ne l'employaient pas* [une fille] *dans la salle,* CRAINTE QU'*elle ne reçût la pièce de temps en temps* (THÉRIVE, *Fils du jour,* p. 124). — CRAINTE QUE *l'incendie ne causât du dommage aux habitations voisines, on en déménagea seulement le mobilier* (Y. GANDON, *Terres chaudes,* p. 107). — Cf. § 998, *e.*

> **Peur que** est plus rare : *Ça fait quinze jours que je dors jamais plus d'une heure,* PEUR QUE *mon feu s'éteigne !* (J.-P. CHABROL, *Embellie,* p. 329.)

Hist. — *Pour que* ne peut s'employer pour *afin que,* disait encore l'Acad. en 1718 ; elle ne l'admettait que dans les corrélatives amenées par *trop* ou *assez.*

b) Que s'emploie parfois après un impératif ou un équivalent de l'impératif :

> *Ôte-toi de là,* QUE *je m'y mette* (formule proverbiale.) — *Donne-moi ta main,* QUE *je la serre* (HUGO, *R. Blas,* I, 3). — *Tuez-moi,* QUE *je n'aie plus à oser !* (MONTHERLANT, *Reine morte,* I, 7.)

c) Locutions marquant aussi la manière (§ 1085, *a*), mais qui expriment parfois le but (la manière pouvant être alors exprimée dans la phrase par un autre élément) :

> *Il se décidait à se rendre sur le terrain, en avertissant les sergents,* DE FAÇON QU'ILS *arrivassent au moment même où le duel commencerait* (NERVAL, *Main enchantée,* IX). — *Je l'ai installé dans la chambre à côté de la mienne,* DE SORTE QUE *je puisse recevoir des visites sans le déranger* (GIDE, *Faux-monn.,* p. 396). — *Et là-haut, tout à la pointe extrême* EN SORTE QU'*il n'y ait plus au-dessus que la croix, qu'est-ce que je vois ?* (CLAUDEL, *L'œil écoute,* p. 158.)

C'est notamment le cas des locutions critiquées, mais courantes, **de façon à ce que, de manière à ce que** (comp. § 1085, *a*) :

> *On le* [= un cri de guerre] *forme en appuyant une main sur la bouche et frappant les lèvres,* DE MANIÈRE À CE QUE *le son échappé en tremblotant* [...] *se termine par une espèce de rugissement* (CHAT., *Voy. en Amér.,* Pl., p. 804). — *Un individu couché par terre, sur le ventre,* DE MANIÈRE À CE QU'*on ne l'aperçût point d'en bas* (Th. GAUTIER, *Partie carrée,* I). — *Vous ferez*

un bon feu, mais DE MANIÈRE À CE QUE *cette nuit la flamme ne flambe pas* (MUSSET, *Lorenz.,* IV, 5). — *Réponds-moi tout de suite,* DE MANIÈRE À CE QUE *j'aie une lettre dimanche matin* (FLAUB., *Lettres à sa nièce Caroline,* p. 63). — *Il n'élèvera ses bâtiments que les uns après les autres,* DE FAÇON À CE QUE *les services aient toujours quelque abri* (BARRÈS, dans *Paris illustré,* 27 juillet 1889, p. 537). — *Il l'*[= une porte] *ouvrait brusquement, violemment,* DE FAÇON À CE QU'*elle allât battre en dehors contre la muraille* (A. DAUDET, *Tart. de Tar.,* I, 5). — *Il croisa seulement son fusil,* DE FAÇON À CE QUE *la crosse lui protégeât le ventre* (DORGELÈS, *Croix de bois,* III). — *Remettez-vous vite,* DE FAÇON À CE QUE *nous ne nous irritions pas l'un l'autre* (MAUROIS, *Mondes imaginaires,* p. 239).

1089   Le **mode** des propositions adverbiales de but est le subjonctif :

Donnez ! [...] / *Pour que votre foyer* SOIT *calme et fraternel* (HUGO, *F. d'aut.,* XXXII). — *Elle partit seule, par crainte que la présence de Nicolas n'*EMPÊCHÂT *Marie de se lancer dans les confidences* (TROYAT, *Barynia,* p. 197). — Voir aussi les ex. du § 1088.

Remarque. — Selon Littré, *de sorte que* et *en sorte que* s'emploient indifférem-ment pour la manière (avec l'indicatif) ou pour le but (avec le subjonctif) :

Il fait de sorte ou *en sorte qu'il* ARRIVERA (LITTRÉ). — *Faites en sorte, faites de sorte que vous* ARRIVIEZ *avant moi* (ID.). — Il y a pourtant une certaine préférence dans l'usage pour réserver à *en sorte que* l'idée de but et le subjonctif : *C'est tout autre chose de faire marcher neuf personnages* [...] EN SORTE QUE *pas un de leurs mouvements concertés* SOIT [*sic*] *inutile à l'action* (CLAUDEL, dans le *Figaro litt.,* 25 nov. 1950). — Mais cela n'a rien de rigide : *Les événements font en sorte que l'Afrique du Nord* EST *le terrain où commencent à s'épanouir la force renaissante et l'espérance immortelle de la France* (DE GAULLE, *Discours et messages,* t. I, p. 353). — Inversement, voir un ex. de *de sorte que* + le subjonctif au § 1088, *c.*

VI. — *LA PROPOSITION ADVERBIALE DE CONCESSION*

1090   La **proposition de concession** indique qu'il n'y a pas eu la relation logique attendue entre le fait qu'elle exprime et celui qu'exprime le verbe principal. Elle énonce notamment une cause non efficace, contra-riée, qui n'a pas eu l'effet que l'on pouvait prévoir.

SI HABILES QUE VOUS SOYEZ, *vous n'y parviendrez pas.* — *On lui donna un pourboire,* BIEN QU'IL NE LE MÉRITÂT PAS.

Le nom de *concession* n'est pas très heureux : si l'on prend ce mot au sens ordinaire, il convient au premier ex. ci-dessus, où l'on accorde quelque chose à l'interlocuteur, mais non au second.

On parle souvent de *proposition d'opposition* ou de *proposition adversative,* mais ces désignations ne sont pas satisfaisantes non plus, parce qu'elles aboutissent à confondre des phrases comme celles qui ont été citées plus haut et des phrases dans lesquelles les faits sont mis en opposition sans qu'il y ait une cause contrariée :

BIEN LOIN QU'IL SE REPENTE [...], *il s'obstine dans sa rébellion* (AC.). — *Voilà encore un exemple de cet élan des pensées qui semble dépasser le but,* AU LIEU QU'IL L'ATTEINT À PEINE (ALAIN, *Hist. de mes pensées,* p. 104). — Voir § 1080, Rem. 4.

Nous écartons aussi les propositions causales, temporelles, conditionnelles qui, occasionnellement, à cause du contexte sémantique, énoncent une contradiction que l'on pouvait traduire par une proposition concessive : *On vous a fait croire que Mosaïde est âgé de cent trente ans,* QUAND *il n'en a pas beaucoup plus que soixante* (A. FRANCE, cit. Sandfeld, t. II, p. 377). — Etc.

La présence de *même* donne à des propositions temporelles ou conditionnelles une nuance de concession, mais ces propositions gardent le mode qu'elles ont en tant que temporelles ou conditionnelles. C'est le mot *même* qui est chargé d'exprimer la nuance concessive : *Si* MÊME / *Ils sont plus que cent, je brave encore Sylla* (HUGO, *Châtim.*, VII, 14).

Mots de liaison

1091 **Les conjonctions ou locutions conjonctives proprement dites** sont *quoique, bien que, encore que* et *malgré que.*

— **Quoique** appartient à tous les registres.

Comme les conjonctions sont souvent constituées d'une préposition, la langue populaire emploie *quoique* comme préposition dans °*quoique ça* : *Que tu es bête, mon pauvre petit ! dit la vivandière* [...], *et* QUOIQUE ÇA, *tu es bien gentil* (STENDHAL, *Chartr.*, IV). — Autres ex. : A. DAUDET, *Jack,* t. I, p. 38 ; MIRBEAU, *Journal d'une femme de chambre,* VI ; etc. — Sur la distinction de *quoique* et *quoi que,* voir § 1092, *c,* 2°, N.B.

— *Bien que* est plus fréquent dans l'écrit que dans l'oral.

Sur *bien que* au lieu de *quoi que,* voir § 1092, *c,* 2°, Rem. — Sur *bien qu'il en ait,* voir § 1092, *e.*

— *Encore que* appartient à la langue écrite. Souvent la proposition qu'il introduit suit le verbe principal et exprime une réserve faite après coup, comme le montre éventuellement la ponctuation :

Rien de ce qui pousse à la révolte n'est définitivement dangereux — ENCORE QUE *la révolte puisse fausser le caractère* (GIDE, *Faux-monn.,* I, 12). — *L'« amitié » entre l'U.R.S.S. et la Libye* [...] *ne devrait pas non plus faire illusion.* ENCORE QUE *leurs convergences d'intérêt soient des plus étendues* (dans le *Monde,* sélection hebdom., 23-29 avril 1981, p. 1).

— *Malgré que*[9] a été formé sur la préposition *malgré,* d'après le modèle de nombreuses locutions conjonctives correspondant à des prépositions (*avant que, après que, dès que, sans que,* etc.). *Malgré que* a peut-être appartenu d'abord à l'usage populaire (cf. Hist.). La locution n'a plus ce caractère, comme le montrent les ex. suivants (où l'on remarquera les subjonctifs imparfaits), qui font fi de la résistance des puristes :

MALGRÉ QUE *je fusse mal satisfait de mon arrestation, il y mit de la courtoisie* (VIGNY, *Cinq-Mars,* XXV). — MALGRÉ QU'*il n'entrât guère en ma chambre* [...], *j'entendais souvent, la nuit, un bruit furtif qui venait jusqu'à ma porte* (MAUPASS., *C.,* Confessions d'une femme). — MALGRÉ QU'*on fût au déclin de la saison* (A. DAUDET, *Tart. sur les Alpes,* p. 356). — MALGRÉ QU'*une partie de moi-même* [...] *résistât* (BARRÈS, *Homme libre,* p. 223). — MALGRÉ QUE *je ne*

---

9. Cet emploi est à distinguer de *malgré qu'il en ait* « malgré lui » (cf. § 1092, *e*).

le puisse imaginer (A. FRANCE, *Crime de S. Bonnard*, p. 98). — [...] *pour qui je ressentais une sympathie des plus vives*, MALGRÉ QU'*il eût vingt ans de plus que moi* (GIDE, *Si le grain ne meurt*, I, 3). — *Jamais Noé ne put si bien voir le monde que de l'arche*, MALGRÉ QU'*elle fût close et qu'il fît nuit sur la terre* (PROUST, *Les plaisirs et les jours*, p. 13). — MALGRÉ QU'*il ait obtenu tous les prix de sa classe* (Fr. MAURIAC, *Robe prétexte*, XV). — *Elle vit Jacques d'un mauvais œil*, MALGRÉ QUE *de son côté elle trompât Lazare avec un peintre* (COCTEAU, *Grand écart*, III). — MALGRÉ QUE *le soir tombe* (J. ROMAINS, *Vie unanime*, p. 241). — *La camion- nette* [...], MALGRÉ QU'*on eût chaîné les pneus* [...], *ne se risque plus guère à franchir les rampes glacées* (GRACQ, *Balcon en forêt*, p. 85).

Autres ex. : TOCQUEVILLE, *Souvenirs*, p. 289 ; BAUDEL., *Projets de théâtre*, Pl., p. 1257 ; HEREDIA, cit. Brunot, *Pensée*, p. 860 ; MALLARMÉ, *Médaillons et portraits*, Deuil ; H. de RÉGNIER, *Romaine Mirmault*, I, 1 ; R. de GOURMONT, *Chemin de velours*, p. 13 ; BOYLESVE, *Sainte-Marie-des-Fleurs*, p. 109 ; APOLLIN., *Chron. d'art*, 17 avril 1910 ; SEGALEN, *Immémo- riaux*, 10/18, p. 36 ; BOURGET, *Cosmopolis*, p. 6 ; P. de NOLHAC, *Louis XV et M^(me) de Pomp.*, p. 24 ; VALÉRY, lettre à Mallarmé, Pl., t. I, p. 1723 ; COLETTE, *Entrave*, p. 10 ; TOULET, *Mon amie Nane*, XII ; LOTI, cit. Deharveng ; M. PRÉVOST, *La nuit finira*, t. II, p. 176 ; ESTAUNIÉ, *Vie secrète*, p. 46 ; SAINT EXUPÉRY, *Pilote de guerre*, p. 93 ; HERRIOT, *Créer*, p. 53 ; R. MARTIN DU GARD, *Vieille France*, II ; J. et J. THARAUD, *Oiseau d'or*, p. 86 ; LA VARENDE, *Heureux les humbles*, 1947, p. 160 ; CARCOPINO, *Vie quotidienne à Rome à l'apogée de l'Empire*, p. 261 ; GENEVOIX, *Jeanne Robelin*, p. 34 ; etc.

Hist. — Mis dans la bouche d'un paysan : MAUGRÉ QU'OUS [= vous] *soyez bavard* (MARIV., *Île de la raison*, I, 17). — Mais la locution se trouve au XVIIe s. dans des docu- ments juridiques : *Malgré l'égalité des voix et* MALGRÉ *même* QU'*il y en ait de moins pour luy* (texte du parlement de Dijon, cité par L. Remacle, *Notaires de Malmedy, Spa et Verviers. Documents lexicaux*, p. 165).

— Locutions n'appartenant pas à l'usage régulier :

°*Quand même* « bien que » et °*quand même que* existent dans l'Est et en Suisse : QUAND MÊME *le syndic était content de moi et m'aurait volontiers gardé*, QUAND MÊME *aussi je n'avais aucune raison de partir, une fois de plus je fis mon paquet* (RAMUZ, *Vie de Samuel Belet*, I, 7). — *Justin prêtait à ces messieurs une figure immuable* [...] *et* QUAND MÊME QU'*il fût bien loin des bureaux* [...] *sentait toujours la présence de ces entités* (AYMÉ, *Aller retour*, p. 23). — En outre, °*tout de même que* en fr. pop. : ex. de GYP dans Sandfeld, t. II, p. 375.

Remarque. — *Que* est parfois signalé comme introduisant à lui seul une proposition concessive, mais en fait on a une sous-phrase coordonnée : cf. § 865, *b*.

Hist. — On a employé jusque dans le XVIIe, parfois le XVIIIe s., *combien que, encore bien que, jaçoit que* (seulement chez les notaires, pour Vaugelas, Préf., IX), *nonobstant que*. On les trouve parfois, par archaïsme, au XIXe ou au XXe s. : *On ne le croit pas*, COMBIEN QUE *ce qu'il dit soit vrai* (E. HOEPFFNER, *Troubadours*, p. 219). — *Si je t'ai fait venir*, ENCORE BIEN QUE *mon cœur en saignât* [...], *c'est que* [...] (J. VERNE, *Tribulations d'un Chinois en Chine*, XXII). — *Et chacun de ces êtres*, NONOBSTANT QU'*ils imitaient* [...] *la désinvolture des baigneurs de casino, était éperdûment* [*sic*] *occupé par l'obscur mystère de ses poumons* (BAR- BUSSE, *Nous autres*, cit. Sandfeld, t. II, p. 375). — *Le peuple les révérait*, JAÇOIT QU'*ils fussent souvent colères et injustes* (CLAUDEL, *Tête d'or*, 2e version, p. 345).

1092   Quand **les propositions concessives expriment un fait variable,** un terme appartenant à ces propositions est détaché en tête de la proposi- tion et rappelé par le pronom relatif *que* (cf. § 1059, *b*) ; celui-ci n'étant plus guère senti aujourd'hui comme un pronom relatif, il ne paraît pas illégitime de ranger ces propositions parmi les conjonctives.

a) L'élément détaché est un adjectif, un adverbe (parfois un nom) précédés d'un adverbe [10] ; — ou de la préposition *pour,* laquelle se combine parfois avec un adverbe.

1° *Si ... que ...* est le tour le plus fréquent en français contemporain :

Sɪ *mince qu'il puisse être, un cheveu fait de l'ombre* (Lɪᴛᴛʀᴇ́, s.v. *si²*, 10°). — Sɪ *mal que nous connaissions l'histoire des Tcheou, nous savons donc que dès −771 leur pouvoir s'affirma* (Éᴛɪᴇᴍʙʟᴇ, *Confucius,* I, 1).

2° Il est concurrencé par *aussi ... que ...,* qui n'est pas tout récent (Hasselrot cite Fontenelle [1710]), mais qui s'est fort répandu au XXᵉ s. On peut estimer qu'il a reçu la sanction du bon usage :

Aᴜssɪ *pur,* Aᴜssɪ *grand que soit ce que l'on fit, / Il y aura des gens pour y chercher profit !* (E. Rᴏsᴛᴀɴᴅ, *Princesse loint.,* III, 4.) — *On voit pourquoi,* Aᴜssɪ *antisentimental qu'il pût être* [...], Aᴜssɪ *hostile qu'il fût à toute mysticité, il était précieux de ne pas l'écarter de ce débat* (Bʀᴇᴍᴏɴᴅ, *Poésie pure,* pp. 64-65). — *Quel est l'homme,* Aᴜssɪ *médiocre qu'on le juge, qui ne se rendra maître de la géométrie, s'il va par ordre et s'il ne se rebute point ?* (Aʟᴀɪɴ, *Propos,* Pl., p. 203.) — *Une part de sa vie,* Aᴜssɪ *petite qu'on la suppose, n'importe !* — *venait de lui échapper pour toujours* (Bᴇʀɴᴀɴᴏs, *M. Ouine,* p. 121). — Aᴜssɪ *doucement qu'elle monte, les marches craquent sous son poids* (Fʀ. Mᴀᴜʀɪᴀᴄ, *Génitrix,* IV). — Aᴜssɪ *maître qu'il fût de lui-même* (Kᴇssᴇʟ, *Équipage,* p. 107). — *Le goût de l'esprit,* Aᴜssɪ *affaibli qu'il soit, relie à l'univers* (Mᴀʟʀᴀᴜx, *Voie royale,* p. 142). — *La possibilité permanente d'ajouter une unité à un nombre,* Aᴜssɪ *grand qu'il soit* (Sᴀʀᴛʀᴇ, *Baudelaire,* p. 42). — Aᴜssɪ *invraisemblable que cela me paraisse* (Mᴏɴᴛʜᴇʀʟᴀɴᴛ, *Jeunes filles,* p. 245). — Aᴜssɪ *absurde que cela me semblât* [...], *je sortis de ma poche une feuille de papier et un stylographe* (Sᴀɪɴᴛ Exᴜᴘᴇ́ʀʏ, *Petit prince,* II). — Aᴜssɪ *méticuleux que soit le règlement, il ne parvient pas à tout prévoir* (A. Cᴀᴍᴜs, *Homme révolté,* p. 63). — *Jamais, dit le poète, deux Immortels ne peuvent s'ignorer,* Aᴜssɪ *loin que l'un d'eux puisse habiter de l'autre* (G. Dᴜʜᴀᴍᴇʟ, *Refuges de la lecture,* p. 50).

Autres ex. : É. Hᴇɴʀɪᴏᴛ, dans le *Monde,* 8 juin 1949 ; J. et J. Tʜᴀʀᴀᴜᴅ, *Randonnée de Samba Diouf,* L.D., p. 101 ; Cᴜʀᴛɪs, *Saint au néon,* F°, p. 46 ; P.-H. Sɪᴍᴏɴ, *Raisins verts,* p. 200 ; Cl. Mᴀᴜʀɪᴀᴄ, *Malraux ou le mal du héros,* p. 39 ; J. Cᴇʟʟᴀʀᴅ, dans le *Monde,* 8 mai 1972 ; Cl. Bʟᴀɴᴄʜᴇ-Bᴇɴᴠᴇɴɪsᴛᴇ et A. Cʜᴇʀᴠᴇʟ, *Orthographe,* p. 105 ; M. Dʀᴏɪᴛ, dans le *Figaro litt.,* 22 févr. 1971 ; M. Fᴏᴜᴄᴀᴜʟᴛ, *Hist. de la sexualité,* t. I, p. 82 ; etc. — Voir aussi la Rem. ci-dessous.

Remarque. — *Aussi loin que* suivi du subjonctif ressortit au cas analysé ci-dessus. Suivi de l'indicatif, il concerne la proposition corrélative (§ 1076, *a*).

— *Tous nos sentiments sont commandés, aussi loin que nous* ᴘᴜɪssɪᴏɴs *poursuivre leurs racines, par les dispositions de notre organisme* (E.-M. de Vᴏɢᴜ̈ᴇ, *Roman russe,* p. 317). — *Aussi loin que nous* ʀᴇᴍᴏɴᴛɪᴏɴs *dans l'histoire de la Grèce, nous y trouvons des fables* (Bᴇ́ᴅɪᴇʀ, *Fabliaux,* 5ᵉ éd., p. 106). — *D'aussi loin que je me* sᴏᴜᴠɪᴇɴɴᴇ, *je l'ai toujours haï* (Gɪᴅᴇ, *Faux-monn.,* p. 76). — *Aussi loin que* ᴘᴏʀᴛᴀ̂ᴛ *sa vue, elle n'apercevait que la forêt* (J. Gʀᴇᴇɴ, *Minuit,* p. 171). — *Mon gibet, où votre pureté ne permettrait qu'à vous de m'accompagner sans risque, aussi loin que je me* sᴏɪs *avancé dans le Mal* (Jᴏᴜʜᴀɴᴅᴇᴀᴜ, *Élise archi-*

---

10. Cf. B. Hasselrot, *La construction* si grand qu'il soit *et ses concurrents dans le français contemporain. Quelques chiffres,* dans *Phonétique et linguistique romanes, Mélanges G. Straka,* 1970, t. II, pp. 39-47.

tecte, p. 171). — *Aussi loin que l'homme* PUISSE *voir on ne découvre ni ville, ni champ, ni hameau, ni maison* (Cl. SIMON, *Corps conducteurs*, p. 182). — *Aussi loin que je me* SOU-VIENNE, *j'étais fière d'être l'aînée* (S. de BEAUVOIR, *Mémoires d'une jeune fille rangée*, p. 9).

— *Tu mèneras ton aventure aussi loin qu'on* PEUT *aller* (FROMENTIN, *Domin.*, XIV). — *Mes pères, aussi loin que nous* POUVONS *remonter, étaient voués aux navigations lointaines* (RENAN, *Souv. d'enf. et de jeunesse*, II, 1). — *Aussi loin qu'*ALLAIENT *ses souvenirs* [...], *Pascal se rappelait-il un temps où il n'avait pas été ébranlé par la raison ?* (FR. MAURIAC, *Bl. Pascal*, p. 11.)

Il n'est pas toujours aisé de distinguer les deux séries.

3° *Quelque ... que ...* appartient à la langue écrite soignée :

QUELQUE *distrait que soit notre ami Paganel, on ne peut supposer que ses distractions aient été jusqu'à apprendre une langue pour une autre* (J. VERNE, *Enfants du cap. Grant*, I, 15). — *Il s'agit des brebis que Aignelet assommait pour les vendre,* QUELQUE *saines et fortes qu'elles fussent* (LITTRÉ, *Hist. de la langue fr.*, t. II, p. 38). — QUELQUE *sombres que fussent les perspectives évoquées par mon fils, il était impossible de nier l'existence des risques qu'il envisageait* (Al. DAVID-NÉEL, *Voyage d'une Parisienne à Lhassa*, p. 254). — *Il pensait être secouru,* QUELQUE *inégal qu'il dût se montrer à la tâche* (J. LACAN, *Écrits I*, p. 112). — *Quelque* est invariable dans cet emploi.

4° *Tout ... que ...* n'est pas toujours synonyme des précédents [11] : voir § 1094. Il peut s'employer avec un adjectif qui n'admet pas les degrés, ou avec un nom :

Vous l'avez tué, mais tout MORT *qu'il est, il* [= un arbre] *vous domine encore* (IKOR, cit. Hasselrot). — [...] *qui va te mettre à la porte, tout* MARI *que tu es* (GIRAUDOUX, *Amphitryon 38*, II, 2). — Sur les problèmes d'accord que pose *tout*, voir § 955.

5° *Pour ... que ...* équivaut à *si ... que ...*, mais il appartient à la langue écrite, sauf dans *pour peu que* :

Ce texte, POUR *intéressant qu'il soit, n'est donc pas probant non plus* (BRUNOT, *Hist.*, cit. Sandfeld, t. II, p. 388). — POUR *résolu que je fusse à faire en sorte que le gouvernement français en fût un, j'entendais procéder par étapes* (DE GAULLE, *Mém. de guerre*, t. II, p. 134). — *L'inspiration de l'Araucan avait eu un résultat qui,* POUR *dérisoire qu'il fût, comportait cependant un certain aspect positif* (M. TOURNIER, *Vendredi ou les limbes du Pacifique*, F°, p. 163).

Pour ... que ... peut avoir la valeur de *tout ... que ...* et s'employer avec un nom, ce qui a des répercussions sur le mode.

La préposition *pour* pouvait jadis se combiner avec *si* ou *quelque* (cf. Hist.). *Pour si ... que ...* a retrouvé aujourd'hui une assez grande faveur, bien que les grammairiens blâment son caractère redondant. *Pour aussi ... que ...* se rencontre plus rarement ; plus rarement encore, *pour quelque ... que ...* et *pour tout ... que ...*

---

11. À distinguer des phrases comme les suivantes, où il ne s'agit pas de concession, mais où *tout* marque seulement le degré : *Elle ne m'écoute pas,* TOUT *attentive qu'elle est au manège d'un homme qui passe à plusieurs reprises devant nous* (A. BRETON, *Nadja*, p. 101). — *Il apportait* [...] *un paquet* [...] *dont je ne pouvais guère imaginer la substance,* TOUT *enveloppée qu'elle était de papiers et de chiffons* (G. DUHAMEL, *Vue de la terre promise*, X). — Il est plus rare de trouver *si* dans une telle circonstance : SI *près que j'en suis encore, tous les détails de cette histoire ne me sont guère que de très petites choses* (LÉAUTAUD, *Petit ami*, VII).

Pour si ... que ... : POUR SI *haute que soit ma comparaison, je sais qu'elle n'est pas l'éloge de l'administration municipale* (NERVAL, *Lorely,* Du Rhin au Mein, I). — POUR SI *farceur qu'on soit, on n'escamote pas une ville, un port, des bassins de carénage* (A. DAUDET, *Port-Tar.*, I, 6). — POUR SI *minces qu'ils* [= des privilèges] *soient, je m'en reconnaîtrais indigne si j'hésitais à les mettre au service de ceux qui n'en jouissent pas avec moi* (BERNANOS, *Lettre aux Anglais,* p. 34). — *Il guettait le bruit,* POUR SI *léger qu'il soit, que ne manque pas de faire un homme qui veille* (GIONO, *Hussard sur le toit,* p. 86). — POUR SI *profitable que soit toujours, de façon ou d'autre, le récit d'une vie* [...] (VERCORS, *Radeau de la Méduse,* p. 129).

Autres ex.: A. BAILLY, *Dict. grec-fr.,* Préf., p. X; TOULET, *Mon amie Nane,* XI, 1; CLAUDEL, lettre citée dans P. Champion, *Marcel Schwob et son temps,* p. 269; J. RIVIÈRE, *Allemand,* p. 9; GIDE, lettre à Fr. Mauriac, dans la *Table ronde,* janv. 1953, p. 93; L. MADELIN, *Foch,* p. 32; G. BAUËR, dans le *Lar. mensuel,* nov. 1933, p. 562; JOUHANDEAU, *Chaminadour,* p. 57; GUÉHENNO, dans le *Figaro litt.,* 17 avril 1948; BILLY, *ib.,* 22 déc. 1966; A. FRANÇOIS-PONCET, *ib.,* 15 oct. 1960; P. LEBEL, *Noms de personnes,* p. 63; QUENEAU, *Bâtons, chiffres et lettres,* Id., p. 206; G. MOUNIN, *Clefs pour la langue fr.,* p. 145; etc.

Pour aussi ... que ... : POUR AUSSI *bête qu'il soit, un homme est amené à se poser bien des questions, au cours de sa vie* (CHAMSON, *Suite pathétique,* p. 29). — *Des images qui,* POUR AUSSI *belles qu'elles soient, sont moins émouvantes* (Cl. MAURIAC, dans le *Figaro litt.,* 17 janv. 1948). — POUR AUSSI *fort qu'il fût devenu, quelque chose manquait à mon amour conjugal* (P.-H. SIMON, *Raisins verts,* p. 53).

Pour quelque ... que ... : *Les revers effroyables que les armées essuyaient sur le front amenaient une désorganisation générale, dont le dépôt,* POUR QUELQUE *retiré qu'il fût, souffrait* (P. GASCAR, *Bêtes,* p. 25).

Pour tout ... que ... : POUR TOUT *incommensurable qu'elle soit à l'esprit, l'âme n'en est pas moins* [...] *la troisième dimension de l'esprit* (Ch. DU BOS, *Grandeur et misère de B. Constant,* p. 68). — POUR TOUTE *pécheresse qu'elle peut paraître, cette terre, on y prie* (Z. OLDENBOURG, *Pierre angulaire,* L.P., p. 457).

Autre formule redondante et rare: *Et la Patrie,* TOUT AUSSI *grande qu'elle soit, il* [=le peuple] *élargit son cœur, jusqu'à l'embrasser* (MICHELET, *Hist. de la Révol. fr.,* III, 11).

6° °*Tant ... que ...* est un archaïsme, parfois un régionalisme, comme est archaïque ou régional l'emploi de *tant* pour *si* (§ 957, Rem. 2):

Il ne pouvait souffrir que, sur un mot du père Caillaud, TANT *doucement et patiemment qu'il* [= son frère] *fût appelé, il courût vitement au-devant de son vouloir* (SAND, *Pet. Fadette,* VI). — TANT *poëte que je sois, je ne suis pas aussi dupe que vous voudriez le croire* (BAUDEL., *Petits poèmes en pr.,* XI). — *Nous sentons qu'il est doux de végéter encore,* / TANT *affaibli qu'on soit* (SULLY PRUDHOMME, *Stances et poèmes,* Fleurs). [Ex. moins caractéristique, *affaibli* étant un participe.] — *Respect de l'opinion d'autrui,* TANT *éloignée qu'elle soit de la nôtre* (J. ROSTAND, *Disc. de récept. à l'Ac. fr.*). — TANT *respectables que soient les intérêts des auteurs, des libraires et des éditeurs, il est un intérêt plus respectable encore, celui du lecteur* (L. TREICH, dans le *Soir* [Bruxelles], 15 oct. 1949). — Comp. l'ex. de Proust, cité dans le *b*).

Hist. — *Si ... que ...* serait déjà chez Froissart, selon Wartburg, t. XI, p. 572, mais le texte de Froissart que cite Littré n'a pas le sens concessif, n'y non plus l'ex. de Fénelon que donne Littré (*si peu que* y signifie « pour peu que, dans la mesure où »). *Si ... que ...* concessif, qui est attesté chez Calvin (Lerch, t. I, p. 187), ne devient usuel qu'au XVIII° s., où on le considérait cependant comme une faute : voir *Trévoux.* L'Acad. ne l'a accepté qu'en 1835.

Pour si ... que ... est, au contraire, assez courant au XVI° et au XVII° s. : +*Aussi ne pensai-je pas qu'aucune chose,* POUR SI *utile et* SI *excellente qu'elle fût, me pût jamais plaire* (MALHERBE, t. II, p. 279). — Autres ex.: voir Huguet, t. VI, p. 111; Haase, p. 98; etc. — Étant donné que *si ... que ...* était fort rare à cette époque, on ne doit pas considérer que *pour si ...*

que ... soit alors tautologique : *pour grand qu'il soit* = quoiqu'il soit grand, tandis que *pour si grand qu'il soit* = quoiqu'il soit si grand.

Au XVIᵉ et au XVIIᵉ s., on employait aussi *tant grand qu'il soit* comme on employait *tant* pour *si* en d'autres circonstances (§ 957, Rem. 2) : TANT *parfaicts hommes qu'ils soyent, ce sont tousjours bien lourdement des hommes* (MONTAIGNE, III, 4). — Ex. de Voiture et de Descartes dans Haase, p. 96.

Remarques. — 1. On rencontre parfois cette construction concessive sans adverbe (résurrection d'un ancien usage [cf. Hist.] ou trait régional ?) :

Imparfait QU'*il est et* QU'*il sera toujours, le Dictionnaire de Boiste restera une des vastes conceptions de l'esprit humain* (NODIER, Préf. de : Boiste, *Dict.*) — *Royalistes* QU'*ils soient, ils lui* [= à André Chénier] *préfèrent Marie-Joseph !* (ARAGON, *Semaine sainte*, p. 99.) — *Boiteux* QU'*il fût avec sa jambe raide, Louis n'était pas manchot pour ce qui est des filles* (*ib.*, p. 290). — *Rois, empereurs ou papes* QU'*ils soient, on ne peut les imaginer résistant à tant de commodités* (GIONO, dans le *Figaro litt.*, 21 oct. 1961). — Pour le mode, comp. *tout* ... *que* : § 1094.

Hist. — Cela était connu au XVIIᵉ s. : *Et, doux* QUE *soit le mal, je crains d'estre trompée* (MOL., *Sgan.*, XXII). — *Calculateur* QUE *fust l'Amant, / Broüiller* [= s'embrouiller] *faloit* (LA F., *C.*, Nicaise).

2. Sur *coûte que coûte, vaille que vaille,* voir § 1095, *a.*

3. À côté de *Si (aussi) grand qu'il soit,* on trouve fréquemment, sans *que* et avec inversion du pronom sujet, *Si grand soit-il.* Voir § 1095, *b.* — On trouve aussi parfois *Pour grand* au lieu de *Pour grand soit-il* : § 1095, *c.*

b) L'élément détaché est un nom précédé du déterminant *quelque* (le syntagme peut être prépositionnel), tour appartenant à la langue écrite :

QUELQUE *faiblesse qu'elle eût mise dans sa tentative de départ, elle ne l'en avait pas moins faite* (MUSSET, *Conf.*, IV, 6). — QUELQUE *contact que leur métier leur donne avec les affaires, ils ne valent que pour leur spécialité* (BARRÈS, dans l'*Écho de Paris*, 3 mai 1909). — *L'histoire, avec* QUELQUE *soin qu'on l'ait interrogée depuis trois siècles, ne nous a rien ou presque rien appris sur l'époque où le latin a supplanté en Gaule les langues indigènes* (BRUNOT, *Hist.*, t. I, p. 17). — [...] *une expérience* [...] *qui, quelle que fût sa teneur en authenticité spirituelle, et* QUELQUES *illusions qu'elle ait pu confirmer, a été* [pour Teilhard de Chardin] *la vie de sa vie* (J. MARITAIN, *Paysan de la Garonne*, p. 184). — *De* QUELQUE *côté qu'on se tournât alors, il semblait qu'on respirât de l'eau* (A. CAMUS, *Été*, p. 144).

Sur *quel* ... *que* ... au lieu de *quelque* ... *que* ..., voir Hist., 2.

Pour exprimer la quantité, Proust a recours à *tant de* ... *que* ... et J. Cellard à *autant de* ... *que* ... : [...] *sa carrière que M. de Charlus désirait,* TANT D'*argent qu'il dût lui donner, que Morel continuât* (PROUST, *Rech.*, t. II, pp. 1059-1060). — *Aussi entourée que l'on soit et* AUTANT DE *gens que l'on ait autour de soi...* (CELLARD, dans le *Monde*, 18 févr. 1974.)

Dans le même sens, Fr. Mauriac utilise *autant que* en laissant le nom dans la proposition, selon l'usage décrit dans le *d)* ci-dessous : AUTANT QUE *nous ayons de* JOURNAUX, *il n'en existe qu'un seul, celui de la Résistance* (MAURIAC, *Bâillon dénoué*, p. 90).

Remarque. — Dans les ex. suivants, la séquence introduite par *quelque* ... *que* ... n'est pas une proposition adverbiale, mais une proposition conjonctive essentielle :

À qui l'on peut s'adresser sans crainte quand on veut avoir QUELQUES *détails que ce soient sur la femme qu'elles accompagnent* (DUMAS fils, *Dame aux cam.*, II) [= quelques détails, quels qu'ils soient]. — [...] *la croyance* [...] *que la plus primitive des suppositions doit permettre d'expliquer* QUELQUES *phénomènes que l'on puisse observer* (L.-J. CALVET, trad. de : N. Chomsky, *Le langage et la pensée*, Petite Bibl. Payot, p. 45). — Comp. *qui que ce soit* et *quoi que ce soit* comme pronoms indéfinis.

Semblablement, avec *tous les* : *Ce qu'il accepte par contre de faire,* [...] *c'est d'intervenir en faveur des condamnés* DE TOUS LES BORDS QU'ILS SOIENT (H. JUIN, *Victor Hugo*, t. I, p. 722) [croisement entre *de tous les bords* et *de quelque bord qu'ils soient*].

Hist. — 1. Aussi longtemps qu'on a senti *que* comme un pronom relatif, on a pu employer aussi, selon les nécessités syntaxiques, *qui* (notamment quand le syntagme détaché est sujet), *quoi, dont, où* : *Travaillez à loisir, quelque ordre* QUI *vous presse* (BOIL., *Art p.*, I). — *Quelque indignation* DONT *leur cœur soit remply,* / *Ils goberont l'appast* (LA F., *F.*, VIII, 14). — *Quelque rang* OÙ *jadis soient montez mes Ayeux,* / *Leur gloire de si loin n'eblouit point mes yeux* (RAC., *Mithr.*, IV, 4).

Quand le syntagme est prépositionnel, tantôt il perd sa préposition, comme dans les ex. de La Fontaine et de Racine qui viennent d'être cités, — tantôt il la conserve : ⁺DANS *quelque prévention* OÙ *l'on puisse être* (LA BR., cité avec d'autres ex. par Haase, p. 73). — Comp. la construction avec *c'est* au § 447, 3°.

On écrira d'ordinaire aujourd'hui : *... quel que soit l'ordre qui vous presse, de quelque indignation que leur cœur soit rempli,* etc. Ces tours sont d'ailleurs anciens.

Cependant *quelque ... qui* ou *dont* sont encore parfois attestés en fr. contemporain : *Tout me disait que c'en était fait, et, quelque lien* QUI *pût nous unir, que je l'avais rompu pour toujours* (MUSSET, *Conf.*, V, 6). — *Quelques causes* QUI *aient suscité l'apparition de l'homme, elles sont, en tout cas, les mêmes* [...] (J. ROSTAND, *Pensées d'un biologiste*, p. 85). — *On pourrait ajouter, quelque sujet* DONT *il s'empare, que* [...] *ses conclusions vont en s'éloignant* (BRUNETIÈRE, cit. Sandfeld, t. II, § 234). — Damourette et Pichon (§ 1353) citent aussi un ex. oral avec *où* : *Dans quelque situation* OÙ *on se trouve.*

2. Dans les hauts temps, on employait *quel ... que,* en insérant le nom entre les deux mots : QUEL *part* QU'*il alt* [= aille] (*Rol.*, 2034). — *An* QUEL *leu* QU'*ele soit* (CHRÉT. DE TR., *Lancelot*, 1064). — *Quel* et *que* se trouvèrent ensuite rapprochés dans des phrases comme : QUEL QUE *soit le lieu où l'on aille,* ce qui amena, dès le XII⁰ s., la soudure des deux éléments et la répétition du relatif *que* de la locution primitive. L'expression *quelque ... que* prit peu à peu le pas sur *quel ... que,* et l'emploi en devint général vers la Renaissance.

Cependant la forme ancienne se trouve encore au XVII⁰ s., quoique Vaugelas la blâme comme un provincialisme de « de là Loire » (p. 136) : *En* QUEL *lieu* QUE *ce soit, je veux suivre tes pas* (MOL., *Fâch.*, III, 4). — Autres ex. dans Haase, p. 93. — On la trouve même au XX⁰ s. : *Le salut, de* QUEL *nom* QU'*on le nomme* (A. SUARÈS, dans Suarès et Claudel, *Corresp.*, p. 161). — *Ô conscience !* [...] QUEL *monstre* QUE *tu fasses, tu ne veux pas l'avoir vu en vain* (VALÉRY, *Mélange*, Pl., p. 352). — *Toute sa vie Jules Renard refusera la contrainte. De* QUELLE *nature* QU'*elle soit* (R. KEMP, dans les *Nouv. litt.*, 1⁰ʳ juillet 1954). — Comme ces auteurs ont une langue assez recherchée, on est fondé à parler d'archaïsme. Il y a toutefois un ex. oral chez Damourette et Pichon, qui, comme les Le Bidois, gardent leur estime à ce tour.

c) Les interrogatifs (qui ne sont plus sentis comme tels) *quel, quoi, qui, où,* plus rarement *comment* (régionalement, *comme*).

1° *Quel que, quel* ayant la fonction d'attribut (voir cependant *b*, Hist.) :

Il y a la beauté et il y a les humiliés. QUELLES *que soient les difficultés de l'entreprise, je voudrais n'être jamais infidèle ni à l'une, ni aux autres* (A. CAMUS, *Été*, p. 160). — Sans *que* (*quelle soit-elle*), voir § 1095, *b.*

D'ordinaire, rien ne s'intercale entre *quel* et *que*. Voici pourtant un ex. où un mot s'intercale : QUELLES *d'ailleurs que fussent mes justifications* (HERMANT, *Chroniques de Lancelot*, t. II, p. 368) ; — et un autre où *quel* est coordonné à un adjectif précédé de *si* (*a*, 1°) : QUELLES *et si nombreuses que soient les idées éphémères qui les voilent*, [...] *l'issue ne saurait faire de doute* (H. THOMAS, trad. de : Jünger, *Mur du temps*, Id., p. 114).

2° ***Quoi que*** (voir Hist.) est très fréquent, *quoi* étant objet direct, sujet réel, attribut :

QUOI *qu'il décidât, il céderait à une humeur et non à une évidence* (S. de BEAUVOIR, *Mandarins*, p. 131). — *On a toujours eu une enfance*, QUOI *que l'on soit devenue* [dit Marguerite] (DUMAS fils, *Dame aux cam.*, XIII).

Si *quoi* est précédé d'une préposition, l'emploi n'appartient plus à la langue courante : *De* QUOI *qu'elle parle, dans une description il manque toujours la volonté* (Br. PARAIN, dans la *Nouv. revue fr.*, 1er févr. 1969, p. 180).

Quoi que ce soit sert de pronom indéfini : cf. § 708, *c*.

N.B. — Ne pas confondre *quoi que* avec *quoique* « bien que » (§ 1091), comme on en faisait jadis (cf. Hist.) :

QUOI QUE *tu fasses, il ne sera jamais satisfait.* — QUOIQUE *tu fasses ton possible, il ne sera jamais satisfait.*

Hist. — La distinction entre *quoi que* et la conjonction *quoique* (qui en est d'ailleurs issue) ne s'est établie que dans le cours du XVIIIe s. Au XVIIe, la confusion est quasi constante : QUOY QUE *le sujet de cette Tragédie ne soit encore dans aucune Histoire imprimée, il est pourtant très véritable* (RAC., *Baj.*, Préf. de 1672). — QUOYQUE *vous écriviez, évitez la bassesse* (BOIL., *Art p.*, I).

Quoi que était précédé d'une préposition plus souvent qu'aujourd'hui : *Je tiens qu'il est mal*, SURQUOY *que l'on se fonde, / De fuir obstinément ce que suit tout le monde* (MOL., *Éc. des maris*, I, 1).

Quoi que pouvait aussi avoir un complément à l'intérieur de la proposition : +*Et, quoi que mon amour ait sur moi de pouvoir, / Je ne consulte pas pour suivre mon devoir* (CORN., *Cid*, III, 3). Littré, qui cite cet ex. (s.v. *quoi*, 10°), prend sa défense. Le tour est pourtant désuet, et l'on préfère aujourd'hui la construction avec *quelque : Quelque pouvoir que* ...

Quoi que s'est dit pour des personnes (comp. § 691, *b*, Rem.) : +*On vous obéira*, QUOI *qu'il vous plaise élire* (CORN., *D. Sanche*, I, 2).

On a eu autrefois *quoi qui* « quelque chose qui » : QUOY QUI *s'offre à vos yeux, n'en ayez point d'effroy* (CORN., *Ill.*, II, 1). — QUOY QUI *vous afflige, soyez toûjours constant* (L. CHIFLET, *Gramm.*, 6e éd., 1700, p. 63). — Littré regrette que la construction soit tombée en désuétude. Elle est donnée comme normale par le *Dict. gén.*, mais avec un ex. qui paraît forgé sur le modèle de la phrase de Chiflet : QUOI QUI *vous afflige, ne vous laissez pas abattre.*

Remarque. — La confusion fâcheuse de *bien que* et de *quoi que*, due à l'homonymie avec *quoique*, est moins rare qu'on ne le croirait :

BIEN QU'*en aient dit certains hommes qui n'avaient pas songé à ce qu'ils disaient*, [...] *la langue française n'est pas « fixée » et ne se fixera point* (HUGO, *Cromw.*, Préf.). — *L'âme humaine n'est point partout la même*, BIEN QU'*en dise M. Levallois* (FLAUB., *Corresp.*, t. III, p. 249). — *Aucune femme*, BIEN QU'*elles prétendent, n'étant indifférente à la beauté physique et à la gloire* (MAUPASS., *Fort comme la mort*, I, 1). — BIEN QU'*il en crût, il n'avait pas encore le ton parisien* (BARRÈS, *Dérac.*, p. 60).

On trouve aussi °*malgré que* pour *bien que* : *J'ai la tête froide,* MALGRÉ QU'*on en dise* (SAND, *Maîtres sonneurs,* IX). — Pour la confusion inverse, voir *e*) ci-dessous.

3° *Qui que* est fréquent dans la langue écrite, *qui* ayant la fonction d'un attribut :

QUI *que tu sois, contemple* (HUGO, *Lég.,* t. I, p. 338). — *À* QUI *que ce soit que nous parlions, nous devons être polis* (LITTRÉ).

Assez rarement aujourd'hui (cf. Hist.) avec un verbe de la 3ᵉ personne (sauf quand on a *ce*) : QUI *que soit l'auteur de ce rouleau, je le félicite pour son humour* (PILHES, *Imprécateur,* p. 122). — On dira plutôt : QUEL *que soit l'auteur.*

Qui que ce soit sert de pronom indéfini : cf. § 708, *c.*

Qui ne s'emploie plus guère comme complément : QUI *que je rencontre, je lui parle* (dans LE BIDOIS, § 598). — On dira : QUI QUE CE SOIT *que je rencontre...*

Hist. — *Qui que* s'employait avec un verbe à la 3ᵉ personne : ⁺*Et, le combat fini, m'amenez le vainqueur.* / QUI *qu'il soit, même prix est acquis à sa peine* (CORN., *Cid,* IV, 5). [Les 1ʳᵉˢ éd. portent : QUEL *qu'il soit.*] — *Qui* pouvait avoir la fonction d'un sujet ou d'un objet direct : ⁺QUI *que m'en prie* (MALHERBE, cit. Brunot, *Hist.,* t. III, p. 520). — ⁺*Il faudrait donc chercher* [...] *s'il n'y a point hors d'eux un principe qui les fait mouvoir ;* QUI *que vous trouviez, je l'appelle Dieu* (LA BR., cit. Haase, p. 97). [Haase dit qu'il s'agit de choses, mais La Bruyère pense à un être personnel.] — *Qui* pouvait être introduit par une préposition : ⁺*Ma mort le préviendra,* DE QUI *que je l'obtienne* (CORN., *Hor.,* cit. Brunot).

4° *Où que* est assez fréquent dans la langue écrite :

OÙ *que les noms et les faits m'aient promené, le dernier horizon du tableau est toujours menaçant et triste* (CHAT., *Mém.,* III, II, VI, 17). — OÙ *que m'engage la vie, je sais que je ne trahirai pas* (GUÉHENNO, dans le *Littéraire,* 19 oct. 1946). — *On risque son esprit à se tromper de chemin. Car* OÙ *qu'on arrive, c'est pour déboucher sur l'entièreté* (H. MICHAUX, *Grandes épreuves de l'esprit,* p. 190). — *Le spécialiste peut lui-même,* OÙ *qu'il se trouve, consigner d'un trait de crayon* [...] *les données* [...] *à retenir* (B. QUEMADA, dans les *Cahiers de lexicologie,* 1959, I, p. 11).

5° *Comment que* est rare :

Toutes ces gardes, COMMENT *qu'elles soient établies, ne sont point difficiles à passer* (P.-L. COURIER, dans Littré). — COMMENT *qu'on joue, quoi qu'on joue, c'est toujours le salut qui perd* (PÉGUY, *Myst. de la charité de J. d'Arc,* p. 29). — *Ce procès étymologique est pendant ; mais* COMMENT *qu'on le résolve, il reste une synchroniquement, à notre époque, mon est compris comme un possessif par tous les locuteurs* (DAMOURETTE et PICHON, t. VI, p. 557).

°*Comme que* s'emploie en Suisse dans le même sens : COMME *qu'il en aille je serai prêt* (RAMUZ, *Lettres 1900-1918,* p. 58). — COMME *qu'on retourne le problème, seul le oui permet de sauvegarder l'unité* (dans le *Jura libre,* 12 juin 1974, p. 12). — On dit aussi en Suisse °*comme que comme* « quoi qu'il en soit ».

Hist. — 1. *Comment que* a été en usage jusqu'au début du XVIIᵉ s. : *En tous affaires, quand ils sont passés,* COMMENT *que ce soit, j'ay peu de regret* (MONTAIGNE, III, 2). — *Comme que* était moins courant. Littré (s.v. *comme,* 4°) cite toutefois encore Saint-Simon et J.-J. Rousseau (qui le doit sans doute à la Suisse).

2. Le pronom *lequel,* seul ou avec un complément, s'est aussi employé dans des formules concessives, surtout comme complément (avec *que*), parfois comme sujet (avec *qui*). Haase (p. 95) cite notamment : ⁺*De ces deux partis* LEQUEL QUE *je préfère,* / *Sa gloire est un affront pour l'autre, et pour son frère* (CORN., *Att.*). — ⁺*C'était une nécessité que le roi eût des enfants*

ou qu'il n'en eût pas. LEQUEL *des deux* QUI *pût arriver, l'astrologie triomphait* (FÉN., *Dial. des morts*). — Cet ex. oral de Damourette et Pichon (§ 1351) montre que la construction reste possible : *Je n'aime pas les gens qui font des théories,* LESQUELLES QUE *ce soit.*

3. On a employé autrefois *tel que* avec la valeur de *quel que : +Faites donc, Seigneur, que,* TEL QUE *je sois, je me conforme à votre volonté* (PASC., *Prière pour demander à Dieu le bon usage des maladies,* XV). — +*On ne met pas la main sur un* [livre], TEL QU'il soit, *qu'on n'ait envie de le lire tout entier* (SÉV., 5 juin 1680). — Ce tour, condamné par Vaugelas (p. 413), est cependant resté courant jusque vers la fin du XVIIIᵉ s. : *Comprenez-vous mieux comment une substance,* TELLE QU'elle soit, *a des idées ?* (VOLT., *Lettres phil.,* XIII.) — +*Et ainsi des autres rapports,* TELS QU'ils puissent être (DIDEROT, *Traité du beau,* Pl., p. 1131).

Brunot (*Pensée,* p. 139) considère que *tel qu'il soit* (dont Littré a pris aussi la défense) « se dit toujours ». Voir un ex. oral dans Damourette et Pichon, § 2789. Les attestations écrites sont rares et font l'effet d'archaïsmes : *Mon fils,* TEL QU'il paraisse, TEL QUE *vous le jugiez dans la suite, n'en sera pas moins un bon fils* (BESCHERELLE, s.v. *quel*). — TELS QUE *pussent être leurs sentiments à mon égard* [...] (HERMANT, *Platon,* p. 122).

Notons cet ex. curieux (XIVᵉ s.), qui réunit *tel* et *quel* : *Le saphir,* TEL QUEL QU'il soit, *a vertu de reconcilier discorde et faire paix entre anemis* (JEAN D'OUTREMEUSE, *Trésorier de philosophie naturelle des pierres précieuses,* f° 133 r°).

Tel s'est aussi employé jusque dans le XIXᵉ s. avec les valeurs de *quelque* (cf. *b*) comme déterminant : +*Brute même, à* TEL *point qu'on le prise, / Voulut plus d'une fois rompre son entreprise* (CORN., *Cinna,* III, 2). — *Je ne m'occupai qu'à sauver à* TEL *prix que ce fût cette malheureuse victime* (SADE, *Infortunes de la vertu,* p. 104). — *Il n'y a pourtant aucun être, de* TEL *sexe qu'il soit, qui* [...] (MUSSET, *Conf.,* V, 5). — Voir aussi Nyrop, t. V, § 420, 2° (Al. DUMAS) ; Damourette-Pichon, § 2789 (Th. GAUTIER, BARBEY D'AUR.).

Tel comme adverbe (comp. *a*) est blâmé par Littré. Il apparaît rarement dans la littérature : *La vertu* TELLE *belle qu'elle soit, quand malheureusement elle devient trop faible pour lutter contre le vice, devient le plus mauvais parti qu'on puisse prendre* (SADE, *op. cit.,* p. 49). — Comme reflet de l'usage populaire : *Je n'y mettrai pas les pieds, dans un logement,* TEL *arrêté qu'il soit, sans mes animaux* (H. MONNIER, *Scènes popul.,* cit. Haase, p. 94).

d) °*Autant que,* que nous n'avons relevé que chez des auteurs originaires du Sud-Ouest (il est fréquent chez Fr. Mauriac), exprime l'idée d'un haut degré en même temps que celle de concession :

C'est généralement par un côté sensuel, AUTANT *qu'il soit dépouillé, qu'un Paul Claudel ou moi-même catéchisons* (JAMMES, dans le *Mercure de Fr.,* mars 1947, p. 397). — AUTANT *qu'il ait plu, le sable d'Argelouse ne retient aucune flaque* (Fr. MAURIAC, *Thér. Desqueyroux,* p. 219). — AUTANT *qu'il ait bu, il sait à peu près se tenir* (ID., *Mal aimés,* I, 1). — AUTANT *qu'il se force à la cacher, sa jalousie transperce* (P.-H. SIMON, *Raisins verts,* p. 205).

Claude Simon, qui est originaire de la région pyrénéenne, donne à *pour tant que* la même valeur (comp. l'emploi de *pour* ci-dessus, *a*) : POUR TANT *que Batti fît attention, les uns et les autres savaient aussi compter les œufs, les tranches de lard et les miches de pain* (*Géorgiques,* p. 432) [= si attentif que fût Batti].

e) Dans l'expression littéraire *malgré que j'en aie* « malgré moi » (comp. aussi *bon gré, mal gré*), qui varie en personne et en temps, l'élément détaché est un nom, mais les usagers n'analysent plus cette locution.

La mesure à trois temps a quelque chose d'ensorcelant qui emporte, MALGRÉ QU'ON EN AIT (J. GREEN, *Bouteille à la mer,* p. 164). — MALGRÉ QU'EN AIT LA FAMEUSE CITATION DE

BUFFON, *le style n'est pas seulement l'homme* (R. ESCARPIT, *Sociologie de la littér.*, p. 105). — MALGRÉ QU'ON EN AIT, *on n'échappera pas à la nécessité de définir normativement un projet de société* (J.-M. DOMENACH, dans *Esprit*, nov. 1974, p. 624). — *Mathias*, MALGRÉ QU'IL EN EÛT, *appuya sur la droite* (ROBBE-GRILLET, *Voyeur*, p. 52). — [...] *les trois eunuques* [...] *que je ne pouvais guère*, MALGRÉ QUE J'EN EUS [*sic*], *conserver à mon service intime* (M. TOURNIER, *Gaspard, Melchior et Balthazar*, p. 138).

La variante *en dépit que j'en aie*, qui est ancienne (voir Hist.), est aujourd'hui rare et assez recherchée :

EN DÉPIT QU'IL EN EÛT, *il lui savait gré d'être l'ornement, la grâce du séminaire* (A. FRANCE, *Orme du mail*, p. 17). — *Mais l'idée de progrès* [...] *nous empêche*, EN DÉPIT QUE NOUS EN AYONS, *de désespérer* (HERMANT, *Platon*, p. 256). — *Christophe, profondément Allemand*, EN DÉPIT QU'IL EN EÛT, *était touché par ces manifestations pas très raffinées d'une affection véritable* (R. ROLLAND, *Jean-Chr.*, t. IV, p. 197). — *Sa verve distrayait*, EN DÉPIT QU'ON EN EÛT (Fr. AMBRIÈRE, *Grandes vacances*, p. 360).

La variante *quoi que j'en aie* est plus récente et elle a été traitée de « barbarisme » par des juges qu'on ne peut taxer de purisme (Brunot et Bruneau, 4ᵉ éd., § 597, 3°). Elle résulte de la contamination de *malgré que j'en aïe* et de tours comme *quoi que j'en dise*. Elle ne paraît pas si illogique. Elle est adoptée, en tout cas, par beaucoup d'écrivains :

Il faut bien les respecter et les appuyer, QUOI QU'ON EN AIT (BARRÈS, *Dérac.*, p. 230). — *Il a*, QUOI QU'ELLE EN EÛT, *échappé à la musique* (COLETTE, *Sido*, p. 146). — *Une réserve qui*, QUOI QU'IL EN EÛT, *ne laissait pas de lui en imposer* (É. HENRIOT, *Aricie Brun*, I, 3). — *Revenant toujours*, QUOI QU'IL EN EÛT, *à la rue des Serpents* (MONTHERLANT, *Bestiaires*, III).

Autres ex. : SAINTE-BEUVE, VEUILLOT, J. LEMAITRE, FAGUET, A. DAUDET, cit. Deharveng, pp. 228-229 ; Th. GAUTIER, *Cap. Fracasse*, XVIII ; BARBEY D'AUR., *Ensorcelée*, XIV ; APOLLIN., *Chron. d'art*, 30 sept. 1910 ; E. JALOUX, *Branche morte*, p. 11 ; M. BEDEL, *M. le prof. Jubier*, p. 31 ; LA VARENDE, *Troisième jour*, p. 238 ; GENEVOIX, *Fatou Cissé*, p. 35 ; DANIEL-ROPS, *Église des temps classiques*, t. I, p. 48 ; Raym. ARON, *Opium des intellectuels*, p. 103 ; A. CAMUS, *Essais*, p. 1402 ; GRACQ, *Balcon en forêt*, p. 64 ; M. ROBERT, *Vérité littéraire*, p. 80 ; etc.

La locution n'étant plus analysée, on trouve assez souvent la graphie °*quoiqu'il en ait* (cf. c, 2°, N.B.) ; il s'agit sans doute d'inadvertances : GIDE, *Faux-monn.*, p. 184 ; COCTEAU, *Difficulté d'être*, p. 159 ; etc.

Variante exceptionnelle : *Ne serai-je pas conduit*, QUOI QUE J'EN VEUILLE OU N'EN VEUILLE PAS, *à me justifier* [...] ? (Fr. CHÂTELET, *Chronique des idées perdues*, p. 21.)

Une autre altération, difficile à justifier et d'ailleurs peu répandue, est °*bien que j'en aie* : *Il riait aussi, intimidé* BIEN QU'IL EN EÛT *par l'astuce de la gamine* (GENEVOIX, *Raboliot*, p. 182). — Autres ex. : VERL., BOURGET, BRUNOT *(sic !)*, cit. Sandfeld, t. II, pp. 393-394.

Hist. — *En dépit que j'en aie* (XVIᵉ s.) s'explique par la synonymie de *en dépit de* avec *malgré* préposition. Mais on trouve au XIVᵉ s. l'expression plus logique *dépit que j'en aie* : *Malgreit* et DESPIT *que vos en aiiés* (JEAN D'OUTREMEUSE, éd. B. et B., t. VI, p. 157). — Quoique de conformation irrégulière, *en dépit que j'en aie* « a été consacré par les meilleurs auteurs du XVIIᵉ siècle » (Littré).

Le mode dans la proposition concessive

1093   *Tout* ... *que* ... mis à part (cf. § 1094), **le subjonctif est le mode habituel des propositions concessives,** même s'il s'agit d'un fait réel. C'est le seul mode indiqué dans ses ex. par le dictionnaire de l'Acad.

Il était généreux, quoiqu'il FÛT *économe* (HUGO, *Lég.*, t. I, p. 66). — *Non, si puissant qu'on* SOIT, *non, qu'on rie ou qu'on pleure, / Nul ne te fait parler* (ID., *Ch. du crép.*, V, 2). — *Pour grand qu'il vous* PARÛT, *vous le sentiez ami* (MUSSET, *Poés. nouv.*, Lettre à Lamart.). — *Malgré que Gertrude lui* AIT DÉCLARÉ [...] (GIDE, *Symphonie past.*, p. 109). — *Si bon méthodiste qu'il* FÛT, *il savait ce qu'il faisait* (M. BOEGNER, *Exigence œcuménique*, p. 25). — *Quoi que vous* AYEZ *à me dire, je ne m'en offenserai pas* (J. ROMAINS, *Lucienne*, p. 165). — *Quel que* SOIT *son raffinement, le style a toujours quelque chose de brut* (BARTHES, *Degré zéro de l'écriture*, I, 1). — *C'est un galant, bien qu'il n'en* AIT *pas l'air* (IONESCO, *Rhinocéros*, p. 50).

Quand il s'agit d'un fait réel, certains estiment que le subjonctif n'a pas sa valeur ordinaire (cf. § 864) ; Brunot (*Pensée*, p. 866) parle de « servitude grammaticale ». H. Bonnard justifie le subjonctif en disant qu'il « semble exprimer ici l'attitude d'esprit qui rejette (fictivement) du réel un phénomène que l'effet dément » (dans le *Grand Lar. langue*, p. 854).

Si le subjonctif est le mode régulier, on constate que l'indicatif (y compris le conditionnel) est fréquent dans la langue parlée. Il n'est pas si rare dans la langue écrite, surtout dans les concessives introduites par une véritable conjonction (§ 1091). Certains auteurs peuvent subir l'influence de la langue parlée (cela est voulu dans les romans champêtres de George Sand), mais d'autres se réclameraient plutôt de l'usage classique et de la tradition.

À l'heure actuelle, Mirabeau ne remuerait personne, bien que sa corruption ne lui NUIRAIT *point* (CHAT., *Mém.*, IV, XI, 2). — *Bien que ses péchés* AURAIENT PU [...] *se répandre à tous les coins du diocèse* [...] (FLAUB., *Tr. contes, Cœur simple*, IV). — *Malgré qu'ils se* RESSEMBLAIENT *toujours comme deux frères, on ne voyait plus du même coup qu'ils étaient bessons* (SAND, *Pet. Fadette*, X). — *La pièce de Plaute, bien qu'on ne me* FERA *jamais dire qu'Euclion soit « un avare de circonstance »* [...], *n'est guère qu'une jolie comédie anecdotique* (FAGUET, *En lisant Molière*, p. 60). — *Bien que nous* FÛMES [...] *très attentifs* (A. FRANCE, *Rôtisserie de la reine Pédauque*, p. 75). — [*Ils ont arrêté*] *Mélanie et Gertrude, bien qu'elles* CRIAIENT *qu'elles n'avaient rien fait* (R. ROLLAND, *Jean-Chr.*, t. IV, p. 317). — *Encore que précisément ici, je ne* VOIS *pas trop l'empêchement d'une traduction quasi littérale* (GIDE, *Journal*, 1ᵉʳ déc. 1946). — *Si peu compliquées qu'elles nous* PARAISSAIENT, *ces maudites phrases nous coûtaient beaucoup de peine à retenir* (A. DAUDET, *Contes du l.*, p. 235). — *Si cruels qu'ils* POURRONT *être, leur bêtise fera pâlir leur cruauté* (VALÉRY, *Variété*, Pl., p. 1145). — *Pour petite qu'elle* EST, *elle est précieuse* (A. FRANCE, *Pierre Nozière*, p. 65). — *Pour si pauvre que* POUVAIT *être M. Joseph, il ne manquait pas d'endroits, disait-on, où il aurait pu se loger plus à son aise* (GIONO, *Moulin de Pologne*, p. 9). — *Aussi tard que tu* MOURRAS, *ton dernier soupir sera encore une question* (R.-L. BRUCKBERGER, *Monde renversé*, p. 91). — *Ce refus d'aimer leur temps* [...] *est souvent le propre des vieux, encore que nous le* CONNÛMES *chez des hommes jeunes* (BENDA, *France byzantine*, p. 9). — *Je finirais par faire mon profit, pour légèrement contradictoires qu'ils* SONT, *d'enseignements aussi désintéressés* (COLETTE, *Fanal bleu*, p. 137). — *En quelque endroit qu'ils* ABORDAIENT, *ces gens qui avaient perdu leur patrie, s'en reconstituaient une aussitôt* (J. et J. THARAUD, *Petite hist. des Juifs*, p. 17). — *Quelque harcelé qu'il* SERA *par son bourru de frère, il eut l'âme et l'esprit bien trop occupés* (LA VARENDE, *Don Bosco*, II). — *Quelque désir que j'en* AURAIS, *je ne puis raisonner comme il y a vingt ans* (J. DUTOURD, *Taxis de la Marne*, III, 31). — *La France nouvelle, comme la France de toujours, est faite de telle façon que, quoi qu'il soit arrivé, quoi qu'il arrive, quoi qu'il* ARRIVERA *demain, quand il s'agit de défendre, de représenter, de faire valoir la liberté et la dignité des hommes, cette France sera toujours avec nous* (DE GAULLE, *Discours et messages*, t. III, p. 202). — *Aucun ne touchait à cette mixture, bien que Jean-Baptiste, livide,* TENTAIT *de reprendre un morceau de cet infâme mélange* (CAYROL, *Enfants pillards*, pp. 96-97).

Notons à part ces ex. où un indic. est coordonné à un subjonctif : *On les plaint comme captifs, bien qu'ils* SOIENT *des captifs gavés, choyés, et que sans doute ils ne* RENONCERAIENT *pas volontiers à leur servitude* (COPPÉE, *Souvenirs d'un Parisien*, p. 202). — *Je ne pleure donc pas de joie ce matin, bien que ce* SOIT *le dimanche du* laetare *et que c'*EST *mon cœur gaulliste qui chante l'antienne : « Réjouis-toi, Jérusalem ! [...] »* (Fr. MAURIAC, dans le *Figaro litt.*, 9 mars 1967).

Comme l'indicatif dans les propositions concessives est attesté depuis longtemps, et notamment à la période classique (voir Hist.), on ne peut guère l'attribuer au déclin du subjonctif.

Brunot (*Pensée*, pp. 27 et 867) justifie l'indicatif en disant qu'il n'y a subordination qu'en apparence : la conjonction équivaut à *malgré tout, cependant.* Cette raison n'est plausible que si la proposition est placée après le verbe principal, surtout si elle est précédée d'une pause : *Bien sûr, ma chérie... Quoique, pour un musicien, c'*EST *merveilleux d'avoir une femme capable de déchiffrer* (Fr. MAURIAC, *Fin de la nuit*, p. 91). — Pour *encore que*, voir ce qui est dit au § 1091.

On remarquera dans les ex. la fréquence du futur et du conditionnel ; c'est que le subjonctif est inapte à exprimer les nuances de ces temps ; voir particulièrement les ex. de de Gaulle et de Coppée. D'une façon générale, l'indicatif exprime plus nettement la réalité : voir notamment l'ex. de Fr. Mauriac qui vient d'être cité.

Hist. — L'hésitation entre l'indicatif et le subjonctif est très ancienne dans la langue. Elle était courante au XVIIe et au XVIIIe s. encore. Malherbe réservait le subjonctif aux choses douteuses, l'indicatif aux choses certaines : cf. Brunot, *Hist.*, t. III, p. 575. Nous ne donnerons que des ex. de l'indicatif (conditionnel inclus) :

Se freres vous clamons, pas n'en devez / Avoir desdaing, quoy que FUSMES OCCIS / *Par justice* (VILLON, éd. R.-H., *Poèmes variés*, XI). — *Quelque part qu'il* IRA, *les œillets et les roses, / Et fust-ce au jour d'hyver, luy naissent sous les pas* (RONSARD, cit. Littré, s.v. *quelque*). — ⁺*En quelque part que vous* SEREZ (MALHERBE, t. IV, p. 5). — ⁺*Encore que cela* EST *vrai en un sens pour quelques âmes* (PASCAL, *Pens.*, 244). — ⁺*Quoique [...] elle n'*AVAIT *pas* MÉRITÉ *d'être flattée* (BOSS., cit. Haase, p. 195). — *Quoy que quelques-uns* SEROIENT *d'avis [...]* (VAUGELAS, p. 146). — *Bien que pour moy, je* VOUDROIS *toujours dire [...]* (ID., p. 366). — *Quoiqu'à ne vous rien taire, / Ce mesme amour peut-estre et ces mesmes bienfaits, /* AUROIENT DÛ *suppléer à mes foibles attraits* (RAC., *Baj.*, V, 4). — *Elles acceptèrent l'adresse de M*ᵐᵉ *de La Pommeraye ; mais, quelles que* FURENT *les instances du marquis, il ne put obtenir la leur* (DIDEROT, *Jacques le fat.*, Pl., p. 613).

Remarque. — Sur les propositions concessives **averbales**, voir § 1079, *b.* Notons ici que Littré (s.v. *quoique*, Rem. 2 et 3) n'admettait la construction que si l'on pouvait sous-entendre le verbe *être.* Il rejetait donc une phrase comme *Quoiqu'il n'ayant pu le voir, je...* Cette opinion n'est pas confirmée par l'usage :

Il frappa aux échoppes, QUOIQUE SACHANT *très bien qu'elles étaient inhabitées* (HUGO, *Homme qui rit*, II, IX, 2). — *Pierre,* QUOIQUE SACHANT *une riposte à toute botte, ne parvenait pas aussi régulièrement qu'autrefois à écarter le fer du Baron* (Th. GAUTIER, *Capit. Fracasse*, IX). — BIEN QU'ÉCRIVANT *un latin très élégant et* SACHANT *orner son discours d'agréables citations de ses auteurs, il* [= Nicole] *n'a pas le goût vif des Lettres anciennes* (SAINTE-BEUVE,

Port-Royal, V, 7). — QUOIQUE AYANT *une expérience de la vie moins complète, Savonarola vit plus juste* (M. BRION, *Laurent le Magnifique*, p. 329). — BIEN QU'AYANT VÉCU *chez eux, tu connais mal ces ennemis du genre humain* (A. FRANCE, *Étui de nacre*, p. 12). — QUOIQU'AYANT RENCONTRÉ *le maître des maîtres* [...] (ALAIN, *Propos de littér.*, I). — BIEN QU'ÉTANT REPARTI *dès l'aube* (P. BENOIT, *Dame de l'Ouest*, p. 158). — BIEN *qu'il eût démissionné depuis longtemps et* QU'AYANT PRIS *sa retraite* [...] (BILLY, *Princesse folle*, p. 29). — BIEN QU'AYANT ESSAIMÉ *jusqu'en Écosse* [...] (MORAND, *Bucarest*, p. 141). — *Élisabeth,* BIEN QU'AYANT *déjà* VU *la pièce avant-hier, m'accompagne* (GIDE, *Journal*, 2 déc. 1946). — [Déjà au XVIIᵉ s. : *Et ce tresor à part créé* / [...] / *Ne finiroit jamais* QUOY QU'AYANT COMMENCÉ (LA F., *F.*, IX, Disc.).]

1094   *Tout ... que* se construit aussi bien avec l'indicatif qu'avec le subjonctif. L'indicatif était normal puisqu'il s'agissait primitivement de marquer la réalité d'un fait, mais même dans ce cas le subjonctif est fréquent au XXᵉ s.

Ex. de l'indic. : *Tout enfant que j'*ÉTAIS, *le propos de mon père me révoltait* (CHAT., *Mém.*, I, I, 4). — *Les deux adversaires, tout vigoureux qu'ils* ÉTAIENT, *commençaient à se fatiguer* (Th. GAUTIER, *Militona*, IV). — *La fourbe, toute grossière qu'elle* ÉTAIT, *trouva créance auprès d'hommes encore plus grossiers* (MÉRIMÉE, *Mosaïque*, Tamango). — *Tout contrebandier et pauvre qu'il* ALLAIT *être* (LOTI, *Ramuntcho*, p. 19). — *À votre place, tout instituteur que je* SERAIS, *j'irais quand même à la messe* (J. ROY, *Maître de la Mitidja*, p. 204).

Ex. du subj. : *Tout intelligent que vous le* FASSIEZ, *cet enfant prodige, fixé à trois lustres, restera un imbécile* (CHAT., *Mém.*, III, I, I, 5). — *Les chances du boston, toutes variées qu'elles* SOIENT (Th. GAUTIER, *Mˡˡᵉ de Maupin*, VI). — *Ce goût, tout extraordinaire qu'il nous* PARAISSE (MÉRIMÉE, *Portraits histor. et littér.*, p. 20). — *Tout dissipé que je* FUSSE (FROMENTIN, *Domin.*, III). — *Tout âpres qu'elles* [= des montagnes] SOIENT, *elles sourient* (TAINE, *Voy. en It.*, t. II, p. 397). — *Zéphyrin, tout savetier qu'il* FÛT, *visait au luxe* (JAMMES, *M. le curé d'Ozeron*, p. 123). — *Tout détestables qu'ils* SOIENT, *ils ne sont encore que par nous* (PÉGUY, *Notre jeunesse*, p. 62). — *Tout bavard qu'il* FÛT (É. HENRIOT, *Aricie Brun*, I, 3). — *Tout Épicures que nous* FUSSIONS (J. et J. THARAUD, *Rose de Sâron*, p. 170). — *Tout humble qu'il* FÛT (MONTHERLANT, *Célibataires*, p. 258). — *Tout saint qu'il* FÛT (A. MAUROIS, *Chateaubr.*, p. 304). — *Cet appel, tout médiocre qu'il* FÛT, *c'était le premier appel* (Fr. MAURIAC, *Robe prétexte*, XII). — Autres ex. : LAMART., *Graziella*, I, 8 ; VEUILLOT, *Çà et là*, t. II, p. 307 ; VILLIERS DE L'ISLE-ADAM, *Contes cruels*, p. 47 ; BLOY, *Celle qui pleure*, p. 124 ; LA VARENDE, *Centaure de Dieu*, p. 20 ; A. SIEGFRIED, *Savoir parler en public*, p. 78 ; BERNANOS, *Enfants humiliés*, p. 169 ; H. BOSCO, *Malicroix*, p. 246 ; etc.

Dans certaines phrases, l'indicatif avec *tout ... que* est hypercorrect et fausse le sens : *J'avais compris* [...] *qu'il n'est point d'âme, toute vertueuse et toute tendue à la sainteté qu'elle* EST, *qui puisse s'élever hors de l'imperfection humaine* (J. de LACRETELLE, *Silbermann*, p. 118).

Hist. — Le subjonctif se rencontre avant le XIXᵉ s. : *Voylà une creance tressalutaire, toute vaine qu'elle* PUISSE *estre* (MONTAIGNE, II, 16). — ⁺*Tout grand jurisconsulte que je* SOIS (VOITURE, *Lettres*, cit. Littré). — *Tout nostre gendre que vous* SOYEZ, *il y a grande diference de vous à nous* (MOL., *G. Dandin*, I, 4). — ⁺*J'adore cette conduite, tout extraordinaire qu'elle me* PARAISSE (SÉV., 4 août 1680). — Littré écrit (s.v. *tout*, 43°) : « On mettait quelquefois le verbe au subjonctif, mais ce n'est plus l'usage. » Quelle époque Littré vise-t-il par ce présent ?

Autres expressions de la concession

1095 **Tours divers en rapport avec la concession** (outre ceux qui ont été mentionnés au § 1079, *d*).

a) Coûte que coûte et *vaille que vaille*, littéralement « [Que cela] coûte [ce] que [cela] coûte ». Ce sont aujourd'hui des locutions adverbiales.

On trouve d'autres expressions dans des usages régionaux : *Vienne que vienne* (JOUHAN-DEAU, cit. § 690, *a*) ; — avec des noms : VACHER QUE VACHER, VALET QUE VALET [= tout vacher et valet que je suis], *vaille que vaille, le nommé André Favereau que je suis, quand il mourra, pourra se vanter de les avoir eues toutes* (ID., *Chroniques maritales*, II, 4).

Hist. — Cette dernière construction existait déjà en anc. fr., mais sans valeur concessive, par ex. dans des proverbes : *Villain que villain* (éd. Morawski, 2484), qu'on pourrait tra-duire : « Un vilain est un vilain », c'est-à-dire qu'on ne peut attendre d'un vilain qu'un comportement de vilain. — Voir A. Henry, *Études de syntaxe expressive*, pp. 34-38.

b) Au lieu de *si* (ou *aussi*) *grand qu'il soit* (§ 1092, *a*, 1°), on écrit fréquem-ment *si* (ou *aussi*) *grand soit-il*, sans *que* et avec inversion de sujet :

[...] *les incline au gré de notre interrogation*, SI PRUDENTE ET SOUPLE ET RETORSE SOIT-ELLE (GIDE, *Retour du Tchad*, Pl., p. 899). — *On ne renverse pas un régime avec 100 000 étudiants désarmés*, SI COURAGEUX SOIENT-ILS (SARTRE, *Situations*, t. VIII, p. 194).

Son unique ambition est de retrouver une place, AUSSI EXPOSÉE SOIT-ELLE, *où il serait assuré de ne tuer personne* (Fr. MAURIAC, *Journal*, t. III, p. 42). — *Ne pas se laisser dépasser par les sentiments*, AUSSI *admirables*, AUSSI *légitimes soient-ils* (DANIEL-ROPS, *Éléments de notre destin*, p. 30). — *Ils restaient juste le temps de ramasser un pécule*, AUSSI *léger fût-il* (J. et J. THARAUD, *Quand Israël est roi*, p. 37). — *Aucune mise en scène*, AUSSI *ingénieuse soit-elle, ne vaudra jamais la magie évocatoire d'une phrase* (P.-H. SIMON, *Mauriac par lui-même*, p. 50).

Cela ne se fait, dans l'usage ordinaire, qu'avec le verbe *être* ayant comme sujet un pronom personnel de la 3ᵉ personne ou *on*. On trouve parfois d'autres sujets cependant, parfois aussi les verbes *paraître, sembler*, beaucoup plus rare-ment un verbe construit avec un attribut du complément d'objet direct, ou un verbe sans attribut :

SI IMPORTANTE Y SOIT LA SÉDUISANTE FIGURE *de l'héroïne*, la Rencontre *n'est pas le roman d'une seule créature* (É. HENRIOT, dans le *Monde*, 12 mars 1958). — SI VASTE SOIT LE PALAIS, *si apte, si bien ordonné soit-il, nous nous trouvons toujours un peu perdus et désolés dans ces galeries* (VALÉRY, *Pièces sur l'art*, Pl., p. 1292). — SI FRIVOLE PUISSE-T-IL PARAÎTRE, *le protocole traduit des réalités politiques* (A. PAUTARD, dans l'*Express*, 11 sept. 1981, p. 50). — *La substance dont Pomme était faite*, AUSSI PRÉCIEUSE LA DEVINÂT-ON, *se révélait d'une opacité sans défaut* (P. LAINÉ, *Dentellière*, p. 103). — AUSSI LONGTEMPS PUISSENT-ILS VIVRE, *ils* [= les Italiens] *seront toujours trahis par le zézaiement* (CAVANNA, *Ritals*, Bon air).

Les tours *tout grand soit-il* (au lieu de *tout grand qu'il soit*) et *quel soit-il* (pour *quel qu'il soit*) se rencontrent rarement ; plus rares encore, *pour grand soit-il, quelque grand soit-il* et *en quelque état soit-il* ; on trouve aussi des traces des anciennes formules (cf. Hist.) *tant grand soit-il, tant soit-il grand*, qui, comme *tant grand qu'il soit* (cf. § 1092, *a,* 6°), sont à mettre en rapport avec l'emploi archaïque ou régional de *tant* pour *si* (§ 957, Rem. 2) :

Ce qu'il en [= de dons] *met dans ses pièces,* TOUT DILUÉS SOIENT-ILS *et employés entièrement à des fins frivoles, ne laisse pas de nous rester sensible* (Fr. AMBRIÈRE, *Galerie dramatique,* p. 160). — *De telles indiscrétions,* TOUT INVOLONTAIRES SOIENT-ELLES, *ne se pardonnent pas* (L. MARTIN-CHAUFFIER, *Épervier,* p. 169). — *Guermantes a senti que son titre,* TOUT PIQUANT SOIT-IL, *est cependant l'indice de certain vide du cerveau* (CRITICUS, *Style au microscope,* t. IV, p. 103). — *Polk,* TOUT PIEUX FÛT-IL, *n'hésita pas à rompre le repos dominical* (J. CHASTENET, *En avant vers l'Ouest,* p. 165).

Le reste des individus [...], QUELLE SOIT LEUR VALEUR ET LEUR COMPÉTENCE PERSONNELLE (VALÉRY, *Regards sur le monde actuel,* p. 93). — *Toutes les autres émotions,* QUELLES SOIENT-ELLES (R. de GOURMONT, *Chemin de velours,* pp. 149-150). — *Rien que d'imaginer l'embarras où me jetterait une réponse,* QUELLE FÛT-ELLE, *je m'arrêtai, l'haleine courte, hérissé d'angoisse* (G. DUHAMEL, *Pierre d'Horeb,* p. 24).

Si la foi, POUR ABSURDE SOIT-ELLE, *sert un grand homme [...], n'est-ce pas un pédant bien insupportable le sage docteur qui exige d'elle qu'elle se justifie ?* (A. SUARÈS, *Sur la vie,* t. I, p. 79.)

Au niveau du génie, une correspondance QUELQUE INTIME SOIT-ELLE *représente de la littérature à l'état pur* (J. CORDELIER, Mme *de Sévigné par elle-même,* cit. Hasselrot).

Le héros se prodigue, EN QUELQUE ÉTAT DE MISÈRE SOIT-IL JETÉ (SUARÈS, *op. cit.,* t. II, p. 340). — *De l'aveu des auteurs,* DE QUELQUE TENDANCE SOIENT-ILS, *qui ont étudié l'Inquisition [...]* (R. PERNOUD, *Lumière du moyen âge,* 1981, p. 112).

François ne la regarda pas longtemps, TANT BONNE FÛT-ELLE *à regarder* (SAND, *Fr. le champi,* XVI). — *Ceux qui pouvaient encore trouver quelque aliment,* TANT FÛT-IL IMMONDE, *ils se gardaient bien de le montrer* (MICHELET, *Jeanne d'Arc,* pp. 82-83).

Hist. — Les tours *tant soit-il grand, tant grand soit-il* se sont employés jusque dans le XVIIe s. (voir cependant ci-dessus) : ⁺*Et même ses courroux,* TANT SOIENT-ILS LÉGITIMES, / *Sont des marques de son amour* (MALHERBE, t. I, p. 246). — *Tout Amant, et* TANT FUST-IL PARFAIT, *Auroit perdu son latin auprès d'elle* (LA F., C., Quiproquo). — Nous avons conservé *tant soit peu* comme locution adverbiale.

Alors que la construction *si grand qu'il soit* remonte au XVIe s. (§ 1092, *a,* Hist.), *si grand soit-il* serait, selon Lerch (t. I, p. 189), postérieur au milieu du XIXe s. (l'exemple de Descartes cité par Littré, s.v. *si²,* 10°, serait isolé) et résulterait de l'influence de *tant grand soit-il.* Cette explication, tout à fait vraisemblable à l'époque de Descartes (cf. ci-dessus), l'est beaucoup moins au XIXe s. : la formule avec *tant* y est rare, sauf peut-être dans certains parlers régionaux ; le rôle de ceux-ci est exclu, *si grand soit-il* appartenant à la langue littéraire.

c) L'épithète détachée et l'apposition détachée peuvent, sémantiquement correspondre à une proposition concessive (§ 1079, *d,* 2°) et être suivies d'une proposition relative (§ 1092, *a,* 6°, Rem. 1). — Épithète et apposition sont parfois précédés de *tout* ou de *pour* (sans proposition) :

Mais, POUR INCONSCIENTE, *cette phrase n'en est pas moins cruelle* (GIDE, *Caves du Vat.,* V, 7). [*Pour inconsciente* peut être rapproché de *Pour inconsciente qu'elle soit* ; mais aussi de *Pour être inconsciente,* c'est-à-dire d'une expression marquant la cause, et, dans un contexte négatif (comp. § 984, 2°), la cause se confond avec la concession : POUR ÊTRE SAGE, *on n'est pas un félon* (HUGO, *Lég.,* t. II, p. 61).] — *Il est tard quand on rentre* [d'une fête]. *Pourtant, moi-même,* TOUTE VIEILLE, *j'accompagnais* (M. GEVERS, Mme *Orpha,* XXII). [Cf. Hist.]

Hist. — La langue classique employait *tout grand* au lieu de *tout grand qu'il est,* — et aussi *si grand,* quoiqu'elle semblât ignorer *si grand qu'il soit* (§ 1092, *a,* Hist.) : ⁺*Oui, je le chérirai,* TOUT *ingrat et perfide* (CORN., *Hor.,* II, 5). — *Et quels cœurs* SI PLONGEZ *dans un lâche sommeil, / Nous voyant arriver dans ce saint appareil, / Ne s'empresseront pas à suivre nostre exemple ?* (RAC., *Ath.,* IV, 3.)

d) Il a beau se moquer... : cf. § 294, 1°.

VII. — LA PROPOSITION ADVERBIALE DE CONDITION

1096   Mots de liaison.

a) Si est la conjonction de condition par excellence.

Dans la langue écrite [peut-être par imitation du lat. *quod si*], on emploie parfois *que si* en tête de la phrase :

QUE SI *par distraction, Édouard change d'allure ou de côté, Salavin fronce les sourcils* (G. DUHAMEL, *Deux hommes,* p. 299). — QUE SI *par ironie on les emploie au pluriel, on dit* des madames, des mademoiselles (BRUNOT, *Observ. sur la Gramm. de l'Ac. fr.,* p. 32). — QUE SI *son discours ne devait être rien de plus qu'un vagissement, au moins prendrait-il là l'auspice de rénover en sa discipline les fondements qu'elle prend dans le langage* (J. LACAN, *Écrits I,* p. 112). — Autres ex. : VAN GENNEP, *Folklore,* p. 29 ; DAMOURETTE et PICHON, t. I, p. 96 ; etc.

°*Si que* est de la langue populaire (cf. § 1028, *a,* 4°) : *Si* QU'*i prenait son plumeau et changeait de place la* [sic] *anonyme poussière de la cage de l'ascenseur, alors il ne souffrirait pas* (QUENEAU, *Chiendent,* F°, p. 179).

Le caractère hypothétique de la proposition est parfois souligné par les adverbes *par hasard, jamais, quelquefois,* °*des fois* (pop.) : *Quant à chercher ce qu'il me faudrait, j'y renonce ! D'ailleurs si* JAMAIS *je la trouve, elle me repoussera* (FLAUB., *Éd. sent.,* I, 2). — *Si* DES FOIS *t'avais peur que les Boches ne te repèrent pas assez, tu pourrais peut-être emporter un petit déjeuner* (DORGELÈS, *Croix de bois,* I).

Remarques. — 1. La proposition de condition peut faire partie d'une phrase averbale. Dans ces ex., elle ne joue plus le rôle d'une proposition (voir aussi § 1098, *b*).

À peine SI*, de loin en loin, elle ajoutait un mot* (G. DUHAMEL, *Nuit d'orage,* p. 115). — *Tout juste s'il accepte de la laisser entrer chez lui* (DANINOS, *Sonia, les autres et moi,* p. 31). — *Du diable* SI *elle a laissé paraître qu'elle comprenait* (GIDE, *Porte étr.,* p. 80).

La phrase peut même, dans des contextes exclamatifs, être constituée seulement par la proposition (§ 382, Rem. 1 et 2) :

SI *seulement je pouvais vous aider !* SI *encore il faisait un effort !* — *Encor* SI *ce banni n'eût rien aimé sur terre !* (HUGO, *Ch. du crép.,* V, 4.) — *Oh !* SI *on se met à calculer ce que les autres méritent !* (MONTHERLANT, *Reine morte,* II, 3.) — *Comme* SI *à vingt ans on n'était pas un homme !* (Fr. MAURIAC, *Asmodée,* I, 7.) — SI *je pouvais être millionnaire !*

2. La proposition conditionnelle peut être averbale : cf. § 1079, *b,* 2°. — *Si oui, sinon* (ou *si pas*) : §§ 1053, *a* ; 1054, *c,* 2°.

b) Des locutions :

À moins que (« sauf si »), *pour peu que, pourvu que, moyennant que* (littéraire)
[voir les ex. au § 1100].

Pour autant que semble dater du XXe s. : voir les ex. du § 1100, *b*. Le tour
classique était *Autant que* : *Ce livre est bon,* AUTANT QUE *j'en puis juger* (*Dict.
gén.*). — La langue littéraire emploie aussi *en tant que* : *La méditation n'a de
valeur qu'*EN TANT QU'*elle est fructueuse* (G. DUHAMEL, P. *Claudel,* p. 15).

On peut y joindre des locutions qui ne sont pas entièrement figées : *En
admettant que, supposé que, à supposer que, dans la mesure où,* et diverses expressions où entrent les noms *cas, condition, éventualité, hypothèse* et les relatifs *que*
ou *où.*

Dans le cas que est rare (ni Littré ni l'Acad. ne signalent cette locution) : DANS LE CAS
QUE *les rois eussent quelque mission à remplir auprès de leur cousin* (CHAT., *Mém.,* III, II, I,
13).

Il y a aussi des locutions appartenant à la langue parlée, surtout populaires.
Les écrivains font ainsi parler leurs personnages.

°*Quelquefois que* : *On va regarder sur la table de Mme Tesson.* QUELQUEFOIS QU'*elle serait
arrivée, votre lettre du Havre* (G. DUHAMEL, cit. Robert).

°*Des fois que* : *Va-t'en voir jeter un coup d'œil,* DES FOIS QUE *l'adjudant rappliquerait*
(COURTELINE, *Gaietés de l'escadron,* II, 2). — *Mettez la boîte devant la bougie, dit la femme,*
DES FOIS QU'*on verrait la lumière par les joints des volets* (GIONO, *Grand troupeau,* p. 158). —
Je reste là un moment, DES FOIS QUE *vous m'appelleriez* (BOURNIQUEL, *Retour à Cirgue,*
p. 244). — *Disons que je te le rappelle* DES FOIS QUE *t'aurais oublié* (QUENEAU, *Zazie dans le
métro,* p. 21).

°*Une supposition que* : UNE SUPPOSITION QUE *tu sois sale, tu te laves, il n'y paraît plus*
(BERNANOS, M. *Ouine,* p. 108). — *Tenez,* UNE SUPPOSITION QUE *ce garçon ait eu l'idée d'écrire
tous les jours une petite lettre à son père* (PAGNOL, *Fanny,* I, I, 9). — UNE SUPPOSITION QUE *je
vous y conduise ?* (QUENEAU, *Zazie dans le métro,* p. 146.)

°*Supposition que* : SUPPOSITION QUE *tu sois en retard, un dimanche, tu n'as qu'à passer par
l'étang* (GENEVOIX, *Marcheloup,* II, 1).

Remarques. — 1. Les propositions introduites par *quand, alors que, lorsque,*
surtout si l'on ajoute *même* à la conjonction, contiennent souvent une nuance de
condition.

2. En dehors de la coordination où *que* remplace *si* (§ 1028, *a,* 3°, et ci-dessous § 1099), *que* nous paraît introduire, non une proposition, mais une sous-
phrase dans des ex. comme : QUE *tu sois là, et je ne demande plus rien*
(J. ROMAINS, *Quand le navire...,* p. 130). [La conjonction *et,* que l'on observe
dans cet ex. et qui n'est pas indispensable, confirme notre analyse.] — Voir au
§ 865, *b*.

c) Soit que ... soit que, soit que ... ou que, suivant que ..., selon que ...
s'emploient lorsque la condition est sous forme d'alternative.

Ces alternatives peuvent aussi être introduites par *que* (cf. *b,* Rem. 2), — non
répété ordinairement quand le sujet est identique, et, *a fortiori,* quand d'autres
éléments encore sont identiques (et non répétés) :

Nos parents nous ont défendu d'ouvrir la porte, QU'*on nous prie ou* QU'*on nous menace* (AYMÉ, *Contes du chat perché*, p. 11). — *Qu'elle le glorifie ou le salisse, les faits qu'elle cite m'apparaissent insignifiants* (Fr. MAURIAC, *Nœud de vip.*, p. 291). — QUE *mon cœur fût triste ou joyeux, / Je l'admirais* (HUGO, *Contempl.*, IV, 9). — QU'*il peigne des êtres humains ou divins, il ne s'attache désormais qu'à la représentation des âmes* (BARRÈS, *Greco*, p. 150).

Si le second terme de l'alternative est la négation du premier, il s'exprime par le simple *non* (ou par *pas*, surtout dans la langue familière : § 1054, *c*, 2°) : *Que tu le veuilles ou* NON, *tu es* [...] *fils de roi* (GIDE, *Thésée*, p. 10). — *Qu'elles soient en deuil ou* NON, *il est facile de les reconnaître* (BAUDEL., *Petits poèmes en pr.*, XIII).

Le mode dans la proposition conditionnelle

1097   Propositions de condition introduites par *si*.

Le verbe des propositions introduites par *si* se met à l'indicatif (en dehors du cas signalé dans *b*).

Il faut insister sur le fait que, parmi les temps de l'indicatif, le futur et le conditionnel sont exclus. (Voir cependant § 1098.)

Il s'agit de l'usage considéré comme correct. En effet, la langue populaire met assez souvent le conditionnel et parfois le futur : *Si vous m'*AURIEZ ENNUYÉE, *je vous l'aurais dit* [dit une prostituée] (PROUST, *Rech.*, t. I, p. 373). — *Si tu* VOUDRAIS, *on travaillerait ensemble* (CARCO, *Équipe*, cit. Sandfeld, t. II, p. 343). — *Le vétérinaire répond : « Que penseriez-vous de moi, Monsieur, si, pour avoir pris un peu d'eau dans un mouchoir et en avoir frotté le museau de votre chien, je vous* DEMANDERAIS [en italiques] *de votre argent ? »* Degas répétait cette phrase avec ravissement, la donnant comme un exemple remarquable de l'élégant parler tourangeau* (VALÉRY, *Pièces sur l'art*, Pl., p. 1215).

Hist. — On trouvait parfois le futur dans l'ancienne langue (comme en latin) : *Si ce mien labeur* SERA *si heureux que de vous contenter, à Dieu en soit la louange* (AMYOT, *Vies*, Epistre aux lecteurs).

a) S'il s'agit d'une simple condition, on emploie les temps de l'indicatif avec leur valeur ordinaire, sauf que le présent et le passé composé s'emploient après *si* au lieu du futur et du futur antérieur :

Si tu ADMETS *cette opinion, tu as tort.* — *Si tu* AS ADMIS *cette opinion, tu as eu tort.* — *Si tu* PARS *demain, tu auras du beau temps.* — *Si demain le mal* A EMPIRÉ, *vous me rappellerez.*

Si l'on veut marquer explicitement qu'il s'agit de l'avenir, on recourt à des périphrases : *Si cela* DOIT *se reproduire, si cela* VIENT À *se reproduire, je sévirai. S'il* PARVIENT À *tenir une heure, il sera sauvé.*

Remarques. — 1. Dans *s'il en fut*, on a un passé simple figé (§ 852, Rem. 3) : *Honnête homme, s'il en* FUT (AC.).

2. *Si tant est que* se fait suivre normalement du subjonctif : cette locution sert à exprimer une supposition qu'on fait avec l'arrière-pensée qu'elle reste douteuse ou sujette à caution ; elle se trouve aussi, et moins rarement qu'on ne croirait, avec l'indicatif :

Ex. du subj. : *L'usage a rétabli ce que l'usage avait détruit, si tant est que Vaugelas et Ménage* FUSSENT *ici les véritables interprètes de l'usage* (LITTRÉ, s.v. *quant*², Rem.). — *Il conquerra par d'autres moyens — si tant est qu'il les* AIT *jamais conquis — ces Rhénans si différents des Prussiens* (H. BORDEAUX, *Sur le Rhin*, p. 225). — *Les manuscrits, si tant est qu'il y en* EÛT, *restaient enfermés dans la malle* (GIDE, *Faux-monn.*, p. 233). — *Ma dernière explication s'effondrait, si tant est que j'y* EUSSE *jamais cru* (GENEVOIX, *Derrière les collines*, p. 126). — *Puisqu'il paraît que tu l'aimes, si tant est que tu* SOIS *capable d'amour* (IKOR, *Pluie sur la mer*, p. 208). — *Voilà l'âme nègre, si tant est qu'elle se* PUISSE *définir* (SENGHOR, *Négritude et humanisme*, p. 25).

Ex. de l'indic. : *Aucune trace n'est restée de son chagrin, si tant est qu'elle en* EUT (J. et J. THARAUD, *Tragédie de Ravaillac*, p. 187). — *La personne civilisée, c'est la fourmi, qui a vu plus loin que le bout de son nez, si tant est que les fourmis* ONT *un nez* (J. DUTOURD, dans les *Nouv. litt.*, 29 juin 1967). — *On peut même dire que là, et là seulement, il vivait heureux si tant est qu'il le* FUT *jamais* (H. BOSCO, *Mon compagnon de songes*, p. 291). — *Madeleine, elle, prétendait* [...] *que Régis était incapable de dialoguer, il lui parlait, si tant est qu'il lui* PARLAIT *à elle* (E. TRIOLET, *Grand jamais*, p. 94). — *Il n'est pas impossible que ce soient eux qui aient raison, si tant est que c'*EST *avoir raison que de penser comme pensera l'avenir* (J. ROSTAND, *Courrier d'un biologiste*, p. 117).

b) S'il s'agit d'une condition présentée comme imaginaire ou irréelle, on emploie après *si*, dans la langue ordinaire, l'imparfait ou le plus-que-parfait de l'indicatif, tandis que le verbe principal est au conditionnel présent ou passé (selon que les faits concernent le présent ou le futur ou bien le passé) :

Si tu ADMETTAIS *cette opinion, tu aurais tort. Si tu* AVAIS ADMIS *cette opinion, tu aurais eu tort.* — *Si je n'*ÉTAIS *moi, je voudrais être vous* (HUGO, *M. Tudor*, I, 6). — *[Ces maisons] nous diraient des choses à pleurer et à rire, si les pierres* PARLAIENT (A. FRANCE, *Pierre Nozière*, p. 239). — *Madame, je suis peintre* [...]. *Si j'*ÉTAIS *sculpteur, je me plaindrais* (MAUPASS., *Fort comme la mort*, I, 2). — *S'il* [= Annibal] *a perdu Zama, ce n'est pas sa faute. Il l'aurait gagné, s'il* AVAIT EU *le soleil à dos* (FROMENTIN, *Domin.*, III).

Lorsqu'il s'agit du passé, la langue littéraire admet le plus-que-parfait du subjonctif, soit à la fois après *si* et pour le verbe principal, soit pour l'un des deux seulement :

Je FUSSE TOMBÉE *s'il ne m'*EÛT TENUE (Chr. ROCHEFORT, *Repos du guerrier*, L.P., p. 163). — *Si j'avais eu son adresse, je l'*EUSSE MISE *à la torture* (*ib.*, p. 134). — *S'il* FÛT VENU, *je l'aurais su* (LITTRÉ).

Hist. — Jusque dans le XVIᵉ s., comme en latin, on employait surtout l'imparfait du subjonctif à la fois pour le verbe principal et pour le verbe de la conditionnelle (ou pour un des deux seulement) : *Se je* TROUVASSE / *Ung sergent, je te* FISSE *prendre !* (*Pathelin*, 1593-1594.) — *Se je le* SCEUSSE, *je ne le* DEMANDASSE *pas* (*Cent nouv. nouv.*, XLI). — *Si j'avois des enfans masles, je leur* DESIRASSE *volontiers ma fortune* (MONTAIGNE, III, 13). — *Ce n'est que peu à peu que, dans ces sortes de phrases, le conditionnel, temps de formation romane, a remplacé le subjonctif pour le verbe principal et que s'est introduit le tour : Si j'*AVAIS, *je* DONNERAIS. — Dans la proposition conditionnelle, l'indicatif imparfait et plus-que-parfait apparaissent dès le XIIᵉ s.

Cet imparfait du subjonctif est un archaïsme : *Ne savons-nous pas qu'un homme est un homme et que si tout* FÛT *exactement* MIS *à nu, personne n'oserait regarder personne ?* (VALÉRY, *Remerc. à l'Ac. fr.*, Pl., p. 724.)

Remarques. — 1. Il arrive que le fait présenté par le verbe principal soit postérieur au fait présenté par le verbe de la conditionnelle, ou inversement :

Si j'avais suivi vos conseils l'an dernier, je serais maintenant moins malheureux. Si j'abandonnais aujourd'hui mes études, mes parents auraient dépensé en pure perte bien de l'argent.

Dans les ex. suivants, le verbe principal est à l'imparfait de l'indicatif (et non au conditionnel passé) pour indiquer que le fait est la conséquence infaillible du fait exprimé dans la conditionnelle (cf. § 851, *b*, 1°) : *S'il n'avait pas plu dans la nuit du 17 au 18 juin 1815, l'avenir de l'Europe* ÉTAIT *changé* (HUGO, *Misér.*, II, ı, 3). — *Si vous n'étiez pas venu, je vous* FAISAIS *appeler* (A. FRANCE, *Orme du mail*, p. 62). — *Si la Garonne avait voulu, / Lanturlu ! / Elle se* JETAIT *dans la Manche* (G. NADAUD, *Garonne*). — *Si c'était le vieil empereur qui avait été tué, la guerre* ÉCLATAIT *aujourd'hui* (DORGELÈS, *Au beau temps de la Butte*, p. 237).

Dans la phrase suivante, le fait principal est au futur, ce qui est exceptionnel : *Si tu supprimais à présent les prophètes, les choses mêmes prendraient une voix ; et si tu te refusais à l'entendre, toi-même* PROPHÉTISERAS (GIDE, *Saül*, III, 7). — Cas analogue : *Ce sont eux qui* SERONT *l'avenir, si jamais la fédération l'emportait* (Fr. MAURIAC, dans le *Figaro litt.*, 4 mars 1968, p. 4).

2. Lorsque l'un des éléments de la proposition est mis en relief au moyen de *c'était ... que* (ou *... qui*), *ç'avait été ... que* (ou *... qui*), on met ordinairement à l'indicatif le verbe qui suit, mais le subjonctif n'est pas rare dans la langue littéraire.

Ex. de l'indic. : *Si c'était moi qui* AVAIS *fait cela* (AC., s.v. *moi*). — *Si c'était la mienne qui* AVAIT *été frappée !* (R. ROLLAND, *Jean-Chr.*, t. X, p. 261.) — *Comme si c'était lui qui y* AVAIT *pensé* (PÉGUY, *Souvenirs*, p. 108). — *Comme si ç'avait été la roue de la fortune qui* GLISSAIT *sur ces rails* (J. et J. THARAUD, *Quand Israël est roi*, p. 285). — *Si c'était moi qui* AVAIS *fait l'Univers* (CLAUDEL, *Visages radieux*, p. 48). — *Si c'était moi qui te* DONNAIS, *la couronne* (GIDE, *Saül*, III, 8). — *Si c'était Françoise ou Simone qui* AVAIT *peint ce portrait* (MAUROIS, *Bern. Quesnay*, p. 171). — *Et si c'était Caroline qui ne* TROUVAIT *plus Maurice à son goût ?* (Fr. MAURIAC, *Feu sur la terre*, p. 16.) — *Comme si c'était son propre fils qui lui* DÉCRIVAIT *ce qu'avait été sa vie* (MONTHERLANT, *Célibataires*, p. 233). — *Si c'était moi qui* COMMANDAIS (SARTRE, *Le diable et le bon Dieu*, II, 1). — *Si ce n'était pas nous qui en* PROFITERIONS, *ce serait d'autres* (PÉGUY, *Esprit de système*, pp. 129-130).

Ex. du subj. : *Si c'était à sa citadelle qu'on m'*ENVOYÂT (STENDHAL, *Chartr.*, t. II, p. 67). — *Si c'était lui* [...] *qui* VÎNT *m'ouvrir la porte* (VEUILLOT, *Corbin et d'Aubecourt*, XIII). — *Si c'était maintenant de Boileau lui-même qu'il* FÛT *question* (BRUNETIÈRE, *Évol. des genres*, t. I, p. 136). — *Si c'était quelqu'un des miens qui* FÎT *quelque chose comme ça* (E. et J. de GONC., *R. Mauperin*, XXVIII). — *Si c'était au prix de la guerre qu'il* FALLÛT *acheter le mot volupté* (J. GIRAUDOUX, *La guerre de Troie n'aura pas lieu*, I, 6). — *Et si c'était pour Mère Marie de Saint-Augustin que nous l'*AYONS *fait ?* (BERNANOS, *Dialogues des carmélites*, III, 1.) — *Si c'était ainsi qu'il me* FALLÛT *gagner des sympathies à Thomas Muritz* (VERCORS, *Marche à l'étoile*, p. 60). — *Comme si ce n'était pas à lui qu'on s'*ADRESSÂT (J.-J. GAUTIER, *Hist. d'un fait divers*, p. 164). — *Ah ! si c'était le cœur qui* FÎT *l'homme* (JOUHANDEAU, *Nouvelles images de Paris*, p. 20).

3. La proposition introduite par *comme si* est d'ordinaire à l'indicatif imparfait ou plus-que-parfait ; dans la langue littéraire, elle peut être au subjonctif plus-que-parfait à valeur de conditionnel passé :

Comme si quelque souffle AVAIT PASSÉ *sur eux* / [...], *ces vétérans* [...] / *Tremblaient* (HUGO, *Châtim.*, V, XIII, 2). — *Tu raisonnes là-dessus, dit Vallombreuse, comme si tu* EUSSES

ÉTUDIÉ *les cours d'amour et les sonnets de Pétrarque* (Th. GAUTIER, *Cap. Fracasse*, VIII). —
Elle resta stupéfaite et en larmes comme si elle EÛT *déjà* VU *sa destinée tout entière* (MICHELET,
Jeanne d'Arc, p. 199). — *Ils discutaient maintenant comme si la vieille femme n'*EÛT *pas* ÉTÉ
présente (Fr. MAURIAC, *Nœud de vip.,* p. 182).

On trouve parfois d'autres temps.

Le subj. imparf. : *C'était comme si ce regard que le docteur avait jeté sur elle la* SUIVÎT
partout (J. GREEN, *Adrienne Mesurat,* p. 79). — *Mais cette figure-ci demeura sombre et
maussade comme si ma vue lui* FÛT *pénible* (E. JALOUX, *Le reste est silence,* p. 95). — *Tout se
passait à Tokio comme si Berlin* FÛT *à l'infini* (VALÉRY, *Regards sur le monde actuel,* p. 26).
— *La cendre pour les pommes de terre reposait, comme si ce* FÛT *celle d'un héros, dans une
urne* (COLETTE, *Journal à rebours,* p. 135).

Le futur : *Maintenant, ce qui me démange, c'est la main : croquer dans mon carnet de
poche d'infâmes petits dessins où enregistrer la chose vue, comme si un croquis informe* AURA
chance de fixer pour moi, dans l'écoulement de tout, mes images (É. HENRIOT, *Au bord du
temps,* p. 41).

Le présent : *Je suis plus à ma place à l'étage des domestiques. — Ne dis pas de bêtises.
Comme si tu n'*ES *pas à ta place partout !* (J. PEYRÉ, *Fille de Saragosse,* p. 191.) — *Newman
avait préféré considérer l'histoire. Tout se passe comme si elle* EST *le champ de travail de ce
qu'il nomme l'« Idée »* (J. GUITTON, *L'Église et l'Évangile,* p. 66).

1098   Quand peut-on mettre le futur et le conditionnel après *si* ?

a) Dans l'interrogation indirecte (que nous mentionnons ici pour mémoire) :

Dites-moi si vous VIENDREZ. *Je ne sais pas s'il* PARTIRA. — *Elle attendit encore un peu
pour s'assurer si vraiment ces intentions* SERAIENT *solides* (FROMENTIN, *Domin.,* XIII).

b) Après *(C'est) à peine, (C'est) tout au plus, (C'est) tout juste, Du diable,* car
nous n'avons plus affaire à une véritable proposition conditionnelle :

*Tout au plus si j'*AURAIS EU *la prudence, moi, de ne donner qu'un sou à la femme* (GIONO,
Angelo, p. 60). — *Ce que tu es, du diable si je le* SAURAI *jamais* (A. FRANCE, *Lys rouge,*
p. 302). — *Du diable si je vous* AURAIS RECONNU (ARLAND, *Plus beaux de nos jours,* p. 194).
— *Du diable, si je me* SERAIS DOUTÉE *de ça* (J. ORIEUX, *Petit sérail,* p. 120).

c) Quand la supposition porte sur un verbe sous-jacent (*s'il est vrai que, si on
estime que,* etc.) :

Qui donc attendons-nous s'ils ne REVIENDRONT *pas ?* (HUGO, *Contempl.,* VI, 8.) —
*Pardon [...] si je ne puis t'aimer, si je ne t'*AIMERAI *jamais !* (R. ROLLAND, *Jean-Chr.,* t. III,
p. 15.) — *S'il* FAUDRA *le chevalier de Méré pour affiner Pascal, leurs paroles [des magistrats
de l'ancienne France], à l'occasion, s'élèvent tout aisément à la grandeur* (BARRÈS, *Maîtres,*
p. 75). — *S'il [= Maupassant] ne la* DÉPASSERA *pas [la nouvelle Boule de suif], c'est qu'on ne
dépasse pas la perfection* (THIBAUDET, *Hist. de la litt. fr. de 1789 à nos jours,* p. 376). — *Fais
ce que tu veux si tu* POURRAS *le supporter indéfiniment* (VALÉRY, *Tel quel,* Pl., p. 575).
*Je veux être foudroyé si elle n'*IRAIT *pas remettre une lettre d'amour à la reine si je l'en
priais* (MÉRIMÉE, *Chron. du règne de Ch. IX,* XII). — *Si je ne* VOUDRAIS *pas le nier, je crois
du moins qu'il en faut rabattre* (BRUNETIÈRE, *Évol. des genres,* t. I, p. 141). — *Il semble que si,
quelque part, elle* DEVRAIT *se sentir chez elle et évoluer à son aise, c'est parmi les choses de
l'esprit* (BERGSON, *Évol. créatrice,* p. 232). — *Si l'on ne* SAURAIT *rien affirmer de Fernand [...],
on sait bien que, malgré ses prétentions, Laurette n'a jamais aperçu de mort* (J. SCHLUMBER-
GER, *Saint-Saturnin.* p. 56). — *Si jamais batailles* AURAIENT DÛ *être gagnées, ce sont celles-là*

(MAUROIS, *Dialogues sur le commandement*, Cah. verts, p. 135). — *Si une Simone Weil s'ATTACHERAIT davantage à désenchanter les sources grecques de la Rédemption, Henriot propose à la colère des Ménades contre Orphée une explication bien à lui* (R. KEMP, dans les *Nouv. litt.*, 7 juillet 1955).

d) Après *comme si* introduisant une phrase exclamative (et non une proposition) au conditionnel :

Comme si tout désormais AURAIT DÛ *lui paraître fade* (Fr. MAURIAC, *Mystère Frontenac*, p. 67). — *Comme si le Gouvernement n'*AURAIT *pas* DÛ *éviter cette humiliation à l'immortel chantre d'Elvire !* (É. HENRIOT, *Aricie Brun*, II, 1.) — *Comme si je n'*AURAIS *pas* ÉTÉ *capable de me défendre !* (J. SCHLUMBERGER, *Saint-Saturnin*, p. 366.) — *Comme s'il se* RÉCONCILIE-RAIT *jamais avant d'avoir vaincu !* (TROYAT, *Araigne*, p. 73.)

1099 **Après *que* remplaçant *si* dans la coordination** de propositions conditionnelles, on met, selon le meilleur usage, le subjonctif :

Si on la [= une rue] *laisse sur la droite et que l'on* SUIVE *le bas de la côte Saint-Jean, bientôt on arrive au cimetière* (FLAUB., *Mme Bov.*, II, 1). — *Comme si la Mère de Dieu résistait et qu'il* FALLÛT *la vaincre à force de prières et d'objurgations* (BARRÈS, *Colline insp.*, p. 95). — *Chaque larve royale, si l'on changeait sa nourriture et qu'on* RÉDUISÎT *sa cellule, serait transformée en ouvrière* (MAETERLINCK, *Vie des abeilles*, II, 28). — *Comme s'il était arrivé jusqu'au bord même d'un abîme et qu'il le* TROUVÂT *à ses pieds* (E. JALOUX, *Le reste est silence*, IX). — *Si mon nez ne vous plaît pas, ou que la coupe de mon corsage ne vous* PARAISSE *pas conforme à la mode* [...] (J. GREEN, *Minuit*, p. 158). — *Comme si vous bandiez un arc et que soudain vous* AYEZ LÂCHÉ *sa corde* (BUTOR, *Modification*, p. 223). — *Il se meut dans des cercles parallèles, comme s'il reprenait sans cesse le même itinéraire de corps et d'esprit, ou plutôt qu'il* DÉSIRÂT *se défendre contre ses propres improvisations* (A. BOSQUET, *Bonnes intentions*, p. 311).

Même lorsque *si* a une nuance temporelle : *Si parfois ils se trouvaient seuls et qu'elle l'*EMBRASSÂT, *il frissonnait de la tête aux pieds* (GABORIAU, *Crime d'Orcival*, p. 263). — *Si, en revanche, le marché donnait des signes de faiblesse ou que seulement il* CONNÛT *le moindre déboire dans son commerce, alors il n'était pas* [...] *de jurons assez affreux* (Y. GANDON, *Terres chaudes*, p. 189).

Cependant on trouve aussi l'indicatif (voir l'*Hist.*) :

Si c'est vrai et que Vous ÊTES VENU *pour servir* [...] (CLAUDEL, *Seigneur, apprenez-nous à prier*, p. 103). — *Si vous arrivez par le fond du vallon, et que vous* DÉBOUCHEZ *brusquement dans la cour* [...] (J. SCHLUMBERGER, *Camarade infidèle*, p. 50). — *Si on nous quitte et que nous* SOUFFRONS, *ce n'est que pour la privation de ces agréments* (LÉAUTAUD, *Propos d'un jour*, p. 46). — *Il ne s'approche d'une langue ou d'une idée que s'il la croit bien morte et qu'il la* VOIT *momifiée et que ça ne* PEUT *plus mordre* (FARGUE, cité par Bremond, *Poésie pure*, p. 83). — *S'il faisait froid et que la bonne* MONTAIT *lui allumer du feu, il attendait que le feu ait pris* (PROUST, *Jean Santeuil*, t. I, p. 172). — *Si, demain, un pouvoir pour qui vous auriez estime et confiance se trouvait à votre tête et qu'il vous* TENDAIT *la main* (DE GAULLE, *Discours et messages*, t. II, p. 387). — *C'était comme si, tout d'un coup, mille souvenirs s'effaçaient de sa mémoire et qu'elle* DEVENAIT *une autre personne* (J. GREEN, *Adrienne Mesurat*, p. 40). — *Comme si les plantes dociles obéissaient à ses incantations et que les tiges avec les fleurs* ÉTAIENT MONTÉES *à la hauteur de sa bouche* (J. et J. THARAUD, *Marrakech*, p. 283). — *Le patron* [...] *adressa un bonjour cordial à son café, comme si c'était l'aube et qu'il* SOUHAITAIT *la bienvenue au jour* (BRASILLACH, *Voleur d'étincelles*, p. 36) — *Comme si la vie leur était une prison et que, tout à coup, quelqu'un leur* DÉSIGNAIT *une issue* (Fr. MAURIAC, *Journal*, t. III, p. 43). — Etc.

Il est très rare que *si* répété (et non remplacé par *que*) soit suivi du subjonctif : *Certaines de nos craintes ne sont que l'envers* [...] *des sévices et mauvais traitements que nous ferions subir à quelqu'un si nous étions un autre et s'il* FÛT *nous* (VALÉRY, *Mélange*, Pl., p. 324).

Hist. — Au XVIIᵉ s., après *que* représentant *si* dans la proposition conditionnelle coordonnée, on pouvait avoir l'indicatif : ⁺*Si nos sens ne s'opposaient pas à la pénitence et que notre corruption ne s'*OPPOSAIT *pas à la pureté de Dieu, il n'y aurait en cela rien de pénible pour nous* (PASCAL, *Pens.*, 498). — ⁺*Si je n'ai pas eu de sentiments humbles et que j'*AI ÉLEVÉ *mon âme, Seigneur, ne me regardez pas* (BOSS., *Polit.*, X, VI, 13).

D'autre part, en anc. fr., on se dispensait souvent de mettre une conjonction de subordination devant la proposition coordonnée, ce qui n'est pas tout à fait inconnu aujourd'hui : voir § 1027, *b*, 2° et Hist. — Le subjonctif était possible, mais non obligatoire, dans cette circonstance : *Et se vos i parlés et vos peres le* SAVOIT [...] (*Aucassin et Nic.*, VI). — *Se il vous voloit prometre / Trois cenz livrees de sa terre, / Et mon pere* VENIST *requerre / Icest afere* [...] (*Vair palefroi*, 420-423).

1100   **Propositions de condition introduites par une autre conjonction.**

a) On met le subjonctif après *à moins que, pour peu que, pourvu que, en admettant que, supposé que, à supposer que, soit que ... soit que, soit que ... ou que* :

Il se peut que l'on pleure à moins que l'on ne RIE (MUSSET, *Prem. poés.*, Pl., p. 152). — *Il le fera pour peu que vous lui en* PARLIEZ (AC.). — *Heureux ceux qui sont morts pour la terre charnelle, / Mais pourvu que ce* FÛT *dans une juste guerre* (PÉGUY, *Ève*, p. 133). — *Elle faisait naître des pensées* [...] *qui l'eussent fait s'évanouir d'horreur, supposé qu'elle en* EÛT EU *connaissance* (J. GREEN, *Terre lointaine*, p. 12). — *À supposer* [...] *que l'Union soviétique* [...] EÛT GAGNÉ *la guerre, en ce cas, l'Europe entière aurait été soviétisée* (Raym. ARON, *Spectateur engagé*, p. 135). — *Soit que l'expression de ce regard lui* EÛT ÉCHAPPÉ, *soit qu'il n'y* TROUVÂT *pas une excuse à la désobéissance, l'agent demanda d'une voix brève et rude si c'était compris* (A. FRANCE, *Crainquebille*, II).

b) On met l'indicatif ou, plus souvent, le subjonctif après *au cas où* (ou *que*), *dans le cas où, dans l'hypothèse où, dans l'éventualité où, à (la) condition que, sous la condition que, moyennant que, autant que, pour autant que.*

Ex. de l'indic. : *J'y consens bien volontiers, à la condition que vous* DÎNEREZ *chez moi ce soir* (MAUPASS., *Notre cœur*, II, 1). — *Si les morts pardonnent, c'est sans doute à condition que l'on s'*ABSTIENDRA *à jamais du mal* (NERVAL, *Aurélia*, II, 4). — *Les Grecs renoncèrent à les poursuivre, à condition qu'ils se* RETIRERAIENT *de la Troade* (A. BELLESSORT, *Virgile*, p. 193). — *À la condition que je ne me* METTRAI *là-bas dans aucune espèce de mauvais cas* (LOTI, *Aziyadé*, p. 228). — *Sous la condition qu'ils* IRAIENT *camper à Sicca* (FLAUB., *Sal.*, II). — *Sous condition qu'un orchestre de tziganes y* JOUERAIT (MORAND, *Bucarest*, p. 240). — *On aura ses services moyennant qu'on le* PAYERA (LITTRÉ). — *Moyennant qu'il* RECOUVRERAIT *aussitôt sa liberté* (SAINTE-BEUVE, *Caus. du lundi*, t. I, p. 250). — *Si tu as faim, pour autant qu'il* TIENT *à moi, tu continueras à avoir faim, cela te dressera* (ARAGON, *Beaux quartiers*, II, 34). — *Ces jeunes gens ne sont blâmables que pour autant que le* SONT *leur roman et leur métaphysique* (ARLAND, *Essais critiques*, p. 35). — *L'idée n'a de prix que pour autant qu'elle* EST *liée a une cogitation personnelle* (BENDA, *France byzantine*, p. 77). — *Oh ! ne craignez pas que je fuie, Pour autant que vous* RESPECTEREZ *notre pacte* (CLAUDEL, *Soulier de satin*, I, 7). —

*Pour autant que la technique s'*ACQUIERT, *elle peut être assimilée à un savoir* (G. MARCEL, *Hommes contre l'humain*, p. 64). — *La tradition culturelle à base chrétienne de l'Occident* [...] *se trouve* [...] *en face de formes fondamentalement différentes qui, pour autant qu'elles* RÉUSSI-RAIENT *à s'implanter* [...], *représenteraient comme le surgissement de substances de civilisation nouvelles* (J. MARITAIN, *Questions de conscience*, pp. 249-250). — *J'aimerais connaître pour ma part l'intention profonde de l'auteur, pour autant que l'on* POURRAIT *la supposer* (É. HENRIOT, dans le *Monde*, 28 févr. 1951). — *Autant que ma faiblesse* PEUT *en juger, n'est-ce pas le plus grand sacrifice que je puisse faire à Dieu ?* (STENDHAL, *Rouge*, t. II, p. 197.) — *Vialat était un brave et bon homme, autant que je m'y* PUIS *connaître* (SAND, *Corresp.*, t. VII, p. 457). — *Avec une naïveté que je m'efforcerai d'imiter, autant du moins que la différence des temps me le* PERMETTRA (A. FRANCE, *Pierre Nozière*, p. 183). — *Tel est l'âge magique, autant qu'on* PEUT *le décrire* (ALAIN, *Propos de littér.*, LXXIII). — *Il m'avait écrit, autant qu'il me* SOUVIENT, *à propos d'un des livres que j'ai fait paraître en ces temps lointains* (R. MARTIN DU GARD, *Thib.*, V, p. 74). — *Ce jour de notre arrivée, autant qu'il m'en* SOUVIENT, *Lucie Bucolin portait une robe de mousseline* (GIDE, *Porte étr.*, p. 12).

Ex. du subj. : *J'accepterais même une catastrophe à la condition qu'elle* FÛT *une issue* (FROMENTIN, *Domin.*, VI). — *À condition que ce départ* SOIT *accepté* (M. PRÉVOST, *La nuit finira*, t. I, p. 257). — *À la condition qu'elle* SÛT *les diriger* (L. MADELIN, *Danton*, p. 149). — *Sous la condition qu'un plan* FÛT *adopté* (*ib.*, p. 17). — *Depuis quelques mois, il lui demandait des interviews que le professeur consentait moyennant qu'on* TÛT *son nom* (BARRÈS, *Dérac.*, p. 346). — *Moyennant que l'été me* FOURNÎT *un pavot rouge* (COLETTE, *Paris de ma fenêtre*, p. 213). — *Ainsi s'explique qu'une doctrine, fondée sur le renoncement absolu, entraînât tant de serviteurs, moyennant qu'il leur* FÛT *possible de le différer* (LÉVIS MIREPOIX, *Aventures d'une famille française*, p. 18). — *Pour autant que je le* CONNAISSE, *il ne te demandera rien* (G. DUHAMEL, *Nuit de la Saint-Jean*, p. 79). — *Pour autant qu'on* PUISSE *se faire juge en une telle cause, ici même, sans doute, se consomma son destin* (BERNANOS, *Imposture*, p. 102). — *Pour autant qu'il m'en* SOUVIENNE (GIDE, *Journal*, 12 juin 1944). — *Pour autant que j'en* PUISSE *juger, il y a urgence* (H. BAZIN, *Matrimoine*, p. 87). — *Il serait un artiste, et même célèbre, pour autant que la chose* PUISSE *se concevoir* (BOURNIQUEL, *Enfant dans la cité des ombres*, p. 195). — *Pour autant qu'un premier examen* PERMETTE *d'en juger, cette affaire à l'air parfaitement gérée* (F. MARCEAU, *Creezy*, p. 121). — *Frank s'habituait à Mont-Cinère, et, autant qu'on* PÛT *en juger* [...], *il s'y plaisait* (J. GREEN, *Mont-Cinère*, XXXVI). — *Jamais, autant que je* PUISSE *dire, elle n'avait vu de piano* (G. DUHAMEL, *Nuit de la Saint-Jean*, p. 79). — *Autant que j'en* PUISSE *juger, il est tout de même capable de plaire à Mademoiselle* (Fr. MAURIAC, *Asmodée*, II, 7). — *Autant que je* PUISSE *les joindre dans leur lointain, je vois nos jeunes filles vives, ambitieuses, inquiètes* (COLETTE, *Fanal bleu*, pp. 110-111). — *Ainsi, autant qu'on* PUISSE *l'être, je vivais heureux* (H. BOSCO, *Mas Théotime*, p. 35).

c) On met l'indicatif après *selon que, suivant que, dans la mesure où* :

[La France] répondra aussi à ce que l'Afrique lui dira, suivant que l'Afrique DÉCIDERA *de s'associer à elle, ou suivant que, selon une hypothèse que je rejette absolument, elle se* REFUSE-RAIT *à le faire* (DE GAULLE, *Discours et messages*, t. III, p. 39). — *Et là encore il y avait comme deux accents, selon que la solution moyenne* TENDAIT *vers l'un ou l'autre extrême* (J. GUITTON, *Christ écartelé*, p. 39). — *Les choses désirables de la vie* [...] *s'éloigneraient ou se rapprocheraient de lui* [...] *exactement dans la mesure où il se* RAPPROCHERAIT *et s'*ÉLOIGNE-RAIT *de cet état de patron* (J. ROMAINS, *Hommes de b. vol.*, t. I, p. 237).

On observe une certaine tendance à faire suivre *selon que, suivant que* du subj. : *À tout le moins avais-je pressenti* [...] *cette sorte d'enchantement (ou d'envoûtement, selon qu'on* VEUILLE *l'entendre) qui nous jette tout à coup au cœur d'un monde et d'une vie paniques* (GENEVOIX, *Tendre bestiaire*, pp. 181-182). — *L'humour* [...], *c'est une certaine disposition d'esprit qui vous fait voir les gens et les choses sous un certain angle, l'angle pouvant tout changer, suivant que l'on se* TRAVESTISSE *en major anglais ou en Français moyen* (DANINOS, *Pyjama*, p. 171).

CHAPITRE III

L'INTERROGATION INDIRECTE ET L'EXCLAMATION INDIRECTE

1101   Les propositions exprimant l'interrogation indirecte et l'exclamation indirecte ont ceci de particulier qu'elles n'ont pas de mot
spécifique pour les introduire, à part le *si* qui marque l'interrogation globale. Elles commencent par les mêmes mots qui caractérisent l'interrogation directe et l'exclamation directe, avec de
rares modifications (cf. §§ 411 et 412) :

> *Quand pars-tu ?* → *Je demande* QUAND TU PARS.
> Il y a aussi des modifications dans l'ordre des mots (§ 411, *d*).

Remarques. — 1. La proposition d'interrogation indirecte partielle peut être
réduite au mot interrogatif (comme l'interrogation directe, d'ailleurs) :

> *Dis-moi* OÙ. — *Je ne sais* QUI.

2. *Si* conjonction marquant l'interrogation indirecte doit se répéter au début
de chaque proposition coordonnée (sauf si le sujet lui-même n'est pas répété) :

> *Je me demande s'il l'a vu et s'il l'a reconnu.* (Mais : *Je me demande* SI *Pierre l'a vu et l'a
> reconnu.*)

1102   **Le support de l'interrogation indirecte** peut être un verbe de sens
nettement interrogatif, comme *demander,* mais ce n'est pas toujours le
cas.

Si le verbe support implique l'incertitude par son sens *(ignorer)* ou par sa
construction négative ou interrogative, ou si le verbe support est à l'impératif ou
au futur, il s'agit de quelque chose qu'on ignore et dont on s'enquiert ; la nuance
interrogative est donc perceptible :

> *J'ignore* ou *Je ne sais s'il viendra* (ou ... *quand il viendra*). — *Il ne m'a pas dit s'il venait.*
> — *Savez-vous s'il viendra ?* — *Dites-moi s'il viendra. — Il vous dira s'il viendra.* (Comp. : *Il
> m'a dit qu'il venait.*)

La nuance interrogative est peu sensible quand les conditions données ci-
dessus sont absentes. C'est seulement la présence d'un mot interrogatif qui
permet de reconnaître une interrogation indirecte : *Je sais* QUELLE *est la réponse.*
— Mais certains mots peuvent être interrogatifs ou relatifs : *Il m'a dit* OÙ *il allait.*
(Comp. : *Il va* OÙ *il veut.*)

Le support de l'**exclamation** indirecte est souvent un verbe d'opinion ou de perception : *savoir, voir,* etc.

Tu sais combien je l'estime.

1103 **Fonctions de la proposition interrogative** (ou exclamative).

a) Elle est le plus souvent objet direct. Mais d'autres fonctions sont possibles :

— Objet indirect : *Il ne se souvient plus comment déclancher le mécanisme du tourne-disque* (R. PINGET, *Monsieur Songe*, p. 83). — *Berg ne se souvenait plus où ils déjeunèrent* (J. ROY, *Saison des za*, p. 41). — *Je ne sais quel cacique, interrogé qui était le dieu des Espagnols, a montré du doigt une pépite d'or* (MONTHERLANT, *Maître de Santiago*, II, 1). — *On peut s'interroger si sa* [= de la classe ouvrière] *profonde diversité sociologique, la richesse de son héritage spirituel et politique ne justifient pas l'existence de formations* [politiques] *différentes* (CHEVÈNEMENT, *Les socialistes, les communistes et les autres*, p. 36). [Dans ces deux derniers ex., la langue courante dirait plutôt : *interroger sur le point de savoir...*]
— Sujet : *Peu importe qui l'a dit.* — Avec redondance (§ 365, *b*), surtout dans l'exclamation indirecte : *C'est étonnant comme il a changé.*
— Attribut dans l'expression *C'est à qui* + futur : *L'humilité des saints est paradoxale. C'est à qui sera le plus pauvre, le plus modeste, le plus obscur* (G. DUHAMEL, *Vie et aventures de Salavin*, t. I, p. 79).
— Complément de nom ou d'adjectif (littéraire) : *L'incertitude où j'étais s'il fallait lui dire madame ou mademoiselle me fit rougir* (PROUST, *Rech.*, t. I, p. 76). — *C'est avec une sorte de crainte que je touche à l'énigme de mes impressions du commencement de la vie, — incertain si bien réellement je les éprouvais moi-même ou si plutôt elles n'étaient pas des ressouvenirs mystérieusement transmis* (LOTI, *Roman d'un enfant*, I).
— Régime de *voici, voilà* : *Voici quel est mon plan.*

Remarque. — La relation avec le verbe support est parfois si subtile qu'on est fondé à considérer comme sous-jacent un syntagme comme *pour savoir* :

Elle frappa contre le mur, si sonnerait le creux d'un placard (MONTHERLANT, *Songe*, XVII).

b) L'interrogation indirecte se présente parfois sans support.

1° Comme titre d'un livre, d'un chapitre, comme sommaire d'un chapitre, etc. :

À quoi rêvent les jeunes filles (titre d'une comédie de MUSSET). — *Mitsou ou comment l'esprit vient aux filles* (titre d'un roman de COLETTE). — *Comment j'ai fait mon dictionnaire de la langue française* (LITTRÉ, *Études et glanures*, p. 390) [titre d'une causerie]. — *Du juge de paix dans la Nouvelle-Angleterre. — Par qui nommé. — Administre le comté* [...] (TOCQUEVILLE, *De la démocr. en Amér.*, I, I, 5) [sommaire d'une section de chapitre].

2° Pour reprendre une interrogation directe qui précède :

Comment je sais que je n'ai pas d'amis ? (A. CAMUS, *Chute*, p. 87.) [Dialogue dont une seule voix est reproduite.]
L'interrogation est fictive : *Pourquoi je note tout cela ? Uniquement par peur d'interrompre* (GIDE, *Journal*, 1er juillet 1914).

La reprise de l'interrogation se fait parfois pour protester et équivaut donc à une affirmation : *Est-ce que vous avez déjà tué beaucoup de lions, monsieur Tartarin ? demanda-t-il très tranquillement. / Le Tarasconnais le reçut de la belle manière : / — Si j'en ai beaucoup tué, monsieur !... Je vous souhaiterais d'avoir seulement autant de cheveux sur la tête* (A. DAUDET, *Tart. de Tar.*, III, 2).

104   **Emploi du mode.** — On garde dans l'interrogation et l'exclamation indirectes le mode qui se trouve dans l'interrogation et l'exclamation directes correspondantes, indicatif ou infinitif :

Où VAS-*tu ?* → *Je demande où tu* VAS. — *Où* ALLER *?* → *Je me demande où* ALLER.

Sur les transformations concernant les temps, cf. § 408, *c*.

Le subjonctif dans cet ex. doit résulter d'une analogie avec la proposition conjonctive (§ 1072, *a*) : *Il est extraordinaire à quel point* [...] *le seul effet du contact avec le mystère* SOIT *d'accroître* [...] *l'insignifiance des propos* (PROUST, *Rech.*, t. III, p. 757).

APPENDICE

ARRÊTÉ [1] *DU 28 DÉCEMBRE 1976*
relatif aux tolérances grammaticales
ou orthographiques
(*Journal officiel* - N.C. du 9 février 1977.)

Le ministre de l'éducation,

Vu l'arrêté du 26 février 1901 relatif à la simplification de l'enseignement de la syntaxe française ;

Vu l'avis du conseil de l'enseignement général et technique,

Arrête :

Art. 1er. — La liste annexée à l'arrêté du 26 février 1901 susvisé est remplacée par la liste annexée au présent arrêté.

Art. 2. — Le directeur général de la programmation et de la coordination, le directeur des lycées, le directeur des collèges et le directeur des écoles sont chargés, chacun en ce qui le concerne, de l'exécution du présent arrêté.

Fait à Paris, le 28 décembre 1976.

RENÉ HABY.

---

1. Sur cet arrêté, dit **arrêté Haby**, J. Hanse a publié un examen critique dans le *Bulletin de l'Académie royale de langue et de littérature françaises* [de Belgique] (1977, pp.42-72). Avec lui, on estimera qu'il est « dangereux et néfaste » d'habituer les élèves « à croire qu'on admettra *dans tous les cas* des licences que l'usage, non seulement littéraire mais commun, continue à proscrire » — et on constatera « les erreurs de fait et non seulement de jugement qui sont nombreuses dans l'arrêté ministériel ».

ANNEXE

Tolérances grammaticales ou orthographiques

Dans les examens ou concours dépendant du ministère de l'éducation et sanctionnant les étapes de la scolarité élémentaire et de la scolarité secondaire, qu'il s'agisse ou non d'épreuves spéciales d'orthographe, il ne sera pas compté de fautes aux candidats dans les cas visés ci-dessous.

* * *

Chaque rubrique comporte un, deux ou trois articles affectés d'un numéro d'ordre. Chaque article comprend un ou plusieurs exemples et un commentaire encadré.

Les exemples et les commentaires se présentent sous des formes différentes selon leur objet.

Premier type :

Dans l'emploi de certaines expressions, l'usage admet deux possibilités sans distinguer entre elles des nuances appréciables de sens.

Il a paru utile de mentionner quelques-unes de ces expressions. Chaque exemple est alors composé de deux phrases placées l'une sous l'autre en parallèle. Le commentaire se borne à rappeler les deux possibilités offertes par la langue.

Deuxième type :

Pour d'autres expressions, l'usage admet une dualité de tournures, mais distingue entre elles des nuances de sens ; le locuteur ou le scripteur averti accorde sa préférence à l'une ou à l'autre selon ce qu'il veut faire entendre ou suggérer.

Les rubriques qui traitent de ce genre d'expressions conservent, pour chaque exemple, deux phrases parallèles, mais le commentaire se modèle sur un schéma particulier. Dans un premier temps, il rappelle les deux possibilités en précisant que le choix, entre elles, relève d'une intention ; dans un second temps, il invite les correcteurs à ne pas exiger des candidats la parfaite perception de tonalités parfois délicates de la pensée ou du style. La tolérance est introduite par la succession des deux formules : « L'usage admet, selon l'intention,... » et : « On admettra... dans tous les cas ».

Troisième type :

La dernière catégorie est celle des expressions auxquelles la grammaire, dans son état actuel, impose des formes ou des accords strictement définis, sans qu'on doive nécessairement considérer tout manquement à ces normes comme l'indice d'une défaillance du jugement ; dans certains cas, ce sont les normes elles-mêmes qu'il serait difficile de justifier avec rigueur, tandis que les transgressions peuvent procéder d'un souci de cohérence analogique ou logique.

Dans les rubriques qui illustrent ces cas, chaque exemple est constitué par une seule phrase, à l'intérieur de laquelle s'inscrit entre parenthèses la graphie qu'il est conseillé de ne pas sanctionner. Selon la nature de la question évoquée, le commentaire énonce simplement la tolérance ou l'explicite en rappelant la règle.

* * *

Parmi les indications qui figurent ci-après, il convient de distinguer celles qui précisent l'usage et celles qui proposent des tolérances. Les premières doivent être enseignées. Les secondes ne seront prises en considération que pour la correction des examens ou concours ; elles n'ont pas à être étudiées dans les classes et encore moins à se substituer aux connaissances grammaticales et orthographiques que l'enseignement du français doit s'attacher à développer.

I. — LE VERBE

1. Accord du verbe précédé de plusieurs sujets à peu près synonymes à la troisième personne du singulier juxtaposés :

La joie, l'allégresse s'empara (S'EMPARÈRENT) de tous les spectateurs.

> L'usage veut que, dans ce cas, le verbe soit au singulier.
> On admettra l'accord au pluriel.

2.

2*a*. Accord du verbe précédé de plusieurs sujets à la troisième personne du singulier unis par *comme, ainsi que* et autres locutions d'emploi équivalent :

Le père comme le fils MANGEAIENT de bon appétit.
Le père comme le fils MANGEAIT de bon appétit.

> L'usage admet, selon l'intention, l'accord au pluriel ou au singulier.
> On admettra l'un et l'autre accord dans tous les cas.

2*b*. Accord du verbe précédé de plusieurs sujets à la troisième personne du singulier unis par *ou* ou par *ni* :

Ni l'heure ni la saison ne CONVIENNENT pour cette excursion.
Ni l'heure ni la saison ne CONVIENT pour cette excursion.

L'usage admet, selon l'intention, l'accord au pluriel ou au singulier.
On admettra l'un et l'autre accord dans tous les cas.

3. Accord du verbe quand le sujet est un mot collectif accompagné d'un complément au pluriel :

À mon approche, une bande de moineaux s'ENVOLA.
À mon approche, une bande de moineaux s'ENVOLÈRENT.

L'usage admet, selon l'intention, l'accord avec le mot collectif ou avec le complément.
On admettra l'un et l'autre accord dans tous les cas.

4. Accord du verbe quand le sujet est *plus d'un* accompagné ou non d'un complément au pluriel :

Plus d'un de ces hommes M'ÉTAIT *inconnu.*
Plus d'un de ces hommes M'ÉTAIENT *inconnus.*

L'usage admet, selon l'intention, l'accord au pluriel ou au singulier.
On admettra l'un et l'autre accord dans tous les cas.

5. Accord du verbe précédé de *un des... qui, un de ceux que, une des... que, une de celles qui,* etc. :

La Belle au bois dormant est un des contes qui CHARMENT *les enfants.*
La Belle au bois dormant est un des contes qui CHARME *les enfants.*

L'usage admet, selon l'intention, l'accord au pluriel ou au singulier.
On admettra l'un et l'autre accord dans tous les cas.

6. Accord du présentatif *c'est* suivi d'un nom (ou d'un pronom de la troisième personne) au pluriel :

CE SONT *là de beaux résultats.*
C'EST *là de beaux résultats.*
C'ÉTAIENT *ceux que nous attendions.*
C'ÉTAIT *ceux que nous attendions.*

L'usage admet l'accord au pluriel ou au singulier.

7. Concordance des temps :

J'avais souhaité qu'il vînt (QU'IL VIENNE) *sans tarder.*
Je ne pensais pas qu'il eût oublié (QU'IL AIT OUBLIÉ) *le rendez-vous.*

J'aimerais qu'il fût (QU'IL SOIT) *avec moi.*
J'aurais aimé qu'il eût été (QU'IL AIT ÉTÉ) *avec moi.*

> Dans une proposition subordonnée au subjonctif dépendant d'une proposition dont le verbe est à un temps du passé ou au conditionnel, on admettra que le verbe de la subordonnée soit au présent quand la concordance stricte demanderait l'imparfait, au passé quand elle demanderait le plus-que-parfait.

8. Participe présent et adjectif verbal suivis d'un complément d'objet indirect ou d'un complément circonstanciel :

La fillette, OBÉISSANT *à sa mère, alla se coucher.*
La fillette, OBÉISSANTE *à sa mère, alla se coucher.*
J'ai recueilli cette chienne ERRANT *dans le quartier.*
J'ai recueilli cette chienne ERRANTE *dans le quartier.*

> L'usage admet que, selon l'intention, la forme en *-ant* puisse être employée sans accord comme forme du participe ou avec accord comme forme de l'adjectif qui lui correspond.
> On admettra l'un et l'autre emploi dans tous les cas.

9. Participe passé conjugué avec *être* dans une forme v⟨ ⟩ oale ayant pour sujet *on :*

On est resté (RESTÉS) *bons amis.*

> L'usage veut que le participe passé se rapportant au pronom *on* se mette au masculin singulier.
> On admettra que ce participe prenne la marque du genre et du nombre lorsque *on* désigne une femme ou plusieurs personnes.

10. Participe passé conjugué avec *avoir* et suivi d'un infinitif :

Les musiciens que j'ai entendus (ENTENDU) *jouer.*
Les airs que j'ai entendu (ENTENDUS) *jouer.*

> L'usage veut que le participe s'accorde lorsque le complément d'objet direct se rapporte à la forme conjuguée et qu'il reste invariable lorsque le complément d'objet direct se rapporte à l'infinitif.
> On admettra l'absence d'accord dans le premier cas. On admettra l'accord dans le second, sauf en ce qui concerne le participe passé du verbe *faire*.

11. Accord du participe passé conjugué avec *avoir* dans une forme verbale précédée de *en* complément de cette forme verbale :

J'ai laissé sur l'arbre plus de cerises que je n'en ai CUEILLI.
J'ai laissé sur l'arbre plus de cerises que je n'en ai CUEILLIES.

> L'usage admet l'un et l'autre accord.

12. Participe passé des verbes tels que : *coûter, valoir, courir, vivre,* etc., lorsque ce participe est placé après un complément :

Je ne parle pas des sommes que ces travaux m'ont coûté (COÛTÉES).
J'oublierai vite les peines que ce travail m'a coûtées (COÛTÉ).

> L'usage admet que ces verbes normalement intransitifs (sans accord du participe passé) puissent s'employer transitivement (avec accord) dans certains cas.
> On admettra l'un et l'autre emploi dans tous les cas.

13. Participes et locutions tels que *compris (y compris, non compris), excepté, ôté, étant donné, ci-inclus, ci-joint :*

13a. *Compris (y compris, non compris), excepté, ôté :*

J'aime tous les sports, excepté la boxe (EXCEPTÉE LA BOXE).
J'aime tous les sports, la boxe exceptée (LA BOXE EXCEPTÉ).

> L'usage veut que ces participes et locutions restent invariables quand ils sont placés avant le nom avec lequel ils sont en relation et qu'ils varient quand ils sont placés après le nom.
> On admettra l'accord dans le premier cas et l'absence d'accord dans le second.

13b. *Étant donné :*

ÉTANT DONNÉES *les circonstances...*
ÉTANT DONNÉ *les circonstances...*

> L'usage admet l'accord aussi bien que l'absence d'accord.

13c. *Ci-inclus, ci-joint :*

Ci-inclus (CI-INCLUSE) *la pièce demandée.*
Vous trouverez ci-inclus (CI-INCLUSE) *copie de la pièce demandée.*

Vous trouverez cette lettre CI-INCLUSE.
Vous trouverez cette lettre CI-INCLUS.

L'usage veut que *ci-inclus, ci-joint* soient :
invariables en tête d'une phrase ou s'ils précèdent un nom sans déterminant ;
variables ou invariables, selon l'intention, dans les autres cas.
On admettra l'accord ou l'absence d'accord dans tous les cas.

II. — LE NOM

14. Liberté du nombre.

14*a* :

De la gelée DE GROSEILLE.
De la gelée DE GROSEILLES.
Des pommiers EN FLEUR.
Des pommiers EN FLEURS.

L'usage admet le singulier et le pluriel.

14*b* :

Ils ont ôté LEUR CHAPEAU.
Ils ont ôté LEURS CHAPEAUX.

L'usage admet, selon l'intention, le singulier et le pluriel.
On admettra l'un et l'autre nombre dans tous les cas.

---

15. Double genre :

Instruits (INSTRUITES) *par l'expérience, les vieilles gens sont très prudents* (PRUDENTES) : *ils*
(ELLES) *ont vu trop de choses.*

L'usage donne au mot *gens* le genre masculin, sauf dans des expressions telles que : *les bonnes gens, les vieilles gens, les petites gens.*
Lorsqu'un adjectif ou un participe se rapporte à l'une de ces expressions ou lorsqu'un pronom la reprend, on admettra que cet adjectif, ce
participe, ce pronom soient, eux aussi, au féminin.

16. Noms masculins de titres ou de professions appliqués à des femmes :

Le français nous est enseigné par une dame. Nous aimons beaucoup ce professeur. Mais il (ELLE) *va nous quitter.*

> Précédés ou non de *Madame*, ces noms conservent le genre masculin ainsi que leurs déterminants et les adjectifs qui les accompagnent.
> Quand ils sont repris par un pronom, on admettra pour ce pronom le genre féminin.

17. Pluriel des noms :

17*a.* Noms propres de personnes :

Les Dupont (DUPONTS), *Les Maréchal* (MARÉCHALS).

> On admettra que les noms propres de personnes prennent la marque du pluriel.

17*b.* Noms empruntés à d'autres langues :

Des maxima (DES MAXIMUMS). *Des sandwiches* (DES SANDWICHS).

> On admettra que, dans tous les cas, le pluriel de ces noms soit formé selon la règle générale du français.

III. — L'ARTICLE

18. Article devant *plus, moins, mieux.*

Les idées qui paraissent LES PLUS *justes sont souvent discutables.*
Les idées qui paraissent LE PLUS *justes sont souvent discutables.*

> Dans les groupes formés d'un article défini suivi de *plus, moins, mieux* et d'un adjectif ou d'un participe, l'usage admet que, selon l'intention, l'article varie ou reste invariable.
> On admettra que l'article varie ou reste invariable dans tous les cas.

IV. — L'ADJECTIF NUMÉRAL

19. *Vingt* et *cent* :

Quatre-vingt-dix (QUATRE VINGTS DIX) *ans.*
Six cent trente-quatre (SIX CENTS TRENTE QUATRE) *hommes.*
En mil neuf cent soixante-dix-sept (MILLE NEUF CENTS SOIXANTE DIX SEPT).

On admettra que *vingt* et *cent*, précédés d'un adjectif numéral à valeur de multiplicateur, prennent la marque du pluriel même lorsqu'ils sont suivis d'un autre adjectif numéral.

Dans la désignation d'un millésime, on admettra la graphie *mille* dans tous les cas.

N.B. — L'usage place un trait d'union entre les éléments d'un adjectif numéral qui forment un ensemble inférieur à cent.

On admettra l'omission du trait d'union.

V. — L'ADJECTIF QUALIFICATIF

20. *Nu, demi* précédant un nom :

Elle courait nu-pieds (NUS PIEDS).
Une demi-heure (DEMIE HEURE) *s'écoula.*

L'usage veut que *nu, demi* restent invariables quand ils précèdent un nom auquel ils sont reliés par un trait d'union.

On admettra l'accord.

---

21. Pluriel de *grand-mère, grand-tante,* etc. :

Des GRAND-*mères.*
Des GRANDS-*mères.*

L'usage admet l'une et l'autre graphie.

---

22. *Se faire fort de...* :

Elles se font fort (FORTES) *de réussir.*

On admettra l'accord de l'adjectif.

---

23. *Avoir l'air :*

Elle a l'air DOUX.
Elle a l'air DOUCE.

> L'usage admet que, selon l'intention, l'adjectif s'accorde avec le mot
> *air* ou avec le sujet du verbe *avoir*.
> On admettra l'un et l'autre accord dans tous les cas.

VI. — LES INDÉFINIS

24. *L'un et l'autre :*

24a. *L'un et l'autre* employé comme adjectif :

1. *J'ai consulté l'un et l'autre* DOCUMENT.
   J'ai consulté l'un et l'autre DOCUMENTS.

2. *L'un et l'autre document* M'A *paru intéressant.*
   L'un et l'autre document M'ONT *paru intéressants.*

> 1. L'usage admet que, selon l'intention, le nom précédé de *l'un et*
> *l'autre* se mette au singulier ou au pluriel.
> On admettra l'un et l'autre nombre dans tous les cas.
>
> 2. Avec le nom au singulier, l'usage admet que le verbe se mette au
> singulier ou au pluriel.

24b. *L'un et l'autre* employé comme pronom :

L'un et l'autre se TAISAIT.
L'un et l'autre se TAISAIENT.

> L'usage admet que, selon l'intention, le verbe précédé de *l'un et l'autre*
> employé comme pronom se mette au singulier ou au pluriel.
> On admettra l'un et l'autre nombre dans tous les cas.

25. *L'un ou l'autre, ni l'un ni l'autre :*

25a. *L'un ou l'autre, ni l'un ni l'autre* employés comme adjectifs :

L'un ou l'autre projet me CONVIENT.
L'un ou l'autre projet me CONVIENNENT.
Ni l'une ni l'autre idée ne M'INQUIÈTE.
Ni l'une ni l'autre idée ne M'INQUIÈTENT.

> L'usage veut que le nom précédé de *l'un ou l'autre* ou de *ni l'un ni l'autre* se mette au singulier ; il admet que, selon l'intention, le verbe se mette au singulier ou au pluriel.
> On admettra, pour le verbe, l'un et l'autre accord dans tous les cas.

25*b.* *L'un ou l'autre, ni l'un ni l'autre* employés comme pronoms :

De ces deux projets, l'un ou l'autre me CONVIENT.
De ces deux projets, l'un ou l'autre me CONVIENNENT.
De ces deux idées, ni l'une ni l'autre ne M'INQUIÈTE.
De ces deux idées, ni l'une ni l'autre ne M'INQUIÈTENT.

> L'usage admet que, selon l'intention, le verbe précédé de *l'un ou l'autre* ou de *ni l'un ni l'autre* employés comme pronoms se mette au singulier ou au pluriel.
> On admettra l'un et l'autre nombre dans tous les cas.

26. *Chacun :*

Remets ces livres chacun à SA *place.*
Remets ces livres chacun à LEUR *place.*

> Lorsque *chacun*, reprenant un nom (ou un pronom de la troisième personne) au pluriel, est suivi d'un possessif, l'usage admet que, selon l'intention, le possessif renvoie à *chacun* ou au mot repris par *chacun*.
> On admettra l'un et l'autre tour dans tous les cas.

VII. — « MÊME » ET « TOUT »

27. *Même :*

Dans les fables, les bêtes MÊMES *parlent.*
Dans les fables, les bêtes MÊME *parlent.*

> Après un nom ou un pronom au pluriel, l'usage admet que *même*, selon l'intention, prenne ou non l'accord.
> On admettra l'une ou l'autre graphie dans tous les cas.

28. *Tout :*

28*a*. *Les proverbes sont de* TOUT *temps et de* TOUT *pays.*
    Les proverbes sont de TOUS *temps et de* TOUS *pays.*

L'usage admet, selon l'intention, le singulier ou le pluriel.

28*b*. *Elle est toute* (TOUT) *à sa lecture.*

Dans l'expression *être tout à...*, on admettra que *tout,* se rapportant à un mot féminin, reste invariable.

28*c*. *Elle se montra tout* (TOUTE) *étonnée.*

L'usage veut que *tout,* employé comme adverbe, prenne la marque du genre et du nombre devant un mot féminin commençant par une consonne ou un *h* aspiré et reste invariable dans les autres cas.
On admettra qu'il prenne la marque du genre et du nombre devant un nom féminin commençant par une voyelle ou un *h* muet.

VIII. — L'adverbe « ne » dit explétif

29. *Je crains qu'il* NE *pleuve.*
    Je crains qu'il pleuve.
    L'année a été meilleure qu'on NE *l'espérait.*
    L'année a été meilleure qu'on l'espérait.

L'usage n'impose pas l'emploi de *ne* dit explétif.

IX. — Accents

30. Accent aigu :

Assener (ASSÉNER) ; *referendum* (RÉFÉRENDUM).

Dans certains mots, la lettre *e,* sans accent aigu, est prononcée [*é*] à la fin d'une syllabe.
On admettra qu'elle prenne cet accent — même s'il s'agit de mots d'origine étrangère — sauf dans les noms propres.

31. Accent grave :

Événement (ÉVÈNEMENT) ; *je céderai* (JE CÈDERAI).

> Dans certains mots, la lettre *e* avec un accent aigu est généralement prononcée [*è*] à la fin d'une syllabe.
> On admettra l'emploi de l'accent grave à la place de l'accent aigu.

32. Accent circonflexe :

Crâne (CRANE) ; *épître* (ÉPITRE) ; *crûment* (CRUMENT).

> On admettra l'omission de l'accent circonflexe sur les voyelles *a, e, i, o, u* dans les mots où ces voyelles comportent normalement cet accent, sauf lorsque cette tolérance entraînerait une confusion entre deux mots en les rendant homographes (par exemple : *tâche/tache ; forêt/foret ; vous dîtes/vous dites ; rôder/roder ; qu'il fût/il fut*).

X. — TRAIT D'UNION

33. *Arc-en-ciel* (ARC EN CIEL) ; *nouveau-né* (NOUVEAU NÉ) ; *crois-tu ?* (CROIS TU ?) ; *est-ce vrai ?* (EST CE VRAI ?) ; *dit-on* (DIT ON) ; *dix-huit* (DIX HUIT) ; *dix-huitième* (DIX HUITIÈME) ; *par-ci, par-là* (PAR CI, PAR LÀ).

> Dans tous les cas, on admettra l'omission du trait d'union, sauf lorsque sa présence évite une ambiguïté *(petite-fille/petite fille)* ou lorsqu'il doit être placé avant et après le *t* euphonique intercalé à la troisième personne du singulier entre une forme verbale et un pronom sujet postposé *(viendra-t-il ?).*

* * *

OBSERVATION

Dans les examens ou concours visés en tête de la présente liste, les correcteurs, graduant leurs appréciations selon le niveau de connaissances qu'ils peuvent exiger des candidats, ne compteront pas comme fautes graves celles qui, en dehors des cas mentionnés ci-dessus, portent sur de subtiles particularités grammaticales.

INDEX

Les abréviations utilisées sont, croyons-nous, faciles à interpréter.
Notons seulement : H. = Historique ; N. =Note ; R. = Remarque ; v. = voir.

Les chiffres renvoient aux paragraphes.

Les chiffres renvoient aux paragraphes.

Allemand : infl. de l'∼, 157, *a* ; plur. des
noms ∼s, 525, *a.*

Aller : *1°* ∼ remplacé par *être* aux temps
comp., 803, *c,* R. 3 ; conjug., 803 ; suppression de *y* devant le fut. et le conditionnel de ∼, 635, *e,* 2° ;
2° ∼ semi-auxil., 790 ; ∼ + gérondif, 790,
d ; ∼ + inf., 790, *a* et *b* ; ∼ *pour,* 790, *c* ;
s'en ∼ traduisant un fut. proche, 790, *a,*
1° ; *s'en* ∼ + gérondif, 790, *d* ; *s'en* ∼ +
part. passé, 790, *d,* H. ;
3° express. div. : *à Dieu va(t),* 765, R. 2 ;
°∼ *au médecin,* 1000, *b* ; °∼ *coucher,* °∼
promener, 751, *c* ; ∼ *sur (ses) trente ans,*
1021, *b,* 1° ; *comment ça va ?* 391, *b,* 2° ;
*comment (vous) va ? comment (vous) va-t-
il ?* 234, *c* et H. ; 755, R. 2 ; *en allé,* 656,
b ; *en* ∼ *de même,* 745, *c,* R. 1 ; *il en* (ou
y) *va de,* 230, R. 2 ; *il s'en va* + indication
de temps (impers.), 755, R. 3, H. ; *s'en* ∼,
656, *b.*

Aller (comme nom) : plur., 507, *b* ; ∼ *et
retour,* ∼*-retour,* plur., 515, *a.*

Alleu : plur., 502, *b.*

Allier (s') à, avec, 277, *a.*

Allo (allô) et point d'interrog., 121, *e.*

Allonger = s'allonger, 750, 3°, R. 2.

Allopathe, 183, *a,* R. 3.

Alphabet, 83-85 ; ∼ phonétique, 18.

°*Alphabète,* 173, *d.*

Alternance vocalique, 39, *a,* R. 3.

Alto : genre, 476, *a.*

Alunir, 792, *b.*

Alvéole : genre, 472, 2.

Ambassadeur, ambassadrice, 475, *b* ; 489, *b.*

°*Ambes,* 573, H.

Amerrir, 792, *b.*

Ami : ∼ construit avec un adv. de degré,
963 ; – ∼ *avec qqn,* 349, *a,* 5° ; *un* ∼ *à*
(fam.), 346, *b,* 2°.

Ammoniaque : genre, 471, *b.*

Amour : genre, 461, *a.*

Amoureux fou, 926, *b,* 8°.

Amphibologie, 14, *a.*

Amphitryonne, fém. occasionnel, 476, *b,* 1°.

Amuïssement, 16, R. 2 ; de [ə], 28-29 ; de
[œ] et [ø], 29, *b,* 4°, R. 4 ; des consonnes
finales, 78-82.

-ana, 161, R. 2 ; comme nom, 197 ; plur. du
nom, 507, *b,* R. 4.

Anacoluthe, 225.

Analogie et évolution sémant., 208, *d.*

Anaphore, 221.

Anaphorique : adv. ∼, 921 ; fonction ∼ du
détermin. démonstr., 598, *b* ; du pron.
démonstr., 670, *b,* 2°.

Ancêtre : genre, 480, R. 3.

Ancien français, 8.

Andalou : fém. de l'adj., 532 ; fém. du nom,
484.

Ange : genre, 480, R. 3.

Anglais : infl. de l'∼, 145, *b* ; 156 ; 162, *b* ;
plur. des mots ∼, 524.

Anglo-normand, 8.

Angora : accord, 544, *b.*

Animaux (noms d'∼) : genre, 474.

Animés (noms), v. Noms animés.

Antan, 966, *a.*

Antécédent, 1059.

Antérieur : degrés, 550, *b,* R. 2.

Anthroponymie, 5, *b,* 1°.

Anthume, 555, H.

Anti-, 167, *e,* 2° ; 185, *c.*

Antiphrase, 209, *b.*

Antonomase : plur. des noms désignant des
espèces par ∼, 512, *a.*

Antonymes, 206.

°*Anuit* « aujourd'hui », 965, H.

°*Août* : prononc., 90, *e,* R. 2.

Apercevoir : conjug., 812, *d.*

Aphérèse, 187.

Apocope, 187.

Apophonie, 39, *a,* R. 3.

Apostrophe : signe orthogr., 45 ; 106 ; –
mots en ∼, 370 ; mots en ∼ et point
d'exclam., 122, R. 3 ; et virgule, 126.

Apparaître : auxil., 783 ; – ∼ *comme* +
attrib., 243, *b,* 2°.

Apparaux, 505, *b,* R.

Apparoir, 754, *b,* 4° ; 848, 3.

Appartenir : *(à) lui appartenant,* 638, *b,* 4°,
R. 1.

Appas, 496, *a,* H.

Applaudir : construction dir. et indir., 273,
2 ; – ∼ *des deux mains,* 15.

Apposition, 334-339 ; « accord » du nom en
∼, 338-339 ; accord du verbe lorsque le
donneur contient une ∼, 423 ; adj. en ∼
(= épith. détachée), 326 ; ∼ détachée,
337 ; ∼ détachée pour remplacer une
prop. conjonct., 1079, *d,* 2° ; ∼ et virgule,
125, *a* ; ∼ identique à son support, 335,
R. 4 ; ∼ subord. à un pron., 353, *a* ; construction indir. de l'∼, 336 ; les significations du mot ∼, 334, R. 1 ; ordre des
élém., 335.

Apprendre qqn, 742, *c,* N. 2 ; *être appris,* 742, *c.*

Appui(e)-tête, 178, *a,* 1° ; plur., 517, *b,* R. 1.

Après, 274, *d* ; concurrence entre ∼, *contre,
sur,* 280 ; prép. à régime implicite, 992, *a,*
1° ; – ∼ « sur, à » (lieu), 1005, *b* ; ∼ *que,*
1082, *a* ; °*en* ∼, 928, *e,* 2°, H. ; *être* ∼ *à,*

Les chiffres renvoient aux paragraphes.

791, c, 2° ; *il lui court* ~, 647, d ; *par* ~, 928, e, 2°.

Après-midi : genre, 466, b ; plur., 518 ; ~ et *après midi*, 108, a.

Aquiline (fém. exceptionnel), 536, b.

Arabe : infl. de l'~, 158, a.

Archaïsme, 149.

Archi-, 185, b.

Archiphonème, 17, b.

Archive, rarement sing., 495, a.

Ardre (défectif), 848, 4.

Argot, 13, c, R. ; altération des mots en ~, 191, d ; réduction des mots, 187, b ; – emprunts à l'~, 157, f.

Arguer, argüer, 93, b, R. 3.

Armoirie, rarement sing., 495, a.

Arrérage, rarement sing., 495, a.

Arrêter de + inf., 876.

Arriver : il arrive que, 1073, a, 3°.

Article, 563-571 ;
1° absence d'~, 570-571 ; devant des noms communs, 570 ; devant des noms propres, 571 ;
2° ~ défini, 564-565 ; ~ élidé, 565, a ; formes contractées, 565, b ; 46, a ; formes simples, 565, a ;
3° ~ indéfini et ~ partitif, 566-569 ; ~ partit., 567 ; *de*, 569 ; formes, 568 ;
4° ~ et majusc., 100 ; dans les noms propres de pers., 100, c, 3° ;
5° l'~ du superl. relat., 949 ; 950.

Articulation, 16.

Ascendant (masc. employé comme catégorie gén.), 476, c, 1°.

Aspect : ~ du verbe, 740 ; adverbe d'~, 965 ; 967.

Aspect + compl. juxtaposé, 348, b, 1°.

Assaillir : conjug., 810, a, 1°.

Assavoir : faire ~ 838 ; ~ équivalent de *c'est-à-dire*, 1040.

Asseoir : conjug., 817, b ; – *place assise*, 223.

Assertive (phrase), v. Énonciative.

Asservir : conjug., 811, R. 3.

Assez : ~ pour marquer le degré moyen, 953 ; place de ~, 937, a ; °~ *bien*, 953 ; °~ *bien de pour* ~ *de*, 607, a, 4° ; ~ *pour* + inf. ou ~ *pour que* + prop. corrél., 358, c ; °~ ... *que pour*, 960, R. 3 ; ~ ... *que de* + inf. (litt.), 960, R. 3.

Assimilation, 21 ; ~ de consonnes, 36, b.

Assistant (« personne présente »), parfois au sing., 496, a.

Association phonétique internationale, 18.

Associations (noms d'~) : majusc., 98, b.

Assonances, 39, a, R. 4.

Assortir : conjug., 811, R. 3.

Astérisque, 113.

Astérisque : genre, 113, R. 1.

Astreindre : conjug., 813, a, 2°.

Asymétrie dans la coordination, 256-259.

Asyndète (= juxtaposition), 253, b.

Athénée, 12.

Atteindre : conjug., 813, a, 2° ; construction dir. et indir., 273, 3.

Attendre : concurrence entre compl. d'obj. et compl. adverbial, 286, 1° ; – ~ *après*, 274, d, 1° ; ~ *de, s'*~ *à* + inf., 878, a, 1° ; ~ *que* + subj., 1073, b, 2° ; *s'*~ *que, à ce que*, 1073, b, 2°.

Attendu, partic. invar. jouant plus au moins le rôle de prép., 311, b, 1°.

Attention : faire ~ *de* + inf., 877.

Attester (de), 274, b, 1°.

Attraction : ~ paronymique (ou étymologie populaire), 192 ; 209, a ; conditionnel par ~, 1073, e, H. ; subj. par ~, 1073, e.

Attraire (défectif), 848, 32.

Attribut : *1°* du sujet, 238, b ; 241-250 ; accord de l'adj. ~, 247-248 ; du nom ~, 249-250 ; du pron. pers. ~, 639 ; 648 ; accord du verbe avec l'~, 897 ; – ~ du compl. absolu, 311 ; – ~ du « sujet réel », 242, a, R. 3 ; 242, b, R. 1 ; avec *de (il y a cent hommes de tués)*, 243, d ; accord de l'~ du « sujet réel », 248, b ; – ~ du type *La capitale de la France est Paris*, 241 ; – construction, 243-244 ; différ. avec le compl. d'obj. dir., 238, b, R. 2 ; ellipse, 217, g ; nature, 245 ; 316 ; noms ~s sans art., 963 ; place de l'~, 246 ; – verbes attributifs, 242 ;
2° du compl. d'obj. dir., 287, e ; 292-298 ; accord de l'~, 297 ; construction, 295-296 ; ~ introd. par *de (avoir une chambre de libre)*, 243, d ; nature, 293-294 ; place, 298 ;
3° du compl. de *voici, voilà*, 1046, a.

Attributif : verbe ~, 238, b, R. 1 ; 242.

Attribution (compl. d'~), 271, R. 2 ; 647, b.

-au (noms en ~) : plur., 502, a.

Auburn, invar., 544, b.

Aucun (détermin. indéf.), 608, a ; accord après ~ en contexte nég., 443, b ; ~ au plur., 608, c ; ~ + épith., 352, b ; ~ et nég., 977 ; °*pas* + ~, 979, b ; val. nég. de ~ employé sans *ne*, 982, a et b.

Aucun (pron. indéf.), 710 ; ~ et nég., 977 ; °*pas* ~, 979, b ; *plus* ~, *jamais* ~, 979, a ; – sens positif, 981 ; – *d'aucuns*, 710, a, 1°.

Aucunement : négatif sans *ne*, 972 ; équivalent de *non*, 1054, c, 1° ; *ne* ... ~, 976.

Auditionner, 169, a, 1.

Aujourd'hui, 966, b ; ~ + prop. relat., 1059, c, R. ; – *au jour d'*~, 966, b ; °~ *(au) matin*, 997, d.

Auparavant : ~ *que*, 1081, *a*, H. ; ~ *(que) de*, 991, H. 1.
Auprès de, 1022, 6.
Auquel : ~ *cas*, 600.
Aurochs, 500, *b*.
Aurores : *aux* ~, 493, *b*, R.
Aussi, 986, *b* ;
1° accord après deux termes unis par ~ *bien que*, 445, *a* ; ~ + inversion du sujet, 377, *c* ; ~ comme suppléant (*et moi* ~), 219, *f* ; ~ marquant le comparatif, 947 ; ~ répété devant chaque adj. au comparat. coord., 948, *d* ;
2° ~ *bien*, 986, *c* ; + inversion, 377, *c* ; ~ *grand qu'il soit*, 1092, *a*, 2° ; ~ *grand soit-il*, 1095, *b* ; ~ *loin que*, 1092, *a*, 2°, R. ; °~ *non* pour *ou sinon*, 1053, *a* ; ~ *tôt* et *aussitôt*, 927, N.B. ; *pour* ~ ... *que*, 1092, *a*, 5° ; *tout* ~ ... *que*, 1092, *a*, 5° ; *x fois* ~ ... *que*, 948, *c*.
Aussitôt, 310, R. ; 927, N.B.
Austral : plur., 539, *c*, 6°.
Autant, 947 ; accord après deux termes unis par ~ *que*, 445, *a* ; °~ substitut d'un numéral, 220, *b*, 3° ; 707, *a*, R. 1 ; ~ ..., ~, 254, *b*, 1° et R. ; 948, *e* ; – ~ *de* ... *que* (concessif), 1092, *b* ; ~ *que*, 1092, *b* et *d* ; 1096, *b* ; 1100, *b* ; *d'*~ (*plus*) *que*, 1083 ; *pour* ~, 984, 2° ; *pour* ~ *que*, 1096, *b* ; 1100, *b* ; *x fois* ~, 948, *c*.
Auteur : fém., 476, *b*, 1°.
Auto-, 185, *b*.
Autocrate : fém., 489, *b*.
Automne : genre, 472, 3 ; – *à l'*~, *en* ~, *l'*~, 304, *a*, 2° ; 1002, *b*.
Autonymes (noms), 450 ; 194 ; disjonction, 50, *c* ; guillemets, 132, *b* ; italiques, 87, *a* ; absence d'article, 570, 8° ; plur., 507, *a*.
Autre (adj.), 318, R. 1, H. et R. 2, H. ; adj. placé avant le nom, 320, *a* ; ~ à la place de *deuxième*, 581, *c* ; ~ comme adj. indéf., 622 ; ~*s* devant nom plur., 622, *b*, 2° ; ellipse après ~ ... *que*, 217, *e*, 4°, R. 1 ; nég. *ne* ou *ne* ... *pas* devant ~ ... *que*, 975, 4° ; – ~ *chose*, 734, *a* ; *l'un et l'*~ + nom sing., accord, 436, *b* ; *que d'*~, 352, *b*, R. 1 ; *qu'est-ce* ~ *chose que*... ? 352, *b*, R. 2 ; *rien* ~ *chose*, 352, *b*, R. 2 ; *tout* ~, 955, R. 4 ; *une* ~ *fois*, 927, N.B.
Autre (pron. indéf.), 712 ; accord sylleptique avec le nomin. indéf. *d'autres*, 428, *b* ; prép. + ~ + *que* + répétition ou non de la prép., 996, *a* ; – *entre* ~*s*, 712, *b*, 3° ; *et* ~*s*, 712, *b*, 2° ; °*eux* ~*s*, 712, *b*, 1° ; *l'*~, 712, *a*, 2° ; *l'un l'*~, 715 ; *l'un et l'*~, *l'un ou l'*~, *ni l'un ni l'*~, accord, 436, *b* ; 444 ; répétition d'une éventuelle prép. dans ces

trois expressions, 995, *b*, R. 2 ; *nous* ~*s*, *vous* ~*s*, 712, *b*, 1° ; *sans* ~, 712, *b*, 5° ; *un* ~, 712, *a*, 1°.
Autrefois, 927, N.B.
Autrement : pour marquer le compar. de supér., 945, *d* ; pour renforcer le compar., 948, *b* ; – *ne* ... *pas* ~ = *peu*, 952, R. 3.
Autrui (pron. indéf.), 713.
Auxiliaire, v. Verbes auxiliaires.
Avance : *à l'*~, *d'*~, *par* ~, 929, *a* ; *préparer*, *prévenir*, etc. *d'*~ ou *à l'*~, 172, 7, R.
Avant, 1006 ; prép. à régime implicite, 992, *a*, 1° ; – ~ *de* + inf. ou ~ *que de*, 991 ; ~ *que*, 869, *e* ; 1082, *b* et R. ; ~ *que* + *ne* facultatif, 983, *g*, 2° ; °*par* ~, 928, *e*, 3°.
Avant-coureur : fém., 536, *c*.
Avec, 1007 ; ~ dans la coord. différée, 261, *b*, 1° ; ~ introd. un compl. de moyen, 1007, *b* ; concurrence entre ~ et *à*, 277 ; entre ~ et *de*, 278 ; prép. à régime implicite, 992, *a*, 4° et *b*, 2° ; prononc., 81, *c* ; syntagme nominal introd. par ~ équivalent de *et*, 445, *b* ; – °~ = *aussi*, 219, *f* ; *avecques*, 923 ; ~ *rien* = *sans rien*, 731, *c* ; *dîner* ~ *qq. ch.*, 1007, *b*, 2° ; *nous nous promenions avec mon frère* (= *mon frère et moi*), 261, *b*, 1°, R.
Avents, 498, *e*.
Averbale (phrase), 213 ; 402-404 ; défin., 402 ; circonstances d'emploi, 403 ; formes, 404 ; interrog. partielle ~ (en langue parlée), 384, *c* ; phr. exclamative ~, 397, *a* ; phr. injonctive ~, 399, *d*.
Avérer (s'), 242, *b*, R. 5 ; avec *comme*, 243, *b*, 2°.
Avertir que, 1069, *b*, R. 2.
Avignon : *en* ~, 1003, *a*, 5°.
Avis : *m'est* ~ *que*, 234, *a* ; 1071, *a*, 1°.
Avoir : 1° conjug., 875 ; au passif, 742, *b* ; au subj. prés., 771 ; *eu* + inf. + *à*, accord, 915, R. 5 ;
2° ~ auxil., 781 ; 783 ; °des verbes pronom., 782, *b*, 1°, R. ; – ~ *à* semi-auxil. + inf., 791, *a* ;
3° problèmes divers : nature du compl. d'objet d'~, 288, *a* ; *avoir* + obj. dir. + attrib., 295, *a* (~ *les yeux rouges*) ; ~ + adj., 294 (~ *beau*, °~ *facile*, etc.) ; – ~ *à* « procurer à », 791, *e*, 1°, N.B. ; °~ *eu à* ou *avec* « avoir reçu de », 279, *a* (*J'ai eu cent francs à mon père*) ; – *ce que j'ai de* ... *comme* donneur d'accord, 424, *a* ;
4° *Il y a*, v. *Il y a* ; *y ayant*, 752, R. 3 ;
5° Expr. diverses : ~ *accoutumé*, 294, 5°, R. 1 ; 784, *b*, 1° ; 878, *a*, 2° ; ~ *affaire* ou *à faire*, 277, *d* et R. ; ~ *agréable*, 294, 5°, H. ; ~ *aisé*, 294, 3° ; ~ *beau*, 294, 1°, °~

Les chiffres renvoient aux paragraphes.

Les chiffres renvoient aux paragraphes.

Les chiffres renvoient aux paragraphes.

e ; – hésitation entre sing. et plur. quand le principe d'économie joue dans la ~, 499, *d* ;
    5° ~ logique et ~ grammaticale, 263 bis.
Copain, copine, 482, *b,* 2°, R.
Copule, 238, *b* ; 242.
Corps des lettres, 86, *b.*
Corps : à son ~ *défendant,* 891, R. 2, H. 2 ; *mon* ~ = *moi,* etc., 220, *c,* 1°, H. ; ~ *et biens,* 503.
Correction (pour une bonne langue écrite), 14, *b.*
Corrélatifs, 254, *a* ; 254, *b,* 1° ; place des ~, 254, *a,* R. ; propos. corrélatives, 1075-1077 ; sous-phrases corrélatives, 948, *e* ; 1075, R. 2.
Côte : à la ~ ou *sur la* ~, 1001, *a,* 3°.
Côté + compl. juxtaposé, 348, *b,* 1°.
Coudre : conjug., 814, *b.*
Couleur (adj. de ~) : trait d'union, 109, *c* ; variabilité, 541.
Couleur de + nom : genre lorsque ce syntagme est utilisé comme nom, 469, H.
Coulisse, au sing., 498, *c.*
Coup : du ~, *tout à* ~, *tout d'un* ~, 967, *f.*
Couper : coupé court, 926, *b,* 1° ; ~ *qqn,* 275, *b.*
Coupure des mots en fin de ligne, 20.
Cour : °~ « w.-c. », 498, *d* ; °*sur la* ~, 1001, *a,* 2°.
Courant ~ + indication du mois ou de l'année, 304, *a,* 3° ; 348, *b,* 2°.
Courbatu, courbaturé, 169, *a,* 1 ; 818.
Courir : accord du part. passé, 911 ; conjug., 825 ; auxil., 784, *b,* 3° ; ~ + obj. dir., 274, *d,* 3° ; – ~ *sus,* 647, *d ; il lui court après,* 647, *d ; s'en* ~, 656, *a,* R. 1.
Courre, 825, R.
Cours d'eau (noms de ~), avec art., 571, *b,* 3°.
Courser, 169, *a,* 1.
Court : avoir plus ~ *de* « avoir plus de commodité à », 294, 2° ; *coupé* ~, 926, *b,* 1° ; *demeurer* ~, *rester* ~, *être (à)* ~ *de,* °*être* ~ *de,* °*tomber à* ~, 244, *c* ; 248, *d.*
Court-vêtu, 926, *b,* 9°.
Cousin avec qqn, 349, *a,* 5°.
Cousu main, 304, *a,* 7°.
Coûter : accord du part. passé, 911.
Couvrir : conjug., 810, *b.*
Crachine (il ~), 754, *a.*
Craindre : conjug., 813, *a,* 1°.
Crainte : (de) ~ *de* + nom ou inf., 998, *e* ; *(de)* ~ *que,* 1088, *a ; par* ~ *que,* 1088, *a.*
Crapahuter, 3, R.
Créations *ex nihilo,* 200.
Créole, 11, *e.*
Creux : sonner (le) ~, 926, *b* et N. 1.

Crier après, contre, sur, 280, *b.*
Crochets, 132.
Croire : accord du part. passé, 913 ; *cru* + inf., accord, 915, R. 4 ; conjug., 826 ; construction dir. ou indir., 273, 4 ; indic. ou subj. après ~ *que,* 1071, *b* ; 1072, *c ; on croirait de,* 292, *b,* R. 3.
Croître : conjug., 763, *d* ; 815, *c* ; part. passé, 778, *a.*
Croupeton(s) : à ~, 928, *g,* 2°.
Crypto-, 185, *b.*
Cucu(l), adj. invar., 546.
Cueillir : conjug., 810, *a,* 3°.
Cuir, dans la prononc., 41, R. 1.
Cuire : conjug., 816, *a* et *b.*
Culotte(s), sing. ou plur., 498, *b.*

D

Daigner : ne ~, 975, 2°, R. 2.
Daim, daine, dine, 482, *b,* 2° et R. et H.
Dame ! 7, *a,* N.
Danemark : en ~, 1003, *a,* 1°.
Dans, 1001-1002 ; ~ marquant le lieu, 1001 ; ~ et *en,* 1002, *a* ; emploi par hypallage *(enfoncer son chapeau dans sa tête),* 223, R. ; – ~ *un point de vue,* 1000, *d,* H. ; ~ *la mesure où,* 1100, *c* ; ~ *la rue,* 1001, *a,* 1° ; ~ *les* pour exprimer l'approximation, 584, *d* ; ~ *un but,* 1002, *a,* R. ; ~ *une chaise, un fauteuil,* 1001, *b,* 1°.
Date : en chiffres arabes, 118, R. 5 ; expression de la ~, 998, *b.*
Datif éthique, 647, *e.*
Davantage : 1° ~ adv., marquant le compar., 945, *b* ; dans les sous-phrases corrélatives, 948, *e ; beaucoup* ~, 948, *b* ; ~ *que,* 948, *a* ; – marquant le superl., 949, R. 2 ;
    2° ~ *de,* détermin. indéf., 607, *a,* 2° ;
    3° ~ *pron.* indéf., 707, *b.*
De (art. indéf. ou partitif), 569 ; au plur., 569, *a,* 1° ; au sing., 569, *a,* 2° ; après les adv. de degré utilisés comme détermin. indéf., 569, *b* ; dans une formule négative, 569, *c.*
De (prép.), 274, *b* ; 988 ; 1004 ;
    1° verbe + ~ : + compl. nominal essentiel, concurrence entre ~ et *à,* 279 ; entre ~ et *avec,* 278 ; entre ~ et *pour,* 278 ; + inf., 876 ; 878, *a* et *b* ; au lieu de *par* distributif *(cent francs* ~ *l'heure)* ; + compl. d'agent du verbe passif, 313, *b* ; + adv. au superlatif *(des mieux,* ~ *plus belle,* etc.), 950, *e* ; concurrence entre ~ *lui* et *en,* 638, *c* ; 653, *c,* 1° ;

3° mélange de disc. dir. et ind., 406, *b*, R. 2 ; transformation du disc. dir. en disc. ind., 408.

Disharmonie, dys-, dés-, 172, 3.

Disjonction, 47-51.

Disparate : genre, 472, 4.

Disparition des mots, 148.

Dispos : fém., 536, *c.*

Dissimilation (phonét.), 21.

Dissoudre : conjug., 813, *b.*

Dissymétrie, dys-, 172, 3.

Distinguer de, d'avec, 278.

Distraire : conjug., 848, 32.

Distribution : ~ en linguistique générale, 4 ; ~ en syntaxe, 250, R. 1.

Dito, 219, *h,* 2°.

Diva : plur., 523, *b.*

Divan : sur un ~, 1001, *b,* 1°.

Divers, détermin. indéf., 612.

Divisé : accord, 431, *a.*

Division (= trait d'union), 107, *a.*

Divorcer : constr., 278 ; °*se* ~, 749, R. 4.

Dix : prononc., 574, *c.*

Dixit, 847, *g.*

Docteur : fém., 489, *c* ; majusc., 98, *c,* 1° ; abréviation, 110 et R.

Dom : majusc., 98, *c,* 4°.

Dommage : il est ~, 755, *b,* 2°.

Dompter : prononc., 90, *e,* R. 2.

Donc : adv. explétif, 920, *b* ; ~ avec + mot interrog., 383, *b,* R. 3 ; – *doncques,* 923 ; *et* ~, 921, *a,* 2°, R.

Don Juan : plur., 512, *e,* R. 2.

Donné : étant ~, 311, *b,* 2°.

Donner : accord de ~ au sens de « égaler », 431, *a ; donné à* + inf., accord, 915, R. 5 ; forme primit. du subj. prés., 771, H. ; *se* ~ *(de) garde,* 274, *b,* 3°.

Donneur d'accord (= mot qui donne à un autre ses particularités morpholog.), 415 ; 416 ; 420-445 ;

1° ~ unique, 420-431 ; accords sylleptiques, 426-431 ; syllepse, défin., 426 ; accord avec les indications numériques, 431 ; accord avec un titre, 430 ; accord d'après le contexte ou la situation (non marqué formellement), 428 ; accord qui contredit le genre et/ou le nombre du ~, 429 ; syllepses facult., 429, *b* ; syll. oblig., 429, *a* ; syll. occasionnelles, 429, *c* ; accord sans ~ explicite, 427 ; – le ~ est un syntagme complexe, 421-425 ; adv. + pseudo-compl., 421 ; ~ contenant une apposition, 423 ; nom + pseudo-compl., 422 ; pron. relat. précédé de *un de* + nom ou pron. plur., 425 ; sujets constitués d'une prop. relat. introd. par *ce que/qui,*

424 ; – le receveur précède le ~, 420 ; *2°* ~s multiples ; 432-445 ; règle gén., 432 ; accord avec le ~ le plus proche, 434 ; coordin. sans conj., 442 ; coordonnants occasionnels, 445 ; ~ de genre différ. ou de pers. différ., 433 ; les ~s sont des termes « neutres », 437 ; les ~s suivent les receveurs, 435 ; les élém. coord. représentent une seule réalité, 438 ; le sujet est une loc. pronom. avec *tel* ou *l'un ... l'autre,* 444 ; termes unis par *ni,* 441 ; termes unis par *ou,* 440 ; un des ~ est implicite, 436 ; un des termes coord. l'emporte sur les autres, 439.

Dont (pron. relatif), 679, *a* ; 693 ; 694-695 ; *1°* ~ compl. de nom et de pron., 695 ; d'un pron. numéral, 695, *a* ; du sujet et de l'obj. dir. ou de l'attrib., 695, *d* ; ~ qui dépend d'un compl. introduit par une prép., 695, *c* ; ~ + relative averbale, 695, *b* ; redondance, 695, *e* ; *2°* ~ compl. du verbe, 694 ; ~ et *d'où,* 694, *c* ; pour exprimer le moyen, 694, *a* ; *3°* °~ question, 1061, *b,* 3°.

Dormir : accord du part. passé, 911 ; conjug., 811 ; – ~ comme nom, 196.

Double point, 129.

Doubler une classe, 172, 8, *c.*

Doublets, 145.

Doute : nul ~ *que,* etc., 1071, *a,* 2° ; *sans* ~ 377, *b* ; 1051, *d,* 6° ; *sans* ~ *que,* 377, *d,* R. 6 ; 1067, 2°.

Douter : subj. après ~ *que,* 1072, *c.*

-dre (verbes en ~), 763, *c.*

Droit : avoir (le) ~ *de,* 876 ; *se tenir* ~, 926, *b,* 2°.

Drôle : ~ *de,* 336, *b* ; 339, *a.*

°*Drôledement,* 336, *b.*

Drupe : genre, 472, 5.

Du : 1° art. contracté, 46, *a* ; – ~ *coup,* 967, *f* ; ~ *diable si,* 1098, *b* ; ~ *tout,* 982, *a* ; 1054, *c,* 1° ; *2°* art. partitif, 568, *a,* 2° ; 569, *a,* 2° ; effacé derrière la prép. *de,* 568, *b,* R. ; dans une phr. négat., 569, *c.*

Duire « plaire », 816, *a.*

Dupe : genre, 476, *b,* 2° ; *ils sont la dupe* (ou *les dupes*), 250, R. 2.

Duplicata : plur., 522, *a.*

Dur : °*avoir* ~, 294, 3° ; *l'avoir dure,* 294, 5°.

Durant, 310, H. ; 1010 ; – ~ *que,* 1081, *b.*

Duratif (verbe), 744, *e,* 2°.

Durée des voyelles, 27.

Dynasties (noms de ~) et majusc. 98, *a,* 3° ; plur., 513.

Dys-, dis-, dé-, dés-, 172, 3.

Les chiffres renvoient aux paragraphes.

E

E (lettre) : ~ tranché, 112, H. ; addition d'un ~ dans l'écriture pour obtenir le fém., 479 ; 528.

E (son) : *1°* ~ muet, 28-29 ; dans les vers, 29, *a*, R. 2 ; 29, *b*, 4°, R. 2 ; ~ muet tonique, 39, *a*, R. 1 ; remplacé par l'apostrophe, 106 ; – élision, 44, *a* ; 45 ;
2° ~ prosthétique, 70.

-e, marque graphique du fém. des adj., 528 ; des noms animés, 479-485.

-é (finale de la 1ʳᵉ pers. de verbe), 764, *a*, R.

-eau : fém. des adj. en ~, 533, *b* ; des noms en ~, 485, *b* ; plur., 502, *a* ; 538, *b*.

Eau : pot à ~, *pot à l'*~, 349, *b*, R. ; °*sous* ~, 570, 5° ; *verre d'*~, 349, *b*.

Ébat, rarement sing., 495, *a*.

Échapper : auxil., 784, *b*, 5° ; – ~ *à qq. ch.*, 279, *b*.

Échoir (défectif), 848, 9 ; auxil., 782, *b*, 2°, R. 1.

Échouer, confondu avec *échoir*, 204.

Éclairer : ~ (*à*) *qqn*, 275, *c* ; *il éclaire* « il fait des éclairs », 754, *a*.

Éclater « faire éclater », 276, *a*, 3°.

Éclore (défectif), 848, 10.

Économie, v. *Ellipse*.

Écrire : conjug., 829 ; – ~ *avec, par*, 1007, *b*, 1°.

Écriture, 3 ; 83-87 ; ~ phonétique, 18.

Écrivaine, 476, *b*, 1° et H.

-ée pour *-aie*, 168, 4.

Effet : °*car en* ~, 1038, R.

Effluve : genre, 472, 6.

Efforcer (*s'*) : *s'*~ *à, de* + inf., 876.

Égailler (*s'*), 747, R. 1.

Égal : ~ « indifférent », accord, 248, *e* ; – *d'*~ *à* ~, 476, *c*, 1°, R. 2 ; *n'avoir (pas) d'*~, *n'avoir pas son* ~, *sans* ~, 476, *c*, 1°, R. 2 ; *n'avoir d'*~ *que*, 297, *a*, R. 4.

Également, 219, *e* et *f* ; 986, *b*, 2°.

Égaler : accord en arithmétique, 431, *a*.

Égard : eu ~, 310.

Église : majusc. ou minusc., 98, *b*.

Églises (noms d'~) : genre, 462, *c*.

-eil : fém. des adj. en ~, 530, *a*, 1°.

-el : fém. des adj. en ~, 530, *a*, 1° ; des noms en ~, 482, *b*.

Élément + compl. juxtaposé, 348, *b*, 1°.

Éléments de mots : coordination des ~ (*l'hepta- et l'octosyllabe*), 255, *c*.

Éléments incidents, v. *Incidents*.

Éléphant, éléphante, 474, *a*.

-eler (verbes en ~), 761, *a*.

Élire : conjug., 834.

Élision : ~ graphique, 45 ; ~ phonétique, 19 ; 44.

Elle(s), 632, *c* ; 634 ; ~ suivi d'une virgule, 127, 3° ; – *à* ~ à propos d'animaux ou de choses, 653, *c*, 1°.

Ellipse, 216-217 ;
1° ~ dans les coordinations, 217, *b* ; 260 ; ~ dans les dialogues, 217, *a* ; 217, *e*, 2° ; 217, *f* ; ~ dans les propos. de man. introd. par *comme* et dans les propos. corrél., 217, *c* ; 217, *e*, 4° ; 217, *f* ; 217, *g* ; ~ de l'attrib., 217, *g* ; ~ de l'infin., 217, *f* ; ~ d'une propos., 217, *f* ; ~ du nom : accompagné d'une épith., 217, *d* ; dans la coordin., 217, *b*, 2° ; 217, *e*, 3° ; 499, *d* ; nom attrib., 217, *e*, 1° ; suivi d'un compl. préposit., 217, *e* ; ~ du verbe, 240 ; dans la coordin., 217, *b*, 1° ;
2° ~ étymologique, 216, *b* ; ~ par renvoi à la situation, 216, *c*, 1° ; ~ proprement dite, 216, *c* ; fausse ~, 216, *a* ; v. aussi *Sujet*.

Élytre : genre, 471, *a*.

Émail : plur., 505, *a*.

Émaner, 276, *a*, 4° ; auxil., 784, *b*, 6° ; *émané*, 889, *b*.

Embarrasser : *s'*~ *de, pour* + inf., 876.

Embrayeurs, 3 ; 210, R. 1.

Emmener, 656, *a* ; ~ + verbe pronom. à l'inf., 751, *c*.

°*Emmerdeur* : fém., 489, *c*.

°*Emmi*, 1018, H. 2.

Émotionner, 169, *a*, 1.

Émoudre (= aiguiser) : conjug., 814, *c*.

Émouvoir, 169, *a*, 1 ; conjug., 812, *f*.

Empêcher : ~ *à qqn*, 274, 4° ; impers. sans sujet, 234, *a* ; – ~ *que* + *ne* explétif, 983, *b* ; *(il) n'empêche que* + indic., 1073, *a*, 4°.

Empereur : fém., 489, *b*.

Emphase, voir *Mise en relief*.

Emphatique (phrase), 215, *c*.

Emporter, 656, *a* ; *s'*~ *après, contre, sur*, 280, *d*.

Empresser (*s'*) : *s'*~ *à* ou *de* + inf., 878, *a*, 6°.

Empreu, 573, H.

Emprunt (mots d'~), 152-159 ; adaptation, 152, *c* ; et guillemets, 133, *b* ; et italique, 87, *e* ; et orthographe, 90, *g* ; genre, 468 ; plur., 521-525 ; 544.

Emprunter de, 279, *a*.

Émule : genre, 480, R. 3.

En (prép.) : *1°* ~ construit souv. sans détermin., 570, 5° ; ~ + art. défini, 1002, *b* ; ~ devant pron. pers., 1002, *b*, R. 1 ; ~ introd. un attrib. de l'obj., 295, *b*, 3° ; ~ + nom de matière, 349, *a*, 1° ; ~ + nom propre de lieu, 1003, *a* ; ~ répété devant chaque terme coord., 995, *a* ; ~ dans express. figées, 1002, *b* ; syntagme ~ +

Envoler (s') : agglutination de *en*, 656, *a.*
°*Envouloir*, 656, *a*, R. 1.
Envoyer : conjug., 804 ; ~ (*pour*) + inf., 878, *d*, 1° ; ~ + verbe pronom. à l'inf., 751, *c.*
Enzyme : genre, 472, 7.
Épandre : conjug., 814, *a.*
Épellation des lettres, 3, R. ; 85.
Éperdre (s'), 847, *f*, 5°.
Éphèbe : fém., 475, *c*, R.
Épicènes (noms), 476, *b.*
Épithète, 315-333 ; défin., 315 ;
  1° accord de l'~, 329-333 ; avec un nom sous-jacent, 329, R. ; avec plus. noms coord., 332 ; derrière un compl. du nom, 330 ; distributif (plus. ~s se rapportent à un même nom), 331 ; ellipse du nom auquel l'~ se rapporte, 315, R. 2 ; – ~ sans support comme élém. incident, 372, *e.*
  2° distinctions sémant. : ~ de caractère, de circonst., de nature, 317, *b*, R. ; 321, *c*, R. 2 ; espèces d'~, 317 ; ~ de relation, 317, *a* ; ~ par transfert, 317, *b* ;
  3° place de l'~, 318-325 ; ~ antéposée coord. à un autre élém., 261, *b*, 2° ; ~ dét., 326 ; quand il y a plus. ~s, 325 ;
  4° ~ détachée, 326-328 ; ~ dét. et virgule, 125, *a* ; ~ dét. introduite par *de*, 327, *d*, 2° ; ~ dét. se rapportant au sujet, 328 ; lien entre l'~ et le nom, 327 ; pour remplacer une prop. conjonct., 1079, *d*, 2° ; pron. + ~ dét., 352, *c.*
Épousaille, rarement sing., 495, *a.*
Équivaloir, 274, *a*, 5°.
-er (suff. verbal), 169, *a*, 1° ; prononc., 82.
-er (suff. nominal), 163 ; fém. des adj. en ~, 533, *a* ; des noms en ~, 485, *a.*
-erie pour *-ie*, 168, 34.
Ériger en + attrib., 295, *b*, 3°.
Errata, erratum, 522, *b.*
Errement(s), 495, *a* ; 209, *a.*
Ès (anc. art. contracté), 565, *b.*
Escalier, sing. ou plur., 498, *c.*
Escient : à bon ~, 928, *a* ; 891, R. 2, H. 3.
Espagnol : infl. de l'~, 157, *c* ; plur. des mots ~s, 525, *b.*
Espèce : deux ~s *de* + compl. en gén. au plur., 515, *b*, 2° ; accord avec ~ + *de* + nom, 422, *a* ; *toute* ~ *de*, 615, *b*, 1°, R. ; *une* (ou °*un*) ~ *de*, 422, *a*, R.
Espérer : emploi des temps après ~, 857, *b*, 4°, R. 2 ; *espéré* + inf., accord, 915, R. 4 ; ~ *de* + inf., 875 ; mode après ~ *que*, 1071, *b* ; 1072, *c.*
Esperluète (= &), 112, H.
Esprit : votre ~ = *vous*, 220, *c*, 1°.
Esquimau : fém., 484 ; 532 ; plur., 538, *b.*
Essayer : ~ *de*, *s'*~ *à* + inf., 878, *a*, 1°.

Esse, 507, *a*, R. 2.
-esse, suffixe du fém., 486.
Essentiels, non essentiels (compléments), 266, *a* ; 301 ; 354.
Est-ce que : *1°* introducteur de l'interrog., 389 ; 1044, *b* ; de l'interrog. indir. liée, 411, *a* ; pron. interrog. + ~, 699, *c* ; – concurrents de ~, 390 ;
  2° ~ ... *et que*, 389, *b*, H. 2 ; ~ *c'est que* (ou *qui*), 390, *b* ; *peut-être* ~, 121, *b*, N. ; *qu'*~ exclam., 394, *a* et *c* ; *qu'*~ *c'est que l'héroïsme ?* (introducteur + *être* avec sa val. de copule), 389, *b*, R. 1 ; *qui* ~, 699, *c*, 1°.
Ester (jurid.), 848, 13.
Et (conj. de coord.), 1031, *a* ; 1033, *a* ; 1034 ; après une prop. (*quand* ..., ~ ...), 259, *d*, H. ; au début de phr. successives, 254, *b*, 4°, R. ; au début d'un alinéa, 1032, *b* ; au début d'une phr. interrog., 381, R. 4 ; écrit *&*, 112 et H. ; entre deux numéraux, 576, *b* ; et virgule, 124, *c* et *d* ; – ~ *autres*, 712, *b*, 2° ; ~ *consorts*, 220, *a*, 2° ; °~ *ni*, 1030, *c*, R. 2 ; ~/*ou*, 135 ; 1030, *c*, R. 1 ; ~ *patati* ~ *patata*, 220, *a*, 5° ; ~ *quelques*, ~ *des*, 217, *b*, 2°, R. 1 ; ~ *si* « pourtant », 1031, *b*, H. ; ~ *tout*, 220, *a*, 6° ; ~ *tutti quanti*, 220, *a*, 4° ; *plus* ..., ~ *plus*, 254, *b*, 1°, R.
-et : fém. des noms en ~, 482, *c* ; des adj. en ~, 530, *c*, 1°.
Étal : plur., 504, *c.*
Et alii, 220, *a*, 3°.
État : majusc., 98, *b.*
État-major : plur., 516.
Et cetera, 220, *a*, 1° ; abréviation, 111, *a* ; et ponctuat., 124, *c*, R. 1 ; 130, *a.*
Été : à l'~, *dans l'*~, *en* ~, *l'*~, 304, *a*, 2° ; 1002, *b.*
Éteindre : conjug., 813, *a*, 2°.
-eter (verbes en ~), 761, *a.*
Ethniques (ou gentilés), 451, R. 1 ; et majusc., 98, *a*, 3° ; noms ~ étrangers employés au fém. avec la forme du masc., 481, *c* ; plur., 513 ; plur. des ~ désignant des populations exotiques, 525, *e* ; – accord des adj. ~, 544, *c.*
Étoile, v. Astérisque.
Étrangers : mots ~, v. Emprunts.
Être : 1° conjug., 786 ; fut. simple, 857, *b*, 3° ; subj. prés., 771 ; – auxil. de ~, 781 et R. ;
  2° emplois : 242, *a*, R. 2 ; à la place de *aller*, 803, *c*, R. 3 ; 878, *e* ; – copule, 242, *a* ; *que* attrib. + copule + sujet (*qu'est un héros ?*), 288, *b*, 2°, R. ; – ~ + partic. prés., 245, *b*, 2°, R. 2 ;

1081, *b ; une* ~, 310, R. ; 920, *d ; une* ~ *l'an, par an*, 304, *a*, 6°.
Fol, 46, *e*.
Folklore, 108, *c*.
Fondre : conjug., 814, *a*.
Fonds primitif du vocabulaire, 150-151.
Font(s), rarement sing., 495, *a*.
Force : ~ comme détermin. indéf., 607, *b* ; 422, *b* ; – ~ *est de*, 234, *a* et H.
Forcer : ~ *à, de* + inf., 878, *a*, 7°.
Forclore (défectif), 848, 10.
Forfaire : conjug., 830.
Formations françaises dans le vocabulaire, 159-200 ;
  1° composés, 175-186 ; élém. étrangers, 182-186 ; élém. franç., 178-181 ;
  2° dérivés, 160-175 ; formation parasynthétique, 175 ; dérivation préfixale, 171-172 ; dérivation régressive, 173 ; dérivation suffixale, 161-170 ;
  3° autres procédés, 187-200.
Former, sorte de verbe copule, 242, *a*, R. 4.
Formes abrégées, 110-111 ; plur., 508.
Fors « excepté », 988.
Fort : adv. de degré, 954, *b* ; – *avoir* ~ *à faire*, 954, *b*, R. 3 ; *se faire* ~ *de, se porter* ~ *de*, 297, *a*, R. 3.
Forum : plur., 522, *b*.
Fou : fém. de l'adj., 533, *b* ; du nom, 485, *b ;* ~ *furieux, amoureux* ~, 926, *b*, 8°.
Foudre : genre, 460, *b*.
Foule : accord avec une ~ *de* + nom, 422, *c*, 2°.
Fourboire, fourbu, 820.
°*Foutre* : conjug., 832.
Fraction : accord quand le nom est accompagné d'une ~, 422, *c*, 4° ; adv. indiquant des ~s, 956 ; – noms de ~, 580, *d*.
Fraction : accord avec *une* ~ *de* + nom, 422, *c*, 4°.
Frais : accord de ~ employé adverbialement, 926, *b*, 6° ; – *avoir* ~, 294, 5°, R. 3.
Franc : °~ *battant*, 926, *f*, H. ; ~ *de port*, accord, 547, *c*.
Français régional, 12.
Franc-comtois : accord, 542.
Francien, 11, *a*.
Francique, 7, *c* ; 151, *b*.
Franc-maçon : accord, 542, R.
Franco, 547, *c*.
Francophone, 185, *a*.
Franco-provençal, 11, *c* ; influence, 157, *d*.
Franquette : *à la bonne* ~, 928, *g*, 3°.
Fréquenter : concurrence entre compl. d'obj. et compl. adverbial, 286, 4°.
Frère : majusc., 98, *c*, 4°.
Frire (défectif), 848, 15.

Front : °à ~ *de*, 1001, *a*, 1°.
Fuir : conjug., 833.
Furieux : être ~ *après, contre, sur*, 280, *d*, R.
Futur : désinences, 779 ; ~ simple, 857 ; ~ antérieur, 858 ; ~ antér. surcomp., 788, *a* ; 861, *a*.

G

G (lettre), 93.
Gaga, adj. invar., 546.
Gageure, gageüre, 104.
Gagner qqn, 274, *c*, 2°.
Gaiement, 931, *b*.
Garant, appliqué à des choses, 476, *c*, 1°, R. 1.
Garçon : fém., 490.
Garde : avoir ~ + nég., 980, *b*, 1°, R. ; *prendre* ~ *à, de* + inf., 878, *a*, 11° ; *prendre* ~ *que*, avec *ne* ou *ne ... pas*, 983, *b*, R. 1 ; *se donner (de)* ~, 274, *b*, 3°.
Garde- dans les composés : plur., 517, *b*, R. 1.
Garder : forme primitive du subj. prés., 771, H.
Gare : ~ *à*, 361, *a* ; ~ *que*, 361, *c*.
Gaulois, 6 ; 7, *b* ; 151, *a*.
Geai et *jais*, 203.
Geindre : conjug., 813, *a*, 2°.
Geminées (consonnes), 36, *a*.
Gendelettre, 497, *a*, R.
Généralisation de sens, 208, *b*.
Générative : grammaire ~, 4.
Genre (des noms), 454-491 ; défin., 454 ; ~ arbitraire ou naturel, 457 ; ~ des noms animés, v. Noms animés ; ~ des noms inanimés, v. Noms inanimés ; homonymes distingués par le ~, 456 ; interversion de ~ à valeur affective, 476, *c*, 2° ; le neutre, 455.
Genre : accord avec ~ + *de* + nom, 422, *a*.
Gens, 477 ; expression du nombre, 497, *a* ; – ~ *de bien*, 963.
Gent, 477, R. 3 ; 494, R. 1.
Gentil : fém., 530, *a*, 2°.
Gentilés, v. Ethniques.
Gentilhomme : plur., 520.
Gentiment, 931, *d*.
Géographie linguistique, 5, *c*.
Germanique ancien : influence du ~, 7, *c ;* 151, *b*.
Gérondif, 327, *a* ; 885 ; 891 ; 1079, *d*, 2° ; désinence, 777 ; ~ passé, 892, *b* ; ~ prés., 892, *a*.
Gésir, 763, *e* ; 848, 16.
Gindre (ou *geindre*) « ouvrier boulanger », 551, H.

Les chiffres renvoient aux paragraphes.

Les chiffres renvoient aux paragraphes.

Importer : accord du verbe dans *peu importe,*
qu'importe, 901, *b ; n'importe comment,*
928, *f* ; *n'importe quel,* 607, *d* ; *n'importe*
qui, quoi, etc., 708, *b.*
Imposer : en ~, 654, 2°.
Impromptu : accord de l'adj., 545, *a.*
Impunément, 931, *f.*
Imputer + attrib. de l'obj., 295, *b,* 1°.
In-, 172, 5.
Inanimés (noms), v. Noms inanimés.
Inatteignable, °inattingible, 168, 33.
Incarnat, 541, *b.*
Incessamment, 967, *b.*
Inchoatif (verbe), 744, *e,* 1°.
Incidents (éléments), 371-374 ; défin., 371 ;
incises, 374 ; nature des élém. ~, 372 ;
élém. ~ et ellipse, 217, *f,* R. ; et virgule,
126 ; sous-phrase incidente, 212, *b,* 2° ;
sous-phrases perdant son caract. incident,
373.
Incise (sous-phrase), 212, *b,* 2° ; 374 ; 407, et
ellipse, 217, *f,* R. ; et virgule, 126.
Inclinaison, 168, 8.
Inclure : conjug., 824.
Incontinent (adv.), 967, *b.*
Indicatif, 738, *a,* 1° ; 849-861 ; défin., 849 ;
condit. passé, 860 ; condit. prés., 859 ;
désin., 779 ; condit. surcomp., 861, *b* ; fut.
antér., 858 ; fut. antér. surcomp., 861, *a* ;
fut. simple, 857 ; désin., 779 ; ~ imparf.,
851 ; désin., 772 ; ~ passé antér., 855 ;
passé comp., 853 ; passé simple, 852 ;
désin., 773 ; passé surcomp., 856, *b* ; ~
plus-que-parf., 854 ; plus-que-parf. surcomp., 856, *b* ; ~ prés., 850.
Indication : ~ de l'heure, 585-586 ; accord
avec les express. contenant *et demi(e),* 436,
c ; accord avec ~s numériques, 431.
°Indifférer, 174, *a.*
Indiquer, « dire, faire savoir », 407, *c.*
Indo-européennes (langues), 6.
-indre (verbes en ~), 763, *b.*
Induire : conjug., 816, *a.*
-ine, suffixe du fém., 487.
Inférieur : degrés, 550, *b,* R.2.
Infime : degrés, 550, *b,* R.2.
Infinité : accord avec *une ~ de* + nom, 422, *c,*
2°.
Infinitif, 870-884 ; défin., 870 ;
1° ~ comme prédicat, 871-873 ; de phr.,
871 ; de propos., 872 ; l'agent de la propos.
inf. obj. dir., 873 ;
2° ~ dans les fonctions du nom, 874-883 ;
~ attrib., 882 ; ~ compl. de nom ou d'adj.,
883 ; ~ à valeur passive, 883, R. ; ~
compl. du verbe, 874-879 ; ~ sujet, 880 ;
231, *b* ; sujet réel, 881 ; 231, *b,* R.3 ;

3° temps de l'~, 884 ; finales de l'~ prés.,
776 ;
4° divers : ellipse de l'~, 217, *f* ; ~ coordonné à un attrib., 245, *a,* 3°, R. ; ~ donneur d'accord, 437 ; ~ dans la phr. injonctive, 399, *c* ; ~ dans l'interrog. délibéra-
tive, 384, *b* ; ~ sans sujet dans une propos.
relat., 1063, *c.*
In-folio : plur., 519, *b.*
Informer que, °de ce que, 1069, *b,* R.2.
-ing, 163.
Ingénierie, 168, 34.
Injonction : ~ dir., v. Injonctive ; ~ indir.
liée, 413.
Injonctive (phrase), 214, *d* ; 398-401 ; défin.
398 ; formes, 399.
Injure : termes d'~, 209, *b.*
Inlassable, 172, 5.
°Inlisable, -ible, 172, 5, H.
Inracontable, inretrouvable, etc., 172, 5.
Inscrire : conjug., 829.
Instruire : conjug., 816, *a* ; ~ *que,* 1069, *b,*
R.2.
Insu : à mon ~, 929, *h.*
Insulter (à), 273, 6°.
°Insupporter, 174, *a.*
°Intégrer « entrer dans », 276, *c,* 1°.
Intensément, 931, *c.*
Interdire : conjug., 827 ; ~ *que,* 983, *b,* R.2.
Intérieur : degrés, 550, *b,* R. 2.
Interim : °ad ~, adv., 924, *a.*
Interjection, 1050, *b* ; et point d'exclam., 122,
R. 2.
Interjective (phrase), v. Exclamative.
Interpellative (phrase), 214, *d* ; 401.
Interpeller, 761, *a,* R. 2.
Interrogatif, 383, *b* ; v. Déterminant exclam-
atif et ~ ; Pronom ~.
Interrogation : *1°* ~ directe, v. Interrogative ;
2° ~ indirecte, 382 ; 1101-1104 ; défin.,
1101 ; et point d'~, 119, R. 1 ; fonctions de
l'~ indir., 1103 ; ~ indir. sans verbe introducteur, 382, R. 2 ; le mode, 1104 ; le
support de l'~ indir., 1102 ; sans support,
1103, *b* ; ~ indir. liée, 411 ;
3° ~ délibérative, 381, R. 3 ; 384, *b* ; ~
disjonctive, 381, R. 1 ; ~ fictive, 381, R. 2 ;
~ fictive à val. d'hypoth., 120, *c* ; ~ globale, 383, *a* ; ~ incluse dans une phr.
énonciat., 381, R. 5 ; ~ oratoire, 381, R. 2 ;
~ partielle, 383 ; 384, *c* ; mot interrog.
dans l'~ partielle, 383, *b* et R. 1 ;
4° point d'~, 119-121 ; point d'~ et intonation, 385.
Interrogative (phrase), 214, *c* ; 381-391 ;
défin., 381 ; interrog. dir. et indir., 382 ;
interrog. globale et partielle, 383 ; intona-

Les chiffres renvoient aux paragraphes.

L

Les chiffres renvoient aux paragraphes.

Licences poétiques, 13, *a.*
Lied : plur., 525, *a.*
Liège (nom de ville), 102, *a*, H.
Lieu : *au* ~ *de*, 263bis ; *au* ~ *que*, 1080, R. 4.
Lieu-dit, ou *lieudit* : plur., 520.
Lieux (noms de ~) : noms de ~ avec ou sans art., 571, *b* ; commençant par *le* ou *les*, 565, *b*, R. 2 ; usités seulement au plur., 495, *b* ; noms désignant les ~ d'aisance, 498, *d.*
Lièvre : fém., 490 ; *lever un* ~, 181, R. 1.
Ligatures, 84 ; 90, *c.*
Linguistique : ~ contrastive, ~ descriptive, ~ générale, ~ historique, ~ structurale, 4 ; domaines de la ~, 5.
Linot, linotte, 474, *b*, R. 1.
Lire : conjug., 834.
°*Livrer un client*, 275, *e.*
Livres : bonnes mille ~ *de rente*, 318, R. 3.
Locution, 181 ; ~ adjective, 526, R. 1 ; ~ adverbiale, 928-929 ; ~ conjonctive, 1023 ; 1025-1026 ; – ~ interjective et point d'exclam., 122, R. 4 ; ~ nominale, 453 ; genre, 466 ; plur., 514-520 ; – ~ phrase, 1048 ; ~ prépositive, 989-990 ; ~ verbale : concurrence entre prép. dans les compl. des ~s verb., 284.
-logiste, -logue, 183, *a*, R. 1.
Loi : plur., 502, *c*, H.
Loin, comme adjectif, 245, *b*, 4°, R. ; – *bien* ~ *que*, 1080, R. 4 ; °~ *s'en faut*, 935, *b.*
Long : °*la journée longue* (« toute la journée »), 616, *b*, 2°, N. 7 ; *tout de son* ~, 616, *b*, 2°, R. 3 ; *un* ~ *temps*, 927, N.B.
Long-jointé, 926, *b*, 9°.
Longtemps, 927, N.B.
Longueur des voyelles, 27.
Lord : majusc., 98, *c*, 1°.
Lorgner qq. ch., 286, 5°.
Lorgnon(s), sing. ou plur., 498, *a.*
Lors : *dès* ~ *que*, 1081, *c.*
Lorsque, 1081, *d* ; 1024 ; élision graphique, 45, *b*, 4°.
Loup, louve, 483.
Loup-cervier : fém., 488, *a.*
Luge : *en* ~, 1003, *c*, 1°.
Lui (pron. pers.), 634 ; ~ employé à propos d'animaux et de choses, 653, *c*, 1° ; ~ pron. pers. sujet disjoint et ponctuation, 127, 3° ; *à* ~ + participe, 638, *b*, 4° ; ~ *troisième*, 307, *b.*
Luire : conjug., 816, *b.*
Lunch : plur., 524, *a.*
°*Lune* (*il* ~), 754, *a.*
Luxembourg : *en* ~, 1003, *a*, 1°.
Luxurieux, -iant, 204.

M

M' : *m'amie, m'ami, m'amour*, 590, H. 2.
Mac- (noms de famille), 96, R.
Macaroni, 523, *a.*
°*Mâchefers* (pour *mâchefer*), 498, *f.*
Machin, 220, *b*, 2° et *d.*
Madame, mademoiselle : abréviation, 110 et R. ; majusc., 98, *c*, 1° ; plur., 520.
Madone : majusc. ou minusc., 98, *a*, 2°, R. 2.
Maint : détermin. indéf., 614 ; pron. indéf., 722.
Mairesse, 486, *a.*
Mais (adv.) : *n'en pouvoir* ~, °*n'y pouvoir* ~, 654, 3° ; 977, R. 1.
Mais (conj. de coord.), 1031, *a* ; 1037 ; et ponctuation, 124, *b* ; ~ après un point, 1032, *b* ; ~ commençant une phr. interrog., 381, R. 4 ; ~ suivi d'une autre coord., 1033, *c* ; – ~ *bien*, 1053, *b*, 2° ; °~ *ni*, 1030, *c*, H.
Maison : pâtisserie (faite) ~, 304, *a*, 7°.
Maître : abréviation, 110 et R. ; fém., 486, *a* ; 535, *a* ; majusc., 98, *c*, 1° ; – *en* ~ (var. ou invar.), 339, *b* ; *le* ~ *à*, 346, *b*, 2°.
Majorité : accord avec *la* ~ *de* + nom, 422, *c*, 4°.
Majuscules, 86 ; emploi, 96-100 ; ~ aux adj., 99 ; ~ aux noms, 98 ; ~ aux autres catégories, 100 ; indépendamment des catégories, 97.
Mal (adv.) : pour exprimer le degré, 952 ; *pas* ~, 953 ; – ~ *vu*, 312, R. 1 ; °*ne pouvoir* ~, 288, *c*, R. 3.
Mal (nom) : plur., 504, *c* ; – °*avoir* ~ *la tête*, 997, *e.*
Mâle, ajouté aux noms n'ayant qu'un genre, 491.
Malfaitrice, 476, *b*, 1°.
Malgré que, 1091 ; 1092, *c*, 2°, R. ; – ~ *j'en aie* « malgré moi », 1092, *e.*
Malin : fém., 483 ; 531, *e.*
Mamour, 590, H. 2.
-man (mots en ~), 186, *b* ; fémin., 488, *b* ; plur., 524, *c.*
Mangé aux mites, etc., 313, *c.*
Manière (prop. adverbiale de ~), 1085.
Manière : de ~ (*à ce*) *que*, 1085, *a* ; 1088, *c* ; *de (telle)* ~ *que*, 1086, *a* et *b* ; accord avec ~ *de* + nom, 422, *a.*
Manque : ~ à la place de *moins* dans les indications d'heure, 586, *b* ; °~ = *sauf*, 308, *c*, N. 15.
Manquer : ~ *à, de* + inf., 791, *d* ; 878, *a*, 9° ; *il manque* impers., 755, R. 2 ; *il s'en manque*, 304, *a*, 5°, R. 2.
Mappemonde, 208, *d.*

Les chiffres renvoient aux paragraphes.

Marché : (à) bon (meilleur) ~, 997, b.

Marcher : ~ (ou *marche*) à pied, 15, H ; °~ le chat, 272, H. ; ~ sur (ses) trente ans, 1021, b, 1°.

°*Marcs* (pour *marc*), 498, f.

Marial : plur., 539, c, 4°.

Marier : ~ à ou avec, 277, a ; ~ pour épouser, 13, b, R. ; 276, c, 2°.

Mark : plur., 525, a.

Marmot : fém., 482, c, 2°.

Marques : ~ déposées et italiques, 87, d, R. ; et majusc., 98, a, 2°, R. 3 ; plur. des ~ commerciales, 512, d.

Marron (adj. de couleur), 541, b et N. 3.

°*Marsupiau,* 500, b.

Masculin, ajouté aux noms n'ayant qu'un genre, 491.

Mass media, 522, b.

Match : plur., 524, a.

Matériau, 500, b ; matériaux, 504, c, H.

Matière (compl. de ~), 349, a, 1°.

Matin : 1° hésitation entre le sing. et le plur. dans les express. du type tous les lundis ~, 499, e ; – °à ~, 570, 5° ; au ~ ou le ~, 997, d, R. ; hier (au) ~, 997, d ; 2° ~ adv., 198, b ; 962, R.

Matines, sans art., 570, 4°, R. 2.

Maudire : conjug., 828.

Maure : fém., 529.

Mauvais : place comme épith., 320, a ; – °avoir ~, 294, 4° ; l'avoir (ou la trouver) mauvaise, 294, 5° ; plus ~ et pire, 554.

Maxi, invar. comme adj., 545, b.

Maxi-, 185, b.

Maximum : plur. du nom, 522, b ; fém. de l'adj., 535, b.

Me, 634 ; accord sylleptique avec ~, 428, a ; élision de ~, 44, a, R. 3.

Mea culpa, 103, R. 3.

Mécol (argot) = moi, 220, c, 1°.

°*Méconduire,* 172, 6.

Mécroire, 172, 6.

Media, 522, b.

Médire : conjug., 827.

Médium, 522, b.

Méfaire : conjug., 830.

Meilleur, 552 ; beaucoup ~, 948, b ; – ~ superl. relat., 551, R. ; 949 ; – place de ~ comme épith., 320, a ; – (à) ~ marché, 997, b.

Mélecture, 172, 6.

Mêler (se) à, avec, 277, a.

Melliflu(e), 529, R. 2.

Même : 1° ~ adj. indéf., 623 ; ~ épith. ou attrib., 219, g ; – le ~, pron. indéf., 723 ; le ~ de, 623, b, H. 2 ; – adv., 623, b, R. 3 ; – ~ et trait d'union, 109, b, 1° ; – ellipse après ~ que, 217, e, 4°. R. 2 ;

2° expr. : à ~, 318, R. 1, H. ; 1022, 3 ; – de ~, 219, f ; de ~ attrib., 623, b, R. 4 ; de ~ que, 1085, b ; accord avec deux termes unis par de ~ que ; en aller (ou être) de ~, 745, c, R. 1 ; quand ~, 984, 3° ; °quand ~ (que), 1091 ; tout de ~, 984, 3°.

Mêmement, 219, f ; 986, d.

Mener : ~ + verbe pronom. à l'inf., 751, c.

-ment (adv. en ~), 930-931 ; procédés de formation, 931 ; – adv. en ~ coord. à un adj., 255, c, H.

Mentir : conjug., 811.

Méprendre : se ~ sur, à, 281, b.

Merci : genre, 460, d ; plur., 507, b ; – grand ~, ~ beaucoup, ~ bien, ~ tellement, 361, b ; ~ de ou ~ pour, 361, a.

Mère : majusc., 98, c, 4° ; ~ -grand, 320, a, 4°.

Merlesse, merlette, 474, a.

Merveille : à ~(s), 499, g, H.

Messe : sans art., 570, 4°, R. 2 ; °basse ~, grand- ~, ° ~ grande, ~ basse, 319.

°*Messeoir* « n'être pas convenable », 848, 28.

°*Messieurs, dames,* 561, a.

Mesure : (au fur et) à ~ que, 1085, c ; dans la ~ où, 1100, c.

Métaphore, 208, e.

Métathèse (phonét.), 21.

Météorite : genre, 471, b.

Métonymie, 208, c ; genre des noms employés par ~, 464.

Mettre : conjug., 819 ; ~ + attrib. de l'obj., 295, a, R. 2 ; ~ = supposer, 1073, b, 1° ; ~ + inf., 877 ; – ~ à, au jour, 570, 5° ; ~ sa confiance en, dans, 281, a, R. 1 ; – mis à part, 311, b, 2°.

°*Mézigue* = moi, 220, c, 1°.

Mi : adj. devant le nom, 320, a ; 547, a ; – adv., 956, b.

Midi : plur. après ~, 431, b ; sans art., 570, 4° ; – ce ~, 570, 4° ; ~ et demi(e), 547, a ; sur les ~, 493, b, R.

Mie : ne ... ~, 976.

Mie (ma ~), 590, H. 2.

Mien, 594.

Mieux, 933, a ; 945, c ; beaucoup ~, 948, b ; si ~ (il) n'aime, 935, b.

Mièvre, 209, a.

Mille, 318, R. 3 ; 577, c ; ~ ou mil, 574, b ; ~ + une centaine, 578 ; – ~ comme nom numéral, 580, b.

Millefeuille : genre, 466, b.

Milliard, milliasse, 580, a.

Million, 580, a.

Mimi, mimine (lang. enfantin), 484.

Mimosa : genre, 459, a, R. 2.

Mini-, 185, d ; mini comme adj., 545, b.

383, *b* ; ~ en tête de phr., 383, *b*, R. 4 ; place du ~ dans l'interrog., 391, *b*.

Moto : en ~, 1003, *c*, 1°.

Mot-outil, 363 ; mot de liaison, 363, *a* ; mot introducteur, 363, *b*.

Mot-phrase, 1048-1054 ; 1067, 2° ;
1° défin., 1048 ; forme graphique du ~, 1051, *b* ; forme phonétique, 1051, *a* ; ~ accidentel, 1049, *b* ; essentiel, 1049, *a* ; ~ objectif, 1050, *a* ; ~ subjectif, 1050, *b* ; ~ suggestif, 1050, *c* ;
2° élém. subord. au ~, 361 ; ~ comme élém. incident, 372, *b* ; ~ comme forme de la phr. injonctive, 399, *d*.

Mou : fém., 533, *b* ; *mol*, 46, *e*.

Moucher (nom), 196.

Moudre : conjug., 814, *c*.

Moufle : genre, 472, 8.

Moult, 606, H. 1 ; 954, *d*, H. 2.

Mourir : conjug., 812, *b*.

Moustache(s), sing. ou plur., 498, *a*.

Mouvoir : conjug., 812, *f* ; part. passé, 778, *a*.

Moyen : le ~, mot interrog. équivalant à *comment*, 383, *b*, R. 6.

Moyen âge : majusc., 98, *b* ; trait d'union, 108, *b*.

Moyen français, 9.

Moyennant, 991 ; – ~ *que*, 1096, *b* ; 1100, *b*.

Mulâtre, comme fém., 486, *a*.

Mulet : fém., 488, *a*.

Multi-, 167, *e*, 2° ; 185, *d*.

Multiplié : accord de ~ dans les opérations arithmétiques, 431, *a*.

Multitude : accord avec *une* ~ *de* + nom, 422, *c*, 2°.

Muscate (fém. exceptionnel), 536, *b*.

N

N : 1° ~ mouillé, 32, *b* ; redoublement du ~ final masc. au fém., 482, *b* ; 530, *b* ;
2° suppléant, 220, *b*, 3° ; ~ comme détermin. indéf., 607, *e* ; ~ + point abréviatif, 111, *a*, R. 3 ; + point de suspension, 130, *d*.

Naevus : plur., 522, *c*.

Naguère, 966, *d* ; écrit *naguères*, 44, *a*, R. 2 ; 923.

Nain : petit ~, 15.

Naître : conjug., 815, *b* ; v. *Né*.

Nancéien, 35, R. 2.

Nasal : plur., 539, *c*, 6°.

Nasales : consonnes ~, 32, *b* ; action sur les voyelles, 66-67 ; voyelles ~, 25, *a*.

Natal : plur., 539, *b*.

National-socialiste : accord, 542, R.

Naval : plur., 539, *b*.

Navires (noms de ~), v. Bateaux.

Ne (adv. de nég.), 973 ; ~ explétif, 983 ; ~ seul, 974-975 ; ~ + auxiliaire, 976-980 ; place de ~ + auxil., 980 ; – ~ ... *pas que*, 979, *c*, 2° ; ~ ... *pour un*, 979, *c*, H. ; ~ ... *que*, 978 ; ~ ... *pas rien*, 731, *c* ; – *n'était*, 901, *a* ; 975, 3° ; 1079, *d*, 3°.

Né : dernier- ~, *premier-* ~, 926, *b*, 3° ; 475, *c* ; ~ *mort* et *mort-*~, 926, *b*, 3° ; ~ *natif*, 15 ; *nouveau-*~, 476, *b*, 1°, R. 2.

Néanmoins : ce ~, 676, *a*, H.

Néant (pron. indéf.), 733.

Néerlandais : infl. du ~, 157, *b*.

Négation (ou adv. de ~), 970-983 ;
1° ~ portant sur un mot ou un syntagme autres que le verbe, 971-972 ; *non*, 971 ; *pas*, 972 ;
2° ~ portant sur un verbe, 973-983 ; auxil. de ~ ayant une val. nég. à eux seuls, 982 ; combinaison d'auxil., 979 ; *ne* + auxil., 976-977 ; *ne* employé seul, 974-975 ; *ne* explétif, 983 ; *ne ... que*, 978 ; place de *ne ... pas*, *ne ... plus*, *ne ... point*, etc., 980 ;
3° ~ compatible ou non avec la notion de plur., 499, *c* ; – *tout* et la ~, 618 ; – v. aussi *Non*.

Négative (phrase), 215, *a*.

Négligeable, 168, 33.

Nègre : fém., 529.

Neigeote (*il* ~), 754, *a*.

Neiger : il neige suivi d'une séqu. nominale, 754, *a*, R. 1 ; ~ employé personnellement, 754, *a*, R. 2 ; avec un obj. dir., 754, *a*, R. 2 ; – *neigé* « enneigé », 754, *a*, R. 3, H.

Nenni, 1054, *c*, 3°.

Néo-, 167, *e*, 2° ; 185, *b*.

Néologie, néologisme, 146 ; causes, 147.

Néréides : majusc., 98, *a*, 3°.

Neuf (adj.) : *à* ~, 967, *a* ; *(tout) battant* ~, *(tout) flambant* ~, 926, *b*, 10°.

Neuf (numéral) : prononc., 574, *c*.

Neutre : 455 ; phrase ~, 215, *c*.

Neveu : fém., 488, *c*.

New(-)York, 108, *c*.

Ng (son), 32.

Ni, 974, 2° ; 1031, *a* ; 1035 ; donneurs d'accord coord. par ~, 441 ; ~ et ponctuation, 124, *c* et *d* ; ~ répété, 1033, *b* ; – *°et* ~, 1030, *c*, R. 2 ; ~ *l'un* ~ *l'autre* donneur d'accord, 436, *b* ; répétition d'une éventuelle prép. devant *l'un* et devant *l'autre*, 995, *b*, R. 2.

N^(*ième*), 114, *c* ; 220, *b*, 3°.

Nier : ~ + inf. sans prép., 876 ; subj. après ~ *que*, 1072, *c*.

Les chiffres renvoient aux paragraphes.

Les chiffres renvoient aux paragraphes.

Les chiffres renvoient aux paragraphes.

Les chiffres renvoient aux paragraphes.

Les chiffres renvoient aux paragraphes.

Les chiffres renvoient aux paragraphes.

Picard : emprunts au ~, 157, *e.*
Pie (couleur), 541, *b,* R. 1.
Pie : œuvre ~, 536, *b.*
Pied : °*aller de (son)* ~, 1004, *c,* 1° et H. ; ~-*noir* comme fém., 481, *a ; portrait en* ~, 1003, *b ;* ~ écrit *pié,* 59, *a.*
Pied-de-mouche, 116.
Piédestal : plur., 504, *c.*
Pierrot : fém., 488, *b.*
Pietà ou *pieta,* 102, *b,* R. 3 ; majusc. ou minusc., 98, *a,* 2°, R. 2.
Pile, adv., 925, *a.*
Pince-monseigneur : plur., 515, *a.*
Pionnier, pionnière, 476, *b,* 1°, R. 1.
Pipeline, pipe-line, 108, *c* ; plur., 524, *d.*
Pire : devant le nom, 320, *a ;* ~ compar., 554 ; 942 ; ~ superl. relat., 551, R. ; – °*beaucoup* ~, 948, *b ;* °*de mal en* ~, °*de* ~ *en* ~, °*tant* ~, 942, *a.*
Pirlouète (*= &*), 112, H.
Pis, 933, *a* ; 942 ; °*beaucoup* ~, 948, *b.*
Place, v. Adverbe, Attribut, etc.
Place : *à la* ~ *de,* 263bis ; °*à* ~, 1003, *d,* 3° ; *en* ~ ou *à sa* ~, 1003, *d,* 3° ; ~ *assise,* 223 ; ~ *debout,* 316, *a.*
Plaider (non) coupable, 326, R. 4.
Plaindre : conjug., 813, *a,* 1° ; *– se* ~ *que,* 1073, *b,* 6° ; ~ *de ce que,* 1073, *c.*
Plaire, conjug., 763, *e* ; 835 ; *se* ~, accord du part. passé, 916, *b ; – s'il vous plaît,* 1051, *d,* 3°.
Plan (adj.), 529, R. 2.
Plan (nom) : *au, dans le, sur le* ~, 1001, *d,* 1° ; *laisser en* ~ (ou *plant*), 203.
Planchéier, 761, *c,* 3°.
Planisphère : genre, 471, *a.*
Plant ou *plan,* 203.
Plein : *battre son* ~, 195, *a,* R. ; *de l'argent* ~ *les poches,* 311, *a* ; *en* ~, 1002, *b,* R. 3 ; *(tout)* ~ *de* comme déterm. indéf. occasionnel, 607, *c ; tout* ~ comme adv., 954, *e,* 3°.
Pléonasme, 15 ; ~ grammatical, v. Redondance.
Pleuvine (il ~*),* 754, *a.*
Pleuvoir, 754, *a* ; conjug., 836 ; construit avec un obj. dir., 754, *a,* R. 2 ; employé personnellement au sens figuré, 754, *a,* R. 2 ; suivi d'une séquence nominale, 754, *a,* R. 1.
Plier : °~ *= emballer,* 223, *f.*
Plupart : *la* ~, pron. indéf. plur., et l'accord, 429, *a,* 4° ; *la* ~ *de,* détermin. indéf., 607, *b ; la* ~ *de* + nom et l'accord, 422, *b.*
Pluriel, 492 ;
1° hésitations graphiques entre sing. et ~, 499 ; noms employés indifféremment au sing. et au ~, 498 ; noms sans ~, 494 ; ~ emphatique, 493, *b* ; ~ exprimant une idée de grandeur, 493, *b* ; ~ sens spécifique au ~, 496 ;
2° marques du ~ des noms, 500-525 ; marques écrites, 501-503 ; pas de changement, 503 ; *s,* 501 ; *x,* 502 ; – marques orales et écrites, 504-506 ; cas spéciaux, 506 ; noms en -*ail,* 505 ; noms en -*al,* 504 ; – catég. partic., 507-525 ; formes abrégées, 508 ; noms accidentels, 507 ; noms composés et loc. nomin., 514-520 ; noms empruntés, 521-525 ; noms propres, 510-513 ; noms résultant d'une réduction, 509 ;
3° marques du ~ des adj., 537-540 ; adj. usités seulement au ~, 540 ; marques orales et écrites, 539 ; ~ graphique, 538 ; ~ phonétique, 537.
Pluripossessif, 589 ; 593, *d* ; 594.
Plus (adv. auxil. de nég.) :
1° *ne* ... ~, 977 ; place de *ne* ... ~, 980 ; *ne* ... *plus* + autre auxil. de nég. (*aucun, rien,* etc.), 979, *a* ; *plus* négatif sans *ne,* 972 ;
2° *non* ~ = *aussi* en contexte négatif, 986, *b,* 1° ; *ne* ... *non* ~, 975, 7°, R. ; *ne* ... *non* ~ *que,* 972, R. ; accord avec des termes unis par *non* (ou *pas*) ~ *que,* 445, *a.*
Plus (adv. de degré), 933, *a* ;
1° emplois corrél., 948, *e* ; place de ~, 937, *a* ; ~ marquant le compar., 945, *a* ; marquant le rapport de grandeur (*x fois* ~), 948, *c* ; ~ répété devant chaque adj. au compar., 948, *d* ; accord avec des termes unis par ~ *que,* 445, *a,* R. 2 ;
2° °*au* ~ + adj., 950, *e,* R. ; °*au* ~ ..., *au* ~, 948, *e ; (c'est) tout au* ~ *si,* 1908, *b ; d'autant* ~ *que,* 1083 ; *en* ~ *de,* 308, *c,* 2°, R. ; *moins* ..., ~, 948, *e ; on ne peut* ~ comme adv., 373, *b* ; ~ ..., *d'autant* ~, 948, *e* ; ~ *de* (ou *que*) + numér. card., 948, *a,* R. ; ~ *d'un* et l'accord, 431, *c* ; ~ ..., *et* ~, 254, *b,* 1°, R. ; °~ *que* ..., ~ *que,* 948, *e* ; ~ *tôt* et *plutôt,* 927, N.B. ; °*tant* ~ ..., *tant* ~, 948, *e.*
Plusieurs : détermin. indéf., 613 ; pron. indéf., 727 ; accord sylleptique avec le nominal, 428, *b.*
Plus-que-parfait : indic. ~, 854 ; indic. ~ surcomp., 856, *b* ; 788, *a* ; subj. ~, 868, *b,* 2° ; subj. ~ à val. de condit. passé, 865, *e,* 1°.
Plutôt, 927, N.B. ; accord après nom + prop. conj. averb. introd. par ~ *que,* 445, *a,* R. 2 ; ~ pour exprimer le degré, 953 ; *beaucoup* ~, 948, *b.*

Les chiffres renvoient aux paragraphes.

Pragmatique, 5, *b*, 3°.

Précieux (registre ∼), 13, *b*, 2°.

Prédicat, 226 ; 237 ; formes, 238 ; nature du ∼ dans le compl. absolu, 307 ; place, 239.

Prédire : conjug., 827 ; − ∼ *d'avance*, 172, 7, R.

Préférer : ∼ *de* + inf., 875 ; ∼ ... *(plutôt) que*, 1076, *a*, R. 2.

Préfixes, 171-172 ; substitution de ∼, 174, *b*.

Pré-indo-européen, 7, *b*.

Préjudiciaux, 539, *c*, 6°, R. 2.

Préjuger (de), 274, *b*, 6°.

Prématuré, -ément, 173, *c*, R. ; 931, *f.*

Premier, 581, *b* ; après le nom, 320, *b* ; ∼ *que*, 1081, *a*, H. ; *tout le* ∼, 950, *c*.

Prendre : conjug., 814, *d* ; ∼ *à partie*, 295, *b*, 1°, R. ; 297, *b*, R. 2 ; ∼ *à témoin*, 297, *b*, R. 1 ; ∼ *pour* + attrib. de l'obj., 295, *b*, 4° ; *s'en, se* ∼ *à qqn*, 654, 4° ; *se* ∼ semi-auxil., 791, *h.* ; *l'envie l'*(ou *lui*) *a pris*, 274, *a*, 8°.

Prénoms : ∼ à double genre, 428, *c* ; ∼ doubles et trait d'union, 108, *b*, R. 1.

Préparer d'avance, 172, 7, R.

Préposition, 987-1022 ;

  1° défin., 987 ; 141, *b* ; loc. préposit., 989-990 ; nature du régime de la ∼, 991-992 ; régime implicite, 992 ; omission ou absence, 997-999 ; place, 993 ; ∼s à régime commun, 994 ; répétition des ∼s, 995-996 ; *2°* emploi de cert. ∼s, 1000-1022 ; *3°* élém. subord. à la ∼, 359.

Près : ∼ *de*, 1022, 6 ; ∼ *de* + inf. « sur le point de », 357, *b* ; ∼ (+ *de*) + nom de lieu, 998, *d*.

Prescrire : conjug., 829.

Présent (temps du verbe) : condit. ∼, 859 ; gérond. ∼, 892, *a* ; impér. ∼, 863, *a* ; indic. ∼, 850 ; inf. ∼, 884 ; partic. ∼, 887-888 ; subj. ∼, 867, *a* ; 868, *a* ; après verbe princip. au passé, 869, *c*.

Présent : *à* ∼, 928, *c* ; *quant à* ∼, 1044, *d*, 4°, R. 1.

Présentement que, 1081, *b*.

Presque : élision graphique, 45, *b*, 2° ; + nom, 108, *a*, R. 1 ; 167, *a*, R. 1 ; 178, *b*, 2° ; place, 938, *d* ; *presques*, 923.

°*Presquement*, 931, *f.*

Pressentir d'avance, 172, 7, R.

Prêt à, de + inf., 357, *b*.

Prétendre : ∼ « affirmer », 288, *d* ; ∼ (+ *à*) + inf., 878, *c*, 1°.

Preume (pour *premier*), 581, *b*, R.

Prévaloir : conjug., 842.

Prévenir d'avance, 172, 7, R.

Prévoir : accord du part. passé *prévu*, 913 ; conjug., 845 ; − ∼ *d'avance*, 172, 7, R.

Prière d'insérer : genre, 469, R. 4.

Prières : plur. des noms de ∼ catholiques, 522, *a*.

Prime (adj.), 581, *c*.

Printemps : *au* ∼, *le* ∼ *dernier*, 304, *a*, 2°.

Prix : *au* ∼ *de*, 1022, 6.

Probable, élém. incident, 1051, *d*, 5°.

Procès (dans la défin. du verbe), 737.

Prochain : comme nom, sing., 494, R. 3.

Proche : ∼ comme adv., 926, *e*, 4° ; ∼ + (*de*) + nom de lieu, 998, *d* ; ∼ comme nom, au sing., 495, *a*.

Proclitiques, 39, *a*, R. 2 ; 52.

Procureur : fém., 489, *b*.

Produire : conjug., 816, *a*.

Professions (noms de ∼) : genre, 475, *b* ; noms de ∼ épicènes, 476, *b*, 1°.

Promener, pour *se* ∼, 751, *c*.

Promettre que : emploi des temps, 857, *b*, 4°, R. 2.

Promouvoir : conjug., 812, *f.*

Pronom, 219, *a* ; 140, *d* ; 625-736 ; défin., 625 ;

  1° « accord », 629 ; espèces, 628 ; ∼ nominal, 627 ; ∼ représentant, 628 ; antécéd. sans détermin., 626, 1° ; *2°* ∼ démonstratif, indéf., etc., v. articles suiv. ; *3°* compl. du ∼, 351-353 ; épith., 352 ; sans détermin., 351 ; autres élém. subord. au ∼, 353.

Pronom démonstratif, 665-676 ; défin., 665 ; formes, 667-668 ; emploi des formes composées, 669-670 ; des formes simples, 672-676 ; *ce* avec le verbe *être*, 675 ; *ce* devant une prop. relative, 674 ; autres emplois de *ce*, 676 ; *celui, ceux, celle(s)* comme nominaux, 672 ; *celui, ceux, celle(s)* comme représentants, 672 ; observations particulières sur *ça* et *cela*, 671 ; variabilité du ∼, 666.

Pronom indéfini, 289, *d*, R. 2 ; 705-736 ; défin., 705 ;

  1° adv. employé comme ∼, 707 ; accord syllept. avec ces adv., 429, *a*, 3° ; formes du ∼, 706 ; place, 709 ; ∼s occasionnels, 708 ; *2°* *aucun*, 710 ; *autre*, 712 ; *autrui*, 713 ; *certains*, 716 ; *chacun*, 717-721 ; ... *chose*, 734 ; *le même*, 723 ; *maint*, 722 ; *néant*, 733 ; *nul*, 711 ; *on*, 724-725 ; *personne*, 726 ; *plusieurs*, 727 ; *quelqu'un*, 728 ; *qui* répété, 729 ; *quiconque*, 730 ; *rien*, 731-732 ; *tel*, 735 ; *tout*, 736 ; *un*, 714 ; *un... autre...*, 715.

Pronom interrogatif, 698-704 ;

  1° défin., 698 ; formes, 699 ; place, 700 ;

Les chiffres renvoient aux paragraphes.

Les chiffres renvoient aux paragraphes.

S

Les chiffres renvoient aux paragraphes.

Les chiffres renvoient aux paragraphes.

Successif, 540, *b*.

Suffire : conjug., 839 ; impers. sans sujet, 234, *b ; – il suffit que* + subj. ou indic., 1073, *a*, 5°.

Suffisamment : ~ *de*, 607, *a*, 3° ; ~ *pour* + inf. ou *pour que* + prop. corrél., 358, *c*.

Suffisance : adv. exprim. la ~, 960.

Suffixes, 161-170 ;
1° ~ adjectivaux, 168 ; adverbiaux, 170 ; combinés, 162, *c* ; 169, *b* ; nominaux, 168 ; pléonastiques, 164, *a*, R. ; verbaux, 169 ;
2° concurr. des ~, 164, *a* et *b* ; origine, 162 ; rôle, 164 ; substitution, 162, R. ; 174, *a* ; vitalité, 163 ;
3° forme de la base, 166-167 ; consonne de liaison, 166, *b*, 3° ; nature de la base, 165 ; 167.

Suicider (se), 751, *d*, 4°.

Suisse, comme fêm., 486, *a*.

Suite : de ~, *tout de* ~ 967, *b* ; *en* ~ *de*, 1022, 10.

Suivant que, 1085, *c* ; 1096, *c* ; 1100, *c*.

Suivre : conjug., 840 ; °~ *à*, 274, *a*, 14° ; *comme (il) suit*, 234, *a ; se* ~, 748, R. 2 ; ~ à la place de *s'ensuivre*, 656, *a*, N. 5.

Sujet, 229-236 ; défin., 226 ; 229 ;
1° nature du ~, 231 ; omission, 232-234 ; – place, 235 ; dans la phr. énonciative, 377 ; 379 ; dans la phr. exclam., 396 ; dans l'interrog. globale, 388, *a* ; dans l'interrog. partielle, 388, *b* ; dans la prop. adverbiale, 1079, *a* ; dans la prop. relat., 1061, *a* ; – reprise, 236 ; de la relat. ~, 236, *b*, 1°, H. ; du sujet après le verbe, 378 ;
2° ~ apparent, 230 ; ~ réel (ou logique) des verbes impers., 230 ; construction, 230, R. 2 ; place, 230bis ; ~ psychologique, 228 ; – ~ et agent, 229, R. 4 ; – ~ et virgule, 127.

Super : adj. invar., 545, *b*.

Super-, 185, *b*.

Superlatif, 549 ; ~ absolu, 954 ; ~ relatif, 949-950 ; art. du ~ relat., 950, *a* et *b* ; renforcement du ~ relat., 950, *c* ; adv. au ~ relat. avec prép. *à* ou *de*, 950, *e*.

Superstrat, 7, *c* ; 151, *b*.

Suppléance, 219-220 ; au lieu d'un pron. pers., 220, *c* ; par euphémisme, 220, *d* ; par ignorance, 220, *b* ; pour éviter une répétition, 219 ; pour réduire une énumération, une phr., 220, *a*.

Supplier : constr. du compl., 288, *e*.

Supposer : ~ *que* + indic. ou subj., 1073, *b*, 1° ; – *à* ~ *que, supposé que*, 1100, *a*.

Supposition : °*une* ~ *que*, 1096, *b*.

Suprême : degrés, 550, *b*, R. 2.

Sur, 988 ; 1021 ; concurrence entre ~ et *à*, 281 ; entre ~, *après* et *contre*, 280 ; ~ marquant le lieu, 1001 ; – *aller* (ou *marcher*) ~ *ses trente ans*, 1021, *b*, 1° ; *des œufs* ~ *le plat*, 1001, *d*, 2° ; °*il a fait ce travail* ~ *deux heures*, 1021, *b*, 4° ; ~ *ce que*, 1069, *b* ; ~ *ces entrefaites*, 929, *e* ; ~ *la côte*, 1001, *a*, 3° ; °~ *la cour*, 1001, *a*, 2° ; ~ *le journal*, 1001, *b*, 2° ; ~ *le midi, le minuit*, 570, 4° ; ~ *le plan* « au point de vue », 1001, *d*, 1° ; ~ *les midi, les minuit*, 493, *b*, R. ; ~ *une chaise*, 1001, *b*, 1° ; ~ *un fauteuil*, 1001, *b*, 1° ; ~ *un registre*, 1001, *b*, 3° ; *vivre* ~ *son revenu*, 1021, *b*, 2°.

Sûr : °*pour de* ~, 929, *b*, R.

Surcomposés (temps), 788 ; auxil., 788, *c*, R. 2 ; conjug., 796 ; à l'indic., 856 ; 861 ; à l'inf., 884 ; au participe, 890, *b* ; au subj., 867, *c* ; – temps ~ à la voix passive, 788, *b* ; temps ~ des verbes pronomin., 788, *c*.

Surfaire : conjug., 830.

Surnaître, 815, *b*.

Surnom : accord sylleptique avec un ~ masc. pour une femme, ou fêm. pour un homme, 429, *b*, 2° ; ~ et trait d'union, 108, *b*, R. 2.

Surseoir : ~ *qq. ch.*, 272, H., 1 ; conjug., 817, *d*.

Surtout que, 1083.

Sus, 969, *e ; courir* ~, 647, *d ; en* ~ *de*, 308, *c*, 2°, R.

Susceptible de, 357, *d*.

Susdit, 598, *b*, R. 3.

Suspension, 216, R. 1 ; points de ~, 130.

Syllabes, 19 ; ~ graphiques, 20 ; redoublement de ~, 191, *c* ; 199, H.

Syllepse, 426 ; accord sylleptique, v. Donneur.

Symboles (graphiques), 112.

Sympa, adj. invar., 546.

Synecdoque, 208, *c*.

Synérèse, 35.

Synonymes, 205 ; ~ coordonnés, 15, H. ; accord avec des élém. ~ coordonnés, 438.

Synopsis : genre, 472, 16.

Syntagmatique (axe ~), 4.

Syntagme, 5, *a*, 4°.

Syntaxe, 5, *a*, 4°.

T

T : redoublement du ~ final du masc. au fêm., 482, *c* ; 530, *c*.

T' = *tu*, 44, *c*, 3°.

-t- analogique *(aime-t-il)*, 766, *e*, R.

Les chiffres renvoient aux paragraphes.

Les chiffres renvoient aux paragraphes.

Les chiffres renvoient aux paragraphes.

TABLE DES MATIÈRES

PREMIÈRE PARTIE

Les sons, les signes écrits, les mots

Chapitre III. Les mots

DEUXIÈME PARTIE

La phrase

Chapitre I. Généralités ....

QUATRIÈME PARTIE

La phrase complexe

Ce volume a été composé en Times et Univers
et achevé d'imprimer le 28 août 1993
sur les presses de la Nouvelle Imprimerie Duculot à Gembloux,
sur du papier offset sans bois opaque 50 g.
La reliure est de Scheerders van Kerchove
et la jaquette
est une création de Michel Olyff.

Imprimé en Belgique.